KODEX
DES INTERNATIONALEN RECHTS

Herausgeber: Univ.-Prof. Dr. Werner Doralt

Redaktion: Dr. Veronika Doralt

EU-ARBEITS-RECHT

bearbeitet von

Mag. Valerie Dori und Mag. Andreas Schmid

Bundesministerium für Arbeit und Wirtschaft

Rubbeln Sie Ihren persönlichen Code frei und laden Sie diesen Kodexband kostenlos in die Kodex App!

Linde

KODEX
DES INTERNATIONALEN RECHTS

ISBN 978-3-7143-0383-4
LINDE VERLAG Ges. m. b. H., 1210 Wien, Scheydgasse 24
Telefon: 01/24 630 Serie, Telefax: 01/24 630-23 DW

Satz und Layout: psb, Berlin

Druck und Bindung: Hans Jentzsch & Co. Ges. m. b. H., 1210 Wien, Scheydgasse 31

Alle Angaben in diesem Fachbuch (sowie in darauf aufbauenden Online-Angeboten, E-Books, Apps udgl.) erfolgen trotz sorgfältiger Bearbeitung ohne Gewähr; eine Haftung des Verlages, des Autors, des Herausgebers sowie der Entwickler ist ausgeschlossen.

Vorwort

Der Kodex EU-Arbeitsrecht 2024 fasst nun bereits in 14. Auflage alle europäischen Rechtsakte über die Arbeitswelt in einem Band zusammen.

Die wesentlichen Neuerungen in dieser Auflage gibt es im Gleichstellungsrecht zu verzeichnen. Mit der **Führungspositionen-Richtlinie** (3/9.) will man eine ausgewogenere Vertretung von Frauen und Männern in den Vorständen und Aufsichtsräten von börsennotierten Unternehmen erreichen. Außerdem sollen neue Vorschriften zur Lohntransparenz (vgl. **Lohntransparenz-Richtlinie** 3/8.) dazu beitragen, Lohndiskriminierung am Arbeitsplatz zu bekämpfen und das geschlechtsspezifische Lohngefälle zu verringern.

Die Richtlinie über angemessene Mindestlöhne (**Mindestlohn-Richtlinie** 4/2.) soll zudem einen Rahmen für die Angemessenheit der gesetzlichen Mindestlöhne schaffen und die Tarifverhandlungen zu deren Festsetzung fördern.

Außerdem wurden in dieser Auflage, neben einigen Berichtigungen und Aktualisierungen, die neue **Blue-Card-Richtlinie** (2/10.) und die neue **Durchführungsverordnung über die Kontrolle von Unternehmenszusammenschlüssen** (7/6a.) eingearbeitet.

Für Anregungen und Verbesserungsvorschläge sind wir dankbar und bitten, sie an unsere E-Mail-Adressen zu richten: valerie.dori@icloud.com bzw. andreas.schmid@inext.at.

Wien, im Oktober 2023

Valerie Dori
Andreas Schmid

Inhaltsverzeichnis

1. Primärrecht, Grundrechte
1/1.	Vertrag über die Europäische Union (EUV)	11
1/2.	Vertrag über die Arbeitsweise der Europäischen Union (AEUV)	28
1/3a.	Protokoll (Nr. 25) über die Ausübung der geteilten Zuständigkeit	104
1/3b.	Protokoll (Nr. 33) zu Artikel 157 des AEUV	105
1/3c.	Protokoll (Nr. 36) über die Übergangsbestimmungen zum EUV und AEUV	106
1/3d.	Erklärung Nr. 17 zum Vorrang	110
1/3e.	Erklärung Nr. 18 zur Abgrenzung der Zuständigkeiten	111
1/3f.	Erklärung Nr. 19 zu Artikel 8 des AEUV	112
1/3g.	Erklärung Nr. 31 zu Artikel 156 des AEUV	113
1/4.	Charta der Grundrechte der Europäischen Union (GRC)	114
1/4a.	Erklärung Nr. 1 zur GRC	121
1/4b.	Protokoll (Nr. 30) über die Anwendung der GRC auf Polen und das Vereinigte Königreich	122

1a. Exkurs: Europarat
1a/1.	Revidierte Europäische Sozialcharta (RESC)	125
1a/1a.	Zusatzprotokoll zur Europäischen Sozialcharta über Kollektivbeschwerden	144

2. Freizügigkeit
2/1.	UnionsbürgerRL	149
2/2.	FreizügigkeitsVO	163
2/2a.	FreizügigkeitsRL	170
2/3.	DaueraufenthaltsRL	177
2/4.	RL über das Recht auf Familienzusammenführung	189
2/5.	RL über die Einreise und den Aufenthalt von Drittstaatsangehörigen	196
2/6.	RL über ergänzende Rentenansprüche	226
2/7.	StatusRL	230
2/8.	Beschluss Nr. 1/80	247
2/9.	SchwarzarbeitsRL	249
2/10.	Blue Card-RL	257
2/11.	Single Permit-RL	287
2/12.	ZusatzrentenRL	296
2/13.	SaisonarbeiterRL	302
2/14.	Konzerninterne Überlassungs-RL	318
2/15.	EURES-VO	335
2/16.	AufnahmeRL	357
2/17.	Europäische ArbeitsbehördeVO	374

3. Gleichstellungsrecht
3/1.	GleichbehandlungsRL – Neufassung	399
3/2.	GleichbehandlungsRL – soziale Sicherheit	414
3/3.	Selbstständigen-Gleichbehandlungs-RL	416
3/4.	VereinbarkeitsRL Beruf und Privatleben	422
3/5.	AntirassismusRL	433

3/6.	GleichbehandlungsrahmenRL	439
3/7.	Erweiterte GleichbehandlungsRL	447
3/8.	LohntransparenzRL	454
3/9.	FührungspositionenRL	474

4. Arbeitsverhältnis

4/1.	RL über transparente und vorhersehbare Arbeitsbedingungen	491
4/2.	MindestlohnRL	504
4/3.	BetriebsübergangsRL	517
4/4.	MassenentlassungsRL	523
4/5.	InsolvenzRL – Neufassung	527
4/6.	EntsendeRL	532
4/6a.	DurchsetzungsRL	539
4/6b.	IMI-VO	556
4/6c.	Lex Specialis zur EntsendeRL	568
4/7.	HinweisgeberRL	582
4/8.	TeilzeitarbeitsRL	617
4/9.	RL über befristete Arbeitsverträge	622
4/10.	LeiharbeitnehmerRL	627
4/11.	RL über das Seearbeitsübereinkommen	633

5. Arbeitszeitrecht

5/1.	ArbeitszeitRL	651
5/2.	RL zur Arbeitszeit im Straßenverkehr	661
5/3.	RL über die Arbeitszeit von Seeleuten	667
5/4.	RL über die Arbeitszeit auf Schiffen	673
5/5.	ArbeitszeitRL für das fliegende Personal	680
5/6.	ArbeitszeitRL für das Bahnpersonal	684
5/7.	FahrtenschreiberVO	689
5/7a.	DurchführungsVO zur FahrtenschreiberVO	710
5/8.	LenkzeitenVO	714
5/9.	KontrollRL	728
5/9a.	Formblattentscheidung	741

6. Arbeitnehmerschutzrecht

6/1.	ArbeitsschutzrahmenRL	745
6/1a.	RL über Berichtspflichten zu Arbeitsschutzrichtlinien	753
6/2.	ArbeitsstättenRL	755
6/3.	ArbeitsmittelRL	764
6/4.	RL über die persönliche Schutzausrüstung	775
6/5.	LastenRL	795
6/6.	BildschirmRL	799
6/7.	KarzinogeneRL	804
6/8.	Biologische Arbeitsstoffe-RL	819
6/8a.	RL zur Vermeidung von Nadelstichverletzungen	848
6/9.	BaustellenRL	854
6/10.	SicherheitskennzeichnungsRL	866
6/11.	MutterschutzRL	882
6/12.	BohrungenRL	889
6/13.	MineralgewinnungsRL	902

6/14.	FischereifahrzeugeRL	914
6/15.	Chemische Arbeitsstoffe-RL	925
6/15a.	1. Arbeitsplatz-RichtgrenzwerteRL	937
6/15b.	2. Arbeitsplatz-RichtgrenzwerteRL	940
6/15c.	3. Arbeitsplatz-RichtgrenzwerteRL	943
6/15d.	4. Arbeitsplatz-RichtgrenzwerteRL	946
6/15e.	5. Arbeitsplatz-RichtgrenzwerteRL	950
6/15f.	RichtgrenzwerteRL	953
6/16.	Explosionsfähige Atmosphären – ATEX-RL	955
6/17.	VibrationenRL	962
6/18.	LärmRL	969
6/19.	Optische Strahlung-RL	977
6/20.	Elektromagnetische Felder – EMF-RL	998
6/21.	Medizinische Versorgung auf Schiffen-RL	1018
6/22.	AsbestRL	1022
6/23.	LeiharbeitsRL Sicherheit und Gesundheitsschutz	1031
6/24.	JugendarbeitsschutzRL	1034
6/25.	Arbeitnehmerschutz-Informationsentscheidung	1042
6/26.	Empfehlung Sicherheit und Gesundheitsschutz Selbstständiger	1043

7. Kollektives Arbeitsrecht (Unterrichtung und Anhörung der Arbeitnehmer)

7/1.	Europäische-BetriebsräteRL – Neufassung	1047
7/2.	RL für die Unterrichtung und Anhörung der Arbeitnehmer	1062
7/3.	RL über die Mitbestimmung der AN in der SE	1067
7/4.	RL über die Mitbestimmung der AN in der SCE	1077
7/5.	RL AN-Mitbestimmung bei Verschmelzung und Spaltung – Auszug	1088
7/6.	EG-FusionskontrollVO – Auszug	1143
7/6a.	DurchführungsVO zur EG-FusionskontrollVO	1149

8. Kollisionsrecht und Internationales Verfahrensrecht

8/1.	VO Rom I	1161
8/2.	VO Rom II	1169
8/3.	VO über Insolvenzverfahren	1171
8/4.	VO Brüssel I	1173
8/5.	Lugano-Übereinkommen	1176
8/6.	Rahmenbeschluss über die gegenseitige Anerkennung von Geldstrafenentscheidungen	1179

1. Primärrecht, Grundrechte

Inhaltsverzeichnis

1/1.	Vertrag über die Europäische Union (EUV)	Seite	11
1/2.	Vertrag über die Arbeitsweise der Europäischen Union (AEUV)	Seite	28
1/3a.	Protokoll (Nr. 25) über die Ausübung der geteilten Zuständigkeit	Seite	104
1/3b.	Protokoll (Nr. 33) zu Artikel 157 des AEUV	Seite	105
1/3c.	Protokoll (Nr. 36) über die Übergangsbestimmungen zum EUV und AEUV	Seite	106
1/3d.	Erklärung Nr. 17 zum Vorrang	Seite	110
1/3e.	Erklärung Nr. 18 zur Abgrenzung der Zuständigkeiten	Seite	111
1/3f.	Erklärung Nr. 19 zu Artikel 8 des AEUV	Seite	112
1/3g.	Erklärung Nr. 31 zu Artikel 156 des AEUV	Seite	113
1/4.	Charta der Grundrechte der Europäischen Union (GRC)	Seite	114
1/4a.	Erklärung Nr. 1 zur GRC	Seite	121
1/4b.	Protokoll (Nr. 30) über die Anwendung der GRC auf Polen und das Vereinigte Königreich	Seite	122

1/1. EUV
Präambel

1/1. Vertrag über die Europäische Union (EUV)
(ABl. Nr. C 202 v. 7.6.2016, S. 13 (konsolidierte Fassung))

GLIEDERUNG

TITEL I: Gemeinsame Bestimmungen
Art. 1–8

TITEL II: Bestimmungen über die demokratischen Grundsätze
Art. 9–12

TITEL III: Bestimmungen über die Organe
Art. 13–19

TITEL IV: Bestimmungen über eine verstärkte Zusammenarbeit
Art. 20

TITEL V: Allgemeine Bestimmungen über das auswärtige Handeln der Union und besondere Bestimmungen über die gemeinsame Außen- und Sicherheitspolitik

KAPITEL 1: Allgemeine Bestimmungen über das auswärtige Handeln der Union
Art. 21, 22

KAPITEL 2: Besondere Bestimmungen über die gemeinsame Außen- und Sicherheitspolitik

ABSCHNITT 1: Gemeinsame Bestimmungen
Art. 23–41

ABSCHNITT 2: Bestimmungen über die gemeinsame Sicherheits- und Verteidigungspolitik
Art. 42–46

TITEL VI: Schlussbestimmungen
Art. 47–55

SEINE MAJESTÄT DER KÖNIG DER BELGIER, IHRE MAJESTÄT DIE KÖNIGIN VON DÄNEMARK, DER PRÄSIDENT DER BUNDESREPUBLIK DEUTSCHLAND, DER PRÄSIDENT DER GRIECHISCHEN REPUBLIK, SEINE MAJESTÄT DER KÖNIG VON SPANIEN, DER PRÄSIDENT DER FRANZÖSISCHEN REPUBLIK, DER PRÄSIDENT IRLANDS, DER PRÄSIDENT DER ITALIENISCHEN REPUBLIK, SEINE KÖNIGLICHE HOHEIT DER GROSSHERZOG VON LUXEMBURG, IHRE MAJESTÄT DIE KÖNIGIN DER NIEDERLANDE, DER PRÄSIDENT DER PORTUGIESISCHEN REPUBLIK, IHRE MAJESTÄT DIE KÖNIGIN DES VEREINIGTEN KÖNIGREICHS GROSSBRITANNIEN UND NORDIRLAND,

ENTSCHLOSSEN, den mit der Gründung der Europäischen Gemeinschaften eingeleiteten Prozess der europäischen Integration auf eine neue Stufe zu heben,

SCHÖPFEND aus dem kulturellen, religiösen und humanistischen Erbe Europas, aus dem sich die unverletzlichen und unveräußerlichen Rechte des Menschen sowie Freiheit, Demokratie, Gleichheit und Rechtsstaatlichkeit als universelle Werte entwickelt haben,

EINGEDENK der historischen Bedeutung der Überwindung der Teilung des europäischen Kontinents und der Notwendigkeit, feste Grundlagen für die Gestalt des zukünftigen Europas zu schaffen,

IN BESTÄTIGUNG ihres Bekenntnisses zu den Grundsätzen der Freiheit, der Demokratie und der Achtung der Menschenrechte und Grundfreiheiten und der Rechtsstaatlichkeit,

IN BESTÄTIGUNG der Bedeutung, die sie den sozialen Grundrechten beimessen, wie sie in der am 18. Oktober 1961 in Turin unterzeichneten Europäischen Sozialcharta und in der Unionscharta der sozialen Grundrechte der Arbeitnehmer von 1989 festgelegt sind,

IN DEM WUNSCH, die Solidarität zwischen ihren Völkern unter Achtung ihrer Geschichte, ihrer Kultur und ihrer Traditionen zu stärken,

IN DEM WUNSCH, Demokratie und Effizienz in der Arbeit der Organe weiter zu stärken, damit diese in die Lage versetzt werden, die ihnen übertragenen Aufgaben in einem einheitlichen institutionellen Rahmen besser wahrzunehmen,

ENTSCHLOSSEN, die Stärkung und die Konvergenz ihrer Volkswirtschaften herbeizuführen und eine Wirtschafts- und Währungsunion zu errichten, die im Einklang mit diesem Vertrag und dem Vertrag über die Arbeitsweise der Europäischen Union eine einheitliche, stabile Währung einschließt,

IN DEM FESTEN WILLEN, im Rahmen der Verwirklichung des Binnenmarkts sowie der Stärkung des Zusammenhalts und des Umweltschutzes den wirtschaftlichen und sozialen Fortschritt ihrer Völker unter Berücksichtigung des Grundsatzes der nachhaltigen Entwicklung zu fördern und Politiken zu verfolgen, die gewährleisten, dass Fortschritte bei der wirtschaftlichen Integration mit parallelen Fortschritten auf anderen Gebieten einhergehen,

ENTSCHLOSSEN, eine gemeinsame Unionsbürgerschaft für die Staatsangehörigen ihrer Länder einzuführen,

ENTSCHLOSSEN, eine Gemeinsame Außen- und Sicherheitspolitik zu verfolgen, wozu nach Maßgabe des Artikels 42 auch die schrittweise Festlegung einer gemeinsamen Verteidigungspolitik gehört, die zu einer gemeinsamen Verteidigung führen könnte, und so die Identität und Unabhängigkeit Europas zu stärken, um Frieden, Sicherheit und Fortschritt in Europa und in der Welt zu fördern,

ENTSCHLOSSEN, die Freizügigkeit unter gleichzeitiger Gewährleistung der Sicherheit ihrer Bürger durch den Aufbau eines Raums der Freiheit, der Sicherheit und des Rechts nach Maßgabe der Bestimmungen dieses Vertrags und des Vertrags über die Arbeitsweise der Europäischen Union zu fördern,

ENTSCHLOSSEN, den Prozess der Schaffung einer immer engeren Union der Völker Europas, in der die Entscheidungen entsprechend dem Subsidiaritätsprinzip möglichst bürgernah getroffen werden, weiterzuführen,

IM HINBLICK auf weitere Schritte, die getan werden müssen, um die europäische Integration voranzutreiben,

HABEN BESCHLOSSEN, eine Europäische Union zu gründen; sie haben zu diesem Zweck zu ihren Bevollmächtigten ernannt:

(Aufzählung der Bevollmächtigten nicht wiedergegeben)

DIESE SIND nach Austausch ihrer als gut und gehörig befundenen Vollmachten wie folgt ÜBEREINGEKOMMEN:

TITEL I
GEMEINSAME BESTIMMUNGEN

Artikel 1
(ex-Artikel 1 EUV)

Durch diesen Vertrag gründen die HOHEN VERTRAGSPARTEIEN untereinander eine EUROPÄISCHE UNION (im Folgenden „Union"), der die Mitgliedstaaten Zuständigkeiten zur Verwirklichung ihrer gemeinsamen Ziele übertragen.

Dieser Vertrag stellt eine neue Stufe bei der Verwirklichung einer immer engeren Union der Völker Europas dar, in der die Entscheidungen möglichst offen und möglichst bürgernah getroffen werden.

Grundlage der Union sind dieser Vertrag und der Vertrag über die Arbeitsweise der Europäischen Union (im Folgenden „Verträge") *[Letzterer hier abgedruckt unter 1/2.]*. Beide Verträge sind rechtlich gleichrangig. Die Union tritt an die Stelle der Europäischen Gemeinschaft, deren Rechtsnachfolgerin sie ist.

Artikel 2

Die Werte, auf die sich die Union gründet, sind die Achtung der Menschenwürde, Freiheit, Demokratie, Gleichheit, Rechtsstaatlichkeit und die Wahrung der Menschenrechte einschließlich der Rechte der Personen, die Minderheiten angehören. Diese Werte sind allen Mitgliedstaaten in einer Gesellschaft gemeinsam, die sich durch Pluralismus, Nichtdiskriminierung, Toleranz, Gerechtigkeit, Solidarität und die Gleichheit von Frauen und Männern auszeichnet.

Artikel 3
(ex-Artikel 2 EUV)

(1) Ziel der Union ist es, den Frieden, ihre Werte und das Wohlergehen ihrer Völker zu fördern.

(2) Die Union bietet ihren Bürgerinnen und Bürgern einen Raum der Freiheit, der Sicherheit und des Rechts ohne Binnengrenzen, in dem – in Verbindung mit geeigneten Maßnahmen in Bezug auf die Kontrollen an den Außengrenzen, das Asyl, die Einwanderung sowie die Verhütung und Bekämpfung der Kriminalität – der freie Personenverkehr gewährleistet ist.

(3) Die Union errichtet einen Binnenmarkt. Sie wirkt auf die nachhaltige Entwicklung Europas auf der Grundlage eines ausgewogenen Wirtschaftswachstums und von Preisstabilität, eine in hohem Maße wettbewerbsfähige soziale Marktwirtschaft, die auf Vollbeschäftigung und sozialen Fortschritt abzielt, sowie ein hohes Maß an Umweltschutz und Verbesserung der Umweltqualität hin. Sie fördert den wissenschaftlichen und technischen Fortschritt.

Sie bekämpft soziale Ausgrenzung und Diskriminierungen und fördert soziale Gerechtigkeit und sozialen Schutz, die Gleichstellung von Frauen und Männern, die Solidarität zwischen den Generationen und den Schutz der Rechte des Kindes.

Sie fördert den wirtschaftlichen, sozialen und territorialen Zusammenhalt und die Solidarität zwischen den Mitgliedstaaten.

Sie wahrt den Reichtum ihrer kulturellen und sprachlichen Vielfalt und sorgt für den Schutz und die Entwicklung des kulturellen Erbes Europas.

(4) Die Union errichtet eine Wirtschafts- und Währungsunion, deren Währung der Euro ist.

(5) In ihren Beziehungen zur übrigen Welt schützt und fördert die Union ihre Werte und Interessen und trägt zum Schutz ihrer Bürgerinnen und Bürger bei. Sie leistet einen Beitrag zu Frieden, Sicherheit, globaler nachhaltiger Entwicklung, Solidarität und gegenseitiger Achtung unter den Völkern, zu freiem und gerechtem Handel, zur Beseitigung der Armut und zum Schutz der Menschenrechte, insbesondere der Rechte des Kindes, sowie zur strikten Einhaltung und Weiterentwicklung des Völkerrechts, insbesondere zur Wahrung der Grundsätze der Charta der Vereinten Nationen.

(6) Die Union verfolgt ihre Ziele mit geeigneten Mitteln entsprechend den Zuständigkeiten, die ihr in den Verträgen übertragen sind.

Artikel 4

(1) Alle der Union nicht in den Verträgen übertragenen Zuständigkeiten verbleiben gemäß Artikel 5 bei den Mitgliedstaaten.

(2) Die Union achtet die Gleichheit der Mitgliedstaaten vor den Verträgen und ihre jeweilige nationale Identität, die in ihren grundlegenden politischen und verfassungsmäßigen Strukturen einschließlich der regionalen und lokalen Selbstverwaltung zum Ausdruck kommt. Sie achtet die grundlegenden Funktionen des Staates, insbesondere die Wahrung der territorialen Unver-

sehrtheit, die Aufrechterhaltung der öffentlichen Ordnung und den Schutz der nationalen Sicherheit. Insbesondere die nationale Sicherheit fällt weiterhin in die alleinige Verantwortung der einzelnen Mitgliedstaaten.

(3) Nach dem Grundsatz der loyalen Zusammenarbeit achten und unterstützen sich die Union und die Mitgliedstaaten gegenseitig bei der Erfüllung der Aufgaben, die sich aus den Verträgen ergeben.

Die Mitgliedstaaten ergreifen alle geeigneten Maßnahmen allgemeiner oder besonderer Art zur Erfüllung der Verpflichtungen, die sich aus den Verträgen oder den Handlungen der Organe der Union ergeben.

Die Mitgliedstaaten unterstützen die Union bei der Erfüllung ihrer Aufgabe und unterlassen alle Maßnahmen, die die Verwirklichung der Ziele der Union gefährden könnten.

Artikel 5
(ex-Artikel 5 EGV)

(1) Für die Abgrenzung der Zuständigkeiten der Union gilt der Grundsatz der begrenzten Einzelermächtigung. Für die Ausübung der Zuständigkeiten der Union gelten die Grundsätze der Subsidiarität und der Verhältnismäßigkeit.

(2) Nach dem Grundsatz der begrenzten Einzelermächtigung wird die Union nur innerhalb der Grenzen der Zuständigkeiten tätig, die die Mitgliedstaaten ihr in den Verträgen zur Verwirklichung der darin niedergelegten Ziele übertragen haben. Alle der Union nicht in den Verträgen übertragenen Zuständigkeiten verbleiben bei den Mitgliedstaaten.

(3) Nach dem Subsidiaritätsprinzip wird die Union in den Bereichen, die nicht in ihre ausschließliche Zuständigkeit fallen, nur tätig, sofern und soweit die Ziele der in Betracht gezogenen Maßnahmen von den Mitgliedstaaten weder auf zentraler noch auf regionaler oder lokaler Ebene ausreichend verwirklicht werden können, sondern vielmehr wegen ihres Umfangs oder ihrer Wirkungen auf Unionsebene besser zu verwirklichen sind.

Die Organe der Union wenden das Subsidiaritätsprinzip nach dem Protokoll über die Anwendung der Grundsätze der Subsidiarität und der Verhältnismäßigkeit an.[1]) Die nationalen Parlamente achten auf die Einhaltung des Subsidiaritätsprinzips nach dem in jenem Protokoll vorgesehenen Verfahren.

---
[1]) vgl. das Protokoll (Nr. 2) über die Anwendung der Grundsätze der Subsidiarität und Verhältnismäßigkeit, ABl. Nr. C 202 v. 7.6.2016, S. 206 (konsolidierte Fassung) [hier nicht abgedruckt].

(4) Nach dem Grundsatz der Verhältnismäßigkeit gehen die Maßnahmen der Union inhaltlich wie formal nicht über das zur Erreichung der Ziele der Verträge erforderliche Maß hinaus.

Die Organe der Union wenden den Grundsatz der Verhältnismäßigkeit nach dem Protokoll über die Anwendung der Grundsätze der Subsidiarität und der Verhältnismäßigkeit an.

Artikel 6
(ex-Artikel 6 EUV)

(1) Die Union erkennt die Rechte, Freiheiten und Grundsätze an, die in der Charta der Grundrechte der Europäischen Union vom 7. Dezember 2000 in der am 12. Dezember 2007 in Straßburg angepassten Fassung niedergelegt sind; die Charta der Grundrechte und die Verträge sind rechtlich gleichrangig.

Durch die Bestimmungen der Charta werden die in den Verträgen festgelegten Zuständigkeiten der Union in keiner Weise erweitert.

Die in der Charta niedergelegten Rechte, Freiheiten und Grundsätze werden gemäß den allgemeinen Bestimmungen des Titels VII der Charta, der ihre Auslegung und Anwendung regelt, und unter gebührender Berücksichtigung der in der Charta angeführten Erläuterungen, in denen die Quellen dieser Bestimmungen angegeben sind, ausgelegt.

(2) Die Union tritt der Europäischen Konvention zum Schutz der Menschenrechte und Grundfreiheiten bei. Dieser Beitritt ändert nicht die in den Verträgen festgelegten Zuständigkeiten der Union.

(3) Die Grundrechte, wie sie in der Europäischen Konvention zum Schutz der Menschenrechte und Grundfreiheiten gewährleistet sind und wie sie sich aus den gemeinsamen Verfassungsüberlieferungen der Mitgliedstaaten ergeben, sind als allgemeine Grundsätze Teil des Unionsrechts.

Artikel 7
(ex-Artikel 7 EUV)

(1) Auf begründeten Vorschlag eines Drittels der Mitgliedstaaten, des Europäischen Parlaments oder der Europäischen Kommission kann der Rat mit der Mehrheit von vier Fünfteln seiner Mitglieder nach Zustimmung des Europäischen Parlaments feststellen, dass die eindeutige Gefahr einer schwerwiegenden Verletzung der in Artikel 2 genannten Werte durch einen Mitgliedstaat besteht. Der Rat hört, bevor er eine solche Feststellung trifft, den betroffenen Mitgliedstaat und kann Empfehlungen an ihn richten, die er nach demselben Verfahren beschließt.

Der Rat überprüft regelmäßig, ob die Gründe, die zu dieser Feststellung geführt haben, noch zutreffen.

(2) Auf Vorschlag eines Drittels der Mitgliedstaaten oder der Europäischen Kommission und nach Zustimmung des Europäischen Parlaments kann der Europäische Rat einstimmig feststellen, dass eine schwerwiegende und anhaltende Verletzung der in Artikel 2 genannten Werte durch einen Mitgliedstaat vorliegt, nachdem er den betroffenen Mitgliedstaat zu einer Stellungnahme aufgefordert hat.

(3) Wurde die Feststellung nach Absatz 2 getroffen, so kann der Rat mit qualifizierter Mehrheit beschließen, bestimmte Rechte auszusetzen, die sich aus der Anwendung der Verträge auf den betroffenen Mitgliedstaat herleiten, einschließlich der Stimmrechte des Vertreters der Regierung dieses Mitgliedstaats im Rat. Dabei berücksichtigt er

die möglichen Auswirkungen einer solchen Aussetzung auf die Rechte und Pflichten natürlicher und juristischer Personen.

Die sich aus den Verträgen ergebenden Verpflichtungen des betroffenen Mitgliedstaats sind für diesen auf jeden Fall weiterhin verbindlich.

(4) Der Rat kann zu einem späteren Zeitpunkt mit qualifizierter Mehrheit beschließen, nach Absatz 3 getroffene Maßnahmen abzuändern oder aufzuheben, wenn er in der Lage, die zur Verhängung dieser Maßnahmen geführt hat, Änderungen eingetreten sind.

(5) Die Abstimmungsmodalitäten, die für die Zwecke dieses Artikels für das Europäische Parlament, den Europäischen Rat und den Rat gelten, sind in Artikel 354 des Vertrags über die Arbeitsweise der Europäischen Union festgelegt.

Artikel 8

(1) Die Union entwickelt besondere Beziehungen zu den Ländern in ihrer Nachbarschaft, um einen Raum des Wohlstands und der guten Nachbarschaft zu schaffen, der auf den Werten der Union aufbaut und sich durch enge, friedliche Beziehungen auf der Grundlage der Zusammenarbeit auszeichnet.

(2) Für die Zwecke des Absatzes 1 kann die Union spezielle Übereinkünfte mit den betreffenden Ländern schließen. Diese Übereinkünfte können gegenseitige Rechte und Pflichten umfassen und die Möglichkeit zu gemeinsamem Vorgehen eröffnen. Zur Durchführung der Übereinkünfte finden regelmäßige Konsultationen statt.

TITEL II
BESTIMMUNGEN ÜBER DIE DEMOKRATISCHEN GRUNDSÄTZE

Artikel 9

Die Union achtet in ihrem gesamten Handeln den Grundsatz der Gleichheit ihrer Bürgerinnen und Bürger, denen ein gleiches Maß an Aufmerksamkeit seitens der Organe, Einrichtungen und sonstigen Stellen der Union zuteil wird. Unionsbürger ist, wer die Staatsangehörigkeit eines Mitgliedstaats besitzt. Die Unionsbürgerschaft tritt zur nationalen Staatsangehörigkeit hinzu, ersetzt sie aber nicht.

Artikel 10

(1) Die Arbeitsweise der Union beruht auf der repräsentativen Demokratie.

(2) Die Bürgerinnen und Bürger sind auf Unionsebene unmittelbar im Europäischen Parlament vertreten.

Die Mitgliedstaaten werden im Europäischen Rat von ihrem jeweiligen Staats- oder Regierungschef und im Rat von ihrer jeweiligen Regierung vertreten, die ihrerseits in demokratischer Weise gegenüber ihrem nationalen Parlament oder gegenüber ihren Bürgerinnen und Bürgern Rechenschaft ablegen müssen.

(3) Alle Bürgerinnen und Bürger haben das Recht, am demokratischen Leben der Union teilzunehmen. Die Entscheidungen werden so offen und bürgernah wie möglich getroffen.

(4) Politische Parteien auf europäischer Ebene tragen zur Herausbildung eines europäischen politischen Bewusstseins und zum Ausdruck des Willens der Bürgerinnen und Bürger der Union bei.

Artikel 11

(1) Die Organe geben den Bürgerinnen und Bürgern und den repräsentativen Verbänden in geeigneter Weise die Möglichkeit, ihre Ansichten in allen Bereichen des Handelns der Union öffentlich bekannt zu geben und auszutauschen.

(2) Die Organe pflegen einen offenen, transparenten und regelmäßigen Dialog mit den repräsentativen Verbänden und der Zivilgesellschaft.

(3) Um die Kohärenz und die Transparenz des Handelns der Union zu gewährleisten, führt die Europäische Kommission umfangreiche Anhörungen der Betroffenen durch.

(4) Unionsbürgerinnen und Unionsbürger, deren Anzahl mindestens eine Million betragen und bei denen es sich um Staatsangehörige einer erheblichen Anzahl von Mitgliedstaaten handeln muss, können die Initiative ergreifen und die Europäische Kommission auffordern, im Rahmen ihrer Befugnisse geeignete Vorschläge zu Themen zu unterbreiten, zu denen es nach Ansicht jener Bürgerinnen und Bürger eines Rechtsakts der Union bedarf, um die Verträge umzusetzen.

Die Verfahren und Bedingungen, die für eine solche Bürgerinitiative gelten, werden nach Artikel 24 Absatz 1 des Vertrags über die Arbeitsweise der Europäischen Union festgelegt.

Artikel 12

Die nationalen Parlamente tragen aktiv zur guten Arbeitsweise der Union bei, indem sie

a) von den Organen der Union unterrichtet werden und ihnen die Entwürfe von Gesetzgebungsakten der Union gemäß dem Protokoll über die Rolle der nationalen Parlamente in der Europäischen Union zugeleitet werden;

b) dafür sorgen, dass der Grundsatz der Subsidiarität gemäß den in dem Protokoll über die Anwendung der Grundsätze der Subsidiarität und der Verhältnismäßigkeit vorgesehenen Verfahren beachtet wird;

c) sich im Rahmen des Raums der Freiheit, der Sicherheit und des Rechts an den Mechanismen zur Bewertung der Durchführung der Unionspolitiken in diesem Bereich nach Artikel 70 des Vertrags über die Arbeitsweise der Europäischen Union beteiligen und in die politische Kontrolle von Europol und die Bewertung der Tätigkeit von Eurojust nach den Artikeln 88 und 85 des genannten Vertrags einbezogen werden;

d) sich an den Verfahren zur Änderung der Verträge nach Artikel 48 dieses Vertrags beteiligen;

e) über Anträge auf Beitritt zur Union nach Artikel 49 dieses Vertrags unterrichtet werden;

f) sich an der interparlamentarischen Zusammenarbeit zwischen den nationalen Parlamenten und mit dem Europäischen Parlament gemäß dem Protokoll über die Rolle der nationalen Parlamente in der Europäischen Union beteiligen.

TITEL III
BESTIMMUNGEN ÜBER DIE ORGANE

Artikel 13

(1) Die Union verfügt über einen institutionellen Rahmen, der zum Zweck hat, ihren Werten Geltung zu verschaffen, ihre Ziele zu verfolgen, ihren Interessen, denen ihrer Bürgerinnen und Bürger und denen der Mitgliedstaaten zu dienen sowie die Kohärenz, Effizienz und Kontinuität ihrer Politik und ihrer Maßnahmen sicherzustellen.

Die Organe der Union sind
– das Europäische Parlament,
– der Europäische Rat,
– der Rat,
– die Europäische Kommission (im Folgenden „Kommission"),
– der Gerichtshof der Europäischen Union,
– die Europäische Zentralbank,
– der Rechnungshof.

(2) Jedes Organ handelt nach Maßgabe der ihm in den Verträgen zugewiesenen Befugnisse nach den Verfahren, Bedingungen und Zielen, die in den Verträgen festgelegt sind. Die Organe arbeiten loyal zusammen.

(3) Die Bestimmungen über die Europäische Zentralbank und den Rechnungshof sowie die detaillierten Bestimmungen über die übrigen Organe sind im Vertrag über die Arbeitsweise der Europäischen Union enthalten.

(4) Das Europäische Parlament, der Rat und die Kommission werden von einem Wirtschafts- und Sozialausschuss sowie einem Ausschuss der Regionen unterstützt, die beratende Aufgaben wahrnehmen.

Artikel 14

(1) Das Europäische Parlament wird gemeinsam mit dem Rat als Gesetzgeber tätig und übt gemeinsam mit ihm die Haushaltsbefugnisse aus. Es erfüllt Aufgaben der politischen Kontrolle und Beratungsfunktionen nach Maßgabe der Verträge. Es wählt den Präsidenten der Kommission.

(2) Das Europäische Parlament setzt sich aus Vertretern der Unionsbürgerinnen und Unionsbürger zusammen. Ihre Anzahl darf 750 nicht überschreiten, zuzüglich des Präsidenten. Die Bürgerinnen und Bürger sind im Europäischen Parlament degressiv proportional, mindestens jedoch mit sechs Mitgliedern je Mitgliedstaat vertreten. Kein Mitgliedstaat erhält mehr als 96 Sitze.[2]

[2] Der Höchstzahlregelung entspricht inzwischen Artikel 3 des Beschlusses des Europäischen Rates über die Zusammensetzung des Europäischen Parlaments vom 28. Juni 2018, ABl. Nr. L 165I v. 2.7.2018, S. 1.
Nach diesem wird die Zahl der in jedem Mitgliedstaat gewählten Vertreter im Europäischen Parlament für die Wahlperiode 2019–2024 wie folgt festgesetzt: Belgien 21, Bulgarien 17, Tschechische Republik 21, Dänemark 14, Deutschland 96, Estland 7, Irland 13, Griechenland 21, Spanien 59, Frankreich 79, Kroatien 12, Italien 76, Zypern 6, Lettland 8, Litauen 11, Luxemburg 6, Ungarn 21, Malta 6, Niederlande 29, Österreich 19, Polen 52, Portugal 21, Rumänien 33, Slowenien 8, Slowakei 14, Finnland 14, Schweden 21.

Der Europäische Rat erlässt einstimmig auf Initiative des Europäischen Parlaments und mit dessen Zustimmung einen Beschluss über die Zusammensetzung des Europäischen Parlaments, in dem die in Unterabsatz 1 genannten Grundsätze gewahrt sind.

(3) Die Mitglieder des Europäischen Parlaments werden in allgemeiner, unmittelbarer, freier und geheimer Wahl für eine Amtszeit von fünf Jahren gewählt.

(4) Das Europäische Parlament wählt aus seiner Mitte seinen Präsidenten und sein Präsidium.

Artikel 15

(1) Der Europäische Rat gibt der Union die für ihre Entwicklung erforderlichen Impulse und legt die allgemeinen politischen Zielvorstellungen und Prioritäten hierfür fest. Er wird nicht gesetzgeberisch tätig.

(2) Der Europäische Rat setzt sich zusammen aus den Staats- und Regierungschefs der Mitgliedstaaten sowie dem Präsidenten des Europäischen Rates und dem Präsidenten der Kommission. Der Hohe Vertreter der Union für Außen- und Sicherheitspolitik nimmt an seinen Arbeiten teil.

(3) Der Europäische Rat tritt zweimal pro Halbjahr zusammen; er wird von seinem Präsidenten einberufen. Wenn es die Tagesordnung erfordert, können die Mitglieder des Europäischen Rates beschließen, sich jeweils von einem Minister oder – im Fall des Präsidenten der Kommission – von einem Mitglied der Kommission unterstützen zu lassen. Wenn es die Lage erfordert, beruft der Präsident eine außerordentliche Tagung des Europäischen Rates ein.

(4) Soweit in den Verträgen nichts anderes festgelegt ist, entscheidet der Europäische Rat im Konsens.

(5) Der Europäische Rat wählt seinen Präsidenten mit qualifizierter Mehrheit für eine Amtszeit von zweieinhalb Jahren; der Präsident kann einmal wiedergewählt werden. Im Falle einer Verhinderung oder einer schweren Verfehlung kann der Europäische Rat ihn im Wege des gleichen Verfahrens von seinem Amt entbinden.

(6) Der Präsident des Europäischen Rates

a) führt den Vorsitz bei den Arbeiten des Europäischen Rates und gibt ihnen Impulse,
b) sorgt in Zusammenarbeit mit dem Präsidenten der Kommission auf der Grundlage der Arbeiten des Rates „Allgemeine Angelegenheiten" für die Vorbereitung und Kontinuität der Arbeiten des Europäischen Rates,
c) wirkt darauf hin, dass Zusammenhalt und Konsens im Europäischen Rat gefördert werden,
d) legt dem Europäischen Parlament im Anschluss an jede Tagung des Europäischen Rates einen Bericht vor.

Der Präsident des Europäischen Rates nimmt auf seiner Ebene und in seiner Eigenschaft, unbeschadet der Befugnisse des Hohen Vertreters der Union für Außen- und Sicherheitspolitik, die Außenvertretung der Union in Angelegenheiten der Gemeinsamen Außen- und Sicherheitspolitik wahr.

Der Präsident des Europäischen Rates darf kein einzelstaatliches Amt ausüben.

Artikel 16

(1) Der Rat wird gemeinsam mit dem Europäischen Parlament als Gesetzgeber tätig und übt gemeinsam mit ihm die Haushaltsbefugnisse aus. Zu seinen Aufgaben gehört die Festlegung der Politik und die Koordinierung nach Maßgabe der Verträge.

(2) Der Rat besteht aus je einem Vertreter jedes Mitgliedstaats auf Ministerebene, der befugt ist, für die Regierung des von ihm vertretenen Mitgliedstaats verbindlich zu handeln und das Stimmrecht auszuüben.

(3) Soweit in den Verträgen nichts anderes festgelegt ist, beschließt der Rat mit qualifizierter Mehrheit.

(4) Ab dem 1. November 2014 gilt als qualifizierte Mehrheit eine Mehrheit von mindestens 55 % der Mitglieder des Rates, gebildet aus mindestens 15 Mitgliedern, sofern die von diesen vertretenen Mitgliedstaaten zusammen mindestens 65 % der Bevölkerung der Union ausmachen.*)

---
*) Für die Zeit ab dem 1. April 2017 s. dazu jedoch auch Art. 3 Abs. 1 des Protokolls (Nr. 36) und Art. 4 bis 6 des Beschlusses des Rates vom 13. Dezember 2007, ABl. Nr. L 314 v. 1.12. 2009, S. 73 [beides hier abgedruckt unter 1/3c.]

Für eine Sperrminorität sind mindestens vier Mitglieder des Rates erforderlich, andernfalls gilt die qualifizierte Mehrheit als erreicht.

Die übrigen Modalitäten für die Abstimmung mit qualifizierter Mehrheit sind in Artikel 238 Absatz 2 des Vertrags über die Arbeitsweise der Europäischen Union festgelegt.

(5) Die Übergangsbestimmungen für die Definition der qualifizierten Mehrheit, die bis zum 31. Oktober 2014 gelten, sowie die Übergangsbestimmungen, die zwischen dem 1. November 2014 und dem 31. März 2017 gelten, sind im Protokoll über die Übergangsbestimmungen festgelegt.[3])

---
[3]) Für die Übergangszeit bis zum 31. März 2017 s. Art. 3 des Protokolls (Nr. 36) [hier abgedruckt unter 1/3c.] und Art. 1 bis 3 des Beschlusses des Rates vom 13. Dezember 2007, ABl. Nr. L 314 v. 1.12. 2009, S. 73.

(6) Der Rat tagt in verschiedenen Zusammensetzungen; die Liste dieser Zusammensetzungen wird nach Artikel 236 des Vertrags über die Arbeitsweise der Europäischen Union angenommen.

Als Rat „Allgemeine Angelegenheiten" sorgt er für die Kohärenz der Arbeiten des Rates in seinen verschiedenen Zusammensetzungen. In Verbindung mit dem Präsidenten des Europäischen Rates und mit der Kommission bereitet er die Tagungen des Europäischen Rates vor und sorgt für das weitere Vorgehen.

Als Rat „Auswärtige Angelegenheiten" gestaltet er das auswärtige Handeln der Union entsprechend den strategischen Vorgaben des Europäischen Rates und sorgt für die Kohärenz des Handelns der Union.

(7) Ein Ausschuss der Ständigen Vertreter der Regierungen der Mitgliedstaaten ist für die Vorbereitung der Arbeiten des Rates verantwortlich.

(8) Der Rat tagt öffentlich, wenn er über Entwürfe zu Gesetzgebungsakten berät und abstimmt. Zu diesem Zweck wird jede Ratstagung in zwei Teile unterteilt, von denen der eine den Beratungen über die Gesetzgebungsakte der Union und der andere den nicht die Gesetzgebung betreffenden Tätigkeiten gewidmet ist.

(9) Der Vorsitz im Rat in allen seinen Zusammensetzungen mit Ausnahme des Rates „Auswärtige Angelegenheiten" wird von den Vertretern der Mitgliedstaaten im Rat unter Bedingungen, die gemäß Artikel 236 des Vertrags über die Arbeitsweise der Europäischen Union festgelegt werden, nach einem System der gleichberechtigten Rotation wahrgenommen.

Artikel 17

(1) Die Kommission fördert die allgemeinen Interessen der Union und ergreift geeignete Initiativen zu diesem Zweck. Sie sorgt für die Anwendung der Verträge sowie der von den Organen kraft der Verträge erlassenen Maßnahmen. Sie überwacht die Anwendung des Unionsrechts unter der Kontrolle des Gerichtshofs der Europäischen Union. Sie führt den Haushaltsplan aus und verwaltet die Programme. Sie übt nach Maßgabe der Verträge Koordinierungs-, Exekutiv- und Verwaltungsfunktionen aus. Außer in der Gemeinsamen Außen- und Sicherheitspolitik und den übrigen in den Verträgen vorgesehenen Fällen nimmt sie die Vertretung der Union nach außen wahr. Sie leitet die jährliche und die mehrjährige Programmplanung der Union mit dem Ziel ein, interinstitutionelle Vereinbarungen zu erreichen.

(2) Soweit in den Verträgen nichts anderes festgelegt ist, darf ein Gesetzgebungsakt der Union nur auf Vorschlag der Kommission erlassen werden. Andere Rechtsakte werden auf der Grundlage eines Kommissionsvorschlags erlassen, wenn dies in den Verträgen vorgesehen ist.

(3) Die Amtszeit der Kommission beträgt fünf Jahre.

Die Mitglieder der Kommission werden aufgrund ihrer allgemeinen Befähigung und ihres Einsatzes für Europa unter Persönlichkeiten ausgewählt, die volle Gewähr für ihre Unabhängigkeit bieten.

Die Kommission übt ihre Tätigkeit in voller Unabhängigkeit aus. Die Mitglieder der Kommission dürfen unbeschadet des Artikels 18 Absatz 2 Weisungen von einer Regierung, einem Organ, einer Einrichtung oder jeder anderen Stelle weder einholen noch entgegennehmen. Sie enthalten sich jeder Handlung, die mit ihrem Amt oder der Erfüllung ihrer Aufgaben unvereinbar ist.

(4) Die Kommission, die zwischen dem Zeitpunkt des Inkrafttretens des Vertrags von Lissabon und dem 31. Oktober 2014 ernannt wird, besteht einschließlich ihres Präsidenten und des Hohen Vertreters der Union für Außen- und Sicherheitspolitik, der einer der Vizepräsidenten der Kommission ist, aus je einem Staatsangehörigen jedes Mitgliedstaats.

(5) Ab dem 1. November 2014 besteht die Kommission, einschließlich ihres Präsidenten und des Hohen Vertreters der Union für Außen- und Sicherheitspolitik, aus einer Anzahl von Mitgliedern, die zwei Dritteln der Zahl der Mitgliedstaaten entspricht, sofern der Europäische Rat nicht einstimmig eine Änderung dieser Anzahl beschließt.

Die Mitglieder der Kommission werden unter den Staatsangehörigen der Mitgliedstaaten in einem System der strikt gleichberechtigten Rotation zwischen den Mitgliedstaaten so ausgewählt, dass das demografische und geografische Spektrum der Gesamtheit der Mitgliedstaaten zum Ausdruck kommt. Dieses System wird vom Europäischen Rat nach Artikel 244 des Vertrags über die Arbeitsweise der Europäischen Union einstimmig festgelegt.[4]

[4] Abweichend davon bestimmt Art. 1 des Beschlusses des Europäischen Rates 2013/272/EU über die Anzahl der Mitglieder der Europäischen Kommission vom 22. Mai 2013, ABl. Nr. L 165 v. 18.6.2013, S. 98, dass die Kommission einschließlich ihres Präsidenten und des Hohen Vertreters der Union für Außen- und Sicherheitspolitik aus einer Anzahl von Mitgliedern besteht, die der Zahl der Mitgliedstaaten entspricht.

(6) Der Präsident der Kommission
a) legt die Leitlinien fest, nach denen die Kommission ihre Aufgaben ausübt,
b) beschließt über die interne Organisation der Kommission, um die Kohärenz, die Effizienz und das Kollegialitätsprinzip im Rahmen ihrer Tätigkeit sicherzustellen,
c) ernennt, mit Ausnahme des Hohen Vertreters der Union für Außen- und Sicherheitspolitik, die Vizepräsidenten aus dem Kreis der Mitglieder der Kommission.

Ein Mitglied der Kommission legt sein Amt nieder, wenn es vom Präsidenten dazu aufgefordert wird. Der Hohe Vertreter der Union für Außen- und Sicherheitspolitik legt sein Amt nach dem Verfahren des Artikels 18 Absatz 1 nieder, wenn er vom Präsidenten dazu aufgefordert wird.

(7) Der Europäische Rat schlägt dem Europäischen Parlament nach entsprechenden Konsultationen mit qualifizierter Mehrheit einen Kandidaten für das Amt des Präsidenten der Kommission vor; dabei berücksichtigt er das Ergebnis der Wahlen zum Europäischen Parlament. Das Europäische Parlament wählt diesen Kandidaten mit der Mehrheit seiner Mitglieder. Erhält dieser Kandidat nicht die Mehrheit, so schlägt der Europäische Rat dem Europäischen Parlament innerhalb eines Monats mit qualifizierter Mehrheit einen neuen Kandidaten vor, für dessen Wahl das Europäische Parlament dasselbe Verfahren anwendet.

Der Rat nimmt, im Einvernehmen mit dem gewählten Präsidenten, die Liste der anderen Persönlichkeiten an, die er als Mitglieder der Kommission vorschlägt. Diese werden auf der Grundlage der Vorschläge der Mitgliedstaaten entsprechend den Kriterien nach Absatz 3 Unterabsatz 2 und Absatz 5 Unterabsatz 2 ausgewählt.

Der Präsident, der Hohe Vertreter der Union für Außen- und Sicherheitspolitik und die übrigen Mitglieder der Kommission stellen sich als Kollegium einem Zustimmungsvotum des Europäischen Parlaments. Auf der Grundlage dieser Zustimmung wird die Kommission vom Europäischen Rat mit qualifizierter Mehrheit ernannt.

(8) Die Kommission ist als Kollegium dem Europäischen Parlament verantwortlich. Das Europäische Parlament kann nach Artikel 234 des Vertrags über die Arbeitsweise der Europäischen Union einen Misstrauensantrag gegen die Kommission annehmen. Wird ein solcher Antrag angenommen, so müssen die Mitglieder der Kommission geschlossen ihr Amt niederlegen, und der Hohe Vertreter der Union für Außen- und Sicherheitspolitik muss sein im Rahmen der Kommission ausgeübtes Amt niederlegen.

Artikel 18

(1) Der Europäische Rat ernennt mit qualifizierter Mehrheit und mit Zustimmung des Präsidenten der Kommission den Hohen Vertreter der Union für Außen- und Sicherheitspolitik. Der Europäische Rat kann die Amtszeit des Hohen Vertreters nach dem gleichen Verfahren beenden.

(2) Der Hohe Vertreter leitet die Gemeinsame Außen- und Sicherheitspolitik der Union. Er trägt durch seine Vorschläge zur Festlegung dieser Politik bei und führt sie im Auftrag des Rates durch. Er handelt ebenso im Bereich der Gemeinsamen Sicherheits- und Verteidigungspolitik.

(3) Der Hohe Vertreter führt den Vorsitz im Rat „Auswärtige Angelegenheiten".

(4) Der Hohe Vertreter ist einer der Vizepräsidenten der Kommission. Er sorgt für die Kohärenz des auswärtigen Handelns der Union. Er ist innerhalb der Kommission mit deren Zuständigkeiten im Bereich der Außenbeziehungen und mit der Koordinierung der übrigen Aspekte des auswärtigen Handelns der Union betraut. Bei der Wahrnehmung dieser Zuständigkeiten in der Kommission und ausschließlich im Hinblick auf diese Zuständigkeiten

unterliegt der Hohe Vertreter den Verfahren, die für die Arbeitsweise der Kommission gelten, soweit dies mit den Absätzen 2 und 3 vereinbar ist.

Artikel 19

(1) Der Gerichtshof der Europäischen Union umfasst den Gerichtshof, das Gericht und Fachgerichte. Er sichert die Wahrung des Rechts bei der Auslegung und Anwendung der Verträge.

Die Mitgliedstaaten schaffen die erforderlichen Rechtsbehelfe, damit ein wirksamer Rechtsschutz in den vom Unionsrecht erfassten Bereichen gewährleistet ist.

(2) Der Gerichtshof besteht aus einem Richter je Mitgliedstaat. Er wird von Generalanwälten unterstützt.

Das Gericht besteht aus mindestens einem Richter je Mitgliedstaat.

Als Richter und Generalanwälte des Gerichtshofs und als Richter des Gerichts sind Persönlichkeiten auszuwählen, die jede Gewähr für Unabhängigkeit bieten und die Voraussetzungen der Artikel 253 und 254 des Vertrags über die Arbeitsweise der Europäischen Union erfüllen. Sie werden von den Regierungen der Mitgliedstaaten im gegenseitigen Einvernehmen für eine Amtszeit von sechs Jahren ernannt. Die Wiederernennung ausscheidender Richter und Generalanwälte ist zulässig.

(3) Der Gerichtshof der Europäischen Union entscheidet nach Maßgabe der Verträge

a) über Klagen eines Mitgliedstaats, eines Organs oder natürlicher oder juristischer Personen;
b) im Wege der Vorabentscheidung auf Antrag der einzelstaatlichen Gerichte über die Auslegung des Unionsrechts oder über die Gültigkeit der Handlungen der Organe;
c) in allen anderen in den Verträgen vorgesehenen Fällen.

TITEL IV
BESTIMMUNGEN ÜBER EINE VERSTÄRKTE ZUSAMMENARBEIT

Artikel 20
(ex-Artikel 27a bis 27e, 40 bis 40b und 43 bis 45 EUV und ex-Artikel 11 und 11a EGV)

(1) Die Mitgliedstaaten, die untereinander eine Verstärkte Zusammenarbeit im Rahmen der nicht ausschließlichen Zuständigkeiten der Union begründen wollen, können, in den Grenzen und nach Maßgabe dieses Artikels und der Artikel 326 bis 334 des Vertrags über die Arbeitsweise der Europäischen Union, die Organe der Union in Anspruch nehmen und diese Zuständigkeiten unter Anwendung der einschlägigen Bestimmungen der Verträge ausüben.

Eine Verstärkte Zusammenarbeit ist darauf ausgerichtet, die Verwirklichung der Ziele der Union zu fördern, ihre Interessen zu schützen und ihren Integrationsprozess zu stärken. Sie steht allen Mitgliedstaaten nach Artikel 328 des Vertrags über die Arbeitsweise der Europäischen Union jederzeit offen.

(2) Der Beschluss über die Ermächtigung zu einer Verstärkten Zusammenarbeit wird vom Rat als letztes Mittel erlassen, wenn dieser feststellt, dass die mit dieser Zusammenarbeit angestrebten Ziele von der Union in ihrer Gesamtheit nicht innerhalb eines vertretbaren Zeitraums verwirklicht werden können, und sofern an der Zusammenarbeit mindestens neun Mitgliedstaaten beteiligt sind. Der Rat beschließt nach dem in Artikel 329 des Vertrags über die Arbeitsweise der Europäischen Union vorgesehenen Verfahren.

(3) Alle Mitglieder des Rates können an dessen Beratungen teilnehmen, aber nur die Mitglieder des Rates, die die an der Verstärkten Zusammenarbeit beteiligten Mitgliedstaaten vertreten, nehmen an der Abstimmung teil. Die Abstimmungsmodalitäten sind in Artikel 330 des Vertrags über die Arbeitsweise der Europäischen Union vorgesehen.

(4) An die im Rahmen einer Verstärkten Zusammenarbeit erlassenen Rechtsakte sind nur die an dieser Zusammenarbeit beteiligten Mitgliedstaaten gebunden. Sie gelten nicht als Besitzstand, der von beitrittswilligen Staaten angenommen werden muss.

TITEL V
ALLGEMEINE BESTIMMUNGEN ÜBER DAS AUSWÄRTIGE HANDELN DER UNION UND BESONDERE BESTIMMUNGEN ÜBER DIE GEMEINSAME AUSSEN- UND SICHERHEITSPOLITIK

KAPITEL 1
ALLGEMEINE BESTIMMUNGEN ÜBER DAS AUSWÄRTIGE HANDELN DER UNION

Artikel 21

(1) Die Union lässt sich bei ihrem Handeln auf internationaler Ebene von den Grundsätzen leiten, die für ihre eigene Entstehung, Entwicklung und Erweiterung maßgebend waren und denen sie auch weltweit zu stärkerer Geltung verhelfen will: Demokratie, Rechtsstaatlichkeit, die universelle Gültigkeit und Unteilbarkeit der Menschenrechte und Grundfreiheiten, die Achtung der Menschenwürde, der Grundsatz der Gleichheit und der Grundsatz der Solidarität sowie die Achtung der Grundsätze der Charta der Vereinten Nationen und des Völkerrechts.

Die Union strebt an, die Beziehungen zu Drittländern und zu regionalen oder weltweiten internationalen Organisationen, die die in Unterabsatz 1 aufgeführten Grundsätze teilen, auszubauen und Partnerschaften mit ihnen aufzubauen. Sie setzt sich insbesondere im Rahmen der Vereinten Nationen für multilaterale Lösungen bei gemeinsamen Problemen ein.

(2) Die Union legt die gemeinsame Politik sowie Maßnahmen fest, führt diese durch und setzt sich

für ein hohes Maß an Zusammenarbeit auf allen Gebieten der internationalen Beziehungen ein, um
a) ihre Werte, ihre grundlegenden Interessen, ihre Sicherheit, ihre Unabhängigkeit und ihre Unversehrtheit zu wahren;
b) Demokratie, Rechtsstaatlichkeit, die Menschenrechte und die Grundsätze des Völkerrechts zu festigen und zu fördern;
c) nach Maßgabe der Ziele und Grundsätze der Charta der Vereinten Nationen sowie der Prinzipien der Schlussakte von Helsinki und der Ziele der Charta von Paris, einschließlich derjenigen, die die Außengrenzen betreffen, den Frieden zu erhalten, Konflikte zu verhüten und die internationale Sicherheit zu stärken;
d) die nachhaltige Entwicklung in Bezug auf Wirtschaft, Gesellschaft und Umwelt in den Entwicklungsländern zu fördern mit dem vorrangigen Ziel, die Armut zu beseitigen;
e) die Integration aller Länder in die Weltwirtschaft zu fördern, unter anderem auch durch den schrittweisen Abbau internationaler Handelshemmnisse;
f) zur Entwicklung von internationalen Maßnahmen zur Erhaltung und Verbesserung der Qualität der Umwelt und der nachhaltigen Bewirtschaftung der weltweiten natürlichen Ressourcen beizutragen, um eine nachhaltige Entwicklung sicherzustellen;
g) den Völkern, Ländern und Regionen, die von Naturkatastrophen oder von vom Menschen verursachten Katastrophen betroffen sind, zu helfen; und
h) eine Weltordnung zu fördern, die auf einer verstärkten multilateralen Zusammenarbeit und einer verantwortungsvollen Weltordnungspolitik beruht.

(3) Die Union wahrt bei der Ausarbeitung und Umsetzung ihres auswärtigen Handelns in den verschiedenen unter diesen Titel und den Fünften Teil des Vertrags über die Arbeitsweise der Europäischen Union fallenden Bereichen sowie der externen Aspekte der übrigen Politikbereiche die in den Absätzen 1 und 2 genannten Grundsätze und Ziele.

Die Union achtet auf die Kohärenz zwischen den einzelnen Bereichen ihres auswärtigen Handelns sowie zwischen diesen und ihren übrigen Politikbereichen. Der Rat und die Kommission, die vom Hohen Vertreter der Union für Außen- und Sicherheitspolitik unterstützt werden, stellen diese Kohärenz sicher und arbeiten zu diesem Zweck zusammen.

Artikel 22

(1) Auf der Grundlage der in Artikel 21 aufgeführten Grundsätze und Ziele legt der Europäische Rat die strategischen Interessen und Ziele der Union fest.

Die Beschlüsse des Europäischen Rates über die strategischen Interessen und Ziele der Union erstrecken sich auf die Gemeinsame Außen- und Sicherheitspolitik sowie auf andere Bereiche des auswärtigen Handelns der Union. Sie können die Beziehungen der Union zu einem Land oder einer Region betreffen oder aber ein bestimmtes Thema zum Gegenstand haben. Sie enthalten Bestimmungen zu ihrer Geltungsdauer und zu den von der Union und den Mitgliedstaaten bereitzustellenden Mitteln.

Der Europäische Rat beschließt einstimmig auf Empfehlung des Rates, die dieser nach den für den jeweiligen Bereich vorgesehenen Regelungen abgibt. Die Beschlüsse des Europäischen Rates werden nach Maßgabe der in den Verträgen vorgesehenen Verfahren durchgeführt.

(2) Der Hohe Vertreter der Union für Außen- und Sicherheitspolitik und die Kommission können dem Rat gemeinsame Vorschläge vorlegen, wobei der Hohe Vertreter für den Bereich der Gemeinsamen Außen- und Sicherheitspolitik und die Kommission für die anderen Bereiche des auswärtigen Handelns zuständig ist.

KAPITEL 2
BESONDERE BESTIMMUNGEN ÜBER DIE GEMEINSAME AUSSEN- UND SICHERHEITSPOLITIK

ABSCHNITT 1
GEMEINSAME BESTIMMUNGEN

Artikel 23

Das Handeln der Union auf internationaler Ebene im Rahmen dieses Kapitels beruht auf den Grundsätzen des Kapitels 1, verfolgt die darin genannten Ziele und steht mit den allgemeinen Bestimmungen jenes Kapitels im Einklang.

Artikel 24
(ex-Artikel 11 EUV)

(1) Die Zuständigkeit der Union in der Gemeinsamen Außen- und Sicherheitspolitik erstreckt sich auf alle Bereiche der Außenpolitik sowie auf sämtliche Fragen im Zusammenhang mit der Sicherheit der Union, einschließlich der schrittweisen Festlegung einer gemeinsamen Verteidigungspolitik, die zu einer gemeinsamen Verteidigung führen kann.

Für die Gemeinsame Außen- und Sicherheitspolitik gelten besondere Bestimmungen und Verfahren. Sie wird vom Europäischen Rat und vom Rat einstimmig festgelegt und durchgeführt, soweit in den Verträgen nichts anderes vorgesehen ist. Der Erlass von Gesetzgebungsakten ist ausgeschlossen. Die Gemeinsame Außen- und Sicherheitspolitik wird vom Hohen Vertreter der Union für Außen- und Sicherheitspolitik und von den Mitgliedstaaten gemäß den Verträgen durchgeführt. Die spezifische Rolle des Europäischen Parlaments und der Kommission in diesem Bereich ist in den Verträgen festgelegt. Der Gerichtshof der Europäischen Union ist in Bezug auf diese Bestimmungen nicht zuständig; hiervon ausgenommen ist die Kontrolle der Einhaltung des Artikels 40 dieses Vertrags und die Überwachung der Rechtmäßigkeit bestimmter

Beschlüsse nach Artikel 275 Absatz 2 des Vertrags über die Arbeitsweise der Europäischen Union.

(2) Die Union verfolgt, bestimmt und verwirklicht im Rahmen der Grundsätze und Ziele ihres auswärtigen Handelns eine Gemeinsame Außen- und Sicherheitspolitik, die auf einer Entwicklung der gegenseitigen politischen Solidarität der Mitgliedstaaten, der Ermittlung der Fragen von allgemeiner Bedeutung und der Erreichung einer immer stärkeren Konvergenz des Handelns der Mitgliedstaaten beruht.

(3) Die Mitgliedstaaten unterstützen die Außen- und Sicherheitspolitik der Union aktiv und vorbehaltlos im Geiste der Loyalität und der gegenseitigen Solidarität und achten das Handeln der Union in diesem Bereich.

Die Mitgliedstaaten arbeiten zusammen, um ihre gegenseitige politische Solidarität zu stärken und weiterzuentwickeln. Sie enthalten sich jeder Handlung, die den Interessen der Union zuwiderläuft oder ihrer Wirksamkeit als kohärente Kraft in den internationalen Beziehungen schaden könnte.

Der Rat und der Hohe Vertreter tragen für die Einhaltung dieser Grundsätze Sorge.

Artikel 25
(ex-Artikel 12 EUV)

Die Union verfolgt ihre Gemeinsame Außen- und Sicherheitspolitik, indem sie

a) die allgemeinen Leitlinien bestimmt,
b) Beschlüsse erlässt zur Festlegung
   i) der von der Union durchzuführenden Aktionen,
   ii) der von der Union einzunehmenden Standpunkte,
   iii) der Einzelheiten der Durchführung der unter den Ziffern i und ii genannten Beschlüsse,
   und
c) die systematische Zusammenarbeit der Mitgliedstaaten bei der Führung ihrer Politik ausbaut.

Artikel 26
(ex-Artikel 13 EUV)

(1) Der Europäische Rat bestimmt die strategischen Interessen der Union und legt die Ziele und die allgemeinen Leitlinien der Gemeinsamen Außen- und Sicherheitspolitik fest, und zwar auch bei Fragen mit verteidigungspolitischen Bezügen. Er erlässt die erforderlichen Beschlüsse.

Wenn eine internationale Entwicklung es erfordert, beruft der Präsident des Europäischen Rates eine außerordentliche Tagung des Europäischen Rates ein, um die strategischen Vorgaben für die Politik der Union angesichts dieser Entwicklung festzulegen.

(2) Der Rat gestaltet die Gemeinsame Außen- und Sicherheitspolitik und fasst die für die Festlegung und Durchführung dieser Politik erforderlichen Beschlüsse auf der Grundlage der vom Europäischen Rat festgelegten allgemeinen Leitlinien und strategischen Vorgaben.

Der Rat und der Hohe Vertreter der Union für Außen- und Sicherheitspolitik tragen für ein einheitliches, kohärentes und wirksames Vorgehen der Union Sorge.

(3) Die Gemeinsame Außen- und Sicherheitspolitik wird vom Hohen Vertreter und von den Mitgliedstaaten mit einzelstaatlichen Mitteln und den Mitteln der Union durchgeführt.

Artikel 27

(1) Der Hohe Vertreter der Union für Außen- und Sicherheitspolitik, der im Rat „Auswärtige Angelegenheiten" den Vorsitz führt, trägt durch seine Vorschläge zur Festlegung der Gemeinsamen Außen- und Sicherheitspolitik bei und stellt sicher, dass die vom Europäischen Rat und vom Rat erlassenen Beschlüsse durchgeführt werden.

(2) Der Hohe Vertreter vertritt die Union in den Bereichen der Gemeinsamen Außen- und Sicherheitspolitik. Er führt im Namen der Union den politischen Dialog mit Dritten und vertritt den Standpunkt der Union in internationalen Organisationen und auf internationalen Konferenzen.

(3) Bei der Erfüllung seines Auftrags stützt sich der Hohe Vertreter auf einen Europäischen Auswärtigen Dienst. Dieser Dienst arbeitet mit den diplomatischen Diensten der Mitgliedstaaten zusammen und umfasst Beamte aus den einschlägigen Abteilungen des Generalsekretariats des Rates und der Kommission sowie abgeordnetes Personal der nationalen diplomatischen Dienste. Die Organisation und die Arbeitsweise des Europäischen Auswärtigen Dienstes werden durch einen Beschluss des Rates festgelegt. Der Rat beschließt auf Vorschlag des Hohen Vertreters nach Anhörung des Europäischen Parlaments und nach Zustimmung der Kommission.

Artikel 28
(ex-Artikel 14 EUV)

(1) Verlangt eine internationale Situation ein operatives Vorgehen der Union, so erlässt der Rat die erforderlichen Beschlüsse. In den Beschlüssen sind ihre Ziele, ihr Umfang, die der Union zur Verfügung zu stellenden Mittel sowie die Bedingungen und erforderlichenfalls der Zeitraum für ihre Durchführung festgelegt.

Tritt eine Änderung der Umstände mit erheblichen Auswirkungen auf eine Angelegenheit ein, die Gegenstand eines solchen Beschlusses ist, so überprüft der Rat die Grundsätze und Ziele dieses Beschlusses und erlässt die erforderlichen Beschlüsse.

(2) Die Beschlüsse nach Absatz 1 sind für die Mitgliedstaaten bei ihren Stellungnahmen und ihrem Vorgehen bindend.

(3) Jede einzelstaatliche Stellungnahme oder Maßnahme, die im Rahmen eines Beschlusses nach Absatz 1 geplant ist, wird von dem betreffenden Mitgliedstaat so rechtzeitig mitgeteilt, dass erforderlichenfalls eine vorherige Abstimmung im Rat

stattfinden kann. Die Pflicht zur vorherigen Unterrichtung gilt nicht für Maßnahmen, die eine bloße praktische Umsetzung der Beschlüsse des Rates auf einzelstaatlicher Ebene darstellen.

(4) Bei zwingender Notwendigkeit aufgrund der Entwicklung der Lage und falls eine Überprüfung des Beschlusses des Rates nach Absatz 1 nicht stattfindet, können die Mitgliedstaaten unter Berücksichtigung der allgemeinen Ziele des genannten Beschlusses die erforderlichen Sofortmaßnahmen ergreifen. Der betreffende Mitgliedstaat unterrichtet den Rat sofort über derartige Maßnahmen.

(5) Ein Mitgliedstaat befasst den Rat, wenn sich bei der Durchführung eines Beschlusses nach diesem Artikel größere Schwierigkeiten ergeben; der Rat berät darüber und sucht nach angemessenen Lösungen. Diese dürfen nicht im Widerspruch zu den Zielen des Beschlusses nach Absatz 1 stehen oder seiner Wirksamkeit schaden.

Artikel 29
(ex-Artikel 15 EUV)

Der Rat erlässt Beschlüsse, in denen der Standpunkt der Union zu einer bestimmten Frage geografischer oder thematischer Art bestimmt wird. Die Mitgliedstaaten tragen dafür Sorge, dass ihre einzelstaatliche Politik mit den Standpunkten der Union in Einklang steht.

Artikel 30
(ex-Artikel 22 EUV)

(1) Jeder Mitgliedstaat, der Hohe Vertreter der Union für Außen- und Sicherheitspolitik oder der Hohe Vertreter mit Unterstützung der Kommission kann den Rat mit einer Frage der Gemeinsamen Außen- und Sicherheitspolitik befassen und ihm Initiativen beziehungsweise Vorschläge unterbreiten.

(2) In den Fällen, in denen eine rasche Entscheidung notwendig ist, beruft der Hohe Vertreter von sich aus oder auf Antrag eines Mitgliedstaats innerhalb von 48 Stunden, bei absoluter Notwendigkeit in kürzerer Zeit, eine außerordentliche Tagung des Rates ein.

Artikel 31
(ex-Artikel 23 EUV)

(1) Beschlüsse nach diesem Kapitel werden vom Europäischen Rat und vom Rat einstimmig gefasst, soweit in diesem Kapitel nichts anderes festgelegt ist. Der Erlass von Gesetzgebungsakten ist ausgeschlossen.

Bei der Stimmenthaltung kann jedes Ratsmitglied zu seiner Enthaltung eine förmliche Erklärung im Sinne dieses Unterabsatzes abgeben. In diesem Fall ist es nicht verpflichtet, den Beschluss durchzuführen, akzeptiert jedoch, dass der Beschluss für die Union bindend ist. Im Geiste gegenseitiger Solidarität unterlässt der betreffende Mitgliedstaat alles, was dem auf diesem Beschluss beruhenden Vorgehen der Union zuwiderlaufen oder es behindern könnte, und die anderen Mitgliedstaaten respektieren seinen Standpunkt. Vertreten die Mitglieder des Rates, die bei ihrer Stimmenthaltung eine solche Erklärung abgeben, mindestens ein Drittel der Mitgliedstaaten, die mindestens ein Drittel der Unionsbevölkerung ausmachen, so wird der Beschluss nicht erlassen.

(2) Abweichend von Absatz 1 beschließt der Rat mit qualifizierter Mehrheit, wenn er

– auf der Grundlage eines Beschlusses des Europäischen Rates über die strategischen Interessen und Ziele der Union nach Artikel 22 Absatz 1 einen Beschluss erlässt, mit dem eine Aktion oder ein Standpunkt der Union festgelegt wird;

– auf einen Vorschlag hin, den ihm der Hohe Vertreter der Union für Außen- und Sicherheitspolitik auf spezielles Ersuchen des Europäischen Rates unterbreitet hat, das auf dessen eigene Initiative oder auf eine Initiative des Hohen Vertreters zurückgeht, einen Beschluss erlässt, mit dem eine Aktion oder ein Standpunkt der Union festgelegt wird;

– einen Beschluss zur Durchführung eines Beschlusses, mit dem eine Aktion oder ein Standpunkt der Union festgelegt wird, erlässt;

– nach Artikel 33 einen Sonderbeauftragten ernennt.

Erklärt ein Mitglied des Rates, dass es aus wesentlichen Gründen der nationalen Politik, die es auch nennen muss, die Absicht hat, einen mit qualifizierter Mehrheit zu fassenden Beschluss abzulehnen, so erfolgt keine Abstimmung. Der Hohe Vertreter bemüht sich in engem Benehmen mit dem betroffenen Mitgliedstaat um eine für diesen Mitgliedstaat annehmbare Lösung. Gelingt dies nicht, so kann der Rat mit qualifizierter Mehrheit veranlassen, dass die Frage im Hinblick auf einen einstimmigen Beschluss an den Europäischen Rat verwiesen wird.

(3) Der Europäische Rat kann einstimmig einen Beschluss erlassen, in dem vorgesehen ist, dass der Rat in anderen als den in Absatz 2 genannten Fällen mit qualifizierter Mehrheit beschließt.

(4) Die Absätze 2 und 3 gelten nicht für Beschlüsse mit militärischen oder verteidigungspolitischen Bezügen.

(5) In Verfahrensfragen beschließt der Rat mit der Mehrheit seiner Mitglieder.

Artikel 32
(ex-Artikel 16 EUV)

Die Mitgliedstaaten stimmen sich im Europäischen Rat und im Rat zu jeder außen- und sicherheitspolitischen Frage von allgemeiner Bedeutung ab, um ein gemeinsames Vorgehen festzulegen. Bevor ein Mitgliedstaat in einer Weise, die die Interessen der Union berühren könnte, auf internationaler Ebene tätig wird oder eine Verpflichtung eingeht, konsultiert er die anderen Mitgliedstaaten im Europäischen Rat oder im Rat. Die Mitgliedstaaten gewährleisten durch konvergentes Handeln, dass die Union ihre Interessen und ihre Werte auf internationaler Ebene geltend machen kann. Die Mitgliedstaaten sind untereinander solidarisch.

Hat der Europäische Rat oder der Rat ein gemeinsames Vorgehen der Union im Sinne des Absatzes 1 festgelegt, so koordinieren der Hohe Vertreter der Union für Außen- und Sicherheitspolitik und die Minister für auswärtige Angelegenheiten der Mitgliedstaaten ihre Tätigkeiten im Rat.

Die diplomatischen Vertretungen der Mitgliedstaaten und die Delegationen der Union in Drittländern und bei internationalen Organisationen arbeiten zusammen und tragen zur Festlegung und Durchführung des gemeinsamen Vorgehens bei.

Artikel 33
(ex-Artikel 18 EUV)

Der Rat kann auf Vorschlag des Hohen Vertreters der Union für Außen- und Sicherheitspolitik einen Sonderbeauftragten für besondere politische Fragen ernennen. Der Sonderbeauftragte übt sein Mandat unter der Verantwortung des Hohen Vertreters aus.

Artikel 34
(ex-Artikel 19 EUV)

(1) Die Mitgliedstaaten koordinieren ihr Handeln in internationalen Organisationen und auf internationalen Konferenzen. Sie treten dort für die Standpunkte der Union ein. Der Hohe Vertreter der Union für Außen- und Sicherheitspolitik trägt für die Organisation dieser Koordinierung Sorge.

In den internationalen Organisationen und auf internationalen Konferenzen, bei denen nicht alle Mitgliedstaaten vertreten sind, setzen sich die dort vertretenen Mitgliedstaaten für die Standpunkte der Union ein.

(2) Nach Artikel 24 Absatz 3 unterrichten die Mitgliedstaaten, die in internationalen Organisationen oder auf internationalen Konferenzen vertreten sind, die dort nicht vertretenen Mitgliedstaaten und den Hohen Vertreter laufend über alle Fragen von gemeinsamem Interesse.

Die Mitgliedstaaten, die auch Mitglieder des Sicherheitsrats der Vereinten Nationen sind, stimmen sich ab und unterrichten die übrigen Mitgliedstaaten sowie den Hohen Vertreter in vollem Umfang. Die Mitgliedstaaten, die Mitglieder des Sicherheitsrats sind, setzen sich bei der Wahrnehmung ihrer Aufgaben unbeschadet ihrer Verantwortlichkeiten aufgrund der Charta der Vereinten Nationen für die Standpunkte und Interessen der Union ein.

Wenn die Union einen Standpunkt zu einem Thema festgelegt hat, das auf der Tagesordnung des Sicherheitsrats der Vereinten Nationen steht, beantragen die dort vertretenen Mitgliedstaaten, dass der Hohe Vertreter gebeten wird, den Standpunkt der Union vorzutragen.

Artikel 35
(ex-Artikel 20 EUV)

Die diplomatischen und konsularischen Vertretungen der Mitgliedstaaten und die Delegationen der Union in dritten Ländern und auf internationalen Konferenzen sowie ihre Vertretungen bei internationalen Organisationen stimmen sich ab, um die Einhaltung und Durchführung der nach diesem Kapitel erlassenen Beschlüsse, mit denen Standpunkte und Aktionen der Union festgelegt werden, zu gewährleisten.

Sie intensivieren ihre Zusammenarbeit durch Informationsaustausch und gemeinsame Bewertungen.

Sie tragen zur Verwirklichung des in Artikel 20 Absatz 2 Buchstabe c des Vertrags über die Arbeitsweise der Europäischen Union genannten Rechts der Unionsbürgerinnen und Unionsbürger auf Schutz im Hoheitsgebiet von Drittländern und zur Durchführung der nach Artikel 23 des genannten Vertrags erlassenen Maßnahmen bei.

Artikel 36
(ex-Artikel 21 EUV)

Der Hohe Vertreter der Union für Außen- und Sicherheitspolitik hört das Europäische Parlament regelmäßig zu den wichtigsten Aspekten und den grundlegenden Weichenstellungen der Gemeinsamen Außen- und Sicherheitspolitik und der Gemeinsamen Sicherheits- und Verteidigungspolitik und unterrichtet es über die Entwicklung der Politik in diesen Bereichen. Er achtet darauf, dass die Auffassungen des Europäischen Parlaments gebührend berücksichtigt werden. Die Sonderbeauftragten können zur Unterrichtung des Europäischen Parlaments mit herangezogen werden.

Das Europäische Parlament kann Anfragen oder Empfehlungen an den Rat und den Hohen Vertreter richten. Zweimal jährlich führt es eine Aussprache über die Fortschritte bei der Durchführung der Gemeinsamen Außen- und Sicherheitspolitik, einschließlich der Gemeinsamen Sicherheits- und Verteidigungspolitik.

Artikel 37
(ex-Artikel 24 EUV)

Die Union kann in den unter dieses Kapitel fallenden Bereichen Übereinkünfte mit einem oder mehreren Staaten oder internationalen Organisationen schließen.

Artikel 38
(ex-Artikel 25 EUV)

Unbeschadet des Artikels 240 des Vertrags über die Arbeitsweise der Europäischen Union verfolgt ein Politisches und Sicherheitspolitisches Komitee die internationale Lage in den Bereichen der Gemeinsamen Außen- und Sicherheitspolitik und trägt auf Ersuchen des Rates, des Hohen Vertreters der Union für Außen- und Sicherheitspolitik oder von sich aus durch an den Rat gerichtete Stellungnahmen zur Festlegung der Politiken bei. Ferner überwacht es die Durchführung vereinbarter Politiken; dies gilt unbeschadet der Zuständigkeiten des Hohen Vertreters.

Im Rahmen dieses Kapitels nimmt das Politische und Sicherheitspolitische Komitee unter der Verantwortung des Rates und des Hohen Vertreters die politische Kontrolle und strategische Leitung von Krisenbewältigungsoperationen im Sinne des Artikels 43 wahr.

Der Rat kann das Komitee für den Zweck und die Dauer einer Operation zur Krisenbewältigung, die vom Rat festgelegt werden, ermächtigen, geeignete Beschlüsse hinsichtlich der politischen Kontrolle und strategischen Leitung der Operation zu fassen.

Artikel 39

Gemäß Artikel 16 des Vertrags über die Arbeitsweise der Europäischen Union und abweichend von Absatz 2 des genannten Artikels erlässt der Rat einen Beschluss zur Festlegung von Vorschriften über den Schutz natürlicher Personen bei der Verarbeitung personenbezogener Daten durch die Mitgliedstaaten im Rahmen der Ausübung von Tätigkeiten, die in den Anwendungsbereich dieses Kapitels fallen, und über den freien Datenverkehr. Die Einhaltung dieser Vorschriften wird von unabhängigen Behörden überwacht.

Artikel 40
(ex-Artikel 47 EUV)

Die Durchführung der Gemeinsamen Außen- und Sicherheitspolitik lässt die Anwendung der Verfahren und den jeweiligen Umfang der Befugnisse der Organe, die in den Verträgen für die Ausübung der in den Artikeln 3 bis 6 des Vertrags über die Arbeitsweise der Europäischen Union aufgeführten Zuständigkeiten der Union vorgesehen sind, unberührt.

Ebenso lässt die Durchführung der Politik nach den genannten Artikeln die Anwendung der Verfahren und den jeweiligen Umfang der Befugnisse der Organe, die in den Verträgen für die Ausübung der Zuständigkeiten der Union nach diesem Kapitel vorgesehen sind, unberührt.

Artikel 41
(ex-Artikel 28 EUV)

(1) Die Verwaltungsausgaben, die den Organen aus der Durchführung dieses Kapitels entstehen, gehen zulasten des Haushalts der Union.

(2) Die operativen Ausgaben im Zusammenhang mit der Durchführung dieses Kapitels gehen ebenfalls zulasten des Haushalts der Union, mit Ausnahme der Ausgaben aufgrund von Maßnahmen mit militärischen oder verteidigungspolitischen Bezügen und von Fällen, in denen der Rat einstimmig etwas anderes beschließt.

In Fällen, in denen die Ausgaben nicht zulasten des Haushalts der Union gehen, werden sie nach dem Bruttosozialprodukt-Schlüssel zulasten der Mitgliedstaaten, sofern der Rat nicht einstimmig etwas anderes beschließt. Die Mitgliedstaaten, deren Vertreter im Rat eine förmliche Erklärung nach Artikel 31 Absatz 1 Unterabsatz 2 abgegeben haben, sind nicht verpflichtet, zur Finanzierung von Ausgaben für Maßnahmen mit militärischen oder verteidigungspolitischen Bezügen beizutragen.

(3) Der Rat erlässt einen Beschluss zur Festlegung besonderer Verfahren, um den schnellen Zugriff auf die Haushaltsmittel der Union zu gewährleisten, die für die Sofortfinanzierung von Initiativen im Rahmen der Gemeinsamen Außen- und Sicherheitspolitik, insbesondere von Tätigkeiten zur Vorbereitung einer Mission nach Artikel 42 Absatz 1 und Artikel 43 bestimmt sind. Er beschließt nach Anhörung des Europäischen Parlaments.

Die Tätigkeiten zur Vorbereitung der in Artikel 42 Absatz 1 und in Artikel 43 genannten Missionen, die nicht zulasten des Haushalts der Union gehen, werden aus einem aus Beiträgen der Mitgliedstaaten gebildeten Anschubfonds finanziert.

Der Rat erlässt mit qualifizierter Mehrheit auf Vorschlag des Hohen Vertreters der Union für Außen- und Sicherheitspolitik die Beschlüsse über

a) die Einzelheiten für die Bildung und die Finanzierung des Anschubfonds, insbesondere die Höhe der Mittelzuweisungen für den Fonds;
b) die Einzelheiten für die Verwaltung des Anschubfonds;
c) die Einzelheiten für die Finanzkontrolle.

Kann die geplante Mission nach Artikel 42 Absatz 1 und Artikel 43 nicht aus dem Haushalt der Union finanziert werden, so ermächtigt der Rat den Hohen Vertreter zur Inanspruchnahme dieses Fonds. Der Hohe Vertreter erstattet dem Rat Bericht über die Erfüllung dieses Mandats.

ABSCHNITT 2
BESTIMMUNGEN ÜBER DIE GEMEINSAME SICHERHEITS- UND VERTEIDIGUNGSPOLITIK

Artikel 42
(ex-Artikel 17 EUV)

(1) Die Gemeinsame Sicherheits- und Verteidigungspolitik ist integraler Bestandteil der Gemeinsamen Außen- und Sicherheitspolitik. Sie sichert der Union eine auf zivile und militärische Mittel gestützte Operationsfähigkeit. Auf diese kann die Union bei Missionen außerhalb der Union zur Friedenssicherung, Konfliktverhütung und Stärkung der internationalen Sicherheit in Übereinstimmung mit den Grundsätzen der Charta der Vereinten Nationen zurückgreifen. Sie erfüllt diese Aufgaben mit Hilfe der Fähigkeiten, die von den Mitgliedstaaten bereitgestellt werden.

(2) Die Gemeinsame Sicherheits- und Verteidigungspolitik umfasst die schrittweise Festlegung einer gemeinsamen Verteidigungspolitik der Union. Diese führt zu einer gemeinsamen Verteidigung, sobald der Europäische Rat dies einstimmig beschlossen hat. Er empfiehlt in diesem Fall den Mitgliedstaaten, einen Beschluss in diesem Sinne im Einklang mit ihren verfassungsrechtlichen Vorschriften zu erlassen.

Die Politik der Union nach diesem Abschnitt berührt nicht den besonderen Charakter der Sicherheits- und Verteidigungspolitik bestimmter Mitgliedstaaten; sie achtet die Verpflichtungen einiger Mitgliedstaaten, die ihre gemeinsame Verteidigung in der Nordatlantikvertrags-Organisation (NATO) verwirklicht sehen, aus dem Nordatlantikvertrag und ist vereinbar mit der in jenem Rahmen festgelegten gemeinsamen Sicherheits- und Verteidigungspolitik.

(3) Die Mitgliedstaaten stellen der Union für die Umsetzung der Gemeinsamen Sicherheits- und Verteidigungspolitik zivile und militärische Fähigkeiten als Beitrag zur Verwirklichung der vom Rat festgelegten Ziele zur Verfügung. Die Mitgliedstaaten, die zusammen multinationale Streitkräfte aufstellen, können diese auch für die Gemeinsame Sicherheits- und Verteidigungspolitik zur Verfügung stellen.

Die Mitgliedstaaten verpflichten sich, ihre militärischen Fähigkeiten schrittweise zu verbessern. Die Agentur für die Bereiche Entwicklung der Verteidigungsfähigkeiten, Forschung, Beschaffung und Rüstung (im Folgenden „Europäische Verteidigungsagentur") ermittelt den operativen Bedarf und fördert Maßnahmen zur Bedarfsdeckung, trägt zur Ermittlung von Maßnahmen zur Stärkung der industriellen und technologischen Basis des Verteidigungssektors bei und führt diese Maßnahmen gegebenenfalls durch, beteiligt sich an der Festlegung einer europäischen Politik im Bereich der Fähigkeiten und der Rüstung und unterstützt den Rat bei der Beurteilung der Verbesserung der militärischen Fähigkeiten.

(4) Beschlüsse zur Gemeinsamen Sicherheits- und Verteidigungspolitik, einschließlich der Beschlüsse über die Einleitung einer Mission nach diesem Artikel, werden vom Rat einstimmig auf Vorschlag des Hohen Vertreters der Union für Außen- und Sicherheitspolitik oder auf Initiative eines Mitgliedstaats erlassen. Der Hohe Vertreter kann gegebenenfalls gemeinsam mit der Kommission den Rückgriff auf einzelstaatliche Mittel sowie auf Instrumente der Union vorschlagen.

(5) Der Rat kann zur Wahrung der Werte der Union und im Dienste ihrer Interessen eine Gruppe von Mitgliedstaaten mit der Durchführung einer Mission im Rahmen der Union beauftragen. Die Durchführung einer solchen Mission fällt unter Artikel 44.

(6) Die Mitgliedstaaten, die anspruchsvollere Kriterien in Bezug auf die militärischen Fähigkeiten erfüllen und die im Hinblick auf Missionen mit höchsten Anforderungen untereinander weiter gehende Verpflichtungen eingegangen sind, begründen eine Ständige Strukturierte Zusammenarbeit im Rahmen der Union. Diese Zusammenarbeit erfolgt nach Maßgabe von Artikel 46. Sie berührt nicht die Bestimmungen des Artikels 43.

(7) Im Falle eines bewaffneten Angriffs auf das Hoheitsgebiet eines Mitgliedstaats schulden die anderen Mitgliedstaaten ihm alle in ihrer Macht stehende Hilfe und Unterstützung, im Einklang mit Artikel 51 der Charta der Vereinten Nationen. Dies lässt den besonderen Charakter der Sicherheits- und Verteidigungspolitik bestimmter Mitgliedstaaten unberührt.

Die Verpflichtungen und die Zusammenarbeit in diesem Bereich bleiben im Einklang mit den im Rahmen der Nordatlantikvertrags-Organisation eingegangenen Verpflichtungen, die für die ihr angehörenden Staaten weiterhin das Fundament ihrer kollektiven Verteidigung und das Instrument für deren Verwirklichung ist.

Artikel 43

(1) Die in Artikel 42 Absatz 1 vorgesehenen Missionen, bei deren Durchführung die Union auf zivile und militärische Mittel zurückgreifen kann, umfassen gemeinsame Abrüstungsmaßnahmen, humanitäre Aufgaben und Rettungseinsätze, Aufgaben der militärischen Beratung und Unterstützung, Aufgaben der Konfliktverhütung und der Erhaltung des Friedens sowie Kampfeinsätze im Rahmen der Krisenbewältigung einschließlich Frieden schaffender Maßnahmen und Operationen zur Stabilisierung der Lage nach Konflikten. Mit allen diesen Missionen kann zur Bekämpfung des Terrorismus beigetragen werden, unter anderem auch durch die Unterstützung für Drittländer bei der Bekämpfung des Terrorismus in ihrem Hoheitsgebiet.

(2) Der Rat erlässt die Beschlüsse über Missionen nach Absatz 1; in den Beschlüssen sind Ziel und Umfang der Missionen sowie die für sie geltenden allgemeinen Durchführungsbestimmungen festgelegt. Der Hohe Vertreter der Union für Außen- und Sicherheitspolitik sorgt unter Aufsicht des Rates und in engem und ständigem Benehmen mit dem Politischen und Sicherheitspolitischen Komitee für die Koordinierung der zivilen und militärischen Aspekte dieser Missionen.

Artikel 44

(1) Im Rahmen der nach Artikel 43 erlassenen Beschlüsse kann der Rat die Durchführung einer Mission einer Gruppe von Mitgliedstaaten übertragen, die dies wünschen und über die für eine derartige Mission erforderlichen Fähigkeiten verfügen. Die betreffenden Mitgliedstaaten vereinbaren in Absprache mit dem Hohen Vertreter der Union für Außen- und Sicherheitspolitik untereinander die Ausführung der Mission.

(2) Die an der Durchführung der Mission teilnehmenden Mitgliedstaaten unterrichten den Rat von sich aus oder auf Antrag eines anderen Mitgliedstaats regelmäßig über den Stand der Mission. Die teilnehmenden Mitgliedstaaten befassen den Rat sofort, wenn sich aus der Durchführung der Mission schwerwiegende Konsequenzen ergeben oder das Ziel der Mission, ihr Umfang oder die für sie geltenden Regelungen, wie sie in den in Absatz 1 genannten Beschlüssen festgelegt sind, geändert werden müssen. Der Rat erlässt in diesen Fällen die erforderlichen Beschlüsse.

Artikel 45

(1) Aufgabe der in Artikel 42 Absatz 3 genannten, dem Rat unterstellten Europäischen Verteidigungsagentur ist es,

a) bei der Ermittlung der Ziele im Bereich der militärischen Fähigkeiten der Mitgliedstaaten und der Beurteilung, ob die von den Mitglied-

staaten in Bezug auf diese Fähigkeiten eingegangenen Verpflichtungen erfüllt wurden, mitzuwirken;
b) auf eine Harmonisierung des operativen Bedarfs sowie die Festlegung effizienter und kompatibler Beschaffungsverfahren hinzuwirken;
c) multilaterale Projekte zur Erfüllung der Ziele im Bereich der militärischen Fähigkeiten vorzuschlagen und für die Koordinierung der von den Mitgliedstaaten durchgeführten Programme sowie die Verwaltung spezifischer Kooperationsprogramme zu sorgen;
d) die Forschung auf dem Gebiet der Verteidigungstechnologie zu unterstützen, gemeinsame Forschungsaktivitäten sowie Studien zu technischen Lösungen, die dem künftigen operativen Bedarf gerecht werden, zu koordinieren und zu planen;
e) dazu beizutragen, dass zweckdienliche Maßnahmen zur Stärkung der industriellen und technologischen Basis des Verteidigungssektors und für einen wirkungsvolleren Einsatz der Verteidigungsausgaben ermittelt werden, und diese Maßnahmen gegebenenfalls durchzuführen.

(2) Alle Mitgliedstaaten können auf Wunsch an der Arbeit der Europäischen Verteidigungsagentur teilnehmen. Der Rat erlässt mit qualifizierter Mehrheit einen Beschluss, in dem die Rechtsstellung, der Sitz und die Funktionsweise der Agentur festgelegt werden. Dieser Beschluss trägt dem Umfang der effektiven Beteiligung an den Tätigkeiten der Agentur Rechnung. Innerhalb der Agentur werden spezielle Gruppen gebildet, in denen Mitgliedstaaten zusammenkommen, die gemeinsame Projekte durchführen. Die Agentur versieht ihre Aufgaben erforderlichenfalls in Verbindung mit der Kommission.

Artikel 46

(1) Die Mitgliedstaaten, die sich an der Ständigen Strukturierten Zusammenarbeit im Sinne des Artikels 42 Absatz 6 beteiligen möchten und hinsichtlich der militärischen Fähigkeiten die Kriterien erfüllen und die Verpflichtungen eingehen, die in dem Protokoll über die Ständige Strukturierte Zusammenarbeit enthalten sind, teilen dem Rat und dem Hohen Vertreter der Union für Außen- und Sicherheitspolitik ihre Absicht mit.

(2) Der Rat erlässt binnen drei Monaten nach der in Absatz 1 genannten Mitteilung einen Beschluss über die Begründung der Ständigen Strukturierten Zusammenarbeit und über die Liste der daran teilnehmenden Mitgliedstaaten. Der Rat beschließt nach Anhörung des Hohen Vertreters mit qualifizierter Mehrheit.

(3) Jeder Mitgliedstaat, der sich zu einem späteren Zeitpunkt an der Ständigen Strukturierten Zusammenarbeit beteiligen möchte, teilt dem Rat und dem Hohen Vertreter seine Absicht mit.

Der Rat erlässt einen Beschluss, in dem die Teilnahme des betreffenden Mitgliedstaats, der die Kriterien und Verpflichtungen nach den Artikeln 1 und 2 des Protokolls über die Ständige Strukturierte Zusammenarbeit erfüllt beziehungsweise eingeht, bestätigt wird. Der Rat beschließt mit qualifizierter Mehrheit nach Anhörung des Hohen Vertreters. Nur die Mitglieder des Rates, die die teilnehmenden Mitgliedstaaten vertreten, sind stimmberechtigt.

Die qualifizierte Mehrheit bestimmt sich nach Artikel 238 Absatz 3 Buchstabe a des Vertrags über die Arbeitsweise der Europäischen Union.

(4) Erfüllt ein teilnehmender Mitgliedstaat die Kriterien nach den Artikeln 1 und 2 des Protokolls über die Ständige Strukturierte Zusammenarbeit nicht mehr oder kann er den darin genannten Verpflichtungen nicht mehr nachkommen, so kann der Rat einen Beschluss erlassen, durch den die Teilnahme dieses Staates ausgesetzt wird.

Der Rat beschließt mit qualifizierter Mehrheit. Nur die Mitglieder des Rates, die die teilnehmenden Mitgliedstaaten mit Ausnahme des betroffenen Mitgliedstaats vertreten, sind stimmberechtigt.

Die qualifizierte Mehrheit bestimmt sich nach Artikel 238 Absatz 3 Buchstabe a des Vertrags über die Arbeitsweise der Europäischen Union.

(5) Wünscht ein teilnehmender Mitgliedstaat, von der Ständigen Strukturierten Zusammenarbeit Abstand zu nehmen, so teilt er seine Entscheidung dem Rat mit, der zur Kenntnis nimmt, dass die Teilnahme des betreffenden Mitgliedstaats beendet ist.

(6) Mit Ausnahme der Beschlüsse nach den Absätzen 2 bis 5 erlässt der Rat die Beschlüsse und Empfehlungen im Rahmen der Ständigen Strukturierten Zusammenarbeit einstimmig. Für die Zwecke dieses Absatzes bezieht sich die Einstimmigkeit allein auf die Stimmen der Vertreter der an der Zusammenarbeit teilnehmenden Mitgliedstaaten.

TITEL VI
SCHLUSSBESTIMMUNGEN

Artikel 47

Die Union besitzt Rechtspersönlichkeit.

Artikel 48
(ex-Artikel 48 EUV)

(1) Die Verträge können gemäß dem ordentlichen Änderungsverfahren geändert werden. Sie können ebenfalls nach vereinfachten Änderungsverfahren geändert werden.

Ordentliches Änderungsverfahren

(2) Die Regierung jedes Mitgliedstaats, das Europäische Parlament oder die Kommission kann dem Rat Entwürfe zur Änderung der Verträge vorlegen. Diese Entwürfe können unter anderem eine Ausdehnung oder Verringerung der Union in den Verträgen übertragenen Zuständigkeiten zum Ziel haben. Diese Entwürfe werden vom Rat dem Europäischen Rat übermittelt und den nationalen Parlamenten zur Kenntnis gebracht.

(3) Beschließt der Europäische Rat nach Anhörung des Europäischen Parlaments und der Kommission mit einfacher Mehrheit die Prüfung

der vorgeschlagenen Änderungen, so beruft der Präsident des Europäischen Rates einen Konvent von Vertretern der nationalen Parlamente, der Staats- und Regierungschefs der Mitgliedstaaten, des Europäischen Parlaments und der Kommission ein. Bei institutionellen Änderungen im Währungsbereich wird auch die Europäische Zentralbank gehört. Der Konvent prüft die Änderungsentwürfe und nimmt im Konsensverfahren eine Empfehlung an, die an eine Konferenz der Vertreter der Regierungen der Mitgliedstaaten nach Absatz 4 gerichtet ist.

Der Europäische Rat kann mit einfacher Mehrheit nach Zustimmung des Europäischen Parlaments beschließen, keinen Konvent einzuberufen, wenn seine Einberufung aufgrund des Umfangs der geplanten Änderungen nicht gerechtfertigt ist. In diesem Fall legt der Europäische Rat das Mandat für eine Konferenz der Vertreter der Regierungen der Mitgliedstaaten fest.

(4) Eine Konferenz der Vertreter der Regierungen der Mitgliedstaaten wird vom Präsidenten des Rates einberufen, um die an den Verträgen vorzunehmenden Änderungen zu vereinbaren.

Die Änderungen treten in Kraft, nachdem sie von allen Mitgliedstaaten nach Maßgabe ihrer verfassungsrechtlichen Vorschriften ratifiziert worden sind.

(5) Haben nach Ablauf von zwei Jahren nach der Unterzeichnung eines Vertrags zur Änderung der Verträge vier Fünftel der Mitgliedstaaten den genannten Vertrag ratifiziert und sind in einem Mitgliedstaat oder mehreren Mitgliedstaaten Schwierigkeiten bei der Ratifikation aufgetreten, so befasst sich der Europäische Rat mit der Frage.

Vereinfachte Änderungsverfahren

(6) Die Regierung jedes Mitgliedstaats, das Europäische Parlament oder die Kommission kann dem Europäischen Rat Entwürfe zur Änderung aller oder eines Teils der Bestimmungen des Dritten Teils des Vertrags über die Arbeitsweise der Europäischen Union über die internen Politikbereiche der Union vorlegen.

Der Europäische Rat kann einen Beschluss zur Änderung aller oder eines Teils der Bestimmungen des Dritten Teils des Vertrags über die Arbeitsweise der Europäischen Union erlassen. Der Europäische Rat beschließt einstimmig nach Anhörung des Europäischen Parlaments und der Kommission sowie, bei institutionellen Änderungen im Währungsbereich, der Europäischen Zentralbank. Dieser Beschluss tritt erst nach Zustimmung der Mitgliedstaaten im Einklang mit ihren jeweiligen verfassungsrechtlichen Vorschriften in Kraft.

Der Beschluss nach Unterabsatz 2 darf nicht zu einer Ausdehnung der im Rahmen der Verträge übertragenen Zuständigkeiten führen.

(7) In Fällen, in denen der Rat nach Maßgabe des Vertrags über die Arbeitsweise der Europäischen Union oder des Titels V dieses Vertrags in einem Bereich oder in einem bestimmten Fall einstimmig beschließt, kann der Europäische Rat einen Beschluss erlassen, wonach der Rat in diesem Bereich oder in diesem Fall mit qualifizierter Mehrheit beschließen kann. Dieser Unterabsatz gilt nicht für Beschlüsse mit militärischen oder verteidigungspolitischen Bezügen.

In Fällen, in denen nach Maßgabe des Vertrags über die Arbeitsweise der Europäischen Union Gesetzgebungsakte vom Rat gemäß einem besonderen Gesetzgebungsverfahren erlassen werden müssen, kann der Europäische Rat einen Beschluss erlassen, wonach die Gesetzgebungsakte gemäß dem ordentlichen Gesetzgebungsverfahren erlassen werden können.

Jede vom Europäischen Rat auf der Grundlage von Unterabsatz 1 oder Unterabsatz 2 ergriffene Initiative wird den nationalen Parlamenten übermittelt. Wird dieser Vorschlag innerhalb von sechs Monaten nach der Übermittlung von einem nationalen Parlament abgelehnt, so wird der Beschluss nach Unterabsatz 1 oder Unterabsatz 2 nicht erlassen. Wird die Initiative nicht abgelehnt, so kann der Europäische Rat den Beschluss erlassen.

Der Europäische Rat erlässt die Beschlüsse nach den Unterabsätzen 1 oder 2 einstimmig nach Zustimmung des Europäischen Parlaments, das mit der Mehrheit seiner Mitglieder beschließt.

Artikel 49
(ex-Artikel 49 EUV)

Jeder europäische Staat, der die in Artikel 2 genannten Werte achtet und sich für ihre Förderung einsetzt, kann beantragen, Mitglied der Union zu werden. Das Europäische Parlament und die nationalen Parlamente werden über diesen Antrag unterrichtet. Der antragstellende Staat richtet seinen Antrag an den Rat; dieser beschließt einstimmig nach Anhörung der Kommission und nach Zustimmung des Europäischen Parlaments, das mit der Mehrheit seiner Mitglieder beschließt. Die vom Europäischen Rat vereinbarten Kriterien werden berücksichtigt.

Die Aufnahmebedingungen und die durch eine Aufnahme erforderlich werdenden Anpassungen der Verträge, auf denen die Union beruht, werden durch ein Abkommen zwischen den Mitgliedstaaten und dem antragstellenden Staat geregelt. Das Abkommen bedarf der Ratifikation durch alle Vertragsstaaten gemäß ihren verfassungsrechtlichen Vorschriften.

Artikel 50

(1) Jeder Mitgliedstaat kann im Einklang mit seinen verfassungsrechtlichen Vorschriften beschließen, aus der Union auszutreten.

(2) Ein Mitgliedstaat, der auszutreten beschließt, teilt dem Europäischen Rat seine Absicht mit. Auf der Grundlage der Leitlinien des Europäischen Rates handelt die Union mit diesem Staat ein Abkommen über die Einzelheiten des Austritts aus und schließt das Abkommen, wobei der Rahmen für die künftigen Beziehungen dieses Staates zur Union berücksichtigt wird. Das Abkommen wird nach Artikel 218 Absatz 3 des Vertrags über die Arbeitsweise der Europäischen Union ausgehandelt.

Es wird vom Rat im Namen der Union geschlossen; der Rat beschließt mit qualifizierter Mehrheit nach Zustimmung des Europäischen Parlaments.

(3) Die Verträge finden auf den betroffenen Staat ab dem Tag des Inkrafttretens des Austrittsabkommens oder andernfalls zwei Jahre nach der in Absatz 2 genannten Mitteilung keine Anwendung mehr, es sei denn, der Europäische Rat beschließt im Einvernehmen mit dem betroffenen Mitgliedstaat einstimmig, diese Frist zu verlängern.

(4) Für die Zwecke der Absätze 2 und 3 nimmt das Mitglied des Europäischen Rates und des Rates, das den austretenden Mitgliedstaat vertritt, weder an den diesen Mitgliedstaat betreffenden Beratungen noch an der entsprechenden Beschlussfassung des Europäischen Rates oder des Rates teil.

Die qualifizierte Mehrheit bestimmt sich nach Artikel 238 Absatz 3 Buchstabe b des Vertrags über die Arbeitsweise der Europäischen Union.

(5) Ein Staat, der aus der Union ausgetreten ist und erneut Mitglied werden möchte, muss dies nach dem Verfahren des Artikels 49 beantragen.

Artikel 51

Die Protokolle und Anhänge der Verträge sind Bestandteil der Verträge.5)

---
5) Die Protokolle wurden nur in einschlägigen Ausnahmefällen, die Anhänge nicht in diese Ausgabe aufgenommen.

Artikel 52

(1) Die Verträge gelten für das Königreich Belgien, die Republik Bulgarien, die Tschechische Republik, das Königreich Dänemark, die Bundesrepublik Deutschland, die Republik Estland, Irland, die Hellenische Republik, das Königreich Spanien, die Französische Republik, die Republik Kroatien, die Italienische Republik, die Republik Zypern, die Republik Lettland, die Republik Litauen, das Großherzogtum Luxemburg, die Republik Ungarn, die Republik Malta, das Königreich der Niederlande, die Republik Österreich, die Republik Polen, die Portugiesische Republik, Rumänien, die Republik Slowenien, die Slowakische Republik, die Republik Finnland, das Königreich Schweden und das Vereinigte Königreich Großbritannien und Nordirland.

(2) Der räumliche Geltungsbereich der Verträge wird in Artikel 355 des Vertrags über die Arbeitsweise der Europäischen Union im Einzelnen angegeben.

Artikel 53
(ex-Artikel 51 EUV)

Dieser Vertrag gilt auf unbegrenzte Zeit.

Artikel 54
(ex-Artikel 52 EUV)

(1) Dieser Vertrag bedarf der Ratifikation durch die Hohen Vertragsparteien gemäß ihren verfassungsrechtlichen Vorschriften. Die Ratifikationsurkunden werden bei der Regierung der Italienischen Republik hinterlegt.

(2) Dieser Vertrag tritt am 1. Januar 1993 in Kraft, sofern alle Ratifikationsurkunden hinterlegt worden sind, oder andernfalls am ersten Tag des auf die Hinterlegung der letzten Ratifikationsurkunde folgenden Monats.

Artikel 55
(ex-Artikel 53 EUV)

(1) Dieser Vertrag ist in einer Urschrift in bulgarischer, dänischer, deutscher, englischer, estnischer, finnischer, französischer, griechischer, irischer, italienischer, kroatischer, lettischer, litauischer, maltesischer, niederländischer, polnischer, portugiesischer, rumänischer, schwedischer, slowakischer, slowenischer, spanischer, tschechischer und ungarischer Sprache abgefasst, wobei jeder Wortlaut gleichermaßen verbindlich ist; er wird im Archiv der Regierung der Italienischen Republik hinterlegt; diese übermittelt der Regierung jedes anderen Unterzeichnerstaats eine beglaubigte Abschrift.

(2) Dieser Vertrag kann ferner in jede andere von den Mitgliedstaaten bestimmte Sprache übersetzt werden, sofern diese Sprache nach der Verfassungsordnung des jeweiligen Mitgliedstaats in dessen gesamtem Hoheitsgebiet oder in Teilen davon Amtssprache ist. Die betreffenden Mitgliedstaaten stellen eine beglaubigte Abschrift dieser Übersetzungen zur Verfügung, die in den Archiven des Rates hinterlegt wird.

ZU URKUND DESSEN haben die unterzeichneten Bevollmächtigten ihre Unterschriften unter diesen Vertrag gesetzt.

Geschehen zu Maastricht am siebten Februar neunzehnhundertzweiundneunzig.

(Aufzählung der Unterzeichner nicht wiedergegeben)

1/2. Vertrag über die Arbeitsweise der Europäischen Union (AEUV)

(ABl. Nr. C 202 v. 7.6.2016, S. 47 (konsolidierte Fassung))

GLIEDERUNG

ERSTER TEIL: GRUNDSÄTZE:
Art. 1

Titel I: Arten und Bereiche der Zuständigkeit der Union
Art. 2–6

Titel II: Allgemein geltende Bestimmungen
Art. 7–17

ZWEITER TEIL: NICHTDISKRIMINIERUNG UND UNIONSBÜRGERSCHAFT
Art. 18–25

DRITTER TEIL: DIE INTERNEN POLITIKEN UND MASSNAHMEN DER UNION

Titel I: Der Binnenmarkt
Art. 26–27

Titel II: Der Freie Warenverkehr
Art. 28–29

Kapitel 1: Die Zollunion
Art. 30–32

Kapitel 2: Die Zusammenarbeit im Zollwesen
Art. 33

Kapitel 3: Verbot von mengenmäßigen Beschränkungen zwischen den Mitgliedstaaten
Art. 34–37

Titel III: Die Landwirtschaft und die Fischerei
Art. 38–44

Titel IV: Die Freizügigkeit, der freie Dienstleistungs- und Kapitalverkehr

Kapitel 1: Die Arbeitskräfte
Art. 45–48

Kapitel 2: Das Niederlassungsrecht
Art. 49–55

Kapitel 3: Dienstleistungen
Art. 56–62

Kapitel 4: Der Kapital- und Zahlungsverkehr
Art. 63–66

Titel V: Der Raum der Freiheit, der Sicherheit und des Rechts

Kapitel 1: Allgemeine Bestimmungen
Art. 67–76

Kapitel 2: Politik im Bereich Grenzkontrollen, Asyl und Einwanderung
Art. 77–80

Kapitel 3: Justizielle Zusammenarbeit in Zivilsachen
Art. 81

Kapitel 4: Justizielle Zusammenarbeit in Strafsachen
Art. 82–86

Kapitel 5: Polizeiliche Zusammenarbeit
Art. 87–89

Titel VI: Der Verkehr
Art. 90–100

Titel VII: Gemeinsame Regeln betreffend Wettbewerb, Steuerfragen und Angleichung der Rechtsvorschriften

Kapitel 1: Wettbewerbsregeln:

Abschnitt 1: Vorschriften für Unternehmen
Art. 101–106

Abschnitt 2: Staatliche Beihilfen
Art. 107–109

Kapitel 2: Steuerliche Vorschriften
Art. 110–113

Kapitel 3: Angleichung der Rechtsvorschriften
Art. 114–118

Titel VIII: Die Wirtschafts- und Währungspolitik
Art. 119

Kapitel 1: Die Wirtschaftspolitik
Art. 120–126

Kapitel 2: Die Währungspolitik
Art. 127–133

Kapitel 3: Institutionelle Bestimmungen
Art. 134–135

Kapitel 4: Besondere Bestimmungen für die Mitgliedstaaten, deren Währung der Euro ist

Art. 136–138

Kapitel 5: Übergangsbestimmungen
Art. 139–144

Titel IX: Beschäftigung
Art. 145–150

Titel X: Sozialpolitik
Art. 151–161

Titel XI: Der Europäische Sozialfonds
Art. 162–164

Titel XII: Allgemeine und Berufliche Bildung, Jugend und Sport
Art. 165–166

Titel XIII: Kultur
Art. 167

Titel XIV: Gesundheitswesen
Art. 168

Titel XV: Verbraucherschutz
Art. 169

Titel XVI: Transeuropäische Netze
Art. 170–172

Titel XVII: Industrie
Art. 173

Titel XVIII: Wirtschaftlicher, sozialer und territorialer Zusammenhalt
Art. 174–178

Titel XIX: Forschung, Technologische Entwicklung und Raumfahrt
Art. 179–190

Titel XX: Umwelt
Art. 191–193

Titel XXI: Energie
Art. 194

Titel XXII: Tourismus
Art. 195

Titel XXIII: Katastrophenschutz
Art. 196

Titel XXIV: Verwaltungszusammenarbeit
Art. 197

VIERTER TEIL: DIE ASSOZIIERUNG DER ÜBERSEEISCHEN LÄNDER UND HOHEITSGEBIETE
Art. 198–204

FÜNFTER TEIL: DAS AUSWÄRTIGE HANDELN DER UNION

Titel I: Allgemeine Bestimmungen über das auswärtige Handeln der Union
Art. 205

Titel II: Gemeinsame Handelspolitik
Art. 206–207

Titel III: Zusammenarbeit mit Drittländern und humanitäre Hilfe
Kapitel 1: Entwicklungszusammenarbeit
Art. 208–211

Kapitel 2: Wirtschaftliche, finanzielle und technische Zusammenarbeit mit Drittländern
Art. 212–213

Kapitel 3: Humanitäre Hilfe
Art. 214

Titel IV: Restriktive Maßnahmen
Art. 215

Titel V: Internationale Übereinkünfte
Art. 216–219

Titel VI: Beziehungen der Union zu Internationalen Organisationen und Drittländern sowie Delegationen der Union
Art. 220–221

Titel VII: Solidaritätsklausel
Art. 222

SECHSTER TEIL: INSTITUTIONELLE BESTIMMUNGEN UND FINANZVORSCHRIFTEN

Titel I: Vorschriften über die Organe
Kapitel 1: Die Organe
Abschnitt 1: Das Europäische Parlament
Art. 223–234

Abschnitt 2: Der Europäische Rat
Art. 235–236

Abschnitt 3: Der Rat
Art. 237–243

Abschnitt 4: Die Kommission
Art. 244–250

Abschnitt 5: Der Gerichtshof der Europäischen Union
Art. 251–281

Abschnitt 6: Die Europäische Zentralbank
Art. 282–284

Abschnitt 7: Der Rechnungshof
Art. 285–287

1/2. AEUV
Präambel

Kapitel 2: Rechtsakte der Union, Annahmeverfahren und sonstige Vorschriften

Abschnitt 1: Die Rechtsakte der Union
Art. 288–292

Abschnitt 2: Annahmeverfahren und sonstige Vorschriften
Art. 293–299

Kapitel 3: Die beratenden Einrichtungen der Union
Art. 300

Abschnitt 1: Der Wirtschafts- und Sozialausschuss
Art. 301–304

Abschnitt 2: Der Ausschuss der Regionen
Art. 305–307

Kapitel 4: Die Europäische Investitionsbank
Art. 308–309

Titel II: Finanzvorschriften
Art. 310

Kapitel 1: Die Eigenmittel der Union
Art. 311

Kapitel 2: Der mehrjährige Finanzrahmen
Art. 312

Kapitel 3: Der Jahreshaushaltsplan der Union
Art. 313–316

Kapitel 4: Ausführung des Haushaltsplans und Entlastung
Art. 317–319

Kapitel 5: Gemeinsame Bestimmungen
Art. 320–324

Kapitel 6 Betrugsbekämpfung
Art. 325

Titel III: Verstärkte Zusammenarbeit
Art. 326–334

SIEBTER TEIL: ALLGEMEINE UND SCHLUSSBESTIMMUNGEN
Art. 335–358

PRÄAMBEL

SEINE MAJESTÄT DER KÖNIG DER BELGIER, DER PRÄSIDENT DER BUNDESREPUBLIK DEUTSCHLAND, DER PRÄSIDENT DER FRANZÖSISCHEN REPUBLIK, DER PRÄSIDENT DER ITALIENISCHEN REPUBLIK, IHRE KÖNIGLICHE HOHEIT DIE GROSSHERZOGIN VON LUXEMBURG, IHRE MAJESTÄT DIE KÖNIGIN DER NIEDERLANDE, [1]

---

[1] Seit dem ursprünglichen Vertragsschluss sind Mitgliedstaaten der Europäischen Union geworden: die Republik Bulgarien, die Tschechische Republik, das Königreich Dänemark, die Republik Estland, die Hellenische Republik, das Königreich Spanien, Irland, die Republik Zypern, die Republik Kroatien, die Republik Lettland, die Republik Litauen, die Republik Ungarn, die Republik Malta, die Republik Österreich, die Republik Polen, die Portugiesische Republik, Rumänien, die Republik Slowenien, die Slowakische Republik, die Republik Finnland, das Königreich Schweden und das Vereinigte Königreich Großbritannien und Nordirland.

IN DEM FESTEN WILLEN, die Grundlagen für einen immer engeren Zusammenschluss der europäischen Völker zu schaffen,

ENTSCHLOSSEN, durch gemeinsames Handeln den wirtschaftlichen und sozialen Fortschritt ihrer Staaten zu sichern, indem sie die Europa trennenden Schranken beseitigen,

IN DEM VORSATZ, die stetige Besserung der Lebens- und Beschäftigungsbedingungen ihrer Völker als wesentliches Ziel anzustreben,

IN DER ERKENNTNIS, dass zur Beseitigung der bestehenden Hindernisse ein einverständliches Vorgehen erforderlich ist, um eine beständige Wirtschaftsausweitung, einen ausgewogenen Handelsverkehr und einen redlichen Wettbewerb zu gewährleisten,

IN DEM BESTREBEN, ihre Volkswirtschaften zu einigen und deren harmonische Entwicklung zu fördern, indem sie den Abstand zwischen einzelnen Gebieten und den Rückstand weniger begünstigter Gebiete verringern,

IN DEM WUNSCH, durch eine gemeinsame Handelspolitik zur fortschreitenden Beseitigung der Beschränkungen im zwischenstaatlichen Wirtschaftsverkehr beizutragen,

IN DER ABSICHT, die Verbundenheit Europas mit den überseeischen Ländern zu bekräftigen, und in dem Wunsch, entsprechend den Grundsätzen der Satzung der Vereinten Nationen den Wohlstand der überseeischen Länder zu fördern,

ENTSCHLOSSEN, durch diesen Zusammenschluss ihrer Wirtschaftskräfte Frieden und Freiheit zu wahren und zu festigen, und mit der Aufforderung an die anderen Völker Europas, die sich zu dem gleichen hohen Ziel bekennen, sich diesen Bestrebungen anzuschließen,

ENTSCHLOSSEN, durch umfassenden Zugang zur Bildung und durch ständige Weiterbildung auf einen möglichst hohen Wissensstand ihrer Völker hinzuwirken,

HABEN zu diesem Zweck zu ihren Bevollmächtigten ERNANNT

(Aufzählung der Bevollmächtigten nicht wiedergegeben)

DIESE SIND nach Austausch ihrer als gut und gehörig befundenen Vollmachten wie folgt übereingekommen:

ERSTER TEIL
GRUNDSÄTZE

Artikel 1

(1) Dieser Vertrag regelt die Arbeitsweise der Union und legt die Bereiche, die Abgrenzung und die Einzelheiten der Ausübung ihrer Zuständigkeiten fest.

(2) Dieser Vertrag und der Vertrag über die Europäische Union bilden die Verträge, auf die sich die Union gründet. Diese beiden Verträge, die rechtlich gleichrangig sind, werden als „die Verträge" bezeichnet.

TITEL I
ARTEN UND BEREICHE DER ZUSTÄNDIGKEIT DER UNION

Artikel 2

(1) Übertragen die Verträge der Union für einen bestimmten Bereich eine ausschließliche Zuständigkeit, so kann nur die Union gesetzgeberisch tätig werden und verbindliche Rechtsakte erlassen; die Mitgliedstaaten dürfen in einem solchen Fall nur tätig werden, wenn sie von der Union hierzu ermächtigt werden, oder um Rechtsakte der Union durchzuführen.

(2) Übertragen die Verträge der Union für einen bestimmten Bereich eine mit den Mitgliedstaaten geteilte Zuständigkeit, so können die Union und die Mitgliedstaaten in diesem Bereich gesetzgeberisch tätig werden und verbindliche Rechtsakte erlassen. Die Mitgliedstaaten nehmen ihre Zuständigkeit wahr, sofern und soweit die Union ihre Zuständigkeit nicht ausgeübt hat. Die Mitgliedstaaten nehmen ihre Zuständigkeit erneut wahr, sofern und soweit die Union entschieden hat, ihre Zuständigkeit nicht mehr auszuüben.

(3) Die Mitgliedstaaten koordinieren ihre Wirtschafts- und Beschäftigungspolitik im Rahmen von Regelungen nach Maßgabe dieses Vertrags, für deren Festlegung die Union zuständig ist.

(4) Die Union ist nach Maßgabe des Vertrags über die Europäische Union dafür zuständig, eine gemeinsame Außen- und Sicherheitspolitik einschließlich der schrittweisen Festlegung einer gemeinsamen Verteidigungspolitik zu erarbeiten und zu verwirklichen.

(5) In bestimmten Bereichen ist die Union nach Maßgabe der Verträge dafür zuständig, Maßnahmen zur Unterstützung, Koordinierung oder Ergänzung der Maßnahmen der Mitgliedstaaten durchzuführen, ohne dass dadurch die Zuständigkeit der Union für diese Bereiche an die Stelle der Zuständigkeit der Mitgliedstaaten tritt.

Die verbindlichen Rechtsakte der Union, die aufgrund der diese Bereiche betreffenden Bestimmungen der Verträge erlassen werden, dürfen keine Harmonisierung der Rechtsvorschriften der Mitgliedstaaten beinhalten.

(6) Der Umfang der Zuständigkeiten der Union und die Einzelheiten ihrer Ausübung ergeben sich aus den Bestimmungen der Verträge zu den einzelnen Bereichen.

Artikel 3

(1) Die Union hat ausschließliche Zuständigkeit in folgenden Bereichen:
a) Zollunion,
b) Festlegung der für das Funktionieren des Binnenmarkts erforderlichen Wettbewerbsregeln,
c) Währungspolitik für die Mitgliedstaaten, deren Währung der Euro ist,
d) Erhaltung der biologischen Meeresschätze im Rahmen der gemeinsamen Fischereipolitik,
e) gemeinsame Handelspolitik.

(2) Die Union hat ferner die ausschließliche Zuständigkeit für den Abschluss internationaler Übereinkünfte, wenn der Abschluss einer solchen Übereinkunft in einem Gesetzgebungsakt der Union vorgesehen ist, wenn er notwendig ist, damit sie ihre interne Zuständigkeit ausüben kann, oder soweit er gemeinsame Regeln beeinträchtigen oder deren Tragweite verändern könnte.

Artikel 4

(1) Die Union teilt ihre Zuständigkeit mit den Mitgliedstaaten, wenn ihr die Verträge außerhalb der in den Artikeln 3 und 6 genannten Bereiche eine Zuständigkeit übertragen.

(2) Die von der Union mit den Mitgliedstaaten geteilte Zuständigkeit erstreckt sich auf die folgenden Hauptbereiche:
a) Binnenmarkt,
b) Sozialpolitik hinsichtlich der in diesem Vertrag genannten Aspekte,
c) wirtschaftlicher, sozialer und territorialer Zusammenhalt,
d) Landwirtschaft und Fischerei, ausgenommen die Erhaltung der biologischen Meeresschätze,
e) Umwelt,
f) Verbraucherschutz,
g) Verkehr,
h) transeuropäische Netze,
i) Energie,
j) Raum der Freiheit, der Sicherheit und des Rechts,
k) gemeinsame Sicherheitsanliegen im Bereich der öffentlichen Gesundheit hinsichtlich der in diesem Vertrag genannten Aspekte.

(3) In den Bereichen Forschung, technologische Entwicklung und Raumfahrt erstreckt sich die Zuständigkeit der Union darauf, Maßnahmen zu treffen, insbesondere Programme zu erstellen und durchzuführen, ohne dass die Ausübung dieser Zuständigkeit die Mitgliedstaaten hindert, ihre Zuständigkeit auszuüben.

(4) In den Bereichen Entwicklungszusammenarbeit und humanitäre Hilfe erstreckt sich die

Zuständigkeit der Union darauf, Maßnahmen zu treffen und eine gemeinsame Politik zu verfolgen, ohne dass die Ausübung dieser Zuständigkeit die Mitgliedstaaten hindert, ihre Zuständigkeit auszuüben.

Artikel 5

(1) Die Mitgliedstaaten koordinieren ihre Wirtschaftspolitik innerhalb der Union. Zu diesem Zweck erlässt der Rat Maßnahmen; insbesondere beschließt er die Grundzüge dieser Politik.

Für die Mitgliedstaaten, deren Währung der Euro ist, gelten besondere Regelungen.

(2) Die Union trifft Maßnahmen zur Koordinierung der Beschäftigungspolitik der Mitgliedstaaten, insbesondere durch die Festlegung von Leitlinien für diese Politik.

(3) Die Union kann Initiativen zur Koordinierung der Sozialpolitik der Mitgliedstaaten ergreifen.

Artikel 6

Die Union ist für die Durchführung von Maßnahmen zur Unterstützung, Koordinierung oder Ergänzung der Maßnahmen der Mitgliedstaaten zuständig. Diese Maßnahmen mit europäischer Zielsetzung können in folgenden Bereichen getroffen werden:

a) Schutz und Verbesserung der menschlichen Gesundheit,
b) Industrie,
c) Kultur,
d) Tourismus,
e) allgemeine und berufliche Bildung, Jugend und Sport,
f) Katastrophenschutz,
g) Verwaltungszusammenarbeit.

TITEL II
ALLGEMEIN GELTENDE BESTIMMUNGEN

Artikel 7

Die Union achtet auf die Kohärenz zwischen ihrer Politik und ihren Maßnahmen in den verschiedenen Bereichen und trägt dabei unter Einhaltung des Grundsatzes der begrenzten Einzelermächtigung ihren Zielen in ihrer Gesamtheit Rechnung.

Artikel 8
(ex-Artikel 3 Absatz 2 EGV) [1]

---

[1] Dieser Verweis hat lediglich hinweisenden Charakter. Zur Vertiefung vgl. die Übereinstimmungstabellen für die Entsprechung zwischen bisheriger und neuer Nummerierung der Verträge.

Bei allen ihren Tätigkeiten wirkt die Union darauf hin, Ungleichheiten zu beseitigen und die Gleichstellung von Männern und Frauen zu fördern.

Artikel 9

Bei der Festlegung und Durchführung ihrer Politik und ihrer Maßnahmen trägt die Union den Erfordernissen im Zusammenhang mit der Förderung eines hohen Beschäftigungsniveaus, mit der Gewährleistung eines angemessenen sozialen Schutzes, mit der Bekämpfung der sozialen Ausgrenzung sowie mit einem hohen Niveau der allgemeinen und beruflichen Bildung und des Gesundheitsschutzes Rechnung.

Artikel 10

Bei der Festlegung und Durchführung ihrer Politik und ihrer Maßnahmen zielt die Union darauf ab, Diskriminierungen aus Gründen des Geschlechts, der Rasse, der ethnischen Herkunft, der Religion oder der Weltanschauung, einer Behinderung, des Alters oder der sexuellen Ausrichtung zu bekämpfen.

Artikel 11
(ex-Artikel 6 EGV)

Die Erfordernisse des Umweltschutzes müssen bei der Festlegung und Durchführung der Unionspolitiken und -maßnahmen insbesondere zur Förderung einer nachhaltigen Entwicklung einbezogen werden.

Artikel 12
(ex-Artikel 153 Absatz 2 EGV)

Den Erfordernissen des Verbraucherschutzes wird bei der Festlegung und Durchführung der anderen Unionspolitiken und -maßnahmen Rechnung getragen.

Artikel 13

Bei der Festlegung und Durchführung der Politik der Union in den Bereichen Landwirtschaft, Fischerei, Verkehr, Binnenmarkt, Forschung, technologische Entwicklung und Raumfahrt tragen die Union und die Mitgliedstaaten den Erfordernissen des Wohlergehens der Tiere als fühlende Wesen in vollem Umfang Rechnung; sie berücksichtigen hierbei die Rechts- und Verwaltungsvorschriften und die Gepflogenheiten der Mitgliedstaaten insbesondere in Bezug auf religiöse Riten, kulturelle Traditionen und das regionale Erbe.

Artikel 14
(ex-Artikel 16 EGV)

Unbeschadet des Artikels 4 des Vertrags über die Europäische Union und der Artikel 93, 106 und 107 dieses Vertrags und in Anbetracht des Stellenwerts, den Dienste von allgemeinem wirtschaftlichem Interesse innerhalb der gemeinsamen Werte der Union einnehmen, sowie ihrer Bedeutung bei der Förderung des sozialen und territorialen Zusammenhalts tragen die Union und die Mitgliedstaaten im Rahmen ihrer jeweiligen Befugnisse im Anwendungsbereich der Verträge dafür Sorge, dass die Grundsätze und Bedingungen, insbesondere jene wirtschaftlicher und finanzieller Art, für das Funktionieren dieser Dienste so gestaltet sind, dass diese ihren Aufgaben nachkommen können. Diese Grundsätze und Bedingungen werden vom Europäischen Parlament und vom Rat durch Verordnungen gemäß dem ordentlichen Gesetzgebungsverfahren festgelegt, unbeschadet der Zuständigkeit der Mitgliedstaaten, diese Dienste im Einklang mit den Verträgen zur Verfügung zu stellen, in Auftrag zu geben und zu finanzieren.

Artikel 15
(ex-Artikel 255 EGV)

(1) Um eine verantwortungsvolle Verwaltung zu fördern und die Beteiligung der Zivilgesellschaft sicherzustellen, handeln die Organe, Einrichtungen und sonstigen Stellen der Union unter weitestgehender Beachtung des Grundsatzes der Offenheit.

(2) Das Europäische Parlament tagt öffentlich; dies gilt auch für den Rat, wenn er über Entwürfe zu Gesetzgebungsakten berät oder abstimmt.

(3) Jeder Unionsbürger sowie jede natürliche oder juristische Person mit Wohnsitz oder satzungsgemäßem Sitz in einem Mitgliedstaat hat das Recht auf Zugang zu Dokumenten der Organe, Einrichtungen und sonstigen Stellen der Union, unabhängig von der Form der für diese Dokumente verwendeten Träger, vorbehaltlich der Grundsätze und Bedingungen, die nach diesem Absatz festzulegen sind.

Die allgemeinen Grundsätze und die aufgrund öffentlicher oder privater Interessen geltenden Einschränkungen für die Ausübung dieses Rechts auf Zugang zu Dokumenten werden vom Europäischen Parlament und vom Rat durch Verordnungen gemäß dem ordentlichen Gesetzgebungsverfahren festgelegt.

Die Organe, Einrichtungen oder sonstigen Stellen gewährleisten die Transparenz ihrer Tätigkeit und legen gemäß den in Unterabsatz 2 genannten Verordnungen in ihrer Geschäftsordnung Sonderbestimmungen hinsichtlich des Zugangs zu ihren Dokumenten fest.

Dieser Absatz gilt für den Gerichtshof der Europäischen Union, die Europäische Zentralbank und die Europäische Investitionsbank nur dann, wenn sie Verwaltungsaufgaben wahrnehmen.

Das Europäische Parlament und der Rat sorgen dafür, dass die Dokumente, die die Gesetzgebungsverfahren betreffen, nach Maßgabe der in Unterabsatz 2 genannten Verordnungen öffentlich zugänglich gemacht werden.

Artikel 16
(ex-Artikel 286 EGV)

(1) Jede Person hat das Recht auf Schutz der sie betreffenden personenbezogenen Daten.

(2) Das Europäische Parlament und der Rat erlassen gemäß dem ordentlichen Gesetzgebungsverfahren Vorschriften über den Schutz natürlicher Personen bei der Verarbeitung personenbezogener Daten durch die Organe, Einrichtungen und sonstigen Stellen der Union sowie durch die Mitgliedstaaten im Rahmen der Ausübung von Tätigkeiten, die in den Anwendungsbereich des Unionsrechts fallen, und über den freien Datenverkehr. Die Einhaltung dieser Vorschriften wird von unabhängigen Behörden überwacht.

Die auf der Grundlage dieses Artikels erlassenen Vorschriften lassen die spezifischen Bestimmungen des Artikels 39 des Vertrags über die Europäische Union unberührt.

Artikel 17

(1) Die Union achtet den Status, den Kirchen und religiöse Vereinigungen oder Gemeinschaften in den Mitgliedstaaten nach deren Rechtsvorschriften genießen, und beeinträchtigt ihn nicht.

(2) Die Union achtet in gleicher Weise den Status, den weltanschauliche Gemeinschaften nach den einzelstaatlichen Rechtsvorschriften genießen.

(3) Die Union pflegt mit diesen Kirchen und Gemeinschaften in Anerkennung ihrer Identität und ihres besonderen Beitrags einen offenen, transparenten und regelmäßigen Dialog.

ZWEITER TEIL
NICHTDISKRIMINIERUNG UND UNIONSBÜRGERSCHAFT

Artikel 18
(ex-Artikel 12 EGV)

Unbeschadet besonderer Bestimmungen der Verträge ist in ihrem Anwendungsbereich jede Diskriminierung aus Gründen der Staatsangehörigkeit verboten.

Das Europäische Parlament und der Rat können gemäß dem ordentlichen Gesetzgebungsverfahren Regelungen für das Verbot solcher Diskriminierungen treffen.

Artikel 19
(ex-Artikel 13 EGV)

(1) Unbeschadet der sonstigen Bestimmungen der Verträge kann der Rat im Rahmen der durch die Verträge auf die Union übertragenen Zuständigkeiten gemäß einem besonderen Gesetzgebungsverfahren und nach Zustimmung des Europäischen Parlaments einstimmig geeignete Vorkehrungen treffen, um Diskriminierungen aus Gründen des Geschlechts, der Rasse, der ethnischen Herkunft, der Religion oder der Weltanschauung, einer Behinderung, des Alters oder der sexuellen Ausrichtung zu bekämpfen.

(2) Abweichend von Absatz 1 können das Europäische Parlament und der Rat gemäß dem ordentlichen Gesetzgebungsverfahren die Grundprinzipien für Fördermaßnahmen der Union unter Ausschluss jeglicher Harmonisierung der Rechts- und Verwaltungsvorschriften der Mitgliedstaaten zur Unterstützung der Maßnahmen festlegen, die die Mitgliedstaaten treffen, um zur Verwirklichung der in Absatz 1 genannten Ziele beizutragen.

Artikel 20
(ex-Artikel 17 EGV)

(1) Es wird eine Unionsbürgerschaft eingeführt. Unionsbürger ist, wer die Staatsangehörigkeit eines

Mitgliedstaats besitzt. Die Unionsbürgerschaft tritt zur nationalen Staatsbürgerschaft hinzu, ersetzt sie aber nicht.

(2) Die Unionsbürgerinnen und Unionsbürger haben die in den Verträgen vorgesehenen Rechte und Pflichten. Sie haben unter anderem
a) das Recht, sich im Hoheitsgebiet der Mitgliedstaaten frei zu bewegen und aufzuhalten;
b) in dem Mitgliedstaat, in dem sie ihren Wohnsitz haben, das aktive und passive Wahlrecht bei den Wahlen zum Europäischen Parlament und bei den Kommunalwahlen, wobei für sie dieselben Bedingungen gelten wie für die Angehörigen des betreffenden Mitgliedstaats;
c) im Hoheitsgebiet eines Drittlands, in dem der Mitgliedstaat, dessen Staatsangehörigkeit sie besitzen, nicht vertreten ist, Recht auf Schutz durch die diplomatischen und konsularischen Behörden eines jeden Mitgliedstaats unter denselben Bedingungen wie Staatsangehörige dieses Staates;
d) das Recht, Petitionen an das Europäische Parlament zu richten und sich an den Europäischen Bürgerbeauftragten zu wenden, sowie das Recht, sich in einer der Sprachen der Verträge an die Organe und die beratenden Einrichtungen der Union zu wenden und eine Antwort in derselben Sprache zu erhalten.

Diese Rechte werden unter den Bedingungen und innerhalb der Grenzen ausgeübt, die in den Verträgen und durch die in Anwendung der Verträge erlassenen Maßnahmen festgelegt sind.

Artikel 21
(ex-Artikel 18 EGV)

(1) Jeder Unionsbürger hat das Recht, sich im Hoheitsgebiet der Mitgliedstaaten vorbehaltlich der in den Verträgen und in den Durchführungsvorschriften vorgesehenen Beschränkungen und Bedingungen frei zu bewegen und aufzuhalten.

(2) Erscheint zur Erreichung dieses Ziels ein Tätigwerden der Union erforderlich und sehen die Verträge hierfür keine Befugnisse vor, so können das Europäische Parlament und der Rat gemäß dem ordentlichen Gesetzgebungsverfahren Vorschriften erlassen, mit denen die Ausübung der Rechte nach Absatz 1 erleichtert wird.

(3) Zu den gleichen wie den in Absatz 1 genannten Zwecken kann der Rat, sofern die Verträge hierfür keine Befugnisse vorsehen, gemäß einem besonderen Gesetzgebungsverfahren Maßnahmen erlassen, die die soziale Sicherheit oder den sozialen Schutz betreffen. Der Rat beschließt einstimmig nach Anhörung des Europäischen Parlaments.

Artikel 22
(ex-Artikel 19 EGV)

(1) Jeder Unionsbürger mit Wohnsitz in einem Mitgliedstaat, dessen Staatsangehörigkeit er nicht besitzt, hat in dem Mitgliedstaat, in dem er seinen Wohnsitz hat, das aktive und passive Wahlrecht bei Kommunalwahlen, wobei für ihn dieselben Bedingungen gelten wie für die Angehörigen des betreffenden Mitgliedstaats. Dieses Recht wird vorbehaltlich der Einzelheiten ausgeübt, die vom Rat einstimmig gemäß einem besonderen Gesetzgebungsverfahren und nach Anhörung des Europäischen Parlaments festgelegt werden; in diesen können Ausnahmeregelungen vorgesehen werden, wenn dies aufgrund besonderer Probleme eines Mitgliedstaats gerechtfertigt ist.

(2) Unbeschadet des Artikels 223 Absatz 1 und der Bestimmungen zu dessen Durchführung besitzt jeder Unionsbürger mit Wohnsitz in einem Mitgliedstaat, dessen Staatsangehörigkeit er nicht besitzt, in dem Mitgliedstaat, in dem er seinen Wohnsitz hat, das aktive und passive Wahlrecht bei den Wahlen zum Europäischen Parlament, wobei für ihn dieselben Bedingungen gelten wie für die Angehörigen des betreffenden Mitgliedstaats. Dieses Recht wird vorbehaltlich der Einzelheiten ausgeübt, die vom Rat einstimmig gemäß einem besonderen Gesetzgebungsverfahren und nach Anhörung des Europäischen Parlaments festgelegt werden; in diesen können Ausnahmeregelungen vorgesehen werden, wenn dies aufgrund besonderer Probleme eines Mitgliedstaats gerechtfertigt ist.

Artikel 23
(ex-Artikel 20 EGV)

Jeder Unionsbürger genießt im Hoheitsgebiet eines dritten Landes, in dem der Mitgliedstaat, dessen Staatsangehörigkeit er besitzt, nicht vertreten ist, den diplomatischen und konsularischen Schutz eines jeden Mitgliedstaats unter denselben Bedingungen wie Staatsangehörige dieses Staates. Die Mitgliedstaaten treffen die notwendigen Vorkehrungen und leiten die für diesen Schutz erforderlichen internationalen Verhandlungen ein.

Der Rat kann gemäß einem besonderen Gesetzgebungsverfahren und nach Anhörung des Europäischen Parlaments Richtlinien zur Festlegung der notwendigen Koordinierungs- und Kooperationsmaßnahmen zur Erleichterung dieses Schutzes erlassen.

Artikel 24
(ex-Artikel 21 EGV)

Die Bestimmungen über die Verfahren und Bedingungen, die für eine Bürgerinitiative im Sinne des Artikels 11 des Vertrags über die Europäische Union gelten, einschließlich der Mindestzahl der Mitgliedstaaten, aus denen die Bürgerinnen und Bürger, die diese Initiative ergreifen, kommen müssen, werden vom Europäischen Parlament und vom Rat gemäß dem ordentlichen Gesetzgebungsverfahren durch Verordnungen festgelegt.

Jeder Unionsbürger besitzt das Petitionsrecht beim Europäischen Parlament nach Artikel 227.

Jeder Unionsbürger kann sich an den nach Artikel 228 eingesetzten Bürgerbeauftragten wenden.

Jeder Unionsbürger kann sich schriftlich in einer der in Artikel 55 Absatz 1 des Vertrags über die Europäische Union genannten Sprachen an jedes Organ oder an jede Einrichtung wenden, die in dem vorliegenden Artikel oder in Artikel 13 des genannten Vertrags genannt sind, und eine Antwort in derselben Sprache erhalten.

Artikel 25
(ex-Artikel 22 EGV)

Die Kommission erstattet dem Europäischen Parlament, dem Rat und dem Wirtschafts- und Sozialausschuss alle drei Jahre über die Anwendung dieses Teils Bericht. In dem Bericht wird der Fortentwicklung der Union Rechnung getragen.

Auf dieser Grundlage kann der Rat unbeschadet der anderen Bestimmungen der Verträge zur Ergänzung der in Artikel 20 Absatz 2 aufgeführten Rechte einstimmig gemäß einem besonderen Gesetzgebungsverfahren nach Zustimmung des Europäischen Parlaments Bestimmungen erlassen. Diese Bestimmungen treten nach Zustimmung der Mitgliedstaaten im Einklang mit ihren jeweiligen verfassungsrechtlichen Vorschriften in Kraft.

DRITTER TEIL
DIE INTERNEN POLITIKEN UND MASSNAHMEN DER UNION

TITEL I
DER BINNENMARKT

Artikel 26
(ex-Artikel 14 EGV)

(1) Die Union erlässt die erforderlichen Maßnahmen, um nach Maßgabe der einschlägigen Bestimmungen der Verträge den Binnenmarkt zu verwirklichen beziehungsweise dessen Funktionieren zu gewährleisten.

(2) Der Binnenmarkt umfasst einen Raum ohne Binnengrenzen, in dem der freie Verkehr von Waren, Personen, Dienstleistungen und Kapital gemäß den Bestimmungen der Verträge gewährleistet ist.

(3) Der Rat legt auf Vorschlag der Kommission die Leitlinien und Bedingungen fest, die erforderlich sind, um in allen betroffenen Sektoren einen ausgewogenen Fortschritt zu gewährleisten.

Artikel 27
(ex-Artikel 15 EGV)

Bei der Formulierung ihrer Vorschläge zur Verwirklichung der Ziele des Artikels 26 berücksichtigt die Kommission den Umfang der Anstrengungen, die einigen Volkswirtschaften mit unterschiedlichem Entwicklungsstand für die Errichtung des Binnenmarkts abverlangt werden, und kann geeignete Bestimmungen vorschlagen.

Erhalten diese Bestimmungen die Form von Ausnahmeregelungen, so müssen sie vorübergehender Art sein und dürfen das Funktionieren des Binnenmarkts so wenig wie möglich stören.

TITEL II
DER FREIE WARENVERKEHR

Artikel 28
(ex-Artikel 23 EGV)

(1) Die Union umfasst eine Zollunion, die sich auf den gesamten Warenaustausch erstreckt; sie umfasst das Verbot, zwischen den Mitgliedstaaten Ein- und Ausfuhrzölle und Abgaben gleicher Wirkung zu erheben, sowie die Einführung eines Gemeinsamen Zolltarifs gegenüber dritten Ländern.

(2) Artikel 30 und Kapitel 3 dieses Titels gelten für die aus den Mitgliedstaaten stammenden Waren sowie für diejenigen Waren aus dritten Ländern, die sich in den Mitgliedstaaten im freien Verkehr befinden.

Artikel 29
(ex-Artikel 24 EGV)

Als im freien Verkehr eines Mitgliedstaats befindlich gelten diejenigen Waren aus dritten Ländern, für die in dem betreffenden Mitgliedstaat die Einfuhrförmlichkeiten erfüllt sowie die vorgeschriebenen Zölle und Abgaben gleicher Wirkung erhoben und nicht ganz oder teilweise rückvergütet worden sind.

KAPITEL 1
DIE ZOLLUNION

Artikel 30
(ex-Artikel 25 EGV)

Ein- und Ausfuhrzölle oder Abgaben gleicher Wirkung sind zwischen den Mitgliedstaaten verboten. Dieses Verbot gilt auch für Finanzzölle.

Artikel 31
(ex-Artikel 26 EGV)

Der Rat legt die Sätze des Gemeinsamen Zolltarifs auf Vorschlag der Kommission fest.

Artikel 32
(ex-Artikel 27 EGV)

Bei der Ausübung der ihr aufgrund dieses Kapitels übertragenen Aufgaben geht die Kommission von folgenden Gesichtspunkten aus:

a) der Notwendigkeit, den Handelsverkehr zwischen den Mitgliedstaaten und dritten Ländern zu fördern;

b) der Entwicklung der Wettbewerbsbedingungen innerhalb der Union, soweit diese Entwicklung zu einer Zunahme der Wettbewerbsfähigkeit der Unternehmen führt;

c) dem Versorgungsbedarf der Union an Rohstoffen und Halbfertigwaren; hierbei achtet die Kommission darauf, zwischen den Mitgliedstaaten die Wettbewerbsbedingungen für Fertigwaren nicht zu verfälschen;

d) der Notwendigkeit, ernsthafte Störungen im Wirtschaftsleben der Mitgliedstaaten zu vermeiden und eine rationale Entwicklung der Erzeugung sowie eine Ausweitung des Verbrauchs innerhalb der Union zu gewährleisten.

KAPITEL 2
DIE ZUSAMMENARBEIT IM ZOLLWESEN

Artikel 33
(ex-Artikel 135 EGV)

Das Europäische Parlament und der Rat treffen im Rahmen des Geltungsbereichs der Verträge gemäß dem ordentlichen Gesetzgebungsverfahren Maßnahmen zum Ausbau der Zusammenarbeit im Zollwesen zwischen den Mitgliedstaaten sowie zwischen den Mitgliedstaaten und der Kommission.

KAPITEL 3
VERBOT VON MENGENMÄSSIGEN BESCHRÄNKUNGEN ZWISCHEN DEN MITGLIEDSTAATEN

Artikel 34
(ex-Artikel 28 EGV)

Mengenmäßige Einfuhrbeschränkungen sowie alle Maßnahmen gleicher Wirkung sind zwischen den Mitgliedstaaten verboten.

Artikel 35
(ex-Artikel 29 EGV)

Mengenmäßige Ausfuhrbeschränkungen sowie alle Maßnahmen gleicher Wirkung sind zwischen den Mitgliedstaaten verboten.

Artikel 36
(ex-Artikel 30 EGV)

Die Bestimmungen der Artikel 34 und 35 stehen Einfuhr-, Ausfuhr- und Durchfuhrverboten oder -beschränkungen nicht entgegen, die aus Gründen der öffentlichen Sittlichkeit, Ordnung und Sicherheit, zum Schutze der Gesundheit und des Lebens von Menschen, Tieren oder Pflanzen, des nationalen Kulturguts von künstlerischem, geschichtlichem oder archäologischem Wert oder des gewerblichen und kommerziellen Eigentums gerechtfertigt sind. Diese Verbote oder Beschränkungen dürfen jedoch weder ein Mittel zur willkürlichen Diskriminierung noch eine verschleierte Beschränkung des Handels zwischen den Mitgliedstaaten darstellen.

Artikel 37
(ex-Artikel 31 EGV)

(1) Die Mitgliedstaaten formen ihre staatlichen Handelsmonopole derart um, dass jede Diskriminierung in den Versorgungs- und Absatzbedingungen zwischen den Angehörigen der Mitgliedstaaten ausgeschlossen ist.

Dieser Artikel gilt für alle Einrichtungen, durch die ein Mitgliedstaat unmittelbar oder mittelbar die Einfuhr oder die Ausfuhr zwischen den Mitgliedstaaten rechtlich oder tatsächlich kontrolliert, lenkt oder merklich beeinflusst. Er gilt auch für die von einem Staat auf andere Rechtsträger übertragenen Monopole.

(2) Die Mitgliedstaaten unterlassen jede neue Maßnahme, die den in Absatz 1 genannten Grundsätzen widerspricht oder die Tragweite der Artikel über das Verbot von Zöllen und mengenmäßigen Beschränkungen zwischen den Mitgliedstaaten einengt.

(3) Ist mit einem staatlichen Handelsmonopol eine Regelung zur Erleichterung des Absatzes oder der Verwertung landwirtschaftlicher Erzeugnisse verbunden, so sollen bei der Anwendung dieses Artikels gleichwertige Sicherheiten für die Beschäftigung und Lebenshaltung der betreffenden Erzeuger gewährleistet werden.

TITEL III
DIE LANDWIRTSCHAFT UND DIE FISCHEREI

Artikel 38
(ex-Artikel 32 EGV)

(1) Die Union legt eine gemeinsame Agrar- und Fischereipolitik fest und führt sie durch.

Der Binnenmarkt umfasst auch die Landwirtschaft, die Fischerei und den Handel mit landwirtschaftlichen Erzeugnissen. Unter landwirtschaftlichen Erzeugnissen sind die Erzeugnisse des Bodens, der Viehzucht und der Fischerei sowie die mit diesen in unmittelbarem Zusammenhang stehenden Erzeugnisse der ersten Verarbeitungsstufe zu verstehen. Die Bezugnahmen auf die gemeinsame Agrarpolitik oder auf die Landwirtschaft und die Verwendung des Wortes „landwirtschaftlich" sind in dem Sinne zu verstehen, dass damit unter Berücksichtigung der besonderen Merkmale des Fischereisektors auch die Fischerei gemeint ist.

(2) Die Vorschriften für die Errichtung oder das Funktionieren des Binnenmarkts finden auf die landwirtschaftlichen Erzeugnisse Anwendung, soweit in den Artikeln 39 bis 44 nicht etwas anderes bestimmt ist.

(3) Die Erzeugnisse, für welche die Artikel 39 bis 44 gelten, sind in Anhang I aufgeführt.

(4) Mit dem Funktionieren und der Entwicklung des Binnenmarkts für landwirtschaftliche Erzeugnisse muss die Gestaltung einer gemeinsamen Agrarpolitik Hand in Hand gehen.

Artikel 39
(ex-Artikel 33 EGV)

(1) Ziel der gemeinsamen Agrarpolitik ist es,

a) die Produktivität der Landwirtschaft durch Förderung des technischen Fortschritts, Rationalisierung der landwirtschaftlichen Erzeugung und den bestmöglichen Einsatz der Produktionsfaktoren, insbesondere der Arbeitskräfte, zu steigern;

b) auf diese Weise der landwirtschaftlichen Bevölkerung, insbesondere durch Erhöhung des Pro-Kopf-Einkommens der in der Landwirtschaft tätigen Personen, eine angemessene Lebenshaltung zu gewährleisten;

c) die Märkte zu stabilisieren;

d) die Versorgung sicherzustellen;

e) für die Belieferung der Verbraucher zu angemessenen Preisen Sorge zu tragen.

(2) Bei der Gestaltung der gemeinsamen Agrarpolitik und der hierfür anzuwendenden besonderen Methoden ist Folgendes zu berücksichtigen:
a) die besondere Eigenart der landwirtschaftlichen Tätigkeit, die sich aus dem sozialen Aufbau der Landwirtschaft und den strukturellen und naturbedingten Unterschieden der verschiedenen landwirtschaftlichen Gebiete ergibt;
b) die Notwendigkeit, die geeigneten Anpassungen stufenweise durchzuführen;
c) die Tatsache, dass die Landwirtschaft in den Mitgliedstaaten einen mit der gesamten Volkswirtschaft eng verflochtenen Wirtschaftsbereich darstellt.

Artikel 40
(ex-Artikel 34 EGV)

(1) Um die Ziele des Artikels 39 zu erreichen, wird eine gemeinsame Organisation der Agrarmärkte geschaffen.

Diese besteht je nach Erzeugnis aus einer der folgenden Organisationsformen:
a) gemeinsame Wettbewerbsregeln,
b) bindende Koordinierung der verschiedenen einzelstaatlichen Marktordnungen,
c) eine europäische Marktordnung.

(2) Die nach Absatz 1 gestaltete gemeinsame Organisation kann alle zur Durchführung des Artikels 39 erforderlichen Maßnahmen einschließen, insbesondere Preisregelungen, Beihilfen für die Erzeugung und die Verteilung der verschiedenen Erzeugnisse, Einlagerungs- und Ausgleichsmaßnahmen, gemeinsame Einrichtungen zur Stabilisierung der Ein- oder Ausfuhr.

Die gemeinsame Organisation hat sich auf die Verfolgung der Ziele des Artikels 39 zu beschränken und jede Diskriminierung zwischen Erzeugern oder Verbrauchern innerhalb der Union auszuschließen.

Eine etwaige gemeinsame Preispolitik muss auf gemeinsamen Grundsätzen und einheitlichen Berechnungsmethoden beruhen.

(3) Um der in Absatz 1 genannten gemeinsamen Organisation die Erreichung ihrer Ziele zu ermöglichen, können ein oder mehrere Ausrichtungs- oder Garantiefonds für die Landwirtschaft geschaffen werden.

Artikel 41
(ex-Artikel 35 EGV)

Um die Ziele des Artikels 39 zu erreichen, können im Rahmen der gemeinsamen Agrarpolitik folgende Maßnahmen vorgesehen werden:
a) eine wirksame Koordinierung der Bestrebungen auf dem Gebiet der Berufsausbildung, der Forschung und der Verbreitung landwirtschaftlicher Fachkenntnisse; hierbei können Vorhaben oder Einrichtungen gemeinsam finanziert werden;
b) gemeinsame Maßnahmen zur Förderung des Verbrauchs bestimmter Erzeugnisse.

Artikel 42
(ex-Artikel 36 EGV)

Das Kapitel über die Wettbewerbsregeln findet auf die Produktion landwirtschaftlicher Erzeugnisse und den Handel mit diesen nur insoweit Anwendung, als das Europäische Parlament und der Rat dies unter Berücksichtigung der Ziele des Artikels 39 im Rahmen des Artikels 43 Absatz 2 und gemäß dem dort vorgesehenen Verfahren bestimmt.

Der Rat kann auf Vorschlag der Kommission genehmigen, dass Beihilfen gewährt werden
a) zum Schutz von Betrieben, die durch strukturelle oder naturgegebene Bedingungen benachteiligt sind, oder
b) im Rahmen wirtschaftlicher Entwicklungsprogramme.

Artikel 43
(ex-Artikel 37 EGV)

(1) Die Kommission legt zur Gestaltung und Durchführung der gemeinsamen Agrarpolitik Vorschläge vor, welche unter anderem die Ablösung der einzelstaatlichen Marktordnungen durch eine der in Artikel 40 Absatz 1 vorgesehenen gemeinsamen Organisationsformen sowie die Durchführung der in diesem Titel bezeichneten Maßnahmen vorsehen.

Diese Vorschläge müssen dem inneren Zusammenhang der in diesem Titel aufgeführten landwirtschaftlichen Fragen Rechnung tragen.

(2) Das Europäische Parlament und der Rat legen gemäß dem ordentlichen Gesetzgebungsverfahren und nach Anhörung des Wirtschafts- und Sozialausschusses die gemeinsame Organisation der Agrarmärkte nach Artikel 40 Absatz 1 sowie die anderen Bestimmungen fest, die für die Verwirklichung der Ziele der gemeinsamen Agrar- und Fischereipolitik notwendig sind.

(3) Der Rat erlässt auf Vorschlag der Kommission die Maßnahmen zur Festsetzung der Preise, der Abschöpfungen, der Beihilfen und der mengenmäßigen Beschränkungen sowie zur Festsetzung und Aufteilung der Fangmöglichkeiten in der Fischerei.

(4) Die einzelstaatlichen Marktordnungen können nach Maßgabe des Absatzes 1 durch die in Artikel 40 Absatz 1 vorgesehene gemeinsame Organisation ersetzt werden,
a) wenn sie den Mitgliedstaaten, die sich gegen diese Maßnahme ausgesprochen haben und eine eigene Marktordnung für die in Betracht kommende Erzeugung besitzen, gleichwertige Sicherheiten für die Beschäftigung und Lebenshaltung der betreffenden Erzeuger bietet; hierbei sind die im Zeitablauf möglichen Anpassungen und erforderlichen Spezialisierungen zu berücksichtigen, und
b) wenn die gemeinsame Organisation für den Handelsverkehr innerhalb der Union Bedingungen sicherstellt, die denen eines Binnenmarkts entsprechen.

(5) Wird eine gemeinsame Organisation für bestimmte Rohstoffe geschaffen, bevor eine gemeinsame Organisation für die entsprechenden weiterverarbeiteten Erzeugnisse besteht, so können die betreffenden Rohstoffe aus Ländern außerhalb der Union eingeführt werden, wenn sie für weiterverarbeitete Erzeugnisse verwendet werden, die zur Ausfuhr nach dritten Ländern bestimmt sind.

Artikel 44
(ex-Artikel 38 EGV)

Besteht in einem Mitgliedstaat für ein Erzeugnis eine innerstaatliche Marktordnung oder Regelung gleicher Wirkung und wird dadurch eine gleichartige Erzeugung in einem anderen Mitgliedstaat in ihrer Wettbewerbslage beeinträchtigt, so erheben die Mitgliedstaaten bei der Einfuhr des betreffenden Erzeugnisses aus dem Mitgliedstaat, in dem die genannte Marktordnung oder Regelung besteht, eine Ausgleichsabgabe, es sei denn, dass dieser Mitgliedstaat eine Ausgleichsabgabe bei der Ausfuhr erhebt.

Die Kommission setzt diese Abgaben in der zur Wiederherstellung des Gleichgewichts erforderlichen Höhe fest; sie kann auch andere Maßnahmen genehmigen, deren Bedingungen und Einzelheiten sie festlegt.

TITEL IV
DIE FREIZÜGIGKEIT, DER FREIE DIENSTLEISTUNGS- UND KAPITALVERKEHR

KAPITEL 1
DIE ARBEITSKRÄFTE

Artikel 45
(ex-Artikel 39 EGV)

(1) Innerhalb der Union ist die Freizügigkeit der Arbeitnehmer gewährleistet.

(2) Sie umfasst die Abschaffung jeder auf der Staatsangehörigkeit beruhenden unterschiedlichen Behandlung der Arbeitnehmer der Mitgliedstaaten in Bezug auf Beschäftigung, Entlohnung und sonstige Arbeitsbedingungen.

(3) Sie gibt – vorbehaltlich der aus Gründen der öffentlichen Ordnung, Sicherheit und Gesundheit gerechtfertigten Beschränkungen – den Arbeitnehmern das Recht,
a) sich um tatsächlich angebotene Stellen zu bewerben;
b) sich zu diesem Zweck im Hoheitsgebiet der Mitgliedstaaten frei zu bewegen;
c) sich in einem Mitgliedstaat aufzuhalten, um dort nach den für die Arbeitnehmer dieses Staates geltenden Rechts- und Verwaltungsvorschriften eine Beschäftigung auszuüben;
d) nach Beendigung einer Beschäftigung im Hoheitsgebiet eines Mitgliedstaats unter Bedingungen zu verbleiben, welche die Kommission durch Verordnungen festlegt.

(4) Dieser Artikel findet keine Anwendung auf die Beschäftigung in der öffentlichen Verwaltung.

Artikel 46
(ex-Artikel 40 EGV)

Das Europäische Parlament und der Rat treffen gemäß dem ordentlichen Gesetzgebungsverfahren und nach Anhörung des Wirtschafts- und Sozialausschusses durch Richtlinien oder Verordnungen alle erforderlichen Maßnahmen, um die Freizügigkeit der Arbeitnehmer im Sinne des Artikels 45 herzustellen, insbesondere
a) durch Sicherstellung einer engen Zusammenarbeit zwischen den einzelstaatlichen Arbeitsverwaltungen;
b) durch die Beseitigung der Verwaltungsverfahren und -praktiken sowie der für den Zugang zu verfügbaren Arbeitsplätzen vorgeschriebenen Fristen, die sich aus innerstaatlichen Rechtsvorschriften oder vorher zwischen den Mitgliedstaaten geschlossenen Übereinkünften ergeben und deren Beibehaltung die Herstellung der Freizügigkeit der Arbeitnehmer hindert;
c) durch die Beseitigung aller Fristen und sonstigen Beschränkungen, die in innerstaatlichen Rechtsvorschriften oder vorher zwischen den Mitgliedstaaten geschlossenen Übereinkünften vorgesehen sind und die den Arbeitnehmern der anderen Mitgliedstaaten für die freie Wahl des Arbeitsplatzes andere Bedingungen als den inländischen Arbeitnehmern auferlegen;
d) durch die Schaffung geeigneter Verfahren für die Zusammenführung und den Ausgleich von Angebot und Nachfrage auf dem Arbeitsmarkt zu Bedingungen, die eine ernstliche Gefährdung der Lebenshaltung und des Beschäftigungsstands in einzelnen Gebieten und Industrien ausschließen.

Artikel 47
(ex-Artikel 41 EGV)

Die Mitgliedstaaten fördern den Austausch junger Arbeitskräfte im Rahmen eines gemeinsamen Programms.

Artikel 48
(ex-Artikel 42 EGV)

Das Europäische Parlament und der Rat beschließen gemäß dem ordentlichen Gesetzgebungsverfahren die auf dem Gebiet der sozialen Sicherheit für die Herstellung der Freizügigkeit der Arbeitnehmer notwendigen Maßnahmen; zu diesem Zweck führen sie insbesondere ein System ein, das zu- und abwandernden Arbeitnehmern und Selbstständigen sowie deren anspruchsberechtigten Angehörigen Folgendes sichert:
a) die Zusammenrechnung aller nach den verschiedenen innerstaatlichen Rechtsvorschriften berücksichtigten Zeiten für den Erwerb und die Aufrechterhaltung des Leistungsanspruchs sowie für die Berechnung der Leistungen;

b) die Zahlung der Leistungen an Personen, die in den Hoheitsgebieten der Mitgliedstaaten wohnen.

Erklärt ein Mitglied des Rates, dass ein Entwurf eines Gesetzgebungsakts nach Absatz 1 wichtige Aspekte seines Systems der sozialen Sicherheit, insbesondere dessen Geltungsbereich, Kosten oder Finanzstruktur, verletzen oder dessen finanzielles Gleichgewicht beeinträchtigen würde, so kann es beantragen, dass der Europäische Rat befasst wird. In diesem Fall wird das ordentliche Gesetzgebungsverfahren ausgesetzt. Nach einer Aussprache geht der Europäische Rat binnen vier Monaten nach Aussetzung des Verfahrens wie folgt vor:

a) er verweist den Entwurf an den Rat zurück, wodurch die Aussetzung des ordentlichen Gesetzgebungsverfahrens beendet wird, oder
b) er sieht von einem Tätigwerden ab, oder aber er ersucht die Kommission um Vorlage eines neuen Vorschlags; in diesem Fall gilt der ursprünglich vorgeschlagene Rechtsakt als nicht erlassen.

KAPITEL 2
DAS NIEDERLASSUNGSRECHT

Artikel 49
(ex-Artikel 43 EGV)

Die Beschränkungen der freien Niederlassung von Staatsangehörigen eines Mitgliedstaats im Hoheitsgebiet eines anderen Mitgliedstaats sind nach Maßgabe der folgenden Bestimmungen verboten. Das Gleiche gilt für Beschränkungen der Gründung von Agenturen, Zweigniederlassungen oder Tochtergesellschaften durch Angehörige eines Mitgliedstaats, die im Hoheitsgebiet eines Mitgliedstaats ansässig sind.

Vorbehaltlich des Kapitels über den Kapitalverkehr umfasst die Niederlassungsfreiheit die Aufnahme und Ausübung selbstständiger Erwerbstätigkeiten sowie die Gründung und Leitung von Unternehmen, insbesondere von Gesellschaften im Sinne des Artikels 54 Absatz 2, nach den Bestimmungen des Aufnahmestaats für seine eigenen Angehörigen.

Artikel 50
(ex-Artikel 44 EGV)

(1) Das Europäische Parlament und der Rat erlassen gemäß dem ordentlichen Gesetzgebungsverfahren und nach Anhörung des Wirtschafts- und Sozialausschusses Richtlinien zur Verwirklichung der Niederlassungsfreiheit für eine bestimmte Tätigkeit.

(2) Das Europäische Parlament, der Rat und die Kommission erfüllen die Aufgaben, die ihnen aufgrund der obigen Bestimmungen übertragen sind, indem sie insbesondere

a) im Allgemeinen diejenigen Tätigkeiten mit Vorrang behandeln, bei denen die Niederlassungsfreiheit die Entwicklung der Produktion und des Handels in besonderer Weise fördert;

b) eine enge Zusammenarbeit zwischen den zuständigen Verwaltungen der Mitgliedstaaten sicherstellen, um sich über die besondere Lage auf den verschiedenen Tätigkeitsgebieten innerhalb der Union zu unterrichten;

c) die aus innerstaatlichen Rechtsvorschriften oder vorher zwischen den Mitgliedstaaten geschlossenen Übereinkünften abgeleiteten Verwaltungsverfahren und -praktiken ausschalten, deren Beibehaltung der Niederlassungsfreiheit entgegensteht;

d) dafür Sorge tragen, dass Arbeitnehmer eines Mitgliedstaats, die im Hoheitsgebiet eines anderen Mitgliedstaats beschäftigt sind, dort verbleiben und eine selbstständige Tätigkeit unter denselben Voraussetzungen ausüben können, die sie erfüllen müssten, wenn sie in diesen Staat erst zu dem Zeitpunkt einreisen würden, in dem sie diese Tätigkeit aufzunehmen beabsichtigen;

e) den Erwerb und die Nutzung von Grundbesitz im Hoheitsgebiet eines Mitgliedstaats durch Angehörige eines anderen Mitgliedstaats ermöglichen, soweit hierdurch die Grundsätze des Artikels 39 Absatz 2 nicht beeinträchtigt werden;

f) veranlassen, dass bei jedem in Betracht kommenden Wirtschaftszweig die Beschränkungen der Niederlassungsfreiheit in Bezug auf die Voraussetzungen für die Errichtung von Agenturen, Zweigniederlassungen und Tochtergesellschaften im Hoheitsgebiet eines Mitgliedstaats sowie für den Eintritt des Personals der Hauptniederlassung in ihre Leitungs- oder Überwachungsorgane schrittweise aufgehoben werden;

g) soweit erforderlich, die Schutzbestimmungen koordinieren, die in den Mitgliedstaaten den Gesellschaften im Sinne des Artikels 54 Absatz 2 im Interesse der Gesellschafter sowie Dritter vorgeschrieben sind, um diese Bestimmungen gleichwertig zu gestalten;

h) sicherstellen, dass die Bedingungen für die Niederlassung nicht durch Beihilfen der Mitgliedstaaten verfälscht werden.

Artikel 51
(ex-Artikel 45 EGV)

Auf Tätigkeiten, die in einem Mitgliedstaat dauernd oder zeitweise mit der Ausübung öffentlicher Gewalt verbunden sind, findet dieses Kapitel in dem betreffenden Mitgliedstaat keine Anwendung.

Das Europäische Parlament und der Rat können gemäß dem ordentlichen Gesetzgebungsverfahren beschließen, dass dieses Kapitel auf bestimmte Tätigkeiten keine Anwendung findet.

Artikel 52
(ex-Artikel 46 EGV)

(1) Dieses Kapitel und die aufgrund desselben getroffenen Maßnahmen beeinträchtigen nicht die Anwendbarkeit der Rechts- und Verwaltungsvorschriften, die eine Sonderregelung für Ausländer

vorsehen und aus Gründen der öffentlichen Ordnung, Sicherheit oder Gesundheit gerechtfertigt sind.

(2) Das Europäische Parlament und der Rat erlassen gemäß dem ordentlichen Gesetzgebungsverfahren Richtlinien für die Koordinierung der genannten Vorschriften.

Artikel 53
(ex-Artikel 47 EGV)

(1) Um die Aufnahme und Ausübung selbstständiger Tätigkeiten zu erleichtern, erlassen das Europäische Parlament und der Rat gemäß dem ordentlichen Gesetzgebungsverfahren Richtlinien für die gegenseitige Anerkennung der Diplome, Prüfungszeugnisse und sonstigen Befähigungsnachweise sowie für die Koordinierung der Rechts- und Verwaltungsvorschriften der Mitgliedstaaten über die Aufnahme und Ausübung selbstständiger Tätigkeiten.

(2) Die schrittweise Aufhebung der Beschränkungen für die ärztlichen, arztähnlichen und pharmazeutischen Berufe setzt die Koordinierung der Bedingungen für die Ausübung dieser Berufe in den einzelnen Mitgliedstaaten voraus.

Artikel 54
(ex-Artikel 48 EGV)

Für die Anwendung dieses Kapitels stehen die nach den Rechtsvorschriften eines Mitgliedstaats gegründeten Gesellschaften, die ihren satzungsmäßigen Sitz, ihre Hauptverwaltung oder ihre Hauptniederlassung innerhalb der Union haben, den natürlichen Personen gleich, die Angehörige der Mitgliedstaaten sind.

Als Gesellschaften gelten die Gesellschaften des bürgerlichen Rechts und des Handelsrechts einschließlich der Genossenschaften und die sonstigen juristischen Personen des öffentlichen und privaten Rechts mit Ausnahme derjenigen, die keinen Erwerbszweck verfolgen.

Artikel 55
(ex-Artikel 294 EGV)

Unbeschadet der sonstigen Bestimmungen der Verträge stellen die Mitgliedstaaten die Staatsangehörigen der anderen Mitgliedstaaten hinsichtlich ihrer Beteiligung am Kapital von Gesellschaften im Sinne des Artikels 54 den eigenen Staatsangehörigen gleich.

KAPITEL 3
DIENSTLEISTUNGEN

Artikel 56
(ex-Artikel 49 EGV)

Die Beschränkungen des freien Dienstleistungsverkehrs innerhalb der Union für Angehörige der Mitgliedstaaten, die in einem anderen Mitgliedstaat als demjenigen des Leistungsempfängers ansässig sind, sind nach Maßgabe der folgenden Bestimmungen verboten.

Das Europäische Parlament und der Rat können gemäß dem ordentlichen Gesetzgebungsverfahren beschließen, dass dieses Kapitel auch auf Erbringer von Dienstleistungen Anwendung findet, welche die Staatsangehörigkeit eines dritten Landes besitzen und innerhalb der Union ansässig sind.

Artikel 57
(ex-Artikel 50 EGV)

Dienstleistungen im Sinne der Verträge sind Leistungen, die in der Regel gegen Entgelt erbracht werden, soweit sie nicht den Vorschriften über den freien Waren- und Kapitalverkehr und über die Freizügigkeit der Personen unterliegen.

Als Dienstleistungen gelten insbesondere:
a) gewerbliche Tätigkeiten,
b) kaufmännische Tätigkeiten,
c) handwerkliche Tätigkeiten,
d) freiberufliche Tätigkeiten.

Unbeschadet des Kapitels über die Niederlassungsfreiheit kann der Leistende zwecks Erbringung seiner Leistungen seine Tätigkeit vorübergehend in dem Mitgliedstaat ausüben, in dem die Leistung erbracht wird, und zwar unter den Voraussetzungen, welche dieser Mitgliedstaat für seine eigenen Angehörigen vorschreibt.

Artikel 58
(ex-Artikel 51 EGV)

(1) Für den freien Dienstleistungsverkehr auf dem Gebiet des Verkehrs gelten die Bestimmungen des Titels über den Verkehr.

(2) Die Liberalisierung der mit dem Kapitalverkehr verbundenen Dienstleistungen der Banken und Versicherungen wird im Einklang mit der Liberalisierung des Kapitalverkehrs durchgeführt.

Artikel 59
(ex-Artikel 52 EGV)

(1) Das Europäische Parlament und der Rat erlassen gemäß dem ordentlichen Gesetzgebungsverfahren und nach Anhörung des Wirtschafts- und Sozialausschusses Richtlinien zur Liberalisierung einer bestimmten Dienstleistung.

(2) Bei den in Absatz 1 genannten Richtlinien sind im Allgemeinen mit Vorrang diejenigen Dienstleistungen zu berücksichtigen, welche die Produktionskosten unmittelbar beeinflussen oder deren Liberalisierung zur Förderung des Warenverkehrs beiträgt.

Artikel 60
(ex-Artikel 53 EGV)

Die Mitgliedstaaten bemühen sich, über das Ausmaß der Liberalisierung der Dienstleistungen, zu dem sie aufgrund der Richtlinien gemäß Artikel 59 Absatz 1 verpflichtet sind, hinauszugehen, falls ihre wirtschaftliche Gesamtlage und die Lage des betreffenden Wirtschaftszweigs dies zulassen.

Die Kommission richtet entsprechende Empfehlungen an die betreffenden Staaten.

Artikel 61
(ex-Artikel 54 EGV)

Solange die Beschränkungen des freien Dienstleistungsverkehrs nicht aufgehoben sind, wendet sie jeder Mitgliedstaat ohne Unterscheidung nach Staatsangehörigkeit oder Aufenthaltsort auf alle in Artikel 56 Absatz 1 bezeichneten Erbringer von Dienstleistungen an.

Artikel 62
(ex-Artikel 55 EGV)

Die Bestimmungen der Artikel 51 bis 54 finden auf das in diesem Kapitel geregelte Sachgebiet Anwendung.

KAPITEL 4
DER KAPITAL- UND ZAHLUNGSVERKEHR

Artikel 63
(ex-Artikel 56 EGV)

(1) Im Rahmen der Bestimmungen dieses Kapitels sind alle Beschränkungen des Kapitalverkehrs zwischen den Mitgliedstaaten sowie zwischen den Mitgliedstaaten und dritten Ländern verboten.

(2) Im Rahmen der Bestimmungen dieses Kapitels sind alle Beschränkungen des Zahlungsverkehrs zwischen den Mitgliedstaaten sowie zwischen den Mitgliedstaaten und dritten Ländern verboten.

Artikel 64
(ex-Artikel 57 EGV)

(1) Artikel 63 berührt nicht die Anwendung derjenigen Beschränkungen auf dritte Länder, die am 31. Dezember 1993 aufgrund einzelstaatlicher Rechtsvorschriften oder aufgrund von Rechtsvorschriften der Union für den Kapitalverkehr mit dritten Ländern im Zusammenhang mit Direktinvestitionen einschließlich Anlagen in Immobilien, mit der Niederlassung, der Erbringung von Finanzdienstleistungen oder der Zulassung von Wertpapieren zu den Kapitalmärkten bestehen. Für in Bulgarien, Estland und Ungarn bestehende Beschränkungen nach innerstaatlichem Recht ist der maßgebliche Zeitpunkt der 31. Dezember 1999. Für in Kroatien nach innerstaatlichem Recht bestehende Beschränkungen ist der maßgebliche Zeitpunkt der 31. Dezember 2002.

(2) Unbeschadet der anderen Kapitel der Verträge sowie ihrer Bemühungen um eine möglichst weitgehende Verwirklichung des Zieles eines freien Kapitalverkehrs zwischen den Mitgliedstaaten und dritten Ländern beschließen das Europäische Parlament und der Rat gemäß dem ordentlichen Gesetzgebungsverfahren Maßnahmen für den Kapitalverkehr mit dritten Ländern im Zusammenhang mit Direktinvestitionen einschließlich Anlagen in Immobilien, mit der Niederlassung, der Erbringung von Finanzdienstleistungen oder der Zulassung von Wertpapieren zu den Kapitalmärkten.

(3) Abweichend von Absatz 2 kann nur der Rat gemäß einem besonderen Gesetzgebungsverfahren und nach Anhörung des Europäischen Parlaments Maßnahmen einstimmig beschließen, die im Rahmen des Unionsrechts für die Liberalisierung des Kapitalverkehrs mit Drittländern einen Rückschritt darstellen.

Artikel 65
(ex-Artikel 58 EGV)

(1) Artikel 63 berührt nicht das Recht der Mitgliedstaaten,

a) die einschlägigen Vorschriften ihres Steuerrechts anzuwenden, die Steuerpflichtige mit unterschiedlichem Wohnort oder Kapitalanlageort unterschiedlich behandeln,

b) die unerlässlichen Maßnahmen zu treffen, um Zuwiderhandlungen gegen innerstaatliche Rechts- und Verwaltungsvorschriften, insbesondere auf dem Gebiet des Steuerrechts und der Aufsicht über Finanzinstitute, zu verhindern, sowie Meldeverfahren für den Kapitalverkehr zwecks administrativer oder statistischer Information vorzusehen oder Maßnahmen zu ergreifen, die aus Gründen der öffentlichen Ordnung oder Sicherheit gerechtfertigt sind.

(2) Dieses Kapitel berührt nicht die Anwendbarkeit von Beschränkungen des Niederlassungsrechts, die mit den Verträgen vereinbar sind.

(3) Die in den Absätzen 1 und 2 genannten Maßnahmen und Verfahren dürfen weder ein Mittel zur willkürlichen Diskriminierung noch eine verschleierte Beschränkung des freien Kapital- und Zahlungsverkehrs im Sinne des Artikels 63 darstellen.

(4) Sind keine Maßnahmen nach Artikel 64 Absatz 3 erlassen worden, so kann die Kommission oder, wenn diese binnen drei Monaten nach der Vorlage eines entsprechenden Antrags des betreffenden Mitgliedstaats keinen Beschluss erlassen hat, der Rat einen Beschluss erlassen, mit dem festgelegt wird, dass die von einem Mitgliedstaat in Bezug auf ein oder mehrere Drittländer getroffenen restriktiven steuerlichen Maßnahmen insofern als mit den Verträgen vereinbar anzusehen sind, als sie durch eines der Ziele der Union gerechtfertigt und mit dem ordnungsgemäßen Funktionieren des Binnenmarkts vereinbar sind. Der Rat beschließt einstimmig auf Antrag eines Mitgliedstaats.

Artikel 66
(ex-Artikel 59 EGV)

Falls Kapitalbewegungen nach oder aus dritten Ländern unter außergewöhnlichen Umständen das Funktionieren der Wirtschafts- und Währungsunion schwerwiegend stören oder zu stören drohen, kann der Rat auf Vorschlag der Kommission und nach Anhörung der Europäischen Zentralbank gegenüber dritten Ländern Schutzmaßnahmen mit einer Geltungsdauer von höchstens sechs Monaten treffen, wenn diese unbedingt erforderlich sind.

TITEL V
DER RAUM DER FREIHEIT, DER SICHERHEIT UND DES RECHTS

KAPITEL 1
ALLGEMEINE BESTIMMUNGEN

Artikel 67
(ex-Artikel 61 EGV und ex-Artikel 29 EUV)

(1) Die Union bildet einen Raum der Freiheit, der Sicherheit und des Rechts, in dem die Grundrechte und die verschiedenen Rechtsordnungen und -traditionen der Mitgliedstaaten geachtet werden.

(2) Sie stellt sicher, dass Personen an den Binnengrenzen nicht kontrolliert werden, und entwickelt eine gemeinsame Politik in den Bereichen Asyl, Einwanderung und Kontrollen an den Außengrenzen, die sich auf die Solidarität der Mitgliedstaaten gründet und gegenüber Drittstaatsangehörigen angemessen ist. Für die Zwecke dieses Titels werden Staatenlose den Drittstaatsangehörigen gleichgestellt.

(3) Die Union wirkt darauf hin, durch Maßnahmen zur Verhütung und Bekämpfung von Kriminalität sowie von Rassismus und Fremdenfeindlichkeit, zur Koordinierung und Zusammenarbeit von Polizeibehörden und Organen der Strafrechtspflege und den anderen zuständigen Behörden sowie durch die gegenseitige Anerkennung strafrechtlicher Entscheidungen und erforderlichenfalls durch die Angleichung der strafrechtlichen Rechtsvorschriften ein hohes Maß an Sicherheit zu gewährleisten.

(4) Die Union erleichtert den Zugang zum Recht, insbesondere durch den Grundsatz der gegenseitigen Anerkennung gerichtlicher und außergerichtlicher Entscheidungen in Zivilsachen.

Artikel 68

Der Europäische Rat legt die strategischen Leitlinien für die gesetzgeberische und operative Programmplanung im Raum der Freiheit, der Sicherheit und des Rechts fest.

Artikel 69

Die nationalen Parlamente tragen bei Gesetzgebungsvorschlägen und -initiativen, die im Rahmen der Kapitel 4 und 5 vorgelegt werden, Sorge für die Achtung des Subsidiaritätsprinzips nach Maßgabe des Protokolls über die Anwendung der Grundsätze der Subsidiarität und der Verhältnismäßigkeit.

Artikel 70

Unbeschadet der Artikel 258, 259 und 260 kann der Rat auf Vorschlag der Kommission Maßnahmen erlassen, mit denen Einzelheiten festgelegt werden, nach denen die Mitgliedstaaten in Zusammenarbeit mit der Kommission eine objektive und unparteiische Bewertung der Durchführung der unter diesen Titel fallenden Unionspolitik durch die Behörden der Mitgliedstaaten vornehmen, insbesondere um die umfassende Anwendung des Grundsatzes der gegenseitigen Anerkennung zu fördern. Das Europäische Parlament und die nationalen Parlamente werden vom Inhalt und den Ergebnissen dieser Bewertung unterrichtet.

Artikel 71
(ex-Artikel 36 EUV)

Im Rat wird ein ständiger Ausschuss eingesetzt, um sicherzustellen, dass innerhalb der Union die operative Zusammenarbeit im Bereich der inneren Sicherheit gefördert und verstärkt wird. Er fördert unbeschadet des Artikels 240 die Koordinierung der Maßnahmen der zuständigen Behörden der Mitgliedstaaten. Die Vertreter der betroffenen Einrichtungen und sonstigen Stellen der Union können an den Arbeiten des Ausschusses beteiligt werden. Das Europäische Parlament und die nationalen Parlamente werden über die Arbeiten des Ausschusses auf dem Laufenden gehalten.

Artikel 72
(ex-Artikel 64 Absatz 1 EGV und ex-Artikel 33 EUV)

Dieser Titel berührt nicht die Wahrnehmung der Zuständigkeiten der Mitgliedstaaten für die Aufrechterhaltung der öffentlichen Ordnung und den Schutz der inneren Sicherheit.

Artikel 73

Es steht den Mitgliedstaaten frei, untereinander und in eigener Verantwortung Formen der Zusammenarbeit und Koordinierung zwischen den zuständigen Dienststellen ihrer für den Schutz der nationalen Sicherheit verantwortlichen Verwaltungen einzurichten, die sie für geeignet halten.

Artikel 74
(ex-Artikel 66 EGV)

Der Rat erlässt Maßnahmen, um die Verwaltungszusammenarbeit zwischen den zuständigen Dienststellen der Mitgliedstaaten in den Bereichen dieses Titels sowie die Zusammenarbeit zwischen diesen Dienststellen und der Kommission zu gewährleisten. Dabei beschließt er auf Vorschlag der Kommission vorbehaltlich des Artikels 76 und nach Anhörung des Europäischen Parlaments.

Artikel 75
(ex-Artikel 60 EGV)

Sofern dies notwendig ist, um die Ziele des Artikels 67 in Bezug auf die Verhütung und Bekämpfung von Terrorismus und damit verbundener Aktivitäten zu verwirklichen, schaffen das Europäische Parlament und der Rat gemäß dem ordentlichen Gesetzgebungsverfahren durch Verordnungen einen Rahmen für Verwaltungsmaßnahmen in Bezug auf Kapitalbewegungen und Zahlungen, wozu das Einfrieren von Geldern, finanziellen Vermögenswerten oder wirtschaftlichen Erträgen gehören kann, deren Eigentümer oder Besitzer natürliche oder juristische Personen, Gruppierungen oder nichtstaatliche Einheiten sind.

Der Rat erlässt auf Vorschlag der Kommission Maßnahmen zur Umsetzung des in Absatz 1 genannten Rahmens.

In den Rechtsakten nach diesem Artikel müssen die erforderlichen Bestimmungen über den Rechtsschutz vorgesehen sein.

Artikel 76

Die in den Kapiteln 4 und 5 genannten Rechtsakte sowie die in Artikel 74 genannten Maßnahmen, mit denen die Verwaltungszusammenarbeit in den Bereichen der genannten Kapitel gewährleistet wird, werden wie folgt erlassen:
a) auf Vorschlag der Kommission oder
b) auf Initiative eines Viertels der Mitgliedstaaten.

KAPITEL 2
POLITIK IM BEREICH GRENZKONTROLLEN, ASYL UND EINWANDERUNG

Artikel 77
(ex-Artikel 62 EGV)

(1) Die Union entwickelt eine Politik, mit der
a) sichergestellt werden soll, dass Personen unabhängig von ihrer Staatsangehörigkeit beim Überschreiten der Binnengrenzen nicht kontrolliert werden;
b) die Personenkontrolle und die wirksame Überwachung des Grenzübertritts an den Außengrenzen sichergestellt werden soll;
c) schrittweise ein integriertes Grenzschutzsystem an den Außengrenzen eingeführt werden soll.

(2) Für die Zwecke des Absatzes 1 erlassen das Europäische Parlament und der Rat gemäß dem ordentlichen Gesetzgebungsverfahren Maßnahmen, die folgende Bereiche betreffen:
a) die gemeinsame Politik in Bezug auf Visa und andere kurzfristige Aufenthaltstitel;
b) die Kontrollen, denen Personen beim Überschreiten der Außengrenzen unterzogen werden;
c) die Voraussetzungen, unter denen sich Drittstaatsangehörige innerhalb der Union während eines kurzen Zeitraums frei bewegen können;
d) alle Maßnahmen, die für die schrittweise Einführung eines integrierten Grenzschutzsystems an den Außengrenzen erforderlich sind;
e) die Abschaffung der Kontrolle von Personen gleich welcher Staatsangehörigkeit beim Überschreiten der Binnengrenzen.

(3) Erscheint zur Erleichterung der Ausübung des in Artikel 20 Absatz 2 Buchstabe a genannten Rechts ein Tätigwerden der Union erforderlich, so kann der Rat gemäß einem besonderen Gesetzgebungsverfahren Bestimmungen betreffend Pässe, Personalausweise, Aufenthaltstitel oder diesen gleichgestellte Dokumente erlassen, sofern die Verträge hierfür anderweitig keine Befugnisse vorsehen. Der Rat beschließt einstimmig nach Anhörung des Europäischen Parlaments.

(4) Dieser Artikel berührt nicht die Zuständigkeit der Mitgliedstaaten für die geografische Festlegung ihrer Grenzen nach dem Völkerrecht.

Artikel 78
(ex-Artikel 63 Nummern 1 und 2 und ex-Artikel 64 Absatz 2 EGV)

(1) Die Union entwickelt eine gemeinsame Politik im Bereich Asyl, subsidiärer Schutz und vorübergehender Schutz, mit der jedem Drittstaatsangehörigen, der internationalen Schutz benötigt, ein angemessener Status angeboten und die Einhaltung des Grundsatzes der Nicht-Zurückweisung gewährleistet werden soll. Diese Politik muss mit dem Genfer Abkommen vom 28. Juli 1951 und dem Protokoll vom 31. Januar 1967 über die Rechtsstellung der Flüchtlinge sowie den anderen einschlägigen Verträgen im Einklang stehen.

(2) Für die Zwecke des Absatzes 1 erlassen das Europäische Parlament und der Rat gemäß dem ordentlichen Gesetzgebungsverfahren Maßnahmen in Bezug auf ein gemeinsames europäisches Asylsystem, das Folgendes umfasst:
a) einen in der ganzen Union gültigen einheitlichen Asylstatus für Drittstaatsangehörige;
b) einen einheitlichen subsidiären Schutzstatus für Drittstaatsangehörige, die keinen europäischen Asylstatus erhalten, aber internationalen Schutz benötigen;
c) eine gemeinsame Regelung für den vorübergehenden Schutz von Vertriebenen im Falle eines Massenzustroms;
d) gemeinsame Verfahren für die Gewährung und den Entzug des einheitlichen Asylstatus beziehungsweise des subsidiären Schutzstatus;
e) Kriterien und Verfahren zur Bestimmung des Mitgliedstaats, der für die Prüfung eines Antrags auf Asyl oder subsidiären Schutz zuständig ist;
f) Normen über die Aufnahmebedingungen von Personen, die Asyl oder subsidiären Schutz beantragen;
g) Partnerschaft und Zusammenarbeit mit Drittländern zur Steuerung des Zustroms von Personen, die Asyl oder subsidiären Schutz beziehungsweise vorübergehenden Schutz beantragen.

(3) Befinden sich ein oder mehrere Mitgliedstaaten aufgrund eines plötzlichen Zustroms von Drittstaatsangehörigen in einer Notlage, so kann der Rat auf Vorschlag der Kommission vorläufige Maßnahmen zugunsten der betreffenden Mitgliedstaaten erlassen. Er beschließt nach Anhörung des Europäischen Parlaments.

Artikel 79
(ex-Artikel 63 Nummern 3 und 4 EGV)

(1) Die Union entwickelt eine gemeinsame Einwanderungspolitik, die in allen Phasen eine wirksame Steuerung der Migrationsströme, eine angemessene Behandlung von Drittstaatsangehörigen, die sich rechtmäßig in einem Mitgliedstaat aufhalten,

sowie die Verhütung und verstärkte Bekämpfung von illegaler Einwanderung und Menschenhandel gewährleisten soll.

(2) Für die Zwecke des Absatzes 1 erlassen das Europäische Parlament und der Rat gemäß dem ordentlichen Gesetzgebungsverfahren Maßnahmen in folgenden Bereichen:

a) Einreise- und Aufenthaltsvoraussetzungen sowie Normen für die Erteilung von Visa und Aufenthaltstiteln für einen langfristigen Aufenthalt, einschließlich solcher zur Familienzusammenführung, durch die Mitgliedstaaten;

b) Festlegung der Rechte von Drittstaatsangehörigen, die sich rechtmäßig in einem Mitgliedstaat aufhalten, einschließlich der Bedingungen, unter denen sie sich in den anderen Mitgliedstaaten frei bewegen und aufhalten dürfen;

c) illegale Einwanderung und illegaler Aufenthalt, einschließlich Abschiebung und Rückführung solcher Personen, die sich illegal in einem Mitgliedstaat aufhalten;

d) Bekämpfung des Menschenhandels, insbesondere des Handels mit Frauen und Kindern.

(3) Die Union kann mit Drittländern Übereinkünfte über eine Rückübernahme von Drittstaatsangehörigen in ihr Ursprungs- oder Herkunftsland schließen, die die Voraussetzungen für die Einreise in das Hoheitsgebiet eines der Mitgliedstaaten oder die Anwesenheit oder den Aufenthalt in diesem Gebiet nicht oder nicht mehr erfüllen.

(4) Das Europäische Parlament und der Rat können gemäß dem ordentlichen Gesetzgebungsverfahren unter Ausschluss jeglicher Harmonisierung der Rechtsvorschriften der Mitgliedstaaten Maßnahmen festlegen, mit denen die Bemühungen der Mitgliedstaaten um die Integration der sich rechtmäßig in ihrem Hoheitsgebiet aufhaltenden Drittstaatsangehörigen gefördert und unterstützt werden.

(5) Dieser Artikel berührt nicht das Recht der Mitgliedstaaten, festzulegen, wie viele Drittstaatsangehörige aus Drittländern in ihr Hoheitsgebiet einreisen dürfen, um dort als Arbeitnehmer oder Selbstständige Arbeit zu suchen.

Artikel 80

Für die unter dieses Kapitel fallende Politik der Union und ihre Umsetzung gilt der Grundsatz der Solidarität und der gerechten Aufteilung der Verantwortlichkeiten unter den Mitgliedstaaten, einschließlich in finanzieller Hinsicht. Die aufgrund dieses Kapitels erlassenen Rechtsakte der Union enthalten, immer wenn dies erforderlich ist, entsprechende Maßnahmen für die Anwendung dieses Grundsatzes.

KAPITEL 3
JUSTIZIELLE ZUSAMMENARBEIT IN ZIVILSACHEN

Artikel 81
(ex-Artikel 65 EGV)

(1) Die Union entwickelt eine justizielle Zusammenarbeit in Zivilsachen mit grenzüberschreitendem Bezug, die auf dem Grundsatz der gegenseitigen Anerkennung gerichtlicher und außergerichtlicher Entscheidungen beruht. Diese Zusammenarbeit kann den Erlass von Maßnahmen zur Angleichung der Rechtsvorschriften der Mitgliedstaaten umfassen.

(2) Für die Zwecke des Absatzes 1 erlassen das Europäische Parlament und der Rat, insbesondere wenn dies für das reibungslose Funktionieren des Binnenmarkts erforderlich ist, gemäß dem ordentlichen Gesetzgebungsverfahren Maßnahmen, die Folgendes sicherstellen sollen:

a) die gegenseitige Anerkennung und die Vollstreckung gerichtlicher und außergerichtlicher Entscheidungen zwischen den Mitgliedstaaten;

b) die grenzüberschreitende Zustellung gerichtlicher und außergerichtlicher Schriftstücke;

c) die Vereinbarkeit der in den Mitgliedstaaten geltenden Kollisionsnormen und Vorschriften zur Vermeidung von Kompetenzkonflikten;

d) die Zusammenarbeit bei der Erhebung von Beweismitteln;

e) einen effektiven Zugang zum Recht;

f) die Beseitigung von Hindernissen für die reibungslose Abwicklung von Zivilverfahren, erforderlichenfalls durch Förderung der Vereinbarkeit der in den Mitgliedstaaten geltenden zivilrechtlichen Verfahrensvorschriften;

g) die Entwicklung von alternativen Methoden für die Beilegung von Streitigkeiten;

h) die Förderung der Weiterbildung von Richtern und Justizbediensteten.

(3) Abweichend von Absatz 2 werden Maßnahmen zum Familienrecht mit grenzüberschreitendem Bezug vom Rat gemäß einem besonderen Gesetzgebungsverfahren festgelegt. Dieser beschließt einstimmig nach Anhörung des Europäischen Parlaments.

Der Rat kann auf Vorschlag der Kommission einen Beschluss erlassen, durch den die Aspekte des Familienrechts mit grenzüberschreitendem Bezug bestimmt werden, die Gegenstand von Rechtsakten sein können, die gemäß dem ordentlichen Gesetzgebungsverfahren erlassen werden. Der Rat beschließt einstimmig nach Anhörung des Europäischen Parlaments.

Der in Unterabsatz 2 genannte Vorschlag wird den nationalen Parlamenten übermittelt. Wird dieser Vorschlag innerhalb von sechs Monaten nach der Übermittlung von einem nationalen Parlament abgelehnt, so wird der Beschluss nicht erlassen. Wird der Vorschlag nicht abgelehnt, so kann der Rat den Beschluss erlassen.

KAPITEL 4
JUSTIZIELLE ZUSAMMENARBEIT IN STRAFSACHEN

Artikel 82
(ex-Artikel 31 EUV)

(1) Die justizielle Zusammenarbeit in Strafsachen in der Union beruht auf dem Grundsatz der gegenseitigen Anerkennung gerichtlicher Urteile und Entscheidungen und umfasst die Angleichung der Rechtsvorschriften der Mitgliedstaaten in den in Absatz 2 und in Artikel 83 genannten Bereichen.

Das Europäische Parlament und der Rat erlassen gemäß dem ordentlichen Gesetzgebungsverfahren Maßnahmen, um

a) Regeln und Verfahren festzulegen, mit denen die Anerkennung aller Arten von Urteilen und gerichtlichen Entscheidungen in der gesamten Union sichergestellt wird;
b) Kompetenzkonflikte zwischen den Mitgliedstaaten zu verhindern und beizulegen;
c) die Weiterbildung von Richtern und Staatsanwälten sowie Justizbediensteten zu fördern;
d) die Zusammenarbeit zwischen den Justizbehörden oder entsprechenden Behörden der Mitgliedstaaten im Rahmen der Strafverfolgung sowie des Vollzugs und der Vollstreckung von Entscheidungen zu erleichtern.

(2) Soweit dies zur Erleichterung der gegenseitigen Anerkennung gerichtlicher Urteile und Entscheidungen und der polizeilichen und justiziellen Zusammenarbeit in Strafsachen mit grenzüberschreitender Dimension erforderlich ist, können das Europäische Parlament und der Rat gemäß dem ordentlichen Gesetzgebungsverfahren durch Richtlinien Mindestvorschriften festlegen. Bei diesen Mindestvorschriften werden die Unterschiede zwischen den Rechtsordnungen und -traditionen der Mitgliedstaaten berücksichtigt.

Die Vorschriften betreffen Folgendes:

a) die Zulässigkeit von Beweismitteln auf gegenseitiger Basis zwischen den Mitgliedstaaten;
b) die Rechte des Einzelnen im Strafverfahren;
c) die Rechte der Opfer von Straftaten;
d) sonstige spezifische Aspekte des Strafverfahrens, die zuvor vom Rat durch Beschluss bestimmt worden sind; dieser Beschluss wird vom Rat einstimmig nach Zustimmung des Europäischen Parlaments erlassen.

Der Erlass von Mindestvorschriften nach diesem Absatz hindert die Mitgliedstaaten nicht daran, ein höheres Schutzniveau für den Einzelnen beizubehalten oder einzuführen.

(3) Ist ein Mitglied des Rates der Auffassung, dass der Entwurf einer Richtlinie nach Absatz 2 grundlegende Aspekte seiner Strafrechtsordnung berühren würde, so kann es beantragen, dass der Europäische Rat befasst wird. In diesem Fall wird das ordentliche Gesetzgebungsverfahren ausgesetzt. Nach einer Aussprache verweist der Europäische Rat im Falle eines Einvernehmens den Entwurf binnen vier Monaten nach Aussetzung des Verfahrens an den Rat zurück, wodurch die Aussetzung des ordentlichen Gesetzgebungsverfahrens beendet wird.

Sofern kein Einvernehmen erzielt wird, mindestens neun Mitgliedstaaten aber eine Verstärkte Zusammenarbeit auf der Grundlage des betreffenden Entwurfs einer Richtlinie begründen möchten, teilen diese Mitgliedstaaten dies binnen derselben Frist dem Europäischen Parlament, dem Rat und der Kommission mit. In diesem Fall gilt die Ermächtigung zu einer Verstärkten Zusammenarbeit nach Artikel 20 Absatz 2 des Vertrags über die Europäische Union und Artikel 329 Absatz 1 dieses Vertrags als erteilt, und die Bestimmungen über die Verstärkte Zusammenarbeit finden Anwendung.

Artikel 83
(ex-Artikel 31 EUV)

(1) Das Europäische Parlament und der Rat können gemäß dem ordentlichen Gesetzgebungsverfahren durch Richtlinien Mindestvorschriften zur Festlegung von Straftaten und Strafen in Bereichen besonders schwerer Kriminalität festlegen, die aufgrund der Art oder der Auswirkungen der Straftaten oder aufgrund einer besonderen Notwendigkeit, sie auf einer gemeinsamen Grundlage zu bekämpfen, eine grenzüberschreitende Dimension haben.

Derartige Kriminalitätsbereiche sind: Terrorismus, Menschenhandel und sexuelle Ausbeutung von Frauen und Kindern, illegaler Drogenhandel, illegaler Waffenhandel, Geldwäsche, Korruption, Fälschung von Zahlungsmitteln, Computerkriminalität und organisierte Kriminalität.

Je nach Entwicklung der Kriminalität kann der Rat einen Beschluss erlassen, in dem andere Kriminalitätsbereiche bestimmt werden, die die Kriterien dieses Absatzes erfüllen. Er beschließt einstimmig nach Zustimmung des Europäischen Parlaments.

(2) Erweist sich die Angleichung der strafrechtlichen Rechtsvorschriften der Mitgliedstaaten als unerlässlich für die wirksame Durchführung der Politik der Union auf einem Gebiet, auf dem Harmonisierungsmaßnahmen erfolgt sind, so können durch Richtlinien Mindestvorschriften für die Festlegung von Straftaten und Strafen auf dem betreffenden Gebiet festgelegt werden. Diese Richtlinien werden unbeschadet des Artikels 76 gemäß dem gleichen ordentlichen oder besonderen Gesetzgebungsverfahren wie die betreffenden Harmonisierungsmaßnahmen erlassen.

(3) Ist ein Mitglied des Rates der Auffassung, dass der Entwurf einer Richtlinie nach den Absätzen 1 oder 2 grundlegende Aspekte seiner Strafrechtsordnung berühren würde, so kann es beantragen, dass der Europäische Rat befasst wird. In diesem Fall wird das ordentliche Gesetzgebungsverfahren ausgesetzt. Nach einer Aussprache verweist der Europäische Rat im Falle eines Einvernehmens den Entwurf binnen vier Monaten nach Aussetzung des Verfahrens an den Rat zurück, wodurch die Aussetzung des ordentlichen Gesetzgebungsverfahrens beendet wird.

Sofern kein Einvernehmen erzielt wird, mindestens neun Mitgliedstaaten aber eine Verstärkte Zusammenarbeit auf der Grundlage des betreffenden Entwurfs einer Richtlinie begründen möchten, teilen diese Mitgliedstaaten dies binnen derselben Frist dem Europäischen Parlament, dem Rat und der Kommission mit. In diesem Fall gilt die Ermächtigung zu einer Verstärkten Zusammenarbeit nach Artikel 20 Absatz 2 des Vertrags über die Europäische Union und Artikel 329 Absatz 1 dieses Vertrags als erteilt, und die Bestimmungen über die Verstärkte Zusammenarbeit finden Anwendung.

Artikel 84

Das Europäische Parlament und der Rat können gemäß dem ordentlichen Gesetzgebungsverfahren unter Ausschluss jeglicher Harmonisierung der Rechtsvorschriften der Mitgliedstaaten Maßnahmen festlegen, um das Vorgehen der Mitgliedstaaten im Bereich der Kriminalprävention zu fördern und zu unterstützen.

Artikel 85
(ex-Artikel 31 EUV)

(1) Eurojust hat den Auftrag, die Koordinierung und Zusammenarbeit zwischen den nationalen Behörden zu unterstützen und zu verstärken, die für die Ermittlung und Verfolgung von schwerer Kriminalität zuständig sind, wenn zwei oder mehr Mitgliedstaaten betroffen sind oder eine Verfolgung auf gemeinsamer Grundlage erforderlich ist; Eurojust stützt sich dabei auf die von den Behörden der Mitgliedstaaten und von Europol durchgeführten Operationen und gelieferten Informationen.

Zu diesem Zweck legen das Europäische Parlament und der Rat gemäß dem ordentlichen Gesetzgebungsverfahren durch Verordnungen den Aufbau, die Arbeitsweise, den Tätigkeitsbereich und die Aufgaben von Eurojust fest. Zu diesen Aufgaben kann Folgendes gehören:

a) Einleitung von strafrechtlichen Ermittlungsmaßnahmen sowie Vorschläge zur Einleitung von strafrechtlichen Verfolgungsmaßnahmen, die von den zuständigen nationalen Behörden durchgeführt werden, insbesondere bei Straftaten zum Nachteil der finanziellen Interessen der Union;
b) Koordinierung der unter Buchstabe a genannten Ermittlungs- und Verfolgungsmaßnahmen;
c) Verstärkung der justiziellen Zusammenarbeit, unter anderem auch durch die Beilegung von Kompetenzkonflikten und eine enge Zusammenarbeit mit dem Europäischen Justiziellen Netz.

Durch diese Verordnungen werden ferner die Einzelheiten für die Beteiligung des Europäischen Parlaments und der nationalen Parlamente an der Bewertung der Tätigkeit von Eurojust festgelegt.

(2) Im Rahmen der Strafverfolgungsmaßnahmen nach Absatz 1 werden die förmlichen Prozesshandlungen unbeschadet des Artikels 86 durch die zuständigen einzelstaatlichen Bediensteten vorgenommen.

Artikel 86

(1) Zur Bekämpfung von Straftaten zum Nachteil der finanziellen Interessen der Union kann der Rat gemäß einem besonderen Gesetzgebungsverfahren durch Verordnungen ausgehend von Eurojust eine Europäische Staatsanwaltschaft einsetzen. Der Rat beschließt einstimmig nach Zustimmung des Europäischen Parlaments.

Sofern keine Einstimmigkeit besteht, kann eine Gruppe von mindestens neun Mitgliedstaaten beantragen, dass der Rat mit dem Entwurf einer Verordnung befasst wird. In diesem Fall wird das Verfahren im Rat ausgesetzt. Nach einer Aussprache verweist der Europäische Rat im Falle eines Einvernehmens den Entwurf binnen vier Monaten nach Aussetzung des Verfahrens an den Rat zur Annahme zurück.

Sofern kein Einvernehmen erzielt wird, mindestens neun Mitgliedstaaten aber eine Verstärkte Zusammenarbeit auf der Grundlage des betreffenden Entwurfs einer Verordnung begründen möchten, teilen diese Mitgliedstaaten dies binnen derselben Frist dem Europäischen Parlament, dem Rat und der Kommission mit. In diesem Fall gilt die Ermächtigung zu einer Verstärkten Zusammenarbeit nach Artikel 20 Absatz 2 des Vertrags über die Europäische Union und Artikel 329 Absatz 1 dieses Vertrags als erteilt, und die Bestimmungen über die Verstärkte Zusammenarbeit finden Anwendung.

(2) Die Europäische Staatsanwaltschaft ist, gegebenenfalls in Verbindung mit Europol, zuständig für die strafrechtliche Untersuchung und Verfolgung sowie die Anklageerhebung in Bezug auf Personen, die als Täter oder Teilnehmer Straftaten zum Nachteil der finanziellen Interessen der Union begangen haben, die in der Verordnung nach Absatz 1 festgelegt sind. Die Europäische Staatsanwaltschaft nimmt bei diesen Straftaten vor den zuständigen Gerichten der Mitgliedstaaten die Aufgaben der Staatsanwaltschaft wahr.

(3) Die in Absatz 1 genannte Verordnung legt die Satzung der Europäischen Staatsanwaltschaft, die Einzelheiten für die Erfüllung ihrer Aufgaben, die für ihre Tätigkeit geltenden Verfahrensvorschriften sowie die Regeln für die Zulässigkeit von Beweismitteln und für die gerichtliche Kontrolle der von der Europäischen Staatsanwaltschaft bei der Erfüllung ihrer Aufgaben vorgenommenen Prozesshandlungen fest.

(4) Der Europäische Rat kann gleichzeitig mit der Annahme der Verordnung oder im Anschluss daran einen Beschluss zur Änderung des Absatzes 1 mit dem Ziel einer Ausdehnung der Befugnisse der Europäischen Staatsanwaltschaft auf die Bekämpfung der schweren Kriminalität mit grenzüberschreitender Dimension und zur entsprechenden Änderung des Absatzes 2 hinsichtlich Personen, die als Täter oder Teilnehmer schwere, mehr als einen Mitgliedstaat betreffende Straftaten begangen haben, erlassen. Der Europäische

Rat beschließt einstimmig nach Zustimmung des Europäischen Parlaments und nach Anhörung der Kommission.

KAPITEL 5
POLIZEILICHE ZUSAMMENARBEIT

Artikel 87
(ex-Artikel 30 EUV)

(1) Die Union entwickelt eine polizeiliche Zusammenarbeit zwischen allen zuständigen Behörden der Mitgliedstaaten, einschließlich der Polizei, des Zolls und anderer auf die Verhütung oder die Aufdeckung von Straftaten sowie entsprechende Ermittlungen spezialisierter Strafverfolgungsbehörden.

(2) Für die Zwecke des Absatzes 1 können das Europäische Parlament und der Rat gemäß dem ordentlichen Gesetzgebungsverfahren Maßnahmen erlassen, die Folgendes betreffen:
a) Einholen, Speichern, Verarbeiten, Analysieren und Austauschen sachdienlicher Informationen;
b) Unterstützung bei der Aus- und Weiterbildung von Personal sowie Zusammenarbeit in Bezug auf den Austausch von Personal, die Ausrüstungsgegenstände und die kriminaltechnische Forschung;
c) gemeinsame Ermittlungstechniken zur Aufdeckung schwerwiegender Formen der organisierten Kriminalität.

(3) Der Rat kann gemäß einem besonderen Gesetzgebungsverfahren Maßnahmen erlassen, die die operative Zusammenarbeit zwischen den in diesem Artikel genannten Behörden betreffen. Der Rat beschließt einstimmig nach Anhörung des Europäischen Parlaments.

Sofern keine Einstimmigkeit besteht, kann eine Gruppe von mindestens neun Mitgliedstaaten beantragen, dass der Europäische Rat mit dem Entwurf von Maßnahmen befasst wird. In diesem Fall wird das Verfahren im Rat ausgesetzt. Nach einer Aussprache verweist der Europäische Rat im Falle eines Einvernehmens den Entwurf binnen vier Monaten nach Aussetzung des Verfahrens an den Rat zur Annahme zurück.

Sofern kein Einvernehmen erzielt wird, mindestens neun Mitgliedstaaten aber eine Verstärkte Zusammenarbeit auf der Grundlage des betreffenden Entwurfs von Maßnahmen begründen möchten, teilen diese Mitgliedstaaten dies binnen derselben Frist dem Europäischen Parlament, dem Rat und der Kommission mit. In diesem Fall gilt die Ermächtigung zu einer Verstärkten Zusammenarbeit nach Artikel 20 Absatz 2 des Vertrags über die Europäische Union und Artikel 329 Absatz 1 dieses Vertrags als erteilt, und die Bestimmungen über die Verstärkte Zusammenarbeit finden Anwendung.

Das besondere Verfahren nach den Unterabsätzen 2 und 3 gilt nicht für Rechtsakte, die eine Weiterentwicklung des Schengen-Besitzstands darstellen.

Artikel 88
(ex-Artikel 30 EUV)

(1) Europol hat den Auftrag, die Tätigkeit der Polizeibehörden und der anderen Strafverfolgungsbehörden der Mitgliedstaaten sowie deren gegenseitige Zusammenarbeit bei der Verhütung und Bekämpfung der zwei oder mehr Mitgliedstaaten betreffenden schweren Kriminalität, des Terrorismus und der Kriminalitätsformen, die ein gemeinsames Interesse verletzen, das Gegenstand einer Politik der Union ist, zu unterstützen und zu verstärken.

(2) Das Europäische Parlament und der Rat legen gemäß dem ordentlichen Gesetzgebungsverfahren durch Verordnungen den Aufbau, die Arbeitsweise, den Tätigkeitsbereich und die Aufgaben von Europol fest. Zu diesen Aufgaben kann Folgendes gehören:
a) Einholen, Speichern, Verarbeiten, Analysieren und Austauschen von Informationen, die insbesondere von den Behörden der Mitgliedstaaten oder Drittländern beziehungsweise Stellen außerhalb der Union übermittelt werden;
b) Koordinierung, Organisation und Durchführung von Ermittlungen und von operativen Maßnahmen, die gemeinsam mit den zuständigen Behörden der Mitgliedstaaten oder im Rahmen gemeinsamer Ermittlungsgruppen durchgeführt werden, gegebenenfalls in Verbindung mit Eurojust.

Durch diese Verordnungen werden ferner die Einzelheiten für die Kontrolle der Tätigkeiten von Europol durch das Europäische Parlament festgelegt; an dieser Kontrolle werden die nationalen Parlamente beteiligt.

(3) Europol darf operative Maßnahmen nur in Verbindung und in Absprache mit den Behörden des Mitgliedstaats oder der Mitgliedstaaten ergreifen, deren Hoheitsgebiet betroffen ist. Die Anwendung von Zwangsmaßnahmen bleibt ausschließlich den zuständigen einzelstaatlichen Behörden vorbehalten.

Artikel 89
(ex-Artikel 32 EUV)

Der Rat legt gemäß einem besonderen Gesetzgebungsverfahren fest, unter welchen Bedingungen und innerhalb welcher Grenzen die in den Artikeln 82 und 87 genannten zuständigen Behörden der Mitgliedstaaten im Hoheitsgebiet eines anderen Mitgliedstaats in Verbindung und in Absprache mit dessen Behörden tätig werden dürfen. Der Rat beschließt einstimmig nach Anhörung des Europäischen Parlaments.

TITEL VI
DER VERKEHR

Artikel 90
(ex-Artikel 70 EGV)

Auf dem in diesem Titel geregelten Sachgebiet

werden die Ziele der Verträge im Rahmen einer gemeinsamen Verkehrspolitik verfolgt.

Artikel 91
(ex-Artikel 71 EGV)

(1) Zur Durchführung des Artikels 90 werden das Europäische Parlament und der Rat unter Berücksichtigung der Besonderheiten des Verkehrs gemäß dem ordentlichen Gesetzgebungsverfahren und nach Anhörung des Wirtschafts- und Sozialausschusses sowie des Ausschusses der Regionen

a) für den internationalen Verkehr aus oder nach dem Hoheitsgebiet eines Mitgliedstaats oder für den Durchgangsverkehr durch das Hoheitsgebiet eines oder mehrerer Mitgliedstaaten gemeinsame Regeln aufstellen;

b) für die Zulassung von Verkehrsunternehmern zum Verkehr innerhalb eines Mitgliedstaats, in dem sie nicht ansässig sind, die Bedingungen festlegen;

c) Maßnahmen zur Verbesserung der Verkehrssicherheit erlassen;

d) alle sonstigen zweckdienlichen Vorschriften erlassen.

(2) Beim Erlass von Maßnahmen nach Absatz 1 wird den Fällen Rechnung getragen, in denen die Anwendung den Lebensstandard und die Beschäftigungslage in bestimmten Regionen sowie den Betrieb der Verkehrseinrichtungen ernstlich beeinträchtigen könnte.

Artikel 92
(ex-Artikel 72 EGV)

Bis zum Erlass der in Artikel 91 Absatz 1 genannten Vorschriften darf ein Mitgliedstaat die verschiedenen, am 1. Januar 1958 oder, im Falle später beigetretener Staaten, zum Zeitpunkt ihres Beitritts auf diesem Gebiet geltenden Vorschriften in ihren unmittelbaren oder mittelbaren Auswirkungen auf die Verkehrsunternehmer anderer Mitgliedstaaten im Vergleich zu den inländischen Verkehrsunternehmern nicht ungünstiger gestalten, es sei denn, dass der Rat einstimmig eine Maßnahme billigt, die eine Ausnahmeregelung gewährt.

Artikel 93
(ex-Artikel 73 EGV)

Mit den Verträgen vereinbar sind Beihilfen, die den Erfordernissen der Koordinierung des Verkehrs oder der Abgeltung bestimmter, mit dem Begriff des öffentlichen Dienstes zusammenhängender Leistungen entsprechen.

Artikel 94
(ex-Artikel 74 EGV)

Jede Maßnahme auf dem Gebiet der Beförderungsentgelte und -bedingungen, die im Rahmen der Verträge getroffen wird, hat der wirtschaftlichen Lage der Verkehrsunternehmer Rechnung zu tragen.

Artikel 95
(ex-Artikel 75 EGV)

(1) Im Verkehr innerhalb der Union sind Diskriminierungen verboten, die darin bestehen, dass ein Verkehrsunternehmen in denselben Verkehrsverbindungen für die gleichen Güter je nach ihrem Herkunfts- oder Bestimmungsland unterschiedliche Frachten und Beförderungsbedingungen anwendet.

(2) Absatz 1 schließt sonstige Maßnahmen nicht aus, die das Europäische Parlament und der Rat gemäß Artikel 91 Absatz 1 treffen können.

(3) Der Rat trifft auf Vorschlag der Kommission und nach Anhörung des Europäischen Parlaments und des Wirtschafts- und Sozialausschusses eine Regelung zur Durchführung des Absatzes 1.

Er kann insbesondere die erforderlichen Vorschriften erlassen, um es den Organen der Union zu ermöglichen, für die Beachtung des Absatzes 1 Sorge zu tragen, und um den Verkehrsnutzern die Vorteile dieser Bestimmung voll zukommen zu lassen.

(4) Die Kommission prüft von sich aus oder auf Antrag eines Mitgliedstaats die Diskriminierungsfälle des Absatzes 1 und erlässt nach Beratung mit jedem in Betracht kommenden Mitgliedstaat die erforderlichen Beschlüsse im Rahmen der gemäß Absatz 3 getroffenen Regelung.

Artikel 96
(ex-Artikel 76 EGV)

(1) Im Verkehr innerhalb der Union sind die von einem Mitgliedstaat auferlegten Frachten und Beförderungsbedingungen verboten, die in irgendeiner Weise der Unterstützung oder dem Schutz eines oder mehrerer bestimmter Unternehmen oder Industrien dienen, es sei denn, dass die Kommission die Genehmigung hierzu erteilt.

(2) Die Kommission prüft von sich aus oder auf Antrag eines Mitgliedstaats die in Absatz 1 bezeichneten Frachten und Beförderungsbedingungen; hierbei berücksichtigt sie insbesondere sowohl die Erfordernisse einer angemessenen Standortpolitik, die Bedürfnisse der unterentwickelten Gebiete und die Probleme der durch politische Umstände schwer betroffenen Gebiete als auch die Auswirkungen dieser Frachten und Beförderungsbedingungen auf den Wettbewerb zwischen den Verkehrsarten.

Die Kommission erlässt die erforderlichen Beschlüsse nach Beratung mit jedem in Betracht kommenden Mitgliedstaat.

(3) Das in Absatz 1 genannte Verbot trifft nicht die Wettbewerbstarife.

Artikel 97
(ex-Artikel 77 EGV)

Die Abgaben oder Gebühren, die ein Verkehrsunternehmer neben den Frachten beim Grenzübergang in Rechnung stellt, dürfen unter Berücksichtigung der hierdurch tatsächlich verursachten Kosten eine angemessene Höhe nicht übersteigen.

Die Mitgliedstaaten werden bemüht sein, diese Kosten schrittweise zu verringern.

Die Kommission kann zur Durchführung dieses Artikels Empfehlungen an die Mitgliedstaaten richten.

Artikel 98
(ex-Artikel 78 EGV)

Die Bestimmungen dieses Titels stehen Maßnahmen in der Bundesrepublik Deutschland nicht entgegen, oweit sie erforderlich sind, um die wirtschaftlichen Nachteile auszugleichen, die der Wirtschaft bestimmter, von der Teilung Deutschlands betroffener Gebiete der Bundesrepublik aus dieser Teilung entstehen. Der Rat kann fünf Jahre nach dem Inkrafttreten des Vertrags von Lissabon auf Vorschlag der Kommission einen Beschluss erlassen, mit dem dieser Artikel aufgehoben wird.

Artikel 99
(ex-Artikel 79 EGV)

Bei der Kommission wird ein beratender Ausschuss gebildet; er besteht aus Sachverständigen, die von den Regierungen der Mitgliedstaaten ernannt werden. Die Kommission hört den Ausschuss je nach Bedarf in Verkehrsfragen an.

Artikel 100
(ex-Artikel 80 EGV)

(1) Dieser Titel gilt für die Beförderungen im Eisenbahn-, Straßen- und Binnenschiffsverkehr.

(2) Das Europäische Parlament und der Rat können gemäß dem ordentlichen Gesetzgebungsverfahren geeignete Vorschriften für die Seeschifffahrt und die Luftfahrt erlassen. Sie beschließen nach Anhörung des Wirtschafts- und Sozialausschusses und des Ausschusses der Regionen.

TITEL VII
GEMEINSAME REGELN BETREFFEND WETTBEWERB, STEUERFRAGEN UND ANGLEICHUNG DER RECHTSVORSCHRIFTEN

KAPITEL 1
WETTBEWERBSREGELN

ABSCHNITT 1
VORSCHRIFTEN FÜR UNTERNEHMEN

Artikel 101
(ex-Artikel 81 EGV)

(1) Mit dem Binnenmarkt unvereinbar und verboten sind alle Vereinbarungen zwischen Unternehmen, Beschlüsse von Unternehmensvereinigungen und aufeinander abgestimmte Verhaltensweisen, welche den Handel zwischen Mitgliedstaaten zu beeinträchtigen geeignet sind und eine Verhinderung, Einschränkung oder Verfälschung des Wettbewerbs innerhalb des Binnenmarkts bezwecken oder bewirken, insbesondere

a) die unmittelbare oder mittelbare Festsetzung der An- oder Verkaufspreise oder sonstiger Geschäftsbedingungen;

b) die Einschränkung oder Kontrolle der Erzeugung, des Absatzes, der technischen Entwicklung oder der Investitionen;

c) die Aufteilung der Märkte oder Versorgungsquellen;

d) die Anwendung unterschiedlicher Bedingungen bei gleichwertigen Leistungen gegenüber Handelspartnern, wodurch diese im Wettbewerb benachteiligt werden;

e) die an den Abschluss von Verträgen geknüpfte Bedingung, dass die Vertragspartner zusätzliche Leistungen annehmen, die weder sachlich noch nach Handelsbrauch in Beziehung zum Vertragsgegenstand stehen.

(2) Die nach diesem Artikel verbotenen Vereinbarungen oder Beschlüsse sind nichtig.

(3) Die Bestimmungen des Absatzes 1 können für nicht anwendbar erklärt werden auf

— Vereinbarungen oder Gruppen von Vereinbarungen zwischen Unternehmen,

— Beschlüsse oder Gruppen von Beschlüssen von Unternehmensvereinigungen,

— aufeinander abgestimmte Verhaltensweisen oder Gruppen von solchen,

die unter angemessener Beteiligung der Verbraucher an dem entstehenden Gewinn zur Verbesserung der Warenerzeugung oder -verteilung oder zur Förderung des technischen oder wirtschaftlichen Fortschritts beitragen, ohne dass den beteiligten Unternehmen

a) Beschränkungen auferlegt werden, die für die Verwirklichung dieser Ziele nicht unerlässlich sind, oder

b) Möglichkeiten eröffnet werden, für einen wesentlichen Teil der betreffenden Waren den Wettbewerb auszuschalten.

Artikel 102
(ex-Artikel 82 EGV)

Mit dem Binnenmarkt unvereinbar und verboten ist die missbräuchliche Ausnutzung einer beherrschenden Stellung auf dem Binnenmarkt oder auf einem wesentlichen Teil desselben durch ein oder mehrere Unternehmen, soweit dies dazu führen kann, den Handel zwischen Mitgliedstaaten zu beeinträchtigen.

Dieser Missbrauch kann insbesondere in Folgendem bestehen:

a) der unmittelbaren oder mittelbaren Erzwingung von unangemessenen Einkaufs- oder Verkaufspreisen oder sonstigen Geschäftsbedingungen;

b) der Einschränkung der Erzeugung, des Absatzes oder der technischen Entwicklung zum Schaden der Verbraucher;

c) der Anwendung unterschiedlicher Bedingungen bei gleichwertigen Leistungen gegenüber Handelspartnern, wodurch diese im Wettbewerb benachteiligt werden;

d) der an den Abschluss von Verträgen geknüpften Bedingung, dass die Vertragspartner zusätzliche Leistungen annehmen, die weder sachlich noch nach Handelsbrauch in Beziehung zum Vertragsgegenstand stehen.

Artikel 103
(ex-Artikel 83 EGV)

(1) Die zweckdienlichen Verordnungen oder Richtlinien zur Verwirklichung der in den Artikeln 101 und 102 niedergelegten Grundsätze werden vom Rat auf Vorschlag der Kommission und nach Anhörung des Europäischen Parlaments beschlossen.

(2) Die in Absatz 1 vorgesehenen Vorschriften bezwecken insbesondere,

a) die Beachtung der in Artikel 101 Absatz 1 und Artikel 102 genannten Verbote durch die Einführung von Geldbußen und Zwangsgeldern zu gewährleisten;

b) die Einzelheiten der Anwendung des Artikels 101 Absatz 3 festzulegen; dabei ist dem Erfordernis einer wirksamen Überwachung bei möglichst einfacher Verwaltungskontrolle Rechnung zu tragen;

c) gegebenenfalls den Anwendungsbereich der Artikel 101 und 102 für die einzelnen Wirtschaftszweige näher zu bestimmen;

d) die Aufgaben der Kommission und des Gerichtshofs der Europäischen Union bei der Anwendung der in diesem Absatz vorgesehenen Vorschriften gegeneinander abzugrenzen;

e) das Verhältnis zwischen den innerstaatlichen Rechtsvorschriften einerseits und den in diesem Abschnitt enthaltenen oder aufgrund dieses Artikels getroffenen Bestimmungen andererseits festzulegen.

Artikel 104
(ex-Artikel 84 EGV)

Bis zum Inkrafttreten der gemäß Artikel 103 erlassenen Vorschriften entscheiden die Behörden der Mitgliedstaaten im Einklang mit ihren eigenen Rechtsvorschriften und den Bestimmungen der Artikel 101, insbesondere Absatz 3, und 102 über die Zulässigkeit von Vereinbarungen, Beschlüssen und aufeinander abgestimmten Verhaltensweisen sowie über die missbräuchliche Ausnutzung einer beherrschenden Stellung auf dem Binnenmarkt.

Artikel 105
(ex-Artikel 85 EGV)

(1) Unbeschadet des Artikels 104 achtet die Kommission auf die Verwirklichung der in den Artikeln 101 und 102 niedergelegten Grundsätze. Sie untersucht auf Antrag eines Mitgliedstaats oder von Amts wegen in Verbindung mit den zuständigen Behörden der Mitgliedstaaten, die ihr Amtshilfe zu leisten haben, die Fälle, in denen Zuwiderhandlungen gegen diese Grundsätze vermutet werden. Stellt sie eine Zuwiderhandlung fest, so schlägt sie geeignete Mittel vor, um diese abzustellen.

(2) Wird die Zuwiderhandlung nicht abgestellt, so trifft die Kommission in einem mit Gründen versehenen Beschluss die Feststellung, dass eine derartige Zuwiderhandlung vorliegt. Sie kann den Beschluss veröffentlichen und die Mitgliedstaaten ermächtigen, die erforderlichen Abhilfemaßnahmen zu treffen, deren Bedingungen und Einzelheiten sie festlegt.

(3) Die Kommission kann Verordnungen zu den Gruppen von Vereinbarungen erlassen, zu denen der Rat nach Artikel 103 Absatz 2 Buchstabe b eine Verordnung oder Richtlinie erlassen hat.

Artikel 106
(ex-Artikel 86 EGV)

(1) Die Mitgliedstaaten werden in Bezug auf öffentliche Unternehmen und auf Unternehmen, denen sie besondere oder ausschließliche Rechte gewähren, keine den Verträgen und insbesondere den Artikeln 18 und 101 bis 109 widersprechende Maßnahmen treffen oder beibehalten.

(2) Für Unternehmen, die mit Dienstleistungen von allgemeinem wirtschaftlichem Interesse betraut sind oder den Charakter eines Finanzmonopols haben, gelten die Vorschriften der Verträge, insbesondere die Wettbewerbsregeln, soweit die Anwendung dieser Vorschriften nicht die Erfüllung der ihnen übertragenen besonderen Aufgabe rechtlich oder tatsächlich verhindert. Die Entwicklung des Handelsverkehrs darf nicht in einem Ausmaß beeinträchtigt werden, das dem Interesse der Union zuwiderläuft.

(3) Die Kommission achtet auf die Anwendung dieses Artikels und richtet erforderlichenfalls geeignete Richtlinien oder Beschlüsse an die Mitgliedstaaten.

ABSCHNITT 2
STAATLICHE BEIHILFEN

Artikel 107
(ex-Artikel 87 EGV)

(1) Soweit in den Verträgen nicht etwas anderes bestimmt ist, sind staatliche oder aus staatlichen Mitteln gewährte Beihilfen gleich welcher Art, die durch die Begünstigung bestimmter Unternehmen oder Produktionszweige den Wettbewerb verfälschen oder zu verfälschen drohen, mit dem Binnenmarkt unvereinbar, soweit sie den Handel zwischen Mitgliedstaaten beeinträchtigen.

(2) Mit dem Binnenmarkt vereinbar sind:

a) Beihilfen sozialer Art an einzelne Verbraucher, wenn sie ohne Diskriminierung nach der Herkunft der Waren gewährt werden;

b) Beihilfen zur Beseitigung von Schäden, die durch Naturkatastrophen oder sonstige außergewöhnliche Ereignisse entstanden sind;

c) Beihilfen für die Wirtschaft bestimmter, durch die Teilung Deutschlands betroffener Gebiete der Bundesrepublik Deutschland, soweit sie zum Ausgleich der durch die Teilung verursachten wirtschaftlichen Nachteile erforderlich sind. Der Rat kann fünf Jahre nach dem Inkrafttreten des Vertrags von Lissabon auf Vorschlag der Kommission einen Beschluss erlassen, mit dem dieser Buchstabe aufgehoben wird.

(3) Als mit dem Binnenmarkt vereinbar können angesehen werden:
a) Beihilfen zur Förderung der wirtschaftlichen Entwicklung von Gebieten, in denen die Lebenshaltung außergewöhnlich niedrig ist oder eine erhebliche Unterbeschäftigung herrscht, sowie der in Artikel 349 genannten Gebiete unter Berücksichtigung ihrer strukturellen, wirtschaftlichen und sozialen Lage;
b) Beihilfen zur Förderung wichtiger Vorhaben von gemeinsamem europäischem Interesse oder zur Behebung einer beträchtlichen Störung im Wirtschaftsleben eines Mitgliedstaats;
c) Beihilfen zur Förderung der Entwicklung gewisser Wirtschaftszweige oder Wirtschaftsgebiete, soweit sie die Handelsbedingungen nicht in einer Weise verändern, die dem gemeinsamen Interesse zuwiderläuft;
d) Beihilfen zur Förderung der Kultur und der Erhaltung des kulturellen Erbes, soweit sie die Handels- und Wettbewerbsbedingungen in der Union nicht in einem Maß beeinträchtigen, das dem gemeinsamen Interesse zuwiderläuft;
e) sonstige Arten von Beihilfen, die der Rat durch einen Beschluss auf Vorschlag der Kommission bestimmt.

Artikel 108
(ex-Artikel 88 EGV)

(1) Die Kommission überprüft fortlaufend in Zusammenarbeit mit den Mitgliedstaaten die in diesen bestehenden Beihilferegelungen. Sie schlägt ihnen die zweckdienlichen Maßnahmen vor, welche die fortschreitende Entwicklung und das Funktionieren des Binnenmarkts erfordern.

(2) Stellt die Kommission fest, nachdem sie den Beteiligten eine Frist zur Äußerung gesetzt hat, dass eine von einem Staat oder aus staatlichen Mitteln gewährte Beihilfe mit dem Binnenmarkt nach Artikel 107 unvereinbar ist oder dass sie missbräuchlich angewandt wird, so beschließt sie, dass der betreffende Staat sie binnen einer von ihr bestimmten Frist aufzuheben oder umzugestalten hat.

Kommt der betreffende Staat diesem Beschluss innerhalb der festgesetzten Frist nicht nach, so kann die Kommission oder jeder betroffene Staat in Abweichung von den Artikeln 258 und 259 den Gerichtshof der Europäischen Union unmittelbar anrufen.

Der Rat kann einstimmig auf Antrag eines Mitgliedstaats beschließen, dass eine von diesem Staat gewährte oder geplante Beihilfe in Abweichung von Artikel 107 oder von den nach Artikel 109 erlassenen Verordnungen als mit dem Binnenmarkt vereinbar gilt, wenn außergewöhnliche Umstände einen solchen Beschluss rechtfertigen. Hat die Kommission bezüglich dieser Beihilfe das in Unterabsatz 1 dieses Absatzes vorgesehene Verfahren bereits eingeleitet, so bewirkt der Antrag des betreffenden Staates an den Rat die Aussetzung dieses Verfahrens, bis der Rat sich geäußert hat.

Äußert sich der Rat nicht binnen drei Monaten nach Antragstellung, so beschließt die Kommission.

(3) Die Kommission wird von jeder beabsichtigten Einführung oder Umgestaltung von Beihilfen so rechtzeitig unterrichtet, dass sie sich dazu äußern kann. Ist sie der Auffassung, dass ein derartiges Vorhaben nach Artikel 107 mit dem Binnenmarkt unvereinbar ist, so leitet sie unverzüglich das in Absatz 2 vorgesehene Verfahren ein. Der betreffende Mitgliedstaat darf die beabsichtigte Maßnahme nicht durchführen, bevor die Kommission einen abschließenden Beschluss erlassen hat.

(4) Die Kommission kann Verordnungen zu den Arten von staatlichen Beihilfen erlassen, für die der Rat nach Artikel 109 festgelegt hat, dass sie von dem Verfahren nach Absatz 3 ausgenommen werden können.

Artikel 109
(ex-Artikel 89 EGV)

Der Rat kann auf Vorschlag der Kommission und nach Anhörung des Europäischen Parlaments alle zweckdienlichen Durchführungsverordnungen zu den Artikeln 107 und 108 erlassen und insbesondere die Bedingungen für die Anwendung des Artikels 108 Absatz 3 sowie diejenigen Arten von Beihilfen festlegen, die von diesem Verfahren ausgenommen sind.

KAPITEL 2
STEUERLICHE VORSCHRIFTEN

Artikel 110
(ex-Artikel 90 EGV)

Die Mitgliedstaaten erheben auf Waren aus anderen Mitgliedstaaten weder unmittelbar noch mittelbar höhere inländische Abgaben gleich welcher Art, als gleichartige inländische Waren unmittelbar oder mittelbar zu tragen haben.

Die Mitgliedstaaten erheben auf Waren aus anderen Mitgliedstaaten keine inländischen Abgaben, die geeignet sind, andere Produktionen mittelbar zu schützen.

Artikel 111
(ex-Artikel 91 EGV)

Werden Waren in das Hoheitsgebiet eines Mitgliedstaats ausgeführt, so darf die Rückvergütung für inländische Abgaben nicht höher sein als die auf die ausgeführten Waren mittelbar oder unmittelbar erhobenen inländischen Abgaben.

Artikel 112
(ex-Artikel 92 EGV)

Für Abgaben außer Umsatzsteuern, Verbrauchsabgaben und sonstigen indirekten Steuern sind Entlastungen und Rückvergütungen bei der Ausfuhr nach anderen Mitgliedstaaten sowie Ausgleichsabgaben bei der Einfuhr aus den Mitgliedstaaten nur zulässig, soweit der Rat sie vorher auf Vorschlag der Kommission für eine begrenzte Frist genehmigt hat.

Artikel 113
(ex-Artikel 93 EGV)

Der Rat erlässt gemäß einem besonderen Gesetzgebungsverfahren und nach Anhörung des Europäischen Parlaments und des Wirtschafts- und Sozialausschusses einstimmig die Bestimmungen zur Harmonisierung der Rechtsvorschriften über die Umsatzsteuern, die Verbrauchsabgaben und sonstige indirekte Steuern, soweit diese Harmonisierung für die Errichtung und das Funktionieren des Binnenmarkts und die Vermeidung von Wettbewerbsverzerrungen notwendig ist.

KAPITEL 3
ANGLEICHUNG DER RECHTSVORSCHRIFTEN

Artikel 114
(ex-Artikel 95 EGV)

(1) Soweit in den Verträgen nichts anderes bestimmt ist, gilt für die Verwirklichung der Ziele des Artikels 26 die nachstehende Regelung. Das Europäische Parlament und der Rat erlassen gemäß dem ordentlichen Gesetzgebungsverfahren und nach Anhörung des Wirtschafts- und Sozialausschusses die Maßnahmen zur Angleichung der Rechts- und Verwaltungsvorschriften der Mitgliedstaaten, welche die Errichtung und das Funktionieren des Binnenmarkts zum Gegenstand haben.

(2) Absatz 1 gilt nicht für die Bestimmungen über die Steuern, die Bestimmungen über die Freizügigkeit und die Bestimmungen über die Rechte und Interessen der Arbeitnehmer.

(3) Die Kommission geht in ihren Vorschlägen nach Absatz 1 in den Bereichen Gesundheit, Sicherheit, Umweltschutz und Verbraucherschutz von einem hohen Schutzniveau aus und berücksichtigt dabei insbesondere alle auf wissenschaftliche Ergebnisse gestützten neuen Entwicklungen. Im Rahmen ihrer jeweiligen Befugnisse streben das Europäische Parlament und der Rat dieses Ziel ebenfalls an.

(4) Hält es ein Mitgliedstaat nach dem Erlass einer Harmonisierungsmaßnahme durch das Europäische Parlament und den Rat beziehungsweise durch den Rat oder die Kommission für erforderlich, einzelstaatliche Bestimmungen beizubehalten, die durch wichtige Erfordernisse im Sinne des Artikels 36 oder in Bezug auf den Schutz der Arbeitsumwelt oder der Umweltschutz gerechtfertigt sind, so teilt er diese Bestimmungen sowie die Gründe für ihre Beibehaltung der Kommission mit.

(5) Unbeschadet des Absatzes 4 teilt ferner ein Mitgliedstaat, der es nach dem Erlass einer Harmonisierungsmaßnahme durch das Europäische Parlament und den Rat beziehungsweise durch den Rat oder die Kommission für erforderlich hält, auf neue wissenschaftliche Erkenntnisse gestützte einzelstaatliche Bestimmungen zum Schutz der Umwelt oder der Arbeitsumwelt aufgrund eines spezifischen Problems für diesen Mitgliedstaat, das sich nach dem Erlass der Harmonisierungsmaßnahme ergibt, einzuführen, die in Aussicht genommenen Bestimmungen sowie die Gründe für ihre Einführung der Kommission mit.

(6) Die Kommission beschließt binnen sechs Monaten nach den Mitteilungen nach den Absätzen 4 und 5, die betreffenden einzelstaatlichen Bestimmungen zu billigen oder abzulehnen, nachdem sie geprüft hat, ob sie ein Mittel zur willkürlichen Diskriminierung und eine verschleierte Beschränkung des Handels zwischen den Mitgliedstaaten darstellen und ob sie das Funktionieren des Binnenmarkts behindern.

Erlässt die Kommission innerhalb dieses Zeitraums keinen Beschluss, so gelten die in den Absätzen 4 und 5 genannten einzelstaatlichen Bestimmungen als gebilligt.

Die Kommission kann, sofern dies aufgrund des schwierigen Sachverhalts gerechtfertigt ist und keine Gefahr für die menschliche Gesundheit besteht, dem betreffenden Mitgliedstaat mitteilen, dass der in diesem Absatz genannte Zeitraum gegebenenfalls um einen weiteren Zeitraum von bis zu sechs Monaten verlängert wird.

(7) Wird es einem Mitgliedstaat nach Absatz 6 gestattet, von der Harmonisierungsmaßnahme abweichende einzelstaatliche Bestimmungen beizubehalten oder einzuführen, so prüft die Kommission unverzüglich, ob sie eine Anpassung dieser Maßnahme vorschlägt.

(8) Wirft ein Mitgliedstaat in einem Bereich, der zuvor bereits Gegenstand von Harmonisierungsmaßnahmen war, ein spezielles Gesundheitsproblem auf, so teilt er dies der Kommission mit, die dann umgehend prüft, ob sie dem Rat entsprechende Maßnahmen vorschlägt.

(9) In Abweichung von dem Verfahren der Artikel 258 und 259 kann die Kommission oder ein Mitgliedstaat den Gerichtshof der Europäischen Union unmittelbar anrufen, wenn die Kommission oder der Staat der Auffassung ist, dass ein anderer Mitgliedstaat die in diesem Artikel vorgesehenen Befugnisse missbraucht.

(10) Die vorgenannten Harmonisierungsmaßnahmen sind in geeigneten Fällen mit einer Schutzklausel verbunden, welche die Mitgliedstaaten ermächtigt, aus einem oder mehreren der in Artikel 36 genannten nicht wirtschaftlichen Gründe vorläufige Maßnahmen zu treffen, die einem Kontrollverfahren der Union unterliegen.

Artikel 115
(ex-Artikel 94 EGV)

Unbeschadet des Artikels 114 erlässt der Rat gemäß einem besonderen Gesetzgebungsverfahren einstimmig und nach Anhörung des Europäischen Parlaments und des Wirtschafts- und Sozialausschusses Richtlinien für die Angleichung derjenigen Rechts- und Verwaltungsvorschriften der Mitgliedstaaten, die sich unmittelbar auf die Errichtung oder das Funktionieren des Binnenmarkts auswirken.

Artikel 116
(ex-Artikel 96 EGV)

Stellt die Kommission fest, dass vorhandene Unterschiede in den Rechts- und Verwaltungsvorschriften der Mitgliedstaaten die Wettbewerbsbedingungen auf dem Binnenmarkt verfälschen und dadurch eine Verzerrung hervorrufen, die zu beseitigen ist, so tritt sie mit den betreffenden Mitgliedstaaten in Beratungen ein.

Führen diese Beratungen nicht zur Beseitigung dieser Verzerrung, so erlassen das Europäische Parlament und der Rat gemäß dem ordentlichen Gesetzgebungsverfahren die erforderlichen Richtlinien. Es können alle sonstigen in den Verträgen vorgesehenen zweckdienlichen Maßnahmen erlassen werden.

Artikel 117
(ex-Artikel 97 EGV)

(1) Ist zu befürchten, dass der Erlass oder die Änderung einer Rechts- oder Verwaltungsvorschrift eine Verzerrung im Sinne des Artikels 116 verursacht, so setzt sich der Mitgliedstaat, der diese Maßnahme beabsichtigt, mit der Kommission ins Benehmen. Diese empfiehlt nach Beratung mit den Mitgliedstaaten den beteiligten Staaten die zur Vermeidung dieser Verzerrung geeigneten Maßnahmen.

(2) Kommt der Staat, der innerstaatliche Vorschriften erlassen oder ändern will, der an ihn gerichteten Empfehlung der Kommission nicht nach, so kann nicht gemäß Artikel 116 verlangt werden, dass die anderen Mitgliedstaaten ihre innerstaatlichen Vorschriften ändern, um die Verzerrung zu beseitigen. Verursacht ein Mitgliedstaat, der die Empfehlung der Kommission außer Acht lässt, eine Verzerrung lediglich zu seinem eigenen Nachteil, so findet Artikel 116 keine Anwendung.

Artikel 118

Im Rahmen der Verwirklichung oder des Funktionierens des Binnenmarkts erlassen das Europäische Parlament und der Rat gemäß dem ordentlichen Gesetzgebungsverfahren Maßnahmen zur Schaffung europäischer Rechtstitel für einen einheitlichen Schutz der Rechte des geistigen Eigentums in der Union sowie zur Einführung von zentralisierten Zulassungs-, Koordinierungs- und Kontrollregelungen auf Unionsebene.

Der Rat legt gemäß einem besonderen Gesetzgebungsverfahren durch Verordnungen die Sprachenregelungen für die europäischen Rechtstitel fest. Der Rat beschließt einstimmig nach Anhörung des Europäischen Parlaments.

TITEL VIII
DIE WIRTSCHAFTS- UND WÄHRUNGSPOLITIK

Artikel 119
(ex-Artikel 4 EGV)

(1) Die Tätigkeit der Mitgliedstaaten und der Union im Sinne des Artikels 3 des Vertrags über die Europäische Union umfasst nach Maßgabe der Verträge die Einführung einer Wirtschaftspolitik, die auf einer engen Koordinierung der Wirtschaftspolitik der Mitgliedstaaten, dem Binnenmarkt und der Festlegung gemeinsamer Ziele beruht und dem Grundsatz einer offenen Marktwirtschaft mit freiem Wettbewerb verpflichtet ist.

(2) Parallel dazu umfasst diese Tätigkeit nach Maßgabe der Verträge und der darin vorgesehenen Verfahren eine einheitliche Währung, den Euro, sowie die Festlegung und Durchführung einer einheitlichen Geld- sowie Wechselkurspolitik, die beide vorrangig das Ziel der Preisstabilität verfolgen und unbeschadet dieses Zieles die allgemeine Wirtschaftspolitik in der Union unter Beachtung des Grundsatzes einer offenen Marktwirtschaft mit freiem Wettbewerb unterstützen sollen.

(3) Diese Tätigkeit der Mitgliedstaaten und der Union setzt die Einhaltung der folgenden richtungsweisenden Grundsätze voraus: stabile Preise, gesunde öffentliche Finanzen und monetäre Rahmenbedingungen sowie eine dauerhaft finanzierbare Zahlungsbilanz.

KAPITEL 1
DIE WIRTSCHAFTSPOLITIK

Artikel 120
(ex-Artikel 98 EGV)

Die Mitgliedstaaten richten ihre Wirtschaftspolitik so aus, dass sie im Rahmen der in Artikel 121 Absatz 2 genannten Grundzüge zur Verwirklichung der Ziele der Union im Sinne des Artikels 3 des Vertrags über die Europäische Union beitragen. Die Mitgliedstaaten und die Union handeln im Einklang mit dem Grundsatz einer offenen Marktwirtschaft mit freiem Wettbewerb, wodurch ein effizienter Einsatz der Ressourcen gefördert wird, und halten sich dabei an die in Artikel 119 genannten Grundsätze.

Artikel 121
(ex-Artikel 99 EGV)

(1) Die Mitgliedstaaten betrachten ihre Wirtschaftspolitik als eine Angelegenheit von gemeinsamem Interesse und koordinieren sie im Rat nach Maßgabe des Artikels 120.

(2) Der Rat erstellt auf Empfehlung der Kommission einen Entwurf für die Grundzüge der Wirtschaftspolitik der Mitgliedstaaten und der Union und erstattet dem Europäischen Rat hierüber Bericht.

Der Europäische Rat erörtert auf der Grundlage dieses Berichtes des Rates eine Schlussfolgerung zu den Grundzügen der Wirtschaftspolitik der Mitgliedstaaten und der Union.

Auf der Grundlage dieser Schlussfolgerung verabschiedet der Rat eine Empfehlung, in der diese Grundzüge dargelegt werden. Der Rat unterrichtet das Europäische Parlament über seine Empfehlung.

(3) Um eine engere Koordinierung der Wirtschaftspolitik und eine dauerhafte Konvergenz der Wirtschaftsleistungen der Mitgliedstaaten zu gewährleisten, überwacht der Rat anhand von

Berichten der Kommission die wirtschaftliche Entwicklung in jedem Mitgliedstaat und in der Union sowie die Vereinbarkeit der Wirtschaftspolitik mit den in Absatz 2 genannten Grundzügen und nimmt in regelmäßigen Abständen eine Gesamtbewertung vor.

Zum Zwecke dieser multilateralen Überwachung übermitteln die Mitgliedstaaten der Kommission Angaben zu wichtigen einzelstaatlichen Maßnahmen auf dem Gebiet ihrer Wirtschaftspolitik sowie weitere von ihnen für erforderlich erachtete Angaben.

(4) Wird im Rahmen des Verfahrens nach Absatz 3 festgestellt, dass die Wirtschaftspolitik eines Mitgliedstaats nicht mit den in Absatz 2 genannten Grundzügen vereinbar ist oder das ordnungsgemäße Funktionieren der Wirtschafts- und Währungsunion zu gefährden droht, so kann die Kommission eine Verwarnung an den betreffenden Mitgliedstaat richten. Der Rat kann auf Empfehlung der Kommission die erforderlichen Empfehlungen an den betreffenden Mitgliedstaat richten. Der Rat kann auf Vorschlag der Kommission beschließen, seine Empfehlungen zu veröffentlichen.

Der Rat beschließt im Rahmen dieses Absatzes ohne Berücksichtigung der Stimme des den betreffenden Mitgliedstaat vertretenden Mitglieds des Rates.

Die qualifizierte Mehrheit der übrigen Mitglieder des Rates bestimmt sich nach Artikel 238 Absatz 3 Buchstabe a.

(5) Der Präsident des Rates und die Kommission erstatten dem Europäischen Parlament über die Ergebnisse der multilateralen Überwachung Bericht. Der Präsident des Rates kann ersucht werden, vor dem zuständigen Ausschuss des Europäischen Parlaments zu erscheinen, wenn der Rat seine Empfehlungen veröffentlicht hat.

(6) Das Europäische Parlament und der Rat können gemäß dem ordentlichen Gesetzgebungsverfahren durch Verordnungen die Einzelheiten des Verfahrens der multilateralen Überwachung im Sinne der Absätze 3 und 4 festlegen.

Artikel 122
(ex-Artikel 100 EGV)

(1) Der Rat kann auf Vorschlag der Kommission unbeschadet der sonstigen in den Verträgen vorgesehenen Verfahren im Geiste der Solidarität zwischen den Mitgliedstaaten über die der Wirtschaftslage angemessenen Maßnahmen beschließen, insbesondere falls gravierende Schwierigkeiten in der Versorgung mit bestimmten Waren, vor allem im Energiebereich, auftreten.

(2) Ist ein Mitgliedstaat aufgrund von Naturkatastrophen oder außergewöhnlichen Ereignissen, die sich seiner Kontrolle entziehen, von Schwierigkeiten betroffen oder von gravierenden Schwierigkeiten ernstlich bedroht, so kann der Rat auf Vorschlag der Kommission beschließen, dem betreffenden Mitgliedstaat unter bestimmten Bedingungen einen finanziellen Beistand der Union zu gewähren. Der Präsident des Rates unterrichtet das Europäische Parlament über den Beschluss.

Artikel 123
(ex-Artikel 101 EGV)

(1) Überziehungs- oder andere Kreditfazilitäten bei der Europäischen Zentralbank oder den Zentralbanken der Mitgliedstaaten (im Folgenden als „nationale Zentralbanken" bezeichnet) für Organe, Einrichtungen oder sonstige Stellen der Union, Zentralregierungen, regionale oder lokale Gebietskörperschaften oder andere öffentlich-rechtliche Körperschaften, sonstige Einrichtungen des öffentlichen Rechts oder öffentliche Unternehmen der Mitgliedstaaten sind ebenso verboten wie der unmittelbare Erwerb von Schuldtiteln von diesen durch die Europäische Zentralbank oder die nationalen Zentralbanken.

(2) Die Bestimmungen des Absatzes 1 gelten nicht für Kreditinstitute in öffentlichem Eigentum; diese werden von der jeweiligen nationalen Zentralbank und der Europäischen Zentralbank, was die Bereitstellung von Zentralbankgeld betrifft, wie private Kreditinstitute behandelt.

Artikel 124
(ex-Artikel 102 EGV)

Maßnahmen, die nicht aus aufsichtsrechtlichen Gründen getroffen werden und einen bevorrechtigten Zugang der Organe, Einrichtungen oder sonstigen Stellen der Union, der Zentralregierungen, der regionalen oder lokalen Gebietskörperschaften, der anderen öffentlich-rechtlichen Körperschaften, sonstiger Einrichtungen des öffentlichen Rechts oder öffentlicher Unternehmen der Mitgliedstaaten zu den Finanzinstituten schaffen, sind verboten.

Artikel 125
(ex-Artikel 103 EGV)

(1) Die Union haftet nicht für die Verbindlichkeiten der Zentralregierungen, der regionalen oder lokalen Gebietskörperschaften oder anderen öffentlich-rechtlichen Körperschaften, sonstiger Einrichtungen des öffentlichen Rechts oder öffentlicher Unternehmen von Mitgliedstaaten und tritt nicht für derartige Verbindlichkeiten ein; dies gilt unbeschadet der gegenseitigen finanziellen Garantien für die gemeinsame Durchführung eines bestimmten Vorhabens. Ein Mitgliedstaat haftet nicht für die Verbindlichkeiten der Zentralregierungen, der regionalen oder lokalen Gebietskörperschaften oder anderen öffentlich-rechtlichen Körperschaften, sonstiger Einrichtungen des öffentlichen Rechts oder öffentlicher Unternehmen eines anderen Mitgliedstaats und tritt nicht für derartige Verbindlichkeiten ein; dies gilt unbeschadet der gegenseitigen finanziellen Garantien für die gemeinsame Durchführung eines bestimmten Vorhabens.

(2) Der Rat kann erforderlichenfalls auf Vorschlag der Kommission und nach Anhörung des Europäischen Parlaments die Definitionen für die Anwendung der in den Artikeln 123 und 124 sowie in diesem Artikel vorgesehenen Verbote näher bestimmen.

Artikel 126
(ex-Artikel 104 EGV)

(1) Die Mitgliedstaaten vermeiden übermäßige öffentliche Defizite.

(2) Die Kommission überwacht die Entwicklung der Haushaltslage und der Höhe des öffentlichen Schuldenstands in den Mitgliedstaaten im Hinblick auf die Feststellung schwerwiegender Fehler. Insbesondere prüft sie die Einhaltung der Haushaltsdisziplin anhand von zwei Kriterien, nämlich daran,

a) ob das Verhältnis des geplanten oder tatsächlichen öffentlichen Defizits zum Bruttoinlandsprodukt einen bestimmten Referenzwert überschreitet, es sei denn, dass
   - entweder das Verhältnis erheblich und laufend zurückgegangen ist und einen Wert in der Nähe des Referenzwerts erreicht hat
   - oder der Referenzwert nur ausnahmsweise und vorübergehend überschritten wird und das Verhältnis in der Nähe des Referenzwerts bleibt,
b) ob das Verhältnis des öffentlichen Schuldenstands zum Bruttoinlandsprodukt einen bestimmten Referenzwert überschreitet, es sei denn, dass das Verhältnis hinreichend rückläufig ist und sich rasch genug dem Referenzwert nähert.

Die Referenzwerte werden in einem den Verträgen beigefügten Protokoll über das Verfahren bei einem übermäßigen Defizit im Einzelnen festgelegt.

(3) Erfüllt ein Mitgliedstaat keines oder nur eines dieser Kriterien, so erstellt die Kommission einen Bericht. In diesem Bericht wird berücksichtigt, ob das öffentliche Defizit die öffentlichen Ausgaben für Investitionen übertrifft; berücksichtigt werden ferner alle sonstigen einschlägigen Faktoren, einschließlich der mittelfristigen Wirtschafts- und Haushaltslage des Mitgliedstaats.

Die Kommission kann ferner einen Bericht erstellen, wenn sie ungeachtet der Erfüllung der Kriterien der Auffassung ist, dass in einem Mitgliedstaat die Gefahr eines übermäßigen Defizits besteht.

(4) Der Wirtschafts- und Finanzausschuss gibt eine Stellungnahme zu dem Bericht der Kommission ab.

(5) Ist die Kommission der Auffassung, dass in einem Mitgliedstaat ein übermäßiges Defizit besteht oder sich ergeben könnte, so legt sie dem betreffenden Mitgliedstaat eine Stellungnahme vor und unterrichtet den Rat.

(6) Der Rat beschließt auf Vorschlag der Kommission und unter Berücksichtigung der Bemerkungen, die der betreffende Mitgliedstaat gegebenenfalls abzugeben wünscht, nach Prüfung der Gesamtlage, ob ein übermäßiges Defizit besteht.

(7) Stellt der Rat nach Absatz 6 ein übermäßiges Defizit fest, so richtet er auf Empfehlung der Kommission unverzüglich Empfehlungen an den betreffenden Mitgliedstaat mit dem Ziel, dieser Lage innerhalb einer bestimmten Frist abzuhelfen. Vorbehaltlich des Absatzes 8 werden diese Empfehlungen nicht veröffentlicht.

(8) Stellt der Rat fest, dass seine Empfehlungen innerhalb der gesetzten Frist keine wirksamen Maßnahmen ausgelöst haben, so kann er seine Empfehlungen veröffentlichen.

(9) Falls ein Mitgliedstaat den Empfehlungen des Rates weiterhin nicht Folge leistet, kann der Rat beschließen, den Mitgliedstaat mit der Maßgabe in Verzug zu setzen, innerhalb einer bestimmten Frist Maßnahmen für den nach Auffassung des Rates zur Sanierung erforderlichen Defizitabbau zu treffen.

Der Rat kann in diesem Fall den betreffenden Mitgliedstaat ersuchen, nach einem konkreten Zeitplan Berichte vorzulegen, um die Anpassungsbemühungen des Mitgliedstaats überprüfen zu können.

(10) Das Recht auf Klageerhebung nach den Artikeln 258 und 259 kann im Rahmen der Absätze 1 bis 9 dieses Artikels nicht ausgeübt werden.

(11) Solange ein Mitgliedstaat einen Beschluss nach Absatz 9 nicht befolgt, kann der Rat beschließen, eine oder mehrere der nachstehenden Maßnahmen anzuwenden oder gegebenenfalls zu verschärfen, nämlich

- von dem betreffenden Mitgliedstaat verlangen, vor der Emission von Schuldverschreibungen und sonstigen Wertpapieren vom Rat näher zu bezeichnende zusätzliche Angaben zu veröffentlichen,
- die Europäische Investitionsbank ersuchen, ihre Darlehenspolitik gegenüber dem Mitgliedstaat zu überprüfen,
- von dem Mitgliedstaat verlangen, eine unverzinsliche Einlage in angemessener Höhe bei der Union zu hinterlegen, bis das übermäßige Defizit nach Ansicht des Rates korrigiert worden ist,
- Geldbußen in angemessener Höhe verhängen.

Der Präsident des Rates unterrichtet das Europäische Parlament von den Beschlüssen.

(12) Der Rat hebt einige oder sämtliche Beschlüsse oder Empfehlungen nach den Absätzen 6 bis 9 und 11 so weit auf, wie das übermäßige Defizit in dem betreffenden Mitgliedstaat nach Ansicht des Rates korrigiert worden ist. Hat der Rat zuvor Empfehlungen veröffentlicht, so stellt er, sobald der Beschluss nach Absatz 8 aufgehoben worden ist, in einer öffentlichen Erklärung fest, dass in dem betreffenden Mitgliedstaat kein übermäßiges Defizit mehr besteht.

(13) Die Beschlussfassung und die Empfehlungen des Rates nach den Absätzen 8, 9, 11 und 12 erfolgen auf Empfehlung der Kommission.

Erlässt der Rat Maßnahmen nach den Absätzen 6 bis 9 sowie den Absätzen 11 und 12, so beschließt er ohne Berücksichtigung der Stimme des den betreffenden Mitgliedstaat vertretenden Mitglieds des Rates.

Die qualifizierte Mehrheit der übrigen Mitglieder des Rates bestimmt sich nach Artikel 238 Absatz 3 Buchstabe a.

(14) Weitere Bestimmungen über die Durchführung des in diesem Artikel beschriebenen Verfahrens sind in dem den Verträgen beigefügten Protokoll über das Verfahren bei einem übermäßigen Defizit enthalten.

Der Rat verabschiedet gemäß einem besonderen Gesetzgebungsverfahren einstimmig und nach Anhörung des Europäischen Parlaments sowie der Europäischen Zentralbank die geeigneten Bestimmungen, die sodann das genannte Protokoll ablösen.

Der Rat beschließt vorbehaltlich der sonstigen Bestimmungen dieses Absatzes auf Vorschlag der Kommission und nach Anhörung des Europäischen Parlaments nähere Einzelheiten und Begriffsbestimmungen für die Durchführung des genannten Protokolls.

KAPITEL 2
DIE WÄHRUNGSPOLITIK

Artikel 127
(ex-Artikel 105 EGV)

(1) Das vorrangige Ziel des Europäischen Systems der Zentralbanken (im Folgenden „ESZB") ist es, die Preisstabilität zu gewährleisten. Soweit dies ohne Beeinträchtigung des Zieles der Preisstabilität möglich ist, unterstützt das ESZB die allgemeine Wirtschaftspolitik in der Union, um zur Verwirklichung der in Artikel 3 des Vertrags über die Europäische Union festgelegten Ziele der Union beizutragen. Das ESZB handelt im Einklang mit dem Grundsatz einer offenen Marktwirtschaft mit freiem Wettbewerb, wodurch ein effizienter Einsatz der Ressourcen gefördert wird, und hält sich dabei an die in Artikel 119 genannten Grundsätze.

(2) Die grundlegenden Aufgaben des ESZB bestehen darin,
– die Geldpolitik der Union festzulegen und auszuführen,
– Devisengeschäfte im Einklang mit Artikel 219 durchzuführen,
– die offiziellen Währungsreserven der Mitgliedstaaten zu halten und zu verwalten,
– das reibungslose Funktionieren der Zahlungssysteme zu fördern.

(3) Absatz 2 dritter Gedankenstrich berührt nicht die Haltung und Verwaltung von Arbeitsguthaben in Fremdwährungen durch die Regierungen der Mitgliedstaaten.

(4) Die Europäische Zentralbank wird gehört
– zu allen Vorschlägen für Rechtsakte der Union im Zuständigkeitsbereich der Europäischen Zentralbank,
– von den nationalen Behörden zu allen Entwürfen für Rechtsvorschriften im Zuständigkeitsbereich der Europäischen Zentralbank, und zwar innerhalb der Grenzen und unter den Bedingungen, die der Rat nach dem Verfahren des Artikels 129 Absatz 4 festlegt.

Die Europäische Zentralbank kann gegenüber den zuständigen Organen, Einrichtungen oder sonstigen Stellen der Union und gegenüber den nationalen Behörden Stellungnahmen zu in ihren Zuständigkeitsbereich fallenden Fragen abgeben.

(5) Das ESZB trägt zur reibungslosen Durchführung der von den zuständigen Behörden auf dem Gebiet der Aufsicht über die Kreditinstitute und der Stabilität des Finanzsystems ergriffenen Maßnahmen bei.

(6) Der Rat kann einstimmig durch Verordnungen gemäß einem besonderen Gesetzgebungsverfahren und nach Anhörung des Europäischen Parlaments und der Europäischen Zentralbank besondere Aufgaben im Zusammenhang mit der Aufsicht über Kreditinstitute und sonstige Finanzinstitute mit Ausnahme von Versicherungsunternehmen der Europäischen Zentralbank übertragen.

Artikel 128
(ex-Artikel 106 EGV)

(1) Die Europäische Zentralbank hat das ausschließliche Recht, die Ausgabe von Euro-Banknoten innerhalb der Union zu genehmigen. Die Europäische Zentralbank und die nationalen Zentralbanken sind zur Ausgabe dieser Banknoten berechtigt. Die von der Europäischen Zentralbank und den nationalen Zentralbanken ausgegebenen Banknoten sind die einzigen Banknoten, die in der Union als gesetzliches Zahlungsmittel gelten.

(2) Die Mitgliedstaaten haben das Recht zur Ausgabe von Euro-Münzen, wobei der Umfang dieser Ausgabe der Genehmigung durch die Europäische Zentralbank bedarf. Der Rat kann auf Vorschlag der Kommission und nach Anhörung des Europäischen Parlaments und der Europäischen Zentralbank Maßnahmen erlassen, um die Stückelung und die technischen Merkmale aller für den Umlauf bestimmten Münzen so weit zu harmonisieren, wie dies für deren reibungslosen Umlauf innerhalb der Union erforderlich ist.

Artikel 129
(ex-Artikel 107 EGV)

(1) Das ESZB wird von den Beschlussorganen der Europäischen Zentralbank, nämlich dem Rat der Europäischen Zentralbank und dem Direktorium, geleitet.

(2) Die Satzung des Europäischen Systems der Zentralbanken und der Europäischen Zentralbank (im Folgenden „Satzung des ESZB und der EZB") ist in einem den Verträgen beigefügten Protokoll festgelegt.

(3) Das Europäische Parlament und der Rat können die Artikel 5.1, 5.2, 5.3, 17, 18, 19.1, 22, 23, 24, 26, 32.2, 32.3, 32.4, 32.6, 33.1 Buchstabe a und 36 der Satzung des ESZB und der EZB gemäß dem ordentlichen Gesetzgebungsverfahren ändern. Sie beschließen entweder auf Empfehlung der Europäischen Zentralbank nach Anhörung der

Kommission oder auf Empfehlung der Kommission nach Anhörung der Europäischen Zentralbank.

(4) Der Rat erlässt entweder auf Vorschlag der Kommission und nach Anhörung des Europäischen Parlaments und der Europäischen Zentralbank oder auf Empfehlung der Europäischen Zentralbank und nach Anhörung des Europäischen Parlaments und der Kommission die in den Artikeln 4, 5.4, 19.2, 20, 28.1, 29.2, 30.4 und 34.3 der Satzung des ESZB und der EZB genannten Bestimmungen.

Artikel 130
(ex-Artikel 108 EGV)

Bei der Wahrnehmung der ihnen durch die Verträge und die Satzung des ESZB und der EZB übertragenen Befugnisse, Aufgaben und Pflichten darf weder die Europäische Zentralbank noch eine nationale Zentralbank noch ein Mitglied ihrer Beschlussorgane Weisungen von Organen, Einrichtungen oder sonstigen Stellen der Union, Regierungen der Mitgliedstaaten oder anderen Stellen einholen oder entgegennehmen. Die Organe, Einrichtungen oder sonstigen Stellen der Union sowie die Regierungen der Mitgliedstaaten verpflichten sich, diesen Grundsatz zu beachten und nicht zu versuchen, die Mitglieder der Beschlussorgane der Europäischen Zentralbank oder der nationalen Zentralbanken bei der Wahrnehmung ihrer Aufgaben zu beeinflussen.

Artikel 131
(ex-Artikel 109 EGV)

Jeder Mitgliedstaat stellt sicher, dass seine innerstaatlichen Rechtsvorschriften einschließlich der Satzung seiner nationalen Zentralbank mit den Verträgen sowie mit der Satzung des ESZB und der EZB im Einklang stehen.

Artikel 132
(ex-Artikel 110 EGV)

(1) Zur Erfüllung der dem ESZB übertragenen Aufgaben werden von der Europäischen Zentralbank gemäß den Verträgen und unter den in der Satzung des ESZB und der EZB vorgesehenen Bedingungen
– Verordnungen erlassen, insoweit dies für die Erfüllung der in Artikel 3.1 erster Gedankenstrich, Artikel 19.1, Artikel 22 oder Artikel 25.2 der Satzung des ESZB und der EZB festgelegten Aufgaben erforderlich ist; sie erlässt Verordnungen ferner in den Fällen, die in den Rechtsakten des Rates nach Artikel 129 Absatz 4 vorgesehen werden,
– Beschlüsse erlassen, die zur Erfüllung der dem ESZB nach den Verträgen und der Satzung des ESZB und der EZB übertragenen Aufgaben erforderlich sind,
– Empfehlungen und Stellungnahmen abgegeben.

(2) Die Europäische Zentralbank kann die Veröffentlichung ihrer Beschlüsse, Empfehlungen und Stellungnahmen beschließen.

(3) Innerhalb der Grenzen und unter den Bedingungen, die der Rat nach dem Verfahren des Artikels 129 Absatz 4 festlegt, ist die Europäische Zentralbank befugt, Unternehmen bei Nichteinhaltung der Verpflichtungen, die sich aus ihren Verordnungen und Beschlüssen ergeben, mit Geldbußen oder in regelmäßigen Abständen zu zahlenden Zwangsgeldern zu belegen.

Artikel 133

Unbeschadet der Befugnisse der Europäischen Zentralbank erlassen das Europäische Parlament und der Rat gemäß dem ordentlichen Gesetzgebungsverfahren die Maßnahmen, die für die Verwendung des Euro als einheitliche Währung erforderlich sind. Diese Maßnahmen werden nach Anhörung der Europäischen Zentralbank erlassen.

KAPITEL 3
INSTITUTIONELLE BESTIMMUNGEN

Artikel 134
(ex-Artikel 114 EGV)

(1) Um die Koordinierung der Politiken der Mitgliedstaaten in dem für das Funktionieren des Binnenmarkts erforderlichen Umfang zu fördern, wird ein Wirtschafts- und Finanzausschuss eingesetzt.

(2) Der Wirtschafts- und Finanzausschuss hat die Aufgabe,
– auf Ersuchen des Rates oder der Kommission oder von sich aus Stellungnahmen an diese Organe abzugeben;
– die Wirtschafts- und Finanzlage der Mitgliedstaaten und der Union zu beobachten und dem Rat und der Kommission regelmäßig darüber Bericht zu erstatten, insbesondere über die finanziellen Beziehungen zu dritten Ländern und internationalen Einrichtungen;
– unbeschadet des Artikels 240 an der Vorbereitung der in Artikel 66, Artikel 75, Artikel 121 Absätze 2, 3, 4 und 6, Artikel 122, Artikel 124, Artikel 125, Artikel 126, Artikel 127 Absatz 6, Artikel 128 Absatz 2, Artikel 129 Absätze 3 und 4, Artikel 138, Artikel 140 Absätze 2 und 3, Artikel 143, Artikel 144 Absätze 2 und 3 und Artikel 219 genannten Arbeiten des Rates mitzuwirken und die sonstigen ihm vom Rat übertragenen Beratungs- und vorbereitenden Arbeiten auszuführen;
– mindestens einmal jährlich die Lage hinsichtlich des Kapitalverkehrs und der Freiheit des Zahlungsverkehrs, wie sie sich aus der Anwendung der Verträge und der Maßnahmen des Rates ergeben, zu prüfen; die Prüfung erstreckt sich auf alle Maßnahmen im Zusammenhang mit dem Kapital- und Zahlungsverkehr; der Ausschuss erstattet der Kommission und dem Rat Bericht über das Ergebnis dieser Prüfung.

Jeder Mitgliedstaat sowie die Kommission und die Europäische Zentralbank ernennen jeweils höchstens zwei Mitglieder des Ausschusses.

(3) Der Rat legt auf Vorschlag der Kommission und nach Anhörung der Europäischen Zentralbank und des in diesem Artikel genannten Ausschusses im Einzelnen fest, wie sich der Wirtschafts- und Finanzausschuss zusammensetzt. Der Präsident des Rates unterrichtet das Europäische Parlament über diesen Beschluss.

(4) Sofern und solange es Mitgliedstaaten gibt, für die eine Ausnahmeregelung nach Artikel 139 gilt, hat der Ausschuss zusätzlich zu den in Absatz 2 beschriebenen Aufgaben die Währungs- und Finanzlage sowie den allgemeinen Zahlungsverkehr der betreffenden Mitgliedstaaten zu beobachten und dem Rat und der Kommission regelmäßig darüber Bericht zu erstatten.

Artikel 135
(ex-Artikel 115 EGV)

Bei Fragen, die in den Geltungsbereich von Artikel 121 Absatz 4, Artikel 126 mit Ausnahme von Absatz 14, Artikel 138, Artikel 140 Absatz 1, Artikel 140 Absatz 2 Unterabsatz 1, Artikel 140 Absatz 3 und Artikel 219 fallen, kann der Rat oder ein Mitgliedstaat die Kommission ersuchen, je nach Zweckmäßigkeit eine Empfehlung oder einen Vorschlag zu unterbreiten. Die Kommission prüft dieses Ersuchen und unterbreitet dem Rat umgehend ihre Schlussfolgerungen.

KAPITEL 4
BESONDERE BESTIMMUNGEN FÜR DIE MITGLIEDSTAATEN, DEREN WÄHRUNG DER EURO IST

Artikel 136

(1) Im Hinblick auf das reibungslose Funktionieren der Wirtschafts- und Währungsunion erlässt der Rat für die Mitgliedstaaten, deren Währung der Euro ist, Maßnahmen nach den einschlägigen Bestimmungen der Verträge und dem entsprechenden Verfahren unter den in den Artikeln 121 und 126 genannten Verfahren, mit Ausnahme des in Artikel 126 Absatz 14 genannten Verfahrens, um
a) die Koordinierung und Überwachung ihrer Haushaltsdisziplin zu verstärken,
b) für diese Staaten Grundzüge der Wirtschaftspolitik auszuarbeiten, wobei darauf zu achten ist, dass diese mit den für die gesamte Union angenommenen Grundzügen der Wirtschaftspolitik vereinbar sind, und ihre Einhaltung zu überwachen.

(2) Bei den in Absatz 1 genannten Maßnahmen sind nur die Mitglieder des Rates stimmberechtigt, die die Mitgliedstaaten vertreten, deren Währung der Euro ist.

Die qualifizierte Mehrheit dieser Mitglieder bestimmt sich nach Artikel 238 Absatz 3 Buchstabe a.

(3) Die Mitgliedstaaten, deren Währung der Euro ist, können einen Stabilitätsmechanismus einrichten, der aktiviert wird, wenn dies unabdingbar ist, um die Stabilität des Euro-Währungsgebiets insgesamt zu wahren. Die Gewährung aller erforderlichen Finanzhilfen im Rahmen des Mechanismus wird strengen Auflagen unterliegen.

Artikel 137

Die Einzelheiten für die Tagungen der Minister der Mitgliedstaaten, deren Währung der Euro ist, sind in dem Protokoll betreffend die Euro-Gruppe festgelegt.

Artikel 138
(ex-Artikel 111 Absatz 4 EGV)

(1) Zur Gewährleistung der Stellung des Euro im internationalen Währungssystem erlässt der Rat auf Vorschlag der Kommission einen Beschluss zur Festlegung der innerhalb der zuständigen internationalen Einrichtungen und Konferenzen im Finanzbereich einzunehmenden gemeinsamen Standpunkte zu den Fragen, die von besonderer Bedeutung für die Wirtschafts- und Währungsunion sind. Der Rat beschließt nach Anhörung der Europäischen Zentralbank.

(2) Der Rat kann auf Vorschlag der Kommission geeignete Maßnahmen mit dem Ziel erlassen, eine einheitliche Vertretung bei den internationalen Einrichtungen und Konferenzen im Finanzbereich sicherzustellen. Der Rat beschließt nach Anhörung der Europäischen Zentralbank.

(3) Bei den in den Absätzen 1 und 2 genannten Maßnahmen sind nur die Mitglieder des Rates stimmberechtigt, die die Mitgliedstaaten vertreten, deren Währung der Euro ist.

Die qualifizierte Mehrheit dieser Mitglieder bestimmt sich nach Artikel 238 Absatz 3 Buchstabe a.

KAPITEL 5
ÜBERGANGSBESTIMMUNGEN

Artikel 139

(1) Die Mitgliedstaaten, für die der Rat nicht beschlossen hat, dass sie die erforderlichen Voraussetzungen für die Einführung des Euro erfüllen, werden im Folgenden als „Mitgliedstaaten, für die eine Ausnahmeregelung gilt" oder „Mitgliedstaaten mit Ausnahmeregelung" bezeichnet.

(2) Auf die Mitgliedstaaten, für die eine Ausnahmeregelung gilt, finden die im Folgenden aufgeführten Bestimmungen der Verträge keine Anwendung:
a) Annahme der das Euro-Währungsgebiet generell betreffenden Teile der Grundzüge der Wirtschaftspolitik (Artikel 121 Absatz 2);
b) Zwangsmittel zum Abbau eines übermäßigen Defizits (Artikel 126 Absätze 9 und 11);
c) Ziele und Aufgaben des ESZB (Artikel 127 Absätze 1, 2, 3 und 5);
d) Ausgabe des Euro (Artikel 128);
e) Rechtsakte der Europäischen Zentralbank (Artikel 132);
f) Maßnahmen bezüglich der Verwendung des Euro (Artikel 133);

g) Währungsvereinbarungen und andere Maßnahmen bezüglich der Wechselkurspolitik (Artikel 219);
h) Ernennung der Mitglieder des Direktoriums der Europäischen Zentralbank (Artikel 283 Absatz 2);
i) Beschlüsse zur Festlegung der innerhalb der zuständigen internationalen Einrichtungen und Konferenzen im Finanzbereich einzunehmenden gemeinsamen Standpunkte zu den Fragen, die von besonderer Bedeutung für die Wirtschafts- und Währungsunion sind (Artikel 138 Absatz 1);
j) Maßnahmen zur Sicherstellung einer einheitlichen Vertretung bei den internationalen Einrichtungen und Konferenzen im Finanzbereich (Artikel 138 Absatz 2).

Somit sind „Mitgliedstaaten" im Sinne der in den Buchstaben a bis j genannten Artikel die Mitgliedstaaten, deren Währung der Euro ist.

(3) Die Mitgliedstaaten, für die eine Ausnahmeregelung gilt, und deren nationale Zentralbanken sind nach Kapitel IX der Satzung des ESZB und der EZB von den Rechten und Pflichten im Rahmen des ESZB ausgeschlossen.

(4) Das Stimmrecht der Mitglieder des Rates, die Mitgliedstaaten mit Ausnahmeregelung vertreten, ruht beim Erlass von Maßnahmen nach den in Absatz 2 genannten Artikeln durch den Rat sowie bei
a) Empfehlungen an die Mitgliedstaaten, deren Währung der Euro ist, im Rahmen der multilateralen Überwachung, einschließlich Empfehlungen zu den Stabilitätsprogrammen und Verwarnungen (Artikel 121 Absatz 4);
b) Maßnahmen bei übermäßigem Defizit von Mitgliedstaaten, deren Währung der Euro ist (Artikel 126 Absätze 6, 7, 8, 12 und 13).

Die qualifizierte Mehrheit der übrigen Mitglieder des Rates bestimmt sich nach Artikel 238 Absatz 3 Buchstabe a.

Artikel 140
(ex-Artikel 121 Absatz 1, ex-Artikel 122 Absatz 2 Satz 2 und ex-Artikel 123 Absatz 5 EGV))

(1) Mindestens einmal alle zwei Jahre oder auf Antrag eines Mitgliedstaats, für den eine Ausnahmeregelung gilt, berichten die Kommission und die Europäische Zentralbank dem Rat, inwieweit die Mitgliedstaaten, für die eine Ausnahmeregelung gilt, bei der Verwirklichung der Wirtschafts- und Währungsunion ihren Verpflichtungen bereits nachgekommen sind. In ihren Berichten wird auch die Frage geprüft, inwieweit die innerstaatlichen Rechtsvorschriften jedes einzelnen dieser Mitgliedstaaten einschließlich der Satzung der jeweiligen nationalen Zentralbank mit Artikel 130 und Artikel 131 sowie der Satzung des ESZB und der EZB vereinbar sind. Ferner wird darin geprüft, ob ein hoher Grad an dauerhafter Konvergenz erreicht ist; Maßstab hierfür ist, ob die einzelnen Mitgliedstaaten folgende Kriterien erfüllen:

– Erreichung eines hohen Grades an Preisstabilität, ersichtlich aus einer Inflationsrate, die der Inflationsrate jener – höchstens drei – Mitgliedstaaten nahe kommt, die auf dem Gebiet der Preisstabilität das beste Ergebnis erzielt haben;
– eine auf Dauer tragbare Finanzlage der öffentlichen Hand, ersichtlich aus einer öffentlichen Haushaltslage ohne übermäßiges Defizit im Sinne des Artikels 126 Absatz 6;
– Einhaltung der normalen Bandbreiten des Wechselkursmechanismus des Europäischen Währungssystems seit mindestens zwei Jahren ohne Abwertung gegenüber dem Euro;
– Dauerhaftigkeit der von dem Mitgliedstaat mit Ausnahmeregelung erreichten Konvergenz und seiner Teilnahme am Wechselkursmechanismus, die im Niveau der langfristigen Zinssätze zum Ausdruck kommt.

Die vier Kriterien in diesem Absatz sowie die jeweils erforderliche Dauer ihrer Einhaltung sind in einem den Verträgen beigefügten Protokoll näher festgelegt. Die Berichte der Kommission und der Europäischen Zentralbank berücksichtigen auch die Ergebnisse bei der Integration der Märkte, den Stand und die Entwicklung der Leistungsbilanzen, die Entwicklung bei den Lohnstückkosten und andere Preisindizes.

(2) Der Rat beschließt nach Anhörung des Europäischen Parlaments und nach Aussprache im Europäischen Rat auf Vorschlag der Kommission, welche der Mitgliedstaaten, für die eine Ausnahmeregelung gilt, die auf den Kriterien des Absatzes 1 beruhenden Voraussetzungen erfüllen, und hebt die Ausnahmeregelungen der betreffenden Mitgliedstaaten auf.

Der Rat beschließt auf Empfehlung einer qualifizierten Mehrheit derjenigen seiner Mitglieder, die Mitgliedstaaten vertreten, deren Währung der Euro ist. Diese Mitglieder beschließen innerhalb von sechs Monaten nach Eingang des Vorschlags der Kommission beim Rat.

Die in Unterabsatz 2 genannte qualifizierte Mehrheit dieser Mitglieder bestimmt sich nach Artikel 238 Absatz 3 Buchstabe a.

(3) Wird nach dem Verfahren des Absatzes 2 beschlossen, eine Ausnahmeregelung aufzuheben, so legt der Rat aufgrund eines einstimmigen Beschlusses der Mitgliedstaaten, deren Währung der Euro ist, und des betreffenden Mitgliedstaats auf Vorschlag der Kommission und nach Anhörung der Europäischen Zentralbank den Kurs, zu dem dessen Währung durch den Euro ersetzt wird, unwiderruflich fest und ergreift die sonstigen erforderlichen Maßnahmen zur Einführung des Euro als einheitliche Währung in dem betreffenden Mitgliedstaat.

Artikel 141
(ex-Artikel 123 Absatz 3 und ex-Artikel 117 Absatz 2 erster bis fünfter Gedankenstrich EGV)

(1) Sofern und solange es Mitgliedstaaten gibt, für die eine Ausnahmeregelung gilt, wird unbe-

schadet des Artikels 129 Absatz 1 der in Artikel 44 der Satzung des ESZB und der EZB bezeichnete Erweiterte Rat der Europäischen Zentralbank als drittes Beschlussorgan der Europäischen Zentralbank errichtet.

(2) Sofern und solange es Mitgliedstaaten gibt, für die eine Ausnahmeregelung gilt, ist es die Aufgabe der Europäischen Zentralbank, in Bezug auf diese Mitgliedstaaten

– die Zusammenarbeit zwischen den nationalen Zentralbanken zu verstärken;

– die Koordinierung der Geldpolitiken der Mitgliedstaaten mit dem Ziel zu verstärken, die Preisstabilität aufrechtzuerhalten;

– das Funktionieren des Wechselkursmechanismus zu überwachen;

– Konsultationen zu Fragen durchzuführen, die in die Zuständigkeit der nationalen Zentralbanken fallen und die Stabilität der Finanzinstitute und -märkte berühren;

– die seinerzeitigen Aufgaben des Europäischen Fonds für währungspolitische Zusammenarbeit, die zuvor vom Europäischen Währungsinstitut übernommen worden waren, wahrzunehmen.

Artikel 142
(ex-Artikel 124 Absatz 1 EGV)

Jeder Mitgliedstaat, für den eine Ausnahmeregelung gilt, behandelt seine Wechselkurspolitik als eine Angelegenheit von gemeinsamem Interesse. Er berücksichtigt dabei die Erfahrungen, die bei der Zusammenarbeit im Rahmen des Wechselkursmechanismus gesammelt worden sind.

Artikel 143
(ex-Artikel 119 EGV)

(1) Ist ein Mitgliedstaat, für den eine Ausnahmeregelung gilt, hinsichtlich seiner Zahlungsbilanz von Schwierigkeiten betroffen oder ernstlich bedroht, die sich entweder aus einem Ungleichgewicht seiner Gesamtzahlungsbilanz oder aus der Art der ihm zur Verfügung stehenden Devisen ergeben, und sind diese Schwierigkeiten geeignet, insbesondere das Funktionieren des Binnenmarkts oder die Verwirklichung der gemeinsamen Handelspolitik zu gefährden, so prüft die Kommission unverzüglich die Lage dieses Staates sowie die Maßnahmen, die er getroffen hat oder unter Einsatz aller ihm zur Verfügung stehenden Mittel nach den Verträgen treffen kann. Die Kommission gibt die Maßnahmen an, die sie dem betreffenden Mitgliedstaat empfiehlt.

Erweisen sich die von einem Mitgliedstaat mit Ausnahmeregelung ergriffenen und die von der Kommission angeregten Maßnahmen als unzureichend, die aufgetretenen oder drohenden Schwierigkeiten zu beheben, so empfiehlt die Kommission dem Rat nach Anhörung des Wirtschafts- und Finanzausschusses einen gegenseitigen Beistand und die dafür geeigneten Methoden.

Die Kommission unterrichtet den Rat regelmäßig über die Lage und ihre Entwicklung.

(2) Der Rat gewährt den gegenseitigen Beistand; er erlässt Richtlinien oder Beschlüsse, welche die Bedingungen und Einzelheiten hierfür festlegen. Der gegenseitige Beistand kann insbesondere erfolgen

a) durch ein abgestimmtes Vorgehen bei anderen internationalen Organisationen, an die sich die Mitgliedstaaten, für die eine Ausnahmeregelung gilt, wenden können;

b) durch Maßnahmen, die notwendig sind, um Verlagerungen von Handelsströmen zu vermeiden, falls der in Schwierigkeiten befindliche Mitgliedstaat mit Ausnahmeregelung mengenmäßige Beschränkungen gegenüber dritten Ländern beibehält oder wieder einführt;

c) durch Bereitstellung von Krediten in begrenzter Höhe seitens anderer Mitgliedstaaten; hierzu ist ihr Einverständnis erforderlich.

(3) Stimmt der Rat dem von der Kommission empfohlenen gegenseitigen Beistand nicht zu oder sind der gewährte Beistand und die getroffenen Maßnahmen unzureichend, so ermächtigt die Kommission den in Schwierigkeiten befindlichen Mitgliedstaat mit Ausnahmeregelung, Schutzmaßnahmen zu treffen, deren Bedingungen und Einzelheiten sie festlegt.

Der Rat kann diese Ermächtigung aufheben und die Bedingungen und Einzelheiten ändern.

Artikel 144
(ex-Artikel 120 EGV)

(1) Gerät ein Mitgliedstaat, für den eine Ausnahmeregelung gilt, in eine plötzliche Zahlungsbilanzkrise und wird ein Beschluss im Sinne des Artikels 143 Absatz 2 nicht unverzüglich getroffen, so kann der betreffende Staat vorsorglich die erforderlichen Schutzmaßnahmen ergreifen. Sie dürfen nur ein Mindestmaß an Störungen im Funktionieren des Binnenmarkts hervorrufen und nicht über das zur Behebung der plötzlich aufgetretenen Schwierigkeiten unbedingt erforderliche Ausmaß hinausgehen.

(2) Die Kommission und die anderen Mitgliedstaaten werden über die Schutzmaßnahmen spätestens bei deren Inkrafttreten unterrichtet. Die Kommission kann dem Rat den gegenseitigen Beistand nach Artikel 143 empfehlen.

(3) Auf Empfehlung der Kommission und nach Anhörung des Wirtschafts- und Finanzausschusses kann der Rat beschließen, dass der betreffende Mitgliedstaat diese Schutzmaßnahmen zu ändern, auszusetzen oder aufzuheben hat.

TITEL IX
BESCHÄFTIGUNG

Artikel 145
(ex-Artikel 125 EGV)

Die Mitgliedstaaten und die Union arbeiten nach diesem Titel auf die Entwicklung einer koordinierten Beschäftigungsstrategie und insbesondere auf die Förderung der Qualifizierung, Ausbildung und Anpassungsfähigkeit der Arbeitnehmer sowie der Fähigkeit der Arbeitsmärkte hin, auf die Erfordernisse des wirtschaftlichen Wandels zu reagieren, um die Ziele des Artikels 3 des Vertrags über die Europäische Union zu erreichen.

Artikel 146
(ex-Artikel 126 EGV)

(1) Die Mitgliedstaaten tragen durch ihre Beschäftigungspolitik im Einklang mit den nach Artikel 121 Absatz 2 verabschiedeten Grundzügen der Wirtschaftspolitik der Mitgliedstaaten und der Union zur Erreichung der in Artikel 145 genannten Ziele bei.

(2) Die Mitgliedstaaten betrachten die Förderung der Beschäftigung als Angelegenheit von gemeinsamem Interesse und stimmen ihre diesbezüglichen Tätigkeiten nach Maßgabe des Artikels 148 im Rat aufeinander ab, wobei die einzelstaatlichen Gepflogenheiten in Bezug auf die Verantwortung der Sozialpartner berücksichtigt werden.

Artikel 147
(ex-Artikel 127 EGV)

(1) Die Union trägt zu einem hohen Beschäftigungsniveau bei, indem sie die Zusammenarbeit zwischen den Mitgliedstaaten fördert und deren Maßnahmen in diesem Bereich unterstützt und erforderlichenfalls ergänzt. Hierbei wird die Zuständigkeit der Mitgliedstaaten beachtet.

(2) Das Ziel eines hohen Beschäftigungsniveaus wird bei der Festlegung und Durchführung der Unionspolitiken und -maßnahmen berücksichtigt.

Artikel 148
(ex-Artikel 128 EGV)

(1) Anhand eines gemeinsamen Jahresberichts des Rates und der Kommission prüft der Europäische Rat jährlich die Beschäftigungslage in der Union und nimmt hierzu Schlussfolgerungen an.

(2) Anhand der Schlussfolgerungen des Europäischen Rates legt der Rat auf Vorschlag der Kommission und nach Anhörung des Europäischen Parlaments, des Wirtschafts- und Sozialausschusses, des Ausschusses der Regionen und des in Artikel 150 genannten Beschäftigungsausschusses jährlich Leitlinien fest, welche die Mitgliedstaaten in ihrer Beschäftigungspolitik berücksichtigen. Diese Leitlinien müssen mit den nach Artikel 121 Absatz 2 verabschiedeten Grundzügen in Einklang stehen.

(3) Jeder Mitgliedstaat übermittelt dem Rat und der Kommission jährlich einen Bericht über die wichtigsten Maßnahmen, die er zur Durchführung seiner Beschäftigungspolitik im Lichte der beschäftigungspolitischen Leitlinien nach Absatz 2 getroffen hat.

(4) Anhand der in Absatz 3 genannten Berichte und nach Stellungnahme des Beschäftigungsausschusses unterzieht der Rat die Durchführung der Beschäftigungspolitik der Mitgliedstaaten im Lichte der beschäftigungspolitischen Leitlinien jährlich einer Prüfung. Der Rat kann dabei auf Empfehlung der Kommission Empfehlungen an die Mitgliedstaaten richten, wenn er dies aufgrund der Ergebnisse dieser Prüfung für angebracht hält.

(5) Auf der Grundlage der Ergebnisse der genannten Prüfung erstellen der Rat und die Kommission einen gemeinsamen Jahresbericht für den Europäischen Rat über die Beschäftigungslage in der Union und über die Umsetzung der beschäftigungspolitischen Leitlinien.

Artikel 149
(ex-Artikel 129 EGV)

Das Europäische Parlament und der Rat können gemäß dem ordentlichen Gesetzgebungsverfahren und nach Anhörung des Wirtschafts- und Sozialausschusses sowie des Ausschusses der Regionen Anreizmaßnahmen zur Förderung der Zusammenarbeit zwischen den Mitgliedstaaten und zur Unterstützung ihrer Beschäftigungsmaßnahmen durch Initiativen beschließen, die darauf abzielen, den Austausch von Informationen und bewährten Verfahren zu entwickeln, vergleichende Analysen und Gutachten bereitzustellen sowie innovative Ansätze zu fördern und Erfahrungen zu bewerten, und zwar insbesondere durch den Rückgriff auf Pilotvorhaben.

Diese Maßnahmen schließen keinerlei Harmonisierung der Rechts- und Verwaltungsvorschriften der Mitgliedstaaten ein.

Artikel 150
(ex-Artikel 130 EGV)

Der Rat, der mit einfacher Mehrheit beschließt, setzt nach Anhörung des Europäischen Parlaments einen Beschäftigungsausschuss mit beratender Funktion zur Förderung der Koordinierung der Beschäftigungs- und Arbeitsmarktpolitik der Mitgliedstaaten ein. Der Ausschuss hat folgende Aufgaben:

– Er verfolgt die Beschäftigungslage und die Beschäftigungspolitik in den Mitgliedstaaten und der Union;
– er gibt unbeschadet des Artikels 240 auf Ersuchen des Rates oder der Kommission oder von sich aus Stellungnahmen ab und trägt zur Vorbereitung der in Artikel 148 genannten Beratungen des Rates bei.

Bei der Erfüllung seines Auftrags hört der Ausschuss die Sozialpartner.

Jeder Mitgliedstaat und die Kommission entsenden zwei Mitglieder in den Ausschuss.

TITEL X
SOZIALPOLITIK

Artikel 151
(ex-Artikel 136 EGV)

Die Union und die Mitgliedstaaten verfolgen eingedenk der sozialen Grundrechte, wie sie in der am 18. Oktober 1961 in Turin unterzeichneten Europäischen Sozialcharta und in der Gemeinschaftscharta der sozialen Grundrechte der Arbeitnehmer von 1989 festgelegt sind, folgende Ziele: die Förderung der Beschäftigung, die Verbesserung der Lebens- und Arbeitsbedingungen, um dadurch auf dem Wege des Fortschritts ihre Angleichung zu ermöglichen, einen angemessenen sozialen Schutz, den sozialen Dialog, die Entwicklung des Arbeitskräftepotenzials im Hinblick auf ein dauerhaft hohes Beschäftigungsniveau und die Bekämpfung von Ausgrenzungen.

Zu diesem Zweck führen die Union und die Mitgliedstaaten Maßnahmen durch, die der Vielfalt der einzelstaatlichen Gepflogenheiten, insbesondere in den vertraglichen Beziehungen, sowie der Notwendigkeit, die Wettbewerbsfähigkeit der Wirtschaft der Union zu erhalten, Rechnung tragen.

Sie sind der Auffassung, dass sich eine solche Entwicklung sowohl aus dem eine Abstimmung der Sozialordnungen begünstigenden Wirken des Binnenmarkts als auch aus den in den Verträgen vorgesehenen Verfahren sowie aus der Angleichung ihrer Rechts- und Verwaltungsvorschriften ergeben wird.

Artikel 152

Die Union anerkennt und fördert die Rolle der Sozialpartner auf Ebene der Union unter Berücksichtigung der Unterschiedlichkeit der nationalen Systeme. Sie fördert den sozialen Dialog und achtet dabei die Autonomie der Sozialpartner.

Der Dreigliedrige Sozialgipfel für Wachstum und Beschäftigung trägt zum sozialen Dialog bei.

Artikel 153
(ex-Artikel 137 EGV)

(1) Zur Verwirklichung der Ziele des Artikels 151 unterstützt und ergänzt die Union die Tätigkeit der Mitgliedstaaten auf folgenden Gebieten:
a) Verbesserung insbesondere der Arbeitsumwelt zum Schutz der Gesundheit und der Sicherheit der Arbeitnehmer,
b) Arbeitsbedingungen,
c) soziale Sicherheit und sozialer Schutz der Arbeitnehmer,
d) Schutz der Arbeitnehmer bei Beendigung des Arbeitsvertrags,
e) Unterrichtung und Anhörung der Arbeitnehmer,
f) Vertretung und kollektive Wahrnehmung der Arbeitnehmer- und Arbeitgeberinteressen, einschließlich der Mitbestimmung, vorbehaltlich des Absatzes 5,
g) Beschäftigungsbedingungen der Staatsangehörigen dritter Länder, die sich rechtmäßig im Gebiet der Union aufhalten,
h) berufliche Eingliederung der aus dem Arbeitsmarkt ausgegrenzten Personen, unbeschadet des Artikels 166,
i) Chancengleichheit von Männern und Frauen auf dem Arbeitsmarkt und Gleichbehandlung am Arbeitsplatz,
j) Bekämpfung der sozialen Ausgrenzung,
k) Modernisierung der Systeme des sozialen Schutzes, unbeschadet des Buchstabens c.

(2) Zu diesem Zweck können das Europäische Parlament und der Rat
a) unter Ausschluss jeglicher Harmonisierung der Rechts- und Verwaltungsvorschriften der Mitgliedstaaten Maßnahmen annehmen, die dazu bestimmt sind, die Zusammenarbeit zwischen den Mitgliedstaaten durch Initiativen zu fördern, die die Verbesserung des Wissensstands, die Entwicklung des Austauschs von Informationen und bewährten Verfahren, die Förderung innovativer Ansätze und die Bewertung von Erfahrungen zum Ziel haben;
b) in den in Absatz 1 Buchstabe a bis i genannten Bereichen unter Berücksichtigung der in den einzelnen Mitgliedstaaten bestehenden Bedingungen und technischen Regelungen durch Richtlinien Mindestvorschriften erlassen, die schrittweise anzuwenden sind. Diese Richtlinien sollen keine verwaltungsmäßigen, finanziellen oder rechtlichen Auflagen vorschreiben, die der Gründung und Entwicklung von kleinen und mittleren Unternehmen entgegenstehen.

Das Europäische Parlament und der Rat beschließen gemäß dem ordentlichen Gesetzgebungsverfahren nach Anhörung des Wirtschafts- und Sozialausschusses und des Ausschusses der Regionen.

In den in Absatz 1 Buchstaben c, d, f und g genannten Bereichen beschließt der Rat einstimmig gemäß einem besonderen Gesetzgebungsverfahren nach Anhörung des Europäischen Parlaments und der genannten Ausschüsse.

Der Rat kann einstimmig auf Vorschlag der Kommission nach Anhörung des Europäischen Parlaments beschließen, dass das ordentliche Gesetzgebungsverfahren auf Absatz 1 Buchstaben d, f und g angewandt wird.

(3) Ein Mitgliedstaat kann den Sozialpartnern auf deren gemeinsamen Antrag die Durchführung von aufgrund des Absatzes 2 angenommenen Richtlinien oder gegebenenfalls die Durchführung eines nach Artikel 155 erlassenen Beschlusses des Rates übertragen.

In diesem Fall vergewissert sich der Mitgliedstaat, dass die Sozialpartner spätestens zu dem Zeitpunkt, zu dem eine Richtlinie umgesetzt oder ein Beschluss durchgeführt sein muss, im Wege einer Vereinbarung die erforderlichen Vorkehrungen getroffen haben; dabei hat der Mitgliedstaat alle erforderlichen Maßnahmen zu treffen, um jederzeit gewährleisten zu können, dass die durch diese Richtlinie oder diesen Beschluss vorgeschriebenen Ergebnisse erzielt werden.

(4) Die aufgrund dieses Artikels erlassenen Bestimmungen
– berühren nicht die anerkannte Befugnis der Mitgliedstaaten, die Grundprinzipien ihres Systems der sozialen Sicherheit festzulegen, und dürfen das finanzielle Gleichgewicht dieser Systeme nicht erheblich beeinträchtigen;

– hindern die Mitgliedstaaten nicht daran, strengere Schutzmaßnahmen beizubehalten oder zu treffen, die mit den Verträgen vereinbar sind.

(5) Dieser Artikel gilt nicht für das Arbeitsentgelt, das Koalitionsrecht, das Streikrecht sowie das Aussperrungsrecht.

Artikel 154
(ex-Artikel 138 EGV)

(1) Die Kommission hat die Aufgabe, die Anhörung der Sozialpartner auf Unionsebene zu fördern, und erlässt alle zweckdienlichen Maßnahmen, um den Dialog zwischen den Sozialpartnern zu erleichtern, wobei sie für Ausgewogenheit bei der Unterstützung der Parteien sorgt.

(2) Zu diesem Zweck hört die Kommission vor Unterbreitung von Vorschlägen im Bereich der Sozialpolitik die Sozialpartner zu der Frage, wie eine Unionsaktion gegebenenfalls ausgerichtet werden sollte.

(3) Hält die Kommission nach dieser Anhörung eine Unionsmaßnahme für zweckmäßig, so hört sie die Sozialpartner zum Inhalt des in Aussicht genommenen Vorschlags. Die Sozialpartner übermitteln der Kommission eine Stellungnahme oder gegebenenfalls eine Empfehlung.

(4) Bei den Anhörungen nach den Absätzen 2 und 3 können die Sozialpartner der Kommission mitteilen, dass sie den Prozess nach Artikel 155 in Gang setzen wollen. Die Dauer dieses Prozesses darf höchstens neun Monate betragen, sofern die betroffenen Sozialpartner und die Kommission nicht gemeinsam eine Verlängerung beschließen.

Artikel 155
(ex-Artikel 139 EGV)

(1) Der Dialog zwischen den Sozialpartnern auf Unionsebene kann, falls sie es wünschen, zur Herstellung vertraglicher Beziehungen einschließlich des Abschlusses von Vereinbarungen führen.

(2) Die Durchführung der auf Unionsebene geschlossenen Vereinbarungen erfolgt entweder nach den jeweiligen Verfahren und Gepflogenheiten der Sozialpartner und der Mitgliedstaaten oder – in den durch Artikel 153 erfassten Bereichen – auf gemeinsamen Antrag der Unterzeichnerparteien durch einen Beschluss des Rates auf Vorschlag der Kommission. Das Europäische Parlament wird unterrichtet.

Der Rat beschließt einstimmig, sofern die betreffende Vereinbarung eine oder mehrere Bestimmungen betreffend einen der Bereiche enthält, für die nach Artikel 153 Absatz 2 Einstimmigkeit erforderlich ist.

Artikel 156
(ex-Artikel 140 EGV)

Unbeschadet der sonstigen Bestimmungen der Verträge fördert die Kommission im Hinblick auf die Erreichung der Ziele des Artikels 151 die Zusammenarbeit zwischen den Mitgliedstaaten und erleichtert die Abstimmung ihres Vorgehens in allen unter dieses Kapitel fallenden Bereichen der Sozialpolitik, insbesondere auf dem Gebiet

– der Beschäftigung,
– des Arbeitsrechts und der Arbeitsbedingungen,
– der beruflichen Ausbildung und Fortbildung,
– der sozialen Sicherheit,
– der Verhütung von Berufsunfällen und Berufskrankheiten,
– des Gesundheitsschutzes bei der Arbeit,
– des Koalitionsrechts und der Kollektivverhandlungen zwischen Arbeitgebern und Arbeitnehmern.

Zu diesem Zweck wird die Kommission in enger Verbindung mit den Mitgliedstaaten durch Untersuchungen, Stellungnahmen und die Durchführung von Konsultationen in Bezug auf innerstaatlich oder in den internationalen Organisationen zu behandelnde Fragen tätig, und zwar insbesondere im Wege von Initiativen, die darauf abzielen, Leitlinien und Indikatoren festzulegen, den Austausch bewährter Verfahren durchzuführen und die erforderlichen Elemente für eine regelmäßige Überwachung und Bewertung auszuarbeiten. Das Europäische Parlament wird in vollem Umfang unterrichtet.

Vor Abgabe der in diesem Artikel vorgesehenen Stellungnahmen hört die Kommission den Wirtschafts- und Sozialausschuss.

Artikel 157
(ex-Artikel 141 EGV)

(1) Jeder Mitgliedstaat stellt die Anwendung des Grundsatzes des gleichen Entgelts für Männer und Frauen bei gleicher oder gleichwertiger Arbeit sicher.

(2) Unter „Entgelt" im Sinne dieses Artikels sind die üblichen Grund- oder Mindestlöhne und -gehälter sowie alle sonstigen Vergütungen zu verstehen, die der Arbeitgeber aufgrund des Dienstverhältnisses dem Arbeitnehmer unmittelbar oder mittelbar in bar oder in Sachleistungen zahlt.

Gleichheit des Arbeitsentgelts ohne Diskriminierung aufgrund des Geschlechts bedeutet,
a) dass das Entgelt für eine gleiche, nach Akkord bezahlte Arbeit aufgrund der gleichen Maßeinheit festgesetzt wird,
b) dass für eine nach Zeit bezahlte Arbeit das Entgelt bei gleichem Arbeitsplatz gleich ist.

(3) Das Europäische Parlament und der Rat beschließen gemäß dem ordentlichen Gesetzgebungsverfahren und nach Anhörung des Wirtschafts- und Sozialausschusses Maßnahmen zur Gewährleistung der Anwendung des Grundsatzes der Chancengleichheit und der Gleichbehandlung von Männern und Frauen in Arbeits- und Beschäftigungsfragen, einschließlich des Grundsatzes des gleichen Entgelts bei gleicher oder gleichwertiger Arbeit.

(4) Im Hinblick auf die effektive Gewährleistung der vollen Gleichstellung von Männern und Frauen im Arbeitsleben hindert der Grundsatz der

Gleichbehandlung die Mitgliedstaaten nicht daran, zur Erleichterung der Berufstätigkeit des unterrepräsentierten Geschlechts oder zur Verhinderung bzw. zum Ausgleich von Benachteiligungen in der beruflichen Laufbahn spezifische Vergünstigungen beizubehalten oder zu beschließen.

Artikel 158
(ex-Artikel 142 EGV)

Die Mitgliedstaaten sind bestrebt, die bestehende Gleichwertigkeit der Ordnungen über die bezahlte Freizeit beizubehalten.

Artikel 159
(ex-Artikel 143 EGV)

Die Kommission erstellt jährlich einen Bericht über den Stand der Verwirklichung der in Artikel 151 genannten Ziele sowie über die demografische Lage in der Union. Sie übermittelt diesen Bericht dem Europäischen Parlament, dem Rat und dem Wirtschafts- und Sozialausschuss.

Artikel 160
(ex-Artikel 144 EGV)

Der Rat, der mit einfacher Mehrheit beschließt, setzt nach Anhörung des Europäischen Parlaments einen Ausschuss für Sozialschutz mit beratender Aufgabe ein, um die Zusammenarbeit im Bereich des sozialen Schutzes zwischen den Mitgliedstaaten und mit der Kommission zu fördern. Der Ausschuss hat folgende Aufgaben:
– Er verfolgt die soziale Lage und die Entwicklung der Politiken im Bereich des sozialen Schutzes in den Mitgliedstaaten und der Union;
– er fördert den Austausch von Informationen, Erfahrungen und bewährten Verfahren zwischen den Mitgliedstaaten und mit der Kommission;
– unbeschadet des Artikels 240 arbeitet er auf Ersuchen des Rates oder der Kommission oder von sich aus in seinem Zuständigkeitsbereich Berichte aus, gibt Stellungnahmen ab oder wird auf andere Weise tätig.

Bei der Erfüllung seines Auftrags stellt der Ausschuss geeignete Kontakte zu den Sozialpartnern her. Jeder Mitgliedstaat und die Kommission ernennen zwei Mitglieder des Ausschusses.

Artikel 161
(ex-Artikel 145 EGV)

Der Jahresbericht der Kommission an das Europäische Parlament hat stets ein besonderes Kapitel über die Entwicklung der sozialen Lage in der Union zu enthalten.

Das Europäische Parlament kann die Kommission auffordern, Berichte über besondere, die soziale Lage betreffende Fragen auszuarbeiten.

TITEL XI
DER EUROPÄISCHE SOZIALFONDS

Artikel 162
(ex-Artikel 146 EGV)

Um die Beschäftigungsmöglichkeiten der Arbeitskräfte im Binnenmarkt zu verbessern und damit zur Hebung der Lebenshaltung beizutragen, wird nach Maßgabe der folgenden Bestimmungen ein Europäischer Sozialfonds errichtet, dessen Ziel es ist, innerhalb der Union die berufliche Verwendbarkeit und die örtliche und berufliche Mobilität der Arbeitskräfte zu fördern sowie die Anpassung an die industriellen Wandlungsprozesse und an Veränderungen der Produktionssysteme insbesondere durch berufliche Bildung und Umschulung zu erleichtern.

Artikel 163
(ex-Artikel 147 EGV)

Die Verwaltung des Fonds obliegt der Kommission.

Die Kommission wird hierbei von einem Ausschuss unterstützt, der aus Vertretern der Regierungen sowie der Arbeitgeber- und der Arbeitnehmerverbände besteht; den Vorsitz führt ein Mitglied der Kommission.

Artikel 164
(ex-Artikel 148 EGV)

Das Europäische Parlament und der Rat erlassen gemäß dem ordentlichen Gesetzgebungsverfahren und nach Anhörung des Wirtschafts- und Sozialausschusses sowie des Ausschusses der Regionen die den Europäischen Sozialfonds betreffenden Durchführungsverordnungen.

TITEL XII
ALLGEMEINE UND BERUFLICHE BILDUNG, JUGEND UND SPORT

Artikel 165
(ex-Artikel 149 EGV)

(1) Die Union trägt zur Entwicklung einer qualitativ hoch stehenden Bildung dadurch bei, dass sie die Zusammenarbeit zwischen den Mitgliedstaaten fördert und die Tätigkeit der Mitgliedstaaten unter strikter Beachtung der Verantwortung der Mitgliedstaaten für die Lehrinhalte und die Gestaltung des Bildungssystems sowie der Vielfalt ihrer Kulturen und Sprachen erforderlichenfalls unterstützt und ergänzt.

Die Union trägt zur Förderung der europäischen Dimension des Sports bei und berücksichtigt dabei dessen besondere Merkmale, dessen auf freiwilligem Engagement basierende Strukturen sowie dessen soziale und pädagogische Funktion.

(2) Die Tätigkeit der Union hat folgende Ziele:
– Entwicklung der europäischen Dimension im Bildungswesen, insbesondere durch Erlernen und Verbreitung der Sprachen der Mitgliedstaaten;

- Förderung der Mobilität von Lernenden und Lehrenden, auch durch die Förderung der akademischen Anerkennung der Diplome und Studienzeiten;
- Förderung der Zusammenarbeit zwischen den Bildungseinrichtungen;
- Ausbau des Informations- und Erfahrungsaustauschs über gemeinsame Probleme im Rahmen der Bildungssysteme der Mitgliedstaaten;
- Förderung des Ausbaus des Jugendaustauschs und des Austauschs sozialpädagogischer Betreuer und verstärkte Beteiligung der Jugendlichen am demokratischen Leben in Europa;
- Förderung der Entwicklung der Fernlehre;
- Entwicklung der europäischen Dimension des Sports durch Förderung der Fairness und der Offenheit von Sportwettkämpfen und der Zusammenarbeit zwischen den für den Sport verantwortlichen Organisationen sowie durch den Schutz der körperlichen und seelischen Unversehrtheit der Sportler, insbesondere der jüngeren Sportler.

(3) Die Union und die Mitgliedstaaten fördern die Zusammenarbeit mit dritten Ländern und den für den Bildungsbereich und den Sport zuständigen internationalen Organisationen, insbesondere dem Europarat.

(4) Als Beitrag zur Verwirklichung der Ziele dieses Artikels
- erlassen das Europäische Parlament und der Rat gemäß dem ordentlichen Gesetzgebungsverfahren und nach Anhörung des Wirtschafts- und Sozialausschusses und des Ausschusses der Regionen Fördermaßnahmen unter Ausschluss jeglicher Harmonisierung der Rechts- und Verwaltungsvorschriften der Mitgliedstaaten;
- erlässt der Rat auf Vorschlag der Kommission Empfehlungen.

Artikel 166
(ex-Artikel 150 EGV)

(1) Die Union führt eine Politik der beruflichen Bildung, welche die Maßnahmen der Mitgliedstaaten unter strikter Beachtung der Verantwortung der Mitgliedstaaten für Inhalt und Gestaltung der beruflichen Bildung unterstützt und ergänzt.

(2) Die Tätigkeit der Union hat folgende Ziele:
- Erleichterung der Anpassung an die industriellen Wandlungsprozesse, insbesondere durch berufliche Bildung und Umschulung;
- Verbesserung der beruflichen Erstausbildung und Weiterbildung zur Erleichterung der beruflichen Eingliederung und Wiedereingliederung in den Arbeitsmarkt;
- Erleichterung der Aufnahme einer beruflichen Bildung sowie Förderung der Mobilität der Ausbilder und der in beruflicher Bildung befindlichen Personen, insbesondere der Jugendlichen;
- Förderung der Zusammenarbeit in Fragen der beruflichen Bildung zwischen Unterrichtsanstalten und Unternehmen;
- Ausbau des Informations- und Erfahrungsaustauschs über gemeinsame Probleme im Rahmen der Berufsbildungssysteme der Mitgliedstaaten.

(3) Die Union und die Mitgliedstaaten fördern die Zusammenarbeit mit dritten Ländern und den für die berufliche Bildung zuständigen internationalen Organisationen.

(4) Das Europäische Parlament und der Rat erlassen gemäß dem ordentlichen Gesetzgebungsverfahren und nach Anhörung des Wirtschafts- und Sozialausschusses sowie des Ausschusses der Regionen Maßnahmen, die zur Verwirklichung der Ziele dieses Artikels beitragen, unter Ausschluss jeglicher Harmonisierung der Rechts- und Verwaltungsvorschriften der Mitgliedstaaten, und der Rat erlässt auf Vorschlag der Kommission Empfehlungen.

TITEL XIII
KULTUR

Artikel 167
(ex-Artikel 151 EGV)

(1) Die Union leistet einen Beitrag zur Entfaltung der Kulturen der Mitgliedstaaten unter Wahrung ihrer nationalen und regionalen Vielfalt sowie gleichzeitiger Hervorhebung des gemeinsamen kulturellen Erbes.

(2) Die Union fördert durch ihre Tätigkeit die Zusammenarbeit zwischen den Mitgliedstaaten und unterstützt und ergänzt erforderlichenfalls deren Tätigkeit in folgenden Bereichen:
- Verbesserung der Kenntnis und Verbreitung der Kultur und Geschichte der europäischen Völker,
- Erhaltung und Schutz des kulturellen Erbes von europäischer Bedeutung,
- nichtkommerzieller Kulturaustausch,
- künstlerisches und literarisches Schaffen, einschließlich im audiovisuellen Bereich.

(3) Die Union und die Mitgliedstaaten fördern die Zusammenarbeit mit dritten Ländern und den für den Kulturbereich zuständigen internationalen Organisationen, insbesondere mit dem Europarat.

(4) Die Union trägt bei ihrer Tätigkeit aufgrund anderer Bestimmungen der Verträge den kulturellen Aspekten Rechnung, insbesondere zur Wahrung und Förderung der Vielfalt ihrer Kulturen.

(5) Als Beitrag zur Verwirklichung der Ziele dieses Artikels
- erlassen das Europäische Parlament und der Rat gemäß dem ordentlichen Gesetzgebungsverfahren und nach Anhörung des Ausschusses der Regionen Fördermaßnahmen unter Ausschluss jeglicher Harmonisierung der Rechts- und Verwaltungsvorschriften der Mitgliedstaaten.

– erlässt der Rat auf Vorschlag der Kommission Empfehlungen.

TITEL XIV
GESUNDHEITSWESEN

Artikel 168
(ex-Artikel 152 EGV)

(1) Bei der Festlegung und Durchführung aller Unionspolitiken und -maßnahmen wird ein hohes Gesundheitsschutzniveau sichergestellt.

Die Tätigkeit der Union ergänzt die Politik der Mitgliedstaaten und ist auf die Verbesserung der Gesundheit der Bevölkerung, die Verhütung von Humankrankheiten und die Beseitigung von Ursachen für die Gefährdung der körperlichen und geistigen Gesundheit gerichtet. Sie umfasst die Bekämpfung der weit verbreiteten schweren Krankheiten, wobei die Erforschung der Ursachen, der Übertragung und der Verhütung dieser Krankheiten sowie Gesundheitsinformation und -erziehung gefördert werden; außerdem umfasst sie die Beobachtung, frühzeitige Meldung und Bekämpfung schwerwiegender grenzüberschreitender Gesundheitsgefahren.

Die Union ergänzt die Maßnahmen der Mitgliedstaaten zur Verringerung drogenkonsumbedingter Gesundheitsschäden einschließlich der Informations- und Vorbeugungsmaßnahmen.

(2) Die Union fördert die Zusammenarbeit zwischen den Mitgliedstaaten in den in diesem Artikel genannten Bereichen und unterstützt erforderlichenfalls deren Tätigkeit. Sie fördert insbesondere die Zusammenarbeit zwischen den Mitgliedstaaten, die darauf abzielt, die Komplementarität ihrer Gesundheitsdienste in den Grenzgebieten zu verbessern.

Die Mitgliedstaaten koordinieren untereinander im Benehmen mit der Kommission ihre Politiken und Programme in den in Absatz 1 genannten Bereichen. Die Kommission kann in enger Verbindung mit den Mitgliedstaaten alle Initiativen ergreifen, die dieser Koordinierung förderlich sind, insbesondere Initiativen, die darauf abzielen, Leitlinien und Indikatoren festzulegen, den Austausch bewährter Verfahren durchzuführen und die erforderlichen Elemente für eine regelmäßige Überwachung und Bewertung auszuarbeiten. Das Europäische Parlament wird in vollem Umfang unterrichtet.

(3) Die Union und die Mitgliedstaaten fördern die Zusammenarbeit mit dritten Ländern und den für das Gesundheitswesen zuständigen internationalen Organisationen.

(4) Abweichend von Artikel 2 Absatz 5 und Artikel 6 Buchstabe a tragen das Europäische Parlament und der Rat nach Artikel 4 Absatz 2 Buchstabe k gemäß dem ordentlichen Gesetzgebungsverfahren und nach Anhörung des Wirtschafts- und Sozialausschusses sowie des Ausschusses der Regionen mit folgenden Maßnahmen zur Verwirklichung der Ziele dieses Artikels bei, um den gemeinsamen Sicherheitsanliegen Rechnung zu tragen:

a) Maßnahmen zur Festlegung hoher Qualitäts- und Sicherheitsstandards für Organe und Substanzen menschlichen Ursprungs sowie für Blut und Blutderivate; diese Maßnahmen hindern die Mitgliedstaaten nicht daran, strengere Schutzmaßnahmen beizubehalten oder einzuführen;

b) Maßnahmen in den Bereichen Veterinärwesen und Pflanzenschutz, die unmittelbar den Schutz der Gesundheit der Bevölkerung zum Ziel haben;

c) Maßnahmen zur Festlegung hoher Qualitäts- und Sicherheitsstandards für Arzneimittel und Medizinprodukte.

(5) Das Europäische Parlament und der Rat können unter Ausschluss jeglicher Harmonisierung der Rechtsvorschriften der Mitgliedstaaten gemäß dem ordentlichen Gesetzgebungsverfahren und nach Anhörung des Wirtschafts- und Sozialausschusses und des Ausschusses der Regionen auch Fördermaßnahmen zum Schutz und zur Verbesserung der menschlichen Gesundheit sowie insbesondere zur Bekämpfung der weit verbreiteten schweren grenzüberschreitenden Krankheiten, Maßnahmen zur Beobachtung, frühzeitigen Meldung und Bekämpfung schwerwiegender grenzüberschreitender Gesundheitsgefahren sowie Maßnahmen, die unmittelbar den Schutz der Gesundheit der Bevölkerung vor Tabakkonsum und Alkoholmissbrauch zum Ziel haben, erlassen.

(6) Der Rat kann ferner auf Vorschlag der Kommission für die in diesem Artikel genannten Zwecke Empfehlungen erlassen.

(7) Bei der Tätigkeit der Union wird die Verantwortung der Mitgliedstaaten für die Festlegung ihrer Gesundheitspolitik sowie für die Organisation des Gesundheitswesens und die medizinische Versorgung gewahrt. Die Verantwortung der Mitgliedstaaten umfasst die Verwaltung des Gesundheitswesens und der medizinischen Versorgung sowie die Zuweisung der dafür bereitgestellten Mittel. Die Maßnahmen nach Absatz 4 Buchstabe a lassen die einzelstaatlichen Regelungen über die Spende oder die medizinische Verwendung von Organen und Blut unberührt.

TITEL XV
VERBRAUCHERSCHUTZ

Artikel 169
(ex-Artikel 153 EGV)

(1) Zur Förderung der Interessen der Verbraucher und zur Gewährleistung eines hohen Verbraucherschutzniveaus leistet die Union einen Beitrag zum Schutz der Gesundheit, der Sicherheit und der wirtschaftlichen Interessen der Verbraucher sowie zur Förderung ihres Rechtes auf Information, Erziehung und Bildung von Vereinigungen zur Wahrung ihrer Interessen.

(2) Die Union leistet einen Beitrag zur Erreichung der in Absatz 1 genannten Ziele durch

a) Maßnahmen, die sie im Rahmen der Verwirklichung des Binnenmarkts nach Artikel 114 erlässt;
b) Maßnahmen zur Unterstützung, Ergänzung und Überwachung der Politik der Mitgliedstaaten.

(3) Das Europäische Parlament und der Rat beschließen gemäß dem ordentlichen Gesetzgebungsverfahren und nach Anhörung des Wirtschafts- und Sozialausschusses die Maßnahmen nach Absatz 2 Buchstabe b.

(4) Die nach Absatz 3 beschlossenen Maßnahmen hindern die einzelnen Mitgliedstaaten nicht daran, strengere Schutzmaßnahmen beizubehalten oder zu ergreifen. Diese Maßnahmen müssen mit den Verträgen vereinbar sein. Sie werden der Kommission mitgeteilt.

TITEL XVI
TRANSEUROPÄISCHE NETZE

Artikel 170
(ex-Artikel 154 EGV)

(1) Um einen Beitrag zur Verwirklichung der Ziele der Artikel 26 und 174 zu leisten und den Bürgern der Union, den Wirtschaftsbeteiligten sowie den regionalen und lokalen Gebietskörperschaften in vollem Umfang die Vorteile zugute kommen zu lassen, die sich aus der Schaffung eines Raumes ohne Binnengrenzen ergeben, trägt die Union zum Auf- und Ausbau transeuropäischer Netze in den Bereichen der Verkehrs-, Telekommunikations- und Energieinfrastruktur bei.

(2) Die Tätigkeit der Union zielt im Rahmen eines Systems offener und wettbewerbsorientierter Märkte auf die Förderung des Verbunds und der Interoperabilität der einzelstaatlichen Netze sowie des Zugangs zu diesen Netzen ab. Sie trägt insbesondere der Notwendigkeit Rechnung, insulare, eingeschlossene und am Rande gelegene Gebiete mit den zentralen Gebieten der Union zu verbinden.

Artikel 171
(ex-Artikel 155 EGV)

(1) Zur Erreichung der Ziele des Artikels 170 geht die Union wie folgt vor:
– Sie stellt eine Reihe von Leitlinien auf, in denen die Ziele, die Prioritäten und die Grundzüge der im Bereich der transeuropäischen Netze in Betracht gezogenen Aktionen erfasst werden; in diesen Leitlinien werden Vorhaben von gemeinsamem Interesse ausgewiesen;
– sie führt jede Aktion durch, die sich gegebenenfalls als notwendig erweist, um die Interoperabilität der Netze zu gewährleisten, insbesondere im Bereich der Harmonisierung der technischen Normen;
– sie kann von den Mitgliedstaaten unterstützte Vorhaben von gemeinsamem Interesse, die im Rahmen der Leitlinien gemäß dem ersten Gedankenstrich ausgewiesen sind, insbesondere in Form von Durchführbarkeitsstudien, Anleihebürgschaften oder Zinszuschüssen unterstützen; die Union kann auch über den nach Artikel 177 errichteten Kohäsionsfonds zu spezifischen Verkehrsinfrastrukturvorhaben in den Mitgliedstaaten finanziell beitragen.

Die Union berücksichtigt bei ihren Maßnahmen die potenzielle wirtschaftliche Lebensfähigkeit der Vorhaben.

(2) Die Mitgliedstaaten koordinieren untereinander in Verbindung mit der Kommission die einzelstaatlichen Politiken, die sich erheblich auf die Verwirklichung der Ziele des Artikels 170 auswirken können. Die Kommission kann in enger Zusammenarbeit mit den Mitgliedstaaten alle Initiativen ergreifen, die dieser Koordinierung förderlich sind.

(3) Die Union kann beschließen, mit dritten Ländern zur Förderung von Vorhaben von gemeinsamem Interesse sowie zur Sicherstellung der Interoperabilität der Netze zusammenzuarbeiten.

Artikel 172
(ex-Artikel 156 EGV)

Die Leitlinien und die übrigen Maßnahmen nach Artikel 171 Absatz 1 werden vom Europäischen Parlament und vom Rat gemäß dem ordentlichen Gesetzgebungsverfahren und nach Anhörung des Wirtschafts- und Sozialausschusses und des Ausschusses der Regionen festgelegt.

Leitlinien und Vorhaben von gemeinsamem Interesse, die das Hoheitsgebiet eines Mitgliedstaats betreffen, bedürfen der Billigung des betroffenen Mitgliedstaats.

TITEL XVII
INDUSTRIE

Artikel 173
(ex-Artikel 157 EGV)

(1) Die Union und die Mitgliedstaaten sorgen dafür, dass die notwendigen Voraussetzungen für die Wettbewerbsfähigkeit der Industrie der Union gewährleistet sind.

Zu diesem Zweck zielt ihre Tätigkeit entsprechend einem System offener und wettbewerbsorientierter Märkte auf Folgendes ab:
– Erleichterung der Anpassung der Industrie an die strukturellen Veränderungen;
– Förderung eines für die Initiative und Weiterentwicklung der Unternehmen in der gesamten Union, insbesondere der kleinen und mittleren Unternehmen, günstigen Umfelds;
– Förderung eines für die Zusammenarbeit zwischen Unternehmen günstigen Umfelds;
– Förderung einer besseren Nutzung des industriellen Potenzials der Politik in den Bereichen Innovation, Forschung und technologische Entwicklung.

(2) Die Mitgliedstaaten konsultieren einander in Verbindung mit der Kommission und koordinieren, soweit erforderlich, ihre Maßnahmen. Die Kommission kann alle Initiativen ergreifen, die dieser Koordinierung förderlich sind, insbesondere

Initiativen, die darauf abzielen, Leitlinien und Indikatoren festzulegen, den Austausch bewährter Verfahren durchzuführen und die erforderlichen Elemente für eine regelmäßige Überwachung und Bewertung auszuarbeiten. Das Europäische Parlament wird in vollem Umfang unterrichtet.

(3) Die Union trägt durch die Politik und die Maßnahmen, die sie aufgrund anderer Bestimmungen der Verträge durchführt, zur Erreichung der Ziele des Absatzes 1 bei. Das Europäische Parlament und der Rat können unter Ausschluss jeglicher Harmonisierung der Rechtsvorschriften der Mitgliedstaaten gemäß dem ordentlichen Gesetzgebungsverfahren und nach Anhörung des Wirtschafts- und Sozialausschusses spezifische Maßnahmen zur Unterstützung der in den Mitgliedstaaten durchgeführten Maßnahmen im Hinblick auf die Verwirklichung der Ziele des Absatzes 1 beschließen.

Dieser Titel bietet keine Grundlage dafür, dass die Union irgendeine Maßnahme einführt, die zu Wettbewerbsverzerrungen führen könnte oder steuerliche Vorschriften oder Bestimmungen betreffend die Rechte und Interessen der Arbeitnehmer enthält.

TITEL XVIII
WIRTSCHAFTLICHER, SOZIALER UND TERRITORIALER ZUSAMMENHALT

Artikel 174
(ex-Artikel 158 EGV)

Die Union entwickelt und verfolgt weiterhin ihre Politik zur Stärkung ihres wirtschaftlichen, sozialen und territorialen Zusammenhalts, um eine harmonische Entwicklung der Union als Ganzes zu fördern.

Die Union setzt sich insbesondere zum Ziel, die Unterschiede im Entwicklungsstand der verschiedenen Regionen und den Rückstand der am stärksten benachteiligten Gebiete zu verringern.

Unter den betreffenden Gebieten gilt besondere Aufmerksamkeit den ländlichen Gebieten, den vom industriellen Wandel betroffenen Gebieten und den Gebieten mit schweren und dauerhaften natürlichen oder demografischen Nachteilen, wie den nördlichsten Regionen mit sehr geringer Bevölkerungsdichte sowie den Insel-, Grenz- und Bergregionen.

Artikel 175
(ex-Artikel 159 EGV)

Die Mitgliedstaaten führen und koordinieren ihre Wirtschaftspolitik in der Weise, dass auch die in Artikel 174 genannten Ziele erreicht werden. Die Festlegung und Durchführung der Politiken und Aktionen der Union sowie die Errichtung des Binnenmarkts berücksichtigen die Ziele des Artikels 174 und tragen zu deren Verwirklichung bei. Die Union unterstützt auch diese Bemühungen durch die Politik, die sie mit Hilfe der Strukturfonds (Europäischer Ausrichtungs- und Garantiefonds für die Landwirtschaft – Abteilung Ausrichtung, Europäischer Sozialfonds, Europäischer Fonds für regionale Entwicklung), der Europäischen Investitionsbank und der sonstigen vorhandenen Finanzierungsinstrumente führt.

Die Kommission erstattet dem Europäischen Parlament, dem Rat, dem Wirtschafts- und Sozialausschuss und dem Ausschuss der Regionen alle drei Jahre Bericht über die Fortschritte bei der Verwirklichung des wirtschaftlichen, sozialen und territorialen Zusammenhalts und über die Art und Weise, in der die in diesem Artikel vorgesehenen Mittel hierzu beigetragen haben. Diesem Bericht werden erforderlichenfalls entsprechende Vorschläge beigefügt.

Falls sich spezifische Aktionen außerhalb der Fonds und unbeschadet der im Rahmen der anderen Politiken der Union beschlossenen Maßnahmen als erforderlich erweisen, so können sie vom Europäischen Parlament und vom Rat gemäß dem ordentlichen Gesetzgebungsverfahren nach Anhörung des Wirtschafts- und Sozialausschusses und des Ausschusses der Regionen beschlossen werden.

Artikel 176
(ex-Artikel 160 EGV)

Aufgabe des Europäischen Fonds für regionale Entwicklung ist es, durch Beteiligung an der Entwicklung und an der strukturellen Anpassung der rückständigen Gebiete und an der Umstellung der Industriegebiete mit rückläufiger Entwicklung zum Ausgleich der wichtigsten regionalen Ungleichgewichte in der Union beizutragen.

Artikel 177
(ex-Artikel 161 EGV)

Unbeschadet des Artikels 178 legen das Europäische Parlament und der Rat durch Verordnungen gemäß dem ordentlichen Gesetzgebungsverfahren und nach Anhörung des Wirtschafts- und Sozialausschusses und des Ausschusses der Regionen die Aufgaben, die vorrangigen Ziele und die Organisation der Strukturfonds fest, was ihre Neuordnung einschließen kann. Nach demselben Verfahren werden ferner die für die Fonds geltenden allgemeinen Regeln sowie die Bestimmungen festgelegt, die zur Gewährleistung einer wirksamen Arbeitsweise und zur Koordinierung der Fonds sowohl untereinander als auch mit den anderen vorhandenen Finanzierungsinstrumenten erforderlich sind.

Ein nach demselben Verfahren errichteter Kohäsionsfonds trägt zu Vorhaben in den Bereichen Umwelt und transeuropäische Netze auf dem Gebiet der Verkehrsinfrastruktur finanziell bei.

Artikel 178
(ex-Artikel 162 EGV)

Die den Europäischen Fonds für regionale Entwicklung betreffenden Durchführungsverordnungen werden vom Europäischen Parlament und vom Rat gemäß dem ordentlichen Gesetzgebungsverfahren und nach Anhörung des Wirtschafts- und Sozialausschusses sowie des Ausschusses der Regionen gefasst.

Für den Europäischen Ausrichtungs- und Garantiefonds für die Landwirtschaft, Abteilung Ausrichtung, und den Europäischen Sozialfonds sind die Artikel 43 bzw. 164 weiterhin anwendbar.

TITEL XIX
FORSCHUNG, TECHNOLOGISCHE ENTWICKLUNG UND RAUMFAHRT

Artikel 179
(ex-Artikel 163 EGV)

(1) Die Union hat zum Ziel, ihre wissenschaftlichen und technologischen Grundlagen dadurch zu stärken, dass ein europäischer Raum der Forschung geschaffen wird, in dem Freizügigkeit für Forscher herrscht und wissenschaftliche Erkenntnisse und Technologien frei ausgetauscht werden, die Entwicklung ihrer Wettbewerbsfähigkeit einschließlich der ihrer Industrie zu fördern sowie alle Forschungsmaßnahmen zu unterstützen, die aufgrund anderer Kapitel der Verträge für erforderlich gehalten werden.

(2) In diesem Sinne unterstützt sie in der gesamten Union die Unternehmen – einschließlich der kleinen und mittleren Unternehmen –, die Forschungszentren und die Hochschulen bei ihren Bemühungen auf dem Gebiet der Forschung und technologischen Entwicklung von hoher Qualität; sie fördert ihre Zusammenarbeitsbestrebungen, damit vor allem die Forscher ungehindert über die Grenzen hinweg zusammenarbeiten und die Unternehmen die Möglichkeiten des Binnenmarkts in vollem Umfang nutzen können, und zwar insbesondere durch Öffnen des einzelstaatlichen öffentlichen Auftragswesens, Festlegung gemeinsamer Normen und Beseitigung der dieser Zusammenarbeit entgegenstehenden rechtlichen und steuerlichen Hindernisse.

(3) Alle Maßnahmen der Union aufgrund der Verträge auf dem Gebiet der Forschung und der technologischen Entwicklung einschließlich der Demonstrationsvorhaben werden nach Maßgabe dieses Titels beschlossen und durchgeführt.

Artikel 180
(ex-Artikel 164 EGV)

Zur Erreichung dieser Ziele trifft die Union folgende Maßnahmen, welche die in den Mitgliedstaaten durchgeführten Aktionen ergänzen:

a) Durchführung von Programmen für Forschung, technologische Entwicklung und Demonstration unter Förderung der Zusammenarbeit mit und zwischen Unternehmen, Forschungszentren und Hochschulen;

b) Förderung der Zusammenarbeit mit dritten Ländern und internationalen Organisationen auf dem Gebiet der Forschung der Union, technologischen Entwicklung und Demonstration;

c) Verbreitung und Auswertung der Ergebnisse der Tätigkeiten auf dem Gebiet der Forschung der Union, technologischen Entwicklung und Demonstration;

d) Förderung der Ausbildung und der Mobilität der Forscher aus der Union.

Artikel 181
(ex-Artikel 165 EGV)

(1) Die Union und die Mitgliedstaaten koordinieren ihre Tätigkeiten auf dem Gebiet der Forschung und der technologischen Entwicklung, um die Kohärenz der einzelstaatlichen Politiken und der Politik der Union sicherzustellen.

(2) Die Kommission kann in enger Zusammenarbeit mit den Mitgliedstaaten alle Initiativen ergreifen, der der Koordinierung nach Absatz 1 förderlich sind, insbesondere Initiativen, die darauf abzielen, Leitlinien und Indikatoren festzulegen, den Austausch bewährter Verfahren durchzuführen und die erforderlichen Elemente für eine regelmäßige Überwachung und Bewertung auszuarbeiten. Das Europäische Parlament wird in vollem Umfang unterrichtet.

Artikel 182
(ex-Artikel 166 EGV)

(1) Das Europäische Parlament und der Rat stellen gemäß dem ordentlichen Gesetzgebungsverfahren und nach Anhörung des Wirtschafts- und Sozialausschusses ein mehrjähriges Rahmenprogramm auf, in dem alle Aktionen der Union zusammengefasst werden.

In dem Rahmenprogramm werden

– die wissenschaftlichen und technologischen Ziele, die mit den Maßnahmen nach Artikel 180 erreicht werden sollen, sowie die jeweiligen Prioritäten festgelegt;

– die Grundzüge dieser Maßnahmen angegeben;

– der Gesamthöchstbetrag und die Einzelheiten der finanziellen Beteiligung der Union am Rahmenprogramm sowie die jeweiligen Anteile der vorgesehenen Maßnahmen festgelegt.

(2) Das Rahmenprogramm wird je nach Entwicklung der Lage angepasst und ergänzt.

(3) Die Durchführung des Rahmenprogramms erfolgt durch spezifische Programme, die innerhalb einer jeden Aktion entwickelt werden. In jedem spezifischen Programm werden die Einzelheiten seiner Durchführung, seine Laufzeit und die für notwendig erachteten Mittel festgelegt. Die Summe der in den spezifischen Programmen für notwendig erachteten Beträge darf den für das Rahmenprogramm und für jede Aktion festgesetzten Gesamthöchstbetrag nicht überschreiten.

(4) Die spezifischen Programme werden vom Rat gemäß einem besonderen Gesetzgebungsverfahren nach Anhörung des Europäischen Parlaments und des Wirtschafts- und Sozialausschusses beschlossen.

(5) Ergänzend zu den in dem mehrjährigen Rahmenprogramm vorgesehenen Aktionen erlassen das Europäische Parlament und der Rat gemäß dem ordentlichen Gesetzgebungsverfahren und nach Anhörung des Wirtschafts- und Sozialausschusses die Maßnahmen, die für die Verwirk-

lichung des Europäischen Raums der Forschung notwendig sind.

Artikel 183
(ex-Artikel 167 EGV)

Zur Durchführung des mehrjährigen Rahmenprogramms legt die Union Folgendes fest:
- die Regeln für die Beteiligung der Unternehmen, der Forschungszentren und der Hochschulen;
- die Regeln für die Verbreitung der Forschungsergebnisse.

Artikel 184
(ex-Artikel 168 EGV)

Bei der Durchführung des mehrjährigen Rahmenprogramms können Zusatzprogramme beschlossen werden, an denen nur bestimmte Mitgliedstaaten teilnehmen, die sie vorbehaltlich einer etwaigen Beteiligung der Union auch finanzieren.

Die Union legt die Regeln für die Zusatzprogramme fest, insbesondere hinsichtlich der Verbreitung der Kenntnisse und des Zugangs anderer Mitgliedstaaten.

Artikel 185
(ex-Artikel 169 EGV)

Die Union kann im Einvernehmen mit den betreffenden Mitgliedstaaten bei der Durchführung des mehrjährigen Rahmenprogramms eine Beteiligung an Forschungs- und Entwicklungsprogrammen mehrerer Mitgliedstaaten, einschließlich der Beteiligung an den zu ihrer Durchführung geschaffenen Strukturen, vorsehen.

Artikel 186
(ex-Artikel 170 EGV)

Die Union kann bei der Durchführung des mehrjährigen Rahmenprogramms eine Zusammenarbeit auf dem Gebiet der Forschung, technologischen Entwicklung und Demonstration der Union mit dritten Ländern oder internationalen Organisationen vorsehen.

Die Einzelheiten dieser Zusammenarbeit können Gegenstand von Abkommen zwischen der Union und den betreffenden dritten Parteien sein.

Artikel 187
(ex-Artikel 171 EGV)

Die Union kann gemeinsame Unternehmen gründen oder andere Strukturen schaffen, die für die ordnungsgemäße Durchführung der Programme für Forschung, technologische Entwicklung und Demonstration der Union erforderlich sind.

Artikel 188
(ex-Artikel 172)

Der Rat legt auf Vorschlag der Kommission und nach Anhörung des Europäischen Parlaments und des Wirtschafts- und Sozialausschusses die in Artikel 187 vorgesehenen Bestimmungen fest.

Das Europäische Parlament und der Rat legen gemäß dem ordentlichen Gesetzgebungsverfahren und nach Anhörung des Wirtschafts- und Sozialausschusses die in den Artikeln 183, 184 und 185 vorgesehenen Bestimmungen fest. Für die Verabschiedung der Zusatzprogramme ist die Zustimmung der daran beteiligten Mitgliedstaaten erforderlich.

Artikel 189

(1) Zur Förderung des wissenschaftlichen und technischen Fortschritts, der Wettbewerbsfähigkeit der Industrie und der Durchführung ihrer Politik arbeitet die Union eine europäische Raumfahrtpolitik aus. Sie kann zu diesem Zweck gemeinsame Initiativen fördern, die Forschung und technologische Entwicklung unterstützen und die Anstrengungen zur Erforschung und Nutzung des Weltraums koordinieren.

(2) Als Beitrag zur Erreichung der Ziele des Absatzes 1 werden vom Europäischen Parlament und vom Rat unter Ausschluss jeglicher Harmonisierung der Rechtsvorschriften der Mitgliedstaaten gemäß dem ordentlichen Gesetzgebungsverfahren die notwendigen Maßnahmen erlassen, was in Form eines europäischen Raumfahrtprogramms geschehen kann.

(3) Die Union stellt die zweckdienlichen Verbindungen zur Europäischen Weltraumorganisation her.

(4) Dieser Artikel gilt unbeschadet der sonstigen Bestimmungen dieses Titels.

Artikel 190
(ex-Artikel 173 EGV)

Zu Beginn jedes Jahres unterbreitet die Kommission dem Europäischen Parlament und dem Rat einen Bericht. Dieser Bericht erstreckt sich insbesondere auf die Tätigkeiten auf dem Gebiet der Forschung und technologischen Entwicklung und der Verbreitung der Ergebnisse dieser Tätigkeiten während des Vorjahres sowie auf das Arbeitsprogramm des laufenden Jahres.

TITEL XX
UMWELT

Artikel 191
(ex-Artikel 174 EGV)

(1) Die Umweltpolitik der Union trägt zur Verfolgung der nachstehenden Ziele bei:
- Erhaltung und Schutz der Umwelt sowie Verbesserung ihrer Qualität;
- Schutz der menschlichen Gesundheit;
- umsichtige und rationale Verwendung der natürlichen Ressourcen;
- Förderung von Maßnahmen auf internationaler Ebene zur Bewältigung regionaler oder globaler Umweltprobleme und insbesondere zur Bekämpfung des Klimawandels.

(2) Die Umweltpolitik der Union zielt unter Berücksichtigung der unterschiedlichen Gegebenheiten in den einzelnen Regionen der Union

auf ein hohes Schutzniveau ab. Sie beruht auf den Grundsätzen der Vorsorge und Vorbeugung, auf dem Grundsatz, Umweltbeeinträchtigungen mit Vorrang an ihrem Ursprung zu bekämpfen, sowie auf dem Verursacherprinzip.

Im Hinblick hierauf umfassen die den Erfordernissen des Umweltschutzes entsprechenden Harmonisierungsmaßnahmen gegebenenfalls eine Schutzklausel, mit der die Mitgliedstaaten ermächtigt werden, aus nicht wirtschaftlich bedingten umweltpolitischen Gründen vorläufige Maßnahmen zu treffen, die einem Kontrollverfahren der Union unterliegen.

(3) Bei der Erarbeitung ihrer Umweltpolitik berücksichtigt die Union
- die verfügbaren wissenschaftlichen und technischen Daten;
- die Umweltbedingungen in den einzelnen Regionen der Union;
- die Vorteile und die Belastung aufgrund des Tätigwerdens bzw. eines Nichttätigwerdens;
- die wirtschaftliche und soziale Entwicklung der Union insgesamt sowie die ausgewogene Entwicklung ihrer Regionen.

(4) Die Union und die Mitgliedstaaten arbeiten im Rahmen ihrer jeweiligen Befugnisse mit dritten Ländern und den zuständigen internationalen Organisationen zusammen. Die Einzelheiten der Zusammenarbeit der Union können Gegenstand von Abkommen zwischen dieser und den betreffenden dritten Parteien sein.

Unterabsatz 1 berührt nicht die Zuständigkeit der Mitgliedstaaten, in internationalen Gremien zu verhandeln und internationale Abkommen zu schließen.

Artikel 192
(ex-Artikel 175 EGV)

(1) Das Europäische Parlament und der Rat beschließen gemäß dem ordentlichen Gesetzgebungsverfahren und nach Anhörung des Wirtschafts- und Sozialausschusses sowie des Ausschusses der Regionen über das Tätigwerden der Union zur Erreichung der in Artikel 191 genannten Ziele.

(2) Abweichend von dem Beschlussverfahren des Absatzes 1 und unbeschadet des Artikels 114 erlässt der Rat gemäß einem besonderen Gesetzgebungsverfahren nach Anhörung des Europäischen Parlaments, des Wirtschafts- und Sozialausschusses sowie des Ausschusses der Regionen einstimmig
a) Vorschriften überwiegend steuerlicher Art;
b) Maßnahmen, die
- die Raumordnung berühren,
- die mengenmäßige Bewirtschaftung der Wasserressourcen berühren oder die Verfügbarkeit dieser Ressourcen mittelbar oder unmittelbar betreffen,
- die Bodennutzung mit Ausnahme der Abfallbewirtschaftung berühren;
c) Maßnahmen, welche die Wahl eines Mitgliedstaats zwischen verschiedenen Energiequellen und die allgemeine Struktur seiner Energieversorgung erheblich berühren.

Der Rat kann auf Vorschlag der Kommission und nach Anhörung des Europäischen Parlaments, des Wirtschafts- und Sozialausschusses und des Ausschusses der Regionen einstimmig festlegen, dass für die in Unterabsatz 1 genannten Bereiche das ordentliche Gesetzgebungsverfahren gilt.

(3) Das Europäische Parlament und der Rat beschließen gemäß dem ordentlichen Gesetzgebungsverfahren

und nach Anhörung des Wirtschafts- und Sozialausschusses sowie des Ausschusses der

Regionen allgemeine Aktionsprogramme, in denen die vorrangigen Ziele festgelegt werden.

Die zur Durchführung dieser Programme erforderlichen Maßnahmen werden, je nach Fall, nach dem in

Absatz 1 beziehungsweise Absatz 2 vorgesehenen Verfahren erlassen.

(4) Unbeschadet bestimmter Maßnahmen der Union tragen die Mitgliedstaaten für die

Finanzierung und Durchführung der Umweltpolitik Sorge.

(5) Sofern eine Maßnahme nach Absatz 1 mit unverhältnismäßig hohen Kosten für die Behörden eines Mitgliedstaats verbunden ist, werden darin unbeschadet des Verursacherprinzips geeignete Bestimmungen in folgender Form vorgesehen:
- vorübergehende Ausnahmeregelungen und/oder
- eine finanzielle Unterstützung aus dem nach Artikel 177 errichteten Kohäsionsfonds.

Artikel 193
(ex-Artikel 176 EGV)

Die Schutzmaßnahmen, die aufgrund des Artikels 192 getroffen werden, hindern die einzelnen Mitgliedstaaten nicht daran, verstärkte Schutzmaßnahmen beizubehalten oder zu ergreifen. Die betreffenden Maßnahmen müssen mit den Verträgen vereinbar sein. Sie werden der Kommission notifiziert.

TITEL XXI
ENERGIE

Artikel 194

(1) Die Energiepolitik der Union verfolgt im Geiste der Solidarität zwischen den Mitgliedstaaten im Rahmen der Verwirklichung oder des Funktionierens des Binnenmarkts und unter Berücksichtigung der Notwendigkeit der Erhaltung und Verbesserung der Umwelt folgende Ziele:
a) Sicherstellung des Funktionierens des Energiemarkts;
b) Gewährleistung der Energieversorgungssicherheit in der Union;
c) Förderung der Energieeffizienz und von Energieeinsparungen sowie Entwicklung neuer und erneuerbarer Energiequellen und

d) Förderung der Interkonnektion der Energienetze.

(2) Unbeschadet der Anwendung anderer Bestimmungen der Verträge erlassen das Europäische Parlament und der Rat gemäß dem ordentlichen Gesetzgebungsverfahren die Maßnahmen, die erforderlich sind, um die Ziele nach Absatz 1 zu verwirklichen. Der Erlass dieser Maßnahmen erfolgt nach Anhörung des Wirtschafts- und Sozialausschusses und des Ausschusses der Regionen.

Diese Maßnahmen berühren unbeschadet des Artikels 192 Absatz 2 Buchstabe c nicht das Recht eines Mitgliedstaats, die Bedingungen für die Nutzung seiner Energieressourcen, seine Wahl zwischen verschiedenen Energiequellen und die allgemeine Struktur seiner Energieversorgung zu bestimmen.

(3) Abweichend von Absatz 2 erlässt der Rat die darin genannten Maßnahmen gemäß einem besonderen Gesetzgebungsverfahren einstimmig nach Anhörung des Europäischen Parlaments, wenn sie überwiegend steuerlicher Art sind.

TITEL XXII
TOURISMUS

Artikel 195

(1) Die Union ergänzt die Maßnahmen der Mitgliedstaaten im Tourismussektor, insbesondere durch die Förderung der Wettbewerbsfähigkeit der Unternehmen der Union in diesem Sektor.

Die Union verfolgt zu diesem Zweck mit ihrer Tätigkeit das Ziel,
a) die Schaffung eines günstigen Umfelds für die Entwicklung der Unternehmen in diesem Sektor anzuregen;
b) die Zusammenarbeit zwischen den Mitgliedstaaten insbesondere durch den Austausch bewährter Praktiken zu unterstützen.

(2) Das Europäische Parlament und der Rat erlassen unter Ausschluss jeglicher Harmonisierung der Rechtsvorschriften der Mitgliedstaaten gemäß dem ordentlichen Gesetzgebungsverfahren die spezifischen Maßnahmen zur Ergänzung der Maßnahmen, die die Mitgliedstaaten zur Verwirklichung der in diesem Artikel genannten Ziele durchführen.

TITEL XXIII
KATASTROPHENSCHUTZ

Artikel 196

(1) Die Union fördert die Zusammenarbeit zwischen den Mitgliedstaaten, um die Systeme zur Verhütung von Naturkatastrophen oder von vom Menschen verursachten Katastrophen und zum Schutz vor solchen Katastrophen wirksamer zu gestalten.

Die Tätigkeit der Union hat folgende Ziele:
a) Unterstützung und Ergänzung der Tätigkeit der Mitgliedstaaten auf nationaler, regionaler und kommunaler Ebene im Hinblick auf die Risikoprävention, auf die Ausbildung der in den Mitgliedstaaten am Katastrophenschutz Beteiligten und auf Einsätze im Falle von Naturkatastrophen oder von vom Menschen verursachten Katastrophen in der Union;
b) Förderung einer schnellen und effizienten Zusammenarbeit in der Union zwischen den einzelstaatlichen Katastrophenschutzstellen;
c) Verbesserung der Kohärenz der Katastrophenschutzmaßnahmen auf internationaler Ebene.

(2) Das Europäische Parlament und der Rat erlassen unter Ausschluss jeglicher Harmonisierung der Rechtsvorschriften der Mitgliedstaaten gemäß dem ordentlichen Gesetzgebungsverfahren die erforderlichen Maßnahmen zur Verfolgung der Ziele des Absatzes 1.

TITEL XXIV
VERWALTUNGSZUSAMMENARBEIT

Artikel 197

(1) Die für das ordnungsgemäße Funktionieren der Union entscheidende effektive Durchführung des Unionsrechts durch die Mitgliedstaaten ist als Frage von gemeinsamem Interesse anzusehen.

(2) Die Union kann die Mitgliedstaaten in ihren Bemühungen um eine Verbesserung der Fähigkeit ihrer Verwaltung zur Durchführung des Unionsrechts unterstützen. Dies kann insbesondere die Erleichterung des Austauschs von Informationen und von Beamten sowie die Unterstützung von Aus- und Weiterbildungsprogrammen beinhalten. Die Mitgliedstaaten müssen diese Unterstützung nicht in Anspruch nehmen. Das Europäische Parlament und der Rat erlassen die erforderlichen Maßnahmen unter Ausschluss jeglicher Harmonisierung der Rechtsvorschriften der Mitgliedstaaten durch Verordnungen gemäß dem ordentlichen Gesetzgebungsverfahren.

(3) Dieser Artikel berührt weder die Verpflichtung der Mitgliedstaaten, das Unionsrecht durchzuführen, noch die Befugnisse und Pflichten der Kommission. Er berührt auch nicht die übrigen Bestimmungen der Verträge, in denen eine Verwaltungszusammenarbeit unter den Mitgliedstaaten sowie zwischen diesen und der Union vorgesehen ist.

VIERTER TEIL
DIE ASSOZIIERUNG DER ÜBERSEEISCHEN LÄNDER UND HOHEITSGEBIETE

Artikel 198
(ex-Artikel 182 EGV)

Die Mitgliedstaaten kommen überein, die außereuropäischen Länder und Hoheitsgebiete, die mit Dänemark, Frankreich, den Niederlanden und dem Vereinigten Königreich besondere Beziehungen unterhalten, der Union zu assoziieren. Diese Länder und Hoheitsgebiete, im Folgenden als „Länder und Hoheitsgebiete" bezeichnet, sind in Anhang II aufgeführt.

Ziel der Assoziierung ist die Förderung der wirtschaftlichen und sozialen Entwicklung der Länder und Hoheitsgebiete und die Herstellung enger Wirtschaftsbeziehungen zwischen ihnen und der gesamten Union.

Entsprechend den in der Präambel dieses Vertrags aufgestellten Grundsätzen soll die Assoziierung in erster Linie den Interessen der Einwohner dieser Länder und Hoheitsgebiete dienen und ihren Wohlstand fördern, um sie der von ihnen erstrebten wirtschaftlichen, sozialen und kulturellen Entwicklung entgegenzuführen.

Artikel 199
(ex-Artikel 183 EGV)

Mit der Assoziierung werden folgende Zwecke verfolgt:
1. Die Mitgliedstaaten wenden auf ihren Handelsverkehr mit den Ländern und Hoheitsgebieten das System an, das sie aufgrund der Verträge untereinander anwenden.
2. Jedes Land oder Hoheitsgebiet wendet auf seinen Handelsverkehr mit den Mitgliedstaaten und den anderen Ländern und Hoheitsgebieten das System an, das es auf den europäischen Staat anwendet, mit dem es besondere Beziehungen unterhält.
3. Die Mitgliedstaaten beteiligen sich an den Investitionen, welche die fortschreitende Entwicklung dieser Länder und Hoheitsgebiete erfordert.
4. Bei Ausschreibungen und Lieferungen für Investitionen, die von der Union finanziert werden, steht die Beteiligung zu gleichen Bedingungen allen natürlichen und juristischen Personen offen, welche die Staatsangehörigkeit der Mitgliedstaaten oder der Länder oder Hoheitsgebiete besitzen.
5. Soweit aufgrund des Artikels 203 nicht Sonderregelungen getroffen werden, gelten zwischen den Mitgliedstaaten und den Ländern und Hoheitsgebieten für das Niederlassungsrecht ihrer Staatsangehörigen und Gesellschaften die Bestimmungen und Verfahrensregeln des Kapitels Niederlassungsfreiheit, und zwar unter Ausschluss jeder Diskriminierung.

Artikel 200
(ex-Artikel 184 EGV)

(1) Zölle bei der Einfuhr von Waren aus den Ländern und Hoheitsgebieten in die Mitgliedstaaten sind verboten; dies geschieht nach Maßgabe des in den Verträgen vorgesehenen Verbots von Zöllen zwischen den Mitgliedstaaten.

(2) In jedem Land oder Hoheitsgebiet sind Zölle bei der Einfuhr von Waren aus den Mitgliedstaaten und den anderen Ländern und Hoheitsgebieten nach Maßgabe des Artikels 30 verboten.

(3) Die Länder und Hoheitsgebiete können jedoch Zölle erheben, die den Erfordernissen ihrer Entwicklung und Industrialisierung entsprechen oder als Finanzzölle der Finanzierung ihres Haushalts dienen.

Die in Unterabsatz 1 genannten Zölle dürfen nicht höher sein als diejenigen, die für die Einfuhr von Waren aus dem Mitgliedstaat gelten, mit dem das entsprechende Land oder Hoheitsgebiet besondere Beziehungen unterhält.

(4) Absatz 2 gilt nicht für die Länder und Hoheitsgebiete, die aufgrund besonderer internationaler Verpflichtungen bereits einen nichtdiskriminierenden Zolltarif anwenden.

(5) Die Festlegung oder Änderung der Zollsätze für Waren, die in die Länder und Hoheitsgebiete eingeführt werden, darf weder rechtlich noch tatsächlich zu einer mittelbaren oder unmittelbaren Diskriminierung zwischen den Einfuhren aus den einzelnen Mitgliedstaaten führen.

Artikel 201
(ex-Artikel 185 EGV)

Ist die Höhe der Zollsätze, die bei der Einfuhr in ein Land oder Hoheitsgebiet für Waren aus einem dritten Land gelten, bei Anwendung des Artikels 200 Absatz 1 geeignet, Verkehrsverlagerungen zum Nachteil eines Mitgliedstaats hervorzurufen, so kann dieser die Kommission ersuchen, den anderen Mitgliedstaaten die erforderlichen Abhilfemaßnahmen vorzuschlagen.

Artikel 202
(ex-Artikel 186 EGV)

Vorbehaltlich der Bestimmungen über die Volksgesundheit und die öffentliche Sicherheit und Ordnung werden für die Freizügigkeit der Arbeitskräfte aus den Ländern und Hoheitsgebieten in den Mitgliedstaaten und der Arbeitskräfte aus den Mitgliedstaaten in den Ländern und Hoheitsgebieten Rechtsakte nach Artikel 203 erlassen.

Artikel 203
(ex-Artikel 187 EGV)

Der Rat erlässt einstimmig auf Vorschlag der Kommission und aufgrund der im Rahmen der Assoziierung der Länder und Hoheitsgebiete an die Union erzielten Ergebnisse und der Grundsätze der Verträge die Bestimmungen über die Einzelheiten und das Verfahren für die Assoziierung der Länder und Hoheitsgebiete an die Union. Werden diese Bestimmungen vom Rat gemäß einem besonderen Gesetzgebungsverfahren angenommen, so beschließt er einstimmig auf Vorschlag der Kommission nach Anhörung des Europäischen Parlaments.

Artikel 204
(ex-Artikel 188 EGV)

Die Artikel 198 bis 203 sind auf Grönland anwendbar, vorbehaltlich der spezifischen Bestimmungen für Grönland in dem Protokoll über die Sonderregelung für Grönland im Anhang zu den Verträgen.

FÜNFTER TEIL
DAS AUSWÄRTIGE HANDELN DER UNION

TITEL I
ALLGEMEINE BESTIMMUNGEN ÜBER DAS AUSWÄRTIGE HANDELN DER UNION

Artikel 205

Das Handeln der Union auf internationaler Ebene im Rahmen dieses Teils wird von den Grundsätzen bestimmt, von den Zielen geleitet und an den allgemeinen Bestimmungen ausgerichtet, die in Titel V Kapitel 1 des Vertrags über die Europäische Union niedergelegt sind.

TITEL II
GEMEINSAME HANDELSPOLITIK

Artikel 206
(ex-Artikel 131 EGV)

Durch die Schaffung einer Zollunion nach den Artikeln 28 bis 32 trägt die Union im gemeinsamen Interesse zur harmonischen Entwicklung des Welthandels, zur schrittweisen Beseitigung der Beschränkungen im internationalen Handelsverkehr und bei den ausländischen Direktinvestitionen sowie zum Abbau der Zollschranken und anderer Schranken bei.

Artikel 207
(ex-Artikel 133 EGV)

(1) Die gemeinsame Handelspolitik wird nach einheitlichen Grundsätzen gestaltet; dies gilt insbesondere für die Änderung von Zollsätzen, für den Abschluss von Zoll- und Handelsabkommen, die den Handel mit Waren und Dienstleistungen betreffen, und für die Handelsaspekte des geistigen Eigentums, die ausländischen Direktinvestitionen, die Vereinheitlichung der Liberalisierungsmaßnahmen, die Ausfuhrpolitik sowie die handelspolitischen Schutzmaßnahmen, zum Beispiel im Fall von Dumping und Subventionen. Die gemeinsame Handelspolitik wird im Rahmen der Grundsätze und Ziele des auswärtigen Handelns der Union gestaltet.

(2) Das Europäische Parlament und der Rat erlassen durch Verordnungen gemäß dem ordentlichen Gesetzgebungsverfahren die Maßnahmen, mit denen der Rahmen für die Umsetzung der gemeinsamen Handelspolitik bestimmt wird.

(3) Sind mit einem oder mehreren Drittländern oder internationalen Organisationen Abkommen auszuhandeln und zu schließen, so findet Artikel 218 vorbehaltlich der besonderen Bestimmungen dieses Artikels Anwendung.

Die Kommission legt dem Rat Empfehlungen vor; dieser ermächtigt die Kommission zur Aufnahme der erforderlichen Verhandlungen. Der Rat und die Kommission haben dafür Sorge zu tragen, dass die ausgehandelten Abkommen mit der internen Politik und den internen Vorschriften der Union vereinbar sind.

Die Kommission führt diese Verhandlungen im Benehmen mit einem zu ihrer Unterstützung vom Rat bestellten Sonderausschuss und nach Maßgabe der Richtlinien, die ihr der Rat erteilen kann. Die Kommission erstattet dem Sonderausschuss sowie dem Europäischen Parlament regelmäßig Bericht über den Stand der Verhandlungen.

(4) Über die Aushandlung und den Abschluss der in Absatz 3 genannten Abkommen beschließt der Rat mit qualifizierter Mehrheit.

Über die Aushandlung und den Abschluss eines Abkommens über den Dienstleistungsverkehr, über Handelsaspekte des geistigen Eigentums oder über ausländische Direktinvestitionen beschließt der Rat einstimmig, wenn das betreffende Abkommen Bestimmungen enthält, bei denen für die Annahme interner Vorschriften Einstimmigkeit erforderlich ist.

Der Rat beschließt ebenfalls einstimmig über die Aushandlung und den Abschluss von Abkommen in den folgenden Bereichen:
a) Handel mit kulturellen und audiovisuellen Dienstleistungen, wenn diese Abkommen die kulturelle und sprachliche Vielfalt in der Union beeinträchtigen könnten;
b) Handel mit Dienstleistungen des Sozial-, des Bildungs- und des Gesundheitssektors, wenn diese Abkommen die einzelstaatliche Organisation dieser Dienstleistungen ernsthaft stören und die Verantwortlichkeit der Mitgliedstaaten für ihre Erbringung beinträchtigen könnten.

(5) Für die Aushandlung und den Abschluss von internationalen Abkommen im Bereich des Verkehrs gelten der Dritte Teil Titel VI sowie Artikel 218.

(6) Die Ausübung der durch diesen Artikel übertragenen Zuständigkeiten im Bereich der gemeinsamen Handelspolitik hat keine Auswirkungen auf die Abgrenzung der Zuständigkeiten zwischen der Union und den Mitgliedstaaten und führt nicht zu einer Harmonisierung der Rechtsvorschriften der Mitgliedstaaten, soweit eine solche Harmonisierung in den Verträgen ausgeschlossen wird.

TITEL III
ZUSAMMENARBEIT MIT DRITTLÄNDERN UND HUMANITÄRE HILFE

KAPITEL 1
ENTWICKLUNGSZUSAMMENARBEIT

Artikel 208
(ex-Artikel 177 EGV)

(1) Die Politik der Union auf dem Gebiet der Entwicklungszusammenarbeit wird im Rahmen der Grundsätze und Ziele des auswärtigen Handelns der Union durchgeführt. Die Politik der Union und die Politik der Mitgliedstaaten auf dem Gebiet der Entwicklungszusammenarbeit ergänzen und verstärken sich gegenseitig.

Hauptziel der Unionspolitik in diesem Bereich ist die Bekämpfung und auf längere Sicht die Beseitigung der Armut. Bei der Durchführung politischer Maßnahmen, die sich auf die Entwicklungsländer auswirken können, trägt die Union den Zielen der Entwicklungszusammenarbeit Rechnung.

(2) Die Union und die Mitgliedstaaten kommen den im Rahmen der Vereinten Nationen und anderer zuständiger internationaler Organisationen gegebenen Zusagen nach und berücksichtigen die in diesem Rahmen gebilligten Zielsetzungen.

Artikel 209
(ex-Artikel 179 EGV)

(1) Das Europäische Parlament und der Rat erlassen gemäß dem ordentlichen Gesetzgebungsverfahren die zur Durchführung der Politik im Bereich der Entwicklungszusammenarbeit erforderlichen Maßnahmen; diese Maßnahmen können Mehrjahresprogramme für die Zusammenarbeit mit Entwicklungsländern oder thematische Programme betreffen.

(2) Die Union kann mit Drittländern und den zuständigen internationalen Organisationen alle Übereinkünfte schließen, die zur Verwirklichung der Ziele des Artikels 21 des Vertrags über die Europäische Union und des Artikels 208 dieses Vertrags beitragen.

Unterabsatz 1 berührt nicht die Zuständigkeit der Mitgliedstaaten, in internationalen Gremien zu verhandeln und Übereinkünfte zu schließen.

(3) Die Europäische Investitionsbank trägt nach Maßgabe ihrer Satzung zur Durchführung der Maßnahmen im Sinne des Absatzes 1 bei.

Artikel 210
(ex-Artikel 180 EGV)

(1) Die Union und die Mitgliedstaaten koordinieren ihre Politik auf dem Gebiet der Entwicklungszusammenarbeit und stimmen ihre Hilfsprogramme aufeinander ab, auch in internationalen Organisationen und auf internationalen Konferenzen, damit ihre Maßnahmen einander besser ergänzen und wirksamer sind. Sie können gemeinsame Maßnahmen ergreifen. Die Mitgliedstaaten tragen erforderlichenfalls zur Durchführung der Hilfsprogramme der Union bei.

(2) Die Kommission kann alle Initiativen ergreifen, die der in Absatz 1 genannten Koordinierung förderlich sind.

Artikel 211
(ex-Artikel 181 EGV)

Die Union und die Mitgliedstaaten arbeiten im Rahmen ihrer jeweiligen Befugnisse mit dritten Ländern und den zuständigen internationalen Organisationen zusammen.

KAPITEL 2
WIRTSCHAFTLICHE, FINANZIELLE UND TECHNISCHE ZUSAMMENARBEIT MIT DRITTLÄNDERN

Artikel 212
(ex-Artikel 181a EGV)

(1) Unbeschadet der übrigen Bestimmungen der Verträge, insbesondere der Artikel 208 bis 211, führt die Union mit Drittländern, die keine Entwicklungsländer sind, Maßnahmen der wirtschaftlichen, finanziellen und technischen Zusammenarbeit durch, die auch Unterstützung, insbesondere im finanziellen Bereich, einschließen. Diese Maßnahmen stehen mit der Entwicklungspolitik der Union im Einklang und werden im Rahmen der Grundsätze und Ziele ihres auswärtigen Handelns durchgeführt. Die Maßnahmen der Union und die Maßnahmen der Mitgliedstaaten ergänzen und verstärken sich gegenseitig.

(2) Das Europäische Parlament und der Rat erlassen gemäß dem ordentlichen Gesetzgebungsverfahren die zur Durchführung des Absatzes 1 erforderlichen Maßnahmen.

(3) Die Union und die Mitgliedstaaten arbeiten im Rahmen ihrer jeweiligen Zuständigkeiten mit Drittländern und den zuständigen internationalen Organisationen zusammen. Die Einzelheiten der Zusammenarbeit der Union können in Abkommen zwischen dieser und den betreffenden dritten Parteien geregelt werden.

Unterabsatz 1 berührt nicht die Zuständigkeit der Mitgliedstaaten, in internationalen Gremien zu verhandeln und internationale Abkommen zu schließen.

Artikel 213

Ist es aufgrund der Lage in einem Drittland notwendig, dass die Union umgehend finanzielle Hilfe leistet, so erlässt der Rat auf Vorschlag der Kommission die erforderlichen Beschlüsse.

KAPITEL 3
HUMANITÄRE HILFE

Artikel 214

(1) Den Rahmen für die Maßnahmen der Union im Bereich der humanitären Hilfe bilden die Grundsätze und Ziele des auswärtigen Handelns der Union. Die Maßnahmen dienen dazu, Einwohnern von Drittländern, die von Naturkatastrophen oder von vom Menschen verursachten Katastrophen betroffen sind, gezielt Hilfe, Rettung und Schutz zu bringen, damit die aus diesen Notständen resultierenden humanitären Bedürfnisse gedeckt werden können. Die Maßnahmen der Union und die Maßnahmen der Mitgliedstaaten ergänzen und verstärken sich gegenseitig.

(2) Die Maßnahmen der humanitären Hilfe werden im Einklang mit den Grundsätzen des Völkerrechts sowie den Grundsätzen der Unparteilichkeit, der Neutralität und der Nichtdiskriminierung durchgeführt.

(3) Das Europäische Parlament und der Rat legen gemäß dem ordentlichen Gesetzgebungsverfahren die Maßnahmen zur Festlegung des Rahmens fest, innerhalb dessen die Maßnahmen der humanitären Hilfe der Union durchgeführt werden.

(4) Die Union kann mit Drittländern und den zuständigen internationalen Organisationen alle Übereinkünfte schließen, die zur Verwirklichung der Ziele des Absatzes 1 und des Artikels 21 des Vertrags über die Europäische Union beitragen.

Unterabsatz 1 berührt nicht die Zuständigkeit der Mitgliedstaaten, in internationalen Gremien zu verhandeln und Übereinkünfte zu schließen.

(5) Als Rahmen für gemeinsame Beiträge der jungen Europäer zu den Maßnahmen der humanitären Hilfe der Union wird ein Europäisches Freiwilligenkorps für humanitäre Hilfe geschaffen. Das Europäische Parlament und der Rat legen gemäß dem ordentlichen Gesetzgebungsverfahren durch Verordnungen die Rechtsstellung und die Einzelheiten der Arbeitsweise des Korps fest.

(6) Die Kommission kann alle Initiativen ergreifen, die der Koordinierung zwischen den Maßnahmen der Union und denen der Mitgliedstaaten förderlich sind, damit die Programme der Union und der Mitgliedstaaten im Bereich der humanitären Hilfe wirksamer sind und einander besser ergänzen.

(7) Die Union trägt dafür Sorge, dass ihre Maßnahmen der humanitären Hilfe mit den Maßnahmen der internationalen Organisationen und Einrichtungen, insbesondere derer, die zum System der Vereinten Nationen gehören, abgestimmt werden und im Einklang mit ihnen stehen.

TITEL IV
RESTRIKTIVE MASSNAHMEN

Artikel 215
(ex-Artikel 301 EGV)

(1) Sieht ein nach Titel V Kapitel 2 des Vertrags über die Europäische Union erlassener Beschluss die Aussetzung, Einschränkung oder vollständige Einstellung der Wirtschafts- und Finanzbeziehungen zu einem oder mehreren Drittländern vor, so erlässt der Rat die erforderlichen Maßnahmen mit qualifizierter Mehrheit auf gemeinsamen Vorschlag des Hohen Vertreters der Union für Außen- und Sicherheitspolitik und der Kommission. Er unterrichtet hierüber das Europäische Parlament.

(2) Sieht ein nach Titel V Kapitel 2 des Vertrags über die Europäische Union erlassener Beschluss dies vor, so kann der Rat nach dem Verfahren des Absatzes 1 restriktive Maßnahmen gegen natürliche oder juristische Personen sowie Gruppierungen oder nichtstaatliche Einheiten erlassen.

(3) In den Rechtsakten nach diesem Artikel müssen die erforderlichen Bestimmungen über den Rechtsschutz vorgesehen sein.

TITEL V
INTERNATIONALE ÜBEREINKÜNFTE

Artikel 216

(1) Die Union kann mit einem oder mehreren Drittländern oder einer oder mehreren internationalen Organisationen eine Übereinkunft schließen, wenn dies in den Verträgen vorgesehen ist oder wenn der Abschluss einer Übereinkunft im Rahmen der Politik der Union entweder zur Verwirklichung eines der in den Verträgen festgesetzten Ziele erforderlich oder in einem verbindlichen Rechtsakt der Union vorgesehen ist oder aber gemeinsame Vorschriften beeinträchtigen oder deren Anwendungsbereich ändern könnte.

(2) Die von der Union geschlossenen Übereinkünfte binden die Organe der Union und die Mitgliedstaaten.

Artikel 217
(ex-Artikel 310 EGV)

Die Union kann mit einem oder mehreren Drittländern oder einer oder mehreren internationalen Organisationen Abkommen schließen, die eine Assoziierung mit gegenseitigen Rechten und Pflichten, gemeinsamem Vorgehen und besonderen Verfahren herstellen.

Artikel 218
(ex-Artikel 300 EGV)

(1) Unbeschadet der besonderen Bestimmungen des Artikels 207 werden Übereinkünfte zwischen der Union und Drittländern oder internationalen Organisationen nach dem im Folgenden beschriebenen Verfahren ausgehandelt und geschlossen.

(2) Der Rat erteilt eine Ermächtigung zur Aufnahme von Verhandlungen, legt Verhandlungsrichtlinien fest, genehmigt die Unterzeichnung und schließt die Übereinkünfte.

(3) Die Kommission oder, wenn sich die geplante Übereinkunft ausschließlich oder hauptsächlich auf die Gemeinsame Außen- und Sicherheitspolitik bezieht, der Hohe Vertreter der Union für Außen- und Sicherheitspolitik legt dem Rat Empfehlungen vor; dieser erlässt einen Beschluss über die Ermächtigung zur Aufnahme von Verhandlungen und über die Benennung, je nach dem Gegenstand der geplanten Übereinkunft, des Verhandlungsführers oder des Leiters des Verhandlungsteams der Union.

(4) Der Rat kann dem Verhandlungsführer Richtlinien erteilen und einen Sonderausschuss bestellen; die Verhandlungen sind im Benehmen mit diesem Ausschuss zu führen.

(5) Der Rat erlässt auf Vorschlag des Verhandlungsführers einen Beschluss, mit dem die Unterzeichnung der Übereinkunft und gegebenenfalls deren vorläufige Anwendung vor dem Inkrafttreten genehmigt werden.

(6) Der Rat erlässt auf Vorschlag des Verhandlungsführers einen Beschluss über den Abschluss der Übereinkunft.

Mit Ausnahme der Übereinkünfte, die ausschließlich die Gemeinsame Außen- und Sicher-

heitspolitik betreffen, erlässt der Rat den Beschluss über den Abschluss der Übereinkunft
a) nach Zustimmung des Europäischen Parlaments in folgenden Fällen:
   i) Assoziierungsabkommen;
   ii) Übereinkunft über den Beitritt der Union zur Europäischen Konvention zum Schutz der Menschenrechte und Grundfreiheiten;
   iii) Übereinkünfte, die durch die Einführung von Zusammenarbeitsverfahren einen besonderen institutionellen Rahmen schaffen;
   iv) Übereinkünfte mit erheblichen finanziellen Folgen für die Union;
   v) Übereinkünfte in Bereichen, für die entweder das ordentliche Gesetzgebungsverfahren oder, wenn die Zustimmung des Europäischen Parlaments erforderlich ist, das besondere Gesetzgebungsverfahren gilt.

Das Europäische Parlament und der Rat können in dringenden Fällen eine Frist für die Zustimmung vereinbaren.

b) nach Anhörung des Europäischen Parlaments in den übrigen Fällen. Das Europäische Parlament gibt seine Stellungnahme innerhalb einer Frist ab, die der Rat entsprechend der Dringlichkeit festlegen kann. Ergeht innerhalb dieser Frist keine Stellungnahme, so kann der Rat einen Beschluss fassen.

(7) Abweichend von den Absätzen 5, 6 und 9 kann der Rat den Verhandlungsführer bei Abschluss einer Übereinkunft ermächtigen, im Namen der Union Änderungen der Übereinkunft zu billigen, wenn die Übereinkunft vorsieht, dass diese Änderungen im Wege eines vereinfachten Verfahrens oder durch ein durch die Übereinkunft eingesetztes Gremium anzunehmen sind. Der Rat kann diese Ermächtigung gegebenenfalls mit besonderen Bedingungen verbinden.

(8) Der Rat beschließt während des gesamten Verfahrens mit qualifizierter Mehrheit.

Er beschließt jedoch einstimmig, wenn die Übereinkunft einen Bereich betrifft, in dem für den Erlass eines Rechtsakts der Union Einstimmigkeit erforderlich ist, sowie bei Assoziierungsabkommen und Übereinkünften nach Artikel 212 mit beitrittswilligen Staaten. Auch über die Übereinkunft über den Beitritt der Union zur Europäischen Konvention zum Schutz der Menschenrechte und Grundfreiheiten beschließt der Rat einstimmig; der Beschluss zum Abschluss dieser Übereinkunft tritt in Kraft, nachdem die Mitgliedstaaten im Einklang mit ihren jeweiligen verfassungsrechtlichen Vorschriften zugestimmt haben.

(9) Der Rat erlässt auf Vorschlag der Kommission oder des Hohen Vertreters der Union für Außen- und Sicherheitspolitik einen Beschluss über die Aussetzung der Anwendung einer Übereinkunft und zur Festlegung der Standpunkte, die im Namen der Union in einem durch eine Übereinkunft eingesetzten Gremium zu vertreten sind, sofern dieses Gremium rechtswirksame Akte, mit Ausnahme von Rechtsakten zur Ergänzung oder Änderung des institutionellen Rahmens der betreffenden Übereinkunft, zu erlassen hat.

(10) Das Europäische Parlament wird in allen Phasen des Verfahrens unverzüglich und umfassend unterrichtet.

(11) Ein Mitgliedstaat, das Europäische Parlament, der Rat oder die Kommission können ein Gutachten des Gerichtshofs über die Vereinbarkeit einer geplanten Übereinkunft mit den Verträgen einholen. Ist das Gutachten des Gerichtshofs ablehnend, so kann die geplante Übereinkunft nur in Kraft treten, wenn sie oder die Verträge geändert werden.

Artikel 219
(ex-Artikel 111 Absätze 1 bis 3 und Absatz 5 EGV)

(1) Abweichend von Artikel 218 kann der Rat entweder auf Empfehlung der Europäischen Zentralbank oder auf Empfehlung der Kommission und nach Anhörung der Europäischen Zentralbank in dem Bemühen, zu einem mit dem Ziel der Preisstabilität im Einklang stehenden Konsens zu gelangen, förmliche Vereinbarungen über ein Wechselkurssystem für den Euro gegenüber den Währungen von Drittstaaten treffen. Der Rat beschließt nach dem Verfahren des Absatzes 3 einstimmig nach Anhörung des Europäischen Parlaments.

Der Rat kann entweder auf Empfehlung der Europäischen Zentralbank oder auf Empfehlung der Kommission und nach Anhörung der Europäischen Zentralbank in dem Bemühen, zu einem mit dem Ziel der Preisstabilität im Einklang stehenden Konsens zu gelangen, die Euro-Leitkurse innerhalb des Wechselkurssystems festlegen, ändern oder aufgeben. Der Präsident des Rates unterrichtet das Europäische Parlament von der Festlegung, Änderung oder Aufgabe der Euro-Leitkurse.

(2) Besteht gegenüber einer oder mehreren Währungen von Drittstaaten kein Wechselkurssystem nach Absatz 1, so kann der Rat entweder auf Empfehlung der Kommission und nach Anhörung der Europäischen Zentralbank oder auf Empfehlung der Europäischen Zentralbank allgemeine Orientierungen für die Wechselkurspolitik gegenüber diesen Währungen aufstellen. Diese allgemeinen Orientierungen dürfen das vorrangige Ziel des ESZB, die Preisstabilität zu gewährleisten, nicht beeinträchtigen.

(3) Wenn von der Union mit einem oder mehreren Drittstaaten oder internationalen Organisationen Vereinbarungen im Zusammenhang mit Währungsfragen oder Devisenregelungen auszuhandeln sind, beschließt der Rat abweichend von Artikel 218 auf Empfehlung der Kommission und nach Anhörung der Europäischen Zentralbank die Modalitäten für die Aushandlung und den Abschluss solcher Vereinbarungen. Mit diesen Modalitäten wird gewährleistet, dass die Union einen einheit-

lichen Standpunkt vertritt. Die Kommission wird an den Verhandlungen in vollem Umfang beteiligt.

(4) Die Mitgliedstaaten haben das Recht, unbeschadet der Unionszuständigkeit und der Unionsvereinbarungen über die Wirtschafts- und Währungsunion in internationalen Gremien Verhandlungen zu führen und internationale Vereinbarungen zu treffen.

TITEL VI
BEZIEHUNGEN DER UNION ZU INTERNATIONALEN ORGANISATIONEN UND DRITTLÄNDERN SOWIE DELEGATIONEN DER UNION

Artikel 220
(ex-Artikel 302 bis 304 EGV)

(1) Die Union betreibt jede zweckdienliche Zusammenarbeit mit den Organen der Vereinten Nationen und ihrer Sonderorganisationen, dem Europarat, der Organisation für Sicherheit und Zusammenarbeit in Europa und der Organisation für wirtschaftliche Zusammenarbeit und Entwicklung.

Die Union unterhält ferner, soweit zweckdienlich, Beziehungen zu anderen internationalen Organisationen.

(2) Die Durchführung dieses Artikels obliegt dem Hohen Vertreter der Union für Außen- und Sicherheitspolitik und der Kommission.

Artikel 221

(1) Die Delegationen der Union in Drittländern und bei internationalen Organisationen sorgen für die Vertretung der Union.

(2) Die Delegationen der Union unterstehen der Leitung des Hohen Vertreters der Union für Außen- und Sicherheitspolitik. Sie werden in enger Zusammenarbeit mit den diplomatischen und konsularischen Vertretungen der Mitgliedstaaten tätig.

TITEL VII
SOLIDARITÄTSKLAUSEL

Artikel 222

(1) Die Union und ihre Mitgliedstaaten handeln gemeinsam im Geiste der Solidarität, wenn ein Mitgliedstaat von einem Terroranschlag, einer Naturkatastrophe oder einer vom Menschen verursachten Katastrophe betroffen ist. Die Union mobilisiert alle ihr zur Verfügung stehenden Mittel, einschließlich der ihr von den Mitgliedstaaten bereitgestellten militärischen Mittel, um

a) – terroristische Bedrohungen im Hoheitsgebiet von Mitgliedstaaten abzuwenden;
– die demokratischen Institutionen und die Zivilbevölkerung vor etwaigen Terroranschlägen zu schützen;
– im Falle eines Terroranschlags einen Mitgliedstaat auf Ersuchen seiner politischen Organe innerhalb seines Hoheitsgebiets zu unterstützen;

b) im Falle einer Naturkatastrophe oder einer vom Menschen verursachten Katastrophe einen Mitgliedstaat auf Ersuchen seiner politischen Organe innerhalb seines Hoheitsgebiets zu unterstützen.

(2) Ist ein Mitgliedstaat von einem Terroranschlag, einer Naturkatastrophe oder einer vom Menschen verursachten Katastrophe betroffen, so leisten die anderen Mitgliedstaaten ihm auf Ersuchen seiner politischen Organe Unterstützung. Zu diesem Zweck sprechen die Mitgliedstaaten sich im Rat ab.

(3) Die Einzelheiten für die Anwendung dieser Solidaritätsklausel durch die Union werden durch einen Beschluss festgelegt, den der Rat aufgrund eines gemeinsamen Vorschlags der Kommission und des Hohen Vertreters der Union für Außen- und Sicherheitspolitik erlässt. Hat dieser Beschluss Auswirkungen im Bereich der Verteidigung, so beschließt der Rat nach Artikel 31 Absatz 1 des Vertrags über die Europäische Union. Das Europäische Parlament wird darüber unterrichtet.

Für die Zwecke dieses Absatzes unterstützen den Rat unbeschadet des Artikels 240 das Politische und Sicherheitspolitische Komitee, das sich hierbei auf die im Rahmen der Gemeinsamen Sicherheits- und Verteidigungspolitik entwickelten Strukturen stützt, sowie der Ausschuss nach Artikel 71, die dem Rat gegebenenfalls gemeinsame Stellungnahmen vorlegen.

(4) Damit die Union und ihre Mitgliedstaaten auf effiziente Weise tätig werden können, nimmt der Europäische Rat regelmäßig eine Einschätzung der Bedrohungen vor, denen die Union ausgesetzt ist.

SECHSTER TEIL
INSTITUTIONELLE BESTIMMUNGEN UND FINANZVORSCHRIFTEN

TITEL I
VORSCHRIFTEN ÜBER DIE ORGANE

KAPITEL 1
DIE ORGANE

ABSCHNITT 1
DAS EUROPÄISCHE PARLAMENT

Artikel 223
(ex-Artikel 190 Absätze 4 und 5 EGV)

(1) Das Europäische Parlament erstellt einen Entwurf der erforderlichen Bestimmungen für die allgemeine unmittelbare Wahl seiner Mitglieder nach einem einheitlichen Verfahren in allen Mitgliedstaaten oder im Einklang mit den allen Mitgliedstaaten gemeinsamen Grundsätzen.

Der Rat erlässt die erforderlichen Bestimmungen einstimmig gemäß einem besonderen Gesetzgebungsverfahren und nach Zustimmung des Europäischen Parlaments, die mit der Mehrheit seiner Mitglieder erteilt wird. Diese Bestimmungen treten nach Zustimmung der Mitgliedstaaten im Einklang mit ihren jeweiligen verfassungsrechtlichen Vorschriften in Kraft.

(2) Das Europäische Parlament legt aus eigener Initiative gemäß einem besonderen Gesetzgebungsverfahren durch Verordnungen nach Anhörung

der Kommission und mit Zustimmung des Rates die Regelungen und allgemeinen Bedingungen für die Wahrnehmung der Aufgaben seiner Mitglieder fest. Alle Vorschriften und Bedingungen, die die Steuerregelung für die Mitglieder oder ehemaligen Mitglieder betreffen, sind vom Rat einstimmig festzulegen.

Artikel 224
(ex-Artikel 191 Absatz 2 EGV)

Das Europäische Parlament und der Rat legen gemäß dem ordentlichen Gesetzgebungsverfahren durch Verordnungen die Regelungen für die politischen Parteien auf europäischer Ebene nach Artikel 10 Absatz 4 des Vertrags über die Europäische Union und insbesondere die Vorschriften über ihre Finanzierung fest.

Artikel 225
(ex-Artikel 192 Absatz 2 EGV)

Das Europäische Parlament kann mit der Mehrheit seiner Mitglieder die Kommission auffordern, geeignete Vorschläge zu Fragen zu unterbreiten, die nach seiner Auffassung die Ausarbeitung eines Unionsakts zur Durchführung der Verträge erfordern. Legt die Kommission keinen Vorschlag vor, so teilt sie dem Europäischen Parlament die Gründe dafür mit.

Artikel 226
(ex-Artikel 193 EGV)

Das Europäische Parlament kann bei der Erfüllung seiner Aufgaben auf Antrag eines Viertels seiner Mitglieder die Einsetzung eines nichtständigen Untersuchungsausschusses beschließen, der unbeschadet der Befugnisse, die anderen Organen oder Einrichtungen durch die Verträge übertragen sind, behauptete Verstöße gegen das Unionsrecht oder Missstände bei der Anwendung desselben prüft; dies gilt nicht, wenn ein Gericht mit den behaupteten Sachverhalten befasst ist, solange das Gerichtsverfahren nicht abgeschlossen ist.

Mit der Vorlage seines Berichtes hört der nichtständige Untersuchungsausschuss auf zu bestehen.

Die Einzelheiten der Ausübung des Untersuchungsrechts werden vom Europäischen Parlament festgelegt, das aus eigener Initiative gemäß einem besonderen Gesetzgebungsverfahren durch Verordnungen nach Zustimmung des Rates und der Kommission beschließt.

Artikel 227
(ex-Artikel 194 EGV)

Jeder Bürger der Union sowie jede natürliche oder juristische Person mit Wohnort oder satzungsmäßigem Sitz in einem Mitgliedstaat kann allein oder zusammen mit anderen Bürgern oder Personen in Angelegenheiten, die in die Tätigkeitsbereiche der Union fallen und die ihn oder sie unmittelbar betreffen, eine Petition an das Europäische Parlament richten.

Artikel 228
(ex-Artikel 195 EGV)

(1) Ein vom Europäischen Parlament gewählter Europäischer Bürgerbeauftragter ist befugt, Beschwerden von jedem Bürger der Union oder von jeder natürlichen oder juristischen Person mit Wohnort oder satzungsmäßigem Sitz in einem Mitgliedstaat über Missstände bei der Tätigkeit der Organe, Einrichtungen oder sonstigen Stellen der Union, mit Ausnahme des Gerichtshofs der Europäischen Union in Ausübung seiner Rechtsprechungsbefugnisse, entgegenzunehmen. Er untersucht diese Beschwerden und erstattet darüber Bericht.

Der Bürgerbeauftragte führt im Rahmen seines Auftrags von sich aus oder aufgrund von Beschwerden, die ihm unmittelbar oder über ein Mitglied des Europäischen Parlaments zugehen, Untersuchungen durch, die er für gerechtfertigt hält; dies gilt nicht, wenn die behaupteten Sachverhalte Gegenstand eines Gerichtsverfahrens sind oder waren. Hat der Bürgerbeauftragte einen Missstand festgestellt, so befasst er das betreffende Organ, die betreffende Einrichtung oder sonstige Stelle, das bzw. die über eine Frist von drei Monaten verfügt, um ihm bzw. ihre Stellungnahme zu übermitteln. Der Bürgerbeauftragte legt anschließend dem Europäischen Parlament und dem betreffenden Organ, der betreffenden Einrichtung oder sonstigen Stelle einen Bericht vor. Der Beschwerdeführer wird über das Ergebnis dieser Untersuchungen unterrichtet.

Der Bürgerbeauftragte legt dem Europäischen Parlament jährlich einen Bericht über die Ergebnisse seiner Untersuchungen vor.

(2) Der Bürgerbeauftragte wird nach jeder Wahl des Europäischen Parlaments für die Dauer der Wahlperiode gewählt. Wiederwahl ist zulässig.

Der Bürgerbeauftragte kann auf Antrag des Europäischen Parlaments vom Gerichtshof seines Amtes enthoben werden, wenn er die Voraussetzungen für die Ausübung seines Amtes nicht mehr erfüllt oder eine schwere Verfehlung begangen hat.

(3) Der Bürgerbeauftragte übt sein Amt in völliger Unabhängigkeit aus. Er darf bei der Erfüllung seiner Pflichten von keiner Regierung, keinem Organ, keiner Einrichtung oder sonstigen Stelle Weisungen einholen oder entgegennehmen. Der Bürgerbeauftragte darf während seiner Amtszeit keine andere entgeltliche oder unentgeltliche Berufstätigkeit ausüben.

(4) Das Europäische Parlament legt aus eigener Initiative gemäß einem besonderen Gesetzgebungsverfahren durch Verordnungen nach Stellungnahme der Kommission und nach Zustimmung des Rates die Regelungen und allgemeinen Bedingungen für die Ausübung der Aufgaben des Bürgerbeauftragten fest.

Artikel 229
(ex-Artikel 196 EGV)

Das Europäische Parlament hält jährlich eine Sitzungsperiode ab. Es tritt, ohne dass es einer

Einberufung bedarf, am zweiten Dienstag des Monats März zusammen.

Das Europäische Parlament kann auf Antrag der Mehrheit seiner Mitglieder sowie auf Antrag des Rates oder der Kommission zu einer außerordentlichen Sitzungsperiode zusammentreten.

Artikel 230
(ex-Artikel 197 Absätze 2, 3 und 4 EGV)

Die Kommission kann an allen Sitzungen des Europäischen Parlaments teilnehmen und wird auf ihren Antrag gehört.

Die Kommission antwortet mündlich oder schriftlich auf die ihr vom Europäischen Parlament oder von dessen Mitgliedern gestellten Fragen.

Der Europäische Rat und der Rat werden vom Europäischen Parlament nach Maßgabe der Geschäftsordnung des Europäischen Rates und der Geschäftsordnung des Rates gehört.

Artikel 231
(ex-Artikel 198 EGV)

Soweit die Verträge nicht etwas anderes bestimmen, beschließt das Europäische Parlament mit der Mehrheit der abgegebenen Stimmen.

Die Geschäftsordnung legt die Beschlussfähigkeit fest.

Artikel 232
(ex-Artikel 199 EGV)

Das Europäische Parlament gibt sich seine Geschäftsordnung; hierzu sind die Stimmen der Mehrheit seiner Mitglieder erforderlich.

Die Verhandlungsniederschriften des Europäischen Parlaments werden nach Maßgabe der Verträge und seiner Geschäftsordnung veröffentlicht.

Artikel 233
(ex-Artikel 200 EGV)

Das Europäische Parlament erörtert in öffentlicher Sitzung den jährlichen Gesamtbericht, der ihm von der Kommission vorgelegt wird.

Artikel 234
(ex-Artikel 201 EGV)

Wird wegen der Tätigkeit der Kommission ein Misstrauensantrag eingebracht, so darf das Europäische Parlament nicht vor Ablauf von drei Tagen nach seiner Einbringung und nur in offener Abstimmung darüber entscheiden.

Wird der Misstrauensantrag mit der Mehrheit von zwei Dritteln der abgegebenen Stimmen und mit der Mehrheit der Mitglieder des Europäischen Parlaments angenommen, so legen die Mitglieder der Kommission geschlossen ihr Amt nieder, und der Hohe Vertreter der Union für Außen- und Sicherheitspolitik legt sein im Rahmen der Kommission ausgeübtes Amt nieder. Sie bleiben im Amt und führen die laufenden Geschäfte bis zu ihrer Ersetzung nach Artikel 17 des Vertrags über die Europäische Union weiter. In diesem Fall endet die Amtszeit der zu ihrer Ersetzung ernannten Mitglieder der Kommission zu dem Zeitpunkt, zu dem die Amtszeit der Mitglieder der Kommission, die ihr Amt geschlossen niederlegen mussten, geendet hätte.

ABSCHNITT 2
DER EUROPÄISCHE RAT

Artikel 235

(1) Jedes Mitglied des Europäischen Rates kann sich das Stimmrecht höchstens eines anderen Mitglieds übertragen lassen.

Beschließt der Europäische Rat mit qualifizierter Mehrheit, so gelten für ihn Artikel 16 Absatz 4 des Vertrags über die Europäische Union und Artikel 238 Absatz 2 dieses Vertrags. An Abstimmungen im Europäischen Rat nehmen dessen Präsident und der Präsident der Kommission nicht teil.

Die Stimmenthaltung von anwesenden oder vertretenen Mitgliedern steht dem Zustandekommen von Beschlüssen des Europäischen Rates, zu denen Einstimmigkeit erforderlich ist, nicht entgegen.

(2) Der Präsident des Europäischen Parlaments kann vom Europäischen Rat gehört werden.

(3) Der Europäische Rat beschließt mit einfacher Mehrheit über Verfahrensfragen sowie über den Erlass seiner Geschäftsordnung.

(4) Der Europäische Rat wird vom Generalsekretariat des Rates unterstützt.

Artikel 236

Der Europäische Rat erlässt mit qualifizierter Mehrheit

a) einen Beschluss zur Festlegung der Zusammensetzungen des Rates, mit Ausnahme des Rates „Allgemeine Angelegenheiten" und des Rates „Auswärtige Angelegenheiten" nach Artikel 16 Absatz 6 des Vertrags über die Europäische Union;

b) einen Beschluss nach Artikel 16 Absatz 9 des Vertrags über die Europäische Union zur Festlegung des Vorsitzes im Rat in allen seinen Zusammensetzungen mit Ausnahme des Rates „Auswärtige Angelegenheiten".

ABSCHNITT 3
DER RAT

Artikel 237
(ex-Artikel 204 EGV)

Der Rat wird von seinem Präsidenten aus eigenem Entschluss oder auf Antrag eines seiner Mitglieder oder der Kommission einberufen.

Artikel 238
(ex-Artikel 205 Absätze 1 und 2 EGV)

(1) Ist zu einem Beschluss des Rates die einfache Mehrheit erforderlich, so beschließt der Rat mit der Mehrheit seiner Mitglieder.

(2) Beschließt der Rat nicht auf Vorschlag der Kommission oder des Hohen Vertreters der Union für Außen- und Sicherheitspolitik, so gilt ab dem 1. November 2014 abweichend von Artikel 16 Ab-

satz 4 des Vertrags über die Europäische Union und vorbehaltlich der Vorschriften des Protokolls über die Übergangsbestimmungen als qualifizierte Mehrheit eine Mehrheit von mindestens 72 % der Mitglieder des Rates, sofern die von ihnen vertretenen Mitgliedstaaten zusammen mindestens 65 % der Bevölkerung der Union ausmachen.

(3) In den Fällen, in denen in Anwendung der Verträge nicht alle Mitglieder des Rates stimmberechtigt sind, gilt ab dem 1. November 2014 vorbehaltlich der Vorschriften des Protokolls über die Übergangsbestimmungen für die qualifizierte Mehrheit Folgendes:

a) Als qualifizierte Mehrheit gilt eine Mehrheit von mindestens 55 % derjenigen Mitglieder des Rates, die die beteiligten Mitgliedstaaten vertreten, sofern die von ihnen vertretenen Mitgliedstaaten zusammen mindestens 65 % der Bevölkerung der beteiligten Mitgliedstaaten ausmachen.

Für eine Sperrminorität bedarf es mindestens der Mindestzahl von Mitgliedern des Rates, die zusammen mehr als 35 % der Bevölkerung der beteiligten Mitgliedstaaten vertreten, zuzüglich eines Mitglieds; andernfalls gilt die qualifizierte Mehrheit als erreicht.

b) Beschließt der Rat nicht auf Vorschlag der Kommission oder des Hohen Vertreters der Union für Außen- und Sicherheitspolitik, so gilt abweichend von Buchstabe a als qualifizierte Mehrheit eine Mehrheit von mindestens 72 % derjenigen Mitglieder des Rates, die die beteiligten Mitgliedstaaten vertreten, sofern die von ihnen vertretenen Mitgliedstaaten zusammen mindestens 65 % der Bevölkerung der beteiligten Mitgliedstaaten ausmachen.

(4) Die Stimmenthaltung von anwesenden oder vertretenen Mitgliedern steht dem Zustandekommen von Beschlüssen des Rates, zu denen Einstimmigkeit erforderlich ist, nicht entgegen.

Artikel 239
(ex-Artikel 206 EGV)

Jedes Mitglied kann sich das Stimmrecht höchstens eines anderen Mitglieds übertragen lassen.

Artikel 240
(ex-Artikel 207 EGV)

(1) Ein Ausschuss, der sich aus den Ständigen Vertretern der Regierungen der Mitgliedstaaten zusammensetzt, trägt die Verantwortung, die Arbeiten des Rates vorzubereiten und die ihm vom Rat übertragenen Aufträge auszuführen. Der Ausschuss kann in Fällen, die in der Geschäftsordnung des Rates vorgesehen sind, Verfahrensbeschlüsse fassen.

(2) Der Rat wird von einem Generalsekretariat unterstützt, das einem vom Rat ernannten Generalsekretär untersteht.

Der Rat beschließt mit einfacher Mehrheit über die Organisation des Generalsekretariats.

(3) Der Rat beschließt mit einfacher Mehrheit über Verfahrensfragen sowie über den Erlass seiner Geschäftsordnung.

Artikel 241
(ex-Artikel 208 EGV)

Der Rat, der mit einfacher Mehrheit beschließt, kann die Kommission auffordern, die nach seiner Ansicht zur Verwirklichung der gemeinsamen Ziele geeigneten Untersuchungen vorzunehmen und ihm entsprechende Vorschläge zu unterbreiten. Legt die Kommission keinen Vorschlag vor, so teilt sie dem Rat die Gründe dafür mit.

Artikel 242
(ex-Artikel 209 EGV)

Der Rat, der mit einfacher Mehrheit beschließt, regelt nach Anhörung der Kommission die rechtliche Stellung der in den Verträgen vorgesehenen Ausschüsse.

Artikel 243
(ex-Artikel 210 EGV)

Der Rat setzt die Gehälter, Vergütungen und Ruhegehälter für den Präsidenten des Europäischen Rates, den Präsidenten der Kommission, den Hohen Vertreter der Union für Außen- und Sicherheitspolitik, die Mitglieder der Kommission, die Präsidenten, die Mitglieder und die Kanzler des Gerichtshofs der Europäischen Union sowie den Generalsekretär des Rates fest. Er setzt ebenfalls alle als Entgelt gezahlten Vergütungen fest.

ABSCHNITT 4
DIE KOMMISSION

Artikel 244

Gemäß Artikel 17 Absatz 5 des Vertrags über die Europäische Union werden die Kommissionsmitglieder in einem vom Europäischen Rat einstimmig festgelegten System der Rotation ausgewählt, das auf folgenden Grundsätzen beruht:

a) Die Mitgliedstaaten werden bei der Festlegung der Reihenfolge und der Dauer der Amtszeiten ihrer Staatsangehörigen in der Kommission vollkommen gleich behandelt; demzufolge kann die Gesamtzahl der Mandate, welche Staatsangehörige zweier beliebiger Mitgliedstaaten innehaben, niemals um mehr als eines voneinander abweichen.

b) Vorbehaltlich des Buchstabens a ist jede der aufeinander folgenden Kommissionen so zusammengesetzt, dass das demografische und geografische Spektrum der Gesamtheit der Mitgliedstaaten auf zufrieden stellende Weise zum Ausdruck kommt.

Artikel 245
(ex-Artikel 213 EGV)

Die Mitglieder der Kommission haben jede Handlung zu unterlassen, die mit ihren Aufgaben unvereinbar ist. Die Mitgliedstaaten achten ihre Unabhängigkeit und versuchen nicht, sie bei der Erfüllung ihrer Aufgaben zu beeinflussen.

Die Mitglieder der Kommission dürfen während ihrer Amtszeit keine andere entgeltliche oder unentgeltliche Berufstätigkeit ausüben. Bei der Aufnahme ihrer Tätigkeit übernehmen sie die feierliche Verpflichtung, während der Ausübung und nach Ablauf ihrer Amtstätigkeit die sich aus ihrem Amt ergebenden Pflichten zu erfüllen, insbesondere die Pflicht, bei der Annahme gewisser Tätigkeiten oder Vorteile nach Ablauf dieser Tätigkeit ehrenhaft und zurückhaltend zu sein. Werden diese Pflichten verletzt, so kann der Gerichtshof auf Antrag des Rates, der mit einfacher Mehrheit beschließt, oder der Kommission das Mitglied je nach Lage des Falles gemäß Artikel 247 seines Amtes entheben oder ihm seine Ruhegehaltsansprüche oder andere an ihrer Stelle gewährte Vergünstigungen aberkennen.

Artikel 246
(ex-Artikel 215 EGV)

Abgesehen von den regelmäßigen Neubesetzungen und von Todesfällen endet das Amt eines Mitglieds der Kommission durch Rücktritt oder Amtsenthebung.

Für ein zurückgetretenes, seines Amtes enthobenes oder verstorbenes Mitglied wird für die verbleibende Amtszeit vom Rat mit Zustimmung des Präsidenten der Kommission nach Anhörung des Europäischen Parlaments und nach den Anforderungen des Artikels 17 Absatz 3 Unterabsatz 2 des Vertrags über die Europäische Union ein neues Mitglied derselben Staatsangehörigkeit ernannt.

Der Rat kann auf Vorschlag des Präsidenten der Kommission einstimmig beschließen, dass ein ausscheidendes Mitglied der Kommission für die verbleibende Amtszeit nicht ersetzt werden muss, insbesondere wenn es sich um eine kurze Zeitspanne handelt.

Bei Rücktritt, Amtsenthebung oder Tod des Präsidenten wird für die verbleibende Amtszeit ein Nachfolger ernannt. Für die Ersetzung findet das Verfahren des Artikels 17 Absatz 7 Unterabsatz 1 des Vertrags über die Europäische Union Anwendung.

Bei Rücktritt, Amtsenthebung oder Tod des Hohen Vertreters der Union für die Außen- und Sicherheitspolitik wird für die verbleibende Amtszeit nach Artikel 18 Absatz 1 des Vertrags über die Europäische Union ein Nachfolger ernannt.

Bei Rücktritt aller Mitglieder der Kommission bleiben diese bis zur Neubesetzung ihres Sitzes nach Artikel 17 des Vertrags über die Europäische Union für die verbleibende Amtszeit im Amt und führen die laufenden Geschäfte weiter.

Artikel 247
(ex-Artikel 216 EGV)

Jedes Mitglied der Kommission, das die Voraussetzungen für die Ausübung seines Amtes nicht mehr erfüllt oder eine schwere Verfehlung begangen hat, kann auf Antrag des Rates, der mit einfacher Mehrheit beschließt, oder der Kommission durch den Gerichtshof seines Amtes enthoben werden.

Artikel 248
(ex-Artikel 217 Absatz 2 EGV)

Die Zuständigkeiten der Kommission werden unbeschadet des Artikels 18 Absatz 4 des Vertrags über die Europäische Union von ihrem Präsidenten nach Artikel 17 Absatz 6 des genannten Vertrags gegliedert und zwischen ihren Mitgliedern aufgeteilt. Der Präsident kann diese Zuständigkeitsverteilung im Laufe der Amtszeit ändern. Die Mitglieder der Kommission üben die ihnen vom Präsidenten übertragenen Aufgaben unter dessen Leitung aus.

Artikel 249
(ex-Artikel 218 Absatz 2 und ex-Artikel 212 EGV)

(1) Die Kommission gibt sich eine Geschäftsordnung, um ihr ordnungsgemäßes Arbeiten und das ihrer Dienststellen zu gewährleisten. Sie sorgt für die Veröffentlichung dieser Geschäftsordnung.

(2) Die Kommission veröffentlicht jährlich, und zwar spätestens einen Monat vor Beginn der Sitzungsperiode des Europäischen Parlaments, einen Gesamtbericht über die Tätigkeit der Union.

Artikel 250
(ex-Artikel 219 EGV)

Die Beschlüsse der Kommission werden mit der Mehrheit ihrer Mitglieder gefasst.

Die Beschlussfähigkeit wird in ihrer Geschäftsordnung festgelegt.

ABSCHNITT 5
DER GERICHTSHOF DER EUROPÄISCHEN UNION

Artikel 251
(ex-Artikel 221 EGV)

Der Gerichtshof tagt in Kammern oder als Große Kammer entsprechend den hierfür in der Satzung des Gerichtshofs der Europäischen Union vorgesehenen Regeln.

Wenn die Satzung es vorsieht, kann der Gerichtshof auch als Plenum tagen.

Artikel 252
(ex-Artikel 222 EGV)

Der Gerichtshof wird von acht Generalanwälten unterstützt. Auf Antrag des Gerichtshofs kann der Rat einstimmig die Zahl der Generalanwälte erhöhen.

Der Generalanwalt hat öffentlich in völliger Unparteilichkeit und Unabhängigkeit begründete Schlussanträge zu den Rechtssachen zu stellen, in denen nach der Satzung des Gerichtshofs der Europäischen Union seine Mitwirkung erforderlich ist.

Artikel 253
(ex-Artikel 223 EGV)

Zu Richtern und Generalanwälten des Gerichtshofs sind Persönlichkeiten auszuwählen, die jede Gewähr für Unabhängigkeit bieten und in ihrem Staat die für die höchsten richterlichen Ämter erforderlichen Voraussetzungen erfüllen oder Juristen von anerkannt hervorragender Befähigung sind; sie werden von den Regierungen der Mitgliedstaaten im gegenseitigen Einvernehmen nach Anhörung des in Artikel 255 vorgesehenen Ausschusses auf sechs Jahre ernannt.

Alle drei Jahre findet nach Maßgabe der Satzung des Gerichtshofs der Europäischen Union eine teilweise Neubesetzung der Stellen der Richter und Generalanwälte statt.

Die Richter wählen aus ihrer Mitte den Präsidenten des Gerichtshofs für die Dauer von drei Jahren. Wiederwahl ist zulässig.

Die Wiederernennung ausscheidender Richter und Generalanwälte ist zulässig.

Der Gerichtshof ernennt seinen Kanzler und bestimmt dessen Stellung.

Der Gerichtshof erlässt seine Verfahrensordnung. Sie bedarf der Genehmigung des Rates.

Artikel 254
(ex-Artikel 224 EGV)

Die Zahl der Richter des Gerichts wird in der Satzung des Gerichtshofs der Europäischen Union festgelegt. In der Satzung kann vorgesehen werden, dass das Gericht von Generalanwälten unterstützt wird.

Zu Mitgliedern des Gerichts sind Personen auszuwählen, die jede Gewähr für Unabhängigkeit bieten und über die Befähigung zur Ausübung hoher richterlicher Tätigkeiten verfügen. Sie werden von den Regierungen der Mitgliedstaaten im gegenseitigen Einvernehmen nach Anhörung des in Artikel 255 vorgesehenen Ausschusses für sechs Jahre ernannt. Alle drei Jahre wird das Gericht teilweise neu besetzt. Die Wiederernennung ausscheidender Mitglieder ist zulässig.

Die Richter wählen aus ihrer Mitte den Präsidenten des Gerichts für die Dauer von drei Jahren. Wiederwahl ist zulässig.

Das Gericht ernennt seinen Kanzler und bestimmt dessen Stellung.

Das Gericht erlässt seine Verfahrensordnung im Einvernehmen mit dem Gerichtshof. Sie bedarf der Genehmigung des Rates.

Soweit die Satzung des Gerichtshofs der Europäischen Union nichts anderes vorsieht, finden die den Gerichtshof betreffenden Bestimmungen der Verträge auf das Gericht Anwendung.

Artikel 255

Es wird ein Ausschuss eingerichtet, der die Aufgabe hat, vor einer Ernennung durch die Regierungen der Mitgliedstaaten nach den Artikeln 253 und 254 eine Stellungnahme zur Eignung der Bewerber für die Ausübung des Amts eines Richters und Generalanwalts beim Gerichtshof oder beim Gericht abzugeben.

Der Ausschuss setzt sich aus sieben Persönlichkeiten zusammen, die aus dem Kreis ehemaliger Mitglieder des Gerichtshofs und des Gerichts, der Mitglieder der höchsten einzelstaatlichen Gerichte und der Juristen von anerkannt hervorragender Befähigung ausgewählt werden, von denen einer vom Europäischen Parlament vorgeschlagen wird. Der Rat erlässt einen Beschluss zur Festlegung der Vorschriften für die Arbeitsweise und einen Beschluss zur Ernennung der Mitglieder dieses Ausschusses. Er beschließt auf Initiative des Präsidenten des Gerichtshofs.

Artikel 256
(ex-Artikel 225 EGV)

(1) Das Gericht ist für Entscheidungen im ersten Rechtszug über die in den Artikeln 263, 265, 268, 270 und 272 genannten Klagen zuständig, mit Ausnahme derjenigen Klagen, die einem nach Artikel 257 gebildeten Fachgericht übertragen werden, und der Klagen, die gemäß der Satzung dem Gerichtshof vorbehalten sind. In der Satzung kann vorgesehen werden, dass das Gericht für andere Kategorien von Klagen zuständig ist.

Gegen die Entscheidungen des Gerichts aufgrund dieses Absatzes kann nach Maßgabe der Bedingungen und innerhalb der Grenzen, die in der Satzung vorgesehen sind, beim Gerichtshof ein auf Rechtsfragen beschränktes Rechtsmittel eingelegt werden.

(2) Das Gericht ist für Entscheidungen über Rechtsmittel gegen die Entscheidungen der Fachgerichte zuständig.

Die Entscheidungen des Gerichts aufgrund dieses Absatzes können nach Maßgabe der Bedingungen und innerhalb der Grenzen, die in der Satzung vorgesehen sind, in Ausnahmefällen vom Gerichtshof überprüft werden, wenn die ernste Gefahr besteht, dass die Einheit oder Kohärenz des Unionsrechts berührt wird.

(3) Das Gericht ist in besonderen in der Satzung festgelegten Sachgebieten für Vorabentscheidungen nach Artikel 267 zuständig.

Wenn das Gericht der Auffassung ist, dass eine Rechtssache eine Grundsatzentscheidung erfordert, die die Einheit oder die Kohärenz des Unionsrechts berühren könnte, kann es die Rechtssache zur Entscheidung an den Gerichtshof verweisen.

Die Entscheidungen des Gerichts über Anträge auf Vorabentscheidung können nach Maßgabe der Bedingungen und innerhalb der Grenzen, die in der Satzung vorgesehen sind, in Ausnahmefällen vom Gerichtshof überprüft werden, wenn die ernste Gefahr besteht, dass die Einheit oder die Kohärenz des Unionsrechts berührt wird.

Artikel 257
(ex-Artikel 225a EGV)

Das Europäische Parlament und der Rat können gemäß dem ordentlichen Gesetzgebungsverfahren dem Gericht beigeordnete Fachgerichte bilden, die für Entscheidungen im ersten Rechtszug über bestimmte Kategorien von Klagen zuständig sind, die auf besonderen Sachgebieten erhoben werden. Das Europäische Parlament und der Rat beschließen durch Verordnungen entweder auf Vorschlag der Kommission nach Anhörung des Gerichtshofs oder auf Antrag des Gerichtshofs nach Anhörung der Kommission.

In der Verordnung über die Bildung eines Fachgerichts werden die Regeln für die Zusammensetzung dieses Gerichts und der ihm übertragene Zuständigkeitsbereich festgelegt.

Gegen die Entscheidungen der Fachgerichte kann vor dem Gericht ein auf Rechtsfragen beschränktes Rechtsmittel oder, wenn die Verordnung über die Bildung des Fachgerichts dies vorsieht, ein auch Sachfragen betreffendes Rechtsmittel eingelegt werden.

Zu Mitgliedern der Fachgerichte sind Personen auszuwählen, die jede Gewähr für Unabhängigkeit bieten und über die Befähigung zur Ausübung richterlicher Tätigkeiten verfügen. Sie werden einstimmig vom Rat ernannt.

Die Fachgerichte erlassen ihre Verfahrensordnung im Einvernehmen mit dem Gerichtshof. Diese Verfahrensordnung bedarf der Genehmigung des Rates.

Soweit die Verordnung über die Bildung der Fachgerichte nichts anderes vorsieht, finden die den Gerichtshof der Europäischen Union betreffenden Bestimmungen der Verträge und die Satzung des Gerichtshofs der Europäischen Union auf die Fachgerichte Anwendung. Titel I und Artikel 64 der Satzung gelten auf jeden Fall für die Fachgerichte.

Artikel 258
(ex-Artikel 226 EGV)

Hat nach Auffassung der Kommission ein Mitgliedstaat gegen eine Verpflichtung aus den Verträgen verstoßen, so gibt sie eine mit Gründen versehene Stellungnahme hierzu ab; sie hat dem Staat zuvor Gelegenheit zur Äußerung zu geben.

Kommt der Staat dieser Stellungnahme innerhalb der von der Kommission gesetzten Frist nicht nach, so kann die Kommission den Gerichtshof der Europäischen Union anrufen.

Artikel 259
(ex-Artikel 227 EGV)

Jeder Mitgliedstaat kann den Gerichtshof der Europäischen Union anrufen, wenn er der Auffassung ist, dass ein anderer Mitgliedstaat gegen eine Verpflichtung aus den Verträgen verstoßen hat.

Bevor ein Mitgliedstaat wegen einer angeblichen Verletzung der Verpflichtungen aus den Verträgen gegen einen anderen Staat Klage erhebt, muss er die Kommission damit befassen.

Die Kommission erlässt eine mit Gründen versehene Stellungnahme; sie gibt den beteiligten Staaten zuvor Gelegenheit zu schriftlicher und mündlicher Äußerung in einem kontradiktorischen Verfahren.

Gibt die Kommission binnen drei Monaten nach dem Zeitpunkt, in dem ein entsprechender Antrag gestellt wurde, keine Stellungnahme ab, so kann ungeachtet des Fehlens der Stellungnahme vor dem Gerichtshof geklagt werden.

Artikel 260
(ex-Artikel 228 EGV)

(1) Stellt der Gerichtshof der Europäischen Union fest, dass ein Mitgliedstaat gegen eine Verpflichtung aus den Verträgen verstoßen hat, so hat dieser Staat die Maßnahmen zu ergreifen, die sich aus dem Urteil des Gerichtshofs ergeben.

(2) Hat der betreffende Mitgliedstaat die Maßnahmen, die sich aus dem Urteil des Gerichtshofs ergeben, nach Auffassung der Kommission nicht getroffen, so kann die Kommission den Gerichtshof anrufen, nachdem sie diesem Staat zuvor Gelegenheit zur Äußerung gegeben hat. Hierbei benennt sie die Höhe des von dem betreffenden Mitgliedstaat zu zahlenden Pauschalbetrags oder Zwangsgelds, die sie den Umständen nach für angemessen hält.

Stellt der Gerichtshof fest, dass der betreffende Mitgliedstaat seinem Urteil nicht nachgekommen ist, so kann er die Zahlung eines Pauschalbetrags oder Zwangsgelds verhängen.

Dieses Verfahren lässt den Artikel 259 unberührt.

(3) Erhebt die Kommission beim Gerichtshof Klage nach Artikel 258, weil sie der Auffassung ist, dass der betreffende Mitgliedstaat gegen seine Verpflichtung verstoßen hat, Maßnahmen zur Umsetzung einer gemäß einem Gesetzgebungsverfahren erlassenen Richtlinie mitzuteilen, so kann sie, wenn sie dies für zweckmäßig hält, die Höhe des von dem betreffenden Mitgliedstaat zu zahlenden Pauschalbetrags oder Zwangsgelds benennen, die sie den Umständen nach für angemessen hält.

Stellt der Gerichtshof einen Verstoß fest, so kann er gegen den betreffenden Mitgliedstaat die Zahlung eines Pauschalbetrags oder eines Zwangsgelds bis zur Höhe des von der Kommission genannten Betrags verhängen. Die Zahlungsverpflichtung gilt ab dem vom Gerichtshof in seinem Urteil festgelegten Zeitpunkt.

Artikel 261
(ex-Artikel 229 EGV)

Aufgrund der Verträge vom Europäischen Parlament und vom Rat gemeinsam sowie vom Rat erlassene Verordnungen können hinsichtlich der darin vorgesehenen Zwangsmaßnahmen dem Gerichtshof der Europäischen Union eine Zuständigkeit übertragen, welche die Befugnis zu unbeschränkter Ermessensnachprüfung und zur Änderung oder Verhängung solcher Maßnahmen umfasst.

Artikel 262
(ex-Artikel 229a EGV)

Unbeschadet der sonstigen Bestimmungen der Verträge kann der Rat gemäß einem besonderen Gesetzgebungsverfahren nach Anhörung des Europäischen Parlaments einstimmig Bestimmungen erlassen, mit denen dem Gerichtshof der Europäischen Union in dem vom Rat festgelegten Umfang die Zuständigkeit übertragen wird, über Rechtsstreitigkeiten im Zusammenhang mit der Anwendung von aufgrund der Verträge erlassenen Rechtsakten, mit denen europäische Rechtstitel für das geistige Eigentum geschaffen werden, zu entscheiden. Diese Bestimmungen treten nach Zustimmung der Mitgliedstaaten im Einklang mit ihren jeweiligen verfassungsrechtlichen Vorschriften in Kraft.

Artikel 263
(ex-Artikel 230 EGV)

Der Gerichtshof der Europäischen Union überwacht die Rechtmäßigkeit der Gesetzgebungsakte sowie der Handlungen des Rates, der Kommission und der Europäischen Zentralbank, soweit es sich nicht um Empfehlungen oder Stellungnahmen handelt, und der Handlungen des Europäischen Parlaments und des Europäischen Rates mit Rechtswirkung gegenüber Dritten. Er überwacht ebenfalls die Rechtmäßigkeit der Handlungen der Einrichtungen oder sonstigen Stellen der Union mit Rechtswirkung gegenüber Dritten.

Zu diesem Zweck ist der Gerichtshof der Europäischen Union für Klagen zuständig, die ein Mitgliedstaat, das Europäische Parlament, der Rat oder die Kommission wegen Unzuständigkeit, Verletzung wesentlicher Formvorschriften, Verletzung der Verträge oder einer bei seiner Durchführung anzuwendenden Rechtsnorm oder wegen Ermessensmissbrauchs erhebt.

Der Gerichtshof der Europäischen Union ist unter den gleichen Voraussetzungen zuständig für Klagen des Rechnungshofs, der Europäischen Zentralbank und des Ausschusses der Regionen, die auf die Wahrung ihrer Rechte abzielen.

Jede natürliche oder juristische Person kann unter den Bedingungen nach den Absätzen 1 und 2 gegen die an sie gerichteten oder sie unmittelbar und individuell betreffenden Handlungen sowie gegen Rechtsakte mit Verordnungscharakter, die sie unmittelbar betreffen und keine Durchführungsmaßnahmen nach sich ziehen, Klage erheben.

In den Rechtsakten zur Gründung von Einrichtungen und sonstigen Stellen der Union können besondere Bedingungen und Einzelheiten für die Erhebung von Klagen von natürlichen oder juristischen Personen gegen Handlungen dieser Einrichtungen und sonstigen Stellen vorgesehen werden, die eine Rechtswirkung gegenüber diesen Personen haben.

Die in diesem Artikel vorgesehenen Klagen sind binnen zwei Monaten zu erheben; diese Frist läuft je nach Lage des Falles von der Bekanntgabe der betreffenden Handlung, ihrer Mitteilung an den Kläger oder in Ermangelung dessen von dem Zeitpunkt an, zu dem der Kläger von dieser Handlung Kenntnis erlangt hat.

Artikel 264
(ex-Artikel 231 EGV)

Ist die Klage begründet, so erklärt der Gerichtshof der Europäischen Union die angefochtene Handlung für nichtig.

Erklärt der Gerichtshof eine Handlung für nichtig, so bezeichnet er, falls er dies für notwendig hält, diejenigen ihrer Wirkungen, die als fortgeltend zu betrachten sind.

Artikel 265
(ex-Artikel 232 EGV)

Unterlässt es das Europäische Parlament, der Europäische Rat, der Rat, die Kommission oder die Europäische Zentralbank unter Verletzung der Verträge, einen Beschluss zu fassen, so können die Mitgliedstaaten und die anderen Organe der Union beim Gerichtshof der Europäischen Union Klage auf Feststellung dieser Vertragsverletzung erheben. Dieser Artikel gilt entsprechend für die Einrichtungen und sonstigen Stellen der Union, die es unterlassen, tätig zu werden.

Diese Klage ist nur zulässig, wenn das in Frage stehende Organ, die in Frage stehende Einrichtung oder sonstige Stelle zuvor aufgefordert worden ist, tätig zu werden. Hat es bzw. sie binnen zwei Monaten nach dieser Aufforderung nicht Stellung genommen, so kann die Klage innerhalb einer weiteren Frist von zwei Monaten erhoben werden.

Jede natürliche oder juristische Person kann nach Maßgabe der Absätze 1 und 2 vor dem Gerichtshof Beschwerde darüber führen, dass ein Organ oder eine Einrichtung oder sonstige Stelle der Union es unterlassen hat, einen anderen Akt als eine Empfehlung oder eine Stellungnahme an sie zu richten.

Artikel 266
(ex-Artikel 233 EGV)

Die Organe, Einrichtungen oder sonstigen Stellen, denen das für nichtig erklärte Handeln zur Last fällt oder deren Untätigkeit als vertragswidrig erklärt worden ist, haben die sich aus dem Urteil des Gerichtshofs der Europäischen Union ergebenden Maßnahmen zu ergreifen.

Diese Verpflichtung besteht unbeschadet der Verpflichtungen, die sich aus der Anwendung des Artikels 340 Absatz 2 ergeben.

Artikel 267
(ex-Artikel 234 EGV)

Der Gerichtshof der Europäischen Union entscheidet im Wege der Vorabentscheidung

a) über die Auslegung der Verträge,
b) über die Gültigkeit und die Auslegung der Handlungen der Organe, Einrichtungen oder sonstigen Stellen der Union,

Wird eine derartige Frage einem Gericht eines Mitgliedstaats gestellt und hält dieses Gericht eine Entscheidung darüber zum Erlass seines Urteils für erforderlich, so kann es diese Frage dem Gerichtshof zur Entscheidung vorlegen.

Wird eine derartige Frage in einem schwebenden Verfahren bei einem einzelstaatlichen Gericht gestellt, dessen Entscheidungen selbst nicht mehr mit Rechtsmitteln des innerstaatlichen Rechts angefochten werden können, so ist dieses Gericht zur Anrufung des Gerichtshofs verpflichtet.

Wird eine derartige Frage in einem schwebenden Verfahren, das eine inhaftierte Person betrifft, bei einem einzelstaatlichen Gericht gestellt, so entscheidet der Gerichtshof innerhalb kürzester Zeit.

Artikel 268
(ex-Artikel 235 EGV)

Der Gerichtshof der Europäischen Union ist für Streitsachen über den in Artikel 340 Absätze 2 und 3 vorgesehenen Schadensersatz zuständig.

Artikel 269

Der Gerichtshof ist für Entscheidungen über die Rechtmäßigkeit eines nach Artikel 7 des Vertrags über die Europäische Union erlassenen Rechtsakts des Europäischen Rates oder des Rates nur auf Antrag des von einer Feststellung des Europäischen Rates oder des Rates betroffenen Mitgliedstaats und lediglich im Hinblick auf die Einhaltung der in dem genannten Artikel vorgesehenen Verfahrensbestimmungen zuständig.

Der Antrag muss binnen eines Monats nach der jeweiligen Feststellung gestellt werden. Der Gerichtshof entscheidet binnen eines Monats nach Antragstellung.

Artikel 270
(ex-Artikel 236 EGV)

Der Gerichtshof der Europäischen Union ist für alle Streitsachen zwischen der Union und deren Bediensteten innerhalb der Grenzen und nach Maßgabe der Bedingungen zuständig, die im Statut der Beamten der Union und in den Beschäftigungsbedingungen für die sonstigen Bediensteten der Union festgelegt sind.

Artikel 271
(ex-Artikel 237 EGV)

Der Gerichtshof der Europäischen Union ist nach Maßgabe der folgenden Bestimmungen zuständig in Streitsachen über

a) die Erfüllung der Verpflichtungen der Mitgliedstaaten aus der Satzung der Europäischen Investitionsbank. Der Verwaltungsrat der Bank besitzt hierbei die der Kommission in Artikel 258 übertragenen Befugnisse;

b) die Beschlüsse des Rates der Gouverneure der Europäischen Investitionsbank. Jeder Mitgliedstaat, die Kommission und der Verwaltungsrat der Bank können hierzu nach Maßgabe des Artikels 263 Klage erheben;

c) die Beschlüsse des Verwaltungsrats der Europäischen Investitionsbank. Diese können nach Maßgabe des Artikels 263 nur von Mitgliedstaaten oder der Kommission und lediglich wegen Verletzung der Formvorschriften des Artikels 21 Absätze 2 und 5 bis 7 der Satzung der Investitionsbank angefochten werden;

d) die Erfüllung der sich aus den Verträgen und der Satzung des ESZB und der EZB ergebenden Verpflichtungen durch die nationalen Zentralbanken. Der Rat der Gouverneure der Europäischen Zentralbank besitzt hierbei gegenüber den nationalen Zentralbanken die Befugnisse, die der Kommission in Artikel 258 gegenüber den Mitgliedstaaten eingeräumt werden. Stellt der Gerichtshof der Europäischen Union fest, dass eine nationale Zentralbank gegen eine Verpflichtung aus den Verträgen verstoßen hat, so hat diese Bank die Maßnahmen zu ergreifen, die sich aus dem Urteil des Gerichtshofs ergeben.

Artikel 272
(ex-Artikel 238 EGV)

Der Gerichtshof der Europäischen Union ist für Entscheidungen aufgrund einer Schiedsklausel zuständig, die in einem von der Union oder für ihre Rechnung abgeschlossenen öffentlich-rechtlichen oder privatrechtlichen Vertrag enthalten ist.

Artikel 273
(ex-Artikel 239 EGV)

Der Gerichtshof ist für jede mit dem Gegenstand der Verträge in Zusammenhang stehende Streitigkeit zwischen Mitgliedstaaten zuständig, wenn diese bei ihm aufgrund eines Schiedsvertrags anhängig gemacht wird.

Artikel 274
(ex-Artikel 240 EGV)

Soweit keine Zuständigkeit des Gerichtshofs der Europäischen Union aufgrund der Verträge besteht, sind Streitsachen, bei denen die Union Partei ist, der Zuständigkeit der einzelstaatlichen Gerichte nicht entzogen.

Artikel 275

Der Gerichtshof der Europäischen Union ist nicht zuständig für die Bestimmungen hinsichtlich der Gemeinsamen Außen- und Sicherheitspolitik und für die auf der Grundlage dieser Bestimmungen erlassenen Rechtsakte.

Der Gerichtshof ist jedoch zuständig für die Kontrolle der Einhaltung von Artikel 40 des Vertrags über die Europäische Union und für die unter den Voraussetzungen des Artikels 263 Absatz 4 dieses Vertrags erhobenen Klagen im Zusammenhang mit der Überwachung der Rechtmäßigkeit von Beschlüssen über restriktive Maßnahmen gegenüber natürlichen oder juristischen Personen, die der Rat auf der Grundlage von Titel V Kapitel 2 des Vertrags über die Europäische Union erlassen hat.

Artikel 276

Bei der Ausübung seiner Befugnisse im Rahmen der Bestimmungen des Dritten Teils Titel V Kapitel 4 und 5 über den Raum der Freiheit, der Sicherheit und des Rechts ist der Gerichtshof der Europäischen Union nicht zuständig für die Überprüfung der Gültigkeit oder Verhältnismäßigkeit von Maßnahmen der Polizei oder anderer Strafverfolgungsbehörden eines Mitgliedstaats oder der Wahrnehmung der Zuständigkeiten der Mitgliedstaaten für die Aufrechterhaltung der öffentlichen Ordnung und den Schutz der inneren Sicherheit.

Artikel 277
(ex-Artikel 241 EGV)

Ungeachtet des Ablaufs der in Artikel 263 Absatz 6 genannten Frist kann jede Partei in einem Rechtsstreit, bei dem die Rechtmäßigkeit eines von einem Organ, einer Einrichtung oder einer sonstigen Stelle der Union erlassenen Rechtsakts mit allgemeiner Geltung angefochten wird, vor dem Gerichtshof der Europäischen Union die Unanwendbarkeit dieses Rechtsakts aus den in Artikel 263 Absatz 2 genannten Gründen geltend machen.

Artikel 278
(ex-Artikel 242 EGV)

Klagen bei dem Gerichtshof der Europäischen Union haben keine aufschiebende Wirkung. Der Gerichtshof kann jedoch, wenn er dies den Umständen nach für nötig hält, die Durchführung der angefochtenen Handlung aussetzen.

Artikel 279
(ex-Artikel 243 EGV)

Der Gerichtshof der Europäischen Union kann in den bei ihm anhängigen Sachen die erforderlichen einstweiligen Anordnungen treffen.

Artikel 280
(ex-Artikel 244 EGV)

Die Urteile des Gerichtshofs der Europäischen Union sind gemäß Artikel 299 vollstreckbar.

Artikel 281
(ex-Artikel 245 EGV)

Die Satzung des Gerichtshofs der Europäischen Union wird in einem besonderen Protokoll festgelegt.

Das Europäische Parlament und der Rat können gemäß dem ordentlichen Gesetzgebungsverfahren die Satzung mit Ausnahme ihres Titels I und ihres Artikels 64 ändern. Das Europäische Parlament und der Rat beschließen entweder auf Antrag des Gerichtshofs nach Anhörung der Kommission oder auf Vorschlag der Kommission nach Anhörung des Gerichtshofs.

ABSCHNITT 6
DIE EUROPÄISCHE ZENTRALBANK

Artikel 282

(1) Die Europäische Zentralbank und die nationalen Zentralbanken bilden das Europäische System der Zentralbanken (ESZB). Die Europäische Zentralbank und die nationalen Zentralbanken der Mitgliedstaaten, deren Währung der Euro ist, bilden das Eurosystem und betreiben die Währungspolitik der Union.

(2) Das ESZB wird von den Beschlussorganen der Europäischen Zentralbank geleitet. Sein vorrangiges Ziel ist es, die Preisstabilität zu gewährleisten. Unbeschadet dieses Zieles unterstützt es die allgemeine Wirtschaftspolitik in der Union, um zur Verwirklichung ihrer Ziele beizutragen.

(3) Die Europäische Zentralbank besitzt Rechtspersönlichkeit. Sie allein ist befugt, die Ausgabe des Euro zu genehmigen. Sie ist in der Ausübung ihrer Befugnisse und der Verwaltung ihrer Mittel unabhängig. Die Organe, Einrichtungen und sonstigen Stellen der Union sowie die Regierungen der Mitgliedstaaten achten diese Unabhängigkeit.

(4) Die Europäische Zentralbank erlässt die für die Erfüllung ihrer Aufgaben erforderlichen Maßnahmen nach den Artikeln 127 bis 133 und Artikel 138 und nach Maßgabe der Satzung des ESZB und der EZB. Nach diesen Artikeln behalten die Mitgliedstaaten, deren Währung nicht der Euro ist, sowie deren Zentralbanken ihre Zuständigkeiten im Währungsbereich.

(5) Die Europäische Zentralbank wird in den Bereichen, auf die sich ihre Befugnisse erstrecken, zu allen Entwürfen für Rechtsakte der Union sowie zu allen Entwürfen für Rechtsvorschriften auf einzelstaatlicher Ebene gehört und kann Stellungnahmen abgeben.

Artikel 283
(ex-Artikel 112 EGV)

(1) Der Rat der Europäischen Zentralbank besteht aus den Mitgliedern des Direktoriums der Europäischen Zentralbank und den Präsidenten der nationalen Zentralbanken der Mitgliedstaaten, deren Währung der Euro ist.

(2) Das Direktorium besteht aus dem Präsidenten, dem Vizepräsidenten und vier weiteren Mitgliedern.

Der Präsident, der Vizepräsident und die weiteren Mitglieder des Direktoriums werden vom Europäischen Rat auf Empfehlung des Rates, der hierzu das Europäische Parlament und den Rat der Europäischen Zentralbank anhört, aus dem Kreis der in Währungs- oder Bankfragen anerkannten und erfahrenen Persönlichkeiten mit qualifizierter Mehrheit ausgewählt und ernannt.

Ihre Amtszeit beträgt acht Jahre; Wiederernennung ist nicht zulässig.

Nur Staatsangehörige der Mitgliedstaaten können Mitglieder des Direktoriums werden.

Artikel 284
(ex-Artikel 113 EGV)

(1) Der Präsident des Rates und ein Mitglied der Kommission können ohne Stimmrecht an den Sitzungen des Rates der Europäischen Zentralbank teilnehmen.

Der Präsident des Rates kann dem Rat der Europäischen Zentralbank einen Antrag zur Beratung vorlegen.

(2) Der Präsident der Europäischen Zentralbank wird zur Teilnahme an den Tagungen des Rates eingeladen, wenn dieser Fragen im Zusammenhang mit den Zielen und Aufgaben des ESZB erörtert.

(3) Die Europäische Zentralbank unterbreitet dem Europäischen Parlament, dem Rat und der Kommission sowie auch dem Europäischen Rat einen Jahresbericht über die Tätigkeit des ESZB

und die Geld- und Währungspolitik im vergangenen und im laufenden Jahr. Der Präsident der Europäischen Zentralbank legt den Bericht dem Rat und dem Europäischen Parlament vor, das auf dieser Grundlage eine allgemeine Aussprache durchführen kann.

Der Präsident der Europäischen Zentralbank und die anderen Mitglieder des Direktoriums können auf Ersuchen des Europäischen Parlaments oder auf ihre Initiative hin von den zuständigen Ausschüssen des Europäischen Parlaments gehört werden.

ABSCHNITT 7
DER RECHNUNGSHOF

Artikel 285
(ex-Artikel 246 EGV)

Der Rechnungshof nimmt die Rechnungsprüfung der Union wahr.

Der Rechnungshof besteht aus einem Staatsangehörigen je Mitgliedstaat. Seine Mitglieder üben ihre Aufgaben in voller Unabhängigkeit zum allgemeinen Wohl der Union aus.

Artikel 286
(ex-Artikel 247 EGV)

(1) Zu Mitgliedern des Rechnungshofs sind Persönlichkeiten auszuwählen, die in ihren Staaten Rechnungsprüfungsorganen angehören oder angehört haben oder die für dieses Amt besonders geeignet sind. Sie müssen jede Gewähr für Unabhängigkeit bieten.

(2) Die Mitglieder des Rechnungshofs werden auf sechs Jahre ernannt. Der Rat nimmt die gemäß den Vorschlägen der einzelnen Mitgliedstaaten erstellte Liste der Mitglieder nach Anhörung des Europäischen Parlaments an. Die Wiederernennung der Mitglieder des Rechnungshofs ist zulässig.

Sie wählen aus ihrer Mitte den Präsidenten des Rechnungshofs für drei Jahre. Wiederwahl ist zulässig.

(3) Die Mitglieder des Rechnungshofs dürfen bei der Erfüllung ihrer Pflichten Anweisungen von einer Regierung oder einer anderen Stelle weder anfordern noch entgegennehmen. Sie haben jede Handlung zu unterlassen, die mit ihren Aufgaben unvereinbar ist.

(4) Die Mitglieder des Rechnungshofs dürfen während ihrer Amtszeit keine andere entgeltliche oder unentgeltliche Berufstätigkeit ausüben. Bei der Aufnahme ihrer Tätigkeit übernehmen sie die feierliche Verpflichtung, während der Ausübung und nach Ablauf ihrer Amtstätigkeit die sich aus ihrem Amt ergebenden Pflichten zu erfüllen, insbesondere die Pflicht, bei der Annahme gewisser Tätigkeiten oder Vorteile nach Ablauf dieser Tätigkeit ehrenhaft und zurückhaltend zu sein.

(5) Abgesehen von regelmäßigen Neubesetzungen und von Todesfällen endet das Amt eines Mitglieds des Rechnungshofs durch Rücktritt oder durch Amtsenthebung durch den Gerichtshof gemäß Absatz 6.

Für das ausscheidende Mitglied wird für die verbleibende Amtszeit ein Nachfolger ernannt.

Außer im Fall der Amtsenthebung bleiben die Mitglieder des Rechnungshofs bis zur Neubesetzung ihres Sitzes im Amt.

(6) Ein Mitglied des Rechnungshofs kann nur dann seines Amtes enthoben oder seiner Ruhegehaltsansprüche oder anderer an ihrer Stelle gewährter Vergünstigungen für verlustig erklärt werden, wenn der Gerichtshof auf Antrag des Rechnungshofs feststellt, dass es nicht mehr die erforderlichen Voraussetzungen erfüllt oder den sich aus seinem Amt ergebenden Verpflichtungen nicht mehr nachkommt.

(7) Der Rat setzt die Beschäftigungsbedingungen für den Präsidenten und die Mitglieder des Rechnungshofs fest, insbesondere die Gehälter, Vergütungen und Ruhegehälter. Er setzt alle sonstigen als Entgelt gezahlten Vergütungen fest.

(8) Die für die Richter des Gerichtshofs der Europäischen Union geltenden Bestimmungen des Protokolls über die Vorrechte und Befreiungen der Europäischen Union gelten auch für die Mitglieder des Rechnungshofs.

Artikel 287
(ex-Artikel 248 EGV)

(1) Der Rechnungshof prüft die Rechnung über alle Einnahmen und Ausgaben der Union. Er prüft ebenfalls die Rechnung über alle Einnahmen und Ausgaben jeder von der Union geschaffenen Einrichtung oder sonstigen Stelle, soweit der Gründungsakt dies nicht ausschließt.

Der Rechnungshof legt dem Europäischen Parlament und dem Rat eine Erklärung über die Zuverlässigkeit der Rechnungsführung sowie die Rechtmäßigkeit und Ordnungsmäßigkeit der zugrunde liegenden Vorgänge vor, die im *Amtsblatt der Europäischen Union* veröffentlicht wird. Diese Erklärung kann durch spezifische Beurteilungen zu allen größeren Tätigkeitsbereichen der Union ergänzt werden.

(2) Der Rechungshof prüft die Rechtmäßigkeit und Ordnungsmäßigkeit der Einnahmen und Ausgaben und überzeugt sich von der Wirtschaftlichkeit der Haushaltsführung. Dabei berichtet er insbesondere über alle Fälle von Unregelmäßigkeiten.

Die Prüfung der Einnahmen erfolgt anhand der Feststellungen und der Zahlungen der Einnahmen an die Union.

Die Prüfung der Ausgaben erfolgt anhand der Mittelbindungen und der Zahlungen.

Diese Prüfungen können vor Abschluss der Rechnung des betreffenden Haushaltsjahrs durchgeführt werden.

(3) Die Prüfung wird anhand der Rechnungsunterlagen und erforderlichenfalls an Ort und Stelle bei den anderen Organen der Union, in den Räumlichkeiten der Einrichtungen oder sonstigen Stellen, die Einnahmen oder Ausgaben für Rechnung der Union verwalten, sowie der natürlichen und juristischen Personen, die Zahlungen aus dem

Haushalt erhalten, und in den Mitgliedstaaten durchgeführt. Die Prüfung in den Mitgliedstaaten erfolgt in Verbindung mit den einzelstaatlichen Rechnungsprüfungsorganen oder, wenn diese nicht über die erforderliche Zuständigkeit verfügen, mit den zuständigen einzelstaatlichen Dienststellen. Der Rechnungshof und die einzelstaatlichen Rechnungsprüfungsorgane arbeiten unter Wahrung ihrer Unabhängigkeit vertrauensvoll zusammen. Diese Organe oder Dienststellen teilen dem Rechnungshof mit, ob sie an der Prüfung teilzunehmen beabsichtigen.

Die anderen Organe der Union, die Einrichtungen oder sonstigen Stellen, die Einnahmen oder Ausgaben für Rechnung der Union verwalten, die natürlichen oder juristischen Personen, die Zahlungen aus dem Haushalt erhalten, und die einzelstaatlichen Rechnungsprüfungsorgane oder, wenn diese nicht über die erforderliche Zuständigkeit verfügen, die zuständigen einzelstaatlichen Dienststellen übermitteln dem Rechnungshof auf dessen Antrag die für die Erfüllung seiner Aufgabe erforderlichen Unterlagen oder Informationen.

Die Rechte des Rechnungshofs auf Zugang zu Informationen der Europäischen Investitionsbank im Zusammenhang mit deren Tätigkeit bei der Verwaltung von Einnahmen und Ausgaben der Union werden in einer Vereinbarung zwischen dem Rechnungshof, der Bank und der Kommission geregelt. Der Rechnungshof hat auch dann Recht auf Zugang zu den Informationen, die für die Prüfung der von der Bank verwalteten Einnahmen und Ausgaben der Union erforderlich sind, wenn eine entsprechende Vereinbarung nicht besteht.

(4) Der Rechnungshof erstattet nach Abschluss eines jeden Haushaltsjahrs einen Jahresbericht. Dieser Bericht wird den anderen Organen der Union vorgelegt und im *Amtsblatt der Europäischen Union* zusammen mit den Antworten dieser Organe auf die Bemerkungen des Rechnungshofs veröffentlicht.

Der Rechnungshof kann ferner jederzeit seine Bemerkungen zu besonderen Fragen vorlegen, insbesondere in Form von Sonderberichten, und auf Antrag eines der anderen Organe der Union Stellungnahmen abgeben.

Er nimmt seine jährlichen Berichte, Sonderberichte oder Stellungnahmen mit der Mehrheit seiner Mitglieder an. Er kann jedoch für die Annahme bestimmter Arten von Berichten oder Stellungnahmen nach Maßgabe seiner Geschäftsordnung Kammern bilden.

Er unterstützt das Europäische Parlament und den Rat bei der Kontrolle der Ausführung des Haushaltsplans.

Der Rechnungshof gibt sich eine Geschäftsordnung. Diese bedarf der Genehmigung des Rates.

KAPITEL 2
RECHTSAKTE DER UNION, ANNAHMEVERFAHREN UND SONSTIGE VORSCHRIFTEN

ABSCHNITT 1
DIE RECHTSAKTE DER UNION

Artikel 288
(ex-Artikel 249 EGV)

Für die Ausübung der Zuständigkeiten der Union nehmen die Organe Verordnungen, Richtlinien, Beschlüsse, Empfehlungen und Stellungnahmen an.

Die Verordnung hat allgemeine Geltung. Sie ist in allen ihren Teilen verbindlich und gilt unmittelbar in jedem Mitgliedstaat.

Die Richtlinie ist für jeden Mitgliedstaat, an den sie gerichtet wird, hinsichtlich des zu erreichenden Ziels verbindlich, überlässt jedoch den innerstaatlichen Stellen die Wahl der Form und der Mittel.

Beschlüsse sind in allen ihren Teilen verbindlich. Sind sie an bestimmte Adressaten gerichtet, so sind sie nur für diese verbindlich.

Die Empfehlungen und Stellungnahmen sind nicht verbindlich.

Artikel 289

(1) Das ordentliche Gesetzgebungsverfahren besteht in der gemeinsamen Annahme einer Verordnung, einer Richtlinie oder eines Beschlusses durch das Europäische Parlament und den Rat auf Vorschlag der Kommission. Dieses Verfahren ist in Artikel 294 festgelegt.

(2) In bestimmten, in den Verträgen vorgesehenen Fällen erfolgt als besonderes Gesetzgebungsverfahren die Annahme einer Verordnung, einer Richtlinie oder eines Beschlusses durch das Europäische Parlament mit Beteiligung des Rates oder durch den Rat mit Beteiligung des Europäischen Parlaments.

(3) Rechtsakte, die gemäß einem Gesetzgebungsverfahren angenommen werden, sind Gesetzgebungsakte.

(4) In bestimmten, in den Verträgen vorgesehenen Fällen können Gesetzgebungsakte auf Initiative einer Gruppe von Mitgliedstaaten oder des Europäischen Parlaments, auf Empfehlung der Europäischen Zentralbank oder auf Antrag des Gerichtshofs oder der Europäischen Investitionsbank erlassen werden.

Artikel 290

(1) In Gesetzgebungsakten kann der Kommission die Befugnis übertragen werden, Rechtsakte ohne Gesetzescharakter mit allgemeiner Geltung zur Ergänzung oder Änderung bestimmter nicht wesentlicher Vorschriften des betreffenden Gesetzgebungsaktes zu erlassen.

In den betreffenden Gesetzgebungsakten werden Ziele, Inhalt, Geltungsbereich und Dauer der Befugnisübertragung ausdrücklich festgelegt. Die wesentlichen Aspekte eines Bereichs sind dem

Gesetzgebungsakt vorbehalten und eine Befugnisübertragung ist für sie deshalb ausgeschlossen.

(2) Die Bedingungen, unter denen die Übertragung erfolgt, werden in Gesetzgebungsakten ausdrücklich festgelegt, wobei folgende Möglichkeiten bestehen:

a) Das Europäische Parlament oder der Rat kann beschließen, die Übertragung zu widerrufen.

b) Der delegierte Rechtsakt kann nur in Kraft treten, wenn das Europäische Parlament oder der Rat innerhalb der im Gesetzgebungsakt festgelegten Frist keine Einwände erhebt.

Für die Zwecke der Buchstaben a und b beschließt das Europäische Parlament mit der Mehrheit seiner Mitglieder und der Rat mit qualifizierter Mehrheit.

(3) In den Titel der delegierten Rechtsakte wird das Wort „delegiert" eingefügt.

Artikel 291

(1) Die Mitgliedstaaten ergreifen alle zur Durchführung der verbindlichen Rechtsakte der Union erforderlichen Maßnahmen nach innerstaatlichem Recht.

(2) Bedarf es einheitlicher Bedingungen für die Durchführung der verbindlichen Rechtsakte der Union, so werden mit diesen Rechtsakten der Kommission oder, in entsprechend begründeten Sonderfällen und in den in den Artikeln 24 und 26 des Vertrags über die Europäische Union vorgesehenen Fällen, dem Rat Durchführungsbefugnisse übertragen.

(3) Für die Zwecke des Absatzes 2 legen das Europäische Parlament und der Rat gemäß dem ordentlichen Gesetzgebungsverfahren durch Verordnungen im Voraus allgemeine Regeln und Grundsätze fest, nach denen die Mitgliedstaaten die Wahrnehmung der Durchführungsbefugnisse durch die Kommission kontrollieren.

(4) In den Titel der Durchführungsrechtsakte wird der Wortteil „Durchführungs-" eingefügt.

Artikel 292

Der Rat gibt Empfehlungen ab. Er beschließt auf Vorschlag der Kommission in allen Fällen, in denen er nach Maßgabe der Verträge Rechtsakte auf Vorschlag der Kommission erlässt. In den Bereichen, in denen für den Erlass eines Rechtsakts der Union Einstimmigkeit vorgesehen ist, beschließt er einstimmig. Die Kommission und, in bestimmten in den Verträgen vorgesehenen Fällen, die Europäische Zentralbank geben Empfehlungen ab.

ABSCHNITT 2
ANNAHMEVERFAHREN UND SONSTIGE VORSCHRIFTEN

Artikel 293
(ex-Artikel 250 EGV)

(1) Wird der Rat aufgrund der Verträge auf Vorschlag der Kommission tätig, so kann er diesen Vorschlag nur einstimmig abändern; dies gilt nicht in den Fällen nach Artikel 294 Absätze 10 und 13, nach Artikel 310, Artikel 312, Artikel 314 und nach Artikel 315 Absatz 2.

(2) Solange ein Beschluss des Rates nicht ergangen ist, kann die Kommission ihren Vorschlag jederzeit im Verlauf der Verfahren zur Annahme eines Rechtsakts der Union ändern.

Artikel 294
(ex-Artikel 251 EGV)

(1) Wird in den Verträgen hinsichtlich der Annahme eines Rechtsakts auf das ordentliche Gesetzgebungsverfahren Bezug genommen, so gilt das nachstehende Verfahren.

(2) Die Kommission unterbreitet dem Europäischen Parlament und dem Rat einen Vorschlag.

Erste Lesung

(3) Das Europäische Parlament legt seinen Standpunkt in erster Lesung fest und übermittelt ihn dem Rat.

(4) Billigt der Rat den Standpunkt des Europäischen Parlaments, so ist der betreffende Rechtsakt in der Fassung des Standpunkts des Europäischen Parlaments erlassen.

(5) Billigt der Rat den Standpunkt des Europäischen Parlaments nicht, so legt er seinen Standpunkt in erster Lesung fest und übermittelt ihn dem Europäischen Parlament.

(6) Der Rat unterrichtet das Europäische Parlament in allen Einzelheiten über die Gründe, aus denen er seinen Standpunkt in erster Lesung festgelegt hat. Die Kommission unterrichtet das Europäische Parlament in vollem Umfang über ihren Standpunkt.

Zweite Lesung

(7) Hat das Europäische Parlament binnen drei Monaten nach der Übermittlung

a) den Standpunkt des Rates in erster Lesung gebilligt oder sich nicht geäußert, so gilt der betreffende Rechtsakt als in der Fassung des Standpunkts des Rates erlassen;

b) den Standpunkt des Rates in erster Lesung mit der Mehrheit seiner Mitglieder abgelehnt, so gilt der vorgeschlagene Rechtsakt als nicht erlassen;

c) mit der Mehrheit seiner Mitglieder Abänderungen an dem Standpunkt des Rates in erster Lesung vorgeschlagen, so wird die abgeänderte Fassung dem Rat und der Kommission zugeleitet; die Kommission gibt eine Stellungnahme zu diesen Abänderungen ab.

(8) Hat der Rat binnen drei Monaten nach Eingang der Abänderungen des Europäischen Parlaments mit qualifizierter Mehrheit

a) alle diese Abänderungen gebilligt, so gilt der betreffende Rechtsakt als erlassen;

b) nicht alle Abänderungen gebilligt, so beruft der Präsident des Rates im Einvernehmen mit dem Präsidenten des Europäischen Parlaments binnen sechs Wochen den Vermittlungsausschuss ein.

(9) Über Abänderungen, zu denen die Kommission eine ablehnende Stellungnahme abgegeben hat, beschließt der Rat einstimmig.

Vermittlung

(10) Der Vermittlungsausschuss, der aus den Mitgliedern des Rates oder deren Vertretern und ebenso vielen das Europäische Parlament vertretenden Mitgliedern besteht, hat die Aufgabe, mit der qualifizierten Mehrheit der Mitglieder des Rates oder deren Vertretern und der Mehrheit der das Europäische Parlament vertretenden Mitglieder binnen sechs Wochen nach seiner Einberufung eine Einigung auf der Grundlage der Standpunkte des Europäischen Parlaments und des Rates in zweiter Lesung zu erzielen.

(11) Die Kommission nimmt an den Arbeiten des Vermittlungsausschusses teil und ergreift alle erforderlichen Initiativen, um auf eine Annäherung der Standpunkte des Europäischen Parlaments und des Rates hinzuwirken.

(12) Billigt der Vermittlungsausschuss binnen sechs Wochen nach seiner Einberufung keinen gemeinsamen Entwurf, so gilt der vorgeschlagene Rechtsakt als nicht erlassen.

Dritte Lesung

(13) Billigt der Vermittlungsausschuss innerhalb dieser Frist einen gemeinsamen Entwurf, so verfügen das Europäische Parlament und der Rat ab dieser Billigung über eine Frist von sechs Wochen, um den betreffenden Rechtsakt entsprechend diesem Entwurf zu erlassen, wobei im Europäischen Parlament die Mehrheit der abgegebenen Stimmen und im Rat die qualifizierte Mehrheit erforderlich ist. Andernfalls gilt der vorgeschlagene Rechtsakt als nicht erlassen.

(14) Die in diesem Artikel genannten Fristen von drei Monaten beziehungsweise sechs Wochen werden auf Initiative des Europäischen Parlaments oder des Rates um höchstens einen Monat beziehungsweise zwei Wochen verlängert.

Besondere Bestimmungen

(15) Wird in den in den Verträgen vorgesehenen Fällen ein Gesetzgebungsakt auf Initiative einer Gruppe von Mitgliedstaaten, auf Empfehlung der Europäischen Zentralbank oder auf Antrag des Gerichtshofs im ordentlichen Gesetzgebungsverfahren erlassen, so finden Absatz 2, Absatz 6 Satz 2 und Absatz 9 keine Anwendung.

In diesen Fällen übermitteln das Europäische Parlament und der Rat der Kommission den Entwurf des Rechtsakts sowie ihre jeweiligen Standpunkte in erster und zweiter Lesung. Das Europäische Parlament oder der Rat kann die Kommission während des gesamten Verfahrens um eine Stellungnahme bitten, die die Kommission auch von sich aus abgeben kann. Sie kann auch nach Maßgabe des Absatzes 11 an dem Vermittlungsausschuss teilnehmen, sofern sie dies für erforderlich hält.

Artikel 295

Das Europäische Parlament, der Rat und die Kommission beraten sich und regeln einvernehmlich die Einzelheiten ihrer Zusammenarbeit. Dazu können sie unter Wahrung der Verträge interinstitutionelle Vereinbarungen schließen, die auch bindenden Charakter haben können.

Artikel 296
(ex-Artikel 253 EGV)

Wird die Art des zu erlassenden Rechtsakts von den Verträgen nicht vorgegeben, so entscheiden die Organe darüber von Fall zu Fall unter Einhaltung der geltenden Verfahren und des Grundsatzes der Verhältnismäßigkeit.

Die Rechtsakte sind mit einer Begründung zu versehen und nehmen auf die in den Verträgen vorgesehenen Vorschläge, Initiativen, Empfehlungen, Anträge oder Stellungnahmen Bezug.

Werden das Europäische Parlament und der Rat mit dem Entwurf eines Gesetzgebungsakts befasst, so nehmen sie keine Rechtsakte an, die gemäß dem für den betreffenden Bereich geltenden Gesetzgebungsverfahren nicht vorgesehen sind.

Artikel 297
(ex-Artikel 254 EGV)

(1) Gesetzgebungsakte, die gemäß dem ordentlichen Gesetzgebungsverfahren erlassen wurden, werden vom Präsidenten des Europäischen Parlaments und vom Präsidenten des Rates unterzeichnet.

Gesetzgebungsakte, die gemäß einem besonderen Gesetzgebungsverfahren erlassen wurden, werden vom Präsidenten des Organs unterzeichnet, das sie erlassen hat.

Die Gesetzgebungsakte werden im *Amtsblatt der Europäischen Union* veröffentlicht. Sie treten zu dem durch sie festgelegten Zeitpunkt oder anderenfalls am zwanzigsten Tag nach ihrer Veröffentlichung in Kraft.

(2) Rechtsakte ohne Gesetzescharakter, die als Verordnung, Richtlinie oder Beschluss, der an keinen bestimmten Adressaten gerichtet ist, erlassen wurden, werden vom Präsidenten des Organs unterzeichnet, das sie erlassen hat.

Verordnungen, Richtlinien, die an alle Mitgliedstaaten gerichtet sind, sowie Beschlüsse, die an keinen bestimmten Adressaten gerichtet sind, werden im *Amtsblatt der Europäischen Union* veröffentlicht. Sie treten zu dem durch sie festgelegten Zeitpunkt oder anderenfalls am zwanzigsten Tag nach ihrer Veröffentlichung in Kraft.

Die anderen Richtlinien sowie die Beschlüsse, die an einen bestimmten Adressaten gerichtet sind, werden denjenigen, für die sie bestimmt sind, bekannt gegeben und durch diese Bekanntgabe wirksam.

Artikel 298

(1) Zur Ausübung ihrer Aufgaben stützen sich die Organe, Einrichtungen und sonstigen Stellen der Union auf eine offene, effiziente und unabhängige europäische Verwaltung.

(2) Die Bestimmungen zu diesem Zweck werden unter Beachtung des Statuts und der Beschäftigungsbedingungen nach Artikel 336 vom Europäischen Parlament und vom Rat gemäß dem ordentlichen Gesetzgebungsverfahren durch Verordnungen erlassen.

Artikel 299
(ex-Artikel 256 EGV)

Die Rechtsakte des Rates, der Kommission oder der Europäischen Zentralbank, die eine Zahlung auferlegen, sind vollstreckbare Titel; dies gilt nicht gegenüber Staaten.

Die Zwangsvollstreckung erfolgt nach den Vorschriften des Zivilprozessrechts des Staates, in dessen Hoheitsgebiet sie stattfindet. Die Vollstreckungsklausel wird nach einer Prüfung, die sich lediglich auf die Echtheit des Titels erstrecken darf, von der staatlichen Behörde erteilt, welche die Regierung jedes Mitgliedstaats zu diesem Zweck bestimmt und der Kommission und dem Gerichtshof der Europäischen Union benennt.

Sind diese Formvorschriften auf Antrag der die Vollstreckung betreibenden Partei erfüllt, so kann diese die Zwangsvollstreckung nach innerstaatlichem Recht betreiben, indem sie die zuständige Stelle unmittelbar anruft.

Die Zwangsvollstreckung kann nur durch eine Entscheidung des Gerichtshofs der Europäischen Union ausgesetzt werden. Für die Prüfung der Ordnungsmäßigkeit der Vollstreckungsmaßnahmen sind jedoch die einzelstaatlichen Rechtsprechungsorgane zuständig.

KAPITEL 3
DIE BERATENDEN EINRICHTUNGEN DER UNION

Artikel 300

(1) Das Europäische Parlament, der Rat und die Kommission werden von einem Wirtschafts- und Sozialausschuss sowie einem Ausschuss der Regionen unterstützt, die beratende Aufgaben wahrnehmen.

(2) Der Wirtschafts- und Sozialausschuss setzt sich zusammen aus Vertretern der Organisationen der Arbeitgeber und der Arbeitnehmer sowie anderen Vertretern der Zivilgesellschaft, insbesondere aus dem sozialen und wirtschaftlichen, dem staatsbürgerlichen, dem beruflichen und dem kulturellen Bereich.

(3) Der Ausschuss der Regionen setzt sich zusammen aus Vertretern der regionalen und lokalen Gebietskörperschaften, die entweder ein auf Wahlen beruhendes Mandat in einer regionalen oder lokalen Gebietskörperschaft innehaben oder gegenüber einer gewählten Versammlung politisch verantwortlich sind.

(4) Die Mitglieder des Wirtschafts- und Sozialausschusses und des Ausschusses der Regionen sind an keine Weisungen gebunden. Sie üben ihre Tätigkeit in voller Unabhängigkeit zum allgemeinen Wohl der Union aus.

(5) Die Vorschriften der Absätze 2 und 3 über die Art der Zusammensetzung dieser Ausschüsse werden in regelmäßigen Abständen vom Rat überprüft, um der wirtschaftlichen, sozialen und demographischen Entwicklung in der Union Rechnung zu tragen. Der Rat erlässt auf Vorschlag der Kommission Beschlüsse zu diesem Zweck.

ABSCHNITT 1
DER WIRTSCHAFTS- UND SOZIALAUSSCHUSS

Artikel 301
(ex-Artikel 258 EGV)

Der Wirtschafts- und Sozialausschuss hat höchstens dreihundertfünfzig Mitglieder.

Der Rat erlässt einstimmig auf Vorschlag der Kommission einen Beschluss über die Zusammensetzung des Ausschusses.

Der Rat setzt die Vergütungen für die Mitglieder des Ausschusses fest.

Artikel 302
(ex-Artikel 259 EGV)

(1) Die Mitglieder des Ausschusses werden für fünf Jahre ernannt. Der Rat nimmt die gemäß den Vorschlägen der einzelnen Mitgliedstaaten erstellte Liste der Mitglieder an. Die Wiederernennung der Mitglieder des Ausschusses ist zulässig.

(2) Der Rat beschließt nach Anhörung der Kommission. Er kann die Meinung der maßgeblichen europäischen Organisationen der verschiedenen Zweige des Wirtschafts- und Soziallebens und der Zivilgesellschaft einholen, die von der Tätigkeit der Union betroffen sind.

Artikel 303
(ex-Artikel 260 EGV)

Der Ausschuss wählt aus seiner Mitte seinen Präsidenten und sein Präsidium auf zweieinhalb Jahre.

Er gibt sich eine Geschäftsordnung.

Der Ausschuss wird von seinem Präsidenten auf Antrag des Europäischen Parlaments, des Rates oder der Kommission einberufen. Er kann auch von sich aus zusammentreten.

Artikel 304
(ex-Artikel 262 EGV)

Der Ausschuss wird vom Europäischen Parlament, vom Rat oder der Kommission in den in den Verträgen vorgesehenen Fällen gehört. Er kann von diesen Organen in allen Fällen gehört werden, in denen diese es für zweckmäßig erachten. Er kann von sich aus eine Stellungnahme in den Fällen abgeben, in denen er dies für zweckmäßig erachtet.

Wenn das Europäische Parlament, der Rat oder die Kommission es für notwendig erachten, setzen sie dem Ausschuss für die Vorlage seiner Stellungnahme eine Frist; diese beträgt mindestens einen Monat, vom Eingang der Mitteilung beim Präsidenten des Ausschusses an gerechnet. Nach

Ablauf der Frist kann das Fehlen einer Stellungnahme unberücksichtigt bleiben.

Die Stellungnahmen des Ausschusses sowie ein Bericht über die Beratungen werden dem Europäischen Parlament, dem Rat und der Kommission übermittelt.

ABSCHNITT 2
DER AUSSCHUSS DER REGIONEN

Artikel 305
(ex-Artikel 263 Absätze 2, 3 und 4 EGV)

Der Ausschuss der Regionen hat höchstens dreihundertfünfzig Mitglieder.

Der Rat erlässt einstimmig auf Vorschlag der Kommission einen Beschluss über die Zusammensetzung des Ausschusses.

Die Mitglieder des Ausschusses sowie eine gleiche Anzahl von Stellvertretern werden auf fünf Jahre ernannt. Wiederernennung ist zulässig. Der Rat nimmt die gemäß den Vorschlägen der einzelnen Mitgliedstaaten erstellte Liste der Mitglieder und Stellvertreter an. Die Amtszeit der Mitglieder des Ausschusses endet automatisch bei Ablauf des in Artikel 300 Absatz 3 genannten Mandats, aufgrund dessen sie vorgeschlagen wurden; für die verbleibende Amtszeit wird nach demselben Verfahren ein Nachfolger ernannt. Ein Mitglied des Ausschusses darf nicht gleichzeitig Mitglied des Europäischen Parlaments sein.

Artikel 306
(ex-Artikel 264 EGV)

Der Ausschuss der Regionen wählt aus seiner Mitte seinen Präsidenten und sein Präsidium auf zweieinhalb Jahre.

Er gibt sich eine Geschäftsordnung.

Der Ausschuss wird von seinem Präsidenten auf Antrag des Europäischen Parlaments, des Rates oder der Kommission einberufen. Er kann auch von sich aus zusammentreten.

Artikel 307
(ex-Artikel 265 EGV)

Der Ausschuss der Regionen wird vom Europäischen Parlament, vom Rat oder von der Kommission in den in den Verträgen vorgesehenen Fällen und in allen anderen Fällen gehört, in denen eines dieser Organe dies für zweckmäßig erachtet, insbesondere in Fällen, welche die grenzüberschreitende Zusammenarbeit betreffen.

Wenn das Europäische Parlament, der Rat oder die Kommission es für notwendig erachten, setzen sie dem Ausschuss für die Vorlage seiner Stellungnahme eine Frist; diese beträgt mindestens einen Monat, vom Eingang der diesbezüglichen Mitteilung beim Präsidenten des Ausschusses an gerechnet. Nach Ablauf der Frist kann das Fehlen einer Stellungnahme unberücksichtigt bleiben.

Wird der Wirtschafts- und Sozialausschuss nach Artikel 304 gehört, so wird der Ausschuss der Regionen vom Europäischen Parlament, vom Rat oder von der Kommission über dieses Ersuchen um Stellungnahme unterrichtet. Der Ausschuss der Regionen kann, wenn er der Auffassung ist, dass spezifische regionale Interessen berührt werden, eine entsprechende Stellungnahme abgeben.

Er kann, wenn er dies für zweckdienlich erachtet, von sich aus eine Stellungnahme abgeben.

Die Stellungnahme des Ausschusses sowie ein Bericht über die Beratungen werden dem Europäischen Parlament, dem Rat und der Kommission übermittelt.

KAPITEL 4
DIE EUROPÄISCHE INVESTITIONSBANK

Artikel 308
(ex-Artikel 266 EGV)

Die Europäische Investitionsbank besitzt Rechtspersönlichkeit.

Mitglieder der Europäischen Investitionsbank sind die Mitgliedstaaten.

Die Satzung der Europäischen Investitionsbank ist den Verträgen als Protokoll beigefügt. Der Rat kann auf Antrag der Europäischen Investitionsbank und nach Anhörung des Europäischen Parlaments und der Kommission oder auf Vorschlag der Kommission und nach Anhörung des Europäischen Parlaments und der Europäischen Investitionsbank die Satzung der Bank einstimmig gemäß einem besonderen Gesetzgebungsverfahren ändern.

Artikel 309
(ex-Artikel 267 EGV)

Aufgabe der Europäischen Investitionsbank ist es, zu einer ausgewogenen und reibungslosen Entwicklung des Binnenmarkts im Interesse der Union beizutragen; hierbei bedient sie sich des Kapitalmarkts sowie ihrer eigenen Mittel. In diesem Sinne erleichtert sie ohne Verfolgung eines Erwerbszwecks durch Gewährung von Darlehen und Bürgschaften die Finanzierung der nachstehend bezeichneten Vorhaben in allen Wirtschaftszweigen:

a) Vorhaben zur Erschließung der weniger entwickelten Gebiete;

b) Vorhaben zur Modernisierung oder Umstellung von Unternehmen oder zur Schaffung neuer Arbeitsmöglichkeiten, die sich aus der Errichtung oder dem Funktionieren des Binnenmarkts ergeben und wegen ihres Umfangs oder ihrer Art mit den in den einzelnen Mitgliedstaaten vorhandenen Mitteln nicht vollständig finanziert werden können;

c) Vorhaben von gemeinsamem Interesse für mehrere Mitgliedstaaten, die wegen ihres Umfangs oder ihrer Art mit den in den einzelnen Mitgliedstaaten vorhandenen Mitteln nicht vollständig finanziert werden können.

In Erfüllung ihrer Aufgabe erleichtert die Bank die Finanzierung von Investitionsprogrammen in Verbindung mit der Unterstützung aus den Strukturfonds und anderen Finanzierungsinstrumenten der Union.

TITEL II
FINANZVORSCHRIFTEN

Artikel 310
(ex-Artikel 268 EGV)

(1) Alle Einnahmen und Ausgaben der Union werden für jedes Haushaltsjahr veranschlagt und in den Haushaltsplan eingesetzt.

Der jährliche Haushaltsplan der Union wird vom Europäischen Parlament und vom Rat nach Maßgabe des Artikels 314 aufgestellt.

Der Haushaltsplan ist in Einnahmen und Ausgaben auszugleichen.

(2) Die in den Haushaltsplan eingesetzten Ausgaben werden für ein Haushaltsjahr entsprechend der Verordnung nach Artikel 322 bewilligt.

(3) Die Ausführung der in den Haushaltsplan eingesetzten Ausgaben setzt den Erlass eines verbindlichen Rechtsakts der Union voraus, mit dem die Maßnahme der Union und die Ausführung der entsprechenden Ausgabe entsprechend der Verordnung nach Artikel 322 eine Rechtsgrundlage erhalten, soweit nicht diese Verordnung Ausnahmen vorsieht.

(4) Um die Haushaltsdisziplin sicherzustellen, erlässt die Union keine Rechtsakte, die erhebliche Auswirkungen auf den Haushaltsplan haben könnten, ohne die Gewähr zu bieten, dass die mit diesen Rechtsakten verbundenen Ausgaben im Rahmen der Eigenmittel der Union und unter Einhaltung des mehrjährigen Finanzrahmens nach Artikel 312 finanziert werden können.

(5) Der Haushaltsplan wird entsprechend dem Grundsatz der Wirtschaftlichkeit der Haushaltsführung ausgeführt. Die Mitgliedstaaten arbeiten mit der Union zusammen, um sicherzustellen, dass die in den Haushaltsplan eingesetzten Mittel nach diesem Grundsatz verwendet werden.

(6) Die Union und die Mitgliedstaaten bekämpfen nach Artikel 325 Betrügereien und sonstige gegen die finanziellen Interessen der Union gerichtete rechtswidrige Handlungen.

KAPITEL 1
DIE EIGENMITTEL DER UNION

Artikel 311
(ex-Artikel 269 EGV)

Die Union stattet sich mit den erforderlichen Mitteln aus, um ihre Ziele erreichen und ihre Politik durchführen zu können.

Der Haushalt wird unbeschadet der sonstigen Einnahmen vollständig aus Eigenmitteln finanziert.

Der Rat erlässt gemäß einem besonderen Gesetzgebungsverfahren einstimmig und nach Anhörung des Europäischen Parlaments einen Beschluss, mit dem die Bestimmungen über das System der Eigenmittel der Union festgelegt werden. Darin können neue Kategorien von Eigenmitteln eingeführt oder bestehende Kategorien abgeschafft werden. Dieser Beschluss tritt erst nach Zustimmung der Mitgliedstaaten im Einklang mit ihren jeweiligen verfassungsrechtlichen Vorschriften in Kraft.

Der Rat legt gemäß einem besonderen Gesetzgebungsverfahren durch Verordnungen Durchführungsmaßnahmen zu dem System der Eigenmittel der Union fest, sofern dies in dem nach Absatz 3 erlassenen Beschluss vorgesehen ist. Der Rat beschließt nach Zustimmung des Europäischen Parlaments.

KAPITEL 2
DER MEHRJÄHRIGE FINANZRAHMEN

Artikel 312

(1) Mit dem mehrjährigen Finanzrahmen soll sichergestellt werden, dass die Ausgaben der Union innerhalb der Grenzen ihrer Eigenmittel eine geordnete Entwicklung nehmen.

Er wird für einen Zeitraum von mindestens fünf Jahren aufgestellt.

Bei der Aufstellung des jährlichen Haushaltsplans der Union ist der mehrjährige Finanzrahmen einzuhalten.

(2) Der Rat erlässt gemäß einem besonderen Gesetzgebungsverfahren eine Verordnung zur Festlegung des mehrjährigen Finanzrahmens. Er beschließt einstimmig nach Zustimmung des Europäischen Parlaments, die mit der Mehrheit seiner Mitglieder erteilt wird.

Der Europäische Rat kann einstimmig einen Beschluss fassen, wonach der Rat mit qualifizierter Mehrheit beschließen kann, wenn er die in Unterabsatz 1 genannte Verordnung erlässt.

(3) In dem Finanzrahmen werden die jährlichen Obergrenzen der Mittel für Verpflichtungen je Ausgabenkategorie und die jährliche Obergrenze der Mittel für Zahlungen festgelegt. Die Ausgabenkategorien, von denen es nur wenige geben darf, entsprechen den Haupttätigkeitsbereichen der Union.

Der Finanzrahmen enthält auch alle sonstigen für den reibungslosen Ablauf des jährlichen Haushaltsverfahrens sachdienlichen Bestimmungen.

(4) Hat der Rat bis zum Ablauf des vorangegangenen Finanzrahmens keine Verordnung zur Aufstellung eines neuen Finanzrahmens erlassen, so werden die Obergrenzen und sonstigen Bestimmungen des letzten Jahres des vorangegangenen Finanzrahmens bis zum Erlass dieses Rechtsakts fortgeschrieben.

(5) Das Europäische Parlament, der Rat und die Kommission treffen während des gesamten Verfahrens zur Annahme des Finanzrahmens alle erforderlichen Maßnahmen, um den Erlass des Rechtsakts zu erleichtern.

KAPITEL 3
DER JAHRESHAUSHALTSPLAN DER UNION

Artikel 313
(ex-Artikel 272 Absatz 1 EGV)

Das Haushaltsjahr beginnt am 1. Januar und endet am 31. Dezember.

Artikel 314
(ex-Artikel 272 Absätze 2 bis 10 EGV)

Das Europäische Parlament und der Rat legen den Jahreshaushaltsplan der Union im Rahmen eines besonderen Gesetzgebungsverfahrens nach den folgenden Bestimmungen fest:

(1) Jedes Organ, mit Ausnahme der Europäischen Zentralbank, stellt vor dem 1. Juli einen Haushaltsvoranschlag für seine Ausgaben für das folgende Haushaltsjahr auf. Die Kommission fasst diese Voranschläge in einem Entwurf für den Haushaltsplan zusammen, der abweichende Voranschläge enthalten kann.

Dieser Entwurf umfasst den Ansatz der Einnahmen und den Ansatz der Ausgaben.

(2) Die Kommission legt dem Europäischen Parlament und dem Rat spätestens am 1. September des Jahres, das dem entsprechenden Haushaltsjahr vorausgeht, einen Vorschlag mit dem Entwurf des Haushaltsplans vor.

Die Kommission kann den Entwurf des Haushaltsplans während des laufenden Verfahrens bis zur Einberufung des in Absatz 5 genannten Vermittlungsausschusses ändern.

(3) Der Rat legt seinen Standpunkt zu dem Entwurf des Haushaltsplans fest und leitet ihn spätestens am 1. Oktober des Jahres, das dem entsprechenden Haushaltsjahr vorausgeht, dem Europäischen Parlament zu. Er unterrichtet das Europäische Parlament in vollem Umfang über die Gründe, aus denen er seinen Standpunkt festgelegt hat.

(4) Hat das Europäische Parlament binnen 42 Tagen nach der Übermittlung
a) den Standpunkt des Rates gebilligt, so ist der Haushaltsplan erlassen;
b) keinen Beschluss gefasst, so gilt der Haushaltsplan als erlassen;
c) mit der Mehrheit seiner Mitglieder Abänderungen angenommen, so wird die abgeänderte Fassung des Entwurfs dem Rat und der Kommission zugeleitet. Der Präsident des Europäischen Parlaments beruft im Einvernehmen mit dem Präsidenten des Rates umgehend den Vermittlungsausschuss ein. Der Vermittlungsausschuss tritt jedoch nicht zusammen, wenn der Rat dem Europäischen Parlament binnen zehn Tagen nach der Übermittlung des geänderten Entwurfs mitteilt, dass er alle seine Abänderungen billigt.

(5) Der Vermittlungsausschuss, der aus den Mitgliedern des Rates oder deren Vertretern und ebenso vielen das Europäische Parlament vertretenden Mitgliedern besteht, hat die Aufgabe, binnen 21 Tagen nach seiner Einberufung auf der Grundlage der Standpunkte des Europäischen Parlaments und des Rates mit der qualifizierten Mehrheit der Mitglieder des Rates oder deren Vertretern und der Mehrheit der das Europäische Parlament vertretenden Mitglieder eine Einigung über einen gemeinsamen Entwurf zu erzielen.

Die Kommission nimmt an den Arbeiten des Vermittlungsausschusses teil und ergreift alle erforderlichen Initiativen, um eine Annäherung der Standpunkte des Europäischen Parlaments und des Rates zu bewirken.

(6) Einigt sich der Vermittlungsausschuss innerhalb der in Absatz 5 genannten Frist von 21 Tagen auf einen gemeinsamen Entwurf, so verfügen das Europäische Parlament und der Rat ab dieser Einigung über eine Frist von 14 Tagen, um den gemeinsamen Entwurf zu billigen.

(7) Wenn innerhalb der in Absatz 6 genannten Frist von 14 Tagen
a) der gemeinsame Entwurf sowohl vom Europäischen Parlament als auch vom Rat gebilligt wird oder beide keinen Beschluss fassen oder eines dieser Organe den gemeinsamen Entwurf billigt, während das andere Organ keinen Beschluss fasst, so gilt der Haushaltsplan als entsprechend dem gemeinsamen Entwurf endgültig erlassen, oder
b) der gemeinsame Entwurf sowohl vom Europäischen Parlament mit der Mehrheit seiner Mitglieder als auch vom Rat abgelehnt wird oder eines dieser Organe den gemeinsamen Entwurf ablehnt, während das andere Organ keinen Beschluss fasst, so legt die Kommission einen neuen Entwurf für den Haushaltsplan vor, oder
c) der gemeinsame Entwurf vom Europäischen Parlament mit der Mehrheit seiner Mitglieder abgelehnt wird, während er vom Rat gebilligt wird, so legt die Kommission einen neuen Entwurf für den Haushaltsplan vor, oder
d) der gemeinsame Entwurf vom Europäischen Parlament gebilligt wird, während er vom Rat abgelehnt wird, so kann das Europäische Parlament binnen 14 Tagen ab dem Tag der Ablehnung durch den Rat mit der Mehrheit seiner Mitglieder und drei Fünfteln der abgegebenen Stimmen beschließen, alle oder einige der in Absatz 4 Buchstabe c genannten Abänderungen zu bestätigen. Wird eine Abänderung des Europäischen Parlaments nicht bestätigt, so wird der im Vermittlungsausschuss vereinbarte Standpunkt zu dem Haushaltsposten, der Gegenstand der Abänderung ist, übernommen. Der Haushaltsplan gilt als auf dieser Grundlage endgültig erlassen.

(8) Einigt sich der Vermittlungsausschuss nicht binnen der in Absatz 5 genannten Frist von 21 Tagen auf einen gemeinsamen Entwurf, so legt die Kommission einen neuen Entwurf für den Haushaltsplan vor.

(9) Nach Abschluss des Verfahrens dieses Artikels stellt der Präsident des Europäischen Parlaments fest, dass der Haushaltsplan endgültig erlassen ist.

(10) Jedes Organ übt die ihm aufgrund dieses Artikels zufallenden Befugnisse unter Wahrung der Verträge und der Rechtsakte aus, die auf der Grundlage der Verträge insbesondere im Bereich

der Eigenmittel der Union und des Gleichgewichts von Einnahmen und Ausgaben erlassen wurden.

Artikel 315
(ex-Artikel 273 EGV)

Ist zu Beginn eines Haushaltsjahres der Haushaltsplan noch nicht endgültig erlassen, so können nach der gemäß Artikel 322 festgelegten Haushaltsordnung für jedes Kapitel monatliche Ausgaben bis zur Höhe eines Zwölftels der im betreffenden Kapitel des Haushaltsplans des vorangegangenen Haushaltsjahres eingesetzten Mittel vorgenommen werden, die jedoch ein Zwölftel der Mittelansätze des gleichen Kapitels des Haushaltsplanentwurfs nicht überschreiten dürfen.

Der Rat kann auf Vorschlag der Kommission unter Beachtung der sonstigen Bestimmungen des Absatzes 1 entsprechend der nach Artikel 322 erlassenen Verordnung Ausgaben genehmigen, die über dieses Zwölftel hinausgehen. Er leitet seinen Beschluss unverzüglich dem Europäischen Parlament zu.

In dem Beschluss nach Absatz 2 werden unter Beachtung der in Artikel 311 genannten Rechtsakte die zur Durchführung dieses Artikels erforderlichen Maßnahmen betreffend die Mittel vorgesehen.

Der Beschluss tritt 30 Tage nach seinem Erlass in Kraft, sofern das Europäische Parlament nicht innerhalb dieser Frist mit der Mehrheit seiner Mitglieder beschließt, diese Ausgaben zu kürzen.

Artikel 316
(ex-Artikel 271 EGV)

Nach Maßgabe der aufgrund des Artikels 322 erlassenen Vorschriften dürfen die nicht für Personalausgaben vorgesehenen Mittel, die bis zum Ende der Durchführungszeit eines Haushaltsplans nicht verbraucht worden sind, lediglich auf das nächste Haushaltsjahr übertragen werden.

Die vorgesehenen Mittel werden nach Kapiteln gegliedert, in denen die Ausgaben nach Art oder Bestimmung zusammengefasst sind; die Kapitel werden nach der gemäß Artikel 322 festgelegten Haushaltsordnung unterteilt.

Die Ausgaben des Europäischen Parlaments, des Europäischen Rates und des Rates, der Kommission sowie des Gerichtshofs der Europäischen Union werden unbeschadet einer besonderen Regelung für bestimmte gemeinsame Ausgaben in gesonderten Teilen des Haushaltsplans aufgeführt.

KAPITEL 4
AUSFÜHRUNG DES HAUSHALTSPLANS UND ENTLASTUNG

Artikel 317
(ex-Artikel 274 EGV)

Die Kommission führt den Haushaltsplan zusammen mit den Mitgliedstaaten gemäß der nach Artikel 322 festgelegten Haushaltsordnung in eigener Verantwortung und im Rahmen der zugewiesenen Mittel entsprechend dem Grundsatz der Wirtschaftlichkeit der Haushaltsführung aus.

Die Mitgliedstaaten arbeiten mit der Kommission zusammen, um sicherzustellen, dass die Mittel nach dem Grundsatz der Wirtschaftlichkeit der Haushaltsführung verwendet werden.

In der Haushaltsordnung sind die Kontroll- und Wirtschaftsprüfungspflichten der Mitgliedstaaten bei der Ausführung des Haushaltsplans sowie die damit verbundenen Verantwortlichkeiten geregelt. Darin sind ferner die Verantwortlichkeiten und die besonderen Einzelheiten geregelt, nach denen jedes Organ an der Vornahme seiner Ausgaben beteiligt ist.

Die Kommission kann nach der gemäß Artikel 322 festgelegten Haushaltsordnung Mittel von Kapitel zu Kapitel oder von Untergliederung zu Untergliederung übertragen.

Artikel 318
(ex-Artikel 275 EGV)

Die Kommission legt dem Europäischen Parlament und dem Rat jährlich die Rechnung des abgelaufenen Haushaltsjahres für die Rechnungsvorgänge des Haushaltsplans vor. Sie übermittelt ihnen ferner eine Übersicht über das Vermögen und die Schulden der Union.

Die Kommission legt dem Europäischen Parlament und dem Rat ferner einen Evaluierungsbericht zu den Finanzen der Union vor, der sich auf die Ergebnisse stützt, die insbesondere in Bezug auf die Vorgaben erzielt wurden, die vom Europäischen Parlament und vom Rat nach Artikel 319 erteilt wurden.

Artikel 319
(ex-Artikel 276 EGV)

(1) Auf Empfehlung des Rates erteilt das Europäische Parlament der Kommission Entlastung zur Ausführung des Haushaltsplans. Zu diesem Zweck prüft es nach dem Rat die Rechnung, die Übersicht und den Evaluierungsbericht nach Artikel 318 sowie den Jahresbericht des Rechnungshofs zusammen mit den Antworten der kontrollierten Organe auf dessen Bemerkungen, die in Artikel 287 Absatz 1 Unterabsatz 2 genannte Zuverlässigkeitserklärung und die einschlägigen Sonderberichte des Rechnungshofs.

(2) Das Europäische Parlament kann vor der Entlastung der Kommission sowie auch zu anderen Zwecken im Zusammenhang mit der Ausübung ihrer Haushaltsbefugnisse die Kommission auffordern, Auskunft über die Vornahme der Ausgaben oder die Arbeitsweise der Finanzkontrollsysteme zu erteilen. Die Kommission legt dem Europäischen Parlament auf dessen Ersuchen alle notwendigen Informationen vor.

(3) Die Kommission trifft alle zweckdienlichen Maßnahmen, um den Bemerkungen in den Entlastungsbeschlüssen und anderen Bemerkungen des Europäischen Parlaments zur Vornahme der Ausgaben sowie den Erläuterungen, die den Entlastungsempfehlungen des Rates beigefügt sind, nachzukommen.

Auf Ersuchen des Europäischen Parlaments oder des Rates erstattet die Kommission Bericht über die Maßnahmen, die aufgrund dieser Bemerkungen und Erläuterungen getroffen wurden, insbesondere über die Weisungen, die den für die Ausführung des Haushaltsplans zuständigen Dienststellen erteilt worden sind. Diese Berichte sind auch dem Rechnungshof zuzuleiten.

KAPITEL 5
GEMEINSAME BESTIMMUNGEN

Artikel 320
(ex-Artikel 277 EGV)

Der mehrjährige Finanzrahmen und der Jahreshaushaltsplan werden in Euro aufgestellt.

Artikel 321
(ex-Artikel 278 EGV)

Die Kommission kann vorbehaltlich der Unterrichtung der zuständigen Behörden der betreffenden Mitgliedstaaten ihre Guthaben in der Währung eines dieser Staaten in die Währung eines anderen Mitgliedstaats transferieren, soweit dies erforderlich ist, um diese Guthaben für die in den Verträgen vorgesehenen Zwecke zu verwenden. Besitzt die Kommission verfügbare oder flüssige Guthaben in der benötigten Währung, so vermeidet sie soweit möglich derartige Transferierungen.

Die Kommission verkehrt mit jedem Mitgliedstaat über die von diesem bezeichnete Behörde. Bei der Durchführung ihrer Finanzgeschäfte nimmt sie die Notenbank des betreffenden Mitgliedstaats oder ein anderes von diesem genehmigtes Finanzinstitut in Anspruch.

Artikel 322
(ex-Artikel 279 EGV)

(1) Das Europäische Parlament und der Rat erlassen gemäß dem ordentlichen Gesetzgebungsverfahren durch Verordnungen nach Anhörung des Rechnungshofs

a) die Haushaltsvorschriften, in denen insbesondere die Aufstellung und Ausführung des Haushaltsplans sowie die Rechnungslegung und Rechnungsprüfung im Einzelnen geregelt werden;

b) die Vorschriften, die die Kontrolle der Verantwortung der Finanzakteure und insbesondere der Anweisungsbefugten und der Rechnungsführer regeln.

(2) Der Rat legt auf Vorschlag der Kommission und nach Anhörung des Europäischen Parlaments und des Rechnungshofs die Einzelheiten und das Verfahren fest, nach denen die Haushaltseinnahmen, die in der Regelung über die Eigenmittel der Union vorgesehen sind, der Kommission zur Verfügung gestellt werden, sowie die Maßnahmen, die zu treffen sind, um gegebenenfalls die erforderlichen Kassenmittel bereitzustellen.

Artikel 323

Das Europäische Parlament, der Rat und die Kommission stellen sicher, dass der Union die Finanzmittel zur Verfügung stehen, die es ihr ermöglichen, ihren rechtlichen Verpflichtungen gegenüber Dritten nachzukommen.

Artikel 324

Auf Initiative der Kommission werden im Rahmen der nach diesem Titel vorgesehenen Haushaltsverfahren regelmäßige Treffen der Präsidenten des Europäischen Parlaments, des Rates und der Kommission einberufen. Diese treffen alle erforderlichen Maßnahmen, um die Abstimmung und Annäherung der Standpunkte der Organe, denen sie vorstehen, zu fördern und so die Durchführung dieses Titels zu erleichtern.

KAPITEL 6
BETRUGSBEKÄMPFUNG

Artikel 325
(ex-Artikel 280 EGV)

(1) Die Union und die Mitgliedstaaten bekämpfen Betrügereien und sonstige gegen die finanziellen Interessen der Union gerichtete rechtswidrige Handlungen mit Maßnahmen nach diesem Artikel, die abschreckend sind und in den Mitgliedstaaten sowie in den Organen, Einrichtungen und sonstigen Stellen der Union einen effektiven Schutz bewirken.

(2) Zur Bekämpfung von Betrügereien, die sich gegen die finanziellen Interessen der Union richten, ergreifen die Mitgliedstaaten die gleichen Maßnahmen, die sie auch zur Bekämpfung von Betrügereien ergreifen, die sich gegen ihre eigenen finanziellen Interessen richten.

(3) Die Mitgliedstaaten koordinieren unbeschadet der sonstigen Bestimmungen der Verträge ihre Tätigkeit zum Schutz der finanziellen Interessen der Union vor Betrügereien. Sie sorgen zu diesem Zweck zusammen mit der Kommission für eine enge, regelmäßige Zusammenarbeit zwischen den zuständigen Behörden.

(4) Zur Gewährleistung eines effektiven und gleichwertigen Schutzes in den Mitgliedstaaten sowie in den Organen, Einrichtungen und sonstigen Stellen der Union beschließen das Europäische Parlament und der Rat gemäß dem ordentlichen Gesetzgebungsverfahren nach Anhörung des Rechnungshofs die erforderlichen Maßnahmen zur Verhütung und Bekämpfung von Betrügereien, die sich gegen die finanziellen Interessen der Union richten.

(5) Die Kommission legt in Zusammenarbeit mit den Mitgliedstaaten dem Europäischen Parlament und dem Rat jährlich einen Bericht über die Maßnahmen vor, die zur Durchführung dieses Artikels getroffen wurden.

TITEL III
VERSTÄRKTE ZUSAMMENARBEIT

Artikel 326
(ex-Artikel 27a bis 27e, 40 bis 40b und 43 bis 45 EUV sowie ex-Artikel 11 und 11a EGV)

Eine Verstärkte Zusammenarbeit achtet die Verträge und das Recht der Union.

Sie darf weder den Binnenmarkt noch den wirtschaftlichen, sozialen und territorialen Zusammenhalt beeinträchtigen. Sie darf für den Handel zwischen den Mitgliedstaaten weder ein Hindernis noch eine Diskriminierung darstellen noch darf sie zu Verzerrungen des Wettbewerbs zwischen den Mitgliedstaaten führen.

Artikel 327
(ex-Artikel 27a bis 27e, 40 bis 40b und 43 bis 45 EUV sowie ex-Artikel 11 und 11a EGV)

Eine Verstärkte Zusammenarbeit achtet die Zuständigkeiten, Rechte und Pflichten der nicht an der Zusammenarbeit beteiligten Mitgliedstaaten. Diese stehen der Durchführung der Verstärkten Zusammenarbeit durch die daran beteiligten Mitgliedstaaten nicht im Wege.

Artikel 328
(ex-Artikel 27a bis 27e, 40 bis 40b und 43 bis 45 EUV sowie ex-Artikel 11 und 11a EGV)

(1) Bei ihrer Begründung steht eine Verstärkte Zusammenarbeit allen Mitgliedstaaten offen, sofern sie die in dem hierzu ermächtigenden Beschluss gegebenenfalls festgelegten Teilnahmevoraussetzungen erfüllen. Dies gilt auch zu jedem anderen Zeitpunkt, sofern sie neben den genannten Voraussetzungen auch die in diesem Rahmen bereits erlassenen Rechtsakte beachten.

Die Kommission und die an einer Verstärkten Zusammenarbeit teilnehmenden Mitgliedstaaten tragen dafür Sorge, dass die Teilnahme möglichst vieler Mitgliedstaaten gefördert wird.

(2) Die Kommission und gegebenenfalls der Hohe Vertreter der Union für die Außen- und Sicherheitspolitik unterrichten das Europäische Parlament und den Rat regelmäßig über die Entwicklung einer Verstärkten Zusammenarbeit.

Artikel 329
(ex-Artikel 27a bis 27e, 40 bis 40b und 43 bis 45 EUV sowie ex-Artikel 11 und 11a EGV)

(1) Die Mitgliedstaaten, die in einem der Bereiche der Verträge – mit Ausnahme der Bereiche, für die die Union die ausschließliche Zuständigkeit besitzt, und der Gemeinsamen Außen- und Sicherheitspolitik – untereinander eine Verstärkte Zusammenarbeit begründen möchten, richten einen Antrag an die Kommission, in dem der Anwendungsbereich und die Ziele aufgeführt werden, die mit der beabsichtigten Verstärkten Zusammenarbeit angestrebt werden. Die Kommission kann dem Rat einen entsprechenden Vorschlag vorlegen. Legt die Kommission keinen Vorschlag vor, so teilt sie den betroffenen Mitgliedstaaten ihre Gründe dafür mit.

Die Ermächtigung zur Einleitung einer Verstärkten Zusammenarbeit nach Unterabsatz 1 wird vom Rat auf Vorschlag der Kommission und nach Zustimmung des Europäischen Parlaments erteilt.

(2) Der Antrag der Mitgliedstaaten, die untereinander im Rahmen der Gemeinsamen Außen- und Sicherheitspolitik eine Verstärkte Zusammenarbeit begründen möchten, wird an den Rat gerichtet. Er wird dem Hohen Vertreter der Union für die Außen- und Sicherheitspolitik, der zur Kohärenz der beabsichtigten Verstärkten Zusammenarbeit mit der Gemeinsamen Außen- und Sicherheitspolitik der Union Stellung nimmt, sowie der Kommission übermittelt, die insbesondere zur Kohärenz der beabsichtigten Verstärkten Zusammenarbeit mit der Politik der Union in anderen Bereichen Stellung nimmt. Der Antrag wird ferner dem Europäischen Parlament zur Unterrichtung übermittelt.

Die Ermächtigung zur Einleitung einer Verstärkten Zusammenarbeit wird mit einem Beschluss des Rates erteilt, der einstimmig beschließt.

Artikel 330
(ex-Artikel 27a bis 27e, 40 bis 40b und 43 bis 45 EUV sowie ex-Artikel 11 und 11a EGV)

Alle Mitglieder des Rates können an dessen Beratungen teilnehmen, aber nur die Mitglieder des Rates, die die an der Verstärkten Zusammenarbeit beteiligten Mitgliedstaaten vertreten, sind stimmberechtigt.

Die Einstimmigkeit bezieht sich allein auf die Stimmen der Vertreter der an der Verstärkten Zusammenarbeit beteiligten Mitgliedstaaten.

Die qualifizierte Mehrheit bestimmt sich nach Artikel 238 Absatz 3.

Artikel 331
(ex-Artikel 27a bis 27e, 40 bis 40b und 43 bis 45 EUV sowie ex-Artikel 11 und 11a EGV)

(1) Jeder Mitgliedstaat, der sich einer bestehenden Verstärkten Zusammenarbeit in einem der in Artikel 329 Absatz 1 genannten Bereiche anschließen will, teilt dem Rat und der Kommission seine Absicht mit.

Die Kommission bestätigt binnen vier Monaten nach Eingang der Mitteilung die Beteiligung des betreffenden Mitgliedstaats. Dabei stellt sie gegebenenfalls fest, dass die Beteiligungsvoraussetzungen erfüllt sind, und erlässt die notwendigen Übergangsmaßnahmen zur Anwendung der im Rahmen der Verstärkten Zusammenarbeit bereits erlassenen Rechtsakte.

Ist die Kommission jedoch der Auffassung, dass die Beteiligungsvoraussetzungen nicht erfüllt sind, so gibt sie an, welche Bestimmungen zur Erfüllung dieser Voraussetzungen erlassen werden müssen, und legt eine Frist für die erneute Prüfung des Antrags fest. Nach Ablauf dieser Frist prüft sie den Antrag erneut nach dem in Unterabsatz 2 vorgesehenen Verfahren. Ist die Kommission der Auffassung, dass die Beteiligungsvoraussetzungen weiterhin nicht erfüllt sind, so kann der betreffende Mitgliedstaat mit dieser Frage den Rat befassen, der über den Antrag befindet. Der Rat beschließt nach Artikel 330. Er kann außerdem auf Vorschlag der Kommission die in Unterabsatz 2 genannten Übergangsmaßnahmen erlassen.

(2) Jeder Mitgliedstaat, der an einer bestehenden Verstärkten Zusammenarbeit im Rahmen der Gemeinsamen Außen- und Sicherheitspolitik teilnehmen möchte, teilt dem Rat, dem Hohen Vertreter der Union für die Außen- und Sicherheitspolitik und der Kommission seine Absicht mit.

Der Rat bestätigt die Teilnahme des betreffenden Mitgliedstaats nach Anhörung des Hohen Vertreters der Union für die Außen- und Sicherheitspolitik und gegebenenfalls nach der Feststellung, dass die Teilnahmevoraussetzungen erfüllt sind. Der Rat kann auf Vorschlag des Hohen Vertreters ferner die notwendigen Übergangsmaßnahmen zur Anwendung der im Rahmen der Verstärkten Zusammenarbeit bereits erlassenen Rechtsakte treffen. Ist der Rat jedoch der Auffassung, dass die Teilnahmevoraussetzungen nicht erfüllt sind, so gibt er an, welche Schritte zur Erfüllung dieser Voraussetzungen notwendig sind, und legt eine Frist für die erneute Prüfung des Antrags auf Teilnahme fest.

Für die Zwecke dieses Absatzes beschließt der Rat einstimmig nach Artikel 330.

Artikel 332
(ex-Artikel 27a bis 27e, 40 bis 40b und 43 bis 45 EUV sowie ex-Artikel 11 und 11a EGV)

Die sich aus der Durchführung einer Verstärkten Zusammenarbeit ergebenden Ausgaben, mit Ausnahme der Verwaltungskosten der Organe, werden von den beteiligten Mitgliedstaaten getragen, sofern der Rat nicht nach Anhörung des Europäischen Parlaments durch einstimmigen Beschluss sämtliche Mitglieder des Rates etwas anderes beschließt.

Artikel 333
(ex-Artikel 27a bis 27e, 40 bis 40b und 43 bis 45 EUV sowie ex-Artikel 11 und 11a EGV)

(1) Wenn nach einer Bestimmung der Verträge, die im Rahmen einer Verstärkten Zusammenarbeit angewendet werden könnte, der Rat einstimmig beschließen muss, kann der Rat nach Artikel 330 einstimmig einen Beschluss dahin gehend erlassen, dass er mit qualifizierter Mehrheit beschließt.

(2) Wenn nach einer Bestimmung der Verträge, die im Rahmen einer Verstärkten Zusammenarbeit angewendet werden könnte, Rechtsakte vom Rat gemäß einem besonderen Gesetzgebungsverfahren erlassen werden müssen, kann der Rat nach Artikel 330 einstimmig einen Beschluss dahin gehend erlassen, dass er gemäß dem ordentlichen Gesetzgebungsverfahren beschließt. Der Rat beschließt nach Anhörung des Europäischen Parlaments.

(3) Die Absätze 1 und 2 gelten nicht für Beschlüsse mit militärischen oder verteidigungspolitischen Bezügen.

Artikel 334
(ex-Artikel 27a bis 27e, 40 bis 40b und 43 bis 45 EUV sowie ex-Artikel 11 und 11a EGV)

Der Rat und die Kommission stellen sicher, dass die im Rahmen einer Verstärkten Zusammenarbeit durchgeführten Maßnahmen untereinander und mit der Politik der Union im Einklang stehen, und arbeiten entsprechend zusammen.

SIEBTER TEIL
ALLGEMEINE UND SCHLUSSBESTIMMUNGEN

Artikel 335
(ex-Artikel 282 EGV)

Die Union besitzt in jedem Mitgliedstaat die weitestgehende Rechts- und Geschäftsfähigkeit, die juristischen Personen nach dessen Rechtsvorschriften zuerkannt ist; sie kann insbesondere bewegliches und unbewegliches Vermögen erwerben und veräußern sowie vor Gericht stehen. Zu diesem Zweck wird sie von der Kommission vertreten. In Fragen, die das Funktionieren der einzelnen Organe betreffen, wird die Union hingegen aufgrund von deren Verwaltungsautonomie von dem betreffenden Organ vertreten.

Artikel 336
(ex-Artikel 283 EGV)

Das Europäische Parlament und der Rat erlassen gemäß dem ordentlichen Gesetzgebungsverfahren durch Verordnungen nach Anhörung der anderen betroffenen Organe das Statut der Beamten der Europäischen Union und die Beschäftigungsbedingungen für die sonstigen Bediensteten der Union.

Artikel 337
(ex-Artikel 284 EGV)

Zur Erfüllung der ihr übertragenen Aufgaben kann die Kommission alle erforderlichen Auskünfte einholen und alle erforderlichen Nachprüfungen vornehmen; der Rahmen und die nähere Maßgabe hierfür werden vom Rat, der mit einfacher Mehrheit beschließt, gemäß den Bestimmungen der Verträge festgelegt.

Artikel 338
(ex-Artikel 285 EGV)

(1) Unbeschadet des Artikels 5 des Protokolls über die Satzung des Europäischen Systems der Zentralbanken und der Europäischen Zentralbank beschließen das Europäische Parlament und der Rat gemäß dem ordentlichen Gesetzgebungsverfahren Maßnahmen für die Erstellung von Statistiken, wenn dies für die Durchführung der Tätigkeiten der Union erforderlich ist.

(2) Die Erstellung der Unionsstatistiken erfolgt unter Wahrung der Unparteilichkeit, der Zuverlässigkeit, der Objektivität, der wissenschaftlichen Unabhängigkeit, der Kostenwirksamkeit und der statistischen Geheimhaltung; der Wirtschaft dürfen dadurch keine übermäßigen Belastungen entstehen.

1/2. AEUV
Art. 339 – 348

Artikel 339
(ex-Artikel 287 EGV)

Die Mitglieder der Organe der Union, die Mitglieder der Ausschüsse sowie die Beamten und sonstigen Bediensteten der Union sind verpflichtet, auch nach Beendigung ihrer Amtstätigkeit Auskünfte, die ihrem esen nach unter das Berufsgeheimnis fallen, nicht preiszugeben; dies gilt insbesondere für Auskünfte über Unternehmen sowie deren Geschäftsbeziehungen oder Kostenelemente.

Artikel 340
(ex-Artikel 288 EGV)

Die vertragliche Haftung der Union bestimmt sich nach dem Recht, das auf den betreffenden Vertrag anzuwenden ist.

Im Bereich der außervertraglichen Haftung ersetzt die Union den durch ihre Organe oder Bediensteten in Ausübung ihrer Amtstätigkeit verursachten Schaden nach den allgemeinen Rechtsgrundsätzen, die den Rechtsordnungen der Mitgliedstaaten gemeinsam sind.

Abweichend von Absatz 2 ersetzt die Europäische Zentralbank den durch sie oder ihre Bediensteten in Ausübung ihrer Amtstätigkeit verursachten Schaden nach den allgemeinen Rechtsgrundsätzen, die den Rechtsordnungen der Mitgliedstaaten gemeinsam sind.

Die persönliche Haftung der Bediensteten gegenüber der Union bestimmt sich nach den Vorschriften ihres Statuts oder der für sie geltenden Beschäftigungsbedingungen.

Artikel 341
(ex-Artikel 289 EGV)

Der Sitz der Organe der Union wird im Einvernehmen zwischen den Regierungen der Mitgliedstaaten bestimmt.

Artikel 342
(ex-Artikel 290 EGV)

Die Regelung der Sprachenfrage für die Organe der Union wird unbeschadet der Satzung des Gerichtshofs der Europäischen Union vom Rat einstimmig durch Verordnungen getroffen.

Artikel 343
(ex-Artikel 291 EGV)

Die Union genießt im Hoheitsgebiet der Mitgliedstaaten die zur Erfüllung ihrer Aufgabe erforderlichen Vorrechte und Befreiungen nach Maßgabe des Protokolls vom 8. April 1965 über die Vorrechte und Befreiungen der Europäischen Union. Dasselbe gilt für die Europäische Zentralbank und die Europäische Investitionsbank.

Artikel 344
(ex-Artikel 292 EGV)

Die Mitgliedstaaten verpflichten sich, Streitigkeiten über die Auslegung oder Anwendung der Verträge nicht anders als hierin vorgesehen zu regeln.

Artikel 345
(ex-Artikel 295 EGV)

Die Verträge lassen die Eigentumsordnung in den verschiedenen Mitgliedstaaten unberührt.

Artikel 346
(ex-Artikel 296 EGV)

(1) Die Vorschriften der Verträge stehen folgenden Bestimmungen nicht entgegen:

a) Ein Mitgliedstaat ist nicht verpflichtet, Auskünfte zu erteilen, deren Preisgabe seines Erachtens seinen wesentlichen Sicherheitsinteressen widerspricht;

b) jeder Mitgliedstaat kann die Maßnahmen ergreifen, die seines Erachtens für die Wahrung seiner wesentlichen Sicherheitsinteressen erforderlich sind, soweit sie die Erzeugung von Waffen, Munition und Kriegsmaterial oder den Handel damit betreffen; diese Maßnahmen dürfen auf dem Binnenmarkt die Wettbewerbsbedingungen hinsichtlich der nicht eigens für militärische Zwecke bestimmten Waren nicht beeinträchtigen.

(2) Der Rat kann die von ihm am 15. April 1958 festgelegte Liste der Waren, auf die Absatz 1 Buchstabe b Anwendung findet, einstimmig auf Vorschlag der Kommission ändern.

Artikel 347
(ex-Artikel 297 EGV)

Die Mitgliedstaaten setzen sich miteinander ins Benehmen, um durch gemeinsames Vorgehen zu verhindern, dass das Funktionieren des Binnenmarkts durch Maßnahmen beeinträchtigt wird, die ein Mitgliedstaat bei einer schwerwiegenden innerstaatlichen Störung der öffentlichen Ordnung, im Kriegsfall, bei einer ernsten, eine Kriegsgefahr darstellenden internationalen Spannung oder in Erfüllung der Verpflichtungen trifft, die er im Hinblick auf die Aufrechterhaltung des Friedens und der internationalen Sicherheit übernommen hat.

Artikel 348
(ex-Artikel 298 EGV)

Werden auf dem Binnenmarkt die Wettbewerbsbedingungen durch Maßnahmen aufgrund der Artikel 346 und 347 verfälscht, so prüft die Kommission gemeinsam mit dem beteiligten Staat, wie diese Maßnahmen den Vorschriften der Verträge angepasst werden können.

In Abweichung von dem in den Artikeln 258 und 259 vorgesehenen Verfahren kann die Kommission oder ein Mitgliedstaat den Gerichtshof unmittelbar anrufen, wenn die Kommission oder der Staat der Auffassung ist, dass ein anderer Mitgliedstaat die in den Artikeln 346 und 347 vorgesehenen Befugnisse missbraucht. Der Gerichtshof entscheidet unter Ausschluss der Öffentlichkeit.

Artikel 349
(ex-Artikel 299 Absatz 2 Unterabsätze 2, 3 und 4 EGV)

Unter Berücksichtigung der strukturbedingten sozialen und wirtschaftlichen Lage von Guadeloupe, Französisch-Guayana, Martinique, Réunion, Saint-Barthélemy und Saint-Martin, der Azoren, Madeiras und der Kanarischen Inseln, die durch die Faktoren Abgelegenheit, Insellage, geringe Größe, schwierige Relief- und Klimabedingungen und wirtschaftliche Abhängigkeit von einigen wenigen Erzeugnissen erschwert wird, die als ständige Gegebenheiten und durch ihr Zusammenwirken die Entwicklung schwer beeinträchtigen, beschließt der Rat auf Vorschlag der Kommission nach Anhörung des Europäischen Parlaments spezifische Maßnahmen, die insbesondere darauf abzielen, die Bedingungen für die Anwendung der Verträge auf die genannten Gebiete, einschließlich gemeinsamer Politiken, festzulegen. Werden die betreffenden spezifischen Maßnahmen vom Rat gemäß einem besonderen Gesetzgebungsverfahren erlassen, so beschließt er ebenfalls auf Vorschlag der Kommission und nach Anhörung des Europäischen Parlaments.

Die Maßnahmen nach Absatz 1 betreffen insbesondere die Zoll- und Handelspolitik, Steuerpolitik, Freizonen, Agrar- und Fischereipolitik, die Bedingungen für die Versorgung mit Rohstoffen und grundlegenden Verbrauchsgütern, staatliche Beihilfen sowie die Bedingungen für den Zugang zu den Strukturfonds und zu den horizontalen Unionsprogrammen.

Der Rat beschließt die in Absatz 1 genannten Maßnahmen unter Berücksichtigung der besonderen Merkmale und Zwänge der Gebiete in äußerster Randlage, ohne dabei die Integrität und Kohärenz der Rechtsordnung der Union, die auch den Binnenmarkt und die gemeinsamen Politiken umfasst, auszuhöhlen.

Artikel 350
(ex-Artikel 306 EGV)

Die Verträge stehen dem Bestehen und der Durchführung der regionalen Zusammenschlüsse zwischen Belgien und Luxemburg sowie zwischen Belgien, Luxemburg und den Niederlanden nicht entgegen, soweit die Ziele dieser Zusammenschlüsse durch Anwendung der Verträge nicht erreicht sind.

Artikel 351
(ex-Artikel 307 EGV)

Die Rechte und Pflichten aus Übereinkünften, die vor dem 1. Januar 1958 oder, im Falle später beigetretener Staaten, vor dem Zeitpunkt ihres Beitritts zwischen einem oder mehreren Mitgliedstaaten einerseits und einem oder mehreren dritten Ländern andererseits geschlossen wurden, werden durch die Verträge nicht berührt.

Soweit diese Übereinkünfte mit den Verträgen nicht vereinbar sind, wenden der oder die betreffenden Mitgliedstaaten alle geeigneten Mittel an, um die festgestellten Unvereinbarkeiten zu beheben. Erforderlichenfalls leisten die Mitgliedstaaten zu diesem Zweck einander Hilfe; sie nehmen gegebenenfalls eine gemeinsame Haltung ein.

Bei Anwendung der in Absatz 1 bezeichneten Übereinkünfte tragen die Mitgliedstaaten dem Umstand Rechnung, dass die in den Verträgen von jedem Mitgliedstaat gewährten Vorteile Bestandteil der Errichtung der Union sind und daher in untrennbarem Zusammenhang stehen mit der Schaffung gemeinsamer Organe, der Übertragung von Zuständigkeiten auf diese und der Gewährung der gleichen Vorteile durch alle anderen Mitgliedstaaten.

Artikel 352
(ex-Artikel 308 EGV)

(1) Erscheint ein Tätigwerden der Union im Rahmen der in den Verträgen festgelegten Politikbereiche erforderlich, um eines der Ziele der Verträge zu verwirklichen, und sind in den Verträgen die hierfür erforderlichen Befugnisse nicht vorgesehen, so erlässt der Rat einstimmig auf Vorschlag der Kommission und nach Zustimmung des Europäischen Parlaments die geeigneten Vorschriften. Werden diese Vorschriften vom Rat gemäß einem besonderen Gesetzgebungsverfahren erlassen, so beschließt er ebenfalls einstimmig auf Vorschlag der Kommission und nach Zustimmung des Europäischen Parlaments.

(2) Die Kommission macht die nationalen Parlamente im Rahmen des Verfahrens zur Kontrolle der Einhaltung des Subsidiaritätsprinzips nach Artikel 5 Absatz 3 des Vertrags über die Europäische Union auf die Vorschläge aufmerksam, die sich auf diesen Artikel stützen.

(3) Die auf diesem Artikel beruhenden Maßnahmen dürfen keine Harmonisierung der Rechtsvorschriften der Mitgliedstaaten in den Fällen beinhalten, in denen die Verträge eine solche Harmonisierung ausschließen.

(4) Dieser Artikel kann nicht als Grundlage für die Verwirklichung von Zielen der Gemeinsamen Außen- und Sicherheitspolitik dienen, und Rechtsakte, die nach diesem Artikel erlassen werden, müssen innerhalb der in Artikel 40 Absatz 2 des Vertrags über die Europäische Union festgelegten Grenzen bleiben.

Artikel 353

Artikel 48 Absatz 7 des Vertrags über die Europäische Union findet keine Anwendung auf die folgenden Artikel:
- Artikel 311 Absätze 3 und 4,
- Artikel 312 Absatz 2 Unterabsatz 1,
- Artikel 352 und
- Artikel 354.

Artikel 354
(ex-Artikel 309 EGV)

Für die Zwecke des Artikels 7 des Vertrags über die Europäische Union über die Aussetzung bestimmter mit der Zugehörigkeit zur Union verbundener Rechte ist das Mitglied des Europäischen Rates oder des Rates, das den betroffenen Mitgliedstaat vertritt, nicht stimmberechtigt und der betreffende Mitgliedstaat wird bei der Berechnung des Drittels oder der vier Fünftel der Mitgliedstaaten nach den Absätzen 1 und 2 des genannten Artikels nicht berücksichtigt. Die Stimmenthaltung von anwesenden oder vertretenen Mitgliedern steht dem Erlass von Beschlüssen nach Absatz 2 des genannten Artikels nicht entgegen.

Für den Erlass von Beschlüssen nach Artikel 7 Absätze 3 und 4 des Vertrags über die Europäische Union bestimmt sich die qualifizierte Mehrheit nach Artikel 238 Absatz 3 Buchstabe b dieses Vertrags.

Beschließt der Rat nach dem Erlass eines Beschlusses über die Aussetzung der Stimmrechte nach Artikel 7 Absatz 3 des Vertrags über die Europäische Union auf der Grundlage einer Bestimmung der Verträge mit qualifizierter Mehrheit, so bestimmt sich die qualifizierte Mehrheit hierfür nach Artikel 238 Absatz 3 Buchstabe b dieses Vertrags oder, wenn der Rat auf Vorschlag der Kommission oder des Hohen Vertreters der Union für die Außen- und Sicherheitspolitik handelt, nach Artikel 238 Absatz 3 Buchstabe a.

Für die Zwecke des Artikels 7 des Vertrags über die Europäische Union beschließt das Europäische Parlament mit der Mehrheit von zwei Dritteln der abgegebenen Stimmen und mit der Mehrheit seiner Mitglieder.

Artikel 355
(ex-Artikel 299 Absatz 2 Unterabsatz 1 und Absätze 3 bis 6 EGV)

Zusätzlich zu den Bestimmungen des Artikels 52 des Vertrags über die Europäische Union über den räumlichen Geltungsbereich der Verträge gelten folgende Bestimmungen:

(1) Die Verträge gelten nach Artikel 349 für Guadeloupe, Französisch-Guayana, Martinique, Réunion, Saint Barthélemy, Saint Martin, die Azoren, Madeira und die Kanarischen Inseln.

(2) Für die in Anhang II aufgeführten überseeischen Länder und Hoheitsgebiete gilt das besondere Assoziierungssystem, das im Vierten Teil festgelegt ist.

Die Verträge finden keine Anwendung auf die überseeischen Länder und Hoheitsgebiete, die besondere Beziehungen zum Vereinigten Königreich Großbritannien und Nordirland unterhalten und die in dem genannten Anhang nicht aufgeführt sind.

(3) Die Verträge finden auf die europäischen Hoheitsgebiete Anwendung, deren auswärtige Beziehungen ein Mitgliedstaat wahrnimmt.

(4) Die Verträge finden entsprechend den Bestimmungen des Protokolls Nr. 2 zur Akte über die Bedingungen des Beitritts der Republik Österreich, der Republik Finnland und des Königreichs Schweden auf die Ålandinseln Anwendung.

(5) Abweichend von Artikel 52 des Vertrags über die Europäische Union und von den Absätzen 1 bis 4 dieses Artikels gilt:

a) Die Verträge finden auf die Färöer keine Anwendung.

b) Die Verträge finden auf die Hoheitszonen des Vereinigten Königreichs auf Zypern, Akrotiri und Dhekelia, nur insoweit Anwendung, als dies erforderlich ist, um die Anwendung der Regelungen des Protokolls über die Hoheitszonen des Vereinigten Königreichs Großbritannien und Nordirland in Zypern, das der Akte über die Bedingungen des Beitritts der Tschechischen Republik, der Republik Estland, der Republik Zypern, der Republik Lettland, der Republik Litauen, der Republik Ungarn, der Republik Malta, der Republik Polen, der Republik Slowenien und der Slowakischen Republik zur Europäischen Union beigefügt ist, nach Maßgabe jenes Protokolls sicherzustellen.

c) Die Verträge finden auf die Kanalinseln und die Insel Man nur insoweit Anwendung, als dies erforderlich ist, um die Anwendung der Regelung sicherzustellen, die in dem am 22. Januar 1972 unterzeichneten Vertrag über den Beitritt neuer Mitgliedstaaten zur Europäischen Wirtschaftsgemeinschaft und zur Europäischen Atomgemeinschaft für diese Inseln vorgesehen ist.

(6) Der Europäische Rat kann auf Initiative des betroffenen Mitgliedstaats einen Beschluss zur Änderung des Status eines in den Absätzen 1 und 2 genannten dänischen, französischen oder niederländischen Landes oder Hoheitsgebiets gegenüber der Union erlassen. Der Europäische Rat beschließt einstimmig nach Anhörung der Kommission.

Artikel 356
(ex-Artikel 312 EGV)

Dieser Vertrag gilt auf unbegrenzte Zeit.

Artikel 357
(ex-Artikel 313 EGV)

Dieser Vertrag bedarf der Ratifizierung durch die Hohen Vertragsparteien gemäß ihren verfassungsrechtlichen Vorschriften. Die Ratifikationsurkunden werden bei der Regierung der Italienischen Republik hinterlegt.

Dieser Vertrag tritt am ersten Tag des auf die Hinterlegung der letzten Ratifikationsurkunde folgenden Monats in Kraft. Findet diese Hinterlegung weniger als fünfzehn Tage vor Beginn des folgenden Monats statt, so tritt der Vertrag am ersten Tag des zweiten Monats nach dieser Hinterlegung in Kraft.

Artikel 358

Die Bestimmungen des Artikels 55 des Vertrags über die Europäische Union sind auf diesen Vertrag anwendbar.

ZU URKUND DESSEN haben die unterzeichneten Bevollmächtigten ihre Unterschriften unter diesen Vertrag gesetzt.

Geschehen zu Rom am fünfundzwanzigsten März neunzehnhundertsiebenundfünfzig.

(Aufzählung der Unterzeichner nicht wiedergegeben)

1/3a. Protokoll Nr. 25

1/3a. Protokoll (Nr. 25) über die Ausübung der geteilten Zuständigkeit

(ABl. Nr. C 202 v. 7.6.2016, S. 306)

DIE HOHEN VERTRAGSPARTEIEN –
SIND über folgende Bestimmungen ÜBEREINGEKOMMEN, die dem Vertrag über die Europäische Union und dem Vertrag über die Arbeitsweise der Europäischen Union beigefügt sind:

Einziger Artikel

Ist die Union in einem bestimmten Bereich im Sinne des Artikels 2 Absatz 2 des Vertrags über die Arbeitsweise der Europäischen Union betreffend die geteilte Zuständigkeit tätig geworden, so erstreckt sich die Ausübung der Zuständigkeit nur auf die durch den entsprechenden Rechtsakt der Union geregelten Elemente und nicht auf den gesamten Bereich.

1/3b. Protokoll (Nr. 33) zu Artikel 157 des Vertrags über die Arbeitsweise der Europäischen Union

(ABl. Nr. C 202 v. 7.6.2016, S. 318)

DIE HOHEN VERTRAGSPARTEIEN SIND über folgende Bestimmungen ÜBEREINGEKOMMEN, die dem Vertrag über die Europäische Union und dem Vertrag über die Arbeitsweise der Europäischen Union beigefügt sind:

Im Sinne des Artikels 157 des Vertrags über die Arbeitsweise der Europäischen Union gelten Leistungen aufgrund eines betrieblichen Systems der sozialen Sicherheit nicht als Entgelt, sofern und soweit sie auf Beschäftigungszeiten vor dem 17. Mai 1990 zurückgeführt werden können, außer im Fall von Arbeitnehmern oder deren anspruchsberechtigten Angehörigen, die vor diesem Zeitpunkt eine Klage bei Gericht oder ein gleichwertiges Verfahren nach geltendem einzelstaatlichen Recht anhängig gemacht haben.

# 1/3c. Protokoll Nr. 36
Präambel, Art. 1 – 3

1/3c. Protokoll (Nr. 36) über die Übergangsbestimmungen zum EUV und AEUV

(ABl. Nr. C 202 v. 7.6.2016, S. 321 (konsolidierte Fassung))

GLIEDERUNG

PRÄAMBEL und Definition „die Verträge"
Art. 1

TITEL I: Bestimmungen über das Europäische Parlament
Art. 2

TITEL II: Bestimmungen über die qualifizierte Mehrheit
Art. 3

TITEL III: Bestimmungen über die Zusammensetzungen des Rates
Art. 4

TITEL IV: Bestimmungen über die Kommission einschließlich des Hohen Vertreters der Union für Außen- und Sicherheitspolitik
Art. 5

TITEL V: Bestimmungen betreffend den Generalsekretär des Rates und Hohen Vertreter für die gemeinsame Außen- und Sicherheitspolitik und den stellvertretenden Generalsekretär des Rates
Art. 6

TITEL VI: Bestimmungen über die beratenden Einrichtungen
Art. 7, 8

TITEL VII: Übergangsbestimmungen über die vor dem Inkrafttreten des Vertrags von Lissabon auf der Grundlage der Titel V und VI des Vertrags über die Europäische Union angenommenen Rechtsakte
Art. 9, 10

DIE HOHEN VERTRAGSPARTEIEN – IN DER ERWÄGUNG, dass zur Regelung des Übergangs von den institutionellen Bestimmungen der Verträge, die vor dem Inkrafttreten des Vertrags von Lissabon anwendbar sind, zu den Bestimmungen des genannten Vertrags Übergangsbestimmungen vorgesehen werden müssen – SIND über folgende Bestimmungen ÜBEREINGEKOMMEN, die dem Vertrag über die Europäische Union, dem Vertrag über die Arbeitsweise der Europäischen Union und dem Vertrag zur Gründung der Europäischen Atomgemeinschaft [hier nicht abgedruckt] beigefügt sind:

Artikel 1

In diesem Protokoll bezeichnet der Ausdruck „die Verträge" den Vertrag über die Europäische Union, den Vertrag über die Arbeitsweise der Europäischen Union und den Vertrag zur Gründung der Europäischen Atomgemeinschaft.

TITEL I
BESTIMMUNGEN ÜBER DAS EUROPÄISCHE PARLAMENT

Artikel 2

(1) *gegenstandslos*

(2) *gegenstandslos*

(3) Rechtzeitig vor den Wahlen zum Europäischen Parlament 2014 erlässt der Europäische Rat nach Artikel 14 Absatz 2 Unterabsatz 2 des Vertrags über die Europäische Union einen Beschluss über die Zusammensetzung des Europäischen Parlaments.[1]

[1] Aufgrund des entsprechenden Artikels 3 des Beschlusses des Europäischen Rates 2013/312/EU über die Zusammensetzung des Europäischen Parlaments vom 28. Juni 2018, ABl. Nr. L 165I v. 2.7.2018, S.1., wird die Zahl der in jedem Mitgliedstaat gewählten Vertreter im Europäischen Parlament für die Wahlperiode 2019–2024 wie folgt festgesetzt: Belgien 21, Bulgarien 17, Tschechische Republik 21, Dänemark 14, Deutschland 96, Estland 7, Irland 13, Griechenland 21, Spanien 59, Frankreich 79, Kroatien 12, Italien 76, Zypern 6, Lettland 8, Litauen 11, Luxemburg 6, Ungarn 21, Malta 6, Niederlande 29, Österreich 19, Polen 52, Portugal 21, Rumänien 33, Slowenien 8, Slowakei 14, Finnland 14, Schweden 21.

TITEL II
BESTIMMUNGEN ÜBER DIE QUALIFIZIERTE MEHRHEIT

Artikel 3

(1) Nach Artikel 16 Absatz 4 des Vertrags über die Europäische Union treten die Bestimmungen dieses Absatzes und die Bestimmungen des Artikels 238 Absatz 2 des Vertrags über die Arbeitsweise der Europäischen Union zur Definition der qualifizierten Mehrheit im Europäischen Rat und im Rat am 1. November 2014 in Kraft.

(2) Für den Zeitraum vom 1. November 2014 bis zum 31. März 2017 gilt Folgendes: Ist für eine Beschlussfassung eine qualifizierte Mehrheit erforderlich, kann ein Mitglied des Rates beantragen, dass die Beschlussfassung mit der qualifizierten

Mehrheit nach Absatz 3 erfolgt. In diesem Fall finden die Absätze 3 und 4 Anwendung.

(3) Bis zum 31. Oktober 2014 gelten unbeschadet des Artikels 235 Absatz 1 Unterabsatz 2 des Vertrags über die Arbeitsweise der Europäischen Union die nachstehenden Bestimmungen.

Ist für die Beschlussfassung im Europäischen Rat und im Rat eine qualifizierte Mehrheit erforderlich, so werden die Stimmen der Mitglieder wie folgt gewichtet:

Belgien	12
Bulgarien	10
Tschechische Republik	12
Dänemark	7
Deutschland	29
Estland	4
Irland	7
Griechenland	12
Spanien	27
Frankreich	29
Kroatien	7
Italien	29
Zypern	4
Lettland	4
Litauen	7
Luxemburg	4
Ungarn	12
Malta	3
Niederlande	13
Österreich	10
Polen	27
Portugal	12
Rumänien	14
Slowenien	4
Slowakei	7
Finnland	7
Schweden	10
Vereinigtes Königreich	29

In den Fällen, in denen Beschlüsse nach den Verträgen auf Vorschlag der Kommission zu fassen sind, kommen diese Beschlüsse mit einer Mindestzahl von 260 Stimmen zustande, die die Zustimmung der Mehrheit der Mitglieder umfasst. In den anderen Fällen kommen die Beschlüsse mit einer Mindestzahl von 260 Stimmen zustande, die die Zustimmung von mindestens zwei Dritteln der Mitglieder umfasst.

Ein Mitglied des Europäischen Rates oder des Rates kann beantragen, dass beim Erlass eines Rechtsakts des Europäischen Rates oder des Rates mit qualifizierter Mehrheit überprüft wird, ob die Mitgliedstaaten, die diese qualifizierte Mehrheit bilden, mindestens 62 % der Gesamtbevölkerung der Union ausmachen. Falls sich erweist, dass diese Bedingung nicht erfüllt ist, wird der betreffende Rechtsakt nicht erlassen.

(4) Bis zum 31. Oktober 2014 gilt in den Fällen, in denen in Anwendung der Verträge nicht alle Mitglieder des Rates stimmberechtigt sind, das heißt in den Fällen, in denen auf die qualifizierte Mehrheit nach Artikel 238 Absatz 3 des Vertrags über die Arbeitsweise der Europäischen Union Bezug genommen wird, als qualifizierte Mehrheit derselbe Anteil der gewogenen Stimmen und derselbe Anteil der Anzahl der Mitglieder des Rates sowie gegebenenfalls derselbe Prozentsatz der Bevölkerung der betreffenden Mitgliedstaaten wie in Absatz 3 dieses Artikels festgelegt.*

---

* Für Beschlussfassungen des Rates mit qualifizierter Mehrheit ab dem 1. April 2017 gelten die folgenden Art. 4 bis 6 des Beschlusses 2009/857/EG des Rates vom 13. Dezember 2007, ABl. Nr. L 314 v. 1.12. 2009, S. 73:

Art. 4 ... Wenn Mitglieder des Rates, die
a) mindestens 55 % der Bevölkerung oder
b) mindestens 55 % der Anzahl der Mitgliedstaaten
vertreten, die für die Bildung einer Sperrminorität erforderlich sind, wie sie sich aus der Anwendung von Artikel 9c [Anm: jetzt Art. 16] Absatz 4 Unterabsatz 1 des Vertrags über die Europäische Union oder Artikel 205 [Anm: jetzt Art. 238] Absatz 2 des Vertrags über die Arbeitsweise der Europäischen Union ergibt, erklären, dass sie die Annahme eines Rechtsakts durch den Rat mit qualifizierter Mehrheit ablehnen, so wird die Frage vom Rat erörtert.

Art. 5 Der Rat wird im Verlauf dieser Erörterungen alles in seiner Macht Stehende tun, um innerhalb einer angemessenen Zeit und unbeschadet der durch das Unionsrecht vorgeschriebenen zwingenden Fristen eine zufrieden stellende Lösung für die von den Mitgliedern des Rates nach Artikel 4 vorgebrachten Anliegen zu finden.

Art. 6 Zu diesem Zweck unternimmt der Präsident des Rates mit Unterstützung der Kommission unter Einhaltung der Geschäftsordnung des Rates alle erforderlichen Schritte, um im Rat eine breitere Einigungsgrundlage zu ermöglichen. Die Mitglieder des Rates unterstützen ihn hierbei.

TITEL III
BESTIMMUNGEN ÜBER DIE ZUSAMMENSETZUNGEN DES RATES

Artikel 4

Bis zum Inkrafttreten des Beschlusses nach Artikel 16 Absatz 6 Unterabsatz 1 des Vertrags über die Europäische Union kann der Rat in den in den Unterabsätzen 2 und 3 des genannten Absatzes vorgesehenen Zusammensetzungen sowie in anderen Zusammensetzungen zusammentreten, deren Liste durch einen Beschluss des Rates in seiner Zusammensetzung „Allgemeine Angelegenheiten" festgesetzt wird, der mit einfacher Mehrheit beschließt.[2]

---

[2] vgl. den Beschluss des Rates (Allgemeine Angelegenheiten) zur Festsetzung der Liste der Zusammensetzungen des Rates, die zu den in Artikel 16 Absatz 6 Unterabsatz 2 und 3 des Vertrags über die Europäische Union genannten Zusammensetzungen hinzukommen, vom 1. Dezember 2009, ABl. Nr. L 315 v. 2.12.2009, S 46, geändert durch Beschluss 2010/594/EU des Europäischen Rates vom 16. September 2010, ABl. Nr. L 263 v. 6.10.2010, S 12.

TITEL IV
BESTIMMUNGEN ÜBER DIE KOMMISSION EINSCHLIESSLICH DES HOHEN VERTRETERS DER UNION FÜR AUSSEN- UND SICHERHEITSPOLITIK

Artikel 5

gegenstandslos

TITEL V
BESTIMMUNGEN BETREFFEND DEN GENERALSEKRETÄR DES RATES UND HOHEN VERTRETER FÜR DIE GEMEINSAME AUSSEN- UND SICHERHEITSPOLITIK UND DEN STELLVERTRETENDEN GENERAL-SEKRETÄR DES RATES

Artikel 6

gegenstandslos

TITEL VI
BESTIMMUNGEN ÜBER DIE BERATENDEN EINRICHTUNGEN

Artikel 7

Bis zum Inkrafttreten des Beschlusses nach Artikel 301 des Vertrags über die Arbeitsweise der Europäischen Union verteilen sich die Mitglieder des Wirtschafts- und Sozialausschusses wie folgt:

[Anmerkung: Nach Art. 1 des auf Art. 301 AEUV gestützten, von Art. 7 des Protokolls (Nr. 36) abweichenden Beschlusses (EU) 2019/853 des Rates vom 21. Mai 2019 über die Zusammensetzung des Europäischen Wirtschafts- und Sozialausschusses, ABl. Nr. L 139 v. 27.5.2019, S. 15, setzt sich der Wirtschafts- und Sozialausschuss in der Mandatsperiode 2020–2025 wie folgt zusammen:]

Belgien	12
Bulgarien	12
Tschechien	12
Dänemark	9
Deutschland	24
Estland	7
Irland	9
Griechenland	12
Spanien	21
Frankreich	24
Kroatien	9
Italien	24
Zypern	6
Lettland	7
Litauen	9
Luxemburg	6
Ungarn	12
Malta	5
Niederlande	12
Österreich	12
Polen	21
Portugal	12
Rumänien	15
Slowenien	7
Slowakei	9
Finnland	9
Schweden	12

Artikel 8

Bis zum Inkrafttreten des Beschlusses nach Artikel 305 des Vertrags über die Arbeitsweise der Europäischen Union verteilen sich die Mitglieder des Ausschusses der Regionen wie folgt:

[Anmerkung: Nach Art. 1 des auf Art. 305 AEUV gestützten, von Art. 8 des Protokolls (Nr. 36) abweichenden Beschlusses des Rates (EU) 2019/852 über die Zusammensetzung des Ausschusses der Regionen, ABl. Nr. L 139 v. 27.5.2019, S. 13, setzt sich der Ausschuss der Regionen in der Mandatsperiode 2020–2025 wie folgt zusammen:]

Belgien	12
Bulgarien	12
Tschechien	12
Dänemark	9
Deutschland	24
Estland	7
Irland	9
Griechenland	12
Spanien	21
Frankreich	24
Kroatien	9
Italien	24
Zypern	6
Lettland	7
Litauen	9
Luxemburg	6
Ungarn	12
Malta	5
Niederlande	12
Österreich	12
Polen	21
Portugal	12
Rumänien	15
Slowenien	7
Slowakei	9
Finnland	9
Schweden	12

TITEL VII
ÜBERGANGSBESTIMMUNGEN ÜBER DIE VOR DEM INKRAFTTRETEN DES VERTRAGS VON LISSABON AUF DER GRUNDLAGE DER TITEL V UND VI DES VERTRAGS ÜBER DIE EUROPÄISCHE UNION ANGENOMMENEN RECHTSAKTE

Artikel 9

Die Rechtsakte der Organe, Einrichtungen und sonstigen Stellen der Union, die vor dem Inkrafttreten des Vertrags von Lissabon auf der Grundlage des Vertrags über die Europäische Union angenommen wurden, behalten so lange Rechtswirkung, bis sie in Anwendung der Verträge aufgehoben, für nichtig erklärt oder geändert werden. Dies gilt auch für Übereinkommen, die auf der Grundlage des Vertrags über die Europäische Union zwischen Mitgliedstaaten geschlossen wurden.

Artikel 10

(1) Als Übergangsmaßnahme gilt bezüglich der Befugnisse der Organe bei Rechtsakten der Union im Bereich der polizeilichen Zusammenarbeit und der justiziellen Zusammenarbeit in Strafsachen, die vor dem Inkrafttreten des Vertrags von Lissabon angenommen wurden, bei Inkrafttreten des genannten Vertrags Folgendes: Die Befugnisse der Kommission nach Artikel 258 des Vertrags über die Arbeitsweise der Europäischen Union gelten nicht, und die Befugnisse des Gerichtshofs der Europäischen Union nach Titel VI des Vertrags über die Europäische Union in der vor dem Inkrafttreten des Vertrags von Lissabon geltenden Fassung bleiben unverändert, einschließlich in den Fällen, in denen sie nach Artikel 35 Absatz 2 des genannten Vertrags über die Europäische Union anerkannt wurden.

(2) Die Änderung eines in Absatz 1 genannten Rechtsakts hat zur Folge, dass hinsichtlich des geänderten Rechtsakts in Bezug auf diejenigen Mitgliedstaaten, für die der geänderte Rechtsakt gilt, die in den Verträgen vorgesehenen Befugnisse der in Absatz 1 genannten Organe gelten.

(3) Die Übergangsmaßnahme nach Absatz 1 tritt auf jeden Fall fünf Jahre nach dem Inkrafttreten des Vertrags von Lissabon außer Kraft.

(4) Das Vereinigte Königreich kann dem Rat spätestens sechs Monate vor dem Ende des Übergangszeitraums nach Absatz 3 mitteilen, dass es hinsichtlich der Rechtsakte nach Absatz 1 die in den Verträgen festgelegten Befugnisse der in Absatz 1 genannten Organe nicht anerkennt. Im Falle einer solchen Mitteilung durch das Vereinigte Königreich gelten alle Rechtsakte nach Absatz 1 für das Vereinigte Königreich nicht mehr ab dem Tag, an dem der Übergangszeitraum nach Absatz 3 endet. Dieser Unterabsatz gilt nicht in Bezug auf die geänderten Rechtsakte nach Absatz 2, die für das Vereinigte Königreich gelten.

Der Rat beschließt mit qualifizierter Mehrheit auf Vorschlag der Kommission die erforderlichen Folge- und Übergangsmaßnahmen. Das Vereinigte Königreich nimmt an der Annahme dieses Beschlusses nicht teil. Die qualifizierte Mehrheit des Rates bestimmt sich nach Artikel 238 Absatz 3 Buchstabe a des Vertrags über die Arbeitsweise der Europäischen Union.

Der Rat kann mit qualifizierter Mehrheit auf Vorschlag der Kommission ferner einen Beschluss annehmen, mit dem bestimmt wird, dass das Vereinigte Königreich etwaige unmittelbare finanzielle Folgen trägt, die sich zwangsläufig und unvermeidbar daraus ergeben, dass es sich nicht mehr an diesen Rechtsakten beteiligt.

(5) Das Vereinigte Königreich kann dem Rat in der Folge jederzeit mitteilen, dass es sich an Rechtsakten beteiligen möchte, die nach Absatz 4 Unterabsatz 1 für das Vereinigte Königreich nicht mehr gelten. In diesem Fall finden die einschlägigen Bestimmungen des Protokolls über den in den Rahmen der Europäischen Union einbezogenen Schengen-Besitzstand bzw. des Protokolls über die Position des Vereinigten Königreichs und Irlands hinsichtlich des Raums der Freiheit, der Sicherheit und des Rechts Anwendung. In Bezug auf diese Rechtsakte gelten die in den Verträgen festgelegten Befugnisse der Organe. Handeln die Organe der Union und das Vereinigte Königreich im Rahmen der betreffenden Protokolle, so bemühen sie sich, das größtmögliche Maß an Beteiligung des Vereinigten Königreichs am Besitzstand der Union bezüglich des Raums der Freiheit, der Sicherheit und des Rechts wiederherzustellen, ohne dass die praktische Funktionsfähigkeit seiner verschiedenen Bestandteile ernsthaft beeinträchtigt wird, und unter Wahrung von deren Kohärenz.

1/3d. Erklärung Nr. 17

1/3d. Erklärung Nr. 17 zum Vorrang

Erklärung Nr. 17 zur Schlussakte der Regierungskonferenz, die den am 13. Dezember 2007 unterzeichneten Vertrag von Lissabon angenommen hat, zum Vorrang (des EU-Rechts)

(ABl. Nr. C 202 v. 7.6.2016, S. 344)

Die Konferenz weist darauf hin, dass die Verträge und das von der Union auf der Grundlage der Verträge gesetzte Recht im Einklang mit der ständigen Rechtsprechung des Gerichtshofs der Europäischen Union unter den in dieser Rechtsprechung festgelegten Bedingungen Vorrang vor dem Recht der Mitgliedstaaten haben.

Darüber hinaus hat die Konferenz beschlossen, dass das Gutachten des Juristischen Dienstes des Rates zum Vorrang in der Fassung des Dokuments 11197/07 (JUR 260) dieser Schlussakte beigefügt wird:

„*Gutachten des Juristischen Dienstes des Rates vom 22. Juni 2007*

Nach der Rechtsprechung des Gerichtshofs ist der Vorrang des EG-Rechts einer der Grundpfeiler des Gemeinschaftsrechts. Dem Gerichtshof zufolge ergibt sich dieser Grundsatz aus der Besonderheit der Europäischen Gemeinschaft. Zum Zeitpunkt des ersten Urteils im Rahmen dieser ständigen Rechtsprechung (Rechtssache 6/64, Costa gegen ENEL, 15. Juli 1964 (1) *war dieser Vorrang im Vertrag nicht erwähnt. Dies ist auch heute noch der Fall. Die Tatsache, dass der Grundsatz dieses Vorrangs nicht in den künftigen Vertrag aufgenommen wird, ändert nichts an seiner Existenz und an der bestehenden Rechtsprechung des Gerichtshofs.*

(1) *„Aus (...) folgt, dass dem vom Vertrag geschaffenen, somit aus einer autonomen Rechtsquelle fließenden Recht wegen dieser seiner Eigenständigkeit keine wie immer gearteten innerstaatlichen Rechtsvorschriften vorgehen können, wenn ihm nicht sein Charakter als Gemeinschaftsrecht aberkannt und wenn nicht die Rechtsgrundlage der Gemeinschaft selbst in Frage gestellt werden soll."'*

1/3e. Erklärung Nr. 18 zur Abgrenzung der Zuständigkeiten

Erklärung Nr. 18 zur Schlussakte der Regierungskonferenz, die den am 13. Dezember 2007 unterzeichneten Vertrag von Lissabon angenommen hat, zur Abgrenzung der Zuständigkeiten

(ABl. Nr. C 202 v. 7.6.2016, S. 344)

Die Konferenz unterstreicht, dass gemäß dem in dem Vertrag über die Europäische Union und dem Vertrag über die Arbeitsweise der Europäischen Union vorgesehenen System der Aufteilung der Zuständigkeiten zwischen der Union und den Mitgliedstaaten alle der Union nicht in den Verträgen übertragenen Zuständigkeiten bei den Mitgliedstaaten verbleiben.

Übertragen die Verträge der Union für einen bestimmten Bereich eine mit den Mitgliedstaaten geteilte Zuständigkeit, so nehmen die Mitgliedstaaten ihre Zuständigkeit wahr, sofern und soweit die Union ihre Zuständigkeit nicht ausgeübt hat oder entschieden hat, diese nicht mehr auszuüben. Der letztgenannte Fall ist gegeben, wenn die zuständigen Organe der Union beschließen, einen Gesetzgebungsakt aufzuheben, insbesondere um die ständige Einhaltung der Grundsätze der Subsidiarität und der Verhältnismäßigkeit besser sicherzustellen. Der Rat kann die Kommission auf Initiative eines oder mehrerer seiner Mitglieder (Vertreter der Mitgliedstaaten) gemäß Artikel 241 des Vertrags über die Arbeitsweise der Europäischen Union auffordern, Vorschläge für die Aufhebung eines Gesetzgebungsakts zu unterbreiten. Die Konferenz begrüßt, dass die Kommission erklärt, sie werde solchen Aufforderungen besondere Beachtung schenken.

Ebenso können die Vertreter der Regierungen der Mitgliedstaaten im Rahmen einer Regierungskonferenz gemäß dem ordentlichen Änderungsverfahren nach Artikel 48 Absätze 2 bis 5 des Vertrags über die Europäische Union eine Änderung der Verträge, auf denen die Union beruht, einschließlich einer Ausweitung oder Verringerung der der Union in diesen Verträgen übertragenen Zuständigkeiten, beschließen.

1/3f. Erklärung Nr. 19 zu Artikel 8 des Vertrags über die Arbeitsweise der Europäischen Union

Erklärung Nr. 19 zur Schlussakte der Regierungskonferenz, die den am 13. Dezember 2007 unterzeichneten Vertrag von Lissabon angenommen hat, zu Artikel 8 des Vertrags über die Arbeitsweise der Europäischen Union

(ABl. Nr. C 202 v. 7.6.2016, S. 345)

Die Konferenz ist sich darüber einig, dass die Union bei ihren allgemeinen Bemühungen, Ungleichheiten zwischen Frauen und Männern zu beseitigen, in den verschiedenen Politikbereichen darauf hinwirken wird, jede Art der häuslichen Gewalt zu bekämpfen. Die Mitgliedstaaten sollten alle erforderlichen Maßnahmen ergreifen, um solche strafbaren Handlungen zu verhindern und zu ahnden sowie die Opfer zu unterstützen und zu schützen.

1/3g. Erklärung Nr. 31 zu Artikel 156 des Vertrags über die Arbeitsweise der Europäischen Union

Erklärung Nr. 31 zur Schlussakte der Regierungskonferenz, die den am 13. Dezember 2007 unterzeichneten Vertrag von Lissabon angenommen hat, zu Artikel 156 des Vertrags über die Arbeitsweise der Europäischen Union

(ABl. Nr. C 202 v. 7.6.2016, S. 348)

Die Konferenz bestätigt, dass die in Artikel 156 aufgeführten Politikbereiche im Wesentlichen in die Zuständigkeit der Mitgliedstaaten fallen. Die auf Unionsebene nach diesem Artikel zu ergreifenden Förder- und Koordinierungsmaßnahmen haben ergänzenden Charakter. Sie dienen der Stärkung der Zusammenarbeit zwischen den Mitgliedstaaten und nicht der Harmonisierung einzelstaatlicher Systeme. Die in den einzelnen Mitgliedstaaten bestehenden Garantien und Gepflogenheiten hinsichtlich der Verantwortung der Sozialpartner bleiben unberührt.

Diese Erklärung berührt nicht die Bestimmungen der Verträge, einschließlich im Sozialbereich, mit denen der Union Zuständigkeiten übertragen werden.

1/4. Charta der Grundrechte der Europäischen Union

vom 12. Dezember 2007
(ABl. Nr. C 202 v. 7.6.2016, S. 389)

GLIEDERUNG

TITEL I: Würde des Menschen
Art. 1: Würde des Menschen
Art. 2: Recht auf Leben
Art. 3: Recht auf Unversehrtheit
Art. 4: Verbot der Folter und unmenschlicher od. erniedrigender Strafe od. Behandlung
Art. 5: Verbot der Sklaverei und der Zwangsarbeit

TITEL II: Freiheiten
Art. 6: Recht auf Freiheit und Sicherheit
Art. 7: Achtung des Privat- und Familienlebens
Art. 8: Schutz personenbezogener Daten
Art. 9: Recht, eine Ehe einzugehen und eine Familie zu gründen
Art. 10: Gedanken-, Gewissens- und Religionsfreiheit
Art. 11: Freiheit der Meinungsäußerung und Informationsfreiheit
Art. 12: Versammlungs- und Vereinigungsfreiheit
Art. 13: Freiheit der Kunst und Wissenschaft
Art. 14: Recht auf Bildung
Art. 15: Berufsfreiheit und Recht zu arbeiten
Art. 16: Unternehmerische Freiheit
Art. 17: Eigentumsrecht
Art. 18: Asylrecht
Art. 19: Schutz bei Abschiebung, Ausweisung und Auslieferung

TITEL III: Gleichheit
Art. 20: Gleichheit vor dem Gesetz
Art. 21: Nichtdiskriminierung
Art. 22: Vielfalt der Kulturen, Religionen und Sprachen
Art. 23: Gleichheit von Männern und Frauen
Art. 24: Rechte des Kindes
Art. 25: Rechte älterer Menschen
Art. 26: Integration von Menschen mit Behinderung

TITEL IV: Solidarität
Art. 27: Recht auf Unterrichtung und Anhörung der Arbeitnehmerinnen und Arbeitnehmer im Unternehmen
Art. 28: Recht auf Kollektivverhandlungen und Kollektivmaßnahmen
Art. 29: Recht auf Zugang zu einem Arbeitsvermittlungsdienst
Art. 30: Schutz bei ungerechtfertigter Entlassung
Art. 31: Gerechte und angemessene Arbeitsbedingungen
Art. 32: Verbot der Kinderarbeit und Schutz der Jugendlichen am Arbeitsplatz
Art. 33: Familien- und Berufsleben
Art. 34: Soziale Sicherheit und soziale Unterstützung
Art. 35: Gesundheitsschutz
Art. 36: Zugang zu Dienstleistungen von allgemeinem wirtschaftlichen Interesse
Art. 37: Umweltschutz
Art. 38: Verbraucherschutz

TITEL V: Bürgerrechte
Art. 39: Aktives und passives Wahlrecht bei den Wahlen zum EP
Art. 40: Aktives und passives Wahlrecht bei den Kommunalwahlen
Art. 41: Recht auf eine gute Verwaltung
Art. 42: Recht auf Zugang zu Dokumenten
Art. 43: Der Europäische Bürgerbeauftragte
Art. 44: Petitionsrecht
Art. 45: Freizügigkeit und Aufenthaltsfreiheit
Art. 46: Diplomatischer und konsularischer Schutz

TITEL VI: Justizielle Rechte
Art. 47: Recht auf einen wirksamen Rechtsbehelf und ein unparteiisches Gericht
Art. 48: Unschuldsvermutung und Verteidigungsrechte
Art. 49: Grundsätze der Gesetzmäßigkeit und der Verhältnismäßigkeit im Zusammenhang mit Straftaten und Strafen
Art. 50: Recht, wegen derselben Straftat nicht zweimal strafrechtlich verfolgt oder bestraft zu werden

TITEL VII: Allgemeine Bestimmungen
Art. 51: Anwendungsbereich
Art. 52: Tragweite der garantierten Rechte
Art. 53: Schutzniveau
Art. 54: Verbot des Missbrauchs der Rechte

1/4. Grundrechtecharta

Präambel, Art. 1 – 7

Das Europäische Parlament, der Rat und die Kommission proklamieren feierlich den nachstehenden Text als Charta der Grundrechte der Europäischen Union:

CHARTA DER GRUNDRECHTE DER EUROPÄISCHEN UNION

Die Völker Europas sind entschlossen, auf der Grundlage gemeinsamer Werte eine friedliche Zukunft zu teilen, indem sie sich zu einer immer engeren Union verbinden.

In dem Bewusstsein ihres geistig-religiösen und sittlichen Erbes gründet sich die Union auf die unteilbaren und universellen Werte der Würde des Menschen, der Freiheit, der Gleichheit und der Solidarität. Sie beruht auf den Grundsätzen der Demokratie und der Rechtsstaatlichkeit. Sie stellt den Menschen in den Mittelpunkt ihres Handelns, indem sie die Unionsbürgerschaft und einen Raum der Freiheit, der Sicherheit und des Rechts begründet.

Die Union trägt zur Erhaltung und zur Entwicklung dieser gemeinsamen Werte unter Achtung der Vielfalt der Kulturen und Traditionen der Völker Europas sowie der nationalen Identität der Mitgliedstaaten und der Organisation ihrer staatlichen Gewalt auf nationaler, regionaler und lokaler Ebene bei. Sie ist bestrebt, eine ausgewogene und nachhaltige Entwicklung zu fördern und stellt den freien Personen-, Waren-, Dienstleistungs- und Kapitalverkehr sowie die Niederlassungsfreiheit sicher.

Zu diesem Zweck ist es notwendig, angesichts der Weiterentwicklung der Gesellschaft, des sozialen Fortschritts und der wissenschaftlichen und technologischen Entwicklungen den Schutz der Grundrechte zu stärken, indem sie in einer Charta sichtbarer gemacht werden.

Diese Charta bekräftigt unter Achtung der Zuständigkeiten und Aufgaben der Union und des Subsidiaritätsprinzips die Rechte, die sich vor allem aus den gemeinsamen Verfassungstraditionen und den gemeinsamen internationalen Verpflichtungen der Mitgliedstaaten, aus der Europäischen Konvention zum Schutze der Menschenrechte und Grundfreiheiten, aus den von der Union und dem Europarat beschlossenen Sozialcharts sowie aus der Rechtsprechung des Gerichtshofs der Europäischen Union und des Europäischen Gerichtshofs für Menschenrechte ergeben. In diesem Zusammenhang erfolgt die Auslegung der Charta durch die Gerichte der Union und der Mitgliedstaaten unter gebührender Berücksichtigung der Erläuterungen, die unter der Leitung des Präsidiums des Konvents zur Ausarbeitung der Charta formuliert und unter der Verantwortung des Präsidiums des Europäischen Konvents aktualisiert wurden.

Die Ausübung dieser Rechte ist mit Verantwortung und Pflichten sowohl gegenüber den Mitmenschen als auch gegenüber der menschlichen Gemeinschaft und den künftigen Generationen verbunden.

Daher erkennt die Union die nachstehend aufgeführten Rechte, Freiheiten und Grundsätze an.

TITEL I
WÜRDE DES MENSCHEN

Artikel 1
Würde des Menschen

Die Würde des Menschen ist unantastbar. Sie ist zu achten und zu schützen.

Artikel 2
Recht auf Leben

(1) Jeder Mensch hat das Recht auf Leben.

(2) Niemand darf zur Todesstrafe verurteilt oder hingerichtet werden.

Artikel 3
Recht auf Unversehrtheit

(1) Jeder Mensch hat das Recht auf körperliche und geistige Unversehrtheit.

(2) Im Rahmen der Medizin und der Biologie muss insbesondere Folgendes beachtet werden:

a) die freie Einwilligung des Betroffenen nach vorheriger Aufklärung entsprechend den gesetzlich festgelegten Einzelheiten,

b) das Verbot eugenischer Praktiken, insbesondere derjenigen, welche die Selektion von Menschen zum Ziel haben,

c) das Verbot, den menschlichen Körper und Teile davon als solche zur Erzielung von Gewinnen zu nutzen,

d) das Verbot des reproduktiven Klonens von Menschen.

Artikel 4
Verbot der Folter und unmenschlicher oder erniedrigender Strafe oder Behandlung

Niemand darf der Folter oder unmenschlicher oder erniedrigender Strafe oder Behandlung unterworfen werden.

Artikel 5
Verbot der Sklaverei und der Zwangsarbeit

(1) Niemand darf in Sklaverei oder Leibeigenschaft gehalten werden.

(2) Niemand darf gezwungen werden, Zwangs- oder Pflichtarbeit zu verrichten.

(3) Menschenhandel ist verboten.

TITEL II
FREIHEITEN

Artikel 6
Recht auf Freiheit und Sicherheit

Jeder Mensch hat das Recht auf Freiheit und Sicherheit.

Artikel 7
Achtung des Privat- und Familienlebens

Jede Person hat das Recht auf Achtung ihres Privat- und Familienlebens, ihrer Wohnung sowie ihrer Kommunikation.

1/4. Grundrechtecharta
Art. 8 – 18

Artikel 8
Schutz personenbezogener Daten

(1) Jede Person hat das Recht auf Schutz der sie betreffenden personenbezogenen Daten.

(2) Diese Daten dürfen nur nach Treu und Glauben für festgelegte Zwecke und mit Einwilligung der betroffenen Person oder auf einer sonstigen gesetzlich geregelten legitimen Grundlage verarbeitet werden. Jede Person hat das Recht, Auskunft über die sie betreffenden erhobenen Daten zu erhalten und die Berichtigung der Daten zu erwirken.

(3) Die Einhaltung dieser Vorschriften wird von einer unabhängigen Stelle überwacht.

Artikel 9
Recht, eine Ehe einzugehen und eine Familie zu gründen

Das Recht, eine Ehe einzugehen, und das Recht, eine Familie zu gründen, werden nach den einzelstaatlichen Gesetzen gewährleistet, welche die Ausübung dieser Rechte regeln.

Artikel 10
Gedanken-, Gewissens- und Religionsfreiheit

(1) Jede Person hat das Recht auf Gedanken-, Gewissens- und Religionsfreiheit. Dieses Recht umfasst die Freiheit, seine Religion oder Weltanschauung zu wechseln, und die Freiheit, seine Religion oder Weltanschauung einzeln oder gemeinsam mit anderen öffentlich oder privat durch Gottesdienst, Unterricht, Bräuche und Riten zu bekennen.

(2) Das Recht auf Wehrdienstverweigerung aus Gewissensgründen wird nach den einzelstaatlichen Gesetzen anerkannt, welche die Ausübung dieses Rechts regeln.

Artikel 11
Freiheit der Meinungsäußerung und Informationsfreiheit

(1) Jede Person hat das Recht auf freie Meinungsäußerung. Dieses Recht schließt die Meinungsfreiheit und die Freiheit ein, Informationen und Ideen ohne behördliche Eingriffe und ohne Rücksicht auf Staatsgrenzen zu empfangen und weiterzugeben.

(2) Die Freiheit der Medien und ihre Pluralität werden geachtet.

Artikel 12
Versammlungs- und Vereinigungsfreiheit

(1) Jede Person hat das Recht, sich insbesondere im politischen, gewerkschaftlichen und zivilgesellschaftlichen Bereich auf allen Ebenen frei und friedlich mit anderen zu versammeln und frei mit anderen zusammenzuschließen, was das Recht jeder Person umfasst, zum Schutz ihrer Interessen Gewerkschaften zu gründen und Gewerkschaften beizutreten.

(2) Politische Parteien auf der Ebene der Union tragen dazu bei, den politischen Willen der Unionsbürgerinnen und Unionsbürger zum Ausdruck zu bringen.

Artikel 13
Freiheit der Kunst und Wissenschaft

Kunst und Forschung sind frei. Die akademische Freiheit wird geachtet.

Artikel 14
Recht auf Bildung

(1) Jede Person hat das Recht auf Bildung sowie auf Zugang zur beruflichen Ausbildung und Weiterbildung.

(2) Dieses Recht umfasst die Möglichkeit, unentgeltlich am Pflichtschulunterricht teilzunehmen.

(3) Die Freiheit zur Gründung von Lehranstalten unter Achtung der demokratischen Grundsätze sowie das Recht der Eltern, die Erziehung und den Unterricht ihrer Kinder entsprechend ihren eigenen religiösen, weltanschaulichen und erzieherischen Überzeugungen sicherzustellen, werden nach den einzelstaatlichen Gesetzen geachtet, welche ihre Ausübung regeln.

Artikel 15
Berufsfreiheit und Recht zu arbeiten

(1) Jede Person hat das Recht, zu arbeiten und einen frei gewählten oder angenommenen Beruf auszuüben.

(2) Alle Unionsbürgerinnen und Unionsbürger haben die Freiheit, in jedem Mitgliedstaat Arbeit zu suchen, zu arbeiten, sich niederzulassen oder Dienstleistungen zu erbringen.

(3) Die Staatsangehörigen dritter Länder, die im Hoheitsgebiet der Mitgliedstaaten arbeiten dürfen, haben Anspruch auf Arbeitsbedingungen, die denen der Unionsbürgerinnen und Unionsbürger entsprechen.

Artikel 16
Unternehmerische Freiheit

Die unternehmerische Freiheit wird nach dem Gemeinschaftsrecht und den einzelstaatlichen Rechtsvorschriften und Gepflogenheiten anerkannt.

Artikel 17
Eigentumsrecht

(1) Jede Person hat das Recht, ihr rechtmäßig erworbenes Eigentum zu besitzen, zu nutzen, darüber zu verfügen und es zu vererben. Niemandem darf sein Eigentum entzogen werden, es sei denn aus Gründen des öffentlichen Interesses in den Fällen und unter den Bedingungen, die in einem Gesetz vorgesehen sind, sowie gegen eine rechtzeitige angemessene Entschädigung für den Verlust des Eigentums. Die Nutzung des Eigentums kann gesetzlich geregelt werden, soweit dies für das Wohl der Allgemeinheit erforderlich ist.

(2) Geistiges Eigentum wird geschützt.

Artikel 18
Asylrecht

Das Recht auf Asyl wird nach Maßgabe des Genfer Abkommens vom 28. Juli 1951 und des

Protokolls vom 31. Januar 1967 über die Rechtsstellung der Flüchtlinge sowie nach Maßgabe des Vertrags über die Europäische Union und des Vertrags über die Arbeitsweise der Europäischen Union (im Folgenden „die Verträge") gewährleistet.

Artikel 19
Schutz bei Abschiebung, Ausweisung und Auslieferung

(1) Kollektivausweisungen sind nicht zulässig.

(2) Niemand darf in einen Staat abgeschoben oder ausgewiesen oder an einen Staat ausgeliefert werden, in dem für sie oder ihn das ernsthafte Risiko der Todesstrafe, der Folter oder einer anderen unmenschlichen oder erniedrigenden Strafe oder Behandlung besteht.

TITEL III
GLEICHHEIT

Artikel 20
Gleichheit vor dem Gesetz

Alle Personen sind vor dem Gesetz gleich.

Artikel 21
Nichtdiskriminierung

(1) Diskriminierungen insbesondere wegen des Geschlechts, der Rasse, der Hautfarbe, der ethnischen oder sozialen Herkunft, der genetischen Merkmale, der Sprache, der Religion oder der Weltanschauung, der politischen oder sonstigen Anschauung, der Zugehörigkeit zu einer nationalen Minderheit, des Vermögens, der Geburt, einer Behinderung, des Alters oder der sexuellen Ausrichtung sind verboten.

(2) Unbeschadet besonderer Bestimmungen der Verträge ist in ihrem Anwendungsbereich jede Diskriminierung aus Gründen der Staatsangehörigkeit verboten.

Artikel 22
Vielfalt der Kulturen, Religionen und Sprachen

Die Union achtet die Vielfalt der Kulturen, Religionen und Sprachen.

Artikel 23
Gleichheit von Männern und Frauen

Die Gleichheit von Männern und Frauen ist in allen Bereichen, einschließlich der Beschäftigung, der Arbeit und des Arbeitsentgelts, sicherzustellen.

Der Grundsatz der Gleichheit steht der Beibehaltung oder der Einführung spezifischer Vergünstigungen für das unterrepräsentierte Geschlecht nicht entgegen.

Artikel 24
Rechte des Kindes

(1) Kinder haben Anspruch auf den Schutz und die Fürsorge, die für ihr Wohlergehen notwendig sind. Sie können ihre Meinung frei äußern. Ihre Meinung wird in den Angelegenheiten, die sie betreffen, in einer ihrem Alter und ihrem Reifegrad entsprechenden Weise berücksichtigt.

(2) Bei allen Kinder betreffenden Maßnahmen öffentlicher Stellen oder privater Einrichtungen muss das Wohl des Kindes eine vorrangige Erwägung sein.

(3) Jedes Kind hat Anspruch auf regelmäßige persönliche Beziehungen und direkte Kontakte zu beiden Elternteilen, es sei denn, dies steht seinem Wohl entgegen.

Artikel 25
Rechte älterer Menschen

Die Union anerkennt und achtet das Recht älterer Menschen auf ein würdiges und unabhängiges Leben und auf Teilnahme am sozialen und kulturellen Leben.

Artikel 26
Integration von Menschen mit Behinderung

Die Union anerkennt und achtet den Anspruch von Menschen mit Behinderung auf Maßnahmen zur Gewährleistung ihrer Eigenständigkeit, ihrer sozialen und beruflichen Eingliederung und ihrer Teilnahme am Leben der Gemeinschaft.

TITEL IV
SOLIDARITÄT

Artikel 27
Recht auf Unterrichtung und Anhörung der Arbeitnehmerinnen und Arbeitnehmer im Unternehmen

Für die Arbeitnehmerinnen und Arbeitnehmer oder ihre Vertreter muss auf den geeigneten Ebenen eine rechtzeitige Unterrichtung und Anhörung in den Fällen und unter den Voraussetzungen gewährleistet sein, die nach dem Unionsrecht und den einzelstaatlichen Rechtsvorschriften und Gepflogenheiten vorgesehen sind.

Artikel 28
Recht auf Kollektivverhandlungen und Kollektivmaßnahmen

Die Arbeitnehmerinnen und Arbeitnehmer sowie die Arbeitgeberinnen und Arbeitgeber oder ihre jeweiligen Organisationen haben nach dem Unionsrecht und den einzelstaatlichen Rechtsvorschriften und Gepflogenheiten das Recht, Tarifverträge auf den geeigneten Ebenen auszuhandeln und zu schließen sowie bei Interessenkonflikten kollektive Maßnahmen zur Verteidigung ihrer Interessen, einschließlich Streiks, zu ergreifen.

Artikel 29
Recht auf Zugang zu einem Arbeitsvermittlungsdienst

Jeder Mensch hat das Recht auf Zugang zu einem unentgeltlichen Arbeitsvermittlungsdienst.

1/4. Grundrechtecharta
Art. 30 – 40

Artikel 30
Schutz bei ungerechtfertigter Entlassung

Jede Arbeitnehmerin und jeder Arbeitnehmer hat nach dem Unionsrecht und den einzelstaatlichen Rechtsvorschriften und Gepflogenheiten Anspruch auf Schutz vor ungerechtfertigter Entlassung.

Artikel 31
Gerechte und angemessene Arbeitsbedingungen

(1) Jede Arbeitnehmerin und jeder Arbeitnehmer hat das Recht auf gesunde, sichere und würdige Arbeitsbedingungen.

(2) Jede Arbeitnehmerin und jeder Arbeitnehmer hat das Recht auf eine Begrenzung der Höchstarbeitszeit, auf tägliche und wöchentliche Ruhezeiten sowie auf bezahlten Jahresurlaub.

Artikel 32
Verbot der Kinderarbeit und Schutz der Jugendlichen am Arbeitsplatz

Kinderarbeit ist verboten. Unbeschadet günstigerer Vorschriften für Jugendliche und abgesehen von begrenzten Ausnahmen darf das Mindestalter für den Eintritt in das Arbeitsleben das Alter, in dem die Schulpflicht endet, nicht unterschreiten.

Zur Arbeit zugelassene Jugendliche müssen ihrem Alter angepasste Arbeitsbedingungen erhalten und vor wirtschaftlicher Ausbeutung und vor jeder Arbeit geschützt werden, die ihre Sicherheit, ihre Gesundheit, ihre körperliche, geistige, sittliche oder soziale Entwicklung beeinträchtigen oder ihre Erziehung gefährden könnte.

Artikel 33
Familien- und Berufsleben

(1) Der rechtliche, wirtschaftliche und soziale Schutz der Familie wird gewährleistet.

(2) Um Familien- und Berufsleben miteinander in Einklang bringen zu können, hat jeder Mensch das Recht auf Schutz vor Entlassung aus einem mit der Mutterschaft zusammenhängenden Grund sowie den Anspruch auf einen bezahlten Mutterschaftsurlaub und auf einen Elternurlaub nach der Geburt oder Adoption eines Kindes.

Artikel 34
Soziale Sicherheit und soziale Unterstützung

(1) Die Union anerkennt und achtet das Recht auf Zugang zu den Leistungen der sozialen Sicherheit und zu den sozialen Diensten, die in Fällen wie Mutterschaft, Krankheit, Arbeitsunfall, Pflegebedürftigkeit oder im Alter sowie bei Verlust des Arbeitsplatzes Schutz gewährleisten, nach Maßgabe des Unionsrechts und der einzelstaatlichen Rechtsvorschriften und Gepflogenheiten.

(2) Jeder Mensch, der in der Union seinen rechtmäßigen Wohnsitz hat und seinen Aufenthalt rechtmäßig wechselt, hat Anspruch auf die Leistungen der sozialen Sicherheit und die sozialen Vergünstigungen nach dem Unionsrecht und den einzelstaatlichen Rechtsvorschriften und Gepflogenheiten.

(3) Um die soziale Ausgrenzung und die Armut zu bekämpfen, anerkennt und achtet die Union das Recht auf eine soziale Unterstützung und eine Unterstützung für die Wohnung, die allen, die nicht über ausreichende Mittel verfügen, ein menschenwürdiges Dasein sicherstellen sollen, nach Maßgabe des Unionsrechts und der einzelstaatlichen Rechtsvorschriften und Gepflogenheiten.

Artikel 35
Gesundheitsschutz

Jeder Mensch hat das Recht auf Zugang zur Gesundheitsvorsorge und auf ärztliche Versorgung nach Maßgabe der einzelstaatlichen Rechtsvorschriften und Gepflogenheiten. Bei der Festlegung und Durchführung der Politik und Maßnahmen der Union in allen Bereichen wird ein hohes Gesundheitsschutzniveau sichergestellt.

Artikel 36
Zugang zu Dienstleistungen von allgemeinem wirtschaftlichen Interesse

Die Union anerkennt und achtet den Zugang zu Dienstleistungen von allgemeinem wirtschaftlichen Interesse, wie er durch die einzelstaatlichen Rechtsvorschriften und Gepflogenheiten im Einklang mit den Verträgen geregelt ist, um den sozialen und territorialen Zusammenhalt der Union zu fördern.

Artikel 37
Umweltschutz

Ein hohes Umweltschutzniveau und die Verbesserung der Umweltqualität müssen in die Politik der Union einbezogen und nach dem Grundsatz der nachhaltigen Entwicklung sichergestellt werden.

Artikel 38
Verbraucherschutz

Die Politiken der Union stellen ein hohes Verbraucherschutzniveau sicher.

TITEL V
BÜRGERRECHTE

Artikel 39
Aktives und passives Wahlrecht bei den Wahlen zum Europäischen Parlament

(1) Die Unionsbürgerinnen und Unionsbürger besitzen in dem Mitgliedstaat, in dem sie ihren Wohnsitz haben, das aktive und passive Wahlrecht bei den Wahlen zum Europäischen Parlament unter denselben Bedingungen wie die Angehörigen des betreffenden Mitgliedstaats.

(2) Die Mitglieder des Europäischen Parlaments werden in allgemeiner, unmittelbarer, freier und geheimer Wahl gewählt.

Artikel 40
Aktives und passives Wahlrecht bei den Kommunalwahlen

Die Unionsbürgerinnen und Unionsbürger besitzen in dem Mitgliedstaat, in dem sie ihren Wohnsitz haben, das aktive und passive Wahlrecht bei Kom-

1/4. Grundrechtecharta
Art. 40 – 49

munalwahlen unter denselben Bedingungen wie die Angehörigen des betreffenden Mitgliedstaats.

Artikel 41
Recht auf eine gute Verwaltung

(1) Jede Person hat ein Recht darauf, dass ihre Angelegenheiten von den Organen, Einrichtungen und sonstigen Stellen der Union unparteiisch, gerecht und innerhalb einer angemessenen Frist behandelt werden.

(2) Dieses Recht umfasst insbesondere
a) das Recht jeder Person, gehört zu werden, bevor ihr gegenüber eine für sie nachteilige individuelle Maßnahme getroffen wird;
b) das Recht jeder Person auf Zugang zu den sie betreffenden Akten unter Wahrung des berechtigten Interesses der Vertraulichkeit sowie des Berufs- und Geschäftsgeheimnisses;
c) die Verpflichtung der Verwaltung, ihre Entscheidungen zu begründen.

(3) Jede Person hat Anspruch darauf, dass die Union den durch ihre Organe oder Bediensteten in Ausübung ihrer Amtstätigkeit verursachten Schaden nach den allgemeinen Rechtsgrundsätzen ersetzt, die den Rechtsordnungen der Mitgliedstaaten gemeinsam sind.

(4) Jede Person kann sich in einer der Sprachen der Verträge an die Organe der Union wenden und muss eine Antwort in derselben Sprache erhalten.

Artikel 42
Recht auf Zugang zu Dokumenten

Die Unionsbürgerinnen und Unionsbürger sowie jede natürliche oder juristische Person mit Wohnsitz oder satzungsmäßigem Sitz in einem Mitgliedstaat haben das Recht auf Zugang zu den Dokumenten der Organe, Einrichtungen und sonstigen Stellen der Union, unabhängig von der Form der für diese Dokumente verwendeten Träger.

Artikel 43
Der Europäische Bürgerbeauftragte

Die Unionsbürgerinnen und Unionsbürger sowie jede natürliche oder juristische Person mit Wohnsitz oder satzungsmäßigem Sitz in einem Mitgliedstaat haben das Recht, den Europäischen Bürgerbeauftragten im Falle von Missständen bei der Tätigkeit der Organe, Einrichtungen und sonstigen Stellen der Union, mit Ausnahme des Gerichtshofs der Europäischen Union in Ausübung ihrer Rechtsprechungsbefugnisse, zu befassen.

Artikel 44
Petitionsrecht

Die Unionsbürgerinnen und Unionsbürger sowie jede natürliche oder juristische Person mit Wohnsitz oder satzungsmäßigem Sitz in einem Mitgliedstaat haben das Recht, eine Petition an das Europäische Parlament zu richten.

Artikel 45
Freizügigkeit und Aufenthaltsfreiheit

(1) Die Unionsbürgerinnen und Unionsbürger haben das Recht, sich im Hoheitsgebiet der Mitgliedstaaten frei zu bewegen und aufzuhalten.

(2) Staatsangehörigen von Drittländern, die sich rechtmäßig im Hoheitsgebiet eines Mitgliedstaats aufhalten, kann nach Maßgabe der Verträge Freizügigkeit und Aufenthaltsfreiheit gewährt werden.

Artikel 46
Diplomatischer und konsularischer Schutz

Die Unionsbürgerinnen und Unionsbürger genießen im Hoheitsgebiet eines Drittlands, in dem der Mitgliedstaat, dessen Staatsangehörigkeit sie besitzen, nicht vertreten ist, den Schutz durch die diplomatischen und konsularischen Behörden eines jeden Mitgliedstaats unter denselben Bedingungen wie Staatsangehörige dieses Staates.

TITEL VI
JUSTIZIELLE RECHTE

Artikel 47
Recht auf einen wirksamen Rechtsbehelf und ein unparteiisches Gericht

Jede Person, deren durch das Recht der Union garantierte Rechte oder Freiheiten verletzt worden sind, hat das Recht, nach Maßgabe der in diesem Artikel vorgesehenen Bedingungen bei einem Gericht einen wirksamen Rechtsbehelf einzulegen.

Jede Person hat ein Recht darauf, dass ihre Sache von einem unabhängigen, unparteiischen und zuvor durch Gesetz errichteten Gericht in einem fairen Verfahren, öffentlich und innerhalb angemessener Frist verhandelt wird. Jede Person kann sich beraten, verteidigen und vertreten lassen.

Personen, die nicht über ausreichende Mittel verfügen, wird Prozesskostenhilfe bewilligt, soweit diese Hilfe erforderlich ist, um den Zugang zu den Gerichten wirksam zu gewährleisten.

Artikel 48
Unschuldsvermutung und Verteidigungsrechte

(1) Jeder Angeklagte gilt bis zum rechtsförmlich erbrachten Beweis seiner Schuld als unschuldig.

(2) Jedem Angeklagten wird die Achtung der Verteidigungsrechte gewährleistet.

Artikel 49
Grundsätze der Gesetzmäßigkeit und der Verhältnismäßigkeit im Zusammenhang mit Straftaten und Strafen

(1) Niemand darf wegen einer Handlung oder Unterlassung verurteilt werden, die zur Zeit ihrer Begehung nach innerstaatlichem oder internationalem Recht nicht strafbar war. Es darf auch keine schwerere Strafe als die zur Zeit der Begehung angedrohte Strafe verhängt werden. Wird nach Begehung einer Straftat durch Gesetz eine mildere Strafe eingeführt, so ist diese zu verhängen.

(2) Dieser Artikel schließt nicht aus, dass eine Person wegen einer Handlung oder Unterlassung verurteilt oder bestraft wird, die zur Zeit ihrer Begehung nach den allgemeinen, von der Gesamtheit der Nationen anerkannten Grundsätzen strafbar war.

(3) Das Strafmaß darf zur Straftat nicht unverhältnismäßig sein.

Artikel 50
Recht, wegen derselben Straftat nicht zweimal strafrechtlich verfolgt oder bestraft zu werden

Niemand darf wegen einer Straftat, derentwegen er bereits in der Union nach dem Gesetz rechtskräftig verurteilt oder freigesprochen worden ist, in einem Strafverfahren erneut verfolgt oder bestraft werden.

TITEL VII
ALLGEMEINE BESTIMMUNGEN ÜBER DIE AUSLEGUNG UND ANWENDUNG DER CHARTA

Artikel 51
Anwendungsbereich

(1) Diese Charta gilt für die Organe, Einrichtungen und sonstigen Stellen der Union unter Wahrung des Subsidiaritätsprinzips und für die Mitgliedstaaten ausschließlich bei der Durchführung des Rechts der Union. Dementsprechend achten sie die Rechte, halten sie sich an die Grundsätze und fördern sie deren Anwendung entsprechend ihren jeweiligen Zuständigkeiten und unter Achtung der Grenzen der Zuständigkeiten, die der Union in den Verträgen übertragen werden.

(2) Diese Charta dehnt den Geltungsbereich des Unionrechts nicht über die Zuständigkeiten der Union hinaus aus und begründet weder neue Zuständigkeiten noch neue Aufgaben für die Union, noch ändert sie die in den Verträgen festgelegten Zuständigkeiten und Aufgaben.

Artikel 52
Tragweite und Auslegung der Rechte und Grundsätze

(1) Jede Einschränkung der Ausübung der in dieser Charta anerkannten Rechte und Freiheiten muss gesetzlich vorgesehen sein und den Wesensgehalt dieser Rechte und Freiheiten achten. Unter Wahrung des Grundsatzes der Verhältnismäßigkeit dürfen Einschränkungen nur vorgenommen werden, wenn sie erforderlich sind und von der Union anerkannten dem Gemeinwohl dienenden Zielsetzungen oder den Erfordernissen des Schutzes der Rechte und Freiheiten anderer tatsächlich entsprechen.

(2) Die Ausübung der durch diese Charta anerkannten Rechte, die in den Verträgen geregelt sind, erfolgt im Rahmen der in den Verträgen festgelegten Bedingungen und Grenzen.

(3) Soweit diese Charta Rechte enthält, die den durch die Europäische Konvention zum Schutze der Menschenrechte und Grundfreiheiten garantierten Rechten entsprechen, haben sie die gleiche Bedeutung und Tragweite, wie sie ihnen in der genannten Konvention verliehen wird. Diese Bestimmung steht dem nicht entgegen, dass das Recht der Union einen weiter gehenden Schutz gewährt.

(4) Soweit in dieser Charta Grundrechte anerkannt werden, wie sie sich aus den gemeinsamen Verfassungsüberlieferungen der Mitgliedstaaten ergeben, werden sie im Einklang mit diesen Überlieferungen ausgelegt.

(5) Die Bestimmungen dieser Charta, in denen Grundsätze festgelegt sind, können durch Akte der Gesetzgebung und der Ausführung der Organe, Einrichtungen und sonstigen Stellen der Union sowie durch Akte der Mitgliedstaaten zur Durchführung des Rechts der Union in Ausübung ihrer jeweiligen Zuständigkeiten umgesetzt werden. Sie können vor Gericht nur bei der Auslegung dieser Akte und bei Entscheidungen über deren Rechtmäßigkeit herangezogen werden.

(6) Den einzelstaatlichen Rechtsvorschriften und Gepflogenheiten ist, wie es in dieser Charta bestimmt ist, in vollem Umfang Rechnung zu tragen.

(7) Die Erläuterungen, die als Anleitung für die Auslegung dieser Charta verfasst wurden, sind von den Gerichten der Union und der Mitgliedstaaten gebührend zu berücksichtigen.

Artikel 53
Schutzniveau

Keine Bestimmung dieser Charta ist als eine Einschränkung oder Verletzung der Menschenrechte und Grundfreiheiten auszulegen, die in dem jeweiligen Anwendungsbereich durch das Recht der Union und das Völkerrecht sowie durch die internationalen Übereinkommen, bei denen die Union oder alle Mitgliedstaaten Vertragsparteien sind, darunter insbesondere die Europäische Konvention zum Schutz der Menschenrechte und Grundfreiheiten, sowie durch die Verfassungen der Mitgliedstaaten anerkannt werden.

Artikel 54
Verbot des Missbrauchs der Rechte

Keine Bestimmung dieser Charta ist so auszulegen, als begründe sie das Recht, eine Tätigkeit auszuüben oder eine Handlung vorzunehmen, die darauf abzielt, die in der Charta anerkannten Rechte und Freiheiten abzuschaffen oder sie stärker einzuschränken, als dies in der Charta vorgesehen ist.

1/4a. Erklärung Nr. 1 zur Charta der Grundrechte der Europäischen Union

Erklärung Nr. 1 zur Schlussakte der Regierungskonferenz, die den am 13. Dezember 2007 unterzeichneten Vertrag von Lissabon angenommen hat, zur Charta der Grundrechte der Europäischen Union

(ABl. Nr. C 202 v. 7.6.2016, S. 337)

Die Charta der Grundrechte der Europäischen Union, die rechtsverbindlich ist, bekräftigt die Grundrechte, die durch die Europäische Konvention zum Schutz der Menschenrechte und Grundfreiheiten garantiert werden und die sich aus den gemeinsamen Verfassungsüberlieferungen der Mitgliedstaaten ergeben.

Die Charta dehnt weder den Geltungsbereich des Unionsrechts über die Zuständigkeiten der Union hinaus aus noch begründet sie neue Zuständigkeiten oder neue Aufgaben für die Union, und sie ändert nicht die in den Verträgen festgelegten Zuständigkeiten und Aufgaben.

1/4b. Protokoll (Nr. 30) über die Anwendung der Charta der Grundrechte der Europäischen Union auf Polen und das Vereinigte Königreich

(ABl. Nr. C 202 v. 7.6.2016, S. 312)

DIE HOHEN VERTRAGSPARTEIEN –

IN DER ERWÄGUNG, dass die Union in Artikel 6 des Vertrags über die Europäische Union die in der Charta der Grundrechte der Europäischen Union enthaltenen Rechte, Freiheiten und Grundsätze anerkennt;

IN DER ERWÄGUNG, dass die Charta streng im Einklang mit den Bestimmungen des genannten Artikels 6 und mit Titel VII der Charta anzuwenden ist;

IN DER ERWÄGUNG, dass der genannte Artikel 6 vorsieht, dass die Charta von den Gerichten Polens und des Vereinigten Königreichs streng im Einklang mit den in jenem Artikel erwähnten Erläuterungen anzuwenden und auszulegen ist;

IN DER ERWÄGUNG, dass die Charta sowohl Rechte als auch Grundsätze enthält;

IN DER ERWÄGUNG, dass die Charta sowohl Bestimmungen bürgerlicher und politischer Art als auch Bestimmungen wirtschaftlicher und sozialer Art enthält;

IN DER ERWÄGUNG, dass die Charta die in der Union anerkannten Rechte, Freiheiten und Grundsätze bekräftigt und diese Rechte besser sichtbar macht, aber keine neuen Rechte oder Grundsätze schafft;

EINGEDENK DER Verpflichtungen Polens und des Vereinigten Königreichs aufgrund des Vertrags über die Europäische Union, des Vertrags über die Arbeitsweise der Europäischen Union und des Unionsrechts im Allgemeinen;

IN KENNTNIS des Wunsches Polens und des Vereinigten Königreichs, bestimmte Aspekte der Anwendung der Charta zu klären; demzufolge IN DEM WUNSCH, die Anwendung der Charta in Bezug auf die Gesetze und Verwaltungsmaßnahmen Polens und des Vereinigten Königreichs und die Frage der Einklagbarkeit in Polen und im Vereinigten Königreich zu klären;

IN BEKRÄFTIGUNG DESSEN, dass in diesem Protokoll enthaltene Bezugnahmen auf die Wirkungsweise spezifischer Bestimmungen der Charta auf keinen Fall die Wirkungsweise anderer Bestimmungen der Charta berühren;

IN BEKRÄFTIGUNG DESSEN, dass dieses Protokoll die Anwendung der Charta auf andere Mitgliedstaaten nicht berührt;

IN BEKRÄFTIGUNG DESSEN, dass dieses Protokoll andere Verpflichtungen Polens und des Vereinigten Königreichs aufgrund des Vertrags über die Europäische Union, des Vertrags über die Arbeitsweise der Europäischen Union und des Unionsrechts im Allgemeinen nicht berührt –

SIND über folgende Bestimmungen ÜBEREINGEKOMMEN, die dem Vertrag über die Europäische Union und dem Vertrag über die Arbeitsweise der Europäischen Union beigefügt sind:

Artikel 1

(1) Die Charta bewirkt keine Ausweitung der Befugnis des Gerichtshofs der Europäischen Union oder eines Gerichts Polens oder des Vereinigten Königreichs zu der Feststellung, dass die Rechts- und Verwaltungsvorschriften, die Verwaltungspraxis oder -maßnahmen Polens oder des Vereinigten Königreichs nicht mit den durch die Charta bekräftigten Grundrechten, Freiheiten und Grundsätzen im Einklang stehen.

(2) Insbesondere – und um jeden Zweifel auszuräumen – werden mit Titel IV der Charta keine für Polen oder das Vereinigte Königreich geltenden einklagbaren Rechte geschaffen, soweit Polen bzw. das Vereinigte Königreich solche Rechte nicht in seinem nationalen Recht vorgesehen hat.

Artikel 2

Wird in einer Bestimmung der Charta auf das innerstaatliche Recht und die innerstaatliche Praxis Bezug genommen, so findet diese Bestimmung auf Polen und das Vereinigte Königreich nur in dem Maße Anwendung, in dem die darin enthaltenen Rechte oder Grundsätze durch das Recht oder die Praxis Polens bzw. des Vereinigten Königreichs anerkannt sind.

1a. Exkurs: Europarat

Inhaltsverzeichnis

1a/1. **Revidierte Europäische Sozialcharta (RESC)** .... Seite 125
1a/1a. **Zusatzprotokoll zur Europäischen Sozialcharta über Kollektivbeschwerden** .. Seite 144

1a/1. Rev. Europäische Sozialcharta

1a/1. Revidierte Europäische Sozialcharta

Strasbourg, 3.5.1996
Nichtamtliche Übersetzung (vgl. Schlussklausel der Charta: authentische Sprachfassungen in Englisch und Französisch); nichtamtlich konsolidierte Fassung: Revidierte Europäische Sozialcharta samt weitergeltende Art. 21–29 der Europäischen Sozialcharta vom 18.10.1961 i.d.F. des Zusatzprotokolls vom 21.10.1991
Quelle: https://rm.coe.int/168007cf92

GLIEDERUNG

TEIL I: Überblick über die in der Revidierten Europäischen Sozialcharta enthaltenen sozialen Grundrechte

TEIL II: Die sozialen Grundrechte im Einzelnen Recht auf Arbeit und Rechte aus der Arbeit:
- Art. 1: Das Recht auf Arbeit
- Art. 2: Das Recht auf gerechte Arbeitsbedingungen
- Art: 3: Das Recht auf sichere und gesunde Arbeitsbedingungen
- Art. 4: Das Recht auf ein gerechtes Arbeitsentgelt
- Art. 5: Das Vereinigungsrecht
- Art. 6: Das Recht auf Kollektivverhandlungen
- Art. 7: Das Recht der Kinder und Jugendlichen auf Schutz
- Art. 8: Das Recht der Arbeitnehmerinnen auf Mutterschutz
- Art. 9: Das Recht auf Berufsberatung
- Art. 10: Das Recht auf berufliche Bildung
- Art. 11: Das Recht auf Schutz der Gesundheit
- Art. 12: Das Recht auf soziale Sicherheit
- Art. 13: Das Recht auf Fürsorge
- Art. 14: Das Recht auf Inanspruchnahme sozialer Dienste
- Art. 15: Das Recht behinderter Menschen auf Eigenständigkeit, soziale Eingliederung und Teilhabe am Leben der Gemeinschaft
- Art. 16: Das Recht der Familie auf sozialen, gesetzlichen und wirtschaftlichen Schutz
- Art. 17: Das Recht der Kinder und Jugendlichen auf sozialen, gesetzlichen und wirtschaftlichen Schutz
- Art. 18: Das Recht auf Ausübung einer Erwerbstätigkeit im Hoheitsgebiet der anderen Vertragsparteien
- Art. 19: Das Recht der Wanderarbeitnehmer und ihrer Familien auf Schutz und Beistand
- Art. 20: Das Recht auf Chancengleichheit und Gleichbehandlung in Beschäftigung und Beruf ohne Diskriminierung aufgrund des Geschlechts
- Art. 21: Das Recht auf Unterrichtung und Anhörung
- Art. 22: Das Recht auf Beteiligung an der Festlegung und Verbesserung der Arbeitsbedingungen und der Arbeitsumwelt
- Art. 23: Das Recht älterer Menschen auf sozialen Schutz
- Art. 24: Das Recht auf Schutz bei Kündigung
- Art. 25: Das Recht der Arbeitnehmer auf Schutz ihrer Forderungen bei Zahlungsunfähigkeit ihres Arbeitgebers
- Art. 26: Das Recht auf Würde am Arbeitsplatz
- Art. 27: Das Recht der Arbeitnehmer mit Familienpflichten auf Chancengleichheit und Gleichbehandlung
- Art. 28: Das Recht der Arbeitnehmervertreter auf Schutz im Betrieb und Erleichterungen, die ihnen zu gewähren sind
- Art. 29: Das Recht auf Unterrichtung und Anhörung in den Verfahren bei Massenentlassungen
- Art. 30: Das Recht auf Schutz gegen Armut und soziale Ausgrenzung
- Art. 31: Das Recht auf Wohnung

TEIL III
- Art. A: Verpflichtungen
- Art. B: Verbindung mit der Europäischen Sozialcharta und dem Zusatzprotokoll von 1988

TEIL IV
- Art. C: Überwachung der Erfüllung der in dieser Charta enthaltenen Verpflichtungen
- *Art. 21: Berichte zu den angenommenen Bestimmungen*
- *Art. 22: Berichte zu den nicht angenommenen Bestimmungen*
- *Art. 23: Zustellung von Abschriften von Berichten und Stellungnahmen*
- *Art. 24: Prüfung der Berichte*
- *Art. 25: Ausschuss unabhängiger Sachverständiger*
- *Art. 26: Beteiligung der Internationalen Arbeitsorganisation*
- *Art. 27: Regierungsausschuss*
- *Art. 28: Ministerkomitee*
- *Art. 29: Parlamentarische Versammlung*
- Art. D: Kollektivbeschwerden

1a/1. Rev. Europäische Sozialcharta

Präambel

TEIL V
- Art. E: Diskriminierungsverbot
- Art. F: Notstandsklausel
- Art. G: Einschränkungen
- Art. H: Verhältnis zu innerstaatlichem Recht und internationalen Konventionen
- Art. I: Erfüllung der Verpflichtungen
- Art. J: Änderungen

TEIL VI
- Art. K: Unterzeichnung, Ratifikation, Inkrafttreten
- Art. L: Räumlicher Geltungsbereich
- Art. M: Kündigung
- Art. N: Geltung des Anhangs
- Art. O: Notifikationen

ANHANG

Präambel

Die Unterzeichnerregierungen, Mitglieder des Europarats,

in der Erwägung, dass es das Ziel des Europarats ist, eine engere Verbindung zwischen seinen Mitgliedern herzustellen, um die Ideale und Grundsätze, die ihr gemeinsames Erbe sind, zu wahren und zu verwirklichen und ihren wirtschaftlichen und sozialen Fortschritt zu fördern, insbesondere durch die Erhaltung und Weiterentwicklung der Menschenrechte und Grundfreiheiten;

in der Erwägung, dass die Mitgliedstaaten des Europarats in der am 4. November 1950 zu Rom unterzeichneten Europäischen Konvention zum Schutze der Menschenrechte und Grundfreiheiten und in deren Protokollen übereingekommen sind, ihren Völkern die darin angeführten bürgerlichen und politischen Rechte und Freiheiten zu sichern;

in der Erwägung, dass die Mitgliedstaaten des Europarats in der am 18. Oktober 1961 in Turin zur Unterzeichnung aufgelegten Europäischen Sozialcharta und in deren Protokollen übereingekommen sind, ihren Völkern die darin angeführten sozialen Rechte zu sichern, um ihren Lebensstandard zu verbessern und ihr soziales Wohl zu fördern;

unter Hinweis darauf, dass die am 5. November 1990 in Rom abgehaltene Ministerkonferenz über Menschenrechte die Notwendigkeit betonte, einerseits die Unteilbarkeit aller Menschenrechte, seien es bürgerliche, politische, soziale oder kulturelle Rechte, zu bewahren und andererseits die Europäische Sozialcharta mit neuem Leben zu erfüllen;

in dem Entschluss, wie auf der am 21. und 22. Oktober 1991 in Turin abgehaltenen Ministerkonferenz beschlossen, den materiellen Inhalt der Charta auf den neuesten Stand zu bringen und in einer Weise anzupassen, dass insbesondere den seit ihrer Annahme eingetretenen grundlegenden sozialen Veränderungen Rechnung getragen wird;

in Anerkennung der Zweckmäßigkeit, in eine revidierte Charta, die schrittweise an die Stelle der Europäischen Sozialcharta treten soll, die durch die Charta garantierten Rechte in ihrer geänderten Fassung und die durch das Zusatzprotokoll von 1988 garantierten Rechte aufzunehmen sowie neue Rechte hinzuzufügen,

sind wie folgt übereingekommen:

Teil I

Die Vertragsparteien sind gewillt, mit allen zweckdienlichen Mitteln staatlicher und zwischenstaatlicher Art eine Politik zu verfolgen, die darauf abzielt, geeignete Voraussetzungen zu schaffen, damit die tatsächliche Ausübung der folgenden Rechte und Grundsätze gewährleistet ist:

1. Jedermann muss die Möglichkeit haben, seinen Lebensunterhalt durch eine frei übernommene Tätigkeit zu verdienen.
2. Alle Arbeitnehmer haben das Recht auf gerechte Arbeitsbedingungen.
3. Alle Arbeitnehmer haben das Recht auf sichere und gesunde Arbeitsbedingungen.
4. Alle Arbeitnehmer haben das Recht auf ein gerechtes Arbeitsentgelt, das ihnen und ihren Familien einen angemessenen Lebensstandard sichert.
5. Alle Arbeitnehmer und Arbeitgeber haben das Recht auf Freiheit zur Vereinigung in nationalen und internationalen Organisationen zum Schutz ihrer wirtschaftlichen und sozialen Interessen.
6. Alle Arbeitnehmer und Arbeitgeber haben das Recht auf Kollektivverhandlungen.
7. Kinder und Jugendliche haben das Recht auf besonderen Schutz gegen körperliche und sittliche Gefahren, denen sie ausgesetzt sind.
8. Arbeitnehmerinnen haben im Fall der Mutterschaft das Recht auf besonderen Schutz.
9. Jedermann hat das Recht auf geeignete Möglichkeiten der Berufsberatung, die ihm helfen soll, einen Beruf zu wählen, der seiner persönlichen Eignung und seinen Interessen entspricht.
10. Jedermann hat das Recht auf geeignete Möglichkeiten der beruflichen Bildung.
11. Jedermann hat das Recht, alle Maßnahmen in Anspruch zu nehmen, die es ihm ermöglichen, sich des besten Gesundheitszustands zu erfreuen, den er erreichen kann.
12. Alle Arbeitnehmer und ihre Angehörigen haben das Recht auf soziale Sicherheit.
13. Jedermann hat das Recht auf Fürsorge, wenn er keine ausreichenden Mittel hat.

14. Jedermann hat das Recht, soziale Dienste in Anspruch zu nehmen.
15. Jeder behinderte Mensch hat das Recht auf Eigenständigkeit, soziale Eingliederung und Teilhabe am Leben der Gemeinschaft.
16. Die Familie als Grundeinheit der Gesellschaft hat das Recht auf angemessenen sozialen, gesetzlichen und wirtschaftlichen Schutz, der ihre volle Entfaltung zu sichern vermag.
17. Kinder und Jugendliche haben das Recht auf angemessenen sozialen, gesetzlichen und wirtschaftlichen Schutz.
18. Die Staatsangehörigen einer Vertragspartei haben das Recht, im Hoheitsgebiet jeder anderen Vertragspartei gleichberechtigt mit deren Staatsangehörigen jede Erwerbstätigkeit aufzunehmen, vorbehaltlich von Einschränkungen, die auf triftigen wirtschaftlichen oder sozialen Gründen beruhen.
19. Wanderarbeitnehmer, die Staatsangehörige einer Vertragspartei sind, und ihre Familien haben das Recht auf Schutz und Beistand im Hoheitsgebiet jeder anderen Vertragspartei.
20. Alle Arbeitnehmer haben das Recht auf Chancengleichheit und Gleichbehandlung in Beschäftigung und Beruf ohne Diskriminierung aufgrund des Geschlechts.
21. Die Arbeitnehmer haben das Recht auf Unterrichtung und Anhörung im Unternehmen.
22. Die Arbeitnehmer haben das Recht auf Beteiligung an der Festlegung und Verbesserung der Arbeitsbedingungen und der Arbeitsumwelt im Unternehmen.
23. Alle älteren Menschen haben das Recht auf sozialen Schutz.
24. Alle Arbeitnehmer haben das Recht auf Schutz bei Kündigung.
25. Alle Arbeitnehmer haben das Recht auf Schutz ihrer Forderungen bei Zahlungsunfähigkeit ihres Arbeitgebers.
26. Alle Arbeitnehmer haben das Recht auf Würde am Arbeitsplatz.
27. Alle Personen mit Familienpflichten, die erwerbstätig sind oder erwerbstätig werden wollen, haben das Recht dazu, ohne sich einer Diskriminierung auszusetzen und, soweit dies möglich ist, ohne dass es dadurch zu einem Konflikt zwischen ihren Berufs- und ihren Familienpflichten kommt.
28. Die Arbeitnehmervertreter im Betrieb haben das Recht auf Schutz gegen Benachteiligungen und müssen geeignete Erleichterungen erhalten, um ihre Aufgaben wahrzunehmen.
29. Alle Arbeitnehmer haben das Recht auf Unterrichtung und Anhörung in den Verfahren bei Massenentlassungen.
30. Jedermann hat das Recht auf Schutz gegen Armut und soziale Ausgrenzung.
31. Jedermann hat das Recht auf Wohnung.

Teil II

Die Vertragsparteien erachten sich durch die in den folgenden Artikeln und Nummern festgelegten Verpflichtungen nach Maßgabe des Teils III als gebunden.

Artikel 1
Das Recht auf Arbeit

Um die wirksame Ausübung des Rechts auf Arbeit zu gewährleisten, verpflichten sich die Vertragsparteien:
1. im Hinblick auf die Verwirklichung der Vollbeschäftigung die Erreichung und Aufrechterhaltung eines möglichst hohen und stabilen Beschäftigungsstands zu einer ihrer wichtigsten Zielsetzungen und Aufgaben zu machen;
2. das Recht des Arbeitnehmers wirksam zu schützen, seinen Lebensunterhalt durch eine frei übernommene Tätigkeit zu verdienen;
3. unentgeltliche Arbeitsvermittlungsdienste für alle Arbeitnehmer einzurichten oder aufrechtzuerhalten;
4. eine geeignete Berufsberatung, Berufsausbildung und berufliche Wiedereingliederung sicherzustellen oder zu fördern.

Artikel 2
Das Recht auf gerechte Arbeitsbedingungen

Um die wirksame Ausübung des Rechts auf gerechte Arbeitsbedingungen zu gewährleisten, verpflichten sich die Vertragsparteien:
1. für eine angemessene tägliche und wöchentliche Arbeitszeit zu sorgen und die Arbeitswoche schrittweise zu verkürzen, soweit die Produktivitätssteigerung und andere mitwirkende Faktoren dies gestatten;
2. bezahlte öffentliche Feiertage vorzusehen;
3. die Gewährung eines bezahlten Jahresurlaubs von mindestens vier Wochen sicherzustellen;
4. die Gefahren zu beseitigen, die gefährlichen oder gesundheitsschädlichen Arbeiten innewohnen, und, wenn diese Gefahren noch nicht beseitigt oder hinreichend vermindert werden konnten, für eine verkürzte Arbeitszeit oder zusätzliche bezahlte Urlaubstage für Arbeitnehmer zu sorgen, die mit solchen Arbeiten beschäftigt sind;
5. eine wöchentliche Ruhezeit sicherzustellen, die, soweit möglich, mit dem Tag zusammenfällt, der in dem betreffenden Land oder Bezirk durch Herkommen oder Brauch als Ruhetag anerkannt ist;
6. dafür zu sorgen, dass die Arbeitnehmer so bald wie möglich, spätestens jedoch zwei Monate nach Aufnahme ihrer Beschäftigung, schriftlich über die wesentlichen Punkte des Arbeitsvertrags oder des Arbeitsverhältnisses unterrichtet werden;
7. dafür zu sorgen, dass die Arbeitnehmer, die Nachtarbeit verrichten, in den Genuss von Maßnahmen kommen, mit denen der beson-

1a/1. Rev. Europäische Sozialcharta
Art. 2 – 7

deren Art dieser Arbeit Rechnung getragen wird.

Artikel 3
Das Recht auf sichere und gesunde Arbeitsbedingungen

Um die wirksame Ausübung des Rechts auf sichere und gesunde Arbeitsbedingungen zu gewährleisten, verpflichten sich die Vertragsparteien, in Beratung mit Arbeitgeber- und Arbeitnehmerorganisationen:
1. eine kohärente nationale Politik auf dem Gebiet der Sicherheit und des Gesundheitsschutzes der Arbeitnehmer sowie der Arbeitsumwelt festzulegen, umzusetzen und in regelmäßigen Abständen zu überprüfen. Vorrangiges Ziel dieser Politik ist es, die Sicherheit und Gesundheit bei der Arbeit zu verbessern sowie Unfälle und Beeinträchtigungen der Gesundheit, die sich aus der Arbeit ergeben, mit der Arbeit verbunden sind oder im Verlauf der Arbeit auftreten, insbesondere dadurch zu verhüten, dass die Ursachen der Gefahren in der Arbeitsumwelt soweit wie möglich verringert werden;
2. Sicherheits- und Gesundheitsvorschriften zu erlassen;
3. für Kontrollmaßnahmen zur Einhaltung dieser Vorschriften zu sorgen;
4. für alle Arbeitnehmer die schrittweise Einrichtung betriebsärztlicher Dienste mit im wesentlichen vorbeugenden und beratenden Aufgaben zu fördern.

Artikel 4
Das Recht auf ein gerechtes Arbeitsentgelt

Um die wirksame Ausübung des Rechts auf ein gerechtes Arbeitsentgelt zu gewährleisten, verpflichten sich die Vertragsparteien:
1. das Recht der Arbeitnehmer auf ein Arbeitsentgelt anzuerkennen, welches ausreicht, um ihnen und ihren Familien einen angemessenen Lebensstandard zu sichern;
2. das Recht der Arbeitnehmer auf Zahlung erhöhter Lohnsätze für Überstundenarbeit anzuerkennen, vorbehaltlich von Ausnahmen in bestimmten Fällen;
3. das Recht männlicher und weiblicher Arbeitnehmer auf gleiches Entgelt für gleichwertige Arbeit anzuerkennen;
4. das Recht aller Arbeitnehmer auf eine angemessene Kündigungsfrist im Falle der Beendigung des Arbeitsverhältnisses anzuerkennen;
5. Lohnabzüge nur unter den Bedingungen und in den Grenzen zuzulassen, die in innerstaatlichen Rechtsvorschriften vorgesehen oder durch Gesamtarbeitsvertrag oder Schiedsspruch bestimmt sind.

Die Ausübung dieser Rechte ist durch frei geschlossene Gesamtarbeitsverträge, durch gesetzliche Verfahren der Lohnfestsetzung oder auf jede andere, den Landesverhältnissen entsprechende Weise zu gewährleisten.

Artikel 5
Das Vereinigungsrecht

Um die Freiheit der Arbeitnehmer und Arbeitgeber zu gewährleisten oder zu fördern, örtliche, nationale oder internationale Organisationen zum Schutz ihrer wirtschaftlichen und sozialen Interessen zu bilden und diesen Organisationen beizutreten, verpflichten sich die Vertragsparteien, diese Freiheit weder durch das innerstaatliche Recht noch durch dessen Anwendung zu beeinträchtigen. Inwieweit die in diesem Artikel vorgesehenen Garantien auf die Polizei Anwendung finden, bestimmt sich nach innerstaatlichem Recht. Das Prinzip und gegebenenfalls der Umfang der Anwendung dieser Garantien auf die Mitglieder der Streitkräfte bestimmen sich gleichfalls nach innerstaatlichem Recht.

Artikel 6
Das Recht auf Kollektivverhandlungen

Um die wirksame Ausübung des Rechts auf Kollektivverhandlungen zu gewährleisten, verpflichten sich die Vertragsparteien:
1. gemeinsame Beratungen zwischen Arbeitnehmern und Arbeitgebern zu fördern;
2. Verfahren für freiwillige Verhandlungen zwischen Arbeitgebern oder Arbeitgeberorganisationen einerseits und Arbeitnehmerorganisationen andererseits zu fördern, soweit dies notwendig und zweckmäßig ist, mit dem Ziel, die Beschäftigungsbedingungen durch Gesamtarbeitsverträge zu regeln;
3. die Einrichtung und die Benutzung geeigneter Vermittlungs- und freiwilliger Schlichtungsverfahren zur Beilegung von Arbeitsstreitigkeiten zu fördern; und anerkennen
4. das Recht der Arbeitnehmer und der Arbeitgeber auf kollektive Maßnahmen einschließlich des Streikrechts im Fall von Interessenkonflikten, vorbehaltlich etwaiger Verpflichtungen aus geltenden Gesamtarbeitsverträgen.

Artikel 7
Das Recht der Kinder und Jugendlichen auf Schutz

Um die wirksame Ausübung des Rechts der Kinder und Jugendlichen auf Schutz zu gewährleisten, verpflichten sich die Vertragsparteien:
1. das Mindestalter für die Zulassung zu einer Beschäftigung auf 15 Jahre festzusetzen, vorbehaltlich von Ausnahmen für Kinder, die mit bestimmten leichten Arbeiten beschäftigt werden, welche weder ihre Gesundheit noch ihre Moral noch ihre Erziehung gefährden;
2. das Mindestalter für die Zulassung zur Beschäftigung in bestimmten Berufen, die als gefährlich oder gesundheitsschädlich gelten, auf 18 Jahre festzusetzen;

3. die Beschäftigung Schulpflichtiger mit Arbeiten zu verbieten, die verhindern würden, dass sie aus ihrer Schulausbildung den vollen Nutzen ziehen;
4. die Arbeitszeit von Jugendlichen unter 18 Jahren entsprechend den Erfordernissen ihrer Entwicklung und insbesondere ihrer Berufsausbildung zu begrenzen;
5. das Recht der jugendlichen Arbeitnehmer und Lehrlinge auf ein gerechtes Arbeitsentgelt oder eine angemessene Beihilfe anzuerkennen;
6. vorzusehen, dass die Zeit, die Jugendliche während der normalen Arbeitszeit mit Zustimmung des Arbeitgebers für die Berufsausbildung verwenden, als Teil der täglichen Arbeitszeit gilt;
7. für Arbeitnehmer unter 18 Jahren die Dauer des bezahlten Jahresurlaubs auf mindestens vier Wochen festzusetzen;
8. für Personen unter 18 Jahren Nachtarbeit zu verbieten, mit Ausnahme bestimmter, im innerstaatlichen Recht festgelegter Arbeiten;
9. vorzusehen, dass Arbeitnehmer unter 18 Jahren, die in bestimmten, im innerstaatlichen Recht festgelegten Beschäftigungen tätig sind, einer regelmäßigen ärztlichen Überwachung unterliegen;
10. einen besonderen Schutz gegen die körperlichen und sittlichen Gefahren sicherzustellen, denen Kinder und Jugendliche ausgesetzt sind, insbesondere gegen Gefahren, die sich unmittelbar oder mittelbar aus ihrer Arbeit ergeben.

Artikel 8
Das Recht der Arbeitnehmerinnen auf Mutterschutz

Um die wirksame Ausübung des Rechts der Arbeitnehmerinnen auf Mutterschutz zu gewährleisten, verpflichten sich die Vertragsparteien:
1. sicherzustellen, dass Frauen vor und nach der Entbindung eine Arbeitsbefreiung von insgesamt mindestens 14 Wochen erhalten, und zwar entweder in Form eines bezahlten Urlaubs oder durch angemessene Leistungen der sozialen Sicherheit oder aus sonstigen öffentlichen Mitteln;
2. es als ungesetzlich zu betrachten, dass ein Arbeitgeber einer Frau während der Zeit zwischen dem Zeitpunkt, in dem sie den Arbeitgeber von ihrer Schwangerschaft in Kenntnis setzt, und dem Ende ihres Mutterschaftsurlaubs oder so kündigt, dass die Kündigungsfrist während dieser Zeit abläuft;
3. sicherzustellen, dass Mütter, die ihre Kinder stillen, für diesen Zweck Anspruch auf ausreichende Arbeitsunterbrechungen haben;
4. die Nachtarbeit von Schwangeren, von Frauen kurz nach der Entbindung und von Frauen, die ihre Kinder stillen, zu regeln;
5. die Beschäftigung von Schwangeren, von Frauen kurz nach der Entbindung und von Frauen, die ihre Kinder stillen, mit Untertagearbeiten in Bergwerken und mit allen sonstigen Arbeiten von gefährlicher, gesundheitsschädlicher oder beschwerlicher Art zu untersagen und geeignete Maßnahmen zum Schutz der Rechte dieser Frauen im Bereich der Beschäftigung zu treffen.

Artikel 9
Das Recht auf Berufsberatung

Um die wirksame Ausübung des Rechts auf Berufsberatung zu gewährleisten, verpflichten sich die Vertragsparteien, einen Dienst einzurichten oder zu fördern – soweit dies notwendig ist –, der allen Personen, einschließlich der Behinderten, hilft, die Probleme der Berufswahl oder des beruflichen Aufstiegs zu lösen, und zwar unter Berücksichtigung ihrer persönlichen Eigenschaften und deren Beziehung zu den Beschäftigungsmöglichkeiten; diese Hilfe soll sowohl Jugendlichen einschließlich Kindern schulpflichtigen Alters als auch Erwachsenen unentgeltlich zur Verfügung stehen.

Artikel 10
Das Recht auf berufliche Bildung

Um die wirksame Ausübung des Rechts auf berufliche Bildung zu gewährleisten, verpflichten sich die Vertragsparteien:
1. die fachliche und berufliche Ausbildung aller Personen, einschließlich der Behinderten, soweit es notwendig ist, zu gewährleisten oder zu fördern, und zwar in Beratung mit Arbeitgeber- und Arbeitnehmerorganisationen, sowie Möglichkeiten für den Zugang zu Technischen Hochschulen und Universitäten nach alleiniger Maßgabe der persönlichen Eignung zu schaffen;
2. ein System der Lehrlingsausbildung und andere Systeme der Ausbildung für junge Menschen beiderlei Geschlechts in ihren verschiedenen Berufstätigkeiten sicherzustellen oder zu fördern;
3. soweit notwendig, folgendes sicherzustellen oder zu fördern:
   a. geeignete und leicht zugängliche Ausbildungsmöglichkeiten für erwachsene Arbeitnehmer,
   b. besondere Möglichkeiten für die Umschulung erwachsener Arbeitnehmer, die durch den technischen Fortschritt oder neue Entwicklungen auf dem Arbeitsmarkt erforderlich wird;
4. soweit notwendig, besondere Maßnahmen zur Umschulung und Wiedereingliederung von Langzeitarbeitslosen sicherzustellen oder zu fördern;
5. zur vollen Ausnutzung der geschaffenen Möglichkeiten durch geeignete Maßnahmen anzuregen, zum Beispiel dadurch, dass:

1a/1. Rev. Europäische Sozialcharta
Art. 10 – 14

a. alle Gebühren und Kosten herabgesetzt oder abgeschafft werden,
b. in geeigneten Fällen finanzielle Hilfe gewährt wird,
c. die Zeiten, die der Arbeitnehmer während der Beschäftigung auf Verlangen seines Arbeitgebers für den Besuch von Fortbildungslehrgängen verwendet, auf die normale Arbeitszeit angerechnet werden,
d. durch geeignete Überwachung die Wirksamkeit des Systems der Lehrlingsausbildung und jedes anderen Ausbildungssystems für jugendliche Arbeitnehmer sowie ganz allgemein deren ausreichender Schutz gewährleistet wird, und zwar in Beratung mit Arbeitgeber- und Arbeitnehmerorganisationen.

Artikel 11
Das Recht auf Schutz der Gesundheit

Um die wirksame Ausübung des Rechts auf Schutz der Gesundheit zu gewährleisten, verpflichten sich die Vertragsparteien, entweder unmittelbar oder in Zusammenarbeit mit öffentlichen oder privaten Organisationen geeignete Maßnahmen zu ergreifen, die u.a. darauf abzielen:

1. soweit wie möglich die Ursachen von Gesundheitsschäden zu beseitigen;
2. Beratungs- und Schulungsmöglichkeiten zu schaffen zur Verbesserung der Gesundheit und zur Entwicklung des persönlichen Verantwortungsbewusstseins in Fragen der Gesundheit;
3. soweit wie möglich epidemischen, endemischen und anderen Krankheiten sowie Unfällen vorzubeugen.

Artikel 12
Das Recht auf soziale Sicherheit

Um die wirksame Ausübung des Rechts auf soziale Sicherheit zu gewährleisten, verpflichten sich die Vertragsparteien:

1. ein System der sozialen Sicherheit einzuführen oder beizubehalten;
2. das System der sozialen Sicherheit auf einem befriedigenden Stand zu halten, der zumindest dem entspricht, der für die Ratifikation der Europäischen Ordnung der sozialen Sicherheit erforderlich ist;
3. sich zu bemühen, das System der sozialen Sicherheit fortschreitend auf einen höheren Stand zu bringen;
4. durch den Abschluss geeigneter zwei- oder mehrseitiger Übereinkünfte oder durch andere Mittel und nach Maßgabe der in diesen Übereinkünften niedergelegten Bedingungen Maßnahmen zu ergreifen, die folgendes gewährleisten:
   a. die Gleichbehandlung der Staatsangehörigen anderer Vertragsparteien mit ihren eigenen Staatsangehörigen hinsichtlich der Ansprüche aus der sozialen Sicherheit einschließlich der Wahrung der nach den Rechtsvorschriften der sozialen Sicherheit erwachsenen Leistungsansprüche, gleichviel wo die geschützten Personen innerhalb der Hoheitsgebiete der Vertragsparteien ihren Aufenthalt nehmen,
   b. die Gewährung, die Erhaltung und das Wiederaufleben von Ansprüchen aus der sozialen Sicherheit, beispielsweise durch die Zusammenrechnung von Versicherungs- und Beschäftigungszeiten, die nach den Rechtsvorschriften jeder der Vertragsparteien zurückgelegt wurden.

Artikel 13
Das Recht auf Fürsorge

Um die wirksame Ausübung des Rechts auf Fürsorge zu gewährleisten, verpflichten sich die Vertragsparteien:

1. sicherzustellen, dass jedem, der nicht über ausreichende Mittel verfügt und sich diese auch nicht selbst oder von anderen, insbesondere durch Leistungen aus einem System der sozialen Sicherheit, verschaffen kann, ausreichende Unterstützung und im Fall der Erkrankung die Betreuung, die seine Lage erfordert, gewährt werden;
2. sicherzustellen, dass Personen, die diese Fürsorge in Anspruch nehmen, nicht in ihren politischen oder sozialen Rechten beeinträchtigt werden;
3. dafür zu sorgen, dass jedermann durch zweckentsprechende öffentliche oder private Einrichtungen die zur Verhütung, Behebung oder Milderung einer persönlichen oder familiären Notlage erforderliche Beratung und persönliche Hilfe erhalten kann;
4. die unter den Nummern 1, 2 und 3 genannten Bestimmungen auf die rechtmäßig in ihrem Hoheitsgebiet befindlichen Staatsangehörigen der anderen Vertragsparteien anzuwenden, und zwar auf der Grundlage der Gleichbehandlung und in Übereinstimmung mit den Verpflichtungen aus dem am 11. Dezember 1953 zu Paris unterzeichneten Europäischen Fürsorgeabkommen.

Artikel 14
Das Recht auf Inanspruchnahme sozialer Dienste

Um die wirksame Ausübung des Rechts auf Inanspruchnahme sozialer Dienste zu gewährleisten, verpflichten sich die Vertragsparteien:

1. Dienste zu fördern oder zu schaffen, die unter Anwendung der Methoden der Sozialarbeit zum Wohlbefinden und zur Entfaltung des einzelnen und der Gruppen innerhalb der Gemeinschaft sowie zu ihrer Anpassung an das soziale Umfeld beitragen;

2. bei der Bildung und Durchführung dieser Dienste Einzelpersonen und freie oder andere Organisationen zur Beteiligung anzuregen.

Artikel 15
Das Recht behinderter Menschen auf Eigenständigkeit, soziale Eingliederung und Teilhabe am Leben der Gemeinschaft

Um behinderten Menschen ungeachtet ihres Alters und der Art und Ursache ihrer Behinderung die wirksame Ausübung des Rechts auf Eigenständigkeit, soziale Eingliederung und Teilhabe am Leben der Gemeinschaft zu gewährleisten, verpflichten sich die Vertragsparteien insbesondere:

1. die erforderlichen Maßnahmen zu ergreifen, um für behinderte Menschen Beratung, schulische und berufliche Bildung soweit wie möglich im Rahmen des allgemeinen Systems oder, sofern dies nicht möglich ist, durch öffentliche oder private Sondereinrichtungen bereitzustellen;
2. ihren Zugang zur Beschäftigung durch alle Maßnahmen zu fördern, mit denen ein Anreiz für Arbeitgeber geschaffen werden kann, behinderte Menschen in der normalen Arbeitsumwelt einzustellen und weiterzubeschäftigen und die Arbeitsbedingungen an die Bedürfnisse dieser Menschen anzupassen, oder, wenn dies aufgrund der Behinderung nicht möglich ist, durch Gestaltung oder Schaffung von geschützten Arbeitsplätzen entsprechend dem Grad der Beeinträchtigung. Diese Maßnahmen können gegebenenfalls den Rückgriff auf besondere Arbeitsvermittlungs- und Betreuungsdienste rechtfertigen;
3. ihre vollständige soziale Eingliederung und volle Teilhabe am Leben der Gemeinschaft zu fördern, insbesondere durch Maßnahmen, einschließlich technischer Hilfen, die darauf gerichtet sind, Kommunikations- und Mobilitätshindernisse zu überwinden und ihnen den Zugang zu Beförderungsmitteln, Wohnraum, Freizeitmöglichkeiten und kulturellen Aktivitäten zu ermöglichen.

Artikel 16
Das Recht der Familie auf sozialen, gesetzlichen und wirtschaftlichen Schutz

Um die erforderlichen Voraussetzungen für die Entfaltung der Familie als einer Grundeinheit der Gesellschaft zu schaffen, verpflichten sich die Vertragsparteien, den wirtschaftlichen, gesetzlichen und sozialen Schutz des Familienlebens zu fördern, insbesondere durch Sozial- und Familienleistungen, steuerliche Maßnahmen, Förderung des Baus familiengerechter Wohnungen, Hilfen für junge Eheleute und andere geeignete Mittel jeglicher Art.

Artikel 17
Das Recht der Kinder und Jugendlichen auf sozialen, gesetzlichen und wirtschaftlichen Schutz

Um Kindern und Jugendlichen die wirksame Ausübung des Rechts zu gewährleisten, in einem für die Entfaltung ihrer Persönlichkeit und für die Entwicklung ihrer körperlichen und geistigen Fähigkeiten günstigen Umfeld aufzuwachsen, verpflichten sich die Vertragsparteien, unmittelbar oder in Zusammenarbeit mit öffentlichen oder privaten Organisationen, alle notwendigen und geeigneten Maßnahmen zu treffen, die darauf gerichtet sind:

1. a. Kindern und Jugendlichen unter Berücksichtigung der Rechte und Pflichten ihrer Eltern die Betreuung, Unterstützung, Erziehung und Ausbildung zu gewährleisten, deren sie bedürfen, insbesondere dadurch, dass für diesen Zweck angemessene und ausreichende Einrichtungen und Dienste geschaffen oder unterhalten werden;
   b. Kinder und Jugendliche gegen Vernachlässigung, Gewalt und Ausbeutung zu schützen;
   c. Kindern und Jugendlichen, denen vorübergehend oder endgültig die Unterstützung durch die Familie fehlt, den Schutz und die besondere Hilfe des Staates zu gewährleisten;
2. Kindern und Jugendlichen eine unentgeltliche Schulbildung in der Primar- und Sekundarstufe zu gewährleisten sowie den regelmäßigen Schulbesuch zu fördern.

Artikel 18
Das Recht auf Ausübung einer Erwerbstätigkeit im Hoheitsgebiet der anderen Vertragsparteien

Um die wirksame Ausübung des Rechts auf Ausübung einer Erwerbstätigkeit im Hoheitsgebiet jeder anderen Vertragspartei zu gewährleisten, verpflichten sich die Vertragsparteien:

1. bestehende Vorschriften großzügig anzuwenden;
2. bestehende Formvorschriften zu vereinfachen und Verwaltungsgebühren und andere von ausländischen Arbeitnehmern oder ihren Arbeitgebern zu entrichtende Abgaben herabzusetzen oder abzuschaffen;
3. die Vorschriften über die Beschäftigung ausländischer Arbeitnehmer einzeln oder gemeinschaftlich zu liberalisieren; und anerkennen:
4. das Recht ihrer Staatsangehörigen, das Land zu verlassen, um im Hoheitsgebiet anderer Vertragsparteien eine Erwerbstätigkeit auszuüben.

Artikel 19
Das Recht der Wanderarbeitnehmer und ihrer Familien auf Schutz und Beistand

Um die wirksame Ausübung des Rechts der Wanderarbeitnehmer und ihrer Familien auf Schutz und Beistand im Hoheitsgebiet jeder anderen Ver-

tragspartei zu gewährleisten, verpflichten sich die Vertragsparteien:
1. geeignete Stellen zu unterhalten oder sich zu vergewissern, dass solche Stellen bestehen, die diese Arbeitnehmer unentgeltlich betreuen, insbesondere durch Erteilung genauer Auskünfte, sowie im Rahmen des innerstaatlichen Rechts geeignete Maßnahmen gegen irreführende Werbung zur Auswanderung und Einwanderung zu treffen;
2. in den Grenzen ihrer Zuständigkeit geeignete Maßnahmen zur Erleichterung der Abreise, der Reise und der Aufnahme dieser Arbeitnehmer und ihrer Familien zu treffen und ihnen in den Grenzen ihrer Zuständigkeit während der Reise notwendige Gesundheitsdienste, ärztliche Betreuung und gute hygienische Bedingungen zu verschaffen;
3. soweit erforderlich, die Zusammenarbeit zwischen den öffentlichen und privaten sozialen Diensten der Auswanderungs- und der Einwanderungsländer zu fördern;
4. sicherzustellen, dass diese Arbeitnehmer, soweit sie sich rechtmäßig in ihrem Hoheitsgebiet befinden, nicht weniger günstig behandelt werden als ihre eigenen Staatsangehörigen in Bezug auf die folgenden Gegenstände, soweit diese durch Rechtsvorschriften geregelt oder der Überwachung durch die Verwaltungsbehörden unterstellt sind:
    a. das Arbeitsentgelt und andere Beschäftigungs- und Arbeitsbedingungen,
    b. den Beitritt zu gewerkschaftlichen Organisationen und den Genuss der durch Gesamtarbeitsverträge gebotenen Vorteile,
    c. die Unterkunft;
5. sicherzustellen, dass diese Arbeitnehmer, soweit sie sich rechtmäßig in ihrem Hoheitsgebiet befinden, nicht weniger günstig behandelt werden als ihre eigenen Staatsangehörigen in Bezug auf die Steuern, Abgaben und Beiträge, die für den Arbeitnehmer aufgrund der Beschäftigung zu zahlen sind;
6. soweit möglich, die Zusammenführung eines zur Niederlassung im Hoheitsgebiet berechtigten Wanderarbeitnehmers mit seiner Familie zu erleichtern;
7. sicherzustellen, dass diese Arbeitnehmer, soweit sie sich rechtmäßig in ihrem Hoheitsgebiet befinden, nicht weniger günstig behandelt werden als ihre eigenen Staatsangehörigen in Bezug auf die Möglichkeit, hinsichtlich der in diesem Artikel behandelten Angelegenheiten den Rechtsweg zu beschreiten;
8. sicherzustellen, dass diese Arbeitnehmer, soweit sie in ihrem Hoheitsgebiet ihren rechtmäßigen gewöhnlichen Aufenthalt haben, nur ausgewiesen werden können, wenn sie die Sicherheit des Staates gefährden oder gegen die öffentliche Sicherheit und Ordnung oder die Sittlichkeit verstoßen;
9. innerhalb der gesetzlichen Grenzen die Überweisung der Teile des Verdienstes und der Ersparnisse zuzulassen, die diese Arbeitnehmer zu überweisen wünschen;
10. den in diesem Artikel vorgesehenen Schutz und Beistand auf die aus- oder einwandernden selbständig Erwerbstätigen zu erstrecken, soweit solche Maßnahmen auf diesen Personenkreis anwendbar sind;
11. für Wanderarbeitnehmer und ihre Familienangehörigen den Unterricht zum Erlernen der oder, sollte es mehrere geben, einer Landessprache des Aufnahmestaats zu fördern und zu erleichtern;
12. soweit durchführbar, den Unterricht zum Erlernen der Muttersprache des Wanderarbeitnehmers für dessen Kinder zu fördern und zu erleichtern.

Artikel 20
Das Recht auf Chancengleichheit und Gleichbehandlung in Beschäftigung und Beruf ohne Diskriminierung aufgrund des Geschlechts

Um die wirksame Ausübung des Rechts auf Chancengleichheit und Gleichbehandlung in Beschäftigung und Beruf ohne Diskriminierung aufgrund des Geschlechts zu gewährleisten, verpflichten sich die Vertragsparteien, dieses Recht anzuerkennen und geeignete Maßnahmen zu ergreifen, um dessen Anwendung in den folgenden Bereichen zu gewährleisten oder zu fördern:
a. Zugang zur Beschäftigung, Kündigungsschutz und berufliche Wiedereingliederung,
b. Berufsberatung und berufliche Ausbildung, Umschulung und berufliche Rehabilitation,
c. Beschäftigungs- und Arbeitsbedingungen, einschließlich des Entgelts,
d. beruflicher Werdegang, einschließlich des beruflichen Aufstiegs.

Artikel 21
Das Recht auf Unterrichtung und Anhörung

Um die wirksame Ausübung des Rechts der Arbeitnehmer auf Unterrichtung und Anhörung im Unternehmen zu gewährleisten, verpflichten sich die Vertragsparteien, im Einklang mit den innerstaatlichen Rechtsvorschriften und Gepflogenheiten Maßnahmen zu ergreifen oder zu fördern, die den Arbeitnehmern oder ihren Vertretern die Möglichkeit geben:
a. regelmäßig oder zu gegebener Zeit in einer verständlichen Weise über die wirtschaftliche und finanzielle Lage des sie beschäftigenden Unternehmens unterrichtet zu werden, mit der Maßgabe, dass die Erteilung bestimmter Auskünfte, die für das Unternehmen nachteilig sein könnte, verweigert oder der Pflicht zur vertraulichen Behandlung unterworfen werden kann, und
b. rechtzeitig zu beabsichtigten Entscheidungen gehört zu werden, welche die Interessen der

Arbeitnehmer erheblich berühren könnten, insbesondere zu Entscheidungen, die wesentliche Auswirkungen auf die Beschäftigungslage im Unternehmen haben könnten.

Artikel 22
Das Recht auf Beteiligung an der Festlegung und Verbesserung der Arbeitsbedingungen und der Arbeitsumwelt

Um die wirksame Ausübung des Rechts der Arbeitnehmer auf Beteiligung an der Festlegung und Verbesserung der Arbeitsbedingungen und der Arbeitsumwelt im Unternehmen zu gewährleisten, verpflichten sich die Vertragsparteien, im Einklang mit den innerstaatlichen Rechtsvorschriften und Gepflogenheiten Maßnahmen zu ergreifen oder zu fördern, die es den Arbeitnehmern oder ihren Vertretern ermöglichen, einen Beitrag zu leisten:

a. zur Festlegung und Verbesserung der Arbeitsbedingungen, der Arbeitsorganisation und der Arbeitsumwelt,
b. zum Schutz der Gesundheit und der Sicherheit im Unternehmen,
c. zur Schaffung sozialer und sozio-kultureller Dienste und Einrichtungen des Unternehmens,
d. zur Überwachung der Einhaltung der einschlägigen Vorschriften.

Artikel 23
Das Recht älterer Menschen auf sozialen Schutz

Um die wirksame Ausübung des Rechts älterer Menschen auf sozialen Schutz zu gewährleisten, verpflichten sich die Vertragsparteien, unmittelbar oder in Zusammenarbeit mit öffentlichen oder privaten Organisationen geeignete Maßnahmen zu ergreifen oder zu fördern, die insbesondere:

– älteren Menschen die Möglichkeit geben sollen, so lange wie möglich vollwertige Mitglieder der Gesellschaft zu bleiben, und zwar durch:
  a. ausreichende Mittel, die es ihnen ermöglichen, ein menschenwürdiges Leben zu führen und aktiv am öffentlichen, sozialen und kulturellen Leben teilzunehmen,
  b. die Bereitstellung von Informationen über Dienste und Einrichtungen für ältere Menschen und über ihre Möglichkeiten, diese in Anspruch zu nehmen;
– älteren Menschen die Möglichkeit geben sollen, ihre Lebensweise frei zu wählen und in ihrer gewohnten Umgebung, solange sie dies wollen und können, ein eigenständiges Leben zu führen, und zwar durch:
  a. die Bereitstellung von ihren Bedürfnissen und ihrem Gesundheitszustand entsprechenden Wohnungen oder von angemessenen Hilfen zur Anpassung der Wohnungen,
  b. die gesundheitliche Versorgung und die Dienste, die aufgrund ihres Zustands erforderlich sind;
– älteren Menschen, die in Heimen leben, angemessene Unterstützung unter Achtung ihres Privatlebens sowie die Beteiligung an der Festlegung der Lebensbedingungen im Heim gewährleisten sollen.

Artikel 24
Das Recht auf Schutz bei Kündigung

Um die wirksame Ausübung des Rechts auf Schutz bei Kündigung zu gewährleisten, verpflichten sich die Vertragsparteien,

a. das Recht der Arbeitnehmer, nicht ohne einen triftigen Grund gekündigt zu werden, der mit ihrer Fähigkeit oder ihrem Verhalten zusammenhängt oder auf den Erfordernissen der Tätigkeit des Unternehmens, des Betriebs oder des Dienstes beruht;
b. das Recht der ohne triftigen Grund gekündigten Arbeitnehmer auf eine angemessene Entschädigung oder einen anderen zweckmäßigen Ausgleich

anzuerkennen.

Zu diesem Zweck verpflichten sich die Vertragsparteien sicherzustellen, dass ein Arbeitnehmer, der der Auffassung ist, dass seine Kündigung ohne triftigen Grund erfolgte, das Recht hat, diese bei einer unparteiischen Stelle anzufechten.

Artikel 25
Das Recht der Arbeitnehmer auf Schutz ihrer Forderungen bei Zahlungsunfähigkeit ihres Arbeitgebers

Um die wirksame Ausübung des Rechts der Arbeitnehmer auf Schutz ihrer Forderungen bei Zahlungsunfähigkeit ihres Arbeitgebers zu gewährleisten, verpflichten sich die Vertragsparteien vorzusehen, dass die Forderungen der Arbeitnehmer aus Arbeitsverträgen oder Arbeitsverhältnissen durch eine Garantieeinrichtung oder durch jede andere wirksame Form des Schutzes gesichert werden.

Artikel 26
Das Recht auf Würde am Arbeitsplatz

Um die wirksame Ausübung des Rechts aller Arbeitnehmer auf Schutz ihrer Würde am Arbeitsplatz zu gewährleisten, verpflichten sich die Vertragsparteien, in Beratung mit Arbeitgeber- und Arbeitnehmerorganisationen:

1. das Bewusstsein, die Aufklärung und die Vorbeugung hinsichtlich sexueller Belästigung am Arbeitsplatz oder in Verbindung mit der Arbeit zu fördern und alle geeigneten Maßnahmen zu ergreifen, um Arbeitnehmer vor solchem Verhalten zu schützen;
2. das Bewusstsein, die Aufklärung und die Vorbeugung hinsichtlich verwerflicher oder ausgesprochen feindseliger und beleidigender Handlungen, die am Arbeitsplatz oder in

1a/1. Rev. Europäische Sozialcharta
Art. 26 – 31, Art. A

Verbindung mit der Arbeit wiederholt gegen einzelne Arbeitnehmer gerichtet werden, zu fördern und alle geeigneten Maßnahmen zu ergreifen, um Arbeitnehmer vor solchem Verhalten zu schützen.

Artikel 27
Das Recht der Arbeitnehmer mit Familienpflichten auf Chancengleichheit und Gleichbehandlung

Um die wirksame Ausübung des Rechts auf Chancengleichheit und Gleichbehandlung männlicher und weiblicher Arbeitnehmer mit Familienpflichten sowie dieser Arbeitnehmer und der übrigen Arbeitnehmer zu gewährleisten, verpflichten sich die Vertragsparteien:
1. geeignete Maßnahmen zu ergreifen:
   a. um Arbeitnehmern mit Familienpflichten zu ermöglichen, erwerbstätig zu werden und zu bleiben sowie nach einer durch diese Pflichten bedingten Abwesenheit wieder in das Erwerbsleben einzutreten, einschließlich Maßnahmen im Bereich der Berufsberatung und der beruflichen Ausbildung,
   b. um bei den Beschäftigungsbedingungen und der sozialen Sicherheit ihren Bedürfnissen Rechnung zu tragen,
   c. um öffentliche oder private Dienste zu entwickeln oder zu fördern, insbesondere Kindertagesstätten und andere Arten der Betreuung;
2. für jeden Elternteil die Möglichkeit vorzusehen, innerhalb eines auf den Mutterschaftsurlaub folgenden Zeitraums für die Betreuung eines Kindes einen Elternurlaub zu erhalten, dessen Dauer und Bedingungen durch innerstaatliche Rechtsvorschriften, Gesamtarbeitsverträge oder Gepflogenheiten festgelegt werden;
3. zu gewährleisten, dass Familienpflichten als solche kein triftiger Grund für eine Kündigung sein dürfen.

Artikel 28
Das Recht der Arbeitnehmervertreter auf Schutz im Betrieb und Erleichterungen, die ihnen zu gewähren sind

Um die wirksame Ausübung des Rechts der Arbeitnehmervertreter zu gewährleisten, ihre Aufgaben wahrzunehmen, verpflichten sich die Vertragsparteien sicherzustellen, dass:
a. die Arbeitnehmervertreter im Betrieb gegen Benachteiligungen, einschließlich der Kündigung, die aufgrund ihrer Eigenschaft oder Betätigung als Arbeitnehmervertreter im Betrieb erfolgen, wirksam geschützt werden;
b. den Arbeitnehmervertretern im Betrieb Erleichterungen gewährt werden, die geeignet sind, ihnen die rasche und wirksame Wahrnehmung ihrer Aufgaben zu ermöglichen, wobei das in dem betreffenden Land vorherrschende System der Arbeitsbeziehungen sowie die Erfordernisse, Größe und Leistungsfähigkeit des jeweiligen Betriebs berücksichtigt werden.

Artikel 29
Das Recht auf Unterrichtung und Anhörung in den Verfahren bei Massenentlassungen

Um die wirksame Ausübung des Rechts der Arbeitnehmer auf Unterrichtung und Anhörung bei Massenentlassungen zu gewährleisten, verpflichten sich die Vertragsparteien sicherzustellen, dass die Arbeitnehmervertreter rechtzeitig vor solchen Massenentlassungen von den Arbeitgebern über die Möglichkeiten unterrichtet und dazu gehört werden, wie Massenentlassungen vermieden oder verringert und ihre Folgen gemildert werden können, zum Beispiel durch soziale Begleitmaßnahmen, die insbesondere Hilfen für eine anderweitige Verwendung oder eine Umschulung der betroffenen Arbeitnehmer zum Ziel haben.

Artikel 30
Das Recht auf Schutz gegen Armut und soziale Ausgrenzung

Um die wirksame Ausübung des Rechts auf Schutz gegen Armut und soziale Ausgrenzung zu gewährleisten, verpflichten sich die Vertragsparteien:
a. im Rahmen eines umfassenden und koordinierten Ansatzes Maßnahmen zu ergreifen, um für Personen, die in sozialer Ausgrenzung oder Armut leben oder der Gefahr laufen, in eine solche Lage zu geraten, sowie für deren Familien den tatsächlichen Zugang insbesondere zur Beschäftigung, zu Wohnraum, zur Ausbildung, zum Unterricht, zur Kultur und zur Fürsorge zu fördern;
b. diese Maßnahmen, falls erforderlich, im Hinblick auf ihre Anpassung zu überprüfen.

Artikel 31
Das Recht auf Wohnung

Um die wirksame Ausübung des Rechts auf Wohnung zu gewährleisten, verpflichten sich die Vertragsparteien, Maßnahmen zu ergreifen, die darauf gerichtet sind:
1. den Zugang zu Wohnraum mit ausreichendem Standard zu fördern;
2. der Obdachlosigkeit vorzubeugen und sie mit dem Ziel der schrittweisen Beseitigung abzubauen;
3. die Wohnkosten für Personen, die nicht über ausreichende Mittel verfügen, so zu gestalten, dass sie tragbar sind.

Teil III

Artikel A
Verpflichtungen

1. Vorbehaltlich des Artikels B verpflichtet sich jede der Vertragsparteien:

a. Teil I als eine Erklärung der Ziele anzusehen, die sie entsprechend dem einleitenden Satz jenes Teils mit allen geeigneten Mitteln verfolgen wird;
b. mindestens sechs der folgenden neun Artikel des Teils II als für sich bindend anzusehen: Artikel 1, 5, 6, 7, 12, 13, 16, 19 und 20;
c. zusätzlich so viele Artikel oder Nummern des Teils II auszuwählen und als für sich bindend anzusehen, dass die Gesamtzahl der Artikel oder Nummern, durch die sie gebunden ist, mindestens sechzehn Artikel oder dreiundsechzig Nummern beträgt.

2. Die nach Maßgabe des Absatzes 1 Buchstaben b und c ausgewählten Artikel oder Nummern sind dem Generalsekretär des Europarats gleichzeitig mit der Hinterlegung der Ratifikations-, Annahme- oder Genehmigungsurkunde zu notifizieren.
3. Jede Vertragspartei kann zu einem späteren Zeitpunkt durch eine an den Generalsekretär zu richtende Notifikation erklären, dass sie in Teil II einen anderen Artikel oder eine andere Nummer als für sich bindend ansieht, den sie bisher noch nicht nach Absatz 1 angenommen hat. Diese später übernommenen Verpflichtungen gelten als Bestandteil der Ratifikation, Annahme oder Genehmigung und haben vom ersten Tag des Monats an, der auf einen Zeitabschnitt von einem Monat nach dem Zeitpunkt der Notifikation folgt, die gleiche Wirkung.
4. Jede Vertragspartei hat ein den innerstaatlichen Verhältnissen entsprechendes System der Arbeitsaufsicht zu unterhalten.

Artikel B
Verbindung mit der Europäischen Sozialcharta und dem Zusatzprotokoll von 1988

Eine Vertragspartei der Europäischen Sozialcharta oder des Zusatzprotokolls vom 5. Mai 1988 kann diese Charta nicht ratifizieren, annehmen oder genehmigen, ohne sich mindestens durch die den Bestimmungen der Europäischen Sozialcharta und gegebenenfalls des Zusatzprotokolls entsprechenden Bestimmungen, durch die sie gebunden war, als gebunden zu betrachten.

Die Annahme der Verpflichtungen aus einer Bestimmung dieser Charta bewirkt, dass mit Inkrafttreten dieser Verpflichtungen für die betreffende Vertragspartei die entsprechende Bestimmung der Europäischen Sozialcharta und gegebenenfalls des Zusatzprotokolls von 1988 nicht länger auf die betreffende Vertragspartei Anwendung findet, sofern diese Vertragspartei durch die erstgenannte Übereinkunft oder durch beide Übereinkünfte gebunden ist.

Teil IV
Artikel C
Überwachung der Erfüllung der in dieser Charta enthaltenen Verpflichtungen

Die Erfüllung der in dieser Charta enthaltenen rechtlichen Verpflichtungen unterliegt der gleichen Überwachung wie die Europäische Sozialcharta.

[Anmerkung der Bearbeiterin und des Bearbeiters:

Artikel C der Revidierten Europäischen Sozialcharta inkorporiert die Artikel 21–29 des Teils IV der ursprünglichen Europäischen Sozialcharta vom 18.10.1961 i.d.F. des Protokolls zur Änderung der ursprünglichen Europäischen Sozialcharta (Zusatzprotokoll) vom 21.10.1991, sodass die nachfolgenden Bestimmungen über den Überwachungsmechanismus Bestandteil des Teils IV der Revidierten Europäischen Sozialcharta sind:]

[Teil IV]

Berichte zu den angenommenen Bestimmungen

Art. 21 Die Vertragsparteien übersenden dem Generalsekretär des Europarats alle zwei Jahre in einer von dem Ministerkomitee festzulegenden Form einen Bericht über die Anwendung der von ihnen angenommenen Bestimmungen des Teils II der Charta.

Berichte zu den nicht angenommenen Bestimmungen

Art. 22 Die Vertragsparteien übersenden dem Generalsekretär des Europarats in angemessenen, vom Ministerkomitee zu bestimmenden Zeitabständen Berichte zu den Bestimmungen des Teils II der Charta, die sie weder im Zeitpunkt ihrer Ratifikation oder Genehmigung noch durch spätere Notifikation angenommen haben. Das Ministerkomitee beschließt von Zeit zu Zeit, zu welchen Bestimmungen solche Berichte anzufordern und in welcher Form sie vorzulegen sind.

Zustellung von Abschriften von Berichten und Stellungnahmen

Art. 23
1. Wenn sie dem Generalsekretär einen Bericht nach den Artikeln 21 und 22 übersendet, leitet jede Vertragspartei eine Abschrift dieses Berichts an diejenigen nationalen Organisationen weiter, die Mitglieder der internationalen Arbeitgeber- und Arbeitnehmerorganisationen sind, welche nach Artikel 27 Absatz 2 eingeladen sind, sich auf den Tagungen des Regierungsausschusses vertreten zu lassen. Diese Organisationen übersenden dem Generalsekretär ihre Stellungnahmen zu den Berichten der Vertragsparteien. Der Generalsekretär übersendet eine Abschrift dieser Stellungnahmen den betroffenen Vertragsparteien, die dazu Bemerkungen abgeben können.

1a/1. Rev. Europäische Sozialcharta
Art. C

2. Der Generalsekretär leitet eine Abschrift der Berichte der Vertragsparteien an die internationalen nichtstaatlichen Organisationen weiter, die beratenden Status beim Europarat haben und die in den von dieser Charta geregelten Angelegenheiten besonders fachkundig sind.
3. Die Berichte und Stellungnahmen nach den Artikeln 21 und 22 und nach diesem Artikel werden der Öffentlichkeit auf Verlangen zur Verfügung gestellt.

Prüfung der Berichte
Art. 24

1. Die dem Generalsekretär nach den Artikeln 21 und 22 übersandten Berichte werden von einem nach Artikel 25 gebildeten Ausschuss unabhängiger Sachverständiger geprüft. Dem Ausschuss sind auch alle dem Generalsekretär nach Artikel 23 Absatz 1 zugeleiteten Stellungnahmen vorzulegen. Nach Abschluß seiner Prüfung verfasst der Ausschuss unabhängiger Sachverständiger einen Bericht mit seinen Schlußfolgerungen.
2. Bei Berichten nach Artikel 21 beurteilt der Ausschuss unabhängiger Sachverständiger aus rechtlicher Sicht die Übereinstimmung des innerstaatlichen Rechts und der innerstaatlichen Praxis mit den Verpflichtungen der betreffenden Vertragsparteien aus der Charta.
3. Der Ausschuss unabhängiger Sachverständiger kann Ersuchen um zusätzliche Auskünfte und Klarstellungen unmittelbar an die Vertragsparteien richten. In diesem Zusammenhang kann der Ausschuss unabhängiger Sachverständiger auch, falls erforderlich, ein Treffen mit Vertretern einer Vertragspartei entweder von sich aus oder auf Ersuchen der betreffenden Vertragspartei abhalten. Die in Artikel 23 Absatz 1 genannten Organisationen sind darüber auf dem laufenden zu halten.
4. Die Schlußfolgerungen des Ausschusses unabhängiger Sachverständiger werden veröffentlicht und durch den Generalsekretär dem Regierungsausschuss, der Parlamentarischen Versammlung und den in Artikel 23 Absatz 1 und Artikel 27 Absatz 2 genannten Organisationen übermittelt.

Ausschuss unabhängiger Sachverständiger
Art. 25

1. Der Ausschuss unabhängiger Sachverständiger besteht aus mindestens neun Mitgliedern, welche die Parlamentarische Versammlung mit der Mehrheit der abgegebenen Stimmen aus einer Liste von den Vertragsparteien vorgeschlagener Sachverständiger von höchster Integrität und anerkannter Sachkenntnis in nationalen und internationalen sozialen Fragen wählt. Die genaue Zahl der Mitglieder wird vom Ministerkomitee festgelegt.

2. Die Mitglieder des Ausschusses werden auf sechs Jahre gewählt. Sie können einmal wiedergewählt werden.
3. Ein Mitglied des Ausschusses unabhängiger Sachverständiger, das an Stelle eines Mitglieds gewählt wird, dessen Amtszeit noch nicht abgelaufen ist, bleibt bis zum Ende der Amtszeit seines Vorgängers im Amt.
4. Die Mitglieder des Ausschusses sind in persönlicher Eigenschaft tätig. Sie dürfen während ihrer Amtszeit keine Tätigkeit ausüben, die mit den mit ihrem Amt verbundenen Erfordernissen der Unabhängigkeit, Unparteilichkeit und Verfügbarkeit unvereinbar ist.

Beteiligung der Internationalen Arbeitsorganisation

Art. 26 Die Internationale Arbeitsorganisation ist einzuladen, einen Vertreter namhaft zu machen, der in beratender Eigenschaft an den Verhandlungen des Sachverständigenausschusses teilnimmt.

Regierungsausschuss
Art. 27

1. Die Berichte der Vertragsparteien, die nach Artikel 23 Absatz 1 und Artikel 24 Absatz 3 übermittelten Stellungnahmen und Auskünfte sowie die Berichte des Ausschusses unabhängiger Sachverständiger werden einem Regierungsausschuss vorgelegt.
2. Dieser Ausschuss besteht aus je einem Vertreter jeder Vertragspartei. Er lädt höchstens zwei internationale Arbeitgeberorganisationen und höchstens zwei internationale Arbeitnehmerorganisationen ein, Beobachter in beratender Eigenschaft zu seinen Tagungen zu entsenden. Er kann außerdem den Rat von Vertretern internationaler nichtstaatlicher Organisationen in Anspruch nehmen, die beratenden Status beim Europarat haben und die in den von dieser Charta geregelten Angelegenheiten besonders fachkundig sind.
3. Der Regierungsausschuss bereitet die Beschlüsse des Ministerkomitees vor. Insbesondere wählt er anhand der Berichte des Ausschusses unabhängiger Sachverständiger und der Vertragsparteien nach sozial- und wirtschaftspolitischen sowie anderen politischen Gesichtspunkten unter Angabe von Gründen diejenigen Fälle aus, die nach seiner Ansicht nach Artikel 28 Gegenstand von Empfehlungen an jede betroffene Vertragspartei sein sollten. Er legt dem Ministerkomitee einen Bericht vor, der veröffentlicht wird.
4. Auf der Grundlage seiner Feststellungen über die Durchführung der Charta im allgemeinen kann der Regierungsausschuss dem Ministerkomitee Vorschläge zur Durchführung von Studien zu sozialen Fragen und zu Artikeln der Charta, die möglicherweise auf den neuesten Stand gebracht werden könnten, unterbreiten.

Ministerkomitee

Art. 28

1. Aufgrund des Berichts des Regierungsausschusses nimmt das Ministerkomitee mit Zweidrittelmehrheit der abgegebenen Stimmen, wobei das Stimmrecht auf die Vertragsparteien beschränkt ist, eine Entschließung an, die sich auf den gesamten Überwachungszyklus bezieht und Einzelempfehlungen an die betreffenden Vertragsparteien enthält.
2. Unter Berücksichtigung der nach Artikel 27 Absatz 4 vom Regierungsausschuss unterbreiteten Vorschläge fasst das Ministerkomitee die ihm angemessen erscheinenden Beschlüsse.

Parlamentarische Versammlung

Art. 29 Der Generalsekretär des Europarats übermittelt der Parlamentarischen Versammlung im Hinblick auf periodische Debatten im Plenum die Berichte des Ausschusses unabhängiger Sachverständiger und des Regierungsausschusses sowie die Entschließungen des Ministerkomitees.

Artikel D
Kollektivbeschwerden

1. Das Zusatzprotokoll zur Europäischen Sozialcharta über Kollektivbeschwerden findet für die Staaten, die es ratifiziert haben, auf die nach dieser Charta eingegangenen Verpflichtungen Anwendung.
2. Jeder Staat, der nicht durch das Zusatzprotokoll zur Europäischen Sozialcharta über Kollektivbeschwerden gebunden ist, kann bei Hinterlegung seiner Ratifikations-, Annahme- oder Genehmigungsurkunde zu dieser Charta oder jederzeit danach durch eine an den Generalsekretär des Europarats zu richtende Notifikation erklären, dass er der Überwachung seiner Verpflichtungen aus der Charta entsprechend dem in dem genannten Protokoll vorgesehenen Verfahren zustimmt.

Teil V

Artikel E
Diskriminierungsverbot

Der Genuss der in dieser Charta festgelegten Rechte muss ohne Unterscheidung insbesondere nach der Rasse, der Hautfarbe, dem Geschlecht, der Sprache, der Religion, der politischen oder sonstigen Anschauung, der nationalen oder sozialen Herkunft, der Gesundheit, der Zugehörigkeit zu einer nationalen Minderheit, der Geburt oder dem sonstigen Status gewährleistet sein.

Artikel F
Notstandsklausel

1. In Kriegszeiten oder bei einem anderen öffentlichen Notstand, der das Leben der Nation bedroht, kann jede Vertragspartei Maßnahmen treffen, die von ihren Verpflichtungen aus dieser Charta abweichen, soweit es aufgrund der Lage unbedingt erforderlich ist, vorausgesetzt, dass diese Maßnahmen nicht zu ihren anderen völkerrechtlichen Verpflichtungen im Widerspruch stehen.
2. Jede Vertragspartei, die von diesem Recht auf Abweichung Gebrauch gemacht hat, hält den Generalsekretär des Europarats innerhalb einer angemessenen Frist umfassend über die getroffenen Maßnahmen und die Gründe dafür auf dem laufenden. Sie unterrichtet den Generalsekretär auch von dem Zeitpunkt, zu dem diese Maßnahmen aufgehoben wurden und die von ihr angenommenen Bestimmungen dieser Charta wieder in vollem Umfang angewandt werden.

Artikel G
Einschränkungen

1. Die in Teil I niedergelegten Rechte und Grundsätze dürfen nach ihrer Verwirklichung ebenso wie ihre in Teil II vorgesehene wirksame Ausübung anderen als den in diesen Teilen vorgesehenen Einschränkungen oder Begrenzungen nur unterliegen, wenn diese gesetzlich vorgeschrieben und in einer demokratischen Gesellschaft zum Schutz der Rechte und Freiheiten anderer oder zum Schutz der öffentlichen Sicherheit und Ordnung, der Sicherheit des Staates, der Volksgesundheit und der Sittlichkeit notwendig sind.
2. Von den nach dieser Charta zulässigen Einschränkungen der darin niedergelegten Rechte und Verpflichtungen darf nur zu dem vorgesehenen Zweck Gebrauch gemacht werden.

Artikel H
Verhältnis zwischen der Charta und dem innerstaatlichen Recht sowie internationalen Übereinkünften

Die Bestimmungen dieser Charta lassen geltende oder künftig in Kraft tretende Bestimmungen des innerstaatlichen Rechts und zwei- oder mehrseitiger Übereinkünfte unberührt, die den geschützten Personen eine günstigere Behandlung einräumen.

Artikel I
Erfüllung der eingegangenen Verpflichtungen

1. Die einschlägigen Bestimmungen des Teils II Artikel 1 bis 31 werden unbeschadet der in diesen Artikeln vorgesehenen Mittel zur Durchführung durchgeführt:
   a. durch Gesetze oder sonstige Vorschriften,
   b. durch Vereinbarungen zwischen Arbeitgebern oder Arbeitgeberorganisationen und Arbeitnehmerorganisationen,
   c. durch eine Kombination dieser beiden Verfahren oder
   d. durch andere geeignete Mittel.
2. Die Verpflichtungen aus Teil II Artikel 2 Nummern 1, 2, 3, 4, 5 und 7, Artikel 7 Nummern 4, 6 und 7, Artikel 10 Nummern 1, 2, 3

1a/1. Rev. Europäische Sozialcharta

und 5 und Artikel 21 und 22 gelten als erfüllt, wenn diese Bestimmungen nach Absatz 1 dieses Artikels auf die überwiegende Mehrheit der betreffenden Arbeitnehmer Anwendung finden.

Artikel J
Änderungen

1. Jede Änderung der Teile I und II zur Erweiterung der durch diese Charta garantierten Rechte und jede von einer Vertragspartei oder dem Regierungsausschuss vorgeschlagene Änderung der Teile III bis VI wird dem Generalsekretär des Europarats mitgeteilt und vom Generalsekretär den Vertragsparteien übermittelt.
2. Jede nach Absatz 1 vorgeschlagene Änderung wird vom Regierungsausschuss geprüft, der den beschlossenen Wortlaut nach Anhörung der Parlamentarischen Versammlung dem Ministerkomitee zur Genehmigung vorlegt. Nach Genehmigung durch das Ministerkomitee wird dieser Wortlaut den Vertragsparteien zur Annahme übermittelt.
3. Jede Änderung der Teile I und II tritt für die Vertragsparteien, die die Änderung angenommen haben, am ersten Tag des Monats in Kraft, der auf einen Zeitabschnitt von einem Monat nach dem Tag folgt, an dem drei Vertragsparteien den Generalsekretär davon unterrichtet haben, dass sie die Änderung angenommen haben.
   Für jede Vertragspartei, die die Änderung später annimmt, tritt sie am ersten Tag des Monats in Kraft, der auf einen Zeitabschnitt von einem Monat nach dem Tag folgt, an dem die Vertragspartei den Generalsekretär von ihrer Annahme der Änderung unterrichtet hat.
4. Jede Änderung der Teile III bis VI tritt am ersten Tag des Monats in Kraft, der auf einen Zeitabschnitt von einem Monat nach dem Tag folgt, an dem alle Vertragsparteien den Generalsekretär davon unterrichtet haben, dass sie die Änderung angenommen haben.

Teil VI

Artikel K
Unterzeichnung, Ratifikation und Inkrafttreten

1. Diese Charta liegt für die Mitgliedstaaten des Europarats zur Unterzeichnung auf. Sie bedarf der Ratifikation, Annahme oder Genehmigung. Die Ratifikations-, Annahme- oder Genehmigungsurkunden werden beim Generalsekretär des Europarats hinterlegt.
2. Diese Charta tritt am ersten Tag des Monats in Kraft, der auf einen Zeitabschnitt von einem Monat nach dem Tag folgt, an dem drei Mitgliedstaaten des Europarats nach Absatz 1 ihre Zustimmung ausgedrückt haben, durch die Charta gebunden zu sein.
3. Für jeden Mitgliedstaat, der später seine Zustimmung ausdrückt, durch diese Charta gebunden zu sein, tritt sie am ersten Tag des Monats in Kraft, der auf einen Zeitabschnitt von einem Monat nach Hinterlegung der Ratifikations-, Annahme- oder Genehmigungsurkunde folgt.

Artikel L
Räumlicher Geltungsbereich

1. Diese Charta gilt für das Mutterland jeder Vertragspartei. Jeder Unterzeichner kann bei der Unterzeichnung oder der Hinterlegung seiner Ratifikations-, Annahme- oder Genehmigungsurkunde in einer an den Generalsekretär des Europarats gerichteten Erklärung das Hoheitsgebiet bezeichnen, das in diesem Sinne als Mutterland gilt.
2. Jeder Unterzeichner kann bei der Unterzeichnung oder der Hinterlegung seiner Ratifikations-, Annahme- oder Genehmigungsurkunde oder zu einem späteren Zeitpunkt durch eine an den Generalsekretär des Europarats gerichtete Notifikation erklären, dass diese Charta ganz oder teilweise auf jedes nicht zum Mutterland gehörende in der Erklärung bezeichnete Hoheitsgebiet anzuwenden ist, dessen internationale Beziehungen er wahrnimmt oder für das er international verantwortlich ist. In dieser Erklärung hat er die Artikel oder Nummern des Teils II anzugeben, die er für die in der Erklärung bezeichneten Hoheitsgebiete als bindend anerkennt.
3. Diese Charta findet in jedem in der vorgenannten Erklärung bezeichneten Hoheitsgebiet vom ersten Tag des Monats an Anwendung, der auf einen Zeitabschnitt von einem Monat nach Eingang der Notifikation dieser Erklärung beim Generalsekretär folgt.
4. Jede Vertragspartei kann zu einem späteren Zeitpunkt durch eine an den Generalsekretär des Europarats gerichtete Notifikation erklären, dass sie für ein Hoheitsgebiet, auf das diese Charta nach Absatz 2 Anwendung findet, bestimmte Artikel oder Nummern als bindend annimmt, die sie für dieses Hoheitsgebiet noch nicht angenommen hat. Diese später eingegangenen Verpflichtungen gelten als Bestandteil der ursprünglichen Erklärung für das betreffende Hoheitsgebiet und haben vom ersten Tag des Monats an, der auf einen Zeitabschnitt von einem Monat nach Eingang der Notifikation beim Generalsekretär folgt, die gleiche Wirkung.

Artikel M
Kündigung

1. Eine Vertragspartei kann diese Charta erst nach Ablauf von fünf Jahren, nachdem die Charta für sie in Kraft getreten ist, oder in der Folge jeweils nach Ablauf von zwei Jahren kündigen; in jedem Fall ist die Kündigung sechs Monate vorher dem Generalsekretär

des Europarats zu notifizieren; dieser unterrichtet die anderen Vertragsparteien.

2. Eine Vertragspartei kann nach Maßgabe des Absatzes 1 jeden von ihr angenommenen Artikel oder jede von ihr angenommene Nummer des Teils II kündigen, vorausgesetzt, dass die Zahl der für sie verbindlichen Artikel oder Nummern niemals unter 16 Artikel oder 63 Nummern absinkt und dass diese Zahl von Artikeln oder Nummern weiterhin die Artikel einschließt, welche die Vertragspartei aus den in Artikel A Absatz 1 Buchstabe b bezeichneten ausgewählt hat.

3. Eine Vertragspartei kann diese Charta oder jeden Artikel beziehungsweise jede Nummer des Teils II unter den in Absatz 1 niedergelegten Voraussetzungen für jedes Hoheitsgebiet kündigen, in dem die Charta aufgrund einer Erklärung nach Artikel L Absatz 2 Anwendung findet.

Artikel N
Anhang

Der Anhang dieser Charta ist Bestandteil derselben.

Artikel O
Notifikationen

Der Generalsekretär des Europarats notifiziert den Mitgliedstaaten des Rates und dem Generaldirektor des Internationalen Arbeitsamts:

a. jede Unterzeichnung;
b. jede Hinterlegung einer Ratifikations-, Annahme- oder Genehmigungsurkunde;
c. jeden Zeitpunkt des Inkrafttretens dieser Charta nach Artikel K;
d. jede Erklärung in Anwendung der Artikel A Absätze 2 und 3, Artikel D Absätze 1 und 2, Artikel F Absatz 2 und Artikel L Absätze 1, 2, 3 und 4;
e. jede Änderung nach Artikel J;
f. jede Kündigung nach Artikel M;
g. jede andere Handlung, Notifikation oder Mitteilung im Zusammenhang mit dieser Charta.

Zu Urkund dessen haben die hierzu gehörig befugten Unterzeichneten diese revidierte Charta unterschrieben.

Geschehen zu Straßburg am 3. Mai 1996 in englischer und französischer Sprache, wobei jeder Wortlaut gleichermaßen verbindlich ist, in einer Urschrift, die im Archiv des Europarats hinterlegt wird. Der Generalsekretär des Europarats übermittelt allen Mitgliedstaaten des Europarats und dem Generaldirektor des Internationalen Arbeitsamts beglaubigte Abschriften.

Anhang zur Revidierten Europäischen Sozialcharta
Persönlicher Geltungsbereich der Revidierten Europäischen Sozialcharta

1. Vorbehaltlich des Artikels 12 Nummer 4 und des Artikels 13 Nummer 4 schließt der durch die Artikel 1 bis 17 und 20 bis 31 erfasste Personenkreis Ausländer nur insoweit ein, als sie Staatsangehörige anderer Vertragsparteien sind und ihren rechtmäßigen gewöhnlichen Aufenthalt im Hoheitsgebiet der betreffenden Vertragspartei haben oder dort ordnungsgemäß beschäftigt sind, mit der Maßgabe, dass die genannten Artikel im Sinne der Artikel 18 und 19 auszulegen sind.

Diese Auslegung hindert eine Vertragspartei nicht, auch anderen Personen entsprechende Rechte zu gewähren.

2. Jede Vertragspartei wird Flüchtlingen im Sinne des am 28. Juli 1951 in Genf unterzeichneten Abkommens über die Rechtsstellung der Flüchtlinge und des Protokolls vom 31. Januar 1967, die sich rechtmäßig in ihrem Hoheitsgebiet gewöhnlich aufhalten, eine Behandlung gewähren, die so günstig wie möglich, in keinem Fall aber weniger günstig ist, als in Verpflichtungen der Vertragspartei aus dem oben erwähnten Abkommen oder aus anderen gültigen internationalen Übereinkünften vorgesehen, die auf solche Flüchtlinge anwendbar sind.

3. Jede Vertragspartei wird Staatenlosen im Sinne des am 28. September 1954 in New York beschlossenen Übereinkommens über die Rechtsstellung der Staatenlosen, die sich rechtmäßig in ihrem Hoheitsgebiet gewöhnlich aufhalten, eine Behandlung gewähren, die so günstig wie möglich, in keinem Fall aber weniger günstig ist, als in Verpflichtungen der Vertragspartei aus der oben erwähnten Übereinkunft oder aus anderen gültigen internationalen Übereinkünften vorgesehen, die auf solche Staatenlose anwendbar sind.

Teil I Nummer 18 und Teil II Artikel 18 Nummer 1

Es besteht Einverständnis darüber, dass diese Bestimmungen weder die Einreise in die Hoheitsgebiete der Vertragsparteien betreffen noch die Bestimmungen des am 13. Dezember 1955 zu Paris unterzeichneten Europäischen Niederlassungsabkommens berühren.

Teil II

Artikel 1 Nummer 2

Diese Bestimmung ist nicht so auszulegen, als würden durch sie Schutzklauseln oder Schutzmaßnahmen einer Gewerkschaft verboten oder erlaubt.

Artikel 2 Nummer 6

Die Vertragsparteien können vorsehen, dass diese Bestimmung keine Anwendung findet:

1a/1. Rev. Europäische Sozialcharta
Anhang

a. auf Arbeitnehmer, deren Arbeitsvertrag oder Arbeitsverhältnis eine Gesamtdauer von einem Monat nicht überschreitet und/oder deren wöchentliche Arbeitszeit acht Stunden nicht überschreitet;
b. auf Fälle, in denen der Arbeitsvertrag oder das Arbeitsverhältnis eine Gelegenheitsarbeit oder eine Tätigkeit besonderer Art betrifft, sofern objektive Gründe in diesen Fällen die Nichtanwendung rechtfertigen.

Artikel 3 Nummer 4

Es besteht Einverständnis darüber, dass für die Zwecke dieser Bestimmung die Aufgaben, Organisation und Bedingungen für die Tätigkeit dieser Dienste durch innerstaatliche Rechtsvorschriften, Gesamtarbeitsverträge oder auf jede andere, den innerstaatlichen Verhältnissen entsprechende Weise festzulegen sind.

Artikel 4 Nummer 4

Diese Bestimmung ist dahin zu verstehen, dass sie eine fristlose Entlassung im Fall einer schweren Verfehlung nicht verbietet.

Artikel 4 Nummer 5

Es besteht Einverständnis darüber, dass eine Vertragspartei die unter dieser Nummer geforderte Verpflichtung eingehen kann, wenn durch Gesetz, Gesamtarbeitsverträge oder Schiedssprüche Lohnabzüge für die überwiegende Mehrheit der Arbeitnehmer verboten sind und Ausnahmen nur für diejenigen Personen gelten, die in diesen Gesetzen, Verträgen und Schiedssprüchen nicht erfasst sind.

Artikel 6 Nummer 4

Es besteht Einverständnis darüber, dass jede Vertragspartei für sich die Ausübung des Streikrechts durch Gesetz regeln kann, vorausgesetzt, dass jede weitere Einschränkung dieses Rechts aufgrund des Artikels G gerechtfertigt werden kann.

Artikel 7 Nummer 2

Diese Bestimmung hindert die Vertragsparteien nicht, im Gesetz vorzusehen, dass Jugendliche, die das vorgeschriebene Mindestalter noch nicht erreicht haben, die für ihre Berufsausbildung unbedingt erforderlichen Arbeiten ausführen, wenn diese Arbeiten unter der Aufsicht des zugelassenen fachkundigen Personals ausgeführt werden und die Sicherheit und der Gesundheitsschutz der Jugendlichen am Arbeitsplatz gewährleistet sind.

Artikel 7 Nummer 8

Es besteht Einverständnis darüber, dass eine Vertragspartei die unter dieser Nummer vorgesehene Verpflichtung eingehen kann, wenn sie dem Geist dieser Verpflichtung dadurch nachkommt, dass die überwiegende Mehrheit der Personen unter 18 Jahren kraft Gesetzes nicht zur Nachtarbeit herangezogen werden darf.

Artikel 8 Nummer 2

Diese Bestimmung ist nicht so auszulegen, als würde durch sie ein absolutes Verbot festgeschrieben. Ausnahmen können z.B. in den folgenden Fällen erfolgen:
a. wenn die Arbeitnehmerin sich eine Verfehlung hat zuschulden kommen lassen, die die Auflösung des Arbeitsverhältnisses rechtfertigt;
b. wenn das betreffende Unternehmen seine Tätigkeit einstellt;
c. wenn die im Arbeitsvertrag vorgesehene Frist abgelaufen ist.

Artikel 12 Nummer 4

Die Worte „und nach Maßgabe der in diesen Übereinkünften niedergelegten Bedingungen" in der Einleitung zu dieser Nummer sollen unter anderem bedeuten, dass eine Vertragspartei hinsichtlich von Leistungen, die unabhängig von Versicherungsbeiträgen gewährt werden, die Zurücklegung einer vorgeschriebenen Aufenthaltsdauer vor der Gewährung derartiger Leistungen an Staatsangehörige anderer Vertragsparteien verlangen kann.

Artikel 13 Nummer 4

Regierungen, die nicht Vertragsparteien des Europäischen Fürsorgeabkommens sind, können die Charta hinsichtlich dieser Nummer ratifizieren, sofern sie den Staatsangehörigen der anderen Vertragsparteien eine Behandlung gewähren, die mit dem genannten Abkommen im Einklang steht.

Artikel 16

Es besteht Einverständnis darüber, dass der durch diese Bestimmung gewährte Schutz auch Einelternfamilien erfasst.

Artikel 17

Es besteht Einverständnis darüber, dass diese Bestimmung alle Personen unter 18 Jahren erfasst, sofern nach dem auf das Kind anzuwendenden Recht die Volljährigkeit nicht früher erreicht wird; dies gilt unbeschadet der anderen besonderen Bestimmungen der Charta, insbesondere des Artikels 7.

Dies schließt nicht die Verpflichtung ein, bis zu dem vorstehend genannten Alter eine allgemeine Schulpflicht sicherzustellen.

Artikel 19 Nummer 6

Für die Zwecke der Anwendung dieser Bestimmung ist unter dem Ausdruck „Wanderarbeitnehmer mit seiner Familie" zumindest der Ehegatte des Arbeitnehmers und seine unverheirateten Kinder zu verstehen, solange diese nach den einschlägigen Rechtsvorschriften des Aufnahmestaats als Minderjährige gelten und der Arbeitnehmer für sie unterhaltspflichtig ist.

1a/1. Rev. Europäische Sozialcharta

Anhang

Artikel 20

1. Es besteht Einverständnis darüber, dass Fragen der sozialen Sicherheit sowie die Bestimmungen über Leistungen bei Arbeitslosigkeit, bei Alter und an Hinterbliebene vom Geltungsbereich dieses Artikels ausgenommen werden können.
2. Bestimmungen über den Schutz der Frau, insbesondere hinsichtlich der Schwangerschaft, der Entbindung und der Zeit nach der Entbindung gelten nicht als Diskriminierung im Sinne dieses Artikels.
3. Dieser Artikel steht der Annahme besonderer Maßnahmen zur Beseitigung von tatsächlich bestehenden Ungleichheiten nicht entgegen.
4. Vom Geltungsbereich dieses Artikels oder einiger seiner Bestimmungen können berufliche Tätigkeiten ausgenommen werden, die aufgrund ihrer Art oder der Bedingungen ihrer Ausübung nur Personen eines bestimmten Geschlechts übertragen werden können. Diese Bestimmung ist nicht so auszulegen, als seien die Vertragsparteien verpflichtet, in Gesetzen oder sonstigen Vorschriften eine Liste der beruflichen Tätigkeiten festzulegen, die aufgrund ihrer Art oder der Bedingungen ihrer Ausübung nur Personen eines bestimmten Geschlechts vorbehalten werden können.

Artikel 21 und 22

1. Für die Zwecke der Anwendung dieser Artikel bezeichnet der Ausdruck „Arbeitnehmervertreter" Personen, die aufgrund der innerstaatlichen Rechtsvorschriften oder Gepflogenheiten als Arbeitnehmervertreter anerkannt sind.
2. Der Ausdruck „innerstaatliche Rechtsvorschriften und Gepflogenheiten" umfaßt je nach Lage des Falles neben den Gesetzen und sonstigen Vorschriften auch Gesamtarbeitsverträge sowie andere Vereinbarungen zwischen Arbeitgebern und Arbeitnehmervertretern, übliche Bräuche und einschlägige Gerichtsentscheidungen.
3. Für die Zwecke der Anwendung dieser Artikel wird der Ausdruck „Unternehmen" so ausgelegt, dass er eine Gesamtheit von materiellen und immateriellen Bestandteilen mit oder ohne Rechtspersönlichkeit darstellt, die zur Herstellung von Waren oder zur Erbringung von Dienstleistungen gebildet wird, auf Gewinn gerichtet ist und mit Entscheidungsbefugnis hinsichtlich ihres Marktverhaltens ausgestattet ist.
4. Es besteht Einverständnis darüber, dass Religionsgemeinschaften und ihre Einrichtungen von der Anwendung dieser Artikel ausgenommen werden können, auch wenn diese Einrichtungen „Unternehmen" im Sinne des Absatzes 3 sind. Betriebe mit Tätigkeiten, die von bestimmten Idealen geprägt oder von bestimmten moralischen Vorstellungen geleitet werden, welche von der innerstaatlichen Rechtsordnung geschützt sind, können von der Anwendung dieser Artikel in dem Umfang ausgenommen werden, wie dies zum Schutz der Tendenz des Unternehmens erforderlich ist.
5. Es besteht Einverständnis darüber, dass, wenn in einem Staat die in diesen Artikeln niedergelegten Rechte in den verschiedenen Betriebsstätten eines Unternehmens ausgeübt werden, die Verpflichtungen aus diesen Bestimmungen als von der betreffenden Vertragspartei erfüllt anzusehen sind.
6. Die Vertragsparteien können vom Geltungsbereich dieser Artikel die Unternehmen ausnehmen, deren Beschäftigtenzahl eine durch innerstaatliche Rechtsvorschriften oder Gepflogenheiten festgelegte bestimmte Zahl nicht überschreitet.

Artikel 22

1. Diese Bestimmung lässt sowohl die Befugnisse und Verpflichtungen der Staaten hinsichtlich der Annahme von Vorschriften über den Arbeits- und Gesundheitsschutz am Arbeitsplatz als auch die Befugnisse und Zuständigkeiten der mit der Überwachung der Einhaltung dieser Vorschriften beauftragten Stellen unberührt.
2. Die Ausdrücke „soziale und sozio-kulturelle Dienste und Einrichtungen" beziehen sich auf Dienste und Einrichtungen sozialer und/oder kultureller Art, die bestimmte Unternehmen für die Arbeitnehmer bereitstellen, wie soziale Betreuung, Sportplätze, Stillräume, Büchereien, Kinderferienlager usw.

Artikel 23 erster Anstrich

Für die Zwecke der Anwendung dieses Anstrichs stellt der Ausdruck „so lange wie möglich" auf die körperlichen, seelischen und geistigen Fähigkeiten des älteren Menschen ab.

Artikel 24

1. Es besteht Einverständnis darüber, dass für die Zwecke dieses Artikels der Ausdruck „Kündigung" die Beendigung des Arbeitsverhältnisses durch den Arbeitgeber bedeutet.
2. Es besteht Einverständnis darüber, dass dieser Artikel alle Arbeitnehmer erfasst, dass jedoch eine Vertragspartei die folgenden Arbeitnehmergruppen von seinem Schutz ganz oder teilweise ausnehmen kann:
   a. die im Rahmen eines Arbeitsvertrags für eine bestimmte Zeit oder eine bestimmte Aufgabe eingestellten Arbeitnehmer;
   b. die Arbeitnehmer, die eine Probe- oder Wartezeit ableisten, sofern diese im voraus festgesetzt und von angemessener Dauer ist;
   c. die zur vorübergehenden Aushilfe eingestellten Arbeitnehmer.

1a/1. Rev. Europäische Sozialcharta
Anhang

3. Für die Zwecke dieses Artikels gelten insbesondere nicht als triftige Gründe für eine Kündigung:
   a. die Zugehörigkeit zu einer Gewerkschaft oder die gewerkschaftliche Betätigung außerhalb der Arbeitszeit oder, mit Zustimmung des Arbeitgebers, während der Arbeitszeit;
   b. die Tatsache, dass sich jemand um das Amt eines Arbeitnehmervertreters bewirbt, ein solches Amt ausübt oder ausgeübt hat;
   c. die Tatsache, dass jemand wegen einer behaupteten Verletzung von Rechtsvorschriften eine Klage gegen den Arbeitgeber einreicht, an einem Verfahren gegen ihn beteiligt ist oder die zuständigen Verwaltungsbehörden anruft;
   d. Rasse, Hautfarbe, Geschlecht, Familienstand, Familienpflichten, Schwangerschaft, Religion, politische Anschauung, nationale oder soziale Herkunft;
   e. Mutterschaftsurlaub oder Elternurlaub;
   f. vorübergehende Abwesenheit von der Arbeit aufgrund einer Krankheit oder eines Unfalls.
4. Es besteht Einverständnis darüber, dass die Entschädigung oder ein anderer zweckmäßiger Ausgleich bei einer Kündigung ohne triftigen Grund nach innerstaatlichen Rechtsvorschriften, Gesamtarbeitsverträge oder auf jede andere, den innerstaatlichen Verhältnissen entsprechende Weise festzulegen ist.

Artikel 25

1. Es besteht Einverständnis darüber, dass die zuständige nationale Behörde als Ausnahme und nach Anhörung von Arbeitgeber- und Arbeitnehmerorganisationen bestimmte Arbeitnehmergruppen wegen der besonderen Art ihres Arbeitsverhältnisses von dem in dieser Bestimmung vorgesehenen Schutz ausnehmen kann.
2. Es besteht Einverständnis darüber, dass der Ausdruck „Zahlungsunfähigkeit" durch innerstaatliche Rechtsvorschriften und Gepflogenheiten zu bestimmen ist.
3. Die von dieser Bestimmung erfassten Forderungen der Arbeitnehmer haben sich mindestens auf folgendes zu erstrecken:
   a. Forderungen der Arbeitnehmer hinsichtlich der Löhne und Gehälter für einen bestimmten Zeitraum vor Eintritt der Zahlungsunfähigkeit oder vor Beendigung des Arbeitsverhältnisses, der in einem System des Schutzes durch ein Vorrecht drei Monate und in einem System des Schutzes durch eine Garantie acht Wochen nicht unterschreiten darf;
   b. Forderungen der Arbeitnehmer hinsichtlich des bezahlten Urlaubs, der aufgrund der geleisteten Arbeit während des Jahres angefallen ist, in dem die Zahlungsunfähigkeit oder die Beendigung des Arbeitsverhältnisses eingetreten ist;
   c. Forderungen der Arbeitnehmer hinsichtlich der geschuldeten Beträge für sonstige bezahlte Zeiten der Abwesenheit betreffend einen bestimmten Zeitraum vor Eintritt der Zahlungsunfähigkeit oder vor Beendigung des Arbeitsverhältnisses, der in einem System des Schutzes durch ein Vorrecht drei Monate und in einem System des Schutzes durch eine Garantie acht Wochen nicht unterschreiten darf.
4. Die innerstaatlichen Rechtsvorschriften können den Schutz der Forderungen der Arbeitnehmer auf einen bestimmten Betrag begrenzen, der eine sozial vertretbare Höhe erreichen muss.

Artikel 26

Es besteht Einverständnis darüber, dass dieser Artikel die Vertragsparteien nicht dazu verpflichtet, Rechtsvorschriften zu erlassen.

Es besteht Einverständnis darüber, dass Nummer 2 sexuelle Belästigung nicht erfasst.

Artikel 27

Es besteht Einverständnis darüber, dass dieser Artikel auf männliche und weibliche Arbeitnehmer Anwendung findet, die Familienpflichten gegenüber ihren unterhaltsberechtigten Kindern sowie anderen unmittelbaren Familienangehörigen haben, die offensichtlich ihrer Betreuung oder Unterstützung bedürfen, soweit ihre Möglichkeiten, sich auf das Erwerbsleben vorzubereiten, in das Erwerbsleben einzutreten, am Erwerbsleben teilzunehmen oder Fortschritte im Erwerbsleben zu erzielen, durch diese Pflichten eingeschränkt werden. Die Ausdrücke „unterhaltsberechtigte Kinder" und „andere unmittelbare Familienangehörige, die offensichtlich ihrer Betreuung und Unterstützung bedürfen" sind in dem durch die innerstaatlichen Rechtsvorschriften der Vertragsparteien bestimmten Sinn zu verstehen.

Artikel 28 und 29

Für die Zwecke der Anwendung dieser Artikel bezeichnet der Ausdruck „Arbeitnehmervertreter" Personen, die nach den innerstaatlichen Rechtsvorschriften oder Gepflogenheiten als Arbeitnehmervertreter anerkannt sind.

Teil III

Es besteht Einverständnis darüber, dass die Charta rechtliche Verpflichtungen internationalen Charakters enthält, deren Durchführung ausschließlich der in ihrem Teil IV vorgesehenen Überwachung unterliegt.

1a/1. Rev. Europäische Sozialcharta Anhang

Artikel A Absatz 1

Es besteht Einverständnis darüber, dass als Nummern auch Artikel anzusehen sind, die aus einem einzigen Absatz bestehen.

Artikel B Absatz 2

Für die Zwecke des Artikels B Absatz 2 entsprechen die Bestimmungen der revidierten Charta den Bestimmungen der Charta, die die gleiche Artikelzahl oder Nummer tragen, mit Ausnahme von:
a. Artikel 3 Nummer 2 der revidierten Charta, der Artikel 3 Nummern 1 und 3 der Charta entspricht;
b. Artikel 3 Nummer 3 der revidierten Charta, der Artikel 3 Nummern 2 und 3 der Charta entspricht;
c. Artikel 10 Nummer 5 der revidierten Charta, der Artikel 10 Nummer 4 der Charta entspricht;
d. Artikel 17 Nummer 1 der revidierten Charta, der Artikel 17 der Charta entspricht.

Teil V

Artikel E

Eine sachlich und sinnvoll begründete unterschiedliche Behandlung wird nicht als diskriminierend angesehen.

Artikel F

Der Ausdruck „in Kriegszeiten oder bei einem anderen öffentlichen Notstand" ist dahin zu verstehen, dass er auch den Zustand einer drohenden Kriegsgefahr erfasst.

Artikel I

Es besteht Einverständnis darüber, dass Arbeitnehmer, die nach dem Anhang zu den Artikeln 21 und 22 ausgenommen sind, bei der Festlegung der Zahl der betreffenden Arbeitnehmer nicht berücksichtigt werden.

Artikel J

Der Ausdruck „Änderung" ist dahin zu verstehen, dass er auch die Aufnahme neuer Artikel in die Charta erfasst.

1a/1a. Zusatzprotokoll zur Europäischen Sozialcharta über Kollektivbeschwerden

Strasbourg, 9.11.1995
Nichtamtliche Übersetzung (vgl. Schlussklausel des Protokolls: authentische Sprachfassungen in Englisch und Französisch)
Quelle: https://rm.coe.int/168007cdc4

GLIEDERUNG

Art. 1–3: Beschwerdefähige Organisationen
Art. 4–5: Form und Inhalt der Beschwerde
Art. 5–6: Übermittlung zur Stellungnahme
Art. 7–8: Behandlung im Europ. Ausschuss für Soziale Rechte
Art. 8–9: Behandlung im Ministerkomitee

Art. 10: Berichtspflicht der belangten Vertragspartei
Art. 11: Verhältnis zum Zusatzprotokoll vom 5.5.1988
Art. 12: Überwachungsmechanismus
Art. 13–16: Schlussbestimmungen

Präambel

Die Mitgliedstaaten des Europarats, die dieses Protokoll zu der am 18. Oktober 1961 in Turin zur Unterzeichnung aufgelegten Europäischen Sozialcharta (im Folgenden als „Charta" bezeichnet)[1] unterzeichnen,

[1] Gem. Art. D Abs. 1 der Revidierten Europäischen Sozialcharta ist das Zusatzprotokoll über Kollektivbeschwerden inzwischen auf die Verpflichtungen der Revidierten Europäischen Sozialcharta anzuwenden, sodass die ursprüngliche Europäische Sozialcharta vom 18.10.1961 auch in diesem Zusammenhang nicht abgedruckt werden brauchte.

entschlossen, neue Maßnahmen zu treffen, die geeignet sind, die Verwirklichung der durch die Charta garantierten sozialen Rechte zu verbessern;

in der Erwägung, dass dieses Ziel insbesondere durch die Einrichtung eines Kollektivbeschwerdeverfahrens erreicht werden könnte, das unter anderem die Mitwirkung der Sozialpartner sowie nichtstaatlicher Organisationen verstärken würde,

sind wie folgt übereingekommen:

Art. 1 Die Vertragsparteien dieses Protokolls erkennen den folgenden Organisationen das Recht zu, Beschwerden vorzubringen, in denen eine nicht zufriedenstellende Anwendung der Charta geltend gemacht wird:

a. den in Artikel 27 Absatz 2 der Charta bezeichneten internationalen Arbeitgeber- und Arbeitnehmerorganisationen[2];

[2] Aufgrund des Art. C der Revidierten Europäischen Sozialcharta bleibt die genannte Bestimmung des Art. 27 Abs. 2 der ursprünglichen Europäischen Sozialcharta vom 18.10.1961 i.d.F. des Protokolls zur Änderung der ursprünglichen Europäischen Sozialcharta (Zusatzprotokoll) vom 21.10.1991 Bestandteil des Teils IV der Revidierten Europäischen Sozialcharta.

b. den anderen internationalen nichtstaatlichen Organisationen, die beratenden Status beim Europarat haben und vom Regierungsausschuss in eine zu diesem Zweck angelegte Liste eingetragen sind;

c. den repräsentativen nationalen Arbeitgeber- und Arbeitnehmerorganisationen unter der Hoheitsgewalt der Vertragspartei, gegen die sich die Beschwerde richtet.

Art. 2 1. Jeder Vertragsstaat kann ferner zu dem Zeitpunkt, zu dem er nach Artikel 13 seine Zustimmung ausdrückt, durch dieses Protokoll gebunden zu sein, oder zu einem späteren Zeitpunkt erklären, dass er anderen repräsentativen nationalen nichtstaatlichen Organisationen unter Hoheitsgewalt, die in den von dieser Charta geregelten Angelegenheiten besonders fachkundig sind, das Recht zuerkennt, Beschwerden gegen ihn einzureichen.

2. Solche Erklärungen können befristet abgegeben werden.

3. Die Erklärungen werden beim Generalsekretär des Europarats hinterlegt; dieser übermittelt den Vertragsparteien Abschriften davon und veröffentlicht sie.

Art. 3 Die in Artikel 1 Buchstabe b beziehungsweise in Artikel 2 genannten internationalen nichtstaatlichen und nationalen nichtstaatlichen Organisationen können nach dem in jenen Artikeln vorgesehenen Verfahren Beschwerden nur in Bezug auf die Angelegenheiten einbringen, für die sie als besonders fachkundig anerkannt worden sind.

Art. 4 Die Beschwerde ist schriftlich einzureichen; sie hat sich auf eine Bestimmung der Charta, die von der betroffenen Vertragspartei angenommen wurde, zu beziehen und Angaben darüber zu enthalten, in welcher Hinsicht letztere die zufriedenstellende Anwendung dieser Bestimmung nicht sichergestellt hat.

Art. 5 Jede Beschwerde ist an den Generalsekretär zu richten, der deren Eingang bestätigt, sie der betreffenden Vertragspartei zur Kenntnis bringt und sie unverzüglich dem Ausschuss unabhängiger Sachverständiger übermittelt.

1a/1a. ZP EuropSozCharta – KollBeschwerden

Art. 6 Der Ausschuss unabhängiger Sachverständiger kann die betreffende Vertragspartei und die Organisation, welche die Beschwerde eingereicht hat, auffordern, ihm innerhalb einer von ihm gesetzten Frist schriftlich Auskünfte und Stellungnahmen hinsichtlich der Zulässigkeit der Beschwerde vorzulegen.

Art. 7 1. Erklärt der Ausschuss unabhängiger Sachverständiger eine Beschwerde für zulässig, so teilt er dies den Vertragsparteien der Charta über den Generalsekretär mit. Er fordert die betreffende Vertragspartei und die Organisation, welche die Beschwerde eingereicht hat, auf, ihm innerhalb einer von ihm gesetzten Frist schriftlich alle sachdienlichen Erläuterungen oder Auskünfte vorzulegen, sowie die anderen Vertragsparteien dieses Protokolls, innerhalb derselben Frist die Stellungnahmen abzugeben, die diese zu übermitteln wünschen.

2. Ist die Beschwerde von einer nationalen Arbeitgeber- oder Arbeitnehmerorganisation oder von einer anderen nationalen oder internationalen nichtstaatlichen Organisation eingereicht worden, so teilt der Ausschuss unabhängiger Sachverständiger dies den in Artikel 27 Absatz 2 der Charta bezeichneten internationalen Arbeitgeber- oder Arbeitnehmerorganisationen[3] über den Generalsekretär mit und lädt sie ein, innerhalb einer von ihm gesetzten Frist Stellung zu nehmen.

[3] S. Fußnote 2.

3. Aufgrund der nach den Absätzen 1 und 2 vorgelegten Erläuterungen, Auskünfte und Stellungnahmen können die betreffende Vertragspartei und die Organisation, welche die Beschwerde eingereicht hat, schriftlich zusätzliche Auskünfte oder Stellungnahmen innerhalb einer vom Ausschuss unabhängiger Experten gesetzten Frist vorlegen.

4. Im Verlauf der Prüfung der Beschwerde kann der Ausschuss unabhängiger Experten eine Anhörung der Vertreter der Parteien vornehmen.

Art. 8 1. Der Ausschuss unabhängiger Sachverständiger verfasst einen Bericht, in dem er die von ihm zur Prüfung der Beschwerde unternommenen Schritte beschreibt und seine Schlussfolgerungen darüber darlegt, ob die betreffende Vertragspartei die Anwendung der Bestimmung der Charta, auf die sich die Beschwerde bezieht, in zufriedenstellender Weise sichergestellt hat oder nicht.

2. Der Bericht wird dem Ministerkomitee übermittelt. Er wird ferner der Organisation, welche die Beschwerde eingereicht hat, und den Vertragsparteien der Charta übermittelt, ohne dass diesen seine Veröffentlichung gestattet ist.

Er wird der Parlamentarischen Versammlung übermittelt und gleichzeitig mit der in Artikel 9 vorgesehenen Entschließung oder spätestens vier Monate nach seiner Übermittlung an das Ministerkomitee veröffentlicht.

Art. 9 1. Aufgrund des Berichts des Ausschusses unabhängiger Experten nimmt das Ministerkomitee mit Mehrheit der abgegebenen Stimmen eine Entschließung an. Stellt der Ausschuss unabhängiger Experten fest, dass die Charta nicht zufriedenstellend angewandt worden ist, so nimmt das Ministerkomitee mit Zweidrittelmehrheit der abgegebenen Stimmen eine an die betreffende Vertragspartei gerichtete Empfehlung an. In beiden Fällen sind ausschließlich die Vertragsparteien der Charta stimmberechtigt.

2. Auf Ersuchen der betreffenden Vertragspartei kann das Ministerkomitee, falls im Bericht des Ausschusses unabhängiger Experten neue Fragen aufgeworfen werden, mit Zweidrittelmehrheit der Vertragsparteien der Charta beschließen, den Regierungsausschuss zu konsultieren.

Art. 10 Die betreffende Vertragspartei erteilt im nächsten Bericht, den sie nach Artikel 21 der Charta[4] an den Generalsekretär richtet, Auskunft über die Maßnahmen, die sie zur Umsetzung der Empfehlung des Ministerkomitees getroffen hat.

[4] Auch die Bestimmung des Art. 21 der ursprünglichen Europäischen Sozialcharta vom 18.10.1961 i.d.F. des zweiten Zusatzprotokolls vom 21.10.1991 ist aufgrund des Art. C der Revidierten Europäischen Sozialcharta Bestandteil des Teils IV der Revidierten Europäischen Sozialcharta und hier unter 1a/1. abgedruckt.

Art. 11 Artikel 1 bis 10 dieses Protokolls finden gegenüber den Staaten, die Vertragsparteien des ersten Zusatzprotokolls zur Charta[5] sind, auch auf die Artikel des Teiles II jenes Protokolls Anwendung, soweit diese Artikel angenommen wurden.

[5] Vgl. Art. B der Revidierten Europäischen Sozialcharta.

Art. 12 Die Staaten, die Vertragsparteien dieses Protokolls sind, sind der Auffassung, dass der Anhang zur Charta in Bezug auf Teil III wie folgt lautet:

„Es besteht Einverständnis darüber, dass die Charta rechtliche Verpflichtungen internationalen Charakters enthält, deren Durchführung ausschließlich der in ihrem Teil IV und in diesem Protokoll vorgesehenen Überwachung unterliegt."

Art. 13 1. Dieses Protokoll liegt für die Mitgliedstaaten des Europarats, die Unterzeichner der Charta sind, zur Unterzeichnung auf; sie können ihre Zustimmung, gebunden zu sein, ausdrücken:

a. indem sie es ohne Vorbehalt der Ratifikation, Annahme oder Genehmigung unterzeichnen oder

b. indem sie es vorbehaltlich der Ratifikation, Annahme oder Genehmigung unterzeichnen und später ratifizieren, annehmen oder genehmigen.

2. Ein Mitgliedstaat des Europarats kann seine Zustimmung, an dieses Protokoll gebunden zu sein, nicht zum Ausdruck bringen, ohne die Charta vorher ratifiziert zu haben oder gleichzeitig zu ratifizieren.

3. Die Ratifikations-, Annahme- oder Genehmigungsurkunden werden beim Generalsekretär des Europarats hinterlegt.

Art. 14 1. Dieses Protokoll tritt am ersten Tag des Monats in Kraft, der auf einen Zeitabschnitt von einem Monat nach dem Tag folgt, an dem fünf Mitgliedstaaten des Europarats nach Artikel 13 ihre Zustimmung ausgedrückt haben, durch das Protokoll gebunden zu sein.

2. Für jeden Mitgliedstaat, der später seine Zustimmung ausdrückt, durch das Protokoll gebunden zu sein, tritt es am ersten Tag des Monats in Kraft, der auf einen Zeitabschnitt von einem Monat nach Hinterlegung der Ratifikations-, Annahme- oder Genehmigungsurkunde folgt.

Art. 15 1. Jede Vertragspartei kann dieses Protokoll jederzeit durch eine an den Generalsekretär des Europarats gerichtete Notifikation kündigen.

2. Die Kündigung wird am ersten Tag des Monats wirksam, der auf einen Zeitabschnitt von zwölf Monaten nach Eingang der Notifikation beim Generalsekretär folgt.

Art. 16 Der Generalsekretär des Europarats notifiziert allen Mitgliedstaaten des Europarats:

a. jede Unterzeichnung;

b. jede Hinterlegung einer Ratifikations-, Annahme- oder Genehmigungsurkunde;

c. den Zeitpunkt des Inkrafttretens dieses Protokolls nach Artikel 14;

d. jede andere Handlung, Notifikation oder Mitteilung im Zusammenhang mit diesem Protokoll.

Zu Urkund dessen haben die hierzu gehörig befugten Unterzeichneten dieses Protokoll unterschrieben.

Geschehen zu Straßburg am 9. November 1995 in englischer und französischer Sprache, wobei beide Wortlaute gleichermaßen authentisch sind, in einer Urschrift, die im Archiv des Europarats hinterlegt wird. Der Generalsekretär des Europarats übermittelt allen Mitgliedstaaten des Europarats beglaubigte Abschriften.

2. Freizügigkeit

Inhaltsverzeichnis

2/1.	UnionsbürgerRL	Seite	149
2/2.	FreizügigkeitsVO	Seite	163
2/2a.	FreizügigkeitsRL	Seite	170
2/3.	DaueraufenthaltsRL	Seite	177
2/4.	RL über das Recht auf Familienzusammenführung	Seite	189
2/5.	RL über die Einreise und den Aufenthalt von Drittstaatsangehörigen	Seite	196
2/6.	RL über ergänzende Rentenansprüche	Seite	226
2/7.	StatusRL	Seite	230
2/8.	Beschluss Nr. 1/80 – Auszug	Seite	247
2/9.	SchwarzarbeitsRL	Seite	249
2/10.	Blue Card-RL	Seite	257
2/11.	Single Permit-RL	Seite	287
2/12.	ZusatzrentenRL	Seite	296
2/13.	SaisonarbeiterRL	Seite	302
2/14.	Konzerninterne Überlassungs-RL	Seite	318
2/15.	EURES-VO	Seite	335
2/16.	AufnahmeRL	Seite	357
2/17.	Europäische ArbeitsbehördeVO	Seite	374

2/1. Unionsbürger-Richtlinie

Richtlinie 2004/38/EG des Europäischen Parlaments und des Rates über das Recht der Unionsbürger und ihrer Familienangehörigen, sich im Hoheitsgebiet der Mitgliedstaaten frei zu bewegen und aufzuhalten, zur Änderung der Verordnung (EWG) Nr. 1612/68 und zur Aufhebung der Richtlinien 64/221/EWG, 68/360/EWG, 72/194/EWG, 73/148/EWG, 75/34/EWG, 75/35/EWG, 90/364/EWG, 90/365/EWG und 93/96/EWG vom 29. April 2004

(ABl. Nr. L 158 v. 30.4.2004, S. 77; berichtigt durch ABl. Nr. L 229 v. 29.6.2004, S. 35)

GLIEDERUNG

KAPITEL I: Allgemeine Bestimmungen
Art. 1: Gegenstand
Art. 2: Begriffsbestimmungen
Art. 3: Berechtigte

KAPITEL II: Recht auf Ausreise und Einreise
Art. 4: Recht auf Ausreise
Art. 5: Recht auf Einreise

KAPITEL III: Aufenthaltsrecht
Art. 6: Recht auf Aufenthalt bis zu drei Monaten
Art. 7: Recht auf Aufenthalt für mehr als drei Monate
Art. 8: Verwaltungsformalitäten für Unionsbürger
Art. 9: Verwaltungsformalitäten für Familienangehörige, die nicht die Staatsangehörigkeit eines Mitgliedstaats besitzen
Art. 10: Ausstellung der Aufenthaltskarte
Art. 11: Gültigkeit der Aufenthaltskarte
Art. 12: Aufrechterhaltung des Aufenthaltsrechts der Familienangehörigen bei Tod oder Wegzug des Unionsbürgers
Art. 13: Aufrechterhaltung des Aufenthaltsrechts der Familienangehörigen bei Scheidung oder Aufhebung der Ehe oder bei Beendigung der eingetragenen Partnerschaft
Art. 14: Aufrechterhaltung des Aufenthaltsrechts
Art. 15: Verfahrensgarantien

KAPITEL IV: Recht auf Daueraufenthalt
Abschnitt I: Erwerb
Art. 16: Allgemeine Regel für Unionsbürger und ihre Familienangehörigen
Art. 17: Ausnahmeregelung für Personen, die im Aufnahmemitgliedstaat aus dem Erwerbsleben ausgeschieden sind, und ihre Familienangehörigen
Art. 18: Erwerb des Rechts auf Daueraufenthalt durch bestimmte Familienangehörige, die nicht die Staatsangehörigkeit eines Mitgliedstaats besitzen

Abschnitt II: Verwaltungsformalitäten
Art. 19: Dokument für Unionsbürger zur Bescheinigung des Daueraufenthalts
Art. 20: Daueraufenthaltskarte für Familienangehörige, die nicht die Staatsangehörigkeit eines Mitgliedstaats besitzen
Art. 21: Kontinuität des Aufenthalts

KAPITEL V: Gemeinsame Bestimmungen über das Aufenthaltsrecht und das Recht auf Daueraufenthalt
Art. 22: Räumlicher Geltungsbereich
Art. 23: Verbundene Rechte
Art. 24: Gleichbehandlung
Art. 25: Allgemeine Bestimmungen bezüglich der Aufenthaltsdokumente
Art. 26: Kontrolle

KAPITEL VI: Beschränkungen des Einreise- und Aufenthaltsrechts aus Gründen der öffentlichen Ordnung, Sicherheit oder Gesundheit
Art. 27: Allgemeine Grundsätze
Art. 28: Schutz vor Ausweisung
Art. 29: Öffentliche Gesundheit
Art. 30: Mitteilung der Entscheidungen
Art. 31: Verfahrensgarantien
Art. 32: Zeitliche Wirkung eines Aufenthaltsverbots
Art. 33: Ausweisung als Strafe oder Nebenstrafe

KAPITEL VII: Schlussbestimmungen
Art. 34: Verbreitung von Informationen
Art. 35: Rechtsmissbrauch
Art. 36: Sanktionen
Art. 37: Günstigere innerstaatliche Rechtsvorschriften
Art. 38: Aufhebung
Art. 39: Bericht
Art. 40: Umsetzung
Art. 41: Inkrafttreten
Art. 42: Adressaten

2/1. UnionsbürgerRL
Präambel

DAS EUROPÄISCHE PARLAMENT UND DER RAT DER EUROPÄISCHEN UNION –

gestützt auf den Vertrag zur Gründung der Europäischen Gemeinschaft, insbesondere auf die Artikel 12, 18, 40, 44 und 52,

auf Vorschlag der Kommission (ABl. C 270 E vom 25.9.2001, S. 150),

nach Stellungnahme des Europäischen Wirtschafts- und Sozialausschusses (ABl. C 149 vom 21.6.2002, S. 46),

nach Stellungnahme des Ausschusses der Regionen (ABl. C 192 vom 12.8.2002, S. 17),

gemäß dem Verfahren des Artikels 251 des Vertrags (Stellungnahme des Europäischen Parlaments vom 11. Februar 2003, ABl. C 43 E v. 19. 2. 2004, S. 42; Gemeinsamer Standpunkt des Rates vom 5. Dezember 2003, ABl. C 54 E v. 2. 3. 2004, S. 12),

in Erwägung nachstehender Gründe:

(1) Die Unionsbürgerschaft verleiht jedem Bürger der Union das elementare und persönliche Recht, sich im Hoheitsgebiet der Mitgliedstaaten vorbehaltlich der im Vertrag und in den Durchführungsvorschriften vorgesehenen Beschränkungen und Bedingungen frei zu bewegen und aufzuhalten.

(2) Die Freizügigkeit von Personen stellt eine der Grundfreiheiten des Binnenmarkts dar, der einen Raum ohne Binnengrenzen umfasst, in dem diese Freiheit gemäß den Bestimmungen des Vertrags gewährleistet ist.

(3) Die Unionsbürgerschaft sollte der grundsätzliche Status der Staatsangehörigen der Mitgliedstaaten sein, wenn sie ihr Recht auf Freizügigkeit und Aufenthalt wahrnehmen. Daher müssen die bestehenden Gemeinschaftsinstrumente, die Arbeitnehmer und Selbstständige sowie Studierende und andere beschäftigungslose Personen getrennt behandeln, kodifiziert und überarbeitet werden, um das Freizügigkeits- und Aufenthaltsrecht aller Unionsbürger zu vereinfachen und zu verstärken.

(4) Um diese bereichsspezifischen und fragmentarischen Ansätze des Freizügigkeits- und Aufenthaltsrechts zu überwinden und die Ausübung dieses Rechts zu erleichtern, ist ein einziger Rechtsakt erforderlich, in dem die Verordnung (EWG) Nr. 1612/68 des Rates vom 15. Oktober 1968 über die Freizügigkeit der Arbeitnehmer innerhalb der Gemeinschaft (ABl. L 257 vom 19.10.1968, S. 2. Zuletzt geändert durch die Verordnung (EWG) Nr. 2434/92 (ABl. L 245 vom 26.8.1992, S. 1)) geändert und die folgenden Rechtsakte aufgehoben werden: die Richtlinie 68/360/EWG des Rates vom 15. Oktober 1968 zur Aufhebung der Reise- und Aufenthaltsbeschränkungen für Arbeitnehmer der Mitgliedstaaten und ihre Familienangehörigen innerhalb der Gemeinschaft (ABl. L 257 vom 19.10.1968, S. 13. Zuletzt geändert durch die Beitrittsakte von 2003), die Richtlinie 73/148/EWG des Rates vom 21. Mai 1973 zur Aufhebung der Reise- und Aufenthaltsbeschränkungen für Staatsangehörige der Mitgliedstaaten innerhalb der Gemeinschaft auf dem Gebiet der Niederlassung und des Dienstleistungsverkehrs (ABl. L 172 vom 28.6.1973, S. 14), die Richtlinie 90/364/EWG des Rates vom 28. Juni 1990 über das Aufenthaltsrecht (ABl. L 180 vom 13.7.1990, S. 26), die Richtlinie 90/365/EWG des Rates vom 28. Juni 1990 über das Aufenthaltsrecht der aus dem Erwerbsleben ausgeschiedenen Arbeitnehmer und selbstständig Erwerbstätigen (ABl. L 180 vom 13.7.1990, S. 28) und die Richtlinie 93/96/EWG des Rates vom 29. Oktober 1993 über das Aufenthaltsrecht der Studenten (ABl. L 317 vom 18.12.1993, S. 59).

(5) Das Recht aller Unionsbürger, sich im Hoheitsgebiet der Mitgliedstaaten frei zu bewegen und aufzuhalten, sollte, wenn es unter objektiven Bedingungen in Freiheit und Würde ausgeübt werden soll, auch den Familienangehörigen ungeachtet ihrer Staatsangehörigkeit gewährt werden. Für die Zwecke dieser Richtlinie sollte der Begriff des Familienangehörigen auch den eingetragenen Lebenspartner umfassen, wenn nach den Rechtsvorschriften des Aufnahmemitgliedstaats die eingetragene Partnerschaft der Ehe gleichgestellt wird.

(6) Um die Einheit der Familie im weiteren Sinne zu wahren und unbeschadet des Verbots der Diskriminierung aus Gründen der Staatsangehörigkeit sollte die Lage derjenigen Personen, die nicht als Familienangehörige im Sinne dieser Richtlinie gelten und die daher kein automatisches Einreise- und Aufenthaltsrecht im Aufnahmemitgliedstaat genießen, von dem Aufnahmemitgliedstaat auf der Grundlage seiner eigenen innerstaatlichen Rechtsvorschriften daraufhin geprüft werden, ob diesen Personen die Einreise und der Aufenthalt gestattet werden könnte, wobei ihrer Beziehung zu dem Unionsbürger sowie anderen Aspekten, wie ihre finanzielle oder physische Abhängigkeit von dem Unionsbürger, Rechnung zu tragen ist.

(7) Unbeschadet der für die Kontrollen an den nationalen Grenzen geltenden Vorschriften sollten die Formalitäten im Zusammenhang mit der Freizügigkeit von Unionsbürgern im Hoheitsgebiet der Mitgliedstaaten genau festgelegt werden.

(8) Um die Ausübung der Freizügigkeit für Familienangehörige, die nicht die Staatsangehörigkeit eines Mitgliedstaats besitzen, zu erleichtern, sollten Familienangehörige, die bereits im Besitz einer Aufenthaltskarte sind, von der Pflicht befreit werden, sich ein Einreisevisum gemäß der Verordnung (EG) Nr. 539/2001 des Rates vom 15. März 2001 zur Aufstellung der Liste der Drittländer, deren Staatsangehörige beim Überschreiten der Außengrenzen im Besitz eines Visums sein müssen, sowie der Liste der Drittländer, deren Staatsangehörige von dieser Visumspflicht befreit sind (ABl. L 81 vom 21.3.2001, S. 1. Zuletzt geändert durch die Verordnung (EG) Nr. 453/2003, ABl. L 69 vom 13.3.2003, S. 10), oder gegebenenfalls gemäß den geltenden einzelstaatlichen Rechtsvorschriften zu beschaffen.

(9) Die Unionsbürger sollten das Aufenthaltsrecht im Aufnahmemitgliedstaat für einen Zeitraum von bis zu drei Monaten haben, ohne jegliche Bedingungen oder Formalitäten außer der Pflicht, im Besitz eines gültigen Personalausweises oder Reisepasses zu sein, unbeschadet einer günstige-

2/1. UnionsbürgerRL
Präambel

ren Behandlung für Arbeitsuchende gemäß der Rechtsprechung des Gerichtshofs.

(10) Allerdings sollten Personen, die ihr Aufenthaltsrecht ausüben, während ihres ersten Aufenthalts die Sozialhilfeleistungen des Aufnahmemitgliedstaats nicht unangemessen in Anspruch nehmen. Daher sollte das Aufenthaltsrecht von Unionsbürgern und ihren Familienangehörigen für eine Dauer von über drei Monaten bestimmten Bedingungen unterliegen.

(11) Das elementare und persönliche Recht auf Aufenthalt in einem anderen Mitgliedstaat erwächst den Unionsbürgern unmittelbar aus dem Vertrag und hängt nicht von der Einhaltung von Verwaltungsverfahren ab.

(12) Für Aufenthalte von über drei Monaten sollten die Mitgliedstaaten die Möglichkeit haben, eine – durch eine Anmeldebescheinigung bestätigte – Anmeldung des Unionsbürgers bei der zuständigen Behörde des Aufenthaltsortes vorzuschreiben.

(13) Für Aufenthalte von über drei Monaten sollte das Erfordernis der Aufenthaltskarte auf Familienangehörige von Unionsbürgern beschränkt werden, die nicht die Staatsangehörigkeit eines Mitgliedstaats besitzen.

(14) Um zu vermeiden, dass abweichende Verwaltungspraktiken oder Auslegungen die Ausübung des Aufenthaltsrechts der Unionsbürger und ihrer Familienangehörigen unangemessen behindern, sollte genau und abschließend festgelegt werden, welche Dokumente erforderlich sind, damit die zuständige Behörde eine Anmeldebescheinigung oder eine Aufenthaltskarte ausstellen kann.

(15) Ferner bedarf es eines rechtlichen Schutzes für die Familienangehörigen, wenn der Unionsbürger verstirbt, die Ehe geschieden oder aufgehoben oder die eingetragene Partnerschaft beendet wird. Daher sollten Maßnahmen getroffen werden, damit unter Achtung des Familienlebens und der menschlichen Würde, aber unter bestimmten Voraussetzungen zum Schutz vor Missbrauch sichergestellt ist, dass in solchen Fällen Familienangehörigen, die sich bereits im Hoheitsgebiet des Aufnahmemitgliedstaats aufhalten, das Aufenthaltsrecht ausschließlich auf persönlicher Grundlage erhalten bleibt.

(16) Solange die Aufenthaltsberechtigten die Sozialhilfeleistungen des Aufnahmemitgliedstaats nicht unangemessen in Anspruch nehmen, sollte keine Ausweisung erfolgen. Die Inanspruchnahme von Sozialhilfeleistungen sollte daher nicht automatisch zu einer Ausweisung führen. Der Aufnahmemitgliedstaat sollte prüfen, ob es sich bei dem betreffenden Fall um vorübergehende Schwierigkeiten handelt, und die Dauer des Aufenthalts, die persönlichen Umstände und den gewährten Sozialhilfebetrag berücksichtigen, um zu beurteilen, ob der Leistungsempfänger die Sozialhilfeleistungen unangemessen in Anspruch genommen hat, und in diesem Fall seine Ausweisung zu veranlassen. In keinem Fall sollte eine Ausweisungsmaßnahme gegen Arbeitnehmer, Selbstständige oder Arbeitsuchende in dem vom Gerichtshof definierten Sinne erlassen werden, außer aus Gründen der öffentlichen Ordnung oder Sicherheit.

(17) Wenn Unionsbürger, die beschlossen haben, sich dauerhaft in dem Aufnahmemitgliedstaat niederzulassen, das Recht auf Daueraufenthalt erhielten, würde dies ihr Gefühl der Unionsbürgerschaft verstärken und entscheidend zum sozialen Zusammenhalt – einem grundlegenden Ziel der Union – beitragen. Es gilt daher, für alle Unionsbürger und ihre Familienangehörigen, die sich gemäß den in dieser Richtlinie festgelegten Bedingungen fünf Jahre lang ununterbrochen in dem Aufnahmemitgliedstaat aufgehalten haben und gegen die keine Ausweisungsmaßnahme angeordnet wurde, ein Recht auf Daueraufenthalt vorzusehen.

(18) Um ein wirksames Instrument für die Integration in die Gesellschaft des Aufnahmemitgliedstaats darzustellen, in dem der Unionsbürger seinen Aufenthalt hat, sollte das einmal erlangte Recht auf Daueraufenthalt keinen Bedingungen unterworfen werden.

(19) Bestimmte für abhängig oder selbstständig erwerbstätige Unionsbürger und ihre Familienangehörigen geltende Vergünstigungen sollten aufrechterhalten werden, die diesen Personen gegebenenfalls gestatten, ein Recht auf Daueraufenthalt zu erwerben, bevor sie einen Aufenthalt von fünf Jahren in dem Aufnahmemitgliedstaat vollendet haben, da sie erworbene Rechte aufgrund der Verordnung (EWG) Nr. 1251/70 der Kommission vom 29. Juni 1970 über das Recht der Arbeitnehmer, nach Beendigung einer Beschäftigung im Hoheitsgebiet eines Mitgliedstaats zu verbleiben (ABl. L 142 vom 30.6.1970, S. 24), und der Richtlinie 75/34/EWG des Rates vom 17. Dezember 1974 über das Recht der Staatsangehörigen eines Mitgliedstaats, nach Beendigung der Ausübung einer selbstständigen Tätigkeit im Hoheitsgebiet eines anderen Mitgliedstaats zu verbleiben (ABl. L 14 vom 20.1.1975, S. 10), darstellen.

(20) Das Verbot der Diskriminierung aus Gründen der Staatsangehörigkeit erfordert, dass alle Unionsbürger und ihre Familienangehörigen, die sich aufgrund dieser Richtlinie in einem Mitgliedstaat aufhalten, in diesem Mitgliedstaat in den Anwendungsbereichen des Vertrags die gleiche Behandlung wie Inländer genießen; dies gilt vorbehaltlich spezifischer und ausdrücklich im Vertrag und im abgeleiteten Recht vorgesehener Bestimmungen.

(21) Allerdings sollte es dem Aufnahmemitgliedstaat überlassen bleiben, zu bestimmen, ob er Unionsbürgern, die nicht abhängige oder selbstständige Erwerbstätige sind oder diesen Status beibehalten, und ihren Familienangehörigen Sozialhilfe während der ersten drei Monate des Aufenthalts oder im Falle von Arbeitsuchenden für einen längeren Zeitraum oder vor Erwerb des Rechts auf Daueraufenthalt Unterhaltsbeihilfen für die Zwecke des Studiums, einschließlich einer Berufsausbildung, gewährt.

(22) Der Vertrag sieht Beschränkungen des Rechts auf Freizügigkeit und Aufenthalt aus Grün-

2/1. UnionsbürgerRL
Präambel, Art. 1, 2

den der öffentlichen Ordnung, Sicherheit oder Gesundheit vor. Um eine genauere Definition der Umstände und Verfahrensgarantien sicherzustellen, unter denen Unionsbürgern und ihren Familienangehörigen die Erlaubnis zur Einreise verweigert werden kann oder unter denen sie ausgewiesen werden können, sollte die vorliegende Richtlinie die Richtlinie 64/221/EWG des Rates vom 25. Februar 1964 zur Koordinierung der Sondervorschriften für die Einreise und den Aufenthalt von Ausländern, soweit sie aus Gründen der öffentlichen Ordnung, Sicherheit und Gesundheit gerechtfertigt sind (ABl. 56 vom 4.4.1964, S. 850. Zuletzt geändert durch die Richtlinie 75/35/EWG, ABl. L 14 vom 20.1.1975, S. 14), ersetzen.

(23) Die Ausweisung von Unionsbürgern und ihren Familienangehörigen aus Gründen der öffentlichen Ordnung oder Sicherheit ist eine Maßnahme, die Personen, die ihre Rechte und Freiheiten aus dem Vertrag in Anspruch genommen haben und vollständig in den Aufnahmemitgliedstaat integriert sind, sehr schaden kann. Die Wirkung derartiger Maßnahmen sollte daher gemäß dem Verhältnismäßigkeitsprinzip begrenzt werden, damit der Grad der Integration der Betroffenen, die Dauer des Aufenthalts im Aufnahmemitgliedstaat, ihr Alter, ihr Gesundheitszustand, die familiäre und wirtschaftliche Situation und die Bindungen zum Herkunftsstaat berücksichtigt werden.

(24) Daher sollte der Schutz vor Ausweisung in dem Maße zunehmen, wie die Unionsbürger und ihre Familienangehörigen in den Aufnahmemitgliedstaat stärker integriert sind. Gegen Unionsbürger, die sich viele Jahre im Hoheitsgebiet des Aufnahmemitgliedstaats aufgehalten haben, insbesondere in Fällen, in denen sie dort geboren sind und dort ihr ganzes Leben lang ihren Aufenthalt gehabt haben, sollte nur unter außergewöhnlichen Umständen aus zwingenden Gründen der öffentlichen Sicherheit eine Ausweisung verfügt werden. Gemäß dem Übereinkommen der Vereinten Nationen vom 20. November 1989 über die Rechte des Kindes sollten solche außergewöhnlichen Umstände zudem auch für Ausweisungsmaßnahmen gegen Minderjährige gelten, damit die familiären Bande unter Schutz stehen.

(25) Ferner sollten Verfahrensgarantien festgelegt werden, damit einerseits im Falle eines Verbots, in einen anderen Mitgliedstaat einzureisen oder sich dort aufzuhalten, ein hoher Schutz der Rechte des Unionsbürgers und seiner Familienangehörigen gewährleistet ist und andererseits der Grundsatz eingehalten wird, dass behördliche Handlungen ausreichend begründet sein müssen.

(26) Der Unionsbürger und seine Familienangehörigen, denen untersagt wird, in einen anderen Mitgliedstaat einzureisen oder sich dort aufzuhalten, müssen stets die Möglichkeit haben, den Rechtsweg zu beschreiten.

(27) Im Sinne der Rechtsprechung des Gerichtshofs, wonach die Mitgliedstaaten gegen die Begünstigten dieser Richtlinie kein Aufenthaltsverbot auf Lebenszeit verhängen dürfen, sollte bestätigt werden, dass ein Unionsbürger oder einer seiner Familienangehörigen, gegen den ein Mitgliedstaat ein Aufenthaltsverbot verhängt hat, nach einem angemessenen Zeitraum, in jedem Fall aber nach Ablauf von drei Jahren nach Vollstreckung des endgültigen Aufenthaltsverbots, einen neuen Antrag auf Aufhebung des Aufenthaltsverbots stellen kann.

(28) Zum Schutz gegen Rechtsmissbrauch oder Betrug, insbesondere Scheinehen oder andere Arten von Bindungen, die lediglich zum Zweck der Inanspruchnahme des Freizügigkeits- und Aufenthaltsrechts geschlossen wurden, sollten die Mitgliedstaaten die Möglichkeit zum Erlass der erforderlichen Maßnahmen haben.

(29) Diese Richtlinie sollte nicht die Anwendung günstigerer einzelstaatlicher Rechtsvorschriften berühren.

(30) Zur Untersuchung der Frage, wie die Ausübung des Freizügigkeits- und Aufenthaltsrechts weiter erleichtert werden kann, sollte von der Kommission ein Bericht erarbeitet werden, aufgrund dessen die Möglichkeit zur Vorlage etwaiger hierfür erforderlicher Vorschläge abschätzbar ist, insbesondere zur Verlängerung des Zeitraums des nicht an Bedingungen geknüpften Aufenthalts.

(31) Diese Richtlinie steht im Einklang mit den Grundrechten und -freiheiten und den Grundsätzen, die insbesondere mit der Charta der Grundrechte der Europäischen Union anerkannt werden. Dem in der Charta enthaltenen Diskriminierungsverbot zufolge sollten die Mitgliedstaaten diese Richtlinie ohne Diskriminierung zwischen den Begünstigten dieser Richtlinie aufgrund des Geschlechts, der Rasse, der Hautfarbe, der ethnischen oder sozialen Herkunft, der genetischen Merkmale, der Sprache, der Religion oder Weltanschauung, der politischen oder sonstigen Anschauung, der Zugehörigkeit zu einer nationalen Minderheit, des Vermögens, der Geburt, einer Behinderung, des Alters oder der sexuellen Ausrichtung umsetzen –

HABEN FOLGENDE RICHTLINIE ERLASSEN:

KAPITEL I
Allgemeine Bestimmungen

Gegenstand

Art. 1 Diese Richtlinie regelt

a) die Bedingungen, unter denen Unionsbürger und ihre Familienangehörigen das Recht auf Freizügigkeit und Aufenthalt innerhalb des Hoheitsgebiets der Mitgliedstaaten genießen;

b) das Recht auf Daueraufenthalt der Unionsbürger und ihrer Familienangehörigen im Hoheitsgebiet der Mitgliedstaaten;

c) die Beschränkungen der in den Buchstaben a) und b) genannten Rechte aus Gründen der öffentlichen Ordnung, Sicherheit oder Gesundheit.

Begriffsbestimmungen

Art. 2 Im Sinne dieser Richtlinie bezeichnet der Ausdruck

1. „Unionsbürger" jede Person, die die Staatsangehörigkeit eines Mitgliedstaats besitzt;

2/1. UnionsbürgerRL
Art. 2 – 5

2. „Familienangehöriger"
   a) den Ehegatten;
   b) den Lebenspartner, mit dem der Unionsbürger auf der Grundlage der Rechtsvorschriften eines Mitgliedstaats eine eingetragene Partnerschaft eingegangen ist, sofern nach den Rechtsvorschriften des Aufnahmemitgliedstaats die eingetragene Partnerschaft der Ehe gleichgestellt ist und die in den einschlägigen Rechtsvorschriften des Aufnahmemitgliedstaats vorgesehenen Bedingungen erfüllt sind;
   c) die Verwandten in gerader absteigender Linie des Unionsbürgers und des Ehegatten oder des Lebenspartners im Sinne von Buchstabe b), die das 21. Lebensjahr noch nicht vollendet haben oder denen von diesen Unterhalt gewährt wird;
   d) die Verwandten in gerader aufsteigender Linie des Unionsbürgers und des Ehegatten oder des Lebenspartners im Sinne von Buchstabe b), denen von diesen Unterhalt gewährt wird;
3. „Aufnahmemitgliedstaat" den Mitgliedstaat, in den sich der Unionsbürger begibt, um dort sein Recht auf Freizügigkeit oder Aufenthalt auszuüben.

Berechtigte

Art. 3 (1) Diese Richtlinie gilt für jeden Unionsbürger, der sich in einen anderen als den Mitgliedstaat, dessen Staatsangehörigkeit er besitzt, begibt oder sich dort aufhält, sowie für seine Familienangehörigen im Sinne von Artikel 2 Nummer 2, die ihn begleiten oder ihm nachziehen.

(2) Unbeschadet eines etwaigen persönlichen Rechts auf Freizügigkeit und Aufenthalt der Betroffenen erleichtert der Aufnahmemitgliedstaat nach Maßgabe seiner innerstaatlichen Rechtsvorschriften die Einreise und den Aufenthalt der folgenden Personen:
a) jedes nicht unter die Definition in Artikel 2 Nummer 2 fallenden Familienangehörigen ungeachtet seiner Staatsangehörigkeit, dem der primär aufenthaltsberechtigte Unionsbürger im Herkunftsland Unterhalt gewährt oder der mit ihm im Herkunftsland in häuslicher Gemeinschaft gelebt hat, oder wenn schwerwiegende gesundheitliche Gründe die persönliche Pflege des Familienangehörigen durch den Unionsbürger zwingend erforderlich machen;
b) des Lebenspartners, mit dem der Unionsbürger eine ordnungsgemäß bescheinigte dauerhafte Beziehung eingegangen ist.

Der Aufnahmemitgliedstaat führt eine eingehende Untersuchung der persönlichen Umstände durch und begründet eine etwaige Verweigerung der Einreise oder des Aufenthalts dieser Personen.

KAPITEL II
Recht auf Ausreise und Einreise

Recht auf Ausreise

Art. 4 (1) Unbeschadet der für die Kontrollen von Reisedokumenten an den nationalen Grenzen geltenden Vorschriften haben alle Unionsbürger, die einen gültigen Personalausweis oder Reisepass mit sich führen, und ihre Familienangehörigen, die nicht die Staatsangehörigkeit eines Mitgliedstaats besitzen und die einen gültigen Reisepass mit sich führen, das Recht, das Hoheitsgebiet eines Mitgliedstaats zu verlassen und sich in einen anderen Mitgliedstaat zu begeben.

(2) Für die Ausreise von Personen gemäß Absatz 1 darf weder ein Visum noch eine gleichartige Formalität verlangt werden.

(3) Die Mitgliedstaaten stellen ihren Staatsangehörigen gemäß ihren Rechtsvorschriften einen Personalausweis oder einen Reisepass aus, der ihre Staatsangehörigkeit angibt, und verlängern diese Dokumente.

(4) Der Reisepass muss zumindest für alle Mitgliedstaaten und die unmittelbar zwischen den Mitgliedstaaten liegenden Durchreiseländer gelten. Sehen die Rechtsvorschriften eines Mitgliedstaats keinen Personalausweis vor, so ist der Reisepass mit einer Gültigkeit von mindestens fünf Jahren auszustellen oder zu verlängern.

Recht auf Einreise

Art. 5 (1) Unbeschadet der für die Kontrollen von Reisedokumenten an den nationalen Grenzen geltenden Vorschriften gestatten die Mitgliedstaaten Unionsbürgern, die einen gültigen Personalausweis oder Reisepass mit sich führen, und ihren Familienangehörigen, die nicht die Staatsangehörigkeit eines Mitgliedstaats besitzen und die einen gültigen Reisepass mit sich führen, die Einreise.

Für die Einreise von Unionsbürgern darf weder ein Visum noch eine gleichartige Formalität verlangt werden.

(2) Von Familienangehörigen, die nicht die Staatsangehörigkeit eines Mitgliedstaats besitzen, ist gemäß der Verordnung (EG) Nr. 539/2001 oder gegebenenfalls den einzelstaatlichen Rechtsvorschriften lediglich ein Einreisevisum zu fordern. Für die Zwecke dieser Richtlinie entbindet der Besitz einer gültigen Aufenthaltskarte gemäß Artikel 10 diese Familienangehörigen von der Visumspflicht.

Die Mitgliedstaaten treffen alle erforderlichen Maßnahmen, um diesen Personen die Beschaffung der erforderlichen Visa zu erleichtern. Die Visa werden so bald wie möglich nach einem beschleunigten Verfahren unentgeltlich erteilt.

(3) Der Aufnahmemitgliedstaat bringt im Reisepass eines Familienangehörigen, der nicht die Staatsangehörigkeit eines Mitgliedstaats besitzt, keinen Einreise- oder Ausreisestempel an, wenn der Betroffene die Aufenthaltskarte gemäß Artikel 10 mit sich führt.

(4) Verfügt ein Unionsbürger oder ein Familienangehöriger, der nicht die Staatsangehörigkeit eines Mitgliedstaats besitzt, nicht über die erforderlichen Reisedokumente oder gegebenenfalls die erforderlichen Visa, so gewährt der betreffende Mitgliedstaat dieser Person jede angemessene Möglichkeit, sich die erforderlichen Dokumente in einer angemessenen Frist zu beschaffen oder übermitteln zu lassen oder sich mit anderen Mitteln bestätigen zu lassen oder nachzuweisen, dass sie das Recht auf Freizügigkeit und Aufenthalt genießt, bevor er eine Zurückweisung verfügt.

(5) Der Mitgliedstaat kann von dem Betroffenen verlangen, dass er seine Anwesenheit im Hoheitsgebiet dieses Mitgliedstaats innerhalb eines angemessenen und nicht diskriminierenden Zeitraums meldet. Die Nichterfüllung dieser Meldepflicht kann mit verhältnismäßigen und nicht diskriminierenden Sanktionen geahndet werden.

KAPITEL III
Aufenthaltsrecht

Recht auf Aufenthalt bis zu drei Monaten

Art. 6 (1) Ein Unionsbürger hat das Recht auf Aufenthalt im Hoheitsgebiet eines anderen Mitgliedstaats für einen Zeitraum von bis zu drei Monaten, wobei er lediglich im Besitz eines gültigen Personalausweises oder Reisepasses sein muss und ansonsten keine weiteren Bedingungen zu erfüllen oder Formalitäten zu erledigen braucht.

(2) Absatz 1 gilt auch für Familienangehörige im Besitz eines gültigen Reisepasses, die nicht die Staatsangehörigkeit eines Mitgliedstaats besitzen und die den Unionsbürger begleiten oder ihm nachziehen.

Recht auf Aufenthalt für mehr als drei Monate

Art. 7 (1) Jeder Unionsbürger hat das Recht auf Aufenthalt im Hoheitsgebiet eines anderen Mitgliedstaats für einen Zeitraum von über drei Monaten, wenn er

a) Arbeitnehmer oder Selbstständiger im Aufnahmemitgliedstaat ist oder

b) für sich und seine Familienangehörigen über ausreichende Existenzmittel verfügt, so dass sie während ihres Aufenthalts keine Sozialhilfeleistungen des Aufnahmemitgliedstaats in Anspruch nehmen müssen, und er und seine Familienangehörigen über einen umfassenden Krankenversicherungsschutz im Aufnahmemitgliedstaat verfügen oder

c) – bei einer privaten oder öffentlichen Einrichtung, die von dem Aufnahmemitgliedstaat aufgrund seiner Rechtsvorschriften oder seiner Verwaltungspraxis anerkannt oder finanziert wird, zur Absolvierung einer Ausbildung einschließlich einer Berufsausbildung als Hauptzweck eingeschrieben ist und

– über einen umfassenden Krankenversicherungsschutz im Aufnahmemitgliedstaat verfügt und der zuständigen nationalen Behörde durch eine Erklärung oder durch jedes andere gleichwertige Mittel seiner Wahl glaubhaft macht, dass er für sich und seine Familienangehörigen über ausreichende Existenzmittel verfügt, so dass sie während ihres Aufenthalts keine Sozialhilfeleistungen des Aufnahmemitgliedstaats in Anspruch nehmen müssen, oder

d) ein Familienangehöriger ist, der den Unionsbürger, der die Voraussetzungen des Buchstaben a), b) oder c) erfüllt, begleitet oder ihm nachzieht.

(2) Das Aufenthaltsrecht nach Absatz 1 gilt auch für Familienangehörige, die nicht die Staatsangehörigkeit eines Mitgliedstaats besitzen und die den Unionsbürger in den Aufnahmemitgliedstaat begleiten oder ihm nachziehen, sofern der Unionsbürger die Voraussetzungen des Absatzes 1 Buchstabe a), b) oder c) erfüllt.

(3) Für die Zwecke des Absatzes 1 Buchstabe a) bleibt die Erwerbstätigeneigenschaft dem Unionsbürger, der seine Erwerbstätigkeit als Arbeitnehmer oder Selbstständiger nicht mehr ausübt, in folgenden Fällen erhalten:

a) er ist wegen einer Krankheit oder eines Unfalls vorübergehend arbeitsunfähig;

b) er stellt sich bei ordnungsgemäß bestätigter unfreiwilliger Arbeitslosigkeit nach mehr als einjähriger Beschäftigung dem zuständigen Arbeitsamt zur Verfügung;

c) er stellt sich bei ordnungsgemäß bestätigter unfreiwilliger Arbeitslosigkeit nach Ablauf seines auf weniger als ein Jahr befristeten Arbeitsvertrags oder bei im Laufe der ersten zwölf Monate eintretender unfreiwilliger Arbeitslosigkeit dem zuständigen Arbeitsamt zur Verfügung; in diesem Fall bleibt die Erwerbstätigeneigenschaft während mindestens sechs Monaten aufrechterhalten;

d) er beginnt eine Berufsausbildung; die Aufrechterhaltung der Erwerbstätigeneigenschaft setzt voraus, dass zwischen dieser Ausbildung und der früheren beruflichen Tätigkeit ein Zusammenhang besteht, es sei denn, der Betroffene hat zuvor seinen Arbeitsplatz unfreiwillig verloren.

(4) Abweichend von Absatz 1 Buchstabe d) und Absatz 2 haben nur der Ehegatte, der eingetragene Lebenspartner im Sinne von Artikel 2 Nummer 2 Buchstabe b) und Kinder, denen Unterhalt gewährt wird, das Recht auf Aufenthalt als Familienangehörige eines Unionsbürgers, der die Voraussetzungen des Absatzes 1 Buchstabe c) erfüllt. Artikel 3 Absatz 2 findet Anwendung auf die Verwandten in gerader aufsteigender Linie des Unionsbürgers und des Ehegatten oder eingetragenen Lebenspartners, denen Unterhalt gewährt wird.

Verwaltungsformalitäten für Unionsbürger

Art. 8 (1) Unbeschadet von Artikel 5 Absatz 5 kann der Aufnahmemitgliedstaat von Unionsbürgern für Aufenthalte von über drei Monaten verlangen, dass sie sich bei den zuständigen Behörden anmelden.

(2) Die Frist für die Anmeldung muss mindestens drei Monate ab dem Zeitpunkt der Einreise betragen. Eine Anmeldebescheinigung wird unverzüglich ausgestellt; darin werden Name und Anschrift der die Anmeldung vornehmenden Person sowie der Zeitpunkt der Anmeldung angegeben. Die Nichterfüllung der Anmeldepflicht kann mit verhältnismäßigen und nicht diskriminierenden Sanktionen geahndet werden.

(3) Für die Ausstellung der Anmeldebescheinigung dürfen die Mitgliedstaaten nur Folgendes verlangen:
- von einem Unionsbürger, auf den Artikel 7 Absatz 1 Buchstabe a) Anwendung findet, nur die Vorlage eines gültigen Personalausweises oder Reisepasses, einer Einstellungsbestätigung des Arbeitgebers oder einer Beschäftigungsbescheinigung oder eines Nachweises der Selbstständigkeit;
- von einem Unionsbürger, auf den Artikel 7 Absatz 1 Buchstabe b) Anwendung findet, nur die Vorlage eines gültigen Personalausweises oder Reisepasses sowie einen Nachweis, dass er die dort genannten Voraussetzungen erfüllt;
- von einem Unionsbürger, auf den Artikel 7 Absatz 1 Buchstabe c) Anwendung findet, nur die Vorlage eines gültigen Personalausweises oder Reisepasses, einer Bescheinigung über die Einschreibung bei einer anerkannten Einrichtung und über den umfassenden Krankenversicherungsschutz sowie eine Erklärung oder eines gleichwertigen Mittels nach Artikel 7 Absatz 1 Buchstabe c). Die Mitgliedstaaten dürfen nicht verlangen, dass sich diese Erklärung auf einen bestimmten Existenzmittelbetrag bezieht.

(4) Die Mitgliedstaaten dürfen keinen festen Betrag für die Existenzmittel festlegen, die sie als ausreichend betrachten, sondern müssen die persönliche Situation des Betroffenen berücksichtigen. Dieser Betrag darf in keinem Fall über dem Schwellenbetrag liegen, unter dem der Aufnahmemitgliedstaat seinen Staatsangehörigen Sozialhilfe gewährt, oder, wenn dieses Kriterium nicht anwendbar ist, über der Mindestrente der Sozialversicherung des Aufnahmemitgliedstaats.

(5) Für die Ausstellung der Anmeldebescheinigung an die Familienangehörigen des Unionsbürgers, die selbst Unionsbürger sind, können die Mitgliedstaaten die Vorlage folgender Dokumente verlangen:
a) gültiger Personalausweis oder Reisepass;
b) Bescheinigung über das Bestehen einer familiären Beziehung oder einer eingetragenen Partnerschaft;
c) gegebenenfalls die Anmeldebescheinigung des Unionsbürgers, den sie begleiten oder dem sie nachziehen;

d) in den Fällen des Artikels 2 Nummer 2 Buchstaben c) und d) der urkundliche Nachweis, dass die dort genannten Voraussetzungen vorliegen;
e) in den Fällen des Artikels 3 Absatz 2 Buchstabe a) ein durch die zuständige Behörde des Ursprungs- oder Herkunftslands ausgestelltes Dokument, aus dem hervorgeht, dass die Betroffenen vom Unionsbürger Unterhalt beziehen oder mit ihm in häuslicher Gemeinschaft gelebt haben, oder der Nachweis schwerwiegender gesundheitlicher Gründe, die die persönliche Pflege des Familienangehörigen durch den Unionsbürger zwingend erforderlich machen;
f) in den Fällen des Artikels 3 Absatz 2 Buchstabe b) der Nachweis über das Bestehen einer dauerhaften Beziehung mit dem Unionsbürger.

Verwaltungsformalitäten für Familienangehörige, die nicht die Staatsangehörigkeit eines Mitgliedstaats besitzen

Art. 9 (1) Die Mitgliedstaaten stellen den Familienangehörigen eines Unionsbürgers, die nicht die Staatsangehörigkeit eines Mitgliedstaats besitzen, eine Aufenthaltskarte aus, wenn ein Aufenthalt von über drei Monaten geplant ist.

(2) Die Frist für die Einreichung des Antrags auf Ausstellung der Aufenthaltskarte muss mindestens drei Monate ab dem Zeitpunkt der Einreise betragen.

(3) Die Nichterfüllung der Pflicht zur Beantragung einer Aufenthaltskarte kann mit verhältnismäßigen und nicht diskriminierenden Sanktionen geahndet werden.

Ausstellung der Aufenthaltskarte

Art. 10 (1) Zum Nachweis des Aufenthaltsrechts der Familienangehörigen eines Unionsbürgers, die nicht die Staatsangehörigkeit eines Mitgliedstaats besitzen, wird spätestens sechs Monate nach Einreichung des betreffenden Antrags eine „Aufenthaltskarte für Familienangehörige eines Unionsbürgers" ausgestellt. Eine Bescheinigung über die Einreichung des Antrags auf Ausstellung einer Aufenthaltskarte wird unverzüglich ausgestellt.

(2) Für die Ausstellung der Aufenthaltskarte verlangen die Mitgliedstaaten die Vorlage folgender Dokumente:
a) gültiger Reisepass;
b) Bescheinigung über das Bestehen einer familiären Beziehung oder einer eingetragenen Partnerschaft;
c) Anmeldebescheinigung des Unionsbürgers, den sie begleiten oder dem sie nachziehen, oder, wenn kein Anmeldesystem besteht, ein anderer Nachweis über den Aufenthalt des betreffenden Unionsbürgers im Aufnahmemitgliedstaat;
d) in den Fällen des Artikels 2 Nummer 2 Buchstaben c) und d) der urkundliche Nachweis,

dass die dort genannten Voraussetzungen vorliegen;
e) in den Fällen des Artikels 3 Absatz 2 Buchstabe a) ein durch die zuständige Behörde des Ursprungs- oder Herkunftslands ausgestelltes Dokument, aus dem hervorgeht, dass die Betroffenen vom Unionsbürger Unterhalt beziehen oder mit ihm in häuslicher Gemeinschaft gelebt haben, oder der Nachweis schwerwiegender gesundheitlicher Gründe, die die persönliche Pflege des Familienangehörigen durch den Unionsbürger zwingend erforderlich machen;
f) in den Fällen des Artikels 3 Absatz 2 Buchstabe b) der Nachweis über das Bestehen einer dauerhaften Beziehung mit dem Unionsbürger.

Gültigkeit der Aufenthaltskarte

Art. 11 (1) Die Aufenthaltskarte gemäß Artikel 10 Absatz 1 gilt für fünf Jahre ab dem Zeitpunkt der Ausstellung oder für die geplante Aufenthaltsdauer des Unionsbürgers, wenn diese weniger als fünf Jahre beträgt.

(2) Die Gültigkeit der Aufenthaltskarte wird weder durch vorübergehende Abwesenheiten von bis zu sechs Monaten im Jahr, noch durch längere Abwesenheiten wegen der Erfüllung militärischer Pflichten, noch durch eine einzige Abwesenheit von höchstens zwölf aufeinander folgenden Monaten aus wichtigen Gründen wie Schwangerschaft und Niederkunft, schwere Krankheit, Studium oder Berufsausbildung oder berufliche Entsendung in einen anderen Mitgliedstaat oder einen Drittstaat berührt.

Aufrechterhaltung des Aufenthaltsrechts der Familienangehörigen bei Tod oder Wegzug des Unionsbürgers

Art. 12 (1) Unbeschadet von Unterabsatz 2 berührt der Tod des Unionsbürgers oder sein Wegzug aus dem Aufnahmemitgliedstaat nicht das Aufenthaltsrecht seiner Familienangehörigen, die die Staatsangehörigkeit eines Mitgliedstaats besitzen.

Bevor die Betroffenen das Recht auf Daueraufenthalt erwerben, müssen sie die Voraussetzungen des Artikels 7 Absatz 1 Buchstabe a), b), c) oder d) erfüllen.

(2) Unbeschadet von Absatz 1 Unterabsatz 2 führt der Tod des Unionsbürgers für Familienangehörige, die nicht die Staatsangehörigkeit eines Mitgliedstaats besitzen und die sich im Aufnahmemitgliedstaat als Familienangehörige vor dem Tod des Unionsbürgers mindestens ein Jahr lang aufgehalten haben, nicht zum Verlust des Aufenthaltsrechts.

Bevor die Betroffenen das Recht auf Daueraufenthalt erwerben, bleibt ihr Aufenthaltsrecht an die Voraussetzung geknüpft, dass sie nachweisen können, dass sie Arbeitnehmer oder Selbstständige sind oder für sich und ihre Familienangehörigen über ausreichende Existenzmittel verfügen, so dass sie während ihres Aufenthalts keine Sozialhilfeleistungen des Aufnahmemitgliedstaats in Anspruch nehmen müssen, und dass sie über einen umfassenden Krankenversicherungsschutz im Aufnahmemitgliedstaat verfügen oder dass sie bereits im Aufnahmemitgliedstaat als Familienangehörige einer Person gelten, die diese Voraussetzungen erfüllt. Als ausreichende Existenzmittel gelten die in Artikel 8 Absatz 4 vorgesehenen Beträge.

Die betreffenden Familienangehörigen behalten ihr Aufenthaltsrecht ausschließlich auf persönlicher Grundlage.

(3) Der Wegzug des Unionsbürgers aus dem Aufnahmemitgliedstaat oder sein Tod führt weder für seine Kinder noch für den Elternteil, der die elterliche Sorge für die Kinder tatsächlich wahrnimmt, ungeachtet ihrer Staatsangehörigkeit, bis zum Abschluss der Ausbildung zum Verlust des Aufenthaltsrechts, wenn sich die Kinder im Aufnahmemitgliedstaat aufhalten und in einer Bildungseinrichtung zu Ausbildungszwecken eingeschrieben sind.

Aufrechterhaltung des Aufenthaltsrechts der Familienangehörigen bei Scheidung oder Aufhebung der Ehe oder bei Beendigung der eingetragenen Partnerschaft

Art. 13 (1) Unbeschadet von Unterabsatz 2 berührt die Scheidung oder Aufhebung der Ehe des Unionsbürgers oder die Beendigung seiner eingetragenen Partnerschaft im Sinne von Artikel 2 Nummer 2 Buchstabe b) nicht das Aufenthaltsrecht seiner Familienangehörigen, die die Staatsangehörigkeit eines Mitgliedstaats besitzen.

Bevor die Betroffenen das Recht auf Daueraufenthalt erwerben, müssen sie die Voraussetzungen des Artikels 7 Absatz 1 Buchstabe a), b), c) oder d) erfüllen.

(2) Unbeschadet von Unterabsatz 2 führt die Scheidung oder Aufhebung der Ehe oder die Beendigung der eingetragenen Partnerschaft im Sinne von Artikel 2 Nummer 2 Buchstabe b) für Familienangehörige eines Unionsbürgers, die nicht die Staatsangehörigkeit eines Mitgliedstaats besitzen, nicht zum Verlust des Aufenthaltsrechts, wenn

a) die Ehe oder die eingetragene Partnerschaft im Sinne von Artikel 2 Nummer 2 Buchstabe b) bis zur Einleitung des gerichtlichen Scheidungs- oder Aufhebungsverfahrens oder bis zur Beendigung der eingetragenen Partnerschaft mindestens drei Jahre bestanden hat, davon mindestens ein Jahr im Aufnahmemitgliedstaat, oder

b) dem Ehegatten oder dem Lebenspartner im Sinne von Artikel 2 Nummer 2 Buchstabe b), der nicht die Staatsangehörigkeit eines Mitgliedstaats besitzt, aufgrund einer Vereinbarung der Ehegatten oder der Lebenspartner oder durch gerichtliche Entscheidung das Sorgerecht für die Kinder des Unionsbürgers übertragen wird oder

c) es aufgrund besonders schwieriger Umstände erforderlich ist, wie etwa bei Opfern von Gewalt im häuslichen Bereich während der Ehe oder der eingetragenen Partnerschaft, oder

d) dem Ehegatten oder dem Lebenspartner im Sinne von Artikel 2 Nummer 2 Buchstabe b), der nicht die Staatsangehörigkeit eines Mitgliedstaats besitzt, aufgrund einer Vereinbarung der Ehegatten oder der Lebenspartner oder durch gerichtliche Entscheidung das Recht zum persönlichen Umgang mit dem minderjährigen Kind zugesprochen wird, sofern das Gericht zu der Auffassung gelangt ist, dass der Umgang – solange er für nötig erachtet wird – ausschließlich im Aufnahmemitgliedstaat erfolgen darf.

Bevor die Betroffenen das Recht auf Daueraufenthalt erwerben, bleibt ihr Aufenthaltsrecht an die Voraussetzung geknüpft, dass sie nachweisen können, dass sie Arbeitnehmer oder Selbstständige sind oder für sich und ihre Familienangehörigen über ausreichende Existenzmittel verfügen, so dass sie während ihres Aufenthalts keine Sozialhilfeleistungen des Aufnahmemitgliedstaats in Anspruch nehmen müssen, und dass sie über einen umfassenden Krankenversicherungsschutz im Aufnahmemitgliedstaat verfügen oder dass sie bereits im Aufnahmemitgliedstaat als Familienangehörige einer Person gelten, die diese Voraussetzungen erfüllt. Als ausreichende Existenzmittel gelten die in Artikel 8 Absatz 4 vorgesehenen Beträge.

Die betreffenden Familienangehörigen behalten ihr Aufenthaltsrecht ausschließlich auf persönlicher Grundlage.

Aufrechterhaltung des Aufenthaltsrechts

Art. 14 (1) Unionsbürgern und ihren Familienangehörigen steht das Aufenthaltsrecht nach Artikel 6 zu, solange sie die Sozialhilfeleistungen des Aufnahmemitgliedstaats nicht unangemessen in Anspruch nehmen.

(2) Unionsbürgern und ihren Familienangehörigen steht das Aufenthaltsrecht nach den Artikeln 7, 12 und 13 zu, solange sie die dort genannten Voraussetzungen erfüllen.

In bestimmten Fällen, in denen begründete Zweifel bestehen, ob der Unionsbürger oder seine Familienangehörigen die Voraussetzungen der Artikel 7, 12 und 13 erfüllen, können die Mitgliedstaaten prüfen, ob diese Voraussetzungen erfüllt sind. Diese Prüfung wird nicht systematisch durchgeführt.

(3) Die Inanspruchnahme von Sozialhilfeleistungen durch einen Unionsbürger oder einen seiner Familienangehörigen im Aufnahmemitgliedstaat darf nicht automatisch zu einer Ausweisung führen.

(4) Abweichend von den Absätzen 1 und 2 und unbeschadet der Bestimmungen des Kapitels VI darf gegen Unionsbürger oder ihre Familienangehörigen auf keinen Fall eine Ausweisung verfügt werden, wenn

a) die Unionsbürger Arbeitnehmer oder Selbstständige sind oder

b) die Unionsbürger in das Hoheitsgebiet des Aufnahmemitgliedstaats eingereist sind, um Arbeit zu suchen. In diesem Fall dürfen die Unionsbürger und ihre Familienangehörigen nicht ausgewiesen werden, solange die Unionsbürger nachweisen können, dass sie weiterhin Arbeit suchen und dass sie eine begründete Aussicht haben, eingestellt zu werden.

Verfahrensgarantien

Art. 15 (1) Die Verfahren der Artikel 30 und 31 finden sinngemäß auf jede Entscheidung Anwendung, die die Freizügigkeit von Unionsbürgern und ihren Familienangehörigen beschränkt und nicht aus Gründen der öffentlichen Ordnung, Sicherheit oder Gesundheit erlassen wird.

(2) Wird der Personalausweis oder Reisepass, der die Einreise des Betroffenen in den Aufnahmemitgliedstaat sowie die Ausstellung der Anmeldebescheinigung oder der Aufenthaltskarte ermöglicht hat, ungültig, so rechtfertigt dies keine Ausweisung aus dem Aufnahmemitgliedstaat.

(3) Eine Entscheidung gemäß Absatz 1, mit der die Ausweisung verfügt wird, darf nicht mit einem Einreiseverbot des Aufnahmemitgliedstaats einhergehen.

KAPITEL IV
Recht auf Daueraufenthalt

Abschnitt I
Erwerb

Allgemeine Regel für Unionsbürger und ihre Familienangehörigen

Art. 16 (1) Jeder Unionsbürger, der sich rechtmäßig fünf Jahre lang ununterbrochen im Aufnahmemitgliedstaat aufgehalten hat, hat das Recht, sich dort auf Dauer aufzuhalten. Dieses Recht ist nicht an die Voraussetzungen des Kapitels III geknüpft.

(2) Absatz 1 gilt auch für Familienangehörige, die nicht die Staatsangehörigkeit eines Mitgliedstaats besitzen und die sich rechtmäßig fünf Jahre lang ununterbrochen mit dem Unionsbürger im Aufnahmemitgliedstaat aufgehalten haben.

(3) Die Kontinuität des Aufenthalts wird weder durch vorübergehende Abwesenheiten von bis zu insgesamt sechs Monaten im Jahr, noch durch längere Abwesenheiten wegen der Erfüllung militärischer Pflichten, noch durch eine einzige Abwesenheit von höchstens zwölf aufeinander folgenden Monaten aus wichtigen Gründen wie Schwangerschaft und Niederkunft, schwere Krankheit, Studium oder Berufsausbildung oder berufliche Entsendung in einen anderen Mitgliedstaat oder einen Drittstaat berührt.

(4) Wenn das Recht auf Daueraufenthalt erworben wurde, führt nur die Abwesenheit vom Aufnahmemitgliedstaat, die zwei aufeinander folgende Jahre überschreitet, zu seinem Verlust.

Ausnahmeregelung für Personen, die im Aufnahmemitgliedstaat aus dem Erwerbsleben ausgeschieden sind, und ihre Familienangehörigen

Art. 17 (1) Abweichend von Artikel 16 haben folgende Personen vor Ablauf des ununterbrochenen Zeitraums von fünf Jahren das Recht auf Daueraufenthalt im Aufnahmemitgliedstaat:

a) Arbeitnehmer oder Selbstständige, die zum Zeitpunkt des Ausscheidens aus dem Erwerbsleben das in dem betreffenden Mitgliedstaat für die Geltendmachung einer Altersrente gesetzlich vorgesehene Alter erreicht haben, oder Arbeitnehmer, die ihre abhängige Erwerbstätigkeit im Rahmen einer Vorruhestandsregelung beenden, sofern sie diese Erwerbstätigkeit in dem betreffenden Mitgliedstaat mindestens während der letzten zwölf Monate ausgeübt und sich dort seit mindestens drei Jahren ununterbrochen aufgehalten haben.

Haben bestimmte Kategorien von Selbstständigen nach den Rechtsvorschriften des Aufnahmemitgliedstaats keinen Anspruch auf eine Altersrente, so gilt die Altersvoraussetzung als erfüllt, wenn der Betroffene das 60. Lebensjahr vollendet hat.

b) Arbeitnehmer oder Selbstständige, die sich seit mindestens zwei Jahren ununterbrochen im Aufnahmemitgliedstaat aufgehalten haben und ihre Erwerbstätigkeit infolge einer dauernden Arbeitsunfähigkeit aufgeben.

Ist die Arbeitsunfähigkeit durch einen Arbeitsunfall oder eine Berufskrankheit eingetreten, aufgrund deren ein Anspruch auf eine Rente entsteht, die ganz oder teilweise zulasten eines Trägers des Aufnahmemitgliedstaats geht, entfällt die Voraussetzung der Aufenthaltsdauer.

c) Arbeitnehmer oder Selbstständige, die nach drei Jahren ununterbrochener Erwerbstätigkeit und ununterbrochenen Aufenthalts im Aufnahmemitgliedstaat eine abhängige oder selbstständige Erwerbstätigkeit in einem anderen Mitgliedstaat ausüben, ihren Wohnsitz jedoch im Aufnahmemitgliedstaat beibehalten und in der Regel jeden Tag oder mindestens einmal in der Woche dorthin zurückkehren.

Für den Erwerb der in den Buchstaben a) und b) genannten Rechte gelten die Zeiten der Erwerbstätigkeit in dem Mitgliedstaat, in dem der Betroffene seine Erwerbstätigkeit ausübt, als im Aufnahmemitgliedstaat abgeleistet.

Zeiten unfreiwilliger Arbeitslosigkeit, die vom zuständigen Arbeitsamt ordnungsgemäß festgestellt werden, oder vom Willen des Betroffenen unabhängige Arbeitsunterbrechungen sowie krankheits- oder unfallbedingte Fehlzeiten oder Unterbrechungen gelten als Zeiten der Erwerbstätigkeit.

(2) Die Voraussetzungen der Dauer des Aufenthalts und der Dauer der Erwerbstätigkeit in Absatz 1 Buchstabe a) sowie der Aufenthaltsdauer in Absatz 1 Buchstabe b) entfallen, wenn der Ehegatte oder der Lebenspartner im Sinne von Artikel 2 Nummer 2 Buchstabe b) des Arbeitnehmers oder des Selbstständigen die Staatsangehörigkeit des Aufnahmemitgliedstaats besitzt oder die Staatsangehörigkeit jenes Mitgliedstaats durch Eheschließung mit dem Arbeitnehmer oder Selbstständigen verloren hat.

(3) Die Familienangehörigen eines Arbeitnehmers oder eines Selbstständigen, die sich mit ihm im Hoheitsgebiet des Aufnahmemitgliedstaats aufhalten, haben ungeachtet ihrer Staatsangehörigkeit das Recht auf Daueraufenthalt in diesem Mitgliedstaat, wenn der Arbeitnehmer oder Selbstständige für sich das Recht auf Daueraufenthalt gemäß Absatz 1 in diesem Mitgliedstaat erworben hat.

(4) Ist der Arbeitnehmer oder Selbstständige jedoch im Laufe seines Erwerbslebens verstorben, bevor er gemäß Absatz 1 das Recht auf Daueraufenthalt im Aufnahmemitgliedstaat erworben hat, so erwerben seine Familienangehörigen, die sich mit ihm in dem Aufnahmemitgliedstaat aufgehalten haben, das Recht, sich dort dauerhaft aufzuhalten, sofern

a) der Arbeitnehmer oder Selbstständige sich zum Zeitpunkt seines Todes seit zwei Jahren im Hoheitsgebiet dieses Mitgliedstaats ununterbrochen aufgehalten hat oder

b) der Tod infolge eines Arbeitsunfalls oder einer Berufskrankheit eingetreten ist oder

c) sein überlebender Ehegatte die Staatsangehörigkeit dieses Mitgliedstaats durch Eheschließung mit dem Arbeitnehmer oder dem Selbstständigen verloren hat.

Erwerb des Rechts auf Daueraufenthalt durch bestimmte Familienangehörige, die nicht die Staatsangehörigkeit eines Mitgliedstaats besitzen

Art. 18 Unbeschadet des Artikels 17 erwerben die Familienangehörigen eines Unionsbürgers, auf die Artikel 12 Absatz 2 und Artikel 13 Absatz 2 Anwendung finden und die die dort genannten Voraussetzungen erfüllen, das Recht auf Daueraufenthalt, wenn sie sich rechtmäßig fünf Jahre lang ununterbrochen im Aufnahmemitgliedstaat aufgehalten haben.

Abschnitt II
Verwaltungsformalitäten

Dokument für Unionsbürger zur Bescheinigung des Daueraufenthalts

Art. 19 (1) Auf Antrag stellen die Mitgliedstaaten den zum Daueraufenthalt berechtigten Unionsbürgern nach Überprüfung der Dauer ihres Aufenthalts ein Dokument zur Bescheinigung ihres Daueraufenthalts aus.

(2) Das Dokument zur Bescheinigung des Daueraufenthalts wird so bald wie möglich ausgestellt.

Daueraufenthaltskarte für Familienangehörige, die nicht die Staatsangehörigkeit eines Mitgliedstaats besitzen

Art. 20 (1) Die Mitgliedstaaten stellen den Familienangehörigen, die nicht die Staatsangehörigkeit eines Mitgliedstaats besitzen und die zum Daueraufenthalt berechtigt sind, binnen sechs Monaten nach Einreichung des Antrags eine Daueraufenthaltskarte aus. Die Daueraufenthaltskarte ist automatisch alle zehn Jahre verlängerbar.

(2) Der Antrag auf Ausstellung einer Daueraufenthaltskarte muss vor Ablauf der Gültigkeit der Aufenthaltskarte gestellt werden. Die Nichterfüllung der Pflicht zur Beantragung einer Daueraufenthaltskarte kann mit verhältnismäßigen und nicht diskriminierenden Sanktionen geahndet werden.

(3) Aufenthaltsunterbrechungen von bis zu zwei aufeinander folgenden Jahren berühren nicht die Gültigkeit der Daueraufenthaltskarte.

Kontinuität des Aufenthalts

Art. 21 Für die Zwecke dieser Richtlinie wird die Kontinuität des Aufenthalts durch eines der im Aufnahmemitgliedstaat üblichen Beweismittel nachgewiesen. Jede rechtmäßig vollstreckte Ausweisungsverfügung gegen den Betroffenen stellt eine Unterbrechung des Aufenthalts dar.

KAPITEL V
Gemeinsame Bestimmungen über das Aufenthaltsrecht und das Recht auf Daueraufenthalt

Räumlicher Geltungsbereich

Art. 22 Das Recht auf Aufenthalt und das Recht auf Daueraufenthalt erstrecken sich auf das gesamte Hoheitsgebiet des Aufnahmemitgliedstaats. Die Mitgliedstaaten können das Aufenthaltsrecht und das Recht auf Daueraufenthalt nur in den Fällen räumlich beschränken, in denen sie dieselben Beschränkungen auch für ihre eigenen Staatsangehörigen vorsehen.

Verbundene Rechte

Art. 23 Die Familienangehörigen eines Unionsbürgers, die das Recht auf Aufenthalt oder das Recht auf Daueraufenthalt in einem Mitgliedstaat genießen, sind ungeachtet ihrer Staatsangehörigkeit berechtigt, dort eine Erwerbstätigkeit als Arbeitnehmer oder Selbstständiger aufzunehmen.

Gleichbehandlung

Art. 24 (1) Vorbehaltlich spezifischer und ausdrücklich im Vertrag und im abgeleiteten Recht vorgesehener Bestimmungen genießt jeder Unionsbürger, der sich aufgrund dieser Richtlinie im Hoheitsgebiet des Aufnahmemitgliedstaats aufhält, im Anwendungsbereich des Vertrags die gleiche Behandlung wie die Staatsangehörigen dieses Mitgliedstaats. Das Recht auf Gleichbehandlung erstreckt sich auch auf Familienangehörige, die nicht die Staatsangehörigkeit eines Mitgliedstaats besitzen und das Recht auf Aufenthalt oder das Recht auf Daueraufenthalt genießen.

(2) Abweichend von Absatz 1 ist der Aufnahmemitgliedstaat jedoch nicht verpflichtet, anderen Personen als Arbeitnehmern oder Selbstständigen, Personen, denen dieser Status erhalten bleibt, und ihren Familienangehörigen während der ersten drei Monate des Aufenthalts oder gegebenenfalls während des längeren Zeitraums nach Artikel 14 Absatz 4 Buchstabe b) einen Anspruch auf Sozialhilfe oder vor Erwerb des Rechts auf Daueraufenthalt Studienbeihilfen, einschließlich Beihilfen zur Berufsausbildung, in Form eines Stipendiums oder Studiendarlehens, zu gewähren.

Allgemeine Bestimmungen bezüglich der Aufenthaltsdokumente

Art. 25 (1) Die Ausübung eines Rechts oder die Erledigung von Verwaltungsformalitäten dürfen unter keinen Umständen vom Besitz einer Anmeldebescheinigung nach Artikel 8, eines Dokuments zur Bescheinigung des Daueraufenthalts, einer Bescheinigung über die Beantragung einer Aufenthaltskarte für Familienangehörige oder einer Daueraufenthaltskarte abhängig gemacht werden, wenn das Recht durch ein anderes Beweismittel nachgewiesen werden kann.

(2) Alle in Absatz 1 genannten Dokumente werden unentgeltlich oder gegen Entrichtung eines Betrags ausgestellt, der die Gebühr für die Ausstellung entsprechender Dokumente an Inländer nicht übersteigt.

Kontrolle

Art. 26 Die Mitgliedstaaten können kontrollieren, ob der sich gegebenenfalls aus ihren Rechtsvorschriften ergebenden Verpflichtung für fremde Staatsangehörige nachgekommen wird, ständig die Anmeldebescheinigung oder die Aufenthaltskarte mit sich zu führen, sofern sie diese Verpflichtung ihren eigenen Staatsangehörigen in Bezug auf deren Personalausweis auferlegen. Wird dieser Verpflichtung nicht nachgekommen, so können die Mitgliedstaaten die Sanktionen verhängen, die sie auch gegen ihre eigenen Staatsangehörigen verhängen, die ihren Personalausweis nicht mit sich führen.

KAPITEL VI
Beschränkungen des Einreise- und Aufenthaltsrechts aus Gründen der öffentlichen Ordnung, Sicherheit oder Gesundheit

Allgemeine Grundsätze

Art. 27 (1) Vorbehaltlich der Bestimmungen dieses Kapitels dürfen die Mitgliedstaaten die Freizügigkeit und das Aufenthaltsrecht eines Unionsbürgers oder seiner Familienangehörigen, ungeachtet ihrer Staatsangehörigkeit, aus Gründen der öffentlichen Ordnung, Sicherheit oder Gesundheit beschränken. Diese Gründe dürfen nicht zu wirtschaftlichen Zwecken geltend gemacht werden.

(2) Bei Maßnahmen aus Gründen der öffentlichen Ordnung oder Sicherheit ist der Grundsatz der Verhältnismäßigkeit zu wahren und darf

ausschließlich das persönliche Verhalten des Betroffenen ausschlaggebend sein. Strafrechtliche Verurteilungen allein können ohne Weiteres diese Maßnahmen nicht begründen.

Das persönliche Verhalten muss eine tatsächliche, gegenwärtige und erhebliche Gefahr darstellen, die ein Grundinteresse der Gesellschaft berührt. Vom Einzelfall losgelöste oder auf Generalprävention verweisende Begründungen sind nicht zulässig.

(3) Um festzustellen, ob der Betroffene eine Gefahr für die öffentliche Ordnung oder Sicherheit darstellt, kann der Aufnahmemitgliedstaat bei der Ausstellung der Anmeldebescheinigung oder – wenn es kein Anmeldesystem gibt – spätestens drei Monate nach dem Zeitpunkt der Einreise des Betroffenen in das Hoheitsgebiet oder nach dem Zeitpunkt, zu dem der Betroffene seine Anwesenheit im Hoheitsgebiet gemäß Artikel 5 Absatz 5 gemeldet hat, oder bei Ausstellung der Aufenthaltskarte den Herkunftsmitgliedstaat und erforderlichenfalls andere Mitgliedstaaten um Auskünfte über das Vorleben des Betroffenen in strafrechtlicher Hinsicht ersuchen, wenn er dies für unerlässlich hält. Diese Anfragen dürfen nicht systematisch erfolgen. Der ersuchte Mitgliedstaat muss seine Antwort binnen zwei Monaten erteilen.

(4) Der Mitgliedstaat, der den Reisepass oder Personalausweis ausgestellt hat, lässt den Inhaber des Dokuments, der aus Gründen der öffentlichen Ordnung, Sicherheit oder Gesundheit aus einem anderen Mitgliedstaat ausgewiesen wurde, ohne jegliche Formalitäten wieder einreisen, selbst wenn der Personalausweis oder Reisepass ungültig geworden ist oder die Staatsangehörigkeit des Inhabers bestritten wird.

Schutz vor Ausweisung

Art. 28 (1) Bevor der Aufnahmemitgliedstaat eine Ausweisung aus Gründen der öffentlichen Ordnung oder Sicherheit verfügt, berücksichtigt er insbesondere die Dauer des Aufenthalts des Betroffenen im Hoheitsgebiet, sein Alter, seinen Gesundheitszustand, seine familiäre und wirtschaftliche Lage, seine soziale und kulturelle Integration im Aufnahmemitgliedstaat und das Ausmaß seiner Bindungen zum Herkunftsstaat.

(2) Der Aufnahmemitgliedstaat darf gegen Unionsbürger oder ihre Familienangehörigen, ungeachtet ihrer Staatsangehörigkeit, die das Recht auf Daueraufenthalt in seinem Hoheitsgebiet genießen, eine Ausweisung nur aus schwerwiegenden Gründen der öffentlichen Ordnung oder Sicherheit verfügen.

(3) Gegen Unionsbürger darf eine Ausweisung nicht verfügt werden, es sei denn, die Entscheidung beruht auf zwingenden Gründen der öffentlichen Sicherheit, die von den Mitgliedstaaten festgelegt wurden, wenn sie

a) ihren Aufenthalt in den letzten zehn Jahren im Aufnahmemitgliedstaat gehabt haben oder

b) minderjährig sind, es sei denn, die Ausweisung ist zum Wohl des Kindes notwendig, wie es im Übereinkommen der Vereinten Nationen vom 20. November 1989 über die Rechte des Kindes vorgesehen ist.

Öffentliche Gesundheit

Art. 29 (1) Als Krankheiten, die eine die Freizügigkeit beschränkende Maßnahme rechtfertigen, gelten ausschließlich die Krankheiten mit epidemischem Potenzial im Sinne der einschlägigen Rechtsinstrumente der Weltgesundheitsorganisation und sonstige übertragbare, durch Infektionserreger oder Parasiten verursachte Krankheiten, sofern gegen diese Krankheiten Maßnahmen zum Schutz der Staatsangehörigen des Aufnahmemitgliedstaats getroffen werden.

(2) Krankheiten, die nach Ablauf einer Frist von drei Monaten ab dem Zeitpunkt der Einreise auftreten, stellen keinen Ausweisungsgrund dar.

(3) Wenn ernsthafte Anhaltspunkte dies rechtfertigen, können die Mitgliedstaaten für die Personen, die zum Aufenthalt berechtigt sind, binnen drei Monaten nach der Einreise eine kostenlose ärztliche Untersuchung anordnen, um feststellen zu lassen, dass sie nicht an einer Krankheit im Sinne von Absatz 1 leiden. Diese ärztlichen Untersuchungen dürfen nicht systematisch angeordnet werden.

Mitteilung der Entscheidungen

Art. 30 (1) Entscheidungen nach Artikel 27 Absatz 1 müssen dem Betroffenen schriftlich in einer Weise mitgeteilt werden, dass er deren Inhalt und Wirkung nachvollziehen kann.

(2) Dem Betroffenen sind die Gründe der öffentlichen Ordnung, Sicherheit oder Gesundheit, die der ihn betreffenden Entscheidung zugrunde liegen, genau und umfassend mitzuteilen, es sei denn, dass Gründe der Sicherheit des Staates dieser Mitteilung entgegenstehen.

(3) In der Mitteilung ist anzugeben, bei welchem Gericht oder bei welcher Verwaltungsbehörde der Betroffene einen Rechtsbehelf einlegen kann, innerhalb welcher Frist der Rechtsbehelf einzulegen ist und gegebenenfalls binnen welcher Frist er das Hoheitsgebiet des Mitgliedstaats zu verlassen hat. Außer in ordnungsgemäß begründeten dringenden Fällen muss die Frist zum Verlassen des Hoheitsgebiets mindestens einen Monat, gerechnet ab dem Zeitpunkt der Mitteilung, betragen.

Verfahrensgarantien

Art. 31 (1) Gegen eine Entscheidung aus Gründen der öffentlichen Ordnung, Sicherheit oder Gesundheit müssen die Betroffenen einen Rechtsbehelf bei einem Gericht und gegebenenfalls bei einer Behörde des Aufnahmemitgliedstaats einlegen können.

(2) Wird neben dem Rechtsbehelf gegen die Entscheidung, mit der die Ausweisung verfügt wurde, auch ein Antrag auf vorläufigen Rechtsschutz gestellt, um die Vollstreckung dieser Entscheidung auszusetzen, so darf die Abschiebung aus dem Hoheitsgebiet nicht erfolgen, solange nicht über den

Antrag auf vorläufigen Rechtsschutz entschieden wurde, es sei denn,
- die Entscheidung, mit der die Ausweisung verfügt wird, stützt sich auf eine frühere gerichtliche Entscheidung, oder
- die Betroffenen hatten bereits früher die Möglichkeit, eine gerichtliche Überprüfung zu beantragen, oder
- die Entscheidung, mit der die Ausweisung verfügt wird, beruht auf zwingenden Gründen der öffentlichen Sicherheit nach Artikel 28 Absatz 3.

(3) Im Rechtsbehelfsverfahren sind die Rechtmäßigkeit der Entscheidung sowie die Tatsachen und die Umstände, auf denen die Entscheidung beruht, zu überprüfen. Es gewährleistet, dass die Entscheidung insbesondere im Hinblick auf die Erfordernisse gemäß Artikel 28 nicht unverhältnismäßig ist.

(4) Die Mitgliedstaaten können dem Betroffenen verbieten, sich während des anhängigen Rechtsbehelfsverfahrens in ihrem Hoheitsgebiet aufzuhalten, dürfen ihn jedoch nicht daran hindern, sein Verfahren selbst zu führen, es sei denn, die öffentliche Ordnung oder Sicherheit können durch sein persönliches Erscheinen ernsthaft gestört werden oder der Rechtsbehelf richtet sich gegen die Verweigerung der Einreise in das Hoheitsgebiet.

Zeitliche Wirkung eines Aufenthaltsverbots

Art. 32 (1) Personen, gegen die aus Gründen der öffentlichen Ordnung oder Sicherheit ein Aufenthaltsverbot verhängt worden ist, können nach einem entsprechend den Umständen angemessenen Zeitraum, in jedem Fall aber drei Jahre nach Vollstreckung des nach dem Gemeinschaftsrecht ordnungsgemäß erlassenen endgültigen Aufenthaltsverbots einen Antrag auf Aufhebung des Aufenthaltsverbots unter Hinweis darauf einreichen, dass eine materielle Änderung der Umstände eingetreten ist, die das Aufenthaltsverbot gerechtfertigt haben. Der betreffende Mitgliedstaat muss binnen sechs Monaten nach Einreichung des Antrags eine Entscheidung treffen.

(2) Die Personen gemäß Absatz 1 sind nicht berechtigt, während der Prüfung ihres Antrags in das Hoheitsgebiet des betreffenden Mitgliedstaats einzureisen.

Ausweisung als Strafe oder Nebenstrafe

Art. 33 (1) Der Aufnahmemitgliedstaat kann eine Ausweisungsverfügung als Strafe oder Nebenstrafe zu einer Freiheitsstrafe nur erlassen, wenn die Voraussetzungen der Artikel 27, 28 und 29 eingehalten werden.

(2) Wird eine Ausweisungsverfügung nach Absatz 1 mehr als zwei Jahre nach ihrem Erlass vollstreckt, so muss der Mitgliedstaat überprüfen, ob von dem Betroffenen eine gegenwärtige und tatsächliche Gefahr für die öffentliche Ordnung oder Sicherheit ausgeht, und beurteilen, ob seit dem Erlass der Ausweisungsverfügung eine materielle Änderung der Umstände eingetreten ist.

KAPITEL VII
Schlussbestimmungen

Verbreitung von Informationen

Art. 34 Die Mitgliedstaaten verbreiten die Informationen hinsichtlich der Rechte und Pflichten der Unionsbürger und ihrer Familienangehörigen in den von dieser Richtlinie erfassten Bereichen, insbesondere durch Sensibilisierungskampagnen über nationale und lokale Medien und andere Kommunikationsmittel.

Rechtsmissbrauch

Art. 35 Die Mitgliedstaaten können die Maßnahmen erlassen, die notwendig sind, um die durch diese Richtlinie verliehenen Rechte im Falle von Rechtsmissbrauch oder Betrug – wie z.B. durch Eingehung von Scheinehen – zu verweigern, aufzuheben oder zu widerrufen. Solche Maßnahmen müssen verhältnismäßig sein und unterliegen den Verfahrensgarantien nach den Artikeln 30 und 31.

Sanktionen

Art. 36 Die Mitgliedstaaten legen Bestimmungen über Sanktionen fest, die bei einem Verstoß gegen die einzelstaatlichen Vorschriften zur Umsetzung dieser Richtlinie zu verhängen sind, und treffen die zu ihrer Durchsetzung erforderlichen Maßnahmen. Die Sanktionen müssen wirksam und verhältnismäßig sein. Die Mitgliedstaaten teilen diese Bestimmungen der Kommission spätestens am 30. April 2006 und eventuelle spätere Änderungen so rasch wie möglich mit.

Günstigere innerstaatliche Rechtsvorschriften

Art. 37 Diese Richtlinie lässt Rechts- und Verwaltungsvorschriften der Mitgliedstaaten, die für die in den Anwendungsbereich dieser Richtlinie fallenden Personen günstiger sind, unberührt.

Aufhebung

Art. 38 (1) (aufgehoben)

(2) Die Richtlinien 64/221/EWG, 68/360/EWG, 72/194/EWG, 73/148/EWG, 75/34/EWG, 75/35/EWG, 90/364/EWG, 90/365/ EWG und 93/96/EWG werden mit Wirkung vom 30. April 2006 aufgehoben.

(3) Bezugnahmen auf die aufgehobenen Bestimmungen oder Richtlinien gelten als Bezugnahmen auf die vorliegende Richtlinie.

Bericht

Art. 39 Spätestens am 30. April 2008 erstattet die Kommission dem Europäischen Parlament und dem Rat Bericht über die Anwendung dieser Richtlinie und schlägt gegebenenfalls die erforderlichen Änderungen vor, insbesondere bezüglich der Möglichkeit, die Zeitspanne zu verlängern, während der Unionsbürger und ihre Familienangehörigen ohne weitere Bedingungen im Hoheitgebiet des Aufnahmemitgliedstaats verbleiben können. Die Mitgliedstaaten teilen der Kommission die zur

Erstellung des Berichts erforderlichen Informationen mit.

Umsetzung

Art. 40 (1) Die Mitgliedstaaten setzen die Rechts- und Verwaltungsvorschriften in Kraft, die erforderlich sind, um dieser Richtlinie bis zum 30. April 2006 nachzukommen.

Wenn die Mitgliedstaaten diese Vorschriften erlassen, nehmen sie in den Vorschriften selbst oder durch einen Hinweis bei der amtlichen Veröffentlichung auf diese Richtlinie Bezug. Die Mitgliedstaaten regeln die Einzelheiten der Bezugnahme.

(2) Die Mitgliedstaaten teilen der Kommission den Wortlaut der innerstaatlichen Rechtsvorschriften mit, die sie auf dem unter diese Richtlinie fallenden Gebiet erlassen und übermitteln ihr eine Entsprechungstabelle zwischen den Bestimmungen dieser Richtlinie und den von ihnen erlassenen innerstaatlichen Vorschriften.

Inkrafttreten

Art. 41 Diese Richtlinie tritt am Tag ihrer Veröffentlichung im *Amtsblatt der Europäischen Union* in Kraft.

Adressaten

Art. 42 Diese Richtlinie ist an die Mitgliedstaaten gerichtet.

2/2. FreizügigkeitsVO

Verordnung (EU) Nr. 492/2011 des Europäischen Parlaments und des Rates über die Freizügigkeit der Arbeitnehmer innerhalb der Union vom 5. April 2011

(ABl. Nr. L 141 v. 27.5.2011, S. 1; geändert durch die Verordnung (EU) 2016/589, ABl. Nr. L 107 v. 22.4.2016, S. 1; geändert durch die Verordnung (EU) 2019/1149, ABl. Nr. L 186 v. 11.7.2019, S. 21)
(nicht amtlich aktualisierte Fassung)
(Achtung: Die Europäische Arbeitsbehörde übernahm mit ihrem Tätigkeitsbeginn die Aufgaben des Fachausschusses. Die Art. 29–34 wurden mit Wirkung ab dem Zeitpunkt gestrichen, zu dem die Europäische Arbeitsbehörde einsatzbereit geworden ist. Siehe dazu in diesem Band 2/17. Europäische ArbeitsbehördeVO Art. 47.)

GLIEDERUNG

KAPITEL I: Die Beschäftigung, die Gleichbehandlung und die Familienangehörigen der Arbeitnehmer

ABSCHNITT 1: Zugang zur Beschäftigung
Art. 1–6

ABSCHNITT 2: Ausübung der Beschäftigung und Gleichbehandlung
Art. 7–9

ABSCHNITT 3: Familienangehörige der Arbeitnehmer
Art. 10

KAPITEL II: Zusammenführung und Ausgleich von Stellenangeboten und Arbeitsgesuchen

ABSCHNITT 1: Zusammenarbeit zwischen den Mitgliedstaaten und mit der Kommission
Art. 11, 12: aufgehoben

ABSCHNITT 2: Ausgleichsverfahren
Art. 13–16: aufgehoben

ABSCHNITT 3: Regulierende Maßnahmen zur Förderung des Gleichgewichts auf dem Arbeitsmarkt
Art. 17: aufgehoben

ABSCHNITT 4: Das Europäische Koordinierungsbüro
Art. 18–20: aufgehoben

KAPITEL III: Organe zur Herbeiführung einer engen Zusammenarbeit zwischen den Mitgliedstaaten auf dem Gebiet der Freizügigkeit und der Beschäftigung der Arbeitnehmer

ABSCHNITT 1: Der Beratende Ausschuss
Art. 21–28

ABSCHNITT 2: Der Fachausschuss
Art. 29–34: aufgehoben

KAPITEL IV: Schlussbestimmungen
Art. 35–42

ANHÄNGE I und II

DAS EUROPÄISCHE PARLAMENT UND DER RAT DER EUROPÄISCHEN UNION –

gestützt auf den Vertrag über die Arbeitsweise der Europäischen Union, insbesondere auf Artikel 46,

auf Vorschlag der Europäischen Kommission,

nach Zuleitung des Entwurfs des Gesetzgebungsakts an die nationalen Parlamente,

nach Stellungnahme des Europäischen Wirtschafts- und Sozialausschusses (ABl. C 44 vom 11.2.2011, S. 170),

gemäß dem ordentlichen Gesetzgebungsverfahren (Standpunkt des Europäischen Parlaments vom 7. September 2010 (noch nicht im Amtsblatt veröffentlicht) und Beschluss des Rates vom 21. März 2011),

in Erwägung nachstehender Gründe:

(1) Die Verordnung (EWG) Nr. 1612/68 des Rates vom 15. Oktober 1968 über die Freizügigkeit der Arbeitnehmer innerhalb der Gemeinschaft (ABl. L 257 vom 19.10.1968, S. 2) wurde mehrfach und erheblich geändert (siehe Anhang I). Aus Gründen der Klarheit und der Übersichtlichkeit empfiehlt es sich, die genannte Verordnung zu kodifizieren.

(2) Die Freizügigkeit der Arbeitnehmer muss innerhalb der Union gewährleistet sein. Dies schließt die Abschaffung jeder auf der Staatsangehörigkeit beruhenden unterschiedlichen Behandlung der Arbeitnehmer der Mitgliedstaaten in Bezug auf Beschäftigung, Entlohnung und sonstige Arbeitsbedingungen ein sowie das Recht für diese Arbeitnehmer, sich vorbehaltlich der aus Gründen der öffentlichen Ordnung, Sicherheit und Gesundheit gerechtfertigten Beschränkungen innerhalb der Union zur Ausübung einer Beschäftigung im Lohn- oder Gehaltsverhältnis frei zu bewegen.

(3) Es sollten Bestimmungen festgelegt werden, mit denen die in den Artikeln 45 und 46 des Vertrags über die Arbeitsweise der Europäischen Union

auf dem Gebiet der Freizügigkeit festgelegten Ziele erreicht werden können.

(4) Die Freizügigkeit ist ein Grundrecht der Arbeitnehmer und ihrer Familien. Die Mobilität der Arbeitskräfte innerhalb der Union soll für den Arbeitnehmer eines der Mittel sein, die ihm die Möglichkeit einer Verbesserung der Lebens- und Arbeitsbedingungen garantieren und damit auch seinen sozialen Aufstieg erleichtern, wobei gleichzeitig der Bedarf der Wirtschaft der Mitgliedstaaten befriedigt wird. Allen Arbeitnehmern der Mitgliedstaaten sollte das Recht zuerkannt werden, eine von ihnen gewählte Tätigkeit innerhalb der Union auszuüben.

(5) Dieses Recht sollte gleichermaßen Dauerarbeitnehmern, Saisonarbeitern, Grenzarbeitnehmern oder Arbeitnehmern zustehen, die ihre Tätigkeit im Zusammenhang mit einer Dienstleistung ausüben.

(6) Damit das Recht auf Freizügigkeit nach objektiven Maßstäben in Freiheit und Menschenwürde wahrgenommen werden kann, muss sich die Gleichbehandlung tatsächlich und rechtlich auf alles erstrecken, was mit der eigentlichen Ausübung einer Tätigkeit im Lohn- oder Gehaltsverhältnis und mit der Beschaffung einer Wohnung im Zusammenhang steht; ferner müssen alle Hindernisse beseitigt werden, die sich der Mobilität der Arbeitnehmer entgegenstellen, insbesondere in Bezug auf die Bedingungen für die Integration der Familie des Arbeitnehmers im Aufnahmeland.

(7) Das Prinzip der Gleichbehandlung aller Arbeitnehmer der Union schließt ein, dass sämtlichen Staatsangehörigen der Mitgliedstaaten der gleiche Vorrang beim Zugang zu einer Beschäftigung zuerkannt wird wie den inländischen Arbeitnehmern.

(8) Die Zusammenführungs- und Ausgleichsverfahren und zwar insbesondere durch das Mittel der unmittelbaren Zusammenarbeit zwischen den zentralen Dienststellen wie auch den regionalen Dienststellen der Arbeitsverwaltungen sowie durch eine koordinierte Information gewährleisten ganz allgemein eine bessere Transparenz des Arbeitsmarktes. Die wanderungswilligen Arbeitnehmer sollten regelmäßig über die Lebens- und Arbeitsbedingungen unterrichtet werden.

(9) Zwischen der Freizügigkeit der Arbeitnehmer, der Beschäftigung und der Berufsausbildung, insbesondere soweit diese zum Ziel hat, die Arbeitnehmer in die Lage zu versetzen, sich auf konkrete Stellenangebote hin zu bewerben, die in anderen Gebieten der Union veröffentlicht worden sind, besteht ein enger Zusammenhang. Infolgedessen ist es notwendig, die Probleme, die sich in dieser Hinsicht stellen, nicht mehr getrennt, sondern in ihrer wechselseitigen Abhängigkeit zu prüfen und hierbei zugleich die Arbeitsmarktprobleme auf regionaler Ebene zu berücksichtigen. Es ist daher erforderlich, dass sich die Mitgliedstaaten bemühen, ihre Beschäftigungspolitik zu koordinieren –
HABEN FOLGENDE VERORDNUNG ERLASSEN:

KAPITEL I
Die Beschäftigung, die Gleichbehandlung und die Familienangehörigen der Arbeitnehmer

ABSCHNITT 1
Zugang zur Beschäftigung

Art. 1 (1) Jeder Staatsangehörige eines Mitgliedstaats ist ungeachtet seines Wohnorts berechtigt, eine Tätigkeit im Lohn- oder Gehaltsverhältnis im Hoheitsgebiet eines anderen Mitgliedstaats nach den für die Arbeitnehmer dieses Staates geltenden Rechts- und Verwaltungsvorschriften aufzunehmen und auszuüben.

(2) Er hat insbesondere im Hoheitsgebiet eines anderen Mitgliedstaats mit dem gleichen Vorrang Anspruch auf Zugang zu den verfügbaren Stellen wie die Staatsangehörigen dieses Staates.

Art. 2 Jeder Staatsangehörige eines Mitgliedstaats und jeder Arbeitgeber, der eine Tätigkeit im Hoheitsgebiet eines Mitgliedstaats ausübt, können nach den geltenden Rechts- und Verwaltungsvorschriften ihre Stellenangebote und Arbeitsgesuche austauschen sowie Arbeitsverträge schließen und erfüllen, ohne dass sich Diskriminierungen daraus ergeben dürfen.

Art. 3 (1) Die folgenden Rechts- und Verwaltungsvorschriften oder Verwaltungspraktiken eines Mitgliedstaats finden im Rahmen dieser Verordnung keine Anwendung:
a) Vorschriften, die das Stellenangebot und das Arbeitsgesuch, den Zugang zur Beschäftigung und deren Ausübung durch Ausländer einschränken oder von Bedingungen abhängig machen, die für Inländer nicht gelten; oder
b) Vorschriften, die, ohne auf die Staatsangehörigkeit abzustellen, ausschließlich oder hauptsächlich bezwecken oder bewirken, dass Angehörige der übrigen Mitgliedstaaten von der angebotenen Stelle ferngehalten werden.

Unterabsatz 1 gilt nicht für Bedingungen, welche die in Anbetracht der Besonderheit der zu vergebenden Stelle erforderlichen Sprachkenntnisse betreffen.

(2) Zu den in Absatz 1 Unterabsatz 1 genannten Vorschriften oder Praktiken gehören insbesondere solche, die in einem Mitgliedstaat
a) ein besonderes Verfahren für die Anwerbung ausländischer Arbeitnehmer zwingend vorschreiben;
b) die Veröffentlichung eines Stellenangebots durch die Presse oder durch irgendwelche anderen Wege einschränken oder von anderen als den Bedingungen abhängig machen, die für den Arbeitgeber, der seine Tätigkeit im Hoheitsgebiet dieses Staates ausübt, gelten;
c) den Zugang zur Beschäftigung von Bedingungen abhängig machen, die sich auf die Einschreibung beim Arbeitsamt beziehen, oder die namentliche Anwerbung eines Arbeitnehmers hindern, soweit dadurch Personen betroffen sind, die nicht im Hoheitsgebiet dieses Mitgliedstaats wohnen.

Art. 4 (1) Rechts- und Verwaltungsvorschriften der Mitgliedstaaten, durch welche die Beschäftigung von ausländischen Arbeitnehmern zahlen- oder anteilmäßig nach Unternehmen, Wirtschaftszweigen, Gebieten oder im gesamten Hoheitsgebiet beschränkt wird, finden auf Staatsangehörige der übrigen Mitgliedstaaten keine Anwendung.

(2) Wenn in einem Mitgliedstaat für Unternehmen vorgesehene Vergünstigungen von der Beschäftigung eines bestimmten Hundertsatzes von inländischen Arbeitnehmern abhängig gemacht werden, werden Staatsangehörige der anderen Mitgliedstaaten vorbehaltlich der Richtlinie 2005/36/EG des Europäischen Parlaments und des Rates vom 7. September 2005 über die Anerkennung von Berufsqualifikationen (ABl. L 255 vom 30.9.2005, S. 22) als inländische Arbeitnehmer gezählt.

Art. 5 Ein Staatsangehöriger eines Mitgliedstaats, der im Hoheitsgebiet eines anderen Mitgliedstaats eine Beschäftigung sucht, erhält dort die gleiche Hilfe, wie sie die Arbeitsämter dieses Staates den eigenen Staatsangehörigen gewähren, die eine Beschäftigung suchen.

Art. 6 (1) Wird ein Staatsangehöriger eines Mitgliedstaats in einem anderen Mitgliedstaat eingestellt oder für eine Beschäftigung angeworben, so darf bei ihm hinsichtlich des Gesundheitszustands, des Berufes oder sonstiger Anforderungen aufgrund der Staatsangehörigkeit kein anderer Maßstab angelegt werden als bei den Arbeitnehmern, die Staatsangehörige des anderen Mitgliedstaats sind und die gleiche Beschäftigung ausüben wollen.

(2) Besitzt ein Staatsangehöriger eines Mitgliedstaats ein auf seinen Namen lautendes Stellenangebot eines Arbeitgebers aus einem anderen Mitgliedstaat als dem Staat, dessen Staatsangehöriger er ist, so darf er auf seine beruflichen Fähigkeiten hin geprüft werden, wenn der Arbeitgeber eine solche Prüfung bei Abgabe seines Stellenangebots ausdrücklich verlangt.

ABSCHNITT 2
Ausübung der Beschäftigung und Gleichbehandlung

Art. 7 (1) Ein Arbeitnehmer, der Staatsangehöriger eines Mitgliedstaats ist, darf aufgrund seiner Staatsangehörigkeit im Hoheitsgebiet der anderen Mitgliedstaaten hinsichtlich der Beschäftigungs- und Arbeitsbedingungen, insbesondere im Hinblick auf Entlohnung, Kündigung und, falls er arbeitslos geworden ist, im Hinblick auf berufliche Wiedereingliederung oder Wiedereinstellung, nicht anders behandelt werden als die inländischen Arbeitnehmer.

(2) Er genießt dort die gleichen sozialen und steuerlichen Vergünstigungen wie die inländischen Arbeitnehmer.

(3) Er kann mit dem gleichen Recht und unter den gleichen Bedingungen wie die inländischen Arbeitnehmer Berufsschulen und Umschulungszentren in Anspruch nehmen.

(4) Alle Bestimmungen in Tarif- oder Einzelarbeitsverträgen oder sonstigen Kollektivvereinbarungen betreffend Zugang zur Beschäftigung, Entlohnung und sonstige Arbeits- und Kündigungsbedingungen sind von Rechts wegen nichtig, soweit sie für Arbeitnehmer, die Staatsangehörige anderer Mitgliedstaaten sind, diskriminierende Bedingungen vorsehen oder zulassen.

Art. 8 Ein Arbeitnehmer, der die Staatsangehörigkeit eines Mitgliedstaats besitzt und im Hoheitsgebiet eines anderen Mitgliedstaats beschäftigt ist, hat Anspruch auf gleiche Behandlung hinsichtlich der Zugehörigkeit zu Gewerkschaften und der Ausübung gewerkschaftlicher Rechte, einschließlich des Wahlrechts sowie des Zugangs zur Verwaltung oder Leitung von Gewerkschaften. Er kann von der Teilnahme an der Verwaltung von Körperschaften des öffentlichen Rechts und der Ausübung eines öffentlich-rechtlichen Amtes ausgeschlossen werden. Er hat ferner das Recht auf Wählbarkeit zu den Organen der Arbeitnehmervertretungen in den Betrieben.

Absatz 1 berührt nicht die Rechts- und Verwaltungsvorschriften, durch die in einigen Mitgliedstaaten weitergehende Rechte an Arbeitnehmer aus anderen Mitgliedstaaten eingeräumt werden.

Art. 9 (1) Arbeitnehmer, die die Staatsangehörigkeit eines Mitgliedstaats besitzen und im Hoheitsgebiet eines anderen Mitgliedstaats beschäftigt sind, genießen hinsichtlich einer Wohnung, einschließlich der Erlangung des Eigentums an der von ihnen benötigten Wohnung, alle Rechte und Vergünstigungen wie inländische Arbeitnehmer.

(2) Die Arbeitnehmer gemäß Absatz 1 können sich mit dem gleichen Recht wie die inländischen Arbeitnehmer in dem Gebiet, in dem sie beschäftigt sind, in die Listen der Wohnungssuchenden einschreiben, wo solche geführt werden, und so die gleichen Vergünstigungen und den gleichen Rang erlangen.

Ihre im Herkunftsland verbliebene Familie wird zu diesem Zweck als in diesem Gebiet wohnend betrachtet, soweit auch für inländische Arbeitnehmer eine entsprechende Vermutung gilt.

ABSCHNITT 3
Familienangehörige der Arbeitnehmer

Art. 10 Die Kinder eines Staatsangehörigen eines Mitgliedstaats, der im Hoheitsgebiet eines anderen Mitgliedstaats beschäftigt ist oder beschäftigt gewesen ist, können, wenn sie im Hoheitsgebiet dieses Mitgliedstaats wohnen, unter den gleichen Bedingungen wie die Staatsangehörigen dieses Mitgliedstaats am allgemeinen Unterricht sowie an der Lehrlings- und Berufsausbildung teilnehmen.

Die Mitgliedstaaten fördern die Bemühungen, durch die diesen Kindern ermöglicht werden soll, unter den besten Voraussetzungen am Unterricht teilzunehmen.

KAPITEL II
Zusammenführung und Ausgleich von Stellenangeboten und Arbeitsgesuchen

ABSCHNITT 1
Zusammenarbeit zwischen den Mitgliedstaaten und mit der Kommission

Art. 11 und 12 *(aufgehoben durch VO (EU) 2016/589)*

ABSCHNITT 2
Ausgleichsverfahren

Art. 13–16 *(aufgehoben durch VO (EU) 2016/589)*

ABSCHNITT 3
Regulierende Maßnahmen zur Förderung des Gleichgewichts auf dem Arbeitsmarkt

Art. 17 *(aufgehoben durch VO (EU) 2016/589)*

ABSCHNITT 4
Das Europäische Koordinierungsbüro

Art. 18–20 *(aufgehoben durch VO (EU) 2016/589)*

KAPITEL III
Organe zur Herbeiführung einer engen Zusammenarbeit zwischen den Mitgliedstaaten auf dem Gebiet der Freizügigkeit und der Beschäftigung der Arbeitnehmer

ABSCHNITT 1
Der Beratende Ausschuss

Art. 21 Der Beratende Ausschuss ist beauftragt, die Kommission bei der Prüfung der Fragen zu unterstützen, die sich aus der Anwendung des Vertrags über die Arbeitsweise der Europäischen Union und aus der zu seiner Durchführung getroffenen Maßnahmen auf dem Gebiet der Freizügigkeit und der Beschäftigung der Arbeitnehmer ergeben.

Art. 22 Der Beratende Ausschuss ist insbesondere beauftragt,

a) die Probleme der Freizügigkeit und der Beschäftigung im Rahmen der einzelstaatlichen Arbeitsmarktpolitik im Hinblick auf eine Koordinierung der Beschäftigungspolitik der Mitgliedstaaten auf Unionsebene zu prüfen, die zu einem weiteren Ausbau der Volkswirtschaften sowie zu einer ausgeglicheneren Arbeitsmarktlage beitragen soll;

b) allgemein die Auswirkungen der Durchführung dieser Verordnung und etwaiger ergänzender Bestimmungen zu untersuchen;

c) der Kommission gegebenenfalls mit Gründen versehene Vorschläge zur Änderung dieser Verordnung vorzulegen;

d) auf Ersuchen der Kommission oder von sich aus mit Gründen versehene Stellungnahmen zu allgemeinen oder grundsätzlichen Fragen abzugeben, insbesondere zum Informationsaustausch betreffend die Entwicklung auf dem Arbeitsmarkt, zur Zu- und Abwanderung von Arbeitnehmern zwischen den Mitgliedstaaten, zu den Programmen oder Maßnahmen, die geeignet sind, die Berufsberatung und die Berufsausbildung im Interesse einer größeren Freizügigkeit und besserer Beschäftigungsmöglichkeiten zu fördern, sowie zu jeder Form der Betreuung der Arbeitnehmer und ihrer Familienangehörigen, einschließlich der sozialen Betreuung und der Unterbringung der Arbeitnehmer.

Art. 23 (1) Der Beratende Ausschuss besteht aus sechs Mitgliedern je Mitgliedstaat, und zwar zwei Regierungsvertretern, zwei Vertretern der Arbeitnehmerverbände und zwei Vertretern der Arbeitgeberverbände.

(2) Für jede der in Absatz 1 bezeichneten Gruppen wird ein Stellvertreter je Mitgliedstaat ernannt.

(3) Die Amtszeit der Mitglieder und der Stellvertreter beträgt zwei Jahre. Ihre Wiederernennung ist zulässig.

Nach Ablauf der Amtszeit bleiben die Mitglieder und die Stellvertreter im Amt, bis ihre Ersetzung oder ihre Wiederernennung vollzogen ist.

Art. 24 Die Mitglieder des Beratenden Ausschusses und ihre Stellvertreter werden vom Rat ernannt, der sich bei der Auswahl der Vertreter der Arbeitnehmer- und Arbeitgeberverbände um eine angemessene Vertretung der verschiedenen in Betracht kommenden Wirtschaftsbereiche bemüht.

Die Liste der Mitglieder und der Stellvertreter wird vom Rat im *Amtsblatt der Europäischen Union* zur Unterrichtung veröffentlicht.

Art. 25 Den Vorsitz im Beratenden Ausschuss führt ein Mitglied der Kommission oder dessen Vertreter. Der Vorsitz nimmt an der Abstimmung nicht teil. Der Ausschuss tritt mindestens zweimal im Jahr zusammen. Er wird von seinem Vorsitz auf eigene Veranlassung oder auf Antrag von mindestens einem Drittel der Mitglieder einberufen.

Die Sekretariatsgeschäfte werden von den Dienststellen der Kommission wahrgenommen.

Art. 26 Der Vorsitz kann Personen oder Vertreter von Einrichtungen, die über umfassende Erfahrungen auf dem Gebiet der Beschäftigung und dem Gebiet der Zu- und Abwanderung von Arbeitnehmern verfügen, als Beobachter oder Sachverständige zu den Sitzungen einladen. Er kann Fachberater hinzuziehen.

Die mit der Verordnung (EU) 2019/1149 des Europäischen Parlaments und des Rates*) eingerichtete Europäische Arbeitsbehörde nimmt als Beobachterin an den Sitzungen des Beratenden Ausschusses teil und stellt bei Bedarf technischen Input und technisches Fachwissen bereit.

(VO (EU) 2019/1149)

---

*) Verordnung (EU) 2019/1149 des Europäischen Parlaments und des Rates vom 20. Juni 2019 zur Errichtung einer Europäischen Arbeitsbehörde und zur Änderung der Verordnungen (EG) Nr. 883/2004, (EU) Nr. 492/2011 und (EU) 2016/589 sowie zur Aufhebung des Beschlusses (EU) 2016/344 (ABl. L 186 vom 11.7.2019, S. 21; siehe dazu in diesem Band 2/17. EuropäischeArbeitsbehördeVO.

Art. 27 (1) Der Beratende Ausschuss ist beschlussfähig, wenn zwei Drittel seiner Mitglieder anwesend sind.

(2) Die Stellungnahmen sind mit Gründen zu versehen; sie werden mit der absoluten Mehrheit der gültig abgegebenen Stimmen beschlossen; ihnen ist eine Darstellung der Auffassungen der Minderheit beizufügen, wenn diese es beantragt.

Art. 28 Der Beratende Ausschuss legt seine Arbeitsmethoden in einer Geschäftsordnung fest, die in Kraft tritt, wenn der Rat sie nach Stellungnahme der Kommission genehmigt hat. Die vom Beratenden Ausschuss eventuell beschlossenen Änderungen treten nach dem gleichen Verfahren in Kraft.

ABSCHNITT 2
Der Fachausschuss
Art. 29 bis 34 *(aufgehoben)*

KAPITEL IV
Schlussbestimmungen

Art. 35 Die am 8. November 1968 geltende Geschäftsordnung des Beratenden Ausschusses wird weiter angewandt.
(VO (EU) 2019/1149)

Art. 36 (1) Diese Verordnung berührt nicht die Bestimmungen des Vertrags zur Gründung der Europäischen Atomgemeinschaft über den Zugang zu qualifizierten Beschäftigungen auf dem Gebiet der Kernenergie und die Vorschriften zur Durchführung dieses Vertrags.

Diese Verordnung gilt jedoch für die in Unterabsatz 1 genannte Gruppe von Arbeitnehmern sowie ihre Familienangehörigen, soweit deren Rechtsstellung in dem in Unterabsatz 1 genannten Vertrag oder den in Unterabsatz 1 genannten Vorschriften nicht geregelt ist.

(2) Diese Verordnung berührt nicht die gemäß Artikel 48 des Vertrags über die Arbeitsweise der Europäischen Union erlassenen Bestimmungen.

(3) Diese Verordnung berührt nicht jene Verpflichtungen der Mitgliedstaaten, die sich aus besonderen Beziehungen zu einzelnen außereuropäischen Ländern oder Gebieten oder aus künftigen Abkommen mit diesen Ländern oder Gebieten aufgrund institutioneller Bindungen herleiten, die am 8. November 1968 bestanden haben oder die sich aus den am 8. November 1968 bestehenden Abkommen mit einzelnen außereuropäischen Ländern oder Gebieten aufgrund institutioneller Bindungen herleiten.

Die Arbeitnehmer dieser Länder und Gebiete, die entsprechend der vorliegenden Vorschrift eine Tätigkeit im Lohn- oder Gehaltsverhältnis im Hoheitsgebiet eines der betreffenden Mitgliedstaaten ausüben, können sich im Hoheitsgebiet anderer Mitgliedstaaten nicht auf diese Verordnung berufen.

Art. 37 Die Mitgliedstaaten übermitteln der Kommission zur Unterrichtung den Wortlaut der zwischen ihnen auf dem Gebiet der Beschäftigung geschlossenen Abkommen, Übereinkommen oder Vereinbarungen, und zwar in der Zeit von der Unterzeichnung bis zum Inkrafttreten dieser Abkommen, Übereinkommen oder Vereinbarungen.

Art. 38 *(aufgehoben durch VO (EU) 2016/589)*

Art. 39 Die Verwaltungsausgaben des Beratenden Ausschusses werden im Gesamthaushaltsplan der Europäischen Union im Einzelplan der Kommission aufgeführt.
(VO (EU) 2019/1149)

Art. 40 Diese Verordnung gilt für die Mitgliedstaaten und für deren Staatsangehörige, unbeschadet der Artikel 2 und 3.

Art. 41 Die Verordnung (EWG) Nr. 1612/68 wird aufgehoben.

Bezugnahmen auf die aufgehobene Verordnung gelten als Bezugnahmen auf die vorliegende Verordnung und sind nach Maßgabe der Entsprechungstabelle in Anhang II zu lesen.

Art. 42 Diese Verordnung tritt am zwanzigsten Tag nach ihrer Veröffentlichung im *Amtsblatt der Europäischen Union* in Kraft.

Diese Verordnung ist in allen ihren Teilen verbindlich und gilt unmittelbar in jedem Mitgliedstaat.

2/2. FreizügigkeitsVO
Anhänge I, II

ANHANG I
AUFGEHOBENE VERORDNUNG MIT IHREN NACHFOLGENDEN ÄNDERUNGEN

Verordnung (EWG) Nr. 1612/68 des Rates
(ABl. L 257 vom 19.10.1968, S. 2)

    Verordnung (EWG) Nr. 312/76 des Rates
    (ABl. L 39 vom 14.2.1976, S. 2)

    Verordnung (EWG) Nr. 2434/92 des Rates
    (ABl. L 245 vom 26.8.1992, S. 1)

    Richtlinie 2004/38/EG des Europäischen Parlaments und des Rates
    (ABl. L 158 vom 30.4.2004, S. 77)   Nur Artikel 38 Absatz 1

ANHANG II
Entsprechungstabelle

Verordnung (EWG) Nr. 1612/68	Vorliegende Verordnung
Erster Teil	Kapitel I
Titel I	Abschnitt 1
Artikel 1	Artikel 1
Artikel 2	Artikel 2
Artikel 3 Absatz 1 Unterabsatz 1	Artikel 3 Absatz 1 Unterabsatz 1
Artikel 3 Absatz 1 Unterabsatz 1 erster Gedankenstrich	Artikel 3 Absatz 1 Unterabsatz 1 Buchstabe a
Artikel 3 Absatz 1 Unterabsatz 1 zweiter Gedankenstrich	Artikel 3 Absatz 1 Unterabsatz 1 Buchstabe b
Artikel 3 Absatz 1 Unterabsatz 2	Artikel 3 Absatz 1 Unterabsatz 2
Artikel 3 Absatz 2	Artikel 3 Absatz 2
Artikel 4	Artikel 4
Artikel 5	Artikel 5
Artikel 6	Artikel 6
Titel II	Abschnitt 2
Artikel 7	Artikel 7
Artikel 8 Absatz 1	Artikel 8
Artikel 9	Artikel 9
Titel III	Abschnitt 3
Artikel 12	Artikel 10
Zweiter Teil	Kapitel II
Titel I	Abschnitt 1
Artikel 13	Artikel 11
Artikel 14	Artikel 12
Titel II	Abschnitt 2
Artikel 15	Artikel 13
Artikel 16	Artikel 14
Artikel 17	Artikel 15
Artikel 18	Artikel 16
Titel III	Abschnitt 3
Artikel 19	Artikel 17
Titel IV	Abschnitt 4
Artikel 21	Artikel 18
Artikel 22	Artikel 19
Artikel 23	Artikel 20
Dritter Teil	Kapitel III
Titel I	Abschnitt 1

2/2. FreizügigkeitsVO
Anhang II

Verordnung (EWG) Nr. 1612/68	Vorliegende Verordnung
Artikel 24	Artikel 21
Artikel 25	Artikel 22
Artikel 26	Artikel 23
Artikel 27	Artikel 24
Artikel 28	Artikel 25
Artikel 29	Artikel 26
Artikel 30	Artikel 27
Artikel 31	Artikel 28
Titel II	Abschnitt 2
Artikel 32	Artikel 29
Artikel 33	Artikel 30
Artikel 34	Artikel 31
Artikel 35	Artikel 32
Artikel 36	Artikel 33
Artikel 37	Artikel 34
Vierter Teil	Kapitel IV
Titel I	—
Artikel 38	—
Artikel 39	Artikel 35
Artikel 40	—
Artikel 41	—
Titel II	—
Artikel 42 Absatz 1	Artikel 36 Absatz 1
Artikel 42 Absatz 2	Artikel 36 Absatz 2
Artikel 42 Absatz 3 Unterabsatz 1 erster und zweiter Gedankenstrich	Artikel 36 Absatz 3 Unterabsatz 1
Artikel 42 Absatz 3 Unterabsatz 2	Artikel 36 Absatz 3 Unterabsatz 2
Artikel 43	Artikel 37
Artikel 44	Artikel 38
Artikel 45	—
Artikel 46	Artikel 39
Artikel 47	Artikel 40
—	Artikel 41
Artikel 48	Artikel 42
—	Anhang I
—	Anhang II

2/2a. Freizügigkeits-Richtlinie

Richtlinie 2014/54/EU des Europäischen Parlaments und des Rates über Maßnahmen zur Erleichterung der Ausübung der Rechte, die Arbeitnehmern im Rahmen der Freizügigkeit zustehen

(ABl. Nr. L 128 v. 30.4.2014, S. 8)

GLIEDERUNG

Art. 1: Gegenstand
Art. 2: Geltungsbereich
Art. 3: Rechtsschutz
Art. 4: Stellen zur Förderung der Gleichbehandlung und zur Unterstützung von Arbeitnehmern der Union und ihren Familienangehörigen
Art. 5: Dialog
Art. 6: Zugang zu und Verbreitung von Informationen
Art. 7: Mindestanforderungen
Art. 8: Umsetzung
Art. 9: Bericht
Art. 10: Inkrafttreten
Art. 11: Adressaten

DAS EUROPÄISCHE PARLAMENT UND DER RAT DER EUROPÄISCHEN UNION –
gestützt auf den Vertrag über die Arbeitsweise der Europäischen Union, insbesondere auf Artikel 46, auf Vorschlag der Europäischen Kommission,

nach Zuleitung des Entwurfs des Gesetzgebungsakts an die nationalen Parlamente, nach Stellungnahme des Europäischen Wirtschafts- und Sozialausschusses,

nach Anhörung des Ausschusses der Regionen, gemäß dem ordentlichen Gesetzgebungsverfahren, in Erwägung nachstehender Gründe:

(1) Die Freizügigkeit der Arbeitnehmer ist als eine Grundfreiheit der Bürger der Union und als eine der Säulen des Binnenmarkts der Union in Artikel 45 des Vertrags über die Arbeitsweise der Europäischen Union (AEUV) verankert. Ihre Durchführung ist durch das Unionsrecht näher geregelt, das darauf abzielt, die uneingeschränkte Ausübung der den Bürgern der Union sowie deren Familienangehörigen verliehenen Rechte zu gewährleisten. Der Begriff „Familienangehöriger" sollte die gleiche Bedeutung haben wie der in Artikel 2 Nummer 2 der Richtlinie 2004/38/EG des Europäischen Parlaments und des Rates definierte Begriff und sollte auch für Familienangehörige von Grenzgängern gelten.

(2) Die Freizügigkeit der Arbeitnehmer ist zudem ein wesentlicher Faktor bei der Entwicklung hin zu einem echten Arbeitsmarkt der Union und ermöglicht es den Arbeitnehmern, dorthin zu gehen, wo ein Arbeitskräftemangel herrscht oder bessere Beschäftigungsaussichten bestehen; die Freizügigkeit erleichtert damit den Menschen die Suche nach einem ihren Qualifikationen besser entsprechenden Arbeitsplatz und trägt zur Beseitigung von Engpässen auf dem Arbeitsmarkt bei.

(3) Die Freizügigkeit der Arbeitnehmer verleiht allen Bürgern der Union unabhängig von ihrem Wohnsitz das Recht, sich ohne Einschränkung in einen anderen Mitgliedstaat zu begeben, um dort zu arbeiten und/oder sich dort zu Arbeitszwecken aufzuhalten. Dieses Recht schützt sie – in Bezug auf den Zugang zur Beschäftigung, die Beschäftigungs- und Arbeitsbedingungen, insbesondere hinsichtlich Entlohnung, Kündigung sowie steuerliche und soziale Vergünstigungen – vor Diskriminierungen aus Gründen der Staatsangehörigkeit, indem es gewährleistet, dass sie nach nationalem Recht und nationalen Gepflogenheiten und Tarifverträgen den Staatsangehörigen dieses Mitgliedstaats gleichgestellt sind. Diese Rechte sollten allen Unionsbürgern, die ihr Recht auf Freizügigkeit wahrnehmen, auch Dauerbeschäftigten, Saisonarbeitern und Grenzgängern, ohne Diskriminierung zustehen. Die Freizügigkeit der Arbeitnehmer ist nicht zu verwechseln mit der Dienstleistungsfreiheit, die das Recht von Unternehmen umfasst, Dienstleistungen in einem anderen Mitgliedstaat zu erbringen und zu diesem Zweck ihre Arbeitnehmer vorübergehend in diesen anderen Mitgliedstaat zu entsenden, damit diese dort die für die Erbringung der Dienstleistungen erforderlichen Arbeiten verrichten.

(4) Arbeitnehmern der Union und ihren Familienangehörigen, die von ihrem Recht auf Freizügigkeit Gebrauch machen, verleiht Artikel 45 AEUV materielle Rechte hinsichtlich der Ausübung dieser Grundfreiheit; diese sind in der Verordnung (EU) Nr. 492/2011 des Europäischen Parlaments und des Rates *[hier abgedruckt unter 2/2.]* näher geregelt.

(5) Ungeachtet dessen stellt die effektive Ausübung der Freizügigkeit der Arbeitnehmer nach wie vor eine beträchtliche Herausforderung dar, und sehr oft kennen die Arbeitnehmer der Union ihre Rechte auf Freizügigkeit nicht. Unter anderem wegen ihrer potenziell gefährdeteren Stellung können Arbeitnehmer der Union noch immer ungerechtfertigte Einschränkungen oder Behinderungen bei der Ausübung ihres Rechts auf Freizügigkeit, etwa die Verweigerung der Anerkennung ihrer

Befähigungsnachweise, der Diskriminierung aus Gründen der Staatsangehörigkeit und der Ausbeutung erfahren, wenn sie sich in einen anderen Mitgliedstaat begeben. Es besteht somit eine Diskrepanz zwischen Recht und Praxis, gegen die etwas unternommen werden muss.

(6) In ihrer Mitteilung vom Juli 2010 mit dem Titel „Bekräftigung der Freizügigkeit der Arbeitnehmer: Rechte und wesentliche Entwicklungen" hat die Kommission angekündigt, dass sie untersuchen wird, welche Möglichkeiten es gibt, auf die neuen Bedürfnisse der Arbeitnehmer der Union und ihrer Familienangehörigen und auf die Herausforderungen einzugehen, denen sie insbesondere angesichts neuer Mobilitätsstrukturen gegenüberstehen. Ferner hat sie mitgeteilt, dass sie im Rahmen der neuen Binnenmarktstrategie prüfen würde, wie sie Mechanismen zur wirksamen Anwendung des Grundsatzes der Gleichbehandlung der Arbeitnehmer der Union und ihrer Familienangehörigen, die von ihrem Recht auf Freizügigkeit Gebrauch machen, fördern und verbessern kann. Die Kommission hat zudem die Entwicklungen in der Gesetzgebung und Rechtsprechung zusammengefasst, insbesondere in Bezug auf den persönlichen Geltungsbereich des Unionsrechts über die Freizügigkeit der Arbeitnehmer und den Inhalt der Rechte, die die Arbeitnehmer der Union und ihre Familienangehörigen in Anspruch nehmen können.

(7) In ihrem Bericht über die Unionsbürgerschaft 2010 mit dem Titel „Weniger Hindernisse für die Ausübung von Unionsbürgerrechten" vom 27. Oktober 2010 hat die Kommission festgestellt, dass die divergierende und fehlerhafte Anwendung des Unionsrechts zum Recht auf Freizügigkeit eines der größten Hindernisse ist, mit denen die Bürger der Union konfrontiert sind, wenn sie die ihnen aufgrund des Unionsrechts zustehenden Rechte wirksam wahrnehmen wollen. Dementsprechend hat die Kommission ihre Absicht bekundet, bewährte Praktiken zu fördern, die Bevölkerung besser über die EU-Regelungen aufzuklären und den EU-Bürgern Informationen über ihre Freizügigkeitsrechte an die Hand zu geben, um Unionsbürgern und ihren Familienmitgliedern aus Drittstaaten durch strikte Durchsetzung der EU-Regelungen, einschließlich derer zum Diskriminierungsverbot, die Freizügigkeit zu erleichtern (Aktion 15 des Berichts über die Unionsbürgerschaft 2010). Außerdem hat die Kommission in ihrem Bericht über die Unionsbürgerschaft 2013 mit dem Titel „Rechte und Zukunft der Bürgerinnen und Bürger der EU" darauf hingewiesen, dass die Verwaltungshürden beseitigt und die Verfahren für Unionsbürger, die in anderen Mitgliedstaaten leben, arbeiten oder dorthin reisen, vereinfacht werden müssen.

(8) In der Mitteilung der Kommission mit dem Titel „Einen arbeitsplatzintensiven Aufschwung gestalten" vom 18. April 2012 (im Folgenden „Beschäftigungspaket") hat die Kommission ihre Absicht angekündigt, einen Gesetzgebungsvorschlag (Information und Beratung) vorzulegen, um mobile Arbeitskräfte bei der Ausübung ihrer im AEUV und in der Verordnung (EU) Nr. 492/2011 festgelegten Rechte zu unterstützen, und sie hat die Mitgliedstaaten aufgefordert, für einen höheren Bekanntheitsgrad der im Unionsrecht verankerten Vorschriften gegen Diskriminierung, zur Gleichstellung der Geschlechter und zur Arbeitnehmerfreizügigkeit zu sorgen und den Zugang zu Stellen im öffentlichen Dienst im Einklang mit der Rechtsprechung des EuGH für Unionsbürger zu öffnen und zu erleichtern. In diesem Zusammenhang hat der Gerichtshof in ständiger Rechtsprechung darauf hingewiesen, dass die Beschränkung des Zugangs zu Stellen im öffentlichen Dienst auf die eigenen Angehörigen eines Mitgliedstaats restriktiv auszulegen ist und nur für Stellen gilt, die eine unmittelbare oder mittelbare Teilnahme an der Ausübung hoheitlicher Befugnisse und an der Wahrnehmung solcher Aufgaben mit sich bringen, die auf die Wahrung der allgemeinen Belange des Staates und anderer öffentlicher Körperschaften gerichtet sind.

(9) Für den Schutz der Rechte und die Gleichbehandlung der Arbeitnehmer der Union und ihrer Familienangehörigen ist es von zentraler Bedeutung, dass Artikel 45 AEUV und die Verordnung (EU) Nr. 492/2011 angemessen und wirksam angewendet und durchgesetzt werden und die Rechte bekanntgemacht werden, während die mangelhafte Durchsetzung die Wirksamkeit des für diesen Bereich geltenden Unionsrechts untergräbt und die Rechte und den Schutz der Arbeitnehmer der Union und ihrer Familienangehörigen gefährdet.

(10) Eine wirksamere und einheitlichere Anwendung des Unionsrechts im Bereich der Arbeitnehmerfreizügigkeit ist auch für das ordnungsgemäße Funktionieren des Binnenmarkts notwendig.

(11) Anwendung und Überwachung des Unionsrecht im Bereich der Arbeitnehmerfreizügigkeit sollten verbessert werden, um zu gewährleisten, dass Arbeitnehmer der Union und ihre Familienangehörigen sowie Arbeitgeber, staatliche Stellen und andere betroffene Personen besser über die Freizügigkeitsrechte und Verantwortlichkeiten informiert sind und dass Arbeitnehmer der Union und ihre Familienangehörigen bei der Ausübung dieser Rechte unterstützt und geschützt werden, und um die Umgehung dieser Rechtsvorschriften durch Behörden sowie durch öffentliche und private Arbeitgeber zu bekämpfen. Dabei können die Mitgliedstaaten auch die Auswirkungen einer verstärkten Mobilität wie beispielsweise eine Abwanderung von Fachkräften oder jungen Menschen berücksichtigen.

(12) Um zu gewährleisten, dass das materielle Unionsrecht im Bereich der Arbeitnehmerfreizügigkeit ordnungsgemäß angewendet wird, und um seine Einhaltung zu überwachen, sollten die Mitgliedstaaten geeignete Maßnahmen treffen, um die Arbeitnehmer der Union und ihre Familienangehörigen, die ihr Recht auf Freizügigkeit ausüben, vor Diskriminierungen aus Gründen der Staatsangehörigkeit und vor jeglicher ungerechtfertigter Einschränkung oder Behinderung bei der Ausübung ihres Rechts auf Freizügigkeit zu schützen.

2/2a. FreizügigkeitsRL
Präambel

(13) Deshalb ist es angezeigt, spezielle Rechtsvorschriften für die wirksame Durchsetzung des materiellen Rechts im Bereich der Arbeitnehmerfreizügigkeit nach Artikel 45 AEUV und der Verordnung (EU) Nr. 492/2011 festzulegen und für seine bessere und einheitlichere Anwendung zu sorgen. Bei der Durchsetzung dieser Grundfreiheit sollte das Prinzip der Gleichstellung von Frauen und Männern und das Verbot der Diskriminierung von Arbeitnehmern der Union und ihrer Familienangehörigen aus den in Artikel 21 der Charta der Grundrechte der Europäischen Union (im Folgenden „Charta") genannten Gründen, berücksichtigt werden.

(14) Dabei sollte Arbeitnehmern der Union und ihren Familienangehörigen, die aus Gründen der Staatsangehörigkeit diskriminiert oder in deren Recht auf Freizügigkeit ungerechtfertigt eingeschränkt oder behindert wurden, ein echter und wirksamer Rechtsschutz garantiert werden. Sehen Mitgliedstaaten Verwaltungsverfahren als Rechtsbehelfe vor, so sollte dafür gesorgt werden, dass jede Verwaltungsentscheidung vor einem Gericht im Sinne des Artikels 47 der Charta angefochten werden kann. In Anbetracht des Rechts auf einen wirksamen Rechtsschutz sollten Arbeitnehmer der Union vor Benachteiligungen oder Repressalien, die aufgrund einer Beschwerde oder eines Verfahrens zur Durchsetzung ihrer in dieser Richtlinie garantierten Rechte erfolgen, geschützt werden.

(15) Um einen wirksameren Schutz zu gewährleisten, sollten Verbände oder andere Rechtsträger einschließlich der Sozialpartner auch befugt sein, sich entsprechend den Bestimmungen der Mitgliedstaaten im Namen oder zur Unterstützung eines mutmaßlichen Opfers mit dessen Zustimmung an Verfahren zu beteiligen. Dies sollte unbeschadet des nationalen Verfahrensrechts bezüglich der Vertretung und Verteidigung vor Gericht sowie anderer Zuständigkeiten und kollektiver Rechte der Sozialpartner bzw. der Vertreter von Arbeitnehmern und Arbeitgebern etwa gegebenenfalls in Bezug auf die Durchsetzung von Tarifverträgen, einschließlich Maßnahmen zur Verteidigung kollektiver Interessen, die gemäß dem nationalen Recht oder nationalen Gepflogenheiten bestehen, erfolgen. Um einen wirksamen Rechtsschutz sicherzustellen, werden die Mitgliedstaaten unbeschadet der bestehenden Mechanismen für die Verteidigung kollektiver Interessen, die den Sozialpartnern zur Verfügung stehen, und des nationalen Rechts oder der nationalen Gepflogenheiten ersucht, die Einführung gemeinsamer Grundsätze für kollektive Unterlassungs- und Schadensersatzverfahren zu prüfen.

(16) Die nationalen Vorschriften über die Fristen für die Durchsetzung der gemäß dieser Richtlinie bestehenden Rechte sollten im Einklang mit der Rechtsprechung des Gerichtshofes so gestaltet sein, dass sie die Ausübung dieser Rechte nicht praktisch unmöglich machen oder übermäßig erschweren können.

(17) Der Schutz vor Diskriminierungen aus Gründen der Staatsangehörigkeit würde bereits gestärkt, wenn es in allen Mitgliedstaaten leistungsfähige Stellen mit angemessenen Fachkenntnissen gäbe, die für die Förderung der Gleichstellung, die Untersuchung der sich im Einzelfall für Arbeitnehmer der Union und ihre Familienangehörigen stellenden Probleme, die Suche nach Lösungen und die Bereitstellung konkreter Hilfen für diese, zuständig sind. Zu den Zuständigkeiten dieser Stellen sollte unter anderem gehören, dass sie Arbeitnehmern der Union und ihren Familienangehörigen unabhängig rechtliche und/oder anderweitig Unterstützung leisten, wie die Bereitstellung rechtlicher Beratung über die Anwendung der einschlägigen Regelungen der Union und der nationalen Regelungen auf sie, Informationen über die Beschwerdeverfahren sowie Hilfe beim Schutz der Rechte von Arbeitnehmern und ihren Familienangehörigen. Dazu könnte auch Unterstützung in Gerichtsverfahren gehören.

(18) Es sollte Sache der einzelnen Mitgliedstaaten sein zu beschließen, den vorgenannten Stellen die nach dieser Richtlinie durchzuführenden Aufgaben zu übertragen oder diese Aufgaben bereits existierenden Stellen zu übertragen, die ähnliche Zielsetzungen auf nationaler Ebene verfolgen, wie etwa die Förderung des freien Personenverkehrs, die Umsetzung des Grundsatzes der Gleichbehandlung oder den Schutz der Rechte des Einzelnen. Sollte ein Mitgliedstaat beschließen, das Mandat einer existierenden Stelle auszuweiten, so sollte er dafür sorgen, dass diese Stelle ausreichende Mittel erhält, damit sie ihre derzeitigen und zusätzlichen Aufgaben wirksam und angemessen wahrnehmen kann. Werden die Aufgaben mehr als einer Stelle übertragen, so sollten die Mitgliedstaaten gewährleisten, dass diese sich in ausreichendem Maße koordinieren.

(19) Die Mitgliedstaaten sollten sicherstellen, dass eine Stelle oder mehrere dieser Stellen als Kontaktstellen fungieren und dass diese zusammenarbeiten und mit vergleichbaren Kontaktstellen in anderen Mitgliedstaaten Informationen austauschen wie etwa die Kontaktdaten aller Stellen, die Rechtsbehelfe oder die Kontaktdaten der Verbände, Organisationen oder sonstigen Rechtsträger, die Informationen und Dienste für Arbeitnehmer der Union und ihre Familienangehörigen anbieten. Die Liste der Kontaktstellen sollte der Öffentlichkeit zur Verfügung gestellt werden.

(20) Die Mitgliedstaaten sollten die Zusammenarbeit zwischen den Stellen, die nach dieser Richtlinie benannt wurden, und den bestehenden Informations- und Unterstützungsdiensten fördern, die von den Sozialpartnern, Verbänden, Organisationen oder anderen einschlägigen Rechtsträgern, etwa von für die Koordinierungsregelungen gemäß Verordnung (EG) Nr. 883/2004 des Europäischen Parlaments und des Rates zuständigen Organisationen, sowie gegebenenfalls von den Arbeitsaufsichtsbehörden bereitgestellt werden.

(21) Die Mitgliedstaaten sollten sicherstellen, dass Synergien mit vorhandenen Informations- und Unterstützungsinstrumenten auf Unionsebene gefördert werden und zu diesem Zweck gewährleisten, dass bereits existierende oder neu

2/2a. FreizügigkeitsRL
Präambel

geschaffene Stellen eng mit den vorhandenen Informations- und Unterstützungsdiensten, etwa mit dem Portal „Ihr Europa", SOLVIT, dem Netz „Enterprise Europe Network", den einheitlichen Kontaktstellen und EURES, gegebenenfalls auch mit den grenzüberschreitenden Eures-Partnerschaften, zusammenarbeiten.

(22) Zur Bekämpfung ungerechtfertigter Einschränkungen und Behinderungen des Freizügigkeitsrechts oder unterschiedlicher Formen von Diskriminierung aus Gründen der Staatsangehörigkeit sollten die Mitgliedstaaten den Dialog mit den Sozialpartnern und mit geeigneten nichtstaatlichen Organisationen fördern.

(23) Die Mitgliedstaaten sollten festlegen, wie Unionsbürger wie beispielsweise Arbeitnehmer, Studenten und Studenten, die kürzlich ihr Hochschulstudium absolviert haben, sowie Arbeitgeber, Sozialpartner und andere Beteiligte leicht zugängliche sachdienliche Informationen über die Bestimmungen dieser Richtlinie und der Verordnung (EU) Nr. 492/2011 sowie darüber erhalten können, welche Stellen gemäß dieser Richtlinie benannt wurden und welcher Rechtsbehelf und welcher Rechtsschutz zur Verfügung steht. Die Mitgliedstaaten sollten Maßnahmen ergreifen, um diese Informationen in mehr als einer Amtssprache der Union zur Verfügung zu stellen, wobei sie die Nachfrage auf dem Arbeitsmarkt berücksichtigen sollten. Dies sollte die Rechtsvorschriften der Mitgliedstaaten über die Sprachenregelung nicht berühren. Die betreffenden Informationen könnten im Rahmen individueller Beratungsgespräche zur Verfügung gestellt werden und sollten auch über das Portal „Ihr Europa" und EU-RES leicht zugänglich sein.

(24) Um die Durchsetzung der durch das Unionsrecht garantierten Rechte zu erleichtern, sollte die Richtlinie 91/533/EWG des Rates kohärent umgesetzt und ihre Anwendung kohärent überwacht werden.

(25) In dieser Richtlinie werden Mindestanforderungen festgelegt, so dass es den Mitgliedstaaten freisteht, günstigere Vorschriften einzuführen oder beizubehalten. Die Mitgliedstaaten können auch die Zuständigkeiten der Organisationen, die sie mit den Aufgaben im Zusammenhang mit dem Schutz von Arbeitnehmern der Union vor Diskriminierungen aus Gründen der Staatsangehörigkeit betrauen, in der Weise ausdehnen, dass sie sich auf das Recht auf Gleichbehandlung ohne jede Diskriminierung aus Gründen der Staatsangehörigkeit für alle Unionsbürger erstrecken, die von ihrem Recht auf Freizügigkeit, das in Artikel 21 AEUV und der Richtlinie 2004/38/EG verankert ist, Gebrauch machen, sowie deren Familienangehörige. Die Umsetzung dieser Richtlinie sollte nicht als Begründung für Rückschritte gegenüber der bestehenden Situation in den einzelnen Mitgliedstaaten herangezogen werden können.

(26) Eine wirksame Umsetzung dieser Richtlinie impliziert, dass die Mitgliedstaaten beim Erlass der geeigneten Maßnahmen zur Erfüllung ihrer Verpflichtungen aus dieser Richtlinie oder bei der amtlichen Veröffentlichung der Umsetzungsmaßnahmen auf diese Richtlinie verweisen sollten.

(27) Gemäß der gemeinsamen politischen Erklärung der Mitgliedstaaten und der Kommission zu erläuternden Dokumenten vom 28. September 2011 haben sich die Mitgliedstaaten verpflichtet, in begründeten Fällen zusätzlich zur Mitteilung ihrer Umsetzungsmaßnahmen ein oder mehrere Dokumente zu übermitteln, in dem bzw. denen der Zusammenhang zwischen den Bestandteilen einer Richtlinie und den entsprechenden Teilen nationaler Umsetzungsinstrumente erläutert wird. Im Hinblick auf die vorliegende Richtlinie betrachtet der Gesetzgeber die Übermittlung solcher Dokumente als gerechtfertigt.

(28) Nach einer angemessen langen Zeit der Anwendung dieser Richtlinie sollte die Kommission einen Bericht über ihre Anwendung ausarbeiten, in dem sie insbesondere beurteilt, ob die Möglichkeit besteht, notwendige Maßnahmen vorzuschlagen, die darauf abzielen, eine bessere Durchsetzung des Freizügigkeitsrechts der Union zu gewährleisten. In diesem Bericht sollte die Kommission insbesondere auf die Schwierigkeiten eingehen, mit denen sich junge Hochschulabsolventen, die unionsweit nach einem Arbeitsplatz suchen, und aus Drittländern stammende Ehegatten von Arbeitnehmern der Union möglicherweise konfrontiert sehen.

(29) Diese Richtlinie steht im Einklang mit den in der Charta anerkannten Grundrechten und Grundsätzen, insbesondere mit der Berufsfreiheit und dem Recht zu arbeiten, dem Recht auf Nichtdiskriminierung, insbesondere mit dem Verbot jeglicher Diskriminierung aus Gründen der Staatsangehörigkeit, dem Recht auf Kollektivverhandlungen und Kollektivmaßnahmen, dem Recht auf gerechte und angemessene Arbeitsbedingungen, dem Recht auf Freizügigkeit und Aufenthaltsfreiheit und dem Recht auf einen wirksamen Rechtsbehelf und ein unparteiisches Gericht. Sie muss unter Wahrung dieser Rechte und Grundsätze umgesetzt werden.

(30) Diese Richtlinie achtet die verschiedenen Arbeitsmarktmodelle der Mitgliedstaaten, einschließlich der tarifvertraglich geregelten Arbeitsmarktmodelle.

(31) Da das Ziel dieser Richtlinie, nämlich einen allgemeinen gemeinsamen Rahmen geeigneter Bestimmungen, Maßnahmen und Verfahren festzulegen, die für eine bessere und einheitlichere Anwendung und Durchsetzung der Freizügigkeitsrechte der Arbeitnehmer gemäß dem AEUV und der Verordnung (EU) Nr. 492/2011 in der Praxis notwendig sind, von den Mitgliedstaaten nicht ausreichend verwirklicht werden kann, sondern vielmehr wegen des Umfangs und der Wirkungen der Maßnahme auf Unionsebene besser zu verwirklichen ist, kann die Union im Einklang mit dem in Artikel 5 des Vertrags über die Europäische Union niedergelegten Subsidiaritätsprinzip tätig werden. Entsprechend dem in demselben Artikel genannten Grundsatz der Verhältnismäßigkeit geht diese Richtlinie nicht über das zur Erreichung dieses Ziels erforderliche Maß hinaus –

HABEN FOLGENDE RICHTLINIE ERLASSEN:

Gegenstand

Art. 1 Diese Richtlinie enthält Bestimmungen, die die einheitliche Anwendung und Durchsetzung der mit Artikel 45 AEUV und mit den Artikeln 1 bis 10 der Verordnung (EU) Nr. 492/2011 gewährten Rechte in der Praxis erleichtern. Diese Richtlinie gilt für Unionsbürger, die diese Rechte ausüben, und für ihre Familienangehörigen (im Folgenden „Arbeitnehmer der Union und ihre Familienangehörigen").

Geltungsbereich

Art. 2 (1) Diese Richtlinie gilt für folgende in den Artikeln 1 bis 10 der Verordnung (EU) Nr. 492/2011 im Einzelnen genannten Angelegenheiten im Bereich der Arbeitnehmerfreizügigkeit:
a) den Zugang zur Beschäftigung;
b) die Beschäftigungs- und Arbeitsbedingungen, insbesondere in Bezug auf Entlohnung, Kündigung, Sicherheit und Gesundheitsschutz am Arbeitsplatz und – falls ein Arbeitnehmer der Union arbeitslos geworden ist – berufliche Wiedereingliederung oder Wiedereinstellung;
c) den Zugang zu sozialen und steuerlichen Vergünstigungen;
d) die Zugehörigkeit zu Gewerkschaften und die Wählbarkeit zu den Organen der Arbeitnehmervertretungen;
e) den Zugang zur beruflichen Bildung;
f) den Zugang zu Wohnraum;
g) den Zugang zur Bildung sowie Lehrlings- und Berufsausbildung für die Kinder von Arbeitnehmern der Union;
h) die Hilfe durch die Arbeitsämter.

(2) Der Geltungsbereich dieser Richtlinie ist identisch mit demjenigen der Verordnung (EU) Nr. 492/2011.

Rechtsschutz

Art. 3 (1) Die Mitgliedstaaten stellen sicher, dass zur Durchsetzung der mit Artikel 45 AEUV und mit den Artikeln 1 bis 10 der Verordnung (EU) Nr. 492/2011 gewährten Rechte, allen Arbeitnehmern der Union und ihren Familienangehörigen, die sich durch eine – vergangene oder gegenwärtige – ungerechtfertigte Einschränkung und Behinderungen ihres Rechts auf Freizügigkeit oder durch die Nichtanwendung des Gleichbehandlungsgrundsatzes in ihren Rechten für verletzt halten, ihre Ansprüche – nach etwaiger Befassung anderer zuständiger Behörden, einschließlich, wenn die Mitgliedstaaten es für angezeigt halten, in Schlichtungsverfahren – auf dem Gerichtsweg geltend machen können, selbst wenn das Verhältnis, während dessen die Einschränkung und Behinderung oder Diskriminierung vorgekommen sein soll, bereits beendet ist.

(2) Die Mitgliedstaaten stellen sicher, dass Verbände, Organisationen einschließlich der Sozialpartner oder sonstige Rechtsträger, die im Einklang mit den nach ihrem nationalen Recht, nationalen Gepflogenheiten oder Tarifverträgen festgelegten Kriterien ein berechtigtes Interesse daran haben, dass diese Richtlinie eingehalten wird, sich mit der Zustimmung von Arbeitnehmern der Union und deren Familienangehörigen in deren Namen oder zu deren Unterstützung an etwaigen Gerichts- und/oder Verwaltungsverfahren zur Durchsetzung der in Artikel 1 genannten Rechte beteiligen können.

(3) Absatz 2 gilt unbeschadet anderer Zuständigkeiten und kollektiver Rechte der Sozialpartner bzw. der Vertreter von Arbeitnehmern und Arbeitgebern, die sich gegebenenfalls auch auf das Recht erstrecken, Maßnahmen zur Verteidigung kollektiver Interessen nach nationalem Recht oder nationalen Gepflogenheiten zu ergreifen.

(4) Absatz 2 gilt unbeschadet des nationalen Verfahrensrechts bezüglich der Vertretung und Verteidigung in Gerichtsverfahren.

(5) Die Absätze 1 und 2 dieses Artikels lassen nationale Regelungen über Fristen für die Durchsetzung der in Artikel 1 genannten Rechte unberührt. Diese nationalen Fristen dürfen allerdings die Ausübung jener Rechte nicht praktisch unmöglich machen oder übermäßig erschweren.

(6) Die Mitgliedstaaten nehmen in ihre nationale Rechtsordnung die Maßnahmen auf, die erforderlich sind, um Arbeitnehmer der Union vor Benachteiligungen oder Repressalien als Reaktion auf eine Beschwerde oder ein Verfahren zur Durchsetzung der in Artikel 1 genannten Rechte zu schützen.

Stellen zur Förderung der Gleichbehandlung und zur Unterstützung von Arbeitnehmern der Union und ihren Familienangehörigen

Art. 4 (1) Jeder Mitgliedstaat benennt eine oder mehrere Strukturen bzw. Stellen (im Folgenden „Stellen") für die Förderung, Analyse, Überwachung und Unterstützung der Gleichbehandlung aller Arbeitnehmer der Union und ihrer Familienangehörigen ohne jegliche Diskriminierung aus Gründen der Staatsangehörigkeit, ungerechtfertigte Einschränkung oder Behinderung ihres Freizügigkeitsrechts und trifft die notwendigen Vorkehrungen für das ordnungsgemäße Funktionieren solcher Stellen. Diese Stellen können Teil bestehender nationaler Stellen sein, die ähnliche Zielsetzungen verfolgen.

(2) Die Mitgliedstaaten stellen sicher, dass die Zuständigkeiten dieser Stellen Folgendes umfassen:
a) Arbeitnehmern der Union und ihren Familienangehörigen unabhängige rechtliche und/oder sonstige Unterstützung zu leisten oder sicherzustellen, dass sie geleistet wird, und zwar unbeschadet ihrer Rechte und der Rechte der in Artikel 3 genannten Verbände, Organisationen und sonstigen Rechtsträger;
b) als Kontaktstellen für vergleichbare Kontaktstellen in anderen Mitgliedstaaten zu fungieren, um mit diesen zusammenzuarbeiten und sachdienliche Informationen auszutauschen;
c) unabhängige Erhebungen und Analysen über ungerechtfertigte Einschränkungen und Behinderungen des Freizügigkeitsrechts oder die

Diskriminierung aus Gründen der Staatsangehörigkeit von Arbeitnehmern der Union und ihren Familienangehörigen durchzuführen oder in Auftrag zu geben;
d) die Veröffentlichung von unabhängigen Berichten sicherzustellen und Empfehlungen zu allen Fragen im Zusammenhang mit solchen Einschränkungen und Behinderungen oder Diskriminierung abzugeben;
e) einschlägige Informationen zur Anwendung des Unionsrechts im Bereich der Arbeitnehmerfreizügigkeit auf nationaler Ebene zu veröffentlichen.

Bezüglich Unterabsatz 1 Buchstabe a muss, falls die Stellen Unterstützung in Gerichtsverfahren leisten, diese Unterstützung im Einklang mit nationalem Recht und nationalen Gepflogenheiten für Personen, die nicht über ausreichende finanzielle Mittel verfügen, kostenlos erfolgen.

(3) Die Mitgliedstaaten teilen der Kommission die Namen und die Kontaktdaten der Kontaktstellen sowie alle aktuellen Informationen oder diesbezüglichen Änderungen mit. Die Kommission führt ein Verzeichnis der Kontaktstellen und stellt es den Mitgliedstaaten zur Verfügung.

(4) Die Mitgliedstaaten stellen sicher, dass die existierenden oder neu geschaffenen Stellen die vorhandenen Informations- und Unterstützungsdienste auf Unionsebene wie das Portal „Ihr Europa", SOLVIT, EURES, das Netz „Enterprise Europe Network" und die einheitlichen Kontaktstellen kennen und dass sie sie nutzen und mit ihnen zusammenarbeiten können.

(5) Werden die Aufgaben gemäß Absatz 2 mehr als einer Stelle übertragen, so gewährleisten die Mitgliedstaaten eine angemessene Koordinierung dieser Aufgaben.

Dialog

Art. 5 Die Mitgliedstaaten fördern den Dialog mit den Sozialpartnern und einschlägigen nichtstaatlichen Organisationen, die gemäß dem nationalen Recht oder nationalen Gepflogenheiten ein berechtigtes Interesse daran haben, sich an der Bekämpfung von ungerechtfertigten Einschränkungen und Behinderungen des Freizügigkeitsrechts und Diskriminierungen aus Gründen der Staatsangehörigkeit von Arbeitnehmern der Union und ihren Familienangehörigen zu beteiligen, um dem Grundsatz der Gleichbehandlung Geltung zu verschaffen.

Zugang zu und Verbreitung von Informationen

Art. 6 (1) Die Mitgliedstaaten stellen sicher, dass die Vorschriften, die gemäß dieser Richtlinie und gemäß den Artikeln 1 bis 10 der Verordnung (EU) Nr. 492/2011 erlassen wurden, in ihrem Hoheitsgebiet allen Betroffenen, insbesondere den Arbeitnehmern und Arbeitgebern der Union, in geeigneter Form bekanntgemacht werden.

(2) Die Mitgliedstaaten stellen in mehr als einer der Amtssprachen der Organe der Union Informationen zu den Freizügigkeitsrechten von Arbeitnehmern bereit, die das Unionsrecht gewährt, die verständlich, kostenlos, leicht zugänglich, umfassend und aktuell ist. Diese Informationen sollten auch über das Portal „Ihr Europa" und EURES leicht zugänglich sein.

Mindestanforderungen

Art. 7 (1) Die Mitgliedstaaten können Vorschriften erlassen oder beibehalten, die im Hinblick auf die Wahrung des Gleichbehandlungsgrundsatzes günstiger als die in dieser Richtlinie vorgesehenen Vorschriften sind.

(2) Die Mitgliedstaaten können festlegen, dass sich die Zuständigkeiten der in Artikel 4 dieser Richtlinie genannten Stellen für die Förderung, Analyse, Überwachung und Unterstützung der Gleichbehandlung der Arbeitnehmer der Union und ihrer Familienangehörigen ohne jede Diskriminierung aus Gründen der Staatsangehörigkeit auch auf das Recht aller Unionsbürger, die von ihrem Recht auf Freizügigkeit Gebrauch machen, und ihrer Familienangehörigen auf Gleichbehandlung ohne jede Diskriminierung aus Gründen der Staatsangehörigkeit gemäß Artikel 21 AEUV und der Richtlinie 2004/38/EG erstrecken.

(3) Die Durchführung dieser Richtlinie rechtfertigt in keinem Fall eine Verringerung des Schutzniveaus der Arbeitnehmer der Union und ihrer Familienangehörigen in ihrem Geltungsbereich; das Recht der Mitgliedstaaten, als Reaktion auf eine veränderte Situation Rechts- und Verwaltungsvorschriften zu erlassen, die sich von denen unterscheiden, die am 20. Mai 2014 in Kraft waren, bleibt unberührt, solange diese Richtlinie eingehalten wird.

Umsetzung

Art. 8 (1) Die Mitgliedstaaten setzen die Rechts- und Verwaltungsvorschriften in Kraft, die erforderlich sind, um dieser Richtlinie bis zum 21. Mai 2016 nachzukommen. Sie teilen der Kommission unverzüglich den Wortlaut dieser Vorschriften mit.

Wenn die Mitgliedstaaten diese Vorschriften erlassen, nehmen sie in den Vorschriften selbst oder durch einen Hinweis bei der amtlichen Veröffentlichung auf diese Richtlinie Bezug. Die Mitgliedstaaten regeln die Einzelheiten der Bezugnahme.

(2) Die Mitgliedstaaten teilen der Kommission den Wortlaut der wichtigsten Bestimmungen des nationalen Rechts mit, die sie auf dem unter diese Richtlinie fallenden Gebiet erlassen.

Bericht

Art. 9 Bis zum 21. November 2018 legt die Kommission dem Europäischen Parlament, dem Rat und dem Europäischen Wirtschafts- und Sozialausschuss einen Bericht über die Durchführung dieser Richtlinie vor und schlägt gegebenenfalls die erforderlichen Änderungen vor.

Inkrafttreten

Art. 10 Diese Richtlinie tritt am zwanzigsten

Tag nach ihrer Veröffentlichung im *Amtsblatt der Europäischen Union* in Kraft.

Adressaten
Art. 11 Diese Richtlinie ist an die Mitgliedstaaten gerichtet.

2/3. Daueraufenthalts-Richtlinie

Richtlinie 2003/109/EG des Rates betreffend die Rechtsstellung der langfristig aufenthaltsberechtigten Drittstaatsangehörigen vom 25. November 2003

(ABl. Nr. L 16 v. 23.1.2004, S. 44; geändert durch die RL 2011/51/EU, ABl. Nr. L 132 v. 19.5.2011, S. 1)

GLIEDERUNG

KAPITEL I: Allgemeine Bestimmungen
Art. 1: Gegenstand
Art. 2: Definitionen
Art. 3: Anwendungsbereich

KAPITEL II: Rechtsstellung eines langfristig Aufenthaltsberechtigten in einem Mitgliedstaat
Art. 4: Dauer des Aufenthalts
Art. 5: Bedingungen für die Zuerkennung der Rechtsstellung eines langfristig Aufenthaltsberechtigten
Art. 6: Öffentliche Ordnung und öffentliche Sicherheit
Art. 7: Erlangung der Rechtsstellung eines langfristig Aufenthaltsberechtigten
Art. 8: Langfristige Aufenthaltsberechtigung – EG
Art. 9: Entzug oder Verlust der Rechtsstellung
Art. 10: Verfahrensgarantien
Art. 11: Gleichbehandlung
Art. 12: Ausweisungsschutz
Art. 13: Günstigere nationale Bestimmungen

KAPITEL III: Aufenthalt in den anderen Mitgliedstaaten
Art. 14: Grundsatz
Art. 15: Bedingungen für den Aufenthalt in einem zweiten Mitgliedstaat
Art. 16: Familienangehörige
Art. 17: Öffentliche Ordnung und öffentliche Sicherheit
Art. 18: Öffentliche Gesundheit
Art. 19: Prüfung von Anträgen und Erteilung eines Aufenthaltstitels
Art. 19a: Änderungen von ‚langfristigen Aufenthaltsberechtigungen – EU'
Art. 20: Verfahrensgarantien
Art. 21: Im zweiten Mitgliedstaat gewährte Behandlung
Art. 22: Entzug des Aufenthaltstitels und Verpflichtung zur Rückübernahme
Art. 23: Erlangung der Rechtsstellung eines langfristig Aufenthaltsberechtigten im zweiten Mitgliedstaat

KAPITEL IV: Schlussbestimmungen
Art. 24: Bericht und Überprüfungsklausel
Art. 25: Kontaktstellen
Art. 26: Umsetzung
Art. 27: Inkrafttreten
Art. 28: Adressaten

DER RAT DER EUROPÄISCHEN UNION –
gestützt auf den Vertrag zur Gründung der Europäischen Gemeinschaft, insbesondere Artikel 63 Nummern 3 und 4,
auf Vorschlag der Kommission (ABl. C 240 E vom 28.8.2001, S. 79),
nach Stellungnahme des Europäischen Parlaments (ABl. C 284 E vom 21.11.2002, S. 102),
nach Stellungnahme des Europäischen Wirtschafts- und Sozialausschusses (ABl. C 36 vom 8.2.2002, S. 59),
nach Stellungnahme des Ausschusses der Regionen (ABl. C 19 vom 22.1.2002, S. 18),
in Erwägung nachstehender Gründe:

(1) Für den schrittweisen Aufbau eines Raums der Freiheit, der Sicherheit und des Rechts sieht der Vertrag zur Gründung der Europäischen Gemeinschaft sowohl den Erlass von Maßnahmen zur Gewährleistung des freien Personenverkehrs in Verbindung mit flankierenden Maßnahmen in Bezug auf die Kontrollen an den Außengrenzen, das Asyl und die Einwanderung als auch den Erlass von Maßnahmen in Bezug auf Asyl, Einwanderung und Schutz der Rechte von Drittstaatsangehörigen vor.

(2) Der Europäische Rat hat auf seiner Sondertagung in Tampere am 15. und 16. Oktober 1999 erklärt, dass die Rechtsstellung von Drittstaatsangehörigen an diejenige der Staatsangehörigen der Mitgliedstaaten angenähert werden sollte und einer Person, die sich während eines noch zu bestimmenden Zeitraums in einem Mitgliedstaat rechtmäßig aufgehalten hat und einen langfristigen Aufenthaltstitel besitzt, in diesem Mitgliedstaat eine Reihe einheitlicher Rechte gewährt werden sollte, die denjenigen der Unionsbürger so nah wie möglich sind.

(3) Diese Richtlinie steht im Einklang mit den Grundrechten und berücksichtigt die Grundsätze,

2/3. DaueraufenthaltsRL
Präambel

die insbesondere durch die Europäische Konvention zum Schutze der Menschenrechte und Grundfreiheiten und der Charta der Grundrechte der Europäischen Union anerkannt wurden.

(4) Die Integration von Drittstaatsangehörigen, die in den Mitgliedstaaten langfristig ansässig sind, trägt entscheidend zur Förderung des wirtschaftlichen und sozialen Zusammenhalts bei, der als eines der Hauptziele der Gemeinschaft im Vertrag angegeben ist.

(5) Die Mitgliedstaaten sollten diese Richtlinie ohne Diskriminierung aufgrund des Geschlechts, der Rasse, der Hautfarbe, der ethnischen oder sozialen Herkunft, der genetischen Merkmale, der Sprache, der Religion oder der Weltanschauung, der politischen oder sonstigen Meinung, der Zugehörigkeit zu einer nationalen Minderheit, des Vermögens, der Geburt, einer Behinderung, des Alters oder der sexuellen Ausrichtung durchführen.

(6) Die Dauer des Aufenthalts im Hoheitsgebiet eines Mitgliedstaats sollte das Hauptkriterium für die Erlangung der Rechtsstellung eines langfristig Aufenthaltsberechtigten sein. Der Aufenthalt sollte rechtmäßig und ununterbrochen sein, um die Verwurzlung der betreffenden Person im Land zu belegen. Eine gewisse Flexibilität sollte vorgesehen werden, damit Umstände berücksichtigt werden können, die eine Person veranlassen können, das Land zeitweilig zu verlassen.

(7) Um die Rechtsstellung eines langfristig Aufenthaltsberechtigten zu erlangen, sollten Drittstaatsangehörige ausreichende Einkünfte und einen Krankenversicherungsschutz nachweisen, damit sie keine Last für den betreffenden Mitgliedstaat werden. Bei der Beurteilung der Frage, ob der Drittstaatsangehörige über feste und regelmäßige Einkünfte verfügt, können die Mitgliedstaaten Faktoren wie die Entrichtung von Beiträgen in ein Alterssicherungssystem und die Erfüllung der steuerlichen Verpflichtungen berücksichtigen.

(8) Darüber hinaus sollten Drittstaatsangehörige, die die Rechtsstellung eines langfristig Aufenthaltsberechtigten erlangen und behalten möchten, keine Gefahr für die öffentliche Sicherheit und Ordnung darstellen. Der Begriff der öffentlichen Ordnung kann die Verurteilung wegen der Begehung einer schwerwiegenden Straftat umfassen.

(9) Wirtschaftliche Erwägungen sollten nicht als Grund dafür herangezogen werden, die Zuerkennung der Rechtsstellung eines langfristig Aufenthaltsberechtigten zu versagen, und dürfen nicht so aufgefasst werden, dass sie die entsprechenden Bedingungen berühren.

(10) Für die Prüfung des Antrags auf Gewährung der Rechtsstellung eines langfristig Aufenthaltsberechtigten sollte ein System von Verfahrensregeln festgelegt werden. Diese Verfahren sollten effizient und angemessen sein, wobei die normale Arbeitsbelastung der mitgliedstaatlichen Verwaltungen zu berücksichtigen sind; sie sollten auch transparent und gerecht sein, um den betreffenden Personen angemessene Rechtssicherheit zu bieten. Sie sollten nicht dazu eingesetzt werden, um die betreffenden Personen in der Ausübung ihres Aufenthaltsrechts zu behindern.

(11) Die Erlangung der Rechtsstellung eines langfristig Aufenthaltsberechtigten sollte durch einen Aufenthaltstitel bescheinigt werden, mit dem die betreffende Person ohne weiteres und unverzüglich ihre Rechtsstellung nachweisen kann. Solche Aufenthaltstitel sollten auch strengen technischen Normen, insbesondere hinsichtlich der Fälschungssicherheit, genügen, um Missbräuchen in dem Mitgliedstaat, in dem diese Rechtsstellung erlangt wurde, und in den Mitgliedstaaten, in denen das Aufenthaltsrecht ausgeübt wird, vorzubeugen.

(12) Um ein echtes Instrument zur Integration von langfristig Aufenthaltsberechtigten in die Gesellschaft, in der sie leben, darzustellen, sollten langfristig Aufenthaltsberechtigte nach Maßgabe der entsprechenden, in dieser Richtlinie festgelegten Bedingungen, in vielen wirtschaftlichen und sozialen Bereichen wie die Bürger des Mitgliedstaats behandelt werden.

(13) Hinsichtlich der Sozialhilfe ist die Möglichkeit, die Leistungen für langfristig Aufenthaltsberechtigte auf Kernleistungen zu beschränken, so zu verstehen, dass dieser Begriff zumindest ein Mindesteinkommen sowie Unterstützung bei Krankheit, bei Schwangerschaft, bei Elternschaft und bei Langzeitpflege erfasst. Die Modalitäten der Gewährung dieser Leistungen sollten durch das nationale Recht bestimmt werden.

(14) Die Mitgliedstaaten sollten verpflichtet bleiben, minderjährigen Kindern in ähnlicher Weise wie ihren eigenen Staatsangehörigen den Zugang zum Bildungssystem zu gestatten.

(15) Das Konzept der Stipendien und Ausbildungsbeihilfen im Bereich der Berufsbildung umfasst keine im Rahmen von Sozialhilferegelungen finanzierten Maßnahmen. Außerdem kann der Zugang zu Stipendien und Ausbildungsbeihilfen davon abhängen, dass die Person, die solche Stipendien und Ausbildungsbeihilfen beantragt, die Voraussetzungen für die Erlangung der Rechtsstellung eines langfristig Aufenthaltsberechtigten selbst erfüllt. Bei der Gewährung von Stipendien und Ausbildungsbeihilfen können die Mitgliedstaaten den Umstand berücksichtigen, dass die Unionsbürger in ihrem Herkunftsland denselben Vorteil in Anspruch nehmen können.

(16) Langfristig Aufenthaltsberechtigte sollten verstärkten Ausweisungsschutz genießen. Dieser Schutz orientiert sich an den Kriterien, die der Europäische Gerichtshof für Menschenrechte in seiner Rechtsprechung entwickelt hat. Um den Ausweisungsschutz sicherzustellen, sollten die Mitgliedstaaten wirksamen Rechtsschutz vorsehen.

(17) Die Harmonisierung der Bedingungen für die Erlangung der Rechtsstellung eines langfristig Aufenthaltsberechtigten fördert das gegenseitige Vertrauen der Mitgliedstaaten. In einigen Mitgliedstaaten sind die Bedingungen für die Erteilung dauerhafter oder unbefristeter Aufenthaltstitel günstiger als die in dieser Richtlinie festgelegten Bedingungen. Die Möglichkeit, günstigere natio-

nale Bestimmungen anzuwenden, wird von dem Vertrag nicht ausgeschlossen. Dennoch sollte für die Zwecke dieser Richtlinie vorgesehen werden, dass Aufenthaltstitel, für deren Erteilung günstigere Bedingungen gelten, nicht das Recht auf Aufenthalt in anderen Mitgliedstaaten begründen.

(18) Die Festlegung der Bedingungen, unter denen Drittstaatsangehörige, die langfristig Aufenthaltsberechtigte sind, das Recht erlangen, sich in einem anderen Mitgliedstaat aufzuhalten, trägt dazu bei, dass der Binnenmarkt als Raum, in dem Freizügigkeit für jedermann gewährleistet ist, Realität wird. Es könnte auch einen wesentlichen Mobilitätsfaktor darstellen, insbesondere auf dem Arbeitsmarkt der Union.

(19) Es sollte vorgesehen werden, dass das Recht, sich in einem anderen Mitgliedstaat aufzuhalten, ausgeübt werden kann, um eine unselbstständige oder selbstständige Erwerbstätigkeit auszuüben, ein Studium zu absolvieren oder auch ohne eine wirtschaftliche Tätigkeit auszuüben.

(20) Familienangehörige sollten auch das Recht haben, sich mit dem langfristig Aufenthaltsberechtigten in einem anderen Mitgliedstaat niederzulassen, um die familiäre Lebensgemeinschaft zu wahren und den langfristig Aufenthaltsberechtigten nicht in der Ausübung seines Aufenthaltsrechts zu behindern. Im Zusammenhang mit Familienmitgliedern, denen gestattet werden kann, den langfristig Aufenthaltsberechtigten zu begleiten oder ihm nachzureisen, sollten die Mitgliedstaaten der Lage von erwachsenen Kindern mit Behinderungen und unterhaltsberechtigten Verwandten in gerader aufsteigender Linie ersten Grades besondere Beachtung schenken.

(21) Der Mitgliedstaat, in dem der langfristig Aufenthaltsberechtigte sein Aufenthaltsrecht ausüben möchte, sollte überprüfen können, ob diese Person die Voraussetzungen erfüllt, um sich in seinem Hoheitsgebiet aufzuhalten. Er sollte sich auch vergewissern können, dass die betreffende Person keine Gefahr für die öffentliche Ordnung, die öffentliche Sicherheit oder die öffentliche Gesundheit darstellt.

(22) Langfristig Aufenthaltsberechtigte sollten, damit ihr Recht auf Aufenthalt nicht ohne Wirkung bleibt, nach Maßgabe dieser Richtlinie in dem zweiten Mitgliedstaat die gleiche Behandlung genießen, die sie auch in dem Mitgliedstaat genießen, der ihnen die Rechtsstellung des langfristig Aufenthaltsberechtigten gewährt hat. Die Gewährung von Sozialhilfeleistungen erfolgt unbeschadet der Möglichkeit der Mitgliepdstaaten, den Aufenthaltstitel zu entziehen, wenn die betreffende Person die Anforderungen dieser Richtlinie nicht mehr erfüllt.

(23) Drittstaatsangehörigen sollte die Möglichkeit eingeräumt werden, die Rechtsstellung eines langfristig Aufenthaltsberechtigten in dem Mitgliedstaat, in den sie umgezogen sind und in dem sie sich niederlassen wollen, unter Bedingungen zu erwerben, die denen für den Erwerb in dem ersten Mitgliedstaat vergleichbar sind.

(24) Da die Ziele der beabsichtigten Maßnahme, nämlich die Festlegung der Bedingungen für die Gewährung und den Entzug der Rechtsstellung des langfristig Aufenthaltsberechtigten, sowie der damit verbunden Rechte und die Festlegung der Bedingungen für die Ausübung des Rechts des langfristig Aufenthaltsberechtigten auf Aufenthalt in anderen Mitgliedstaaten auf Ebene der Mitgliedstaaten nicht ausreichend erreicht werden können und daher wegen des Umfangs und der Wirkungen der Maßnahme besser auf Gemeinschaftsebene zu erreichen sind, kann die Gemeinschaft im Einklang mit dem in Artikel 5 des Vertrags niedergelegten Subsidiaritätsprinzip tätig werden. Entsprechend dem in demselben Artikel genannten Verhältnismäßigkeitsprinzip geht diese Richtlinie nicht über das für die Erreichung dieser Ziele erforderliche Maß hinaus.

(25) Gemäß den Artikeln 1 und 2 und unbeschadet des Artikels 4 des dem Vertrag über die Europäische Union und dem Vertrag zur Gründung der Europäischen Gemeinschaft beigefügten Protokolls über die Position des Vereinigten Königreichs und Irlands beteiligen sich diese Mitgliedstaaten nicht an der Annahme dieser Richtlinie, die für diese Mitgliedstaaten nicht bindend oder anwendbar ist.

(26) Gemäß den Artikeln 1 und 2 des dem Vertrag über die Europäische Union und dem Vertrag zur Gründung der Europäischen Gemeinschaft beigefügten Protokolls über die Position Dänemarks beteiligt sich Dänemark nicht an der Annahme dieser Richtlinie, die für Dänemark nicht bindend oder anwendbar ist –

HAT FOLGENDE RICHTLINIE ERLASSEN:

KAPITEL I
Allgemeine Bestimmungen

Gegenstand

Art. 1 Ziel dieser Richtlinie ist die Festlegung
a) der Bedingungen, unter denen ein Mitgliedstaat einem Drittstaatsangehörigen, der sich rechtmäßig in seinem Hoheitsgebiet aufhält, die Rechtsstellung eines langfristig Aufenthaltsberechtigten erteilen oder entziehen kann, sowie der mit dieser Rechtsstellung verbundenen Rechte und
b) der Bedingungen für den Aufenthalt eines Drittstaatsangehörigen, der die Rechtsstellung eines langfristig Aufenthaltsberechtigten besitzt, in einem anderen Mitgliedstaat als demjenigen, der ihm diese Rechtsstellung zuerkannt hat.

Definitionen

Art. 2 Im Sinne dieser Richtlinie bezeichnet der Ausdruck
a) „Drittstaatsangehöriger" jede Person, die nicht Unionsbürger im Sinne des Artikels 17 Absatz 1 des Vertrags ist;
b) „langfristig Aufenthaltsberechtigter" jeden Drittstaatsangehörigen, der die Rechtsstellung

eines langfristig Aufenthaltsberechtigten im Sinne der Artikel 4 bis 7 besitzt;
c) „erster Mitgliedstaat" den Mitgliedstaat, der einem Drittstaatsangehörigen erstmals die Rechtsstellung eines langfristig Aufenthaltsberechtigten zuerkannt hat;
d) „zweiter Mitgliedstaat" einen anderen Mitgliedstaat als den, der einem Drittstaatsangehörigen erstmals die Rechtsstellung eines langfristig Aufenthaltsberechtigten zuerkannt hat, und in dem dieser langfristig Aufenthaltsberechtigte sein Aufenthaltsrecht ausübt;
e) „Familienangehöriger" den Drittstaatsangehörigen, der sich in dem betreffenden Mitgliedstaat gemäß der Richtlinie 2003/86/EG des Rates vom 22. September 2003 betreffend das Recht auf Familienzusammenführung (ABl. L 251 vom 3.10.2003, S. 12) aufhält;
f) „internationaler Schutz" den internationalen Schutz im Sinne von Artikel 2 Buchstabe a der Richtlinie 2004/83/EG des Rates vom 29. April 2004 über Mindestnormen für die Anerkennung und den Status von Drittstaatsangehörigen oder Staatenlosen als Flüchtlinge oder als Personen, die anderweitig internationalen Schutz benötigen, und über den Inhalt des zu gewährenden Schutzes (ABl. L 304 vom 30.9.2004, S. 12

(lit. f geändert durch RL 2011/51/EU)
g) „langfristige Aufenthaltsberechtigung – EG" den Aufenthaltstitel, der bei der Erlangung der Rechtsstellung eines langfristig Aufenthaltsberechtigten von dem betreffenden Mitgliedstaat ausgestellt wird.

Anwendungsbereich
Art. 3 (1) Diese Richtlinie findet auf Drittstaatsangehörige Anwendung, die sich rechtmäßig im Hoheitsgebiet eines Mitgliedstaats aufhalten.

(2) Diese Richtlinie findet keine Anwendung auf Drittstaatsangehörige,
a) die sich zwecks Studiums oder Berufsausbildung aufhalten;
b) denen zwecks vorübergehenden Schutzes der Aufenthalt in einem Mitgliedstaat genehmigt wurde oder die aus diesem Grund um eine Aufenthaltsgenehmigung nachgesucht haben und über deren Rechtsstellung noch nicht entschieden ist;
c) denen der Aufenthalt in einem Mitgliedstaat aufgrund einer anderen Form des Schutzes als jenem des internationalen Schutzes genehmigt wurde oder die aus diesem Grund um die Genehmigung des Aufenthalts nachgesucht haben und über deren Rechtsstellung noch nicht entschieden ist;

(lit. c geändert durch RL 2011/51/EU)
d) die internationalen Schutz beantragt haben und über deren Antrag noch nicht abschließend entschieden ist;

(lit. d geändert durch RL 2011/51/EU)
e) die sich ausschließlich vorübergehend wie etwa als Au-pair oder Saisonarbeitnehmer, als von einem Dienstleistungserbringer im Rahmen der grenzüberschreitenden Erbringung von Dienstleistungen entsendete Arbeitnehmer oder als Erbringer grenzüberschreitender Dienstleistungen aufhalten oder deren Aufenthaltsgenehmigung förmlich begrenzt wurde;
f) deren Rechtsstellung durch das Wiener Übereinkommen von 1961 über diplomatische Beziehungen, das Wiener Übereinkommen von 1963 über konsularische Beziehungen, das Übereinkommen von 1969 über Sondermissionen oder die Wiener Konvention von 1975 über die Vertretung der Staaten in ihren Beziehungen zu internationalen Organisationen universellen Charakters geregelt ist.

(3) Diese Richtlinie findet Anwendung vorbehaltlich günstigerer Bestimmungen
a) der bilateralen und multilateralen Übereinkünfte zwischen der Gemeinschaft oder der Gemeinschaft und ihren Mitgliedstaaten einerseits und Drittländern andererseits;
b) der vor Inkrafttreten dieser Richtlinie zwischen einem Mitgliedstaat und einem Drittland abgeschlossenen bilateralen Übereinkünfte;
c) des Europäischen Niederlassungsabkommens vom 13. Dezember 1955, der Europäischen Sozialcharta vom 18. Oktober 1961, der geänderten Europäischen Sozialcharta vom 3. Mai 1987, des Europäischen Übereinkommens über die Rechtsstellung der Wanderarbeitnehmer vom 24. November 1977, des Paragrafen 11 des Anhangs zur Flüchtlingskonvention vom 28. Juli 1951 in der geänderten Fassung des am 31. Januar 1967 in New York unterzeichneten Protokolls, und des Europäischen Übereinkommens über den Übergang der Verantwortung für Flüchtlinge vom 16. Oktober 1980.

(lit. c geändert durch RL 2011/51/EU)

KAPITEL II
Rechtsstellung eines langfristig Aufenthaltsberechtigten in einem Mitgliedstaat
Dauer des Aufenthalts
Art. 4 (1) Die Mitgliedstaaten erteilen Drittstaatsangehörigen, die sich unmittelbar vor der Stellung des entsprechenden Antrags fünf Jahre lang ununterbrochen rechtmäßig in ihrem Hoheitsgebiet aufgehalten haben, die Rechtsstellung eines langfristig Aufenthaltsberechtigten.

(1a) Die Mitgliedstaaten erteilen Personen die Rechtsstellung von langfristig Aufenthaltsberechtigten auf Grundlage des internationalen Schutzes nicht, wenn der internationale Schutz gemäß Artikel 14 Absatz 3 bzw. Artikel 19 Absatz 3 der Richtlinie 2004/83/EG aberkannt, beendet oder seine Verlängerung abgelehnt wurde.

(Abs. 1a eingefügt durch RL 2011/51/EU)

(2) In die Berechnung des Zeitraums gemäß Absatz 1 fließen die Zeiten nicht ein, in denen sich der Drittstaatsangehörige aus den in Artikel 3 Absatz 2 Buchstaben e) und f) genannten Gründen im betreffenden Mitgliedstaat aufgehalten hat.

In den in Artikel 3 Absatz 2 Buchstabe a) genannten Fällen, in denen dem betreffenden Drittstaatsangehörigen ein Aufenthaltstitel gewährt wurde, auf dessen Grundlage ihm die Rechtsstellung eines langfristig Aufenthaltsberechtigten zuerkannt werden kann, fließen die Zeiten, in denen er sich zwecks Studiums oder Berufsausbildung in dem Mitgliedstaat aufgehalten hat, nur zur Hälfte in die Berechnung des Zeitraums gemäß Absatz 1 ein.

Im Falle von Personen, denen internationaler Schutz gewährt wurde, wird mindestens die Hälfte des Zeitraums zwischen dem Tag der Einreichung des Antrags, aufgrund dessen dieser internationale Schutz gewährt wurde, und dem Tag der Ausstellung des Aufenthaltstitels gemäß Artikel 24 der Richtlinie 2004/83/EG, oder der gesamte Zeitraum, wenn dieser 18 Monate übersteigt, in die Berechnung des Zeitraums gemäß Absatz 1 einbezogen.

(letzter Unterabsatz angefügt durch RL 2011/51/EU)

(3) Zeiten, in denen der Drittstaatsangehörige sich nicht im Hoheitsgebiet des Mitgliedstaats aufgehalten hat, unterbrechen die Dauer des Zeitraums gemäß Absatz 1 nicht und fließen nicht in die Berechnung dieses Aufenthalts ein, wenn sie sechs aufeinander folgende Monate nicht überschreiten und innerhalb des Zeitraums gemäß Absatz 1 insgesamt zehn Monate nicht überschreiten.

Liegen spezifische Gründe oder zeitlich begrenzte Ausnahmesituationen vor, so können die Mitgliedstaaten gemäß ihrem nationalen Recht vorsehen, dass längere als die in Unterabsatz 1 genannten Zeiten, in denen der Drittstaatsangehörige sich nicht in ihrem Hoheitsgebiet aufgehalten hat, die Dauer des Zeitraums gemäß Absatz 1 nicht unterbrechen. In diesen Fällen berücksichtigen die Mitgliedstaaten die Zeiten, in denen der Drittstaatsangehörige sich nicht in ihrem Hoheitsgebiet aufgehalten hat, nicht bei der Berechnung der Gesamtdauer des Zeitraums gemäß Absatz 1.

Abweichend von Unterabsatz 2 können die Mitgliedstaaten Zeiten, in denen der Drittstaatsangehörige sich im Zusammenhang mit einer Entsendung aus beruflichen Gründen, einschließlich im Rahmen einer grenzüberschreitenden Erbringung von Dienstleistungen, nicht in ihrem Hoheitsgebiet aufgehalten hat, in die Berechnung des Zeitraums gemäß Absatz 1 einfließen lassen.

Bedingungen für die Zuerkennung der Rechtsstellung eines langfristig Aufenthaltsberechtigten

Art. 5 (1) Die Mitgliedstaaten verlangen vom Drittstaatsangehörigen den Nachweis, dass er für sich und seine unterhaltsberechtigten Familienangehörigen über Folgendes verfügt:

a) feste und regelmäßige Einkünfte, die ohne Inanspruchnahme der Sozialhilfeleistungen des betreffenden Mitgliedstaats für seinen eigenen Lebensunterhalt und den seiner Familienangehörigen ausreichen. Die Mitgliedstaaten beurteilen diese Einkünfte anhand ihrer Art und Regelmäßigkeit und können die Höhe der Mindestlöhne und -renten beim Antrag auf Erteilung der Rechtsstellung eines langfristig Aufenthaltsberechtigten berücksichtigen;

b) eine Krankenversicherung, die im betreffenden Mitgliedstaat sämtliche Risiken abdeckt, die in der Regel auch für die eigenen Staatsangehörigen abgedeckt sind.

(2) Die Mitgliedstaaten können von Drittstaatsangehörigen verlangen, dass sie die Integrationsanforderungen gemäß dem nationalen Recht erfüllen.

Öffentliche Ordnung und öffentliche Sicherheit

Art. 6 (1) Die Mitgliedstaaten können die Rechtsstellung eines langfristig Aufenthaltsberechtigten aus Gründen der öffentlichen Ordnung oder der öffentlichen Sicherheit versagen.

Trifft ein Mitgliedstaat eine entsprechende Entscheidung, so berücksichtigt er die Schwere oder die Art des Verstoßes gegen die öffentliche Ordnung oder die öffentliche Sicherheit oder die von der betreffenden Person ausgehende Gefahr, wobei er auch der Dauer des Aufenthalts und dem Bestehen von Bindungen im Aufenthaltsstaat angemessen Rechnung trägt.

(2) Die Versagungsentscheidung nach Absatz 1 darf nicht aus wirtschaftlichen Gründen getroffen werden.

Erlangung der Rechtsstellung eines langfristig Aufenthaltsberechtigten

Art. 7 (1) Um die Rechtsstellung eines langfristig Aufenthaltsberechtigten zu erlangen, reicht der Drittstaatsangehörige bei den zuständigen Behörden des Mitgliedstaats, in dem er sich aufhält, einen Antrag ein. Dem Antrag sind vom nationalen Recht zu bestimmende Unterlagen beizufügen, aus denen hervorgeht, dass er die Voraussetzungen der Artikel 4 und 5 erfüllt, sowie erforderlichenfalls ein gültiges Reisedokument oder eine beglaubigte Abschrift davon.

Die Nachweise nach Unterabsatz 1 können auch Unterlagen in Bezug auf ausreichenden Wohnraum einschließen.

(2) Die zuständigen nationalen Behörden teilen dem Antragsteller ihre Entscheidung unverzüglich, spätestens aber sechs Monate nach Einreichung des Antrags schriftlich mit. Die Entscheidung wird dem Drittstaatsangehörigen nach den Verfahren der entsprechenden nationalen Rechtsvorschriften mitgeteilt.

In Ausnahmefällen kann aufgrund der Schwierigkeit der Antragsprüfung die in Unterabsatz 1 genannte Frist verlängert werden.

Außerdem ist die betreffende Person über ihre Rechte und Pflichten aus dieser Richtlinie zu belehren.

Ist bei Ablauf der in dieser Bestimmung vorgesehenen Frist noch keine Entscheidung ergangen, so richten sich etwaige Folgen nach dem nationalen Recht des betreffenden Mitgliedstaats.

(3) Liegen die Voraussetzungen der Artikel 4 und 5 vor und stellt die Person keine Gefahr im Sinne des Artikels 6 dar, so erkennt der Mitgliedstaat dem Drittstaatsangehörigen die Rechtsstellung eines langfristig Aufenthaltsberechtigten zu.

Langfristige Aufenthaltsberechtigung – EG

Art. 8 (1) Vorbehaltlich des Artikels 9 ist die Rechtsstellung eines langfristig Aufenthaltsberechtigten dauerhaft.

(2) Die Mitgliedstaaten stellen langfristig Aufenthaltsberechtigten eine „langfristige Aufenthaltsberechtigung – EG" aus. Dieser Aufenthaltstitel ist mindestens fünf Jahre gültig und wird – erforderlichenfalls auf Antrag – ohne weiteres verlängert.

(3) Eine langfristige Aufenthaltsberechtigung – EG kann in Form eines Aufklebers oder eines besonderen Dokuments ausgestellt werden. Sie wird nach Maßgabe der Verordnung (EG) Nr. 1030/2002 des Rates vom 13. Juni 2002 zur einheitlichen Gestaltung des Aufenthaltstitels für Drittstaatsangehörige (ABl. L 157 vom 15.6.2002, S. 1) ausgestellt. Im Eintragungsfeld „Art des Aufenthaltstitels" fügen die Mitgliedstaaten die Bezeichnung „Daueraufenthalt – EG" ein.

(4) Stellt ein Mitgliedstaat einem Drittstaatsangehörigen, dem er internationalen Schutz gewährt hat, eine ‚langfristige Aufenthaltsberechtigung – EU' aus, so muss das Eintragungsfeld ‚Anmerkungen' dieser langfristigen Aufenthaltsberechtigung – EU den folgenden Hinweis enthalten: ‚Durch [Name des Mitgliedstaats] am [Datum] internationaler Schutz gewährt'.

(5) Stellt ein zweiter Mitgliedstaat einem Drittstaatsangehörigen, der bereits über eine von einem anderen Mitgliedstaat ausgestellte ‚langfristige Aufenthaltsberechtigung – EU' verfügt, welche den in Absatz 4 genannten Hinweis enthält, ebenfalls eine ‚langfristige Aufenthaltsberechtigung – EU' aus, so trägt der zweite Mitgliedstaat in die ‚langfristige Aufenthaltsberechtigung – EU' denselben Hinweis ein.

Vor der Eintragung des in Absatz 4 genannten Hinweises ersucht der zweite Mitgliedstaat den in diesem Hinweis genannten Mitgliedstaat um Auskunft darüber, ob der langfristig Aufenthaltsberechtigte noch internationalen Schutz genießt. Der in dem Hinweis genannte Mitgliedstaat antwortet innerhalb eines Monats ab Eingang des Auskunftsersuchens. Wurde der internationale Schutz durch eine rechtskräftige Entscheidung aberkannt, so trägt der zweite Mitgliedstaat den Hinweis nicht ein.

(6) Ist die Verantwortung für den internationalen Schutz des langfristig Aufenthaltsberechtigten nach Maßgabe der einschlägigen internationalen Instrumente oder des nationalen Rechts auf den zweiten Mitgliedstaat übergegangen, nachdem die in Absatz 5 genannte ‚langfristige Aufenthaltsberechtigung – EU' ausgestellt wurde, so ändert der zweite Mitgliedstaat innerhalb von drei Monaten ab Übergang den Hinweis nach Absatz 4 entsprechend.

(Abs. 4 bis 6 durch RL 2011/51/EU angefügt)

Entzug oder Verlust der Rechtsstellung

Art. 9 (1) Ein Drittstaatsangehöriger ist nicht mehr berechtigt, die Rechtsstellung eines langfristig Aufenthaltsberechtigten zu behalten, wenn
a) er die Rechtsstellung des langfristig Aufenthaltsberechtigten nachweislich auf täuschende Art und Weise erlangt hat;
b) eine Ausweisung nach Maßgabe des Artikels 12 verfügt worden ist;
c) er sich während eines Zeitraums von 12 aufeinander folgenden Monaten nicht im Gebiet der Gemeinschaft aufgehalten hat.

(2) Abweichend von Absatz 1 Buchstabe c) können die Mitgliedstaaten vorsehen, dass eine Abwesenheit von mehr als 12 aufeinander folgenden Monaten oder eine Abwesenheit aus spezifischen Gründen oder in Ausnahmesituationen nicht den Entzug oder den Verlust der Rechtsstellung bewirken.

(3) Die Mitgliedstaaten können vorsehen, dass ein Drittstaatsangehöriger die Rechtsstellung eines langfristig Aufenthaltsberechtigten verliert, wenn er in Anbetracht der Schwere der von ihm begangenen Straftaten eine Bedrohung für die öffentliche Ordnung darstellt, ohne dass diese Bedrohung eine Ausweisung im Sinne von Artikel 12 rechtfertigt.

(3a) Die Mitgliedstaaten können einem Drittstaatsangehörigen die Rechtsstellung eines langfristig Aufenthaltsberechtigten im Falle der Aberkennung, Beendigung oder Nichtverlängerung des internationalen Schutzes gemäß Artikel 14 Absatz 3 bzw. Artikel 19 Absatz 3 der Richtlinie 2004/83/EG entziehen, wenn die Rechtsstellung eines langfristig Aufenthaltsberechtigten aufgrund internationalen Schutzes erworben wurde.

(Abs. 3a durch RL 2011/51/EU eingefügt)

(4) Ein Drittstaatsangehöriger, der sich gemäß Kapitel III in einem anderen Mitgliedstaat aufgehalten hat, verliert die in dem ersten Mitgliedstaat erworbene Rechtsstellung eines langfristig Aufenthaltsberechtigten, wenn ihm diese Rechtsstellung in einem anderen Mitgliedstaat gemäß Artikel 23 zuerkannt wird.

Auf jeden Fall verliert die betreffende Person, die sich sechs Jahre lang nicht im Hoheitsgebiet des Mitgliedstaats aufgehalten hat, der ihr die Rechtsstellung eines langfristig Aufenthaltsberechtigten zuerkannt hat, in diesem Mitgliedstaat die Rechtsstellung eines langfristig Aufenthaltsberechtigten.

Abweichend von Unterabsatz 2 kann der betreffende Mitgliedstaat vorsehen, dass der langfristig Aufenthaltsberechtigte aus besonderen Gründen seine Rechtsstellung in diesem Mitgliedstaat behält, wenn der Zeitraum, in dem er sich nicht im Hoheitsgebiet des Mitgliedstaats aufgehalten hat, sechs Jahre überschreitet.

(5) Im Hinblick auf die Fälle des Absatzes 1 Buchstabe c) und des Absatzes 4 führen die Mitgliedstaaten, die die Rechtsstellung eines langfristig Aufenthaltsberechtigten zuerkannt haben, ein vereinfachtes Verfahren für die Wiedererlangung der Rechtsstellung eines langfristig Aufenthaltsberechtigten ein.

Dieses Verfahren gilt insbesondere für Fälle, in denen sich Personen in einem zweiten Mitgliedstaat zum Studium aufgehalten haben.

Die Voraussetzungen und das Verfahren für die Wiedererlangung der Rechtsstellung eines langfristig Aufenthaltsberechtigten bestimmen sich nach dem nationalen Recht.

(6) Das Ablaufen einer langfristigen Aufenthaltsberechtigung – EG hat auf keinen Fall den Entzug oder den Verlust der Rechtsstellung eines langfristig Aufenthaltsberechtigten zur Folge.

(7) Führt der Entzug oder der Verlust der Rechtsstellung eines langfristig Aufenthaltsberechtigten nicht zu einer Rückführung, so gestattet der Mitgliedstaat der betreffenden Person, in seinem Hoheitsgebiet zu verbleiben, sofern sie die in seinen nationalen Rechtsvorschriften vorgesehenen Bedingungen erfüllt und/oder keine Gefahr für die öffentliche Ordnung oder die öffentliche Sicherheit darstellt.

Verfahrensgarantien

Art. 10 (1) Die Entscheidung, die Rechtsstellung eines langfristig Aufenthaltsberechtigten zu versagen oder zu entziehen, ist zu begründen. Jede Entscheidung wird dem betreffenden Drittstaatsangehörigen nach den Verfahren der entsprechenden nationalen Rechtsvorschriften mitgeteilt. In dieser Mitteilung ist auf die möglichen Rechtsbehelfe und die entsprechenden Fristen hinzuweisen.

(2) Wird ein Antrag auf Erteilung der Rechtsstellung eines langfristig Aufenthaltsberechtigten zurückgewiesen, diese Rechtsstellung entzogen oder der Aufenthaltstitel nicht verlängert, so kann die betreffende Person in dem betreffenden Mitgliedstaat Rechtsbehelfe einlegen.

Gleichbehandlung

Art. 11 (1) Langfristig Aufenthaltsberechtigte werden auf folgenden Gebieten wie eigene Staatsangehörige behandelt:

a) Zugang zu einer unselbstständigen oder selbstständigen Erwerbstätigkeit, wenn diese nicht, auch nicht zeitweise, mit der Ausübung öffentlicher Gewalt verbunden ist, sowie Beschäftigungs- und Arbeitsbedingungen, einschließlich Entlassungsbedingungen und Arbeitsentgelt;

b) allgemeine und berufliche Bildung, einschließlich Stipendien und Ausbildungsbeihilfen gemäß dem nationalen Recht;

c) Anerkennung der berufsqualifizierenden Diplome, Prüfungszeugnisse und sonstiger Befähigungsnachweise gemäß den einschlägigen nationalen Verfahren;

d) soziale Sicherheit, Sozialhilfe und Sozialschutz im Sinn des nationalen Rechts;

e) steuerliche Vergünstigungen;

f) Zugang zu Waren und Dienstleistungen sowie zur Lieferung von Waren und Erbringung von Dienstleistungen für die Öffentlichkeit und zu Verfahren für den Erhalt von Wohnraum;

g) Vereinigungsfreiheit sowie Mitgliedschaft und Betätigung in einer Gewerkschaft, einem Arbeitgeberverband oder einer sonstigen Organisation, deren Mitglieder einer bestimmten Berufsgruppe angehören, sowie Inanspruchnahme der von solchen Organisationen angebotenen Leistungen, unbeschadet der nationalen Bestimmungen über die öffentliche Ordnung und die öffentliche Sicherheit;

h) freier Zugang zum gesamten Hoheitsgebiet des betreffenden Mitgliedstaats innerhalb der in den nationalen Rechtsvorschriften aus Gründen der Sicherheit vorgesehenen Grenzen.

(2) In Bezug auf Absatz 1 Buchstaben b), d), e), f) und g) kann der betreffende Mitgliedstaat die Gleichbehandlung auf die Fälle beschränken, in denen der Wohnsitz oder der gewöhnliche Aufenthaltsort des langfristig Aufenthaltsberechtigten oder seiner Familienangehörigen, für die er Leistungen beansprucht, im Hoheitsgebiet des betreffenden Mitgliedstaats liegt.

(3) Die Mitgliedstaaten können die Gleichbehandlung mit eigenen Staatsangehörigen in folgenden Fällen einschränken:

a) Die Mitgliedstaaten können die Zugangsbeschränkungen zu unselbstständigen und selbstständigen Erwerbstätigkeiten, die gemäß den bestehenden nationalen oder gemeinschaftlichen Rechtsvorschriften eigenen Staatsangehörigen und Unions- oder EWR-Bürgern vorbehalten sind, beibehalten;

b) die Mitgliedstaaten können verlangen, dass erforderliche Sprachkenntnisse für den Zugang zur allgemeinen und beruflichen Bildung nachgewiesen werden. Der Hochschulzugang kann von der Erfüllung besonderer Bildungsvoraussetzungen abhängig gemacht werden.

(4) Die Mitgliedstaaten können die Gleichbehandlung bei Sozialhilfe und Sozialschutz auf die Kernleistungen beschränken.

(4a) Für den Mitgliedstaat, der den internationalen Schutz gewährt hat, gelten die Absätze 3 und 4 unbeschadet der Richtlinie 2004/83/EG.

(Abs. 4a durch RL 2011/51/EU eingefügt)

(5) Die Mitgliedstaaten können beschließen, Zugang zu zusätzlichen Leistungen in den in Absatz 1 genannten Bereichen zu gewähren.

Die Mitgliedstaaten können ferner beschließen, Gleichbehandlung in Bezug auf Bereiche zu gewähren, die nicht in Absatz 1 genannt sind.

Ausweisungsschutz

Art. 12 (1) Die Mitgliedstaaten können nur dann gegen einen langfristig Aufenthaltsberechtigten eine Ausweisung verfügen, wenn er eine gegenwärtige, hinreichend schwere Gefahr für die öffentliche Ordnung oder die öffentliche Sicherheit darstellt.

(2) Die Verfügung nach Absatz 1 darf nicht auf wirtschaftlichen Überlegungen beruhen.

(3) Bevor sie gegen einen langfristig Aufenthaltsberechtigten eine Ausweisung verfügen, berücksichtigen die Mitgliedstaaten Folgendes:
a) Dauer des Aufenthalts in ihrem Hoheitsgebiet,
b) Alter der betreffenden Person,
c) Folgen für die betreffende Person und ihre Familienangehörigen,
d) Bindungen zum Aufenthaltsstaat oder fehlende Bindungen zum Herkunftsstaat.

(3a) Verfügt ein Mitgliedstaat die Ausweisung eines langfristig Aufenthaltsberechtigten, dessen ‚langfristige Aufenthaltsberechtigung – EU' den in Artikel 8 Absatz 4 genannten Hinweis enthält, so ersucht er den in diesem Hinweis genannten Mitgliedstaat, Auskunft darüber zu erteilen, ob die betreffende Person dort weiterhin internationalen Schutz genießt. Der in dem Hinweis genannte Mitgliedstaat antwortet innerhalb eines Monats ab Eingang des Auskunftsersuchens.

(3b) Genießt der langfristig Aufenthaltsberechtigte in dem in dem Hinweis genannten Mitgliedstaat weiterhin internationalen Schutz, so wird diese Person in diesen Mitgliedstaat ausgewiesen; dieser Mitgliedstaat nimmt die geschützte Person und ihre Familienangehörigen unbeschadet des geltenden Unionsrechts oder nationalen Rechts und des Grundsatzes der Einheit der Familie ohne weitere Formalitäten unverzüglich wieder auf.

(3c) Abweichend von Absatz 3b hat der Mitgliedstaat, der die Ausweisung eines langfristig Aufenthaltsberechtigten verfügt hat, weiterhin das Recht, den langfristig Aufenthaltsberechtigten in ein anderes Land als den Mitgliedstaat, der ihm den internationalen Schutz zuerkannt hat, gemäß seinen völkerrechtlichen Verpflichtungen abzuschieben, wenn diese Person die Voraussetzungen des Artikels 21 Absatz 2 der Richtlinie 2004/83/EG erfüllt.

(Abs. 3a bis 3c durch RL 2011/51/EU eingefügt)

(4) Wurde eine Ausweisung verfügt, so steht dem langfristig Aufenthaltsberechtigten in dem betreffenden Mitgliedstaat der Rechtsweg offen.

(5) Langfristig Aufenthaltsberechtigten, die nicht über ausreichende Einkünfte verfügen, wird unter den gleichen Voraussetzungen wie Staatsangehörigen des Mitgliedstaats, in dem sie sich aufhalten, Prozesskostenhilfe bewilligt.

(6) Artikel 21 Absatz 1 der Richtlinie 2004/83/EG bleibt hiervon unberührt.

(Abs. 6 durch RL 2011/51/EU angefügt)

Günstigere nationale Bestimmungen

Art. 13 Die Mitgliedstaaten können für die Ausstellung dauerhafter oder unbefristeter Aufenthaltstitel günstigere Voraussetzungen als diejenigen dieser Richtlinie vorsehen. Diese Aufenthaltstitel begründen nicht das Recht auf Aufenthalt in anderen Mitgliedstaaten gemäß Kapitel III.

KAPITEL III
Aufenthalt in den anderen Mitgliedstaaten

Grundsatz

Art. 14 (1) Ein langfristig Aufenthaltsberechtigter erwirbt das Recht, sich länger als drei Monate im Hoheitsgebiet anderer Mitgliedstaaten als desjenigen, der ihm die Rechtsstellung eines langfristig Aufenthaltsberechtigten zuerkannt hat, aufzuhalten, sofern die in diesem Kapitel festgelegten Bedingungen erfüllt sind.

(2) Ein langfristig Aufenthaltsberechtigter kann sich aus folgenden Gründen in einem zweiten Mitgliedstaat aufhalten:
a) Ausübung einer unselbstständigen oder selbstständigen Erwerbstätigkeit,
b) Absolvierung eines Studiums oder einer Berufsausbildung,
c) für sonstige Zwecke.

(3) In Fällen der Ausübung einer unselbstständigen oder selbstständigen Erwerbstätigkeit nach Absatz 2 Buchstabe a) können die Mitgliedstaaten eine Arbeitsmarktprüfung durchführen, und hinsichtlich der Anforderungen für die Besetzung einer freien Stelle bzw. hinsichtlich der Ausübung einer solchen Tätigkeit ihre nationalen Verfahren anwenden.

Aus Gründen der Arbeitsmarktpolitik können die Mitgliedstaaten Unionsbürger, Drittstaatsangehörige, wenn dies im Gemeinschaftsrecht vorgesehen ist, sowie Drittstaatsangehörige, die sich rechtmäßig in dem betreffenden Mitgliedstaat aufhalten und dort Arbeitslosenunterstützung erhalten, vorrangig berücksichtigen.

(4) Abweichend von Absatz 1 können die Mitgliedstaaten die Gesamtzahl der Personen, denen ein Aufenthaltsrecht gewährt werden kann, begrenzen, sofern solche Begrenzungen bei Annahme dieser Richtlinie bereits in den geltenden Rechtsvorschriften vorgesehen sind.

(5) Dieses Kapitel betrifft nicht den Aufenthalt im Hoheitsgebiet der Mitgliedstaaten von langfristig Aufenthaltsberechtigten, die
a) von einem Dienstleistungserbringer im Rahmen einer grenzüberschreitenden Dienstleistungserbringung entsendet sind;
b) Erbringer grenzüberschreitender Dienstleistungen sind.

Die Mitgliedstaaten können im Einklang mit dem nationalen Recht festlegen, unter welchen Bedingungen langfristig Aufenthaltsberechtigte, die sich zur Ausübung einer Erwerbstätigkeit als Saisonarbeitnehmer in einen anderen Mitgliedstaaten begeben möchten, in jenem Mitgliedstaat aufhalten dürfen. Auch auf Grenzarbeitnehmer können besondere Bestimmungen des nationalen Rechts angewandt werden.

(6) Dieses Kapitel gilt unbeschadet der einschlägigen gemeinschaftlichen Rechtsvorschriften im Bereich der sozialen Sicherheit in Bezug auf Drittstaatsangehörige.

Bedingungen für den Aufenthalt in einem zweiten Mitgliedstaat

Art. 15 (1) Der langfristig Aufenthaltsberechtigte beantragt unverzüglich, spätestens jedoch drei Monate nach seiner Einreise in den zweiten Mitgliedstaat, einen Aufenthaltstitel bei den zuständigen Behörden jenes Mitgliedstaats.

Die Mitgliedstaaten können akzeptieren, dass der langfristig Aufenthaltsberechtigte den Antrag auf Erteilung eines Aufenthaltstitels noch während seines Aufenthalts im Hoheitsgebiet des ersten Mitgliedstaats bei den zuständigen Behörden des zweiten Mitgliedstaats einreicht.

(2) Die Mitgliedstaaten können von den betreffenden Personen verlangen, Folgendes nachzuweisen:
a) feste und regelmäßige Einkünfte, die ohne Inanspruchnahme der Sozialhilfeleistungen des betreffenden Mitgliedstaats für ihren eigenen Lebensunterhalt und den ihrer Familienangehörigen ausreichen. Für jede der in Artikel 14 Absatz 2 genannten Kategorien beurteilen die Mitgliedstaaten sämtliche Einkünfte anhand ihrer Art und Regelmäßigkeit und können die Höhe der Mindestlöhne und -renten berücksichtigen;
b) eine Krankenversicherung, die im zweiten Mitgliedstaat sämtliche Risiken abdeckt, die in der Regel auch für die eigenen Staatsangehörigen im betreffenden Mitgliedstaat abgedeckt sind.

(3) Die Mitgliedstaaten können gemäß dem nationalen Recht von Drittstaatsangehörigen verlangen, dass sie Integrationsmaßnahmen nachkommen müssen.

Diese Bedingung gilt nicht, wenn die betreffenden Drittstaatsangehörigen gemäß Artikel 5 Absatz 2 Integrationsanforderungen erfüllen mussten, um die Rechtsstellung eines langfristig Aufenthaltsberechtigten zu erlangen.

Unbeschadet des Unterabsatzes 2 kann von den betreffenden Personen die Teilnahme an Sprachkursen verlangt werden.

(4) Dem Antrag sind vom nationalen Recht zu bestimmende Unterlagen, aus denen hervorgeht, dass die betreffenden Personen die einschlägigen Bedingungen erfüllen beizufügen, sowie ihre langfristige Aufenthaltsberechtigung und ein gültiges Reisedokument oder beglaubigte Abschriften davon.

Die Nachweise nach Unterabsatz 1 können auch Unterlagen in Bezug auf ausreichenden Wohnraum einschließen.

Insbesondere kann der zweite Mitgliedstaat von den betreffenden Personen verlangen, Folgendes nachzuweisen:
a) Im Fall der Ausübung einer Erwerbstätigkeit,
i) sofern sie einer unselbstständigen Erwerbstätigkeit nachgehen, dass sie im Besitz eines Beschäftigungsvertrags, einer Einstellungserklärung des Arbeitgebers oder eines Beschäftigungsvertragsangebots gemäß den im nationalen Recht vorgesehenen Bedingungen sind. Die Mitgliedstaaten legen fest, welche der genannten Arten von Nachweisen erbracht werden müssen;
ii) sofern sie einer selbstständigen Erwerbstätigkeit nachgehen, dass sie über angemessene Mittel verfügen, die gemäß dem nationalen Recht für die Ausübung einer derartigen Erwerbstätigkeit vorgeschrieben sind, wobei die erforderlichen Unterlagen und Genehmigungen vorzulegen sind;
b) im Fall eines Studiums oder einer Berufsausbildung, dass sie zu Studien- oder Berufsbildungszwecken in einer zugelassenen Einrichtung eingeschrieben sind.

Familienangehörige

Art. 16 (1) Übt der langfristig Aufenthaltsberechtigte sein Aufenthaltsrecht in einem zweiten Mitgliedstaat aus und bestand die Familie bereits im ersten Mitgliedstaat, so wird den Angehörigen seiner Familie, die die Bedingungen des Artikels 4 Absatz 1 der Richtlinie 2003/86/EG*) erfüllen, gestattet, den langfristig Aufenthaltsberechtigten zu begleiten oder ihm nachzureisen.

*) RL 2003/86/EG des Rates betreffend das Recht auf Familienzusammenführung vom 22. 9. 2003, ABl. Nr. L 251 v. 3.10.2003, S. 12.

(2) Übt der langfristig Aufenthaltsberechtigte sein Aufenthaltsrecht in einem zweiten Mitgliedstaat aus und bestand die Familie bereits im ersten Mitgliedstaat, so kann den Angehörigen seiner Familie, die nicht als Familienangehörige im Sinne von Artikel 4 Absatz 1 der Richtlinie 2003/86/EG*) gelten, gestattet werden, den langfristig Aufenthaltsberechtigten zu begleiten oder ihm nachzureisen.

*) RL 2003/86/EG des Rates betreffend das Recht auf Familienzusammenführung vom 22. 9. 2003, ABl. Nr. L 251 v. 3.10.2003, S. 12.

(3) Für die Stellung des Antrags auf Erteilung eines Aufenthaltstitels gelten die Bestimmungen des Artikels 15 Absatz 1.

(4) Der zweite Mitgliedstaat kann von den Familienangehörigen des langfristig Aufenthaltsberechtigten verlangen, ihrem Antrag auf Erteilung eines Aufenthaltstitels Folgendes beizufügen:
a) ihre langfristige Aufenthaltsberechtigung – EG oder ihren Aufenthaltstitel und ein gültiges Reisedokument oder beglaubigte Abschriften davon;
b) den Nachweis, dass sie sich als Familienangehörige des langfristig Aufenthaltsberechtigten im ersten Mitgliedstaat aufgehalten haben;

c) den Nachweis, dass sie über feste und regelmäßige Einkünfte, die ohne Inanspruchnahme der Sozialhilfeleistungen des betreffenden Mitgliedstaats für ihren eigenen Lebensunterhalt ausreichen, sowie über eine Krankenversicherung verfügen, die im zweiten Mitgliedstaat sämtliche Risiken abdeckt, oder den Nachweis, dass der langfristig Aufenthaltsberechtigte für sie über solche Einkünfte und eine solche Versicherung verfügt. Die Mitgliedstaaten beurteilen diese Einkünfte anhand ihrer Art und Regelmäßigkeit und können die Höhe der Mindestlöhne und -renten berücksichtigen.

(5) Bestand die Familie noch nicht im ersten Mitgliedstaat, so findet die Richtlinie 2003/86/EG*) Anwendung.

*) RL 2003/86/EG des Rates betreffend das Recht auf Familienzusammenführung vom 22.9.2003, ABl. Nr. L 251 v. 3.10.2003, S. 12.

Öffentliche Ordnung und öffentliche Sicherheit

Art. 17 (1) Die Mitgliedstaaten können einem langfristig Aufenthaltsberechtigten oder seinen Familienangehörigen den Aufenthalt versagen, wenn die betreffende Person eine Gefahr für die öffentliche Ordnung oder die öffentliche Sicherheit darstellt.

Trifft ein Mitgliedstaat eine entsprechende Entscheidung, so berücksichtigt er die Schwere oder die Art des von dem langfristig Aufenthaltsberechtigten oder seinem bzw. seinen Familienangehörigen begangenen Verstoßes gegen die öffentliche Ordnung oder die öffentliche Sicherheit bzw. die von der betreffenden Person ausgehende Gefahr.

(2) Die Entscheidung nach Absatz 1 darf nicht aus wirtschaftlichen Gründen getroffen werden.

Öffentliche Gesundheit

Art. 18 (1) Die Mitgliedstaaten können einem langfristig Aufenthaltsberechtigten oder seinen Familienangehörigen den Aufenthalt versagen, wenn die betreffende Person eine Gefahr für die öffentliche Gesundheit darstellt.

(2) Als Krankheiten, die die Versagung der Einreise oder des Aufenthalts im Hoheitsgebiet eines zweiten Mitgliedstaats rechtfertigen, gelten nur die in den einschlägigen anwendbaren Regeln und Vorschriften der Weltgesundheitsorganisation definierten Krankheiten oder sonstige übertragbare, durch Infektionserreger oder Parasiten verursachte Krankheiten, sofern im Aufnahmestaat Maßnahmen zum Schutz der eigenen Staatsangehörigen gegen diese Krankheiten getroffen werden. Die Mitgliedstaaten dürfen keine neuen restriktiveren Bestimmungen oder Maßnahmen einführen.

(3) Das Auftreten von Krankheiten nach Ausstellung des ersten Aufenthaltstitels im zweiten Mitgliedstaat kann die Verweigerung einer Verlängerung des Aufenthaltstitels oder die Ausweisung aus dem Hoheitsgebiet nicht rechtfertigen.

(4) Die Mitgliedstaaten können für die in den Anwendungsbereich dieser Richtlinie fallenden Personen eine ärztliche Untersuchung verlangen, um feststellen zu lassen, dass sie nicht an einer Krankheit im Sinne des Absatzes 2 leiden. Diese ärztlichen Untersuchungen, die kostenlos durchgeführt werden können, dürfen nicht systematisch durchgeführt werden.

Prüfung von Anträgen und Erteilung eines Aufenthaltstitels

Art. 19 (1) Die zuständigen nationalen Behörden bearbeiten die Anträge innerhalb von vier Monaten nach ihrer Einreichung. Sind dem Antrag die Unterlagen gemäß den Artikeln 15 und 16 nicht beigefügt oder in außergewöhnlichen Fällen, die mit der Schwierigkeit der Prüfung des Antrags zusammenhängen, kann die in Unterabsatz 1 genannte Frist um höchstens drei Monate verlängert werden. In diesen Fällen teilen die zuständigen nationalen Behörden dies dem Antragsteller mit.

(2) Sind die Voraussetzungen der Artikel 14, 15 und 16 erfüllt, so stellt der zweite Mitgliedstaat – vorbehaltlich der Bestimmungen der Artikel 17 und 18 über die öffentliche Ordnung, die öffentliche Sicherheit und die öffentliche Gesundheit – dem langfristig Aufenthaltsberechtigten einen verlängerbaren Aufenthaltstitel aus. Dieser Aufenthaltstitel kann – erforderlichenfalls auf Antrag – bei Ablauf verlängert werden. Der zweite Mitgliedstaat teilt dem ersten Mitgliedstaat seine Entscheidung mit.

(3) Der zweite Mitgliedstaat erteilt den Familienangehörigen des langfristig Aufenthaltsberechtigten verlängerbare Aufenthaltstitel mit der gleichen Gültigkeitsdauer wie der Aufenthaltstitel, der dem langfristig Aufenthaltsberechtigten erteilt wurde.

Änderungen von ‚langfristigen Aufenthaltsberechtigungen – EU'

Art. 19a (1) Enthält eine ‚langfristige Aufenthaltsberechtigung – EU' den in Artikel 8 Absatz 4 genannten Hinweis und ist die Verantwortung für den internationalen Schutz des langfristig Aufenthaltsberechtigten nach Maßgabe der einschlägigen internationalen Instrumente oder des nationalen Rechts an einen zweiten Mitgliedstaat übergegangen, bevor dieser Mitgliedstaat die ‚langfristige Aufenthaltsberechtigung – EU' nach Artikel 8 Absatz 5 ausstellt, so ersucht der zweite Mitgliedstaat den Mitgliedstaat, der die ‚langfristige Aufenthaltsberechtigung – EU' ausgestellt hat, diesen Hinweis entsprechend zu ändern.

(2) Wird einem langfristig Aufenthaltsberechtigten in dem zweiten Mitgliedstaat internationaler Schutz gewährt, bevor dieser Mitgliedstaat die ‚langfristige Aufenthaltsberechtigung – EU' gemäß Artikel 8 Absatz 5 ausstellt, so ersucht dieser Mitgliedstaat den Mitgliedstaat, der die ‚langfristige Aufenthaltsberechtigung – EU' ausgestellt hat, diese dahingehend zu ändern, dass der in Artikel 8 Absatz 4 genannte Hinweis darin aufgenommen wird.

2/3. DaueraufenthaltsRL
Art. 19a – 22

(3) Der Mitgliedstaat, der die ‚langfristige Aufenthaltsberechtigung – EU' ausgestellt hat, stellt die geänderte ‚langfristige Aufenthaltsberechtigung – EU' innerhalb von drei Monaten nach Eingang des in den Absätzen 1 und 2 genannten Ersuchens des zweiten Mitgliedstaats aus.
(Art. 19a durch RL 2011/51/EU eingefügt)

Verfahrensgarantien

Art. 20 (1) Die Entscheidung, einen Aufenthaltstitel zu versagen, ist zu begründen. Sie wird dem betreffenden Drittstaatsangehörigen nach den Verfahren der entsprechenden nationalen Rechtsvorschriften mitgeteilt. In dieser Mitteilung ist auf die möglichen Rechtsbehelfe und die entsprechenden Fristen hinzuweisen.

Ist bei Ablauf der Frist nach Artikel 19 Absatz 1 noch keine Entscheidung ergangen, so bestimmen sich etwaige Folgen nach dem nationalen Recht des betreffenden Mitgliedstaats.

(2) Wird ein Antrag auf einen Aufenthaltstitel zurückgewiesen oder der Aufenthaltstitel nicht verlängert oder entzogen, so kann die betreffende Person in dem betreffenden Mitgliedstaat Rechtsbehelfe einlegen.

Im zweiten Mitgliedstaat gewährte Behandlung

Art. 21 (1) Sobald die langfristig Aufenthaltsberechtigten im zweiten Mitgliedstaat den Aufenthaltstitel gemäß Artikel 19 erhalten haben, wird ihnen in diesem Mitgliedstaat Gleichbehandlung in den Bereichen und unter den Bedingungen des Artikels 11 gewährt.

(2) Langfristig Aufenthaltsberechtigte haben gemäß Absatz 1 Zugang zum Arbeitsmarkt. Die Mitgliedstaaten können für die in Artikel 14 Absatz 2 Buchstabe a) genannten Personen den im nationalen Recht vorgesehenen Bedingungen für einen Zeitraum von höchstens 12 Monaten beschränkten Zugang zu anderen unselbständigen Erwerbstätigkeiten als denjenigen, für die ihnen ihr Aufenthaltstitel gewährt wurde, vorsehen.

Die Mitgliedstaaten können gemäß dem nationalen Recht festlegen, unter welchen Bedingungen die in Artikel 14 Absatz 2 Buchstaben b) und c) genannten Personen Zugang zu einer unselbständigen oder selbstständigen Erwerbstätigkeit haben können.

(3) Sobald die Familienangehörigen des langfristig Aufenthaltsberechtigten im zweiten Mitgliedstaat den Aufenthaltstitel gemäß Artikel 19 erhalten haben, genießen sie in diesem Mitgliedstaat die in Artikel 14 der Richtlinie 2003/86/EG genannten Rechte.

Entzug des Aufenthaltstitels und Verpflichtung zur Rückübernahme

Art. 22 (1) Bis der Drittstaatsangehörige die Rechtsstellung eines langfristig Aufenthaltsberechtigten erlangt hat, kann der zweite Mitgliedstaat die Verlängerung des Aufenthaltstitels versagen oder den Aufenthaltstitel entziehen und die betreffende Person und ihre Familienangehörigen gemäß den Verfahren des nationalen Rechts einschließlich der Rückführungsverfahren zur Ausreise aus seinem Hoheitsgebiet verpflichten, wenn

a) Gründe der öffentlichen Ordnung oder der öffentlichen Sicherheit im Sinne des Artikels 17 vorliegen;

b) die Voraussetzungen der Artikel 14, 15 und 16 nicht mehr vorliegen;

c) sich der Drittstaatsangehörige unrechtmäßig im Hoheitsgebiet des betreffenden Mitgliedstaats aufhält.

(2) Trifft der zweite Mitgliedstaat eine der Maßnahmen nach Absatz 1, so nimmt der erste Mitgliedstaat den langfristig Aufenthaltsberechtigten und seine Familienangehörigen unverzüglich und ohne Formalitäten zurück. Der zweite Mitgliedstaat teilt dem ersten Mitgliedstaat seine Entscheidung mit.

(3) Bis der Drittstaatsangehörige die Rechtsstellung eines langfristig Aufenthaltsberechtigten erlangt hat, kann der zweite Mitgliedstaat unbeschadet der Verpflichtung zur Rückübernahme nach Absatz 2 aus schwerwiegenden Gründen der öffentlichen Ordnung oder der öffentlichen Sicherheit die Rückführung des Drittstaatsangehörigen aus dem Gebiet der Union und unter Beachtung der Garantien des Artikels 12 verfügen.

In diesen Fällen konsultiert der zweite Mitgliedstaat beim Erlass dieser Verfügung den ersten Mitgliedstaat.

Fasst der zweite Mitgliedstaat einen Beschluss zur Rückführung des betreffenden Drittstaatsangehörigen, so trifft er alle geeigneten Maßnahmen, um den Beschluss tatsächlich durchzuführen. In diesen Fällen übermittelt der zweite Mitgliedstaat dem ersten Mitgliedstaat geeignete Informationen bezüglich der Durchführung des Rückführungsbeschlusses.

(3a) Sofern der internationale Schutz der langfristig aufenthaltsberechtigten Person nicht zwischenzeitlich aberkannt wurde oder sie nicht unter eine der Kategorien nach Artikel 21 Absatz 2 der Richtlinie 2004/83/EG fällt, gilt Absatz 3 dieses Artikels nicht für Drittstaatsangehörige, deren vom ersten Mitgliedstaat ausgestellte ‚langfristige Aufenthaltsberechtigung – EU' den in Artikel 8 Absatz 4 dieser Richtlinie genannten Hinweis enthält.

Die Bestimmungen des Artikels 21 Absatz 1 der Richtlinie 2004/83/EG bleiben hiervon unberührt.
(Abs. 3a eingefügt durch RL 2011/51/EU)

(4) In den in Absatz 1 Buchstaben b) und c) genannten Fällen darf die Entscheidung über die Rückführung nicht mit einem dauerhaften Aufenthaltsverbot verbunden werden.

(5) Die in Absatz 2 genannte Verpflichtung zur Rückübernahme lässt die Möglichkeit unberührt, dass sich der langfristig Aufenthaltsberechtigte und seine Familienangehörigen in einen dritten Mitgliedstaat begeben.

Erlangung der Rechtsstellung eines langfristig Aufenthaltsberechtigten im zweiten Mitgliedstaat

Art. 23 (1) Vorbehaltlich der Artikel 3, 4, 5 und 6 erkennt der zweite Mitgliedstaat einem langfristig Aufenthaltsberechtigten auf Antrag die Rechtsstellung nach Artikel 7 zu. Der zweite Mitgliedstaat teilt dem ersten Mitgliedstaat seine Entscheidung mit.

(2) Auf die Einreichung und die Prüfung des Antrags auf Zuerkennung der Rechtsstellung eines langfristig Aufenthaltsberechtigten im zweiten Mitgliedstaat findet das Verfahren des Artikels 7 Anwendung. Die Ausstellung des Aufenthaltstitels erfolgt nach Maßgabe des Artikels 8. Wird der Antrag abgelehnt, so finden die Verfahrensgarantien des Artikels 10 Anwendung.

KAPITEL IV
Schlussbestimmungen

Bericht und Überprüfungsklausel

Art. 24 Die Kommission erstattet dem Europäischen Parlament und dem Rat regelmäßig und zum ersten Mal spätestens am 23. Januar 2011 Bericht über die Anwendung dieser Richtlinie in den Mitgliedstaaten und schlägt gegebenenfalls die erforderlichen Änderungen vor. Diese Änderungsvorschläge betreffen vorzugsweise die Artikel 4, 5, 9 und 11 sowie das Kapitel III.

Kontaktstellen

Art. 25 (1) Die Mitgliedstaaten benennen Kontaktstellen, die für die Entgegennahme und Übermittlung der Auskünfte und Unterlagen nach den Artikeln 8, 12, 19, 19a, 22 und 23 zuständig sind.

(Art. 25 Abs. 1 geändert durch RL 2011/51/EU)

(2) Die Mitgliedstaaten sorgen für die erforderliche Zusammenarbeit bei dem Austausch von Informationen und Dokumentation im Sinne des Absatzes 1.

Umsetzung

Art. 26 Die Mitgliedstaaten setzen die Rechts- und Verwaltungsvorschriften in Kraft, die erforderlich sind, um dieser Richtlinie spätestens ab dem 23. Januar 2006 nachzukommen. Sie setzen die Kommission unverzüglich davon in Kenntnis.*)

---

*) Änderungen und Ergänzungen durch die RL 2011/51/EU sind bis 20. Mai 2013 von den Mitgliedstaaten umzusetzen. Die Mitgliedstaaten haben der Kommission den Wortlaut der wichtigsten innerstaatlichen Vorschriften mitzuteilen, die sie auf dem unter diese RL fallenden Gebiet erlassen (Art. 2 der RL 2011/51/EU).

Wenn die Mitgliedstaaten diese Vorschriften erlassen, nehmen sie in den Vorschriften selbst oder durch einen Hinweis bei der amtlichen Veröffentlichung auf diese Richtlinie Bezug. Die Mitgliedstaaten regeln die Einzelheiten der Bezugnahme.

Inkrafttreten

Art. 27 Diese Richtlinie tritt am Tag ihrer Veröffentlichung im *Amtsblatt der Europäischen Union* in Kraft.

Adressaten

Art. 28 Diese Richtlinie ist gemäß dem Vertrag zur Gründung der Europäischen Gemeinschaft an die Mitgliedstaaten gerichtet.

2/4. RL Familienzusammenführung

Präambel

2/4. Richtlinie über das Recht auf Familienzusammenführung

FamilienzusfRL

Richtlinie 2003/86/EG des Rates betreffend das Recht auf Familienzusammenführung vom 22. September 2003

(ABl. Nr. L 251 v. 22.9.2003, S. 12)

GLIEDERUNG

KAPITEL I: Allgemeine Bestimmungen
Art. 1–3

KAPITEL II: Familienangehörige
Art. 4

KAPITEL III: Antragstellung und -prüfung
Art. 5

KAPITEL IV: Voraussetzungen für die Ausübung des Rechts auf Familienzusammenführung
Art. 6–8

KAPITEL V: Familienzusammenführung von Flüchtlingen
Art. 9–12

KAPITEL VI: Einreise und Aufenthalt der Familienangehörigen
Art. 13–15

KAPITEL VII: Sanktionen und Rechtsmittel
Art. 16–18

KAPITEL VIII: Schlussbestimmungen
Art. 19–22

DER RAT DER EUROPÄISCHEN UNION –
gestützt auf den Vertrag zur Gründung der Europäischen Gemeinschaft, insbesondere auf Artikel 63 Nummer 3 Buchstabe a),
auf Vorschlag der Kommission (ABl. C 116 E vom 26.4.2000, S. 66 und ABl. C 62 E vom 27.2.2001, S. 99),
nach Stellungnahme des Europäischen Parlaments (ABl. C 135 vom 7.5.2001, S. 174),
nach Stellungnahme des Europäischen Wirtschafts- und Sozialausschusses (ABl. C 204 vom 18.7.2000, S. 40),
nach Stellungnahme des Ausschusses der Regionen (ABl. C 73 vom 26.3.2003, S. 16),
in Erwägung nachstehender Gründe:

(1) Für den schrittweisen Aufbau eines Raums der Freiheit, der Sicherheit und des Rechts sieht der Vertrag zur Gründung der Europäischen Gemeinschaft sowohl den Erlass von Maßnahmen zur Gewährleistung des freien Personenverkehrs in Verbindung mit flankierenden Maßnahmen in Bezug auf die Kontrollen an den Außengrenzen, das Asyl und die Einwanderung als auch den Erlass von Maßnahmen in Bezug auf Asyl, Einwanderung und Schutz der Rechte von Drittstaatsangehörigen vor.

(2) Maßnahmen zur Familienzusammenführung sollten in Übereinstimmung mit der Verpflichtung zum Schutz der Familie und zur Achtung des Familienlebens getroffen werden, die in zahlreichen Instrumenten des Völkerrechts verankert ist. Diese Richtlinie steht im Einklang mit den Grundrechten und berücksichtigt die Grundsätze, die insbesondere in Artikel 8 der Europäischen Konvention zum Schutz der Menschenrechte und Grundfreiheiten und der Charta der Grundrechte der Europäischen Union anerkannt wurden.

(3) Der Europäische Rat hat auf seiner Sondertagung in Tampere am 15. und 16. Oktober 1999 die Notwendigkeit anerkannt, die nationalen Rechtsvorschriften über die Bedingungen für die Zulassung und den Aufenthalt von Drittstaatsangehörigen zu harmonisieren. Er hat in diesem Zusammenhang insbesondere erklärt, dass die Europäische Union eine gerechte Behandlung von Drittstaatsangehörigen, die sich rechtmäßig im Hoheitsgebiet der Mitgliedstaaten aufhalten, sicherstellen sollte und dass eine energischere Integrationspolitik darauf ausgerichtet sein sollte, ihnen Rechte und Pflichten zuzuerkennen, die denen der Unionsbürger vergleichbar sind. Der Europäische Rat hat den Rat deshalb ersucht, auf der Grundlage von Vorschlägen der Kommission zügig entsprechende Beschlüsse zu fassen. Die Notwendigkeit, die Ziele, die in Tampere festgelegt wurden, zu erreichen, wurde von dem Europäischen Rat in Laeken am 14. und 15. Dezember 2001 bestätigt.

(4) Die Familienzusammenführung ist eine notwendige Voraussetzung dafür, dass ein Familienleben möglich ist. Sie trägt zur Schaffung soziokultureller Stabilität bei, die die Integration Drittstaatsangehöriger in dem Mitgliedstaat erleichtert; dadurch wird auch der wirtschaftliche und soziale Zusammenhalt gefördert, der als grundlegendes Ziel der Gemeinschaft im Vertrag aufgeführt wird.

(5) Die Mitgliedstaaten sollten diese Richtlinie ohne Diskriminierung aufgrund des Geschlechts, der Rasse, der Hautfarbe, der ethnischen oder sozialen Herkunft, der genetischen Merkmale, der Sprache, der Religion oder der Weltanschauung, der politischen oder sonstigen Meinung, der Zu-

2/4. RL Familienzusammenführung
Präambel, Art. 1

gehörigkeit zu einer nationalen Minderheit, des Vermögens, der Geburt, einer Behinderung, des Alters oder der sexuellen Ausrichtung durchführen.

(6) Zum Schutz der Familie und zur Wahrung oder Herstellung des Familienlebens sollten die materiellen Voraussetzungen für die Wahrnehmung des Rechts auf Familienzusammenführung nach gemeinsamen Kriterien bestimmt werden.

(7) Die Mitgliedstaaten sollten diese Richtlinie auch dann anwenden können, wenn die Familie gemeinsam einreist.

(8) Der Lage von Flüchtlingen sollte wegen der Gründe, die sie zur Flucht gezwungen haben und sie daran hindern, ein normales Familienleben zu führen, besondere Aufmerksamkeit geschenkt werden. Deshalb sollten günstigere Bedingungen für die Ausübung ihres Rechts auf Familienzusammenführung vorgesehen werden.

(9) Die Familienzusammenführung sollte auf jeden Fall für die Mitglieder der Kernfamilie, d. h. den Ehegatten und die minderjährigen Kinder gelten.

(10) Es ist Sache der Mitgliedstaaten zu entscheiden, ob sie die Familienzusammenführung von Verwandten in gerader aufsteigender Linie, volljährigen unverheirateten Kindern, nicht ehelichen Lebenspartnern oder eingetragenen Lebenspartnerschaften, sowie im Falle einer Mehrehe, der minderjährigen Kinder des weiteren Ehegatten und des Zusammenführenden zulassen möchten. Gestattet ein Mitgliedstaat die Zusammenführung dieser Personen, so gilt dies im Falle von Mitgliedstaaten, die das Bestehen familiärer Bindungen in den von dieser Bestimmung erfassten Fällen nicht anerkennen, unbeschadet der Möglichkeit, diesen Personen hinsichtlich des Rechts, sich in einem anderen Mitgliedstaat aufzuhalten, die Behandlung von Familienangehörigen im Sinne des einschlägigen Gemeinschaftsrechts zu versagen.

(11) Die Wahrnehmung des Rechts auf Familienzusammenführung sollte unter der erforderlichen Achtung der von den Mitgliedstaaten anerkannten Werte und Grundsätze, insbesondere der Rechte von Frauen und Kindern erfolgen. Diese Achtung rechtfertigt ein restriktives Vorgehen bei Anträgen auf Familienzusammenführung im Falle von Mehrehen.

(12) Mit der Möglichkeit, das Recht auf Familienzusammenführung bei Kindern über 12 Jahre, die ihren Hauptwohnsitz nicht bei dem Zusammenführenden haben, einzuschränken, soll der Integrationsfähigkeit der Kinder in den ersten Lebensjahren Rechnung getragen und gewährleistet werden, dass sie die erforderliche Allgemeinbildung und Sprachkenntnisse in der Schule erwerben.

(13) Es sollten Verfahrensregeln für die Prüfung von Anträgen auf Familienzusammenführung sowie für die Einreise und den Aufenthalt von Familienangehörigen festgelegt werden. Diese Verfahren sollten effizient und angemessen sein, wobei die normale Arbeitsbelastung der Mitgliedstaaten zu berücksichtigen ist, sowie transparent sein und den Betroffenen eine angemessene Rechtssicherheit bieten.

(14) Die Familienzusammenführung kann aus besonderen Gründen abgelehnt werden. Darüber hinaus sollte die Person, die die Familienzusammenführung erreichen möchte, keine Gefahr für die öffentliche Sicherheit und Ordnung darstellen. Der Begriff der öffentlichen Ordnung kann die Verurteilung wegen der Begehung einer schwerwiegenden Straftat umfassen. Das Konzept der öffentlichen Ordnung und der öffentlichen Sicherheit deckt auch Fälle ab, in denen ein Drittstaatsangehöriger einer Vereinigung angehört, die den internationalen Terrorismus unterstützt, eine solche Vereinigung unterstützt oder extremistische Bestrebungen hat.

(15) Die Integration von Familienangehörigen sollte gefördert werden. Dazu sollte ihnen eine von dem Zusammenführenden unabhängige Rechtsstellung zuerkannt werden, insbesondere in Fällen, in denen Ehen und Partnerschaften zerbrechen, sowie gleichermaßen wie dem Zusammenführenden Zugang zur allgemeinen und beruflichen Bildung sowie zur Beschäftigung nach den einschlägigen Bedingungen gewährt werden.

(16) Da die Ziele der beabsichtigten Maßnahme, nämlich die Begründung eines Rechts auf Familienzusammenführung für Drittstaatsangehörige, das nach gemeinsamen Modalitäten ausgeübt wird, auf Ebene der Mitgliedstaaten nicht ausreichend erreicht werden können und daher wegen des Umfangs und der Wirkungen der Maßnahme besser auf Gemeinschaftsebene zu erreichen sind, kann die Gemeinschaft im Einklang mit dem in Artikel 5 des Vertrags niedergelegten Subsidiaritätsprinzip tätig werden. Entsprechend dem in demselben Artikel genannten Verhältnismäßigkeitsprinzip geht diese Richtlinie nicht über das für die Erreichung dieser Ziele erforderliche Maß hinaus.

(17) Gemäß den Artikeln 1 und 2 und unbeschadet des Artikels 4 des dem Vertrag über die Europäische Union und dem Vertrag zur Gründung der Europäischen Gemeinschaft beigefügten Protokolls über die Position des Vereinigten Königreichs und Irlands beteiligen sich diese Mitgliedstaaten nicht an der Annahme dieser Verordnung, die für diese Mitgliedstaaten nicht bindend oder anwendbar ist.

(18) Gemäß den Artikeln 1 und 2 des dem Vertrag über die Europäische Union und dem Vertrag zur Gründung der Europäischen Gemeinschaft beigefügten Protokolls über die Position Dänemarks beteiligt sich Dänemark nicht an der Annahme dieser Verordnung, die für Dänemark nicht bindend oder anwendbar ist –

HAT FOLGENDE RICHTLINIE ERLASSEN:

KAPITEL I
Allgemeine Bestimmungen

Art. 1 Ziel dieser Richtlinie ist die Festlegung der Bedingungen für die Ausübung des Rechts auf Familienzusammenführung durch Drittstaatsangehörige, die sich rechtmäßig im Gebiet der Mitgliedstaaten aufhalten.

2/4. RL Familienzusammenführung
Art. 2 – 4

Art. 2 Im Sinne dieser Richtlinie bezeichnet der Ausdruck
a) „Drittstaatsangehöriger" jede Person, die nicht Unionsbürger im Sinne von Artikel 17 Absatz 1 des Vertrags ist;
b) „Flüchtling" jeden Drittstaatsangehörigen oder Staatenlosen, dem die Flüchtlingseigenschaft im Sinne des Genfer Abkommens über die Rechtsstellung der Flüchtlinge vom 28. Juli 1951 in der durch das New Yorker Protokoll vom 31. Januar 1967 geänderten Fassung zuerkannt wurde;
c) „Zusammenführender" den sich rechtmäßig in einem Mitgliedstaat aufhaltenden Drittstaatsangehörigen, der oder dessen Familienangehörige einen Antrag auf Familienzusammenführung mit ihm stellt bzw. stellen;
d) „Familienzusammenführung" die Einreise und den Aufenthalt von Familienangehörigen eines sich rechtmäßig in einem Mitgliedstaat aufhaltenden Drittstaatsangehörigen in diesem Mitgliedstaat, mit dem Ziel, die Familiengemeinschaft aufrechtzuerhalten, unabhängig davon, ob die familiären Bindungen vor oder nach der Einreise des Zusammenführenden entstanden sind;
e) „Aufenthaltstitel" jede von den Behörden eines Mitgliedstaats ausgestellte Genehmigung, die einen Drittstaatenangehörigen zum rechtmäßigen Aufenthalt im Hoheitsgebiet dieses Mitgliedstaats berechtigt, gemäß Artikel 1 Absatz 2 Buchstabe a) der Verordnung (EG) Nr. 1030/2002 des Rates vom 13. Juni 2002 zur einheitlichen Gestaltung des Aufenthaltstitels für Drittstaatenangehörige (ABl. L 157 vom 15.6.2002, S. 1);
f) „unbegleiteter Minderjähriger" einen Drittstaatsangehörigen oder Staatenlosen unter 18 Jahren, der ohne Begleitung eines für ihn nach dem Gesetz oder dem Gewohnheitsrecht verantwortlichen Erwachsenen in einen Mitgliedstaat einreist, solange er sich nicht tatsächlich in der Obhut einer solchen Person befindet, oder Minderjährige, die ohne Begleitung im Hoheitsgebiet eines Mitgliedstaats zurückgelassen werden, nachdem sie in diesen Mitgliedstaat eingereist sind.

Art. 3 (1) Diese Richtlinie findet Anwendung, wenn der Zusammenführende im Besitz eines von einem Mitgliedstaat ausgestellten Aufenthaltstitels mit mindestens einjähriger Gültigkeit ist, begründete Aussicht darauf hat, ein dauerhaftes Aufenthaltsrecht zu erlangen, und seine Familienangehörigen Drittstaatsangehörige sind, wobei ihre Rechtsstellung unerheblich ist.

(2) Diese Richtlinie findet keine Anwendung, wenn
a) der Zusammenführende um die Anerkennung als Flüchtling nachsucht und über seinen Antrag noch nicht abschließend entschieden wurde;
b) dem Zusammenführenden der Aufenthalt in einem Mitgliedstaat im Rahmen des vorübergehenden Schutzes genehmigt wurde oder er um die Genehmigung des Aufenthalts aus diesem Grunde nachsucht und über seinen Status noch nicht entschieden wurde;
c) dem Zusammenführenden der Aufenthalt in einem Mitgliedstaat aufgrund subsidiärer Schutzformen gemäß internationalen Verpflichtungen, einzelstaatlichen Rechtsvorschriften oder Praktiken der Mitgliedstaaten genehmigt wurde oder er um die Genehmigung des Aufenthalts aus diesem Grunde nachsucht und über seinen Status noch nicht entschieden wurde.

(3) Diese Richtlinie findet auf die Familienangehörigen eines Unionsbürgers keine Anwendung.

(4) Diese Richtlinie lässt günstigere Bestimmungen unberührt:
a) der bilateralen und multilateralen Übereinkünfte zwischen der Gemeinschaft oder zwischen der Gemeinschaft und ihren Mitgliedstaaten einerseits und Drittländern andererseits,
b) der Europäischen Sozialcharta vom 18. Oktober 1961, der geänderten Europäischen Sozialcharta vom 3. Mai 1987 und des Europäischen Übereinkommens über die Rechtsstellung der Wanderarbeitnehmer vom 24. November 1977.

(5) Diese Richtlinie berührt nicht das Recht der Mitgliedstaaten, günstigere Regelungen zu treffen oder beizubehalten.

KAPITEL II
Familienangehörige

Art. 4 (1) Vorbehaltlich der in Kapitel IV sowie in Artikel 16 genannten Bedingungen gestatten die Mitgliedstaaten gemäß dieser Richtlinie folgenden Familienangehörigen die Einreise und den Aufenthalt:
a) dem Ehegatten des Zusammenführenden;
b) den minderjährigen Kindern des Zusammenführenden und seines Ehegatten, einschließlich der Kinder, die gemäß einem Beschluss der zuständigen Behörde des betreffenden Mitgliedstaats oder einem aufgrund der internationalen Verpflichtungen dieses Mitgliedstaats automatisch vollstreckbaren oder anzuerkennenden Beschluss adoptiert wurden;
c) den minderjährigen Kindern, einschließlich der adoptierten Kinder des Zusammenführenden, wenn der Zusammenführende das Sorgerecht besitzt und für den Unterhalt der Kinder aufkommt. Die Mitgliedstaaten können die Zusammenführung in Bezug auf Kinder gestatten, für die ein geteiltes Sorgerecht besteht, sofern der andere Elternteil seine Zustimmung erteilt;
d) den minderjährigen Kindern, einschließlich der adoptierten Kinder des Ehegatten, wenn der Ehegatte das Sorgerecht besitzt und für

2/4. RL Familienzusammenführung
Art. 4, 5

den Unterhalt der Kinder aufkommt. Die Mitgliedstaaten können die Zusammenführung in Bezug auf Kinder gestatten, für die ein geteiltes Sorgerecht besteht, sofern der andere Elternteil seine Zustimmung erteilt.

Die minderjährigen Kinder im Sinne dieses Artikels dürfen das nach den Rechtsvorschriften des betreffenden Mitgliedstaats geltende Volljährigkeitsalter noch nicht erreicht haben und dürfen nicht verheiratet sein.

Abweichend davon kann ein Mitgliedstaat bei einem Kind über 12 Jahre, das unabhängig vom Rest seiner Familie ankommt, prüfen, ob es ein zum Zeitpunkt der Umsetzung dieser Richtlinie in den nationalen Rechtsvorschriften dieses Mitgliedstaats vorgesehenes Integrationskriterium erfüllt, bevor er ihm die Einreise und den Aufenthalt gemäß dieser Richtlinie gestattet.

(2) Vorbehaltlich der in Kapitel IV genannten Bedingungen können die Mitgliedstaaten in ihren nationalen Rechtsvorschriften folgenden Familienangehörigen die Einreise und den Aufenthalt gemäß dieser Richtlinie gestatten:

a) den Verwandten in gerader aufsteigender Linie ersten Grades des Zusammenführenden oder seines Ehegatten, wenn letztere für ihren Unterhalt aufkommen und erstere in ihrem Herkunftsland keinerlei sonstige familiäre Bindungen mehr haben;

b) den volljährigen, unverheirateten Kindern des Zusammenführenden oder seines Ehegatten, wenn sie aufgrund ihres Gesundheitszustands nicht selbst für ihren Lebensunterhalt aufkommen können.

(3) Vorbehaltlich der in Kapitel IV genannten Bedingungen können die Mitgliedstaaten in ihren nationalen Rechtsvorschriften dem nicht ehelichen Lebenspartner, der Drittstaatsangehöriger ist und der nachweislich mit dem Zusammenführenden in einer auf Dauer angelegten Beziehung lebt, oder einem Drittstaatsangehörigen, der mit dem Zusammenführenden eine eingetragene Lebenspartnerschaft gemäß Artikel 5 Absatz 2 führt, und den nicht verheirateten minderjährigen Kindern, einschließlich der adoptierten Kinder, sowie den volljährigen, unverheirateten Kindern dieser Person, wenn sie aufgrund ihres Gesundheitszustands nicht selbst für ihren Lebensunterhalt aufkommen können, die Einreise und den Aufenthalt gemäß dieser Richtlinie gestatten.

Die Mitgliedstaaten können beschließen, eingetragene Lebenspartner im Hinblick auf die Familienzusammenführung ebenso zu behandeln wie Ehepartner.

(4) Lebt im Falle einer Mehrehe bereits ein Ehegatte gemeinsam mit dem Zusammenführenden im Hoheitsgebiet eines Mitgliedstaats, so gestattet der betreffende Mitgliedstaat nicht die Familienzusammenführung eines weiteren Ehegatten.

In Abweichung von Absatz 1 Buchstabe c) können die Mitgliedstaaten die Familienzusammenführung minderjähriger Kinder eines weiteren Ehegatten und des Zusammenführenden einschränken.

(5) Zur Förderung der Integration und zur Vermeidung von Zwangsehen können die Mitgliedstaaten vorsehen, dass der Zusammenführende und sein Ehegatte ein Mindestalter erreicht haben müssen, das höchstens auf 21 Jahre festgesetzt werden darf, bevor der Ehegatte dem Zusammenführenden nachreisen darf.

(6) Die Mitgliedstaaten können im Rahmen einer Ausnahmeregelung vorsehen, dass die Anträge betreffend die Familienzusammenführung minderjähriger Kinder gemäß den im Zeitpunkt der Umsetzung dieser Richtlinie vorhandenen nationalen Rechtsvorschriften vor Vollendung des fünfzehnten Lebensjahres gestellt werden. Wird ein Antrag nach Vollendung des fünfzehnten Lebensjahres gestellt, so genehmigen die Mitgliedstaaten, die diese Ausnahmeregelung anwenden, die Einreise und den Aufenthalt dieser Kinder aus anderen Gründen als der Familienzusammenführung.

KAPITEL III
Antragstellung und -prüfung

Art. 5 (1) Die Mitgliedstaaten legen fest, ob zur Ausübung des Rechts auf Familienzusammenführung ein Antrag auf Einreise und Aufenthalt entweder vom Zusammenführenden oder von dem oder den Familienangehörigen bei den zuständigen Behörden des betreffenden Mitgliedstaats gestellt werden muss.

(2) Dem Antrag sind Unterlagen beizufügen, anhand derer die familiären Bindungen nachgewiesen werden und aus denen ersichtlich ist, dass die in den Artikeln 4 und 6 und gegebenenfalls in den Artikeln 7 und 8 vorgesehenen Bedingungen erfüllt sind, sowie beglaubigte Abschriften der Reisedokumente des oder der Familienangehörigen.

Zum Nachweis des Bestehens familiärer Bindungen können die Mitgliedstaaten gegebenenfalls eine Befragung des Zusammenführenden und seiner Familienangehörigen vornehmen und andere als zweckmäßig erachtete Nachforschungen anstellen.

Bei der Prüfung eines Antrags betreffend den nicht ehelichen Lebenspartner des Zusammenführenden berücksichtigen die Mitgliedstaaten als Nachweis der familiären Bindungen Faktoren wie ein gemeinsames Kind, den Bestand der Lebensgemeinschaft in der Vergangenheit, die Eintragung der Partnerschaft und andere zuverlässige Nachweise.

(3) Der Antrag ist zu stellen und zu prüfen, wenn sich die Familienangehörigen noch außerhalb des Hoheitsgebiets des Mitgliedstaats aufhalten, in dem sich der Zusammenführende aufhält.

Abweichend davon kann ein Mitgliedstaat gegebenenfalls zulassen, dass ein Antrag gestellt wird, wenn sich die Familienangehörigen bereits in seinem Hoheitsgebiet befinden.

(4) Die zuständigen Behörden des Mitgliedstaats teilen dem Antragsteller ihre Entscheidung unverzüglich, spätestens aber neun Monate nach Einreichung des Antrags schriftlich mit.

In Ausnahmefällen kann aufgrund der Schwierigkeit der Antragsprüfung die in Unterabsatz 1 genannte Frist verlängert werden.

Eine Ablehnung des Antrags ist zu begründen. Ist bei Ablauf der Frist nach Unterabsatz 1 noch keine Entscheidung ergangen, so richten sich etwaige Folgen nach dem nationalen Recht des betreffenden Mitgliedstaats.

(5) Bei der Prüfung des Antrags tragen die Mitgliedstaaten dafür Sorge, dass das Wohl minderjähriger Kinder gebührend berücksichtigt wird.

KAPITEL IV
Voraussetzungen für die Ausübung des Rechts auf Familienzusammenführung

Art. 6 (1) Die Mitgliedstaaten können einen Antrag auf Einreise und Aufenthalt eines Familienangehörigen aus Gründen der öffentlichen Ordnung, der öffentlichen Sicherheit oder der öffentlichen Gesundheit ablehnen.

(2) Die Mitgliedstaaten können aus Gründen der öffentlichen Ordnung, der öffentlichen Sicherheit oder der öffentlichen Gesundheit den Aufenthaltstitel eines Familienangehörigen entziehen oder dessen Verlängerung ablehnen.

Trifft ein Mitgliedstaat eine entsprechende Entscheidung, so berücksichtigt er neben Artikel 17 die Schwere oder die Art des von dem Familienangehörigen begangenen Verstoßes gegen die öffentliche Ordnung oder die öffentliche Sicherheit oder die von dieser Person ausgehende Gefahr.

(3) Das Auftreten von Krankheiten oder Gebrechen nach Ausstellung des Aufenthaltstitels kann nicht als einziger Grund für die Verweigerung der Verlängerung des Aufenthaltstitels oder die Rückführung aus dem Hoheitsgebiet durch die zuständige Behörde des betreffenden Mitgliedstaats herangezogen werden.

Art. 7 (1) Bei Einreichung des Antrags auf Familienzusammenführung kann der betreffende Mitgliedstaat vom Antragsteller den Nachweis verlangen, dass der Zusammenführende über Folgendes verfügt:

a) Wohnraum, der für eine vergleichbar große Familie in derselben Region als üblich angesehen wird und der die in dem betreffenden Mitgliedstaat geltenden allgemeinen Sicherheits- und Gesundheitsnormen erfüllt;

b) eine Krankenversicherung für ihn selbst und seine Familienangehörigen, die im betreffenden Mitgliedstaat sämtliche Risiken abdeckt, die in der Regel auch für die eigenen Staatsangehörigen abgedeckt sind;

c) feste und regelmäßige Einkünfte, die ohne Inanspruchnahme der Sozialhilfeleistungen des betreffenden Mitgliedstaates für seinen eigenen Lebensunterhalt und den seiner Familienangehörigen ausreicht. Die Mitgliedstaaten beurteilen diese Einkünfte anhand ihrer Art und Regelmäßigkeit und können die Höhe der Mindestlöhne und -renten sowie die Anzahl der Familienangehörigen berücksichtigen.

(2) Die Mitgliedstaaten können gemäß dem nationalen Recht von Drittstaatsangehörigen verlangen, dass sie Integrationsmaßnahmen nachkommen müssen.

Im Hinblick auf die in Artikel 12 genannten Flüchtlinge und/oder Familienangehörigen von Flüchtlingen können die in Unterabsatz 1 genannten Integrationsmaßnahmen erst Anwendung finden, wenn den betroffenen Personen eine Familienzusammenführung gewährt wurde.

Art. 8 Die Mitgliedstaaten dürfen verlangen, dass sich der Zusammenführende während eines Zeitraums, der zwei Jahre nicht überschreiten darf, rechtmäßig auf ihrem Hoheitsgebiet aufgehalten hat, bevor seine Familienangehörigen ihm nachreisen.

Abweichend davon kann ein Mitgliedstaat, dessen bei Annahme der Richtlinie geltendes nationales Recht im Bereich der Familienzusammenführung die Aufnahmefähigkeit dieses Mitgliedstaats berücksichtigt, eine Wartefrist von höchstens drei Jahren, zwischen der Stellung eines Antrags auf Familienzusammenführung und der Ausstellung eines Aufenthaltstitels an Familienangehörige, vorsehen.

KAPITEL V
Familienzusammenführung von Flüchtlingen

Art. 9 (1) Dieses Kapitel findet auf die Familienzusammenführung von Flüchtlingen Anwendung, die von den Mitgliedstaaten anerkannt worden sind.

(2) Die Mitgliedstaaten können die Anwendung dieses Kapitels auf Flüchtlinge beschränken, deren familiäre Bindungen bereits vor ihrer Einreise bestanden haben.

(3) Dieses Kapitel lässt Rechtsvorschriften, nach denen Familienangehörigen der Flüchtlingsstatus zuerkannt wird, unberührt.

Art. 10 (1) Hinsichtlich der Definition von Familienangehörigen findet Artikel 4 Anwendung; ausgenommen davon ist Absatz 1 Unterabsatz 3, der nicht für die Kinder von Flüchtlingen gilt.

(2) Die Mitgliedstaaten können weiteren, in Artikel 4 nicht genannten Familienangehörigen die Familienzusammenführung gestatten, sofern der zusammenführende Flüchtling für ihren Unterhalt aufkommt.

(3) Handelt es sich bei einem Flüchtling um einen unbegleiteten Minderjährigen, so

a) gestatten die Mitgliedstaaten ungeachtet der in Artikel 4 Absatz 2 Buchstabe a) genannten Bedingungen die Einreise und den Aufenthalt seiner Verwandten in gerader aufsteigender Linie ersten Grades zum Zwecke der Familienzusammenführung;

b) können die Mitgliedstaaten die Einreise und den Aufenthalt seines gesetzlichen Vormunds oder eines anderen Familienangehörigen zum Zwecke der Familienzusammenführung gestatten, wenn der Flüchtling keine Verwand-

2/4. RL Familienzusammenführung
Art. 10 – 16

ten in gerader aufsteigender Linie hat oder diese unauffindbar sind.

Art. 11 (1) Hinsichtlich der Stellung und Prüfung des Antrags kommt Artikel 5 vorbehaltlich des Absatzes 2 des vorliegenden Artikels zur Anwendung.

(2) Kann ein Flüchtling seine familiären Bindungen nicht mit amtlichen Unterlagen belegen, so prüft der Mitgliedstaat andere Nachweise für das Bestehen dieser Bindungen; diese Nachweise werden nach dem nationalen Recht bewertet. Die Ablehnung eines Antrags darf nicht ausschließlich mit dem Fehlen von Belegen begründet werden.

Art. 12 (1) Abweichend von Artikel 7 verlangen die Mitgliedstaaten in Bezug auf Anträge betreffend die in Artikel 4 Absatz 1 genannten Familienangehörigen von einem Flüchtling und/oder einem (den) Familienangehörigen keinen Nachweis, dass der Flüchtling die in Artikel 7 genannten Bedingungen erfüllt. Unbeschadet internationaler Verpflichtungen können die Mitgliedstaaten in Fällen, in denen eine Familienzusammenführung in einem Drittstaat möglich ist, zu dem eine besondere Bindung des Zusammenführenden und/oder Familienangehörigen besteht, die Vorlage des in Unterabsatz 1 genannten Nachweises verlangen.

Die Mitgliedstaaten können von dem Flüchtling die Erfüllung der in Artikel 7 Absatz 1 genannten Voraussetzungen verlangen, wenn der Antrag auf Familienzusammenführung nicht innerhalb einer Frist von drei Monaten nach der Zuerkennung des Flüchtlingsstatuses gestellt wurde.

(2) Abweichend von Artikel 8 können die Mitgliedstaaten nicht von einem Flüchtling verlangen, dass er sich während eines bestimmten Zeitraums in ihrem Hoheitsgebiet aufgehalten hat, bevor seine Familienangehörigen ihm nachreisen.

KAPITEL VI
Einreise und Aufenthalt der Familienangehörigen

Art. 13 (1) Sobald dem Antrag auf Familienzusammenführung stattgegeben wurde, genehmigt der betreffende Mitgliedstaat die Einreise des oder der Familienangehörigen. Hierzu gewährt der betreffende Mitgliedstaat diesen Personen jede Erleichterung zur Erlangung der vorgeschriebenen Visa.

(2) Der betreffende Mitgliedstaat erteilt den Familienangehörigen einen ersten Aufenthaltstitel mit mindestens einjähriger Gültigkeitsdauer. Dieser Aufenthaltstitel ist verlängerbar.

(3) Die Gültigkeitsdauer der dem (den) Familienangehörigen erteilten Aufenthaltstitel darf grundsätzlich nicht über die des Aufenthaltstitels des Zusammenführenden hinausgehen.

Art. 14 (1) Die Familienangehörigen des Zusammenführenden haben in gleicher Weise wie dieser selbst das Recht auf:
a) Zugang zu allgemeiner Bildung;
b) Zugang zu einer unselbstständigen oder selbstständigen Erwerbstätigkeit;
c) Zugang zu beruflicher Beratung, Ausbildung, Fortbildung und Umschulung.

(2) Die Mitgliedstaaten können gemäß dem nationalen Recht beschließen, unter welchen Bedingungen die Familienangehörigen eine unselbstständige oder selbstständige Erwerbstätigkeit ausüben können. Diese Bedingungen sehen eine Frist von maximal 12 Monaten vor, in der die Mitgliedstaaten eine Arbeitsmarktprüfung durchführen können, bevor sie den Familienangehörigen gestatten, eine unselbständige oder eine selbstständige Erwerbstätigkeit auszuüben.

(3) Die Mitgliedstaaten können den Zugang zu einer unselbstständigen oder selbstständigen Erwerbstätigkeit für Angehörige in gerader aufsteigender Linie ersten Grades und volljährige, unverheiratete Kinder im Sinne des Artikels 4 Absatz 2 einschränken.

Art. 15 (1) Spätestens nach fünfjährigem Aufenthalt und unter der Voraussetzung, dass dem Familienangehörigen kein Aufenthaltstitel aus anderen Gründen als denen der Familienzusammenführung erteilt wurde, haben der Ehegatte oder der nicht eheliche Lebenspartner und das volljährig gewordene Kind – falls erforderlich auf Antrag – das Recht auf einen eigenen Aufenthaltstitel, der unabhängig von jenem des Zusammenführenden ist.

Die Mitgliedstaaten können bei Ehegatten oder nicht ehelichen Lebenspartnern die Erteilung des in Unterabsatz 1 genannten Aufenthaltstitels auf Fälle, in denen die familiären Bindungen zerbrechen, beschränken.

(2) Die Mitgliedstaaten können volljährigen Kindern und Verwandten in gerader aufsteigender Linie, auf die Artikel 4 Absatz 2 Anwendung findet, einen eigenen Aufenthaltstitel gewähren.

(3) Im Falle des Todes des Ehepartners, der Scheidung, der Trennung und des Todes von Verwandten ersten Grades in gerader aufsteigender oder absteigender Linie kann Personen, die zum Zweck der Familienzusammenführung eingereist sind – falls erforderlich auf Antrag – ein eigener Aufenthaltstitel gewährt werden. Die Mitgliedstaaten erlassen Bestimmungen, nach denen die Ausstellung eines eigenen Aufenthaltstitels gewährleistet ist, wenn besonders schwierige Umstände vorliegen.

(4) Die Bedingungen für die Erteilung und die Dauer eines eigenen Aufenthaltstitels sind im nationalen Recht festgelegt.

KAPITEL VII
Sanktionen und Rechtsmittel

Art. 16 (1) Die Mitgliedstaaten können einen Antrag auf Einreise und Aufenthalt zum Zwecke der Familienzusammenführung ablehnen oder gegebenenfalls den Aufenthaltstitel eines Familienangehörigen entziehen oder seine Verlängerung verweigern, wenn einer der folgenden Fälle vorliegt:
a) Die in dieser Richtlinie festgelegten Bedingungen sind nicht oder nicht mehr erfüllt. Verfügt der Zusammenführende bei der Verlängerung des Aufenthaltstitels nicht

über Einkünfte, die ausreichen, ohne dass auf Sozialhilfeleistungen des betreffenden Mitgliedstaats zurückgegriffen werden muss, so berücksichtigt der Mitgliedstaat gemäß Artikel 7 Absatz 1 Buchstabe c) die Beiträge der Familienangehörigen zum Haushaltseinkommen.

b) Zwischen dem Zusammenführenden und dem (den) Familienangehörige(n) bestehen keine tatsächlichen ehelichen oder familiären Bindungen, oder sie bestehen nicht mehr.

c) Der Zusammenführende oder der nichteheliche Lebenspartner ist nachweislich mit einer anderen Person verheiratet oder führt nachweislich mit einer anderen Person eine auf Dauer angelegte Beziehung.

(2) Die Mitgliedstaaten können einen Antrag auf Einreise und Aufenthalt zum Zwecke der Familienzusammenführung auch ablehnen und den Aufenthaltstitel des Familienangehörigen entziehen oder seine Verlängerung verweigern, wenn feststeht,

a) dass falsche oder irreführende Angaben gemacht wurden, ge- oder verfälschte Dokumente verwendet wurden, auf andere Weise eine Täuschung verübt wurde oder andere ungesetzliche Mittel angewandt wurden;

b) dass die Ehe oder Lebenspartnerschaft nur zu dem Zweck geschlossen bzw. die Adoption nur vorgenommen wurde, um der betreffenden Person die Einreise in einen Mitgliedstaat oder den Aufenthalt in einem Mitgliedstaat zu ermöglichen.

Bei einer Entscheidung in diesen Fällen können die Mitgliedstaaten der Tatsache besondere Bedeutung zumessen, dass die Eheschließung, die Schließung der Lebenspartnerschaft oder die Adoption erfolgt ist, nachdem dem Zusammenführenden ein Aufenthaltstitel erteilt wurde.

(3) Die Mitgliedstaaten können den Aufenthaltstitel eines Familienangehörigen entziehen oder dessen Verlängerung verweigern, wenn der Aufenthalt des Zusammenführenden endet und der Familienangehörige noch nicht über ein eigenes Aufenthaltsrecht gemäß Artikel 15 verfügt.

(4) Die Mitgliedstaaten können bei Vorliegen eines begründeten Verdachts auf Täuschung oder Scheinehe, Scheinpartnerschaft oder Scheinadoption im Sinne von Absatz 2 punktuelle Kontrollen durchführen. Punktuelle Kontrollen können auch bei der Verlängerung des Aufenthaltstitels eines Familienangehörigen durchgeführt werden.

Art. 17 Im Fall der Ablehnung eines Antrags, dem Entzug oder der Nichtverlängerung des Aufenthaltstitels sowie der Rückführung des Zusammenführenden oder seiner Familienangehörigen berücksichtigen die Mitgliedstaaten in gebührender Weise die Art und die Stärke der familiären Bindungen der betreffenden Person und die Dauer ihres Aufenthalts in dem Mitgliedstaat sowie das Vorliegen familiärer, kultureller oder sozialer Bindungen zu ihrem Herkunftsland.

Art. 18 Die Mitgliedstaaten sorgen dafür, dass der Zusammenführende und/oder seine Familienangehörigen im Fall der Ablehnung des Antrags auf Familienzusammenführung, der Nichtverlängerung oder des Entzugs des Aufenthaltstitels sowie der Rückführung Rechtsbehelfe einlegen können.

Die Verfahren und die Zuständigkeiten, nach denen das in Absatz 1 genannte Recht ausgeübt wird, werden von den betreffenden Mitgliedstaaten festgelegt.

KAPITEL VIII
Schlussbestimmungen

Art. 19 Die Kommission erstattet dem Europäischen Parlament und dem Rat regelmäßig und zum ersten Mal spätestens am 3. Oktober 2007 Bericht über die Anwendung dieser Richtlinie in den Mitgliedstaaten und schlägt gegebenenfalls die erforderlichen Änderungen vor. Diese Änderungsvorschläge betreffen vorzugsweise die Artikel 3, 4, 7, 8 und 13.

Art. 20 Die Mitgliedstaaten setzen die Rechts- und Verwaltungsvorschriften in Kraft, die erforderlich sind, um dieser Richtlinie spätestens ab 3. Oktober 2005 nachzukommen. Sie setzen die Kommission unverzüglich davon in Kenntnis.

Wenn die Mitgliedstaaten diese Vorschriften erlassen, nehmen sie in den Vorschriften selbst oder durch einen Hinweis bei der amtlichen Veröffentlichung auf diese Richtlinie Bezug. Die Mitgliedstaaten regeln die Einzelheiten der Bezugnahme.

Art. 21 Diese Richtlinie tritt am Tag ihrer Veröffentlichung im *Amtsblatt der Europäischen Union* in Kraft.

Art. 22 Diese Richtlinie ist gemäß dem Vertrag zur Gründung der Europäischen Gemeinschaft an die Mitgliedstaaten gerichtet.

2/5. Schüler-, Studenten-, Forscher-RL

2/5. Richtlinie über die Einreise und den Aufenthalt von Drittstaatsangehörigen

RICHTLINIE (EU) 2016/801 DES EUROPÄISCHEN PARLAMENTS UND DES RATES vom 11. Mai 2016 über die Bedingungen für die Einreise und den Aufenthalt von Drittstaatsangehörigen zu Forschungs- oder Studienzwecken, zur Absolvierung eines Praktikums, zur Teilnahme an einem Freiwilligendienst, Schüleraustauschprogrammen oder Bildungsvorhaben und zur Ausübung einer Au-pair-Tätigkeit

(ABl. Nr. L 132 v. 21.5.2016, S. 21; geändert durch die RL (EU) 2021/1883, ABl. Nr. L 382 v. 28.10.2021, S. 1)

GLIEDERUNG

KAPITEL I: ALLGEMEINE BESTIMMUNGEN
Art. 1: Gegenstand
Art. 2: Anwendungsbereich
Art. 3: Begriffsbestimmungen
Art. 4: Günstigere Bestimmungen

KAPITEL II: ZULASSUNG
Art. 5: Grundsätze
Art. 6: Anzahl der Zulassungen
Art. 7: Allgemeine Bedingungen
Art. 8: Besondere Bedingungen für Forscher
Art. 9: Zulassung von Forschungseinrichtungen
Art. 10: Aufnahmevereinbarung
Art. 11: Besondere Bedingungen für Studenten
Art. 12: Besondere Bedingungen für Schüler
Art. 13: Besondere Bedingungen für Praktikanten
Art. 14: Besondere Bedingungen für Freiwillige
Art. 15: Zulassung von Hochschuleinrichtungen, Bildungseinrichtungen, für Freiwilligendienste zuständigen Organisationen oder Praktikanten aufnehmenden Einrichtungen
Art. 16: Besondere Bedingungen für Au-pair-Kräfte

KAPITEL III: AUFENTHALTSTITEL UND AUFENTHALTSDAUER
Art. 17: Aufenthaltstitel
Art. 18: Gültigkeitsdauer des Aufenthaltstitels
Art. 19: Zusätzliche Informationen

KAPITEL IV: GRÜNDE FÜR DIE ABLEHNUNG, ENTZIEHUNG ODER NICHTVERLÄNGERUNG EINES AUFENTHALTSTITELS
Art. 20: Ablehnungsgründe
Art. 21: Gründe für die Entziehung oder Nichtverlängerung von Aufenthaltstiteln

KAPITEL V: RECHTE
Art. 22: Gleichbehandlung
Art. 23: Lehrtätigkeit von Forschern
Art. 24: Erwerbstätigkeit von Studenten
Art. 25: Aufenthalt zum Zweck der Arbeitssuche oder Unternehmensgründung von Forschern und Studenten
Art. 26: Familienangehörige von Forschern

KAPITEL VI: MOBILITÄT INNERHALB DER UNION
Art. 27: Mobilität innerhalb der Union
Art. 28: Kurzfristige Mobilität von Forschern
Art. 29: Langfristige Mobilität von Forschern
Art. 30: Mobilität der Familienangehörigen von Forschern
Art. 31: Mobilität von Studenten
Art. 32: Schutzmaßnahmen und Sanktionen in Mobilitätsfällen

KAPITEL VII: VERFAHREN UND TRANSPARENZ
Art. 33: Sanktionen gegen aufnehmende Einrichtungen
Art. 34: Verfahrensgarantien und Transparenz
Art. 35: Transparenz und Zugang zu Informationen
Art. 36: Gebühren

KAPITEL VIII: SCHLUSSBESTIMMUNGEN
Art. 37: Zusammenarbeit zwischen Kontaktstellen
Art. 38: Statistik
Art. 39: Berichterstattung
Art. 40: Umsetzung
Art. 41: Aufhebung
Art. 42: Inkrafttreten
Art. 43: Adressaten

ANLAGEN I, II

2/5. Schüler-, Studenten-, Forscher-RL

Präambel

DAS EUROPÄISCHE PARLAMENT UND DER RAT DER EUROPÄISCHEN UNION –

gestützt auf den Vertrag über die Arbeitsweise der Europäischen Union, insbesondere auf Artikel 79 Absatz 2 Buchstaben a und b,

auf Vorschlag der Europäischen Kommission,

nach Zuleitung des Entwurfs des Gesetzgebungsakts an die nationalen Parlamente,

nach Stellungnahme des Europäischen Wirtschafts- und Sozialausschusses (ABl. C 341 vom 21.11.2013, S. 50.),

nach Stellungnahme des Ausschusses der Regionen (ABl. C 114 vom 15.4.2014, S. 42.),

gemäß dem ordentlichen Gesetzgebungsverfahren (Stellungnahme des Europäischen Parlaments vom 25. Februar 2014 (noch nicht im Amtsblatt veröffentlicht) und Stellungnahme des Rates in erster Lesung vom 10. März 2016 (noch nicht im Amtsblatt veröffentlicht).),

in Erwägung nachstehender Gründe:

(1) Die Richtlinien 2004/114/EG (Richtlinie 2004/114/EG des Rates vom 13. Dezember 2004 über die Bedingungen für die Zulassung von Drittstaatsangehörigen zur Absolvierung eines Studiums oder zur Teilnahme an einem Schüleraustausch, einer unbezahlten Ausbildungsmaßnahme oder einem Freiwilligendienst (ABl. L 375 vom 23.12.2004, S. 12).) und 2005/71/EG (Richtlinie 2005/71/EG des Rates vom 12. Oktober 2005 über ein besonderes Zulassungsverfahren für Drittstaatsangehörige zum Zwecke der wissenschaftlichen Forschung (ABl. L 289 vom 3.11.2005, S. 15).) des Rates müssen in einigen Punkten geändert werden. Aus Gründen der Klarheit empfiehlt sich eine Neufassung dieser Richtlinien.

(2) Diese Richtlinie sollte die in den Berichten über die Anwendung der Richtlinien 2004/114/EG und 2005/71/EG festgestellten Defizite beheben, mehr Transparenz und Rechtssicherheit gewährleisten und einen kohärenten Rechtsrahmen für verschiedene Gruppen von Drittstaatsangehörigen bieten, die in die Union einreisen. Die bestehenden Rechtsvorschriften für diese Gruppen sollten daher vereinfacht und in einem Rechtsakt zusammengefasst werden. Die von dieser Richtlinie erfassten Gruppen unterscheiden sich zwar in mancher Hinsicht, doch haben sie auch Gemeinsamkeiten, die es ermöglichen, sie auf Unionsebene in einer Regelung zusammenzufassen.

(3) Diese Richtlinie soll zu der mit dem Stockholmer Programm angestrebten Angleichung des nationalen Rechts über die Bedingungen für die Einreise und den Aufenthalt von Drittstaatsangehörigen beitragen. Die Zuwanderung aus Drittstaaten ist ein Weg, um den Bedarf an hoch qualifizierten Personen in der Union zu decken; insbesondere Studenten und Forscher sind zunehmend gefragt. Durch ihren Beitrag zu intelligentem, nachhaltigem und integrativem Wachstum und somit zu den Zielen der Strategie Europa 2020 sind sie als Humankapital für die Union ausgesprochen wichtig.

(4) In den Berichten über die Anwendung der Richtlinien 2004/114/EG und 2005/71/EG wurden einige Unzulänglichkeiten vor allem in Bezug auf die Zulassungsbedingungen, Rechte und Verfahrensgarantien, den Zugang von Studenten zum Arbeitsmarkt während ihres Studiums sowie die Bestimmungen über die Mobilität innerhalb der EU festgestellt. Darüber hinaus wurden spezielle Verbesserungen im Hinblick auf die fakultativen Gruppen von Drittstaatsangehörigen als notwendig erachtet. In darauf folgenden umfassenden Konsultationen wurde zudem betont, dass für Forscher und Studenten erleichterte Möglichkeiten zur Arbeitssuche und für Au-pair-Kräfte, die nicht unter die Richtlinien 2004/114/EG und 2005/71/EG fallen, bessere Schutzmaßnahmen eingeführt werden müssen.

(5) Zum schrittweisen Aufbau eines Raums der Freiheit, der Sicherheit und des Rechts ist im Vertrag über die Arbeitsweise der Europäischen Union (AEUV) die Annahme von Maßnahmen in den Bereichen Asyl, Einwanderung und Schutz der Rechte von Drittstaatsangehörigen vorgesehen.

(6) Diese Richtlinie sollte auch persönliche Kontakte und die Mobilität fördern, da es sich hierbei um wichtige Aspekte der Außenpolitik der Union handelt, insbesondere der Europäischen Nachbarschaftspolitik und der Politik gegenüber strategischen Partnern der Union. Sie sollte zudem dem Gesamtansatz für Migration und Mobilität und den Mobilitätspartnerschaften dienen, die einen Rahmen für den Dialog und die Zusammenarbeit zwischen den Mitgliedstaaten und Drittstaaten bieten und unter anderem die legale Migration erleichtern und regeln.

(7) Die Zuwanderung zu den in dieser Richtlinie genannten Zwecken sollte der Erzeugung und dem Erwerb von Wissen und Kompetenzen dienen. Sie stellt für die betreffenden Migranten, ihren Herkunftsstaat und den betreffenden Mitgliedstaat eine Bereicherung dar und trägt zugleich zur Stärkung der kulturellen Bindungen und Bereicherung der kulturellen Vielfalt bei.

(8) Diese Richtlinie sollte im weltweiten Talentwettbewerb den Ruf der Union als attraktiven Standort für Wissenschaft und Innovation festigen und dadurch zu einer Stärkung der allgemeinen Wettbewerbsfähigkeit und des Wachstums sowie zur Schaffung neuer Arbeitsplätze führen, die einen größeren Beitrag zum BIP-Wachstum leisten. Die Öffnung der Union für Drittstaatsangehörige, die zu Forschungszwecken zugelassen werden können, ist auch ein Ziel der Leitinitiative zur Innovationsunion. Darüber hinaus ist die Schaffung eines offenen Arbeitsmarktes für Forscher aus der Union und aus Drittstaaten ein wichtiges Ziel des Europäischen Forschungsraums, in dem sich Forscher frei bewegen und wissenschaftliche Erkenntnisse und Technologien ungehindert zirkulieren können.

(9) Die Zulassung von Drittstaatsangehörigen, die dazu zur Ausübung einer Forschungstätigkeit beantragen, soll durch ein Zulassungsverfahren erleichtert werden, das von deren Rechtsverhältnis zur aufnehmenden Forschungseinrichtung

unabhängig ist; außerdem soll zusätzlich zum Aufenthaltstitel keine Arbeitserlaubnis mehr verlangt werden. Dieses Verfahren sollte auf der Zusammenarbeit der Forschungseinrichtungen mit den Einwanderungsbehörden der Mitgliedstaaten beruhen. Den Forschungseinrichtungen sollte im Zulassungsverfahren eine wesentliche Rolle zugewiesen werden, damit die Einreise von Drittstaatsangehörigen, die die Zulassung zur Ausübung einer Forschungstätigkeit beantragen, in die Union unter Wahrung der Zuständigkeiten der Mitgliedstaaten im Bereich der Zuwanderungspolitik erleichtert und beschleunigt wird. Die Forschungseinrichtungen, die zuvor von den Mitgliedstaaten zugelassen werden können sollten, sollten mit einem Drittstaatsangehörigen zur Ausübung einer Forschungstätigkeit eine Aufnahmevereinbarung oder einen Vertrag schließen können. Die Mitgliedstaaten sollten auf der Grundlage der Aufnahmevereinbarung oder des Vertrags einen Aufenthaltstitel ausstellen, sofern die Bedingungen für die Einreise und den Aufenthalt erfüllt sind.

(10) Da die Anstrengungen zur Erfüllung des Investitionsziels von 3 % des BIP für die Forschung größtenteils den Privatsektor betreffen, sollte dieser Sektor gegebenenfalls ermuntert werden, in den kommenden Jahren mehr Forscher einzustellen.

(11) Um die Attraktivität der Union für Drittstaatsangehörige, die eine Forschungstätigkeit in der Union aufnehmen möchten, zu erhöhen, sollten ihre Familienangehörigen gemäß der Definition in der Richtlinie 2003/86/EG des Rates (Richtlinie 2003/86/EG des Rates vom 22. September 2003 betreffend das Recht auf Familienzusammenführung (ABl. L 251 vom 3.10.2003, S. 12).) diese begleiten dürfen und in den Genuss der Bestimmungen über die Mobilität innerhalb der EU kommen. Diese Familienmitglieder sollten Zugang zum Arbeitsmarkt des ersten Mitgliedstaats und, im Rahmen einer langfristigen Mobilität, auch des zweiten Mitgliedstaats erhalten, außer bei Vorliegen außergewöhnlicher Umstände, etwa einer besonders hohen Arbeitslosigkeit, wobei die Mitgliedstaaten während eines Zeitraums von höchstens 12 Monaten weiterhin die Möglichkeit haben sollten, eine Prüfung durchzuführen, die nachweist, dass eine Stelle nicht mit den auf dem heimischen Arbeitsmarkt zur Verfügung stehenden Arbeitskräften besetzt werden kann. Abgesehen von den in dieser Richtlinie vorgesehenen Ausnahmeregelungen sollten alle Bestimmungen der Richtlinie 2003/86/EG, einschließlich der Gründe für die Ablehnung oder Entziehung der Zulassung oder die Verweigerung der Verlängerung, gelten. Familienangehörigen kann somit die Aufenthaltserlaubnis entzogen oder ihre Verlängerung verweigert werden, wenn der Aufenthaltstitel des Forschers, den sie begleiten, erlischt und sie nicht über ein eigenständiges Aufenthaltsrecht verfügen.

(12) Den Mitgliedstaaten sollte empfohlen werden, für die Zwecke dieser Richtlinie Doktoranden gegebenenfalls als Forscher zu behandeln.

(13) Die Richtlinie sollte nicht eine Abwanderung der fähigsten Köpfe aus Schwellen- oder Entwicklungsländern begünstigen. Im Sinne einer umfassenden Migrationspolitik sollten gemeinsam mit den Herkunftsländern Maßnahmen zur Förderung der Wiedereingliederung der Forscher in ihre Herkunftsländer ergriffen werden.

(14) Um den Ruf Europas als internationalen Exzellenzstandort für Studium und berufliche Bildung zu festigen, sollten die Bedingungen für die Einreise und den Aufenthalt zu diesen Zwecken verbessert und vereinfacht werden. Dies stimmt mit den Zielen der Agenda für die Modernisierung von Europas Hochschulsystemen überein, vor allem im Kontext der internationalen Ausrichtung der europäischen Hochschulbildung. Es ist auch der Grund für die Angleichung des einschlägigen nationalen Rechts der Mitgliedstaaten. In diesem Zusammenhang und im Einklang mit den Schlussfolgerungen des Rates zur Modernisierung der Hochschulbildung (ABl. C 372 vom 20.12.2011, S. 36.) sollte der Begriff „Hochschulbildung" alle tertiären Einrichtungen umfassen und kann unter anderem Universitäten, technische Universitäten, technische Fachhochschulen, Grandes Ecoles, Wirtschaftsuniversitäten und Business Schools, technische Fachschulen, Instituts Universitaires de Technologie (IUT), Fachhochschulen, Professional Schools, Polytechnika und Akademien einschließen.

(15) Im Zuge der Ausweitung und Vertiefung des durch die Gemeinsame Bologna-Erklärung der Bildungsminister der EU-Mitgliedstaaten vom 19. Juni 1999 initiierten Bologna-Prozesses sind die Hochschulsysteme der daran beteiligten und auch anderer Länder besser vergleichbar, kompatibler und kohärenter geworden, was darauf zurückzuführen ist, dass die Mitgliedstaaten die Mobilität der Studenten gefördert haben und die Hochschuleinrichtungen Mobilität in ihre Lehrpläne integriert haben. Nun müssen auch die Bestimmungen über die Mobilität von Studenten innerhalb der EU verbessert werden. Eines der Ziele der Bologna-Erklärung ist es, die europäischen Hochschulen attraktiver und wettbewerbsfähiger zu machen. Der Bologna-Prozess mündete in die Schaffung des europäischen Hochschulraums. Die dreistufige Struktur mit leicht verständlichen Programmen und Abschlüssen sowie die Einführung von Qualifikationsrahmen hat es für Drittstaatsangehörige attraktiver gemacht, in Europa zu studieren.

(16) Die Dauer und die sonstigen Bedingungen der Vorbereitungskurse für die unter diese Richtlinie fallenden Studenten sollten von den Mitgliedstaaten nach Maßgabe ihres nationalen Rechts festgelegt werden.

(17) Als Nachweis der Annahme eines Drittstaatsangehörigen an einer Hochschuleinrichtung könnte unter anderem eine schriftliche Zusicherung der Aufnahme oder eine Einschreibebestätigung gelten.

(18) Drittstaatsangehörige, die die Zulassung als Praktikanten beantragen, sollten einen Nachweis darüber vorlegen, dass sie in den zwei Jahren vor dem Datum ihrer Antragstellung einen Hochschulabschluss erlangt haben oder ein Stu-

2/5. Schüler-, Studenten-, Forscher-RL

Präambel

dium in einem Drittland absolvieren, das zu einem Hochschulabschluss führt. Sie sollten außerdem eine Praktikumsvereinbarung vorlegen, die eine Beschreibung des Praktikumsprogramms sowie Angaben zum Bildungsziel oder zu den Lernkomponenten, zur Dauer des Praktikums und zu den Bedingungen für die Betreuung des Praktikanten enthält. Auf diese Weise soll nachgewiesen werden, dass sie eine echte Ausbildung erhalten und nicht als normale Mitarbeiter eingesetzt werden. Darüber hinaus kann von den aufnehmenden Einrichtungen verlangt werden zu belegen, dass die Praktikumsstelle keinen Arbeitsplatz ersetzt. Sind im nationalen Recht, in Tarifverträgen oder Gepflogenheiten für Praktikanten bereits besondere Bedingungen festgelegt, sollten die Mitgliedstaaten von den Drittstaatsangehörigen, die die Zulassung als Praktikanten beantragen, die Einhaltung dieser besonderen Bedingungen verlangen können.

(19) Diese Richtlinie gilt nicht für Trainees, die im Rahmen eines unternehmensinternen Transfers in die Union einreisen, um dort zu arbeiten, da sie unter die Richtlinie 2014/66/EU des Europäischen Parlaments und des Rates (Richtlinie 2014/66/EU des Europäischen Parlaments und des Rates vom 15. Mai 2014 über die Bedingungen für die Einreise und den Aufenthalt von Drittstaatsangehörigen im Rahmen eines unternehmensinternen Transfers (ABl. L 157 vom 27.5.2014, S. 1).) fallen.

(20) Mit dieser Richtlinie sollten die Ziele des Europäischen Freiwilligendienstes unterstützt werden, nämlich die Solidarität, das gegenseitige Verständnis und die Toleranz unter jungen Menschen und den Gesellschaften, in denen sie leben, zu entwickeln und gleichzeitig zur Verstärkung des sozialen Zusammenhalts beizutragen und die aktive Bürgerschaft junger Menschen zu fördern. Um den Zugang zum Europäischen Freiwilligendienst in der gesamten Union in einheitlicher Weise zu gewährleisten, sollten die Mitgliedstaaten die Bestimmungen dieser Richtlinie auf Drittstaatsangehörige, die die Zulassung zur Teilnahme am Europäischen Freiwilligendienst beantragen, anwenden.

(21) Die Mitgliedstaaten sollten die Möglichkeit haben, die Bestimmungen dieser Richtlinie auf Schüler, Freiwillige, die an einem anderen als dem Europäischen Freiwilligendienst teilnehmen, sowie Au-pair-Kräfte anzuwenden, um ihnen die Einreise und den Aufenthalt zu erleichtern und ihre Rechte zu garantieren.

(22) Mitgliedstaaten, die beschließen, diese Richtlinie auf Schüler anzuwenden, wird nahegelegt, dafür zu sorgen, dass das nationale Zulassungsverfahren für Lehrkräfte, die ausschließlich Schüler im Rahmen eines Schüleraustauschprogramms oder eines Bildungsvorhabens begleiten, im Einklang mit dem in dieser Richtlinie vorgesehenen Verfahren für Schüler steht.

(23) Eine Au-pair-Tätigkeit trägt zur Förderung persönlicher Kontakte bei, denn sie bietet Drittstaatsangehörigen die Möglichkeit, ihre Sprachkenntnisse zu verbessern und ihr Wissen über die Mitgliedstaaten und ihre kulturellen Verbindungen zu diesen Staaten zu vertiefen. Gleichzeitig könnten Drittstaatsangehörige als Au-pair-Kräfte der Gefahr des Missbrauchs ausgesetzt sein. Um Au-pair-Kräften eine faire Behandlung zu garantieren und ihren besonderen Bedürfnissen Rechnung zu tragen, sollten die Mitgliedstaaten die Bestimmungen dieser Richtlinie über die Einreise und den Aufenthalt von Au-pair-Kräften anwenden können.

(24) Können Drittstaatsangehörige nachweisen, dass sie während ihres Aufenthalts im betreffenden Mitgliedstaat Mittel erhalten, die aus einem Stipendium, einem gültigen Arbeitsvertrag oder einem verbindlichen Arbeitsplatzangebot oder einer finanziellen Verpflichtung einer für den Schüleraustausch, die Aufnahme von Praktikanten oder den Freiwilligendienst zuständigen Organisation, einer Gastfamilie oder einer Au-pair-Vermittlungsstelle stammen, sollten die Mitgliedstaaten diese Mittel bei der Beurteilung der Frage, ob die nötigen Mittel zur Verfügung stehen, berücksichtigen. Die Mitgliedstaaten könnten einen Referenzbetrag für die von ihnen als „nötig" erachteten Mittel festlegen, der für die einzelnen Gruppen von Drittstaatsangehörigen unterschiedlich hoch sein kann.

(25) Den Mitgliedstaaten wird nahegelegt, den Antragstellern zu gestatten, Dokumente und Informationen in einer anderen Amtssprache der Union als der (den) jeweiligen Amtssprache(n) des Mitgliedsstaates vorzulegen, die der betreffende Mitgliedstaat festlegt.

(26) Es sollte den Mitgliedstaaten möglich sein, ein Zulassungsverfahren für öffentliche oder private Forschungseinrichtungen oder beide, die Forscher aus einem Drittstaat aufnehmen möchten, oder für Hochschuleinrichtungen, die Studenten aus einem Drittstaat aufnehmen möchten, vorzusehen. Diese Zulassung sollte nach den im nationalen Recht oder der Verwaltungspraxis des betreffenden Mitgliedstaats festgelegten Verfahren erfolgen. Anträge für zugelassene Forschungseinrichtungen oder Hochschuleinrichtungen sollten vereinfacht werden und die Einreise von Drittstaatsangehörigen, die zum Zwecke der Forschung oder des Studiums in die Union kommen, sollte beschleunigt werden.

(27) Es sollte den Mitgliedstaaten möglich sein, ein Zulassungsverfahren für Einrichtungen vorzusehen, die Schüler, Praktikanten oder Freiwillige aus Drittstaaten aufnehmen wollen. Die Mitgliedstaaten sollten die Möglichkeit haben, dieses Verfahren auf einige oder alle Gruppen von aufnehmenden Einrichtungen anzuwenden. Diese Zulassung sollte nach dem im nationalen Recht oder der Verwaltungspraxis des betreffenden Mitgliedstaats festgelegten Verfahren erfolgen. Anträge für zugelassene aufnehmende Einrichtungen sollten die Einreise von Drittstaatsangehörigen zum Zwecke eines Praktikums, eines Freiwilligendienstes und zur Teilnahme an Schüleraustauschprogrammen oder Bildungsvorhaben in die bzw. in der Union beschleunigen.

(28) Wenn Mitgliedstaaten Zulassungsverfahren für aufnehmende Einrichtungen einführen, sollten sie beschließen können, die Zulassung nur über zugelassene aufnehmende Einrichtungen zu geneh-

2/5. Schüler-, Studenten-, Forscher-RL
Präambel

migen oder ein Zulassungsverfahren einzuführen und gleichzeitig die Zulassung über nicht zugelassene aufnehmende Einrichtungen zu genehmigen.

(29) Diese Richtlinie berührt nicht das Recht der Mitgliedstaaten, Drittstaatsangehörigen, die nicht unter diese Richtlinie fallen, andere als durch diese Richtlinie geregelte Aufenthaltstitel zu Studien- oder Forschungszwecken oder zur Teilnahme an einem Praktikum auszustellen.

(30) Wenn die allgemeinen und besonderen Zulassungsbedingungen erfüllt sind, sollten die Mitgliedstaaten innerhalb einer bestimmten Frist einen Aufenthaltstitel ausstellen. Wenn ein Mitgliedstaat lediglich in seinem Hoheitsgebiet Aufenthaltserlaubnisse erteilt und sämtliche Zulassungsbedingungen dieser Richtlinie erfüllt sind, sollte dieser Mitgliedstaat dem betreffenden Drittstaatsangehörigen das erforderliche Visum ausstellen und gewährleisten, dass die zuständigen Behörden zu diesem Zweck wirksam zusammenarbeiten. Stellt der Mitgliedstaat keine Visa aus, sollte er dem betreffenden Drittstaatsangehörigen eine gleichwertige Erlaubnis erteilen, die ihm die Einreise ermöglicht.

(31) Auf dem Aufenthaltstitel sollte die Rechtsstellung des betreffenden Drittstaatsangehörigen angegeben sein. Die Mitgliedstaaten sollten zusätzliche Informationen in Papierform angeben oder elektronisch speichern können, sofern dies nicht mit zusätzlichen Bedingungen verbunden ist.

(32) Die Gültigkeitsdauer des jeweiligen Aufenthaltstitels gemäß dieser Richtlinie sollte sich nach der besonderen Art des Aufenthalts der Gruppe der Drittstaatsangehörigen richten, die unter diese Richtlinie fallen.

(33) Die Mitgliedstaaten sollten festlegen dürfen, dass die gesamte Aufenthaltsdauer von Studenten auf die Höchststudiendauer nach nationalem Recht beschränkt ist. In dieser Hinsicht könnte die Höchststudiendauer auch die Möglichkeit umfassen, die Studiendauer zu verlängern, um ein oder mehrere Studienjahre zu wiederholen, sofern dies im nationalen Recht des betreffenden Mitgliedstaats vorgesehen ist.

(34) Die Mitgliedstaaten sollten eine Gebühr für die Bearbeitung von Anträgen auf Ausstellung eines Aufenthaltstitels und von Mitteilungen verlangen können. Die Gebühren sollten nicht unverhältnismäßig oder übermäßig hoch sein, damit sie den Zielen dieser Richtlinie nicht entgegenstehen.

(35) Die den in den Anwendungsbereich dieser Richtlinie fallenden Drittstaatsangehörigen eingeräumten Rechte sollten unabhängig davon, in welcher Form die Aufenthaltstitel von den einzelnen Mitgliedstaaten ausgestellt werden, die gleichen sein.

(36) Es sollte möglich sein, die Zulassung für die in dieser Richtlinie festgelegten Zwecke aus besonderen Gründen abzulehnen. Insbesondere sollte die Möglichkeit bestehen, die Zulassung zu verweigern, falls ein Mitgliedstaat auf der Grundlage einer auf Tatsachen gestützten Beurteilung in einem konkreten Einzelfall und unter Berücksichtigung des Grundsatzes der Verhältnismäßigkeit zu der Auffassung gelangt, dass der betreffende Drittstaatsangehörige eine potenzielle Gefahr für die öffentliche Ordnung, Sicherheit oder Gesundheit darstellt.

(37) Mit dieser Richtlinie sollen weder die Zulassung und der Aufenthalt von Drittstaatsangehörigen zu Beschäftigungszwecken geregelt noch das nationale Recht oder die Gepflogenheiten in Bezug auf die Rechtsstellung von Arbeitnehmern harmonisiert werden. Dennoch ist es möglich, dass in einigen Mitgliedstaaten bestimmte Gruppen von Drittstaatsangehörigen, die unter diese Richtlinie fallen, auf der Grundlage nationalen Rechts, Tarifverträgen oder Gepflogenheiten als in einem Beschäftigungsverhältnis stehende Personen betrachtet werden. Gelangt ein Mitgliedstaat zu der Auffassung, dass Forscher, Freiwillige, Praktikanten oder Au-pair-Kräfte aus einem Drittstaat in einem Beschäftigungsverhältnis stehen, sollte dieser Mitgliedstaat das Recht behalten, die Anzahl der Zulassungen für die betreffende Gruppe oder die betreffenden Gruppen im Einklang mit Artikel 79 Absatz 5 AEUV festzulegen.

(38) Beantragt ein Forscher, Freiwilliger, Praktikant oder eine Au-pair-Kraft die Zulassung für die Aufnahme eines Beschäftigungsverhältnisses in einem Mitgliedstaat, sollte dieser Mitgliedstaat die Möglichkeit haben, eine Prüfung durchzuführen, die nachweist, dass eine Stelle nicht mit den auf dem heimischen Arbeitsmarkt zur Verfügung stehenden Arbeitskräften besetzt werden kann.

(39) Für Studenten sollten keine Zulassungsquoten gelten, weil sie – auch wenn sie während ihres Studiums gemäß den Bedingungen dieser Richtlinie arbeiten dürfen – die Zulassung in das Hoheitsgebiet eines Mitgliedstaats anstreben, um als Haupttätigkeit ein Vollzeitstudienprogramm zu absolvieren, das ein Pflichtpraktikum umfassen kann.

(40) Beantragt ein Forscher, Freiwilliger, Praktikant oder eine Au-pair-Kraft nach seiner Zulassung in das Hoheitsgebiet des betreffenden Mitgliedstaats die Verlängerung seines Aufenthaltstitels für die Aufnahme oder Fortsetzung eines Beschäftigungsverhältnisses in dem betreffenden Mitgliedstaat – mit Ausnahme von Forschern, die ihr Beschäftigungsverhältnis mit der gleichen aufnehmenden Einrichtung fortsetzen –, so sollte diesem Mitgliedstaat möglich sein, eine Prüfung durchzuführen, die nachweist, dass eine Stelle nicht mit den auf dem heimischen Arbeitsmarkt zur Verfügung stehenden Arbeitskräften besetzt werden kann.

(41) Bestehen Zweifel an den Antragsgründen, sollten die Mitgliedstaaten angemessene Prüfungen durchführen oder Nachweise verlangen können, um im Einzelfall die Pläne des Antragstellers in Bezug auf Forschung, Studium, Praktikum, Freiwilligendienst, Schüleraustausch, Bildungsvorhaben oder Au-pair-Tätigkeit zu bewerten und dem Missbrauch und der falschen Anwendung des in dieser Richtlinie festgelegten Verfahrens vorzubeugen.

(42) Sind die übermittelten Angaben unvollständig, sollten die Mitgliedstaaten dem Antragsteller innerhalb einer angemessenen Frist mitteilen, welche zusätzlichen Informationen erforderlich sind, und eine angemessene Frist für deren Vorlage festlegen. Werden die Zusatzinformationen nicht fristgerecht erteilt, so kann der Antrag abgelehnt werden.

(43) Die nationalen Behörden sollten dem Antragsteller die Entscheidung über den Antrag mitteilen. Dies sollte so bald wie möglich, spätestens jedoch innerhalb des in dieser Richtlinie festgelegten Zeitraums schriftlich erfolgen.

(44) Mit dieser Richtlinie soll die Mobilität von Forschern und Studenten innerhalb der Union erleichtert werden, indem u. a. der Verwaltungsaufwand, der mit der Mobilität in Bezug auf mehrere Mitgliedstaaten verbunden ist, verringert wird. Zu diesem Zweck wird mit dieser Richtlinie eine spezifische Regelung für die Mobilität innerhalb der Union eingeführt, nach der ein Drittstaatsangehöriger, der über einen von einem ersten Mitgliedstaat ausgestellten Aufenthaltstitel zu Forschungs- und Studienzwecken verfügt, berechtigt ist, im Einklang mit den Mobilitätsbestimmungen dieser Richtlinie in einen oder mehrere zweite Mitgliedstaaten einzureisen, sich dort aufzuhalten und einen Teil seiner Forschungstätigkeit oder seines Studium durchzuführen bzw. zu absolvieren.

(45) Damit Forscher zu Forschungszwecken problemlos von einer Forschungseinrichtung zu einer anderen wechseln können, sollten sie sich im Rahmen ihrer kurzfristigen Mobilität für eine Dauer von bis zu 180 Tagen innerhalb eines Zeitraums von 360 Tagen je Mitgliedstaat im zweiten Mitgliedstaat aufhalten dürfen. Die langfristige Mobilität von Forschern sollte Aufenthalte in einem Mitgliedstaat oder mehreren zweiten Mitgliedstaaten für eine Dauer von mehr als 180 Tagen je Mitgliedstaat umfassen. Familienangehörige sollten berechtigt sein, den Forscher während der Inanspruchnahme der Mobilität zu begleiten. Das Verfahren für ihre Mobilität sollte an das Verfahren für die Mobilität des Forschers, den sie begleiten, angepasst werden.

(46) Damit die Kontinuität des Studiums von Studenten, die an einem Unions- oder multilateralen Programm teilnehmen oder für die eine Vereinbarung zwischen zwei oder mehr Hochschuleinrichtungen gilt, sichergestellt wird, sollte für Studenten in dieser Richtlinie eine Mobilität in Bezug auf einen oder mehrere zweite Mitgliedstaaten für eine Dauer von bis zu 360 Tagen je Mitgliedstaat vorgesehen werden.

(47) Wenn ein Forscher oder Student auf der Grundlage eines Mitteilungsverfahrens in einen zweiten Mitgliedstaat umzieht und ein Dokument erforderlich ist, um ihm den Zugang zu Dienstleistungen und Rechten zu erleichtern, sollte der zweite Mitgliedstaat dem Forscher oder Studenten ein Dokument ausstellen können, in dem bescheinigt wird, dass der Forscher oder Student berechtigt ist, sich im Hoheitsgebiet dieses Mitgliedstaats aufzuhalten. Ein solches Dokument sollte keine zusätzliche Voraussetzung für die Inanspruchnahme der in dieser Richtlinie vorgesehenen Rechte sein und sollte nur deklaratorischen Charakter haben.

(48) Zwar sollten mit der spezifischen Mobilitätsregelung im Rahmen dieser Richtlinie eigenständige Regeln für die Einreise zu Forschungs- und Studienzwecken in andere Mitgliedstaaten als den Mitgliedstaat, der den ursprünglichen Aufenthaltstitel ausgestellt hat, und den dortigen Aufenthalt festgelegt werden, jedoch sollten alle anderen in den einschlägigen Bestimmungen des Schengen-Besitzstands festgelegten Regeln für das Überschreiten von Grenzen durch Personen weiterhin gelten.

(49) Wird ein Aufenthaltstitel von einem Mitgliedstaat ausgestellt, der den Schengen-Besitzstand nicht uneingeschränkt anwendet, und wird von dem Forscher, seinen Familienangehörigen oder dem Studenten im Rahmen der Mobilität innerhalb der Union eine Außengrenze im Sinne der Verordnung (EU) 2016/399 des Europäischen Parlaments und des Rates (Verordnung (EU) 2016/399 des Europäischen Parlaments und des Rates vom 9. März 2016 über einen Gemeinschaftskodex für das Überschreiten der Grenzen durch Personen (Schengener Grenzkodex) (ABl. L 77 vom 23.3.2016, S. 1).) überschritten, so sollte ein Mitgliedstaat berechtigt sein, einen Nachweis darüber zu verlangen, dass der Forscher oder der Student zu Forschungs- oder Studienzwecken in sein Hoheitsgebiet einreist oder die Familienangehörigen in sein Hoheitsgebiet einreisen, um den Forscher im Rahmen der Mobilität zu begleiten. Darüber hinaus sollten die Mitgliedstaaten, die den Schengen-Besitzstand uneingeschränkt anwenden, beim Überschreiten einer Außengrenze im Sinne der Verordnung (EU) 2016/399 das Schengener Informationssystem konsultieren und die Einreise verweigern oder die Mobilität ablehnen, wenn es sich um eine Person handelt, die gemäß der Verordnung (EG) Nr. 1987/2006 des Europäischen Parlaments und des Rates (Verordnung (EG) Nr. 1987/2006 des Europäischen Parlaments und des Rates vom 20. Dezember 2006 über die Einrichtung, den Betrieb und die Nutzung des Schengener Informationssystems der zweiten Generation (SIS II) (ABl. L 381 vom 28.12.2006, S. 4).) in diesem System zur Einreise- oder Aufenthaltsverweigerung ausgeschrieben ist.

(50) Im Rahmen dieser Richtlinie sollte es zweiten Mitgliedstaaten gestattet sein, zu verlangen, dass Forscher oder Studenten, die auf der Grundlage eines vom ersten Mitgliedstaat ausgestellten Aufenthaltstitels zuziehen und die Bedingungen für die Mobilität nicht oder nicht mehr erfüllen, ihr Hoheitsgebiet verlassen. Verfügt der Forscher oder Student über einen vom ersten Mitgliedstaat ausgestellten gültigen Aufenthaltstitel, sollte der zweite Mitgliedstaat die Möglichkeit haben, im Einklang mit der Richtlinie 2008/115/EG des Europäischen Parlaments und des Rates (Richtlinie 2008/115/EG des Europäischen Parlaments und des Rates vom 16. Dezember 2008 über gemeinsame Normen und Verfahren in den Mitgliedstaaten zur Rückführung

2/5. Schüler-, Studenten-, Forscher-RL
Präambel

illegal aufhältiger Drittstaatsangehöriger (ABl. L 348 vom 24.12.2008, S. 98).) von diesem Forscher oder Studenten zu verlangen, in diesen ersten Mitgliedstaat zurückzukehren. Ist die Mobilität vom zweiten Mitgliedstaat auf der Grundlage des vom ersten Mitgliedstaat ausgestellten Aufenthaltstitels gestattet worden und ist dieser Aufenthaltstitel während der Inanspruchnahme der Mobilität entzogen worden oder abgelaufen, sollte der zweite Mitgliedstaat die Möglichkeit haben zu beschließen, den Forscher oder Studenten im Einklang mit der Richtlinie 2008/115/EG in einen Drittstaat zurückzuführen, oder den ersten Mitgliedstaat zu ersuchen, unverzüglich die Wiedereinreise des Forschers oder Studenten in sein Hoheitsgebiet zu gestatten. Im zweiten Fall sollte der erste Mitgliedstaat dem Forscher oder Studenten ein Dokument ausstellen, mit dem die Wiedereinreise in sein Hoheitsgebiet gestattet wird.

(51) Die Maßnahmen und Bestimmungen der Union im Bereich Zuwanderung und die Maßnahmen und Programme der Union zur Förderung der Mobilität von Forschern und Studenten auf Unionsebene sollten einander ergänzen. Bei der Bestimmung der Gültigkeitsdauer der den Forschern und Studenten ausgestellten Aufenthaltstitel sollten die Mitgliedstaaten die geplante Mobilität in Bezug auf andere Mitgliedstaaten im Einklang mit den Bestimmungen über die Mobilität berücksichtigen. Forscher und Studenten, die an einem Unions- oder multilateralen Programm, das Mobilitätsmaßnahmen einschließt, teilnehmen oder für die eine Vereinbarung zwischen zwei oder mehr Hochschuleinrichtungen gilt, sollten berechtigt sein, Aufenthaltstitel für mindestens zwei Jahre zu erhalten, sofern sie die einschlägigen Zulassungsbedingungen für diesen Zeitraum erfüllen.

(52) Damit Studenten einen Teil der Kosten ihres Studiums decken und nach Möglichkeit praktische Erfahrungen sammeln können, sollten sie nach Maßgabe der in dieser Richtlinie festgelegten Bedingungen während ihres Studiums Zugang zum Arbeitsmarkt des Mitgliedstaats, in dem sie ihr Studium absolvieren, erhalten. Zu diesem Zweck sollte Studenten erlaubt werden, eine bestimmte Mindestanzahl an Stunden, die in dieser Richtlinie festgelegt wird, zu arbeiten. Der Grundsatz, dass Studenten Zugang zum Arbeitsmarkt haben, sollte zur allgemeinen Regel erhoben werden. Allerdings sollten die Mitgliedstaaten bei Vorliegen außergewöhnlicher Umstände die Möglichkeit erhalten, die Lage auf ihrem nationalen Arbeitsmarkt zu berücksichtigen.

(53) Da in Zukunft mehr hoch qualifizierte Arbeitskräfte gebraucht werden, sollten Studenten, die in der Union ihr Studium abschließen, die Möglichkeit haben, für einen in dieser Richtlinie festgelegten Zeitraum im Hoheitsgebiet des betreffenden Mitgliedstaats zu bleiben, um dort eine Arbeit zu suchen oder ein Unternehmen zu gründen. Forscher sollten nach Abschluss der in der Aufnahmevereinbarung definierten Forschungstätigkeit ebenfalls diese Möglichkeit haben. Damit ihnen eine Aufenthaltserlaubnis zu diesem Zwecke ausgestellt wird, kann von Studenten und Forschern die Vorlage von Nachweisen gemäß den Anforderungen dieser Richtlinie verlangt werden. Sobald ihnen die Mitgliedstaaten eine solche Aufenthaltserlaubnis erteilt haben, werden sie nicht mehr als Forscher oder Studenten im Sinne dieser Richtlinie betrachtet. Die Mitgliedstaaten sollten die Möglichkeit haben, nach Ablauf eines in dieser Richtlinie festgelegten Mindestzeitraums zu überprüfen, ob sie begründete Aussichten auf eine Beschäftigung oder die Aufnahme einer selbständigen Erwerbstätigkeit haben. Diese Möglichkeit berührt nicht andere Meldepflichten, die im nationalen Recht für andere Zwecke festgelegt sind. Die Ausstellung eines Aufenthaltstitels zum Zwecke der Arbeitssuche oder der Gründung eines Unternehmens sollte jedoch nicht bedeuten, dass ein automatischer Anspruch auf Zugang zum Arbeitsmarkt oder auf Gründung eines Unternehmens besteht. Die Mitgliedstaaten sollten weiterhin das Recht haben, die Lage auf ihrem Arbeitsmarkt zu berücksichtigen, wenn der Drittstaatsangehörige, dem ein Aufenthaltstitel für den Verbleib im Hoheitsgebiet zum Zwecke der Arbeitssuche oder der Gründung eines Unternehmens ausgestellt wurde, eine Arbeitserlaubnis für eine Stelle beantragt.

(54) Die angemessene Behandlung von Drittstaatsangehörigen, die unter diese Richtlinie fallen, sollte in Einklang mit Artikel 79 AEUV sichergestellt werden. Forscher sollten in Bezug auf Artikel 12 Absätze 1 und 4 der Richtlinie 2011/98/EU des Europäischen Parlaments und des Rates (Richtlinie 2011/98/EU des Europäischen Parlaments und des Rates vom 13. Dezember 2011 über ein einheitliches Verfahren zur Beantragung einer kombinierten Erlaubnis für Drittstaatsangehörige, sich im Hoheitsgebiet eines Mitgliedstaats aufzuhalten und zu arbeiten, sowie über ein gemeinsames Bündel von Rechten für Drittstaatsarbeitnehmer, die sich rechtmäßig in einem Mitgliedstaat aufhalten (ABl. L 343 vom 23.12.2011, S. 1).) wie Staatsangehörige des betreffenden Mitgliedstaats behandelt werden, wobei dieser Mitgliedstaat allerdings die Möglichkeit haben sollte, die Gleichbehandlung in bestimmten in der vorliegenden Richtlinie vorgesehenen Fällen zu beschränken. Die Richtlinie 2011/98/EU, einschließlich der darin vorgesehenen Beschränkungen, sollte weiterhin für Studenten gelten. Die Richtlinie 2011/98/EU sollte für Praktikanten, Freiwillige und Au-pair-Kräfte gelten, sofern sie in dem betreffenden Mitgliedstaat als in einem Beschäftigungsverhältnis stehend betrachtet werden. Praktikanten, Freiwillige und Au-pair-Kräfte, sofern sie in dem betreffenden Mitgliedstaat als nicht in einem Beschäftigungsverhältnis stehend betrachtet werden, sowie Schüler sollten in Bezug auf ein Minimum an Rechten, das in der vorliegenden Richtlinie festgelegt ist, wie Staatsangehörige des betreffenden Mitgliedstaats behandelt werden. Dies gilt auch für den Zugang zu Waren und Dienstleistungen, der sich jedoch nicht auf Beihilfen oder Darlehen für das Studium oder die Berufsbildung erstreckt.

(55) Die Gleichbehandlung, die Forschern und Studenten sowie Praktikanten, Freiwilligen und Au-pair-Kräften gewährt wird, sofern sie in dem betreffenden Mitgliedstaat als in einem Beschäftigungsverhältnis stehend betrachtet werden, erstreckt sich auch auf die Zweige der sozialen Sicherheit, die in Artikel 3 der Verordnung (EG) Nr. 883/2004 des Europäischen Parlaments und des Rates (Verordnung (EG) Nr. 883/2004 des Europäischen Parlaments und des Rates vom 29. April 2004 zur Koordinierung der Systeme der sozialen Sicherheit (ABl. L 166 vom 30.4.2004, S. 1).) aufgeführt sind. Diese Richtlinie bewirkt keine Harmonisierung der Rechtsvorschriften der Mitgliedstaaten über die soziale Sicherheit. Sie ist auf die Anwendung des Grundsatzes der Gleichbehandlung im Bereich der sozialen Sicherheit auf Drittstaatsangehörige, die in ihren Anwendungsbereich fallen, beschränkt. Des Weiteren werden mit dieser Richtlinie keine Rechte in Situationen gewährt, die nicht in den Geltungsbereich des Unionsrechts fallen, wie beispielsweise in Bezug auf Familienangehörige, die sich in einem Drittstaat aufhalten. Hiervon unberührt bleiben sollten jedoch gegebenenfalls die Rechte von Hinterbliebenen, die von einem Drittstaatsangehörigen, der in den Anwendungsbereich dieser Richtlinie fällt, einen Anspruch auf Hinterbliebenenversorgung ableiten, wenn sie in einem Drittstaat wohnhaft sind.

(56) In vielen Mitgliedstaaten wird das Recht auf Familienleistungen von einer gewissen Verbindung zu dem Mitgliedstaat abhängig gemacht, da mit den Leistungen eine positive demografische Entwicklung gefördert werden soll, um sicherzustellen, dass es in diesem Mitgliedstaat auch künftig genug Arbeitskräfte gibt. Diese Richtlinie sollte daher das Recht der Mitgliedstaaten, die Gleichbehandlung in Bezug auf Familienleistungen unter bestimmten Bedingungen einzuschränken, wenn sich der Forscher und die ihn begleitenden Familienangehörigen vorübergehend in ihrem Hoheitsgebiet aufhalten, nicht berühren.

(57) Im Falle der Mobilität zwischen Mitgliedstaaten findet die Verordnung (EU) Nr. 1231/2010 des Europäischen Parlaments und des Rates (Verordnung (EU) Nr. 1231/2010 des Europäischen Parlaments und des Rates vom 24. November 2010 zur Ausdehnung der Verordnung (EG) Nr. 883/2004 und der Verordnung (EG) Nr. 987/2009 auf Drittstaatsangehörige, die ausschließlich aufgrund ihrer Staatsangehörigkeit nicht bereits unter diese Verordnungen fallen (ABl. L 344 vom 29.12.2010, S. 1).) Anwendung. Diese Richtlinie sollte Drittstaatsangehörigen mit grenzüberschreitenden Belangen in mehreren Mitgliedstaaten nicht mehr Ansprüche der sozialen Sicherheit gewähren als die, die im bestehenden Unionsrecht bereits vorgesehen sind.

(58) Die Anwendung dieser Richtlinie sollte etwaige günstigere Vorschriften, die im Unionsrecht und in anwendbaren internationalen Übereinkommen enthalten sind, unberührt lassen.

(59) Bei der Ausstellung einer Aufenthaltserlaubnis gemäß dieser Richtlinie sollten die zuständigen Behörden des Mitgliedstaats das in der Verordnung (EG) Nr. 1030/2002 des Rates (Verordnung (EG) Nr. 1030/2002 des Rates vom 13. Juni 2002 zur einheitlichen Gestaltung des Aufenthaltstitels für Drittstaatenangehörige (ABl. L 157 vom 15.6.2002, S. 1).) festgelegte einheitliche Muster verwenden.

(60) Jeder Mitgliedstaat sollte sicherstellen, dass der Öffentlichkeit insbesondere über das Internet geeignete und regelmäßig aktualisierte Informationen über die zu den Zwecken dieser Richtlinie zugelassenen aufnehmenden Einrichtungen und über die Bedingungen und Verfahren für die zu den Zwecken dieser Richtlinie erfolgende Zulassung von Drittstaatsangehörigen in das Hoheitsgebiet der Mitgliedstaaten zur Verfügung gestellt werden.

(61) Diese Richtlinie wahrt im Einklang mit Artikel 6 des Vertrags über die Europäische Union (EUV) die Grundrechte und Grundsätze, die mit der Charta der Grundrechte der Europäischen Union anerkannt wurden.

(62) Die Mitgliedstaaten sollten diese Richtlinie ohne Diskriminierung aus Gründen des Geschlechts, der Rasse, der Hautfarbe, der ethnischen oder sozialen Herkunft, der genetischen Merkmale, der Sprache, der Religion oder Weltanschauung, der politischen oder sonstigen Anschauung, der Zugehörigkeit zu einer nationalen Minderheit, des Vermögens, der Geburt, einer Behinderung, des Alters oder der sexuellen Orientierung umsetzen.

(63) Gemäß der Gemeinsamen Politischen Erklärung vom 28. September 2011 der Mitgliedstaaten und der Kommission zu Erläuternde Dokumente (ABl. C 369 vom 17.12.2011, S. 14.) haben sich die Mitgliedstaaten verpflichtet, in begründeten Fällen zusätzlich zur Mitteilung ihrer Umsetzungsmaßnahmen ein oder mehrere Dokumente zu übermitteln, in denen der Zusammenhang zwischen den Bestandteilen einer Richtlinie und den entsprechenden Teilen innerstaatlicher Umsetzungsinstrumente erläutert wird. In Bezug auf diese Richtlinie hält der Gesetzgeber die Übermittlung derartiger Dokumente für gerechtfertigt.

(64) Da das Ziel der vorgeschlagenen Maßnahme, nämlich die Festlegung der Bedingungen für die Einreise und den Aufenthalt von Drittstaatsangehörigen zu Forschungs- und Studienzwecken oder zur Teilnahme an einem Praktikum oder am Europäischen Freiwilligendienst als verbindliche Bestimmungen sowie zur Teilnahme an einem Schüleraustausch oder einem anderen Freiwilligendienst als dem Europäischen Freiwilligendienst oder zur Ausübung einer Au-pair-Tätigkeit als fakultative Bestimmungen, von den Mitgliedstaaten nicht ausreichend verwirklicht werden kann, sondern vielmehr wegen seines Umfangs oder seiner Wirkungen auf Unionsebene besser zu verwirklichen ist, kann die Union im Einklang mit dem in Artikel 5 EUV verankerten Subsidiaritätsprinzip tätig werden. Entsprechend dem in demselben Artikel genannten Verhältnismäßigkeitsgrundsatz geht diese Richtlinie nicht über das zur Erreichung dieses Ziels erforderliche Maß hinaus.

(65) Nach den Artikeln 1 und 2 und Artikel 4a Absatz 1 des dem EUV und dem AEUV bei-

2/5. Schüler-, Studenten-, Forscher-RL
Präambel, Art. 1, 2

gefügten Protokolls Nr. 21 über die Position des Vereinigten Königreichs und Irlands hinsichtlich des Raums der Freiheit, der Sicherheit und des Rechts sowie unbeschadet des Artikels 4 dieses Protokolls beteiligen sich diese Mitgliedstaaten nicht an der Annahme dieser Richtlinie und sind weder durch diese Richtlinie gebunden noch zu ihrer Anwendung verpflichtet.

(66) Nach den Artikeln 1 und 2 des dem EUV und dem AEUV beigefügten Protokolls Nr. 22 über die Position Dänemarks beteiligt sich Dänemark nicht an der Annahme dieser Richtlinie und ist weder durch diese Richtlinie gebunden noch zu ihrer Anwendung verpflichtet.

(67) Die Verpflichtung zur Umsetzung dieser Richtlinie in nationales Recht sollte nur jene Bestimmungen betreffen, die im Vergleich zu den Richtlinien 2004/114/EG und 2005/71/EG inhaltlich geändert wurden. Die Verpflichtung zur Umsetzung der inhaltlich unveränderten Bestimmungen ergibt sich aus diesen Richtlinien.

(68) Die vorliegende Richtlinie sollte die Verpflichtungen der Mitgliedstaaten hinsichtlich der Fristen für die Umsetzung der Richtlinien gemäß Anhang I Teil B in nationales Recht und des Zeitpunkts ihrer Anwendung unberührt lassen –

HABEN FOLGENDE RICHTLINIE ERLASSEN:

KAPITEL I
ALLGEMEINE BESTIMMUNGEN

Gegenstand

Art. 1 Diese Richtlinie legt fest:
a) die Bedingungen für die Einreise von Drittstaatsangehörigen in das Hoheitsgebiet der Mitgliedstaaten und für den dortigen Aufenthalt für einen Zeitraum von mehr als 90 Tagen zu Forschungs- oder Studienwecken oder zur Absolvierung eines Praktikums oder zur Teilnahme an einem Freiwilligendienst im Europäischen Freiwilligendienst sowie – wenn Mitgliedstaaten dies beschließen – zur Teilnahme an einem Schüleraustauschprogramm oder einem Bildungsvorhaben, einem anderen Freiwilligendienst als dem Europäischen Freiwilligendienst oder zur Ausübung einer Au-pair-Tätigkeit sowie ihre Rechte und gegebenenfalls die ihrer Familienangehörigen;
b) die Bedingungen für die Einreise der unter Buchstabe a genannten Forscher, sowie gegebenenfalls ihrer Familienangehörigen, und Studenten in andere Mitgliedstaaten als den ersten Mitgliedstaat, der dem Drittstaatsangehörigen auf der Grundlage dieser Richtlinie einen Aufenthaltstitel ausstellt, und für den dortigen Aufenthalt sowie ihre Rechte.

Anwendungsbereich

Art. 2 (1) Diese Richtlinie findet Anwendung auf Drittstaatsangehörige, die zu Forschungs-, Studien- oder Ausbildungszwecken oder zur Teilnahme an einem Freiwilligendienst im Europäischen Freiwilligendienst einen Antrag auf Zulassung in das Hoheitsgebiet eines Mitgliedstaats stellen oder die Zulassung erhalten haben. Die Mitgliedstaaten können auch beschließen, die Bestimmungen dieser Richtlinie auf Drittstaatsangehörige anzuwenden, die die Zulassung zur Teilnahme an einem Schüleraustauschprogramm oder einem Bildungsvorhaben, einem anderen Freiwilligendienst als dem Europäischen Freiwilligendienst oder zur Ausübung einer Au-pair-Tätigkeit beantragen.

(2) Diese Richtlinie findet keine Anwendung auf Drittstaatsangehörige,
a) die um internationalen Schutz ersuchen oder die in einem Mitgliedstaat internationalen Schutz gemäß Richtlinie 2011/95/EU des Europäischen Parlaments und des Rates (Richtlinie 2011/95/EU des Europäischen Parlaments und des Rates vom 13. Dezember 2011 über Normen für die Anerkennung von Drittstaatsangehörigen oder Staatenlosen als Personen mit Anspruch auf internationalen Schutz, für einen einheitlichen Status für Flüchtlinge oder für Personen mit Anrecht auf subsidiären Schutz und für den Inhalt des zu gewährenden Schutzes (ABl. L 337 vom 20.12.2011, S. 9).) genießen oder vorübergehenden Schutz gemäß der Richtlinie 2001/55/EG des Rates (Richtlinie 2001/55/EG des Rates vom 20. Juli 2001 über Mindestnormen für die Gewährung vorübergehenden Schutzes im Falle eines Massenzustroms von Vertriebenen und Maßnahmen zur Förderung einer ausgewogenen Verteilung der Belastungen, die mit der Aufnahme dieser Personen und den Folgen dieser Aufnahme verbunden sind, auf die Mitgliedstaaten (ABl. L 212 vom 7.8.2001, S. 12).) genießen;
b) deren Abschiebung aus faktischen oder rechtlichen Gründen ausgesetzt wurde;
c) die Familienangehörige von Unionsbürgern sind, die ihr Recht auf Freizügigkeit innerhalb der Gemeinschaft ausgeübt haben;
d) die in einem Mitgliedstaat über die Rechtsstellung als langfristig Aufenthaltsberechtigte im Sinne der Richtlinie 2003/109/EG des Rates (Richtlinie 2003/109/EG des Rates vom 25. November 2003 betreffend die Rechtsstellung der langfristig aufenthaltsberechtigten Drittstaatsangehörigen (ABl. L 16 vom 23.1.2004, S. 44).) verfügen;
e) die zusammen mit ihren Familienangehörigen – ungeachtet ihrer Staatsangehörigkeit – aufgrund von Übereinkommen zwischen der Union und ihren Mitgliedstaaten und Drittstaaten oder zwischen der Union und Drittstaaten ein Recht auf Freizügigkeit genießen, das dem der Unionsbürger gleichwertig ist;
f) die als Trainees im Rahmen eines unternehmensinternen Transfers auf der Grundlage der Richtlinie 2014/66/EU in die Union einreisen;
g) die einen Antrag auf Aufenthalt in einem Mitgliedstaat zum Zweck der Ausübung einer

2/5. Schüler-, Studenten-, Forscher-RL

Art. 2, 3

hoch qualifizierten Beschäftigung im Sinne der Richtlinie (EU) 2021/1883 des Europäischen Parlaments und des Rates (Richtlinie (EU) 2021/1883 des Europäischen Parlaments und des Rates vom 20. Oktober 2021 über die Bedingungen für die Einreise und den Aufenthalt von Drittstaatsangehörigen zur Ausübung einer hoch qualifizierten Beschäftigung und zur Aufhebung der Richtlinie 2009/50/EG (ABl. L 382 vom ..., S. 1) stellen.

(RL (EU) 2021/1883)

Begriffsbestimmungen

Art. 3 Im Sinne dieser Richtlinie bezeichnet der Ausdruck

1. „Drittstaatsangehörige" Personen, die nicht Unionsbürger im Sinne von Artikel 20 Absatz 1 AEUV sind;
2. „Forscher" Drittstaatsangehörige, die über einen Doktorgrad oder einen geeigneten Hochschulabschluss, der diesem Drittstaatsangehörigen den Zugang zu Doktoratsprogrammen ermöglicht, verfügen und von einer Forschungseinrichtung ausgewählt und in das Hoheitsgebiet eines Mitgliedstaats zugelassen werden, um eine Forschungstätigkeit, für die normalerweise ein solcher Abschluss erforderlich ist, auszuüben;
3. „Studenten" Drittstaatsangehörige, die an einer höheren Bildungseinrichtung angenommen und in das Hoheitsgebiet eines Mitgliedstaats zugelassen wurden, um als Haupttätigkeit ein Vollzeitstudienprogramm zu absolvieren, das zu einem von diesem Mitgliedstaat anerkannten höheren Abschluss wie einem Diplom, Zertifikat oder Doktorgrad von höheren Bildungseinrichtungen führt, einschließlich Vorbereitungskursen für diese Studien gemäß dem nationalen Recht des betreffenden Mitgliedstaats oder eines Pflichtpraktikums;
4. „Schüler" Drittstaatsangehörige, die in das Hoheitsgebiet eines Mitgliedstaats zugelassen wurden, um im Rahmen eines Schüleraustauschprogramms oder eines Bildungsvorhabens, das von einer Bildungseinrichtung im Einklang mit dem nationalen Recht oder der Verwaltungspraxis des betreffenden Mitgliedstaats durchgeführt wird, ein anerkanntes staatliches oder regionales Bildungsprogramm im Sekundarbereich zu absolvieren, das der Stufe 2 oder 3 der internationalen Standardklassifikation für das Bildungswesen entspricht;
5. „Praktikanten" Drittstaatsangehörige, die über einen Hochschulabschluss verfügen oder die in einem Drittland ein Studium absolvieren, das zu einem Hochschulabschluss führt, und die in das Hoheitsgebiet eines Mitgliedstaats zugelassen wurden, um sich im Rahmen eines Praktikums Wissen, praktische Kenntnisse und Erfahrungen in einem beruflichen Umfeld anzueignen;
6. „Freiwillige" Drittstaatsangehörige, die in das Hoheitsgebiet eines Mitgliedstaats zugelassen wurden, um an einem Freiwilligendienst teilzunehmen;
7. „Freiwilligendienst" ein Programm praktischer solidarischer Tätigkeit, das sich auf eine von dem betreffenden Mitgliedstaat oder der Union anerkannte Regelung stützt, Ziele von allgemeinem Interesse ohne Gewinnabsicht verfolgt und bei dem die Tätigkeiten nicht vergütet werden, mit Ausnahme der Erstattung von Auslagen und/oder eines Taschengelds;
8. „Au-pair-Kräfte" Drittstaatsangehörige, die in das Hoheitsgebiet eines Mitgliedstaats zugelassen wurden, damit sie vorübergehend in einer Familie untergebracht werden, um ihre Sprachkenntnisse und ihr Wissen über den betreffenden Mitgliedstaat zu verbessern, und dafür leichte Hausarbeit verrichten und Kinder betreuen;
9. „Forschung" systematisch betriebene, schöpferische Arbeit mit dem Zweck der Erweiterung des Wissensstands, einschließlich der Erkenntnisse über den Menschen, die Kultur und die Gesellschaft, sowie der Einsatz dieses Wissens mit dem Ziel, neue Anwendungsmöglichkeiten zu finden;
10. „Forschungseinrichtung" jede öffentliche oder private Einrichtung, die Forschung betreibt;
11. „Bildungseinrichtung" eine öffentliche oder private Einrichtung des Sekundarbereichs, die von dem betreffenden Mitgliedstaat anerkannt ist oder deren Studienprogramme gemäß dem nationalen Recht oder der Verwaltungspraxis auf der Grundlage transparenter Kriterien anerkannt sind und die an einem Schüleraustauschprogramm oder Bildungsvorhaben zu den in dieser Richtlinie genannten Zwecken teilnimmt;
12. „Bildungsvorhaben" eine Reihe von Bildungsmaßnahmen, die von einer Bildungseinrichtung eines Mitgliedstaats in Zusammenarbeit mit ähnlichen Einrichtungen in einem Drittstaat zum Zwecke des Kultur- und Wissensaustauschs entwickelt wurden;
13. „Hochschuleinrichtung" jede Art von Hochschuleinrichtung, die nach nationalem Recht des betreffenden Mitgliedstaats anerkannt oder als solche eingestuft ist, und an der gemäß dem nationalen Recht oder den Gepflogenheiten anerkannte akademische Grade oder andere anerkannte Qualifikationen der Tertiärstufe erworben werden können, ungeachtet ihrer jeweiligen Bezeichnung, oder jede Einrichtung, die gemäß dem nationalen Recht oder den Gepflogenheiten berufliche Aus- oder Weiterbildung der Tertiärstufe anbietet;
14. „aufnehmende Einrichtung" eine Forschungseinrichtung, eine Hochschuleinrichtung, eine Bildungseinrichtung, eine für einen Freiwilligendienst zuständige Organisation oder eine Praktikanten aufnehmende Einrichtung, der

der Drittstaatsangehörige für die Zwecke dieser Richtlinie zugewiesen wird und die, ungeachtet ihrer Rechtsform, im Einklang mit dem nationalen Recht des betreffenden Mitgliedstaats im Hoheitsgebiet des betreffenden Mitgliedstaats ansässig ist;

15. „Gastfamilie" die Familie, die die Au-pair-Kraft vorübergehend aufnimmt und sie an ihrem Familienalltag im Hoheitsgebiet eines Mitgliedstaats auf der Grundlage einer zwischen dieser Familie und der Au-pair-Kraft geschlossenen Vereinbarung teilhaben lässt;

16. „Beschäftigung" die Ausübung von Tätigkeiten für einen Arbeitgeber oder nach dessen Weisung oder unter dessen Aufsicht, die nach nationalem Recht oder geltenden Tarifverträgen oder im Einklang mit den Gepflogenheiten als eine Form der Arbeit geregelt sind;

17. „Arbeitgeber" jede natürliche oder juristische Person, für die oder nach deren Weisung oder unter deren Aufsicht die Beschäftigung erfolgt;

18. „erster Mitgliedstaat" den Mitgliedstaat, der als erster einem Drittstaatsangehörigen einen Aufenthaltstitel auf der Grundlage dieser Richtlinie ausstellt;

19. „zweiter Mitgliedstaat" jeden anderen als den ersten Mitgliedstaat;

20. „Unions- oder multilaterale Programme mit Mobilitätsmaßnahmen" von der Union oder den Mitgliedstaaten finanzierte Programme, die Mobilität von Drittstaatsangehörigen in der Union oder in den an den jeweiligen Programmen beteiligten Mitgliedstaaten fördern;

21. „Aufenthaltstitel" eine Aufenthaltserlaubnis oder – falls im nationalen Recht des betreffenden Mitgliedstaats vorgesehen – ein Visum für den längerfristigen Aufenthalt, die bzw. das zum Zwecke dieser Richtlinie ausgestellt wird;

22. „Aufenthaltserlaubnis" einen Aufenthaltstitel, der im Format gemäß der Verordnung (EG) Nr. 1030/2002 erteilt wird und ihren Inhaber zum rechtmäßigen Aufenthalt im Hoheitsgebiet eines Mitgliedstaats berechtigt;

23. „Visum für den längerfristigen Aufenthalt" einen Aufenthaltstitel, der von einem Mitgliedstaat gemäß Artikel 18 des Schengener Durchführungsübereinkommens (Schengen-Besitzstand – Übereinkommen zur Durchführung des Übereinkommens von Schengen vom 14. Juni 1985 zwischen den Regierungen der Staaten der Benelux-Wirtschaftsunion, der Bundesrepublik Deutschland und der Französischen Republik betreffend den schrittweisen Abbau der Kontrollen an den gemeinsamen Grenzen (ABl. L 239 vom 22.9.2000, S. 19).) oder gemäß dem nationalen Recht eines den Schengen-Besitzstand nicht vollständig anwendenden Mitgliedstaats erteilt wird;

24. „Familienangehörige" Drittstaatsangehörige im Sinne des Artikels 4 Absatz 1 der Richtlinie 2003/86/EG.

Günstigere Bestimmungen

Art. 4 (1) Die Richtlinie berührt nicht günstigere Bestimmungen in

a) bilateralen oder multilateralen Übereinkünften zwischen der Union oder der Union und ihren Mitgliedstaaten einerseits und einem Drittstaat oder mehreren Drittstaaten andererseits oder

b) bilateralen oder multilateralen Übereinkünften zwischen einem Mitgliedstaat oder mehreren Mitgliedstaaten und einem Drittstaat oder mehreren Drittstaaten.

(2) Diese Richtlinie hindert die Mitgliedstaaten nicht daran, in Bezug auf die Artikel 10 Absatz 2 Buchstabe a und Artikel 18, 22, 23, 24, 25, 26, 34 und 35 günstigere Bestimmungen für Drittstaatsangehörige, auf die diese Richtlinie Anwendung findet, beizubehalten oder einzuführen.

KAPITEL II
ZULASSUNG

Grundsätze

Art. 5 (1) Ein Drittstaatsangehöriger wird nach dieser Richtlinie nur dann zugelassen, wenn sich nach Prüfung der Dokumente zeigt, dass der Drittstaatsangehörige folgende Bedingungen erfüllt:

a) die allgemeinen Bedingungen des Artikels 7; und

b) die einschlägigen besonderen Bedingungen der Artikel 8, 11, 12, 13, 14 oder 16.

(2) Die Mitgliedstaaten können von dem Antragsteller verlangen, dass er die Unterlagen nach Absatz 1 in einer Amtssprache des betreffenden Mitgliedstaats oder in einer anderen von diesem Mitgliedstaat bestimmten Amtssprache der Union vorlegt.

(3) Wenn alle allgemeinen und einschlägigen besonderen Bedingungen erfüllt sind, hat der Drittstaatsangehörige Anspruch auf einen Aufenthaltstitel.

Wenn ein Mitgliedstaat lediglich in seinem Hoheitsgebiet Aufenthaltserlaubnisse erteilt und sämtliche Zulassungsbedingungen dieser Richtlinie erfüllt sind, stellt der betreffende Mitgliedstaat dem Drittstaatsangehörigen das erforderliche Visum aus.

Anzahl der Zulassungen

Art. 6 Die Richtlinie berührt nicht das Recht der Mitgliedstaaten, im Einklang mit Artikel 79 Absatz 5 AEUV festzulegen, wie viele in Artikel 2 Absatz 1 dieser Richtlinie genannte Drittstaatsangehörige – mit Ausnahme von Studenten – in ihr Hoheitsgebiet einreisen dürfen, wenn der betreffende Mitgliedstaat der Auffassung ist, dass diese ein Beschäftigungsverhältnis eingegangen sind oder eingehen werden. Auf dieser Grundlage

2/5. Schüler-, Studenten-, Forscher-RL

kann ein Antrag auf einen Aufenthaltstitel entweder als unzulässig angesehen oder abgelehnt werden.

Allgemeine Bedingungen

Art. 7 (1) In Bezug auf die Zulassung eines Drittstaatsangehörigen gemäß dieser Richtlinie muss der Antragsteller

a) ein nach dem nationalen Recht des betreffenden Mitgliedstaats gültiges Reisedokument und erforderlichenfalls einen Visumantrag oder ein gültiges Visum oder gegebenenfalls eine gültige Aufenthaltserlaubnis oder ein gültiges Visum für den längerfristigen Aufenthalt vorlegen; die Mitgliedstaaten können verlangen, dass die Geltungsdauer des Reisedokuments mindestens die Dauer des geplanten Aufenthalts abdeckt;

b) wenn der Drittstaatsangehörige nach dem nationalen Recht des betreffenden Mitgliedstaats minderjährig ist, eine Erlaubnis der Eltern oder ein gleichwertiges Dokument für den geplanten Aufenthalt vorlegen;

c) Nachweise darüber vorlegen, dass der Drittstaatsangehörige über eine Krankenversicherung verfügt oder – falls dies im nationalen Recht vorgesehen ist – eine Krankenversicherung beantragt hat, die sich auf alle Risiken erstreckt, die normalerweise für die Staatsangehörigen des betreffenden Mitgliedstaats abgedeckt sind. Die Versicherung muss für die Dauer des geplanten Aufenthalts gültig sein;

d) auf Verlangen des Mitgliedstaats einen Nachweis über die Zahlung der in Artikel 36 vorgesehenen Gebühr für die Bearbeitung des Antrags erbringen;

e) den vom betreffenden Mitgliedstaat verlangten Nachweis erbringen, dass der Drittstaatsangehörige während seines geplanten Aufenthalts über die nötigen Mittel zur Deckung der Kosten für seinen Unterhalt, ohne Inanspruchnahme des Sozialhilfesystems des betreffenden Mitgliedstaats, und über die Kosten für die Rückreise verfügt. Die Beurteilung der Frage, ob die nötigen Mittel zur Verfügung stehen, stützt sich auf eine Einzelfallprüfung und berücksichtigt die Mittel, die u. a. aus einem Stipendium, einem gültigen Arbeitsvertrag oder einem verbindlichen Arbeitsplatzangebot oder einer finanziellen Verpflichtung einer für den Schüleraustausch, die Aufnahme von Praktikanten oder den Freiwilligendienst zuständigen Organisation, einer Gastfamilie oder einer Au-pair-Vermittlungsstelle stammen.

(2) Die Mitgliedstaaten können dem Antragsteller vorschreiben, dass er die Anschrift des betreffenden Drittstaatsangehörigen in ihrem Hoheitsgebiet angibt.

Wird im nationalen Recht eines Mitgliedstaats zum Zeitpunkt der Antragstellung die Angabe einer Anschrift verlangt, und der betreffende Drittstaatsangehörige kennt seine künftige Anschrift noch nicht, akzeptieren die Mitgliedstaaten auch die Angabe einer vorübergehenden Anschrift. In diesem Fall gibt der Drittstaatsangehörige seine ständige Anschrift spätestens zum Zeitpunkt der Ausstellung eines Aufenthaltstitels nach Artikel 17 an.

(3) Die Mitgliedstaaten können einen Referenzbetrag für die „nötigen Mittel" nach Absatz 1 Buchstabe e angeben. Die Beurteilung der Frage, ob die nötigen Mittel zur Verfügung stehen, stützt sich auf eine Einzelfallprüfung.

(4) Der Antrag wird gestellt und geprüft, wenn der betreffende Drittstaatsangehörige sich entweder außerhalb des Hoheitsgebiets des Mitgliedstaats aufhält, in das der Drittstaatsangehörige zugelassen werden möchte, oder wenn sich der Drittstaatsangehörige bereits mit einer gültigen Aufenthaltserlaubnis oder einem Visum für den längerfristigen Aufenthalt im Hoheitsgebiet des betreffenden Mitgliedstaats aufhält.

Abweichend hiervon kann ein Mitgliedstaat im Einklang mit seinem nationalen Recht den Antrag eines Drittstaatsangehörigen annehmen, der nicht im Besitz einer gültigen Aufenthaltserlaubnis oder eines Visums für den längerfristigen Aufenthalt ist, der sich aber rechtmäßig im Hoheitsgebiet dieses Mitgliedstaats aufhält.

(5) Die Mitgliedstaaten legen fest, ob der Antrag von dem Drittstaatsangehörigen, von der aufnehmenden Einrichtung oder von jedem der beiden zu stellen ist.

(6) Drittstaatsangehörigen, die als Bedrohung für die öffentliche Ordnung, Sicherheit oder Gesundheit angesehen werden, ist die Zulassung zu verweigern.

Besondere Bedingungen für Forscher

Art. 8 (1) In Bezug auf die Zulassung eines Drittstaatsangehörigen zu Forschungszwecken muss der Antragsteller zusätzlich zu den allgemeinen Bedingungen des Artikels 7 eine Aufnahmevereinbarung oder, falls dies im nationalen Recht vorgesehen ist, einen Vertrag im Einklang mit Artikel 10 vorlegen.

(2) Die Mitgliedstaaten können nach ihrem nationalen Recht eine schriftliche Zusage der Forschungseinrichtung verlangen, in der sich diese Forschungseinrichtung verpflichtet, in den Fällen, in denen der Forscher illegal im Hoheitsgebiet des betreffenden Mitgliedstaats verbleibt, die aus öffentlichen Mitteln bestrittenen Kosten seines Aufenthalts und seiner Rückführung zu erstatten. Die finanzielle Haftung der Forschungseinrichtung endet spätestens sechs Monate nach dem Ende der Aufnahmevereinbarung.

Wird das Aufenthaltsrecht des Forschers im Einklang mit den Bestimmungen des Artikels 25 verlängert, ist die Haftung der Forschungseinrichtung gemäß Unterabsatz 1 dieses Absatzes bis zum Beginn der Gültigkeit der Aufenthaltserlaubnis zu Zwecken der Arbeitssuche oder der Aufnahme einer selbständigen Erwerbstätigkeit befristet.

(3) Ein Mitgliedstaat, der ein Zulassungsverfahren für Forschungseinrichtungen nach Artikel 9

eingeführt hat, befreit Antragsteller von der Pflicht, eine oder mehrere der in Absatz 2 dieses Artikels oder unter Artikel 7 Absatz 1 Buchstaben c, d oder e oder Artikel 7 Absatz 2 genannten Dokumente oder Nachweise vorzulegen, wenn die Drittstaatsangehörigen von einer zugelassenen Forschungseinrichtung aufgenommen werden.

Zulassung von Forschungseinrichtungen

Art. 9 (1) Die Mitgliedstaaten können beschließen, für öffentliche und/oder private Forschungseinrichtungen, die einen Forscher im Rahmen des in dieser Richtlinie vorgesehenen Zulassungsverfahrens aufnehmen möchten, ein Zulassungsverfahren vorzusehen.

(2) Die Zulassung der Forschungseinrichtungen erfolgt nach den im nationalen Recht oder in der Verwaltungspraxis des betreffenden Mitgliedstaats festgelegten Verfahren. Anträge auf Zulassung von Forschungseinrichtungen werden nach diesen Verfahren gestellt und stützen sich auf ihre gesetzlichen Aufgaben beziehungsweise gegebenenfalls deren Gründungszweck und den Nachweis, dass sie Forschung betreiben.

Die Zulassung einer Forschungseinrichtung gilt für einen Mindestzeitraum von fünf Jahren. In Ausnahmefällen können die Mitgliedstaaten eine Zulassung für einen kürzeren Zeitraum erteilen.

(3) Ein Mitgliedstaat kann unter anderem die Verlängerung der Zulassung einer Forschungseinrichtung verweigern oder entscheiden, die Zulassung zu entziehen, wenn

a) die Forschungseinrichtung die in Absatz 2 dieses Artikels, Artikel 8 Absatz 2 oder Artikel 10 Absatz 7 aufgeführten Bedingungen nicht mehr erfüllt,

b) die Zulassung betrügerisch erlangt wurde oder

c) eine Forschungseinrichtung eine Aufnahmevereinbarung mit einem Drittstaatsangehörigen betrügerisch oder fahrlässig geschlossen hat.

Wurde die Verlängerung der Zulassung verweigert oder die Zulassung entzogen, kann die betreffende Einrichtung für einen Zeitraum von bis zu fünf Jahren ab dem Zeitpunkt der Veröffentlichung der Entscheidung über die Nichtverlängerung oder Entziehung der Zulassung von einem neuen Antrag auf Zulassung ausgeschlossen werden.

Aufnahmevereinbarung

Art. 10 (1) Eine Forschungseinrichtung, die einen Drittstaatsangehörigen zu Forschungszwecken aufnehmen möchte, schließt mit diesem eine Aufnahmevereinbarung. Die Mitgliedstaaten können vorsehen, dass Verträge, die die in Absatz 2 und gegebenenfalls die in Absatz 3 aufgeführten Elemente enthalten, für die Zwecke dieser Richtlinie als den Aufnahmevereinbarungen gleichwertig gelten.

(2) Die Aufnahmevereinbarung enthält Folgendes:

a) die Bezeichnung oder den Zweck der Forschungstätigkeit oder das Forschungsgebiet;

b) die Zusage des Drittstaatsangehörigen, dass er sich bemühen wird, die Forschungstätigkeit abzuschließen;

c) die Zusage der Forschungseinrichtung, dass sie den Drittstaatsangehörigen aufnimmt, so dass dieser die Forschungstätigkeit abschließen kann;

d) Start- und Abschlusstermin oder veranschlagte Dauer der Forschungstätigkeit;

e) Angaben zur beabsichtigten Mobilität in einen weiteren Mitgliedstaat oder mehrere weitere Mitgliedstaaten, falls dies zum Zeitpunkt der Antragstellung im ersten Mitgliedstaat bekannt ist.

(3) Die Mitgliedstaaten können außerdem verlangen, dass die Aufnahmevereinbarung Folgendes enthält:

a) Angaben zum Rechtsverhältnis zwischen der Forschungseinrichtung und dem Forscher;

b) Angaben zu den Arbeitsbedingungen des Forschers.

(4) Eine Forschungseinrichtung kann eine Aufnahmevereinbarung nur dann schließen, wenn die Forschungstätigkeit von den zuständigen Organen der Einrichtung nach Prüfung folgender Faktoren gebilligt wurde:

a) Zweck und veranschlagte Dauer der Forschungstätigkeit und Verfügbarkeit der für ihre Durchführung erforderlichen Finanzmittel;

b) Qualifikationen des Drittstaatsangehörigen im Hinblick auf die Forschungsziele; die Qualifikationen sind durch eine beglaubigte Kopie derselben nachzuweisen.

(5) Die Aufnahmevereinbarung endet automatisch, wenn der Drittstaatsangehörige nicht in den Mitgliedstaat zugelassen wird oder wenn das Rechtsverhältnis zwischen dem Forscher und der Forschungseinrichtung beendet wird.

(6) Die Forschungseinrichtung unterrichtet die zuständige Behörde des betreffenden Mitgliedstaats unverzüglich über jedes Ereignis, das die Durchführung der Aufnahmevereinbarung verhindern könnte.

(7) Die Mitgliedstaaten können vorsehen, dass die Forschungseinrichtung den zu diesem Zweck benannten zuständigen Behörden innerhalb von zwei Monaten nach Ablauf einer Aufnahmevereinbarung eine Bestätigung übermittelt, dass die Forschungstätigkeit durchgeführt worden ist.

(8) Die Mitgliedstaaten können in ihrem nationalen Recht festlegen, welche Folgen die Entziehung der Zulassung oder die Verweigerung der Verlängerung der Zulassung für die bestehenden, nach diesem Artikel geschlossenen Aufnahmevereinbarungen und für die Aufenthaltstitel der betroffenen Forscher hat.

Besondere Bedingungen für Studenten

Art. 11 (1) In Bezug auf die Zulassung eines Drittstaatsangehörigen zu Studienzwecken gemäß dieser Richtlinie muss der Antragsteller zusätzlich zu den allgemeinen Bedingungen des Artikels 7
a) nachweisen, dass der Drittstaatsangehörige von einer Hochschuleinrichtung zu einem Studium zugelassen worden ist;
b) auf Verlangen des Mitgliedstaats nachweisen, dass die von der Hochschuleinrichtung geforderten Gebühren entrichtet worden sind;
c) auf Verlangen des Mitgliedstaats hinreichende Kenntnisse der Sprache nachweisen, in der das Studienprogramm, an dem der Drittstaatsangehörige teilnehmen möchte, erteilt wird;
d) auf Verlangen des Mitgliedstaats nachweisen, dass der Drittstaatsangehörige über die nötigen Mittel verfügt, um die Kosten für das Studium zu tragen.

(2) Für Drittstaatsangehörige, die mit ihrer Einschreibung bei einer Hochschuleinrichtung automatisch über eine Krankenversicherung verfügen, die sich auf alle Risiken erstreckt, die normalerweise in dem betreffenden Mitgliedstaat für die eigenen Staatsangehörigen abgedeckt sind, gilt die Vermutung, dass sie die Bedingung des Artikels 7 Absatz 1 Buchstabe c erfüllen.

(3) Ein Mitgliedstaat, der ein Zulassungsverfahren für Hochschuleinrichtungen nach Artikel 15 eingeführt hat, befreit die Antragsteller von der Pflicht, ein oder mehrere der in Absatz 1 Buchstaben b, c oder d dieses Artikels oder Artikel 7 Absatz 1 Buchstabe d oder Artikel 7 Absatz 2 genannten Dokumente vorzulegen, wenn die Drittstaatsangehörigen von einer zugelassenen Hochschuleinrichtung aufgenommen werden.

Besondere Bedingungen für Schüler

Art. 12 (1) In Bezug auf die Zulassung eines Drittstaatsangehörigen zwecks Teilnahme an einem Schüleraustauschprogramm oder einem Bildungsvorhaben gemäß dieser Richtlinie muss der Antragsteller zusätzlich zu den allgemeinen Bedingungen des Artikels 7 nachweisen,
a) dass der Drittstaatsangehörige weder das von dem betreffenden Mitgliedstaat festgelegte Mindestalter unter- und das festgelegte Höchstalter überschreitet noch die festgelegte Klassenstufe unter- und überschreitet;
b) dass er an einer Bildungseinrichtung angenommen worden ist;
c) dass er an einem anerkannten staatlichen oder regionalen Bildungsprogramm im Rahmen eines Schüleraustauschprogramms oder eines Bildungsvorhabens teilnimmt, das von einer Bildungseinrichtung im Einklang mit dem nationalen Recht oder der Verwaltungspraxis durchgeführt wird;
d) dass die Bildungseinrichtung oder – falls im nationalen Recht vorgesehen – ein Dritter während des gesamten Aufenthalts im Hoheitsgebiet des betreffenden Mitgliedstaats die Verantwortung für den Drittstaatsangehörigen übernimmt, insbesondere was die Unterrichtskosten anbelangt;
e) dass der Drittstaatsangehörige während des gesamten Aufenthalts in einer Familie oder einer speziellen der Bildungseinrichtung angeschlossenen Unterkunft oder – soweit im nationalen Recht vorgesehen – einer anderen Einrichtung untergebracht ist, die die Bedingungen des betreffenden Mitgliedstaats erfüllt und nach den Vorschriften für das Schüleraustauschprogramm oder das Bildungsvorhaben, an dem der Drittstaatsangehörige teilnimmt, ausgewählt wurde.

(2) Die Mitgliedstaaten können die Zulassung von Schülern, die an einem Schüleraustauschprogramm oder einem Bildungsvorhaben teilnehmen, auf Staatsangehörige von Drittstaaten beschränken, die ihren eigenen Staatsangehörigen ebenfalls eine solche Möglichkeit einräumen.

Besondere Bedingungen für Praktikanten

Art. 13 (1) In Bezug auf die Zulassung eines Drittstaatsangehörigen zwecks Teilnahme an einem Praktikum gemäß dieser Richtlinie muss der Antragsteller zusätzlich zu den allgemeinen Bedingungen des Artikels 7
a) eine Vereinbarung mit einer aufnehmenden Einrichtung über die Teilnahme an einem Praktikum vorlegen, die theoretische und praktische Schulungsmaßnahmen vorsieht. Die Mitgliedstaaten können verlangen, dass diese Praktikumsvereinbarung durch die zuständige Behörde genehmigt wird und dass die Bedingungen, unter denen die Vereinbarung geschlossen worden ist, die Anforderungen des nationalen Rechts oder von Tarifverträgen erfüllen oder im Einklang mit den Gepflogenheiten des betreffenden Mitgliedstaats stehen. Die Praktikumsvereinbarung enthält:
  i) eine Beschreibung des Programms für das Praktikum einschließlich des Bildungsziels oder der Lernkomponenten,
  ii) die Dauer des Praktikums,
  iii) die Bedingungen der Tätigkeit und der Betreuung des Praktikanten,
  iv) die Arbeitszeiten des Praktikanten und
  v) das Rechtsverhältnis zwischen dem Praktikanten und der aufnehmenden Einrichtung;
b) nachweisen, dass der Drittstaatsangehörige in den zwei Jahren vor dem Datum der Antragstellung einen Hochschulabschluss erlangt hat oder ein Studium absolviert, das zu einem Hochschulabschluss führt;
c) auf Verlangen des Mitgliedstaats nachweisen, dass der Drittstaatsangehörige während des Aufenthalts über die nötigen Mittel verfügt, um die Kosten für das Praktikum zu tragen;
d) auf Verlangen des Mitgliedstaats nachweisen, dass der Drittstaatsangehörige an einer

Sprachausbildung teilgenommen hat oder teilnehmen wird, um die erforderlichen Kenntnisse für die Absolvierung des Praktikums zu erwerben;
e) auf Verlangen des Mitgliedstaats nachweisen, dass die aufnehmende Einrichtung die Verantwortung für den Drittstaatsangehörigen während des Aufenthalts im Hoheitsgebiet des betreffenden Mitgliedstaats übernimmt, insbesondere für die Kosten für Unterhalt und Unterkunft;
f) falls der Drittstaatsangehörige während seines Aufenthalts durch die aufnehmende Einrichtung untergebracht wird, auf Verlangen des Mitgliedstaats nachweisen, dass die Unterkunft die Bedingungen des betreffenden Mitgliedstaats erfüllt.

(2) Die Mitgliedstaaten können verlangen, dass das Praktikum den gleichen Bereich wie der in Absatz 1 Buchstabe b genannte Hochschulabschluss bzw. das dort genannte Studium betrifft und dem gleichen Qualifikationsniveau entspricht.

(3) Die Mitgliedstaaten können von der aufnehmenden Einrichtung verlangen zu belegen, dass die Praktikumsstelle keinen Arbeitsplatz ersetzt.

(4) Die Mitgliedstaaten können nach ihrem nationalen Recht eine schriftliche Zusage der aufnehmenden Einrichtung verlangen, in der sie sich verpflichtet, in den Fällen, in denen ein Praktikant illegal im Hoheitsgebiet des betreffenden Mitgliedstaats verbleibt, die aus öffentlichen Mitteln bestrittenen Kosten des Aufenthalts und der Rückführung zu erstatten. Die finanzielle Haftung der aufnehmenden Einrichtung endet spätestens sechs Monate nach dem Ende der Praktikumsvereinbarung.

Besondere Bedingungen für Freiwillige

Art. 14 (1) In Bezug auf die Zulassung eines Drittstaatsangehörigen zum Zwecke der Teilnahme an einem Freiwilligendienst gemäß dieser Richtlinie muss der Antragsteller zusätzlich zu den allgemeinen Bedingungen des Artikels 7
a) eine Vereinbarung mit der aufnehmenden Einrichtung oder – falls im nationalen Recht des betreffenden Mitgliedstaats vorgesehen – einer anderen Stelle vorlegen, die in dem betreffenden Mitgliedstaat für den Freiwilligendienst zuständig ist, an dem der Drittstaatsangehörige teilnimmt. Die Vereinbarung enthält:
  i) eine Beschreibung des Freiwilligendienstes,
  ii) die Dauer des Freiwilligendienstes,
  iii) die Bedingungen der Tätigkeit und der Betreuung des Freiwilligen,
  iv) die Dienstzeiten des Freiwilligen,
  v) die zur Verfügung stehenden Mittel für die Kosten für Unterhalt und Unterkunft des Drittstaatsangehörigen sowie einen Mindestbetrag als Taschengeld für die Dauer des Aufenthalts und
  vi) gegebenenfalls die Ausbildung, die der Drittstaatsangehörige erhält, damit er die Aufgaben des Freiwilligendienstes ordnungsgemäß durchführen kann;
b) falls der Drittstaatsangehörige während des Aufenthalts durch die aufnehmende Einrichtung untergebracht wird, auf Verlangen des Mitgliedstaats nachweisen, dass die Unterkunft die Bedingungen des betreffenden Mitgliedstaats erfüllt;
c) nachweisen, dass die aufnehmende Einrichtung oder – falls im nationalen Recht vorgesehen – eine andere Stelle, die für den Freiwilligendienst zuständig ist, eine Haftpflichtversicherung für die Tätigkeiten des Drittstaatsangehörigen abgeschlossen hat;
d) auf Verlangen des Mitgliedstaats nachweisen, dass der Drittstaatsangehörige an einer Einführung in Sprache und Geschichte sowie in die politischen und sozialen Strukturen dieses Mitgliedstaats teilgenommen hat oder teilnehmen wird.

(2) Die Mitgliedstaaten können unbeschadet der Vorschriften für den Europäischen Freiwilligendienst ein Mindest- und ein Höchstalter für Drittstaatsangehörige festlegen, die die Zulassung zwecks Teilnahme an einem Freiwilligendienst beantragen.

(3) Freiwillige, die an dem Europäischen Freiwilligendienst teilnehmen, brauchen keinen Nachweis nach Absatz 1 Buchstabe c und gegebenenfalls Buchstabe d vorzulegen.

Zulassung von Hochschuleinrichtungen, Bildungseinrichtungen, für Freiwilligendienste zuständigen Organisationen oder Praktikanten aufnehmenden Einrichtungen

Art. 15 (1) Für die Zwecke dieser Richtlinie können die Mitgliedstaaten beschließen, für Hochschuleinrichtungen, Bildungseinrichtungen, für Freiwilligendienste zuständige Organisationen oder Praktikanten aufnehmende Einrichtungen ein Zulassungsverfahren vorzusehen.

(2) Die Zulassung erfolgt nach den im nationalen Recht oder der Verwaltungspraxis des betreffenden Mitgliedstaats festgelegten Verfahren.

(3) Beschließt ein Mitgliedstaat, ein Zulassungsverfahren gemäß den Absätzen 1 und 2 einzuführen, muss er den betreffenden aufnehmenden Einrichtungen klare und transparente Informationen bereitstellen, die sich u. a. auf die Bedingungen und Kriterien für die Zulassung, die Gültigkeitsdauer, die Folgen der Nichteinhaltung der Vorgaben, einschließlich der Entziehung der Zulassung oder der Verweigerung ihrer Verlängerung, sowie alle anwendbaren Sanktionen beziehen.

Besondere Bedingungen für Au-pair-Kräfte

Art. 16 (1) In Bezug auf die Zulassung eines Drittstaatsangehörigen zwecks Ausübung einer Aupair-Tätigkeit gemäß dieser Richtlinie muss der Drittstaatsangehörige zusätzlich zu den allgemeinen Bedingungen des Artikels 7

a) eine Vereinbarung zwischen dem Drittstaatsangehörigen und der Gastfamilie vorlegen, in der die Rechte und Pflichten des Drittstaatsangehörigen als Au-pair-Kraft, einschließlich der Einzelheiten zu dem ihm zustehenden Taschengeld, geeignete Bestimmungen, die der Au-pair-Kraft die Teilnahme an Kursen ermöglichen, und die maximale Stundenzahl für die häuslichen Pflichten, festgelegt sind;
b) zwischen 18 und 30 Jahren alt sein. In Ausnahmefällen können die Mitgliedstaaten auch Drittstaatsangehörige als Au-pair-Kräfte zulassen, die das Höchstalter überschreiten;
c) nachweisen, dass die Gastfamilie oder eine Au-pair-Vermittlungsstelle, soweit im nationalen Recht vorgesehen, die Verantwortung für den Drittstaatsangehörigen während des gesamten Aufenthalts im Hoheitsgebiet des betreffenden Mitgliedstaats übernimmt, insbesondere für Unterhaltskosten, Unterkunft und bei Unfallrisiken.

(2) Die Mitgliedstaaten können verlangen, dass ein Drittstaatsangehöriger, der die Zulassung als Au-pair-Kraft beantragt, folgende Nachweise erbringt:
a) Grundkenntnisse der Sprache des betreffenden Mitgliedstaats oder
b) den Abschluss einer Sekundarschule, Berufsqualifikationen oder gegebenenfalls nach nationalem Recht einen Nachweis darüber, dass er die Voraussetzungen für die Ausübung eines reglementierten Berufs erfüllt.

(3) Die Mitgliedstaaten können bestimmen, dass die Vermittlung von Au-pair-Kräften ausschließlich von einer Au-pair-Vermittlungsstelle nach den Bedingungen des nationalen Rechts vorgenommen werden darf.

(4) Die Mitgliedstaaten können verlangen, dass die Angehörigen der Gastfamilie eine andere Staatsangehörigkeit haben als der Drittstaatsangehörige, der die Zulassung zwecks Ausübung einer Au-pair-Tätigkeit beantragt, und darüber hinaus keine familiäre Bindung zu dem betreffenden Drittstaatsangehörigen haben.

(5) Die Höchstzahl von Stunden pro Woche einer Au-pair-Tätigkeit ist auf 25 Stunden beschränkt. Die Au-pair-Kräfte müssen mindestens einen Tag pro Woche von ihren Au-pair-Pflichten befreit sein.

(6) Die Mitgliedstaaten können einen Mindestbetrag festsetzen, der den Au-pair-Kräften als Taschengeld zu zahlen ist.

KAPITEL III
AUFENTHALTSTITEL UND AUFENTHALTSDAUER

Aufenthaltstitel

Art. 17 (1) Wird der Aufenthaltstitel in Form einer Aufenthaltserlaubnis ausgestellt, verwenden die Mitgliedstaaten das in der Verordnung (EG) Nr. 1030/2002 festgelegte Muster und tragen in die Aufenthaltserlaubnis den Begriff „Forscher", „Student", „Schüler", „Praktikant", „Freiwilliger" oder „Au-pair-Kraft" ein.

(2) Wird der Aufenthaltstitel in Form eines Visums für den längerfristigen Aufenthalt ausgestellt, tragen die Mitgliedstaaten im Feld „Anmerkungen" auf der Visummarke einen Hinweis ein, aus dem hervorgeht, dass das Visum einem „Forscher", „Studenten", „Schüler", „Praktikanten", „Freiwilligen" oder einer „Au-pair-Kraft" erteilt wird.

(3) Bei Forschern oder Studenten, die im Rahmen eines bestimmten Unions- oder multilateralen Programms mit Mobilitätsmaßnahmen oder im Rahmen einer Vereinbarung zwischen zwei oder mehr anerkannten Hochschuleinrichtungen in die Union reisen, wird das betreffende Programm oder die Vereinbarung auf dem Aufenthaltstitel angegeben.

(4) Wird einem Forscher der Aufenthaltstitel für langfristige Mobilität in Form einer Aufenthaltserlaubnis ausgestellt, verwenden die Mitgliedstaaten das in der Verordnung (EG) Nr. 1030/2002 festgelegte Muster und tragen in der Aufenthaltserlaubnis „Forscher-Mobilität" ein. Wird einem Forscher der Aufenthaltstitel für langfristige Mobilität in Form eines Visums für den längerfristigen Aufenthalt ausgestellt, tragen die Mitgliedstaaten im Feld „Anmerkungen" auf der Visummarke „Forscher-Mobilität" ein.

Gültigkeitsdauer des Aufenthaltstitels

Art. 18 (1) Ein Aufenthaltstitel für Forscher wird für mindestens ein Jahr oder für die Dauer der Aufnahmevereinbarung ausgestellt, wenn diese kürzer ist. Der Aufenthaltstitel wird verlängert, wenn Artikel 21 keine Anwendung findet.

Ein Aufenthaltstitel für Forscher, die an einem bestimmten Unions- oder multilateralen Programm mit Mobilitätsmaßnahmen teilnehmen, wird für mindestens zwei Jahre oder für die Dauer der Aufnahmevereinbarung ausgestellt, wenn diese kürzer ist. Werden die allgemeinen Bedingungen des Artikels 7 nicht für die gesamten zwei Jahre oder für die gesamte Dauer der Aufnahmevereinbarung erfüllt, gilt Unterabsatz 1 dieses Absatzes. Die Mitgliedstaaten behalten das Recht, nachzuprüfen, ob die Gründe für die Entziehung nach Artikel 21 nicht zutreffen.

(2) Ein Aufenthaltstitel für Studenten wird für mindestens ein Jahr oder für die Studiendauer ausgestellt, wenn diese kürzer ist. Der Aufenthaltstitel wird verlängert, wenn Artikel 21 keine Anwendung findet.

Ein Aufenthaltstitel für Studenten, die an einem bestimmten Unions- oder multilateralen Programm mit Mobilitätsmaßnahmen teilnehmen oder für die Vereinbarung zwischen zwei oder mehr Hochschuleinrichtungen gilt, wird für mindestens zwei Jahre oder für die Studiendauer ausgestellt, wenn diese kürzer ist. Werden die allgemeinen Bedingungen des Artikels 7 nicht für die gesamten zwei Jahre oder für die gesamte Studiendauer erfüllt, gilt Unterabsatz 1 dieses Absatzes. Die Mitgliedstaaten behalten das Recht, nachzuprüfen, ob die Gründe für die Entziehung nach Artikel 21 nicht zutreffen.

(3) Die Mitgliedstaaten können festlegen, dass die gesamte Aufenthaltsdauer zu Studienzwecken auf die Höchststudiendauer nach nationalem Recht beschränkt ist.

(4) Ein Aufenthaltstitel für Schüler wird für die Dauer des Schüleraustauschprogramms oder Bildungsvorhabens, wenn diese weniger als ein Jahr beträgt, oder für höchstens ein Jahr ausgestellt. Die Mitgliedstaaten können beschließen, die einmalige Verlängerung des Aufenthaltstitels um die zum Abschluss des Schüleraustauschprogramms oder des Bildungsvorhabens erforderliche Dauer zuzulassen, wenn Artikel 21 keine Anwendung findet.

(5) Ein Aufenthaltstitel für Au-pair-Kräfte wird für die Dauer der Vereinbarung mit der Gastfamilie, wenn diese weniger als ein Jahr beträgt, oder für höchstens ein Jahr ausgestellt. Die Mitgliedstaaten können beschließen, die einmalige Verlängerung des Aufenthaltstitels um höchstens sechs Monate zuzulassen, wenn die Gastfamilie einen begründeten Antrag gestellt hat und Artikel 21 keine Anwendung findet.

(6) Ein Aufenthaltstitel für Praktikanten wird für die Dauer der Praktikumsvereinbarung, wenn diese weniger als sechs Monate beträgt, oder für höchstens sechs Monate ausgestellt. Wenn die Vereinbarung länger als sechs Monate dauert, kann der Aufenthaltstitel gemäß dem nationalen Recht für den entsprechenden Zeitraum ausgestellt werden.

Die Mitgliedstaaten können beschließen, die einmalige Verlängerung des Aufenthaltstitels um die zum Abschluss des Praktikums erforderliche Dauer zuzulassen, wenn Artikel 21 keine Anwendung findet.

(7) Ein Aufenthaltstitel für Freiwillige wird für die Dauer der in Artikel 14 Absatz 1 Buchstabe a genannten Vereinbarung, wenn diese weniger als ein Jahr beträgt, oder für höchstens ein Jahr ausgestellt. Wenn die Vereinbarung länger als ein Jahr dauert, kann der Aufenthaltstitel gemäß dem nationalen Recht für den entsprechenden Zeitraum ausgestellt werden.

(8) Beträgt die Gültigkeitsdauer des Reisedokuments des betreffenden Drittstaatsangehörigen weniger als ein Jahr oder weniger als zwei Jahre in den in den Absätzen 1 und 2 genannten Fällen, können die Mitgliedstaaten festlegen, dass die Gültigkeitsdauer des Aufenthaltstitels nicht über die Gültigkeitsdauer des Reisedokuments hinaus geht.

(9) Wenn die Mitgliedstaaten Einreise und Aufenthalt im ersten Jahr auf der Grundlage eines Visums für den längerfristigen Aufenthalt zulassen, muss ein Antrag auf eine Aufenthaltserlaubnis vor Ablauf des Visums für den längerfristigen Aufenthalt eingereicht werden. Die Aufenthaltserlaubnis wird ausgestellt, wenn Artikel 21 keine Anwendung findet.

Zusätzliche Informationen

Art. 19 (1) Die Mitgliedstaaten können nach Maßgabe des Artikels 4 der Verordnung (EG) Nr. 1030/2002 und Buchstabe a Nummer 16 ihres Anhangs zusätzliche Informationen in Papierform angeben oder elektronisch speichern. Diese Informationen können sich auf den Aufenthalt und – in den in Artikel 24 dieser Richtlinie genannten Fällen – auf die Erwerbstätigkeit des Studenten beziehen und insbesondere eine vollständige Liste der Mitgliedstaaten enthalten, in denen sich der Forscher oder der Student im Rahmen der Mobilität aufhalten will, oder einschlägige Informationen über ein bestimmtes Unions- oder multilaterales Programm mit Mobilitätsmaßnahmen oder eine Vereinbarung zwischen zwei oder mehr anerkannten Hochschuleinrichtungen.

(2) Die Mitgliedstaaten können darüber hinaus festlegen, dass die in Absatz 1 dieses Artikels genannten Informationen gemäß Nummer 12 des Anhangs der Verordnung (EG) Nr. 1683/95 des Rates (Verordnung (EG) Nr. 1683/95 des Rates vom 29. Mai 1995 über eine einheitliche Visagestaltung (ABl. L 164 vom 14.7.1995, S. 1).) in dem Visum für den längerfristigen Aufenthalt eingetragen werden.

KAPITEL IV
GRÜNDE FÜR DIE ABLEHNUNG, ENTZIEHUNG ODER NICHTVERLÄNGERUNG EINES AUFENTHALTSTITELS

Ablehnungsgründe

Art. 20 (1) Die Mitgliedstaaten lehnen einen Antrag ab, wenn

a) die allgemeinen Bedingungen des Artikels 7 oder die einschlägigen besonderen Bedingungen der Artikel 8, 11, 12, 13, 14 oder 16 nicht erfüllt sind;

b) die vorgelegten Dokumente auf betrügerische Weise erworben, gefälscht oder manipuliert wurden;

c) der betreffende Mitgliedstaat eine Zulassung ausschließlich durch eine zugelassene aufnehmende Einrichtung genehmigt und die aufnehmende Einrichtung nicht zugelassen ist.

(2) Die Mitgliedstaaten können einen Antrag ablehnen, wenn

a) die aufnehmende Einrichtung, eine andere Stelle gemäß Artikel 14 Absatz 1 Buchstabe a, ein Dritter gemäß Artikel 12 Absatz 1 Buchstabe d, die Gastfamilie oder die Au-pair-Vermittlungsstelle ihren rechtlichen Verpflichtungen in Bezug auf Sozialversicherung, Steuern, Arbeitsrecht oder Arbeitsbedingungen nicht nachgekommen ist;

b) soweit einschlägig, die Beschäftigungsbedingungen nach nationalem Recht, gemäß Tarifverträgen oder den Gepflogenheiten in dem betreffenden Mitgliedstaat durch die aufnehmende Einrichtung oder die Gastfamilie, die den Drittstaatsangehörigen beschäftigen wird, nicht erfüllt werden;

c) gegen die aufnehmende Einrichtung, eine andere Stelle nach Artikel 14 Absatz 1 Buchstabe a, einen Dritten nach Artikel 12 Absatz 1 Buchstabe d, die Gastfamilie oder die Aupair-Vermittlungsstelle nach nationalem Recht Sanktionen wegen nicht angemeldeter Erwerbstätigkeit oder illegaler Beschäftigung verhängt wurden;

d) die aufnehmende Einrichtung hauptsächlich zu dem Zweck gegründet wurde oder betrieben wird, die Einreise von Drittstaatsangehörigen, die in den Anwendungsbereich dieser Richtlinie fallen, zu erleichtern;

e) sich gegebenenfalls die Geschäftstätigkeit der aufnehmenden Einrichtung gemäß den nationalen Insolvenzgesetzen in Abwicklung befindet oder abgewickelt worden ist oder wenn keine Geschäftstätigkeit ausgeübt wird;

f) der Mitgliedstaat Beweise oder ernsthafte und sachliche Anhaltspunkte dafür hat, dass der Drittstaatsangehörige seinen Aufenthalt zu anderen Zwecken nutzen würde als jene, für die er die Zulassung beantragt.

(3) Beantragt ein Drittstaatsangehöriger die Zulassung für die Aufnahme eines Beschäftigungsverhältnisses in einem Mitgliedstaat, so kann dieser Mitgliedstaat überprüfen, ob die entsprechende Stelle durch Staatsangehörige dieses Mitgliedstaats oder durch andere Unionsbürger beziehungsweise durch Drittstaatsangehörige, die sich rechtmäßig in diesem Mitgliedstaat aufhalten, besetzt werden könnte; trifft dies zu, kann er den Antrag ablehnen. Dieser Absatz berührt nicht den Grundsatz der Präferenz für Unionsbürger, wie er in den einschlägigen Bestimmungen der einschlägigen Beitrittsakten formuliert wird.

(4) Unbeschadet des Absatzes 1 muss jede Entscheidung, einen Antrag abzulehnen, die konkreten Umstände des Einzelfalls berücksichtigen und den Grundsatz der Verhältnismäßigkeit einhalten.

Gründe für die Entziehung oder Nichtverlängerung von Aufenthaltstiteln

Art. 21 (1) Die Mitgliedstaaten entziehen einen Aufenthaltstitel oder verweigern gegebenenfalls eine Verlängerung, wenn

a) der Drittstaatsangehörige die allgemeinen Bedingungen des Artikels 7 – mit Ausnahme des Absatzes 6 – oder die einschlägigen besonderen Bedingungen der Artikel 8, 11, 12, 13, 14, 16 oder die Bedingungen des Artikels 18 nicht mehr erfüllt;

b) der Aufenthaltstitel oder die vorgelegten Dokumente auf betrügerische Weise erworben, gefälscht oder manipuliert wurden;

c) der betreffende Mitgliedstaat eine Zulassung ausschließlich durch eine zugelassene aufnehmende Einrichtung genehmigt und die aufnehmende Einrichtung nicht zugelassen ist.

d) der Drittstaatsangehörige seinen Aufenthalt zu anderen Zwecken nutzt als jene, für die der Drittstaatsangehörige zum Aufenthalt zugelassen wurde.

(2) Die Mitgliedstaaten können einen Aufenthaltstitel entziehen oder seine Verlängerung verweigern, wenn

a) die aufnehmende Einrichtung, eine andere Stelle nach Artikel 14 Absatz 1 Buchstabe a, ein Dritter nach Artikel 12 Absatz 1 Buchstabe d, die Gastfamilie oder die Au-pair-Vermittlungsstelle ihren rechtlichen Verpflichtungen in Bezug auf Sozialversicherung, Steuern, Arbeitsrecht oder Arbeitsbedingungen nicht nachgekommen ist;

b) soweit einschlägig, die Beschäftigungsbedingungen nach nationalem Recht, gemäß Tarifverträgen oder den Gepflogenheiten in dem betreffenden Mitgliedstaat durch die aufnehmende Einrichtung oder die Gastfamilie, die den Drittstaatsangehörigen beschäftigt, nicht erfüllt werden;

c) gegen die aufnehmende Einrichtung, eine andere Stelle nach Artikel 14 Absatz 1 Buchstabe a, einen Dritten nach Artikel 12 Buchstabe d, die Gastfamilie oder die Au-pair-Vermittlungsstelle nach nationalem Recht des betreffenden Mitgliedstaats Sanktionen wegen nicht angemeldeter Erwerbstätigkeit oder illegaler Beschäftigung verhängt wurden;

d) die aufnehmende Einrichtung hauptsächlich zu dem Zweck gegründet wurde oder betrieben wird, die Einreise von Drittstaatsangehörigen, die in den Anwendungsbereich dieser Richtlinie fallen, zu erleichtern;

e) sich gegebenenfalls die Geschäftstätigkeit der aufnehmenden Einrichtung gemäß den nationalen Insolvenzgesetzen in Abwicklung befindet oder abgewickelt worden ist oder wenn keine Geschäftstätigkeit ausgeübt wird;

f) bei Studenten die zeitlichen Beschränkungen des Zugangs zur Erwerbstätigkeit gemäß Artikel 24 nicht eingehalten werden oder wenn der Student keine ausreichenden Studienfortschritte nach Maßgabe des nationalen Rechts oder der nationalen Verwaltungspraxis macht.

(3) Im Falle einer Entziehung kann ein Mitgliedstaat bei der Beurteilung, ob keine ausreichenden Studienfortschritte gemäß Absatz 2 Buchstabe f erzielt wurden, mit der aufnehmenden Einrichtung Rücksprache halten.

(4) Die Mitgliedstaaten können Aufenthaltstitel aus Gründen der öffentlichen Ordnung, Sicherheit oder Gesundheit entziehen oder die Verlängerung ihrer Gültigkeitsdauer aus diesen Gründen verweigern.

(5) Beantragt ein Drittstaatsangehöriger die Verlängerung des Aufenthaltstitels für die Aufnahme oder Fortsetzung eines Beschäftigungsverhältnisses in einem Mitgliedstaat – mit Ausnahme eines Forschers, der sein Beschäftigungsverhältnis mit der gleichen aufnehmenden Einrichtung fortsetzt –, so kann dieser Mitgliedstaat überprüfen, ob die entsprechende Stelle durch Staatsangehörige dieses Mitgliedstaats oder durch andere Unionsbürger beziehungsweise durch Drittstaatsangehörige, die in diesem Mitgliedstaat langfristig aufenthalts-

berechtigt sind, besetzt werden könnte; trifft dies zu, kann die Verlängerung des Aufenthaltstitels verweigert werden. Dieser Absatz berührt nicht den Grundsatz der Präferenz für Unionsbürger, wie er in den einschlägigen Bestimmungen der einschlägigen Beitrittsakten formuliert ist.

(6) Beabsichtigt ein Mitgliedstaat, den Aufenthaltstitel eines Studenten im Einklang mit Absatz 2 Buchstaben a, c, d, oder e zu entziehen oder dessen Verlängerung zu verweigern, so kann der Student einen Antrag auf Aufnahme durch eine andere Hochschuleinrichtung einreichen, damit er dort in einem gleichwertigen Studiengang sein Studium abschließen kann. Dem Studenten wird der Verbleib im Hoheitsgebiet des betreffenden Mitgliedstaats erlaubt, bis die zuständigen Behörden über den Antrag entschieden haben.

(7) Unbeschadet des Absatzes 1 muss jede Entscheidung, einen Aufenthaltstitel zu entziehen oder dessen Verlängerung zu verweigern, die konkreten Umstände des Einzelfalls berücksichtigen und den Grundsatz der Verhältnismäßigkeit wahren.

KAPITEL V
RECHTE

Gleichbehandlung

Art. 22 (1) Forscher haben gemäß Artikel 12 Absätze 1 und 4 der Richtlinie 2011/98/EU Anspruch auf Gleichbehandlung mit den Staatsangehörigen des betreffenden Mitgliedstaats.

(2) Die Mitgliedstaaten können die Gleichbehandlung der Forscher einschränken

a) in Bezug auf Artikel 12 Absatz 1 Buchstabe c der Richtlinie 2011/98/EU, indem sie Studien- und Unterhaltsbeihilfen und -darlehen oder andere Beihilfen und Darlehen ausschließen;

b) in Bezug auf Artikel 12 Absatz 1 Buchstabe e der Richtlinie 2011/98/EU, indem sie Familienleistungen für Forscher, denen für höchstens sechs Monate die Erlaubnis erteilt wurde, im Hoheitsgebiet des betreffenden Mitgliedstaats zu wohnen, verweigern;

c) in Bezug auf Artikel 12 Absatz 1 Buchstabe f der Richtlinie 2011/98/EU, indem sie seine Anwendung auf Fälle beschränken, in denen der eingetragene Wohnsitz oder der gewöhnliche Aufenthaltsort der Familienangehörigen des Forschers, für die dieser Leistungen beansprucht, im Hoheitsgebiet des betreffenden Mitgliedstaats liegt;

d) in Bezug auf Artikel 12 Absatz 1 Buchstabe g der Richtlinie 2011/98/EU, indem sie den Zugang zu Wohnraum beschränken.

(3) Praktikanten, Freiwillige und Au-pair-Kräfte, sofern sie in dem betreffenden Mitgliedstaat als in einem Beschäftigungsverhältnis stehend betrachtet werden, sowie Studenten haben gemäß Artikel 12 Absätze 1 und 4 der Richtlinie 2011/98/EU vorbehaltlich der Beschränkungen nach Absatz 2 des vorgenannten Artikels Anspruch auf Gleichbehandlung mit den Staatsangehörigen des betreffenden Mitgliedstaats.

(4) Praktikanten, Freiwillige und Au-pair-Kräfte, sofern sie in dem betreffenden Mitgliedstaat als nicht in einem Beschäftigungsverhältnis stehend betrachtet werden, sowie Schüler haben Anspruch auf Gleichbehandlung gemäß dem nationalen Recht in Bezug auf den Zugang zu Waren und Dienstleistungen und zur Versorgung mit Waren und Dienstleistungen für die Öffentlichkeit, sowie gegebenenfalls in Bezug auf die Anerkennung von Diplomen, Zertifikaten und sonstigen Berufsqualifikationsnachweisen gemäß den einschlägigen nationalen Verfahren.

Die Mitgliedstaaten können beschließen, ihnen in Bezug auf Verfahren zur Erlangung von Wohnraum und/oder Dienstleistungen, die durch öffentliche Arbeitsvermittlungsstellen nach Maßgabe des nationalen Rechts erbracht werden, keine Gleichbehandlung zu gewähren.

Lehrtätigkeit von Forschern

Art. 23 Forscher dürfen zusätzlich zu ihrer Forschungstätigkeit eine Lehrtätigkeit nach nationalem Recht ausüben. Die Mitgliedstaaten können eine Höchstzahl von Stunden oder Tagen für die Lehrtätigkeit festlegen.

Erwerbstätigkeit von Studenten

Art. 24 (1) Außerhalb ihrer Studienzeiten sind Studenten vorbehaltlich der Regeln und Bedingungen für die jeweilige Tätigkeit im betreffenden Mitgliedstaat berechtigt, eine Anstellung anzunehmen, und ihnen kann die Berechtigung erteilt werden, einer selbständigen Erwerbstätigkeit nachzugehen; dabei gelten die Beschränkungen gemäß Absatz 3.

(2) Falls erforderlich erteilen die Mitgliedstaaten den Studenten und/oder Arbeitgebern zuvor eine Erlaubnis nach nationalem Recht.

(3) Jeder Mitgliedstaat legt fest, wie viele Stunden pro Woche oder wie viele Tage bzw. Monate pro Jahr eine solche Tätigkeit maximal ausgeübt werden darf; diese Obergrenze darf 15 Stunden pro Woche oder eine entsprechende Zahl von Tagen bzw. Monaten pro Jahr nicht unterschreiten. Dabei kann die Lage auf dem Arbeitsmarkt des betreffenden Mitgliedstaats berücksichtigt werden.

Aufenthalt zum Zweck der Arbeitssuche oder Unternehmensgründung von Forschern und Studenten

Art. 25 (1) Nach Abschluss ihrer Forschungstätigkeit oder ihres Studiums haben Forscher und Studenten die Möglichkeit, sich auf der Grundlage der in Absatz 3 dieses Artikels genannten Aufenthaltserlaubnis für einen Zeitraum von mindestens neun Monaten im Hoheitsgebiet des Mitgliedstaats, der einen Aufenthaltstitel nach Artikel 17 ausgestellt hat, aufzuhalten, um dort Arbeit zu suchen oder ein Unternehmen zu gründen.

(2) Die Mitgliedstaaten können beschließen, dass Studenten in ihrem Studium ein Mindestniveau erreicht haben müssen, damit dieser Artikel auf sie Anwendung findet. Dieses Niveau darf nicht höher als Niveau 7 des Europäischen Qualifi-

kationsrahmens (Empfehlung des Europäischen Parlaments und des Rates vom 23. April 2008 zur Einrichtung des Europäischen Qualifikationsrahmens für lebenslanges Lernen (ABl. C 111 vom 6.5.2008, S. 1).) sein.

(3) Zum Zweck des Aufenthalts nach Absatz 1 erteilen die Mitgliedstaaten auf Antrag des Forschers oder des Studenten dem Drittstaatsangehörigen eine Aufenthaltserlaubnis gemäß der Verordnung (EG) Nr. 1030/2002, sofern die Bedingungen des Artikels 7 Absatz 1 Buchstaben a, c, d und e, des Artikels 7 Absatz 6 dieser Richtlinie und gegebenenfalls des Artikels 7 Absatz 2 weiterhin erfüllt sind. Die Mitgliedstaaten verlangen von Forschern eine Bestätigung der Forschungseinrichtung über den Abschluss der Forschungstätigkeit oder von Studenten den Nachweis eines Hochschuldiploms, eines Zertifikates oder einen sonstigen Nachweis einer formellen Qualifikation. Gegebenenfalls, und sofern die Bestimmungen des Artikels 26 weiterhin erfüllt sind, wird die Aufenthaltserlaubnis gemäß des vorgenannten Artikels entsprechend verlängert.

(4) Die Mitgliedstaaten können einen Antrag nach diesem Artikel ablehnen, wenn
a) die in Absatz 3 und gegebenenfalls in den Absätzen 2 und 5 festgelegten Bedingungen nicht erfüllt sind,
b) die vorgelegten Dokumente auf betrügerische Weise erworben, gefälscht oder manipuliert wurden.

(5) Die Mitgliedstaaten können verlangen, dass der Antrag des Forschers oder des Studenten und gegebenenfalls der Familienangehörigen des Forschers nach diesem Artikel mindestens 30 Tage vor Ablauf der Gültigkeitsdauer des nach Artikel 17 oder 26 ausgestellten Aufenthaltstitels eingereicht wird.

(6) Liegt der Nachweis über ein Hochschuldiplom, ein Zertifikat oder ein sonstiger Nachweis einer formellen Qualifikation oder die Bestätigung der Forschungseinrichtung über den Abschluss der Forschungstätigkeit nicht vor Ablauf der Gültigkeitsdauer des nach Artikel 17 ausgestellten Aufenthaltstitels vor, und sind alle anderen Bedingungen erfüllt, so gestatten die Mitgliedstaaten dem Drittstaatsangehörigen im Einklang mit nationalem Recht den Verbleib in ihrem Hoheitsgebiet, damit er einen derartigen Nachweis innerhalb eines angemessenen Zeitraums vorlegen kann.

(7) Frühestens drei Monate nach Erteilung der Aufenthaltserlaubnis durch den betreffenden Mitgliedstaat gemäß diesem Artikel kann dieser von den Drittstaatsangehörigen den Nachweis verlangen, dass sie begründete Aussichten auf eine Anstellung oder die Aufnahme einer selbständigen Erwerbstätigkeit haben.

Die Mitgliedstaaten können verlangen, dass die Anstellung, die der Drittstaatsangehörige sucht, oder die selbständige Erwerbstätigkeit, die der Drittstaatsangehörige aufbaut, dem Niveau der abgeschlossenen Forschungsarbeiten oder des abgeschlossenen Studiums entspricht.

(8) Sind die in den Absätzen 3 oder 7 genannten Bedingungen nicht mehr erfüllt, können die Mitgliedstaaten die Aufenthaltserlaubnis des Drittstaatsangehörigen und gegebenenfalls der Familienangehörigen im Einklang mit nationalem Recht entziehen.

(9) Zweite Mitgliedstaaten können diesen Artikel auf Forscher und gegebenenfalls deren Familienangehörige oder auf Studenten anwenden, die sich im Hoheitsgebiet des betreffenden zweiten Mitgliedstaats gemäß Artikel 28, 29, 30 oder 31 aufhalten oder aufgehalten haben.

Familienangehörige von Forschern

Art. 26 (1) Für die Zwecke der Erteilung einer Erlaubnis an Familienangehörige von Forschern, dem Forscher in den ersten Mitgliedstaat oder – im Fall einer langfristigen Mobilität – in die zweiten Mitgliedstaaten nachzufolgen, wenden die Mitgliedstaaten die Bestimmungen der Richtlinie 2003/86/EG mit den in diesem Artikel festgelegten Abweichungen an.

(2) Abweichend von Artikel 3 Absatz 1 und Artikel 8 der Richtlinie 2003/86/EG wird die Erteilung einer Aufenthaltserlaubnis an Familienangehörige nicht von einer Mindestaufenthaltsdauer oder davon abhängig gemacht, dass der Forscher begründete Aussicht darauf haben muss, ein dauerhaftes Aufenthaltsrecht zu erlangen.

(3) Abweichend von Artikel 4 Absatz 1 letzter Unterabsatz und Artikel 7 Absatz 2 der Richtlinie 2003/86/EG dürfen die darin vorgesehenen Integrationskriterien und -maßnahmen erst angewandt werden, nachdem den betreffenden Personen eine Aufenthaltserlaubnis erteilt wurde.

(4) Abweichend von Artikel 5 Absatz 4 erster Unterabsatz der Richtlinie 2003/86/EG erteilt ein Mitgliedstaat eine Aufenthaltserlaubnis an Familienangehörige innerhalb von 90 Tagen nach Eingang des vollständigen Antrags, wenn die Bedingungen für die Familienzusammenführung erfüllt sind. Die zuständige Behörde des betreffenden Mitgliedstaats bearbeitet den Antrag für die Familienangehörigen gleichzeitig mit dem Antrag für den Forscher auf Zulassung oder langfristige Mobilität, wenn der Antrag für die Familienangehörigen gleichzeitig gestellt wurde. Den Familienangehörigen wird die Aufenthaltserlaubnis nur dann erteilt, wenn dem Forscher ein Aufenthaltstitel nach Artikel 17 ausgestellt wird.

(5) Abweichend von Artikel 13 Absätze 2 und 3 der Richtlinie 2003/86/EG endet die Gültigkeitsdauer der Aufenthaltserlaubnis von Familienangehörigen in der Regel mit Ablauf der Gültigkeitsdauer des Aufenthaltstitels, der dem Forscher ausgestellt wurde. Dies gilt gegebenenfalls auch für Aufenthaltstitel, die Forschern zum Zwecke der Arbeitssuche oder Unternehmensgründung gemäß Artikel 25 ausgestellt wurden. Die Mitgliedstaaten können verlangen, dass die Gültigkeitsdauer der Reisedokumente von Familienangehörigen mindestens die Dauer des geplanten Aufenthalts abdeckt.

(6) Abweichend von Artikel 14 Absatz 2 Satz 2 der Richtlinie 2003/86/EG sehen der erste Mitgliedstaat oder – im Fall einer langfristigen Mobilität – die zweiten Mitgliedstaaten keine Frist für den Zugang von Familienangehörigen zum Arbeitsmarkt vor, es sei denn es liegen außergewöhnliche Umstände vor, etwa eine besonders hohe Arbeitslosigkeit.

KAPITEL VI
MOBILITÄT INNERHALB DER UNION

Mobilität innerhalb der Union

Art. 27 (1) Ein Drittstaatsangehöriger, der über einen gültigen Aufenthaltstitel verfügt, der vom ersten Mitgliedstaat zum Zwecke eines Studiums im Rahmen eines Unions- oder multilateralen Programms mit Mobilitätsmaßnahmen oder einer Vereinbarung zwischen zwei oder mehr Hochschuleinrichtungen oder zu Forschungszwecken ausgestellt wurde, darf auf der Grundlage dieses Aufenthaltstitels und eines gültigen Reisedokuments unter den Bedingungen der Artikel 28, 29 und 31 und vorbehaltlich des Artikels 32 in eine oder mehrere zweite Mitgliedstaaten einreisen und sich dort aufhalten, um dort einen Teil seines Studiums oder seiner Forschungstätigkeit zu absolvieren bzw. durchzuführen.

(2) Während der Inanspruchnahme der Mobilität gemäß Absatz 1 dürfen in einem Mitgliedstaat oder in mehreren zweiten Mitgliedstaaten im Einklang mit den Bedingungen gemäß Artikel 23 bzw. Artikel 24 Forscher neben ihrer Forschungstätigkeit eine Lehrtätigkeit ausüben und Studenten neben ihrem Studium arbeiten.

(3) Wenn ein Forscher im Einklang mit Artikel 28 oder 29 in einen zweiten Mitgliedstaat umzieht, sind Familienangehörige, die über eine gemäß Artikel 26 erteilte Aufenthaltserlaubnis verfügen, berechtigt, ihn im Rahmen der Mobilität des Forschers unter den Bedingungen gemäß Artikel 30 zu begleiten.

Kurzfristige Mobilität von Forschern

Art. 28 (1) Forscher, die über einen vom ersten Mitgliedstaat ausgestellten gültigen Aufenthaltstitel verfügen, sind berechtigt, sich zum Zwecke der Durchführung eines Teils ihrer Forschungstätigkeit in einer beliebigen Forschungseinrichtung in einem oder mehreren zweiten Mitgliedstaaten für eine Dauer von bis zu 180 Tagen innerhalb eines Zeitraums von 360 Tagen je Mitgliedstaat aufzuhalten, vorbehaltlich der in diesem Artikel vorgesehenen Bedingungen.

(2) Der zweite Mitgliedstaat kann von dem Forscher, der Forschungseinrichtung im ersten Mitgliedstaat oder der Forschungseinrichtung im zweiten Mitgliedstaat verlangen, den zuständigen Behörden des ersten und des zweiten Mitgliedstaats die Absicht des Forschers, einen Teil seiner Forschungstätigkeit in der Forschungseinrichtung im zweiten Mitgliedstaat durchzuführen, mitzuteilen.

In diesen Fällen sieht der zweite Mitgliedstaat vor, dass die Mitteilung zu einem der nachstehenden Zeitpunkte erfolgt:
a) zum Zeitpunkt der Antragstellung im ersten Mitgliedstaat, wenn die Mobilität in Bezug auf den zweiten Mitgliedstaat in diesem Stadium bereits geplant ist, oder
b) sobald – nach Zulassung des Forschers in den ersten Mitgliedstaat – die beabsichtigte Mobilität in Bezug auf den zweiten Mitgliedstaat bekannt wird.

(3) Ist die Mitteilung gemäß Absatz 2 Buchstabe a erfolgt und hat der zweite Mitgliedstaat beim ersten Mitgliedstaat keine Einwände nach Absatz 7 erhoben, so kann die Mobilität des Forschers in Bezug auf den zweiten Mitgliedstaat jederzeit innerhalb der Gültigkeitsdauer des Aufenthaltstitels erfolgen.

(4) Ist die Mitteilung gemäß Absatz 2 Buchstabe b erfolgt, so kann die Mobilität nach der Mitteilung an den zweiten Mitgliedstaat unverzüglich oder jederzeit danach innerhalb der Gültigkeitsdauer des Aufenthaltstitels eingeleitet werden.

(5) Der Mitteilung muss das gültige Reisedokument gemäß Artikel 7 Absatz 1 Buchstabe a und der vom ersten Mitgliedstaat ausgestellte gültige Aufenthaltstitel, der den Zeitraum der Mobilität abdeckt, beigefügt werden.

(6) Der zweite Mitgliedstaat kann verlangen, dass zusammen mit der Mitteilung folgende Unterlagen und Informationen übermittelt werden:
a) die Aufnahmevereinbarung im ersten Mitgliedstaat gemäß Artikel 10 oder auf Verlangen des zweiten Mitgliedstaats die Aufnahmevereinbarung, die mit der Forschungseinrichtung im zweiten Mitgliedstaat geschlossen wurde;
b) die geplante Dauer und die Daten der Inanspruchnahme der Mobilität, sofern dies nicht in der Aufnahmevereinbarung angegeben ist;
c) der in Artikel 7 Absatz 1 Buchstabe c vorgesehene Nachweis, dass der Forscher über eine Krankenversicherung verfügt, die sich auf alle Risiken erstreckt, die normalerweise für die Staatsangehörigen des betreffenden Mitgliedstaats abgedeckt sind;
d) der Nachweis, dass der Forscher während seines Aufenthalts über die in Artikel 7 Absatz 1 Buchstabe e vorgesehenen nötigen Mittel zur Deckung der Kosten für seinen Unterhalt, ohne Inanspruchnahme des Sozialhilfesystems des betreffenden Mitgliedstaats, und über die Kosten für die Rückreise in den ersten Mitgliedstaat in den in Artikel 32 Absatz 4 Buchstabe b genannten Fällen verfügt.

Der zweite Mitgliedstaat kann verlangen, dass der Mitteilende vor dem Beginn der Mobilität die Anschrift des betreffenden Forschers im Hoheitsgebiet des zweiten Mitgliedstaats angibt.

Der zweite Mitgliedstaat kann verlangen, dass der Mitteilende die Unterlagen in einer Amtssprache dieses Mitgliedstaats oder in einer anderen von diesem Mitgliedstaat bestimmten Amtssprache der Union vorlegt.

(7) Auf der Grundlage der Mitteilung nach Absatz 2 kann der zweite Mitgliedstaat gegen die Mobilität des Forschers in Bezug auf sein Hoheitsgebiet innerhalb von 30 Tagen nach Eingang der vollständigen Mitteilung Einwände erheben, wenn
a) die in Absatz 5 oder gegebenenfalls Absatz 6 genannten Bedingungen nicht erfüllt sind;
b) einer der Ablehnungsgründe gemäß Artikel 20 Absatz 1 Buchstaben b oder c oder Absatz 2 des vorgenannten Artikels vorliegt;
c) die Höchstdauer des Aufenthalts gemäß Absatz 1 erreicht wurde.

(8) Forscher, die als Bedrohung für die öffentliche Ordnung, Sicherheit oder Gesundheit betrachtet werden, dürfen nicht in das Hoheitsgebiet des zweiten Mitgliedstaats einreisen oder sich dort aufhalten.

(9) Die zuständigen Behörden des zweiten Mitgliedstaats unterrichten unverzüglich die zuständigen Behörden des ersten Mitgliedstaats und den Mitteilenden schriftlich über ihre Einwände gegen die Mobilität. Erhebt der zweite Mitgliedstaat Einwände nach Absatz 7 gegen die Mobilität und hat die Mobilität noch nicht stattgefunden, so erhält der Forscher nicht die Erlaubnis, einen Teil seiner Forschungstätigkeit in der Forschungseinrichtung im zweiten Mitgliedstaat durchzuführen. Hat die Mobilität bereits stattgefunden, so gilt Artikel 32 Absatz 4.

(10) Nach Ablauf der Einwendungsfrist kann der zweite Mitgliedstaat dem Forscher ein Dokument ausstellen, in dem bescheinigt wird, dass er berechtigt ist, sich in seinem Hoheitsgebiet aufzuhalten und die in dieser Richtlinie vorgesehenen Rechte wahrzunehmen.

Langfristige Mobilität von Forschern

Art. 29 (1) In Bezug auf Forscher, die über einen vom ersten Mitgliedstaat ausgestellten gültigen Aufenthaltstitel verfügen und beabsichtigen, sich für mehr als 180 Tage je Mitgliedstaat in einem oder mehreren zweiten Mitgliedstaaten aufzuhalten, um einen Teil ihrer Forschungstätigkeit in einer beliebigen Forschungseinrichtung durchzuführen, muss der zweite Mitgliedstaat entweder
a) Artikel 28 anwenden und dem Forscher gestatten, sich auf der Grundlage des vom ersten Mitgliedstaat ausgestellten Aufenthaltstitels während der Gültigkeitsdauer dieses Aufenthaltstitels in seinem Hoheitsgebiet aufzuhalten; oder
b) das in den Absätzen 2 bis 7 vorgesehene Verfahren anwenden.

Der zweite Mitgliedstaat kann eine Höchstdauer für die langfristige Mobilität eines Forschers festlegen, die mindestens 360 Tage betragen muss.

(2) Wird ein Antrag auf langfristige Mobilität gestellt, so gilt Folgendes:
a) Der zweite Mitgliedstaat kann von dem Forscher, der Forschungseinrichtung im ersten Mitgliedstaat oder der Forschungseinrichtung im zweiten Mitgliedstaat die Übermittlung folgender Unterlagen verlangen:
i) ein gültiges Reisedokument gemäß Artikel 7 Absatz 1 Buchstabe a und einen vom ersten Mitgliedstaat ausgestellten gültigen Aufenthaltstitel;
ii) den in Artikel 7 Absatz 1 Buchstabe c vorgesehenen Nachweis, dass der Forscher über eine Krankenversicherung verfügt, die sich auf alle Risiken erstreckt, die normalerweise für die Staatsangehörigen des betreffenden Mitgliedstaats abgedeckt sind;
iii) der Nachweis, dass der Forscher während seines Aufenthalts über die in Artikel 7 Absatz 1 Buchstabe e vorgesehenen nötigen Mittel zur Deckung der Kosten für seinen Unterhalt, ohne Inanspruchnahme des Sozialhilfesystems des betreffenden Mitgliedstaats, und über die Kosten für die Rückreise in den ersten Mitgliedstaat in den in Artikel 32 Absatz 4 Buchstabe b genannten Fällen verfügt;
iv) die Aufnahmevereinbarung im ersten Mitgliedstaat gemäß Artikel 10 oder auf Verlangen des zweiten Mitgliedstaats die Aufnahmevereinbarung, die mit der Forschungseinrichtung im zweiten Mitgliedstaat geschlossen wurde;
v) die geplante Dauer und die Daten der Inanspruchnahme der Mobilität, sofern dies nicht in den vom Antragsteller vorgelegten Unterlagen angegeben ist.

Der zweite Mitgliedstaat kann verlangen, dass der Antragsteller die Anschrift des Forschers in seinem Hoheitsgebiet angibt. Wird im nationalen Recht des zweiten Mitgliedstaats zum Zeitpunkt der Antragstellung die Angabe einer Anschrift verlangt, und der betreffende Forscher kennt seine künftige Anschrift noch nicht, akzeptiert dieser Mitgliedstaat auch die Angabe einer vorübergehenden Anschrift. In diesem Fall gibt der Forscher seine ständige Anschrift spätestens zum Zeitpunkt der Ausstellung des Aufenthaltstitels für die langfristige Mobilität an.

Der zweite Mitgliedstaat kann verlangen, dass der Antragsteller die Unterlagen in einer Amtssprache dieses Mitgliedstaats oder in einer anderen von diesem Mitgliedstaat bestimmten Amtssprache der Union vorlegt.

b) Der zweite Mitgliedstaat trifft eine Entscheidung über den Antrag auf langfristige Mobilität und teilt die Entscheidung dem Antragsteller so bald wie möglich, spätestens aber 90 Tage nach dem Tag, an dem der vollständige Antrag den zuständigen Behörden des zweiten Mitgliedstaats vorgelegt wurde, schriftlich mit.

c) Der Forscher ist nicht verpflichtet, für die Abgabe des Antrags das Hoheitsgebiet der

Mitgliedstaaten zu verlassen, und unterliegt nicht der Visumpflicht.

d) Dem Forscher wird gestattet, einen Teil der Forschungstätigkeit in der Forschungseinrichtung im zweiten Mitgliedstaat durchzuführen, bis die zuständigen Behörden über seinen Antrag auf langfristige Mobilität entschieden haben, sofern
   i) weder der in Artikel 28 Absatz 1 genannte Zeitraum noch die Gültigkeitsdauer des vom ersten Mitgliedstaat ausgestellten Aufenthaltstitels abgelaufen ist und
   ii) falls der zweite Mitgliedstaat dies verlangt – der vollständige Antrag diesem Mitgliedstaat mindestens 30 Tage vor Beginn der langfristigen Mobilität des Forschers übermittelt worden ist.
e) Ein Antrag auf langfristige Mobilität kann nicht zur gleichen Zeit wie eine Mitteilung im Hinblick auf kurzfristige Mobilität übermittelt werden. Falls sich nach dem Beginn der kurzfristigen Mobilität des Forschers das Erfordernis einer langfristigen Mobilität ergibt, kann der zweite Mitgliedstaat verlangen, dass der Antrag auf langfristige Mobilität mindestens 30 Tage vor Ablauf der kurzfristigen Mobilität übermittelt wird.

(3) Die Mitgliedstaaten können einen Antrag auf langfristige Mobilität ablehnen, wenn
a) die in Absatz 2 Buchstabe a festgelegten Bedingungen nicht erfüllt sind;
b) einer der Ablehnungsgründe gemäß Artikel 20, mit Ausnahme von Absatz 1 Buchstabe a des vorgenannten Artikels, vorliegt;
c) der Aufenthaltstitel des Forschers im ersten Mitgliedstaat während des Verfahrens abläuft; oder
d) gegebenenfalls die Höchstdauer des Aufenthalts gemäß Absatz 1 Unterabsatz 2 erreicht wurde.

(4) Forscher, die als Bedrohung für die öffentliche Ordnung, Sicherheit oder Gesundheit betrachtet werden, dürfen nicht in das Hoheitsgebiet des zweiten Mitgliedstaats einreisen oder sich dort aufhalten.

(5) Trifft der zweite Mitgliedstaat eine zustimmende Entscheidung über den Antrag auf langfristige Mobilität im Sinne des Absatzes 2 dieses Artikels, so wird dem Forscher ein Aufenthaltstitel gemäß Artikel 17 Absatz 4 ausgestellt. Der zweite Mitgliedstaat unterrichtet die zuständigen Behörden des ersten Mitgliedstaats im Fall der Ausstellung eines Aufenthaltstitels für langfristige Mobilität.

(6) Der zweite Mitgliedstaat kann den Aufenthaltstitel für langfristige Mobilität entziehen, wenn
a) die in Absatz 2 Buchstabe a oder Absatz 4 dieses Artikels genannten Bedingungen nicht oder nicht mehr erfüllt sind; oder
b) einer der Gründe für die Entziehung gemäß Artikel 21, mit Ausnahme von Absatz 1 Buchstabe a, Absatz 2 Buchstabe f, Absatz 3, Absatz 5 und Absatz 6 des vorgenannten Artikels, vorliegt.

(7) Trifft ein Mitgliedstaat eine Entscheidung über die langfristige Mobilität, so gilt Artikel 34 Absätze 2 bis 5 entsprechend.

Mobilität der Familienangehörigen von Forschern

Art. 30 (1) Familienangehörige von Forschern, die über eine vom ersten Mitgliedstaat erteilte Aufenthaltserlaubnis verfügen, sind berechtigt, in einen oder mehrere zweite Mitgliedstaaten einzureisen und sich dort aufzuhalten, um den Forscher zu begleiten.

(2) Wenn der zweite Mitgliedstaat das Mitteilungsverfahren gemäß Artikel 28 Absatz 2 anwendet, verlangt er die Übermittlung folgender Unterlagen und Informationen:
a) die gemäß Artikel 28 Absatz 5 und Absatz 6 Buchstaben b, c und d erforderlichen Unterlagen und Informationen zu den Familienangehörigen, die den Forscher begleiten;
b) einen Nachweis, dass der Familienangehörige sich im Sinne des Artikels 26 als Angehöriger der Familie des Forschers im ersten Mitgliedstaat aufgehalten hat.

Der zweite Mitgliedstaat kann verlangen, dass der Mitteilende die Unterlagen in einer Amtssprache dieses Mitgliedstaats oder in einer anderen von diesem Mitgliedstaat bestimmten Amtssprache der Union vorlegt.

Der zweite Mitgliedstaat kann gegen die Mobilität des Familienangehörigen in Bezug auf sein Hoheitsgebiet Einwände erheben, wenn die im ersten Unterabsatz genannten Bedingungen nicht erfüllt sind. Für diese Familienangehörigen gilt Artikel 28 Absatz 7 Buchstaben b und c und Absatz 9 entsprechend.

(3) Wenn der zweite Mitgliedstaat das in Artikel 29 Absatz 1 Buchstabe b genannte Verfahren anwendet, muss der Forscher oder der Familienangehörige des Forschers einen Antrag bei den zuständigen Behörden des zweiten Mitgliedstaats einreichen. Der zweite Mitgliedstaat verlangt, dass der Antragsteller die folgenden Unterlagen und Informationen zu den Familienangehörigen übermittelt:
a) die gemäß Artikel 29 Absatz 2 Buchstabe a Ziffern i, ii, iii und v erforderlichen Unterlagen und Informationen zu den Familienangehörigen, die den Forscher begleiten;
b) einen Nachweis, dass der Familienangehörige sich im Sinne des Artikels 26 als Angehöriger der Familie des Forschers im ersten Mitgliedstaat aufgehalten hat.

Der zweite Mitgliedstaat kann verlangen, dass der Antragsteller die Unterlagen in einer Amtssprache dieses Mitgliedstaats oder in einer anderen von diesem Mitgliedstaat bestimmten Amtssprache der Union vorlegt.

Der zweite Mitgliedstaat kann den Antrag auf langfristige Mobilität des Familienangehörigen in Bezug auf sein Hoheitsgebiet ablehnen, wenn die im ersten Unterabsatz genannten Bedingungen nicht erfüllt sind. Für diese Familienangehörigen gilt Artikel 29 Absatz 2 Buchstaben b und c, Absatz 3 Buchstaben b, c und d, Absatz 5, Absatz 6 Buchstabe b und Absatz 7 entsprechend.

Die Gültigkeitsdauer des Aufenthaltstitels für die langfristige Mobilität von Familienangehörigen endet in der Regel zum Datum des Ablaufs des vom zweiten Mitgliedstaat ausgestellten Aufenthaltstitels für den Forscher.

Der Aufenthaltstitel für die langfristige Mobilität von Familienangehörigen kann entzogen oder dessen Verlängerung verweigert werden, wenn der Aufenthaltstitel für die langfristige Mobilität des Forschers, den sie begleiten, entzogen oder dessen Verlängerung verweigert wird und sie über kein eigenständiges Aufenthaltsrecht verfügen.

(4) Familienangehörige, die als Bedrohung für die öffentliche Ordnung, Sicherheit oder Gesundheit betrachtet werden, dürfen nicht in das Hoheitsgebiet des zweiten Mitgliedstaats einreisen oder sich dort aufhalten.

Mobilität von Studenten

Art. 31 (1) Studenten, die über einen vom ersten Mitgliedstaat ausgestellten gültigen Aufenthaltstitel verfügen und an einem Unions- oder multilateralen Programm mit Mobilitätsmaßnahmen teilnehmen oder für die eine Vereinbarung zwischen zwei oder mehr Hochschuleinrichtungen gilt, sind berechtigt, in einen oder mehrere zweite Mitgliedstaaten für eine Dauer von bis zu 360 Tagen je Mitgliedstaat einzureisen und sich dort aufzuhalten, um dort einen Teil ihres Studiums in einer Hochschuleinrichtung zu absolvieren, vorbehaltlich der in den Absätzen 2 bis 10 genannten Bedingungen.

Ein Student, der nicht an einem Unions- oder multilateralen Programm mit Mobilitätsmaßnahmen teilnimmt oder für den keine Vereinbarung zwischen zwei oder mehr Hochschuleinrichtungen gilt, muss für den zweiten Mitgliedstaat einen Antrag auf Genehmigung der Einreise und des Aufenthalts im Einklang mit den Artikeln 7 und 11 stellen, um dort einen Teil des Studiums in einer Hochschuleinrichtung absolvieren zu können.

(2) Der zweite Mitgliedstaat kann von der Hochschuleinrichtung im ersten Mitgliedstaat, der Hochschuleinrichtung im zweiten Mitgliedstaat oder dem Studenten verlangen, den zuständigen Behörden des ersten und des zweiten Mitgliedstaats die Absicht des Studenten, einen Teil des Studiums in der Hochschuleinrichtung im zweiten Mitgliedstaat zu absolvieren, mitzuteilen.

In diesen Fällen sieht der zweite Mitgliedstaat vor, dass die Mitteilung zu einem der nachstehenden Zeitpunkte erfolgt:

a) zum Zeitpunkt der Antragstellung im ersten Mitgliedstaat, wenn die Mobilität in Bezug auf den zweiten Mitgliedstaat in diesem Stadium bereits geplant ist, oder

b) sobald – nach Zulassung des Studenten in den ersten Mitgliedstaat – die beabsichtigte Mobilität in Bezug auf den zweiten Mitgliedstaat bekannt wird.

(3) Ist die Mitteilung gemäß Absatz 2 Buchstabe a erfolgt und hat der zweite Mitgliedstaat beim ersten Mitgliedstaat keine Einwände nach Absatz 7 erhoben, so kann die Mobilität des Studenten in Bezug auf den zweiten Mitgliedstaat jederzeit innerhalb der Gültigkeitsdauer des Aufenthaltstitels erfolgen.

(4) Ist die Mitteilung gemäß Absatz 2 Buchstabe b erfolgt und hat der zweite Mitgliedstaat nach den Absätzen 7 und 9 keine schriftlichen Einwände gegen die Mobilität des Studenten erhoben, so gilt die Mobilität als genehmigt und kann in Bezug auf den zweiten Mitgliedstaat erfolgen.

(5) Der Mitteilung muss das gültige Reisedokument gemäß Artikel 7 Absatz 1 Buchstabe a und der vom ersten Mitgliedstaat ausgestellte gültige Aufenthaltstitel, der den gesamten Zeitraum der Mobilität abdeckt, beigefügt werden.

(6) Der zweite Mitgliedstaat kann verlangen, dass zusammen mit der Mitteilung folgende Unterlagen und Informationen übermittelt werden:

a) der Nachweis, dass der Student einen Teil des Studiums im zweiten Mitgliedstaat im Rahmen eines Unions- oder multilateralen Programms mit Mobilitätsmaßnahmen oder einer Vereinbarung zwischen zwei oder mehr Hochschuleinrichtungen absolviert, und der Nachweis, dass der Student von einer Hochschuleinrichtung im zweiten Mitgliedstaat zugelassen wurde;

b) die geplante Dauer und die Daten der Inanspruchnahme der Mobilität, sofern dies nicht gemäß Buchstabe a angegeben wird;

c) der in Artikel 7 Absatz 1 Buchstabe c vorgesehene Nachweis, dass der Student über eine Krankenversicherung verfügt, die sich auf alle Risiken erstreckt, die normalerweise für die Staatsangehörigen des betreffenden Mitgliedstaats abgedeckt sind;

d) der Nachweis, dass der Student während seines Aufenthalts über die in Artikel 7 Absatz 1 Buchstabe e vorgesehenen nötigen Mittel zur Deckung der Kosten für seinen Unterhalt, ohne Inanspruchnahme des Sozialhilfesystems des betreffenden Mitgliedstaats, und über die Kosten für das Studium sowie über die Kosten für die Rückreise in den ersten Mitgliedstaat in den in Artikel 32 Absatz 4 Buchstabe b genannten Fällen verfügt;

e) gegebenenfalls der Nachweis, dass die von der Hochschuleinrichtung erhobenen Gebühren entrichtet wurden.

Der zweite Mitgliedstaat kann verlangen, dass der Mitteilende vor dem Beginn der Mobilität die Anschrift des betreffenden Studenten im Hoheitsgebiet des zweiten Mitgliedstaats angibt.

Der zweite Mitgliedstaat kann verlangen, dass der Mitteilende die Unterlagen in einer Amtssprache dieses Mitgliedstaats oder in einer anderen von diesem Mitgliedstaat bestimmten Amtssprache der Union vorlegt.

(7) Auf der Grundlage der Mitteilung nach Absatz 2 kann der zweite Mitgliedstaat gegen die Mobilität des Studenten in Bezug auf sein Hoheitsgebiet innerhalb von 30 Tagen nach Eingang der vollständigen Mitteilung Einwände erheben, wenn

a) die in Absatz 5 oder Absatz 6 genannten Bedingungen nicht erfüllt sind;
b) einer der Ablehnungsgründe gemäß Artikel 20 Absatz 1 Buchstaben b oder c oder Absatz 2 des genannten Artikels vorliegt;
c) die in Absatz 1 genannte Höchstdauer des Aufenthalts erreicht wurde.

(8) Studenten, die als Bedrohung für die öffentliche Ordnung, Sicherheit oder Gesundheit betrachtet werden, dürfen nicht in das Hoheitsgebiet des zweiten Mitgliedstaats einreisen oder sich dort aufhalten.

(9) Die zuständigen Behörden des zweiten Mitgliedstaats unterrichten unverzüglich die zuständigen Behörden des ersten Mitgliedstaats und den Mitteilenden schriftlich über ihre Einwände gegen die Mobilität. Erhebt der zweite Mitgliedstaat Einwände nach Absatz 7 gegen die Mobilität, so erhält der Student nicht die Erlaubnis, einen Teil des Studiums in der Hochschuleinrichtung im zweiten Mitgliedstaat zu absolvieren.

(10) Nach Ablauf der Einwendungsfrist kann der zweite Mitgliedstaat dem Studenten ein Dokument ausstellen, in dem bescheinigt wird, dass er berechtigt ist, sich in seinem Hoheitsgebiet aufzuhalten und die in dieser Richtlinie vorgesehenen Rechte wahrzunehmen.

Schutzmaßnahmen und Sanktionen in Mobilitätsfällen

Art. 32 (1) Wird der Aufenthaltstitel für Forschungs- oder Studienzwecke von den zuständigen Behörden eines Mitgliedstaats ausgestellt, der den Schengen-Besitzstand nicht uneingeschränkt anwendet, und überschreitet der Forscher oder Student eine Außengrenze, um im Rahmen der Mobilität in einen zweiten Mitgliedstaat einzureisen, so sind die zuständigen Behörden des zweiten Mitgliedstaats berechtigt, als Nachweis für die Mobilität den vom ersten Mitgliedstaat ausgestellten Aufenthaltstitel sowie Folgendes zu verlangen:

a) eine Kopie der Mitteilung gemäß Artikel 28 Absatz 2 oder Artikel 31 Absatz 2, oder
b) wenn der zweite Mitgliedstaat die Mobilität ohne Mitteilung gestattet – den Nachweis, dass der Student einen Teil des Studiums im zweiten Mitgliedstaat im Rahmen eines Unions- oder multilateralen Programms mit Mobilitätsmaßnahmen oder einer Vereinbarung zwischen zwei oder mehr Hochschuleinrichtungen absolviert, oder bei Forschern entweder eine Kopie der Aufnahmevereinbarung, in der die Einzelheiten der Mobilität des Forschers angegeben sind, oder – falls die Einzelheiten der Mobilität nicht in der Aufnahmevereinbarung angegeben sind – ein Schreiben der Forschungseinrichtung im zweiten Mitgliedstaat, in dem mindestens die Dauer der Mobilität innerhalb der Union und der Standort der Forschungseinrichtung im zweiten Mitgliedstaat angegeben sind.

Bei Familienangehörigen der Forscher sind die zuständigen Behörden des zweiten Mitgliedstaats berechtigt, als Nachweis für die Mobilität den vom ersten Mitgliedstaat ausgestellten gültigen Aufenthaltstitel und eine Kopie der Mitteilung gemäß Artikel 30 Absatz 2 oder einen Nachweis, dass sie den Forscher begleiten, zu verlangen.

(2) Entziehen die zuständigen Behörden des ersten Mitgliedstaats den Aufenthaltstitel, so unterrichten sie gegebenenfalls unverzüglich die Behörden des zweiten Mitgliedstaats.

(3) Der zweite Mitgliedstaat kann verlangen, dass er von der aufnehmenden Einrichtung des zweiten Mitgliedstaats oder von dem Forscher oder Studenten über jedwede Änderung unterrichtet wird, die sich auf die Bedingungen auswirkt, auf deren Grundlage die Mobilität bewilligt wurde.

(4) Werden die Bedingungen für die Mobilität von dem Forscher oder gegebenenfalls seinen Familienangehörigen oder dem Studenten nicht oder nicht mehr erfüllt,

a) kann der zweite Mitgliedstaat von dem Forscher und gegebenenfalls seinen Familienangehörigen oder dem Studenten verlangen, unverzüglich jedwede Tätigkeiten einzustellen und sein Hoheitsgebiet zu verlassen;
b) gestattet der erste Mitgliedstaat auf Ersuchen des zweiten Mitgliedstaats die Wiedereinreise des Forschers und gegebenenfalls seiner Familienangehörigen oder des Studenten ohne Formalitäten und unverzüglich. Dies gilt auch, wenn der vom ersten Mitgliedstaat ausgestellte Aufenthaltstitel abgelaufen oder während der Inanspruchnahme der Mobilität im zweiten Mitgliedstaat entzogen worden ist.

(5) Wird die Außengrenze eines Mitgliedstaats, der den Schengen-Besitzstand uneingeschränkt anwendet, von dem Forscher oder seinen Familienangehörigen oder dem Studenten überschritten, so konsultiert dieser Mitgliedstaat das Schengener Informationssystem. Dieser Mitgliedstaat verweigert die Einreise bzw. erhebt Einwände gegen die Mobilität von Personen, die im Schengener Informationssystem zur Einreise- oder Aufenthaltsverweigerung ausgeschrieben sind.

KAPITEL VII
VERFAHREN UND TRANSPARENZ

Sanktionen gegen aufnehmende Einrichtungen

Art. 33 Die Mitgliedstaaten können Sanktionen gegen aufnehmende Einrichtungen oder – in Fällen nach Artikel 24 – Arbeitgeber, die ihren aus dieser Richtlinie erwachsenden Verpflichtungen nicht nachgekommen sind, vorsehen. Diese Sanktionen

Verfahrensgarantien und Transparenz

Art. 34 (1) Die zuständigen Behörden des betreffenden Mitgliedstaats entscheiden über den Antrag auf einen Aufenthaltstitel oder auf dessen Verlängerung und unterrichten den Antragsteller gemäß den im nationalen Recht festgelegten Mitteilungsverfahren so rasch wie möglich, jedoch spätestens 90 Tage nach Einreichung des vollständigen Antrags schriftlich über die Entscheidung.

(2) Betrifft das Zulassungsverfahren eine zugelassene aufnehmende Einrichtung gemäß den Artikeln 9 und 15, wird abweichend von Absatz 1 dieses Artikels die Entscheidung über den vollständigen Antrag so rasch wie möglich, jedoch spätestens innerhalb von 60 Tagen getroffen.

(3) Sind die Angaben oder die Unterlagen zur Begründung des Antrags unvollständig, so teilen die zuständigen Behörden dem Antragsteller innerhalb einer angemessenen Frist mit, welche zusätzlichen Informationen erforderlich sind, und legen eine angemessene Frist für deren Vorlage fest. Die Frist in den Absätzen 1 oder 2 wird ausgesetzt, bis die Behörden die verlangten zusätzlichen Informationen erhalten haben. Werden die zusätzlichen Informationen oder Unterlagen nicht fristgerecht eingereicht, so kann der Antrag abgelehnt werden.

(4) Die Gründe für eine Entscheidung, einen Antrag für unzulässig zu erklären oder abzulehnen oder eine Verlängerung zu verweigern, werden dem Antragsteller schriftlich mitgeteilt. Die Gründe für eine Entscheidung, einen Aufenthaltstitel zu entziehen, werden dem Drittstaatsangehörigen schriftlich mitgeteilt. Die Gründe für eine Entscheidung, einen Aufenthaltstitel zu entziehen, können zusätzlich auch der aufnehmenden Einrichtung schriftlich mitgeteilt werden.

(5) Jede Entscheidung, mit der ein Antrag für unzulässig erklärt oder abgelehnt wird, eine Verlängerung verweigert oder ein Aufenthaltstitel entzogen wird, kann in dem betreffenden Mitgliedstaat gemäß dem nationalen Recht mit einem Rechtsbehelf angefochten werden. In der schriftlichen Mitteilung werden das Gericht oder die Verwaltungsbehörde, bei denen ein Rechtsbehelf eingelegt werden kann, und die Frist für die Einlegung eines Rechtsbehelfs genannt.

Transparenz und Zugang zu Informationen

Art. 35 Die Mitgliedstaaten stellen den Antragstellern die Informationen über alle im Rahmen der Antragstellung beizubringenden Nachweise sowie Informationen über die Bedingungen für Einreise und Aufenthalt, einschließlich der damit verbundenen Rechte, Pflichten und Verfahrensgarantien des in den Anwendungsbereich dieser Richtlinie fallenden Drittstaatsangehörigen und gegebenenfalls seiner Familienangehörigen in leicht zugänglicher Weise zur Verfügung. Dies gilt gegebenenfalls auch für die Höhe der monatlich nötigen Mittel, u. a. der nötigen Mittel zur Deckung der Studien- oder Ausbildungskosten – unbeschadet einer Prüfung im Einzelfall – sowie der geltenden Gebühren.

Die zuständigen Behörden eines jeden Mitgliedstaats veröffentlichen Listen der aufnehmenden Einrichtungen, die für die Zwecke dieser Richtlinie zugelassen worden sind. Aktualisierte Fassungen dieser Listen werden nach jeder Änderung so rasch wie möglich veröffentlicht.

Gebühren

Art. 36 Die Mitgliedstaaten können von Drittstaatsangehörigen, einschließlich gegebenenfalls Familienangehörigen, oder aufnehmenden Einrichtungen für die Bearbeitung von Mitteilungen und Anträgen gemäß dieser Richtlinie Gebühren erheben. Diese Gebühren dürfen nicht unverhältnismäßig oder übermäßig hoch sein.

KAPITEL VIII
SCHLUSSBESTIMMUNGEN

Zusammenarbeit zwischen Kontaktstellen

Art. 37 (1) Die Mitgliedstaaten benennen Kontaktstellen, die effektiv zusammenarbeiten und die zur Durchführung der Artikel 28 bis 32 benötigten Informationen entgegennehmen und weiterleiten. Die Mitgliedstaaten führen den Informationsaustausch vorzugsweise auf elektronischem Wege durch.

(2) Jeder Mitgliedstaat teilt den anderen Mitgliedstaaten über die in Absatz 1 genannten nationalen Kontaktstellen Folgendes mit:
a) die für die Mobilität gemäß den Artikeln 28 bis 31 geltenden Verfahren;
b) ob dieser Mitgliedstaat die Zulassung von Studenten und Forschern ausschließlich über zugelassene Forschungseinrichtungen oder Hochschuleinrichtungen gestattet;
c) die multilateralen Programme für Studenten und Forscher mit Mobilitätsmaßnahmen und die Vereinbarungen zwischen zwei oder mehr Hochschuleinrichtungen.

Statistik

Art. 38 (1) Die Mitgliedstaaten übermitteln der Kommission statistische Angaben zur Anzahl der für die Zwecke dieser Richtlinie ausgestellten Aufenthaltstitel und der gemäß Artikel 28 Absatz 2 oder Artikel 31 Absatz 2 eingegangenen Mitteilungen und, soweit möglich, zur Anzahl der Drittstaatsangehörigen, deren Aufenthaltstitel verlängert oder entzogen wurde. Statistische Angaben zu den zugelassenen Familienangehörigen von Forschern werden in derselben Weise übermittelt. Diese statistischen Angaben werden nach Staatsangehörigkeit und, soweit möglich, nach Gültigkeitsdauer der Aufenthaltstitel untergliedert.

(2) Die statistischen Angaben gemäß Absatz 1 beziehen sich auf Berichtszeiträume von einem Kalenderjahr und werden der Kommission innerhalb von sechs Monaten nach Ablauf des Berichtsjahres übermittelt. Das erste Berichtsjahr ist 2019.

(3) Die statistischen Angaben gemäß Absatz 1 werden im Einklang mit der Verordnung (EG) Nr. 862/2007 des Europäischen Parlaments und des Rates (Verordnung (EG) Nr. 862/2007 des Europäischen Parlaments und des Rates vom 11. Juli 2007 zu Gemeinschaftsstatistiken über Wanderung und internationalen Schutz und zur Aufhebung der Verordnung (EWG) Nr. 311/76 des Rates über die Erstellung von Statistiken über ausländische Arbeitnehmer (ABl. L 199 vom 31.7.2007, S. 23).) übermittelt.

Berichterstattung

Art. 39 Die Kommission erstattet dem Europäischen Parlament und dem Rat regelmäßig – zum ersten Mal am 23. Mai 2023 – Bericht über die Anwendung dieser Richtlinie in den Mitgliedstaaten und schlägt gegebenenfalls Änderungen vor.

Umsetzung

Art. 40 (1) Die Mitgliedstaaten setzen die Rechts- und Verwaltungsvorschriften in Kraft, die erforderlich sind, um dieser Richtlinie bis zum 23. Mai 2018 nachzukommen. Sie teilen der Kommission unverzüglich den Wortlaut dieser Vorschriften mit.

Bei Erlass dieser Vorschriften nehmen die Mitgliedstaaten in den Vorschriften selbst oder durch einen Hinweis bei der amtlichen Veröffentlichung auf die vorliegende Richtlinie Bezug. In diese Vorschriften fügen sie die Erklärung ein, dass Bezugnahmen in den geltenden Rechts- und Verwaltungsvorschriften auf die durch die vorliegende Richtlinie aufgehobenen Richtlinien als Bezugnahmen auf die vorliegende Richtlinie gelten. Die Mitgliedstaaten regeln die Einzelheiten dieser Bezugnahme und die Formulierung dieser Erklärung.

(2) Die Mitgliedstaaten teilen der Kommission den Wortlaut der wichtigsten nationalen Rechtsvorschriften mit, die sie auf dem unter diese Richtlinie fallenden Gebiet erlassen.

Aufhebung

Art. 41 Die Richtlinien 2004/114/EG und 2005/71/EG werden für die Mitgliedstaaten, die an die vorliegende Richtlinie gebunden sind, unbeschadet der Verpflichtungen der Mitgliedstaaten hinsichtlich der in Anhang I Teil B dieser Richtlinie genannten Fristen für die Umsetzung der dort genannten Richtlinien in nationales Recht mit Wirkung vom 24. Mai 2018 aufgehoben.

Für die Mitgliedstaaten, die an die vorliegende Richtlinie gebunden sind, gelten Bezugnahmen auf die aufgehobenen Richtlinien als Bezugnahmen auf die vorliegende Richtlinie nach den Entsprechungstabellen in Anhang II.

Inkrafttreten

Art. 42 Diese Richtlinie tritt am Tag nach ihrer Veröffentlichung im *Amtsblatt der Europäischen Union* in Kraft.

Adressaten

Art. 43 Diese Richtlinie ist gemäß den Verträgen an die Mitgliedstaaten gerichtet.

ANLAGE I

Teil A
Aufgehobene Richtlinien (gemäß Artikel 41)

Richtlinie 2004/114/EG des Rates	(ABl. L 375 vom 23.12.2004, S. 12)
Richtlinie 2005/71/EG des Rates	(ABl. L 289 vom 3.11.2005, S. 15)

Teil B
Fristen für die Umsetzung in nationales Recht und Zeitpunkt der Anwendung (gemäß Artikel 41)

Richtlinie	Umsetzungsfrist	Anwendungsbeginn
2004/114/EG	12.1.2007	
2005/71/EG	12.10.2007	

ANLAGE II
Entsprechungstabellen

Richtlinie 2004/114/EG	Diese Richtlinie
Artikel 1 Buchstabe a	Artikel 1 Buchstabe a
Artikel 1 Buchstabe b	—
—	Artikel 1 Buchstabe b
Artikel 2 einleitender Satz	Artikel 3 einleitender Satz
Artikel 2 Buchstabe a	Artikel 3 Absatz 1
Artikel 2 Buchstabe b	Artikel 3 Absatz 3
Artikel 2 Buchstabe c	Artikel 3 Absatz 4
Artikel 2 Buchstabe d	Artikel 3 Absatz 5
—	Artikel 3 Absatz 6
Artikel 2 Buchstabe e	Artikel 3 Absätze 11 und 13
Artikel 2 Buchstabe f	Artikel 3 Absatz 7
Artikel 2 Buchstabe g	Artikel 3 Absatz 22
—	Artikel 3 Absatz 8
—	Artikel 3 Absatz 12
—	Artikel 3 Absätze 14 bis 21
—	Artikel 3 Absätze 23 und 24
Artikel 3 Absatz 1	Artikel 2 Absatz 1
Artikel 3 Absatz 2 Buchstaben a bis d	Artikel 2 Absatz 2 Buchstaben a bis d
Artikel 3 Absatz 2 Buchstabe e	—
—	Artikel 2 Absatz 2 Buchstaben e bis g
Artikel 4	Artikel 4
Artikel 5	Artikel 5 Absatz 1
—	Artikel 5 Absätze 2 und 3
—	Artikel 6
Artikel 6 Absatz 1 Buchstaben a bis c und e	Artikel 7 Absatz 1 Buchstaben a bis c
Artikel 6 Absatz 1 Buchstabe d	Artikel 7 Absatz 6
Artikel 6 Absatz 2	—
—	Artikel 7 Absätze 2 und 3
Artikel 7 Absatz 1 einleitender Satz	Artikel 11 Absatz 1 einleitender Satz
Artikel 7 Absatz 1 Buchstabe a	Artikel 11 Absatz 1 Buchstabe a
Artikel 7 Absatz 1 Buchstabe b	Artikel 7 Absatz 1 Buchstabe e und Artikel 11 Absatz 1 Buchstabe d
Artikel 7 Absatz 1 Buchstabe c	Artikel 11 Absatz 1 Buchstabe c
Artikel 7 Absatz 1 Buchstabe d	Artikel 11 Absatz 1 Buchstabe b
Artikel 7 Absatz 2	Artikel 11 Absatz 2
—	Artikel 11 Absatz 3
Artikel 8	Artikel 31
Artikel 9 Absätze 1 und 2	Artikel 12 Absätze 1 und 2
Artikel 10 einleitender Satz	Artikel 13 Absatz 1 einleitender Satz
Artikel 10 Buchstabe a	Artikel 13 Absatz 1 Buchstabe a
—	Artikel 13 Absatz 1 Buchstabe b
Artikel 10 Buchstabe b	Artikel 7 Absatz 1 Buchstabe e und Artikel 13 Absatz 1 Buchstaben c
Artikel 10 Buchstabe c	Artikel 13 Absatz 1 Buchstabe d
—	Artikel 13 Absatz 1 Buchstaben e und f
—	Artikel 13 Absätze 2 bis 4

2/5. Schüler-, Studenten-, Forscher-RL
Anlage II

Artikel 11 einleitender Satz	Artikel 14 Absatz 1 einleitender Satz
Artikel 11 Buchstabe a	Artikel 14 Absatz 2
Artikel 11 Buchstabe b	Artikel 14 Absatz 1 Buchstabe a
—	Artikel 14 Absatz 1 Buchstabe b
Artikel 11 Buchstabe c	Artikel 14 Absatz 1 Buchstabe c
Artikel 11 Buchstabe d	Artikel 14 Absatz 1 Buchstabe d
Artikel 12 Absatz 1	Artikel 18 Absatz 2
Artikel 12 Absatz 2	Artikel 21 Absatz 2 Buchstabe f
Artikel 13	Artikel 18 Absatz 4
Artikel 14	Artikel 18 Absatz 6
Artikel 15	Artikel 18 Absatz 7
—	Artikel 18 Absätze 3, 5, 8 und 9
—	Artikel 16, 17 und 19
Artikel 16 Absatz 1	Artikel 21 Absatz 1 Buchstaben a und b
—	Artikel 21 Absatz 1 Buchstaben c und d
Artikel 16 Absatz 2	Artikel 21 Absatz 4
—	Artikel 21 Absatz 2 Buchstaben a bis e
—	Artikel 21 Absatz 3
—	Artikel 21 Absätze 5 bis 7
—	Artikel 22 Absätze 3 und 4
Artikel 17 Absatz 1 Unterabsatz 1 Satz 1	Artikel 24 Absatz 1
Artikel 17 Absatz 1 Unterabsatz 1 Satz 2	Artikel 24 Absatz 3
Artikel 17 Absatz 1 Unterabsatz 2	Artikel 24 Absatz 2
Artikel 17 Absatz 2	Artikel 24 Absatz 3
Artikel 17 Absätze 3 und 4	—
—	Artikel 24
—	Artikel 27
—	Artikel 30
—	Artikel 32 und 33
Artikel 18 Absatz 1	Artikel 34 Absatz 1
—	Artikel 34 Absatz 2
Artikel 18 Absätze 2, 3 und 4	Artikel 34 Absätze 3, 4 und 5
Artikel 19	—
—	Artikel 35 Absatz 1
Artikel 20	Artikel 36
—	Artikel 37 und 38
Artikel 21	Artikel 39
Artikel 22 bis 25	—
—	Artikel 40 bis 42
Artikel 26	Artikel 43
—	Anhänge I und II
Artikel 1	Artikel 1 Buchstabe a
Artikel 2 einleitender Satz	Artikel 3 einleitender Satz
Artikel 2 Buchstabe a	Artikel 3 Absatz 1
Artikel 2 Buchstabe b	Artikel 3 Absatz 9
Artikel 2 Buchstabe c	Artikel 3 Absatz 10
Artikel 2 Buchstabe d	Artikel 3 Absatz 2
Artikel 2 Buchstabe e	Artikel 3 Absatz 22
Artikel 3 Absatz 1	Artikel 2 Absatz 1

2/5. Schüler-, Studenten-, Forscher-RL

Anlage II

	Forscher/StudentenRL
Artikel 3 Absatz 2 Buchstabe a	Artikel 2 Absatz 2 Buchstabe a
Artikel 3 Absatz 2 Buchstabe b	—
Artikel 3 Absatz 2 Buchstabe c	Artikel 2 Absatz 2 Buchstabe b
Artikel 3 Absatz 2 Buchstabe d	—
Artikel 4	Artikel 4
Artikel 5 Absatz 1	Artikel 9 Absatz 1
Artikel 5 Absatz 2	Artikel 9 Absatz 2
Artikel 5 Absatz 3	Artikel 8 Absatz 2
Artikel 5 Absatz 4	Artikel 10 Absatz 7
Artikel 5 Absatz 5	Artikel 35 Absatz 2
Artikel 5 Absatz 6	Artikel 9 Absatz 3
Artikel 5 Absatz 7	Artikel 10 Absatz 8
Artikel 6 Absatz 1	Artikel 10 Absatz 1
—	Artikel 10 Absatz 2
Artikel 6 Absatz 2 Buchstabe a	Artikel 10 Absatz 4
Artikel 6 Absatz 2 Buchstabe b	Artikel 7 Absatz 1 Buchstabe e
Artikel 6 Absatz 2 Buchstabe c	Artikel 7 Absatz 1 Buchstabe c
Artikel 6 Absatz 2 Buchstabe d	Artikel 10 Absatz 3
Artikel 6 Absatz 3	—
Artikel 6 Absätze 4 und 5	Artikel 10 Absätze 5 und 6
Artikel 7 Absatz 1 Buchstabe a	Artikel 7 Absatz 1 Buchstabe a
Artikel 7 Absatz 1 Buchstabe b	Artikel 8 Absatz 1
Artikel 7 Absatz 1 Buchstabe c	Artikel 8 Absatz 2
Artikel 7 Absatz 1 Buchstabe d	Artikel 7 Absatz 6
Artikel 7 Absatz 1 Unterabsatz 2	—
Artikel 7 Absatz 2	—
Artikel 7 Absatz 3	Artikel 5 Absatz 3
Artikel 8	Artikel 18 Absatz 1
Artikel 9	Artikel 26
Artikel 10 Absatz 1	Artikel 21 Absatz 1 Buchstaben a, b und d
Artikel 10 Absatz 2	Artikel 21 Absatz 4
Artikel 11 Absätze 1 und 2	Artikel 23
Artikel 12	Artikel 22 Absätze 1 und 2
Artikel 13	Artikel 28 und 29
Artikel 14 Absatz 1	Artikel 7 Absatz 5
Artikel 14 Absätze 2 und 3	Artikel 7 Absatz 4
Artikel 14 Absatz 4	Artikel 5 Absatz 3
Artikel 15 Absatz 1	Artikel 34 Absatz 1
—	Artikel 34 Absatz 2
Artikel 15 Absatz 2	Artikel 34 Absatz 3
Artikel 15 Absatz 3	Artikel 34 Absatz 4
Artikel 15 Absatz 4	Artikel 34 Absatz 5
Artikel 16	Artikel 39
Artikel 17 bis 20	—
Artikel 21	Artikel 43

2/6. RL ergänzende Rentenansprüche
Präambel

2/6. Richtline über ergänzende Rentenansprüche

Richtlinie 98/49/EG des Rates zur Wahrung ergänzender Rentenansprüche von Arbeitnehmern und Selbständigen, die innerhalb der Europäischen Gemeinschaft zu- und abwandern vom 29. Juni 1998

(ABl. Nr. L 209 v. 25.7.1998, S. 46)

GLIEDERUNG

KAPITEL I: Ziel- und Anwendungsbereich
Art. 1, 2

KAPITEL II: Begriffsbestimmungen
Art. 3

KAPITEL III: Maßnahmen zum Schutz ergänzender Rentenansprüche von Arbeitnehmern, die innerhalb der Gemeinschaft zu- und abwandern

Art. 4: Gleichbehandlung hinsichtlich der Aufrechterhaltung von Rentenansprüchen
Art. 5: Grenzüberschreitende Zahlungen
Art. 6: Durch oder für einen entsandten Arbeitnehmer geleistete Beiträge an ein ergänzendes Rentensystem
Art. 7: Unterrichtung anspruchsberechtigter Personen

KAPITEL IV: Schlußbestimmungen
Art. 8–12

DER RAT DER EUROPÄISCHEN UNION –
gestützt auf den Vertrag zur Gründung der Europäischen Gemeinschaft, insbesondere auf die Artikel 51 und 235,
auf Vorschlag der Kommission (ABl. C 5 vom 9. 1. 1998, S. 4),
nach Stellungnahme des Europäischen Parlaments (ABl. C 152 vom 18. 5. 1998),
nach Stellungnahme des Wirtschafts- und Sozialausschusses (ABl. C 157 vom 25. 5. 1998, S. 26),
in Erwägung nachstehender Gründe:

(1) Eine der grundlegenden Freiheiten der Gemeinschaft ist die Freizügigkeit. Der Vertrag sieht vor, daß der Rat die auf dem Gebiet der sozialen Sicherheit für die Herstellung der Freizügigkeit der Arbeitnehmer notwendigen Maßnahmen einstimmig beschließt.

(2) Der soziale Schutz der Arbeitnehmer wird durch gesetzliche Systeme der sozialen Sicherheit gewährleistet, die durch zusätzliche Sozialschutzsysteme ergänzt werden.

(3) Die vom Rat bereits angenommenen Rechtsvorschriften zum Schutz der Ansprüche auf soziale Sicherheit der Arbeitnehmer, die innerhalb der Gemeinschaft zu- und abwandern, und ihrer Familienangehörigen, nämlich die Verordnung (EWG) Nr. 1408/71 des Rates vom 14. Juni 1971 zur Anwendung der Systeme der sozialen Sicherheit auf Arbeitnehmer, Selbständige und deren Familienangehörige, die innerhalb der Gemeinschaft zu- und abwandern (ABl. L 149 vom 5. 7. 1971, S. 2, zuletzt geändert durch Verordnung (EG) Nr. 1223/98, ABl. L 68 vom 13. 6. 1998, S. 1) und die Verordnung (EWG) Nr. 574/72 des Rates vom 21. März 1972 über die Durchführung der Verordnung (EWG) Nr. 1408/71 zur Anwendung der Systeme der sozialen Sicherheit auf Arbeitnehmer, Selbständige und deren Familienangehörige, die innerhalb der Gemeinschaft zu- und abwandern (ABl. L 74 vom 27. 3. 1972, S. 1, zuletzt geändert durch Verordnung (EG) Nr. 1223/98, ABl. L 68 vom 13. 6. 1998, S. 1), beziehen sich nur auf die gesetzlichen Rentensysteme. Das in diesen Verordnungen vorgesehene Koordinierungssystem erstreckt sich nicht auf ergänzende Rentensysteme, außer im Falle von Systemen, die unter den Begriff „Rechtsvorschriften" gemäß der Definition in Artikel 1 Buchstabe j) Unterabsatz 1 der Verordnung (EWG) Nr. 1408/71 fallen oder in bezug auf die ein Mitgliedstaat eine Erklärung nach diesem Artikel abgibt.

(4) Der Rat verfügt über ein weites Ermessen hinsichtlich der Wahl der Maßnahmen, die zur Erreichung des Ziels nach Artikel 51 des Vertrags am besten geeignet sind. Das durch die Verordnungen (EWG) Nr. 1408/71 und (EWG) Nr. 574/72 geschaffene Koordinierungssystem und insbesondere die Regeln für die Zusammenrechnung eignen sich nicht für ergänzende Rentensysteme, außer im Falle von Systemen, die unter den Begriff „Rechtsvorschriften" im Sinne von Artikel 1 Buchstabe j) Unterabsatz 1 der Verordnung (EWG) Nr. 1408/71 fallen oder in bezug auf die ein Mitgliedstaat eine Erklärung nach diesem Artikel abgibt; deshalb sollten hierfür spezifische Maßnahmen gelten, wie sie mit der vorliegenden Richtlinie erstmals getroffen werden, damit ihrer spezifischen Beschaffenheit und der Unterschiedlichkeit derartiger Systeme sowohl innerhalb einzelner Mitgliedstaaten als auch im Vergleich zwischen ihren Rechnung getragen wird.

(5) Keine Rente oder Leistung darf sowohl den Bestimmungen dieser Richtlinie als auch den Bestimmungen der Verordnungen (EWG) Nr. 1408/71

2/6. RL ergänzende Rentenansprüche

Präambel, Art. 1 – 3

und (EWG) Nr. 574/72 unterworfen sein, und ein ergänzendes Rentensystem, das in den Anwendungsbereich der genannten Verordnungen fällt, weil ein Mitgliedstaat eine entsprechende Erklärung nach Artikel 1 Buchstabe j) der Verordnung (EWG) Nr. 1408/71 abgegeben hat, kann somit nicht den Bestimmungen dieser Richtlinie unterworfen werden.

(6) In seiner Empfehlung 92/442/EWG vom 27. Juli 1992 über die Annäherung der Ziele und der Politiken im Bereich des sozialen Schutzes (ABl. L 245 vom 26. 8. 1992, S. 49) empfiehlt der Rat in den Mitgliedstaaten folgendes: „Falls erforderlich, sollte die Anpassung der Bedingungen für den Erwerb von Ansprüchen auf Altersrenten, insbesondere im Rahmen von Zusatzsystemen, gefördert werden, um die Hindernisse für die Mobilität der Arbeitnehmer zu beseitigen".

(7) Ein Betrag zu diesem Ziel kann geleistet werden, wenn den Arbeitnehmern, die sich von einem Mitgliedstaat in einen anderen begeben oder deren Arbeitsplatz in einen anderen Mitgliedstaat verlegt wird, in bezug auf den Schutz ihrer ergänzenden Rentenansprüche Gleichbehandlung gegenüber den Arbeitnehmern gewährleistet wird, die im selben Mitgliedstaat verbleiben oder ihren Arbeitsplatz im selben Mitgliedstaat wechseln.

(8) Die Freizügigkeit als eines der im Vertrag niedergelegten Grundrechte ist nicht auf Arbeitnehmer beschränkt, sondern gilt auch für Selbständige.

(9) Der Vertrag sieht außer in Artikel 235 keine Befugnisse für die Annahme geeigneter Maßnahmen im Bereich der sozialen Sicherheit für Selbständige vor.

(10) Um eine tatsächliche Wahrnehmung des Rechts auf Freizügigkeit zu ermöglichen, sollten die Arbeitnehmer und sonstigen Anspruchsberechtigten bestimmte Garantien hinsichtlich der Gleichbehandlung in bezug auf die Aufrechterhaltung ihrer erworbenen Rentenansprüche im Zusammenhang mit einem ergänzenden Rentensystem haben.

(11) Die Mitgliedstaaten sollten die erforderlichen Maßnahmen treffen, um sicherzustellen, daß Leistungen im Rahmen ergänzender Rentensysteme gegenüber derzeitig und früher anspruchsberechtigten Personen sowie sonstigen im Rahmen dieser Systeme Berechtigten in sämtlichen Mitgliedstaaten erbracht werden, da alle Einschränkungen des freien Zahlungs- und Kapitalverkehrs gemäß Artikel 73b des Vertrags untersagt sind.

(12) Um die Wahrnehmung des Rechts auf Freizügigkeit zu erleichtern, sollten die innerstaatlichen Vorschriften erforderlichenfalls angepaßt werden, damit in ein in einem Mitgliedstaat eingerichtetes ergänzendes Rentensystem durch oder für Arbeitnehmer, die sich gemäß Titel II der Verordnung (EWG) Nr. 1408/71 in einen anderen Mitgliedstaat begeben haben, weiter Beiträge eingezahlt werden können.

(13) Diesbezüglich schreibt der Vertrag nicht nur die Abschaffung jeder auf der Staatsangehörigkeit beruhenden unterschiedlichen Behandlung der Arbeitnehmer der Mitgliedstaaten, sondern auch die Beseitigung aller innerstaatlichen Maßnahmen vor, die die Ausübung der durch den Vertrag garantierten und vom Gerichtshof der Europäischen Gemeinschaften in nachfolgenden Urteilen ausgelegten grundlegenden Freiheiten durch die Arbeitnehmer behindern oder weniger attraktiv machen könnten.

(14) Die Arbeitnehmer, die ihr Recht auf Freizügigkeit wahrnehmen, sollten von Arbeitgebern, Treuhändern oder sonstigen für die Verwaltung der ergänzenden Rentensysteme verantwortlichen Personen insbesondere über die ihnen offenstehenden Wahlmöglichkeiten und Alternativen angemessen informiert werden.

(15) Diese Richtlinie berührt nicht das Recht der Mitgliedstaaten über kollektive Maßnahmen zur Sicherung beruflicher Interessen.

(16) Angesichts der Verschiedenartigkeit der ergänzenden Sozialschutzsysteme sollte die Gemeinschaft lediglich einen allgemeinen Rahmen für Zielsetzungen festlegen, so daß eine Richtlinie das geeignete Rechtsinstrument darstellt.

(17) Entsprechend den in Artikel 3b des Vertrags genannten Grundsätzen der Subsidiarität und der Verhältnismäßigkeit können die Ziele dieser Richtlinie auf Ebene der Mitgliedstaaten nicht ausreichend erreicht werden, so daß sie besser auf Gemeinschaftsebene verwirklicht werden können. Zur Erreichung dieser Ziele geht die Richtlinie nicht über das dazu Erforderliche hinaus –

HAT FOLGENDE RICHTLINIE ERLASSEN:

KAPITEL I
Ziel- und Anwendungsbereich

Art. 1 Ziel dieser Richtlinie ist es, Ansprüche von Anspruchsberechtigten ergänzender Rentensysteme, die sich von einem Mitgliedstaat in einen anderen begeben, zu schützen und dadurch dazu beizutragen, daß Hindernisse für die Freizügigkeit von Arbeitnehmern und Selbständigen innerhalb der Gemeinschaft beseitigt werden. Dieser Schutz betrifft Rentenansprüche aus freiwilligen wie auch aus vorgeschriebenen ergänzenden Rentensystemen mit Ausnahme der von der Verordnung (EWG) Nr. 1408/71 erfaßten Systeme.

Art. 2 Diese Richtlinie gilt für Anspruchsberechtigte ergänzender Rentensysteme und sonstige im Rahmen dieser Systeme Berechtigte, die ihre Ansprüche in einem Mitgliedstaat oder mehreren Mitgliedstaaten erworben haben oder erwerben.

KAPITEL II
Begriffsbestimmungen

Art. 3 Im Sinne dieser Richtlinie bezeichnet der Ausdruck

a) *„ergänzende Rentenleistungen"* die Altersversorgung und, sofern nach den Bestimmungen des nach einzelstaatlichen Rechtsvorschriften und Gepflogenheiten eingerichteten ergänzenden Rentensystems vorgesehen, die Invaliditäts- und Hinterbliebenenversorgung, durch die die in denselben Versicherungsfällen von den gesetzlichen Sozialversicherungs-

2/6. RL ergänzende Rentenansprüche
Art. 3 – 10

systemen gewährten Leistungen ergänzt oder ersetzt werden;

b) „*ergänzendes Rentensystem*" ein nach einzelstaatlichen Rechtsvorschriften und Gepflogenheiten eingerichtetes betriebliches Rentensystem, beispielsweise ein Gruppenversicherungsvertrag oder ein branchenweit oder sektoral vereinbartes System nach dem Umlageverfahren, ein Deckungssystem oder Rentenversprechen auf der Grundlage von Pensionsrückstellungen der Unternehmen, oder eine tarifliche oder sonstige vergleichbare Regelung, die ergänzende Rentenleistungen für Arbeitnehmer oder Selbständige bieten soll;

c) „*Rentenansprüche*" eine Leistung, auf die Anspruchsberechtigte und sonstige Berechtigte im Rahmen der Regelungen eines ergänzenden Rentensystems und gegebenenfalls nach einzelstaatlichem Recht Anspruch haben;

d) „*erworbene Rentenansprüche*" Ansprüche auf Leistungen, die erworben sind, nachdem die nach den Regelungen eines ergänzenden Rentensystems und gegebenenfalls nach einzelstaatlichem Recht erforderlichen Bedingungen erfüllt worden sind;

e) „*entsandter Arbeitnehmer*" einen Arbeitnehmer, der zum Arbeiten in einen anderen Mitgliedstaat entsandt wird und gemäß Titel II der Verordnung (EWG) Nr. 1408/71 weiterhin den Rechtsvorschriften des Herkunftsmitgliedstaates unterliegt; die „Entsendung" ist entsprechend zu verstehen;

f) „*Beiträge*" Zahlungen, die an ein ergänzendes Rentensystem geleistet werden oder als geleistet gelten.

KAPITEL III
Maßnahmen zum Schutz ergänzender Rentenansprüche von Arbeitnehmern, die innerhalb der Gemeinschaft zu- und abwandern

Gleichbehandlung hinsichtlich der Aufrechterhaltung von Rentenansprüchen

Art. 4 Die Mitgliedstaaten treffen die erforderlichen Maßnahmen, um die Aufrechterhaltung erworbener Rentenansprüche für Anspruchsberechtigte eines ergänzenden Rentensystems sicherzustellen, die als Folge des Wechsels von einem Mitgliedstaat in einen anderen keine weiteren Beiträge in dieses System gezahlt werden, und zwar im gleichen Umfang wie für anspruchsberechtigte Personen, für die keine Beiträge mehr gezahlt werden, die jedoch im selben Mitgliedstaat verbleiben.

Dieser Artikel gilt ebenfalls für sonstige im Rahmen des betreffenden ergänzenden Rentensystems Berechtigte.

Grenzüberschreitende Zahlungen

Art. 5 Die Mitgliedstaaten stellen sicher, daß für Anspruchsberechtigte ergänzender Rentensysteme sowie für sonstige Berechtigte dieser Systeme die ergänzenden Rentensysteme die Auszahlung sämtlicher nach diesen Systemen fälligen Leistungen abzüglich gegebenenfalls zu erhebender Steuern und Transaktionsgebühren in anderen Mitgliedstaaten leisten.

Durch oder für einen entsandten Arbeitnehmer geleistete Beiträge an ein ergänzendes Rentensystem

Art. 6 (1) Die Mitgliedstaaten treffen die erforderlichen Maßnahmen, damit in ein in einem Mitgliedstaat eingerichtetes ergänzendes Rentensystem weiterhin Beiträge durch oder für einen entsandten Arbeitnehmer als Anspruchsberechtigten eines Systems während des Zeitraums seiner Entsendung in einen anderen Mitgliedstaat eingezahlt werden können.

(2) Werden gemäß Absatz 1 weiterhin Beiträge in ein ergänzendes Rentensystem in einem Mitgliedstaat eingezahlt, so werden der entsandte Arbeitnehmer und gegebenenfalls sein Arbeitgeber von der Verpflichtung freigestellt, Beiträge zu einem ergänzenden Rentensystem in einem anderen Mitgliedstaat zu zahlen.

Unterrichtung anspruchsberechtigter Personen

Art. 7 Die Mitgliedstaaten treffen Maßnahmen, um sicherzustellen, daß die Arbeitgeber, Treuhänder oder sonstigen für die Verwaltung der ergänzenden Rentensysteme verantwortlichen Personen die anspruchsberechtigten Personen, wenn sie sich in einen anderen Mitgliedstaat begeben, angemessen über deren Rentenansprüche und über die Wahlmöglichkeiten informieren, die ihnen in dem System offenstehen. Diese Informationen entsprechen mindestens den Informationen, die anspruchsberechtigte Personen erhalten, für die keine Beiträge mehr gezahlt werden, die jedoch im selben Mitgliedstaat verbleiben.

KAPITEL IV
Schlußbestimmungen

Art. 8 Die Mitgliedstaaten können vorsehen, daß Artikel 6 nur für Entsendungen gilt, die zum oder nach dem 25. Juli 2001 erfolgen.

Art. 9 Die Mitgliedstaaten sehen in ihrer Rechtsordnung die erforderlichen Maßnahmen vor, damit jede Person, die sich durch die Nichtanwendung der Bestimmungen dieser Richtlinie geschädigt fühlt, die Möglichkeit erhält, ihre Ansprüche, gegebenenfalls nach Befassung anderer zuständiger Stellen, gerichtlich geltend zu machen.

Art. 10 (1) Die Mitgliedstaaten erlassen die erforderlichen Rechts- und Verwaltungsvorschriften, um dieser Richtlinie spätestens 36 Monate nach ihrem Inkrafttreten nachzukommen, oder sie stellen spätestens bis zu diesem Zeitpunkt sicher, daß Arbeitgeber und Arbeitnehmer die erforderlichen Maßnahmen durch Vereinbarung einführen. Die Mitgliedstaaten unternehmen alle erforderlichen Schritte, um jederzeit in der Lage zu sein, die durch diese Richtlinie vorgeschriebenen Ergebnisse zu gewährleisten. Sie setzen die Kommission unverzüglich davon in Kenntnis.

Wenn die Mitgliedstaaten diese Vorschriften erlassen, nehmen sie in den Vorschriften selbst oder durch einen Hinweis bei der amtlichen Veröffentlichung auf diese Richtlinie Bezug. Die Mitgliedstaaten regeln die Einzelheiten der Bezugnahme.

Sie teilen der Kommission mit, welche einzelstaatlichen Behörden im Zusammenhang mit der Anwendung dieser Richtlinie zuständig sind.

(2) Spätestens am 25. Juli 2002 teilen die Mitgliedstaaten der Kommission den Wortlaut der innerstaatlichen Rechtsvorschriften mit, die sie auf dem unter diese Richtlinie fallenden Gebiet erlassen.

(3) Auf der Grundlage der von den Mitgliedstaaten gelieferten Informationen legt die Kommission dem Europäischen Parlament, dem Rat und dem Wirtschafts- und Sozialausschuß innerhalb von sechs Jahren nach Inkrafttreten der Richtlinie einen Bericht vor.

Der Bericht betrifft die Umsetzung dieser Richtlinie und enthält gegebenenfalls erforderliche Änderungsvorschläge.

Art. 11 Diese Richtlinie tritt am Tag ihrer Veröffentlichung im *Amtsblatt der Europäischen Gemeinschaften* in Kraft.

Art. 12 Diese Richtlinie ist an die Mitgliedstaaten gerichtet.

2/7. Status-RL

2/7. Statusrichtlinie

Richtlinie 2011/95/EU des Europäischen Parlaments und des Rates vom 13. Dezember 2011 über Normen für die Anerkennung von Drittstaatsangehörigen oder Staatenlosen als Personen mit Anspruch auf internationalen Schutz, für einen einheitlichen Status für Flüchtlinge oder für Personen mit Anrecht auf subsidiären Schutz und für den Inhalt des zu gewährenden Schutzes (Neufassung)

(ABl. Nr. L 337 v. 20.12.2011, berichtigt durch ABl. Nr. L 167 v. 30.6.2017, S. 58)

GLIEDERUNG

KAPITEL I: ALLGEMEINE BESTIMMUNGEN
- Art. 1: Zweck
- Art. 2: Begriffsbestimmungen
- Art. 3: Günstigere Normen

KAPITEL II: PRÜFUNG VON ANTRÄGEN AUF INTERNATIONALEN SCHUTZ
- Art. 4: Prüfung der Tatsachen und Umstände
- Art. 5: Aus Nachfluchtgründen entstehender Bedarf an internationalem Schutz
- Art. 6: Akteure, von denen die Verfolgung oder ein ernsthafter Schaden ausgehen kann
- Art. 7: Akteure, die Schutz bieten können
- Art. 8: Interner Schutz

KAPITEL III: ANERKENNUNG ALS FLÜCHTLING
- Art. 9: Verfolgungshandlungen
- Art. 10: Verfolgungsgründe
- Art. 11: Erlöschen
- Art. 12: Ausschluss

KAPITEL IV: FLÜCHTLINGSEIGENSCHAFT
- Art. 13: Zuerkennung der Flüchtlingseigenschaft
- Art. 14: Aberkennung, Beendigung oder Ablehnung der Verlängerung der Flüchtlingseigenschaft

KAPITEL V: VORAUSSETZUNGEN FÜR SUBSIDIÄREN SCHUTZ
- Art. 15: Ernsthafter Schaden
- Art. 16: Erlöschen
- Art. 17: Ausschluss

KAPITEL VI: SUBSIDIÄRER SCHUTZSTATUS
- Art. 18: Zuerkennung des subsidiären Schutzstatus
- Art. 19: Aberkennung, Beendigung oder Ablehnung der Verlängerung des subsidiären Schutzstatus

KAPITEL VII: INHALT DES INTERNATIONALEN SCHUTZES
- Art. 20: Allgemeine Bestimmungen
- Art. 21: Schutz vor Zurückweisung
- Art. 22: Information
- Art. 23: Wahrung des Familienverbands
- Art. 24: Aufenthaltstitel
- Art. 25: Reisedokumente
- Art. 26: Zugang zur Beschäftigung
- Art. 27: Zugang zu Bildung
- Art. 28: Zugang zu Verfahren für die Anerkennung von Befähigungsnachweisen
- Art. 29: Sozialhilfeleistungen
- Art. 30: Medizinische Versorgung
- Art. 31: Unbegleitete Minderjährige
- Art. 32: Zugang zu Wohnraum
- Art. 33: Freizügigkeit innerhalb eines Mitgliedstaats
- Art. 34: Zugang zu Integrationsmaßnahmen
- Art. 35: Rückkehr

KAPITEL VIII: VERWALTUNGSZUSAMMENARBEIT
- Art. 36: Zusammenarbeit
- Art. 37: Personal

KAPITEL IX: SCHLUSSBESTIMMUNGEN
- Art. 38: Berichterstattung
- Art. 39: Umsetzung
- Art. 40: Aufhebung
- Art. 41: Inkrafttreten
- Art. 42: Adressaten

ANHÄNGE I und II

2/7. Status-RL
Präambel

DAS EUROPÄISCHE PARLAMENT UND DER RAT DER EUROPÄISCHEN UNION –

gestützt auf den Vertrag über die Arbeitsweise der Europäischen Union, insbesondere auf Artikel 78 Absatz 2 Buchstaben a und b,

auf Vorschlag der Europäischen Kommission,

nach Stellungnahme des Europäischen Wirtschafts- und Sozialausschusses,

gemäß dem ordentlichen Gesetzgebungsverfahren,

in Erwägung nachstehender Gründe:

(1) Die Richtlinie 2004/83/EG des Rates vom 29. April 2004 über Mindestnormen für die Anerkennung und den Status von Drittstaatsangehörigen oder Staatenlosen als Flüchtlinge oder als Personen, die anderweitig internationalen Schutz benötigen, und über den Inhalt des zu gewährenden Schutzes muss in wesentlichen Punkten geändert werden. Aus Gründen der Klarheit empfiehlt es sich, eine Neufassung der genannten Richtlinie vorzunehmen.

(2) Eine gemeinsame Asylpolitik einschließlich eines Gemeinsamen Europäischen Asylsystems ist wesentlicher Bestandteil des Ziels der Europäischen Union, schrittweise einen Raum der Freiheit, der Sicherheit und des Rechts aufzubauen, der allen offen steht, die wegen besonderer Umstände rechtmäßig in der Union um Schutz ersuchen.

(3) Der Europäische Rat kam auf seiner Sondertagung in Tampere vom 15. und 16. Oktober 1999 überein, auf ein Gemeinsames Europäisches Asylsystem hinzuwirken, das sich auf die uneingeschränkte und umfassende Anwendung des Genfer Abkommens vom 28. Juli 1951 über die Rechtsstellung der Flüchtlinge (im Folgenden „Genfer Flüchtlingskonvention") in der Fassung des New Yorker Protokolls vom 31. Januar 1967 (im Folgenden „Protokoll") stützt, damit der Grundsatz der Nichtzurückweisung gewahrt bleibt und niemand dorthin zurückgeschickt wird, wo er Verfolgung ausgesetzt ist.

(4) Die Genfer Flüchtlingskonvention und das Protokoll stellen einen wesentlichen Bestandteil des internationalen Rechtsrahmens für den Schutz von Flüchtlingen dar.

(5) Gemäß den Schlussfolgerungen von Tampere sollte das Gemeinsame Europäische Asylsystem auf kurze Sicht zur Annäherung der Bestimmungen über die Zuerkennung und die Merkmale der Flüchtlingseigenschaft führen.

(6) In den Schlussfolgerungen von Tampere ist ferner festgehalten, dass die Vorschriften über die Flüchtlingseigenschaft durch Maßnahmen zu den Formen des subsidiären Schutzes ergänzt werden sollten, die einer Person, die eines solchen Schutzes bedarf, einen angemessenen Status verleihen.

(7) Die erste Phase auf dem Weg zum Gemeinsamen Europäischen Asylsystem ist nun abgeschlossen. Der Europäische Rat hat auf seiner Tagung vom 4. November 2004 das Haager Programm angenommen, das die Ziele für den Raum der Freiheit, der Sicherheit und des Rechts vorgibt, die im Zeitraum von 2005 bis 2010 erreicht werden sollen. Im Haager Programm ist die Kommission aufgefordert worden, die Bewertung der Rechtsakte aus der ersten Phase abzuschließen und dem Europäischen Parlament und dem Rat die Rechtsakte und Maßnahmen der zweiten Phase so vorzulegen, dass sie vor Ende 2010 angenommen werden können.

(8) In dem am 15. und 16. Oktober 2008 angenommenen Europäischen Pakt zu Einwanderung und Asyl hat der Europäische Rat festgestellt, dass zwischen den Mitgliedstaaten weiterhin beträchtliche Unterschiede bei der Gewährung von Schutz und den Formen dieses Schutzes bestehen und gefordert, dass neue Initiativen ergriffen werden sollten, um die Einführung des im Haager Programm vorgesehenen Gemeinsamen Europäischen Asylsystems zu vollenden und so ein höheres Schutzniveau zu bieten.

(9) Im Programm von Stockholm hat der Europäische Rat wiederholt sein Ziel betont, bis spätestens 2012 auf der Grundlage eines gemeinsamen Asylverfahrens und eines einheitlichen Status gemäß Artikel 78 des Vertrags über die Arbeitsweise der Europäischen Union (AEUV) für Personen, denen internationaler Schutz gewährt wurde, einen gemeinsamen Raum des Schutzes und der Solidarität, zu errichten.

(10) Angesichts der Bewertungsergebnisse empfiehlt es sich in dieser Phase, die der Richtlinie 2004/83/EG zugrunde liegenden Prinzipien zu bestätigen sowie eine stärkere Angleichung der Vorschriften zur Zuerkennung und zum Inhalt des internationalen Schutzes auf der Grundlage höherer Standards anzustreben.

(11) Die Bemühungen der Mitgliedstaaten bei der Umsetzung der für die zweite Phase des Gemeinsamen Europäischen Asylsystems vorgegebenen Standards, insbesondere die Bemühungen der Mitgliedstaaten, deren Asylsystem vor allem aufgrund ihrer geografischen oder demografischen Lage einem besonderen und unverhältnismäßigen Druck ausgesetzt ist, sollten mit Mitteln des Europäischen Flüchtlingsfonds und des Europäischen Unterstützungsbüros für Asylfragen in geeigneter Weise unterstützt werden.

(12) Das wesentliche Ziel dieser Richtlinie besteht darin, einerseits zu gewährleisten, dass die Mitgliedstaaten gemeinsame Kriterien zur Bestimmung der Personen anwenden, die tatsächlich Schutz benötigen, und andererseits sicherzustellen, dass diesen Personen in allen Mitgliedstaaten ein Mindestniveau von Leistungen geboten wird.

(13) Die Angleichung der Rechtsvorschriften über die Zuerkennung und den Inhalt der Flüchtlingseigenschaft und des subsidiären Schutzes sollte dazu beitragen, die Sekundärmigration von Personen, die internationalen Schutz beantragt haben, zwischen Mitgliedstaaten einzudämmen, soweit sie ausschließlich auf unterschiedlichen Rechtsvorschriften beruht.

(14) Die Mitgliedstaaten sollten die Befugnis haben, günstigere Regelungen als die in dieser Richtlinie vorgesehenen Normen für Drittstaatsangehörige oder Staatenlose, die um internationalen

2/7. Status-RL
Präambel

Schutz in einem Mitgliedstaat ersuchen, einzuführen oder beizubehalten, wenn ein solcher Antrag als mit der Begründung gestellt verstanden wird, dass der Betreffende entweder ein Flüchtling im Sinne von Artikel 1 Abschnitt A der Genfer Konvention oder eine Person mit Anspruch auf subsidiären Schutz ist.

(15) Diejenigen Drittstaatsangehörigen oder Staatenlosen, die in den Hoheitsgebieten der Mitgliedstaaten verbleiben dürfen, nicht weil sie internationalen Schutz benötigen, sondern aus familiären oder humanitären Ermessensgründen, fallen nicht unter diese Richtlinie.

(16) Diese Richtlinie achtet die Grundrechte und befolgt insbesondere die in der Charta der Grundrechte der Europäischen Union anerkannten Grundsätze. Sie zielt insbesondere darauf ab, die uneingeschränkte Wahrung der Menschenwürde und des Asylrechts für Asylsuchende und die sie begleitenden Familienangehörigen sicherzustellen sowie die Anwendung der Artikel 1, 7, 11, 14, 15, 16, 18, 21, 24, 34 und 35 der Charta zu fördern, und sollte daher entsprechend umgesetzt werden.

(17) In Bezug auf die Behandlung von Personen, die unter diese Richtlinie fallen, sind die Mitgliedstaaten an ihre Verpflichtungen aus den völkerrechtlichen Instrumenten gebunden, denen sie beigetreten sind, einschließlich insbesondere derjenigen, nach denen eine Diskriminierung verboten ist.

(18) Bei der Umsetzung dieser Richtlinie sollten die Mitgliedstaaten im Einklang mit dem Übereinkommen der Vereinten Nationen von 1989 über die Rechte des Kindes vorrangig das „Wohl des Kindes" berücksichtigen. Bei der Bewertung der Frage, was dem Wohl des Kindes dient, sollten die Mitgliedstaaten insbesondere dem Grundsatz des Familienverbands, dem Wohlergehen und der sozialen Entwicklung des Minderjährigen, Sicherheitsaspekten sowie dem Willen des Minderjährigen unter Berücksichtigung seines Alters und seiner Reife Rechnung tragen.

(19) Der Begriff „Familienangehörige" muss ausgeweitet werden, wobei den unterschiedlichen besonderen Umständen der Abhängigkeit Rechnung zu tragen und das Wohl des Kindes besonders zu berücksichtigen ist.

(20) Diese Richtlinie lässt das Protokoll über die Gewährung von Asyl für Staatsangehörige von Mitgliedstaaten der Europäischen Union, das dem Vertrag über die Europäische Union (EUV) und dem AEUV beigefügt ist, unberührt.

(21) Die Zuerkennung der Flüchtlingseigenschaft ist ein deklaratorischer Akt.

(22) Konsultationen mit dem Hohen Kommissar der Vereinten Nationen für Flüchtlinge können den Mitgliedstaaten wertvolle Hilfe bei der Bestimmung der Flüchtlingseigenschaft nach Artikel 1 der Genfer Flüchtlingskonvention bieten.

(23) Es sollten Normen für die Bestimmung und die Merkmale der Flüchtlingseigenschaft festgelegt werden, um die zuständigen innerstaatlichen Behörden der Mitgliedstaaten bei der Anwendung der Genfer Flüchtlingskonvention zu leiten.

(24) Es müssen gemeinsame Kriterien für die Anerkennung von Asylbewerbern als Flüchtlinge im Sinne von Artikel 1 der Genfer Flüchtlingskonvention eingeführt werden.

(25) Insbesondere ist es erforderlich, gemeinsame Konzepte zu entwickeln zu: aus Nachfluchtgründen („sur place") entstehendem Schutzbedarf, Schadensursachen und Schutz, internem Schutz und Verfolgung einschließlich der Verfolgungsgründe.

(26) Schutz kann, wenn der Wille und die Fähigkeit gegeben sind, Schutz zu bieten, entweder vom Staat oder von Parteien oder Organisationen, einschließlich internationaler Organisationen, geboten werden, die die in dieser Richtlinie festgelegten Voraussetzungen erfüllen und eine Region oder ein größeres Gebiet innerhalb des Staatsgebiets beherrschen. Ein solcher Schutz sollte wirksam und nicht nur vorübergehender Art sein.

(27) Interner Schutz vor Verfolgung oder ernsthaftem Schaden sollte vom Antragsteller in einem Teil des Herkunftslandes, in den er sicher und legal reisen kann, in dem er aufgenommen wird und bei dem vernünftigerweise erwartet werden kann, dass er sich dort niederlassen kann, tatsächlich in Anspruch genommen werden können. Geht die Verfolgung oder der ernsthafte Schaden vom Staat oder Vertretern des Staates aus, so sollte eine Vermutung dafür bestehen, dass dem Antragsteller kein wirksamer Schutz zur Verfügung steht. Handelt es sich bei dem Antragsteller um einen unbegleiteten Minderjährigen, so sollte die Verfügbarkeit angemessener Betreuungsmöglichkeiten und Sorgerechtsregelungen, die dem Wohl des unbegleiteten Minderjährigen dienen, von der Prüfung der Frage, ob dieser Schutz tatsächlich gewährt werden kann, umfasst werden.

(28) Bei der Prüfung von Anträgen Minderjähriger auf internationalen Schutz sollten die Mitgliedstaaten kinderspezifische Formen von Verfolgung berücksichtigen.

(29) Eine der Voraussetzungen für die Flüchtlingseigenschaft im Sinne von Artikel 1 Abschnitt A der Genfer Flüchtlingskonvention ist das Bestehen eines Kausalzusammenhangs zwischen den Gründen der Verfolgung, nämlich Rasse, Religion, Nationalität, politische Überzeugung oder Zugehörigkeit zu einer bestimmten sozialen Gruppe, und den Verfolgungshandlungen oder dem fehlenden Schutz vor solchen Handlungen.

(30) Es ist ebenso notwendig, einen gemeinsamen Ansatz für den Verfolgungsgrund „Zugehörigkeit zu einer bestimmten sozialen Gruppe" zu entwickeln. Bei der Definition einer bestimmten sozialen Gruppe sind die Aspekte im Zusammenhang mit dem Geschlecht des Antragstellers, einschließlich seiner geschlechtlichen Identität und sexuellen Orientierung, die mit bestimmten Rechtstraditionen und Bräuchen im Zusammenhang stehen können, wie z. B. Genitalverstümmelungen, Zwangssterilisationen oder erzwungene Schwangerschaftsab-

brüche, angemessen zu berücksichtigen, soweit sie in Verbindung mit der begründeten Furcht des Antragstellers vor Verfolgung stehen.

(31) Handlungen im Widerspruch zu den Zielen und Grundsätzen der Vereinten Nationen sind in der Präambel und in den Artikeln 1 und 2 der Charta der Vereinten Nationen dargelegt; sie sind unter anderem in den Resolutionen der Vereinten Nationen zu Antiterrormaßnahmen verankert, in denen erklärt wird, dass die „Handlungen, Methoden und Praktiken des Terrorismus im Widerspruch zu den Zielen und Grundsätzen der Vereinten Nationen stehen" und dass die „wissentliche Finanzierung und Planung terroristischer Handlungen sowie die Anstiftung dazu ebenfalls im Widerspruch zu den Zielen und Grundsätzen der Vereinten Nationen stehen".

(32) Der Begriff „Rechtsstellung" im Sinne von Artikel 14 kann auch die Flüchtlingseigenschaft einschließen.

(33) Ferner sollten Normen für die Bestimmung und die Merkmale des subsidiären Schutzstatus festgelegt werden. Der subsidiäre Schutzstatus sollte in der Genfer Flüchtlingskonvention festgelegten Schutz für Flüchtlinge ergänzen.

(34) Es müssen gemeinsame Kriterien eingeführt werden, die als Grundlage für die Anerkennung von Personen, die internationalen Schutz beantragen, als Anspruchsberechtigte auf subsidiären Schutz dienen. Diese Kriterien sollten völkerrechtlichen Verpflichtungen der Mitgliedstaaten aus Rechtsakten im Bereich der Menschenrechte und bestehenden Praktiken in den Mitgliedstaaten entsprechen.

(35) Gefahren, denen die Bevölkerung oder eine Bevölkerungsgruppe eines Landes allgemein ausgesetzt sind, stellen für sich genommen normalerweise keine individuelle Bedrohung dar, die als ernsthafter Schaden zu beurteilen wäre.

(36) Familienangehörige sind aufgrund der alleinigen Tatsache, dass sie mit dem Flüchtling verwandt sind, in der Regel gefährdet, in einer Art und Weise verfolgt zu werden, dass ein Grund für die Zuerkennung des Flüchtlingsstatus gegeben sein kann.

(37) Der Begriff der nationalen Sicherheit und öffentlichen Ordnung gilt auch für die Fälle, in denen ein Drittstaatsangehöriger einer Vereinigung angehört, die internationalen Terrorismus unterstützt, oder er eine derartige Vereinigung unterstützt.

(38) Bei der Gewährung der Ansprüche auf die Leistungen gemäß dieser Richtlinie sollten die Mitgliedstaaten dem Wohl des Kindes sowie den besonderen Umständen der Abhängigkeit der nahen Angehörigen, die sich bereits in dem Mitgliedstaat aufhalten und die nicht Familienmitglieder der Person sind, der internationaler Schutz zuerkannt worden ist, von dieser Person Rechnung tragen. Unter außergewöhnlichen Umständen, wenn es sich bei dem nahen Angehörigen der Person, die Anspruch auf internationalen Schutz hat, um eine verheiratete minderjährige Person handelt, die nicht von ihrem Ehepartner begleitet wird, kann es als dem Wohl der minderjährigen Person dienlich angesehen werden, wenn diese in ihrer ursprünglichen Familie lebt.

(39) Bei der Berücksichtigung der Forderung des Stockholmer Programms nach Einführung eines einheitlichen Status für Flüchtlinge oder für Personen mit Anspruch auf subsidiären Schutz und abgesehen von den Ausnahmeregelungen, die notwendig und sachlich gerechtfertigt sind, sollten Personen, denen subsidiärer Schutz zuerkannt worden ist, dieselben Rechte und Leistungen zu denselben Bedingungen gewährt werden wie Flüchtlingen gemäß dieser Richtlinie.

(40) Innerhalb der durch die internationalen Verpflichtungen vorgegebenen Grenzen können die Mitgliedstaaten festlegen, dass Leistungen im Hinblick auf den Zugang zur Beschäftigung, zur Sozialhilfe, zur medizinischen Versorgung und zu Integrationsmaßnahmen nur dann gewährt werden können, wenn vorab ein Aufenthaltstitel ausgestellt worden ist.

(41) Damit Personen, denen internationaler Schutz zuerkannt worden ist, die in dieser Richtlinie festgelegten Rechte und Leistungen wirksam wahrnehmen können, muss ihren besonderen Bedürfnissen und den speziellen Integrationsproblemen, denen sie sich gegenübersehen, Rechnung getragen werden. Unbeschadet der Möglichkeit der Mitgliedstaaten, günstigere Normen zu erlassen oder beizubehalten, sollte die Tatsache, dass besonderen Bedürfnissen und den speziellen Integrationsproblemen Rechnung getragen wird, normalerweise nicht zu einer besseren Behandlung führen als derjenigen, die eigenen Staatsangehörigen zuteil wird.

(42) In diesem Zusammenhang sollten Anstrengungen unternommen werden, um insbesondere die Probleme anzugehen, die Personen, denen internationaler Schutz zuerkannt worden ist, daran hindern, beschäftigungsbezogene Bildungsangebote und berufsbildende Maßnahmen tatsächlich in Anspruch zu nehmen, unter anderem die Probleme aufgrund von finanziellen Zwängen.

(43) Diese Richtlinie gilt nicht für finanzielle Zuwendungen, die von den Mitgliedstaaten zur Förderung der Bildung gewährt werden.

(44) Es müssen besondere Maßnahmen in Betracht gezogen werden, um die praktischen Probleme wirksam anzugehen, denen sich Personen, denen internationaler Schutz zuerkannt worden ist, bei der Feststellung der Echtheit ihrer ausländischen Diplome, Prüfungszeugnisse und sonstigen Befähigungsnachweise insbesondere deshalb gegenübersehen, weil sie keine Nachweise vorlegen können und nicht in der Lage sind, die Kosten im Zusammenhang mit den Anerkennungsverfahren zu tragen.

(45) Insbesondere zur Vermeidung sozialer Härtefälle ist es angezeigt, Personen, denen internationaler Schutz zuerkannt worden ist, ohne Diskriminierung im Rahmen der Sozialfürsorge angemessene Unterstützung in Form von Sozialleistungen und Leistungen zur Sicherung des Le-

bensunterhalts zu gewähren. Bei der Sozialhilfe sollten die Modalitäten und die Einzelheiten der Gewährung der Kernleistungen für Personen, denen der subsidiäre Schutzstatus zuerkannt worden ist, durch das nationale Recht bestimmt werden. Die Möglichkeit der Einschränkung der Sozialhilfe auf Kernleistungen ist so zu verstehen, dass zumindest eine Mindesteinkommensunterstützung sowie Unterstützung bei Krankheit oder bei Schwangerschaft und bei Elternschaft umfasst sind, soweit diese Leistungen nach dem nationalen Recht eigenen Staatsangehörigen gewährt werden.

(46) Der Zugang zur medizinischen Versorgung, einschließlich physischer und psychologischer Betreuung, sollte für Personen, denen internationaler Schutz zuerkannt worden ist, sichergestellt werden.

(47) Die besonderen Bedürfnisse und die besondere Situation von Personen, denen der Flüchtlingsstatus oder der subsidiäre Schutzstatus zuerkannt worden ist, sollten so weit wie möglich in den ihnen angebotenen Integrationsprogrammen berücksichtigt werden, die gegebenenfalls Sprachunterricht und Information über ihre Rechte und Pflichten im Zusammenhang mit ihrem Schutzstatus in dem betreffenden Mitgliedstaat umfassen.

(48) Die Umsetzung dieser Richtlinie sollte in regelmäßigen Abständen bewertet werden, wobei insbesondere der Entwicklung der völkerrechtlichen Verpflichtungen der Mitgliedstaaten im Bereich der Nichtzurückweisung, der Arbeitsmarktentwicklung in den Mitgliedstaaten sowie der Ausarbeitung gemeinsamer Grundprinzipien für die Integration Rechnung zu tragen ist.

(49) Da die Ziele dieser Richtlinie, nämlich die Festlegung von Normen für die Gewährung internationalen Schutzes an Drittstaatsangehörige und Staatenlose durch die Mitgliedstaaten, für einen einheitlichen Status für Flüchtlinge oder für Personen, die Anspruch auf subsidiären Schutz haben, und für den Inhalt des zu gewährenden Schutzes, auf Ebene der Mitgliedstaaten nicht ausreichend erreicht werden können und daher wegen des Umfangs und der Wirkungen dieser Richtlinie besser auf Unionsebene zu verwirklichen sind, kann die Union im Einklang mit dem in Artikel 5 EUV niedergelegten Subsidiaritätsprinzip tätig werden. Entsprechend dem in demselben Artikel genannten Grundsatz der Verhältnismäßigkeit geht diese Richtlinie nicht über das zur Erreichung dieser Ziele erforderliche Maß hinaus.

(50) Nach den Artikeln 1 und 2 und Artikel 4a Absatz 1 des dem EUV und dem AEUV beigefügten Protokolls (Nr. 21) über die Position des Vereinigten Königreichs und Irlands hinsichtlich des Raums der Freiheit, der Sicherheit und des Rechts beteiligen sich das Vereinigte Königreich und Irland unbeschadet des Artikels 4 dieses Protokolls nicht an der Annahme dieser Richtlinie und sind weder durch diese Richtlinie gebunden noch zu ihrer Anwendung verpflichtet.

(51) Nach den Artikeln 1 und 2 des dem EUV und dem AEUV beigefügten Protokolls (Nr. 22) über die Position Dänemarks beteiligt sich Dänemark nicht an der Annahme dieser Richtlinie und ist weder durch diese Richtlinie gebunden noch zu ihrer Anwendung verpflichtet.

(52) Die Verpflichtung zur Umsetzung dieser Richtlinie in innerstaatliches Recht sollte nur jene Bestimmungen betreffen, die im Vergleich zu der Richtlinie 2004/83/EG inhaltlich geändert wurden. Die Verpflichtung zur Umsetzung der inhaltlich unveränderten Bestimmungen ergibt sich aus der genannten Richtlinie.

(53) Diese Richtlinie sollte die Verpflichtungen der Mitgliedstaaten hinsichtlich der in Anhang I Teil B genannten Frist für die Umsetzung der Richtlinie 2004/83/EG in innerstaatliches Recht unberührt lassen –

HABEN FOLGENDE RICHTLINIE ERLASSEN:

KAPITEL I
ALLGEMEINE BESTIMMUNGEN

Zweck

Art. 1 Zweck dieser Richtlinie ist es, Normen für die Anerkennung von Drittstaatsangehörigen oder Staatenlosen als Personen mit Anspruch auf internationalen Schutz, für einen einheitlichen Status für Flüchtlinge oder für Personen, die Anspruch auf subsidiären Schutz haben, sowie für den Inhalt des zu gewährenden Schutzes festzulegen.

Begriffsbestimmungen

Art. 2 Im Sinne dieser Richtlinie bezeichnet der Ausdruck

a) „internationaler Schutz" die Flüchtlingseigenschaft und den subsidiären Schutzstatus im Sinne der Buchstaben e und g;

b) „Person, der internationaler Schutz zuerkannt wurde" eine Person, der die Flüchtlingseigenschaft gemäß Buchstabe e oder der subsidiäre Schutzstatus gemäß Buchstabe g zuerkannt wurde;

c) „Genfer Flüchtlingskonvention" das in Genf abgeschlossene Abkommen vom 28. Juli 1951 über die Rechtsstellung der Flüchtlinge in der durch das New Yorker Protokoll vom 31. Januar 1967 geänderten Fassung;

d) „Flüchtling" einen Drittstaatsangehörigen, der aus der begründeten Furcht vor Verfolgung wegen seiner Rasse, Religion, Nationalität, politischen Überzeugung oder Zugehörigkeit zu einer bestimmten sozialen Gruppe sich außerhalb des Landes befindet, dessen Staatsangehörigkeit er besitzt, und den Schutz dieses Landes nicht in Anspruch nehmen kann oder wegen dieser Furcht nicht in Anspruch nehmen will, oder einen Staatenlosen, der sich aus denselben vorgenannten Gründen außerhalb des Landes seines vorherigen gewöhnlichen Aufenthalts befindet und nicht dorthin zurückkehren kann oder wegen dieser Furcht nicht dorthin zurückkehren will und auf den Artikel 12 keine Anwendung findet;

e) „Flüchtlingseigenschaft" die Anerkennung eines Drittstaatsangehörigen oder eines Staatenlosen als Flüchtling durch einen Mitgliedstaat;

f) „Person mit Anspruch auf subsidiären Schutz" einen Drittstaatsangehörigen oder einen Staatenlosen, der die Voraussetzungen für die Anerkennung als Flüchtling nicht erfüllt, der aber stichhaltige Gründe für die Annahme vorgebracht hat, dass er bei einer Rückkehr in sein Herkunftsland oder, bei einem Staatenlosen, in das Land seines vorherigen gewöhnlichen Aufenthalts tatsächlich Gefahr liefe, einen ernsthaften Schaden im Sinne des Artikel 15 zu erleiden, und auf den Artikel 17 Absätze 1 und 2 keine Anwendung findet und der den Schutz dieses Landes nicht in Anspruch nehmen kann oder wegen dieser Gefahr nicht in Anspruch nehmen will;

g) „subsidiärer Schutzstatus" die Anerkennung eines Drittstaatsangehörigen oder Staatenlosen durch einen Mitgliedstaat als Person, die Anspruch auf subsidiären Schutz hat;

h) „Antrag auf internationalen Schutz" das Ersuchen eines Drittstaatsangehörigen oder Staatenlosen um Schutz durch einen Mitgliedstaat, wenn davon ausgegangen werden kann, dass der Antragsteller die Zuerkennung der Flüchtlingseigenschaft oder die Gewährung des subsidiären Schutzstatus anstrebt, und wenn er nicht ausdrücklich um eine andere, gesondert zu beantragende Form des Schutzes außerhalb des Anwendungsbereichs dieser Richtlinie ersucht;

i) „Antragsteller" einen Drittstaatsangehörigen oder Staatenlosen, der einen Antrag auf internationalen Schutz gestellt hat, über den noch keine rechtskräftige Entscheidung ergangen ist;

j) „Familienangehörige" die folgenden Mitglieder der Familie der Person, der internationaler Schutz zuerkannt worden ist, die sich im Zusammenhang mit dem Antrag auf internationalen Schutz in demselben Mitgliedstaat aufhalten, sofern die Familie bereits im Herkunftsland bestanden hat:
- der Ehegatte der Person, der internationaler Schutz zuerkannt worden ist, oder ihr nicht verheirateter Partner, der mit ihr eine dauerhafte Beziehung führt, soweit nach dem Recht oder der Praxis des betreffenden Mitgliedstaats nicht verheiratete Paare ausländerrechtlich vergleichbar behandelt werden wie verheiratete Paare;
- die minderjährigen Kinder des unter dem ersten Gedankenstrich genannten Paares oder der Person, der internationaler Schutz zuerkannt worden ist, sofern diese nicht verheiratet sind, gleichgültig, ob es sich nach dem nationalen Recht um eheliche oder außerehelich geborene oder adoptierte Kinder handelt;
- der Vater, die Mutter oder ein anderer Erwachsener, der nach dem Recht oder der Praxis des betreffenden Mitgliedstaats für die Person, der internationaler Schutz zuerkannt worden ist, verantwortlich ist, wenn diese Person minderjährig und nicht verheiratet ist;

k) „Minderjähriger" einen Drittstaatsangehörigen oder Staatenlosen unter 18 Jahren;

l) „unbegleiteter Minderjähriger" einen Minderjährigen, der ohne Begleitung eines für ihn nach dem Gesetz oder der Praxis des betreffenden Mitgliedstaats verantwortlichen Erwachsenen in das Hoheitsgebiet eines Mitgliedstaats einreist, solange er sich nicht tatsächlich in der Obhut eines solchen Erwachsenen befindet; dies schließt Minderjährige ein, die nach der Einreise in das Hoheitsgebiet eines Mitgliedstaats dort ohne Begleitung zurückgelassen wurden;

m) „Aufenthaltstitel" jede von den Behörden eines Mitgliedstaats erteilte und entsprechend dem Recht dieses Mitgliedstaats ausgestellte Erlaubnis oder Genehmigung, die dem Drittstaatsangehörigen oder dem Staatenlosen den Aufenthalt im Hoheitsgebiet dieses Mitgliedstaats gestattet;

n) „Herkunftsland" das Land oder die Länder der Staatsangehörigkeit oder – bei Staatenlosen – des früheren gewöhnlichen Aufenthalts.

Günstigere Normen

Art. 3 Die Mitgliedstaaten können günstigere Normen zur Entscheidung darüber, wer als Flüchtling oder Person gilt, die Anspruch auf subsidiären Schutz hat, und zur Bestimmung des Inhalts des internationalen Schutzes erlassen oder beibehalten, sofern sie mit dieser Richtlinie vereinbar sind.

KAPITEL II
PRÜFUNG VON ANTRÄGEN AUF INTERNATIONALEN SCHUTZ

Prüfung der Tatsachen und Umstände

Art. 4 (1) Die Mitgliedstaaten können es als Pflicht des Antragstellers betrachten, so schnell wie möglich alle zur Begründung des Antrags auf internationalen Schutz erforderlichen Anhaltspunkte darzulegen. Es ist Pflicht des Mitgliedstaats, unter Mitwirkung des Antragstellers die für den Antrag maßgeblichen Anhaltspunkte zu prüfen.

(2) Zu den in Absatz 1 genannten Anhaltspunkten gehören Angaben des Antragstellers zu Alter und familiären und sozialen Verhältnissen – auch der betroffenen Verwandten –, Identität, Staatsangehörigkeit(en), Land/Ländern und Ort(en) des früheren Aufenthalts, früheren Asylanträgen, Reisewegen und Reisedokumenten sowie zu den Gründen für seinen Antrag auf internationalen Schutz und sämtliche ihm zur Verfügung stehenden Unterlagen zu diesen Angaben.

(3) Die Anträge auf internationalen Schutz sind individuell zu prüfen, wobei Folgendes zu berücksichtigen ist:

a) alle mit dem Herkunftsland verbundenen Tatsachen, die zum Zeitpunkt der Entscheidung über den Antrag relevant sind, einschließlich der Rechts- und Verwaltungsvorschriften des Herkunftslandes und der Weise, in der sie angewandt werden;
b) die maßgeblichen Angaben des Antragstellers und die von ihm vorgelegten Unterlagen, einschließlich Informationen zu der Frage, ob er verfolgt worden ist bzw. verfolgt werden könnte oder einen ernsthaften Schaden erlitten hat bzw. erleiden könnte;
c) die individuelle Lage und die persönlichen Umstände des Antragstellers, einschließlich solcher Faktoren wie familiärer und sozialer Hintergrund, Geschlecht und Alter, um bewerten zu können, ob in Anbetracht seiner persönlichen Umstände die Handlungen, denen er ausgesetzt war oder ausgesetzt sein könnte, einer Verfolgung oder einem sonstigen ernsthaften Schaden gleichzusetzen sind;
d) die Frage, ob die Aktivitäten des Antragstellers seit Verlassen des Herkunftslandes ausschließlich oder hauptsächlich aufgenommen wurden, um die für die Beantragung von internationalem Schutz erforderlichen Voraussetzungen zu schaffen, damit bewertet werden kann, ob der Antragsteller im Fall einer Rückkehr in dieses Land aufgrund dieser Aktivitäten verfolgt oder ernsthaften Schaden erleiden würde;
e) die Frage, ob vom Antragsteller vernünftigerweise erwartet werden kann, dass er den Schutz eines anderen Staates in Anspruch nimmt, dessen Staatsangehörigkeit er für sich geltend machen könnte.

(4) Die Tatsache, dass ein Antragsteller bereits verfolgt wurde oder einen sonstigen ernsthaften Schaden erlitten hat bzw. von solcher Verfolgung oder einem solchen Schaden unmittelbar bedroht war, ist ein ernsthafter Hinweis darauf, dass die Furcht des Antragstellers vor Verfolgung begründet ist bzw. dass er tatsächlich Gefahr läuft, ernsthaften Schaden zu erleiden, es sei denn, stichhaltige Gründe sprechen dagegen, dass der Antragsteller erneut von solcher Verfolgung oder einem solchen Schaden bedroht wird.

(5) Wenden die Mitgliedstaaten den Grundsatz an, wonach der Antragsteller seinen Antrag auf internationalen Schutz begründen muss, und fehlen für Aussagen des Antragstellers Unterlagen oder sonstige Beweise, so bedürfen diese Aussagen keines Nachweises, wenn
a) der Antragsteller sich offenkundig bemüht hat, seinen Antrag zu begründen;
b) alle dem Antragsteller verfügbaren Anhaltspunkte vorliegen und eine hinreichende Erklärung für das Fehlen anderer relevanter Anhaltspunkte gegeben wurde;
c) festgestellt wurde, dass die Aussagen des Antragstellers kohärent und plausibel sind und zu den für seinen Fall relevanten, verfügbaren besonderen und allgemeinen Informationen nicht in Widerspruch stehen;
d) der Antragsteller internationalen Schutz zum frühestmöglichen Zeitpunkt beantragt hat, es sei denn, er kann gute Gründe dafür vorbringen, dass dies nicht möglich war; und
e) die generelle Glaubwürdigkeit des Antragstellers festgestellt worden ist.

Aus Nachfluchtgründen entstehender Bedarf an internationalem Schutz

Art. 5 (1) Die begründete Furcht vor Verfolgung oder die tatsächliche Gefahr, einen ernsthaften Schaden zu erleiden, kann auf Ereignissen beruhen, die eingetreten sind, nachdem der Antragsteller das Herkunftsland verlassen hat.

(2) Die begründete Furcht vor Verfolgung oder die tatsächliche Gefahr, einen ernsthaften Schaden zu erleiden, kann auf Aktivitäten des Antragstellers seit Verlassen des Herkunftslandes beruhen, insbesondere wenn die Aktivitäten, auf die er sich stützt, nachweislich Ausdruck und Fortsetzung einer bereits im Herkunftsland bestehenden Überzeugung oder Ausrichtung sind.

(3) Unbeschadet der Genfer Flüchtlingskonvention können die Mitgliedstaaten festlegen, dass ein Antragsteller, der einen Folgeantrag stellt, in der Regel nicht als Flüchtling anerkannt wird, wenn die Verfolgungsgefahr auf Umständen beruht, die der Antragsteller nach Verlassen des Herkunftslandes selbst geschaffen hat.

Akteure, von denen die Verfolgung oder ein ernsthafter Schaden ausgehen kann

Art. 6 Die Verfolgung bzw. der ernsthafte Schaden kann ausgehen von
a) dem Staat;
b) Parteien oder Organisationen, die den Staat oder einen wesentlichen Teil des Staatsgebiets beherrschen;
c) nichtstaatlichen Akteuren, sofern die unter den Buchstaben a und b genannten Akteure einschließlich internationaler Organisationen erwiesenermaßen nicht in der Lage oder nicht willens sind, Schutz vor Verfolgung bzw. ernsthaftem Schaden im Sinne des Artikels 7 zu bieten.

Akteure, die Schutz bieten können

Art. 7 (1) Der Schutz vor Verfolgung oder ernsthaftem Schaden kann nur geboten werden
a) vom Staat oder
b) von Parteien oder Organisationen einschließlich internationaler Organisationen, die den Staat oder einen wesentlichen Teil des Staatsgebiets beherrschen,

sofern sie willens und in der Lage sind, Schutz gemäß Absatz 2 zu bieten.

(2) Der Schutz vor Verfolgung oder ernsthaftem Schaden muss wirksam und darf nicht nur vorübergehender Art sein. Ein solcher Schutz ist

generell gewährleistet, wenn die unter Absatz 1 Buchstaben a und b genannten Akteure geeignete Schritte einleiten, um die Verfolgung oder den ernsthaften Schaden zu verhindern, beispielsweise durch wirksame Rechtsvorschriften zur Ermittlung, Strafverfolgung und Ahndung von Handlungen, die eine Verfolgung oder einen ernsthaften Schaden darstellen, und wenn der Antragsteller Zugang zu diesem Schutz hat.

(3) Bei der Beurteilung der Frage, ob eine internationale Organisation einen Staat oder einen wesentlichen Teil des Staatsgebiets beherrscht und den in Absatz 2 beschriebenen Schutz bietet, ziehen die Mitgliedstaaten etwaige in einschlägigen Rechtsakten der Union aufgestellte Leitlinien heran.

Interner Schutz

Art. 8 (1) Bei der Prüfung des Antrags auf internationalen Schutz können die Mitgliedstaaten feststellen, dass ein Antragsteller keinen internationalen Schutz benötigt, sofern er in einem Teil seines Herkunftslandes
a) keine begründete Furcht vor Verfolgung hat oder keine tatsächliche Gefahr, einen ernsthaften Schaden zu erleiden, besteht oder
b) Zugang zu Schutz vor Verfolgung oder ernsthaftem Schaden gemäß Artikel 7 hat,

und er sicher und legal in diesen Landesteil reisen kann, dort aufgenommen wird und vernünftigerweise erwartet werden kann, dass er sich dort niederlässt.

(2) Bei Prüfung der Frage, ob ein Antragsteller begründete Furcht vor Verfolgung hat oder die tatsächliche Gefahr, einen ernsthaften Schaden zu erleiden, besteht, oder Zugang zu Schutz vor Verfolgung oder ernsthaftem Schaden in einem Teil seines Herkunftslandes gemäß Absatz 1 in Anspruch nehmen kann, berücksichtigen die Mitgliedstaaten zum Zeitpunkt der Entscheidung über den Antrag die dortigen allgemeinen Gegebenheiten und die persönlichen Umstände des Antragstellers gemäß Artikel 4. Zu diesem Zweck stellen die Mitgliedstaaten sicher, dass genaue und aktuelle Informationen aus relevanten Quellen, wie etwa Informationen des Hohen Kommissars der Vereinten Nationen für Flüchtlinge und des Europäischen Unterstützungsbüros für Asylfragen, eingeholt werden.

KAPITEL III
ANERKENNUNG ALS FLÜCHTLING

Verfolgungshandlungen

Art. 9 (1) Um als Verfolgung im Sinne des Artikels 1 Abschnitt A der Genfer Flüchtlingskonvention zu gelten, muss eine Handlung
a) aufgrund ihrer Art oder Wiederholung so gravierend sein, dass sie eine schwerwiegende Verletzung der grundlegenden Menschenrechte darstellt, insbesondere der Rechte, von denen gemäß Artikel 15 Absatz 2 der Europäischen Konvention zum Schutze der Menschenrechte und Grundfreiheiten keine Abweichung zulässig ist, oder
b) in einer Kumulierung unterschiedlicher Maßnahmen, einschließlich einer Verletzung der Menschenrechte, bestehen, die so gravierend ist, dass eine Person davon in ähnlicher wie der unter Buchstabe a beschriebenen Weise betroffen ist.

(2) Als Verfolgung im Sinne von Absatz 1 können unter anderem die folgenden Handlungen gelten:
a) Anwendung physischer oder psychischer Gewalt, einschließlich sexueller Gewalt,
b) gesetzliche, administrative, polizeiliche und/oder justizielle Maßnahmen, die als solche diskriminierend sind oder in diskriminierender Weise angewandt werden,
c) unverhältnismäßige oder diskriminierende Strafverfolgung oder Bestrafung,
d) Verweigerung gerichtlichen Rechtsschutzes mit dem Ergebnis einer unverhältnismäßigen oder diskriminierenden Bestrafung,
e) Strafverfolgung oder Bestrafung wegen Verweigerung des Militärdienstes in einem Konflikt, wenn der Militärdienst Verbrechen oder Handlungen umfassen würde, die unter den Anwendungsbereich der Ausschlussklauseln des Artikels 12 Absatz 2 fallen, und
f) Handlungen, die an die Geschlechtszugehörigkeit anknüpfen oder gegen Kinder gerichtet sind.

(3) Gemäß Artikel 2 Buchstabe d muss eine Verknüpfung zwischen den in Artikel 10 genannten Gründen und den in Absatz 1 des vorliegenden Artikels als Verfolgung eingestuften Handlungen oder dem Fehlen von Schutz vor solchen Handlungen bestehen.

Verfolgungsgründe

Art. 10 (1) Bei der Prüfung der Verfolgungsgründe berücksichtigen die Mitgliedstaaten Folgendes:
a) Der Begriff der Rasse umfasst insbesondere die Aspekte Hautfarbe, Herkunft und Zugehörigkeit zu einer bestimmten ethnischen Gruppe;
b) der Begriff der Religion umfasst insbesondere theistische, nichttheistische und atheistische Glaubensüberzeugungen, die Teilnahme bzw. Nichtteilnahme an religiösen Riten im privaten oder öffentlichen Bereich, allein oder in Gemeinschaft mit anderen, sonstige religiöse Betätigungen oder Meinungsäußerungen und Verhaltensweisen Einzelner, die als religiöse Überzeugung stützen oder nach dieser vorgeschrieben sind;
c) der Begriff der Nationalität beschränkt sich nicht auf die Staatsangehörigkeit oder das Fehlen einer solchen, sondern bezeichnet insbesondere auch die Zugehörigkeit zu einer Gruppe, die durch ihre kulturelle, ethnische

oder sprachliche Identität, gemeinsame geografische oder politische Herkunft oder ihre Verwandtschaft mit der Bevölkerung eines anderen Staates bestimmt wird;

d) eine Gruppe gilt insbesondere als eine bestimmte soziale Gruppe, wenn
- die Mitglieder dieser Gruppe angeborene Merkmale oder einen gemeinsamen Hintergrund, der nicht verändert werden kann, gemein haben oder Merkmale oder eine Glaubensüberzeugung teilen, die so bedeutsam für die Identität oder das Gewissen sind, dass der Betreffende nicht gezwungen werden sollte, auf sie zu verzichten, und
- die Gruppe in dem betreffenden Land eine deutlich abgegrenzte Identität hat, da sie von der sie umgebenden Gesellschaft als andersartig betrachtet wird.

Je nach den Gegebenheiten im Herkunftsland kann als eine bestimmte soziale Gruppe auch eine Gruppe gelten, die sich auf das gemeinsame Merkmal der sexuellen Orientierung gründet. Als sexuelle Orientierung dürfen keine Handlungen verstanden werden, die nach dem nationalen Recht der Mitgliedstaaten als strafbar gelten. Geschlechtsbezogene Aspekte, einschließlich der geschlechtlichen Identität, werden zum Zweck der Bestimmung der Zugehörigkeit zu einer bestimmten sozialen Gruppe oder der Ermittlung eines Merkmals einer solchen Gruppe angemessen berücksichtigt;

e) unter dem Begriff der politischen Überzeugung ist insbesondere zu verstehen, dass der Antragsteller in einer Angelegenheit, die die in Artikel 6 genannten potenziellen Verfolger sowie deren Politiken oder Verfahren betrifft, eine Meinung, Grundhaltung oder Überzeugung vertritt, wobei es unerheblich ist, ob der Antragsteller aufgrund dieser Meinung, Grundhaltung oder Überzeugung tätig geworden ist.

(2) Bei der Bewertung der Frage, ob die Furcht eines Antragstellers vor Verfolgung begründet ist, ist es unerheblich, ob der Antragsteller tatsächlich die Merkmale der Rasse oder die religiösen, nationalen, sozialen oder politischen Merkmale aufweist, die zur Verfolgung führen, sofern ihm diese Merkmale von seinem Verfolger zugeschrieben werden.

Erlöschen

Art. 11 (1) Ein Drittstaatsangehöriger oder ein Staatenloser ist nicht mehr Flüchtling, wenn er

a) sich freiwillig erneut dem Schutz des Landes, dessen Staatsangehörigkeit er besitzt, unterstellt oder

b) nach dem Verlust seiner Staatsangehörigkeit diese freiwillig wiedererlangt hat oder

c) eine neue Staatsangehörigkeit erworben hat und den Schutz des Landes, dessen Staatsangehörigkeit er erworben hat, genießt oder

d) freiwillig in das Land, das er aus Furcht vor Verfolgung verlassen hat oder außerhalb dessen er aus Furcht vor Verfolgung geblieben ist, zurückgekehrt ist und sich dort niedergelassen hat oder

e) nach Wegfall der Umstände, aufgrund deren er als Flüchtling anerkannt worden ist, es nicht mehr ablehnen kann, den Schutz des Landes in Anspruch zu nehmen, dessen Staatsangehörigkeit er besitzt oder

f) als Staatenloser nach Wegfall der Umstände, aufgrund deren er als Flüchtling anerkannt wurde, in der Lage ist, in das Land zurückzukehren, in dem er seinen gewöhnlichen Aufenthalt hatte.

(2) Bei der Prüfung von Absatz 1 Buchstaben e und f haben die Mitgliedstaaten zu untersuchen, ob die Veränderung der Umstände erheblich und nicht nur vorübergehend ist, so dass die Furcht des Flüchtlings vor Verfolgung nicht länger als begründet angesehen werden kann.

(3) Absatz 1 Buchstaben e und f finden keine Anwendung auf einen Flüchtling, der sich auf zwingende, auf früheren Verfolgungen beruhende Gründe berufen kann, um die Inanspruchnahme des Schutzes des Landes, dessen Staatsangehörigkeit er besitzt, oder wenn er staatenlos ist, des Landes, in dem er seinen gewöhnlichen Aufenthalt hatte, abzulehnen.

Ausschluss

Art. 12 (1) Ein Drittstaatsangehöriger oder ein Staatenloser ist von der Anerkennung als Flüchtling ausgeschlossen, wenn er

a) den Schutz oder Beistand einer Organisation oder einer Institution der Vereinten Nationen mit Ausnahme des Hohen Kommissars der Vereinten Nationen für Flüchtlinge gemäß Artikel 1 Abschnitt D der Genfer Flüchtlingskonvention genießt. Wird ein solcher Schutz oder Beistand aus irgendeinem Grund nicht länger gewährt, ohne dass die Lage des Betroffenen gemäß den einschlägigen Resolutionen der Generalversammlung der Vereinten Nationen endgültig geklärt worden ist, genießt er ipso facto den Schutz dieser Richtlinie;

b) von den zuständigen Behörden des Landes, in dem er seinen Aufenthalt genommen hat, als Person anerkannt wird, welche die Rechte und Pflichten, die mit dem Besitz der Staatsangehörigkeit dieses Landes verknüpft sind, bzw. gleichwertige Rechte und Pflichten hat.

(2) Ein Drittstaatsangehöriger oder ein Staatenloser ist von der Anerkennung als Flüchtling ausgeschlossen, wenn schwerwiegende Gründe zu der Annahme berechtigen, dass er

a) ein Verbrechen gegen den Frieden, ein Kriegsverbrechen oder ein Verbrechen gegen die Menschlichkeit im Sinne der internationalen

Vertragswerke begangen hat, die ausgearbeitet worden sind, um Bestimmungen bezüglich dieser Verbrechen festzulegen;
b) eine schwere nichtpolitische Straftat außerhalb des Aufnahmelandes begangen hat, bevor er als Flüchtling aufgenommen wurde, das heißt vor dem Zeitpunkt der Ausstellung eines Aufenthaltstitels aufgrund der Zuerkennung der Flüchtlingseigenschaft; insbesondere grausame Handlungen können als schwere nichtpolitische Straftaten eingestuft werden, auch wenn mit ihnen vorgeblich politische Ziele verfolgt werden;
c) sich Handlungen zuschulden kommen ließ, die den Zielen und Grundsätzen der Vereinten Nationen, wie sie in der Präambel und in den Artikeln 1 und 2 der Charta der Vereinten Nationen verankert sind, zuwiderlaufen.

(3) Absatz 2 findet auf Personen Anwendung, die andere zu den darin genannten Straftaten oder Handlungen anstiften oder sich in sonstiger Weise daran beteiligen.

KAPITEL IV
FLÜCHTLINGSEIGENSCHAFT

Zuerkennung der Flüchtlingseigenschaft

Art. 13 Die Mitgliedstaaten erkennen einem Drittstaatsangehörigen oder einem Staatenlosen, der die Voraussetzungen der Kapitel II und III erfüllt, die Flüchtlingseigenschaft zu.

Aberkennung, Beendigung oder Ablehnung der Verlängerung der Flüchtlingseigenschaft

Art. 14 (1) Bei Anträgen auf internationalen Schutz, die nach Inkrafttreten der Richtlinie 2004/83/EG gestellt wurden, erkennen die Mitgliedstaaten einem Drittstaatsangehörigen oder einem Staatenlosen die von einer Regierungs- oder Verwaltungsbehörde, einem Gericht oder einer gerichtsähnlichen Behörde zuerkannte Flüchtlingseigenschaft ab, beenden diese oder lehnen ihre Verlängerung ab, wenn er gemäß Artikel 11 nicht länger Flüchtling ist.

(2) Unbeschadet der Pflicht des Flüchtlings, gemäß Artikel 4 Absatz 1 alle maßgeblichen Tatsachen offen zu legen und alle maßgeblichen, ihm zur Verfügung stehenden Unterlagen vorzulegen, weist der Mitgliedstaat, der ihm die Flüchtlingseigenschaft zuerkannt hat, in jedem Einzelfall nach, dass die betreffende Person gemäß Absatz 1 dieses Artikels nicht länger Flüchtling ist oder es nie gewesen ist.

(3) Die Mitgliedstaaten erkennen einem Drittstaatsangehörigen oder einem Staatenlosen die Flüchtlingseigenschaft ab, beenden diese oder lehnen ihre Verlängerung ab, falls der betreffende Mitgliedstaat nach Zuerkennung der Flüchtlingseigenschaft feststellt, dass
a) die Person gemäß Artikel 12 von der Zuerkennung der Flüchtlingseigenschaft hätte ausgeschlossen werden müssen oder ausgeschlossen ist;
b) eine falsche Darstellung oder das Verschweigen von Tatsachen seinerseits, einschließlich der Verwendung falscher oder gefälschter Dokumente, für die Zuerkennung der Flüchtlingseigenschaft ausschlaggebend war.

(4) Die Mitgliedstaaten können einem Flüchtling die ihm von einer Regierungs- oder Verwaltungsbehörde, einem Gericht oder einer gerichtsähnlichen Behörde zuerkannte Rechtsstellung aberkennen, diese beenden oder ihre Verlängerung ablehnen, wenn
a) es stichhaltige Gründe für die Annahme gibt, dass er eine Gefahr für die Sicherheit des Mitgliedstaats darstellt, in dem er sich aufhält;
b) er eine Gefahr für die Allgemeinheit dieses Mitgliedstaats darstellt, weil er wegen einer besonders schweren Straftat rechtskräftig verurteilt wurde.

(5) In den in Absatz 4 genannten Fällen können die Mitgliedstaaten entscheiden, einem Flüchtling eine Rechtsstellung nicht zuzuerkennen, solange noch keine Entscheidung darüber gefasst worden ist.

(6) Personen, auf die die Absätze 4 oder 5 Anwendung finden, können die in den Artikeln 3, 4, 16, 22, 31, 32 und 33 der Genfer Flüchtlingskonvention genannten Rechte oder vergleichbare Rechte geltend machen, sofern sie sich in dem betreffenden Mitgliedstaat aufhalten.

KAPITEL V
VORAUSSETZUNGEN FÜR SUBSIDIÄREN SCHUTZ

Ernsthafter Schaden

Art. 15 Als ernsthafter Schaden gilt
a) die Todesstrafe oder Hinrichtung oder
b) Folter oder unmenschliche oder erniedrigende Behandlung oder Bestrafung eines Antragstellers im Herkunftsland oder
c) eine ernsthafte individuelle Bedrohung des Lebens oder der Unversehrtheit einer Zivilperson infolge willkürlicher Gewalt im Rahmen eines internationalen oder innerstaatlichen bewaffneten Konflikts.

Erlöschen

Art. 16 (1) Ein Drittstaatsangehöriger oder ein Staatenloser hat keinen Anspruch auf subsidiären Schutz mehr, wenn die Umstände, die zur Zuerkennung des subsidiären Schutzes geführt haben, nicht mehr bestehen oder sich in einem Maße verändert haben, dass ein solcher Schutz nicht mehr erforderlich ist.

(2) Bei Anwendung des Absatzes 1 berücksichtigen die Mitgliedstaaten, ob sich die Umstände so wesentlich und nicht nur vorübergehend verändert haben, dass die Person, die Anspruch auf subsidiären Schutz hat, tatsächlich nicht länger Gefahr läuft, einen ernsthaften Schaden zu erleiden.

(3) Absatz 1 findet keine Anwendung auf eine Person, der subsidiärer Schutz zuerkannt worden

ist, die sich auf zwingende, auf früher erlittenem ernsthaftem Schaden beruhende Gründe berufen kann, um die Inanspruchnahme des Schutzes des Landes, dessen Staatsangehörigkeit sie besitzt, oder wenn sie staatenlos ist, des Landes, in dem sie ihren gewöhnlichen Aufenthalt hatte, abzulehnen.

Ausschluss

Art. 17 (1) Ein Drittstaatsangehöriger oder ein Staatenloser ist von der Gewährung subsidiären Schutzes ausgeschlossen, wenn schwerwiegende Gründe die Annahme rechtfertigen, dass er

a) ein Verbrechen gegen den Frieden, ein Kriegsverbrechen oder ein Verbrechen gegen die Menschlichkeit im Sinne der internationalen Vertragswerke begangen hat, die ausgearbeitet worden sind, um Bestimmungen bezüglich dieser Verbrechen festzulegen;
b) eine schwere Straftat begangen hat;
c) sich Handlungen zuschulden kommen ließ, die den Zielen und Grundsätzen der Vereinten Nationen, wie sie in der Präambel und den Artikeln 1 und 2 der Charta der Vereinten Nationen verankert sind, zuwiderlaufen;
d) eine Gefahr für die Allgemeinheit oder für die Sicherheit des Mitgliedstaats darstellt, in dem er sich aufhält.

(2) Absatz 1 findet auf Personen Anwendung, die andere zu den darin genannten Straftaten oder Handlungen anstiften oder sich in sonstiger Weise daran beteiligen.

(3) Die Mitgliedstaaten können einen Drittstaatsangehörigen oder einen Staatenlosen von der Gewährung subsidiären Schutzes ausschließen, wenn er vor seiner Aufnahme in dem betreffenden Mitgliedstaat ein oder mehrere nicht unter Absatz 1 fallende Straftaten begangen hat, die mit Freiheitsstrafe bestraft würden, wenn sie in dem betreffenden Mitgliedstaat begangen worden wären, und er sein Herkunftsland nur verlassen hat, um einer Bestrafung wegen dieser Straftaten zu entgehen.

KAPITEL VI
SUBSIDIÄRER SCHUTZSTATUS

Zuerkennung des subsidiären Schutzstatus

Art. 18 Die Mitgliedstaaten erkennen einem Drittstaatsangehörigen oder einem Staatenlosen, der die Voraussetzungen der Kapitel II und V erfüllt, den subsidiären Schutzstatus zu.

Aberkennung, Beendigung oder Ablehnung der Verlängerung des subsidiären Schutzstatus

Art. 19 (1) Bei Anträgen auf internationalen Schutz, die nach Inkrafttreten der Richtlinie 2004/83/EG gestellt wurden, erkennen die Mitgliedstaaten einem Drittstaatsangehörigen oder einem Staatenlosen den von einer Regierungs- oder Verwaltungsbehörde, einem Gericht oder einer gerichtsähnlichen Behörde zuerkannten subsidiären Schutzstatus ab, beenden diesen oder lehnen seine Verlängerung ab, wenn die betreffende Person gemäß Artikel 16 nicht länger Anspruch auf subsidiären Schutz erheben kann.

(2) Die Mitgliedstaaten können einem Drittstaatsangehörigen oder einem Staatenlosen den von einer Regierungs- oder Verwaltungsbehörde, einem Gericht oder einer gerichtsähnlichen Behörde zuerkannten subsidiären Schutzstatus aberkennen, diesen beenden oder seine Verlängerung ablehnen, wenn er nach der Zuerkennung des subsidiären Schutzstatus gemäß Artikel 17 Absatz 3 von der Gewährung subsidiären Schutzes hätte ausgeschlossen werden müssen.

(3) Die Mitgliedstaaten erkennen einem Drittstaatsangehörigen oder einem Staatenlosen den subsidiären Schutzstatus ab, beenden diesen oder lehnen eine Verlängerung ab, wenn

a) er nach der Zuerkennung des subsidiären Schutzstatus gemäß Artikel 17 Absätze 1 und 2 von der Gewährung subsidiären Schutzes hätte ausgeschlossen werden müssen oder ausgeschlossen ist;
b) eine falsche Darstellung oder das Verschweigen von Tatsachen seinerseits, einschließlich der Verwendung falscher oder gefälschter Dokumente, für die Zuerkennung des subsidiären Schutzstatus ausschlaggebend war.

(4) Unbeschadet der Pflicht des Drittstaatsangehörigen oder Staatenlosen, gemäß Artikel 4 Absatz 1 alle maßgeblichen Tatsachen offen zu legen und alle maßgeblichen, ihm zur Verfügung stehenden Unterlagen vorzulegen, weist der Mitgliedstaat, der ihm den subsidiären Schutzstatus zuerkannt hat, in jedem Einzelfall nach, dass die betreffende Person gemäß den Absätzen 1 bis 3 dieses Artikels keinen oder nicht mehr Anspruch auf subsidiären Schutz hat.

KAPITEL VII
INHALT DES INTERNATIONALEN SCHUTZES

Allgemeine Bestimmungen

Art. 20 (1) Die Bestimmungen dieses Kapitels berühren nicht die in der Genfer Flüchtlingskonvention verankerten Rechte.

(2) Sofern nichts anderes bestimmt wird, gilt dieses Kapitel sowohl für Flüchtlinge als auch für Personen mit Anspruch auf subsidiären Schutz.

(3) Die Mitgliedstaaten berücksichtigen bei der Umsetzung dieses Kapitels die spezielle Situation von schutzbedürftigen Personen wie Minderjährigen, unbegleiteten Minderjährigen, Behinderten, älteren Menschen, Schwangeren, Alleinerziehenden mit minderjährigen Kindern, Opfern des Menschenhandels, Personen mit psychischen Störungen und Personen, die Folter, Vergewaltigung oder sonstige schwere Formen psychischer, physischer oder sexueller Gewalt erlitten haben.

(4) Absatz 3 gilt nur für Personen, die nach einer Einzelprüfung ihrer Situation als Personen mit besonderen Bedürfnissen eingestuft werden.

(5) Bei der Umsetzung der Minderjährige berührenden Bestimmungen dieses Kapitels be-

rücksichtigen die Mitgliedstaaten vorrangig das Wohl des Kindes.

Schutz vor Zurückweisung

Art. 21 (1) Die Mitgliedstaaten achten den Grundsatz der Nichtzurückweisung in Übereinstimmung mit ihren völkerrechtlichen Verpflichtungen.

(2) Ein Mitgliedstaat kann, sofern dies nicht aufgrund der in Absatz 1 genannten völkerrechtlichen Verpflichtungen untersagt ist, einen Flüchtling unabhängig davon, ob er als solcher förmlich anerkannt ist oder nicht, zurückweisen, wenn
a) es stichhaltige Gründe für die Annahme gibt, dass er eine Gefahr für die Sicherheit des Mitgliedstaats darstellt, in dem er sich aufhält, oder
b) er eine Gefahr für die Allgemeinheit dieses Mitgliedstaats darstellt, weil er wegen einer besonders schweren Straftat rechtskräftig verurteilt wurde.

(3) Die Mitgliedstaaten können den einem Flüchtling erteilten Aufenthaltstitel widerrufen, beenden oder seine Verlängerung bzw. die Erteilung eines Aufenthaltstitels ablehnen, wenn Absatz 2 auf die betreffende Person Anwendung findet.

Information

Art. 22 Die Mitgliedstaaten gewähren Personen, denen internationaler Schutz zuerkannt worden ist, so bald wie möglich nach Zuerkennung des Flüchtlingsstatus oder des subsidiären Schutzstatus Zugang zu Informationen über die Rechte und Pflichten in Zusammenhang mit dem Status in einer Sprache, die sie verstehen oder von der vernünftigerweise angenommen werden darf, dass sie sie verstehen.

Wahrung des Familienverbands

Art. 23 (1) Die Mitgliedstaaten tragen dafür Sorge, dass der Familienverband aufrechterhalten werden kann.

(2) Die Mitgliedstaaten tragen dafür Sorge, dass die Familienangehörigen der Person, der internationaler Schutz zuerkannt worden ist, die selbst nicht die Voraussetzungen für die Gewährung dieses Schutzes erfüllen, gemäß den nationalen Verfahren Anspruch auf die in den Artikeln 24 bis 35 genannten Leistungen haben, soweit dies mit der persönlichen Rechtsstellung des Familienangehörigen vereinbar ist.

(3) Die Absätze 1 und 2 finden keine Anwendung, wenn der Familienangehörige aufgrund der Kapitel III und V von der Gewährung internationalen Schutzes ausgeschlossen ist oder ausgeschlossen wäre.

(4) Unbeschadet der Absätze 1 und 2 können die Mitgliedstaaten aus Gründen der nationalen Sicherheit oder öffentlichen Ordnung die dort aufgeführten Leistungen verweigern, einschränken oder entziehen.

(5) Die Mitgliedstaaten können entscheiden, dass dieser Artikel auch für andere enge Verwandte gilt, die zum Zeitpunkt des Verlassens des Herkunftslandes innerhalb des Familienverbands lebten und zu diesem Zeitpunkt vollständig oder größtenteils von der Person, der internationaler Schutz zuerkannt worden ist, abhängig waren.

Aufenthaltstitel

Art. 24 (1) So bald wie möglich nach Zuerkennung des internationalen Schutzes und unbeschadet des Artikels 21 Absatz 3 stellen die Mitgliedstaaten Personen, denen der Flüchtlingsstatus zuerkannt worden ist, einen Aufenthaltstitel aus, der mindestens drei Jahre gültig und verlängerbar sein muss, es sei denn, dass zwingende Gründe der nationalen Sicherheit oder öffentlichen Ordnung dem entgegenstehen.

Unbeschadet des Artikels 23 Absatz 1 kann der Aufenthaltstitel, der Familienangehörigen von Personen ausgestellt wird, denen der Flüchtlingsstatus zuerkannt worden ist, weniger als drei Jahre gültig und verlängerbar sein.

(2) So bald wie möglich nach Zuerkennung des internationalen Schutzes stellen die Mitgliedstaaten Personen, denen der subsidiäre Schutzstatus zuerkannt worden ist, und ihren Familienangehörigen einen verlängerbaren Aufenthaltstitel aus, der mindestens ein Jahr und im Fall der Verlängerung mindestens zwei Jahre gültig sein muss, es sei denn, dass zwingende Gründe der nationalen Sicherheit oder der öffentlichen Ordnung dem entgegenstehen.

Reisedokumente

Art. 25 (1) Die Mitgliedstaaten stellen Personen, denen die Flüchtlingseigenschaft zuerkannt worden ist, Reiseausweise – wie im Anhang zur Genfer Flüchtlingskonvention vorgesehen – für Reisen außerhalb ihres Gebiets aus, es sei denn, dass zwingende Gründe der nationalen Sicherheit oder öffentlichen Ordnung dem entgegenstehen.

(2) Die Mitgliedstaaten stellen Personen, denen der subsidiäre Schutzstatus zuerkannt worden ist und die keinen nationalen Pass erhalten können, Dokumente für Reisen außerhalb ihres Hoheitsgebiets aus, es sei denn, dass zwingende Gründe der nationalen Sicherheit oder öffentlichen Ordnung dem entgegenstehen.

Zugang zur Beschäftigung

Art. 26 (1) Unmittelbar nach Zuerkennung des Schutzes gestatten die Mitgliedstaaten Personen, denen internationaler Schutz zuerkannt worden ist, die Aufnahme einer unselbstständigen oder selbstständigen Erwerbstätigkeit nach den Vorschriften, die für den betreffenden Beruf oder für die öffentliche Verwaltung allgemein gelten.

(2) Die Mitgliedstaaten sorgen dafür, dass Personen, denen internationaler Schutz zuerkannt worden ist, Maßnahmen wie beschäftigungsbezogene Bildungsangebote für Erwachsene, berufsbildende Maßnahmen, einschließlich Schulungsmaßnahmen

zur Weiterqualifizierung, praktische Berufserfahrung am Arbeitsplatz und Beratungsleistungen der Arbeitsverwaltungen zu gleichwertigen Bedingungen wie eigenen Staatsangehörigen angeboten werden.

(3) Die Mitgliedstaaten sind bestrebt, Personen, denen internationaler Schutz zuerkannt worden ist, uneingeschränkten Zugang zu den Maßnahmen gemäß Absatz 2 zu erleichtern.

(4) Die in den Mitgliedstaaten geltenden Rechtsvorschriften über das Arbeitsentgelt, den Zugang zu Systemen der sozialen Sicherheit im Rahmen der unselbstständigen oder selbstständigen Erwerbstätigkeit sowie sonstige Beschäftigungsbedingungen finden Anwendung.

Zugang zu Bildung

Art. 27 (1) Die Mitgliedstaaten gewähren allen Minderjährigen, denen internationaler Schutz gewährt wurde, zu denselben Bedingungen wie eigenen Staatsangehörigen Zugang zum Bildungssystem.

(2) Die Mitgliedstaaten gestatten Erwachsenen, denen internationaler Schutz gewährt wurde, zu denselben Bedingungen wie Drittstaatsangehörigen mit rechtmäßigem Aufenthalt Zugang zum allgemeinen Bildungssystem, zu Weiterbildung und Umschulung.

Zugang zu Verfahren für die Anerkennung von Befähigungsnachweisen

Art. 28 (1) Die Mitgliedstaaten stellen sicher, dass Personen, denen internationaler Schutz zuerkannt worden ist, und eigene Staatsangehörige im Rahmen der bestehenden Verfahren zur Anerkennung von ausländischen Diplomen, Prüfungszeugnissen und sonstigen Befähigungsnachweisen gleich behandelt werden.

(2) Die Mitgliedstaaten sind bestrebt, den uneingeschränkten Zugang zu Personen, denen internationaler Schutz zuerkannt worden ist, die keine Nachweise für ihre Qualifikationen beibringen können, zu geeigneten Programmen für die Beurteilung, Validierung und Bestätigung früher erworbener Kenntnisse zu erleichtern. Solche Maßnahmen müssen im Einklang mit Artikel 2 Absatz 2 und Artikel 3 Absatz 3 der Richtlinie 2005/36/EG des Europäischen Parlaments und des Rates vom 7. September 2005 über die Anerkennung von Berufsqualifikationen stehen.

Sozialhilfeleistungen

Art. 29 (1) Die Mitgliedstaaten tragen dafür Sorge, dass Personen, denen internationaler Schutz zuerkannt worden ist, in dem Mitgliedstaat, der diesen Schutz gewährt hat, die notwendige Sozialhilfe wie Staatsangehörige dieses Mitgliedstaats erhalten.

(2) Abweichend von der allgemeinen Regel nach Absatz 1 können die Mitgliedstaaten die Sozialhilfe für Personen, denen der subsidiäre Schutzstatus zuerkannt worden ist, auf Kernleistungen beschränken, die sie im gleichen Umfang und unter denselben Voraussetzungen wie für eigene Staatsangehörige gewähren.

Medizinische Versorgung

Art. 30 (1) Die Mitgliedstaaten tragen dafür Sorge, dass Personen, denen internationaler Schutz zuerkannt worden ist, zu denselben Bedingungen wie Staatsangehörige des diesen Schutz gewährenden Mitgliedstaats Zugang zu medizinischer Versorgung haben.

(2) Die Mitgliedstaaten gewährleisten unter denselben Voraussetzungen wie Staatsangehörigen des den Schutz gewährenden Mitgliedstaats eine angemessene medizinische Versorgung, einschließlich erforderlichenfalls einer Behandlung psychischer Störungen, von Personen, denen internationaler Schutz zuerkannt worden ist, die besondere Bedürfnisse haben, wie Schwangere, Behinderte, Personen, die Folter, Vergewaltigung oder sonstige schwere Formen psychischer, physischer oder sexueller Gewalt erlitten haben, oder Minderjährige, die Opfer irgendeiner Form von Missbrauch, Vernachlässigung, Ausbeutung, Folter, grausamer, unmenschlicher oder erniedrigender Behandlung gewesen sind oder unter bewaffneten Konflikten gelitten haben.

Unbegleitete Minderjährige

Art. 31 (1) Die Mitgliedstaaten ergreifen so rasch wie möglich, nachdem internationaler Schutz gewährt wurde, die notwendigen Maßnahmen, um sicherzustellen, dass unbegleitete Minderjährige durch einen gesetzlichen Vormund oder erforderlichenfalls durch eine Einrichtung, die für die Betreuung und das Wohlergehen von Minderjährigen verantwortlich ist, oder durch einen anderen geeigneten Vertreter, einschließlich eines gesetzlich vorgesehenen oder gerichtlich angeordneten Vertreters, vertreten werden.

(2) Die Mitgliedstaaten tragen dafür Sorge, dass der bestellte Vormund oder Vertreter die Bedürfnisse des Minderjährigen bei der Anwendung der Richtlinie gebührend berücksichtigt. Die zuständigen Behörden nehmen regelmäßige Bewertungen vor.

(3) Die Mitgliedstaaten tragen dafür Sorge, dass unbegleitete Minderjährige folgendermaßen untergebracht werden: entweder

a) bei erwachsenen Verwandten oder
b) in einer Pflegefamilie oder
c) in speziellen Einrichtungen für Minderjährige oder
d) in anderen für Minderjährige geeigneten Unterkünften.

Hierbei werden die Wünsche des Kindes entsprechend seinem Alter und seiner Reife berücksichtigt.

(4) Geschwister bleiben so weit wie möglich zusammen, wobei das Wohl des betreffenden Minderjährigen, insbesondere sein Alter und sein Reifegrad, zu berücksichtigen ist. Wechsel des Aufenthaltsorts sind bei unbegleiteten Minderjährigen auf ein Mindestmaß zu beschränken.

(5) Wird einem unbegleiteten Minderjährigen internationaler Schutz gewährt, ohne dass mit der Suche nach seinen Familienangehörigen begonnen wurde, leiten die Mitgliedstaaten so bald wie möglich nach der Gewährung des internationalen Schutzes die Suche nach diesen ein, wobei sie die Interessen des Minderjährigen schützen. Wurde die Suche bereits eingeleitet, setzen die Mitgliedstaaten diese Suche gegebenenfalls fort. In Fällen, in denen das Leben oder die Unversehrtheit des Minderjährigen oder seiner nahen Verwandten bedroht sein könnte, insbesondere wenn diese im Herkunftsland geblieben sind, ist darauf zu achten, dass die Erfassung, Verarbeitung und Weitergabe von Informationen über diese Personen vertraulich erfolgt.

(6) Das Betreuungspersonal für unbegleitete Minderjährige muss im Hinblick auf die Bedürfnisse von Minderjährigen eine angemessene Ausbildung erhalten haben und angemessene Fortbildungen erhalten.

Zugang zu Wohnraum

Art. 32 (1) Die Mitgliedstaaten sorgen dafür, dass Personen, denen internationaler Schutz zuerkannt worden ist, Zugang zu Wohnraum unter Bedingungen erhalten, die den Bedingungen gleichwertig sind, die für andere Drittstaatsangehörige gelten, die sich rechtmäßig in ihrem Hoheitsgebiet aufhalten.

(2) Bei der Anwendung eines nationalen Verteilungsmechanismus für Personen, denen internationaler Schutz zuerkannt worden ist, sind die Mitgliedstaaten bestrebt, Maßnahmen zur Verhinderung der Diskriminierung von Personen, denen internationaler Schutz zuerkannt worden ist, und zur Gewährleistung der Chancengleichheit beim Zugang zu Wohnraum zu ergreifen.

Freizügigkeit innerhalb eines Mitgliedstaats

Art. 33 Die Mitgliedstaaten gestatten die Bewegungsfreiheit von Personen, denen internationaler Schutz zuerkannt worden ist, in ihrem Hoheitsgebiet unter den gleichen Bedingungen und Einschränkungen wie für andere Drittstaatsangehörige, die sich rechtmäßig in ihrem Hoheitsgebiet aufhalten.

Zugang zu Integrationsmaßnahmen

Art. 34 Um die Integration von Personen, denen internationaler Schutz zuerkannt worden ist, in die Gesellschaft zu erleichtern, gewährleisten die Mitgliedstaaten den Zugang zu Integrationsprogrammen, die sie als den besonderen Bedürfnissen von Personen mit Flüchtlingsstatus oder subsidiärem Schutzstatus angemessen erachten, oder schaffen die erforderlichen Voraussetzungen, die den Zugang zu diesen Programmen garantieren.

Rückkehr

Art. 35 Die Mitgliedstaaten können Personen, denen internationaler Schutz zuerkannt worden ist und die zurückkehren möchten, Unterstützung gewähren.

KAPITEL VIII
VERWALTUNGSZUSAMMENARBEIT

Zusammenarbeit

Art. 36 Jeder Mitgliedstaat benennt eine nationale Kontaktstelle und teilt deren Anschrift der Kommission mit. Die Kommission leitet diese Angaben an die übrigen Mitgliedstaaten weiter.

In Abstimmung mit der Kommission treffen die Mitgliedstaaten die geeigneten Maßnahmen, um eine unmittelbare Zusammenarbeit und einen Informationsaustausch zwischen den zuständigen Behörden herzustellen.

Personal

Art. 37 Die Mitgliedstaaten gewährleisten, dass die Behörden und Organisationen, die diese Richtlinie anwenden, die nötige Ausbildung erhalten haben und in Bezug auf die Informationen, die sie durch ihre Arbeit erhalten, der Schweigepflicht unterliegen, wie sie im nationalen Recht definiert ist.

KAPITEL IX
SCHLUSSBESTIMMUNGEN

Berichterstattung

Art. 38 (1) Die Kommission erstattet dem Europäischen Parlament und dem Rat bis zum 21. Juni 2015 Bericht über die Anwendung dieser Richtlinie und schlägt erforderlichenfalls Änderungen vor. Diese Änderungsvorschläge beziehen sich vorrangig auf die Artikel 2 und 7. Die Mitgliedstaaten übermitteln der Kommission bis zum 21. Dezember 2014 alle für die Erstellung dieses Berichts sachdienlichen Angaben.

(2) Nach Vorlage des Berichts erstattet die Kommission dem Europäischen Parlament und dem Rat mindestens alle fünf Jahre Bericht über die Anwendung dieser Richtlinie.

Umsetzung

Art. 39 (1) Die Mitgliedstaaten setzen die erforderlichen Rechts- und Verwaltungsvorschriften in Kraft, um den Artikeln 1, 2, 4, 7, 8, 9, 10, 11, 16, 19, 20, 22, 23, 24, 25, 26, 27, 28, 29, 30, 31, 32, 33, 34 und 35 bis 21. Dezember 2013 nachzukommen. Sie übermitteln der Kommission unverzüglich den Wortlaut dieser Vorschriften.

Wenn die Mitgliedstaaten diese Vorschriften erlassen, nehmen sie in den Vorschriften selbst oder durch einen Hinweis bei der amtlichen Veröffentlichung auf diese Richtlinie Bezug. In diese Vorschriften fügen sie die Erklärung ein, dass Verweise in den geltenden Rechts- und Verwaltungsvorschriften auf die durch diese Richtlinie aufgehobene Richtlinie als Verweise auf diese Richtlinie gelten. Die Mitgliedstaaten legen die Einzelheiten der Bezugnahme und die Formulierung der Erklärung fest.

(2) Die Mitgliedstaaten teilen der Kommission den Wortlaut der wichtigsten innerstaatlichen Rechtsvorschriften mit, die von dieser Richtlinie betroffen sind.

Aufhebung
Art. 40 Die Richtlinie 2004/83/EG wird für die durch die vorliegende Richtlinie gebundenen Mitgliedstaaten unbeschadet der Verpflichtungen der Mitgliedstaaten hinsichtlich der in Anhang I Teil B genannten Frist für die Umsetzung der Richtlinie in innerstaatliches Recht mit Wirkung vom 21. Dezember 2013 aufgehoben.

Für die durch die vorliegende Richtlinie gebundenen Mitgliedstaaten gelten Verweise auf die aufgehobene Richtlinie als Verweise auf die vorliegende Richtlinie nach der Entsprechungstabelle in Anhang II.

Inkrafttreten
Art. 41 Diese Richtlinie tritt am zwanzigsten Tag nach ihrer Veröffentlichung im *Amtsblatt der Europäischen Union* in Kraft.

Die Artikel 1, 2, 4, 7, 8, 9, 10, 11, 16, 19, 20, 22, 23, 24, 25, 26, 27, 28, 29, 30, 31, 32, 33, 34 und 35 gelten ab dem 22. Dezember 2013.

Adressaten
Art. 42 Diese Richtlinie ist gemäß den Verträgen an die Mitgliedstaaten gerichtet.

ANHANG I
TEIL A
Aufgehobene Richtlinie
(gemäß Artikel 40)

Richtlinie 2004/83/EG des Rates	(ABl. L 304 vom 30.9.2004, S. 12).

TEIL B
Frist für die Umsetzung in innerstaatliches Recht
(gemäß Artikel 39)

Richtlinie	Umsetzungsfrist
2004/83/EG	10. Oktober 2006

ANHANG II
Entsprechungstabelle

Richtlinie 2004/83/EG	Diese Richtlinie
Artikel 1	Artikel 1
Artikel 2 einleitender Satzteil	Artikel 2 einleitender Satzteil
Artikel 2 Buchstabe a	Artikel 2 Buchstabe a
–	Artikel 2 Buchstabe b
Artikel 2 Buchstaben b bis g	Artikel 2 Buchstaben c bis h
–	Artikel 2 Buchstabe i
Artikel 2 Buchstabe h	Artikel 2 Buchstabe j erster und zweiter Gedankenstrich
–	Artikel 2 Buchstabe j dritter Gedankenstrich
–	Artikel 2 Buchstabe k
Artikel 2 Buchstabe i	Artikel 2 Buchstabe l
Artikel 2 Buchstabe j	Artikel 2 Buchstabe m
Artikel 2 Buchstabe k	Artikel 2 Buchstabe n
Artikel 3	Artikel 3
Artikel 4	Artikel 4
Artikel 5	Artikel 5
Artikel 6	Artikel 6
Artikel 7	Artikel 7
Artikel 8 Absätze 1 und 2	Artikel 8 Absätze 1 und 2
Artikel 8 Absatz 3	–
Artikel 9	Artikel 9
Artikel 10	Artikel 10
Artikel 11 Absätze 1 und 2	Artikel 11 Absätze 1 und 2
–	Artikel 11 Absatz 3
Artikel 12	Artikel 12
Artikel 13	Artikel 13
Artikel 14	Artikel 14
Artikel 15	Artikel 15
Artikel 16 Absätze 1 und 2	Artikel 16 Absätze 1 und 2
–	Artikel 16 Absatz 3
Artikel 17	Artikel 17
Artikel 18	Artikel 18
Artikel 19	Artikel 19
Artikel 20 Absätze 1 bis 5	Artikel 20 Absätze 1 bis 5
Artikel 20 Absätze 6 und 7	–
Artikel 21	Artikel 21
Artikel 22	Artikel 22
Artikel 23 Absatz 1	Artikel 23 Absatz 1
Artikel 23 Absatz 2 Unterabsatz 1	Artikel 23 Absatz 2
Artikel 23 Absatz 2 Unterabsatz 2	–
Artikel 23 Absatz 2 Unterabsatz 3	–
Artikel 23 Absätze 3 bis 5	Artikel 23 Absätze 3 bis 5
Artikel 24 Absatz 1	Artikel 24 Absatz 1
Artikel 24 Absatz 2	Artikel 24 Absatz 2
Artikel 25	Artikel 25
Artikel 26 Absätze 1 bis 3	Artikel 26 Absätze 1 bis 3

2/7. Status-RL
Anhang II

Artikel 26 Absatz 4	–
Artikel 26 Absatz 5	Artikel 26 Absatz 4
Artikel 27 Absätze 1 und 2	Artikel 27 Absätze 1 und 2
Artikel 27 Absatz 3	Artikel 28 Absatz 1
–	Artikel 28 Absatz 2
Artikel 28 Absatz 1	Artikel 29 Absatz 1
Artikel 28 Absatz 2	Artikel 29 Absatz 2
Artikel 29 Absatz 1	Artikel 30 Absatz 1
Artikel 29 Absatz 2	–
Artikel 29 Absatz 3	Artikel 30 Absatz 2
Artikel 30	Artikel 31
Artikel 31	Artikel 32 Absatz 1
–	Artikel 32 Absatz 2
Artikel 32	Artikel 33
Artikel 33	Artikel 34
Artikel 34	Artikel 35
Artikel 35	Artikel 36
Artikel 36	Artikel 37
Artikel 37	Artikel 38
Artikel 38	Artikel 39
–	Artikel 40
Artikel 39	Artikel 41
Artikel 40	Artikel 42
–	Anhang I
–	Anhang II

2/8. Beschluss Nr. 1/80
Präambel, Art. 6 – 8

2/8. Beschluss Nr. 1/80 (Auszug)

Beschluss Nr. 1/80 des Assoziationsrates über die Entwicklung der Assoziation – EWG/Türkei – vom 19. September 1980

DER ASSOZIATIONSRAT
gestützt auf das Abkommen zur Gründung einer Assoziation zwischen der Europäischen Wirtschaftsgemeinschaft und der Türkei,
in Erwägung nachstehender Gründe:
Neubelebung und Entwicklung der Assoziation müssen sich, wie am 5. Februar 1980 vereinbart, auf sämtliche derzeitigen Probleme der Assoziation erstrecken. Bei der Suche nach der Lösung für diese Probleme ist die Besonderheit der Assoziationsbindungen zwischen der Gemeinschaft und der Türkei zu berücksichtigen.
Im Agrarbereich kann durch die Abschaffung der Einfuhrzölle der Gemeinschaft für türkische Erzeugnisse das angestrebte Ergebnis erreicht und den Bedenken der Türkei wegen der Folgen der Erweiterung der Gemeinschaft Rechnung getragen werden. Im übrigen muß als Voraussetzung für die Einführung des freien Verkehrs von Agrarerzeugnissen Artikel 33 des Zusatzprotokolls durchgeführt werden. Das vorgesehene System muß unter Einhaltung der Grundsätze und der Regelungen der gemeinsamen Agrarpolitik angewandt werden.
Im sozialen Bereich führen die vorstehenden Erwägungen im Rahmen der internationalen Verpflichtungen jeder der beiden Parteien zu einer besseren Regelung zugunsten der Arbeitnehmer und ihrer Familienangehörigen gegenüber der im Beschluß 2/76 des Assoziationsrates eingeführten Regelung. Im übrigen müssen die Bestimmungen über die soziale Sicherheit und über den Austausch junger Arbeitskräfte durchgeführt werden.

Kapitel II:
Soziale Bestimmungen
Abschnitt 1:
Fragen betreffend die Beschäftigung und die Freizügigkeit der Arbeitnehmer

Art. 6 (1) Vorbehaltlich der Bestimmungen in Artikel 7 über den freien Zugang der Familienangehörigen zur Beschäftigung hat türkische Arbeitnehmer, der dem regulären Arbeitsmarkt eines Mitgliedstaats angehört, in diesem Mitgliedstaat
– nach einem Jahr ordnungsgemäßer Beschäftigung Anspruch auf Erneuerung seiner Arbeitserlaubnis bei dem gleichen Arbeitgeber, wenn er über einen Arbeitsplatz verfügt;
– nach drei Jahren ordnungsgemäßer Beschäftigung – vorbehaltlich des den Arbeitnehmern aus den Mitgliedstaaten der Gemeinschaft einzuräumenden Vorrangs – das Recht, sich für das gleichen Beruf bei einem Arbeitgeber seiner Wahl auf ein unter normalen Bedingungen unterbreitetes und bei den Arbeitsämtern dieses Mitgliedstaats eingetragenes Stellenangebot zu bewerben;
– nach vier Jahren ordnungsgemäßer Beschäftigung freien Zugang zu jeder von ihm gewählten Beschäftigung im Lohn- oder Gehaltsverhältnis.

(2) Der Jahresurlaub und die Abwesenheit wegen Mutterschaft, Arbeitsunfall oder kurzer Krankheit werden den Zeiten ordnungsgemäßer Beschäftigung gleichgestellt. Die Zeiten unverschuldeter Arbeitslosigkeit, die von den zuständigen Behörden ordnungsgemäß festgestellt worden sind sowie die Abwesenheit wegen langer Krankheit werden zwar nicht den Zeiten ordnungsgemäßer Beschäftigung gleichgestellt, berühren jedoch nicht die aufgrund der vorherigen Beschäftigungszeit erworbenen Ansprüche.

(3) Die Einzelheiten der Durchführung der Absätze 1 und 2 werden durch einzelstaatliche Vorschriften festgelegt.

Art. 7 Die Familienangehörigen eines dem regulären Arbeitsmarkt eines Mitgliedstaats angehörenden türkischen Arbeitnehmers, die die Genehmigung erhalten haben, zu ihm zu ziehen,
– haben vorbehaltlich des den Arbeitnehmern aus den Mitgliedstaaten der Gemeinschaft einzuräumenden Vorrangs das Recht, sich auf jedes Stellenangebot zu bewerben, wenn sie dort seit mindestens drei Jahren ihren ordnungsgemäßen Wohnsitz haben;
– haben freien Zugang zu jeder von ihnen gewählten Beschäftigung im Lohn- oder Gehaltsverhältnis, wenn sie dort seit mindestens fünf Jahren ihren ordnungsgemäßen Wohnsitz haben.

Die Kinder türkischer Arbeitnehmer, die im Aufnahmeland eine Berufsausbildung abgeschlossen haben, können sich unabhängig von der Dauer ihres Aufenthalts in dem betreffenden Mitgliedstaat dort auf jedes Stellenangebot bewerben, sofern ein Elternteil in dem betreffenden Mitgliedstaat seit mindestens drei Jahren ordnungsgemäß beschäftigt war.

Art. 8 (1) Kann in der Gemeinschaft eine offene Stelle nicht durch die auf dem Arbeitsmarkt der Mitgliedstaaten verfügbaren Arbeitskräfte besetzt werden und beschließen die Mitgliedstaaten im Rahmen ihrer Rechts- und Verwaltungsvorschriften zu gestatten, daß zur Besetzung dieser Stelle Arbeitnehmer eingestellt werden, die nicht Staatsangehörige eines Mitgliedstaats der Gemeinschaft sind, so bemühen sich die Mitgliedstaaten, den türkischen Arbeitnehmern in diesem Falle einen Vorrang einzuräumen.

2/8. Beschluss Nr. 1/80
Art. 8 – 16

(2) Die Arbeitsämter der Mitgliedstaaten bemühen sich, die bei ihnen eingetragenen offenen Stellen, die nicht durch dem regulären Arbeitsmarkt dieses Mitgliedstaates angehörende Arbeitskräfte aus der Gemeinschaft besetzt werden konnten, mit regulär als Arbeitslose gemeldeten türkischen Arbeitnehmern zu besetzen, die im Hoheitsgebiet des genannten Mitgliedstaats ihren ordnungsgemäßen Wohnsitz haben.

Art. 9 Türkische Kinder, die in einem Mitgliedstaat der Gemeinschaft ordnungsgemäß bei ihren Eltern wohnen, welche dort ordnungsgemäß beschäftigt sind oder waren, werden unter Zugrundelegung derselben Qualifikationen wie die Kinder von Staatsangehörigen dieses Mitgliedstaates zum allgemeinen Schulunterricht, zur Lehrlingsausbildung und zur beruflichen Bildung zugelassen. Sie können in diesem Mitgliedstaat Anspruch auf die Vorteile haben, die nach den einzelstaatlichen Rechtsvorschriften in diesem Bereich vorgesehen sind.

Art. 10 (1) Die Mitgliedstaaten der Gemeinschaft räumen den türkischen Arbeitnehmern, die ihrem regulären Arbeitsmarkt angehören, eine Regelung ein, die gegenüber den Arbeitnehmern aus der Gemeinschaft hinsichtlich des Arbeitsentgelts und der sonstigen Arbeitsbedingungen jede Diskriminierung aufgrund der Staatsangehörigkeit ausschließt.

(2) Vorbehaltlich der Artikel 6 und 7 haben die in Absatz 1 genannten türkischen Arbeitnehmer und ihre Familienangehörigen in gleicher Weise wie die Arbeitnehmer aus der Gemeinschaft Anspruch auf die Unterstützung der Arbeitsämter bei der Beschaffung eines Arbeitsplatzes.

Art. 11 Staatsangehörige der Mitgliedstaaten, die dem regulären Arbeitsmarkt der Türkei angehören, und ihre bei ihnen wohnenden Familienangehörigen genießen dort die in den Artikeln 6, 7, 9 und 10 gewährten Rechte und Vorteile, wenn sie die in diesen Artikeln vorgesehenen Voraussetzungen erfüllen.

Art. 12 Wenn in einem Mitgliedstaat der Gemeinschaft oder in der Türkei der Arbeitsmarkt ernsten Störungen ausgesetzt oder von ernsten Störungen bedroht ist, die ernste Gefahren für den Lebensstandard und das Beschäftigungsniveau in einem Gebiet, einem Wirtschaftszweig oder einem Beruf mit sich bringen können, so kann der betreffende Staat davon absehen, automatisch die Artikel 6 und 7 anzuwenden. Der betreffende Staat unterrichtet den Assoziationsrat von dieser zeitweiligen Einschränkung.

Art. 13 Die Mitgliedstaaten der Gemeinschaft und die Türkei dürfen für Arbeitnehmer und ihre Familienangehörigen, deren Aufenthalt und Beschäftigung in ihrem Hoheitsgebiet ordnungsgemäß sind, keine neuen Beschränkungen für den Zugang zum Arbeitsmarkt einführen.

Art. 14 (1) Dieser Abschnitt gilt vorbehaltlich der Beschränkungen, die aus Gründen der öffentlichen Ordnung, Sicherheit und Gesundheit gerechtfertigt sind.

(2) Er berührt nicht die Rechte und Pflichten, die sich aus den einzelstaatlichen Rechtsvorschriften oder zweiseitigen Abkommen zwischen der Türkei und den Mitgliedstaaten der Gemeinschaft ergeben, soweit sie für ihre Staatsangehörigen eine günstigere Regelung vorsehen.

Art. 15 (1) Damit der Assoziationsrat in der Lage ist, die ausgewogene Anwendung dieses Abschnitts zu überwachen und sich zu vergewissern, daß sie unter Bedingungen erfolgt, die die Gefahr von Störungen auf den Arbeitsmärkten ausschließen, führt er in regelmäßigen Zeitabständen einen Meinungsaustausch durch, um für eine bessere gegenseitige Kenntnis der wirtschaftlichen und sozialen Lage einschließlich der Lage auf dem Arbeitsmarkt und seiner Entwicklungsaussichten in der Gemeinschaft und in der Türkei zu sorgen.

Er legt jährlich dem Assoziationsrat einen Tätigkeitsbericht vor.

(2) Der Assoziationsausschuß ist befugt, sich im Hinblick auf die Durchführung von Absatz 1 von einer Ad-hoc-Gruppe unterstützen zu lassen.

Art. 16 (1) Die Bestimmungen dieses Abschnitts sind ab 1. Dezember 1980 anwendbar.

(2) Ab 1. Juni 1983 prüft der Assoziationsrat insbesondere im Lichte der in Artikel 15 genannten Tätigkeitsberichte die Ergebnisse der Anwendung dieses Abschnitts, um die ab 1. Dezember 1983 möglichen Lösungen auszuarbeiten.

2/9. Schwarzarbeitsrichtlinie

Richtlinie 2009/52/EG des Europäischen Parlaments und des Rates über Mindeststandards für Sanktionen und Maßnahmen gegen Arbeitgeber, die Drittstaatsangehörige ohne rechtmäßigen Aufenthalt beschäftigen, vom 18. Juni 2009

(ABl. Nr. L 168 v. 30.6.2009, S. 24; berichtigt durch ABl. Nr. L 208 v. 3.8.2012, S. 22)

GLIEDERUNG

Art. 1: Gegenstand und Anwendungsbereich
Art. 2: Begriffsbestimmungen
Art. 3: Verbot der illegalen Beschäftigung
Art. 4: Pflichten der Arbeitgeber
Art. 5: Finanzielle Sanktionen
Art. 6: Vom Arbeitgeber zu leistende Nachzahlungen
Art. 7: Sonstige Maßnahmen
Art. 8: Vergabe von Unteraufträgen
Art. 9: Straftaten
Art. 10: Strafrechtliche Sanktionen
Art. 11: Verantwortlichkeit juristischer Personen
Art. 12: Sanktionen gegen juristische Personen
Art. 13: Erleichterung der Einreichung von Beschwerden
Art. 14: Inspektionen
Art. 15: Günstigere Bestimmungen
Art. 16: Berichterstattung
Art. 17: Umsetzung
Art. 18: Inkrafttreten
Art. 19: Adressaten

DAS EUROPÄISCHE PARLAMENT UND DER RAT DER EUROPÄISCHEN UNION –

gestützt auf den Vertrag zur Gründung der Europäischen Gemeinschaft, insbesondere auf Artikel 63 Absatz 3 Buchstabe b,

auf Vorschlag der Kommission,

nach Stellungnahme des Europäischen Wirtschafts- und Sozialausschusses (ABl. C 204 vom 9.8.2008, S. 70),

nach Stellungnahme des Ausschusses der Regionen (ABl. C 257 vom 9.10.2008, S. 20),

gemäß dem Verfahren des Artikels 251 des Vertrags (Stellungnahme des Europäischen Parlaments vom 19. Februar 2009 (noch nicht im Amtsblatt veröffentlicht) und Beschluss des Rates vom 25. Mai 2009),

in Erwägung nachstehender Gründe:

(1) Der Europäische Rat ist auf seiner Tagung vom 14./15. Dezember 2006 übereingekommen, dass die Zusammenarbeit zwischen den Mitgliedstaaten bei der Bekämpfung der rechtswidrigen Einwanderung verstärkt werden sollte und dass insbesondere Maßnahmen gegen die illegale Beschäftigung auf Ebene der Mitgliedstaaten und auf EU-Ebene intensiviert werden sollten.

(2) Ein wichtiger Anreiz für die rechtswidrige Einwanderung in die EU besteht darin, dass es in der EU möglich ist, eine Beschäftigung zu finden, auch ohne den erforderlichen Rechtsstatus zu besitzen. Die Bekämpfung von rechtswidriger Einwanderung und rechtswidrigem Aufenthalt muss daher auch Maßnahmen zur Verringerung dieses Anreizes einschließen.

(3) Als zentrales Element dieser Maßnahmen sollte ein allgemeines Verbot der Beschäftigung von Drittstaatsangehörigen ohne rechtmäßigen Aufenthalt in der EU eingeführt werden; dieses Verbot sollte durch Sanktionen gegen Arbeitgeber, die ihm zuwiderhandeln, ergänzt werden.

(4) Da diese Richtlinie Mindeststandards vorsieht, sollte es den Mitgliedstaaten frei stehen, strengere Sanktionen und Maßnahmen einzuführen oder beizubehalten und Arbeitgebern strengere Pflichten aufzuerlegen.

(5) Diese Richtlinie sollte nicht für Drittstaatsangehörige gelten, die sich rechtmäßig in einem Mitgliedstaat aufhalten, unabhängig davon, ob sie in dessen Hoheitsgebiet über eine Arbeitsgenehmigung verfügen oder nicht. Weiterhin sollte sie ebenfalls nicht für Personen gelten, die das Gemeinschaftsrecht auf freien Personenverkehr genießen, wie in Artikel 2 Absatz 5 der Verordnung (EG) Nr. 562/2006 des Europäischen Parlaments und des Rates vom 15. März 2006 über einen Gemeinschaftskodex für das Überschreiten der Grenzen durch Personen (Schengener Grenzkodex, ABl. L 105 vom 13.4.2006, S. 1) definiert. Ebenso sollte sie nicht für Drittstaatsangehörige gelten, die sich in einer Situation befinden, auf die das Gemeinschaftsrecht Anwendung findet, wie z. B. Personen, die ordnungsgemäß in einem Mitgliedstaat beschäftigt sind und die von einem Dienstleistungsanbieter im Rahmen der Erbringung von Dienstleistungen in einen anderen Mitgliedstaat entsandt werden. Diese Richtlinie sollte unbeschadet der innerstaatlichen Rechtsvorschriften zum Verbot der Beschäftigung von Drittstaatsangehörigen gelten, die sich rechtmäßig in dem betreffenden Mitgliedstaat aufhalten und unter Verstoß gegen ihre Aufenthaltsauflagen einer Beschäftigung nachgehen.

2/9. SchwarzarbeitsRL
Präambel

(6) Für die spezifischen Zwecke dieser Richtlinie sollten einige Begriffe definiert werden und diese Definitionen sollten ausschließlich für die Zwecke dieser Richtlinie verwendet werden.

(7) Die Bestimmung des Begriffs „Beschäftigung" sollte dessen einzelne Komponenten umfassen, namentlich für einen Arbeitgeber oder nach seiner Weisung und/oder unter seiner Aufsicht, unabhängig vom Rechtsverhältnis ausgeübte vergütungspflichtige Tätigkeiten.

(8) Die Bestimmung des Begriffs „Arbeitgeber" kann gegebenenfalls eine Personenvereinigung umfassen, die zwar nicht über eine eigene Rechtspersönlichkeit verfügt, die aber im Rechtsverkehr wirksam auftreten kann.

(9) Um der Beschäftigung von Drittstaatsangehörigen ohne rechtmäßigen Aufenthalt vorzubeugen, sollten Arbeitgeber verpflichtet werden, vor der Einstellung eines Drittstaatsangehörigen, einschließlich in Fällen, in denen der Drittstaatsangehörige für den Zweck eingestellt wird, um in einen anderen Mitgliedstaat im Rahmen der Erbringung von Dienstleistungen entsandt zu werden, zu prüfen, ob der Drittstaatsangehörige im Besitz einer gültigen Aufenthaltserlaubnis oder eines sonstigen Aufenthaltstitels ist, aus dem der rechtmäßige Aufenthalt im Hoheitsgebiet des Einstellungsmitgliedstaats hervorgeht.

(10) Arbeitgeber sollten darüber hinaus verpflichtet werden, den zuständigen Behörden die Beschäftigung eines Drittstaatsangehörigen zu melden, damit die Mitgliedstaaten insbesondere die Möglichkeit gegeben wird, festzustellen, ob Dokumente gefälscht sind. Um den Verwaltungsaufwand möglichst gering zu halten, sollte es den Mitgliedstaaten frei stehen, gegebenenfalls dafür zu sorgen, dass solche Meldungen im Rahmen anderer Meldevorschriften erfolgen müssen. Den Mitgliedstaaten sollte es frei stehen, sich für ein vereinfachtes Meldeverfahren zu entscheiden, wenn es sich beim Arbeitgeber um eine natürliche Person handelt und die Beschäftigung zu privaten Zwecken erfolgt.

(11) Ist ein Arbeitgeber den Verpflichtungen aus dieser Richtlinie nachgekommen, so sollte er nicht dafür haftbar gemacht werden können, dass er Drittstaatsangehörige ohne rechtmäßigen Aufenthalt beschäftigt hat, wenn die zuständige Behörde später feststellt, dass das von einem Arbeitnehmer vorgelegte Dokument gefälscht oder missbräuchlich benutzt wurde, es sei denn, der Arbeitgeber wusste, dass das Dokument gefälscht war.

(12) Damit die Arbeitgeber ihren Verpflichtungen besser nachkommen können, sollten die Mitgliedstaaten alles in ihren Kräften Stehende tun, um Anträge auf Verlängerung von Aufenthaltsgenehmigungen rechtzeitig abzuwickeln.

(13) Zur Durchsetzung des allgemeinen Verbots und als Abschreckung gegen Zuwiderhandlungen sollten die Mitgliedstaaten angemessene Sanktionen vorsehen. Dazu gehören finanzielle Sanktionen sowie Beiträge zu den Kosten der Rückführung von Drittstaatsangehörigen ohne rechtmäßigen Aufenthalt, sowie die Möglichkeit, geringere finanzielle Sanktionen für Arbeitgeber vorzusehen, bei denen es sich um natürliche Personen handelt, die eine Person zu privaten Zwecken eingestellt haben.

(14) In jedem Fall sollte der Arbeitgeber verpflichtet sein, Drittstaatsangehörigen ausstehende Vergütungen für geleistete Arbeit zu zahlen sowie fällige Steuern und Sozialversicherungsbeiträge zu entrichten. Kann die Höhe der Vergütungen nicht festgestellt werden, so wird zumindest von dem Lohn in der Höhe ausgegangen, die in den geltenden Rechtsvorschriften über den Mindestlohn, in den Tarifvereinbarungen oder gemäß den Gepflogenheiten in den entsprechenden Beschäftigungsbranchen vorgesehen ist. Der Arbeitgeber sollte auch verpflichtet werden, gegebenenfalls die Kosten zu tragen, die durch die Überweisung ausstehender Vergütungen in das Land entstehen, in das der illegal beschäftigte Drittstaatsangehörige zurückgekehrt ist oder zurückgeführt oder abgeschoben wurde. In den Fällen, in denen der Arbeitgeber keine ausstehenden Vergütungen entrichtet, sollten die Mitgliedstaaten nicht verpflichtet sein, dieser Verpflichtung anstelle des Arbeitgebers nachzukommen.

(15) Ein illegal beschäftigter Drittstaatsangehöriger sollte aus dem illegalen Beschäftigungsverhältnis oder der Zahlung oder Nachzahlung von Vergütungen, Sozialversicherungsbeiträgen oder Steuern durch den Arbeitgeber oder den Rechtsträger, der für den Arbeitgeber die Zahlung zu leisten hat, kein Recht auf Einreise, Aufenthalt und Zugang zum Arbeitsmarkt herleiten können.

(16) Die Mitgliedstaaten sollten dafür sorgen, dass Drittstaatsangehörige ihre Ansprüche geltend machen oder geltend machen können, und Mechanismen einrichten, die gewährleisten, dass die Drittstaatsangehörigen die eingezogenen Beträge der ihnen zustehenden Vergütungen erhalten können. Die Mitgliedstaaten sollten nicht verpflichtet werden, ihre Botschaften oder Vertretungen in Drittstaaten in diese Mechanismen einzubeziehen. Im Rahmen der Einrichtung wirksamer Mechanismen zur Erleichterung von Beschwerden und sofern dies in den innerstaatlichen Rechtsvorschriften nicht bereits vorgesehen ist, sollten die Mitgliedstaaten die Möglichkeit und einen etwaigen Mehrwert prüfen, der sich ergibt, wenn eine zuständige Behörde in die Lage versetzt wird, ein Gerichtsverfahren gegen einen Arbeitgeber mit dem Ziel einzuleiten, ausstehende Vergütungen einzufordern.

(17) Die Mitgliedstaaten sollten eine Rechtsvermutung für ein Arbeitsverhältnis von mindestens dreimonatiger Dauer vorsehen, so dass der Arbeitgeber die Beweislast für das Vorliegen eines anderen Zeitraums trägt. Unter anderem sollte der Arbeitnehmer auch die Möglichkeit haben, das Vorliegen und die Dauer eines Arbeitsverhältnisses nachzuweisen.

(18) Die Mitgliedstaaten sollten vorsehen, dass weitere Sanktionen gegen Arbeitgeber verhängt werden können, u. a. der Ausschluss von einigen oder allen öffentlichen Zuwendungen, Hilfen oder

Subventionen einschließlich Agrarbeihilfen; der Ausschluss von öffentlichen Auftragsvergabeverfahren sowie die Einziehung einiger oder aller bereits gewährten öffentlichen Zuwendungen, Hilfen oder Subventionen, einschließlich der von den Mitgliedstaaten verwalteten EU-Mittel. Den Mitgliedstaaten sollte es freistehen, diese weiteren Sanktionen gegen natürliche Personen, die als Arbeitgeber tätig werden, nicht anzuwenden, wenn die Beschäftigung zu privaten Zwecken erfolgt ist.

(19) Diese Richtlinie, insbesondere die Artikel 7, 10 und 12, lässt die Verordnung (EG, Euratom) Nr. 1605/2002 des Rates vom 25. Juni 2002 über die Haushaltsordnung für den Gesamthaushaltsplan der Europäischen Gemeinschaften (ABl. L 248 vom 16.9.2002, S. 1) unberührt.

(20) Da in einigen betroffenen Sektoren die Vergabe von Unteraufträgen gängige Praxis ist, muss sichergestellt werden, dass zumindest der Auftragnehmer, dessen unmittelbarer Unterauftragnehmer der Arbeitgeber ist, neben oder anstelle des Arbeitgebers haftbar gemacht werden kann, wenn finanzielle Sanktionen verhängt werden. In Sonderfällen können andere Auftragnehmer neben oder anstelle des Arbeitgebers, der Drittstaatsangehörige ohne rechtmäßigen Aufenthalt beschäftigt, haftbar gemacht werden. Noch ausstehende Vergütungen, die durch die Haftungsbestimmungen dieser Richtlinie abgedeckt werden sollen, sollten ebenfalls Beitragsleistungen zu nationalen Urlaubskassen und Sozialfonds umfassen, die per Gesetz oder durch Tarifvereinbarungen geregelt sind.

(21) Die Erfahrung zeigt, dass die derzeitigen Sanktionsregelungen nicht ausreichen, um das Verbot der Beschäftigung von Drittstaatsangehörigen ohne rechtmäßigen Aufenthalt voll und ganz durchzusetzen. Dies liegt unter anderem daran, dass Verwaltungssanktionen allein gewisse skrupellose Arbeitgeber nicht abschrecken dürften. Die Durchsetzung dieses Verbots kann und sollte durch die Verhängung strafrechtlicher Sanktionen verbessert werden.

(22) Damit das allgemeine Verbot wirklich zum Tragen kommt, sind insbesondere für schwerwiegende Fälle Sanktionen mit größerer Abschreckungswirkung vorzusehen, beispielsweise bei beharrlich wiederholten Zuwiderhandlungen, illegaler Beschäftigung einer erheblichen Anzahl von Drittstaatsangehörigen, besonders ausbeuterischen Arbeitsbedingungen, wenn der Arbeitgeber Kenntnis davon hatte, dass der Arbeitnehmer Opfer von Menschenhandel war, und bei der illegalen Beschäftigung von Minderjährigen. Mit dieser Richtlinie werden die Mitgliedstaaten verpflichtet, in ihren innerstaatlichen Rechtsvorschriften strafrechtliche Sanktionen für diese schwerwiegenden Verstöße vorzusehen. Dadurch wird keine Verpflichtung geschaffen, diese Sanktionen oder andere Vollstreckungsmaßnahmen im Einzelfall anzuwenden.

(23) In allen gemäß dieser Richtlinie als schwer einzustufenden Fällen sollte die vorsätzlich begangene Rechtsverletzung gemeinschaftsweit als Straftat gelten. Die Anwendung des Rahmenbeschlusses 2002/629/JI des Rates vom 19. Juli 2002 zur Bekämpfung von Menschenhandel (ABl. L 203 vom 1.8.2002, S. 1) bleibt von den in dieser Richtlinie enthaltenen Bestimmungen über Straftaten unberührt.

(24) Die Straftat sollte mit wirksamen, verhältnismäßigen und abschreckenden strafrechtlichen Sanktionen geahndet werden. Die Verpflichtung, wirksame, verhältnismäßige und abschreckende strafrechtliche Sanktionen gemäß dieser Richtlinie zu gewährleisten, lässt die interne Organisation des Strafrechts und der Strafjustiz in den Mitgliedstaaten unberührt.

(25) Juristische Personen können auch für die in dieser Richtlinie erwähnten Straftaten haftbar gemacht werden, da viele Arbeitgeber juristische Personen sind. Die Bestimmungen dieser Richtlinie verpflichten nicht dazu, die strafrechtliche Haftung juristischer Personen in den Mitgliedstaaten einzuführen.

(26) Zur Erleichterung der Durchsetzung dieser Richtlinie sind wirksame Verfahren erforderlich, durch die betroffene Drittstaatsangehörige unmittelbar oder über dafür benannte Dritte, wie Gewerkschaften oder andere Vereinigungen, Beschwerde einreichen können. Diese benannten Dritten sollten, wenn sie Drittstaatsangehörige in Beschwerdeverfahren unterstützen, vor möglichen Sanktionen im Zusammenhang mit dem Verbot der Beihilfe zum unerlaubten Aufenthalt geschützt werden.

(27) Zur Ergänzung der Beschwerdeverfahren sollte es den Mitgliedstaaten frei stehen, besonders ausbeuterischen Arbeitsbedingungen ausgesetzten oder illegal beschäftigten minderjährigen Drittstaatsangehörigen, die bei Strafverfahren gegen den Arbeitgeber mitwirken, eine befristete Aufenthaltserlaubnis entsprechend der Dauer der betreffenden innerstaatlichen Verfahren zu gewähren. Diese Aufenthaltserlaubnis sollte ähnlich wie bei Drittstaatsangehörigen, die unter die Bestimmungen der Richtlinie 2004/81/EG des Rates vom 29. April 2004 über die Erteilung von Aufenthaltstiteln für Drittstaatsangehörige fallen, die Opfer von Menschenhandel sind oder denen Beihilfe zur rechtswidrigen Einwanderung geleistet wurde, die mit den zuständigen Behörden kooperieren (ABl. L 261 vom 6.8.2004, S. 19), gewährt werden.

(28) Um diese Richtlinie in zufrieden stellendem Maß durchzusetzen und so weit wie möglich Unterschiede zwischen den Mitgliedstaaten bei der Durchsetzung der Richtlinie abzubauen, sollten die Mitgliedstaaten sicherstellen, dass in ihrem Hoheitsgebiet wirksame und angemessene Inspektionen durchgeführt werden, und sie sollten der Kommission Daten über die Inspektionen übermitteln.

(29) Den Mitgliedstaaten sollte nahegelegt werden, jedes Jahr eine nationale Zielvorgabe für die Zahl der Inspektionen in Bezug auf die Beschäftigungsbereiche, in denen in ihrem Hoheitsgebiet besonders viele Drittstaatsangehörige ohne rechtmäßigen Aufenthalt beschäftigt werden, festzulegen.

(30) Um die Wirksamkeit der Inspektionen im Zusammenhang mit der Anwendung dieser Richtlinie zu erhöhen, sollten die Mitgliedstaaten gewährleisten, dass das nationale Recht hinreichende Befugnisse für die zuständigen Behörden vorsieht, damit diese die Inspektionen durchführen können, Erkenntnisse über illegale Beschäftigung, einschließlich der Ergebnisse früherer Inspektionen, für die wirksame Anwendung dieser Richtlinie gesammelt und verarbeitet werden und ausreichend Personal bereitgestellt wird, das über die notwendigen Fähigkeiten und Qualifikationen verfügt, um die Inspektionen effektiv durchzuführen.

(31) Die Mitgliedstaaten sollten sicherstellen, dass Inspektionen, die zur Bewertung von Beschäftigungs- und Arbeitsbedingungen durchgeführt werden, weder unter quantitativen noch unter qualitativen Gesichtspunkten durch die im Zusammenhang mit der Anwendung dieser Richtlinie durchgeführten Inspektionen beeinträchtigt werden.

(32) Bei der Entsendung von Arbeitnehmern, die Drittstaatsangehörige sind, können sich die Inspektionsbehörden der Mitgliedstaaten der Mitarbeit und des Informationsaustausches gemäß der Richtlinie 96/71/EG des Europäischen Parlaments und des Rates vom 16. Dezember 1996 über die Arbeitnehmerentsendung im Rahmen der Erbringung von Dienstleistungen (ABl. L 18 vom 21.1.1997, S. 1) bedienen, um zu überprüfen, ob der betreffende Drittstaatsangehörige im Herkunftsmitgliedstaat rechtmäßig beschäftigt ist.

(33) Diese Richtlinie sollte als Ergänzung zu Maßnahmen zur Bekämpfung von nicht angemeldeter Erwerbstätigkeit und Ausbeutung angesehen werden.

(34) Nach Nummer 34 der Interinstitutionellen Vereinbarung über bessere Rechtsetzung (ABl. C 321 vom 31.12.2003, S. 1) sind die Mitgliedstaaten aufgefordert, für ihre eigenen Zwecke und im Interesse der Gemeinschaft eigene Tabellen aufzustellen, aus denen im Rahmen des Möglichen die Entsprechungen zwischen dieser Richtlinie und den Umsetzungsmaßnahmen zu entnehmen sind, und diese zu veröffentlichen.

(35) Die Verarbeitung personenbezogener Daten im Zusammenhang mit der Durchführung dieser Richtlinie sollte nach Maßgabe der Richtlinie 95/46/EG des Europäischen Parlaments und des Rates vom 24. Oktober 1995 zum Schutz natürlicher Personen bei der Verarbeitung personenbezogener Daten und zum freien Datenverkehr (ABl. L 281 vom 23.11.1995, S. 31) erfolgen.

(36) Da das Ziel dieser Richtlinie, die rechtswidrige Einwanderung durch eine Abschwächung des Anreizes der Beschäftigung zu verringern, auf Ebene der Mitgliedstaaten nicht ausreichend verwirklicht werden kann und daher wegen des Umfangs und der Wirkungen dieser Richtlinie besser auf Gemeinschaftsebene zu verwirklichen ist, kann die Gemeinschaft im Einklang mit dem in Artikel 5 des Vertrags niedergelegten Subsidiaritätsprinzip tätig werden. Entsprechend dem in demselben Artikel genannten Grundsatz der Verhältnismäßigkeit geht diese Richtlinie nicht über das zur Erreichung dieses Ziels erforderliche Maß hinaus.

(37) Diese Richtlinie steht im Einklang mit den Grundrechten sowie den Grundsätzen, die insbesondere mit der Europäischen Konvention zum Schutze der Menschenrechte und Grundfreiheiten und der Charta der Grundrechte der Europäischen Union anerkannt wurden. Bei ihrer Anwendung sollten nach den Artikeln 16, 20, 21, 47 und 49 der Charta die Grundsätze unternehmerische Freiheit, Gleichheit vor dem Gesetz, Nichtdiskriminierung, Recht auf einen wirksamen Rechtsbehelf sowie unparteiisches Gericht sowie Gesetzmäßigkeit und Verhältnismäßigkeit im Zusammenhang mit Straftaten und Strafen gebührend beachtet werden.

(38) Nach den Artikeln 1 und 2 des dem Vertrag über die Europäische Union und dem Vertrag zur Gründung der Europäischen Gemeinschaft beigefügten Protokolls über die Position des Vereinigten Königreichs und Irlands und unbeschadet des Artikels 4 dieses Protokolls beteiligen sich diese Mitgliedstaaten nicht an der Annahme dieser Richtlinie und sind daher weder durch diese Richtlinie gebunden, noch zu ihrer Anwendung verpflichtet.

(39) Nach den Artikeln 1 und 2 des Protokolls über die Position Dänemarks, das dem Vertrag über die Europäische Union und dem Vertrag zur Gründung der Europäischen Gemeinschaft beigefügt ist, beteiligt sich Dänemark nicht an der Annahme dieser Richtlinie, und ist daher weder durch diese Richtlinie gebunden, noch zu ihrer Anwendung verpflichtet –

HABEN FOLGENDE RICHTLINIE ERLASSEN:

Gegenstand und Anwendungsbereich

Art. 1 Diese Richtlinie verbietet die Beschäftigung von Drittstaatsangehörigen ohne rechtmäßigen Aufenthalt, um die rechtswidrige Einwanderung zu bekämpfen. Zu diesem Zweck sieht sie gemeinsame Mindeststandards für Sanktionen und Maßnahmen vor, die in den Mitgliedstaaten gegen Arbeitgeber zu verhängen bzw. zu treffen sind, die gegen dieses Verbot verstoßen.

Begriffsbestimmungen

Art. 2 Für die spezifischen Zwecke dieser Richtlinie bezeichnet der Ausdruck

a) „Drittstaatsangehöriger" jede Person, die nicht Unionsbürger im Sinne von Artikel 17 Absatz 1 des Vertrags ist und die nicht das Gemeinschaftsrecht auf freien Personenverkehr nach Artikel 2 Absatz 5 des Schengener Grenzkodex genießt;

b) „Drittstaatsangehöriger ohne rechtmäßigen Aufenthalt" einen Drittstaatsangehörigen, der im Hoheitsgebiet eines Mitgliedstaats anwesend ist und die Voraussetzungen für den Aufenthalt in diesem Mitgliedstaat nicht mehr erfüllt;

c) „Beschäftigung" die Ausübung von Tätigkeiten für einen Arbeitgeber oder nach dessen Weisung und/oder dessen Aufsicht, die nach innerstaatlichem Recht oder im Einklang mit ständigen Gepflogenheiten als eine Form der Arbeit geregelt sind;

d) „illegale Beschäftigung" Beschäftigung eines Drittstaatsangehörigen ohne rechtmäßigen Aufenthalt;

e) „Arbeitgeber" natürliche Personen oder Rechtssubjekte einschließlich Leiharbeitsunternehmen, für die oder nach deren Weisung und/oder deren Aufsicht die Beschäftigung erfolgt;

f) „Unterauftragnehmer" natürliche Personen oder Rechtssubjekte, denen die Ausführung aller oder einiger Verpflichtungen aus einem Vertrag übertragen wird;

g) „juristische Person" ein Rechtssubjekt, das diesen Status nach dem anwendbaren innerstaatlichen Recht innehat, mit Ausnahme von Staaten oder Körperschaften des öffentlichen Rechts, die hoheitliche Rechte ausüben, und von öffentlich-rechtlichen internationalen Organisationen;

h) „Leiharbeitsunternehmen" eine natürliche oder juristische Person, die nach innerstaatlichem Recht mit Leiharbeitnehmern Arbeitsverträge schließt oder Beschäftigungsverhältnisse eingeht, um sie entliehenen Unternehmen zu überlassen, damit sie dort unter deren Aufsicht und Leitung vorübergehend arbeiten;

i) „besonders ausbeuterische Arbeitsbedingungen" Arbeitsbedingungen, einschließlich der Arbeitsbedingungen infolge von geschlechtsbezogener oder anderweitiger Diskriminierung, die in einem auffälligen Missverhältnis zu den Arbeitsbedingungen rechtmäßig beschäftigter Arbeitnehmer stehen – zum Beispiel indem sie die Gesundheit und Sicherheit der Arbeitnehmer gefährden und die Menschenwürde verletzen;

j) „Vergütung von Drittstaatsangehörigen ohne rechtmäßigen Aufenthalt" Löhne und Gehälter sowie alle sonstigen Vergütungen, die der Arbeitgeber aufgrund der Beschäftigung einem Arbeitnehmer unmittelbar oder mittelbar in bar oder in Sachleistungen zahlt und die denen entsprechen, die vergleichbare Arbeitnehmer in einem rechtmäßigen Beschäftigungsverhältnis erhalten hätten.

Verbot der illegalen Beschäftigung

Art. 3 (1) Die Mitgliedstaaten untersagen die Beschäftigung von Drittstaatsangehörigen ohne rechtmäßigen Aufenthalt.

(2) Zuwiderhandlungen gegen dieses Verbot werden mit den in dieser Richtlinie festgeschriebenen Sanktionen und Maßnahmen geahndet.

(3) Ein Mitgliedstaat kann beschließen, das Beschäftigungsverbot gemäß Absatz 1 nicht auf Drittstaatsangehörige ohne rechtmäßigen Aufenthalt anzuwenden, deren Rückführung aufgeschoben wurde und denen nach innerstaatlichem Recht die Ausübung einer Beschäftigung gestattet ist.

Pflichten der Arbeitgeber

Art. 4 (1) Die Mitgliedstaaten verpflichten Arbeitgeber:

a) von Drittstaatsangehörigen vor der Beschäftigungsaufnahme den Besitz und die Vorlage einer gültigen Aufenthaltserlaubnis oder eines anderen gültigen Aufenthaltstitels zu verlangen;

b) mindestens für die Dauer der Beschäftigung eine Kopie oder Aufzeichnungen des Inhalts der Aufenthaltserlaubnis oder eines anderen Aufenthaltstitels im Hinblick auf etwaige Inspektionen durch die zuständigen Behörden der Mitgliedstaaten aufzubewahren;

c) den von den Mitgliedstaaten benannten zuständigen Behörden binnen einer von jedem Mitgliedstaat festzulegenden Frist den Beginn der Beschäftigung von Drittstaatsangehörigen mitzuteilen.

(2) Die Mitgliedstaaten können ein vereinfachtes Meldeverfahren gemäß Absatz 1 Buchstabe c vorsehen, wenn es sich bei den Arbeitgebern um natürliche Personen handelt und die Beschäftigung deren privaten Zwecken dient.

Die Mitgliedstaaten können beschließen, dass eine Meldung gemäß Absatz 1 Buchstabe c nicht erforderlich ist, wenn dem Arbeitnehmer eine langfristige Aufenthaltsberechtigung gemäß der Richtlinie 2003/109/EG des Rates vom 25. November 2003 betreffend die Rechtsstellung der langfristig aufenthaltsberechtigten Drittstaatsangehörigen (ABl. L 16 vom 23.1.2004, S. 44) erteilt wurde.

(3) Die Mitgliedstaaten stellen sicher, dass Arbeitgeber, die ihren Verpflichtungen nach Absatz 1 nachgekommen sind, nicht für eine Zuwiderhandlung gegen das in Artikel 3 niedergelegte Verbot haftbar gemacht werden, es sei denn, sie hatten Kenntnis davon, dass das als gültige Aufenthaltserlaubnis oder anderer gültiger Aufenthaltstitel vorgelegte Dokument gefälscht war.

Finanzielle Sanktionen

Art. 5 (1) Die Mitgliedstaaten treffen die erforderlichen Maßnahmen um sicherzustellen, dass Zuwiderhandlungen gegen das in Artikel 3 niedergelegte Verbot mit wirksamen, angemessenen und abschreckenden Sanktionen gegen den Arbeitgeber geahndet werden.

(2) Zu den Sanktionen für Zuwiderhandlungen gegen das in Artikel 3 niedergelegte Verbot gehören:

a) finanzielle Sanktionen, die unter Berücksichtigung der Zahl der illegal beschäftigten Drittstaatsangehörigen ansteigen; und

b) die Übernahme der Kosten der Rückführung der illegal beschäftigten Drittstaatsangehörigen, sofern Rückführverfahren durchgeführt werden. Die Mitgliedstaaten können stattdessen beschließen, zumindest die durchschnittlichen Rückführungskosten bei den finanziellen Sanktionen gemäß Buchstabe a zu berücksichtigen.

(3) Die Mitgliedstaaten können mildere finanzielle Sanktionen vorsehen, wenn es sich beim Arbeitgeber um eine natürliche Person handelt, die einen Drittstaatsangehörigen ohne rechtmäßigen Aufenthalt zu privaten Zwecken beschäftigt, und wenn keine besonders ausbeuterischen Arbeitsbedingungen vorliegen.

Vom Arbeitgeber zu leistende Nachzahlungen

Art. 6 (1) Bezüglich aller Zuwiderhandlungen gegen das in Artikel 3 niedergelegte Verbot stellen die Mitgliedstaaten sicher, dass der Arbeitgeber folgende Zahlungen leisten muss:
a) dem illegal beschäftigten Drittstaatsangehörigen noch zustehende Vergütungen. Als vereinbarte Höhe der Vergütung wird von den in anwendbaren Gesetzen über Mindestlöhne, in Tarifverträgen oder gemäß den Gepflogenheiten in den entsprechenden Beschäftigungsbranchen mindestens vorgesehenen Lohn ausgegangen, es sei denn entweder der Arbeitgeber oder der Arbeitnehmer kann diese Annahme durch Gegenbeweis ausräumen; dabei sind gegebenenfalls die verbindlichen innerstaatlichen Lohnvorschriften einzuhalten;
b) einen Betrag, der den Steuern und Sozialversicherungsbeiträgen, die der Arbeitgeber hätte entrichten müssen, wenn der Drittstaatsangehörige rechtmäßig beschäftigt gewesen wäre, entspricht, einschließlich Säumniszuschläge und diesbezüglicher Geldbußen;
c) gegebenenfalls die Kosten der Überweisung ausstehender Beträge in das Land, in das der Drittstaatsangehörige zurückgekehrt ist oder zurückgeführt wurde.

(2) Um zu gewährleisten, dass wirksame Verfahren für die Anwendung von Absatz 1 Buchstaben a und c verfügbar sind sowie unter angemessener Berücksichtigung des Artikels 13 richten die Mitgliedstaaten Mechanismen ein, um sicherzustellen, dass illegal beschäftigte Drittstaatsangehörige
a) unter Einhaltung einer im innerstaatlichen Recht festgelegten Verjährungsfrist einen Anspruch gegen den Arbeitgeber für alle ausstehenden Vergütungen geltend machen und eine diesbezügliche gerichtliche Entscheidung vollstrecken lassen können, und zwar auch nach ihrer Rückkehr oder Rückführung; oder
b) sich, soweit in den innerstaatlichen Rechtsvorschriften vorgesehen, an die zuständige Behörde des betreffenden Mitgliedstaats wenden können, um ein Verfahren einzuleiten, um ausstehende Vergütungen einzuziehen, ohne dass sie in diesem Fall selbst einen Anspruch geltend machen müssen.

Illegal beschäftigte Drittstaatsangehörige werden vor der Vollstreckung einer Rückführungsentscheidung systematisch und objektiv über ihre Rechte gemäß diesem Absatz und gemäß Artikel 13 informiert.

(3) In Bezug auf die Anwendung von Absatz 1 Buchstaben a und b sehen die Mitgliedstaaten vor, dass ein Beschäftigungsverhältnis von mindestens dreimonatiger Dauer vermutet wird, es sei denn unter anderem der Arbeitgeber oder der Arbeitnehmer kann diese Vermutung durch Gegenbeweis ausräumen.

(4) Die Mitgliedstaaten tragen dafür Sorge, dass die erforderlichen Mechanismen zur Verfügung stehen, um zu gewährleisten, dass illegal beschäftigte Drittstaatsangehörige die in Absatz 1 Buchstabe a genannte Nachzahlung der Vergütung erhalten können, die gemäß den in Absatz 2 genannten Ansprüchen erlangt wurde, und zwar auch nach ihrer Rückkehr bzw. Rückführung.

(5) In Fällen, in denen befristete Aufenthaltstitel nach Artikel 13 Absatz 4 erteilt wurden, legen die Mitgliedstaaten nach innerstaatlichen Rechtsvorschriften die Bedingungen fest, unter denen die Gültigkeitsdauer dieser Titel verlängert werden kann, bis der Drittstaatsangehörige die gemäß Absatz 1 dieses Artikels eingezogenen Beträge der Vergütung erhalten hat.

Sonstige Maßnahmen

Art. 7 (1) Die Mitgliedstaaten treffen die erforderlichen Maßnahmen, um sicherzustellen, dass gegen Arbeitgeber gegebenenfalls auch folgende Maßnahmen ergriffen werden können:
a) Ausschluss von einigen oder allen öffentlichen Zuwendungen, Hilfen oder Subventionen, einschließlich der von den Mitgliedstaaten verwalteten EU-Mittel, für die Dauer von bis zu fünf Jahren;
b) Ausschluss von öffentlichen Vergabeverfahren gemäß der Richtlinie 2004/18/EG des Europäischen Parlaments und des Rates vom 31. März 2004 über die Koordinierung der Verfahren zur Vergabe öffentlicher Bauaufträge, Lieferaufträge und Dienstleistungsaufträge (ABl. L 134 vom 30.4.2004, S. 114) für die Dauer von bis zu fünf Jahren;
c) Einziehung einiger oder aller öffentlicher Zuwendungen, Hilfen oder Subventionen, einschließlich der von den Mitgliedstaaten verwalteten EU-Mittel, die dem Arbeitgeber in einem Zeitraum von bis zu zwölf Monaten vor Feststellung der illegalen Beschäftigung gewährt wurden;
d) vorübergehende oder endgültige Schließung der Betriebsstätten, die zur Begehung der Zuwiderhandlung genutzt wurden, oder vorübergehender oder endgültiger Entzug einer Lizenz zur Ausübung der betreffenden Unternehmenstätigkeit, wenn dies aufgrund der Schwere der Zuwiderhandlung gerechtfertigt ist.

(2) Die Mitgliedstaaten können beschließen, Absatz 1 nicht anzuwenden, wenn es sich bei den Arbeitgebern um natürliche Personen handelt und die Beschäftigung deren privaten Zwecken dient.

Vergabe von Unteraufträgen

Art. 8 (1) Handelt es sich bei dem Arbeitgeber um einen Unterauftragnehmer, tragen die Mitgliedstaaten unbeschadet der innerstaatlichen Rechtsvorschriften über Regressansprüche und Rückgriffsrechte oder der innerstaatlichen Rechtsvorschriften im Bereich der sozialen Sicherheit dafür Sorge, dass der Auftragnehmer, dessen unmittelbarer Unterauftragnehmer der Arbeitgeber ist, neben oder an Stelle des Arbeitgebers für folgende Zahlungen haftbar gemacht werden kann:
a) etwaige finanzielle Sanktionen gemäß Artikel 5 sowie
b) etwaige Nachzahlungen gemäß Artikel 6 Absatz 1 Buchstaben a und c sowie Artikel 6 Absätze 2 und 3.

(2) Handelt es sich bei dem Arbeitgeber um einen Unterauftragnehmer, so tragen die Mitgliedstaaten dafür Sorge, dass der Hauptauftragnehmer und jeder zwischengeschaltete Unterauftragnehmer neben oder anstelle des beschäftigenden Unterauftragnehmers oder des Auftragnehmers, dessen unmittelbarer Unterauftragnehmer der Arbeitgeber ist, für die in Absatz 1 genannten Zahlungen haftbar gemacht werden können, sofern ihnen bekannt war, dass der beschäftigende Unterauftragnehmer Drittstaatsangehörige ohne rechtmäßigen Aufenthalt beschäftigt hat.

(3) Ein Auftragnehmer, der seiner im innerstaatlichen Recht festgelegten Sorgfaltspflicht nachgekommen ist, haftet nicht nach Absatz 1 oder 2.

(4) Die Mitgliedstaaten können nach innerstaatlichem Recht strengere Haftungsvorschriften vorsehen.

Straftaten

Art. 9 (1) Die Mitgliedstaaten tragen dafür Sorge, dass eine vorsätzlich begangene Zuwiderhandlung gegen das in Artikel 3 genannte Verbot in jedem der folgenden Fälle eine Straftat nach Maßgabe des innerstaatlichen Rechts darstellt:
a) Die Zuwiderhandlung dauert an oder wird beharrlich wiederholt;
b) die Zuwiderhandlung betrifft die gleichzeitige Beschäftigung einer erheblichen Zahl von Drittstaatsangehörigen ohne rechtmäßigen Aufenthalt;
c) die Zuwiderhandlung geht mit besonders ausbeuterischen Arbeitsbedingungen einher;
d) die Zuwiderhandlung wird von einem Arbeitgeber begangen, der zwar nicht beschuldigt wurde, eine Straftat gemäß dem Rahmenbeschluss 2002/629/JI begangen zu haben bzw. nicht wegen einer solchen Straftat verurteilt wurde, der jedoch die von einem Drittstaatsangehörigen ohne rechtmäßigen Aufenthalt unter Zwang erbrachten Arbeiten oder Dienste nutzt, obwohl er weiß, dass diese Person Opfer von Menschenhandel ist;
e) die Zuwiderhandlung betrifft die illegale Beschäftigung von Minderjährigen.

(2) Die Mitgliedstaaten tragen dafür Sorge, dass die Anstiftung zu den in Absatz 1 genannten vorsätzlichen Handlungen, ihre Begünstigung oder die Beihilfe zu ihnen unter Strafe gestellt wird.

Strafrechtliche Sanktionen

Art. 10 (1) Die Mitgliedstaaten ergreifen die erforderlichen Maßnahmen, um sicherzustellen, dass natürlichen Personen, die die in Artikel 9 genannten Straftaten begehen, wirksame, angemessene und abschreckende strafrechtliche Sanktionen drohen.

(2) Sofern dies nicht nach allgemeinen Rechtsgrundsätzen verboten ist, können die in diesem Artikel vorgesehenen strafrechtlichen Sanktionen nach Maßgabe des innerstaatlichen Rechts unbeschadet anderer, nicht strafrechtlicher Sanktionen oder Maßnahmen verhängt werden und sie können mit der Veröffentlichung der den Fall betreffenden richterlichen Entscheidung einhergehen.

Verantwortlichkeit juristischer Personen

Art. 11 (1) Die Mitgliedstaaten tragen dafür Sorge, dass juristische Personen für eine Straftat nach Artikel 9 verantwortlich gemacht werden können, wenn eine solche Straftat zu ihren Gunsten von einer Person begangen wurde, die eine leitende Stellung innerhalb der juristischen Person innehat und die entweder allein oder als Teil eines Organs der juristischen Person gehandelt hat, aufgrund
a) einer Befugnis zur Vertretung der juristischen Person,
b) einer Befugnis, Entscheidungen im Namen der juristischen Person zu treffen, oder
c) einer Kontrollbefugnis innerhalb der juristischen Person.

(2) Die Mitgliedstaaten tragen ebenfalls dafür Sorge, dass eine juristische Person haftbar gemacht werden kann, wenn mangelnde Überwachung oder Kontrolle seitens einer Person gemäß Absatz 1 die Begehung der Straftat nach Artikel 9 zugunsten der juristischen Person durch eine ihr unterstellte Person ermöglicht hat.

(3) Die Verantwortlichkeit juristischer Personen nach den Absätzen 1 und 2 schließt die strafrechtliche Verfolgung natürlicher Personen als Täter, Anstifter oder Gehilfen bei den in Artikel 9 genannten Straftaten nicht aus.

Sanktionen gegen juristische Personen

Art. 12 Die Mitgliedstaaten treffen die erforderlichen Maßnahmen, um sicherzustellen, dass gegen eine juristische Person, die nach Artikel 11 haftbar gemacht wird, wirksame, angemessene und abschreckende Sanktionen verhängt werden können, zu denen Maßnahmen wie die in Artikel 7 genannten gehören können.

Die Mitgliedstaaten können beschließen, dass eine Liste von Arbeitgebern, die juristische Personen sind und die für Straftaten im Sinne von Artikel 9 haftbar gemacht wurden, veröffentlicht wird.

Erleichterung der Einreichung von Beschwerden

Art. 13 (1) Die Mitgliedstaaten stellen sicher, dass es wirksame Verfahren gibt, mit deren Hilfe illegal beschäftigte Drittstaatsangehörige unmittelbar oder über von den Mitgliedstaaten benannte Dritte Beschwerde gegen ihre Arbeitgeber einreichen können, zum Beispiel über Gewerkschaften oder andere Vereinigungen oder eine zuständige Behörde des Mitgliedstaats, wenn dies nach innerstaatlichem Recht vorgesehen ist.

(2) Die Mitgliedstaaten stellen sicher, dass Dritte, die gemäß den in ihrem innerstaatlichen Recht festgelegten Kriterien ein berechtigtes Interesse daran haben, für die Einhaltung dieser Richtlinie zu sorgen, sich entweder im Namen illegal beschäftigter Drittstaatsangehöriger oder zu deren Unterstützung mit deren Einwilligung an Verwaltungs- oder zivilrechtlichen Verfahren, die zur Umsetzung dieser Richtlinie vorgesehen sind, beteiligen können.

(3) Die Unterstützung von Drittstaatsangehörigen bei der Einreichung von Beschwerden gilt nicht als Beihilfe zum unerlaubten Aufenthalt im Sinne der Richtlinie 2002/90/EG des Rates vom 28. November 2002 zur Definition der Beihilfe zur unerlaubten Ein- und Durchreise und zum unerlaubten Aufenthalt (ABl. L 328 vom 5.12.2002, S. 17).

(4) Mit Blick auf die Straftaten nach Artikel 9 Absatz 1 Buchstaben c oder e legen die Mitgliedstaaten nach innerstaatlichem Recht die Bedingungen fest, unter denen sie den betroffenen Drittstaatsangehörigen – vergleichbar mit Drittstaatsangehörigen, die unter die Bestimmungen der Richtlinie 2004/81/EG fallen – im Einzelfall befristete Aufenthaltstitel, entsprechend der Dauer der betreffenden innerstaatlichen Verfahren, gewähren können.

Inspektionen

Art. 14 (1) Die Mitgliedstaaten stellen sicher, dass in ihrem Hoheitsgebiet wirksame und angemessene Inspektionen durchgeführt werden, bei denen kontrolliert wird, ob Drittstaatsangehörige ohne rechtmäßigen Aufenthalt beschäftigt werden. Die Inspektionen erfolgen in erster Linie auf der Grundlage einer Risikobewertung, die von den zuständigen Behörden der Mitgliedstaaten vorzunehmen ist.

(2) Zur Steigerung der Effektivität der Inspektionen ermitteln die Mitgliedstaaten auf der Grundlage einer Risikobewertung regelmäßig die Beschäftigungsbereiche, in denen in ihrem Hoheitsgebiet besonders viele Drittstaatsangehörige ohne rechtmäßigen Aufenthalt beschäftigt werden.

In Bezug auf diese Bereiche teilen die Mitgliedstaaten der Kommission vor dem 1. Juli eines jeden Jahres im vergangenen Jahr durchgeführte Inspektionen mit, und zwar in absoluten Zahlen und als Prozentsatz der Arbeitgeber für jeden Bereich, sowie die Ergebnisse dieser Inspektionen.

Günstigere Bestimmungen

Art. 15 Diese Richtlinie berührt nicht das Recht der Mitgliedstaaten, Vorschriften zu erlassen oder beizubehalten, die für Drittstaatsangehörige, auf die die Richtlinie im Zusammenhang mit den Artikeln 6 und 13 Anwendung findet, günstiger sind, sofern diese Vorschriften mit der Richtlinie im Einklang stehen.

Berichterstattung

Art. 16 (1) Bis spätestens 20. Juli 2014 und dann alle drei Jahre legt die Kommission dem Europäischen Parlament und dem Rat einen Bericht vor, der gegebenenfalls Vorschläge zur Änderung der Artikel 6, 7, 8, 13 und 14 enthält. In ihrem Bericht prüft die Kommission insbesondere, wie die Mitgliedstaaten Artikel 6 Absätze 2 und 5 umgesetzt haben.

(2) Die Mitgliedstaaten übermitteln der Kommission alle Angaben, die für die Erstellung der in Absatz 1 genannten Berichte dienlich sind. Die Angaben beinhalten die Zahl und die Ergebnisse der gemäß Artikel 14 Absatz 1 durchgeführten Inspektionen, die nach Artikel 13 angewandten Maßnahmen und so weit wie möglich die nach Artikel 6 und 7 angewandten Maßnahmen.

Umsetzung

Art. 17 (1) Die Mitgliedstaaten erlassen die erforderlichen Rechts- und Verwaltungsvorschriften, um dieser Richtlinie spätestens am 20. Juli 2011 nachzukommen. Sie setzen die Kommission unverzüglich davon in Kenntnis.

Wenn die Mitgliedstaaten diese Vorschriften erlassen, nehmen sie in den Vorschriften selbst oder durch einen Hinweis bei der amtlichen Veröffentlichung auf diese Richtlinie Bezug. Die Mitgliedstaaten regeln die Einzelheiten der Bezugnahme.

(2) Die Mitgliedstaaten teilen der Kommission den Wortlaut der wichtigsten innerstaatlichen Rechtsvorschriften mit, die sie auf dem unter diese Richtlinie fallenden Gebiet erlassen.

Inkrafttreten

Art. 18 Diese Richtlinie tritt am zwanzigsten Tag nach ihrer Veröffentlichung im *Amtsblatt der Europäischen Union* in Kraft.

Adressaten

Art. 19 Diese Richtlinie ist gemäß dem Vertrag zur Gründung der Europäischen Gemeinschaft an die Mitgliedstaaten gerichtet.

2/10. Blue Card-Richtlinie

Richtlinie (EU) 2021/1883 des Europäischen Parlaments und des Rates vom 20. Oktober 2021 über die Bedingungen für die Einreise und den Aufenthalt von Drittstaatsangehörigen zur Ausübung einer hoch qualifizierten Beschäftigung und zur Aufhebung der Richtlinie 2009/50/EG des Rates

(ABl. Nr. L 382 v. 28.10.2021, S. 1)

GLIEDERUNG

KAPITEL I: ALLGEMEINE BESTIMMUNGEN
Art. 1: Gegenstand
Art. 2: Begriffsbestimmungen
Art. 3: Anwendungsbereich
Art. 4: Günstigere Bestimmungen

KAPITEL II: ZULASSUNGS-, ABLEHNUNGS- UND ENTZUGSKRITERIEN
Art. 5: Zulassungskriterien
Art. 6: Anzahl der Zulassungen
Art. 7: Gründe für die Ablehnung eines Antrags auf eine Blaue Karte EU
Art. 8: Gründe für Entzug oder Nichtverlängerung der Blauen Karte EU

KAPITEL III: BLAUE KARTE EU UND VERFAHREN
Art. 9: Blaue Karte EU
Art. 10: Zulassungsanträge
Art. 11: Verfahrensgarantien
Art. 12: Gebühren
Art. 13: Anerkannte Arbeitgeber
Art. 14: Sanktionen gegen Arbeitgeber

KAPITEL IV: RECHTE
Art. 15: Zugang zum Arbeitsmarkt
Art. 16: Gleichbehandlung
Art. 17: Familienangehörige
Art. 18: Rechtsstellung als in der EU langfristig Aufenthaltsberechtigter für Inhaber der Blauen Karte EU
Art. 19: Langfristige Aufenthaltsberechtigung

KAPITEL V: MOBILITÄT ZWISCHEN DEN MITGLIEDSTAATEN
Art. 20: Kurzfristige Mobilität
Art. 21: Langfristige Mobilität
Art. 22: Aufenthalt von Familienangehörigen im zweiten Mitgliedstaat
Art. 23: Garantien und Sanktionen in Mobilitätsfällen

KAPITEL VI: SCHLUSSBESTIMMUNGEN
Art. 24: Zugang zu Informationen und Überwachung
Art. 25: Statistik
Art. 26: Verzeichnis der Berufe in Anhang I
Art. 27: Berichterstattung
Art. 28: Zusammenarbeit zwischen Kontaktstellen
Art. 29: Änderung der Richtlinie (EU) 2016/801
Art. 30: Aufhebung der Richtlinie 2009/50/EG
Art. 31: Umsetzung
Art. 32: Inkrafttreten
Art. 33: Adressaten

Anhänge I und II

DAS EUROPÄISCHE PARLAMENT UND DER RAT DER EUROPÄISCHEN UNION –

gestützt auf den Vertrag über die Arbeitsweise der Europäischen Union, insbesondere auf Artikel 79 Absatz 2 Buchstaben a und b,

auf Vorschlag der Europäischen Kommission,

nach Zuleitung des Entwurfs des Gesetzgebungsakts an die nationalen Parlamente,

nach Stellungnahme des Europäischen Wirtschafts- und Sozialausschusses (ABl. C 75 vom 10.3.2017, S. 75),

nach Stellungnahme des Ausschusses der Regionen (ABl. C 185 vom 9.6.2017, S. 105),

gemäß dem ordentlichen Gesetzgebungsverfahren (Standpunkt des Europäischen Parlaments vom 15. September 2021 (noch nicht im Amtsblatt veröffentlicht) und Beschluss des Rates vom 7. Oktober 2021),

in Erwägung nachstehender Gründe:

(1) In der Mitteilung der Kommission vom 3. März 2010 mit dem Titel „Europa 2020: Eine Strategie für intelligentes, nachhaltiges und integratives Wachstum" werden die Ziele vorgegeben, die Union zu einer auf Wissen und Innovation gestützten Wirtschaft zu entwickeln, den Verwaltungsaufwand für Unternehmen zu verringern und das Arbeitskräfteangebot besser an den Bedarf anzupassen. In dieser Mitteilung wurde festgestellt, dass eine umfassende Arbeitsmigrationspolitik und eine bessere Integration von Migranten notwendig sind. Maßnahmen zur Erleichterung der Zulassung

2/10. Blue CardRL
Präambel

von hoch qualifizierten Fachkräften aus Drittländern sind in diesem breiteren Kontext zu sehen.

(2) Der Europäische Rat hat in seinen Schlussfolgerungen vom 26.und 27. Juni 2014 unterstrichen, dass sich Europa am globalen Wettlauf um Talente beteiligen muss, wenn es attraktiv für Talente und Fachkräfte bleiben will. Daher sollten Strategien zur Maximierung der Möglichkeiten der legalen Zuwanderung entwickelt und die geltenden Rechtsvorschriften verschlankt werden.

(3) In der Mitteilung der Kommission vom 13. Mai 2015 mit dem Titel „Europäische Agenda für Migration" wird eine attraktive unionsweite Regelung für hoch qualifizierte Drittstaatsangehörige gefordert und darauf hingewiesen, dass die Richtlinie 2009/50/EG des Rates (Richtlinie 2009/50/EG des Rates vom 25. Mai 2009 über die Bedingungen für die Einreise und den Aufenthalt von Drittstaatsangehörigen zur Ausübung einer hochqualifizierten Beschäftigung (ABl. L 155 vom 18.6.2009, S. 17)) überarbeitet werden muss, um die Union in die Lage zu versetzen, Talente wirksamer anzuwerben und damit auch zur Bewältigung der demografischen Herausforderungen für die Union sowie des Arbeitskräftemangels und der Qualifikationsdefizite in Schlüsselsektoren der Wirtschaft in der Union beizutragen. Die Forderung zur Überarbeitung jener Richtlinie wird in der Mitteilung der Kommission vom 23. September 2020 über „ein neues Migrations- und Asylpaket" bekräftigt, in dem festgestellt wird, dass die Reform der Blauen Karte EU „anhand eines wirksamen und flexiblen EU-weiten Instruments einen echten Mehrwert im Hinblick auf die Anwerbung von Fachkräften bringen" muss.

(4) Das Europäische Parlament hat in seiner Entschließung vom 12. April 2016 (ABl. C 58 vom 15.2.2018, S. 9) eine ehrgeizige und zielgerichtete Überarbeitung der Richtlinie 2009/50/EG, einschließlich der Frage des Anwendungsbereichs, gefordert.

(5) Es ist notwendig, die Herausforderungen in Angriff zu nehmen, die in der Mitteilung der Kommission vom 22. Mai 2014 über die Durchführung der Richtlinie 2009/50/EG festgestellt wurden. Die Union sollte das Ziel verfolgen, eine attraktivere und wirksamere unionsweite Regelung für hoch qualifizierte Fachkräfte aus Drittländern einzuführen. Das Konzept der Union für die Anwerbung solch hoch qualifizierter Fachkräfte sollte weiter harmonisiert werden, und die Blaue Karte EU sollte dabei zum wichtigsten Instrument mit schnelleren Verfahren, flexibleren und inklusiveren Zulassungskriterien und umfassenderen Rechten, einschließlich größerer Mobilität innerhalb der EU, werden. Da das erhebliche Änderungen der Richtlinie 2009/50/EG erfordern würde, sollte die Richtlinie aufgehoben und durch eine neue Richtlinie ersetzt werden.

(6) Es sollte ein klares und transparentes unionsweites Zulassungssystem geschaffen werden, welches es ermöglicht, hoch qualifizierte Fachkräfte aus Drittländern anzuwerben und zu halten sowie die Mobilität dieser Fachkräfte zu fördern. Die vorliegende Richtlinie sollte unabhängig davon gelten, ob der ursprüngliche Zweck des Aufenthalts des Drittstaatsangehörigen die Ausübung einer hoch qualifizierten Beschäftigung oder ein anderer ist, der sich später in den Zweck der hoch qualifizierten Beschäftigung ändert. Dabei sind die Prioritäten der Mitgliedstaaten, der Bedarf ihrer Arbeitsmärkte und ihre Aufnahmekapazitäten zu berücksichtigen. Diese Richtlinie sollte die Zuständigkeit der Mitgliedstaaten, zum Zweck einer hoch qualifizierten Beschäftigung einen anderen nationalen Aufenthaltstitel als eine Blaue Karte EU zu erteilen, unberührt lassen. Auch sollte diese Richtlinie es dem Inhaber einer Blauen Karte EU unbenommen lassen, zusätzliche Rechte und Leistungen nach innerstaatlichem Recht in Anspruch zu nehmen, die mit dieser Richtlinie vereinbar sind.

(7) Die Mitgliedstaaten sollten dafür sorgen, dass für Inhaber einer Blauen Karte EU und Inhaber eines nationalen Aufenthaltstitels für die Zwecke einer hoch qualifizierten Beschäftigung bei Verfahrensrechten und Gleichbehandlungsrechten, Verfahren und dem Zugang zu Informationen gleiche Wettbewerbsbedingungen gelten. Insbesondere sollten die Mitgliedstaaten sicherstellen, dass für Inhaber einer Blauen Karte EU und ihre Familienangehörigen keine geringeren Verfahrensgarantien und -rechte gelten als für Inhaber eines nationalen Aufenthaltstitels. Die Mitgliedstaaten sollten zudem dafür sorgen, dass Personen, die eine Blaue Karte EU beantragen, bei Anerkennungsverfahren für Arbeitgeber nicht schlechter gestellt sind als Personen, die einen nationalen Aufenthaltstitel beantragen, und dass sie keine höheren Gebühren für die Bearbeitung ihres Antrags zu tragen haben. Schließlich sollten die Mitgliedstaaten Informations- und Werbemaßnahmen für die Blaue Karte EU vornehmen, die sich auf demselben Niveau bewegen wie im Falle nationaler Aufenthaltstitel, beispielsweise bei den nationalen Websites zur legalen Migration, bei Informationskampagnen und bei Schulungsprogrammen für die zuständigen Migrationsbehörden.

(8) Um das System der Blauen Karte EU zu stärken und zu fördern und hoch qualifizierte Arbeitskräfte aus Drittländern anzuwerben, wird den Mitgliedstaaten nahegelegt, die Werbemaßnahmen und Informationskampagnen für die Blauen Karte EU, gegebenenfalls auch an Drittländer gerichtete Werbemaßnahmen und Informationskampagnen, zu intensivieren.

(9) Die Mitgliedstaaten sollten die vorliegende Richtlinie nach Maßgabe insbesondere der Richtlinien 2000/43/EG (Richtlinie 2000/43/EG des Rates vom 29. Juni 2000 zur Anwendung des Gleichbehandlungsgrundsatzes ohne Unterschied der Rasse oder der ethnischen Herkunft (ABl. L 180 vom 19.7.2000, S. 22)) und 2000/78/EG (Richtlinie 2000/78/EG des Rates vom 27. November 2000 zur Festlegung eines allgemeinen Rahmens für die Verwirklichung der Gleichbehandlung in Beschäftigung und Beruf (ABl. L 303 vom 2.12.2000, S. 16)) des Rates ohne Diskriminierung aufgrund des Geschlechts, der Rasse, der Hautfarbe, der

ethnischen oder sozialen Herkunft, der genetischen Merkmale, der Sprache, der Religion oder der Weltanschauung, der politischen oder sonstigen Überzeugungen, der Zugehörigkeit zu einer nationalen Minderheit, des Vermögens, der Geburt, einer Behinderung, des Alters oder der sexuellen Ausrichtung umsetzen. Damit der Grundsatz der Nichtdiskriminierung greift, sollten Inhaber einer Blauen Karte EU im Falle jeder Art der Diskriminierung, auch auf dem Arbeitsmarkt, nach Maßgabe des innerstaatlichen Rechts Rechtsmittel einlegen und Beschwerde einreichen können.

(10) In Anbetracht des Eurostat-Berichts vom 21. Februar 2020 mit dem Titel „Hard-to-fill ICT vacancies: an increasing challenge" (Schwer zu besetzende IKT-Stellen: eine zunehmende Herausforderung) und seiner Schlussfolgerungen zu dem weit verbreiteten Mangel an hoch qualifizierten Arbeitskräften im Bereich der Informations- und Kommunikationstechnologien (IKT), der auf den Arbeitsmärkten der Mitgliedstaaten herrscht, sollten höhere berufliche Fähigkeiten einem Hochschulabschluss gleichgestellt werden, wenn eine Blaue Karte EU für die beiden folgenden „höheren" Positionen beantragt wird: Führungskräfte in der Erbringung von Dienstleistungen im Bereich Informations- und Kommunikationstechnologie (ISCO (International Standard Classification of Occupation/ Internationale Standardklassifikation der Berufe)-08-Klassifikation 133) und akademische und vergleichbare Fachkräfte in der Informations- und Kommunikationstechnologie (ISCO-08-Klassifikation 25). Da für den Erwerb eines Bachelor-Abschlusses mindestens drei Jahre erforderlich sind, sollte die verlangte einschlägige Berufserfahrung drei Jahre betragen. Dieser Zeitraum ist auch angesichts des rasanten Tempos der technologischen Entwicklung im IKT-Sektor und der sich ändernden Bedürfnisse der Arbeitgeber gerechtfertigt.

(11) Den Mitgliedstaaten wird nahegelegt, die Bewertung und Validierung höherer beruflicher Fähigkeiten für die Zwecke der Blauen Karte EU zu erleichtern.

(12) Es ist vorgesehen, dass das Verzeichnis der in einem Anhang dieser Richtlinie dargelegten Berufe geändert werden könnte – insbesondere im Anschluss an diesbezügliche Bewertungen durch die Kommission, die sich u. a. auf die Auskünfte der Mitgliedstaaten über den Bedarf auf ihren Arbeitsmärkten zur Anerkennung der Berufserfahrung gemäß dieser Richtlinie in anderen Tätigkeitsbereichen stützt. Die Kommission sollte solche Bewertungen alle zwei Jahre vornehmen.

(13) Bei nicht im Anhang aufgeführten Berufen sollten die Mitgliedstaaten Anträge auf eine Blaue Karte EU annehmen können, die auf belegte höhere berufliche Fähigkeiten gestützt werden, nachgewiesen anhand einer mindestens fünfjährigen Berufserfahrung, die sich auf einem mit einem Hochschulabschluss vergleichbaren Niveau bewegt und für den im Arbeitsvertrag oder verbindlichen Arbeitsplatzangebot genannten Beruf oder Beschäftigungsbereich relevant ist.

(14) Der Begriff „hoch qualifizierte Beschäftigung" beinhaltet, dass der Beschäftigte nicht nur ein hohes Maß an Fachkompetenz besitzt, die durch höhere berufliche Qualifikationen nachgewiesen wird, sondern auch, dass die durchzuführende Arbeit ihrem Wesen nach eine entsprechende Kompetenz verlangt. Während auf dem modernen Arbeitsmarkt nicht immer und unbedingt ein direkter Zusammenhang zwischen den Qualifikationen und der Arbeit bestehen muss, sollten die Aufgaben und Pflichten im Zusammenhang mit dem Arbeitsvertrag für eine hoch qualifizierte Beschäftigung so spezialisiert und komplex sein, dass das erforderliche Kompetenzniveau für die Ausübung dieser Arbeiten gemäß dem Recht des betreffenden Mitgliedstaats üblicherweise dem Abschluss von Bildungsprogrammen und den dadurch erworbenen Qualifikationen der Stufen 6, 7 und 8 der Internationalen Standardklassifikation für das Bildungswesen (International Standard Classification of Education, ISCED) 2011 oder gegebenenfalls der Stufen 6, 7 und 8 des weitgehend ähnlichen Europäischen Qualifikationsrahmens (EQR) oder, bei bestimmten Berufen, vergleichbaren höheren beruflichen Fähigkeiten entspricht.

(15) In Übereinstimmung mit Artikel 79 Absatz 5 des Vertrags über die Arbeitsweise der Europäischen Union (AEUV) sollte diese Richtlinie nicht das Recht der Mitgliedstaaten berühren, festzulegen, wie viele Drittstaatsangehörige aus Drittländern in ihr Hoheitsgebiet einreisen dürfen, um dort als Arbeitnehmer oder Selbstständige Arbeit zu suchen. Auf dieser Grundlage sollten die Mitgliedstaaten die Möglichkeit haben, einen Antrag auf eine Blaue Karte EU entweder als unzulässig zu betrachten oder abzulehnen.

(16) Personen, die internationalen Schutz im Sinne von Artikel 2 Buchstabe a der Richtlinie 2011/95/EU des Europäischen Parlaments und des Rates (Richtlinie 2011/95/EU des Europäischen Parlaments und des Rates vom 13. Dezember 2011 über Normen für die Anerkennung von Drittstaatsangehörigen oder Staatenlosen als Personen mit Anspruch auf internationalen Schutz, für einen einheitlichen Status für Flüchtlinge oder für Personen mit Anrecht auf subsidiären Schutz und für den Inhalt des zu gewährenden Schutzes (ABl. L 337 vom 20.12.2011, S. 9)) genießen, verfügen über ein weites Spektrum von Rechten, darunter das Recht auf Zugang zum Arbeitsmarkt in dem Mitgliedstaat, der ihnen internationalen Schutz gewährt hat. Um ihre Chancen auf dem Arbeitsmarkt in der gesamten Union zu verbessern, sollten Personen, die internationalen Schutz genießen und hoch qualifiziert sind eine Blaue Karte EU in anderen Mitgliedstaaten als dem Mitgliedstaat, der ihnen internationalen Schutz gewährt hat, beantragen können. In diesen anderen Mitgliedstaaten sollten sie denselben Regeln unterliegen wie alle anderen Drittstaatsangehörigen, die in den Anwendungsbereich der vorliegenden Richtlinie fallen, und diese Richtlinie sollte keine Auswirkung auf ihren Status in dem Mitgliedstaat haben, der ihnen internationalen Schutz gewährt hat. Personen, die

2/10. Blue CardRL
Präambel

internationalen Schutz genießen, sind auch dazu berechtigt, in dem Mitgliedstaat, der ihnen internationalen Schutz gewährt hat, eine Blaue Karte EU zu beantragen. In diesen Fällen sollten aus Gründen der rechtlichen Klarheit und der Kohärenz die Bestimmungen dieser Richtlinie über die Gleichbehandlung und das Recht auf Familienzusammenführung nicht gelten. Diese Rechte sollten weiterhin nach Maßgabe des Besitzstands im Asylbereich und gegebenenfalls gemäß der Richtlinie 2003/86/EG des Rates (Richtlinie 2003/86/EG des Rates vom 22. September 2003 betreffend das Recht auf Familienzusammenführung (ABl. L 251 vom 3.10.2003, S. 12)) geregelt werden.

(17) Die Frage des Übergangs der Verantwortung für Personen, die internationalen Schutz genießen, fällt nicht in den Regelungsbereich der vorliegenden Richtlinie. Der Schutzstatus und die mit internationalem Schutz einhergehenden Rechte sollten nicht aufgrund der Erteilung einer Blauen Karte EU an einen anderen Mitgliedstaat übergehen.

(18) Um unabhängige Mobilität innerhalb der EU zu erleichtern und die geschäftliche Tätigkeit hoch qualifizierter Fachkräfte aus Drittländern, die das Recht auf Freizügigkeit genießen, zu vereinfachen, sollten diese Drittstaatsangehörigen nach den gleichen Regeln Zugang zur Blauen Karte EU erhalten wie andere Drittstaatsangehörige, die in den Anwendungsbereich dieser Richtlinie fallen. Dieser Anspruch betrifft Personen, die aufgrund familiärer Bindungen an einen Unionsbürger nach den einschlägigen Rechtsvorschriften das Recht auf Freizügigkeit genießen, und sollte unabhängig davon bestehen, ob der betreffende Unionsbürger von seinem Grundrecht nach Artikel 21 AEUV Gebrauch gemacht hat, sich im Hoheitsgebiet der Mitgliedstaaten frei zu bewegen und aufzuhalten, und auch unabhängig davon, ob der betreffende Drittstaatsangehörige zuerst Inhaber einer Blauen Karte EU oder zuerst Begünstigter des Rechts auf Freizügigkeit war. Diese Inhaber der Blauen Karte EU sollten daher berechtigt sein, eine hoch qualifizierte Beschäftigung auszuüben, Geschäftsreisen in andere Mitgliedstaaten zu unternehmen und ihren Aufenthalt in verschiedenen Mitgliedstaaten zu nehmen, unabhängig davon, ob sie in Begleitung des betreffenden Unionsbürgers sind oder nicht. Die Rechte, die diese Drittstaatsangehörigen als Inhaber einer Blauen Karte EU erwerben, sollten die Rechte, die sie gemäß der Richtlinie 2004/38/EG des Europäischen Parlaments und des Rates (Richtlinie 2004/38/EG des Europäischen Parlaments und des Rates vom 29. April 2004 über das Recht der Unionsbürger und ihrer Familienangehörigen, sich im Hoheitsgebiet der Mitgliedstaaten frei zu bewegen und aufzuhalten, zur Änderung der Verordnung (EWG) Nr. 1612/68 und zur Aufhebung der Richtlinien 64/221/EWG, 68/360/EWG, 72/194/EWG, 73/148/EWG, 75/34/EWG, 75/35/EWG, 90/364/EWG, 90/365/EWG und 93/96/EWG (ABl. L 158 vom 30.4.2004, S. 77)) in Anspruch nehmen können, unberührt lassen. Aus Gründen der rechtlichen Klarheit und der Kohärenz bei der Familienzusammenführung und dem Grundsatz der Gleichbehandlung sollten die Bestimmungen der Richtlinie 2004/38/EG Vorrang haben. Alle Bestimmungen der vorliegenden Richtlinie über Personen, die das Recht auf Freizügigkeit genießen, sollten auch für Drittstaatsangehörige gelten, die ein Recht auf Freizügigkeit genießen, das dem aus Übereinkommen entweder zwischen der Union und ihren Mitgliedstaaten einerseits und Drittländern andererseits oder aus Übereinkommen zwischen der Union und Drittländern erwachsenden Recht der Unionsbürger gleichwertig ist.

(19) Diese Richtlinie gilt nicht für Drittstaatsangehörige, die zur Durchführung von Forschungsprojekten einen Forschungsaufenthalt in einem Mitgliedstaat beantragen, da für sie die Richtlinie (EU) 2016/801 des Europäischen Parlaments und des Rates (Richtlinie (EU) 2016/801 des Europäischen Parlaments und des Rates vom 11. Mai 2016 über die Bedingungen für die Einreise und den Aufenthalt von Drittstaatsangehörigen zu Forschungs- oder Studienzwecken, zur Absolvierung eines Praktikums, zur Teilnahme an einem Freiwilligendienst, Schüleraustauschprogrammen oder Bildungsvorhaben und zur Ausübung einer Au-pair-Tätigkeit (ABl. L 132 vom 21.5.2016, S. 21)) maßgebend ist, durch die ein besonderes Zulassungsverfahren für Drittstaatsangehörige zum Zwecke der Forschung eingeführt wurde. Gemäß der Richtlinie (EU) 2016/801 rechtmäßig aufhältige Drittstaatsangehörige sollten jedoch gemäß der vorliegenden Richtlinie berechtigt sein, eine Blaue Karte EU zu beantragen. Ebenso sollten rechtmäßig aufhältige Inhaber einer Blauen Karte EU gemäß der Richtlinie (EU) 2016/801 den Aufenthalt als Forscher beantragen können. Damit diese Möglichkeit gewährleistet ist, sollte die Richtlinie (EU) 2016/801 entsprechend geändert werden.

(20) Diese Richtlinie gilt zwar nicht für Drittstaatsangehörige, die die Zulassung in die Union als unternehmensintern transferierte Arbeitnehmer gemäß der Richtlinie 2014/66/EU des Europäischen Parlaments und des Rates (Richtlinie 2014/66/EU des Europäischen Parlaments und des Rates vom 15. Mai 2014 über die Bedingungen für die Einreise und den Aufenthalt von Drittstaatsangehörigen im Rahmen eines unternehmensinternen Transfers (ABl. L 157 vom 27.5.2014, S. 1)) beantragen, doch unternehmensintern transferierte Arbeitnehmer, die sich rechtmäßig in der Union aufhalten, sollten eine Blaue Karte EU nach Maßgabe der vorliegenden Richtlinie für andere als die durch die Richtlinie 2014/66/EU abgedeckten Zwecke beantragen können.

(21) Es ist notwendig, ein flexibles, klares und ausgewogenes Zulassungssystem vorzusehen, das sich auf objektive Kriterien gründet, wie etwa die Tatsache, dass der Antragsteller einen Arbeitsvertrag oder ein verbindliches Arbeitsplatzangebot für eine Dauer von mindestens sechs Monaten hat, die Einhaltung der in den jeweiligen Beschäftigungszweigen geltenden Rechtsvorschriften, Tarifverträge oder innerstaatlichen Gepflogenheiten, eine von den Mitgliedstaaten an ihren Arbeitsmarkt anpassbare Gehaltsschwelle und die Tatsache, dass

der Antragsteller eine höhere berufliche Qualifikation oder gegebenenfalls höhere berufliche Fähigkeiten vorweisen kann.

(22) Diese Richtlinie sollte innerstaatliche Verfahren zur Anerkennung von Diplomen unberührt lassen. Je nach dem Recht des betreffenden Mitgliedstaats sollte für die Beurteilung, ob der betroffene Drittstaatsangehörige über einen Hochschulabschluss oder eine gleichwertige Qualifikation verfügt, auf die Stufen 6, 7 und 8 der ISCED 2011 oder gegebenenfalls auf die Stufen 6, 7 und 8 des weitgehend ähnlichen EQR Bezug genommen werden.

(23) Den Mitgliedstaaten wird nahegelegt, die Anerkennung von Dokumenten zur Bescheinigung der einschlägigen höheren beruflichen Qualifikationen des betreffenden Drittstaatsangehörigen zu erleichtern und für Personen, die internationalen Schutz genießen und möglicherweise nicht über die erforderlichen Dokumente verfügen, geeignete Regelungen zur Beurteilung und Validierung von deren vorherigen Hochschulabschlüssen oder gegebenenfalls höheren beruflichen Fähigkeiten festzulegen.

(24) Um eine hinreichende Angleichung der Zulassungsbedingungen innerhalb der Union sicherzustellen, sollten ein unterer und ein oberer Faktor für die Berechnung der Gehaltsschwelle festgelegt werden. Die unteren und die oberen Grenzen für die Festlegung der nationalen Gehaltsschwelle sollte durch Multiplikation dieser unteren und oberen Faktoren mit dem durchschnittlichen Bruttojahresgehalt in dem betreffenden Mitgliedstaat berechnet werden. Als Gehaltsschwelle sollte nach Anhörung der Sozialpartner gemäß den innerstaatlichen Gepflogenheiten ein Betrag innerhalb der Spanne zwischen unteren und oberen Grenzen festgelegt werden. Anhand dieser Gehaltsschwelle sollte das Mindestgehalt bestimmt werden, das ein Inhaber einer Blauen Karte EU verdienen muss. Für den Erhalt einer Blauen Karte EU sollte ein Antragsteller also mindestens ein Gehalt in Höhe der von dem betreffenden Mitgliedstaat festgelegten Gehaltsschwelle erhalten.

(25) Die Mitgliedstaaten sollten für bestimmte Berufe, bei denen der betreffende Mitgliedstaat einen besonderen Arbeitskräftebedarf sieht, eine niedrigere Gehaltsschwelle festlegen können, sofern diese Berufe in die Hauptgruppe 1 oder 2 der ISCO fallen. In jedem Fall sollte solch eine Gehaltsschwelle nicht unter dem 1,0-Fachen des durchschnittlichen Bruttojahresgehalts in dem betreffenden Mitgliedstaat liegen.

(26) In Einklang mit den Prioritäten der neuen europäischen Kompetenzagenda für Europa in der Mitteilung der Kommission vom 10. Juni 2016, insbesondere der Priorität, die Abstimmung von Kompetenzbedarf und -nachfrage zu verbessern und dem Fachkräftemangel zu beheben, wird den Mitgliedstaaten nahegelegt, gegebenenfalls nach Anhörung der Sozialpartner Verzeichnisse mit den Beschäftigungsbereichen aufzustellen, in denen ein Mangel an hoch qualifizierten Arbeitskräften besteht.

(27) Die Mitgliedstaaten sollten für Drittstaatsangehörige für die Dauer eines bestimmten Zeitraums nach deren Studien- oder Ausbildungsabschluss eine niedrigere Gehaltsschwelle vorsehen können. Dieser Zeitraum sollte jedes Mal zur Anwendung gelangen, wenn der Drittstaatsangehörige gemäß dem Recht des betreffenden Mitgliedstaats einen für die Zwecke dieser Richtlinie maßgeblichen Bildungsabschluss, das heißt der Stufe 6, 7 oder 8 der ISCED 2011 oder gegebenenfalls der Stufe 6, 7 oder 8 des EQR erreicht. Dieser Zeitraum sollte zudem stets zur Anwendung gelangen, wenn der Drittstaatsangehörige binnen drei Jahren nach dem Datum der Erlangung des betreffenden Abschlusses einen erstmaligen oder erneuten Antrag auf eine Blaue Karte EU stellt oder wenn er innerhalb von 24 Monaten nach der Erteilung der ersten Blauen Karte EU die Verlängerung einer Blauen Karte EU beantragt. Nach Ablauf dieser Fristen – die gleichzeitig laufen können – kann von jungen Fachkräften mit vernünftigem Ermessen erwartet werden, dass sie genügend Berufserfahrung gesammelt haben, um die normale Gehaltsschwelle zu erreichen. In jedem Fall sollte solch eine niedrigere Gehaltsschwelle nicht unter dem 1,0-Fachen des durchschnittlichen Bruttojahresgehalts in dem betreffenden Mitgliedstaat liegen.

(28) Es sollten die Bedingungen für die Einreise und den Aufenthalt von Drittstaatsangehörigen zur Ausübung einer hoch qualifizierten Beschäftigung einschließlich der Kriterien für eine Gehaltsschwelle festgelegt werden. Die von dem Mitgliedstaat festgelegte Gehaltsschwelle sollte keinesfalls zur Festlegung der Gehälter herangezogen werden; sie sollte mithin auch nicht von den Regeln oder Gepflogenheiten auf Ebene der Mitgliedstaaten noch von den Tarifverträgen abweichen und nicht für etwaige Angleichungen auf diesem Gebiet genutzt werden. Das Gehalt, das dem Inhaber der Blauen Karte EU gezahlt wird, sollte nicht unter der geltenden Gehaltsschwelle liegen, kann aber gemäß den Vereinbarungen, die zwischen dem Arbeitgeber und dem Drittstaatsangehörigen entsprechend den Marktbedingungen, dem Arbeitsrecht, den Tarifverträgen und den Gepflogenheiten in dem betreffenden Mitgliedstaat getroffen wurden, höher ausfallen. Diese Richtlinie sollte in vollem Umfang die Zuständigkeiten der Mitgliedstaaten, insbesondere in beschäftigungs-, arbeits- und sozialpolitischen Fragen, achten.

(29) Die Mitgliedstaaten sollten von Drittstaatsangehörigen verlangen können, dass diese zum Zeitpunkt der Antragstellung ihre Anschrift angeben. Wenn der Drittstaatsangehörige seine künftige Anschrift noch nicht kennt, sollten die Mitgliedstaaten eine vorübergehende Anschrift, bei der es sich auch um die Anschrift des Arbeitgebers handeln kann, akzeptieren.

(30) Die Gültigkeitsdauer der Blauen Karte EU sollte mindestens 24 Monate betragen. Wenn jedoch die Dauer des Arbeitsvertrags kürzer ist, sollte die Blaue Karte EU mindestens für die Dauer des Arbeitsvertrags plus drei Monate und höchstens für 24 Monate ausgestellt werden. Wenn der

2/10. Blue CardRL
Präambel

Drittstaatsangehörige Inhaber eines gültigen Reisedokuments ist, dessen Gültigkeitsdauer kürzer als 24 Monate oder als die Dauer des Arbeitsvertrags ist, sollte die Blaue Karte EU mindestens für die Gültigkeitsdauer des Reisedokuments ausgestellt werden. Drittstaatsangehörige, die Inhaber einer Blauen Karte EU sind, sollten ihr Reisedokument verlängern lassen können.

(31) Wenn eine Bedrohung für die öffentliche Ordnung, die öffentliche Sicherheit oder die öffentliche Gesundheit vorliegt, sollten die Mitgliedstaaten Anträge auf Erteilung von Blauen Karten EU ablehnen und die Möglichkeit haben, bestehende Blaue Karten EU dem Inhaber zu entziehen beziehungsweise nicht zu verlängern. Eine Gefahr für die öffentliche Gesundheit ist nach der Begriffsbestimmung in Artikel 2 Nummer 21 der Verordnung (EU) 2016/399 des Europäischen Parlaments und des Rates (Verordnung (EU) 2016/399 des Europäischen Parlaments und des Rates vom 9. März 2016 über einen Unionskodex für das Überschreiten der Grenzen durch Personen (Schengener Grenzkodex) (ABl. L 77 vom 23.3.2016, S. 1)) zu verstehen. Jede aus Gründen der öffentlichen Ordnung oder der öffentlichen Sicherheit erfolgende Ablehnung eines Antrags sollte sich gemäß dem Grundsatz der Verhältnismäßigkeit auf das individuelle Verhalten der betroffenen Person gründen. Krankheiten oder Behinderungen, die ein Drittstaatsangehöriger erleidet, nachdem ihm die Einreise in das Hoheitsgebiet des ersten Mitgliedstaats erlaubt wurde, sollten nicht den alleinigen Grund für den Entzug einer Blauen Karte EU beziehungsweise die Nichtverlängerung oder die Nichtausstellung einer Blauen Karte EU in einem zweiten Mitgliedstaat darstellen. Ferner sollten die Mitgliedstaaten die Möglichkeit haben, vom Entzug oder von der Nichtverlängerung einer Blauen Karte EU abzusehen, wenn die Verpflichtung zur Vorlage eines gültigen Arbeitsvertrags oder eines der geltenden Gehaltsschwelle entsprechenden Gehalts aufgrund von Krankheit, Behinderung oder Elternzeit vorübergehend nicht erfüllt wird.

(32) Die Mitgliedstaaten sollten eine bestehende Blaue Karte EU entziehen beziehungsweise ihre Verlängerung ablehnen können, wenn der Inhaber der Karte die in dieser Richtlinie festgelegten Mobilitätsbedingungen nicht eingehalten hat, auch in Fällen eines Missbrauchs der Mobilitätsrechte, indem er beispielsweise den für die Ausübung einer geschäftlichen Tätigkeit zulässigen Zeitraum nicht eingehalten oder einen Antrag auf langfristige Mobilität nicht innerhalb der in einem zweiten Mitgliedstaat geltenden Frist gestellt hat oder in einem zweiten Mitgliedstaat eine Blaue Karte EU beantragt und früher als zulässig eine Beschäftigung aufgenommen hat, wenn klar war, dass die Bedingungen nicht erfüllt sein würden und der Antrag abgelehnt werden würde.

(33) Jede Entscheidung über die Ablehnung eines Antrags auf eine Blaue Karte EU oder über den Entzug oder die Nichtverlängerung einer Blauen Karte EU sollte den spezifischen Umständen des Falls Rechnung tragen und verhältnismäßig sein. Insbesondere sollte in Fällen, in denen der Grund für die Ablehnung, den Entzug oder die Nichtverlängerung im Zusammenhang mit dem Verhalten des Arbeitgebers steht, ein geringfügiger Verstoß durch den Arbeitgeber keinesfalls als alleiniger Grund für die Ablehnung eines Antrags auf eine Blaue Karte EU oder für den Entzug oder die Nichtverlängerung einer Blauen Karte EU dienen können.

(34) Eine Ablehnung eines Antrags auf eine Blaue Karte EU sollte das Recht des betroffenen Drittstaatsangehörigen auf Einreichung eines weiteren Antrags nicht berühren. Sofern im innerstaatlichen Recht nichts anderes festgelegt ist, berechtigt die Einreichung eines neuen Antrags den betreffenden Drittstaatsangehörigen nicht dazu, im Hoheitsgebiet des betreffenden Mitgliedstaats zu verbleiben.

(35) Wenn alle Zulassungsbedingungen erfüllt sind, sollten die Mitgliedstaaten eine Blaue Karte EU innerhalb einer bestimmten Frist erteilen. Wenn ein Mitgliedstaat Aufenthaltstitel nur in seinem Hoheitsgebiet ausstellt, und sämtliche Zulassungsbedingungen dieser Richtlinie erfüllt sind, sollte dieser Mitgliedstaat dem betreffenden Drittstaatsangehörigen das erforderliche Visum ausstellen. Es sollte sichergestellt werden, dass die zuständigen Behörden zu diesem Zweck wirksam zusammenarbeiten. Wenn der Mitgliedstaat keine Visa ausstellt, sollte er dem betreffenden Drittstaatsangehörigen eine gleichwertige Erlaubnis erteilen, die ihm die Einreise ermöglicht.

(36) Die Vorschriften über die Bearbeitungszeit für Anträge auf eine Blaue Karte EU sollten sicherstellen, dass in allen Fällen eine rasche Ausstellung erfolgt. Die Frist für die Prüfung eines Antrags auf eine Blaue Karte EU sollte nicht die gegebenenfalls für die Anerkennung von beruflichen Befähigungsnachweisen oder für die Ausstellung eines Visums erforderliche Zeit einschließen. Sofern die Gültigkeitsdauer der Blauen Karte EU während des Verlängerungsverfahrens abläuft, sollte der Drittstaatsangehörige bis zur Entscheidung über den Antrag durch die zuständigen Behörden das Recht auf Aufenthalt, Ausübung einer Beschäftigung und Wahrnehmung der Rechte nach Maßgabe dieser Richtlinie im Hoheitsgebiet des Mitgliedstaats haben, der die Blaue Karte EU ausgestellt hat; dieser Drittstaatsangehörige sollte aber nicht das Recht haben, in einen zweiten Mitgliedstaat umzuziehen.

(37) Wenn ein Mitgliedstaat festgelegt hat, dass ein Antrag auf eine Blaue Karte EU oder auf EU-Binnenmobilität vom Arbeitgeber zu stellen ist, sollte dieser Mitgliedstaat die Verfahrensgarantien, die der Drittstaatsangehörige während des Antragsverfahrens genießt, oder die Rechte, die der Inhaber einer Blauen Karte EU während der Dauer seines Beschäftigungsverhältnisses oder während des Verlängerungsverfahrens für die Blaue Karte EU genießt, nicht einschränken.

(38) Das Format der Blauen Karte EU sollte der Verordnung (EG) Nr. 1030/2002 des Rates (Verordnung (EG) Nr. 1030/2002 des Rates vom 13. Juni 2002 zur einheitlichen Gestaltung des

Aufenthaltstitels für Drittstaatsangehörige (ABl. L 157 vom 15.6.2002, S. 1)) entsprechen, damit die Mitgliedstaaten auf die Informationen über die Bedingungen, unter denen die betreffende Person eine Erwerbstätigkeit ausüben darf, Bezug nehmen können. Die Mitgliedstaaten sollten in der Lage sein, zusätzliche Angaben in Papierform zu machen oder solche Angaben in elektronischer Form gemäß Artikel 4 der genannten Verordnung und gemäß Buchstabe a Nummer 16 des Anhangs jener Verordnung zu speichern, damit sie genauere Angaben über die betreffende Beschäftigungstätigkeit machen können. Die Bereitstellung dieser zusätzlichen Angaben sollte für die Mitgliedstaaten fakultativ sein und keine zusätzliche Anforderung darstellen, die das Verfahren für eine kombinierte Erlaubnis und das einheitliche Antragsverfahren aushöhlen.

(39) Der betroffene Mitgliedstaat sollte sicherstellen, dass Antragsteller das Recht haben, vor Gericht gegen jede Entscheidung, einen Antrag auf eine Blaue Karte EU abzulehnen, oder gegen jede Entscheidung, eine Blaue Karte EU nicht zu verlängern oder zu entziehen, vorzugehen. Die Möglichkeit, eine Verwaltungsbehörde zu benennen, welche derartige Entscheidungen vorab verwaltungsrechtlich überprüft, sollte davon unberührt bleiben.

(40) Da die vorliegende Richtlinie darauf ausgerichtet ist, den Arbeits- und Fachkräftemangel in Schlüsselsektoren zu beseitigen, sollte ein Mitgliedstaat prüfen können, ob die freie Stelle, die eine die Blaue Karte EU beantragende Person besetzen möchte, nicht mit einer Arbeitskraft des eigenen Staates oder der Union besetzt werden könnte, oder mit einem Drittstaatsangehörigen, der bereits seinen rechtmäßigen Aufenthalt in jenem Mitgliedstaat hat und dessen Arbeitsmarkt nach Unionsrecht oder innerstaatlichem Recht bereits angehört, oder mit einem Drittstaatsangehörigen mit langfristiger Aufenthaltsberechtigung in der EU, der sich nach Kapitel III der Richtlinie 2003/109/EG des Rates (Richtlinie 2003/109/EG des Rates vom 25. November 2003 betreffend die Rechtsstellung der langfristig aufenthaltsberechtigten Drittstaatsangehörigen (ABl. L 16 vom 23.1.2004, S. 44)) zum Zweck der Ausübung einer hoch qualifizierten Beschäftigung in diesen Mitgliedstaat begeben will. Sollten Mitgliedstaaten beschließen, von dieser Möglichkeit Gebrauch zu machen, so sollten sie das – auch über das Internet – in klarer und für Antragsteller und Arbeitgeber zugänglicher und transparenter Weise kommunizieren. Diese Prüfung sollte nicht Teil des Verfahrens zur Verlängerung einer Blauen Karte EU sein. Im Falle der langfristigen Mobilität sollte ein Mitgliedstaat die Arbeitsmarktsituation nur berücksichtigen können, wenn der betreffende Mitgliedstaat diese Prüfung auch in Bezug auf Antragsteller aus Drittländern eingeführt hat.

(41) Bei der Durchführung dieser Richtlinie sollten die Mitgliedstaaten in den Entwicklungsländern keine aktive Anwerbepolitik in den Beschäftigungsbereichen betreiben, in denen dort ein Arbeitskräftemangel besteht. Für Schlüsselsektoren, beispielsweise für den Gesundheitssektor, sollten Einstellungsstrategien und Grundsätze entwickelt werden, die auf ethischen Werten beruhen und für Arbeitgeber des öffentlichen und des privatwirtschaftlichen Sektors bestimmt sind. Ein derartiges Vorgehen steht im Einklang mit der von der Union eingegangenen Verpflichtung zur Einhaltung des globalen Verhaltenskodex der Weltgesundheitsorganisation von 2010 für die grenzüberschreitende Anwerbung von Gesundheitsfachkräften sowie mit den Schlussfolgerungen des Rates und der Mitgliedstaaten vom 14. Mai 2007 zum Europäischen Aktionsprogramm zur Bekämpfung des akuten Gesundheitspersonalmangels in den Entwicklungsländern (2007–2013) und im Bildungswesen. Es ist angebracht, diese Grundsätze und Strategien zu stärken, indem Methoden, Leitlinien und andere Instrumente entwickelt und angewandt werden, die die zirkuläre beziehungsweise zeitlich befristete Migration gegebenenfalls erleichtern, sowie durch andere Maßnahmen, die dazu beitragen, die negativen Folgen der Abwanderung hoch qualifizierter Fachkräfte für die Entwicklungsländer so gering wie möglich zu halten und die positiven Auswirkungen zu maximieren, um die Abwanderung hoch qualifizierter Fachkräfte in eine Zuwanderung solcher Fachkräfte umzukehren.

(42) Die Mitgliedstaaten sollten ein vereinfachtes Verfahren für Arbeitgeber anwenden können. Dieses Verfahren sollte es anerkannten Arbeitgebern ermöglichen, von vereinfachten Verfahren und Zulassungsbedingungen gemäß der vorliegenden Richtlinie Gebrauch zu machen. Die Mitgliedstaaten sollten jedoch ausreichende Garantien gegen Missbrauch vorsehen. Gemäß dem Grundsatz der Verhältnismäßigkeit müssen diese Garantien der Schwere und der Art des Fehlverhaltens Rechnung tragen. Ist ein Arbeitgeber zum Zeitpunkt der Verlängerung der Blauen Karte EU kein anerkannter Arbeitgeber mehr, so sollten bei der Verlängerung der Blauen Karte EU die normalen Zulassungsbedingungen gelten, sofern der betreffende Drittstaatsangehörige nicht von einem weiteren anerkannten Arbeitgeber beschäftigt wird.

(43) Um sicherzustellen, dass die Zulassungskriterien weiterhin erfüllt sind, können die Mitgliedstaaten während der ersten zwölf Monate der rechtmäßigen Beschäftigung eines Inhabers einer Blauen Karte EU vorschreiben, dass jeder Arbeitgeberwechsel oder andere wesentliche Veränderungen den zuständigen Behörden mitgeteilt werden müssen und dass die zuständigen Behörden die Arbeitsmarktsituation überprüfen. Nach dieser Zwölfmonatsfrist sollten die Mitgliedstaaten von dem Inhaber einer Blauen Karte EU nur noch verlangen können, dass den zuständigen Behörden ein Arbeitgeberwechsel oder Veränderungen, falls erforderlich einschließlich des neuen Arbeitsvertrags, mitzuteilen sind, die sich auf die Erfüllung der Zulassungskriterien gemäß der vorliegenden Richtlinie auswirken. Eine Prüfung der Arbeitsmarktsituation sollte nicht erfolgen. Die Prüfung

2/10. Blue CardRL
Präambel

durch die Mitgliedstaaten sollte sich auf die Aspekte, die sich geändert haben, beschränken.

(44) Um innovatives Unternehmertum zu fördern, sollten die Mitgliedstaaten nach Maßgabe dieser Richtlinie zugelassenen Drittstaatsangehörigen die Möglichkeit einräumen können, neben ihrer Tätigkeit gemäß der vorliegenden Richtlinie eine selbstständige Tätigkeit auszuüben, ohne dass dadurch ihr Aufenthaltsrecht als Inhaber einer Blauen Karte EU berührt wird. Die fortwährende Pflicht zur Einhaltung der in dieser Richtlinie festgelegten Zulassungsbedingungen sollte davon unberührt und der Inhaber der Blauen Karte EU daher in einer hoch qualifizierten Beschäftigung bleiben. Die Mitgliedstaaten sollten in ihren innerstaatlichen Rechtsvorschriften die Bedingungen für den Zugang zu einer selbstständigen Erwerbstätigkeit festlegen können. Die Mitgliedstaaten sollten ferner berechtigt sein, den Umfang der erlaubten selbstständigen Erwerbstätigkeit zu beschränken. Die Bedingungen, unter denen die Mitgliedstaaten Inhabern einer Blauen Karte EU den Zugang zu selbstständiger Erwerbstätigkeit gewähren, sollten nicht weniger günstig als die Bedingungen gemäß den bestehenden innerstaatlichen Regelungen sein. Das Einkommen aus selbstständiger Erwerbstätigkeit sollte nicht in die Berechnung der Gehaltsschwelle einfließen, die erreicht werden muss, um Anspruch auf die Blaue Karte EU zu haben.

(45) Um den Beitrag zu vergrößern, den ein Inhaber der Blauen Karte EU durch seine höheren beruflichen Qualifikationen leisten kann, sollten die Mitgliedstaaten auch die Möglichkeit haben, in ihren innerstaatlichen Rechtsvorschriften Bestimmungen vorzusehen, nach denen Inhaber der Blauen Karte EU berufliche Nebentätigkeiten ausüben dürfen, die ihre Haupttätigkeit als Inhaber einer Blauen Karte EU ergänzen. Das Einkommen aus diesen beruflichen Tätigkeiten sollte nicht in die Berechnung der Gehaltsschwelle einfließen, die erreicht werden muss, um Anspruch auf die Blaue Karte EU zu haben.

(46) Inhabern einer Blauen Karte EU sollte Gleichbehandlung bei den in Artikel 3 der Verordnung (EG) Nr. 883/2004 des Europäischen Parlaments und des Rates (Verordnung (EG) Nr. 883/2004 des Europäischen Parlaments und des Rates vom 29. April 2004 zur Koordinierung der Systeme der sozialen Sicherheit (ABl. L 166 vom 30.4.2004, S. 1)) aufgeführten Zweigen der sozialen Sicherheit gewährt werden. Diese Richtlinie bewirkt keine Harmonisierung der Rechtsvorschriften der Mitgliedstaaten über die soziale Sicherheit. Sie ist auf die Anwendung des Grundsatzes der Gleichbehandlung im Bereich der sozialen Sicherheit auf Drittstaatsangehörige, die in ihren Anwendungsbereich fallen, beschränkt.

(47) Im Falle der Mobilität zwischen Mitgliedstaaten findet die Verordnung (EU) Nr. 1231/2010 des Europäischen Parlaments und des Rates (Verordnung (EU) Nr. 1231/2010 des Europäischen Parlaments und des Rates vom 24. November 2010 zur Ausdehnung der Verordnung (EG) Nr. 883/2004 und der Verordnung (EG) Nr. 987/2009 auf Drittstaatsangehörige, die ausschließlich aufgrund ihrer Staatsangehörigkeit nicht bereits unter diese Verordnungen fallen (ABl. L 344 vom 29.12.2010, S. 1)) Anwendung. Die vorliegende Richtlinie sollte mobilen Inhabern einer Blauen Karte EU nicht mehr Ansprüche der sozialen Sicherheit gewähren, als im bestehenden Unionsrecht für Drittstaatsangehörige mit grenzüberschreitenden Belangen in mehreren Mitgliedstaaten bereits vorgesehen sind.

(48) Berufsqualifikationen, die ein Drittstaatsangehöriger in einem anderen Mitgliedstaat erworben hat, sollten wie die Qualifikationen eines Unionsbürgers anerkannt werden. In einem Drittland erworbene Qualifikationen sollten gemäß der Richtlinie 2005/36/EG des Europäischen Parlaments und des Rates (Richtlinie 2005/36/EG des Europäischen Parlaments und des Rates vom 7. September 2005 über die Anerkennung von Berufsqualifikationen (ABl. L 255 vom 30.9.2005, S. 22)) Berücksichtigung finden. Die im innerstaatlichen Recht festgelegten Bedingungen für die Ausübung reglementierter Berufe sollten von der vorliegenden Richtlinie nicht berührt werden. Sie sollte einen Mitgliedstaat nicht daran hindern, nationale Zugangsbeschränkungen zu Erwerbstätigkeiten, die mit der zumindest gelegentlichen Ausübung hoheitlicher Befugnisse und der Verantwortung für die Wahrung der allgemeinen Belange des Staates einhergehen oder innerstaatliche Vorschriften für Tätigkeiten, die eigenen Staatsangehörigen dieses Mitgliedstaats, Unionsbürgern oder Bürgern eines anderen Landes des Europäischen Wirtschaftsraums (im Folgenden „EWR-Bürgern") vorbehalten sind, auch im Falle der Mobilität in andere Mitgliedstaaten, beizubehalten, wenn diese Beschränkungen zum Zeitpunkt des Inkrafttretens dieser Richtlinie bestanden.

(49) Die Rechte, die eine internationalen Schutz genießende Person als Inhaber einer Blauen Karte EU erwirbt, sollten die Rechte unberührt lassen, die diese Person gemäß der Richtlinie 2011/95/EU und gemäß der Konvention über die Rechtsstellung der Flüchtlinge vom 28. Juli 1951 in der durch das New Yorker Protokoll vom 31. Januar 1967 geänderten Fassung (im Folgenden „Genfer Konvention") in dem Mitgliedstaat, der den internationalen Schutz gewährt hat, genießt. Um Widersprüche zwischen Vorschriften zu vermeiden, sollten die Bestimmungen der vorliegenden Richtlinie über die Gleichbehandlung und die Familienzusammenführung in diesem Mitgliedstaat nicht anwendbar sein. Personen, die in einem Mitgliedstaat internationalen Schutz genießen und in einem anderen Mitgliedstaat Inhaber einer Blauen Karte EU sind, sollten die gleichen Rechte haben wie jeder andere Inhaber einer Blauen Karte EU im letztgenannten Mitgliedstaat, einschließlich des Rechts auf Gleichbehandlung mit den Staatsangehörigen des Wohnsitzmitgliedstaats und des Rechts auf Familienzusammenführung. Die Rechtsstellung einer Person, die internationalen Schutz genießt, ist unabhängig davon, ob diese Person auch Inhaber einer Blauen Karte EU ist und unabhängig von der Gültigkeit dieser Blauen Karte EU.

(50) Günstige Bedingungen für die Familienzusammenführung und der Zugang des Ehepartners zum Arbeitsmarkt sollten grundlegende Bestandteile dieser Richtlinie sein, damit die Anwerbung hoch qualifizierter Fachkräfte aus Drittländern erleichtert wird. Zur Erreichung dieses Ziels sollten besondere Ausnahmen von der Richtlinie 2003/86/EG, die im ersten und im zweiten Wohnsitzmitgliedstaat gilt, vorgesehen werden. Die Mitgliedstaaten sollten die Möglichkeit haben, den Umfang der Ehepartnern erlaubten selbstständigen Erwerbstätigkeit unter denselben Bedingungen zu beschränken, die für Inhaber der Blauen Karte EU gelten. Bevor die Genehmigung zur Familienzusammenführung erteilt wird, sollten weder Bedingungen für die Integration noch Wartezeiten angewendet werden, da davon ausgegangen werden kann, dass nach einer Familienzusammenführung günstigere Aussichten auf eine erfolgreiche Integration hoch qualifizierter Fachkräfte und ihrer Familien in die Aufnahmegesellschaft bestehen. Um die rasche Einreise hoch qualifizierter Fachkräfte zu erleichtern, sollten ihren Familienangehörigen zeitgleich mit der Ausstellung der Blauen Karte EU Aufenthaltstitel ausgestellt werden, sofern die einschlägigen Voraussetzungen erfüllt sind und die Anträge gleichzeitig eingereicht wurden.

(51) Es sollten Abweichungen von der Richtlinie 2003/109/EG vorgesehen werden, um hoch qualifizierte Fachkräfte aus Drittländern anziehen und zu einem fortgesetzten Aufenthalt in der Union bewegen zu können sowie um Mobilität in der Union und zirkuläre Migration zu ermöglichen. Inhabern einer Blauen Karte EU, die von der Möglichkeit, von einem Mitgliedstaat in einen anderen zu ziehen, Gebrauch gemacht haben, sollte in einem Mitgliedstaat die Rechtsstellung eines in der EU langfristig Aufenthaltsberechtigten leichter gewährt werden, insbesondere indem ihnen gestattet wird, Aufenthaltszeiten in verschiedenen Mitgliedstaaten zu kumulieren, sofern sie den Nachweis über die gemäß Artikel 4 Absatz 1 der Richtlinie 2003/109/EG vorgeschriebene Anzahl an Jahren rechtmäßigen und ununterbrochenen Aufenthalts als Inhaber der Blauen Karte EU, einer nationalen Aufenthaltserlaubnis für hoch qualifizierte Beschäftigung oder eines Aufenthaltstitels als Student oder Forscher gemäß der Richtlinie (EU) 2016/801 oder als Person, der internationaler Schutz genießt, erbringen können. Außerdem sollten sie zwei Jahre rechtmäßigen und ununterbrochenen Aufenthalt als Inhaber einer Blauen Karte EU unmittelbar vor der Einreichung des entsprechenden Antrags im Hoheitsgebiet des Mitgliedstaats, in dem der Antrag auf Zuerkennung der Rechtsstellung eines in der EU langfristig Aufenthaltsberechtigten in einem Mitgliedstaat gestellt wird, nachweisen. Nach Maßgabe der Richtlinie 2003/109/EG dürfen die Zeiten des Aufenthalts in dem Mitgliedstaat zu Studienzwecken nur zur Hälfte in die Berechnung des Zeitraums von fünf Jahren rechtmäßigen und ununterbrochenen Aufenthalts einfließen.

(52) Um die Mobilität hoch qualifizierter Fachkräfte aus Drittländern zwischen der EU und ihren Herkunftsländern zu fördern, sollten Ausnahmen von der Richtlinie 2003/109/EG vorgesehen werden, um längere Abwesenheitszeiten als in der genannten Richtlinie vorgesehen zuzulassen, wenn hoch qualifizierte Fachkräfte aus Drittländern in einem Mitgliedstaat die Rechtsstellung eines in der EU langfristig Aufenthaltsberechtigten erworben haben.

(53) Die berufliche und räumliche Mobilität hoch qualifizierter Fachkräfte aus Drittländern sollte als wichtige Komponente zur Verbesserung der Arbeitsmarkteffizienz in der Union anerkannt werden, durch die gegen den Fachkräftemangel vorgegangen werden kann und regionale Unterschiede ausgeglichen werden können. Die Mobilität innerhalb der Union sollte erleichtert werden.

(54) Die Bestimmungen der Richtlinien 96/71/EG (Richtlinie 96/71/EG des Europäischen Parlaments und des Rates vom 16. Dezember 1996 über die Entsendung von Arbeitnehmern im Rahmen der Erbringung von Dienstleistungen (ABl. L 18 vom 21.1.1997, S. 1)) und 2014/67/EU (Richtlinie 2014/67/EU des Europäischen Parlaments und des Rates vom 15. Mai 2014 zur Durchsetzung der Richtlinie 96/71/EG über die Entsendung von Arbeitnehmern im Rahmen der Erbringung von Dienstleistungen und zur Änderung der Verordnung (EU) Nr. 1024/2012 über die Verwaltungszusammenarbeit mit Hilfe des Binnenmarkt-Informationssystems („IMI-Verordnung") (ABl. L 159 vom 28.5.2014, S. 11)) des Europäischen Parlaments und des Rates werden von der vorliegenden Richtlinie nicht berührt.

(55) Der bestehenden Rechtsunsicherheit bei Geschäftsreisen hoch qualifizierter Fachkräfte aus Drittländern sollte durch eine geeignete Bestimmung des Begriffs „Geschäftsreise" und durch Festlegung einer Liste von Tätigkeiten, die in jedem Fall und in allen Mitgliedstaaten als geschäftliche Tätigkeiten zu betrachten sind, entgegengewirkt werden. Diese Tätigkeiten müssen in direktem Zusammenhang mit den Interessen des Arbeitgebers im ersten Mitgliedstaat und sollten im Zusammenhang mit den Pflichten des Inhabers der Blauen Karte EU im Rahmen der Beschäftigung, für die die Blaue Karte EU ausgestellt wurde, stehen. Der zweite Mitgliedstaat sollte von Inhabern einer Blauen Karte EU, die geschäftlichen Tätigkeiten nachgehen, neben der Blauen Karte EU kein Visum, keine Arbeitserlaubnis oder eine sonstige Genehmigung verlangen dürfen. Inhaber einer Blauen Karte EU, die von einem Mitgliedstaat ausgestellt wurde, der den Schengen-Besitzstand nicht uneingeschränkt anwendet, sollten ein Recht auf Einreise und Aufenthalt in einem oder mehreren zweiten Mitgliedstaaten zum Zwecke geschäftlicher Tätigkeit für eine Dauer von bis zu 90 Tagen in einem Zeitraum von 180 Tagen haben.

(56) Inhabern einer Blauen Karte EU, die in einem zweiten Mitgliedstaat eine neue Blaue Karte EU auf der Grundlage eines bestehenden Arbeitsvertrags oder eines verbindlichen Arbeitsplatzangebots beantragen möchten, sollte der Umzug dorthin unter vereinfachten Bedingungen erlaubt werden.

2/10. Blue CardRL
Präambel

Der zweite Mitgliedstaat sollte von Inhabern einer Blauen Karte EU keine weitere Genehmigung als die vom ersten Mitgliedstaat ausgestellte Blaue Karte EU verlangen dürfen. Sobald ein Inhaber einer Blauen Karte EU einen vollständigen Antrag auf Erteilung einer neuen Blauen Karte EU binnen der in dieser Richtlinie vorgesehenen Frist in einem zweiten Mitgliedstaat einreicht, sollte jener Mitgliedstaat dem Inhaber einer Blauen Karte EU gestatten können, eine Beschäftigung aufzunehmen. Inhaber der Blauen Karte EU sollten berechtigt sein, spätestens 30 Tage nach der Antragstellung einer neuen Blauen Karte EU eine Beschäftigung aufzunehmen. Die Mobilität sollte vom Bedarf abhängig sein; daher sollte im zweiten Mitgliedstaat stets die Vorlage eines Arbeitsvertrags verlangt werden; alle Bedingungen nach geltendem Recht, in Tarifverträgen oder nach Gepflogenheiten in den einschlägigen Beschäftigungszweigen sollten erfüllt sein und das Gehalt sollte die Gehaltsschwelle erreichen, die der zweite Mitgliedstaat nach Maßgabe dieser Richtlinie festgelegt hat.

(57) Wenn Inhaber einer Blauen Karte EU beabsichtigen, in einem zweiten Mitgliedstaat eine Blaue Karte EU zu beantragen, um einen reglementierten Beruf auszuüben, sollten ihre beruflichen Qualifikationen gemäß der Richtlinie 2005/36/EG und anderen geltenden Bestimmungen des Unionsrechts und des innerstaatlichen Rechts wie die Qualifikationen eines Unionsbürgers, der sein Recht auf Freizügigkeit wahrnimmt, anerkannt werden.

(58) Obschon diese Richtlinie eine Reihe besonderer Bestimmungen über die Einreise und den Aufenthalt in einem zweiten Mitgliedstaat zum Zwecke geschäftlicher Tätigkeiten und über den Umzug in einen zweiten Mitgliedstaat zu Aufenthalts- und Arbeitszwecken aufgrund einer Blauen Karte EU in dessen Hoheitsgebiet enthält, sollten alle sonstigen Vorschriften über das Überschreiten der Grenzen durch Personen, die in den einschlägigen Bestimmungen des Schengen-Besitzstands niedergelegt sind, anwendbar bleiben.

(59) Wenn ein Inhaber einer Blauen Karte EU, die von einem Mitgliedstaat ausgestellt wurde, der den Schengen-Besitzstand nicht uneingeschränkt anwendet, im Zuge der in der vorliegenden Richtlinie vorgesehenen Mobilität eine Außengrenze im Sinne der Verordnung (EU) 2016/399 überschreitet und in das Hoheitsgebiet eines zweiten Mitgliedstaats einreist, sollte jener Mitgliedstaat das Recht haben, von dem Inhaber der Blauen Karte EU einen Nachweis dafür zu verlangen, dass er zum Zwecke geschäftlicher Tätigkeiten oder zu Aufenthalts- und Arbeitszwecken aufgrund einer Blauen Karte EU auf der Grundlage eines bestehenden Arbeitsvertrags oder eines verbindlichen Arbeitsplatzangebots einreist. Wenn die Einreise zum Zwecke geschäftlicher Tätigkeiten erfolgt, sollte der zweite Mitgliedstaat einen Nachweis für den geschäftlichen Zweck des Aufenthalts (beispielsweise eine Einladung, eine Eintrittskarte oder Unterlagen mit einer Beschreibung der Geschäftstätigkeit des betreffenden Unternehmens und der Position des Inhabers der Blauen Karte EU innerhalb dieses Unternehmens) verlangen können.

(60) Wenn ein Inhaber einer Blauen Karte EU in einen zweiten Mitgliedstaat umzieht, um dort eine Blaue Karte EU zu beantragen, und dabei von Familienangehörigen begleitet wird, sollte der betreffende Mitgliedstaat von diesen Familienangehörigen die Vorlage ihrer im ersten Mitgliedstaat ausgestellten Aufenthaltstitel verlangen können. Darüber hinaus sollten die Mitgliedstaaten, die den Schengen-Besitzstand uneingeschränkt anwenden, beim Überschreiten einer Außengrenze im Sinne der Verordnung (EU) 2016/399 das Schengener Informationssystem konsultieren und die Einreise verweigern oder die Mobilität ablehnen, wenn es sich um eine Person handelt, die gemäß der Verordnung (EG) Nr. 1987/2006 des Europäischen Parlaments und des Rates (Verordnung (EG) Nr. 1987/2006 des Europäischen Parlaments und des Rates vom 20. Dezember 2006 über die Einrichtung, den Betrieb und die Nutzung des Schengener Informationssystems der zweiten Generation (SIS II) (ABl. L 381 vom 28.12.2006, S. 4)) in diesem System zur Einreise- oder Aufenthaltsverweigerung ausgeschrieben ist.

(61) Zieht ein Inhaber einer Blauen Karte EU auf der Grundlage einer vom ersten Mitgliedstaat ausgestellten Blauen Karte EU in einen zweiten Mitgliedstaat um und lehnt der zweite Mitgliedstaat den Antrag des Inhabers einer Blauen Karte EU auf eine neue Blaue Karte EU ab, so sollte der zweite Mitgliedstaat gemäß der vorliegenden Richtlinie verlangen können, dass der Inhaber einer Blauen Karte EU sein Hoheitsgebiet verlässt. Verfügt dieser Inhaber der Blauen Karte EU noch über eine vom ersten Mitgliedstaat ausgestellte gültige Blaue Karte EU, so sollte der zweite Mitgliedstaat gemäß der Richtlinie 2008/115/EG des Europäischen Parlaments und des Rates (Richtlinie 2008/115/EG des Europäischen Parlaments und des Rates vom 16. Dezember 2008 über gemeinsame Normen und Verfahren in den Mitgliedstaaten zur Rückführung illegal aufhältiger Drittstaatsangehöriger (ABl. L 348 vom 24.12.2008, S. 98)) von diesem Inhaber der Blauen Karte EU verlangen können, in diesen ersten Mitgliedstaat zurückzukehren. Wenn die vom ersten Mitgliedstaat ausgestellte Blaue Karte EU während der Prüfung des Antrags abgelaufen ist oder entzogen wurde, sollte der zweite Mitgliedstaat die Möglichkeit haben, zu beschließen, entweder den Inhaber der Blauen Karte EU gemäß der Richtlinie 2008/115/EG in ein Drittland zurückzuführen oder den ersten Mitgliedstaat zu ersuchen, die Wiedereinreise des Inhabers der Blauen Karte EU in sein Hoheitsgebiet ohne unnötige Formalitäten und unverzüglich zu gestatten. Im letztgenannten Fall sollte der erste Mitgliedstaat dem Inhaber der Blauen Karte EU ein Dokument ausstellen, das ihm die Wiedereinreise in sein Hoheitsgebiet gestattet.

(62) Für die Zwecke des Aufenthalts von Personen, die internationalen Schutz genießen, gilt es sicherzustellen, dass bei dem Umzug solcher Personen in einen anderen Mitgliedstaat als den

Mitgliedstaat, der ihnen den internationalen Schutz gewährt hat, der andere Mitgliedstaat über den internationalen Schutzstatus dieser Personen informiert wird, damit er seinen Pflichten im Zusammenhang mit dem Grundsatz der Nichtzurückweisung nachkommen kann.

(63) Beabsichtigt ein Mitgliedstaat, eine Person, die in diesem Mitgliedstaat eine Blaue Karte EU erworben hat und in einem anderen Mitgliedstaat internationalen Schutz genießt, auszuweisen, so sollte diese Person den Schutz gegen Zurückweisung gemäß der Richtlinie 2011/95/EU und Artikel 33 der Genfer Konvention genießen.

(64) Ist die Ausweisung einer Person, die internationalen Schutz genießt, aus dem Hoheitsgebiet eines Mitgliedstaats gemäß der Richtlinie 2011/95/EU zulässig, so sollten die Mitgliedstaaten dafür sorgen, dass alle Informationen von den einschlägigen Quellen eingeholt werden, gegebenenfalls auch von dem Mitgliedstaat, der den internationalen Schutz gewährt hat, und dass diese Informationen eingehend geprüft werden, um sicherzustellen, dass die Entscheidung über die Ausweisung dieser geschützten Person mit Artikel 4 der Charta der Grundrechte der Europäischen Union (im Folgenden „Charta") vereinbar ist.

(65) Es sollten besondere Meldevorschriften vorgesehen werden, um die Durchführung dieser Richtlinie überwachen und negative Auswirkungen der Abwanderung hoch qualifizierter Fachkräfte aus den Entwicklungsländern erkennen und ihnen gegebenenfalls begegnen zu können, um Bildungsverschwendung zu verhindern.

(66) Da die Ziele dieser Richtlinie, nämlich die Einführung eines besonderen Zulassungsverfahrens und die Festlegung von Bedingungen für die Einreise und den Aufenthalt von Drittstaatsangehörigen in den Mitgliedstaaten zur Ausübung einer hoch qualifizierten Beschäftigung sowie für die Einreise und den Aufenthalt und die Rechte ihrer Familienangehörigen, auf Ebene der Mitgliedstaaten – insbesondere bei der Gewährleistung der Mobilität dieser Personen zwischen den Mitgliedstaaten und der Festlegung klarer und einheitlicher Zulassungskriterien für sämtliche Mitgliedstaaten zur Verbesserung der Attraktivität der EU – nicht ausreichend verwirklicht werden können und wegen ihres Umfangs und ihrer Wirkungen daher besser auf Unionsebene zu verwirklichen sind, kann die Union im Einklang mit dem in Artikel 5 des Vertrags über die Europäische Union (EUV) niedergelegten Subsidiaritätsprinzip tätig werden. Entsprechend dem in demselben Artikel genannten Grundsatz der Verhältnismäßigkeit geht diese Richtlinie nicht über das zur Verwirklichung dieser Ziele erforderliche Maß hinaus.

(67) Diese Richtlinie wahrt gemäß Artikel 6 EUV die Grundrechte und Grundsätze, die mit der Charta anerkannt wurden.

(68) Gemäß der Gemeinsamen Politischen Erklärung der Mitgliedstaaten und der Kommission vom 28. September 2011 zu erläuternden Dokumenten haben sich die Mitgliedstaaten verpflichtet, in begründeten Fällen zusätzlich zur Mitteilung ihrer Umsetzungsmaßnahmen ein oder mehrere Dokument(e) zu übermitteln, in denen der Zusammenhang zwischen den Bestandteilen einer Richtlinie und den entsprechenden Teilen nationaler Umsetzungsinstrumente erläutert wird. Im Falle der vorliegenden Richtlinie hält der Gesetzgeber die Übermittlung derartiger Dokumente für gerechtfertigt.

(69) Nach den Artikeln 1 und 2 des dem EUV und dem AEUV beigefügten Protokolls Nr. 22 über die Position Dänemarks beteiligt sich Dänemark nicht an der Annahme dieser Richtlinie und ist weder durch diese Richtlinie gebunden noch zu ihrer Anwendung verpflichtet.

(70) Nach den Artikeln 1 und 2 und Artikel 4a Absatz 1 des dem EUV und dem AEUV beigefügten Protokolls Nr. 21 über die Position des Vereinigten Königreichs und Irlands hinsichtlich des Raums der Freiheit, der Sicherheit und des Rechts sowie unbeschadet des Artikels 4 dieses Protokolls beteiligt sich Irland nicht an der Annahme dieser Richtlinie und ist weder durch diese Richtlinie gebunden noch zu ihrer Anwendung verpflichtet.

(71) Die Richtlinie 2009/50/EG sollte daher aufgehoben werden –

HABEN FOLGENDE RICHTLINIE ERLASSEN:

KAPITEL I
ALLGEMEINE BESTIMMUNGEN

Artikel 1
Gegenstand

In dieser Richtlinie wird Folgendes festgelegt:

a) die Bedingungen für die Einreise von Drittstaatsangehörigen zum Zweck der Ausübung einer hoch qualifizierten Beschäftigung und von ihren Familienangehörigen in das Hoheitsgebiet der Mitgliedstaaten und für ihren dortigen Aufenthalt von mehr als drei Monaten sowie die diesbezüglichen Rechte dieser Personen;

b) die Bedingungen für die Einreise der unter Buchstabe a genannten Drittstaatsangehörigen und ihren Familienangehörigen in andere Mitgliedstaaten als den Mitgliedstaat, der ihnen als erster eine Blaue Karte EU erteilt hat, und für ihren dortigen Aufenthalt sowie die Rechte dieser Personen.

Artikel 2
Begriffsbestimmungen

Im Sinne dieser Richtlinie bezeichnet der Ausdruck

1. „Drittstaatsangehöriger" jede Person, die nicht Unionsbürger im Sinne von Artikel 20 Absatz 1 des AEUV ist;

2. „hoch qualifizierte Beschäftigung" die Beschäftigung einer Person, die

    a) in dem betreffenden Mitgliedstaat als Arbeitnehmer aufgrund des innerstaatlichen Arbeitsrechts oder entsprechend den innerstaatlichen Gepflogenheiten

unabhängig vom Rechtsverhältnis geschützt ist, zum Zweck der Ausübung einer echten und tatsächlichen Erwerbstätigkeit für eine andere Person oder unter Anleitung einer anderen Person,
b) gegen Bezahlung beschäftigt wird und
c) die erforderlichen höheren beruflichen Qualifikationen erworben hat;

3. „Blaue Karte EU" einen von einem Mitgliedstaat erteilten Aufenthaltstitel mit der Bezeichnung „Blaue Karte EU", der seinen Inhaber berechtigt, sich im Hoheitsgebiet dieses Mitgliedstaats aufzuhalten und eine Erwerbstätigkeit im Sinne dieser Richtlinie auszuüben;
4. „erster Mitgliedstaat" den Mitgliedstaat, der einem Drittstaatsangehörigen als Erster die Blaue Karte EU erteilt;
5. „zweiter Mitgliedstaat" jeden anderen als den ersten Mitgliedstaat, in dem der Inhaber einer Blauen Karte EU sein Recht auf Mobilität im Sinne dieser Richtlinie auszuüben gedenkt oder ausübt;
6. „Familienangehörige" Drittstaatsangehörige, die Familienangehörige im Sinne von Artikel 4 Absatz 1 der Richtlinie 2003/86/EG sind;
7. „höhere berufliche Qualifikation" die Qualifikationen, die durch einen Hochschulabschluss oder durch höhere berufliche Fähigkeiten nachgewiesen werden;
8. „Hochschulabschluss" ein von einer zuständigen Stelle ausgestelltes Diplom oder Prüfungszeugnis oder einen sonstigen von ihr ausgestellten Befähigungsnachweis, das beziehungsweise der den erfolgreichen Abschluss eines Hochschulstudiums oder eines diesem gleichwertigen tertiären Bildungsprogramms – d. h. einer Reihe von Lehrveranstaltungen einer von dem Staat ihres Sitzes als Hochschule oder gleichwertige tertiäre Bildungsinstitution anerkannten Bildungseinrichtung – nachweist, für dessen Erwerb die erforderlichen Studien mindestens drei Jahre dauern und nach innerstaatlichem Recht mindestens Stufe 6 der ISCED 2011 oder gegebenenfalls Stufe 6 des EQR entsprechen;
9. „höhere berufliche Fähigkeiten"
   a) bei den in Anhang I aufgeführten Berufen die Kenntnisse, Fähigkeiten und Kompetenzen, die anhand von Berufserfahrungen nachgewiesen werden, deren Niveau mit einem Hochschulabschluss vergleichbar ist und die für den im Arbeitsvertrag oder verbindlichen Arbeitsplatzangebot genannten Beruf oder Beschäftigungsbereich erforderlich sind und über einen Zeitraum der für die jeweiligen Berufe in Anhang I bestimmten Länge erworben wurden;
   b) bei anderen Berufen – nur sofern im innerstaatlichen Recht oder in den innerstaatlichen Verfahren vorgesehen – die Kenntnisse, Fähigkeiten und Kompetenzen, die anhand einer mindestens fünfjährigen einschlägigen Berufserfahrung nachgewiesen werden, deren Niveau mit einem Hochschulabschluss vergleichbar ist und die in dem im Arbeitsvertrag oder verbindlichen Arbeitsplatzangebot genannten Beruf oder Beschäftigungsbereich erforderlich sind;
10. „Berufserfahrung" die tatsächliche und rechtmäßige Ausübung des betreffenden Berufs;
11. „reglementierter Beruf" einen reglementierten Beruf im Sinne des Artikels 3 Absatz 1 Buchstabe a der Richtlinie 2005/36/EG;
12. „nicht reglementierter Beruf" einen Beruf, der kein reglementierter Beruf ist;
13. „geschäftliche Tätigkeit" eine vorübergehende Tätigkeit, die im direkten Zusammenhang mit den geschäftlichen Interessen des Arbeitgebers und den beruflichen Pflichten des Inhabers der Blauen Karte EU aufgrund des Arbeitsvertrags im ersten Mitgliedstaat steht; hierzu gehören die Teilnahme an internen oder externen Geschäftssitzungen, an Konferenzen oder Seminaren, an Verhandlungen über Geschäftsabschlüsse, Verkaufs- oder Vermarktungstätigkeiten, die Sondierung von Geschäftsmöglichkeiten oder die Teilnahme an und der Erhalt von Schulungen;
14. „internationaler Schutz" den internationalen Schutz im Sinne des Artikels 2 Buchstabe a der Richtlinie 2011/95/EU.

Artikel 3
Anwendungsbereich

(1) Diese Richtlinie gilt für Drittstaatsangehörige, die die Zulassung in das Hoheitsgebiet eines Mitgliedstaats zum Zweck der Ausübung einer hoch qualifizierten Beschäftigung gemäß der vorliegenden Richtlinie beantragen oder erhalten haben.

(2) Diese Richtlinie findet keine Anwendung auf Drittstaatsangehörige,
a) die um internationalen Schutz ersuchen und über deren Rechtsstellung noch nicht entschieden ist, oder die in einem Mitgliedstaat vorübergehenden Schutz gemäß der Richtlinie 2001/55/EG des Rates (Richtlinie 2001/55/EG des Rates vom 20. Juli 2001 über Mindestnormen für die Gewährung vorübergehenden Schutzes im Falle eines Massenzustroms von Vertriebenen und Maßnahmen zur Förderung einer ausgewogenen Verteilung der Belastungen, die mit der Aufnahme dieser Personen und den Folgen dieser Aufnahme verbunden sind, auf die Mitgliedstaaten (ABl. L 212 vom 7.8.2001, S. 12)) genießen;
b) die nach dem innerstaatlichen Recht oder den internationalen Verpflichtungen oder der Praxis eines Mitgliedstaats um Schutz ersuchen und über deren Rechts-

stellung noch nicht entschieden ist, oder die nach dem innerstaatlichen Recht oder den internationalen Verpflichtungen oder der Praxis eines Mitgliedstaats Schutz genießen;
c) die zur Durchführung eines Forschungsprojekts einen Forschungsaufenthalt in einem Mitgliedstaat im Sinne der Richtlinie (EU) 2016/801 beantragen;
d) die in einem Mitgliedstaat die Rechtsstellung eines in der EU langfristig Aufenthaltsberechtigten im Sinne der Richtlinie 2003/109/EG haben und ihr Aufenthaltsrecht in einem anderen Mitgliedstaat zur Ausübung einer unselbstständigen oder selbstständigen Erwerbstätigkeit ausüben;
e) deren Einreise in einen Mitgliedstaat Pflichten unterliegt, die sich aus einem internationalen Abkommen zur Erleichterung der Einreise und des vorübergehenden Aufenthalts bestimmter Kategorien von natürlichen, handels- und investitionsbezogene Tätigkeiten ausübenden, Personen herleiten, ausgenommen Drittstaatsangehörige, die als unternehmensintern transferierte Arbeitnehmer gemäß der Richtlinie 2014/66/EU in das Hoheitsgebiet eines Mitgliedstaats zugelassen wurden;
f) deren Abschiebung aus faktischen oder rechtlichen Gründen ausgesetzt wurde;
g) die unter die Richtlinie 96/71/EG fallen, für die Dauer ihrer Entsendung in das Hoheitsgebiet des betreffenden Mitgliedstaats;
h) denen aufgrund von Übereinkünften zwischen der Union und den Mitgliedstaaten einerseits und Drittländern andererseits als Staatsangehörige dieser Drittländer Freizügigkeitsrechte gewährt werden, die denen der Unionsbürger entsprechen.

(3) Diese Richtlinie berührt nicht das Recht der Mitgliedstaaten, zum Zweck der Ausübung einer hoch qualifizierten Beschäftigung andere Aufenthaltstitel als eine Blaue Karte EU zu erteilen. Diese Aufenthaltstitel begründen nicht das Recht auf Aufenthalt in anderen Mitgliedstaaten gemäß dieser Richtlinie.

Artikel 4
Günstigere Bestimmungen

(1) Die Richtlinie berührt keine günstigeren Bestimmungen
a) im Unionsrecht einschließlich bilateraler und multilateraler Übereinkünfte, die zwischen der Union oder der Union und den Mitgliedstaaten einerseits und einem oder mehreren Drittländern andererseits geschlossen wurden und

b) in bilateralen oder multilateralen Übereinkommen zwischen einem oder mehreren Mitgliedstaaten und einem oder mehreren Drittländern.

(2) Die Richtlinie hindert die Mitgliedstaaten nicht daran, günstigere innerstaatliche Bestimmungen in Bezug auf Artikel 8 Absatz 5, Artikel 11, Artikel 15 Absatz 4, die Artikel 16 und 17 sowie Artikel 18 Absatz 4 beizubehalten oder einzuführen.

KAPITEL II
ZULASSUNGS-, ABLEHNUNGS- UND ENTZUGSKRITERIEN

Artikel 5
Zulassungskriterien

(1) Für die Zulassung eines Drittstaatsangehörigen gemäß dieser Richtlinie muss der Antragsteller für eine Blaue Karte EU
a) einen gültigen Arbeitsvertrag oder, nach Maßgabe des innerstaatlichen Rechts, ein verbindliches Arbeitsplatzangebot für eine hoch qualifizierte Beschäftigung für einen Zeitraum von mindestens sechs Monaten in dem betreffenden Mitgliedstaat vorlegen;
b) im Falle nicht reglementierter Berufe die Nachweise über die entsprechenden höheren beruflichen Qualifikationen für die auszuübende Beschäftigung vorlegen;
c) im Falle reglementierter Berufe die Nachweise vorlegen, dass die nach innerstaatlichem Recht für Unionsbürger geltenden Voraussetzungen für die Ausübung des reglementierten Berufs, der Gegenstand des Arbeitsvertrags oder des verbindlichen Arbeitsplatzangebots ist, erfüllt sind;
d) ein nach innerstaatlichem Recht gültiges Reisedokument sowie erforderlichenfalls einen Visumantrag, ein gültiges Visum oder gegebenenfalls einen gültigen Aufenthaltstitel oder ein gültiges Visum für den längerfristigen Aufenthalt vorlegen;
e) nachweisen, dass er für die Zeiten, in denen er keinen Versicherungsschutz oder keinen Anspruch auf die mit einem Arbeitsvertrag einhergehenden oder sich daraus ergebenden Leistungen hat, eine Krankenversicherung abgeschlossen oder, sofern nach den innerstaatlichen Rechtsvorschriften vorgesehen, beantragt hat, die sich auf alle Risiken erstreckt, die normalerweise in dem betreffenden Mitgliedstaat für die eigenen Staatsangehörigen abgedeckt sind.

(2) Die Mitgliedstaaten schreiben vor, dass die Bedingungen nach geltendem Recht in Tarifverträgen oder Gepflogenheiten in den einschlägigen Beschäftigungszweigen für eine hoch qualifizierte Beschäftigung erfüllt sein müssen.

(3) Zusätzlich zu den Anforderungen der Absätze 1 und 2 darf das Bruttojahresgehalt, das sich aus dem im Arbeitsvertrag oder im verbindlichen Arbeitsplatzangebot angegebenen Monatsgehalt

oder Jahresgehalt ergibt, nicht unter der zu diesem Zweck von dem betreffenden Mitgliedstaat festgelegten und veröffentlichten Gehaltsschwelle liegen.

Die in Unterabsatz 1 genannte Gehaltsschwelle wird von dem betreffenden Mitgliedstaat nach Anhörung der Sozialpartner gemäß den innerstaatlichen Gepflogenheiten festgelegt. Sie entspricht mindestens dem 1,0-Fachen, jedoch nicht mehr als dem 1,6-Fachen des durchschnittlichen Bruttojahresgehalts in dem betreffenden Mitgliedstaat.

(4) Abweichend von Absatz 3 kann ein Mitgliedstaat für eine Beschäftigung in Berufen, in denen ein besonderer Bedarf an Arbeitskräften aus Drittländern besteht und die zu den Hauptgruppen 1 und 2 der ISCO gehören, eine niedrigere Gehaltsschwelle anwenden, die mindestens 80 % der von diesem Mitgliedstaat nach Absatz 3 festgelegten Gehaltsschwelle beträgt, sofern die niedrigere Gehaltsschwelle nicht unter dem 1,0-Fachen des durchschnittlichen Bruttojahresgehalts in diesem Mitgliedstaat liegt.

(5) Abweichend von Absatz 3 kann ein Mitgliedstaat bei Drittstaatsangehörigen, die nicht mehr als drei Jahre vor der Beantragung einer Blauen Karte EU einen Hochschulabschluss erworben haben, eine niedrigere Gehaltsschwelle anwenden, die mindestens 80 % der von diesem Mitgliedstaat nach Absatz 3 festgelegten Gehaltsschwelle beträgt, sofern die niedrigere Gehaltsschwelle nichtunter dem 1,0-Fachen des durchschnittlichen Bruttojahresgehalts in dem betreffenden Mitgliedstaat liegt.

Wenn eine während des Zeitraums von drei Jahren erteilte Blaue Karte EU verlängert wird, gilt weiter die in Unterabsatz 1 genannte Gehaltsschwelle, sofern

a) der erste Zeitraum von drei Jahren noch nicht abgelaufen ist oder
b) seit Erteilung der ersten Blauen Karte EU weniger als 24 Monate vergangen sind.

(6) Wenn der Antrag auf Erteilung einer Blauen Karte EU einen Drittstaatsangehörigen betrifft, der Inhaber eines nationalen Aufenthaltstitels ist, der von demselben Mitgliedstaat zum Zweck der Ausübung einer hoch qualifizierten Beschäftigung ausgestellt wurde, verzichtet dieser Mitgliedstaat darauf,

a) von dem Antragsteller die Vorlage der Nachweise gemäß Absatz 1 Buchstaben b oder c zu verlangen, sofern die einschlägige höhere berufliche Qualifikation bereits im Rahmen der Beantragung des nationalen Aufenthaltstitels geprüft wurde;
b) von dem Antragsteller die Vorlage der Nachweise gemäß Absatz 1 Buchstabe e des vorliegenden Artikels zu verlangen, es sei denn, der Antrag wird im Rahmen eines Arbeitsplatzwechsels eingereicht; in diesem Fall gilt Artikel 15 entsprechend; und
c) Artikel 7 Absatz 2 Buchstabe a anzuwenden, es sei denn, der Antrag wird im Rahmen eines Arbeitsplatzwechsels eingereicht; in diesem Fall gilt Artikel 15 entsprechend.

(7) Die Mitgliedstaaten können dem betreffenden Drittstaatsangehörigen vorschreiben, dass er seine Anschrift in ihrem Hoheitsgebiet angibt.

Wird im Recht eines Mitgliedstaats zum Zeitpunkt der Antragstellung die Angabe einer Anschrift verlangt, und der betreffende Drittstaatsangehörige kennt seine künftige Anschrift noch nicht, akzeptieren die Mitgliedstaaten auch die Angabe einer vorübergehenden Anschrift. In einem solchen Fall gibt der Drittstaatsangehörige seine ständige Anschrift spätestens an, wenn die Blaue Karte EU gemäß Artikel 9 ausgestellt wird.

Artikel 6
Anzahl der Zulassungen

Diese Richtlinie berührt nicht das Recht der Mitgliedstaaten, im Einklang mit Artikel 79 Absatz 5 AEUV festzulegen, wie viele Drittstaatsangehörige in ihr Hoheitsgebiet einreisen dürfen.

Artikel 7
Gründe für die Ablehnung eines Antrags auf eine Blaue Karte EU

(1) Ein Mitgliedstaat lehnt einen Antrag auf eine Blaue Karte EU ab, wenn

a) Artikel 5 nicht eingehalten wird;
b) die vorgelegten Dokumente auf betrügerische Weise erworben, gefälscht oder manipuliert wurden;
c) der betreffende Drittstaatsangehörige als Bedrohung für die öffentliche Ordnung, die öffentliche Sicherheit oder die öffentliche Gesundheit betrachtet wird oder
d) das Unternehmen des Arbeitgebers hauptsächlich zu dem Zweck gegründet wurde oder betrieben wird, die Einreise von Drittstaatsangehörigen zu erleichtern.

(2) Ein Mitgliedstaat kann einen Antrag auf eine Blaue Karte EU ablehnen,

a) wenn die zuständigen Behörden des Mitgliedstaats nach Prüfung der Arbeitsmarktsituation, wenn beispielsweise eine hohe Arbeitslosigkeit besteht, zu dem Schluss gelangen, dass die betreffende freie Stelle mit Arbeitskräften des eigenen Staates oder der Union besetzt werden kann oder mit Drittstaatsangehörigen, die ihren rechtmäßigen Wohnsitz in diesem Mitgliedstaat haben und dessen regulärem Arbeitsmarkt nach Unionsrecht oder innerstaatlichem Recht bereits angehören, oder mit in der EU langfristig aufenthaltsberechtigten Drittstaatsangehörigen, die sich nach Kapitel III der Richtlinie 2003/109/EG zum Zweck der Ausübung einer hoch qualifizierten Beschäftigung in diesem Mitgliedstaat begeben wollen;
b) wenn der Arbeitgeber seinen rechtlichen Pflichten im Zusammenhang mit Sozialversicherung, Steuern, Arbeitnehmerrechten oder Arbeitsbedingungen nicht nachgekommen ist;
c) wenn das Unternehmen des Arbeitgebers sich gemäß den innerstaatlichen Insolvenzgeset-

zen in Abwicklung befindet oder abgewickelt worden ist oder keine Geschäftstätigkeit ausübt;
d) wenn gegen den Arbeitgeber Sanktionen wegen Beschäftigung von Drittstaatsangehörigen ohne rechtmäßigen Aufenthalt gemäß Artikel 9 der Richtlinie 2009/52/EG des Europäischen Parlaments und des Rates (Richtlinie 2009/52/EG des Europäischen Parlaments und des Rates vom 18. Juni 2009 über Mindeststandards für Sanktionen und Maßnahmen gegen Arbeitgeber, die Drittstaatsangehörige ohne rechtmäßigen Aufenthalt beschäftigen (ABl. L 168 vom 30.6.2009, S. 24)) oder Sanktionen nach innerstaatlichem Recht wegen nicht angemeldeter Beschäftigung oder illegaler Beschäftigung verhängt wurden oder
e) um eine Anwerbung unter ethischen Gesichtspunkten in Berufen sicherzustellen, in denen im Herkunftsland ein Mangel an beruflich qualifizierten Fachkräften besteht, auch auf der Grundlage von Abkommen entweder zwischen der Union und den Mitgliedstaaten einerseits und einem oder mehreren Drittländern andererseits oder zwischen den Mitgliedstaaten einerseits und einem oder mehreren Drittländern andererseits, in denen für diese Zwecke Berufe aufgeführt sind.

(3) Unbeschadet des Absatzes 1 werden bei jeder Entscheidung, einen Antrag abzulehnen, die konkreten Umstände des Einzelfalls berücksichtigt und der Grundsatz der Verhältnismäßigkeit eingehalten.

Artikel 8
Gründe für Entzug oder Nichtverlängerung der Blauen Karte EU

(1) Ein Mitgliedstaat entzieht eine Blaue Karte EU oder verweigert deren Verlängerung, wenn
a) die Blaue Karte EU beziehungsweise die vorgelegten Dokumente auf betrügerische Weise erworben, gefälscht oder manipuliert wurde(n);
b) der betreffende Drittstaatsangehörige nicht mehr im Besitz eines gültigen Arbeitsvertrags für eine hoch qualifizierte Beschäftigung ist;
c) der betreffende Drittstaatsangehörige nicht mehr im Besitz der in Artikel 5 Absatz 1 Buchstabe b oder c genannten Qualifikationen ist oder
d) das Gehalt des betreffenden Drittstaatsangehörigen nicht mehr die festgelegte Gehaltsschwelle nach Artikel 5 Absätze 3, 4 oder 5 erreicht.

(2) Ein Mitgliedstaat kann eine Blaue Karte EU entziehen oder deren Verlängerung verweigern:
a) aus Gründen der öffentlichen Ordnung, der öffentlichen Sicherheit oder der öffentlichen Gesundheit;
b) gegebenenfalls wenn der Arbeitgeber seinen rechtlichen Pflichten im Bereich von Sozialversicherung, Steuern, Arbeitnehmerrechte oder Arbeitsbedingungen nicht nachgekommen ist;
c) wenn der Inhaber der Blauen Karte EU nicht über ausreichende Mittel verfügt, um seinen eigenen Lebensunterhalt und gegebenenfalls den Lebensunterhalt seiner Familienangehörigen zu bestreiten, ohne die Leistungen des Sozialhilfesystems dieses Mitgliedstaats in Anspruch zu nehmen.;
d) wenn der Inhaber der Blauen Karte EU sich zu anderen Zwecken als denen, für die ihm der Aufenthalt erlaubt wurde, in diesem Mitgliedstaat aufhält;
e) wenn die Bedingungen nach geltendem Recht, in Tarifverträgen oder nach Gepflogenheiten in den einschlägigen Beschäftigungszweigen für eine hoch qualifizierte Beschäftigung nicht mehr erfüllt sind;
f) wenn der Inhaber der Blauen Karte EU die einschlägigen Verfahren nach Artikel 15 Absatz 2 Buchstabe a oder Artikel 15 Absatz 3 oder 4 nicht eingehalten hat;
g) wenn der Inhaber der Blauen Karte EU nicht mehr im Besitz eines gültigen Reisedokuments ist, vorausgesetzt, der Mitgliedstaat hatte vor dem Entzug der Blauen Karte EU eine angemessene Frist festgelegt, binnen deren sich der Inhaber der Blauen Karte EU ein gültiges Reisedokument beschaffen und dieses vorlegen konnte; oder
h) wenn der Inhaber der Blauen Karte EU die Mobilitätsbedingungen nach Kapitel V nicht erfüllt.

Für die Zwecke des Unterabsatzes 1 Buchstabe c beurteilt ein Mitgliedstaat anhand der Art und Regelmäßigkeit der Mittel, ob diese ausreichen, und kann dabei die Höhe der nationalen Mindestlöhne, -einkommen oder -renten sowie die Anzahl der Familienangehörigen des Inhabers der Blauen Karte EU berücksichtigen. Bei dieser Beurteilung werden die Beiträge Familienangehöriger zum Haushaltseinkommen berücksichtigt.

(3) Abweichend von Absatz 2 Unterabsatz 1 Buchstabe f des vorliegenden Artikels ist das Unterbleiben der Meldung gemäß Artikel 15 Absatz 2 Buchstabe a oder Artikel 15 Absatz 3 oder 4 nicht als ausreichender Grund für den Entzug oder die Nichtverlängerung der Blauen Karte EU anzusehen, wenn der Inhaber der Blauen Karte EU nachweist, dass die Meldung die zuständigen Behörden aus Gründen, die außerhalb seiner Einflussmöglichkeiten liegen, nicht erreicht hat.

(4) Abweichend von Absatz 1 Buchstaben b und d können die Mitgliedstaaten beschließen, die Blaue Karte EU nicht zu entziehen oder ihre Verlängerung nicht zu verweigern, wenn der Inhaber der Blauen Karte EU vorübergehend, in jedem Fall höchstens zwölf Monate lang, die Zulassungskriterien gemäß Artikel 5 Absatz 1 Buchstabe a, Artikel 5 Absatz 3 oder gegebenenfalls Artikel 5 Absätze 4 oder 5 aufgrund von Krankheit, Behinderung oder Elternzeit nicht erfüllt.

(5) Abweichend von Absatz 1 Buchstaben b und d und Absatz 2 Unterabsatz 1 Buchstabe c wird die Blaue Karte EU im Falle der Arbeitslosigkeit des Inhabers der Blauen Karte EU weder entzogen noch wird ihre Verlängerung verweigert, es sei denn,

a) der Inhaber der Blauen Karte EU kumuliert Arbeitslosenzeiten von mehr als drei Monaten und besitzt die Blaue Karte EU weniger als zwei Jahre oder

b) der Inhaber der Blauen Karte EU kumuliert Arbeitslosenzeiten von mehr als sechs Monaten und besitzt die Blaue Karte EU mindestens seit zwei Jahren.

Die Mitgliedstaaten können längere Zeiträume kumulierter Arbeitslosigkeit gewähren, bevor sie die Blaue Karte EU entziehen oder nicht verlängern.

(6) Wenn ein Mitgliedstaat beabsichtigt, eine Blaue Karte EU gemäß Absatz 2 Unterabsatz 1 Buchstaben b oder e zu entziehen oder nicht zu verlängern, benachrichtigt die zuständige Behörde den Inhaber der Blauen Karte EU im Voraus und setzt dem Inhaber der Blauen Karte EU für die Arbeitssuche gemäß den Bedingungen in Artikel 15 Absätze 1, 2 und 3 eine angemessene Frist von mindestens drei Monaten. Die Frist für die Arbeitssuche beträgt mindestens sechs Monate, wenn der Inhaber der Blauen Karte EU zuvor mindestens zwei Jahre beschäftigt war.

(7) Unbeschadet von Absatz 1 trägt jede Entscheidung, eine Blaue Karte EU zu entziehen oder deren Verlängerung zu verweigern, den konkreten Umständen des Einzelfalls Rechnung und wahrt den Grundsatz der Verhältnismäßigkeit.

KAPITEL III
BLAUE KARTE EU UND VERFAHREN

Artikel 9
Blaue Karte EU

(1) Wenn ein Drittstaatsangehöriger die in Artikel 5 aufgeführten Kriterien erfüllt und kein Grund für eine Ablehnung gemäß Artikel 7 besteht, wird ihm eine Blaue Karte EU erteilt.

Wenn ein Mitgliedstaat Aufenthaltstitel nur auf seinem Hoheitsgebiet ausstellt und der Drittstaatsangehörige sämtliche in dieser Richtlinie festgelegten Zulassungsvoraussetzungen erfüllt, erteilt der betreffende Mitgliedstaat ihm das erforderliche Visum, um eine Blaue Karte EU zu erhalten.

(2) Die Mitgliedstaaten legen eine Standard-Gültigkeitsdauer der Blauen Karte EU fest, die mindestens 24 Monate beträgt. Liegt die Dauer des Arbeitsvertrags des Inhabers der Blauen Karte EU unter dieser Dauer, so ist die Blaue Karte EU mindestens für die Dauer des Arbeitsvertrags plus drei Monate, höchstens jedoch für die in Satz 1 angegebene Standard- Gültigkeitsdauer gültig. Ist die Gültigkeitsdauer des Reisedokuments des Inhabers der Blauen Karte EU jedoch kürzer als der in den Sätzen 1 oder 2 angegebene Zeitraum, so ist die Blaue Karte EU mindestens für die Gültigkeitsdauer des Reisedokuments gültig.

(3) Die Blaue Karte EU wird von den zuständigen Behörden des betreffenden Mitgliedstaats unter Verwendung des einheitlichen Formats nach der Verordnung (EG) Nr. 1030/2002 ausgestellt. Gemäß Buchstabe a Nummer 12 des Anhangs jener Verordnung können die Mitgliedstaaten auf der Blauen Karte EU angeben, welche Bedingungen für den Zugang zum Arbeitsmarkt gemäß Artikel 15 Absatz 1 der vorliegenden Richtlinie gelten. Die Mitgliedstaaten tragen auf dem Aufenthaltstitel im Feld „Art des Titels" „Blaue Karte EU" ein.

Weitere Angaben zu dem Beschäftigungsverhältnis des Inhabers der Blauen Karte EU können von den Mitgliedstaaten in Papierform gemacht oder gemäß Artikel 4 der Verordnung (EG) Nr. 1030/2002 und deren Anhang Buchstabe a Nummer 16 elektronisch gespeichert werden.

(4) Wenn ein Mitgliedstaat einem Drittstaatsangehörigen, dem er internationalen Schutz gewährt hat, eine Blaue Karte EU ausstellt, trägt er auf der für diesen Drittstaatsangehörigen ausgestellten Blauen Karte EU im Feld „Anmerkungen" „Durch ... (Mitgliedstaat) am ... (Datum) internationaler Schutz gewährt" ein. Wenn dieser Mitgliedstaat dem Inhaber der Blauen Karte EU den internationalen Schutz entzieht, stellt er ihm gegebenenfalls eine neue Blaue Karte EU ohne diese Anmerkung aus.

(5) Wenn ein Mitgliedstaat einem Drittstaatsangehörigen, der internationalen Schutz in einem anderen Mitgliedstaat genießt, eine Blaue Karte EU ausstellt, trägt er auf der für diesen Drittstaatsangehörigen ausgestellten Blauen Karte EU im Feld „Anmerkungen" „Durch ... (Mitgliedstaat) am ... (Datum) internationaler Schutz gewährt" ein.

Bevor der Mitgliedstaat diese Eintragung vornimmt, setzt er den in der Anmerkung genannten Mitgliedstaat von seiner Absicht der Ausstellung der Blauen Karte EU in Kenntnis und ersucht ihn um Bestätigung, dass der Inhaber der Blauen Karte EU immer noch internationalen Schutz genießt. Der in der Anmerkung zu nennende Mitgliedstaat antwortet innerhalb eines Monats nach Eingang des Auskunftsersuchens. Wurde der internationale Schutz durch eine rechtskräftige Entscheidung aberkannt, so trägt der Mitgliedstaat, der die Blaue Karte EU ausstellt, die Anmerkung nicht ein.

Ist die Verantwortung für den internationalen Schutz des Inhabers der Blauen Karte EU nach Maßgabe der einschlägigen internationalen Instrumente oder des innerstaatlichen Rechts auf den Mitgliedstaat, der die Blaue Karte EU gemäß Unterabsatz 1 ausgestellt hat, übergegangen, so ändert dieser Mitgliedstaat innerhalb von drei Monaten nach diesem Übergang die Anmerkung entsprechend.

(6) Wenn ein Mitgliedstaat eine Blaue Karte EU aufgrund höherer beruflicher Fähigkeiten in Berufen, die in Anhang I nicht aufgeführt sind, ausstellt, trägt er auf dieser Blauen Karte EU im Feld „Anmerkungen" „[In Anhang I nicht aufgeführter Beruf]" ein.

(7) Während der Gültigkeitsdauer der Blauen Karte EU ist ihr Inhaber berechtigt,
a) einmal oder mehrfach in das Hoheitsgebiet des Mitgliedstaats, der die Blaue Karte EU ausgestellt hat, einzureisen und sich dort aufzuhalten und
b) die in dieser Richtlinie vorgesehenen Rechte in Anspruch zu nehmen.

Artikel 10
Zulassungsanträge

(1) Die Mitgliedstaaten legen fest, ob der Antrag auf Erteilung einer Blauen Karte EU von dem Drittstaatsangehörigen oder von seinem Arbeitgeber zu stellen ist. Alternativ dazu können die Mitgliedstaaten zulassen, dass Anträge von dem einen oder dem anderen gestellt werden.

(2) Ein Antrag für eine Blaue Karte EU wird bearbeitet und geprüft, wenn sich der betreffende Drittstaatsangehörige entweder außerhalb des Hoheitsgebiets des Mitgliedstaats, in das er zugelassen werden möchte, aufhält, oder wenn er sich bereits mit einem gültigen Aufenthaltstitel oder einem Visum für den längerfristigen Aufenthalt im Hoheitsgebiet des betreffenden Mitgliedstaats aufhält.

(3) Abweichend von Absatz 2 kann ein Mitgliedstaat gemäß seinem innerstaatlichen Recht einen Antrag auf eine Blaue Karte EU eines Drittstaatsangehörigen annehmen, der nicht im Besitz eines gültigen Aufenthaltstitels oder eines Visums für den längerfristigen Aufenthalt ist, der aber seinen rechtmäßigen Aufenthalt im Hoheitsgebiet des betreffenden Mitgliedstaats hat.

Artikel 11
Verfahrensgarantien

(1) Die zuständigen Behörden des betreffenden Mitgliedstaats entscheiden über den Antrag auf eine Blaue Karte EU und teilen dem Antragsteller das gemäß den einschlägigen Verfahren des Rechts dieses Mitgliedstaats schriftlich mit. Diese Entscheidung und die Mitteilung erfolgen möglichst bald, spätestens aber 90 Tage nach der Einreichung des vollständigen Antrags.

Wenn der Arbeitgeber gemäß Artikel 13 anerkannt wurde, erfolgen die Entscheidung über den Antrag auf eine Blaue Karte EU und die Mitteilung möglichst bald, spätestens aber 30 Tage nach dem Tag, an dem der vollständige Antrag eingereicht wurde.

(2) Sind die vorgelegten Unterlagen oder die bereitgestellten Informationen zur Begründung des Antrags unzureichend oder unvollständig, so teilen die zuständigen Behörden dem Antragsteller mit, welche zusätzlichen Unterlagen oder Informationen erforderlich sind, und legen eine angemessene Frist für deren Bereitstellung oder Vorlage fest. Die in Absatz 1 genannte Frist läuft erst, wenn die Behörden die verlangten zusätzlichen Unterlagen oder Informationen erhalten haben. Werden die verlangten zusätzlichen Unterlagen oder Informationen nicht fristgerecht eingereicht, so kann der Antrag abgelehnt werden.

(3) Jede Entscheidung, mit der ein Antrag auf Erteilung einer Blauen Karte EU abgelehnt, eine Blaue Karte EU entzogen oder nicht verlängert wird, wird dem betroffenen Drittstaatsangehörigen und gegebenenfalls seinem Arbeitgeber nach den Verfahren des einschlägigen innerstaatlichen Rechts schriftlich mitgeteilt. In der Mitteilung werden die Gründe für die Entscheidung, die zuständige Behörde, bei der ein Rechtsbehelf eingelegt werden kann, und die Frist für die Einreichung eines Rechtsbehelfs genannt. Die Mitgliedstaaten sehen einen wirksamen gerichtlichen Rechtsbehelf gemäß ihrem innerstaatlichen Recht vor.

(4) Jeder Antragsteller kann vor Ablauf seiner Blauen Karte EU einen Verlängerungsantrag stellen. Die Mitgliedstaaten können für die Einreichung eines Verlängerungsantrags eine Frist von höchstens 90 Tagen vor Ablauf der Blauen Karte EU vorsehen.

(5) Wenn die Gültigkeitsdauer der Blauen Karte EU während des Verlängerungsverfahrens abläuft, erlauben die Mitgliedstaaten dem betreffenden Drittstaatsangehörigen, sich weiterhin in ihrem Hoheitsgebiet aufzuhalten als wäre er Inhaber einer Blauen Karte EU, bis die zuständigen Behörden den Antrag auf Verlängerung beschieden haben.

(6) Wenn Mitgliedstaaten nationale Aufenthaltstitel zum Zweck der Ausübung einer hoch qualifizierten Beschäftigung ausstellen, gewähren sie Inhabern einer Blauen Karte EU dieselben Verfahrensgarantien, die im Rahmen ihrer innerstaatlichen Regelungen gelten, wenn die Verfahrensgarantien im Rahmen dieser innerstaatlichen Regelungen günstiger sind als die Garantien gemäß den Absätzen 1 bis 5.

Artikel 12
Gebühren

Die Mitgliedstaaten können für die Bearbeitung von Anträgen gemäß dieser Richtlinie Gebühren erheben. Die Höhe der von einem Mitgliedstaat für die Antragsbearbeitung erhobenen Gebühren darf nicht unverhältnismäßig oder übermäßig hoch sein.

Wenn Mitgliedstaaten nationale Aufenthaltstitel zum Zweck der Ausübung einer hoch qualifizierten Beschäftigung ausstellen, verlangen sie von Personen, die eine Blaue Karte EU beantragen, keine höheren Gebühren als von Personen, die einen nationalen Aufenthaltstitel beantragen.

Artikel 13
Anerkannte Arbeitgeber

(1) Die Mitgliedstaaten können zur Vereinfachung der Verfahren für die Erlangung einer Blauen Karte EU Anerkennungsverfahren für Arbeitgeber gemäß ihren innerstaatlichen Rechtsvorschriften oder ihrer Verwaltungspraxis einführen.

Führt ein Mitgliedstaat solche Anerkennungsverfahren ein, so stellt er den betreffenden Arbeitgebern klare und transparente Informationen u. a. über die Anerkennungsbedingungen und -kriterien, die Gültigkeitsdauer der Anerkennung und die Folgen der Nichteinhaltung der Bedingungen für die Anerkennung einschließlich eines etwaigen Entzugs oder einer etwaigen Nichtverlängerung der Anerkennung sowie etwaiger geltender Sanktionen zur Verfügung.

Die Anerkennungsverfahren dürfen keine unverhältnismäßigen oder übermäßigen Verwaltungslasten oder -kosten für die Arbeitgeber, insbesondere für kleine und mittlere Unternehmen, mit sich bringen.

(2) Das vereinfachte Verfahren erstreckt sich auch auf die Bearbeitung von Anträgen nach Artikel 11 Absatz 1 Unterabsatz 2. Die Antragsteller sind von der Pflicht zur Vorlage oder Übermittlung eines oder mehrerer der in Artikel 5 Absatz 1 Buchstaben b oder e oder Artikel 5 Absatz 7 genannten Nachweise befreit.

(3) Die Mitgliedstaaten können die Anerkennung eines Arbeitgebers gemäß Absatz 1 ablehnen, wenn gegen den Arbeitgeber aus folgenden Gründen eine Sanktion verhängt wurde:
a) Beschäftigung von Drittstaatsangehörigen ohne rechtmäßigen Aufenthalt gemäß der Richtlinie 2009/52/EG
b) nicht angemeldete Beschäftigung oder illegale Beschäftigung nach innerstaatlichem Recht oder
c) Nichterfüllung seiner rechtlichen Pflichten im Zusammenhang mit Sozialversicherung, Steuern, Arbeitnehmerrechte oder Arbeitsbedingungen.

Bei jeder Entscheidung, einen Arbeitgeber nicht anzuerkennen, wird den besonderen Umständen des Falls, einschließlich der seit Verhängung der Sanktionen verstrichenen Zeit, Rechnung getragen und der Grundsatz der Verhältnismäßigkeit gewahrt.

(4) Die Mitgliedstaaten können die Verlängerung der Anerkennung eines Arbeitgebers ablehnen oder sie entziehen, wenn der Arbeitgeber seinen Pflichten aus dieser Richtlinie nicht nachgekommen ist oder wenn die Anerkennung auf betrügerische Weise erlangt wurde.

(5) Wenn Mitgliedstaaten nationale Aufenthaltstitel zum Zweck der Ausübung einer hoch qualifizierten Beschäftigung ausstellen und zur leichteren Ausstellung dieser Aufenthaltstitel Anerkennungsverfahren für Arbeitgeber eingerichtet haben, wenden sie bei Anträgen auf eine Blaue Karte EU dieselben Anerkennungsverfahren an, wenn die Anerkennungsverfahren zur Ausstellung dieser Aufenthaltstitel günstiger als die Verfahren gemäß den Absätzen 1 bis 4 sind.

Artikel 14
Sanktionen gegen Arbeitgeber

(1) Die Mitgliedstaaten sehen für Arbeitgeber, die ihren aus dieser Richtlinie erwachsenden Verpflichtungen nicht nachgekommen sind, Sanktionen vor. Diese Sanktionen müssen wirksam, verhältnismäßig und abschreckend sein.

(2) Die Mitgliedstaaten sehen Maßnahmen zur Vermeidung des etwaigen Missbrauchs dieser Richtlinie vor. Diese Maßnahmen umfassen die Überwachung, die Bewertung und gegebenenfalls Kontrollen gemäß dem innerstaatlichen Recht oder den innerstaatlichen Verwaltungsgepflogenheiten.

KAPITEL IV
RECHTE

Artikel 15
Zugang zum Arbeitsmarkt

(1) Inhaber einer Blauen Karte EU erhalten unter den in diesem Artikel vorgesehenen Bedingungen Zugang zu hoch qualifizierter Beschäftigung in dem betreffenden Mitgliedstaat.

(2) Während der ersten zwölf Monate der rechtmäßigen Beschäftigung der betreffenden Person als Inhaber einer Blauen Karte EU können die Mitgliedstaaten vorsehen,
a) dass ein Wechsel des Arbeitgebers oder eine Änderung, die sich auf die Erfüllung der Zulassungskriterien nach Artikel 5 auswirken kann, den zuständigen Behörden in diesem Mitgliedstaat gemäß den Verfahren nach innerstaatlichem Recht zu melden ist und
b) dass ein Wechsel des Arbeitgebers einer Prüfung der Arbeitsmarktsituation unterliegt, wenn dieser Mitgliedstaat eine solche Prüfung gemäß Artikel 7 Absatz 2 Buchstabe a durchführt.

Das Recht des Inhabers einer Blauen Karte EU, seine Beschäftigung zu wechseln, kann für höchstens 30 Tage ausgesetzt werden, während der betreffende Mitgliedstaat prüft, ob die Zulassungsvoraussetzungen gemäß Artikel 5 erfüllt sind und dass die betreffende Stelle nicht mit einer Person im Sinne von Artikel 7 Absatz 2 Buchstabe a besetzt werden kann. Der betreffende Mitgliedstaat kann binnen dieser 30 Tage den Wechsel der Beschäftigung ablehnen.

(3) Nach Ablauf der in Absatz 2 genannten Zwölfmonatsfrist können die Mitgliedstaaten lediglich verlangen, dass ein Wechsel des Arbeitgebers oder eine Änderung, die sich auf die Erfüllung der Zulassungskriterien nach Artikel 5 auswirkt, gemäß den Verfahren nach innerstaatlichem Recht gemeldet wird. Durch diese Anforderung darf das Recht des Inhabers der Blauen Karte EU auf Aufnahme und Ausübung der neuen Beschäftigung nicht ausgesetzt werden.

(4) Während der Zeit einer Arbeitslosigkeit darf der Inhaber einer Blauen Karte EU gemäß diesem Artikel eine Beschäftigung suchen und aufnehmen. Der Inhaber einer Blauen Karte EU meldet den zuständigen Behörden des Wohnsitzmitgliedstaats unter Einhaltung der einschlägigen innerstaatlichen Verfahren den Beginn sowie gegebenenfalls das Ende der der Zeit der Arbeitslosigkeit.

(5) Unbeschadet der Zulassungskriterien nach Artikel 5 können die Mitgliedstaaten Inhabern einer Blauen Karte EU gestatten, parallel zu ihrer hoch qualifizierten Beschäftigung unter den im innerstaatlichen Recht festgelegten Bedingungen eine selbstständige Erwerbstätigkeit auszuüben.

Die Zuständigkeit der Mitgliedstaaten für die Beschränkung des Umfangs der erlaubten selbstständigen Erwerbstätigkeit bleibt davon unberührt.

Eine solche selbstständige Erwerbstätigkeit muss der Hauptbeschäftigung der betreffenden Person als Inhaber einer Blauen Karte EU untergeordnet sein.

(6) Wenn die Mitgliedstaaten nationale Aufenthaltstitel zum Zweck der Ausübung einer hoch qualifizierten Beschäftigung ausstellen, garantieren sie den Inhabern einer Blauen Karte EU den Zugang zu selbstständiger Erwerbstätigkeit unter keinen ungünstigeren Bedingungen als den Bedingungen der jeweiligen innerstaatlichen Regelungen.

(7) Unbeschadet der Zulassungskriterien nach Artikel 5 können die Mitgliedstaaten Inhabern einer Blauen Karte EU gestatten, neben ihrer Hauptbeschäftigung als Inhaber einer Blauen Karte EU unter den nach innerstaatlichem Recht festgelegten Bedingungen einer beruflichen Nebentätigkeit nachzugehen.

(8) Abweichend von Absatz 1 kann ein Mitgliedstaat gemäß dem geltenden innerstaatlichen Recht oder dem Unionsrecht Beschränkungen des Zugangs zu einer Erwerbstätigkeit beibehalten, wenn diese Erwerbstätigkeit mit der zumindest gelegentlichen Ausübung hoheitlicher Befugnisse und der Verantwortung für die Wahrung der allgemeinen Belange des Staates einhergeht oder eigenen Staatsangehörigen dieses Mitgliedstaats, Unionsbürgern oder EWR-Bürgern vorbehalten ist.

(9) Dieser Artikel berührt nicht den Grundsatz der Präferenz für Unionsbürger nach Maßgabe der einschlägigen Beitrittsakte.

Artikel 16
Gleichbehandlung

(1) Auf folgenden Gebieten genießen Inhaber einer Blauen Karte EU die gleiche Behandlung wie Staatsangehörige des Mitgliedstaats, der die Blaue Karte EU ausstellt:

a) Beschäftigungsbedingungen, einschließlich des Mindestbeschäftigungsalters, und Arbeitsbedingungen, einschließlich Arbeitsentgelt und Entlassung, Arbeitszeiten, Urlaub und Feiertage, sowie Anforderungen an Gesundheitsschutz und Sicherheit am Arbeitsplatz;

b) Vereinigungsfreiheit sowie Zugehörigkeit zu und Mitgliedschaft in einer Gewerkschaft, einem Arbeitgeberverband oder einer sonstigen Organisation, deren Mitglieder einer bestimmten Berufsgruppe angehören, einschließlich der Inanspruchnahme der von solchen Organisationen angebotenen Rechte und Leistungen, unbeschadet der innerstaatlichen Bestimmungen über die öffentliche Ordnung und die öffentliche Sicherheit;

c) allgemeine und berufliche Bildung;

d) Anerkennung von Diplomen, Prüfungszeugnissen und sonstigen beruflichen Befähigungsnachweisen gemäß den einschlägigen innerstaatlichen Verfahren;

e) Zweige der sozialen Sicherheit im Sinne des Artikels 3 der Verordnung (EG) Nr. 883/2004 und

f) Zugang zu Waren und Dienstleistungen sowie zur Lieferung von Waren und Erbringung von Dienstleistungen für die Öffentlichkeit, einschließlich der Verfahren zur Erlangung von Wohnraum sowie der Informations- und Beratungsdienste der Arbeitsämter.

(2) In Bezug auf Absatz 1 Buchstabe c können die Mitgliedstaaten die Gleichbehandlung bei Studien- und Unterhaltsbeihilfen und Studien- und Unterhaltsdarlehen für den Sekundär- und Hochschulbereich und für Berufsbildung beschränken. Der Zugang zur Hochschul- oder Fachhochschulbildung kann entsprechend dem innerstaatlichen Recht Sonderbedingungen unterliegen.

In Bezug auf Absatz 1 Buchstabe f können die Mitgliedstaaten die Gleichbehandlung bei Verfahren zur Erlangung von Wohnraum beschränken. Die Vertragsfreiheit nach Maßgabe des Unionsrechts und des innerstaatlichen Rechts bleibt davon unberührt.

(3) Inhaber einer Blauen Karte EU, die in ein Drittland umziehen, oder ihre sich in Drittländern aufhaltenden Hinterbliebenen, die Ansprüche von einem Inhaber einer Blauen Karte EU herleiten, erhalten zu denselben Bedingungen und in derselben Höhe wie die Staatsangehörigen des betreffenden Mitgliedstaats beim Umzug in ein Drittland gesetzliche Altersrenten beziehungsweise Invaliditäts- oder Hinterbliebenenleistungen, die in dem früheren Beschäftigungsverhältnis der Inhaber einer Blauen Karte EU begründet sind und auf die diese Staatsangehörigen gemäß den in Artikel 3 der Verordnung (EG) Nr. 883/2004 genannten Rechtsvorschriften Ansprüche erworben haben.

(4) Das Recht auf Gleichbehandlung nach Absatz 1 lässt das Recht eines Mitgliedstaats auf Entzug oder Verweigerung der Verlängerung der Blauen Karte EU nach Artikel 8 unberührt.

(5) Dieser Artikel gilt nicht für Inhaber einer Blauen Karte EU, die in dem betreffenden Mitgliedstaat nach dem Unionsrecht das Recht auf Freizügigkeit genießen.

(6) Dieser Artikel gilt für Inhaber einer Blauen Karte EU, die internationalen Schutz genießen nur dann, wenn sie sich in einem anderen Mitgliedstaat aufhalten als in dem Mitgliedstaat, der ihnen internationalen Schutz gewährt hat.

(7) Wenn Mitgliedstaaten nationale Aufenthaltstitel zum Zweck der Ausübung einer hoch qualifizierten Beschäftigung ausstellen, gewähren sie Inhabern einer Blauen Karte EU dieselben Rechte auf Gleichbehandlung wie Inhabern eines nationalen Aufenthaltstitels, wenn diese Rechte auf Gleichbehandlung günstiger sind als die nach diesem Artikel gewährten Rechte.

Artikel 17
Familienangehörige

(1) Die Richtlinie 2003/86/EG gilt vorbehaltlich der Ausnahmeregelungen des vorliegenden Artikels.

(2) Abweichend von Artikel 3 Absatz 1 und Artikel 8 der Richtlinie 2003/86/EG wird die Familienzusammenführung nicht davon abhängig gemacht, ob der Inhaber einer Blauen Karte EU begründete Aussicht auf die Erlangung eines dauerhaften Aufenthaltsrechts oder einen Aufenthaltstitel von mindestens einjähriger Gültigkeitsdauer hat oder ob er eine Mindestaufenthaltsdauer nachweisen kann.

(3) Abweichend von Artikel 4 Absatz 1 Unterabsatz 3 und Artikel 7 Absatz 2 Unterabsatz 2 der Richtlinie 2003/86/EG dürfen die darin vorgesehenen Integrationsvoraussetzungen und -maßnahmen nur zur Anwendung gelangen, nachdem den betroffenen Personen die Familienzusammenführung gewährt wurde.

(4) Abweichend von Artikel 5 Absatz 4 Unterabsatz 1 der Richtlinie 2003/86/EG erfolgen die Entscheidungen und die Mitteilungen über die Anträge von Familienangehörigen gleichzeitig mit der Entscheidung über den Antrag auf eine Blaue Karte EU, sofern die Bedingungen für eine Familienzusammenführung erfüllt sind und die vollständigen Anträge gleichzeitig eingereicht werden. Wenn die Familienangehörigen des Inhabers einer Blauen Karte EU diesem nach der Ausstellung der Blauen Karte EU nachreisen und die Bedingungen für eine Familienzusammenführung erfüllt sind, wird die Entscheidung möglichst bald, spätestens jedoch 90 Tage nach der Einreichung des vollständigen Antrags getroffen und mitgeteilt. Artikel 11 Absätze 2 und 3 der vorliegenden Richtlinie gilt entsprechend.

(5) Abweichend von Artikel 13 Absätze 2 und 3 der Richtlinie 2003/86/EG haben die Aufenthaltstitel der Familienangehörigen die gleiche Gültigkeitsdauer wie die Blaue Karte EU, sofern die Gültigkeitsdauer ihrer Reisedokumente derjenigen ihrer Aufenthaltstitel entspricht.

(6) Abweichend von Artikel 14 Absatz 2 der Richtlinie 2003/86/EG wenden die Mitgliedstaaten keine Frist für den Zugang von Familienangehörigen zum Arbeitsmarkt an. Abweichend von Artikel 14 Absatz 1 Buchstabe b der genannten Richtlinie und unbeschadet der Einschränkungen gemäß Artikel 15 Absatz 8 der vorliegenden Richtlinie erhalten Familienangehörige gemäß den geltenden Bestimmungen des innerstaatlichen Rechts Zugang zu jeder Beschäftigung und selbständigen Erwerbstätigkeit in dem betreffenden Mitgliedstaat.

(7) Abweichend von Artikel 15 Absatz 1 der Richtlinie 2003/86/EG werden zur Berechnung der Dauer des Aufenthalts, die für den Erwerb eines eigenen Aufenthaltstitels erforderlich ist, die Aufenthaltszeiten in verschiedenen Mitgliedstaaten kumuliert. Die Mitgliedstaaten können vorsehen, dass der Einreichung des betreffenden Antrags ein rechtmäßiger und ununterbrochener Aufenthalt von zwei Jahren im Hoheitsgebiet des Mitgliedstaats, in dem der Antrag auf einen eigenen Aufenthaltstitel eingereicht wird, unmittelbar vorangehen muss.

(8) Dieser Artikel gilt nicht für Familienangehörige von Inhabern einer Blauen Karte EU, die in dem betreffenden Mitgliedstaat nach dem Unionsrecht das Recht auf Freizügigkeit genießen.

(9) Dieser Artikel gilt für Familienangehörige von Inhabern einer Blauen Karte EU, die internationalen Schutz genießen, nur dann, wenn sich diese Inhaber einer Blauen Karte EU in einem anderen Mitgliedstaat aufhalten als dem Mitgliedstaat, der ihnen den internationalen Schutz gewährt hat.

(10) Wenn Mitgliedstaaten nationale Aufenthaltstitel zum Zweck der Ausübung einer hoch qualifizierten Beschäftigung ausstellen, gewähren sie Inhabern einer Blauen Karte EU und deren Familienangehörigen dieselben Rechte wie Inhabern eines nationalen Aufenthaltstitels und deren Familienangehörigen, wenn diese Rechte günstiger sind als die nach diesem Artikel gewährten Rechte.

Artikel 18
Rechtsstellung als in der EU langfristig Aufenthaltsberechtigter für Inhaber der Blauen Karte EU

(1) Die Richtlinie 2003/109/EG gilt vorbehaltlich der Ausnahmeregelungen des vorliegenden Artikels.

(2) Abweichend von Artikel 4 Absatz 1 der Richtlinie 2003/109/EG kann ein Inhaber einer Blauen Karte EU, der von der Möglichkeit nach Artikel 21 der vorliegenden Richtlinie Gebrauch gemacht hat, Aufenthaltszeiten in mehreren Mitgliedstaaten kumulieren, um die vorgeschriebene Aufenthaltsdauer nachweisen zu können, sofern der Inhaber einer Blauen Karte EU folgende Aufenthaltszeiten akkumuliert hat:

a) die Anzahl der nach Artikel 4 Absatz 1 der Richtlinie 2003/109/EG erforderlichen Jahre rechtmäßigen und ununterbrochenen Aufenthalts im Hoheitsgebiet der Mitgliedstaaten als Inhaber der Blauen Karte EU, einer nationalen Aufenthaltserlaubnis für hoch qualifizierte Beschäftigung, eines Aufenthaltstitels als Forscher oder gegebenenfalls als Student gemäß Artikel 4 Absatz 2 Unterabsatz 2 der Richtlinie 2003/109/EG oder als Person, die internationalen Schutz genießt, und

b) zwei Jahre rechtmäßigen und ununterbrochenen Aufenthalts als Inhaber einer Blauen Karte EU im Hoheitsgebiet des Mitgliedstaats, in dem der Antrag auf Zuerkennung der Rechtsstellung eines in der EU langfristig Aufenthaltsberechtigten eingereicht wird, unmittelbar vor der Einreichung eines entsprechenden Antrags.

(3) Bei der Berechnung der Dauer des rechtmäßigen und ununterbrochenen Aufenthalts in der Union nach Absatz 2 Buchstabe a des vorliegenden Artikels unterbrechen etwaige Zeiträume, in denen sich der Antragsteller nicht im Hoheitsgebiet des betreffenden Mitgliedstaats aufgehalten hat, abweichend von Artikel 4 Absatz 3 Unterabsatz 1

der Richtlinie 2003/109/EG die Dauer des rechtmäßigen und ununterbrochenen Aufenthalts in der Union nicht, wenn sie kürzer als zwölf aufeinander folgende Monate sind und insgesamt 18 Monate während der genannten Dauer nicht überschreiten.

(4) Abweichend von Artikel 9 Absatz 1 Buchstabe c der Richtlinie 2003/109/EG verlängern die Mitgliedstaaten die Zeiten, in denen ein Inhaber eines Aufenthaltstitels für die langfristige Aufenthaltsberechtigung in der EU mit der in Artikel 19 Absatz 2 der vorliegenden Richtlinie genannten Anmerkung und seine Familienangehörigen, denen die Rechtsstellung als in der EU langfristig Aufenthaltsberechtigter gewährt wurde, sich außerhalb des Hoheitsgebiets der Union aufhalten können, auf 24 aufeinander folgende Monate.

(5) Artikel 16 Absatz 1 Buchstabe f, Artikel 16 Absatz 3, Artikel 20 sowie gegebenenfalls die Artikel 17 und 22 gelten auch für Inhaber eines Aufenthaltstitels für die langfristige Aufenthaltsberechtigung in der EU mit der in Artikel 19 Absatz 2 genannten Anmerkung.

(6) Wenn ein in der EU langfristig Aufenthaltsberechtigter, der Inhaber eines Aufenthaltstitels für die langfristige Aufenthaltsberechtigung in der EU mit der in Artikel 19 Absatz 2 der vorliegenden Richtlinie genannten Anmerkung ist, sein Recht auf Umzug in einen zweiten Mitgliedstaat gemäß Kapitel III der Richtlinie 2003/109/EG ausübt, gilt Artikel 14 Absätze 3 und 4 jener Richtlinie nicht. Der zweite Mitgliedstaat kann Maßnahmen nach Artikel 21 Absatz 8 der vorliegenden Richtlinie ergreifen.

Artikel 19
Langfristige Aufenthaltsberechtigung

(1) Die Mitgliedstaaten erteilen Inhabern einer Blauen Karte EU, die die Bedingungen nach Artikel 18 der vorliegenden Richtlinie für den Erwerb der Rechtsstellung als in der EU langfristig Aufenthaltsberechtigter erfüllen, einen Aufenthaltstitel nach der Verordnung (EG) Nr. 1030/2002.

(2) Die Mitgliedstaaten tragen auf dem in Absatz 1 genannten Aufenthaltstitel im Feld „Anmerkungen" „Ehemaliger Inhaber der Blauen Karte EU" ein.

KAPITEL V
MOBILITÄT ZWISCHEN DEN MITGLIEDSTAATEN

Artikel 20
Kurzfristige Mobilität

(1) Wenn ein Drittstaatsangehöriger, der Inhaber einer gültigen Blauen Karte EU ist, die von einem Mitgliedstaat ausgestellt wurde, der den Schengen-Besitzstand uneingeschränkt anwendet, in einen oder mehrere zweite Mitgliedstaaten einreist und sich dort für eine Dauer von 90 Tagen während eines Zeitraums von 180 Tagen zur Ausübung einer geschäftlichen Tätigkeit aufhält, so verlangt der zweite Mitgliedstaat außer der Blauen Karte EU keine weitere Genehmigung für die Ausübung der Tätigkeit.

(2) Ein Drittstaatsangehöriger, der Inhaber einer gültigen Blauen Karte EU ist, die von einem Mitgliedstaat ausgestellt wurde, der den Schengen-Besitzstand nicht uneingeschränkt anwendet, ist berechtigt, mit der Blauen Karte EU und einem gültigen Reisedokument zur Ausübung einer geschäftlichen Tätigkeit in einen oder mehrere zweite Mitgliedstaaten einzureisen und sich dort bis zu 90 Tage während eines Zeitraums von 180 Tagen aufzuhalten. Wenn der Inhaber einer Blauen Karte EU eine Binnengrenze zu einem zweiten Mitgliedstaat überschreitet, an der die Grenzkontrollen noch nicht aufgehoben wurden, kann der zweite Mitgliedstaat, der den Schengen-Besitzstand uneingeschränkt anwendet, vom Inhaber der Blauen Karte EU einen Nachweis für den geschäftlichen Zweck des Aufenthalts verlangen. Der zweite Mitgliedstaat verlangt außer der Blauen Karte EU keine weitere Genehmigung für die Ausübung der geschäftlichen Tätigkeit.

Artikel 21
Langfristige Mobilität

(1) Nach zwölf Monaten rechtmäßigem Aufenthalt im ersten Mitgliedstaat als Inhaber einer Blauen Karte EU ist der betreffende Drittstaatsangehörige berechtigt, mit der Blauen Karte EU und einem gültigen Reisedokument gemäß den in diesem Artikel festgelegten Bedingungen zum Zweck der Ausübung einer hoch qualifizierten Beschäftigung in einen zweiten Mitgliedstaat einzureisen, sich dort aufzuhalten und zu arbeiten.

(2) Wenn der Inhaber einer Blauen Karte EU, die von einem Mitgliedstaat ausgestellt wurde, der den Schengen- Besitzstand nicht uneingeschränkt anwendet, zum Zweck der langfristigen Mobilität eine Binnengrenze zu einem zweiten Mitgliedstaat überschreitet, an der die Grenzkontrollen noch nicht aufgehoben wurden, kann der zweite Mitgliedstaat, der den Schengen-Besitzstand uneingeschränkt anwendet, vom Inhaber der Blauen Karte EU die Vorlage der gültigen, vom ersten Mitgliedstaat ausgestellten Blauen Karte EU und eines Arbeitsvertrags oder eines verbindlichen Arbeitsplatzangebots für eine hoch qualifizierte Beschäftigung für einen Zeitraum von mindestens sechs Monaten in diesem zweiten Mitgliedstaat verlangen.

(3) So bald wie möglich, spätestens jedoch einen Monat nach Einreise des Inhabers der Blauen Karte EU in das Hoheitsgebiet des zweiten Mitgliedstaats, ist bei den zuständigen Behörden dieses Mitgliedstaats eine Blaue Karte EU zu beantragen. Diesem Antrag sind sämtliche Unterlagen beizufügen, die belegen, dass die in Absatz 4 genannten Bedingungen für den zweiten Mitgliedstaat erfüllt sind. Die Mitgliedstaaten legen fest, ob Anträge vom Drittstaatsangehörigen oder vom Arbeitgeber zu stellen sind. Alternativ dazu können die Mitgliedstaaten zulassen, dass Anträge von dem einen oder dem anderen gestellt werden.

Dem Inhaber der Blauen Karte EU wird spätestens 30 Tage nach dem Tag der Einreichung des vollständigen Antrags gestattet, im zweiten Mitgliedstaat eine Arbeit aufzunehmen.

Der Antrag kann an die zuständigen Behörden des zweiten Mitgliedstaats gerichtet werden, während sich der Inhaber der Blauen Karte EU noch im Hoheitsgebiet des ersten Mitgliedstaats aufhält.

(4) Für die Zwecke der Antragstellung gemäß Absatz 3 legt der Antragsteller Folgendes vor:
a) die gültige vom ersten Mitgliedstaat ausgestellte Blaue Karte EU,
b) einen gültigen Arbeitsvertrag oder, nach Maßgabe des innerstaatlichen Rechts, ein verbindliches Arbeitsplatzangebot für eine hoch qualifizierte Beschäftigung für einen Zeitraum von mindestens sechs Monaten im zweiten Mitgliedstaat,
c) im Falle reglementierter Berufe die Nachweise dafür, dass die nach innerstaatlichem Recht für Unionsbürger geltenden Voraussetzungen für die Ausübung des reglementierten Berufs, der Gegenstand des Arbeitsvertrags oder des verbindlichen Arbeitsplatzangebots ist, erfüllt sind,
d) ein nach einzelstaatlichem Recht gültiges Reisedokument und
e) einen Nachweis für die Erreichung der vom zweiten Mitgliedstaat gemäß Artikel 5 Absatz 3 oder gegebenenfalls Artikel 5 Absätze 4 oder 5 festgelegten Gehaltsschwelle.

Im Falle des Unterabsatzes 1 Buchstabe c genießt der Inhaber der Blauen Karte EU zum Zweck der Beantragung einer Blauen Karte EU in dem zweiten Mitgliedstaat gemäß dem geltenden Unionsrecht und innerstaatlichen Recht bei der Anerkennung beruflicher Qualifikationen die gleiche Behandlung wie Unionsbürger.

Im Falle nicht reglementierter Berufe kann, wenn der erste Mitgliedstaat eine Blaue Karte EU aufgrund höherer beruflicher Fähigkeiten für einen in Anhang I nicht aufgeführten Beruf ausgestellt hat, vom Antragsteller die Vorlage der Nachweise über die höheren beruflichen Qualifikationen für die auszuübende Beschäftigung nach Recht des zweiten Mitgliedstaats verlangt werden.

(5) Der betreffende Mitgliedstaat kann vom Antragsteller für die Zwecke der Antragstellung gemäß Absatz 3 Folgendes verlangen:
a) im Falle nicht reglementierter Berufe, wenn der Inhaber einer Blauen Karte EU im ersten Mitgliedstaat weniger als zwei Jahre gearbeitet hat, die Vorlage der Nachweise über die höheren beruflichen Qualifikationen für die auszuübende Beschäftigung nach innerstaatlichem Recht,
b) einen Nachweis, dass er für die Zeiten, in denen er keinen Versicherungsschutz oder keinen Anspruch auf die mit einem Arbeitsvertrag einhergehenden Leistungen hat, eine Krankenversicherung abgeschlossen oder, sofern nach den innerstaatlichen Rechtsvorschriften vorgesehen, beantragt hat, die sich auf alle Risiken erstreckt, die normalerweise in dem betreffenden Mitgliedstaat für die eigenen Staatsangehörigen abgedeckt sind.

(6) Der zweite Mitgliedstaat lehnt einen Antrag auf eine Blaue Karte EU ab, wenn
a) Absatz 4 nicht eingehalten wird,
b) die vorgelegten Dokumente in betrügerischer Weise erworben oder gefälscht oder manipuliert wurden,
c) die betreffende Beschäftigung nicht den Bedingungen nach geltendem Recht, in Tarifverträgen oder nach Gepflogenheiten gemäß Artikel 5 Absatz 2 entspricht oder
d) der Inhaber der Blauen Karte EU eine Bedrohung für die öffentliche Ordnung, die öffentliche Sicherheit oder die öffentliche Gesundheit darstellt.

(7) Bei Antragsverfahren für Zwecke der langfristigen Mobilität gelten die Verfahrensgarantien des Artikels 11 Absätze 2 und 3 entsprechend. Unbeschadet des Absatzes 4 des vorliegenden Artikels werden bei jeder Entscheidung, einen Antrag auf langfristige Mobilität abzulehnen, die konkreten Umstände des Einzelfalls berücksichtigt und der Grundsatz der Verhältnismäßigkeit eingehalten.

(8) Der zweite Mitgliedstaat kann einen Antrag auf Erteilung einer Blauen Karte EU aufgrund einer Prüfung nach Artikel 7 Absatz 2 Buchstabe a nur ablehnen, wenn er derartige Prüfungen durchführt, wenn er selbst der erste Mitgliedstaat ist.

(9) Der zweite Mitgliedstaat trifft eine der beiden folgenden Entscheidungen über einen Antrag auf Erteilung einer Blauen Karte EU,
a) wenn die Bedingungen des vorliegenden Artikels für die Mobilität erfüllt sind, eine Blaue Karte EU auszustellen und dem Drittstaatsangehörigen zu gestatten, sich zur Ausübung einer hoch qualifizierten Beschäftigung in seinem Hoheitsgebiet aufzuhalten, oder
b) wenn die Bedingungen des vorliegenden Artikels für die Mobilität nicht erfüllt sind, den Antrag abzulehnen und den Antragsteller und seinen Familienangehörigen gemäß den Verfahren des innerstaatlichen Rechts zu verpflichten, sein Hoheitsgebiet zu verlassen.

Abweichend von Artikel 11 Absatz 1 teilt der zweite Mitgliedstaat seine Entscheidung dem Antragsteller und dem ersten Mitgliedstaat möglichst bald, spätestens jedoch 30 Tage nach dem Tag der Einreichung des vollständigen Antrags schriftlich mit.

In ordnungsgemäß begründeten, mit der Komplexität des Antrags zusammenhängenden Ausnahmefällen kann ein Mitgliedstaat die in Unterabsatz 2 genannte Frist um 30 Tage verlängern. Er setzt den Antragsteller spätestens 30 Tage nach dem Tag der Einreichung des vollständigen Antrags von der Verlängerung in Kenntnis.

In seiner Mitteilung an den ersten Mitgliedstaat präzisiert der zweite Mitgliedstaat alle in Absatz 6 Buchstaben b und d genannten Gründe aus denen der Antrag abgelehnt wurde.

(10) Wenn die vom ersten Mitgliedstaat ausgestellte Blaue Karte EU während des Antragsverfahrens abläuft, kann der zweite Mitgliedstaat einen nationalen befristeten Aufenthaltstitel oder eine gleichwertige Genehmigung ausstellen, die es dem Antragsteller erlaubt, sich so lange weiter rechtmäßig in seinem Hoheitsgebiet aufzuhalten, bis die zuständigen Behörden den Antrag beschieden haben.

(11) Machen ein Inhaber einer Blauen Karte EU und gegebenenfalls seine Familienangehörigen zum zweiten Mal von der Möglichkeit Gebrauch, nach Maßgabe des vorliegenden Artikels und des Artikels 22 in einen anderen Mitgliedstaat zu ziehen, so gilt ab diesem Zeitpunkt der Mitgliedstaat, den die betroffene Person verlassen möchte, als der „erste Mitgliedstaat" und der Mitgliedstaat, für den sie einen Aufenthaltstitel beantragt, als der „zweite Mitgliedstaat". Unbeschadet des Absatzes 1 des vorliegenden Artikels kann ein Inhaber einer Blauen Karte EU nach sechs Monaten rechtmäßigen Aufenthalts im zweiten Mitgliedstaat als Inhaber einer Blauen Karte EU ein zweites Mal in einen anderen Mitgliedstaat umziehen.

Artikel 22
Aufenthalt von Familienangehörigen im zweiten Mitgliedstaat

(1) Wenn der Inhaber einer Blauen Karte EU gemäß Artikel 21 in einen zweiten Mitgliedstaat umzieht und die Familie des Inhabers einer Blauen Karte EU bereits im ersten Mitgliedstaat bestand, so sind seine Familienangehörigen berechtigt, den Inhaber der Blauen Karte EU in den zweiten Mitgliedstaat zu begleiten oder ihm dorthin zu folgen.

Die Richtlinie 2003/86/EG und Artikel 17 der vorliegenden Richtlinie gelten in den in Absatz 1 Unterabsatz 1 genannten Fällen vorbehaltlich der Abweichungen gemäß den Absätzen 2 bis 7 des vorliegenden Artikels.

Bestand die Familie im ersten Mitgliedstaat noch nicht, so gilt Artikel 17 der vorliegenden Richtlinie.

(2) Abweichend von Artikel 13 Absatz 1 der Richtlinie 2003/86/EG sind die Familienangehörigen des Inhabers der Blauen Karte EU berechtigt, in den zweiten Mitgliedstaat auf der Grundlage der gültigen Aufenthaltstitel, die sie als Familienangehörige eines Inhabers der Blauen Karte EU im ersten Mitgliedstaat erhalten haben, einzureisen und sich dort aufzuhalten.

Werden die Aufenthaltstitel der Familienangehörigen des Inhabers der Blauen Karte EU von einem Mitgliedstaat ausgestellt, der den Schengen-Besitzstand nicht uneingeschränkt anwendet, und begleiten diese Familienangehörigen den Inhaber einer Blauen Karte EU beim Überschreiten einer Binnengrenze der EU, an der die Grenzkontrollen noch nicht aufgehoben wurden, zum Zweck eines Umzugs in einen zweiten Mitgliedstaat, der den Schengen-Besitzstand uneingeschränkt anwendet, so kann der zweite Mitgliedstaat von den Familienangehörigen die Vorlage ihrer im ersten Mitgliedstaat ausgestellten Aufenthaltstitel als Familienangehörige des Inhabers einer Blauen Karte EU verlangen.

(3) Abweichend von Artikel 5 Absatz 3 der Richtlinie 2003/86/EG reichen die betreffenden Familienangehörigen oder reicht der Inhaber einer Blauen Karte EU spätestens einen Monat nach der Einreise in das Hoheitsgebiet des zweiten Mitgliedstaats gemäß dem innerstaatlichen Recht bei den zuständigen Behörden dieses Mitgliedstaats einen Antrag auf Erteilung eines Aufenthaltstitels für Familienangehörige ein.

Läuft der vom ersten Mitgliedstaat ausgestellte Aufenthaltstitel eines Familienangehörigen während des Verfahrens ab oder berechtigt dieser den Inhaber nicht länger, sich rechtmäßig im Hoheitsgebiet des zweiten Mitgliedstaats aufzuhalten, so erlaubt der zweite Mitgliedstaat dem Familienangehörigen den Aufenthalt in seinem Hoheitsgebiet, bis die zuständigen Behörden des zweiten Mitgliedstaats den Antrag beschieden haben, sofern erforderlich, durch Erteilung eines nationalen vorübergehenden Aufenthaltstitels oder einer gleichwertigen Genehmigung.

(4) Abweichend von Artikel 5 Absatz 2 und Artikel 7 Absatz 1 der Richtlinie 2003/86/EG kann der zweite Mitgliedstaat von den betreffenden Familienangehörigen verlangen, ihrem Antrag auf Erteilung eines Aufenthaltstitels Folgendes beizufügen oder zu übermitteln:

a) ihren Aufenthaltstitel für den ersten Mitgliedstaat und ein gültiges Reisedokument oder beglaubigte Abschriften davon,

b) einen Nachweis, dass sie sich als Familienangehörige des Inhabers der Blauen Karte EU im ersten Mitgliedstaat aufgehalten haben,

c) einen Nachweis im Sinne von Artikel 7 Absatz 1 Buchstabe b der Richtlinie 2003/86/EG.

(5) Wenn die Bedingungen des vorliegenden Artikels erfüllt sind und die Anträge gleichzeitig eingereicht wurden, stellt der zweite Mitgliedstaat die Aufenthaltstitel für die Familienangehörigen zum selben Zeitpunkt wie die Blaue Karte EU aus.

Wenn die Bedingungen des vorliegenden Artikels erfüllt sind und die Familienangehörigen des Inhabers einer Blauen Karte EU diesem nachziehen, nachdem die Blaue Karte EU ausgestellt wurde, werden abweichend von Artikel 17 Absatz 4 dieser Richtlinie spätestens 30 Tage nach der Einreichung des vollständigen Antrags Aufenthaltstitel für die Familienangehörigen erteilt.

In ordnungsgemäß begründeten, mit der Komplexität des Antrags zusammenhängenden Fällen können die Mitgliedstaaten die in Unterabsatz 2 genannte Frist um höchstens 30 Tage verlängern.

(6) Dieser Artikel gilt für Familienangehörige von Inhabern einer Blauen Karte EU, die internationalen Schutz genießen, nur dann, wenn diese Inhaber einer Blauen Karte EU in einen anderen Mitgliedstaat als den Mitgliedstaat, der ihnen den internationalen Schutz gewährt hat, umziehen.

(7) Dieser Artikel gilt nicht für Familienangehörige von Inhabern einer Blauen Karte EU, die

im zweiten Mitgliedstaat nach dem Unionsrecht das Recht auf Freizügigkeit genießen.

Artikel 23
Garantien und Sanktionen in Mobilitätsfällen

(1) Unbeschadet von Artikel 8 Absatz 1 Buchstabe a und Artikel 8 Absatz 2 Buchstabe a entzieht der erste Mitgliedstaat einem Inhaber einer Blauen Karte EU, der nach Maßgabe des Artikels 21 in einen anderen Mitgliedstaat zieht, die Blaue Karte EU so lange nicht, bis der zweite Mitgliedstaat den Antrag auf langfristige Mobilität beschieden hat.

(2) Wenn der zweite Mitgliedstaat den Antrag auf Erteilung einer Blauen Karte EU gemäß Artikel 21 Absatz 9 Buchstabe b ablehnt, gestattet der erste Mitgliedstaat dem Inhaber der Blauen Karte EU und gegebenenfalls dessen Familienangehörigen auf Ersuchen des zweiten Mitgliedstaats unverzüglich und ohne Formalitäten die Wiedereinreise. Das gilt auch, wenn die vom ersten Mitgliedstaat ausgestellte Blaue Karte EU während der Prüfung des Antrags abgelaufen ist oder entzogen wurde.

(3) Der Inhaber einer Blauen Karte EU oder der Arbeitgeber im zweiten Mitgliedstaat können für die Kosten im Zusammenhang mit der in Absatz 2 genannten Wiedereinreise des Inhabers der Blauen Karte EU und seiner Familienangehörigen haftbar gemacht werden.

(4) Die Mitgliedstaaten können Sanktionen gemäß Artikel 14 gegen einen Arbeitgeber eines Inhabers einer Blauen Karte EU vorsehen, wenn dieser Arbeitgeber die Verantwortung dafür trägt, dass die in diesem Kapitel festgelegten Mobilitätsbedingungen nicht erfüllt werden.

(5) Wenn ein Mitgliedstaat eine Blaue Karte EU mit der in Artikel 9 Absatz 5 genannten Anmerkung entzieht oder nicht verlängert und die Abschiebung des Drittstaatsangehörigen beschließt, ersucht er den in der Anmerkung genannten Mitgliedstaat um Bestätigung, dass die betreffende Person dort weiterhin internationalen Schutz genießt. Der in der Anmerkung genannte Mitgliedstaat antwortet innerhalb eines Monats nach Eingang des Auskunftsersuchens.

Genießt der Drittstaatsangehörige in dem in der Anmerkung genannten Mitgliedstaat weiterhin internationalen Schutz, so wird er in diesen Mitgliedstaat abgeschoben; dieser Mitgliedstaat gestattet dieser Person und ihren Familienangehörigen unbeschadet des geltenden Unionsrechts oder innerstaatlichen Rechts und des Grundsatzes der Einheit der Familie unverzüglich und ohne Formalitäten die Wiedereinreise.

Abweichend von Unterabsatz 2 des vorliegenden Absatzes hat der Mitgliedstaat, der die Abschiebung verfügt hat, weiterhin das Recht, den betreffenden Drittstaatsangehörigen in ein anderes Land als den Mitgliedstaat, der ihm den internationalen Schutz zuerkannt hat, gemäß seinen völkerrechtlichen Verpflichtungen abzuschieben, wenn die Voraussetzungen des Artikels 21 Absatz 2 der Richtlinie 2011/95/EU gegenüber diesem Drittstaatsangehörigen erfüllt sind.

(6) Überschreiten ein Inhaber einer Blauen Karte EU oder seine Familienangehörigen die Außengrenze eines Mitgliedstaats, der den Schengen-Besitzstand uneingeschränkt anwendet, so konsultiert dieser Mitgliedstaat gemäß der Verordnung (EU) 2016/399 das Schengener Informationssystem. Dieser Mitgliedstaat verweigert Personen, die im Schengener Informationssystem zur Einreise- oder Aufenthaltsverweigerung ausgeschrieben sind, die Einreise.

KAPITEL VI
SCHLUSSBESTIMMUNGEN

Artikel 24
Zugang zu Informationen und Überwachung

(1) Die Mitgliedstaaten stellen den Antragstellern für eine Blaue Karte EU die Informationen über die für die Antragstellung erforderlichen Nachweise sowie Informationen über die Bedingungen für Einreise und Aufenthalt des in den Anwendungsbereich dieser Richtlinie fallenden Drittstaatsangehörigen und seiner Familienangehörigen einschließlich der damit verbundenen Rechte und Pflichten sowie der Verfahrensgarantien in leicht zugänglicher Weise zur Verfügung. Diese Informationen enthalten Angaben über die Gehaltsschwelle, die in dem betreffenden Mitgliedstaat gemäß Artikel 5 Absätze 3, 4 und 5 festgelegt wurde, sowie über die anzuwendenden Gebühren.

Diese Informationen umfassen zudem Angaben über:

a) die geschäftlichen Tätigkeiten, die ein Inhaber einer Blauen Karte EU aus einem anderen Mitgliedstaat gemäß Artikel 20 im Hoheitsgebiet des betreffenden Mitgliedstaats ausüben darf, und

b) die in den Artikeln 21 und 22 genannten Verfahren für die Erteilung einer Blauen Karte EU und von Aufenthaltstiteln für Familienangehörige in einem zweiten Mitgliedstaat.

Wenn ein Mitgliedstaat beschließt, Rechts- oder Verwaltungsvorschriften nach Artikel 6 zu erlassen oder von der in Artikel 7 Absatz 2 Buchstabe a vorgesehenen Möglichkeit Gebrauch zu machen, teilt er die Informationen über diesen Beschluss in gleicher Weise mit. Die Informationen über die Prüfung der Arbeitsmarktsituation gemäß Artikel 7 Absatz 2 Buchstabe a enthalten gegebenenfalls Angaben zu den betroffenen Branchen, Berufen und Regionen.

(2) Wenn die Mitgliedstaaten nationale Aufenthaltstitel zum Zweck der Ausübung einer hoch qualifizierten Beschäftigung ausstellen, sorgen sie dafür, dass Zugang zu denselben Informationen über die Blaue Karte EU besteht wie über nationale Aufenthaltstitel.

(3) Die Mitgliedstaaten übermitteln der Kommission mindestens einmal im Jahr und bei jeder Änderung folgende Informationen:

a) den von ihnen festgelegten Faktor zur Berechnung der jährlichen Gehaltsschwelle gemäß Artikel 5 Absatz 3 oder gegebenenfalls

Artikel 5 Absatz 4 oder 5 und die sich daraus ergebenden Nominalbeträge;
b) das Verzeichnis der Berufe, für die eine geringere Gehaltsschwelle gemäß Artikel 5 Absatz 4 gilt;
c) für die Zwecke von Artikel 20 eine Liste der zulässigen geschäftlichen Tätigkeiten;
d) gegebenenfalls Informationen zu den in Artikel 6 genannten Rechts- oder Verwaltungsvorschriften;
e) gegebenenfalls Informationen über die Prüfung der Arbeitsmarktsituation gemäß Artikel 7 Absatz 2 Buchstabe a.

Mitgliedstaaten, die Anträge auf Erteilung einer Blauen Karte EU aus Gründen der Anwerbung unter ethischen Gesichtspunkten gemäß Artikel 7 Absatz 2 Buchstabe e ablehnen, teilen der Kommission und den anderen Mitgliedstaaten alljährlich die betreffenden Länder und Berufe einschließlich einer entsprechenden Begründung für diese Ablehnung mit.

Die Mitgliedstaaten setzen die Kommission über mit Drittländern geschlossene Abkommen im Sinne des Artikels 7 Absatz 2 Buchstabe e in Kenntnis.

Artikel 25
Statistik

(1) Die Mitgliedstaaten übermitteln der Kommission gemäß der Verordnung (EG) Nr. 862/2007 des Europäischen Parlaments und des Rates (Verordnung (EG) Nr. 862/2007 des Europäischen Parlaments und des Rates vom 11. Juli 2007 zu Gemeinschaftsstatistiken über Wanderung und internationalen Schutz und zur Aufhebung der Verordnung (EWG) Nr. 311/76 des Rates über die Erstellung von Statistiken über ausländische Arbeitnehmer (ABl. L 199 vom 31.7.2007, S. 23)) bis zum 18. November 2025, und anschließend jährlich, statistische Daten zur Zahl der Drittstaatsangehörigen, denen im vorangegangenen Kalenderjahr Blaue Karte EU erteilt wurde, und derjenigen, deren Anträge auf Erteilung einer Blauen Karte EU im vorangegangenen Kalenderjahr abgelehnt wurden; dabei geben sie ergänzend an, wie viele der Anträge in Anwendung von Artikel 6 der vorliegenden Richtlinie als unzulässig angesehen wurden oder gemäß Artikel 7 Absatz 2 Buchstabe e der vorliegenden Richtlinie abgelehnt wurden –, und statistische Daten zur Zahl der Drittstaatsangehörigen, deren Blaue Karte EU im vorangegangenen Kalenderjahr verlängert oder entzogen wurde. Diese statistischen Daten werden aufgeschlüsselt nach Staatsangehörigkeit, Gültigkeitsdauer der Aufenthaltstitel, Geschlecht und Alter sowie gegebenenfalls Beruf, Größe des Unternehmens des Arbeitgebers und Wirtschaftszweig. Die statistischen Daten über Drittstaatsangehörige, denen eine Blaue Karte EU erteilt wurde, werden weiter aufgeschlüsselt nach Personen, die internationalen Schutz genießen, Personen, die das Recht auf Freizügigkeit in der EU genießen, und Personen, die in einem Mitgliedstaat die Rechtsstellung eines in der EU langfristig Aufenthaltsberechtigten gemäß Artikel 18 der vorliegenden Richtlinie erworben haben.

Auf die gleiche Weise werden Daten zu den zugelassenen Familienangehörigen übermittelt, ausgenommen zu ihrem Beruf und zu dem betroffenen Wirtschaftszweig.

Bei Inhabern einer Blauen Karte EU und ihre Familienangehörigen, denen gemäß den Artikeln 21 und 22 der vorliegenden Richtlinie Aufenthaltstitel in einem zweiten Mitgliedstaat erteilt wurden, enthalten die mitgeteilten Informationen auch die Angabe, welches der vorherige Aufenthaltsmitgliedstaat war.

(2) Für die Zwecke der Umsetzung von Artikel 5 Absätze 3, 4 und 5 der vorliegenden Richtlinie ist zudem auf die Daten, die von den Mitgliedstaaten gemäß der Verordnung (EU) Nr. 549/2013 des Europäischen Parlaments und des Rates (Verordnung (EU) Nr. 549/2013 des Europäischen Parlaments und des Rates vom 21. Mai 2013 zum Europäischen System Volkswirtschaftlicher Gesamtrechnungen auf nationaler und regionaler Ebene in der Europäischen Union (ABl. L 174 vom 26.6.2013, S. 1)) an Eurostat übermittelt wurden, und gegebenenfalls auf nationale Daten zu verweisen.

Artikel 26
Verzeichnis der Berufe in Anhang I

(1) Die Berufe, bei denen die Kenntnisse, Fähigkeiten und Kompetenzen, die durch eine in einer erforderlichen Anzahl von Jahren erworbene einschlägige Berufserfahrung nachgewiesen werden, für die Zwecke des Antrags auf eine Blaue Karte EU den durch Hochschulabschlüsse nachgewiesenen Kenntnissen, Fähigkeiten und Kompetenzen gleichgestellt werden, sind in Anhang I aufzuführen.

(2) Die Kommission übermittelt dem Europäischen Parlament und dem Rat bis spätestens 18. November 2026, und anschließend alle zwei Jahre, einen Bericht über die Bewertung des Verzeichnisses der Berufe in Anhang I unter Berücksichtigung des sich ändernden Bedarfs am Arbeitsmarkt. Diese Berichte werden nach Anhörung der nationalen Behörden auf der Grundlage einer öffentlichen Anhörung, an der auch die Sozialpartner teilnehmen, verfasst. Ausgehend von diesen Berichten kann die Kommission gegebenenfalls Legislativvorschläge zur Änderung des Anhangs I unterbreiten.

Artikel 27
Berichterstattung

Die Kommission erstattet dem Europäischen Parlament und dem Rat bis 18. November 2026, und anschließend alle vier Jahre, einen Bericht über die Anwendung dieser Richtlinie in den Mitgliedstaaten.

In diesen Berichten werden insbesondere die Auswirkungen der Artikel 5 und 13 und des Kapitels V bewertet. Die Kommission schlägt etwaige Änderungen vor, die sie für erforderlich hält.

Die Kommission bewertet insbesondere die Zweckdienlichkeit der Gehaltsschwelle nach Artikel 5 und der in jenem Artikel vorgesehenen Abweichungen und berücksichtigt dabei unter anderem die Vielfalt der wirtschaftlichen, sektorspezifischen und geografischen Gegebenheiten.

Artikel 28
Zusammenarbeit zwischen Kontaktstellen

(1) Die Mitgliedstaaten benennen Kontaktstellen, die für den Eingang und die Übermittlung der zur Umsetzung der Artikel 18, 20, 21 und 24 erforderlichen Informationen zuständig sind und wirksam zusammenarbeiten.

(2) Die in Absatz 1 des vorliegenden Artikels genannten Kontaktstellen arbeiten insbesondere bei der für die Umsetzung von Artikel 5 Absatz 1 Buchstabe b erforderlichen Bestätigungsregelungen mit Akteuren in den Bereichen Bildung, Berufsbildung, Beschäftigung und Jugend sowie in anderen relevanten Politikbereichen wirksam zusammen.

(3) Die Mitgliedstaaten sorgen für eine angemessene Zusammenarbeit beim Austausch der in Absatz 1 genannten Angaben. Die Mitgliedstaaten führen den Informationsaustausch vorzugsweise auf elektronischem Wege durch.

Artikel 29
Änderung der Richtlinie (EU) 2016/801

(eingearbeitet in 2/5.)

Artikel 30
Aufhebung der Richtlinie 2009/50/EG

Die Richtlinie 2009/50/EG wird mit Wirkung vom 19. November 2023 aufgehoben.

Bezugnahmen auf die aufgehobene Richtlinie gelten als Bezugnahmen auf die vorliegende Richtlinie nach den Entsprechungstabellen in Anhang II.

Artikel 31
Umsetzung

(1) Die Mitgliedstaaten setzen die Rechts- und Verwaltungsvorschriften in Kraft, die erforderlich sind, um dieser Richtlinie bis 18. November 2023 nachzukommen. Sie teilen der Kommission unverzüglich den Wortlaut dieser Maßnahmen mit.

Bei Erlass dieser Maßnahmen nehmen die Mitgliedstaaten in den Vorschriften selbst oder durch einen Hinweis bei der amtlichen Veröffentlichung auf diese Richtlinie Bezug. In diese Vorschriften fügen sie die Erklärung ein, dass Bezugnahmen in den geltenden Rechts- und Verwaltungsvorschriften auf die durch die vorliegende Richtlinie aufgehobene Richtlinie als Bezugnahme auf die vorliegende Richtlinie gelten. Die Mitgliedstaaten regeln die Einzelheiten dieser Bezugnahme und die Formulierung dieser Erklärung.

(2) Die Mitgliedstaaten teilen der Kommission den Wortlaut der wichtigsten innerstaatlichen Rechtsvorschriften mit, die sie auf dem unter diese Richtlinie fallenden Gebiet erlassen.

Artikel 32
Inkrafttreten

Diese Richtlinie tritt am zwanzigsten Tag nach ihrer Veröffentlichung im *Amtsblatt der Europäischen Union* in Kraft.

Artikel 33
Adressaten

Diese Richtlinie ist gemäß den Verträgen an die Mitgliedstaaten gerichtet.

ANHANG I
Verzeichnis der Berufe im Sinne von Artikel 2 Nummer 9

Führungskräfte und Fachkräfte in der Informations- und Kommunikationstechnologie, die über eine mindestens dreijährige einschlägige Berufserfahrung innerhalb der dem Antrag auf eine Blaue Karte EU vorausgegangenen sieben Jahren verfügen und in die folgenden Gruppen der ISCO-08-Klassifikation einzuordnen sind:

1. 133 Führungskräfte in der Erbringung von Dienstleistungen im Bereich Informations- und Kommunikationstechnologie;
2. 25 Akademische und vergleichbare Fachkräfte in der Informations- und Kommunikationstechnologie.

ANHANG II
ENTSPRECHUNGSTABELLE

Richtlinie 2009/50/EG	Vorliegende Richtlinie
Artikel 1	Artikel 1
Artikel 2 Buchstabe a	Artikel 2 Nummer 1
Artikel 2 Buchstabe b	Artikel 2 Nummer 2
Artikel 2 Buchstabe c	Artikel 2 Nummer 3
Artikel 2 Buchstabe d	Artikel 2 Nummer 4
Artikel 2 Buchstabe e	Artikel 2 Nummer 5
Artikel 2 Buchstabe f	Artikel 2 Nummer 6
Artikel 2 Buchstabe g	Artikel 2 Nummern 7 und 9
Artikel 2 Buchstabe h	Artikel 2 Nummer 8
Artikel 2 Buchstabe i	Artikel 2 Nummer 10
Artikel 2 Buchstabe j	Artikel 2 Nummer 11
–	Artikel 2 Nummer 12
–	Artikel 2 Nummer 13
–	Artikel 2 Nummer 14
Artikel 3 Absatz 1	Artikel 3 Absatz 1
Artikel 3 Absatz 2, einleitender Wortlaut	Artikel 3 Absatz 2, einleitender Wortlaut
Artikel 3 Absatz 2 Buchstabe a	Artikel 3 Absatz 2 Buchstabe a
Artikel 3 Absatz 2 Buchstabe b	–
Artikel 3 Absatz 2 Buchstabe c	Artikel 3 Absatz 2 Buchstabe b
Artikel 3 Absatz 2 Buchstabe d	Artikel 3 Absatz 2 Buchstabe c
Artikel 3 Absatz 2 Buchstabe e	–
Artikel 3 Absatz 2 Buchstabe f	Artikel 3 Absatz 2 Buchstabe d
Artikel 3 Absatz 2 Buchstabe g	Artikel 3 Absatz 2 Buchstabe e
Artikel 3 Absatz 2 Buchstabe h	–
Artikel 3 Absatz 2 Buchstabe i	Artikel 3 Absatz 2 Buchstabe f
Artikel 3 Absatz 2 Buchstabe j	Artikel 3 Absatz 2 Buchstabe g
Artikel 3 Absatz 2 letzter Unterabsatz	Artikel 3 Absatz 2 Buchstabe h
Artikel 3 Absatz 3	Artikel 7 Absatz 2 Buchstabe e
Artikel 3 Absatz 4	Artikel 3 Absatz 3
Artikel 4 Absatz 1, einleitender Wortlaut	Artikel 4 Absatz 1, einleitender Wortlaut
Artikel 4 Absatz 1 Buchstabe a	Artikel 4 Absatz 1 Buchstabe a
Artikel 4 Absatz 1 Buchstabe b	Artikel 4 Absatz 1 Buchstabe b
Artikel 4 Absatz 2	Artikel 4 Absatz 2
Artikel 5 Absatz 1, einleitender Wortlaut	Artikel 5 Absatz 1, einleitender Wortlaut
Artikel 5 Absatz 1 Buchstabe a	Artikel 5 Absatz 1 Buchstabe a
Artikel 5 Absatz 1 Buchstabe b	Artikel 5 Absatz 1 Buchstabe c
Artikel 5 Absatz 1 Buchstabe c	Artikel 5 Absatz 1 Buchstabe b
Artikel 5 Absatz 1 Buchstabe d	Artikel 5 Absatz 1 Buchstabe d
Artikel 5 Absatz 1 Buchstabe e	Artikel 5 Absatz 1 Buchstabe e
Artikel 5 Absatz 1 Buchstabe f	Artikel 7 Absatz 1 Buchstabe c
Artikel 5 Absatz 2	Artikel 5 Absatz 7, Unterabsatz 1
Artikel 5 Absatz 3	Artikel 5 Absatz 3
Artikel 5 Absatz 4	Artikel 5 Absatz 2
Artikel 5 Absatz 5	Artikel 5 Absatz 4
–	Artikel 5 Absatz 5
–	Artikel 5 Absatz 6

2/10. Blue CardRL
Anhang II

Richtlinie 2009/50/EG	Vorliegende Richtlinie
–	Artikel 5 Absatz 7, Unterabsatz 2
Artikel 5 Absatz 6	–
Artikel 6	Artikel 6
Artikel 7 Absatz 1	Artikel 9 Absatz 1
Artikel 7 Absatz 2	Artikel 9 Absatz 2
Artikel 7 Absatz 3	Artikel 9 Absatz 3
Artikel 7 Absatz 4	Artikel 9 Absatz 7
–	Artikel 9 Absatz 4
–	Artikel 9 Absatz 5
–	Artikel 9 Absatz 6
Artikel 8 Absatz 1	Artikel 7 Absatz 1 Buchstabe a und Buchstabe b
–	Artikel 7 Absatz 1 Buchstabe d
Artikel 8 Absatz 2	Artikel 7 Absatz 2 Buchstabe a
Artikel 8 Absatz 3	–
Artikel 8 Absatz 4	Artikel 7 Absatz 2 Buchstabe e
Artikel 8 Absatz 5	Artikel 7 Absatz 2 Buchstabe d
–	Artikel 7 Absatz 2 Buchstabe b
–	Artikel 7 Absatz 2 Buchstabe c
–	Artikel 7 Absatz 3
Artikel 9 Absatz 1, einleitender Wortlaut	Artikel 8 Absatz 1, einleitender Wortlaut
Artikel 9 Absatz 1 Buchstabe a	Artikel 8 Absatz 1 Buchstabe a
Artikel 9 Absatz 1 Buchstabe b	Artikel 8 Absatz 1 Buchstaben b, c und d; Artikel 8 Absatz 2 Buchstaben d, e und g
Artikel 9 Absatz 1 Buchstabe c	Artikel 8 Absatz 2 Buchstabe f
Artikel 9 Absatz 2	Artikel 8 Absatz 3
Artikel 9 Absatz 3, einleitender Wortlaut	Artikel 8 Absatz 2, einleitender Wortlaut
Artikel 9 Absatz 3 Buchstabe a	Artikel 8 Absatz 2 Buchstabe a
–	Artikel 8 Absatz 2 Buchstabe b
Artikel 9 Absatz 3 Buchstabe b	Artikel 8 Absatz 2 Buchstabe c
Artikel 9 Absatz 3 Buchstabe c	–
Artikel 9 Absatz 3 Buchstabe d	–
–	Artikel 8 Absatz 2 Buchstabe h
–	Artikel 8 Absatz 4
–	Artikel 8 Absatz 6
–	Artikel 8 Absatz 7
Artikel 10 Absatz 1	Artikel 10 Absatz 1
Artikel 10 Absatz 2	Artikel 10 Absatz 2
Artikel 10 Absatz 3	Artikel 10 Absatz 3
Artikel 10 Absatz 4	–
Artikel 11 Absatz 1, Unterabsatz 1	Artikel 11 Absatz 1, Unterabsatz 1
Artikel 11 Absatz 1, Unterabsatz 2	–
–	Artikel 11 Absatz 1, Unterabsatz 2
Artikel 11 Absatz 2	Artikel 11 Absatz 2
Artikel 11 Absatz 3	Artikel 11 Absatz 3
–	Artikel 11 Absatz 4
–	Artikel 11 Absatz 5
–	Artikel 11 Absatz 6
–	Artikel 12

2/10. Blue CardRL
Anhang II

Richtlinie 2009/50/EG	Vorliegende Richtlinie
–	Artikel 13
–	Artikel 14
Artikel 12 Absatz 1	–
–	Artikel 15 Absatz 1
Artikel 12 Absatz 2	Artikel 15 Absatz 2 und Absatz 3
Artikel 12 Absatz 3 und Absatz 4	Artikel 15 Absatz 8
Artikel 12 Absatz 5	Artikel 15 Absatz 9
–	Artikel 15 Absätze 5, 6 und 7
Artikel 13 Absatz 1	Artikel 8 Absatz 5
Artikel 13 Absätze 2 und 4	Artikel 15 Absatz 4
Artikel 13 Absatz 3	–
Artikel 14 Absatz 1, einleitender Wortlaut	Artikel 16 Absatz 1, einleitender Wortlaut
Artikel 14 Absatz 1 Buchstabe a	Artikel 16 Absatz 1 Buchstabe a
Artikel 14 Absatz 1 Buchstabe b	Artikel 16 Absatz 1 Buchstabe b
Artikel 14 Absatz 1 Buchstabe c	Artikel 16 Absatz 1 Buchstabe c
Artikel 14 Absatz 1 Buchstabe d	Artikel 16 Absatz 1 Buchstabe d
Artikel 14 Absatz 1 Buchstabe e	Artikel 16 Absatz 1 Buchstabe e
Artikel 14 Absatz 1 Buchstabe f	Artikel 16 Absatz 3
Artikel 14 Absatz 1 Buchstabe g	Artikel 16 Absatz 1 Buchstabe f
Artikel 14 Absatz 1 Buchstabe h	–
Artikel 14 Absatz 2, einleitender Wortlaut, Buchstabe a, und letzter Unterabsatz	Artikel 16 Absatz 2
Artikel 14 Absatz 2 Buchstabe b	–
Artikel 14 Absatz 3	Artikel 16 Absatz 4
Artikel 14 Absatz 4	–
–	Artikel 16 Absätze 5, 6 und 7
Artikel 15 Absatz 1	Artikel 17 Absatz 1
Artikel 15 Absatz 2	Artikel 17 Absatz 2
Artikel 15 Absatz 3	Artikel 17 Absatz 3
Artikel 15 Absatz 4	Artikel 17 Absatz 4
Artikel 15 Absatz 5	Artikel 17 Absatz 5
Artikel 15 Absatz 6	Artikel 17 Absatz 6
Artikel 15 Absatz 7	Artikel 17 Absatz 7
Artikel 15 Absatz 8	–
–	Artikel 17 Absätze 8, 9 und 10
Artikel 16 Absatz 1	Artikel 18 Absatz 1
Artikel 16 Absatz 2	Artikel 18 Absatz 2
Artikel 16 Absatz 3	Artikel 18 Absatz 3
Artikel 16 Absatz 4	Artikel 18 Absatz 4
Artikel 16 Absatz 5	–
Artikel 16 Absatz 6	Artikel 18 Absatz 5
–	Artikel 18 Absatz 6
Artikel 17 Absatz 1	Artikel 19 Absatz 1
Artikel 17 Absatz 2	Artikel 19 Absatz 2
–	Artikel 20
Artikel 18 Absatz 1	Artikel 21 Absatz 1
–	Artikel 21 Absatz 2
Artikel 18 Absatz 2	Artikel 21 Absatz 3, Unterabsätze 1 und 2

2/10. Blue CardRL
Anhang II

Richtlinie 2009/50/EG	Vorliegende Richtlinie
Artikel 18 Absatz 3	Artikel 21 Absatz 3, Unterabsatz 3
Artikel 18 Absatz 4	Artikel 21 Absatz 9 und Artikel 23 Absatz 2
Artikel 18 Absatz 5	Artikel 21 Absatz 10
Artikel 18 Absatz 6	Artikel 23 Absatz 3
Artikel 18 Absatz 7	–
Artikel 18 Absatz 8	Artikel 21 Absatz 11
–	Artikel 21 Absätze 4, bis 8
Artikel 19 Absatz 1	Artikel 22 Absatz 1, Unterabsatz 1
–	Artikel 22 Absatz 2
Artikel 19 Absatz 2	Artikel 22 Absatz 3
Artikel 19 Absatz 3	Artikel 22 Absatz 4
Artikel 19 Absatz 4	–
Artikel 19 Absatz 5	Artikel 22 Absatz 1, Unterabsatz 2
Artikel 19 Absatz 6	Artikel 22 Absatz 1, Unterabsatz 3
–	Artikel 22 Absätze 5, 6 und 7
–	Artikel 23 Absätze 1, 4, 5 und 6
–	Artikel 24 Absatz 1, Unterabsätze 1 und 2
Artikel 20 Absatz 1	Artikel 24 Absatz 1, Unterabsatz 3
–	Artikel 24 Absätze 2 und 3
Artikel 20 Absatz 2	Artikel 25 Absatz 1
Artikel 20 Absatz 3	Artikel 25 Absatz 2
–	Artikel 26
Artikel 21	Artikel 27
Artikel 22 Absatz 1	Artikel 28 Absatz 1
–	Artikel 28 Absatz 2
Artikel 22 Absatz 2	Artikel 28 Absatz 3
–	Artikel 29
–	Artikel 30
Artikel 23	Artikel 31
Artikel 24	Artikel 32
Artikel 25	Artikel 33

2/11. Single Permit-Richtlinie

Richtlinie 2011/98/EU des Europäischen Parlaments und des Rates über ein einheitliches Verfahren zur Beantragung einer kombinierten Erlaubnis für Drittstaatsangehörige, sich im Hoheitsgebiet eines Mitgliedstaats aufzuhalten und zu arbeiten, sowie über ein gemeinsames Bündel von Rechten für Drittstaatsarbeitnehmer, die sich rechtmäßig in einem Mitgliedstaat aufhalten, vom 13. Dezember 2011

(ABl. Nr. L 343 v. 23.12.2011, S. 1)

GLIEDERUNG

KAPITEL I: ALLGEMEINE BESTIMMUNGEN
Art. 1: Gegenstand
Art. 2: Begriffsbestimmungen
Art. 3: Geltungsbereich

KAPITEL II: EINHEITLICHES ANTRAGSVERFAHREN UND KOMBINIERTE ERLAUBNIS
Art. 4: Einheitliches Antragsverfahren
Art. 5: Zuständige Behörde
Art. 6: Kombinierte Erlaubnis
Art. 7: Zu anderen als zu Arbeitszwecken ausgestellte Aufenthaltstitel
Art. 8: Verfahrensgarantien
Art. 9: Zugang zu Informationen
Art. 10: Gebühren
Art. 11: Rechte aufgrund der kombinierten Erlaubnis

KAPITEL III: RECHT AUF GLEICHBEHANDLUNG
Art. 12: Recht auf Gleichbehandlung

KAPITEL IV: SCHLUSSBESTIMMUNGEN
Art. 13: Günstigere Bestimmungen
Art. 14: Informationen für die Öffentlichkeit
Art. 15: Berichterstattung
Art. 16: Umsetzung
Art. 17: Inkrafttreten
Art. 18: Adressaten

DAS EUROPÄISCHE PARLAMENT UND DER RAT DER EUROPÄISCHEN UNION –

gestützt auf den Vertrag über die Arbeitsweise der Europäischen Union, insbesondere auf Artikel 79 Absatz 2 Buchstaben a und b,

auf Vorschlag der Europäischen Kommission,

nach Stellungnahme des Europäischen Wirtschafts- und Sozialausschusses (ABl. C 27 vom 3.2.2009, S. 114),

nach Stellungnahme des Ausschusses der Regionen (ABl. C 257 vom 9.10.2008, S. 20),

gemäß dem ordentlichen Gesetzgebungsverfahren (Standpunkt des Europäischen Parlaments vom 24. März 2011 [noch nicht im Amtsblatt veröffentlicht]) und Standpunkt des Rates in erster Lesung vom 24. November 2011 [noch nicht im Amtsblatt veröffentlicht]. Standpunkt des Europäischen Parlaments vom 13. Dezember 2011 [noch nicht im Amtsblatt veröffentlicht]),

in Erwägung nachstehender Gründe:

(1) Für den schrittweisen Aufbau eines Raums der Freiheit, der Sicherheit und des Rechts sieht der Vertrag über die Arbeitsweise der Europäischen Union (AEUV) die Annahme von Maßnahmen in Bezug auf Asyl, Einwanderung und Schutz der Rechte von Drittstaatsangehörigen vor.

(2) Der Europäische Rat hat auf seiner Sondertagung vom 15. und 16. Oktober 1999 in Tampere anerkannt, dass eine Harmonisierung der einzelstaatlichen Rechtsvorschriften über die Bedingungen für die Zulassung und den Aufenthalt von Drittstaatsangehörigen erforderlich ist. Insbesondere erklärte er in diesem Zusammenhang, dass die Europäische Union eine gerechte Behandlung von Drittstaatsangehörigen, die sich rechtmäßig im Hoheitsgebiet der Mitgliedstaaten aufhalten, sicherstellen muss und eine energischere Integrationspolitik darauf ausgerichtet sein sollte, ihnen vergleichbare Rechte und Pflichten wie Unionsbürgern zuzuerkennen. Der Europäische Rat ersuchte daher den Rat, auf der Grundlage von Vorschlägen der Kommission entsprechende Beschlüsse zu fassen. Wie wichtig es ist, dass die in Tampere vorgegebenen Ziele erreicht werden, wurde im Stockholmer Programm, das vom Europäischen Rat auf seiner Tagung vom 10. und 11. Dezember 2009 verabschiedet wurde, bekräftigt.

(3) Ein einheitliches Antragsverfahren, das zur Erteilung einer kombinierten Aufenthalts-/Arbeitserlaubnis in einem einzigen Verwaltungsakt führt, wird dazu beitragen, die derzeit in den Mitgliedstaaten geltenden Regeln zu vereinfachen und zu harmonisieren. Eine solche Verfahrensvereinfachung ist von mehreren Mitgliedstaaten bereits eingeführt worden und hat zu effizienteren

2/11. Single PermitRL
Präambel

Verfahren sowohl für Migranten als auch für ihre Arbeitgeber geführt und dazu beigetragen, dass die Rechtmäßigkeit ihres Aufenthalts und ihrer Beschäftigung leichter kontrolliert werden kann.

(4) Für die Ersteinreise in ihr Hoheitsgebiet sollten die Mitgliedstaaten eine kombinierte Erlaubnis oder – wenn sie eine kombinierte Erlaubnis ausschließlich in ihrem Hoheitsgebiet erteilen – ein Visum ausstellen können. Die Mitgliedstaaten sollten eine solche kombinierte Erlaubnis oder ein solches Visum innerhalb einer angemessenen Frist ausstellen.

(5) Für das Verfahren zur Prüfung des Antrags auf eine kombinierte Erlaubnis sollte eine Reihe von Regeln aufgestellt werden. Dieses Verfahren sollte wirksam und – unter Berücksichtigung der üblichen Arbeitsbelastung der Verwaltungen der Mitgliedstaaten – handhabbar sowie transparent und fair sein, um den Betroffenen eine angemessene Rechtssicherheit zu bieten.

(6) Diese Richtlinie sollte nicht die Zuständigkeit der Mitgliedstaaten berühren, die Zulassung von Drittstaatsangehörigen, einschließlich der Zulassungskontingente, zum Zweck der Ausübung einer Beschäftigung zu regeln.

(7) Entsandte Drittstaatsangehörige sollten nicht unter diese Richtlinie fallen. Dies sollte nicht verhindern, dass Drittstaatsangehörige, die sich rechtmäßig im Hoheitsgebiet eines Mitgliedstaats aufhalten und dort rechtmäßig beschäftigt sind und die in einen anderen Mitgliedstaat entsandt werden, für die Zeit ihrer Entsendung in Bezug auf die Arbeits- und Beschäftigungsbedingungen, für die die Richtlinie 96/71/EG des Europäischen Parlaments und des Rates vom 16. Dezember 1996 über die Entsendung von Arbeitnehmern im Rahmen der Erbringung von Dienstleistungen (ABl. L 18 vom 21.1.1997, S. 1) nicht gilt, weiterhin wie die Staatsangehörigen des Herkunftsmitgliedstaats behandelt werden.

(8) Drittstaatsangehörige, die gemäß der Richtlinie 2003/109/EG des Rates vom 25. November 2003 betreffend die Rechtsstellung der langfristig aufenthaltsberechtigten Drittstaatsangehörigen (ABl. L 16 vom 23.1.2004, S. 44) einen langfristigen Aufenthaltsstatus erworben haben, sollten angesichts ihrer privilegierteren Stellung und ihres Aufenthaltstitels „langfristige Aufenthaltsberechtigung – EU" von dieser Richtlinie nicht erfasst werden.

(9) Drittstaatsangehörige, die in das Hoheitsgebiet eines Mitgliedstaats als Saisonarbeitnehmer zugelassen werden, sollten angesichts ihres befristeten Aufenthaltsstatus von dieser Richtlinie ausgenommen werden.

(10) Die Verpflichtung der Mitgliedstaaten, festzulegen, ob der Antrag von einem Drittstaatsangehörigen oder seinem Arbeitgeber zu stellen ist, sollte etwaige Bestimmungen unberührt lassen, die vorsehen, beide in das Verfahren einbezogen werden müssen. Die Mitgliedstaaten sollten festlegen, ob der Antrag auf Erteilung einer kombinierten Erlaubnis im Aufnahmemitgliedstaat oder von einem Drittstaat aus gestellt werden muss. In Fällen, in denen es dem Drittstaatsangehörigen nicht erlaubt ist, einen Antrag von einem Drittstaat aus zu stellen, sollten die Mitgliedstaaten gewährleisten, dass der Antrag vom Arbeitgeber im Aufnahmemitgliedstaat gestellt werden darf.

(11) Die Bestimmungen dieser Richtlinie über das einheitliche Antragsverfahren und die kombinierte Erlaubnis sollten weder das einheitliche Visum noch Visa für langfristige Aufenthalte berühren.

(12) Die Benennung der gemäß dieser Richtlinie zuständigen Behörde sollte unbeschadet der Rolle und Zuständigkeiten anderer Behörden und gegebenenfalls der Sozialpartner im Zusammenhang mit der Prüfung eines Antrags und der Entscheidung darüber erfolgen.

(13) Die Frist für eine Entscheidung über den Antrag sollte nicht die Zeit beinhalten, die für die Anerkennung des beruflichen Bildungsabschlusses oder für die Ausstellung eines Visums benötigt wird. Diese Richtlinie sollte die nationalen Verfahren zur Anerkennung von Diplomen unberührt lassen.

(14) Die kombinierte Erlaubnis sollte im Einklang mit der Verordnung (EG) Nr. 1030/2002 des Rates vom 13. Juni 2002 zur einheitlichen Gestaltung der Aufenthaltstitel für Drittstaatsangehörige (ABl. L 157 vom 15.6.2002, S. 1) ausgearbeitet werden, wonach die Mitgliedstaaten auch weitere Angaben, insbesondere über den Besitz einer Arbeitserlaubnis, hinzufügen können. Der Mitgliedstaat sollte – unter anderem für die Zwecke einer besseren Migrationskontrolle – nicht nur in der kombinierten Erlaubnis, sondern in allen ausgestellten Aufenthaltstiteln Angaben zur Arbeitserlaubnis eintragen, unabhängig von der Art der Erlaubnis oder des Aufenthaltstitel, auf dessen Grundlage der Drittstaatsangehörige in das Hoheitsgebiet dieses Mitgliedstaats zugelassen wurde und Zugang zum Arbeitsmarkt dieses Mitgliedstaats erhalten hat.

(15) Die Bestimmungen dieser Richtlinie über Aufenthaltstitel, die zu anderen als zu Arbeitszwecken ausgestellt werden, sollten nur für die Gestaltung dieser Titel gelten und Unionsvorschriften oder einzelstaatliche Vorschriften über Zulassungsverfahren und über Verfahren für die Ausstellung dieser Titel unberührt lassen.

(16) Ungeachtet der in dieser Richtlinie enthaltenen Bestimmungen über die kombinierte Erlaubnis und über zu anderen als zu Arbeitszwecken ausgestellte Aufenthaltstitel sollten die Mitgliedstaaten ein zusätzliches Dokument in Papierform ausstellen können, damit sie genauere Angaben zu dem Beschäftigungsverhältnis festhalten können, wenn hierfür das Feld in dem Vordruck für den Aufenthaltstitel nicht ausreicht. Ein solches Dokument kann dazu dienen, die Ausbeutung von Drittstaatsangehörigen zu verhindern und illegale Beschäftigung zu bekämpfen, sollte für die Mitgliedstaaten jedoch fakultativ sein und nicht als Ersatz für eine Arbeitserlaubnis dienen, da dadurch

der Grundsatz der kombinierten Erlaubnis ausgehöhlt würde. Die technischen Möglichkeiten gemäß Artikel 4 der Verordnung (EG) Nr. 1030/2002 und Buchstabe a Nummer 16 des Anhangs hierzu können zur elektronischen Speicherung solcher Informationen genutzt werden.

(17) Die Voraussetzungen und Kriterien für die Ablehnung eines Antrags auf Erteilung, Änderung oder Verlängerung einer kombinierten Erlaubnis oder für den Entzug der kombinierten Erlaubnis sollten objektiv und im einzelstaatlichen Recht festgelegt sein, einschließlich der Verpflichtung zur Wahrung des Grundsatzes der Unionspräferenz, wie dies insbesondere in den einschlägigen Bestimmungen der Beitrittsakten 2003 und 2005 vorgesehen ist. Entscheidungen, einen Antrag abzulehnen oder eine kombinierte Erlaubnis zu entziehen, sollten ordnungsgemäß begründet werden.

(18) Drittstaatsangehörige, die im Besitz eines gültigen Reisedokuments und einer kombinierten Erlaubnis sind, die von einem den Schengen-Besitzstand vollständig anwendenden Mitgliedstaat ausgestellt wurde, sollten in das Hoheitsgebiet der Mitgliedstaaten, die den Schengen-Besitzstand vollständig anwenden, gemäß der Verordnung (EG) Nr. 562/2006 des Europäischen Parlaments und des Rates vom 15. März 2006 über einen Gemeinschaftskodex für das Überschreiten der Grenzen durch Personen (Schengener Grenzkodex) (ABl. L 105 vom 13.4.2006, S. 1) und Artikel 21 des Übereinkommens zur Durchführung des Übereinkommens von Schengen vom 14. Juni 1985 zwischen den Regierungen der Staaten der Benelux-Wirtschaftsunion, der Bundesrepublik Deutschland und der Französischen Republik betreffend den schrittweisen Abbau der Kontrollen an den gemeinsamen Grenzen (ABl. L 239 vom 22.9.2000, S. 19) (Schengener übereinkommen) einreisen und sich dort für bis zu drei Monate in einem Zeitraum von sechs Monaten frei bewegen können.

(19) In Ermangelung horizontaler Unionsvorschriften sind die Rechte von Drittstaatsangehörigen unterschiedlich, je nachdem, in welchem Mitgliedstaat sie arbeiten und welche Staatsangehörigkeit sie besitzen. Im Hinblick auf die Weiterentwicklung einer kohärenten Einwanderungspolitik und um die Ungleichheit zwischen Unionsbürgern und rechtmäßig in einem Mitgliedstaat arbeitenden Drittstaatsangehörigen zu verringern und den geltenden Besitzstand auf dem Gebiet der Zuwanderung zu ergänzen, sollte ein Bündel von Rechten niedergelegt werden, um insbesondere festzulegen, in welchen Bereichen solche Arbeitnehmer aus Drittstaaten, die noch keinen langfristigen Aufenthaltsstatus erworben haben, die Inländergleichbehandlung zuteil werden soll. Solche Bestimmungen sollen gleiche Mindestbedingungen innerhalb der Union schaffen, und sie sollen anerkennen, dass solche Drittstaatsangehörige durch ihre Arbeit und die von ihnen entrichteten Steuern einen Beitrag zur Wirtschaft der Union leisten, und sie sollen einen unlauteren Wettbewerb zwischen inländischen Staatsangehörigen und Drittstaatsangehörigen aufgrund der möglichen Ausbeutung letzterer

verringern. Nach der Begriffsbestimmung der vorliegenden Richtlinie sollte ein „Drittstaatsarbeitnehmer" – unbeschadet der Auslegung des Begriffs des Arbeitsverhältnisses in anderen Vorschriften des Unionsrechts – jeder Drittstaatsangehörige sein, der in das Hoheitsgebiet eines Mitgliedstaats zugelassen wurde, der sich dort rechtmäßig aufhält und der im Rahmen eines unselbstständigen Beschäftigungsverhältnisses im Einklang mit dem einzelstaatlichen Recht oder den einzelstaatlichen Gepflogenheiten arbeiten darf.

(20) Alle Drittstaatsangehörigen, die sich rechtmäßig in den Mitgliedstaaten aufhalten und dort arbeiten, sollten nach dem Grundsatz der Gleichbehandlung zumindest ein gemeinsames Bündel gleicher Rechte wie die Staatsangehörigen des jeweiligen Aufnahmemitgliedstaates genießen, ungeachtet des ursprünglichen Zwecks bzw. der Grundlage ihrer Zulassung. Das Recht auf Gleichbehandlung in den in dieser Richtlinie geregelten Bereichen sollte nicht nur jenen Drittstaatsangehörigen zuerkannt werden, die zu Beschäftigungszwecken in einem Mitgliedstaat zugelassen wurden, sondern auch denjenigen, die für andere Zwecke zugelassen wurden und denen der Zugang zum Arbeitsmarkt in jenem Mitgliedstaat im Rahmen anderer Vorschriften des Unionsrechts oder des einzelstaatlichen Rechts gewährt wurde, einschließlich der Familienangehörigen eines Drittstaatsarbeitnehmers, die gemäß der Richtlinie 2003/86/EG des Rates vom 22. September 2003 betreffend das Recht auf Familienzusammenführung (ABl. L 251 vom 3.10.2003, S. 12) in dem Mitgliedstaat zugelassen werden, der Drittstaatsangehörigen, die gemäß der Richtlinie 2004/114/EG des Rates vom 13. Dezember 2004 über die Bedingungen für die Zulassung von Drittstaatsangehörigen zur Absolvierung eines Studiums oder zur Teilnahme an einem Schüleraustausch, einer unbezahlten Ausbildungsmaßnahme oder einem Freiwilligendienst (ABl. L 375 vom 23.12.2004, S. 12) in dem Mitgliedstaat zugelassen werden, und der Forscher, die gemäß der Richtlinie 2005/71/EG des Rates vom 12. Oktober 2005 über ein besonderes Zulassungsverfahren für Drittstaatsangehörige zum Zwecke der wissenschaftlichen Forschung (ABl. L 289 vom 3.11.2005, S. 15) zugelassen werden.

(21) Das Recht auf Gleichbehandlung in bestimmten Bereichen sollte strikt an den rechtmäßigen Aufenthalt eines Drittstaatsangehörigen und den Zugang zum Arbeitsmarkt in einem Mitgliedstaat gebunden sein, die in der kombinierten Aufenthalts-/Arbeitserlaubnis sowie in Aufenthaltstiteln festgelegt sind, die zu anderen Zwecken ausgestellt werden und Angaben zur Arbeitserlaubnis erhalten.

(22) Die in dieser Richtlinie genannten Arbeitsbedingungen sollten zumindest Arbeitsentgelt und Entlassung, Gesundheitsschutz und Sicherheit am Arbeitsplatz sowie Arbeitszeit und Urlaub, unter Berücksichtigung der geltenden Tarifverträge, umfassen.

(23) Ein Mitgliedstaat sollte Berufsqualifikationen, die ein Drittstaatsangehöriger in einem

2/11. Single PermitRL
Präambel

anderen Mitgliedstaat erworben hat, in gleicher Weise wie die von Unionsbürgern anerkennen und sollte in einem Drittstaat erworbene Qualifikationen im Einklang mit der Richtlinie 2005/36/EG des Europäischen Parlaments und des Rates vom 7. September 2005 über die Anerkennung von Berufsqualifikationen (ABl. L 255 vom 30.9.2005, S. 22) berücksichtigen. Das Recht auf Gleichbehandlung, das Drittstaatsarbeitnehmern hinsichtlich der Anerkennung von Diplomen, Prüfungszeugnissen und sonstigen beruflichen Befähigungsnachweisen gemäß den einschlägigen nationalen Verfahren gewährt wird, sollte die Zuständigkeit der Mitgliedstaaten für die Zulassung solcher Drittstaatsarbeitnehmer zu ihrem Arbeitsmarkt nicht berühren.

(24) Drittstaatsarbeitnehmer sollten ein Recht auf Gleichbehandlung in Bezug auf die soziale Sicherheit haben. Die Zweige der sozialen Sicherheit sind in der Verordnung (EG) Nr. 883/2004 des Europäischen Parlaments und des Rates vom 29. April 2004 zur Koordinierung der Systeme der sozialen Sicherheit (ABl. L 166 vom 30.4.2004, S. 1) definiert. Die Bestimmungen dieser Richtlinie über die Gleichbehandlung im Bereich der sozialen Sicherheit sollten auch für Arbeitnehmer, die direkt aus einem Drittstaat in einem Mitgliedstaat zugelassen wurden, gelten. Allerdings sollte diese Richtlinie Drittstaatsarbeitnehmern nicht mehr Rechte verleihen, als das bestehende Unionsrecht auf dem Gebiet der sozialen Sicherheit für Drittstaatsangehörige in grenzüberschreitenden Fällen bereits vorsieht. Des Weiteren sollten mit dieser Richtlinie keine Rechte in Situationen gewährt werden, die nicht in den Geltungsbereich des Unionsrechts fallen, wie beispielsweise in Bezug auf Familienangehörige, die sich in einem Drittstaat aufhalten. Mit dieser Richtlinie sollten Rechte nur in Bezug auf diejenigen Familienangehörigen gewährt werden, die auf der Grundlage der Familienzusammenführung zu den Drittstaatsarbeitnehmern in einen Mitgliedstaat nachziehen, oder in Bezug auf diejenigen Familienangehörigen, die sich bereits rechtmäßig in diesem Mitgliedstaat aufhalten.

(25) Die Mitgliedstaaten sollten zumindest die Gleichbehandlung von Drittstaatsangehörigen gewährleisten, die in einem Beschäftigungsverhältnis stehen oder die nach einer Mindestdauer der Beschäftigung als arbeitslos gemeldet sind. Beschränkungen der Gleichbehandlung im Bereich der sozialen Sicherheit nach dieser Richtlinie sollten die Rechte unberührt lassen, die gemäß der Verordnung (EU) Nr. 1231/2010 des Europäischen Parlaments und des Rates vom 24. November 2010 zur Ausdehnung der Verordnung (EG) Nr. 883/2004 und der Verordnung (EG) Nr. 987/2009 auf Drittstaatsangehörige, die ausschließlich aufgrund ihrer Staatsangehörigkeit nicht bereits unter diese Verordnungen fallen (ABl. L 344 vom 29.12.2010, S. 1), verliehen werden.

(26) Das Unionsrecht schränkt die Zuständigkeit der Mitgliedstaaten für die Organisation ihrer Systeme der sozialen Sicherheit nicht ein. Mangels Harmonisierung auf Unionsebene legt jeder Mitgliedstaat die Voraussetzungen für die Gewährung von Sozialleistungen sowie die Höhe solcher Leistungen und den Zeitraum, für den sie gewährt werden, selbst fest. Jedoch sollten die Mitgliedstaaten bei der Ausübung dieser Zuständigkeit das Unionsrecht einhalten.

(27) Die Gleichbehandlung von Drittstaatsarbeitnehmern sollte keine Maßnahmen im Bereich der beruflichen Bildung im Rahmen von Sozialhilferegelungen umfassen.

(28) Die Anwendung dieser Richtlinie sollte etwaige günstigere Vorschriften, die im Unionsrecht und in anwendbaren internationalen Übereinkommen enthalten sind, unberührt lassen.

(29) Die Mitgliedstaaten sollten die Bestimmungen dieser Richtlinie ohne Diskriminierung aufgrund des Geschlechts, der Rasse, der Hautfarbe, der ethnischen oder sozialen Herkunft, genetischer Merkmale, der Sprache, der Religion oder der Weltanschauung, der politischen oder sonstigen Anschauung, der Zugehörigkeit zu einer nationalen Minderheit, des Vermögens, der Geburt, einer Behinderung, des Alters oder der sexuellen Ausrichtung und nach Maßgabe insbesondere der Richtlinie 2000/43/EG des Rates vom 29. Juni 2000 zur Anwendung des Gleichbehandlungsgrundsatzes ohne Unterschied der Rasse oder der ethnischen Herkunft (ABl. L 180 vom 19.7.2000, S. 22) und der Richtlinie 2000/78/EG des Rates vom 27. November 2000 zur Festlegung eines allgemeinen Rahmens für die Verwirklichung der Gleichbehandlung in Beschäftigung und Beruf (ABl. L 303 vom 2.12.2000, S. 16) durchführen.

(30) Da die Ziele der Richtlinie – das heißt die Festlegung eines einheitlichen Antragsverfahrens für die Erteilung einer kombinierten Erlaubnis für Drittstaatsangehörige, im Gebiet eines Mitgliedstaats zu arbeiten, und eines gemeinsamen Bündels von Rechten für Drittstaatsarbeitnehmer, die sich rechtmäßig in einem Mitgliedstaat aufhalten – auf Ebene der Mitgliedstaaten nicht ausreichend erreicht werden können und daher wegen des Umfangs und der Wirkungen der Maßnahme auf Unionsebene erreicht werden können, kann die Union gemäß dem Subsidiaritätsprinzip nach Artikel 5 des Vertrags über die Europäische Union (EUV) tätig werden. Entsprechend dem in diesem Artikel aufgeführten Grundsatz der Verhältnismäßigkeit geht diese Richtlinie nicht über das für die Erreichung dieser Ziele erforderliche Maß hinaus.

(31) Diese Richtlinie wahrt im Einklang mit Artikel 6 EUV die Grundrechte und Prinzipien, die in der Charta der Grundrechte der Europäischen Union verankert sind.

(32) Gemäß der Gemeinsamen Politischen Erklärung der Mitgliedstaaten und der Kommission zu erläuternden Dokumenten vom 28. September 2011 haben sich die Mitgliedstaaten verpflichtet, in begründeten Fällen zusätzlich zur Mitteilung ihrer Umsetzungsmaßnahmen ein oder mehrere Dokumente zu übermitteln, in denen der Zusammenhang zwischen den Bestandteilen einer Richtlinie und den entsprechenden Teilen innerstaatlicher Umsetzungsinstrumente erläutert wird. In Bezug

auf diese Richtlinie hält der Gesetzgeber die Übermittlung derartiger Dokumente für gerechtfertigt.

(33) Gemäß den Artikeln 1 und 2 des dem EUV und dem AEUV beigefügten Protokolls Nr. 21 über die Position des Vereinigten Königreichs und Irlands und unbeschadet des Artikels 4 dieses Protokolls beteiligen sich diese Mitgliedstaaten nicht an der Annahme dieser Richtlinie und sind weder durch diese Richtlinie gebunden noch zu ihrer Anwendung verpflichtet.

(34) Gemäß den Artikeln 1 und 2 des dem EUV und dem AEUV beigefügten Protokolls Nr. 22 über die Position Dänemarks beteiligt sich Dänemark nicht an der Annahme dieser Richtlinie und ist weder durch diese Richtlinie gebunden noch zu ihrer Anwendung verpflichtet –

HABEN FOLGENDE RICHTLINIE ERLASSEN:

KAPITEL I
ALLGEMEINE BESTIMMUNGEN

Gegenstand

Art. 1 (1) Diese Richtlinie bestimmt
a) ein einheitliches Antragsverfahren für die Erteilung einer kombinierten Erlaubnis für Drittstaatsangehörige, sich zu Arbeitszwecken im Hoheitsgebiet eines Mitgliedstaats aufzuhalten, mit dem Ziel, die Verfahren für die Zulassung dieser Personen zu vereinfachen und die Überprüfung ihrer Rechtsstellung zu erleichtern, sowie
b) ein auf dem Grundsatz der Gleichstellung mit eigenen Staatsangehörigen beruhendes gemeinsames Bündel von Rechten für Drittstaatsarbeitnehmer, die sich rechtmäßig in einem Mitgliedstaat aufhalten, unabhängig davon, zu welchen Zwecken die ursprüngliche Zulassung in das Hoheitsgebiet dieses Mitgliedstaats erteilt wurde.

(2) Diese Richtlinie berührt nicht die Zuständigkeiten der Mitgliedstaaten in Bezug auf die Zulassung von Drittstaatsangehörigen zu ihren Arbeitsmärkten.

Begriffsbestimmungen

Art. 2 Im Sinne dieser Richtlinie bezeichnet der Ausdruck
a) „Drittstaatsangehöriger" jede Person, die nicht Unionsbürger im Sinne von Artikel 20 Absatz 1 AEUV ist;
b) „Drittstaatsarbeitnehmer" jeden Drittstaatsangehörigen, der in das Hoheitsgebiet eines Mitgliedstaats zugelassen wurde, sich dort rechtmäßig aufhält und in diesem Mitgliedstaat im Rahmen eines unselbstständigen Beschäftigungsverhältnisses im Einklang mit dem einzelstaatlichen Recht oder den einzelstaatlichen Gepflogenheiten arbeiten darf;
c) „kombinierte Erlaubnis" einen von den Behörden eines Mitgliedstaats ausgestellten Aufenthaltstitel, der es einem Drittstaatsangehörigen gestattet, sich rechtmäßig im Hoheitsgebiet dieses Mitgliedstaats zu Arbeitszwecken aufzuhalten;
d) „einheitliches Antragsverfahren" jedes Verfahren, das auf Grundlage eines einzigen Antrags eines Drittstaatsangehörigen oder dessen Arbeitgebers auf Erteilung der Erlaubnis, sich im Hoheitsgebiet eines Mitgliedstaats aufhalten und dort arbeiten zu dürfen, zu einer Entscheidung über diesen Antrag auf Erteilung der kombinierten Erlaubnis führt.

Geltungsbereich

Art. 3 (1) Diese Richtlinie gilt für
a) Drittstaatsangehörige, die beantragen, sich zu Arbeitszwecken in einem Mitgliedstaat aufhalten zu dürfen;
b) Drittstaatsangehörige, die in einem Mitgliedstaat zu anderen als zu Arbeitszwecken nach Unionsrecht oder einzelstaatlichem Recht zugelassen wurden und die eine Arbeitserlaubnis sowie einen Aufenthaltstitel im Sinne der Verordnung (EG) Nr. 1030/2002 besitzen, und
c) Drittstaatsangehörige, die in einem Mitgliedstaat zu Arbeitszwecken nach Unionsrecht oder einzelstaatlichem Recht zugelassen wurden.

(2) Diese Richtlinie gilt nicht für Drittstaatsangehörige,
a) die Familienangehörige von Unionsbürgern sind und ihr Recht auf Freizügigkeit innerhalb der Union nach Maßgabe der Richtlinie 2004/38/EG des Europäischen Parlaments und des Rates vom 29. April 2004 über das Recht der Unionsbürger und ihrer Familienangehörigen, sich im Hoheitsgebiet der Mitgliedstaaten frei zu bewegen und aufzuhalten (ABl. L 158 vom 30.4.2004, S. 77), ausgeübt haben oder ausüben;
b) die zusammen mit ihren Familienangehörigen – ungeachtet ihrer Staatsangehörigkeit – aufgrund von Übereinkommen zwischen der Union und ihren Mitgliedstaaten oder zwischen der Union und Drittstaaten ein Recht auf Freizügigkeit genießen, das dem der Unionsbürger gleichwertig ist;
c) die entsandt wurden, und zwar für die Dauer ihrer Entsendung;
d) die eine Zulassung in das Hoheitsgebiet eines Mitgliedstaats, um als innerbetrieblich versetzter Arbeitnehmer zu arbeiten, beantragt oder erhalten haben;
e) die beantragt haben, als Saisonarbeitnehmer oder als Au-pair-Beschäftigte in das Hoheitsgebiet eines Mitgliedstaats zugelassen zu werden, oder bereits zugelassen wurden;
f) denen zwecks vorübergehenden Schutzes der Aufenthalt in einem Mitgliedstaat genehmigt wurde oder die aus diesem Grund um eine Aufenthaltserlaubnis nachgesucht haben und über deren Rechtsstellung noch nicht entschieden ist;

2/11. Single PermitRL
Art. 3 – 5

g) die internationalen Schutz nach der Richtlinie 2004/83/EG des Rates vom 29. April 2004 über Mindestnormen für die Anerkennung und den Status von Drittstaatsangehörigen oder Staatenlosen als Flüchtlinge oder als Personen, die anderweitig internationalen Schutz benötigen, und über den Inhalt des zu gewährenden Schutzes (ABl. L 304 vom 30.9.2004, S. 12) genießen oder internationalen Schutz nach jener Richtlinie beantragt haben und über deren Antrag noch nicht abschließend entschieden ist;

h) die nach dem einzelstaatlichen Recht oder internationalen Verpflichtungen oder der Praxis eines Mitgliedstaats Schutz genießen oder nach dem einzelstaatlichen Recht oder internationalen Verpflichtungen oder der Praxis eines Mitgliedstaats Schutz beantragt haben und über deren Antrag nicht abschließend entschieden ist;

i) die langfristig Aufenthaltsberechtigte gemäß der Richtlinie 2003/109/EG sind;

j) deren Rückführung aus sachlichen oder rechtlichen Gründen ausgesetzt wurde;

k) die zum Zwecke einer selbstständigen Erwerbstätigkeit eine Zulassung in das Hoheitsgebiet eines Mitgliedstaats beantragt oder erhalten haben;

l) die eine Zulassung als Seemann für eine beliebige Beschäftigung oder Arbeit an Bord eines Schiffes, das in einem Mitgliedstaat registriert ist oder unter der Flagge eines Mitgliedstaats fährt, beantragt oder erhalten haben.

(3) Die Mitgliedstaaten können beschließen, dass Kapitel II nicht für Drittstaatsangehörige gilt, denen entweder die Erlaubnis erteilt wurde, für einen Zeitraum von höchstens sechs Monaten im Hoheitsgebiet eines Mitgliedstaats zu arbeiten, oder die in einem Mitgliedstaat zu Studienzwecken zugelassen wurden.

(4) Kapitel II gilt nicht für Drittstaatsangehörige, die auf der Grundlage eines Visums arbeiten dürfen.

KAPITEL II
EINHEITLICHES ANTRAGSVERFAHREN UND KOMBINIERTE ERLAUBNIS

Einheitliches Antragsverfahren

Art. 4 (1) Ein Antrag auf Erteilung, Änderung oder Verlängerung einer kombinierten Erlaubnis ist im Wege eines einheitlichen Antragsverfahrens einzureichen. Die Mitgliedstaaten legen fest, ob Anträge auf Erteilung einer kombinierten Erlaubnis von dem Drittstaatsangehörigen oder seinem Arbeitgeber zu stellen sind. Die Mitgliedstaaten können auch zulassen, dass sowohl der eine als auch der andere den Antrag stellen dürfen. Ist der Antrag von dem Drittstaatsangehörigen zu stellen, gestatten die Mitgliedstaaten, dass der Antrag von einem Drittland aus oder – wenn dies im einzelstaatlichen Recht vorgesehen ist – im Hoheitsgebiet desjenigen Mitgliedstaats gestellt wird, in dem sich der Drittstaatsangehörige bereits rechtmäßig aufhält.

(2) Die Mitgliedstaaten prüfen einen Antrag nach Absatz 1 und entscheiden über die Erteilung, Änderung oder Verlängerung der kombinierten Erlaubnis, wenn der Antragsteller die im Unionsrecht oder im einzelstaatlichen Recht festgelegten Voraussetzungen erfüllt. Eine Entscheidung über die Erteilung, Änderung oder Verlängerung der kombinierten Erlaubnis wird in Form eines kombinierten Titels getroffen, der sowohl die Aufenthalts- als auch die Arbeitserlaubnis in einem einzigen Verwaltungsakt umfasst.

(3) Das einheitliche Antragsverfahren berührt nicht das Visumverfahren, das vor der ersten Einreise gegebenenfalls erforderlich ist.

(4) Die Mitgliedstaaten erteilen – sofern die hierfür erforderlichen Bedingungen erfüllt sind – den Drittstaatsangehörigen, die nach dem Inkrafttreten der einzelstaatlichen Durchführungsbestimmungen einen Zulassungsantrag stellen, und den bereits zugelassenen Drittstaatsangehörigen, die nach dem Inkrafttreten der einzelstaatlichen Durchführungsbestimmungen die Verlängerung oder Änderung ihres Aufenthaltstitels beantragen, eine kombinierte Erlaubnis.

Zuständige Behörde

Art. 5 (1) Die Mitgliedstaaten benennen die Behörde, die für die Entgegennahme des Antrags und die Erteilung der kombinierten Erlaubnis zuständig ist.

(2) Die zuständige Behörde entscheidet über den gesamten Antrag so bald wie möglich, spätestens aber innerhalb von vier Monaten nach Einreichung des Antrags.

Die in Unterabsatz 1 genannte Frist kann in Ausnahmefällen aufgrund von Schwierigkeiten bei der Antragsprüfung verlängert werden.

Ist innerhalb der in diesem Absatz vorgesehenen Frist noch keine Entscheidung ergangen, so richten sich die Rechtsfolgen nach dem einzelstaatlichen Recht.

(3) Die zuständige Behörde teilt dem Antragsteller ihre Entscheidung gemäß den in den entsprechenden einzelstaatlichen Rechtsvorschriften festgelegten Notifizierungsverfahren schriftlich mit.

(4) Sind die dem Antrag beigefügten Angaben oder Dokumente nach Maßgabe der im einzelstaatlichen Recht festgelegten Kriterien unvollständig, teilt die zuständige Behörde dem Antragsteller schriftlich mit, welche zusätzlichen Angaben oder Dokumente erforderlich sind, und setzt eine angemessene Frist für deren Einreichung fest. Die in Absatz 2 genannte Frist wird ausgesetzt, bis die zuständige Behörde oder andere maßgebliche Behörden die verlangten zusätzlichen Angaben erhalten haben. Werden die zusätzlichen Angaben oder Unterlagen nicht fristgerecht eingereicht, so kann die zuständige Behörde den Antrag ablehnen.

Kombinierte Erlaubnis

Art. 6 (1) Die Mitgliedstaaten erteilen eine kombinierte Erlaubnis unter Verwendung des einheitlichen Vordrucks gemäß der Verordnung (EG) Nr. 1030/2002 und tragen im Einklang mit deren Anhang Buchstabe a Nummer 7.5-9 die Angaben zur Arbeitserlaubnis ein.

Die Mitgliedstaaten können in Papierform zusätzliche Angaben zu dem Beschäftigungsverhältnis des Drittstaatsangehörigen festhalten (beispielsweise Name und Anschrift des Arbeitgebers, Arbeitsort, Art der Arbeit, Arbeitszeiten, Arbeitsentgelt) oder diese Angaben gemäß Artikel 4 und Anhang I Buchstabe a Nummer 16 der Verordnung (EG) Nr. 1030/2002 elektronisch speichern.

(2) Bei der Erteilung der kombinierten Erlaubnis stellen die Mitgliedstaaten keine zusätzlichen Titel als Nachweis für die Genehmigung des Zugangs zum Arbeitsmarkt aus.

Zu anderen als zu Arbeitszwecken ausgestellte Aufenthaltstitel

Art. 7 (1) Bei der Erteilung von Aufenthaltstiteln gemäß der Verordnung (EG) Nr. 1030/2002 tragen die Mitgliedstaaten – ungeachtet der Art des Titels – die Angaben zur Arbeitserlaubnis ein.

Die Mitgliedstaaten können in Papierform zusätzliche Angaben zu dem Beschäftigungsverhältnis des Drittstaatsangehörigen festhalten (beispielsweise Name und Anschrift des Arbeitgebers, Arbeitsort, Art der Arbeit, Arbeitszeiten, Arbeitsentgelt) oder diese Angaben gemäß Artikel 4 und Anhang I Buchstabe a Nummer 16 der Verordnung (EG) Nr. 1030/2002 elektronisch speichern.

(2) Bei der Erteilung von Aufenthaltstiteln gemäß der Verordnung (EG) Nr. 1030/2002 stellen die Mitgliedstaaten keine zusätzlichen Titel als Nachweis für die Genehmigung des Zugangs zum Arbeitsmarkt aus.

Verfahrensgarantien

Art. 8 (1) Eine Entscheidung, einen Antrag auf Erteilung, Änderung oder Verlängerung einer kombinierten Erlaubnis abzulehnen, und eine Entscheidung, eine kombinierte Erlaubnis nach Maßgabe von im Unionsrecht oder im einzelstaatlichen Recht vorgesehenen Kriterien zu entziehen, ist in einer schriftlichen Mitteilung zu begründen.

(2) Eine Entscheidung, einen Antrag auf Erteilung, Änderung oder Verlängerung einer kombinierten Erlaubnis abzulehnen oder eine kombinierte Erlaubnis zu entziehen, muss in dem betreffenden Mitgliedstaat nach einzelstaatlichem Recht mit einem Rechtsbehelf angefochten werden können. In der schriftlichen Mitteilung nach Absatz 1 ist auf das Gericht oder die Verwaltungsbehörde, bei denen die betreffende Person Rechtsbehelfe einlegen kann, und die entsprechenden Rechtsbehelfsfristen hinzuweisen.

(3) Ein Antrag kann unter Hinweis auf Kontingente, die für die Zulassung von Drittstaatsangehörigen zum Arbeitsmarkt gelten, als unzulässig beschieden werden und muss dann nicht bearbeitet werden.

Zugang zu Informationen

Art. 9 Die Mitgliedstaaten stellen dem Drittstaatsangehörigen und seinem künftigen Arbeitgeber auf Anfrage hinreichende Informationen darüber zur Verfügung, welche Unterlagen dem Antrag beizufügen sind, damit dieser vollständig ist.

Gebühren

Art. 10 Die Mitgliedstaaten können von Antragstellern gegebenenfalls die Zahlung von Gebühren für die Bearbeitung der Anträge nach Maßgabe dieser Richtlinie erheben. Die Höhe dieser Gebühren muss verhältnismäßig sein und kann sich auf den tatsächlichen Arbeitsaufwand zur Bearbeitung der Anträge und zur Erteilung der Erlaubnisse stützen.

Rechte aufgrund der kombinierten Erlaubnis

Art. 11 Wurde nach einzelstaatlichem Recht eine kombinierte Erlaubnis erteilt, so verleiht sie ihrem Inhaber, solange sie gültig ist, zumindest das Recht auf

a) Einreise und Aufenthalt im Hoheitsgebiet des ausstellenden Mitgliedstaats, sofern der Inhaber die Zulassungsanforderungen nach einzelstaatlichem Recht erfüllt;

b) freien Zugang zum gesamten Hoheitsgebiet des ausstellenden Mitgliedstaats innerhalb der Beschränkungen, die im einzelstaatlichen Recht vorgesehen sind;

c) Ausübung der konkreten Beschäftigung, die mit der kombinierten Erlaubnis im Einklang mit dem einzelstaatlichen Recht genehmigt wurde;

d) Information über die Rechte des Inhabers, die ihm gemäß dieser Richtlinie und/oder dem einzelstaatlichen Recht mit der Erlaubnis verliehen werden.

KAPITEL III
RECHT AUF GLEICHBEHANDLUNG

Recht auf Gleichbehandlung

Art. 12 (1) Drittstaatsarbeitnehmer im Sinne des Artikels 3 Absatz 1 Buchstaben b und c haben ein Recht auf Gleichbehandlung mit den Staatsangehörigen des Mitgliedstaats, in dem sie sich aufhalten, in Bezug auf

a) die Arbeitsbedingungen, einschließlich Arbeitsentgelt und Entlassung sowie Gesundheitsschutz und Sicherheit am Arbeitsplatz;

b) Vereinigungsfreiheit sowie Zugehörigkeit zu und Mitgliedschaft in einer Gewerkschaft, einem Arbeitgeberverband oder einer sonstigen Organisation, deren Mitglieder einer bestimmten Berufsgruppe angehören, sowie Inanspruchnahme der von solchen Organisationen angebotenen Leistungen, unbeschadet der nationalen Bestimmungen über die öffentliche Ordnung und Sicherheit;

c) allgemeine und berufliche Bildung;

d) Anerkennung von Diplomen, Prüfungszeugnissen und sonstigen beruflichen Befähigungsnachweisen gemäß den einschlägigen nationalen Verfahren;
e) Zweige der sozialen Sicherheit nach der Verordnung (EG) Nr. 883/2004;
f) Steuervergünstigungen, soweit der Arbeitnehmer als in dem betreffenden Mitgliedstaat steuerlich ansässig gilt;
g) den Zugang zu Waren und Dienstleistungen sowie zur Lieferung von Waren und Erbringung von Dienstleistungen für die Öffentlichkeit einschließlich Verfahren für die Erlangung von Wohnraum gemäß einzelstaatlichem Recht, unbeschadet der Vertragsfreiheit gemäß dem Unionsrecht und dem einzelstaatlichen Recht;
h) die Beratungsdienste der Arbeitsämter.

(2) Die Mitgliedstaaten können die Gleichbehandlung wie folgt einschränken:
a) Hinsichtlich Absatz 1 Buchstabe c können sie
 i) dessen Anwendung auf diejenigen Drittstaatsarbeitnehmer beschränken, die einen Arbeitsplatz haben oder hatten und als arbeitslos gemeldet sind;
 ii) diejenigen Drittstaatsarbeitnehmer ausnehmen, die in ihr Hoheitsgebiet gemäß der Richtlinie 2004/114/EG zugelassen wurden;
 iii) Studien- und Unterhaltsbeihilfen und -darlehen oder andere Beihilfen und Darlehen ausschließen;
 iv) besondere Voraussetzungen, einschließlich Sprachkenntnissen, und die Zahlung von Studiengebühren gemäß dem einzelstaatlichen Recht für den Zugang zu Universitäts- und Hochschulbildung sowie zu beruflicher Bildung, die nicht unmittelbar mit der konkreten Arbeitstätigkeit in Verbindung stehen, festlegen;
b) sie können die gemäß Absatz 1 Buchstabe e eingeräumten Rechte für Drittstaatsarbeitnehmer beschränken, wobei solche Rechte nicht für solche Drittstaatsarbeitnehmer beschränkt werden dürfen, die in einem Beschäftigungsverhältnis stehen oder die mindestens sechs Monate beschäftigt waren und als arbeitslos gemeldet sind.
Zusätzlich können die Mitgliedstaaten beschließen, dass Absatz 1 Buchstabe e hinsichtlich Familienleistungen nicht für Drittstaatsangehörige gilt, denen die Erlaubnis erteilt wurde, für einen Zeitraum von höchstens sechs Monaten im Hoheitsgebiet eines Mitgliedstaates zu arbeiten, für Drittstaatsangehörige, die zu Studienzwecken zugelassen wurden oder für Drittstaatsangehörige, die aufgrund eines Visums die Erlaubnis haben zu arbeiten;
c) hinsichtlich Absatz 1 Buchstabe f können sie bezüglich Steuervergünstigungen dessen Anwendung auf Fälle beschränken, in denen der Wohnsitz oder der gewöhnliche Aufenthaltsort der Familienangehörigen des Drittstaatsarbeitnehmers, für die er Leistungen beansprucht, im Hoheitsgebiet des betreffenden Mitgliedstaats liegt.
d) hinsichtlich Absatz 1 Buchstabe g können sie
 i) dessen Anwendung auf diejenigen Drittstaatsarbeitnehmer beschränken, die einen Arbeitsplatz haben;
 ii) den Zugang zu Wohnraum beschränken.

(3) Das Recht auf Gleichbehandlung nach Absatz 1 lässt das Recht des Mitgliedstaats auf Entzug oder Verweigerung der Verlängerung des gemäß dieser Richtlinie ausgestellten Aufenthaltstitels oder des zu anderen als zu Zwecken der Arbeitsaufnahme ausgestellten Aufenthaltstitels oder einer sonstigen Arbeitserlaubnis in dem betreffenden Mitgliedstaat unberührt.

(4) Drittstaatsarbeitnehmer, die in einen Drittstaat umziehen, oder ihre sich in Drittstaaten aufhaltenden Hinterbliebenen, die ihre Ansprüche von ihnen herleiten, erhalten gesetzliche Altersrenten bzw. Invaliditäts- oder Hinterbliebenenleistungen, die in früheren Beschäftigungsverhältnis begründet sind und auf die sie gemäß den Rechtsvorschriften nach Artikel 3 der Verordnung (EG) Nr. 883/2004 Ansprüche erworben haben, zu denselben Bedingungen und in derselben Höhe wie die Staatsangehörigen des betreffenden Mitgliedstaats bei einem Umzug in einen Drittstaat.

KAPITEL IV
SCHLUSSBESTIMMUNGEN

Günstigere Bestimmungen

Art. 13 (1) Von dieser Richtlinie unberührt bleiben günstigere Bestimmungen
a) des Unionsrechts, einschließlich der zwischen der Union oder der Union und ihren Mitgliedstaaten einerseits und einem oder mehreren Drittstaaten andererseits geschlossenen bilateralen und multilateralen Abkommen; und
b) bilateraler oder multilateraler Abkommen zwischen einem oder mehreren Mitgliedstaaten und einem oder mehreren Drittstaaten.

(2) Diese Richtlinie berührt nicht das Recht der Mitgliedstaaten, Vorschriften zu erlassen oder beizubehalten, die für Personen, auf die die Richtlinie Anwendung findet, günstiger sind.

Informationen für die Öffentlichkeit

Art. 14 Jeder Mitgliedstaat stellt der Öffentlichkeit regelmäßig aktualisierte Informationen über die Voraussetzungen für die Zulassung und den Aufenthalt von Drittstaatsangehörigen in sein bzw. seinem Hoheitsgebiet zu Arbeitszwecken zur Verfügung.

Berichterstattung

Art. 15 (1) Die Kommission legt dem Europäischen Parlament und dem Rat regelmäßig, erstmals spätestens am 25. Dezember 2016 einen Bericht über die Anwendung dieser Richtlinie in den Mitgliedstaaten vor und schlägt gegebenenfalls die für notwendig erachteten Änderungen vor.

(2) Die Mitgliedstaaten übermitteln der Kommission jährlich, erstmals spätestens am 25. Dezember 2014 gemäß der Verordnung (EG) Nr. 862/2007 des Europäischen Parlaments und des Rates vom 11. Juli 2007 zu Gemeinschaftsstatistiken über Wanderung und internationalen Schutz (ABl. L 199 vom 31.7.2007, S. 23) statistische Angaben zur Zahl der Drittstaatsangehörigen, denen eine kombinierte Erlaubnis im vorhergehenden Kalenderjahr erteilt wurde.

Umsetzung

Art. 16 (1) Die Mitgliedstaaten setzen die Rechts- und Verwaltungsvorschriften in Kraft, die erforderlich sind, um dieser Richtlinie bis zum 25. Dezember 2013 nachzukommen. Sie übermitteln der Kommission unverzüglich den Wortlaut dieser Vorschriften.

Wenn die Mitgliedstaaten diese Vorschriften erlassen, nehmen sie in den Vorschriften selbst oder durch einen Hinweis bei der amtlichen Veröffentlichung auf diese Richtlinie Bezug. Die Mitgliedstaaten regeln die Einzelheiten der Bezugnahme.

(2) Die Mitgliedstaaten teilen der Kommission den Wortlaut der wichtigsten einzelstaatlichen Rechtsvorschriften mit, die sie auf dem unter diese Richtlinie fallenden Gebiet erlassen.

Inkrafttreten

Art. 17 Diese Richtlinie tritt am Tag nach ihrer Veröffentlichung im *Amtsblatt der Europäischen Union* in Kraft.

Adressaten

Art. 18 Diese Richtlinie ist gemäß den Verträgen an die Mitgliedstaaten gerichtet.

2/12. Zusatzrenten-Richtlinie

Richtlinie 2014/50/EU des Europäischen Parlaments und des Rates über Mindestvorschriften zur Erhöhung der Mobilität von Arbeitnehmern zwischen den Mitgliedstaaten durch Verbesserung des Erwerbs und der Wahrung von Zusatzrentenansprüchen

(ABl. Nr. L 128 v. 30.4.2014, S. 1)

GLIEDERUNG

Art. 1: Gegenstand
Art. 2: Anwendungsbereich
Art. 3: Begriffsbestimmungen
Art. 4: Bedingungen für den Erwerb von Ansprüchen im Rahmen eines Zusatzrentensystems
Art. 5: Wahrung ruhender Rentenanwartschaften
Art. 6: Auskünfte
Art. 7: Mindestvorschriften und Rückschrittsklausel
Art. 8: Umsetzung
Art. 9: Berichterstattung
Art. 10: Inkrafttreten
Art. 11: Adressaten

DAS EUROPÄISCHE PARLAMENT UND DER RAT DER EUROPÄISCHEN UNION –

gestützt auf den Vertrag über die Arbeitsweise der Europäischen Union, insbesondere auf Artikel 46, auf Vorschlag der Europäischen Kommission,

nach Stellungnahme des Europäischen Wirtschafts- und Sozialausschusses, gemäß dem ordentlichen Gesetzgebungsverfahren,

in Erwägung nachstehender Gründe:

(1) Die Freizügigkeit ist eine der von der Union garantierten Grundfreiheiten. Artikel 46 des Vertrags über die Arbeitsweise der Europäischen Union (AEUV) sieht vor, dass das Europäische Parlament und der Rat gemäß dem ordentlichen Gesetzgebungsverfahren und nach Anhörung des Europäischen Wirtschafts- und Sozialausschusses durch Richtlinien alle erforderlichen Maßnahmen zu treffen haben, um die Freizügigkeit der Arbeitnehmer gemäß Artikel 45 AEUV herzustellen. Nach Artikel 45 AEUV gibt die Freizügigkeit der Arbeitnehmer den Arbeitnehmern das Recht, sich um angebotene Stellen zu bewerben und sich zu diesem Zweck im Hoheitsgebiet der Mitgliedstaaten frei zu bewegen. Diese Richtlinie zielt auf die Förderung der Mobilität von Arbeitnehmern ab, indem sie Mobilitätshindernisse abbaut, die durch einige Vorschriften bezüglich der an ein Beschäftigungsverhältnis gekoppelten Zusatzrentensysteme entstanden sind.

(2) Die Alterssicherung der Arbeitnehmer wird durch die gesetzliche Rentenversicherung gewährleistet, ergänzt durch die an das Beschäftigungsverhältnis gekoppelten Zusatzrentensysteme, die in den Mitgliedstaaten immer mehr an Bedeutung gewinnen.

(3) Das Europäische Parlament und der Rat verfügen über einen großen Ermessensspielraum bei der Wahl der Maßnahmen zur Verwirklichung der Ziele des Artikels 46 AEUV. Das Koordinierungssystem gemäß der Verordnung (EWG) Nr. 1408/71 des Rates und der Verordnung (EG) Nr. 883/2004 des Europäischen Parlaments und des Rates und insbesondere die Bestimmungen zur Zusammenrechnung der Versicherungszeiten gelten nicht für die Zusatzrentensysteme, ausgenommen die Systeme, die in diesen Verordnungen als Rechtsvorschriften definiert werden oder die auf der Grundlage dieser Verordnungen Gegenstand einer entsprechenden Erklärung eines Mitgliedstaats sind.

(4) Die Richtlinie 98/49/EG des Rates *[hier abgedruckt unter 2/7.]* ist eine erste spezifische Maßnahme, die darauf abzielt, die Ausübung des Rechts der Arbeitnehmer auf Freizügigkeit im Bereich der Zusatzrentensysteme zu erleichtern.

(5) Ziel dieser Richtlinie ist es, die Mobilität von Arbeitnehmern zwischen den Mitgliedstaaten weiter zu erleichtern, indem die Möglichkeiten für Anwärter auf Zusatzrentenansprüche zum Erwerb und zur Wahrung solcher Zusatzrentenansprüche verbessert werden.

(6) Diese Richtlinie gilt nicht für den Erwerb und die Wahrung von Zusatzrentenansprüchen von Arbeitnehmern, die innerhalb eines einzigen Mitgliedstaats zu- und abwandern. Die Mitgliedstaaten können es in Betracht ziehen, von ihren nationalen Befugnissen Gebrauch zu machen, um die gemäß dieser Richtlinie anwendbaren Regelungen auf Versorgungsanwärter auszudehnen, die innerhalb eines einzigen Mitgliedstaats den Arbeitgeber wechseln.

(7) Ein Mitgliedstaat kann verlangen, dass ausscheidende Arbeitnehmer, die in einen anderen Mitgliedstaat abwandern, dies ihren Zusatzrentensystemen entsprechend mitteilen.

(8) Der Beschaffenheit und dem besonderen Charakter der Zusatzrentensysteme und den diesbezüglichen Unterschieden innerhalb der einzelnen Mitgliedstaaten und zwischen ihnen sollte Rechnung getragen werden. Die Einführung neuer Systeme, die Tragfähigkeit bestehender Systeme

sowie die Erwartungen und Rechte der derzeitigen Versorgungsanwärter sollten angemessen geschützt werden. Insbesondere sollte diese Richtlinie der Rolle der Sozialpartner bei der Gestaltung und Anwendung der Zusatzrentensysteme Rechnung tragen.

(9) Durch diese Richtlinie wird das Recht der Mitgliedstaaten, ihre Altersversorgungssysteme selbst zu gestalten, nicht in Frage gestellt. Die Mitgliedstaaten bleiben uneingeschränkt für die Organisation dieser Systeme zuständig und sind im Zuge der Umsetzung dieser Richtlinie in nationales Recht nicht verpflichtet, Rechtsvorschriften zur Einführung von Zusatzrentensystemen zu erlassen.

(10) Diese Richtlinie begrenzt nicht die Autonomie der Sozialpartner in Fällen, in denen sie für die Einrichtung und Verwaltung von Altersversorgungssystemen zuständig sind, sofern sie die durch die Richtlinie festgelegten Ergebnisse sicherstellen können.

(11) Diese Richtlinie sollte für alle nach nationalem Recht und Gepflogenheiten eingerichteten Zusatzrentensysteme gelten, die Zusatzrentenleistungen für Arbeitnehmer bieten, beispielsweise Gruppenversicherungsverträge oder branchenweit oder sektoral vereinbarte, nach dem Umlageverfahren finanzierte Systeme, kapitalgedeckte Systeme oder Rentenversprechen auf der Grundlage von Pensionsrückstellungen der Unternehmen oder tarifliche oder sonstige vergleichbare Regelungen.

(12) Diese Richtlinie sollte nicht für Zusatzrentensysteme bzw. gegebenenfalls für Teilbereiche solcher Systeme gelten, die verschlossen wurden, so dass keine neuen Anwärter mehr aufgenommen werden, weil die Einführung neuer Regelungen für solche Systeme eine ungerechtfertigte Belastung bedeuten würde.

(13) Diese Richtlinie sollte keine Insolvenzschutz- oder Ausgleichsregelungen berühren, die nicht zu den an ein Beschäftigungsverhältnis gekoppelten Zusatzrentensystemen zählen und deren Ziel es ist, die Rentenansprüche von Arbeitnehmern bei Insolvenz des Unternehmens oder des Rentensystems zu schützen. Desgleichen sollte diese Richtlinie nationale Pensionsreservefonds unberührt lassen.

(14) Diese Richtlinie sollte nur auf die Zusatzrentensysteme Anwendung finden, bei denen ein Anspruche bestehen, die sich aus einem Beschäftigungsverhältnis ergeben und die – je nach Vorschrift im jeweiligen Rentensystem oder im nationalen Recht – mit dem Erreichen des Rentenalters oder der Erfüllung anderer Voraussetzungen verbunden sind. Diese Richtlinie gilt nur für individuelle Versorgungsregelungen, die im Rahmen eines Beschäftigungsverhältnisses vereinbart wurden. Sind Leistungen der Invaliditäts- oder Hinterbliebenenversorgung mit Zusatzrentensystemen verbunden, so kann der Anspruch auf solche Leistungen Sonderregelungen unterliegen. Diese Richtlinie berührt nicht das geltende nationale Recht und die Regeln der Zusatzrentensysteme in Bezug auf diese Sonderregelungen.

(15) Eine einmalige Zahlung, die nicht mit den zum Zwecke der zusätzlichen Altersversorgung geleisteten Beiträgen in Zusammenhang steht, die unmittelbar oder mittelbar am Ende eines Beschäftigungsverhältnisses gezahlt und die ausschließlich vom Arbeitgeber finanziert wird, sollte nicht als Zusatzrente im Sinne dieser Richtlinie gelten.

(16) Da die zusätzliche Altersversorgung in vielen Mitgliedstaaten immer mehr an Bedeutung als Mittel zur Sicherung des Lebensstandards im Alter gewinnt, sollten die Bedingungen für den Erwerb und die Wahrung von Rentenansprüchen im Interesse des Abbaus von Hindernissen, die der Freizügigkeit der Arbeitnehmer zwischen den Mitgliedstaaten entgegenstehen, verbessert werden.

(17) Die Tatsache, dass in einigen Zusatzrentensystemen Rentenansprüche verfallen können, wenn das Beschäftigungsverhältnis eines Arbeitnehmers endet, bevor dieser den Mindestzeitraum der Zugehörigkeit zu dem betreffenden System (im Folgenden „Unverfallbarkeitsfrist") oder ein bestimmtes Mindestalter (im Folgenden „Unverfallbarkeitsalter") erreicht hat, kann Arbeitnehmern, die zwischen Mitgliedstaaten zu- und abwandern, den Erwerb angemessener Rentenansprüche unmöglich machen. Die Voraussetzung einer langen Wartezeit, bevor der Arbeitnehmer Anwärter eines Rentensystems werden kann, kann eine vergleichbare Wirkung haben. Derartige Bedingungen stellen deshalb Hemmnisse für die Freizügigkeit der Arbeitnehmer dar. Wird die Zugehörigkeit zu einem Rentensystem hingegen an das Erreichen eines Mindestalters geknüpft, so stellt diese Voraussetzung kein Hindernis für die Ausübung des Rechts auf Freizügigkeit dar und wird daher nicht durch diese Richtlinie geregelt.

(18) Die Unverfallbarkeitsbedingungen sollten nicht anderen Bedingungen für den Erwerb eines Anspruchs auf Zahlung einer Rente gleichgestellt werden, die nach nationalem Recht oder nach den Regeln bestimmter Zusatzrentensysteme, insbesondere beitragsorientierter Systeme, in Bezug auf die Auszahlungsphase festgelegt sind. Beispielsweise stellt der Zeitraum der aktiven Zugehörigkeit zu einem System, den ein Anwärter nach dem Erwerb des Anspruchs auf eine Zusatzrente erreichen muss, um die Rente in Form einer Leibrente oder einer Kapitalauszahlung beantragen zu können, keine Unverfallbarkeitsfrist dar.

(19) Hat ein ausscheidender Arbeitnehmer zum Zeitpunkt der Beendigung seines Beschäftigungsverhältnisses noch keine unverfallbaren Rentenanwartschaften erworben und trägt das Rentensystem oder der Arbeitgeber das Anlagerisiko, insbesondere bei leistungsorientierten Systemen, so sollte das System die vom ausscheidenden Arbeitnehmer eingezahlten Rentenbeiträge stets erstatten. Hat ein ausscheidender Arbeitnehmer zum Zeitpunkt der Beendigung seines Beschäftigungsverhältnisses noch keine unverfallbaren Rentenanwartschaften erworben und trägt der ausscheidende Arbeitnehmer das Anlagerisiko, insbesondere bei beitragsorientierten Systemen, so kann das System den aus diesen Beiträgen erwachsenden Anlagewert

erstatten. Der Anlagewert kann höher oder niedriger sein als die vom ausscheidenden Arbeitnehmer gezahlten Beiträge. Alternativ dazu kann das System die Summe der Beiträge erstatten.

(20) Ausscheidende Arbeitnehmer sollten das Recht haben, ihre unverfallbaren Rentenanwartschaften als ruhende Rentenanwartschaften in dem Zusatzrentensystem, in dem die Anwartschaft begründet wurde, zu belassen. Was die Wahrung ruhender Rentenanwartschaften anbelangt, so kann der Schutz als gleichwertig gelten, wenn insbesondere im Kontext eines beitragsorientierten Systems den ausscheidenden Arbeitnehmern die Möglichkeit einer Übertragung des Wertes ihrer unverfallbaren Rentenanwartschaften auf ein Zusatzrentensystem geboten wird, das die Bedingungen dieser Richtlinie erfüllt.

(21) Im Einklang mit nationalem Recht und nationalen Gepflogenheiten sollten Maßnahmen getroffen werden, um die Wahrung der ruhenden Rentenanwartschaften oder ihres Wertes sicherzustellen. Der Wert der Anwartschaften zum Zeitpunkt des Ausscheidens des Anwärters aus dem System sollte nach dem nationalen Recht und nationalen Gepflogenheiten ermittelt werden. Wird der Wert der ruhenden Rentenanwartschaften angepasst, so sollte den Besonderheiten des Systems, den Interessen der ausgeschiedenen Versorgungsanwärter, den Interessen der im System verbleibenden aktiven Versorgungsanwärter sowie den Interessen der im Ruhestand befindlichen Leistungsempfänger Rechnung getragen werden.

(22) Diese Richtlinie begründet keine Verpflichtung, für ruhende Rentenanwartschaften günstigere Bedingungen festzulegen als für die Anwartschaften aktiver Versorgungsanwärter.

(23) Wenn die unverfallbaren Rentenanwartschaften oder der Wert der unverfallbaren Rentenanwartschaften eines ausscheidenden Arbeitnehmers einen vom betreffenden Mitgliedstaat festgelegten anwendbaren Schwellenbetrag nicht überschreiten, kann den Rentensystemen die Möglichkeit eingeräumt werden, diese unverfallbaren Rentenanwartschaften nicht zu erhalten, sondern diese stattdessen in Höhe ihres Kapitalwertes an den ausscheidenden Arbeitnehmer auszuzahlen, damit durch die Verwaltung einer großen Zahl von ruhenden Rentenanwartschaften von geringem Wert keine übermäßigen Verwaltungskosten entstehen. Gegebenenfalls wird der Übertragungswert oder die Kapitalauszahlung gemäß nationalem Recht und nationalen Gepflogenheiten festgelegt. Die Mitgliedstaaten sollten gegebenenfalls einen Schwellenwert für solche Zahlungen festlegen, wobei sie der Angemessenheit des künftigen Renteneinkommens des Arbeitnehmers Rechnung tragen.

(24) Diese Richtlinie enthält keine Bestimmungen über die Übertragung unverfallbarer Rentenanwartschaften. Zur Förderung der Mobilität von Arbeitnehmern zwischen den Mitgliedstaaten sollten die Mitgliedstaaten jedoch bestrebt sein, im Rahmen des Möglichen und insbesondere bei Einführung neuer Zusatzrentensysteme die Übertragbarkeit unverfallbarer Rentenanwartschaften zu verbessern.

(25) Unbeschadet der Richtlinie 2003/41/EG des Europäischen Parlaments und des Rates sollten aktive Versorgungsanwärter und ausgeschiedene Versorgungsanwärter, die das Recht auf Freizügigkeit wahrnehmen oder wahrnehmen wollen, auf Verlangen angemessen über ihre Zusatzrentenansprüche aufgeklärt werden. Umfassen Rentensysteme auch Leistungen der Hinterbliebenenversorgung, so sollten begünstigte Hinterbliebene über dasselbe Recht auf Auskunft verfügen wie ausgeschiedene Versorgungsanwärter. Die Mitgliedstaaten sollten vorschreiben können, dass diese Auskünfte nicht häufiger als einmal pro Jahr erteilt werden müssen.

(26) In Anbetracht der Vielfalt der Zusatzrentensysteme sollte sich die Union darauf beschränken, innerhalb eines allgemeinen Rahmens Ziele vorzugeben. Eine Richtlinie ist daher das angemessene Rechtsinstrument.

(27) Da das Ziel dieser Richtlinie, nämlich die Erleichterung der Wahrnehmung des Rechts der Arbeitnehmer auf Freizügigkeit zwischen den Mitgliedstaaten, von den Mitgliedstaaten nicht ausreichend verwirklicht werden kann, sondern vielmehr wegen der Tragweite der Maßnahme auf Unionsebene besser zu verwirklichen ist, kann die Union im Einklang mit dem in Artikel 5 des Vertrags über die Europäische Union niedergelegten Subsidiaritätsprinzip tätig werden. Entsprechend dem in demselben Artikel genannten Verhältnismäßigkeitsgrundsatz geht diese Richtlinie nicht über das für die Erreichung dieses Ziels erforderliche Maß hinaus.

(28) Diese Richtlinie legt Mindestanforderungen fest, was den Mitgliedstaaten die Freiheit lässt, vorteilhaftere Bestimmungen zu erlassen oder beizubehalten. Die Umsetzung dieser Richtlinie kann keinen Rückschritt gegenüber der in einem Mitgliedstaat bestehenden Situation rechtfertigen.

(29) Die Kommission sollte spätestens sechs Jahre nach dem Tag des Inkrafttretens dieser Richtlinie einen Bericht über deren Anwendung erstellen.

(30) Im Einklang mit den nationalen Bestimmungen zur Verwaltung der Zusatzrentensysteme können die Mitgliedstaaten die Sozialpartner auf deren gemeinsames Verlangen mit der Durchführung der in den Anwendungsbereich von Tarifverträgen fallenden Bestimmungen der Richtlinie betrauen, vorausgesetzt, die Mitgliedstaaten treffen alle erforderlichen Maßnahmen, um zu garantieren, dass die Verwirklichung der in dieser Richtlinie festgelegten Ziele zu jedem Zeitpunkt gewährleistet ist –

HABEN FOLGENDE RICHTLINIE ERLASSEN:

Gegenstand

Art. 1 Diese Richtlinie legt Regelungen fest, die darauf abzielen, den Arbeitnehmern die Wahrnehmung des Rechts auf Freizügigkeit zwischen den Mitgliedstaaten dadurch zu erleichtern, dass die Hindernisse, die durch einige Vorschriften für die an ein Beschäftigungsverhältnis gekoppelten

Zusatzrentensysteme entstanden sind, abgebaut werden.

Anwendungsbereich

Art. 2 (1) Diese Richtlinie gilt für Zusatzrentensysteme mit Ausnahme der unter die Verordnung (EG) Nr. 883/2004 fallenden Systeme.

(2) Diese Richtlinie findet keine Anwendung auf:
a) Zusatzrentensysteme, die zum Zeitpunkt des Inkrafttretens dieser Richtlinie keine neuen aktiven Versorgungsanwärter mehr aufnehmen und ihnen verschlossen bleiben;
b) Zusatzrentensysteme, die Maßnahmen unterliegen, die das Tätigwerden einer nach nationalem Recht eingesetzten Behörde oder eines Gerichts mit dem Ziel, ihre finanzielle Lage zu sichern oder wiederherzustellen, beinhalten, einschließlich Liquidationsverfahren. Dieser Ausschluss gilt nur, solange diese Maßnahmen andauern;
c) Insolvenzschutzsysteme, Ausgleichssysteme und nationale Pensionsreservefonds und
d) einmalige Zahlungen, die am Ende des Beschäftigungsverhältnisses des Arbeitnehmers von Arbeitgebern an Arbeitnehmer geleistet werden und nicht mit der Altersversorgung in Zusammenhang stehen.

(3) Diese Richtlinie findet keine Anwendung auf Leistungen der Invaliditäts- und/oder Hinterbliebenenversorgung im Rahmen von Zusatzrentensystemen, mit Ausnahme der Sonderregelungen nach den Artikeln 5 und 6 in Bezug auf Leistungen der Hinterbliebenenversorgung.

(4) Diese Richtlinie gilt nur für Beschäftigungszeiten, die in den Zeitraum nach ihrer Umsetzung gemäß Artikel 8 fallen.

(5) Diese Richtlinie gilt nicht für den Erwerb und die Wahrung von Zusatzrentenansprüchen der Arbeitnehmer, die innerhalb eines einzigen Mitgliedstaats zu- und abwandern.

Begriffsbestimmungen

Art. 3 Im Sinne dieser Richtlinie bezeichnet der Ausdruck
a) „Zusatzrente" eine nach den Bestimmungen eines nach nationalem Recht und nationalen Gepflogenheiten eingerichteten Zusatzrentensystems vorgesehene Altersversorgung;
b) „Zusatzrentensystem" ein nach nationalem Recht und nationalen Gepflogenheiten eingerichtetes, an ein Beschäftigungsverhältnis gekoppeltes betriebliches Rentensystem für die Altersversorgung, das Zusatzrenten für Arbeitnehmer bieten soll;
c) „aktive Versorgungsanwärter" Arbeitnehmer, die aufgrund ihres derzeitigen Beschäftigungsverhältnisses nach den Bestimmungen eines Zusatzrentensystems Anspruch auf eine Zusatzrentenleistung haben oder nach Erfüllung der Anwartschaftsbedingungen voraussichtlich haben werden;
d) „Wartezeit" die Beschäftigungsdauer, die nach nationalem Recht oder den Regeln eines Zusatzrentensystems oder vom Arbeitgeber getroffenen Festlegungen erforderlich ist, bevor ein Arbeitnehmer als Anwärter zu einem System zugelassen werden kann;
e) „Unverfallbarkeitsfrist" die Dauer der aktiven Zugehörigkeit zu einem System, die nach nationalem Recht oder den Regeln eines Zusatzrentensystems erforderlich ist, um erworbene Zusatzrentenansprüche zu begründen;
f) „unverfallbare Rentenanwartschaften" alle Zusatzrentenansprüche, die nach Erfüllung etwaiger Anwartschaftsbedingungen gemäß den Regeln eines Zusatzrentensystems und gegebenenfalls nach nationalem Recht erworben wurden;
g) „ausscheidender Arbeitnehmer" einen aktiven Versorgungsanwärter, dessen derzeitiges Beschäftigungsverhältnis aus anderen Gründen als dem Erwerb einer Anwartschaft auf eine Zusatzrente endet und der zwischen Mitgliedstaaten zu- und abwandert;
h) „ausgeschiedener Versorgungsanwärter" einen ehemaligen aktiven Versorgungsanwärter, der unverfallbare Rentenanwartschaften in einem Zusatzrentensystem besitzt und noch keine Zusatzrente aus diesem System erhält;
i) „ruhende Rentenanwartschaften" unverfallbare Rentenanwartschaften, die in dem System, in dem sie von einem ausgeschiedenen Versorgungsanwärter erworben wurden, aufrechterhalten werden;
j) „Wert der ruhenden Rentenanwartschaften" den Kapitalwert der Anwartschaften, der im Einklang mit nationalem Recht und nationalen Gepflogenheiten berechnet wird.

Bedingungen für den Erwerb von Ansprüchen im Rahmen eines Zusatzrentensystems

Art. 4 (1) Die Mitgliedstaaten treffen die erforderlichen Maßnahmen, um Folgendes sicherzustellen:
a) Gilt eine Unverfallbarkeitsfrist oder eine Wartezeit oder beides, so überschreitet deren Gesamtdauer für ausscheidende Arbeitnehmer unter keinen Umständen drei Jahre;
b) wird für den Erwerb unverfallbarer Rentenanwartschaften ein Mindestalter vorgeschrieben, so beträgt dieses Alter für ausscheidende Arbeitnehmer höchstens 21 Jahre;
c) hat ein ausscheidender Arbeitnehmer zum Zeitpunkt der Beendigung seines Beschäftigungsverhältnisses noch keine unverfallbaren Rentenanwartschaften erworben, so erstattet das Zusatzrentensystem die Beiträge, die vom ausscheidenden Arbeitnehmer oder in seinem Namen gemäß nationalem Recht oder Kollektivverträgen eingezahlt wurden, oder, falls der ausscheidende Arbeitnehmer das Anlagerisiko trägt, entweder die Summe

der geleisteten Beiträge oder den aus diesen Beiträgen erwachsenden Anlagewert.

(2) Die Mitgliedstaaten können den Sozialpartnern die Möglichkeit einräumen, abweichende Regelungen in Tarifverträge aufzunehmen, sofern diese Regelungen keinen weniger günstigen Schutz bieten und keine Hemmnisse für die Freizügigkeit der Arbeitnehmer schaffen.

Wahrung ruhender Rentenanwartschaften

Art. 5 (1) Vorbehaltlich der Absätze 3 und 4 treffen die Mitgliedstaaten die erforderlichen Maßnahmen, um sicherzustellen, dass ausscheidende Arbeitnehmer ihre unverfallbaren Rentenanwartschaften in dem Zusatzrentensystem, in dem sie erworben wurden, belassen können. Bei der Berechnung des ursprünglichen Wertes dieser Anwartschaften für die Zwecke des Absatzes 2 wird der Zeitpunkt zugrunde gelegt, zu dem das derzeitige Beschäftigungsverhältnis des ausscheidenden Arbeitnehmers endet.

(2) Die Mitgliedstaaten treffen unter Berücksichtigung der Art der Regelung und der Gepflogenheiten des jeweiligen Rentensystems die Maßnahmen, die erforderlich sind, um sicherzustellen, dass die Behandlung der ruhenden Rentenanwartschaften ausscheidender Arbeitnehmer und ihrer Hinterbliebenen oder des Wertes solcher Anwartschaften der Behandlung des Wertes der Ansprüche aktiver Versorgungsanwärter oder der Entwicklung der derzeit ausgezahlten Renten entspricht, oder dass diese Anwartschaften oder ihr Wert in einer anderen Weise behandelt werden, die als gerecht betrachtet wird, wie etwa folgende Maßnahmen:

a) wenn die Rentenanwartschaften im Zusatzrentensystem als nominale Anrechte erworben werden, indem der Nominalwert der ruhenden Rentenanwartschaften gesichert wird,
b) wenn sich der Wert der erworbenen Rentenanwartschaften im Laufe der Zeit ändert, indem eine Anpassung des Wertes der ruhenden Rentenanwartschaften durch die Anwendung folgender Elemente erfolgt:
  i) eine in das Zusatzrentensystem integrierte Verzinsung oder
  ii) eine vom Zusatzrentensystem erzielte Kapitalrendite,
  oder
c) wenn der Wert der erworbenen Rentenanwartschaften beispielsweise entsprechend der Inflationsrate oder des Lohnniveaus angepasst wird, indem eine entsprechende Anpassung des Wertes der ruhenden Rentenanwartschaften nach Maßgabe einer angemessenen Höchstgrenze erfolgt, die im nationalen Recht festgesetzt oder von den Sozialpartnern vereinbart wird.

(3) Die Mitgliedstaaten können den Zusatzrentensystemen die Möglichkeit einräumen, unverfallbare Rentenanwartschaften eines ausscheidenden Arbeitnehmers nicht zu erhalten, sondern diese mit der in Kenntnis der Sachlage erteilten Einwilligung des Arbeitnehmers – auch in Bezug auf die zu erhebenden Gebühren – in Höhe ihres Kapitalwertes an den ausscheidenden Arbeitnehmer auszuzahlen, soweit der Wert der unverfallbaren Rentenanwartschaften einen vom betreffenden Mitgliedstaat festgelegten Schwellenwert nicht überschreitet. Die Mitgliedstaaten teilen der Kommission den angewendeten Schwellenwert mit.

(4) Die Mitgliedstaaten können den Sozialpartnern die Möglichkeit einräumen, abweichende Regelungen in Tarifverträge aufzunehmen, sofern diese Regelungen keinen weniger günstigen Schutz bieten und keine Hemmnisse für die Freizügigkeit der Arbeitnehmer bewirken.

Auskünfte

Art. 6 (1) Die Mitgliedstaaten stellen sicher, dass aktive Versorgungsanwärter auf Verlangen Auskünfte über die Folgen einer Beendigung des Beschäftigungsverhältnisses für ihre Zusatzrentenansprüche erhalten können.

Insbesondere sind zu Folgendem Auskünfte zu erteilen:
a) den Bedingungen für den Erwerb von Zusatzrentenanwartschaften und den Folgen der Anwendung dieser Bedingungen bei Beendigung des Beschäftigungsverhältnisses;
b) dem Wert ihrer unverfallbaren Rentenanwartschaften oder einer höchstens 12 Monate vor dem Zeitpunkt ihres Ersuchens durchgeführten Schätzung der unverfallbaren Rentenanwartschaften und
c) den Bedingungen für die künftige Behandlung ruhender Rentenanwartschaften.

Sofern das System die Möglichkeit des frühzeitigen Zugriffs auf unverfallbare Rentenanwartschaften in Form von Kapitalauszahlungen vorsieht, sollten die erteilten Auskünfte auch eine schriftliche Erklärung enthalten, wonach der Anwärter in Betracht ziehen sollte, sich im Hinblick auf die Anlage dieses Kapitals zum Zwecke der Altersversorgung beraten zu lassen.

(2) Die Mitgliedstaaten stellen sicher, dass ausgeschiedene Versorgungsanwärter auf Verlangen Auskünfte über Folgendes erhalten:
a) den Wert ihrer ruhenden Rentenanwartschaften oder eine höchstens 12 Monate vor dem Zeitpunkt ihres Ersuchens durchgeführte Schätzung der ruhenden Rentenanwartschaften und
b) die Bedingungen für die Behandlung ruhender Rentenanwartschaften.

(3) Im Falle von Leistungen der Hinterbliebenenversorgung im Rahmen von Zusatzrentensystemen gilt Absatz 2 auch für begünstigte Hinterbliebene in Bezug auf die Zahlung von Leistungen an Hinterbliebene.

(4) Die Auskünfte sind schriftlich, in verständlicher Form und in angemessener Frist zu erteilen. Die Mitgliedstaaten können vorsehen, dass solche Auskünfte nicht häufiger als einmal pro Jahr erteilt werden müssen.

(5) Die Verpflichtungen gemäß diesem Artikel gelten unbeschadet und zusätzlich zu der Auskunftspflicht der Einrichtungen der betrieblichen Altersversorgung gemäß Artikel 11 der Richtlinie 2003/41/EG.

Mindestvorschriften und Rückschrittsklausel

Art. 7 (1) In Bezug auf den Erwerb von Zusatzrentenanwartschaften von Arbeitnehmern, auf die Wahrung von Zusatzrentenansprüchen ausscheidender Arbeitnehmer sowie auf das Recht aktiver und ausgeschiedener Versorgungsanwärter auf die Erteilung von Auskünften können die Mitgliedstaaten Bestimmungen erlassen oder beibehalten, die vorteilhafter sind als die in dieser Richtlinie vorgesehenen Bestimmungen.

(2) Die Umsetzung dieser Richtlinie darf in keinem Fall zum Anlass genommen werden, die in den Mitgliedstaaten bestehenden Rechte auf Erwerb und Wahrung von Zusatzrenten oder das Recht von Versorgungsanwärtern oder Leistungsempfängern auf die Erteilung von Auskünften einzuschränken.

Umsetzung

Art. 8 (1) Die Mitgliedstaaten erlassen bis zum 21. Mai 2018 die erforderlichen Rechts- und Verwaltungsvorschriften, um dieser Richtlinie nachzukommen, oder sie sorgen dafür, dass die Sozialpartner die notwendigen Bestimmungen bis zu diesem Zeitpunkt durch Vereinbarung einführen. Die Mitgliedstaaten treffen die erforderlichen Maßnahmen, um zu gewährleisten, dass die durch diese Richtlinie vorgeschriebenen Ergebnisse erzielt werden. Sie setzen die Kommission unverzüglich davon in Kenntnis.

(2) Wenn die Mitgliedstaaten Vorschriften nach Absatz 1 erlassen, nehmen sie in den Vorschriften selbst oder durch einen Hinweis bei der amtlichen Veröffentlichung auf diese Richtlinie Bezug. Die Mitgliedstaaten regeln die Einzelheiten der Bezugnahme.

Berichterstattung

Art. 9 (1) Die Mitgliedstaaten übermitteln der Kommission bis zum 21. Mai 2019 sämtliche verfügbaren Informationen über die Anwendung dieser Richtlinie.

(2) Bis zum 21. Mai 2020 erstellt die Kommission einen Bericht über die Anwendung dieser Richtlinie, den sie dem Europäischen Parlament, dem Rat und dem Europäischen Wirtschafts- und Sozialausschuss vorlegt.

Inkrafttreten

Art. 10 Diese Richtlinie tritt am zwanzigsten Tag nach ihrer Veröffentlichung im *Amtsblatt der Europäischen Union* in Kraft.

Adressaten

Art. 11 Diese Richtlinie ist an die Mitgliedstaaten gerichtet.

2/13. Saisonarbeitnehmer-Richtlinie

Richtlinie 2014/36/EU des Europäischen Parlaments und des Rates über die Bedingungen für die Einreise und den Aufenthalt von Drittstaatsangehörigen zwecks Beschäftigung als Saisonarbeitnehmer

(ABl. Nr. L 94 v. 28.3.2014, S. 375)

GLIEDERUNG

KAPITEL I: ALLGEMEINE BESTIMMUNGEN
Art. 1: Gegenstand
Art. 2: Anwendungsbereich
Art. 3: Begriffsbestimmungen
Art. 4: Günstigere Bestimmungen

KAPITEL II: ZULASSUNGSVORAUSSETZUNGEN
Art. 5: Kriterien und Anforderungen für die Zulassung für eine Beschäftigung als Saisonarbeitnehmer für einen Aufenthalt von nicht mehr als 90 Tagen
Art. 6: Kriterien und Anforderungen für die Zulassung als Saisonarbeitnehmer für einen Aufenthalt von mehr als 90 Tagen
Art. 7: Anzahl der Zulassungen
Art. 8: Ablehnungsgründe
Art. 9: Entzug der Genehmigung zum Zwecke der Saisonarbeit
Art. 10: Verpflichtung zur Zusammenarbeit

KAPITEL III: VERFAHREN UND GENEHMIGUNGEN ZUM ZWECKE DER SAISONARBEIT
Art. 11: Zugang zu Informationen
Art. 12: Genehmigungen zum Zwecke der Saisonarbeit
Art. 13: Antrag auf eine Erlaubnis für Saisonarbeitnehmer
Art. 14: Aufenthaltsdauer
Art. 15: Verlängerung des Aufenthalts oder Erneuerung der Genehmigung zum Zwecke der Saisonarbeit
Art. 16: Erleichterung der Wiedereinreise
Art. 17: Sanktionen gegen Arbeitgeber
Art. 18: Verfahrensgarantien
Art. 19: Gebühren und Kosten
Art. 20: Unterkunft
Art. 21: Vermittlung durch die öffentliche Arbeitsverwaltung

KAPITEL IV: RECHTE
Art. 22: Rechte auf der Grundlage der Genehmigung zum Zwecke der Saisonarbeit
Art. 23: Recht auf Gleichbehandlung
Art. 24: Kontrolle, Bewertung und Inspektionen
Art. 25: Erleichterung der Einreichung von Beschwerden

KAPITEL V: SCHLUSSBESTIMMUNGEN
Art. 26: Statistiken
Art. 27: Berichterstattung
Art. 28: Umsetzung
Art. 29: Inkrafttreten
Art. 30: Adressaten

DAS EUROPÄISCHE PARLAMENT UND DER RAT DER EUROPÄISCHEN UNION –
gestützt auf den Vertrag über die Arbeitsweise der Europäischen Union, insbesondere Artikel 79 Absatz 2 Buchstaben a und b,
auf Vorschlag der Europäischen Kommission,
nach Zuleitung des Entwurfs des Gesetzgebungsakts an die nationalen Parlamente,
nach Stellungnahme des Europäischen Wirtschafts- und Sozialausschusses,
nach Stellungnahme des Ausschusses der Regionen,
gemäß dem ordentlichen Gesetzgebungsverfahren,
in Erwägung nachstehender Gründe:

(1) Für den schrittweisen Aufbau eines Raums der Freiheit, der Sicherheit und des Rechts sieht der Vertrag über die Arbeitsweise der Europäischen Union (AEUV) die Annahme von Maßnahmen in Bezug auf Asyl, Einwanderung und Schutz der Rechte von Drittstaatsangehörigen vor.

(2) Nach dem AEUV hat die Union eine gemeinsame Einwanderungspolitik zu entwickeln, die in allen Phasen eine wirksame Steuerung der Migrationsströme und eine angemessene Behandlung von Drittstaatsangehörigen, die sich rechtmäßig in einem Mitgliedstaat aufhalten, gewährleisten soll. Zu diesem Zweck haben das Europäische Parlament und der Rat Maßnahmen in Bezug auf die Voraussetzungen für die Einreise und den Aufenthalt von Drittstaatsangehörigen und auf die Festlegung ihrer Rechte zu erlassen.

(3) Der Europäische Rat hat in dem auf seiner Tagung vom 4. November 2004 verabschiedeten

2/13. SaisonarbeiterRL
Präambel

Haager Programm anerkannt, dass die legale Zuwanderung eine wichtige Rolle bei der Förderung der wirtschaftlichen Entwicklung spielt, und er hat die Kommission aufgefordert, einen strategischen Plan zur legalen Zuwanderung vorzulegen, der auch Zulassungsverfahren umfasst, die es ermöglichen, umgehend auf eine sich ändernde Nachfrage nach Arbeitsmigranten auf dem Arbeitsmarkt zu reagieren.

(4) Auf seiner Tagung vom 14. und 15. Dezember 2006 hat sich der Europäische Rat auf eine Reihe von Schritten für das Jahr 2007 geeinigt. Diese Schritte umfassen die Entwicklung einer wirksam gesteuerten Politik der legalen Zuwanderung, die die nationalen Zuständigkeiten uneingeschränkt wahrt und die Mitgliedstaaten bei der Deckung des bestehenden und künftigen Bedarfs an Arbeitskräften unterstützt. Darüber hinaus sollten Mittel zur Erleichterung der zeitlich befristeten Migration sondiert werden.

(5) Der Europäische Pakt zu Einwanderung und Asyl, der vom Europäischen Rat auf seiner Tagung vom 16. Oktober 2008 angenommen wurde, bringt die Verpflichtung der Union und ihrer Mitgliedstaaten zum Ausdruck, angesichts der Herausforderungen und Chancen der Migration eine gerechte, wirksame und kohärente Politik zu verfolgen. Der Pakt bildet die Grundlage für eine gemeinsame Einwanderungspolitik, die im Zeichen der Solidarität zwischen den Mitgliedstaaten und der Zusammenarbeit mit den Drittstaaten steht und auf einer optimalen Steuerung der Migrationsströme beruht, was nicht nur im Interesse der Aufnahmeländer, sondern auch der Herkunftsländer und der Migranten selbst ist.

(6) Im Stockholmer Programm, das der Europäische Rat am 11. Dezember 2009 angenommen hat, wird festgestellt, dass eine Zuwanderung von Arbeitskräften zu größerer Wettbewerbsfähigkeit und wirtschaftlicher Dynamik beitragen kann und dass flexible zuwanderungspolitische Maßnahmen vor dem Hintergrund der großen demografischen Herausforderungen, die sich der Union in der Zukunft stellen und die mit einer steigenden Nachfrage nach Arbeitskräften einhergehen werden, langfristig einen wichtigen Beitrag zur Wirtschaftsentwicklung und Wirtschaftsleistung der Union darstellen würde. In dem Programm wird auch betont, wie wichtig es ist, eine gerechte Behandlung von Drittstaatsangehörigen zu gewährleisten, die sich rechtmäßig im Hoheitsgebiet der Mitgliedstaaten aufhalten, und einen möglichst optimalen Zusammenhang zwischen Migration und Entwicklung herzustellen. Die Kommission und der Rat werden darin aufgefordert, die Umsetzung des Strategischen Plans zur legalen Zuwanderung, der in der Mitteilung der Kommission vom 21. Dezember 2005 dargelegt ist, fortzusetzen.

(7) Diese Richtlinie sollte zur wirksamen Steuerung saisonal bedingter Migrationsströme und zur Gewährleistung menschenwürdiger Arbeits- und Lebensbedingungen für Saisonarbeitnehmer beitragen, indem sie faire und transparente Zulassungs- und Aufenthaltsvorschriften und die Rechte der Saisonarbeitnehmer festlegt und gleichzeitig Anreize und Garantien schafft, um zu verhindern, dass die zulässige Aufenthaltsdauer überschritten oder aus einem befristeten Aufenthalt ein Daueraufenthalt wird. Ferner werden auch die Vorschriften der Richtlinie 2009/52/EG des Europäischen Parlaments und des Rates, dazu beitragen, zu verhindern, dass aus einem solchen befristeten Aufenthalt ein unrechtmäßiger Aufenthalt wird.

(8) Die Mitgliedstaaten sollten die Bestimmungen dieser Richtlinie ohne Diskriminierung aufgrund des Geschlechts, der Rasse, der Hautfarbe, der ethnischen oder sozialen Herkunft, der genetischen Merkmale, der Sprache, der Religion oder der Weltanschauung, der politischen oder sonstigen Anschauung, der Zugehörigkeit zu einer nationalen Minderheit, des Vermögens, der Geburt, einer Behinderung, des Alters oder der sexuellen Ausrichtung und nach Maßgabe insbesondere der Richtlinie 2000/43/EG des Rates *[hier abgedruckt unter 3/5.]* und der Richtlinie 2000/78/EG des Rates *[hier abgedruckt unter 3/6.]* durchführen.

(9) Diese Richtlinie sollte den Grundsatz der Präferenz für Unionsbürger in Bezug auf den Zugang zum Arbeitsmarkt der Mitgliedstaaten, wie er in den einschlägigen Bestimmungen der einschlägigen Beitrittsakten Ausdruck findet, nicht berühren.

(10) Durch diese Richtlinie sollte das Recht der Mitgliedstaaten gemäß den Bestimmungen des AEUV festzulegen, wie viele Drittstaatsangehörige aus Drittländern in ihr Hoheitsgebiet zwecks Ausübung einer saisonalen Beschäftigung einreisen dürfen, nicht berührt werden.

(11) Diese Richtlinie sollte die Bedingungen für die Erbringung von Dienstleistungen im Rahmen des Artikels 56 AEUV unberührt lassen. Insbesondere sollte diese Richtlinie die Arbeits- und Beschäftigungsbedingungen unberührt lassen, die gemäß der Richtlinie 96/71/EG des Europäischen Parlaments und des Rates für Arbeitnehmer gelten, die von einem Unternehmen mit Sitz in einem Mitgliedstaat zur Erbringung einer Dienstleistung im Hoheitsgebiet eines anderen Mitgliedstaats entsandt wurden.

(12) Diese Richtlinie sollte direkte Arbeitsverhältnisse zwischen Saisonarbeitnehmern und Arbeitgebern erfassen. Wenn jedoch nach dem nationalen Recht eines Mitgliedstaats die Zulassung von Drittstaatsangehörigen als Saisonarbeitnehmer über Arbeitsvermittler oder Leiharbeitsunternehmen, die in seinem Hoheitsgebiet niedergelassen sind und einen direkten Vertrag mit dem Saisonarbeitnehmer haben, vorgesehen ist, so sollten diese Arbeitsvermittler oder Leiharbeitsunternehmen nicht vom Anwendungsbereich dieser Richtlinie ausgenommen werden.

(13) Bei der Umsetzung dieser Richtlinie sollten die Mitgliedstaaten – gegebenenfalls in Absprache mit den Sozialpartnern – die Beschäftigungssektoren auflisten, die saisonabhängige Tätigkeiten umfassen. Saisonabhängige Tätigkeiten gibt es in der Regel in Sektoren wie Landwirtschaft und Gartenbau, insbesondere während der Pflanz- oder

2/13. SaisonarbeiterRL
Präambel

Erntezeit, oder im Tourismus, insbesondere während der Urlaubszeit.

(14) Wenn dies im nationalen Recht vorgesehen ist und dem in Artikel 10 AEUV niedergelegten Grundsatz der Nichtdiskriminierung entspricht, dürfen die Mitgliedstaaten bei der Umsetzung der fakultativen Bestimmungen dieser Richtlinie die Staatsangehörigen bestimmter Drittstaaten besser stellen als die Staatsangehörigen anderer Drittstaaten.

(15) Die Beantragung der Zulassung als Saisonarbeitnehmer sollte nur möglich sein, solange der Drittstaatsangehörige seinen Wohnsitz außerhalb des Hoheitsgebiets der Mitgliedstaaten hat.

(16) Es sollte möglich sein, die Zulassung für die in dieser Richtlinie festgelegten Zwecke in hinreichend begründeten Fällen abzulehnen. Insbesondere sollte es möglich sein, die Zulassung zu verweigern, falls ein Mitgliedstaat auf der Grundlage einer auf Tatsachen gestützten Beurteilung zu der Auffassung gelangt, dass der betreffende Drittstaatsangehörige eine potenzielle Gefahr für die öffentliche Ordnung, die öffentliche Sicherheit oder die öffentliche Gesundheit darstellt.

(17) Diese Richtlinie sollte die Anwendung der Richtlinie 2008/115/EG des Europäischen Parlaments und des Rates nicht berühren.

(18) Diese Richtlinie sollte sich nicht nachteilig auf die Drittstaatsangehörigen gewährten Rechte auswirken, die sich bereits zum Zwecke der Arbeit rechtmäßig in einem Mitgliedstaat aufhalten.

(19) Für Mitgliedstaaten, die den Schengen-Besitzstand in vollem Umfang anwenden, gelten die Verordnung (EG) Nr. 810/2009 des Europäischen Parlaments und des Rates (Visakodex), die Verordnung (EG) Nr. 562/2006 des Europäischen Parlaments und des Rates (Schengener Grenzkodex) und die Verordnung (EG) Nr. 539/2001 des Rates, uneingeschränkt. Dementsprechend werden für Aufenthalte von nicht mehr als 90 Tagen die Bedingungen für die Einreise von Saisonarbeitnehmern in das Hoheitsgebiet der Mitgliedstaaten, die den Schengen-Besitzstand in vollem Umfang anwenden, durch die genannten Instrumente geregelt, während die vorliegende Richtlinie nur die Kriterien und Anforderungen für den Zugang zu einer Beschäftigung regeln sollte. Im Falle der Mitgliedstaaten, die den Schengen-Besitzstand nicht in vollem Umfang anwenden, kommt – außer im Falle des Vereinigten Königreichs und Irlands – nur der Schengener Grenzkodex zur Anwendung. Die in der vorliegenden Richtlinie genannten Bestimmungen des Schengen-Besitzstands gehören zu dem Teil dieses Besitzstands, an dem Irland und das Vereinigte Königreich nicht teilnehmen; daher gelten diese Bestimmungen nicht für diese beiden Mitgliedstaaten.

(20) In dieser Richtlinie sollten die Kriterien und Anforderungen für die Zulassung sowie die Gründe für Ablehnung und Widerruf oder Nichtverlängerung/Nichterneuerung in Bezug auf Aufenthalte festgelegt werden, die 90 Tage nicht überschreiten, soweit eine Beschäftigung als Saisonarbeitnehmer betroffen ist. Werden Visa für einen kurzfristigen Aufenthalt zum Zwecke der Saisonarbeit ausgestellt, so gelten die einschlägigen Bestimmungen des Schengen-Besitzstands in Bezug auf die Einreise in das und den Aufenthalt im Hoheitsgebiet der Mitgliedstaaten sowie die Gründe für Verweigerung, Verlängerung, Annullierung oder Aufhebung dieser Visa entsprechend. Insbesondere sollte jede Entscheidung über Verweigerung, Annullierung oder Aufhebung eines Visums und die Gründe hierfür gemäß Artikel 32 Absatz 2 und Artikel 34 Absatz 6 des Visakodex dem Antragsteller unter Verwendung des in Anhang VI des Visakodex wiedergegebenen einheitlichen Formblatts mitgeteilt werden.

(21) Für Saisonarbeitnehmer, die für einen Aufenthalt von mehr als 90 Tagen zugelassen werden, sollte die vorliegende Richtlinie sowohl die Bedingungen für die Einreise in das und den Aufenthalt im Hoheitsgebiet der Mitgliedstaaten als auch die Kriterien und Anforderungen für den Zugang zu einer Beschäftigung in den Mitgliedstaaten festlegen.

(22) Mit dieser Richtlinie sollte eine flexible nachfrageorientierte Einreiseregelung eingeführt werden, die auf objektiven Kriterien beruht, beispielsweise einem gültigen Arbeitsvertrag oder einem verbindlichen Beschäftigungsangebot, in dem die wesentlichen Punkte des Vertrags oder des Beschäftigungsverhältnisses genannt sind.

(23) Die Mitgliedstaaten sollten die Möglichkeit haben, über eine Prüfung nachzuweisen, dass eine Stelle nicht mit den auf dem heimischen Arbeitsmarkt zur Verfügung stehenden Arbeitskräften besetzt werden kann.

(24) Die Mitgliedstaaten sollten die Möglichkeit haben, einen Antrag auf Zulassung insbesondere dann abzulehnen, wenn der betreffende Drittstaatsangehörige der aus einer früheren Entscheidung über die Zulassung als Saisonarbeitnehmer erwachsenen Verpflichtung, bei Ablauf der Genehmigung zum Zwecke der Saisonarbeit das Hoheitsgebiet des betreffenden Mitgliedstaats zu verlassen, nicht nachgekommen ist.

(25) Die Mitgliedstaaten sollten vom Arbeitgeber verlangen können, dass er mit den zuständigen Behörden zusammenarbeitet und alle einschlägigen Angaben beibringt, die erforderlich sind, damit einem möglichen Missbrauch und einer möglichen Zweckentfremdung des in dieser Richtlinie niedergelegten Verfahrens vorgebeugt wird.

(26) Ein einheitliches Verfahren, das zur Erteilung einer kombinierten Erlaubnis, die sowohl den Aufenthalt als auch die Beschäftigung umfasst, führt, sollte dazu beitragen, die in den Mitgliedstaaten geltenden Regeln zu vereinfachen. Hiervon wird das Recht der Mitgliedstaaten nicht berührt, entsprechend den Besonderheiten ihrer Verwaltungsorganisation und praxis die zuständigen Behörden zu bestimmen und festzulegen, wie diese am einheitlichen Verfahren beteiligt sein sollen.

(27) Die Benennung der gemäß dieser Richtlinie zuständigen Behörden sollte unbeschadet der Rolle und Zuständigkeiten anderer Behörden und gegebenenfalls der Sozialpartner, im Einklang mit den nationalen Rechtsvorschriften und/oder Gepflogenheiten, in Bezug auf die Prüfung eines Antrags und die Entscheidung darüber erfolgen.

(28) Diese Richtlinie sollte im Hinblick auf die für die Zulassung (Einreise, Aufenthalt und Beschäftigungsaufnahme) von Saisonarbeitnehmern auszustellenden Genehmigungen ein gewisses Maß an Flexibilität für die Mitgliedstaaten vorsehen. Die Ausstellung eines Visums für den längerfristigen Aufenthalt gemäß Artikel 12 Absatz 2 Buchstabe a sollte unbeschadet der Möglichkeit für die Mitgliedstaaten erfolgen, eine vorherige Arbeitsgenehmigung in dem betreffenden Mitgliedstaat auszustellen. Um jedoch sicherzustellen, dass die in dieser Richtlinie vorgesehenen Bedingungen für die Beschäftigung geprüft worden sind und eingehalten werden, sollte aus den Genehmigungen eindeutig hervorgehen, dass sie zum Zwecke der Saisonarbeit ausgestellt wurden. Werden ausschließlich Visa für einen kurzfristigen Aufenthalt ausgestellt, so sollten die Mitgliedstaaten hierzu das Feld „Anmerkungen" auf der Visummarke verwenden.

(29) Für alle Aufenthalte von nicht mehr als 90 Tagen sollten die Mitgliedstaaten sich entscheiden, entweder ein Visum für einen kurzfristigen Aufenthalt oder ein Visum für einen kurzfristigen Aufenthalt zusammen mit einer Arbeitserlaubnis auszustellen, wenn der Drittstaatsangehörige gemäß der Verordnung (EG) Nr. 539/2001 ein Visum benötigt. Unterliegt der Drittstaatsangehörige nicht der Visumpflicht und hat der Mitgliedstaat Artikel 4 Absatz 3 der genannten Verordnung nicht angewandt, so sollten die Mitgliedstaaten dem Drittstaatsangehörigen eine Arbeitserlaubnis als Genehmigung zum Zwecke der Saisonarbeit erteilen. Für alle Aufenthalte von mehr als 90 Tagen sollten die Mitgliedstaaten sich entscheiden, eine der folgenden Genehmigungen zu erteilen: ein Visum für den längerfristigen Aufenthalt, eine Erlaubnis für Saisonarbeitnehmer oder eine Erlaubnis für Saisonarbeitnehmer zusammen mit einem Visum für den längerfristigen Aufenthalt, wenn ein Visum für den längerfristigen Aufenthalt gemäß dem nationalen Recht für die Einreise in das Hoheitsgebiet des Mitgliedstaats erforderlich ist. Die Mitgliedstaaten sollten durch diese Richtlinie nicht daran gehindert sein, eine Arbeitserlaubnis direkt an den Arbeitgeber zu erteilen.

(30) Ist ein Visum allein für die Einreise in das Hoheitsgebiet eines Mitgliedstaats erforderlich und erfüllt der Drittstaatsangehörige die Bedingungen für die Erteilung einer Erlaubnis für Saisonarbeitnehmer, so sollte der betreffende Mitgliedstaat dem Drittstaatsangehörigen jede denkbare Erleichterung zur Erlangung des benötigten Visums gewähren und eine wirksame Zusammenarbeit der zuständigen Behörden zu diesem Zweck sicherstellen.

(31) Die Höchstdauer des Aufenthalts sollte durch die Mitgliedstaaten festgelegt und auf einen Zeitraum von fünf bis neun Monaten beschränkt werden; durch diese Beschränkung und die Definition der Saisonarbeit sollte sichergestellt werden, dass die Beschäftigung rein saisonalen Charakter hat. Es sollte vorgesehen werden, dass innerhalb dieser maximalen Aufenthaltsdauer eine Vertragsverlängerung oder ein Wechsel des Arbeitgebers möglich ist, sofern die Kriterien für die Zulassung weiterhin erfüllt sind. Damit sollte einerseits das Missbrauchsrisiko verringert werden, dem Saisonarbeitnehmer möglicherweise ausgesetzt sind, wenn sie an einen einzigen Arbeitgeber gebunden sind, und andererseits für eine flexible Lösung für den tatsächlichen Arbeitskräftebedarf der Arbeitgeber gesorgt werden. Die Möglichkeit, dass ein Saisonarbeitnehmer gemäß den in dieser Richtlinie festgelegten Bedingungen von einem anderen Arbeitgeber beschäftigt werden kann, sollte nicht bedeuten, dass ein Saisonarbeitnehmer im Hoheitsgebiet der Mitgliedstaaten nach Arbeit suchen darf, wenn er arbeitslos ist.

(32) Bei der Entscheidung über die Verlängerung des Aufenthalts oder die Erneuerung der Genehmigung zum Zwecke der Saisonarbeit sollten die Mitgliedstaaten die Situation am Arbeitsmarkt berücksichtigen können.

(33) In den Fällen, in denen ein Saisonarbeitnehmer für einen Aufenthalt von nicht mehr als 90 Tagen zugelassen worden ist und der Mitgliedstaat entschieden hat, den Aufenthalt über 90 Tage hinaus zu verlängern, sollte das Visum für einen kurzfristigen Aufenthalt entweder durch ein Visum für den längerfristigen Aufenthalt oder durch eine Erlaubnis für Saisonarbeitnehmer ersetzt werden.

(34) Unter Berücksichtigung bestimmter Aspekte der zirkulären Migration sowie der über eine einzige Saison hinausgehenden Beschäftigungsperspektiven von Saisonarbeitnehmern aus Drittstaaten und des Interesses der Arbeitgeber in der Union, auf einen stabileren Personalbestand und bereits eingearbeitete Arbeitskräfte zurückgreifen zu können, sollten vereinfachte Zulassungsverfahren für vertrauenswürdige Drittstaatsangehörige vorgesehen werden, die mindestens einmal innerhalb der vorangegangenen fünf Jahre als Saisonarbeitnehmer in einem Mitgliedstaat zugelassen worden sind und die stets sämtliche Kriterien und Bedingungen gemäß dieser Richtlinie für die Einreise und den Aufenthalt in dem betreffenden Mitgliedstaat erfüllt haben. Der saisonale Charakter der Beschäftigung sollte durch ein solches Verfahren nicht beeinträchtigt oder umgangen werden.

(35) Die Mitgliedstaaten sollten alles daransetzen sicherzustellen, dass den Antragstellern Informationen über die Bedingungen für die Einreise und den Aufenthalt, einschließlich der Rechte und Pflichten und der Verfahrensgarantien gemäß dieser Richtlinie, sowie alle schriftlichen Nachweise, die für einen Antrag auf Aufenthalt und Arbeit als Saisonarbeitnehmer im Hoheitsgebiet eines Mitgliedstaats erforderlich sind, zur Verfügung gestellt werden.

(36) Die Mitgliedstaaten sollten wirksame, verhältnismäßige und abschreckende Sanktionen

2/13. SaisonarbeiterRL
Präambel

gegen Arbeitgeber vorsehen, die gegen die in dieser Richtlinie festgelegten Pflichten verstoßen. Diese Sanktionen könnten die in Artikel 7 der Richtlinie 2009/52/EG *[hier abgedruckt unter 2/9.]* vorgesehenen Maßnahmen sein und sollten gegebenenfalls die Haftung des Arbeitgebers für die Zahlung von Entschädigungen an Saisonarbeitnehmer umfassen. Es sollten die notwendigen Verfahren eingeführt werden, damit Saisonarbeitnehmer die Entschädigungen, auf die sie Anspruch haben, auch dann erhalten können, wenn sie sich nicht mehr im Hoheitsgebiet des betreffenden Mitgliedstaats befinden.

(37) Für das Verfahren zur Prüfung von Anträgen auf Zulassung als Saisonarbeitnehmer sollte eine Reihe von Regeln festgelegt werden. Unter Berücksichtigung der normalen Arbeitsbelastung der Verwaltungen der Mitgliedstaaten sollte dieses Verfahren wirksam und leicht zu handhaben sowie transparent und fair sein, um den Betroffenen angemessene Rechtssicherheit zu bieten.

(38) Bei Visa für einen kurzfristigen Aufenthalt richten sich die Verfahrensgarantien nach den einschlägigen Bestimmungen des Schengen-Besitzstands.

(39) Die zuständigen Behörden der Mitgliedstaaten sollten nach Antragstellung so rasch wie möglich über Anträge auf eine Genehmigung zum Zwecke der Saisonarbeit befinden. In Bezug auf Anträge auf Verlängerung oder Erneuerung, die während der Gültigkeitsdauer der Genehmigung gestellt werden, sollten die Mitgliedstaaten alle angemessenen Maßnahmen treffen, um sicherzustellen, dass der Saisonarbeitnehmer nicht durch laufende Verwaltungsverfahren dazu gezwungen wird, sein Beschäftigungsverhältnis mit demselben Arbeitgeber zu unterbrechen, oder daran gehindert wird, den Arbeitgeber zu wechseln. Die Antragsteller sollten ihre Anträge auf Verlängerung oder Erneuerung so früh wie möglich einreichen. In jedem Fall sollte der Saisonarbeitnehmer im Hoheitsgebiet des betreffenden Mitgliedstaats bleiben und, soweit angemessen, weiter arbeiten dürfen, bis die zuständigen Behörden eine endgültige Entscheidung über den Antrag auf Verlängerung oder Erneuerung getroffen haben.

(40) Angesichts des Wesens der Saisonarbeit sollten die Mitgliedstaaten ermutigt werden, keine Gebühr für die Bearbeitung der Anträge zu erheben. Beschließt ein Mitgliedstaat dennoch, eine Gebühr zu erheben, so sollte diese weder unverhältnismäßig noch übermäßig hoch sein.

(41) Alle Saisonarbeitnehmer sollten über eine Unterkunft verfügen, die einen angemessenen Lebensstandard gewährleistet. Die zuständige Behörde sollte über jeden Wechsel der Unterkunft unterrichtet werden. Wird die Unterkunft durch oder über den Arbeitgeber vermittelt, so sollte die Miete im Vergleich zu der Nettovergütung des Saisonarbeitnehmers und im Vergleich zu der Qualität der Unterkunft nicht übermäßig hoch sein, die Miete sollte nicht automatisch vom Lohn des Saisonarbeitnehmers abgezogen werden; der Arbeitgeber sollte dem Saisonarbeitnehmer einen Mietvertrag oder ein gleichwertiges Schriftstück zur Verfügung stellen, in dem die Mietbedingungen für die Unterkunft festgehalten sind, und der Arbeitgeber sollte sicherstellen, dass die Unterkunft den in dem betreffenden Mitgliedstaat geltenden allgemeinen Gesundheits- und Sicherheitsnormen entspricht.

(42) Drittstaatsangehörige, die im Besitz eines gültigen Reisedokuments und einer Genehmigung zum Zwecke der Saisonarbeit sind, die gemäß dieser Richtlinie von einem den Schengen-Besitzstand vollständig anwendenden Mitgliedstaat ausgestellt wurden, sollten gemäß dem Schengener Grenzkodex und Artikel 21 des Übereinkommens zur Durchführung des Übereinkommens von Schengen vom 14. Juni 1985 zwischen den Regierungen der Staaten der Benelux-Wirtschaftsunion, der Bundesrepublik Deutschland und der Französischen Republik betreffend den schrittweisen Abbau der Kontrollen an den gemeinsamen Grenzen (Schengener Durchführungsübereinkommen) in das Hoheitsgebiet der Mitgliedstaaten, die den Schengen-Besitzstand vollständig anwenden, für einen Zeitraum von bis zu 90 Tagen je Zeitraum von 180 Tagen einreisen und sich dort frei bewegen können.

(43) Wegen der besonders schutzbedürftigen Lage der Saisonarbeitnehmer, die Angehörige eines Drittstaats sind, und des befristeten Charakters ihrer Verwendung muss für einen wirksamen Schutz ihrer Rechte – auch im Bereich der sozialen Sicherheit – gesorgt werden, muss die Einhaltung der Vorschriften regelmäßig überprüft werden und muss die Achtung des Grundsatzes der Gleichbehandlung mit Arbeitnehmern, die Staatsangehörige des Aufnahmemitgliedstaats sind, unter Befolgung des Konzepts des gleichen Lohns für die gleiche Arbeit am gleichen Arbeitsplatz uneingeschränkt garantiert werden, indem Tarifverträge und andere Vereinbarungen über die Arbeitsbedingungen, die gemäß den nationalen Rechtsvorschriften und Gepflogenheiten auf allen Ebenen geschlossen wurden oder gesetzlich vorgesehen sind, zu denselben Bedingungen, wie sie für Staatsangehörige des Aufnahmemitgliedstaats gelten, zur Anwendung gelangen.

(44) Diese Richtlinie sollte unbeschadet der Rechte und Grundsätze, die in der Europäischen Sozialcharta vom 18. Oktober 1961 und, soweit von Belang, im Europäischen Übereinkommen über die Rechtsstellung der Wanderarbeitnehmer vom 24. November 1977 enthalten sind, Anwendung finden.

(45) Zusätzlich zu den Rechts- und Verwaltungsvorschriften, die für Arbeitnehmer gelten, die Staatsangehörige des Aufnahmemitgliedstaats sind, sollten für Saisonarbeitnehmer, die Drittstaatsangehörige sind, auch Schiedssprüche sowie Tarifverträge und Verträge, die gemäß den nationalen Rechtsvorschriften und Gepflogenheiten des Aufnahmemitgliedstaats auf allen Ebenen geschlossen wurden, zu denselben Bedingungen wie für Staatsangehörige des Aufnahmemitgliedstaats gelten.

(46) In Bezug auf die in Artikel 3 der Verordnung (EG) Nr. 883/2004 des Europäischen Parlaments und des Rates aufgeführten Zweige der sozialen Sicherheit sollten Saisonarbeitnehmer, bei

denen es sich um Drittstaatsangehörige handelt, gleich behandelt werden. Die vorliegende Richtlinie bewirkt keine Harmonisierung der Rechtsvorschriften der Mitgliedstaaten über die soziale Sicherheit und umfasst nicht die Sozialhilfe. Sie ist auf die Anwendung des Grundsatzes der Gleichbehandlung im Bereich der sozialen Sicherheit auf Personen, die in ihren Anwendungsbereich fallen, beschränkt. Diese Richtlinie sollte Drittstaatsangehörigen mit grenzüberschreitenden Belangen in mehreren Mitgliedstaaten nicht mehr Sozialleistungsansprüche gewähren als die, die in den bestehenden Rechtsvorschriften der Union bereits vorgesehen sind.

Aufgrund des befristeten Charakters des Aufenthalts von Saisonarbeitnehmern, und unbeschadet der Verordnung (EU) Nr. 1231/2010 des Europäischen Parlaments und des Rates, sollten die Mitgliedstaaten Familienleistungen und Leistungen bei Arbeitslosigkeit von der Anwendung des Grundsatzes der Gleichbehandlung zwischen Saisonarbeitnehmern und eigenen Staatsangehörigen ausnehmen können und die Anwendung des Gleichbehandlungsgrundsatzes in Bezug auf die allgemeine und berufliche Bildung sowie in Bezug auf Steuervergünstigungen beschränken können.

Die vorliegende Richtlinie sieht keine Familienzusammenführung vor. Ferner werden aufgrund dieser Richtlinie im Hinblick auf Umstände, die außerhalb des Geltungsbereichs der Vorschriften der Union liegen, keine Rechte gewährt, beispielsweise in Situationen, in denen Familienangehörige ihren Wohnsitz in einem Drittstaat haben. Hiervon unberührt bleiben sollten jedoch die Rechte von Hinterbliebenen, die einen Anspruch auf Hinterbliebenenversorgung von einem Saisonarbeitnehmer ableiten, wenn sie in einem Drittstaat wohnhaft sind. Das sollte unbeschadet einer diskriminierungsfreien Anwendung nationalen Rechts, mit dem De-minimis-Regeln für Beiträge zur Altersversorgung festgelegt werden, durch die Mitgliedstaaten gelten. Es sollten Verfahren vorhanden sein, mit denen ein wirksamer Sozialversicherungsschutz während des Aufenthalts und gegebenenfalls die Mitnahme erworbener Ansprüche der Saisonarbeitnehmer sichergestellt werden.

(47) Das Unionsrecht schränkt die Zuständigkeit der Mitgliedstaaten für die Organisation ihrer Systeme der sozialen Sicherheit nicht ein. Mangels Harmonisierung auf Unionsebene legt jeder Mitgliedstaat die Voraussetzungen für die Gewährung von Sozialleistungen sowie die Höhe solcher Leistungen und den Zeitraum, für die sie gewährt werden, selbst fest. Jedoch sollten die Mitgliedstaaten bei der Ausübung dieser Zuständigkeit das Unionsrecht einhalten.

(48) Beschränkungen des Rechts auf Gleichbehandlung im Bereich der sozialen Sicherheit gemäß dieser Richtlinie sollten die in Anwendung der Verordnung (EU) Nr. 1231/2010 übertragenen Rechte unberührt lassen.

(49) Für eine ordnungsgemäße Durchsetzung dieser Richtlinie, insbesondere der Bestimmungen hinsichtlich der Rechte, Arbeitsbedingungen und Unterkunft, sollten die Mitgliedstaaten sicherstellen, dass geeignete Verfahren für die Kontrolle der Arbeitgeber bestehen und dass in ihren jeweiligen Hoheitsgebieten gegebenenfalls wirksame und angemessene Inspektionen durchgeführt werden. Die Auswahl der zu kontrollierenden Arbeitgeber sollte überwiegend auf der Grundlage einer von den zuständigen Behörden der Mitgliedstaaten durchgeführten Risikobewertung erfolgen, bei der Faktoren wie der Sektor, in dem ein Unternehmen tätig ist, und etwaige in der Vergangenheit begangene Verstöße berücksichtigt werden.

(50) Zur Erleichterung der Durchsetzung dieser Richtlinie sollten die Mitgliedstaaten wirksame Verfahren einführen, durch die Saisonarbeitnehmer unmittelbar oder über einschlägige Dritte, wie Gewerkschaften oder andere Vereinigungen, Rechtsmittel einlegen und Beschwerde einreichen können. Dies wird für Situationen als notwendig erachtet, in denen Saisonarbeitnehmern das Bestehen von Durchsetzungsmechanismen nicht bekannt ist oder in denen sie zögern, diese in ihrem eigenen Namen zu nutzen, weil sie mögliche Konsequenzen befürchten. Saisonarbeitnehmer sollten Zugang zu angemessenem Rechtsschutz haben, damit sie nicht Repressalien ausgesetzt werden, wenn sie eine Beschwerde eingereicht haben.

(51) Da die Ziele dieser Richtlinie, nämlich die Einführung eines besonderen Zulassungsverfahrens, die Festlegung von Bedingungen für Einreise und Aufenthalt von Drittstaatsangehörigen zum Zwecke der Saisonarbeit und die Festlegung ihrer Rechte als Saisonarbeitnehmer, von den Mitgliedstaaten nicht ausreichend verwirklicht werden können, sondern vielmehr auf Unionsebene besser zu verwirklichen sind, kann die Union im Einklang mit dem in Artikel 5 des Vertrags über die Europäische Union (EUV) niedergelegten Subsidiaritätsprinzip tätig werden, wobei die Einwanderungs- und die Beschäftigungspolitik auf europäischer und nationaler Ebene zu berücksichtigen ist. Entsprechend dem in demselben Artikel genannten Grundsatz der Verhältnismäßigkeit geht diese Richtlinie nicht über das für die Verwirklichung dieser Ziele erforderliche Maß hinaus.

(52) Diese Richtlinie steht im Einklang mit den Grundrechten und Grundsätzen, die mit der Charta der Grundrechte der Europäischen Union, insbesondere deren Artikel 7, Artikel 15 Absatz 3, Artikel 17, 27, 28, 31 und Artikel 33 Absatz 2 in Einklang mit Artikel 6 EUV anerkannt wurden.

(53) Gemäß der Gemeinsamen Politischen Erklärung der Mitgliedstaaten und der Kommission zu erläuternden Dokumenten vom 28. September 2011 haben sich die Mitgliedstaaten verpflichtet, in begründeten Fällen zusätzlich zur Mitteilung ihrer Umsetzungsmaßnahmen ein oder mehrere Dokumente zu übermitteln, in dem bzw. denen der Zusammenhang zwischen den Bestandteilen einer Richtlinie und den entsprechenden Teilen nationaler Umsetzungsinstrumente erläutert wird. In Bezug auf diese Richtlinie hält der Gesetzgeber die Übermittlung derartiger Dokumente für gerechtfertigt.

(54) Gemäß den Artikeln 1 und 2 des dem EUV und dem AEUV beigefügten Protokolls Nr. 21 über die Position des Vereinigten Königreichs und Irlands hinsichtlich des Raums der Freiheit, der Sicherheit und des Rechts und unbeschadet des Artikels 4 dieses Protokolls beteiligen sich diese Mitgliedstaaten nicht an der Annahme dieser Richtlinie und sind weder durch diese Richtlinie gebunden noch zu ihrer Anwendung verpflichtet.

(55) Gemäß den Artikeln 1 und 2 des dem EUV und dem AEUV beigefügten Protokolls Nr. 22 über die Position Dänemarks beteiligt sich Dänemark nicht an der Annahme dieser Richtlinie und ist weder durch diese Richtlinie gebunden noch zu ihrer Anwendung verpflichtet –

HABEN FOLGENDE RICHTLINIE ERLASSEN:

KAPITEL I
ALLGEMEINE BESTIMMUNGEN

Gegenstand

Art. 1 (1) Diese Richtlinie legt die Bedingungen für die Einreise und den Aufenthalt von Drittstaatsangehörigen zum Zwecke einer Beschäftigung als Saisonarbeitnehmer und die Rechte von Saisonarbeitnehmern fest.

(2) Für Aufenthalte von nicht mehr als 90 Tagen gilt diese Richtlinie unbeschadet des Schengen-Besitzstands, insbesondere des Visakodex, des Schengener Grenzkodex und der Verordnung (EG) Nr. 539/2001.

Anwendungsbereich

Art. 2 (1) Diese Richtlinie findet auf Drittstaatsangehörige Anwendung, die ihren Aufenthalt außerhalb des Hoheitsgebiets der Mitgliedstaaten haben und zum Zwecke der Beschäftigung als Saisonarbeitnehmer gemäß dieser Richtlinie eine Zulassung für das Hoheitsgebiet eines Mitgliedstaats beantragen oder diese Zulassung erhalten haben.

Diese Richtlinie findet keine Anwendung auf Drittstaatsangehörige, die sich zum Zeitpunkt der Antragstellung im Hoheitsgebiet der Mitgliedstaaten aufhalten, mit Ausnahme der in Artikel 15 genannten Fälle.

(2) Bei der Umsetzung dieser Richtlinie listen die Mitgliedstaaten – gegebenenfalls nach Anhörung der Sozialpartner – die Beschäftigungssektoren auf, die saisonabhängige Tätigkeiten umfassen. Die Mitgliedstaaten können diese Liste – gegebenenfalls nach Anhörung der Sozialpartner – ändern. Die Mitgliedstaaten teilen der Kommission diese Änderungen mit.

(3) Diese Richtlinie findet keine Anwendung auf Drittstaatsangehörige, die

a) im Rahmen einer Dienstleistungserbringung gemäß Artikel 56 AEUV für Unternehmen mit Sitz in einem anderen Mitgliedstaat tätig sind, einschließlich der von Unternehmen mit Sitz in einem Mitgliedstaat im Rahmen einer Dienstleistungserbringung gemäß der Richtlinie 96/71/EG entsandten Drittstaatsangehörigen;

b) Familienangehörige von Unionsbürgern sind, die ihr Recht auf Freizügigkeit innerhalb der Union nach Maßgabe der Richtlinie 2004/38/EG des Europäischen Parlaments und des Rates, ausgeübt haben;

c) zusammen mit ihren Familienangehörigen – ungeachtet ihrer Staatsangehörigkeit – aufgrund von Übereinkommen zwischen der Union und ihren Mitgliedstaaten oder zwischen der Union und Drittstaaten ein Recht auf Freizügigkeit genießen, das dem der Unionsbürger gleichwertig ist.

Begriffsbestimmungen

Art. 3 Im Sinne dieser Richtlinie bezeichnet der Ausdruck

a) „Drittstaatsangehöriger" jede Person, die nicht Unionsbürger im Sinne des Artikels 20 Absatz 1 AEUV ist;

b) „Saisonarbeitnehmer" einen Drittstaatsangehörigen, der sich – unter Beibehaltung seines Hauptwohnsitzes in einem Drittstaat – rechtmäßig und vorübergehend im Hoheitsgebiet eines Mitgliedstaats aufhält, um im Rahmen eines oder mehrerer befristeter Arbeitsverträge, den bzw. die dieser Drittstaatsangehörige direkt mit dem in diesem Mitgliedstaat niedergelassenen Arbeitgeber geschlossen hat, eine saisonabhängige Tätigkeit auszuüben;

c) „saisonabhängige Tätigkeit" eine Tätigkeit, die aufgrund eines immer wiederkehrenden saisonbedingten Ereignisses oder einer immer wiederkehrenden Abfolge saisonbedingter Ereignisse an eine Jahreszeit gebunden ist, während der der Bedarf an Arbeitskräften den für gewöhnlich durchgeführte Tätigkeiten erforderlichen Bedarf in erheblichem Maße übersteigt;

d) „Erlaubnis für Saisonarbeitnehmer" eine in dem in der Verordnung (EG) Nr. 1030/2002 des Rates festgelegten Format erteilte Genehmigung, die einen Vermerk hinsichtlich Saisonarbeit trägt und die ihren Inhaber berechtigt, sich nach Maßgabe dieser Richtlinie für mehr als 90 Tage im Hoheitsgebiet eines Mitgliedstaats aufzuhalten und dort eine Beschäftigung auszuüben;

e) „Visum für einen kurzfristigen Aufenthalt" eine Genehmigung im Sinne des Artikels 2 Absatz 2 Buchstabe a des Visakodex, die von einem Mitgliedstaat erteilt wird, oder eine gemäß den nationalen Rechtsvorschriften eines den Schengen-Besitzstand nicht vollständig anwendenden Mitgliedstaats erteilte Genehmigung;

f) „Visum für den längerfristigen Aufenthalt" eine Genehmigung im Sinne des Artikels 18 des Schengener Durchführungsübereinkommens, die von einem Mitgliedstaat erteilt wird, oder eine gemäß dem nationalen Recht eines den Schengen-Besitzstand nicht vollständig anwendenden Mitgliedstaats erteilte Genehmigung;

g) „einheitliches Antragsverfahren" ein Verfahren, das auf der Grundlage eines einzigen Antrags auf Genehmigung des Aufenthalts und der Beschäftigung eines Drittstaatsangehörigen im Hoheitsgebiet eines Mitgliedstaats zu einer Entscheidung über den Antrag auf eine Erlaubnis für Saisonarbeitnehmer führt;

h) „Genehmigung zum Zwecke der Saisonarbeit" eine der in Artikel 12 genannten Genehmigungen, die ihren Inhaber berechtigt, sich nach Maßgabe dieser Richtlinie in dem Mitgliedstaat, der die Genehmigung erteilt hat, aufzuhalten und dort eine Beschäftigung auszuüben;

i) „Arbeitserlaubnis" eine Genehmigung, die von einem Mitgliedstaat gemäß den nationalen Rechtsvorschriften zum Zwecke der Beschäftigung im Hoheitsgebiet dieses Mitgliedstaats erteilt wird.

Günstigere Bestimmungen

Art. 4 (1) Von dieser Richtlinie unberührt bleiben günstigere Bestimmungen im Rahmen von

a) Unionsrecht, einschließlich bilateraler und multilateraler Übereinkünfte, die zwischen der Union oder der Union und ihren Mitgliedstaaten einerseits und einem oder mehreren Drittstaaten andererseits geschlossen wurden;

b) bilateralen oder multilateralen Übereinkünften, die zwischen einem oder mehreren Mitgliedstaaten und einem oder mehreren Drittstaaten geschlossen wurden.

(2) Diese Richtlinie hindert die Mitgliedstaaten nicht daran, günstigere Bestimmungen für Drittstaatsangehörige, auf die die Artikel 18, 19, 20, 23 und 25 Anwendung finden, anzunehmen oder beizubehalten.

**KAPITEL II
ZULASSUNGSVORAUSSETZUNGEN**

Kriterien und Anforderungen für die Zulassung für eine Beschäftigung als Saisonarbeitnehmer für einen Aufenthalt von nicht mehr als 90 Tagen

Art. 5 (1) Anträgen auf Zulassung in einen Mitgliedstaat nach Maßgabe dieser Richtlinie für einen Aufenthalt von nicht mehr als 90 Tagen sind die folgenden Unterlagen beizufügen:

a) ein gültiger Arbeitsvertrag oder, falls dies durch nationales Recht oder nationale Verwaltungsvorschriften oder Gepflogenheiten vorgesehen ist, ein verbindliches Angebot, in dem betreffenden Mitgliedstaat bei einem in diesem Mitgliedstaat niedergelassenen Arbeitgeber als Saisonarbeitnehmer zu arbeiten; in dem Vertrag bzw. Angebot muss Folgendes festgelegt sein:
   i) der Ort und die Art der Arbeit,
   ii) die Dauer der Beschäftigung,
   iii) die Vergütung,
   iv) die Arbeitszeit pro Woche oder Monat,
   v) die Dauer des bezahlten Urlaubs,
   vi) gegebenenfalls andere einschlägige Arbeitsbedingungen und
   vii) – falls möglich – der Zeitpunkt des Beginns der Beschäftigung;

b) der Nachweis einer Krankenversicherung für alle Risiken, die normalerweise für Staatsangehörige des betreffenden Mitgliedstaats abgedeckt sind, oder, wenn dies im nationalen Recht vorgesehen ist, ein Nachweis, dass eine derartige Krankenversicherung beantragt wurde, für die Zeiten, in denen kein solcher Versicherungsschutz und kein damit verbundener Leistungsanspruch in Verbindung mit oder aufgrund der in diesem Mitgliedstaat ausgeübten Beschäftigung besteht;

c) der Nachweis, dass dem Saisonarbeitnehmer eine angemessene Unterkunft zur Verfügung stehen wird oder dass eine angemessene Unterkunft bereitgestellt wird, gemäß Artikel 20.

(2) Die Mitgliedstaaten verlangen, dass die in Absatz 1 Buchstabe a genannten Voraussetzungen den geltenden Rechtsvorschriften, Tarifverträgen und/oder Gepflogenheiten entsprechen.

(3) Auf der Grundlage der gemäß Absatz 1 vorgelegten Unterlagen verlangen die Mitgliedstaaten, dass der Saisonarbeitnehmer keine Leistungen ihres Sozialhilfesystems in Anspruch nimmt.

(4) Sieht der Arbeitsvertrag oder das verbindliche Beschäftigungsangebot vor, dass der Drittstaatsangehörige einen reglementierten Beruf im Sinne der Richtlinie 2005/36/EG des Europäischen Parlaments und des Rates ausübt, so kann der Mitgliedstaat verlangen, dass der Antragsteller Unterlagen vorlegt, die bescheinigen, dass der Drittstaatsangehörige die nach dem nationalen Recht geltenden Voraussetzungen für die Ausübung dieses reglementierten Berufs erfüllt.

(5) Bei der Prüfung eines Antrags auf eine Genehmigung gemäß Artikel 12 Absatz 1 überprüfen die Mitgliedstaaten, die den Schengen-Besitzstand nicht vollständig anwenden, dass bei dem Drittstaatsangehörigen

a) nicht die Gefahr der illegalen Einwanderung besteht;

b) dieser beabsichtigt, ihr Hoheitsgebiet spätestens bei Ablauf der Genehmigung zu verlassen.

Kriterien und Anforderungen für die Zulassung als Saisonarbeitnehmer für einen Aufenthalt von mehr als 90 Tagen

Art. 6 (1) Anträgen auf Zulassung in einen Mitgliedstaat nach Maßgabe dieser Richtlinie für einen Aufenthalt von mehr als 90 Tagen sind die folgenden Unterlagen beizufügen:

a) ein gültiger Arbeitsvertrag oder, falls dies durch nationales Recht oder nationale Verwaltungsvorschriften oder Gepflogenheiten vorgesehen ist, ein verbindliches Angebot, in dem betreffenden Mitgliedstaat bei einem in diesem Mitgliedstaat niedergelassenen Ar-

beitgeber als Saisonarbeitnehmer zu arbeiten; in dem Vertrag bzw. Angebot muss Folgendes festgelegt sein:
  i) der Ort und die Art der Arbeit,
  ii) die Dauer der Beschäftigung,
  iii) die Vergütung,
  iv) die Arbeitszeit pro Woche oder Monat,
  v) die Dauer des bezahlten Urlaubs,
  vi) gegebenenfalls andere einschlägige Arbeitsbedingungen und
  vii) – falls möglich – der Zeitpunkt des Beginns der Beschäftigung;
b) der Nachweis einer Krankenversicherung für alle Risiken, die normalerweise für Staatsangehörige des betreffenden Mitgliedstaats abgedeckt sind, oder, wenn dies im nationalen Recht vorgesehen ist, ein Nachweis, dass eine derartige Krankenversicherung beantragt wurde, für die Zeiten, in denen kein solcher Versicherungsschutz und kein damit verbundener Leistungsanspruch in Verbindung mit oder aufgrund der in diesem Mitgliedstaat ausgeübten Beschäftigung besteht;
c) der Nachweis, dass dem Saisonarbeitnehmer eine angemessene Unterkunft zur Verfügung stehen wird oder dass eine angemessene Unterkunft bereitgestellt wird, gemäß Artikel 20.

(2) Die Mitgliedstaaten verlangen, dass die in Absatz 1 Buchstabe a genannten Voraussetzungen den geltenden Rechtsvorschriften, Tarifverträgen und/oder Gepflogenheiten entsprechen.

(3) Auf der Grundlage der gemäß Absatz 1 vorgelegten Unterlagen verlangen die Mitgliedstaaten, dass der Saisonarbeitnehmer während seines Aufenthalts über ausreichende Mittel für seinen eigenen Unterhalt verfügt, ohne die Leistungen ihrer Sozialhilfesysteme in Anspruch nehmen zu müssen.

(4) Drittstaatsangehörigen, die als Bedrohung für die öffentliche Ordnung, Sicherheit oder Gesundheit angesehen werden, ist die Zulassung zu verweigern.

(5) Bei der Prüfung eines Antrags auf eine Genehmigung gemäß Artikel 12 Absatz 2 überprüfen die Mitgliedstaaten, dass bei dem Drittstaatsangehörigen nicht die Gefahr der illegalen Einwanderung besteht, und dass dieser beabsichtigt, ihr Hoheitsgebiet spätestens bei Ablauf der Genehmigung zu verlassen.

(6) Sieht der Arbeitsvertrag oder das verbindliche Beschäftigungsangebot vor, dass der Drittstaatsangehörige einen reglementierten Beruf im Sinne der Richtlinie 2005/36/EG ausübt, so kann der Mitgliedstaat verlangen, dass der Antragsteller Unterlagen vorlegt, die bescheinigen, dass der Drittstaatsangehörige die nach dem nationalen Recht geltenden Voraussetzungen für die Ausübung dieses reglementierten Berufs erfüllt.

(7) Die Mitgliedstaaten verlangen, dass Drittstaatsangehörige im Besitz eines nach nationalem Recht gültigen Reisedokuments sind. Die Mitgliedstaaten verlangen, dass die Gültigkeitsdauer des Reisedokuments mindestens der Gültigkeitsdauer der Genehmigung zum Zwecke der Saisonarbeit entspricht.

Ferner können die Mitgliedstaaten Folgendes verlangen:
a) dass die Gültigkeitsdauer die beabsichtigte Dauer des Aufenthalts um höchstens drei Monate übersteigt;
b) dass das Reisedokument in den vergangenen zehn Jahren ausgestellt wurde; und
c) dass das Reisedokument mindestens zwei leere Seiten aufweist.

Anzahl der Zulassungen

Art. 7 Diese Richtlinie berührt nicht das Recht der Mitgliedstaaten, festzulegen, wie viele Drittstaatsangehörige in ihr Hoheitsgebiet zum Zwecke der Saisonarbeit einreisen dürfen. Auf dieser Grundlage kann ein Antrag auf eine Genehmigung zum Zwecke der Saisonarbeit entweder als unzulässig angesehen oder abgelehnt werden.

Ablehnungsgründe

Art. 8 (1) Die Mitgliedstaaten lehnen einen Antrag auf Genehmigung zum Zwecke der Saisonarbeit ab, wenn
a) die Artikel 5 oder 6 nicht eingehalten werden; oder
b) die für die Zwecke der Artikel 5 oder 6 vorgelegten Dokumente in betrügerischer Weise erworben, gefälscht oder manipuliert wurden.

(2) Die Mitgliedstaaten lehnen, wenn dies angemessen ist, einen Antrag auf Genehmigung zum Zwecke der Saisonarbeit ab, wenn
a) gegen den Arbeitgeber aufgrund nationalen Rechts wegen Schwarzarbeit und/oder illegaler Beschäftigung Sanktionen verhängt wurden;
b) das Unternehmen des Arbeitgebers sich gemäß den nationalen Insolvenzgesetzen in Abwicklung befindet oder abgewickelt worden ist oder keine Geschäftstätigkeit ausgeübt wird; oder
c) gegen den Arbeitgeber gemäß Artikel 17 Sanktionen verhängt worden sind.

(3) Die Mitgliedstaaten können überprüfen, ob die fragliche Stelle durch einen Staatsangehörigen des betreffenden Mitgliedstaats oder einen anderen Unionsbürger oder durch einen Drittstaatsangehörigen, der sich rechtmäßig in diesem Mitgliedstaat aufhält, besetzt werden könnte; ist dies der Fall, so können sie den Antrag ablehnen. Dieser Absatz berührt nicht den Grundsatz der Präferenz für Unionsbürger, wie er in den einschlägigen Bestimmungen der einschlägigen Beitrittsakten formuliert ist.

(4) Die Mitgliedstaaten können einen Antrag auf Genehmigung zum Zwecke der Saisonarbeit ablehnen, wenn

a) der Arbeitgeber seinen rechtlichen Verpflichtungen in Bezug auf die Sozialversicherung, Steuern, Arbeitnehmerrechte oder die Arbeits- oder Beschäftigungsbedingungen, wie sie im geltenden Recht und/oder Tarifverträgen vorgesehen sind, nicht nachgekommen ist;
b) der Arbeitgeber in den 12 Monaten unmittelbar vor der Einreichung des Antrags eine Vollzeitstelle abgeschafft hat, um die freie Stelle zu schaffen, die der Arbeitgeber durch die Inanspruchnahme dieser Richtlinie besetzen will; oder
c) der Drittstaatsangehörige den aus einer früheren Entscheidung über die Zulassung als Saisonarbeitnehmer erwachsenen Verpflichtungen nicht nachgekommen ist.

(5) Unbeschadet des Absatzes 1 müssen bei jeder Entscheidung, einen Antrag abzulehnen, die konkreten Umstände des Einzelfalls, einschließlich der Interessen des Saisonarbeitnehmers, berücksichtigt und der Grundsatz der Verhältnismäßigkeit geachtet werden.

(6) Die Gründe für die Ablehnung der Ausstellung eines Visums für einen kurzfristigen Aufenthalt sind in den einschlägigen Bestimmungen des Visakodex geregelt.

Entzug der Genehmigung zum Zwecke der Saisonarbeit

Art. 9 (1) Die Mitgliedstaaten entziehen die Genehmigung zum Zwecke der Saisonarbeit, wenn
a) die für die Zwecke der Artikel 5 oder 6 vorgelegten Unterlagen in betrügerischer Weise erworben, gefälscht oder manipuliert wurden, oder
b) der Aufenthalt des Inhabers anderen Zwecken dient als denen, für die ihm die Aufenthaltserlaubnis erteilt wurde.

(2) Die Mitgliedstaaten entziehen, wenn dies angemessen ist, die Genehmigung zum Zwecke der Saisonarbeit, wenn
a) gegen den Arbeitgeber aufgrund nationalen Rechts wegen Schwarzarbeit und/oder illegaler Beschäftigung Sanktionen verhängt wurden;
b) das Unternehmen des Arbeitgebers sich gemäß den nationalen Insolvenzgesetzen in Abwicklung befindet oder abgewickelt worden ist oder keine Geschäftstätigkeit ausgeübt wird; oder
c) gegen den Arbeitgeber gemäß Artikel 17 Sanktionen verhängt worden sind.

(3) Die Mitgliedstaaten können die Genehmigung zum Zwecke der Saisonarbeit entziehen, wenn
a) Artikel 5 oder 6 nicht oder nicht mehr eingehalten werden;
b) der Arbeitgeber seinen rechtlichen Verpflichtungen in Bezug auf die Sozialversicherung, Steuern, Arbeitnehmerrechte oder die Arbeits- oder Beschäftigungsbedingungen, wie sie in den geltenden Rechtsvorschriften und/ oder Tarifverträgen vorgesehen sind, nicht nachgekommen ist;
c) der Arbeitgeber seinen aus dem Arbeitsvertrag erwachsenden Verpflichtungen nicht nachgekommen ist; oder
d) der Arbeitgeber in den 12 Monaten unmittelbar vor der Einreichung des Antrags eine Vollzeitstelle abgeschafft hat, um die freie Stelle zu schaffen, die der Arbeitgeber durch die Inanspruchnahme dieser Richtlinie besetzen will.

(4) Die Mitgliedstaaten können die Genehmigung zum Zwecke der Saisonarbeit entziehen, wenn der Drittstaatsangehörige internationalen Schutz gemäß der Richtlinie 2011/95/EU des Europäischen Parlaments und des Rates oder Schutz gemäß dem nationalen Recht, den internationalen Verpflichtungen oder den Gepflogenheiten des betreffenden Mitgliedstaats beantragt.

(5) Unbeschadet des Absatzes 1 müssen bei jeder Entscheidung, einen Antrag zu entziehen, die konkreten Umstände des Einzelfalls, einschließlich der Interessen des Saisonarbeitnehmers, berücksichtigt und der Grundsatz der Verhältnismäßigkeit geachtet werden.

(6) Die Gründe für die Annullierung oder Aufhebung eines Visums für einen kurzfristigen Aufenthalt sind in den einschlägigen Bestimmungen des Visakodex geregelt.

Verpflichtung zur Zusammenarbeit

Art. 10 Die Mitgliedstaaten können verlangen, dass der Arbeitgeber alle einschlägigen Informationen bereitstellt, die für die Erteilung, Verlängerung oder Erneuerung der Genehmigung zum Zwecke der Saisonarbeit erforderlich sind.

KAPITEL III
VERFAHREN UND GENEHMIGUNGEN ZUM ZWECKE DER SAISONARBEIT

Zugang zu Informationen

Art. 11 (1) Die Mitgliedstaaten stellen den Antragstellern die Informationen zu allen für die Antragstellung benötigten schriftlichen Nachweisen und die Informationen zu Einreise und Aufenthalt, einschließlich der Rechte und Pflichten und der Verfahrensgarantien des Saisonarbeitnehmers, in leicht zugänglicher Weise zur Verfügung.

(2) Wenn Mitgliedstaaten Drittstaatsangehörigen eine Genehmigung zum Zwecke der Saisonarbeit ausstellen, so werden diese ebenfalls schriftlich über ihre Rechte und Pflichten gemäß dieser Richtlinie, einschließlich der jeweiligen Beschwerdeverfahren, unterrichtet.

Genehmigungen zum Zwecke der Saisonarbeit

Art. 12 (1) Für einen Aufenthalt von nicht mehr als 90 Tagen erteilen die Mitgliedstaaten Drittstaatsangehörigen, die Artikel 5 erfüllen und nicht unter die in Artikel 8 genannten Gründe fallen, unbeschadet der Vorschriften über die Erteilung von

Visa für einen kurzfristigen Aufenthalt gemäß dem Visakodex und der Verordnung (EG) Nr. 1683/95 des Rates, eine der folgenden Genehmigungen zum Zwecke der Saisonarbeit:
a) ein Visum für einen kurzfristigen Aufenthalt mit der Angabe, dass die Erteilung zum Zwecke der Saisonarbeit erfolgt,
b) ein Visum für einen kurzfristigen Aufenthalt und eine Arbeitserlaubnis mit der Angabe, dass die Erteilung zum Zwecke der Saisonarbeit erfolgt, oder
c) eine Arbeitserlaubnis mit der Angabe, dass die Erteilung zum Zwecke der Saisonarbeit erfolgt, wenn der Drittstaatsangehörige gemäß Anhang II der Verordnung (EG) Nr. 539/2001 von der Visumpflicht befreit ist und der betreffende Mitgliedstaat auf ihn nicht Artikel 4 Absatz 3 der genannten Verordnung anwendet.

Bei der Umsetzung dieser Richtlinie sehen die Mitgliedstaaten entweder die unter den Buchstaben a und c oder die unter den Buchstaben b und c genannten Genehmigungen vor.

(2) Für einen Aufenthalt von mehr als 90 Tagen erteilen die Mitgliedstaaten Drittstaatsangehörigen, die Artikel 6 erfüllen und nicht unter die in Artikel 8 genannten Gründe fallen, eine der folgenden Genehmigungen zum Zwecke der Saisonarbeit:
a) ein Visum für den längerfristigen Aufenthalt mit der Angabe, dass die Erteilung zum Zwecke der Saisonarbeit erfolgt,
b) eine Erlaubnis für Saisonarbeitnehmer, oder
c) eine Erlaubnis für Saisonarbeitnehmer und ein Visum für den längerfristigen Aufenthalt, wenn ein Visum für den längerfristigen Aufenthalt nach dem nationalen Recht für die Einreise in das Hoheitsgebiet erforderlich ist.

Bei der Umsetzung dieser Richtlinie sehen die Mitgliedstaaten lediglich eine der unter den Buchstaben a, b und c genannten Genehmigungen vor.

(3) Unbeschadet des Schengen-Besitzstands legen die Mitgliedstaaten fest, ob ein Antrag durch den Drittstaatsangehörigen und/oder durch den Arbeitgeber zu stellen ist.

Die Verpflichtung der Mitgliedstaaten, festzulegen, ob der Antrag von einem Drittstaatsangehörigen und/oder seinem Arbeitgeber zu stellen ist, lässt etwaige Regelungen unberührt, die vorsehen, dass beide in das Verfahren einbezogen werden müssen.

(4) Die in Absatz 2 Unterabsatz 1 Buchstabe b und c genannte Erlaubnis für Saisonarbeitnehmer wird von den zuständigen Behörden der Mitgliedstaaten in dem in der Verordnung (EG) Nr. 1030/2002 festgelegten Format ausgestellt. Die Mitgliedstaaten bringen auf der Erlaubnis den Hinweis an, dass diese zum Zwecke der Saisonarbeit ausgestellt wurde.

(5) Bei Visa für den längerfristigen Aufenthalt bringen die Mitgliedstaaten gemäß Nummer 12 des Anhangs der Verordnung (EG) Nr. 1683/95 auf dem Visumaufkleber im Feld „Anmerkungen" den Hinweis an, dass das Visum zum Zwecke der Saisonarbeit ausgestellt wurde.

(6) Die Mitgliedstaaten können zusätzliche Angaben zu dem Beschäftigungsverhältnis des Saisonarbeitnehmers in Papierform festhalten oder diese Angaben gemäß Artikel 4 der Verordnung (EG) Nr. 1030/2002 und gemäß Nummer 16 Buchstabe a des Anhangs jener Verordnung elektronisch speichern.

(7) Ist ein Visum zum alleinigen Zweck der Einreise in das Hoheitsgebiet eines Mitgliedstaats erforderlich und erfüllt der Drittstaatsangehörige die Bedingungen für die Erteilung einer Erlaubnis für Saisonarbeitnehmer gemäß Absatz 2 Unterabsatz 1 Buchstabe c, so gewährt der betreffende Mitgliedstaat dem Drittstaatsangehörigen jede mögliche Erleichterung zur Erlangung des benötigten Visums.

(8) Die Ausstellung eines Visums für den längerfristigen Aufenthalt gemäß Absatz 2 Unterabsatz 1 Buchstabe c, erfolgt unbeschadet der Möglichkeit für die Mitgliedstaaten, eine vorherige Arbeitserlaubnis in dem betreffenden Mitgliedstaat auszustellen.

Antrag auf eine Erlaubnis für Saisonarbeitnehmer

Art. 13 (1) Die Mitgliedstaaten benennen die Behörden, die für die Entgegennahme von Anträgen auf eine Erlaubnis für Saisonarbeitnehmer und die Entscheidung darüber sowie für die Ausstellung dieser Erlaubnis zuständig sind.

(2) Ein Antrag auf Ausstellung einer Erlaubnis für Saisonarbeitnehmer ist im Wege eines einheitlichen Antragsverfahrens einzureichen.

Aufenthaltsdauer

Art. 14 (1) Die Mitgliedstaaten legen eine maximale Aufenthaltsdauer für Saisonarbeitnehmer fest, die mindestens fünf und höchstens neun Monate innerhalb eines Zwölfmonatszeitraums beträgt. Nach Ablauf dieses Zeitraums muss der Drittstaatsangehörige das Hoheitsgebiet des Mitgliedstaats verlassen, sofern der betreffende Mitgliedstaat nicht einen Aufenthaltstitel nach nationalem Recht oder Unionsrecht für andere Zwecke als Saisonarbeit erteilt hat.

(2) Die Mitgliedstaaten können einen Höchstzeitraum innerhalb eines Zwölfmonatszeitraum festlegen, in dem ein Arbeitgeber Saisonarbeitnehmer einstellen darf. Dieser Zeitraum darf nicht geringer sein als die maximale Aufenthaltsdauer, die gemäß Absatz 1 festgelegt wird.

Verlängerung des Aufenthalts oder Erneuerung der Genehmigung zum Zwecke der Saisonarbeit

Art. 15 (1) Sofern die Artikel 5 oder 6 eingehalten werden und keiner der in Artikel 8 Absatz 1 Buchstabe b, Artikel 8 Absatz 2 und gegebenenfalls Artikel 8 Absatz 4 genannten Gründe vorliegen, gewähren die Mitgliedstaaten einem Saisonarbeitnehmer innerhalb der in Artikel 14 Absatz 1 genannten maximalen Aufenthaltsdauer eine einmalige Verlängerung seines Aufenthalts, wenn der Saisonarbeitnehmer seinen Vertrag mit demselben Arbeitgeber verlängert.

(2) Die Mitgliedstaaten können im Einklang mit ihrem nationalen Recht beschließen, Saisonarbeitnehmern eine mehrmalige Verlängerung ihres Vertrags mit demselben Arbeitgeber und ihres Aufenthalts zu gewähren, sofern die in Artikel 14 Absatz 1 genannte maximale Aufenthaltsdauer nicht überschritten wird.

(3) Sofern Artikel 5 oder 6 eingehalten werden und keiner der in Artikel 8 Absatz 1 Buchstabe b, Artikel 8 Absatz 2 und gegebenenfalls Artikel 8 Absatz 4 genannten Gründe vorliegen, gewähren die Mitgliedstaaten einem Saisonarbeitnehmer innerhalb der in Artikel 14 Absatz 1 genannten Höchstaufenthaltsdauer eine einmalige Verlängerung seines Aufenthalts zum Zwecke der Beschäftigung bei einem anderen Arbeitgeber.

(4) Die Mitgliedstaaten können im Einklang mit ihrem nationalen Recht beschließen, Saisonarbeitnehmern eine Beschäftigung bei einem anderen Arbeitgeber und eine mehrmalige Verlängerung ihres Aufenthalts zu gestatten, sofern die in Artikel 14 Absatz 1 genannte maximale Aufenthaltsdauer nicht überschritten wird.

(5) Für die Zwecke der Absätze 1 bis 4 akzeptieren die Mitgliedstaaten die Einreichung eines Antrags, wenn der nach dieser Richtlinie zugelassene Saisonarbeitnehmer sich im Hoheitsgebiet des betreffenden Mitgliedstaats aufhält.

(6) Die Mitgliedstaaten können die Verlängerung des Aufenthalts bzw. die Erneuerung der Genehmigung zum Zwecke der Saisonarbeit verweigern, wenn die fragliche freie Stelle durch einen Staatsangehörigen des betreffenden Mitgliedstaats oder einen anderen Unionsbürger oder durch einen Drittstaatsangehörigen, der sich rechtmäßig in dem Mitgliedstaat aufhält, besetzt werden könnte. Dieser Absatz berührt nicht den Grundsatz der Präferenz für Unionsbürger, wie er in den einschlägigen Bestimmungen der einschlägigen Beitrittsakten formuliert ist.

(7) Die Mitgliedstaaten verweigern die Verlängerung des Aufenthalts bzw. die Erneuerung der Genehmigung zum Zwecke der Saisonarbeit, wenn die maximale Aufenthaltsdauer im Sinne des Artikels 14 Absatz 1 erreicht ist.

(8) Die Mitgliedstaaten können die Verlängerung des Aufenthalts bzw. die Erneuerung der Genehmigung zum Zwecke der Saisonarbeit verweigern, wenn der Drittstaatsangehörige internationalen Schutz gemäß der Richtlinie 2011/95/EU beantragt oder wenn der Drittstaatsangehörige Schutz gemäß dem nationalen Recht, den internationalen Verpflichtungen oder den Gepflogenheiten des betreffenden Mitgliedstaats beantragt.

(9) Artikel 9 Absatz 2 und Artikel 9 Absatz 3 Buchstaben b, c und d gelten nicht für Saisonarbeitnehmer, die die Beschäftigung bei einem anderen Arbeitgeber gemäß Absatz 3 dieses Artikels beantragen, wenn diese Bestimmungen auf den vorigen Arbeitgeber Anwendung finden.

(10) Die Gründe für die Verlängerung eines Visums für einen kurzfristigen Aufenthalt sind in den einschlägigen Bestimmungen des Visakodex geregelt.

(11) Unbeschadet des Artikels 8 Absatz 1 müssen bei jeder Entscheidung über einen Antrag auf Verlängerung oder Erneuerung die konkreten Umstände des Einzelfalls, einschließlich der Interessen des Saisonarbeitnehmers, berücksichtigt und der Grundsatz der Verhältnismäßigkeit geachtet werden.

Erleichterung der Wiedereinreise

Art. 16 (1) Die Mitgliedstaaten erleichtern die Wiedereinreise von Drittstaatsangehörigen, die in dem jeweiligen Mitgliedstaat mindestens einmal in den vorangegangenen fünf Jahren als Saisonarbeitnehmer zugelassen waren und die die im Rahmen dieser Richtlinie geltenden Bedingungen für Saisonarbeitnehmer bei jedem ihrer Aufenthalte uneingeschränkt erfüllt haben.

(2) Die in Absatz 1 genannte Erleichterung kann eine oder mehrere Maßnahmen umfassen, beispielsweise:
a) die Gewährung einer Befreiung vom Erfordernis der Vorlage einer oder mehrerer der in den Artikeln 5 oder 6 genannten Unterlagen;
b) die Erteilung mehrerer Erlaubnisse für Saisonarbeitnehmer im Rahmen eines einzigen Verwaltungsakts;
c) ein beschleunigtes Verfahren für eine Entscheidung über den Antrag auf eine Erlaubnis für Saisonarbeitnehmer oder auf ein Visum für den längerfristigen Aufenthalt;
d) Vorrang bei der Prüfung von Anträgen auf Zulassung als Saisonarbeitnehmer, einschließlich Berücksichtigung früherer Zulassungen, bei der Entscheidung über Anträge in Bezug auf die Ausschöpfung der Anzahl der Zulassungen.

Sanktionen gegen Arbeitgeber

Art. 17 (1) Die Mitgliedstaaten sehen Sanktionen gegen Arbeitgeber vor, die ihren aus dieser Richtlinie erwachsenen Verpflichtungen nicht nachgekommen sind, einschließlich des Ausschlusses von Arbeitgebern, die in schwerwiegender Weise gegen ihre Verpflichtungen im Rahmen dieser Richtlinie verstoßen haben, von der Beschäftigung von Saisonarbeitnehmern. Diese Sanktionen müssen wirksam, verhältnismäßig und abschreckend sein.

(2) Die Mitgliedstaaten stellen sicher, dass der Arbeitgeber im Falle des Entzugs der Genehmigung zum Zwecke der Saisonarbeit gemäß Artikel 9 Absatz 2 und Absatz 3 Buchstabe b, c und d für die Zahlung einer Entschädigung an den Saisonarbeitnehmer im Einklang mit den Verfahren des nationalen Rechts haftet. Die Haftung erfasst alle ausstehenden Verpflichtungen, die der Arbeitgeber zu erfüllen hätte, wenn die Genehmigung zum Zwecke der Saisonarbeit nicht entzogen worden wäre.

2/13. SaisonarbeiterRL
Art. 17 – 19

(3) Ist der Arbeitgeber, der gegen diese Richtlinie verstoßen hat, ein Unterauftragnehmer, und sind der Hauptauftragnehmer bzw. alle etwaigen Zwischenauftragnehmer ihrer im nationalen Recht festgelegten Sorgfaltspflicht nicht nachgekommen, so können der Hauptauftragnehmer und alle Zwischenauftragnehmer:
a) den Sanktionen gemäß Absatz 1 unterworfen werden;
b) neben oder anstelle des Arbeitgebers für die Zahlung aller Entschädigungen, die dem Arbeitnehmer gemäß Absatz 2 geschuldet werden, haftbar gemacht werden;
c) neben oder anstelle des Arbeitgebers für die Zahlung aller ausstehenden Zahlungen, die dem Arbeitnehmer gemäß dem nationalen Recht geschuldet werden, haftbar gemacht werden.

Die Mitgliedstaaten können nach nationalem Recht strengere Haftungsvorschriften vorsehen.

Verfahrensgarantien

Art. 18 (1) Die zuständigen Behörden des Mitgliedstaats entscheiden über den Antrag auf Erteilung einer Genehmigung zum Zwecke der Saisonarbeit. Die zuständigen Behörden unterrichten den Antragsteller gemäß den im nationalen Recht festgelegten Mitteilungsverfahren so rasch wie möglich, jedoch spätestens 90 Tage nach Einreichung des vollständigen Antrags schriftlich über die Entscheidung.

(2) Handelt es sich um einen Antrag auf Verlängerung des Aufenthalts oder auf Erneuerung der Genehmigung gemäß Artikel 15, so treffen die Mitgliedstaaten alle angemessenen Maßnahmen, um sicherzustellen, dass der Saisonarbeitnehmer nicht durch laufende Verwaltungsverfahren dazu gezwungen wird, sein Beschäftigungsverhältnis mit demselben Arbeitgeber zu unterbrechen, oder daran gehindert wird, den Arbeitgeber zu wechseln.

Läuft die Gültigkeit der Genehmigung zum Zwecke der Saisonarbeit während des Verfahrens zur Verlängerung oder Erneuerung ab, so erlauben die Mitgliedstaaten im Einklang mit dem nationalen Recht dem Saisonarbeitnehmer, in ihrem Hoheitsgebiet zu bleiben, bis die zuständigen Behörden über den Antrag entschieden haben, sofern der Antrag während der Gültigkeitsdauer der betreffenden Genehmigung gestellt wurde und der in Artikel 14 Absatz 1 genannte Zeitraum nicht abgelaufen ist.

Ist Unterabsatz 2 anwendbar, so können die Mitgliedstaaten unter anderem beschließen,
a) eine nationale vorläufige Aufenthaltserlaubnis oder eine gleichwertige Genehmigung zu erteilen, bis eine Entscheidung getroffen wird;
b) dem Saisonarbeitnehmer zu erlauben, eine Beschäftigung auszuüben bis diese Entscheidung getroffen wird.

Während der Dauer der Prüfung des Antrags auf Verlängerung oder Erneuerung gelten die einschlägigen Bestimmungen dieser Richtlinie.

(3) Sind die mit dem Antrag übermittelten Informationen oder Unterlagen unvollständig, so teilen die zuständigen Behörden dem Antragsteller innerhalb eines angemessenen Zeitraums mit, welche zusätzlichen Informationen erforderlich sind, und legen für deren Übermittlung eine angemessene Frist fest. Die in Absatz 1 genannte Frist wird ausgesetzt, bis die zuständigen Behörden die verlangten zusätzlichen Informationen erhalten haben.

(4) Die Gründe für eine Entscheidung, mit der ein Antrag auf Genehmigung zum Zwecke der Saisonarbeit für unzulässig erklärt oder ein Antrag auf Genehmigung zum Zwecke der Saisonarbeit abgelehnt wird oder Verlängerung des Aufenthalts bzw. eine Erneuerung der Genehmigung zum Zwecke der Saisonarbeit verweigert wird, werden dem Antragsteller schriftlich mitgeteilt. Die Gründe für eine Entscheidung, mit der die Genehmigung zum Zwecke der Saisonarbeit entzogen wird, werden sowohl dem Saisonarbeitnehmer als auch – falls dies im nationalen Recht vorgesehen ist – dem Arbeitgeber schriftlich mitgeteilt.

(5) Jede Entscheidung, mit der ein Antrag auf Genehmigung zum Zwecke der Saisonarbeit für unzulässig erklärt oder ein Antrag abgelehnt, eine Verlängerung des Aufenthalts bzw. eine Erneuerung der Genehmigung zum Zwecke der Saisonarbeit verweigert oder eine Genehmigung zum Zwecke der Saisonarbeit entzogen wird, kann in dem betreffenden Mitgliedstaat gemäß dem nationalen Recht mit einem Rechtsbehelf angefochten werden. In der schriftlichen Mitteilung werden das Gericht oder die Verwaltungsbehörde, bei denen ein Rechtsbehelf eingelegt werden kann, und die Fristen für die Einlegung eines Rechtsbehelfs genannt.

(6) Die Verfahrensgarantien in Bezug auf Visa für einen kurzfristigen Aufenthalt sind im Visakodex geregelt.

Gebühren und Kosten

Art. 19 (1) Die Mitgliedstaaten können für die Bearbeitung der Anträge gemäß dieser Richtlinie Gebühren erheben. Diese Gebühren dürfen nicht unverhältnismäßig oder übermäßig hoch sein. Die Gebühren für Visa für einen kurzfristigen Aufenthalt sind in den einschlägigen Bestimmungen des Schengen-Besitzstands geregelt. Werden diese Gebühren von den Drittstaatsangehörigen entrichtet, so können die Mitgliedstaaten vorsehen, dass sie Anspruch auf eine Erstattung durch den Arbeitgeber gemäß nationalem Recht haben.

(2) Die Mitgliedstaaten können von den Arbeitgebern von Saisonarbeitnehmern verlangen, dass diese
a) für die Reisekosten der Saisonarbeitnehmer von ihrem Herkunftsort bis zu ihrem Arbeitsort in dem betreffenden Mitgliedstaat sowie für die Rückreisekosten aufkommen;
b) für die Kosten der Krankenversicherung gemäß Artikel 5 Absatz 1 Buchstabe b und Artikel 6 Absatz 1 Buchstabe b aufkommen.

Werden die Kosten nach diesem Absatz von den Arbeitgebern übernommen, so dürfen sie nicht vom Saisonarbeitnehmer zurückgefordert werden.

Unterkunft

Art. 20 (1) Die Mitgliedstaaten fordern den Nachweis, dass für den Saisonarbeitnehmer eine Unterkunft zur Verfügung steht, die während der Dauer des Aufenthalts einen angemessenen Lebensstandard entsprechend dem nationalen Recht und/oder den nationalen Gepflogenheiten gewährleistet. Die zuständige Behörde wird über jeden Wechsel der Unterkunft des Saisonarbeitnehmers unterrichtet.

(2) Wird die Unterkunft durch oder über den Arbeitgeber zur Verfügung gestellt, so
a) kann vom Saisonarbeitnehmer verlangt werden, dass er eine Miete zahlt, die im Vergleich zu seiner Nettovergütung und im Vergleich zur Qualität der Unterkunft nicht übermäßig hoch sein darf. Die Miete darf nicht automatisch vom Lohn des Saisonarbeitnehmers abgezogen werden;
b) stellt der Arbeitgeber dem Saisonarbeitnehmer einen Mietvertrag oder ein gleichwertiges Schriftstück bereit, in dem die Mietbedingungen für die Unterkunft eindeutig festgehalten sind;
c) stellt der Arbeitgeber sicher, dass die Unterkunft den in dem betreffenden Mitgliedstaat geltenden allgemeinen Gesundheits- und Sicherheitsnormen entspricht.

Vermittlung durch die öffentliche Arbeitsverwaltung

Art. 21 Die Mitgliedstaaten können bestimmen, dass die Vermittlung von Saisonarbeitnehmern nur durch die öffentliche Arbeitsverwaltung erfolgen darf.

**KAPITEL IV
RECHTE**

Rechte auf der Grundlage der Genehmigung zum Zwecke der Saisonarbeit

Art. 22 Während der Gültigkeitsdauer der Genehmigung gemäß Artikel 12 hat der Inhaber zumindest die folgenden Rechte:
a) das Recht auf Einreise in das und Aufenthalt im Hoheitsgebiet des Mitgliedstaats, der die Genehmigung erteilt hat;
b) freien Zugang zum gesamten Hoheitsgebiet des Mitgliedstaats, der die Genehmigung erteilt hat, gemäß dem nationalen Recht;
c) das Recht auf Ausübung der mit der Genehmigung genehmigten konkreten Arbeitstätigkeit im Einklang mit dem nationalen Recht.

Recht auf Gleichbehandlung

Art. 23 (1) Saisonarbeitnehmer haben Anspruch auf Gleichbehandlung mit den Staatsangehörigen des Aufnahmemitgliedstaats zumindest in Bezug auf

a) die Beschäftigungsbedingungen, einschließlich des Mindestbeschäftigungsalters und der Arbeitsbedingungen, einschließlich Arbeitsentgelt und Entlassung, Arbeitszeiten, Urlaub und Feiertage sowie die Anforderungen an Gesundheitsschutz und Sicherheit am Arbeitsplatz;
b) das Recht auf Streik und Arbeitskampfmaßnahmen, im Einklang mit dem nationalen Recht und den nationalen Gepflogenheiten des Aufnahmemitgliedstaats und die Vereinigungsfreiheit sowie die Zugehörigkeit zu und die Mitgliedschaft in einer Gewerkschaft oder einer sonstigen Organisation, deren Mitglieder einer bestimmten Berufsgruppe angehören, sowie die Inanspruchnahme der von solchen Organisationen angebotenen Rechte und Leistungen, unter anderem des Rechts auf Aushandlung und Abschluss von Tarifverträgen, unbeschadet der nationalen Bestimmungen über die öffentliche Ordnung und die öffentliche Sicherheit;
c) vom Arbeitgeber zu leistende Nachzahlungen in Bezug auf etwaige ausstehende Vergütungen des Drittstaatsangehörigen;
d) Zweige der sozialen Sicherheit im Sinne des Artikels 3 der Verordnung (EG) Nr. 883/2004;
e) den Zugang zu Waren und Dienstleistungen sowie zur Lieferung von Waren und Erbringung von Dienstleistungen für die Öffentlichkeit, ausgenommen Wohnraum, unbeschadet der Vertragsfreiheit gemäß dem Unionsrecht und nationalen Recht;
f) Beratungsleistungen zur Saisonarbeit durch Arbeitsvermittlungsstellen;
g) allgemeine und berufliche Bildung;
h) Anerkennung von Diplomen, Prüfungszeugnissen und sonstigen beruflichen Befähigungsnachweisen gemäß den einschlägigen nationalen Verfahren;
i) Steuervergünstigungen, soweit der Saisonarbeitnehmer als in dem betreffenden Mitgliedstaat steuerlich ansässig gilt.

Saisonarbeitnehmer, die in einen Drittstaat umziehen, oder ihre in Drittstaaten ansässigen Hinterbliebenen, die Ansprüche vom Saisonarbeitnehmer herleiten, erhalten gesetzliche Renten, die in dem früheren Beschäftigungsverhältnis des Saisonarbeitnehmers begründet sind und für die gemäß den in Artikel 3 der Verordnung (EG) Nr. 883/2004 genannten Rechtsvorschriften Ansprüche erworben wurden, zu denselben Bedingungen und in derselben Höhe wie die Staatsangehörigen des betreffenden Mitgliedstaats bei einem Umzug in einen Drittstaat.

(2) Die Mitgliedstaaten können die Gleichbehandlung wie folgt einschränken:
i) hinsichtlich Absatz 1 Unterabsatz 1 Buchstabe d durch den Ausschluss von Familienleistungen und Leistungen bei Arbeitslosigkeit, unbeschadet der Verordnung (EU) Nr. 1231/2010;

2/13. SaisonarbeiterRL

Art. 23 – 29

ii) hinsichtlich Absatz 1 Unterabsatz 1 Buchstabe g durch die Beschränkung ihrer Geltung auf die allgemeine und berufliche Bildung, die im direkten Zusammenhang mit der spezifischen Tätigkeit der Beschäftigung steht, und durch den Ausschluss von Studien- und Unterhaltszuschüssen und -darlehen oder anderen Zuschüssen und Darlehen;

iii) hinsichtlich Absatz 1 Unterabsatz 1 Buchstabe i bezüglich Steuervergünstigungen durch die Beschränkung ihrer Anwendung auf Fälle, in denen der Wohnsitz oder der gewöhnliche Aufenthaltsort der Familienangehörigen des Saisonarbeitnehmers, für die er Leistungen beansprucht, im Hoheitsgebiet des betreffenden Mitgliedstaats liegt.

(3) Das Recht auf Gleichbehandlung nach Absatz 1 lässt das Recht des Mitgliedstaats unberührt, die Genehmigung zum Zwecke der Saisonarbeit gemäß den Artikeln 9 und 15 zu entziehen oder die Verlängerung des Aufenthalts bzw. die Erneuerung der Genehmigung zu verweigern.

Kontrolle, Bewertung und Inspektionen

Art. 24 (1) Die Mitgliedstaaten sehen Maßnahmen zur Vermeidung möglichen Missbrauchs und zur Ahndung von Verstößen gegen diese Richtlinie vor. Dazu gehören Kontrolle, Bewertung und gegebenenfalls Inspektionen im Einklang mit dem nationalen Recht oder den nationalen Verwaltungsgepflogenheiten.

(2) Die Mitgliedstaaten sorgen dafür, dass die für die Arbeitsaufsicht zuständigen Dienststellen oder die zuständigen Behörden und – sofern dies nach dem nationalen Recht für die Arbeitnehmer, die Staatsangehörige des betreffenden Mitgliedstaats sind, vorgesehen ist – Arbeitnehmerorganisationen Zugang zum Arbeitsplatz und – mit Zustimmung des Arbeitnehmers – zur Unterkunft haben.

Erleichterung der Einreichung von Beschwerden

Art. 25 (1) Die Mitgliedstaaten stellen sicher, dass wirksame Verfahren bestehen, in deren Rahmen Saisonarbeitnehmer unmittelbar oder über Dritte, die gemäß den in ihrem nationalen Recht festgelegten Kriterien ein berechtigtes Interesse daran haben, die Einhaltung dieser Richtlinie zu gewährleisten, oder über eine zuständige Behörde des Mitgliedstaats, wenn dies nach nationalem Recht vorgesehen ist, Beschwerde gegen ihre Arbeitgeber einreichen können.

(2) Die Mitgliedstaaten stellen sicher, dass Dritte, die gemäß den in ihrem nationalen Recht festgelegten Kriterien ein berechtigtes Interesse daran haben, die Einhaltung dieser Richtlinie zu gewährleisten, entweder im Namen des Saisonarbeitnehmers oder zu dessen Unterstützung mit dessen Einwilligung Verwaltungs- oder zivilrechtliche Verfahren – ausgenommen Verfahren und Entscheidungen betreffend Visa für einen kurzfristigen Aufenthalt –, die zur Umsetzung dieser Richtlinie vorgesehen sind, anstrengen können.

(3) Die Mitgliedstaaten sorgen dafür, dass die Saisonarbeitnehmer denselben Zugang wie andere Arbeitnehmer in einer vergleichbaren Position zu Maßnahmen zum Schutz vor Entlassung oder anderen Benachteiligungen durch den Arbeitgeber haben, die als Reaktion auf eine Beschwerde innerhalb des betreffenden Unternehmens oder auf die Einleitung eines Verfahrens zur Durchsetzung dieser Richtlinie erfolgen.

KAPITEL V
SCHLUSSBESTIMMUNGEN

Statistiken

Art. 26 (1) Die Mitgliedstaaten übermitteln der Kommission statistische Angaben zur Anzahl der erstmalig erteilten Genehmigungen zum Zwecke der Saisonarbeit und, soweit möglich, zur Anzahl der Drittstaatsangehörigen, deren Genehmigung zum Zwecke der Saisonarbeit verlängert, erneuert oder entzogen wurde. Diese Statistiken werden nach Staatsangehörigkeit und, soweit möglich, nach Gültigkeitsdauer der Genehmigung und Wirtschaftszweig untergliedert.

(2) Die Statistiken gemäß Absatz 1 beziehen sich auf Bezugszeiträume eines Kalenderjahrs und werden der Kommission innerhalb von sechs Monaten nach Ende des Bezugsjahrs übermittelt. Das erste Bezugsjahr ist 2017.

(3) Die Statistiken gemäß Absatz 1 werden im Einklang mit der Verordnung (EG) Nr. 862/2007 des Europäischen Parlaments und des Rates übermittelt.

Berichterstattung

Art. 27 Alle drei Jahre und zum ersten Mal spätestens am 30. September 2019 legt die Kommission dem Europäischen Parlament und dem Rat einen Bericht über die Anwendung dieser Richtlinie in den Mitgliedstaaten vor und schlägt gegebenenfalls erforderliche Änderungen vor.

Umsetzung

Art. 28 (1) Die Mitgliedstaaten setzen die Rechts- und Verwaltungsvorschriften in Kraft, die erforderlich sind, um dieser Richtlinie bis zum 30. September 2016 nachzukommen. Sie teilen der Kommission unverzüglich den Wortlaut dieser Vorschriften mit.

Wenn die Mitgliedstaaten diese Vorschriften erlassen, nehmen sie in den Vorschriften selbst oder durch einen Hinweis bei der amtlichen Veröffentlichung auf diese Richtlinie Bezug. Die Mitgliedstaaten regeln die Einzelheiten der Bezugnahme.

(2) Die Mitgliedstaaten teilen der Kommission den Wortlaut der wichtigsten nationalen Rechtsvorschriften mit, die sie auf dem unter diese Richtlinie fallenden Gebiet erlassen.

Inkrafttreten

Art. 29 Diese Richtlinie tritt am Tag nach ihrer Veröffentlichung im *Amtsblatt der Europäischen Union* in Kraft.

Adressaten

Art. 30 Diese Richtlinie ist gemäß den Verträgen an die Mitgliedstaaten gerichtet.

2/14. Konzerninterne ÜberlassungsRL
Präambel

2/14. Konzerninterne Überlassungs-Richtlinie

Richtlinie 2014/66/EU des Europäischen Parlaments und des Rates über die Bedingungen für die Einreise und den Aufenthalt von Drittstaatsangehörigen im Rahmen eines unternehmensinternen Transfers

(ABl. Nr. L 157 v. 27.5.2014, S. 1, berichtigt durch ABl. Nr L 80 v. 25.3.2017, S. 46)

GLIEDERUNG

KAPITEL I: ALLGEMEINE BESTIMMUNGEN
Art. 1: Gegenstand
Art. 2: Anwendungsbereich
Art. 3: Begriffsbestimmungen
Art. 4: Günstigere Bestimmungen

KAPITEL II: ZULASSUNGSBEDINGUNGEN
Art. 5: Zulassungskriterien
Art. 6: Anzahl der Zulassungen
Art. 7: Ablehnungsgründe
Art. 8: Entzug oder Nichtverlängerung des Aufenthaltstitels für unternehmensintern transferierte Arbeitnehmer
Art. 9: Sanktionen

KAPITEL III: VERFAHREN UND AUFENTHALTSTITEL
Art. 10: Zugang zu Informationen
Art. 11: Anträge auf einen Aufenthaltstitel für unternehmensintern transferierte Arbeitnehmer oder einen Aufenthaltstitel für langfristige Mobilität
Art. 12: Dauer eines unternehmensinternen Transfers
Art. 13: Aufenthaltstitel für unternehmensintern transferierte Arbeitnehmer

Art. 14: Änderungen mit Auswirkungen auf die Zulassungsbedingungen während des Aufenthalts
Art. 15: Verfahrensgarantien
Art. 16: Gebühren

KAPITEL IV: RECHTE
Art. 17: Rechte auf der Grundlage des Aufenthaltstitels für unternehmensintern transferierte Arbeitnehmer
Art. 18: Recht auf Gleichbehandlung
Art. 19: Familienangehörige

KAPITEL V: MOBILITÄT INNERHALB DER UNION
Art. 20: Mobilität
Art. 21: Kurzfristige Mobilität
Art. 22: Langfristige Mobilität
Art. 23: Schutzmaßnahmen und Sanktionen

KAPITEL VI: SCHLUSSBESTIMMUNGEN
Art. 24: Statistische Angaben
Art. 25: Berichte
Art. 26: Zusammenarbeit zwischen den Kontaktstellen
Art. 27: Umsetzung
Art. 28: Inkrafttreten
Art. 29: Adressaten

DAS EUROPÄISCHE PARLAMENT UND DER RAT DER EUROPÄISCHEN UNION –
gestützt auf den Vertrag über die Arbeitsweise der Europäischen Union, insbesondere auf Artikel 79 Absatz 2 Buchstaben a und b,
auf Vorschlag der Europäischen Kommission,
nach Zuleitung des Entwurfs des Gesetzgebungsakts an die nationalen Parlamente,
nach Stellungnahme des Europäischen Wirtschafts- und Sozialausschusses,
nach Stellungnahme des Ausschusses der Regionen,
gemäß dem ordentlichen Gesetzgebungsverfahren,
in Erwägung nachstehender Gründe:

(1) Für den schrittweisen Aufbau eines Raums der Freiheit, der Sicherheit und des Rechts sieht der Vertrag über die Arbeitsweise der Europäischen Union (AEUV) die Annahme von Maßnahmen im Bereich der Einwanderung vor, die Drittstaatsangehörigen gegenüber angemessen sind.

(2) Nach dem AEUV muss die Union eine gemeinsame Einwanderungspolitik entwickeln, die in allen Phasen eine wirksame Steuerung der Migrationsströme und eine angemessene Behandlung von Drittstaatsangehörigen, die sich rechtmäßig in einem Mitgliedstaat aufhalten, gewährleistet. Zu diesem Zweck sollen das Europäische Parlament und der Rat Maßnahmen in Bezug auf die Einreise- und Aufenthaltsbedingungen sowie Normen für die Erteilung seitens der Mitgliedstaaten von Visa und Aufenthaltstiteln für einen langfristigen Aufenthalt festlegen; des Weiteren sind sie aufgefordert, die Rechte von Drittstaatsangehörigen, die sich rechtmäßig in einem Mitgliedstaat aufhalten, festzulegen, einschließlich der Bedingungen, unter

2/14. Konzerninterne ÜberlassungsRL

Präambel

denen sie sich in den anderen Mitgliedstaaten frei bewegen und aufhalten dürfen.

(3) Die Mitteilung der Kommission vom 3. März 2010 mit dem Titel „Europa 2020: Eine Strategie für intelligentes, nachhaltiges und integratives Wachstum" zielt auf die Entwicklung einer auf Wissen und Innovation gestützten Wirtschaft, die Verringerung des Verwaltungsaufwands für Unternehmen und eine bessere Anpassung des Arbeitskräfteangebots an den Bedarf ab. Die Maßnahmen, die Führungskräften, Spezialisten sowie Trainees aus Drittstaaten die Einreise in die Union im Rahmen eines unternehmensinternen Transfers erleichtern sollen, sind in diesem breiteren Kontext zu sehen.

(4) Im Stockholmer Programm, das der Europäische Rat am 11. Dezember 2009 angenommen hat, wird festgestellt, dass eine Zuwanderung von Arbeitskräften zu größerer Wettbewerbsfähigkeit und wirtschaftlicher Dynamik beitragen kann und dass flexible zuwanderungspolitische Maßnahmen vor dem Hintergrund der großen demografischen Herausforderungen, die sich der Union in der Zukunft stellen und die in der Folge mit einer steigenden Nachfrage nach Arbeitskräften einhergehen werden, längerfristig einen wichtigen Beitrag zur Wirtschaftsentwicklung und Wirtschaftsleistung darstellen werden. Die Kommission und der Rat werden im Stockholmer Programm aufgefordert, die Umsetzung des Strategischen Plans zur legalen Zuwanderung, der in der Mitteilung der Kommission vom 21. Dezember 2005 festgelegt ist, fortzusetzen.

(5) Infolge der Globalisierung der Wirtschaftstätigkeiten, der zunehmenden Handelsströme, des Wachstums und der Zunahme der Standorte multinationaler Unternehmensgruppen hat die Bedeutung der Entsendung von Führungskräften, Spezialisten sowie Trainees, die in Zweigniederlassungen und Tochtergesellschaften multinationaler Konzerne tätig sind und vorübergehend in andere Unternehmensteile verlegt werden, um dort während eines befristeten Zeitraums bestimmte Aufgaben zu übernehmen, in den letzten Jahren zugenommen.

(6) Unternehmensinterne Transfers von in Schlüsselpositionen beschäftigten Mitarbeitern erschließen den aufnehmenden Unternehmen neue Fertigkeiten und Fachkenntnisse, Innovationen und größere ökonomische Möglichkeiten, wodurch die wissensbasierte Wirtschaft in der Union vorangebracht und Investitionsströme innerhalb der Union gefördert werden. Unternehmensinterne Transfers aus Drittstaaten können auch unternehmensinterne Transfers aus der Union in Unternehmen in Drittstaaten erleichtern und die Position der Union im Verhältnis zu ihren internationalen Partnern stärken. Die Erleichterung unternehmensinterner Transfers ermöglicht multinationalen Konzernen die optimale Nutzung ihrer Humanressourcen.

(7) Die mit dieser Richtlinie eingeführte Regelung kann auch für die Herkunftsländer der Migranten nutzbringend sein, da die befristete Migration im Rahmen der bewährten Regelung die Vermittlung von Fähigkeiten und den Transfer von Erkenntnissen, Technologie und Knowhow fördern kann.

(8) Die Richtlinie sollte unbeschadet des Grundsatzes des Vorrangs der Unionsbürger in Bezug auf den Zugang zum Arbeitsmarkt der Mitgliedstaaten angewandt werden, wie dies in den einschlägigen Bestimmungen der einschlägigen Beitrittsakten vorgesehen ist.

(9) Diese Richtlinie sollte nicht das Recht der Mitgliedstaaten berühren, für Beschäftigungszwecke andere Erlaubnisse auszustellen als Aufenthaltstitel für unternehmensintern transferierte Arbeitnehmer, falls ein Drittstaatsangehöriger nicht in den Anwendungsbereich dieser Richtlinie fällt.

(10) Die Richtlinie sollte ein transparentes und vereinfachtes Zulassungsverfahren für unternehmensintern transferierte Arbeitnehmer vorsehen, das sich auf einheitliche Begriffsbestimmungen und harmonisierte Kriterien stützt.

(11) Die Mitgliedstaaten sollten sicherstellen, dass geeignete Überprüfungen und wirksame Inspektionen durchgeführt werden, damit die ordnungsgemäße Durchsetzung dieser Richtlinie gewährleistet wird. Der Umstand, dass ein Aufenthaltstitel für unternehmensintern transferierte Arbeitnehmer ausgestellt wurde, sollte die Mitgliedstaaten nicht darin beeinträchtigen oder daran hindern, während des unternehmensinternen Transfers ihre arbeitsrechtlichen Vorschriften anzuwenden, die im Einklang mit dem Unionsrecht darauf abzielen, die Einhaltung der Arbeits- und Beschäftigungsbedingungen nach Artikel 18 Absatz 1 dieser Richtlinie zu überprüfen.

(12) Die Möglichkeit eines Mitgliedstaats, auf der Grundlage nationalen Rechts gegen einen in einem Drittland niedergelassenen Arbeitgeber eines unternehmensintern transferierten Arbeitnehmers Sanktionen zu verhängen, sollte unberührt bleiben.

(13) Im Sinne dieser Richtlinie sollten unternehmensintern transferierte Arbeitnehmer Führungskräfte, Spezialisten und Trainees umfassen. Ihre Definition fußt auf den spezifischen Verpflichtungen der Union im Rahmen des Allgemeinen Übereinkommens über den Handel mit Dienstleistungen (GATS) und bilateraler Handelsabkommen. Da die Verpflichtungen im Rahmen des GATS die Einreise-, Aufenthalts- und Arbeitsbedingungen nicht umfassen, sollte diese Richtlinie die Anwendung dieser Verpflichtungen ergänzen und erleichtern. Allerdings sollte der Anwendungsbereich der von dieser Richtlinie erfassten unternehmensinternen Transfers breiter sein als der Anwendungsbereich der Handelsverpflichtungen, da die Transfers nicht zwangsläufig im Dienstleistungssektor erfolgen und ihren Ursprung in einem Drittstaat haben können, der nicht Unterzeichnerstaat eines Handelsabkommens ist.

(14) Zur Beurteilung der Qualifikationen von unternehmensintern transferierten Arbeitnehmern sollten die Mitgliedstaaten gegebenenfalls den Europäischen Qualifikationsrahmen (EQR) für lebenslanges Lernen heranziehen, damit die

2/14. Konzerninterne ÜberlassungsRL
Präambel

Qualifikationen auf vergleichbare und transparente Art und Weise bewertet werden. Die nationalen EQR-Koordinierungsstellen können bei der Einordnung der nationalen Qualifikationsebenen in den Europäischen Qualifikationsrahmen Information und Orientierung bieten.

(15) Für unternehmensintern transferierte Arbeitnehmer sollten mindestens dieselben Arbeits- und Beschäftigungsbedingungen gelten wie für entsandte Arbeitskräfte, deren Arbeitgeber gemäß der Richtlinie 96/71/EG des Europäischen Parlaments und des Rates *[hier abgedruckt unter 4/6.]* ihren Sitz im Gebiet der Union haben. Die Mitgliedstaaten sollten vorschreiben, dass unternehmensintern transferierte Arbeitnehmer in Bezug auf das während des gesamten Transfers vorgesehene Arbeitsentgelt mit Inländern in einer vergleichbaren Position gleichgestellt sind. Jeder Mitgliedstaat sollte für die Kontrolle der Arbeitsentgelte, die den unternehmensintern transferierten Arbeitnehmern während ihres Aufenthalts in seinem Hoheitsgebiet gezahlt werden, verantwortlich sein. Dadurch sollen Arbeitnehmer geschützt sowie ein fairer Wettbewerb zwischen Unternehmen mit Sitz in einem Mitgliedstaat und Unternehmen mit Sitz in einem Drittstaat garantiert werden, da damit gewährleistet ist, dass letztere keinen Wettbewerbsvorteil aus niedrigeren Arbeitsstandards ziehen können.

(16) Um zu gewährleisten, dass die Fähigkeiten des unternehmensintern transferierten Arbeitnehmers auf die aufnehmende Niederlassung abgestimmt sind, sollte der transferierte Arbeitnehmer unmittelbar vor dem Transfer mindestens drei bis zwölf Monate – im Fall von Führungskräften und Spezialisten – sowie mindestens drei bis sechs Monate – im Fall von Trainees – ununterbrochen bei der gleichen Unternehmensgruppe beschäftigt gewesen sein.

(17) Da unternehmensinterne Transfers eine befristete Migration darstellen, sollte die Höchstdauer eines Transfers in die Union, einschließlich der Mobilität zwischen den Mitgliedstaaten, für Führungskräfte und Spezialisten nicht mehr als drei Jahre und für Trainees nicht mehr als ein Jahr betragen; danach sollten die Betreffenden in ein Drittland zurückkehren, sofern sie nicht auf anderer Grundlage einen Aufenthaltstitel nach nationalem oder Unionsrecht erhalten. Die Höchstdauer des Transfers sollte der kumulierten Dauer der aufeinanderfolgend ausgestellten Aufenthaltstitel für unternehmensintern transferierte Arbeitnehmer entsprechen. Nachdem der Drittstaatsangehörige das Hoheitsgebiet der Mitgliedstaaten verlassen hat, kann ein anschließender Transfer in die Union erfolgen.

(18) Um den befristeten Charakter des unternehmensinternen Transfers zu gewährleisten und Missbrauch vorzubeugen, sollten die Mitgliedstaaten verlangen können, dass zwischen dem Ende der Höchstdauer eines Transfers und einem erneuten Antrag in Bezug auf denselben Drittstaatsangehörigen für die Zwecke dieser Richtlinie in demselben Mitgliedstaat eine bestimmte Frist verstreichen muss.

(19) Da unternehmensinterne Transfers eine befristete Abordnung darstellen, sollte der Antragsteller im Rahmen des Arbeitsvertrags oder des Abordnungsschreibens nachweisen, dass er nach Beendigung der Abordnung in eine Niederlassung zurückkehren kann, die der gleichen Unternehmensgruppe angehört und sich in einem Drittstaat befindet. Ferner sollte der Antragsteller nachweisen, dass die aus einem Drittstaat stammende Führungskraft bzw. der Spezialist über die berufliche Qualifikation und angemessene Berufserfahrung verfügt, die in der aufnehmenden Niederlassung benötigt wird, in die sie transferiert wurde.

(20) Drittstaatsangehörige, die eine Zulassung als Trainee beantragen, sollten den Nachweis für einen Hochschulabschluss erbringen. Sie sollten außerdem, sofern dies verlangt wird, einen Traineevertrag vorlegen, der eine Beschreibung des Traineeprogramms umfasst sowie Angaben zu dessen Dauer und zu den Bedingungen, unter denen die Trainees im Rahmen des Programms ausgebildet werden, enthält. Auf diese Weise soll nachgewiesen werden, dass sie eine echte Ausbildung erhalten und nicht als normale Mitarbeiter eingesetzt werden.

(21) Solange dies nicht den in den einschlägigen Bestimmungen der einschlägigen Beitrittsakten festgelegten Grundsatz des Vorrangs der Unionsbürger verletzt, ist keine Arbeitsmarktprüfung erforderlich.

(22) Ein Mitgliedstaat sollte Berufsqualifikationen, die ein Drittstaatsangehöriger in einem anderen Mitgliedstaat erworben hat, in gleicher Weise wie die von Unionsbürgern anerkennen und sollte in einem Drittstaat erworbene Qualifikationen im Einklang mit der Richtlinie 2005/36/EG des Europäischen Parlaments und des Rates berücksichtigen. Diese Anerkennung sollte nicht etwaige Einschränkungen beim Zugang zu reglementierten Berufen berühren, die sich aus Vorbehalten zu bestehenden Verpflichtungen ergeben, die von der Union oder von der Union und ihren Mitgliedstaaten im Rahmen von Handelsübereinkünften eingegangen wurden und reglementierte Berufe betreffen. Auf jeden Fall sollten unternehmensintern transferierte Arbeitnehmer nach der vorliegenden Richtlinie beim Zugang zu reglementierten Berufen in einem Mitgliedstaat im Vergleich zu Unionsbürgern oder Bürgern des Europäischen Wirtschaftsraums keine günstigere Behandlung erfahren.

(23) Diese Richtlinie sollte nicht das Recht der Mitgliedstaaten berühren, im Einklang mit Artikel 79 Absatz 5 des AEUV festzulegen, wie viele Drittstaatsangehörige in ihr Hoheitsgebiet einreisen dürfen.

(24) Zur Bekämpfung des etwaigen Missbrauchs dieser Richtlinie sollten die Mitgliedstaaten den Aufenthaltstitel eines unternehmensintern transferierten Arbeitnehmers ablehnen, ihn entziehen oder nicht verlängern können, wenn die aufnehmende Niederlassung hauptsächlich zu dem Zweck gegründet wurde, die Einreise von unternehmensintern transferierten Arbeitnehmern zu erleichtern, und/oder wenn diese keiner echten Tätigkeit nachgeht.

(25) Es ist Ziel dieser Richtlinie, die Mobilität unternehmensintern transferierter Arbeitnehmer innerhalb der Union zu erleichtern und den mit der Abordnung von Arbeitnehmern in mehreren Mitgliedstaaten einhergehenden Verwaltungsaufwand zu verringern. Zu diesem Zweck wird mit dieser Richtlinie eine spezifische Regelung für die Mobilität innerhalb der Union eingeführt, nach der der Inhaber eines von einem Mitgliedstaat ausgestellten gültigen Aufenthaltstitels für unternehmensintern transferierte Arbeitnehmer im Einklang mit den Bestimmungen über die kurzfristige und langfristige Mobilität gemäß dieser Richtlinie in einen oder mehrere Mitgliedstaaten einreisen, sich dort aufhalten und dort arbeiten darf. Die kurzfristige Mobilität im Sinne dieser Richtlinie sollte Aufenthalte in anderen Mitgliedstaaten als dem Mitgliedstaat, der den Aufenthaltstitel für unternehmensintern transferierte Arbeitnehmer ausgestellt hat, mit einer Dauer von bis zu 90 Tagen je Mitgliedstaat erfassen. Die langfristige Mobilität im Sinne dieser Richtlinie sollte Aufenthalte in anderen Mitgliedstaaten als dem Mitgliedstaat, der den Aufenthaltstitel für unternehmensintern transferierte Arbeitnehmer ausgestellt hat, mit einer Dauer von mehr als 90 Tagen je Mitgliedstaat erfassen. Um einer Umgehung der Unterscheidung zwischen kurz- und langfristiger Mobilität vorzubeugen, sollte die kurzfristige Mobilität, bezogen auf einen bestimmten Mitgliedstaat, auf höchstens 90 Tage innerhalb eines Zeitraums von 180 Tagen beschränkt werden und es sollte nicht möglich sein, dass gleichzeitig mit der Mitteilung über eine kurzfristige Mobilität ein Antrag auf langfristige Mobilität gestellt wird. Stellt sich nach Beginn der kurzfristigen Mobilität eines unternehmensintern transferierten Arbeitnehmers heraus, dass eine langfristige Mobilität erforderlich ist, so kann der zweite Mitgliedstaat verlangen, dass der Antrag mindestens 20 Tage vor Ablauf der Dauer der kurzfristigen Mobilität gestellt wird.

(26) Zwar sollten mit der spezifischen Mobilitätsregelung im Rahmen dieser Richtlinie eigenständige Regeln für die Einreise und den Aufenthalt von Arbeitnehmern festgelegt werden, die unternehmensintern zu Arbeitszwecken in andere Mitgliedstaaten als den Mitgliedstaat transferiert werden, der den Aufenthaltstitel für unternehmensintern transferierte Arbeitnehmer ausgestellt hat, jedoch gelten weiterhin alle anderen in den einschlägigen Bestimmungen des Schengen-Besitzstands festgelegten Regeln für das Überschreiten von Grenzen durch Personen.

(27) Erfolgt der Transfer in mehrere Standorte in unterschiedlichen Mitgliedstaaten, so sollte der Antragsteller den zuständigen Behörden der zweiten Mitgliedstaaten gegebenenfalls die relevanten Angaben vorlegen, um Überprüfungen zu erleichtern.

(28) Üben unternehmensintern transferierte Arbeitnehmer ihr Recht auf Mobilität aus, so sollte der zweite Mitgliedstaat unter bestimmten Bedingungen in der Lage sein, Maßnahmen zu ergreifen, damit die Tätigkeiten des unternehmensintern transferierten Arbeitnehmers nicht gegen die einschlägigen Bestimmungen dieser Richtlinie verstoßen.

(29) Im Falle der Nichteinhaltung der in dieser Richtlinie enthaltenen Bestimmungen sollten die Mitgliedstaaten wirksame, verhältnismäßige und abschreckende Sanktionen, z.B. Geldbußen, vorsehen. Diese Sanktionen könnten unter anderem Maßnahmen nach Artikel 7 der Richtlinie 2009/52/EG des Europäischen Parlaments und des Rates sein. Die Sanktionen könnten gegen die aufnehmende Niederlassung in dem betreffenden Mitgliedstaat verhängt werden.

(30) Ein einheitliches Antragsverfahren, das zur Erteilung eines kombinierten Aufenthalts- und Arbeitserlaubnis („kombinierte Erlaubnis") führt, sollte dazu beitragen, die derzeit in den Mitgliedstaaten geltenden Regeln zu vereinfachen.

(31) Es sollte möglich sein, ein vereinfachtes Verfahren für diesen Zweck anerkannte Niederlassungen oder Unternehmensgruppen einzurichten. Die Anerkennung sollte regelmäßig bewertet werden.

(32) Hat ein Mitgliedstaat die Zulassung eines Drittstaatsangehörigen, der die Kriterien dieser Richtlinie erfüllt, beschlossen, so sollte dieses ein Aufenthaltstitel für unternehmensintern transferierte Arbeitnehmer zu erteilen, der ihn berechtigt, seine Abordnung unter bestimmten Bedingungen in mehrere, zum gleichen transnationalen Unternehmen gehörende Niederlassungen, die ihren Sitz auch in anderen Mitgliedstaaten haben können, zu erfüllen.

(33) Ist ein Visum erforderlich und erfüllt der Drittstaatsangehörige die Bedingungen für die Ausstellung eines Aufenthaltstitels für unternehmensintern transferierte Arbeitnehmer, so sollte der Mitgliedstaat dem Drittstaatsangehörigen jede denkbare Erleichterung zur Erlangung des benötigten Visums gewähren und eine wirksame Zusammenarbeit der zuständigen Behörden zu diesem Zweck sicherstellen.

(34) Wird ein Aufenthaltstitel für unternehmensintern transferierte Arbeitnehmer von einem Mitgliedstaat ausgestellt, der den Schengen-Besitzstand nicht uneingeschränkt anwendet, und überschreitet der unternehmensintern transferierte Arbeitnehmer im Rahmen der Mobilität innerhalb der Union eine Außengrenze im Sinne der Verordnung (EG) Nr. 562/2006 des Europäischen Parlaments und des Rates, so sollte ein Mitgliedstaat berechtigt sein, einen Nachweis darüber zu verlangen, dass der unternehmensintern transferierte Arbeitnehmer für den Zweck eines unternehmensinternen Transfers in sein Hoheitsgebiet einreist. Darüber hinaus sollten die Mitgliedstaaten, die den Schengen-Besitzstand uneingeschränkt anwenden, beim Überschreiten einer Außengrenze im Sinne der Verordnung (EG) Nr. 562/2006 das Schengener Informationssystem konsultieren und die Einreise verweigern oder die Mobilität ablehnen, wenn es sich um eine Person handelt, die gemäß der Verordnung (EG) Nr. 1987/2006 des Europäischen Parlaments und des Rates in diesem System zur

2/14. Konzerninterne ÜberlassungsRL
Präambel

Einreise- oder Aufenthaltsverweigerung ausgeschrieben ist.

(35) Die Mitgliedstaaten sollten in der Lage sein, zusätzliche Angaben in Papierform zu machen oder solche Informationen in elektronischer Form gemäß Artikel 4 der Verordnung (EG) Nr. 1030/2002 des Rates und deren Anhang Buchstabe a Nummer 16 zu speichern, damit sie genauere Informationen über die Beschäftigung während des unternehmensinternen Transfers vorlegen können. Die Bereitstellung dieser zusätzlichen Angaben sollte für die Mitgliedstaaten fakultativ sein und keine zusätzliche Anforderung darstellen, die das Verfahren für eine kombinierte Erlaubnis und das einheitliche Antragsverfahren aushöhlen.

(36) Diese Richtlinie sollte unternehmensintern transferierte Arbeitnehmer nicht daran hindern, an Standorten von Kunden innerhalb des Mitgliedstaats, in dem die aufnehmende Niederlassung ihren Sitz hat, eine spezifische Tätigkeit auszuüben, sofern sie im Einklang mit den in diesem Mitgliedstaat für derartige Beschäftigungen geltenden Bestimmungen steht.

(37) Diese Richtlinie lässt die Bedingungen für die Erbringung von Dienstleistungen im Rahmen des Artikels 56 AEUV unberührt. Insbesondere berührt diese Richtlinie nicht die Arbeits- und Beschäftigungsbedingungen, die gemäß der Richtlinie 96/71/EG für Arbeitnehmer gelten, die von einem Unternehmen mit Sitz in einem Mitgliedstaat zum Zweck der Erbringung einer Dienstleistung in das Hoheitsgebiet eines anderen Mitgliedstaats entsandt werden. Diese Richtlinie sollte nicht für Drittstaatsangehörige gelten, die von einem Unternehmen mit Sitz in einem Mitgliedstaat im Rahmen der Erbringung von Dienstleistungen nach Maßgabe der Richtlinie 96/71/EG entsandt werden. Drittstaatsangehörige, die im Besitz eines Aufenthaltstitels für unternehmensintern transferierte Arbeitnehmer sind, können sich nicht auf Richtlinie 96/71/EG berufen. Diese Richtlinie sollte im Einklang mit Artikel 1 Absatz 4 der Richtlinie 96/71/EG Unternehmen mit Sitz in einem Drittstaat keine günstigere Behandlung zuteilwerden lassen als Unternehmen mit Sitz in einem Mitgliedstaat.

(38) Ein angemessener Sozialversicherungsschutz für unternehmensintern transferierte Arbeitnehmer, der gegebenenfalls Leistungen für deren Familienangehörige einschließt, ist für die Gewährleistung menschenwürdiger Arbeits- und Lebensbedingungen während des Aufenthalts in der Union von großer Bedeutung. In Bezug auf die Zweige der sozialen Sicherheit, die in Artikel 3 der Verordnung (EG) Nr. 883/2004 des Europäischen Parlaments und des Rates aufgeführt sind, sollte daher Gleichbehandlung nach nationalem Recht gewährt werden. Diese Richtlinie bewirkt keine Harmonisierung der Rechtsvorschriften der Mitgliedstaaten über die soziale Sicherheit. Diese Richtlinie ist auf die Anwendung des Grundsatzes der Gleichbehandlung im Bereich der sozialen Sicherheit auf Personen, die in ihren Geltungsbereich fallen, beschränkt. Das Recht auf Gleichbehandlung im Bereich der sozialen Sicherheit gilt für Drittstaatsangehörige, die die objektiven und nicht diskriminierenden Bedingungen erfüllen, die im Recht des Mitgliedstaats, in dem die Beschäftigung ausgeübt wird, im Hinblick auf Zugehörigkeit und Anspruch auf Leistungen der sozialen Sicherheit festgelegt sind.

In vielen Mitgliedstaaten wird das Recht auf Familienleistungen von einer gewissen Verbindung zu dem Mitgliedstaat abhängig gemacht, da mit den Leistungen eine positive demografische Entwicklung gefördert werden soll, um sicherzustellen, dass es in diesem Mitgliedstaat auch künftig genug Arbeitskräfte gibt. Diese Richtlinie sollte daher nicht das Recht eines Mitgliedstaats berühren, die Gleichbehandlung in Bezug auf Familienleistungen unter bestimmten Bedingungen einzuschränken, da sich der unternehmensintern transferierte Arbeitnehmer und die ihn begleitende Familie vorübergehend in jenem Mitgliedstaat aufhalten. Die Gewährung von Sozialleistungsansprüchen sollte unbeschadet der Bestimmungen des nationalen Rechts und/oder bilateraler Abkommen zur Anwendung der Rechtsvorschriften des Herkunftslands über die soziale Sicherheit erfolgen. Jedoch sollten bilaterale Abkommen oder nationales Recht über Sozialleistungen von unternehmensintern transferierten Arbeitnehmern, die nach dem Inkrafttreten dieser Richtlinie angenommen werden, keine ungünstigere Behandlung vorsehen als sie den Staatsangehörigen des Mitgliedstaats, in dem die Tätigkeit ausgeübt wird, zusteht. Unter Berücksichtigung nationalen Rechts oder derartiger Abkommen könnte es beispielsweise im Interesse des unternehmensintern transferierten Arbeitnehmers liegen, weiterhin dem Sozialversicherungssystem seines Herkunftslandes anzugehören, wenn eine Unterbrechung seiner Mitgliedschaft sich negativ auf seine Ansprüche auswirken oder er mit seiner Mitgliedschaft die Kosten für einen doppelten Versicherungsschutz tragen würde. Den Mitgliedstaaten sollte immer die Möglichkeit offen stehen, einem unternehmensintern transferierten Arbeitnehmer günstigere Sozialversicherungsbedingungen zu gewähren. Die Rechte von Hinterbliebenen, die einen Anspruch auf Hinterbliebenenversorgung von einem unternehmensintern transferierten Arbeitnehmer ableiten, wenn sie in einem Drittland wohnhaft sind, sollten von dieser Richtlinie unberührt bleiben.

(39) Im Falle der Mobilität zwischen Mitgliedstaaten sollte die Verordnung (EU) Nr. 1231/2010 des Europäischen Parlaments und des Rates entsprechende Anwendung finden. Diese Richtlinie sollte Drittstaatsangehörigen mit grenzüberschreitenden Belangen in mehreren Mitgliedstaaten nicht mehr Ansprüche der sozialen Sicherheit gewähren als die, die im bestehenden Unionsrecht bereits vorgesehen sind.

(40) Um die mit dieser Richtlinie geschaffenen besonderen Vorschriften attraktiver zu machen und die Entfaltung aller erwarteten Vorteile für die Wettbewerbsfähigkeit der Wirtschaft in der Union zu ermöglichen, sollten unternehmensintern transferierten Arbeitnehmern aus Drittstaaten in

dem Mitgliedstaat, der den Aufenthaltstitel für unternehmensintern transferierte Arbeitnehmer ausgestellt hat und in den Mitgliedstaaten, die dem unternehmensintern transferierten Arbeitnehmer nach den Vorschriften dieser Richtlinie über die langfristige Mobilität erlauben, sich in ihrem Hoheitsgebiet aufzuhalten und dort zu arbeiten, günstige Bedingungen für die Familienzusammenführung gewährt werden. Mit diesem Anspruch würde für potenzielle unternehmensintern transferierte Arbeitnehmer ein wesentliches Hindernis für die Annahme einer Abordnung wegfallen. Zur Wahrung der Einheit der Familie sollten Familienangehörige gemeinsam mit dem unternehmensintern transferierten Arbeitnehmer in einen anderen Mitgliedstaat einreisen können und ihr Zugang zum Arbeitsmarkt sollte erleichtert werden.

(41) Um die rasche Bearbeitung von Anträgen zu erleichtern, sollten die Mitgliedstaaten dem elektronischen Informationsaustausch und der elektronischen Übermittlung relevanter Dokumente den Vorzug geben, sofern nicht technische Schwierigkeiten auftreten oder wesentliche Interessen dem entgegenstehen.

(42) Bei der Entgegennahme und Übermittlung von Unterlagen und Daten sind die einschlägigen Datenschutz- und Sicherheitsvorschriften zu beachten.

(43) Die Richtlinie gilt nicht für Drittstaatsangehörige, die zur Durchführung eines Forschungsprojekts einen Forschungsaufenthalt in einem Mitgliedstaat beantragen, da für sie die Richtlinie 2005/71/EG des Rates maßgebend ist.

(44) Da die Ziele dieser Richtlinie, nämlich die Einführung eines besonderen Zulassungsverfahrens und die Festlegung von Bedingungen für die Einreise und den Aufenthalt von unternehmensintern transferierten Drittstaatsangehörigen, von den Mitgliedstaaten nicht ausreichend verwirklicht werden können, sondern vielmehr wegen des Umfangs und der Wirkungen der Maßnahmen auf Unionsebene besser zu verwirklichen sind, kann die Union im Einklang mit dem in Artikel 5 des Vertrags über die Europäische Union (EUV) verankerten Subsidiaritätsprinzip tätig werden. Entsprechend dem in demselben Artikel genannten Grundsatz der Verhältnismäßigkeit geht diese Richtlinie nicht über das für die Verwirklichung dieser Ziele erforderliche Maß hinaus.

(45) Diese Richtlinie steht im Einklang mit den Grundrechten und Grundsätzen, wie sie mit der Charta der Grundrechte der Europäischen Union anerkannt wurden, die ihrerseits auf den Rechten fußt, die sich aus den von der Union und dem Europarat beschlossenen Sozialchartas ableiten.

(46) Gemäß der Gemeinsamen Politischen Erklärung der Mitgliedstaaten und der Kommission vom 28. September 2011 zu erläuternden Dokumenten haben sich die Mitgliedstaaten verpflichtet, in begründeten Fällen zusätzlich zur Mitteilung ihrer Umsetzungsmaßnahmen ein oder mehrere Dokumente zu übermitteln, in dem bzw. denen der Zusammenhang zwischen den Bestandteilen einer Richtlinie und den entsprechenden Teilen nationaler Umsetzungsinstrumente erläutert wird. In Bezug auf diese Richtlinie hält der Gesetzgeber die Übermittlung derartiger Dokumente für gerechtfertigt.

(47) Nach den Artikeln 1 und 2 des dem EUV und dem AEUV beigefügten Protokolls Nr. 21 über die Position des Vereinigten Königreichs und Irlands hinsichtlich des Raums der Freiheit, der Sicherheit und des Rechts und unbeschadet des Artikels 4 dieses Protokolls beteiligen sich diese Mitgliedstaaten nicht an der Annahme dieser Richtlinie und sind weder durch diese Richtlinie gebunden noch zu ihrer Anwendung verpflichtet.

(48) Nach den Artikeln 1 und 2 des dem EUV und dem AEUV beigefügten Protokolls Nr. 22 über die Position Dänemarks beteiligt sich Dänemark nicht an der Annahme dieser Richtlinie und ist weder durch diese Richtlinie gebunden noch zu ihrer Anwendung verpflichtet –

HABEN FOLGENDE RICHTLINIE ERLASSEN:

KAPITEL I
ALLGEMEINE BESTIMMUNGEN

Gegenstand

Art. 1 Diese Richtlinie legt Folgendes fest:
a) die Bedingungen für die Einreise von Drittstaatsangehörigen und ihren Familienangehörigen in das Hoheitsgebiet der Mitgliedstaaten und für den Aufenthalt von mehr als 90 Tagen im Rahmen eines unternehmensinternen Transfers sowie deren Rechte;
b) die Bedingungen für die Einreise der unter Buchstabe a genannten Drittstaatsangehörigen in andere Mitgliedstaaten als dem ersten Mitgliedstaat, der den Drittstaatsangehörigen auf der Grundlage dieser Richtlinie einen Aufenthaltstitel für unternehmensintern transferierte Arbeitnehmer erteilt hat, und für ihren Aufenthalt sowie deren Rechte.

Anwendungsbereich

Art. 2 (1) Diese Richtlinie gilt für Drittstaatsangehörige, die zum Zeitpunkt der Antragstellung ihren Aufenthalt außerhalb des Hoheitsgebiets der Mitgliedstaaten haben und im Rahmen eines unternehmensinternen Transfers als Führungskraft, Spezialist oder Trainee gemäß dieser Richtlinie einen Antrag auf Zulassung in das Hoheitsgebiet eines Mitgliedstaats stellen oder die Zulassung erhalten haben.

(2) Diese Richtlinie gilt nicht für Drittstaatsangehörige,
a) die beantragen, sich als Forscher in einem Mitgliedstaat im Sinne der Richtlinie 2005/71/EG aufzuhalten, um ein Forschungsprojekt durchzuführen;
b) denen aufgrund von Abkommen zwischen der Union und ihren Mitgliedstaaten einerseits und Drittstaaten andererseits Freizügigkeitsrechte gewährt werden, die denen der Unionsbürger entsprechen, oder die in

2/14. Konzerninterne ÜberlassungsRL
Art. 2, 3

einem Unternehmen mit Sitz in einem dieser Drittstaaten beschäftigt sind;
c) die im Rahmen der Richtlinie 96/71/EG entsandt werden;
d) die selbständig erwerbstätig sind;
e) die von Arbeitsvermittlern, Leiharbeitsunternehmen oder sonstigen Unternehmen abgeordnet werden, die Arbeitnehmer zur Arbeit unter der Aufsicht und Leitung eines anderen Unternehmens zur Verfügung stellen;
f) die als Vollzeitstudenten zugelassen werden oder die im Rahmen ihres Studiums eine kurze praktische Ausbildung unter Aufsicht erhalten.

(3) Diese Richtlinie gilt unbeschadet des Rechts der Mitgliedstaaten, andere Aufenthaltstitel als die von dieser Richtlinie erfassten Aufenthaltstitel für unternehmensintern transferierte Arbeitnehmer für die Zwecke der Beschäftigung für Drittstaatsangehörige auszustellen, die nicht in den Anwendungsbereich dieser Richtlinie fallen.

Begriffsbestimmungen
Art. 3 Im Sinne dieser Richtlinie bezeichnet der Ausdruck
a) „Drittstaatsangehöriger" jede Person, die nicht Unionsbürger im Sinne von Artikel 20 Absatz 1 AEUV ist;
b) „unternehmensinterner Transfer" die vorübergehende Abstellung – für die Zwecke der beruflichen Tätigkeit oder für Schulungszwecke – eines zum Zeitpunkt der Stellung des Antrags auf einen Aufenthaltstitel für unternehmensintern transferierte Arbeitnehmer außerhalb des Hoheitsgebiets der Mitgliedstaaten aufhältigen Drittstaatsangehörigen durch ein außerhalb des Hoheitsgebiets der Mitgliedstaaten ansässiges Unternehmen, mit dem der Arbeitnehmer vor dem Transfer und für dessen Dauer einen Arbeitsvertrag geschlossen hat, in eine Niederlassung, die zum gleichen Unternehmen oder zur gleichen Unternehmensgruppe gehört und ihren Sitz im Hoheitsgebiet des betreffenden Mitgliedstaats hat, und gegebenenfalls die Mobilität in die aufnehmenden Niederlassungen, die in einem oder mehreren zweiten Mitgliedstaaten ansässig sind;
c) „unternehmensintern transferierter Arbeitnehmer" einen Drittstaatsangehörigen, der zum Zeitpunkt der Stellung des Antrags auf einen Aufenthaltstitel für unternehmensintern transferierte Arbeitnehmer außerhalb des Hoheitsgebiets der Mitgliedstaaten aufhältig ist und der innerhalb einer Unternehmensgruppe transferiert wird;
d) „aufnehmende Niederlassung" die Niederlassung, in der die unternehmensintern transferierte Arbeitnehmer transferiert wird – ungeachtet ihrer Rechtsform – und die im Hoheitsgebiet eines Mitgliedstaats nach nationalem Recht ansässig ist;
e) „Führungskraft" eine in einer Schlüsselposition beschäftigte Person, die in erster Linie die aufnehmende Niederlassung leitet und hauptsächlich unter der allgemeinen Aufsicht des Leitungsorgans oder der Anteilseigner oder gleichwertiger Personen steht oder von ihnen allgemeine Weisungen erhält; diese Position schließt Folgendes mit ein: Leitung der aufnehmenden Niederlassung oder einer Abteilung oder Unterabteilung der aufnehmenden Niederlassung, Überwachung und Kontrolle der Arbeit des sonstigen Aufsicht führenden Personals und der Fach- und Führungskräfte, Befugnis zur Empfehlung einer Anstellung, Entlassung oder sonstigen personellen Maßnahme;
f) „Spezialist" eine innerhalb der Unternehmensgruppe tätige Person, die über für die Tätigkeitsbereiche, die Verfahren oder die Verwaltung der aufnehmenden Niederlassung unerlässliche Spezialkenntnisse verfügt. Bei der Bewertung dieser Kenntnisse werden nicht nur die auf die aufnehmende Niederlassung abgestimmten Kenntnisse berücksichtigt, sondern es wird auch berücksichtigt, ob die Person über ein hohes Qualifikationsniveau, einschließlich einer angemessenen Berufserfahrung, für bestimmte Arbeiten oder Tätigkeiten verfügt, die spezifische technische Kenntnisse – einschließlich der etwaigen Zugehörigkeit zu einem zulassungspflichtigen Beruf – erfordern;
g) „Trainee" eine Person mit einem Hochschulabschluss, die in eine aufnehmende Niederlassung transferiert wird, um ihre berufliche Entwicklung zu fördern oder sich branchenspezifisch, technisch oder methodisch fortzubilden, und die während des Transfers entlohnt wird;
h) „Familienangehörige" die in Artikel 4 Absatz 1 der Richtlinie 2003/86/EG des Rates *[hier abgedruckt unter 2/5.]* genannten Drittstaatsangehörigen;
i) „Aufenthaltstitel für unternehmensintern transferierte Arbeitnehmer" eine Genehmigung mit dem Eintrag der Abkürzung „ICT" (für „intra-corporate transferee"), die ihren Inhaber berechtigt, gemäß den Bestimmungen dieser Richtlinie im Hoheitsgebiet des ersten Mitgliedstaats, und gegebenenfalls in zweiten Mitgliedstaaten, seinen Wohnsitz zu nehmen und dort zu arbeiten;
j) „Aufenthaltstitel für langfristige Mobilität" eine Genehmigung mit dem Eintrag des Begriffs „mobile ICT", die den Inhaber eines Aufenthaltstitels für unternehmensintern transferierte Arbeitnehmer berechtigt, gemäß den Bestimmungen dieser Richtlinie im Hoheitsgebiet des zweiten Mitgliedstaats seinen Wohnsitz zu nehmen und dort zu arbeiten;
k) „einheitliches Antragsverfahren" das Verfahren, das auf der Grundlage eines Antrags auf Aufenthalt und Arbeit eines Drittstaats-

l) „Unternehmensgruppe" zwei oder mehr Unternehmen, die nach nationalem Recht insofern als miteinander verbunden gelten, als ein Unternehmen in Bezug auf ein anderes Unternehmen direkt oder indirekt die Mehrheit der gezeichneten Kapitals dieses Unternehmens besitzt oder über die Mehrheit der mit den Anteilen am anderen Unternehmen verbundenen Stimmrechte verfügt oder befugt ist, mehr als die Hälfte der Mitglieder des Verwaltungs-, Leitungs- oder Aufsichtsorgans des anderen Unternehmens zu bestellen, oder die Unternehmen unter einheitlicher Leitung des Mutterunternehmens stehen;

m) „erster Mitgliedstaat" den Mitgliedstaat, der einem Drittstaatsangehörigen als erster einen Aufenthaltstitel für unternehmensintern transferierte Arbeitnehmer ausstellt;

n) „zweiter Mitgliedstaat" jeden Mitgliedstaat, in dem der unternehmensintern transferierte Arbeitnehmer sein Recht auf Mobilität im Sinne dieser Richtlinie auszuüben gedenkt oder ausübt und der nicht der erste Mitgliedstaat ist;

o) „reglementierter Beruf" einen reglementierten Beruf im Sinne des Artikels 3 Absatz 1 Buchstabe a der Richtlinie 2005/36/EG.

Günstigere Bestimmungen

Art. 4 (1) Von dieser Richtlinie unberührt bleiben günstigere Bestimmungen

a) des Unionsrechts, einschließlich bilateraler und multilateraler Abkommen zwischen der Union und ihren Mitgliedstaaten einerseits und einem oder mehreren Drittstaaten andererseits;

b) bilateraler oder multilateraler Abkommen zwischen einem oder mehreren Mitgliedstaaten und einem oder mehreren Drittstaaten.

(2) Diese Richtlinie berührt nicht das Recht der Mitgliedstaaten, für Drittstaatsangehörige, auf die die Richtlinie Anwendung findet, in Bezug auf Artikel 3 Buchstabe h und die Artikel 15, 18 und 19 günstigere Bestimmungen einzuführen oder beizubehalten.

KAPITEL II
ZULASSUNGSBEDINGUNGEN

Zulassungskriterien

Art. 5 (1) Unbeschadet des Artikels 11 Absatz 1 muss ein Drittstaatsangehöriger, der die Zulassung gemäß den Bestimmungen dieser Richtlinie beantragt, oder die aufnehmende Niederlassung folgende Bedingungen erfüllen:

a) den Nachweis erbringen, dass die aufnehmende Niederlassung und das Unternehmen mit Sitz in einem Drittstaat zum gleichen Unternehmen oder zur gleichen Unternehmensgruppe gehören;

b) den Nachweis erbringen, dass der Drittstaatsangehörige unmittelbar vor dem Zeitpunkt des unternehmensinternen Transfers mindestens drei bis zwölf Monate ohne Unterbrechung (Führungskräfte und Spezialisten) bzw. mindestens drei bis sechs Monate ohne Unterbrechung (Trainees) in dem gleichen Unternehmen oder der gleichen Unternehmensgruppe beschäftigt war.

c) einen Arbeitsvertrag und erforderlichenfalls ein Abordnungsschreiben des Arbeitgebers mit Angaben zu folgenden Aspekten vorlegen:

   i) Einzelheiten zur Dauer des Transfers und zum Standort der aufnehmenden Niederlassung bzw. Niederlassungen;

   ii) Nachweis, dass der Drittstaatsangehörige eine Position als Führungskraft, Spezialist oder Trainee in der bzw. den aufnehmenden Niederlassung(en) in dem betreffenden Mitgliedstaat innehat;

   iii) Höhe des Arbeitsentgelts und sonstige Arbeits- und Beschäftigungsbedingungen für die Dauer des unternehmensinternen Transfers;

   iv) Nachweis, dass der Drittstaatsangehörige nach Beendigung seines unternehmensinternen Transfers in eine Niederlassung zurückkehren kann, die dem gleichen Unternehmen oder der gleichen Unternehmensgruppe angehört und in einem Drittstaat ansässig ist;

d) den Nachweis erbringen, dass der Drittstaatsangehörige als Führungskraft oder Spezialist über die berufliche Qualifikation und Erfahrung und als Trainee über einen Hochschulabschluss verfügt, die bzw. der in der aufnehmenden Niederlassung, in die er transferiert werden soll, erforderlich ist;

e) gegebenenfalls anhand von Dokumenten nachweisen, dass der Drittstaatsangehörige die nach nationalem Recht des betreffenden Mitgliedstaats für Unionsbürger geltenden Voraussetzungen für die Ausübung des reglementierten Berufs, auf sich der Antrag bezieht, erfüllt;

f) ein nach nationalem Recht gültiges Reisedokument des Drittstaatsangehörigen und – sofern verlangt – einen Visumantrag oder ein Visum vorlegen; die Mitgliedstaaten können verlangen, dass die Gültigkeitsdauer des Reisedokuments mindestens der Gültigkeitsdauer des Aufenthaltstitels für unternehmensintern transferierte Arbeitnehmer entsprechen muss;

g) unbeschadet bilateraler Abkommen nachweisen, dass für die Zeiten, in denen kein solcher Versicherungsschutz und kein damit verbundener Leistungsanspruch in Verbindung mit oder aufgrund der in dem betreffenden Mitgliedstaat ausgeübten Beschäftigung besteht, eine Krankenversicherung besteht oder, wenn dies im nationalen Recht vorgesehen ist, dass eine derartige Krankenversicherung beantragt wurde; der Versicherungsschutz muss sich auf alle Risiken erstrecken, die normalerweise für Staatsangehörige dieses Mitgliedstaats abgedeckt sind.

(2) Die Mitgliedstaaten können von dem Antragsteller verlangen, dass er die in Absatz 1 Buchstaben a, c, d, e und g genannten Unterlagen in einer Amtssprache des betreffenden Mitgliedstaats vorlegt.

(3) Die Mitgliedstaaten können von dem Antragsteller verlangen, dass er spätestens zum Zeitpunkt der Ausstellung des Aufenthaltstitels für unternehmensintern transferierte Arbeitnehmer die Anschrift des betreffenden Drittstaatsangehörigen im Hoheitsgebiet des Mitgliedstaats angibt.

(4) Die Mitgliedstaaten verlangen, dass
a) alle Bedingungen gemäß den Rechts- und Verwaltungsvorschriften und/oder den allgemeinverbindlichen Tarifverträgen, die für entsandte Arbeitnehmer in vergleichbaren Situationen in den entsprechenden Beschäftigungsbranchen gelten, während des unternehmensinternen Transfers hinsichtlich der Arbeits- und Beschäftigungsbedingungen mit Ausnahme des Arbeitsentgelts erfüllt sein müssen.

In Ermangelung eines Systems der Allgemeinverbindlichkeitserklärung von Tarifverträgen können die Mitgliedstaaten Tarifverträge zugrunde legen, die allgemein für alle vergleichbaren Unternehmen im geografischen Gebiet und die betreffende Berufsgruppe oder den betreffenden Industriezweig gelten, und/oder Tarifverträge, die auf nationaler Ebene von den repräsentativsten Arbeitgeberverbänden und Gewerkschaften geschlossen wurden und in ihrem gesamten nationalen Hoheitsgebiet Anwendung finden;

b) das während des gesamten unternehmensinternen Transfers dem Drittstaatsangehörigen gewährte Arbeitsentgelt nicht ungünstiger als das Arbeitsentgelt sein darf, das den Staatsangehörigen des betreffenden aufnehmenden Mitgliedstaats in vergleichbaren Positionen gemäß den geltenden Rechtsvorschriften, Tarifverträgen oder Gepflogenheiten in dem Mitgliedstaat, in dem die aufnehmende Niederlassung ihren Sitz hat, gewährt wird.

(5) Auf der Grundlage der gemäß Absatz 1 vorgelegten Unterlagen können die Mitgliedstaaten verlangen, dass der unternehmensintern transferierte Arbeitnehmer während seines Aufenthalts über Finanzmittel verfügen muss, die ohne Inanspruchnahme des Sozialhilfesysteme der Mitgliedstaaten für seinen eigenen Lebensunterhalt und den seiner Familienangehörigen ausreichen.

(6) Zusätzlich zu den Nachweisen gemäß Absatz 1 kann von Drittstaatsangehörigen, die eine Zulassung als Trainee beantragen, verlangt werden, dass sie einen Traineevertrag im Zusammenhang mit der Vorbereitung auf ihre künftige Position in dem Unternehmen oder der Unternehmensgruppe vorlegen, der unter anderem eine Beschreibung des Traineeprogramms umfasst, die zeigt, dass der Zweck des Aufenthalts darin besteht, den Trainee zum Zweck seiner beruflichen Entwicklung oder mit Blick auf Geschäftstechniken oder -methoden fortzubilden, sowie Angaben zu dessen Dauer und zu den Bedingungen, unter denen der Trainee im Rahmen des Programms ausgebildet wird, enthält.

(7) Jede während des Antragsverfahrens eingetretene Änderung, die Auswirkungen auf die in diesem Artikel festgelegten Zulassungskriterien hat, ist den zuständigen Behörden des betreffenden Mitgliedstaats vom Antragsteller mitzuteilen.

(8) Drittstaatsangehörigen, die als Bedrohung für die öffentliche Ordnung, Sicherheit oder Gesundheit angesehen werden, ist die Zulassung für die Zwecke dieser Richtlinie zu verweigern.

Anzahl der Zulassungen

Art. 6 Die Richtlinie berührt nicht das Recht der Mitgliedstaaten, im Einklang mit Artikel 79 Absatz 5 AEUV festzulegen, wie viele Drittstaatsangehörige in ihr Hoheitsgebiet einreisen dürfen. Auf dieser Grundlage kann ein Antrag auf einen Aufenthaltstitel für unternehmensintern transferierte Arbeitnehmer entweder als unzulässig angesehen oder abgelehnt werden.

Ablehnungsgründe

Art. 7 (1) Die Mitgliedstaaten lehnen einen Antrag auf einen Aufenthaltstitel für unternehmensintern transferierte Arbeitnehmer in den folgenden Fällen ab:
a) Artikel 5 wurde nicht eingehalten;
b) die vorgelegten Dokumente wurden in betrügerischer Weise erworben oder gefälscht oder manipuliert;
c) die aufnehmende Niederlassung wurde hauptsächlich zu dem Zweck gegründet, die Einreise von unternehmensintern transferierten Arbeitnehmern zu erleichtern, oder
d) die Höchstdauer des Aufenthalts gemäß Artikel 12 Absatz 1 wurde erreicht.

(2) Die Mitgliedstaaten lehnen gegebenenfalls einen Antrag ab, wenn gegen den Arbeitgeber oder die aufnehmende Niederlassung nach nationalem Recht Sanktionen wegen nicht angemeldeter Erwerbstätigkeit und/oder illegaler Beschäftigung verhängt wurden.

(3) Die Mitgliedstaaten können einen Antrag auf einen Aufenthaltstitel für unternehmensintern transferierte Arbeitnehmer in den folgenden Fällen ablehnen,
a) wenn der Arbeitgeber oder die aufnehmende Niederlassung seinen bzw. ihren rechtlichen Verpflichtungen in Bezug auf die Sozialversicherung, die Steuern, die Arbeitnehmerrechte oder die Arbeits- oder Beschäftigungsbedingungen nicht nachgekommen ist;
b) wenn das Unternehmen des Arbeitgebers oder der aufnehmenden Niederlassung sich gemäß den nationalen Insolvenzgesetzen in Abwicklung befindet oder abgewickelt wor-

den ist oder wenn keine Geschäftstätigkeit ausgeübt wird oder
c) wenn durch die vorübergehende Präsenz des unternehmensintern transferierten Arbeitnehmers ein Eingreifen in oder eine anderweitige Einflussnahme auf arbeitsrechtliche bzw. betriebliche Auseinandersetzungen oder Verhandlungen bezweckt oder bewirkt wird.

(4) Die Mitgliedstaaten können einen Antrag auf einen Aufenthaltstitel für unternehmensintern transferierte Arbeitnehmer aus den in Artikel 12 Absatz 2 genannten Gründen ablehnen.

(5) Unbeschadet des Absatzes 1 muss jede Entscheidung, einen Antrag abzulehnen, die konkreten Umstände des Einzelfalls berücksichtigen und den Grundsatz der Verhältnismäßigkeit einhalten.

Entzug oder Nichtverlängerung des Aufenthaltstitels für unternehmensintern transferierte Arbeitnehmer

Art. 8 (1) Die Mitgliedstaaten entziehen einen Aufenthaltstitel für unternehmensintern transferierte Arbeitnehmer in den folgenden Fällen:
a) wenn dieser in betrügerischer Weise erworben oder gefälscht oder manipuliert wurde,
b) wenn der Aufenthalt des unternehmensintern transferierten Arbeitnehmers in dem betreffenden Mitgliedstaat anderen Zwecken dient als denen, für die ihm ursprünglich ein Aufenthaltstitel erteilt wurde, oder
c) wenn die aufnehmende Niederlassung hauptsächlich zu dem Zweck gegründet wurde, die Einreise von unternehmensintern transferierten Arbeitnehmern zu erleichtern.

(2) Die Mitgliedstaaten entziehen gegebenenfalls einen Aufenthaltstitel für unternehmensintern transferierten Arbeitnehmer, wenn gegen den Arbeitgeber oder die aufnehmende Niederlassung nach nationalem Recht Sanktionen wegen nicht angemeldeter Erwerbstätigkeit und/oder illegaler Beschäftigung verhängt wurden.

(3) Die Mitgliedstaaten verweigern die Verlängerung eines Aufenthaltstitels für unternehmensintern transferierte Arbeitnehmer in den folgenden Fällen:
a) wenn er in betrügerischer Weise erworben oder gefälscht oder manipuliert wurde,
b) wenn der Aufenthalt des unternehmensintern transferierten Arbeitnehmers anderen Zwecken dient als denen, für die ihm ursprünglich ein Aufenthaltstitel erteilt wurde,
c) wenn die aufnehmende Niederlassung hauptsächlich zu dem Zweck gegründet wurde, die Einreise von unternehmensintern transferierten Arbeitnehmern zu erleichtern, oder
d) wenn die Höchstdauer des Aufenthalts gemäß Artikel 12 Absatz 1 erreicht wurde.

(4) Die Mitgliedstaaten verweigern gegebenenfalls die Verlängerung eines Aufenthaltstitels für unternehmensintern transferierte Arbeitnehmer, wenn gegen den Arbeitgeber oder die aufnehmende Niederlassung nach nationalem Recht Sanktionen wegen nicht angemeldeter Erwerbstätigkeit und/oder illegaler Beschäftigung verhängt wurden.

(5) Die Mitgliedstaaten dürfen einen Aufenthaltstitel für unternehmensintern transferierte Arbeitnehmer in den folgenden Fällen entziehen oder nicht verlängern:
a) wenn Artikel 5 nicht erfüllt oder nicht mehr erfüllt ist;
b) wenn der Arbeitgeber oder die aufnehmende Niederlassung seinen bzw. ihren rechtlichen Verpflichtungen in Bezug auf die Sozialversicherung, die Steuern, die Arbeitnehmerrechte oder die Arbeits- oder Beschäftigungsbedingungen nicht nachgekommen ist;
c) wenn das Unternehmen des Arbeitgebers oder der aufnehmenden Niederlassung sich gemäß den nationalen Insolvenzgesetzen in Abwicklung befindet oder abgewickelt worden ist, oder wenn keine Geschäftstätigkeit ausgeübt wird, oder
d) wenn der unternehmensintern transferierte Arbeitnehmer die Regeln für die Mobilität gemäß den Artikeln 21 und 22 nicht eingehalten hat.

(6) Unbeschadet der Absätze 1 und 3 muss jede Entscheidung, einen Aufenthaltstitel für unternehmensintern transferierte Arbeitnehmer zu entziehen oder seine Verlängerung zu verweigern, die konkreten Umstände des Einzelfalls berücksichtigen und den Grundsatz der Verhältnismäßigkeit einhalten.

Sanktionen

Art. 9 (1) Die Mitgliedstaaten können die aufnehmende Niederlassung zur Verantwortung ziehen, wenn die in dieser Richtlinie festgelegten Zulassungs-, Aufenthalts- und Mobilitätsbedingungen nicht eingehalten werden.

(2) Wird die aufnehmende Niederlassung gemäß Absatz 1 zur Verantwortung gezogen, so legt der betreffende Mitgliedstaat Sanktionen fest. Die Sanktionen müssen wirksam, verhältnismäßig und abschreckend sein.

(3) Die Mitgliedstaaten sehen Maßnahmen zur Vermeidung möglichen Missbrauchs und zur Ahndung von Verstößen gegen diese Richtlinie vor. Dazu gehören Kontrolle, Bewertung und gegebenenfalls Inspektionen im Einklang mit dem nationalen Recht oder den nationalen Verwaltungsgepflogenheiten.

KAPITEL III
VERFAHREN UND AUFENTHALTSTITEL

Zugang zu Informationen

Art. 10 (1) Die Mitgliedstaaten stellen den Antragstellern die Informationen zu allen im Rahmen der Antragstellung beizubringenden Nachweisen sowie Informationen zu Einreise und Aufenthalt, einschließlich der damit verbundenen Rechte, Pflichten und Verfahrensgarantien des unternehmensintern transferierten Arbeitnehmers und seiner Familienangehörigen in leicht zugänglicher Weise zur Verfügung. Die Mitgliedstaaten stellen zudem in leicht zugänglicher Weise Informationen zu den Verfahren zur Verfügung, die für die kurzfristige Mobilität nach Artikel 21 Absatz 2 und die langfristige Mobilität nach Artikel 22 Absatz 1 anzuwenden sind.

(2) Die betreffenden Mitgliedstaaten stellen der aufnehmenden Niederlassung Informationen über das Recht der Mitgliedstaaten, Sanktionen gemäß Artikel 9 und Artikel 23 zu verhängen, zur Verfügung.

Anträge auf einen Aufenthaltstitel für unternehmensintern transferierte Arbeitnehmer oder einen Aufenthaltstitel für langfristige Mobilität

Art. 11 (1) Die Mitgliedstaaten legen fest, ob ein Antrag vom Drittstaatsangehörigen oder von der aufnehmenden Niederlassung zu stellen ist. Die Mitgliedstaaten können auch entscheiden, einen Antrag von jedem der beiden zuzulassen.

(2) Der Antrag auf einen Aufenthaltstitel für unternehmensintern transferierte Arbeitnehmer wird gestellt, solange der Drittstaatsangehörige seinen Aufenthalt außerhalb des Hoheitsgebiets des Mitgliedstaats hat, für den eine Zulassung beantragt wird.

(3) Der Antrag auf einen Aufenthaltstitel für unternehmensintern transferierte Arbeitnehmer ist an die Behörden des Mitgliedstaats zu stellen, in dem sich der transferierte Arbeitnehmer zuerst aufhalten wird. Im Falle von Mobilität innerhalb der Union ist der Antrag an die Behörden des Mitgliedstaats zu stellen, in dem der insgesamt längste Aufenthalt während des Transfers stattfinden soll.

(4) Die Mitgliedstaaten benennen die Behörden, die für die Entgegennahme der Anträge und die Erteilung der Aufenthaltstitel für unternehmensintern transferierte Arbeitnehmer oder der Aufenthaltstitel für langfristige Mobilität zuständig sind.

(5) Der Antragsteller hat das Recht, einen Antrag in einem einheitlichen Antragsverfahren zu stellen.

(6) Vereinfachte Verfahren in Bezug auf die Ausstellung von Aufenthaltstitel für unternehmensintern transferierte Arbeitnehmer, die Erteilung einer Erlaubnis für Langzeitmobilität, die Ausstellung der Aufenthaltstitel von Familienangehörigen eines unternehmensintern transferierten Arbeitnehmers sowie von Visa können für Niederlassungen oder für Unternehmen oder Unternehmensgruppen vorgesehen werden, die von den Mitgliedstaaten im Einklang mit ihrem nationalen Recht oder ihren nationalen Verwaltungspraktiken für diesen Zweck anerkannt wurden.

Die Anerkennung wird regelmäßig überprüft.

(7) Die vereinfachten Verfahren nach Absatz 6 umfassen mindestens:

a) die Entbindung des Antragstellers von der Anforderung, einige der in Artikel 5 oder Artikel 22 Absatz 2 Buchstabe a genannten Nachweise vorzulegen;

b) ein beschleunigtes Zulassungsverfahren mit Erteilung der Aufenthaltstitel für unternehmensintern transferierte Arbeitnehmer und der Erlaubnis für Langzeitmobilität innerhalb kürzerer Zeit, als in Artikel 15 Absatz 1 oder in Artikel 22 Absatz 2 Buchstabe b vorgesehen, und/oder

c) vereinfachte und/oder beschleunigte Verfahren in Bezug auf die Erteilung der erforderlichen Visa.

(8) Niederlassungen oder Unternehmensgruppen, die im Einklang mit Absatz 6 anerkannt wurden, melden der zuständigen Behörde unverzüglich, jedenfalls innerhalb von 30 Tagen jede Änderung, die sich auf die Bedingungen für die Anerkennung auswirkt.

(9) Die Mitgliedstaaten sehen angemessene Sanktionen – einschließlich des Entzugs der Anerkennung – vor, falls eine Meldung an die zuständigen Behörden nicht erfolgt.

Dauer eines unternehmensinternen Transfers

Art. 12 (1) Die Höchstdauer des unternehmensinternen Transfers beträgt für Führungskräfte und Spezialisten drei Jahre und für Trainees ein Jahr; danach müssen sie das Hoheitsgebiet der Mitgliedstaaten verlassen, es sei denn, sie erhalten einen Aufenthaltstitel auf einer anderen Grundlage im Einklang mit Unionsrecht oder nationalem Recht.

(2) Unbeschadet ihrer Verpflichtungen aus internationalen Abkommen können die Mitgliedstaaten verlangen, dass zwischen dem Ende der in Absatz 1 genannten Höchstdauer eines Transfers und der Einreichung eines neuen Antrags für denselben Drittstaatsangehörigen für die Zwecke dieser Richtlinie in demselben Mitgliedstaat ein Zeitraum von bis zu sechs Monaten liegen muss.

Aufenthaltstitel für unternehmensintern transferierte Arbeitnehmer

Art. 13 (1) Unternehmensintern transferierte Arbeitnehmern, die die Zulassungskriterien nach Artikel 5 erfüllen und deren Antrag von den zuständigen Behörden positiv beschieden wurde, wird ein Aufenthaltstitel für unternehmensintern transferierte Arbeitnehmer erteilt.

(2) Die Gültigkeitsdauer der Aufenthaltstitel für unternehmensintern transferierte Arbeitnehmer beträgt – je nachdem, welche Zeitspanne kürzer ist – mindestens ein Jahr oder die Dauer des Transfers in das Hoheitsgebiet des betreffenden Mitgliedstaats und kann auf höchstens drei Jahre bei Führungskräften und Spezialisten oder auf höchstens ein Jahr bei Trainees verlängert werden.

(3) Der Aufenthaltstitel für unternehmensintern transferierte Arbeitnehmer wird von den zuständigen Behörden des Mitgliedstaats unter Verwendung des Einheitsformats gemäß der Verordnung (EG) Nr. 1030/2002 ausgestellt.

(4) Im Feld „Art des Titels" gemäß Buchstabe a Nummer 6.4 des Anhangs der Verordnung (EG) Nr. 1030/2002 tragen die Mitgliedstaaten „ICT" ein.

Die Mitgliedstaaten können auch eine Angabe in ihrer bzw. ihren Amtssprache(n) hinzufügen.

(5) Die Mitgliedstaaten stellen keine zusätzlichen Titel aus, insbesondere keine weitere Arbeitserlaubnis.

(6) Die Mitgliedstaaten können zusätzliche Angaben zur Beschäftigung während des unternehmensinternen Transfers des Drittstaatsangehörigen in Papierform machen und/oder solche Daten in elektronischer Form gemäß Artikel 4 der Verordnung (EG) Nr. 1030/2002 und deren Anhang Buchstabe a Nummer 16 speichern.

(7) Der betreffende Mitgliedstaat gewährt den Drittstaatsangehörigen, deren Antrag auf Zulassung angenommen wurde, jede Erleichterung zur Erlangung der vorgeschriebenen Visa.

Änderungen mit Auswirkungen auf die Zulassungsbedingungen während des Aufenthalts

Art. 14 Jede während des Aufenthalts eingetretene Änderung, die Auswirkungen auf die in Artikel 5 festgelegten Zulassungsbedingungen hat, ist den zuständigen Behörden des betreffenden Mitgliedstaats vom Antragsteller mitzuteilen.

Verfahrensgarantien

Art. 15 (1) Die zuständigen Behörden des betreffenden Mitgliedstaats entscheiden über den Antrag auf einen Aufenthaltstitel für unternehmensintern transferierte Arbeitnehmer oder auf Verlängerung dieses Titels und unterrichten den Antragsteller gemäß den im nationalen Recht festgelegten Mitteilungsverfahren so rasch wie möglich, jedoch spätestens 90 Tage nach Einreichung des vollständigen Antrags schriftlich über die Entscheidung.

(2) Sind die Angaben oder die Unterlagen zur Begründung des Antrags unvollständig, so teilen die zuständigen Behörden dem Antragsteller innerhalb einer angemessenen Frist mit, welche zusätzlichen Informationen erforderlich sind, und legen eine angemessene Frist für deren Vorlage fest. Die in Absatz 1 genannte Frist wird ausgesetzt, bis die zuständigen Behörden die verlangten zusätzlichen Informationen erhalten haben.

(3) Die Gründe für eine Entscheidung, einen Antrag auf dessen Verlängerung nicht zuzulassen oder abzulehnen, werden dem Antragsteller schriftlich mitgeteilt. Die Gründe für eine Entscheidung, einen Aufenthaltstitel für unternehmensintern transferierte Arbeitnehmer zu entziehen, werden sowohl dem unternehmensintern transferierten Arbeitnehmer als auch der aufnehmenden Niederlassung schriftlich mitgeteilt.

(4) Jede Entscheidung, mit der ein Antrag für unzulässig erklärt oder abgelehnt wird, eine Verlängerung verweigert oder ein Aufenthaltstitel für unternehmensintern transferierte Arbeitnehmer entzogen wird, kann in dem betreffenden Mitgliedstaat gemäß dem nationalen Recht mit einem Rechtsbehelf angefochten werden. In der schriftlichen Mitteilung werden das Gericht oder die Verwaltungsbehörde, bei denen ein Rechtsbehelf eingelegt werden kann, und die Fristen für die Einlegung eines Rechtsbehelfs genannt.

(5) Innerhalb des in Artikel 12 Absatz 1 genannten Zeitraums kann ein Antragsteller einen Antrag auf Verlängerung stellen, bevor der Aufenthaltstitel für unternehmensintern transferierte Arbeitnehmer abgelaufen ist. Die Mitgliedstaaten können für die Einreichung eines Antrags auf Verlängerung eine Frist von maximal 90 Tagen vor Ablauf des Aufenthaltstitels für unternehmensintern transferierte Arbeitnehmer festsetzen.

(6) Wenn die Gültigkeit des Aufenthaltstitels für unternehmensintern transferierte Arbeitnehmer während des Verlängerungsverfahrens abläuft, gestatten die Mitgliedstaaten dem unternehmensintern transferierten Arbeitnehmer, sich so lange weiter rechtmäßig in ihrem Hoheitsgebiet aufzuhalten, bis die zuständigen Behörden den Antrag beschieden haben. In derartigen Fällen können sie nationale befristete Aufenthaltstitel oder gleichwertige Genehmigungen ausstellen, wenn dies nach nationalem Recht erforderlich ist.

Gebühren

Art. 16 Die Mitgliedstaaten können für die Bearbeitung von Anträgen gemäß dieser Richtlinie Gebühren erheben. Diese Gebühren dürfen nicht unverhältnismäßig oder übermäßig hoch sein.

KAPITEL IV
RECHTE

Rechte auf der Grundlage des Aufenthaltstitels für unternehmensintern transferierte Arbeitnehmer

Art. 17 Während der Gültigkeitsdauer des Aufenthaltstitels für unternehmensintern transferierte Arbeitnehmer hat der Inhaber zumindest die folgenden Rechte:

a) das Recht auf Einreise in das Hoheitsgebiet des ersten Mitgliedstaats und auf Aufenthalt in diesem Mitgliedstaat;

b) freier Zugang zum gesamten Hoheitsgebiet des ersten Mitgliedstaats gemäß seinem nationalen Recht;

c) das Recht auf Ausübung der mit dem Aufenthaltstitel genehmigten konkreten Arbeitstätigkeit – im Einklang mit dem nationalen Recht – in jeder aufnehmenden Niederlassung, die zu dem Unternehmen oder der Unternehmensgruppe im ersten Mitgliedstaat gehört.

Die in Absatz 1 Buchstaben a bis c dieses Artikels genannten Rechte bestehen gemäß Artikel 20 in zweiten Mitgliedstaaten.

Recht auf Gleichbehandlung

Art. 18 (1) Ungeachtet der für das Beschäftigungsverhältnis geltenden Rechtsvorschriften werden unbeschadet des Artikels 5 Absatz 4 Buchstabe b nach dieser Richtlinie zugelassene, unternehmensintern transferierte Arbeitnehmer in Bezug auf die Arbeits- und Beschäftigungsbedingungen gemäß Artikel 3 der Richtlinie 96/71/EG in dem

Mitgliedstaat, in dem die Arbeit ausgeführt wird, mindestens wie Personen behandelt, die unter die Richtlinie 96/71/EG fallen.

(2) Unternehmensintern transferierte Arbeitnehmer werden Staatsangehörigen des Mitgliedstaats, in dem die Arbeit ausgeführt wird, in Bezug auf folgende Aspekte gleichgestellt:

a) Vereinigungsfreiheit sowie Zugehörigkeit zu und Mitgliedschaft in einer Gewerkschaft, einem Arbeitgeberverband oder einer sonstigen Organisation, deren Mitglieder einer bestimmten Berufsgruppe angehören, sowie Inanspruchnahme der von solchen Organisationen angebotenen Rechte und Leistungen, unbeschadet der nationalen Bestimmungen über die öffentliche Ordnung und Sicherheit;

b) Anerkennung von Diplomen, Prüfungszeugnissen und sonstigen beruflichen Befähigungsnachweisen gemäß den einschlägigen nationalen Verfahren;

c) die nationalen Rechtsvorschriften in Bezug auf die in Artikel 3 der Verordnung (EG) Nr. 883/2004 genannten Zweige der sozialen Sicherheit, es sei denn, dass nach Maßgabe bilateraler Abkommen oder nach Maßgabe des nationalen Rechts des Mitgliedstaats, in dem die Tätigkeit ausgeübt wird, das Recht des Herkunftslandes gilt, damit sichergestellt ist, dass der unternehmensintern transferierte Arbeitnehmer unter die Rechtsvorschriften der sozialen Sicherheit eines dieser Länder fällt. Im Falle der Mobilität innerhalb der Union findet unbeschadet bilateraler Abkommen, die sicherstellen, dass der unternehmensintern transferierte Arbeitnehmer unter das nationale Recht des Herkunftslandes fällt, die Verordnung (EU) Nr. 1231/2010 entsprechend Anwendung;

d) unbeschadet der Verordnung (EU) Nr. 1231/2010 und bilateraler Abkommen besteht Anspruch auf Zahlung einer gesetzlichen Alters-, Invaliditäts- oder Hinterbliebenenrente, die in dem früheren Beschäftigungsverhältnis des unternehmensintern transferierten Arbeitnehmers begründet sind und von unternehmensintern transferierten Arbeitnehmern, die in einen Drittstaat umgezogen sind, oder von unternehmensintern transferierten Arbeitnehmern in einem Drittstaat ansässigen Hinterbliebenen, die ihre Ansprüche von den unternehmensintern transferierten Arbeitnehmern herleiten, erworben wurden, gemäß den in Artikel 3 der Verordnung (EG) Nr. 883/2004 genannten Rechtsvorschriften zu denselben Bedingungen und in derselben Höhe wie für die Staatsangehörigen des betreffenden Mitgliedstaats bei einem Umzug in einen Drittstaat;

e) Zugang zu Waren und Dienstleistungen sowie zur Lieferung von Waren und Erbringung von Dienstleistungen für die Öffentlichkeit, ausgenommen Verfahren zur Bereitstellung von Wohnunterkünften nach nationalem Recht, unbeschadet der Vertragsfreiheit gemäß Unionsrecht und nationalem Recht, und zu Dienstleistungen der öffentlichen Arbeitsvermittlungsstellen.

Die in diesem Absatz genannten bilateralen Abkommen bzw. das dort genannte nationale Recht stellen internationale Abkommen oder Rechtsvorschriften der Mitgliedstaaten im Sinne des Artikels 4 dar.

(3) Unbeschadet der Verordnung (EU) Nr. 1231/2010 können die Mitgliedstaaten beschließen, dass Absatz 2 Buchstabe c in Bezug auf Familienleistungen nicht für unternehmensintern transferierte Arbeitnehmer gilt, denen für höchstens neun Monate eine Erlaubnis, zu wohnen und zu arbeiten, für das Hoheitsgebiet eines Mitgliedstaats erteilt wurde.

(4) Dieser Artikel berührt nicht das Recht des Mitgliedstaats, den Aufenthaltstitel gemäß Artikel 8 zu entziehen oder nicht zu verlängern.

Familienangehörige

Art. 19 (1) Die Richtlinie 2003/86/EG findet vorbehaltlich der in diesem Artikel festgelegten Ausnahmen im ersten Mitgliedstaat und in den zweiten Mitgliedstaaten Anwendung, die dem unternehmensintern transferierten Arbeitnehmer nach Artikel 22 dieser Richtlinie eine Erlaubnis, sich aufzuhalten und zu arbeiten, ausgestellt haben.

(2) Abweichend von Artikel 3 Absatz 1 und Artikel 8 der Richtlinie 2003/86/EG wird die Familienzusammenführung in den Mitgliedstaaten nicht von dem Erfordernis abhängig gemacht, dass der Inhaber des von diesen Mitgliedstaaten auf der Grundlage dieser Richtlinie erteilten Aufenthaltstitels begründete Aussicht darauf hat, ein dauerhaftes Aufenthaltsrecht zu erlangen, und dass er eine Mindestaufenthaltsdauer nachweisen kann.

(3) Abweichend von Artikel 4 Absatz 1 Unterabsatz 3 und Artikel 7 Absatz 2 der Richtlinie 2003/86/EG können die darin genannten Integrationsmaßnahmen durch die Mitgliedstaaten erst angewandt werden, nachdem den betroffenen Personen die Familienzusammenführung gewährt wurde.

(4) Abweichend von Artikel 5 Absatz 4 erster Unterabsatz der Richtlinie 2003/86/EG stellt ein Mitgliedstaat Aufenthaltstitel für Familienangehörige aus, wenn die Bedingungen für die Familienzusammenführung erfüllt sind; die Ausstellung des Aufenthaltstitels erfolgt innerhalb von 90 Tagen nach Eingang des vollständigen Antrags. Die zuständigen Behörden des Mitgliedstaats bearbeiten den Antrag auf Erteilung eines Aufenthaltstitels für die Familienangehörigen des unternehmensintern transferierten Arbeitnehmers gleichzeitig mit dem Antrag auf Erteilung eines Aufenthaltstitels für den unternehmensintern transferierten Arbeitnehmer oder eines Aufenthaltstitels für langfristige Mobilität, wenn der Antrag auf Erteilung eines Aufenthaltstitels für die Familienangehörigen des unternehmensintern transferierten Arbeitnehmers

gleichzeitig gestellt wurde. Die Verfahrensgarantien gemäß Artikel 15 gelten entsprechend.

(5) Abweichend von Artikel 13 Absatz 2 der Richtlinie 2003/86/EG endet die Gültigkeitsdauer des Aufenthaltstitels von Familienangehörigen in einem Mitgliedstaat generell zum Datum des Ablaufs der Gültigkeitsdauer des von diesem Mitgliedstaat erteilten Aufenthaltstitels des unternehmensintern transferierten Arbeitnehmers oder des Aufenthaltstitels für langfristige Mobilität.

(6) Abweichend von Artikel 14 Absatz 2 der Richtlinie 2003/86/EG und unbeschadet des in den einschlägigen Bestimmungen der Beitrittsakten niedergelegten Grundsatzes der Präferenz für Unionsbürger haben die Familienangehörigen des unternehmensintern transferierten Arbeitnehmers, denen eine Familienzusammenführung gewährt wurde, Anspruch auf Zugang zu einer unselbständigen oder selbständigen Erwerbstätigkeit im Hoheitsgebiet des Mitgliedstaats, der den Aufenthaltstitel der Familienangehörigen ausgestellt hat.

KAPITEL V
MOBILITÄT INNERHALB DER UNION

Mobilität

Art. 20 Drittstaatsangehörige, die über einen gültigen von dem ersten Mitgliedstaat ausgestellten Aufenthaltstitel für unternehmensintern transferierte Arbeitnehmer verfügen, können auf der Grundlage dieses Titels und eines gültigen Reisedokuments unter den in den Artikeln 21 und 22 vorgesehenen Bedingungen vorbehaltlich des Artikels 23 in einen oder mehrere zweite Mitgliedstaaten einreisen, sich dort aufhalten und dort arbeiten.

Kurzfristige Mobilität

Art. 21 (1) Drittstaatsangehörige, die über einen gültigen von dem ersten Mitgliedstaat ausgestellten Aufenthaltstitel für unternehmensintern transferierte Arbeitnehmer verfügen, sind berechtigt, sich in einem zweiten Mitgliedstaat aufzuhalten und in einer anderen Niederlassung, die im letztgenannten Mitgliedstaat ansässig ist und dem gleichen Unternehmen oder der gleichen Unternehmensgruppe angehört, zu arbeiten, und dies für eine Dauer von bis zu 90 Tagen innerhalb eines Zeitraums von 180 Tage je Mitgliedstaat vorbehaltlich der in diesem Artikel vorgesehenen Bedingungen.

(2) Der zweite Mitgliedstaat kann von der aufnehmenden Niederlassung im ersten Mitgliedstaat verlangen, dem ersten und dem zweiten Mitgliedstaat die Absicht des unternehmensintern transferierten Arbeitnehmers, in einer im zweiten Mitgliedstaat ansässigen Niederlassung zu arbeiten, mitzuteilen.

In diesen Fällen sieht der zweite Mitgliedstaat vor, dass die Mitteilung zu einem der nachstehenden Zeitpunkte erfolgt:
a) zum Zeitpunkt der Antragstellung im ersten Mitgliedstaat, wenn die Mobilität in Bezug auf den zweiten Mitgliedstaat in diesem Stadium bereits geplant ist, oder
b) sobald – nach Zulassung des unternehmensintern transferierten Arbeitnehmers in den ersten Mitgliedstaat – die beabsichtigte Mobilität in Bezug auf den zweiten Mitgliedstaat bekannt wird.

(3) Der zweite Mitgliedstaat kann verlangen, dass zusammen mit der Mitteilung folgende Unterlagen und Informationen übermittelt werden:
a) ein Nachweis, dass die aufnehmende Niederlassung im zweiten Mitgliedstaat und das Unternehmen mit Sitz in einem Drittstaat zum gleichen Unternehmen oder zur gleichen Unternehmensgruppe gehören;
b) der Arbeitsvertrag und gegebenenfalls das Abordnungsschreiben, die dem ersten Mitgliedstaat nach Artikel 5 Absatz 1 Buchstabe c übermittelt wurden;
c) gegebenenfalls Unterlagen, die belegen, dass der unternehmensintern transferierte Arbeitnehmer die nach dem nationalen Recht des betreffenden Mitgliedstaats für Unionsbürger geltenden Voraussetzungen für die Ausübung des reglementierten Berufs, auf den sich der Antrag bezieht, erfüllt;
d) ein gültiges Reisedokument nach Artikel 5 Absatz 1 Buchstabe f und
e) die geplante Dauer und die Daten der Inanspruchnahme der Mobilität, sofern dies nicht in den genannten Unterlagen angegeben ist.

Der zweite Mitgliedstaat kann verlangen, dass diese Unterlagen und Informationen in einer Amtssprache dieses Mitgliedstaats vorgelegt werden.

(4) Ist die Mitteilung gemäß Absatz 2 Buchstabe a erfolgt und hat der zweite Mitgliedstaat beim ersten Mitgliedstaat nach Absatz 6 keine Einwände erhoben, so kann die Mobilität des unternehmensintern transferierten Arbeitnehmers in Bezug auf den zweiten Mitgliedstaat jederzeit innerhalb der Gültigkeitsdauer des Aufenthaltstitels des unternehmensintern transferierten Arbeitnehmers erfolgen.

(5) Ist die Mitteilung gemäß Absatz 2 Buchstabe b erfolgt, so kann die Mobilität nach der Mitteilung an den zweiten Mitgliedstaat unverzüglich oder jederzeit danach innerhalb der Gültigkeitsdauer des Aufenthaltstitels des unternehmensintern transferierten Arbeitnehmers eingeleitet werden.

(6) Auf der Grundlage der Mitteilung nach Absatz 2 kann der zweite Mitgliedstaat gegen die Mobilität des unternehmensintern transferierten Arbeitnehmers in Bezug auf sein Hoheitsgebiet innerhalb von 20 Tagen nach Eingang der Meldung ablehnen, wenn
a) die in Artikel 5 Absatz 4 Buchstabe b oder in Absatz 3 Buchstabe a, c oder d dieses Artikels genannten Bedingungen nicht erfüllt sind;
b) die vorgelegten Unterlagen in betrügerischer Weise erworben oder gefälscht oder manipuliert wurden;
c) die Höchstdauer des Aufenthalts im Sinne des Artikels 12 Absatz 1 oder Absatz 1 dieses Artikels erreicht wurde.

2/14. Konzerninterne ÜberlassungsRL
Art. 21, 22

Die zuständigen Behörden des zweiten Mitgliedstaats unterrichten die zuständigen Behörden des ersten Mitgliedstaats und die aufnehmende Niederlassung im ersten Mitgliedstaat unverzüglich über ihre Ablehnung der Mobilität.

(7) Lehnt der zweite Mitgliedstaat nach Absatz 6 dieses Artikels die Mobilität ab und hat die Mobilität noch nicht stattgefunden, so darf der unternehmensintern transferierte Arbeitnehmer im zweiten Mitgliedstaat im Rahmen des unternehmensinternen Transfers nicht arbeiten. Hat die Mobilität bereits stattgefunden, so gilt Artikel 23 Absätze 4 und 5.

(8) Wird der Aufenthaltstitel für unternehmensintern transferierte Arbeitnehmer innerhalb der Höchstdauer gemäß Artikel 12 Absatz 1 vom ersten Mitgliedstaat verlängert, so ist der Inhaber des verlängerten Aufenthaltstitels für unternehmensintern transferierte Arbeitnehmer weiterhin befugt, in dem zweiten Mitgliedstaat, dem dies mitgeteilt wurde, vorbehaltlich der in Absatz 1 dieses Artikels genannten Höchstdauer zu arbeiten.

(9) Unternehmensintern transferierte Arbeitnehmer, die als Bedrohung für die öffentliche Ordnung, Sicherheit oder Gesundheit betrachtet werden, dürfen nicht in das Hoheitsgebiet des zweiten Mitgliedstaats einreisen oder sich dort aufhalten.

Langfristige Mobilität

Art. 22 (1) In Bezug auf Drittstaatsangehörige, die über einen vom ersten Mitgliedstaat ausgestellten gültigen Aufenthaltstitel für unternehmensintern transferierte Arbeitnehmer verfügen und beabsichtigen, sich – für mehr als 90 Tage je Mitgliedstaat – in einem zweiten Mitgliedstaat aufzuhalten und in einer anderen Niederlassung, die im letztgenannten Mitgliedstaat ansässig ist und dem gleichen Unternehmen oder der gleichen Unternehmensgruppe angehört, zu arbeiten, kann der zweite Mitgliedstaat beschließen,
a) Artikel 21 anzuwenden und dem unternehmensintern transferierten Arbeitnehmer zu gestatten, sich auf der Grundlage des vom ersten Mitgliedstaat ausgestellten Aufenthaltstitels für unternehmensintern transferierte Arbeitnehmer während der Gültigkeitsdauer dieses Titels in seinem Hoheitsgebiet aufzuhalten und dort zu arbeiten; oder
b) das in den Absätzen 2 bis 7 vorgesehene Verfahren anzuwenden.

(2) Wird ein Antrag auf langfristige Mobilität gestellt, so gilt Folgendes:
a) Der zweite Mitgliedstaat kann verlangen, dass der Antragsteller einige oder alle der folgenden Unterlagen übermittelt, sofern sie vom zweiten Mitgliedstaat für einen Erstantrag verlangt werden:
i) ein Nachweis, dass die aufnehmende Niederlassung im zweiten Mitgliedstaat und das Unternehmen mit Sitz in einem Drittstaat zum gleichen Unternehmen oder zur gleichen Unternehmensgruppe gehören;
ii) einen Arbeitsvertrag und erforderlichenfalls ein Abordnungsschreiben des Arbeitgebers nach Artikel 5 Absatz 1 Buchstabe c;
iii) gegebenenfalls Unterlagen, die belegen, dass der Drittstaatsangehörige die nach dem nationalen Recht des betreffenden Mitgliedstaats für Unionsbürger geltenden Voraussetzungen für die Ausübung des reglementierten Berufs, auf den sich der Antrag bezieht, erfüllt;
iv) ein gültiges Reisedokument nach Artikel 5 Absatz 1 Buchstabe f;
v) ein Nachweis gemäß Artikel 5 Absatz 1 Buchstabe g, dass der Antragsteller eine Krankenversicherung hat oder, wenn dies im nationalen Recht vorgesehen ist, dass er eine derartige Krankenversicherung beantragt hat.

Der zweite Mitgliedstaat kann von dem Antragsteller verlangen, dass er spätestens zum Zeitpunkt der Ausstellung des Aufenthaltstitels für langfristige Mobilität die Anschrift des betreffenden unternehmensintern transferierten Arbeitnehmers im Hoheitsgebiet des zweiten Mitgliedstaats angibt.

Der zweite Mitgliedstaat kann verlangen, dass diese Unterlagen und Informationen in einer Amtssprache dieses Mitgliedstaats vorgelegt werden.

b) Der zweite Mitgliedstaat trifft eine Entscheidung über den Antrag auf langfristige Mobilität und teilt die Entscheidung dem Antragsteller so bald wie möglich, spätestens 90 Tage nach dem Tag, an dem der Antrag und die in Buchstabe a vorgesehenen Unterlagen den zuständigen Behörden des zweiten Mitgliedstaats vorgelegt wurden, schriftlich mit.

c) Der unternehmensintern transferierte Arbeitnehmer ist nicht verpflichtet, für die Abgabe des Antrags das Hoheitsgebiet der Mitgliedstaaten zu verlassen, und unterliegt nicht der Visumpflicht.

d) Dem unternehmensintern transferierten Arbeitnehmer wird gestattet, im zweiten Mitgliedstaat zu arbeiten, bis die zuständigen Behörden über seinen Antrag auf langfristige Mobilität entschieden haben, sofern
i) der in Artikel 21 Absatz 1 genannte Zeitraum und die Gültigkeitsdauer des Aufenthaltstitels für unternehmensintern transferierte Arbeitnehmer nicht abgelaufen ist, und
ii) falls der zweite Mitgliedstaat dies verlangt, der vollständige Antrag diesem Mitgliedstaat mindestens 20 Tage vor Beginn der langfristigen Mobilität des unternehmensintern transferierten Arbeitnehmers übermittelt worden ist.

e) Ein Antrag auf langfristige Mobilität kann nicht zur gleichen Zeit wie eine Mitteilung im Hinblick auf kurzfristige Mobilität übermittelt werden. Falls sich nach dem Beginn der kurzfristigen Mobilität des unternehmensintern transferierten Arbeitnehmers das Erfordernis einer langfristigen Mobilität ergibt, kann der zweite Mitgliedstaat verlangen, dass der Antrag auf langfristige Mobilität mindestens 20 Tage vor Ablauf der kurzfristigen Mobilität übermittelt wird.

(3) Die Mitgliedstaaten können einen Antrag auf langfristige Mobilität ablehnen, wenn
a) die in Absatz 2 Buchstabe a dieses Artikels festgelegten Bedingungen oder die in Artikel 5 Absätze 4, 5 oder 8 genannten Kriterien nicht erfüllt sind,
b) einer der unter Artikel 7 Absatz 1 Buchstaben b oder d oder unter Artikel 7 Absätze 2, 3 oder 4 fallenden Gründe vorliegt, oder
c) der Aufenthaltstitel für unternehmensintern transferierte Arbeitnehmer während des Verfahrens abläuft.

(4) Trifft der zweite Mitgliedstaat eine zustimmende Entscheidung über den Antrag auf langfristige Mobilität im Sinne des Absatzes 2, so wird dem unternehmensintern transferierten Arbeitnehmer ein Aufenthaltstitel für langfristige Mobilität ausgestellt, der es dem unternehmensintern transferierten Arbeitnehmer gestattet, sich im Hoheitsgebiet dieses Mitgliedstaats aufzuhalten und dort zu arbeiten. Dieser Aufenthaltstitel wird unter Verwendung der in der Verordnung (EG) Nr. 1030/2002 festgelegten einheitlichen Gestaltung ausgestellt. Im Feld „Art des Titels" gemäß Nummer 6.4 Buchstabe a des Anhangs der Verordnung (EG) Nr. 1030/2002 tragen die Mitgliedstaaten „mobile ICT" ein. Die Mitgliedstaaten können auch eine Angabe in ihrer Amtssprache bzw. ihren Amtssprachen hinzufügen.

Die Mitgliedstaaten können zusätzliche Angaben zur Beschäftigung während der langfristigen Mobilität des unternehmensintern transferierten Arbeitnehmers in Papierform machen und/oder diese Daten in elektronischer Form gemäß Artikel 4 der Verordnung (EG) Nr. 1030/2002 und Nummer 16 Buchstabe a des Anhangs jener Verordnung speichern.

(5) Die Verlängerung eines Aufenthaltstitels für langfristige Mobilität erfolgt unbeschadet des Artikels 11 Absatz 3.

(6) Der zweite Mitgliedstaat unterrichtet die zuständigen Behörden des ersten Mitgliedstaats im Fall der Ausstellung eines Aufenthaltstitels für langfristige Mobilität.

(7) Trifft ein Mitgliedstaat eine Entscheidung über einen Antrag auf langfristige Mobilität, so gelten die Artikel 8, Artikel 15 Absätze 2 bis 6 sowie Artikel 16 entsprechend.

Schutzmaßnahmen und Sanktionen

Art. 23 (1) Wird der Aufenthaltstitel für unternehmensintern transferierte Arbeitnehmer von einem Mitgliedstaat ausgestellt, der den Schengen-Besitzstand nicht uneingeschränkt anwendet, und überschreitet der unternehmensintern transferierte Arbeitnehmer eine Außengrenze, so ist der zweite Mitgliedstaat berechtigt, als Beleg dafür, dass der unternehmensintern transferierte Arbeitnehmer zum Zweck eines unternehmensinternen Transfers in den zweiten Mitgliedstaat einreist, folgende Nachweise zu verlangen:
a) eine Kopie der von der aufnehmenden Niederlassung im ersten Mitgliedstaat gemäß Artikel 21 Absatz 2 übermittelten Mitteilung, und
b) ein Schreiben der aufnehmenden Niederlassung im zweiten Mitgliedstaat, worin mindestens die Einzelheiten der Dauer der Mobilität innerhalb der Union und des Standorts bzw. der Standorte der aufnehmenden Niederlassung(en) im zweiten Mitgliedstaat angegeben werden.

(2) Entzieht der erste Mitgliedstaat den Aufenthaltstitel für unternehmensintern transferierte Arbeitnehmer, so unterrichtet er hierüber unverzüglich die Behörden des zweiten Mitgliedstaats.

(3) Die aufnehmende Niederlassung im zweiten Mitgliedstaat unterrichtet die zuständigen Behörden des zweiten Mitgliedstaats über jedwede Änderung, die sich auf die Bedingungen auswirkt, auf deren Grundlage die Mobilität bewilligt wurde.

(4) Der zweite Mitgliedstaat kann verlangen, dass der unternehmensintern transferierte Arbeitnehmer unverzüglich jedwede Beschäftigungstätigkeit einstellt und sein Hoheitsgebiet verlässt, wenn
a) dies dem zweiten Mitgliedstaat nicht gemäß Artikel 21 Absätze 2 und 3 mitgeteilt wurde, er eine derartige Mitteilung aber vorschreibt;
b) er gemäß Artikel 21 Absatz 6 abgelehnt hat;
c) er einen Antrag auf langfristige Mobilität gemäß Artikel 22 Absatz 3 abgelehnt hat;
d) der Aufenthaltstitel für unternehmensintern transferierte Arbeitnehmer oder der Aufenthaltstitel für langfristige Mobilität für andere Zwecke verwendet wird als die, für die er ausgestellt wurde,
e) die Bedingungen, auf deren Grundlage die Mobilität bewilligt wurde, nicht mehr erfüllt sind.

(5) In den in Absatz 4 genannten Fällen gestattet der erste Mitgliedstaat auf Ersuchen des zweiten Mitgliedstaats die Wiedereinreise des unternehmensintern transferierten Arbeitnehmers und gegebenenfalls seiner Familienangehörigen ohne Formalitäten und unverzüglich. Dies gilt auch, wenn der vom ersten Mitgliedstaat ausgestellte Aufenthaltstitel für unternehmensintern transferierte Arbeitnehmer abgelaufen oder während des Zeitraums der Ausübung der Mobilität im zweiten Mitgliedstaat entzogen worden ist.

(6) Überschreitet der Inhaber eines Aufenthaltstitels für unternehmensintern transferierte Arbeitnehmer die Außengrenze eines Mitgliedstaats, der den Schengen-Besitzstand uneingeschränkt anwendet, so konsultiert dieser Mitgliedstaat das Schengener Informationssystem. Dieser Mitgliedstaat verweigert die Einreise bzw. lehnt die Mobilität von Personen, die im Schengener Informations-

system zur Einreise- oder Aufenthaltsverweigerung ausgeschrieben sind, ab.

(7) Die Mitgliedstaaten können gegen die in ihrem Hoheitsgebiet ansässige aufnehmende Niederlassung Sanktionen nach Artikel 9 verhängen, wenn
a) die aufnehmende Niederlassung es versäumt hat, die Mobilitätsausübung des unternehmensintern transferierten Arbeitnehmers gemäß Artikel 21 Absätze 2 und 3 mitzuteilen,;
b) der Aufenthaltstitel für unternehmensintern transferierte Arbeitnehmer oder der Aufenthaltstitel für langfristige Mobilität für andere Zwecke verwendet wird als die, für die er ausgestellt wurde;
c) der Antrag auf einen Aufenthaltstitel für unternehmensintern transferierten Arbeitnehmer nicht bei dem Mitgliedstaat eingereicht wurde, in dem der insgesamt längste Aufenthalt erfolgt,,
d) der unternehmensintern transferierte Arbeitnehmer die Kriterien und Bedingungen, auf deren Grundlage die Mobilität bewilligt wurde, nicht mehr erfüllt und die aufnehmende Niederlassung es versäumt, diese Änderung den zuständigen Behörden des zweiten Mitgliedstaats mitzuteilen;
e) der unternehmensintern transferierte Arbeitnehmer im zweiten Mitgliedstaat seine Beschäftigung aufgenommen hat, obwohl die Bedingungen für die Mobilität in Fällen nicht erfüllt waren, in denen Artikel 21 Absatz 5 oder Artikel 22 Absatz 2 Buchstabe d gilt.

KAPITEL VI
SCHLUSSBESTIMMUNGEN

Statistische Angaben

Art. 24 (1) Die Mitgliedstaaten übermitteln der Kommission statistische Angaben zur Anzahl der zum ersten Mal ausgestellten Aufenthaltstitel für unternehmensintern transferierte Arbeitnehmer und Aufenthaltstitel für langfristige Mobilität und gegebenenfalls der gemäß Artikel 21 Absatz 2 eingegangenen Meldungen und, soweit möglich, zur Anzahl der unternehmensintern transferierten Arbeitnehmer, deren Aufenthaltstitel verlängert oder entzogen wurde. Diese statistischen Angaben werden nach Staatsangehörigkeit und Gültigkeitsdauer des Aufenthaltstitels und, soweit möglich, nach Wirtschaftszweig und Stellung der unternehmensintern transferierten Arbeitnehmer untergliedert.

(2) Die statistischen Angaben beziehen sich auf Berichtszeiträume von einem Kalenderjahr und werden der Kommission innerhalb von sechs Monaten nach Ablauf des Berichtsjahres übermittelt. Das erste Bezugsjahr ist 2017.

(3) Die statistischen Angaben werden im Einklang mit der Verordnung (EG) Nr. 862/2007 des Europäischen Parlaments und des Rates übermittelt.

Berichte

Art. 25 Die Kommission legt dem Europäischen Parlament und dem Rat alle drei Jahre, erstmals bis zum 29. November 2019 einen Bericht über die Anwendung dieser Richtlinie in den Mitgliedstaaten vor und schlägt eventuell notwendige Änderungen vor. In diesem Bericht wird der Schwerpunkt insbesondere auf die Beurteilung des ordnungsgemäßen Funktionierens der Regelung für die Mobilität innerhalb der Union und auf eine mögliche missbräuchliche Anwendung dieser Regelung sowie ihre Interaktion mit dem Schengen-Besitzstand gelegt. Die Kommission beurteilt vor allem die praktische Anwendung der Artikel 20, 21, 22, 23 und 26.

Zusammenarbeit zwischen den Kontaktstellen

Art. 26 (1) Die Mitgliedstaaten richten Kontaktstellen ein, die effektiv zusammenarbeiten und für Empfang und Übermittlung der zur Durchführung der Artikel 21, 22 und 23 erforderlichen Informationen zuständig sind. Die Mitgliedstaaten führen den Informationsaustausch vorzugsweise auf elektronischem Wege durch.

(2) Jeder Mitgliedstaat teilt den anderen Mitgliedstaaten über die in Absatz 1 genannten nationalen Kontaktstellen die benannten Behörden gemäß Artikel 11 Absatz 4 und das für die Mobilität gemäß den Artikeln 21 und 22 geltende Verfahren mit.

Umsetzung

Art. 27 (1) Die Mitgliedstaaten erlassen die erforderlichen Rechts- und Verwaltungsvorschriften, um dieser Richtlinie bis zum 29. November 2016 nachzukommen. Sie teilen der Kommission unverzüglich den Wortlaut dieser Rechtsvorschriften mit.

Beim Erlass dieser Vorschriften nehmen die Mitgliedstaaten in diesen Vorschriften selbst oder durch einen Hinweis bei der amtlichen Veröffentlichung auf diese Richtlinie Bezug. Die Mitgliedstaaten regeln die Einzelheiten der Bezugnahme.

(2) Die Mitgliedstaaten teilen der Kommission den Wortlaut der wichtigsten nationalen Rechtsvorschriften mit, die sie auf dem unter diese Richtlinie fallenden Gebiet erlassen.

Inkrafttreten

Art. 28 Diese Richtlinie tritt am Tag nach ihrer Veröffentlichung im *Amtsblatt der Europäischen Union* in Kraft.

Adressaten

Art. 29 Diese Richtlinie ist gemäß den Verträgen an die Mitgliedstaaten gerichtet.

2/15. EURES-Verordnung

Verordnung (EU) 2016/589 des Europäischen Parlaments und des Rates vom 13. April 2016 über ein Europäisches Netz der Arbeitsvermittlungen (EURES), den Zugang von Arbeitnehmern zu mobilitätsfördernden Diensten und die weitere Integration der Arbeitsmärkte und zur Änderung der Verordnungen (EU) Nr. 492/2011 und (EU) Nr. 1296/2013

(ABl. Nr. L 107 v. 22.4.2016, S. 1; geändert durch die VO (EU) 2019/1149, ABl. Nr. L 186 v. 11.7.2019, S. 21)
(nicht amtlich aktualisierte Fassung)

GLIEDERUNG

KAPITEL I: ALLGEMEINE BESTIMMUNGEN
Art. 1: Gegenstand
Art. 2: Geltungsbereich
Art. 3: Begriffsbestimmungen
Art. 4: Zugänglichkeit

KAPITEL II: NEUGESTALTUNG DES EURES-NETZES
Art. 5: Neugestaltung des EURES-Netzes
Art. 6: Ziele des EURES Netzes
Art. 7: Zusammensetzung des EURES-Netzes
Art. 8: Zuständigkeiten des Europäischen Koordinierungsbüros
Art. 9: Zuständigkeiten der Nationalen Koordinierungsbüros
Art. 10: Benennung der ÖAV als EURES-Mitglieder
Art. 11: Zulassung als EURES-Mitglieder (außer ÖAV) und als EURES-Partner
Art. 12: Zuständigkeiten der EURES-Mitglieder und -Partner
Art. 13: Gemeinsame Verantwortlichkeiten
Art. 14: Koordinierungsgruppe
Art. 15: Gemeinsame Identität und Marke
Art. 16: Zusammenarbeit und weitere Maßnahmen

KAPITEL III: GEMEINSAME IT-PLATTFORM
Art. 17: Aufbau der gemeinsamen IT-Plattform
Art. 18: Zugang zur gemeinsamen IT-Plattform auf nationaler Ebene
Art. 19: Automatisierter Abgleich über die gemeinsame IT-Plattform
Art. 20: Verfahren für einen leichteren Zugang für Arbeitnehmer und Arbeitgeber

KAPITEL IV: UNTERSTÜTZUNGSLEISTUNGEN
Art. 21: Grundsätze

Art. 22: Zugang zu grundlegenden Informationen
Art. 23: Unterstützungsleistungen für Arbeitnehmer
Art. 24: Unterstützungsleistungen für Arbeitgeber
Art. 25: Unterstützung nach der Rekrutierung
Art. 26: Vereinfachter Zugang zu Informationen über Steuern, arbeitsvertragliche Fragen, Rentenansprüche, Krankenversicherung, soziale Sicherheit und aktive arbeitsmarktpolitische Maßnahmen
Art. 27: Unterstützungsleistungen in Grenzregionen
Art. 28: Zugang zu aktiven arbeitsmarktpolitischen Maßnahmen

KAPITEL V: INFORMATIONSAUSTAUSCH UND PROGRAMMPLANUNGSZYKLUS
Art. 29: Austausch von Informationen über Mobilitätsströme und -muster
Art. 30: Informationsaustausch zwischen den Mitgliedstaaten
Art. 31: Programmplanung
Art. 32: Datenerhebung und -analyse
Art. 33: Berichte zur EURES-Tätigkeit

KAPITEL VI: SCHLUSSBESTIMMUNGEN
Art. 34: Schutz personenbezogener Daten
Art. 35: Ex-post-Evaluierung
Art. 36: Ausübung der Befugnisübertragung
Art. 37: Ausschussverfahren
Art. 38: Änderung der Verordnung (EU) Nr. 1296/2013
Art. 39: Änderungen der Verordnung (EU) Nr. 492/2011
Art. 40: Übergangsbestimmungen
Art. 41: Inkrafttreten

ANHÄNGE I und II

2/15. EURES-VO
Präambel

DAS EUROPÄISCHE PARLAMENT UND DER RAT DER EUROPÄISCHEN UNION –

gestützt auf den Vertrag über die Arbeitsweise der Europäischen Union, insbesondere auf Artikel 46,

auf Vorschlag der Europäischen Kommission,

nach Zuleitung des Entwurfs des Gesetzgebungsakts an die nationalen Parlamente,

nach Stellungnahme des Europäischen Wirtschafts- und Sozialausschusses (ABl. C 424 vom 26.11.2014, S. 27.),

nach Stellungnahme des Ausschusses der Regionen (ABl. C 271 vom 19.8.2014, S. 70.),

gemäß dem ordentlichen Gesetzgebungsverfahren (Stellungnahme des Europäischen Parlaments vom 25. Februar 2016 (noch nicht im Amtsblatt veröffentlicht) und Beschluss des Rates vom 15. März 2016.),

in Erwägung nachstehender Gründe:

(1) Die Freizügigkeit der Arbeitnehmer ist als Grundfreiheit der Unionsbürgerinnen und Unionsbürger eine der Säulen des Binnenmarkts der Union und in Artikel 45 des Vertrags über die Arbeitsweise der Europäischen Union (im Folgenden „AEUV") verankert. Ihre Durchführung ist durch Rechtsvorschriften der Union näher geregelt, die darauf abzielen, die uneingeschränkte Ausübung der Unionsbürgerinnen und Unionsbürgern sowie ihren Familienangehörigen verliehenen Rechte zu gewährleisten.

(2) Die Freizügigkeit der Arbeitnehmer ist eines der wesentlichen Elemente für die Entwicklung eines stärker integrierten Arbeitsmarkts der Union, auch in Grenzregionen; sie ermöglicht eine höhere Arbeitnehmermobilität, wodurch sie die Vielfalt erhöht und zur unionsweiten sozialen Inklusion und zur Eingliederung der vom Arbeitsmarkt ausgeschlossenen Menschen beiträgt. Sie trägt auch dazu bei, die richtigen Qualifikationen für die Besetzung freier Stellen zu finden und Engpässe auf dem Arbeitsmarkt zu überwinden.

(3) Die Verordnung (EU) Nr. 492/2011 des Europäischen Parlaments und des Rates (Verordnung (EU) Nr. 492/2011 des Europäischen Parlaments und des Rates vom 5. April 2011 über die Freizügigkeit der Arbeitnehmer innerhalb der Union (ABl. L 141 vom 27.5.2011, S. 1).) hat Mechanismen für die Zusammenführung und den Ausgleich sowie für den Informationsaustausch eingerichtet, und im Durchführungsbeschluss 2012/733/EU der Kommission (Durchführungsbeschluss 2012/733/EU der Kommission vom 26. November 2012 zur Durchführung der Verordnung (EU) Nr. 492/2011 des Europäischen Parlaments und des Rates im Hinblick auf die Zusammenführung und den Ausgleich von Stellenangeboten und Arbeitsgesuchen sowie die Neugestaltung von EURES (ABl. L 328 vom 28.11.2012, S. 21).) sind Bestimmungen für die Arbeitsweise eines Netzes der europäischen Arbeitsvermittlungen (im Folgenden „EURES-Netz") in Übereinstimmung mit der genannten Verordnung festgelegt. Dieser Rechtsrahmen bedarf einer Überarbeitung, bedingt durch neue Mobilitätsmuster, die verstärkte Notwendigkeit fairer Mobilitätsbedingungen, die technische Entwicklung in Bezug auf die Weitergabe von Informationen über Stellenangebote, die Nutzung einer Vielzahl von Rekrutierungskanäle durch Arbeitnehmer und Arbeitgeber und die zunehmende Bedeutung anderer Arbeitsvermittlungen neben den öffentlichen Arbeitsverwaltungen („ÖAV") bei der Bereitstellung von Rekrutierungsleistungen.

(4) Um den Arbeitnehmern, die das Recht, in einem anderen Mitgliedstaat zu arbeiten, genießen, zu helfen, dieses Recht wirksam auszuüben, stehen die Unterstützungsdienste gemäß dieser Verordnung allen Unionsbürgerinnen und Unionsbürgern, die im Einklang mit Artikel 45 AEUV ein Recht haben, eine Tätigkeit als Arbeitnehmer aufzunehmen, und deren Familienangehörigen offen. Die Mitgliedstaaten sollten den gleichen Zugang allen Drittstaatsangehörigen gewähren, die gemäß Unions- oder nationalen Rechtsvorschriften Anspruch auf Gleichbehandlung mit eigenen Staatsangehörigen in diesem Bereich haben. Diese Verordnung berührt nicht die Vorschriften über den Zugang von Drittstaatsangehörigen zu den nationalen Arbeitsmärkten nach Maßgabe der einschlägigen Rechtsvorschriften der Union und der Mitgliedstaaten.

(5) Die zunehmende gegenseitige Abhängigkeit der Arbeitsmärkte erfordert eine verstärkte Zusammenarbeit zwischen Arbeitsvermittlungen, auch jenen in den Grenzregionen, um die Freizügigkeit aller Arbeitnehmer durch freiwillige Arbeitskräftemobilität innerhalb der Union, die unter fairen Bedingungen erfolgt und im Einklang mit dem Unionsrecht und den nationalen Rechtsvorschriften und Gepflogenheiten gemäß Artikel 46 Buchstabe a AEUV steht, zu gewährleisten. Daher sollte ein Rahmen für die Zusammenarbeit zwischen der Kommission und den Mitgliedstaaten in Bezug auf die Arbeitskräftemobilität innerhalb der Union geschaffen werden. Dieser Rahmen sollte offene Stellen aus der gesamten Union zusammenführen und die Möglichkeit zur Bewerbung auf diese Stellen bieten, die damit verbundenen Unterstützungsleistungen für Arbeitnehmer und Arbeitgeber einführen und einen gemeinsamen Ansatz für den Austausch von Informationen zur Erleichterung dieser Zusammenarbeit vorsehen.

(6) Der Gerichtshof der Europäischen Union (im Folgenden „Gerichtshof") hat die Auffassung vertreten, dass dem Begriff „Arbeitnehmer" in Artikel 45 AEUV eine unionsrechtliche Bedeutung zukommt und anhand objektiver Kriterien zu definieren ist, die das Arbeitsverhältnis im Hinblick auf die Rechte und Pflichten der betroffenen Personen kennzeichnen. Um als Arbeitnehmer zu gelten, muss eine Person eine tatsächliche und echte Tätigkeit ausüben, wobei Tätigkeiten außer Betracht bleiben, die wegen ihres geringen Umfangs völlig untergeordnet und unwesentlich sind. Es wurde die Auffassung vertreten, dass das wesentliche Merkmal des Arbeitsverhältnisses darin besteht, dass jemand während einer bestimmten Zeit für einen anderen nach dessen Weisung Leistungen er-

bringt, für die er als Gegenleistung eine Vergütung erhält[1]. Es wurde die Auffassung vertreten, dass der Begriff des „Arbeitnehmers" unter bestimmten Umständen Personen einschließt, die eine Ausbildung[2] oder ein Praktikum[3] absolvieren.

---
[1] Siehe insbesondere die Urteile des Gerichtshofs vom 3. Juli 1986, Deborah Lawrie-Blum gegen Land Baden-Württemberg, Rechtssache 66/85, ECLI:EU:C:1986, S. 284, Randnrn. 16 und 17, vom 21. Juni 1988, Steven Malcolm Brown gegen The Secretary of State for Scotland, Rechtssache 197/86, ECLI:EU:C:1988, S. 323, Randnr. 21, und vom 31. Mai 1989, I. Bettray gegen Staatssecretaris van Justitie, C-344/87, ECLI:EU:C:1989, S. 226, Randnrn. 15 und 16.
[2] Urteil des Gerichtshofs vom 19. November 2002, Bülent Kurz, geborene Yüce gegen Land Baden-Württemberg, C-188/00, ECLI:EU:C:2002:694.
[3] Urteil des Gerichtshofs vom 26. Februar 1992, M. J. E. Bernini gegen Minister van Onderwijs en Wetenschappe, Rechtssache C-3/90, ECLI:EU:C:1992, S. 89, und vom 17. März 2005, Karl Robert Kranemann gegen Land Nordrhein-Westfalen, Rechtssache C-109/04, ECLI:EU:C:2005:187.

(7) Nach ständiger Rechtsprechung des Gerichtshofs gehört die Freizügigkeit der Arbeitnehmer zu den Grundlagen der Union und sind die Vorschriften, in denen diese Grundfreiheit verankert ist, daher weit auszulegen[4]. Der Gerichtshof hat entschieden, dass zu der Freizügigkeit der Arbeitnehmer im Sinne von Artikel 45 AEUV auch bestimmte Rechte der Angehörigen der Mitgliedstaaten gehören, sich in der Union frei zu bewegen, um eine Stelle zu suchen[5]. Der Begriff des „Arbeitnehmers" sollte daher für die Zwecke der vorliegenden Verordnung so verstanden werden, dass er Arbeitsuchende einschließt, und zwar unabhängig davon, ob sie sich gerade in einem Arbeitsverhältnis befinden.

---
[4] Siehe insbesondere Urteil des Gerichtshofs vom 3. Juni 1986, R. H. Kempf gegen Staatssecretaris van Justitie, Rechtssache C-139/85, ECLI:EU:C:1986:223, Rdnr. 13.
[5] Urteil des Gerichtshofs vom 26. Februar 1991, The Queen gegen Immigration Appeal Tribunal, ex parte: Gustaff Desiderius Antonissen, Rechtssache C-292/89, ECLI:EU:C:1991:80.

(8) Im Hinblick auf die Erleichterung der Mobilität der Arbeitskräfte in der Union hat der Europäische Rat im Wachstums- und Beschäftigungspakt gefordert, dass die Möglichkeit einer Ausweitung des EURES-Netzes auf Lehrstellen und Praktika geprüft wird. Lehrstellen und Praktika sollten unter diese Verordnung fallen, wenn die erfolgreichen Bewerber in einem Arbeitsverhältnis stehen. Die Mitgliedstaaten sollten die Möglichkeit haben, bestimmte Kategorien von Lehrstellen und Praktika von der Zusammenführung und dem Ausgleich auszunehmen, um die Kohärenz und Arbeitsweise ihrer Bildungs- und Ausbildungssysteme zu gewährleisten und dem Umstand Rechnung zu tragen, dass sie ihre aktiven Arbeitsmarktmaßnahmen auf der Grundlage der Bedürfnisse der Arbeitnehmer, auf die diese Maßnahmen abzielen, konzipieren müssen. Die Empfehlung des Rates vom 10. März 2014 zu einem Qualitätsrahmen für Praktika (ABl. C 88 vom 27.3.2014, S. 1.) sollte berücksichtigt werden, um die Qualität von Praktika zu steigern, vor allem im Hinblick auf Lern- und Ausbildungsinhalte sowie Arbeitsbedingungen, damit der Übergang von der Ausbildung, der Arbeitslosigkeit oder der Nichterwerbstätigkeit ins Erwerbsleben erleichtert wird. Im Einklang mit dieser Empfehlung sollten die Rechte und Arbeitsbedingungen von Praktikanten nach geltenden Rechtsvorschriften der Union und nationalen Rechtsvorschriften beachtet werden.

(9) Die in dieser Verordnung bereitgestellten Informationen über Lehrstellen- und Praktikaangebote können durch internetgestützte Instrumente und Dienste ergänzt werden, die von der Kommission oder anderen Akteuren entwickelt werden und es den Arbeitgebern dadurch ermöglichen, sich direkt mit Arbeitnehmern über Möglichkeiten für Lehrstellen und Praktika in der Union auszutauschen.

(10) Seit seiner Einführung im Jahr 1994 ist EURES ein Kooperationsnetz zwischen der Kommission und den ÖAV, das über sein personelles Netz und über Online-Instrumente, die über das Europäischen Portal zur beruflichen Mobilität (im Folgenden „EURES-Portal") bereitgestellt werden, Informations-, Beratungs- und Rekrutierungs- oder Vermittlungsdienste für Arbeitnehmer und Arbeitgeber sowie allen Unionsbürgerinnen und -bürgern bereitstellt, die vom Grundsatz der Freizügigkeit der Arbeitnehmer profitieren möchten. Es ist eine kohärentere Anwendung von Zusammenführung und Ausgleich, Unterstützungsleistungen und Informationsaustausch zur Arbeitskräftemobilität innerhalb der Union erforderlich. Das EURES-Netz sollte daher als Bestandteil des überarbeiteten Rechtsrahmens neu gestaltet und reorganisiert werden, damit es weiter gestärkt wird. Die Aufgaben und Zuständigkeiten der verschiedenen am EURES-Netz beteiligten Einrichtungen sollten festgelegt werden.

(11) Die Zusammensetzung des EURES-Netzes sollte flexibel genug sein, um die Anpassung an Entwicklungen des Marktes für Rekrutierungsleistungen zu erleichtern. Das Aufkommen verschiedener Arten von Arbeitsvermittlungen weist auf die Notwendigkeit einer konzertierten Anstrengung der Kommission und der Mitgliedstaaten zur Erweiterung des EURES-Netzes als wichtigstes Unionsinstrument für Rekrutierungsleistungen in der gesamten Union hin. Ein weiter gefächerter Mitgliederkreis des EURES-Netzes würde soziale, wirtschaftliche und finanzielle Vorteile haben und könnte auch dazu beitragen, innovative Formen des Lernens und der Zusammenarbeit, unter anderem bei Qualitätsstandards für Stellenangebote und Unterstützungsleistungen, auf nationaler, regionaler, lokaler und grenzüberschreitender Ebene zu schaffen.

(12) Eine Erweiterung des Mitgliederkreises des EURES-Netzes würde die Effizienz bei Dienstleistungen durch die Erleichterung von Partnerschaften sowie die Förderung von Komplementarität und Qualität steigern und den Marktanteil des EURES-Netzes erhöhen, da neue Teilnehmer Stellenangebote, Stellengesuche und Lebensläufe bereitstellen und Unterstützungsleistungen für Arbeitnehmer und Arbeitgeber anbieten würden.

2/15. EURES-VO
Präambel

(13) Jede Einrichtung, einschließlich öffentlicher und privater Arbeitsvermittlungen oder entsprechender Stellen des dritten Sektors, die sich verpflichtet, alle Kriterien und das vollständige Aufgabenspektrum gemäß dieser Verordnung zu erfüllen, sollte EURES-Mitglied werden können.

(14) Bestimmte Einrichtungen wären nicht in der Lage, das von EURES-Mitgliedern gemäß dieser Verordnung geforderte vollständige Aufgabenspektrum zu erfüllen, obwohl sie einen bedeutenden potenziellen Beitrag zum EURES-Netz leisten können. Daher ist es angebracht, ihnen in Ausnahmefällen die Möglichkeit zu geben, EURES-Partner zu werden. Eine solche Ausnahme sollte nur in begründeten Fällen gewährt werden und könnte dadurch begründet werden, dass der Antragsteller von geringer Größe ist, über begrenzte finanzielle Mittel verfügt, gewöhnlich nicht das geforderte gesamte Aufgabenspektrum abdeckt oder eine Einrichtung ohne Erwerbszweck ist.

(15) Die transnationale und grenzüberschreitende Zusammenarbeit und die Unterstützung für alle EURES-Mitglieder und -Partner, die in den Mitgliedstaaten tätig sind, würde erleichtert durch eine Struktur auf Unionsebene (im Folgenden „Europäisches Koordinierungsbüro"). Das Europäische Koordinierungsbüro sollte gemeinsame Informationen, Hilfsmittel und Leitlinien, gemeinsam mit den Mitgliedstaaten entwickelte Schulungsmaßnahmen und eine Beratungsstelle anbieten. Die Schulungsmaßnahmen und die Beratungsstelle sollten insbesondere die Mitarbeiter der am EURES-Netz beteiligten Einrichtungen unterstützen; diese sind Experten in den Bereichen Abgleich von Angebot und Nachfrage, Vermittlung und Rekrutierung sowie Information, Beratung und Unterstützung für Arbeitnehmer, Arbeitgeber und Einrichtungen, die an Fragen der transnationalen und grenzüberschreitenden Mobilität interessiert sind, und stehen zu diesem Zweck in unmittelbarem Kontakt mit diesen Zielgruppen. Das Europäische Koordinierungsbüro sollte auch für den Betrieb und die Entwicklung des EURES-Portals und einer gemeinsamen IT-Plattform zuständig sein. Als Richtschnur für seine Arbeit sollten mehrjährige Arbeitsprogramme in Absprache mit den Mitgliedstaaten ausgearbeitet werden.

(16) Die Mitgliedstaaten sollten Nationale Koordinierungsbüros einrichten, die die Übermittlung verfügbarer Daten an das EURES-Portal gewährleisten und die allgemeine Unterstützung und Hilfe für alle EURES-Mitglieder und -Partner in ihrem Hoheitsgebiet leisten, einschließlich zur Frage der Vorgehensweise bei der Befassung mit Beschwerden und Problemen in Bezug auf Stellenangebote, gegebenenfalls in Zusammenarbeit mit anderen einschlägigen Behörden wie den Arbeitsaufsichtsämtern. Die Mitgliedstaaten sollten die Zusammenarbeit mit den entsprechenden Einrichtungen in den anderen Mitgliedstaaten, darunter auch auf grenzüberschreitender Ebene, und mit dem Europäischen Koordinierungsbüro fördern. Die Nationalen Koordinierungsbüros sollten auch die Aufgabe haben, die Einhaltung der Standards für die sachliche und technische Qualität der Daten und des Datenschutzes zu prüfen. Damit die Kommunikation mit dem Europäischen Koordinierungsbüro erleichtert und die Nationalen Koordinierungsbüros bei der Förderung der Einhaltung dieser Standards durch alle EURES-Mitglieder und -Partner in ihrem Hoheitsgebiet unterstützt werden, sollten die Nationalen Koordinierungsbüros eine koordinierte Übermittlung der Daten an das EURES-Portal über einen einzigen koordinierten Kanal sicherstellen und dabei gegebenenfalls bestehende nationale IT-Plattformen nutzen. Im Hinblick auf die rechtzeitige Erbringung hochwertiger Leistungen sollten die Mitgliedstaaten dafür sorgen, dass ihre jeweiligen Nationalen Koordinierungsbüros über eine ausreichende Anzahl geschulter Mitarbeiter und sonstige Ressourcen verfügen, die erforderlich sind, damit das Büro seine in dieser Verordnung festgelegten Aufgaben wahrnehmen kann.

(17) Die Beteiligung der Sozialpartner am EURES-Netz trägt insbesondere zur Analyse der Hindernisse für die Mobilität sowie zur Förderung der freiwilligen Arbeitnehmermobilität unter fairen Bedingungen innerhalb der Union – auch in Grenzregionen – bei. Daher sollten Vertreter der Sozialpartner auf Unionsebene an den Sitzungen der durch diese Verordnung eingerichteten Koordinierungsgruppe teilnehmen können und einen regelmäßigen Dialog mit dem Europäischen Koordinierungsbüro führen, während nationale Arbeitgeberorganisationen und Gewerkschaften in die Zusammenarbeit mit dem EURES-Netz einbezogen werden sollten, die von den Nationalen Koordinierungsbüros durch einen regelmäßigen Dialog mit den Sozialpartnern gemäß den nationalen Rechtsvorschriften und Gepflogenheiten erleichtert wird. Die Sozialpartner sollten eine Zulassung als EURES-Mitglied oder -Partner beantragen können, wenn sie den einschlägigen Verpflichtungen gemäß dieser Verordnung nachkommen.

(18) Die ÖAV sollten aufgrund ihres Sonderstatus von den Mitgliedstaaten als EURES-Mitglieder benannt werden, ohne das Zulassungsverfahren durchlaufen zu müssen. Die Mitgliedstaaten sollten dafür sorgen, dass die ÖAV die im Anhang I festgelegten gemeinsamen Mindestkriterien (im Folgenden „gemeinsame Mindestkriterien") und die Verpflichtungen gemäß dieser Verordnung erfüllen. Die Mitgliedstaaten sind außerdem in der Lage, ihren ÖAV allgemeine Aufgaben oder Aktivitäten im Zusammenhang mit der Organisation der Arbeiten gemäß dieser Verordnung zu übertragen, einschließlich Aufbau und Betrieb der nationalen Systeme zur Zulassung von EURES-Mitgliedern und -Partnern. Um ihren Verpflichtungen gemäß dieser Verordnung nachkommen zu können, sollte jede ÖAV über hinreichende Kapazitäten, technische Hilfsmittel sowie finanzielle und personelle Ressourcen verfügen.

(19) Im Einklang mit ihrer Zuständigkeit hinsichtlich der Organisation ihrer Arbeitsmärkte sollte es den Mitgliedstaaten obliegen, für ihr Hoheitsgebiet Einrichtungen als EURES-Mit-

glieder oder -Partner zuzulassen. Für eine solche Zulassung sollten gemeinsame Mindestkriterien sowie ein begrenzter Satz grundlegender Regeln für das Zulassungsverfahren gelten, um Transparenz und Chancengleichheit beim Beitritt zum EURES-Netz zu gewährleisten, während zugleich die erforderliche Flexibilität zur Berücksichtigung der unterschiedlichen nationalen Modelle und Formen der Zusammenarbeit zwischen den ÖAV und anderen Arbeitsmarktakteuren in den Mitgliedstaaten gewährt wird. Die Mitgliedstaaten sollten die Möglichkeit haben, eine solche Zulassung zu widerrufen, wenn eine Einrichtung die geltenden Kriterien und Anforderungen nicht mehr erfüllt, auf deren Grundlage sie zugelassen wurde.

(20) Mit der Festlegung der gemeinsamen Mindestkriterien für die Zulassung als EURES-Mitglied oder -Partner soll gewährleistet werden, dass Mindestqualitätsstandards erfüllt werden. Anträge auf Zulassung sollten daher mindestens anhand der gemeinsamen Mindestkriterien bewertet werden.

(21) Eines der Ziele des EURES-Netzes ist die Unterstützung einer fairen und freiwilligen Arbeitskräftemobilität innerhalb der Union; daher sollten die gemeinsamen Mindestkriterien für die Zulassung beitrittswilliger Einrichtungen zum EURES-Netz auch die Anforderung enthalten, dass diese Einrichtungen sich verpflichten, die geltenden Arbeitsnormen und rechtlichen Erfordernisse, einschließlich des Grundsatzes der Nichtdiskriminierung, umfassend einzuhalten. Die Mitgliedstaaten sollten daher die Möglichkeit haben, die Zulassung von Einrichtungen, die die Arbeitsnormen oder rechtlichen Bestimmungen – insbesondere in Bezug auf Entlohnung und Arbeitsbedingungen – nicht einhalten, abzulehnen oder zu widerrufen. Im Falle der Ablehnung oder des Widerrufs einer Zulassung aufgrund der Nichteinhaltung der entsprechenden Standards bzw. Anforderungen sollte das zuständige Nationale Koordinierungsbüro das Europäische Koordinierungsbüro darüber informieren, das anschließend diese Information an die anderen Nationalen Koordinierungsbüros weiterleiten sollte. Die Nationalen Koordinierungsbüros können in Bezug auf in ihrem Hoheitsgebiet tätige Einrichtungen geeignete Maßnahmen gemäß den nationalen Rechtsvorschriften und Gepflogenheiten ergreifen.

(22) Die Tätigkeiten der zu dem EURES-Netz zugelassenen Einrichtungen sollte von den Mitgliedstaaten überwacht werden, damit sichergestellt ist, dass diese Einrichtungen die Bestimmungen dieser Verordnung ordnungsgemäß anwenden. Die Mitgliedstaaten sollten geeignete Maßnahmen zur Gewährleistung einer optimalen Anwendung ergreifen. Die Überwachung sollte sich in erster Linie auf die Daten stützen, die diese Einrichtungen den Nationalen Koordinierungsbüros gemäß dieser Verordnung zur Verfügung stellen, könnte gegebenenfalls aber auch Kontrollen und Prüfungen, wie stichprobenartige Überprüfungen, umfassen. Dazu sollte auch die Überwachung der Erfüllung der geltenden Zugänglichkeitsanforderungen gehören.

(23) Es sollte eine Koordinierungsgruppe eingerichtet werden, die eine Koordinierungsrolle in Bezug auf die Tätigkeiten und die Funktionsweise des EURES-Netzes ausüben sollte. Sie sollte als Plattform für den Informationsaustausch und den Austausch bewährter Verfahren dienen, insbesondere zur Erstellung und Verbreitung im gesamten EURES-Netz von geeigneten Informationen und Leitfäden für Arbeitnehmer, einschließlich Grenzgänger, und Arbeitgeber. Sie sollte ferner im Rahmen des Verfahrens zur Ausarbeitung von Mustern, technischen Standards und Formaten sowie zur Festlegung einheitlicher detaillierter Spezifikationen für die Datenerhebung und -analyse gehört werden. Die Sozialpartner sollten an den Beratungen der Koordinierungsgruppe insbesondere im Bereich der strategischen Planung, Entwicklung, Umsetzung, Überwachung und Bewertung der Dienstleistungen und Tätigkeiten gemäß dieser Verordnung teilnehmen können. Damit Synergieeffekte zwischen der Arbeit des EURES-Netzes und dem gemäß dem Beschluss Nr. 573/2014/EU des Europäischen Parlaments und des Rates (Beschluss Nr. 573/2014/EU des Europäischen Parlaments und des Rates vom 15. Mai 2014 über die verstärkte Zusammenarbeit zwischen den öffentlichen Arbeitsverwaltungen (ABl. L 159 vom 28.5.2014, S. 32).) eingerichteten ÖAV-Netzwerk erzielt werden, sollte die Koordinierungsgruppe mit dem Vorstand des ÖAV-Netzwerks zusammenarbeiten. Diese Zusammenarbeit könnte beinhalten, dass bewährte Verfahren ausgetauscht werden und der Vorstand über die derzeitigen und geplanten Tätigkeiten des EURES-Netzes regelmäßig informiert wird.

(24) Die EURES-Dienstleistungsmarke sowie das zugehörige Logo sind beim Amt der Europäischen Union für geistiges Eigentum als Unionsmarke eingetragen. Einzig das Europäische Koordinierungsbüro ist befugt, Dritten die Verwendung des EURES-Logos gemäß Verordnung (EG) Nr. 207/2009 des Rates (Verordnung (EG) Nr. 207/2009 des Rates vom 26. Februar 2009 über die Unionsmarke (ABl. L 78 vom 24.3.2009, S. 1).) zu gestatten. Das Europäische Koordinierungsbüro sollte die betroffenen Einrichtungen entsprechend hierüber unterrichten.

(25) Um Arbeitnehmern und Arbeitgebern zuverlässige und aktuelle Informationen zu den verschiedenen Aspekten der Arbeitnehmermobilität und der sozialen Sicherheit innerhalb der Union zu bieten, sollte das EURES-Netz mit anderen Gremien, Diensten und Netzen in der Union kooperieren, die die Mobilität erleichtern und die Unionsbürgerinnen und Unionsbürger über ihre Rechte nach Unionsrecht informieren; Beispiele sind das Europäische Netzwerk für Gleichbehandlungsstellen (Equinet), das Portal „Europa für Sie", das Europäische Jugendportal und SOLVIT, Organisationen, die im Bereich der grenzüberschreitenden Zusammenarbeit tätig sind, die für die Anerkennung von Berufsqualifikationen zuständigen Organisationen und die Gremien zur Förderung, Analyse, Überwachung und Unterstützung

2/15. EURES-VO
Präambel

der Gleichbehandlung von Arbeitnehmern, die gemäß der Richtlinie 2014/54/EU des Europäischen Parlaments und des Rates (Richtlinie 2014/54/EU des Europäischen Parlaments und des Rates vom 16. April 2014 über Maßnahmen zur Erleichterung der Ausübung der Rechte, die Arbeitnehmern im Rahmen der Freizügigkeit zustehen (ABl. L 128 vom 30.4.2014, S. 8).) benannt wurden. Um Synergieeffekte zu erzielen, sollte das EURES-Netz darüber hinaus mit den einschlägigen Stellen, die sich mit der Koordinierung der sozialen Sicherheit befassen, zusammenarbeiten.

(26) Die Ausübung des Rechts auf Freizügigkeit der Arbeitnehmer würde dadurch erleichtert werden, dass Instrumente zur Unterstützung der Zusammenführung und des Ausgleichs eingerichtet werden, damit der Arbeitsmarkt für Arbeitnehmer und Arbeitgeber uneingeschränkt zugänglich ist. Daher sollte auf Unionsebene eine gemeinsame IT-Plattform weiterentwickelt werden, die von der Kommission betrieben wird. Die Sicherstellung dieses Rechts auf Freizügigkeit bedingt auch, dass die Arbeitnehmer in die Lage versetzt werden, Zugang zu Beschäftigungsmöglichkeiten in der gesamten Union zu erhalten.

(27) Für digitale Anwendung könnten Stellengesuche und Lebensläufe in Form von Bewerberprofilen erstellt werden.

(28) Die gemeinsame IT-Plattform, die Stellenangebote präsentiert und die Möglichkeit bietet, sich auf diese zu bewerben, wobei Arbeitnehmer und Arbeitgeber Daten nach verschiedenen Kriterien und auf verschiedenen Ebenen automatisch abgleichen können, sollte ein Gleichgewicht auf den Arbeitsmärkten in der Union ermöglichen und damit zu einer Steigerung der Beschäftigung innerhalb der Union beitragen.

(29) Zur Förderung der Freizügigkeit der Arbeitnehmer sollten alle bei den ÖAV und anderen EURES-Mitgliedern und gegebenenfalls EURES-Partnern öffentlich zugänglich gemachten Stellenangebote auf dem EURES-Portal veröffentlicht werden. Unter bestimmten Umständen jedoch und um sicherzustellen, dass das EURES-Portal nur Informationen enthält, die für die Mobilität innerhalb der Union relevant sind, sollten die Mitgliedstaaten den Arbeitgebern ermöglichen können, ein Stellenangebot nicht im EURES-Portal veröffentlichen zu lassen, wenn der Arbeitgeber zuvor eine objektive Bewertung der mit der betreffenden Arbeitsstelle verbundenen Anforderungen, insbesondere der für die angemessene Erfüllung der mit dieser Stelle verbundenen Aufgaben erforderlichen spezifischen Fähigkeiten und Kompetenzen vorgenommen hat und auf dieser Grundlage die Nichtveröffentlichung des Stellenangebots allein aus diesen Gründen begründen kann.

(30) Die Arbeitnehmer sollten ihre Einwilligung jederzeit zurückziehen und verlangen können, dass bestimmte oder sämtliche von ihnen zur Verfügung gestellte Daten gelöscht oder abgeändert werden. Die Arbeitnehmer sollten aus einer Reihe von Optionen wählen können, um den Zugang zu ihren Daten oder bestimmten Attributen einzuschränken.

(31) Die rechtliche Verantwortung für die sachliche und technische Qualität der auf der gemeinsamen IT-Plattform bereitgestellten Informationen, insbesondere bezüglich der Informationen zu Stellenangeboten, liegt bei den Einrichtungen, die die Informationen in Übereinstimmung mit den Rechtsvorschriften und Standards der Mitgliedstaaten bereitstellen. Das Europäische Koordinierungsbüro sollte die Zusammenarbeit erleichtern, damit etwaige Betrugs- oder Missbrauchsfälle im Zusammenhang mit dem Informationsaustausch auf Unionsebene festgestellt werden können. Alle beteiligten Parteien sollten für die Bereitstellung hochwertiger Daten sorgen.

(32) Damit die Mitarbeiter der EURES-Mitglieder und -Partner, wie beispielsweise Fallbearbeiter, rasche und angemessene Such- und Abgleichtätigkeiten durchführen können, ist es wichtig, dass die Verwendung der öffentlich zugänglichen Daten des EURES-Portals in diesen Einrichtungen nicht durch technische Barrieren behindert wird, sodass die Daten als Teil der angebotenen Rekrutierungs- und Vermittlungsdienste verarbeiten werden können.

(33) Die Kommission arbeitet an einer europäischen Klassifikation der Fähigkeiten/Kompetenzen, Qualifikationen und Berufe (im Folgenden „europäische Klassifikation"). Die europäische Klassifikation ist eine Standardterminologie der Berufe, Fähigkeiten, Kompetenzen und Qualifikationen, die die Online-Stellensuche innerhalb der Union erleichtern soll. Es ist angezeigt, die Zusammenarbeit zwischen der Kommission und den Mitgliedstaaten in Bezug auf die Interoperabilität und einen automatisierten Abgleich von Stellenangeboten mit Stellengesuchen und Lebensläufen (im Folgenden „automatisierter Abgleich") über die gemeinsame IT-Plattform, auch auf grenzüberschreitender Ebene, auszubauen. Eine solche Zusammenarbeit sollte den Abgleich zwischen der Liste der Fähigkeiten/Kompetenzen und Berufe der europäischen Klassifikation und den nationalen Klassifikationssystemen einschließen. Die Mitgliedstaaten sollten über die Entwicklung der europäischen Klassifikation regelmäßig informiert werden.

(34) Die von den Mitgliedstaaten im Zusammenhang mit dem Europäischen Qualifikationsrahmen (EQR) erarbeiteten Daten könnten in Bezug auf die Qualifikationen als Beitrag zur europäischen Klassifikation dienen. Die bewährten Verfahren und Erfahrungen, die sich im Zusammenhang mit dem EQR ergeben, könnten zur Weiterentwicklung der Verknüpfung zwischen den EQR-Daten und der Europäischen Klassifikation beitragen.

(35) Die Erstellung einer Bestandsaufnahme zum Abgleich nationaler Klassifikationen mit der Liste der Fähigkeiten/Kompetenzen und Berufe der europäischen Klassifikation oder alternativ die Ersetzung der nationalen Klassifikationen durch die europäische Klassifikation kann Kosten für die Mitgliedstaaten verursachen. Diese Kosten würden in den Mitgliedstaaten unterschiedlich ausfallen. Die Kommission sollte technische und

wenn möglich finanzielle Hilfe nach den geltenden Bestimmungen der einschlägigen verfügbaren Finanzierungsinstrumente, wie beispielsweise der Verordnung (EU) Nr. 1296/2013 des Europäischen Parlaments und des Rates (Verordnung (EU) Nr. 1296/2013 des Europäischen Parlaments und des Rates vom 11. Dezember 2013 über ein Programm der Europäischen Union für Beschäftigung und soziale Innovation („EaSI") und zur Änderung des Beschlusses Nr. 283/2010/EU über die Einrichtung eines europäischen Progress-Mikrofinanzierungsinstruments für Beschäftigung und soziale Eingliederung (ABl. L 347 vom 20.12.2013, S. 238).), leisten.

(36) Die EURES-Mitglieder und gegebenenfalls die EURES-Partner sollten dafür sorgen, dass alle Arbeitnehmer und Arbeitgeber, die ihre Unterstützung suchen, Zugang zu Unterstützungsleistungen haben. Es sollte ein gemeinsames Konzept in Bezug auf diese Leistungen festgelegt werden, und der Grundsatz der Gleichbehandlung von Arbeitnehmern und Arbeitgebern, die Unterstützung hinsichtlich Arbeitnehmermobilität innerhalb der Union suchen, unabhängig von ihrem Standort in der Union, sollte soweit möglich sichergestellt werden. Daher sollten Grundsätze und Regeln für die Verfügbarkeit von Unterstützungsleistungen auf dem Hoheitsgebiet der einzelnen Mitgliedstaaten festgelegt werden.

(37) Bei der Erbringung von Dienstleistungen gemäß dieser Verordnung sollten vergleichbare Situationen nicht unterschiedlich und unterschiedliche Situationen nicht gleich behandelt werden, es sei denn, eine solche Behandlung ist objektiv gerechtfertigt. Bei der Erbringung dieser Dienstleistungen sollte es keine Diskriminierung aus Gründen der Staatsangehörigkeit, des Geschlechts, der Rasse oder der ethnischen Herkunft, der Religion oder der Weltanschauung, einer Behinderung, des Alters oder der sexuellen Ausrichtung geben.

(38) Eine umfassendere Auswahl an Unterstützungsdiensten zur Arbeitnehmermobilität innerhalb der Union kommt den Arbeitnehmern zugute. Unterstützungsleistungen werden helfen, die Hindernisse, mit denen Arbeitnehmer bei der Ausübung ihrer Rechte nach dem Unionsrecht konfrontiert sind, abzubauen und alle Beschäftigungschancen effizienter zu nutzen, damit so ihre Beschäftigungsaussichten verbessert und sichere Karrierewege für Arbeitnehmer, einschließlich in gefährdeten Bevölkerungsgruppen, geschaffen werden. Alle interessierten Arbeitnehmer sollten daher Zugang zu allgemeinen Informationen über Beschäftigungschancen und über die Lebens- und Arbeitsbedingungen in einem anderen Mitgliedstaat sowie zu einer grundlegenden Unterstützung bei der Erstellung von Lebensläufen haben. Auf ihren begründeten Wunsch hin sollten interessierte Arbeitnehmer auch eine individuelle Unterstützung unter Berücksichtigung nationaler Verfahren erhalten können. Zur weiteren Unterstützung bei der Stellensuche und zu anderen zusätzlichen Leistungen können Leistungen wie die Auswahl passender Stellenangebote, Hilfe bei der Erstellung von Stellengesuchen und Lebensläufen und die Einholung genauerer Auskünfte zu bestimmten Stellenangeboten in anderen Mitgliedstaaten gehören.

(39) Ferner sollten die Unterstützungsleistungen die Suche geeigneter Bewerber in einem anderen Mitgliedstaat für diejenigen Arbeitgeber erleichtern, die an der Rekrutierung von Arbeitnehmern aus anderen Mitgliedstaaten interessiert sind. Alle interessierten Arbeitgeber sollten Zugang zu Informationen zu spezifischen Bestimmungen und Faktoren in Bezug auf die Rekrutierung aus einem anderen Mitgliedstaat haben sowie zu grundlegender Unterstützung bei der Formulierung von Stellenangeboten. Wenn eine Rekrutierung als wahrscheinlich eingestuft wird, sollten interessierte Arbeitgeber auch eine individuelle Unterstützung unter Berücksichtigung nationaler Verfahren erhalten können. Die weitere Unterstützung könnte die Vorauswahl geeigneter Bewerber, die Erleichterung direkter Kontakte zwischen Arbeitgebern und Bewerbern mittels spezifischer Online-Instrumente oder durch Veranstaltungen wie Jobbörsen und die administrative Unterstützung im Rekrutierungsverfahren, insbesondere für kleine und mittlere Unternehmen (KMU), umfassen.

(40) Bei der Bereitstellung grundlegender Informationen über das EURES-Portal und das EURES-Netz für Arbeitnehmer und Arbeitgeber sollten die EURES-Mitglieder und gegebenenfalls die EURES-Partner einen wirksamen Zugang zu den Unterstützungsleistungen gemäß dieser Verordnung nicht nur dadurch ermöglichen, dass sie sicherstellen, dass diese Leistungen auf ausdrücklichem Wunsch eines einzelnen Arbeitnehmers oder Arbeitgebers zur Verfügung gestellt werden, sondern dass sie gegebenenfalls auch von sich aus Informationen über EURES für Arbeitnehmer und Arbeitgeber anlässlich der ersten Kontaktaufnahme („Mainstreaming von EURES") bereitstellen und proaktiv Unterstützung in diesem Bereich im gesamten Rekrutierungsverfahren anbieten.

(41) Ein umfassendes Verständnis des Arbeitskräftebedarfs in Bezug auf Berufe, Wirtschaftszweige und Bedürfnisse der Arbeitgeber würde das Recht auf Freizügigkeit der Arbeitnehmer in der Union fördern. Unterstützungsleistungen sollten daher hochwertige Hilfsangebote für Arbeitgeber, insbesondere KMU umfassen. Eine enge Zusammenarbeit zwischen Arbeitsvermittlungen und Arbeitgebern zielt darauf ab, die Zahl der Stellenangebote zu erhöhen und den Abgleich mit geeigneten Bewerbern sowie allgemein das Verständnis für den Arbeitsmarkt zu verbessern.

(42) Unterstützungsleistungen für Arbeitnehmer sind mit der Ausübung des Grundrechts der Freizügigkeit als Arbeitnehmer nach Unionsrecht verknüpft und sollten kostenlos sein. Für Unterstützungsleistungen zugunsten von Arbeitgebern kann jedoch ein Entgelt gemäß den nationalen Rechtsvorschriften und Gepflogenheiten erhoben werden.

(43) Damit Einrichtungen, die eine Zulassung beantragen und Information und Unterstützung über Online-Kanäle anbieten wollen, an dem EURES-Netz teilnehmen können, sollte es diesen

2/15. EURES-VO
Präambel

Einrichtungen ermöglicht werden, die in dieser Verordnung genannten Unterstützungsleistungen als E-Services zu erbringen. Angesichts des Umstands, dass die digitale Kompetenz in den Mitgliedstaaten sehr unterschiedlich ist, sollten die ÖAV zumindest auch in der Lage sein, die Unterstützungsleistungen erforderlichenfalls über Offline-Kanäle zu erbringen. Die Mitgliedstaaten sollten geeignete Maßnahmen ergreifen, um die Qualität der von den EURES-Mitgliedern und -Partnern bereitgestellten Online-Information und -Unterstützung zu gewährleisten. Sie könnten ihr Nationales Koordinierungsbüro mit der Aufgabe betrauen, die Online-Information und -Unterstützung zu überwachen.

(44) Besondere Aufmerksamkeit sollte der Erleichterung der Mobilität in Grenzregionen und den Dienstleistungen für Grenzgänger gelten, die unterschiedlichen nationalen Gegebenheiten und Rechtssystemen unterliegen und auf spezifische administrative, rechtliche oder steuerliche Hindernisse für die Mobilität stoßen. Die Mitgliedstaaten können sich dafür entscheiden, spezifische Unterstützungsstrukturen wie grenzüberschreitende Partnerschaften zur Erleichterung dieser Art von Mobilität zu schaffen. Diese Strukturen sollten sich im Rahmen des EURES-Netzes mit den spezifischen Bedürfnissen für Information und Beratung von Grenzgängern sowie Vermittlungs- und Rekrutierungsleistungen und der Koordinierung der Zusammenarbeit zwischen den beteiligten Einrichtungen befassen.

(45) Es ist wichtig, dass die EURES-Mitglieder und -Partner bei der Erbringung der für Grenzgänger spezifischen Leistungen mit Einrichtungen außerhalb des EURES-Netzes zusammenarbeiten können, ohne dass diesen Einrichtungen gemäß dieser Verordnung Rechte übertragen oder Verpflichtungen auferlegt werden.

(46) Aktive arbeitsmarktpolitische Maßnahmen, die in den einzelnen Mitgliedstaaten Unterstützung bei der Stellensuche bieten, sollten auch den Unionsbürgerinnen und Unionsbürgern zugänglich sein, die Beschäftigungsmöglichkeiten in anderen Mitgliedstaaten suchen. Diese Verordnung sollte nicht die Zuständigkeit der einzelnen Mitgliedstaaten berühren, Verfahrensregeln festzulegen und allgemeine Zugangsbedingungen anzuwenden, um eine angemessene Verwendung der verfügbaren öffentlichen Mittel sicherzustellen. Diese Verordnung sollte nicht die Verordnung (EG) Nr. 883/2004 des Europäischen Parlaments und des Rates (Verordnung (EG) Nr. 883/2004 des Europäischen Parlaments und des Rates vom 29. April 2004 zur Koordinierung der Systeme der sozialen Sicherheit (ABl. L 166 vom 30.4.2004, S. 1).) berühren und sollte die Mitgliedstaaten nicht verpflichten, aktive arbeitsmarktpolitische Maßnahmen in das Hoheitsgebiet eines anderen Mitgliedstaats zu exportieren, wenn der Bürger bereits dort wohnt.

(47) Die Transparenz der Arbeitsmärkte und angemessene Abgleichfunktionen, darunter der Abgleich von Fähigkeiten und Qualifikationen mit den Bedürfnissen des Arbeitsmarkts, sind wichtige Grundvoraussetzungen für die Arbeitnehmermobilität innerhalb der Union. Ein besseres Gleichgewicht zwischen Arbeitsangebot und -nachfrage durch einen verbesserten Abgleich von Fähigkeiten und Arbeitsstellen kann durch ein effizientes System auf Unionsebene für den Austausch von Informationen zu Arbeitsangebot und -nachfrage auf nationaler, regionaler und sektorspezifischer Ebene erreicht werden. Ein solches System sollte zwischen der Kommission und den Mitgliedstaaten eingerichtet werden und den Mitgliedstaaten die Grundlage für die Unterstützung der praktischen Zusammenarbeit innerhalb des EURES-Netzes bieten. In diesen Informationsaustausch sollten die von der Kommission und den Mitgliedstaaten überwachten Beschäftigungsmobilitätsströme und -muster in der Union einbezogen werden.

(48) Es sollte ein Programmplanungszyklus eingerichtet werden, um die Koordinierung der Maßnahmen zur Förderung der Mobilität innerhalb der Union zu unterstützen. Bei der Planung der nationalen Arbeitsprogramme der Mitgliedstaaten sollten Daten zu Mobilitätsströmen und -mustern, die Analyse des bestehenden und künftigen Arbeitskräftemangels und -überschusses und die Rekrutierungserfahrungen und -praktiken im Rahmen des EURES-Netzes berücksichtigt werden. Die Programmplanung sollte eine Überprüfung der vorhandenen Ressourcen und Instrumente umfassen, die den Einrichtungen im jeweiligen Mitgliedstaat zur Verfügung stehen, um die Arbeitnehmermobilität innerhalb der Union zu erleichtern.

(49) Die Übermittlung des Entwurfs der nationalen Arbeitsprogramme im Rahmen des Programmplanungszyklus zwischen den Mitgliedstaaten sollte es den Nationalen Koordinierungsbüros ermöglichen, in Zusammenarbeit mit dem Europäischen Koordinierungsbüro die Ressourcen des EURES-Netzes auf geeignete Aktionen und Projekte auszurichten und somit die Entwicklung des EURES-Netzes als ein stärker ergebnisorientiertes Instrument besser auf die Bedürfnisse der Arbeitnehmer und der Arbeitgeber entsprechend der Dynamik des Arbeitsmarkts zu lenken. Dies könnte durch den Austausch bewährter Verfahren auf Unionsebene, unter anderem anhand von Berichten zur EURES-Tätigkeit, unterstützt werden.

(50) Um geeignete Informationen für die Messung der Leistung des EURES-Netzes zu erhalten, wird in dieser Verordnung festgelegt, welche Mindestdaten in den Mitgliedstaaten zu erheben sind. Um das EURES-Netz auf Unionsebene überwachen zu können, sollten vergleichbare quantitative und qualitative Daten von den Mitgliedstaaten auf nationaler Ebene erhoben werden. In dieser Verordnung wird ein Verfahrensrahmen für die Festlegung einheitlicher detaillierter Spezifikationen für die Datenerhebung und -analyse festgelegt. Diese Spezifikationen sollten helfen, die Fortschritte im Hinblick auf die gesetzten Ziele für das EURES-Netz gemäß dieser Verordnung zu bewerten, und sie sollten auf den bestehenden Verfahren der ÖAV aufbauen. In Anbetracht der Tatsache, dass es schwierig sein könnte, direkte

Rekrutierungs- und Vermittlungsergebnisse zu erhalten, da die Arbeitnehmer und die Arbeitgeber keine Berichterstattungspflicht haben, sollten die am EURES-Netz teilnehmenden Einrichtungen andere verfügbare Informationen nutzen, wie beispielsweise die Zahl der bearbeiteten und besetzten offenen Stellen, wenn diese Informationen dazu dienen können, diese Ergebnisse plausibel zu machen. Die Fallbearbeiter dieser Einrichtungen sollten regelmäßig über ihre Kontakte und über die von ihnen behandelten Fälle berichten, damit eine stabile und verlässliche Grundlage für diese Datenerhebung vorliegt.

(51) Wenn die in dieser Verordnung vorgesehenen Maßnahmen mit der Verarbeitung personenbezogener Daten verbunden sind, müssen diese Maßnahmen in Übereinstimmung mit den Rechtsvorschriften der Union über den Schutz personenbezogener Daten, insbesondere der Richtlinie 95/46/EG des Europäischen Parlaments und des Rates (Richtlinie 95/46/EG des Europäischen Parlaments und des Rates vom 24. Oktober 1995 zum Schutz natürlicher Personen bei der Verarbeitung personenbezogener Daten und zum freien Datenverkehr (ABl. L 281 vom 23.11.1995, S. 31).) und der Verordnung (EG) Nr. 45/2001 des Europäischen Parlaments und des Rates (Verordnung (EG) Nr. 45/2001 des Europäischen Parlaments und des Rates vom 18. Dezember 2000 zum Schutz natürlicher Personen bei der Verarbeitung personenbezogener Daten durch die Organe und Einrichtungen der Gemeinschaft und zum freien Datenverkehr (ABl. L 8 vom 12.1.2001, S. 1).), sowie den entsprechenden nationalen Umsetzungsmaßnahmen durchgeführt werden. In diesem Zusammenhang sollte Fragen in Bezug auf die Speicherung personenbezogener Daten besondere Aufmerksamkeit gewidmet werden.

(52) Der Europäische Datenschutzbeauftragte wurde gemäß Artikel 28 Absatz 2 der Verordnung (EG) Nr. 45/2001 konsultiert und hat am 3. April 2014 seine Stellungnahme (ABl. C 222 vom 12.7.2014, S. 5.) abgegeben.

(53) Diese Verordnung steht im Einklang mit den Grundrechten und Grundsätzen, die insbesondere mit der in Artikel 6 des Vertrags über die Europäische Union (EUV) genannten Charta der Grundrechte der Europäischen Union anerkannt wurden.

(54) Da das Ziel dieser Verordnung, nämlich die Schaffung eines gemeinsamen Rahmens für die Zusammenarbeit zwischen den Mitgliedstaaten, um Stellenangebote zusammenzuführen, die Möglichkeit einer Bewerbung auf diese Stellen zu bieten und den Ausgleich von Angebot und Nachfrage auf dem Arbeitsmarkt zu schaffen, von den Mitgliedstaaten nicht ausreichend verwirklicht werden kann, sondern vielmehr auf Unionsebene besser zu verwirklichen ist, kann die Union im Einklang mit dem in Artikel 5 EUV verankerten Subsidiaritätsprinzip tätig werden. Entsprechend dem in demselben Artikel genannten Grundsatz der Verhältnismäßigkeit geht diese Verordnung nicht über das für die Verwirklichung dieses Ziels erforderliche Maß hinaus.

(55) Um die EURES-Tätigkeitsbereiche, in denen eine Datenerhebung von den Mitgliedstaaten verlangt wird, zu ändern oder andere Bereiche der EURES-Aktivitäten, die auf nationaler Ebene gemäß dieser Verordnung unternommen werden, zu den Tätigkeitsbereichen, für die eine Datenerhebung erforderlich ist, hinzuzufügen, damit neue Bedürfnisse auf dem Arbeitsmarkt berücksichtigt werden, sollte der Kommission die Befugnis übertragen werden, gemäß Artikel 290 AEUV Rechtsakte zu erlassen. Es ist von besonderer Bedeutung, dass die Kommission im Zuge ihrer Vorbereitungsarbeit angemessene Konsultationen mit Sachverständigen, auch mit Sachverständigen der Mitgliedstaaten, durchführt. Bei der Vorbereitung und Ausarbeitung delegierter Rechtsakte sollte die Kommission gewährleisten, dass die einschlägigen Dokumente dem Europäischen Parlament und dem Rat gleichzeitig, rechtzeitig und auf angemessene Weise übermittelt werden.

(56) Zur Gewährleistung einheitlicher Bedingungen für die Umsetzung der technischen Standards und Formate für die Zusammenführung und den Ausgleich, den automatisierten Abgleich, die Muster und Verfahren für den Austausch von Informationen zwischen den Mitgliedstaaten sowie die einheitlichen detaillierten Spezifikationen für die Datenerhebung und -analyse und im Hinblick auf die Annahme der Liste der Fähigkeiten/Kompetenzen und Berufe der europäischen Klassifikation sollten der Kommission Durchführungsbefugnisse übertragen werden. Diese Befugnisse sollten gemäß der Verordnung (EU) Nr. 182/2011 des Europäischen Parlaments und des Rates (Verordnung (EU) Nr. 182/2011 des Europäischen Parlaments und des Rates vom 16. Februar 2011 zur Festlegung der allgemeinen Regeln und Grundsätze, nach denen die Mitgliedstaaten die Wahrnehmung der Durchführungsbefugnisse durch die Kommission kontrollieren (ABl. L 55 vom 28.2.2011, S. 13).) ausgeübt werden.

(57) Um die Zusammensetzung des EURES-Netzes für einen Übergangszeitraum festzulegen und den kontinuierlichen Betrieb mit dem gemäß der Verordnung (EU) Nr. 492/2011 eingerichteten EURES-Netz sicherzustellen, sollte den zum Zeitpunkt des Inkrafttretens der vorliegenden Verordnung gemäß dem Durchführungsbeschluss 2012/733/EU als EURES-Partner oder assoziierte EURES-Partner benannten Einrichtungen gestattet werden, in einem Übergangszeitraum weiter als EURES-Mitglieder bzw. -Partner zu fungieren. Möchten die betreffenden Einrichtungen nach Ablauf des Übergangszeitraums im EURES-Netz verbleiben, so sollten sie einen entsprechenden Antrag stellen, sobald das System für die Zulassung von EURES-Mitgliedern und -Partnern gemäß der vorliegenden Verordnung eingerichtet ist

(58) Die Verordnungen (EU) Nr. 492/2011 und (EU) Nr. 1296/2013 sollten daher entsprechend geändert werden –

HABEN FOLGENDE VERORDNUNG ERLASSEN:

2/15. EURES-VO

KAPITEL I
ALLGEMEINE BESTIMMUNGEN

Gegenstand

Art. 1 Mit dieser Verordnung wird ein Rahmen für die Zusammenarbeit geschaffen, um die Ausübung der Freizügigkeit der Arbeitnehmer innerhalb der Union gemäß Artikel 45 AEUV zu erleichtern, indem Grundsätze und Vorschriften festgelegt werden für

a) die Organisation des EURES-Netzes zwischen der Kommission, der Europäischen Arbeitsbehörde und den Mitgliedstaaten;
(VO (EU) 2019/1149)
b) die Zusammenarbeit zwischen der Kommission, der Europäischen Arbeitsbehörde und den Mitgliedstaaten beim Austausch der verfügbaren einschlägigen Daten über Stellenangebote, Stellengesuche und Lebensläufe;
(VO (EU) 2019/1149)
c) Maßnahmen der Mitgliedstaaten und zwischen den Mitgliedstaaten, um einen Ausgleich von Angebot und Nachfrage auf dem Arbeitsmarkt zur Verwirklichung eines hohen Niveaus an hochwertiger Beschäftigung zu erreichen;
d) den Betrieb des EURES-Netzes, einschließlich der Zusammenarbeit mit den Sozialpartnern und der Einbeziehung anderer Akteure;
e) mit dem Betrieb des EURES-Netzes zusammenhängende mobilitätsfördernde Leistungen für Arbeitnehmer und Arbeitgeber, die damit auch die Mobilität unter fairen Bedingungen fördern;
f) die Förderung des EURES-Netzes auf Unionsebene durch wirksame Kommunikationsmaßnahmen der Kommission, der Europäischen Arbeitsbehörde und der Mitgliedstaaten.
(VO (EU) 2019/1149)

Geltungsbereich

Art. 2 Diese Verordnung gilt für die Mitgliedstaaten und für die Unionsbürgerinnen und Unionsbürger, unbeschadet der Artikel 2 und 3 der Verordnung (EU) Nr. 492/2011.

Begriffsbestimmungen

Art. 3 Für die Zwecke dieser Verordnung bezeichnet der Begriff

1. „öffentliche Arbeitsverwaltungen" oder „ÖAV" die Einrichtungen der Mitgliedstaaten, die als Bestandteil zuständiger Ministerien, öffentlicher Stellen oder öffentlich-rechtlicher Körperschaften mit der Durchführung aktiver arbeitsmarktpolitischer Maßnahmen betraut sind und hochwertige Arbeitsvermittlungsdienste im Interesse des Gemeinwohls anbieten;
2. „Arbeitsvermittlungen" eine in einem Mitgliedstaat rechtmäßig agierende juristische Person, die Leistungen für arbeitsuchende Arbeitnehmer und für Arbeitgeber, die Arbeitnehmer rekrutieren möchten, erbringen;
3. „Stellenangebot" ein Angebot einer Beschäftigung, bei dem ein erfolgreicher Bewerber ein Arbeitsverhältnis eingeht, aufgrund dessen dieser Bewerber als Arbeitnehmer im Sinne des Artikels 45 AEUV gilt;
4. „Zusammenführung und Ausgleich" den Austausch von Informationen und die Bearbeitung von Stellenangeboten, Arbeitsgesuchen und Lebensläufen;
5. „gemeinsame IT-Plattform" die auf Unionsebene im Interesse von Transparenz sowie Zusammenführung und Ausgleich gemäß dieser Verordnung errichtete IT-Infrastruktur und damit zusammenhängende Plattformen;
6. „Grenzgänger" einen Arbeitnehmer, der in einem Mitgliedstaat eine Beschäftigung ausübt und in einem anderen Mitgliedstaat wohnt, in den dieser Arbeitnehmer in der Regel täglich, mindestens jedoch einmal wöchentlich zurückkehrt;
7. „grenzüberschreitende EURES-Partnerschaft" einen Zusammenschluss von EURES-Mitgliedern oder -Partnern und gegebenenfalls anderen Interessenträgern außerhalb des EURES-Netzes im Hinblick auf eine langfristige Zusammenarbeit in regionalen Strukturen, der in Grenzregionen zwischen Arbeitsvermittlungen auf regionaler, lokaler und gegebenenfalls nationaler Ebene, den Sozialpartnern und gegebenenfalls anderen Interessenträgern aus mindestens zwei Mitgliedstaaten oder aus einem Mitgliedstaat und einem anderen Land, das sich an den Unionsinstrumenten zur Förderung des EURES-Netzes beteiligt, eingerichtet wird.
8. „Europäische Arbeitsbehörde" die mit der Verordnung (EU) 2019/1149 des Europäischen Parlaments und des Rates*) gegründete Einrichtung.
(VO (EU) 2019/1149)

---
*) Verordnung (EU) 2019/1149 des Europäischen Parlaments und des Rates vom 20. Juni 2019 zur Errichtung einer Europäischen Arbeitsbehörde und zur Änderung der Verordnungen (EG) Nr. 883/2004, (EU) Nr. 492/2011 und (EU) 2016/589 sowie zur Aufhebung des Beschlusses (EU) 2016/344 (ABl. L 186 vom 11.7.2019, S. 21; siehe dazu in diesem Band 2/17. Europäische ArbeitsbehördeVO.

Zugänglichkeit

Art. 4 (1) Die Leistungen gemäß dieser Verordnung stehen allen Arbeitnehmern und Arbeitgebern in der Union unter Wahrung des Grundsatzes der Gleichbehandlung zur Verfügung.

(2) Es wird sichergestellt, dass Menschen mit Behinderungen Zugang zu den auf dem EURES-Portal bereitgestellten Informationen und den auf nationaler Ebene verfügbaren Unterstützungsleistungen haben. Die Kommission, das Europäische Koordinierungsbüro und die EURES-Mitglieder und -Partner bestimmen, wie dieser Zugang

entsprechend ihren jeweiligen Verpflichtungen sichergestellt wird.

(VO (EU) 2019/1149)

KAPITEL II
NEUGESTALTUNG DES EURES-NETZES

Neugestaltung des EURES-Netzes

Art. 5 (1) Das EURES-Netz wird neu gestaltet.

(2) Die vorliegende Verordnung ersetzt den Regelungsrahmen für das EURES-Netz im Sinne des Kapitels II der Verordnung (EU) Nr. 492/2011 und des auf der Grundlage des Artikels 38 jener Verordnung erlassenen Durchführungsbeschlusses 2012/733/EU.

Ziele des EURES Netzes

Art. 6 Das EURES-Netz trägt innerhalb seiner Tätigkeitsbereiche zu folgenden Zielen bei:
a) Erleichterung der Ausübung der durch Artikel 45 AEUV und durch die Verordnung (EU) Nr. 492/2011 übertragenen Rechte;
b) Umsetzung der koordinierten Strategie für Beschäftigung und insbesondere für die Förderung der Qualifizierung, Ausbildung und Anpassungsfähigkeit der Arbeitnehmer gemäß Artikel 145 AEUV;
c) Verbesserung der Funktionsweise, der Kohäsion und der Integration der Arbeitsmärkte in der Union, auch auf grenzüberschreitender Ebene;
d) Förderung der freiwilligen geografischen und beruflichen Mobilität in der Union, auch in Grenzregionen, unter fairen Bedingungen und im Einklang mit dem Unionsrecht und den nationalen Rechtsvorschriften und Gepflogenheiten;
e) Unterstützung des Eintritts in die Arbeitsmärkte unter Förderung der sozial- und beschäftigungspolitischen Ziele gemäß Artikel 3 EUV.

Zusammensetzung des EURES-Netzes

Art. 7 (1) Das EURES-Netz setzt sich aus folgenden Kategorien von Einrichtungen zusammen:
a) dem bei der Europäischen Arbeitsbehörde einzurichtenden Europäischen Koordinierungsbüro, dessen Aufgabe es ist, das EURES-Netz bei der Wahrnehmung seiner Aufgaben zu unterstützen;
(VO (EU) 2019/1149)
b) den „Nationalen Koordinierungsbüros", die mit der Anwendung dieser Verordnung im jeweiligen Mitgliedstaat betraut sind; sie werden von den Mitgliedstaaten bestimmt und können deren ÖAV sein;
c) den EURES-Mitgliedern, d.h.
  i) den von den Mitgliedstaaten gemäß Artikel 10 benannten ÖAV und
  ii) den Einrichtungen, die gemäß Artikel 11 oder für einen Übergangszeitraum gemäß Artikel 40 zugelassen wurden, um auf nationaler, regionaler oder lokaler – auch grenzüberschreitender – Ebene Unterstützung bei der Zusammenführung und beim Ausgleich von Angeboten und Gesuchen zu leisten sowie Unterstützungsleistungen für Arbeitnehmer und Arbeitgeber zu erbringen;
d) den EURES-Partnern, d. h. Einrichtungen, die gemäß Artikel 11 und insbesondere gemäß dessen Absätzen 2 und 4 oder für einen Übergangszeitraum gemäß Artikel 40 zugelassen wurden, um auf nationaler, regionaler oder lokaler – auch grenzüberschreitender – Ebene Unterstützung bei der Zusammenführung und beim Ausgleich von Angeboten und Gesuchen zu leisten oder Unterstützungsleistungen für Arbeitskräfte und Arbeitgeber zu erbringen.
e) der Kommission.

(VO (EU) 2019/1149)

(2) Die Sozialpartnerorganisationen können gemäß Artikel 11 als EURES-Mitglieder oder -Partner in das EURES-Netz eingebunden werden.

Zuständigkeiten des Europäischen Koordinierungsbüros

Art. 8 (1) Das Europäische Koordinierungsbüro unterstützt das EURES-Netz bei der Ausführung seiner Tätigkeiten, insbesondere indem es in enger Zusammenarbeit mit den Nationalen Koordinierungsbüros und der Kommission die folgenden Aktivitäten entwickelt und durchführt:

(VO (EU) 2019/1149)
a) Festlegung eines kohärenten Rahmens und bereichsübergreifende Unterstützungsmaßnahmen im Interesse des EURES-Netzes, darunter
  i) in seiner Eigenschaft als Systemeigner des EURES-Portals und der damit zusammenhängenden IT-Dienste die Festlegung der Nutzerbedürfnisse und der betrieblichen Anforderungen, die der Kommission zu übermitteln sind mit Blick auf Betrieb und Weiterentwicklung des Portals, einschließlich seiner Systeme und Verfahren für den Austausch von Stellenangeboten, Arbeitsgesuchen, Lebensläufen und Begleitunterlagen sowie sonstigen Informationen, in Zusammenarbeit mit anderen maßgeblichen Informations- und Beratungsdiensten oder -netzen der Union sowie einschlägigen Unionsinitiativen;
  (VO (EU) 2019/1149)
  ii) Informations- und Kommunikationsaktivitäten zum EURES-Netz;
  iii) ein gemeinsames Schulungsprogramm und kontinuierliche berufliche Weiterbildung für die Mitarbeiter der EURES-Mitglieder und -Partner und der Nationalen Koordinierungsbüros, damit

die notwendigen Fachkenntnisse sichergestellt werden;

iv) eine Beratungsstelle zur Unterstützung der Mitarbeiter der EURES-Mitglieder und -Partner und der Nationalen Koordinierungsbüros, insbesondere der Mitarbeiter, die in direktem Kontakt mit Arbeitnehmern und Arbeitgebern stehen;

v) Förderung der Vernetzung, des Austauschs bewährter Verfahren und des wechselseitigen Lernens innerhalb des EURES-Netzes;

b) Analyse der geografischen und beruflichen Mobilität unter Berücksichtigung der unterschiedlichen Gegebenheiten in den Mitgliedstaaten;

c) Entwicklung einer geeigneten Struktur für die Zusammenarbeit sowie die Zusammenführung und den Ausgleich in Bezug auf Ausbildungs- und Praktikumsstellen innerhalb der Union gemäß dieser Verordnung.

(2) Das Europäische Koordinierungsbüro wird von der Europäischen Arbeitsbehörde verwaltet. Das Europäische Koordinierungsbüro richtet einen regelmäßigen Dialog mit den Vertretern der Sozialpartner auf Unionsebene ein.

(VO (EU) 2019/1149)

(3) Das Europäische Koordinierungsbüro erstellt seine mehrjährigen Arbeitsprogramme nach Konsultation der Koordinierungsgruppe gemäß Artikel 14 sowie der Kommission.

(VO (EU) 2019/1149)

Zuständigkeiten der Nationalen Koordinierungsbüros

Art. 9 (1) Die Mitgliedstaaten benennen die Nationalen Koordinierungsbüros gemäß Artikel 7 Absatz 1 Buchstabe b. Die Mitgliedstaaten unterrichten das Europäische Koordinierungsbüro über diese Benennungen.

(2) Jedes Nationale Koordinierungsbüro hat folgende Zuständigkeiten:

a) Organisation der Arbeiten des EURES-Netzes im jeweiligen Mitgliedstaat; hierzu gehört auch die Sicherstellung einer koordinierten Übermittlung von Informationen über Stellenangebote, Stellengesuche und Lebensläufe über einen einzigen koordinierten Kanal an das EURES-Portal gemäß Artikel 17;

b) Zusammenarbeit mit der Kommission, der Europäischen Arbeitsbehörde und den Mitgliedstaaten bei der Zusammenführung und beim Ausgleich innerhalb des Rahmens gemäß Kapitel III;

(VO (EU) 2019/1149)

c) Übermittlung aller verfügbaren Informationen über Abweichungen zwischen der Anzahl der gemeldeten Stellenangebote und der Gesamtzahl der Stellenangebote auf nationaler Ebene an das Europäische Koordinierungsbüro;

d) Koordinierung der Maßnahmen innerhalb des betreffenden Mitgliedstaats sowie Abstimmung mit den anderen Mitgliedstaaten gemäß Kapitel V.

(3) Jedes Nationale Koordinierungsbüro organisiert die Durchführung der bereichsübergreifenden Unterstützungsaktivitäten des Europäischen Koordinierungsbüros gemäß Artikel 8 auf nationaler Ebene, und zwar gegebenenfalls in enger Zusammenarbeit mit dem Europäischen Koordinierungsbüro und den anderen Nationalen Koordinierungsbüros. Zu diesen bereichsübergreifenden Unterstützungsaktivitäten zählt insbesondere Folgendes:

a) Zusammenstellung und Validierung aktueller Informationen über die in seinem nationalen Hoheitsgebiet agierenden EURES-Mitglieder und -Partner, ihre Aktivitäten und ihr Angebot an Unterstützungsleistungen für Arbeitnehmer und Arbeitgeber zum Zweck der Veröffentlichung, insbesondere auf dem EURES-Portal;

b) Organisation von Maßnahmen zur Vorbereitung auf Schulungen zu den EURES-Aktivitäten sowie Auswahl der Mitarbeiter, die am gemeinsamen Schulungsprogramm und an Aktivitäten des wechselseitigen Lernens teilnehmen sollen;

c) Zusammenstellung und Analyse der Daten im Zusammenhang mit den Artikeln 31 und 32.

(4) Zum Zweck der Veröffentlichung, insbesondere auf dem EURES-Portal, stellt jedes Nationale Koordinierungsbüro zum Nutzen von Arbeitnehmern und Arbeitgebern auf nationaler Ebene verfügbare Informationen und Leitfäden zu folgenden Bereichen in dem betreffenden Mitgliedstaat bereit, aktualisiert sie regelmäßig und verbreitet sie zeitnah:

a) den Lebens- und Arbeitsbedingungen, einschließlich allgemeiner Informationen über Sozialversicherungsbeiträge und Steuerzahlungen;

b) den einschlägigen Verwaltungsverfahren im Beschäftigungsbereich und die Vorschriften, die auf Arbeitnehmer bei Aufnahme einer Beschäftigung Anwendung finden;

c) dem nationalen Regelungsrahmen für Ausbildungs- und Praktikumsstellen und den bestehenden Vorschriften und verfügbaren Instrumenten der Union;

d) unbeschadet des Artikels 17 Absatz 2 Buchstabe b dem Zugang zu beruflicher Bildung und Fortbildung;

e) den Beschäftigungsbedingungen für Grenzgänger, insbesondere in Grenzregionen;

f) Informationen allgemeiner Art über Unterstützung nach der Rekrutierung und darüber, wo diese Unterstützung innerhalb des EURES-Netzes und – sofern diese Informationen verfügbar sind – außerhalb des EURES-Netzes erlangt werden kann.

Gegebenenfalls können die Nationalen Koordinierungsbüros die Informationen in Zusammenarbeit mit anderen Informations- und Beratungsdiensten und -netzen sowie geeigneten nationalen Stellen – darunter die in Artikel 4 der Richtlinie 2014/54/EU genannten – bereitstellen und verbreiten.

(5) Die Nationalen Koordinierungsbüros tauschen Informationen über die Mechanismen und Standards gemäß Artikel 17 Absatz 5 sowie über Standards für Datensicherheit und Datenschutz aus, die für die gemeinsame IT-Plattform maßgeblich sind. Sie kooperieren miteinander und mit dem Europäischen Koordinierungsbüro, insbesondere bei Beschwerden und bei Stellenangeboten, die nach nationalem Recht als nicht mit diesen Standards vereinbar gelten.

(6) Jedes Nationale Koordinierungsbüro unterstützt die EURES-Mitglieder und -Partner allgemein bei der Zusammenarbeit mit ihren Amtskollegen in den anderen Mitgliedstaaten, was auch die Beratung der EURES-Mitglieder und -Partner hinsichtlich des Umgangs mit Beschwerden in Bezug auf EURES-Stellenangebote und Personalrekrutierung im Rahmen von EURES sowie hinsichtlich der Zusammenarbeit mit den zuständigen Behörden mit einschließt. Die Ergebnisse von Beschwerdeverfahren werden dem Europäischen Koordinierungsbüro übermittelt, wenn das Nationale Koordinierungsbüro über entsprechende Informationen verfügt.

(7) Das Nationale Koordinierungsbüro fördert die Zusammenarbeit mit Interessenträgern wie den Sozialpartnern, Berufsberatungsstellen, Bildungseinrichtungen für die Berufs- und Hochschulbildung, Handelskammern, Sozialdiensten, Organisationen, die auf dem Arbeitsmarkt benachteiligte Gruppen vertreten, und Einrichtungen, die in Ausbildungs- und Praktikumsprogramme eingebunden sind.

Benennung der ÖAV als EURES-Mitglieder

Art. 10 (1) Die Mitgliedstaaten benennen die für die Aktivitäten im Rahmen des EURES-Netzes zuständigen ÖAV als EURES-Mitglieder. Die Mitgliedstaaten unterrichten die Europäische Koordinierungsbüro über diese Benennungen. Die ÖAV genießen aufgrund ihrer Benennung einen Sonderstatus im EURES-Netz.

(2) Die Mitgliedstaaten stellen sicher, dass die ÖAV als EURES-Mitglieder allen Verpflichtungen im Sinne dieser Verordnung nachkommen und zumindest die in Anhang I aufgeführten gemeinsamen Mindestkriterien erfüllen.

(3) ÖAV können ihren Verpflichtungen als EURES-Mitgliedern über Einrichtungen erfüllen, die auf der Grundlage einer Befugnisübertragung, einer Unterauftragsvergabe oder besonderer Vereinbarungen unter der Verantwortung der ÖAV agieren.

Zulassung als EURES-Mitglieder (außer ÖAV) und als EURES-Partner

Art. 11 (1) Jeder Mitgliedstaat richtet ohne ungebührliche Verzögerung, spätestens jedoch bis 13. Mai 2018 ein System für die Zulassung von Einrichtungen als EURES-Mitglieder und -Partner, für die Überwachung ihrer Aktivitäten und der Einhaltung der geltenden Rechtsvorschriften bei der Anwendung dieser Verordnung sowie für den Widerruf ihrer Zulassungen im Bedarfsfall ein. Dieses System muss transparent und verhältnismäßig sein, den Grundsätzen der Gleichbehandlung der Bewerbereinrichtungen und der Rechtsstaatlichkeit genügen und die erforderlichen Rechtsbehelfe vorsehen, damit ein wirksamer Rechtsschutz gewährleistet ist.

(2) Die Mitgliedstaaten legen für die Zwecke des in Absatz 1 genannten Systems die Anforderungen und Kriterien für die Zulassung als EURES-Mitglied und EURES-Partner fest. Diese Anforderungen oder Kriterien umfassen zumindest die in Anhang I festgelegten gemeinsamen Mindestkriterien. Die Mitgliedstaaten können zusätzliche Anforderungen oder Kriterien festlegen, die erforderlich sind, um in ihrem Hoheitsgebiet die Vorschriften für die Aktivitäten der Arbeitsvermittlungen ordnungsgemäß anwenden und die Arbeitsmarktpolitik effizient steuern zu können.

(3) In einem Mitgliedstaat rechtmäßig agierende Einrichtungen können unter den in dieser Verordnung festgelegten Bedingungen und im Rahmen des gemäß Absatz 1 eingerichteten Systems eine Zulassung als EURES-Mitglied beantragen. Eine Einrichtung, die eine Zulassung als EURES-Mitglied beantragt, verpflichtet sich in ihrem Antrag, allen Verpflichtungen, die den Mitgliedern nach dieser Verordnung obliegen, nachzukommen, einschließlich der Verpflichtung, alle in Artikel 12 Absatz 2 Buchstaben a, b und c genannten Aufgaben zu erfüllen.

(4) Eine in einem Mitgliedstaat rechtmäßig agierende Einrichtung kann unter den in dieser Verordnung festgelegten Bedingungen und im Rahmen des in Absatz 1 genannten Systems eine Zulassung als EURES-Partner beantragen, wenn sie hinreichend begründet, dass sie nicht mehr als zwei der in Artikel 12 Absatz 2 Buchstaben a, b und c genannten Aufgaben erfüllen kann, und zwar aufgrund der Größenordnung, der finanziellen Mittel und der Art der von der Einrichtung gewöhnlich erbrachten Leistungen oder der Organisationsstruktur, einschließlich der Tatsache, dass sie eine Einrichtung ohne Erwerbszweck ist. Eine Einrichtung, die eine Zulassung als EURES-Partner beantragt, verpflichtet sich in ihrem Antrag, allen Anforderungen, die allen EURES-Partnern nach dieser Verordnung obliegen, nachzukommen und mindestens die in Artikel 12 Absatz 2 Buchstaben a, b und c genannten Aufgaben zu erfüllen.

(5) Die Mitgliedstaaten lassen Bewerbereinrichtungen als EURES-Mitglieder oder -Partner zu, wenn diese die gemäß Absätzen 2, 3 und 4 geltenden Kriterien und Anforderungen erfüllen.

(6) Die Nationalen Koordinierungsbüros unterrichten das Europäische Koordinierungsbüro über die Systeme gemäß Absatz 1, einschließlich der zusätzlichen Kriterien und Anforderungen gemäß

Absatz 2, über die im Rahmen dieser Systeme zugelassenen EURES-Mitglieder und -Partner sowie über jede Verweigerung einer Zulassung aufgrund der Nichteinhaltung von Anhang I Abschnitt 1 Nummer 1. Das Europäische Koordinierungsbüro leitet diese Information an die anderen Nationalen Koordinierungsbüros weiter.

(7) Die Mitgliedstaaten widerrufen die Zulassung von EURES-Mitgliedern und -Partnern, wenn diese die gemäß den Absätzen 2, 3 und 4 geltenden Kriterien oder Anforderungen nicht mehr erfüllen. Die Nationalen Koordinierungsbüros unterrichten das Europäische Koordinierungsbüro über einen solchen Widerruf und die Gründe hierfür. Das Europäische Koordinierungsbüro leitet diese Information an die anderen Nationalen Koordinierungsbüros weiter.

(8) Die Kommission kann im Wege von Durchführungsrechtsakten ein Muster für die Beschreibung der nationalen Systeme sowie Verfahren für den Austausch von Informationen zwischen den Mitgliedstaaten über die in Absatz 1 genannten Systeme annehmen. Diese Durchführungsrechtsakte werden gemäß dem in Artikel 37 Absatz 2 genannten Beratungsverfahren erlassen.

Zuständigkeiten der EURES-Mitglieder und -Partner

Art. 12 (1) Die EURES-Mitglieder und -Partner tragen zum EURES-Netz in Bezug auf die Aufgaben bei, für die sie gemäß Artikel 10 benannt oder gemäß Artikel 11 Absätze 3 und 4 oder – für eine Übergangsfrist – gemäß Artikel 40 zugelassen wurden, und kommen ihren anderen Verpflichtungen gemäß dieser Verordnung nach.

(2) Die EURES-Mitglieder beteiligen sich am EURES-Netz, indem sie unter anderem alle folgenden Aufgaben erfüllen, und die EURES-Partner beteiligen sich am EURES-Netz, indem sie unter anderem mindestens eine der folgenden Aufgaben erfüllen:
a) Leistung eines Beitrags zum Pool der Stellenangebote gemäß Artikel 17 Absatz 1 Buchstabe a;
b) Leistung eines Beitrags zum Pool der Stellengesuche und Lebensläufe gemäß Artikel 17 Absatz 1 Buchstabe b;
c) Erbringung von Unterstützungsleistungen für Arbeitnehmer und Arbeitgeber gemäß den Artikeln 23 und 24, Artikel 25 Absatz 1, Artikel 26 und gegebenenfalls Artikel 27.

(3) Für die Zwecke des EURES-Portals übermitteln die EURES-Mitglieder und gegebenenfalls die EURES-Partner alle bei ihnen öffentlich zugänglich gemachten Stellenangebote und auch alle Stellengesuche und Lebensläufe, sofern der betroffene Arbeitnehmer gemäß Artikel 17 Absatz 3 eingewilligt hat, dass diese Informationen auch für das EURES-Portal zur Verfügung gestellt werden. Artikel 17 Absatz 1 zweiter Unterabsatz und Artikel 17 Absatz 2 gelten für Stellenangebote, die von EURES-Mitgliedern und gegebenenfalls bei EURES-Partnern öffentlich zugänglich gemacht wurden.

(4) Die EURES-Mitglieder und -Partner benennen im Einklang mit nationalen Kriterien eine oder mehrere Kontaktstellen, wie Vermittlungs- und Rekrutierungsstellen, telefonische Ansprechpartner und Selbstbedienungsangebote, die Arbeitnehmer und Arbeitgeber bei der Zusammenführung und beim Ausgleich, beim Zugang zu Unterstützungsleistungen gemäß der vorliegenden Verordnung bzw. bei beidem unterstützen. Die Kontaktstellen können auch auf Personalaustauschprogrammen oder der Abordnung von Verbindungsbeamten basieren oder gemeinsame Vermittlungsagenturen einschließen.

(5) Die EURES-Mitglieder und gegebenenfalls die EURES-Partner stellen sicher, dass die von ihnen benannten Kontaktstellen genau angeben, welche Unterstützungsleistungen sie für Arbeitnehmer und Arbeitgeber anbieten.

(6) Die Mitgliedstaaten können die EURES-Mitglieder und -Partner entsprechend dem Grundsatz der Verhältnismäßigkeit über ihre Nationalen Koordinierungsbüros auffordern, sich an Folgendem zu beteiligen:
a) an der Zusammenstellung der gemäß Artikel 9 Absatz 4 auf dem EURES-Portal zu veröffentlichenden Informationen und Leitfäden;
b) am Informationsaustausch gemäß Artikel 30;
c) an der Erstellung des Programmplanungszyklus gemäß Artikel 31;
d) an der Datenerhebung gemäß Artikel 32.

Gemeinsame Verantwortlichkeiten

Art. 13 Im Einklang mit ihren jeweiligen Aufgaben und Zuständigkeiten sind alle in das EURES-Netz eingebundenen Einrichtungen bestrebt, in enger Zusammenarbeit die Chancen, die die Mobilität der Arbeitskräfte in der Union bietet, aktiv zu fördern und die Mittel und Wege zu verbessern, die es den Arbeitnehmern und Arbeitgebern auf Unionsebene, nationaler, regionaler und lokaler Ebene – auch grenzüberschreitend – ermöglichen, Mobilität in fairer Art und Weise wahrzunehmen und diese Chancen zu nutzen.

Koordinierungsgruppe

Art. 14 (1) Die Koordinierungsgruppe setzt sich aus Vertretern der Europäischen Koordinierungsbüros, der Kommission und der Nationalen Koordinierungsbüros auf geeigneter Ebene zusammen.

(VO (EU) 2019/1149)

(2) Die Koordinierungsgruppe unterstützt die Durchführung dieser Verordnung durch den Austausch von Informationen und die Erstellung von Leitfäden. Insbesondere berät sie die Kommission in Bezug auf die Muster gemäß Artikel 11 Absatz 8 und Artikel 31 Absatz 5, die Entwürfe der technischen Standards und Formate gemäß Artikel 17 Absatz 8 und Artikel 19 Absatz 6 und die einheitlichen detaillierten Spezifikationen für die Datenerhebung und -analyse gemäß Artikel 32 Absatz 3.

(3) Die Koordinierungsgruppe kann unter anderem den Austausch bewährter Verfahren in Bezug auf die nationalen Zulassungssysteme gemäß Artikel 11 Absatz 1 und die Unterstützungsleistungen gemäß den Artikeln 23 bis 27 organisieren.

(4) Die Arbeit der Koordinierungsgruppe wird vom Europäischen Koordinierungsbüro organisiert, das auch deren Sitzungen leitet. Es informiert andere einschlägige Einrichtungen oder Netze über die Arbeit der Koordinierungsgruppe regelmäßig.

Vertreter der Sozialpartner auf Unionsebene sind zur Teilnahme an den Sitzungen der Koordinierungsgruppe berechtigt.

(5) Die Koordinierungsgruppe arbeitet mit dem Vorstand des ÖAV-Netzwerks insbesondere durch Unterrichtung über die Tätigkeiten des EURES-Netzes und den Austausch bewährter Verfahren zusammen.

Gemeinsame Identität und Marke

Art. 15 (1) Der Name „EURES" wird ausschließlich für Aktivitäten im EURES-Netz verwendet, die gemäß dieser Verordnung durchgeführt werden. Er wird durch ein standardisiertes Logo dargestellt, dessen Verwendung durch eine vom Europäischen Koordinierungsbüro angenommene grafische Gestaltung festgelegt ist.

(2) Die EURES-Dienstleistungsmarke und das EURES-Logo werden von allen Einrichtungen, die sich am EURES-Netz gemäß Artikel 7 beteiligen, bei sämtlichen mit dem EURES-Netz zusammenhängenden Aktivitäten verwendet, um ihnen eine gemeinsame visuelle Identität zu verleihen.

(3) Die am EURES-Netz beteiligten Einrichtungen sorgen dafür, dass das von ihnen bereitgestellte Informations- und Werbematerial mit der globalen Kommunikationstätigkeit, den gemeinsamen Qualitätsstandards des EURES-Netzes und den Informationen des Europäischen Koordinierungsbüros in Einklang steht.

(4) Die am EURES-Netz beteiligten Einrichtungen melden dem Europäischen Koordinierungsbüro unverzüglich jede missbräuchliche Verwendung der EURES-Dienstleistungsmarke oder des EURES-Logos durch Dritte oder Drittländer, von der sie Kenntnis erhalten.

Zusammenarbeit und weitere Maßnahmen

Art. 16 (1) Das Europäische Koordinierungsbüro erleichtert die Zusammenarbeit zwischen dem EURES-Netz und anderen Unionsdiensten und -Netzen, die im Bereich Information und Beratung tätig sind.

(2) Die Nationalen Koordinierungsbüros arbeiten auf Unionsebene, nationaler, regionaler und lokaler Ebene mit den Diensten und Netzen gemäß Absatz 1 zusammen, um Synergien zu schaffen und Überschneidungen zu vermeiden, und sie binden gegebenenfalls die EURES-Mitglieder und -Partner ein.

(3) Die Nationalen Koordinierungsbüros erleichtern auf nationaler Ebene die Zusammenarbeit zwischen dem EURES-Netz und den Sozialpartnern, indem sie für einen regelmäßigen Dialog mit den Sozialpartnern gemäß den nationalen Rechtsvorschriften und Gepflogenheiten sorgen.

(4) Die Mitgliedstaaten fördern eine enge Zusammenarbeit auf grenzüberschreitender Ebene zwischen regionalen, lokalen und gegebenenfalls nationalen Akteuren, so z. B. bei Verfahren und Diensten im Rahmen grenzüberschreitender EURES-Partnerschaften.

(5) Die Mitgliedstaaten streben an, die Kommunikation, einschließlich der Online-Kommunikation, mit Arbeitnehmern und Arbeitgebern bezüglich der gemeinsamen EURES-Tätigkeitsbereiche und der Dienste und Netze gemäß Absatz 1 gebündelt über zentrale Anlaufstellen abzuwickeln.

„(6) Die Mitgliedstaaten prüfen gemeinsam mit der Kommission und dem Europäische Koordinierungsbüro jede Möglichkeit, offene Stellen vorrangig mit Unionsbürgern zu besetzen, um ein Gleichgewicht zwischen Arbeitskräfteangebot und -nachfrage in der Union herzustellen. Die Mitgliedstaaten können dazu erforderliche Maßnahmen treffen." *(VO (EU) 2019/1149)*

KAPITEL III
GEMEINSAME IT-PLATTFORM

Aufbau der gemeinsamen IT-Plattform

Art. 17 (1) Um Stellenangebote und -gesuche zusammenzuführen, macht jeder Mitgliedstaat folgende Informationen für das EURES-Portal verfügbar:

a) alle bei den ÖAV öffentlich gemachten Stellenangebote und die von den EURES-Mitgliedern und gegebenenfalls den EURES-Partnern gemäß Artikel 12 Absatz 3 übermittelten Stellenangebote;

b) alle bei den ÖAV öffentlich gemachten Stellengesuche und Lebensläufe und die von den anderen EURES-Mitgliedern und gegebenenfalls den EURES-Partnern gemäß Artikel 12 Absatz 3 übermittelten Stellengesuche und Lebensläufe, sofern die betroffenen Arbeitnehmer gemäß Absatz 3 dieses Artikels eingewilligt haben, dass diese Informationen auch für das EURES-Portal zur Verfügung gestellt werden.

In Bezug auf Unterabsatz 1 Buchstabe a können die Mitgliedstaaten einen Mechanismus einrichten, der Arbeitgebern die Möglichkeit gibt, ein Stellenangebot nicht im EURES-Portal veröffentlichen zu lassen, wenn das Ersuchen aufgrund der mit der Arbeitsstelle verbundenen Anforderungen hinsichtlich Fähigkeiten und Kompetenz hinreichend begründet wird.

(2) Bei der Bereitstellung von Daten zu Stellenangeboten für das EURES-Portal können die Mitgliedstaaten folgende Stellenangebote von der Übermittlung ausnehmen:

a) Stellenangebote, die aufgrund ihrer Art oder nationaler Vorschriften nur Staatsbürgerinnen und -bürger eines bestimmten Landes offenstehen;

b) Stellenangebote für Kategorien von Lehrstellen und Praktika, die Bestandteil des nationalen Bildungssystem sind, weil sie hauptsächlich auf Lernen ausgerichtet sind, oder die als Teil aktiver arbeitsmarktpolitischer Maßnahmen der Mitgliedstaaten aus öffentlichen Mitteln finanziert werden;
c) andere Stellenangebote als Teil aktiver arbeitsmarktpolitischer Maßnahmen der Mitgliedstaaten.

(3) Die Einwilligung der Arbeitnehmer gemäß Absatz 1 Buchstabe b muss ausdrücklich, zweifelsfrei, aus freiem Entschluss, bezogen auf den konkreten Fall und in Kenntnis der Sachlage erfolgen. Die Arbeitnehmer können ihre Einwilligung jederzeit zurückziehen und verlangen, dass beliebige oder sämtliche von ihnen zur Verfügung gestellten Daten gelöscht oder abgeändert werden. Die Arbeitnehmer können aus einer Reihe von Optionen wählen, um den Zugang zu ihren Daten oder bestimmten Attributen einzuschränken.

(4) Bei minderjährigen Arbeitnehmern müssen neben deren Zustimmung auch die ihrer Eltern oder ihres gesetzlichen Vormunds vorliegen.

(5) Die Mitgliedstaaten verfügen über die geeigneten Mechanismen und Standards, die gewährleisten, dass die Qualität der Daten zu Stellenangeboten, Stellengesuchen und Lebensläufen als solche wie auch in technischer Hinsicht gesichert ist.

(6) Die Mitgliedstaaten sorgen dafür, dass sich der Ursprung der Daten zum Zweck der Überwachung der Qualität dieser Daten zurückverfolgen lässt.

(7) Um den Abgleich von Stellenangeboten mit Stellengesuchen und Lebensläufen zu ermöglichen, stellt jeder Mitgliedstaat sicher, dass die Informationen gemäß Absatz 1 über ein einheitliches System und in transparenter Weise zur Verfügung gestellt werden.

(8) Die Kommission legt mittels Durchführungsrechtsakten die technischen Standards und Formate fest, die für das einheitliche System gemäß Absatz 7 benötigt werden. Diese Durchführungsrechtsakte werden gemäß dem in Artikel 37 Absatz 3 genannten Prüfverfahren erlassen.

Zugang zur gemeinsamen IT-Plattform auf nationaler Ebene

Art. 18 (1) Die EURES-Mitglieder und -Partner sorgen dafür, dass das EURES-Portal deutlich sichtbar ist und sich über alle Stellenvermittlungsportale, die sie auf zentraler, regionaler oder lokaler Ebene verwalten, leicht durchsuchen lässt und dass diese Stellenvermittlungsportale mit dem EURES-Portal verlinkt sind.

(2) Die ÖAV sorgen dafür, dass die unter ihrer Verantwortung tätigen Einrichtungen auf jedem von ihnen verwalteten Webportal einen deutlich sichtbaren Link zum EURES-Portal haben.

(3) Die EURES-Mitglieder und -Partner stellen sicher, dass alle Stellenangebote, Stellengesuche und Lebensläufe, die über das EURES-Portal bereitgestellt werden, für ihre innerhalb des EURES-Netzes beteiligten Mitarbeiter leicht zugänglich sind.

(4) Die Mitgliedstaaten stellen sicher, dass die Übermittlung von Informationen über Stellenangebote, Stellengesuche und Lebensläufe gemäß Artikel 9 Absatz 2 Buchstabe a über einen einzigen koordinierten Kanal erfolgt.

Automatisierter Abgleich über die gemeinsame IT-Plattform

Art. 19 (1) Die Mitgliedstaaten arbeiten untereinander, mit der Kommission und dem Europäischen Koordinierungsbüro zusammen, um die Interoperabilität der nationalen Systeme und der von der Kommission entwickelten europäischen Klassifikation sicherzustellen. Die Kommission informiert die Mitgliedstaaten regelmäßig über die Entwicklung der europäischen Klassifikation.

(VO (EU) 2019/1149)

(2) Die Kommission erlässt und aktualisiert die Liste von Fähigkeiten, Kompetenzen und Berufen der europäischen Klassifikation mittels Durchführungsrechtsakten. Diese Durchführungsrechtsakte werden gemäß dem in Artikel 37 Absatz 3 genannten Prüfverfahren erlassen. Gibt der Ausschuss keine Stellungnahme ab, so erlässt die Kommission den Durchführungsrechtsakt nicht und Artikel 5 Absatz 4 Unterabsatz 3 der Verordnung (EU) Nr. 182/2011 findet Anwendung.

(3) Zum Zweck des automatisierten Abgleichs über die gemeinsame IT-Plattform erstellt jeder Mitgliedstaat ohne ungebührliche Verzögerung, spätestens jedoch drei Jahre nach dem Erlass der Liste gemäß Absatz 2 eine erste Bestandsaufnahme, um seine nationalen, regionalen und branchenspezifischen Klassifikationen mit dieser Liste abzugleichen, und aktualisiert diese Bestandsaufnahme ab Beginn seiner Nutzung anhand einer vom Europäischen Koordinierungsbüro bereitgestellten Anwendung regelmäßig, um mit den Entwicklungen bei den Rekrutierungsleistungen Schritt zu halten.

(4) Die Mitgliedstaaten können nach der Fertigstellung der europäischen Klassifikation ihre nationalen Klassifikationen durch die europäische Klassifikation ersetzen oder ihre interoperablen nationalen Klassifikationssysteme beibehalten.

(5) Die Kommission leistet den Mitgliedstaaten, wenn sie die Bestandsaufnahme gemäß Absatz 3 erstellen, und den Mitgliedstaaten, die ihre nationalen Klassifikationen durch die europäische Klassifikation ersetzen möchten, technische und wenn möglich finanzielle Hilfe.

(6) Die Kommission legt mittels Durchführungsrechtsakten die technischen Standards und Formate fest, die für die Anwendung des automatisierten Abgleichs über die gemeinsame IT-Plattform unter Nutzung der europäischen Klassifikation und die Interoperabilität zwischen den nationalen Systemen und der europäischen Klassifikation benötigt werden. Diese Durchführungsrechtsakte werden

gemäß dem in Artikel 37 Absatz 3 genannten Prüfverfahren erlassen.

Verfahren für einen leichteren Zugang für Arbeitnehmer und Arbeitgeber

Art. 20 (1) Die EURES-Mitglieder und -Partner unterstützen die Arbeitnehmer und Arbeitgeber, die ihre Dienste in Anspruch nehmen, auf deren Wunsch hin bei ihrer Registrierung auf dem EURES-Portal. Diese Unterstützung ist kostenlos.

(2) Die EURES-Mitglieder und -Partner stellen sicher, dass die Arbeitnehmer und Arbeitgeber, die ihre Dienste in Anspruch nehmen, Zugang zu allgemeinen Informationen darüber haben, wie, wann und wo sie die betreffenden Daten aktualisieren, überprüfen und zurückziehen können.

KAPITEL IV
UNTERSTÜTZUNGSLEISTUNGEN

Grundsätze

Art. 21 (1) Die Mitgliedstaaten sorgen dafür, dass Arbeitnehmer und Arbeitgeber ohne ungebührliche Verzögerung auf nationaler Ebene Zugang zu Unterstützungsleistungen erlangen können, sei es online oder offline.

(2) Die Mitgliedstaaten tragen dazu bei, dass ein koordiniertes nationales Konzept für Unterstützungsleistungen erarbeitet wird.

Dabei wird spezifischen regionalen und lokalen Bedürfnissen Rechnung getragen.

(3) Die Unterstützungsleistungen für Arbeitnehmer und Arbeitgeber gemäß Artikel 22, Artikel 25 Absatz 1, Artikel 26 und gegebenenfalls Artikel 27 sind kostenlos.

Die Unterstützungsleistungen für Arbeitnehmer gemäß Artikel 23 sind kostenlos.

Für die Unterstützungsleistungen zugunsten von Arbeitgebern gemäß Artikel 24 kann eine Gebühr erhoben werden.

(4) Die Gebühren für Leistungen, die die EURES-Mitglieder und gegebenenfalls die EURES-Partner gemäß dieses Kapitels erbringen, dürfen nicht höher sein als die Gebühren, die von den EURES-Mitgliedern und -Partnern für andere vergleichbare Leistungen erhoben werden. Die EURES-Mitglieder und -Partner informieren gegebenenfalls die Arbeitnehmer und die Arbeitgeber klar und präzise über sämtliche anfallenden Kosten.

(5) Die betreffenden EURES-Mitglieder und -Partner machen für Arbeitnehmer und Arbeitgeber über ihre Informationskanäle klar ersichtlich, welche Unterstützungsleistungen ihr Angebot umfasst, wo und wie diese Leistungen in Anspruch genommen werden können und unter welchen Bedingungen Zugang zu diesen Leistungen gewährt wird. Diese Informationen werden auf dem EURES-Portal veröffentlicht.

(6) Unbeschadet des Artikels 11 Absatz 2 dürfen die EURES-Mitglieder nach Artikel 7 Absatz 1 Buchstabe c Ziffer ii und die EURES-Partner ihre Leistungen nur online anbieten.

Zugang zu grundlegenden Informationen

Art. 22 (1) Die EURES-Mitglieder und gegebenenfalls die EURES-Partner stellen Arbeitnehmern und Arbeitgebern grundlegende Informationen über das EURES-Portal, einschließlich der Datenbank mit Stellengesuchen und Lebensläufen, und das EURES-Netz, einschließlich Kontaktangaben der zuständigen EURES-Mitglieder und -Partner auf nationaler Ebene, Angaben über die von ihnen genutzten Rekrutierungskanäle (E-Services, personalisierte Dienste, Adresse der Kontaktstellen) sowie maßgebliche Weblinks auf leicht zugängliche und benutzerfreundliche Weise zur Verfügung.

Die EURES-Mitglieder und gegebenenfalls die EURES-Partner können die Arbeitnehmer und Arbeitgeber – soweit angezeigt – an ein anderes EURES-Mitglied oder einen anderen EURES-Partner verweisen.

(2) Das Europäische Koordinierungsbüro fördert die Ausarbeitung grundlegender Informationen gemäß diesem Artikel und unterstützt die Mitgliedstaaten bei der Sicherstellung einer angemessenen Sprachenabdeckung, wobei den Bedürfnissen der Arbeitsmärkte der Mitgliedstaaten Rechnung zu tragen ist.

Unterstützungsleistungen für Arbeitnehmer

Art. 23 (1) Die EURES-Mitglieder und gegebenenfalls die EURES-Partner bieten Arbeitsuchenden ohne ungebührliche Verzögerung die Inanspruchnahme der gemäß Absätze 2 und 3 beschriebenen Dienstleistungen an.

(2) Auf Wunsch der Arbeitnehmer informieren die EURES-Mitglieder und gegebenenfalls die EURES-Partner sie über individuelle Beschäftigungsmöglichkeiten und beraten sie hierzu; insbesondere bieten sie den Arbeitnehmern folgende Dienstleistungen:

a) Bereitstellung oder Hinweis auf allgemeine Information über Lebens- und Arbeitsbedingungen im Bestimmungsland;

b) Unterstützung und Beratung in Bezug auf die Informationen gemäß Artikel 9 Absatz 4;

c) gegebenenfalls Unterstützung beim Abfassen von Stellengesuchen und Lebensläufen mit dem Ziel, die Vereinbarkeit mit den europäischen technischen Standards und Formaten gemäß Artikel 17 Absatz 8 und Artikel 19 Absatz 6 zu gewährleisten, und beim Hochladen solcher Stellengesuche und Lebensläufe auf das EURES-Portal;

d) gegebenenfalls Prüfung einer eventuellen Vermittlung innerhalb der Union als Teil eines individuellen Aktionsplans oder Unterstützung bei der Ausarbeitung eines individuellen Mobilitätsplans als Weg zur Erreichung einer Vermittlung innerhalb der Union;

e) gegebenenfalls Weitervermittlung des Arbeitnehmers an ein anderes EURES-Mitglied oder einen anderen EURES-Partner.

(3) Auf begründeten Wunsch des Arbeitnehmers leisten die EURES-Mitglieder und gegebenenfalls

die EURES-Partner weitere Unterstützung bei der Stellensuche und erbringen andere zusätzliche Leistungen, wobei sie die Bedürfnisse des Arbeitnehmers berücksichtigen.

Unterstützungsleistungen für Arbeitgeber

Art. 24 (1) Die EURES-Mitglieder und gegebenenfalls die EURES-Partner bieten Arbeitgebern, die an der Rekrutierung von Arbeitnehmern aus anderen Mitgliedstaaten interessiert sind, ohne ungebührliche Verzögerung die Inanspruchnahme der in den Absätzen 2 und 3 beschriebenen Dienstleistungen an.

(2) Auf Wunsch eines Arbeitgebers informieren die EURES-Mitglieder und gegebenenfalls die EURES-Partner ihn über die Rekrutierungsmöglichkeiten und beraten ihn hierzu; insbesondere bieten sie ihnen folgende Dienstleistungen:
a) Information über die spezifischen Vorschriften für die Rekrutierung aus einem anderen Mitgliedstaat und über Faktoren, die eine derartige Rekrutierung erleichtern können;
b) gegebenenfalls Informationen und Unterstützung in Bezug auf das Abfassen individueller Stellenprofile in Stellenangeboten und Unterstützung bei der Gewährleistung von deren Vereinbarkeit mit den europäischen technischen Standards und Formaten gemäß Artikel 17 Absatz 8 und Artikel 19 Absatz 6.

(3) Wünscht ein Arbeitgeber eine weiterführende Unterstützung und besteht eine realistische Wahrscheinlichkeit einer Rekrutierung innerhalb der Union, so leisten die EURES-Mitglieder und gegebenenfalls die EURES-Partner unter Berücksichtigung der Bedürfnisse des Arbeitgebers weitere Unterstützung und erbringen zusätzliche Leistungen.

Auf Wunsch wird eine individuelle Beratung zum Abfassen von Profilen für Stellenangebote von den EURES-Mitgliedern oder gegebenenfalls von den EURES-Partnern durchgeführt.

Unterstützung nach der Rekrutierung

Art. 25 (1) Auf Wunsch eines Arbeitnehmers oder eines Arbeitgebers stellen die EURES-Mitglieder und gegebenenfalls die EURES-Partner Folgendes zur Verfügung:
a) allgemeine Informationen zur Unterstützung nach der Rekrutierung wie Schulungen in interkultureller Kommunikation, Sprachkurse und Integrationshilfe, einschließlich allgemeiner Informationen in Bezug auf Beschäftigungsmöglichkeiten der Familienangehörigen des Arbeitnehmers;
b) wenn möglich Kontaktangaben von Einrichtungen, die Unterstützung nach der Rekrutierung bieten.

(2) Unbeschadet des Artikels 21 Absatz 4 dürfen die EURES-Mitglieder und -Partner, die Arbeitnehmern oder Arbeitgebern direkt Unterstützung nach der Rekrutierung bieten, dafür eine Gebühr erheben.

Vereinfachter Zugang zu Informationen über Steuern, arbeitsvertragliche Fragen, Rentenansprüche, Krankenversicherung, soziale Sicherheit und aktive arbeitsmarktpolitische Maßnahmen

Art. 26 (1) Auf Wunsch eines Arbeitnehmers oder eines Arbeitgebers leiten die EURES-Mitglieder und gegebenenfalls die EURES-Partner Ersuchen um konkrete Informationen über die Rechte im Bereich der sozialen Sicherheit, aktive arbeitsmarktpolitische Maßnahmen, Steuern, arbeitsvertragliche Fragen, Rentenansprüche und Krankenversicherung an die zuständigen nationalen Behörden und gegebenenfalls an andere geeignete Stellen auf nationaler Ebene weiter, welche die Arbeitnehmer bei der Ausübung ihrer Rechte im Rahmen der Freizügigkeit, einschließlich der Rechte nach Artikel 4 der Richtlinie 2014/54/EU, unterstützen.

(2) Für die Zwecke des Absatzes 1 arbeiten die Nationalen Koordinierungsbüros mit den in Absatz 1 genannten Behörden auf nationaler Ebene zusammen.

Unterstützungsleistungen in Grenzregionen

Art. 27 (1) Beteiligen sich die EURES-Mitglieder oder -Partner in Grenzregionen an besonderen Strukturen für die Zusammenarbeit und die Erbringung von Dienstleistungen, wie z. B. grenzüberschreitenden Partnerschaften, so stellen sie Grenzgängern und Arbeitgebern Informationen über die besondere Lage von Grenzgängern sowie Informationen zur Verfügung, die für Arbeitgeber in derartigen Gebieten relevant sind.

(2) Zu den Aufgaben grenzüberschreitender EURES-Partnerschaften können unter anderem Vermittlungs- und Rekrutierungsleistungen, die Koordinierung der Zusammenarbeit zwischen den beteiligten Einrichtungen und die Durchführung von Aktivitäten, die für die grenzüberschreitende Mobilität relevant sind, gehören; sie umfassen auch Informationen und Beratung für Grenzgänger, wobei ein spezifischer Schwerpunkt auf mehrsprachigen Leistungen liegt.

(3) Einrichtungen, die keine EURES-Mitglieder und -Partner sind und sich an den in Absatz 1 genannten Strukturen beteiligen, gelten trotz ihrer Beteiligung am EURES-Netz nicht als Teil dieses Netzes.

(4) In den Grenzregionen nach Absatz 1 streben die Mitgliedstaaten die Errichtung zentraler Anlaufstellen für die Bereitstellung von Informationen für Grenzgänger und Arbeitgeber an.

Zugang zu aktiven arbeitsmarktpolitischen Maßnahmen

Art. 28 Ein Mitgliedstaat darf den Zugang zu nationalen aktiven arbeitsmarktpolitischen Maßnahmen, die Arbeitnehmern Unterstützung bei der Stellensuche bieten, nicht allein aus dem Grund verwehren, dass ein Arbeitnehmer diese Unterstützung in Anspruch nimmt, um eine Beschäftigung auf dem Hoheitsgebiet eines anderen Mitgliedstaats zu finden.

KAPITEL V
INFORMATIONSAUSTAUSCH UND PROGRAMMPLANUNGSZYKLUS

Austausch von Informationen über Mobilitätsströme und -muster

Art. 29 Die Kommission und die Mitgliedstaaten überwachen die Beschäftigungsmobilitätsströme und -muster innerhalb der Union anhand der Berichte der Europäischen Arbeitsbehörde und unter Heranziehung von Eurostat-Statistiken und verfügbaren nationalen Daten, und sie machen die entsprechenden Ergebnisse öffentlich bekannt.

(VO (EU) 2019/1149)

Informationsaustausch zwischen den Mitgliedstaaten

Art. 30 (1) Jeder Mitgliedstaat erhebt und analysiert insbesondere nach Geschlecht aufgeschlüsselte Daten zu

a) Arbeitskräftemangel und -überschuss auf den nationalen und auf branchenspezifischen Arbeitsmärkten unter besonderer Berücksichtigung der auf dem Arbeitsmarkt besonders gefährdeten Gruppen und der von Arbeitslosigkeit am stärksten betroffenen Regionen;

b) den EURES-Aktivitäten auf nationaler Ebene und gegebenenfalls auf grenzüberschreitender Ebene.

(2) Es ist Aufgabe der Nationalen Koordinierungsbüros, die verfügbaren Informationen innerhalb des EURES-Netzes zu verbreiten und an der gemeinsamen Analyse mitzuwirken.

(3) Die Mitgliedstaaten erstellen die Programmplanung gemäß Artikel 31 unter Berücksichtigung des Informationsaustauschs und der gemeinsamen Analyse nach den Absätzen 1 und 2 des vorliegenden Artikels.

(4) Das Europäische Koordinierungsbüro trifft konkrete Vorkehrungen, um den Informationsaustausch zwischen den Nationalen Koordinierungsbüros und die Entwicklung der gemeinsamen Analyse zu erleichtern.

Programmplanung

Art. 31 (1) Die Nationalen Koordinierungsbüros erstellen nationale Jahresarbeitsprogramme für die Tätigkeiten des EURES-Netzes in ihrem jeweiligen Mitgliedstaat.

(2) In nationalen Jahresarbeitsprogrammen ist Folgendes festgelegt:

a) die wichtigsten Aktivitäten, die im EURES-Netz auf der gesamten nationalen Ebene und gegebenenfalls grenzüberschreitend durchzuführen sind;

b) die personellen und finanziellen Ressourcen, die für die Durchführung des Programms insgesamt bereitgestellt werden;

c) die Mechanismen zur Überwachung und Evaluierung der geplanten Aktivitäten und erforderlichenfalls für ihre Aktualisierung.

(3) Den Nationalen Koordinierungsbüros und dem Europäischen Koordinierungsbüro wird die Möglichkeit eingeräumt, gemeinsam die Entwürfe aller nationalen Arbeitsprogramme zu überprüfen. Nach Abschluss dieser Überprüfung werden die nationalen Arbeitsprogramme vom jeweiligen Nationalen Koordinierungsbüro angenommen.

(4) Den Vertretern der Sozialpartner auf Unionsebene, die Mitglieder der Koordinierungsgruppe sind, wird Gelegenheit gegeben, sich zu den Entwürfen der nationalen Arbeitsprogramme zu äußern.

(5) Die Kommission legt mittels Durchführungsrechtsakten die erforderlichen Muster und Verfahren für den Informationsaustausch über die nationalen Arbeitsprogramme auf Unionsebene fest. Diese Durchführungsrechtsakte werden gemäß dem in Artikel 37 Absatz 2 genannten Beratungsverfahren erlassen.

Datenerhebung und -analyse

Art. 32 (1) Die Mitgliedstaaten sorgen dafür, dass Verfahren bereitstehen, mit denen Daten über die folgenden Bereiche der auf nationaler Ebene durchgeführten EURES-Aktivität erhoben werden:

a) Information und Beratung durch das EURES-Netz auf der Grundlage der Zahl der Kontakte, die die Fallbearbeiter der EURES-Mitglieder und -Partner zu Arbeitnehmern und Arbeitgebern unterhalten;

b) Beschäftigungsleistung, einschließlich der Vermittlung und Rekrutierung infolge der EURES-Tätigkeit auf der Grundlage der Zahl der Stellenangebote, Stellengesuche und Lebensläufe, die von den Fallbearbeitern der EURES-Mitglieder und -Partner abgewickelt und bearbeitet wurden, und der Zahl der Arbeitnehmer, die in einem anderen Mitgliedstaat rekrutiert wurden, soweit diese Zahlen den Fallbearbeitern bekannt sind oder gegebenenfalls auf Umfragen beruhen;

c) Zufriedenheit der Nutzer mit dem EURES-Netz, wobei die entsprechenden Ergebnisse unter anderem durch Umfragen erzielt werden.

(2) Es ist Aufgabe des Europäischen Koordinierungsbüros, Daten über das EURES-Portal zu erheben und die Zusammenarbeit bei der Zusammenführung und dem Ausgleich von Angebot und Nachfrage gemäß dieser Verordnung auszubauen.

(3) Auf Grundlage der in Absatz 1 genannten Informationen nimmt die Kommission in den dort aufgeführten Bereichen der EURES-Aktivität mittels Durchführungsrechtsakten die einheitlichen detaillierten Spezifikationen für die Datenerhebung und -analyse zur Überwachung und Bewertung der Funktionsweise des EURES-Netzes an. Diese Durchführungsrechtsakte werden gemäß dem in Artikel 37 Absatz 3 genannten Prüfverfahren erlassen.

(4) Der Kommission wird die Befugnis übertragen, delegierte Rechtsakte nach dem Verfahren gemäß Artikel 36 zu erlassen, um die in Absatz 1 dieses Artikels aufgeführten Bereiche zu ändern oder andere Bereiche der EURES-Aktivität, die auf nationaler Ebene im Rahmen dieser Verordnung unternommen werden, in den genannten Absatz aufzunehmen.

Berichte zur EURES-Tätigkeit

Art. 33 Unter Berücksichtigung der gemäß diesem Kapitel erfassten Informationen legt die Kommission alle zwei Jahre dem Europäischen Parlament, dem Rat, dem Europäischen Wirtschafts- und Sozialausschuss und dem Ausschuss der Regionen einen Bericht zur EURES-Tätigkeit vor.

Bis zur Vorlage des Berichts gemäß Artikel 35 enthält der Bericht gemäß Unterabsatz 1 eine Beschreibung des Stands der Anwendung dieser Verordnung.

KAPITEL VI
SCHLUSSBESTIMMUNGEN

Schutz personenbezogener Daten

Art. 34 Die in dieser Verordnung vorgesehenen Maßnahmen werden gemäß den Rechtsvorschriften der Union über den Schutz personenbezogener Daten, insbesondere der Richtlinie 95/46/EG und den nationalen Maßnahmen zu ihrer Umsetzung sowie der Verordnung (EG) Nr. 45/2001, durchgeführt.

Ex-post-Evaluierung

Art. 35 Bis 13. Mai 2021 übermittelt die Kommission dem Europäischen Parlament, dem Rat, dem Europäischen Wirtschafts- und Sozialausschuss und dem Ausschuss der Regionen einen Ex-post-Evaluierungsbericht über ihre Anwendung und ihre Auswirkungen.

Diesem Evaluierungsbericht können Gesetzgebungsvorschläge zur Änderung der vorliegenden Verordnung beigefügt werden.

Ausübung der Befugnisübertragung

Art. 36 (1) Die Befugnis zum Erlass delegierter Rechtsakte wird der Kommission unter den in diesem Artikel festgelegten Bedingungen übertragen. Es ist von besonderer Bedeutung, dass die Kommission ihrer üblichen Praxis folgt und vor dem Erlass dieser delegierten Rechtsakte Konsultationen mit Sachverständigen, einschließlich Sachverständigen der Mitgliedstaaten, durchführt.

(2) Die Befugnis zum Erlass delegierter Rechtsakte gemäß Artikel 32 Absatz 4 wird der Kommission für einen Zeitraum von fünf Jahren ab dem 12. Mai 2016 übertragen. Die Kommission erstellt spätestens neun Monate vor Ablauf des Zeitraums von fünf Jahren einen Bericht über die Befugnisübertragung. Die Befugnisübertragung verlängert sich stillschweigend um Zeiträume gleicher Länge, es sei denn, das Europäische Parlament oder der Rat widersprechen einer solchen Verlängerung spätestens drei Monate vor Ablauf des jeweiligen Zeitraums.

(3) Die Befugnisübertragung gemäß Artikel 32 Absatz 4 kann vom Europäischen Parlament oder vom Rat jederzeit widerrufen werden. Der Beschluss über den Widerruf beendet die Übertragung der in diesem Beschluss angegebenen Befugnis. Er wird am Tag nach seiner Veröffentlichung im *Amtsblatt der Europäischen Union* oder zu einem im Beschluss über den Widerruf angegebenen späteren Zeitpunkt wirksam. Die Gültigkeit von delegierten Rechtsakten, die bereits in Kraft sind, wird von dem Beschluss über den Widerruf nicht berührt.

(4) Sobald die Kommission einen delegierten Rechtsakt erlässt, übermittelt sie ihn gleichzeitig dem Europäischen Parlament und dem Rat.

(5) Ein delegierter Rechtsakt, der gemäß Artikel 32 Absatz 4 erlassen wurde, tritt nur in Kraft, wenn weder das Europäische Parlament noch der Rat innerhalb einer Frist von zwei Monaten nach Übermittlung dieses Rechtsakts an das Europäische Parlament und den Rat Einwände erhoben haben oder wenn vor Ablauf dieser Frist das Europäische Parlament und der Rat beide der Kommission mitgeteilt haben, dass sie keine Einwände erheben werden. Auf Initiative des Europäischen Parlaments oder des Rates wird diese Frist um zwei Monate verlängert.

Ausschussverfahren

Art. 37 (1) Die Kommission wird von dem Ausschuss „EURES", der durch diese Verordnung eingerichtet wird, unterstützt. Dieser Ausschuss ist ein Ausschuss im Sinne der Verordnung (EU) Nr. 182/2011.

(2) Wird auf diesen Absatz Bezug genommen, so gilt Artikel 4 der Verordnung (EU) Nr. 182/2011.

(3) Wird auf diesen Absatz Bezug genommen, so gilt Artikel 5 der Verordnung (EU) Nr. 182/2011.

Änderung der Verordnung (EU) Nr. 1296/2013

Art. 38 *(nicht abgedruckt)*

Änderungen der Verordnung (EU) Nr. 492/2011

Art. 39 *(eingearbeitet in die VO (EU) Nr. 492/2011)*

Übergangsbestimmungen

Art. 40 Einrichtungen, die als „EURES-Partner" im Sinne des Artikels 3 Buchstabe c des Durchführungsbeschlusses 2012/733/EU benannt sind oder die als „assoziierte EURES-Partner" im Sinne des Artikels 3 Buchstabe d des genannten Beschlusses am 12. Mai 2016 Leistungen in begrenztem Umfang erbringen, können sich abweichend von Artikel 11 dieser Verordnung als EURES-Mitglieder im Sinne des Artikels 7 Absatz 1 Buchstabe c Ziffer ii dieser Verordnung oder als EURES-Partner im Sinne des Artikels 7 Absatz 1 Buchstabe d dieser Verordnung bis zum 13. Mai 2019 beteiligen, sofern sie sich verpflichten, den maßgeblichen Verpflichtungen gemäß dieser Verordnung nachzukommen. Will sich eine dieser Einrichtungen als EURES-Partner beteiligen, so teilt sie dem Nationalen Koordinierungsbüro die Aufgaben mit, die sie gemäß Artikel 11 Absatz 4 dieser Verordnung erfüllen wird. Das jeweilige Nationale Koordinierungsbüro informiert das Europäische Koordinierungsbüro entsprechend. Nach Ablauf des Übergangszeitraums können diese Einrichtungen, wenn sie im EURES-Netz verbleiben wollen, gemäß Artikel 11 dieser Verordnung einen entsprechenden Antrag stellen.

Inkrafttreten

Art. 41 (1) Diese Verordnung tritt am zwanzigsten Tag nach ihrer Veröffentlichung im *Amtsblatt der Europäischen Union* in Kraft.

(2) Artikel 12 Absatz 3 und Artikel 17 Absätze 1 bis 7 gelten ab dem 13. Mai 2018.

ANHANG I
Gemeinsame Mindestkriterien (gemäß Artikel 10 Absatz 2 und Artikel 11 Absatz 2)

Abschnitt 1. LEISTUNGEN

1. Verpflichtung, dass angemessene Mechanismen und Verfahren verfügbar sind, mit denen die uneingeschränkte Einhaltung einschlägiger Arbeitsnormen und rechtlicher Anforderungen – einschließlich geltender Datenschutzvorschriften sowie gegebenenfalls Anforderungen und Standards für die Qualität von Stellenangebotsdaten – bei der Erbringung der Dienstleistungen geprüft und gewährleistet wird, wobei die bestehenden Zulassungssysteme und Genehmigungsregelungen für andere Arbeitsvermittlungen als ÖAV zu berücksichtigen sind.
2. Fähigkeit und nachweisliche Kapazität, Dienstleistungen für die Zusammenführung und den Ausgleich von Angebot und Nachfrage, Unterstützungsleistungen oder beides gemäß dieser Verordnung zu erbringen.
3. Fähigkeit, Dienstleistungen über einen oder mehrere leicht zugängliche Kanäle zu erbringen, wobei die Einrichtung mindestens über eine frei zugängliche Website verfügen muss.
4. Fähigkeit und Kapazität, Arbeitnehmer und Arbeitgeber an andere EURES-Mitglieder und -Partner und/oder Gremien, die über Fachwissen auf dem Gebiet der Freizügigkeit von Arbeitnehmern verfügen, zu verweisen.
5. Erklärung, dass der Grundsatz kostenloser Unterstützungsleistungen für Arbeitnehmer gemäß Artikel 21 Absatz 3 Unterabsatz 2 befolgt wird.

Abschnitt 2. BETEILIGUNG AM EURES-NETZ

1. Fähigkeit und Verpflichtung, die Daten gemäß Artikel 12 Absatz 6 rechtzeitig und zuverlässig zu übermitteln.
2. Verpflichtung, die technischen Standards und Formate für die Zusammenführung und den Ausgleich von Angebot und Nachfrage und für den Informationsaustausch gemäß dieser Verordnung einzuhalten.
3. Fähigkeit und Verpflichtung, zur Programmplanung und Berichterstattung an das Nationale Koordinierungsbüro beizutragen und Informationen über Dienstleistungen und Tätigkeiten gemäß dieser Verordnung an das Nationale Koordinierungsbüro zu übermitteln.
4. Verfügbarkeit angemessener Humanressourcen für die Erfüllung der jeweiligen Aufgaben bzw. Verpflichtung, die Zuteilung angemessener Humanressourcen sicherzustellen.
5. Verpflichtung, die Einhaltung der Qualitätsstandards für das Personal sicherzustellen und das Personal gemäß Artikel 8 Absatz 1 Buchstabe a Ziffer iii für die maßgeblichen Module des gemeinsamen Schulungsprogramms einzuschreiben.
6. Verpflichtung, die EURES-Marke nur für Dienstleistungen und Tätigkeiten im Zusammenhang mit dem EURES-Netz zu verwenden.

ANHANG II
Entsprechungstabelle

Verordnung (EU) Nr. 492/2011	Diese Verordnung
Artikel 11 Absatz 1 Unterabsatz 1	Artikel 30 Absatz 1 Buchstabe a
Artikel 11 Absatz 1 Unterabsatz 2	Artikel 9 Absatz 2 Buchstaben b und d und Artikel 9 Absatz 3 und Artikel 13
Artikel 11 Absatz 2	Artikel 9 und 10
Artikel 12 Absatz 1	—
Artikel 12 Absatz 2	—
Artikel 12 Absatz 3 Unterabsatz 1	Artikel 9 Absatz 4
Artikel 12 Absatz 3 Unterabsatz 2	Artikel 18 Absätze 1 und 2
Artikel 13 Absatz 1	Artikel 12 Absatz 3 und Artikel 17 Absätze 1 bis 6
Artikel 13 Absatz 2	Artikel 17 Absätze 7 bis 8
Artikel 14 Absatz 1	—
Artikel 14 Absatz 2	—

2/15. EURES-VO
Anhang II

Artikel 14 Absatz 3	—
Artikel 15 Absatz 1	Artikel 10 Absätze 1 und 2, Artikel 12 Absätze 1 bis 3 und Artikel 13
Artikel 15 Absatz 2	Artikel 9 Absatz 3 Buchstabe a und Artikel 10 Absatz 1
Artikel 16	—
Artikel 17 Absatz 1	Artikel 30
Artikel 17 Absatz 2	Artikel 16 Absatz 6
Artikel 17 Absatz 3	Artikel 33
Artikel 18	Artikel 7 Absatz 1 Buchstabe a
Artikel 19 Absatz 1	Artikel 8
Artikel 19 Absatz 2	—
Artikel 20	Artikel 8 Absatz 1 Buchstabe a Ziffern iii und v und Artikel 9 Absatz 3 Buchstabe b
Artikel 38	—

2/16. Aufnahmerichtlinie

Richtlinie 2013/33/EU des Europäischen Parlaments und des Rates vom 26. Juni 2013 zur Festlegung von Normen für die Aufnahme von Personen, die internationalen Schutz beantragen (Neufassung)

(ABl Nr. L 180 v. 29.6.2013, S. 96)

GLIEDERUNG

KAPITEL I: ZWECK, BEGRIFFSBESTIMMUNGEN UND ANWENDUNGSBEREICH
- Art. 1: Zweck
- Art. 2: Begriffsbestimmungen
- Art. 3: Anwendungsbereich
- Art. 4: Günstigere Bestimmungen

KAPITEL II: ALLGEMEINE BESTIMMUNGEN ÜBER DIE IM RAHMEN DER AUFNAHMEBEDINGUNGEN GEWÄHRTEN VORTEILE
- Art. 5: Information
- Art. 6: Dokumente
- Art. 7: Aufenthaltsort und Bewegungsfreiheit
- Art. 8: Haft
- Art. 9: Garantien für in Haft befindliche Antragsteller
- Art. 10: Haftbedingungen
- Art. 11: Inhaftnahme von schutzbedürftigen Personen und von Antragstellern mit besonderen Bedürfnissen bei der Aufnahme
- Art. 12: Familien
- Art. 13: Medizinische Untersuchungen
- Art. 14: Grundschulerziehung und weiterführende Bildung Minderjähriger
- Art. 15: Beschäftigung
- Art. 16: Berufliche Bildung
- Art. 17: Allgemeine Bestimmungen zu materiellen Leistungen im Rahmen der Aufnahme und zur medizinischen Versorgung
- Art. 18: Modalitäten der im Rahmen der Aufnahme gewährten materiellen Leistungen
- Art. 19: Medizinische Versorgung

KAPITEL III: EINSCHRÄNKUNG ODER ENTZUG DER IM RAHMEN DER AUFNAHME GEWÄHRTEN MATERIELLEN LEISTUNGEN
- Art. 20: Einschränkung oder Entzug der im Rahmen der Aufnahme gewährten materiellen Leistungen

KAPITEL IV: BESTIMMUNGEN FÜR SCHUTZBEDÜRFTIGE PERSONEN
- Art. 21: Allgemeiner Grundsatz
- Art. 22: Beurteilung der besonderen Bedürfnisse schutzbedürftiger Personen bei der Aufnahme
- Art. 23: Minderjährige
- Art. 24: Unbegleitete Minderjährige
- Art. 25: Opfer von Folter und Gewalt

KAPITEL V: RECHTSBEHELFE
- Art. 26: Rechtsbehelfe

KAPITEL VI: MASSNAHMEN ZUR VERBESSERUNG DER EFFIZIENZ DES AUFNAHMESYSTEMS
- Art. 27: Zuständige Behörden
- Art. 28: System zur Lenkung, Überwachung und Steuerung
- Art. 29: Personal und Ressourcen

KAPITEL VII: SCHLUSSBESTIMMUNGEN
- Art. 30: Berichterstattung
- Art. 31: Umsetzung
- Art. 32: Aufhebung
- Art. 33: Inkrafttreten und Geltung
- Art. 34: Adressaten

ANHÄNGE I bis III

DAS EUROPÄISCHE PARLAMENT UND DER RAT DER EUROPÄISCHEN UNION –
gestützt auf den Vertrag über die Arbeitsweise der Europäischen Union, insbesondere auf Artikel 78 Absatz 2 Buchstabe f,
auf Vorschlag der Europäischen Kommission,
nach Stellungnahme des Europäischen Wirtschafts- und Sozialausschusses,
nach Stellungnahme des Ausschusses der Regionen,
gemäß dem ordentlichen Gesetzgebungsverfahren,
in Erwägung nachstehender Gründe:

(1) Die Richtlinie 2003/9/EG des Rates vom 27. Januar 2003 zur Festlegung von Mindestnormen für die Aufnahme von Asylbewerbern in den Mitgliedstaaten ist in wesentlichen Punkten zu ändern.

2/16. AufnahmeRL
Präambel

Aus Gründen der Klarheit empfiehlt es sich, eine Neufassung dieser Richtlinie vorzunehmen.

(2) Eine gemeinsame Asylpolitik einschließlich eines Gemeinsamen Europäischen Asylsystems ist wesentlicher Bestandteil des Ziels der Europäischen Union, schrittweise einen Raum der Freiheit, der Sicherheit und des Rechts aufzubauen, der allen offen steht, die wegen besonderer Umstände rechtmäßig in der Union um Schutz nachsuchen. Für diese Politik sollte der Grundsatz der Solidarität und der gerechten Aufteilung der Verantwortlichkeiten unter den Mitgliedstaaten, auch in finanzieller Hinsicht, gelten.

(3) Der Europäische Rat kam auf seiner Sondertagung vom 15. und 16. Oktober 1999 in Tampere überein, auf ein Gemeinsames Europäisches Asylsystem hinzuwirken, das sich auf die uneingeschränkte und umfassende Anwendung des Genfer Abkommens vom 28. Juli 1951 über die Rechtsstellung der Flüchtlinge in der Fassung des New Yorker Protokolls vom 31. Januar 1967 stützt, (im Folgenden „Genfer Abkommen") damit der Grundsatz der Nichtzurückweisung gewahrt bleibt. Die erste Phase des Gemeinsamen Europäischen Asylsystems wurde mit Erlass der in den Verträgen vorgesehenen einschlägigen Rechtsinstrumente wie der Richtlinie 2003/9/EG abgeschlossen.

(4) Der Europäische Rat hatte auf seiner Tagung vom 4. November 2004 das Haager Programm angenommen, das die Ziele für den Raum der Freiheit, der Sicherheit und des Rechts vorgab, die im Zeitraum 2005-2010 erreicht werden sollten. Im Haager Programm wurde die Europäische Kommission aufgefordert, die Bewertung der Rechtsakte aus der ersten Phase abzuschließen und dem Europäischen Parlament und dem Rat die Rechtsakte und Maßnahmen der zweiten Phase vorzulegen.

(5) Auf seiner Tagung vom 10./11. Dezember 2009 nahm der Europäische Rat das Stockholmer Programm an, in dem erneut die Verpflichtung zu dem Ziel bekräftigt wird, auf der Grundlage hoher Schutzstandards sowie fairer und wirksamer Verfahren bis 2012 einen gemeinsamen Raum des Schutzes und der Solidarität zu schaffen, der auf einem gemeinsamen Asylverfahren und einem einheitlichen Status für Personen, denen internationaler Schutz gewährt wird, beruht. Dem Stockholmer Programm zufolge ist es außerdem entscheidend, dass Personen unabhängig davon, in welchem Mitgliedstaat sie ihren Antrag auf internationalen Schutz stellen, eine gleichwertige Behandlung hinsichtlich der im Rahmen der Aufnahmebedingungen gewährten Vorteile erfahren.

(6) Die Bemühungen der Mitgliedstaaten zur Umsetzung der für die zweite Phase des Gemeinsamen Europäischen Asylsystems vorgegebenen Schutzstandards, insbesondere die Bemühungen der Mitgliedstaaten, deren Asylsystem vor allem aufgrund ihrer geografischen oder demografischen Lage einem besonderen und unverhältnismäßigen Druck ausgesetzt ist, sollten mit Mitteln des Europäischen Flüchtlingsfonds und des Europäischen Unterstützungsbüros für Asylfragen in geeigneter Weise unterstützt werden.

(7) Angesichts der Bewertungsergebnisse in Bezug auf die Umsetzung der Instrumente der ersten Phase empfiehlt es sich in dieser Phase, die der Richtlinie 2003/9/EG zugrunde liegenden Prinzipien im Hinblick auf die Gewährleistung verbesserter im Rahmen der Aufnahmebedingungen gewährter Vorteile für die Personen, die internationalen Schutz beantragen, (im Folgenden „Antragsteller") zu bestätigen.

(8) Um eine unionsweite Gleichbehandlung von Antragstellern sicherzustellen, sollte diese Richtlinie in allen Phasen und auf alle Arten von Verfahren, die Anträge auf internationalen Schutz betreffen, in allen Räumlichkeiten und Einrichtungen für die Unterbringung von Antragstellern und so lange, wie sie als Antragsteller im Hoheitsgebiet des Mitgliedstaats bleiben dürfen, Anwendung finden.

(9) Die Mitgliedstaaten sollten bei der Anwendung dieser Richtlinie bestrebt sein, in Einklang mit der Charta der Grundrechte der Europäischen Union, dem Übereinkommen der Vereinten Nationen von 1989 über die Rechte des Kindes und der Europäischen Konvention zum Schutz der Menschenrechte und Grundfreiheiten die uneingeschränkte Achtung der Grundsätze des Kindeswohls und der Einheit der Familie zu gewährleisten.

(10) In Bezug auf die Behandlung von Personen, die unter diese Richtlinie fallen, sind die Mitgliedstaaten gehalten, ihren Verpflichtungen aus völkerrechtlichen Instrumenten nachzukommen, denen sie beigetreten sind.

(11) Es sollten Normen für die Aufnahme von Antragstellern festgelegt werden, die diesen ein menschenwürdiges Leben ermöglichen und vergleichbare Lebensbedingungen in allen Mitgliedstaaten gewährleisten.

(12) Einheitliche Bedingungen für die Aufnahme von Antragstellern sollten dazu beitragen, die auf unterschiedliche Aufnahmevorschriften zurückzuführende Sekundärmigration von Antragstellern einzudämmen.

(13) Im Interesse der Gleichbehandlung aller Personen, die internationalen Schutz beantragt haben, und um die Übereinstimmung mit dem geltenden Asylrecht der EU, insbesondere mit der Richtlinie 2011/95/EU des Europäischen Parlaments und des Rates vom 13. Dezember 2011 über Normen für die Anerkennung von Drittstaatsangehörigen oder Staatenlosen als Personen mit Anspruch auf internationalen Schutz, für Flüchtlinge oder für Personen mit Anrecht auf subsidiären Schutz und für den Inhalt des zu gewährenden Schutzes, zu wahren, empfiehlt es sich, den Anwendungsbereich dieser Richtlinie auf Personen auszudehnen, die subsidiären Schutz beantragt haben.

(14) Die Umstände für die Aufnahme von Personen mit besonderen Bedürfnissen bei der Aufnahme sollten ein vorrangiges Anliegen für einzelstaatliche Behörden sein, damit gewährleistet ist, dass bei dieser Aufnahme ihren speziellen Aufnahmebedürfnissen Rechnung getragen wird.

(15) Die Inhaftnahme von Antragstellern sollte im Einklang mit dem Grundsatz erfolgen, wonach eine Person nicht allein deshalb in Haft genommen werden darf, weil sie um internationalen Schutz nachsucht, insbesondere sollte die Inhaftnahme im Einklang mit den völkerrechtlichen Verpflichtungen der Mitgliedstaaten und unter Beachtung von Artikel 31 des Genfer Abkommens erfolgen. Antragsteller dürfen nur in den in der Richtlinie eindeutig definierten Ausnahmefällen und im Einklang mit den Grundsätzen der Erforderlichkeit und der Verhältnismäßigkeit in Bezug auf die Art und Weise und den Zweck der Inhaftnahme in Haft genommen werden. Befindet sich ein Antragsteller in Haft, sollte er effektiven Zugang zu den erforderlichen Verfahrensgarantien haben und beispielsweise zur Einlegung eines Rechtsbehelfs bei einer nationalen Justizbehörde berechtigt sein.

(16) Was die Verwaltungsverfahren im Zusammenhang mit den Gründen für die Haft betrifft, so setzt der Begriff „gebotene Sorgfalt" zumindest voraus, dass die Mitgliedstaaten konkrete und sinnvolle Maßnahmen ergreifen, um sicherzustellen, dass die zur Überprüfung der Gründe für die Inhaftierung erforderliche Zeit so kurz wie möglich ist und dass tatsächlich die Aussicht besteht, dass diese Überprüfung in kürzestmöglicher Zeit erfolgreich durchgeführt wird. Die Dauer der Haft darf den Zeitraum, der vernünftigerweise erforderlich ist, um die einschlägigen Verfahren abzuschließen, nicht überschreiten.

(17) Die in dieser Richtlinie aufgeführten Gründe für die Haft lassen andere Haftgründe — einschließlich der Haftgründe im Rahmen eines Strafverfahrens — unberührt, die nach dem einzelstaatlichen Recht unabhängig vom Antrag eines Drittstaatsangehörigen oder Staatenlosen auf internationalen Schutz anwendbar sind.

(18) Antragsteller, die sich in Haft befinden, sollten unter uneingeschränkter Wahrung der Menschenwürde behandelt werden und die Bedingungen für ihre Aufnahme sollten ihren Bedürfnissen in dieser Situation angepasst werden. Die Mitgliedstaaten sollten insbesondere sicherstellen, dass Artikel 37 des Übereinkommens der Vereinten Nationen von 1989 über die Rechte des Kindes angewandt wird.

(19) In der Praxis ist es unter Umständen — beispielsweise aufgrund der geografischen Lage oder der speziellen Struktur der Hafteinrichtung — nicht immer möglich, unverzüglich bestimmte Aufnahmegarantien in der Haft zu gewährleisten. Allerdings sollte von diesen Garantien allenfalls vorübergehend und nur unter den in dieser Richtlinie dargelegten Umständen abgewichen werden. Abweichungen sind nur in Ausnahmefällen zulässig und sollten hinreichend begründet werden, wobei die Umstände des Einzelfalls, darunter auch die Schwere der Abweichung, ihre Dauer und ihre Auswirkungen für den betroffenen Antragsteller, zu berücksichtigen sind.

(20) Die Inhaftnahme eines Antragstellers sollte lediglich als letztes Mittel eingesetzt werden und darf erst zur Anwendung kommen, nachdem alle Alternativen zu freiheitsentziehenden Maßnahmen sorgfältig darauf geprüft worden sind, ob sie besser geeignet sind, die körperliche und geistige Unversehrtheit des Antragstellers sicherzustellen. Alle Alternativen zur Haft müssen mit den grundlegenden Menschenrechten der Antragsteller in Einklang stehen.

(21) Damit die Verfahrensgarantien, d. h. Gelegenheit zur Kontaktaufnahme mit Organisationen oder Personengruppen, die Rechtsberatung leisten, sichergestellt sind, sollten Informationen über derartige Organisationen und Personengruppen bereitgestellt werden.

(22) Bei der Entscheidung über die Unterbringungsmodalitäten sollten die Mitgliedstaaten dem Wohl des Kindes sowie den besonderen Umständen jedes Antragstellers Rechnung tragen, der von Familienangehörigen oder anderen nahen Verwandten, wie z. B. unverheirateten minderjährigen Geschwistern, die sich bereits in dem Mitgliedstaat aufhalten, abhängig ist.

(23) Um die wirtschaftliche Unabhängigkeit von Antragstellern zu fördern und erhebliche Diskrepanzen zwischen den Mitgliedstaaten zu begrenzen, muss der Zugang der Antragsteller zum Arbeitsmarkt klar geregelt werden.

(24) Um sicherzustellen, dass die Antragstellern gewährte materielle Unterstützung den in dieser Richtlinie festgeschriebenen Grundsätzen entspricht, müssen die Mitgliedstaaten anhand relevanter Bezugsgrößen den Umfang dieser Unterstützung bestimmen. Dies bedeutet jedoch nicht, dass der gewährte Betrag dem für eigene Staatsangehörige entsprechen sollte. Die Mitgliedstaaten können für Antragsteller eine weniger günstige Behandlung als für eigene Staatsangehörige vorsehen, so wie es in dieser Richtlinie präzisiert ist.

(25) Die Möglichkeiten für einen Missbrauch des Aufnahmesystems sollten dadurch beschränkt werden, dass die Umstände festgelegt werden, unter denen die den Antragstellern im Rahmen der Aufnahme gewährten materiellen Leistungen eingeschränkt oder entzogen werden dürfen, wobei gleichzeitig ein menschenwürdiger Lebensstandard für alle Antragsteller zu gewährleisten ist.

(26) Es sollte sichergestellt werden, dass die einzelstaatlichen Aufnahmesysteme effizient sind und die Mitgliedstaaten bei der Aufnahme von Antragstellern zusammenarbeiten.

(27) Es sollte ein gutes Verhältnis zwischen den Kommunen und Unterbringungszentren hingewirkt werden, damit eine hinreichende Koordinierung zwischen den zuständigen Behörden bei der Aufnahme von Antragstellern gewährleistet ist.

(28) Die Mitgliedstaaten sollten günstigere Regelungen für Drittstaatsangehörige und Staatenlose, die internationalen Schutz seitens eines Mitgliedstaats beantragen, einführen oder beibehalten können.

(29) Dementsprechend werden die Mitgliedstaaten aufgefordert, die Bestimmungen dieser Richtlinie auch im Zusammenhang mit Verfahren anzuwenden, bei denen es um die Gewährung

anderer Formen des Schutzes als in der Richtlinie 2011/95/EU geht.

(30) Die Anwendung dieser Richtlinie sollte regelmäßig bewertet werden.

(31) Da das Ziel dieser Richtlinie, nämlich die Festlegung von Normen für die Aufnahme von Antragstellern in den Mitgliedstaaten, auf Ebene der Mitgliedstaaten nicht ausreichend erreicht werden kann, sondern wegen des Umfangs und der Wirkungen dieser Richtlinie besser auf Unionsebene zu erreichen ist, kann die Union im Einklang mit dem in Artikel 5 des Vertrags über die Europäische Union (EUV) niedergelegten Subsidiaritätsprinzip tätig werden. Entsprechend dem in demselben Artikel genannten Verhältnismäßigkeitsprinzip geht diese Richtlinie nicht über das für die Erreichung dieses Ziels erforderliche Maß hinaus.

(32) Gemäß der Gemeinsamen Politischen Erklärung der Mitgliedstaaten und der Kommission vom 28. September 2011 zu erläuternden Dokumenten haben sich die Mitgliedstaaten verpflichtet, in begründeten Fällen zusätzlich zur Mitteilung ihrer Umsetzungsmaßnahmen ein oder mehrere Dokumente zu übermitteln, in denen der Zusammenhang zwischen den Bestandteilen einer Richtlinie und den entsprechenden Teilen innerstaatlicher Umsetzungsinstrumente erläutert wird. In Bezug auf diese Richtlinie hält der Gesetzgeber die Übermittlung derartiger Dokumente für gerechtfertigt.

(33) Nach den Artikeln 1, 2 und Artikel 4a Absatz 1 des dem EUV und dem Vertrag über die Arbeitsweise der Europäischen Union (AEUV) beigefügten Protokolls Nr. 21 über die Position des Vereinigten Königreichs und Irlands hinsichtlich des Raums der Freiheit, der Sicherheit und des Rechts und unbeschadet des Artikels 4 dieses Protokolls beteiligen sich das Vereinigte Königreich und Irland nicht an der Annahme dieser Richtlinie und sind weder durch diese gebunden noch zu ihrer Anwendung verpflichtet.

(34) Nach den Artikeln 1 und 2 des dem EUV und dem AEUV beigefügten Protokolls Nr. 22 über die Position Dänemarks, beteiligt sich Dänemark nicht an der Annahme dieser Richtlinie, die daher für Dänemark weder bindend noch Dänemark gegenüber anwendbar ist.

(35) Diese Richtlinie steht im Einklang mit den Grundrechten und Grundsätzen, die insbesondere mit der Charta der Grundrechte der Europäischen Union anerkannt wurden. Sie zielt vor allem darauf ab, die uneingeschränkte Wahrung der Menschenwürde zu gewährleisten und die Anwendung der Artikel 1, 4, 6, 7, 18, 21, 24 und 47 der Charta zu fördern, und muss entsprechend umgesetzt werden.

(36) Die Verpflichtung zur Umsetzung dieser Richtlinie in einzelstaatliches Recht betrifft nur jene Bestimmungen, die im Vergleich zu der Richtlinie 2003/9/EG inhaltlich geändert wurden. Die Verpflichtung zur Umsetzung der inhaltlich unveränderten Bestimmungen ergibt sich aus jener Richtlinie.

(37) Diese Richtlinie sollte die Verpflichtungen der Mitgliedstaaten hinsichtlich der in Anhang II Teil B genannten Frist für die Umsetzung der Richtlinie 2003/9/EG in einzelstaatliches Recht unberührt lassen –

HABEN FOLGENDE RICHTLINIE ERLASSEN:

KAPITEL I
ZWECK, BEGRIFFSBESTIMMUNGEN UND ANWENDUNGSBEREICH

Zweck

Art. 1 Zweck dieser Richtlinie ist die Festlegung von Normen für die Aufnahme von Antragstellern auf internationalen Schutz (im Folgenden „Antragsteller") in den Mitgliedstaaten.

Begriffsbestimmungen

Art. 2 Im Sinne dieser Richtlinie bezeichnet der Ausdruck:

a) „Antrag auf internationalen Schutz" einen Antrag auf internationalen Schutz im Sinne von Artikel 2 Buchstabe h der Richtlinie 2011/95/EU;

b) „Antragsteller", einen Drittstaatsangehörigen oder Staatenlosen, der einen Antrag auf internationalen Schutz gestellt hat, über den noch nicht endgültig entschieden wurde;

c) „Familienangehörige" die folgenden Mitglieder der Familie des Antragstellers, die sich im Zusammenhang mit dem Antrag auf internationalen Schutz in demselben Mitgliedstaat aufhalten, sofern die Familie bereits im Herkunftsland bestanden hat:

— der Ehegatte des Anstragstellers oder dessen nicht verheirateter Partner, der mit dem Antragsteller eine dauerhafte Beziehung führt, soweit nach dem einzelstaatlichen Recht oder den Gepflogenheiten des betreffenden Mitgliedstaats nicht verheiratete Paare nach dem einzelstaatlichen Ausländerrecht betreffend Drittstaatsangehörige vergleichbar behandelt werden wie verheiratete Paare;

— die minderjährigen Kinder des unter dem ersten Gedankenstrich genannten Paares oder des Antragstellers, sofern sie ledig sind, gleichgültig, ob es sich nach dem einzelstaatlichen Recht um eheliche oder außerehelich geborene oder adoptierte Kinder handelt;

— der Vater, die Mutter oder ein anderer Erwachsener, der nach dem Recht oder den Gepflogenheiten des betreffenden Mitgliedstaats für den Antragsteller verantwortlich ist, wenn dieser minderjährig und unverheiratet ist;

d) „Minderjähriger" einen Drittstaatsangehörigen oder Staatenlosen unter 18 Jahren;

e) „unbegleiteter Minderjähriger" einen Minderjährigen, der ohne Begleitung eines für ihn nach dem einzelstaatlichen Recht oder den Gepflogenheiten des betreffenden Mitgliedstaats verantwortlichen Erwachsenen in das Hoheitsgebiet eines Mitgliedstaats ein-

dem betreffenden Mitgliedstaat Unterkunft gewährt wird. Diese Maßnahmen gelangen mit der Zustimmung der Antragsteller zur Anwendung.

Medizinische Untersuchungen

Art. 13 Die Mitgliedstaaten können die medizinische Untersuchung von Antragstellern aus Gründen der öffentlichen Gesundheit anordnen.

Grundschulerziehung und weiterführende Bildung Minderjähriger

Art. 14 (1) Die Mitgliedstaaten gestatten minderjährigen Kindern von Antragstellern und minderjährigen Antragstellern in ähnlicher Weise wie den eigenen Staatsangehörigen den Zugang zum Bildungssystem, solange keine Ausweisungsmaßnahme gegen sie selbst oder ihre Eltern vollstreckt wird. Der Unterricht kann in Unterbringungszentren erfolgen.

Die betreffenden Mitgliedstaaten können vorsehen, dass der Zugang auf das öffentliche Bildungssystem beschränkt bleiben muss.

Die Mitgliedstaaten dürfen eine weiterführende Bildung nicht mit der alleinigen Begründung verweigern, dass die Volljährigkeit erreicht wurde.

(2) Der Zugang zum Bildungssystem darf nicht um mehr als drei Monate, nachdem ein Antrag auf internationalen Schutz von einem Minderjährigen oder in seinem Namen gestellt wurde, verzögert werden.

Bei Bedarf werden Minderjährigen Vorbereitungskurse, einschließlich Sprachkurse, angeboten, um ihnen, wie in Absatz 1 vorgesehen, den Zugang zum und die Teilnahme am Bildungssystem zu erleichtern.

(3) Ist der Zugang zum Bildungssystem nach Absatz 1 aufgrund der spezifischen Situation des Minderjährigen nicht möglich, so bietet der betroffene Mitgliedstaat im Einklang mit seinen einzelstaatlichen Rechtsvorschriften und Gepflogenheiten andere Unterrichtsformen an.

Beschäftigung

Art. 15 (1) Die Mitgliedstaaten tragen dafür Sorge, dass der Antragsteller spätestens neun Monate nach der Stellung des Antrags auf internationalen Schutz Zugang zum Arbeitsmarkt erhält, sofern die zuständige Behörde noch keine erstinstanzliche Entscheidung erlassen hat und diese Verzögerung nicht dem Antragsteller zur Last gelegt werden kann.

(2) Die Mitgliedstaaten beschließen nach Maßgabe ihres einzelstaatlichen Rechts, unter welchen Voraussetzungen dem Antragsteller Zugang zum Arbeitsmarkt gewährt wird, wobei sie gleichzeitig für einen effektiven Arbeitsmarktzugang für Antragsteller sorgen.

Aus Gründen der Arbeitsmarktpolitik können die Mitgliedstaaten Bürgern der Union, Angehörigen der Vertragsstaaten des Abkommens über den Europäischen Wirtschaftsraum und rechtmäßig aufhältigen Drittstaatsangehörigen Vorrang einräumen.

(3) Das Recht auf Zugang zum Arbeitsmarkt darf während eines Rechtsbehelfsverfahrens, bei dem Rechtsmittel gegen eine ablehnende Entscheidung in einem Standardverfahren aufschiebende Wirkung haben, bis zum Zeitpunkt, zu dem die ablehnende Entscheidung zugestellt wird, nicht entzogen werden.

Berufliche Bildung

Art. 16 Die Mitgliedstaaten können Antragstellern ungeachtet der Möglichkeit des Zugangs zum Arbeitsmarkt den Zugang zur beruflichen Bildung gestatten.

Der Zugang zur beruflichen Bildung im Zusammenhang mit einem Arbeitsvertrag wird davon abhängig gemacht, inwieweit der betreffende Antragsteller Zugang zum Arbeitsmarkt gemäß Artikel 15 hat.

Allgemeine Bestimmungen zu materiellen Leistungen im Rahmen der Aufnahme und zur medizinischen Versorgung

Art. 17 (1) Die Mitgliedstaaten tragen dafür Sorge, dass Antragsteller ab Stellung des Antrags auf internationalen Schutz im Rahmen der Aufnahme materielle Leistungen in Anspruch nehmen können.

(2) Die Mitgliedstaaten sorgen dafür, dass die im Rahmen der Aufnahme gewährten materiellen Leistungen einem angemessenen Lebensstandard entsprechen, der den Lebensunterhalt sowie den Schutz der physischen und psychischen Gesundheit von Antragstellern gewährleistet.

Die Mitgliedstaaten tragen dafür Sorge, dass dieser Lebensstandard gewährleistet ist, wenn es sich um schutzbedürftige Personen im Sinne von Artikel 21 und um in Haft befindliche Personen handelt.

(3) Die Mitgliedstaaten können die Gewährung aller oder bestimmter materieller Leistungen sowie die medizinische Versorgung davon abhängig machen, dass die Antragsteller nicht über ausreichende Mittel für einen Lebensstandard verfügen, der ihre Gesundheit und ihren Lebensunterhalt gewährleistet.

(4) Die Mitgliedstaaten können von den Antragstellern verlangen, dass sie für die Kosten der in dieser Richtlinie im Rahmen der Aufnahme vorgesehenen materiellen Leistungen sowie der medizinischen Versorgung gemäß Absatz 3 ganz oder teilweise aufkommen, sofern sie über ausreichende Mittel verfügen, beispielsweise wenn sie über einen angemessenen Zeitraum gearbeitet haben.

Stellt sich heraus, dass ein Antragsteller zum Zeitpunkt der Gewährung der materiellen Leistungen sowie der medizinischen Versorgung über ausreichende Mittel verfügt hat, um diese Grundbedürfnisse zu decken, können die Mitgliedstaaten eine Erstattung von dem Antragsteller verlangen.

(5) Wenn die Mitgliedstaaten im Rahmen der Aufnahme materielle Leistungen in Form von Geldleistungen oder Gutscheinen gewähren, bemisst

sich deren Umfang auf Grundlage des Leistungsniveaus, das der betreffende Mitgliedstaat nach Maßgabe der einzelstaatlichen Rechtsvorschriften oder nach den Gepflogenheiten anwendet, um eigenen Staatsangehörigen einen angemessenen Lebensstandard zu gewährleisten. Die Mitgliedstaaten können Antragstellern in dieser Hinsicht eine weniger günstige Behandlung im Vergleich mit eigenen Staatsangehörigen zuteil werden lassen, insbesondere wenn materielle Unterstützung teilweise in Form von Sachleistungen gewährt wird oder wenn das, auf eigene Staatsangehörige anzuwendende, Leistungsniveau darauf abzielt, einen Lebensstandard zu gewährleisten, der über dem nach dieser Richtlinie für Antragsteller vorgeschriebenen Lebensstandard liegt.

Modalitäten der im Rahmen der Aufnahme gewährten materiellen Leistungen

Art. 18 (1) Sofern die Unterbringung als Sachleistung erfolgt, sollte eine der folgenden Unterbringungsmöglichkeiten oder eine Kombination davon gewählt werden:

a) Räumlichkeiten zur Unterbringung von Antragstellern für die Dauer der Prüfung eines an der Grenze oder in Transitzonen gestellten Antrags auf internationalen Schutz;

b) Unterbringungszentren, die einen angemessenen Lebensstandard gewährleisten;

c) Privathäuser, Wohnungen, Hotels oder andere für die Unterbringung von Antragstellern geeignete Räumlichkeiten.

(2) Unbeschadet besonderer Haftbedingungen nach den Artikeln 10 und 11 in Bezug auf die Unterbringung nach Absatz 1 Buchstaben a, b und c dieses Artikels tragen die Mitgliedstaaten dafür Sorge, dass

a) Antragstellern der Schutz ihres Familienlebens gewährleistet wird;

b) Antragsteller die Möglichkeit haben, mit Verwandten, Rechtsbeistand oder Beratern, Personen, die den UNHCR vertreten, und anderen einschlägig tätigen nationalen und internationalen Organisationen sowie Nichtregierungsorganisationen in Verbindung zu treten;

c) Familienangehörige, Rechtsbeistand oder Berater, Personen, die den UNHCR vertreten, und einschlägig tätige von dem betreffenden Mitgliedstaat anerkannte Nichtregierungsorganisationen Zugang erhalten, um den Antragstellern zu helfen. Der Zugang darf nur aus Gründen der Sicherheit der betreffenden Räumlichkeiten oder der Antragsteller eingeschränkt werden.

(3) Bei der Unterbringung der Antragsteller in den in Absatz 1 Buchstaben a und b genannten Räumlichkeiten und Unterbringungszentren berücksichtigen die Mitgliedstaaten geschlechts- und altersspezifische Aspekte sowie die Situation von schutzbedürftigen Personen.

(4) Die Mitgliedstaaten treffen geeignete Maßnahmen, damit Übergriffe und geschlechtsbezogene Gewalt einschließlich sexueller Übergriffe und Belästigung in den in Absatz 1 Buchstaben a und b genannten Räumlichkeiten und Unterbringungszentren verhindert werden.

(5) Die Mitgliedstaaten tragen so weit wie möglich dafür Sorge, dass abhängige erwachsene Antragsteller mit besonderen Bedürfnissen bei der Aufnahme gemeinsam mit nahen volljährigen Verwandten untergebracht werden, die sich bereits in demselben Mitgliedstaat aufhalten und die für sie entweder nach dem einzelstaatlichen Recht oder den Gepflogenheiten des betreffenden Mitgliedstaats verantwortlich sind.

(6) Die Mitgliedstaaten tragen dafür Sorge, dass Antragsteller nur dann in eine andere Einrichtung verlegt werden, wenn dies notwendig ist. Die Mitgliedstaaten ermöglichen den Antragstellern, ihren Rechtsbeistand oder Berater über die Verlegung und die neue Adresse zu informieren.

(7) Das in den Unterbringungszentren eingesetzte Personal muss angemessen geschult sein und unterliegt in Bezug auf die Informationen, die es durch seine Arbeit erhält, der Schweigepflicht, wie sie im einzelstaatlichen Recht vorgesehen ist.

(8) Die Mitgliedstaaten können die Antragsteller über einen Beirat oder eine Abordnung der untergebrachten Personen an der Verwaltung der materiellen und der nicht materiellen Aspekte des Lebens in dem Zentrum beteiligen.

(9) In begründeten Ausnahmefällen können die Mitgliedstaaten für einen angemessenen Zeitraum, der so kurz wie möglich sein sollte, andere Modalitäten der im Rahmen der Aufnahme gewährten materiellen Leistungen festlegen als in diesem Artikel vorgesehen, wenn

a) eine Beurteilung der spezifischen Bedürfnisse des Antragstellers gemäß Artikel 22 erforderlich ist;

b) die üblicherweise verfügbaren Unterbringungskapazitäten vorübergehend erschöpft sind.

Bei derartig anderen Aufnahmemodalitäten werden unter allen Umständen die Grundbedürfnisse gedeckt.

Medizinische Versorgung

Art. 19 (1) Die Mitgliedstaaten tragen dafür Sorge, dass Antragsteller die erforderliche medizinische Versorgung erhalten, die zumindest die Notversorgung und die unbedingt erforderliche Behandlung von Krankheiten und schweren psychischen Störungen umfasst.

(2) Die Mitgliedstaaten gewähren Antragstellern mit besonderen Bedürfnissen bei der Aufnahme die erforderliche medizinische oder sonstige Hilfe, einschließlich erforderlichenfalls einer geeigneten psychologischen Betreuung.

KAPITEL III
EINSCHRÄNKUNG ODER ENTZUG DER IM RAHMEN DER AUFNAHME GEWÄHRTEN MATERIELLEN LEISTUNGEN

Einschränkung oder Entzug der im Rahmen der Aufnahme gewährten materiellen Leistungen

Art. 20 (1) Die Mitgliedstaaten können die im Rahmen der Aufnahme gewährten materiellen Leistungen in begründeten Ausnahmefällen einschränken oder entziehen, wenn ein Antragsteller

a) den von der zuständigen Behörde bestimmten Aufenthaltsort verlässt, ohne diese davon zu unterrichten oder erforderlichenfalls eine Genehmigung erhalten zu haben; oder

b) seinen Melde- und Auskunftspflichten oder Aufforderungen zu persönlichen Anhörungen im Rahmen des Asylverfahrens während einer im einzelstaatlichen Recht festgesetzten angemessenen Frist nicht nachkommt; oder

c) einen Folgeantrag nach Artikel 2 Buchstabe q der Richtlinie 2013/32/EU gestellt hat.

Wird in den unter den Buchstaben a und b genannten Fällen ein Antragsteller aufgespürt oder meldet er sich freiwillig bei der zuständigen Behörde, so ergeht unter Berücksichtigung der Motive des Untertauchens eine ordnungsgemäß begründete Entscheidung über die erneute Gewährung einiger oder aller im Rahmen der Aufnahme gewährten materiellen Leistungen, die entzogen oder eingeschränkt worden sind.

(2) Die Mitgliedstaaten können die im Rahmen der Aufnahme gewährten materiellen Leistungen einschränken, wenn sie nachweisen können, dass der Antragsteller ohne berechtigten Grund nicht so bald wie vernünftigerweise möglich nach der Ankunft in dem betreffenden Mitgliedstaat einen Antrag auf internationalen Schutz gestellt hat.

(3) Die Mitgliedstaaten können die im Rahmen der Aufnahme gewährten materiellen Leistungen einschränken oder entziehen, wenn ein Antragsteller verschwiegen hat, dass er über Finanzmittel verfügt, und dadurch bei der Aufnahme zu Unrecht in den Genuss von materiellen Leistungen gekommen ist.

(4) Die Mitgliedstaaten können Sanktionen für grobe Verstöße gegen die Vorschriften der Unterbringungszentren und grob gewalttätiges Verhalten festlegen.

(5) Entscheidungen über die Einschränkung oder den Entzug der im Rahmen der Aufnahme gewährten materiellen Leistungen oder über Sanktionen nach den Absätzen 1, 2, 3 und 4 dieses Artikels werden jeweils für den Einzelfall, objektiv und unparteiisch getroffen und begründet. Die Entscheidungen sind aufgrund der besonderen Situation der betreffenden Personen, insbesondere im Hinblick auf die in Artikel 21 genannten Personen, unter Berücksichtigung des Verhältnismäßigkeitsprinzips zu treffen. Die Mitgliedstaaten gewährleisten im Einklang mit Artikel 19 in jedem Fall Zugang zur medizinischen Versorgung und gewährleisten einen würdigen Lebensstandard für alle Antragsteller.

(6) Die Mitgliedstaaten gewährleisten, dass im Rahmen der Aufnahme gewährte materielle Leistungen nicht entzogen oder eingeschränkt werden, bevor eine Entscheidung nach Maßgabe von Absatz 5 ergeht.

KAPITEL IV
BESTIMMUNGEN FÜR SCHUTZBEDÜRFTIGE PERSONEN

Allgemeiner Grundsatz

Art. 21 Die Mitgliedstaaten berücksichtigen in dem einzelstaatlichen Recht zur Umsetzung dieser Richtlinie die spezielle Situation von schutzbedürftigen Personen wie Minderjährigen, unbegleiteten Minderjährigen, Behinderten, älteren Menschen, Schwangeren, Alleinerziehenden mit minderjährigen Kindern, Opfern des Menschenhandels, Personen mit schweren körperlichen Erkrankungen, Personen mit psychischen Störungen und Personen, die Folter, Vergewaltigung oder sonstige schwere Formen psychischer, physischer oder sexueller Gewalt erlitten haben, wie z. B. Opfer der Verstümmelung weiblicher Genitalien.

Beurteilung der besonderen Bedürfnisse schutzbedürftiger Personen bei der Aufnahme

Art. 22 (1) Um Artikel 21 wirksam umzusetzen, beurteilen die Mitgliedstaaten, ob der Antragsteller ein Antragsteller mit besonderen Bedürfnissen bei der Aufnahme ist. Die Mitgliedstaaten ermitteln ferner, welcher Art diese Bedürfnisse sind.

Diese Beurteilung wird innerhalb einer angemessenen Frist nach Eingang eines Antrags auf internationalen Schutz in die Wege geleitet und kann in die bestehenden einzelstaatlichen Verfahren einbezogen werden. Die Mitgliedstaaten sorgen nach Maßgabe dieser Richtlinie dafür, dass derartigen besonderen Bedürfnissen bei der Aufnahme auch dann Rechnung getragen wird, wenn sie erst in einer späteren Phase des Asylverfahrens zutage treten.

Die Mitgliedstaaten tragen dafür Sorge, dass die Unterstützung, die Personen mit besonderen Bedürfnissen nach dieser Richtlinie gewährt wird, ihren Bedürfnissen während der gesamten Dauer des Asylverfahrens Rechnung trägt und ihre Situation in geeigneter Weise verfolgt wird.

(2) Die in Absatz 1 vorgesehene Beurteilung muss nicht in Form eines Verwaltungsverfahrens erfolgen.

(3) Nur schutzbedürftige Personen nach Maßgabe von Artikel 21 können als Personen mit besonderen Bedürfnissen bei der Aufnahme betrachtet werden und erhalten dann die in dieser Richtlinie vorgesehene spezifische Unterstützung.

(4) Die in Absatz 1 vorgesehene Beurteilung lässt die Bewertung des Bedarfs an internationalem Schutz gemäß der Richtlinie 2011/95/EU unberührt.

Minderjährige

Art. 23 (1) Bei der Anwendung der Minderjährige berührenden Bestimmungen der Richtlinie berücksichtigen die Mitgliedstaaten vorrangig das Wohl des Kindes. Die Mitgliedstaaten gewährleisten einen der körperlichen, geistigen, seelischen, sittlichen und sozialen Entwicklung des Kindes angemessenen Lebensstandard.

(2) Bei der Würdigung des Kindeswohls tragen die Mitgliedstaaten insbesondere folgenden Faktoren Rechnung:
a) der Möglichkeit der Familienzusammenführung;
b) dem Wohlergehen und der sozialen Entwicklung des Minderjährigen unter besonderer Berücksichtigung seines Hintergrunds;
c) Erwägungen der Sicherheit und der Gefahrenabwehr, vor allem wenn es sich bei dem Minderjährigen um ein Opfer des Menschenhandels handeln könnte;
d) den Ansichten des Minderjährigen entsprechend seinem Alter und seiner Reife.

(3) Die Mitgliedstaaten tragen dafür Sorge, dass Minderjährige Gelegenheit zu Freizeitbeschäftigungen einschließlich altersgerechter Spiel- und Erholungsmöglichkeiten in den Räumlichkeiten und Unterbringungszentren gemäß Artikel 18 Absatz 1 Buchstaben a und b sowie zu Aktivitäten im Freien erhalten.

(4) Die Mitgliedstaaten tragen dafür Sorge, dass Minderjährige, die Opfer irgendeiner Form von Missbrauch, Vernachlässigung, Ausbeutung, Folter, grausamer, unmenschlicher oder erniedrigender Behandlung gewesen sind oder unter bewaffneten Konflikten gelitten haben, Rehabilitationsmaßnahmen in Anspruch nehmen können und dass im Bedarfsfall eine geeignete psychologische Betreuung und eine qualifizierte Beratung angeboten wird.

(5) Die Mitgliedstaaten tragen dafür Sorge, dass minderjährige Kinder von Antragstellern oder minderjährige Antragsteller zusammen mit ihren Eltern, ihren unverheirateten minderjährigen Geschwistern oder dem Erwachsenen, der nach dem einzelstaatlichen Recht oder nach den Gepflogenheiten des betreffenden Mitgliedstaats verantwortlich ist, untergebracht werden, sofern es dem Wohl der betreffenden Minderjährigen dient.

Unbegleitete Minderjährige

Art. 24 (1) Die Mitgliedstaaten sorgen so bald wie möglich dafür, dass ein Vertreter bestellt wird, der den unbegleiteten Minderjährigen vertritt und unterstützt, damit dieser die Rechte aus dieser Richtlinie in Anspruch nehmen und den sich aus dieser Richtlinie ergebenden Pflichten nachkommen kann. Der unbegleitete Minderjährige wird unverzüglich über die Bestellung des Vertreters informiert. Der Vertreter muss seine Aufgaben im Einklang mit dem Grundsatz des Kindeswohls gemäß Artikel 23 Absatz 2 wahrnehmen und entsprechend versiert sein. Um das Wohlergehen und die soziale Entwicklung des Minderjährigen gemäß Artikel 23 Absatz 2 Buchstabe b zu gewährleisten, wechselt die als Vertreter handelnde Person nur im Notfall. Organisationen oder Einzelpersonen, deren Interessen denen des unbegleiteten Minderjährigen zuwiderlaufen oder zuwiderlaufen könnten, kommen als Vertreter nicht in Betracht.

Die zuständigen Behörden nehmen regelmäßig Bewertungen vor, auch was die Verfügbarkeit der Mittel betrifft, die für die Vertretung des unbegleiteten Minderjährigen erforderlich sind.

(2) Unbegleitete Minderjährige, die internationalen Schutz beantragt haben, werden ab dem Zeitpunkt der Zulassung in das Hoheitsgebiet bis zu dem Zeitpunkt, zu dem sie den Mitgliedstaat, in dem der Antrag auf internationalen Schutz gestellt worden ist oder geprüft wird, verlassen müssen, untergebracht:
a) bei erwachsenen Verwandten;
b) in einer Pflegefamilie;
c) in Aufnahmezentren mit speziellen Einrichtungen für Minderjährige;
d) in anderen für Minderjährige geeigneten Unterkünften.

Die Mitgliedstaaten können unbegleitete Minderjährige ab 16 Jahren in Aufnahmezentren für erwachsene Antragsteller unterbringen, wenn dies gemäß Artikel 23 Absatz 2 ihrem Wohl dient.

Geschwister sollen möglichst zusammen bleiben, wobei das Wohl des betreffenden Minderjährigen, insbesondere sein Alter und sein Reifegrad, zu berücksichtigen ist. Wechsel des Aufenthaltsorts sind bei unbegleiteten Minderjährigen auf ein Mindestmaß zu beschränken.

(3) Die Mitgliedstaaten beginnen — erforderlichenfalls mit Unterstützung internationaler oder anderer einschlägig tätiger Organisationen — baldmöglichst nach Eingang eines Antrags auf internationalen Schutz mit der Suche nach Familienangehörigen des unbegleiteten Minderjährigen und tragen gleichzeitig für sein Wohl Sorge. In Fällen, in denen das Leben oder die Unversehrtheit des Minderjährigen oder seiner nahen Verwandten bedroht sein könnte, insbesondere wenn diese im Herkunftsland geblieben sind, ist darauf zu achten, dass die Erfassung, Verarbeitung und Weitergabe von Informationen über diese Personen vertraulich erfolgt, um ihre Sicherheit nicht zu gefährden.

(4) Das Betreuungspersonal für unbegleitete Minderjährige muss im Hinblick auf die Bedürfnisse von Minderjährigen adäquat ausgebildet sein und sich angemessen fortbilden; es unterliegt in Bezug auf die Informationen, die es durch seine Arbeit erhält, der Schweigepflicht, wie sie im einzelstaatlichen Recht definiert ist.

Opfer von Folter und Gewalt

Art. 25 (1) Die Mitgliedstaaten tragen dafür Sorge, dass Personen, die Folter, Vergewaltigung oder andere schwere Gewalttaten erlitten haben, die Behandlung — insbesondere Zugang zu einer adäquaten medizinischen und psychologischen Behandlung oder Betreuung — erhalten, die für den Schaden, welcher ihnen durch derartige Handlungen zugefügt wurde, erforderlich ist.

(2) Das Betreuungspersonal für Opfer von Folter, Vergewaltigung und anderen schweren Gewalttaten muss im Hinblick auf die Bedürfnisse der Opfer adäquat ausgebildet sein und sich angemessen fortbilden; es unterliegt in Bezug auf die Informationen, die es durch seine Arbeit erhält, der Schweigepflicht, wie sie im einzelstaatlichen Recht definiert ist.

KAPITEL V
RECHTSBEHELFE

Rechtsbehelfe

Art. 26 (1) Die Mitgliedstaaten stellen sicher, dass gegen Entscheidungen im Zusammenhang mit der Gewährung, dem Entzug oder der Einschränkung von Vorteilen gemäß dieser Richtlinie oder gegen Entscheidungen gemäß Artikel 7, die Antragsteller individuell betreffen, ein Rechtsbehelf nach den im einzelstaatlichen Recht vorgesehenen Verfahren eingelegt werden kann. Zumindest in der letzten Instanz ist die Möglichkeit einer auf Sach- und Rechtsfragen gerichteten Überprüfung durch eine Justizbehörde vorzusehen.

(2) Im Falle eines Rechtsbehelfs oder einer Überprüfung durch eine Justizbehörde nach Absatz 1 sorgen die Mitgliedstaaten dafür, dass unentgeltlich Rechtsberatung und -vertretung in Anspruch genommen werden kann, soweit diese zur Gewährleistung eines wirksamen Rechtsschutzes erforderlich ist. Dies umfasst zumindest die Vorbereitung der erforderlichen Verfahrensdokumente und die Vertretung vor den Justizbehörden im Namen des Antragstellers.

Die unentgeltliche Rechtsberatung und -vertretung erfolgt durch nach einzelstaatlichem Recht zugelassene oder befugte Personen, deren Interessen nicht mit denen der Antragsteller in Konflikt stehen oder stehen könnten.

(3) Die Mitgliedstaaten können darüber hinaus vorsehen, dass die unentgeltliche Rechtsberatung und -vertretung nur gewährt wird
a) für diejenigen, die nicht über ausreichende finanzielle Mittel verfügen; und/oder
b) durch Rechtsbeistand oder sonstige Berater, die nach nationalem Recht zur Unterstützung und Vertretung von Antragstellern bestimmt wurden.

Die Mitgliedstaaten können vorsehen, dass unentgeltliche Rechtsberatung und -vertretung nicht in Anspruch genommen werden kann, wenn eine zuständige Stelle der Auffassung ist, dass der Rechtsbehelf oder die Überprüfung keine konkrete Aussicht auf Erfolg haben. In einem solchen Fall sorgen die Mitgliedstaaten dafür, dass die Rechtsberatung und -vertretung nicht willkürlich eingeschränkt wird und dass der Antragsteller auch weiterhin einen wirksamen Rechtsschutz genießt.

(4) Ferner können die Mitgliedstaaten
a) für die unentgeltliche Rechtsberatung und -vertretung eine finanzielle und/oder zeitliche Begrenzung vorsehen, soweit dadurch der Zugang zu Rechtsberatung und -vertretung nicht willkürlich eingeschränkt wird;
b) vorsehen, dass Antragstellern hinsichtlich der Gebühren und anderen Kosten keine günstigere Behandlung zuteil wird, als sie den eigenen Staatsangehörigen in Fragen der Rechtsberatung im Allgemeinen gewährt wird.

(5) Die Mitgliedstaaten können verlangen, dass der Antragsteller ihnen die entstandenen Kosten ganz oder teilweise zurückerstattet, wenn sich seine finanzielle Lage beträchtlich verbessert hat oder wenn die Entscheidung zur Übernahme solcher Kosten aufgrund falscher Angaben des Antragstellers getroffen wurde.

(6) Die Verfahren für die Inanspruchnahme von Rechtsberatung und -vertretung werden im einzelstaatlichen Recht geregelt.

KAPITEL VI
MASSNAHMEN ZUR VERBESSERUNG DER EFFIZIENZ DES AUFNAHMESYSTEMS

Zuständige Behörden

Art. 27 Jeder Mitgliedstaat teilt der Kommission mit, welche Behörden für die Erfüllung der Verpflichtungen aus dieser Richtlinie zuständig sind. Die Mitgliedstaaten setzen die Kommission über jegliche Änderungen, die diese Behörden betreffen, in Kenntnis.

System zur Lenkung, Überwachung und Steuerung

Art. 28 (1) Die Mitgliedstaaten führen im Einklang mit ihrer verfassungsrechtlichen Struktur Mechanismen ein, um eine geeignete Lenkung, Überwachung und Steuerung des Niveaus der im Rahmen der Aufnahmebedingungen gewährten Vorteile sicherzustellen.

(2) Die Mitgliedstaaten übermitteln der Kommission unter Verwendung des Vordrucks in Anhang I spätestens am 20. Juli 2016 die entsprechenden Informationen.

Personal und Ressourcen

Art. 29 (1) Die Mitgliedstaaten treffen geeignete Maßnahmen, um sicherzustellen, dass die Behörden und Organisationen, die diese Richtlinie anwenden, die nötige Grundausbildung erhalten haben, um den Bedürfnissen männlicher und weiblicher Antragsteller gerecht werden zu können.

(2) Die Mitgliedstaaten stellen die Ressourcen bereit, die im Zusammenhang mit dem nationalen Recht zur Anwendung dieser Richtlinie erforderlich sind.

KAPITEL VII
SCHLUSSBESTIMMUNGEN

Berichterstattung

Art. 30 Die Kommission erstattet dem Europäischen Parlament und dem Rat spätestens am 20.

Juli 2017 Bericht über die Anwendung dieser Richtlinie und schlägt gegebenenfalls Änderungen vor.

Die Mitgliedstaaten übermitteln der Kommission bis zum 20. Juli 2016 alle für die Erstellung dieses Berichts sachdienlichen Informationen.

Nach Vorlage des ersten Berichts erstattet die Kommission dem Europäischen Parlament und dem Rat mindestens alle fünf Jahre Bericht über die Anwendung dieser Richtlinie.

Umsetzung

Art. 31 (1) Die Mitgliedstaaten setzen die erforderlichen Rechts- und Verwaltungsvorschriften in Kraft, um den Artikeln 1 bis 12, 14 bis 28 und 30 und Anhang I bis spätestens 20. Juli 2015 nachzukommen. Sie teilen der Kommission unverzüglich den Wortlaut dieser Vorschriften mit.

Bei Erlass dieser Vorschriften nehmen die Mitgliedstaaten in den Vorschriften selbst oder durch einen Hinweis bei der amtlichen Veröffentlichung auf diese Richtlinie Bezug. In diese Vorschriften fügen sie die Erklärung ein, dass Bezugnahmen in den geltenden Rechts- und Verwaltungsvorschriften auf die durch diese Richtlinie aufgehobene Richtlinie als Bezugnahmen auf die vorliegende Richtlinie gelten. Die Mitgliedstaaten regeln die Einzelheiten dieser Bezugnahme und die Formulierung dieser Erklärung.

(2) Die Mitgliedstaaten teilen der Kommission den Wortlaut der wichtigsten einzelstaatlichen Rechtsvorschriften mit, die sie auf dem unter diese Richtlinie fallenden Gebiet erlassen.

Aufhebung

Art. 32 Die Richtlinie 2003/9/EG wird im Verhältnis zu den Mitgliedstaaten, die durch diese Richtlinie gebunden sind, unbeschadet der Verpflichtungen dieser Mitgliedstaaten hinsichtlich der in Anhang II Teil B genannten Frist für die Umsetzung der Richtlinie in einzelstaatliches Recht mit Wirkung vom 21. Juli 2015 aufgehoben.

Bezugnahmen auf die aufgehobene Richtlinie gelten als Bezugnahmen auf die vorliegende Richtlinie und sind nach Maßgabe der Entsprechungstabelle in Anhang III zu lesen.

Inkrafttreten und Geltung

Art. 33 Diese Richtlinie tritt am zwanzigsten Tag nach ihrer Veröffentlichung im *Amtsblatt der Europäischen Union* in Kraft.

Die Artikel 13 und 29 gelten ab dem 21. Juli 2015.

Adressaten

Art. 34 Diese Richtlinie ist gemäß den Verträgen an die Mitgliedstaaten gerichtet.

ANHANG I
Vordruck für die Mitteilung der von den Mitgliedstaaten gemäß Artikel 28 Absatz 2 zu übermittelnden Informationen

Nach dem in Artikel 28 Absatz 2 genannten Zeitpunkt übermitteln die Mitgliedstaaten der Kommission erneut diese Informationen, wenn sich die einzelstaatlichen Rechtsvorschriften oder Gepflogenheiten wesentlich geändert haben, so dass die mitgeteilten Informationen überholt sind.

1. Bitte erläutern Sie auf der Grundlage von Artikel 2 Buchstabe k und Artikel 22 die verschiedenen Schritte zur Ermittlung von Personen mit besonderen Bedürfnissen bei der Aufnahme; bitte geben Sie dabei auch an, zu welchem Zeitpunkt hiermit begonnen wird und inwieweit solchen Bedürfnissen Rechnung getragen wird, insbesondere im Falle von unbegleiteten Minderjährigen, Personen, die Folter, Vergewaltigung oder sonstige schwere Formen psychischer, physischer oder sexueller Gewalt erlitten haben, und Opfern des Menschenhandels.

2. Bitte machen Sie umfassende Angaben zu Art, Bezeichnung und Form der Dokumente, auf die in Artikel 6 verwiesen wird.

3. Bitte geben Sie unter Bezugnahme auf Artikel 15 an, inwieweit an den Arbeitsmarktzugang für Antragsteller bestimmte Bedingungen geknüpft sind, und erläutern Sie solche Beschränkungen im Einzelnen.

4. Bitte machen Sie unter Bezugnahme auf Artikel 2 Buchstabe g Angaben zu der Form, in der im Rahmen der Aufnahme materielle Leistungen gewährt werden (d. h. in Form von Sachleistungen, Geldleistungen oder Gutscheinen oder einer Kombination derartiger Leistungen), und geben Sie die Höhe des Geldbetrags an, den Antragsteller zur Deckung des täglichen Bedarfs erhalten.

5. Bitte erläutern Sie – soweit zutreffend – unter Bezugnahme auf Artikel 17 Absatz 5 die Höhe des/der nach Maßgabe der einzelstaatlichen Rechtsvorschriften oder der Gepflogenheiten des betreffenden Mitgliedstaats zugrunde gelegte(n) Betrags/Beträge zur Ermittlung des Umfangs der Antragstellern zu gewährenden finanziellen Unterstützung. Sofern Antragsteller im Vergleich zu Staatsangehörigen weniger günstig behandelt werden, sind die Gründe hierfür zu erläutern.

2/16. AufnahmeRL
Anhänge II, III

ANHANG II

TEIL A
Aufgehobene Richtlinie
(gemäß Artikel 32)

Richtlinie 2003/9/EG des Rates	(ABl. L 31 vom 6.2.2003, S. 18).

TEIL B
Frist für die Umsetzung in einzelstaatliches Recht
(gemäß Artikel 32)

Richtlinie	Umsetzungsfrist
2003/9/EG	6. Februar 2005

ANHANG III
Entsprechungstabelle

Richtlinie 2003/9/EG	Diese Richtlinie
Artikel 1	Artikel 1
Artikel 2 einleitender Satzteil	Artikel 2 einleitender Satzteil
Artikel 2 Buchstabe a	—
Artikel 2 Buchstabe b	—
—	Artikel 2 Buchstabe a
Artikel 2 Buchstabe c	Artikel 2 Buchstabe b
Artikel 2 Buchstabe d einleitender Satzteil	Artikel 2 Buchstabe c einleitender Satzteil
Artikel 2 Buchstabe d Ziffer i	Artikel 2 Buchstabe c erster Gedankenstrich
Artikel 2 Buchstabe d Ziffer ii	Artikel 2 Buchstabe c zweiter Gedankenstrich
—	Artikel 2 Buchstabe c dritter Gedankenstrich
Artikel 2 Buchstaben e, f und g	—
—	Artikel 2 Buchstabe d
Artikel 2 Buchstabe h	Artikel 2 Buchstabe e
Artikel 2 Buchstabe i	Artikel 2 Buchstabe f
Artikel 2 Buchstabe j	Artikel 2 Buchstabe g
Artikel 2 Buchstabe k	Artikel 2 Buchstabe h
Artikel 2 Buchstabe l	Artikel 2 Buchstabe i
—	Artikel 2 Buchstabe j
—	Artikel 2 Buchstabe k
Artikel 3	Artikel 3
Artikel 4	Artikel 4
Artikel 5	Artikel 5
Artikel 6 Absätze 1 bis 5	Artikel 6 Absätze 1 bis 5
—	Artikel 6 Absatz 6
Artikel 7 Absätze 1 und 2	Artikel 7 Absätze 1 und 2
Artikel 7 Absatz 3	—
Artikel 7 Absätze 4 bis 6	Artikel 7 Absätze 3 bis 5
—	Artikel 8
—	Artikel 9
—	Artikel 10
—	Artikel 11
Artikel 8	Artikel 12
Artikel 9	Artikel 13
Artikel 10 Absatz 1	Artikel 14 Absatz 1

2/16. AufnahmeRL
Anhang III

Richtlinie 2003/9/EG	Diese Richtlinie
Artikel 10 Absatz 2	Artikel 14 Absatz 2 Unterabsatz 1
—	Artikel 14 Absatz 2 Unterabsatz 2
Artikel 10 Absatz 3	Artikel 14 Absatz 3
Artikel 11 Absatz 1	—
—	Artikel 15 Absatz 1
Artikel 11 Absatz 2	Artikel 15 Absatz 2
Artikel 11 Absatz 3	Artikel 15 Absatz 3
Artikel 11 Absatz 4	—
Artikel 12	Artikel 16
Artikel 13 Absätze 1 bis 4	Artikel 17 Absätze 1 bis 4
Artikel 13 Absatz 5	—
—	Artikel 17 Absatz 5
Artikel 14 Absatz 1	Artikel 18 Absatz 1
Artikel 14 Absatz 2 Unterabsatz 1 einleitender Satzteil Buchstaben a und b	Artikel 18 Absatz 2 einleitender Satzteil Buchstaben a und b
Artikel 14 Absatz 7	Artikel 18 Absatz 2 Buchstabe c
—	Artikel 18 Absatz 3
Artikel 14 Absatz 2 Unterabsatz 2	Artikel 18 Absatz 4
Artikel 14 Absatz 3	—
—	Artikel 18 Absatz 5
Richtlinie 2003/9/EG	Diese Richtlinie
Artikel 14 Absatz 4	Artikel 18 Absatz 6
Artikel 14 Absatz 5	Artikel 18 Absatz 7
Artikel 14 Absatz 6	Artikel 18 Absatz 8
Artikel 14 Absatz 8 Unterabsatz 1 einleitender Satzteil erster Gedankenstrich	Artikel 18 Absatz 9 Unterabsatz 1 einleitender Satzteil Buchstabe a
Artikel 14 Absatz 8 Unterabsatz 1 zweiter Gedankenstrich	—
Artikel 14 Absatz 8 Unterabsatz 1 dritter Gedankenstrich	Artikel 18 Absatz 9 Unterabsatz 1 Buchstabe b
Artikel 14 Absatz 8 Unterabsatz 1 vierter Gedankenstrich	—
Artikel 14 Absatz 8 Unterabsatz 2	Artikel 18 Absatz 9 Unterabsatz 2
Artikel 15	Artikel 19
Artikel 16 Absatz 1 einleitender Satzteil	Artikel 20 Absatz 1 einleitender Satzteil
Artikel 16 Absatz 1 Buchstabe a Unterabsatz 1 erster, zweiter und dritter Gedankenstrich	Artikel 20 Absatz 1 Unterabsatz 1 Buchstaben a, b und c
Artikel 16 Absatz 1 Buchstabe a Unterabsatz 2	Artikel 20 Absatz 1 Unterabsatz 2
Artikel 16 Absatz 1 Buchstabe b	—
Artikel 16 Absatz 2	—
—	Artikel 20 Absätze 2 und 3
Artikel 16 Absätze 3 bis 5	Artikel 20 Absätze 4 bis 6
Artikel 17 Absatz 1	Artikel 21
Artikel 17 Absatz 2	—
—	Artikel 22
Artikel 18 Absatz 1	Artikel 23 Absatz 1
—	Artikel 23 Absätze 2 und 3
Artikel 18 Absatz 2	Artikel 23 Absatz 4
—	Artikel 23 Absatz 5

2/16. AufnahmeRL
Anhang III

Richtlinie 2003/9/EG	Diese Richtlinie
Artikel 19	Artikel 24
Artikel 20	Artikel 25 Absatz 1
—	Artikel 25 Absatz 2
Artikel 21 Absatz 1	Artikel 26 Absatz 1
—	Artikel 26 Absätze 2 bis 5
Artikel 21 Absatz 2	Artikel 26 Absatz 6
Artikel 22	—
—	Artikel 27
Artikel 23	Artikel 28 Absatz 1
—	Artikel 28 Absatz 2
Artikel 24	Artikel 29
Artikel 25	Artikel 30
Artikel 26	Artikel 31
—	Artikel 32
Artikel 27	Artikel 33 Absatz 1
—	Artikel 33 Absatz 2
Artikel 28	Artikel 34
—	ANHANG I
—	ANHANG II
—	Anhang III

2/17. EU-ArbeitsbehördeVO
Präambel

2/17. Europäische Arbeitsbehörde-Verordnung

Verordnung (EU) 2019/1149 des Europäischen Parlaments und des Rates vom 20. Juni 2019 zur Errichtung einer Europäischen Arbeitsbehörde und zur Änderung der Verordnungen (EG) Nr. 883/2004, (EU) Nr. 492/2011 und (EU) 2016/589 sowie zur Aufhebung des Beschlusses (EU) 2016/344

(ABl Nr. L 186 v. 11.7.2019; berichtigt durch ABl. Nr. L 158 v. 6.5.2021, S. 23)

GLIEDERUNG

KAPITEL I: GRUNDSÄTZE
- Art. 1: Errichtung, Gegenstand und Anwendungsbereich
- Art. 2: Ziele
- Art. 3: Rechtsform

KAPITEL II: AUFGABEN DER BEHÖRDE
- Art. 4: Aufgaben der Behörde
- Art. 5: Informationen zur Arbeitskräftemobilität
- Art. 6: Koordinierung von EURES
- Art. 7: Zusammenarbeit und Informationsaustausch zwischen Mitgliedstaaten
- Art. 8: Koordinierung und Unterstützung konzertierter und gemeinsamer Kontrollen
- Art. 9: Regelungen für konzertierte und gemeinsame Kontrollen
- Art. 10: Analysen und Risikobewertungen im Zusammenhang mit Arbeitskräftemobilität
- Art. 11: Unterstützung des Kapazitätsaufbaus
- Art. 12: Europäische Plattform zur Stärkung der Zusammenarbeit bei der Bekämpfung nicht angemeldeter Erwerbstätigkeit
- Art. 13: Mediation zwischen Mitgliedstaaten
- Art. 14: Zusammenarbeit mit Agenturen und Fachgremien
- Art. 15: Interoperabilität und Informationsaustausch

KAPITEL III: ORGANISATION DER BEHÖRDE
- Art. 16: Verwaltungs- und Leitungsstruktur
- Art. 17: Zusammensetzung des Verwaltungsrats
- Art. 18: Aufgaben des Verwaltungsrats
- Art. 19: Vorsitzender des Verwaltungsrats
- Art. 20: Sitzungen des Verwaltungsrats
- Art. 21: Abstimmungsregeln des Verwaltungsrats
- Art. 22: Zuständigkeiten des Exekutivdirektors
- Art. 23: Gruppe der Interessenträger

KAPITEL IV: AUFSTELLUNG UND GLIEDERUNG DES HAUSHALTSPLANS DER BEHÖRDE

ABSCHNITT 1: EINHEITLICHES PROGRAMMPLANUNGSDOKUMENT FÜR DIE BEHÖRDE
- Art. 24: Jährliche und mehrjährige Programmplanung
- Art. 25: Aufstellung des Haushaltsplans

ABSCHNITT 2: AUFMACHUNG, AUSFÜHRUNG UND KONTROLLE DES HAUSHALTSPLANS DER BEHÖRDE
- Art. 26: Gliederung des Haushaltsplans
- Art. 27: Ausführung des Haushaltsplans
- Art. 28: Rechnungslegung und Entlastung
- Art. 29: Finanzregelung

KAPITEL V: PERSONAL
- Art. 30: Allgemeine Bestimmung
- Art. 31: Exekutivdirektor
- Art. 32: Nationale Verbindungsbeamte
- Art. 33: Abgeordnete nationale Sachverständige und sonstiges Personal

KAPITEL VI: ALLGEMEINE UND SCHLUSSBESTIMMUNGEN
- Art. 34: Vorrechte und Befreiungen
- Art. 35: Sprachenregelung
- Art. 36: Transparenz, Schutz personenbezogener Daten und Kommunikation
- Art. 37: Betrugsbekämpfung
- Art. 38: Sicherheitsvorschriften für den Schutz von Verschlusssachen und nicht als Verschlusssache eingestuften vertraulichen Informationen
- Art. 39: Haftung
- Art. 40: Bewertung und Überprüfung
- Art. 41: Verwaltungsuntersuchungen
- Art. 42: Zusammenarbeit mit Drittstaaten und internationalen Organisationen
- Art. 43: Sitzabkommen und Arbeitsbedingungen
- Art. 44: Aufnahme der Tätigkeit der Behörde
- Art. 45: Änderung der Verordnung (EG) Nr. 883/2004

2/17. EU-ArbeitsbehördeVO

Präambel

Art. 46: Änderung der Verordnung (EU) Nr. 492/2011
Art. 47: Änderung der Verordnung (EU) 2016/589
Art. 48: Aufhebung
Art. 49: Inkrafttreten

ANHANG

DAS EUROPÄISCHE PARLAMENT UND DER RAT DER EUROPÄISCHEN UNION –

gestützt auf den Vertrag über die Arbeitsweise der Europäischen Union, insbesondere auf die Artikel 46 und 48, auf Vorschlag der Europäischen Kommission,

nach Zuleitung des Entwurfs des Gesetzgebungsakts an die nationalen Parlamente, nach Stellungnahme des Europäischen Wirtschafts- und Sozialausschusses,

nach Stellungnahme des Ausschusses der Regionen,

gemäß dem ordentlichen Gesetzgebungsverfahren,

in Erwägung nachstehender Gründe:

(1) Die Freizügigkeit der Arbeitnehmer, die Niederlassungsfreiheit und die Dienstleistungsfreiheit sind Grundprinzipien des Binnenmarkts der Union, die im Vertrag über die Arbeitsweise der Europäischen Union (AEUV) verankert sind.

(2) Gemäß Artikel 3 des Vertrags über die Europäische Union (EUV) wirkt die Union auf eine in hohem Maße wettbewerbsfähige soziale Marktwirtschaft hin, die auf Vollbeschäftigung und sozialen Fortschritt abzielt, fördert soziale Gerechtigkeit, sozialen Schutz, die Gleichstellung von Frauen und Männern und die Solidarität zwischen den Generationen und bekämpft Diskriminierung. Gemäß Artikel 9 AEUV trägt die Union bei der Festlegung und Durchführung ihrer Politik und ihrer Maßnahmen den Erfordernissen im Zusammenhang mit der Förderung eines hohen Beschäftigungsniveaus, mit der Gewährleistung eines angemessenen sozialen Schutzes, mit der Bekämpfung der sozialen Ausgrenzung sowie mit einem hohen Niveau der allgemeinen und beruflichen Bildung und des Gesundheitsschutzes Rechnung.

(3) Die europäische Säule sozialer Rechte wurde auf dem Sozialgipfel für faire Arbeitsplätze und Wachstum am 17. November 2017 in Göteborg gemeinsam von Europäischem Parlament, Rat und Kommission proklamiert. Auf diesem Gipfel wurde die Notwendigkeit betont, die Menschen an die erste Stelle zu setzen, um die soziale Dimension der Union weiterzuentwickeln, und die Konvergenz durch Anstrengungen auf allen Ebenen zu fördern; dies wurde in den Schlussfolgerungen des Europäischen Rates im Anschluss an seine Tagung vom 14. und 15. Dezember 2017 bekräftigt.

(4) In ihrer gemeinsamen Erklärung über die Gesetzgebungsprioritäten für 2018–2019 haben sich das Europäische Parlament, der Rat und die Kommission verpflichtet, Maßnahmen zur Stärkung der sozialen Dimension der Union zu ergreifen und dazu auf eine bessere Koordinierung der Systeme der sozialen Sicherheit hinzuarbeiten, die Arbeitnehmer vor Gesundheitsrisiken am Arbeitsplatz zu schützen, die faire Behandlung aller Arbeitnehmer auf dem Arbeitsmarkt der Union mithilfe modernerer Entsenderegelungen zu gewährleisten und die grenzübergreifende Durchsetzung von Unionsrecht zu verbessern.

(5) Damit die Rechte mobiler Arbeitnehmer geschützt werden und ein fairer Wettbewerb zwischen Unternehmen und insbesondere kleinen und mittleren Unternehmen (KMU) gefördert wird, ist es wichtig, die grenzübergreifende Durchsetzung des Unionsrechts im Bereich der Arbeitskräftemobilität zu verbessern und damit zusammenhängende Verstöße zu bekämpfen.

(6) Als Beitrag zur Stärkung der Fairness im und des Vertrauens in den Binnenmarkt sollte eine Europäische Arbeitsbehörde (im Folgenden „Behörde") errichtet werden. Die Zielvorgaben der Behörde sollten klar festgelegt werden, wobei der Schwerpunkt auf nur einer begrenzten Zahl von Aufgaben liegen sollte, damit die zur Verfügung stehenden Mittel in den Bereichen, in denen die Behörde den größten Mehrwert hervorbringen kann, so effizient wie möglich wahrgenommen werden. Hierzu sollte die Behörde die Mitgliedstaaten und die Kommission bei der Verbesserung des Zugangs zu Informationen unterstützen, die Einhaltung von Vorschriften und die Zusammenarbeit der Mitgliedstaaten bei der kohärenten, wirksamen und effektiven Anwendung und Durchsetzung des Unionsrechts im Bereich der unionsweiten Arbeitskräftemobilität sowie die Koordinierung der Systeme der sozialen Sicherheit in der Union fördern, bei Streitigkeiten vermitteln und zur Herbeiführung von Lösungen beitragen.

(7) Die Erleichterung des Zugangs zu Informationen für Einzelpersonen und Arbeitgeber, insbesondere KMU, über ihre Rechte und Pflichten auf den Gebieten der Arbeitskräftemobilität, des freien Verkehrs von Dienstleistungen und der Koordinierung der Systeme der sozialen Sicherheit ist von entscheidender Bedeutung dafür, dass sie das Potenzial des Binnenmarkts voll ausschöpfen können.

(8) Die Behörde sollte in den Bereichen unionsweite Arbeitskräftemobilität und Koordinierung der Systeme der sozialen Sicherheit tätig werden (einschließlich der Bereiche Freizügigkeit der Arbeitnehmer, Entsendung von Arbeitnehmern und mit großer Mobilität verbundene Erbringung von Dienstleistungen). Sie sollte auch die Zusammenarbeit der Mitgliedstaaten bei der Bekämpfung nicht angemeldeter Erwerbstätigkeit und anderer Sachverhalte stärken, die wie etwa Briefkastenfirmen und Scheinselbstständigkeit das ordnungsgemäße Funktionieren des Binnenmarkts gefährden, wobei jedoch die Zuständigkeit der Mitgliedstaaten, über nationale Maßnahmen zu beschließen, unberührt

2/17. EU-ArbeitsbehördeVO
Präambel

bleiben sollte. In Fällen, in denen die Behörde in Ausübung ihrer Tätigkeiten Kenntnis von mutmaßlichen Unregelmäßigkeiten in Bereichen des Unionsrechts erhält, etwa von Verstößen gegen Arbeits-, Gesundheits- und Sicherheitsvorschriften oder von Ausbeutung der Arbeitskraft, sollte es ihr möglich sein, diese Fälle den nationalen Behörden der betreffenden Mitgliedstaaten und gegebenenfalls der Kommission und anderen zuständigen Stellen der Union zu melden und in diesen Fragen mit ihnen zusammenzuarbeiten.

(9) Der Tätigkeitsbereich der Behörde sollte sich auf bestimmte in dieser Verordnung genannte Rechtsakte der Union und die Änderungen an diesen Rechtsakten der Union erstrecken. Diese Liste sollte erweitert werden, wenn im Bereich der unionsweiten Arbeitskräftemobilität weitere Rechtsakte der Union erlassen werden.

(10) Die Behörde sollte die Bemühungen der Union und der Mitgliedstaaten im Bereich der unionsweiten Arbeitskräftemobilität und Koordinierung der Systeme der sozialen Sicherheit proaktiv unterstützen, indem sie ihre Aufgaben in vollumfänglicher Zusammenarbeit mit den Organen und Einrichtungen der Union und den Mitgliedstaaten wahrnimmt und dabei jedwede Überlappung von Tätigkeiten vermeidet und Synergieeffekte und Komplementarität fördert.

(11) Die Behörde sollte zur Erleichterung der Anwendung und Durchsetzung von Unionsrecht im Anwendungsbereich dieser Verordnung und zur Unterstützung der Durchsetzung dieser Vorschriften beitragen, die mittels allgemein geltender Tarifverträge im Einklang mit den Gepflogenheiten der Mitgliedstaaten umgesetzt werden. Zu diesem Zweck sollte die Behörde eine zentrale europäische Website einrichten, über die alle einschlägigen Websites der Union und die gemäß der Richtlinie 2014/67/EU des Europäischen Parlaments und des Rates und der Richtlinie 2014/54/EU des Europäischen Parlaments und des Rates eingerichteten nationalen Websites aufgerufen werden können. Unbeschadet der Aufgaben und Tätigkeiten der mit der Verordnung (EG) Nr. 883/2004 des Europäischen Parlaments und des Rates eingerichteten Verwaltungskommission für die Koordinierung der Systeme der sozialen Sicherheit (im Folgenden „Verwaltungskommission") sollte die Behörde ferner zur Koordinierung der Systeme der sozialen Sicherheit beitragen.

(12) In bestimmten Fällen ist branchenspezifisches Unionsrecht erlassen worden, um auf spezifische Erfordernisse in der betreffenden Branche zu reagieren, z. B. im Bereich des grenzüberschreitenden Verkehrs mit Straßen-, Schienen-, Seeschifffahrts-, Binnenschifffahrts- und Luftverkehr. Die Behörde sollte sich innerhalb des Anwendungsbereichs dieser Verordnung auch mit den Aspekten der grenzüberschreitenden Arbeitskräftemobilität und der sozialen Sicherheit der Anwendung solcher branchenspezifischer Rechtsvorschriften der Union befassen. Der Tätigkeitsbereich der Behörde – insbesondere, ob ihre Aktivitäten auf weitere Rechtsakte der Union ausgedehnt werden sollten, die branchenspezifische Erfordernisse im Bereich des internationalen Verkehrs betreffen – sollte regelmäßig evaluiert und erforderlichenfalls geändert werden.

(13) Die Tätigkeiten der Behörde sollten Einzelpersonen umfassen, auf die das Unionsrecht im Anwendungsbereich dieser Verordnung anwendbar sind, darunter Arbeitnehmer, Selbstständige und Arbeitsuchende. Bei diesen Einzelpersonen sollte es sich sowohl um Unionsbürger als auch um Drittstaatsangehörige handeln können, die sich rechtmäßig in der Union aufhalten, z. B. entsandte Arbeitnehmer, unternehmensintern versetzte Arbeitnehmer oder langfristig Aufenthaltsberechtigte und deren Familienangehörige, im Einklang mit Unionsrecht, das ihre Mobilität innerhalb der Union regelt.

(14) Die Errichtung der Behörde sollte nicht dazu führen, dass neue Rechte und Pflichten für Einzelpersonen und Arbeitgeber, einschließlich Wirtschaftsbeteiligten oder gemeinnützigen Organisationen, geschaffen werden, da die Tätigkeiten der Behörde nur in dem Maße auf diese Einzelpersonen und Arbeitgeber abzielen sollten, in dem sie von Unionsrecht im Anwendungsbereich dieser Verordnung betroffen sind. Die verstärkte Zusammenarbeit im Bereich der Rechtsdurchsetzung sollte weder einen übermäßigen Verwaltungsaufwand für mobile Arbeitnehmer oder Arbeitgeber – insbesondere KMU – nach sich ziehen noch die Arbeitskräftemobilität hemmen.

(15) Die Behörde sollte sicherstellen, dass Einzelpersonen und Arbeitgeber in den Genuss eines fairen und effizienten Binnenmarkts kommen, und hierzu die Mitgliedstaaten bei der Förderung von Möglichkeiten für Arbeitskräftemobilität und die Erbringung von Dienstleistungen und Vermittlung an beliebigen Orten in der Union, wozu auch Möglichkeiten des Zugangs zu grenzüberschreitenden Mobilitätsdiensten wie etwa das Zusammenbringen von Nachfrage und Angebot bei Stellen-, Praktikums- und Ausbildungsplätzen sowie Mobilitätsmaßnahmen wie „Dein erster EURES-Arbeitsplatz" oder „ErasmusPRO" gehören. Die Behörde sollte zudem einen Beitrag leisten zu mehr Transparenz der Informationen, etwa über die Rechte und Pflichten gemäß Unionsrecht, und über den Zugang zu Dienstleistungen für Einzelpersonen und Arbeitgeber, wobei sie mit anderen Informationsdiensten der Union wie „Ihr Europa – Beratung" zusammenarbeiten sollte, sowie zur umfassenden Nutzung von und zur Gewährleistung der Übereinstimmung mit dem Portal „Ihr Europa", das das Rückgrat des durch die Verordnung (EU) 2018/1724 des Europäischen Parlaments und des Rates eingerichteten zentralen digitalen Zugangstors bilden soll.

(16) Hierzu sollte die Behörde an anderen einschlägigen Initiativen und Netzen der Union mitwirken und insbesondere mit dem Europäischen Netz der öffentlichen Arbeitsverwaltungen, dem Enterprise Europe Network, der Anlaufstelle „Grenze", SOLVIT und dem Ausschuss Hoher Arbeitsaufsichtsbeamter sowie mit einschlägigen

nationalen Diensten, etwa den gemäß der Richtlinie 2014/54/EU von den Mitgliedstaaten benannten Stellen zur Förderung der Gleichbehandlung und zur Unterstützung von Arbeitnehmern der Union und ihren Familienangehörigen, zusammenarbeiten. Die Behörde sollte die Kommission bei der Verwaltung des mit der Verordnung (EU) 2016/589 des Europäischen Parlaments und des Rates gegründeten Europäischen Koordinierungsbüros des Europäischen Netzes der Arbeitsvermittlungen (im Folgenden „EURES-Netz") ablösen; dies gilt für die Festlegung der Nutzerbedürfnisse und der betrieblichen Anforderungen an die Leistungsfähigkeit des EURES-Portals und damit zusammenhängender Informationstechnologie (IT)-Dienste, nicht jedoch für die Bereitstellung von IT-Systemen sowie den Betrieb und den Ausbau von IT-Infrastruktur, für die weiterhin die Kommission Sorge tragen wird.

(17) Um eine gerechte, einfache und wirksame Anwendung und Durchsetzung des Unionsrechts sicherzustellen, sollte die Behörde die Zusammenarbeit und den zeitnahen Austausch von Informationen zwischen den Mitgliedstaaten unterstützen. Zusammen mit den übrigen Mitarbeitern sollten die in der Behörde tätigen nationalen Verbindungsbeamten die Mitgliedstaaten bei der Einhaltung ihrer Kooperationspflichten unterstützen, den Austausch zwischen ihnen mittels Verfahren zur Verringerung von Verzögerungen beschleunigen und Kontakte zu anderen nationalen Verbindungsbüros, Einrichtungen und Kontaktstellen gewährleisten, die gemäß Unionsrecht eingerichtet worden sind. Die Behörde sollte die Nutzung innovativer Ansätze für eine effektive und effiziente grenzüberschreitende Zusammenarbeit fördern, darunter Instrumente für den elektronischen Datenaustausch, etwa das System für den elektronischen Austausch von Sozialversicherungsdaten und das Binnenmarkt-Informationssystem (IMI), sowie zur weiteren Digitalisierung der Verfahren und zur Verbesserung von IT-Instrumenten für den Nachrichtenaustausch zwischen nationalen Behörden beitragen.

(18) Um die Mitgliedstaaten in die Lage zu versetzen, den Schutz von Personen bei der Wahrnehmung ihres Rechts auf Freizügigkeit besser zu gewährleisten und Unregelmäßigkeiten mit grenzübergreifender Dimension im Zusammenhang mit Unionsrecht im Anwendungsbereich dieser Verordnung besser zu bewältigen, sollte die Behörde die nationalen Behörden bei der Durchführung konzertierter und gemeinsamer Kontrollen unterstützen, indem sie unter anderem die Durchführung von Prüfungen gemäß Artikel 10 der Richtlinie 2014/67/EU erleichtert. Diese Kontrollen sollten auf Antrag der Mitgliedstaaten oder – mit deren Zustimmung – auf Vorschlag der Behörde stattfinden. Die Behörde sollte den Mitgliedstaaten, die sich an den konzertierten und gemeinsamen Kontrollen beteiligen, unter uneingeschränkter Wahrung der Vertraulichkeitsanforderungen strategische, logistische und technische Unterstützung leisten. Die Kontrollen sollten im Einvernehmen mit den betreffenden Mitgliedstaaten und innerhalb des nationalen Rechtsrahmens oder der nationalen Gepflogenheiten der Mitgliedstaaten, in denen sie durchgeführt werden, stattfinden. Die Mitgliedstaaten sollten je nach den Ergebnissen der konzertierten und gemeinsamen Kontrollen Folgemaßnahmen im Einklang mit ihrem jeweiligen nationalen Recht oder ihren jeweiligen nationalen Gepflogenheiten ergreifen.

(19) Konzertierte und gemeinsame Kontrollen sollten nationale Zuständigkeiten weder ersetzen noch unterlaufen. Die nationalen Behörden sollten außerdem vollständig in das Verfahren solcher Kontrollen eingebunden werden und sollten vollumfängliche Befugnisse besitzen. Wenn die Gewerkschaften für die Kontrollen auf nationaler Ebene zuständig sind, sollten die konzertierten und gemeinsamen Kontrollen nach Zustimmung der einschlägigen Sozialpartner und in Zusammenarbeit mit diesen vorgenommen werden.

(20) Um über neu auftretende Trends, Herausforderungen oder Gesetzeslücken in den Bereichen Arbeitskräftemobilität und Koordinierung der Systeme der sozialen Sicherheit auf dem Laufenden zu bleiben, sollte die Behörde gemeinsam mit den Mitgliedstaaten und den Sozialpartnern – falls angezeigt – eine Analyse- und Risikobewertungskapazität entwickeln. Dies sollte die Durchführung von Arbeitsmarktanalysen und -studien sowie Peer Reviews umfassen. Die Behörde sollte potenzielle Ungleichgewichte bei Qualifikationen und grenzüberschreitenden Wanderungsbewegungen von Arbeitskräften beobachten, einschließlich der möglichen Auswirkungen solcher Bewegungen auf den territorialen Zusammenhalt. Die Behörde sollte außerdem die in Artikel 10 der Richtlinie 2014/67/EU erwähnte Risikobewertung unterstützen. Die Behörde sollte Synergien und Komplementarität mit Agenturen, Diensten oder Netzen der Union gewährleisten. Bei branchenspezifischen Herausforderungen und immer wieder auftretenden Problemen im Zusammenhang mit der Arbeitskräftemobilität innerhalb des Anwendungsbereichs dieser Verordnung sollte dazu auch der Rückgriff auf SOLVIT und ähnliche Dienste gehören. Die Behörde sollte außerdem die Datenerfassung erleichtern und straffen, die durch Unionsrecht im Anwendungsbereich dieser Verordnung vorgesehen ist. Dies zieht keine neuen Berichtspflichten für die Mitgliedstaaten nach sich.

(21) Zur Stärkung der Kapazitäten der nationalen Behörden in den Bereichen Arbeitskräftemobilität und Koordinierung der Systeme der sozialen Sicherheit und zur Verbesserung der Kohärenz bei der Anwendung von Unionsrecht im Anwendungsbereich dieser Verordnung sollte die Behörde nationalen Behörden operative Unterstützung leisten, indem sie beispielsweise Praxisleitfäden verfasst, Schulungs- und Peer-Learning-Programme unter anderem für Arbeitsaufsichtsbehörden aufstellt, damit Herausforderungen wie etwa Scheinselbstständigkeit und die missbräuchliche Entsendung von Arbeitskräften angegangen werden, Amtshilfeprojekte fördert, den Austausch von Personal erleichtert, wie er unter anderem in Artikel 8 der

2/17. EU-ArbeitsbehördeVO
Präambel

Richtlinie 2014/67/EU vorgesehen ist, und die Mitgliedstaaten bei der Organisation von Kampagnen zur Sensibilisierung von Einzelpersonen und Arbeitgebern über ihre Rechte und Pflichten unterstützt. Die Behörde sollte den Austausch, die Verbreitung und die Anwendung von bewährten Verfahren und zum Kenntnissen sowie das gegenseitige Verständnis über die unterschiedlichen nationalen Systeme und Gepflogenheiten fördern.

(22) Die Behörde sollte Synergien zwischen ihrer Aufgabe, für eine faire Arbeitskräftemobilität Sorge zu tragen, und der Bekämpfung nicht angemeldeter Erwerbstätigkeit herausarbeiten. Für die Zwecke dieser Verordnung bezeichnet der Begriff „Bekämpfung" nicht angemeldeter Erwerbstätigkeit die Prävention von, die Abschreckung vor und das Vorgehen gegen nicht angemeldete Erwerbstätigkeit sowie Maßnahmen, mit denen ihre Anmeldung gefördert wird. Die Behörde sollte an die Kenntnisse und die Arbeitsmethoden der Europäischen Plattform zur Stärkung der Zusammenarbeit bei der Bekämpfung nicht angemeldeter Erwerbstätigkeit, die gemäß dem Beschluss (EU) 2016/344 des Europäischen Parlaments und des Rates eingerichtet wurde, anknüpfen und auf diese Weise unter Beteiligung der Sozialpartner eine ständige Arbeitsgruppe einrichten, die als Plattform zur Stärkung der Zusammenarbeit bei der Bekämpfung nicht angemeldeter Erwerbstätigkeit bezeichnet wird. Die Behörde sollte dafür Sorge tragen, dass die laufenden Aktivitäten dieser, gemäß dem Beschluss (EU) 2016/344 eingerichteten, Plattform reibungslos auf die neue Arbeitsgruppe innerhalb der Behörde übergehen.

(23) Die Behörde sollte eine Vermittlerrolle haben. Die Mitgliedstaaten sollten die Möglichkeit haben, strittige Einzelfälle zur Mediation an die Behörde zu verweisen, wenn es nicht gelingt, sie durch direkte Kontakte und durch den Dialog zu lösen. Die Behörde sollte sich nur mit Streitigkeiten zwischen Mitgliedstaaten befassen; Einzelpersonen und Arbeitgeber, die mit Schwierigkeiten bei der Wahrnehmung ihrer von der Union verliehenen Rechte konfrontiert sind, sollten sich hingegen weiterhin an die auf solche Fälle spezialisierten nationalen Dienste und Unionsdienste (z. B. das SOLVIT-Netz) wenden können, an die die Behörde entsprechende Fälle verweisen sollte. Zugleich sollte das SOLVIT-Netz die Möglichkeit haben, an die Behörde die Prüfung von Fällen zu verweisen, bei denen das Problem aufgrund von Differenzen zwischen nationalen Verwaltungsbehörden nicht gelöst werden kann. Die Behörde sollte ihre Vermittlerrolle unbeschadet der Zuständigkeiten des Gerichtshofs der Europäischen Union (im Folgenden „Gerichtshof") hinsichtlich der Auslegung des Unionsrechts und unbeschadet der Zuständigkeiten der Verwaltungskommission wahrnehmen.

(24) Der Europäische Interoperabilitätsrahmen (EIF) bietet Grundsätze und Empfehlungen dazu, wie sich die Steuerung von Interoperabilitätsaktivitäten und der Erbringung öffentlicher Dienstleistungen verbessern, organisationsübergreifende und grenzüberschreitende Beziehungen aufbauen und Verfahren zur Unterstützung eines durchgehend digitalen Austauschs straffen lassen und wie gewährleistet werden kann, dass sowohl in bestehenden als auch in neuen Rechtsvorschriften Interoperabilitätsgrundsätze beachtet werden. Die Europäische Interoperabilitäts-Referenzarchitektur (EIRA) ist eine allgemeine Struktur mit Grundsätzen und Leitlinien für die Einführung von Interoperabilitätslösungen. gemäß dem Beschluss (EU) 2015/2240 des Europäischen Parlaments und des Rates. EIF und EIRA sollten die Behörde bei der Prüfung von Fragen der Interoperabilität beraten und unterstützen.

(25) Die Behörde sollte bestrebt sein, besseren Zugang zu Online-Informationen und -Diensten für Interessenträger der Union und der Mitgliedstaaten zu bieten und den Informationsaustausch zwischen ihnen zu erleichtern. Daher sollte die Behörde nach Möglichkeit den Rückgriff auf digitale Hilfsmittel fördern. Neben IT-Systemen und Websites spielen digitale Hilfsmittel wie Online-Plattformen und Datenbanken zunehmend eine zentrale Rolle auf dem Markt der grenzüberschreitenden Arbeitskräftemobilität. Derartige Hilfsmittel sind daher von Nutzen, damit ein einfacher Zugang zu einschlägigen Online-Informationen gewährt wird und der Informationsaustausch für Interessenträger der Union und der Mitgliedstaaten bei ihren grenzüberschreitenden Tätigkeiten erleichtert wird.

(26) Die Behörde sollte sich darum bemühen, dass Websites und mobile Anwendungen, die für die Wahrnehmung der in dieser Verordnung festgelegten Aufgaben eingerichtet werden, mit den einschlägigen Anforderungen der Union an den barrierefreien Zugang im Einklang stehen. Gemäß der Richtlinie (EU) 2016/2102 des Europäischen Parlaments und des Rates müssen die Mitgliedstaaten sicherstellen, dass die Websites ihrer öffentlichen Stellen nach den Grundsätzen. dass sie wahrnehmbar, bedienbar, verständlich und robust sind, zugänglich sind und dass sie die Anforderungen der genannten Richtlinie erfüllen. Jene Richtlinie gilt nicht für Websites und mobile Anwendungen der Organe, Einrichtungen und sonstigen Stellen der Union. Die Behörde sollte jedoch bestrebt sein, die in jener Richtlinie verankerten Grundsätze einzuhalten.

(27) Die Behörde sollte im Einklang mit den Grundsätzen der Gemeinsamen Erklärung des Europäischen Parlaments, des Rates und der Kommission vom 19. Juli 2012 zu den dezentralen Agenturen eingerichtet und geführt werden.

(28) Der Gleichheitsgrundsatz ist ein grundlegendes Prinzip des Unionsrechts. Er verlangt, dass die Gleichstellung von Frauen und Männern in allen Bereichen, einschließlich der Beschäftigung, der Arbeit und des Entgelts, gewährleistet ist. Alle beteiligten Parteien sollten darauf hinwirken, eine ausgewogene Vertretung von Frauen und Männern im Verwaltungsrat und in der Gruppe der Interessenträger zu erreichen. Dieses Ziel sollte auch vom Verwaltungsrat in Bezug auf seinen Vorsitzenden und seine stellvertretenden Vorsitzenden als Ganzes verfolgt werden.

2/17. EU-ArbeitsbehördeVO
Präambel

(29) Damit ein wirksames Funktionieren der Behörde gewährleistet ist, sollten die Mitgliedstaaten und die Kommission im Verwaltungsrat vertreten sein. Das Europäische Parlament und branchenübergreifende Organisationen der Sozialpartner auf Unionsebene, die Gewerkschaften und Arbeitgeberverbände – mit angemessener Vertretung von KMU – paritätisch vertreten, können ebenso Vertreter für den Verwaltungsrat benennen. Bei der Zusammensetzung des Verwaltungsrates – auch bei der Besetzung des Vorsitzes und des stellvertretenden Vorsitzes – sollte auf Ausgewogenheit der Geschlechter, Erfahrung und Qualifikation geachtet werden. Im Hinblick auf eine wirksame und effiziente Funktionsweise der Behörde sollte der Verwaltungsrat insbesondere ein Jahresarbeitsprogramm beschließen, seine Aufgaben im Zusammenhang mit dem Haushalt der Behörde wahrnehmen, die Finanzregelung für die Behörde festlegen, einen Exekutivdirektor ernennen und Verfahren für die Entscheidungsfindung hinsichtlich operativer Aufgaben der Behörde durch den Exekutivdirektor aufstellen. Vertreter aus Drittländern, die Unionsvorschriften anwenden, welche in den Anwendungsbereich dieser Verordnung fallen, sollten als Beobachter an den Sitzungen des Verwaltungsrates teilnehmen dürfen.

(30) Der vom Europäischen Parlament benannte unabhängige Sachverständige und die Vertreter der branchenübergreifenden Organisationen der Sozialpartner auf Unionsebene sollten in Ausnahmefällen – wenn ein Höchstmaß an Vertraulichkeit gewahrt werden muss – nicht an den Beratungen des Verwaltungsrates teilnehmen. Diese Bestimmung sollte in der Geschäftsordnung des Verwaltungsrats eindeutig ausgeführt und auf sensible Informationen über Einzelfälle begrenzt sein, damit die wirksame Beteiligung des Sachverständigen und der Vertreter an der Tätigkeit des Verwaltungsrats nicht ungebührlich eingeschränkt wird.

(31) Es sollte ein Exekutivdirektor ernannt werden, der die generelle administrative Verwaltung der Behörde und die Wahrnehmung der ihr übertragenen Aufgaben sicherstellt. Andere Mitglieder des Personals können den Exekutivdirektor im Einklang mit der Geschäftsordnung der Behörde vertreten, wenn dies für die Aufrechterhaltung des Geschäftsbetriebs der Behörde für erforderlich erachtet wird, ohne dass zusätzliche Leitungsfunktionen geschaffen werden.

(32) Unbeschadet der Befugnisse der Kommission sollten Verwaltungsrat und Exekutivdirektor bei der Wahrnehmung ihrer Aufgaben unabhängig sein und im öffentlichen Interesse handeln.

(33) Die Behörde sollte in den Bereichen, die in den Anwendungsbereich dieser Verordnung fallen, über eine eigens geschaffene Gruppe der Interessenträger unmittelbar auf das Fachwissen einschlägiger Interessenträger zurückgreifen. Die Mitglieder sollten Vertreter der Sozialpartner auf Unionsebene sein, darunter anerkannte branchenspezifische Sozialpartner der Union, die Branchen vertreten, die in besonderem Maße von Problemen der Arbeitskräftemobilität betroffen sind. Die Gruppe der Interessenträger sollte zuvor entsprechend unterrichtet werden und der Behörde ihre Stellungnahmen auf Antrag oder auf eigene Initiative vorlegen können. Bei der Wahrnehmung ihrer Aufgaben trägt die Gruppe der Interessenträger den Stellungnahmen der Beratenden Ausschüsse für die Koordinierung der Systeme der sozialen Sicherheit und für die Freizügigkeit der Arbeitnehmer, die mit den Verordnungen (EG) Nr. 883/2004 bzw. (EU) Nr. 492/2011 des Europäischen Parlaments und des Rates eingesetzt wurden, gebührend Rechnung und greift auf das Fachwissen der beiden Ausschüsse zurück.

(34) Zur Gewährleistung ihrer vollständigen Autonomie und Unabhängigkeit sollte die Behörde mit einem eigenständigen Haushalt ausgestattet werden, dessen Einnahmen aus dem Gesamthaushaltsplan der Europäischen Union und freiwilligen Finanzbeiträgen der Mitgliedstaaten stammen sowie aus etwaigen Beiträgen von Drittstaaten, die sich an der Arbeit der Behörde beteiligen. In ordnungsgemäß begründeten Ausnahmefällen sollte es ihr auch möglich sein, Mittel im Wege von Übertragungsvereinbarungen oder Ad-hoc-Finanzhilfen zu erhalten sowie Gebühren für Veröffentlichungen und für von ihr erbrachte Leistungen zu erheben.

(35) Die für die Tätigkeit der Behörde erforderlichen Übersetzungen sollten vom Übersetzungszentrum für die Einrichtungen der Europäischen Union (im Folgenden „Übersetzungszentrum") angefertigt werden. Die Behörde sollte mit dem Übersetzungszentrum zusammenarbeiten, um Indikatoren für Qualität, Pünktlichkeit und Vertraulichkeit festzulegen, die Bedürfnisse und Prioritäten der Behörde genau zu ermitteln sowie transparente und objektive Verfahren für den Übersetzungsprozess auszuarbeiten.

(36) Die Verarbeitung personenbezogener Daten im Zusammenhang mit der vorliegenden Verordnung sollte gemäß der Verordnung (EU) 2016/679 oder der Verordnung (EU) 2018/1725 des Europäischen Parlaments und des Rates erfolgen. Dies umfasst das Ergreifen geeigneter technischer und organisatorischer Maßnahmen, um den Verpflichtungen aus den genannten Verordnungen nachzukommen, insbesondere den Maßnahmen bezüglich der Rechtmäßigkeit der Verarbeitung, der Sicherheit der Verarbeitungsvorgänge, der Bereitstellung von Informationen und der Rechte der betroffenen Personen.

(37) Im Interesse einer transparenten Arbeitsweise der Behörde sollte die Verordnung (EG) Nr. 1049/2001 des Europäischen Parlaments und des Rates auf die Behörde Anwendung finden. Die Tätigkeiten der Behörde sollten im Einklang mit Artikel 228 AEUV der Prüfung durch den Europäischen Bürgerbeauftragten unterliegen.

(38) Die Verordnung (EU, Euratom) Nr. 883/2013 des Europäischen Parlaments und des Rates sollte auf die Behörde Anwendung finden, und die Behörde sollte der Interinstitutionellen Vereinbarung vom 25. Mai 1999 zwischen dem Europäischen Parlament, dem Rat der Europäischen Union und der Kommission der Europäischen Gemeinschaf-

ten über die internen Untersuchungen des Europäischen Amtes für Betrugsbekämpfung (OLAF) beitreten.

(39) Der Sitzmitgliedstaat der Behörde sollte der Behörde bestmögliche Voraussetzungen für ihren reibungslosen Betrieb bieten.

(40) Zur Gewährleistung offener und transparenter Beschäftigungsbedingungen und der Gleichbehandlung der Beschäftigten sollten für das Personal und den Exekutivdirektor der Behörde das Statut der Beamten der Europäischen Union und die Beschäftigungsbedingungen für die sonstigen Bediensteten der Union, festgelegt in der Verordnung (EWG, Euratom, EGKS) Nr. 259/68 des Rates (im Folgenden „Statut" und „Beschäftigungsbedingungen"), einschließlich der Regeln für die berufliche Schweigepflicht oder andere vergleichbare Geheimhaltungspflichten, gelten.

(41) Die Behörde sollte mit Agenturen der Union im Rahmen ihrer jeweiligen Zuständigkeiten zusammenarbeiten, ihr Fachwissen nutzen und größtmögliche Synergien anstreben; dies gilt insbesondere für die Agenturen, die in den Bereichen Beschäftigungs- und Sozialpolitik tätig sind – Europäische Stiftung zur Verbesserung der Lebens- und Arbeitsbedingungen (Eurofound), Europäisches Zentrum für die Förderung der Berufsbildung (Cedefop), Europäische Agentur für Sicherheit und Gesundheitsschutz am Arbeitsplatz (EU-OSHA) und Europäische Stiftung für Berufsbildung (ETF) –, sowie, was die Bekämpfung von organisierter Kriminalität und Menschenhandel anbelangt, für die Agentur der Europäischen Union für die Zusammenarbeit auf dem Gebiet der Strafverfolgung (Europol) und die Agentur der Europäischen Union für justizielle Zusammenarbeit in Strafsachen (Eurojust). Diese Zusammenarbeit sollte abgestimmt ablaufen, Synergien hervorbringen und nicht zu Überschneidungen bei den Tätigkeiten führen.

(42) Im Bereich der Koordinierung der Systeme der sozialen Sicherheit sollten die Behörde und die Verwaltungskommission eng zusammenarbeiten, damit Synergien erzielt werden und es nicht zu Überschneidungen kommt.

(43) Um den Tätigkeiten bestehender Gremien in den Bereichen innerhalb des Anwendungsbereichs dieser Verordnung eine operative Dimension zu verleihen, sollte die Behörde die Aufgaben des Fachausschusses für die Freizügigkeit der Arbeitnehmer gemäß der Verordnung (EU) Nr. 492/2011, vom Expertenausschuss für die Entsendung von Arbeitnehmern (eingesetzt durch den Beschluss 2009/17/EG der Kommission), einschließlich des Informationsaustauschs zur Verwaltungszusammenarbeit, der Unterstützung in Fragen der Umsetzung sowie der grenzüberschreitenden Durchsetzung, und der durch den Beschluss (EU) 2016/344 eingerichtete Plattform wahrnehmen. Sobald die Behörde einsatzbereit ist, sollten diese Gremien ihre Arbeit einstellen. Der Verwaltungsrat kann beschließen, gesonderte Arbeitsgruppen oder Expertengremien einzusetzen.

(44) Der Beratende Ausschuss für die Koordinierung der Systeme der sozialen Sicherheit und der Beratende Ausschuss für die Freizügigkeit der Arbeitnehmer bieten ein Forum für Konsultationen von Sozialpartnern und Regierungsvertretern auf nationaler Ebene. Die Behörde sollte zu ihrer Arbeit beitragen und darf an ihren Sitzungen teilnehmen.

(45) Um den neuen institutionellen Gegebenheiten Rechnung zu tragen, sollten die Verordnungen (EG) Nr. 883/2004, (EU) Nr. 492/2011 und (EU) 2016/589 geändert und sollte der Beschluss (EU) 2016/344 aufgehoben werden, sobald die Behörde einsatzbereit ist.

(46) Die Behörde sollte die Vielfalt der nationalen Systeme der Arbeitsbeziehungen und die Autonomie der Sozialpartner, wie im AEUV ausdrücklich anerkannt, achten. Die Beteiligung an den Tätigkeiten der Behörde berührt weder die Befugnisse, Pflichten und Verantwortlichkeiten der Mitgliedstaaten, wie sie sich unter anderem aus einschlägigen und anwendbaren Übereinkommen der Internationalen Arbeitsorganisation (IAO), etwa dem Übereinkommen Nr. 81 über die Arbeitsaufsicht in Gewerbe und Handel, ergeben, noch die Befugnisse der Mitgliedstaaten, nationale Arbeitsbeziehungen zu regulieren, zu schlichten oder zu beaufsichtigen, insbesondere bezüglich der Ausübung des Rechts auf Kollektivverhandlungen und des Streikrechts.

(47) Da die Ziele dieser Verordnung, nämlich in ihrem Anwendungsbereich die faire unionsweite Arbeitsmobilität sicherzustellen und die Mitgliedstaaten und die Kommission bei der Koordinierung der Systeme sozialer Sicherheit innerhalb der Union zu unterstützen, von den Mitgliedstaaten ohne Abstimmung untereinander nicht ausreichend verwirklicht werden können, sondern wegen der grenzüberschreitenden Natur dieser Tätigkeiten und der Notwendigkeit einer verstärkten Zusammenarbeit der Mitgliedstaaten auf Unionsebene besser zu verwirklichen sind, kann die Union im Einklang mit dem in Artikel 5 EUV verankerten Subsidiaritätsprinzip tätig werden. Entsprechend dem in demselben Artikel genannten Grundsatz der Verhältnismäßigkeit geht diese Verordnung nicht über das für die Verwirklichung dieser Ziele erforderliche Maß hinaus.

(48) Diese Verordnung steht im Einklang mit den Grundrechten und befolgt die Grundsätze, die insbesondere in der Charta der Grundrechte der Europäischen Union niedergelegt und in Artikel 6 EUV anerkannt sind.

HABEN FOLGENDE VERORDNUNG ERLASSEN:

KAPITEL I
GRUNDSÄTZE

Errichtung, Gegenstand und Anwendungsbereich

Art. 1 (1) Mit dieser Verordnung wird die Europäische Arbeitsbehörde (im Folgenden „Behörde") errichtet.

(2) Die Behörde unterstützt die Mitgliedstaaten und die Kommission bei der wirksamen Anwendung und Durchsetzung des Unionsrechts im Bereich der unionsweiten Arbeitskräftemobilität und der Koordinierung der Systeme der sozialen Sicherheit in der Union. Die Behörde handelt im Rahmen der in Absatz 4 genannten Rechtsakte der Union einschließlich aller auf diesen Rechtsakten beruhenden Richtlinien, Verordnungen und Beschlüssen und aller weiteren verbindlichen Rechtsakte der Union, durch die der Behörde Aufgaben übertragen werden.

(3) Diese Verordnung berührt in keiner Weise die Wahrnehmung der in den Mitgliedstaaten und auf Unionsebene anerkannten Grundrechte einschließlich des Rechts oder der Freiheit zum Streik oder zur Durchführung anderer Maßnahmen, die im Rahmen der jeweiligen Arbeitsbeziehungen in den Mitgliedstaaten nach ihren nationalen Rechtsvorschriften oder Gepflogenheiten vorgesehen sind. Sie berührt auch nicht das Recht, im Einklang mit den nationalen Rechtsvorschriften oder Gepflogenheiten Tarifverträge auszuhandeln, abzuschließen und durchzusetzen oder Arbeitskampfmaßnahmen zu ergreifen.

(4) Folgende Rechtsakte der Union, einschließlich aller künftigen Änderungen an diesen Rechtsakten, fallen in den Tätigkeitsbereich der Behörde:
a) Richtlinie 96/71/EG des Europäischen Parlaments und des Rates,
b) Richtlinie 2014/67/EU des Europäischen Parlaments und des Rates,
c) Verordnung (EG) Nr. 883/2004 des Europäischen Parlaments und des Rates und Verordnung (EG) Nr. 987/2009 des Europäischen Parlaments und des Rates, einschließlich der Bestimmungen der Verordnung (EWG) Nr. 1408/71 des Rates und der Verordnung (EWG) Nr. 574/72 des Rates, soweit sie nach wie vor gelten, Verordnung (EU) Nr. 1231/2010 des Europäischen Parlaments und des Rates und Verordnung (EG) Nr. 859/2003 zur Ausdehnung der Bestimmung der Verordnung (EWG) Nr. 1408/71 und der Verordnung (EWG) Nr. 574/72 auf Drittstaatsangehörige, die ausschließlich aufgrund ihrer Staatsangehörigkeit nicht bereits unter diese Verordnungen fallen,
d) Verordnung (EU) Nr. 492/2011,
e) Richtlinie 2014/54/EU,
f) Verordnung (EU) 2016/589,
g) Verordnung (EG) Nr. 561/2006 des Europäischen Parlaments und des Rates,
h) Richtlinie 2006/22/EG des Europäischen Parlaments und des Rates,
i) Verordnung (EG) Nr. 1071/2009 des Europäischen Parlaments und des Rates.

(5) Der Tätigkeitsbereich der Behörde umfasst die Bestimmungen dieser Verordnung über die Zusammenarbeit zwischen den Mitgliedstaaten zur Bekämpfung nicht angemeldeter Erwerbstätigkeit.

(6) Diese Verordnung wahrt die Zuständigkeiten der Mitgliedstaaten hinsichtlich der Anwendung und Durchsetzung des in Absatz 4 genannten Unionsrechts.

Sie berührt weder die Rechte oder Pflichten von Einzelpersonen oder Arbeitgebern nach dem Unionsrecht oder dem nationalen Recht oder den nationalen Gepflogenheiten noch die daraus abgeleiteten Rechte und Pflichten der nationalen Behörden noch die im AEUV verankerte Autonomie der Sozialpartner.

Diese Verordnung gilt unbeschadet der geltenden bilateralen Abkommen und Regelungen für die Verwaltungszusammenarbeit zwischen den Mitgliedstaaten, insbesondere jener in Bezug auf konzertierte und gemeinsame Kontrollen.

Ziele

Art. 2 Zweck der Behörde ist es, zur Gewährleistung einer fairen unionsweiten Arbeitskräftemobilität beizutragen und die Mitgliedstaaten und die Kommission bei der Koordinierung der Systeme der sozialen Sicherheit innerhalb der Union zu unterstützen. Hierzu und im Rahmen des Anwendungsbereichs nach Artikel 1 unternimmt die Behörde Folgendes:
a) Sie erleichtert den Zugang zu Informationen über Rechte und Pflichten in Verbindung mit der unionsweiten Arbeitskräftemobilität sowie zu einschlägigen Diensten;
b) sie erleichtert und stärkt die Zusammenarbeit der Mitgliedstaaten bei der unionsweiten Durchsetzung des einschlägigen Unionsrechts; dazu gehört auch die Erleichterung konzertierter und gemeinsamer Kontrollen;
c) sie vermittelt bei länderübergreifenden Streitigkeiten zwischen den Mitgliedstaaten und trägt zur Herbeiführung von Lösungen bei; und
d) sie unterstützt die Zusammenarbeit der Mitgliedstaaten bei der Bekämpfung nicht angemeldeter Erwerbstätigkeit.

Rechtsform

Art. 3 (1) Die Behörde ist eine Einrichtung der Union mit eigener Rechtspersönlichkeit.

(2) Die Behörde besitzt in jedem Mitgliedstaat die weitestgehende Rechts- und Geschäftsfähigkeit, die juristischen Personen nach ihrem nationalem Recht zuerkannt wird. Sie darf insbesondere bewegliches und unbewegliches Vermögen erwerben und veräußern und ist vor Gericht parteifähig.

KAPITEL II
AUFGABEN DER BEHÖRDE

Aufgaben der Behörde

Art. 4 Um ihre Ziele zu erreichen, nimmt die Behörde folgende Aufgaben wahr:
a) Sie erleichtert den Zugang zu Informationen und koordiniert EURES gemäß Artikel 5 und 6.
b) Sie erleichtert die Zusammenarbeit und den Informationsaustausch zwischen den Mit-

2/17. EU-ArbeitsbehördeVO
Art. 4 – 7

gliedstaaten mit Blick auf die konsequente, effiziente und wirksame Anwendung und Durchsetzung des einschlägigen Unionsrechts gemäß Artikel 7.
c) Sie koordiniert und unterstützt konzertierte und gemeinsame Kontrollen gemäß Artikel 8 und 9.
d) Sie führt Analysen und Risikobewertungen zu Fragen der grenzüberschreitenden Mobilität von Arbeitskräften gemäß Artikel 10 durch.
e) Sie unterstützt die Mitgliedstaaten beim Aufbau von Kapazitäten im Hinblick auf die wirksame Anwendung und Durchsetzung des einschlägigen Unionsrechts gemäß Artikel 11.
f) Sie unterstützt die Mitgliedstaaten bei der Bekämpfung nicht angemeldeter Erwerbstätigkeit gemäß Artikel 12.
g) Sie vermittelt bei Streitigkeiten zwischen den Mitgliedstaaten über die Anwendung des einschlägigen Unionsrechts gemäß Artikel 13.

Informationen zur Arbeitskräftemobilität

Art. 5 Um die unionsweite Arbeitskräftemobilität zu erleichtern, sorgt die Behörde für eine bessere Verfügbarkeit, Qualität und Zugänglichkeit der an Einzelpersonen, Arbeitgeber und Sozialpartner gerichteten allgemeinen Informationen über die Rechte und Pflichten, die sich aus den in Artikel 1 Absatz 4 genannten Rechtsakten der Union ergeben. Hierzu unternimmt die Behörde Folgendes:
a) Sie trägt unter anderem mittels einer zentralen unionsweiten Website, die als einheitliches Zugangstor zu Informationsquellen und Dienstleistungen auf Unionsebene und nationaler Ebene in allen Amtssprachen der Union gemäß der Verordnung (EU) 2018/1724 dient, zur Bereitstellung sachdienlicher Informationen über die Rechte und Pflichten von Einzelpersonen in Situationen mit grenzüberschreitender Arbeitskräftemobilität bei.
b) Sie unterstützt die Mitgliedstaaten bei der Anwendung der Verordnung (EU) 2016/589.
c) Sie unterstützt die Mitgliedstaaten bei der Einhaltung der Verpflichtungen in Bezug auf den Zugang zu und die Verbreitung von Informationen im Zusammenhang mit der Freizügigkeit von Arbeitnehmern insbesondere gemäß Artikel 6 der Richtlinie 2014/54/EU und Artikel 22 der Verordnung (EU) 2016/589, mit der Koordinierung der Systeme der sozialen Sicherheit gemäß Artikel 76 Absätze 4 und 5 der Verordnung (EG) Nr. 883/2004 und mit der Entsendung von Arbeitnehmern gemäß Artikel 5 der Richtlinie 2014/67/EU, unter anderem mittels Verweisen auf nationale Informationsquellen wie einzige offizielle nationale Websites.
d) Sie unterstützt die Mitgliedstaaten bei der Verbesserung der Genauigkeit, Vollständigkeit und Nutzerfreundlichkeit einschlägiger nationaler Informationsquellen und -dienste im Einklang mit den Qualitätskriterien gemäß der Verordnung (EU) 2018/1724.
e) Sie unterstützt die Mitgliedstaaten bei der gezielteren Bereitstellung von Informationen und Diensten für Einzelpersonen und Arbeitgeber im Zusammenhang mit grenzüberschreitender Mobilität auf freiwilliger Basis.
f) Sie erleichtert die Zusammenarbeit der gemäß der Richtlinie 2014/54/EU benannten zuständigen Stellen, damit Einzelpersonen und Arbeitgeber in Fragen der Arbeitskräftemobilität im Binnenmarkt informiert, beraten und unterstützt werden.

Koordinierung von EURES

Art. 6 Zur Unterstützung der Mitgliedstaaten bei der Bereitstellung von Dienstleistungen für Einzelpersonen und Arbeitgeber im Rahmen von EURES, z. B. dem länderübergreifenden Abgleich von Lebensläufen mit dem Angebot an Arbeits-, Praktikums- und Ausbildungsstellen, und zur Erleichterung der unionsweiten Arbeitskräftemobilität verwaltet die Behörde das Europäische Koordinierungsbüro des EURES-Netzes, gemäß Verordnung (EU) 2016/589 Artikel 7.

Das von der Behörde verwaltete Europäische Koordinierungsbüro nimmt seine Aufgaben gemäß Artikel 8 der Verordnung (EU) 2016/589 wahr – mit Ausnahme des technischen Betriebs und Ausbaus des EURES-Portals und der damit zusammenhängenden IT-Dienste, die weiterhin von der Kommission verwaltet werden. Die Behörde trägt unter der Verantwortung des Exekutivdirektors gemäß Artikel 22 Absatz 4 Buchstabe n dieser Verordnung dafür Sorge, dass diese Tätigkeit im Einklang mit Artikel 36 dieser Verordnung voll und ganz den Anforderungen des anwendbaren Datenschutzrechts genügt, auch was die Pflicht zur Benennung eines Datenschutzbeauftragten anbelangt.

Zusammenarbeit und Informationsaustausch zwischen Mitgliedstaaten

Art. 7 (1) Die Behörde erleichtert die Zusammenarbeit und beschleunigt den Informationsaustausch zwischen den Mitgliedstaaten und unterstützt sie dabei, ihren Kooperationsverpflichtungen gemäß dem Unionsrecht im Anwendungsbereich dieser Verordnung nachzukommen, auch bezüglich des Informationsaustauschs.

Hierzu unternimmt die Behörde insbesondere Folgendes:
a) Sie unterstützt auf Antrag eines Mitgliedstaats oder mehrerer Mitgliedstaaten nationale Behörden bei der Suche nach den geeigneten Kontaktstellen der nationalen Behörden in anderen Mitgliedstaaten.
b) Sie erleichtert auf Antrag eines Mitgliedstaats oder mehrerer Mitgliedstaaten die Weiterverfolgung von Anfragen und den Informationsaustausch zwischen nationalen Behörden durch logistische und technische Unterstützung, einschließlich Dolmetsch- und

Übersetzungsleistungen, sowie durch den Austausch über den Stand der Bearbeitung der Fälle.

c) Sie fördert bewährte Verfahren, informiert darüber und trägt zu deren Verbreitung in den Mitgliedstaaten bei.

d) Auf Antrag eines Mitgliedstaats oder mehrerer Mitgliedstaaten erleichtert und unterstützt sie erforderlichenfalls Verfahren für die länderübergreifende Durchsetzung im Zusammenhang mit Sanktionen und Geldbußen innerhalb des Anwendungsbereichs dieser Verordnung gemäß Artikel 1.

e) Sie berichtet der Kommission zweimal jährlich über Fragen, die zwischen den Mitgliedstaaten offen geblieben sind, und erwägt, diese bei zur Mediation gemäß Artikel 13 Absatz 2 zu verweisen.

(2) Auf Ersuchen eines oder mehrerer Mitgliedstaaten und zur Erfüllung ihrer Aufgaben übermittelt die Behörde Informationen, um den betroffenen Mitgliedstaat bei der wirksamen Anwendung der Rechtsakte der Union zu unterstützen, die in die Zuständigkeit der Behörde fallen.

(3) Die Behörde fördert den Einsatz elektronischer Instrumente und Verfahren für den Austausch von Mitteilungen zwischen nationalen Behörden, einschließlich des IMI-Systems.

(4) Die Behörde fördert die Nutzung innovativer Ansätze für eine effektive und effiziente länderübergreifende Zusammenarbeit; außerdem fördert sie die potenzielle Anwendung von elektronischen Austauschmechanismen und von und Datenbanken zwischen den Mitgliedstaaten, um den Zugang zu Daten in Echtzeit und die Aufdeckung von Betrug zu erleichtern, und sie kann mögliche Verbesserungen der Anwendung dieser Mechanismen und Datenbanken vorschlagen. Die Behörde erstattet der Kommission im Hinblick auf die Weiterentwicklung der elektronischen Austauschmechanismen und Datenbanken Bericht.

Koordinierung und Unterstützung konzertierter und gemeinsamer Kontrollen

Art. 8 (1) Auf Antrag eines Mitgliedstaats oder mehrerer Mitgliedstaaten koordiniert und unterstützt die Behörde konzertierte oder gemeinsame Kontrollen in den Bereichen, die in die Zuständigkeit der Behörde fallen. Die Behörde kann den Behörden der betroffenen Mitgliedstaaten auch von sich aus vorschlagen, dass sie eine konzertierte oder gemeinsame Kontrolle durchführen sollen.

Konzertierte und gemeinsame Kontrollen bedürfen der Zustimmung der betroffenen Mitgliedstaaten. Organisationen der Sozialpartner auf nationaler Ebene können die Behörde auf Fälle aufmerksam machen.

(2) Für die Zwecke dieser Verordnung bezeichnet der Ausdruck

a) „konzertierte Kontrollen" Kontrollen, die in zwei oder mehreren Mitgliedstaaten gleichzeitig in Bezug auf zusammenhängende Fälle durchgeführt werden, wobei jede nationale Behörde in ihrem Hoheitsgebiet tätig ist und erforderlichenfalls vom Personal der Behörde unterstützt wird,

b) „gemeinsame Kontrollen" Kontrollen, die in einem Mitgliedstaat unter Beteiligung der nationalen Behörden eines oder mehrerer anderer betroffener Mitgliedstaaten durchgeführt und erforderlichenfalls vom Personal der Behörde unterstützt werden.

(3) Gemäß dem Prinzip der loyalen Zusammenarbeit sind die Mitgliedstaaten bestrebt, an konzertierten oder gemeinsamen Kontrollen teilzunehmen.

Einer konzertierten oder gemeinsamen Kontrolle müssen alle teilnehmenden Mitgliedstaaten vorab zugestimmt haben, und diese Zustimmung muss von den nach Artikel 32 benannten nationalen Verbindungsbeamten mitgeteilt werden.

Falls ein Mitgliedstaat oder mehrere Mitgliedstaaten beschließt bzw. beschließen, nicht an der konzertierten oder gemeinsamen Kontrolle teilzunehmen, führen die nationalen Behörden der anderen Mitgliedstaaten eine solche Kontrolle nur in den teilnehmenden Mitgliedstaaten durch. Die Mitgliedstaaten, die eine Teilnahme an der Kontrolle nicht beschlossen haben, behandeln die Informationen über eine solche Kontrolle vertraulich.

(4) Die Behörde legt die Modalitäten fest, mit denen angemessene Folgemaßnahmen sichergestellt werden, falls ein Mitgliedstaat beschließt, nicht an einer konzertierten oder gemeinsamen Kontrolle teilzunehmen, und verabschiedet sie.

In derartigen Fällen unterrichtet der jeweilige Mitgliedstaat die Behörde und die übrigen betroffenen Mitgliedstaaten umgehend und auch auf elektronischem Wege schriftlich über die Gründe für seine Entscheidung und, falls angezeigt, über die Abhilfemaßnahmen, die er zu ergreifen gedenkt, sowie über die Ergebnisse dieser Maßnahmen, sobald diese vorliegen. Die Behörde kann vorschlagen, dass der Mitgliedstaat, der nicht an einer konzertierten oder gemeinsamen Kontrolle teilgenommen hat, freiwillig eine eigene Kontrolle durchführt.

(5) Die Mitgliedstaaten und die Behörde behandeln die Informationen über die geplanten Kontrollen gegenüber Dritten vertraulich.

Regelungen für konzertierte und gemeinsame Kontrollen

Art. 9 (1) Eine Vereinbarung zwischen den beteiligten Mitgliedstaaten und der Behörde über die Durchführung einer konzertierten oder gemeinsamen Kontrolle regelt die Bedingungen für die Durchführung einer solchen Kontrolle, einschließlich des Umfangs und Zwecks der Kontrolle und etwaiger Vereinbarungen im Hinblick auf die Beteiligung der Mitarbeiter der Behörde. Die Vereinbarung kann Bestimmungen enthalten, die regeln, dass einmal vereinbarte und geplante konzertierte oder gemeinsame Kontrollen kurzfristig stattfinden können. Die Behörde erstellt eine Mustervereinbarung im Einklang mit dem Unionsrecht und den jeweiligen nationalen Rechtsvorschriften oder Gepflogenheiten.

(2) Konzertierte und gemeinsame Kontrollen erfolgen im Einklang mit den Rechtsvorschriften oder Gepflogenheiten der Mitgliedstaaten, in deren Hoheitsgebiet die Kontrollen stattfinden. Folgemaßnahmen zu diesen Kontrollen erfolgen im Einklang mit den Rechtsvorschriften oder Gepflogenheiten der betroffenen Mitgliedstaaten.

(3) Konzertierte und gemeinsame Kontrollen erfolgen auf durchführungswirksame Weise. Zu diesem Zweck gewähren die Mitgliedstaaten im Rahmen der Vereinbarung über diese Kontrollen Beamten aus einem anderen Mitgliedstaat, die an derartigen Kontrollen teilnehmen, eine angemessene Rolle und einen angemessenen Status im Einklang mit den Rechtsvorschriften oder Gepflogenheiten des Mitgliedstaats, in dem die Kontrolle durchgeführt wird.

(4) Die Behörde leistet Mitgliedstaaten, die konzertierte oder gemeinsame Kontrollen durchführen, auf deren Antrag hin konzeptuelle, logistische und technische Unterstützung sowie erforderlichenfalls rechtliche Beratung, was auch Dolmetsch- und Übersetzungsleistungen umfassen kann.

(5) Mitarbeiter der Behörde dürfen einer konzertierten oder gemeinsamen Kontrolle als Beobachter beiwohnen und logistische Unterstützung leisten, und sie können an einer konzertierten oder gemeinsamen Kontrolle mit vorheriger Zustimmung des Mitgliedstaats, auf dessen Hoheitsgebiet sie ihre Unterstützung für die Kontrolle leisten werden, im Einklang mit den Rechtsvorschriften oder Gepflogenheiten des Mitgliedstaats teilnehmen.

(6) Die nationale Behörde eines Mitgliedstaats, der eine konzertierte oder gemeinsame Kontrolle durchführt, berichtet der Behörde spätestens sechs Monate nach Abschluss der Kontrolle über die Ergebnisse der Kontrolle in jenem Mitgliedstaat und über den Ablauf der konzertierten oder gemeinsamen Kontrolle insgesamt.

(7) Die bei konzertierten oder gemeinsamen Kontrollen erhobenen Informationen dürfen bei Gerichtsverfahren in den betroffenen Mitgliedstaaten im Einklang mit den Rechtsvorschriften oder Gepflogenheiten des jeweiligen Mitgliedstaats als Beweismittel verwendet werden.

(8) Die Informationen über die von der Behörde koordinierten konzertierten und gemeinsamen Kontrollen sowie die Informationen, die von den Mitgliedstaaten und der Behörde gemäß Artikel 8 Absätze 2 und 3 bereitgestellt werden, werden in die Berichte aufgenommen, die dem Verwaltungsrat zweimal jährlich vorzulegen sind. Diese Berichte werden auch der Gruppe der Interessenträger übermittelt, wobei sensible Informationen in gebührender Form unkenntlich zu machen sind. Ein jährlicher Bericht über die von der Behörde unterstützten Kontrollen ist in den jährlichen Tätigkeitsbericht der Behörde aufzunehmen.

(9) Falls die Behörde im Verlauf von konzertierten oder gemeinsamen Kontrollen oder im Rahmen ihrer sonstigen Tätigkeiten Kenntnis von mutmaßlichen Unregelmäßigkeiten bei der Anwendung des Unionsrechts erhält, so kann sie diese mutmaßlichen Unregelmäßigkeiten gegebenenfalls dem betroffenen Mitgliedstaat und der Kommission melden.

Analysen und Risikobewertungen im Zusammenhang mit Arbeitskräftemobilität

Art. 10 (1) Die Behörde unternimmt in Zusammenarbeit mit den Mitgliedstaaten und, gegebenenfalls, den Sozialpartnern Risikobewertungen und Analysen im Zusammenhang mit der unionsweiten Arbeitskräftemobilität und Koordinierung der Systeme der sozialen Sicherheit. In den Risikobewertungen und Analysen wird beispielsweise auf Ungleichgewichte auf dem Arbeitsmarkt, branchenspezifische Herausforderungen und wiederkehrende Probleme eingegangen, und die Behörde kann auch gezielte und detaillierte Analysen und Studien zur Untersuchung spezifischer Fragen durchführen. Bei der Durchführung ihrer Risikobewertungen und Analysen greift die Behörde weitestgehend auf einschlägige und aktuelle statistische Daten aus bereits durchgeführten Erhebungen zurück, achtet auf Komplementarität mit Agenturen oder Diensten der Union und nationalen Behörden, Agenturen oder Diensten und macht sich deren Fachwissen zunutze, unter anderem in Bezug auf Betrug, Ausbeutung und Diskriminierung und der Prognostizierung des Qualifikationsbedarfs sowie im Bereich Gesundheit und Sicherheit am Arbeitsplatz.

(2) Die Behörde organisiert Peer Reviews unter den Mitgliedstaaten, die der Teilnahme daran zustimmen, um

a) Fragen, Schwierigkeiten und spezifische Themen zu prüfen, die sich im Zusammenhang mit der Durchführung und praktischen Anwendung des Unionsrechts, welches in die Zuständigkeit der Behörde fällt, sowie bei ihrer Durchsetzung in der Praxis ergeben könnten,

b) die Einheitlichkeit der Dienste, die Einzelpersonen und Unternehmen erbracht werden, zu steigern,

c) das Wissen über und das gegenseitige Verständnis für die verschiedenen Systeme und Vorgehensweisen zu verbessern und um die Wirksamkeit verschiedener politischer Maßnahmen zu bewerten, einschließlich Präventions- und Abschreckungsmaßnahmen.

(3) Nach Abschluss jeder Risikobewertung oder sonstigen Analyse meldet die Behörde ihre Ergebnisse direkt an die Kommission sowie an die betroffenen Mitgliedstaaten, zusammen mit Hinweisen auf mögliche Maßnahmen zur Beseitigung festgestellter Schwachstellen.

Außerdem fügt die Behörde ihren Jahresberichten an das Europäische Parlament und die Kommission eine Zusammenfassung der Ergebnisse bei.

(4) In den Bereichen des Unionsrechts, die in ihre Zuständigkeit fallen, erfasst die Behörde

erforderlichenfalls statistische Daten, die von den Mitgliedstaaten zusammen- und bereitgestellt werden. Hierbei ist sie bestrebt, bestehende Datenerfassungsaktivitäten in diesen Bereichen zu straffen, um die doppelte Erhebung von Daten abzuwenden. Falls zutreffend, findet Artikel 15 Anwendung. Gegebenenfalls, nimmt die Behörde mit der Kommission (Eurostat) Verbindung auf und stellt die Ergebnisse ihrer Datenerfassungsaktivitäten zur Verfügung.

Unterstützung des Kapazitätsaufbaus

Art. 11 Die Behörde unterstützt die Mitgliedstaaten beim Kapazitätsaufbau im Hinblick auf die Förderung der konsequenten Durchsetzung des Unionsrechts in allen Bereichen, die in Artikel 1 genannt sind. Die Behörde unternimmt insbesondere Folgendes:

a) Sie entwickelt bei Bedarf in Zusammenarbeit mit den nationalen Behörden und den Sozialpartnern gemeinsame, unverbindliche Leitfäden für die Nutzung durch die Mitgliedstaaten und die Sozialpartner, einschließlich Leitlinien für Kontrollen in Fällen mit länderübergreifendem Bezug, sowie abgestimmte Definitionen und gemeinsame Konzepte, gestützt auf einschlägige Arbeiten auf nationaler Ebene und auf Unionsebene.

b) Sie fördert und unterstützt die Amtshilfe, entweder in Form von Peer-to-Peer- oder von Gruppenaktivitäten, sowie Programme für den Austausch oder die Abordnung von Personal zwischen nationalen Behörden.

c) Sie fördert den Austausch über und die Verbreitung von Erfahrungen und bewährten Verfahren, einschließlich von Beispielen für die Zusammenarbeit zuständiger nationaler Behörden, sowie ihre Verbreitung.

d) Sie entwickelt branchenspezifische und branchenübergreifende Schulungsprogramme, beispielsweise für Arbeitsaufsichtsbehörden, und spezielles Schulungsmaterial, einschließlich Online-Lernmethoden.

e) Sie fördert Sensibilisierungskampagnen, darunter auch solche zur Unterrichtung von Einzelpersonen und Arbeitgebern, insbesondere von KMU, über ihre Rechte und Pflichten sowie über ihre Möglichkeiten.

Europäische Plattform zur Stärkung der Zusammenarbeit bei der Bekämpfung nicht angemeldeter Erwerbstätigkeit

Art. 12 (1) Die gemäß Artikel 16 Absatz 2 eingerichtete Europäische Plattform zur Stärkung der Zusammenarbeit bei der Bekämpfung nicht angemeldeter Erwerbstätigkeit (im Folgenden „Plattform") unterstützt die Tätigkeiten der Mitgliedstaaten zur Bekämpfung nicht angemeldeter Erwerbstätigkeit, indem sie

a) die Zusammenarbeit der zuständigen Behörden der Mitgliedstaaten und anderer beteiligter Akteure der Mitgliedstaaten verbessert, um nicht angemeldete Erwerbstätigkeit in ihren verschiedenen Erscheinungsformen und die damit einhergehende falsch deklarierte Erwerbstätigkeit, einschließlich der Scheinselbstständigkeit, effizienter und wirksamer bekämpfen zu können,

b) die Fähigkeit der verschiedenen zuständigen Behörden und Akteure der Mitgliedstaaten zur Bekämpfung nicht angemeldeter Erwerbstätigkeit im Hinblick auf die länderübergreifenden Aspekte verbessert und dadurch zu gleichen Wettbewerbsbedingungen beiträgt,

c) Fragen im Zusammenhang mit nicht angemeldeter Erwerbstätigkeit und der Dringlichkeit, entsprechend tätig zu werden, stärker ins öffentliche Bewusstsein rückt und die Mitgliedstaaten dazu anhält, ihre Anstrengungen zur Bekämpfung nicht angemeldeter Erwerbstätigkeit zu verstärken,

d) die im Anhang aufgeführten Tätigkeiten ausübt.

(2) Die Plattform fördert die Zusammenarbeit der Mitgliedstaaten durch

a) den Austausch über bewährte Verfahren und von Informationen,

b) die Entwicklung von Fachwissen und Analysen, wobei Überschneidungen abzuwenden sind,

c) die Ermöglichung und Förderung innovativer Ansätze für die effektive und effiziente länderübergreifende Zusammenarbeit und Bewertung von Erfahrungen,

d) die Förderung des bereichsübergreifenden Herangehens an Fragen im Zusammenhang mit nicht angemeldeter Erwerbstätigkeit.

(3) Die Plattform besteht aus

a) jeweils einem von jedem Mitgliedstaat ernannten hochrangigen Vertreter,

b) einem Vertreter der Kommission,

c) höchstens vier Vertretern der branchenübergreifenden Organisationen der Sozialpartner auf Unionsebene, die von diesen Organisationen selbst ernannt werden, mit einer paritätischen Vertretung von Gewerkschafts- und Arbeitgeberorganisationen.

(4) Folgende Interessenträger können als Beobachter an den Sitzungen der Plattform teilnehmen, wobei ihren Beiträgen gebührend Rechnung zu tragen ist:

a) höchstens 14 Vertreter der Organisationen der Sozialpartner aus Branchen, in denen nicht angemeldete Erwerbstätigkeit häufig vorkommt, die von diesen Organisationen selbst ernannt werden, mit einer paritätischen Vertretung von Gewerkschafts- und Arbeitgeberorganisationen,

b) jeweils ein Vertreter von Eurofound, EU-OSHA und IAO,

c) jeweils ein Vertreter der Drittstaaten, die dem Europäischen Wirtschaftsraum angehören.

Andere Beobachter als die im Unterabsatz 1 genannten können eingeladen werden, den Sitzungen der Plattform beizuwohnen, und ihren Beiträgen wird gebührend Rechnung getragen.

Den Vorsitz der Plattform führt ein Vertreter der Behörde.

Mediation zwischen Mitgliedstaaten

Art. 13 (1) Die Behörde kann unbeschadet der Zuständigkeiten des Gerichtshofs bei Streitigkeiten zwischen zwei oder mehr Mitgliedstaaten über die Anwendung von Unionsrecht in Einzelfällen in Bereichen, die unter diese Verordnung fallen, eine Schlichtung herbeiführen. Der Zweck einer solchen Mediation dient dazu, die unterschiedlichen Standpunkte der von der Streitigkeit betroffenen Mitgliedstaaten miteinander in Einklang zu bringen und eine unverbindliche Stellungnahme abzugeben.

(2) Lässt sich eine Streitigkeit nicht durch direkte Kontakte und den Dialog zwischen den von der Streitigkeit betroffenen Mitgliedstaaten schlichten, so leitet die Behörde auf Antrag eines oder mehrerer betroffener Mitgliedstaaten ein Mediationsverfahren ein. Die Behörde kann auch von sich aus die Einleitung einer Mediation vorschlagen. Das Mediationsverfahren wird erst nach Zustimmung aller von der Streitigkeit betroffenen Mitgliedstaaten eingeleitet.

(3) Die erste Phase der Mediation wird zwischen den von der Streitigkeit betroffenen Mitgliedstaaten und einem Mediator durchgeführt, die eine unverbindliche Stellungnahme im gegenseitigen Einvernehmen abgeben. Sachverständige der Mitgliedstaaten, der Kommission und der Behörde können in beratender Funktion an der ersten Phase der Mediation teilnehmen.

(4) Wenn in der ersten Phase der Mediation keine Schlichtung erzielt wird, leitet die Behörde vorbehaltlich der Zustimmung aller von der Streitigkeit betroffenen Mitgliedstaaten die zweite Phase der Mediation vor dem Mediationsausschuss ein.

(5) Der Mediationsausschuss, der sich aus Sachverständigen anderer Mitgliedstaaten als derjenigen zusammensetzt, die von der Streitigkeit betroffen sind, strebt eine Annäherung der Standpunkte der von der Streitigkeit betroffenen Mitgliedstaaten an und einigt sich auf eine unverbindliche Stellungnahme. Sachverständige der Kommission und der Behörde können in beratender Funktion an dieser zweiten Phase der Mediation teilnehmen.

(6) Der Verwaltungsrat legt die Verfahrensregeln für die Mediation fest, einschließlich der Arbeitsvereinbarungen und der Ernennung der Mediatoren, der geltenden Fristen, der Einbeziehung der Sachverständigen der Mitgliedstaaten, der Kommission und der Behörde sowie möglicher Tagungen des Mediationsausschusses in Gremien, die aus Mitgliedern bestehen.

(7) Die Teilnahme der von der Streitigkeit betroffenen Mitgliedstaaten an beiden Phasen der Mediation ist freiwillig. Entscheidet ein von der Streitigkeit betroffener Mitgliedstaat, nicht an der Mediation teilzunehmen, so unterrichtet er die Behörde und die übrigen von der Streitigkeit betroffenen Mitgliedstaaten innerhalb der in den Verfahrensregeln gemäß Absatz 6 festgelegten Frist schriftlich und auch auf elektronischem Wege über die Gründe für seine Entscheidung.

(8) Wenn Mitgliedstaaten einen Fall zur Mediation vorlegen, sorgen sie dafür, dass alle personenbezogenen Daten im Zusammenhang mit diesem Fall anonymisiert sind, so dass die Identität der betroffenen Person nicht oder nicht mehr ermittelt werden kann. Die Behörde verarbeitet zu keinem Zeitpunkt im Verlauf der Mediation die personenbezogenen Daten der von dem Fall betroffenen Personen.

(9) Fälle, in denen Gerichtsverfahren auf nationaler oder Unionsebene anhängig sind, können nicht zur Mediation durch die Behörde zugelassen werden. Wird während der Mediation ein Gerichtsverfahren eingeleitet, wird das Mediationsverfahren ausgesetzt.

(10) Die Mediation erfolgt unbeschadet der Zuständigkeit und aller Beschlüsse der Verwaltungskommission. Im Rahmen der Mediation sind alle einschlägigen Beschlüsse der Verwaltungskommission zu berücksichtigen.

(11) Betrifft ein Streitfall vollständig oder teilweise den Bereich der sozialen Sicherheit, setzt die Behörde die Verwaltungskommission davon in Kenntnis.

Um für eine gute Zusammenarbeit zu sorgen, die Tätigkeiten im gegenseitigen Einvernehmen aufeinander abzustimmen und Überschneidungen in Mediationsfällen zu vermeiden, die sowohl die soziale Sicherheit als auch das Arbeitsrecht betreffen, schließen die Verwaltungskommission und die Behörde eine Kooperationsvereinbarung.

Auf Ersuchen der Verwaltungskommission und nach Zustimmung der von der Streitigkeit betroffenen Mitgliedstaaten verweist die Behörde gemäß Artikel 74a Absatz 2 der Verordnung (EG) Nr. 883/2004 Fragen, die in den Bereich der sozialen Sicherheit fallen, an die Verwaltungskommission. Die Mediation betreffend Aspekte, die nicht in den Bereich der sozialen Sicherheit fallen, kann fortgesetzt werden.

Auf Ersuchen jedes von der Streitigkeit betroffenen Mitgliedstaats verweist die Behörde Fragen, welche die Koordinierung der sozialen Sicherheit betreffen, an die Verwaltungskommission. Diese Befassung kann zu jedem Zeitpunkt im Mediationsverfahren erfolgen. Die Mediation betreffend Aspekte, die nicht in den Bereich der sozialen Sicherheit fallen, kann fortgesetzt werden.

(12) Innerhalb von drei Monaten nach Abgabe der unverbindlichen Stellungnahme melden die betreffenden Mitgliedstaaten der Behörde die Maßnahmen, die sie zur Weiterverfolgung der Stellungnahme ergriffen haben, oder, falls sie keine Folgemaßnahmen ergriffen haben, die Gründe warum sie dies nicht getan haben.

(13) Die Behörde berichtet der Kommission zweimal jährlich in Bezug auf die Ergebnisse der von ihr behandelten Mediationsfälle und über Fälle, die nicht weiterverfolgt wurden.

Zusammenarbeit mit Agenturen und Fachgremien

Art. 14 Die Behörde bemüht sich bei all ihren Tätigkeiten darum, mit anderen dezentralen Agenturen der Union und Fachgremien, wie der Verwaltungskommission zusammenzuarbeiten, Überschneidungen zu vermeiden sowie Synergien und Komplementarität zu fördern. Dazu kann die Behörde Kooperationsvereinbarungen mit einschlägigen Agenturen der Union wie Cedefop, Eurofound, EU-OSHA, ETF, Europol und Eurojust schließen.

Interoperabilität und Informationsaustausch

Art. 15 Die Behörde koordiniert und entwickelt Interoperabilitätsrahmen und wendet diese an, um den Informationsaustausch zwischen Mitgliedstaaten sowie mit der Behörde sicherzustellen. Diese Interoperabilitätsrahmen gründen auf dem Europäischen Interoperabilitätsrahmen und der Europäischen Interoperabilitäts-Referenzarchitektur, die im Beschluss (EU) 2015/2240 genannt werden, und werden durch diese unterstützt.

KAPITEL III
ORGANISATION DER BEHÖRDE

Verwaltungs- und Leitungsstruktur

Art. 16 (1) Die Verwaltungs- und Leitungsstruktur der Behörde umfasst
a) einen Verwaltungsrat,
b) einen Exekutivdirektor,
c) eine Gruppe der Interessenträger.

(2) Zur Erfüllung ihrer besonderen Aufgaben oder für bestimmte Politikbereiche kann die Behörde Arbeitsgruppen oder Expertengremien, bestehend aus Vertretern der Mitgliedstaaten oder der Kommission und – nach Durchführung eines Auswahlverfahrens – externen Sachverständigen, oder einer Kombination aus beiden, einsetzen. Sie setzt die in Artikel 12 genannte Plattform als ständige Arbeitsgruppe und den in Artikel 13 genannten Mediationsausschuss ein.

Die Behörde legt die Geschäftsordnungen dieser Arbeitsgruppen und Gremien nach Konsultation der Kommission fest.

Zusammensetzung des Verwaltungsrats

Art. 17 (1) Der Verwaltungsrat setzt sich zusammen aus:
a) einem Vertreter aus jedem Mitgliedstaat,
b) zwei Vertretern der Kommission,
c) einem vom Europäischen Parlament ernannten unabhängigen Sachverständigen,
d) vier Vertretern der branchenübergreifenden Organisationen der Sozialpartner auf Unionsebene, mit einer paritätischen Vertretung von Gewerkschafts- und Arbeitgeberorganisationen.

Nur die unter Unterabsatz 1 Buchstaben a und b genannten Mitglieder sind stimmberechtigt.

(2) Jedes Mitglied des Verwaltungsrats hat einen Stellvertreter. Der Stellvertreter vertritt das Mitglied in dessen Abwesenheit.

(3) Die unter Absatz 1 Unterabsatz 1 Buchstabe a genannten Mitglieder und ihre Stellvertreter werden von ihrem Mitgliedstaat ernannt.

Die unter Absatz 1 Unterabsatz 1 Buchstabe b genannten Mitglieder werden von der Kommission ernannt.

Der unter Absatz 1 Unterabsatz 1 Buchstabe c genannte Sachverständige wird vom Europäischen Parlament ernannt.

Die branchenübergreifenden Organisationen der Sozialpartner auf Unionsebene ernennen ihre Vertreter und das Europäische Parlament ernennt seinen unabhängigen Sachverständigen, nachdem überprüft wurde, dass kein Interessenkonflikt vorliegt.

Die Mitglieder des Verwaltungsrats und ihre Stellvertreter werden aufgrund ihrer Sachkenntnis in den in Artikel 1 genannten Bereichen und unter Berücksichtigung ihrer einschlägigen Führungs-, Verwaltungs- und Haushaltskompetenzen ernannt.

Alle im Verwaltungsrat vertretenen Parteien bemühen sich um eine Begrenzung der Fluktuation ihrer Vertreter, um die Kontinuität der Arbeit des Verwaltungsrats sicherzustellen. Alle Parteien streben eine ausgewogene Vertretung von Frauen und Männern im Verwaltungsrat an.

(4) Alle Mitglieder und Stellvertreter geben bei Amtsantritt eine schriftliche Erklärung darüber ab, dass bei ihnen keine Interessenkonflikte vorliegen. Die Mitglieder und Stellvertreter aktualisieren ihre Erklärung, wenn sich Änderungen im Hinblick auf etwaige Interessenkonflikte ergeben. Die Behörde veröffentlicht die Interessenerklärungen und Aktualisierungen auf ihrer Website.

(5) Die Amtszeit der Mitglieder und ihrer Stellvertreter beträgt vier Jahre. Sie kann verlängert werden.

(6) Vertreter aus Drittstaaten, die Unionsrecht in Bereichen anwenden, welche unter diese Verordnung fallen, dürfen als Beobachter an den Sitzungen und Beratungen des Verwaltungsrats teilnehmen.

(7) Jeweils ein Vertreter von Eurofound, EU-OSHA, Cedefop und ETF können als Beobachter zu den Sitzungen des Verwaltungsrats eingeladen werden, damit die Effizienz der Agenturen und die Synergien zwischen ihnen gestärkt werden.

Aufgaben des Verwaltungsrats

Art. 18 (1) Der Verwaltungsrat hat insbesondere folgende Aufgaben:
a) Er gibt die strategischen Leitlinien vor und beaufsichtigt die Tätigkeiten der Behörde.
b) Er verabschiedet mit Zweidrittelmehrheit der stimmberechtigten Mitglieder den jährlichen Haushaltsplan der Behörde und nimmt andere Aufgaben in Bezug auf den Haushalt der Behörde gemäß Kapitel IV wahr.

c) Er prüft und verabschiedet den konsolidierten Jahresbericht über die Tätigkeiten der Behörde zusammen mit einem Überblick über die Erfüllung ihrer Aufgaben, legt den Bericht vor dem 1. Juli eines jeden Jahres dem Europäischen Parlament, dem Rat, der Kommission und dem Rechnungshof vor und veröffentlicht den konsolidierten jährlichen Tätigkeitsbericht.
d) Er erlässt nach Artikel 29 die für die Behörde geltende Finanzregelung.
e) Er verabschiedet eine Betrugsbekämpfungsstrategie, die unter Berücksichtigung des Kosten-Nutzen-Verhältnisses der durchzuführenden Maßnahmen in einem angemessenen Verhältnis zu den Betrugsrisiken steht.
f) Er erlässt Vorschriften zur Vermeidung und Bewältigung von Interessenkonflikten bei seinen Mitgliedern und unabhängigen Sachverständigen, bei den Mitgliedern der Gruppe der Interessenträger, der Arbeitsgruppen und der Gremien der Behörde, die gemäß Artikel 16 Absatz 2 eingesetzt werden, sowie bei den in Artikel 33 genannten abgeordneten nationalen Sachverständigen und sonstigen Mitarbeitern, die nicht bei der Behörde beschäftigt sind, und veröffentlicht jährlich auf seiner Website die Interessenerklärungen der Mitglieder des Verwaltungsrats.
g) Er beschließt auf der Grundlage einer Bedarfsanalyse die in Artikel 36 Absatz 3 genannten Pläne für Kommunikation und Öffentlichkeitsarbeit und aktualisiert sie regelmäßig.
h) Er gibt sich eine Geschäftsordnung.
i) Er beschließt die Verfahrensregeln für die Mediation gemäß Artikel 13.
j) Er setzt Arbeitsgruppen und Expertengremien gemäß Artikel 16 Absatz 2 ein und beschließt deren Geschäftsordnung.
k) Er übt gemäß Absatz 2 in Bezug auf das Personal der Behörde die Befugnisse aus, die der Anstellungsbehörde im Statut und der zum Abschluss von Dienstverträgen ermächtigten Behörde in den Beschäftigungsbedingungen übertragen werden (im Folgenden „Befugnisse der Anstellungsbehörde").
l) Er erlässt gemäß Artikel 110 des Statuts geeignete Durchführungsbestimmungen zum Statut und den Beschäftigungsbedingungen.
m) Er errichtet erforderlichenfalls eine interne Auditstelle.
n) Er ernennt gemäß Artikel 31 den Exekutivdirektor und verlängert gegebenenfalls dessen Amtszeit oder enthebt ihn seines Amtes.
o) Er ernennt einen Rechnungsführer, der dem Statut und den Beschäftigungsbedingungen unterliegt und in der Wahrnehmung seiner Aufgaben völlig unabhängig ist.
p) Er bestimmt das Verfahren für die Wahl der Mitglieder und Stellvertreter der Gruppe der Interessenträger, die gemäß Artikel 23 eingesetzt wird, und ernennt diese Mitglieder und Stellvertreter.
q) Er überwacht, dass geeignete Folgemaßnahmen zu den Erkenntnissen und Empfehlungen durchgeführt werden, die sich aus den internen oder externen Prüfberichten und Bewertungen sowie Untersuchungen des Europäischen Amtes für Betrugsbekämpfung OLAF ergeben.
r) Er trifft – unter Berücksichtigung der Tätigkeitserfordernisse der Behörde und unter Beachtung der Grundsätze wirtschaftlicher Haushaltsführung – alle Entscheidungen über die Einsetzung der internen Ausschüsse oder sonstigen Gremien der Behörde und, falls erforderlich, über deren Änderung.
s) Er billigt den Entwurf des in Artikel 24 genannten einheitlichen Programmplanungsdokuments der Behörde, bevor dieser der Kommission zur Stellungnahme vorgelegt wird.
t) Er verabschiedet – nach Stellungnahme der Kommission – mit Zweidrittelmehrheit der stimmberechtigten Mitglieder des Verwaltungsrats und im Einklang mit Artikel 24 das einheitliche Programmplanungsdokument der Behörde.

(2) Der Verwaltungsrat fasst gemäß Artikel 110 des Statuts einen Beschluss auf der Grundlage von Artikel 2 Absatz 1 des Statuts und von Artikel 6 der Beschäftigungsbedingungen, mit dem die einschlägigen Befugnisse der Anstellungsbehörde dem Exekutivdirektor übertragen und die Voraussetzungen festgelegt werden, unter denen diese Befugnisübertragung ausgesetzt werden kann. Der Exekutivdirektor kann diese Befugnisse weiter übertragen.

(3) Bei Vorliegen außergewöhnlicher Umstände kann der Verwaltungsrat durch Beschluss die Übertragung der Befugnisse der Anstellungsbehörde an den Exekutivdirektor sowie die von dem Exekutivdirektor weiterübertragenen Befugnisse vorübergehend aussetzen und die Befugnisse selbst ausüben oder sie einem seiner Mitglieder oder einem anderen Bediensteten als dem Exekutivdirektor übertragen.

Vorsitzender des Verwaltungsrats
Art. 19 (1) Der Verwaltungsrat wählt einen Vorsitzenden und einen stellvertretenden Vorsitzenden aus den Reihen der stimmberechtigten Mitglieder und strebt dabei eine ausgewogene Geschlechterverteilung an. Der Vorsitzende und der stellvertretende Vorsitzende werden mit Zweidrittelmehrheit der stimmberechtigten Mitglieder des Verwaltungsrats gewählt.

Falls bei einer ersten Abstimmung keine Zweidrittelmehrheit zustande kommt, findet eine zweite Abstimmung statt, bei der der Vorsitzende und der stellvertretende Vorsitzende mit der einfachen Mehrheit der stimmberechtigten Mitglieder des Verwaltungsrats gewählt werden.

Der stellvertretende Vorsitzende tritt im Falle der Verhinderung des Vorsitzenden automatisch an dessen Stelle.

(2) Die Amtszeit des Vorsitzenden und des stellvertretenden Vorsitzenden beträgt drei Jahre. Sie kann einmal verlängert werden. Endet ihre Mitgliedschaft im Verwaltungsrat jedoch während ihrer Amtszeit, so endet auch diese automatisch am selben Tag.

Sitzungen des Verwaltungsrats

Art. 20 (1) Der Vorsitzende beruft die Sitzungen des Verwaltungsrats ein.

(2) Der Vorsitzende organisiert die Beratungen entsprechend der Punkte auf der Tagesordnung. Die unter Artikel 17 Absatz 1 Unterabsatz 1 Buchstaben c und d genannten Mitglieder nehmen gemäß der Geschäftsordnung des Verwaltungsrats nicht an vertraulichen Beratungen über Einzelfälle teil.

(3) Der Exekutivdirektor der Behörde nimmt an den Beratungen teil, ist jedoch nicht stimmberechtigt.

(4) Der Verwaltungsrat hält jährlich mindestens zwei ordentliche Sitzungen ab. Außerdem tritt er auf Veranlassung seines Vorsitzenden, auf Antrag der Kommission oder auf Antrag mindestens eines Drittels seiner Mitglieder zusammen.

(5) Der Verwaltungsrat beruft mindestens einmal jährlich Sitzungen mit der Gruppe der Interessenträger ein.

(6) Der Verwaltungsrat kann Personen oder Organisationen, deren Stellungnahme von Interesse sein könnte, auch Mitglieder der Gruppe der Interessenträger, als Beobachter zu seinen Sitzungen einladen.

(7) Die Mitglieder des Verwaltungsrats und ihre Stellvertreter können sich nach Maßgabe seiner Geschäftsordnung in den Sitzungen von Beratern oder Sachverständigen unterstützen lassen.

(8) Die Sekretariatsgeschäfte des Verwaltungsrats werden von der Behörde geführt.

Abstimmungsregeln des Verwaltungsrats

Art. 21 (1) Unbeschadet Artikel 18 Absatz 1 Buchstaben b und t, Artikel 19 Absatz 1 und Artikel 31 Absatz 8 fasst der Verwaltungsrat seine Beschlüsse mit der Mehrheit der stimmberechtigten Mitglieder.

(2) Jedes stimmberechtigte Mitglied hat eine Stimme. Bei Abwesenheit eines stimmberechtigten Mitglieds ist dessen Stellvertreter berechtigt, das Stimmrecht auszuüben.

(3) Der Exekutivdirektor der Behörde nimmt an den Beratungen teil, ist jedoch nicht stimmberechtigt.

(4) In der Geschäftsordnung des Verwaltungsrats werden detailliertere Vorschriften für Abstimmungen festgelegt, insbesondere die Voraussetzungen, unter denen ein Mitglied im Namen eines anderen Mitglieds handeln kann, und die Umstände, unter denen Abstimmungen im schriftlichen Verfahren durchzuführen sind.

Zuständigkeiten des Exekutivdirektors

Art. 22 (1) Der Exekutivdirektor ist für die Leitung der Behörde zuständig und wirkt darauf hin, ein ausgewogenes Verhältnis von Frauen und Männern in der Behörde herbeizuführen. Der Exekutivdirektor ist gegenüber dem Verwaltungsrat rechenschaftspflichtig.

(2) Der Exekutivdirektor erstattet dem Europäischen Parlament über die Erfüllung seiner Aufgaben Bericht, wenn er dazu aufgefordert wird. Der Rat kann den Exekutivdirektor auffordern, über die Erfüllung seiner Aufgaben Bericht zu erstatten.

(3) Der Exekutivdirektor ist der gesetzliche Vertreter der Behörde.

(4) Der Exekutivdirektor ist für die Erfüllung der Aufgaben zuständig, die der Behörde durch diese Verordnung zugewiesen werden, insbesondere für

a) die laufende Verwaltung der Behörde,
b) die Durchführung der Beschlüsse des Verwaltungsrats,
c) die Ausarbeitung des Entwurfs des einheitlichen Programmplanungsdokuments und dessen Vorlage an den Verwaltungsrat zur Genehmigung,
d) die Umsetzung des einheitlichen Programmplanungsdokuments und die Berichterstattung über seine Umsetzung gegenüber dem Verwaltungsrat,
e) die Ausarbeitung des Entwurfs des konsolidierten Jahresberichts über die Tätigkeiten der Behörde und dessen Vorlage an den Verwaltungsrat zur Prüfung und Annahme,
f) die Ausarbeitung eines Aktionsplans mit Folgemaßnahmen zu den Schlussfolgerungen von internen oder externen Prüfberichten und Bewertungen sowie Untersuchungen des OLAF und die Fortschrittsberichterstattung zweimal jährlich gegenüber der Kommission sowie in regelmäßigen Abständen gegenüber dem Verwaltungsrat,
g) den Schutz der finanziellen Interessen der Union durch vorbeugende Maßnahmen gegen Betrug, Korruption und sonstige rechtswidrige Handlungen, durch wirksame Kontrollen – unbeschadet der Untersuchungsbefugnisse des OLAF – sowie, falls Unregelmäßigkeiten festgestellt werden, durch Einziehung rechtsgrundlos gezahlter Beträge und erforderlichenfalls durch Verhängung wirksamer, verhältnismäßiger und abschreckender verwaltungsrechtlicher, auch finanzieller Sanktionen,
h) die Ausarbeitung einer Betrugsbekämpfungsstrategie der Behörde und deren Vorlage an den Verwaltungsrat zur Genehmigung,
i) die Ausarbeitung des Entwurfs der für die Behörde geltenden Finanzregelung und deren Vorlage an den Verwaltungsrat,
j) die Ausarbeitung des Entwurfs des Voranschlags der Einnahmen und Ausgaben der Behörde als Bestandteil des einheitlichen

Programmplanungsdokuments der Behörde und die Ausführung ihres Haushaltsplans,

k) Entscheidungen in Personalangelegenheiten im Einklang mit dem in Artikel 18 Absatz 2 genannten Beschluss,

l) Entscheidungen in Bezug auf die internen Strukturen der Behörde, einschließlich erforderlichenfalls Vertretungsfunktionen, die sich auf die laufende Verwaltung der Behörde erstrecken können, und erforderlichenfalls deren Änderung, unter Berücksichtigung der Erfordernisse im Zusammenhang mit den Tätigkeiten der Behörde und der wirtschaftlichen Haushaltsführung,

m) erforderlichenfalls die Zusammenarbeit mit Agenturen der Union und den Abschluss von Kooperationsvereinbarungen mit diesen,

n) die Durchführung von Maßnahmen, die der Verwaltungsrat festlegt, damit die Behörde die Verordnung (EU) 2018/1725 anwendet,

o) die Unterrichtung des Verwaltungsrats über die Beiträge der Gruppe der Interessenträger.

(5) Der Exekutivdirektor entscheidet darüber, ob es notwendig ist, einen oder mehrere Bedienstete in einen oder mehrere Mitgliedstaaten zu entsenden, und ob es erforderlich ist, ein Verbindungsbüro in Brüssel einzurichten, um die Zusammenarbeit der Behörde mit den zuständigen Organen und Einrichtungen der Union zu erleichtern. Bevor der Exekutivdirektor entscheidet, eine Außenstelle oder ein Verbindungsbüro einzurichten, holt er die Zustimmung der Kommission, des Verwaltungsrats und des Mitgliedstaats ein, in dem die Außenstelle oder das Verbindungsbüro eingerichtet werden soll. In der Entscheidung wird der Umfang der von der Außenstelle oder dem Verbindungsbüro durchzuführenden Tätigkeiten so festgelegt, dass unnötige Kosten und etwaige Überschneidungen der Verwaltungsfunktionen mit denen der Behörde vermieden werden. Es mag erforderlich sein, ein Sitzabkommen mit dem Mitgliedstaat zu schließen, in dem die Außenstelle oder das Verbindungsbüro eingerichtet werden soll.

Gruppe der Interessenträger

Art. 23 (1) Zur Erleichterung der Konsultationen mit einschlägigen Interessenträgern und um deren Fachkenntnisse in Bereichen zu nutzen, die unter diese Verordnung fallen, wird eine Gruppe der Interessenträger eingesetzt. Die Gruppe der Interessenträger ist der Behörde angegliedert und hat beratender Funktion.

(2) Die Gruppe der Interessenträger wird zuvor entsprechend unterrichtet und kann der Behörde auf deren Antrag oder auf eigene Initiative Stellungnahmen zu Folgendem vorlegen:

a) Fragen im Zusammenhang mit der Anwendung und Durchsetzung des Unionsrechts in den Bereichen, die unter diese Verordnung fallen, darunter auch Analysen und Risikobewertungen im Zusammenhang mit grenzüberschreitender Arbeitskräftemobilität gemäß Artikel 10,

b) dem Entwurf des konsolidierten Jahresberichts über die Tätigkeiten der Behörde gemäß Artikel 18,

c) dem Entwurf des einheitlichen Programmplanungsdokuments gemäß Artikel 24.

(3) Die Gruppe der Interessenträger wird vom Exekutivdirektor geleitet und tritt mindestens zweimal jährlich auf Initiative des Exekutivdirektors oder auf Antrag der Kommission zusammen.

(4) Die Gruppe der Interessenträger setzt sich aus zwei Vertretern der Kommission und zehn Vertretern der Sozialpartner auf Unionsebene zusammen, mit einer paritätischen Vertretung der Gewerkschaften und Arbeitgeberverbänden, darunter anerkannte branchenspezifische Sozialpartner der Union, die Branchen vertreten, die in besonderem Maße von Problemen der Arbeitskräftemobilität betroffen sind.

(5) Die Mitglieder der Gruppe und ihre Stellvertreter werden von ihren Organisationen benannt und vom Verwaltungsrat ernannt. Die Stellvertreter werden vom Verwaltungsrat unter den gleichen Bedingungen ernannt, wie sie für Mitglieder gelten, und treten automatisch an die Stelle von Mitgliedern, die abwesend sind. Im Rahmen des Möglichen muss ein ausgewogenes Verhältnis von Frauen und Männern und auf eine angemessene Vertretung der KMU erreicht werden.

(6) Die Sekretariatsgeschäfte der Gruppe der Interessenträger nimmt die Behörde wahr. Die Gruppe der Interessenträger gibt sich mit Zweidrittelmehrheit der stimmberechtigten Mitglieder eine Geschäftsordnung. Die Geschäftsordnung bedarf der Genehmigung durch den Verwaltungsrat.

(7) Die Gruppe der Interessenträger kann Sachverständige oder Vertreter von einschlägigen internationalen Organisationen zu ihren Sitzungen einladen.

(8) Die Stellungnahmen, Ratschläge und Empfehlungen der Gruppe der Interessenträger sowie die Ergebnisse ihrer Konsultationen werden von der Behörde veröffentlicht, sofern sie nicht vertraulich sind.

KAPITEL IV
AUFSTELLUNG UND GLIEDERUNG DES HAUSHALTSPLANS DER BEHÖRDE

ABSCHNITT 1
EINHEITLICHES PROGRAMM-PLANUNGSDOKUMENT FÜR DIE BEHÖRDE

Jährliche und mehrjährige Programmplanung

Art. 24 (1) Der Exekutivdirektor erstellt jedes Jahr unter Berücksichtigung der von der Kommission festgelegten Leitlinien und der Ratschläge der Gruppe der Interessenträger einen Entwurf des einheitlichen Programmplanungsdokuments, das insbesondere die jährliche und mehrjährige Programmplanung gemäß der Delegierten Verordnung (EU) Nr. 1271/2013 der Kommission umfasst.

(2) Bis zum 30. November eines jeden Jahres nimmt der Verwaltungsrat den Entwurf des in Absatz 1 genannten einheitlichen Programmplanungsdokuments an. Dieses Dokument sowie jede aktualisierte Fassung davon leitet er bis zum 31. Januar eines jeden Jahres an das Europäische Parlament, den Rat und die Kommission weiter.

Das einheitliche Programmplanungsdokument wird nach der endgültigen Feststellung des Gesamthaushaltsplans der Union endgültig und ist erforderlichenfalls entsprechend anzupassen.

(3) Das Jahresarbeitsprogramm enthält detaillierte Zielvorgaben und die erwarteten Ergebnisse, einschließlich Leistungsindikatoren. Es enthält zudem eine Beschreibung der zu finanzierenden Maßnahmen sowie Angaben zur Höhe der für die einzelne Maßnahme vorgesehenen finanziellen und personellen Ressourcen. Das Jahresarbeitsprogramm steht mit dem Mehrjahresarbeitsprogramm nach Absatz 4 im Einklang. Es ist klar darin anzugeben, welche Aufgaben im Vergleich zum vorangegangenen Haushaltsjahr hinzugefügt, verändert oder gestrichen wurden. Der Verwaltungsrat ändert das verabschiedete Jahresarbeitsprogramm, wenn der Behörde innerhalb des Anwendungsbereichs dieser Verordnung eine neue Aufgabe übertragen wird.

Wesentliche Änderungen am Jahresarbeitsprogramm werden nach demselben Verfahren wie das ursprüngliche Jahresarbeitsprogramm selbst beschlossen. Der Verwaltungsrat kann dem Exekutivdirektor die Befugnis übertragen, nicht wesentliche Änderungen am Jahresarbeitsprogramm vorzunehmen.

(4) Das Mehrjahresarbeitsprogramm enthält die strategische Gesamtplanung mit Zielen, erwarteten Ergebnissen und Leistungsindikatoren. Auch werden für jede einzelne Tätigkeit die vorläufigen finanziellen und personellen Ressourcen ausgewiesen, die zur Erreichung der Zielvorgaben als notwendig erachtet werden.

Die strategische Programmplanung wird bei Bedarf aktualisiert, insbesondere um dem Ergebnis der in Artikel 40 genannten Bewertung Rechnung zu tragen.

Aufstellung des Haushaltsplans

Art. 25 (1) Der Exekutivdirektor erstellt jedes Jahr einen vorläufigen Entwurf des Voranschlags der Einnahmen und Ausgaben der Behörde für das folgende Haushaltsjahr, einschließlich des Stellenplans, und übermittelt ihn dem Verwaltungsrat.

(2) Der vorläufige Entwurf des Voranschlags basiert auf den in dem jährlichen Programmplanungsdokument gemäß Artikel 24 Absatz 3 niedergelegten Zielen und erwarteten Ergebnissen und trägt den finanziellen Ressourcen, die für die Verwirklichung dieser Ziele und erwarteten Ergebnisse benötigt werden, Rechnung, wobei der Grundsatz der ergebnisorientierten Haushaltsplanung zu beachten ist.

(3) Auf der Grundlage des vorläufigen Entwurfs des Voranschlags verabschiedet der Verwaltungsrat einen Entwurf des Voranschlags der Einnahmen der Behörde für das folgende Haushaltsjahr und übermittelt ihn jedes Jahr bis zum 31. Januar der Kommission.

(4) Die Kommission übermittelt den Entwurf des Voranschlags zusammen mit dem Entwurf des Gesamthaushaltsplans der Union der Haushaltsbehörde. Der Entwurf des Voranschlags wird auch der Behörde zur Verfügung gestellt.

(5) Auf der Grundlage des Entwurfs des Voranschlags setzt die Kommission die von ihr für erforderlich erachteten Mittelansätze für den Stellenplan und den Betrag des Beitrags aus dem Gesamthaushaltsplan in den Entwurf des Gesamthaushaltsplans der Union ein, den sie gemäß Artikel 313 und 314 AEUV der Haushaltsbehörde vorlegt.

(6) Die Haushaltsbehörde bewilligt die Mittel für den aus dem Gesamthaushaltsplan der Union finanzierten Beitrag zur Behörde.

(7) Die Haushaltsbehörde genehmigt den Stellenplan der Behörde.

(8) Der Verwaltungsrat stellt den Haushaltsplan der Behörde fest. Er wird endgültig, wenn der Gesamthaushaltsplan der Union endgültig festgestellt ist, und ist erforderlichenfalls entsprechend anzupassen.

(9) Für Bauvorhaben, die voraussichtlich erhebliche Auswirkungen auf den Haushalt der Behörde haben, gilt die Delegierte Verordnung (EU) Nr. 1271/2013.

ABSCHNITT 2
AUFMACHUNG, AUSFÜHRUNG UND KONTROLLE DES HAUSHALTSPLANS DER BEHÖRDE

Gliederung des Haushaltsplans

Art. 26 (1) Für jedes Haushaltsjahr wird ein Voranschlag sämtlicher Einnahmen und Ausgaben der Behörde erstellt und im Haushaltsplan der Behörde ausgewiesen. Das Haushaltsjahr entspricht dem Kalenderjahr.

(2) Der Haushalt der Behörde muss in Bezug auf Einnahmen und Ausgaben ausgeglichen sein.

(3) Unbeschadet anderer Ressourcen umfassen die Einnahmen der Behörde

a) einen in den Gesamthaushaltsplan der Union eingestellten Beitrag der Union,

b) etwaige freiwillige Finanzbeiträge der Mitgliedstaaten,

c) etwaige Beiträge von Drittstaaten, die gemäß Artikel 42 an der Arbeit der Behörde beteiligt sind,

d) mögliche Unionsmittel in Form von Übertragungsvereinbarungen oder Ad-hoc-Finanzhilfen im Einklang mit der Finanzregelung der Behörde gemäß Artikel 29 und den Bestimmungen der einschlägigen Instrumente zur Unterstützung der Unionspolitik,

e) Vergütungen für Veröffentlichungen oder sonstige Leistungen der Behörde.

(4) Die Ausgaben der Behörde umfassen die Bezüge des Personals, die Verwaltungs- und Infrastrukturausgaben sowie die operativen Ausgaben.

Ausführung des Haushaltsplans

Art. 27 (1) Der Exekutivdirektor führt den Haushaltsplan der Behörde aus.

(2) Jedes Jahr übermittelt der Exekutivdirektor der Haushaltsbehörde alle Informationen, die für die Ergebnisse von Bewertungsverfahren von Belang sind.

Rechnungslegung und Entlastung

Art. 28 (1) Der Rechnungsführer der Behörde übermittelt dem Rechnungsführer der Kommission und dem Rechnungshof den vorläufigen Rechnungsabschluss für das Haushaltsjahr (im Folgenden „Jahr N") bis zum 1. März des folgenden Haushaltsjahrs (im Folgenden „Jahr N + 1").

(2) Der Rechnungsführer der Behörde übermittelt dem Rechnungsführer der Kommission auf die von Letzterem vorgeschriebene Weise bzw. in dem von ihm vorgeschriebenen Format auch die erforderlichen Rechnungsführungsinformationen zu Konsolidierungszwecken bis zum 1. März des Jahres N + 1.

(3) Die Behörde übermittelt dem Europäischen Parlament, dem Rat, der Kommission und dem Rechnungshof den Bericht über die Haushaltsführung und das Finanzmanagement für das Jahr N bis zum 31. März des Jahres N + 1.

(4) Nach Eingang der Bemerkungen des Rechnungshofs zum vorläufigen Rechnungsabschluss der Behörde für das Jahr N erstellt der Rechnungsführer der Behörde in eigener Verantwortung den endgültigen Rechnungsabschluss der Behörde. Der Exekutivdirektor legt ihn dem Verwaltungsrat zur Stellungnahme vor.

(5) Der Verwaltungsrat gibt eine Stellungnahme zum endgültigen Rechnungsabschluss der Behörde für das Jahr N ab.

(6) Der Rechnungsführer der Behörde leitet den endgültigen Rechnungsabschluss für das Jahr N zusammen mit der Stellungnahme des Verwaltungsrats bis zum 1. Juli des Jahres N + 1 dem Europäischen Parlament, dem Rat, der Kommission und dem Rechnungshof zu.

(7) Bis zum 15. November des Jahres N + 1 wird ein Link auf die Webseiten mit dem endgültigen Rechnungsabschluss der Behörde im *Amtsblatt der Europäischen Union* veröffentlicht.

(8) Bis zum 30. September des Jahres N + 1 übermittelt der Exekutivdirektor dem Rechnungshof eine Antwort auf die in dessen Jahresbericht formulierten Bemerkungen. Der Exekutivdirektor übermittelt diese Antwort auch dem Verwaltungsrat und der Kommission.

(9) Gemäß Artikel 261 Absatz 3 der Verordnung (EU, Euratom) 2018/1046 unterbreitet der Exekutivdirektor dem Europäischen Parlament auf dessen Anfrage alle für ein reibungsloses Entlastungsverfahren für das Jahr N notwendigen Informationen.

(10) Auf Empfehlung des Rates, der mit qualifizierter Mehrheit beschließt, erteilt das Europäische Parlament dem Exekutivdirektor vor dem 15. Mai des Jahres N + 2 Entlastung für die Ausführung des Haushaltsplans für das Jahr N.

Finanzregelung

Art. 29 Die für die Behörde geltende Finanzregelung wird vom Verwaltungsrat nach Anhörung der Kommission erlassen. Die Finanzregelung darf von der Delegierten Verordnung (EU) Nr. 1271/2013 nur abweichen, wenn dies für den Betrieb der Behörde eigens erforderlich ist und die Kommission vorher ihre Zustimmung erteilt hat.

KAPITEL V
PERSONAL

Allgemeine Bestimmung

Art. 30 Für das Personal der Behörde gelten das Statut und die Beschäftigungsbedingungen sowie die im gegenseitigen Einvernehmen der Organe der Union erlassenen Regelungen zur Durchführung dieser Bestimmungen.

Exekutivdirektor

Art. 31 (1) Der Exekutivdirektor wird nach Artikel 2 Buchstabe a der Beschäftigungsbedingungen als Bediensteter auf Zeit der Behörde eingestellt.

(2) Im Anschluss an ein offenes und transparentes Auswahlverfahren wird der Exekutivdirektor vom Verwaltungsrat aus einer Liste von Bewerbern, die die Kommission vorgeschlagen hat, ernannt. Der ausgewählte Bewerber wird aufgefordert, vor dem Europäischen Parlament eine Erklärung abzugeben und Fragen der Mitglieder des Parlaments zu beantworten. Diese Aussprache darf nicht zu einer unverhältnismäßigen Verzögerung der Ernennung des Exekutivdirektors führen.

(3) Beim Abschluss des Vertrags mit dem Exekutivdirektor wird die Behörde durch den Vorsitzenden des Verwaltungsrats vertreten.

(4) Die Amtszeit des Exekutivdirektors beträgt fünf Jahre. Vor Ablauf dieses Zeitraums nimmt die Kommission eine Beurteilung vor, bei der die Leistung des Exekutivdirektors und die künftigen Aufgaben und Herausforderungen für die Behörde berücksichtigt werden.

(5) Der Verwaltungsrat kann die Amtszeit des Exekutivdirektors unter Berücksichtigung der in Absatz 4 genannten Beurteilung einmal um höchstens fünf Jahre verlängern.

(6) Ein Exekutivdirektor, dessen Amtszeit gemäß Absatz 5 verlängert wurde, darf am Ende des Gesamtzeitraums nicht an einem weiteren Auswahlverfahren für dieselbe Stelle teilnehmen.

(7) Der Exekutivdirektor kann seines Amtes nur durch Beschluss des Verwaltungsrats enthoben werden. Bei seiner Beschlussfassung hat der Verwaltungsrat die in Absatz 4 genannte Beurteilung der Leistung des Exekutivdirektors durch die Kommission zu berücksichtigen.

(8) Der Verwaltungsrat beschließt über die Ernennung, die Verlängerung der Amtszeit und die Amtsenthebung des Exekutivdirektors mit Zweidrittelmehrheit der stimmberechtigten Mitglieder.

Nationale Verbindungsbeamte

Art. 32 (1) Jeder Mitgliedstaat benennt einen nationalen Verbindungsbeamten, der gemäß Artikel 33 als abgeordneter nationaler Sachverständiger bei der Behörde an deren Sitz tätig ist.

(2) Die nationalen Verbindungsbeamten tragen zur Verrichtung der Aufgaben der Behörde bei, auch indem sie die Zusammenarbeit und den Informationsaustausch gemäß Artikel 7 und die Unterstützung und Koordinierung von Kontrollen gemäß Artikel 8 erleichtern. Zudem dienen sie als nationale Kontaktstellen bei Fragen aus ihrem jeweiligen Mitgliedstaat und solchen mit Bezug zu ihrem Mitgliedstaat, entweder indem sie diese Fragen direkt beantworten oder sich mit ihren nationalen Verwaltungen in Verbindung setzen.

(3) Die nationalen Verbindungsbeamten sind dazu befugt, nach strikter Maßgabe des nationalen Rechts oder der nationalen Gepflogenheiten ihres jeweiligen Mitgliedstaats, insbesondere in Bezug auf Datenschutz und Vertraulichkeit, alle einschlägigen Informationen, wie von dieser Verordnung vorgesehen, von ihrem jeweiligen Mitgliedstaat anzufordern und zu erhalten.

Abgeordnete nationale Sachverständige und sonstiges Personal

Art. 33 (1) Neben den nationalen Verbindungsbeamten kann die Behörde in allen Bereichen ihrer Tätigkeit auch auf sonstige abgeordnete nationale Sachverständige oder sonstiges Personal, das nicht bei der Behörde angestellt ist, zurückgreifen.

(2) Der Verwaltungsrat erlässt einen Beschluss, mit dem eine Regelung für die Abordnung nationaler Sachverständiger, einschließlich nationaler Verbindungsbeamte, festgelegt wird.

KAPITEL VI
ALLGEMEINE UND SCHLUSSBESTIMMUNGEN

Vorrechte und Befreiungen

Art. 34 Für die Behörde und ihr Personal gilt das Protokoll Nr. 7 über die Vorrechte und Befreiungen der Europäischen Union.

Sprachenregelung

Art. 35 (1) Für die Behörde gelten die Bestimmungen der Verordnung Nr. 1 des Rates.

(2) Die für die Tätigkeit der Behörde erforderlichen Übersetzungsleistungen werden vom Übersetzungszentrum erbracht.

Transparenz, Schutz personenbezogener Daten und Kommunikation

Art. 36 (1) Für die Dokumente, die sich im Besitz der Behörde befinden, gilt die Verordnung (EG) Nr. 1049/2001. Der Verwaltungsrat legt binnen sechs Monaten nach seiner ersten Sitzung die Modalitäten für die Anwendung der Verordnung (EG) Nr. 1049/2001 fest.

(2) Der Verwaltungsrat ergreift Maßnahmen, um den Verpflichtungen aus der Verordnung (EU) 2018/1725 nachzukommen, insbesondere den Pflichten bezüglich der Bestellung eines Datenschutzbeauftragten der Behörde sowie bezüglich der Rechtmäßigkeit der Datenverarbeitung, der Sicherheit der Verarbeitungsvorgänge, der Bereitstellung von Informationen und der Rechte der betroffenen Personen.

(3) Die Behörde kann in ihrem Zuständigkeitsbereich von sich aus Kommunikationsmaßnahmen durchführen. Die Zuweisung von Mitteln für Kommunikationsmaßnahmen darf sich nicht nachteilig auf die wirksame Erfüllung der in Artikel 4 genannten Aufgaben auswirken. Die Kommunikationsmaßnahmen müssen mit den einschlägigen vom Verwaltungsrat angenommenen Plänen für Kommunikation und Öffentlichkeitsarbeit im Einklang stehen.

Betrugsbekämpfung

Art. 37 (1) Zur Erleichterung der Bekämpfung von Betrug, Korruption und sonstigen rechtswidrigen Handlungen im Sinne der Verordnung (EU, Euratom) Nr. 883/2013 tritt die Behörde innerhalb von sechs Monaten nachdem sie einsatzbereit ist der Interinstitutionellen Vereinbarung vom 25. Mai 1999 zwischen dem Europäischen Parlament, dem Rat der Europäischen Union und der Kommission der Europäischen Gemeinschaften über die internen Untersuchungen des Europäischen Amtes für Betrugsbekämpfung (OLAF) bei und verabschiedet entsprechende Bestimmungen, die für alle Mitarbeiter der Behörde gelten, nach dem Muster in der Anlage zu jener Vereinbarung.

(2) Der Rechnungshof ist befugt, bei allen Finanzhilfeempfängern, Auftragnehmern und Unterauftragnehmern, die von der Behörde Unionsmittel erhalten haben, Rechnungsprüfungen anhand von Unterlagen und Überprüfungen vor Ort vorzunehmen.

(3) Das OLAF kann gemäß den Vorschriften und Verfahren der Verordnung (EU, Euratom) Nr. 883/2013 und der Verordnung (Euratom, EG) Nr. 2185/96 des Rates Untersuchungen, einschließlich Kontrollen und Überprüfungen vor Ort, durchführen, um festzustellen, ob im Zusammenhang mit von der Behörde gewährten Finanzhilfen bzw. finanzierten Verträgen ein Betrugs- oder Korruptionsdelikt oder eine sonstige rechtswidrige Handlung zum Nachteil der finanziellen Interessen der Union vorliegt.

(4) Unbeschadet der Absätze 1, 2 und 3 müssen Kooperationsvereinbarungen mit Drittstaaten und internationalen Organisationen, Verträge, Finanzhilfevereinbarungen und Finanzhilfebeschlüsse der Behörde Bestimmungen enthalten, die den Rechnungshof und das OLAF ausdrücklich ermächtigen, solche Rechnungsprüfungen

und Untersuchungen im Rahmen ihrer jeweiligen Zuständigkeiten durchzuführen.

Sicherheitsvorschriften für den Schutz von Verschlusssachen und nicht als Verschlusssache eingestuften vertraulichen Informationen

Art. 38 Die Behörde legt eigene Sicherheitsvorschriften fest, die den Sicherheitsvorschriften der Kommission zum Schutz von EU-Verschlusssachen und nicht als Verschlusssache eingestuften vertraulichen Informationen, die in den Beschlüssen (EU, Euratom) 2015/443 und (EU, Euratom) 2015/444 der Kommission festgelegt sind, gleichwertig sein müssen. Die Sicherheitsvorschriften der Behörde beinhalten unter anderem Bestimmungen über den Austausch, die Verarbeitung und die Speicherung solcher Informationen.

Haftung

Art. 39 (1) Die vertragliche Haftung der Behörde bestimmt sich nach dem Recht, das auf den betreffenden Vertrag anzuwenden ist.

(2) Für Entscheidungen aufgrund einer Schiedsklausel in einem von der Behörde geschlossenen Vertrag ist der Gerichtshof zuständig.

(3) Im Bereich der außervertraglichen Haftung ersetzt die Behörde einen durch ihre Dienststellen oder Bediensteten bei der Erfüllung ihrer Aufgaben verursachten Schaden nach den allgemeinen Rechtsgrundsätzen, die den Rechtsordnungen der Mitgliedstaaten gemeinsam sind.

(4) Für Streitfälle über den Schadenersatz nach Absatz 3 ist der Gerichtshof zuständig.

(5) Die persönliche Haftung der Bediensteten gegenüber der Behörde bestimmt sich nach den Bestimmungen des für sie geltenden Statuts und der Beschäftigungsbedingungen.

Bewertung und Überprüfung

Art. 40 (1) Bis zum 1. August 2024 und danach alle fünf Jahre bewertet die Kommission die Leistung der Behörde im Verhältnis zu ihren Zielen, ihrem Auftrag und ihren Aufgaben. Die Bewertung befasst sich besonders mit den im Rahmen des Mediationsverfahrens gemäß Artikel 13 gewonnenen Erfahrungen. Außerdem befasst sich die Bewertung mit der etwaigen Notwendigkeit einer Änderung des Auftrags der Behörde und ihres Tätigkeitsbereichs, einschließlich der Ausweitung der Zuständigkeitsbereichs auf bereichsspezifische Bedürfnisse, sowie den finanziellen Auswirkungen einer solchen Änderung auch unter Berücksichtigung der von Agenturen der Union in diesen Bereichen geleisteten Arbeit. Im Rahmen der Bewertung werden auch weitere Synergien und eine optimierte Koordinierung mit Agenturen, die im Bereich der Beschäftigungs- und Sozialpolitik tätig sind, untersucht. Auf der Grundlage der Bewertung kann die Kommission bei Bedarf Gesetzgebungsvorschläge zur Änderung des Anwendungsbereichs dieser Verordnung vorlegen.

(2) Ist die Kommission der Auffassung, dass Ziele, Auftrag und Aufgaben der Behörde deren Fortbestehen nicht länger rechtfertigen, kann sie eine entsprechende Änderung oder die Aufhebung dieser Verordnung vorschlagen.

(3) Die Kommission erstattet dem Europäischen Parlament, dem Rat und dem Verwaltungsrat über die Ergebnisse der Bewertung Bericht. Die Ergebnisse der Bewertung werden veröffentlicht.

Verwaltungsuntersuchungen

Art. 41 Die Tätigkeiten der Behörde werden vom Europäischen Bürgerbeauftragten nach Artikel 228 AEUV kontrolliert.

Zusammenarbeit mit Drittstaaten und internationalen Organisationen

Art. 42 (1) Soweit es erforderlich ist, um die in dieser Verordnung festgelegten Ziele zu erreichen, und unbeschadet der Zuständigkeit der Mitgliedstaaten und der Organe der Union kann die Behörde mit den zuständigen Behörden von Drittstaaten sowie mit internationalen Organisationen zusammenarbeiten.

Zu diesem Zweck kann die Behörde, vorbehaltlich der Genehmigung durch den Verwaltungsrat und nach Zustimmung der Kommission, Arbeitsvereinbarungen mit den zuständigen Behörden von Drittstaaten und mit internationalen Organisationen treffen. Diese Vereinbarungen begründen keine rechtlichen Verpflichtungen für die Union oder die Mitgliedstaaten.

(2) Die Behörde steht der Beteiligung von Drittstaaten offen, die entsprechende Vereinbarungen mit der Union getroffen haben.

In den einschlägigen Bestimmungen der in Unterabsatz 1 genannten Vereinbarungen werden insbesondere Art, Ausmaß und Weise der Beteiligung des jeweiligen Drittstaates an der Arbeit der Behörde festgelegt; dazu gehören auch Bestimmungen über die Teilnahme an Initiativen der Behörde, Finanzbeiträge und Personal. In Personalangelegenheiten müssen diese Regelungen in jedem Fall mit dem Statut und den Beschäftigungsbedingungen vereinbar sein.

(3) Die Kommission stellt durch den Abschluss einer entsprechenden Arbeitsvereinbarung mit dem Exekutivdirektor der Behörde sicher, dass die Behörde im Rahmen ihres Auftrags und des bestehenden institutionellen Rahmens handelt.

Sitzabkommen und Arbeitsbedingungen

Art. 43 (1) Die notwendigen Regelungen über die Unterbringung der Behörde im Sitzmitgliedstaat sowie die besonderen Vorschriften, die im Sitzmitgliedstaat für den Exekutivdirektor, die Mitglieder des Verwaltungsrats, das Personal und dessen Familienangehörige gelten, werden in einem Sitzabkommen festgelegt, das nach Billigung durch den Verwaltungsrat spätestens bis zum 1. August 2021 zwischen der Behörde und dem Mitgliedstaat zu schließen ist, in dem die Behörde ihren Sitz hat.

(2) Der Sitzmitgliedstaat der Behörde schafft die bestmöglichen Bedingungen für die reibungslose

Aufnahme der Tätigkeit der Behörde

Art. 44 (1) Die Behörde nimmt ihre Tätigkeit bis zum 1. August 2021 auf und verfügt zu diesem Zeitpunkt über die Kapazitäten zur Ausführung ihres eigenen Haushaltsplans.

(2) Die Kommission ist für die Einrichtung und den anfänglichen Betrieb der Behörde zuständig, bis die Behörde einsatzbereit ist. Zu diesem Zweck

a) kann die Kommission einen ihrer Beamten benennen, der als Interimsexekutivdirektor fungiert und die Aufgaben des Exekutivdirektors wahrnimmt, bis der Exekutivdirektor nach seiner Ernennung durch den Verwaltungsrat gemäß Artikel 31 sein Amt antritt,

b) übt abweichend von Artikel 18 Absatz 1 Buchstabe k und bis zur Annahme eines Beschlusses im Sinne von Artikel 18 Absatz 2 der Interimsexekutivdirektor die Befugnisse der Anstellungsbehörde aus,

c) kann die Kommission der Behörde Unterstützung leisten, insbesondere durch die Entsendung von Kommissionsbeamten zur Ausübung der Tätigkeiten der Behörde unter der Verantwortung des Interimsexekutivdirektors oder des Exekutivdirektors,

d) kann der Interimsexekutivdirektor nach Zustimmung des Verwaltungsrats alle Zahlungen genehmigen, die durch Mittelzuweisungen im Haushalt der Behörde gedeckt sind, und nach Annahme des Stellenplans der Behörde Verträge einschließlich Arbeitsverträgen abschließen.

Änderung der Verordnung (EG) Nr. 883/2004

Art. 45 *(Änderungen eingearbeitet in VO (EG) Nr. 883/2004)*

Änderung der Verordnung (EU) Nr. 492/2011

Art. 46 *(Änderungen eingearbeitet in VO (EU) Nr. 492/2011)*

Änderung der Verordnung (EU) 2016/589

Art. 47 *(Änderungen eingearbeitet in VO (EU) 2016/589)*

Aufhebung

Art. 48 Der Beschluss (EU) 2016/344 wird mit Wirkung ab dem Zeitpunkt aufgehoben, zu dem die Behörde gemäß Artikel 44 Absatz 1 der vorliegenden Verordnung einsatzbereit ist.

Bezugnahmen auf den aufgehobenen Beschluss gelten als Bezugnahmen auf diese Verordnung.

Inkrafttreten

Art. 49 Diese Verordnung tritt am zwanzigsten Tag nach ihrer Veröffentlichung im *Amtsblatt der Europäischen Union* in Kraft.

Diese Verordnung ist in allen ihren Teilen verbindlich und gilt unmittelbar in den Mitgliedstaaten.

ANHANG
TÄTIGKEITEN DER GEMÄSS ARTIKEL 16 ABSATZ 2 EINGERICHTETEN PLATTFORM

Um die Erreichung der Ziele der Behörde bei der Bekämpfung nicht angemeldeter Erwerbstätigkeit zu unterstützen, bemüht sich die Plattform insbesondere,

1) den Wissensstand über nicht angemeldete Erwerbstätigkeit, einschließlich ihrer Ursachen, regionalen Unterschiede und grenzüberschreitenden Aspekte, durch gemeinsame Definitionen und Konzepte, empirische Messinstrumente und die Förderung vergleichender Analysen zu verbessern, ein gegenseitiges Verständnis der verschiedenen Systeme und Praktiken zur Bekämpfung nicht angemeldeter Erwerbstätigkeit zu entwickeln und die Wirksamkeit politischer Maßnahmen, einschließlich vorbeugender Maßnahmen und Sanktionen, zu analysieren,

2) verschiedene Formen der Zusammenarbeit zwischen den Mitgliedstaaten und erforderlichenfalls mit Drittstaaten, wie beispielsweise den Personalaustausch, die Nutzung von Datenbanken sowie die Durchführung gemeinsamer Maßnahmen und Schulungen, zu fördern und zu bewerten und ein System für den Informationsaustausch für die Verwaltungszusammenarbeit unter Nutzung eines bestimmten Moduls für nicht angemeldete Erwerbstätigkeit im Rahmen des Binnenmarkt-Informationssystems einzurichten,

3) Instrumente wie eine Wissensbank für einen effizienten Austausch von Informationen und über Erfahrungen zu schaffen, Durchsetzungsleitlinien, Handbücher über bewährte Verfahren, gemeinsame Inspektionsgrundsätze zur Bekämpfung nicht angemeldeter Erwerbstätigkeit und gemeinsame Aktivitäten wie europäische Kampagnen zu entwickeln und diese Instrumente zu bewerten,

4) ein Peer-Learning-Programm zur Ermittlung bewährter Verfahren in allen für die Bekämpfung nicht angemeldeter Erwerbstätigkeit wichtigen Bereichen aufzustellen und gegenseitige Begutachtungen zur Messung des Fortschritts, den die Mitgliedstaaten, die sich für eine Teilnahme an solchen Bewertungen entschieden haben, bei der Bekämpfung nicht angemeldeter Erwerbstätigkeiten erzielt haben, zu organisieren,

5) einen Austausch über Erfahrungen zu organisieren, die die nationalen Behörden bei der Anwendung von Unionsrecht im Bereich der Bekämpfung nicht angemeldeter Erwerbstätigkeit gemacht haben.

3. Gleichstellungsrecht

Inhaltsverzeichnis

3/1.	GleichbehandlungsRL – Neufassung	Seite	399
3/2.	GleichbehandlungsRL – soziale Sicherheit	Seite	414
3/3.	Selbstständigen-Gleichbehandlungs-RL	Seite	416
3/4.	VereinbarkeitsRL Beruf und Privatleben	Seite	422
3/5.	AntirassismusRL	Seite	433
3/6.	GleichbehandlungsrahmenRL	Seite	439
3/7.	Erweiterte GleichbehandlungsRL	Seite	447
3/8.	LohntransparenzRL	Seite	454
3/9.	Führungspositionen-RL	Seite	474

3/1. Gleichbehandlungsrichtlinie – Neufassung

Richtlinie 2006/54/EG des Europäischen Parlaments und des Rates zur Verwirklichung des Grundsatzes der Chancengleichheit und Gleichbehandlung von Männern und Frauen in Arbeits- und Beschäftigungsfragen (Neufassung) vom 5. Juli 2006

(ABl. Nr. L 204 v. 26.7.2006, S. 23)

GLIEDERUNG

TITEL I: ALLGEMEINE BESTIMMUNGEN
- Art. 1: Gegenstand
- Art. 2: Begriffsbestimmungen
- Art. 3: Positive Maßnahmen

TITEL II: BESONDERE BESTIMMUNGEN

KAPITEL 1: Gleiches Entgelt
- Art. 4: Diskriminierungsverbot

KAPITEL 2: Gleichbehandlung in betrieblichen Systemen der sozialen Sicherheit
- Art. 5: Diskriminierungsverbot
- Art. 6: Persönlicher Anwendungsbereich
- Art. 7: Sachlicher Anwendungsbereich
- Art. 8: Ausnahmen vom sachlichen Anwendungsbereich
- Art. 9: Beispiele für Diskriminierung
- Art. 10: Durchführung in Bezug auf Selbständige
- Art. 11: Möglichkeit des Aufschubs in Bezug auf Selbständige
- Art. 12: Rückwirkung
- Art. 13: Flexibles Rentenalter

KAPITEL 3: Gleichbehandlung hinsichtlich des Zugangs zur Beschäftigung zur Berufsbildung und zum beruflichen Aufstieg sowie in Bezug auf die Arbeitsbedingungen
- Art. 14: Diskriminierungsverbot
- Art. 15: Rückkehr aus dem Mutterschaftsurlaub
- Art. 16: Vaterschaftsurlaub und Adoptionsurlaub

TITEL III: HORIZONTALE BESTIMMUNGEN

KAPITEL 1: Rechtsmittel und Rechtsdurchsetzung

Abschnitt 1: Rechtsmittel
- Art. 17: Rechtsschutz
- Art. 18: Schadenersatz oder Entschädigung

Abschnitt 2: Beweislast
- Art. 19: Beweislast

KAPITEL 2: Förderung der Gleichbehandlung – Dialog
- Art. 20: Stellen zur Förderung der Gleichbehandlung
- Art. 21: Sozialer Dialog
- Art. 22: Dialog mit Nichtregierungsorganisationen

KAPITEL 3: Allgemeine horizontale Bestimmungen
- Art. 23: Einhaltung
- Art. 24: Viktimisierung
- Art. 25: Sanktionen
- Art. 26: Vorbeugung von Diskriminierung
- Art. 27: Mindestanforderungen
- Art. 28: Verhältnis zu gemeinschaftlichen und einzelstaatlichen Vorschriften
- Art. 29: Durchgängige Berücksichtigung des Gleichstellungsaspekts
- Art. 30: Verbreitung von Informationen

TITEL IV: SCHLUSSBESTIMMUNGEN
- Art. 31: Berichte
- Art. 32: Überprüfung
- Art. 33: Umsetzung
- Art. 34: Aufhebung
- Art. 35: Inkrafttreten
- Art. 36: Adressaten

ANHÄNGE I und II

DAS EUROPÄISCHE PARLAMENT UND DER RAT DER EUROPÄISCHEN UNION –

gestützt auf den Vertrag zur Gründung der Europäischen Gemeinschaft, insbesondere auf Artikel 141 Absatz 3,

auf Vorschlag der Kommission,

nach Stellungnahme des Europäischen Wirtschafts- und Sozialausschusses (ABl. C 157 vom 28.6.2005, S. 83),

gemäß dem Verfahren des Artikels 251 des Vertrags (Stellungnahme des Europäischen Parlaments vom 6. Juli 2005 (noch nicht im Amtsblatt veröffentlicht), Gemeinsamer Standpunkt des Rates

3/1. Gleichbeh.RL – Neufassung
Präambel

vom 10. März 2006 (ABl. C 126 E vom 30.5.2006, S. 33) und Standpunkt des Europäischen Parlaments vom 1. Juni 2006 (noch nicht im Amtsblatt veröffentlicht),

in Erwägung nachstehender Gründe:

(1) Die Richtlinie 76/207/EWG des Rates vom 9. Februar 1976 zur Verwirklichung des Grundsatzes der Gleichbehandlung von Männern und Frauen hinsichtlich des Zugangs zur Beschäftigung, zur Berufsbildung und zum beruflichen Aufstieg sowie in Bezug auf die Arbeitsbedingungen (ABl. L 39 vom 14.2.1976, S. 40, geändert durch die Richtlinie 2002/73/EG des Europäischen Parlaments und des Rates (ABl. L 269 vom 5.10.2002, S. 15) und die Richtlinie 86/378/EWG des Rates vom 24. Juli 1986 zur Verwirklichung des Grundsatzes der Gleichbehandlung von Männern und Frauen bei den betrieblichen Systemen der sozialen Sicherheit (ABl. L 225 vom 12.8.1986, S. 40, geändert durch die Richtlinie 96/97/EG (ABl. L 46 vom 17.2.1997, S. 20)) wurden erheblich geändert (siehe Anhang I Teil A.). Die Richtlinie 75/117/EWG des Rates vom 10. Februar 1975 zur Angleichung der Rechtsvorschriften der Mitgliedstaaten über die Anwendung des Grundsatzes des gleichen Entgelts für Männer und Frauen (ABl. L 45 vom 19.2.1975, S. 19) und die Richtlinie 97/80/EG des Rates vom 15. Dezember 1997 über die Beweislast bei Diskriminierung aufgrund des Geschlechts (ABl. L 14 vom 20.1.1998, S. 6, geändert durch die Richtlinie 98/52/ EG (ABl. L 205 vom 22.7.1998, S. 66)) enthalten ebenfalls Bestimmungen, deren Ziel die Verwirklichung des Grundsatzes der Gleichbehandlung von Männern und Frauen ist. Anlässlich neuerlicher Änderungen der genannten Richtlinien empfiehlt sich aus Gründen der Klarheit eine Neufassung sowie die Zusammenfassung der wichtigsten Bestimmungen auf diesem Gebiet mit verschiedenen Entwicklungen aufgrund der Rechtsprechung des Gerichtshofs der Europäischen Gemeinschaften (im Folgenden „Gerichtshof") in einem einzigen Text.

(2) Die Gleichstellung von Männern und Frauen stellt nach Artikel 2 und Artikel 3 Absatz 2 des Vertrags sowie nach der Rechtsprechung des Gerichtshofs ein grundlegendes Prinzip dar. In diesen Vertragsbestimmungen wird die Gleichstellung von Männern und Frauen als Aufgabe und Ziel der Gemeinschaft bezeichnet, und es wird eine positive Verpflichtung begründet, sie bei allen Tätigkeiten der Gemeinschaft zu fördern.

(3) Der Gerichtshof hat festgestellt, dass die Tragweite des Grundsatzes der Gleichbehandlung von Männern und Frauen nicht auf das Verbot der Diskriminierung aufgrund des natürlichen Geschlechts einer Person beschränkt werden kann. Angesichts seiner Zielsetzung und der Art der Rechte, die damit geschützt werden sollen, gilt er auch für Diskriminierungen aufgrund einer Geschlechtsumwandlung.

(4) Artikel 141 Absatz 3 des Vertrags bietet nunmehr eine spezifische Rechtsgrundlage für den Erlass von Gemeinschaftsmaßnahmen zur Sicherstellung des Grundsatzes der Chancengleichheit und der Gleichbehandlung in Arbeits- und Beschäftigungsfragen, einschließlich des gleichen Entgelts für gleiche oder gleichwertige Arbeit.

(5) Die Artikel 21 und 23 der Charta der Grundrechte der Europäischen Union verbieten ebenfalls jegliche Diskriminierung aufgrund des Geschlechts und verankern das Recht auf Gleichbehandlung von Männern und Frauen in allen Bereichen, einschließlich Beschäftigung, Arbeit und Entgelt.

(6) Die Belästigung einer Person und die sexuelle Belästigung stellen einen Verstoß gegen den Grundsatz der Gleichbehandlung von Männern und Frauen dar und sind somit als Diskriminierung aufgrund des Geschlechts im Sinne dieser Richtlinie anzusehen. Diese Formen der Diskriminierung kommen nicht nur am Arbeitsplatz vor, sondern auch im Zusammenhang mit dem Zugang zur Beschäftigung, zur Berufsbildung und zum beruflichen Aufstieg. Diese Formen der Diskriminierung sollten daher verboten werden, und es sollten wirksame, verhältnismäßige und abschreckende Sanktionen vorgesehen werden.

(7) In diesem Zusammenhang sollten die Arbeitgeber und die für Berufsbildung zuständigen Personen ersucht werden, Maßnahmen zu ergreifen, um im Einklang mit den innerstaatlichen Rechtsvorschriften und Gepflogenheiten gegen alle Formen der Diskriminierung aufgrund des Geschlechts vorzugehen und insbesondere präventive Maßnahmen zur Bekämpfung der Belästigung und der sexuellen Belästigung am Arbeitsplatz ebenso wie beim Zugang zur Beschäftigung, zur Berufsbildung und zum beruflichen Aufstieg zu treffen.

(8) Der Grundsatz des gleichen Entgelts für gleiche oder gleichwertige Arbeit, gemäß Artikel 141 des Vertrags, der vom Gerichtshof in ständiger Rechtsprechung bestätigt wurde, ist ein wichtiger Aspekt des Grundsatzes der Gleichbehandlung von Männern und Frauen und ein wesentlicher und unverzichtbarer Bestandteil sowohl des gemeinschaftlichen Besitzstands als auch der Rechtsprechung des Gerichtshofs im Bereich der Diskriminierung aufgrund des Geschlechts. Daher sollten weitere Bestimmungen zu seiner Verwirklichung festgelegt werden.

(9) Um festzustellen, ob Arbeitnehmer eine gleiche oder gleichwertige Arbeit verrichten, sollte gemäß der ständigen Rechtsprechung des Gerichtshofs geprüft werden, ob sich diese Arbeitnehmer in Bezug auf verschiedene Faktoren, zu denen unter anderem die Art der Arbeit und der Ausbildung und die Arbeitsbedingungen gehören, in einer vergleichbaren Lage befinden.

(10) Der Gerichtshof hat festgestellt, dass der Grundsatz des gleichen Entgelts unter bestimmten Umständen nicht nur für Situationen gilt, in denen Männer und Frauen für denselben Arbeitgeber arbeiten.

(11) Die Mitgliedstaaten sollten weiterhin gemeinsam mit den Sozialpartnern dem Problem des anhaltenden geschlechtsspezifischen Lohngefälles und der nach wie vor ausgeprägten Geschlechtertrennung auf dem Arbeitsmarkt beispielsweise durch flexible Arbeitszeitregelungen entgegen-

wirken, die es sowohl Männern als auch Frauen ermöglichen, Familie und Beruf besser miteinander in Einklang zu bringen. Dies könnte auch angemessene Regelungen für den Elternurlaub, die von beiden Elternteilen in Anspruch genommen werden könnten, sowie die Bereitstellung zugänglicher und erschwinglicher Einrichtungen für die Kinderbetreuung und die Betreuung pflegebedürftiger Personen einschließen.

(12) Es sollten spezifische Maßnahmen erlassen werden, um die Verwirklichung des Grundsatzes der Gleichbehandlung in den betrieblichen Systemen der sozialen Sicherheit zu gewährleisten und seinen Geltungsbereich klarer zu definieren.

(13) Mit seinem Urteil vom 17. Mai 1990 in der Rechtssache C-262/88 (Rechtssache C-262/88: Barber gegen Guardian Royal Exchange Assurance Group, Slg. 1990, I-1889) befand der Gerichtshof, dass alle Formen von Betriebsrenten Bestandteil des Entgelts im Sinne von Artikel 141 des Vertrags sind.

(14) Auch wenn sich der Begriff des Entgelts im Sinne des Artikels 141 des Vertrags nicht auf Sozialversicherungsleistungen erstreckt, steht nunmehr fest, dass ein Rentensystem für Beschäftigte im öffentlichen Dienst unter den Grundsatz des gleichen Entgelts fällt, wenn die aus einem solchen System zu zahlenden Leistungen dem Arbeitnehmer aufgrund seines Beschäftigungsverhältnisses mit dem öffentlichen Arbeitgeber gezahlt werden, ungeachtet der Tatsache, dass ein solches System Teil eines allgemeinen, durch Gesetz geregelten Systems ist. Nach den Urteilen des Gerichtshofs vom 28. August 1984 in der Rechtssache C-7/93 (Rechtssache C-7/93: Bestuur van het Algemeen Burgerlijk Pensioensfonds gegen G. A. Beune, Slg. 1994, I-4471) und vom 12. August in der Rechtssache C-351/00 (Rechtssache C-351/00: Pirkko Niemi, Slg. 2002, I-7007) ist diese Bedingung erfüllt, wenn das Rentensystem eine bestimmte Gruppe von Arbeitnehmern betrifft und die Leistungen unmittelbar von der abgeleisteten Dienstzeit abhängig sind und ihre Höhe aufgrund der letzten Bezüge des Beamten berechnet wird. Um der Klarheit willen ist es daher angebracht, entsprechende spezifische Bestimmungen zu erlassen.

(15) Der Gerichtshof hat bestätigt, dass, auch wenn die Beiträge männlicher und weiblicher Arbeitnehmer zu einem Rentensystem mit Leistungszusage unter Artikel 141 des Vertrags fallen, Ungleichheiten bei den im Rahmen von durch Kapitalansammlung finanzierten Systemen mit Leistungszusage angebotenen Arbeitgeberbeiträgen, die sich aus der Verwendung je nach Geschlecht unterschiedlicher versicherungsmathematischer Faktoren ergeben, nicht im Lichte dieser Bestimmung beurteilt werden können.

(16) Beispielsweise ist bei durch Kapitalansammlung finanzierten Systemen mit Leistungszusage hinsichtlich einiger Punkte, wie der Umwandlung eines Teils der regelmäßigen Rentenzahlungen in Kapital, der Übertragung der Rentenansprüche, der Hinterbliebenenrente, die an einen Anspruchsberechtigten auszuzahlen ist, der im Gegenzug auf einen Teil der jährlichen Rentenbezüge verzichtet oder einer gekürzten Rente, wenn der Arbeitnehmer sich für den vorgezogenen Ruhestand entscheidet, eine Ungleichbehandlung gestattet, wenn die Ungleichheit der Beträge darauf zurückzuführen ist, dass bei der Durchführung der Finanzierung des Systems je nach Geschlecht unterschiedliche versicherungstechnische Berechnungsfaktoren angewendet worden sind.

(17) Es steht fest, dass Leistungen, die aufgrund eines betrieblichen Systems der sozialen Sicherheit zu zahlen sind, nicht als Entgelt gelten, insofern sie auf Beschäftigungszeiten vor dem 17. Mai 1990 zurückgeführt werden können, außer im Fall von Arbeitnehmern oder ihren anspruchsberechtigten Angehörigen, die vor diesem Zeitpunkt eine Klage bei Gericht oder ein gleichwertiges Verfahren nach geltendem einzelstaatlichen Recht angestrengt haben. Es ist daher notwendig, die Anwendung des Grundsatzes der Gleichbehandlung entsprechend einzuschränken.

(18) Nach der ständigen Rechtsprechung des Gerichtshofs hat das Barber-Protokoll (Protokoll Nr. 17 zu Artikel 141 des Vertrags zur Gründung der Europäischen Gemeinschaft (1992)) keine Auswirkung auf den Anspruch auf ein Betriebsrentensystem, und die zeitliche Beschränkung der Wirkungen des Urteils in der Rechtssache C-262/88 gilt nicht für den Anspruch auf Anschluss an ein Betriebsrentensystem. Der Gerichtshof hat auch für Recht erkannt, dass Arbeitnehmern, die ihren Anspruch auf Anschluss an ein Betriebsrentensystem geltend machen, die einzelstaatlichen Vorschriften über die Fristen für die Rechtsverfolgung entgegengehalten werden können, sofern sie für derartige Klagen nicht ungünstiger sind als für gleichartige Klagen, die das innerstaatliche Recht betreffen, und sofern sie die Ausübung der durch das Gemeinschaftsrecht gewährten Rechte nicht praktisch unmöglich machen. Der Gerichtshof hat zudem dargelegt, dass ein Arbeitnehmer, der Anspruch auf den rückwirkenden Anschluss an ein Betriebsrentensystem hat, sich der Zahlung der Beiträge für den betreffenden Anschlusszeitraum nicht entziehen kann.

(19) Die Sicherstellung des gleichen Zugangs zur Beschäftigung und zur entsprechenden Berufsbildung ist grundlegend für die Anwendung des Grundsatzes der Gleichbehandlung von Männern und Frauen in Arbeits- und Beschäftigungsfragen. Jede Einschränkung dieses Grundsatzes sollte daher auf diejenigen beruflichen Tätigkeiten beschränkt bleiben, die aufgrund ihrer Art oder der Bedingungen ihrer Ausübung die Beschäftigung einer Person eines bestimmten Geschlechts erfordern, sofern damit ein legitimes Ziel verfolgt wird und dem Grundsatz der Verhältnismäßigkeit entsprochen wird.

(20) Diese Richtlinie berührt nicht die Vereinigungsfreiheit, einschließlich des Rechts jeder Person, zum Schutz ihrer Interessen Gewerkschaften zu gründen und Gewerkschaften beizutreten. Maßnahmen im Sinne von Artikel 141 Absatz 4 des Vertrags können die Mitgliedschaft in oder

3/1. Gleichbeh.RL – Neufassung
Präambel

die Fortsetzung der Tätigkeit von Organisationen oder Gewerkschaften einschließen, deren Hauptziel es ist, dem Grundsatz der Gleichbehandlung von Männern und Frauen in der Praxis Geltung zu verschaffen.

(21) Das Diskriminierungsverbot sollte nicht der Beibehaltung oder dem Erlass von Maßnahmen entgegenstehen, mit denen bezweckt wird, Benachteiligungen von Personen eines Geschlechts zu verhindern oder auszugleichen. Diese Maßnahmen lassen die Einrichtung und Beibehaltung von Organisationen von Personen desselben Geschlechts zu, wenn deren Hauptzweck darin besteht, die besonderen Bedürfnisse dieser Personen zu berücksichtigen und die Gleichstellung von Männern und Frauen zu fördern.

(22) In Übereinstimmung mit Artikel 141 Absatz 4 des Vertrags hindert der Grundsatz der Gleichbehandlung die Mitgliedstaaten im Hinblick auf die effektive Gewährleistung der vollen Gleichstellung von Männern und Frauen im Arbeitsleben nicht daran, zur Erleichterung der Berufstätigkeit des unterrepräsentierten Geschlechts oder zur Verhinderung bzw. zum Ausgleich von Benachteiligungen in der beruflichen Laufbahn spezifische Vergünstigungen beizubehalten oder zu beschließen. Angesichts der derzeitigen Lage und in Kenntnis der Erklärung Nr. 28 zum Vertrag von Amsterdam sollten die Mitgliedstaaten in erster Linie darauf hinwirken, die Lage der Frauen im Arbeitsleben zu verbessern.

(23) Aus der Rechtsprechung des Gerichtshofs ergibt sich klar, dass die Schlechterstellung einer Frau im Zusammenhang mit Schwangerschaft oder Mutterschaft eine unmittelbare Diskriminierung aufgrund des Geschlechts darstellt. Eine solche Behandlung sollte daher von der vorliegenden Richtlinie ausdrücklich erfasst werden.

(24) Der Gerichtshof hat in ständiger Rechtsprechung anerkannt, dass der Schutz der körperlichen Verfassung der Frau während und nach einer Schwangerschaft sowie Maßnahmen zum Mutterschutz legitime Mittel zur Erreichung einer nennenswerten Gleichstellung sind. Diese Richtlinie sollte die Richtlinie 92/85/EWG des Rates vom 19. Oktober 1992 über die Durchführung von Maßnahmen zur Verbesserung der Sicherheit und des Gesundheitsschutzes von schwangeren Arbeitnehmerinnen, Wöchnerinnen und stillenden Arbeitnehmerinnen am Arbeitsplatz (ABl. L 348 vom 28.11.1992, S. 1) unberührt lassen. Sie sollte ferner die Richtlinie 96/34/EG des Rates vom 3. Juni 1996 zu der von UNICE, CEEP und EGB geschlossenen Rahmenvereinbarung über Elternurlaub (ABl. L 145 vom 19.6.1996, S. 4, geändert durch die Richtlinie 97/75/EG (ABl. L 10 vom 16.1.1998, S. 24) unberührt lassen.

(25) Aus Gründen der Klarheit ist es außerdem angebracht, ausdrücklich Bestimmungen zum Schutz der Rechte der Frauen im Bereich der Beschäftigung im Falle des Mutterschaftsurlaubs aufzunehmen, insbesondere den Anspruch auf Rückkehr an ihren früheren Arbeitsplatz oder einen gleichwertigen Arbeitsplatz ohne Verschlechterung der Arbeitsbedingungen aufgrund dieses Mutterschaftsurlaubs sowie darauf, dass ihnen auch alle Verbesserungen der Arbeitsbedingungen zugute kommen, auf die sie während ihrer Abwesenheit Anspruch gehabt hätten.

(26) In der Entschließung des Rates und der im Rat vereinigten Minister für Beschäftigung und Sozialpolitik vom 29. Juni 2000 über eine ausgewogene Teilhabe von Frauen und Männern am Berufs- und Familienleben (ABl. C 218 vom 31.7.2000, S. 5) wurden die Mitgliedstaaten ermutigt, die Möglichkeit zu prüfen, in ihren jeweiligen Rechtsordnungen männlichen Arbeitnehmern unter Wahrung ihrer bestehenden arbeitsbezogenen Rechte ein individuelles, nicht übertragbares Recht auf Vaterschaftsurlaub zuzuerkennen.

(27) Ähnliche Bedingungen gelten für die Zuerkennung – durch die Mitgliedstaaten – eines individuellen, nicht übertragbaren Rechts auf Urlaub nach Adoption eines Kindes an Männer und Frauen. Es ist Sache der Mitgliedstaaten zu entscheiden, ob sie ein solches Recht auf Vaterschaftsurlaub und/oder Adoptionsurlaub zuerkennen oder nicht, sowie alle außerhalb des Geltungsbereichs dieser Richtlinie liegenden Bedingungen, mit Ausnahme derjenigen, die die Entlassung und die Rückkehr an den Arbeitsplatz betreffen, festzulegen.

(28) Die wirksame Anwendung des Grundsatzes der Gleichbehandlung erfordert die Schaffung angemessener Verfahren durch die Mitgliedstaaten.

(29) Die Schaffung angemessener rechtlicher und administrativer Verfahren zur Durchsetzung der Verpflichtungen aufgrund der vorliegenden Richtlinie ist wesentlich für die tatsächliche Verwirklichung des Grundsatzes der Gleichbehandlung.

(30) Der Erlass von Bestimmungen zur Beweislast ist wesentlich, um sicherzustellen, dass der Grundsatz der Gleichbehandlung wirksam durchgesetzt werden kann. Wie der Gerichtshof entschieden hat, sollten daher Bestimmungen vorgesehen werden, die sicherstellen, dass die Beweislast – außer im Zusammenhang mit Verfahren, in denen die Ermittlung des Sachverhalts dem Gericht oder der zuständigen nationalen Stelle obliegt – auf die beklagte Partei verlagert wird, wenn der Anschein einer Diskriminierung besteht. Es ist jedoch klarzustellen, dass die Bewertung der Tatsachen, die das Vorliegen einer unmittelbaren oder mittelbaren Diskriminierung vermuten lassen, weiterhin der einschlägigen einzelstaatlichen Stelle im Einklang mit den innerstaatlichen Rechtsvorschriften oder Gepflogenheiten obliegt. Außerdem bleibt es den Mitgliedstaaten überlassen, auf jeder Stufe des Verfahrens eine für die klagende Partei günstigere Beweislastregelung vorzusehen.

(31) Um den durch diese Richtlinie gewährleisteten Schutz weiter zu verbessern, sollte auch die Möglichkeit bestehen, dass sich Verbände, Organisationen und andere juristische Personen unbeschadet der nationalen Verfahrensregeln bezüglich der Vertretung und Verteidigung bei einem entsprechenden Beschluss der Mitgliedstaaten

im Namen der beschwerten Person oder zu deren Unterstützung an einem Verfahren beteiligen.

(32) In Anbetracht des grundlegenden Charakters des Anspruchs auf einen effektiven Rechtsschutz ist es angebracht, dass Arbeitnehmer diesen Schutz selbst noch nach Beendigung des Verhältnisses genießen, aus dem sich der behauptete Verstoß gegen den Grundsatz der Gleichbehandlung ergibt. Ein Arbeitnehmer, der eine Person, die nach dieser Richtlinie Schutz genießt, verteidigt oder für sie als Zeuge aussagt, sollte den gleichen Schutz genießen.

(33) Der Gerichtshof hat eindeutig festgestellt, dass der Gleichbehandlungsgrundsatz nur dann als tatsächlich verwirklicht angesehen werden kann, wenn bei allen Verstößen eine dem erlittenen Schaden angemessene Entschädigung zuerkannt wird. Es ist daher angebracht, die Vorabfestlegung irgendeiner Höchstgrenze für eine solche Entschädigung auszuschließen, außer in den Fällen, in denen der Arbeitgeber nachweisen kann, dass der einem Bewerber infolge einer Diskriminierung im Sinne dieser Richtlinie entstandene Schaden allein darin besteht, dass die Berücksichtigung seiner Bewerbung verweigert wurde.

(34) Um die wirksame Umsetzung des Grundsatzes der Gleichbehandlung zu verstärken, sollten die Mitgliedstaaten den Dialog zwischen den Sozialpartnern und –im Rahmen der einzelstaatlichen Praxis – mit den Nichtregierungsorganisationen fördern.

(35) Die Mitgliedstaaten sollten wirksame, verhältnismäßige und abschreckende Sanktionen festlegen, die bei einer Verletzung der aus dieser Richtlinie erwachsenden Verpflichtungen zu verhängen sind.

(36) Da die Ziele dieser Richtlinie auf Ebene der Mitgliedstaaten nicht ausreichend verwirklicht werden können und daher besser auf Gemeinschaftsebene zu erreichen sind, kann die Gemeinschaft im Einklang mit dem in Artikel 5 des Vertrags niedergelegten Subsidiaritätsprinzip tätig werden. Entsprechend dem in demselben Artikel genannten Grundsatz der Verhältnismäßigkeit geht diese Richtlinie nicht über das zur Erreichung dieser Ziele erforderliche Maß hinaus.

(37) Zum besseren Verständnis der Ursachen der unterschiedlichen Behandlung von Männern und Frauen in Arbeits- und Beschäftigungsfragen sollten vergleichbare, nach Geschlechtern aufgeschlüsselte Statistiken weiterhin erstellt, ausgewertet und auf den geeigneten Ebenen zur Verfügung gestellt werden.

(38) Die Gleichbehandlung von Männern und Frauen in Arbeits- und Beschäftigungsfragen kann sich nicht auf gesetzgeberische Maßnahmen beschränken. Die Europäische Union und die Mitgliedstaaten sind vielmehr aufgefordert, den Prozess der Bewusstseinsbildung für das Problem der Lohndiskriminierung und ein Umdenken verstärkt zu fördern und dabei alle betroffenen Kräfte auf öffentlicher wie privater Ebene so weit wie möglich einzubinden. Dabei kann der Dialog zwischen den Sozialpartnern einen wichtigen Beitrag leisten.

(39) Die Verpflichtung zur Umsetzung dieser Richtlinie in nationales Recht sollte auf diejenigen Bestimmungen beschränkt werden, die eine inhaltliche Veränderung gegenüber den früheren Richtlinien darstellen. Die Verpflichtung zur Umsetzung derjenigen Bestimmungen, die inhaltlich unverändert bleiben, ergibt sich aus den früheren Richtlinien.

(40) Diese Richtlinie sollte unbeschadet der Verpflichtungen der Mitgliedstaaten in Bezug auf die Fristen zur Umsetzung der in Anhang I Teil B aufgeführten Richtlinien in einzelstaatliches Recht und zu ihrer Anwendung gelten.

(41) Entsprechend Nummer 34 der Interinstitutionellen Vereinbarung über bessere Rechtsetzung (ABl. C 321 vom 31.12.2003, S. 1) sollten die Mitgliedstaaten für ihre eigenen Zwecke und im Interesse der Gemeinschaft eigene Tabellen aufstellen, denen im Rahmen des Möglichen die Entsprechungen zwischen dieser Richtlinie und den Umsetzungsmaßnahmen zu entnehmen sind, und diese veröffentlichen –

HABEN FOLGENDE RICHTLINIE ERLASSEN:

TITEL I
ALLGEMEINE BESTIMMUNGEN

Gegenstand

Art. 1 Ziel der vorliegenden Richtlinie ist es, die Verwirklichung des Grundsatzes der Chancengleichheit und Gleichbehandlung von Männern und Frauen in Arbeits- und Beschäftigungsfragen sicherzustellen.

Zu diesem Zweck enthält sie Bestimmungen zur Verwirklichung des Grundsatzes der Gleichbehandlung in Bezug auf

a) den Zugang zur Beschäftigung einschließlich des beruflichen Aufstiegs und zur Berufsbildung,

b) Arbeitsbedingungen einschließlich des Entgelts,

c) betriebliche Systeme der sozialen Sicherheit.

Weiter enthält sie Bestimmungen, mit denen sichergestellt werden soll, dass die Verwirklichung durch die Schaffung angemessener Verfahren wirksamer gestaltet wird.

Begriffsbestimmungen

Art. 2 (1) Im Sinne dieser Richtlinie bezeichnet der Ausdruck

a) „unmittelbare Diskriminierung" eine Situation, in der eine Person aufgrund ihres Geschlechts eine weniger günstige Behandlung erfährt, als eine andere Person in einer vergleichbaren Situation erfährt, erfahren hat oder erfahren würde;

b) „mittelbare Diskriminierung" eine Situation, in der dem Anschein nach neutrale Vorschriften, Kriterien oder Verfahren Personen des einen Geschlechts in besonderer

Weise gegenüber Personen des anderen Geschlechts benachteiligen können, es sei denn, die betreffenden Vorschriften, Kriterien oder Verfahren sind durch ein rechtmäßiges Ziel sachlich gerechtfertigt und die Mittel sind zur Erreichung dieses Ziels angemessen und erforderlich;

c) „Belästigung" unerwünschte auf das Geschlecht einer Person bezogene Verhaltensweisen, die bezwecken oder bewirken, dass die Würde der betreffenden Person verletzt und ein von Einschüchterungen, Anfeindungen, Erniedrigungen, Entwürdigungen oder Beleidigungen gekennzeichnetes Umfeld geschaffen wird;

d) „sexuelle Belästigung" jede Form von unerwünschtem Verhalten sexueller Natur, das sich in unerwünschter verbaler, nicht-verbaler oder physischer Form äußert und das bezweckt oder bewirkt, dass die Würde der betreffenden Person verletzt wird, insbesondere wenn ein von Einschüchterungen, Anfeindungen, Erniedrigungen, Entwürdigungen und Beleidigungen gekennzeichnetes Umfeld geschaffen wird;

e) „Entgelt" die üblichen Grund- oder Mindestlöhne und -gehälter sowie alle sonstigen Vergütungen, die der Arbeitgeber aufgrund des Dienstverhältnisses dem Arbeitnehmer mittelbar oder unmittelbar als Geld- oder Sachleistung zahlt;

f) „betriebliche Systeme der sozialen Sicherheit" Systeme, die nicht durch die Richtlinie 79/7/EWG des Rates vom 19. Dezember 1978 zur schrittweisen Verwirklichung des Grundsatzes der Gleichbehandlung von Männern und Frauen im Bereich der sozialen Sicherheit (ABl. L 6 vom 10.1.1979, S. 24) geregelt werden und deren Zweck darin besteht, den abhängig Beschäftigten und den Selbständigen in einem Unternehmen oder einer Unternehmensgruppe, in einem Wirtschaftszweig oder den Angehörigen eines Berufes oder einer Berufsgruppe Leistungen zu gewähren, die als Zusatzleistungen oder Ersatzleistungen der gesetzlichen Systeme der sozialen Sicherheit ergänzen oder an ihre Stelle treten, unabhängig davon, ob der Beitritt zu diesen Systemen Pflicht ist oder nicht.

(2) Im Sinne dieser Richtlinie gelten als Diskriminierung

a) Belästigung und sexuelle Belästigung sowie jede nachteilige Behandlung aufgrund der Zurückweisung oder Duldung solcher Verhaltensweisen durch die betreffende Person;

b) die Anweisung zur Diskriminierung einer Person aufgrund des Geschlechts;

c) jegliche ungünstigere Behandlung einer Frau im Zusammenhang mit Schwangerschaft oder Mutterschaftsurlaub im Sinne der Richtlinie 92/85/EWG.

Positive Maßnahmen

Art. 3 Die Mitgliedstaaten können im Hinblick auf die Gewährleistung der vollen Gleichstellung von Männern und Frauen im Arbeitsleben Maßnahmen im Sinne von Artikel 141 Absatz 4 des Vertrags beibehalten oder beschließen.

TITEL II
BESONDERE BESTIMMUNGEN

KAPITEL 1
Gleiches Entgelt

Diskriminierungsverbot

Art. 4 Bei gleicher Arbeit oder bei einer Arbeit, die als gleichwertig anerkannt wird, wird mittelbare und unmittelbare Diskriminierung aufgrund des Geschlechts in Bezug auf sämtliche Entgeltbestandteile und -bedingungen beseitigt.

Insbesondere wenn zur Festlegung des Entgelts ein System beruflicher Einstufung verwendet wird, muss dieses System auf für männliche und weibliche Arbeitnehmer gemeinsamen Kriterien beruhen und so beschaffen sein, dass Diskriminierungen aufgrund des Geschlechts ausgeschlossen werden.

KAPITEL 2
Gleichbehandlung in betrieblichen Systemen der sozialen Sicherheit

Diskriminierungsverbot

Art. 5 Unbeschadet des Artikels 4 darf es in betrieblichen Systemen der sozialen Sicherheit keine unmittelbare oder mittelbare Diskriminierung aufgrund des Geschlechts geben, insbesondere hinsichtlich

a) des Anwendungsbereichs solcher Systeme und die Bedingungen für den Zugang zu ihnen,

b) der Beitragspflicht und der Berechnung der Beiträge,

c) der Berechnung der Leistungen, einschließlich der Zuschläge für den Ehegatten und für unterhaltsberechtigte Personen, sowie der Bedingungen betreffend die Geltungsdauer und die Aufrechterhaltung des Leistungsanspruchs.

Persönlicher Anwendungsbereich

Art. 6 Dieses Kapitel findet entsprechend den einzelstaatlichen Rechtsvorschriften und/oder Gepflogenheiten Anwendung auf die Erwerbsbevölkerung einschließlich der Selbständigen, der Arbeitnehmer, deren Erwerbstätigkeit durch Krankheit, Mutterschaft, Unfall oder unverschuldete Arbeitslosigkeit unterbrochen ist, und der Arbeitsuchenden sowie auf die sich im Ruhestand befindlichen oder arbeitsunfähigen Arbeitnehmer und auf ihre anspruchsberechtigten Angehörigen.

Sachlicher Anwendungsbereich

Art. 7 (1) Dieses Kapitel findet Anwendung

a) auf betriebliche Systeme der sozialen Sicherheit, die Schutz gegen folgende Risiken bieten:

3/1. Gleichbeh.RL – Neufassung

Art. 7 – 9

   i) Krankheit,
   ii) Invalidität,
   iii) Alter, einschließlich vorzeitige Versetzung in den Ruhestand,
   iv) Arbeitsunfall und Berufskrankheit,
   v) Arbeitslosigkeit;
b) auf betriebliche Systeme der sozialen Sicherheit, die sonstige Sozialleistungen in Form von Geld- oder Sachleistungen vorsehen, insbesondere Leistungen an Hinterbliebene und Familienleistungen, wenn diese Leistungen als vom Arbeitgeber aufgrund des Beschäftigungsverhältnisses an den Arbeitnehmer gezahlte Vergütungen gelten.

(2) Dieses Kapitel findet auch Anwendung auf Rentensysteme für eine besondere Gruppe von Arbeitnehmern wie beispielsweise Beamte, wenn die aus dem System zu zahlenden Leistungen aufgrund des Beschäftigungsverhältnisses mit dem öffentlichen Arbeitgeber gezahlt werden. Die Tatsache, dass ein solches System Teil eines allgemeinen durch Gesetz geregelten Systems ist, steht dem nicht entgegen.

Ausnahmen vom sachlichen Anwendungsbereich

Art. 8 (1) Dieses Kapitel gilt nicht
a) für Einzelverträge Selbständiger,
b) für Systeme Selbständiger mit nur einem Mitglied,
c) im Fall von abhängig Beschäftigten für Versicherungsverträge, bei denen der Arbeitgeber nicht Vertragspartei ist,
d) für fakultative Bestimmungen betrieblicher Systeme der sozialen Sicherheit, die einzelnen Mitgliedern eingeräumt werden, um ihnen
   i) entweder zusätzliche Leistungen
   ii) oder die Wahl des Zeitpunkts, zu dem die regulären Leistungen für Selbständige einsetzen, oder die Wahl zwischen mehreren Leistungen zu garantieren,
e) für betriebliche Systeme der sozialen Sicherheit, sofern die Leistungen durch freiwillige Beiträge der Arbeitnehmer finanziert werden.

(2) Diesem Kapitel steht nicht entgegen, dass ein Arbeitgeber Personen, welche die Altersgrenze für die Gewährung einer Rente aus einem betrieblichen System der sozialen Sicherheit, jedoch noch nicht die Altersgrenze für die Gewährung einer gesetzlichen Rente erreicht haben, eine Zusatzrente gewährt, damit der Betrag der gesamten Leistungen dem Betrag entspricht oder nahe kommt, der Personen des anderen Geschlechts in derselben Lage, die bereits das gesetzliche Rentenalter erreicht haben, gewährt wird, bis die Bezieher der Zusatzrente das gesetzliche Rentenalter erreicht haben.

Beispiele für Diskriminierung

Art. 9 (1) Dem Grundsatz der Gleichbehandlung entgegenstehende Bestimmungen sind solche, die sich unmittelbar oder mittelbar auf das Geschlecht stützen und Folgendes bewirken:

a) Festlegung der Personen, die zur Mitgliedschaft in einem betrieblichen System der sozialen Sicherheit zugelassen sind;
b) Regelung der Zwangsmitgliedschaft oder der freiwilligen Mitgliedschaft in einem betrieblichen System der sozialen Sicherheit;
c) unterschiedliche Regeln für das Beitrittsalter zum System oder für die Mindestdauer der Beschäftigung oder Zugehörigkeit zum System, die einen Leistungsanspruch begründen;
d) Festlegung – außer in den unter den Buchstaben h und j genannten Fällen – unterschiedlicher Regeln für die Erstattung der Beiträge, wenn der Arbeitnehmer aus dem System ausscheidet, ohne die Bedingungen erfüllt zu haben, die ihm einen aufgeschobenen Anspruch auf die langfristigen Leistungen garantieren;
e) Festlegung unterschiedlicher Bedingungen für die Gewährung der Leistungen oder die Beschränkung dieser Leistungen auf eines der beiden Geschlechter;
f) Festsetzung unterschiedlicher Altersgrenzen für den Eintritt in den Ruhestand;
g) Unterbrechung der Aufrechterhaltung oder des Erwerbs von Ansprüchen während eines gesetzlich oder tarifvertraglich festgelegten Mutterschaftsurlaubs oder Urlaubs aus familiären Gründen, der vom Arbeitgeber bezahlt wird;
h) Gewährung unterschiedlicher Leistungsniveaus, es sei denn, dass dies notwendig ist, um versicherungstechnischen Berechnungsfaktoren Rechnung zu tragen, die im Fall von Festbeitragssystemen je nach Geschlecht unterschiedlich sind; bei durch Kapitalansammlung finanzierten Festleistungssystemen ist hinsichtlich einiger Punkte eine Ungleichbehandlung gestattet, wenn die Ungleichheit der Beträge darauf zurückzuführen ist, dass bei der Durchführung der Finanzierung des Systems je nach Geschlecht unterschiedliche versicherungstechnische Berechnungsfaktoren angewendet worden sind;
i) Festlegung unterschiedlicher Höhen für die Beiträge der Arbeitnehmer;
j) Festlegung unterschiedlicher Höhen für die Beiträge der Arbeitgeber, außer
   i) im Fall von Festbeitragssystemen, sofern beabsichtigt wird, die Höhe der auf diesen Beiträgen beruhenden Rentenleistungen für Männer und Frauen auszugleichen oder anzunähern,
   ii) im Fall von durch Kapitalansammlung finanzierten Festleistungssystemen, sofern die Arbeitgeberbeiträge dazu bestimmt sind, die zur Deckung der Aufwendungen für die zugesagten Leistungen unerlässliche Finanzierungsgrundlage zu ergänzen;

k) Festlegung unterschiedlicher oder nur für Arbeitnehmer eines der Geschlechter geltender Regelungen – außer in den unter den Buchstaben h und j vorgesehenen Fällen – hinsichtlich der Garantie oder der Aufrechterhaltung des Anspruchs auf spätere Leistungen, wenn der Arbeitnehmer aus dem System ausscheidet.

(2) Steht die Gewährung von unter dieses Kapitel fallenden Leistungen im Ermessen der für das System zuständigen Verwaltungsstellen, so beachten diese den Grundsatz der Gleichbehandlung.

Durchführung in Bezug auf Selbständige

Art. 10 (1) Die Mitgliedstaaten treffen die notwendigen Maßnahmen, um sicherzustellen, dass Bestimmungen betrieblicher Systeme der sozialen Sicherheit selbständig Erwerbstätiger, die dem Grundsatz der Gleichbehandlung entgegenstehen, spätestens mit Wirkung vom 1. Januar 1993 oder – für Mitgliedstaaten, die nach diesem Datum beigetreten sind – ab dem Datum, zu dem die Richtlinie 86/378/EG in ihrem Hoheitsgebiet anwendbar wurde, geändert werden.

(2) Dieses Kapitel steht dem nicht entgegen, dass für die Rechte und Pflichten, die sich aus einer vor dem Zeitpunkt der Änderung eines betrieblichen Systems der sozialen Sicherheit Selbständiger liegenden Zeit der Mitgliedschaft in dem betreffenden System ergeben, weiterhin die Bestimmungen des Systems gelten, die während dieses Versicherungszeitraums galten.

Möglichkeit des Aufschubs in Bezug auf Selbständige

Art. 11 Was die betrieblichen Systeme der sozialen Sicherheit Selbständiger betrifft, können die Mitgliedstaaten die obligatorische Anwendung des Grundsatzes der Gleichbehandlung aufschieben
a) für die Festsetzung des Rentenalters für die Gewährung von Altersrenten oder Ruhestandsrenten sowie die Folgen, die sich daraus für andere Leistungen ergeben können, und zwar
   i) entweder bis zu dem Zeitpunkt, zu dem diese Gleichbehandlung in den gesetzlichen Systemen verwirklicht ist,
   ii) oder längstens bis zu dem Zeitpunkt, zu dem eine Richtlinie diese Gleichbehandlung vorschreibt;
b) für Hinterbliebenenrenten bis zu dem Zeitpunkt, zu dem für diese der Grundsatz der Gleichbehandlung in den gesetzlichen Systemen der sozialen Sicherheit durch das Gemeinschaftsrecht vorgeschrieben ist;
c) für die Anwendung des Artikels 9 Absatz 1 Buchstabe i in Bezug auf die Anwendung von versicherungstechnischen Berechnungsfaktoren bis zum 1. Januar 1999 oder – für Mitgliedstaaten, die nach diesem Datum beigetreten sind – bis zu dem Datum, zu dem die Richtlinie 86/378/EG in ihrem Hoheitsgebiet anwendbar wurde.

Rückwirkung

Art. 12 (1) Jede Maßnahme zur Umsetzung dieses Kapitels in Bezug auf die Arbeitnehmer deckt alle Leistungen der betrieblichen Systeme der sozialen Sicherheit ab, die für Beschäftigungszeiten nach dem 17. Mai 1990 gewährt werden, und gilt rückwirkend bis zu diesem Datum, außer im Fall von Arbeitnehmern oder ihren anspruchsberechtigten Angehörigen, die vor diesem Zeitpunkt Klage bei Gericht oder ein gleichwertiges Verfahren nach dem geltenden einzelstaatlichen Recht angestrengt haben. In diesem Fall werden die Umsetzungsmaßnahmen rückwirkend bis zum 8. April 1976 angewandt und decken alle Leistungen ab, die für Beschäftigungszeiten nach diesem Zeitpunkt gewährt werden. Für Mitgliedstaaten, die der Gemeinschaft nach dem 8. April 1976 und vor dem 17. Mai 1990 beigetreten sind, gilt anstelle dieses Datums das Datum, an dem Artikel 141 des Vertrags auf ihrem Hoheitsgebiet anwendbar wurde.

(2) Absatz 1 Satz 2 steht dem nicht entgegen, dass den Arbeitnehmern oder ihren Anspruchsberechtigten, die vor dem 17. Mai 1990 Klage erhoben haben, einzelstaatliche Vorschriften über die Fristen für die Rechtsverfolgung nach innerstaatlichem Recht entgegengehalten werden können, sofern sie für derartige Klagen nicht ungünstiger sind als für gleichartige Klagen, die das innerstaatliche Recht betreffen, und sofern sie die Ausübung der durch das Gemeinschaftsrecht gewährten Rechte nicht praktisch unmöglich machen.

(3) Für Mitgliedstaaten, die nach dem 17. Mai 1990 der Gemeinschaft beigetreten sind und zum 1. Januar 1994 Vertragsparteien des Abkommens über den Europäischen Wirtschaftsraum waren, wird das Datum „17. Mai 1990" in Absatz 1 Satz 1 durch „1. Januar 1994" ersetzt.

(4) Für andere Mitgliedstaaten, die nach dem 17. Mai 1990 beigetreten sind, wird das Datum „17. Mai 1990" in den Absätzen 1 und 2 durch das Datum ersetzt, zu dem Artikel 141 des Vertrags in ihrem Hoheitsgebiet anwendbar wurde.

Flexibles Rentenalter

Art. 13 Haben Frauen und Männer zu gleichen Bedingungen Anspruch auf ein flexibles Rentenalter, so ist dies nicht als mit diesem Kapitel unvereinbar anzusehen.

**KAPITEL 3
Gleichbehandlung hinsichtlich des Zugangs zur Beschäftigung zur Berufsbildung und zum beruflichen Aufstieg sowie in Bezug auf die Arbeitsbedingungen**

Diskriminierungsverbot

Art. 14 (1) Im öffentlichen und privaten Sektor einschließlich öffentlicher Stellen darf es in Bezug auf folgende Punkte keinerlei unmittelbare oder mittelbare Diskriminierung aufgrund des Geschlechts geben:
a) die Bedingungen – einschließlich Auswahlkriterien und Einstellungsbedingungen – für den Zugang zur Beschäftigung oder zu ab-

hängiger oder selbständiger Erwerbstätigkeit, unabhängig von Tätigkeitsfeld und beruflicher Position einschließlich des beruflichen Aufstiegs;

b) den Zugang zu allen Formen und allen Ebenen der Berufsberatung, der Berufsausbildung, der beruflichen Weiterbildung und der Umschulung einschließlich der praktischen Berufserfahrung;

c) die Beschäftigungs- und Arbeitsbedingungen einschließlich der Entlassungsbedingungen sowie das Arbeitsentgelt nach Maßgabe von Artikel 141 des Vertrags;

d) die Mitgliedschaft und Mitwirkung in einer Arbeitnehmer- oder Arbeitgeberorganisation oder einer Organisation, deren Mitglieder einer bestimmten Berufsgruppe angehören, einschließlich der Inanspruchnahme der Leistungen solcher Organisationen.

(2) Die Mitgliedstaaten können im Hinblick auf den Zugang zur Beschäftigung einschließlich der zu diesem Zweck erfolgenden Berufsbildung vorsehen, dass eine Ungleichbehandlung wegen eines geschlechtsbezogenen Merkmals keine Diskriminierung darstellt, wenn das betreffende Merkmal aufgrund der Art einer bestimmten beruflichen Tätigkeit oder der Bedingungen ihrer Ausübung eine wesentliche und entscheidende berufliche Anforderung darstellt, sofern es sich um einen rechtmäßigen Zweck und eine angemessene Anforderung handelt.

Rückkehr aus dem Mutterschaftsurlaub

Art. 15 Frauen im Mutterschaftsurlaub haben nach Ablauf des Mutterschaftsurlaubs Anspruch darauf, an ihren früheren Arbeitsplatz oder einen gleichwertigen Arbeitsplatz unter Bedingungen, die für sie nicht weniger günstig sind, zurückzukehren, und darauf, dass ihnen auch alle Verbesserungen der Arbeitsbedingungen, auf die sie während ihrer Abwesenheit Anspruch gehabt hätten, zugute kommen.

Vaterschaftsurlaub und Adoptionsurlaub

Art. 16 Diese Richtlinie lässt das Recht der Mitgliedstaaten unberührt, eigene Rechte auf Vaterschaftsurlaub und/oder Adoptionsurlaub anzuerkennen. Die Mitgliedstaaten, die derartige Rechte anerkennen, treffen die erforderlichen Maßnahmen, um männliche und weibliche Arbeitnehmer vor Entlassung infolge der Inanspruchnahme dieser Rechte zu schützen, und gewährleisten, dass sie nach Ablauf des Urlaubs Anspruch darauf haben, an ihren früheren Arbeitsplatz oder einen gleichwertigen Arbeitsplatz unter Bedingungen, die für sie nicht weniger günstig sind, zurückzukehren, und darauf, dass ihnen auch alle Verbesserungen der Arbeitsbedingungen, auf die sie während ihrer Abwesenheit Anspruch gehabt hätten, zugute kommen.

TITEL III
HORIZONTALE BESTIMMUNGEN
KAPITEL 1
Rechtsmittel und Rechtsdurchsetzung

Abschnitt 1
Rechtsmittel

Rechtsschutz

Art. 17 (1) Die Mitgliedstaaten stellen sicher, dass alle Personen, die sich durch die Nichtanwendung des Gleichbehandlungsgrundsatzes in ihren Rechten für verletzt halten, ihre Ansprüche aus dieser Richtlinie gegebenenfalls nach Inanspruchnahme anderer zuständiger Behörden oder, wenn die Mitgliedstaaten es für angezeigt halten, nach einem Schlichtungsverfahren auf dem Gerichtsweg geltend machen können, selbst wenn das Verhältnis, während dessen die Diskriminierung vorgekommen sein soll, bereits beendet ist.

(2) Die Mitgliedstaaten stellen sicher, dass Verbände, Organisationen oder andere juristische Personen, die gemäß den in ihrem einzelstaatlichen Recht festgelegten Kriterien ein rechtmäßiges Interesse daran haben, für die Einhaltung der Bestimmungen dieser Richtlinie zu sorgen, sich entweder im Namen der beschwerten Person oder zu deren Unterstützung mit deren Einwilligung an den in dieser Richtlinie zur Durchsetzung der Ansprüche vorgesehenen Gerichts- und/oder Verwaltungsverfahren beteiligen können.

(3) Die Absätze 1 und 2 lassen einzelstaatliche Regelungen über Fristen für die Rechtsverfolgung betreffend den Grundsatz der Gleichbehandlung unberührt.

Schadenersatz oder Entschädigung

Art. 18 Die Mitgliedstaaten treffen im Rahmen ihrer nationalen Rechtsordnungen die erforderlichen Maßnahmen, um sicherzustellen, dass der einer Person durch eine Diskriminierung aufgrund des Geschlechts entstandene Schaden – je nach den Rechtsvorschriften der Mitgliedstaaten – tatsächlich und wirksam ausgeglichen oder ersetzt wird, wobei dies auf eine abschreckende und dem erlittenen Schaden angemessene Art und Weise geschehen muss. Dabei darf ein solcher Ausgleich oder eine solche Entschädigung nur in den Fällen durch eine im Voraus festgelegte Höchstgrenze begrenzt werden, in denen der Arbeitgeber nachweisen kann, dass der einem Bewerber durch die Diskriminierung im Sinne dieser Richtlinie entstandene Schaden allein darin besteht, dass die Berücksichtigung seiner Bewerbung verweigert wurde.

Abschnitt 2
Beweislast

Beweislast

Art. 19 (1) Die Mitgliedstaaten ergreifen im Einklang mit dem System ihrer nationalen Gerichtsbarkeit die erforderlichen Maßnahmen, nach denen dann, wenn Personen, die sich durch die

Verletzung des Gleichbehandlungsgrundsatzes für beschwert halten und bei einem Gericht bzw. einer anderen zuständigen Stelle Tatsachen glaubhaft machen, die das Vorliegen einer unmittelbaren oder mittelbaren Diskriminierung vermuten lassen, es dem Beklagten obliegt zu beweisen, dass keine Verletzung des Gleichbehandlungsgrundsatzes vorgelegen hat.

(2) Absatz 1 lässt das Recht der Mitgliedstaaten, eine für die klagende Partei günstigere Beweislastregelung vorzusehen, unberührt.

(3) Die Mitgliedstaaten können davon absehen, Absatz 1 auf Verfahren anzuwenden, in denen die Ermittlung des Sachverhalts dem Gericht oder einer anderen zuständigen Stelle obliegt.

(4) Die Absätze 1, 2 und 3 finden ebenfalls Anwendung auf
a) die Situationen, die von Artikel 141 des Vertrags und – sofern die Frage einer Diskriminierung aufgrund des Geschlechts angesprochen ist – von den Richtlinien 92/85/EWG und 96/34/EG erfasst werden;
b) zivil- und verwaltungsrechtliche Verfahren sowohl im öffentlichen als auch im privaten Sektor, die Rechtsbehelfe nach innerstaatlichem Recht bei der Anwendung der Vorschriften gemäß Buchstabe a vorsehen, mit Ausnahme der freiwilligen oder in den innerstaatlichen Rechtsvorschriften vorgesehenen außergerichtlichen Verfahren.

(5) Soweit von den Mitgliedstaaten nicht anders geregelt, gilt dieser Artikel nicht für Strafverfahren.

KAPITEL 2
Förderung der Gleichbehandlung – Dialog

Stellen zur Förderung der Gleichbehandlung

Art. 20 (1) Jeder Mitgliedstaat bezeichnet eine oder mehrere Stellen, deren Aufgabe darin besteht, die Verwirklichung der Gleichbehandlung aller Personen ohne Diskriminierung aufgrund des Geschlechts zu fördern, zu analysieren, zu beobachten und zu unterstützen. Diese Stellen können Teil von Einrichtungen sein, die auf nationaler Ebene für den Schutz der Menschenrechte oder der Rechte des Einzelnen verantwortlich sind.

(2) Die Mitgliedstaaten stellen sicher, dass es zu den Befugnissen dieser Stellen gehört,
a) unbeschadet der Rechte der Opfer und der Verbände, Organisationen oder anderer juristischer Personen nach Artikel 17 Absatz 2 die Opfer von Diskriminierungen auf unabhängige Weise dabei zu unterstützen, ihre Beschwerde wegen Diskriminierung zu verfolgen;
b) unabhängige Untersuchungen zum Thema der Diskriminierung durchzuführen;
c) unabhängige Berichte zu veröffentlichen und Empfehlungen zu allen Aspekten vorzulegen, die mit diesen Diskriminierungen in Zusammenhang stehen;
d) auf geeigneter Ebene mit entsprechenden europäischen Einrichtungen, wie beispielsweise einem künftigen Europäischen Institut für Gleichstellungsfragen verfügbare Informationen auszutauschen.

Sozialer Dialog

Art. 21 (1) Die Mitgliedstaaten treffen im Einklang mit den nationalen Gepflogenheiten und Verfahren geeignete Maßnahmen zur Förderung des sozialen Dialogs zwischen den Sozialpartnern mit dem Ziel, die Verwirklichung der Gleichbehandlung voranzubringen, beispielsweise durch Beobachtung der Praktiken am Arbeitsplatz und beim Zugang zur Beschäftigung, zur Berufsbildung und zum beruflichen Aufstieg sowie durch Beobachtung der Tarifverträge und durch Verhaltenskodizes, Forschungsarbeiten oder den Austausch von Erfahrungen und bewährten Verfahren.

(2) Soweit mit den nationalen Gepflogenheiten und Verfahren vereinbar, ersuchen die Mitgliedstaaten die Sozialpartner ohne Eingriff in deren Autonomie, die Gleichstellung von Männern und Frauen durch flexible Arbeitsbedingungen zur besseren Vereinbarkeit von Privatleben und Beruf zu fördern und auf geeigneter Ebene Antidiskriminierungsvereinbarungen zu schließen, die in Artikel 1 genannten Bereiche betreffen, soweit diese in den Verantwortungsbereich der Tarifparteien fallen. Die Vereinbarungen müssen den Bestimmungen dieser Richtlinie sowie den einschlägigen nationalen Durchführungsbestimmungen entsprechen.

(3) Die Mitgliedstaaten ersuchen in Übereinstimmung mit den nationalen Gesetzen, Tarifverträgen oder Gepflogenheiten die Arbeitgeber, die Gleichbehandlung von Männern und Frauen am Arbeitsplatz sowie beim Zugang zur Beschäftigung, zur Berufsbildung und zum beruflichen Aufstieg in geplanter und systematischer Weise zu fördern.

(4) Zu diesem Zweck werden die Arbeitgeber ersucht, den Arbeitnehmern und/oder den Arbeitnehmervertretern in regelmäßigen angemessenen Abständen Informationen über die Gleichbehandlung von Männern und Frauen in ihrem Betrieb zu geben.

Diese Informationen können Übersichten über den Anteil von Männern und Frauen auf den unterschiedlichen Ebenen des Betriebs, ihr Entgelt sowie Unterschiede beim Entgelt und mögliche Maßnahmen zur Verbesserung der Situation in Zusammenarbeit mit den Arbeitnehmervertretern enthalten.

Dialog mit Nichtregierungsorganisationen

Art. 22 Die Mitgliedstaaten fördern den Dialog mit den jeweiligen Nichtregierungsorganisationen, die gemäß den einzelstaatlichen Rechtsvorschriften und Gepflogenheiten ein rechtmäßiges Interesse daran haben, sich an der Bekämpfung von Diskriminierung aufgrund des Geschlechts zu beteiligen, um die Einhaltung des Grundsatzes der Gleichbehandlung zu fördern.

KAPITEL 3
Allgemeine horizontale Bestimmungen
Einhaltung

Art. 23 Die Mitgliedstaaten treffen alle erforderlichen Maßnahmen, um sicherzustellen, dass
a) die Rechts- und Verwaltungsvorschriften, die dem Gleichbehandlungsgrundsatz zuwiderlaufen, aufgehoben werden;
b) mit dem Gleichbehandlungsgrundsatz nicht zu vereinbarende Bestimmungen in Arbeits- und Tarifverträgen, Betriebsordnungen und Statuten der freien Berufe und der Arbeitgeber- und Arbeitnehmerorganisationen und allen sonstigen Vereinbarungen und Regelungen nichtig sind, für nichtig erklärt werden können oder geändert werden;
c) betriebliche Systeme der sozialen Sicherheit, die solche Bestimmungen enthalten, nicht durch Verwaltungsmaßnahmen genehmigt oder für allgemeinverbindlich erklärt werden können.

Viktimisierung

Art. 24 Die Mitgliedstaaten treffen im Rahmen ihrer nationalen Rechtsordnungen die erforderlichen Maßnahmen, um die Arbeitnehmer sowie die aufgrund der innerstaatlichen Rechtsvorschriften und/oder Gepflogenheiten vorgesehenen Arbeitnehmervertreter vor Entlassung oder anderen Benachteiligungen durch den Arbeitgeber zu schützen, die als Reaktion auf eine Beschwerde innerhalb des betreffenden Unternehmens oder auf die Einleitung eines Verfahrens zur Durchsetzung des Gleichbehandlungsgrundsatzes erfolgen.

Sanktionen

Art. 25 Die Mitgliedstaaten legen die Regeln für die Sanktionen fest, die bei einem Verstoß gegen die einzelstaatlichen Vorschriften zur Umsetzung dieser Richtlinie zu verhängen sind, und treffen alle erforderlichen Maßnahmen, um deren Anwendung zu gewährleisten. Die Sanktionen, die auch Schadenersatzleistungen an die Opfer umfassen können, müssen wirksam, verhältnismäßig und abschreckend sein. Die Mitgliedstaaten teilen diese Vorschriften der Kommission spätestens bis zum 5. Oktober 2005 mit und unterrichten sie unverzüglich über alle späteren Änderungen dieser Vorschriften.

Vorbeugung von Diskriminierung

Art. 26 Die Mitgliedstaaten ersuchen in Einklang mit ihren nationalen Rechtsvorschriften, Tarifverträgen oder Gepflogenheiten die Arbeitgeber und die für Berufsbildung zuständigen Personen, wirksame Maßnahmen zu ergreifen, um allen Formen der Diskriminierung aufgrund des Geschlechts und insbesondere Belästigung und sexueller Belästigung am Arbeitsplatz sowie beim Zugang zur Beschäftigung, zur Berufsbildung und zum beruflichen Aufstieg vorzubeugen.

Mindestanforderungen

Art. 27 (1) Die Mitgliedstaaten können Vorschriften erlassen oder beibehalten, die im Hinblick auf die Wahrung des Gleichbehandlungsgrundsatzes günstiger als die in dieser Richtlinie vorgesehenen Vorschriften sind.

(2) Die Durchführung dieser Richtlinie rechtfertigt in keinem Fall eine Beeinträchtigung des Schutzniveaus der Arbeitnehmer in dem von ihr abgedeckten Bereich; das Recht der Mitgliedstaaten, als Reaktion auf eine veränderte Situation Rechtsund Verwaltungsvorschriften zu erlassen, die sich von denen unterscheiden, die zum Zeitpunkt der Bekanntgabe dieser Richtlinie in Kraft waren, bleibt unberührt, solange die Bestimmungen dieser Richtlinie eingehalten werden.

Verhältnis zu gemeinschaftlichen und einzelstaatlichen Vorschriften

Art. 28 (1) Diese Richtlinie steht Vorschriften zum Schutz der Frau, insbesondere bei Schwangerschaft und Mutterschaft, nicht entgegen.

(2) Diese Richtlinie berührt nicht die Bestimmungen der Richtlinien 96/34/EG und 92/85/EWG.

Durchgängige Berücksichtigung des Gleichstellungsaspekts

Art. 29 Die Mitgliedstaaten berücksichtigen aktiv das Ziel der Gleichstellung von Männern und Frauen bei der Formulierung und Durchführung von Rechts- und Verwaltungsvorschriften, Politiken und Tätigkeiten in den in dieser Richtlinie genannten Bereichen.

Verbreitung von Informationen

Art. 30 Die Mitgliedstaaten tragen dafür Sorge, dass die in Anwendung dieser Richtlinie ergehenden Maßnahmen sowie die bereits geltenden einschlägigen Vorschriften allen Betroffenen in geeigneter Form und gegebenenfalls in den Betrieben bekannt gemacht werden.

TITEL IV
SCHLUSSBESTIMMUNGEN
Berichte

Art. 31 (1) Die Mitgliedstaaten übermitteln der Kommission bis zum 15. Februar 2011 alle Informationen, die diese benötigt, um einen Bericht an das Europäische Parlament und den Rat über die Anwendung der Richtlinie zu erstellen.

(2) Unbeschadet des Absatzes 1 übermitteln die Mitgliedstaaten der Kommission alle vier Jahre den Wortlaut aller Maßnahmen nach Artikel 141 Absatz 4 des Vertrags sowie Berichte über diese Maßnahmen und deren Durchführung. Auf der Grundlage dieser Informationen verabschiedet und veröffentlicht die Kommission alle vier Jahre einen Bericht, der eine vergleichende Bewertung solcher Maßnahmen unter Berücksichtigung der Erklärung Nr. 28 in der Schlussakte des Vertrags von Amsterdam enthält.

(3) Die Mitgliedstaaten prüfen in regelmäßigen Abständen die in Artikel 14 Absatz 2 genannten beruflichen Tätigkeiten, um unter Berücksichtigung der sozialen Entwicklung festzustellen, ob es gerechtfertigt ist, die betreffenden Ausnahmen aufrechtzuerhalten. Sie übermitteln der Kommission das Ergebnis dieser Prüfung regelmäßig, zumindest aber alle acht Jahre.

Überprüfung

Art. 32 Die Kommission überprüft spätestens bis zum 15. Februar 2013 die Anwendung dieser Richtlinie und schlägt, soweit sie dies für erforderlich hält, Änderungen vor.

Umsetzung

Art. 33 Die Mitgliedstaaten setzen die Rechts- und Verwaltungsvorschriften in Kraft, die erforderlich sind, um dieser Richtlinie spätestens ab dem 15. August 2008 nachzukommen, oder stellen bis zu diesem Zeitpunkt sicher, dass die Sozialpartner im Wege einer Vereinbarung die erforderlichen Bestimmungen einführen. Den Mitgliedstaaten kann längstens ein weiteres Jahr eingeräumt werden, um dieser Richtlinie nachzukommen, wenn dies aufgrund besonderer Schwierigkeiten erforderlich ist. Die Mitgliedstaaten treffen alle notwendigen Maßnahmen, um jederzeit gewährleisten zu können, dass die durch die Richtlinie vorgeschriebenen Ergebnisse erzielt werden. Sie teilen der Kommission unverzüglich den Wortlaut dieser Vorschriften mit. Wenn die Mitgliedstaaten diese Vorschriften erlassen, nehmen sie in den Vorschriften selbst oder durch einen Hinweis bei der amtlichen Veröffentlichung auf diese Richtlinie Bezug. Diese Bezugnahme enthält außerdem eine Erklärung, wonach Bezugnahmen in bestehenden Rechts- oder Verwaltungsvorschriften auf durch diese Richtlinie aufgehobene Richtlinien als Bezugnahmen auf die vorliegende Richtlinie zu verstehen sind. Die Mitgliedstaaten regeln die Einzelheiten der Bezugnahme und die Formulierung der genannten Erklärung.

Die Verpflichtung zur Umsetzung dieser Richtlinie in innerstaatliches Recht beschränkt sich auf diejenigen Bestimmungen, die eine inhaltliche Veränderung gegenüber den früheren Richtlinien darstellen. Die Verpflichtung zur Umsetzung derjenigen Bestimmungen, die inhaltlich unverändert bleiben, ergibt sich aus den früheren Richtlinien. Die Mitgliedstaaten teilen der Kommission den Wortlaut der wichtigsten innerstaatlichen Rechtsvorschriften mit, die sie auf dem unter diese Richtlinie fallenden Gebiet erlassen.

Aufhebung

Art. 34 (1) Die Richtlinien 75/117/EWG, 76/207/EWG, 86/378/EWG und 97/80/EG werden mit Wirkung vom 15. August 2009 aufgehoben; die Verpflichtung der Mitgliedstaaten hinsichtlich der Fristen für die Umsetzung der in Anhang I Teil B genannten Richtlinien in einzelstaatliches Recht und für ihre Anwendung bleibt hiervon unberührt.

(2) Verweisungen auf die aufgehobenen Richtlinien gelten als Verweisungen auf die vorliegende Richtlinie und sind nach der Entsprechungstabelle in Anhang II zu lesen.

Inkrafttreten

Art. 35 Diese Richtlinie tritt am zwanzigsten Tag nach ihrer Veröffentlichung im *Amtsblatt der Europäischen Union* in Kraft.

Adressaten

Art. 36 Diese Richtlinie ist an die Mitgliedstaaten gerichtet.

ANHANG I
TEIL A
Aufgehobene Richtlinien und Änderungsrichtlinien

Richtlinie 75/117/EWG des Rates	ABl. L 45 vom 19.2.1975, S. 19
Richtlinie 76/207/EWG des Rates	ABl. L 39 vom 14.2.1976, S. 40
Richtlinie 2002/73/EG des Europäischen Parlaments und des Rates	ABl. L 269 vom 5.10.2002, S. 15
Richtlinie 86/378/EWG des Rates	ABl. L 225 vom 12.8.1986, S. 40
Richtlinie 96/97/EG des Rates	ABl. L 46 vom 17.2.1997, S. 20
Richtlinie 97/80/EG des Rates	ABl. L 14 vom 20.1.1998, S. 6
Richtlinie 98/52/EG des Rates	ABl. L 205 vom 22.7.1998, S. 66

3/1. Gleichbeh.RL – Neufassung
Anhänge I, II

TEIL B
Fristen für die Umsetzung in nationales Recht und Datum der Anwendung
(gemäß Artikel 34 Absatz 1)

Richtlinie	Frist für die Umsetzung	Datum der Anwendung
Richtlinie 75/117/EWG	19.2.1976	
Richtlinie 76/207/EWG	14.8.1978	
Richtlinie 86/378/EWG	1.1.1993	
Richtlinie 96/97/EG	1.7.1997	17.5.1990 in Bezug auf Arbeitnehmer, außer im Fall von Arbeitnehmern oder deren anspruchsberechtigten Angehörigen, die vor diesem Zeitpunkt eine Klage bei Gericht oder ein gleichwertiges Verfahren nach geltendem einzelstaatlichen Recht anhängig gemacht haben. Artikel 8 der Richtlinie 86/378/EWG – spätestens 1.1.1993. Artikel 6 Absatz 1 Buchstabe i erster Gedankenstrich der Richtlinie 86/378/EWG – spätestens 1.1.1999
Richtlinie 97/80/EG	1.1.2001	In Bezug auf das Vereinigte Königreich von Großbritannien und Nordirland: 22.7.2001
Richtlinie 98/52/EG	22.7.2001	
Richtlinie 2002/73/EG	5.10.2005	

ANHANG II
Entsprechungstabelle

Richtlinie 75/117/EWG	Richtlinie 76/207/EWG	Richtlinie 86/378/EWG	Richtlinie 97/80/EG	Vorliegende Richtlinie
—	Artikel 1 Absatz 1	Artikel 1	Artikel 1	Artikel 1
—	Artikel 1 Absatz 2	—	—	—
—	Artikel 2 Absatz 2 erster Gedankenstrich	—	—	Artikel 2 Absatz 1 Buchstabe a
—	Artikel 2 Absatz 2 zweiter Gedankenstrich	—	Artikel 2 Absatz 2	Artikel 2 Absatz 1 Buchstabe b
—	Artikel 2 Absatz 2, dritter und vierter Gedankenstrich	—	—	Artikel 2 Absatz 1, Buchstaben c und d
—	—	—	—	Artikel 2 Absatz 1 Buchstabe e
—	—	Artikel 2 Absatz 1	—	Artikel 2 Absatz 1 Buchstabe f
—	Artikel 2 Absätze 3 und 4 sowie Absatz 7 Unterabsatz 3	—	—	Artikel 2 Absatz 2
—	Artikel 2 Absatz 8	—	—	Artikel 3
Artikel 1	—	—	—	Artikel 4
—	—	Artikel 5 Absatz 1	—	Artikel 5
—	—	Artikel 3	—	Artikel 6
—	—	Artikel 4	—	Artikel 7 Absatz 1

3/1. Gleichbeh.RL – Neufassung
Anhang II

Richtlinie 75/117/EWG	Richtlinie 76/207/EWG	Richtlinie 86/378/EWG	Richtlinie 97/80/EG	Vorliegende Richtlinie
—	—	—	—	Artikel 7 Absatz 2
—	—	Artikel 2 Absatz 2	—	Artikel 8 Absatz 1
—	—	Artikel 2 Absatz 3	—	Artikel 8 Absatz 2
—	—	Artikel 6	—	Artikel 9
—	—	Artikel 8	—	Artikel 10
—	—	Artikel 9	—	Artikel 11
—	—	Richtlinie 96/97/EG Artikel 2	—	Artikel 12
—	—	Artikel 9a	—	Artikel 13
—	Artikel 2 Absatz 1 und Artikel 3 Absatz 1	—	Artikel 2 Absatz 1	Artikel 14 Absatz 1
—	Artikel 2 Absatz 6	—	—	Artikel 14 Absatz 2
—	Artikel 2 Absatz 7 Unterabsatz 2	—	—	Artikel 15
—	Artikel 2 Absatz 7 Unterabsatz 4 Sätze 2 und 3	—	—	Artikel 16
Artikel 2	Artikel 6 Absatz 1	Artikel 10	—	Artikel 17 Absatz 1
—	Artikel 6 Absatz 3	—	—	Artikel 17 Absatz 2
—	Artikel 6 Absatz 4	—	—	Artikel 17 Absatz 3
—	Artikel 6 Absatz 2	—	—	Artikel 18
—	—	—	Artikel 3 und 4	Artikel 19
—	Artikel 8a	—	—	Artikel 20
—	Artikel 8b	—	—	Artikel 21
—	Artikel 8c	—	—	Artikel 22
Artikel 3 und 6	Artikel 3 Absatz 2 Buchstabe a	—	—	Artikel 23 Buchstabe a
Artikel 4	Artikel 3 Absatz 2 Buchstabe b	Artikel 7 Buchstabe a	—	Artikel 23 Buchstabe b
—	—	Artikel 7 Buchstabe b	—	Artikel 23 Buchstabe c
Artikel 5	Artikel 7	Artikel 11	—	Artikel 24
Artikel 6	—	—	—	—
—	Artikel 8d	—	—	Artikel 25
—	Artikel 2 Absatz 5	—	—	Artikel 26
—	Artikel 8e Absatz 1	—	Artikel 4 Absatz 2	Artikel 27 Absatz 1
—	Artikel 8e Absatz 2	—	Artikel 6	Artikel 27 Absatz 2
—	Artikel 2 Absatz 7 Unterabsatz 1	Artikel 5 Absatz 2	—	Artikel 28 Absatz 1
—	Artikel 2 Absatz 7 Unterabsatz 4 Satz 1	—	—	Artikel 28 Absatz 2
—	Artikel 1 Absatz 1a	—	—	Artikel 29
Artikel 7	Artikel 8	—	Artikel 5	Artikel 30
Artikel 9	Artikel 10	Artikel 12 Absatz 2	Artikel 7 Unterabsatz 4	Artikel 31 Absätze 1

3/1. Gleichbeh.RL – Neufassung
Anhang II

Richtlinie 75/117/EWG	Richtlinie 76/207/EWG	Richtlinie 86/378/EWG	Richtlinie 97/80/EG	Vorliegende Richtlinie
und 2				
—	Artikel 9 Absatz 2	—	—	Artikel 31 Absatz 3
—	—	—	—	Artikel 32
Artikel 8	Artikel 9 Absatz 1 Unterabsatz 1 sowie			
Absätze 2 und 3	Artikel 12 Absatz 1	Artikel 7 Unterabsätze 1, 2 und 3	Artikel 33	
—	Artikel 9 Absatz 1 Unterabsatz 2	—	—	—
—	—	—	—	Artikel 34
—	—	—	—	Artikel 35
—	—	—	—	Artikel 36
—	—	Anhang	—	—

3/2. GleichbehandlungsRL – soziale Sicherheit

Richtlinie 79/7/EWG des Rates zur schrittweisen Verwirklichung des Grundsatzes der Gleichbehandlung von Männern und Frauen im Bereich der sozialen Sicherheit vom 19. Dezember 1978

(ABl. Nr. L 6 v. 10.1.1979, S. 24)

DER RAT DER EUROPÄISCHEN GEMEINSCHAFTEN –

gestützt auf den Vertrag zur Gründung der Europäischen Wirtschaftsgemeinschaft, insbesondere auf Artikel 235,

auf Vorschlag der Kommission (ABl. Nr. C 34 v. 11. 2. 1977, S. 3),

nach Stellungnahme des Europäischen Parlaments (ABl. Nr. C 299 v. 12. 12. 1977, S. 13),

nach Stellungnahme des Wirtschafts- und Sozialausschusses (ABl. Nr. C 180 v. 28. 7. 1977, S. 36),

in Erwägung nachstehender Gründe:

In Art 1 Absatz 2 der Richtlinie 76/207/EWG des Rates vom 9. Februar 1976 zur Verwirklichung des Grundsatzes der Gleichbehandlung von Männern und Frauen hinsichtlich des Zugangs zur Beschäftigung, zur Berufsbildung und zum beruflichen Aufstieg sowie in bezug auf die Arbeitsbedingungen ist vorgesehen, daß der Rat im Hinblick auf die schrittweise Verwirklichung des Grundsatzes der Gleichbehandlung im Bereich der sozialen Sicherheit auf Vorschlag der Kommission Bestimmungen erläßt, in denen dazu insbesondere der Inhalt, die Tragweite und die Anwendungsmodalitäten angegeben sind. Im Vertrag sind die besonderen, hierfür erforderlichen Befugnisse nicht vorgesehen.

Es ist angezeigt, den Grundsatz der Gleichbehandlung im Bereich der sozialen Sicherheit in erster Linie bei den gesetzlichen Systemen, die Schutz gegen die Risiken Krankheit, Invalidität, Alter, Arbeitsunfall, Berufskrankheit und Arbeitslosigkeit bieten, sowie bei den Sozialhilferegelungen, soweit sie die vorgenannten Systeme ergänzen oder ersetzen sollen, zu verwirklichen.

Die Verwirklichung des Grundsatzes der Gleichbehandlung im Bereich der sozialen Sicherheit steht Bestimmungen, die sich auf den Schutz der Frau wegen Mutterschaft beziehen, nicht entgegen, und die Mitgliedstaaten können in diesem Rahmen zugunsten der Frauen besondere Bestimmungen erlassen, um die tatsächlich bestehenden Ungleichheiten zu beseitigen –

HAT FOLGENDE RICHTLINIE ERLASSEN:

Art. 1 Diese Richtlinie hat zum Ziel, daß auf dem Gebiet der sozialen Sicherheit und der sonstigen Bestandteile der sozialen Sicherung im Sinne von Artikel 3 der Grundsatz der Gleichbehandlung von Männern und Frauen im Bereich der sozialen Sicherheit – im folgenden „Grundsatz der Gleichbehandlung" genannt – schrittweise verwirklicht wird.

Art. 2 Diese Richtlinie findet Anwendung auf die Erwerbsbevölkerung – einschließlich der Selbständigen, deren Erwerbstätigkeit durch Krankheit, Unfall oder unverschuldete Arbeitslosigkeit unterbrochen ist, und der Arbeitsuchenden – sowie auf die im Ruhestand befindlichen oder arbeitsunfähigen Arbeitnehmer und Selbständigen.

Art. 3 (1) Diese Richtlinie findet Anwendung
a) auf die gesetzlichen Systeme, die Schutz gegen folgende Risiken bieten:
   – Krankheit,
   – Invalidität,
   – Alter,
   – Arbeitsunfall und Berufskrankheit,
   – Arbeitslosigkeit;
b) auf Sozialhilferegelungen, soweit sie die unter Buchstabe a) genannten Systeme ergänzen oder ersetzen sollen.

(2) Diese Richtlinie gilt nicht für Regelungen betreffend Leistungen für Hinterbliebene sowie für Regelungen betreffend Familienleistungen, es sei denn, daß es sich um Familienleistungen handelt, die als Zuschläge zu den Leistungen aufgrund der in Absatz 1 Buchstabe a) genannten Risiken gewährt werden.

(3) Zur Verwirklichung des Grundsatzes der Gleichbehandlung in betrieblichen Systemen erläßt der Rat auf Vorschlag der Kommission Bestimmungen, in denen dazu der Inhalt, die Tragweite und die Anwendungsmodalitäten angegeben sind.

Art. 4 (1) Der Grundsatz der Gleichbehandlung beinhaltet den Fortfall jeglicher unmittelbaren oder mittelbaren Diskriminierung auf Grund des Geschlechts, insbesondere unter Bezugnahme auf den Ehe- oder Familienstand, und zwar im besonderen betreffend:
– den Anwendungsbereich der Systeme und die Bedingungen für den Zugang zu den Systemen,
– die Beitragspflicht und die Berechnung der Beiträge,
– die Berechnung der Leistungen, einschließlich der Zuschläge für den Ehegatten und für unterhaltsberechtigte Personen, sowie die Bedingungen betreffend die Geltungsdauer und die Aufrechterhaltung des Anspruchs auf die Leistungen.

(2) Der Grundsatz der Gleichbehandlung steht den Bestimmungen zum Schutz der Frau wegen Mutterschaft nicht entgegen.

Art. 5 Die Mitgliedstaaten treffen die notwendigen Maßnahmen, um sicherzustellen, daß die mit dem Grundsatz der Gleichbehandlung unvereinbaren Rechts- und Verwaltungsvorschriften beseitigt werden.

Art. 6 Die Mitgliedstaaten erlassen die innerstaatlichen Vorschriften, die notwendig sind, damit jeder, der sich wegen Nichtanwendung des Grundsatzes der Gleichbehandlung für beschwert hält, nach etwaiger Befassung anderer zuständiger Stellen seine Rechte gerichtlich geltend machen kann.

Art. 7 (1) Diese Richtlinie steht nicht der Befugnis der Mitgliedstaaten entgegen, folgendes von ihrem Anwendungsbereich auszuschließen:
a) die Festsetzung des Rentenalters für die Gewährung der Altersrente oder Ruhestandsrente und etwaige Auswirkungen daraus auf andere Leistungen;
b) die Vergünstigungen, die Personen, welche Kinder aufgezogen haben, auf dem Gebiet der Altersversicherung gewährt werden; den Erwerb von Ansprüchen auf Leistungen im Anschluß an Zeiträume der Beschäftigungsunterbrechung wegen Kindererziehung;
c) die Gewährung von Ansprüchen auf Leistungen wegen Alter oder Invalidität auf Grund abgeleiteter Ansprüche der Ehefrau;
d) die Gewährung von Zuschlägen zu langfristigen Leistungen wegen Invalidität, Alter, Arbeitsunfall oder Berufskrankheit für die unterhaltsberechtigte Ehefrau;
e) die Folgen der zeitlich vor der Verabschiedung dieser Richtlinie liegenden Ausübung eines Rechts, keine Ansprüche zu erwerben oder keine Verpflichtungen im Rahmen eines gesetzlichen Systems einzugehen.

(2) Die Mitgliedstaaten überprüfen in regelmäßigen Abständen die auf Grund des Absatzes 1 ausgeschlossenen Bereiche, um festzustellen, ob es unter Berücksichtigung der sozialen Entwicklung in dem Bereich gerechtfertigt ist, die betreffenden Ausnahmen aufrechtzuerhalten.

Art. 8 (1) Die Mitgliedstaaten setzen die erforderlichen Rechts- und Verwaltungsvorschriften in Kraft, um dieser Richtlinie binnen sechs Jahren nach ihrer Bekanntgabe nachzukommen. Sie unterrichten hiervon unverzüglich die Kommission.

(2) Die Mitgliedstaaten teilen der Kommission den Wortlaut der Rechts- und Verwaltungsvorschriften mit, die sie im Anwendungsbereich dieser Richtlinie erlassen, einschließlich der von ihnen in Anwendung von Artikel 7 Absatz 2 getroffenen Maßnahmen.

Sie unterrichten die Kommission über die Gründe, die eine etwaige Beibehaltung der geltenden Bestimmungen in den unter Artikel 7 Absatz 1 genannten Bereichen rechtfertigen, sowie über die Möglichkeiten einer diesbezüglichen späteren Revision.

Art. 9 Binnen sieben Jahren nach Bekanntgabe dieser Richtlinie übermitteln die Mitgliedstaaten der Kommission alle zweckdienlichen Angaben, damit diese für den Rat einen Bericht über die Anwendung dieser Richtlinie erstellen und Vorschläge für weitere Maßnahmen vorlegen kann, die für die Verwirklichung des Grundsatzes der Gleichbehandlung erforderlich sind.

Art. 10 Diese Richtlinie ist an die Mitgliedstaaten gerichtet.

3/3. Selbständigen-GleichbehandlungsRL

3/3. Selbstständigen-Gleichbehandlungsrichtlinie

Richtlinie 2010/41/EU des Europäischen Parlaments und des Rates zur Verwirklichung des Grundsatzes der Gleichbehandlung von Männern und Frauen, die eine selbständige Erwerbstätigkeit ausüben, und zur Aufhebung der Richtlinie 86/613/EWG des Rates vom 7. Juli 2010

(ABl. Nr. L 180 v. 15.7.2010, S. 1)

GLIEDERUNG

Art. 1: Gegenstand
Art. 2: Geltungsbereich
Art. 3: Begriffsbestimmungen
Art. 4: Grundsatz der Gleichbehandlung
Art. 5: Positive Maßnahmen
Art. 6: Gründung einer Gesellschaft
Art. 7: Sozialer Schutz
Art. 8: Mutterschaftsleistungen
Art. 9: Rechtsschutz
Art. 10: Schadensersatz oder Entschädigung
Art. 11: Stellen zur Förderung der Gleichbehandlung
Art. 12: Durchgängige Berücksichtigung des Gleichstellungsaspekts
Art. 13: Verbreitung von Informationen
Art. 14: Schutzniveau
Art. 15: Berichte
Art. 16: Umsetzung
Art. 17: Aufhebung
Art. 18: Inkrafttreten
Art. 19: Adressaten

DAS EUROPÄISCHE PARLAMENT UND DER RAT DER EUROPÄISCHEN UNION –
gestützt auf den Vertrag über die Arbeitsweise der Europäischen Union, insbesondere auf Artikel 157 Absatz 3,
auf Vorschlag der Europäischen Kommission,
nach Stellungnahme des Europäischen Wirtschafts- und Sozialausschusses (ABl. C 228 vom 22.9.2009, S. 107),
gemäß dem ordentlichen Gesetzgebungsverfahren (Standpunkt des Europäischen Parlaments vom 6. Mai 2009 (noch nicht im Amtsblatt veröffentlicht), Standpunkt des Rates in erster Lesung vom 8. März 2010 (ABl. C 123 E vom 12.5.2010, S. 5), Standpunkt des Europäischen Parlaments vom 18. Mai 2010),
in Erwägung nachstehender Gründe:

(1) Mit der Richtlinie 86/613/EWG des Rates vom 11. Dezember 1986 zur Verwirklichung des Grundsatzes der Gleichbehandlung von Männern und Frauen, die eine selbständige Erwerbstätigkeit – auch in der Landwirtschaft – ausüben, sowie über den Mutterschutz (ABl. L 359 vom 19.12.1986, S. 56) wird der Grundsatz der Gleichbehandlung von Männern und Frauen, die eine selbständige Erwerbstätigkeit ausüben oder zur Ausübung einer solchen beitragen, in den Mitgliedstaaten verwirklicht. In Bezug auf selbständige Erwerbstätige und Ehepartner von selbständigen Erwerbstätigen war die Richtlinie 86/613/EWG nicht sehr wirksam, und ihr Geltungsbereich sollte neu definiert werden, da Diskriminierungen aufgrund des Geschlechts und Belästigungen auch in Bereichen außerhalb der abhängigen Beschäftigung auftreten. Aus Gründen der Klarheit sollte die Richtlinie 86/613/EWG durch die vorliegende Richtlinie ersetzt werden.

(2) In ihrer Mitteilung vom 1. März 2006 mit dem Titel „Fahrplan für die Gleichstellung von Frauen und Männern" hat die Kommission angekündigt, die bestehenden, 2005 nicht überarbeiteten Rechtsvorschriften der Union zur Gleichstellung der Geschlechter zu überprüfen, um sie – falls nötig – zu aktualisieren, zu modernisieren und zu überarbeiten und so die Entscheidungsstrukturen im Bereich der Gleichstellung der Geschlechter zu verbessern. Die Richtlinie 86/613/EWG gehört nicht zu den überarbeiteten Texten.

(3) Der Rat hat die Kommission in seinen Schlussfolgerungen vom 5. und 6. Dezember 2007 zum Thema „Ausgewogenheit zwischen Frauen und Männern bei Arbeitsplätzen, Wachstum und sozialem Zusammenhalt" aufgefordert zu prüfen, ob die Richtlinie 86/613/EWG gegebenenfalls überarbeitet werden sollte, um die mit Mutterschaft und Vaterschaft verbundenen Rechte von selbständigen Erwerbstätigen und mitarbeitenden Ehepartnern zu gewährleisten.

(4) Das Europäische Parlament hat die Kommission beständig dazu aufgerufen, die Richtlinie 86/613/EWG zu überarbeiten, um insbesondere den Mutterschutz von selbständig erwerbstätigen Frauen zu verbessern und die Situation von Ehepartnern von selbständigen Erwerbstätigen zu verbessern.

(5) Das Europäische Parlament hat seinen Standpunkt in diesem Bereich bereits in seiner Entschließung vom 21. Februar 1997 zur Situation der mitarbeitenden Ehepartner von selbständigen Erwerbstätigen (ABl. C 85 vom 17.3.1997, S. 186) deutlich gemacht.

3/3. Selbständigen-GleichbehandlungsRL

Präambel

(6) In ihrer Mitteilung vom 2. Juli 2008 mit dem Titel „Eine erneuerte Sozialagenda: Chancen, Zugangsmöglichkeiten und Solidarität im Europa des 21. Jahrhunderts" hat die Kommission die Notwendigkeit unterstrichen, Maßnahmen zur Beseitigung des Ungleichgewichts zwischen den Geschlechtern im Unternehmertum zu ergreifen und die Vereinbarkeit von Privatleben und Beruf zu verbessern.

(7) Es bestehen bereits einige Rechtsinstrumente zur Verwirklichung des Grundsatzes der Gleichbehandlung, die auch selbständige Tätigkeiten abdecken, insbesondere die Richtlinie 79/7/EWG des Rates vom 19. Dezember 1978 zur schrittweisen Verwirklichung des Grundsatzes der Gleichbehandlung von Männern und Frauen im Bereich der sozialen Sicherheit (ABl. L 6 vom 10.1.1979, S. 24) und die Richtlinie 2006/54/EG des Europäischen Parlaments und des Rates vom 5. Juli 2006 zur Verwirklichung des Grundsatzes der Chancengleichheit und Gleichbehandlung von Männern und Frauen in Arbeits- und Beschäftigungsfragen (ABl. L 204 vom 26.7.2006, S. 23). Daher sollte die vorliegende Richtlinie nicht für die Bereiche gelten, die bereits von den anderen Richtlinien erfasst werden.

(8) Diese Richtlinie berührt nicht die Befugnisse der Mitgliedstaaten zur Gestaltung ihrer Sozialschutzsysteme. Die ausschließliche Zuständigkeit der Mitgliedstaaten für die Gestaltung ihrer Sozialschutzsysteme umfasst unter anderem Entscheidungen über die Errichtung, Finanzierung und Verwaltung dieser Systeme und der damit verbundenen Einrichtungen sowie über den Inhalt und die Bereitstellung von Leistungen, die Höhe der Beiträge und die Zugangsbedingungen.

(9) Diese Richtlinie sollte für selbständige Erwerbstätige und deren Ehepartner oder – wenn und soweit sie nach innerstaatlichem Recht anerkannt sind – Lebenspartner gelten, wenn diese nach den Bedingungen des innerstaatlichen Rechts für gewöhnlich an der Unternehmenstätigkeit mitwirken. Die Arbeit dieser Ehepartner und – wenn und soweit sie nach innerstaatlichem Recht anerkannt sind – Lebenspartner von selbständigen Erwerbstätigen sollte im Hinblick auf eine Verbesserung ihrer Situation anerkannt werden.

(10) Diese Richtlinie sollte nicht für Sachverhalte gelten, die bereits durch andere Richtlinien zur Verwirklichung des Grundsatzes der Gleichbehandlung von Männern und Frauen, vor allem durch die Richtlinie 2004/113/EG des Rates vom 13. Dezember 2004 zur Verwirklichung des Grundsatzes der Gleichbehandlung von Männern und Frauen beim Zugang zu und bei der Versorgung mit Gütern und Dienstleistungen (ABl. L 373 vom 21.12.2004, S. 37, geregelt werden. Unter anderem behält Artikel 5 der Richtlinie 2004/113/EG in Bezug auf Versicherungsverträge und verwandte Finanzdienstleistungen weiter Gültigkeit.*)

(11) Um Diskriminierungen aus Gründen des Geschlechts zu verhindern, sollte diese Richtlinie sowohl für unmittelbare als auch für mittelbare Diskriminierungen gelten. Belästigung und sexuelle Belästigung sollten als Diskriminierung angesehen und somit verboten werden.

(12) Diese Richtlinie sollte die Rechte und Pflichten, die aus dem Ehe- oder Familienstand nach innerstaatlichem Recht hervorgehen, nicht berühren.

(13) Der Grundsatz der Gleichbehandlung sollte die Beziehungen zwischen selbständigen Erwerbstätigen und Dritten innerhalb des Geltungsbereichs dieser Richtlinie umfassen, jedoch nicht die Beziehungen zwischen selbständigen Erwerbstätigen und ihren Ehepartnern oder Lebenspartnern.

(14) Im Bereich der selbständigen Erwerbstätigkeit bedeutet die Verwirklichung des Grundsatzes der Gleichbehandlung, dass es etwa in Bezug auf die Gründung, Einrichtung oder Erweiterung eines Unternehmens bzw. die Aufnahme oder Ausweitung irgendeiner anderen Form der selbständigen Tätigkeit zu keinerlei Diskriminierungen aufgrund des Geschlechts kommen darf.

(15) Die Mitgliedstaaten können gemäß Artikel 157 Absatz 4 des Vertrags über die Arbeitsweise der Europäischen Union zur Erleichterung der selbständigen Tätigkeit des unterrepräsentierten Geschlechts oder zur Verhinderung bzw. zum Ausgleich von Benachteiligungen in der beruflichen Laufbahn Maßnahmen für spezifische Vergünstigungen beibehalten oder beschließen. Grundsätzlich sollten Maßnahmen zur Gewährleistung der Gleichstellung der Geschlechter in der Praxis, wie z.B. positive Maßnahmen, nicht als Verstoß gegen den Grundsatz der Gleichbehandlung von Männern und Frauen angesehen werden.

(16) Es muss sichergestellt werden, dass die Bedingungen für die gemeinsame Gründung eines Unternehmens durch Ehepartner oder – wenn und soweit sie nach innerstaatlichem Recht anerkannt sind – Lebenspartner nicht restriktiver sind als die Bedingungen für die gemeinsame Gründung eines Unternehmens durch andere Personen.

(17) In Anbetracht ihrer Beteiligung an der Tätigkeit des Familienunternehmens sollten Ehepartner oder – wenn und soweit sie nach innerstaatlichem Recht anerkannt sind – Lebenspartner von selbständigen Erwerbstätigen, die Zugang zu einem Sozialschutzsystem haben, auch sozialen Schutz in Anspruch nehmen können. Die Mitgliedstaaten sollten verpflichtet sein, die notwendigen Maßnahmen zu ergreifen, um diesen Sozialschutz im Einklang mit ihrem innerstaatlichen Recht zu organisieren. Insbesondere ist es Aufgabe der Mitgliedstaaten, darüber zu entscheiden, ob die Verwirklichung dieses Sozialschutzes auf obligatorischer oder freiwilliger Basis erfolgen sollte. Die Mitgliedstaaten können vorsehen, dass dieser Sozialschutz im Verhältnis zur Beteiligung an der Tätigkeit des selbständigen Erwerbstätigen und/ oder zur Höhe des Beitrags stehen kann.

---

*) Art. 5 (2) der RL 2004/113/EG wurde vom EuGH am 1.3.2011 in der Rs C-236/09 mit Wirkung 21.12.2012 aufgehoben.

3/3. Selbständigen-GleichbehandlungsRL
Präambel. Art. 1 – 3

(18) Schwangere selbständige Erwerbstätige und schwangere Ehepartnerinnen und – wenn und soweit sie nach innerstaatlichem Recht anerkannt sind – schwangere Lebenspartnerinnen von selbständigen Erwerbstätigen sind in wirtschaftlicher und körperlicher Hinsicht verletzlich; deshalb ist es notwendig, ihnen ein Recht auf Mutterschaftsleistungen zu gewähren. Die Mitgliedstaaten sind – vorbehaltlich der Einhaltung der in dieser Richtlinie festgelegten Mindestanforderungen – weiterhin dafür zuständig, diese Leistungen zu organisieren, wozu auch die Festlegung der Beitragshöhe sowie sämtlicher Modalitäten im Zusammenhang mit Leistungen und Zahlungen gehört. Insbesondere können sie festlegen, in welchem Zeitraum vor und/oder nach der Entbindung das Recht auf Mutterschaftsleistungen besteht.

(19) Der Zeitraum, in dem selbständig erwerbstätigen Frauen sowie Ehepartnerinnen oder – wenn und soweit sie nach innerstaatlichem Recht anerkannt sind – Lebenspartnerinnen von selbständigen Erwerbstätigen Mutterschaftsleistungen gewährt werden, ähnelt der Dauer des Mutterschaftsurlaubs für Arbeitnehmerinnen, wie er derzeit auf Unionsebene gilt. Falls die Dauer des Mutterschaftsurlaubs für Arbeitnehmerinnen auf Unionsebene geändert wird, sollte die Kommission dem Europäischen Parlament und dem Rat Bericht erstatten und prüfen, ob die Dauer der Mutterschaftsleistungen für selbständig erwerbstätige Frauen sowie Ehepartnerinnen und Lebenspartnerinnen gemäß Artikel 2 ebenfalls geändert werden sollte.

(20) Um den Besonderheiten der selbständigen Tätigkeit Rechnung zu tragen, sollten selbständig erwerbstätige Frauen und Ehepartnerinnen oder – wenn und soweit sie nach innerstaatlichem Recht anerkannt sind – Lebenspartnerinnen von selbständigen Erwerbstätigen Zugang erhalten zu jeglichen bestehenden Diensten zur Bereitstellung einer zeitlich befristeten Vertretung, die eine Unterbrechung ihrer Erwerbstätigkeit wegen Schwangerschaft oder Mutterschaft ermöglichen, oder zu bestehenden sozialen Diensten auf nationaler Ebene. Der Zugang zu diesen Diensten kann als Alternative zu den Mutterschaftsleistungen oder als Teil davon gelten.

(21) Opfer von Diskriminierungen aufgrund des Geschlechts sollten über einen geeigneten Rechtsschutz verfügen. Um einen effektiveren Schutz zu gewährleisten, sollten Verbände, Organisationen oder andere juristische Personen – wenn die Mitgliedstaaten dies beschließen – die Befugnis erhalten, sich unbeschadet der nationalen Verfahrensregeln bezüglich der Vertretung und Verteidigung vor Gericht im Namen eines Opfers oder zu seiner Unterstützung an Verfahren zu beteiligen.

(22) Der Schutz von selbständigen Erwerbstätigen und deren Ehepartnern oder – wenn und soweit sie nach innerstaatlichem Recht anerkannt sind – Lebenspartnern von selbständig Erwerbstätigen vor Diskriminierung aufgrund des Geschlechts sollte verstärkt werden, indem in jedem Mitgliedstaat eine oder mehrere Stellen vorgesehen werden, die für die Analyse der mit Diskriminierungen verbundenen Probleme, die Prüfung möglicher Lösungen und die Bereitstellung konkreter Hilfsangebote für die Opfer zuständig sind. Bei dieser Stelle kann es sich um dieselbe oder dieselben Stellen handeln, die auf nationaler Ebene die Aufgabe haben, für die Verwirklichung des Grundsatzes der Gleichbehandlung einzutreten.

(23) In dieser Richtlinie werden Mindestanforderungen festgelegt, weshalb es den Mitgliedstaaten freisteht, günstigere Vorschriften einzuführen oder beizubehalten.

(24) Da das Ziel der zu ergreifenden Maßnahmen, nämlich die Gewährleistung eines einheitlichen, hohen Niveaus des Schutzes vor Diskriminierung in allen Mitgliedstaaten, auf Ebene der Mitgliedstaaten nicht ausreichend verwirklicht werden kann und besser auf Unionsebene zu verwirklichen ist, kann die Union im Einklang mit dem in Artikel 5 des Vertrags über die Europäische Union niedergelegten Subsidiaritätsprinzip tätig werden. Entsprechend dem in demselben Artikel genannten Grundsatz der Verhältnismäßigkeit geht diese Richtlinie nicht über das zur Erreichung dieses Ziels erforderliche Maß hinaus –

HABEN FOLGENDE RICHTLINIE ERLASSEN:

Gegenstand

Art. 1 (1) Diese Richtlinie legt für die nicht von den Richtlinien 2006/54/EG und 79/7/EWG erfassten Bereiche einen Rahmen für die Verwirklichung des Grundsatzes der Gleichbehandlung von Männern und Frauen, die eine selbständige Erwerbstätigkeit ausüben oder zur Ausübung einer solchen beitragen, in den Mitgliedstaaten fest.

(2) Für die Verwirklichung des Grundsatzes der Gleichbehandlung von Männern und Frauen beim Zugang zu und bei der Versorgung mit Gütern und Dienstleistungen gilt weiterhin die Richtlinie 2004/113/EG.

Geltungsbereich

Art. 2 Diese Richtlinie betrifft:
a) selbständige Erwerbstätige, das heißt alle Personen, die nach den Bedingungen des innerstaatlichen Rechts eine Erwerbstätigkeit auf eigene Rechnung ausüben;
b) die Ehepartner oder – wenn und soweit sie nach innerstaatlichem Recht anerkannt sind – Lebenspartner von selbständigen Erwerbstätigen, die weder abhängig Beschäftigte noch Gesellschafter sind und sich nach den Bedingungen des innerstaatlichen Rechts gewöhnlich an den Tätigkeiten des selbständigen Erwerbstätigen beteiligen, indem sie dieselben Aufgaben oder Hilfsaufgaben erfüllen.

Begriffsbestimmungen

Art. 3 Im Sinne dieser Richtlinie bezeichnet der Ausdruck
a) „unmittelbare Diskriminierung" eine Situation, in der eine Person aufgrund ihres Geschlechts eine weniger günstige Behand-

lung erfährt, als eine andere Person in einer vergleichbaren Situation erfährt, erfahren hat oder erfahren würde;

b) „mittelbare Diskriminierung" eine Situation, in der dem Anschein nach neutrale Vorschriften, Kriterien oder Verfahren Personen des einen Geschlechts in besonderer Weise gegenüber Personen des anderen Geschlechts benachteiligen können, es sei denn, die betreffenden Vorschriften, Kriterien oder Verfahren sind durch ein rechtmäßiges Ziel sachlich gerechtfertigt und die Mittel sind zur Erreichung dieses Ziels angemessen und erforderlich;

c) „Belästigung" unerwünschte auf das Geschlecht einer Person bezogene Verhaltensweisen, die bezwecken oder bewirken, dass die Würde der betreffenden Person verletzt und ein von Einschüchterungen, Anfeindungen, Erniedrigungen, Entwürdigungen oder Beleidigungen gekennzeichnetes Umfeld geschaffen wird;

d) „sexuelle Belästigung" jede Form von unerwünschtem Verhalten sexueller Natur, das sich in verbaler, nicht verbaler oder physischer Form äußert und das bezweckt oder bewirkt, dass die Würde der betreffenden Person verletzt wird, insbesondere wenn ein von Einschüchterungen, Anfeindungen, Erniedrigungen, Entwürdigungen und Beleidigungen gekennzeichnetes Umfeld geschaffen wird.

Grundsatz der Gleichbehandlung

Art. 4 (1) Gemäß dem Grundsatz der Gleichbehandlung hat jegliche unmittelbare oder mittelbare Diskriminierung aufgrund des Geschlechts im öffentlichen oder privaten Sektor, etwa in Verbindung mit der Gründung, Einrichtung oder Erweiterung eines Unternehmens bzw. der Aufnahme oder mit der Ausweitung jeglicher anderen Art von selbständiger Tätigkeit zu unterbleiben.

(2) In den durch Absatz 1 erfassten Bereichen gelten Belästigung und sexuelle Belästigung als Diskriminierung aufgrund des Geschlechts und sind daher verboten. Die Zurückweisung oder Duldung solcher Verhaltensweisen durch die betreffende Person darf nicht als Grundlage für eine Entscheidung herangezogen werden, die diese Person berührt.

(3) In den durch Absatz 1 erfassten Bereichen gilt die Anweisung zur Diskriminierung einer Person aufgrund des Geschlechts als Diskriminierung.

Positive Maßnahmen

Art. 5 Im Hinblick auf die effektive Gewährleistung der vollen Gleichstellung von Männern und Frauen im Arbeitsleben können die Mitgliedstaaten Maßnahmen im Sinne von Artikel 157 Absatz 4 des Vertrags über die Arbeitsweise der Europäischen Union beibehalten oder beschließen, beispielsweise mit dem Ziel, unternehmerische Initiativen von Frauen zu fördern.

Gründung einer Gesellschaft

Art. 6 Unbeschadet der in gleicher Weise für beide Geschlechter geltenden besonderen Bedingungen für den Zugang zu bestimmten Tätigkeiten ergreifen die Mitgliedstaaten die erforderlichen Maßnahmen, um sicherzustellen, dass die Bedingungen für die gemeinsame Gründung einer Gesellschaft durch Ehepartner oder – wenn und soweit sie nach innerstaatlichem Recht anerkannt sind – Lebenspartner nicht restriktiver sind als die Bedingungen für die gemeinsame Gründung einer Gesellschaft durch andere Personen.

Sozialer Schutz

Art. 7 (1) Besteht in einem Mitgliedstaat ein System für den sozialen Schutz selbständiger Erwerbstätiger, so ergreift dieser Mitgliedstaat die erforderlichen Maßnahmen, um sicherzustellen, dass Ehepartner und Lebenspartner gemäß Artikel 2 Buchstabe b einen sozialen Schutz im Einklang mit innerstaatlichem Recht erhalten können.

(2) Die Mitgliedstaaten können darüber entscheiden, ob die Verwirklichung des Sozialschutzes gemäß Absatz 1 auf obligatorischer oder freiwilliger Basis erfolgt.

Mutterschaftsleistungen

Art. 8 (1) Die Mitgliedstaaten ergreifen die erforderlichen Maßnahmen, um sicherzustellen, dass selbständig erwerbstätige Frauen sowie Ehepartnerinnen und Lebenspartnerinnen gemäß Artikel 2 im Einklang mit dem innerstaatlichen Recht ausreichende Mutterschaftsleistungen erhalten können, die eine Unterbrechung ihrer Erwerbstätigkeit wegen Schwangerschaft oder Mutterschaft während mindestens 14 Wochen ermöglichen.

(2) Die Mitgliedstaaten können darüber entscheiden, ob die Mutterschaftsleistungen gemäß Absatz 1 auf obligatorischer oder freiwilliger Basis gewährt werden.

(3) Die Leistungen nach Absatz 1 gelten als ausreichend, wenn sie ein Einkommen garantieren, das mindestens Folgendem entspricht:

a) der Leistung, die die betreffende Person im Falle einer Unterbrechung ihrer Erwerbstätigkeit aus gesundheitlichen Gründen erhalten würde; und/oder

b) dem durchschnittlichen Einkommens- oder Gewinnverlust gegenüber einem vergleichbaren vorherigen Zeitraum, vorbehaltlich etwaiger Obergrenzen nach innerstaatlichem Recht; und/oder

c) jeglicher anderer familienbezogenen Leistung nach innerstaatlichem Recht, vorbehaltlich etwaiger Obergrenzen nach innerstaatlichem Recht.

(4) Die Mitgliedstaaten ergreifen die erforderlichen Maßnahmen, um sicherzustellen, dass selbständig erwerbstätige Frauen sowie Ehepartnerinnen und Lebenspartnerinnen gemäß Artikel 2 Zugang erhalten zu jeglichen bestehenden Diensten zur Bereitstellung einer zeitlich befristeten Ver-

tretung oder zu jeglichen bestehenden sozialen Diensten auf nationaler Ebene. Die Mitgliedstaaten können vorsehen, dass der Zugang zu diesen Diensten als Alternative zu der Leistung gemäß Absatz 1 dieses Artikels oder als Teil davon gilt.

Rechtsschutz

Art. 9 (1) Die Mitgliedstaaten stellen sicher, dass alle Personen, die nach eigener Auffassung durch die Nichtanwendung des Grundsatzes der Gleichbehandlung einen Verlust oder Schaden erlitten haben, ihre Ansprüche aus dieser Richtlinie auf dem Gerichts- bzw. Verwaltungsweg sowie, wenn die Mitgliedstaaten es für angezeigt halten, in Schlichtungsverfahren geltend machen können, selbst wenn das Verhältnis, während dessen die Diskriminierung vorgekommen sein soll, bereits beendet ist.

(2) Die Mitgliedstaaten stellen sicher, dass Verbände, Organisationen oder andere juristische Personen, die gemäß den in ihrem innerstaatlichen Recht festgelegten Kriterien ein rechtmäßiges Interesse daran haben, die Einhaltung dieser Richtlinie sicherzustellen, sich entweder im Namen der beschwerten Person oder zu deren Unterstützung und mit deren Einwilligung an jeglichen zur Durchsetzung der Ansprüche aus dieser Richtlinie vorgesehenen Gerichts- und/oder Verwaltungsverfahren beteiligen können.

(3) Die Absätze 1 und 2 lassen nationale Regelungen über Fristen für die Rechtsverfolgung in Fällen, in denen es um den Grundsatz der Gleichbehandlung geht, unberührt.

Schadensersatz oder Entschädigung

Art. 10 Die Mitgliedstaaten ergreifen im Rahmen ihrer nationalen Rechtsordnung die erforderlichen Maßnahmen, um sicherzustellen, dass der einer Person durch eine Diskriminierung aufgrund des Geschlechts entstandene Verlust oder Schaden gemäß den von den Mitgliedstaaten festzulegenden Modalitäten tatsächlich und wirksam ausgeglichen oder ersetzt wird, wobei dieser Schadensersatz oder diese Entschädigung abschreckend und dem erlittenen Verlust oder Schaden angemessen sein muss. Eine im Voraus festgelegte Obergrenze für einen solchen Schadensersatz oder eine solche Entschädigung ist nicht zulässig.

Stellen zur Förderung der Gleichbehandlung

Art. 11 (1) Jeder Mitgliedstaat ergreift die erforderlichen Maßnahmen, um sicherzustellen, dass die Stelle oder die Stellen, die gemäß Artikel 20 der Richtlinie 2006/54/EG bezeichnet wurde bzw. wurden, auch dafür zuständig ist bzw. sind, die Verwirklichung der Gleichbehandlung aller Personen, die unter diese Richtlinie fallen, ohne Diskriminierung aufgrund des Geschlechts zu fördern, zu analysieren, zu beobachten und zu unterstützen.

(2) Die Mitgliedstaaten stellen sicher, dass es zu den Aufgaben der in Absatz 1 genannten Stellen gehört:

a) unbeschadet der Rechte der Opfer sowie der Verbände, Organisationen und anderen juristischen Personen nach Artikel 9 Absatz 2, die Opfer von Diskriminierung auf unabhängige Weise dabei zu unterstützen, ihrer Beschwerde wegen Diskriminierung nachzugehen;

b) unabhängige Untersuchungen zum Thema Diskriminierung durchzuführen;

c) unabhängige Berichte zu veröffentlichen und Empfehlungen zu allen Aspekten vorzulegen, die mit dieser Diskriminierung in Zusammenhang stehen;

d) auf geeigneter Ebene die verfügbaren Informationen mit den entsprechenden europäischen Einrichtungen wie dem Europäischen Institut für Gleichstellungsfragen auszutauschen.

Durchgängige Berücksichtigung des Gleichstellungsaspekts

Art. 12 Die Mitgliedstaaten berücksichtigen aktiv das Ziel der Gleichstellung von Frauen und Männern, wenn sie Rechts- und Verwaltungsvorschriften sowie politische Maßnahmen und Tätigkeiten in den unter diese Richtlinie fallenden Bereichen ausarbeiten und umsetzen.

Verbreitung von Informationen

Art. 13 Die Mitgliedstaaten stellen sicher, dass in ihrem Hoheitsgebiet die gemäß dieser Richtlinie getroffenen Maßnahmen sowie die bereits geltenden einschlägigen Vorschriften allen Betroffenen mit allen geeigneten Mitteln zur Kenntnis gebracht werden.

Schutzniveau

Art. 14 Die Mitgliedstaaten können Vorschriften einführen oder beibehalten, die im Hinblick auf die Wahrung des Grundsatzes der Gleichbehandlung von Männern und Frauen günstiger sind als die in dieser Richtlinie vorgesehenen Vorschriften.

Die Umsetzung dieser Richtlinie darf keinesfalls als Rechtfertigung für eine Absenkung des von den Mitgliedstaaten bereits garantierten Niveaus des Schutzes vor Diskriminierung in den von der Richtlinie erfassten Bereichen benutzt werden.

Berichte

Art. 15 (1) Die Mitgliedstaaten übermitteln der Kommission bis zum 5. August 2015 sämtliche verfügbaren Informationen über die Anwendung dieser Richtlinie.

Die Kommission erstellt bis spätestens 5. August 2016 einen zusammenfassenden Bericht und legt diesen dem Europäischen Parlament und dem Rat vor. Dieser Bericht sollte jegliche gesetzliche Änderung in Bezug auf die Dauer des Mutterschaftsurlaubs für Arbeitnehmerinnen berücksichtigen. Dem Bericht sind, soweit erforderlich, Vorschläge zur Anpassung dieser Richtlinie beizufügen.

(2) Die Kommission berücksichtigt in ihrem Bericht die Standpunkte der einschlägigen Interessengruppen.

Umsetzung

Art. 16 (1) Die Mitgliedstaaten setzen die erforderlichen Rechts- und Verwaltungsvorschriften in Kraft, um dieser Richtlinie spätestens bis zum 5. August 2012 nachzukommen. Sie teilen der Kommission unverzüglich den Wortlaut dieser Rechtsvorschriften mit. Bei Erlass dieser Vorschriften nehmen die Mitgliedstaaten in den Vorschriften selbst oder durch einen Hinweis bei der amtlichen Veröffentlichung auf diese Richtlinie Bezug. Die Mitgliedstaaten regeln die Einzelheiten der Bezugnahme.

(2) Wenn dies durch besondere Schwierigkeiten gerechtfertigt ist, kann den Mitgliedstaaten erforderlichenfalls ein zusätzlicher Zeitraum von zwei Jahren bis zum 5. August 2014 eingeräumt werden, um den Verpflichtungen nach Artikel 7 sowie den Verpflichtungen nach Artikel 8 in Bezug auf Ehepartnerinnen und Lebenspartnerinnen im Sinne von Artikel 2 Buchstabe b nachzukommen.

(3) Die Mitgliedstaaten teilen der Kommission den Wortlaut der wichtigsten innerstaatlichen Rechtsvorschriften mit, die sie auf dem unter diese Richtlinie fallenden Gebiet erlassen.

Aufhebung

Art. 17 Die Richtlinie 86/613/EWG wird mit Wirkung vom 5. August 2012 aufgehoben.

Verweisungen auf die aufgehobene Richtlinie gelten als Verweisungen auf die vorliegende Richtlinie.

Inkrafttreten

Art. 18 Diese Richtlinie tritt am zwanzigsten Tag nach ihrer Veröffentlichung im *Amtsblatt der Europäischen Union* in Kraft.

Adressaten

Art. 19 Diese Richtlinie ist an die Mitgliedstaaten gerichtet.

3/4. Vereinbarkeitsrichtlinie Beruf und Privatleben

Richtlinie (EU) 2019/1158 des Europäischen Parlaments und des Rates vom 20. Juni 2019 zur Vereinbarkeit von Beruf und Privatleben für Eltern und pflegende Angehörige und zur Aufhebung der Richtlinie 2010/18/EU des Rates

(ABl Nr. L 188 v. 12.7.2019, S. 79)
(Umsetzung der RL in den Mitgliedstaaten bis 2. August 2022)

GLIEDERUNG

- Art. 1: Gegenstand
- Art. 2: Anwendungsbereich
- Art. 3: Begriffsbestimmungen
- Art. 4: Vaterschaftsurlaub
- Art. 5: Elternurlaub
- Art. 6: Urlaub für pflegende Angehörige
- Art. 7: Arbeitsfreistellung aufgrund höherer Gewalt
- Art. 8: Bezahlung oder Vergütung
- Art. 9: Flexible Arbeitsregelungen
- Art. 10: Beschäftigungsansprüche
- Art. 11: Diskriminierung
- Art. 12: Kündigungsschutz und Beweislast
- Art. 13: Sanktionen
- Art. 14: Schutz vor Benachteiligung oder negativen Konsequenzen
- Art. 15: Gleichbehandlungsstellen
- Art. 16: Schutzniveau
- Art. 17: Verbreitung von Informationen
- Art. 18: Berichterstattung und Überprüfung
- Art. 19: Aufhebung
- Art. 20: Umsetzung
- Art. 21: Inkrafttreten
- Art. 22: Adressaten

ANHANG

DAS EUROPÄISCHE PARLAMENT UND DER RAT DER EUROPÄISCHEN UNION –

gestützt auf den Vertrag über die Arbeitsweise der Europäischen Union, insbesondere auf Artikel 153 Absatz 2 Buchstabe b in Verbindung mit Artikel 153 Absatz 1 Buchstabe i,

auf Vorschlag der Europäischen Kommission,

nach Zuleitung des Entwurfs des Gesetzgebungsakts an die nationalen Parlamente,

nach Stellungnahme des Europäischen Wirtschafts- und Sozialausschusses,

nach Stellungnahme des Ausschusses der Regionen,

gemäß dem ordentlichen Gesetzgebungsverfahren,

in Erwägung nachstehender Gründe:

(1) Gemäß Artikel 153 Absatz 1 Buchstabe i des Vertrags über die Arbeitsweise der Europäischen Union (AEUV) unterstützt und ergänzt die Union die Tätigkeit der Mitgliedstaaten auf dem Gebiet der Chancengleichheit von Männern und Frauen auf dem Arbeitsmarkt und der Gleichbehandlung am Arbeitsplatz.

(2) Die Gleichstellung von Männern und Frauen ist ein Grundprinzip der Union. Artikel 3 Absatz 3 Unterabsatz 2 des Vertrags über die Europäische Union (EUV) legt fest, dass die Union die Gleichstellung von Frauen und Männern fördert. Artikel 23 der Charta der Grundrechte der Europäischen Union (im Folgenden „Charta") legt fest, dass die Gleichheit von Männern und Frauen in allen Bereichen, einschließlich der Beschäftigung, der Arbeit und des Arbeitsentgelts, sicherzustellen ist.

(3) Artikel 33 der Charta sieht das Recht auf Schutz vor Entlassung aus einem mit der Mutterschaft zusammenhängenden Grund sowie den Anspruch auf einen bezahlten Mutterschaftsurlaub und auf einen Elternurlaub nach der Geburt oder Adoption eines Kindes vor, um Familien- und Berufsleben miteinander in Einklang bringen zu können.

(4) Die Union hat das Übereinkommen der Vereinten Nationen von 2006 über die Rechte von Menschen mit Behinderungen ratifiziert. Das Übereinkommen ist somit integraler Bestandteil der Rechtsordnung der Union, und die Rechtsakte der Union sind möglichst so auszulegen, dass sie mit dem Übereinkommen in Einklang stehen. Insbesondere in Artikel 7 Absatz 1 des Übereinkommens ist festgelegt, dass die Vertragsparteien alle erforderlichen Maßnahmen treffen, um zu gewährleisten, dass Kinder mit Behinderungen gleichberechtigt mit anderen Kindern alle Menschenrechte und Grundfreiheiten genießen können.

(5) Die Mitgliedstaaten haben das Übereinkommen der Vereinten Nationen von 1989 über die Rechte des Kindes ratifiziert. In Artikel 18 Absatz 1 des Übereinkommens ist festgelegt, dass beide Elternteile gemeinsam für die Erziehung und Entwicklung des Kindes verantwortlich sind und das Wohl des Kindes ihr Grundanliegen sein sollte.

(6) Die Politik im Bereich der Vereinbarkeit von Beruf und Privatleben sollte zur Förderung der Geschlechtergleichstellung beitragen, indem sie

3/4. VereinbarkeitsRL Beruf und Privatleben

Präambel

die Erwerbstätigkeit von Frauen und die gerechte Aufteilung von Betreuungs- und Pflegeaufgaben zwischen Männern und Frauen unterstützt und indem sie das Einkommens- und Entgeltschere zwischen den Geschlechtern schließt. Eine solche Politik sollte auch demografische Veränderungen berücksichtigen, darunter die Auswirkungen der Bevölkerungsalterung.

(7) In Anbetracht der mit dem demografischen Wandel verbundenen Herausforderungen und des damit einhergehenden Drucks auf die öffentlichen Ausgaben in manchen Mitgliedstaaten ist davon auszugehen, dass der Bedarf an informeller Betreuung zunehmen wird.

(8) Auf Unionsebene gibt es mehrere Richtlinien zu Geschlechtergleichstellung und Arbeitsbedingungen, in denen bestimmte für die Vereinbarkeit von Beruf und Privatleben maßgebliche Aspekte bereits behandelt werden, insbesondere die Richtlinien 2006/54/EG und 2010/41/EU des Europäischen Parlaments und des Rates und die Richtlinien 92/85/EWG, 97/81/EG und 2010/18/EU des Rates.

(9) Die Grundsätze der Gleichstellung der Geschlechter und der Vereinbarkeit von Berufs- und Privatleben werden in den Grundsätzen 2 und 9 der europäischen Säule sozialer Rechte bekräftigt, die am 17. November 2017 vom Europäischen Parlament, vom Rat und von der Kommission proklamiert wurde.

(10) Die Vereinbarkeit von Beruf und Privatleben stellt jedoch – insbesondere aufgrund der zunehmenden Verbreitung verlängerter Arbeitszeiten und wechselnder Arbeitspläne – für viele Arbeitnehmer und Eltern mit Betreuungs- bzw. Pflegeaufgaben eine große Herausforderung dar, was negative Auswirkungen auf die Beschäftigungsquote von Frauen hat. Frauen sind vor allem auch deshalb am Arbeitsmarkt unterrepräsentiert, weil sich berufliche und familiäre Pflichten nur schwer vereinbaren lassen. Frauen mit Kindern sind häufig in geringerem Stundenausmaß bezahlt beschäftigt und wenden mehr Zeit für unbezahlte Betreuungs- und Pflegeaufgaben auf. Auch die Erkrankung oder Pflegebedürftigkeit von Angehörigen wirkt sich nachweislich negativ auf die Erwerbstätigkeit von Frauen aus und führt sogar dazu, dass manche Frauen ganz aus dem Arbeitsmarkt ausscheiden.

(11) Der derzeitige Rechtsrahmen der Union bietet Männern nur wenige Anreize, um einen gleichwertigen Anteil an den Betreuungs- und Pflegeaufgaben zu übernehmen. In vielen Mitgliedstaaten gibt es keinen bezahlten Vaterschafts- und Elternurlaub, weshalb nur wenige Väter einen Urlaub in Anspruch nehmen. Die Politik zur Förderung der Vereinbarkeit von Beruf und Privatleben für Frauen bzw. Männer ist so unausgewogen gestaltet, dass sie die Geschlechterstereotype und -unterschiede sowohl im Beruf als auch im Bereich von Betreuung und Pflege noch verstärkt. Mit Gleichbehandlungsmaßnahmen sollte unter anderem das Problem der Stereotype bei der Beschäftigung und den Rollen sowohl von Männern als auch von Frauen angegangen werden, und die Sozialpartner sind dazu angehalten, ihrer Schlüsselrolle gerecht zu werden, indem sie sowohl Arbeitnehmer als auch Arbeitgeber informieren und sie für die Bekämpfung von Diskriminierung sensibilisieren. Wenn Väter Maßnahmen zur Vereinbarkeit von Beruf und Privatleben in Anspruch nehmen, wie z. B. Urlaub oder flexible Arbeitsregelungen, wirkt sich dies außerdem nachweislich positiv in der Form aus, dass Frauen relativ betrachtet weniger unbezahlte Familienarbeit leisten und ihnen mehr Zeit für eine bezahlte Beschäftigung bleibt.

(12) Bei der Umsetzung dieser Richtlinie sollten die Mitgliedstaaten berücksichtigen, dass die ausgewogene Inanspruchnahme von Urlaub aus familiären Gründen durch Männer und Frauen auch von anderen geeigneten Maßnahmen abhängt, wie z. B. der Bereitstellung zugänglicher und erschwinglicher Kinderbetreuung und Langzeitpflege, die unabdingbar dafür ist, dass Eltern und pflegende Angehörige eine Beschäftigung aufnehmen oder sie weiterführen bzw. erneut eine Beschäftigung aufnehmen können. Die Beseitigung wirtschaftlicher Negativanreize kann zudem Zweitverdiener, bei denen es sich zumeist um Frauen handelt, ermutigen, sich uneingeschränkt in den Arbeitsmarkt einzubringen.

(13) Um die Auswirkungen dieser Richtlinie bewerten zu können, sollten die Kommission und die Mitgliedstaaten bei der Erstellung vergleichbarer und nach Geschlecht aufgeschlüsselter Statistiken auch künftig zusammenarbeiten.

(14) Die Kommission hat die Sozialpartner in einer zweistufigen Konsultation gemäß Artikel 154 AEUV zu den Herausforderungen im Bereich der Vereinbarkeit von Beruf und Privatleben befragt. Die Sozialpartner konnten sich nicht darauf einigen, über diese Fragen – einschließlich Elternurlaub – in Verhandlungen einzutreten. Es ist jedoch wichtig, in diesem Bereich aktiv zu werden und den derzeitigen Rechtsrahmen unter Berücksichtigung der Ergebnisse dieser Konsultationen sowie der öffentlichen Konsultation, mit der die Meinung von Interessenträgern sowie Bürgerinnen und Bürgern eingeholt wurde, zu modernisieren und anzupassen.

(15) Die Richtlinie 2010/18/EU regelt den Elternurlaub, indem sie eine von den Sozialpartnern geschlossene Rahmenvereinbarung umsetzt. Die vorliegende Richtlinie baut auf den Bestimmungen der Richtlinie 2010/18/EU auf und ergänzt diese, indem bestehende Rechte gestärkt und neue eingeführt werden. Die Richtlinie 2010/18/EU sollte aufgehoben und durch die vorliegende Richtlinie ersetzt werden.

(16) Mit dieser Richtlinie werden Mindestvorschriften für Vaterschafts- und Elternurlaub und Urlaub für pflegende Angehörige sowie für flexible Arbeitsregelungen für Arbeitnehmer, die Eltern oder pflegende Angehörige sind, festgelegt. Diese Richtlinie sollte zu den im Vertrag formulierten Zielen zur Geschlechtergleichstellung im Hinblick auf Arbeitsmarktchancen, zur Gleichbehandlung am Arbeitsplatz und zur Förderung eines hohen Beschäftigungsniveaus in der Union beitragen, in-

3/4. VereinbarkeitsRL Beruf und Privatleben
Präambel

dem es diesen Eltern und pflegenden Angehörigen leichter gemacht wird, Beruf und Familienleben zu vereinbaren.

(17) Diese Richtlinie gilt für alle Arbeitnehmer mit Arbeitsverträgen oder anderen Formen von Beschäftigungsverhältnissen, einschließlich – wie zuvor von der Richtlinie 2010/18/EU geregelt – Verträgen im Zusammenhang mit der Beschäftigung oder mit Beschäftigungsverhältnissen von Personen, die in Teilzeit oder befristet beschäftigt sind oder mit einem Leiharbeitsunternehmen einen Arbeitsvertrag geschlossen haben oder ein Beschäftigungsverhältnis eingegangen sind. Unter Berücksichtigung der Rechtsprechung des Gerichtshofs der Europäischen Union (Gerichtshof) zu den Kriterien für die Festlegung des Arbeitnehmerbegriffs, ist es Sache der Mitgliedstaaten, die Begriffe „Arbeitsvertrag" und „Beschäftigungsverhältnis" zu definieren.

(18) Die Mitgliedstaaten sind dafür zuständig, Ehe- und Familienstand zu definieren und festzulegen, welche Personen als Elternteil, Mutter und Vater gelten sollen.

(19) Um eine gleichmäßigere Aufteilung von Betreuungs- und Pflegeaufgaben zwischen Frauen und Männern zu fördern und den frühzeitigen Aufbau einer engen Bindung zwischen Vätern und Kindern zu ermöglichen, sollte das Recht auf Vaterschaftsurlaub für Väter – oder, sofern nach nationalem Recht anerkannt, für gleichgestellte zweite Elternteile – eingeführt werden. Dieser Vaterschaftsurlaub sollte um den Zeitpunkt der Geburt des Kindes herum genommen werden und eindeutig mit der Geburt – zum Zweck der Erbringung von Betreuungs- und Pflegeleistungen – zusammenhängen. Die Mitgliedstaaten können auch bei einer Totgeburt Vaterschaftsurlaub gewähren. Es fällt in die Zuständigkeit der Mitgliedstaaten zu entscheiden, ob der Vaterschaftsurlaub teilweise auch vor der Geburt des Kindes oder ausschließlich danach genommen werden kann, innerhalb welchen Zeitrahmens er genommen werden kann und ob und unter welchen Bedingungen Vaterschaftsurlaub als Teilzeit, in abwechselnden Zeiträumen, beispielsweise für mehrere aufeinander folgende Tage oder als durch Arbeitsblöcke unterbrochenen Urlaub, oder auf andere flexible Art und Weise genommen werden kann. Die Mitgliedstaaten können festlegen, ob Vaterschaftsurlaub in Arbeitstagen, Arbeitswochen oder anderen Zeiteinheiten bemessen wird, wobei zehn Arbeitstage zwei Kalenderwochen entsprechen. Der Anspruch auf Vaterschaftsurlaub sollte unabhängig von dem gemäß dem nationalen Recht definierten Ehe- oder Familienstand gewährt werden, um Unterschiede zwischen den Mitgliedstaaten zu berücksichtigen.

(20) Da die meisten Väter ihr Recht auf Elternurlaub nicht in Anspruch nehmen oder einen beträchtlichen Teil ihres Urlaubsanspruchs auf Mütter übertragen, dehnt diese Richtlinie den Mindestzeitraum des Elternurlaubs, der nicht von einem Elternteil auf den anderen übertragen werden kann, von einem auf zwei Monate aus, um Väter zur Inanspruchnahme von Elternurlaub zu ermutigen, behält jedoch den Anspruch jedes Elternteils auf mindestens vier Monate Elternurlaub bei, wie in der Richtlinie 2010/18/EU festgelegt. Mit dieser Regelung, wonach mindestens zwei Monate Elternurlaub ausschließlich jedem einzelnen Elternteil zustehen und nicht auf den anderen Elternteil übertragen werden können, sollen Väter dazu angeregt werden, ihr Recht auf einen solchen Urlaub in Anspruch zu nehmen. Sie fördert und erleichtert zudem die Wiedereingliederung von Müttern in den Arbeitsmarkt im Anschluss an den Mutterschafts- und Elternurlaub.

(21) Durch diese Richtlinie wird Arbeitnehmern, die Eltern sind, ein Mindestelternurlaub von vier Monaten gewährt. Die Mitgliedstaaten sind dazu angehalten, das Recht auf Elternurlaub allen Arbeitnehmern zu gewähren, die elterliche Verantwortung wahrnehmen.

(22) Die Mitgliedstaaten sollten die Frist, innerhalb der Arbeitnehmer dem Arbeitgeber melden müssen, dass sie Elternurlaub beantragen, selbst festlegen und entscheiden können, ob der Anspruch auf Elternurlaub an eine bestimmte Betriebszugehörigkeitsdauer gebunden sein soll. Angesichts der zunehmenden Vielfalt an Vertragsformen sollte bei aufeinanderfolgenden befristeten Verträgen, die mit demselben Arbeitgeber abgeschlossen wurden, bei der Berechnung dieser Betriebszugehörigkeitsdauer die Gesamtlaufzeit dieser Verträge berücksichtigt werden. Um die Bedürfnisse der Arbeitnehmer und jene der Arbeitgeber ausgewogen zu berücksichtigen, sollten die Mitgliedstaaten auch entscheiden können, ob es dem Arbeitgeber unter bestimmten Bedingungen erlaubt sein soll, die Gewährung eines Elternurlaubs aufzuschieben, sofern das Erfordernis besteht, dass der Arbeitgeber eine solche Verschiebung schriftlich begründen sollte.

(23) Flexible Lösungen erhöhen die Wahrscheinlichkeit, dass beide Elternteile – insbesondere Väter – einen solchen Urlaubsanspruch wahrnehmen, weshalb Arbeitnehmer die Möglichkeit haben sollten, Elternurlaub auf Vollzeit- oder Teilzeitbasis, in zwischen Erwerbszeiten und Urlaub abwechselnden, beispielsweise wochenweise Zeiträumen welchen Bedingungen Vaterschaftsurlaub als Teilzeit, in abwechselnden Zeiträumen, beispielsweise für mehrere aufeinander folgende Tage oder als durch Arbeitsblöcke unterbrochenen Urlaub, oder in einer anderen flexibler Art und Weise zu beantragen. Der Arbeitgeber sollte einen solchen Antrag auf Elternurlaub, der nicht in Vollzeit, sondern in einer anderen Art und Weise genommen wird, akzeptieren oder ablehnen können. Die Mitgliedstaaten sollten prüfen, ob die für Elternurlaub geltenden Zugangsbedingungen und Modalitäten an die spezifischen Bedürfnisse von besonders benachteiligten Eltern angepasst werden sollten.

(24) Der Zeitraum, innerhalb dessen Arbeitnehmer Anspruch auf Elternurlaub haben, sollte an das Alter des Kindes geknüpft sein. Dieses Alter sollte so festgelegt werden, dass beide Elternteile ihren Anspruch auf Elternurlaub gemäß dieser Richtlinie tatsächlich in vollem Umfang geltend machen können.

3/4. VereinbarkeitsRL Beruf und Privatleben

(25) Um nach dem Elternurlaub den Wiedereinstieg ins Berufsleben zu erleichtern, wird Arbeitnehmern und Arbeitgebern empfohlen, während des Elternurlaubs freiwillig in Kontakt zu bleiben und sich über geeignete Maßnahmen abzustimmen, damit der Wiedereinstieg ins Berufsleben erleichtert wird. Dieser Kontakt und diese Maßnahmen werden von den Betroffenen unter Berücksichtigung des nationalen Rechts, von Kollektiv- bzw. Tarifverträgen oder Gepflogenheiten beschlossen. Die Arbeitnehmer sollten über Beförderungsverfahren und freie Stellen im Unternehmen informiert werden und in der Lage sein, sich an solchen Verfahren zu beteiligen und sich auf solche freien Stellen zu bewerben.

(26) Aus Studien geht hervor, dass in den Mitgliedstaaten, in denen ein großer Teil des Elternurlaubs Vätern gewährt wird und die Arbeitnehmer während des Urlaubs eine relativ hohe Bezahlung oder Vergütung als Lohnersatzleistung erhalten, mehr Väter Elternurlaub in Anspruch nehmen und positive Auswirkungen auf die Beschäftigungsquote von Müttern spürbar sind. Es ist daher angemessen, zu ermöglichen, diese Regelungen, sofern sie bestimmten Mindestvoraussetzungen entsprechen, weiterzuführen, anstatt die in dieser Richtlinie vorgesehene Bezahlung oder Vergütung für Vaterschaftsurlaub auszubezahlen.

(27) Um Männern und Frauen, die Pflege- oder Betreuungsaufgaben wahrnehmen, mehr Möglichkeiten zu bieten, berufstätig zu bleiben, sollte jeder Arbeitnehmer Anspruch auf fünf Arbeitstage Urlaub für pflegende Angehörige pro Jahr haben. Die Mitgliedstaaten dürfen festlegen, dass dieser Urlaub pro Fall in Zeiträumen von einem oder mehreren Arbeitstagen genommen werden kann. Um den unterschiedlichen nationalen Regelungen gerecht zu werden, sollten die Mitgliedstaaten den Urlaub für pflegende Angehörige anhand eines Bezugszeitraums, der nicht ein Jahr beträgt, für die jeweilige pflege- oder unterstützungsbedürftige Person oder pro Fall berechnen können. Aufgrund der Bevölkerungsalterung und der damit einhergehenden Häufung von altersbedingten Beeinträchtigungen ist von einem steigenden Pflege- und Betreuungsbedarf auszugehen. Dieser steigende Pflege- und Betreuungsbedarf sollte von den Mitgliedstaaten bei der Konzipierung ihrer Politik im Bereich der Pflege und der Betreuung – auch im Hinblick auf Urlaub für pflegende Angehörige – berücksichtigt werden. Die Mitgliedstaaten sind dazu angehalten, den Anspruch auf Urlaub für pflegende Angehörige auch bei anderen Angehörigen wie etwa Großeltern und Geschwistern zu gewähren. Die Mitgliedstaaten können eine vorherige ärztliche Bescheinigung der erheblichen Pflegebedürftigkeit oder Unterstützung aus einem schwerwiegenden medizinischen Grund verlangen.

(28) Neben dem in dieser Richtlinie vorgesehenen Anspruch auf Urlaub für pflegende Angehörige sollten alle Arbeitnehmer im Falle höherer Gewalt aus dringenden und unerwarteten familiären Gründen weiterhin – wie derzeit in der Richtlinie 2010/18/EU festgelegt – Anspruch auf Arbeitsfreistellung unter den von den Mitgliedstaaten festgelegten Bedingungen haben, ohne dass sie die Arbeitnehmerrechte verlieren, die sie bereits erworben haben oder im Begriff sind zu erwerben.

(29) Um die Inanspruchnahme der in dieser Richtlinie festgelegten Urlaubszeiten für Arbeitnehmer, die Eltern sind, insbesondere für Männer, noch attraktiver zu machen, sollten die Betroffenen während des Urlaubs Anspruch auf eine angemessene Vergütung haben.

(30) Die Mitgliedstaaten sollten deshalb für den Mindestzeitraum des Vaterschaftsurlaubs eine Höhe für die Bezahlung oder Vergütung festsetzen, die mindestens der Höhe des Krankengelds in dem jeweiligen Mitgliedstaat entspricht. Da mit der Gewährung des Rechts auf Vaterschafts- und Mutterschaftsurlaub dieselben Ziele – der Aufbau einer engen Bindung zwischen Elternteil und Kind – verfolgt werden, sind die Mitgliedstaaten dazu angehalten, während des Vaterschaftsurlaubs eine Bezahlung oder Vergütung in derselben Höhe wie die auf nationaler Ebene gewährte Bezahlung oder Vergütung während des Mutterschaftsurlaubs zu gewähren.

(31) Die Mitgliedstaaten sollten die Bezahlung oder Vergütung während des nicht übertragbaren Mindestzeitraums des Elternurlaubs in dieser Richtlinie in einer angemessenen Höhe festsetzen. Bei der Festsetzung der Höhe der Bezahlung oder Vergütung, die während des nicht übertragbaren Mindestzeitraums des Elternurlaubs gewährt wird, sollten die Mitgliedstaaten berücksichtigen, dass die Inanspruchnahme von Elternurlaub oft zu einem Einkommensverlust in der Familie führt und dass Erstverdiener in einer Familie ihren Anspruch auf Elternurlaub nur dann geltend machen können, wenn dieser ausreichend vergütet wird, sodass ein angemessener Lebensstandard gewährleistet ist.

(32) Den Mitgliedstaaten steht es zwar frei zu entscheiden, ob sie bei einem Urlaub für pflegende Angehörige eine Bezahlung oder Vergütung gewähren, jedoch wird ihnen empfohlen, eine solche Bezahlung oder Vergütung einzuführen, damit sichergestellt ist, dass pflegende Angehörige – insbesondere Männer – ihr Recht tatsächlich in Anspruch nehmen.

(33) Diese Richtlinie gilt unbeschadet der Koordinierung der Systeme der sozialen Sicherheit gemäß den Verordnungen (EG) Nr. 883/2004 und (EU) Nr. 1231/2010 des Europäischen Parlaments und des Rates und der Verordnung (EG) Nr. 859/2003 des Rates. Der für die soziale Sicherheit eines Arbeitnehmers zuständige Mitgliedstaat wird durch diese Verordnungen bestimmt.

(34) Damit Arbeitnehmer, die Eltern oder pflegende Angehörige sind, angehalten werden, erwerbstätig zu bleiben, sollten sie ihre Arbeitspläne an ihre persönlichen Bedürfnisse und Präferenzen anpassen können. Sie sollten deshalb – zu diesem Zweck und mit besonderem Augenmerk auf dem Bedarf des Arbeitnehmers – das Recht haben, flexible Arbeitsregelungen zu beantragen, damit sie ihre Arbeitsmuster anpassen können, wo dies

3/4. VereinbarkeitsRL Beruf und Privatleben
Präambel

möglich ist auch durch Nutzung von Telearbeit oder flexiblen Arbeitsplänen oder der Reduzierung der Anzahl der Arbeitsstunden zu Pflege- oder Betreuungszwecken reduzieren.

(35) Um den Bedürfnissen sowohl von Arbeitnehmern als auch von Arbeitgebern gerecht zu werden, sollten die Mitgliedstaaten für flexible Arbeitsregelungen, darunter reduzierte Arbeitszeiten oder Telearbeit, eine zeitliche Befristung festlegen können. Für manche Frauen ist Teilzeitbeschäftigung zwar nachweislich eine gute Lösung, um nach der Geburt eines Kindes oder trotz der Betreuung von pflege- oder unterstützungsbedürftigen Angehörigen weiter berufstätig zu bleiben; lange Erwerbsphasen mit verkürzten Arbeitszeiten können jedoch niedrigere Sozialbeiträge und in der Folge geringere oder gar keine Pensions- bzw. Rentenansprüche nach sich ziehen.

(36) Bei der Prüfung der Anträge auf flexible Arbeitsregelungen sollte der Arbeitgeber u. a. die Dauer der beantragten flexiblen Arbeitsregelungen sowie seine Ressourcen und operativen Kapazitäten zur Bereitstellung solcher Regelungen berücksichtigen können. Der Arbeitgeber sollte entscheiden können, ob er den Antrag eines Arbeitnehmers auf flexible Arbeitsregelungen annimmt oder ablehnt. Die konkreten Umstände, die flexible Arbeitsregelungen notwendig machen, können sich ändern. Daher sollten Arbeitnehmer nicht nur das Recht haben, am Ende einer gemeinsam vereinbarten Zeitspanne zu ihrem ursprünglichen Arbeitsmuster zurückzukehren, sondern sie sollten dies auch zu einem früheren Zeitpunkt beantragen können, wenn eine Änderung der zugrunde liegenden Umstände dies erfordert.

(37) Ungeachtet der Anforderung zu beurteilen, ob die für Elternurlaub geltenden Zugangsbedingungen und Modalitäten an den besonderen Bedarf von besonders benachteiligten Eltern angepasst werden sollten, sind die Mitgliedstaaten dazu angehalten zu beurteilen, ob die Zugangsbedingungen und Modalitäten für die Wahrnehmung des Rechts auf Vaterschaftsurlaub, Urlaub für pflegende Angehörige und flexible Arbeitsregelungen an den besonderen Bedarf von etwa alleinerziehenden Elternteilen, Adoptiveltern, Eltern mit Behinderungen, Eltern von Kindern mit Behinderungen oder einer chronischen Erkrankung oder Eltern in einer besonderen Lage wie etwa nach einer Mehrlingsgeburt oder einer Frühgeburt angepasst werden sollten.

(38) Urlaubsregelungen dienen der zeitlich befristeten Unterstützung von Arbeitnehmern, die Eltern oder pflegende Angehörige sind, um ihre Verbindung zum Arbeitsmarkt aufrechtzuerhalten und zu fördern. Daher ist es angebracht, eine ausdrückliche Schutzbestimmung für die Beschäftigungsansprüche von Arbeitnehmern, die gemäß dieser Richtlinie Urlaub nehmen, vorzusehen. Diese Richtlinie schützt insbesondere das Recht von Arbeitnehmern, nach einem solchen Urlaub an ihren früheren oder einen gleichwertigen Arbeitsplatz zurückzukehren, und das Recht, aufgrund ihres Urlaubs keine Verschlechterung der Arbeitsbedingungen ihres Arbeitsvertrags oder ihres Beschäftigungsverhältnisses hinnehmen zu müssen. Die Arbeitnehmer sollten das Recht auf die relevanten Ansprüche, die sie bereits erworben haben oder im Begriff sind zu erwerben, bis zum Ende eines solchen Urlaubs behalten.

(39) Wie bereits in der Richtlinie 2010/18/EU festgelegt, sind die Mitgliedstaaten verpflichtet, den Status des Arbeitsvertrags oder Beschäftigungsverhältnisses für den Zeitraum des Elternurlaubs zu bestimmen. Im Einklang mit der Rechtsprechung des Gerichtshofs bleibt das Beschäftigungsverhältnis zwischen dem Arbeitnehmer und dem Arbeitgeber während des Elternurlaubs aufrecht, weshalb die bzw. der Begünstigte eines solchen Urlaubs für die Zwecke des Unionsrechts während dieser Zeit Arbeitnehmer bleibt. Daher sollten die Mitgliedstaaten bei der Statusfeststellung des Arbeitsvertrages oder Beschäftigungsverhältnisses während des Urlaubs gemäß dieser Richtlinie, auch im Hinblick auf Sozialleistungsansprüche, gewährleisten, dass das Beschäftigungsverhältnis aufrecht bleibt.

(40) Arbeitnehmer, die ihr Recht auf Urlaub oder auf Beantragung flexibler Arbeitsregelungen nach dieser Richtlinie in Anspruch nehmen, sollten vor Diskriminierung oder Schlechterstellung aufgrund der Inanspruchnahme dieser Rechte geschützt sein.

(41) Arbeitnehmer, die ihr Recht auf Urlaub oder auf Beantragung flexibler Arbeitsregelungen gemäß dieser Richtlinie in Anspruch nehmen, sollten im Einklang mit der Rechtsprechung des Gerichtshofs wie etwa seinem Urteil in der Rechtssache C-460/06 vor Kündigung und sämtlichen Vorbereitungen für eine mögliche Kündigung aufgrund der Beantragung oder Inanspruchnahme eines solchen Urlaubs oder aufgrund der Wahrnehmung ihres Rechts, eine flexible Arbeitsregelung zu beantragen, geschützt sein. Ist ein Arbeitnehmer der Ansicht, er sei aus dem Grund entlassen worden, dass er diese Rechte wahrgenommen hat, sollte er den Arbeitgeber auffordern können, hinreichend genau bezeichnete Gründe für die Kündigung anzuführen. Hat ein Arbeitnehmer Vaterschaftsurlaub, Elternurlaub oder Urlaub für pflegende Angehörige nach dieser Richtlinie beantragt, sollte der Arbeitgeber die Gründe für die Kündigung schriftlich darlegen.

(42) Die Beweislast, dass die Kündigung nicht aufgrund der Beantragung oder Inanspruchnahme von Vaterschaftsurlaub, Elternurlaub oder Urlaub für pflegende Angehörige nach dieser Richtlinie erfolgt ist, sollte beim Arbeitgeber liegen, wenn der Arbeitnehmer vor Gericht oder einer anderen zuständigen Stelle Tatsachen anführt, die darauf schließen lassen, dass die Entlassung aus den genannten Gründen erfolgt ist.

(43) Die Mitgliedstaaten sollten wirksame, verhältnismäßige und abschreckende Sanktionen für Verstöße gegen die gemäß dieser Richtlinie verabschiedeten nationalen Rechtsvorschriften oder gegen die bei Inkrafttreten dieser Richtlinie bereits geltenden Vorschriften über die Rechte, die unter diese Richtlinie fallen, vorsehen. Diese

3/4. VereinbarkeitsRL Beruf und Privatleben

Präambel

Sanktionen können verwaltungsrechtliche und finanzielle Sanktionen wie Geldbußen oder Entschädigungszahlungen sowie andere Arten von Sanktionen umfassen.

(44) Die wirksame Umsetzung der Grundsätze der Gleichbehandlung und der Chancengleichheit erfordert angemessenen Rechtsschutz von Arbeitnehmern vor Benachteiligungen oder negativen Konsequenzen aufgrund einer Beschwerde oder eines Verfahrens im Zusammenhang mit den Rechten gemäß dieser Richtlinie. Wegen der Gefahr von Vergeltungsmaßnahmen könnten Opfer davor zurückschrecken, ihre Rechte in Anspruch zu nehmen, und sollten daher bei der Wahrnehmung ihrer Rechte gemäß der vorliegenden Richtlinie vor jeglicher Benachteiligung geschützt sein. Besonders wichtig ist dieser Schutz für Arbeitnehmervertreterinnen und -vertreter in Ausübung ihrer Funktion.

(45) Um das Schutzniveau der laut dieser Richtlinie gewährten Rechte weiter zu verbessern, sollten die nationalen Gleichbehandlungsstellen für Fragen im Zusammenhang mit Diskriminierung, die unter diese Richtlinie fallen, sowie für die Aufgabe zuständig sein, Opfern von Diskriminierung unabhängige Unterstützung hinsichtlich ihrer Beschwerden zu leisten.

(46) Mit dieser Richtlinie werden Mindestvorschriften festgelegt, d. h. die Mitgliedstaaten können auch für Arbeitnehmer günstigere Bestimmungen einführen oder beibehalten. Die Möglichkeit, dass ein Elternteil dem anderen Elternteil mehr als zwei Monate der vier Monate Elternurlaub nach dieser Richtlinie überträgt, ist keine für die Arbeitnehmer günstigere Bestimmung als die in dieser Richtlinie festgelegten Mindestbestimmungen. Zum Zeitpunkt des Inkrafttretens dieser Richtlinie erworbene Ansprüche sollten weiterhin gelten, es sei denn, durch diese Richtlinie werden günstigere Bestimmungen eingeführt. Die Umsetzung dieser Richtlinie sollte weder dafür genutzt werden, in diesem Bereich geltende Rechtsvorschriften der Union abzubauen, noch kann sie eine Rechtfertigung für die Absenkung des allgemeinen Schutzniveaus der Arbeitnehmer in den von der Richtlinie erfassten Bereichen sein.

(47) Daher sollte diese Richtlinie insbesondere nicht dahingehend ausgelegt werden, dass sie die Rechte gemäß den Richtlinien 2010/18/EU, 92/85/EWG und 2006/54/EG, insbesondere Artikel 19 der Richtlinie 2006/54/EG, einschränkt.

(48) Kleinstunternehmen sowie kleine und mittlere Unternehmen (KMU) im Sinne der Definition im Anhang zu der Empfehlung 2003/361/EG der Kommission, die den größten Teil der Unternehmen in der Union ausmachen, verfügen unter Umständen über begrenzte finanzielle, technische und personelle Ressourcen. Bei der Umsetzung dieser Richtlinie sollten die Mitgliedstaaten sich darum bemühen, keine administrativen, finanziellen oder rechtlichen Auflagen vorzuschreiben, die der Gründung und dem Ausbau von KMU entgegenstehen oder Arbeitgeber einer unverhältnismäßigen Belastung aussetzen. Deshalb werden die Mitgliedstaaten aufgefordert, die Auswirkungen ihres Umsetzungsrechtsakts auf KMU sorgfältig zu prüfen, um zu gewährleisten, dass alle Arbeitnehmer gleichbehandelt werden, dass KMU und insbesondere Kleinstunternehmen nicht unverhältnismäßig beeinträchtigt werden und dass unnötiger Verwaltungsaufwand vermieden wird. Die Mitgliedstaaten sind dazu angehalten, Anreize für KMU zu schaffen und ihnen Orientierung und Beratung bei der Einhaltung der in dieser Richtlinie verankerten Verpflichtungen anzubieten.

(49) Jede Art von Arbeitsfreistellung aus familiären Gründen, insbesondere Mutterschaftsurlaub, Vaterschaftsurlaub, Elternurlaub und Urlaub für pflegende Angehörige, die im nationalen Recht oder in Kollektiv- oder Tarifverträgen vorgesehen ist, sollte bei der Erfüllung der Anforderungen für eine oder mehrere der in dieser Richtlinie und in der Richtlinie 92/85/EWG vorgesehenen Arten von Urlaub berücksichtigt werden, sofern die in den Richtlinien festgelegten Mindestanforderungen erfüllt sind und das allgemeine Niveau des Arbeitnehmerschutzes in den von den Richtlinien erfassten Bereichen nicht abgesenkt wird. Bei der Umsetzung dieser Richtlinie sind die Mitgliedstaaten nicht verpflichtet, die verschiedenen Arten von Urlaub aus familiären Gründen, die im nationalen Recht oder in Kollektiv- bzw. Tarifverträgen vorgesehen sind und die im Hinblick auf die Einhaltung der Vorschriften dieser Richtlinie berücksichtigt werden, umzubenennen oder in anderer Weise abzuändern.

(50) Die Mitgliedstaaten sind dazu angehalten, im Einklang mit den nationalen Gepflogenheiten einen sozialen Dialog mit den Sozialpartnern zu fördern, damit die Vereinbarkeit von Beruf und Privatleben vorangebracht wird, indem sie Maßnahmen für die Vereinbarkeit von Beruf und Privatleben am Arbeitsplatz fördern, Systeme für die freiwillige Zertifizierung einrichten, Maßnahmen der beruflichen Bildung anbieten sowie Sensibilisierungs- und Informationskampagnen durchführen. Außerdem sind die Mitgliedstaaten dazu angehalten, in einen Dialog mit einschlägigen Interessenträgern wie etwa Nichtregierungsorganisationen, lokalen und regionalen Gebietskörperschaften und Dienstleistern einzutreten, damit die Maßnahmen für die Vereinbarkeit von Beruf und Privatleben im Einklang mit dem nationalen Recht und Gepflogenheiten gefördert werden.

(51) Die Sozialpartner sollten dazu angehalten werden, Systeme für die freiwillige Zertifizierung zu fördern, mit denen die Vereinbarkeit von Beruf und Privatleben am Arbeitsplatz bewertet werden kann.

(52) Da das Ziel dieser Richtlinie – zu gewährleisten, dass der Gleichstellungsgrundsatz im Hinblick auf die Arbeitsmarktchancen von Männern und Frauen und ihre Behandlung am Arbeitsplatz unionsweit umgesetzt wird – auf Ebene der Mitgliedstaaten nicht ausreichend verwirklicht werden kann, sondern vielmehr wegen seines Umfangs und seiner Wirkungen auf Unionsebene besser zu verwirklichen ist, kann die Union im Einklang mit dem Subsidiaritätsprinzip gemäß Artikel 5 EUV tätig werden. Entsprechend dem in demselben Artikel

3/4. VereinbarkeitsRL Beruf und Privatleben
Präambel, Art. 1 – 5

genannten Grundsatz der Verhältnismäßigkeit geht diese Richtlinie nicht über das für die Verwirklichung dieser Ziele erforderliche Maß hinaus –
HABEN FOLGENDE RICHTLINIE ERLASSEN:

Gegenstand

Art. 1 Mit dieser Richtlinie werden Mindestvorschriften festgelegt, um die Gleichstellung von Männern und Frauen im Hinblick auf Arbeitsmarktchancen und die Behandlung am Arbeitsplatz dadurch zu erreichen, dass Arbeitnehmern, die Eltern oder pflegende Angehörige sind, die Vereinbarkeit von Beruf und Familienleben erleichtert wird.

Hierzu legt diese Richtlinie individuelle Rechte fest, und zwar in Bezug auf Folgendes:

a) Vaterschaftsurlaub, Elternurlaub und Urlaub für pflegende Angehörige;
b) flexible Arbeitsregelungen für Arbeitnehmer, die Eltern oder pflegende Angehörige sind.

Anwendungsbereich

Art. 2 Diese Richtlinie gilt für alle Arbeitnehmer, Männer wie Frauen, die nach der die Rechtsprechung des Gerichtshofs berücksichtigenden Definition im Recht, in den Kollektiv- bzw. Tarifverträgen oder den Gepflogenheiten jedes einzelnen Mitgliedstaats einen Arbeitsvertrag haben oder in einem Beschäftigungsverhältnis stehen.

Begriffsbestimmungen

Art. 3 (1) Für die Zwecke dieser Richtlinie bezeichnet der Ausdruck

a) „Vaterschaftsurlaub" die Arbeitsfreistellung für Väter oder – soweit nach nationalem Recht anerkannt – gleichgestellte zweite Elternteile anlässlich der Geburt eines Kindes zum Zweck der Betreuung und Pflege;
b) „Elternurlaub" die Arbeitsfreistellung von Eltern anlässlich der Geburt oder Adoption eines Kindes zur Betreuung dieses Kindes;
c) „Urlaub für pflegende Angehörige" die Arbeitsfreistellung von Arbeitnehmern, um einen Angehörigen oder eine im gleichen Haushalt wie der Arbeitnehmer lebende Person, der bzw. die aus schwerwiegenden medizinischen Gründen gemäß der Definition in jedem Mitgliedstaat auf erhebliche Pflege oder Unterstützung angewiesen ist, zu pflegen oder zu unterstützen;
d) „pflegende Angehörige" Arbeitnehmer, die einen Angehörigen oder eine im gleichen Haushalt wie der Arbeitnehmer lebende Person, der bzw. die aus schwerwiegenden medizinischen Gründen gemäß der Definition in jedem Mitgliedstaat, auf erhebliche Pflege oder Unterstützung angewiesen ist, pflegen oder unterstützen;
e) „Angehöriger" Sohn, Tochter, Mutter, Vater, Ehepartner oder, sofern das nationale Recht diese Partnerschaften vorsieht, Partner in einer eingetragenen Partnerschaft;
f) „flexible Arbeitsregelungen" die Möglichkeit für Arbeitnehmer, ihre Arbeitsmuster anzupassen, einschließlich durch Nutzung von Telearbeit oder flexiblen Arbeitsplänen oder der Reduzierung der Arbeitszeiten.

(2) Die Bezugnahme auf Arbeitstage in den Artikeln 4 und 6 ist als Bezugnahme auf eine Vollzeitarbeitsstelle gemäß der Definition in dem jeweiligen Mitgliedstaat zu verstehen.

Der Anspruch eines Arbeitnehmers auf Urlaub kann entsprechend dem im Arbeitsvertrag oder Beschäftigungsverhältnis des Arbeitnehmers festgelegten Arbeitsmuster proportional zu seiner Arbeitszeit berechnet werden.

Vaterschaftsurlaub

Art. 4 (1) Die Mitgliedstaaten ergreifen die notwendigen Maßnahmen, um sicherzustellen, dass Väter oder – soweit nach nationalem Recht anerkannt – gleichgestellte zweite Elternteile, Anspruch auf zehn Arbeitstage Vaterschaftsurlaub haben, der anlässlich der Geburt des Kindes des Arbeitnehmers genommen werden muss. Die Mitgliedstaaten können bestimmen, ob der Vaterschaftsurlaub auch teilweise vor der Geburt des Kindes oder ausschließlich danach genommen werden kann und ob er in flexibler Form genommen werden kann.

(2) Der Anspruch auf Vaterschaftsurlaub ist nicht an eine vorherige Beschäftigungs- oder Betriebszugehörigkeitsdauer geknüpft.

(3) Der Anspruch auf Vaterschaftsurlaub wird unabhängig vom im nationalen Recht definierten Ehe- oder Familienstand des Arbeitnehmers gewährt.

Elternurlaub

Art. 5 (1) Die Mitgliedstaaten ergreifen die notwendigen Maßnahmen, um zu gewährleisten, dass jeder Arbeitnehmer einen eigenen Anspruch auf vier Monate Elternurlaub hat, der zu nehmen ist, bevor das Kind ein bestimmtes Alter, das maximal acht Jahre beträgt, erreicht, das im Rahmen des nationalen Rechts oder von Kollektiv- bzw. Tarifverträgen zu bestimmen ist. Dieses Alter wird so festgelegt, dass gewährleistet ist, dass jeder Elternteil sein Recht auf Elternurlaub tatsächlich und gleichberechtigt wahrnehmen kann.

(2) Die Mitgliedstaaten stellen sicher, dass zwei Monate des Elternurlaubs nicht übertragbar sind.

(3) Die Mitgliedstaaten legen eine angemessene Meldefrist fest, innerhalb der die Arbeitnehmer den Arbeitgeber über die Inanspruchnahme ihres Rechts auf Elternurlaub informieren müssen. Dabei berücksichtigen die Mitgliedstaaten die Bedürfnisse sowohl der Arbeitgeber als auch der Arbeitnehmer.

Die Mitgliedstaaten sorgen dafür, dass der Arbeitnehmer im Antrag auf Elternurlaub den geplanten Beginn sowie das geplante Ende des Urlaubs anführt.

(4) Die Mitgliedstaaten können den Anspruch auf Elternurlaub von einer Beschäftigungs- oder Betriebszugehörigkeitsdauer abhängig machen, die jedoch maximal ein Jahr betragen darf. Bei aufeinanderfolgenden befristeten Verträgen im Sinne der Richtlinie 1999/70/EG des Rates, die mit demselben Arbeitgeber abgeschlossen wurden, ist bei der Berechnung dieser Wartezeit die Gesamtlaufzeit dieser Verträge zu berücksichtigen.

(5) Die Mitgliedstaaten können selbst festlegen, unter welchen Umständen ein Arbeitgeber – nach Konsultation gemäß dem nationalen Recht, Kollektiv- bzw. Tarifverträgen oder Gepflogenheiten – die Gewährung des Elternurlaubs in einem vernünftigen zeitlichen Rahmen aufschieben darf, weil die Inanspruchnahme des Elternurlaubs zu dem Zeitpunkt eine gravierende Störung der Abläufe beim Arbeitgeber bewirken würde. Der Arbeitgeber muss eine solche Aufschiebung des Elternurlaubs schriftlich begründen.

(6) Die Mitgliedstaaten ergreifen die notwendigen Maßnahmen, um zu gewährleisten, dass die Arbeitnehmer auch Elternurlaub in flexibler Form beantragen können. Die Mitgliedstaaten können die Einzelheiten für die Anwendung selbst festlegen. Der Arbeitgeber prüft und beantwortet solche Anträge unter Berücksichtigung der Bedürfnisse sowohl des Arbeitgebers als auch des Arbeitnehmers. Der Arbeitgeber muss jede Ablehnung eines solchen Antrags innerhalb eines angemessenen Zeitraums ab der Antragstellung schriftlich begründen.

(7) Die Mitgliedstaaten ergreifen die erforderlichen Maßnahmen, um sicherzustellen, dass die Arbeitgeber bei der Prüfung von Anträgen auf Elternzeit auf Vollzeitbasis vor einer Aufschiebung gemäß Absatz 5 nach Möglichkeit eine flexible Form des Elternurlaubs gemäß Absatz 6 anbieten.

(8) Die Mitgliedstaaten prüfen, ob die Zugangsbedingungen und die Modalitäten für die Anwendung von Elternurlaub an die Bedürfnisse von Adoptiveltern, Eltern mit einer Behinderung und Eltern von Kindern mit einer Behinderung oder einer chronischen Erkrankung angepasst werden müssen.

Urlaub für pflegende Angehörige

Art. 6 (1) Die Mitgliedstaaten ergreifen die notwendigen Maßnahmen, um sicherzustellen, dass Arbeitnehmer das Recht haben, fünf Arbeitstage pro Jahr Urlaub für pflegende Angehörige zu nehmen. Die Mitgliedstaaten können gemäß dem nationalen Recht oder nationalen Gepflogenheiten zusätzliche Einzelheiten mit Blick auf den Anwendungsbereich von Urlaub für pflegende Angehörige und die diesbezüglichen Voraussetzungen festlegen. Die Inanspruchnahme dieses Rechts kann im Einklang mit dem nationalen Recht oder nationalen Gepflogenheiten von einem geeigneten Nachweis abhängig gemacht werden.

(2) Die Mitgliedstaaten können den Urlaub für pflegende Angehörige anhand eines Bezugszeitraums, der nicht ein Jahr beträgt, für die jeweilige pflege- oder unterstützungsbedürftige Person oder pro Fall gewähren.

Arbeitsfreistellung aufgrund höherer Gewalt

Art. 7 Die Mitgliedstaaten ergreifen die notwendigen Maßnahmen, um zu gewährleisten, dass Arbeitnehmer im Falle höherer Gewalt das Recht auf Arbeitsfreistellung aus dringenden familiären Gründen haben, wenn eine Erkrankung oder ein Unfall ihre unmittelbare Anwesenheit erfordern. Die Mitgliedstaaten können das Recht jedes Arbeitnehmers auf Arbeitsfreistellung wegen höherer Gewalt auf eine bestimmte Zeitspanne pro Jahr oder pro Fall oder beides beschränken.

Bezahlung oder Vergütung

Art. 8 (1) Im Einklang mit den nationalen Gegebenheiten, wie dem nationalen Recht, Kollektiv- bzw. Tarifverträgen oder Gepflogenheiten und unter Berücksichtigung der den Sozialpartnern übertragenen Befugnisse stellen die Mitgliedstaaten sicher, dass Arbeitnehmer, die ihr Recht auf Urlaub gemäß Artikel 4 Absatz 1 oder Artikel 5 Absatz 2 in Anspruch nehmen, eine Bezahlung oder eine Vergütung gemäß den Absätzen 2 und 3 des vorliegenden Artikels erhalten.

(2) Bei Vaterschaftsurlaub nach Artikel 4 Absatz 1 ist eine Bezahlung oder Vergütung in einer Höhe zu entrichten, die mindestens der Höhe der Bezahlung oder Vergütung entspricht, die der betreffende Arbeitnehmer vorbehaltlich der im nationalen Recht festgelegten Obergrenzen im Fall einer Unterbrechung seiner Tätigkeit aus Gründen im Zusammenhang mit seinem Gesundheitszustand erhalten würde. Die Mitgliedstaaten können den Anspruch auf eine Bezahlung oder Vergütung von einer vorherigen Beschäftigungsdauer abhängig machen, die jedoch maximal sechs Monate unmittelbar vor dem errechneten Geburtstermin des Kindes betragen darf.

(3) Bei Elternurlaub nach Artikel 5 Absatz 2 wird diese Bezahlung oder Vergütung von dem Mitgliedstaat oder den Sozialpartnern so festgelegt, dass die Inanspruchnahme von Elternurlaub durch beide Elternteile erleichtert wird.

Flexible Arbeitsregelungen

Art. 9 (1) Die Mitgliedstaaten ergreifen die notwendigen Maßnahmen, um zu gewährleisten, dass Arbeitnehmer mit Kindern bis zu einem bestimmten Alter, mindestens jedoch bis zum Alter von acht Jahren, sowie pflegende Angehörige das Recht haben, flexible Arbeitsregelungen für Betreuungs- und Pflegezwecke zu beantragen. Für solche flexiblen Arbeitsregelungen kann eine angemessene zeitliche Begrenzung gelten.

(2) Die Arbeitgeber prüfen und beantworten die Anträge auf flexible Arbeitsregelungen gemäß Absatz 1 innerhalb eines angemessenen Zeitraums, wobei sie sowohl die Bedürfnisse des Arbeitgebers als auch des Arbeitnehmers berücksichtigen. Die Arbeitgeber müssen jede Ablehnung eines solchen

Antrags bzw. jede Aufschiebung der Inanspruchnahme einer solchen Regelung begründen.

(3) Wenn flexible Arbeitsregelungen gemäß Absatz 1 zeitlich begrenzt sind, hat der Arbeitnehmer das Recht, am Ende der vereinbarten Zeitspanne zum ursprünglichen Arbeitsmuster zurückzukehren. Der Arbeitnehmer hat außerdem das Recht, die Rückkehr zum ursprünglichen Arbeitsmuster vor Ende der vereinbarten Zeitspanne zu beantragen, wenn eine Änderung der Umstände dies rechtfertigt. Der Arbeitgeber prüft und beantwortet die Anträge auf eine vorzeitige Rückkehr zum ursprünglichen Arbeitsmuster unter Berücksichtigung der Bedürfnisse sowohl des Arbeitgebers als auch des Arbeitnehmers.

(4) Die Mitgliedstaaten können den Anspruch auf die Beantragung flexibler Arbeitsregelungen von einer bestimmten Beschäftigungs- oder Betriebszugehörigkeitsdauer abhängig machen, die jedoch maximal sechs Monate betragen darf. Bei aufeinanderfolgenden befristeten Verträge im Sinne der Richtlinie 1999/70/EG des Rates, die mit demselben Arbeitgeber abgeschlossen wurden, ist bei der Berechnung der Wartezeit die Gesamtlaufzeit dieser Verträge zu berücksichtigen.

Beschäftigungsansprüche

Art. 10 (1) Ansprüche, die die Arbeitnehmer zu Beginn eines Urlaubs gemäß den Artikeln 4, 5 und 6 oder einer Arbeitsfreistellung nach Artikel 7 bereits erworben haben oder im Begriff sind zu erwerben, bleiben bis zum Ende eines solchen Urlaubs oder einer solchen Arbeitsfreistellung aufrecht. Im Anschluss an einen solchen Urlaub oder eine solche Arbeitsfreistellung gelten diese Ansprüche einschließlich aller Änderungen, die sich aus dem nationalen Recht, Kollektiv- bzw. Tarifverträgen oder Gepflogenheiten ergeben.

(2) Die Mitgliedstaaten sorgen dafür, dass die Arbeitnehmer nach Ablauf eines Urlaubs gemäß Artikel 4, 5 und 6 Anspruch darauf haben, an ihren früheren oder einen gleichwertigen Arbeitsplatz unter Bedingungen zurückzukehren, die für sie nicht weniger günstig sind, und in den Genuss aller Verbesserungen der Arbeitsbedingungen zu kommen, auf die sie Anspruch gehabt hätten, wenn sie den Urlaub nicht genommen hätten.

(3) Die Mitgliedstaaten bestimmen den Status des Arbeitsvertrags oder Beschäftigungsverhältnisses für den Zeitraum des Urlaubs gemäß Artikel 4, 5 und 6 oder der Arbeitsfreistellung nach Artikel 7, auch im Hinblick auf Sozialleistungsansprüche einschließlich der Rentenbeiträge, und stellen sicher, dass das Beschäftigungsverhältnis während dieses Zeitraums bestehen bleibt.

Diskriminierung

Art. 11 Die Mitgliedstaaten ergreifen die notwendigen Maßnahmen für ein Verbot der Schlechterstellung von Arbeitnehmern aufgrund der Beantragung oder Inanspruchnahme eines Urlaubs gemäß Artikel 4, 5 und 6 oder einer Arbeitsfreistellung nach Artikel 7 oder aufgrund der Inanspruchnahme der Rechte gemäß Artikel 9.

Kündigungsschutz und Beweislast

Art. 12 (1) Die Mitgliedstaaten ergreifen die notwendigen Maßnahmen für ein Verbot der Kündigung und aller Vorbereitungen für eine Kündigung aufgrund der Beantragung oder der Inanspruchnahme eines Urlaubs gemäß Artikel 4, 5 und 6 oder aufgrund der Inanspruchnahme der flexiblen Arbeitsregelungen gemäß Artikel 9.

(2) Arbeitnehmer, die der Ansicht sind, ihre Kündigung sei aufgrund der Beantragung oder der Inanspruchnahme eines Urlaubs gemäß Artikeln 4, 5 und 6 oder aufgrund der Inanspruchnahme des Rechts gemäß Artikel 9, flexible Arbeitsregelungen zu beantragen, erfolgt, können vom Arbeitgeber verlangen, dass er hinreichend genau bezeichnete Kündigungsgründe anführt. Im Falle der Kündigung eines Arbeitnehmers, der Urlaub gemäß Artikel 4, 5 oder 6 beantragt oder in Anspruch genommen hat, muss der Arbeitgeber diese Gründe schriftlich darlegen.

(3) Die Mitgliedstaaten ergreifen die notwendigen Maßnahmen, um zu gewährleisten, dass in Fällen, in denen Arbeitnehmer, die der Ansicht sind, ihre Kündigung sei aufgrund der Beantragung oder der Inanspruchnahme eines Urlaubs gemäß den Artikeln 4, 5 und 6 erfolgt, vor Gericht oder einer anderen zuständigen Stelle Tatsachen anführen, die darauf schließen lassen, dass die Kündigung aus diesen Gründen erfolgt ist, dem Arbeitgeber der Nachweis obliegt, dass die Kündigung aus anderen Gründen erfolgt ist.

(4) Absatz 3 lässt das Recht der Mitgliedstaaten, eine für die Arbeitnehmer günstigere Beweislastregelung vorzusehen, unberührt.

(5) Die Mitgliedstaaten sind nicht dazu verpflichtet, Absatz 3 auf Verfahren anzuwenden, in denen die Ermittlung des Sachverhalts dem Gericht oder einer anderen zuständigen Stelle obliegt.

(6) Sofern von den Mitgliedstaaten nicht anders geregelt, findet Artikel 3 in Strafverfahren keine Anwendung.

Sanktionen

Art. 13 Die Mitgliedstaaten erlassen Vorschriften über Sanktionen, die bei Verstößen gegen die gemäß dieser Richtlinie erlassenen nationalen Vorschriften, oder gegen die bereits geltenden einschlägigen Vorschriften zu Rechten, die in den Anwendungsbereich dieser Richtlinie fallen, zu verhängen sind und treffen alle für die Anwendung der Sanktionen erforderlichen Maßnahmen. Die Sanktionen müssen wirksam, verhältnismäßig und abschreckend sein.

Schutz vor Benachteiligung oder negativen Konsequenzen

Art. 14 Die Mitgliedstaaten führen die notwendigen Maßnahmen ein, um Arbeitnehmer, einschließlich Arbeitnehmervertretern, vor jedweder Benachteiligung durch den Arbeitgeber oder vor negativen Konsequenzen zu schützen, denen sie ausgesetzt sind, weil sie mit dem Ziel, die Einhaltung der in dieser Richtlinie niedergelegten Anforderungen durchzusetzen, im Unternehmen Beschwerde eingereicht oder ein Gerichtsverfahren angestrengt haben.

Gleichbehandlungsstellen

Art. 15 Unbeschadet der Zuständigkeiten der Arbeitsaufsichtsbehörden oder anderer Stellen, die mit der Durchsetzung der Arbeitnehmerrechte befasst sind, einschließlich der Sozialpartner, sorgen die Mitgliedstaaten dafür, dass die gemäß Artikel 20 der Richtlinie 2006/54/EG bezeichnete Stelle oder bezeichneten Stellen, deren Aufgabe es ist, die Gleichbehandlung aller Personen ohne Diskriminierung aufgrund des Geschlechts zu fördern, zu analysieren, zu beobachten und zu unterstützen, für Fragen im Zusammenhang mit Diskriminierung zuständig sind, die unter diese Richtlinie fallen.

Schutzniveau

Art. 16 (1) Die Mitgliedstaaten können Vorschriften beibehalten oder einführen, die für die Arbeitnehmer günstiger sind als die Bestimmungen dieser Richtlinie.

(2) Die Umsetzung dieser Richtlinie kann keinesfalls als Rechtfertigung für eine Absenkung des allgemeinen Schutzniveaus für Arbeitnehmer in den von dieser Richtlinie erfassten Bereichen herangezogen werden. Das Verbot einer solchen Absenkung des Schutzniveaus berührt nicht das Recht der Mitgliedstaaten und der Sozialpartner, angesichts sich wandelnder Umstände andere Rechts- und Verwaltungsvorschriften oder vertragliche Regelungen festzulegen als diejenigen, die am 1. August 2019 gelten, sofern die Mindestvorschriften dieser Richtlinie eingehalten werden.

Verbreitung von Informationen

Art. 17 Die Mitgliedstaaten stellen sicher, dass in ihrem Hoheitsgebiet die nationalen Maßnahmen zur Umsetzung dieser Richtlinie sowie die bereits geltenden einschlägigen Vorschriften, die gemäß Artikel 1 Gegenstand dieser Richtlinie sind, Arbeitnehmern sowie Arbeitgebern – insbesondere KMU – mit allen geeigneten Mitteln zur Kenntnis gebracht werden.

Berichterstattung und Überprüfung

Art. 18 (1) Bis zum 2. August 2027 übermitteln die Mitgliedstaaten der Kommission alle Informationen zur Umsetzung dieser Richtlinie, die die Kommission für die Erstellung eines Berichts benötigt. Diese Informationen umfassen die verfügbaren aggregierten Daten zur Inanspruchnahme der verschiedenen Arten von Urlaub und flexibler Arbeitsregelungen nach dieser Richtlinie durch Arbeitnehmer, Männer und Frauen, damit die Umsetzung dieser Richtlinie insbesondere im Hinblick auf die Gleichstellung der Geschlechter ordnungsgemäß überwacht und bewertet werden kann.

(2) Die Kommission übermittelt den Bericht nach Absatz 1 dem Europäischen Parlament und dem Rat. Sie fügt dem Bericht gegebenenfalls einen Legislativvorschlag bei.

Dem Bericht sind außerdem beizufügen:
a) eine Studie über das Zusammenwirken der verschiedenen in dieser Richtlinie vorgesehenen Arten von Urlaub und anderer Arten von Urlaub aus familiären Gründen wie etwa Urlaub aus Gründen einer Adoption, und
b) eine Studie über den Anspruch Selbständiger auf Urlaub aus familiären Gründen.

Aufhebung

Art. 19 (1) Die Richtlinie 2010/18/EU wird mit Wirkung vom 2. August 2022 aufgehoben. Bezugnahmen auf die aufgehobene Richtlinie gelten als Bezugnahmen auf die vorliegende Richtlinie und sind nach Maßgabe der Entsprechungstabelle im Anhang zu lesen.

(2) Ungeachtet der Aufhebung der Richtlinie 2010/18/EU gemäß Absatz 1 des vorliegenden Artikels können Elternurlaubszeiten oder separate kumulierte Elternurlaubszeiten, die von einem Arbeitnehmer gemäß der genannten Richtlinie vor dem 2. August 2022 genommen oder übertragen wurden, von dem Anspruch dieses Arbeitnehmers auf Elternurlaub gemäß Artikel 5 der vorliegenden Richtlinie abgezogen werden.

Umsetzung

Art. 20 (1) Die Mitgliedstaaten setzen die Rechts- und Verwaltungsvorschriften in Kraft, die erforderlich sind, um dieser Richtlinie bis zum 2. August 2022 nachzukommen. Sie setzen die Kommission unverzüglich davon in Kenntnis.

(2) Hinsichtlich der Bezahlung oder Vergütung für die letzten beiden Wochen des Elternurlaubs nach Artikel 8 Absatz 3 setzen die Mitgliedstaaten ungeachtet des Absatzes 1 des vorliegenden Artikels die Rechts- und Verwaltungsvorschriften in Kraft, die erforderlich sind, um dieser Richtlinie bis zum 2. August 2024 nachzukommen. Sie setzen die Kommission unverzüglich davon in Kenntnis.

(3) Bei Erlass der in den Absätzen 1 und 2 genannten Maßnahmen nehmen die Mitgliedstaaten in den Maßnahmen selbst oder durch einen beigefügten Hinweis bei der amtlichen Veröffentlichung auf die vorliegende Richtlinie Bezug. Die Mitgliedstaaten regeln die Einzelheiten dieser Bezugnahme.

(4) Die Mitgliedstaaten teilen der Kommission den Wortlaut der wichtigsten nationalen Maßnahmen mit, die sie auf den unter diese Richtlinie fallenden Gebieten erlassen.

(5) Die Einzelheiten und Modalitäten für die Anwendung dieser Richtlinie werden nach dem nationalen Recht, Kollektiv- bzw. Tarifverträgen oder Gepflogenheiten im Einklang mit den Mindestanforderungen und Zielen dieser Richtlinie festgelegt.

(6) Im Hinblick auf die Erfüllung der Anforderungen der Artikel 4, 5, 6 und 8 dieser Richtlinie

3/4. VereinbarkeitsRL Beruf und Privatleben
Art. 20 – 22, Anhang

und der Richtlinie 92/85/EWG können die Mitgliedstaaten jeden Zeitraum und jede Bezahlung oder Vergütung für Arbeitsfreistellung aus familiären Gründen, insbesondere Mutterschaftsurlaub, Vaterschaftsurlaub, Elternurlaub und Urlaub für pflegende Angehörige, der bzw. die auf nationaler Ebene vorgesehen ist und über den Mindeststandards gemäß dieser Richtlinie oder der Richtlinie 92/85/EWG liegt, berücksichtigen, sofern die Mindestanforderungen für diesen Urlaub erfüllt sind und das allgemeine Niveau des Arbeitnehmerschutzes in den von den genannten Richtlinien erfassten Bereichen nicht abgesenkt wird.

(7) Wenn die Mitgliedstaaten während eines Elternurlaubs von mindestens sechs Monaten Dauer für jeden Elternteil eine Bezahlung oder Vergütung in Höhe von mindestens 65 % des Nettoeinkommens des Arbeitnehmers – möglicherweise vorbehaltlich einer Obergrenze – gewähren, können sie beschließen, nicht die in Artikel 8 Absatz 2 genannte Bezahlung oder Vergütung zu entrichten, sondern diese Regelung weiterzuführen.

(8) Die Mitgliedstaaten können den Sozialpartnern die Umsetzung dieser Richtlinie übertragen, sofern die Sozialpartner dies gemeinsam beantragen und sofern die Mitgliedstaaten alle erforderlichen Maßnahmen treffen, um zu gewährleisten, dass die mit dieser Richtlinie angestrebten Ergebnisse jederzeit erzielt werden.

Inkrafttreten

Art. 21 Diese Richtlinie tritt am zwanzigsten Tag nach ihrer Veröffentlichung im *Amtsblatt der Europäischen Union* in Kraft.

Adressaten

Art. 22 Diese Richtlinie ist an die Mitgliedstaaten gerichtet.

ANHANG
ENTSPRECHUNGSTABELLE

Richtlinie 2010/18/EU	Diese Richtlinie
Paragraf 1 Absatz 1	Artikel 1
Paragraf 1 Absatz 2	Artikel 2
Paragraf 1 Absatz 3	Artikel 2
Paragraf 2 Absatz 1	Artikel 5 Absatz 1
Paragraf 2 Absatz 2	Artikel 5 Absätze 1 und 2
Paragraf 3 Absatz 1 Buchstabe a	Artikel 5 Absatz 6
Paragraf 3 Absatz 1 Buchstabe b	Artikel 5 Absatz 4
Paragraf 3 Absatz 1 Buchstabe c	Artikel 5 Absatz 5
Paragraf 3 Absatz 1 Buchstabe d	—
Paragraf 3 Absatz 2	Artikel 5 Absatz 3
Paragraf 3 Absatz 3	Artikel 5 Absatz 8
Paragraf 4 Absatz 1	Artikel 5 Absatz 8
Paragraf 5 Absatz 1	Artikel 10 Absatz 2
Paragraf 5 Absatz 2	Artikel 10 Absatz 1
Paragraf 5 Absatz 3	Artikel 10 Absatz 3
Paragraf 5 Absatz 4	Artikel 11
Paragraf 5 Absatz 5 Unterabsatz 1	Artikel 10 Absatz 3
Paragraf 5 Absatz 5 Unterabsatz 2	Artikel 8 Absatz 3
Paragraf 6 Absatz 1	Artikel 9
Paragraf 6 Absatz 2	Erwägungsgrund 25
Paragraf 7 Absatz 1	Artikel 7
Paragraf 7 Absatz 2	Artikel 7
Paragraf 8 Absatz 1	Artikel 16 Absatz 1
Paragraf 8 Absatz 2	Artikel 16 Absatz 2
Paragraf 8 Absatz 3	—
Paragraf 8 Absatz 4	—
Paragraf 8 Absatz 5	—
Paragraf 8 Absatz 6	—
Paragraf 8 Absatz 7	—

3/5. Antirassismusrichtlinie

Richtlinie 2000/43/EG des Rates zur Anwendung des Gleichbehandlungsgrundsatzes ohne Unterschied der Rasse oder der ethnischen Herkunft vom 29. Juni 2000

(ABl. Nr. L 180 v. 19.7.2000, S. 22)

GLIEDERUNG

KAPITEL I: ALLGEMEINE BESTIMMUNGEN
Art. 1: Zweck
Art. 2: Der Begriff „Diskriminierung"
Art. 3: Geltungsbereich
Art. 4: Wesentliche und entscheidende berufliche Anforderungen
Art. 5: Positive Maßnahmen
Art. 6: Mindestanforderungen

KAPITEL II: RECHTSBEHELFE UND RECHTSDURCHSETZUNG
Art. 7: Rechtsschutz
Art. 8: Beweislast
Art. 9: Viktimisierung
Art. 10: Unterrichtung
Art. 11: Sozialer Dialog
Art. 12: Dialog mit Nichtregierungsorganisationen

KAPITEL III: MIT DER FÖRDERUNG DER GLEICHBEHANDLUNG BEFASSTE STELLEN
Art. 13

KAPITEL IV: SCHLUSSBESTIMMUNGEN
Art. 14: Einhaltung
Art. 15: Sanktionen
Art. 16: Umsetzung
Art. 17: Bericht
Art. 18: Inkrafttreten
Art. 19: Adressaten

DER RAT DER EUROPÄISCHEN UNION –
gestützt auf den Vertrag zur Gründung der Europäischen Gemeinschaft, insbesondere auf Artikel 13,
auf Vorschlag der Kommission (ABl. Nr. C 311 E v. 31. 10. 2000, S. 169),
nach Stellungnahme des Europäischen Parlaments (Stellungnahme vom 18. Mai 2000 [noch nicht im Amtsblatt veröffentlicht]),
nach Stellungnahme des Wirtschafts- und Sozialausschusses (Stellungnahme vom 12. April 2000 [noch nicht im Amtsblatt veröffentlicht]),
nach Stellungnahme des Ausschusses der Regionen (Stellungnahme vom 31. Mai 2000 [noch nicht im Amtsblatt veröffentlicht]),
in Erwägung nachstehender Gründe:

(1) Der Vertrag über die Europäische Union markiert den Beginn einer neuen Etappe im Prozess des immer engeren Zusammenwachsens der Völker Europas.

(2) Nach Artikel 6 des Vertrags über die Europäische Union beruht die Europäische Union auf den Grundsätzen der Freiheit, der Demokratie, der Achtung der Menschenrechte und Grundfreiheiten sowie der Rechtsstaatlichkeit; diese Grundsätze sind den Mitgliedstaaten gemeinsam. Nach Artikel 6 EU-Vertrag sollte die Union ferner die Grundrechte, wie sie in der Europäischen Konvention zum Schutze der Menschenrechte und Grundfreiheiten gewährleistet sind und wie sie sich aus den gemeinsamen Verfassungsüberlieferungen als allgemeine Grundsätze des Gemeinschaftsrechts ergeben, achten.

(3) Die Gleichheit vor dem Gesetz und der Schutz aller Menschen vor Diskriminierung ist ein allgemeines Menschenrecht. Dieses Recht wurde in der Allgemeinen Erklärung der Menschenrechte, im VN-Übereinkommen über die Beseitigung aller Formen der Diskriminierung von Frauen, im Internationalen Übereinkommen zur Beseitigung jeder Form von Rassendiskriminierung, im Internationalen Pakt der VN über bürgerliche und politische Rechte sowie im Internationalen Pakt der VN über wirtschaftliche, soziale und kulturelle Rechte und in der Europäischen Konvention zum Schutz der Menschenrechte und der Grundfreiheiten anerkannt, die von allen Mitgliedstaaten unterzeichnet wurden.

(4) Es ist wichtig, dass diese Grundrechte und Grundfreiheiten, einschließlich der Vereinigungsfreiheit, geachtet werden. Ferner ist es wichtig, dass im Zusammenhang mit dem Zugang zu und der Versorgung mit Gütern und Dienstleistungen der Schutz der Privatsphäre und des Familienlebens sowie der in diesem Kontext getätigten Geschäfte gewahrt bleibt.

(5) Das Europäische Parlament hat eine Reihe von Entschließungen zur Bekämpfung des Rassismus in der Europäischen Union angenommen.

(6) Die Europäische Union weist Theorien, mit denen versucht wird, die Existenz verschiedener menschlicher Rassen zu belegen, zurück. Die Ver-

3/5. AntirassismusRL
Präambel

wendung des Begriffs „Rasse" in dieser Richtlinie impliziert nicht die Akzeptanz solcher Theorien.

(7) Auf seiner Tagung in Tampere vom 15. und 16. Oktober 1999 ersuchte der Europäische Rat die Kommission, so bald wie möglich Vorschläge zur Durchführung des Artikels 13 EG-Vertrag im Hinblick auf die Bekämpfung von Rassismus und Fremdenfeindlichkeit vorzulegen.

(8) In den vom Europäischen Rat auf seiner Tagung vom 10. und 11. Dezember 1999 Helsinki vereinbarten beschäftigungspolitischen Leitlinien für das Jahr 2000 wird die Notwendigkeit unterstrichen, günstigere Bedingungen für die Entstehung eines Arbeitsmarktes zu schaffen, der soziale Integration fördert; dies soll durch ein Bündel aufeinander abgestimmter Maßnahmen geschehen, die darauf abstellen, Diskriminierungen bestimmter gesellschaftlicher Gruppen, wie ethnischer Minderheiten zu bekämpfen.

(9) Diskriminierungen aus Gründen der Rasse oder der ethnischen Herkunft können die Verwirklichung der im EG-Vertrag festgelegten Ziele unterminieren, insbesondere die Erreichung eines hohen Beschäftigungsniveaus und eines hohen Maßes an sozialem Schutz, die Hebung des Lebensstandards und der Lebensqualität, den wirtschaftlichen und sozialen Zusammenhalt sowie die Solidarität. Ferner kann das Ziel der Weiterentwicklung der Europäischen Union zu einem Raum der Freiheit, der Sicherheit und des Rechts beeinträchtigt werden.

(10) Die Kommission legte im Dezember 1995 eine Mitteilung über Rassismus, Fremdenfeindlichkeit und Antisemitismus vor.

(11) Der Rat hat am 15. Juli 1996 die Gemeinsame Maßnahme 96/443/JI zur Bekämpfung von Rassismus und Fremdenfeindlichkeit (ABl. L 185 v. 24. 7. 1996, S. 5) angenommen, mit der sich die Mitgliedstaaten verpflichten, eine wirksame justitielle Zusammenarbeit bei Vergehen, die auf rassistischen oder fremdenfeindlichen Verhaltensweise beruhen, zu gewährleisten.

(12) Um die Entwicklung demokratischer und toleranter Gesellschaften zu gewährleisten, die allen Menschen – ohne Unterschied der Rasse oder der ethnischen Herkunft – eine Teilhabe ermöglichen, sollten spezifische Maßnahmen zur Bekämpfung von Diskriminierungen aus Gründen der Rasse oder der ethnischen Herkunft über die Gewährleistung des Zugangs zu unselbständiger und selbständiger Erwerbstätigkeit hinausgehen und auch Aspekte wie Bildung, Sozialschutz, einschließlich sozialer Sicherheit und der Gesundheitsdienste, soziale Vergünstigungen, Zugang zu und Versorgung mit Gütern und Dienstleistungen, mit abdecken.

(13) Daher sollte jede unmittelbare oder mittelbare Diskriminierung aus Gründen der Rasse oder der ethnischen Herkunft in den von der Richtlinie abgedeckten Bereichen gemeinschaftsweit untersagt werden. Dieses Diskriminierungsverbot sollte auch hinsichtlich Drittstaatsangehörigen angewandt werden, betrifft jedoch keine Ungleichbehandlungen aufgrund der Staatsangehörigkeit und lässt die Vorschriften über die Einreise und den Aufenthalt von Drittstaatsangehörigen und ihren Zugang zu Beschäftigung und Beruf unberührt.

(14) Bei der Anwendung des Grundsatzes der Gleichbehandlung ohne Ansehen der Rasse oder der ethnischen Herkunft sollte die Gemeinschaft im Einklang mit Artikel 3 Absatz 2 EG-Vertrag bemüht sein, Ungleichheiten zu beseitigen und die Gleichstellung von Männern und Frauen zu fördern, zumal Frauen häufig Opfer mehrfacher Diskriminierungen sind.

(15) Die Beurteilung von Tatbeständen, die auf eine unmittelbare oder mittelbare Diskriminierung schließen lassen, obliegt den einzelstaatlichen gerichtlichen Instanzen oder anderen zuständigen Stellen nach den nationalen Rechtsvorschriften oder Gepflogenheiten. In diesen einzelstaatlichen Vorschriften kann insbesondere vorgesehen sein, dass mittelbare Diskriminierung mit allen Mitteln, einschließlich statistischer Beweise, festzustellen ist.

(16) Es ist wichtig, alle natürlichen Personen gegen Diskriminierung aus Gründen der Rasse oder der ethnischen Herkunft zu schützen. Die Mitgliedstaaten sollten auch, soweit es angemessen ist und im Einklang mit ihren nationalen Gepflogenheiten und Verfahren steht, den Schutz juristischer Personen vorsehen, wenn diese aufgrund der Rasse oder der ethnischen Herkunft ihrer Mitglieder Diskriminierungen erleiden.

(17) Das Diskriminierungsverbot sollte nicht der Beibehaltung oder dem Erlass von Maßnahmen entgegenstehen, mit denen bezweckt wird, Benachteiligungen von Angehörigen einer bestimmten Rasse oder ethnischen Gruppe zu verhindern oder auszugleichen, und diese Maßnahmen können Organisation von Personen einer bestimmten Rasse oder ethnischen Herkunft gestatten, wenn deren Zweck hauptsächlich darin besteht, für die besonderen Bedürfnisse dieser Personen einzutreten.

(18) Unter sehr begrenzten Bedingungen kann eine unterschiedliche Behandlung gerechtfertigt sein, wenn ein Merkmal, das mit der Rasse oder ethnischen Herkunft zusammenhängt, eine wesentliche und entscheidende berufliche Anforderung darstellt, sofern es sich um einen legitimen Zweck und eine angemessene Anforderung handelt. Diese Bedingungen sollten in die Informationen aufgenommen werden, die die Mitgliedstaaten der Kommission übermitteln.

(19) Opfer von Diskriminierungen aus Gründen der Rasse oder der ethnischen Herkunft sollten über einen angemessenen Rechtsschutz verfügen. Um einen effektiveren Schutz zu gewährleisten, sollte auch die Möglichkeit bestehen, dass sich Verbände oder andere juristische Personen unbeschadet der nationalen Verfahrensordnung bezüglich der Vertretung und Verteidigung vor Gericht bei einem entsprechenden Beschluss der Mitgliedstaaten im Namen eines Opfers oder zu seiner Unterstützung an einem Verfahren beteiligen.

(20) Voraussetzungen für eine effektive Anwendung des Gleichheitsgrundsatzes sind ein angemessener Schutz vor Viktimisierung.

(21) Eine Änderung der Regeln für die Beweislastverteilung ist geboten, wenn ein glaubhafter Anschein einer Diskriminierung besteht. Zur wirksamen Anwendung des Gleichheitsbehandlungsgrundsatzes ist eine Verlagerung der Beweislast auf die beklagte Partei erforderlich, wenn eine solche Diskriminierung nachgewiesen ist.

(22) Die Mitgliedstaaten können davon absehen, die Regeln für die Beweislastverteilung auf Verfahren anzuwenden, in denen die Ermittlung des Sachverhalts dem Gericht oder der zuständigen Stelle obliegt. Dies betrifft Verfahren, in denen die klagende Partei den Beweis des Sachverhalts, dessen Ermittlung dem Gericht oder der zuständigen Stelle obliegt, nicht anzutreten braucht.

(23) Die Mitgliedstaaten sollten den Dialog zwischen den Sozialpartnern und mit Nichtregierungsorganisationen fördern, mit dem Ziel, gegen die verschiedenen Formen von Diskriminierung anzugehen und diese zu bekämpfen.

(24) Der Schutz vor Diskriminierung aus Gründen der Rasse oder der ethnischen Herkunft würde verstärkt, wenn es in jedem Mitgliedstaat eine Stelle bzw. Stellen gäbe, die für die Analyse der mit Diskriminierungen verbundenen Probleme, die Prüfung möglicher Lösungen und die Bereitstellung konkreter Hilfsangebote an die Opfer zuständig wäre.

(25) In dieser Richtlinie werden Mindestanforderungen festgelegt; den Mitgliedstaaten steht es somit frei, günstigere Vorschriften beizubehalten oder einzuführen. Die Umsetzung der Richtlinie darf nicht als Rechtfertigung für eine Absenkung des in den Mitgliedstaaten bereits bestehenden Schutzniveaus benutzt werden.

(26) Die Mitgliedstaaten sollten wirksame, verhältnismäßige und abschreckende Sanktionen für den Fall vorsehen, dass gegen die aus der Richtlinie erwachsenden Verpflichtungen verstoßen wird.

(27) Die Mitgliedstaaten können den Sozialpartnern auf deren gemeinsamen Antrag die Durchführung der Bestimmungen dieser Richtlinie übertragen, die in den Anwendungsbereich von Tarifverträgen fallen, sofern sie alle erforderlichen Maßnahmen treffen, um jederzeit gewährleisten zu können, dass die durch diese Richtlinie vorgeschriebenen Ergebnisse erzielt werden.

(28) Entsprechend dem in Artikel 5 EG-Vertrag niedergelegten Subsidiaritäts- und Verhältnismäßigkeitsprinzip kann das Ziel dieser Richtlinie, nämlich ein einheitliches, hohes Niveau des Schutzes vor Diskriminierungen in allen Mitgliedstaaten zu gewährleisten, auf der Ebene der Mitgliedstaaten nicht ausreichend erreicht werden; es kann daher wegen des Umfangs und der Wirkung der vorgeschlagenen Maßnahme besser auf Gemeinschaftsebene verwirklicht werden. Diese Richtlinie geht nicht über das für die Erreichung dieser Ziele erforderliche Maß hinaus –

HAT FOLGENDE RICHTLINIE ERLASSEN:

KAPITEL I
ALLGEMEINE BESTIMMUNGEN

Zweck

Art. 1 Zweck dieser Richtlinie ist die Schaffung eines Rahmens zur Bekämpfung der Diskriminierung aufgrund der Rasse oder der ethnischen Herkunft im Hinblick auf die Verwirklichung des Grundsatzes der Gleichbehandlung in den Mitgliedstaaten.

Der Begriff „Diskriminierung"

Art. 2 (1) Im Sinne dieser Richtlinie bedeutet „Gleichbehandlungsgrundsatz", dass es keine unmittelbare oder mittelbare Diskriminierung aus Gründen der Rasse oder der ethnischen Herkunft geben darf.

(2) Im Sinne von Absatz 1
a) liegt eine unmittelbare Diskriminierung vor, wenn eine Person aufgrund ihrer Rasse oder ethnischen Herkunft in einer vergleichbaren Situation eine weniger günstige Behandlung als eine andere Person erfährt, erfahren hat oder erfahren würde;
b) liegt eine mittelbare Diskriminierung vor, wenn dem Anschein nach neutrale Vorschriften, Kriterien oder Verfahren Personen, die einer Rasse oder ethnischen Gruppe angehören, in besonderer Weise benachteiligen können, es sei denn, die betreffenden Vorschriften, Kriterien oder Verfahren sind durch ein rechtmäßiges Ziel sachlich gerechtfertigt, und die Mittel sind zur Erreichung dieses Ziels angemessen und erforderlich.

(3) Unerwünschte Verhaltensweisen, die im Zusammenhang mit der Rasse oder der ethnischen Herkunft einer Person stehen und bezwecken oder bewirken, dass die Würde der betreffenden Person verletzt und ein von Einschüchterungen, Anfeindungen, Erniedrigungen, Entwürdigungen oder Beleidigungen gekennzeichnetes Umfeld geschaffen wird, sind Belästigung, die als Diskriminierung im Sinne von Absatz 1 gelten. In diesem Zusammenhang können die Mitgliedstaaten den Begriff „Belästigung" im Einklang mit den einzelstaatlichen Rechtsvorschriften und Gepflogenheiten definieren.

(4) Die Anweisung zur Diskriminierung einer Person aus Gründen der Rasse oder der ethnischen Herkunft gilt als Diskriminierung im Sinne von Absatz 1.

Geltungsbereich

Art. 3 (1) Im Rahmen der auf die Gemeinschaft übertragenen Zuständigkeiten gilt diese Richtlinie für alle Personen in öffentlichen und privaten Bereichen, einschließlich öffentlicher Stellen, in bezug auf:
a) die Bedingungen – einschließlich Auswahlkriterien und Einstellungsbedingungen – für den Zugang zu unselbständiger und selbständiger Erwerbstätigkeit, unabhängig von Tätigkeits-

feld und beruflicher Position, sowie für den beruflichen Aufstieg;
b) den Zugang zu allen Formen und allen Ebenen der Berufsberatung, der Berufsausbildung, der beruflichen Weiterbildung und der Umschulung einschließlich der praktischen Berufserfahrung;
c) die Beschäftigungs- und Arbeitsbedingungen, einschließlich Entlassungsbedingungen und Arbeitsentgelt;
d) die Mitgliedschaft und Mitwirkung in einer Arbeitnehmer- oder Arbeitgeberorganisation oder einer Organisation, deren Mitglieder einer bestimmten Berufsgruppe angehören, einschließlich der Inanspruchnahme der Leistungen solcher Organisationen;
e) den Sozialschutz, einschließlich der sozialen Sicherheit und der Gesundheitsdienste;
f) die sozialen Vergünstigungen;
g) die Bildung;
h) den Zugang zu und die Versorgung mit Gütern und Dienstleistungen, die der Öffentlichkeit zur Verfügung stehen, einschließlich von Wohnraum.

(2) Diese Richtlinie betrifft nicht unterschiedliche Behandlungen aus Gründen der Staatsangehörigkeit und berührt nicht die Vorschriften und Bedingungen für die Einreise von Staatsangehörigen dritter Staaten oder staatenlosen Personen in das Hoheitsgebiet der Mitgliedstaaten oder deren Aufenthalt in diesem Hoheitsgebiet sowie eine Behandlung, die sich aus der Rechtsstellung von Staatsangehörigen dritter Staaten oder staatenlosen Personen ergibt.

Wesentliche und entscheidende berufliche Anforderungen

Art. 4 Ungeachtet des Artikels 2 Absätze 1 und 2 können die Mitgliedstaaten vorsehen, dass eine Ungleichbehandlung aufgrund eines mit der Rasse oder der ethnischen Herkunft zusammenhängenden Merkmals keine Diskriminierung darstellt, wenn das betreffende Merkmal aufgrund der Art einer bestimmten beruflichen Tätigkeit oder der Rahmenbedingungen ihrer Ausübung eine wesentliche und entscheidende berufliche Voraussetzung darstellt und sofern es sich um einen rechtmäßigen Zweck und eine angemessene Anforderung handelt.

Positive Maßnahmen

Art. 5 Der Gleichbehandlungsgrundsatz hindert die Mitgliedstaaten nicht daran, zur Gewährleistung der vollen Gleichstellung in der Praxis spezifische Maßnahmen, mit denen Benachteiligungen aufgrund der Rasse oder ethnischen Herkunft verhindert oder ausgeglichen werden, beizubehalten oder zu beschließen.

Mindestanforderungen

Art. 6 (1) Es bleibt den Mitgliedstaaten unbenommen, Vorschriften einzuführen oder beizubehalten, die im Hinblick auf die Wahrung des Gleichbehandlungsgrundsatzes günstiger als die in dieser Richtlinie vorgesehenen Vorschriften sind.

(2) Die Umsetzung dieser Richtlinie darf keinesfalls als Rechtfertigung für eine Absenkung des von den Mitgliedstaaten bereits garantierten Schutzniveaus in Bezug auf Diskriminierungen in den von der Richtlinie abgedeckten Bereichen benutzt werden.

KAPITEL II
RECHTSBEHELFE UND RECHTSDURCHSETZUNG

Rechtsschutz

Art. 7 (1) Die Mitgliedstaaten stellen sicher, dass alle Personen, die sich durch die Nichtanwendung des Gleichbehandlungsgrundsatzes in ihren Rechten für verletzt halten, ihre Ansprüche aus dieser Richtlinie auf dem Gerichts- und/oder Verwaltungsweg sowie, wenn die Mitgliedstaaten es für angezeigt halten, in Schlichtungsverfahren geltend machen können, selbst wenn das Verhältnis, während dessen die Diskriminierung vorgekommen sein soll, bereits beendet ist.

(2) Die Mitgliedstaaten stellen sicher, dass Verbände, Organisationen oder andere juristische Personen, die gemäß den in ihrem einzelstaatlichen Recht festgelegten Kriterien ein rechtmäßiges Interesse daran haben, für die Einhaltung der Bestimmungen dieser Richtlinie zu sorgen, sich entweder im Namen der beschwerten Person oder zu deren Unterstützung und mit deren Einwilligung an den in dieser Richtlinie zur Durchsetzung der Ansprüche vorgesehenen Gerichts- und/oder Verwaltungsverfahren beteiligen können.

(3) Die Absätze 1 und 2 lassen einzelstaatliche Regelungen über Fristen für die Rechtsverfolgung betreffend den Gleichbehandlungsgrundsatz unberührt.

Beweislast

Art. 8 (1) Die Mitgliedstaaten ergreifen im Einklang mit ihrem nationalen Gerichtswesen die erforderlichen Maßnahmen, um zu gewährleisten, dass immer dann, wenn Personen, die sich durch die Nichtanwendung des Gleichbehandlungsgrundsatzes für verletzt halten und bei einem Gericht oder einer anderen zuständigen Stelle Tatsachen glaubhaft machen, die das Vorliegen einer unmittelbaren oder mittelbaren Diskriminierung vermuten lassen, es dem Beklagten obliegt zu beweisen, dass keine Verletzung des Gleichbehandlungsgrundsatzes vorgelegen hat.

(2) Absatz 1 lässt das Recht der Mitgliedstaaten, eine für den Kläger günstigere Beweislastregelung vorzusehen, unberührt.

(3) Absatz 1 gilt nicht für Strafverfahren.

(4) Die Absätze 1, 2 und 3 gelten auch für Verfahren gemäß Artikel 7 Absatz 2.

(5) Die Mitgliedstaaten können davon absehen, Absatz 1 auf Verfahren anzuwenden, in denen die Ermittlung des Sachverhalts dem Gericht oder der zuständigen Stelle obliegt.

Viktimisierung

Art. 9 Die Mitgliedstaaten treffen im Rahmen ihrer nationalen Rechtsordnung die erforderlichen Maßnahmen, um den einzelnen vor Benachteiligungen zu schützen, die als Reaktion auf eine Beschwerde oder auf die Einleitung eines Verfahrens zur Durchsetzung des Gleichbehandlungsgrundsatzes erfolgen.

Unterrichtung

Art. 10 Die Mitgliedstaaten tragen dafür Sorge, dass die gemäß dieser Richtlinie getroffenen Maßnahmen sowie die bereits geltenden einschlägigen Vorschriften allen Betroffenen in geeigneter Form in ihrem Hoheitsgebiet bekannt gemacht werden.

Sozialer Dialog

Art. 11 (1) Die Mitgliedstaaten treffen im Einklang mit den nationalen Gepflogenheiten und Verfahren geeignete Maßnahmen zur Förderung des sozialen Dialogs zwischen Arbeitgebern und Arbeitnehmern, mit dem Ziel, die Verwirklichung des Gleichbehandlungsgrundsatzes durch Überwachung der betrieblichen Praxis, durch Tarifverträge, Verhaltenskodizes, Forschungsarbeiten oder durch einen Austausch von Erfahrungen und bewährten Lösungen voranzubringen.

(2) Soweit vereinbar mit den nationalen Gepflogenheiten und Verfahren, fordern die Mitgliedstaaten Arbeitgeber und Arbeitnehmer ohne Eingriff in deren Autonomie auf, auf geeigneter Ebene Antidiskriminierungsvereinbarungen zu schließen, die die in Artikel 3 genannten Bereiche betreffen, soweit diese in den Verantwortungsbereich der Tarifparteien fallen. Die Vereinbarungen müssen den in dieser Richtlinie festgelegten Mindestanforderungen sowie den einschlägigen nationalen Durchführungsbestimmungen entsprechen.

Dialog mit Nichtregierungsorganisationen

Art. 12 Die Mitgliedstaaten fördern den Dialog mit geeigneten Nichtregierungsorganisationen, die gemäß ihren nationalen Rechtsvorschriften und Gepflogenheiten ein rechtmäßiges Interesse daran haben, sich an der Bekämpfung von Diskriminierung aus Gründen der Rasse oder der ethnischen Herkunft zu beteiligen, um den Grundsatz der Gleichbehandlung zu fördern.

KAPITEL III
MIT DER FÖRDERUNG DER GLEICHBEHANDLUNG BEFASSTE STELLEN

Art. 13 (1) Jeder Mitgliedstaaten bezeichnet eine oder mehrere Stellen, deren Aufgabe darin besteht, die Verwirklichung des Grundsatzes der Gleichbehandlung aller Personen ohne Diskriminierung aufgrund der Rasse oder der ethnischen Herkunft zu fördern. Diese Stellen können Teil einer Einrichtung sein, die auf nationaler Ebene für den Schutz der Menschenrechte oder der Rechte des einzelnen zuständig ist.

(2) Die Mitgliedstaaten stellen sicher, dass es zu den Zuständigkeiten dieser Stellen gehört,

– unbeschadet der Rechte der Opfer und der Verbände, der Organisationen oder anderer juristischer Personen nach Artikel 7 Absatz 2 die Opfer von Diskriminierungen auf unabhängige Weise dabei zu unterstützen, ihrer Beschwerde wegen Diskriminierung nachzugehen;

– unabhängige Untersuchungen zum Thema der Diskriminierung durchzuführen;

– unabhängige Berichte zu veröffentlichen und Empfehlungen zu allen Aspekten vorzulegen, die mit diesen Diskriminierungen in Zusammenhang stehen.

KAPITEL IV
SCHLUSSBESTIMMUNGEN

Einhaltung

Art. 14 Die Mitgliedstaaten treffen die erforderlichen Maßnahmen, um sicherzustellen,

a) dass sämtliche Rechts- und Verwaltungsvorschriften, die dem Gleichbehandlungsgrundsatz zuwiderlaufen, aufgehoben werden;

b) dass sämtliche mit dem Gleichbehandlungsgrundsatz nicht zu vereinbarenden Bestimmungen in Einzel- oder Kollektivverträgen oder -vereinbarungen, Betriebsordnungen, Statuten von Vereinigungen mit oder ohne Erwerbszweck sowie Statuten der freien Berufe und der Arbeitnehmer- und Arbeitgeberorganisationen für nichtig erklärt werden oder erklärt werden können oder geändert werden.

Sanktionen

Art. 15 Die Mitgliedstaaten legen die Sanktionen fest, die bei einem Verstoß gegen die einzelstaatlichen Vorschriften zur Anwendung dieser Richtlinie zu verhängen sind, und treffen alle geeigneten Maßnahmen, um deren Durchsetzung zu gewährleisten. Die Sanktionen, die auch Schadenersatzleistungen an die Opfer umfassen können, müssen wirksam, verhältnismäßig und abschreckend sein. Die Mitgliedstaaten teilen der Kommission diese Bestimmungen bis zum 19. Juli 2003 mit und melden sie betreffenden Änderungen unverzüglich.

Umsetzung

Art. 16 Die Mitgliedstaaten erlassen die erforderlichen Rechts- und Verwaltungsvorschriften, um dieser Richtlinie bis zum 19. Juli 2003 nachzukommen, oder können den Sozialpartnern auf deren gemeinsamen Antrag die Durchführung der Bestimmungen dieser Richtlinie übertragen, die in den Anwendungsbereich von Tarifverträgen fallen. In diesem Fall gewährleisten die Mitgliedstaaten, dass die Sozialpartner bis zum 19. Juli 2003 im Wege einer Vereinbarung die erforderlichen Maßnahmen getroffen haben; dabei haben die Mitgliedstaaten alle erforderlichen Maßnahmen zu treffen, um jederzeit gewährleisten zu können, dass die

3/5. AntirassismusRL
Art. 16 – 19

durch diese Richtlinie vorgeschriebenen Ergebnisse erzielt werden. Sie setzen die Kommission unverzüglich davon in Kenntnis.

Wenn die Mitgliedstaaten derartige Vorschriften erlassen, nehmen sie in den Vorschriften selbst oder durch einen Hinweis bei der amtlichen Veröffentlichung auf diese Richtlinie Bezug. Die Mitgliedstaaten regeln die Einzelheiten der Bezugnahme.

Bericht

Art. 17 (1) Bis zum 19. Juli 2005 und in der Folge alle fünf Jahre übermitteln die Mitgliedstaaten der Kommission sämtliche Informationen, die diese für die Erstellung eines dem Europäischen Parlament und dem Rat vorzulegenden Berichts über die Anwendung dieser Richtlinie benötigt.

(2) Die Kommission berücksichtigt in ihrem Bericht in angemessener Weise die Ansichten der Europäischen Stelle zur Beobachtung von Rassismus und Fremdenfeindlichkeit sowie die Standpunkte der Sozialpartner und der einschlägigen Nichtregierungsorganisationen. Im Einklang mit dem Grundsatz der Berücksichtigung geschlechterspezifischer Fragen wird ferner in dem Bericht die Auswirkung der Maßnahmen auf Frauen und Männer bewertet. Unter Berücksichtigung der übermittelten Informationen enthält der Bericht gegebenenfalls auch Vorschläge für eine Änderung und Aktualisierung dieser Richtlinie.

Inkrafttreten

Art. 18 Diese Richtlinie tritt am Tag ihrer Veröffentlichung im *Amtsblatt der Europäischen Gemeinschaften* in Kraft.

Adressaten

Art. 19 Diese Richtlinie ist an die Mitgliedstaaten gerichtet.

3/6. Gleichbehandlungsrahmenrichtlinie

Richtlinie 2000/78/EG des Rates zur Festlegung eines allgemeinen Rahmens für die Verwirklichung der Gleichbehandlung in Beschäftigung und Beruf vom 27. November 2000

(ABl. Nr. L 303 v. 2.12.2000, S. 16)

GLIEDERUNG

KAPITEL I: ALLGEMEINE BESTIMMUNGEN
- Art. 1: Zweck
- Art. 2: Der Begriff „Diskriminierung"
- Art. 3: Geltungsbereich
- Art. 4: Berufliche Anforderungen
- Art. 5: Angemessene Vorkehrungen für Menschen mit Behinderung
- Art. 6: Gerechtfertigte Ungleichbehandlung wegen des Alters
- Art. 7: Positive und spezifische Maßnahmen
- Art. 8: Mindestanforderungen

KAPITEL II: RECHTSBEHELFE UND RECHTSDURCHSETZUNG
- Art. 9: Rechtsschutz
- Art. 10: Beweislast
- Art. 11: Viktimisierung
- Art. 12: Unterrichtung
- Art. 13: Sozialer Dialog
- Art. 14: Dialog mit Nichtregierungsorganisationen

KAPITEL III: BESONDERE BESTIMMUNGEN
- Art. 15: Nordirland

KAPITEL IV: SCHLUSSBESTIMMUNGEN
- Art. 16: Einhaltung
- Art. 17: Sanktionen
- Art. 18: Umsetzung
- Art. 19: Bericht
- Art. 20: Inkrafttreten
- Art. 21: Adressaten

DER RAT DER EUROPÄISCHEN UNION –

gestützt auf den Vertrag zur Gründung der Europäischen Gemeinschaft, insbesondere auf Artikel 13, auf Vorschlag der Kommission (ABl. C 177 E v. 27. 6. 2000, S. 42),

nach Stellungnahme des Europäischen Parlaments (Stellungnahme vom 12. Oktober 2000, noch nicht im Amtsblatt veröffentlicht),

nach Stellungnahme des Wirtschafts- und Sozialausschusses (ABl. C 204 v. 18. 7. 2000, S. 82),

nach Stellungnahme des Ausschusses der Regionen (ABl. C 226 v. 8. 8. 2000, S. 1),

in Erwägung nachstehender Gründe:

(1) Nach Artikel 6 Absatz 2 des Vertrags über die Europäische Union beruht die Europäische Union auf den Grundsätzen der Freiheit, der Demokratie, der Achtung der Menschenrechte und Grundfreiheiten sowie der Rechtsstaatlichkeit; diese Grundsätze sind allen Mitgliedstaaten gemeinsam. Die Union achtet die Grundrechte, wie sie in der Europäischen Konvention zum Schutze der Menschenrechte und Grundfreiheiten gewährleistet sind und wie sie sich aus den gemeinsamen Verfassungsüberlieferungen der Mitgliedstaaten als allgemeine Grundsätze des Gemeinschaftsrechts ergeben.

(2) Der Grundsatz der Gleichbehandlung von Männern und Frauen wurde in zahlreichen Rechtsakten der Gemeinschaft fest verankert, insbesondere in der Richtlinie 76/207/EWG des Rates vom 9. Februar 1976 zur Verwirklichung des Grundsatzes der Gleichbehandlung von Männern und Frauen hinsichtlich des Zugangs zur Beschäftigung, zur Berufsbildung und zum beruflichen Aufstieg sowie in Bezug auf die Arbeitsbedingungen (ABl. L 39 v. 14. 2. 1976, S. 40).

(3) Bei der Anwendung des Grundsatzes der Gleichbehandlung ist die Gemeinschaft gemäß Artikel 3 Absatz 2 des EG-Vertrags bemüht, Ungleichheiten zu beseitigen und die Gleichstellung von Männern und Frauen zu fördern, zumal Frauen häufig Opfer mehrfacher Diskriminierung sind.

(4) Die Gleichheit aller Menschen vor dem Gesetz und der Schutz vor Diskriminierung ist ein allgemeines Menschenrecht; dieses Recht wurde in der Allgemeinen Erklärung der Menschenrechte, im VN-Übereinkommen zur Beseitigung aller Formen der Diskriminierung von Frauen, im Internationalen Pakt der VN über bürgerliche und politische Rechte, im Internationalen Pakt der VN über wirtschaftliche, soziale und kulturelle Rechte sowie in der Europäischen Konvention zum Schutz der Menschenrechte und Grundfreiheiten anerkannt, die von allen Mitgliedstaaten unterzeichnet wurden. Das Übereinkommen 111 der Internationalen Arbeitsorganisation untersagt Diskriminierungen in Beschäftigung und Beruf.

(5) Es ist wichtig, dass diese Grundrechte und Grundfreiheiten geachtet werden. Diese Richtlinie berührt nicht die Vereinigungsfreiheit, was das

3/6. GleichbehandlungsrahmenRL
Präambel

Recht jeder Person umfasst, zum Schutze ihrer Interessen Gewerkschaften zu gründen und Gewerkschaften beizutreten.

(6) In der Gemeinschaftscharta der sozialen Grundrechte der Arbeitnehmer wird anerkannt, wie wichtig die Bekämpfung jeder Art von Diskriminierung und geeignete Maßnahmen zur sozialen und wirtschaftlichen Eingliederung älterer Menschen und von Menschen mit Behinderung sind.

(7) Der EG-Vertrag nennt als eines der Ziele der Gemeinschaft die Förderung der Koordinierung der Beschäftigungspolitiken der Mitgliedstaaten. Zu diesem Zweck wurde in den EG-Vertrag ein neues Beschäftigungskapitel eingefügt, das die Grundlage bildet für die Entwicklung einer koordinierten Beschäftigungsstrategie und für die Förderung der Qualifizierung, Ausbildung und Anpassungsfähigkeit der Arbeitnehmer.

(8) In den vom Europäischen Rat auf seiner Tagung am 10. und 11. Dezember 1999 in Helsinki vereinbarten beschäftigungspolitischen Leitlinien für 2000 wird die Notwendigkeit unterstrichen, einen Arbeitsmarkt zu schaffen, der die soziale Eingliederung fördert, indem ein ganzes Bündel aufeinander abgestimmter Maßnahmen getroffen wird, die darauf abstellen, die Diskriminierung von benachteiligten Gruppen, wie den Menschen mit Behinderung, zu bekämpfen. Ferner wird betont, dass der Unterstützung älterer Arbeitnehmer mit dem Ziel der Erhöhung ihres Anteils an der Erwerbsbevölkerung besondere Aufmerksamkeit gebührt.

(9) Beschäftigung und Beruf sind Bereiche, die für die Gewährleistung gleicher Chancen für alle und für eine volle Teilhabe der Bürger am wirtschaftlichen kulturellen und sozialen Leben sowie für die individuelle Entfaltung von entscheidender Bedeutung sind.

(10) Der Rat hat am 29. Juni 2000 die Richtlinie 2000/43/EG (ABl. L 180 v 19. 7. 2000, S. 22) zur Anwendung des Gleichbehandlungsgrundsatzes ohne Unterschied der Rasse oder der ethnischen Herkunft angenommen, die bereits einen Schutz vor solchen Diskriminierungen in Beschäftigung und Beruf gewährleistet.

(11) Diskriminierungen wegen der Religion oder der Weltanschauung, einer Behinderung, des Alters oder der sexuellen Ausrichtung können die Verwirklichung der im EG-Vertrag festgelegten Ziele unterminieren, insbesondere die Erreichung eines hohen Beschäftigungsniveaus und eines hohen Maßes an sozialem Schutz, die Hebung des Lebensstandards und der Lebensqualität, den wirtschaftlichen und sozialen Zusammenhalt, die Solidarität sowie die Freizügigkeit.

(12) Daher sollte jede unmittelbare oder mittelbare Diskriminierung wegen der Religion oder der Weltanschauung, einer Behinderung, des Alters oder der sexuellen Ausrichtung in den von der Richtlinie abgedeckten Bereichen gemeinschaftsweit untersagt werden. Dieses Diskriminierungsverbot sollte auch für Staatsangehörige dritter Länder gelten, betrifft jedoch nicht die Ungleichbehandlungen aus Gründen der Staatsangehörigkeit und lässt die Vorschriften über die Einreise und den Aufenthalt von Staatsangehörigen dritter Länder und ihren Zugang zu Beschäftigung und Beruf unberührt.

(13) Diese Richtlinie findet weder Anwendung auf die Sozialversicherungs- und Sozialschutzsysteme, deren Leistungen nicht einem Arbeitsentgelt in dem Sinne gleichgestellt werden, der diesem Begriff für die Anwendung des Artikels 141 des EG-Vertrags gegeben wurde, noch auf Vergütungen jeder Art seitens des Staates, die den Zugang zu einer Beschäftigung oder die Aufrechterhaltung eines Beschäftigungsverhältnisses zum Ziel haben.

(14) Diese Richtlinie berührt nicht die einzelstaatlichen Bestimmungen über die Festsetzung der Altersgrenzen für den Eintritt in den Ruhestand.

(15) Die Beurteilung von Tatbeständen, die auf eine unmittelbare oder mittelbare Diskriminierung schließen lassen, obliegt den einzelstaatlichen gerichtlichen Instanzen oder anderen zuständigen Stellen nach den einzelstaatlichen Rechtsvorschriften oder Gepflogenheiten; in diesen einzelstaatlichen Vorschriften kann insbesondere vorgesehen sein, dass mittelbare Diskriminierung mit allen Mitteln, einschließlich statistischer Beweise, festzustellen ist.

(16) Maßnahmen, die darauf abstellen, den Bedürfnissen von Menschen mit Behinderung am Arbeitsplatz Rechnung zu tragen, spielen eine wichtige Rolle bei der Bekämpfung von Diskriminierungen wegen einer Behinderung.

(17) Mit dieser Richtlinie wird unbeschadet der Verpflichtung, für Menschen mit Behinderung angemessene Vorkehrungen zu treffen, nicht die Einstellung, der berufliche Aufstieg, die Weiterbeschäftigung oder die Teilnahme an Aus- und Weiterbildungsmaßnahmen einer Person vorgeschrieben, wenn diese Person für die Erfüllung der wesentlichen Funktionen des Arbeitsplatzes oder zur Absolvierung einer bestimmten Ausbildung nicht kompetent, fähig oder verfügbar ist.

(18) Insbesondere darf mit dieser Richtlinie den Streitkräften sowie der Polizei, den Haftanstalten oder den Notfalldiensten unter Berücksichtigung des rechtmäßigen Ziels, die Einsatzbereitschaft dieser Dienste zu wahren, nicht zur Auflage gemacht werden, Personen einzustellen oder weiter zu beschäftigen, die nicht den jeweiligen Anforderungen entsprechen, um sämtliche Aufgaben zu erfüllen, die ihnen übertragen werden können.

(19) Ferner können die Mitgliedstaaten zur Sicherung der Schlagkraft ihrer Streitkräfte sich dafür entscheiden, dass die eine Behinderung und das Alter betreffenden Bestimmungen dieser Richtlinie auf alle Streitkräfte oder einen Teil ihrer Streitkräfte keine Anwendung finden. Die Mitgliedstaaten, die eine derartige Entscheidung treffen, müssen den Anwendungsbereich dieser Ausnahmeregelung festlegen.

(20) Es sollten geeignete Maßnahmen vorgesehen werden, d. h. wirksame und praktikable Maßnahmen, um den Arbeitsplatz der Behinderung

3/6. GleichbehandlungsrahmenRL

Präambel

entsprechend einzurichten, z.B. durch eine entsprechende Gestaltung der Räumlichkeiten oder eine Anpassung des Arbeitsgeräts, des Arbeitsrhythmus, der Aufgabenverteilung oder des Angebots an Ausbildungs- und Einarbeitungsmaßnahmen.

(21) Bei der Prüfung der Frage, ob diese Maßnahmen zu übermäßigen Belastungen führen, sollten insbesondere der mit ihnen verbundene finanzielle und sonstige Aufwand sowie die Größe, die finanziellen Ressourcen und der Gesamtumsatz der Organisation oder des Unternehmens und die Verfügbarkeit von öffentlichen Mitteln oder anderen Unterstützungsmöglichkeiten berücksichtigt werden.

(22) Diese Richtlinie lässt die einzelstaatlichen Rechtsvorschriften über den Familienstand und davon abhängige Leistungen unberührt.

(23) Unter sehr begrenzten Bedingungen kann eine unterschiedliche Behandlung gerechtfertigt sein, wenn ein Merkmal, das mit der Religion oder Weltanschauung, einer Behinderung, dem Alter oder der sexuellen Ausrichtung zusammenhängt, eine wesentliche und entscheidende berufliche Anforderung darstellt, sofern es sich um einen rechtmäßigen Zweck und eine angemessene Anforderung handelt. Diese Bedingungen sollten in die Informationen aufgenommen werden, die die Mitgliedstaaten der Kommission übermitteln.

(24) Die Europäische Union hat in ihrer der Schlussakte zum Vertrag von Amsterdam beigefügten Erklärung Nr. 11 zum Status der Kirchen und weltanschaulichen Gemeinschaften ausdrücklich anerkannt, dass sie den Status, den Kirchen und religiöse Vereinigungen oder Gemeinschaften in den Mitgliedstaaten nach deren Rechtsvorschriften genießen, achtet und ihn nicht beeinträchtigt und dass dies in gleicher Weise für den Status von weltanschaulichen Gemeinschaften gilt. Die Mitgliedstaaten können in dieser Hinsicht spezifische Bestimmungen über die wesentlichen, rechtmäßigen und gerechtfertigten beruflichen Anforderungen beibehalten oder vorsehen, die Voraussetzung für die Ausübung einer diesbezüglichen beruflichen Tätigkeit sein können.

(25) Das Verbot der Diskriminierung wegen des Alters stellt ein wesentliches Element zur Erreichung der Ziele der beschäftigungspolitischen Leitlinien und zur Förderung der Vielfalt im Bereich der Beschäftigung dar. Ungleichbehandlungen wegen des Alters können unter bestimmten Umständen jedoch gerechtfertigt sein und erfordern daher besondere Bestimmungen, die je nach der Situation der Mitgliedstaaten unterschiedlich sein können. Es ist daher unbedingt zu unterscheiden zwischen einer Ungleichbehandlung, die insbesondere durch rechtmäßige Ziele im Bereich der Beschäftigungspolitik, des Arbeitsmarktes und der beruflichen Bildung gerechtfertigt ist, und einer Diskriminierung, die zu verbieten ist.

(26) Das Diskriminierungsverbot sollte nicht der Beibehaltung oder dem Erlass von Maßnahmen entgegenstehen, mit denen bezweckt wird, Benachteiligungen von Personen mit einer bestimmten Religion oder Weltanschauung, einer bestimmten Behinderung, einem bestimmten Alter oder einer bestimmten sexuellen Ausrichtung zu verhindern oder auszugleichen, und diese Maßnahmen können die Einrichtung und Beibehaltung von Organisationen von Personen mit einer bestimmten Religion oder Weltanschauung, einer bestimmter Behinderung, einem bestimmten Alter oder einer bestimmten sexuellen Ausrichtung zulassen, wenn deren Zweck hauptsächlich darin besteht, die besonderen Bedürfnisse dieser Personen zu fördern.

(27) Der Rat hat in seiner Empfehlung 86/379/EWG vom 24. Juli 1986 (ABl. L 225 v. 12. 8. 1986, S. 43) zur Beschäftigung von Behinderten in der Gemeinschaft einen Orientierungsrahmen festgelegt, der Beispiele für positive Aktionen für die Beschäftigung und Berufsbildung von Menschen mit Behinderung anführt; in seiner Entschließung vom 17. Juni 1999 betreffend gleiche Beschäftigungschancen für behinderte Menschen (ABl. C 186 v. 2. 7. 1999, S. 3) hat er bekräftigt, dass es wichtig ist, insbesondere der Einstellung, der Aufrechterhaltung des Beschäftigungsverhältnisses sowie der beruflichen Bildung und dem lebensbegleitenden Lernen von Menschen mit Behinderung besondere Aufmerksamkeit zu widmen.

(28) In dieser Richtlinie werden Mindestanforderungen festgelegt; es steht den Mitgliedstaaten somit frei, günstigere Vorschriften einzuführen oder beizubehalten. Die Umsetzung dieser Richtlinie darf nicht eine Absenkung des in den Mitgliedstaaten bereits bestehenden Schutzniveaus rechtfertigen.

(29) Opfer von Diskriminierungen wegen der Religion oder Weltanschauung, einer Behinderung, des Alters oder der sexuellen Ausrichtung sollten über einen angemessenen Rechtsschutz verfügen. Um einen effektiveren Schutz zu gewährleisten, sollte auch die Möglichkeit bestehen, dass sich Verbände oder andere juristische Personen unbeschadet der nationalen Verfahrensordnung bezüglich der Vertretung und Verteidigung vor Gericht bei einem entsprechenden Beschluss der Mitgliedstaaten im Namen eines Opfers oder zu seiner Unterstützung an einem Verfahren beteiligen.

(30) Die effektive Anwendung des Gleichheitsgrundsatzes erfordert einen angemessenen Schutz vor Viktimisierung.

(31) Eine Änderung der Regeln für die Beweislast ist geboten, wenn ein glaubhafter Anschein einer Diskriminierung besteht. Zur wirksamen Anwendung des Gleichbehandlungsgrundsatzes ist eine Verlagerung der Beweislast auf die beklagte Partei erforderlich, wenn eine solche Diskriminierung nachgewiesen ist. Allerdings obliegt es dem Beklagten nicht, nachzuweisen, dass der Kläger einer bestimmten Religion angehört, eine bestimmte Weltanschauung hat, eine bestimmte Behinderung aufweist, ein bestimmtes Alter oder eine bestimmte sexuelle Ausrichtung hat.

(32) Die Mitgliedstaaten können davon absehen, die Regeln für die Beweislastverteilung auf Verfahren anzuwenden, in denen die Ermittlung des

3/6. GleichbehandlungsrahmenRL
Präambel, Art. 1 – 3

Sachverhalts dem Gericht oder der zuständigen Stelle obliegt. Dies betrifft Verfahren, in denen die klagende Partei den Beweis des Sachverhalts, dessen Ermittlung dem Gericht oder der zuständigen Stelle obliegt, nicht anzutreten braucht.

(33) Die Mitgliedstaaten sollten den Dialog zwischen den Sozialpartnern und im Rahmen der einzelstaatlichen Gepflogenheiten mit Nichtregierungsorganisationen mit dem Ziel fördern, gegen die verschiedenen Formen von Diskriminierung am Arbeitsplatz anzugehen und diese zu bekämpfen.

(34) In Anbetracht der Notwendigkeit, den Frieden und die Aussöhnung zwischen den wichtigsten Gemeinschaften in Nordirland zu fördern, sollten in diese Richtlinie besondere Bestimmungen aufgenommen werden.

(35) Die Mitgliedstaaten sollten wirksame, verhältnismäßige und abschreckende Sanktionen für den Fall vorsehen, dass gegen die aus dieser Richtlinie erwachsenden Verpflichtungen verstoßen wird.

(36) Die Mitgliedstaaten können den Sozialpartnern auf deren gemeinsamen Antrag die Durchführung der Bestimmungen dieser Richtlinie übertragen, die in den Anwendungsbereich von Tarifverträgen fallen, sofern sie alle erforderlichen Maßnahmen treffen, um jederzeit gewährleisten zu können, dass die durch diese Richtlinie vorgeschriebenen Ergebnisse erzielt werden.

(37) Im Einklang mit dem Subsidiaritätsprinzip nach Artikel 5 des EG-Vertrags kann das Ziel dieser Richtlinie, nämlich die Schaffung gleicher Ausgangsbedingungen in der Gemeinschaft bezüglich der Gleichbehandlung in Beschäftigung und Beruf, auf der Ebene der Mitgliedstaaten nicht ausreichend erreicht werden und kann daher wegen des Umfangs und der Wirkung der Maßnahme besser auf Gemeinschaftsebene verwirklicht werden. Im Einklang mit dem Verhältnismäßigkeitsprinzip nach jenem Artikel geht diese Richtlinie nicht über das für die Erreichung dieses Ziels erforderliche Maß hinaus –

HAT FOLGENDE RICHTLINIE ERLASSEN:

KAPITEL I
ALLGEMEINE BESTIMMUNGEN

Zweck

Art. 1 Zweck dieser Richtlinie ist die Schaffung eines allgemeinen Rahmens zur Bekämpfung der Diskriminierung wegen der Religion oder der Weltanschauung, einer Behinderung, des Alters oder der sexuellen Ausrichtung in Beschäftigung und Beruf im Hinblick auf die Verwirklichung des Grundsatzes der Gleichbehandlung in den Mitgliedstaaten.

Der Begriff „Diskriminierung"

Art. 2 (1) Im Sinne dieser Richtlinie bedeutet „Gleichbehandlungsgrundsatz", dass es keine unmittelbare oder mittelbare Diskriminierung wegen eines der in Artikel 1 genannten Gründe geben darf.

(2) Im Sinne des Absatzes 1

a) liegt eine unmittelbare Diskriminierung vor, wenn eine Person wegen eines der in Artikel 1 genannten Gründe in einer vergleichbaren Situation eine weniger günstige Behandlung erfährt, als eine andere Person erfährt, erfahren hat oder erfahren würde;

b) liegt eine mittelbare Diskriminierung vor, wenn dem Anschein nach neutrale Vorschriften, Kriterien oder Verfahren Personen mit einer bestimmten Religion oder Weltanschauung, einer bestimmten Behinderung, eines bestimmten Alters oder mit einer bestimmten sexuellen Ausrichtung gegenüber anderen Personen in besonderer Weise benachteiligen können, es sei denn:

 i) diese Vorschriften, Kriterien oder Verfahren sind durch ein rechtmäßiges Ziel sachlich gerechtfertigt, und die Mittel sind zur Erreichung dieses Ziels angemessen und erforderlich, oder

 ii) der Arbeitgeber oder jede Person oder Organisation, auf die diese Richtlinie Anwendung findet, ist im Falle von Personen mit einer bestimmten Behinderung aufgrund des einzelstaatlichen Rechts verpflichtet, geeignete Maßnahmen entsprechend den in Artikel 5 enthaltenen Grundsätzen vorzusehen, um die sich durch diese Vorschrift, dieses Kriterium oder dieses Verfahren ergebenden Nachteile zu beseitigen.

(3) Unerwünschte Verhaltensweisen, die mit einem der Gründe nach Artikel 1 in Zusammenhang stehen und bezwecken oder bewirken, dass die Würde der betreffenden Person verletzt und ein von Einschüchterungen, Anfeindungen, Erniedrigungen, Entwürdigungen oder Beleidigungen gekennzeichnetes Umfeld geschaffen wird, sind Belästigungen, die als Diskriminierung im Sinne von Absatz 1 gelten. In diesem Zusammenhang können die Mitgliedstaaten den Begriff „Belästigung" im Einklang mit den einzelstaatlichen Rechtsvorschriften und Gepflogenheiten definieren.

(4) Die Anweisung zur Diskriminierung einer Person wegen eines der Gründe nach Artikel 1 gilt als Diskriminierung im Sinne des Absatzes 1.

(5) Diese Richtlinie berührt nicht die im einzelstaatlichen Recht vorgesehenen Maßnahmen, die in einer demokratischen Gesellschaft für die Gewährleistung der öffentlichen Sicherheit, die Verteidigung der Ordnung und die Verhütung von Straftaten, zum Schutz der Gesundheit und zum Schutz der Rechte und Freiheiten anderer notwendig sind.

Geltungsbereich

Art. 3 (1) Im Rahmen der auf die Gemeinschaft übertragenen Zuständigkeiten gilt diese Richtlinie für alle Personen in öffentlichen und privaten Bereichen, einschließlich öffentlicher Stellen, in Bezug auf

a) die Bedingungen – einschließlich Auswahlkriterien und Einstellungsbedingungen – für den

3/6. GleichbehandlungsrahmenRL

Art. 3 – 6

Zugang zu unselbständiger und selbständiger Erwerbstätigkeit, unabhängig von Tätigkeitsfeld und beruflicher Position, einschließlich des beruflichen Aufstiegs;

b) den Zugang zu allen Formen und allen Ebenen der Berufsberatung, der Berufsausbildung, der beruflichen Weiterbildung und der Umschulung, einschließlich der praktischen Berufserfahrung;

c) die Beschäftigungs- und Arbeitsbedingungen, einschließlich der Entlassungsbedingungen und des Arbeitsentgelts;

d) die Mitgliedschaft und Mitwirkung in einer Arbeitnehmer- oder Arbeitgeberorganisation oder einer Organisation, deren Mitglieder einer bestimmten Berufsgruppe angehören, einschließlich der Inanspruchnahme der Leistungen solcher Organisationen.

(2) Diese Richtlinie betrifft nicht unterschiedliche Behandlungen aus Gründen der Staatsangehörigkeit und berührt nicht die Vorschriften und Bedingungen für die Einreise von Staatsangehörigen dritter Länder oder staatenlosen Personen in das Hoheitsgebiet der Mitgliedstaaten oder deren Aufenthalt in diesem Hoheitsgebiet sowie eine Behandlung, die sich aus der Rechtsstellung von Staatsangehörigen dritter Länder oder staatenlosen Personen ergibt.

(3) Diese Richtlinie gilt nicht für Leistungen jeder Art seitens der staatlichen Systeme oder der damit gleichgestellten Systeme einschließlich der staatlichen Systeme der sozialen Sicherheit oder des sozialen Schutzes.

(4) Die Mitgliedstaaten können vorsehen, dass diese Richtlinie hinsichtlich von Diskriminierungen wegen einer Behinderung und des Alters nicht für die Streitkräfte gilt.

Berufliche Anforderungen

Art. 4 (1) Ungeachtet des Artikels 2 Absätze 1 und 2 können die Mitgliedstaaten vorsehen, dass eine Ungleichbehandlung wegen eines Merkmals, das im Zusammenhang mit einem der in Artikel 1 genannten Diskriminierungsgründe steht, keine Diskriminierung darstellt, wenn das betreffende Merkmal aufgrund der Art einer bestimmten beruflichen Tätigkeit oder der Bedingungen ihrer Ausübung eine wesentliche und entscheidende berufliche Anforderung darstellt, sofern es sich um einen rechtmäßigen Zweck und eine angemessene Anforderung handelt.

(2) Die Mitgliedstaaten können in Bezug auf berufliche Tätigkeiten innerhalb von Kirchen und anderen öffentlichen oder privaten Organisationen, deren Ethos auf religiösen Grundsätzen oder Weltanschauungen beruht, Bestimmungen in ihren zum Zeitpunkt der Annahme dieser Richtlinie geltenden Rechtsvorschriften beibehalten oder in künftigen Rechtsvorschriften Bestimmungen vorsehen, die zum Zeitpunkt der Annahme dieser Richtlinie bestehende einzelstaatliche Gepflogenheiten widerspiegeln und wonach eine Ungleichbehandlung wegen der Religion oder Weltanschauung einer Person keine Diskriminierung darstellt, wenn die Religion oder die Weltanschauung dieser Person nach der Art dieser Tätigkeiten oder der Umstände ihrer Ausübung eine wesentliche, rechtmäßige und gerechtfertigte berufliche Anforderung angesichts des Ethos der Organisation darstellt. Eine solche Ungleichbehandlung muss die verfassungsrechtlichen Bestimmungen und Grundsätze der Mitgliedstaaten sowie die allgemeinen Grundsätze des Gemeinschaftsrechts beachten und rechtfertigt keine Diskriminierung aus einem anderen Grund. Sofern die Bestimmungen dieser Richtlinie im Übrigen eingehalten werden, können die Kirchen und anderen öffentlichen oder privaten Organisationen, deren Ethos auf religiösen Grundsätzen oder Weltanschauungen beruht, im Einklang mit den einzelstaatlichen verfassungsrechtlichen Bestimmungen und Rechtsvorschriften von den für sie arbeitenden Personen verlangen, dass sie sich loyal und aufrichtig im Sinne des Ethos der Organisation verhalten.

Angemessene Vorkehrungen für Menschen mit Behinderung

Art. 5 Um die Anwendung des Gleichbehandlungsgrundsatzes auf Menschen mit Behinderung zu gewährleisten, sind angemessene Vorkehrungen zu treffen. Das bedeutet, dass der Arbeitgeber die geeigneten und im konkreten Fall erforderlichen Maßnahmen ergreift, um den Menschen mit Behinderung den Zugang zur Beschäftigung, die Ausübung eines Berufes, den beruflichen Aufstieg und die Teilnahme an Aus- und Weiterbildungsmaßnahmen zu ermöglichen, es sei denn, diese Maßnahmen würden den Arbeitgeber unverhältnismäßig belasten. Diese Belastung ist nicht unverhältnismäßig, wenn sie durch geltende Maßnahmen im Rahmen der Behindertenpolitik des Mitgliedstaates ausreichend kompensiert wird.

Gerechtfertigte Ungleichbehandlung wegen des Alters

Art. 6 (1) Ungeachtet des Artikels 2 Absatz 2 können die Mitgliedstaaten vorsehen, dass Ungleichbehandlungen wegen des Alters keine Diskriminierung darstellen, sofern sie objektiv und angemessen sind und im Rahmen des nationalen Rechts durch ein legitimes Ziel, worunter insbesondere rechtmäßige Ziele aus den Bereichen Beschäftigungspolitik, Arbeitsmarkt und berufliche Bildung zu verstehen sind, gerechtfertigt sind und die Mittel zur Erreichung dieses Ziels angemessen und erforderlich sind.

Derartige Ungleichbehandlungen können insbesondere Folgendes einschließen:

a) die Festlegung besonderer Bedingungen für den Zugang zur Beschäftigung und zur beruflichen Bildung sowie besondere Beschäftigungs- und Arbeitsbedingungen, einschließlich der Bedingungen für Entlassung und Entlohnung, um die berufliche Eingliederung von Jugendlichen, älteren Arbeitnehmern und Personen mit Fürsorgepflichten zu fördern oder ihren Schutz sicherzustellen;

b) die Festlegung von Mindestanforderungen an das Alter, die Berufserfahrung oder das Dienstalter für den Zugang zur Beschäftigung oder für bestimmte mit der Beschäftigung verbundene Vorteile;
c) die Festsetzung eines Höchstalters für die Einstellung aufgrund der spezifischen Ausbildungsanforderungen eines bestimmten Arbeitsplatzes oder aufgrund der Notwendigkeit einer angemessenen Beschäftigungszeit vor dem Eintritt in den Ruhestand.

(2) Ungeachtet des Artikels 2 Absatz 2 können die Mitgliedstaaten vorsehen, dass bei den betrieblichen Systemen der sozialen Sicherheit die Festsetzung von Altersgrenzen als Voraussetzung für die Mitgliedschaft oder den Bezug von Altersrente oder von Leistungen einschließlich der Festsetzung unterschiedlicher Altersgrenzen im Rahmen dieser Systeme für bestimmte Beschäftigte oder Gruppen bzw. Kategorien von Beschäftigten und die Verwendung im Rahmen dieser Systeme von Alterskriterien für versicherungsmathematische Berechnungen keine Diskriminierung wegen des Alters darstellt, solange dies nicht zu Diskriminierungen wegen des Geschlechts führt.

Positive und spezifische Maßnahmen

Art. 7 (1) Der Gleichbehandlungsgrundsatz hindert die Mitgliedstaaten nicht daran, zur Gewährleistung der völligen Gleichstellung im Berufsleben spezifische Maßnahmen beizubehalten oder einzuführen, mit denen Benachteiligungen wegen eines in Artikel 1 genannten Diskriminierungsgrundes verhindert oder ausgeglichen werden.

(2) Im Falle von Menschen mit Behinderung steht der Gleichbehandlungsgrundsatz weder dem Recht der Mitgliedstaaten entgegen, Bestimmungen zum Schutz der Gesundheit und der Sicherheit am Arbeitsplatz beizubehalten oder zu erlassen, noch steht er Maßnahmen entgegen, mit denen Bestimmungen oder Vorkehrungen eingeführt oder beibehalten werden sollen, die einer Eingliederung von Menschen mit Behinderung in die Arbeitswelt dienen oder diese Eingliederung fördern.

Mindestanforderungen

Art. 8 (1) Die Mitgliedstaaten können Vorschriften einführen oder beibehalten, die im Hinblick auf die Wahrung des Gleichbehandlungsgrundsatzes günstiger als die in dieser Richtlinie vorgesehenen Vorschriften sind.

(2) Die Umsetzung dieser Richtlinie darf keinesfalls als Rechtfertigung für eine Absenkung des von den Mitgliedstaaten bereits garantierten allgemeinen Schutzniveaus in Bezug auf Diskriminierungen in den von der Richtlinie abgedeckten Bereichen benutzt werden.

KAPITEL II
RECHTSBEHELFE UND RECHTSDURCHSETZUNG

Rechtsschutz

Art. 9 (1) Die Mitgliedstaaten stellen sicher, dass alle Personen, die sich durch die Nichtanwendung des Gleichbehandlungsgrundsatzes in ihren Rechten für verletzt halten, ihre Ansprüche aus dieser Richtlinie auf dem Gerichts- und/oder Verwaltungsweg sowie, wenn die Mitgliedstaaten es für angezeigt halten, in Schlichtungsverfahren geltend machen können, selbst wenn das Verhältnis während dessen die Diskriminierung vorgekommen sein soll, bereits beendet ist.

(2) Die Mitgliedstaaten stellen sicher, dass Verbände, Organisationen oder andere juristische Personen, die gemäß den in ihrem einzelstaatlichen Recht festgelegten Kriterien ein rechtmäßiges Interesse daran haben, für die Einhaltung der Bestimmungen dieser Richtlinie zu sorgen, sich entweder im Namen der beschwerten Person oder zu deren Unterstützung und mit deren Einwilligung an den in dieser Richtlinie zur Durchsetzung der Ansprüche vorgesehenen Gerichts- und/oder Verwaltungsverfahren beteiligen können.

(3) Die Absätze 1 und 2 lassen einzelstaatliche Regelungen über Fristen für die Rechtsverfolgung betreffend den Gleichbehandlungsgrundsatz unberührt.

Beweislast

Art. 10 (1) Die Mitgliedstaaten ergreifen im Einklang mit ihrem nationalen Gerichtswesen die erforderlichen Maßnahmen, um zu gewährleisten, dass immer dann, wenn Personen, die sich durch die Nichtanwendung des Gleichbehandlungsgrundsatzes für verletzt halten und bei einem Gericht oder einer anderen zuständigen Stelle Tatsachen glaubhaft machen, die das Vorliegen einer unmittelbaren oder mittelbaren Diskriminierung vermuten lassen, es dem Beklagten obliegt zu beweisen, dass keine Verletzung des Gleichbehandlungsgrundsatzes vorgelegen hat.

(2) Absatz 1 lässt das Recht der Mitgliedstaaten, eine für den Kläger günstigere Beweislastregelung vorzusehen, unberührt.

(3) Absatz 1 gilt nicht für Strafverfahren.

(4) Die Absätze 1, 2 und 3 gelten auch für Verfahren gemäß Artikel 9 Absatz 2.

(5) Die Mitgliedstaaten können davon absehen, Absatz 1 auf Verfahren anzuwenden, in denen die Ermittlung des Sachverhalts dem Gericht oder der zuständigen Stelle obliegt.

Viktimisierung

Art. 11 Die Mitgliedstaaten treffen im Rahmen ihrer nationalen Rechtsordnung die erforderlichen Maßnahmen, um die Arbeitnehmer vor Entlassung oder anderen Benachteiligungen durch den Arbeitgeber zu schützen, die als Reaktion auf eine Beschwerde innerhalb des betreffenden Unternehmens oder auf die Einleitung eines Verfahrens zur Durchsetzung des Gleichbehandlungsgrundsatzes erfolgen.

Unterrichtung

Art. 12 Die Mitgliedstaaten tragen dafür Sorge, dass die gemäß dieser Richtlinie getroffenen Maßnahmen sowie die bereits geltenden einschlägigen Vorschriften allen Betroffenen in geeigneter Form, zum Beispiel am Arbeitsplatz, in ihrem Hoheitsgebiet bekannt gemacht werden.

Sozialer Dialog

Art. 13 (1) Die Mitgliedstaaten treffen im Einklang mit den einzelstaatlichen Gepflogenheiten und Verfahren geeignete Maßnahmen zu Förderung des sozialen Dialogs zwischen Arbeitgebern und Arbeitnehmern, mit dem Ziel, die Verwirklichung des Gleichbehandlungsgrundsatzes durch Überwachung der betrieblichen Praxis, durch Tarifverträge, Verhaltenskodizes, Forschungsarbeiten oder durch einen Austausch von Erfahrungen und bewährten Verfahren, voranzubringen.

(2) Soweit vereinbar mit den einzelstaatlichen Gepflogenheiten und Verfahren, fordern die Mitgliedstaaten Arbeitgeber und Arbeitnehmer ohne Eingriff in deren Autonomie auf, auf geeigneter Ebene Antidiskriminierungsvereinbarungen zu schließen, die die in Artikel 3 genannten Bereiche betreffen, soweit diese in den Verantwortungsbereich der Tarifparteien fallen. Die Vereinbarungen müssen den in dieser Richtlinie sowie den in den einschlägigen nationalen Durchführungsbestimmungen festgelegten Mindestanforderungen entsprechen.

Dialog mit Nichtregierungsorganisationen

Art. 14 Die Mitgliedstaaten fördern den Dialog mit geeigneten Nichtregierungsorganisationen, die gemäß den einzelstaatlichen Rechtsvorschriften und Gepflogenheiten ein rechtmäßiges Interesse daran haben, sich an der Bekämpfung von Diskriminierung wegen eines der in Artikel 1 genannten Gründe zu beteiligen, um die Einhaltung des Grundsatzes der Gleichbehandlung zu fördern.

KAPITEL III
BESONDERE BESTIMMUNGEN

Nordirland

Art. 15 (1) Angesichts des Problems, dass eine der wichtigsten Religionsgemeinschaften Nordirlands im dortigen Polizeidienst unterrepräsentiert ist, gilt die unterschiedliche Behandlung bei der Einstellung der Bediensteten dieses Dienstes – auch von Hilfspersonal – nicht als Diskriminierung, sofern diese unterschiedliche Behandlung gemäß den einzelstaatlichen Rechtsvorschriften ausdrücklich gestattet ist.

(2) Um eine Ausgewogenheit der Beschäftigungsmöglichkeiten für Lehrkräfte in Nordirland zu gewährleisten und zugleich einen Beitrag zur Überwindung der historischen Gegensätze zwischen den wichtigsten Religionsgemeinschaften Nordirlands zu leisten, finden die Bestimmungen dieser Richtlinie über Religion oder Weltanschauung keine Anwendung auf die Einstellung von Lehrkräften in Schulen Nordirlands, sofern dies gemäß den einzelstaatlichen Rechtsvorschriften ausdrücklich gestattet ist.

KAPITEL IV
SCHLUSSBESTIMMUNGEN

Einhaltung

Art. 16 Die Mitgliedstaaten treffen die erforderlichen Maßnahmen, um sicherzustellen, dass

a) die Rechts- und Verwaltungsvorschriften, die dem Gleichbehandlungsgrundsatz zuwiderlaufen, aufgehoben werden;

b) die mit dem Gleichbehandlungsgrundsatz nicht zu vereinbarenden Bestimmungen in Arbeits- und Tarifverträgen, Betriebsordnungen und Statuten der freien Berufe und der Arbeitgeber- und Arbeitnehmerorganisationen für nichtig erklärt werden oder erklärt werden können oder geändert werden.

Sanktionen

Art. 17 Die Mitgliedstaaten legen die Sanktionen fest, die bei einem Verstoß gegen die einzelstaatlichen Vorschriften zur Anwendung dieser Richtlinie zu verhängen sind, und treffen alle erforderlichen Maßnahmen, um deren Durchführung zu gewährleisten. Die Sanktionen, die auch Schadenersatzleistungen an die Opfer umfassen können, müssen wirksam, verhältnismäßig und abschreckend sein. Die Mitgliedstaaten teilen diese Bestimmungen der Kommission spätestens am 2. Dezember 2003 mit und melden alle sie betreffenden späteren Änderungen unverzüglich.

Umsetzung

Art. 18 Die Mitgliedstaaten erlassen die erforderlichen Rechts- und Verwaltungsvorschriften, um dieser Richtlinie spätestens zum 2. Dezember 2003 nachzukommen, oder können den Sozialpartnern auf deren gemeinsamen Antrag die Durchführung der Bestimmungen dieser Richtlinie übertragen, die in den Anwendungsbereich von Tarifverträgen fallen. In diesem Fall gewährleisten die Mitgliedstaaten, dass die Sozialpartner spätestens zum 2. Dezember 2003 im Weg einer Vereinbarung die erforderlichen Maßnahmen getroffen haben; dabei haben die Mitgliedstaaten alle erforderlichen Maßnahmen zu treffen, um jederzeit gewährleisten zu können, dass die durch diese Richtlinie vorgeschriebenen Ergebnisse erzielt werden. Sie setzten die Kommission unverzüglich davon in Kenntnis.

Um besonderen Bedingungen Rechnung zu tragen, können die Mitgliedstaaten erforderlichenfalls eine Zusatzfrist von drei Jahren ab dem 2. Dezember 2003, d. h. insgesamt sechs Jahre, in Anspruch nehmen, um die Bestimmungen dieser Richtlinie über die Diskriminierung wegen des Alters und einer Behinderung umzusetzen. In diesem Fall setzen sie die Kommission unverzüglich davon in Kenntnis. Ein Mitgliedstaat, der die Inanspruchnahme dieser Zusatzfrist beschließt, erstattet der Kommission jährlich Bericht über die von ihm ergriffenen Maßnahmen zur Bekämpfung der Diskriminierung wegen des Alters und einer Behinderung und über die Fortschritte, die bei der Umsetzung der Richtlinie erzielt werden konnten. Die Kommission erstattet dem Rat jährlich Bericht.

3/6. GleichbehandlungsrahmenRL
Art. 18 – 21

Wenn die Mitgliedstaaten derartige Vorschriften erlassen, nehmen sie in den Vorschriften selbst oder durch einen Hinweis bei der amtlichen Veröffentlichung auf diese Richtlinie Bezug. Die Mitgliedstaaten regeln die Einzelheiten der Bezugnahme.

Bericht

Art. 19 (1) Bis zum 2. Dezember 2005 und in der Folge alle fünf Jahre übermitteln die Mitgliedstaaten der Kommission sämtliche Informationen, die diese für die Erstellung eines dem Europäischen Parlament und dem Rat vorzulegenden Berichts über die Anwendung dieser Richtlinie benötigt.

(2) Die Kommission berücksichtigt in ihrem Bericht in angemessener Weise die Standpunkte der Sozialpartner und der einschlägigen Nichtregierungsorganisationen. Im Einklang mit dem Grundsatz der systematischen Berücksichtigung geschlechterspezifischer Fragen wird ferner in dem Bericht die Auswirkung der Maßnahmen auf Frauen und Männer bewertet. Unter Berücksichtigung der übermittelten Informationen enthält der Bericht erforderlichenfalls auch Vorschläge für eine Änderung und Aktualisierung dieser Richtlinie.

Inkrafttreten

Art. 20 Diese Richtlinie tritt am Tag ihrer Veröffentlichung im *Amtsblatt der Europäischen Gemeinschaften* in Kraft.

Adressaten

Art. 21 Diese Richtlinie ist an die Mitgliedstaaten gerichtet.

3/7. Erweiterte Gleichbehandlungsrichtlinie

Richtlinie 2004/113/EG des Rates zur Verwirklichung des Grundsatzes der Gleichbehandlung von Männern und Frauen beim Zugang zu und bei der Versorgung mit Gütern und Dienstleistungen vom 13. Dezember 2004

(ABl. Nr. L 373 v. 21.12.2004, S. 37)

GLIEDERUNG

KAPITEL I: ALLGEMEINE BESTIMMUNGEN
- Art. 1: Zweck
- Art. 2: Begriffsbestimmungen
- Art. 3: Geltungsbereich
- Art. 4: Grundsatz der Gleichbehandlung
- Art. 5: Versicherungsmathematische Faktoren
- Art. 6: Positive Maßnahmen
- Art. 7: Mindestanforderungen

KAPITEL II: RECHTSBEHELFE UND RECHTSDURCHSETZUNG
- Art. 8: Rechtsschutz
- Art. 9: Beweislast
- Art. 10: Viktimisierung
- Art. 11: Dialog mit einschlägigen Interessengruppen

KAPITEL III: MIT DER FÖRDERUNG DER GLEICHBEHANDLUNG BEFASSTE STELLEN
- Art. 12

KAPITEL IV: SCHLUSSBESTIMMUNGEN
- Art. 13: Einhaltung
- Art. 14: Sanktionen
- Art. 15: Unterrichtung
- Art. 16: Berichte
- Art. 17: Umsetzung
- Art. 18: Inkrafttreten
- Art. 19: Adressaten

DER RAT DER EUROPÄISCHEN UNION –

gestützt auf den Vertrag zur Gründung der Europäischen Gemeinschaft, insbesondere auf Artikel 13 Absatz 1,

auf Vorschlag der Kommission,

nach Stellungnahme des Europäischen Parlaments (Stellungnahme vom 30. März 2004 (noch nicht im Amtsblatt veröffentlicht)),

nach Stellungnahme des Ausschusses der Regionen (ABl. C 121 vom 30.4.2004, S. 27),

nach Stellungnahme des Europäischen Wirtschafts- und Sozialausschusses (ABl. C 241 vom 28.9.2004, S. 44),

in Erwägung nachstehender Gründe:

(1) Nach Artikel 6 des Vertrags über die Europäische Union beruht die Union auf den Grundsätzen der Freiheit, der Demokratie, der Achtung der Menschenrechte und Grundfreiheiten sowie der Rechtsstaatlichkeit; diese Grundsätze sind den Mitgliedstaaten gemeinsam; sie achtet ferner die Grundrechte, wie sie in der Europäischen Konvention zum Schutz der Menschenrechte und Grundfreiheiten gewährleistet sind und wie sie sich aus den gemeinsamen Verfassungsüberlieferungen der Mitgliedstaaten als allgemeine Grundsätze des Gemeinschaftsrechts ergeben.

(2) Die Gleichheit aller Menschen vor dem Gesetz und der Schutz vor Diskriminierung ist ein allgemeines Menschenrecht; dieses Recht wurde in der Allgemeinen Erklärung der Menschenrechte, im Übereinkommen der Vereinten Nationen über die Beseitigung aller Formen der Diskriminierung von Frauen, im Internationalen Übereinkommen zur Beseitigung jeder Form von Rassendiskriminierung, im Internationalen Pakt der Vereinten Nationen über bürgerliche und politische Rechte, im Internationalen Pakt der Vereinten Nationen über wirtschaftliche, soziale und kulturelle Rechte und in der Europäischen Konvention zum Schutz der Menschenrechte und Grundfreiheiten anerkannt, die von allen Mitgliedstaaten unterzeichnet wurden.

(3) Durch das Diskriminierungsverbot dürfen andere Grundrechte und Freiheiten nicht beeinträchtigt werden; hierzu gehören der Schutz des Privat- und Familienlebens und der in diesem Kontext stattfindenden Transaktionen sowie die Religionsfreiheit.

(4) Die Gleichstellung von Männern und Frauen ist ein grundlegendes Prinzip der Europäischen Union. Nach Artikel 21 und 23 der Charta der Grundrechte der Europäischen Union ist jegliche Diskriminierung wegen des Geschlechts verboten und muss die Gleichheit von Männern und Frauen in allen Bereichen gewährleistet werden.

(5) Gemäß Artikel 2 des Vertrags zur Gründung der Europäischen Gemeinschaft ist die Förderung der Gleichstellung von Männern und Frauen eine der Hauptaufgaben der Gemeinschaft. Außer-

3/7. Erweiterte GleichbehandlungsRL
Präambel

dem muss die Gemeinschaft gemäß Artikel 3 Absatz 2 des Vertrags bei all ihren Tätigkeiten darauf hinwirken, Ungleichheiten zu beseitigen und die Gleichstellung von Männern und Frauen zu fördern.

(6) In ihrer Mitteilung zur sozialpolitischen Agenda hat die Kommission ihre Absicht angekündigt, eine Richtlinie zur Diskriminierung aufgrund des Geschlechts vorzulegen, die über den Bereich des Arbeitsmarktes hinausgeht. Dieser Vorschlag steht in vollem Einklang mit der Entscheidung 2001/51/EG des Rates vom 20. Dezember 2000 über ein Aktionsprogramm der Gemeinschaft betreffend die Gemeinschaftsstrategie für die Gleichstellung von Frauen und Männern (2001–2005) (ABl. L 17 vom 19. 1. 2001, S. 22), die sämtliche Gemeinschaftspolitiken umfasst und darauf abzielt, die Gleichstellung von Männern und Frauen durch eine Anpassung dieser Politiken und durch konkrete Maßnahmen zur Verbesserung der Stellung von Männern und Frauen in der Gesellschaft zu fördern.

(7) Auf seiner Tagung in Nizza am 7. und 9. Dezember 2000 hat der Europäische Rat die Kommission aufgefordert, die Gleichstellungsrechte durch Verabschiedung einer Richtlinie zur Förderung der Gleichbehandlung von Männern und Frauen in anderen Bereichen als der Beschäftigung und dem Erwerbsleben zu stärken.

(8) Die Gemeinschaft hat eine Reihe von Rechtsinstrumenten zur Verhütung und Bekämpfung geschlechtsbedingter Diskriminierungen am Arbeitsmarkt verabschiedet. Diese Instrumente haben den Nutzen von Rechtsvorschriften im Kampf gegen Diskriminierung deutlich gemacht.

(9) Diskriminierungen aufgrund des Geschlechts, einschließlich Belästigungen und sexuellen Belästigungen, gibt es auch in Bereichen außerhalb des Arbeitsmarktes. Solche Diskriminierungen können dieselben negativen Auswirkungen haben und ein Hindernis für eine vollständige, erfolgreiche Eingliederung von Männern und Frauen in das wirtschaftliche und soziale Leben darstellen.

(10) Besonders augenfällig sind die Probleme im Bereich des Zugangs zu und der Versorgung mit Gütern und Dienstleistungen. Daher sollte dafür gesorgt werden, dass Diskriminierungen aufgrund des Geschlechts in diesem Bereich verhindert bzw. beseitigt werden. Wie dies bei der Richtlinie 2000/43/EG des Rates vom 29. Juni 2000 zur Anwendung des Gleichbehandlungsgrundsatzes ohne Unterschied der Rasse oder der ethnischen Herkunft (ABl. L 180 vom 19.7.2000, S. 22) der Fall war, kann dieses Ziel im Wege gemeinschaftlicher Rechtsvorschriften besser erreicht werden.

(11) Diese Rechtsvorschriften sollten die Diskriminierung aus Gründen des Geschlechts beim Zugang zu und bei der Versorgung mit Gütern und Dienstleistungen verhindern. Unter Gütern sollten Güter im Sinne der den freien Warenverkehr betreffenden Bestimmungen des Vertrags zur Gründung der Europäischen Gemeinschaft verstanden werden. Unter Dienstleistungen sollten Dienstleistungen im Sinne des Artikels 50 dieses Vertrags verstanden werden.

(12) Um Diskriminierungen aus Gründen des Geschlechts zu verhindern, sollte diese Richtlinie sowohl für unmittelbare als auch für mittelbare Diskriminierungen gelten. Eine unmittelbare Diskriminierung liegt nur dann vor, wenn eine Person aufgrund ihres Geschlechts in einer vergleichbaren Situation eine weniger günstige Behandlung erfährt. Somit liegt beispielsweise bei auf körperliche Unterschiede bei Mann und Frau zurückzuführenden unterschiedlichen Gesundheitsdienstleistungen für Männer und Frauen keine Diskriminierung vor, weil es sich nicht um vergleichbare Situationen handelt.

(13) Das Diskriminierungsverbot sollte für Personen gelten, die Güter und Dienstleistungen liefern bzw. erbringen, die der Öffentlichkeit zur Verfügung stehen und die außerhalb des Bereichs des Privat- und Familienlebens und der in diesem Kontext stattfindenden Transaktionen angeboten werden. Nicht gelten sollte es dagegen für Medien- und Werbeinhalte sowie für das staatliche oder private Bildungswesen.

(14) Für jede Person gilt der Grundsatz der Vertragsfreiheit, der die freie Wahl des Vertragspartners für eine Transaktion einschließt. Eine Person, die Güter oder Dienstleistungen bereitstellt, kann eine Reihe von subjektiven Gründen für die Auswahl eines Vertragspartners haben. Diese Richtlinie sollte die freie Wahl des Vertragspartners durch eine Person solange nicht berühren, wie die Wahl des Vertragspartners nicht von dessen Geschlecht abhängig gemacht wird.

(15) Es bestehen bereits zahlreiche Rechtsinstrumente zur Verwirklichung des Grundsatzes der Gleichbehandlung von Männern und Frauen im Bereich Beschäftigung und Beruf. Diese Richtlinie sollte deshalb nicht für diesen Bereich gelten. Das Gleiche gilt für selbstständige Tätigkeiten, soweit sie von bestehenden Rechtsvorschriften erfasst werden. Diese Richtlinie sollte nur für private, freiwillige und von Beschäftigungsverhältnissen unabhängige Versicherungen und Rentensysteme gelten.

(16) Eine unterschiedliche Behandlung kann nur dann zulässig sein, wenn sie durch ein legitimes Ziel gerechtfertigt ist. Ein legitimes Ziel kann beispielsweise sein: der Schutz von Opfern sexueller Gewalt (wie die Einrichtung einer Zufluchtsstätte für Personen gleichen Geschlechts), der Schutz der Privatsphäre und des sittlichen Empfindens (wie etwa bei der Vermietung von Wohnraum durch den Eigentümer in der Wohnstätte, in der er selbst wohnt), die Förderung der Gleichstellung der Geschlechter oder der Interessen von Männern und Frauen (wie ehrenamtliche Einrichtungen, die nur den Angehörigen eines Geschlechts zugänglich sind), die Vereinsfreiheit (Mitgliedschaft in privaten Klubs die nur den Angehörigen eines Geschlechts zugänglich sind) und die Organisation sportlicher Tätigkeiten (z. B. Sportveranstaltungen, zu denen ausschließlich die Angehörigen eines Geschlechts zugelassen sind). Beschränkungen

3/7. Erweiterte GleichbehandlungsRL

Präambel

sollten jedoch im Einklang mit den in der Rechtsprechung des Gerichtshofs der Europäischen Gemeinschaften festgelegten Kriterien angemessen und erforderlich sein.

(17) Der Grundsatz der Gleichbehandlung beim Zugang zu Gütern und Dienstleistungen bedeutet nicht, dass Einrichtungen Männern und Frauen in jedem Fall zur gemeinsamen Nutzung bereitgestellt werden müssen, sofern dabei nicht Angehörige des einen Geschlechts besser gestellt sind als die des anderen.

(18) Die Anwendung geschlechtsspezifischer versicherungsmathematischer Faktoren ist im Bereich des Versicherungswesens und anderer verwandter Finanzdienstleistungen weit verbreitet. Zur Gewährleistung der Gleichbehandlung von Männern und Frauen sollte die Berücksichtigung geschlechtsspezifischer versicherungsmathematischer Faktoren nicht zu Unterschieden bei den Prämien und Leistungen führen. Damit es nicht zu einer abrupten Umstellung des Marktes kommen muss, sollte die Anwendung dieser Regel nur für neue Verträge gelten, die nach dem Zeitpunkt der Umsetzung dieser Richtlinie abgeschlossen werden.

(19) Bestimmte Risikokategorien können bei Männern und Frauen unterschiedlich sein. In einigen Fällen ist das Geschlecht ein bestimmender Faktor bei der Beurteilung der versicherten Risiken, wenn auch nicht unbedingt der Einzige. Bei Verträgen, mit denen diese Arten von Risiken versichert werden, können die Mitgliedstaaten entscheiden, Ausnahmen von der Regel geschlechtsneutraler Prämien und Leistungen zuzulassen, sofern sie sicherstellen können, dass die zugrunde liegenden versicherungsmathematischen und statistischen Daten, auf die sich die Berechnungen stützen, verlässlich sind, regelmäßig aktualisiert werden und der Öffentlichkeit zugänglich sind. Ausnahmen sind nur dann zulässig, wenn das betreffende nationale Recht die Regel der Geschlechtsneutralität bisher noch nicht vorsah. Fünf Jahre nach der Umsetzung dieser Richtlinie sollten die Mitgliedstaaten prüfen, inwieweit diese Ausnahmen noch gerechtfertigt sind, wobei die neuesten versicherungsmathematischen und statistischen Daten sowie ein Bericht, den die Kommission drei Jahre nach der Umsetzung dieser Richtlinie vorlegen wird, zu berücksichtigen sind.

(20) Eine Schlechterstellung von Frauen aufgrund von Schwangerschaft oder Mutterschaft sollte als eine Form der direkten Diskriminierung aufgrund des Geschlechts angesehen und daher im Bereich der Versicherungsdienstleistungen und der damit zusammenhängenden Finanzdienstleistungen unzulässig sein. Mit den Risiken der Schwangerschaft und der Mutterschaft verbundene Kosten sollten daher nicht den Angehörigen eines einzigen Geschlechts zugeordnet werden.

(21) Opfer von Diskriminierungen aufgrund des Geschlechts sollten über einen angemessenen Rechtsschutz verfügen. Um einen effektiveren Schutz zu gewährleisten, sollten Verbände, Organisationen oder andere juristische Personen bei einem entsprechenden Beschluss der Mitgliedstaaten auch die Möglichkeit haben, sich unbeschadet der nationalen Verfahrensregeln bezüglich der Vertretung und Verteidigung vor Gericht im Namen eines Opfers oder zu seiner Unterstützung an einem Verfahren zu beteiligen.

(22) Die Beweislastregeln sollten für die Fälle, in denen der Anschein einer Diskriminierung besteht und zur wirksamen Anwendung des Grundsatzes der Gleichbehandlung, angepasst werden; die Beweislast sollte wieder auf die beklagte Partei verlagert werden, wenn eine solche Diskriminierung nachgewiesen ist.

(23) Voraussetzung für eine effektive Anwendung des Grundsatzes der Gleichbehandlung ist ein angemessener gerichtlicher Schutz vor Viktimisierung.

(24) Die Mitgliedstaaten sollten zur Förderung des Grundsatzes der Gleichbehandlung den Dialog zwischen den einschlägigen Interessengruppen unterstützen, die im Einklang mit den nationalen Rechtsvorschriften und Gepflogenheiten ein rechtmäßiges Interesse daran haben, sich an der Bekämpfung von Diskriminierungen aufgrund des Geschlechts im Bereich des Zugangs zu und der Versorgung mit Gütern und Dienstleistungen zu beteiligen.

(25) Der Schutz vor Diskriminierung aufgrund des Geschlechts sollte verstärkt werden, indem in jedem Mitgliedstaat eine oder mehrere Stellen vorgesehen werden, die für die Analyse der mit Diskriminierungen verbundenen Probleme, die Prüfung möglicher Lösungen und die Bereitstellung konkreter Hilfsangebote für die Opfer zuständig wäre. Bei diesen Stellen kann es sich um dieselben Stellen handeln, die auf nationaler Ebene die Aufgabe haben, für den Schutz der Menschenrechte, für die Wahrung der Rechte des Einzelnen oder für die Verwirklichung des Grundsatzes der Gleichbehandlung einzutreten.

(26) In dieser Richtlinie werden Mindestanforderungen festgelegt; den Mitgliedstaaten steht es somit frei, günstigere Vorschriften einzuführen oder beizubehalten. Die Umsetzung dieser Richtlinie sollte nicht der Rechtfertigung einer Absenkung des in den Mitgliedstaaten bereits bestehenden Schutzniveaus dienen.

(27) Die Mitgliedstaaten sollten für die Verletzung der aus dieser Richtlinie erwachsenden Verpflichtungen wirksame, verhältnismäßige und abschreckende Sanktionen vorsehen.

(28) Da die Ziele dieser Richtlinie, nämlich die Gewährleistung eines einheitlichen, hohen Niveaus des Schutzes vor Diskriminierung in allen Mitgliedstaaten, auf Ebene der Mitgliedstaaten nicht ausreichend erreicht werden können und sich daher wegen des Umfangs und der Wirkung besser auf Gemeinschaftsebene zu erreichen sind, kann die Gemeinschaft im Einklang mit dem in Artikel 5 des Vertrags niedergelegten Subsidiaritätsprinzip tätig werden. Entsprechend dem in demselben Artikel genannten Verhältnismäßigkeitsprinzip geht diese Richtlinie nicht über das für die Erreichung dieser Ziele erforderliche Maß hinaus.

3/7. Erweiterte GleichbehandlungsRL

(29) Entsprechend der Nummer 34 der Interinstitutionellen Vereinbarung über bessere Rechtsetzung (ABl. C 321 vom 31.12.2003, S. 1) sollten die Mitgliedstaaten für ihre eigenen Zwecke und im Interesse der Gemeinschaft eigene Tabellen aufstellen, denen im Rahmen des Möglichen die Entsprechungen zwischen dieser Richtlinie und den Umsetzungsmaßnahmen zu entnehmen sind, und diese veröffentlichen –

HAT FOLGENDE RICHTLINIE ERLASSEN:

KAPITEL I
ALLGEMEINE BESTIMMUNGEN

Zweck

Art. 1 Zweck dieser Richtlinie ist die Schaffung eines Rahmens für die Bekämpfung geschlechtsspezifischer Diskriminierungen beim Zugang zu und der Versorgung mit Gütern und Dienstleistungen zur Umsetzung des Grundsatzes der Gleichbehandlung von Männern und Frauen in den Mitgliedstaaten.

Begriffsbestimmungen

Art. 2 Im Sinne dieser Richtlinie bezeichnet der Ausdruck

a) unmittelbare Diskriminierung: wenn eine Person aufgrund ihres Geschlechts in einer vergleichbaren Situation eine weniger günstige Behandlung erfährt, als eine andere Person erfährt, erfahren hat oder erfahren würde;

b) mittelbare Diskriminierung: wenn dem Anschein nach neutrale Vorschriften, Kriterien oder Verfahren Personen, die einem Geschlecht angehören, in besonderer Weise gegenüber Personen des anderen Geschlechts benachteiligen können, es sei denn, die betreffenden Vorschriften, Kriterien oder Verfahren sind durch ein rechtmäßiges Ziel sachlich gerechtfertigt und die Mittel sind zur Erreichung dieses Ziels angemessen und erforderlich;

c) Belästigung: wenn unerwünschte geschlechtsbezogene Verhaltensweisen gegenüber einer Person erfolgen, die bezwecken oder bewirken, dass die Würde der betreffenden Person verletzt und ein von Einschüchterungen, Anfeindungen, Erniedrigungen, Entwürdigungen oder Beleidigungen gekennzeichnetes Umfeld geschaffen wird;

d) sexuelle Belästigung: jede Form von unerwünschtem Verhalten sexueller Natur, das sich in verbaler, nichtverbaler oder physischer Form äußert und das bezweckt oder bewirkt, dass die Würde der betreffenden Person verletzt wird, insbesondere wenn ein von Einschüchterungen, Anfeindungen, Erniedrigungen, Entwürdigungen oder Beleidigungen gekennzeichnetes Umfeld geschaffen wird.

Geltungsbereich

Art. 3 (1) Im Rahmen der auf die Gemeinschaft übertragenen Zuständigkeiten gilt diese Richtlinie für alle Personen, die Güter und Dienstleistungen bereitstellen, die der Öffentlichkeit ohne Ansehen der Person zur Verfügung stehen, und zwar in öffentlichen und privaten Bereichen, einschließlich öffentlicher Stellen, und die außerhalb des Bereichs des Privat- und Familienlebens und der in diesem Kontext stattfindenden Transaktionen angeboten werden.

(2) Diese Richtlinie berührt nicht die freie Wahl des Vertragspartners durch eine Person, solange diese ihre Wahl nicht vom Geschlecht des Vertragspartners abhängig macht.

(3) Diese Richtlinie gilt weder für den Inhalt von Medien und Werbung noch im Bereich der Bildung.

(4) Diese Richtlinie gilt nicht im Bereich Beschäftigung und Beruf. Diese Richtlinie gilt nicht für selbstständige Tätigkeiten, soweit diese von anderen Rechtsvorschriften der Gemeinschaft erfasst werden.

Grundsatz der Gleichbehandlung

Art. 4 (1) Im Sinne dieser Richtlinie bedeutet der Grundsatz der Gleichbehandlung von Männern und Frauen,

a) dass keine unmittelbare Diskriminierung aufgrund des Geschlechts, auch keine Schlechterstellung von Frauen aufgrund von Schwangerschaft oder Mutterschaft, erfolgen darf;

b) dass keine mittelbare Diskriminierung aufgrund des Geschlechts erfolgen darf.

(2) Diese Richtlinie gilt unbeschadet günstigerer Bestimmungen zum Schutz der Frauen in Bezug auf Schwangerschaft oder Mutterschaft.

(3) Belästigung und sexuelle Belästigung im Sinne dieser Richtlinie gelten als Diskriminierung aufgrund des Geschlechts und sind daher verboten. Die Zurückweisung oder Duldung solcher Verhaltensweisen durch die betreffende Person darf nicht als Grundlage für eine Entscheidung herangezogen werden, die diese Person berührt.

(4) Eine Anweisung zur unmittelbaren oder mittelbaren Diskriminierung aufgrund des Geschlechts gilt als Diskriminierung im Sinne dieser Richtlinie.

(5) Diese Richtlinie schließt eine unterschiedliche Behandlung nicht aus, wenn es durch ein legitimes Ziel gerechtfertigt ist, die Güter und Dienstleistungen ausschließlich oder vorwiegend für die Angehörigen eines Geschlechts bereitzustellen, und die Mittel zur Erreichung dieses Ziels angemessen und erforderlich sind.

Versicherungsmathematische Faktoren

Art. 5 (1) Die Mitgliedstaaten tragen dafür Sorge, dass spätestens bei den nach dem 21. Dezember 2007 neu abgeschlossenen Verträgen die Berücksichtigung des Faktors Geschlecht bei der Berechnung von Prämien und Leistungen im Bereich des Versicherungswesens und verwandter Finanzdienstleistungen nicht zu unterschiedlichen Prämien und Leistungen führt.

(2) Unbeschadet des Absatzes 1 können die Mitgliedstaaten vor dem 21. Dezember 2007 be-

3/7. Erweiterte GleichbehandlungsRL

Art. 5 – 10

schließen, proportionale Unterschiede bei den Prämien und Leistungen dann zuzulassen, wenn die Berücksichtigung des Geschlechts bei einer auf relevanten und genauen versicherungsmathematischen und statistischen Daten beruhenden Risikobewertung ein bestimmender Faktor ist. Die betreffenden Mitgliedstaaten informieren die Kommission und stellen sicher, dass genaue Daten in Bezug auf die Berücksichtigung des Geschlechts als bestimmender versicherungsmathematischer Faktor erhoben, veröffentlicht und regelmäßig aktualisiert werden. Diese Mitgliedstaaten überprüfen ihre Entscheidung fünf Jahre nach dem 21. Dezember 2007, wobei sie dem in Artikel 16 genannten Bericht der Kommission Rechnung tragen, und übermitteln der Kommission die Ergebnisse dieser Überprüfung.*)

*) Art. 5 (2) wurde vom EuGH mit dem Urteil in der Rs. C-236/09 (Test-Achats) mit Wirkung 21.12.2012 aufgehoben.

(3) Kosten im Zusammenhang mit Schwangerschaft und Mutterschaft dürfen auf keinen Fall zu unterschiedlichen Prämien und Leistungen führen.

Die Mitgliedstaaten können die Durchführung der aufgrund dieses Absatzes erforderlichen Maßnahmen bis spätestens zwei Jahre nach dem 21. Dezember 2007 aufschieben. In diesem Fall unterrichten die betreffenden Mitgliedstaaten unverzüglich die Kommission.

Positive Maßnahmen

Art. 6 Der Gleichbehandlungsgrundsatz hindert die Mitgliedstaaten nicht daran, zur Gewährleistung der vollen Gleichstellung von Männern und Frauen in der Praxis spezifische Maßnahmen, mit denen geschlechtsspezifische Benachteiligungen verhindert oder ausgeglichen werden, beizubehalten oder zu beschließen.

Mindestanforderungen

Art. 7 (1) Die Mitgliedstaaten können Vorschriften einführen oder beibehalten, die im Hinblick auf die Wahrung des Grundsatzes der Gleichbehandlung von Männern und Frauen günstiger sind, als die in dieser Richtlinie vorgesehenen Vorschriften.

(2) Die Umsetzung dieser Richtlinie darf keinesfalls eine Rechtfertigung einer Absenkung des von den Mitgliedstaaten bereits garantierten Schutzniveaus in Bezug auf Diskriminierungen in den von der Richtlinie erfassten Bereichen dienen.

KAPITEL II
RECHTSBEHELFE UND RECHTSDURCHSETZUNG

Rechtsschutz

Art. 8 (1) Die Mitgliedstaaten stellen sicher, dass alle Personen, die sich durch die Nichtanwendung des Grundsatzes der Gleichbehandlung in ihren Rechten für verletzt halten, ihre Ansprüche aus dieser Richtlinie auf dem Gerichts- und/oder Verwaltungsweg sowie, wenn die Mitgliedstaaten es für angezeigt halten, in Schlichtungsverfahren geltend machen können, selbst wenn das Verhältnis, während dessen die Diskriminierung vorgekommen sein soll, bereits beendet ist.

(2) Die Mitgliedstaaten treffen im Rahmen ihrer nationalen Rechtsordnung die erforderlichen Maßnahmen, um sicherzustellen, dass der einer Person durch eine Diskriminierung im Sinne dieser Richtlinie entstandene Schaden gemäß den von den Mitgliedstaaten festzulegenden Modalitäten tatsächlich und wirksam ausgeglichen oder ersetzt wird, wobei dies auf eine abschreckende und dem erlittenen Schaden angemessene Art und Weise geschehen muss. Die vorherige Festlegung einer Höchstgrenze schränkt diese Ausgleichs- oder Ersatzpflicht nicht ein.

(3) Die Mitgliedstaaten stellen sicher, dass Verbände, Organisationen oder andere juristische Personen, die gemäß den in ihrem nationalen Recht festgelegten Kriterien ein rechtmäßiges Interesse daran haben, für die Einhaltung der Bestimmungen dieser Richtlinie zu sorgen, sich im Namen der beschwerten Person oder zu deren Unterstützung und mit deren Einwilligung an den zur Durchsetzung der Ansprüche aus dieser Richtlinie vorgesehenen Gerichts- und/oder Verwaltungsverfahren beteiligen können.

(4) Die Absätze 1 und 3 lassen nationale Regelungen über Fristen für die Rechtsverfolgung in Fällen, in denen es um den Grundsatz der Gleichbehandlung geht, unberührt.

Beweislast

Art. 9 (1) Die Mitgliedstaaten ergreifen im Einklang mit ihrem nationalen Gerichtswesen die erforderlichen Maßnahmen, um zu gewährleisten, dass immer dann, wenn Personen, die sich durch die Nichtanwendung des Grundsatzes der Gleichbehandlung in ihren Rechten für verletzt halten und bei einem Gericht oder einer anderen zuständigen Behörde Tatsachen glaubhaft machen, die das Vorliegen einer unmittelbaren oder mittelbaren Diskriminierung vermuten lassen, es dem Beklagten obliegt zu beweisen, dass keine Verletzung des Grundsatzes der Gleichbehandlung vorgelegen hat.

(2) Absatz 1 lässt das Recht der Mitgliedstaaten, eine für die Kläger günstigere Beweislastregelung vorzusehen, unberührt.

(3) Absatz 1 gilt nicht für Strafverfahren.

(4) Die Absätze 1, 2 und 3 gelten auch für Verfahren gemäß Artikel 8 Absatz 3.

(5) Die Mitgliedstaaten können davon absehen, Absatz 1 auf Verfahren anzuwenden, in denen die Ermittlung des Sachverhalts dem Gericht oder anderen zuständigen Behörde obliegt.

Viktimisierung

Art. 10 Die Mitgliedstaaten treffen im Rahmen ihrer nationalen Rechtsordnung die erforderlichen Maßnahmen, um den Einzelnen vor Benachteiligungen zu schützen, die als Reaktion auf eine Beschwerde oder auf die Einleitung eines Verfahrens zur Durchsetzung des Grundsatzes der Gleichbehandlung erfolgen.

Dialog mit einschlägigen Interessengruppen

Art. 11 Zur Förderung des Grundsatzes der Gleichbehandlung unterstützen die Mitgliedstaaten den Dialog mit den einschlägigen Interessengruppen, die gemäß ihren nationalen Rechtsvorschriften und Gepflogenheiten ein rechtmäßiges Interesse daran haben, sich an der Bekämpfung von Diskriminierungen aufgrund des Geschlechts im Bereich des Zugangs zu und der Versorgung mit Gütern und Dienstleistungen zu beteiligen.

KAPITEL III
MIT DER FÖRDERUNG DER GLEICHBEHANDLUNG BEFASSTE STELLEN

Art. 12 (1) Jeder Mitgliedstaat bezeichnet eine oder mehrere Stellen, deren Aufgabe darin besteht, die Verwirklichung der Gleichbehandlung aller Personen ohne Diskriminierung aufgrund des Geschlechts zu fördern, zu analysieren, zu beobachten und zu unterstützen und trifft die erforderlichen Vorkehrungen. Diese Stellen können Teil von Einrichtungen sein, die auf nationaler Ebene die Aufgabe haben, für den Schutz der Menschenrechte, für die Wahrung der Rechte des Einzelnen oder für die Verwirklichung des Grundsatzes der Gleichbehandlung einzutreten.

(2) Die Mitgliedstaaten stellen sicher, dass es zu den Zuständigkeiten der in Absatz 1 genannten Stellen gehört,

a) unbeschadet der Rechte der Opfer und der Verbände, der Organisationen oder anderer juristischer Personen nach Artikel 8 Absatz 3 die Opfer von Diskriminierungen auf unabhängige Weise dabei zu unterstützen, ihrer Beschwerde wegen Diskriminierung nachzugehen;

b) unabhängige Untersuchungen zum Thema Diskriminierung durchzuführen;

c) unabhängige Berichte zu veröffentlichen und Empfehlungen zu allen Aspekten vorzulegen, die mit diesen Diskriminierungen in Zusammenhang stehen.

KAPITEL IV
SCHLUSSBESTIMMUNGEN

Einhaltung

Art. 13 Die Mitgliedstaaten treffen die erforderlichen Maßnahmen, um sicherzustellen, dass der Grundsatz der Gleichbehandlung in Bezug auf den Zugang zu und die Versorgung mit Gütern und Dienstleistungen im Rahmen des Geltungsbereichs dieser Richtlinie beachtet wird; insbesondere ist sicherzustellen, dass

a) Rechts- und Verwaltungsvorschriften, die dem Grundsatz der Gleichbehandlung zuwiderlaufen, aufgehoben werden;

b) vertragliche Bestimmungen, Betriebsordnungen, Statuten von Vereinigungen mit oder ohne Erwerbszweck, die dem Grundsatz der Gleichbehandlung zuwiderlaufen, für nichtig erklärt werden oder erklärt werden können oder geändert werden.

Sanktionen

Art. 14 Die Mitgliedstaaten legen die Sanktionen fest, die bei einem Verstoß gegen die nationalen Vorschriften zur Anwendung dieser Richtlinie zu verhängen sind, und treffen alle geeigneten Maßnahmen, um deren Durchsetzung zu gewährleisten. Die Sanktionen, die auch Schadenersatzleistungen an die Opfer umfassen können, müssen wirksam, verhältnismäßig und abschreckend sein. Die Mitgliedstaaten teilen der Kommission diese Bestimmungen bis spätestens zum 21. Dezember 2007 mit und melden alle sie betreffenden Änderungen unverzüglich.

Unterrichtung

Art. 15 Die Mitgliedstaaten tragen dafür Sorge, dass die gemäß dieser Richtlinie getroffenen Maßnahmen sowie die bereits geltenden einschlägigen Vorschriften allen Betroffenen in geeigneter Form in ihrem gesamten Hoheitsgebiet bekannt gemacht werden.

Berichte

Art. 16 (1) Die Mitgliedstaaten übermitteln der Kommission spätestens am 21. Dezember 2009 und in der Folge alle fünf Jahre sämtliche verfügbaren Informationen über die Anwendung dieser Richtlinie.

Die Kommission erstellt einen zusammenfassenden Bericht, der eine Prüfung der aktuellen Praxis der Mitgliedstaaten im Zusammenhang mit Artikel 5 in Bezug auf die Berücksichtigung des Faktors Geschlecht bei der Berechnung von Prämien und Leistungen enthält. Sie legt diesen Bericht dem Europäischen Parlament und dem Rat spätestens am 21. Dezember 2010 vor. Erforderlichenfalls fügt die Kommission diesem Bericht Vorschläge zur Änderung der Richtlinie bei.

(2) Die Kommission berücksichtigt in ihrem Bericht die Standpunkte der einschlägigen Interessengruppen.

Umsetzung

Art. 17 (1) Die Mitgliedstaaten setzen die Rechts- und Verwaltungsvorschriften in Kraft, die erforderlich sind, um dieser Richtlinie spätestens am 21. Dezember 2007 nachzukommen. Sie teilen der Kommission unverzüglich den Wortlaut dieser Rechtsvorschriften mit.

Wenn die Mitgliedstaaten diese Vorschriften erlassen, nehmen sie in den Vorschriften selbst oder durch einen Hinweis bei der amtlichen Veröffentlichung auf diese Richtlinie Bezug. Die Mitgliedstaaten regeln die Einzelheiten der Bezugnahme.

(2) Die Mitgliedstaaten teilen der Kommission den Wortlaut der wichtigsten innerstaatlichen Rechtsvorschriften, die sie auf dem unter diese Richtlinie fallenden Gebiet erlassen, mit.

Inkrafttreten

Art. 18 Diese Richtlinie tritt am Tag ihrer Veröffentlichung im *Amtsblatt der Europäischen Union* in Kraft.

Adressaten

Art. 19 Diese Richtlinie ist an die Mitgliedstaaten gerichtet.

3/8. LohntransparenzRL
Präambel

3/8. Lohntransparenz-Richtlnie

Richtlinie (EU) 2023/970 des Europäischen Parlaments und des Rates vom 10. Mai 2023 zur Stärkung der Anwendung des Grundsatzes des gleichen Entgelts für Männer und Frauen bei gleicher oder gleichwertiger Arbeit durch Entgelttransparenz und Durchsetzungsmechanismen

(ABl. Nr. L 132 v. 17.5.2023, S. 21)

GLIEDERUNG

KAPITEL I: ALLGEMEINE BESTIMMUNGEN
- Art. 1: Gegenstand
- Art. 2: Geltungsbereich
- Art. 3: Begriffsbestimmungen
- Art. 4: Gleiche Arbeit und gleichwertige Arbeit

KAPITEL II: ENTGELTTRANSPARENZ
- Art. 5: Entgelttransparenz vor der Beschäftigung
- Art. 6: Transparenz bei der Festlegung des Entgelts und der Politik der Entgeltentwicklung
- Art. 7: Auskunftsrecht
- Art. 8: Zugänglichkeit von Informationen
- Art. 9: Berichterstattung über das Entgeltgefälle zwischen Arbeitnehmerinnen und Arbeitnehmern
- Art. 10: Gemeinsame Entgeltbewertung
- Art. 11: Unterstützung für Arbeitgeber mit weniger als 250 Arbeitnehmern
- Art. 12: Datenschutz
- Art. 13: Sozialer Dialog

KAPITEL III: RECHTSMITTEL UND RECHTSDURCHSETZUNG
- Art. 14: Rechtsschutz
- Art. 15: Verfahren im Namen oder zur Unterstützung von Arbeitnehmern
- Art. 16: Anspruch auf Schadensersatz
- Art. 17: Sonstige Abhilfemaßnahmen
- Art. 18: Verlagerung der Beweislast
- Art. 19: Nachweis für gleiche oder gleichwertige Arbeit
- Art. 20: Zugang zu Beweismitteln
- Art. 21: Verjährungsfristen
- Art. 22: Verfahrenskosten
- Art. 23: Sanktionen
- Art. 24: Gleiches Entgelt bei öffentlichen Aufträgen und Konzessionen
- Art. 25: Viktimisierung und Schutz vor ungünstigerer Behandlung
- Art. 26: Verhältnis zur Richtlinie 2006/54/EG

KAPITEL IV: HORIZONTALE BESTIMMUNGEN
- Art. 27: Schutzniveau
- Art. 28: Gleichbehandlungsstellen
- Art. 29: Überwachung und Sensibilisierung
- Art. 30: Tarifverhandlungen und Kollektivmaßnahmen
- Art. 31: Statistik
- Art. 32: Verbreitung von Informationen
- Art. 33: Durchführung
- Art. 34: Umsetzung
- Art. 35: Berichterstattung und Überprüfung
- Art. 36: Inkrafttreten
- Art. 37: Adressaten

DAS EUROPÄISCHE PARLAMENT UND DER RAT DER EUROPÄISCHEN UNION –

gestützt auf den Vertrag über die Arbeitsweise der Europäischen Union, insbesondere auf Artikel 157 Absatz 3,

auf Vorschlag der Europäischen Kommission,

nach Zuleitung des Entwurfs des Gesetzgebungsakts an die nationalen Parlamente,

nach Stellungnahme des Europäischen Wirtschafts- und Sozialausschusses (ABl. C 341 vom 24.8.2021 S. 84)

gemäß dem ordentlichen Gesetzgebungsverfahren (Standpunkt des Europäischen Parlaments vom 30. März 2023 (noch nicht im Amtsblatt veröffentlicht) und Beschluss des Rates vom 24. April 2023)

in Erwägung nachstehender Gründe:

(1) In Artikel 11 des Übereinkommens der Vereinten Nationen vom 18. Dezember 1979 zur Beseitigung jeder Form von Diskriminierung der Frau, das von allen Mitgliedstaaten ratifiziert worden ist, ist vorgesehen, dass die Vertragsstaaten alle geeigneten Maßnahmen zu treffen haben, um unter anderem das Recht auf gleiches Entgelt, einschließlich sonstiger Leistungen, und auf Gleichbehandlung bei gleichwertiger Arbeit sowie Gleichbehandlung bei der Bewertung der Arbeitsqualität zu gewährleisten.

(2) In Artikel 2 und Artikel 3 Absatz 3 des Vertrags über die Europäische Union ist das Recht auf Gleichstellung von Frauen und Männern als wesentlicher Wert der Union festgeschrieben.

(3) Gemäß den Artikeln 8 und 10 des Vertrags über die Arbeitsweise der Europäischen Union (AEUV) wird gefordert, dass die Union in ihrer Politik und bei allen ihren Tätigkeiten darauf hinwirkt, Ungleichheiten zu beseitigen, die Gleichstellung von Männern und Frauen zu fördern und Diskriminierungen aus Gründen des Geschlechts zu bekämpfen.

(4) Gemäß Artikel 157 Absatz 1 AEUV ist jeder Mitgliedstaat verpflichtet, die Anwendung des Grundsatzes des gleichen Entgelts für Männer und Frauen bei gleicher oder gleichwertiger Arbeit sicherzustellen. In Artikel 157 Absatz 3 AEUV ist vorgesehen, dass die Union Maßnahmen zur Gewährleistung der Anwendung des Grundsatzes der Chancengleichheit und der Gleichbehandlung von Männern und Frauen in Arbeits- und Beschäftigungsfragen, einschließlich des Grundsatzes des gleichen Entgelts bei gleicher oder gleichwertiger Arbeit (im Folgenden „Grundsatz des gleichen Entgelts"), beschließt.

(5) Der Gerichtshof der Europäischen Union (im Folgenden „Gerichtshof") hat festgestellt, dass der Anwendungsbereich des Grundsatzes der Gleichbehandlung von Männern und Frauen nicht auf die Diskriminierungen beschränkt werden kann, die sich aus der Zugehörigkeit zu dem einen oder dem anderen Geschlecht ergeben (Urteil des Gerichtshofs vom 30. April 1996, P gegen S, C-13/94, ECLI:EU:C:1996:170; Urteil des Gerichtshofs vom 7. Januar 2004, K. B., C-117/01, ECLI:EU:C:2004:7; Urteil des Gerichtshofs vom 27. April 2006, Richards, C-423/04, ECLI:EU:C:2006:256; Urteil des Gerichtshofs vom 26. Juni 2018, MB, C-451/16, ECLI:EU:C:2018:492). In Anbetracht des Gegenstands und der Natur der Rechte, die damit geschützt werden sollen, muss dieser Grundsatz auch für Diskriminierungen zu gelten, die ihre Ursache in einer Geschlechtsumwandlung haben.

(6) In einigen Mitgliedstaaten ist es derzeit möglich, sich rechtlich als ein drittes, oftmals neutrales, Geschlecht registrieren zu lassen. Diese Richtlinie berührt nicht die einschlägigen nationalen Vorschriften zur Umsetzung einer solchen Anerkennung in Bezug auf Beschäftigung und Entgelt.

(7) Gemäß Artikel 21 der Charta der Grundrechte der Europäischen Union (im Folgenden „Charta") sind Diskriminierungen, insbesondere wegen des Geschlechts, verboten. In Artikel 23 der Charta ist vorgesehen, dass die Gleichheit von Frauen und Männern in allen Bereichen, einschließlich der Beschäftigung, der Arbeit und des Arbeitsentgelts, sicherzustellen ist.

(8) In Artikel 23 der Allgemeinen Erklärung der Menschenrechte heißt es unter anderem, dass jeder, ohne Unterschied, das Recht auf gleiches Entgelt für gleiche Arbeit, auf freie Berufswahl, auf gerechte und befriedigende Arbeitsbedingungen sowie auf gerechte Entlohnung, die eine der menschlichen Würde entsprechende Existenz sichert, hat.

(9) Die vom Europäischen Parlament, dem Rat und der Kommission gemeinsam proklamierte europäische Säule sozialer Rechte enthält unter anderem die Grundsätze der Gleichbehandlung und Chancengleichheit von Frauen und Männern sowie das Recht auf gleiches Entgelt bei gleichwertiger Arbeit.

(10) In der Richtlinie 2006/54/EG des Europäischen Parlaments und des Rates (Richtlinie 2006/54/EG des Europäischen Parlaments und des Rates vom 5. Juli 2006 zur Verwirklichung des Grundsatzes der Chancengleichheit und Gleichbehandlung von Männern und Frauen in Arbeits- und Beschäftigungsfragen (ABl. L 204 vom 26.7.2006, S. 23)) ist vorgesehen, dass bei gleicher Arbeit oder bei einer Arbeit, die als gleichwertig anerkannt wird, mittelbare und unmittelbare Diskriminierung aufgrund des Geschlechts in Bezug auf sämtliche Entgeltbestandteile und -bedingungen beseitigt werden soll. Insbesondere wenn zur Festlegung des Entgelts ein System beruflicher Einstufung verwendet wird, muss dieses System auf gemeinsamen geschlechtsneutralen Kriterien beruhen und so beschaffen sein, dass Diskriminierungen aufgrund des Geschlechts ausgeschlossen werden.

(11) In der Bewertung der einschlägigen Bestimmungen der Richtlinie 2006/54/EG (2020) wurde festgestellt, dass die Anwendung des Grundsatzes des gleichen Entgelts durch mangelnde Transparenz der Entgeltsysteme, mangelnde Rechtssicherheit in Bezug auf den Begriff der gleichwertigen Arbeit und Verfahrenshindernisse für Diskriminierungsopfer behindert wird. Arbeitnehmern fehlen die nötigen Informationen, die sie für eine erfolgreiche Geltendmachung eines Anspruchs auf gleiches Entgelt benötigen, insbesondere Angaben zu den Entgelthöhen von Gruppen von Arbeitnehmern, die gleiche oder gleichwertige Arbeit verrichten. In der Bewertung wurde festgestellt, dass sich durch größere Transparenz geschlechtsspezifische Verzerrungen und Diskriminierungen in den Vergütungsstrukturen eines Unternehmens oder einer Organisation aufdecken ließen. Arbeitnehmer, Arbeitgeber und Sozialpartner wären dadurch auch in der Lage, geeignete Maßnahmen zur Gewährleistung der Anwendung des Rechts auf gleiches Entgelt bei gleicher oder gleichwertiger Arbeit (im Folgenden „Recht auf gleiches Entgelt") zu ergreifen.

(12) Nach einer gründlichen Bewertung des bestehenden Rahmens für gleiches Entgelt bei gleicher oder gleichwertiger Arbeit und einem umfassenden und inklusiven Konsultationsprozess wurde in der Mitteilung der Kommission „Eine Union der Gleichheit: Strategie für die Gleichstellung der Geschlechter 2020–2025" vom 5. März 2020 angekündigt, dass die Kommission verbindliche Maßnahmen zur Entgelttransparenz vorschlagen würde.

(13) Die wirtschaftlichen und sozialen Folgen der COVID-19-Pandemie haben sich unverhältnismäßig negativ auf Frauen und die Gleichstellung

3/8. LohntransparenzRL
Präambel

der Geschlechter ausgewirkt, und der Verlust von Arbeitsplätzen hat sich häufig auf die von Frauen dominierten Niedriglohnsektoren konzentriert. Die COVID-19-Pandemie hat deutlich gemacht, dass die Arbeit, die hauptsächlich von Frauen geleistet wird, nach wie vor strukturell unterbewertet wird, und sie hat den hohen sozioökonomischen Wert der Arbeit von Frauen in Form von Dienstleistungen mit direktem Kontakt mit Menschen unter Beweis gestellt, wie z. B. in den Bereichen der Gesundheitsversorgung, Reinigung, Kinderbetreuung, Sozialfürsorge und häuslichen Pflege für ältere Menschen und andere erwachsene pflegebedürftige Angehörige, was in starkem Gegensatz zur geringen Sichtbarkeit und Anerkennung dieser Arbeit steht.

(14) Die Auswirkungen der COVID-19-Pandemie werden daher das Geschlechtergefälle und das geschlechtsspezifische Entgeltgefälle weiter verschärfen, es sei denn, die Wiederherstellungsmaßnahmen sind geschlechtersensibel. Diese Auswirkungen haben es noch dringlicher gemacht, sich mit der Frage des gleichen Entgelts bei gleicher oder gleichwertiger Arbeit zu befassen. Die Stärkung der Umsetzung des Grundsatzes des gleichen Entgelts durch weitere Maßnahmen ist besonders wichtig, um sicherzustellen, dass die Fortschritte, die bei der Beseitigung von Entgeltunterschieden erzielt wurden, nicht beeinträchtigt werden.

(15) Das geschlechtsspezifische Entgeltgefälle in der Union besteht weiterhin: im Jahr 2020 lag es bei 13 %, wobei es erhebliche Unterschiede zwischen den Mitgliedstaaten gibt, und es hat sich in den letzten zehn Jahren nur geringfügig verringert. Das geschlechtsspezifische Entgeltgefälle ist auf verschiedene Faktoren zurückzuführen, beispielsweise Geschlechterstereotypen, die Fortdauer der „gläsernen Decke" und des „klebrigen Bodens" sowie die horizontale Segregation, einschließlich des überdurchschnittlichen Anteils von Frauen in gering bezahlten Dienstleistungstätigkeiten, sowie die ungleiche Aufteilung von Pflege- und Betreuungsaufgaben. Zudem wird das geschlechtsspezifische Entgeltgefälle zum Teil durch unmittelbare und mittelbare geschlechtsspezifische Entgeltdiskriminierung verursacht. Alle diese Elemente stellen strukturelle Hindernisse dar, die komplexe Herausforderungen für die Schaffung hochwertiger Arbeitsplätze und die Verwirklichung des Grundsatzes des gleichen Entgelts bei gleicher oder gleichwertiger Arbeit schaffen, und sie haben Langzeitfolgen wie das Rentengefälle und die Feminisierung der Armut.

(16) Ein allgemeiner Mangel an Transparenz in Bezug auf die Entgelthöhen innerhalb von Organisationen führt zum Fortdauern einer Situation, in der geschlechtsspezifische Entgeltdiskriminierung und Verzerrungen unentdeckt bleiben oder im Verdachtsfall schwer nachzuweisen sind. Es sind daher verbindliche Maßnahmen erforderlich, um die Entgelttransparenz zu verbessern, Organisationen zu ermutigen, ihre Vergütungsstrukturen zu überprüfen, um sicherzustellen, dass Frauen und Männer, die gleiche oder gleichwertige Arbeit leisten, das gleiche Entgelt erhalten, sowie Diskriminierungsopfer in die Lage zu versetzen, ihr Recht auf gleiches Entgelt auszuüben. Diese verbindlichen Maßnahmen müssen durch Bestimmungen ergänzt werden, mit denen bestehende Rechtsbegriffe wie Entgelt und gleichwertige Arbeit präzisiert werden, und durch Maßnahmen zur Verbesserung der Durchsetzungsmechanismen und des Zugangs zur Justiz.

(17) Die Anwendung des Grundsatzes des gleichen Entgelts sollte durch die Beseitigung unmittelbarer und mittelbarer Entgeltdiskriminierung verbessert werden. Dies hindert Arbeitgeber nicht daran, Arbeitnehmer, die gleiche oder gleichwertige Arbeit verrichten, auf der Grundlage objektiver, geschlechtsneutraler und vorurteilsfreier Kriterien wie Leistung und Kompetenz unterschiedlich zu vergüten.

(18) Diese Richtlinie sollte für alle Arbeitnehmer gelten, einschließlich Teilzeitbeschäftigte, befristet beschäftigte Arbeitnehmer und Personen mit einem Arbeitsvertrag oder Beschäftigungsverhältnis mit einem Leiharbeitsunternehmen sowie Arbeitnehmer in Führungspositionen, die nach den geltenden Rechtsvorschriften, Tarifverträgen oder Gepflogenheiten in den jeweiligen Mitgliedstaaten einen Arbeitsvertrag haben und/oder in einem Beschäftigungsverhältnis stehen, wobei die Rechtsprechung des Gerichtshofs zu berücksichtigen ist (Urteil des Gerichtshofs vom 3. Juli 1986, Lawrie-Blum, 66/85, ECLI:EU:C:1986:284; Urteil des Gerichtshofs vom 14. Oktober 2010, Union Syndicale Solidaires Isère, C-428/09, ECLI:EU:C:2010:612; Urteil des Gerichtshofs vom 4. Dezember 2014, FNV Kunsten Informatie en Media, C-413/13, ECLI:EU:C:2014:2411; Urteil des Gerichtshofs vom 9. Juli 2015, Balkaya, C-229/14, ECLI:EU:C:2015:455; Urteil des Gerichtshofs vom 17. November 2016, Betriebsrat der Ruhrlandklinik, C-216/15, ECLI:EU:C:2016:883; Urteil des Gerichtshofs vom 16. Juli 2020, Governo della Repubblica italiana (Status der italienischen Friedensrichter), C-658/18, ECLI:EU:C:2020:572). Falls sie die einschlägigen Kriterien erfüllen, fallen Hausangestellte, Arbeitnehmer, die auf Abruf, intermittierend, auf der Grundlage von Gutscheinen und auf Online-Plattformen beschäftigt sind, Arbeitnehmer in geschützten Beschäftigungsverhältnissen sowie Praktikanten und Auszubildende in den Anwendungsbereich dieser Richtlinie. Die Feststellung des Vorliegens eines Beschäftigungsverhältnisses sollte sich an den Fakten orientieren, die sich auf die tatsächliche Arbeitsleistung beziehen, und nicht an der Beschreibung des Verhältnisses durch die Parteien.

(19) Ein wichtiges Element zur Beseitigung von Entgeltdiskriminierung ist die Entgelttransparenz vor Beschäftigung. Diese Richtlinie sollte daher auch für Stellenbewerber gelten.

(20) Um Hindernisse für die Opfer von geschlechtsspezifischer Entgeltdiskriminierung bei der Ausübung ihres Rechts auf gleiches Entgelt zu beseitigen und Arbeitgeber bei der Gewährleistung der Achtung dieses Rechts anzuleiten, sollten die Kernbegriffe im Zusammenhang mit

3/8. LohntransparenzRL

Präambel

gleichem Entgelt bei gleicher oder gleichwertiger Arbeit wie Entgelt und gleichwertige Arbeit im Einklang mit der Rechtsprechung des Gerichtshofs präzisiert werden. Dadurch sollte die Anwendung dieser Konzepte insbesondere für Kleinstunternehmen sowie kleine und mittlere Unternehmen erleichtert werden.

(21) Der Grundsatz des gleichen Entgelts sollte in Bezug auf Löhne, Gehälter und alle sonstigen Vergütungen, die die Arbeitnehmer aufgrund ihrer Beschäftigung von ihrem Arbeitgeber unmittelbar oder mittelbar in bar oder in Sachleistung erhalten, eingehalten werden. Im Einklang mit der Rechtsprechung des Gerichtshofs (Beispielsweise Urteil des Gerichtshofs vom 9. Februar 1982, Garland, C-12/81, ECLI:EU:C:1982:44; Urteil des Gerichtshofs vom 9. Juni 1982, Kommission der Europäischen Gemeinschaften/Großherzogtum Luxemburg, C-58/81, ECLI:EU:C:1982:215; Urteil des Gerichtshofs vom 13. Juli 1989, Rinner-Kühn, C-171/88, ECLI:EU:C:1989:328; Urteil des Gerichtshofs vom 27. Juni 1990, Kowalska, C-33/89, ECLI:EU:C:1990:265; Urteil des Gerichtshofs vom 4. Juni 1992, Böttel, C-360/90, ECLI:EU:C:1992:246; Urteil des Gerichtshofs vom 13. Februar 1996, Gillespie und andere, C-342/93, ECLI:EU:C:1996:46; Urteil des Gerichtshofs vom 7. März 1996, Freers und Speckmann, C-278/93, ECLI:EU:C:1996:83; Urteil des Gerichtshofs vom 30. März 2004, Alabaster, C-147/02, ECLI:EU:C:2004:192) sollte der Begriff „Entgelt" nicht nur das Gehalt, sondern auch ergänzende oder variable Bestandteile des Entgelts umfassen. Im Rahmen von ergänzenden oder variablen Bestandteilen sollten alle zusätzlich zum üblichen Grund- oder Mindestlohn oder -gehalt gewährten Vergütungen, die der Arbeitnehmer unmittelbar oder mittelbar in bar oder in Sachleistung erhält, berücksichtigt werden. Solche ergänzenden oder variablen Bestandteile können unter anderem Boni, Überstundenausgleich, Fahrvergünstigungen, Wohnungs- und Verpflegungszuschüsse, Aus- und Weiterbildungsentschädigungen, Abfindungen bei Entlassung, gesetzliches Krankengeld, gesetzlich vorgeschriebene Entschädigungen und Betriebsrenten umfassen. Der Begriff „Entgelt" sollte alle Elemente der gesetzlich oder tarifvertraglich und/oder nach den Gepflogenheiten in den einzelnen Mitgliedstaaten geschuldeten Vergütung umfassen.

(22) Um eine einheitliche Darstellung der in dieser Richtlinie vorgeschriebenen Informationen zu gewährleisten, sollten die Entgelthöhen als Bruttojahresentgelt und entsprechender Bruttostundenentgelt angegeben werden. Es sollte möglich sein, die Entgelthöhen auf der Grundlage des für den Arbeitnehmer festgelegten tatsächlichen Entgelts zu berechnen, unabhängig davon, ob es jährlich, monatlich, stündlich oder anderweitig festgelegt ist.

(23) Die Mitgliedstaaten sollten nicht verpflichtet sein, für die Zwecke dieser Richtlinie neue Stellen einzurichten. Es sollte ihnen möglich sein, die sich daraus ergebenden Aufgaben in Einklang mit den nationalen Rechtsvorschriften und/oder Gepflogenheiten bestehenden Stellen, einschließlich der Sozialpartner, zu übertragen, vorausgesetzt, die Mitgliedstaaten erfüllen die Verpflichtungen gemäß dieser Richtlinie.

(24) Um die Arbeitnehmer zu schützen und ihrer Angst vor Viktimisierung bei der Anwendung des Grundsatzes des gleichen Entgelts Rechnung zu tragen, sollte es ihnen möglich sein, sich durch einen Vertreter vertreten zu lassen. Dabei könnte es sich um Gewerkschaften oder andere Arbeitnehmervertreter handeln. Gibt es keine Arbeitnehmervertreter, so sollten sich die Arbeitnehmer durch einen Vertreter ihrer Wahl vertreten lassen können. Die Mitgliedstaaten sollten die Möglichkeit haben, ihre nationalen Gegebenheiten und unterschiedliche Rollen bei der Arbeitnehmervertretung zu berücksichtigen.

(25) In Artikel 10 AEUV ist vorgesehen, dass die Union bei der Festlegung und Durchführung ihrer Politik und ihrer Maßnahmen darauf abzielt, Diskriminierungen aus Gründen des Geschlechts, der Rasse, der ethnischen Herkunft, der Religion oder der Weltanschauung, einer Behinderung, des Alters oder der sexuellen Ausrichtung zu bekämpfen. In Artikel 4 der Richtlinie 2006/54/EG ist vorgesehen, dass es keine unmittelbare oder mittelbare Diskriminierung aufgrund des Geschlechts in Bezug auf das Arbeitsentgelt geben darf. Geschlechtsspezifische Entgeltdiskriminierung, bei der das Geschlecht eines Opfers eine entscheidende Rolle spielt, kann in der Praxis vielfältige Formen annehmen. Dabei kann es sich um eine Überschneidung verschiedener Achsen der Diskriminierung oder Ungleichheit handeln, bei der der Arbeitnehmer zu einer oder mehreren Gruppen gehört, die gegen eine Diskriminierung aus Gründen des Geschlechts einerseits sowie der Rasse oder der ethnischen Herkunft, der Religion oder der Weltanschauung, einer Behinderung, des Alters oder der sexuellen Ausrichtung nach Maßgabe der Richtlinie 2000/43/EG des Rates (Richtlinie 2000/43/EG des Rates vom 29. Juni 2000 zur Anwendung des Gleichbehandlungsgrundsatzes ohne Unterschied der Rasse oder der ethnischen Herkunft (ABl. L 180 vom 19.7.2000, S. 22)) oder der Richtlinie 2000/78/EG des Rates (Richtlinie 2000/78/EG des Rates vom 27. November 2000 zur Festlegung eines allgemeinen Rahmens für die Verwirklichung der Gleichbehandlung in Beschäftigung und Beruf (ABl. L 303 vom 2.12.2000, S. 16)) andererseits geschützt ist bzw. sind. Frauen mit Behinderungen, Frauen unterschiedlicher Rasse oder ethnischer Herkunft, einschließlich Roma-Frauen, und junge oder ältere Frauen zählen zu den Gruppen, die intersektioneller Diskriminierung ausgesetzt sein können. Mit der vorliegenden Richtlinie sollte daher klargestellt werden, dass es im Zusammenhang mit geschlechtsspezifischer Entgeltdiskriminierung möglich sein sollte, eine solche Kombination zu berücksichtigen, um etwaige Zweifel auszuräumen, die nach dem geltenden Rechtsrahmen in dieser Hinsicht bestehen können, und nationale Gerichte, Gleichbehandlungsstellen und andere zuständige Behörden in die Lage zu versetzen, insbesondere zu inhaltlichen und verfahrensrechtlichen Zwecken

3/8. LohntransparenzRL
Präambel

jeder Benachteiligung, die sich aus intersektioneller Diskriminierung ergibt, gebührend Rechnung zu tragen; dazu gehört die Feststellung des Vorliegens einer Diskriminierung, die Wahl der geeigneten Vergleichsperson, die Bewertung der Verhältnismäßigkeit und gegebenenfalls die Festsetzung der Höhe des gewährten Schadensersatzes oder der verhängten Sanktionen.

Ein intersektioneller Ansatz ist wichtig, um das geschlechtsspezifische Entgeltgefälle zu verstehen und anzugehen. Diese Klarstellung sollte den Umfang der Pflichten der Arbeitgeber in Bezug auf Maßnahmen zur Entgelttransparenz im Rahmen der vorliegenden Richtlinie nicht ändern. Insbesondere sollten Arbeitgeber nicht verpflichtet sein, Daten zu anderen Schutzgründen als dem Geschlecht zu erheben.

(26) Um das Recht auf gleiches Entgelt einzuhalten, müssen Arbeitgeber Vergütungsstrukturen festlegen, die gewährleisten, dass es keine geschlechtsspezifischen Entgeltunterschiede zwischen Arbeitnehmern gibt, die gleiche oder gleichwertige Arbeit leisten, die nicht durch objektive, geschlechtsneutrale Kriterien gerechtfertigt sind. Diese Vergütungsstrukturen sollten einen Vergleich des Wertes unterschiedlicher Aufgaben innerhalb derselben Organisationsstruktur ermöglichen. Diese Vergütungsstrukturen sollten auf bestehenden Leitlinien der Union in Bezug auf Systeme zur geschlechtsneutralen Arbeitsbewertung und beruflichen Einstufung oder auf Indikatoren oder geschlechtsneutralen Modellen aufgebaut werden können. Im Einklang mit der Rechtsprechung des Gerichtshofs sollte der Wert der Arbeit anhand objektiver Kriterien, einschließlich berufliche Anforderungen, Bildungs-, Aus- und Weiterbildungsanforderungen, Kompetenzen, Belastungen, Verantwortung und Arbeitsbedingungen, unabhängig von Unterschieden in den Beschäftigungsmodellen, bewertet und verglichen werden. Um die Anwendung des Konzepts der gleichwertigen Arbeit insbesondere für Kleinstunternehmen sowie kleinere und mittlere Unternehmen zu erleichtern, sollten die zu verwendenden objektiven Kriterien vier Faktoren umfassen: Kompetenzen, Belastungen, Verantwortung und Arbeitsbedingungen. Diese Faktoren wurden in den bestehenden Leitlinien der Union als wesentlich und ausreichend für die Bewertung der in einer Organisation ausgeführten Aufgaben ermittelt, unabhängig davon, zu welchem Wirtschaftszweig die Organisation gehört.

Da nicht alle Faktoren für eine bestimmte Position gleichermaßen relevant sind, sollte jeder der vier Faktoren vom Arbeitgeber nach Maßgabe der Relevanz dieser Kriterien für den jeweiligen Arbeitsplatz oder die betreffende Position gewichtet werden. Außerdem sollten, sofern relevant und gerechtfertigt, zusätzliche Kriterien berücksichtigt werden können. Gegebenenfalls sollte die Kommission bestehende Leitlinien der Union im Benehmen mit dem Europäischen Institut für Gleichstellungsfragen (EIGE) aktualisieren können.

(27) Nationale Systeme zur Lohnfestlegung variieren und können auf Tarifverträgen und/oder vom Arbeitgeber beschlossenen Elementen beruhen. Diese Richtlinie hat keine Auswirkungen auf die unterschiedlichen nationalen Systeme zur Lohnfestlegung.

(28) Die Ermittlung einer gültigen Vergleichsperson ist ein wichtiger Parameter für die Feststellung, ob Arbeit als gleichwertig betrachtet werden kann. Dies ermöglicht es Arbeitnehmern, nachzuweisen, dass sie schlechter behandelt wurden als eine Vergleichsperson eines anderen Geschlechts, die gleiche oder gleichwertige Arbeit verrichtet. Auf der Grundlage der durch die Definitionen der unmittelbaren und mittelbaren Diskriminierung gemäß der Richtlinie 2006/54/EG herbeigeführten Entwicklungen sollte in Situationen, in denen es keine reale Vergleichsperson gibt, der Rückgriff auf eine hypothetische Vergleichsperson erlaubt sein, um es Arbeitnehmern zu ermöglichen, nachzuweisen, dass sie nicht in gleicher Weise behandelt wurden wie eine hypothetische Vergleichsperson eines anderen Geschlechts behandelt worden wäre. Damit wäre ein großes Hindernis für potenzielle Opfer geschlechtsspezifischer Entgeltdiskriminierung beseitigt, insbesondere auf stark geschlechtsspezifisch segregierten Arbeitsmärkten, wo es aufgrund der Anforderung, eine Vergleichsperson des anderen Geschlechts zu finden, fast unmöglich ist, einen Anspruch auf gleiches Entgelt geltend zu machen.

Darüber hinaus sollten Arbeitnehmer nicht daran gehindert werden, andere Fakten, die eine mutmaßliche Diskriminierung vermuten lassen, wie Statistiken oder sonstige verfügbare Informationen, zu verwenden. Dadurch ließen sich geschlechtsspezifische Entgeltungleichheiten in geschlechtsspezifisch segregierten Sektoren und Berufen, besonders in von Frauen dominierten Bereichen wie dem Pflege- und Betreuungssektor, wirksamer bekämpfen.

(29) Der Gerichtshof hat klargestellt, dass sich für die Bewertung, ob sich Arbeitnehmer in einer vergleichbaren Situation befinden, der Vergleich nicht notwendigerweise auf Situationen beschränkt, in denen Männer und Frauen für denselben Arbeitgeber arbeiten (Urteil des Gerichtshofs vom 17. September 2002, Lawrence u. a., C-320/00, ECLI:EU:C:2002:498). Arbeitnehmer können sich in einer vergleichbaren Situation befinden, auch wenn sie nicht für denselben Arbeitgeber arbeiten, wenn die Entgeltbedingungen auf eine einheitliche Quelle zurückzuführen sind, die diese Bedingungen festlegt, und wenn diese Bedingungen gleich und vergleichbar sind. Dies kann der Fall sein, wenn die einschlägigen Entgeltbedingungen durch gesetzliche Bestimmungen oder Vereinbarungen geregelt werden, die sich auf für mehrere Arbeitgeber geltendes Entgelt beziehen, oder wenn die Bedingungen für mehr als eine Organisation oder mehr als einen Betrieb einer Holdinggesellschaft oder eines Konzerns zentral festgelegt werden. Darüber hinaus hat der Gerichtshof klargestellt, dass sich der Vergleich nicht auf Arbeitnehmer

beschränkt, die gleichzeitig mit der klagenden Partei beschäftigt sind (Urteil des Gerichtshofs vom 27. März 1980, Macarthys Ltd, C-129/79, ECLI:EU:C:1980:103). Darüber hinaus sollte bei der Durchführung der eigentlichen Bewertung anerkannt werden, dass ein Unterschied beim Entgelt durch Faktoren erklärt werden kann, die nicht mit dem Geschlecht in Verbindung stehen.

(30) Die Mitgliedstaaten sollten sicherstellen, dass Schulungen und spezifische Instrumente und Methoden zur Verfügung gestellt werden, um Arbeitgeber bei der Bewertung der Frage, was unter gleichwertiger Arbeit zu verstehen ist, zu unterstützen und anzuleiten. Dadurch sollte die Anwendung dieses Konzepts insbesondere für Kleinstunternehmen sowie kleine und mittlere Unternehmen erleichtert werden. Unter Berücksichtigung des nationalen Rechts, von Tarifverträgen und/oder Gepflogenheiten sollten die Mitgliedstaaten die Sozialpartner mit der Entwicklung spezifischer Instrumente und Methoden betrauen oder diese in Zusammenarbeit mit den Sozialpartnern oder nach Anhörung der Sozialpartner entwickeln können.

(31) Systeme zur beruflichen Einstufung und Arbeitsbewertung können zu geschlechtsspezifischer Entgeltdiskriminierung führen, wenn sie nicht geschlechtsneutral eingesetzt werden, insbesondere wenn sie von traditionellen Geschlechterstereotypen ausgehen. In solchen Fällen tragen sie zum Fortbestehen des Entgeltgefälles bei, indem sie die von Männern oder Frauen dominierten Berufe in Situationen, in denen die geleistete Arbeit gleichwertig ist, unterschiedlich bewerten. Werden hingegen geschlechtsneutrale Systeme zur Arbeitsbewertung und beruflichen Einstufung verwendet, tragen sie wirksam zur Schaffung eines transparenten Entgeltsystems bei und gewährleisten, dass unmittelbare oder mittelbare Diskriminierung aufgrund des Geschlechts ausgeschlossen wird. Mit diesen Systemen wird mittelbare Entgeltdiskriminierung im Zusammenhang mit der Unterbewertung von Tätigkeiten, die üblicherweise von Frauen geleistet werden, erkannt. Dies geschieht durch die Messung und den Vergleich von Tätigkeiten, deren Inhalt zwar unterschiedlich, aber gleichwertig ist; dadurch unterstützen sie den Grundsatz des gleichen Entgelts.

(32) Fehlende Informationen über die vorgesehene Entgeltspanne einer Stelle führen zu einer Informationsasymmetrie, die die Verhandlungsmacht von Stellenbewerbern einschränkt. Durch die Gewährleistung von Transparenz sollten potenzielle Arbeitnehmer in der Lage versetzt werden, eine fundierte Entscheidung über das erwartete Gehalt zu treffen, ohne jedoch die Verhandlungsmacht des Arbeitgebers oder Arbeitnehmers in irgendeiner Weise einzuschränken, um ein Gehalt auch außerhalb der angegebenen Spanne auszuhandeln. Transparenz würde zudem eine explizite und geschlechtsneutrale Grundlage für die Festlegung des Entgelts gewährleisten und die Unterbewertung des Entgelts im Vergleich zu Kompetenzen und Erfahrungen unterbinden. Transparenz würde auch gegen intersektionelle Diskriminierung vorgegangen werden, bei der intransparente Entgeltfestlegung diskriminierende Praktiken aus verschiedenen Diskriminierungsgründen zulässt. Stellenbewerber sollten Informationen über das Einstiegsentgelt oder dessen Spanne in einer Weise erhalten, dass fundierte und transparente Verhandlungen über das Entgelt gewährleistet werden, wie beispielsweise in einer veröffentlichten Stellenausschreibung, vor dem Vorstellungsgespräch oder andernfalls vor Abschluss eines Arbeitsvertrags. Die Informationen sollten vom Arbeitgeber oder auf andere Weise, z. B. durch die Sozialpartner, bereitgestellt werden.

(33) Um das Fortbestehen des geschlechtsspezifischen Entgeltgefälles zu unterbinden, von dem einzelne Arbeitnehmer im Laufe der Zeit betroffen sind, sollten Arbeitgeber sicherstellen, dass Stellenausschreibungen und Berufsbezeichnungen geschlechtsneutral sind und Einstellungsverfahren auf nichtdiskriminierende Weise geführt werden, um das Recht auf gleiches Entgelt nicht zu unterminieren. Arbeitgebern sollte es nicht gestattet sein, sich nach dem aktuellen Entgelt oder der bisherigen Entgeltentwicklung eines Stellenbewerbers zu erkundigen oder proaktiv zu versuchen, Informationen darüber einzuholen.

(34) Entgelttransparenzmaßnahmen sollten das Recht der Arbeitnehmer auf gleiches Entgelt schützen und gleichzeitig die Kosten und den Verwaltungsaufwand für Arbeitgeber so weit wie möglich begrenzen, wobei Kleinstunternehmen sowie kleinen und mittleren Unternehmen besondere Aufmerksamkeit zu widmen ist. Gegebenenfalls sollten die Maßnahmen auf die Arbeitgebergröße zugeschnitten sein; dabei ist die Mitarbeiterzahl zu berücksichtigen. Die Zahl der bei Arbeitgebern beschäftigten Arbeitnehmer, die als Kriterium dafür heranzuziehen ist, ob ein Arbeitgeber der Berichterstattung über das Entgelt gemäß dieser Richtlinie unterliegt, wird unter Berücksichtigung der Empfehlung 2003/361/EG der Kommission (Empfehlung 2003/361/EG der Kommission vom 6. Mai 2003 betreffend die Definition der Kleinstunternehmen sowie der kleinen und mittleren Unternehmen (ABl. L 124 vom 20.5.2003, S. 36)) über Kleinstunternehmen sowie kleine und mittlere Unternehmen festgelegt.

(35) Arbeitgeber sollten Arbeitnehmern die Kriterien, die zur Festlegung ihrer Entgelthöhe und ihrer Entgeltentwicklung verwendet werden, zur Verfügung stellen. Die Entgeltentwicklung bezieht sich auf den Prozess des Übergangs eines Arbeitnehmers zu einer höheren Entgelthöhe. Kriterien für die Entgeltentwicklung können unter anderem individuelle Leistung, Kompetenzentwicklung und Dienstalter sein. Bei der Umsetzung dieser Verpflichtung sollten die Mitgliedstaaten besonders darauf achten, einen übermäßigen Verwaltungsaufwand für Kleinstunternehmen und kleine Unternehmen zu vermeiden. Die Mitgliedstaaten sollten als Minderungsmaßnahme auch gebrauchsfertige Vorlagen bereitstellen können, um Kleinstunternehmen und kleine Unternehmen bei der Erfüllung dieser Verpflichtung zu unterstützen. Die Mitgliedstaaten sollten Arbeitgeber,

3/8. LohntransparenzRL
Präambel

die Kleinstunternehmen oder kleine Unternehmen sind, von der Verpflichtung im Zusammenhang mit der Entgeltentwicklung befreien können, indem sie ihnen beispielsweise gestatten, die entsprechenden Kriterien auf Antrag der Arbeitnehmer zur Verfügung zu stellen.

(36) Alle Arbeitnehmer sollten das Recht haben, auf Anfrage von ihrem Arbeitgeber Auskunft über ihre individuelle Entgelthöhe und – aufgeschlüsselt nach Geschlecht – über die durchschnittlichen Entgelthöhen für die Gruppe von Arbeitnehmern, die gleiche oder gleichwertige Arbeit wie sie selbst verrichten, zu erhalten. Sie sollten auch die Möglichkeit haben, die Auskünfte über Arbeitnehmervertreter oder eine Gleichbehandlungsstelle zu erhalten. Arbeitgeber sollten Arbeitnehmer jährlich über dieses Recht sowie über die Schritte, die zur Ausübung dieses Rechts unternommen werden müssen, informieren. Arbeitgeber können auch von sich aus solche Informationen bereitstellen, ohne dass die Arbeitnehmer sie anfordern müssen.

(37) Mit dieser Richtlinie sollte sichergestellt werden, dass Menschen mit Behinderungen angemessenen Zugang zu den Informationen haben, die gemäß dieser Richtlinie für Stellenbewerber und Arbeitnehmer zur Verfügung gestellt werden. Solche Informationen sollten diesen Personen unter Berücksichtigung ihrer spezifischen Behinderungen in einem Format und mit der geeigneten Form der Hilfe und Unterstützung zur Verfügung gestellt werden, um Zugänglichkeit und Verständlichkeit der Informationen zu gewährleisten. Dies könnte die Darstellung von Informationen auf verständliche und wahrnehmbare Weise, in geeigneter Schriftgröße, mit ausreichendem Kontrast oder in der jeweiligen Behinderung angemessenen anderen Formaten umfassen. Gegebenenfalls findet die Richtlinie (EU) 2016/2102 des Europäischen Parlaments und des Rates (Richtlinie (EU) 2016/2102 des Europäischen Parlaments und des Rates vom 26. Oktober 2016 über den barrierefreien Zugang zu den Websites und mobilen Anwendungen öffentlicher Stellen (ABl. L 327 vom 2.12.2016, S. 1)) Anwendung.

(38) Arbeitgeber mit mindestens 100 Arbeitnehmern sollten regelmäßig über das Entgelt Bericht erstatten, wie in dieser Richtlinie vorgesehen. Diese Informationen sollten von den Überwachungsstellen der Mitgliedstaaten auf angemessene und transparente Weise veröffentlicht werden. Arbeitgeber können diese Berichte beispielsweise auf ihrer Website veröffentlichen oder sie auf andere Weise öffentlich zugänglich machen, beispielsweise indem sie Informationen in ihre Lageberichte, gegebenenfalls in den Lagebericht, der gemäß der Richtlinie 2013/34/EU des Europäischen Parlaments und des Rates (Richtlinie 2013/34/EU des Europäischen Parlaments und des Rates vom 26. Juni 2013 über den Jahresabschluss, den konsolidierten Abschluss und damit verbundene Berichte von Unternehmen bestimmter Rechtsformen und zur Änderung der Richtlinie 2006/43/EG des Europäischen Parlaments und des Rates und zur Aufhebung der Richtlinien 78/660/EWG und 83/349/EWG des Rates (ABl. L 182 vom 29.6.2013, S. 19)) erstellt wird, aufnehmen. Arbeitgeber, die den Anforderungen jener Richtlinie unterliegen, können in ihrem Lagebericht zusammen mit anderen beschäftigungsbezogenen Angelegenheiten auch über das Entgelt Bericht erstatten. Um die Entgelttransparenz in Bezug auf die Arbeitnehmer zu maximieren, können die Mitgliedstaaten die Berichterstattungsfrequenz erhöhen oder für Arbeitgeber mit weniger als 100 Arbeitnehmern eine regelmäßige Berichterstattung über das Entgelt vorschreiben.

(39) Die Berichterstattung über das Entgelt sollte es den Arbeitgebern ermöglichen, ihre Entgeltstrukturen und ihre Entgeltpolitik zu bewerten und zu überwachen und so den Grundsatz des gleichen Entgelts proaktiv einzuhalten. Die Berichterstattung und gemeinsame Entgeltbewertungen tragen dazu bei, für geschlechtsspezifische Verzerrungen in den Entgeltstrukturen und für Entgeltdiskriminierung zu sensibilisieren und tragen dazu bei, solche Verzerrungen und Diskriminierung wirksam und systematisch zu bekämpfen, was allen Arbeitnehmern desselben Arbeitgebers zugutekommt. Gleichzeitig sollten die nach Geschlecht aufgeschlüsselten Daten die zuständigen Behörden, Arbeitnehmervertreter und andere Interessenträger dabei unterstützen, das geschlechtsspezifische Entgeltgefälle in allen Sektoren (horizontale Segregation) und Funktionen (vertikale Segregation) zu überwachen. Die Arbeitgeber möchten die veröffentlichten Daten möglicherweise durch eine Erläuterung etwaiger geschlechtsspezifischer Entgeltunterschiede oder Entgeltgefälle ergänzen. Wenn Unterschiede beim durchschnittlichen Entgelt bei gleicher oder gleichwertiger Arbeit zwischen Arbeitnehmerinnen und Arbeitnehmern nicht durch objektive, geschlechtsneutrale Faktoren gerechtfertigt sind, sollte der Arbeitgeber Maßnahmen ergreifen, um die Ungleichheiten zu beseitigen.

(40) Um die Belastung für Arbeitgeber zu verringern, könnten die Mitgliedstaaten die erforderlichen Daten über ihre nationalen Verwaltungen erheben und miteinander verknüpfen, damit das Entgeltgefälle zwischen Arbeitnehmerinnen und Arbeitnehmern je Arbeitgeber berechnet werden kann. Eine solche Datenerfassung kann die Verknüpfung von Daten mehrerer öffentlicher Verwaltungen, wie z. B. Finanzaufsichtsbehörden und Sozialversicherungsstellen, erfordern und wäre möglich, wenn Verwaltungsdaten zur Verfügung stehen, um die Daten der Arbeitgeber auf Betriebs- oder Organisationsebene mit den Daten der Arbeitnehmer auf individueller Ebene, einschließlich Geld- und Sachleistungen, abzugleichen. Die Mitgliedstaaten könnten diese Informationen nicht nur für diejenigen Arbeitgeber einholen, die der Pflicht zur Entgeltberichterstattung nach dieser Richtlinie unterliegen, sondern auch für Arbeitgeber, die nicht der Pflicht zur Entgeltberichterstattung unterliegen und die freiwillig Bericht erstatten. Die Veröffentlichung der erforderlichen Informationen durch die Mitgliedstaaten sollte die

Arbeitgeber, die von den Verwaltungsdaten erfasst sind, von der Pflicht zur Entgeltberichterstattung entbinden, sofern das mit der Berichtspflicht angestrebte Ergebnis erreicht wird.

(41) Um die Informationen über das geschlechtsspezifische Entgeltgefälle auf der Organisationsebene allgemein zugänglich zu machen, sollten die Mitgliedstaaten die gemäß dieser Richtlinie benannte Überwachungsstelle damit beauftragen, die von den Arbeitgebern erhaltenen Daten zum Entgeltgefälle zu sammeln, ohne letztere zusätzlich zu belasten. Die Überwachungsstelle sollte diese Daten unter anderem auf einer leicht zugänglichen Website veröffentlichen, damit die Daten der einzelnen Arbeitgeber, Sektoren und Regionen des betreffenden Mitgliedstaats verglichen werden können.

(42) Die Mitgliedstaaten können Arbeitgeber, die nicht den Berichterstattungspflichten gemäß dieser Richtlinie unterliegen, und die freiwillig über das Entgelt berichten, beispielsweise mittels eines Entgelttransparenzsiegels Anerkennung bieten, im Hinblick darauf, bewährte Verfahren in Bezug auf die in dieser Richtlinie festgelegten Rechte und Pflichten zu fördern.

(43) Gemeinsame Entgeltbewertungen sollten bei Entgeltungleichheiten in Organisationen mit mindestens 100 Arbeitnehmern eine Überprüfung und Überarbeitung der Entgeltstrukturen auslösen. Die gemeinsame Entgeltbewertung sollte durchgeführt werden, wenn Arbeitgeber und die betroffenen Arbeitnehmervertreter sich nicht darüber einig sind, dass ein Unterschied bei der durchschnittlichen Entgelthöhe von mindestens 5 % zwischen Frauen und Männern in einer bestimmten Gruppe von Arbeitnehmern durch objektive und geschlechtsneutrale Kriterien gerechtfertigt werden kann, wenn der Arbeitgeber eine solche Rechtfertigung nicht vorlegt oder wenn der Arbeitgeber einen solchen Unterschied der Entgelthöhe innerhalb von sechs Monaten nach dem Tag der Vorlage der Entgeltberichterstattung nicht korrigiert hat. Die gemeinsame Entgeltbewertung sollte von Arbeitgebern in Zusammenarbeit mit Arbeitnehmervertretern durchgeführt werden. Gibt es keine Arbeitnehmervertreter, so sollten sie für den Zweck der gemeinsamen Entgeltbewertung von den Arbeitnehmern benannt werden. Gemeinsame Entgeltbewertungen sollten innerhalb einer angemessenen Frist dazu führen, dass geschlechtsspezifische Entgeltdiskriminierungen beseitigt werden, indem Abhilfemaßnahmen angenommen werden.

(44) Jegliche Verarbeitung oder Veröffentlichung von Informationen im Rahmen dieser Richtlinie sollte der Verordnung (EU) 2016/679 des Europäischen Parlaments und des Rates (Verordnung (EU) 2016/679 des Europäischen Parlaments und des Rates vom 27. April 2016 zum Schutz natürlicher Personen bei der Verarbeitung personenbezogener Daten, zum freien Datenverkehr und zur Aufhebung der Richtlinie 95/46/EG (Datenschutz-Grundverordnung) (ABl. L 119 vom 4.5.2016, S. 1)) entsprechen. Es sollten spezifische Sicherheitsvorkehrungen hinzugefügt werden, um eine direkte oder indirekte Offenlegung von Informationen über einen identifizierbaren Arbeitnehmer zu verhindern. Arbeitnehmer sollten nicht daran gehindert werden, ihr Entgelt freiwillig offenzulegen, um den Grundsatz des gleichen Entgelts durchzusetzen.

(45) Es ist wichtig, dass die Sozialpartner Fragen des gleichen Entgelts in Tarifverhandlungen erörtern und ihnen besondere Aufmerksamkeit widmen. Die verschiedenen Merkmale des nationalen sozialen Dialogs und der Tarifverhandlungssysteme in der Union, die Autonomie und Vertragsfreiheit der Sozialpartner sowie ihre Eigenschaft als Arbeitnehmer- und Arbeitgebervertreter sollten berücksichtigt werden. Daher sollten die Mitgliedstaaten im Einklang mit ihrem nationalen System und ihrer nationalen Praxis geeignete Maßnahmen ergreifen, um die Sozialpartner zu ermutigen, Fragen des gleichen Entgelts gebührend zu berücksichtigen; dazu könnten auch Diskussionen auf der geeigneten Ebene der Tarifverhandlungen, Maßnahmen, um die Ausübung des Rechts auf Tarifverhandlungen in Bezug auf die betreffenden Angelegenheiten anzuregen und ungebührliche Einschränkungen dieses Rechts zu beseitigen, und die Entwicklung geschlechtsneutraler Systeme zur Arbeitsbewertung und Einstufung gehören.

(46) Allen Arbeitnehmern sollten die erforderlichen Verfahren zur Verfügung stehen, die ihnen das Recht auf Zugang zur Justiz gewähren. Nationale Rechtsvorschriften, die die Inanspruchnahme der Schlichtung oder der Einschaltung einer Gleichbehandlungsstelle verbindlich vorsehen oder mit Anreizen oder Sanktionen versehen, sollten die Parteien nicht daran hindern, ihr Recht auf Zugang zu den Gerichten wahrzunehmen.

(47) Die Einbindung von Gleichbehandlungsstellen zusätzlich zu anderen Interessenträgern trägt maßgeblich zur wirksamen Anwendung des Grundsatzes des gleichen Entgelts bei. Die Befugnisse und Mandate der nationalen Gleichbehandlungsstellen sollten daher angemessen sein, um geschlechtsspezifische Entgeltdiskriminierung, einschließlich der Entgelttransparenz oder sonstiger in dieser Richtlinie festgelegten Rechte und Pflichten, vollständig abzudecken. Um die verfahrenstechnischen und kostenbedingten Hindernisse zu überwinden, mit denen Arbeitnehmer beim Versuch, ihr Recht auf gleiches Entgelt wahrzunehmen, konfrontiert sind, sollten Gleichbehandlungsstellen sowie Verbände, Organisationen, und Arbeitnehmervertreter oder andere Rechtspersonen mit einem Interesse an der Gewährleistung der Gleichstellung von Männern und Frauen die Möglichkeit haben, Einzelpersonen zu vertreten. Sie sollten Arbeitnehmer helfen können, indem sie in deren Namen oder zu ihrer Unterstützung handeln, so würde es Arbeitnehmern, die Opfer von Diskriminierung geworden sind, ermöglichen, bei mutmaßlicher Verletzung ihrer Rechte und mutmaßlichem Verstoß gegen den Grundsatz des gleichen Entgelts ihre Ansprüche wirksam geltend zu machen.

(48) Die Geltendmachung von Ansprüchen im Namen oder zur Unterstützung mehrerer Arbeitnehmer ist eine Möglichkeit, Verfahren zu erleich-

3/8. LohntransparenzRL
Präambel

tern, die andernfalls aufgrund von verfahrenstechnischen und finanziellen Hindernissen oder der Furcht vor Viktimisierung nicht eingeleitet würden. Auch wenn Arbeitnehmer Mehrfachdiskriminierungen ausgesetzt sind, die schwer voneinander zu trennen sind, können Verfahren auf diese Weise erleichtert werden. Sammelklagen haben das Potenzial, systemische Diskriminierung aufzudecken und das Recht auf gleiches Entgelt und die Gleichstellung der Geschlechter in der Gesellschaft insgesamt sichtbar zu machen. Die Möglichkeit des kollektiven Rechtsschutzes könnte die proaktive Einhaltung von Maßnahmen zur Entgelttransparenz fördern, Gruppendruck schaffen, das Bewusstsein und die Bereitschaft der Arbeitgeber, präventiv zu handeln, erhöhen und den systemischen Charakter der Entgeltdiskriminierung angehen. Die Mitgliedstaaten können beschließen, Qualifikationskriterien für die Vertreter von Arbeitnehmern in Gerichtsverfahren in Bezug auf Ansprüche auf gleiches Entgelt festzulegen, um sicherzustellen, dass solche Vertreter ausreichend qualifiziert sind.

(49) Die Mitgliedstaaten sollten dafür sorgen, dass Gleichbehandlungsstellen über ausreichende Mittel verfügen, damit sie ihre Aufgaben im Zusammenhang mit geschlechtsspezifischer Entgeltdiskriminierung wirksam und angemessen wahrnehmen können. Werden die Aufgaben mehr als einer Stelle übertragen, so sollten die Mitgliedstaaten gewährleisten, dass diese sich in ausreichendem Maße koordinieren. Dies umfasst zum Beispiel Beträge aus erhobenen Geldbußen den Gleichbehandlungsstellen zuzuweisen, damit diese ihre Aufgaben im Zusammenhang mit der Durchsetzung des Rechts auf gleiches Entgelt wirksam wahrnehmen können; dazu gehört auch, Ansprüche aufgrund von Entgeltdiskriminierung geltend zu machen oder Opfer bei der Geltendmachung solcher Ansprüche zu unterstützen.

(50) Gemäß der Rechtsprechung des Gerichtshofs sollte der Schadensersatz den Schaden, der durch geschlechtsspezifische Entgeltdiskriminierung entstanden ist, vollständig decken (Urteil des Gerichtshofs vom 17. Dezember 2015, Arjona Camacho, C-407/14, ECLI:EU:C:2015:831, Rn. 45). Dazu gehören vollständige Entgeltnachzahlungen und Nachzahlungen damit verbundener Prämien oder Sachleistungen sowie den Schadensersatz für entgangene Chancen, wie Zugang zu bestimmten Leistungen je nach Entgelthöhe, und für immaterielen Schaden, wie beispielsweise erlittenes Leid aufgrund der Unterbewertung der geleisteten Arbeit. Beim Schadensersatz kann gegebenenfalls eine geschlechtsspezifische Entgeltdiskriminierung, die sich mit Diskriminierung in Bezug auf andere Schutzgründe überschneidet, berücksichtigt werden. Die Mitgliedstaaten sollten keine vorab festgelegte Obergrenze für einen solchen Schadensersatz einführen.

(51) Neben dem Schadensersatz sollten auch andere Abhilfemaßnahmen vorgesehen werden. Die zuständigen Behörden oder die nationalen Gerichte sollten beispielsweise einen Arbeitgeber anweisen können, strukturelle oder organisatorische Maßnahmen zu ergreifen, damit er seinen Pflichten im Bereich des gleichen Entgelts nachkommt. Zu diesen Maßnahmen kann zum Beispiel die Pflicht gehören, das Verfahren zur Entgeltfestlegung auf der Grundlage einer geschlechtsneutralen Bewertung und Einstufung zu überprüfen; einen Aktionsplan zu erstellen, um die festgestellten Diskrepanzen zu beseitigen und ungerechtfertigte Entgeltgefälle abzubauen; die Arbeitnehmer über ihr Recht auf gleiches Entgelt zu informieren und dafür zu sensibilisieren sowie eine obligatorische Schulung des für Humanressourcen verantwortlichen Personals in Fragen des gleichen Entgelts und der geschlechtsneutralen Arbeitsbewertung und Einstufung einzuführen.

(52) Nach der Rechtsprechung des Gerichtshofs (Urteil des Gerichtshofs vom 17. Oktober 1989, Danfoss, C-109/88, ECLI:EU:C:1989:383) enthält die Richtlinie 2006/54/EG Bestimmungen, um sicherzustellen, dass die Beweislast auf den die beklagte Partei verlagert wird, wenn die Vermutung einer Diskriminierung besteht. Dennoch ist es für die Opfer und die Gerichte nicht immer einfach, zu wissen, wie sie selbst diese Vermutung begründen können. In der Rechtssache C-109/88 kam der Gerichtshof zu dem Schluss, dass die Beweislast auf die beklagte Partei verlagert werden sollte, wenn ein Entgeltsystem angewandt wird, dem jede Durchschaubarkeit fehlt, ohne dass der Arbeitnehmer die Vermutung einer Entgeltdiskriminierung belegen muss. Entsprechend sollte die Beweislast auf die beklagte Partei verlagert werden, wenn ein Arbeitgeber die in dieser Richtlinie festgelegten Verpflichtungen zur Entgelttransparenz nicht erfüllt, beispielsweise indem er sich weigert, von den Arbeitnehmern angeforderte Informationen bereitzustellen, oder gegebenenfalls nicht über das geschlechtsspezifische Entgeltgefälle Bericht erstattet, es sei denn, der Arbeitgeber weist nach, dass ein solcher Verstoß offensichtlich unbeabsichtigt und geringfügig war.

(53) Nationale Vorschriften über die Verjährungsfristen in Bezug auf das Geltendmachen von Ansprüchen betreffend mutmaßliche Verletzungen der gemäß dieser Richtlinie bestehenden Rechte sollten gemäß der Rechtsprechung des Gerichtshofs so gestaltet sein, dass sie die Ausübung dieser Rechte nicht praktisch unmöglich machen oder übermäßig erschweren. Verjährungsfristen schaffen spezifische Hindernisse für Opfer geschlechtsspezifischer Entgeltdiskriminierung. Zu diesem Zweck sollten gemeinsame Mindeststandards festgelegt werden. Darin sollte festgelegt sein, wann die Verjährungsfrist beginnt, wie lange sie dauert und unter welchen Umständen eine Hemmung oder Unterbrechung der Frist eintritt, und vorgesehen werden, dass die Verjährungsfrist für die Geltendmachung von Ansprüchen mindestens drei Jahre beträgt. Die Verjährungsfristen sollten nicht beginnen, bevor die klagende Partei Kenntnis von dem Verstoß hat oder deren Kenntnis vernünftigerweise von ihm erwartet werden kann. Die Mitgliedstaaten sollten beschließen können,

dass die Verjährungsfrist nicht beginnt, solange der Verstoß weiter besteht, oder dass sie nicht vor Beendigung des Arbeitsvertrags oder des Beschäftigungsverhältnisses beginnt.

(54) Die Kosten eines Rechtsstreits stellen ein schwerwiegendes Hindernis für Opfer geschlechtsspezifischer Entgeltdiskriminierung dar, Ansprüche aufgrund mutmaßlicher Verletzungen ihres Rechts auf gleiches Entgelt geltend zu machen, was zu unzureichendem Schutz für Arbeitnehmer und zu einer unzureichenden Durchsetzung des Rechts auf gleiches Entgelt führt. Um dieses wesentliche Verfahrenshindernis auf dem Weg zur Gerechtigkeit zu beseitigen, sollten die Mitgliedstaaten sicherstellen, dass die nationalen Gerichte bewerten können, ob eine unterlegene klagende Partei berechtigte Gründe hatte, den Anspruch geltend zu machen, und, wenn dies so ist, anordnen zu können, dass die unterlegene klagende Partei die Kosten des Verfahrens nicht tragen muss. Dies sollte insbesondere dann gelten, wenn eine obsiegende beklagte Partei die in dieser Richtlinie festgelegten Entgelttransparenzpflichten nicht erfüllt hat.

(55) Die Mitgliedstaaten sollten wirksame, verhältnismäßige und abschreckende Sanktionen für Verstöße gegen nationale Vorschriften zur Umsetzung dieser Richtlinie oder gegen nationale Vorschriften vorsehen, die zum Zeitpunkt des Inkrafttretens dieser Richtlinie bereits in Kraft sind und sich auf das Recht auf gleiches Entgelt beziehen. Diese Sanktionen sollten Geldbußen umfassen, die auf dem Bruttojahresumsatz des Arbeitgebers oder der Gesamtentgeltsumme des Arbeitgebers beruhen könnten. Sonstigen erschwerenden oder mildernden Umständen des Einzelfalls, beispielsweise wenn Entgeltdiskriminierung aufgrund des Geschlechts mit Diskriminierung in Bezug auf andere Schutzgründe verbunden ist, sollte Rechnung getragen werden. Es liegt an den Mitgliedstaaten, festzulegen, für welche Verletzungen der Rechte und Pflichten im Zusammenhang mit gleichem Entgelt bei gleicher oder gleichwertiger Arbeit Geldbußen die angemessenste Form der Sanktionierung darstellen.

(56) Die Mitgliedstaaten sollten spezifische Sanktionen für wiederholte Verletzungen von Rechten oder Pflichten in Bezug auf das gleiche Entgelt für Männer und Frauen bei gleicher oder gleichwertiger Arbeit festlegen, um der Schwere der Handlung Rechnung zu tragen und diese Verletzungen weiter zu verhindern. Solche Sanktionen könnten verschiedene Arten finanzieller Negativanreize umfassen, wie den Entzug öffentlicher Zuwendungen oder den Ausschluss von sonstigen finanziellen Anreizen oder öffentlichen Ausschreibungen für einen bestimmten Zeitraum.

(57) Die sich aus dieser Richtlinie ergebenden Pflichten der Arbeitgeber sind Teil der geltenden umwelt-, sozial- und arbeitsrechtlichen Verpflichtungen, deren Einhaltung die Mitgliedstaaten gemäß den Richtlinien 2014/23/EU (Richtlinie 2014/23/EU des Europäischen Parlaments und des Rates vom 26. Februar 2014 über die Konzessionsvergabe (ABl. L 94 vom 28.3.2014, S. 1)), 2014/24/EU (Richtlinie 2014/24/EU des Europäischen Parlaments und des Rates vom 26. Februar 2014 über die öffentliche Auftragsvergabe und zur Aufhebung der Richtlinie 2004/18/EG (ABl. L 94 vom 28.3.2014, S. 65)) und 2014/25/EU (Richtlinie 2014/25/EU des Europäischen Parlaments und des Rates vom 26. Februar 2014 über die Vergabe von Aufträgen durch Auftraggeber im Bereich der Wasser-, Energie- und Verkehrsversorgung sowie der Postdienste und zur Aufhebung der Richtlinie 2004/17/EG (ABl. L 94 vom 28.3.2014, S. 243)) des Europäischen Parlaments und des Rates in Bezug auf die Teilnahme an Verfahren zur Vergabe öffentlicher Aufträge zu gewährleisten haben. Um diese Pflichten für Arbeitgeber in Bezug auf das Recht auf gleiches Entgelt zu erfüllen, sollten die Mitgliedstaaten daher insbesondere sicherstellen, dass Wirtschaftsteilnehmer bei der Ausführung eines öffentlichen Auftrags oder einer Konzession über Verfahren zur Entgeltfestlegung verfügen, die nicht zu einem geschlechtsspezifischen Entgeltgefälle zwischen Arbeitnehmern innerhalb einer Gruppe von Arbeitnehmern, die gleiche oder gleichwertige Arbeit verrichten, führen, das sich nicht durch geschlechtsneutrale Faktoren rechtfertigen lässt. Außerdem sollten die Mitgliedstaaten in Erwägung ziehen, öffentliche Auftraggeber zu verpflichten, gegebenenfalls Sanktionen und Kündigungsbedingungen einzuführen, um die Wahrung des Grundsatzes des gleichen Entgelts bei der Ausführung von öffentlichen Verträgen und Konzessionen zu gewährleisten. Den Vertragsparteien sollte es auch möglich sein, die Nichteinhaltung des Grundsatzes des gleichen Entgelts durch den Bieter oder einen seiner Unterauftragnehmer berücksichtigen, wenn sie erwägen, Ausschlussgründe anzuwenden oder beschließen, dem Bieter, der das wirtschaftlich günstigste Angebot einreicht, den Zuschlag nicht zu erteilen.

(58) Die wirksame Umsetzung des Rechts auf gleiches Entgelt erfordert einen angemessenen verwaltungsrechtlichen und gerichtlichen Schutz vor Benachteiligungen als Reaktion auf den Versuch von Arbeitnehmern, dieses Recht wahrzunehmen, als Reaktion auf eine Beschwerde beim Arbeitgeber, oder als Reaktion auf ein Verwaltungs- oder Gerichtsverfahren zur Durchsetzung der Einhaltung dieses Rechts. Nach der Rechtsprechung des Gerichtshofs (Urteil des Gerichtshofs vom 20. Juni 2019, Hakelbracht u. a., C-404/18, ECLI:EU:C:2019:523) sollte die Kategorie der Arbeitnehmer, die unter den vorgesehenen Schutz fallen, weit verstanden werden und alle Arbeitnehmer umfassen, gegen die ein Arbeitgeber als Reaktion auf eine wegen Diskriminierung aufgrund des Geschlechts eingereichte Beschwerde Vergeltungsmaßnahmen ergreifen kann. Der Schutz ist nicht auf Arbeitnehmer, die eine Beschwerde eingereicht haben, oder auf ihre Vertreter oder auf die Personen beschränkt, die bestimmte Formerfordernisse einhalten, von denen die Anerkennung eines bestimmten Status, wie dem eines Zeugen, abhängig gemacht wird.

3/8. LohntransparenzRL
Präambel

(59) Um die Durchsetzung des Grundsatzes des gleichen Entgelts zu verbessern, sollten mit dieser Richtlinie die bestehenden Durchsetzungsinstrumente und -verfahren in Bezug auf die Rechte und Pflichten nach dieser Richtlinie und die Bestimmungen über gleiches Entgelt gemäß der Richtlinie 2006/54/EG gestärkt werden.

(60) In der vorliegenden Richtlinie werden Mindestanforderungen festgelegt, womit dem Vorrecht der Mitgliedstaaten, für Arbeitnehmer günstigere Bestimmungen einzuführen und beizubehalten, Rechnung getragen wird. Gemäß dem derzeitigen Rechtsrahmen erworbene Ansprüche sollten weiterhin gelten, es sei denn, durch diese Richtlinie werden für Arbeitnehmer günstigere Bestimmungen eingeführt. Die Umsetzung dieser Richtlinie darf weder dazu genutzt werden, bestehende Rechte abzubauen, die in vorhandenem Unionsrecht oder nationalem Recht in diesem Bereich festgelegt sind, noch darf sie als Rechtfertigung dafür dienen, die Rechte der Arbeitnehmer in Bezug auf den Grundsatz des gleichen Entgelts einzuschränken.

(61) Um eine angemessene Überwachung der Umsetzung des Rechts auf gleiches Entgelt sicherzustellen, sollten die Mitgliedstaaten eigens eine Überwachungsstelle einrichten oder benennen. Diese Stelle, die in eine bestehende Stelle mit ähnlichen Zielen integriert werden können sollte, sollte spezifische Aufgaben im Zusammenhang mit der Umsetzung der Maßnahmen zur Entgelttransparenz nach dieser Richtlinie haben und bestimmte Daten zur Überwachung von Entgeltungleichheiten und Auswirkungen der Maßnahmen zur Entgelttransparenz erfassen. Die Mitgliedstaaten sollten mehr als eine Stelle benennen können, sofern die in dieser Richtlinie vorgesehenen Überwachungs- und Analysefunktionen von einer zentralen Stelle wahrgenommen werden.

(62) Die Erstellung nach Geschlecht aufgeschlüsselter Lohnstatistiken und die Bereitstellung genauer und vollständiger Statistiken für die Kommission (Eurostat) sind für die Analyse und Überwachung von Veränderungen beim geschlechtsspezifischen Entgeltgefälle auf Unionsebene von maßgeblicher Bedeutung. Nach der Verordnung (EG) Nr. 530/1999 des Rates (Verordnung (EG) Nr. 530/1999 des Rates vom 9. März 1999 zur Statistik über die Struktur der Verdienste und der Arbeitskosten (ABl. L 63 vom 12.3.1999, S. 6)) sind die Mitgliedstaaten verpflichtet, alle vier Jahre eine Statistik über die Struktur der Verdienste auf Mikroebene zu erstellen, die harmonisierte Daten zur Berechnung des geschlechtsspezifischen Entgeltgefälles liefern. Jährliche qualitativ hochwertige Statistiken könnten die Transparenz erhöhen und die Überwachung und Sensibilisierung für geschlechtsspezifische Entgeltungleichheiten verbessern. Die Verfügbarkeit und Vergleichbarkeit solcher Daten ist entscheidend für die Bewertung von Entwicklungen, sowohl auf nationaler Ebene als auch unionsweit. An die Kommission (Eurostat) übermittelte einschlägige Statistiken sollten für statistische Zwecke im Sinne der Verordnung (EG) Nr. 223/2009 des Europäischen Parlaments und des Rates (Verordnung (EG) Nr. 223/2009 des Europäischen Parlaments und des Rates vom 11. März 2009 über europäische Statistiken und zur Aufhebung der Verordnung (EG, Euratom) Nr. 1101/2008 des Europäischen Parlaments und des Rates über die Übermittlung von unter die Geheimhaltungspflicht fallenden Informationen an das Statistische Amt der Europäischen Gemeinschaften, der Verordnung (EG) Nr. 322/97 des Rates über die Gemeinschaftsstatistiken und des Beschlusses 89/382/EWG, Euratom des Rates zur Einsetzung eines Ausschusses für das Statistische Programm der Europäischen Gemeinschaften (ABl. L 87 vom 31.3.2009, S. 164)) gesammelt werden.

(63) Da die Ziele dieser Richtlinie, nämlich eine bessere und wirksamere Anwendung des Grundsatzes des gleichen Entgelts durch die Festlegung gemeinsamer Mindestanforderungen, die für alle Unternehmen und Organisationen in der gesamten Union gelten sollten, von den Mitgliedstaaten nicht ausreichend verwirklicht werden können, sondern vielmehr wegen ihres Umfangs oder Wirkungen auf Unionsebene besser zu verwirklichen sind, kann die Union im Einklang mit dem in Artikel 5 des Vertrags über die Europäische Union verankerten Subsidiaritätsprinzip tätig werden. Entsprechend dem in demselben Artikel genannten Grundsatz der Verhältnismäßigkeit geht diese Richtlinie, die sich auf die Festlegung von Mindeststandards beschränkt, nicht über das für die Verwirklichung dieser Ziele erforderliche Maß hinaus.

(64) Die Sozialpartner spielen eine entscheidende Rolle bei der Gestaltung der Art und Weise, wie Maßnahmen zur Entgelttransparenz in den Mitgliedstaaten umgesetzt werden, insbesondere in den Mitgliedstaaten mit einer hohen Tarifbindung. Die Mitgliedstaaten sollten daher die Möglichkeit haben, die Sozialpartner mit der vollständigen oder teilweisen Durchführung dieser Richtlinie zu betrauen, sofern die Mitgliedstaaten alle erforderlichen Maßnahmen treffen, um sicherzustellen, dass die mit dieser Richtlinie angestrebten Ergebnisse jederzeit gewährleistet sind.

(65) Bei der Umsetzung dieser Richtlinie sollten die Mitgliedstaaten verwaltungsrechtliche, finanzielle oder rechtliche Auflagen vermeiden, die der Gründung und dem Ausbau von Kleinstunternehmen sowie kleinen oder mittleren Unternehmen entgegenwirken würden. Die Mitgliedstaaten sollten daher die Auswirkungen ihrer Umsetzungsmaßnahmen auf Kleinstunternehmen sowie kleine und mittlere Unternehmen prüfen, um sicherzustellen, dass diese Unternehmen nicht unverhältnismäßig beeinträchtigt werden – wobei besonderes Augenmerk auf Kleinstunternehmen zu richten ist –, den Verwaltungsaufwand zu verringern und die Ergebnisse dieser Prüfung zu veröffentlichen.

(66) Der Europäische Datenschutzbeauftragte wurde gemäß Artikel 42 der Verordnung (EU) 2018/1725 des Europäischen Parlaments und des Rates (Verordnung (EU) 2018/1725 des Europäischen Parlaments und des Rates vom 23. Oktober 2018 zum Schutz natürlicher Personen bei der

Verarbeitung personenbezogener Daten durch die Organe, Einrichtungen und sonstigen Stellen der Union, zum freien Datenverkehr und zur Aufhebung der Verordnung (EG) Nr. 45/2001 und des Beschlusses Nr. 1247/2002/EG (ABl. L 295 vom 21.11.2018, S. 39)) angehört und hat am 27. April 2021 eine Stellungnahme abgegeben –
HABEN FOLGENDE RICHTLINIE ERLASSEN:

KAPITEL I
ALLGEMEINE BESTIMMUNGEN

Artikel 1
Gegenstand

Diese Richtlinie enthält Mindestanforderungen zur Stärkung der Anwendung des Grundsatzes des gleichen Entgelts bei gleicher oder gleichwertiger Arbeit für Männer und Frauen (im Folgenden „Grundsatz des gleichen Entgelts") nach Artikel 157 AEUV und des Diskriminierungsverbots nach Artikel 4 der Richtlinie 2006/54/EG, insbesondere durch Entgelttransparenz und verstärkte Durchsetzungsmechanismen.

Artikel 2
Geltungsbereich

(1) Diese Richtlinie gilt für Arbeitgeber in öffentlichen und privaten Sektoren.

(2) Diese Richtlinie gilt für alle Arbeitnehmer, die gemäß den in dem jeweiligen Mitgliedstaat geltenden Rechtsvorschriften, Tarifverträgen und/oder Gepflogenheiten einen Arbeitsvertrag haben oder in einem Beschäftigungsverhältnis stehen, wobei die Rechtsprechung des Gerichtshofs zu berücksichtigen ist.

(3) Für die Zwecke von Artikel 5 gilt diese Richtlinie für Stellenbewerber.

Artikel 3
Begriffsbestimmungen

(1) Für die Zwecke dieser Richtlinie bezeichnet der Ausdruck

a) „Entgelt" die üblichen Grund- oder Mindestlöhne und -gehälter sowie alle sonstigen Vergütungen, die ein Arbeitgeber aufgrund des Dienstverhältnisses einem Arbeitnehmer unmittelbar oder mittelbar (ergänzende oder variable Bestandteile) als Geld- oder Sachleistung zahlt;

b) „Entgelthöhe" das Bruttojahresentgelt und das entsprechende Bruttostundenentgelt;

c) „geschlechtsspezifisches Entgeltgefälle" die Differenz zwischen den durchschnittlichen Entgelthöhen von Arbeitnehmerinnen und Arbeitnehmern eines Arbeitgebers, ausgedrückt als Prozentsatz der durchschnittlichen Entgelthöhe männlicher Arbeitnehmer;

d) „Median-Entgelthöhe" die Entgelthöhe, von der aus die Zahl der Arbeitnehmer eines Arbeitgebers, die mehr verdienen, gleich groß ist wie die der Arbeitnehmer dieses Arbeitgebers, die weniger verdienen;

e) „mittleres geschlechtsspezifisches Entgeltgefälle" die Differenz zwischen der Median-Entgelthöhe von Arbeitnehmerinnen und Arbeitnehmern eines Arbeitgebers, ausgedrückt als Prozentsatz der Median-Entgelthöhe männlicher Arbeitnehmer;

f) „Entgeltquartil" jede der vier gleich großen Gruppen von Arbeitnehmern, in die sie gemäß ihrer jeweiligen Entgelthöhen in aufsteigender Folge unterteilt werden;

g) „gleichwertige Arbeit" Arbeit, die gemäß nichtdiskriminierenden und objektiven geschlechtsneutralen Kriterien nach Maßgabe von Artikel 4 Absatz 4 als gleichwertig gilt;

h) „Gruppe von Arbeitnehmern" Arbeitnehmer, die gleiche oder gleichwertige Arbeit verrichten und die auf nicht willkürliche Weise auf der Grundlage nichtdiskriminierender und objektiver geschlechtsneutraler Kriterien nach Maßgabe von Artikel 4 Absatz 4 von ihrem Arbeitgeber und, gegebenenfalls, in Zusammenarbeit mit den Arbeitnehmervertretern im Einklang mit nationalen Rechtsvorschriften und/oder Gepflogenheiten, entsprechend eingeteilt werden;

i) „unmittelbare Diskriminierung" eine Situation, in der eine Person aufgrund ihres Geschlechts eine weniger günstige Behandlung erfährt als eine andere Person in einer vergleichbaren Situation erfährt, erfahren hat oder erfahren würde;

j) „mittelbare Diskriminierung" eine Situation, in der dem Anschein nach neutrale Vorschriften, Kriterien oder Verfahren Personen des einen Geschlechts in besonderer Weise gegenüber Personen des anderen Geschlechts benachteiligen können, es sei denn, die betreffenden Vorschriften, Kriterien oder Verfahren sind durch ein rechtmäßiges Ziel sachlich gerechtfertigt und die Mittel sind zur Erreichung dieses Ziels angemessen und erforderlich;

k) „Arbeitsaufsichtsbehörde" die Stelle(n), die im Einklang mit nationalen Rechtsvorschriften und/oder Gepflogenheiten für Kontroll- und Aufsichtsfunktionen auf dem Arbeitsmarkt zuständig ist bzw. sind, mit der Ausnahme, dass die Sozialpartner diese Funktionen ausüben können, wenn das nationale Recht dies vorsieht;

l) „Gleichbehandlungsstelle" die gemäß Artikel 20 der Richtlinie 2006/54/EG benannte(n) Stelle(n);

m) „Arbeitnehmervertreter" Arbeitnehmervertreter im Einklang mit den nationalen Rechtsvorschriften und/oder Gepflogenheiten.

(2) Im Sinne dieser Richtlinie umfasst Diskriminierung:

a) Belästigung und sexuelle Belästigung im Sinne von Artikel 2 Absatz 2 Buchstabe a der Richtlinie 2006/54/EG sowie jede ungünstigere Behandlung aufgrund der Zurückweisung

3/8. LohntransparenzRL
Art. 3 – 6

oder Duldung solcher Verhaltensweisen durch die betreffende Person, wenn sich diese Belästigung oder Behandlung auf die Ausübung der in dieser Richtlinie vorgesehenen Rechte bezieht oder sich daraus ergibt;
b) jegliche Anweisung zur Diskriminierung einer Person aufgrund des Geschlechts;
c) jegliche ungünstigere Behandlung im Zusammenhang mit Schwangerschaft oder Mutterschaftsurlaub im Sinne der Richtlinie 92/85/EWG des Rates (Richtlinie 92/85/EWG des Rates vom 19. Oktober 1992 über die Durchführung von Maßnahmen zur Verbesserung der Sicherheit und des Gesundheitsschutzes von schwangeren Arbeitnehmerinnen, Wöchnerinnen und stillenden Arbeitnehmerinnen am Arbeitsplatz (zehnte Einzelrichtlinie im Sinne des Artikels 16 Absatz 1 der Richtlinie 89/391/EWG) (ABl. L 348 vom 28.11.1992, S. 1));
d) jegliche ungünstigere Behandlung im Sinne der Richtlinie (EU) 2019/1158 des Europäischen Parlaments und des Rates (Richtlinie (EU) 2019/1158 des Europäischen Parlaments und des Rates vom 20. Juni 2019 zur Vereinbarkeit von Beruf und Privatleben für Eltern und pflegende Angehörige und zur Aufhebung der Richtlinie (EU) 2010/18/EU des Rates (ABl. L 188 vom 12.7.2019, S. 79)) aufgrund des Geschlechts, einschließlich im Zusammenhang mit Vaterschaftsurlaub, Elternurlaub oder Urlaub für pflegende Angehörige;
e) intersektionelle Diskriminierung, das heißt Diskriminierung aufgrund des Geschlechts, kombiniert mit einer Diskriminierung in Bezug auf einen oder mehrere andere Schutzgründe nach Maßgabe der Richtlinie 2000/43/EG oder der Richtlinie 2000/78/EG.

(3) Aus Absatz 2 Buchstabe e erwachsen Arbeitgebern keine zusätzlichen Pflichten, Daten nach Maßgabe dieser Richtlinie in Bezug auf andere Schutzgründe als das Geschlecht zu erheben.

Artikel 4
Gleiche Arbeit und gleichwertige Arbeit

(1) Die Mitgliedstaaten ergreifen die notwendigen Maßnahmen, um sicherzustellen, dass Arbeitgeber über Vergütungsstrukturen verfügen, durch die gleiches Entgelt bei gleicher oder gleichwertiger Arbeit gewährleistet wird.

(2) Die Mitgliedstaaten ergreifen – im Benehmen mit Gleichbehandlungsstellen – die erforderlichen Maßnahmen, um sicherzustellen, dass Instrumente oder Methoden zur Analyse als Unterstützung und Orientierung bei Bewertungen und Vergleichen des Werts der Arbeit im Einklang mit den in diesem Artikel festgelegten Kriterien verfügbar gemacht werden und leicht zugänglich sind. Diese Instrumente oder Methoden müssen es Arbeitgebern und/oder den Sozialpartnern ermöglichen, leicht Systeme zur geschlechtsneutralen Arbeitsbewertung und beruflichen Einstufung einzurichten und zu verwenden, mit denen jegliche Entgeltdiskriminierung aufgrund des Geschlechts ausgeschlossen wird.

(3) Gegebenenfalls kann die Kommission, im Benehmen mit dem Europäischen Institut für Gleichstellungsfragen (EIGE), unionsweite Leitlinien in Bezug auf Systeme zur geschlechtsneutralen Arbeitsbewertung und beruflichen Einstufung aktualisieren.

(4) Entgeltstrukturen sind so beschaffen, dass anhand objektiver, geschlechtsneutraler und mit den Arbeitnehmervertretern vereinbarter Kriterien, sofern es solche Vertreter gibt, beurteilt werden kann, ob sich die Arbeitnehmer im Hinblick auf den Wert der Arbeit in einer vergleichbaren Situation befinden. Diese Kriterien dürfen weder in unmittelbarem noch in mittelbarem Zusammenhang mit dem Geschlecht der Arbeitnehmer stehen. Sie umfassen Kompetenzen, Belastungen, Verantwortung und Arbeitsbedingungen und gegebenenfalls etwaige weitere Faktoren, die für den konkreten Arbeitsplatz oder die konkrete Position relevant sind. Sie werden auf objektive, geschlechtsneutrale Weise angewandt, wobei jede unmittelbare oder mittelbare Diskriminierung aufgrund des Geschlechts ausgeschlossen wird. Insbesondere dürfen relevante soziale Kompetenzen dabei nicht unterbewertet werden.

KAPITEL II
ENTGELTTRANSPARENZ

Artikel 5
Entgelttransparenz vor der Beschäftigung

(1) Stellenbewerber haben das Recht, vom künftigen Arbeitgeber Informationen über Folgendes zu erhalten:
a) das auf objektiven, geschlechtsneutralen Kriterien beruhende Einstiegsentgelt für die betreffende Stelle oder dessen Spanne; und
b) gegebenenfalls die einschlägigen Bestimmungen des Tarifvertrags, den der Arbeitgeber in Bezug auf die Stelle anwendet.

Diese Informationen sind in einer Weise bereitzustellen, dass fundierte und transparente Verhandlungen über das Entgelt gewährleistet werden, wie beispielsweise in einer veröffentlichten Stellenausschreibung, vor dem Vorstellungsgespräch oder auf andere Weise.

(2) Der Arbeitgeber darf Bewerber nicht nach ihrer Entgeltentwicklung in ihren laufenden oder früheren Beschäftigungsverhältnissen befragen.

(3) Arbeitgeber stellen sicher, dass Stellenausschreibungen und Berufsbezeichnungen geschlechtsneutral sind und Einstellungsverfahren auf nichtdiskriminierende Weise geführt werden, um das Recht auf gleiches Entgelt bei gleicher oder gleichwertiger Arbeit (im Folgenden „Recht auf gleiches Entgelt") nicht zu unterminieren.

Artikel 6
Transparenz bei der Festlegung des Entgelts und der Politik der Entgeltentwicklung

(1) Arbeitgeber stellen ihren Arbeitnehmern In-

formationen darüber, welche Kriterien für die Festlegung ihres Entgelts, ihrer Entgelthöhen und ihrer Entgeltentwicklung verwendet werden, in leicht zugänglicher Weise zur Verfügung. Diese Kriterien müssen objektiv und geschlechtsneutral sein.

(2) Die Mitgliedstaaten können Arbeitgeber mit weniger als 50 Arbeitnehmern von der Verpflichtung im Zusammenhang mit der Entgeltentwicklung gemäß Absatz 1 ausnehmen.

Artikel 7
Auskunftsrecht

(1) Arbeitnehmer haben das Recht, gemäß den Absätzen 2 und 4 Auskünfte über ihre individuelle Entgelthöhe und über die durchschnittlichen Entgelthöhen zu verlangen und in schriftlicher Form zu erhalten, aufgeschlüsselt nach Geschlecht und für die Gruppen von Arbeitnehmern, die gleiche Arbeit wie sie oder gleichwertige Arbeit verrichten.

(2) Arbeitnehmer haben die Möglichkeit, Auskünfte nach Absatz 1 über ihre Arbeitnehmervertreter im Einklang mit nationalen Rechtsvorschriften und/oder Gepflogenheiten zu verlangen und zu erhalten. Sie haben zudem die Möglichkeit, die Informationen über eine Gleichbehandlungsstelle anzufordern und zu erhalten.

Sind die erhaltenen Informationen unzutreffend oder unvollständig, so haben Arbeitnehmer das Recht, persönlich oder über ihre Arbeitnehmervertreter zusätzliche und angemessene Klarstellungen und Einzelheiten zu den bereitgestellten Daten zu verlangen und eine begründete Antwort zu erhalten.

(3) Arbeitgeber informieren alle Arbeitnehmer jährlich über ihr Recht, die Auskünfte nach Absatz 1 zu erhalten, und über die Schritte, die der Arbeitnehmer unternehmen muss, um dieses Recht wahrzunehmen.

(4) Arbeitgeber stellen die Auskünfte nach Absatz 1 innerhalb einer angemessenen Frist und auf jeden Fall innerhalb von zwei Monaten ab dem Tag, an dem der Antrag gestellt wird, zur Verfügung.

(5) Arbeitnehmer dürfen nicht daran gehindert werden, ihr Entgelt offenzulegen, um den Grundsatz des gleichen Entgelts durchzusetzen. Insbesondere ergreifen die Mitgliedstaaten Maßnahmen, um Vertragsbedingungen zu verbieten, durch die Arbeitnehmer davon abgehalten werden, Informationen über ihr Entgelt offenzulegen.

(6) Arbeitgeber können verlangen, dass Arbeitnehmer, die Informationen gemäß diesem Artikel erhalten haben, bei denen es sich nicht um Informationen betreffend ihr eigenes Entgelt oder ihre eigene Entgelthöhe handelt, diese Informationen nur zur Ausübung ihres Rechts auf gleiches Entgelt verwenden.

Artikel 8
Zugänglichkeit von Informationen

Die Arbeitgeber stellen alle Informationen, die Arbeitnehmer oder Stellenbewerbern gemäß den Artikeln 5, 6 und 7 zur Verfügung gestellt werden, in einem Format bereit, das für Personen mit Behinderungen zugänglich ist und deren besonderen Bedürfnissen Rechnung trägt.

Artikel 9
Berichterstattung über das Entgeltgefälle zwischen Arbeitnehmerinnen und Arbeitnehmern

(1) Die Mitgliedstaaten stellen sicher, dass Arbeitgeber folgende Informationen zu ihrer Organisation gemäß diesem Artikel zur Verfügung stellen:

a) das geschlechtsspezifische Entgeltgefälle;
b) das geschlechtsspezifische Entgeltgefälle bei ergänzenden oder variablen Bestandteilen;
c) das mittlere geschlechtsspezifische Entgeltgefälle;
d) das mittlere geschlechtsspezifische Entgeltgefälle bei ergänzenden oder variablen Bestandteilen;
e) der Anteil der Arbeitnehmerinnen und Arbeitnehmer, die ergänzende oder variable Bestandteile erhalten;
f) der Anteil der Arbeitnehmerinnen und Arbeitnehmer in jedem Entgeltquartil;
g) das geschlechtsspezifische Entgeltgefälle zwischen Arbeitnehmern bei Gruppen von Arbeitnehmern, nach dem normalen Grundlohn oder -gehalt sowie nach ergänzenden oder variablen Bestandteilen aufgeschlüsselt.

(2) Arbeitgeber mit 250 oder mehr Arbeitnehmern haben bis zum 7. Juni 2027 und in jedem darauf folgenden Jahr die Informationen nach Absatz 1 in Bezug auf das vorangehende Kalenderjahr vorzulegen.

(3) Arbeitgeber mit 150 bis 249 Arbeitnehmern haben bis zum 7. Juni 2027 und danach alle drei Jahre die Informationen nach Absatz 1 in Bezug auf das vorangehende Kalenderjahr vorzulegen.

(4) Arbeitgeber mit 100 bis 149 Arbeitnehmern haben bis zum 7. Juni 2031 und danach alle drei Jahre die Informationen nach Absatz 1 in Bezug auf das vorangehende Kalenderjahr vorzulegen.

(5) Die Mitgliedstaaten hindern Arbeitgeber mit weniger als 100 Arbeitnehmern nicht daran, die in Absatz 1 festgelegten Informationen auf freiwilliger Basis vorzulegen. Die Mitgliedstaaten können nach Maßgabe des nationalen Rechts von Arbeitgebern mit weniger als 100 Arbeitnehmern verlangen, Informationen über das Entgelt vorzulegen.

(6) Die Richtigkeit der Angaben wird von der Leitungsebene des Arbeitgebers nach Anhörung der Arbeitnehmervertreter bestätigt. Die Arbeitnehmervertreter haben Zugang zu den vom Arbeitgeber angewandten Methoden.

(7) Die Informationen nach Absatz 1 Buchstaben a bis g des vorliegenden Artikels werden der Stelle, die mit der Aufgabe betraut ist, diese Daten gemäß Artikel 29 Absatz 3 Buchstabe c zu sammeln und zu veröffentlichen, mitgeteilt. Der Arbeitgeber kann die Informationen nach Absatz 1 Buchstaben a bis f des vorliegenden Artikels auf

seiner Website veröffentlichen oder sie auf andere Weise öffentlich zugänglich machen.

(8) Die Mitgliedstaaten können die in Absatz 1 Buchstaben a bis f des vorliegenden Artikels genannten Informationen selbst auf der Grundlage von Verwaltungsdaten wie etwa Daten, die Arbeitgeber den Steuer- oder Sozialversicherungsbehörden übermitteln, zusammenstellen. Diese Informationen sind gemäß Artikel 29 Absatz 3 Buchstabe c zu veröffentlichen.

(9) Arbeitgeber stellen allen ihren Arbeitnehmern und den Arbeitnehmervertretern ihrer Arbeitnehmer die in Absatz 1 Buchstabe g genannten Informationen zur Verfügung. Arbeitgeber stellen die Informationen auf Ersuchen der Arbeitsaufsichtsbehörde und der Gleichbehandlungsstelle zur Verfügung. Soweit verfügbar, sind auf Anfrage auch die Informationen der vorangegangenen vier Jahre zur Verfügung zu stellen.

(10) Arbeitnehmer, Arbeitnehmervertreter, Arbeitsaufsichtsbehörden und Gleichbehandlungsstellen haben das Recht, von Arbeitgebern zusätzliche Klarstellungen und Einzelheiten zu allen bereitgestellten Daten, einschließlich Erläuterungen zu etwaigen geschlechtsspezifischen Entgeltunterschieden, zu verlangen. Arbeitgeber übermitteln auf entsprechende Anfrage innerhalb einer angemessenen Frist eine begründete Antwort. Sind geschlechtsspezifische Entgeltunterschiede nicht durch objektive, geschlechtsneutrale Kriterien gerechtfertigt, so haben Arbeitgeber innerhalb einer angemessenen Frist in enger Zusammenarbeit mit den Arbeitnehmervertretern, der Arbeitsaufsichtsbehörde und/oder der Gleichbehandlungsstelle Abhilfe zu schaffen.

Artikel 10
Gemeinsame Entgeltbewertung

(1) Die Mitgliedstaaten ergreifen geeignete Maßnahmen, um sicherzustellen, dass Arbeitgeber, die Berichterstattungspflichten nach Artikel 9 unterliegen, in Zusammenarbeit mit ihren Arbeitnehmervertretern eine gemeinsame Entgeltbewertung vornehmen, wenn alle der folgenden Bedingungen erfüllt sind:
a) aus der Berichterstattung über das Entgelt ergibt sich ein Unterschied bei der durchschnittlichen Entgelthöhe von Arbeitnehmerinnen und Arbeitnehmern in Höhe von mindestens 5 Prozent in einer Gruppe von Arbeitnehmern;
b) der Arbeitgeber hat einen solchen Unterschied bei der durchschnittlichen Entgelthöhe nicht auf der Grundlage objektiver, geschlechtsneutraler Kriterien gerechtfertigt;
c) der Arbeitgeber hat einen solchen ungerechtfertigten Unterschied bei der durchschnittlichen Entgelthöhe innerhalb von sechs Monaten nach dem Tag der Berichterstattung über das Entgelt nicht korrigiert.

(2) Die gemeinsame Entgeltbewertung wird durchgeführt, um Entgeltunterschiede zwischen Arbeitnehmerinnen und Arbeitnehmern, die nicht durch objektive und geschlechtsneutrale Kriterien gerechtfertigt sind, festzustellen, zu korrigieren und zu verhindern, und sie umfasst Folgendes:
a) eine Analyse des Anteils der Arbeitnehmerinnen und Arbeitnehmer in jeder Gruppe von Arbeitnehmern;
b) Informationen über die durchschnittlichen Entgelthöhen von Arbeitnehmerinnen und Arbeitnehmern sowie über ergänzende oder variable Bestandteile für jede Gruppe von Arbeitnehmern;
c) etwaige Unterschiede bei den durchschnittlichen Entgelthöhen zwischen Arbeitnehmerinnen und Arbeitnehmern in jeder einzelnen Gruppe von Arbeitnehmern;
d) die Gründe für solche Unterschiede bei den durchschnittlichen Entgelthöhen, gegebenenfalls auf der Grundlage objektiver und geschlechtsneutraler Kriterien, wie von den Arbeitnehmervertretern und dem Arbeitgeber gemeinsam festgestellt;
e) den Anteil der Arbeitnehmerinnen und Arbeitnehmer, denen eine Verbesserung beim Entgelt nach ihrem Wiedereinstieg nach Mutterschafts- oder Vaterschaftsurlaub, Elternurlaub oder Urlaub für pflegende Angehörige, gewährt wurde, wenn es eine solche Verbesserung in der einschlägigen Gruppe von Arbeitnehmern während des Zeitraums, in dem der Urlaub in Anspruch genommen wurde, gegeben hat;
f) Maßnahmen zur Beseitigung von Entgeltunterschieden, wenn diese nicht auf der Grundlage objektiver, geschlechtsneutraler Kriterien gerechtfertigt sind;
g) eine Bewertung der Wirksamkeit von Maßnahmen aus früheren gemeinsamen Entgeltbewertungen.

(3) Die Arbeitgeber stellen die gemeinsamen Entgeltbewertungen den Arbeitnehmern und den Arbeitnehmervertretern zur Verfügung und teilen sie der Überwachungsstelle nach Artikel 29 Absatz 3 Buchstabe d mit. Sie stellen die Informationen auf Ersuchen der Arbeitsaufsichtsbehörde und der Gleichbehandlungsstelle zur Verfügung.

(4) Bei der Umsetzung der Maßnahmen aus der gemeinsamen Entgeltbewertung hat der Arbeitgeber in enger Zusammenarbeit mit den Arbeitnehmervertretern entsprechend den nationalen Rechtsvorschriften und/oder Gepflogenheiten für die ungerechtfertigten Entgeltunterschiede Abhilfe zu schaffen. Die Arbeitsaufsichtsbehörde und/oder die Gleichbehandlungsstelle kann aufgefordert werden, an diesem Prozess mitzuwirken. Die Umsetzung der Maßnahmen umfasst eine Analyse bestehender Systeme zur geschlechtsneutralen Arbeitsbewertung und beruflichen Einstufung oder die Einrichtung solcher Systeme, um sicherzustellen, dass jegliche unmittelbare oder mittelbare Entgeltdiskriminierung aufgrund des Geschlechts ausgeschlossen wird.

Artikel 11
Unterstützung für Arbeitgeber mit weniger als 250 Arbeitnehmern

Die Mitgliedstaaten bieten Arbeitgebern mit weniger als 250 Arbeitnehmern und den betreffenden Arbeitnehmervertretern Unterstützung in Form von technischer Hilfe und Schulungen, um die Einhaltung der in dieser Richtlinie festgelegten Verpflichtungen zu erleichtern.

Artikel 12
Datenschutz

(1) Soweit Informationen, die im Rahmen von Maßnahmen nach den Artikeln 7, 9 und 10 übermittelt werden, mit der Verarbeitung personenbezogener Daten verbunden sind, werden sie im Einklang mit der Verordnung (EU) 2016/679 bereitgestellt.

(2) Personenbezogene Daten, die gemäß den Artikeln 7, 9 oder 10 dieser Richtlinie verarbeitet werden, dürfen nicht für andere Zwecke als die Anwendung des Grundsatzes des gleichen Entgelts verwendet werden.

(3) Die Mitgliedstaaten können beschließen, dass in Fällen, in denen die Offenlegung von Informationen nach den Artikeln 7, 9 und 10 zur unmittelbaren oder mittelbaren Offenlegung des Entgelts eines bestimmbaren Arbeitnehmers führen würde, nur die Arbeitnehmervertreter, die Arbeitsaufsichtsbehörde oder die Gleichbehandlungsstelle Zugang zu den betreffenden Informationen haben. Die Arbeitnehmervertreter oder die Gleichbehandlungsstelle beraten Arbeitnehmer über mögliche Ansprüche nach dieser Richtlinie, ohne dass die tatsächlichen Entgelthöhen einzelner Arbeitnehmer, die gleiche oder gleichwertige Arbeit verrichten, offengelegt wird. Für Zwecke der Überwachung gemäß Artikel 29 werden die Informationen uneingeschränkt zugänglich gemacht.

Artikel 13
Sozialer Dialog

Die Mitgliedstaaten ergreifen unbeschadet der Autonomie der Sozialpartner und im Einklang mit den nationalen Rechtsvorschriften und Gepflogenheiten geeignete Maßnahmen, um sicherzustellen, dass die Sozialpartner wirksam einbezogen werden, indem die in dieser Richtlinie festgelegten Rechte und Pflichten erörtert werden, gegebenenfalls auf ihr Ersuchen.

Die Mitgliedstaaten ergreifen, unbeschadet der Autonomie der Sozialpartner und unter Berücksichtigung der Vielfalt der nationalen Gepflogenheiten, geeignete Maßnahmen zur Förderung der Rolle der Sozialpartner und zur Ermutigung zur Ausübung des Rechts auf Kollektivverhandlungen über Maßnahmen, um gegen Entgeltdiskriminierung und deren nachteilige Auswirkungen auf die Bewertung von Arbeit, die überwiegend von einem Geschlecht verrichtet wird, vorzugehen.

KAPITEL III
RECHTSMITTEL UND RECHTSDURCHSETZUNG

Artikel 14
Rechtsschutz

Die Mitgliedstaaten stellen sicher, dass allen Arbeitnehmern, die sich durch die Nichtanwendung des Grundsatzes des gleichen Entgelts in ihren Rechten für verletzt halten, nach einer etwaigen Schlichtung gerichtliche Verfahren zur Durchsetzung der Rechte und Pflichten im Zusammenhang mit dem Grundsatz des gleichen Entgelts zur Verfügung stehen. Diese Verfahren müssen für Arbeitnehmer und Personen, die in ihrem Namen handeln, selbst nach Beendigung des Beschäftigungsverhältnisses, während dessen die Diskriminierung vorgekommen sein soll, leicht zugänglich sein.

Artikel 15
Verfahren im Namen oder zur Unterstützung von Arbeitnehmern

Die Mitgliedstaaten stellen sicher, dass Verbände, Organisationen, Gleichbehandlungsstellen und Arbeitnehmervertreter oder andere juristische Personen, die gemäß den im nationalen Recht festgelegten Kriterien ein berechtigtes Interesse an der Gewährleistung der Gleichstellung von Männern und Frauen haben, sich an Verwaltungs- oder Gerichtsverfahren betreffend eine mutmaßliche Verletzung der Rechte oder Pflichten im Zusammenhang mit dem Grundsatz des gleichen Entgelts beteiligen können. Sie können mit Zustimmung eines Arbeitnehmers, der mutmaßliches Opfer einer Verletzung von Rechten oder Pflichten im Zusammenhang mit dem Grundsatz des gleichen Entgelts ist, im Namen oder zur Unterstützung dieser Person handeln.

Artikel 16
Anspruch auf Schadensersatz

(1) Die Mitgliedstaaten stellen sicher, dass Arbeitnehmer, die durch die Verletzung von Rechten oder Pflichten im Zusammenhang mit dem Grundsatz des gleichen Entgelts einen Schaden erlitten haben, das Recht haben, für diesen Schaden – je nach Vorgabe des Mitgliedstaats – vollständigen Schadensersatz oder vollständige Entschädigung zu verlangen und zu erhalten.

(2) Der in Absatz 1 genannte Schadensersatz bzw. die in Absatz 1 genannte Entschädigung müssen einen tatsächlichen und wirksamen Schadensersatz oder eine tatsächliche und wirksame Entschädigung für den erlittenen Schaden – je nach Vorgabe des Mitgliedstaats – auf eine abschreckende und angemessene Art und Weise darstellen.

(3) Durch den Schadensersatz oder die Entschädigung wird der Arbeitnehmer, der einen Schaden erlitten hat, in die Situation versetzt, in der er sich befunden hätte, wenn er nicht aufgrund des Geschlechts diskriminiert worden wäre oder wenn keine Verletzung der Rechte oder Pflichten im Zusammenhang mit dem Grundsatz des glei-

chen Entgelts erfolgt wäre. Die Mitgliedstaaten stellen sicher, dass der Schadensersatz oder die Entschädigung die vollständige Nachzahlung entgangener Entgelte und damit verbundener Boni oder Sachleistungen sowie den Schadensersatz für entgangene Chancen, immateriellen Schaden, jeglichen Schaden, der durch andere relevante Faktoren verursacht wurde, zu denen auch intersektionelle Diskriminierung zählen kann, und Verzugszinsen umfasst.

(4) Der Schadensersatz oder die Entschädigung darf nicht durch eine vorab festgelegte Obergrenze beschränkt werden.

Artikel 17
Sonstige Abhilfemaßnahmen

(1) Die Mitgliedstaaten stellen sicher, dass die zuständigen Behörden oder nationalen Gerichte im Falle einer Verletzung von Rechten oder Pflichten im Zusammenhang mit dem Grundsatz des gleichen Entgelts im Einklang mit dem nationalen Recht auf Antrag der klagenden Partei und zulasten der beklagten Partei Folgendes anordnen können:
a) die Unterlassung der Verletzung;
b) die Ergreifung von Maßnahmen zur Sicherstellung, dass die Rechte oder Pflichten im Zusammenhang mit dem Grundsatz des gleichen Entgelts erfüllt werden.

(2) Kommt eine beklagte Partei einer Anordnung nach Absatz 1 nicht nach, so stellen die Mitgliedstaaten sicher, dass ihre zuständigen Behörden oder nationalen Gerichte in der Lage sind, gegebenenfalls Zwangsgelder zu verhängen, um die Erfüllung sicherzustellen.

Artikel 18
Verlagerung der Beweislast

(1) Die Mitgliedstaaten ergreifen im Einklang mit ihrem nationalen Justizsystem geeignete Maßnahmen, um sicherzustellen, dass in Fällen, in denen Arbeitnehmer, die sich durch die Nichtanwendung des Grundsatzes des gleichen Entgelts in ihren Rechten für verletzt halten, bei einer zuständigen Behörde oder einem nationalen Gericht Tatsachen glaubhaft machen, die das Vorliegen einer unmittelbaren oder mittelbaren Diskriminierung vermuten lassen, die beklagte Partei nachweisen muss, dass keine unmittelbare oder mittelbare Entgeltdiskriminierung vorliegt.

(2) Die Mitgliedstaaten stellen sicher, dass in Verwaltungs- oder Gerichtsverfahren in Bezug auf mutmaßliche unmittelbare oder mittelbare Entgeltdiskriminierung, die Fälle betreffen, in denen der Arbeitgeber Pflichten im Zusammenhang mit der Entgelttransparenz nach den Artikeln 5, 6, 7, 9 und 10 nicht erfüllt hat, der Arbeitgeber nachweisen muss, dass keine derartige Diskriminierung vorliegt.

Unterabsatz 1 des vorliegenden Absatzes findet keine Anwendung, wenn der Arbeitgeber nachweist, dass der Verstoß gegen die Verpflichtungen nach den Artikeln 5, 6, 7, 9 und 10 offensichtlich unbeabsichtigt und geringfügig war.

(3) Diese Richtlinie lässt das Recht der Mitgliedstaaten unberührt, eine günstigere Beweislastregelung für einen Arbeitnehmer vorzusehen, der in Bezug auf eine mutmaßliche Verletzung von Rechten und Pflichten im Zusammenhang mit dem Grundsatz des gleichen Entgelts ein Verwaltungsverfahren oder ein Gerichtsverfahren anstrengt.

(4) Die Mitgliedstaaten können davon absehen, Absatz 1 auf Verfahren anzuwenden, in denen die zuständige Behörde oder das Gericht den Sachverhalt ermittelt.

(5) Vorbehaltlich anderslautender nationaler Rechtsvorschriften gilt dieser Artikel nicht für Strafverfahren.

Artikel 19
Nachweis für gleiche oder gleichwertige Arbeit

(1) Bei der Bewertung, ob Arbeitnehmerinnen und Arbeitnehmer die gleiche oder gleichwertige Arbeit verrichten, ist die Bewertung, ob sich die Arbeitnehmer in einer vergleichbaren Situation befinden, nicht auf Situationen beschränkt, in denen Arbeitnehmerinnen und Arbeitnehmer für denselben Arbeitgeber arbeiten, sondern wird auf eine einheitliche Quelle, die die Entgeltbedingungen festlegt, ausgeweitet. Eine einheitliche Quelle besteht, wenn diese alle für den Vergleich zwischen Arbeitnehmern relevanten Elemente des Entgelts festlegt.

(2) Die Bewertung, ob sich Arbeitnehmer in einer vergleichbaren Situation befinden, ist nicht auf Arbeitnehmer beschränkt, die zur gleichen Zeit wie der betreffende Arbeitnehmer beschäftigt sind.

(3) Wenn keine echte Vergleichsperson ermittelt werden kann, können andere Beweismittel zum Nachweis einer mutmaßlichen Entgeltdiskriminierung herangezogen werden, einschließlich Statistiken oder eines Vergleichs darüber, wie ein Arbeitnehmer in einer vergleichbaren Situation behandelt würde.

Artikel 20
Zugang zu Beweismitteln

(1) Die Mitgliedstaaten stellen sicher, dass zuständige Behörden oder nationale Gerichte in Verfahren betreffend Ansprüche auf gleiches Entgelt im Einklang mit den nationalen Rechtsvorschriften und Gepflogenheiten anordnen können, dass die beklagte Partei einschlägige Beweismittel, die sich in ihrer Verfügungsgewalt befinden, offenlegt.

(2) Die Mitgliedstaaten stellen sicher, dass die zuständigen Behörden oder die nationalen Gerichte befugt sind, die Offenlegung von Beweismitteln, die vertrauliche Informationen enthalten, anzuordnen, wenn sie diese als sachdienlich für den Anspruch auf gleiches Entgelt erachten. Die Mitgliedstaaten stellen sicher, dass die zuständigen Behörden oder die nationalen Gerichte bei der Anordnung der Offenlegung solcher Informationen im Einklang mit nationalem Verfahrensrecht über wirksame Maßnahmen zu deren Schutz verfügen.

(3) Dieser Artikel lässt das Recht der Mitgliedstaaten, eine für die klagende Partei günstigere Beweislastregelung aufrechtzuerhalten oder einzuführen, unberührt.

Artikel 21
Verjährungsfristen

(1) Die Mitgliedstaaten stellen sicher, dass in den anwendbaren nationalen Vorschriften für Verjährungsfristen für das Geltendmachen von Ansprüchen auf gleiches Entgelt festgelegt ist, wann die Verjährungsfrist beginnt, wie lange sie dauert, und unter welchen Umständen eine Hemmung oder Unterbrechung der Frist eintritt. Die Verjährungsfristen beginnen nicht, bevor die klagende Partei Kenntnis von einem Verstoß hat oder diese Kenntnis vernünftigerweise von ihm erwartet werden kann. Die Mitgliedstaaten können beschließen, dass Verjährungsfristen nicht beginnen, solange ein Verstoß weiter besteht, oder dass sie nicht vor Beendigung des Arbeitsvertrags oder des Beschäftigungsverhältnisses beginnen. Diese Verjährungsfristen dürfen nicht kürzer sein als drei Jahre.

(2) Die Mitgliedstaaten stellen sicher, dass Verjährungsfristen gehemmt oder – je nach nationalem Recht – unterbrochen werden, sobald eine klagende Partei tätig wird, indem sie den Arbeitgeber über eine Beschwerde in Kenntnis setzt oder indem sie, direkt oder über die Arbeitnehmervertreter, die Arbeitsaufsichtsbehörde oder die Gleichbehandlungsstelle ein Verfahren bei einem Gericht anstrengt.

(3) Dieser Artikel gilt nicht für Vorschriften über das Erlöschen von Ansprüchen.

Artikel 22
Verfahrenskosten

Die Mitgliedstaaten stellen sicher, dass in Fällen, in denen die beklagte Partei in einem Verfahren aufgrund eines Anspruchs wegen Entgeltdiskriminierung die obsiegende Partei ist, die nationalen Gerichte im Einklang mit dem nationalen Recht bewerten können, ob die unterlegene klagende Partei berechtigte Gründe hatte, den Anspruch geltend zu machen, und, wenn dies der Fall ist, zu beurteilen, ob es angemessen wäre, dass die unterlegene klagende Partei die Verfahrenskosten nicht tragen muss.

Artikel 23
Sanktionen

(1) Die Mitgliedstaaten erlassen Vorschriften über wirksame, verhältnismäßige und abschreckende Sanktionen, die bei Verletzungen der Rechte und Pflichten im Zusammenhang mit dem Grundsatz des gleichen Entgelts zu verhängen sind. Die Mitgliedstaaten ergreifen alle erforderlichen Maßnahmen, um sicherzustellen, dass diese Vorschriften umgesetzt werden, und teilen der Kommission diese Vorschriften und Maßnahmen unverzüglich mit und melden ihr etwaige spätere Änderungen.

(2) Die Mitgliedstaaten stellen sicher, dass die in Absatz 1 genannten Sanktionen eine tatsächlich abschreckende Wirkung bei Verletzungen der Rechte und Pflichten im Zusammenhang mit dem Grundsatz des gleichen Entgelts gewährleisten. Zu diesen Sanktionen gehören auch Geldbußen, die gemäß dem nationalen Recht festgesetzt werden.

(3) Bei den in Absatz 1 genannten Sanktionen ist allen relevanten erschwerenden oder mildernden Umständen Rechnung zu tragen, die auf den Sachverhalt der Verletzung anwendbar sind, wozu auch intersektionelle Diskriminierung gehören kann.

(4) Die Mitgliedstaaten stellen sicher, dass für wiederholte Verletzungen der Rechte und Pflichten im Zusammenhang mit dem Grundsatz des gleichen Entgelts spezifische Sanktionen Anwendung finden.

(5) Die Mitgliedstaaten treffen alle erforderlichen Maßnahmen, um sicherzustellen, dass die Sanktionen gemäß diesem Artikel in der Praxis wirksam angewendet werden.

Artikel 24
Gleiches Entgelt bei öffentlichen Aufträgen und Konzessionen

(1) Zu den geeigneten Maßnahmen, die die Mitgliedstaaten im Einklang mit Artikel 30 Absatz 3 der Richtlinie 2014/23/EU, Artikel 18 Absatz 2 der Richtlinie 2014/24/EU und Artikel 36 Absatz 2 der Richtlinie 2014/25/EU ergreifen, gehören Maßnahmen, mit denen sichergestellt wird, dass Wirtschaftsteilnehmer bei der Ausführung von öffentlichen Aufträgen oder Konzessionen ihre Pflichten betreffend den Grundsatz des gleichen Entgelts einhalten.

(2) Die Mitgliedstaaten prüfen, öffentliche Auftraggeber gegebenenfalls zu verpflichten, Sanktionen und Kündigungsbedingungen einzuführen, um die Wahrung des Grundsatzes des gleichen Entgelts bei der Ausführung von öffentlichen Verträgen und Konzessionen zu gewährleisten. Wenn die Behörden der Mitgliedstaaten im Einklang mit Artikel 38 Absatz 7 Buchstabe a der Richtlinie 2014/23/EU, Artikel 57 Absatz 4 Buchstabe a der Richtlinie 2014/24/EU oder Artikel 80 Absatz 1 der Richtlinie 2014/25/EU in Verbindung mit Artikel 57 Absatz 4 Buchstabe a der Richtlinie 2014/24/EU handeln, können öffentliche Auftraggeber einen Wirtschaftsteilnehmer von der Teilnahme an einem Vergabeverfahren ausschließen oder von den Mitgliedstaaten dazu angewiesen werden, wenn sie in geeigneter Form eine Verletzung der Pflichten nach Absatz 1 des vorliegenden Artikels im Zusammenhang mit der Nichteinhaltung der Pflichten hinsichtlich der Entgelttransparenz oder mit einem Entgeltgefälle von mehr als 5 % in einer Gruppe von Arbeitnehmern nachweisen und der Arbeitgeber diesen Unterschied nicht auf der Grundlage objektiver, geschlechtsneutraler Kriterien begründen kann. Dies gilt unbeschadet anderer Rechte und Pflichten nach der Richtlinie 2014/23/EU, 2014/24/EU oder 2014/25/EU.

Artikel 25
Viktimisierung und Schutz vor ungünstigerer Behandlung

(1) Arbeitnehmer und deren Arbeitnehmervertreter dürfen nicht deshalb ungünstiger behandelt werden, weil sie ihre Rechte in Bezug auf den Grundsatz des gleichen Entgelts ausgeübt haben oder eine andere Person beim Schutz ihrer Rechte unterstützt haben.

(2) Die Mitgliedstaaten treffen im Rahmen ihrer nationalen Rechtsordnungen die erforderlichen Maßnahmen, um Arbeitnehmer, einschließlich Arbeitnehmer, die Arbeitnehmervertreter sind, vor Entlassung oder anderen Benachteiligungen durch einen Arbeitgeber zu schützen, die als Reaktion auf eine Beschwerde innerhalb der Organisation des Arbeitgebers oder auf die Einleitung eines Verwaltungsverfahrens oder eines Gerichtsverfahrens für die Zwecke der Durchsetzung von Rechten oder Pflichten im Zusammenhang mit dem Grundsatz des gleichen Entgelts erfolgen.

Artikel 26
Verhältnis zur Richtlinie 2006/54/EG

Kapitel III der vorliegenden Richtlinie findet auf Verfahren betreffend die Rechte oder Pflichten im Zusammenhang mit dem Grundsatz des gleichen Entgelts nach Artikel 4 der Richtlinie 2006/54/EG Anwendung.

KAPITEL IV
HORIZONTALE BESTIMMUNGEN

Artikel 27
Schutzniveau

(1) Die Mitgliedstaaten können Vorschriften beibehalten oder einführen, die für die Arbeitnehmer günstiger sind als die Bestimmungen dieser Richtlinie.

(2) Die Umsetzung dieser Richtlinie darf keinesfalls als Rechtfertigung für eine Absenkung des Schutzniveaus in den von dieser Richtlinie erfassten Bereichen benutzt werden.

Artikel 28
Gleichbehandlungsstellen

(1) Unbeschadet der Zuständigkeiten der Arbeitsaufsichtsbehörden oder anderer mit der Durchsetzung der Arbeitnehmerrechte befasster Stellen, einschließlich der Sozialpartner, sind die Gleichbehandlungsstellen für Fragen zuständig, die unter diese Richtlinie fallen.

(2) Die Mitgliedstaaten ergreifen im Einklang mit den nationalen Rechtsvorschriften und Gepflogenheiten aktive Maßnahmen zur Sicherstellung der engen Zusammenarbeit und Koordinierung zwischen den Arbeitsaufsichtsbehörden, den Gleichbehandlungsstellen und gegebenenfalls den Sozialpartnern in Bezug auf den Grundsatz des gleichen Entgelts.

(3) Die Mitgliedstaaten statten ihre Gleichbehandlungsstellen mit den angemessenen Ressourcen für die wirksame Erfüllung ihrer Aufgaben im Hinblick auf die Wahrung des Rechts auf gleiches Entgelt aus.

Artikel 29
Überwachung und Sensibilisierung

(1) Die Mitgliedstaaten stellen eine konsequente und koordinierte Überwachung und Unterstützung der Anwendung des Grundsatzes des gleichen Entgelts und der Durchsetzung aller verfügbaren Rechtsmittel sicher.

(2) Jeder Mitgliedstaat benennt eine Stelle für die Überwachung und Unterstützung der Anwendung nationaler Maßnahmen zur Umsetzung dieser Richtlinie (im Folgenden „Überwachungsstelle") und trifft die erforderlichen Vorkehrungen für das reibungslose Funktionieren dieser Stelle. Die Überwachungsstelle kann Teil einer bestehenden Stelle oder Struktur auf nationaler Ebene sein. Die Mitgliedstaaten können mehr als eine Stelle für Zwecke der Sensibilisierung und Datenerhebung benennen, sofern die nach Absatz 3 Buchstaben b, c und e vorgesehenen Überwachungs- und Analysefunktionen von einer zentralen Stelle wahrgenommen werden.

(3) Die Mitgliedstaaten stellen sicher, dass Folgendes zu den Aufgaben der Überwachungsstelle gehört:

a) Sensibilisierung öffentlicher und privater Unternehmen und Organisationen, der Sozialpartner und der Öffentlichkeit im Hinblick auf die Förderung des Grundsatzes des gleichen Entgelts und des Rechts auf Entgelttransparenz, einschließlich durch Bekämpfung intersektioneller Diskriminierung in Bezug auf gleiches Entgelt bei gleicher oder gleichwertiger Arbeit;

b) Analyse der Ursachen des geschlechtsspezifischen Entgeltgefälles und Entwicklung von Instrumenten für eine bessere Beurteilung von Ungleichheiten beim Entgelt, insbesondere unter Verwendung der Analysearbeit und der Analyseinstrumente des EIGE;

c) Sammlung der gemäß Artikel 9 Absatz 7 erhaltenen Daten der Arbeitgeber und unverzügliche Veröffentlichung der in Artikel 9 Absatz 1 Buchstaben a bis f genannten Daten in einfach zugänglicher und benutzerfreundlicher Weise, um einen Vergleich zwischen Arbeitgebern, Sektoren und Regionen des betreffenden Mitgliedstaats zu ermöglichen und, sofern verfügbar, sicherzustellen, dass Informationen aus den vorangehenden vier Jahren zugänglich sind;

d) Sammlung der Berichte über die gemeinsame Entgeltbewertung gemäß Artikel 10 Absatz 3;

e) Bereitstellung von Daten über die Zahl und die Art der wegen Entgeltdiskriminierung bei den zuständigen Behörden, einschließlich Gleichbehandlungsstellen, eingegangenen Beschwerden und der vor den nationalen Gerichten geltendgemachten Ansprüchen.

(4) Die Mitgliedstaaten übermitteln der Kommission bis zum 7. Juni 2028 und danach alle zwei Jahre in einer einzigen Vorlage die in Absatz 3 Buchstaben c, d und e genannten Daten.

Artikel 30
Tarifverhandlungen und Kollektivmaßnahmen

Diese Richtlinie berührt in keiner Weise das Recht auf die Aushandlung, den Abschluss und die Durchsetzung von Tarifverträgen oder das Recht auf Kollektivmaßnahmen im Einklang mit den nationalen Rechtsvorschriften oder Gepflogenheiten.

Artikel 31
Statistik

Die Mitgliedstaaten stellen der Kommission (Eurostat) jährlich aktuelle nationale Daten für die Berechnung des geschlechtsspezifischen Entgeltgefälles in unbereinigter Form bereit. Diese Statistiken sind nach Geschlecht, Wirtschaftssektor, Arbeitszeit (Voll-/Teilzeit), wirtschaftlicher Kontrolle (öffentliches/privates Eigentum) und Alter aufgeschlüsselt und auf jährlicher Basis zu berechnen.

Die in Absatz 1 genannten Daten werden ab dem 31. Januar 2028 für das Bezugsjahr 2026 übermittelt.

Artikel 32
Verbreitung von Informationen

Die Mitgliedstaaten ergreifen aktive Maßnahmen, um sicherzustellen, dass ihre gemäß dieser Richtlinie angenommenen Vorschriften sowie die bereits geltenden einschlägigen Vorschriften allen Betroffenen in ihrem Hoheitsgebiet in geeigneter Form bekannt gemacht werden.

Artikel 33
Durchführung

Die Mitgliedstaaten können die Sozialpartner im Einklang mit den nationalen Rechtsvorschriften und/oder Gepflogenheiten in Bezug auf die Rolle der Sozialpartner mit der Durchführung dieser Richtlinie betrauen, sofern die Mitgliedstaaten alle erforderlichen Maßnahmen treffen, um zu gewährleisten, dass die mit dieser Richtlinie angestrebten Ergebnisse jederzeit erzielt werden. Die den Sozialpartnern übertragenen Durchführungsaufgaben können Folgendes umfassen:

a) Entwicklung von Analyseinstrumenten oder -methoden gemäß Artikel 4 Absatz 2;

b) finanzielle Sanktionen, die Geldbußen gleichkommen, sofern sie wirksam, verhältnismäßig und abschreckend sind.

Artikel 34
Umsetzung

(1) Die Mitgliedstaaten setzen die Rechts- und Verwaltungsvorschriften in Kraft, die erforderlich sind, um dieser Richtlinie bis zum 7. Juni 2026 nachzukommen. Sie setzen die Kommission unverzüglich davon in Kenntnis.

Wenn sie die Kommission in Kenntnis setzen, übermitteln die Mitgliedstaaten der Kommission auch eine Zusammenfassung der Ergebnisse einer Bewertung zu den Auswirkungen ihrer Umsetzungsmaßnahmen auf Arbeitnehmer sowie auf Arbeitgeber mit weniger als 250 Arbeitnehmern und einen Verweis darauf, wo diese Bewertung veröffentlicht wird.

(2) Bei Erlass der in Absatz 1 genannten Vorschriften nehmen die Mitgliedstaaten in den Vorschriften selbst oder durch einen Hinweis bei der amtlichen Veröffentlichung auf diese Richtlinie Bezug. Die Mitgliedstaaten regeln die Einzelheiten dieser Bezugnahme.

Artikel 35
Berichterstattung und Überprüfung

(1) Die Mitgliedstaaten informieren die Kommission bis zum 7. Juni 2031 über die Durchführung dieser Richtlinie und ihre Auswirkungen in der Praxis.

(2) Bis zum 7. Juni 2033 legt die Kommission dem Europäischen Parlament und dem Rat einen Bericht über die Umsetzung dieser Richtlinie vor. In dem Bericht werden unter anderem die Schwellenwerte für Arbeitgeber gemäß den Artikeln 9 und 10 sowie der Schwellenwert von 5 % für die gemeinsame Entgeltbewertung gemäß Artikel 10 Absatz 1 geprüft. Die Kommission schlägt gegebenenfalls Änderungen der Gesetzgebung vor, die sie auf der Grundlage dieses Berichts für erforderlich hält.

Artikel 36
Inkrafttreten

Diese Richtlinie tritt am zwanzigsten Tag nach ihrer Veröffentlichung im *Amtsblatt der Europäischen Union* in Kraft.

Artikel 37
Adressaten

Diese Richtlinie ist an die Mitgliedstaaten gerichtet.

3/9. Führungspositionen-Richtlinie

Richtlinie (EU) 2022/2381 des Europäischen Parlaments und des Rates vom 23. November 2022 zur Gewährleistung einer ausgewogeneren Vertretung von Frauen und Männern unter den Direktoren börsennotierter Gesellschaften und über damit zusammenhängende Maßnahmen

(ABl. Nr. L 315 v. 7.12.2022, S. 44)

GLIEDERUNG

- Art. 1: Ziel
- Art. 2: Geltungsbereich
- Art. 3: Begriffsbestimmungen
- Art. 4: Anwendbares Recht
- Art. 5: Zielvorgaben in Bezug auf eine ausgewogene Vertretung der Geschlechter in den Leitungsorganen
- Art. 6: Mittel zur Erreichung der Zielvorgaben
- Art. 7: Berichterstattung
- Art. 8: Sanktionen und zusätzliche Maßnahmen
- Art. 9: Mindestanforderungen
- Art. 10: Stellen für die Förderung einer ausgewogenen Vertretung der Geschlechter in börsennotierten Gesellschaften
- Art. 11: Umsetzung
- Art. 12: Aussetzung der Anwendung des Artikels 6
- Art. 13: Überprüfung
- Art. 14: Inkrafttreten und Ende der Geltungsdauer
- Art. 15: Adressaten

Anhang

DAS EUROPÄISCHE PARLAMENT UND DER RAT DER EUROPÄISCHEN UNION –

gestützt auf den Vertrag über die Arbeitsweise der Europäischen Union, insbesondere auf Artikel 157 Absatz 3,

auf Vorschlag der Europäischen Kommission,

nach Zuleitung des Entwurfs des Gesetzgebungsakts an die nationalen Parlamente,

nach Stellungnahme des Europäischen Wirtschafts- und Sozialausschusses (ABl. C 133 vom 9.5.2013, S. 68),

nach Stellungnahme des Ausschusses der Regionen (ABl. C 218 vom 30.7.2013, S. 33),

gemäß dem ordentlichen Gesetzgebungsverfahren (Standpunkt des Europäischen Parlaments vom 20. November 2013 (ABl. C 436 vom 24.11.2016, S. 225) und Standpunkt des Rates in erster Lesung vom 17. Oktober 2022 (noch nicht im Amtsblatt veröffentlicht). Standpunkt des Europäischen Parlaments vom 17. Oktober 2022 (ABl. C 433 vom 15.11.2022, S. 14)),

in Erwägung nachstehender Gründe:

(1) Nach Artikel 2 des Vertrags über die Europäische Union (im Folgenden „EUV") ist Gleichheit einer der Grundwerte der Union und allen Mitgliedstaaten in einer Gesellschaft gemeinsam, die sich durch Gleichheit von Frauen und Männern auszeichnet. Nach Artikel 3 Absatz 3 EUV fördert die Union die Gleichstellung von Frauen und Männern.

(2) Durch Artikel 157 Absatz 3 des Vertrags über die Arbeitsweise der Europäischen Union (AEUV) wird dem Europäischen Parlament und dem Rat die Gesetzgebungsbefugnis für den Erlass von Maßnahmen, durch die die Anwendung des Grundsatzes der Chancengleichheit und der Gleichbehandlung von Männern und Frauen in Arbeits- und Beschäftigungsfragen gewährleistet werden, übertragen.

(3) Im Hinblick auf die effektive Gewährleistung der vollen Gleichstellung von Männern und Frauen im Arbeitsleben ermöglicht Artikel 157 Absatz 4 AEUV den Mitgliedstaaten positive Maßnahmen, um spezifische Vergünstigungen beizubehalten oder zu beschließen, die die Berufstätigkeit des unterrepräsentierten Geschlechts erleichtern oder die Benachteiligungen in der beruflichen Laufbahn verhindern bzw. ausgleichen. In Artikel 23 der Charta der Grundrechte der Europäischen Union (im Folgenden „Charta") ist festgelegt, dass die Gleichheit von Frauen und Männern in allen Bereichen sicherzustellen ist und der Grundsatz der Gleichheit der Beibehaltung oder der Einführung spezifischer Vergünstigungen für das unterrepräsentierte Geschlecht nicht entgegensteht.

(4) Zu den Grundsätzen der europäischen Säule sozialer Rechte, die 2017 gemeinsam vom Europäischen Parlament, vom Rat und von der Kommission proklamiert wurde, gehören unter anderem die Gleichstellung der Geschlechter und die Chancengleichheit von Frauen und Männern, was die Erwerbsbeteiligung, die Beschäftigungsbedingungen und den beruflichen Aufstieg einschließt.

(5) Um die Gleichstellung der Geschlechter am Arbeitsplatz zu erreichen, bedarf es eines umfassenden Ansatzes, der auch die Förderung eines ausgewogenen Geschlechterverhältnisses bei der Entscheidungsfindung innerhalb der Unternehmen sowie die Beseitigung geschlechtsspezifischer Unterschiede beim Arbeitsentgelt umfasst. Die Gewährleistung der Gleichstellung am Arbeits-

platz ist auch eine wichtige Voraussetzung für die Bekämpfung der Armut von Frauen.

(6) In der Empfehlung 84/635/EWG des Rates (Empfehlung 84/635/EWG des Rates vom 13. Dezember 1984 zur Förderung positiver Maßnahmen für Frauen (ABl. L 331 vom 19.12.1984, S. 34)) empfahl der Rat den Mitgliedstaaten, dafür Sorge zu tragen, dass die positiven Maßnahmen möglichst Aktionen zur Förderung der aktiven Teilnahme von Frauen in Entscheidungsgremien einschließen. In der Empfehlung 96/694/EG des Rates (Empfehlung 96/694/EG des Rates vom 2. Dezember 1996 über die ausgewogene Mitwirkung von Frauen und Männern am Entscheidungsprozess (ABl. L 319 vom 10.12.1996, S. 11)) wurde den Mitgliedstaaten empfohlen, den privaten Sektor zu ermutigen, die Präsenz der Frauen auf allen Entscheidungsebenen, insbesondere durch die Annahme von Gleichstellungsplänen oder Förderprogrammen oder in deren Rahmen, zu verstärken.

(7) Ziel dieser Richtlinie ist es, die Anwendung des Grundsatzes der Chancengleichheit von Frauen und Männern zu gewährleisten und eine ausgewogene Vertretung der Geschlechter in Führungspositionen im Top-Management zu erreichen, indem eine Reihe von Verfahrensvorschriften in Bezug auf die Auswahl von Kandidaten für die Bestellung oder Wahl zu Direktoren auf der Grundlage von Transparenz und Verdiensten festgelegt wird.

(8) In den letzten Jahren hat die Kommission mehrere Berichte über die Gleichstellung der Geschlechter in Entscheidungsprozessen in der Wirtschaft vorgelegt. Zudem hat sie börsennotierte Gesellschaften aufgefordert, mit Hilfe von Selbstregulierungsmaßnahmen die Anzahl der Vertreter des unterrepräsentierten Geschlechts in ihren Leitungsorganen zu erhöhen und konkrete freiwillige Eigenverpflichtungen einzugehen. In ihrer Mitteilung vom 5. März 2010 mit dem Titel „Ein verstärktes Engagement für die Gleichstellung von Frauen und Männern: Eine Frauen-Charta" betonte die Kommission, dass Frauen nach wie vor die volle Teilhabe an der Macht und an Entscheidungsprozessen in Politik und Wirtschaft sowie im öffentlichen und privaten Sektor fehlt, und bekräftigte ihre Entschlossenheit, eine fairere Vertretung von Frauen und Männern in Verantwortungspositionen im öffentlichen Leben sowie in der Wirtschaft zu verfolgen. Eine ausgewogenere Vertretung der Geschlechter in Entscheidungspositionen war eine der Prioritäten, die die Kommission in ihrer Mitteilung vom 21. September 2010 mit dem Titel „Strategie für die Gleichstellung von Frauen und Männern 2010–2015" festlegte. Eine ausgewogenere Vertretung der Geschlechter in Entscheidungspositionen ist eine der Prioritäten gemäß der Mitteilung der Kommission vom 5. März 2020 mit dem Titel „Eine Union der Gleichheit: Strategie für die Gleichstellung der Geschlechter 2020–2025".

(9) In seinen Schlussfolgerungen vom 7. März 2011 zum Europäischen Pakt für die Gleichstellung der Geschlechter 2011–2020 würdigte der Rat, dass eine Geschlechtergleichstellungspolitik für Wirtschaftswachstum, Wohlstand und Wettbewerbsfähigkeit von wesentlicher Bedeutung ist. Er bekräftigte seine Entschlossenheit, geschlechtsspezifische Unterschiede vor allem in drei Bereichen, die für die Gleichstellung der Geschlechter sehr wichtig sind, nämlich Beschäftigung, Bildung und Förderung der sozialen Inklusion, abzubauen, damit die Ziele der Strategie Europa 2020 erreicht werden können. Er forderte ebenfalls mit Nachdruck eine gleichberechtigte Teilhabe von Frauen und Männern an Entscheidungsprozessen auf allen Ebenen und in allen Bereichen, damit keine Talente brachliegen. Im Hinblick darauf würde die Nutzung aller verfügbaren Talente, Kenntnisse und Ideen die Personalressourcen bereichern und die Geschäftsaussichten verbessern.

(10) In ihrer Mitteilung vom 3. März 2010 mit dem Titel „Strategie der Europäischen Union für Beschäftigung und intelligentes, nachhaltiges und integratives Wachstum" (im Folgenden „Strategie Europa 2020") wies die Kommission darauf hin, dass eine stärkere Erwerbsbeteiligung von Frauen eine Voraussetzung dafür ist, das Wachstum zu stimulieren und den demografischen Herausforderungen in Europa zu begegnen. Die Strategie Europa 2020 ist auf die Erhöhung der Erwerbstätigenquote auf mindestens 75 % der Bevölkerung der Union in der Altersgruppe zwischen 20 und 64 Jahren bis zum Jahr 2020 ausgelegt. Es ist wichtig, dass eine klare Verpflichtung für die Beseitigung der anhaltenden geschlechtsspezifischen Unterschiede beim Arbeitsentgelt eingegangen wird und verstärkte Anstrengungen zur Beseitigung der Hindernisse für die Erwerbsbeteiligung der Frauen einschließlich des bestehenden Phänomens der „gläsernen Decke" unternommen werden. In der von den Staats- oder Regierungschefs am 8. Mai 2021 unterzeichneten Erklärung von Porto (https://www.consilium.europa.eu/de/press/press-releases/2021/05/08/the-porto-declaration/) wurden die neuen Kernziele der Union in den Bereichen Beschäftigung, Kompetenzen und Armutsbekämpfung und das überarbeitete sozialpolitische Scoreboard, die von der Kommission in ihrer Mitteilung vom 4. März 2021 mit dem Titel „Aktionsplan zur europäischen Säule sozialer Rechte" vorgeschlagen wurden, begrüßt. Dieser Aktionsplan sieht vor, dass es zur Verwirklichung des übergeordneten Ziels, in der Bevölkerung der Union bis 2030 eine Beschäftigungsquote von mindestens 78 % für die 20- bis 64-Jährigen zu erreichen, notwendig ist, eine Halbierung des geschlechtsbedingten Gefälles bei der Beschäftigung gegenüber 2019 anzustreben. Eine stärkere Einbeziehung der Frauen in Entscheidungen der Wirtschaft, vor allem in den Leitungsorganen, dürfte sich auch positiv auf die Erwerbsbeteiligung der Frauen in den betreffenden Unternehmen und in der Wirtschaft insgesamt auswirken. Im Einklang mit dem Erfordernis, der verfügbare Talentpool – sowohl von Frauen als auch von Männern – in vollem Umfang auszuschöpfen, sind die Gleichstellung der Geschlechter und inklusive Leitungsstrategien nach der COVID-19-Krise wichtiger denn je. Forschungserkenntnissen zufolge gehören Inklusion und Vielfalt zu den Wegbereitern

3/9. FührungspositionenRL
Präambel

für Erholung und Resilienz. Sie sind von wesentlicher Bedeutung für die Wettbewerbsfähigkeit der Wirtschaft der Union, wenn es darum geht, die Innovation zu fördern und mehr und bessere Fachkompetenzen in die Leitungsorgane einzubinden.

(11) Das Europäische Parlament forderte in seiner Entschließung vom 6. Juli 2011zu Frauen in wirtschaftlichen Leitungspositionen die Unternehmen eindringlich auf, den Frauenanteil in den Führungsgremien auf die kritische Schwelle von 30 % bis 2015 und auf 40 % bis 2020 zu erhöhen. Es forderte die Kommission auf, für den Fall, dass die Maßnahmen, die die Gesellschaften und die Mitgliedstaaten von sich aus getroffen haben, nicht ausreichen, bis 2012 legislative Maßnahmen einschließlich Quoten vorzuschlagen. Es wäre wichtig, dass solche legislative Maßnahmen zeitlich befristet angewandt werden und als ein Katalysator für Veränderungen und rasche Reformen zur Beseitigung weiterhin bestehender Ungleichheiten im Geschlechterverhältnis und stereotyper Vorstellungen auf den Entscheidungsebenen in der Wirtschaft dienen. Das Europäische Parlament bekräftigte diese Forderung nach legislativen Maßnahmen in seinen Entschließungen vom 13. März 2012 sowie vom 21. Januar 2021.

(12) Es ist wichtig, dass die Organe, Einrichtungen und sonstige Stellen der Union bei der Gleichstellung der Geschlechter mit gutem Beispiel vorangehen, indem sie unter anderem Ziele für eine ausgewogene Vertretung der Geschlechter auf allen Führungsebenen festlegen. Dabei muss der Einstellungspolitik für das höhere Management besondere Aufmerksamkeit gelten. In ihrer Mitteilung vom 5. März 2020 mit dem Titel „Eine Union der Gleichheit: Strategie für die Gleichstellung der Geschlechter 2020-2025 betont die Kommission daher, dass die Organe, Einrichtungen und sonstige Stellen der Union für eine ausgewogene Vertretung der Geschlechter in Leitungspositionen sorgen sollten. In ihrer Mitteilung vom 5. April 2022 mit dem Titel „Eine neue Personalstrategie für die Kommission" hat sich die Kommission verpflichtet, bis 2024 für die vollständige Gleichstellung der Geschlechter auf allen Führungsebenen der Kommission zu sorgen. Die Kommission wird die Fortschritte überwachen und darüber regelmäßig auf ihrer Website Bericht erstatten. Darüber hinaus tauscht sich die Kommission mit anderen Organen, Einrichtungen und sonstigen Stellen der Union über bewährte Verfahren aus und wird auf ihrer Website über die Lage in Bezug auf die ausgewogene Vertretung der Geschlechter in Leitungspositionen in diesen Organen, Einrichtungen und sonstigen Stellen berichten. Mit dem Beschluss seines Präsidiums vom 13. Januar 2020 hat sich das Europäische Parlament auf die Festlegung von Zielen für eine ausgewogene Vertretung der Geschlechter in höheren und mittleren Führungspositionen bis 2024 geeinigt. Das Europäische Parlament wird die Fortschritte auf allen Führungsebenen weiterhin überwachen und ist bestrebt, mit gutem Beispiel voranzugehen. Der Rat verpflichtet sich in seiner Strategie für Vielfalt und Inklusion 2021–2024, bei Führungspositionen des Generalsekretariats bis spätestens Ende 2026 Gleichstellung der Geschlechter innerhalb einer Spanne von 45 bis 55 % zu erreichen. Der Aktionsplan des Generalsekretariats des Rates für die Gleichstellung der Geschlechter im Management enthält Maßnahmen zur Erreichung dieses Ziels.

(13) Es ist wichtig, dass Gesellschaften und Unternehmen weibliche Talente auf allen Ebenen und während ihrer gesamten beruflichen Laufbahn fördern, unterstützen und weiterentwickeln, um sicherzustellen, dass qualifizierte Frauen die Möglichkeit für eine Tätigkeit in Leitungsorganen und Führungspositionen erhalten.

(14) Um die Gleichstellung der Geschlechter zu fördern und die Teilhabe von Frauen an Entscheidungsprozessen zu unterstützen, sieht die Richtlinie (EU) 2019/1158 des Europäischen Parlaments und des Rates (Richtlinie (EU) 2019/1158 des Europäischen Parlaments und des Rates vom 20. Juni 2019 zur Vereinbarkeit von Beruf und Privatleben für Eltern und pflegende Angehörige und zur Aufhebung der Richtlinie 2010/18/EU des Rates (ABl. L 188 vom 12.7.2019, S. 79)) zur Förderung der Vereinbarkeit von Beruf und Privatleben für Eltern und pflegende Angehörige vor, dass die Mitgliedstaaten die erforderlichen Maßnahmen ergreifen, um eine gerechte Aufteilung der Betreuungspflichten zwischen Frauen und Männern durch gut konzipierten Elternurlaub, Vaterschaftsurlaub und Urlaub für pflegende Angehörige zusätzlich zum bestehenden Mutterschaftsurlaub sicherzustellen. Diese Richtlinie sieht auch das Recht, flexible Arbeitsregelungen zu beantragen, vor.

(15) Der Bestellung von Frauen als Direktoren stehen mehrere spezifische Hindernisse im Weg, die nicht nur mit verbindlichen Vorschriften, sondern auch mit Bildungsmaßnahmen und Anreizen zur Förderung bewährter Verfahren abgebaut werden können. In erster Linie ist es unabdingbar, in den Wirtschaftshochschulen und Universitäten die Vorteile zu lehren, die die Gleichstellung der Geschlechter für die Wettbewerbsfähigkeit der Unternehmen mit sich bringt. Ferner ist es notwendig, eine regelmäßige Neubesetzung der Direktorenstellen anzuregen und aktive Maßnahmen zu treffen, um diejenigen Mitgliedstaaten und Unternehmen zu fördern und zu würdigen, die diesen Wandel in den höchsten Entscheidungsorganen der Wirtschaft auf allen Ebenen entschlossener angehen.

(16) Die Union verfügt über einen großen und ständig wachsenden Pool hoch qualifizierter Frauen, was sich daran zeigt, dass 60 % der Hochschulabsolventen Frauen sind. Eine ausgewogene Vertretung der Geschlechter in den Leitungsorganen von Unternehmen zu erzielen ist entscheidend für einen effizienten Einsatz des verfügbaren Pools, was wiederum für die Bewältigung der demografischen und wirtschaftlichen Herausforderungen für die Union ist. Wenn Frauen in den Leitungsorganen weiterhin unterrepräsentiert sind, bleiben folglich Möglichkeiten für die Volkswirtschaften der Mitgliedstaaten im Allgemeinen sowie für deren Entwicklung und Wachstum ungenutzt. Eine vollständige Nutzung

3/9. FührungspositionenRL
Präambel

des vorhandenen Pools weiblicher Talente dürfte auch zu einer Erhöhung der Bildungsrendite für den Einzelnen und für die Allgemeinheit führen. Es herrscht weitgehend Konsens darüber, dass Frauen in Leitungsorganen die Unternehmensführung positiv beeinflussen, weil die Teamleistung und die Qualität der Entscheidungen durch eine vielfältigere und kollektiv orientiertere Denkweise mit breiter gefassten Perspektiven verbessert werden. Zahlreiche Studien haben aufgezeigt, dass Vielfalt zu einem vorausschauenderen Geschäftsmodell, zu ausgewogeneren Entscheidungen sowie zu besseren Fachkompetenzen in den Leitungsorganen führt, die den gesellschaftlichen Gegebenheiten und den Bedürfnissen der Verbraucher besser Rechnung tragen. Zudem fördert sie Innovation. Zahlreiche Studien haben ferner den positiven Einfluss einer ausgewogenen Vertretung der Geschlechter im Top-Management auf die Geschäftsergebnisse und den wirtschaftlichen Erfolg eines Unternehmens, was zu einem erheblichen langfristigen nachhaltigen Wachstum führt. Eine ausgewogene Vertretung der Geschlechter in den Leitungsorganen zu erreichen ist daher von wesentlicher Bedeutung für die Wettbewerbsfähigkeit der Union in einer globalisierten Wirtschaft und würde einen komparativen Vorteil gegenüber Drittländern bieten.

(17) Eine stärkere Vertretung der Frauen in den Leitungsorganen ist nicht nur für die betreffenden Frauen von Vorteil, sondern trägt auch dazu bei, dass das Unternehmen für weibliche Talente attraktiver und die Präsenz von Frauen auf allen Führungsebenen und in der Belegschaft des Unternehmens erhöht wird. Ein größerer Anteil von Frauen in Leitungsorganen sollte somit auch einen positiven Einfluss auf die Reduzierung der geschlechtsspezifischen Unterschiede bei der Beschäftigung und beim Arbeitsentgelt haben.

(18) Der Nachweis der positiven Auswirkungen einer ausgewogenen Vertretung der Geschlechter auf die Unternehmen selbst und auf die Wirtschaft im Allgemeinen, und das bestehende Unionsrecht zum Verbot der Diskriminierung aufgrund des Geschlechts sowie die auf Selbstregulierung angelegten Maßnahmen auf Unionsebene haben nichts daran geändert, dass Frauen in den obersten Entscheidungsorganen der Unternehmen in der gesamten Union nach wie vor erheblich unterrepräsentiert sind. Statistiken zeigen, dass der Anteil von in Entscheidungen des Top-Managements eingebundenen Frauen weiter sehr gering ist. Wenn eine Hälfte des vorhandenen Talentpools bei der Besetzung von Leitungspositionen nicht einmal in Erwägung gezogen wird, könnte sich dies nachteilig auf das Verfahren und die Qualität der Stellenbesetzungen selbst auswirken, was zu zunehmendem Misstrauen gegenüber den Machtstrukturen von Unternehmen und möglicherweise zu einer Verringerung der effizienten Nutzung der verfügbaren Humanressourcen führt. Es ist wichtig, dass die Gesellschaft in den unternehmerischen Entscheidungsprozessen getreu widergespiegelt wird und dass das Potenzial der gesamten Bevölkerung der Union genutzt wird. Nach Informationen des Europäischen Instituts für Gleichstellungsfragen stellen Frauen im Jahr 2021 durchschnittlich 30,6 % der Mitglieder der Leitungsorgane der größten börsennotierten Gesellschaften und lediglich 8,5 % der Vorsitzenden. Dies deutet auf Ungerechtigkeit und Diskriminierung hinsichtlich der Vertretung von Frauen hin, wodurch die Grundsätze der Union der Chancengleichheit und der Gleichbehandlung von Frauen und Männern in Arbeits- und Beschäftigungsfragen eindeutig untergraben werden. Maßnahmen zur Förderung der Aufstiegschancen von Frauen auf sämtlichen Führungsebenen sollten daher eingeführt und verstärkt werden, insbesondere sollte darauf geachtet werden, dass dies in börsennotierten Gesellschaften in der Union – aufgrund deren beträchtlicher Verantwortung für Wirtschaft und Gesellschaft – der Fall ist. Darüber hinaus ist es wichtig, dass die Einrichtungen und Agenturen der Union mit gutem Beispiel vorangehen, wenn es darum geht, bestehende Missverhältnisse zwischen den Geschlechtern in ihren eigenen Vorständen abzubauen.

(19) Der Anteil von Frauen in den Leitungsorganen hat sich in den letzten Jahren nur sehr langsam erhöht. Zudem ist der Anstieg in den Mitgliedstaaten sehr unterschiedlich, sodass sich eine Kluft gebildet hat. In den Mitgliedstaaten, die verbindliche Maßnahmen eingeführt haben, sind erheblich größere Fortschritte zu verzeichnen. Diese Kluft wird sich aufgrund der sehr unterschiedlichen Ansätze zur Gewährleistung einer ausgewogeneren Vertretung der Geschlechter in Leitungsorganen vermutlich weiter vergrößern. Daher werden die Mitgliedstaaten ermutigt, Informationen über wirksame Maßnahmen und Strategien, die auf nationaler Ebene ergriffen bzw. angenommen wurden, sowie bewährte Verfahren auszutauschen, damit in der ganzen Union Fortschritte im Hinblick auf eine ausgewogenere Vertretung von Frauen und Männern in Leitungsorganen gefördert werden.

(20) Die vereinzelten und voneinander abweichenden Regelungen beziehungsweise das Fehlen einer Regelung zur Gewährleistung einer ausgewogenen Vertretung der Geschlechter in den Leitungsorganen der börsennotierten Gesellschaften auf nationaler Ebene führen nicht nur zu deutlich unterschiedlichen Frauenanteilen unter den nicht geschäftsführenden Direktoren und einer divergierenden Entwicklung dieser Anteile in den Mitgliedstaaten, sondern behindern auch den Binnenmarkt, da die börsennotierten Gesellschaften in der Union unterschiedliche Unternehmensführungsanforderungen erfüllen müssen. Diese unterschiedlichen rechtlichen Bestimmungen über die Zusammensetzung der Leitungsorgane von Gesellschaften und voneinander abweichenden Selbstregulierungsmaßnahmen können für grenzüberschreitend tätige börsennotierte Gesellschaften, besonders bei der Gründung von Tochtergesellschaften, bei Unternehmenszusammenschlüssen und Übernahmen, wie auch für Kandidaten für Direktorenstellen in der Praxis Hürden darstellen.

(21) Die unausgewogenen Verhältnisse der Geschlechter in Unternehmen sind auf den Leitungs-

3/9. FührungspositionenRL
Präambel

ebenen deutlicher ausgeprägt. Darüber hinaus sind viele der Frauen im höheren Management in Bereichen wie Personal oder Kommunikation tätig, während Männer im höheren Management eher in der Geschäftsleitung oder im „Linienmanagement" des Unternehmens beschäftigt sind. Da sich der Pool für die Besetzung von Direktorenstellen in Leitungsorganen im Wesentlichen aus Kandidaten zusammensetzt, die Erfahrungen im höheren Management besitzen, ist es von großer Bedeutung, dass die Zahl der Frauen, die auf diese Führungspositionen in Unternehmen vorrücken, steigt.

(22) Einer der wichtigsten Faktoren für eine ordnungsgemäße Umsetzung dieser Richtlinie ist die wirksame Anwendung von im Voraus und in vollkommen transparenter Weise festzulegenden Kriterien für die Auswahl von Direktoren, nach denen die Qualifikationen, Kenntnisse und Fähigkeiten der Kandidaten unabhängig von ihrem Geschlecht auf gleicher Grundlage berücksichtigt werden.

(23) Die gegenwärtig in den meisten Mitgliedstaaten herrschende Intransparenz der Auswahlverfahren und Qualifikationskriterien für die Besetzung von Direktorenstellen steht einer ausgewogeneren Vertretung der Geschlechter unter Direktoren entgegen und wirkt sich negativ auf den beruflichen Werdegang der Kandidaten, ihre Mobilität und Entscheidungen von Investoren aus. Ein solcher Mangel an Transparenz hindert potenzielle Kandidaten für Direktorenstellen daran, sich um eine Position in Leitungsorganen zu bewerben, in denen ihre Qualifikationen besonders benötigt würden, und geschlechtsspezifisch verzerrte Entscheidungen anzufechten, was ihre Mobilität im Binnenmarkt einschränkt. Investoren könnten hingegen Strategien verfolgen, für die sie auch Informationen über die Erfahrung und Kompetenz der Direktoren benötigen. Wenn die Qualifikationskriterien und die Verfahren zur Auswahl der Direktoren transparenter sind, sind Investoren besser in der Lage, die Geschäftsstrategie eines Unternehmens einzuschätzen und sachkundige Entscheidungen zu treffen. Es ist daher wichtig, dass die Verfahren zur Besetzung der Leitungsorgane klar und transparent sind und dass die Kompetenzen der Kandidaten objektiv und unabhängig vom Geschlecht bewertet werden.

(24) Zwar sollen die nationalen Bestimmungen über die Auswahlverfahren und Qualifikationskriterien für Direktoren durch diese Richtlinie nicht im Einzelnen harmonisiert werden, doch ist es für eine ausgewogene Vertretung der Geschlechter erforderlich, dass bestimmte Mindestanforderungen eingeführt werden, nach denen börsennotierte Gesellschaften ohne ausgewogenes Verhältnis der Geschlechter Kandidaten für die Bestellung oder Wahl zu Direktoren auf der Grundlage eines transparenten und eindeutig festgelegten Auswahlverfahrens und eines objektiven Vergleichs ihrer Qualifikation hinsichtlich ihrer Eignung, Befähigung und fachlichen Leistung auswählen. Nur eine verbindliche Maßnahme auf Unionsebene kann wirksam dazu beitragen, dass unionsweit gleiche Wettbewerbsbedingungen herrschen und Komplikationen im Wirtschaftsleben vermieden werden.

(25) Die Union sollte daher auf eine stärkere Vertretung der Frauen in den Leitungsorganen der Unternehmen aller Mitgliedstaaten hinwirken, um so das Wirtschaftswachstum anzukurbeln, die Mobilität am Arbeitsmarkt zu fördern, die Wettbewerbsfähigkeit der börsennotierten Gesellschaften zu stärken und eine effektive Gleichstellung der Geschlechter auf dem Arbeitsmarkt zu erreichen. Dieses Ziel sollte verfolgt werden, indem Mindestanforderungen für positive Maßnahmen in Form verbindlicher Maßnahmen festgelegt werden. Mit diesen verbindlichen Maßnahmen sollte versucht werden, ein quantitatives Ziel der Verteilung der Geschlechter in den Leitungsorganen börsennotierter Gesellschaften zu erreichen, da die Mitgliedstaaten und Drittländer, die sich für solche oder ähnliche Maßnahmen entschieden haben, der Unterrepräsentanz von Frauen in wirtschaftlichen Entscheidungspositionen am erfolgreichsten entgegengewirkt haben.

(26) Es ist wichtig, dass jede börsennotierte Gesellschaft eine Politik zur Gleichstellung der Geschlechter entwickelt, um eine ausgewogenere Vertretung der Geschlechter auf allen Ebenen zu erreichen. Diese Politik könnte beispielsweise die Benennung einer Kandidatin und eines Kandidaten für Schlüsselpositionen, Mentorensysteme, Beratung bei der Laufbahnentwicklung für Frauen und Personalstrategien zur Förderung diversitätsorientierter Einstellungen umfassen.

(27) Börsennotierte Gesellschaften sind von besonderer wirtschaftlicher Bedeutung und Sichtbarkeit und üben auf dem Markt großen Einfluss aus. Diese Unternehmen setzen Maßstäbe für die Wirtschaft im weiteren Sinne; es ist davon auszugehen, dass andere Unternehmen ihrem Beispiel folgen werden. Ihre öffentliche Sichtbarkeit rechtfertigt es, dass börsennotierte Gesellschaften im öffentlichen Interesse umfangreicheren Regelungsmaßnahmen unterworfen werden.

(28) Die Maßnahmen dieser Richtlinie sollten für börsennotierte Gesellschaften gelten.

(29) Für Kleinstunternehmen sowie kleine und mittlere Unternehmen (KMU) sollte diese Richtlinie nicht gelten.

(30) Für die Zwecke dieser Richtlinie sollte der für die Regelung der Fragen im Rahmen dieser Richtlinie zuständige Mitgliedstaat der Mitgliedstaat sein, in dem die betreffende börsennotierte Gesellschaft ihren eingetragenen Sitz hat. Die nationalen Regeln zur Bestimmung des auf Gesellschaften in Sachverhalten, die nicht durch diese Richtlinie geregelt werden, anzuwendenden Rechts bleiben von dieser Richtlinie unberührt.

(31) Die Strukturen der Leitungsorgane börsennotierter Gesellschaften sind in den Mitgliedstaaten nicht einheitlich, wobei vor allem dualistische Systeme mit Vorstand und Aufsichtsrat und monistische Systeme, bei denen ein Organ die Funktionen des Vorstands und Aufsichtsrats auf sich vereint, zu unterscheiden sind. Daneben gibt

3/9. FührungspositionenRL
Präambel

es hybride Systeme, die Elemente beider Systeme vorweisen oder Unternehmen die Wahl zwischen unterschiedlichen Modellen überlassen. Diese Richtlinie sollte für alle in den Mitgliedstaaten bestehenden Systeme von Leitungsorganen gelten.

(32) In allen Systemen wird – rechtlich oder faktisch – unterschieden zwischen geschäftsführenden Direktoren, die für die Geschäftsführung zuständig sind, und nicht geschäftsführenden Direktoren, die eine Aufsichtsratsfunktion ausüben und keine Geschäftsführungsaufgaben in börsennotierten Gesellschaften wahrnehmen. Mit dieser Richtlinie soll eine ausgewogene Vertretung der Geschlechter in beiden Kategorien von Direktoren erreicht werden. Damit ohne zu starke Eingriffe in das Tagesgeschäft eines Unternehmens eine ausgewogene Vertretung der Geschlechter in den Leitungsorganen des Unternehmens erreicht wird, unterscheidet diese Richtlinie zwischen diesen beiden Kategorien von Direktoren.

(33) In mehreren Mitgliedstaaten kann oder muss nach nationalem Recht oder nationaler Praxis ein bestimmter Teil der nicht geschäftsführenden Direktoren von den Arbeitnehmern der Unternehmen bzw. den Arbeitnehmerorganisationen benannt oder gewählt werden. Die in dieser Richtlinie festgelegten Quantitativen Zielvorgaben sollten auch für diese Direktoren gelten. In Anbetracht der Tatsache, dass bestimmte nicht geschäftsführende Direktoren Arbeitnehmervertreter sind, sollten die Mitgliedstaaten Mittel zur Gewährleistung der Einhaltung dieser Zielvorgaben festlegen, und zwar unter gebührender Berücksichtigung der im nationalen Recht der Mitgliedstaaten dargelegten spezifischen Vorschriften für die Wahl oder Benennung der Arbeitnehmervertreter und unter Achtung der Abstimmungsfreiheit bei der Wahl der Arbeitnehmervertreter. Angesichts der Unterschiede in den nationalen Vorschriften des Gesellschaftsrechts der Mitgliedstaaten sollte dies auch die Möglichkeit für die Mitgliedstaaten beinhalten, die quantitativen Zielvorgaben auf Aktionärs- und Arbeitnehmervertreter getrennt anzuwenden.

(34) Die Mitgliedstaaten sollten börsennotierte Gesellschaften entweder dem Ziel unterwerfen, den Anteil des unterrepräsentierten Geschlechts unter den nicht geschäftsführenden Direktoren in Leitungsorganen bis zum 30. Juni 2026 auf mindestens 40 % zu erhöhen oder, als wichtig ist, dass börsennotierte Gesellschaften den Anteil des unterrepräsentierten Geschlechts in sämtlichen Entscheidungspositionen erhöhen, alternativ dazu dem Ziel unterwerfen, den Anteil des unterrepräsentierten Geschlechts unter allen Direktoren in Leitungsorganen unabhängig davon, ob sie geschäftsführende Direktoren oder nicht geschäftsführende Direktoren sind – bis zum 30. Juni 2026 auf mindestens 33 % zu erhöhen, um eine ausgewogene Vertretung der Geschlechter unter allen Direktoren zu fördern.

(35) Die Ziele, den Anteil des unterrepräsentierten Geschlechts unter den nicht geschäftsführenden Direktoren in Leitungsorganen auf mindestens 40 % oder unter allen Direktoren in Leitungsorganen auf mindestens 33 % zu erhöhen, betreffen eine ausgewogene Vertretung der Geschlechter unter Direktoren insgesamt und haben keinen Einfluss auf die konkrete Auswahl eines einzelnen Direktors aus einem großen Pool von männlichen und weiblichen Kandidaten im konkreten Einzelfall. Insbesondere schließt diese Richtlinie weder bestimmte Kandidaten bei der Besetzung von Direktorenstellen aus, noch zwingt sie börsennotierte Gesellschaften oder Aktionäre zur Auswahl bestimmter Direktoren. Die Auswahl geeigneter Direktoren bleibt nach wie vor den börsennotierten Gesellschaften und den Aktionären überlassen.

(36) Es ist angemessen, dass öffentliche Unternehmen, die in den Anwendungsbereich dieser Richtlinie fallen, naturgemäß als Muster für die Privatwirtschaft dienen. Die Mitgliedstaaten üben einen beherrschenden Einfluss auf öffentliche Unternehmen im Sinne von Artikel 2 Buchstabe b der Richtlinie 2006/111/EG der Kommission (Richtlinie 2006/111/EG der Kommission vom 16. November 2006 über die Transparenz der finanziellen Beziehungen zwischen den Mitgliedstaaten und den öffentlichen Unternehmen sowie über die finanzielle Transparenz innerhalb bestimmter Unternehmen (kodifizierte Fassung) (ABl. L 318 vom 17.11.2006, S. 17)) aus, die an einem geregelten Markt notiert sind. Dieser beherrschende Einfluss gibt den Mitgliedstaaten die Mittel an die Hand, die notwendigen Veränderungen schneller herbeizuführen.

(37) Wie genau dieser Anteil in die Anzahl der Direktorenstellen umzurechnen ist, um die in dieser Richtlinie festgelegten Zielvorgaben zu erreichen, muss genauer festgelegt werden, da es in Anbetracht der Zahl der Mitglieder der meisten Leitungsorgane mathematisch nicht möglich ist, einen genauen Anteil von 40 % oder gegebenenfalls 33 % zu erreichen. Im Hinblick auf die Zielvorgaben dieser Richtlinie sollte daher die Anzahl der Direktorenstellen maßgebend sein, die dem Anteil von 40 % oder gegebenenfalls 33 % am nächsten kommt, und sie sollte in beiden Fällen 49 % nicht übersteigen.

(38) In seinen Entscheidungen (Siehe Urteil des Europäischen Gerichtshofs vom 17. Oktober 1995, *Kalanke v Freie Hansestadt Bremen,* Rechtssache C-450/93, ECLI:EU:C:1995:322, Urteil des Europäischen Gerichtshofs vom 11. November 1997, *Marschall v Land Nordrhein-Westfalen,* Rechtssache C-409/95, ECLI:EU:C:1997:533, Urteil des Europäischen Gerichtshofs vom 28. März 2000, *Badeck and Others* Rechtssache C-158/97, ECLI:EU:C:2000:163, Urteil des Europäischen Gerichtshofs vom 6. Juli 2000, *Abrahamsson and Anderson,* Rechtssache C-407/98, ECLI:EU:C:2000:367) zu positiven Maßnahmen und deren Vereinbarkeit mit dem Verbot der Diskriminierung aufgrund des Geschlechts, das auch in Artikel 21 der Charta verankert ist, hat der Gerichtshof des Europäischen Union (im Folgenden „Gerichtshof") erklärt, dass in bestimmten Fällen bei der Personalauswahl oder Beförderung dem unterrepräsentierten Geschlecht Vorrang

3/9. FührungspositionenRL
Präambel

eingeräumt werden kann, wenn der betreffende Bewerber die gleiche Qualifikation hinsichtlich Eignung, Befähigung und fachlicher Leistung hat wie der Bewerber des anderen Geschlechts, wenn kein automatischer und unbedingter Vorrang eingeräumt wird, sondern der Vorrang entfallen kann, wenn spezifische Kriterien zugunsten des Bewerbers des anderen Geschlechts überwiegen, und wenn sämtliche Bewerbungen Gegenstand einer objektiven Beurteilung sind, bei der alle Auswahlkriterien konkret auf die einzelnen Bewerber angewandt werden.

(39) Die Mitgliedstaaten sollten sicherstellen, dass börsennotierte Gesellschaften, in deren Leitungsorganen das unterrepräsentierte Geschlecht weniger als 40 % der nicht geschäftsführenden Direktoren oder, wenn maßgeblich, weniger als 33 % aller Direktoren, wozu die Posten der geschäftsführenden und nicht geschäftsführenden Direktoren zählen, stellt, die Auswahl der am besten geeigneten Kandidaten für die betreffenden durch Bestellung oder Wahl zu besetzenden Positionen auf der Grundlage eines Vergleichs der Qualifikationen der Kandidaten nach klaren, neutral formulierten und eindeutigen, vor dem Auswahlverfahren festgelegten Kriterien im Hinblick darauf durchführen, eine ausgewogenere Vertretung der Geschlechter in Leitungsorganen zu erreichen. Auswahlkriterien, die börsennotierten Gesellschaften zugrunde legen könnten, sind beispielsweise Erfahrung mit Management- oder Aufsichtsaufgaben, internationale Erfahrung, Interdisziplinarität, Leitungsqualitäten, Kommunikationsfähigkeit, Fähigkeit zur Netzwerkarbeit und einschlägige Kenntnisse, beispielsweise im Bereich Finanzen, Finanzaufsicht oder Personalverwaltung.

(40) Bei der Auswahl von Kandidaten für die Bestellung oder Wahl zu Direktoren sollte dem gleich qualifizierten Kandidaten des unterrepräsentierten Geschlechts Vorrang eingeräumt werden. Dieser Vorrang sollte jedoch keine automatische und unbedingte Präferenz darstellen. Es kann in Ausnahmefällen vorkommen, dass eine objektive Beurteilung der spezifischen Situation eines gleich qualifizierten Kandidaten des anderen Geschlechts dazu führt, dass dieser trotz des Vorranges, der eigentlich dem Kandidaten des unterrepräsentierten Geschlechts eingeräumt werden sollte, bevorzugt wird. Eine solche Aufhebung des Vorrangs könnte beispielsweise dann erfolgen, wenn auf nationaler Ebene oder auf Unternehmensebene umfassendere Diversitätsstrategien für die Auswahl der Direktoren gelten. Diese Aufhebung der Anwendung positiver Maßnahmen sollte jedoch eine Ausnahme bleiben, auf Grundlage einer Einzelfallprüfung erfolgen sowie durch objektive Kriterien – durch die das unterrepräsentierte Geschlecht auf keinen Fall diskriminiert werden darf – hinreichend begründet sein.

(41) In Mitgliedstaaten, in denen die in dieser Richtlinie festgelegten Verpflichtungen im Rahmen der Auswahl der Kandidaten für die Bestellung oder Wahl zu Direktoren gelten, sollten börsennotierte Gesellschaften, in deren Leitungsorganen das unterrepräsentierte Geschlecht mindestens 40 % der nicht geschäftsführenden Direktoren oder, wenn maßgeblich, mindestens 33 % aller Direktoren stellt, nicht verpflichtet sein, diese Verpflichtungen einzuhalten.

(42) Die Methoden der Auswahl von Kandidaten für die Bestellung oder Wahl zu Direktoren unterscheiden sich von Mitgliedstaat zu Mitgliedstaat und von börsennotierter Gesellschaft zu börsennotierter Gesellschaft. In manchen Fällen trifft beispielsweise ein Ernennungsausschuss oder eine auf die Vermittlung von Führungskräften spezialisierte Firma eine Vorauswahl der Kandidaten, die dann der Aktionärsversammlung vorgestellt werden. Die Anforderungen für die Auswahl der Kandidaten für die Bestellung oder Wahl zu Direktoren sollten in der geeigneten Phase des Auswahlverfahrens gemäß dem nationalen Recht und den Satzungen der börsennotierten Gesellschaften – einschließlich vor der Wahl eines Kandidaten durch die Gesellschafter – erfüllt werden, beispielsweise während der Erstellung der Auswahlliste. Diesbezüglich werden in der Richtlinie lediglich Mindeststandards für das Verfahren zur Auswahl von Kandidaten für die Bestellung oder Wahl zu Direktoren festgelegt, die es ermöglichen, die vom Gerichtshof in seiner Rechtsprechung aufgestellten Bedingungen mit dem Ziel anzuwenden, die Gleichstellung der Geschlechter und eine ausgewogenere Vertretung von Frauen und Männern in den Leitungsorganen börsennotierter Gesellschaften zu erreichen. Diese Richtlinie greift nicht ungebührend in das Tagesgeschäft börsennotierter Gesellschaften ein, da es den ihnen weiterhin freisteht, Kandidaten aufgrund von Qualifikationen und sonstigen zielrelevanten Kriterien auszuwählen.

(43) Angesichts der Ziele dieser Richtlinie in Bezug auf eine ausgewogene Vertretung der Geschlechter sollte von den börsennotierten Gesellschaften verlangt werden, auf Antrag eines Kandidaten für die Bestellung oder Wahl zu Direktoren diesen über die Qualifikationskriterien für die Auswahl, den objektiven Vergleich der Kandidaten anhand dieser Kriterien und gegebenenfalls die spezifischen Erwägungen zu informieren, die ausnahmsweise den Ausschlag für den Kandidaten des nicht unterrepräsentierten Geschlechts gegeben haben. Eine Anforderung, solche Informationen zur Verfügung zu stellen, könnte eine Einschränkung der jeweils in den Artikeln 7 und 8 der Charta anerkannten Rechte auf Achtung des Privatlebens und auf den Schutz personenbezogener Daten bedeuten. Einschränkungen dieser Art sind jedoch erforderlich und entsprechen anerkannten, dem Gemeinwohl dienenden Zielsetzungen gemäß dem Grundsatz der Verhältnismäßigkeit. Somit stehen sie im Einklang mit den Anforderungen des Artikels 52 Absatz 1 der Charta und mit der einschlägigen Rechtsprechung des Gerichtshofs. Diese Einschränkungen sollten gemäß der Verordnung (EU) 2016/679 des Europäischen Parlaments und des Rates (Verordnung (EU) 2016/679 des Europäischen Parlaments und des Rates vom 27. April 2016 zum Schutz natürlicher Personen bei

der Verarbeitung personenbezogener Daten, zum freien Datenverkehr und zur Aufhebung der Richtlinie 95/46/EG (Datenschutz- Grundverordnung) (ABl. L 119 vom 4.5.2016, S. 1)) angewandt werden.

(44) Wenn ein Kandidat des unterrepräsentierten Geschlechts für die Bestellung oder Wahl zu Direktoren vor Gericht oder einer anderen zuständigen Behörde glaubhaft macht, dass er im Vergleich zu dem ausgewählten Kandidaten des anderen Geschlechts genauso qualifiziert ist, sollte von der börsennotierten Gesellschaft verlangt werden, die Ordnungsmäßigkeit dieser Wahl zu begründen.

(45) Auch wenn diese Richtlinie darauf abzielt, Mindestanforderungen in Form verbindlicher Maßnahmen zur Verbesserung der Zusammensetzung der Leitungsorgane hinsichtlich einer ausgewogenen Vertretung beider Geschlechter festzulegen, ist es im Einklang mit dem Subsidiaritätsprinzip wichtig, die Legitimität unterschiedlicher Ansätze und die Wirksamkeit bestimmter bestehender nationaler Maßnahmen in diesem Politikbereich anzuerkennen, die bereits verabschiedet wurden und zufriedenstellende Ergebnisse gezeigt haben. In manchen Mitgliedstaaten wurden daher bereits Anstrengungen unternommen, um eine ausgewogenere Vertretung von Frauen und Männern in den Leitungsorganen zu gewährleisten, indem verbindliche Maßnahmen erlassen wurden, die als ebenso wirksam wie die in dieser Richtlinie festgelegten Maßnahmen gelten. Diesen Mitgliedstaaten sollte es möglich sein, die Anwendung der in dieser Richtlinie festgelegten Anforderungen an das Verfahren zur Auswahl der Kandidaten für die Bestellung oder Wahl zu Direktoren und gegebenenfalls an die Festlegung individueller quantitativer Zielvorgaben auszusetzen, vorausgesetzt, die Bedingungen für eine Aussetzung gemäß dieser Richtlinie werden erfüllt. In solchen Fällen, in denen die Mitgliedstaaten über nationales Recht verfügen, derartige verbindliche Maßnahmen eingeführt haben, sollten die in dieser Richtlinie festgelegten Rundungsregeln in Bezug auf die Anzahl der Direktoren zum Zwecke der Beurteilung dieser nationalen Maßnahmen im Rahmen dieser Richtlinie sinngemäß angewendet werden. In einem Mitgliedstaat, in dem eine solche Aussetzung angewendet wird, sollten die in dieser Richtlinie festgelegten Zielvorgaben als erreicht gelten, sodass die in dieser Richtlinie festgelegten Zielvorgaben hinsichtlich nicht geschäftsführender Direktoren oder aller Direktoren die erlassenen nationalen Maßnahmen nicht ersetzen und zu diesen nicht hinzugefügt werden müssen.

(46) Im Hinblick auf eine ausgewogenere Vertretung der Geschlechter unter den Direktoren, die für die Geschäftsführung zuständig sind, sollte von den börsennotierten Gesellschaften verlangt werden, individuelle quantitative Zielvorgaben für eine ausgewogenere Vertretung beider Geschlechter unter den geschäftsführenden Direktoren festzulegen und zu versuchen, diese Zielvorgaben bis zu dem in der Richtlinie festgelegten Zeitpunkt zu erfüllen. Diese Zielvorgaben sollten den Unternehmen helfen, deutliche Fortschritte im Vergleich zu ihrer derzeitigen Situation zu erzielen. Diese Verpflichtung sollte nicht für börsennotierte Gesellschaften gelten, die das 33 %-Ziel in Bezug auf alle Direktoren – geschäftsführende Direktoren ebenso wie nicht geschäftsführende Direktoren – verfolgen.

(47) Die Mitgliedstaaten sollten von den börsennotierten Gesellschaften verlangen, den zuständigen Behörden jährlich Angaben zu dem Anteil der Geschlechter in ihren Leitungsorganen sowie zu den von ihnen zur Erfüllung der Zielvorgaben dieser Richtlinie eingeleiteten Maßnahmen vorzulegen, damit diese Behörden die Fortschritte jeder der börsennotierten Gesellschaften im Hinblick auf eine ausgewogenere Vertretung der Geschlechter unter Direktoren beurteilen können. Börsennotierte Gesellschaften sollten solche Angaben in angemessener und leicht zugänglicher Weise auf ihren Websites veröffentlichen und in ihre Jahresberichte aufnehmen. Hat eine börsennotierte Gesellschaft die geltenden quantitativen Zielvorgaben nicht erfüllt, sollte sie in den Angaben die konkreten Maßnahmen darlegen, die sie bereits ergriffen hat oder zu ergreifen gedenkt, um die in dieser Richtlinie festgelegten Zielvorgaben zu erreichen. Um unnötigen Verwaltungsaufwand und Doppelarbeit zu vermeiden, sollten die gemäß dieser Richtlinie vorzulegenden Angaben über die ausgewogene Vertretung der Geschlechter in Leitungsorganen von Gesellschaften gegebenenfalls Teil der Erklärung zur Unternehmensführung börsennotierter Gesellschaften in Einklang mit geltendem Unionsrecht und insbesondere der Richtlinie 2013/34/EU des Europäischen Parlaments und des Rates (Richtlinie 2013/34/EU des Europäischen Parlaments und des Rates vom 26. Juni 2013 über den Jahresabschluss, den konsolidierten Abschluss und damit verbundene Berichte von Unternehmen bestimmter Rechtsformen und zur Änderung der Richtlinie 2006/43/EG des Europäischen Parlaments und des Rates und zur Aufhebung der Richtlinien 78/660/EWG und 83/349/EWG des Rates (ABl. L 182 vom 29.6.2013, S. 19)) sein. Haben die Mitgliedstaaten die Anwendung von Artikel 6 gemäß Artikel 12 ausgesetzt, sollten die in dieser Richtlinie festgelegten Berichterstattungspflichten nicht gelten, sofern das nationale Recht dieser Mitgliedstaaten Berichterstattungspflichten enthält, die die regelmäßige Veröffentlichung von Informationen über Fortschritte börsennotierter Gesellschaften im Hinblick auf eine ausgewogene Vertretung von Frauen und Männern in ihren Leitungsorganen gewährleisten.

(48) Die Anforderungen in Bezug auf die Auswahl der Kandidaten für die Bestellung oder Wahl zu Direktoren, die Verpflichtung, ein quantitative Zielvorgabe zu setzen, was die geschäftsführenden Direktoren betrifft, sowie die Berichterstattungspflichten sollten mit Hilfe von Sanktionen durchgesetzt werden, die wirksam, verhältnismäßig und abschreckend sind, und die Mitgliedstaaten sollten sicherstellen, dass für diesen Zweck angemessene Verwaltungs- oder Gerichtsverfahren zur Verfügung stehen. Derartige Sanktionen könnten Geldbußen oder die Möglichkeit einer

3/9. FührungspositionenRL
Präambel

gerichtlichen Instanz, einen Beschluss über die Auswahl von Direktoren zu annullieren oder für nichtig zu erklären, umfassen. Unbeschadet nationaler Bestimmungen über die Verhängung von Sanktionen sollten börsennotierte Gesellschaften, die die genannten Verpflichtungen erfüllen, für das Verfehlen der quantitativen Zielvorgaben in Bezug auf die Vertretung von Frauen und Männern unter Direktoren nicht sanktioniert werden. Sanktionen sollten nicht die börsennotierten Gesellschaften selbst treffen, wenn eine Handlung oder Unterlassung nach nationalem Recht nicht dem Unternehmen, sondern anderen natürlichen oder juristischen Personen, etwa einzelnen Aktionären, zuzuschreiben ist. Die Mitgliedstaaten sollten die Möglichkeit haben, andere Sanktionen als die in der in dieser Richtlinie aufgeführten nicht erschöpfenden Liste von Sanktionen zu verhängen, insbesondere bei schweren und wiederholten Verstößen einer börsennotierten Gesellschaft im Zusammenhang mit den in dieser Richtlinie festgelegten Verpflichtungen. Die Mitgliedstaaten sollten sicherstellen, dass börsennotierte Gesellschaften bei der Ausführung öffentlicher Aufträge und Konzessionen die geltenden Verpflichtungen des Arbeits- und Sozialrechts im Einklang mit dem einschlägigen Unionsrecht einhalten.

(49) Mitgliedstaaten oder börsennotierten Gesellschaften sollten in der Lage sein, vorteilhaftere Maßnahmen einzuführen oder beizubehalten, um eine ausgewogenere Vertretung von Frauen und Männern zu gewährleisten.

(50) Die Mitgliedstaaten sollten Stellen bezeichnen, deren Aufgabe darin besteht, die ausgewogene Vertretung der Geschlechter in den Leitungsorganen börsennotierter Gesellschaften zu fördern, zu analysieren, zu beobachten und zu unterstützen. Ferner würden Aufklärungskampagnen und der Austausch bewährter Verfahren erheblich zur Sensibilisierung für dieses Thema bei allen börsennotierten Unternehmen beitragen und sie dazu ermutigen, auf eigene Initiative ein ausgewogeneres Verhältnis der Geschlechter zu erreichen. Insbesondere werden die Mitgliedstaaten ermutigt, Strategien einzurichten, um kleine und mittlere Unternehmen (KMU) zu unterstützen und ihnen Anreize zu bieten, die ausgewogenere Vertretung der Geschlechter auf allen Managementebenen und in den Leitungsorganen von Unternehmen erheblich zu verbessern.

(51) Diese Richtlinie steht im Einklang mit den Grundrechten und Grundsätzen, die mit der Charta anerkannt wurden. Insbesondere trägt sie zur Durchsetzung des Grundsatzes der Gleichheit von Frauen und Männern (Artikel 23 der Charta) und der Berufsfreiheit und des Rechts zu arbeiten (Artikel 15 der Charta) bei. Die Richtlinie ist auf eine lückenlose Einhaltung des Rechts auf wirksamen Rechtsbehelf und ein unparteiisches Gericht (Artikel 47 der Charta) angelegt. Die Einschränkung der unternehmerischen Freiheit (Artikel 16 der Charta) und des Rechts auf Eigentum (Artikel 17 Absatz 1 der Charta) lassen den Wesensgehalt dieser Freiheit und dieses Rechts unangetastet und sind erforderlich sowie verhältnismäßig. Einschränkungen sind nur zulässig, wenn sie den von der Union anerkannten, dem Gemeinwohl dienenden Zielsetzungen oder den Erfordernissen des Schutzes der Rechte und Freiheiten anderer entsprechen.

(52) Während einige Mitgliedstaaten gesetzliche Maßnahmen ergriffen oder mit unterschiedlichem Erfolg Selbstregulierungsmaßnahmen gefördert haben, haben die meisten Mitgliedstaaten nichts unternommen oder sich nicht zu Maßnahmen bereit erklärt, mit denen sich ausreichende Verbesserungen erzielen lassen. Auf der Grundlage einer umfassenden Auswertung aller vorhandenen Informationen über frühere und aktuelle Trends und Absichtserklärungen zeigen Prognosen, dass durch individuelles Handeln der Mitgliedstaaten unionsweit eine ausgewogene Vertretung von Frauen und Männern unter Direktoren im Einklang mit den Zielen dieser Richtlinie in absehbarer Zeit nicht erreicht werden kann. Untätigkeit in diesem Bereich verlangsamt die Verwirklichung der Gleichstellung der Geschlechter am Arbeitsplatz im Allgemeinen, auch im Hinblick auf die Beseitigung des geschlechtsspezifischen Lohngefälles, das zum Teil auf die vertikale Segregation zurückzuführen ist. Angesichts dessen sowie in Anbetracht der wachsenden Unterschiede zwischen den Mitgliedstaaten, was die Vertretung von Frauen und Männern in den Leitungsorganen anbelangt, lässt sich daher ein ausgewogeneres Verhältnis der Geschlechter in diesen Organen nur durch ein gemeinsames Vorgehen auf Unionsebene erreichen und das Potential für eine Gleichstellung der Geschlechter, Wettbewerbsfähigkeit und Wachstum lässt sich besser durch unionsweit abgestimmte Maßnahmen als durch nationale Initiativen mit variablem Anwendungsbereich, Anspruch und Wirkungsgrad verwirklichen. Da das Ziel dieser Richtlinie, nämlich eine ausgewogenere Vertretung von Frauen und Männern unter Direktoren börsennotierter Gesellschaften, indem wirksame Maßnahmen festgelegt werden, die auf raschere Fortschritte in diesem Bereich abzielen, wobei börsennotierten Gesellschaften ausreichend Zeit eingeräumt wird, um die notwendigen Vorkehrungen zu treffen, auf Ebene der Mitgliedstaaten nicht ausreichend erreicht werden können, sondern wegen des Umfangs und der Wirkungen der Maßnahme besser auf Unionsebene zu erreichen sind, kann die Union im Einklang mit dem in Artikel 5 AEUV niedergelegten Subsidiaritätsprinzip tätig werden. Entsprechend dem in demselben Artikel genannten Verhältnismäßigkeitsprinzip geht diese Richtlinie nicht über die Festlegung gemeinsamer Ziele und Grundsätze und das für die Erreichung dieser Ziele erforderliche Maß hinaus. Die Mitgliedstaaten erhalten genügend Spielraum, um zu entscheiden, wie sich die in dieser Richtlinie festgelegten Ziele unter Berücksichtigung der Gegebenheiten in ihrem Land, insbesondere der Regeln und Verfahren für die Auswahl der Mitglieder von Leitungsorganen, am besten erreichen lassen. Diese Richtlinie schränkt die Möglichkeiten der börsennotierten Gesellschaften zur Bestellung

der am besten qualifizierten Direktoren nicht ein und sieht einen flexiblen Rahmen und ausreichend lange Anpassungsfristen vor.

(53) Die Mitgliedstaaten sollten mit den Sozialpartnern und der Zivilgesellschaft zusammenarbeiten, um sie wirksam über die Tragweite, Umsetzung und Anwendung dieser Richtlinie zu informieren.

(54) Gemäß dem Grundsatz der Verhältnismäßigkeit sollten die von den börsennotierten Gesellschaften zu erfüllenden Zielvorgaben zeitlich befristet sein und nur so lange beibehalten werden, bis nachhaltige Fortschritte bei der Zusammensetzung der Leitungsorgane eingetreten sind. Aus diesem Grund sollte die Kommission die Anwendung dieser Richtlinie regelmäßig überprüfen und dem Europäischen Parlament und dem Rat Bericht erstatten. Darüber hinaus ist in dieser Richtlinie ein Zeitpunkt festgelegt, zu dem ihre Geltungsdauer endet. Die Kommission sollte bei ihrer Überprüfung bewerten, ob es notwendig ist, die Geltungsdauer dieser Richtlinie darüber hinaus zu verlängern.

(55) Gemäß der Gemeinsamen Politischen Erklärung der Mitgliedstaaten und der Kommission vom 28. September 2011 zu erläuternden Dokumenten (ABl. C 369 vom 17.12.2011, S. 14) haben sich die Mitgliedstaaten verpflichtet, in begründeten Fällen zusätzlich zur Mitteilung ihrer Umsetzungsmaßnahmen ein oder mehrere Dokumente zu übermitteln, in denen der Zusammenhang zwischen den Bestandteilen einer Richtlinie und den entsprechenden Teilen nationaler Umsetzungsinstrumente erläutert wird. Bei dieser Richtlinie hält der Gesetzgeber die Übermittlung derartiger Dokumente für gerechtfertigt.

HABEN FOLGENDE RICHTLINIE ERLASSEN:

Artikel 1
Ziel

Mit dieser Richtlinie wird das Ziel verfolgt, eine ausgewogenere Vertretung von Frauen und Männern unter den Direktoren börsennotierter Gesellschaften zu erreichen, indem wirksame Maßnahmen festgelegt werden, die raschere Fortschritte in diesem Bereich gewährleisten sollen, wobei börsennotierten Gesellschaften ausreichend Zeit eingeräumt wird, um die notwendigen Vorkehrungen zu diesem Zweck zu treffen.

Artikel 2
Geltungsbereich

Diese Richtlinie findet auf börsennotierte Gesellschaften Anwendung. Diese Richtlinie findet keine Anwendung auf Kleinstunternehmen sowie kleine und mittlere Unternehmen (KMU).

Artikel 3
Begriffsbestimmungen

Für die Zwecke dieser Richtlinie bezeichnet der Ausdruck

1. „börsennotierte Gesellschaft" eine Gesellschaft, die ihren eingetragenen Sitz in einem Mitgliedstaat hat und deren Anteile zum Handel an einem geregelten Markt im Sinne des Artikels 4 Absatz 1 Nummer 21 der Richtlinie 2014/65/EU in einem oder mehreren Mitgliedstaaten zugelassen sind;
2. „Leitungsorgan" einen Verwaltungsrat, Vorstand oder Aufsichtsrat einer börsennotierten Gesellschaft;
3. „Direktor" ein Mitglied des Leitungsorgans, bei dem es sich auch um einen Arbeitnehmervertreter handeln kann;
4. „geschäftsführender Direktor" in einem monistischen System ein für die Geschäftsführung zuständiges Mitglied des Leitungsorgans einer börsennotierten Gesellschaft oder, in einem dualistischen System, ein Mitglied des Vorstands einer börsennotierten Gesellschaft;
5. „nicht geschäftsführender Direktor" in einem monistischen System ein Mitglied des Leitungsorgans, das kein geschäftsführender Direktor ist, oder, in einem dualistischen System, ein Mitglied des Aufsichtsrats einer börsennotierten Gesellschaft;
6. „monistisches System" ein System, in dem ein und dasselbe Leitungsorgan die Funktionen eines Vorstands und eines Aufsichtsrats einer börsennotierten Gesellschaft ausführt;
7. „dualistisches System" ein System, in dem getrennte Leitungsorgane die Funktionen eines Vorstands und eines Aufsichtsrats einer börsennotierten Gesellschaft ausführt;
8. „Kleinstunternehmen, kleines und mittleres Unternehmen" oder „KMU" ein Unternehmen, das weniger als 250 Personen beschäftigt und entweder einen Jahresumsatz von höchstens 50 Mio. EUR erzielt oder dessen Jahresbilanzsumme sich auf höchstens 43 Mio. EUR beläuft beziehungsweise bei einem KMU, das seinen eingetragenen Sitz in einem Mitgliedstaat hat, der nicht den Euro als Währung hat, die entsprechenden Beträge in der Währung dieses Mitgliedstaats.

Artikel 4
Anwendbares Recht

Für die Regelung der von dieser Richtlinie erfassten Bereiche in Bezug auf eine börsennotierte Gesellschaft ist derjenige Mitgliedstaat zuständig, in dem die Gesellschaft ihren eingetragenen Sitz hat. Das anwendbare Recht ist das Recht dieses Mitgliedstaats.

Artikel 5
Zielvorgaben in Bezug auf eine ausgewogene Vertretung der Geschlechter in den Leitungsorganen

(1) Die Mitgliedstaaten stellen sicher, dass für börsennotierte Gesellschaften eines der folgenden Ziele gilt, das bis zum 30. Juni 2026 zu erreichen ist:

a) das unterrepräsentierte Geschlecht stellt mindestens 40 % der nicht geschäftsführenden Direktoren;

b) das unterrepräsentierte Geschlecht stellt mindestens 33 % aller Direktoren, wozu die Posten der geschäftsführenden und der nicht geschäftsführenden Direktoren/zählen.

(2) Die Mitgliedstaaten tragen dafür Sorge, dass börsennotierte Gesellschaften, die von der in Absatz 1 Buchstabe b genannte Zielvorgabe ausgenommen sind, individuelle quantitative Zielvorgaben zur Verbesserung der ausgewogenen Vertretung der Geschlechter unter den geschäftsführenden Direktoren festlegen. Die Mitgliedstaaten stellen sicher, dass diese börsennotierten Gesellschaften versuchen, diese individuellen quantitativen Zielvorgaben bis zum 30. Juni 2026 zu erfüllen.

(3) Die genaue Anzahl der Stellen nicht geschäftsführender Direktoren, bei der die Zielvorgabe gemäß Absatz 1 Buchstabe a als erfüllt gilt, entspricht der Anzahl, die dem Anteil von 40 % am nächsten kommt, 49 % aber nicht überschreitet. Die Anzahl aller Direktorenstellen, bei denen die Zielvorgabe gemäß Absatz 1 Buchstabe b als erfüllt gilt, entspricht der Anzahl, die dem Anteil von 33 % am nächsten kommt, 49 % aber nicht überschreitet. Die betreffenden Zahlen werden im Anhang genannt.

Artikel 6
Mittel zur Erreichung der Zielvorgaben

(1) Die Mitgliedstaaten tragen dafür Sorge, dass börsennotierte Gesellschaften, die die nach Artikel 5 Absatz 1 Buchstabe a oder b, soweit anwendbar, anzuwendenden Zielvorgaben nicht erfüllen, das Verfahren für die Auswahl der Kandidaten für die Bestellung oder Wahl zu Direktoren anpassen. Diese Kandidaten werden auf der Grundlage eines Vergleichs der Qualifikationen jedes Kandidaten ausgewählt. Zu diesem Zweck werden klare, neutral formulierte und eindeutige Kriterien ohne Diskriminierung während des gesamten Auswahlverfahrens angewandt, einschließlich bei der Vorbereitung von Stellenausschreibungen, der Vorauswahl, der Auswahlliste und der Bildung von Auswahlpools von Kandidaten. Diese Kriterien werden vor dem Auswahlverfahren festgelegt.

(2) Im Hinblick auf die Auswahl der Kandidaten für die Bestellung oder Wahl zu Direktoren tragen die Mitgliedstaaten dafür Sorge, dass bei der Auswahl zwischen den Kandidaten, die in Bezug auf Eignung, Befähigung und berufliche Leistung gleichermaßen qualifiziert sind, dem Kandidaten des unterrepräsentierten Geschlechts Vorrang eingeräumt wird, es sei denn, dass in Ausnahmefällen Gründe von größerem rechtlichem Gewicht, wie etwa die Verfolgung anderer Diversitätsstrategien, die im Rahmen einer objektiven Beurteilung angewandt werden, die die besondere Situation eines Kandidaten des anderen Geschlechts berücksichtigt und auf nichtdiskriminierenden Kriterien beruht, den Ausschlag zugunsten dieses Kandidaten des anderen Geschlechts geben.

(3) Die Mitgliedstaaten tragen dafür Sorge, dass börsennotierte Gesellschaften einen Kandidaten, der bei der Auswahl der Kandidaten für die Bestellung oder Wahl zu Direktoren in Betracht gezogen wurde, auf seinen Antrag über Folgendes informieren müssen:

a) über die Qualifikationskriterien für die Auswahl der Kandidaten,
b) über den objektiven Vergleich der Kandidaten anhand dieser Kriterien,
c) gegebenenfalls über die besonderen Erwägungen, die ausnahmsweise den Ausschlag zugunsten des Kandidaten gegeben haben, der nicht dem unterrepräsentierten Geschlecht angehört.

(4) Die Mitgliedstaaten ergreifen im Einklang mit ihrem nationalen Justizsystem die Maßnahmen, die erforderlich sind, um sicherzustellen, dass, wenn ein nicht ausgewählter Kandidat des unterrepräsentierten Geschlechts vor einem Gericht oder einer anderen zuständigen Behörde glaubhaft macht, dass er die gleiche Qualifikation hat wie der Kandidat des anderen Geschlechts, der für die Bestellung oder Wahl zum Direktor ausgewählt wurde, die börsennotierte Gesellschaft nachweisen muss, dass nicht gegen Artikel 6 Absatz 2 verstoßen wurde.

Dieser Absatz lässt das Recht der Mitgliedstaaten, eine für die klagende Partei günstigere Beweislastregelung vorzusehen, unberührt.

(5) Erfolgt die Auswahl der Kandidaten für die Bestellung oder Wahl zu Direktoren in Form einer Abstimmung von Aktionären oder Beschäftigten, so fordern die Mitgliedstaaten die börsennotierten Gesellschaften auf dafür zu sorgen, dass den Abstimmenden die in dieser Richtlinie vorgesehenen Maßnahmen in angemessener Form bekannt gegeben werden, auch die Sanktionen, denen sich börsennotierte Gesellschaft aussetzt, wenn sie ihren Verpflichtungen nicht nachkommt.

Artikel 7
Berichterstattung

(1) Die Mitgliedstaaten verlangen von den börsennotierten Gesellschaften, den zuständigen Behörden jährlich Angaben über die Vertretung von Frauen und Männern in ihren Leitungsorganen vorzulegen, und zwar getrennt nach geschäftsführenden Direktoren und nicht geschäftsführenden Direktoren sowie im Hinblick auf die Maßnahmen, die sie ergriffen haben, um die jeweils geltenden in Artikel 5 Absatz 1 genannten Zielvorgaben und gegebenenfalls die nach Artikel 5 Absatz 2 festgelegten Zielvorgaben zu erreichen. Sie verlangen von den börsennotierten Gesellschaften, diese Angaben in geeigneter leicht zugänglicher Form auf ihren Webseiten zu veröffentlichen. Auf der Grundlage der bereitgestellten Informationen veröffentlichen die Mitgliedstaaten in leicht zugängliche und zentralisierte Weise eine Liste der börsennotierten Gesellschaften, die eine der in Artikel 5 Absatz 1 genannten Zielvorgaben erreicht haben, und aktualisieren diese Liste regelmäßig.

(2) Erfüllt eine börsennotierte Gesellschaft nicht eine der in Artikel 5 Absatz 1 genannten Zielvorgaben oder gegebenenfalls nicht eine der nach

Artikel 5 Absatz 2 festgelegten Zielvorgaben, so sind zusätzlich zu den Angaben nach Absatz 1 des vorliegenden Artikels auch die Gründe hierfür zu nennen und umfassend darzulegen, welche Maßnahmen die börsennotierte Gesellschaft bereits ergriffen hat oder zu ergreifen gedenkt, um die Zielvorgaben zu erfüllen.

(3) Gegebenenfalls werden die in Absatz 1 und 2 des vorliegenden Artikels genannten Angaben gemäß den einschlägigen Bestimmungen der Richtlinie 2013/34/EU auch in die Erklärung zur Unternehmensführung der Gesellschaft aufgenommen.

(4) Die in den Absätzen 1 und 2 des vorliegenden Artikels dargelegten Verpflichtungen gelten nicht in einem Mitgliedstaat, der die Anwendung von Artikel 6 auf der Grundlage von Artikel 12 ausgesetzt hat, wenn das nationale Recht Berichterstattungspflichten enthält, die die regelmäßige Veröffentlichung von Informationen über die Fortschritte börsennotierter Gesellschaften im Hinblick auf eine ausgewogene Vertretung von Frauen und Männern in ihren Leitungsorganen gewährleistet.

Artikel 8
Sanktionen und zusätzliche Maßnahmen

(1) Die Mitgliedstaaten erlassen Vorschriften über Sanktionen, die bei Verstößen der börsennotierten Gesellschaften gegen die gemäß Artikel 5 Absatz 2, Artikel 6 und Artikel 7 soweit anwendbar, erlassenen nationalen Vorschriften zu verhängen sind, und treffen alle für die Anwendung der Sanktionen erforderlichen Maßnahmen. Die Mitgliedstaaten sorgen insbesondere dafür, dass es geeignete Verwaltungs- oder Gerichtsverfahren gibt, um die Erfüllung der sich aus der Richtlinie ergebenden Verpflichtungen durchsetzen zu können. Die Sanktionen müssen wirksam, verhältnismäßig und abschreckend sein. Derartige Sanktionen können Geldbußen oder die Möglichkeit einer gerichtlichen Instanz, einen Beschlusses hinsichtlich der Auswahl von Direktoren zu annullieren oder für nichtig zu erklären, umfassen, wobei dann gegen die nationalen Vorschriften zur Umsetzung von Artikel 6 verstoßen wurde. Die Mitgliedstaaten teilen der Kommission diese Vorschriften und Maßnahmen bis zum 28. Dezember 2024mit und melden ihr unverzüglich alle diesbezüglichen Änderungen.

(2) Börsennotierte Gesellschaften können nur für die Handlungen oder Unterlassungen haftbar gemacht werden, die ihnen nach nationalem Recht zuzuschreiben sind.

(3) Die Mitgliedstaaten stellen sicher, dass börsennotierte Gesellschaften bei der Ausführung öffentlicher Aufträge und Konzessionen die geltenden Verpflichtungen des Arbeits- und des Sozialrechts im Einklang mit dem einschlägigen Unionsrecht in diesem Bereich einhalten.

Artikel 9
Mindestanforderungen

Die Mitgliedstaaten dürfen Vorschriften einführen oder beibehalten, die eine ausgewogenere Vertretung von Frauen und Männern in in ihrem Hoheitsgebiet niedergelassenen börsennotierten Gesellschaften noch stärker als die in der Richtlinie festgelegten Vorschriften begünstigen.

Artikel 10
Stellen für die Förderung einer ausgewogenen Vertretung der Geschlechter in börsennotierten Gesellschaften

Jeder Mitgliedstaat bezeichnet eine oder mehrere Stellen, deren Aufgabe darin besteht, die ausgewogene Vertretung der Geschlechter in den Leitungsorganen zu fördern, zu analysieren, zu beobachten und zu unterstützen. Zu diesem Zweck können Mitgliedstaaten beispielsweise Gleichstellungsstellen benennen, die gemäß Artikel 20 der Richtlinie 2006/54/EG des Europäischen Parlaments und des Rates (Richtlinie 2006/54/EG des Europäischen Parlaments und des Rates vom 5. Juli 2006 zur Verwirklichung des Grundsatzes der Chancengleichheit und Gleichbehandlung von Männern und Frauen in Arbeits- und Beschäftigungsfragen (ABl. L 204 vom 26.7.2006, S. 23)) benannt wurden.

Artikel 11
Umsetzung

(1) Die Mitgliedstaaten erlassen und veröffentlichen bis zum 28. Dezember 2024 die Rechts- und Verwaltungsvorschriften, die erforderlich sind, um dieser Richtlinie nachzukommen. Sie teilen der Kommission unverzüglich den Wortlaut dieser Vorschriften mit.

Bei Erlass dieser Vorschriften nehmen die Mitgliedstaaten in den Vorschriften selbst oder durch einen Hinweis bei der amtlichen Veröffentlichung auf diese Richtlinie Bezug. Die Mitgliedstaaten regeln die Einzelheiten dieser Bezugnahme.

(2) Mitgliedstaaten, die die Anwendung von Artikel 6 gemäß Artikel 12 ausgesetzt haben, übermitteln der Kommission unverzüglich Angaben, die belegen, dass die Bedingungen des Artikels 12 erfüllt sind.

(3) Die Mitgliedstaaten teilen der Kommission den Wortlaut der wichtigsten nationalen Vorschriften mit, die sie auf dem unter diese Richtlinie fallenden Gebiet erlassen.

Artikel 12
Aussetzung der Anwendung des Artikels 6

(1) Ein Mitgliedstaat kann die Anwendung des Artikels 6 und gegebenenfalls des Artikels 5 Absatz 2 aussetzen, wenn bis zum 27. Dezember 2022 die folgenden Bedingungen durch diesen Mitgliedstaat erfüllt wurden:

a)   das unterrepräsentierte Geschlecht stellt mindestens 30 % der nicht geschäftsführenden Direktoren oder mindestens 25 % aller Direktoren in börsennotierten Gesellschaften; oder

b)   das nationale Recht des Mitgliedstaats

    i)   vorschreibt, dass das unterrepräsentierte Geschlecht mindestens 30 % der nicht geschäftsführenden Direktoren oder

      mindestens 25 % aller Direktoren in börsennotierten Gesellschaften stellt;
ii) wirksame, verhältnismäßige und abschreckende Durchsetzungsmaßnahmen bei Nichteinhaltung der Anforderungen gemäß Ziffer i einschließt und
iii) vorschreibt, dass alle börsennotierten Gesellschaften, die nicht unter dieses nationale Recht fallen, individuelle quantitative Zielvorgaben für alle Direktorenstellen festlegen.

In den Fällen, in denen ein Mitgliedstaat die Anwendung des Artikels 6 und gegebenenfalls des Artikels 5 Absatz 2 auf der Grundlage der in Unterabsatz 1 des vorliegenden Absatzes genannten Bedingungen ausgesetzt hat, gelten die in Artikel 5 Absatz 1 genannten Zielvorgaben in jenem Mitgliedstaat als erfüllt.

(2) Zum Zwecke der Beurteilung, ob die Bedingungen für die Aussetzung auf der Grundlage von Absatz 1 Unterabsatz 1 Buchstaben a oder b erfüllt sind, entspricht die Anzahl der erforderlichen Direktorenstellen der Anzahl, die dem Anteil von 30 % der nicht geschäftsführenden Direktoren oder 25 % aller Direktoren am nächsten kommt, 39 % aber nicht übersteigt. Dies ist auch dann der Fall, wenn gemäß nationalem Recht die in Artikel 5 festgelegten quantitativen Zielvorgaben auf Aktionärs- und Arbeitnehmervertreter getrennt angewandt werden.

(3) Sind in einem Mitgliedstaat, der die Anwendung des Artikels 6 und gegebenenfalls des Artikels 5 Absatz 2 gemäß Absatz 1 des vorliegenden Artikels ausgesetzt hat, die Anforderungen gemäß Absatz 1 dieses Artikels nicht länger erfüllt, gelten Artikel 6 und gegebenenfalls Artikel 5 Absatz 2 spätestens sechs Monate nach Beendigung der Erfüllung dieser Anforderungen.

Artikel 13
Überprüfung

(1) Bis zum 29. Dezember 2025 und anschließend alle zwei Jahre übermitteln die Mitgliedstaaten der Kommission einen Bericht über die Umsetzung dieser Richtlinie. In einem solchen Bericht sind ausführliche Angaben zu den ergriffenen Maßnahmen im Hinblick auf das Erreichen der in Artikel 5 Absatz 1 festgelegten Zielvorgaben, Angaben gemäß Artikel 7 und gegebenenfalls Angaben zu den individuellen quantitativen Zielvorgaben der börsennotierten Gesellschaften gemäß Artikel 5 Absatz 2 zu machen.

(2) Die Mitgliedstaaten, die die Anwendung von Artikel 6 und gegebenenfalls von Artikel 5 Absatz 2 gemäß Artikel 12 ausgesetzt haben, nehmen in die in Absatz 1 des vorliegenden Artikels genannten Berichte Angaben auf, aus denen hervorgeht, ob und wie die in Artikel 12 festgelegten Bedingungen erfüllt sind und ob sie weiterhin Fortschritte hin zu einer ausgewogeneren Vertretung von Frauen und Männern unter den nicht geschäftsführenden Direktoren oder unter allen Direktoren in börsennotierten Gesellschaften erzielen.

Bis zum 29. Dezember 2026 und danach alle zwei Jahre legt die Kommission einen entsprechenden Bericht vor, in dem sie unter anderem prüft, ob und wie die Bedingungen des Artikels 12 Absatz 1 erfüllt sind und gegebenenfalls, ob die Mitgliedstaaten die Anwendung von Artikel 6 und Artikel 5 Absatz 2 wieder gemäß Artikel 12 Absatz 3 aufgenommen haben.

(3) Bis zum 31. Dezember 2030 und danach alle zwei Jahre überprüft die Kommission die Anwendung dieser Richtlinie und erstattet dem Europäischen Parlament und dem Rat Bericht. Die Kommission bewertet insbesondere, ob die Ziele dieser Richtlinie erreicht wurden.

(4) In ihrem Bericht nach Absatz 3 des vorliegenden Artikels bewertet die Kommission, ob die Richtlinie angesichts der Entwicklungen bei der Vertretung von Frauen und Männern in den Leitungsorganen auf verschiedenen Entscheidungsebenen in der gesamten Wirtschaft und unter Berücksichtigung der Frage, ob die erzielten Fortschritte hinreichend nachhaltig sind, ein effizientes und wirksames Instrument ist, um eine ausgewogenere Vertretung der Geschlechter in den Leitungsorganen von Unternehmen zu erreichen. Auf der Grundlage dieser Bewertung prüft die Kommission, ob es notwendig ist, die Geltungsdauer dieser Richtlinie über den 31. Dezember 2038 hinaus zu verlängern oder ob sie geändert werden muss, indem beispielsweise ihr Anwendungsbereichs auf nicht börsennotierte Gesellschaften ausgeweitet wird, die nicht unter die Definition von KMU fallen, oder indem die in Artikel 12 Absatz 1 Unterabsatz 1 Buchstabe a genannten Bedingungen überarbeitet werden, um weitere Fortschritte im Hinblick auf eine ausgewogenere Vertretung von Frauen und Männern unter den geschäftsführenden Direktoren und nicht geschäftsführenden Direktoren oder unter allen Direktoren in börsennotierten Gesellschaften zu gewährleisten.

Artikel 14
Inkrafttreten und Ende der Geltungsdauer

Diese Richtlinie tritt am zwanzigsten Tag nach ihrer Veröffentlichung im *Amtsblatt der Europäischen Union* in Kraft.

Sie gilt bis zum 31. Dezember 2038.

Artikel 15
Adressaten

Diese Richtlinie ist an die Mitgliedstaaten gerichtet.

3/9. FührungspositionenRL — Anhang

ANHANG
ZIELVORGABEN FÜR DIE VOM UNTERREPRÄSENTIERTEN GESCHLECHT GESTELLTE DIREKTOREN

Zahl der Posten im Leitungsorgan	Erforderliche Mindestanzahl der vom unterrepräsentierten Geschlecht gestellten nicht geschäftsführenden Direktoren für die Erfüllung der 40 %-Zielvorgabe (Artikel 5 Absatz 1 Buchstabe a)	Erforderliche Mindestanzahl der vom unterrepräsentierten Geschlecht gestellten Direktoren für die Erfüllung der 33 %- Zielvorgabe (Artikel 5 Absatz 1 Buchstabe b)
1	–	–
2	–	–
3	1 (33,3%)	1 (33,3%)
4	1 (25%)	1 (25%)
5	2 (40%)	2 (40%)
6	2 (33,3%)	2 (33,3%)
7	3 (42,9%)	2 (28,6%)
8	3 (37,5%)	3 (37,5%)
9	4 (44,4%)	3 (33,3%)
10	4 (40%)	3 (30%)
11	4 (36,4%)	4 (36,4%)
12	5 (41,7%)	4 (33,3%)
13	5 (38,4%)	4 (30,8%)
14	6 (42,9%)	5 (35,7%)
15	6 (40%)	5 (33,3%)
16	6 (37,5%)	5 (31,3%)
17	7 (41,2%)	6 (35,3%)
18	7 (38,9%)	6 (33,3%)
19	8 (42,1%)	6 (31,6%)
20	8 (40%)	7 (35%)
21	8 (38,1%)	7 (33,3%)
22	9 (40,1%)	7 (31,8%)
23	9 (39,1%)	8 (34,8%)
24	10 (41,7%)	8 (33,3%)
25	10 (40%)	8 (32%)
26	10 (38,5%)	9 (34,6%)
27	11 (40,7%)	9 (33,3%)
28	11 (39,3%)	9 (32,1%)
29	12 (41,4%)	10 (34,5%)
30	12 (40%)	10 (33,3%)

4. Arbeitsverhältnis

Inhaltsverzeichnis

4/1.	RL über transparente und vorhersehbare Arbeitsbedingungen	Seite	491
4/2.	MindestlohnRL	Seite	504
4/3.	BetriebsübergangsRL	Seite	517
4/4.	MassenentlassungsRL	Seite	523
4/5.	InsolvenzRL – Neufassung	Seite	527
4/6.	EntsendeRL	Seite	532
4/6a.	DurchsetzungsRL	Seite	539
4/6b.	IMI-VO	Seite	556
4/6c.	Lex Specialis zur EntsendeRL	Seite	568
4/7.	HinweisgeberRL	Seite	582
4/8.	TeilzeitarbeitsRL	Seite	617
4/9.	RL über befristete Arbeitsverträge	Seite	622
4/10.	LeiharbeitnehmerRL	Seite	627
4/11.	RL über das Seearbeitsübereinkommen	Seite	633

4/1. RL über transparente und vorhersehbare Arbeitsbedingungen

Richtlinie (EU) 2019/1152 des Europäischen Parlaments und des Rates vom 20. Juni 2019 über transparente und vorhersehbare Arbeitsbedingungen in der Europäischen Union

(ABl Nr. L 186 v. 11.7.2019, S. 105)
(Umsetzung der RL in den Mitgliedstaaten bis 1. August 2022)

GLIEDERUNG

KAPITEL I: ALLGEMEINE BESTIMMUNGEN
Art. 1: Zweck, Gegenstand und Anwendungsbereich
Art. 2: Begriffsbestimmungen
Art. 3: Bereitstellung von Informationen

KAPITEL II: UNTERRICHTUNG ÜBER DAS ARBEITSVERHÄLTNIS
Art. 4: Pflicht zur Unterrichtung
Art. 5: Zeitpunkt und Form der Unterrichtung
Art. 6: Änderungen des Arbeitsverhältnisses
Art. 7: Zusätzliche Informationen für in einen anderen Mitgliedstaat oder in ein Drittland geschickte Arbeitnehmer

KAPITEL III: MINDESTANFORDERUNGEN AN DIE ARBEITSBEDINGUNGEN
Art. 8: Höchstdauer einer Probezeit
Art. 9: Mehrfachbeschäftigung
Art. 10: Mindestvorhersehbarkeit der Arbeit
Art. 11: Zusatzmaßnahmen bei Abrufverträgen
Art. 12: Übergang zu einer anderen Arbeitsform
Art. 13: Pflichtfortbildungen
Art. 14: Kollektiv- bzw. Tarifverträge

KAPITEL IV: HORIZONTALE BESTIMMUNGEN
Art. 15: Rechtsvermutungen und Verfahren für eine frühzeitige Streitbeilegung
Art. 16: Anspruch auf Abhilfe
Art. 17: Schutz vor Benachteiligung oder negativen Konsequenzen
Art. 18: Kündigungsschutz und Beweislast
Art. 19: Sanktionen

KAPITEL V: SCHLUSSBESTIMMUNGEN
Art. 20: Regressionsverbot und günstigere Bestimmungen
Art. 21: Umsetzung und Durchführung
Art. 22: Übergangsbestimmungen
Art. 23: Überprüfung durch die Kommission
Art. 24: Aufhebung
Art. 25: Inkrafttreten
Art. 26: Adressaten

DAS EUROPÄISCHE PARLAMENT UND DER RAT DER EUROPÄISCHEN UNION –

gestützt auf den Vertrag über die Arbeitsweise der Europäischen Union, insbesondere auf Artikel 153 Absatz 2 Buchstabe b in Verbindung mit Artikel 153 Absatz 1 Buchstabe b,

auf Vorschlag der Europäischen Kommission,

nach Zuleitung des Entwurfs des Gesetzgebungsakts an die nationalen Parlamente,

nach Stellungnahme des Europäischen Wirtschafts- und Sozialausschusses, (ABl. C 283 vom 10.8.2018, S. 39)

nach Stellungnahme des Ausschusses der Regionen, (ABl. C 387 vom 25.10.2018, S. 53)

gemäß dem ordentlichen Gesetzgebungsverfahren, (Standpunkt des Europäischen Parlaments vom 16. April 2019 (noch nicht im Amtsblatt veröffentlicht) und Beschluss des Rates vom 13. Juni 2019)

in Erwägung nachstehender Gründe:

(1) Artikel 31 der Charta der Grundrechte der Europäischen Union legt fest, dass jeder Arbeitnehmer das Recht auf gesunde, sichere und würdige Arbeitsbedingungen, auf eine Begrenzung der Höchstarbeitszeit, auf tägliche und wöchentliche Ruhezeiten sowie auf bezahlten Jahresurlaub hat.

(2) In Grundsatz Nr. 5 der europäischen Säule sozialer Rechte, die am 17. November 2017 in Göteborg proklamiert wurde, ist festgelegt, dass Arbeitnehmer ungeachtet der Art und Dauer des Arbeitsverhältnisses das Recht auf faire und gleiche Behandlung im Hinblick auf Arbeitsbedingungen sowie den Zugang zu sozialem Schutz und Fortbildung haben und dass der Übergang in eine unbefristete Arbeitsform zu fördern ist; dass im Einklang mit der Gesetzgebung und Kollektiv- bzw. Tarifverträgen die notwendige Flexibilität für Arbeitgeber zu gewährleisten ist, damit sie sich schnell an sich verändernde wirtschaftliche Rahmenbedingungen anpassen können; dass innovative Arbeitsformen, die gute Arbeitsbedingungen sicherstellen, zu fördern sind; dass Unter-

4/1. ArbeitsbedingungenRL
Präambel

nehmertum und Selbstständigkeit zu unterstützen sind und dass berufliche Mobilität zu erleichtern ist und dass Arbeitsverhältnisse, die zu prekären Arbeitsbedingungen führen, zu unterbinden sind, unter anderem durch das Verbot des Missbrauchs atypischer Verträge, und dass Probezeiten eine angemessene Dauer nicht zu überschreiten haben.

(3) In Grundsatz Nr. 7 der europäischen Säule sozialer Rechte ist festgelegt, dass Arbeitnehmer das Recht haben, am Beginn ihrer Beschäftigung schriftlich über ihre Rechte und Pflichten informiert zu werden, die sich aus dem Arbeitsverhältnis ergeben, auch in der Probezeit; dass sie bei jeder Kündigung das Recht haben, zuvor die Gründe zu erfahren und das Recht auf eine angemessene Kündigungsfrist haben und dass sie das Recht auf Zugang zu wirkungsvoller und unparteiischer Streitbeilegung und bei einer ungerechtfertigten Kündigung Anspruch auf Rechtsbehelfe einschließlich einer angemessenen Entschädigung haben.

(4) Seit dem Erlass der Richtlinie 91/533/EWG des Rates (Richtlinie 91/533/EWG des Rates vom 14. Oktober 1991 über die Pflicht des Arbeitgebers zur Unterrichtung des Arbeitnehmers über die für seinen Arbeitsvertrag oder sein Arbeitsverhältnis geltenden Bedingungen (ABl. L 288 vom 18.10.1991, S. 32)) hat es auf den Arbeitsmärkten aufgrund der demografischen Entwicklung und der Digitalisierung, die zur Entstehung neuer Formen der Beschäftigung geführt haben, tief greifende Veränderungen gegeben, die Innovationen, die Schaffung von Arbeitsplätzen und die Belebung des Arbeitsmarktes gefördert haben. Einige neue Arbeitsformen unterscheiden sich erheblich von herkömmlichen Arbeitsverhältnissen im Hinblick auf ihre Vorhersehbarkeit und führen so aufseiten der Arbeitnehmer zu Ungewissheit bezüglich der geltenden Rechte und des sozialen Schutzes. In dieser sich wandelnden Arbeitswelt besteht daher eine größere Notwendigkeit für Arbeitnehmer, umfassend über ihre wesentlichen Arbeitsbedingungen unterrichtet zu sein, was zeitnah und schriftlich in einer für Arbeitnehmer leicht zugänglichen Form erfolgen sollte. Angesichts der Entwicklung neuer Arbeitsformen erscheint es angemessen, Arbeitnehmern in der Union außerdem eine Reihe neuer Mindestrechte zu gewähren, die darauf abzielen, die Sicherheit und die Vorhersehbarkeit in Arbeitsverhältnissen zu verbessern und dabei gleichzeitig eine Aufwärtskonvergenz in den Mitgliedstaaten herbeizuführen und die Anpassungsfähigkeit des Arbeitsmarktes zu erhalten.

(5) Gemäß der Richtlinie 91/533/EWG haben die meisten Arbeitnehmer in der Union Anspruch darauf, schriftliche Informationen über ihre Arbeitsbedingungen zu erhalten. Die Richtlinie 91/533/EWG gilt jedoch nicht für alle Arbeitnehmer in der Union. Darüber hinaus gibt es bei neuen Arbeitsformen, die seit 1991 aufgrund von Arbeitsmarktentwicklungen entstanden sind, Schutzlücken.

(6) Es sollten daher auf Unionsebene Mindestanforderungen für die Unterrichtung über die wesentlichen Aspekte des Arbeitsverhältnisses und für die Arbeitsbedingungen festgelegt werden, die für alle Arbeitnehmer gelten und ihnen ein angemessenes Maß an Transparenz und Vorhersehbarkeit ihrer Arbeitsbedingungen garantieren sollen, wobei gleichzeitig ein angemessenes Maß an Flexibilität atypischer Arbeitsverhältnisse beizubehalten ist, damit die Vorteile für Arbeitnehmer und für Arbeitgeber gewahrt werden.

(7) Die Kommission hat den Sozialpartnern gemäß Artikel 154 des Vertrags über die Arbeitsweise der Europäischen Union im Rahmen eines zweiphasigen Konsultationsverfahrens die Möglichkeit gegeben, sich zur Verbesserung des Anwendungsbereichs und der Wirksamkeit der Richtlinie 91/533/EWG sowie zur Erweiterung der Ziele der Richtlinie durch die Festlegung neuer Rechte für Arbeitnehmer zu äußern. Dies hat zu keiner Einigung der Sozialpartner geführt, Verhandlungen über diese Fragen aufzunehmen. Wie sich an den Ergebnissen der offenen öffentlichen Konsultationen, mit denen die Ansichten verschiedener Interessenträger und Bürgerinnen und Bürger eingeholt wurden, ablesen lässt, ist es jedoch wichtig, in diesem Bereich auf Unionsebene tätig zu werden und den gegenwärtigen Rechtsrahmen zu modernisieren und an neue Entwicklungen anzupassen.

(8) In seiner Rechtsprechung hat der Gerichtshof der Europäischen Union (im Folgenden „Gerichtshof") Kriterien für die Feststellung des Status eines Arbeitnehmers aufgestellt (Urteile des Gerichtshofs vom 3. Juli 1986, Deborah Lawrie-Blum/Land Baden-Württemberg, C-66/85, ECLI:EU:C:1986:284, vom 14. Oktober 2010, Union syndicale Solidaires Isère/Premier ministre und andere, C-428/09, ECLI:EU:C:2010:612, vom 9. Juli 2015, Ender Balkaya/Kiesel Abbruch- und Recycling Technik GmbH, C-229/14, ECLI:EU:C:2015:455, vom 4. Dezember 2014, FNV Kunsten Informatie en Media/Staat der Nederlanden, C-413/13, ECLI:EU:C:2014:2411, und vom 17. November 2016, Betriebsrat der Ruhrlandklinik gGmbH/Ruhrlandklinik gGmbH, C-216/15, ECLI:EU:C:2016:883). Die Auslegung dieser Kriterien durch den Gerichtshof sollte bei der Umsetzung der Richtlinie berücksichtigt werden. Falls sie die genannten Kriterien erfüllen, könnten Hausangestellte, Arbeitnehmer, die auf Abruf, intermittierend, auf der Grundlage von Gutscheinen und auf Online-Plattformen beschäftigt sind, sowie Praktikanten und Auszubildende in den Anwendungsbereich dieser Richtlinie fallen. Personen, die tatsächlich selbstständig sind, sollten nicht in den Anwendungsbereich dieser Richtlinie fallen, da sie die Kriterien nicht erfüllen. Der Missbrauch des Status der selbstständigen Erwerbstätigkeit, wie er im nationalen Recht definiert ist – sei es auf nationaler Ebene oder in grenzüberschreitenden Situationen –, stellt eine Form der falsch deklarierten Erwerbstätigkeit dar, die häufig mit nicht angemeldeter Erwerbstätigkeit in Verbindung steht. Wenn eine Person die typischen Kriterien für das Vorliegen eines Arbeitsverhältnisses erfüllt, aber als selbstständig erwerbstätig bezeichnet wird, um bestimmte rechtliche und steuerliche Verpflichtungen zu umgehen, liegt Scheinselbstständigkeit vor.

Diese Personen sollten in den Anwendungsbereich dieser Richtlinie fallen. Die Ermittlung des Vorliegens eines Arbeitsverhältnisses sollte sich an den Fakten orientieren, die sich auf die tatsächliche Arbeitsleistung beziehen, und nicht an der Beschreibung des Verhältnisses seitens der Parteien.

(9) Es sollte den Mitgliedstaaten ermöglicht werden, festzulegen, dass gewisse Bestimmungen dieser Richtlinie, wenn dies aus objektiven Gründen aufgrund des besonderen Charakters der Aufgaben, die sie zu erfüllen haben, oder ihrer Beschäftigungsbedingungen, gerechtfertigt ist, nicht für bestimmte Kategorien von Beamten, Katastrophenschutzorganisationen, Streitkräfte, Polizeibehörden, Richter, Staatsanwälte, Ermittler und andere Strafverfolgungsbehörden gelten.

(10) Die in dieser Richtlinie festgelegten Anforderungen in Bezug auf die folgenden Sachverhalte sollten aufgrund der Besonderheiten ihrer Arbeitsbedingungen nicht für Seeleute oder Seefischer gelten: Mehrfachbeschäftigung, sofern sie mit der Arbeit auf Schiffen oder Fischereifahrzeugen unvereinbar sind, Mindestvorhersehbarkeit der Arbeit, Entsendung von Arbeitnehmern in einen anderen Mitgliedstaat oder in ein Drittland, Übergang zu einer anderen Arbeitsform und Informationen über die Identität der Sozialversicherungsträger, die die Sozialbeiträge erhalten. Für die Zwecke der vorliegenden Richtlinie sollten Seeleute und Seefischer im Sinne der Begriffsbestimmungen in den Richtlinien 2009/13/EG (Richtlinie 2009/13/EG des Rates vom 16. Februar 2009 zur Durchführung der Vereinbarung zwischen dem Verband der Reeder in der Europäischen Gemeinschaft (ECSA) und der Europäischen Transportarbeiter-Föderation (ETF) über das Seearbeitsübereinkommen 2006 und zur Änderung der Richtlinie 1999/63/EG (ABl. L 124 vom 20.5.2009, S. 30)) bzw. (EU) 2017/159 des Rates (Richtlinie (EU) 2017/159 des Rates vom 19. Dezember 2016 zur Durchführung der Vereinbarung über die Durchführung des Übereinkommens über die Arbeit im Fischereisektor von 2007 der Internationalen Arbeitsorganisation, die am 21. Mai 2012 zwischen dem Allgemeinen Verband der landwirtschaftlichen Genossenschaften der Europäischen Union (COGECA), der Europäischen Transportarbeiter-Föderation (ETF) und der Vereinigung der nationalen Verbände von Fischereiunternehmen in der Europäischen Union (Europêche) geschlossen wurde (ABl. L 25 vom 31.1.2017, S. 12)) als innerhalb der Union arbeitend gelten, wenn sie an Bord von Schiffen oder Fischereifahrzeugen arbeiten, die in einem Mitgliedstaat zugelassen sind oder unter der Fahne eines Mitgliedstaats fahren.

(11) Angesichts der wachsenden Zahl von Arbeitnehmern, die aufgrund von Ausnahmeregelungen, welche die Mitgliedstaaten gemäß Artikel 1 der Richtlinie 91/533/EWG treffen, vom Anwendungsbereich der genannten Richtlinie ausgeschlossen sind, ist es notwendig, diese Ausnahmeregelungen durch eine Möglichkeit für die Mitgliedstaaten zu ersetzen, die Bestimmungen dieser Richtlinie nicht auf Arbeitsverhältnisse anzuwenden, deren im Voraus festgelegte und tatsächlich geleistete Arbeitsstunden in einem Referenzzeitraum von vier aufeinanderfolgenden Woche im Durchschnitt drei Stunden wöchentlich oder weniger beträgt. Bei der Berechnung dieser Stunden sollten alle tatsächlich für einen Arbeitgeber geleisteten Stunden einbezogen werden, z. B. Überstunden oder zusätzliche Arbeit zu der in einem Arbeitsvertrag oder Arbeitsverhältnis garantierten oder vorgesehenen Arbeit. Ab dem Zeitpunkt, zu dem ein Arbeitnehmer diesen Grenzwert überschritten hat, gelten die Bestimmungen dieser Richtlinie für ihn, unabhängig von den daraufolgend geleisteten Stunden oder den im Arbeitsvertrag angegebenen Arbeitsstunden.

(12) Arbeitnehmer ohne garantierte Arbeitszeit, etwa diejenigen mit Null-Stunden-Verträgen oder bestimmten Abrufverträgen, sind besonders gefährdet. Daher sollten die Bestimmungen dieser Richtlinie unabhängig von der Anzahl der Stunden, die sie tatsächlich arbeiten, für sie gelten.

(13) Mehrere verschiedene natürliche oder juristische Personen oder andere Organisationen können in der Praxis die Aufgaben und Zuständigkeiten eines Arbeitgebers wahrnehmen. Die Mitgliedstaaten sollten frei sein, die Personen näher zu bestimmen, die als ganz oder teilweise verantwortlich für die Erfüllung der den Arbeitgebern durch diese Richtlinie auferlegten Verpflichtungen gelten, solange alle diese Verpflichtungen erfüllt werden. Die Mitgliedstaaten sollten auch entscheiden können, dass diese Verpflichtungen teilweise oder ganz an eine natürliche oder juristische Person zu übertragen sind, die keine Partei des Arbeitsvertrags oder des Arbeitsverhältnisses ist.

(14) Die Mitgliedstaaten sollten die Möglichkeit haben, besondere Regeln aufzustellen: um Einzelpersonen, die als Arbeitgeber für Hausangestellte im Haushalt fungieren, von den in dieser Richtlinie festgelegten Anforderungen in Bezug auf die folgenden Sachverhalte auszunehmen: um Anträge auf andere Arbeitsformen zu prüfen und darauf zu reagieren sowie kostenlose Pflichtfortbildung anzubieten, und Rechtsbehelfsregelungen sollten Anwendung finden, wonach bei Informationen, die in den Dokumenten, die dem Arbeitnehmer nach dieser Richtlinie bereitzustellen sind, fehlen, von günstigen Vermutungen ausgegangen wird.

(15) Die Richtlinie 91/533/EWG enthielt erstmals eine Liste der wesentlichen Aspekte des Arbeitsvertrags oder Arbeitsverhältnisses, über die Arbeitnehmer schriftlich zu unterrichten sind. Es ist erforderlich, diese Liste anzupassen, die die Mitgliedstaaten erweitern können, um den Entwicklungen auf dem Arbeitsmarkt und insbesondere der Zunahme der atypischen Arbeitsformen Rechnung zu tragen.

(16) Hat ein Arbeitnehmer keinen festen oder vorherrschenden Arbeitsort, sollte er über die gegebenenfalls geltenden Vorkehrungen für Fahrten zwischen den Arbeitsorten informiert werden.

(17) Es sollte möglich sein, dass die Unterrichtung über den Anspruch auf vom Arbeitgeber bereitgestellte Fortbildung in der Form einer Infor-

4/1. ArbeitsbedingungenRL
Präambel

mation erfolgt, welche die Anzahl der Fortbildungstage, auf die der Arbeitnehmer gegebenenfalls pro Jahr Anspruch hat, und Angaben über die allgemeine Fortbildungsstrategie des Arbeitgebers enthält.

(18) Es sollte möglich sein, dass die Angaben zu dem bei der Kündigung des Arbeitsverhältnisses von Arbeitgeber und Arbeitnehmer einzuhaltenden Verfahren die Frist für die Einreichung einer Klage gegen die Kündigung enthalten.

(19) Die Unterrichtung über die Arbeitszeit sollte im Einklang mit der Richtlinie 2003/88/EG des Europäischen Parlaments und des Rates (Richtlinie 2003/88/EG des Europäischen Parlaments und des Rates vom 4. November 2003 über bestimmte Aspekte der Arbeitszeitgestaltung (ABl. L 299 vom 18.11.2003, S. 9)) erfolgen und sollte Informationen über Ruhepausen, tägliche und wöchentliche Ruhezeiten sowie über den Umfang des bezahlten Urlaubs umfassen, sodass der Schutz der Sicherheit und der Gesundheit der Arbeitnehmer sichergestellt wird.

(20) Die Unterrichtung über die Vergütung sollte Informationen zu allen Bestandteilen der getrennt angegebenen Vergütung umfassen, einschließlich – falls zutreffend – der Beiträge in Form von Geld- oder Sachleistungen, Zahlungen für Überstunden, Boni und anderer Ansprüche, die der Arbeitnehmer im Hinblick auf ihre bzw. seine Arbeit direkt oder indirekt erhält. Unbeschadet der Erteilung solcher Informationen sollte es den Arbeitgebern unbenommen bleiben, zusätzliche Vergütungsbestandteile, etwa Einmal-Zahlungen, vorzusehen. Der Umstand, dass über Vergütungsbestandteile, die gesetzlich oder kollektiv- bzw. tarifvertraglich vorgesehen sind, nicht unterrichtet worden ist, sollte kein Grund sein, diese dem Arbeitnehmer nicht zu gewähren.

(21) Falls es wegen der Art der Beschäftigung – etwa bei einem Abrufvertrag – nicht möglich ist, einen festen Arbeitsplan anzugeben, sollten die Arbeitgeber die Arbeitnehmer darüber informieren, wie ihre Arbeitszeiten festzulegen sind, einschließlich der Zeitfenster, in denen sie aufgefordert werden können zu arbeiten, und der Mindestankündigungsfrist, die sie vor Beginn eines Arbeitsauftrags zu erhalten haben.

(22) Die Unterrichtung über Sozialversicherungssysteme sollte Informationen über die Identität der Sozialversicherungsträger, die die Sozialbeiträge erhalten, gegebenenfalls Informationen zu Leistungen bei Krankheit, zu Leistungen bei Mutterschaft, Vaterschaft und Elternschaft, zu Leistungen bei Arbeitsunfällen und Berufskrankheiten sowie zu Leistungen bei Alter, bei Invalidität, für Hinterbliebene, bei Arbeitslosigkeit, bei Vorruhestand und für Familien umfassen. Wählt. der Arbeitnehmer den Sozialversicherungsträger selbst, sollten Arbeitgeber diese Informationen nicht bereitstellen müssen. Die Unterrichtung über den Sozialversicherungsschutz durch den Arbeitgeber sollte gegebenenfalls Informationen über das Bestehen von Zusatzrentensystemen im Sinne der Richtlinie 2014/50/EU des Europäischen Parlaments und des Rates (Richtlinie 2014/50/EU des Europäischen Parlaments und des Rates vom 16. April 2014 über Mindestvorschriften zur Erhöhung der Mobilität von Arbeitnehmern zwischen den Mitgliedstaaten durch Verbesserung des Erwerbs und der Wahrung von Zusatzrentenansprüchen (ABl. L 128 vom 30.4.2014, S. 1)) und ergänzender Rentenregelungen im Sinne der Richtlinie 98/49/EG des Rates (Richtlinie 98/49/EG des Rates vom 29. Juni 1998 zur Wahrung ergänzender Rentenansprüche von Arbeitnehmern und Selbstständigen, die innerhalb der Europäischen Gemeinschaft zu- und abwandern (ABl. L 209 vom 25.7.1998, S. 46)) umfassen.

(23) Arbeitnehmer sollten einen Anspruch darauf haben, bei Beschäftigungsbeginn schriftlich über ihre Rechte und Pflichten informiert zu werden, die sich aus dem Arbeitsverhältnis ergeben. Die grundlegenden Informationen sollten ihnen daher möglichst umgehend, spätestens innerhalb einer Kalenderwoche ab ihrem ersten Arbeitstag, zugehen. Die übrigen Informationen sollten ihnen innerhalb eines Monats ab ihrem ersten Arbeitstag zugehen. Der erste Arbeitstag sollte als tatsächlicher Beginn der Ausübung von Arbeiten durch den Arbeitnehmer im Rahmen des Arbeitsverhältnisses verstanden werden. Die Mitgliedstaaten sollten darauf hinwirken, dass Arbeitgeber vor dem Ende der ursprünglich vereinbarten Laufzeit des Arbeitsvertrags die einschlägigen Informationen über das Arbeitsverhältnis bereitstellen.

(24) Im Hinblick auf den verstärkten Einsatz von digitalen Kommunikationsmitteln können die Informationen, die nach dieser Richtlinie schriftlich zur Verfügung zu stellen sind, auf elektronischem Wege übermittelt werden.

(25) Um den Arbeitgebern zu helfen, die Informationen zeitnah zu erteilen, sollten die Mitgliedstaaten auf nationaler Ebene Vorlagen bereitstellen können, einschließlich gezielter und ausreichend umfangreicher Informationen über den geltenden Rechtsrahmen. Diese Vorlagen könnten von nationalen Behörden und Sozialpartnern auf sektoraler oder lokaler Ebene weiterentwickelt werden. Die Kommission unterstützt die Mitgliedstaaten bei der Erarbeitung von Vorlagen und Modellen und macht sie gegebenenfalls umfassend zugänglich.

(26) Arbeitnehmer, die ins Ausland geschickt werden, sollten zusätzliche Informationen betreffend ihre Situation erhalten. Bei aufeinanderfolgenden Arbeitsaufträgen in mehreren Mitgliedstaaten oder Drittländern sollte es ermöglicht werden, die Informationen für mehrere Arbeitsaufträge vor der ersten Abfahrt zu gruppieren und bei etwaigen Veränderungen später zu ändern. Arbeitnehmer, die entsandte Arbeitnehmer im Sinne der Richtlinie 96/71/EG des Europäischen Parlaments und des Rates (Richtlinie 96/71/EG des Europäischen Parlaments und des Rates vom 16. Dezember 1996 über die Entsendung von Arbeitnehmern im Rahmen der Erbringung von Dienstleistungen (ABl. L 18 vom 21.1.1997, S. 1)) sind, sollten außerdem über die einzige offizielle nationale Website des Aufnahmemitgliedstaats unterrichtet werden, wo sie die für ihre Situation geltenden Arbeitsbedingungen finden können. Sofern von den Mitgliedstaaten nicht anders geregelt, gelangen diese Verpflichtungen zur Anwendung, wenn die Dauer

4/1. ArbeitsbedingungenRL
Präambel

des Arbeitszeitraums im Ausland mehr als vier aufeinanderfolgende Wochen beträgt.

(27) Die Probezeit gestattet es den Parteien des Arbeitsverhältnisses zu überprüfen, ob der Arbeitnehmer und die Stelle, für die er eingestellt worden ist, miteinander vereinbar sind, und dem Arbeitnehmer zugleich begleitende Hilfe anzubieten. Der Eintritt in den Arbeitsmarkt oder der Übergang auf eine neue Stelle sollte nicht mit einer längeren Ungewissheit einhergehen. Wie in der europäischen Säule sozialer Rechte festgelegt, sollten Probezeiten daher eine angemessene Dauer haben.

(28) Zahlreiche Mitgliedstaaten haben eine generelle Höchstdauer der Probezeit zwischen drei und sechs Monaten festgesetzt, die als angemessen gelten sollte. Es sollte möglich sein, dass Probezeiten in Ausnahmefällen länger als sechs Monate dauern, wenn dies durch die Art der Tätigkeit gerechtfertigt ist, etwa bei Leitungs- oder Führungsfunktionen oder Stellen des öffentlichen Dienstes, oder wenn dies im Interesse des Arbeitnehmers ist, etwa im Zusammenhang mit spezifischen Maßnahmen zur Förderung dauerhafter Beschäftigung, insbesondere für junge Arbeitnehmer. Probezeiten sollten außerdem in Fällen entsprechend verlängert werden können, in denen der Arbeitnehmer während der Probezeit von der Arbeit fernblieb, beispielsweise aufgrund einer Krankheit oder aufgrund von Urlaub, damit der Arbeitgeber die Möglichkeit hat, die Eignung der Person für die betreffende Aufgabe zu beurteilen. Bei befristeten Arbeitsverhältnissen mit einer Dauer von weniger als zwölf Monaten sollten die Mitgliedstaaten dafür Sorge tragen, dass die Probezeitdauer angemessen ist und im Verhältnis zur erwarteten Dauer des Vertrags und der Art der Tätigkeit steht. Falls nach nationalem Recht oder gemäß den nationalen Gepflogenheiten vorgesehen, sollte es Arbeitnehmern ermöglicht werden, während der Probezeit Arbeitnehmerrechte zu erwerben.

(29) Ein Arbeitgeber sollte Arbeitnehmern weder verbieten dürfen, außerhalb des mit ihm festgelegten Arbeitsplans eine Beschäftigung bei anderen Arbeitgebern aufzunehmen, noch sie benachteiligen, falls sie dies tun. Es sollte den Mitgliedstaaten ermöglicht werden, Bedingungen für die Anwendung von Unvereinbarkeitsbestimmungen im Sinne von Auflagen, wonach ein Arbeitnehmer nicht für andere Arbeitgeber arbeiten darf, aus objektiven Gründen festzulegen, etwa zum Schutz der Gesundheit und Sicherheit der Arbeitnehmer auch durch eine Begrenzung der Arbeitszeit, zum Schutz von Geschäftsgeheimnissen, der Integrität des öffentlichen Dienstes oder zur Vermeidung von Interessenkonflikten.

(30) Arbeitnehmer mit einem völlig oder größtenteils unvorhersehbaren Arbeitsmuster sollten über ein Mindestmaß an Vorhersehbarkeit verfügen, wenn der Arbeitsplan hauptsächlich vom Arbeitgeber festgelegt wird, entweder direkt, etwa durch die Zuweisung von Arbeitsaufträgen, oder indirekt, etwa durch die Aufforderung an den Arbeitnehmer, auf Kundenwünsche zu reagieren.

(31) Zu Beginn des Arbeitsverhältnisses sollten schriftlich Referenzstunden und Referenztage im Sinne von Zeitfenstern festgelegt werden, in denen auf Aufforderung des Arbeitgebers gearbeitet werden darf.

(32) Eine angemessene Mindestankündigungsfrist – die als der Zeitraum zwischen dem Zeitpunkt, zu dem ein Arbeitnehmer über einen neuen Arbeitsauftrag informiert wird, und dem Beginn dieses Auftrags zu verstehen ist – stellt bei Arbeitsverhältnissen mit Arbeitsmustern, die völlig oder größtenteils unvorhersehbar sind, ein weiteres notwendiges Element der Vorhersehbarkeit bezüglich der Arbeit dar. Die Länge der Ankündigungsfrist darf je nach den Erfordernissen des betreffenden Sektors unterschiedlich sein, doch muss ein angemessener Schutz der Arbeitnehmer sichergestellt sein. Die Mindestankündigungsfrist gilt unbeschadet der Richtlinie 2002/15/EG des Europäischen Parlaments und des Rates (Richtlinie 2002/15/EG des Europäischen Parlaments und des Rates vom 11. März 2002 zur Regelung der Arbeitszeit von Personen, die Fahrtätigkeiten im Bereich des Straßentransports ausüben (ABl. L 80 vom 23.3.2002, S. 35)).

(33) Die Arbeitnehmer sollten die Möglichkeit haben, einen Arbeitsauftrag abzulehnen, wenn er außerhalb der Referenzstunden und Referenztage fällt oder, wenn der Arbeitnehmer nicht innerhalb der Mindestankündigungsfrist über den Arbeitsauftrag unterrichtet worden ist, ohne Nachteile für diese Ablehnung zu erleiden. Die Arbeitnehmer sollten auch die Möglichkeit haben, den Arbeitsauftrag anzunehmen, wenn sie dies wünschen.

(34) Hat ein Arbeitnehmer, dessen Arbeitsmuster völlig oder größtenteils unvorhersehbar ist, mit dem Arbeitgeber vereinbart, einen bestimmten Arbeitsauftrag zu übernehmen, der Arbeitnehmer in der Lage sein, entsprechend zu planen. Der Arbeitnehmer sollte durch eine angemessene Entschädigung vor Einkommenseinbußen aufgrund eines verspäteten Widerrufs eines vereinbarten Arbeitsauftrags geschützt sein.

(35) Abrufverträge oder ähnliche Arbeitsverträge wie Null-Stunden-Verträge, in deren Rahmen der Arbeitgeber über die Flexibilität verfügt, die Arbeitnehmer nach Bedarf zur Arbeit aufzufordern, sind für die Arbeitnehmer besonders unvorhersehbar. Mitgliedstaaten, in denen solche Verträge zulässig sind, sollten sicherstellen, dass es wirksame Maßnahmen zur Verhinderung eines Missbrauchs dieser Verträge gibt. Bei diesen Maßnahmen könnte es sich um Beschränkungen der Anwendung und Dauer dieser Verträge, eine widerlegbare Vermutung, dass ein Arbeitsvertrag oder Beschäftigungsverhältnis mit einem garantierten Umfang bezahlter Stunden ausgehend von den in einem vorherigen Referenzzeitraum geleisteten Stunden vorliegt, oder andere gleichwertige Maßnahmen handeln, mit denen missbräuchliche Praktiken wirksam verhindert werden.

(36) Wenn Arbeitgeber die Möglichkeit haben, Arbeitnehmern in atypischen Arbeitsverhältnissen Vollzeitarbeitsverträge oder unbefristete

4/1. ArbeitsbedingungenRL
Präambel

Arbeitsverträge anzubieten, sollte im Einklang mit den Grundsätzen im Sinne der europäischen Säule sozialer Rechte ein Übergang zu sichereren Arbeitsformen gefördert werden. Arbeitnehmer sollten das Recht haben, den Arbeitgeber um eine vorhersehbarere und sicherere Arbeitsformen zu ersuchen und eine begründete schriftliche Antwort des Arbeitgebers zu erhalten, in der auf die Bedürfnisse des Arbeitgebers und die des Arbeitnehmers eingegangen wird. Die Mitgliedstaaten sollten die Möglichkeit haben, die Häufigkeit solcher Ersuchen zu begrenzen. Diese Richtlinie sollte die Mitgliedstaaten nicht davon abhalten, festzulegen, dass es dem Arbeitnehmer im Fall von Stellen des öffentlichen Dienstes, die im Zuge eines Auswahlverfahrens besetzt werden, nicht möglich ist, einfach um diese Stellen zu ersuchen, und dass für diese daher nicht das Recht gilt, um eine Arbeitsform mit vorhersehbareren und sichereren Arbeitsbedingungen zu ersuchen.

(37) Wenn Arbeitgeber gemäß den Rechtsvorschriften der Union oder nationalen Rechtsvorschriften oder Kollektiv- bzw. Tarifverträgen verpflichtet sind, Arbeitnehmern Fortbildung anzubieten, damit diese die Arbeit durchführen können, für die sie beschäftigt werden, sollte sichergestellt sein, dass diese Fortbildung allen Arbeitnehmern angeboten wird, auch denjenigen in atypischen Arbeitsverhältnissen. Die Kosten für diese Fortbildung sollten dem Arbeitnehmer weder in Rechnung gestellt noch von ihr bzw. seiner Vergütung einbehalten oder abgezogen werden. Die Fortbildung sollte als Arbeitszeit angerechnet und möglichst während der Arbeitszeit besucht werden. Diese Verpflichtung betrifft nicht die Berufsausbildung oder Fortbildung, die erforderlich ist, um eine Berufsqualifikation zu erlangen, aufrechtzuerhalten oder zu erneuern, solange der Arbeitgeber nicht gemäß den Rechtsvorschriften der Union oder nationalen Rechtsvorschriften oder Kollektiv- bzw. Tarifverträgen verpflichtet wird, sie dem Arbeitnehmer zur Verfügung zu stellen. Die Mitgliedstaaten sollten die Maßnahmen ergreifen, die erforderlich sind, um Arbeitnehmer vor missbräuchlichen Praktiken im Zusammenhang mit Fortbildung zu schützen.

(38) Die Autonomie der Sozialpartner und ihre Funktion als Vertretung der Arbeitnehmer und Arbeitgeber sollten gewahrt bleiben. Es sollte den Sozialpartnern daher offenstehen, übereinzukommen, dass in bestimmten Branchen oder Situationen andere Bestimmungen als die Mindeststandards gemäß dieser Richtlinie geeigneter sind, die Ziele dieser Richtlinie zu erreichen. Die Mitgliedstaaten sollten daher die Möglichkeit haben, den Sozialpartnern zu erlauben, kollektiv- oder Tarifverträge beizubehalten, auszuhandeln, zu schließen und durchzusetzen, die von bestimmten Bestimmungen in dieser Richtlinie abweichen, solange dabei das generelle Schutzniveau für die Arbeitnehmer nicht abgesenkt wird.

(39) Die öffentliche Konsultation zur europäischen Säule sozialer Rechte hat gezeigt, dass es notwendig ist, die Durchsetzung des Arbeitsrechts der Union zu stärken, um dessen Wirksamkeit sicherzustellen. Die Evaluierung der Richtlinie 91/533/EWG im Rahmen des Programms zur Gewährleistung der Effizienz und Leistungsfähigkeit der Rechtsetzung hat bestätigt, dass strengere Durchsetzungsmechanismen die Wirksamkeit des Arbeitsrechts der Union verbessern könnten. Die Konsultation hat außerdem ergeben, dass Rechtsbehelfssysteme, die einzig auf Schadenersatzforderungen beruhen, weniger effektiv sind als Systeme, die auch Sanktionen (etwa pauschale Strafgelder oder den Entzug der Zulassung) für Arbeitgeber vorsehen, welche versäumen, schriftliche Erklärungen abzugeben. Sie hat ferner gezeigt, dass Arbeitnehmer während des Arbeitsverhältnisses nur selten Rechtsbehelfe einlegen, womit das Ziel der schriftlichen Erklärung, nämlich sicherzustellen, dass die Arbeitnehmer über die wesentlichen Merkmale des Arbeitsverhältnisses zu unterrichte werden, gefährdet ist. Es ist daher erforderlich, Durchsetzungsbestimmungen vorzusehen, mit denen sichergestellt wird, dass, wenn Informationen über das Arbeitsverhältnis nicht erteilt werden, günstige Vermutungen oder ein Verfahren angewendet wird, bei dem der Arbeitgeber zur Erteilung der fehlenden Informationen aufgefordert und, wenn er dieser Aufforderung nicht nachkommt, sanktioniert werden kann, oder beides. Es sollte möglich sein, dass diese günstigen Vermutungen die Vermutung enthalten, dass der Arbeitnehmer ein unbefristetes Arbeitsverhältnis hat, dass es keine Probezeit gibt oder dass der Arbeitnehmer eine Vollzeitstelle innehat, wenn die entsprechenden Informationen fehlen. Rechtsbehelfe könnten von der Durchführung eines Verfahrens abhängig gemacht werden, bei dem der Arbeitgeber von dem Arbeitnehmer oder Dritten, etwa einem Vertreter des Arbeitnehmers oder einer anderen zuständigen Behörde oder Stelle, auf das Fehlen der Informationen hingewiesen wird und rechtzeitig vollständige und korrekte Informationen bereitzustellen hat.

(40) Seit dem Erlass der Richtlinie 91/533/EWG ist ein umfangreiches System an Vorschriften für die Durchsetzung des sozialen Besitzstands in der Union angenommen worden, insbesondere im Bereich Gleichbehandlung, die zum Teil auf diese Richtlinie angewandt werden sollten, damit sichergestellt ist, dass Arbeitnehmer im Einklang mit Grundsatz Nr. 7 der europäischen Säule sozialer Rechte Zugang zu wirkungsvoller und unparteiischer Streitbeilegung, etwa ein Zivil- oder Arbeitsgericht, sowie Anspruch auf Rechtsbehelfe haben, was auch eine angemessene Entschädigung umfassen kann.

(41) Insbesondere sollten Arbeitnehmer angesichts des grundlegenden Anspruchs auf wirksamen Rechtsschutz auch nach dem Ende des Arbeitsverhältnisses, in dessen Verlauf es zu einem vermuteten Verstoß gegen ihre in dieser Richtlinie verankerten Rechte gekommen ist, in den Genuss dieses Schutzes kommen.

(42) Die wirksame Durchführung dieser Richtlinie erfordert einen angemessenen gerichtlichen

und administrativen Schutz vor Benachteiligungen infolge eines Versuchs, ein in dieser Richtlinie vorgesehenes Recht wahrzunehmen, infolge einer Beschwerde beim Arbeitgeber oder infolge der Einleitung von Rechts- oder Verwaltungsverfahren zur Durchsetzung der Einhaltung dieser Richtlinie.

(43) Arbeitnehmer, die in dieser Richtlinie vorgesehene Rechte wahrnehmen, sollten vor Kündigung oder vergleichbarer Benachteiligung – indem zum Beispiel ein auf Abruf tätiger Arbeitnehmer keine Arbeit mehr zugewiesen bekommt – oder vor jeglicher Vorbereitung auf eine mögliche Kündigung, weil sie versucht haben, diese Rechte wahrzunehmen, geschützt sein. Ist ein Arbeitnehmer der Ansicht, ihm sei aus den genannten Gründen gekündigt worden oder habe vergleichbare Nachteile erlitten, sollte er und die zuständigen Behörden oder Stellen die Möglichkeit haben, den Arbeitgeber aufzufordern, hinreichend genau bezeichnete Gründe für die Kündigung oder die Maßnahme mit gleicher Wirkung zu nennen.

(44) Die Beweislast dafür, dass die Kündigung oder die gleichwertige Benachteiligung nicht erfolgt ist, weil der Arbeitnehmer seine ihm aufgrund dieser Richtlinie zustehenden Rechte wahrgenommen hat, sollte beim Arbeitgeber liegen, wenn der Arbeitnehmer vor einem Gericht oder einer anderen zuständigen Behörde oder Stelle Tatsachen anführt, die darauf schließen lassen, dass ihm aus solchen Gründen gekündigt oder er einer gleichwertigen Benachteiligung ausgesetzt worden ist. Es sollte den Mitgliedstaaten offenstehen, diese Regel in Verfahren nicht anzuwenden, in denen ein Gericht oder eine andere zuständige Behörde oder Stelle den Sachverhalt untersuchen müsste, insbesondere in Systemen, wo eine Kündigung zuvor bereits von einer derartigen Behörde oder Stelle genehmigt werden muss.

(45) Die Mitgliedstaaten sollten wirksame, verhältnismäßige und abschreckende Sanktionen für die Verletzung der aus dieser Richtlinie erwachsenden Verpflichtungen festlegen. Sanktionen können administrative und finanzielle Sanktionen, wie Geldbußen oder Entschädigungszahlungen, sowie andere Arten von Sanktionen umfassen.

(46) Da die Ziele dieser Richtlinie, nämlich die Verbesserung der Arbeitsbedingungen durch die Förderung transparenterer und vorhersehbarer Beschäftigung bei gleichzeitiger Gewährleistung der Anpassungsfähigkeit des Arbeitsmarktes von den Mitgliedstaaten nicht ausreichend verwirklicht werden können, sondern vielmehr wegen der Notwendigkeit, gemeinsame Mindestanforderungen festzulegen, auf Unionsebene besser zu verwirklichen sind, kann die Union im Einklang mit dem in Artikel 5 des Vertrags über die Europäische Union verankerten Subsidiaritätsprinzip tätig werden. Entsprechend dem in demselben Artikel genannten Grundsatz der Verhältnismäßigkeit geht diese Richtlinie nicht über das für die Verwirklichung dieser Ziele erforderliche Maß hinaus.

(47) Mit dieser Richtlinie werden Mindestanforderungen festgelegt, sodass das Recht der Mitgliedstaaten unberührt bleibt, günstigere Bestimmungen einzuführen oder beizubehalten. Gemäß dem derzeitigen Rechtsrahmen erworbene Ansprüche sollten weiterhin gelten, es sei denn, durch diese Richtlinie werden günstigere Bestimmungen eingeführt. Die Umsetzung dieser Richtlinie darf weder dazu genutzt werden, bestehende Rechte abzubauen, die in vorhandenem Unionsrecht oder nationalem Recht festgelegt sind, noch darf sie als Rechtfertigung dienen, das allgemeine Schutzniveau für Arbeitnehmer in dem von der Richtlinie erfassten Bereich zu senken. Insbesondere sollte sie nicht als Grundlage für die Einführung von Null-Stunden-Verträgen oder ähnlichen Arbeitsverträgen dienen.

(48) Bei der Umsetzung dieser Richtlinie sollten die Mitgliedstaaten administrative, finanzielle oder rechtliche Auflagen vermeiden, die der Gründung und dem Ausbau von Kleinstunternehmen, kleinen und mittleren Unternehmen entgegenstehen. Die Mitgliedstaaten sind daher aufgefordert, die Auswirkungen ihres Umsetzungsrechtsakts auf kleine und mittlere Unternehmen zu prüfen, um sicherzustellen, dass sie nicht unverhältnismäßig beeinträchtigt werden – wobei ein besonderes Augenmerk auf Kleinstunternehmen und auf dem Verwaltungsaufwand liegen sollte –, und das Ergebnis dieser Prüfung zu veröffentlichen.

(49) Die Mitgliedstaaten können den Sozialpartnern die Umsetzung dieser Richtlinie übertragen, wenn die Sozialpartner dies gemeinsam beantragen und sofern die Mitgliedstaaten alle erforderlichen Maßnahmen treffen, um jederzeit gewährleisten zu können, dass die mit dieser Richtlinie angestrebten Ergebnisse erzielt werden. Außerdem sollten sie im Einklang mit den nationalen Rechtsvorschriften und Gepflogenheiten angemessene Maßnahmen ergreifen, um sicherzustellen, dass die Sozialpartner wirksam einbezogen werden, und um den sozialen Dialog zu fördern und zu verbessern, damit die Bestimmungen dieser Richtlinie umgesetzt werden.

(50) Die Mitgliedstaaten sollten jedwede angemessenen Maßnahmen ergreifen, um die Erfüllung der Verpflichtungen aus dieser Richtlinie sicherzustellen, indem beispielsweise gegebenenfalls Prüfungen vorgenommen werden.

(51) Angesichts der erheblichen Änderungen, die diese Richtlinie hinsichtlich des Zwecks, des Anwendungsbereichs und des Inhalts der Richtlinie 91/533/EWG mit sich bringt, ist es nicht angezeigt, die genannte Richtlinie zu ändern. Die Richtlinie 91/533/EWG sollte daher aufgehoben werden.

(52) Gemäß der Gemeinsamen Politischen Erklärung vom 28. September 2011 der Mitgliedstaaten und der Kommission zu Erläuternde Dokumente (ABl. C 369 vom 17.12.2011, S. 14) haben sich die Mitgliedstaaten verpflichtet, in begründeten Fällen zusätzlich zur Mitteilung ihrer Umsetzungsmaßnahmen ein oder mehrere Dokumente zu übermitteln, in denen der Zusammenhang zwischen den Bestandteilen einer Richtlinie und den entsprechenden Teilen nationaler Umsetzungsinstrumente erläutert wird. In Bezug auf diese Richtlinie hält der Gesetzgeber die Übermittlung derartiger Dokumente für gerechtfertigt –

4/1. ArbeitsbedingungenRL
Art. 1 – 4

HABEN FOLGENDE RICHTLINIE ERLASSEN:

KAPITEL I
ALLGEMEINE BESTIMMUNGEN

Zweck, Gegenstand und Anwendungsbereich

Art. 1 (1) Zweck dieser Richtlinie ist es, die Arbeitsbedingungen zu verbessern, indem eine transparentere und vorhersehbarere Beschäftigung gefördert und zugleich die Anpassungsfähigkeit des Arbeitsmarktes gewährleistet wird.

(2) In dieser Richtlinie werden die Mindestrechte festgelegt, die für jeden Arbeitnehmer in der Union gelten, der nach den Rechtsvorschriften, Kollektiv- bzw. Tarifverträgen oder Gepflogenheiten in dem jeweiligen Mitgliedstaat einen Arbeitsvertrag hat oder in einem Arbeitsverhältnis steht, wobei die Rechtsprechung des Gerichtshofs zu berücksichtigen ist.

(3) Die Mitgliedstaaten können entscheiden, dass die Verpflichtungen aus dieser Richtlinie nicht für Arbeitnehmer mit einem Arbeitsverhältnis gelten, dessen im Voraus festgelegte und tatsächlich geleistete Arbeitszeit in einem Referenzzeitraum von vier aufeinanderfolgenden Wochen im Durchschnitt nicht mehr als drei Stunden wöchentlich beträgt. Alle Zeiten, die bei Arbeitgebern gearbeitet werden, welche ein Unternehmen, eine Gruppe oder eine Organisation bilden oder einem Unternehmen, einer Gruppe oder einer Organisation angehören, werden diesem Dreistunden-Durchschnitt zugerechnet.

(4) Absatz 3 ist nicht anwendbar auf Arbeitsverhältnisse, bei denen vor dem Beschäftigungsbeginn kein garantierter Umfang bezahlter Arbeit festgelegt ist.

(5) Die Mitgliedstaaten können bestimmen, welche Personen für die Erfüllung der den Arbeitgebern durch diese Richtlinie auferlegten Verpflichtungen verantwortlich sind, solange alle diese Verpflichtungen erfüllt werden. Sie können auch entscheiden, dass diese Verpflichtungen ganz oder teilweise einer natürlichen oder juristischen Person übertragen werden müssen, die keine Partei des Arbeitsverhältnisses ist.

Dieser Absatz lässt die Richtlinie 2008/104/EG des Europäischen Parlaments und des Rates (Richtlinie 2008/104/EG des Europäischen Parlaments und des Rates vom 19. November 2008 über Leiharbeit (ABl. L 327 vom 5.12.2008, S. 9)) unberührt.

(6) Die Mitgliedstaaten können aus objektiven Gründen festlegen, dass die Bestimmungen des Kapitels III nicht für Beamte, Katastrophenschutzorganisationen, die Streitkräfte, die Polizeibehörden, Richter, Staatsanwälte, Ermittler oder andere Strafverfolgungsbehörden gelten.

(7) Die Mitgliedstaaten können entscheiden, die Verpflichtungen aus den Artikeln 12 und 13 sowie aus Artikel 15 Absatz 1 Buchstabe a nicht auf natürliche Personen anzuwenden, die als Arbeitgeber in Haushalten fungieren, in denen Arbeit für diese Haushalte erbracht wird.

(8) Unbeschadet der Richtlinien 2009/13/EG und (EU) 2017/159 des Rates ist Kapitel II dieser Richtlinie auf Seeleute bzw. Seefischer anwendbar. Die Verpflichtungen nach Artikel 4 Absatz 2 Buchstaben m und o sowie nach den Artikeln 7, 9, 10 und 12 gelten nicht für Seeleute oder Seefischer.

Begriffsbestimmungen

Art. 2 Für die Zwecke dieser Richtlinie bezeichnet der Ausdruck

a) „Arbeitsplan" einen Plan, in dem die Uhrzeiten und die Tage festgelegt sind, zu bzw. an denen die Arbeit beginnt und endet;
b) „Referenzstunden und Referenztage" Zeitfenster an festgelegten Tagen, in denen auf Aufforderung des Arbeitgebers Arbeit stattfinden kann;
c) „Arbeitsmuster" die Organisationsform der Arbeitszeit nach einem bestimmten Schema, das vom Arbeitgeber festgelegt wird.

Bereitstellung von Informationen

Art. 3 Der Arbeitgeber stellt jedem Arbeitnehmer die gemäß dieser Richtlinie erforderlichen Informationen schriftlich zur Verfügung. Die Informationen sind in Papierform oder – sofern die Informationen für den Arbeitnehmer zugänglich sind, gespeichert und ausgedruckt werden können und der Arbeitgeber einen Übermittlungs- oder Empfangsnachweis erhält – in elektronischer Form zur Verfügung zu stellen und zu übermitteln.

KAPITEL II
UNTERRICHTUNG ÜBER DAS ARBEITSVERHÄLTNIS

Pflicht zur Unterrichtung

Art. 4 (1) Die Mitgliedstaaten stellen sicher, dass den Arbeitgebern vorgeschrieben wird, die Arbeitnehmer über die wesentlichen Aspekte des Arbeitsverhältnisses zu unterrichten.

(2) Die in Absatz 1 genannte Unterrichtung umfasst mindestens folgende Informationen:
a) die Personalien der Parteien des Arbeitsverhältnisses;
b) den Arbeitsort; falls es sich nicht um einen festen oder vorherrschenden Arbeitsort handelt: den Hinweis darauf, dass der Arbeitnehmer grundsätzlich an verschiedenen Orten tätig wird oder ihren bzw. seinen Arbeitsort frei wählen kann, sowie den Sitz des Unternehmens oder gegebenenfalls den Wohnsitz des Arbeitgebers;
c) entweder
  i) die Funktionsbezeichnung, den Grad sowie die Art oder Kategorie der Arbeit, die dem Arbeitnehmer bei der Einstellung zugewiesen wurden, oder
  ii) eine kurze Charakterisierung oder Beschreibung der Arbeit;
d) den Zeitpunkt des Beginns des Arbeitsverhältnisses;

e) bei befristeten Arbeitsverhältnissen: das Enddatum oder die erwartete Dauer des Arbeitsverhältnisses;
f) bei Leiharbeitnehmern: die Identität der entleihenden Unternehmen, wenn und sobald bekannt;
g) gegebenenfalls die Dauer und die Bedingungen der Probezeit;
h) gegebenenfalls den Anspruch auf vom Arbeitgeber bereitgestellte Fortbildung;
i) die Dauer des bezahlten Urlaubs, auf den der Arbeitnehmer Anspruch hat, oder, falls dies zum Zeitpunkt der Unterrichtung nicht angegeben werden kann, die Modalitäten der Gewährung und der Festlegung dieses Urlaubs;
j) das bei der Kündigung des Arbeitsverhältnisses vom Arbeitgeber und vom Arbeitnehmer einzuhaltende Verfahren, einschließlich der formellen Anforderungen und der Länge der Kündigungsfristen, oder, falls die Kündigungsfristen zum Zeitpunkt der Unterrichtung nicht angegeben werden können, die Modalitäten der Festsetzung der Kündigungsfristen;
k) die Vergütung, einschließlich des anfänglichen Grundbetrags, sofern vorhanden anderer Bestandteile, die getrennt anzugeben sind, und der Periodizität und der Art der Auszahlung der Vergütung, auf die der Arbeitnehmer Anspruch hat;
l) falls die Arbeitsmuster völlig oder größtenteils vorhersehbar sind: die Länge des Standardarbeitstages oder der Standardarbeitswoche des Arbeitnehmers sowie gegebenenfalls die Modalitäten und die Vergütung von Überstunden und, sofern zutreffend, etwaige Modalitäten von Schichtänderungen;
m) falls die Arbeitsmuster völlig oder größtenteils unvorhersehbar sind, teilt der Arbeitgeber dem Arbeitnehmer Folgendes mit:
  i) den Grundsatz, dass der Arbeitsplan variabel ist, die Anzahl der garantierten bezahlten Stunden und die Vergütung für zusätzlich zu diesen garantierten Stunden erbrachte Arbeiten;
  ii) die Referenzstunden und die Referenztage, innerhalb derer der Arbeitnehmer aufgefordert werden kann zu arbeiten;
  iii) die Mindestankündigungsfrist, auf die der Arbeitnehmer vor Beginn eines Arbeitsauftrags Anspruch hat, und, falls zutreffend, die Frist für einen Widerruf nach Artikel 10 Absatz 3;
n) gegebenenfalls die Angabe der Kollektiv- bzw. Tarifverträge, in denen die Arbeitsbedingungen des Arbeitnehmers geregelt sind, oder bei außerhalb des Unternehmens durch einzelne paritätische Stellen oder Institutionen abgeschlossenen Kollektiv- bzw. Tarifverträgen: Angabe solcher Stellen oder paritätischen Institutionen, in deren Rahmen sie abgeschlossen wurden;
o) falls der Arbeitgeber dafür zuständig ist: die Identität der Sozialversicherungsträger, die die Sozialbeiträge im Zusammenhang mit dem Arbeitsverhältnis und einem gegebenenfalls vom Arbeitgeber gewährten Sozialversicherungsschutz erhalten.

(3) Die Informationen gemäß Absatz 2 Buchstaben g bis l und o können gegebenenfalls durch einen Hinweis auf die Rechts- und Verwaltungsvorschriften bzw. die Satzungsbestimmungen oder Kollektiv- bzw. Tarifverträge erteilt werden, die für die entsprechenden Bereiche gelten.

Zeitpunkt und Form der Unterrichtung

Art. 5 (1) Sofern sie nicht früher bereitgestellt wurden, werden die Informationen gemäß Artikel 4 Absatz 2 Buchstaben a bis e, g, k, l und m dem Arbeitnehmer individuell zwischen dem ersten Arbeitstag und spätestens dem siebten Kalendertag in Form eines oder mehrerer Dokumente zur Verfügung gestellt. Die übrigen Informationen gemäß Artikel 4 Absatz 2 werden dem Arbeitnehmer individuell innerhalb eines Monats ab dem ersten Arbeitstag in Form eines Dokuments bereitgestellt.

(2) Die Mitgliedstaaten können Vorlagen und Modelle für die in Absatz 1 genannten Dokumente entwickeln, die sie dem Arbeitnehmer sowie dem Arbeitgeber unter anderem auf einer einzigen offiziellen nationalen Website oder im Rahmen anderer angemessener Maßnahmen zugänglich machen.

(3) Die Mitgliedstaaten stellen sicher, dass die Informationen über die Rechts- und Verwaltungsvorschriften bzw. die Satzungsbestimmungen oder allgemeinverbindlichen Kollektiv- bzw. Tarifverträge, die den anwendbaren Rechtsrahmen regeln und von Arbeitgebern kommuniziert werden müssen, allgemein und kostenlos sowie in klarer, transparenter, umfassender und leicht zugänglicher Art und Weise durch Fernkommunikationsmittel und auf elektronischem Wege zur Verfügung gestellt werden, darunter auf bestehenden Online-Portalen.

Änderungen des Arbeitsverhältnisses

Art. 6 (1) Die Mitgliedstaaten stellen sicher, dass der Arbeitgeber dem Arbeitnehmer Informationen über Änderungen von in Artikel 4 Absatz 2 genannten Aspekten des Arbeitsverhältnisses oder über Änderungen der zusätzlichen Informationen für in einen anderen Mitgliedstaat oder in ein Drittland geschickte Arbeitnehmer gemäß Artikel 7 bei erster Gelegenheit, spätestens aber an dem Tag, an dem diese Änderungen wirksam werden, in Form eines Dokuments zur Verfügung stellt.

(2) Das Dokument nach Absatz 1 ist nicht erforderlich im Fall von Änderungen, mit denen lediglich einer Änderung der Rechts- und Verwaltungsvorschriften bzw. der Satzungsbestimmungen oder Kollektiv- bzw. Tarifverträge, auf die die Dokumente nach Artikel 5 Absatz 1 und gegebenenfalls nach Artikel 7 Bezug nehmen, Rechnung getragen wird.

Zusätzliche Informationen für in einen anderen Mitgliedstaat oder in ein Drittland geschickte Arbeitnehmer

Art. 7 (1) Die Mitgliedstaaten stellen sicher, dass der Arbeitgeber einem Arbeitnehmer der in einen Mitgliedstaat, der nicht der Mitgliedstaat ist, in dem er für gewöhnlich arbeitet, oder in einem Drittland arbeiten soll, vor seiner Abreise die in Artikel 5 Absatz 1 genannten Dokumente bereitstellt und dass in den Dokumenten zusätzlich zumindest Folgendes angegeben ist:

a) das Land oder die Länder, in dem bzw. in denen die Arbeit im Ausland geleistet werden soll, und die geplante Dauer der Arbeit;
b) die Währung, in der die Vergütung erfolgt;
c) falls anwendbar: die mit den Arbeitsaufträgen verbundenen Geld- oder Sachleistungen;
d) Angaben dazu, ob eine Rückführung vorgesehen ist, und falls ja, die Bedingungen für die Rückführung des Arbeitnehmers.

(2) Die Mitgliedstaaten stellen sicher, dass die entsandten Arbeitnehmer im Sinne der Richtlinie 96/71/EG zusätzlich über Folgendes unterrichtet werden:

a) die Vergütung, auf die sie im Einklang mit dem geltenden Recht des Aufnahmemitgliedstaats Anspruch haben;
b) falls anwendbar: Entsendezulagen und Regelungen für die Erstattung von Reise-, Verpflegungs- und Unterbringungskosten;
c) den Link zu der einzigen offiziellen nationalen Website, die der Aufnahmemitgliedstaat gemäß Artikel 5 Absatz 2 der Richtlinie 2014/67/EU des Europäischen Parlaments und des Rates (Richtlinie 2014/67/EU des Europäischen Parlaments und des Rates vom 15. Mai 2014 zur Durchsetzung der Richtlinie 96/71/EG über die Entsendung von Arbeitnehmern im Rahmen der Erbringung von Dienstleistungen und zur Änderung der Verordnung (EU) Nr. 1024/2012 über die Verwaltungszusammenarbeit mit Hilfe des Binnenmarkt-Informationssystems („IMI-Verordnung") (ABl. L 159 vom 28.5.2014, S. 11)) eingerichtet hat.

(3) Die Informationen gemäß Absatz 1 Buchstabe b und Absatz 2 Buchstabe a können gegebenenfalls durch einen Hinweis auf konkrete Bestimmungen der Rechts- und Verwaltungsvorschriften und Satzungen oder Kollektiv- bzw. Tarifverträge erteilt werden, die für diese Informationen gelten.

(4) Sofern die Mitgliedstaaten nichts anderes bestimmen, finden die Absätze 1 und 2 keine Anwendung, wenn die Dauer jedes einzelnen Arbeitszeitraums außerhalb des Mitgliedstaats, in dem der Arbeitnehmer für gewöhnlich arbeitet, nicht mehr als vier aufeinanderfolgende Wochen beträgt.

KAPITEL III
MINDESTANFORDERUNGEN AN DIE ARBEITSBEDINGUNGEN

Höchstdauer einer Probezeit

Art. 8 (1) Die Mitgliedstaaten stellen sicher, dass eine Probezeit, falls das Arbeitsverhältnis nach Maßgabe des nationalen Rechts oder der nationalen Gepflogenheiten eine solche umfasst, nicht länger als sechs Monate dauert.

(2) Bei befristeten Arbeitsverhältnissen tragen die Mitgliedstaaten dafür Sorge, dass die Probezeitdauer im Verhältnis zur erwarteten Dauer des Vertrags und der Art der Tätigkeit steht. Bei einer Vertragsverlängerung für dieselbe Funktion und dieselben Aufgaben gilt für das Arbeitsverhältnis keine neue Probezeit.

(3) Die Mitgliedstaaten können in Ausnahmefällen längere Probezeiten festsetzen, wenn dies durch die Art der Tätigkeit gerechtfertigt oder im Interesse des Arbeitnehmers ist. Die Mitgliedstaaten können festlegen, dass die Probezeit in Fällen, in denen der Arbeitnehmer während der Probezeit der Arbeit ferngeblieben war, entsprechend verlängert werden kann.

Mehrfachbeschäftigung

Art. 9 (1) Die Mitgliedstaaten stellen sicher, dass ein Arbeitgeber einem Arbeitnehmer weder verbieten darf, außerhalb des mit ihm festgelegten Arbeitsplans im Arbeitsverhältnis mit anderen Arbeitgebern aufzunehmen, noch ihn benachteiligen darf, falls er dies tut.

(2) Die Mitgliedstaaten dürfen Bedingungen festlegen, bei deren Vorliegen die Arbeitgeber aus objektiven Gründen Unvereinbarkeitsbestimmungen anwenden dürfen, etwa aus Gründen der Gesundheit und der Sicherheit, zum Schutz von Geschäftsgeheimnissen, der Integrität des öffentlichen Dienstes oder zur Vermeidung von Interessenkonflikten.

Mindestvorhersehbarkeit der Arbeit

Art. 10 (1) Die Mitgliedstaaten stellen sicher, dass ein Arbeitnehmer, dessen Arbeitsmuster völlig oder größtenteils unvorhersehbar sind, nicht vom Arbeitgeber verpflichtet werden kann zu arbeiten, es sei denn, die beiden folgenden Voraussetzungen sind erfüllt:

a) Die Arbeit findet innerhalb der vorab bestimmten Referenzstunden und Referenztage im Sinne von Artikel 4 Absatz 2 Buchstabe m Ziffer ii statt, und
b) der Arbeitgeber unterrichtet den Arbeitnehmer innerhalb einer angemessenen Ankündigungsfrist gemäß den nationalen Rechtsvorschriften, Kollektiv- bzw. Tarifverträgen oder Gepflogenheiten nach Artikel 4 Absatz 2 Buchstabe m Ziffer iii über einen Arbeitsauftrag.

(2) Wenn eine oder beide der in Absatz 1 festgelegten Bedingungen nicht erfüllt werden, ist der Arbeitnehmer berechtigt, einen Arbeitsauf-

4/1. ArbeitsbedingungenRL
Art. 10 – 17

trag abzulehnen, ohne dass ihm daraus Nachteile entstehen.

(3) Erlauben die Mitgliedstaaten dem Arbeitgeber, einen Arbeitsauftrag ohne Entschädigung zu widerrufen, so ergreifen die Mitgliedstaaten die erforderlichen Maßnahmen gemäß den nationalen Rechtsvorschriften, Kollektiv- bzw. Tarifverträgen oder Gepflogenheiten, damit sichergestellt ist, dass der Arbeitnehmer Anspruch auf Entschädigung hat, falls der Arbeitgeber den zuvor mit dem Arbeitnehmer vereinbarten Arbeitsauftrag nach einer konkreten angemessenen Frist widerruft.

(4) Die Mitgliedstaaten können Modalitäten im Einklang mit den nationalen Rechtsvorschriften, Kollektiv- bzw. Tarifverträgen oder Gepflogenheiten zur Anwendung dieses Artikels erlassen.

Zusatzmaßnahmen bei Abrufverträgen

Art. 11 Erlauben die Mitgliedstaaten Abrufverträge oder ähnliche Arbeitsverträge, so ergreifen sie mindestens eine der folgenden Maßnahmen, um missbräuchliche Praktiken zu unterbinden:

a) Beschränkungen der Anwendung und Dauer von Abrufverträgen und ähnlichen Arbeitsverträgen;
b) eine widerlegbare Vermutung, dass ein Arbeitsvertrag mit einem garantierten Mindestumfang bezahlter Stunden ausgehend von den in einem bestimmten Zeitraum durchschnittlich geleisteten Stunden vorliegt;
c) andere gleichwertige Maßnahmen, mit denen missbräuchliche Praktiken wirksam verhindert werden.

Die Mitgliedstaaten unterrichten die Kommission über diese Maßnahmen.

Übergang zu einer anderen Arbeitsform

Art. 12 (1) Die Mitgliedstaaten stellen sicher, dass Arbeitnehmer, die – falls zutreffend – ihre Probezeit abgeschlossen haben und seit mindestens sechs Monaten bei demselben Arbeitgeber tätig sind, ihren Arbeitgeber um eine Arbeitsform mit vorhersehbaren und sichereren Arbeitsbedingungen, falls verfügbar, ersuchen dürfen und eine begründete schriftliche Antwort erhalten. Die Mitgliedstaaten können die Häufigkeit der Ersuchen begrenzen, in deren Folge die Verpflichtung nach Maßgabe dieses Artikels gilt.

(2) Die Mitgliedstaaten sorgen dafür, dass der Arbeitgeber innerhalb eines Monats nach dem Ersuchen die in Absatz 1 genannte begründete schriftliche Antwort erteilt. Bei natürlichen Personen, die als Arbeitgeber fungieren und bei Kleinstunternehmen sowie bei kleinen und mittleren Unternehmen können die Mitgliedstaaten vorsehen, dass die genannte Frist auf höchstens drei Monate verlängert wird, und erlauben, dass die Antwort mündlich erfolgt, wenn derselbe Arbeitnehmer bereits ein ähnliches Ersuchen vorgebracht hat und die Begründung für die Antwort bezüglich der Situation des Arbeitnehmers gleich geblieben ist.

Pflichtfortbildungen

Art. 13 Die Mitgliedstaaten stellen sicher, dass den Arbeitnehmern Fortbildung kostenlos angeboten wird, als Arbeitszeit angerechnet wird und möglichst während der Arbeitszeiten stattfindet, wenn der Arbeitgeber aufgrund von Rechtsvorschriften der Union oder nationalen Rechtsvorschriften oder Kollektiv- bzw. Tarifverträgen verpflichtet ist, den Arbeitnehmern Fortbildung im Hinblick auf die Arbeit anzubieten, die sie ausüben.

Kollektiv- bzw. Tarifverträge

Art. 14 Die Mitgliedstaaten können den Sozialpartnern erlauben, im Einklang mit dem nationalen Recht oder den nationalen Gepflogenheiten Kollektiv- bzw. Tarifverträge beizubehalten, auszuhandeln, zu schließen und durchzusetzen, bei denen Regelungen bezüglich der Arbeitsbedingungen von Arbeitnehmern getroffen werden, die von den in den Artikeln 8 bis 13 beschriebenen Regelungen abweichen, sofern der Schutz der Arbeitnehmer insgesamt gewahrt bleibt.

KAPITEL IV
HORIZONTALE BESTIMMUNGEN

Rechtsvermutungen und Verfahren für eine frühzeitige Streitbeilegung

Art. 15 (1) Die Mitgliedstaaten stellen sicher, dass, wenn ein Arbeitnehmer innerhalb der Frist nicht alle oder Teile der Dokumente gemäß Artikel 5 Absatz 1 oder Artikel 6 erhält, eine oder beide der folgenden Regelungen angewandt wird:

a) Der Arbeitnehmer kommt in den Genuss von für ihn günstigen Vermutungen, die vom Mitgliedstaat festgelegt werden und die vom Arbeitgeber widerlegt werden können;
b) der Arbeitnehmer erhält die Möglichkeit, bei einer zuständigen Behörde oder Stelle eine Beschwerde einzureichen zeitnah und wirksam und angemessene Abhilfe zu erhalten.

(2) Die Mitgliedstaaten können festlegen, dass die die in Absatz 1 genannten Vermutungen und Mechanismen erst angewandt werden, wenn dem Arbeitgeber eine entsprechende Aufforderung übermittelt wurde und dieser es versäumt hat, die fehlenden Informationen rechtzeitig zur Verfügung zu stellen.

Anspruch auf Abhilfe

Art. 16 Die Mitgliedstaaten stellen sicher, dass Arbeitnehmer, einschließlich solcher, deren Arbeitsverhältnis beendet ist, Zugang zu wirkungsvoller und unparteiischer Streitbeilegung und einen Anspruch auf Abhilfe haben, wenn die ihnen aufgrund dieser Richtlinie zustehenden Rechte verletzt werden.

Schutz vor Benachteiligung oder negativen Konsequenzen

Art. 17 Die Mitgliedstaaten führen die notwendigen Maßnahmen ein, um Arbeitnehmer, darunter auch Arbeitnehmervertreter, vor jedweder

Benachteiligung durch den Arbeitgeber und vor jedweden negativen Konsequenzen zu schützen, denen sie ausgesetzt sind, weil sie Beschwerde beim Arbeitgeber eingereicht oder ein Verfahren angestrengt haben mit dem Ziel, die Einhaltung der im Rahmen dieser Richtlinie gewährten Rechte durchzusetzen.

Kündigungsschutz und Beweislast

Art. 18 (1) Die Mitgliedstaaten ergreifen die erforderlichen Maßnahmen, um eine Kündigung oder Maßnahmen mit gleicher Wirkung sowie jegliche Vorbereitung auf eine Kündigung von Arbeitnehmern zu untersagen, wenn diese Maßnahmen damit begründet werden, dass die Arbeitnehmer die in dieser Richtlinie vorgesehenen Rechte in Anspruch genommen haben.

(2) Arbeitnehmer, die der Ansicht sind, dass ihnen aufgrund der Inanspruchnahme der in dieser Richtlinie vorgesehenen Rechte gekündigt worden ist oder dass sie deshalb Maßnahmen mit gleicher Wirkung ausgesetzt sind, können vom Arbeitgeber verlangen, dass er hinreichend genau bezeichnete Gründe für die Kündigung oder die Maßnahme mit gleicher Wirkung anführt. Der Arbeitgeber legt diese Gründe schriftlich dar.

(3) Die Mitgliedstaaten ergreifen die erforderlichen Maßnahmen, um sicherzustellen, dass in Fällen, in denen die in Absatz 2 genannten Arbeitnehmer vor einem Gericht oder einer anderen zuständigen Behörde oder Stelle Tatsachen anführen, die darauf schließen lassen, dass eine solche Kündigung oder Maßnahme mit gleicher Wirkung erfolgt ist, der Arbeitgeber nachzuweisen hat, dass die Kündigung aus anderen als den in Absatz 1 angeführten Gründen erfolgt ist.

(4) Absatz 3 lässt das Recht der Mitgliedstaaten, eine für die Arbeitnehmer günstigere Beweislastregelung vorzusehen, unberührt.

(5) Die Mitgliedstaaten sind nicht verpflichtet, Absatz 3 auf Verfahren anzuwenden, in denen die Ermittlung des Sachverhalts dem Gericht oder einer anderen zuständigen Behörde oder Stelle obliegt.

(6) Sofern von den Mitgliedstaaten nicht anders geregelt, findet Artikel 3 in Strafverfahren keine Anwendung.

Sanktionen

Art. 19 Die Mitgliedstaaten legen Regeln für Sanktionen fest, die bei Verstößen gegen nationale Rechtsvorschriften, welche gemäß dieser Richtlinie erlassen wurden, oder gegen bereits geltende einschlägige Vorschriften zu Rechten, die unter diese Richtlinie fallen, anwendbar sind. Die vorgesehenen Sanktionen müssen wirksam, angemessen und abschreckend sein.

KAPITEL V
SCHLUSSBESTIMMUNGEN

Regressionsverbot und günstigere Bestimmungen

Art. 20 (1) Diese Richtlinie rechtfertigt nicht eine Verringerung des den Arbeitnehmern in den Mitgliedstaaten bereits jetzt gewährten allgemeinen Schutzniveaus.

(2) Diese Richtlinie berührt nicht das Recht der Mitgliedstaaten, für die Arbeitnehmer günstigere Rechts- oder Verwaltungsvorschriften anzuwenden oder zu erlassen oder die Anwendung von für die Arbeitnehmer günstigeren Kollektiv- bzw. Tarifverträgen zu fördern oder zuzulassen.

(3) Diese Richtlinie lässt andere Rechte unberührt, die Arbeitnehmern durch andere Rechtsakte der Union erteilt worden sind.

Umsetzung und Durchführung

Art. 21 (1) Die Mitgliedstaaten ergreifen die Maßnahmen, die erforderlich sind, um dieser Richtlinie spätestens am 1. August 2022 nachzukommen. Sie setzen die Kommission hiervon unverzüglich in Kenntnis.

(2) Bei Erlass der Maßnahmen nach Absatz 1 nehmen die Mitgliedstaaten in den Vorschriften selbst oder durch einen Hinweis bei der amtlichen Veröffentlichung auf diese Richtlinie Bezug. Die Mitgliedstaaten regeln die Einzelheiten dieser Bezugnahme.

(3) Die Mitgliedstaaten teilen der Kommission den Wortlaut der wichtigsten nationalen Rechtsvorschriften mit, die sie auf dem unter diese Richtlinie fallenden Gebiet erlassen.

(4) Die Mitgliedstaaten ergreifen im Einklang mit ihren nationalen Rechtsvorschriften und Gepflogenheiten angemessene Maßnahmen, um sicherzustellen, dass die Sozialpartner wirksam einbezogen werden, und um den sozialen Dialog zu fördern und zu verbessern, damit diese Richtlinie tatsächlich durchgeführt wird.

(5) Die Mitgliedstaaten können den Sozialpartnern die Durchführung dieser Richtlinie übertragen, wenn die Sozialpartner dies gemeinsam beantragen und sofern die Mitgliedstaaten alle erforderlichen Maßnahmen treffen, um jederzeit gewährleisten zu können, dass die mit dieser Richtlinie angestrebten Ergebnisse erzielt werden.

Übergangsbestimmungen

Art. 22 Die in dieser Richtlinie festgelegten Rechte und Pflichten gelten spätestens am 1. August 2022 für alle Arbeitsverhältnisse. Ein Arbeitgeber muss jedoch die in Artikel 5 Absatz 1 und in Artikel 6 und 7 genannten Dokumente nur auf Aufforderung eines Arbeitnehmers, der an diesem Tag bereits beschäftigt ist, bereitstellen oder ergänzen. Das Ausbleiben einer solchen Aufforderung darf nicht zur Folge haben, dass Arbeitnehmer von den mit den Artikeln 8 bis 13 eingeführten Mindestrechten ausgeschlossen werden.

Überprüfung durch die Kommission

Art. 23 Nach Konsultierung der Mitgliedstaaten und der Sozialpartner auf Unionsebene und unter Berücksichtigung der Auswirkungen auf Kleinstunternehmen sowie kleine und mittlere Unternehmen überprüft die Kommission spätestens bis

1. August 2027 die Umsetzung dieser Richtlinie und schlägt gegebenenfalls die notwendigen Änderungen der Rechtsvorschriften vor.

Aufhebung

Art. 24 Die Richtlinie 91/533/EWG wird mit Wirkung vom 1. August 2022 aufgehoben. Bezugnahmen auf die aufgehobene Richtlinie gelten als Bezugnahmen auf die vorliegende Richtlinie.

Inkrafttreten

Art. 25 Diese Richtlinie tritt am zwanzigsten Tag nach ihrer Veröffentlichung im *Amtsblatt der Europäischen Union* in Kraft.

Adressaten

Art. 26 Diese Richtlinie ist an die Mitgliedstaaten gerichtet.

4/2. MindestlohnRL
Präambel

4/2. Mindestlohnrichtlinie

Richtlinie (EU) 2022/2041 des Europäischen Parlaments und des Rates vom 19. Oktober 2022 über angemessene Mindestlöhne in der Europäischen Union

(ABl. Nr. L 275 v. 25.10.2022, S. 33)

GLIEDERUNG

KAPITEL I: ALLGEMEINE BESTIMMUNGEN
- Art. 1: Gegenstand
- Art. 2: Geltungsbereich
- Art. 3: Begriffsbestimmungen
- Art. 4: Förderung von Tarifverhandlungen zur Lohnfestsetzung

KAPITEL II: GESETZLICHE MINDESTLÖHNE
- Art. 5: Verfahren zur Festsetzung angemessener gesetzlicher Mindestlöhne
- Art. 6: Abweichungen und Abzüge
- Art. 7: Beteiligung der Sozialpartner an der Festlegung und Aktualisierung der gesetzlichen Mindestlöhne
- Art. 8: Wirksamer Zugang der Arbeitnehmer zu gesetzlichen Mindestlöhnen

KAPITEL III: ALLGEMEINE BESTIMMUNGEN
- Art. 9: Vergabe öffentlicher Aufträge
- Art. 10: Überwachung und Datenerhebung
- Art. 11: Informationen über den Mindestlohnschutz
- Art. 12: Anspruch auf Rechtsbehelfe und Schutz vor Benachteiligung oder negativen Konsequenzen
- Art. 13: Sanktionen

KAPITEL IV: SCHLUSSBESTIMMUNGEN
- Art. 14: Verbreitung von Informationen
- Art. 15: Bewertung und Überprüfung
- Art. 16: Regressionsverbot und günstigere Bestimmungen
- Art. 17: Umsetzung und Durchführung
- Art. 18: Inkrafttreten
- Art. 19: Adressaten

DAS EUROPÄISCHE PARLAMENT UND DER RAT DER EUROPÄISCHEN UNION –

gestützt auf den Vertrag über die Arbeitsweise der Europäischen Union, insbesondere auf Artikel 153 Absatz 2 Buchstabe b in Verbindung mit Artikel 153 Absatz 1 Buchstabe b,

auf Vorschlag der Europäischen Kommission,

nach Zuleitung des Entwurfs des Gesetzgebungsakts an die nationalen Parlamente,

nach Stellungnahme des Europäischen Wirtschafts- und Sozialausschusses (Stellungnahme vom 25. März 2021 (ABl. C 220 vom 9.6.2021, S. 106))

nach Stellungnahme des Ausschusses der Regionen (Stellungnahme vom 19. März 2021 (ABl. C 175 vom 7.5.2021, S. 89))

gemäß dem ordentlichen Gesetzgebungsverfahren (Standpunkt des Europäischen Parlaments vom 14. September 2022 (noch nicht im Amtsblatt veröffentlicht) und Beschluss des Rates vom 4. Oktober 2022)

in Erwägung nachstehender Gründe:

(1) Gemäß Artikel 3 des Vertrags über die Europäische Union (EUV) verfolgt die Union unter anderem die Ziele, das Wohlergehen ihrer Völker zu fördern und auf die nachhaltige Entwicklung Europas auf der Grundlage einer in hohem Maße wettbewerbsfähigen sozialen Marktwirtschaft hinzuwirken, wobei sie anstrebt, für Vollbeschäftigung und sozialen Fortschritt, ein hohes Maß an Umweltschutz und Verbesserung der Umweltqualität zu sorgen und gleichzeitig die soziale Gerechtigkeit und die Gleichstellung von Frauen und Männern zu fördern. Gemäß Artikel 9 des Vertrags über die Arbeitsweise der Europäischen Union (AEUV) trägt die Union unter anderem den Erfordernissen im Zusammenhang mit der Förderung eines hohen Beschäftigungsniveaus, mit der Gewährleistung eines angemessenen sozialen Schutzes und mit der Bekämpfung der sozialen Ausgrenzung Rechnung.

(2) Gemäß Artikel 151 AEUV verfolgen die Union und die Mitgliedstaaten eingedenk der sozialen Grundrechte, wie sie in der Europäischen Sozialcharta (ESC) festgelegt sind, unter anderem folgende Ziele: Förderung der Beschäftigung, Verbesserung der Lebens- und Arbeitsbedingungen, um auf dem Wege des Fortschritts ihre Angleichung zu ermöglichen, einen angemessenen sozialen Schutz und den sozialen Dialog.

(3) Gemäß Artikel 31 der Charta der Grundrechte der Europäischen Union (ABl. C 326 vom 26.10.2012, S. 391) hat jede Arbeitnehmerin und jeder Arbeitnehmer das Recht auf gesunde, sichere und würdige Arbeitsbedingungen. Artikel 27 der Charta sieht das Recht der Arbeitnehmerinnen und Arbeitnehmer auf Unterrichtung und Anhö-

4/2. MindestlohnRL
Präambel

rung vor. In Artikel 28 der Charta ist festgelegt, dass die Arbeitnehmerinnen und Arbeitnehmer sowie die Arbeitgeberinnen und Arbeitgeber oder ihre jeweiligen Organisationen nach dem Unionsrecht und den nationalen Rechtsvorschriften und Gepflogenheiten das Recht haben, Tarifverträge auf den geeigneten Ebenen auszuhandeln und zu schließen. In Artikel 23 der Charta ist das Recht auf Gleichstellung von Frauen und Männern in allen Bereichen, einschließlich der Beschäftigung, der Arbeit und des Arbeitsentgelts, verankert.

(4) In der ESC ist festgelegt, dass alle Arbeitnehmer das Recht auf gerechte Arbeitsbedingungen haben. Darüber hinaus wird darin das Recht der Arbeitnehmer auf ein gerechtes Arbeitsentgelt anerkannt, das ihnen und ihren Familien einen angemessenen Lebensstandard sichert. Außerdem werden in der Charta die Rolle, die frei geschlossene Gesamtarbeitsverträge sowie gesetzliche Verfahren der Mindestlohnfestsetzung bei der wirksamen Ausübung dieses Rechts spielen, das Recht aller Arbeitnehmer und Arbeitgeber, sich in örtlichen, nationalen und internationalen Organisationen zum Schutz ihrer wirtschaftlichen und sozialen Interessen zu vereinigen, sowie das Recht auf Kollektivverhandlungen anerkannt.

(5) Kapitel II der europäischen Säule sozialer Rechte (im Folgenden „Säule"), die am 17. November 2017 in Göteborg proklamiert wurde, enthält eine Reihe von Grundsätzen, die als Richtschnur für die Gewährleistung fairer Arbeitsbedingungen dienen sollen. In Grundsatz 6 der Säule wird das Recht der Arbeitnehmer auf eine gerechte Entlohnung, die ihnen einen angemessenen Lebensstandard ermöglicht, bekräftigt. Weiterhin ist darin festgelegt, dass angemessene Mindestlöhne zu gewährleisten sind, die vor dem Hintergrund der nationalen wirtschaftlichen und sozialen Bedingungen den Bedürfnissen der Arbeitnehmer und ihrer Familien gerecht werden; dabei werden der Zugang zu Beschäftigung und die Motivation, sich Arbeit zu suchen, gewahrt. Ferner wird darauf hingewiesen, dass Armut trotz Erwerbstätigkeit zu verhindern ist und alle Löhne und Gehälter gemäß den nationalen Verfahren und unter Wahrung der Tarifautonomie auf transparente und verlässliche Weise festzulegen sind. Grundsatz Nr. 8 der Säule sieht vor, dass die Sozialpartner bei der Konzeption und Umsetzung der Wirtschafts-, Beschäftigungs- und Sozialpolitik gemäß den nationalen Verfahren angehört werden und darin bestärkt werden, Kollektivverträge über sie betreffende Fragen auszuhandeln und zu schließen, und zwar unter Wahrung ihrer Autonomie und des Rechts auf Kollektivmaßnahmen.

(6) In Leitlinie 5 im Anhang des Beschlusses (EU) 2020/1512 des Rates (Beschluss (EU) 2020/1512 des Rates vom 13. Oktober 2020 zu Leitlinien für beschäftigungspolitische Maßnahmen der Mitgliedstaaten (ABl. L 344 vom 19.10.2020, S. 22)) werden die Mitgliedstaaten, in denen nationale Mechanismen zur Festsetzung gesetzlicher Mindestlöhne existieren, aufgefordert, eine wirksame Beteiligung der Sozialpartner an der Lohnfestsetzung sicherzustellen und so für gerechte Löhne zu sorgen, die einen angemessenen Lebensstandard ermöglichen, wobei im Hinblick auf eine Aufwärtskonvergenz besonderes Augenmerk auf Gruppen mit niedrigem und mittlerem Einkommen zu legen ist. In dieser Leitlinie werden die Mitgliedstaaten auch aufgefordert, den sozialen Dialog und Tarifverhandlungen mit dem Ziel der Lohnfestsetzung zu fördern. Weiterhin werden die Mitgliedstaaten und die Sozialpartner aufgerufen, dafür zu sorgen, dass alle Arbeitnehmer durch Tarifverträge oder angemessene gesetzliche Mindestlöhne über angemessene und gerechte Löhne verfügen; dabei sollen sie die Auswirkungen der Löhne auf die Wettbewerbsfähigkeit, die Schaffung von Arbeitsplätzen und die Armut trotz Erwerbstätigkeit berücksichtigen und die nationalen Gepflogenheiten achten. In der Mitteilung der Kommission vom 17. September 2020 mit dem Titel „Jährliche Strategie für nachhaltiges Wachstum 2021" heißt es, dass die Mitgliedstaaten Maßnahmen erlassen sollten, um für faire Arbeitsbedingungen zu sorgen. Darüber hinaus wurde in der Mitteilung der Kommission vom 17. Dezember 2019 mit dem Titel „Jährliche Strategie für nachhaltiges Wachstum 2020" darauf hingewiesen, dass es vor dem Hintergrund zunehmender sozialer Gefälle wichtig ist, eine faire Entlohnung aller Arbeitnehmer sicherzustellen. Länderspezifische Empfehlungen ergingen an eine Reihe von Mitgliedstaaten im Bereich der Mindestlöhne, um die Festlegung und Aktualisierung von Mindestlöhnen zu verbessern.

(7) Bessere Lebens- und Arbeitsbedingungen, auch durch angemessene Mindestlöhne, kommen sowohl Arbeitnehmern und Unternehmen in der Union als auch der Gesellschaft und der Wirtschaft im Allgemeinen zugute und sind eine Grundvoraussetzung für faires, inklusives und nachhaltiges Wachstum. Durch die Verringerung der Unterschiede bei der Abdeckung und Angemessenheit des Mindestlohnschutzes wird ein Beitrag zu mehr Fairness auf dem Arbeitsmarkt der Union, zur Vorbeugung und Verringerung von lohnbezogenen und sozialen Ungleichheiten sowie zu mehr wirtschaftlichem und sozialem Fortschritt und Aufwärtskonvergenz geleistet. Der Wettbewerb im Binnenmarkt sollte auf hohen Sozialstandards, einschließlich eines hohen Arbeitnehmerschutzniveaus und der Schaffung hochwertiger Arbeitsplätze sowie auf Innovationen und Produktivitätssteigerungen beruhen und gleiche Wettbewerbsbedingungen gewährleisten.

(8) Wie das Übereinkommen Nr. 131 (1970) der Internationalen Arbeitsorganisation (IAO) über die Festsetzung von Mindestlöhnen anstrebt, schützen in angemessener Höhe festgesetzte Mindestlöhne, wie sie im nationalen Recht oder in Tarifverträgen festgelegt sind, das Einkommen der Arbeitnehmer, insbesondere benachteiligter Arbeitnehmer, und tragen dazu bei, eine angemessene Lebensgrundlage zu sichern. Mindestlöhne, die einen angemessenen Lebensstandard ermöglichen und somit eine angemessene Untergrenze erreichen, können zur Verringerung der Armut auf nationaler Ebene

4/2. MindestlohnRL
Präambel

und zur Stützung der Binnennachfrage und der Kaufkraft beitragen, die Arbeitsanreize stärken, Lohnungleichheiten, das geschlechtsspezifische Lohngefälle und Armut trotz Erwerbstätigkeit verringern und den Einkommensrückgang in Zeiten eines wirtschaftlichen Abschwungs begrenzen.

(9) Die Armut trotz Erwerbstätigkeit in der Union hat im zurückliegenden Jahrzehnt zugenommen, und mehr Arbeitnehmer sind aktuell von Armut betroffen. In einem wirtschaftlichen Abschwung sind angemessene Mindestlöhne für den Schutz von Personen im Niedriglohnsektor von besonderer Bedeutung, da diese den Folgen eines wirtschaftlichen Abschwungs am stärksten ausgesetzt sind, und sie haben einen hohen Stellenwert bei der Unterstützung einer nachhaltigen und inklusiven wirtschaftlichen Erholung, die zu einer Steigerung von hochwertigen Arbeitsplätzen führen dürfte. Für einen nachhaltigen Aufschwung ist es unerlässlich, dass die Unternehmen, insbesondere Kleinst- und Kleinunternehmen, florieren. In Anbetracht der Auswirkungen der COVID-19-Pandemie ist es wichtig, die Angemessenheit der Löhne in den Niedriglohnbranchen, die sich in der Krise als unverzichtbar und von großem sozialem Wert erwiesen haben, neu zu bewerten.

(10) Frauen, jüngere Beschäftigte, Wanderarbeitnehmer, Alleinerziehende, Geringqualifizierte, Menschen mit Behinderungen sowie insbesondere mehrfach diskriminierte Personen verdienen noch immer mit höherer Wahrscheinlichkeit den Mindestlohn oder einen niedrigen Lohn als andere Gruppen. Angesichts der Überrepräsentation von Frauen in Niedriglohntätigkeiten trägt die Verbesserung der Angemessenheit der Mindestlöhne zur Gleichstellung der Geschlechter, zum Abbau des geschlechtsspezifischen Lohn- und Rentengefälles sowie zur Beseitigung der Armut von Frauen und ihren Familien und zu nachhaltigem Wirtschaftswachstum in der Union bei.

(11) Die durch die COVID-19-Pandemie verursachte Krise hat erhebliche Auswirkungen auf den Dienstleistungssektor, Kleinstunternehmen und kleine Unternehmen, die einen hohen Anteil von Niedrig- und Mindestlohnbeziehern aufweisen. Mindestlöhne sind daher auch angesichts der strukturellen Entwicklungen wichtig, die die Arbeitsmärkte neu prägen und zunehmend mit einem hohen Anteil prekärer und atypischer Beschäftigungsverhältnisse einhergehen, die häufig Teilzeit-, Saison-, Plattform- und Zeitarbeitskräfte betreffen. Dies hat in vielen Fällen zu einer verstärkten Polarisierung der Arbeitsmärkte geführt, was in den meisten Mitgliedstaaten einen wachsenden Anteil von Berufen und Branchen mit niedrigen Löhnen und geringen Qualifikationsanforderungen und in einigen ein stärkeres Lohngefälle mit sich gebracht hat. Für Arbeitnehmer mit atypischen Verträgen ist es schwieriger, sich zu organisieren und Tarifverträge auszuhandeln.

(12) In allen Mitgliedstaaten gibt es einen Mindestlohnschutz; in einigen Mitgliedstaaten wird er durch Rechts- oder Verwaltungsvorschriften und Tarifverträge festgelegt, in anderen hingegen ausschließlich durch Tarifverträge. Die unterschiedlichen nationalen Gepflogenheiten in den Mitgliedstaaten sollten geachtet werden.

(13) Der in Tarifverträgen festgelegte Mindestlohnschutz in Niedriglohnberufen ist angemessen und ermöglicht daher in den meisten Fällen einen würdigen Lebensstandard und hat sich als ein wirksames Mittel erwiesen, um die Armut trotz Erwerbstätigkeit zu bekämpfen. In mehreren Mitgliedstaaten sind die gesetzlichen Mindestlöhne im Vergleich zu anderen Löhnen in der Wirtschaft üblicherweise niedrig. Im Jahr 2018 lag der gesetzliche Mindestlohn für alleinstehende Mindestlohnbezieher in neun Mitgliedstaaten unter der Armutsgefährdungsschwelle.

(14) Nicht alle Arbeitnehmer in der Union sind wirksam durch Mindestlöhne geschützt, denn in einigen Mitgliedstaaten beziehen manche Arbeitnehmer in der Praxis, obwohl sie unter die Mindestlohnregelung fallen, ein geringeres Entgelt als den gesetzlichen Mindestlohn, da geltende Vorschriften nicht eingehalten werden. Es wurde festgestellt, dass solche Verstöße insbesondere Frauen, junge Menschen, Geringqualifizierte, Wanderarbeitnehmer, Alleinerziehende, Menschen mit Behinderungen und Arbeitnehmer mit atypischen Beschäftigungsverhältnissen wie befristet Beschäftigte und Teilzeitbeschäftigte und landwirtschaftliche Arbeitskräfte und Gastgewerbepersonal betreffen. Diese Verstöße führen in der Folge zu geringeren Löhnen. In Mitgliedstaaten, in denen sich der Mindestlohnschutz gänzlich aus Tarifverträgen ergibt, geht man davon aus, dass zwischen 2 % und 55 % aller Arbeitnehmer nicht von diesem Schutz erfasst sind.

(15) Das Übereinkommen der Vereinten Nationen über die Rechte von Menschen mit Behinderungen bestimmt, dass Arbeitnehmer mit Behinderungen, auch solche in geschützten Beschäftigungsverhältnissen, für gleichwertige Arbeit ein gleiches Entgelt erhalten. Dieser Grundsatz ist auch im Hinblick auf den Mindestlohnschutz relevant.

(16) Obgleich starke Tarifverhandlungssysteme, insbesondere auf sektoraler bzw. branchenübergreifender Ebene, dazu beitragen, einen angemessenen Mindestlohnschutz sicherzustellen, wurden in den letzten Jahrzehnten traditionelle Tarifverhandlungsstrukturen untergraben, was unter anderem auf strukturelle Verschiebungen in der Wirtschaft hin zu weniger gewerkschaftlich organisierten Sektoren und auf den Rückgang der Gewerkschaftsmitgliedschaft zurückzuführen ist, insbesondere infolge gewerkschaftsfeindlicher Praktiken und der Zunahme prekärer und atypischer Beschäftigungsformen. Darüber hinaus sind sektorale und branchenübergreifende Tarifverhandlungen nach der Finanzkrise 2008 in einigen Mitgliedstaaten stark unter Druck geraten. Tarifverhandlungen auf sektoraler und branchenübergreifender Ebene sind jedoch ein wesentlicher Faktor zur Erreichung eines angemessenen Mindestlohnschutzes und müssen daher gefördert und gestärkt werden.

(17) Im Einklang mit Artikel 154 AEUV hat die Kommission die Sozialpartner in einem zwei-

stufigen Verfahren zu möglichen Maßnahmen zur Bewältigung der Herausforderungen im Zusammenhang mit einem angemessenen Mindestlohnschutz in der Union angehört. Es gab keine Einigung zwischen den Sozialpartnern über die Aufnahme von Verhandlungen zu diesen Fragen. Es ist jedoch wichtig, unter Achtung des Subsidiaritätsprinzips auf Unionsebene Maßnahmen zu ergreifen, um die Lebens- und Arbeitsbedingungen in der Union und insbesondere die Angemessenheit der Mindestlöhne zu verbessern, wobei die Ergebnisse der Anhörung der Sozialpartner zu berücksichtigen sind.

(18) Zur Verbesserung der Lebens- und Arbeitsbedingungen und der sozialen Aufwärtskonvergenz in der Union werden mit dieser Richtlinie auf Unionsebene Mindestanforderungen und Verfahrenspflichten für die Angemessenheit der gesetzlichen Mindestlöhne festgelegt und der effektive Zugang der Arbeitnehmer zum Mindestlohnschutz verbessert, und zwar in Form eines gesetzlichen Mindestlohns, wo es einen solchen gibt, oder nach Maßgabe von Tarifverträgen im Sinne dieser Richtlinie. Durch diese Richtlinie werden auch Tarifverhandlungen zur Lohnfestsetzung gefördert.

(19) Im Einklang mit Artikel 153 Absatz 5 AEUV zielt diese Richtlinie weder darauf ab, die Höhe der Mindestlöhne in der Union zu vereinheitlichen, noch einen einheitlichen Mechanismus für die Festsetzung von Mindestlöhnen zu schaffen. Sie greift nicht in die Freiheit der Mitgliedstaaten ein, gesetzliche Mindestlöhne festzulegen oder den Zugang zum tarifvertraglich garantierten Mindestlohnschutz gemäß dem nationalen Recht und im Einklang mit den nationalen Gepflogenheiten und den Besonderheiten eines jeden Mitgliedstaats sowie unter vollständiger Achtung nationaler Zuständigkeiten und der Vertragsfreiheit der Sozialpartner zu fördern. Diese Richtlinie verpflichtet die Mitgliedstaaten, in denen die Lohngestaltung ausschließlich tarifvertraglich geregelt ist, weder zur Einführung eines gesetzlichen Mindestlohns noch zur Allgemeinverbindlicherklärung von Tarifverträgen, und eine solche Verpflichtung sollte daraus auch nicht abgeleitet werden. Darüber hinaus wird mit der Richtlinie kein Lohnniveau festgelegt, da dies unter das Recht der Sozialpartner zum Abschluss von Verträgen auf nationaler Ebene und in die entsprechende Zuständigkeit der Mitgliedstaaten fällt.

(20) Diese Richtlinie trägt der Tatsache Rechnung, dass die Mitgliedstaaten, die dieses Übereinkommen ratifiziert haben, gemäß dem IAO-Seearbeitsübereinkommen von 2006 (Entscheidung 2007/431/EG des Rates vom 7. Juni 2007 zur Ermächtigung der Mitgliedstaaten, das Seearbeitsübereinkommen 2006 der Internationalen Arbeitsorganisation im Interesse der Europäischen Gemeinschaft zu ratifizieren (ABl. L 161 vom 22.6.2007, S. 63)) in seiner geänderten Fassung nach Anhörung der repräsentativen Verbände der Reeder und Seeleute Verfahren zur Festlegung von Mindestlöhnen für Seeleute festlegen müssen. Repräsentative Verbände von Schiffseignern und Seeleuten sollen an diesen Verfahren teilnehmen. Angesichts ihrer Besonderheiten sollten die sich aus diesen Verfahren ergebenden Rechtsakte der Mitgliedstaaten nicht den Vorschriften über gesetzliche Mindestlöhne gemäß Kapitel II dieser Richtlinie unterliegen. Diese Rechtsakte sollten die Tarifautonomie zwischen Schiffseignern oder ihren Organisationen und Seeleuteverbänden nicht beeinträchtigen.

(21) Unter Einhaltung der Verordnung (EG) Nr. 593/2008 des Europäischen Parlaments und des Rates (Verordnung (EG) Nr. 593/2008 des Europäischen Parlaments und des Rates vom 17. Juni 2008 über das auf vertragliche Schuldverhältnisse anzuwendende Recht (Rom I) (ABl. L 177 vom 4.7.2008, S. 6)) sollte diese Richtlinie für Arbeitnehmer gelten, die nach den Rechtsvorschriften, Tarifverträgen oder Gepflogenheiten in dem jeweiligen Mitgliedstaat einen Arbeitsvertrag haben oder in einem Arbeitsverhältnis stehen, wobei den vom Gerichtshof der Europäischen Union (im Folgenden „Gerichtshof") für die Festlegung des Arbeitnehmerbegriffs aufgestellten Kriterien zu berücksichtigen sind. Falls sie die genannten Kriterien erfüllen, könnten Arbeitnehmer sowohl im privaten als auch im öffentlichen Sektor sowie Hausangestellte, Arbeitnehmer, die auf Abruf, intermittierend, auf der Grundlage von Gutscheinen und auf Online-Plattformen beschäftigt sind, Praktikanten, Auszubildende und andere atypisch Beschäftigte sowie Scheinselbstständige und nicht angemeldete Arbeitnehmer in den Anwendungsbereich der vorliegenden Richtlinie fallen. Personen, die tatsächlich selbstständig sind, fallen nicht in den Anwendungsbereich dieser Richtlinie, da sie diese Kriterien nicht erfüllen. Der Missbrauch des Status der selbstständigen Erwerbstätigkeit, wie er im nationalen Recht definiert ist – sei es auf nationaler Ebene oder in grenzüberschreitenden Situationen –, stellt eine Form der falsch deklarierten Erwerbstätigkeit dar, die häufig mit nicht angemeldeter Erwerbstätigkeit in Verbindung steht. Wenn eine Person die typischen Kriterien für das Vorliegen eines Arbeitsverhältnisses erfüllt, aber als selbstständig erwerbstätig bezeichnet wird, um bestimmte rechtliche und steuerliche Verpflichtungen zu umgehen, liegt Scheinselbstständigkeit vor. Diese Personen sollten in den Anwendungsbereich dieser Richtlinie fallen. Die Ermittlung des Vorliegens eines Arbeitsverhältnisses sollte sich an den Fakten orientieren, die sich auf die tatsächliche Arbeitsleistung beziehen, und nicht an der Beschreibung des Verhältnisses seitens der Parteien.

(22) Gut funktionierende Tarifverhandlungen zur Lohnfestsetzung sind ein gutes Mittel, um sicherzustellen, dass Arbeitnehmer durch angemessene Mindestlöhne geschützt werden, die deshalb einen angemessenen Lebensstandard ermöglichen. In den Mitgliedstaaten mit gesetzlichen Mindestlöhnen unterstützen Tarifverhandlungen die allgemeine Lohnentwicklung und tragen somit zur Verbesserung der Angemessenheit der Mindestlöhne sowie der Lebens- und Arbeitsbedingungen der Arbeitnehmer bei. In den Mitgliedstaaten, in

4/2. MindestlohnRL
Präambel

denen der Mindestlohnschutz gänzlich auf Tarifverträgen basiert, hängen sowohl die Höhe der Mindestlöhne als auch der Anteil der geschützten Arbeitnehmer unmittelbar vom Funktionieren des Tarifverhandlungssystems und von der tarifvertraglichen Abdeckung ab. Starke und gut funktionierende Tarifverhandlungssysteme in Verbindung mit einer hohen Abdeckung durch branchenspezifische oder branchenübergreifende Tarifverträge erhöhen die Angemessenheit und Abdeckung von Mindestlöhnen.

(23) Ein Mindestlohnschutz durch Tarifverträge ist sowohl für Arbeitnehmer als auch für Arbeitgeber und Unternehmen von Vorteil. In einigen Mitgliedstaaten gibt es keine gesetzlichen Mindestlöhne. In diesen Mitgliedstaaten werden Löhne und auch der Mindestlohnschutz ausschließlich durch Tarifverhandlungen zwischen Sozialpartnern festgelegt. Die Durchschnittslöhne in diesen Mitgliedstaaten zählen zu den höchsten in der Union. Diese Systeme zeichnen sich durch eine sehr hohe tarifvertragliche Abdeckung sowie einen hohen Grad der Zugehörigkeit zu Arbeitgeberverbänden und Gewerkschaften aus. Mindestlöhne, die in Tarifverträgen festgelegt sind, welche für allgemein verbindlich erklärt werden, ohne dass der die Allgemeinverbindlichkeit erklärenden Behörde ein Ermessensspielraum in Bezug auf den Inhalt der geltenden Bestimmungen zustünde, sollten nicht als gesetzliche Mindestlöhne gelten.

(24) Vor dem Hintergrund einer rückläufigen tarifvertraglichen Abdeckung ist es von grundlegender Bedeutung, dass die Mitgliedstaaten Tarifverhandlungen fördern, die Wahrnehmung des Rechts auf Tarifverhandlungen zur Lohnfestsetzung erleichtern und damit die tarifvertragliche Lohnfestsetzung stärken, um den Mindestlohnschutz der Arbeitnehmer zu verbessern. Die Mitgliedstaaten haben das IAO-Übereinkommen Nr. 87 (1948) über die Vereinigungsfreiheit und den Schutz des Vereinigungsrechtes und das IAO-Übereinkommen Nr. 98 (1949) über die Anwendung der Grundsätze des Vereinigungsrechtes und des Rechtes zu Kollektivverhandlungen ratifiziert. Das Recht auf Kollektivverhandlungen wird im Rahmen dieser IAO-Übereinkommen, des IAO-Übereinkommens Nr. 151 (1978) über den Schutz des Vereinigungsrechts und über Verfahren zur Festsetzung der Beschäftigungsbedingungen im öffentlichen Dienst und des IAO-Übereinkommens 154 (1981) über die Förderung von Kollektivverhandlungen sowie der Konvention zum Schutze der Menschenrechte und Grundfreiheiten und der ESC anerkannt. Durch die Artikel 12 und 28 der Charta werden die Versammlungs- und Vereinigungsfreiheit bzw. das Recht auf Tarifverhandlungen und Arbeitskampfmaßnahmen garantiert. Gemäß ihrer Präambel werden diese Rechte, wie sie sich insbesondere aus der Konvention zum Schutze der Menschenrechte und Grundfreiheiten und den von der Union und dem Europarat beschlossenen Sozialchartas ergeben, durch die Charta bekräftigt. Die Mitgliedstaaten sollten gegebenenfalls und gemäß den nationalen Rechtsvorschriften und im Einklang mit den nationalen Gepflogenheiten Maßnahmen zur Förderung von Tarifverhandlungen bei der Lohnfestsetzung ergreifen. Zu solchen Maßnahmen könnten unter anderem Maßnahmen gehören, die den Zugang von Gewerkschaftsvertretern zu den Arbeitnehmern erleichtern.

(25) In Mitgliedstaaten mit einer hohen tarifvertraglichen Abdeckung ist der Anteil der Geringverdienenden tendenziell niedrig, und die Mindestlöhne befinden sich in der Regel auf einem hohen Niveau. In Mitgliedstaaten mit einem niedrigen Anteil an Geringverdienenden liegt die tarifvertragliche Abdeckung bei über 80 %. Auch in den meisten Mitgliedstaaten mit hohen Mindestlöhnen im Vergleich zum Durchschnittslohn beträgt die tarifvertragliche Abdeckung mehr als 80 %. Daher sollte jeder Mitgliedstaat mit einer tarifvertraglichen Abdeckung von unter 80 % Maßnahmen erlassen, um solche Tarifverhandlungen zu fördern. Jeder Mitgliedstaat mit einer tarifvertraglichen Abdeckung unterhalb einer Schwelle von 80 % sollte einen Rahmen schaffen, mit dem die Voraussetzungen für Tarifverhandlungen geschaffen werden, und einen Aktionsplan zur Förderung von Tarifverhandlungen aufstellen, um die tarifvertragliche Abdeckung schrittweise zu erhöhen. Um die Autonomie der Sozialpartner zu respektieren, was ihr Recht auf Tarifverhandlungen einschließt und jede Verpflichtung zum Abschluss von Tarifverträgen ausschließt, sollte der Schwellenwert von 80 % tarifvertraglicher Deckung nur als ein Indikator verstanden werden, durch den die Verpflichtung zur Erstellung eines Aktionsplans ausgelöst wird.

Der Aktionsplan sollte regelmäßig, mindestens alle fünf Jahre, überprüft und erforderlichenfalls überarbeitet werden. Der Aktionsplan und seine Aktualisierungen sollten der Kommission mitgeteilt und veröffentlicht werden. Jeder Mitgliedstaat sollte über die geeignete Form seines Aktionsplans entscheiden. Ein Aktionsplan, den ein Mitgliedstaat vor dem Inkrafttreten dieser Richtlinie angenommen hat, kann als Aktionsplan im Sinne dieser Richtlinie betrachtet werden, sofern er Maßnahmen zur wirksamen Förderung von Tarifverhandlungen enthält und sofern mit ihm die Verpflichtungen gemäß dieser Richtlinie erfüllt werden. Jeder Mitgliedstaat sollte den Aktionsplan nach Anhörung der Sozialpartner im Einvernehmen mit ihnen oder auf gemeinsamen Antrag der Sozialpartner nach Maßgabe ihrer Einigung festlegen. Die tarifvertragliche Abdeckung in den Mitgliedstaaten ist sehr unterschiedlich, was auf eine Reihe von Faktoren zurückzuführen ist, darunter die nationalen Traditionen und Gepflogenheiten sowie der historische Kontext. Dies sollte bei der Analyse der Fortschritte im Hinblick auf eine höhere tarifvertragliche Abdeckung berücksichtigt werden, insbesondere im Zusammenhang mit dem in dieser Richtlinie vorgesehenen Aktionsplan.

(26) Für die Festlegung und Aktualisierung gesetzlicher Mindestlöhne sind solide Regeln und Verfahren und funktionierende Praktiken erforderlich, um angemessene Mindestlöhne sicherzustellen und gleichzeitig bestehende Beschäftigungsmög-

4/2. MindestlohnRL
Präambel

lichkeiten zu erhalten und neue zu schaffen sowie für gleiche Wettbewerbsbedingungen zu sorgen und die Wettbewerbsfähigkeit von Unternehmen, einschließlich Kleinstunternehmen sowie kleiner und mittlerer Unternehmen (KMU), zu erhalten. Diese Regeln, Verfahren und Praktiken umfassen eine Reihe von Bestandteilen, die zur Angemessenheit der gesetzlichen Mindestlöhne beitragen sollen, darunter Kriterien, von denen sich die Mitgliedstaaten bei der Festlegung und Aktualisierung der gesetzlichen Mindestlöhne leiten lassen sollen, und Indikatoren zur Bewertung der Angemessenheit dieser Löhne, regelmäßige und rechtzeitige Aktualisierungen, die Existenz beratender Gremien und die Einbeziehung der Sozialpartner. Die rechtzeitige und wirksame Einbeziehung der Sozialpartner bei der Festlegung und Aktualisierung der gesetzlichen Mindestlöhne sowie gegebenenfalls bei der Festlegung oder Änderung der automatischen Indexierungsmechanismen ist ein weiteres Element bei verantwortungsvollen Vorgehensweise und ermöglicht eine sachkundige und inklusive Beschlussfassung. Die Mitgliedstaaten sollten den Sozialpartnern sachdienliche Informationen über die Festlegung und Aktualisierung der gesetzlichen Mindestlöhne zur Verfügung stellen. Wenn den Sozialpartnern die Möglichkeit gegeben wird, Stellungnahmen abzugeben und eine begründete Antwort auf Stellungnahmen zu erhalten, die vor der Vorlage von Vorschlägen zur Festlegung und Aktualisierung der gesetzlichen Mindestlöhne und vor der Beschlussfassung abgegeben wurden, könnte dies zu einer angemessenen Einbeziehung der Sozialpartner in das Verfahren beitragen.

(27) Mitgliedstaaten, die einen automatischen Indexierungsmechanismus verwenden, einschließlich halbautomatischer Mechanismen, bei denen eine verpflichtende Mindesterhöhung des gesetzlichen Mindestlohns zumindest garantiert ist, sollten die Verfahren zur Anpassung der gesetzlichen Mindestlöhne mindestens alle vier Jahre durchführen. Im Zuge dieser regelmäßigen Aktualisierungen sollte der Mindestlohn unter Berücksichtigung der Leitkriterien bewertet und sein Betrag anschließend erforderlichenfalls geändert werden. Die Häufigkeit der automatischen Indexierungsanpassungen einerseits und der Aktualisierungen der gesetzlichen Mindestlöhne andererseits kann unterschiedlich sein. Mitgliedstaaten, in denen es keine automatischen oder halbautomatischen Indexierungsmechanismen gibt, sollten ihren gesetzlichen Mindestlohn mindestens alle zwei Jahre aktualisieren.

(28) Mindestlöhne gelten als angemessen, wenn sie angesichts der Lohnskala im jeweiligen Mitgliedstaat gerecht sind und den Arbeitnehmern auf der Grundlage einer Vollzeitbeschäftigung einen angemessenen Lebensstandard sichern. Die Angemessenheit der gesetzlichen Mindestlöhne wird unter Berücksichtigung der jeweiligen nationalen sozioökonomischen Bedingungen, einschließlich des Beschäftigungswachstums und der Wettbewerbsfähigkeit, und regionaler und sektoraler Entwicklungen von jedem einzelnen Mitgliedstaat bestimmt und bewertet. Im Hinblick auf diese Bestimmung sollten die Mitgliedstaaten die Kaufkraft, die langfristigen nationalen Produktivitätsniveaus und -entwicklungen sowie die Lohnniveaus, die Lohnverteilung und das Lohnwachstum berücksichtigen.

Neben anderen Instrumenten kann ein Waren- und Dienstleistungskorb zu realen Preisen, der auf nationaler Ebene festgelegt wird, entscheidend dazu beitragen, die Lebenshaltungskosten mit dem Ziel zu bestimmen, einen angemessenen Lebensstandard zu erreichen. Neben den materiellen Bedürfnissen wie Nahrung, Kleidung und Wohnraum könnte auch die Notwendigkeit der Teilnahme an kulturellen, bildungsbezogenen und sozialen Aktivitäten berücksichtigt werden. Die Festlegung und Aktualisierung gesetzlicher Mindestlöhne sollte getrennt von den Mechanismen zur Einkommensstützung erwogen werden. Die Mitgliedstaaten sollten Indikatoren und entsprechende Referenzwerte verwenden, um die Angemessenheit der gesetzlichen Mindestlohns zu beurteilen. Die Mitgliedstaaten können zwischen international üblichen Indikatoren und/oder den auf nationaler Ebene verwendeten Indikatoren wählen. Die Bewertung könnte sich auf international übliche Referenzwerte stützen, wie die Höhe des Bruttomindestlohns bei 60 % des Bruttomedianlohns und die Höhe des Bruttomindestlohns bei 50 % des Bruttodurchschnittslohns, die derzeit nicht von allen Mitgliedstaaten eingehalten werden, oder die Höhe des Nettomindestlohns bei 50 % oder 60 % des Nettodurchschnittslohns. Die Bewertung könnte auch auf Referenzwerten beruhen, die mit auf nationaler Ebene verwendeten Indikatoren verbunden sind, wie etwa dem Vergleich des Nettomindestlohns mit der Armutsgrenze und der Kaufkraft von Mindestlöhnen.

(29) Unbeschadet der Befugnis der Mitgliedstaaten, den gesetzlichen Mindestlohn festzulegen und Abweichungen und Abzüge zuzulassen, ist es wichtig, zu vermeiden, dass Abweichungen und Abzüge weithin genutzt werden, da sie sich negativ auf die Angemessenheit der Mindestlöhne auswirken könnten. Es sollte sichergestellt werden, dass bei Abweichungen und Abzügen die Grundsätze der Nichtdiskriminierung und der Verhältnismäßigkeit eingehalten werden. Mit Abweichungen und Abzügen sollte daher ein legitimes Ziel verfolgt werden. Beispiele für solche Abzüge könnten die Rückforderung von zu hoch angesetzten ausbezahlten Beträgen oder die Anordnung von Abzügen durch eine Justiz- oder Verwaltungsbehörde sein. Hingegen besteht bei anderen Abzügen, z. B. solchen, die im Zusammenhang mit der für die Ausübung einer Tätigkeit erforderlichen Ausrüstung stehen oder auf Sachleistungen, z. B. auf die Unterkunft, angewandt werden, ein hohes Risiko, dass sie unverhältnismäßig sind. Darüber hinaus sollte diese Richtlinie nicht so ausgelegt werden, als verpflichte sie die Mitgliedstaaten, Abweichungen oder Abzüge von den Mindestlöhnen einzuführen.

(30) Ein wirksames Durchsetzungssystem, einschließlich verlässlicher Überwachungskontrollen

4/2. MindestlohnRL
Präambel

und Inspektionen vor Ort, ist erforderlich, um sicherzustellen, dass die nationalen Rahmenregelungen für den gesetzlichen Mindestlohn und ihre Einhaltung gut funktionieren. Um die Wirksamkeit der Durchsetzungsbehörden zu stärken, ist zudem eine enge Zusammenarbeit mit den Sozialpartnern erforderlich, auch um kritische Herausforderungen wie missbräuchliche Unterauftragsvergabe, Scheinselbstständigkeit, Nichterfassung von Überstunden oder Gesundheits- und Sicherheitsrisiken im Zusammenhang mit gesteigerter Arbeitsleistung anzugehen. Die Kapazitäten der Durchsetzungsbehörden sollten ebenfalls ausgebaut werden, insbesondere durch Schulungen und Orientierungshilfen. Routinebesuche und unangekündigte Besuche, Gerichts- und Verwaltungsverfahren und Sanktionen bei Verstößen sind wichtige Mittel, um die Arbeitgeber von Verstößen abzuhalten.

(31) Die wirksame Umsetzung des Mindestlohnschutzes, der gesetzlich vorgeschrieben oder in Tarifverträgen festgelegt ist, ist für die Vergabe und Ausführung von öffentlichen Aufträgen und Konzessionsverträgen von entscheidender Bedeutung. In der Tat kann es vorkommen, dass bei der Durchführung solcher Verträge oder im Zuge der Unterauftragsvergabe Tarifverträge, die einen Mindestlohn vorsehen, nicht eingehalten werden, was dazu führt, dass den Arbeitnehmern weniger bezahlt wird als der in den Branchentarifverträgen vereinbarte Lohn. Um solche Situationen zu vermeiden, ergreifen die öffentlichen Auftraggeber oder Auftraggeber gemäß Artikel 30 Absatz 3 und Artikel 42 Absatz 1 der Richtlinie 2014/23/EU (Richtlinie 2014/23/EU des Europäischen Parlaments und des Rates vom 26. Februar 2014 über die Konzessionsvergabe (ABl. L 94 vom 28.3.2014, S. 1)) Artikel 18 Absatz 2 und Artikel 71 Absatz 1 der Richtlinie 2014/24/EU (Richtlinie 2014/24/EU des Europäischen Parlaments und des Rates vom 26. Februar 2014 über die öffentliche Auftragsvergabe und zur Aufhebung der Richtlinie 2004/18/EG (ABl. L 94 vom 28.3.2014, S. 65)) und Artikel 36 Absatz 2 und Artikel 88 Absatz 1 der Richtlinie 2014/25/EU (Richtlinie 2014/25/EU des Europäischen Parlaments und des Rates vom 26. Februar 2014 über die Vergabe von Aufträgen durch Auftraggeber im Bereich der Wasser-, Energie- und Verkehrsversorgung sowie der Postdienste und zur Aufhebung der Richtlinie 2004/17/EG (ABl. L 94 vom 28.3.2014, S. 243)) des Europäischen Parlaments und des Rates geeignete Maßnahmen, einschließlich der Möglichkeit, Bedingungen für die Auftragsausführung einzuführen, und stellen sicher, dass die Wirtschaftsteilnehmer auf ihre Arbeitnehmer die in Tarifverträgen für die betreffende Branche und den betreffenden geografischen Bereich geltenden Löhne anwenden und die Rechte der Arbeitnehmer und Gewerkschaften gemäß dem IAO-Übereinkommen Nr. 87 (1948) über Vereinigungsfreiheit und Schutz des Vereinigungsrechts und dem IAO-Übereinkommen Nr. 98 (1949) über die Anwendung der Grundsätze des Vereinigungsrechtes und des Rechtes zu Kollektivverhandlungen, auf die in diesen Richtlinien Bezug genommen wird, einhalten, um die geltenden arbeitsrechtlichen Verpflichtungen zu erfüllen. Die vorliegende Richtlinie begründet jedoch keine über diese Richtlinien hinausgehenden Verpflichtungen.

(32) Für Antragsteller, die finanzielle Unterstützung aus den Fonds und Programmen der Union gemäß der Verordnung (EU) 2021/1060 des Europäischen Parlaments und des Rates (Verordnung (EU) 2021/1060 des Europäischen Parlaments und des Rates vom 24. Juni 2021 mit gemeinsamen Bestimmungen für den Europäischen Fonds für regionale Entwicklung, den Europäischen Sozialfonds Plus, den Kohäsionsfonds, den Fonds für einen gerechten Übergang und den Europäischen Meeres-, Fischerei und Aquakulturfonds sowie mit Haushaltsvorschriften für diese Fonds und für den Asyl-, Migrations- und Integrationsfonds, den Fonds für die innere Sicherheit und das Instrument für finanzielle Hilfe im Bereich Grenzverwaltung und Visumpolitik (ABl. L 231 vom 30.6.2021, S. 159)) und darin festgelegten grundlegenden Voraussetzungen erhalten, sollten die Vorschriften für die Vergabe öffentlicher Aufträge und Konzessionen angemessen angewandt werden, auch im Hinblick auf die Einhaltung der Bestimmungen von Tarifverträgen.

(33) Nur durch zuverlässige Überwachung und Datenerhebung lässt sich ein wirksamer Mindestlohnschutz bewirken. Für die Datenerhebung können die Mitgliedstaaten auf ausreichend repräsentative Stichprobenerhebungen, nationale Datenbanken, harmonisierte Daten von Eurostat und aus anderen öffentlich zugänglichen Quellen wie der Organisation für wirtschaftliche Zusammenarbeit und Entwicklung zurückgreifen. In Ausnahmefällen, in denen keine genauen Daten verfügbar sind, können die Mitgliedstaaten Schätzungen verwenden. Den Arbeitgebern, insbesondere den Kleinstunternehmen und anderen KMU, sollte durch die Umsetzung der Anforderungen an die Datenerhebung kein unnötiger Verwaltungsaufwand entstehen. Die Kommission sollte dem Europäischen Parlament und dem Rat alle zwei Jahre auf der Grundlage von Daten und Informationen, die von den Mitgliedstaaten vorzulegen sind, ihre Analyse der Höhe und der Entwicklung der Angemessenheit und Abdeckung der gesetzlichen Mindestlöhne sowie der tarifvertraglichen Abdeckung vorlegen.

Darüber hinaus sollten die Fortschritte im Rahmen der wirtschafts- und beschäftigungspolitischen Koordinierung auf Unionsebene überwacht werden. In diesem Zusammenhang können der Rat oder die Kommission den Beschäftigungsausschuss und den Ausschuss für Sozialschutz gemäß Artikel 150 bzw. 160 AEUV ersuchen, in ihrem jeweiligen Zuständigkeitsbereich die Entwicklung der tarifvertraglichen Abdeckung und die Angemessenheit der gesetzlichen Mindestlöhne in den Mitgliedstaaten auf der Grundlage des von der Kommission erstellten Berichts und anderer multilateraler Überwachungsinstrumente wie des Benchmarkings zu prüfen. Bei einer derartigen

Prüfung müssen die Ausschüsse die Sozialpartner auf Unionsebene, einschließlich der branchenübergreifenden Sozialpartner, gemäß Artikel 150 bzw. 160 AEUV einbeziehen.

(34) Die Arbeitnehmer sollten gemäß der Richtlinie (EU) 2016/2102 des Europäischen Parlaments und des Rates (Richtlinie (EU) 2016/2102 des Europäischen Parlaments und des Rates vom 26. Oktober 2016 über den barrierefreien Zugang zu den Websites und mobilen Anwendungen öffentlicher Stellen (ABl. L 327 vom 2.12.2016, S. 1)) einfachen Zugang zu umfassenden Informationen über gesetzliche Mindestlöhne sowie über den Mindestlohnschutz haben, der in allgemein verbindlichen Tarifverträgen festgelegt ist, damit Transparenz und Vorhersehbarkeit in Bezug auf ihre Arbeitsbedingungen, auch für Menschen mit Behinderungen, sichergestellt sind.

(35) Die Arbeitnehmer und die Arbeitnehmervertreter, einschließlich derjenigen, die Mitglieder oder Vertreter von Gewerkschaften sind, sollten in der Lage sein, ihr Recht auf Verteidigung auszuüben, wenn ihre Rechte in Bezug auf den Mindestlohnschutz, die im nationalen Recht oder in Tarifverträgen festgelegt sind, verletzt wurden. Um zu verhindern, dass Arbeitnehmern ihre Rechte, die im nationalen Recht oder in Tarifverträgen festgelegt sind, vorenthalten werden, sollten die Mitgliedstaaten – unbeschadet spezifischer Rechtsbehelfe und Möglichkeiten der Streitbeilegung, die in Tarifverträgen festgelegt sind, einschließlich Systeme zur Streitbeilegung auf kollektiver Ebene – die erforderlichen Maßnahmen ergreifen, um sicherzustellen, dass die Arbeitnehmer Zugang zu einer wirksamen und unparteiischen Streitbeilegung und Anspruch auf Rechtsbehelfe haben sowie einen wirksamen Schutz durch Justiz und/oder Verwaltung vor jeder Form von Benachteiligung genießen, wenn sie von ihrem Recht auf Verteidigung Gebrauch machen. Die Einbeziehung der Sozialpartner in die Weiterentwicklung unparteiischer Streitbeilegungsmechanismen in den Mitgliedstaaten kann von Vorteil sein. Die Arbeitnehmer sollten über die Rechtsbehelfsmechanismen informiert werden, damit sie ihr Recht auf Rechtsbehelfe wahrnehmen können.

(36) Die Kommission sollte eine Bewertung vornehmen, die die Grundlage für eine Überprüfung der wirksamen Durchführung dieser Richtlinie bildet. Das Europäische Parlament und der Rat sollten über die Ergebnisse dieser Überprüfung unterrichtet werden.

(37) Die von den Mitgliedstaaten erlassenen Reformen und Maßnahmen zur Förderung eines angemessenen Mindestlohnschutzes für Arbeitnehmer sind zwar ein Schritt in die richtige Richtung, sie sind jedoch nicht immer umfassend und systematisch. Außerdem können Maßnahmen auf Unionsebene zur Verbesserung der Angemessenheit und Abdeckung der Mindestlöhne dazu beitragen, die Lebens- und Arbeitsbedingungen in der Union weiter zu verbessern und die Bedenken hinsichtlich möglicher negativer wirtschaftlicher Auswirkungen isolierter Maßnahmen der Mitgliedstaaten zu verringern. Da die Ziele dieser Richtlinie von den Mitgliedstaaten nicht ausreichend verwirklicht werden können, sondern vielmehr wegen ihres Umfangs und ihrer Wirkungen auf Unionsebene besser zu verwirklichen sind, kann die Union im Einklang mit dem in Artikel 5 EUV verankerten Subsidiaritätsprinzip tätig werden. Entsprechend dem in demselben Artikel genannten Grundsatz der Verhältnismäßigkeit geht diese Richtlinie nicht über das für die Verwirklichung dieser Ziele erforderliche Maß hinaus.

(38) Mit dieser Richtlinie werden Verfahrenspflichten in Form von Mindestanforderungen festgelegt, sodass das Recht der Mitgliedstaaten unberührt bleibt, günstigere Bestimmungen einzuführen oder beizubehalten. Gemäß dem derzeitigen nationalen Rechtsrahmen erworbene Ansprüche sollten weiterhin gelten, es sei denn, durch diese Richtlinie werden günstigere Bestimmungen eingeführt. Die Durchführung dieser Richtlinie darf weder zum Abbau von Rechtsvorschriften genutzt werden, die in diesem Bereich für Arbeitnehmer gelten, noch kann sie eine Rechtfertigung für die Absenkung des allgemeinen Schutzniveaus der Arbeitnehmer in dem von der Richtlinie erfassten Bereich sein, insbesondere nicht für die Senkung oder Abschaffung der Mindestlöhne.

(39) Bei der Durchführung dieser Richtlinie sollten die Mitgliedstaaten unnötige administrative, finanzielle oder rechtliche Auflagen vermeiden, und zwar insbesondere solche, die der Gründung und dem Ausbau von KMU entgegenstehen. Den Mitgliedstaaten wird daher nahegelegt, die Auswirkungen ihrer Umsetzungsmaßnahmen auf KMU zu prüfen, um sicherzustellen, dass sie nicht unverhältnismäßig beeinträchtigt werden – wobei ein besonderes Augenmerk auf Kleinstunternehmen und auf dem Verwaltungsaufwand liegen sollte –, und das Ergebnis dieser Prüfung zu veröffentlichen. Sollten die Mitgliedstaaten feststellen, dass KMU bei den Umsetzungsmaßnahmen unverhältnismäßig beeinträchtigt werden, sollten sie die Einführung von Maßnahmen in Erwägung ziehen, um diese KMU bei der Anpassung ihrer Vergütungsstrukturen an die neuen Anforderungen zu unterstützen.

(40) Die Verordnungen (EU) 2021/240 (Verordnung (EU) 2021/240 des Europäischen Parlaments und des Rates vom 10. Februar 2021 zur Schaffung eines Instruments für technische Unterstützung (ABl. L 57 vom 18.2.2021, S. 1)) und (EU) 2021/1057 (Verordnung (EU) 2021/1057 des Europäischen Parlaments und des Rates vom 24. Juni 2021 zur Einrichtung des Europäischen Sozialfonds Plus (ESF+) und zur Aufhebung der Verordnung (EU) Nr. 1296/2013 (ABl. L 231 vom 30.6.2021, S. 21)) des Europäischen Parlaments und des Rates stehen den Mitgliedstaaten zur Verfügung, um die technischen Aspekte der Mindestlohnrahmen weiterzuentwickeln oder zu verbessern, einschließlich in Bezug auf Bewertung der Angemessenheit, Monitoring und Datenerhebung, Ausweitung des Zugangs sowie Durchsetzung und allgemeinen Kapazitätsaufbau im Zusammenhang mit der Umsetzung dieser Rahmen. Gemäß der Verordnung

4/2. MindestlohnRL
Präambel, Art. 1 – 4

(EU) 2021/1057 müssen die Mitgliedstaaten einen angemessenen Betrag für den Kapazitätsaufbau der Sozialpartner bereitstellen –

HABEN FOLGENDE RICHTLINIE ERLASSEN:

KAPITEL I
ALLGEMEINE BESTIMMUNGEN

Artikel 1
Gegenstand

(1) Zur Verbesserung der Lebens- und Arbeitsbedingungen in der Union, insbesondere der Angemessenheit der Mindestlöhne der Arbeitnehmer, um zur sozialen Aufwärtskonvergenz beizutragen und die Lohnungleichheit zu verringern, wird mit dieser Richtlinie ein Rahmen geschaffen für
a) die Angemessenheit von gesetzlichen Mindestlöhnen mit dem Ziel, angemessene Lebens- und Arbeitsbedingungen zu erreichen;
b) die Förderung von Tarifverhandlungen zur Lohnfestsetzung;
c) die Verbesserung des effektiven Zugangs der Arbeitnehmer zum Recht auf Mindestlohnschutz, sofern dies im nationalen Recht und/oder in Tarifverträgen festgelegt ist.

(2) Diese Richtlinie berührt nicht die Autonomie der Sozialpartner sowie deren Recht, Tarifverträge auszuhandeln und abzuschließen.

(3) Im Einklang mit Artikel 153 Absatz 5 AEUV berührt diese Richtlinie nicht die Zuständigkeit der Mitgliedstaaten für die Festlegung der Höhe von Mindestlöhnen sowie die Entscheidung der Mitgliedstaaten, gesetzliche Mindestlöhne festzulegen, den Zugang zu tarifvertraglich garantiertem Mindestlohnschutz zu fördern oder beides zu tun.

(4) Die Anwendung dieser Richtlinie erfolgt in voller Übereinstimmung mit dem Recht auf Tarifverhandlungen. Diese Richtlinie darf nicht so ausgelegt werden, als verpflichte sie einen Mitgliedstaat
a) in dem die Lohngestaltung ausschließlich tarifvertraglich geregelt ist, zur Einführung eines gesetzlichen Mindestlohns;
b) dazu, Tarifverträge für allgemein verbindlich zu erklären.

(5) Die Rechtsakte, mit denen ein Mitgliedstaat die Maßnahmen in Bezug auf Mindestlöhne von Seeleuten durchführt, die regelmäßig von der Gemeinsamen Seeschifffahrtskommission oder einem anderen vom Verwaltungsrat des Internationalen Arbeitsamts ermächtigten Gremium festgelegt werden, unterliegen nicht Kapitel II dieser Richtlinie. Diese Rechtsakte lassen das Recht auf Tarifverhandlungen und die Möglichkeit, höhere Mindestlöhne festzulegen, unberührt.

Artikel 2
Geltungsbereich

Diese Richtlinie gilt für Arbeitnehmer in der Union, die nach den Rechtsvorschriften, Tarifverträgen oder Gepflogenheiten in dem jeweiligen Mitgliedstaat einen Arbeitsvertrag haben oder in einem Arbeitsverhältnis stehen, wobei die Rechtsprechung des Gerichtshofs zu berücksichtigen ist.

Artikel 3
Begriffsbestimmungen

Für die Zwecke dieser Richtlinie bezeichnet der Ausdruck

1. „Mindestlohn" das gesetzlich oder tarifvertraglich festgelegte Mindestentgelt, das ein Arbeitgeber, auch im öffentlichen Sektor, den Arbeitnehmern für die in einem bestimmten Zeitraum geleistete Arbeit zu zahlen hat;

2. „gesetzlicher Mindestlohn" einen gesetzlich oder durch andere verbindliche Rechtsvorschriften festgelegten Mindestlohn mit Ausnahme der tarifvertraglichen Mindestlöhne, die für allgemein verbindlich erklärt wurden, ohne dass die die Allgemeinverbindlichkeit erklärende Behörde über einen Ermessensspielraum bezüglich des Inhalts der anwendbaren Bestimmungen verfügt;

3. „Tarifverhandlungen" alle Verhandlungen gemäß dem nationalen Recht und im Einklang mit den nationalen Gepflogenheiten in jedem Mitgliedstaat zwischen einem Arbeitgeber, einer Gruppe von Arbeitgebern oder einer oder mehreren Arbeitgeberorganisationen einerseits und einer oder mehreren Gewerkschaften andererseits zur Festlegung der Arbeits- und Beschäftigungsbedingungen;

4. „Tarifvertrag" eine schriftliche Vereinbarung über Bestimmungen zu Arbeits- und Beschäftigungsbedingungen, die von den Sozialpartnern geschlossen wird, die gemäß dem nationalen Recht und im Einklang mit den nationalen Gepflogenheiten im Namen von Arbeitnehmern bzw. Arbeitgebern Verhandlungen führen können, einschließlich solcher Tarifverträge, die für allgemein verbindlich erklärt wurden;

5. „tarifvertragliche Abdeckung" den Anteil der Arbeitnehmer auf nationaler Ebene, für die ein Tarifvertrag gilt, berechnet als das Verhältnis der Zahl der Arbeitnehmer, für die ein Tarifvertrag gilt, zu der Zahl der Arbeitnehmer, deren Arbeitsbedingungen durch Tarifverträge gemäß dem nationalen Recht und im Einklang mit den nationalen Gepflogenheiten geregelt werden können.

Artikel 4
Förderung von Tarifverhandlungen zur Lohnfestsetzung

(1) Um die tarifvertragliche Abdeckung zu erhöhen und die Ausübung des Rechts auf Tarifverhandlungen zur Lohnfestsetzung zu erleichtern, ergreifen die Mitgliedstaaten unter Beteiligung der Sozialpartner gemäß dem nationalen Recht und im Einklang mit den nationalen Gepflogenheiten folgende Maßnahmen:
a) Förderung des Auf- und Ausbaus der Kapazitäten der Sozialpartner, Tarifverhandlungen zur Lohnfestsetzung insbesondere auf sek-

toraler oder branchenübergreifender Ebene zu führen;
b) Förderung konstruktiver, zielführender und fundierter Lohnverhandlungen zwischen den Sozialpartnern unter gleichen Bedingungen, bei denen beide Parteien Zugang zu angemessenen Informationen haben, damit sie ihre Aufgaben in Bezug auf Tarifverhandlungen zur Lohnfestsetzung wahrnehmen können;
c) gegebenenfalls Schutz der Ausübung des Rechts auf Tarifverhandlungen zur Lohnfestsetzung und Schutz der Arbeitnehmer und Gewerkschaftsvertreter vor Handlungen, durch die sie in Bezug auf ihre Beschäftigung diskriminiert werden, weil sie an Tarifverhandlungen zur Lohnfestsetzung teilnehmen oder teilnehmen wollen;
d) zur Förderung von Tarifverhandlungen bei der Lohnfestsetzung gegebenenfalls Schutz von Gewerkschaften und Arbeitgeberorganisationen, die an Tarifverhandlungen teilnehmen oder teilnehmen möchten, vor Eingriffen der jeweils anderen Seite oder ihrer Vertreter oder Mitglieder in ihre Gründung, ihre Arbeitsweise oder ihre Verwaltung.

(2) Darüber hinaus legt jeder Mitgliedstaat, in dem die tarifvertragliche Abdeckung unterhalb einer Schwelle von 80 % liegt, einen Rahmen fest, der die Voraussetzungen für Tarifverhandlungen schafft, entweder durch Erlass eines Gesetzes nach Anhörung der Sozialpartner oder durch eine Vereinbarung mit diesen. Dieser Mitgliedstaat erstellt außerdem einen Aktionsplan zur Förderung von Tarifverhandlungen. Der Mitgliedstaat erstellt den Aktionsplan nach Anhörung der Sozialpartner oder im Einvernehmen mit ihnen oder, auf gemeinsamen Antrag der Sozialpartner, nach Maßgabe der Einigung der Sozialpartner. Der Aktionsplan enthält einen klaren Zeitplan und konkrete Maßnahmen zur schrittweisen Erhöhung der tarifvertraglichen Abdeckung unter uneingeschränkter Achtung der Autonomie der Sozialpartner. Der Mitgliedstaat überprüft den Aktionsplan regelmäßig und aktualisiert ihn bei Bedarf. Aktualisiert ein Mitgliedstaat den Aktionsplan, so tut er dies nach Anhörung der Sozialpartner oder im Einvernehmen mit ihnen oder, auf gemeinsamen Antrag der Sozialpartner, nach Maßgabe der Einigung der Sozialpartner. In jedem Fall wird ein Aktionsplan mindestens alle fünf Jahre überprüft. Der Aktionsplan und seine Aktualisierungen werden öffentlich zugänglich gemacht und der Kommission mitgeteilt.

KAPITEL II
GESETZLICHE MINDESTLÖHNE

Artikel 5
Verfahren zur Festsetzung angemessener gesetzlicher Mindestlöhne

(1) Die Mitgliedstaaten mit gesetzlichen Mindestlöhnen schaffen die erforderlichen Verfahren für die Festlegung und Aktualisierung der gesetzlichen Mindestlöhne. Bei dieser Festlegung und Aktualisierung werden Kriterien zugrunde gelegt, die zu ihrer Angemessenheit beitragen, mit dem Ziel, einen angemessenen Lebensstandard zu erreichen, die Armut trotz Erwerbstätigkeit zu verringern, den sozialen Zusammenhalt und die soziale Aufwärtskonvergenz zu fördern und das geschlechterspezifische Lohngefälle zu verringern. Die Mitgliedstaaten legen diese Kriterien im Einklang mit den nationalen Gepflogenheiten in einschlägigen nationalen Rechtsvorschriften, in Beschlüssen ihrer zuständigen Stellen oder in dreiseitigen Vereinbarungen fest. Die Kriterien müssen klar definiert sein. Die Mitgliedstaaten können unter Berücksichtigung ihrer nationalen sozioökonomischen Bedingungen über das relative Gewicht dieser Kriterien, einschließlich der in Absatz 2 genannten Aspekte, entscheiden.

(2) Die nationalen Kriterien nach Absatz 1 umfassen mindestens die folgenden Aspekte:
a) die Kaufkraft der gesetzlichen Mindestlöhne unter Berücksichtigung der Lebenshaltungskosten;
b) das allgemeine Niveau der Löhne und ihre Verteilung;
c) die Wachstumsrate der Löhne;
d) langfristige nationale Produktivitätsniveaus und -entwicklungen.

(3) Unbeschadet der in diesem Artikel festgelegten Verpflichtungen können die Mitgliedstaaten zusätzlich einen automatischen Mechanismus für Indexierungsanpassungen der gesetzlichen Mindestlöhne auf der Grundlage geeigneter Kriterien und gemäß den nationalen Rechtsvorschriften und im Einklang mit Gepflogenheiten anwenden, sofern die Anwendung dieses Mechanismus nicht zu einer Senkung der gesetzlichen Mindestlöhne führt.

(4) Die Mitgliedstaaten legen bei ihrer Bewertung der Angemessenheit der gesetzlichen Mindestlöhne Referenzwerte zugrunde. Zu diesem Zweck können sie auf internationaler Ebene übliche Referenzwerte wie 60 % des Bruttomedianlohns und 50 % des Bruttodurchschnittslohns und/oder Referenzwerte, die auf nationaler Ebene verwendet werden, verwenden.

(5) Die Mitgliedstaaten stellen sicher, dass die gesetzlichen Mindestlöhne regelmäßig und rechtzeitig mindestens alle zwei Jahre oder – bei Mitgliedstaaten, die einen automatischen Indexierungsmechanismus gemäß Absatz 3 verwenden – mindestens alle vier Jahre aktualisiert werden.

(6) Jeder Mitgliedstaat bestimmt oder richtet ein oder mehrere Beratungsgremien ein, welche die zuständigen Stellen in Fragen des gesetzlichen Mindestlohns beraten und ermöglicht die Arbeitsfähigkeit dieser Gremien.

Artikel 6
Abweichungen und Abzüge

(1) Lassen Mitgliedstaaten für bestimmte Gruppen von Arbeitnehmern unterschiedliche Sätze des gesetzlichen Mindestlohns oder Abzüge zu, durch die das gezahlte Entgelt auf ein Niveau unterhalb des gesetzlichen Mindestlohns gesenkt wird, so

stellen sie sicher, dass bei diesen Abweichungen und Abzügen die Grundsätze der Nichtdiskriminierung und der Verhältnismäßigkeit eingehalten werden, wobei der letztere Grundsatz auch einschließt, dass ein legitimes Ziel verfolgt wird.

(2) Diese Richtlinie darf nicht so ausgelegt werden, als verpflichte sie die Mitgliedstaaten, Abweichungen oder Abzüge von den Mindestlöhnen einzuführen.

Artikel 7
Beteiligung der Sozialpartner an der Festlegung und Aktualisierung der gesetzlichen Mindestlöhne

Die Mitgliedstaaten ergreifen die Maßnahmen, die erforderlich sind, um die Sozialpartner in die Festlegung und Aktualisierung der gesetzlichen Mindestlöhne rechtzeitig und wirksam so einzubeziehen, dass ihre freiwillige Beteiligung an den Diskussionen während des gesamten Entscheidungsprozesses sichergestellt wird, auch durch die Beteiligung an den in Artikel 5 Absatz 6 genannten Beratungsgremien, insbesondere in Bezug auf:

a) die Auswahl und Anwendung der in Artikel 5 Absätze 1, 2 und 3 genannten Kriterien für die Bestimmung der Höhe des gesetzlichen Mindestlohns und für die Festlegung einer automatischen Indexierungsformel und deren Änderung, sofern eine solche Formel vorhanden ist;

b) die Auswahl und Anwendung der in Artikel 5 Absatz 4 genannten Referenzwerte für die Bewertung der Angemessenheit der gesetzlichen Mindestlöhne;

c) die Aktualisierung der Mindestlöhne gemäß Artikel 5 Absatz 5;

d) die Festlegung von Abweichungen und Abzügen bei den gesetzlichen Mindestlöhnen gemäß Artikel 6;

e) die Entscheidungen über die Erhebung von Daten und die Durchführung von Studien und Analysen zur Unterrichtung der an der Festlegung des gesetzlichen Mindestlohns beteiligten Stellen und anderen relevanten Parteien.

Artikel 8
Wirksamer Zugang der Arbeitnehmer zu gesetzlichen Mindestlöhnen

Die Mitgliedstaaten ergreifen unter Einbeziehung der Sozialpartner gegebenenfalls folgende Maßnahmen, um den wirksamen Zugang der Arbeitnehmer zum gesetzlichen Mindestlohnschutz in geeigneter Weise zu verbessern und dabei gegebenenfalls auch seine Durchsetzung zu stärken:

a) Festlegung wirksamer, verhältnismäßiger und nichtdiskriminierender Kontrollen und Inspektionen vor Ort, die von den Arbeitsaufsichtsbehörden oder den für die Durchsetzung der gesetzlichen Mindestlöhne zuständigen Stellen durchgeführt werden;

b) Ausbau der Fähigkeiten der Durchsetzungsbehörden, insbesondere durch Schulung und Anleitung, proaktiv und gezielt gegen Arbeitgeber, welche die Vorschriften nicht einhalten, vorzugehen.

KAPITEL III
ALLGEMEINE BESTIMMUNGEN

Artikel 9
Vergabe öffentlicher Aufträge

Die Mitgliedstaaten ergreifen gemäß den Richtlinien 2014/23/EU, 2014/24/EU und 2014/25/EU geeignete Maßnahmen, um dafür zu sorgen, dass die Wirtschaftsteilnehmer und ihre Unterauftragnehmer bei der Vergabe und Ausführung von öffentlichen Aufträgen oder Konzessionsverträgen die geltenden Verpflichtungen in Bezug auf Löhne, das Vereinigungsrecht und das Recht auf Tarifverhandlungen zur Lohnfestsetzung im Bereich des Sozial- und Arbeitsrechts einhalten, die durch Rechtsvorschriften der Union, nationalen Rechtsvorschriften, Tarifverträge oder internationale sozial- und arbeitsrechtliche Vorschriften festgelegt sind, einschließlich des IAO-Übereinkommens Nr. 87 (1948) über Vereinigungsfreiheit und Schutz des Vereinigungsrechts und des IAO-Übereinkommens Nr. 98 (1949) über die Anwendung der Grundsätze des Vereinigungsrechtes und des Rechtes zu Kollektivverhandlungen.

Artikel 10
Überwachung und Datenerhebung

(1) Die Mitgliedstaaten ergreifen geeignete Maßnahmen, um sicherzustellen, dass wirksame Datenerhebungsinstrumente zur Überwachung des Mindestlohnschutzes vorhanden sind.

(2) Die Mitgliedstaaten melden der Kommission alle zwei Jahre jeweils vor dem 1. Oktober des Meldejahres folgende Daten und Informationen:

a) Quote und Entwicklung der tarifvertraglichen Abdeckung;

b) Für gesetzliche Mindestlöhne:
   i) Höhe des gesetzlichen Mindestlohns und Anteil der davon erfassten Arbeitnehmer;
   ii) eine Beschreibung der bestehenden Abweichungen und Abzüge, der Gründe für ihre Einführung und den Anteil der von den Abweichungen erfassten Arbeitnehmer, soweit Daten verfügbar sind;

c) Für den ausschließlich tarifvertraglich festgelegten Mindestlohnschutz:
   i) die niedrigsten in Tarifverträgen für Geringverdiener festgelegten Lohnsätze oder deren Schätzung, wenn den zuständigen nationalen Behörden keine genauen Daten zur Verfügung stehen, und den Anteil der von ihnen erfassten Arbeitnehmer oder eine entsprechende Schätzung, falls den zuständigen nationalen Behörden keine genauen Daten vorliegen;

ii) die Höhe der Löhne, die Arbeitnehmern gezahlt werden, für die kein Tarifvertrag gilt, und deren Verhältnis zur Höhe der Löhne, die Arbeitnehmern gezahlt werden, für die ein Tarifvertrag gilt.

Die Mitgliedstaaten, für welche die Meldepflichten gemäß Unterabsatz 1 Buchstabe c gelten, sind verpflichtet, die unter Ziffer i genannten Daten mindestens zu Branchen-, geografischen und sonstigen Tarifverträgen mit mehreren Arbeitgebern, einschließlich Tarifverträgen die für allgemein verbindlich erklärt werden, zu melden.

Die Mitgliedstaaten übermitteln die in diesem Absatz genannten Statistiken und Informationen soweit verfügbar aufgeschlüsselt nach Geschlecht, Alter, Behinderung, Unternehmensgröße und Branche.

Die erste Meldung bezieht sich auf die Jahre 2021, 2022 und 2023 und wird vorgelegt bis zum 1. Oktober 2025. Die Mitgliedstaaten können auf Statistiken und Informationen verzichten, die nicht vor dem 15. November 2024 vorliegen.

(3) Die Kommission analysiert die von den Mitgliedstaaten in den Meldungen nach Absatz 2 und in den Aktionsplänen nach Artikel 4 Absatz 2 übermittelten Daten und Informationen. Sie erstattet dem Europäischen Parlament und dem Rat alle zwei Jahre darüber Bericht und veröffentlicht gleichzeitig die von den Mitgliedstaaten übermittelten Daten und Informationen.

Artikel 11
Informationen über den Mindestlohnschutz

Die Mitgliedstaaten stellen sicher, dass Informationen über die gesetzlichen Mindestlöhne und den Mindestlohnschutz, die in allgemein verbindlichen Tarifverträgen festgelegt sind, einschließlich Informationen über Rechtsbehelfsmechanismen, öffentlich zugänglich sind, erforderlichenfalls in der von dem Mitgliedstaat festgelegten relevantesten Sprache, und zwar umfassend und leicht verständlich, auch für Menschen mit Behinderungen.

Artikel 12
Anspruch auf Rechtsbehelfe und Schutz vor Benachteiligung oder negativen Konsequenzen

(1) Die Mitgliedstaaten stellen sicher, dass die Arbeitnehmer, einschließlich derjenigen, deren Beschäftigungsverhältnis beendet ist, unbeschadet besonderer Formen von Rechtsbehelfen und Streitbeilegungsverfahren, die gegebenenfalls in Tarifverträgen festgelegt sind, bei Verstößen gegen Rechte in Bezug auf gesetzliche Mindestlöhne oder den Mindestlohnschutz, sofern solche Rechte im nationalen Recht oder in Tarifverträgen festgelegt sind, Zugang zu einer wirksamen, rechtzeitigen und unparteiischen Streitbeilegung und Anspruch auf Rechtsbehelfe haben.

(2) Die Mitgliedstaaten ergreifen die erforderlichen Maßnahmen, um die Arbeitnehmer und Arbeitnehmervertreter, einschließlich derjenigen, die Gewerkschaftsmitglieder oder in der Arbeitnehmervertretung tätig sind, vor Benachteiligungen durch den Arbeitgeber und vor nachteiligen Folgen zu schützen, die sich aus einer Beschwerde beim Arbeitgeber oder aus Verfahren ergeben, die eingeleitet wurden, um die Einhaltung der Rechte in Bezug auf den Mindestlohnschutz durchzusetzen, sofern solche Rechte im nationalen Recht oder in Tarifverträgen verankert sind und gegen sie verstoßen wurde.

Artikel 13
Sanktionen

Die Mitgliedstaaten legen Regeln für Sanktionen fest, die bei Verstößen gegen die in den Anwendungsbereich dieser Richtlinie fallenden Rechte und Pflichten zu verhängen sind, sofern diese Rechte und Pflichten im nationalen Recht oder in Tarifverträgen festgelegt sind. In Mitgliedstaaten, in denen es keine gesetzlichen Mindestlöhne gibt, können diese Vorschriften einen Verweis auf Entschädigungen und/oder Vertragsstrafen, die gegebenenfalls in den Vorschriften zur Durchsetzung von Tarifverträgen festgelegt sind, enthalten oder sich auf einen solchen Verweis beschränken. Die vorgesehenen Sanktionen müssen wirksam, verhältnismäßig und abschreckend sein.

KAPITEL IV
SCHLUSSBESTIMMUNGEN

Artikel 14
Verbreitung von Informationen

Die Mitgliedstaaten stellen sicher, dass die Arbeitnehmer und die Arbeitgeber, einschließlich KMU, von den nationalen Maßnahmen zur Umsetzung dieser Richtlinie sowie von den einschlägigen Bestimmungen, die bereits in Bezug auf den in Artikel 1 genannten Gegenstand in Kraft sind, Kenntnis erhalten.

Artikel 15
Bewertung und Überprüfung

Bis zum 15. November 2029 nimmt die Kommission nach Anhörung der Mitgliedstaaten und der Sozialpartner auf Unionsebene eine Bewertung dieser Richtlinie vor. Anschließend legt die Kommission dem Europäischen Parlament und dem Rat einen Bericht über die Überprüfung der Durchführung dieser Richtlinie vor und schlägt gegebenenfalls gesetzgeberische Änderungen vor.

Artikel 16
Regressionsverbot und günstigere Bestimmungen

(1) Diese Richtlinie rechtfertigt nicht eine Verringerung des den Arbeitnehmern in den Mitgliedstaaten bereits jetzt gewährten allgemeinen Schutzniveaus, insbesondere nicht die Senkung oder Abschaffung von Mindestlöhnen.

(2) Diese Richtlinie berührt nicht das Recht eines Mitgliedstaats, für die Arbeitnehmer günstigere Rechts- oder Verwaltungsvorschriften anzuwenden oder zu erlassen oder die Anwendung von für die Arbeitnehmer günstigeren Tarifverträgen zu

fördern oder zuzulassen. Sie ist nicht so auszulegen, als hindere sie einen Mitgliedstaat daran, die gesetzlichen Mindestlöhne anzuheben.

(3) Diese Richtlinie lässt die Rechte unberührt, die Arbeitnehmern durch andere Rechtsakte der Union erteilt worden sind.

Artikel 17
Umsetzung und Durchführung

(1) Die Mitgliedstaaten treffen die Maßnahmen, die erforderlich sind, um dieser Richtlinie binnen 15. November 2024 nachzukommen. Sie setzen die Kommission unverzüglich davon in Kenntnis.

Bei Erlass dieser Vorschriften nehmen die Mitgliedstaaten in den Vorschriften selbst oder durch einen Hinweis bei der amtlichen Veröffentlichung auf die vorliegende Richtlinie Bezug. Die Mitgliedstaaten regeln die Einzelheiten dieser Bezugnahme.

(2) Die Mitgliedstaaten teilen der Kommission den Wortlaut der wichtigsten nationalen Vorschriften mit, die sie auf dem unter diese Richtlinie fallenden Gebiet erlassen.

(3) Die Mitgliedstaaten ergreifen gemäß ihren nationalen Rechtsvorschriften und im Einklang mit ihren nationalen Gepflogenheiten geeignete Maßnahmen, um eine wirksame Einbeziehung der Sozialpartner bei der Durchführung dieser Richtlinie sicherzustellen. Hierzu können sie die Sozialpartner ganz oder teilweise mit der Durchführung, einschließlich der Aufstellung des Aktionsplans gemäß Artikel 4 Absatz 2, betrauen, sofern die Sozialpartner dies gemeinsam beantragen. Dabei unternehmen die Mitgliedstaaten alle erforderlichen Schritte, um sicherzustellen, dass die in dieser Richtlinie festgelegten Verpflichtungen jederzeit eingehalten werden.

(4) Die in Absatz 2 genannte Mitteilung enthält eine Beschreibung der Beteiligung der Sozialpartner an der Durchführung dieser Richtlinie.

Artikel 18
Inkrafttreten

Diese Richtlinie tritt am zwanzigsten Tag nach ihrer Veröffentlichung im *Amtsblatt der Europäischen Union* in Kraft.

Artikel 19
Adressaten

Diese Richtlinie ist an die Mitgliedstaaten gerichtet.

4/3. Betriebsübergangsrichtlinie

Richtlinie 2001/23/EG des Rates zur Angleichung der Rechtsvorschriften der Mitgliedstaaten über die Wahrung von Ansprüchen der Arbeitnehmer beim Übergang von Unternehmen, Betrieben oder Unternehmens- oder Betriebsteilen vom 12. März 2001

(ABl. Nr. L 82 v. 22.3.2001, S. 16; geändert durch die RL (EU) 2015/1794, ABl. Nr. L 263 v. 8.10.2015, S. 1)
(nicht amtlich aktualisierte Fassung)

GLIEDERUNG

Kapitel I: Anwendungsbereich und Definitionen
Art. 1, 2

Kapitel II: Wahrung der Ansprüche und Rechte der Arbeitnehmer
Art. 3–6

Kapitel III: Information und Konsultation
Art. 7

Kapitel IV: Schlußbestimmungen
Art. 8–14

ANHÄNGE I und II

DER RAT DER EUROPÄISCHEN GEMEINSCHAFTEN –
gestützt auf den Vertrag zur Gründung der Europäischen Gemeinschaft, insbesondere auf Artikel 94,
auf Vorschlag der Kommission,
nach Stellungnahme des Europäischen Parlaments (Stellungnahme vom 25. Oktober 2000, noch nicht im Amtsblatt veröffentlicht),
nach Stellungnahme des Wirtschafts- und Sozialausschusses (ABl. Nr. C 367 v. 20. 12. 2000, S. 21)
in Erwägung nachstehender Gründe:

(1) Die Richtlinie 77/187/EWG des Rates vom 14. Februar 1977 zur Angleichung der Rechtsvorschriften der Mitgliedstaaten über die Wahrung von Ansprüchen der Arbeitnehmer beim Übergang von Unternehmen, Betrieben oder Unternehmens- oder Betriebsteilen (ABl. L 61 v. 5. 3. 1977, S. 26) wurde erheblich geändert (siehe Anhang I Teil A). Aus Gründen der Klarheit und Wirtschaftlichkeit empfiehlt es sich daher, die genannte Richtlinie zu kodifizieren.

(2) Die wirtschaftliche Entwicklung führt auf einzelstaatlicher und gemeinschaftlicher Ebene zu Änderungen in den Unternehmensstrukturen, die sich unter anderem aus dem Übergang von Unternehmen, Betrieben oder Betriebsteilen auf einen anderen Inhaber durch vertragliche Übertragung oder durch Verschmelzung ergeben.

(3) Es sind Bestimmungen notwendig, die die Arbeitnehmer bei einem Inhaberwechsel schützen und insbesondere die Wahrung ihrer Ansprüche gewährleisten.

(4) Zwischen den Mitgliedstaaten bestehen in bezug auf den Umfang des Arbeitnehmerschutzes auf diesem Gebiet weiterhin Unterschiede, die verringert werden sollten.

(5) In der am 9. Dezember 1989 verabschiedeten Gemeinschaftscharta der sozialen Grundrechte der Arbeitnehmer (Sozialcharta) wird unter Nummer 7, Nummer 17 und Nummer 18 insbesondere Folgendes festgestellt: „Die Verwirklichung des Binnenmarktes muss zu einer Verbesserung der Lebens- und Arbeitsbedingungen der Arbeitnehmer in der Europäischen Gemeinschaft führen. Diese Verbesserung muss, soweit nötig, dazu führen, dass bestimmte Bereiche des Arbeitsrechts, wie die Verfahren bei Massenentlassungen oder bei Konkursen, ausgestaltet werden. Unterrichtung, Anhörung und Mitwirkung der Arbeitnehmer müssen in geeigneter Weise, unter Berücksichtigung der in den verschiedenen Mitgliedstaaten herrschenden Gepflogenheiten, weiterentwickelt werden. Unterrichtung, Anhörung und Mitwirkung sind rechtzeitig vorzusehen, vor allem bei der Umstrukturierung oder Verschmelzung von Unternehmen, wenn dadurch die Beschäftigung der Arbeitnehmer berührt wird."

(6) Im Jahre 1977 hat der Rat die Richtlinie 77/187/EWG erlassen, um auf eine Harmonisierung der einschlägigen nationalen Rechtsvorschriften hinsichtlich der Wahrung der Ansprüche und Rechte der Arbeitnehmer hinzuwirken; Veräußerer und Erwerber werden aufgefordert, die Vertreter der Arbeitnehmer rechtzeitig zu unterrichten und anzuhören.

(7) Die Richtlinie 77/187/EWG wurde nachfolgend geändert unter Berücksichtigung der Auswirkungen des Binnenmarktes, der Tendenzen in der Gesetzgebung der Mitgliedstaaten hinsichtlich der Sanierung von Unternehmen in wirtschaftlichen Schwierigkeiten, der Rechtsprechung des Gerichtshofs der Europäischen Gemeinschaften, der Richtlinie 75/129/EWG des Rates vom 17. Februar 1975 zur Angleichung der Rechtsvorschriften der Mitgliedstaaten über Massenentlassungen (ABl. L 48 vom 22. 2. 1975, S. 29, ersetzt durch die Richtlinie 98/59/EG, ABl. L 225 vom 12. 8. 1998, S. 16)

4/3. BetriebsübergangsRL
Präambel, Art. 1 – 3

sowie der bereits in den meisten Mitgliedstaaten geltenden gesetzlichen Normen.

(8) Aus Gründen der Rechtssicherheit und Transparenz war es erforderlich, den juristischen Begriff des Übergangs unter Berücksichtigung der Rechtsprechung des Gerichtshofs zu klären. Durch diese Klärung wurde der Anwendungsbereich der Richtlinie 77/187/EWG gemäß der Auslegung durch den Gerichtshof nicht geändert.

(9) In der Sozialcharta wird die Bedeutung des Kampfes gegen alle Formen der Diskriminierung, insbesondere aufgrund von Geschlecht, Hautfarbe, Rasse, Meinung oder Glauben, gewürdigt.

(10) Diese Richtlinie sollte die Pflichten der Mitgliedstaaten hinsichtlich der Umsetzungsfristen der in Anhang I Teil B angegebenen Richtlinien unberührt lassen –

HAT FOLGENDE RICHTLINIE ERLASEN:

Kapitel I
Anwendungsbereich und Definitionen
Art. 1

(1) a) Diese Richtlinie ist auf den Übergang von Unternehmen, Betrieben oder Unternehmens- bzw. Betriebsteilen auf einen anderen Inhaber durch vertragliche Übertragung oder durch Verschmelzung anwendbar.

b) Vorbehaltlich Buchstabe a) und der nachstehenden Bestimmungen dieses Artikels gilt als Übergang im Sinne dieser Richtlinie der Übergang einer ihre Identität bewahrenden wirtschaftlichen Einheit im Sinne einer organisierten Zusammenfassung von Ressourcen zur Verfolgung einer wirtschaftlichen Haupt- oder Nebentätigkeit.

c) Diese Richtlinie gilt für öffentliche und private Unternehmen, die eine wirtschaftliche Tätigkeit ausüben, unabhängig davon, ob sie Erwerbszwecke verfolgen oder nicht. Bei der Übertragung von Aufgaben im Zuge einer Umstrukturierung von Verwaltungsbehörden oder bei der Übertragung von Verwaltungsaufgaben von einer Behörde auf eine andere handelt es sich nicht um einen Übergang im Sinne dieser Richtlinie.

(2) Diese Richtlinie ist anwendbar, wenn und soweit sich das Unternehmen, der Betrieb oder der Unternehmens- bzw. Betriebsteil, das bzw. der übergeht, innerhalb des räumlichen Geltungsbereiches des Vertrages befindet.

(3) Diese Richtlinie gilt für den Übergang eines Seeschiffs, das Teil des Übergangs eines Unternehmens, Betriebs oder Unternehmens- bzw. Betriebsteils im Sinne der Absätze 1 und 2 ist, sofern der Erwerber sich im räumlichen Geltungsbereich des Vertrags befindet oder das übertragene Unternehmen, der übertragene Betrieb oder Unternehmens- bzw. Betriebsteil dort verbleibt.

Diese Richtlinie gilt nicht, wenn es sich bei dem Gegenstand des Übergangs ausschließlich um eines oder mehrere Seeschiffe handelt.

(ABl L 2015/263)

Art. 2 (1) Im Sinne dieser Richtlinie gelten folgende Begriffsbestimmungen:

a) *„Veräußerer"* ist jede natürliche oder juristische Person, die auf Grund eines Übergangs im Sinne von Artikel 1 Absatz 1 als Inhaber aus dem Unternehmen, dem Betrieb oder dem Unternehmens- bzw. Betriebsteil ausscheidet.

b) *„Erwerber"* ist jede natürliche oder juristische Person, die auf Grund eines Übergangs im Sinne des Artikels 1 Absatz 1 als Inhaber in das Unternehmen, den Betrieb oder dem Unternehmens- bzw. Betriebsteil eintritt.

c) *„Vertreter der Arbeitnehmer"* oder ein entsprechender Ausdruck bezeichnet die Vertreter der Arbeitnehmer nach den Rechtsvorschriften oder der Praxis der Mitgliedstaaten.

d) *„Arbeitnehmer"* ist jede Person, die in dem betreffenden Mitgliedstaat aufgrund des einzelstaatlichen Arbeitsrechts geschützt ist.

(2) Diese Richtlinie läßt das einzelstaatliche Recht in bezug auf die Begriffsbestimmung des Arbeitsvertrags oder des Arbeitsverhältnisses unberührt.

Die Mitgliedstaaten können jedoch vom Anwendungsbereich der Richtlinie Arbeitsverträge und Arbeitsverhältnisse nicht allein deshalb ausschließen, weil

a) nur eine bestimmte Anzahl von Arbeitsstunden geleistet wird oder zu leisten ist,

b) es sich um Arbeitsverhältnisse aufgrund eines befristeten Arbeitsvertrags im Sinne von Artikel 1 Nummer 1 der Richtlinie 91/383/EWG des Rates vom 25. Juni 1991 zur Ergänzung der Maßnahmen zur Verbesserung der Sicherheit und des Gesundheitsschutzes von Arbeitnehmern mit befristetem Arbeitsverhältnis oder Leiharbeitsverhältnis (ABl. L 206 v. 29.7. 1991, S. 19) handelt,

c) es sich um Leiharbeitsverhältnisse im Sinne von Artikel 1 Nummer 2 der Richtlinie 91/383/EWG und bei dem übertragenen Unternehmen oder dem übertragenen Betrieb oder Unternehmens- bzw. Betriebsteil als Verleihunternehmen oder Teil eines Verleihunternehmens um den Arbeitgeber handelt.

Kapitel II
Wahrung der Ansprüche und Rechte der Arbeitnehmer

Art. 3 (1) Die Rechte und Pflichten des Veräußerers aus einem zum Zeitpunkt des Übergangs bestehenden Arbeitsvertrag oder Arbeitsverhältnis gehen auf Grund des Übergangs auf den Erwerber über.

Die Mitgliedstaaten können vorsehen, daß der Veräußerer und der Erwerber nach dem Zeitpunkt des Übergangs gesamtschuldnerisch für die Verpflichtungen haften, die vor dem Zeitpunkt des

Übergangs durch einen Arbeitsvertrag oder ein Arbeitsverhältnis entstanden sind, der bzw. das zum Zeitpunkt des Übergangs bestand.

(2) Die Mitgliedstaaten können geeignete Maßnahmen ergreifen, um zu gewährleisten, daß der Veräußerer den Erwerber über alle Rechte und Pflichten unterrichtet, die nach diesem Artikel auf den Erwerber übergehen, soweit diese dem Veräußerer zum Zeitpunkt des Übergangs bekannt waren oder bekannt sein mußten. Unterläßt der Veräußerer diese Unterrichtung des Erwerbers, so berührt diese Unterlassung weder den Übergang solcher Rechte und Pflichten noch die Ansprüche von Arbeitnehmern gegenüber dem Erwerber und/oder Veräußerer in bezug auf diese Rechte und Pflichten.

(3) Nach dem Übergang erhält der Erwerber die in einem Kollektivvertrag vereinbarten Arbeitsbedingungen bis zur Kündigung oder zum Ablauf des Kollektivvertrags bzw. bis zum Inkrafttreten oder bis zur Anwendung eines anderen Kollektivvertrags in dem gleichen Maße aufrecht, wie sie in dem Kollektivvertrag für den Veräußerer vorgesehen waren.

Die Mitgliedstaaten können den Zeitraum der Aufrechterhaltung der Arbeitsbedingungen begrenzen, allerdings darf dieser nicht weniger als ein Jahr betragen.

(4) a) Sofern die Mitgliedstaaten nicht anderes vorsehen, gelten die Absätze 1 und 3 nicht für die Rechte der Arbeitnehmer auf Leistungen bei Alter, Invalidität oder für Hinterbliebene aus betrieblichen oder überbetrieblichen Zusatzversorgungseinrichtungen außerhalb der gesetzlichen Systeme der sozialen Sicherheit der Mitgliedstaaten.
b) Die Mitgliedstaaten treffen auch dann, wenn sie gemäß Buchstabe a) nicht vorsehen, dass die Absätze 1 und 3 für die unter Buchstabe a) genannten Rechte gelten, die notwendigen Maßnahmen zum Schutz der Interessen der Arbeitnehmer sowie der Personen, die zum Zeitpunkt des Übergangs bereits aus dem Betrieb des Veräußerers ausgeschieden sind, hinsichtlich ihrer Rechte oder Anwartschaftsrechte auf Leistungen bei Alter, einschließlich Leistungen für Hinterbliebene, aus den unter Buchstabe a) genannten Zusatzversorgungseinrichtungen.

Art. 4 (1) Der Übergang eines Unternehmens, Betriebs oder Unternehmens- bzw. Betriebsteils stellt als solcher für den Veräußerer oder den Erwerber keinen Grund zur Kündigung dar. Diese Bestimmung steht etwaigen Kündigungen aus wirtschaftlichen, technischen oder organisatorischen Gründen, die Änderungen im Bereich der Beschäftigung mit sich bringen, nicht entgegen.

Die Mitgliedstaaten können vorsehen, dass Unterabsatz 1 auf einige abgegrenzte Gruppen von Arbeitnehmern, auf die sich die Rechtsvorschriften oder die Praxis der Mitgliedstaaten auf dem Gebiet des Kündigungsschutzes nicht erstrecken, keine Anwendung findet.

(2) Kommt es zu einer Beendigung des Arbeitsvertrags oder Arbeitsverhältnisses, weil der Übergang eine wesentliche Änderung der Arbeitsbedingungen zum Nachteil des Arbeitnehmers zur Folge hat, so ist davon auszugehen, dass die Beendigung des Arbeitsvertrags oder Arbeitsverhältnisses durch den Arbeitgeber erfolgt ist.

Art. 5 (1) Sofern die Mitgliedstaaten nichts anderes vorsehen, gelten die Artikel 3 und 4 nicht für Übergänge von Unternehmen, Betrieben oder Unternehmens- bzw. Betriebsteilen, bei denen gegen den Veräußerer unter der Aufsicht einer zuständigen öffentlichen Stelle (worunter auch ein von einer zuständigen Behörde ermächtigter Insolvenzverwalter verstanden werden kann) ein Konkursverfahren oder ein entsprechendes Verfahren mit dem Ziel der Auflösung des Vermögens des Veräußerers eröffnet wurde.

(2) Wenn die Artikel 3 und 4 für einen Übergang während eines Insolvenzverfahrens gegen den Veräußerer (unabhängig davon, ob dieses Verfahren zur Auflösung seines Vermögens eingeleitet wurde) gelten und dieses Verfahren unter der Aufsicht einer zuständigen öffentlichen Stelle (worunter auch ein nach dem innerstaatlichen Recht bestimmter Insolvenzverwalter verstanden werden kann) steht, kann ein Mitgliedstaat vorsehen, daß

a) ungeachtet des Artikels 3 Absatz 1 die vor dem Übergang bzw. vor der Eröffnung des Insolvenzverfahrens fälligen Verbindlichkeiten des Veräußerers aufgrund von Arbeitsverträgen oder Arbeitsverhältnissen nicht auf den Erwerber übergehen, sofern dieses Verfahren nach dem Recht des betreffenden Mitgliedstaats einen Schutz gewährt, der dem von der Richtlinie 80/987/EWG des Rates vom 20. Oktober 1980 [vgl. die Neufassung] zur Angleichung der Rechtsvorschriften der Mitgliedstaaten über den Schutz der Arbeitnehmer bei Zahlungsunfähigkeit des Arbeitgebers vorgesehenen Schutz zumindest gleichwertig ist,

und/oder

b) der Erwerber, der Veräußerer oder die seine Befugnisse ausübenden Personen auf der einen Seite und die Vertreter der Arbeitnehmer auf der anderen Seite Änderungen der Arbeitsbedingungen der Arbeitnehmer, insoweit das geltende Recht oder die geltende Praxis dies zulassen, vereinbaren können, die den Fortbestand des Unternehmens, Betriebs- oder Unternehmens- bzw. Betriebsteils sichern und dadurch der Erhaltung von Arbeitsplätzen dienen.

(3) Die Mitgliedstaaten können Absatz 2 Buchstabe b) auf Übergänge anwenden, bei denen sich der Veräußerer nach dem einzelstaatlichen Recht in einer schwierigen wirtschaftlichen Lage befindet, sofern das Bestehen einer solchen Notlage von einer zuständigen öffentlichen Stelle bescheinigt wird

und die Möglichkeit einer gerichtlichen Aufsicht gegeben ist, falls das innerstaatliche Recht solche Bestimmungen am 17. Juli 1998 bereits enthielt.

Die Kommission legt vor dem 17. Juli 2003 einen Bericht über die Auswirkungen dieser Bestimmung vor und unterbreitet dem Rat erforderlichenfalls entsprechende Vorschläge.

(4) Die Mitgliedstaaten treffen die erforderlichen Maßnahmen, damit Insolvenzverfahren nicht in missbräuchlicher Weise in Anspruch genommen werden, um den Arbeitnehmern die in dieser Richtlinie vorgesehenen Rechte vorzuenthalten.

Art. 6 (1) Sofern das Unternehmen, der Betrieb oder der Unternehmens- bzw. Betriebsteil seine Selbständigkeit behält, bleiben die Rechtsstellung und die Funktion der Vertreter oder der Vertretung der vom Übergang betroffenen Arbeitnehmer unter den gleichen Bedingungen erhalten, wie sie vor dem Zeitpunkt des Übergangs aufgrund von Rechts- und Verwaltungsvorschriften oder aufgrund einer Vereinbarung bestanden haben, sofern die Bedingungen für die Bildung der Arbeitnehmervertreter erfüllt sind.

Unterabsatz 1 findet keine Anwendung, wenn gemäß den Rechts- und Verwaltungsvorschriften oder der Praxis der Mitgliedstaaten oder durch Vereinbarung mit den Vertretern der betroffenen Arbeitnehmer die Bedingungen für die Neubestellung der Vertreter der Arbeitnehmer oder die Neubildung der Vertreter der Arbeitnehmer erfüllt sind.

Wurde gegen den Veräußerer unter der Aufsicht einer zuständigen öffentlichen Stelle (worunter auch ein von einer zuständigen Behörde ermächtigter Insolvenzverwalter verstanden werden kann) ein Konkursverfahren oder ein entsprechendes Insolvenzverfahren mit dem Ziel der Auflösung des Vermögens des Veräußerers eröffnet, können die Mitgliedstaaten die erforderlichen Maßnahmen ergreifen, um sicherzustellen, dass die vom Übergang betroffenen Arbeitnehmer bis zur Neuwahl oder Benennung von Arbeitnehmervertretern angemessen vertreten sind.

Behält das Unternehmen, der Betrieb oder der Unternehmens- bzw. Betriebsteil seine Selbständigkeit nicht, so treffen die Mitgliedstaaten die erforderlichen Maßnahmen, damit die vom Übergang betroffenen Arbeitnehmer, die vor dem Übergang vertreten wurden, während des Zeitraums, der für die Neubildung oder Neubenennung der Arbeitnehmervertretung erforderlich ist, im Einklang mit dem Recht oder der Praxis der Mitgliedstaaten weiterhin angemessen vertreten werden.

(2) Erlischt das Mandat der Vertreter der vom Übergang betroffenen Arbeitnehmer auf Grund des Übergangs, so gelten für diese Vertreter weiterhin die nach den Rechts- und Verwaltungsvorschriften oder der Praxis der Mitgliedstaaten vorgesehenen Schutzmaßnahmen.

Kapitel III
Information und Konsultation

Art. 7 (1) Der Veräußerer und der Erwerber sind verpflichtet, die Vertreter ihrer jeweiligen von einem Übergang betroffenen Arbeitnehmer über Folgendes zu informieren:
– den Zeitpunkt bzw. den geplanten Zeitpunkt des Übergangs,
– den Grund für den Übergang,
– die rechtlichen, wirtschaftlichen und sozialen Folgen des Übergangs für die Arbeitnehmer,
– die hinsichtlich der Arbeitnehmer in Aussicht genommenen Maßnahmen.

Der Veräußerer ist verpflichtet, den Vertretern seiner Arbeitnehmer diese Informationen rechtzeitig vor dem Vollzug des Übergangs zu übermitteln.

Der Erwerber ist verpflichtet, den Vertretern seiner Arbeitnehmer diese Informationen rechtzeitig zu übermitteln, auf jeden Fall aber bevor diese Arbeitnehmer von dem Übergang hinsichtlich ihrer Beschäftigungs- und Arbeitsbedingungen unmittelbar betroffen werden.

(2) Zieht der Veräußerer bzw. der Erwerber Maßnahmen hinsichtlich seiner Arbeitnehmer in Betracht, so ist er verpflichtet, die Vertreter seiner Arbeitnehmer rechtzeitig zu diesen Maßnahmen zu konsultieren, um eine Übereinkunft anzustreben.

(3) Die Mitgliedstaaten, deren Rechts- und Verwaltungsvorschriften vorsehen, dass die Vertreter der Arbeitnehmer eine Schiedsstelle anrufen können, um eine Entscheidung über hinsichtlich der Arbeitnehmer zu treffende Maßnahmen zu erhalten, können die Verpflichtungen gemäß den Absätzen 1 und 2 auf den Fall beschränken, in dem der vollzogene Übergang eine Betriebsänderung hervorruft, die wesentliche Nachteile für einen erheblichen Teil der Arbeitnehmer zur Folge haben kann.

Die Information und die Konsultation müssen sich zumindest auf die hinsichtlich der Arbeitnehmer in Aussicht genommenen Maßnahmen erstrecken.

Die Information und die Konsultation müssen rechtzeitig vor dem Vollzug der in Unterabsatz 1 genannten Betriebsänderungen erfolgen.

(4) Die in diesem Artikel vorgesehenen Verpflichtungen gelten unabhängig davon, ob die zum Übergang führende Entscheidung vom Arbeitgeber oder von einem den Arbeitgeber beherrschendes Unternehmen getroffen wird.

Hinsichtlich angeblicher Verstöße gegen die in dieser Richtlinie vorgesehenen Informations- und Konsultationspflichten findet der Einwand, der Verstoß gehe darauf zurück, dass die Information von einem den Arbeitgeber beherrschenden Unternehmen nicht übermittelt worden sei, keine Berücksichtigung.

(5) Die Mitgliedstaaten können die in den Absätzen 1, 2 und 3 vorgesehenen Verpflichtungen auf Unternehmen oder Betriebe beschränken, die hinsichtlich der Zahl der beschäftigten Arbeitnehmer die Voraussetzungen für die Wahl oder Bestellung eines Kollegiums als Arbeitnehmervertretung erfüllen.

(6) Die Mitgliedstaaten sehen vor, dass die betreffenden Arbeitnehmer für den Fall, daß es unabhängig von ihrem Willen in einem Unternehmen oder in einem Betrieb keine Vertreter der Arbeitnehmer gibt, vorher zu informieren sind über
- den Zeitpunkt bzw. den geplanten Zeitpunkt des Übergangs,
- den Grund für den Übergang,
- die rechtlichen, wirtschaftlichen und sozialen Folgen des Übergangs für die Arbeitnehmer,
- die hinsichtlich der Arbeitnehmer in Aussicht genommenen Maßnahmen.

Kapitel IV
Schlußbestimmungen

Art. 8 Diese Richtlinie schränkt die Möglichkeit der Mitgliedstaaten nicht ein, für die Arbeitnehmer günstigere Rechts- oder Verwaltungsvorschriften anzuwenden oder zu erlassen oder für die Arbeitnehmer günstigere Kolliktivverträge und andere zwischen den Sozialpartnern abgeschlossene Vereinbarungen, die für die Arbeitnehmer günstiger sind, zu fördern oder zuzulassen.

Art. 9 Die Mitgliedstaaten nehmen in ihre innerstaatlichen Rechtssysteme die erforderlichen Bestimmungen auf, um allen Arbeitnehmern und Vertretern der Arbeitnehmer, die ihrer Ansicht nach durch die Nichtbeachtung der sich aus dieser Richtlinie ergebenden Verpflichtungen benachteiligt sind, die Möglichkeit zu geben, ihre Forderungen durch Gerichtsverfahren einzuklagen, nachdem sie gegebenenfalls andere zuständige Stellen damit befaßt haben.

Art. 10 Die Kommission unterbreitet dem Rat vor dem 17. Juli 2006 einen Bericht, in dem die Auswirkungen der Bestimmungen dieser Richtlinie untersucht werden. Sie legt gegebenenfalls die erforderlichen Änderungsvorschläge vor.

Art. 11 Die Mitgliedstaaten teilen der Kommission den Wortlaut der Rechts- und Verwaltungsvorschriften mit, die sie auf dem unter diese Richtlinie fallenden Gebiet erlassen.

Art. 12 Die Richtlinie 77/187/EWG, geändert durch die in Anhang I Teil A aufgeführte Richtlinie, wird unbeschadet der Pflichten der Mitgliedstaaten hinsichtlich der in Anhang I Teil B genannten Fristen für ihre Umsetzung aufgehoben.

Verweisungen auf die aufgehobene Richtlinie gelten als Verweisungen auf die vorliegende Richtlinie und sind nach der Übereinstimmungstabelle in Anhang II zu lesen.

Art. 13 Diese Richtlinie tritt am zwanzigsten Tag nach ihrer Veröffentlichung im *Amtsblatt der Europäischen Gemeinschaften* in Kraft.

Art. 14 Diese Richtlinie ist an die Mitgliedstaaten gerichtet.

ANHANG I
Teil A
Aufgehobene Richtlinie und ihre Änderung
(gemäß Artikel 12)

Richtlinie 77/187/EWG des Rates (ABl. L 61 vom 5. 3. 1977, S. 26)
Richtlinie 98/50/EG des Rates (ABl. L 201 vom 17. 7. 1998, S. 88)

Teil B
Umsetzungsfristen
(gemäß Artikel 12)

Richtlinie	Endgültiger Termin für ihre Umsetzung
77/187/EWG	16. Februar 1979
98/50/EG	17. Juli 2001

4/3. BetriebsübergangsRL
Anhang II

ANHANG II
Übereinstimmungstabelle

Richtlinie 77/187/EWG	Vorliegende Richtlinie
Artikel 1	Artikel 1
Artikel 2	Artikel 2
Artikel 3	Artikel 3
Artikel 4	Artikel 4
Artikel 4a	Artikel 5
Artikel 5	Artikel 6
Artikel 6	Artikel 7
Artikel 7	Artikel 8
Artikel 7a	Artikel 9
Artikel 7b	Artikel 10
Artikel 8	Artikel 11
–	Artikel 12
–	Artikel 13
–	Artikel 14
–	Anhang I
–	Anhang II

# 4/4. Massenentlassungsrichtlinie

Richtlinie 98/59/EG des Rates zur Angleichung der Rechtsvorschriften der Mitgliedstaaten über Massenentlassungen vom 20. Juli 1998

(ABl. L 225 v. 12.8.1998, S. 16; geändert durch die RL (EU) 2015/1794, ABl. L 263 v. 8.10.2015, S. 1)
(nicht amtlich aktualisierte Fassung)

GLIEDERUNG

Teil I: Begriffsbestimmungen und Anwendungsbereich
Art. 1

Teil II: Information und Konsultation
Art. 2

Teil III: Massenentlassungsverfahren
Art. 3, 4

Teil IV: Schlußbestimmungen
Art. 5–10

Anhänge I, II

DER RAT DER EUROPÄISCHEN UNION –
gestützt auf den Vertrag zur Gründung der Europäischen Gemeinschaft, insbesondere auf Artikel 100,
auf Vorschlag der Kommission,
nach Stellungnahme des Europäischen Parlaments (ABl. C 210 v. 6.7.1998),
nach Stellungnahme des Wirtschafts- und Sozialausschusses (ABl. C 158 v. 26.5.1997, S. 11),
in Erwägung nachstehender Gründe:

(1) Aus Gründen der Übersichtlichkeit und der Klarheit empfiehlt es sich, die Richtlinie 75/129/EWG des Rates vom 17. Februar 1975 zur Angleichung der Rechtsvorschriften der Mitgliedstaaten über Massenentlassungen (ABl. L 48 v. 22.2.1975, S. 29, zuletzt geändert durch die Richtlinie 92/56/EWG, ABl. L 245 v. 26.8.1992, S. 3) zu kodifizieren.

(2) Unter Berücksichtigung der Notwendigkeit einer ausgewogenen wirtschaftlichen und sozialen Entwicklung in der Gemeinschaft ist es wichtig, den Schutz der Arbeitnehmer bei Massenentlassungen zu verstärken.

(3) Trotz einer konvergierenden Entwicklung bestehen weiterhin Unterschiede zwischen den in den Mitgliedstaaten geltenden Bestimmungen hinsichtlich der Voraussetzungen und des Verfahrens für Massenentlassungen, sowie hinsichtlich der Maßnahmen, die die Folgen dieser Entlassungen für die Arbeitnehmer mildern könnten.

(4) Diese Unterschiede können sich auf das Funktionieren des Binnenmarktes unmittelbar auswirken.

(5) Die Entschließung des Rates vom 21. Januar 1974 über ein sozialpolitisches Aktionsprogramm (ABl. C 13 v. 12.2.1974, S. 1) hat eine Richtlinie über die Angleichung der Rechtsvorschriften der Mitgliedstaaten über Massenentlassungen vorgesehen.

(6) Die auf der Tagung des Europäischen Rates in Straßburg am 9. Dezember 1989 von den Staats- und Regierungschefs von elf Mitgliedstaaten angenommene Gemeinschaftscharta der sozialen Grundrechte der Arbeitnehmer sieht unter Nummer 7 Unterabsatz 1 erster Satz und Unterabsatz 2, unter Nummer 17 Unterabsatz 1 und unter Nummer 18 dritter Gedankenstrich folgendes vor:

„7. Die Verwirklichung des Binnenmarktes muß zu einer Verbesserung der Lebens- und Arbeitsbedingungen der Arbeitnehmer in der Europäischen Gemeinschaft führen […].

Diese Verbesserung muß, soweit nötig, dazu führen, daß bestimmte Bereiche des Arbeitsrechts, wie die Verfahren für Massenentlassungen oder bei Konkursen, ausgestaltet werden. […]

17. Unterrichtung, Anhörung und Mitwirkung der Arbeitnehmer müssen in geeigneter Weise, unter Berücksichtigung der in den verschiedenen Mitgliedstaaten herrschenden Gepflogenheiten, weiterentwickelt werden.

[…]

18. Unterrichtung, Anhörung und Mitwirkung sind rechtzeitig vor allem in folgenden Fällen vorzusehen:

[–…]
[–…]
– bei Massenentlassungen;
[–…]".

(7) Daher muß auf diese Angleichung auf dem Wege des Fortschritts im Sinne des Artikels 117 EG-Vertrag hingewirkt werden.

(8) Es empfiehlt sich, im Hinblick auf die Berechnung der Zahl der Entlassungen gemäß der

4/4. MassenentlassungsRL
Präambel, Art. 1, 2

Definition der Massenentlassungen im Sinne dieser Richtlinie den Entlassungen andere Arten einer Beendigung des Arbeitsverhältnisses, die auf Veranlassung des Arbeitgebers erfolgt, gleichzustellen, sofern die Zahl der Entlassungen mindestens fünf beträgt.

(9) Es sollte vorgesehen werden, daß diese Richtlinie grundsätzlich auch für Massenentlassungen gilt, die aufgrund einer auf einer gerichtlichen Entscheidung beruhenden Einstellung der Tätigkeit eines Betriebs erfolgen.

(10) Die Mitgliedstaaten sollten vorsehen können, daß die Arbeitnehmervertreter angesichts der fachlichen Komplexität der Themen, die gegebenenfalls Gegenstand der Information und Konsultation sind, Sachverständige hinzuziehen können.

(11) Es sollte sichergestellt werden, daß die Informations- und Konsultations- und Meldepflichten des Arbeitgebers unabhängig davon gelten, ob die Entscheidung über die Massenentlassungen von dem Arbeitgeber oder von einem den Arbeitgeber beherrschenden Unternehmen getroffen wird.

(12) Die Mitgliedstaaten sollten dafür Sorge tragen, daß den Arbeitnehmervertretern und/oder den Arbeitnehmern administrative und/oder gerichtliche Verfahren zur Durchsetzung der Verpflichtungen gemäß dieser Richtlinie zur Verfügung stehen.

(13) Diese Richtlinie soll die Verpflichtungen der Mitgliedstaaten in bezug auf die in Anhang I Teil B angeführten Richtlinien und deren Umsetzungsfristen unberührt lassen –

HAT FOLGENDE RICHTLINIE ERLASSEN:

Teil I
Begriffsbestimmungen und Anwendungsbereich

Art. 1 (1) Für die Durchführung dieser Richtlinie gelten folgende Begriffsbestimmungen:

a) *„Massenentlassungen"* sind Entlassungen, die ein Arbeitgeber aus einem oder mehreren Gründen, die nicht in der Person der Arbeitnehmer liegen, vornimmt und bei denen – nach Wahl der Mitgliedstaaten – die Zahl der Entlassungen
  i) entweder innerhalb eines Zeitraumes von 30 Tagen
     – mindestens 10 in Betrieben mit in der Regel mehr als 20 und weniger als 100 Arbeitnehmern,
     – mindestens 10 v. H. der Arbeitnehmer in Betrieben mit in der Regel mindestens 100 und weniger als 300 Arbeitnehmern,
     – mindestens 30 in Betrieben mit in der Regel mindestens 300 Arbeitnehmern,
  ii) oder innerhalb eines Zeitraums von 90 Tagen mindestens 20, und zwar unabhängig davon, wie viele Arbeitnehmer in der Regel in dem betreffenden Betrieb beschäftigt sind, beträgt;

b) *„Arbeitnehmervertreter"* sind die Arbeitnehmervertreter nach den Rechtsvorschriften oder der Praxis der Mitgliedstaaten.

Für die Berechnung der Zahl der Entlassungen gemäß Absatz 1 Buchstabe a) werden diesen Entlassungen Beendigungen des Arbeitsvertrags gleichgestellt, die auf Veranlassung des Arbeitgebers und aus einem oder mehreren Gründen, die nicht in der Person der Arbeitnehmer liegen, erfolgen, sofern die Zahl der Entlassungen mindestens fünf beträgt.

(2) Diese Richtlinie findet keine Anwendung auf
a) Massenentlassungen im Rahmen von Arbeitsverträgen, die für eine bestimmte Zeit oder Tätigkeit geschlossen werden, es sei denn, daß diese Entlassungen vor Ablauf oder Erfüllung dieser Verträge erfolgen;
b) Arbeitnehmer öffentlicher Verwaltungen oder von Einrichtungen des öffentlichen Rechts (oder in Mitgliedstaaten, die diesen Begriff nicht kennen, von gleichwertigen Stellen);
c) (aufgehoben)

(RL (EU) 2015/1794)

Teil II
Information und Konsultation

Art. 2 (1) Beabsichtigt ein Arbeitgeber, Massenentlassungen vorzunehmen, so hat er die Arbeitnehmervertreter rechtzeitig zu konsultieren, um zu einer Einigung zu gelangen.

(2) Diese Konsultationen erstrecken sich zumindest auf die Möglichkeit, Massenentlassungen zu vermeiden oder zu beschränken, sowie auf die Möglichkeit, ihre Folgen durch soziale Begleitmaßnahmen, die insbesondere Hilfen für eine anderweitige Verwendung oder Umschulung der entlassenen Arbeitnehmer zum Ziel haben, zu mildern.

Die Mitgliedstaaten können vorsehen, daß die Arbeitnehmervertreter gemäß den innerstaatlichen Rechtsvorschriften und/oder Praktiken Sachverständige hinzuziehen können.

(3) Damit die Arbeitnehmervertreter konstruktive Vorschläge unterbreiten können, hat der Arbeitgeber ihnen rechtzeitig im Verlauf der Konsultationen
a) die zweckdienlichen Auskünfte zu erteilen und
b) in jedem Fall schriftlich folgendes mitzuteilen:
  i) die Gründe der geplanten Entlassung;
  ii) die Zahl und die Kategorien der zu entlassenden Arbeitnehmer;
  iii) die Zahl und die Kategorien der in der Regel beschäftigten Arbeitnehmer,
  iv) den Zeitraum, in dem die Entlassungen vorgenommen werden sollen;
  v) die vorgesehenen Kriterien für die Auswahl der zu entlassenden Arbeitnehmer, soweit die innerstaatlichen Rechtsvorschriften und/oder Praktiken dem

Arbeitgeber die Zuständigkeit dafür zuerkennen;
vi) die vorgesehene Methode für die Berechnung etwaiger Abfindungen, soweit sie sich nicht aus den innerstaatlichen Rechtsvorschriften und/oder Praktiken ergeben.

Der Arbeitgeber hat der zuständigen Behörde eine Abschrift zumindest der in Unterabsatz 1 Buchstabe b) Ziffern i) bis v) genannten Bestandteile der schriftlichen Mitteilung zu übermitteln.

(4) Die Verpflichtungen gemäß den Absätzen 1, 2 und 3 gelten unabhängig davon, ob die Entscheidung über die Massenentlassungen von dem Arbeitgeber oder von einem den Arbeitgeber beherrschenden Unternehmen getroffen wurde.

Hinsichtlich angeblicher Verstöße gegen die in dieser Richtlinie enthaltenen Informations-, Konsultations- und Meldepflichten findet der Einwand des Arbeitgebers, das für die Massenentlassungen verantwortliche Unternehmen habe ihm die notwendigen Informationen nicht übermittelt, keine Berücksichtigung.

Teil III
Massenentlassungsverfahren

Art. 3 (1) Der Arbeitgeber hat der zuständigen Behörde alle beabsichtigten Massenentlassungen schriftlich anzuzeigen.

Die Mitgliedstaaten können jedoch vorsehen, daß im Fall einer geplanten Massenentlassung, die aufgrund einer gerichtlichen Entscheidung über die Einstellung der Tätigkeit des Betriebs erfolgt, der Arbeitgeber diese der zuständigen Behörde nur auf deren Verlangen schriftlich anzuzeigen hat.

Die Anzeige muß alle zweckdienlichen Angaben über die beabsichtigte Massenentlassung und die Konsultationen der Arbeitnehmervertreter gemäß Artikel 2 enthalten, insbesondere die Gründe der Entlassung, die Zahl der zu entlassenden Arbeitnehmer, die Zahl der in der Regel beschäftigten Arbeitnehmer und den Zeitraum, in dem die Entlassungen vorgenommen werden sollen.

Betrifft eine geplante Massenentlassung die Besatzungsmitglieder eines Seeschiffs, so unterrichtet der Arbeitgeber die zuständige Behörde des Staates, unter dessen Flagge das Schiff fährt.

(RL (EU) 2015/1794)

(2) Der Arbeitgeber hat den Arbeitnehmervertretern eine Abschrift der in Absatz 1 genannten Anzeige zu übermitteln.

Die Arbeitnehmervertreter können etwaige Bemerkungen an die zuständige Behörde richten.

Art. 4 (1) Die der zuständigen Behörde angezeigten beabsichtigten Massenentlassungen werden frühestens 30 Tage nach Eingang der in Artikel 3 Absatz 1 genannten Anzeige wirksam; die im Fall der Einzelkündigung für die Kündigungsfrist geltenden Bestimmungen bleiben unberührt.

Die Mitgliedstaaten können der zuständigen Behörde jedoch die Möglichkeit einräumen, die Frist des Unterabsatzes 1 zu verkürzen.

(2) Die Frist des Absatzes 1 muß von der zuständigen Behörde dazu benutzt werden, nach Lösungen für die durch die beabsichtigten Massenentlassungen aufgeworfenen Probleme zu suchen.

(3) Soweit die ursprüngliche Frist des Absatzes 1 weniger als 60 Tage beträgt, können die Mitgliedstaaten der zuständigen Behörde die Möglichkeit einräumen, die ursprüngliche Frist auf 60 Tage, vom Zugang der Anzeige an gerechnet, zu verlängern, wenn die Gefahr besteht, daß die durch die beabsichtigten Massenentlassungen aufgeworfenen Probleme innerhalb der ursprünglichen Frist nicht gelöst werden können.

Die Mitgliedstaaten können der zuständigen Behörde weitergehende Verlängerungsmöglichkeiten einräumen.

Die Verlängerung ist dem Arbeitgeber vor Ablauf der ursprünglichen Frist des Absatzes 1 mitzuteilen und zu begründen.

(4) Die Mitgliedstaaten können davon absehen, diesen Artikel im Fall von Massenentlassungen infolge einer Einstellung der Tätigkeit des Betriebs anzuwenden, wenn diese Einstellung aufgrund einer gerichtlichen Entscheidung erfolgt.

Teil IV
Schlußbestimmungen

Art. 5 Diese Richtlinie läßt die Möglichkeit der Mitgliedstaaten unberührt, für die Arbeitnehmer günstigere Rechts- oder Verwaltungsvorschriften anzuwenden oder zu erlassen oder für die Arbeitnehmer günstigere tarifvertragliche Vereinbarungen zuzulassen oder zu fördern.

Art. 6 Die Mitgliedstaaten sorgen dafür, daß den Arbeitnehmervertretern und/oder den Arbeitnehmern administrative und/oder gerichtliche Verfahren zur Durchsetzung der Verpflichtungen gemäß dieser Richtlinie zur Verfügung stehen.

Art. 7 Die Mitgliedstaaten teilen der Kommission den Wortlaut der wichtigsten Rechts- und Verwaltungsvorschriften mit, die sie im Anwendungsbereich dieser Richtlinie erlassen oder bereits erlassen haben.

Art. 8 (1) Die in Anhang I Teil A ausgeführten Richtlinien werden aufgehoben; dies berührt nicht die Verpflichtungen der Mitgliedstaaten hinsichtlich der in Anhang I Teil B ausgeführten Umsetzungsfristen.

(2) Bezugnahmen auf die aufgehobenen Richtlinien gelten als Bezugnahmen auf die vorliegende Richtlinie und sind nach Maßgabe der Entsprechungstabelle in Anhang II zu lesen.

Art. 9 Diese Richtlinie tritt am zwanzigsten Tag nach ihrer Veröffentlichung im *Amtsblatt der Europäischen Gemeinschaften* in Kraft.

Art. 10 Diese Richtlinie ist an die Mitgliedstaaten gerichtet.

4/4. MassenentlassungsRL
Anhänge I, II

ANHANG I

Teil A
Aufgehobene Richtlinien (gemäß Artikel 8)

Richtlinie 75/129/EWG des Rates und ihre Änderung:
Richtlinie 92/56/EWG des Rates.

Teil B
Fristen für die Umsetzung in innerstaatliches Recht (gemäß Artikel 8)

Richtlinie	Ablauf der Umsetzungsfrist
75/129/EWG (ABl. L 48 vom 22. 2. 1975, S. 29)	19. Februar 1977
92/56/EWG (ABl. L 245 vom 26. 8. 1992, S. 3)	24. Juni 1994

ANHANG II
Entsprechungstabelle

Richtlinie 75/129/EWG	Vorliegende Richtlinie
Artikel 1 Absatz 1 Unterabsatz 1 Buchstabe a) erster Gedankenstrich Nummer 1	Artikel 1 Absatz 1 Unterabsatz 1 Buchstabe a) Ziffer i) erster Gedankenstrich
Artikel 1 Absatz 1 Unterabsatz 1 Buchstabe a) erster Gedankenstrich Nummer 2	Artikel 1 Absatz 1 Unterabsatz 1 Buchstabe a) Ziffer i) zweiter Gedankenstrich
Artikel 1 Absatz 1 Unterabsatz 1 Buchstabe a) erster Gedankenstrich Nummer 3	Artikel 1 Absatz 1 Unterabsatz 1 Buchstabe a) Ziffer i) dritter Gedankenstrich
Artikel 1 Absatz 1 Unterabsatz 1 Buchstabe a) zweiter Gedankenstrich	Artikel 1 Absatz 1 Unterabsatz 1 Buchstabe a) Ziffer ii)
Artikel 1 Absatz 1 Unterabsatz 1 Buchstabe b)	Artikel 1 Absatz 1 Unterabsatz 1 Buchstabe b)
Artikel 1 Absatz 1 Unterabsatz 2	Artikel 1 Absatz 1 Unterabsatz 2
Artikel 1 Absatz 2	Artikel 1 Absatz 2
Artikel 2	Artikel 2
Artikel 3	Artikel 3
Artikel 4	Artikel 4
Artikel 5	Artikel 5
Artikel 5a	Artikel 6
Artikel 6 Absatz 1	–
Artikel 6 Absatz 2	Artikel 7
Artikel 7	–
–	Artikel 8
–	Artikel 9
–	Artikel 10
–	Anhang I
–	Anhang II

4/5. Insolvenzrichtlinie

Richtlinie 2008/94/EG des Europäischen Parlaments und des Rates über den Schutz der Arbeitnehmer bei Zahlungsunfähigkeit des Arbeitgebers (kodifizierte Fassung) vom 22. Oktober 2008

(ABl. Nr. L 283 v. 28.10.2008, S. 36; geändert durch die RL (EU) 2015/1794, ABl. Nr. L 263 v. 8.10.2015, S. 1)
(nicht amtlich aktualisierte Fassung)

GLIEDERUNG

KAPITEL I: GELTUNGSBEREICH UND BEGRIFFSBESTIMMUNGEN
Art. 1, 2

KAPITEL II: VORSCHRIFTEN ÜBER DIE GARANTIEEINRICHTUNGEN
Art. 3–5

KAPITEL III: VORSCHRIFTEN ÜBER DIE SOZIALE SICHERHEIT
Art. 6–8

KAPITEL IV: VORSCHRIFTEN FÜR GRENZÜBERGREIFENDE FÄLLE
Art. 9, 10

KAPITEL V: ALLGEMEINE BESTIMMUNGEN UND SCHLUSSBESTIMMUNGEN
Art. 11–18

Anhänge I, II

DAS EUROPÄISCHE PARLAMENT UND DER RAT DER EUROPÄISCHEN UNION –

gestützt auf den Vertrag zur Gründung der Europäischen Gemeinschaft, insbesondere auf Artikel 137 Absatz 2,

auf Vorschlag der Kommission,

nach Stellungnahme des Europäischen Wirtschafts- und Sozialausschusses (ABl. C 161 vom 13.7.2007, S. 75),

nach Anhörung des Ausschusses der Regionen gemäß dem Verfahren des Artikels 251 des Vertrags (Stellungnahme des Europäischen Parlaments vom 19. Juni 2007 (ABl. C 146 E vom 12.6.2008, S. 71) und Beschluss des Rates vom 25. September 2008),

in Erwägung nachstehender Gründe:

(1) Die Richtlinie 80/987/EWG des Rates vom 20. Oktober 1980 über den Schutz der Arbeitnehmer bei Zahlungsunfähigkeit des Arbeitgebers (ABl. L 283 vom 28.10.1980, S. 23) wurde mehrfach und erheblich geändert (siehe Anhang I Teile A und B). Aus Gründen der Klarheit und der Übersichtlichkeit empfiehlt es sich, sie zu kodifizieren.

(2) Unter Nummer 7 der am 9. Dezember 1989 angenommenen Gemeinschaftscharta der sozialen Grundrechte der Arbeitnehmer heißt es, dass die Verwirklichung des Binnenmarkts zu einer Verbesserung der Lebens- und Arbeitsbedingungen der Arbeitnehmer in der Gemeinschaft führen muss und dass diese Verbesserung, soweit nötig, dazu führen muss, dass bestimmte Bereiche des Arbeitsrechts wie die Verfahren bei Massenentlassungen oder bei Konkursen ausgestaltet werden.

(3) Es sind Bestimmungen notwendig, die die Arbeitnehmer bei Zahlungsunfähigkeit des Arbeitgebers schützen und um ihnen ein Minimum an Schutz zu sichern, insbesondere die Zahlung ihrer nicht erfüllten Ansprüche zu gewährleisten; dabei muss die Notwendigkeit einer ausgewogenen wirtschaftlichen und sozialen Entwicklung in der Gemeinschaft berücksichtigt werden. Deshalb sollten die Mitgliedstaaten eine Einrichtung schaffen, die die Befriedigung der nicht erfüllten Arbeitnehmeransprüche garantiert.

(4) Zur Gewährleistung eines angemessenen Schutzes der betroffenen Arbeitnehmer ist es angebracht, den Begriff der Zahlungsunfähigkeit im Lichte der Rechtsentwicklung in den Mitgliedstaaten auf diesem Sachgebiet zu bestimmen und mit diesem Begriff auch andere Insolvenzverfahren als Liquidationsverfahren zu erfassen. In diesem Zusammenhang sollten die Mitgliedstaaten, um zu bestimmen, ob die Garantieeinrichtung zu einer Zahlung verpflichtet ist, vorsehen können, dass für den Fall, dass das Vorliegen einer Insolvenz zu mehreren Insolvenzverfahren führt, die Situation so behandelt wird, als handelte es sich um ein einziges Insolvenzverfahren.

(5) Es sollte vorgesehen werden, dass Arbeitnehmer, die unter die Richtlinie 97/81/EG des Rates vom 15. Dezember 1997 zu der von UNICE, CEEP und EGB geschlossenen Rahmenvereinbarung über Teilzeitarbeit (ABl. L 14 vom 20.1.1998, S. 9, die Richtlinie 1999/70/EG des Rates vom 28. Juni 1999 zu der EGB-UNICE-CEEP-Rahmenvereinbarung über befristete Arbeitsverträge (ABl. L 175 vom 10.7.1999, S. 43) und die Richtlinie 91/383/EWG des Rates vom 25. Juni 1991 zur Ergänzung der Maßnahmen zur Verbesserung der Sicherheit und

des Gesundheitsschutzes von Arbeitnehmern mit befristetem Arbeitsverhältnis oder Leiharbeitsverhältnis (ABl. L 206 vom 29.7.1991, S. 19) fallen, nicht vom Geltungsbereich der vorliegenden Richtlinie ausgeschlossen werden.

(6) Zur Gewährleistung der Rechtssicherheit für die Arbeitnehmer von zahlungsunfähigen Unternehmen, die in mehreren Mitgliedstaaten tätig sind, und zur Festigung der Rechte dieser Arbeitnehmer im Sinne der Rechtsprechung des Gerichtshofes der Europäischen Gemeinschaften ist es angebracht, Bestimmungen vorzusehen, die ausdrücklich festlegen, welche Einrichtung in solchen Fällen für die Befriedigung der nicht erfüllten Arbeitnehmeransprüche zuständig ist, und deren Ziel die Zusammenarbeit der zuständigen Verwaltungen der Mitgliedstaaten zur schnellstmöglichen Befriedigung der nicht erfüllten Arbeitnehmeransprüche ist. Ferner ist es angebracht, eine ordnungsgemäße Anwendung der einschlägigen Bestimmungen dadurch zu gewährleisten, dass eine Zusammenarbeit der zuständigen Verwaltungen der Mitgliedstaaten vorgesehen wird.

(7) Die Mitgliedstaaten können Grenzen für die Verpflichtungen der Garantieeinrichtungen festlegen, die mit der sozialen Zielsetzung der Richtlinie vereinbar sein müssen und die unterschiedliche Höhe von Ansprüchen berücksichtigen können.

(8) Zur Erleichterung der Feststellung von Insolvenzverfahren, insbesondere in grenzübergreifenden Fällen, sollte vorgesehen werden, dass die Mitgliedstaaten der Kommission und den anderen Mitgliedstaaten mitteilen, welche Arten von Insolvenzverfahren eine Eintrittspflicht der Garantieeinrichtung auslösen.

(9) Da das Ziel der durch die vorliegende Richtlinie beabsichtigten Maßnahme auf Ebene der Mitgliedstaaten nicht ausreichend verwirklicht werden kann und daher besser auf Gemeinschaftsebene zu verwirklichen ist, kann die Gemeinschaft im Einklang mit dem in Artikel 5 des Vertrags niedergelegten Subsidiaritätsprinzip tätig werden. Entsprechend dem in demselben Artikel genannten Verhältnismäßigkeitsprinzip geht diese Richtlinie nicht über das zur Erreichung dieses Ziels erforderliche Maß hinaus.

(10) Die Kommission sollte dem Europäischen Parlament und dem Rat einen Bericht über die Umsetzung und Durchführung dieser Richtlinie, insbesondere bezüglich neuer, sich in den Mitgliedstaaten entwickelnder Beschäftigungsformen, unterbreiten.

(11) Die vorliegende Richtlinie sollte die Verpflichtung der Mitgliedstaaten hinsichtlich der in Anhang I Teil C genannten Fristen für die Umsetzung der dort genannten Richtlinien in innerstaatliches Recht und für die Anwendung dieser Richtlinien unberührt lassen –

HABEN FOLGENDE RICHTLINIE ERLASSEN:

KAPITEL I
GELTUNGSBEREICH UND BEGRIFFSBESTIMMUNGEN

Art. 1 (1) Diese Richtlinie gilt für Ansprüche von Arbeitnehmern aus Arbeitsverträgen oder Arbeitsverhältnissen gegen Arbeitgeber, die zahlungsunfähig im Sinne des Artikels 2 Absatz 1 sind.

(2) Die Mitgliedstaaten können die Ansprüche bestimmter Gruppen von Arbeitnehmern wegen des Bestehens anderer Garantieformen ausnahmsweise vom Anwendungsbereich dieser Richtlinie ausschließen, wenn diese den Betroffenen nachweislich einen Schutz gewährleisten, der dem sich aus dieser Richtlinie ergebenden Schutz gleichwertig ist.

(3) Die Mitgliedstaaten können, sofern eine solche Vorschrift nach ihrem innerstaatlichen Recht bereits angewandt wird, Hausangestellte, die von einer natürlichen Person beschäftigt werden, auch weiterhin vom Anwendungsbereich dieser Richtlinie ausschließen.

(RL (EU) 2015/1794)

Art. 2 (1) Im Sinne dieser Richtlinie gilt ein Arbeitgeber als zahlungsunfähig, wenn die Eröffnung eines nach den Rechts- und Verwaltungsvorschriften eines Mitgliedstaats vorgeschriebenen Gesamtverfahrens beantragt worden ist, das die Insolvenz des Arbeitgebers voraussetzt und den teilweisen oder vollständigen Vermögensbeschlag gegen diesen Arbeitgeber sowie die Bestellung eines Verwalters oder einer Person, die eine ähnliche Funktion ausübt, zur Folge hat, und wenn die aufgrund der genannten Rechts- und Verwaltungsvorschriften zuständige Behörde

a) die Eröffnung des Verfahrens beschlossen hat; oder

b) festgestellt hat, dass das Unternehmen oder der Betrieb des Arbeitgebers endgültig stillgelegt worden ist und die Vermögensmasse nicht ausreicht, um die Eröffnung des Verfahrens zu rechtfertigen.

(2) Diese Richtlinie lässt das einzelstaatliche Recht bezüglich der Begriffsbestimmung der Worte „Arbeitnehmer", „Arbeitgeber", „Arbeitsentgelt", „erworbenes Recht" und „Anwartschaftsrecht" unberührt.

Die Mitgliedstaaten dürfen jedoch folgende Personen vom Anwendungsbereich dieser Richtlinie nicht ausschließen:

a) Teilzeitarbeitnehmer im Sinne der Richtlinie 97/81/EG;

b) Arbeitnehmer mit befristetem Arbeitsvertrag im Sinne der Richtlinie 1999/70/EG;

c) Arbeitnehmer mit Leiharbeitsverhältnis im Sinne von Artikel 1 Nummer 2 der Richtlinie 91/383/EWG.

(3) Die Mitgliedstaaten dürfen den Anspruch der Arbeitnehmer auf Schutz nach dieser Richtlinie nicht von einer Mindestdauer des Arbeitsvertrags oder Arbeitsverhältnisses abhängig machen.

(4) Diese Richtlinie hindert die Mitgliedstaaten nicht daran, den Schutz der Arbeitnehmer auf andere Situationen der Zahlungsunfähigkeit – beispielsweise tatsächlich auf Dauer eingestellte Zahlungen – die nach anderen im einzelstaatlichen Recht vorgesehenen Verfahren als den in Absatz 1 genannten Verfahren festgestellt worden ist, auszuweiten.

Durch derartige Verfahren entstehen den Garantieeinrichtungen der übrigen Mitgliedstaaten in Fällen nach Kapitel IV jedoch keine Verpflichtungen.

KAPITEL II
VORSCHRIFTEN ÜBER DIE GARANTIEEINRICHTUNGEN

Art. 3 Die Mitgliedstaaten treffen die erforderlichen Maßnahmen, damit vorbehaltlich des Artikels 4 Garantieeinrichtungen die Befriedigung der nicht erfüllten Ansprüche der Arbeitnehmer aus Arbeitsverträgen und Arbeitsverhältnissen sicherstellen, einschließlich, sofern dies nach ihrem innerstaatlichen Recht vorgesehen ist, einer Abfindung bei Beendigung des Arbeitsverhältnisses.

Die Ansprüche, deren Befriedigung die Garantieeinrichtung übernimmt, sind die nicht erfüllten Ansprüche auf Arbeitsentgelt für einen Zeitraum, der vor und/oder gegebenenfalls nach einem von den Mitgliedstaaten festgelegten Zeitpunkt liegt.

Art. 4 (1) Die Mitgliedstaaten können die in Artikel 3 vorgesehene Zahlungspflicht der Garantieeinrichtungen begrenzen.

(2) Machen die Mitgliedstaaten von der in Absatz 1 genannten Möglichkeit Gebrauch, so legen sie die Dauer des Zeitraums fest, für den die Garantieeinrichtung die nicht erfüllten Ansprüche zu befriedigen hat. Diese Dauer darf jedoch einen Zeitraum, der die letzten drei Monate des Arbeitsverhältnisses und die damit verbundenen Ansprüche auf Arbeitsentgelt umfasst und der vor und/oder nach dem Zeitpunkt gemäß Artikel 3 Absatz 2 liegt, nicht unterschreiten.

Die Mitgliedstaaten können festlegen, dass dieser Mindestzeitraum von drei Monaten innerhalb eines Bezugszeitraums von mindestens sechs Monaten liegen muss.

Die Mitgliedstaaten, die einen Bezugszeitraum von mindestens 18 Monaten vorsehen, können den Zeitraum, für den die Garantieeinrichtung die nicht erfüllten Ansprüche zu befriedigen hat, auf acht Wochen beschränken. In diesem Fall werden für die Berechnung des Mindestzeitraums die für die Arbeitnehmer vorteilhaftesten Zeiträume zugrunde gelegt.

(3) Die Mitgliedstaaten können Höchstgrenzen für die von der Garantieeinrichtung zu leistenden Zahlungen festsetzen. Diese Höchstgrenzen dürfen eine mit der sozialen Zielsetzung dieser Richtlinie zu vereinbarende soziale Schwelle nicht unterschreiten.

Machen die Mitgliedstaaten von dieser Befugnis Gebrauch, so teilen sie der Kommission mit, nach welcher Methode sie die Höchstgrenze festsetzen.

Art. 5 Die Mitgliedstaaten legen die Einzelheiten des Aufbaus, der Mittelaufbringung und der Arbeitsweise der Garantieeinrichtungen fest, wobei sie insbesondere folgende Grundsätze beachten:

a) das Vermögen der Einrichtungen muss vom Betriebsvermögen der Arbeitgeber unabhängig und so angelegt sein, dass es einem Verfahren bei Zahlungsunfähigkeit nicht zugänglich ist;

b) die Arbeitgeber müssen zur Mittelaufbringung beitragen, es sei denn, dass diese in vollem Umfang durch die öffentliche Hand gewährleistet ist;

c) die Zahlungspflicht der Einrichtungen besteht unabhängig von der Erfüllung der Verpflichtungen, zur Mittelaufbringung beizutragen.

KAPITEL III
VORSCHRIFTEN ÜBER DIE SOZIALE SICHERHEIT

Art. 6 Die Mitgliedstaaten können vorsehen, dass die Artikel 3, 4 und 5 nicht für die Beiträge der Arbeitnehmer zu den einzelstaatlichen gesetzlichen Systemen der sozialen Sicherheit oder den betrieblichen oder überbetrieblichen Zusatzversorgungseinrichtungen außerhalb der einzelstaatlichen gesetzlichen Systeme der sozialen Sicherheit gelten.

Art. 7 Die Mitgliedstaaten treffen die notwendigen Maßnahmen, um sicherzustellen, dass die Nichtzahlung an die Versicherungsträger von Pflichtbeiträgen zu den einzelstaatlichen gesetzlichen Systemen der sozialen Sicherheit, die vom Arbeitgeber vor Eintritt seiner Zahlungsunfähigkeit geschuldet waren, keine Nachteile für die Leistungsansprüche der Arbeitnehmer gegenüber diesen Versicherungsträgern mit sich bringt, soweit die Arbeitnehmerbeitragsanteile von den gezahlten Löhnen einbehalten worden sind.

Art. 8 Die Mitgliedstaaten vergewissern sich, dass die notwendigen Maßnahmen zum Schutz der Interessen der Arbeitnehmer sowie der Personen, die zum Zeitpunkt des Eintritts der Zahlungsunfähigkeit des Arbeitgebers aus dessen Unternehmen oder Betrieb bereits ausgeschieden sind, hinsichtlich ihrer erworbenen Rechte oder Anwartschaftsrechte auf Leistungen bei Alter, einschließlich Leistungen für Hinterbliebene, aus betrieblichen oder überbetrieblichen Zusatzversorgungseinrichtungen außerhalb der einzelstaatlichen gesetzlichen Systeme der sozialen Sicherheit getroffen werden.

KAPITEL IV
VORSCHRIFTEN FÜR GRENZÜBERGREIFENDE FÄLLE

Art. 9 (1) Ist ein Unternehmen, das im Hoheitsgebiet mindestens zweier Mitgliedstaaten tätig ist, zahlungsunfähig im Sinne von Artikel 2 Absatz 1, so ist für die Befriedigung der nicht erfüllten Arbeitnehmeransprüche die Einrichtung desjenigen Mitgliedstaats zuständig, in dessen Hoheitsgebiet die betreffenden Arbeitnehmer ihre Arbeit gewöhnlich verrichten oder verrichtet haben.

(2) Der Umfang der Rechte der Arbeitnehmer richtet sich nach dem für die zuständige Garantieeinrichtung geltenden Recht.

(3) Die Mitgliedstaaten treffen die erforderlichen Maßnahmen, um sicherzustellen, dass Entscheidungen, die in den in Absatz 1 des vorliegenden Artikels genannten Fällen im Rahmen eines Insolvenzverfahrens gemäß Artikel 2 Absatz 1 ergehen, dessen Eröffnung in einem anderen Mitgliedstaat beantragt wurde, bei der Feststellung der Zahlungsunfähigkeit des Arbeitgebers im Sinne dieser Richtlinie berücksichtigt werden.

Art. 10 (1) Zur Durchführung von Artikel 9 sehen die Mitgliedstaaten den Austausch einschlägiger Informationen zwischen den zuständigen öffentlichen Verwaltungen und/oder den in Artikel 3 Absatz 1 genannten Garantieeinrichtungen vor, mit dem insbesondere ermöglicht wird, dass die zuständige Garantieeinrichtung von den nicht erfüllten Arbeitnehmeransprüchen unterrichtet wird.

(2) Die Mitgliedstaaten teilen der Kommission und den anderen Mitgliedstaaten die genauen Angaben zu den jeweiligen zuständigen öffentlichen Verwaltungen und/oder Garantieeinrichtungen mit. Die Kommission macht diese Informationen der Öffentlichkeit zugänglich.

KAPITEL V
ALLGEMEINE BESTIMMUNGEN UND SCHLUSSBESTIMMUNGEN

Art. 11 Diese Richtlinie schränkt nicht die Möglichkeit der Mitgliedstaaten ein, für die Arbeitnehmer günstigere Rechts- oder Verwaltungsvorschriften anzuwenden oder zu erlassen.

Die Durchführung dieser Richtlinie darf unter keinen Umständen als Begründung für einen Rückschritt gegenüber der bestehenden Situation in jedem einzelnen Mitgliedstaat und gegenüber dem allgemeinen Niveau des Arbeitnehmerschutzes in dem von ihr abgedeckten Bereich herangezogen werden.

Art. 12 Diese Richtlinie steht nicht der Möglichkeit der Mitgliedstaaten entgegen,
a) die zur Vermeidung von Missbräuchen notwendigen Maßnahmen zu treffen;
b) die in Artikel 3 vorgesehene Zahlungspflicht oder die in Artikel 7 vorgesehene Garantiepflicht abzulehnen oder einzuschränken, wenn sich herausstellt, dass die Erfüllung der Verpflichtung wegen des Bestehens besonderer Bindungen zwischen dem Arbeitnehmer und dem Arbeitgeber und gemeinsamer Interessen, die sich in einer Kollusion zwischen dem Arbeitnehmer und dem Arbeitgeber ausdrücken, nicht gerechtfertigt ist;
c) die in Artikel 3 vorgesehene Zahlungspflicht oder die in Artikel 7 vorgesehene Garantiepflicht in den Fällen abzulehnen oder einzuschränken, in denen ein Arbeitnehmer allein oder zusammen mit engen Verwandten Inhaber eines wesentlichen Teils des Unternehmens oder Betriebs des Arbeitgebers war und beträchtlichen Einfluss auf dessen Tätigkeiten hatte.

Art. 13 Die Mitgliedstaaten teilen der Kommission und den anderen Mitgliedstaaten die Arten von nationalen Insolvenzverfahren, die in den Geltungsbereich dieser Richtlinie fallen, sowie sämtliche diese Verfahren betreffenden Änderungen mit.

Die Kommission veröffentlicht diese Mitteilungen im *Amtsblatt der Europäischen Union*.

Art. 14 Die Mitgliedstaaten teilen der Kommission den Wortlaut der Rechts- und Verwaltungsvorschriften mit, die sie auf dem unter diese Richtlinie fallenden Gebiet erlassen.

Art. 15 Bis spätestens zum 8. Oktober 2010 unterbreitet die Kommission dem Europäischen Parlament und dem Rat einen Bericht über die Umsetzung und Durchführung der Artikel 1 bis 4, 9 und 10, des Artikels 11 Absatz 2, des Artikels 12 Buchstabe c sowie der Artikel 13 und 14 in den Mitgliedstaaten.

Art. 16 Die Richtlinie 80/987/EWG, in der Fassung der in Anhang I aufgeführten Rechtsakte, wird unbeschadet der Verpflichtung der Mitgliedstaaten hinsichtlich der in Anhang I Teil C genannten Fristen für die Umsetzung der dort genannten Richtlinien in innerstaatliches Recht und für die Anwendung dieser Richtlinien aufgehoben.

Verweisungen auf die aufgehobene Richtlinie gelten als Verweisungen auf die vorliegende Richtlinie und sind nach Maßgabe der Entsprechungstabelle in Anhang II zu lesen.

Art. 17 Diese Richtlinie tritt am zwanzigsten Tag nach ihrer Veröffentlichung im *Amtsblatt der Europäischen Union* in Kraft.

Art. 18 Diese Richtlinie ist an die Mitgliedstaaten gerichtet.

4/5. InsolvenzRL
Anhänge I, II

ANHANG I

TEIL A
Aufgehobene Richtlinie mit ihren nachfolgenden Änderungen
(gemäß Artikel 16)

Richtlinie 80/987/EWG des Rates	(ABl. L 283 vom 28.10.1980, S. 23)
Richtlinie 87/164/EWG des Rates	(ABl. L 66 vom 11.3.1987, S. 11)
Richtlinie 2002/74/EG des Europäischen Parlaments und des Rates	(ABl. L 270 vom 8.10.2002, S. 10)

TEIL B
Nicht aufgehobener Änderungsakt
(gemäß Artikel 16)

Beitrittsakte von 1994

TEIL C
Fristen für die Umsetzung in innerstaatliches Recht und für die Anwendung
(gemäß Artikel 16)

Richtlinie	Umsetzungsfrist	Datum der Anwendung
80/987/EWG	23. Oktober 1983	1. Januar 1986
87/164/EWG		
2002/74/EG	7. Oktober 2005	

ANHANG II
Entsprechungstabelle

Richtlinie 80/987/EWG	Vorliegende Richtlinie
Artikel 1	Artikel 1
Artikel 2	Artikel 2
Artikel 3	Artikel 3
Artikel 4	Artikel 4
Artikel 5	Artikel 5
Artikel 6	Artikel 6
Artikel 7	Artikel 7
Artikel 8	Artikel 8
Artikel 8a	Artikel 9
Artikel 8b	Artikel 10
Artikel 9	Artikel 11
Artikel 10	Artikel 12
Artikel 10a	Artikel 13
Artikel 11 Absatz 1	—
Artikel 11 Absatz 2	Artikel 14
Artikel 12	—
—	Artikel 15
—	Artikel 16
—	Artikel 17
Artikel 13	Artikel 18
—	Anhang I
—	Anhang II

4/6. Entsenderichtlinie

Richtlinie 96/71/EG des Europäischen Parlaments und des Rates über die Entsendung von Arbeitnehmern im Rahmen der Erbringung von Dienstleistungen vom 16. Dezember 1996

(ABl. Nr. L 18 v. 21.1.1997, S. 1; geändert durch die RL (EU) 2018/957, ABl. Nr. L 173 v. 9.7.2018, S. 16)
(nicht amtlich aktualisierte Fassung)
Anmerkung: ab 2.2.2022 ist die Lex specialis für den Straßenverkehr (4/6c.) zu beachten

GLIEDERUNG

- Art. 1: Gegenstand und Anwendungsbereich
- Art. 2: Begriffsbestimmung
- Art. 3: Arbeits- und Beschäftigungsbedingungen
- Art. 4: Zusammenarbeit im Informationsbereich
- Art. 5: Überwachung, Kontrolle und Durchsetzung
- Art. 6: Gerichtliche Zuständigkeit
- Art. 7: Durchführung
- Art. 8, 9: Überprüfung durch die Kommission

ANHANG

DAS EUROPÄISCHE PARLAMENT UND DER RAT DER EUROPÄISCHEN UNION –
gestützt auf den Vertrag zur Gründung der Europäischen Gemeinschaft, insbesondere auf Artikel 57 Absatz 2 und Artikel 66,
auf Vorschlag der Kommission (ABl. Nr. C 225 v. 30.8.1991, S. 6, und ABl. Nr. C 187 v. 9.7.1993, S. 5),
nach Stellungnahme des Wirtschafts- und Sozialausschusses (ABl. Nr. C 49 v. 24.2.1992, S. 41),
gemäß dem Verfahren des Artikels 189b des Vertrags (Stellungnahme des Europäischen Parlaments vom 10. Februar 1993, ABl. Nr. C 72 vom 13.3.1993, S. 78; Gemeinsamer Standpunkt des Rates vom 3. Juni 1996, ABl. Nr. C 220 v. 29.7.1996, S. 1, und Beschluß des Europäischen Parlaments vom 18. September 1996, ABl. Nr. C 320 v. 28.10.1996, S. 73; Beschluß des Rates vom 24. September 1996),
in Erwägung nachstehender Gründe:

(1) Die Beseitigung der Hindernisse für den freien Personen- und Dienstleistungsverkehr zwischen den Mitgliedstaaten gehört gemäß Artikel 3 Buchstabe c) des Vertrages zu den Zielen der Gemeinschaft.

(2) Für die Erbringung von Dienstleistungen sind nach dem Vertrag seit Ende der Übergangszeit Einschränkungen aufgrund der Staatsangehörigkeit oder einer Wohnsitzvoraussetzung unzulässig.

(3) Die Verwirklichung des Binnenmarktes bietet einen dynamischen Rahmen für die länderübergreifende Erbringung von Dienstleistungen. Das veranlaßt eine wachsende Zahl von Unternehmen, Arbeitnehmer für eine zeitlich begrenzte Arbeitsleistung in das Hoheitsgebiet eines Mitgliedstaats zu entsenden, der nicht der Staat ist, in dem sie normalerweise beschäftigt werden.

(4) Die Erbringung von Dienstleistungen kann entweder als Ausführung eines Auftrags durch ein Unternehmen, in seinem Namen und unter seiner Leitung im Rahmen eines Vertrags zwischen diesem Unternehmen und dem Leistungsempfänger oder in Form des Zurverfügungstellens von Arbeitnehmern für ein Unternehmen im Rahmen eines öffentlichen oder privaten Auftrags erfolgen.

(5) Voraussetzung für eine solche Förderung des länderübergreifenden Dienstleistungsverkehrs sind ein fairer Wettbewerb sowie Maßnahmen, die die Wahrung der Rechte der Arbeitnehmer garantieren.

(6) Mit der Transnationalisierung der Arbeitsverhältnisse entstehen Probleme hinsichtlich des auf ein Arbeitsverhältnis anwendbaren Rechts. Es liegt im Interesse der betroffenen Parteien, die für das geplante Arbeitsverhältnis geltenden Arbeits- und Beschäftigungsbedingungen festzulegen.

(7) Das Übereinkommen von Rom vom 19. Juni 1980 über das auf vertragliche Schuldverhältnisse anzuwendende Recht (ABl. Nr. L 266 v. 9.10.1980, S. 1 [vgl. nun VO (EG) Nr. 595/2008]), das von zwölf Mitgliedstaaten unterzeichnet wurde, ist am 1. April 1991 in der Mehrheit der Mitgliedstaaten in Kraft getreten.

(8) In Artikel 3 dieses Übereinkommens wird als allgemeine Regel die freie Rechtswahl der Parteien festgelegt. Mangels einer Rechtswahl ist nach Artikel 6 Absatz 2 auf den Arbeitsvertrag das Recht des Staates anzuwenden, in dem der Arbeitnehmer in Erfüllung des Vertrages gewöhnlich seine Arbeit verrichtet, selbst wenn er vorübergehend in einen anderen Staat entsandt ist, oder das Recht des Staates, in dem sich die Niederlassung befindet, die den Arbeitnehmer eingestellt hat, sofern dieser seine Arbeit gewöhnlich nicht in ein und demselben Staat verrichtet, es sei denn, daß sich aus der Gesamtheit der Umstände ergibt, daß der Arbeitsvertrag engere Verbindungen zu einem anderen Staat aufweist; in diesem Fall ist das Recht dieses anderen Staates anzuwenden.

(9) Nach Artikel 6 Absatz 1 dieses Übereinkommens darf die Rechtswahl der Parteien nicht dazu führen, daß dem Arbeitnehmer der Schutz entzogen wird, der ihm durch die zwingenden Bestimmungen des Rechts gewährt wird, das nach Absatz 2 mangels einer Rechtswahl anzuwenden wäre.

(10) Nach Artikel 7 dieses Übereinkommens kann – zusammen mit dem für anwendbar erklärten Recht – den zwingenden Bestimmungen des Rechts eines anderen Staates, insbesondere des Mitgliedstaats, in dessen Hoheitsgebiet der Arbeitnehmer vorübergehend entsandt wird, Wirkung verliehen werden.

(11) Nach dem in Artikel 20 dieses Übereinkommens anerkannten Grundsatz des Vorrangs des Gemeinschaftsrechts berührt das Übereinkommen nicht die Anwendung der Kollisionsnormen für vertragliche Schuldverhältnisse auf besonderen Gebieten, die in Rechtsakten der Organe der Europäischen Gemeinschaften oder in dem in Ausführung dieser Akte harmonisierten innerstaatlichen Recht enthalten sind oder enthalten sein werden.

(12) Das Gemeinschaftsrecht hindert die Mitgliedstaaten nicht daran, ihre Gesetze oder die von den Sozialpartnern abgeschlossenen Tarifverträge auf sämtliche Personen anzuwenden, die – auch nur vorübergehend – in ihrem Hoheitsgebiet beschäftigt werden, selbst wenn ihr Arbeitgeber in einem anderen Mitgliedstaat ansässig ist. Das Gemeinschaftsrecht verbietet es den Mitgliedstaaten nicht, die Einhaltung dieser Bestimmungen mit angemessenen Mitteln sicherzustellen.

(13) Die Gesetze der Mitgliedstaaten müssen koordiniert werden, um einen Kern zwingender Bestimmungen über ein Mindestmaß an Schutz festzulegen, das im Gastland von Arbeitgebern zu gewährleisten ist, die Arbeitnehmer für eine zeitlich begrenzte Arbeitsleistung in das Hoheitsgebiet eines Mitliedstaats entsenden, in dem eine Dienstleistung zu erbringen ist. Eine solche Koordinierung kann nur durch Rechtsvorschriften der Gemeinschaft erfolgen.

(14) Ein „harter Kern" klar definierter Schutzbestimmungen ist vom Dienstleistungserbringer unabhängig von der Dauer der Entsendung des Arbeitnehmers einzuhalten.

(15) In bestimmten Fällen von Montage- und/ oder Einbauarbeiten sind die Bestimmungen über die Mindestlohnsätze und den bezahlten Mindestjahresurlaub nicht anzuwenden.

(16) Die Anwendung der Bestimmungen über die Mindestlohnsätze und den bezahlten Mindestjahresurlaub bedarf außerdem einer gewissen Flexibilität. Beträgt die Dauer der Entsendung nicht mehr als einen Monat, so können die Mitgliedstaaten unter bestimmten Bedingungen von den Bestimmungen über die Mindestlohnsätze abweichen oder die Möglichkeit von Abweichungen im Rahmen von Tarifverträgen vorsehen. Ist der Umfang der zu verrichtenden Arbeiten gering, so können die Mitgliedstaaten von den Bestimmungen über die Mindestlohnsätze und den bezahlten Mindestjahresurlaub abweichen.

(17) Die im Gastland geltenden zwingenden Bestimmungen über ein Mindestmaß an Schutz dürfen jedoch nicht der Anwendung von Arbeitsbedingungen, die für die Arbeitnehmer günstiger sind, entgegenstehen.

(18) Es sollte der Grundsatz eingehalten werden, daß außerhalb der Gemeinschaft ansässige Unternehmen nicht besser gestellt werden dürfen als Unternehmen, die im Hoheitsgebiet eines Mitgliedstaates ansässig sind.

(19) Unbeschadet anderer Gemeinschaftsbestimmungen beinhaltet diese Richtlinie weder die Verpflichtung zur rechtlichen Anerkennung der Existenz von Leiharbeitsunternehmen, noch hindert sie die Mitgliedstaaten, ihre Rechtsvorschriften über das Zurverfügungstellen von Arbeitskräften und über Leiharbeitsunternehmen auf Unternehmen anzuwenden, die nicht in ihrem Hoheitsgebiet niedergelassen, dort aber im Rahmen der Erbringung von Dienstleistungen tätig sind.

(20) Diese Richtlinie berührt weder die von der Gemeinschaft mit Drittländern geschlossenen Übereinkünfte noch die Rechtsvorschriften der Mitgliedstaaten, die den Zugang von Dienstleistungserbringern aus Drittländern zu ihrem Hoheitsgebiet betreffen. Ebenso bleiben die einzelstaatlichen Rechtsvorschriften, die die Einreise und den Aufenthalt von Arbeitnehmern aus Drittländern sowie deren Zugang zur Beschäftigung regeln, von dieser Richtlinie unberührt.

(21) Welche Bestimmungen im Bereich der Sozialversicherungsleistungen und -beiträge anzuwenden sind, ist in der Verordnung (EWG) Nr. 1408/71 des Rates vom 14. Juni 1971 zur Anwendung der Systeme der sozialen Sicherheit auf Arbeitnehmer und deren Familien, die innerhalb der Gemeinschaft zu- und abwandern (ABl. Nr. L 149 v. 5.7.1971, S. 2, zuletzt geändert durch die Verordnung (EG) Nr. 3096/95, ABl. Nr. L 335 v. 30.12.1995, S. 10), geregelt.

(22) Diese Richtlinie berührt nicht das Recht der Mitgliedstaaten über kollektive Maßnahmen zur Verteidigung beruflicher Interessen.

(23) Die zuständigen Stellen in den Mitgliedstaaten müssen bei der Anwendung dieser Richtlinie zusammenarbeiten. Die Mitgliedstaaten haben geeignete Maßnahmen für den Fall der Nichteinhaltung dieser Richtlinie vorzusehen.

(24) Es muß sichergestellt werden, daß diese Richtlinie ordnungsgemäß angewandt wird. Hierzu ist eine enge Zusammenarbeit zwischen der Kommission und den Mitgliedstaaten vorzusehen.

(25) Spätestens fünf Jahre nach Annahme dieser Richtlinie hat die Kommission die Anwendung dieser Richtlinie zu überprüfen und, falls erforderlich, Änderungsvorschläge zu unterbreiten –

HABEN FOLGENDE RICHTLINIE ERLASSEN:

Gegenstand und Anwendungsbereich

Art. 1 (–1) Mit dieser Richtlinie wird der Schutz entsandter Arbeitnehmer während ihrer Entsendung im Verhältnis zur Dienstleistungsfreiheit

4/6. EntsendeRL
Präambel, Art. 1 – 3

sichergestellt, indem zwingende Vorschriften in Bezug auf die Arbeitsbedingungen und den Schutz der Gesundheit und Sicherheit der Arbeitnehmer festgelegt werden, die eingehalten werden müssen.

(–1a) Diese Richtlinie berührt in keiner Weise die Ausübung der in den Mitgliedstaaten und auf Unionsebene anerkannten Grundrechte, einschließlich des Rechts oder der Freiheit zum Streik oder zur Durchführung anderer Maßnahmen, die im Rahmen der jeweiligen Systeme der Mitgliedstaaten im Bereich der Arbeitsbeziehungen nach ihren nationalen Rechtsvorschriften und/oder ihren nationalen Gepflogenheiten vorgesehen sind. Sie berührt auch nicht das Recht, im Einklang mit den nationalen Rechtsvorschriften und/oder nationalen Gepflogenheiten Tarifverträge auszuhandeln, abzuschließen und durchzusetzen oder kollektive Maßnahmen zu ergreifen.

(1) Diese Richtlinie gilt für Unternehmen mit Sitz in einem Mitgliedstaat, die im Rahmen der länderübergreifenden Erbringung von Dienstleistungen Arbeitnehmer gemäß Absatz 3 in das Hoheitsgebiet eines Mitgliedstaats entsenden.

(2) Diese Richtlinie gilt nicht für Schiffsbesatzungen von Unternehmen der Handelsmarine.

(3) Diese Richtlinie findet Anwendung, soweit die in Absatz 1 genannten Unternehmen eine der folgenden länderübergreifenden Maßnahmen treffen:

a) einen Arbeitnehmer in ihrem Namen und unter ihrer Leitung in das Hoheitsgebiet eines Mitgliedstaats im Rahmen eines Vertrags entsenden, der zwischen dem entsendenden Unternehmen und dem in diesem Mitgliedstaat tätigen Dienstleistungsempfänger geschlossen wurde, sofern für die Dauer der Entsendung ein Arbeitsverhältnis zwischen dem entsendenden Unternehmen und dem Arbeitnehmer besteht, oder

b) einen Arbeitnehmer in eine Niederlassung oder ein der Unternehmensgruppe angehörendes Unternehmen im Hoheitsgebiet eines Mitgliedstaats entsenden, sofern für die Dauer der Entsendung ein Arbeitsverhältnis zwischen dem entsendenden Unternehmen und dem Arbeitnehmer besteht, oder

c) als Leiharbeitsunternehmen oder als einen Arbeitnehmer überlassendes Unternehmen einen Arbeitnehmer einem entleihenden Unternehmen überlassen, das seinen Sitz im Hoheitsgebiet eines Mitgliedstaats hat oder dort seine Tätigkeit ausübt, sofern für die Dauer der Entsendung ein Arbeitsverhältnis zwischen dem Leiharbeitsunternehmen oder dem einen Arbeitnehmer zur Verfügung stellenden Unternehmen und dem Arbeitnehmer besteht.

Muss ein Arbeitnehmer, der von einem Leiharbeitsunternehmen oder einem Arbeitnehmer überlassenden Unternehmen einem entleihenden Unternehmen gemäß Buchstabe c überlassen wird, Arbeit im Rahmen der länderübergreifenden Erbringung von Dienstleistungen im Sinne von Buchstabe a, b oder c im Hoheitsgebiet eines anderen Mitgliedstaats als demjenigen verrichten, in dem der Arbeitnehmer normalerweise entweder für das Leiharbeitsunternehmen oder das Arbeitnehmer zur Verfügung stellende Unternehmen oder das entleihende Unternehmen arbeitet, so gilt der Arbeitnehmer als von dem Leiharbeitsunternehmen oder dem Arbeitnehmer zur Verfügung stellenden Unternehmen, mit dem der Arbeitnehmer in einem Arbeitsverhältnis steht, in das Hoheitsgebiet dieses Mitgliedstaats entsandt. Das Leiharbeitsunternehmen oder das einen Arbeitnehmer zur Verfügung stellende Unternehmen ist als ein Unternehmen im Sinne von Absatz 1 zu betrachten und hält die entsprechenden Bestimmungen dieser Richtlinie und der Richtlinie 2014/67/EU des Europäischen Parlaments und des Rates (Richtlinie 2014/67/EU des Europäischen Parlaments und des Rates vom 15. Mai 2014 zur Durchsetzung der Richtlinie 96/71/EG über die Entsendung von Arbeitnehmern im Rahmen der Erbringung von Dienstleistungen und zur Änderung der Verordnung (EU) Nr. 1024/2012 über die Verwaltungszusammenarbeit mit Hilfe des Binnenmarkt-Informationssystems („IMI-Verordnung") (ABl. L 159 vom 28.5.2014, S. 11).) uneingeschränkt ein.

Das entleihende Unternehmen unterrichtet das Leiharbeitsunternehmen oder das einen Arbeitnehmer überlassende Unternehmen, das den Arbeitnehmer überlassen hat, rechtzeitig vor Beginn der Arbeit nach Unterabsatz 2.

(4) Unternehmen mit Sitz in einem Nichtmitgliedstaat darf keine günstigere Behandlung zuteil werden als Unternehmen mit Sitz in einem Mitgliedstaat.

Begriffsbestimmung

Art. 2 (1) Im Sinne dieser Richtlinie gilt als entsandter Arbeitnehmer jeder Arbeitnehmer, der während eines begrenzten Zeitraums seine Arbeitsleistung im Hoheitsgebiet eines anderen Mitgliedstaats als demjenigen erbringt, in dessen Hoheitsgebiet er normalerweise arbeitet.

(2) Für die Zwecke dieser Richtlinie wird der Begriff des Arbeitnehmers in dem Sinne verwendet, in dem er im Recht des Mitgliedstaats, in dessen Hoheitsgebiet der Arbeitnehmer entsandt wird, gebraucht wird.

Arbeits- und Beschäftigungsbedingungen

Art. 3 (1) Die Mitgliedstaaten sorgen dafür, dass unabhängig von dem auf das jeweilige Arbeitsverhältnis anwendbaren Recht die in Artikel 1 Absatz 1 genannten Unternehmen den in ihr Hoheitsgebiet entsandten Arbeitnehmern bezüglich der nachstehenden Aspekte auf der Grundlage der Gleichbehandlung die Arbeits- und Beschäftigungsbedingungen garantieren, die in dem Mitgliedstaat, in dessen Hoheitsgebiet die Arbeitsleistung erbracht wird, festgelegt sind,

– durch Rechts- oder Verwaltungsvorschriften und/oder

– durch für allgemein verbindlich erklärte Tarifverträge oder Schiedssprüche oder durch Tarifverträge oder Schiedssprüche, die anderweitig nach Absatz 8 Anwendung finden:
a) Höchstarbeitszeiten und Mindestruhezeiten;
b) bezahlter Mindestjahresurlaub;
c) Entlohnung, einschließlich der Überstundensätze; dies gilt nicht für die zusätzlichen betrieblichen Altersversorgungssysteme;
d) Bedingungen für die Überlassung von Arbeitskräften, insbesondere durch Leiharbeitsunternehmen;
e) Sicherheit, Gesundheitsschutz und Hygiene am Arbeitsplatz;
f) Schutzmaßnahmen im Zusammenhang mit den Arbeits- und Beschäftigungsbedingungen von Schwangeren und Wöchnerinnen, Kindern und Jugendlichen;
g) Gleichbehandlung von Männern und Frauen sowie andere Nichtdiskriminierungsbestimmungen;
h) Bedingungen für die Unterkünfte von Arbeitnehmern, wenn sie vom Arbeitgeber für Arbeitnehmer, die von ihrem regelmäßigen Arbeitsplatz entfernt sind, zur Verfügung gestellt werden;
i) Zulagen oder Kostenerstattungen zur Deckung von Reise-, Unterbringungs- und Verpflegungskosten für Arbeitnehmer, die aus beruflichen Gründen nicht zu Hause wohnen.

Buchstabe i gilt ausschließlich für die Reise-, Unterbringungs- und Verpflegungskosten, die entsandten Arbeitnehmern entstehen, wenn sie zu und von ihrem regelmäßigen Arbeitsplatz in dem Mitgliedstaat, in dessen Hoheitsgebiet sie entsandt wurden, reisen müssen oder von ihrem Arbeitgeber vorübergehend von diesem regelmäßigen Arbeitsplatz an einen anderen Arbeitsplatz gesandt werden.

Für die Zwecke dieser Richtlinie bestimmt sich der Begriff „Entlohnung" nach den nationalen Rechtsvorschriften und/oder nationalen Gepflogenheiten des Mitgliedstaats, in dessen Hoheitsgebiet der Arbeitnehmer entsandt ist, und umfasst alle die Entlohnung ausmachenden Bestandteile, die gemäß nationalen Rechts- oder Verwaltungsvorschriften oder durch in diesem Mitgliedstaat für allgemeinverbindlich erklärte Tarifverträge oder Schiedssprüche oder durch Tarifverträge oder Schiedssprüche, die nach Absatz 8 anderweitig Anwendung finden, zwingend verbindlich gemacht worden sind.

Unbeschadet des Artikels 5 der Richtlinie 2014/67/EU veröffentlichen die Mitgliedstaaten die Informationen über die Arbeits- und Beschäftigungsbedingungen nach den nationalen Rechtsvorschriften und/oder nationalen Gepflogenheiten unverzüglich und in transparenter Weise auf der einzigen offiziellen nationalen Website nach dem genannten Artikel, einschließlich der die Entlohnung ausmachenden Bestandteile gemäß Unterabsatz 3 des vorliegenden Absatzes und alle Arbeits- und Beschäftigungsbedingungen gemäß Absatz 1a des vorliegenden Artikels.

Die Mitgliedstaaten sorgen dafür, dass die auf der einzigen offiziellen nationalen Website bereitgestellten Informationen korrekt und aktuell sind. Die Kommission veröffentlicht auf ihrer Website die Adressen der einzigen offiziellen nationalen Websites.

Ist den Informationen auf der einzigen offiziellen nationalen Website entgegen den Bestimmungen des Artikels 5 der Richtlinie 2014/67/EU nicht zu entnehmen, welche Arbeits- und Beschäftigungsbedingungen anzuwenden sind, so wird dieser Umstand gemäß den nationalen Rechtsvorschriften und/oder den nationalen Gepflogenheiten bei der Festlegung der Sanktionen im Falle von Verstößen gegen die gemäß dieser Richtlinie erlassenen nationalen Vorschriften so weit berücksichtigt, wie es für die Gewährleistung ihrer Verhältnismäßigkeit erforderlich ist.

(1a) In Fällen, in denen die tatsächliche Entsendungsdauer mehr als 12 Monate beträgt, sorgen die Mitgliedstaaten dafür, dass unabhängig von dem auf das jeweilige Arbeitsverhältnis anwendbaren Recht die in Artikel 1 Absatz 1 genannten Unternehmen den in ihr Hoheitsgebiet entsandten Arbeitnehmern auf der Grundlage der Gleichbehandlung zusätzlich zu den Arbeits- und Beschäftigungsbedingungen gemäß Absatz 1 des vorliegenden Artikels sämtliche anwendbaren Arbeits- und Beschäftigungsbedingungen garantieren, die in dem Mitgliedstaat, in dessen Hoheitsgebiet die Arbeitsleistung erbracht wird, festgelegt sind
– durch Rechts- oder Verwaltungsvorschriften und/oder
– durch für allgemein verbindlich erklärte Tarifverträge oder Schiedssprüche, oder durch Tarifverträge oder Schiedssprüche, die anderweitig nach Absatz 8 anderweitig Anwendung finden.

Unterabsatz 1 des vorliegenden Absatzes findet keine Anwendung auf folgende Aspekte:
a) Verfahren, Formalitäten und Bedingungen für den Abschluss und die Beendigung des Arbeitsvertrags, einschließlich Wettbewerbsverboten;
b) zusätzliche betriebliche Altersversorgungssysteme.

Legt der Dienstleistungserbringer eine mit einer Begründung versehene Mitteilung vor, so verlängert der Mitgliedstaat, in dem die Dienstleistung erbracht wird, den in Unterabsatz 1 genannten Zeitraum auf 18 Monate.

Ersetzt ein in Artikel 1 Absatz 1 genanntes Unternehmen einen entsandten Arbeitnehmer durch einen anderen entsandten Arbeitnehmer, der die gleiche Tätigkeit am gleichen Ort ausführt, so gilt als Entsendungsdauer für die Zwecke dieses Absatzes die Gesamtdauer der Entsendezeiten der betreffenden einzelnen entsandten Arbeitnehmer.

4/6. EntsendeRL
Art. 3

Der in Unterabsatz 4 dieses Absatzes genannte Begriff „gleiche Tätigkeit am gleichen Ort" wird unter anderem unter Berücksichtigung der Art der zu erbringenden Dienstleistung oder der durchzuführenden Arbeit und der Anschrift(en) des Arbeitsplatzes bestimmt.

(1b) Die Mitgliedstaaten bestimmen, dass die in Artikel 1 Absatz 3 Buchstabe c genannten Unternehmen den entsandten Arbeitnehmern die Arbeits- und Beschäftigungsbedingungen garantieren, die nach Artikel 5 der Richtlinie 2008/104/EG des Europäischen Parlaments und des Rates (Richtlinie 2008/104/EG des Europäischen Parlaments und des Rates vom 19. November 2008 über Leiharbeit (ABl. L 327 vom 5.12.2008, S. 9).) für Leiharbeitnehmer gelten, die von im Mitgliedstaat der Leistungserbringung niedergelassenen Leiharbeitsunternehmen zur Verfügung gestellt werden.

Das entleihende Unternehmen unterrichtet die in Artikel 1 Absatz 3 Buchstabe c genannten Unternehmen über die Arbeits- und Beschäftigungsbedingungen, die in diesem Unternehmen für die Arbeitsbedingungen und die Entlohnung gelten, soweit sie von Unterabsatz 1 des vorliegenden Absatzes erfasst sind.

(2) Absatz 1 Unterabsatz 1 Buchstaben b) und c) gelten nicht für Erstmontage- und/oder Einbauarbeiten, die Bestandteil eines Liefervertrags sind, für die Inbetriebnahme der gelieferten Güter unerläßlich sind und von Facharbeitern und/oder angelernten Arbeitern des Lieferunternehmens ausgeführt werden, wenn die Dauer der Entsendung acht Tage nicht übersteigt.

Dies gilt nicht für die im Anhang aufgeführten Bauarbeiten.

(3) Die Mitgliedstaaten können gemäß ihren üblichen Verfahren und Praktiken nach Konsultation der Sozialpartner beschließen, Absatz 1 Unterabsatz 1 Buchstabe c) in den in Artikel 1 Absatz 3 Buchstaben a) und b) genannten Fällen nicht anzuwenden, wenn die Dauer der Entsendung einen Monat nicht übersteigt.

(4) Die Mitgliedstaaten können gemäß ihren Rechtsvorschriften und/oder Praktiken vorsehen, daß durch Tarifverträge im Sinne des Absatzes 8 für einen oder mehrere Tätigkeitsbereiche in den in Artikel 1 Absatz 3 Buchstaben a) und b) genannten Fällen von Absatz 1 Unterabsatz 1 Buchstabe c) sowie von dem Beschluß eines Mitgliedstaats nach Absatz 3 abgewichen werden kann, wenn die Dauer der Entsendung einen Monat nicht übersteigt.

(5) Die Mitgliedstaaten können in den in Artikel 1 Absatz 3 Buchstaben a) und b) genannten Fällen eine Ausnahme von Absatz 1 Unterabsatz 1 Buchstaben b) und c) vorsehen, wenn der Umfang der zu verrichtenden Arbeiten gering ist.

Die Mitgliedstaaten, die von der in Unterabsatz 1 gebotenen Möglichkeiten Gebrauch machen, legen die Modalitäten fest, denen die zu verrichtenden Arbeiten entsprechen müssen, um als Arbeiten von geringem Umfang zu gelten.

(6) Die Dauer der Entsendung berechnet sich unter Zugrundelegung eines Bezugszeitraums von einem Jahr ab Beginn der Entsendung.

Bei der Berechnung der Entsendungsdauer wird die Dauer einer gegebenenfalls im Rahmen einer Entsendung von einem zu ersetzenden Arbeitnehmer bereits zurückgelegten Entsendungsdauer berücksichtigt.

(7) Die Absätze 1 bis 6 stehen der Anwendung von für die Arbeitnehmer günstigeren Beschäftigungs- und Arbeitsbedingungen nicht entgegen.

Die Entsendungszulagen gelten als Bestandteil der Entlohnung, sofern sie nicht als Erstattung von infolge der Entsendung tatsächlich entstandenen Kosten wie z. B. Reise-, Unterbringungs- und Verpflegungskosten gezahlt werden. Der Arbeitgeber erstattet dem entsandten Arbeitnehmer unbeschadet des Absatzes 1 Unterabsatz 1 Buchstabe h diese Kosten im Einklang mit den auf das Arbeitsverhältnis des entsandten Arbeitnehmers anwendbaren nationalen Rechtsvorschriften und/oder nationalen Gepflogenheiten.

Legen die für das Arbeitsverhältnis geltenden Arbeits- und Beschäftigungsbedingungen nicht fest, ob und wenn ja welche Bestandteile einer Entsendungszulage als Erstattung von infolge der Entsendung tatsächlich entstandenen Kosten gezahlt werden oder welche Teil der Entlohnung sind, so ist davon auszugehen, dass die gesamte Zulage als Erstattung von infolge der Entsendung entstandenen Kosten gezahlt wird.

(8) Unter „für allgemein verbindlich erklärten Tarifverträgen oder Schiedssprüchen" sind Tarifverträge oder Schiedssprüche zu verstehen, die von allen in den jeweiligen geographischen Bereich fallenden und die betreffende Tätigkeit oder das betreffende Gewerbe ausübenden Unternehmen einzuhalten sind.

Mangels eines Systems zur Allgemeinverbindlicherklärung von Tarifverträgen oder Schiedssprüchen im Sinne des Unterabsatzes 1 oder zusätzlich zu einem solchen System können die Mitgliedstaaten auch beschließen, Folgendes zugrunde zu legen:

— die Tarifverträge oder Schiedssprüche, die für alle in den jeweiligen geographischen Bereich fallenden und die betreffende Tätigkeit oder das betreffende Gewerbe ausübenden gleichartigen Unternehmen allgemein wirksam sind, und/oder

— die Tarifverträge, die von den auf nationaler Ebene repräsentativsten Organisationen der Tarifvertragsparteien geschlossen werden und innerhalb des gesamten nationalen Hoheitsgebiets zur Anwendung kommen, sofern deren Anwendung auf in Artikel 1 Absatz 1 genannte Unternehmen eine Gleichbehandlung dieser Unternehmen in Bezug auf die in Absatz 1 Unterabsatz 1 des vorliegenden Artikels genannten Aspekte und gegebenenfalls bezüglich der den entsandten Arbeitnehmern nach Absatz 1a des vorliegenden Artikels zu garantierenden Arbeits- und Beschäftigungsbedingungen mit den im vorliegenden Unterabsatz genannten anderen Unternehmen, die sich in einer vergleichbaren Lage befinden, gewährleistet.

Gleichbehandlung im Sinne dieses Artikels liegt vor, wenn nationale Unternehmen in einer vergleichbaren Lage:
- am betreffenden Ort oder in der betreffenden Sparte hinsichtlich der Aspekte des Absatzes 1 Unterabsatz 1 des vorliegenden Artikels denselben Anforderungen unterworfen sind, wie die Unternehmen im Sinne des Absatzes 1 Absatz 1 und gegebenenfalls den entsandten Arbeitnehmern zu garantierenden Arbeits- und Beschäftigungsbedingungen nach Absatz 1a des vorliegenden Artikels, und
- wenn sie dieselben Anforderungen mit derselben Wirkung erfüllen müssen.

(9) Die Mitgliedstaaten können bestimmen, dass die in Artikel 1 Absatz 1 genannten Unternehmen den Arbeitnehmern im Sinne von Artikel 1 Absatz 3 Buchstabe c zusätzlich zu den in Absatz 1b des vorliegenden Artikels genannten Arbeits- und Beschäftigungsbedingungen andere Arbeits- und Beschäftigungsbedingungen garantieren, die für Leiharbeitnehmer in dem Mitgliedstaat gelten, in dem die Arbeitsleistung erbracht wird.

(10) Diese Richtlinie berührt nicht das Recht der Mitgliedstaaten, unter Einhaltung der Verträge auf inländische Unternehmen und Unternehmen aus anderen Mitgliedstaaten in gleicher Weise Arbeits- und Beschäftigungsbedingungen für andere als die in Absatz 1 Unterabsatz 1 aufgeführten Aspekte, soweit es sich um Vorschriften im Bereich der öffentlichen Ordnung handelt, anzuwenden.

Zusammenarbeit im Informationsbereich

Art. 4 (1) Zur Durchführung dieser Richtlinie benennen die Mitgliedstaaten gemäß ihren Rechtsvorschriften und/oder Praktiken ein oder mehrere Verbindungsbüros oder eine oder mehrere zuständige einzelstaatliche Stellen.

(2) Die Mitgliedstaaten sehen die Zusammenarbeit der zuständigen Behörden oder Stellen, einschließlich der öffentlichen Behörden, vor, die entsprechend den einzelstaatlichen Rechtsvorschriften für die Überwachung der in Artikel 3 aufgeführten Arbeits- und Beschäftigungsbedingungen, auch auf Unionsebene, zuständig sind. Diese Zusammenarbeit besteht insbesondere darin, begründete Anfragen dieser Behörden oder Stellen zu beantworten, die das länderübergreifende Zurverfügungstellen von Arbeitnehmern betreffen, und gegen offenkundige Verstöße oder mögliche Fälle unzulässiger Tätigkeiten, wie länderübergreifende Fälle von nicht angemeldeter Erwerbstätigkeit und Scheinselbstständigkeit im Zusammenhang mit der Entsendung von Arbeitnehmern, vorzugehen. Verfügt die zuständige Behörde oder Stelle in dem Mitgliedstaat, aus dem der Arbeitnehmer entsandt wird, nicht über die Informationen, um die die zuständige Behörde oder Stelle des Mitgliedstaats, in dessen Hoheitsgebiet der Arbeitnehmer entsandt wird, ersucht hat, so bemüht sie sich, diese Informationen von anderen Behörden oder Stellen in diesem Mitgliedstaat zu erlangen. Bei anhaltenden Verzögerungen bei der Bereitstellung dieser Informationen an den Mitgliedstaat, in dessen Hoheitsgebiet der Arbeitnehmer entsandt wird, wird die Kommission unterrichtet, die geeignete Maßnahmen ergreift.

Die Kommission und die in Unterabsatz 1 bezeichneten Behörden arbeiten eng zusammen, um etwaige Schwierigkeiten bei der Anwendung des Artikels 3 Absatz 10 zu prüfen.

Die gegenseitige Amtshilfe erfolgt unentgeltlich.

(3) Jeder Mitgliedstaat ergreift die geeigneten Maßnahmen, damit die Informationen über die nach Artikel 3 maßgeblichen Arbeits- und Beschäftigungsbedingungen allgemein zugänglich sind.

(4) Jeder Mitgliedstaat nennt den anderen Mitgliedstaaten und der Kommission die in Absatz 1 bezeichneten Verbindungsbüros und/oder zuständigen Stellen.

Überwachung, Kontrolle und Durchsetzung

Art. 5 Der Mitgliedstaat, in dessen Hoheitsgebiet der Arbeitnehmer entsandt wird, und der Mitgliedstaat, aus dem der Arbeitnehmer entsandt wird, sind für die Überwachung, Kontrolle und Durchsetzung der in dieser Richtlinie und der Richtlinie 2014/67/EU festgelegten Verpflichtungen verantwortlich und ergreifen geeignete Maßnahmen für den Fall der Nichteinhaltung dieser Richtlinie.

Die Mitgliedstaaten erlassen Vorschriften über Sanktionen, die bei Verstößen gegen die gemäß dieser Richtlinie erlassenen nationalen Vorschriften zu verhängen sind, und treffen alle für die Anwendung der Sanktionen erforderlichen Maßnahmen. Die vorgesehenen Sanktionen müssen wirksam, verhältnismäßig und abschreckend sein.

Die Mitgliedstaaten stellen insbesondere sicher, dass den Arbeitnehmern und/oder den Arbeitnehmervertretern für die Durchsetzung der sich aus dieser Richtlinie ergebenden Verpflichtungen geeignete Verfahren zur Verfügung stehen.

In dem Fall, dass nach einer von einem Mitgliedstaat gemäß Artikel 4 der Richtlinie 2014/67/EU durchgeführten Gesamtbeurteilung festgestellt wird, dass ein Unternehmen fälschlicherweise oder in betrügerischer Absicht den Eindruck erweckt hat, dass die Situation eines Arbeitnehmers in den Anwendungsbereich dieser Richtlinie fällt, stellt dieser Mitgliedstaat sicher, dass der Arbeitnehmer in den Genuss des entsprechenden Rechts und der entsprechenden Gepflogenheiten kommt.

Die Mitgliedstaaten sorgen dafür, dass dieser Artikel nicht dazu führt, dass für den betreffenden Arbeitnehmer ungünstigere Bedingungen gelten als für entsandte Arbeitnehmer.

Gerichtliche Zuständigkeit

Art. 6 Zur Durchsetzung des Rechts auf die in Artikel 3 gewährleisteten Arbeits- und Beschäftigungsbedingungen kann eine Klage in dem Mitgliedstaat erhoben werden, in dessen Hoheitsgebiet der Arbeitnehmer entsandt ist oder war; dies berührt nicht die Möglichkeit, gegebenenfalls gemäß den geltenden internationalen Übereinkommen über die gerichtliche Zuständigkeit in einem anderen Staat Klage zu erheben.

Durchführung

Art. 7 Die Mitgliedstaaten erlassen die Rechts- und Verwaltungsvorschriften, die erforderlich sind, um dieser Richtlinie spätestens ab dem 16. Dezember 1999 nachzukommen. Sie setzen die Kommission hiervon unverzüglich in Kenntnis.

Wenn die Mitgliedstaaten diese Vorschriften erlassen, nehmen sie in den Vorschriften selbst oder durch einen Hinweis bei der amtlichen Veröffentlichung auf diese Richtlinie Bezug. Die Mitgliedstaaten regeln die Einzelheiten dieser Bezugnahme.

Überprüfung durch die Kommission

Art. 8 Spätestens zum 16. Dezember 2001 überprüft die Kommission die Anwendung dieser Richtlinie, um dem Rat erforderlichenfalls entsprechende Änderungen vorzuschlagen.

Art. 9 Diese Richtlinie ist an die Mitgliedstaaten gerichtet.

ANHANG

Die in Artikel 3 Absatz 2 genannten Tätigkeiten umfassen alle Bauarbeiten, die der Errichtung, der Instandsetzung, der Instandhaltung, dem Umbau oder dem Abriss von Bauwerken dienen, insbesondere:

1. Aushub
2. Erdarbeiten
3. Bauarbeiten im engeren Sinne
4. Errichtung und Abbau von Fertigbauelementen
5. Einrichtung oder Ausstattung
6. Umbau
7. Renovierung
8. Reparatur
9. Abbauarbeiten
10. Abbrucharbeiten
11. Wartung
12. Instandhaltung (Maler- und Reinigungsarbeiten)
13. Sanierung

4/6a. DurchsetzungsRL

Richtlinie 2014/67/EU des Europäischen Parlaments und des Rates zur Durchsetzung der Richtlinie 96/71/EG über die Entsendung von Arbeitnehmern im Rahmen der Erbringung von Dienstleistungen und zur Änderung der Verordnung (EU) Nr. 1024/2012 über die Verwaltungszusammenarbeit mit Hilfe des Binnenmarkt-Informationssystems („IMI-Verordnung")

(ABl. Nr. L 159 v. 28.5.2014, S. 11)

GLIEDERUNG

KAPITEL I: ALLGEMEINE VORSCHRIFTEN
Art. 1: Gegenstand
Art. 2: Begriffsbestimmungen
Art. 3: Zuständige Behörden und Verbindungsbüros
Art. 4: Feststellung einer tatsächlichen Entsendung und Verhinderung von Missbrauch und Umgehung

KAPITEL II: ZUGANG ZU INFORMATIONEN
Art. 5: Besserer Zugang zu Informationen

KAPITEL III: VERWALTUNGSZUSAMMENARBEIT
Art. 6: Gegenseitige Amtshilfe – allgemeine Grundsätze
Art. 7: Rolle der Mitgliedstaaten im Rahmen der Verwaltungszusammenarbeit
Art. 8: Begleitende Maßnahmen

KAPITEL IV: ÜBERWACHUNG DER EINHALTUNG
Art. 9: Verwaltungsanforderungen und Kontrollmaßnahmen
Art. 10: Prüfungen

KAPITEL V: DURCHSETZUNG
Art. 11: Verteidigung von Rechten – Erleichterung der Einreichung von Beschwerden – Nachzahlungen
Art. 12: Haftung bei Unteraufträgen

KAPITEL VI: GRENZÜBERSCHREITENDE DURCHSETZUNG VON FINANZIELLEN VERWALTUNGSSANKTIONEN UND/ODER GELDBUSSEN
Art. 13: Anwendungsbereich
Art. 14: Benennung der zuständigen Behörden
Art. 15: Allgemeine Grundsätze – gegenseitige Amtshilfe und Anerkennung
Art. 16: Ersuchen um Beitreibung oder Mitteilung
Art. 17: Ablehnungsgründe
Art. 18: Aussetzung des Verfahrens
Art. 19: Kosten

KAPITEL VII: SCHLUSSBESTIMMUNGEN
Art. 20: Sanktionen
Art. 21: Binnenmarkt-Informationssystem
Art. 22: Änderung der Verordnung (EU) Nr. 1024/2012
Art. 23: Umsetzung
Art. 24: Überprüfung
Art. 25: Inkrafttreten
Art. 26: Adressaten

DAS EUROPÄISCHE PARLAMENT UND DER RAT DER EUROPÄISCHEN UNION –
gestützt auf den Vertrag über die Arbeitsweise der Europäischen Union, insbesondere auf Artikel 53 Absatz 1 und Artikel 62,
auf Vorschlag der Europäischen Kommission,
nach Zuleitung des Entwurfs des Gesetzgebungsakts an die nationalen Parlamente,
nach Stellungnahme des Europäischen Wirtschafts- und Sozialausschusses (ABl. C 351 vom 15.11.2012, S. 61),
nach Stellungnahme des Ausschusses der Regionen (ABl. C 17 vom 19.1.2013, S. 67),
gemäß dem ordentlichen Gesetzgebungsverfahren (Standpunkt des Europäischen Parlaments vom 16. April 2014 (noch nicht im Amtsblatt veröffentlicht) und Beschluss des Rates vom 13. Mai 2014),
in Erwägung nachstehender Gründe:

(1) Die Freizügigkeit der Arbeitnehmer, die Niederlassungsfreiheit und die Dienstleistungsfreiheit sind Grundprinzipien des Binnenmarktes der Union, die im Vertrag über die Arbeitsweise der Europäischen Union (AEUV) verankert sind. Die Umsetzung dieser Grundsätze wird durch die Union weiterentwickelt und soll gleiche Bedingungen für Unternehmen und die Achtung der Arbeitnehmerrechte gewährleisten.

(2) Die Dienstleistungsfreiheit umfasst das Recht von Unternehmen, Dienstleistungen in einem anderen Mitgliedstaat zu erbringen, in den sie ihre Arbeitnehmer vorübergehend entsenden können,

4/6a. DurchsetzungsRL
Präambel

um diese Dienstleistungen dort zu erbringen. Zum Zwecke der Entsendung von Arbeitnehmern muss die Dienstleistungsfreiheit von der Freizügigkeit der Arbeitnehmer unterschieden werden, die allen Bürgern das Recht gibt, sich frei in einen anderen Mitgliedstaat zu begeben, um dort zu arbeiten oder zu leben, und sie vor Diskriminierung bezüglich Beschäftigung, Entlohnung und anderen Arbeits- und Beschäftigungsbedingungen im Vergleich zu Angehörigen des betreffenden Staates schützt.

(3) Für Arbeitnehmer, die zur Verrichtung von Arbeiten zum Zweck der Dienstleistungserbringung in einem anderen Mitgliedstaat als den, in dem sie gewöhnlich arbeiten, vorübergehend entsandt werden, enthält die Richtlinie 96/71/EG des Europäischen Parlaments und des Rates (Richtlinie 96/71/EG des Europäischen Parlaments und des Rates vom 16. Dezember 1996 über die Entsendung von Arbeitnehmern im Rahmen der Erbringung von Dienstleistungen (ABl. L 18 vom 21.1.1997, S. 1)) einen Kernbestand klar definierter Arbeits- und Beschäftigungsbedingungen, deren Einhaltung von den Dienstleistungserbringern in demjenigen Mitgliedstaat gefordert wird, in den die Arbeitnehmer entsandt werden, um einen Mindestschutz der entsandten Arbeitnehmer zu gewährleisten.

(4) Alle im Rahmen dieser Richtlinie vorgesehenen Maßnahmen sollten gerechtfertigt und verhältnismäßig sein, damit kein zusätzlicher Verwaltungsaufwand entsteht, das Beschäftigungspotenzial insbesondere kleiner und mittlerer Unternehmen (KMU) nicht eingeschränkt wird und zugleich die entsandten Arbeitnehmer geschützt werden.

(5) Um für die Einhaltung der Richtlinie 96/71/EG *[hier abgedruckt unter 4/6.]* zu sorgen, ohne den Dienstleistungserbringern unnötige Verwaltungslasten aufzubürden, ist es von wesentlicher Bedeutung, dass die in den Bestimmungen dieser Richtlinie zur Feststellung einer tatsächlichen Entsendung und zur Verhinderung von Missbrauch und Umgehung genannten tatsächlichen Umstände als Anhaltspunkte zu betrachten und nicht erschöpfend sind. Insbesondere sollte es nicht erforderlich sein, dass bei jeder Entsendung jeder Umstand erfüllt ist.

(6) Unbeschadet der Tatsache, dass die Bewertung der als Anhaltspunkte dienenden tatsächlichen Umstände an den jeweiligen Einzelfall angepasst werden und den Besonderheiten des Sachverhalts Rechnung tragen sollte, sollten die zuständigen Behörden in den einzelnen Mitgliedstaaten bei Sachverhalten, bei denen die gleichen tatsächlichen Umstände vorliegen, nicht zu einer unterschiedlichen rechtlichen Würdigung oder Bewertung kommen.

(7) Um der Umgehung und dem Missbrauch der geltenden Bestimmungen durch Unternehmen, die die im AEUV verankerte Dienstleistungsfreiheit und/oder die Anwendung der Richtlinie 96/71/EG missbräuchlich oder in betrügerischer Absicht nutzen, vorzubeugen sowie diese zu verhindern und zu bekämpfen, sollten die Umsetzung und Überwachung des Konzepts der Entsendung verbessert und einheitlichere Kriterien auf Unionsebene eingeführt werden, um eine einheitliche Auslegung zu erleichtern.

(8) Daher müssen die tatsächlichen Umstände, die den vorübergehenden Charakter einer Entsendung kennzeichnen, und die Bedingung, dass der Arbeitgeber tatsächlich in dem Mitgliedstaat, aus dem entsandt wird, niedergelassen ist, durch die zuständige Behörde des Aufnahmemitgliedstaats, gegebenenfalls in enger Zusammenarbeit mit dem Niederlassungsmitgliedstaat, geprüft werden.

(9) Fließt die Höhe des Umsatzes, den ein Unternehmen in seinem Niederlassungsmitgliedstaat erzielt, in die Beurteilung dessen ein, ob dieses Unternehmen tatsächlich wesentliche Tätigkeiten ausübt, die über rein interne Management- und/oder Verwaltungstätigkeiten hinausgehen, so sollten die zuständigen Behörden die Unterschiede berücksichtigen, die in Bezug auf die Kaufkraft einzelner Währungen bestehen.

(10) Die in dieser Richtlinie festgelegten Kriterien in Bezug auf die Umsetzung und Überwachung der Entsendung können den zuständigen Behörden auch in Bezug darauf dienlich sein, zu ermitteln, ob Arbeitnehmer fälschlicherweise als selbstständig gemeldet sind. Gemäß Richtlinie 96/71/EG wird der Begriff des Arbeitnehmers in dem Sinne verwendet, in dem er im Recht des Mitgliedstaats, in dessen Hoheitsgebiet der Arbeitnehmer entsandt wird, verwendet wird. Eine weitere Präzisierung und eine verbesserte Überwachung der Entsendung durch die einschlägigen zuständigen Behörden würde die Rechtssicherheit verbessern und ein zweckdienliches Instrument für die wirksame Bekämpfung der Scheinselbständigkeit und für die Gewährleistung, dass entsandte Arbeitnehmer nicht fälschlicherweise als selbständig gemeldet werden, darstellen, womit dazu beigetragen würde, einer Umgehung der geltenden Bestimmungen vorzubeugen sowie diese zu verhindern und zu bekämpfen.

(11) Wenn keine tatsächliche Entsendungssituation vorliegt und es zu einer Rechtskollision kommt, sollte den Bestimmungen der Verordnung (EG) Nr. 593/2008 des Europäischen Parlaments und des Rates (Verordnung (EG) Nr. 593/2008 des Europäischen Parlaments und des Rates vom 17. Juni 2008 über das auf vertragliche Schuldverhältnisse anzuwendende Recht (Rom I) (ABl. L 177 vom 4.7.2008, S. 6)) *[hier abgedruckt unter 8/1.]* („Rom I") beziehungsweise dem Übereinkommen von Rom (Übereinkommen über das auf vertragliche Schuldverhältnisse anzuwendende Recht, aufgelegt zur Unterzeichnung am 19. Juni 1980 im Rom (80/934/EWG) (ABl. L 266 vom 9.10.1980, S. 1)) gebührend Rechnung getragen werden, deren Ziel darin besteht, sicherzustellen, dass Arbeitnehmern nicht der Schutz entzogen wird, der ihnen durch Bestimmungen gewährt wird, von denen nicht oder nur zu ihrem Vorteil durch Vereinbarung abgewichen werden darf. Die Mitgliedstaaten sollten gewährleisten, dass Bestimmungen bestehen, um nicht tatsächlich entsandte Arbeitnehmer angemessen zu schützen.

(12) Liegt keine Bescheinigung über die anwendbaren Rechtsvorschriften im Bereich der

sozialen Sicherheit gemäß der Verordnung (EG) Nr. 883/2004 des Europäischen Parlaments und des Rates (Verordnung (EG) Nr. 883/2004 des Europäischen Parlaments und des Rates vom 29. April 2004 zur Koordinierung der Systeme der sozialen Sicherheit (ABl. L 166 vom 30.4.2004, S. 1)) vor, so kann dies als Indiz dafür gelten, dass die betreffende Situation nicht als zeitlich begrenzte Entsendung in einen anderen Mitgliedstaat als den, in dem der Arbeitnehmer gewöhnlich im Rahmen der Erbringung von Dienstleistungen arbeitet, eingestuft werden sollte.

(13) Wie schon die Richtlinie 96/71/EG sollte auch diese Richtlinie unbeschadet der Verordnung (EG) Nr. 883/2004 und der Verordnung (EG) Nr. 987/2009 des Europäischen Parlaments und des Rates (Verordnung (EG) Nr. 987/2009 des Europäischen Parlaments und des Rates vom 16. September 2009 zur Festlegung der Modalitäten für die Durchführung der Verordnung (EG) Nr. 883/2004 über die Koordinierung der Systeme der sozialen Sicherheit (ABl. L 284 vom 30.10.2009, S. 1)) gelten.

(14) Die Verschiedenartigkeit der nationalen Systeme der Arbeitsbeziehungen und die Autonomie der Sozialpartner werden im AEUV ausdrücklich anerkannt.

(15) Den Sozialpartnern kommt in vielen Mitgliedstaaten bei der Entsendung von Arbeitnehmern im Rahmen der Erbringung von Dienstleistungen eine wichtige Rolle zu, da sie – im Einklang mit nationalem Recht und/oder den nationalen Gepflogenheiten – die unterschiedlichen Niveaus der anzuwendenden Mindestlohnsätze, alternativ oder gleichzeitig, bestimmen können. Die Sozialpartner sollten diese Sätze mitteilen und über sie informieren.

(16) Die angemessene und wirksame Umsetzung und Durchsetzung sind von zentraler Bedeutung für den Schutz der Rechte entsandter Arbeitnehmer und für die Gewährleistung fairer Ausgangsbedingungen für die Dienstleistungserbringer, während eine mangelhafte Durchsetzung die Wirksamkeit der für diesen Bereich geltenden Regelungen der Union untergräbt. Deshalb ist es wichtig, dass die Kommission und die Mitgliedstaaten sowie gegebenenfalls die regionalen und lokalen Behörden eng zusammenarbeiten, wobei auch die bedeutende Rolle der Arbeitsaufsicht und der Sozialpartner nicht zu vernachlässigen ist. Gegenseitiges Vertrauen, Bereitschaft zur Zusammenarbeit, fortlaufender Dialog und gegenseitiges Verständnis sind in dieser Hinsicht von wesentlicher Bedeutung.

(17) Wirksame Überwachungsverfahren in den Mitgliedstaaten sind von wesentlicher Bedeutung für die Durchsetzung der Richtlinie 96/71/EG und dieser Richtlinie und sollten daher in der gesamten Union eingeführt werden.

(18) Schwierigkeiten beim Zugang zu Informationen über die Arbeits- und Beschäftigungsbedingungen stellen sehr oft den Grund dafür dar, dass die Dienstleistungserbringer die geltenden Bestimmungen nicht anwenden. Die Mitgliedstaaten sollten daher sicherstellen, dass entsprechende Informationen allgemein kostenlos und wirksam zur Verfügung gestellt werden, und zwar nicht nur den Dienstleistungserbringern aus anderen Mitgliedstaaten, sondern auch den betroffenen entsandten Arbeitnehmern.

(19) Soweit die Arbeits- und Beschäftigungsbedingungen in für allgemein verbindlich erklärten Tarifverträgen festgelegt sind, sollten die Mitgliedstaaten unter Wahrung der Autonomie der Sozialpartner sicherstellen, dass diese Tarifverträge in einer zugänglichen und transparenten Art und Weise allgemein zur Verfügung gestellt werden.

(20) Zur Verbesserung des Zugangs zu Informationen sollte in den einzelnen Mitgliedstaaten eine einzige Informationsquelle eingerichtet werden. Jeder Mitgliedstaat sollte unter Beachtung der Normen für die Barrierefreiheit im Internet eine einzige offizielle nationale Website sowie weitere angemessene Kommunikationsmittel einrichten. Die Mindestanforderung für die einzige offizielle nationale Website sollte ein Internetportal sein, das als Portal oder Hauptzugangspunkt dienen und in klarer, präziser Weise Links zu den einschlägigen Informationsquellen sowie Kurzinformationen über die Inhalte der Website und der vorhandenen Links bereitstellen sollte. Derartige Websites sollten insbesondere alle Websites umfassen, die im Einklang mit dem Unionsrecht zur Förderung des Unternehmertums und/oder der Entwicklung des grenzüberschreitenden Dienstleistungsverkehrs eingerichtet wurden. Die Mitgliedstaaten sollten Informationen über die in ihrem nationalen Recht niedergelegten Fristen für die Aufbewahrung von Unterlagen, die der Dienstleistungserbringer nach dem Zeitraum der Entsendung bereitstellen.

(21) Den entsandten Arbeitnehmern sollte das Recht zustehen, von dem Aufnahmemitgliedstaat allgemeine Informationen über das auf sie anwendbare nationale Recht und die auf sie anwendbaren nationalen Gepflogenheiten zu erhalten.

(22) Verwaltungszusammenarbeit und gegenseitige Amtshilfe zwischen den Mitgliedstaaten sollten den Bestimmungen zum Schutz personenbezogener Daten gemäß der Richtlinie 95/46/EG des Europäischen Parlaments und des Rates (Richtlinie 95/46/EG des Europäischen Parlaments und des Rates vom 24. Oktober 1995 zum Schutz natürlicher Personen bei der Verarbeitung personenbezogener Daten und zum freien Datenverkehr (ABl. L 281 vom 23.11.1995, S. 31)) und den nationalen Datenschutzvorschriften zur Umsetzung der Unionsrechtsvorschriften entsprechen. In Bezug auf die Verwaltungszusammenarbeit über das Binnenmarkt-Informationssystem (im Folgenden „IMI" für „Internal Market Information System") sollten sie zudem der Verordnung (EG) Nr. 45/2001 des Europäischen Parlaments und des Rates (Verordnung (EG) Nr. 45/2001 des Europäischen Parlaments und des Rates vom 18. Dezember 2000 zum Schutz natürlicher Personen bei der Verarbeitung personenbezogener Daten durch die Organe und Einrichtungen der Gemeinschaft und zum freien Datenverkehr (ABl. L 8 vom 12.1.2001, S. 1)) und der Verordnung (EU) Nr. 1024/2012 des Euro-

4/6a. DurchsetzungsRL
Präambel

päischen Parlaments und des Rates (Verordnung (EU) Nr. 1024/2012 des Europäischen Parlaments und des Rates vom 25. Oktober 2012 über die Verwaltungszusammenarbeit mit Hilfe des Binnenmarkt-Informationssystems und zur Aufhebung der Entscheidung 2008/49/EG der Kommission („IMI-Verordnung") (ABl. L 316 vom 14.11.2012, S. 1)) entsprechen.

(23) Um die ordnungsgemäße Anwendung des materiellen Rechts über die bei entsandten Arbeitnehmern einzuhaltenden Arbeits- und Beschäftigungsbedingungen sicherzustellen und um dies entsprechend zu überwachen, sollten die Mitgliedstaaten nur bestimmte Verwaltungsanforderungen oder Kontrollmaßnahmen auf Unternehmen anwenden, die Arbeitnehmer im Rahmen der Erbringung von Dienstleistungen entsenden. Nach der Rechtsprechung des Gerichtshofs der Europäischen Union können derartige Anforderungen und Maßnahmen durch zwingende Erfordernisse des Allgemeininteresses – so auch dem wirksamen Schutz der Arbeitnehmerrechte – gerechtfertigt sein, soweit sie im Hinblick auf die Verwirklichung des mit ihnen verfolgten Ziels angemessen sind und nicht über das hinausgehen, was zur Erreichung dieses Ziels erforderlich ist. Solche Anforderungen und Maßnahmen dürfen nur dann angewandt werden, wenn die zuständigen Behörden ihre Aufsichtsfunktion ohne die angeforderten Informationen nicht wirksam ausüben können und/oder wenn weniger restriktive Maßnahmen nicht sicherstellen würden, dass die Ziele der für notwendig erachteten nationalen Kontrollmaßnahmen erreicht werden.

(24) Die Dienstleistungserbringer sollten dafür sorgen, dass die Identität der entsandten Arbeitnehmer in der Erklärung des Dienstleistungserbringers genannt wird, damit die zuständigen Behörden für die Dauer der Entsendung die Kontrolle der Sachlage am Arbeitsplatz überprüfen können.

(25) Dienstleistungserbringer, die in einem anderen Mitgliedstaat niedergelassen sind, sollten die zuständigen Behörden in dem Aufnahmemitgliedstaat unverzüglich von bedeutenden Änderungen der in der Erklärung des Dienstleistungserbringers gemachten Angaben in Kenntnis setzen, damit eine Kontrolle des tatsächlichen Sachverhalts am Arbeitsplatz möglich ist.

(26) Die Pflicht, der Kommission Verwaltungsanforderungen und Kontrollmaßnahmen mitzuteilen, sollte kein Vorabgenehmigungsverfahren darstellen.

(27) Um eine bessere und einheitlichere Anwendung der Richtlinie 96/71/EG sowie ihrer Durchsetzung in der Praxis zu gewährleisten und zum möglichst weitreichenden Abbau der Unterschiede bei der unionsweiten Anwendung und Durchsetzung sollten die Mitgliedstaaten eine wirksame und angemessene Arbeitsaufsicht in ihren Hoheitsgebieten sicherstellen und so unter anderem zu der Bekämpfung von Schwarzarbeit im Rahmen von Entsendungen beitragen, wobei auch andere Gesetzesinitiativen in Betracht gezogen werden sollten, damit dieses Phänomen besser bekämpft werden kann.

(28) Die Mitgliedstaaten sollten dem überprüften Unternehmen gegebenenfalls entsprechend ihrem nationalen Recht und/oder ihren nationalen Gepflogenheiten nach einer Überprüfung oder Kontrolle ein Dokument mit allen relevanten Informationen zur Verfügung stellen.

(29) Die Mitgliedstaaten sollten gewährleisten, dass ausreichendes Personal mit den Kompetenzen und Qualifikationen zur Verfügung steht, die für wirksame Überprüfungen erforderlich sind und benötigt werden, um Auskunftsersuchen des Aufnahmemitgliedstaats oder des Niederlassungsmitgliedstaats gemäß dieser Richtlinie unverzüglich entsprechen zu können.

(30) Arbeitsaufsicht, Sozialpartner und andere Überwachungsbehörden sind in dieser Hinsicht von größter Bedeutung und sollten hier auch weiterhin eine zentrale Rolle übernehmen.

(31) Im Interesse eines flexiblen Umgangs mit der Verschiedenartigkeit der Arbeitsmärkte und der Systeme im Bereich der Arbeitsbeziehungen können ausnahmsweise auch die Sozialpartner und/oder andere Akteure und/oder Stellen die Einhaltung bestimmter Arbeits- und Beschäftigungsbedingungen für entsandte Arbeitnehmer überwachen, sofern sie den betroffenen Personen ein gleichwertiges Schutzniveau gewähren und ihre Überwachungstätigkeit in nichtdiskriminierender und objektiver Weise ausüben.

(32) Die Arbeitsaufsicht der Mitgliedstaaten und andere relevante Überwachungs- und Durchsetzungsbehörden sollten die Möglichkeiten der Zusammenarbeit und des Informationsaustauschs nutzen, die in dem einschlägigen Recht vorgesehen sind, um zu überprüfen, ob die auf entsandte Arbeitnehmer anwendbaren Vorschriften eingehalten wurden.

(33) Die Mitgliedstaaten sind insbesondere aufgerufen, bei der Arbeitsaufsicht einen stärker integrierten Ansatz zu verfolgen. Die Notwendigkeit der Entwicklung gemeinsamer Standards für die Festlegung vergleichbarer Methoden, Praktiken und Mindestvorgaben auf Unionsebene sollte ebenfalls geprüft werden. Die Entwicklung gemeinsamer Standards sollte allerdings nicht zu Einschränkungen der Mitgliedstaaten bei der wirksamen Bekämpfung von Schwarzarbeit führen.

(34) Um die Durchsetzung der Richtlinie 96/71/EG zu erleichtern und eine wirksamere Anwendung in der Praxis sicherzustellen, sollten wirksame Beschwerdemechanismen vorgesehen werden, über die entsandte Arbeitnehmer Beschwerden vorbringen oder Verfahren anstrengen können, entweder auf direktem Wege oder, mit ihrer Einwilligung, über benannte dritte Stellen, wie z. B. Gewerkschaften, andere Vereinigungen oder gemeinsame Einrichtungen der Sozialpartner. Nationale Verfahrensvorschriften über die Vertretung und Verteidigung vor Gericht sowie die Zuständigkeiten und sonstigen Rechte von Gewerkschaften und anderen Arbeitnehmervertretern nach nationalem Recht und/oder nationalen Gepflogenheiten sollten davon unberührt bleiben.

(35) Um sicherzustellen, dass ein entsandter Arbeitnehmer ordnungsgemäß entlohnt wird, und sofern Entsendezulagen als Teil des Mindestlohns angesehen werden können, sollten diese Zulagen nur dann vom Lohn in Abzug gebracht werden, wenn dies im nationalen Recht, in Tarifverträgen und/oder den Gepflogenheiten des Aufnahmemitgliedstaats vorgesehen ist.

(36) Die Einhaltung der auf dem Gebiet der Entsendung geltenden Vorschriften in der Praxis und der wirksame Schutz der Arbeitnehmerrechte in dieser Hinsicht ist in Unterauftragsketten ein besonders wichtiges Anliegen und sollte durch geeignete Maßnahmen gemäß dem nationalen Recht und/oder nationalen Gepflogenheiten und unter Einhaltung des Unionsrechts gewährleistet werden. Zu solchen Maßnahmen kann die Einführung – auf freiwilliger Grundlage und nach Anhörung der zuständigen Sozialpartner – eines Mechanismus der direkten Unterauftragshaftung zusätzlich zur oder an Stelle der Haftung des Arbeitgebers gehören, der in Bezug auf ausstehende Nettoentgelte, die den Mindestnettolöhnen entsprechen, und/oder in Bezug auf Beiträge zu gemeinsamen Fonds oder Einrichtungen der Sozialpartner greift, die gesetzlich oder tarifrechtlich geregelt sind, sofern diese unter Artikel 3 Absatz 1 der Richtlinie 96/71/EG fallen. Den Mitgliedstaaten steht es jedoch weiterhin frei, strengere nationale Haftungsregeln vorzusehen oder im Einklang mit nationalem Recht und unter Wahrung der Grundsätze der Nichtdiskriminierung und der Verhältnismäßigkeit darüber hinauszugehen.

(37) Mitgliedstaaten, die Maßnahmen zur Gewährleistung der Einhaltung der geltenden Regelungen in Unterauftragsketten eingeführt haben, sollten vorsehen können, dass ein (Unter-)Auftragnehmer unter bestimmten Umständen nicht haftbar sein sollte oder die Haftung beschränkt sein kann, wenn dieser (Unter-)Auftragnehmer seiner Sorgfaltspflicht nachkommt. Diese Maßnahmen sollten im nationalen Recht unter Berücksichtigung der spezifischen Gegebenheiten des betreffenden Mitgliedstaats festgeschrieben werden und können unter anderem Maßnahmen umfassen, die der Auftragnehmer zur Dokumentation der Einhaltung der Verwaltungsanforderungen ergreift, sowie Kontrollmaßnahmen, die eine wirksame Überwachung der Einhaltung der geltenden Bestimmungen für die Entsendung von Arbeitnehmern gewährleisten.

(38) Es gibt Anlass zu der Besorgnis, dass die Mitgliedstaaten nach wie vor große Schwierigkeiten haben, Verwaltungssanktionen und/oder Geldbußen grenzüberschreitend durchzusetzen, und es sollte darauf hingearbeitet werden, dass Verwaltungssanktionen und/oder Geldbußen gegenseitig anerkannt werden.

(39) Die Unterschiede zwischen den Systemen der Mitgliedstaaten zur Durchsetzung verhängter Verwaltungssanktionen und/oder Geldbußen in grenzüberschreitenden Fällen stehen dem reibungslosen Funktionieren des Binnenmarkts entgegen und machen es sehr schwierig, wenn nicht gar unmöglich, entsandten Arbeitnehmern unionsweit ein gleiches Maß an Schutz zu gewährleisten.

(40) Eine wirksame Durchsetzung der materiellrechtlichen Vorschriften für die Entsendung von Arbeitnehmern im Rahmen der Erbringung von Dienstleistungen sollte durch spezifische Maßnahmen sichergestellt werden, die auf die grenzüberschreitende Durchsetzung von verhängten finanziellen Verwaltungssanktionen und/oder Geldbußen abstellen. Eine Annäherung der Rechtsvorschriften der Mitgliedstaaten in diesem Bereich ist daher eine Grundvoraussetzung für die Sicherstellung eines höheren, gleichwertigeren und vergleichbareren Schutzniveaus, wie es für das reibungslose Funktionieren des Binnenmarkts notwendig ist.

(41) Durch die Annahme gemeinsamer Vorschriften, die gegenseitige Hilfe und Unterstützung in Bezug auf Durchsetzungsmaßnahmen und die damit zusammenhängenden Kosten bereitstellen, sowie durch die Annahme einheitlicher Anforderungen für die Mitteilung von Entscheidungen über Verwaltungssanktionen und Geldbußen, die für die Nichteinhaltung der Richtlinie 96/71/EG sowie dieser Richtlinie verhängt werden, sollte sich eine Reihe praktischer Probleme bei der grenzüberschreitenden Durchsetzung lösen lassen und eine bessere Kommunikation und Durchsetzung entsprechender Entscheidungen anderer Mitgliedstaaten gewährleistet werden.

(42) Hat der Dienstleistungserbringer seinen Sitz tatsächlich nicht in dem Niederlassungsmitgliedstaat oder sind die Anschrift oder die Unternehmensdaten falsch, so sollten die zuständigen Behörden das Verfahren nicht aus formalen Gründen einstellen, sondern ihre Untersuchungen fortsetzen, um die Identität der für die Entsendung verantwortlichen natürlichen oder juristischen Person festzustellen.

(43) Die Anerkennung von Entscheidungen, mit der eine Verwaltungssanktion und/oder Geldbuße verhängt wird, und von Ersuchen um Beitreibung einer Sanktion und/oder Geldbuße sollte auf dem Grundsatz des gegenseitigen Vertrauens beruhen. Daher sollten die Gründe für eine Nichtanerkennung oder eine Ablehnung der Beitreibung einer Verwaltungssanktion und/oder Geldbuße auf das erforderliche Minimum beschränkt werden.

(44) Ungeachtet der Festlegung einheitlicherer Vorschriften für die grenzüberschreitende Durchsetzung von Verwaltungssanktionen und/oder Geldbußen und der Notwendigkeit einer größeren Zahl gemeinsamer Kriterien, um Folgemaßnahmen in Fällen der Nichtbezahlung derselben wirksamer zu gestalten, sollte dies nicht die Zuständigkeit der Mitgliedstaaten für die Bestimmung ihrer Systeme hinsichtlich Sanktionen und Geldbußen oder Beitreibungsmaßnahmen gemäß ihres nationalen Rechts berühren. Daher kann das Instrument für den Vollzug oder die Vollstreckung für solche Sanktionen und/oder Geldbußen unter Berücksichtigung des nationalen Rechts und/oder nationaler Gepflogenheiten in dem ersuchten Mitgliedstaat gegebenenfalls durch einen Vollzugs- oder Voll-

streckungstitel im ersuchten Mitgliedstaat ergänzt, begleitet oder ersetzt werden.

(45) Die einheitlicheren Vorschriften sollten nicht zu einer Änderung der Verpflichtung zur Achtung der in Artikel 6 der Vertrags über die Europäische Union (EUV) verankerten Grundrechte und -freiheiten von Beklagten sowie der auf Beklagte anwendbaren allgemeinen Rechtsgrundsätze, wie dem Recht auf Anhörung, dem Recht auf einen wirksamen Rechtsbehelf, dem Recht auf ein unparteiisches Gericht oder dem Grundsatz, dass man wegen derselben Straftat nicht zweimal strafrechtlich verfolgt oder bestraft werden kann, führen.

(46) Diese Richtlinie verfolgt weder das Ziel, die Vorschriften im Bereich der justiziellen Zusammenarbeit, der gerichtlichen Zuständigkeit oder der Anerkennung und Vollstreckung von Entscheidungen in Zivil- und Handelssachen zu harmonisieren, noch das Ziel, Fragen des anwendbaren Rechts zu regeln.

(47) Die Mitgliedstaaten sollten für den Fall der Nichtbeachtung der in dieser Richtlinie festgelegten Verpflichtungen geeignete Maßnahmen ergreifen, einschließlich Verwaltungs- und Gerichtsverfahren, und sollten bei Verstößen gegen diese Verpflichtungen wirksame, abschreckende und verhältnismäßige Sanktionen vorsehen.

(48) Diese Richtlinie steht im Einklang mit den Grundrechten und Grundsätzen, die in der Charta der Grundrechte der Europäischen Union anerkannt sind, wozu insbesondere der Schutz personenbezogener Daten (Artikel 8), die Berufsfreiheit und das Recht zu arbeiten (Artikel 15), die unternehmerische Freiheit (Artikel 16), das Recht auf Kollektivverhandlungen und Kollektivmaßnahmen (Artikel 28), gerechte und angemessene Arbeitsbedingungen (Artikel 31), das Recht auf einen wirksamen Rechtsbehelf und ein unparteiisches Gericht (Artikel 47), die Unschuldsvermutung und Verteidigungsrechte (Artikel 48) sowie das Recht, wegen derselben Straftat nicht zweimal strafrechtlich verfolgt oder bestraft zu werden (Artikel 50) zählen, und muss in Übereinstimmung mit diesen Rechten und Grundsätzen durchgeführt werden.

(49) Im Hinblick auf eine bessere und einheitlichere Anwendung der Richtlinie 96/71/EG und eine bessere Verwaltungszusammenarbeit ist es angezeigt, ein System für den elektronischen Informationsaustausch vorzusehen; die zuständigen Behörden sollten soweit wie möglich das IMI nutzen. Dies sollte jedoch nicht der Anwendung bestehender und künftiger bilateraler Vereinbarungen oder Regelungen für die Verwaltungszusammenarbeit und die gegenseitige Amtshilfe entgegenstehen.

(50) Da das Ziel dieser Richtlinie, nämlich einen allgemeinen gemeinsamen Rahmen einer Reihe angemessener Bestimmungen, Maßnahmen und Kontrollmechanismen festzulegen, die für eine bessere und einheitlichere Durchführung, Anwendung und Durchsetzung der Richtlinie 96/71/EG in der Praxis notwendig sind, von den Mitgliedstaaten nicht ausreichend verwirklicht werden kann und wegen des Umfangs und der Wirkungen der Maßnahme auf Unionsebene besser zu verwirklichen ist, kann die Union im Einklang mit dem in Artikel 5 EUV verankerten Subsidiaritätsprinzip tätig werden. Entsprechend dem in demselben Artikel genannten Grundsatz der Verhältnismäßigkeit geht diese Richtlinie nicht über das zur Verwirklichung dieses Ziels erforderliche Maß hinaus.

(51) Der Europäische Datenschutzbeauftragte wurde gemäß Artikel 28 Absatz 2 der Verordnung (EG) Nr. 45/2001 konsultiert und hat am 19. Juli 2012 eine Stellungnahme (Bl. C 27 vom 29.1.2013, S. 4) abgegeben –

HABEN FOLGENDE RICHTLINIE ERLASSEN:

KAPITEL I
ALLGEMEINE VORSCHRIFTEN

Gegenstand

Art. 1 (1) Mit dieser Richtlinie wird ein gemeinsamer Rahmen einer Reihe angemessener Bestimmungen, Maßnahmen und Kontrollmechanismen festgelegt, die für eine bessere und einheitlichere Durchführung, Anwendung und Durchsetzung der Richtlinie 96/71/EG in der Praxis notwendig sind, einschließlich Maßnahmen zur Verhinderung und Sanktionierung jeglichen Missbrauchs und jeglicher Umgehung der anzuwendenden Rechtsvorschriften; sie berührt nicht den Geltungsbereich der Richtlinie 96/71/EG.

Zweck dieser Richtlinie ist die Gewährleistung eines angemessenen Schutzniveaus hinsichtlich der Rechte entsandter Arbeitnehmer im Rahmen der grenzüberschreitenden Erbringung von Dienstleistungen, insbesondere der Durchsetzung der Arbeits- und Beschäftigungsbedingungen, die in dem Mitgliedstaat gelten, in dem die Dienstleistung erbracht wird, gemäß Artikel 3 der Richtlinie 96/71/EG, bei gleichzeitiger Erleichterung der Ausübung der Dienstleistungsfreiheit für die Dienstleistungserbringer und Förderung des fairen Wettbewerbs zwischen ihnen und somit Förderung der Funktionsfähigkeit des Binnenmarkts.

2. Diese Richtlinie beeinträchtigt in keiner Weise die Ausübung der in den Mitgliedstaaten und auf Unionsebene anerkannten Grundrechte, einschließlich des Rechts oder der Freiheit zum Streik oder zur Durchführung anderer Maßnahmen, die im Rahmen der spezifischen Systeme der Mitgliedstaaten im Bereich der Arbeitsbeziehungen nach ihrem nationalen Recht und/oder nationalen Gepflogenheiten vorgesehen sind. Sie berührt auch nicht das Recht, im Einklang mit nationalem Recht und nationalen Gepflogenheiten Tarifverträge auszuhandeln, abzuschließen und durchzusetzen sowie kollektive Maßnahmen zu ergreifen.

Begriffsbestimmungen

Art. 2 Für die Zwecke dieser Richtlinie bezeichnet der Ausdruck

a) „zuständige Behörde" eine Behörde oder Stelle – gegebenenfalls auch das oder die in Artikel 4 der Richtlinie 96/71/EG genannte(n) Verbindungsbüro(s) –, das bzw. die von einem

Mitgliedstaat benannt wurde(n), um Aufgaben gemäß der Richtlinie 96/71/EG und dieser Richtlinie wahrzunehmen;
b) „ersuchende Behörde" die zuständige Behörde eines Mitgliedstaats, die in Bezug auf eine Sanktion und/oder Geldbuße gemäß Kapitel VI um Unterstützung, Information, Mitteilung oder Beitreibung ersucht;
c) „ersuchte Behörde" die zuständige Behörde eines Mitgliedstaats, an die ein Unterstützungs-, Informations-, Mitteilungs- oder Beitreibungsersuchen in Bezug auf eine Sanktion und/oder Geldbuße gemäß Kapitel VI gerichtet wird.

Zuständige Behörden und Verbindungsbüros

Art. 3 Für die Zwecke dieser Richtlinie benennen die Mitgliedstaaten gemäß nationalem Recht und/oder nationalen Gepflogenheiten eine oder mehrere zuständige Behörden, zu denen auch das bzw. die in Artikel 4 der Richtlinie 96/71/EG genannte(n) Verbindungsbüro(s) gehören kann bzw. können. Bei der Benennung ihrer zuständigen Behörden tragen die Mitgliedstaaten der Notwendigkeit gebührend Rechnung, dass der Datenschutz der ausgetauschten Informationen und die gesetzlichen Rechte von natürlichen und juristischen Personen, die davon betroffen sein könnten, gewährleistet sind. Die Mitgliedstaaten sind letztlich auch weiterhin dafür verantwortlich, dass der Datenschutz und die gesetzlichen Rechte betroffener Personen gewährleistet sind, und richten diesbezüglich geeignete Mechanismen ein.

Die Mitgliedstaaten teilen die Kontaktdaten der zuständigen Behörden der Kommission und den anderen Mitgliedstaaten mit. Die Kommission veröffentlicht und aktualisiert regelmäßig die Liste der zuständigen Behörden und Verbindungsbüros.

Die anderen Mitgliedstaaten und die Organe der Union erkennen die Entscheidungen der einzelnen Mitgliedstaaten in Bezug auf die Wahl ihrer zuständigen Behörden an.

Feststellung einer tatsächlichen Entsendung und Verhinderung von Missbrauch und Umgehung

Art. 4 (1) Bei der Durchführung, Anwendung und Durchsetzung der Richtlinie 96/71/EG führen die zuständigen Behörden eine Gesamtbeurteilung aller tatsächlichen Umstände durch, die als notwendig erachtet werden, einschließlich insbesondere derjenigen, die in den Absätzen 2 und 3 dieses Artikels genannt sind. Diese Umstände sollen den zuständigen Behörden bei Überprüfungen und Kontrollen behilflich sein sowie dann, wenn die Behörden Grund zu der Annahme haben, dass ein Arbeitnehmer möglicherweise nicht als entsandter Arbeitnehmer gemäß der Richtlinie 96/71/EG angesehen werden kann. Bei diesen Umständen handelt es sich um Anhaltspunkte für die vorzunehmende Gesamtbeurteilung, weswegen sie nicht isoliert betrachtet werden dürfen.

(2) Um zu beurteilen, ob ein Unternehmen tatsächlich wesentliche Tätigkeiten ausübt, die über rein interne Management- und/oder Verwaltungstätigkeiten hinausgehen, nehmen die zuständigen Behörden unter Berücksichtigung eines weiten Zeitrahmens eine Gesamtbewertung aller tatsächlichen Umstände vor, die die von einem Unternehmen im Niederlassungsmitgliedstaat und erforderlichenfalls im Aufnahmemitgliedstaat ausgeübten Tätigkeiten charakterisieren. Diese Umstände können insbesondere Folgendes umfassen:
a) der Ort, an dem das Unternehmen seinen Sitz und seine Verwaltung hat, Büroräume nutzt, Steuern und Sozialabgaben zahlt und gegebenenfalls nach nationalem Recht eine gewerbliche Zulassung besitzt oder bei der Handelskammer oder entsprechenden Berufsvereinigungen gemeldet ist;
b) der Ort, an dem entsandte Arbeitnehmer eingestellt werden und von dem aus sie entsandt werden;
c) das Recht, das auf die Verträge anzuwenden ist, die das Unternehmen mit seinen Arbeitnehmern und mit seinen Kunden abschließt;
d) der Ort, an dem das Unternehmen seine wesentliche Geschäftstätigkeit ausübt und an dem es Verwaltungspersonal beschäftigt;
e) die Zahl der im Niederlassungsmitgliedstaat erfüllten Verträge und/oder die Höhe des Umsatzes, der dort erzielt wird, wobei beispielsweise der Situation von neu gegründeten Unternehmen und von KMU Rechnung zu tragen ist.

(3) Bei der Beurteilung, ob ein entsandter Arbeitnehmer seine Tätigkeit vorübergehend in einem anderen Mitgliedstaat als dem ausübt, in dem er normalerweise arbeitet, sind sämtliche für die entsprechende Arbeit charakteristischen tatsächlichen Umstände sowie die Situation des Arbeitnehmers zu prüfen. Diese Umstände können insbesondere Folgendes umfassen:
a) ob die Arbeit für einen begrenzten Zeitraum in einem anderen Mitgliedstaat verrichtet wird;
b) an welchem Datum die Entsendung beginnt;
c) ob die Entsendung in einen anderen Mitgliedstaat erfolgt als denjenigen, in dem oder von dem aus der Arbeitnehmer seine Tätigkeit üblicherweise gemäß Rom I und/oder dem Übereinkommen von Rom ausübt;
d) ob der entsandte Arbeitnehmer nach Erledigung der Arbeit oder nach Erbringung der Dienstleistungen, für die er entsandt wurde, wieder in den Mitgliedstaat zurückkehrt, aus dem er entsandt wurde, oder dies von ihm erwartet wird;
e) die Art der Tätigkeiten;
f) ob Reise, Verpflegung und Unterbringung von dem Arbeitgeber, der den Arbeitnehmer entsendet, bereitgestellt oder die Kosten von ihm erstattet werden, und wenn ja, sollte an-

g) vorangegangene Zeiträume, in denen die Stelle von demselben oder einem anderen (entsandten) Arbeitnehmer besetzt wurde.

(4) Die Nichterfüllung eines oder mehrerer der in den Absätzen 2 und 3 genannten tatsächlichen Umstände schließt nicht automatisch aus, dass eine Situation als Entsendung angesehen werden kann. Die Bewertung dieser Umstände ist an den jeweiligen Einzelfall anzupassen und muss den Besonderheiten des Sachverhalts Rechnung tragen.

(5) Die in diesem Artikel genannten Umstände, die bei der Gesamtbeurteilung einer Situation in Bezug auf eine tatsächliche Entsendung durch die zuständigen Behörden zur Anwendung kommen, können auch berücksichtigt werden, um zu ermitteln, ob eine Person in die geltende Definition eines Arbeitnehmers gemäß Artikel 2 Absatz 2 der Richtlinie 96/71/EG fällt. Die Mitgliedstaaten sollten sich ungeachtet der Bezeichnung der Beziehung in einer Regelung, sei sie vertraglicher Art oder nicht, die möglicherweise zwischen den Parteien getroffen worden ist, unter anderem an den tatsächlichen Umständen bezüglich der Durchführung von Arbeiten, der Unterordnung und der Entlohnung des Arbeitnehmers orientieren.

KAPITEL II
ZUGANG ZU INFORMATIONEN

Besserer Zugang zu Informationen

Art. 5 (1) Die Mitgliedstaaten ergreifen geeignete Maßnahmen, um zu gewährleisten, dass die Informationen über die Arbeits- und Beschäftigungsbedingungen gemäß Artikel 3 der Richtlinie 96/71/EG, die von Dienstleistungserbringern angewandt und eingehalten werden müssen, allgemein und kostenlos zur Verfügung gestellt werden, sowie in klarer, transparenter, umfassender und leicht zugänglicher Art und Weise durch Fernkommunikationsmittel und auf elektronischem Wege, und zwar in Formaten und nach Webzugangsstandards, die den Zugang für Personen mit Behinderungen sicherstellen, und um zu gewährleisten, dass die in Artikel 4 der Richtlinie 96/71/EG genannten Verbindungsstellen oder andere zuständige nationale Stellen in der Lage sind, ihre Aufgaben wirksam zu erfüllen.

(2) Zwecks weiterer Verbesserung des Zugangs zu Informationen ergreifen die Mitgliedstaaten folgende Maßnahmen:

a) Sie machen auf einer einzigen offiziellen nationalen Website und im Rahmen anderer angemessener Maßnahmen in detaillierter und nutzerfreundlicher Art und Weise sowie in einem zugänglichen Format klare Angaben darüber, welche Arbeits- und Beschäftigungsbedingungen und/oder welche Teile ihres nationalen und/oder regionalen Rechts auf Arbeitnehmer anzuwenden sind, die in ihr Hoheitsgebiet entsandt werden;

b) sie ergreifen die erforderlichen Maßnahmen, um Informationen darüber, welche Tarifverträge gelten und für wen sie gelten und welche Arbeits- und Beschäftigungsbedingungen von Dienstleistungserbringern aus anderen Mitgliedstaaten gemäß der Richtlinie 96/71/EG anzuwenden sind, auf der einzigen offiziellen nationalen Website und im Rahmen anderer angemessener Maßnahmen allgemein zugänglich zu machen, einschließlich – sofern möglich – Links zu vorhandenen Websites und anderen Kontaktstellen, insbesondere zu den einschlägigen Sozialpartnern;

c) sie machen diese Informationen den Arbeitnehmern und Dienstleistungserbringern kostenlos in der Amtssprache bzw. den Amtssprachen des Aufnahmemitgliedstaats und unter Berücksichtigung der Nachfrage auf dem dortigen Arbeitsmarkt in den wichtigsten Sprachen – deren Wahl Sache des Aufnahmemitgliedstaats ist – zugänglich. Diese Informationen werden, wenn möglich, in Form eines kurzen Merkblatts, in dem die wesentlichen anzuwendenden Arbeitsbedingungen angegeben sind, zugänglich gemacht, einschließlich einer Beschreibung der Verfahren zur Einreichung von Beschwerden, und auf Anfrage in Formaten, die für Personen mit Behinderungen benutzbar sind; weitere detaillierte Informationen über die für entsandte Arbeitnehmer geltenden arbeits- und sozialrechtlichen Bedingungen einschließlich über Gesundheit und Sicherheit am Arbeitsplatz werden leicht und kostenlos zugänglich gemacht;

d) sie verbessern die Zugänglichkeit und Klarheit der einschlägigen Informationen, insbesondere der auf der einzigen offiziellen nationalen Website gemäß Buchstabe a erhältlichen Informationen;

e) sie geben eine Kontaktperson bei der Verbindungsstelle an, die sich mit Auskunftsersuchen befasst;

f) sie halten die in den Länderprofilen enthaltenen Informationen auf dem aktuellen Stand.

(3) Die Kommission unterstützt die Mitgliedstaaten weiterhin in dem Bereich des Zugangs zu Informationen.

(4) Soweit nach nationalem Recht, nationalen Traditionen und Gepflogenheiten einschließlich der Wahrung der Autonomie der Sozialpartner die in Artikel 3 der Richtlinie 96/71/EG genannten Arbeits- und Beschäftigungsbedingungen gemäß Artikel 3 Absätze 1 und 8 jener Richtlinie in Tarifverträgen festgelegt sind, gewährleisten die Mitgliedstaaten, dass diese Arbeits- und Beschäftigungsbedingungen den Dienstleistungserbringern aus anderen Mitgliedstaaten und den entsandten Arbeitnehmern in einer zugänglichen und transparenten Art und Weise zur Verfügung gestellt werden, wobei sie sich um die diesbezügliche Einbeziehung der Sozialpartner bemühen. Die einschlägigen Informationen sollten insbeson-

dere die unterschiedlichen Mindestlohnsätze und deren wesentliche Bestandteile, die Methode zur Berechnung des Entgelts und gegebenenfalls die maßgeblichen Kriterien für die Einstufung in die verschiedenen Lohngruppen umfassen.

(5) Die Mitgliedstaaten geben die Stellen und Behörden an, an die sich die Arbeitnehmer und Unternehmen wenden können, um allgemeine Informationen über das auf sie anwendbare nationale Recht und die auf sie anwendbaren nationalen Gepflogenheiten in Bezug auf ihre Rechte und Verpflichtungen in ihrem Hoheitsgebiet zu erhalten.

KAPITEL III
VERWALTUNGSZUSAMMENARBEIT

Gegenseitige Amtshilfe – allgemeine Grundsätze

Art. 6 (1) Die Mitgliedstaaten arbeiten im Hinblick auf die praktische Durchführung, Anwendung und Durchsetzung dieser Richtlinie und der Richtlinie 96/71/EG eng zusammen und leisten sich gegenseitig unverzüglich Amtshilfe.

(2) Die Zusammenarbeit der Mitgliedstaaten besteht insbesondere darin, mit Gründen versehene Auskunftsersuchen und Ersuchen um die Durchführung von Kontrollen, Prüfungen und Untersuchungen zu beantworten, die von zuständigen Behörden in Bezug auf Entsendesituationen gemäß Artikel 1 Absatz 3 der Richtlinie 96/71/EG eingehen, auch im Zusammenhang mit der Untersuchung eines etwaigen Verstoßes oder eines etwaigen Missbrauchs der anwendbaren Vorschriften über die Entsendung von Arbeitnehmern. Die Auskunftsersuchen betreffen auch Informationen in Bezug auf eine etwaige Beitreibung von Verwaltungssanktionen und/oder Geldbußen oder die Mitteilung über die Verhängung einer solchen Sanktion und/oder Geldbuße nach Kapitel VI.

(3) Die Zusammenarbeit zwischen den Mitgliedstaaten kann auch die Zusendung und Zustellung von Schriftstücken umfassen.

(4) Bei der Beantwortung eines Ersuchens um Amtshilfe von den zuständigen Behörden eines anderen Mitgliedstaats stellen die Mitgliedstaaten sicher, dass die in ihrem Hoheitsgebiet niedergelassenen Dienstleistungserbringer ihren zuständigen Behörden alle Informationen zur Verfügung stellen, die für die Kontrolle ihrer Tätigkeiten nach Maßgabe ihrer nationalen Rechtsvorschriften erforderlich sind. Die Mitgliedstaaten sehen geeignete Maßnahmen für den Fall vor, dass diese Informationen nicht zur Verfügung gestellt werden.

(5) Treten bei der Beantwortung eines Auskunftsersuchens oder bei der Durchführung von Überprüfungen, Kontrollen und Untersuchungen Schwierigkeiten auf, so informiert der betroffene Mitgliedstaat unverzüglich den ersuchenden Mitgliedstaat, um eine Lösung zu finden.

Bestehen hinsichtlich des Informationsaustauschs fortdauernd Probleme oder besteht eine dauerhafte Verweigerung, Informationen zur Verfügung zu stellen, so wird die Kommission – gegebenenfalls über das IMI – unterrichtet und leitet angemessene Maßnahmen ein.

(6) Die Mitgliedstaaten stellen die von anderen Mitgliedstaaten oder von der Kommission angeforderten Informationen unter Einhaltung folgender Fristen auf elektronischem Wege zur Verfügung:

a) in dringenden Fällen, die eine Einsichtnahme in Register erfordern, beispielsweise in Bezug auf die Bestätigung der MwSt.-Registrierung zwecks Prüfung der Niederlassung in einem anderen Mitgliedstaat, schnellstmöglich, jedoch spätestens zwei Arbeitstage nach Eingang des Ersuchens.

Der Grund für die Dringlichkeit ist zusammen mit weiteren Einzelheiten, die diese Dringlichkeit untermauern, in dem Ersuchen klar anzugeben;

b) in allen anderen Auskunftsersuchen: spätestens 25 Arbeitstage nach Eingang des Ersuchens, es sei denn, die Mitgliedstaaten haben einvernehmlich eine kürzere Frist festgelegt.

(7) Die Mitgliedstaaten gewährleisten, dass Register, in die Dienstleistungserbringer eingetragen sind und die von den zuständigen Behörden in ihrem Hoheitsgebiet abgefragt werden können, unter denselben Bedingungen zwecks Durchführung dieser Richtlinie und der Richtlinie 96/71/EG auch von den entsprechenden zuständigen Behörden der anderen Mitgliedstaaten abgefragt werden können, sofern diese Register von den Mitgliedstaaten im IMI aufgeführt werden.

(8) Die Mitgliedstaaten gewährleisten, dass die von in Artikel 2 Buchstabe a genannten Stellen ausgetauschten oder an diese übermittelte Informationen nur im Zusammenhang mit der/den Angelegenheit(en) verwendet werden, für die sie angefordert wurden.

(9) Gegenseitige Verwaltungszusammenarbeit und Amtshilfe erfolgen unentgeltlich.

(10) Ein Auskunftsersuchen schließt die Möglichkeit der zuständigen Behörden nicht aus, im Einklang mit dem einschlägigen nationalen Recht und Unionsrecht Maßnahmen zu ergreifen, um mutmaßliche Verstöße gegen die Richtlinie 96/71/EG oder gegen diese Richtlinie zu ermitteln und ihnen vorzubeugen.

Rolle der Mitgliedstaaten im Rahmen der Verwaltungszusammenarbeit

Art. 7 (1) Im Einklang mit den in den Artikeln 4 und 5 der Richtlinie 96/71/EG niedergelegten Grundsätzen liegt die Verantwortung für die Prüfung der gemäß der Richtlinie 96/71/EG einzuhaltenden Arbeits- und Beschäftigungsbedingungen während des Zeitraums der Entsendung eines Arbeitnehmers in einen anderen Mitgliedstaat bei den Behörden des Aufnahmemitgliedstaats, wobei diese gegebenenfalls mit denen des Niederlassungsmitgliedstaats zusammenarbeiten.

(2) Im Hinblick auf in einen anderen Mitgliedstaat entsandte Arbeitnehmer führt der Mitgliedstaat, in dem der Dienstleistungserbrin-

ger niederlassen ist, gemäß seinen nationalen Rechtsvorschriften, Gepflogenheiten und Verwaltungsverfahren weiterhin Überwachungen und Kontrollen durch und ergreift die erforderlichen Aufsichts- und Durchsetzungsmaßnahmen.

(3) Der Mitgliedstaat, in dem der Dienstleistungserbringer niedergelassen ist, unterstützt den Mitgliedstaat, in den die Entsendung erfolgt, um die Einhaltung der nach der Richtlinie 96/71/EG und dieser Richtlinie geltenden Bedingungen sicherzustellen. Diese Verantwortung schränkt jedoch keineswegs die Möglichkeiten des Mitgliedstaats, in den die Entsendung erfolgt, ein, Überwachungen und Kontrollen durchzuführen und die erforderlichen Aufsichts- und Durchsetzungsmaßnahmen gemäß dieser Richtlinie und der Richtlinie 96/71/EG zu ergreifen.

(4) Gibt es Umstände, die auf mögliche Unregelmäßigkeiten hinweisen, so erteilt ein Mitgliedstaat dem betroffenen Mitgliedstaat aus eigener Initiative unverzüglich alle entsprechenden Auskünfte.

(5) Die zuständigen Behörden des Aufnahmemitgliedstaats können auch von den zuständigen Behörden des Niederlassungsmitgliedstaats bezüglich jeder Erbringung einer Dienstleistung oder bezüglich jedes Dienstleistungserbringers Auskünfte über die Rechtmäßigkeit der Niederlassung des Dienstleisters, sein ordnungsgemäßes Verhalten sowie darüber anfordern, dass er nicht gegen die anzuwendenden Rechtsvorschriften verstoßen hat. Die zuständigen Behörden des Niederlassungsmitgliedstaats erteilen diese Auskünfte gemäß Artikel 6.

(6) Die Verpflichtungen nach diesem Artikel haben nicht zur Folge, dass der Niederlassungsmitgliedstaat verpflichtet ist, faktische Prüfungen und Kontrollen im Hoheitsgebiet des Ausnahmemitgliedstaats durchzuführen, in dem die Dienstleistung erbracht wird. Solche Prüfungen und Kontrollen können von den Behörden des Aufnahmemitgliedstaats auf eigenes Betreiben oder auf Antrag der zuständigen Behörden des Niederlassungsmitgliedstaats durchgeführt werden, und zwar gemäß Artikel 10 und in Übereinstimmung mit den Aufsichtsbefugnissen, die im nationalen Recht und in den nationalen Gepflogenheiten und Verwaltungsverfahren des Aufnahmemitgliedstaats vorgesehen sind und mit dem Unionsrecht in Einklang stehen.

Begleitende Maßnahmen

Art. 8 (1) Die Mitgliedstaaten ergreifen mit Unterstützung der Kommission begleitende Maßnahmen zur Entwicklung, Erleichterung und Förderung des Austauschs zwischen den Beamten, die mit der Durchführung der Verwaltungszusammenarbeit und gegenseitigen Amtshilfe sowie mit der Überwachung der Einhaltung und Durchsetzung der anzuwendenden Rechtsvorschriften befasst sind. Die Mitgliedstaaten können darüber hinaus begleitende Maßnahmen ergreifen, um Organisationen zu unterstützen, die entsandten Arbeitnehmern Informationen zur Verfügung stellen.

(2) Die Kommission prüft den Bedarf einer finanziellen Unterstützung, um im Wege von Projekten die Verwaltungszusammenarbeit weiter zu verbessern und das gegenseitige Vertrauen zu erhöhen, etwa durch die Förderung des Austauschs von zuständigen Beamten und die Förderung von Schulungen sowie durch Erleichterung und Förderung von Initiativen für bewährte Verfahren, auch derjenigen der Sozialpartner auf Unionsebene, wie z. B. die Entwicklung und laufende Aktualisierung von Datenbanken oder gemeinsamen Websites, die allgemeine oder sektorspezifische Informationen über die einzuhaltenden Arbeits- und Beschäftigungsbedingungen enthalten, sowie die Erhebung und Bewertung umfassender spezifischer Daten über das Entsendeverfahren.

Kommt die Kommission zu dem Schluss, dass ein derartiger Bedarf besteht, so nutzt sie, unbeschadet der Befugnisse des Europäischen Parlaments und des Rates im Haushaltsverfahren, bestehende Finanzinstrumente zur Stärkung der Verwaltungszusammenarbeit.

(3) Die Kommission und die Mitgliedstaaten können unter Wahrung der Autonomie der Sozialpartner sowohl auf Unions- als auch auf nationaler Ebene für angemessene Unterstützung von einschlägigen Initiativen der Sozialpartner sorgen, mit denen Unternehmer und Arbeitnehmer über die anwendbaren Arbeits- und Beschäftigungsbedingungen, die in dieser Richtlinie sowie in der Richtlinie 96/71/EG festgelegt sind, informiert werden.

KAPITEL IV
ÜBERWACHUNG DER EINHALTUNG

Verwaltungsanforderungen und Kontrollmaßnahmen

Art. 9 (1) Die Mitgliedstaaten dürfen nur die Verwaltungsanforderungen und Kontrollmaßnahmen vorschreiben, die notwendig sind, um eine wirksame Überwachung der Einhaltung der Pflichten, die aus dieser Richtlinie und der Richtlinie 96/71/EG erwachsen, zu gewährleisten, vorausgesetzt, sie sind im Einklang mit dem Unionsrecht gerechtfertigt und verhältnismäßig.

Zu diesem Zweck können die Mitgliedstaaten insbesondere folgende Maßnahmen vorsehen:

a) die Pflicht des in einem anderen Mitgliedstaat niedergelassenen Dienstleistungserbringers zur Abgabe einer einfachen Erklärung gegenüber den zuständigen nationalen Behörden spätestens zu Beginn der Erbringung der Dienstleistung in (einer) der Amtssprache(n) des Aufnahmemitgliedstaats oder in (einer) anderen von dem Aufnahmemitgliedstaat akzeptierten Sprache(n), die die einschlägigen Informationen enthält, die eine Kontrolle der Sachlage am Arbeitsplatz erlauben, dies umfasst unter anderem:

  i) die Identität des Dienstleistungserbringers;

  ii) die voraussichtliche Zahl klar identifizierbarer entsandter Arbeitnehmer;

iii) die unter den Buchstaben e und f genannten Personen;
iv) die voraussichtliche Dauer sowie das geplante Datum des Beginns und des Endes der Entsendung;
v) die Anschrift(en) des Arbeitsplatzes; und
vi) die Art der die Entsendung begründenden Dienstleistungen;

b) die Pflicht zur Bereithaltung oder Verfügbarmachung und/oder Aufbewahrung in Papier- oder elektronischer Form des Arbeitsvertrags oder eines gleichwertigen Dokuments im Sinne der Richtlinie 91/533/EWG des Rates (Richtlinie 91/533/EWG des Rates vom 14. Oktober 1991 über die Pflicht des Arbeitgebers zur Unterrichtung des Arbeitnehmers über die für seinen Arbeitsvertrag oder sein Arbeitsverhältnis geltenden Bedingungen (ABl. L 288 vom 18.10.1991, S. 32)), einschließlich – sofern angebracht oder relevant – der zusätzlichen Angaben nach Artikel 4 jener Richtlinie, der Lohnzettel, der Arbeitszeitnachweise mit Angabe des Beginns, des Endes und der Dauer der täglichen Arbeitszeit sowie der Belege über die Entgeltzahlung oder der Kopien gleichwertiger Dokumente während des Entsendezeitraums an einem zugänglichen und klar festgelegten Ort im eigenen Hoheitsgebiet, wie dem Arbeitsplatz oder der Baustelle, oder bei mobilen Arbeitnehmern im Transportgewerbe an der Operationsbasis oder in dem Fahrzeug, in dem die Dienstleistung erbracht wird;

c) die Pflicht, nach der Entsendung auf Ersuchen der Behörden des Aufnahmemitgliedstaats die unter Buchstabe b genannten Dokumente innerhalb einer angemessenen Frist vorzulegen;

d) die Pflicht zur Vorlage einer Übersetzung der unter Buchstabe b genannten Dokumente in die (oder eine der) Amtssprache(n) des Aufnahmemitgliedstaats oder in (eine) andere von dem Aufnahmemitgliedstaat akzeptierte Sprache(n);

e) die Pflicht, den zuständigen Behörden des Aufnahmemitgliedstaats gegenüber, in dem die Dienstleistungen erbracht werden, einen Ansprechpartner zu benennen, der bei Bedarf Dokumente und/oder Mitteilungen verschickt und entgegennimmt;

f) erforderlichenfalls die Pflicht zur Benennung einer Kontaktperson als Vertreter, durch den die einschlägigen Sozialpartner während des Zeitraums der Dienstleistungserbringung versuchen können, den Dienstleistungserbringer zur Aufnahme von Kollektivverhandlungen im Aufnahmemitgliedstaat gemäß dem nationalen Recht und/oder den nationalen Gepflogenheiten zu bewegen. Diese Person kann eine andere als die unter Buchstabe e genannte Person sein und muss nicht im Aufnahmemitgliedstaat anwesend sein, muss jedoch bei einer angemessenen und begründeten Anfrage verfügbar sein.

(2) Die Mitgliedstaaten können weitere Verwaltungsanforderungen und Kontrollmaßnahmen vorschreiben, falls sich angesichts einer Sachlage oder neuer Entwicklungen abzeichnet, dass die bestehenden Verwaltungsanforderungen und Kontrollmaßnahmen nicht ausreichend oder effizient genug sind, um die wirksame Überwachung der Einhaltung der Pflichten, die aus der Richtlinie 96/71/EG und dieser Richtlinie erwachsen, zu gewährleisten, sofern diese gerechtfertigt und verhältnismäßig sind.

(3) Dieser Artikel lässt andere Pflichten unberührt, die aufgrund der Rechtsvorschriften der Union, einschließlich solche der Richtlinie 89/391/EWG des Rates (Richtlinie 89/391/EWG des Rates vom 12. Juni 1989 über die Durchführung von Maßnahmen zur Verbesserung der Sicherheit und des Gesundheitsschutzes der Arbeitnehmer bei der Arbeit (ABl. L 183 vom 29.6.1989, S. 1)) und der Verordnung (EG) Nr. 883/2004, und/oder solche nach nationalem Recht zum Schutz der Arbeitnehmer oder der Beschäftigung von Arbeitnehmern bestehen, sofern die letztgenannten Rechtsvorschriften in gleicher Weise für in dem betreffenden Mitgliedstaat niedergelassene Unternehmen gelten und sofern sie gerechtfertigt und verhältnismäßig sind.

(4) Die Mitgliedstaaten stellen sicher, dass Verfahren und Formalitäten in Bezug auf die Entsendung von Arbeitnehmern gemäß diesem Artikel von den Unternehmen in nutzerfreundlicher Weise erfüllt werden können, und zwar soweit möglich durch Fernkommunikationsmittel und auf elektronischem Wege.

(5) Die Mitgliedstaaten teilen der Kommission alle in den Absätzen 1 und 2 genannten Maßnahmen, die sie anwenden oder eingeführt haben, mit und unterrichten die Dienstleistungserbringer über diese Maßnahmen. Die Kommission bringt den anderen Mitgliedstaaten diese Maßnahmen zur Kenntnis. Die für die Dienstleistungserbringer bestimmten Angaben sind über eine einzige nationale Website in der bzw. den wichtigsten Sprache(n), die von dem jeweiligen Mitgliedstaat bestimmt wird bzw. werden, allgemein zugänglich zu machen.

Die Kommission beobachtet die Anwendung der in den Absätzen 1 und 2 genannten Maßnahmen genau, sie bewertet die Einhaltung des Unionsrechts durch diese Maßnahmen und sie ergreift gegebenenfalls geeignete Maßnahmen im Einklang mit ihren Befugnissen gemäß dem AEUV.

Die Kommission erstattet dem Rat regelmäßig Bericht über die Maßnahmen, die ihr von den Mitgliedstaaten mitgeteilt werden, und gegebenenfalls über den Stand ihrer Analyse und/oder Beurteilung.

Prüfungen

Art. 10 (1) Die Mitgliedstaaten stellen sicher, dass gemäß nationalem Recht und nationalen Gepflogenheiten geeignete und wirksame Kontroll- und Überwachungsmechanismen eingesetzt werden und die nach nationalem Recht benannten Behörden in ihrem Hoheitsgebiet wirksame und angemessene Prüfungen durchführen, um die Einhaltung der Bestimmungen und Vorschriften der Richtlinie 96/71/EG, unter Berücksichtigung der einschlägigen Bestimmungen dieser Richtlinie, zu kontrollieren und zu überwachen, und so ihre ordnungsgemäße Anwendung und Durchsetzung zu gewährleisten. Unbeschadet der Möglichkeit der Durchführung von Zufallskontrollen basieren diese Prüfungen in erster Linie auf einer Risikobewertung durch die zuständigen Behörden. Bei dieser Risikobewertung können die Tätigkeitsbereiche ermittelt werden, in denen sich die Beschäftigung von im Rahmen der Erbringung von Dienstleistungen entsandten Arbeitnehmern in ihrem Hoheitsgebiet konzentriert. Dabei können insbesondere die Ausführung großer Infrastrukturprojekte, lange Unterauftragsketten, geografische Nähe, besondere Probleme und Bedürfnisse bestimmter Bereiche, Verstöße gegen die Vorschriften in der Vergangenheit sowie die Gefährdung bestimmter Gruppen von Arbeitnehmern berücksichtigt werden.

(2) Die Mitgliedstaaten stellen sicher, dass Überprüfungen und Kontrollen gemäß diesem Artikel nicht diskriminierend und/oder unverhältnismäßig sind, wobei sie den einschlägigen Bestimmungen dieser Richtlinie Rechnung tragen.

(3) Werden im Verlauf der Überprüfungen und im Lichte des Artikels 4 Informationen benötigt, so gehen der Aufnahmemitgliedstaat und der Niederlassungsmitgliedstaat im Einklang mit den Vorschriften über die Verwaltungszusammenarbeit vor. Insbesondere arbeiten die zuständigen Behörden gemäß den Vorschriften und Grundsätzen der Artikel 6 und 7 zusammen.

(4) In Mitgliedstaaten, in denen gemäß nationalem Recht und/oder nationalen Gepflogenheiten die Festlegung der Arbeits- und Beschäftigungsbedingungen entsandter Arbeitnehmer nach Artikel 3 der Richtlinie 96/71/EG – und insbesondere der Mindestlohnsätze einschließlich der Arbeitszeit – den Sozialpartnern obliegt, können diese auf der angemessenen Ebene und unter Einhaltung der von den Mitgliedstaaten festgelegten Bedingungen ebenfalls die Anwendung der maßgeblichen Arbeits- und Beschäftigungsbedingungen entsandter Arbeitnehmer in ihrem Hoheitsgebiet überwachen, sofern ein angemessener Schutz, der dem gemäß der Richtlinie 96/71/EG sowie der vorliegenden Richtlinie entspricht, garantiert ist.

(5) Mitgliedstaaten, in denen die Arbeitsaufsicht nicht für die Kontrolle und Überwachung von Arbeits- und/oder Beschäftigungsbedingungen entsandter Arbeitnehmer zuständig ist, können nach Maßgabe des nationalen Rechts und/oder nationaler Gepflogenheiten Verfahren und Mechanismen zur Gewährleistung der Einhaltung der Arbeits- und Beschäftigungsbedingungen vorsehen, ändern oder aufrechterhalten, sofern diese Regelungen den betroffenen Personen einen angemessenen Schutz garantieren, der demjenigen entspricht, der sich aus der Richtlinie 96/71/EG und dieser Richtlinie ergibt.

KAPITEL V
DURCHSETZUNG

Verteidigung von Rechten – Erleichterung der Einreichung von Beschwerden – Nachzahlungen

Art. 11 (1) Bei der Durchsetzung der Verpflichtungen, die sich aus der Richtlinie 96/71/EG, insbesondere dessen Artikel 6, und dieser Richtlinie ergeben, stellen die Mitgliedstaaten sicher, dass es auch in dem Mitgliedstaat, in dessen Hoheitsgebiet Arbeitnehmer entsandt werden oder wurden, wirksame Verfahren gibt, die es den entsandten Arbeitnehmern erlauben, unmittelbar Beschwerde gegen ihre Arbeitgeber zu erheben, sowie das Recht, Gerichts- oder Verwaltungsverfahren einzuleiten, wenn diese Arbeitnehmer der Meinung sind, durch die Nichtanwendung der maßgeblichen Rechtsvorschriften einen Verlust oder Schaden erlitten zu haben; dies gilt auch nach Beendigung des Arbeitsverhältnisses, in dem es zu dem geltend gemachten Rechtsverstoß gekommen ist.

(2) Absatz 1 gilt unbeschadet der Zuständigkeit der Gerichte in den Mitgliedstaaten, wie sie sich insbesondere aus den einschlägigen Instrumenten des Unionsrechts und/oder der geltenden internationalen Übereinkommen ergibt.

(3) Die Mitgliedstaaten stellen sicher, dass Gewerkschaften und andere Dritte, wie Verbände, Organisationen und andere juristische Personen, die gemäß den im jeweiligen nationalen Recht festgelegten Kriterien ein berechtigtes Interesse daran haben, die Einhaltung dieser Richtlinie und der Richtlinie 96/71/EG sicherzustellen, sich entweder im Namen oder zur Unterstützung der entsandten Arbeitnehmer oder ihrer Arbeitgeber und mit deren Zustimmung an Gerichts- oder Verwaltungsverfahren beteiligen können, die zur Durchführung dieser Richtlinie und der Richtlinie 96/71/EG und/oder zur Durchsetzung der sich aus dieser Richtlinie und der Richtlinie 96/71/EG ergebenden Pflichten vorgesehen sind.

(4) Die Absätze 1 und 3 gelten unbeschadet

a) nationaler Verjährungsvorschriften oder Fristen für die Einleitung derartiger Verfahren, sofern nicht anzunehmen ist, dass diese es nahezu unmöglich machen oder übermäßig erschweren, diese Rechte wahrzunehmen;

b) etwaiger anderer Zuständigkeiten und kollektiver Rechte der Sozialpartner und der Vertreter von Arbeitnehmern und Arbeitgebern gemäß nationalem Recht und/oder nationalen Gepflogenheiten;

c) nationaler Verfahrensvorschriften über die Vertretung und Verteidigung vor den Gerichten.

(5) Entsandte Arbeitnehmer, die Gerichts- oder Verwaltungsverfahren gemäß Absatz 1 in Anspruch nehmen, sind vor Benachteiligungen durch ihren Arbeitgeber zu schützen.

(6) Die Mitgliedstaaten stellen sicher, dass der Arbeitgeber des entsandten Arbeitnehmers für sämtliche geschuldeten Ansprüche haftet, die aus

der Vertragsbeziehung zwischen dem Arbeitgeber und diesem entsandten Arbeitnehmer erwachsen.

Mitgliedstaaten stellen insbesondere sicher, dass die notwendigen Mechanismen vorgesehen sind, um für entsandte Arbeitnehmer Folgendes zu gewährleisten:
a) den Erhalt ausstehender Nettoentgeltzahlungen, die nach den anzuwendenden Arbeits- und Beschäftigungsbedingungen gemäß Artikel 3 der Richtlinie 96/71/EG fällig gewesen wären;
b) den Erhalt etwaiger Nachzahlungen oder Erstattungen von Steuern oder Sozialversicherungsbeiträgen, die zu Unrecht von ihrem Lohn abgezogen wurden;
c) Erstattung von – im Verhältnis zum Nettoarbeitsentgelt oder der Qualität der Unterbringung – unvertretbar hohen Beträgen, die für die vom Arbeitgeber organisierte Unterbringung vom Arbeitsentgelt einbehalten oder abgezogen wurden;
d) gegebenenfalls die Erstattung von zu Unrecht von ihrem Lohn abgezogenen Arbeitgeberbeiträgen zu gemeinsamen Fonds oder Einrichtungen der Sozialpartner.

Dieser Absatz gilt auch in Fällen, in denen die entsandten Arbeitnehmer aus dem Mitgliedstaat, in den sie entsandt wurden, zurückgekehrt sind.

Haftung bei Unteraufträgen

Art. 12 (1) Die Mitgliedstaaten können zur Bekämpfung von Betrug und Missbrauch nach Anhörung der maßgeblichen Sozialpartner unter Wahrung der Grundsätze der Nichtdiskriminierung und der Verhältnismäßigkeit zusätzliche Maßnahmen nach Maßgabe des nationalen Rechts und/ oder nationaler Gepflogenheiten ergreifen, um zu gewährleisten, dass – in Unterauftragsketten – der Auftragnehmer, dessen direkter Unterauftragnehmer der Arbeitgeber (Dienstleistungserbringer) im Sinne des Artikels 1 Absatz 3 der Richtlinie 96/71/ EG ist, neben dem oder an Stelle des Arbeitgebers von dem entsandten Arbeitnehmer in Bezug auf ausstehende Nettoentgelte, die den Mindestnettolöhnen entsprechen, und/oder in Bezug auf Beiträge zu gemeinsamen Fonds oder Einrichtungen der Sozialpartner, sofern diese unter Artikel 3 der Richtlinie 96/71/EG fallen, haftbar gemacht werden kann.

(2) Hinsichtlich der im Anhang der Richtlinie 96/71/EG genannten Tätigkeiten sehen die Mitgliedstaaten Maßnahmen vor, mit denen gewährleistet wird, dass in Unterauftragsketten die entsandten Arbeitnehmer den Auftragnehmer, dessen direkter Unterauftragnehmer der Arbeitgeber ist, neben dem oder an Stelle des Arbeitgeber(s) für die Wahrung der in Absatz 1 dieses Artikels genannten Rechte der entsandten Arbeitnehmer haftbar machen können.

(3) Die Haftung, auf die in den Absätzen 1 und 2 Bezug genommen wird, ist auf die Ansprüche des Arbeitnehmers begrenzt, die im Rahmen der Vertragsbeziehung zwischen dem Auftragnehmer und dessen Unterauftragnehmer erworben wurden.

(4) Die Mitgliedstaaten können im Einklang mit dem Unionsrecht auch strengere Haftungsregeln nach nationalem Recht vorsehen, und zwar in nichtdiskriminierender und verhältnismäßiger Weise hinsichtlich des Geltungsbereichs und Umfangs der Haftung bei Unteraufträgen. Die Mitgliedstaaten können auch im Einklang mit dem Unionsrecht eine solche Haftung in anderen Branchen als den im Anhang der Richtlinie 96/71/EG bezeichneten Branchen vorsehen.

(5) Die Mitgliedstaaten können in den Fällen nach den Absätzen 1, 2 und 4 vorsehen, dass ein Auftragnehmer, der seinen im nationalen Recht festgelegten Sorgfaltspflichten nachgekommen ist, nicht haftbar gemacht wird.

(6) Anstelle der Haftungsregeln nach Absatz 2 können die Mitgliedstaaten im Einklang mit dem Unionsrecht und dem nationalen Recht und/oder den nationalen Gepflogenheiten andere angemessene Durchsetzungsmaßnahmen ergreifen, die es im Rahmen direkter Unteraufträge ermöglichen, wirksame und verhältnismäßige Sanktionen gegen den Auftragnehmer zu verhängen, um Betrug und Missbrauch in Situationen, in denen Arbeitnehmer Schwierigkeiten haben, ihre Rechte durchzusetzen, zu bekämpfen.

(7) Die Mitgliedstaaten unterrichten die Kommission über nach diesem Artikel getroffene Maßnahmen und machen diese Angaben in der bzw. den wichtigsten Sprache(n), deren Wahl Sache der Mitgliedstaaten ist, allgemein zugänglich.

Im Falle des Absatz 2 umfasst die Unterrichtung der Kommission Informationen zur Erläuterung der Haftung in Unterauftragsketten.

Im Falle des Absatzes 6 umfassen die der Kommission übermittelten Angaben Informationen zur Erläuterung der Wirksamkeit alternativer nationaler Maßnahmen in Bezug auf die Haftungsregeln nach Absatz 2.

Die Kommission stellt diese Informationen den anderen Mitgliedstaaten zur Verfügung.

(8) Die Kommission überwacht die Anwendung dieses Artikels genau.

KAPITEL VI
GRENZÜBERSCHREITENDE DURCHSETZUNG VON FINANZIELLEN VERWALTUNGSSANKTIONEN UND/ ODER GELDBUSSEN

Anwendungsbereich

Art. 13 (1) Unbeschadet der Mittel, die in den anderen Rechtsvorschriften der Union vorgesehen sind oder vorgesehen werden, gelten die Grundsätze der gegenseitigen Amtshilfe und gegenseitigen Anerkennung sowie die Maßnahmen und Verfahren nach diesem Kapitel für die grenzüberschreitende Durchsetzung von finanziellen Verwaltungssanktionen und/oder Geldbußen, die einem in einem Mitgliedstaat niedergelassenen Dienstleistungserbringer wegen des Verstoßes gegen die auf die

4/6a. DurchsetzungsRL
Art. 13 – 16

Entsendung von Arbeitnehmern anzuwendenden Rechtsvorschriften in einem anderen Mitgliedstaat auferlegt werden.

(2) Dieses Kapitel gilt für von den zuständigen Behörden verhängte oder von Verwaltungs- oder Justizbehörden bestätigte oder gegebenenfalls sich aus Verfahren bei Arbeitsgerichten ergebende finanzielle Verwaltungssanktionen und/oder Geldbußen einschließlich Gebühren und Aufschlägen wegen eines Verstoßes gegen die Richtlinie 96/71/EG oder diese Richtlinie.

Dieses Kapitel gilt nicht für die Durchsetzung von Sanktionen, die in den Anwendungsbereich des Rahmenbeschlusses 2005/214/JI des Rates (Rahmenbeschluss 2005/214/JI des Rates vom 24. Februar 2005 über die Anwendung des Grundsatzes der gegenseitigen Anerkennung von Geldstrafen und Geldbußen (ABl. L 76 vom 22.3.2005, S. 16)), der Verordnung (EG) Nr. 44/2001 des Rates (Verordnung (EG) Nr. 44/2001 des Rates vom 22. Dezember 2000 über die gerichtliche Zuständigkeit und die Anerkennung und Vollstreckung von Entscheidungen in Zivil- und Handelssachen (ABl. L 12 vom 16.1.2001, S. 1)) oder des Beschlusses 2006/325/EG des Rates (Beschluss 2006/325/EG des Rates vom 27. April 2006 über den Abschluss des Abkommens zwischen der Europäischen Gemeinschaft und dem Königreich Dänemark über die gerichtliche Zuständigkeit und die Anerkennung und Vollstreckung von Entscheidungen in Zivil- und Handelssachen (ABl. L 120 vom 5.5.2006, S. 22)) fallen.

Benennung der zuständigen Behörden
Art. 14 Jeder Mitgliedstaat teilt der Kommission über das IMI mit, welche Behörde oder Behörden nach seinem nationalen Recht im Sinne dieses Kapitels zuständig ist bzw. sind. Die Mitgliedstaaten können, wenn sich dies aufgrund des Aufbaus ihres Rechtssystems als erforderlich erweist, eine oder mehrere zentrale Behörden benennen, die für die administrative Übermittlung und Entgegennahme der Ersuchen und für die Unterstützung anderer einschlägiger Behörden verantwortlich sind.

Allgemeine Grundsätze – gegenseitige Amtshilfe und Anerkennung
Art. 15 (1) Auf Ersuchen der ersuchenden Behörde verfährt die ersuchte Behörde vorbehaltlich der Artikel 16 und 17 wie folgt:
a) Sie nimmt die Beitreibung einer Verwaltungssanktion und/oder Geldbuße vor, die nach den Rechtsvorschriften und Verfahren des ersuchenden Mitgliedstaats von einer zuständigen Behörde verhängt oder von einer Verwaltungs- oder Justizbehörde und/oder gegebenenfalls von einem Arbeitsgericht bestätigt wurde und gegen die keine weiteren Rechtsmittel eingelegt werden kann; oder
b) sie teilt eine Entscheidung über eine Sanktion und/oder Geldbuße mit.

Des Weiteren übermittelt die ersuchte Behörde alle anderen einschlägigen Schriftstücke in Bezug auf die Beitreibung einer Sanktion und/oder Geldbuße, einschließlich des Urteils oder der endgültigen Entscheidung, die auch eine beglaubigte Abschrift sein kann, die die Rechtsgrundlage und den Titel für die Vollstreckung des Beitreibungsersuchens bilden.

(2) Die ersuchende Behörde stellt sicher, dass das Ersuchen um Beitreibung einer Verwaltungssanktion und/oder Geldbuße oder um Mitteilung einer Entscheidung, mit der eine Sanktion und/oder Geldbuße verhängt wird, gemäß den in jenem Mitgliedstaat geltenden Rechts- und Verwaltungsvorschriften erfolgt.

Ein solches Ersuchen kann nur dann ergehen, wenn die ersuchende Behörde eine Beitreibung oder Mitteilung gemäß ihren Rechts- und Verwaltungsvorschriften nicht vornehmen kann.

Die ersuchende Behörde darf kein Ersuchen um Beitreibung einer Verwaltungssanktion und/oder Geldbuße oder um Mitteilung einer Entscheidung, mit der eine Sanktion und/oder Geldbuße verhängt wird, stellen, sofern und solange die Sanktion und/oder Geldbuße sowie die zugrunde liegende Forderung und/oder der Vollstreckungstitel im ersuchenden Mitgliedstaat angefochten oder Rechtsmittel dagegen eingelegt werden.

(3) Die zuständige Behörde, die gemäß diesem Kapitel und Artikel 21 um Beitreibung einer Verwaltungssanktion und/oder Geldbuße oder um Mitteilung einer Entscheidung, mit der eine Sanktion und/oder Geldbuße verhängt wird, ersucht wird, erkennt dieses Ersuchen an, ohne dass weitere Formalitäten erforderlich wären, und trifft fortan alle für dessen Vollzug erforderlichen Maßnahmen, es sei denn, die ersuchte Behörde macht einen der in Artikel 17 vorgesehenen Ablehnungsgründe geltend.

(4) Für die Zwecke der Beitreibung einer Verwaltungssanktion und/oder Geldbuße oder der Mitteilung einer Entscheidung, mit der eine Sanktion und/oder Geldbuße verhängt wird, stellt die ersuchte Behörde sicher, dass eine solche Beitreibung oder Mitteilung im ersuchten Mitgliedstaat gemäß den dort geltenden nationalen Rechts- und Verwaltungsvorschriften erfolgt, die auf den gleichen Verstoß oder in Ermangelung dessen auf einen ähnlichen Verstoß oder auf eine solche Entscheidung Anwendung finden würden.

Die Mitteilung einer Entscheidung, mit der eine Verwaltungssanktion und/oder Geldbuße verhängt wird, durch die ersuchte Behörde und das Beitreibungsersuchen haben gemäß den in dem ersuchten Mitgliedstaat geltenden Rechts- und Verwaltungsvorschriften die gleiche Wirkung, als wären sie von dem ersuchenden Mitgliedstaat vorgenommen worden.

Ersuchen um Beitreibung oder Mitteilung
Art. 16 (1) Das Ersuchen der ersuchenden Behörde um Beitreibung von Verwaltungssanktionen und/oder Geldbußen sowie um Mitteilung einer Entscheidung über solche Sanktionen und/oder Geldbußen erfolgt unverzüglich anhand eines ein-

heitlichen Dokuments, das mindestens folgende Angaben enthält:
a) Name und Anschrift des Empfängers und alle weiteren relevanten Daten oder Informationen zur Identifizierung des Empfängers;
b) eine Zusammenfassung des Sachverhalts und der Umstände des Verstoßes, der Art der Zuwiderhandlung und der einschlägigen geltenden Vorschriften;
c) das Instrument zur Vollstreckung im ersuchenden Mitgliedstaat und alle sonstigen relevanten Informationen oder Dokumente auch gerichtlicher Art bezüglich der zugrunde liegenden Forderung, der Verwaltungssanktion und/oder Geldbuße und
d) Name, Anschrift und sonstige Kontaktdaten der zuständigen Stelle, die für die Beurteilung der Sanktion und/oder Geldbuße verantwortlich ist, und, falls nicht identisch, der zuständigen Stelle, bei der weitere Informationen über die Sanktion und/oder Geldbuße oder die Möglichkeiten zur Anfechtung der Zahlungsverpflichtung oder der einschlägigen Entscheidung eingeholt werden können.

(2) Zudem enthält das Ersuchen folgende Angaben:
a) im Fall einer Mitteilung einer Entscheidung den Gegenstand der Mitteilung und die Frist für die Erledigung der Mitteilung;
b) im Fall eines Beitreibungsersuchens das Datum, an dem das Urteil oder die Entscheidung vollstreckbar oder rechtskräftig wurde, eine Beschreibung der Art und der Höhe der Sanktion und/oder Geldbuße, alle für den Vollstreckungsprozess sachdienlichen Daten, einschließlich ob und gegebenenfalls wie die Entscheidung oder das Urteil dem/den Beklagten zugestellt wurde und/oder ob es sich um eine Versäumnisentscheidung/ein Versäumnisurteil handelt, sowie eine Bestätigung der ersuchenden Behörde, dass gegen die Sanktion und/oder Geldbuße keine weiteren Rechtsmittel eingelegt werden können sowie die dem Ersuchen zugrunde liegende Forderung und deren verschiedene Bestandteile.

(3) Die ersuchte Behörde unternimmt alle erforderlichen Schritte, um dem Dienstleistungserbringer das Beitreibungsersuchen oder die Entscheidung, mit der eine Verwaltungssanktion oder Geldbuße verhängt wird, sowie das einschlägige Dokument oder die einschlägigen Dokumente gemäß ihrem nationalen Recht und/oder nationalen Gepflogenheiten so schnell wie möglich, und spätestens innerhalb eines Monats nach Eingang des Ersuchens mitzuteilen.

Die ersuchte Behörde teilt der ersuchenden Behörde so schnell wie möglich mit,
a) welche Maßnahmen aufgrund des Beitreibungs- und Mitteilungsersuchens veranlasst wurden, und insbesondere, wann dies dem Empfänger mitgeteilt wurde;
b) die Gründe für die Ablehnung, wenn sie die Erledigung eines Ersuchens um Beitreibung einer Verwaltungssanktion und/oder Geldbuße oder um Mitteilung einer Entscheidung, mit der eine Verwaltungssanktion und/oder Geldbuße verhängt wird, gemäß Artikel 17 ablehnt.

Ablehnungsgründe

Art. 17 Die ersuchten Behörden sind nicht verpflichtet, einem Ersuchen um Beitreibung oder um Mitteilung nachzukommen, wenn das Ersuchen nicht die Angaben gemäß Artikel 16 Absätze 1 und 2 enthält, unvollständig ist oder offenkundig mit der zugrunde liegenden Entscheidung nicht übereinstimmt.

Zudem können die ersuchten Behörden die Erledigung eines Beitreibungsersuchens unter den folgenden Umständen ablehnen:
a) aufgrund der Erkundigungen der ersuchten Behörde stehen die voraussichtlichen Kosten oder Mittel, die für eine Beitreibung der Sanktion und/oder Geldstrafe erforderlich sind, offensichtlich in keinem Verhältnis zu dem beizutreibenden Betrag oder würden zu erheblichen Schwierigkeiten führen;
b) die insgesamt verhängte Sanktion und/oder Geldbuße liegt unter 350 EUR oder dem Gegenwert dieses Betrags;
c) die in der Verfassung des ersuchten Mitgliedstaats verankerten Grundrechte und Grundfreiheiten der Beklagten und die Rechtsgrundsätze, die für Beklagte gelten, werden nicht eingehalten.

Aussetzung des Verfahrens

Art. 18 (1) Wird im Zuge des Beitreibungs- oder Mitteilungsverfahrens die Verwaltungssanktion und/oder Geldbuße und/oder die zugrunde liegende Forderung vom betreffenden Dienstleistungserbringer oder einer betroffenen Partei angefochten oder werden Rechtsmittel dagegen eingelegt, so wird das grenzüberschreitende Verfahren zur Vollstreckung der Sanktion und/oder Geldbuße ausgesetzt, bis die in dieser Sache zuständige Stelle oder Behörde im ersuchenden Mitgliedstaat eine Entscheidung getroffen hat.

Eine Anfechtung oder die Einlegung von Rechtsmitteln erfolgt gegenüber der entsprechenden zuständigen Stelle oder Behörde im ersuchenden Mitgliedstaat.

Die ersuchende Behörde unterrichtet die ersuchte Behörde unverzüglich über die Anfechtung.

(2) Werden die im ersuchten Mitgliedstaat ergriffenen Vollstreckungsmaßnahmen oder die Gültigkeit einer Mitteilung durch eine ersuchte Behörde angefochten, so ist der Rechtsbehelf bei der zuständigen Stelle oder der zuständigen Justizbehörde dieses Mitgliedstaats nach dessen Recht einzulegen.

Kosten

Art. 19 (1) Die im Zusammenhang mit Sanktionen und/oder Geldbußen beigetriebenen Beträge gemäß diesem Kapitel fließen der ersuchten Behörde zu.

Die ersuchte Behörde zieht die geschuldeten Beträge in der Währung ihres Mitgliedstaats ein und verfährt dabei nach den für vergleichbare Forderungen in diesem Mitgliedstaat geltenden Rechts- und Verwaltungsvorschriften oder Gepflogenheiten.

Die ersuchte Behörde rechnet erforderlichenfalls und im Einklang mit ihrem nationalen Recht und nationalen Gepflogenheiten die Sanktion und/oder Geldbußen nach dem am Tag ihrer Verhängung geltenden Wechselkurs in die Währung des ersuchten Staats um.

(2) Die Mitgliedstaaten verlangen voneinander keine Erstattung von Kosten, die ihnen aus der gegenseitigen Amtshilfe nach dieser Richtlinie oder infolge der Anwendung der Richtlinie entstehen.

KAPITEL VII
SCHLUSSBESTIMMUNGEN

Sanktionen

Art. 20 Die Mitgliedstaaten legen Vorschriften über die Sanktionen fest, die bei Verstößen gegen die gemäß dieser Richtlinie erlassenen nationalen Bestimmungen anzuwenden sind, und ergreifen alle erforderlichen Maßnahmen, um die Durchführung und Einhaltung dieser Vorschriften zu gewährleisten. Die vorgesehenen Sanktionen müssen wirksam, verhältnismäßig und abschreckend sein. Die Mitgliedstaaten teilen der Kommission die entsprechenden Bestimmungen spätestens bis zum 18. Juni 2016 mit. Sie teilen etwaige spätere Änderungen der Bestimmungen unverzüglich mit.

Binnenmarkt-Informationssystem

Art. 21 (1) Die Verwaltungszusammenarbeit und die gegenseitige Amtshilfe zwischen den zuständigen Behörden der Mitgliedstaaten gemäß Artikeln 6 und 7, Artikel 10 Absatz 3 und Artikeln 14 bis 18 erfolgt durch das im Rahmen der Verordnung (EU) Nr. 1024/2012 eingerichtete Binnenmarkt-Informationssystem (IMI).

(2) Die Mitgliedstaaten können bilaterale Vereinbarungen oder Regelungen über die Verwaltungszusammenarbeit und die gegenseitige Amtshilfe anwenden, die zwischen ihren zuständigen Behörden zur Anwendung und Überwachung der für entsandte Arbeitnehmer geltenden Arbeits- und Beschäftigungsbedingungen gemäß Artikel 3 der Richtlinie 96/71/EG getroffen wurden, sofern diese Vereinbarungen und Regelungen nicht die Rechte und Pflichten der betroffenen Arbeitnehmer und Unternehmen beeinträchtigen.

Die Mitgliedstaaten unterrichten die Kommission über die von ihnen angewendeten bilateralen Vereinbarungen und/oder Regelungen und machen den Wortlaut dieser bilateralen Vereinbarungen allgemein zugänglich.

(3) Im Zusammenhang mit bilateralen Vereinbarungen oder Regelungen gemäß Absatz 2 setzen die Mitgliedstaaten das IMI so oft wie möglich ein. Hat jedoch eine zuständige Behörde in einem der betreffenden Mitgliedstaaten das IMI verwendet, so ist dieses bei unter Umständen erforderlichen Folgemaßnahmen soweit möglich ebenfalls zu verwenden.

Änderung der Verordnung (EU) Nr. 1024/2012

Art. 22 Im Anhang der Verordnung (EU) Nr. 1024/2012 werden die folgenden Ziffern angefügt:

(Änderungen eingearbeitet in VO (EU) Nr. 1024/2012)

Umsetzung

Art. 23 (1) Die Mitgliedstaaten erlassen die Rechts- und Verwaltungsvorschriften, die erforderlich sind, um dieser Richtlinie ab dem 18. Juni 2016 nachzukommen. Sie setzen die Kommission hiervon unverzüglich in Kenntnis.

Bei Erlass dieser Vorschriften nehmen die Mitgliedstaaten in den Vorschriften selbst oder durch einen Hinweis bei der amtlichen Veröffentlichung auf diese Richtlinie Bezug. Die Mitgliedstaaten regeln die Einzelheiten dieser Bezugnahme.

(2) Die Mitgliedstaaten teilen der Kommission den Wortlaut der wichtigsten nationalen Rechtsvorschriften mit, die sie auf dem unter diese Richtlinie fallenden Gebiet erlassen.

Überprüfung

Art. 24 (1) Die Kommission überprüft die Anwendung und Umsetzung dieser Richtlinie.

Die Kommission legt dem Europäischen Parlament, dem Rat und dem Europäischen Wirtschafts- und Sozialausschuss bis zum 18. Juni 2019 einen Bericht über ihre Anwendung und Umsetzung vor und legt gegebenenfalls Vorschläge für notwendige Änderungen vor.

(2) Bei ihrer Überprüfung bewertet die Kommission nach Konsultation der Mitgliedstaaten und gegebenenfalls der Sozialpartner auf der Ebene der Union insbesondere

a) die Notwendigkeit und Zweckmäßigkeit der tatsächlichen Umstände für die Ermittlung einer tatsächlichen Entsendung, einschließlich der Möglichkeit der Änderung bereits festgelegter Umstände oder der Festlegung möglicher neuer Umstände, die zu berücksichtigen sind, um gemäß Artikel 4 zu ermitteln, ob es ein Unternehmen tatsächlich gibt und ein entsandter Arbeitnehmer seine Tätigkeit vorübergehend ausübt;

b) die Angemessenheit der über das Entsendeverfahren verfügbaren Daten;

c) die Zweckmäßigkeit und Angemessenheit der Anwendung der nationalen Kontrollmaßnahmen vor dem Hintergrund der Erfahrungen mit dem System und der Wirksamkeit des Systems für die Verwaltungszusammenarbeit und den Informationsaustausch, der Ausarbeitung einheitlicherer, standardisierter Dokumente, der Entwicklung gemeinsamer Grundsätze oder Standards für Überprüfungen im Bereich der Entsendung von Arbeitnehmern und technologischen Entwicklungen gemäß Artikel 9;

d) die Haftungs- und/oder Durchsetzungsmaßnahmen in Bezug auf die Gewährleistung der Einhaltung der anwendbaren Vorschriften und des wirksamen Schutzes der Arbeitnehmerrechte in Unterauftragsketten gemäß Artikel 12;

e) die Anwendung der Vorschriften über die grenzüberschreitende Durchsetzung von Verwaltungssanktionen und Geldbußen, insbesondere im Lichte der Erfahrung mit dem System und dessen Wirksamkeit gemäß Kapitel VI;

f) die Nutzung bilateraler Vereinbarungen oder Regelungen in Bezug auf das IMI, gegebenenfalls unter Berücksichtigung des Berichts gemäß Artikel 25 Absatz 1 der Verordnung (EU) Nr. 1024/2012;

g) die Möglichkeit, die in Artikel 6 Absatz 6 genannten Fristen für die Übermittlung der durch die Mitgliedstaaten oder die Kommission angeforderten Informationen im Hinblick darauf anzupassen, diese Fristen unter Berücksichtigung der Fortschritte bei der Funktionsweise und der Nutzung des IMI zu verkürzen.

Inkrafttreten

Art. 25 Diese Richtlinie tritt am zwanzigsten Tag nach ihrer Veröffentlichung im *Amtsblatt der Europäischen Union* in Kraft.

Adressaten

Art. 26 Diese Richtlinie ist an die Mitgliedstaaten gerichtet.

Gemeinsame Erklärung des Europäischen Parlaments, des Rates und der Kommission zu Artikel 4 Absatz 3 Buchstabe g

Ob die Stelle, die dem entsandten Arbeitnehmer vorübergehend zugewiesen wird, um seine Tätigkeit im Rahmen der Erbringung von Dienstleistungen auszuüben, in früheren Zeiträumen mit demselben oder einem anderen (entsandten) Arbeitnehmer besetzt war, stellt nur eines der möglichen Kriterien dar, die im Rahmen einer Gesamtbewertung der faktischen Situation im Zweifelsfall zu berücksichtigen sind.

Die bloße Tatsache, dass dies eines der Kriterien sein kann, sollte keinesfalls als Verbot oder Hindernis für eine etwaige Ersetzung eines entsandten Arbeitnehmers durch einen anderen entsandten Arbeitnehmer ausgelegt werden, wie sie insbesondere bei Dienstleistungen vorkommen kann, die auf saisonaler, zyklischer oder repetitiver Basis erbracht werden.

4/6b. IMI-VO
Präambel

4/6b. IMI-Verordnung

Verordnung (EU) Nr. 1024/2012 des Europäischen Parlaments und des Rates über die Verwaltungszusammenarbeit mit Hilfe des Binnenmarkt-Informationssystems und zur Aufhebung der Entscheidung 2008/49/EG der Kommission („IMI-Verordnung")

(ABl. Nr. L 316 v. 14.11.2012, S. 1; geändert durch die RL 2013/55/EU, ABl. Nr. L 354 v. 28.12.2013, S. 132; geändert durch die RL 2014/60/EU, ABl. Nr. L 159 v. 28.5.2014, S. 1; geändert durch die RL 2014/67/EU, ABl. Nr. L 159 v. 28.5.2014, S. 11; geändert durch die VO (EU) 2016/1191, ABl. Nr. L 200 v. 26.7.2016, S. 1; geändert durch die VO (EU) 2016/1628, ABl. Nr. L 252 v. 16.9.2016, S. 53; geändert durch die VO (EU) 2018/1724, ABl. L 295 v. 21.11.2018, S. 1; berichtigt durch ABl. Nr. L 231 v. 6.9.2019, S. 29; geändert durch die RL (EU) 2020/1057, ABl. Nr. L 249 v. 31.7.2020, S. 49; geändert durch VO (EU) 2020/1055, ABl. Nr. L 249 v. 31.7.2020, S. 17)
(nicht amtlich aktualisierte Fassung)

GLIEDERUNG

KAPITEL I: ALLGEMEINE BESTIMMUNGEN
Art. 1: Gegenstand
Art. 2: Errichtung des IMI
Art. 3: Anwendungsbereich
Art. 4: Ausweitung des IMI
Art. 5: Begriffsbestimmungen

KAPITEL II: FUNKTIONEN UND ZUSTÄNDIGKEITEN IM RAHMEN DES IMI
Art. 6: IMI-Koordinatoren
Art. 7: Zuständige Behörden
Art. 8: Kommission
Art. 9: Zugangsrechte von IMI-Akteuren und -Nutzern
Art. 10: Vertraulichkeit
Art. 11: Verfahren der Verwaltungszusammenarbeit
Art. 12: Externe Akteure

KAPITEL III: VERARBEITUNG PERSONENBEZOGENER DATEN UND DATENSICHERHEIT
Art. 13: Zweckbindung
Art. 14: Speicherung personenbezogener Daten
Art. 15: Speicherung personenbezogener Daten über IMI-Nutzer

Art. 16: Verarbeitung besonderer Datenkategorien
Art. 17: Sicherheit

KAPITEL IV: RECHTE DER BETROFFENEN PERSONEN UND ÜBERWACHUNG
Art. 18: Information der betroffenen Personen und Transparenz
Art. 19: Auskunftsrecht, Recht auf Berichtigung und Recht auf Löschung
Art. 20: Ausnahmen und Einschränkungen
Art. 21: Überwachung

KAPITEL V: GEOGRAFISCHER ANWENDUNGSBEREICH DES IMI
Art. 22: Nationale Nutzung des IMI
Art. 23: Informationsaustausch mit Drittländern

KAPITEL VI: SCHLUSSBESTIMMUNGEN
Art. 24: Ausschussverfahren
Art. 25: Monitoring und Berichterstattung
Art. 26: Kosten
Art. 27: Aufhebung
Art. 28: Effektive Durchführung
Art. 29: Ausnahmen
Art. 30: Inkrafttreten

ANHANG

DAS EUROPÄISCHE PARLAMENT UND DER RAT DER EUROPÄISCHEN UNION –
gestützt auf den Vertrag über die Arbeitsweise der Europäischen Union, insbesondere auf Artikel 114,
auf Vorschlag der Europäischen Kommission,
nach Zuleitung des Entwurfs des Gesetzgebungsakts an die nationalen Parlamente,
nach Stellungnahme des Europäischen Wirtschafts- und Sozialausschusses (ABl. C 43 vom 15.2.2012, S. 14.),
gemäß dem ordentlichen Gesetzgebungsverfahren (Standpunkt des Europäischen Parlaments vom 11. September 2012 (noch nicht im Amtsblatt veröffentlicht) und Beschluss des Rates vom 4. Oktober 2012),
in Erwägung nachstehender Gründe:
(1) Die Anwendung bestimmter Rechtsakte der Union über den freien Verkehr von Waren, Personen, Dienstleistungen und Kapital im Binnenmarkt erfordert, dass die Mitgliedstaaten effektiver zusammenarbeiten und Informationen untereinander

sowie mit der Kommission austauschen. Da in den entsprechenden Rechtsakten häufig nicht präzisiert wird, wie ein solcher Informationsaustausch konkret zu gestalten ist, müssen geeignete praktische Vorkehrungen getroffen werden.

(2) Das Binnenmarkt-Informationssystem („IMI") ist eine über Internet zugängliche Software-Anwendung, die von der Kommission in Zusammenarbeit mit den Mitgliedstaaten entwickelt wurde, um diese dabei zu unterstützen, die in Rechtsakten der Union festgelegten Anforderungen an den Informationsaustausch praktisch zu erfüllen; dies erfolgt durch einen zentralisierten Kommunikationsmechanismus, der einen grenzüberschreitenden Informationsaustausch sowie die Amtshilfe erleichtert. Insbesondere ist das IMI den zuständigen Behörden dabei behilflich, die zuständige Behörde in einem anderen Mitgliedstaat ausfindig zu machen, auf der Grundlage einfacher und vereinheitlichter Verfahren den Austausch von Informationen, einschließlich personenbezogener Daten, abzuwickeln und dank vordefinierter und vorübersetzter Arbeitsabläufe Sprachbarrieren zu überwinden. Soweit verfügbar, sollte die Kommission den IMI-Nutzern etwaig vorhandene zusätzliche Übersetzungsfunktionen zur Verfügung stellen, die den Bedürfnissen der Nutzer entsprechen, mit den Sicherheits- und Vertraulichkeitsanforderungen für den Informationsaustausch im Rahmen des IMI vereinbar sind und zu angemessenen Kosten angeboten werden können.

(3) Um Sprachbarrieren zu überwinden, sollte das IMI grundsätzlich in allen Amtssprachen der Union verfügbar sein.

(4) Zweck des IMI sollte es sein, durch Bereitstellung eines effektiven, benutzerfreundlichen Instruments zur Implementierung der Verwaltungszusammenarbeit zwischen den Mitgliedstaaten und zwischen den Mitgliedstaaten und der Kommission für ein besseres Funktionieren des Binnenmarkts zu sorgen und damit die Anwendung der im Anhang dieser Verordnung aufgeführten Rechtsakte der Union zu erleichtern.

(5) In der Mitteilung der Kommission vom 21. Februar 2011 mit dem Titel „Eine bessere Governance für den Binnenmarkt mittels verstärkter administrativer Zusammenarbeit: Eine Strategie für den Ausbau und die Weiterentwicklung des Binnenmarkt-Informationssystems (‚Internal Market Information System/IMI')" werden Pläne für eine mögliche Ausweitung des IMI auf weitere Rechtsakte der Union umrissen. In der Mitteilung der Kommission vom 13. April 2011 mit dem Titel „Binnenmarktakte – Zwölf Hebel zur Förderung von Wachstum und Vertrauen – ‚Gemeinsam für neues Wachstum'" wird herausgestellt, wie wichtig das IMI für eine Stärkung der Zusammenarbeit zwischen den beteiligten Akteuren, auch auf lokaler Ebene, ist und welchen Beitrag es zu einer besseren Steuerung des Binnenmarkts leisten kann. Daher ist es erforderlich, einen soliden Rechtsrahmen für das IMI sowie eine Reihe gemeinsamer Vorschriften festzulegen, um ein effizientes Funktionieren des IMI zu gewährleisten.

(6) Erfordert die Anwendung einer Bestimmung eines Rechtsakts der Union einen Austausch personenbezogener Daten zwischen Mitgliedstaaten und damit eine Verarbeitung solcher Daten, sollte die entsprechende Bestimmung vorbehaltlich der in den Artikeln 8 und 52 der Charta der Grundrechte der Europäischen Union genannten Voraussetzungen als ausreichende Rechtsgrundlage für die Verarbeitung personenbezogener Daten dienen. Das IMI ist in erster Linie als Instrument für den Austausch von Informationen (einschließlich personenbezogener Daten) aufgrund einer den Behörden und Einrichtungen der Mitgliedstaaten durch Rechtsakte der Union auferlegten Verpflichtung zu sehen, der andernfalls auf anderem Wege, etwa per Briefpost, Fax oder E-Mail stattfinden würde. Über das IMI ausgetauschte personenbezogene Daten sollten ausschließlich für die Zwecke erfasst, verarbeitet und genutzt werden, die mit denjenigen, für die sie ursprünglich erhoben wurden, im Einklang stehen, und sollten alle maßgeblichen Garantien wahren.

(7) Im Einklang mit dem Grundsatz des „eingebauten Datenschutzes" wurde das IMI entsprechend den Anforderungen der Datenschutzvorschriften entwickelt und ist daher von Beginn an datenschutzfreundlich ausgelegt, insbesondere aufgrund der vorgesehenen Beschränkungen hinsichtlich des Zugangs zu den im Rahmen des IMI ausgetauschten personenbezogenen Daten. Somit bietet das IMI ein deutlich höheres Schutz- und Sicherheitsniveau als andere Verfahren des Informationsaustauschs wie Briefpost, Telefon, Fax oder E-Mail.

(8) Die auf elektronischem Wege zwischen den Mitgliedstaaten untereinander und zwischen den Mitgliedstaaten und der Kommission stattfindende Verwaltungszusammenarbeit sollte im Einklang mit den Vorschriften zum Schutz personenbezogener Daten erfolgen, die in der Richtlinie 95/46/EG des Europäischen Parlaments und des Rates vom 24. Oktober 1995 zum Schutz natürlicher Personen bei der Verarbeitung personenbezogener Daten und zum freien Datenverkehr (ABl. L 281 vom 23.11.1995, S. 31) sowie in der Verordnung (EG) Nr. 45/2001 des Europäischen Parlaments und des Rates vom 18. Dezember 2000 zum Schutz natürlicher Personen bei der Verarbeitung personenbezogener Daten durch die Organe und Einrichtungen der Gemeinschaft und zum freien Datenverkehr (ABl. L 8 vom 12.1.2001, S. 1) niedergelegt sind. Die Begriffsbestimmungen der Richtlinie 95/46/EG und der Verordnung (EG) Nr. 45/2001 sollten auch für die Zwecke der vorliegenden Verordnung gelten.

(9) Die Kommission liefert und wartet die Software und die IT-Infrastruktur für das IMI, gewährleistet die Sicherheit des IMI, verwaltet das Netz der nationalen IMI-Koordinatoren und ist in die Schulung und technische Unterstützung der IMI-Nutzer eingebunden. Zu diesem Zweck sollte die Kommission ausschließlich Zugang zu den personenbezogenen Daten haben, die für die Ausübung ihrer Aufgaben im Rahmen der in dieser Verordnung festgelegten Zuständigkeiten unbedingt

4/6b. IMI-VO
Präambel

erforderlich sind, wie z.B. die Registrierung der nationalen IMI-Koordinatoren. Die Kommission sollte auch Zugang zu den personenbezogenen Daten haben, wenn sie auf Ersuchen eines anderen IMI-Akteurs solche Daten ausliest, die im IMI gesperrt sind und bezüglich derer die betroffene Person um Zugang ersucht hat. Die Kommission sollte keinen Zugang zu personenbezogenen Daten haben, die als Teil der Verwaltungszusammenarbeit innerhalb des IMI ausgetauscht werden, es sei denn, ein Rechtsakt der Union sieht eine Rolle der Kommission bei dieser Zusammenarbeit vor.

(10) Zur Gewährleistung der Transparenz, insbesondere für die betroffenen Personen, sollten die Bestimmungen von Rechtsakten der Union, in deren Rahmen das IMI zu nutzen ist, im Anhang dieser Verordnung aufgeführt werden.

(11) Das IMI kann in Zukunft auf neue Bereiche ausgeweitet werden, in denen es zur Gewährleistung einer effektiven Umsetzung eines Rechtsakts der Union in einer kosteneffizienten, benutzerfreundlichen Weise beitragen kann, wobei der technischen Durchführbarkeit und den Gesamtauswirkungen auf das IMI Rechnung getragen wird. Die Kommission sollte die nötigen Tests durchführen, um festzustellen, ob das IMI technisch auf vorgesehene Ausweitungen vorbereitet ist. Beschlüsse zur Ausweitung des IMI auf weitere Rechtsakte der Union sollten im Wege des ordentlichen Gesetzgebungsverfahrens gefasst werden.

(12) Pilotprojekte sind ein nützliches Instrument, um zu testen, ob die Ausweitung des IMI gerechtfertigt ist, und um die technischen Funktionen und die Verfahrensregelungen an die Bedürfnisse der IMI-Nutzer anzupassen, bevor ein Beschluss über die Ausweitung des IMI gefasst wird. Die Mitgliedstaaten sollten umfassend in die Entscheidung darüber eingebunden sein, für welche Rechtsakte der Union ein Pilotprojekt stattfinden soll und welche Modalitäten für dieses Pilotprojekt gelten sollten, damit gewährleistet ist, dass das Pilotprojekt die Bedürfnisse der IMI-Nutzer widerspiegelt und dass die Bestimmungen über die Verarbeitung personenbezogener Daten vollständig eingehalten werden. Diese Modalitäten sollten für jedes Pilotprojekt getrennt festgelegt werden.

(13) Diese Verordnung hindert die Mitgliedstaaten und die Kommission in keiner Weise daran zu beschließen, das IMI für einen Informationsaustausch zu nutzen, der nicht mit der Verarbeitung personenbezogener Daten verbunden ist.

(14) Diese Verordnung sollte die Vorschriften für die Nutzung des IMI zum Zwecke der Verwaltungszusammenarbeit festlegen, die unter anderem den Informationsaustausch zwischen zwei Teilnehmern, Meldeverfahren, Vorwarnungsmechanismen, Amtshilfevereinbarungen und Problemlösungsverfahren umfassen kann.

(15) Diese Verordnung sollte nicht das Recht der Mitgliedstaaten berühren zu bestimmen, welche nationalen Behörden die aus der Verordnung entstehenden Verpflichtungen durchführen. Die Mitgliedstaaten sollten in der Lage sein, Funktionen und Zuständigkeiten im Zusammenhang mit dem IMI an ihre internen Verwaltungsstrukturen anzupassen sowie die Erfordernisse eines spezifischen IMI-Arbeitsablaufs umzusetzen. Die Mitgliedstaaten sollten zusätzliche IMI-Koordinatoren ernennen können, um die Aufgaben der nationalen IMI-Koordinatoren allein oder gemeinsam für einen bestimmten Bereich des Binnenmarkts, einen bestimmten Verwaltungsbereich, eine bestimmte geografische Region oder nach Maßgabe eines anderen Kriteriums durchzuführen. Die Mitgliedstaaten sollten die Kommission über die von ihnen ernannten IMI-Koordinatoren informieren, sollten jedoch nicht verpflichtet sein, zusätzliche IMI-Koordinatoren im IMI anzugeben, wenn dies nicht für sein ordnungsgemäßes Funktionieren erforderlich ist.

(16) Im Hinblick auf eine effiziente Verwaltungszusammenarbeit mit Hilfe des IMI sollten die Mitgliedstaaten und die Kommission sicherstellen, dass ihre IMI-Akteure über die erforderlichen Ressourcen für die Erfüllung ihrer Verpflichtungen gemäß dieser Verordnung verfügen.

(17) Zwar ist das IMI seinem Wesen nach ein Kommunikationsinstrument für die Verwaltungszusammenarbeit zwischen zuständigen Behörden, das für die allgemeine Öffentlichkeit nicht zugänglich ist, doch werden unter Umständen technische Mittel zu entwickeln sein, die es externen Akteuren wie Bürgern, Unternehmen und Organisationen ermöglichen, mit den zuständigen Behörden zu interagieren, um Auskünfte zu erteilen oder Daten abzurufen oder um ihre Rechte als betroffene Personen wahrzunehmen. Entsprechende technische Mittel sollten geeignete Datenschutzvorkehrungen vorsehen. Damit ein hohes Sicherheitsniveau gewährleistet ist, sollte die öffentlich zugängliche Nutzeroberfläche so entwickelt werden, dass sie vom IMI, auf das nur IMI-Nutzer Zugriff haben sollten, technisch vollständig getrennt ist.

(18) Die Nutzung des IMI für die technische Unterstützung des SOLVIT-Netzes sollte den informellen Charakter des SOLVIT-Verfahrens nicht beeinträchtigen, das auf eine freiwillige Verpflichtung der Mitgliedstaaten im Einklang mit der Empfehlung der Kommission vom 7. Dezember 2001 über Grundsätze zur Nutzung von „SOLVIT", dem Problemlösungsnetz für den Binnenmarkt (ABl. L 331 vom 15.12.2001, S. 79.) („SOLVIT-Empfehlung"), beruht. Damit das SOLVIT-Netz auf der Grundlage der bestehenden Arbeitsregelung weiter funktionieren kann, können eine oder mehrere Aufgaben des nationalen IMI-Koordinators an SOLVIT-Zentren innerhalb ihres eigenen Aufgabenbereichs übertragen werden, so dass sie unabhängig vom nationalen IMI-Koordinator funktionieren können. Für die Verarbeitung von personenbezogenen Daten und vertraulichen Informationen im Rahmen der SOLVIT-Verfahren sollten – unbeschadet des nicht verbindlichen Charakters der SOLVIT-Empfehlung – sämtliche in dieser Verordnung dargelegten Sicherheiten gelten.

(19) Zwar umfasst das IMI eine internetgestützte Schnittstelle für seine Nutzer, doch könnte es in

bestimmten Fällen und auf Ersuchen des betreffenden Mitgliedstaats angezeigt sein, technische Lösungen für die direkte Übermittlung von Daten aus etwaigen bereits bestehenden nationalen Systemen an das IMI in Betracht zu ziehen, insbesondere für Meldeverfahren. Die Einführung solcher technischer Lösungen sollte von dem Ergebnis abhängen, das eine Bewertung ihrer Machbarkeit, ihrer Kosten und ihres erwarteten Nutzens erbringt. Diese Lösungen sollten weder bestehende Strukturen noch national geregelte Zuständigkeiten beeinträchtigen.

(20) Sind die Mitgliedstaaten ihrer Mitteilungspflicht aufgrund des Artikels 15 Absatz 7 der Richtlinie 2006/123/EG des Europäischen Parlaments und des Rates vom 12. Dezember 2006 über Dienstleistungen im Binnenmarkt (ABL. L 376 vom 27.12.2006, S. 36.) nach dem Verfahren der Richtlinie 98/34/EG des Europäischen Parlaments und des Rates vom 22. Juni 1998 über ein Informationsverfahren auf dem Gebiet der Normen und technischen Vorschriften und der Vorschriften für die Dienste der Informationsgesellschaft (ABl. L 204 vom 21.7.1998, S. 37) nachgekommen, so sollte von ihnen nicht auch gefordert werden, dieselbe Mitteilung mit Hilfe des IMI zu machen.

(21) Der Informationsaustausch über das IMI ergibt sich aus der den Mitgliedstaaten auferlegten rechtlichen Verpflichtung zur Amtshilfe. Um ein einwandfreies Funktionieren des Binnenmarkts sicherzustellen, sollte die Beweiskraft von Informationen, die eine zuständige Behörde über das IMI aus einem anderen Mitgliedstaat erhalten hat, im Rahmen von Verwaltungsverfahren nicht allein aufgrund der Tatsache in Zweifel gezogen werden, dass sie aus einem anderen Mitgliedstaat stammen oder auf elektronischem Wege übermittelt wurden; vielmehr sollten die betreffenden Informationen von dieser zuständigen Behörde in ähnlicher Weise behandelt werden wie vergleichbare Dokumente, die aus dem Mitgliedstaat stammen, in dem die Behörde ansässig ist.

(22) Zur Gewährleistung eines hohen Datenschutzniveaus ist die maximale Dauer der Speicherung personenbezogener Daten im IMI festzulegen. Diese sollte allerdings ausgewogen sein und den Erfordernissen des ordnungsgemäßen Funktionierens des IMI sowie den Rechten der betroffenen Personen gebührend Rechnung tragen, damit diese ihre Rechte in vollem Umfang ausüben können, indem sie beispielsweise einen Nachweis darüber verlangen, dass ein Informationsaustausch stattgefunden hat, um eine Entscheidung gegebenenfalls anzufechten. Insbesondere sollte die Dauer der Speicherung nicht über das für die Verwirklichung der Ziele dieser Verordnung erforderliche Maß hinausgehen.

(23) Es sollte die Möglichkeit bestehen, Namen und Kontaktdaten der IMI-Nutzer für Zwecke zu verarbeiten, die mit den Zielen dieser Verordnung vereinbar sind, unter anderem zur Überwachung der Nutzung des Systems durch IMI-Koordinatoren und die Kommission, für die Zwecke von Kommunikations-, Schulungs- und Sensibilisierungsinitiativen und zur Erhebung von Informationen über Verwaltungszusammenarbeit bzw. Amtshilfe im Binnenmarkt.

(24) Der Europäische Datenschutzbeauftragte sollte die Anwendung dieser Verordnung, einschließlich der Bestimmungen zur Datensicherheit, unter anderem durch Kontakte zu den nationalen Datenschutzbehörden überwachen und im Rahmen des Möglichen sicherstellen.

(25) Damit eine wirksame Überwachung des Funktionierens des IMI und der Durchführung dieser Verordnung sowie die diesbezügliche Berichterstattung gewährleistet werden können, sollten die Mitgliedstaaten der Kommission einschlägige Informationen bereitstellen.

(26) Die betroffenen Personen sollten darüber unterrichtet werden, dass ihre personenbezogenen Daten im Rahmen des IMI verarbeitet werden und dass sie im Einklang mit dieser Verordnung und den nationalen Rechtsvorschriften zur Umsetzung der Richtlinie 95/46/EG das Recht auf Auskunft über die sie betreffenden Daten haben sowie das Recht, unrichtige Daten berichtigen und unrechtmäßigerweise verarbeitete Daten löschen zu lassen.

(27) Um den zuständigen Behörden der Mitgliedstaaten die Umsetzung der Rechtsvorschriften für die Verwaltungszusammenarbeit und einen effizienten Austausch von Informationen mit Hilfe des IMI zu ermöglichen, kann es erforderlich sein, praktische Regelungen für einen solchen Austausch festzulegen. Die Kommission sollte diese Regelungen jeweils in Form eines Durchführungsrechtsakts für jeden im Anhang aufgeführten Rechtsakt der Union oder für jede Art von Verfahren der Verwaltungszusammenarbeit erlassen; die Regelungen sollten die wesentlichen technischen Funktionen und die Verfahrensregelungen abdecken, die für die Umsetzung der einschlägigen Verfahren der Verwaltungszusammenarbeit mit Hilfe des IMI erforderlich sind. Die Kommission sollte die Wartung und Weiterentwicklung der Software und der IT-Infrastruktur für das IMI gewährleisten.

(28) Um ausreichende Transparenz für die betroffenen Personen zu gewährleisten, sollten die vordefinierten Arbeitsabläufe, Standardfragen und -antworten, Formblätter und sonstigen Modalitäten der Verfahren der Verwaltungszusammenarbeit im Rahmen des IMI öffentlich bekanntgemacht werden.

(29) Sofern ein Mitgliedstaat im Einklang mit Artikel 13 der Richtlinie 95/46/EG Einschränkungen der Rechte der betroffenen Personen oder Ausnahmen davon vorsieht, sollten Informationen über diese Einschränkungen oder Ausnahmen öffentlich bekanntgemacht werden, damit für die betroffenen Personen völlige Transparenz gewährleistet wird. Entsprechende Ausnahmen und Einschränkungen sollten notwendig und dem Zweck angemessen sein und geeigneten Garantien unterliegen.

(30) Werden internationale Übereinkommen zwischen der Union und Drittländern geschlossen, die unter anderem die Anwendung von Bestimmungen von im Anhang dieser Verordnung auf-

geführten Rechtsakten der Union erfassen, sollte es möglich sein, die jeweiligen Ansprechpartner der IMI-Akteure in diesen Drittländern in die durch das IMI unterstützten Verfahren der Verwaltungszusammenarbeit einzubeziehen, sofern festgestellt wurde, dass das betreffende Drittland ein angemessenes Maß an Schutz personenbezogener Daten im Einklang mit der Richtlinie 95/46/EG bietet.

(31) Die Entscheidung 2008/49/EG der Kommission vom 12. Dezember 2007 über den Schutz personenbezogener Daten bei der Umsetzung des Binnenmarkt-Informationssystems (IMI) (ABl. L 13 vom 16.1.2008, S. 18) sollte aufgehoben werden. Die Entscheidung 2009/739/EG der Kommission vom 2. Oktober 2009 zur Festlegung der praktischen Regelungen für den Informationsaustausch auf elektronischem Wege zwischen den Mitgliedstaaten gemäß Kapitel VI der Richtlinie 2006/123/EG des Europäischen Parlaments und des Rates über Dienstleistungen im Binnenmarkt (ABl. L 263 vom 7.10.2009, S. 32) sollte auch weiterhin Anwendung finden, wenn es um Fragen des Informationsaustauschs gemäß der Richtlinie 2006/123/EG geht.

(32) Um einheitliche Bedingungen für die Durchführung dieser Verordnung zu gewährleisten, sollten der Kommission Durchführungsbefugnisse übertragen werden. Diese Befugnisse sollten im Einklang mit der Verordnung (EU) Nr. 182/2011 des Europäischen Parlaments und des Rates vom 16. Februar 2011 zur Festlegung der allgemeinen Regeln und Grundsätze, nach denen die Mitgliedstaaten die Wahrnehmung der Durchführungsbefugnisse durch die Kommission kontrollieren (ABl. L 55 vom 28.2.2011, S. 13), ausgeübt werden.

(33) Die Ergebnisse der Mitgliedstaaten bei der effektiven Durchführung dieser Verordnung sollten im Rahmen der jährlichen Berichte über das Funktionieren des IMI auf der Grundlage von Statistiken des IMI und anderer einschlägiger Daten überwacht werden. Die Ergebnisse der Mitgliedstaaten sollten unter anderem anhand der durchschnittlichen Antwortzeiten beurteilt werden, um schnelle Antworten von guter Qualität zu gewährleisten.

(34) Da das Ziel dieser Verordnung, nämlich die Festlegung von Vorschriften für die Nutzung des IMI für die Verwaltungszusammenarbeit, auf Ebene der Mitgliedstaaten nicht ausreichend verwirklicht werden kann und daher wegen ihres Umfangs und ihrer Wirkungen besser auf Unionsebene zu verwirklichen ist, kann die Union im Einklang mit dem in Artikel 5 des Vertrags über die Europäische Union niedergelegten Subsidiaritätsprinzip tätig werden. Entsprechend dem in demselben Artikel genannten Grundsatz der Verhältnismäßigkeit geht diese Verordnung nicht über das zur Erreichung dieses Ziels erforderliche Maß hinaus.

(35) Der Europäische Datenschutzbeauftragte wurde gemäß Artikel 28 Absatz 2 der Verordnung (EG) Nr. 45/2001 konsultiert und hat am 22. November 2011 eine Stellungnahme (ABl. C 48 vom 18.2.2012, S. 2) abgegeben –

HABEN FOLGENDE VERORDNUNG ERLASSEN:

KAPITEL I
ALLGEMEINE BESTIMMUNGEN

Gegenstand

Art. 1 In dieser Verordnung sind Vorschriften für die Nutzung eines Binnenmarkt-Informationssystems (‚Internal Market Information System', im Folgenden ‚IMI') für die Zwecke der Verwaltungszusammenarbeit zwischen den IMI-Akteuren, einschließlich der Verarbeitung personenbezogener Daten, festgelegt.

(VO (EU) 2018/1724)

Errichtung des IMI

Art. 2 Das IMI wird förmlich errichtet.

Anwendungsbereich

Art. 3 (1) Das IMI dient dem Austausch von Informationen, auch personenbezogener Daten, zwischen den IMI-Akteuren und der Verarbeitung dieser Informationen zu einem der folgenden Zwecke:

a) Verwaltungszusammenarbeit gemäß den im Anhang aufgeführten Rechtsakten,

b) Verwaltungszusammenarbeit, die Gegenstand eines Pilotprojekts gemäß Artikel 4 ist.

(VO (EU) 2018/1724)

(2) Diese Verordnung bewirkt in keiner Weise, dass nicht verbindliche Bestimmungen von Rechtsakten der Union Rechtsverbindlichkeit erhalten.

Ausweitung des IMI

Art. 4 (1) Die Kommission kann Pilotprojekte durchführen, um zu bewerten, ob das IMI ein wirksames Instrument für die Anwendung der Bestimmungen über die Verwaltungszusammenarbeit von Rechtsakten der Union wäre, die nicht im Anhang aufgeführt sind. Die Kommission erlässt einen Durchführungsrechtsakt, um diejenigen Bestimmungen der Rechtsakte der Union, zu denen ein Pilotprojekt durchzuführen ist, und die Modalitäten des jeweiligen Projekts festzulegen, insbesondere die grundlegenden technischen Funktionen und Verfahrensregelungen, die zur Umsetzung der einschlägigen Bestimmungen über die Verwaltungszusammenarbeit erforderlich sind. Dieser Durchführungsrechtsakt wird gemäß dem in Artikel 24 Absatz 3 genannten Prüfverfahren erlassen.

(2) Die Kommission übermittelt dem Europäischen Parlament und dem Rat eine Bewertung der Ergebnisse des Pilotprojekts, einschließlich in Bezug auf Datenschutzfragen und effektive Übersetzungsfunktionen. Gegebenenfalls kann dieser Bewertung ein Legislativvorschlag zur Änderung des Anhangs beigefügt werden, um die Nutzung des IMI auf die einschlägigen Bestimmungen von Rechtsakten der Union auszuweiten.

Begriffsbestimmungen

Art. 5 Für die Zwecke dieser Verordnung gelten die Begriffsbestimmungen der Richtlinie 95/46/EG und der Verordnung (EG) Nr. 45/2001.

Ferner gelten die folgenden Begriffsbestimmungen:

a) ‚IMI' bedeutet das von der Kommission bereitgestellte elektronische Instrument zur Erleichterung der Verwaltungszusammenarbeit zwischen den IMI-Akteuren;
(VO (EU) 2018/1724)
b) ‚Verwaltungszusammenarbeit' bedeutet die Zusammenarbeit zwischen den IMI-Akteuren in Form eines Austauschs und der Verarbeitung von Informationen zum Zwecke einer besseren Anwendung des Unionsrechts;
(VO (EU) 2018/1724)
c) „Binnenmarktbereich" bedeutet einen Rechts- oder Funktionsbereich des Binnenmarkts im Sinne von Artikel 26 Absatz 2 AEUV, in dem das IMI gemäß Artikel 3 dieser Verordnung genutzt wird;
d) „Verfahren der Verwaltungszusammenarbeit" bedeutet ein vordefinierter Arbeitsablauf im Rahmen des IMI, der es den IMI-Akteuren ermöglicht, in strukturierter Weise miteinander zu kommunizieren und zu interagieren;
e) „IMI-Koordinator" bedeutet eine von einem Mitgliedstaat benannte Stelle, die unterstützende Aufgaben wahrnimmt, welche für ein effizientes Funktionieren des IMI im Einklang mit dieser Verordnung erforderlich sind;
f) „zuständige Behörde" bedeutet eine auf nationaler, regionaler oder lokaler Ebene eingerichtete und im IMI registrierte Stelle, die über spezifische Zuständigkeiten in Bezug auf die Anwendung von nationalen Rechtsvorschriften oder von im Anhang aufgeführten Rechtsakten der Union in einem oder mehreren Binnenmarktbereichen verfügt;
g) ‚IMI-Akteure' bedeutet die zuständigen Behörden, die IMI-Koordinatoren, die Kommission sowie die Einrichtungen und sonstigen Stellen der Union;
(VO (EU) 2018/1724)
h) „IMI-Nutzer" bedeutet eine natürliche Person, die der Aufsicht eines IMI-Akteurs unterliegt und die im Namen dieses IMI-Akteurs im IMI registriert ist;
i) „externe Akteure" bedeutet natürliche oder juristische Personen, bei denen es sich nicht um IMI-Nutzer handelt, die nur mittels separater technischer Hilfsmittel und entsprechend einem zu diesem Zweck vordefinierten Arbeitsablauf mit dem IMI interagieren dürfen;
j) „Sperren" bedeutet die Anwendung technischer Mittel, durch die verhindert wird, dass IMI-Nutzer über die normale Schnittstelle des IMI auf personenbezogene Daten zugreifen können;
k) „förmlicher Abschluss" bedeutet die Anwendung der technischen Möglichkeit des IMI, um ein Verfahren der Verwaltungszusammenarbeit abzuschließen.

KAPITEL II
FUNKTIONEN UND ZUSTÄNDIGKEITEN IM RAHMEN DES IMI

IMI-Koordinatoren

Art. 6 (1) Jeder Mitgliedstaat ernennt einen nationalen IMI-Koordinator, der unter anderem folgende Zuständigkeiten wahrnimmt:

a) Registrierung oder Validierung der Registrierung von IMI-Koordinatoren und zuständigen Behörden;
b) Funktion als Hauptanlaufstelle für IMI-Akteure der Mitgliedstaaten in Fragen, die das IMI betreffen, einschließlich der Bereitstellung von Informationen zu Aspekten, die den Schutz personenbezogener Daten im Einklang mit dieser Verordnung betreffen;
c) Funktion als Ansprechpartner der Kommission in Fragen, die das IMI betreffen, einschließlich der Bereitstellung von Informationen zu Aspekten, die den Schutz personenbezogener Daten im Einklang mit dieser Verordnung betreffen,
d) Bereitstellung von Wissen, Schulungen und Unterstützung, einschließlich grundlegender technischer Unterstützung, für IMI-Akteure der Mitgliedstaaten;
e) Gewährleistung des effizienten Funktionierens des IMI soweit es seinem Einfluss unterliegt, einschließlich der rechtzeitigen und angemessenen Beantwortung von Ersuchen um Verwaltungszusammenarbeit durch IMI-Akteure der Mitgliedstaaten.

(2) Jeder Mitgliedstaat kann entsprechend seiner internen Verwaltungsstruktur zusätzlich einen oder mehrere IMI-Koordinatoren zur Erfüllung der in Absatz 1 aufgeführten Aufgaben ernennen.

(3) Die Mitgliedstaaten unterrichten die Kommission von den gemäß Absätzen 1 und 2 ernannten IMI-Koordinatoren sowie von den Aufgaben, für die sie zuständig sind. Die Kommission stellt diese Informationen den anderen Mitgliedstaaten zur Verfügung.

(4) Alle IMI-Koordinatoren können als zuständige Behörden agieren. In einem solchen Fall verfügt der IMI-Koordinator über dieselben Zugangsrechte wie eine zuständige Behörde. In Bezug auf seine eigenen Datenverarbeitungstätigkeiten ist jeder IMI-Koordinator in seiner Eigenschaft als IMI-Akteur der für die Verarbeitung Verantwortliche.

Zuständige Behörden

Art. 7 (1) Im Falle einer Zusammenarbeit über das IMI stellen die zuständigen Behörden, die über IMI-Nutzer im Einklang mit den Verfahren der Verwaltungszusammenarbeit handeln, sicher, dass im Einklang mit dem anwendbaren Rechtsakt der Union innerhalb des kürzest möglichen Zeitraums, in jedem Fall aber innerhalb der in jenem Rechtsakt festgelegten Frist eine angemessene Antwort erteilt wird.

(2) Eine zuständige Behörde kann sämtliche Informationen, Dokumente, Erkenntnisse, Erklärungen oder beglaubigte Abschriften, die sie über das IMI auf elektronischem Weg erhalten hat, in gleicher Weise als Beweis geltend machen wie vergleichbare Informationen, die in ihrem eigenen Land für Zwecke erteilt werden, welche mit jenen vereinbar sind, für die die Daten ursprünglich erhoben wurden.

(3) In Bezug auf ihre eigenen, von einem ihrer Aufsicht unterliegenden IMI-Nutzern durchgeführten Datenverarbeitungstätigkeiten ist jede zuständige Behörde der für die Verarbeitung Verantwortliche und stellt sicher, dass betroffene Personen ihre Rechte im Einklang mit Kapitel III und Kapitel IV und erforderlichenfalls in Zusammenarbeit mit der Kommission ausüben können.

Kommission

Art. 8 (1) Die Kommission ist für die Durchführung der folgenden Aufgaben zuständig:
a) Sie gewährleistet die Sicherheit, Verfügbarkeit, Wartung und Weiterentwicklung der Software und der IT-Infrastruktur für das IMI;
b) sie stellt ein mehrsprachiges System, einschließlich bestehender Übersetzungsfunktionen, zur Verfügung, bietet in Zusammenarbeit mit den Mitgliedstaaten Schulungsmaßnahmen an und richtet einen Helpdesk ein, der die Mitgliedstaaten bei der Nutzung des IMI unterstützt;
c) sie registriert die nationalen IMI-Koordinatoren und gewährt ihnen Zugang zum IMI;
d) sie führt Verarbeitungen personenbezogener Daten innerhalb des IMI durch, soweit dies in dieser Verordnung vorgesehen ist und mit den Zielen der im Anhang aufgeführten anwendbaren Rechtsakte der Union im Einklang steht;
e) sie überwacht die Anwendung dieser Verordnung und erstattet dem Europäischen Parlament, dem Rat und dem Europäischen Datenschutzbeauftragten gemäß Artikel 25 Bericht.
f) sie sorgt für die Koordinierung mit Einrichtungen und sonstigen Stellen der Union und gewährt diesen Zugang zum IMI.

(VO (EU) 2018/1724)

(2) Zur Erfüllung der in Absatz 1 aufgeführten Aufgaben und zur Erstellung von statistischen Berichten hat die Kommission Zugang zu den erforderlichen Informationen über die im Rahmen des IMI durchgeführten Datenverarbeitungen.

(3) Die Kommission beteiligt sich nicht an Verfahren der Verwaltungszusammenarbeit, in deren Rahmen personenbezogene Daten verarbeitet werden, es sei denn, dies ist in einer im Anhang aufgeführten Bestimmung eines Rechtsakts der Union vorgeschrieben.

Zugangsrechte von IMI-Akteuren und -Nutzern

Art. 9 (1) Zugang zum IMI haben ausschließlich IMI-Nutzer.

(2) Die Mitgliedstaaten benennen die IMI-Koordinatoren und die zuständigen Behörden und legen fest, in welchen Binnenmarktbereichen sie Zuständigkeit besitzen. Die Kommission kann dabei eine beratende Funktion übernehmen.

(3) Jeder IMI-Akteur kann seinen IMI-Nutzern in dem seiner Zuständigkeit unterliegenden Binnenmarktbereich die erforderlichen Zugangsrechte gewähren und bei Bedarf wieder entziehen.

(4) Die Mitgliedstaaten, die Kommission und die Einrichtungen und sonstigen Stellen der Union treffen geeignete Vorkehrungen, um sicherzustellen, dass IMI-Nutzer ausschließlich nach dem Grundsatz ‚Kenntnis nur, wenn nötig' und nur für diejenigen Binnenmarktbereiche, für die ihnen gemäß Absatz 3 Zugangsrechte gewährt wurden, auf die im Rahmen des IMI verarbeiteten personenbezogenen Daten zugreifen dürfen.

(VO (EU) 2018/1724)

(5) Die Nutzung von personenbezogenen Daten im IMI für einen spezifischen Zweck auf eine Weise, die nicht mit dem ursprünglichen Zweck zu vereinbaren ist, ist untersagt, sofern dies nicht ausdrücklich im nationalen Recht und im Einklang mit dem Unionsrecht vorgesehen ist.

(6) Beinhaltet ein Verfahren der Verwaltungszusammenarbeit die Verarbeitung personenbezogener Daten, so erhalten nur die am betreffenden Verfahren beteiligten IMI-Akteure Zugang zu den entsprechenden personenbezogenen Daten.

Vertraulichkeit

Art. 10 (1) Jeder Mitgliedstaat wendet seine Vorschriften zur Wahrung des Berufsgeheimnisses oder vergleichbarer Verpflichtungen auf seine IMI-Akteure und IMI-Nutzer im Einklang mit den Rechtsvorschriften der Mitgliedstaaten oder der Union an.

(2) Die IMI-Akteure stellen sicher, dass die ihrer Aufsicht unterliegenden IMI-Nutzer den Ersuchen anderer IMI-Akteure um vertrauliche Behandlung von über das IMI ausgetauschten Informationen nachkommen.

Verfahren der Verwaltungszusammenarbeit

Art. 11 Das IMI basiert auf Verfahren der Verwaltungszusammenarbeit, mit denen die Bestimmungen der im Anhang aufgeführten einschlägigen Rechtsakte der Union umgesetzt werden. Die Kommission kann gegebenenfalls Durchführungsrechtsakte für einen speziellen im Anhang aufgeführten Rechtsakt der Union oder für eine bestimmte Art der Verwaltungszusammenarbeit erlassen, in denen die wesentlichen technischen Funktionen und die Verfahrensregelungen festgelegt sind, die für die

Durchführung der einschlägigen Verfahren der Verwaltungszusammenarbeit erforderlich sind, gegebenenfalls auch für die Interaktion zwischen externen Akteuren und dem IMI gemäß Artikel 12. Diese Durchführungsrechtsakte werden gemäß dem in Artikel 24 Absatz 2 genannten Beratungsverfahren erlassen.

Externe Akteure

Art. 12 Es können technische Mittel bereitgestellt werden, um externen Akteuren die Interaktion mit dem IMI zu ermöglichen, sofern diese Interaktion:
a) in einem Rechtsakt der Union ausdrücklich vorgesehen ist;
b) in einem Durchführungsrechtsakt gemäß Artikel 11 vorgesehen ist, um die Verwaltungszusammenarbeit zwischen den zuständigen Behörden in den Mitgliedstaaten bei der Anwendung der Bestimmungen der im Anhang aufgeführten Rechtsakte der Union zu erleichtern, oder
c) erforderlich ist, damit externe Akteure in Ausübung ihrer Rechte als betroffene Personen gemäß Artikel 19 entsprechende Ersuchen stellen können.

Diese technischen Mittel sind vom IMI getrennt und ermöglichen externen Akteuren keinen Zugriff auf das IMI.

KAPITEL III
VERARBEITUNG PERSONENBEZOGENER DATEN UND DATENSICHEREIT

Zweckbindung

Art. 13 Personenbezogene Daten werden von den IMI-Akteuren ausschließlich für die in den einschlägigen Bestimmungen der im Anhang aufgeführten Rechtsakte der Union genannten Zwecke ausgetauscht und verarbeitet.

Die von einer betroffenen Person an das IMI übermittelten Daten dürfen nur für die Zwecke genutzt werden, für die sie übermittelt wurden.

Speicherung personenbezogener Daten

Art. 14 (1) Im IMI verarbeitete personenbezogene Daten werden im IMI gesperrt, sobald sie für die Zwecke, für die sie erhoben wurden, nach den Besonderheiten der jeweiligen Art der Verwaltungszusammenarbeit nicht mehr erforderlich sind, spätestens aber sechs Monate nach dem förmlichen Abschluss eines Verfahrens der Verwaltungszusammenarbeit.

Ist jedoch in einem im Anhang aufgeführten anwendbaren Rechtsakt der Union ein längerer Zeitraum vorgesehen, so dürfen im IMI verarbeitete personenbezogene Daten höchstens 18 Monate nach dem förmlichen Abschluss eines Verfahrens der Verwaltungszusammenarbeit gespeichert werden.

(2) Ist gemäß einem im Anhang aufgeführten verbindlichen Rechtsakt der Union ein Datenspeicher erforderlich, auf den IMI-Akteure künftig zugreifen können, so können die darin enthaltenen personenbezogenen Daten – entweder mit Einwilligung der betroffenen Person oder wenn dies in dem vorgenannten Rechtsakt der Union vorgesehen ist – so lange verarbeitet werden, wie sie zu diesem Zweck erforderlich sind.

(3) Gemäß diesem Artikel gesperrte personenbezogene Daten werden mit Ausnahme ihrer Aufbewahrung nur verarbeitet, wenn sie zum Zwecke des Nachweises eines Informationsaustauschs über das IMI mit Einwilligung der betroffenen Person verarbeitet werden, es sei denn, die Verarbeitung wird aus zwingenden Gründen des Allgemeininteresses verlangt.

(4) Drei Jahre nach dem förmlichen Abschluss eines Verfahrens der Verwaltungszusammenarbeit werden die gesperrten Daten im IMI automatisch gelöscht.

(5) Auf ausdrückliches Ersuchen einer zuständigen Behörde im Einzelfall und mit Einwilligung der betroffenen Person können personenbezogene Daten auch vor Ablauf der geltenden Speicherzeit gelöscht werden.

(6) Die Kommission gewährleistet durch technische Mittel das Sperren und das Löschen personenbezogener Daten bzw. ihr Auslesen gemäß Absatz 3.

(7) Es werden technische Vorkehrungen getroffen, damit IMI-Akteure Verfahren der Verwaltungszusammenarbeit schnellstmöglich nach Abschluss des Informationsaustauschs förmlich abschließen und es IMI-Akteuren ermöglicht wird, IMI-Koordinatoren einzubeziehen, die für Verfahren zuständig sind, die seit mehr als zwei Monaten ohne Grund inaktiv sind.

Speicherung personenbezogener Daten über IMI-Nutzer

Art. 15 (1) Abweichend von Artikel 14 gelten für die Speicherung personenbezogener Daten über IMI-Nutzer die Absätze 2 und 3 dieses Artikels. Zu diesen personenbezogenen Daten zählen der vollständige Name sowie alle Angaben zur elektronischen oder sonstigen Kontaktaufnahme, die für die Zwecke dieser Verordnung erforderlich sind.

(2) Personenbezogene Daten über IMI-Nutzer werden so lange im IMI aufbewahrt, wie diese IMI-Nutzer sind, und können für mit den Zielen dieser Verordnung zu vereinbarenden Zwecken verarbeitet werden.

(3) Wenn eine natürliche Person aufhört, IMI-Nutzer zu sein, werden die diese Person betreffenden Daten durch entsprechende technische Mittel für einen Zeitraum von drei Jahren gesperrt. Mit Ausnahme ihrer Aufbewahrung werden diese Daten ausschließlich zum Zweck des Nachweises eines Informationsaustauschs über das IMI verarbeitet und nach Ablauf des Dreijahreszeitraums gelöscht.

Verarbeitung besonderer Datenkategorien

Art. 16 (1) Die Verarbeitung besonderer Datenkategorien gemäß Artikel 8 Absatz 1 der Richtlinie 95/46/EG und Artikel 10 Absatz 1 der Verordnung

(EG) Nr. 45/2001 durch das IMI ist nur aus einem der in Artikel 8 Absätze 2 und 4 der genannten Richtlinie und in Artikel 10 Absatz 2 der genannten Verordnung angeführten besonderen Gründe und vorbehaltlich geeigneter Garantien gemäß jenen Artikeln erlaubt, um die Rechte der Personen, deren personenbezogene Daten verarbeitet werden, zu gewährleisten.

(2) Das IMI kann genutzt werden zur Verarbeitung von Daten, die Zuwiderhandlungen, strafrechtliche Verurteilungen oder Sicherungsmaßregeln gemäß Artikel 8 Absatz 5 der Richtlinie 95/46/EG und Artikel 10 Absatz 5 der Verordnung (EG) Nr. 45/2001 betreffen, vorbehaltlich der in diesen Artikeln vorgesehenen Garantien, einschließlich Informationen über Disziplinarmaßnahmen oder verwaltungs- oder strafrechtliche Sanktionen sowie anderer Informationen zum Nachweis der Zuverlässigkeit einer natürlichen oder juristischen Person, wenn die Verarbeitung entsprechender Daten in einem Rechtsakt der Union vorgesehen ist, der die Rechtsgrundlage für die Datenverarbeitung bildet, oder wenn die Verarbeitung der Daten mit ausdrücklicher Einwilligung der betroffenen Person erfolgt und besondere Garantien gemäß Artikel 8 Absatz 5 der Richtlinie 95/46/EG vorgesehen sind.

Sicherheit

Art. 17 (1) Die Kommission gewährleistet, dass das IMI die von der Kommission gemäß Artikel 22 der Verordnung (EG) Nr. 45/2001 festgelegten Vorschriften zur Datensicherheit einhält.

(2) Die Kommission trifft die erforderlichen Maßnahmen, um die Sicherheit der im Rahmen des IMI verarbeiteten personenbezogenen Daten zu gewährleisten, einschließlich einer angemessenen Datenzugangskontrolle und eines Sicherheitsplans, der regelmäßig zu aktualisieren ist.

(3) Die Kommission gewährleistet, dass es bei einem sicherheitsrelevanten Ereignis möglich ist, festzustellen, welche personenbezogenen Daten im Rahmen des IMI verarbeitet wurden und wann, durch wen und zu welchem Zweck dies geschehen ist.

(4) Die IMI-Akteure treffen alle erforderlichen verfahrenstechnischen und organisatorischen Maßnahmen, um die Sicherheit der von ihnen im Rahmen des IMI verarbeiteten personenbezogenen Daten im Einklang mit Artikel 17 der Richtlinie 95/46/EG zu gewährleisten.

KAPITEL IV
RECHTE DER BETROFFENEN PERSONEN UND ÜBERWACHUNG

Information der betroffenen Personen und Transparenz

Art. 18 (1) Die IMI-Akteure stellen sicher, dass die betroffenen Personen über die Verarbeitung ihrer personenbezogenen Daten im Rahmen des IMI so schnell wie möglich unterrichtet werden und dass sie Zugang zu Informationen über ihre Rechte und die Ausübung dieser Rechte, einschließlich der Identität und der Kontaktdaten des für die Verarbeitung Verantwortlichen und gegebenenfalls des Vertreters des für die Verarbeitung Verantwortlichen, im Einklang mit Artikel 10 oder Artikel 11 der Richtlinie 95/46/EG und mit den der Richtlinie entsprechenden nationalen Rechtsvorschriften haben.

(2) Die Kommission veröffentlicht folgende Informationen, so dass sie leicht zugänglich sind:

a) Informationen zum IMI in klarer und verständlicher Form im Einklang mit den Artikeln 11 und 12 der Verordnung (EG) Nr. 45/2001;

b) Informationen über die Datenschutzaspekte der Verfahren der Verwaltungszusammenarbeit im Rahmen des IMI gemäß Artikel 11 dieser Verordnung;

c) Informationen über Ausnahmen von den Rechten der betroffenen Personen oder Einschränkungen der Rechte der betroffenen Personen gemäß Artikel 20 dieser Verordnung;

d) Formen der Verfahren der Verwaltungszusammenarbeit, wesentliche IMI-Funktionen und Kategorien von Daten, die im IMI verarbeitet werden können;

e) eine umfassende Liste aller das IMI betreffenden Durchführungsrechtsakte oder delegierten Rechtsakte, die gemäß dieser Verordnung oder eines anderen Rechtsakts der Union erlassen worden sind, und eine konsolidierte Fassung des Anhangs dieser Verordnung und dessen nachfolgende Änderungen durch andere Rechtsakte der Union.

Auskunftsrecht, Recht auf Berichtigung und Recht auf Löschung

Art. 19 (1) Die IMI-Akteure stellen sicher, dass die betroffenen Personen ihr Auskunftsrecht hinsichtlich der sie betreffenden Daten im IMI, das Recht auf Berichtigung unrichtiger oder unvollständiger Daten sowie auf Löschung von unberechtigterweise verarbeiteten Daten im Einklang mit den nationalen Rechtsvorschriften wirksam ausüben können. Die Berichtigung oder Löschung hat so schnell wie möglich und spätestens 30 Tage nach Erhalt des von der betroffenen Person gestellten Ersuchens durch den zuständigen IMI-Akteur zu erfolgen.

(2) Wird die Richtigkeit oder Rechtmäßigkeit von Daten, die gemäß Artikel 14 Absatz 1 gesperrt wurden, von der betroffenen Person in Zweifel gezogen, werden sowohl dieser Umstand als auch die korrekte bzw. korrigierte Information erfasst.

Ausnahmen und Einschränkungen

Art. 20 Die Mitgliedstaaten teilen der Kommission mit, sofern sie Ausnahmen von den in diesem Kapitel festgelegten Rechten der betroffenen Personen oder Einschränkungen der Rechte der betroffenen Personen gemäß Artikel 13 der Richtlinie 95/46/EG im nationalen Recht vorsehen.

Überwachung

Art. 21 (1) Die in den einzelnen Mitgliedstaaten benannte(n) und mit den in Artikel 28 der Richtlinie 95/46/EG genannten Befugnissen ausgestattete(n) nationale(n) Stelle(n) (im Folgenden „nationale Kontrollstellen") überwachen unabhängig die Rechtmäßigkeit der Verarbeitung personenbezogener Daten durch die IMI-Akteure ihres Mitgliedstaats und gewährleisten insbesondere den Schutz der in diesem Kapitel festgelegten Rechte der betroffenen Personen im Einklang mit dieser Verordnung.

(2) Der Europäische Datenschutzbeauftragte überwacht und stellt sicher, dass die Tätigkeiten der Kommission oder der Einrichtungen und sonstigen Stellen der Union im Bereich der Verarbeitung personenbezogener Daten – in ihrer Funktion als IMI-Akteure – nach Maßgabe dieser Verordnung durchgeführt werden. Die Aufgaben und Befugnisse nach den Artikeln 57 und 58 der Verordnung (EU) 2018/1725 gelten entsprechend.

(VO (EU) 2018/1724)

(3) Die nationalen Kontrollstellen und der Europäische Datenschutzbeauftragte kooperieren im Rahmen ihrer jeweiligen Befugnisse miteinander, um die koordinierte Überwachung des IMI und seiner Nutzung durch die IMI-Akteure gemäß Artikel 62 der Verordnung (EU) 2018/1725 sicherzustellen.

(VO (EU) 2018/1724)

(4) (aufgehoben)
(VO (EU) 2018/1724)

KAPITEL V
GEOGRAFISCHER ANWENDUNGS-BEREICH DES IMI

Nationale Nutzung des IMI

Art. 22 (1) Ein Mitgliedstaat kann das IMI zum Zweck der Verwaltungszusammenarbeit zwischen zuständigen Behörden innerhalb seines Hoheitsgebiets im Einklang mit dem nationalen Recht nur dann nutzen, wenn die folgenden Voraussetzungen erfüllt sind:
a) es sind keine wesentlichen Änderungen an den bestehenden Verfahren der Verwaltungszusammenarbeit erforderlich,
b) die nationalen Kontrollstellen wurden über die geplante Nutzung des IMI in Kenntnis gesetzt, sofern dies nach nationalem Recht erforderlich ist, und
c) dies hat keine negativen Auswirkungen auf das effiziente Funktionieren des IMI für die IMI-Nutzer.

(2) Beabsichtigt ein Mitgliedstaat, das IMI systematisch für nationale Zwecke zu nutzen, unterrichtet er die Kommission über diese Absicht und holt deren vorherige Zustimmung ein. Die Kommission prüft, ob die Bedingungen des Absatzes 1 erfüllt sind. Soweit erforderlich, wird im Einklang mit dieser Verordnung zwischen dem betreffenden Mitgliedstaat und der Kommission eine Vereinbarung geschlossen, in der unter anderem die technischen, finanziellen und organisatorischen Modalitäten für die nationale Nutzung, einschließlich der Zuständigkeiten der IMI-Akteure, festgelegt werden.

Informationsaustausch mit Drittländern

Art. 23 (1) Nach dieser Verordnung können Informationen, einschließlich personenbezogener Daten, im Rahmen des IMI zwischen den IMI-Akteuren innerhalb der Union und ihren Ansprechpartnern in einem Drittland nur dann ausgetauscht werden, wenn die folgenden Voraussetzungen erfüllt sind:
a) Die Verarbeitung der Informationen erfolgt nach einer im Anhang aufgeführten Bestimmung eines Rechtsakts der Union und einer gleichwertigen Bestimmung im Recht des Drittlandes,
b) Der Austausch oder die Bereitstellung der Informationen erfolgt im Einklang mit einem internationalen Abkommen, das Folgendes vorsieht:
 i) die Anwendung einer im Anhang aufgeführten Bestimmung eines Rechtsakts der Union durch das Drittland,
 ii) die Nutzung des IMI und
 iii) die Prinzipien und Modalitäten dieses Austauschs und
c) das betreffende Drittland gewährleistet einen angemessenen Schutz personenbezogener Daten im Einklang mit Artikel 25 Absatz 2 der Richtlinie 95/46/EG, einschließlich geeigneter Garantien, dass die im Rahmen des IMI verarbeiteten Daten ausschließlich zu dem Zweck, zu dem sie ursprünglich ausgetauscht wurden, genutzt werden, und die Kommission eine Feststellung gemäß Artikel 25 Absatz 6 der Richtlinie 95/46/EG getroffen hat.

(2) Soweit die Kommission als IMI-Akteur auftritt, gilt für jeglichen Austausch von im Rahmen des IMI verarbeiteten personenbezogenen Daten mit ihren Ansprechpartnern in einem Drittland Artikel 9 Absätze 1 und 7 der Verordnung (EG) Nr. 45/2001.

(3) Die Kommission veröffentlicht im *Amtsblatt der Europäischen Union* eine Liste der gemäß Absatz 1 für den Austausch von Informationen einschließlich personenbezogener Daten zugelassenen Drittländer und aktualisiert diese regelmäßig.

KAPITEL VI
SCHLUSSBESTIMMUNGEN

Ausschussverfahren

Art. 24 (1) Die Kommission wird von einem Ausschuss unterstützt. Dieser Ausschuss ist ein Ausschuss im Sinne der Verordnung (EU) Nr. 182/2011.

(2) Wird auf diesen Absatz Bezug genommen, so gilt Artikel 4 der Verordnung (EU) Nr. 182/2011.

(3) Wird auf diesen Absatz Bezug genommen, so gilt Artikel 5 der Verordnung (EU) Nr. 182/2011.

Monitoring und Berichterstattung

Art. 25 (1) Die Kommission erstattet dem Europäischen Parlament und dem Rat alljährlich Bericht über das Funktionieren des IMI.

(2) Bis zum 5. Dezember 2017 und alle fünf Jahre danach erstattet die Kommission dem Europäischen Datenschutzbeauftragten Bericht über Aspekte, die den Schutz personenbezogener Daten im Rahmen des IMI, einschließlich Fragen der Datensicherheit, betreffen.

(3) Zur Ausarbeitung der in den Absätzen 1 und 2 genannten Berichte stellen die Mitgliedstaaten der Kommission alle im Zusammenhang mit der Anwendung dieser Verordnung relevanten Informationen zur Verfügung, unter anderem auch Informationen zur praktischen Anwendung der in dieser Verordnung festgelegten Datenschutzanforderungen.

Kosten

Art. 26 (1) Die für Entwicklung, Bekanntmachung, Betrieb und Wartung des IMI anfallenden Kosten werden – unbeschadet der unter Artikel 22 Absatz 2 vorgesehenen Bestimmungen – aus dem Gesamthaushalt der Europäischen Union finanziert.

(2) Soweit nicht ein Rechtsakt der Union etwas anderes bestimmt, werden die Kosten für den Betrieb des IMI auf der Ebene der Mitgliedstaaten, einschließlich der Kosten des für Schulungen, Werbung und technische Unterstützung (Helpdesk) sowie für die Verwaltung des IMI auf nationaler Ebene erforderlichen Personals, von den einzelnen Mitgliedstaaten getragen.

Aufhebung

Art. 27 Die Entscheidung 2008/49/EG wird aufgehoben.

Effektive Durchführung

Art. 28 Die Mitgliedstaaten treffen alle erforderlichen Maßnahmen, um die effektive Durchführung dieser Verordnung durch ihre IMI-Akteure sicherzustellen.

Ausnahmen

Art. 29 (1) (aufgehoben)

(VO (EU) 2018/1724)

(2) Unbeschadet des Artikels 8 Absatz 3 und des Artikels 12 Absatz 1 Buchstaben a und b dieser Verordnung können im Hinblick auf die Umsetzung der in der SOLVIT-Empfehlung enthaltenen Bestimmungen über die Verwaltungszusammenarbeit mit Hilfe des IMI die Einbeziehung der Kommission in die Verfahren der Verwaltungszusammenarbeit und die bestehende Einrichtung für externe Akteure auf der Grundlage der vor Inkrafttreten dieser Verordnung getroffenen Vereinbarungen fortgesetzt werden. Die in Artikel 14 Absatz 1 dieser Verordnung genannte Dauer beträgt 18 Monate für personenbezogene Daten, die für die Zwecke der SOLVIT-Empfehlung im IMI verarbeitet werden.

(3) Unbeschadet des Artikels 4 Absatz 1 dieser Verordnung kann die Kommission ein Pilotprojekt in die Wege leiten, um zu beurteilen, ob das IMI ein effizientes, kostengünstiges und benutzerfreundliches Instrument zur Umsetzung des Artikels 3 Absätze 4, 5 und 6 der Richtlinie 2000/31/EG des Europäischen Parlaments und des Rates vom 8. Juni 2000 über bestimmte rechtliche Aspekte der Dienste der Informationsgesellschaft, insbesondere des elektronischen Geschäftsverkehrs, im Binnenmarkt („Richtlinie über den elektronischen Geschäftsverkehr") (ABl. L 178 vom 17.7.2000, S. 1) ist. Spätestens zwei Jahre nach Beginn des Pilotprojekts legt die Kommission dem Europäischen Parlament und dem Rat die Bewertung gemäß Artikel 4 Absatz 2 dieser Verordnung vor und analysiert dabei auch die Wechselwirkungen zwischen der Verwaltungszusammenarbeit im Rahmen des Systems zur Zusammenarbeit im Verbraucherschutz, das durch die Verordnung (EG) Nr. 2006/2004 des europäischen Parlaments und des Rates vom 27. Oktober 2004 über die Zusammenarbeit zwischen den für die Durchsetzung der Verbraucherschutzgesetze zuständigen nationalen Behörden („Verordnung über die Zusammenarbeit im Verbraucherschutz") (ABl. L 364 vom 9.12.2004, S. 1) eingerichtet wurde, und im Rahmen des IMI.

(4) Artikel 14 Absatz 1 dieser Verordnung berührt nicht etwaige Zeiträume von höchstens 18 Monaten, die auf der Grundlage des Artikels 36 der Richtlinie 2006/123/EG bezüglich der Verwaltungszusammenarbeit nach Kapitel VI jener Richtlinie festgelegt wurden.

Inkrafttreten

Art. 30 Diese Verordnung tritt am zwanzigsten Tag nach ihrer Veröffentlichung im *Amtsblatt der Europäischen Union* in Kraft.

Diese Verordnung ist in allen ihren Teilen verbindlich und gilt unmittelbar in jedem Mitgliedstaat.

ANHANG
Bestimmungen über die Verwaltungszusammenarbeit, die in Rechtsakten der Union enthalten sind und mit Hilfe des IMI umgesetzt werden (gemäß Artikel 3)

1. Richtlinie 2006/123/EG des Europäischen Parlaments und des Rates vom 12. Dezember 2006 über Dienstleistungen im Binnenmarkt (ABl. L 376 vom 27.12.2006, S. 36): Kapitel VI Artikel 39 Absatz 5 und Artikel 15 Absatz 7, sofern die eine in dem vorstehenden Artikel genannte Mitteilung nicht gemäß der Richtlinie 98/34/EG erfolgt.

2. Richtlinie 2005/36/EG des Europäischen Parlaments und des Rates: Artikel 4a bis 4e, Artikel 8, Artikel 21a, Artikel 50, Artikel 56 und Artikel 56a.

(RL 2013/55/EU)

3. Richtlinie 2011/24/EU des Europäischen Parlaments und des Rates vom 9. März 2011 über die Ausübung der Patientenrechte in der grenzüberschreitenden Gesundheitsversor-

gung (ABl. L 88 vom 4.4.2011, S. 45): Artikel 10 Absatz 4.

4. Verordnung (EU) Nr. 1214/2011 des Europäischen Parlaments und des Rates vom 16. November 2011 über den gewerbsmäßigen grenzüberschreitenden Straßentransport von Euro-Bargeld zwischen den Mitgliedstaaten des Euroraums (ABl. L 316 vom 29.11.2011, S. 1): Artikel 11 Absatz 2.

5. Empfehlung der Kommission vom 7. Dezember 2001 über Grundsätze zur Nutzung von „SOLVIT", dem Problemlösungsnetz für den Binnenmarkt (ABl. L 331 vom 15.12.2001, S. 79): Kapitel I und II.

6. Richtlinie 96/71/EG des Europäischen Parlaments und des Rates vom 16. Dezember 1996 über die Entsendung von Arbeitnehmern im Rahmen der Erbringung von Dienstleistungen: Artikel 4.
(RL 2014/67/EU)

7. Richtlinie 2014/67/EU des Europäischen Parlaments und des Rates vom 15. Mai 2014 zur Durchsetzung der Richtlinie 96/71/EG über die Entsendung von Arbeitnehmern im Rahmen der Erbringung von Dienstleistungen und zur Änderung der Verordnung (EU) Nr. 1024/2012 über die Verwaltungszusammenarbeit mit Hilfe des Binnenmarkt-Informationssystems („IMI-Verordnung"): Artikel 6 und 7, Artikel 10 Absatz 3 und Artikel 14 bis 18.
(RL 2014/67/EU)

8. Richtlinie 2014/60/EU des Europäischen Parlaments und des Rates vom 15. Mai 2014 über die Rückgabe von unrechtmäßig aus dem Hoheitsgebiet eines Mitgliedstaats verbrachten Kulturgütern sowie zur Änderung der Verordnung (EU) Nr. 1024/2012 Artikel 5 und 7.
(RL 2014/67/EU)

9. Verordnung (EU) 2016/1191 des Europäischen Parlaments und des Rates vom 6. Juli 2016 zur Förderung der Freizügigkeit von Bürgern durch die Vereinfachung der Anforderungen an die Vorlage bestimmter öffentlicher Urkunden innerhalb der Europäischen Union und zur Änderung der Verordnung (EU) Nr. 1024/2012: Artikel 14 und 16 sowie Artikel 22 Absätze 1 und 2.
(VO (EU) 2016/1191)

10. Verordnung (EU) 2016/1628 des Europäischen Parlaments und des Rates vom 14. September 2016 über die Anforderungen in Bezug auf die Emissionsgrenzwerte für gasförmige Schadstoffe und luftverunreinigende Partikel und die Typgenehmigung für Verbrennungsmotoren für nicht für den Straßenverkehr bestimmte mobile Maschinen und Geräte, zur Änderung der Verordnungen (EU) Nr. 1024/2012 und (EU) Nr. 167/2013 und zur Änderung und Aufhebung der Richtlinie 97/68/EG: Artikel 44.
(VO (EU) 2016/1628)

11. Verordnung (EU) 2016/679 des Europäischen Parlaments und des Rates vom 27. April 2016 zum Schutz natürlicher Personen bei der Verarbeitung personenbezogener Daten, zum freien Datenverkehr und zur Aufhebung der Richtlinie 95/46/EG (Datenschutz-Grundverordnung): Artikel 56, Artikel 60 bis 66 und Artikel 70 Absatz 1.
(VO (EU) 2018/1724)

12. Verordnung (EU) 2018/1725 des Europäischen Parlaments und des Rates vom 2. Oktober 2018 über die Einrichtung eines einheitlichen digitalen Zugangstors zu Informationen, Verfahren, Hilfs- und Problemlösungsdiensten und zur Änderung der Verordnung (EU) Nr. 1024/2012: Artikel 6 Absatz 4, Artikel 15 und Artikel 19.
(VO (EU) 2018/1724)

13. Richtlinie 2006/22/EG des Europäischen Parlaments und des Rates vom 15. März 2006 über Mindestbedingungen für die Durchführung der Verordnungen (EG) Nr. 561/2006 und (EU) Nr. 165/2014 und der Richtlinie 2002/15/EG über Sozialvorschriften für Tätigkeiten im Kraftverkehr sowie zur Aufhebung der Richtlinie 88/599/EWG (ABl. L 102 vom 11.4.2006, S. 35.) des Rates: Artikel 8.
(RL (EU) 2020/1057)

14. Richtlinie (EU) 2020/1057 des Europäischen Parlaments und des Rates vom 15. Juli 2020 zur Festlegung besonderer Regeln im Zusammenhang mit der Richtlinie 96/71/EG und der Richtlinie 2014/67/EU für die Entsendung von Kraftfahrern im Straßenverkehrssektor und zur Änderung der Richtlinie 2006/22/EG bezüglich der Durchsetzungsanforderungen und der Verordnung (EU) Nr. 1024/2012 (ABl. L 249 vom 31.7.2020, S. 49): Artikel 1 Absatz 14.
(RL (EU) 2020/1057)

15. Verordnung (EG) Nr. 1071/2009 des Europäischen Parlaments und des Rates vom 21. Oktober 2009 zur Festlegung gemeinsamer Regeln für die Zulassung zum Beruf des Kraftverkehrsunternehmers und zur Aufhebung der Richtlinie 96/26/EG (ABl. L 300 vom 14.11.2009, S. 51) des Rates: Artikel 18 Absatz 8.
(RL (EU) 2020/1057)

4/6c. Lex Specialis zur EntsendeRL

Präambel

4/6c. Lex Specialis zur EntsendeRL

Richtlinie (EU) 2020/1057 des Europäischen Parlaments und des Rates vom 15. Juli 2020 zur Festlegung besonderer Regeln im Zusammenhang mit der Richtlinie 96/71/EG und der Richtlinie 2014/67/EU für die Entsendung von Kraftfahrern im Straßenverkehrssektor und zur Änderung der Richtlinie 2006/22/EG bezüglich der Durchsetzungsanforderungen und der Verordnung (EU) Nr. 1024/2012

(ABl. Nr. L 249 v. 31.7.2020, S. 49)

(Ist ab 2.2.2022 auf Straßenverkehr anzuwenden – Lex specialis für EntsendeRL sowie DurchsetzungsRL)

GLIEDERUNG

Art. 1: Besondere Regeln für die Entsendung von Kraftfahrern
Art. 2: Änderung der Richtlinie 2006/22/EG
Art. 3: Änderung der Verordnung (EU) Nr. 1024/2012
Art. 4: Ausschussverfahren
Art. 5: Strafen und Sanktionen
Art. 6: Intelligente Durchsetzung
Art. 7: Bewertung
Art. 8: Ausbildung
Art. 9: Umsetzung
Art. 10: Inkrafttreten
Art. 11: Adressaten

DAS EUROPÄISCHE PARLAMENT UND DER RAT DER EUROPÄISCHEN UNION –

gestützt auf den Vertrag über die Arbeitsweise der Europäischen Union, insbesondere auf Artikel 91 Absatz 1,

auf Vorschlag der Europäischen Kommission,

nach Zuleitung des Entwurfs des Gesetzgebungsakts an die nationalen Parlamente,

nach Stellungnahme des Europäischen Wirtschafts- und Sozialausschusses (ABl. C 197 vom 8.6.2018, S. 45),

nach Stellungnahme des Ausschusses der Regionen (ABl. C 176 vom 23.5.2018, S. 57),

gemäß dem ordentlichen Gesetzgebungsverfahren (Stellungnahme des Europäischen Parlaments vom 4. April 2019 (noch nicht im Amtsblatt veröffentlicht) und Stellungnahme des Rates nach erster Lesung vom 7. April 2020 (ABl. C 149 vom 5.5.2020, S. 1). Stellungnahme des Europäischen Parlaments vom 9. Juli 2020 (noch nicht im Amtsblatt veröffentlicht)),

in Erwägung nachstehender Gründe:

(1) Im Interesse, einen sicheren, effizienten und sozial verantwortlichen Straßenverkehrssektor zu schaffen, müssen sowohl angemessene Arbeitsbedingungen und ein angemessener Sozialschutz für Kraftfahrer als auch angemessene Geschäftsbedingungen und ein fairer Wettbewerb für die Kraftverkehrsunternehmen (im Folgenden „Unternehmen") sichergestellt werden. Angesichts des hohen Grades der Arbeitskräftemobilität im Straßenverkehrssektor sind sektorspezifische Vorschriften erforderlich, um für ein Gleichgewicht zwischen der Freiheit der Unternehmen zur Erbringung grenzüberschreitender Dienstleistungen, dem freien Warenverkehr, angemessenen Arbeitsbedingungen und dem Sozialschutz für Kraftfahrer zu sorgen.

(2) Angesichts des naturgemäß hohen Grades der Mobilität der Straßenverkehrsdienstleistungen ist besonders darauf zu achten, dass die Kraftfahrer die ihnen zustehenden Rechte wahrnehmen können und die Unternehmen, bei denen es sich meist um kleine Unternehmen handelt, sich nicht unverhältnismäßigen administrativen Hürden und diskriminierenden Kontrollen gegenübersehen, die ihre Freiheit zur Erbringung grenzüberschreitender Dienstleistungen unangemessen einschränken. Aus demselben Grund müssen nationale Vorschriften für den Straßenverkehr verhältnismäßig sowie gerechtfertigt sein und der Notwendigkeit Rechnung tragen, angemessene Arbeitsbedingungen und einen angemessenen Sozialschutz für Kraftfahrer zu gewährleisten und die Ausübung der Dienstleistungsfreiheit im Straßenverkehr auf der Grundlage eines fairen Wettbewerbs zwischen in- und ausländischen Unternehmen zu erleichtern.

(3) Für das reibungslose Funktionieren des Binnenmarktes ist es entscheidend, dass ein Gleichgewicht zwischen der Verbesserung der Sozial- und Arbeitsbedingungen für Kraftfahrer und der Erleichterung der Ausübung der Dienstleistungsfreiheit in- und ausländischer Unternehmen auf der Grundlage eines fairen Wettbewerbs besteht.

(4) Bei der Überprüfung der Wirksamkeit und Effizienz der geltenden Sozialvorschriften der Union im Straßenverkehrssektor sind einige Schlupflöcher und Mängel bei der Durchsetzung, wie etwa in Bezug auf die Nutzung von Briefkastenfirmen, zutage getreten. Ferner bestehen Unterschiede zwischen den Mitgliedstaaten bei Auslegung, Umsetzung und Anwendung dieser Bestimmungen, was einen hohen Verwaltungsaufwand für Kraftfahrer und Unternehmen verursacht. Das führt zu

4/6c. Lex Specialis zur EntsendeRL

Präambel

Rechtsunsicherheit, was wiederum nachteilig für die Sozial- und Arbeitsbedingungen der Kraftfahrer sowie die Bedingungen für einen fairen Wettbewerb für die Unternehmen in dem Sektor ist.

(5) Um die ordnungsgemäße Anwendung der Richtlinien 96/71/EG (Richtlinie 96/71/EG des Europäischen Parlaments und des Rates vom 16. Dezember 1996 über die Entsendung von Arbeitnehmern im Rahmen der Erbringung von Dienstleistungen (ABl. L 18 vom 21.1.1997, S. 1)) und 2014/67/EU (Richtlinie 2014/67/EU des Europäischen Parlaments und des Rates vom 15. Mai 2014 zur Durchsetzung der Richtlinie 96/71/EG über die Entsendung von Arbeitnehmern im Rahmen der Erbringung von Dienstleistungen und zur Änderung der Verordnung (EU) Nr. 1024/2012 über die Verwaltungszusammenarbeit mit Hilfe des Binnenmarkt-Informationssystems („IMI-Verordnung") (ABl. L 159 vom 28.5.2014, S. 11)) des Europäischen Parlaments und des Rates zu gewährleisten, sollten die Kontrollen und die Zusammenarbeit auf Unionsebene zur Bekämpfung von Betrug im Zusammenhang mit der Entsendung von Kraftfahrern verstärkt werden.

(6) Die Kommission erkannte in ihrem Vorschlag vom 8. März 2016 zur Änderung der Richtlinie 96/71/EG an, dass die Durchführung dieser Richtlinie in dem hochgradig mobilen Straßenverkehrssektor bestimmte rechtliche Fragen und Schwierigkeiten aufwirft, die nach ihrer Auffassung am besten durch sektorspezifische Rechtsvorschriften für den Bereich des Straßenverkehrs behoben werden würden.

(7) Um die wirksame und verhältnismäßige Durchsetzung der Richtlinie 96/71/EG im Straßenverkehrssektor sicherzustellen, sind sektorspezifische Vorschriften erforderlich, die die Besonderheiten der hohen Mobilität der Arbeitnehmer in diesem Sektor berücksichtigen und ein Gleichgewicht zwischen dem Sozialschutz für Kraftfahrer und der Freiheit der Unternehmen zur Erbringung grenzüberschreitender Dienstleistungen herstellen. Die Vorschriften über die Entsendung von Arbeitnehmern gemäß der Richtlinie 96/71/EG und die Bestimmungen über die Durchsetzung dieser Vorschriften gemäß der Richtlinie 2014/67/EU gelten für den Straßenverkehrssektor und sollten den besonderen Vorschriften der vorliegenden Richtlinie unterliegen.

(8) Angesichts der hohen Mobilität im Verkehrssektor werden Kraftfahrer in der Regel nicht für lange Zeiträume im Rahmen von Dienstleistungsverträgen in einen anderen Mitgliedstaat entsandt, wie das manchmal in anderen Sektoren der Fall ist. Es sollte daher klargestellt werden, unter welchen Umständen die Bestimmungen der Richtlinie 96/71/EG über die langfristige Entsendung nicht für solche Kraftfahrer gelten.

(9) Ausgewogene sektorspezifische Vorschriften für die Entsendung sollten auf dem Vorliegen einer hinreichenden Verbindung zwischen dem Kraftfahrer und der erbrachten Dienstleistung sowie mit dem Gebiet des jeweiligen Aufnahmemitgliedstaats basieren. Zur Erleichterung der Durchsetzung dieser Vorschriften sollte zwischen den verschiedenen Arten von Beförderungen in Abhängigkeit vom Grad der Verbindung mit dem Hoheitsgebiet des Aufnahmemitgliedstaats unterschieden werden.

(10) Wenn ein Kraftfahrer bilaterale Beförderungen von dem Mitgliedstaat, in dem das Unternehmen niedergelassen ist (im Folgenden „Niederlassungsmitgliedstaat"), in das Hoheitsgebiet eines anderen Mitgliedstaats oder eines Drittlands oder zurück in den Niederlassungsmitgliedstaat durchführt, ist die Art des Dienstes eng mit dem Niederlassungsmitgliedstaat verbunden. Es ist möglich, dass ein Kraftfahrer während einer Fahrt mehrere bilaterale Beförderungen durchführt. Es wäre eine unverhältnismäßige Einschränkung der Freiheit zur Erbringung grenzüberschreitender Straßenverkehrsdienstleistungen, wenn die Entsendevorschriften – und damit die im Aufnahmemitgliedstaat garantierten Beschäftigungsbedingungen – für solche bilateralen Beförderungen gelten würden.

(11) Es sollte klargestellt werden, dass eine grenzüberschreitende Beförderung im Transit durch das Hoheitsgebiet eines Mitgliedstaats keine Entsendung darstellt. Diese Beförderungen sind dadurch gekennzeichnet, dass der Kraftfahrer den Mitgliedstaat durchfährt, ohne Fracht zu laden oder zu entladen und ohne Fahrgäste aufzunehmen oder abzusetzen, und daher keine wesentliche Verbindung zwischen den Tätigkeiten des Kraftfahrers und dem im Transit durchfahrenen Mitgliedstaat besteht. Die Einstufung der Anwesenheit des Kraftfahrers in einem Mitgliedstaat als Transit wird daher nicht durch Halte, beispielsweise aus hygienischen Gründen, beeinträchtigt.

(12) Wenn ein Kraftfahrer eine Beförderung im kombinierten Verkehr durchführt, gilt, dass die Art der erbrachten Dienstleistung auf der Zu- oder Ablaufstrecke auf der Straße eng mit dem Mitgliedstaat der Niederlassung verbunden ist, wenn die auf der Straße zurückgelegte Teilstrecke selbst eine bilaterale Beförderung darstellt. Wenn jedoch die Beförderung auf der Straße innerhalb des Aufnahmemitgliedstaats oder als nicht bilaterale grenzüberschreitende Beförderung durchgeführt wird, besteht eine hinreichende Verbindung mit dem Hoheitsgebiet des Aufnahmemitgliedstaats, und daher sollten die Entsendevorschriften Anwendung finden.

(13) Wenn ein Kraftfahrer andere Arten von Beförderungen, insbesondere Kabotagebeförderungen oder nicht bilaterale grenzüberschreitende Beförderungen, durchführt, besteht eine hinreichende Verbindung mit dem Hoheitsgebiet des Aufnahmemitgliedstaats. Die Verbindung ist im Fall von Kabotagebeförderungen im Sinne der Verordnungen (EG) Nr. 1072/2009 (Verordnung (EG) Nr. 1072/2009 des Europäischen Parlaments und des Rates vom 21. Oktober 2009 über gemeinsame Regeln für den Zugang zum Markt des grenzüberschreitenden Güterkraftverkehrs (ABl. L 300 vom 14.11.2009, S. 72)) und (EG) Nr. 1073/2009 (Verordnung (EG) Nr. 1073/2009 des Europäischen Parlaments und des Rates vom 21. Oktober 2009 über gemeinsame

4/6c. Lex Specialis zur EntsendeRL
Präambel

Regeln für den Zugang zum grenzüberschreitenden Personenkraftverkehrsmarkt und zur Änderung der Verordnung (EG) Nr. 561/2006 (ABl. L 300 vom 14.11.2009, S. 88)) des Europäischen Parlaments und des Rates gegeben, da die gesamte Beförderung in einem Aufnahmemitgliedstaat stattfindet und die Dienstleistung somit eng mit dem Hoheitsgebiet des Aufnahmemitgliedstaates verbunden ist. Eine nicht-bilaterale grenzüberschreitende Beförderung zeichnet sich dadurch aus, dass der Kraftfahrer eine grenzüberschreitende Beförderung außerhalb des Niederlassungsmitgliedstaats, des entsendenden Unternehmens durchführt. Die erbrachten Dienste weisen daher eher eine Verbindung mit dem jeweiligen Aufnahmemitgliedstaat als mit dem Niederlassungsmitgliedstaat auf. In diesen Fällen sind sektorspezifische Vorschriften nur für die Verwaltungsanforderungen und Kontrollmaßnahmen erforderlich.

(14) Die Mitgliedstaaten sollten gemäß der Richtlinie 2014/67/EU dafür sorgen, dass die in Artikel 3 der Richtlinie 96/71/EG genannten Arbeits- und Beschäftigungsbedingungen, die in nationalen Rechts- und Verwaltungsvorschriften oder in Tarifverträgen oder Schiedssprüchen festgelegt sind, die in ihrem Hoheitsgebiet für allgemein verbindlich erklärt wurden oder in anderer Weise gemäß Artikel 3 Absätze 1 und 8 der Richtlinie 96/71/EG gelten, den Verkehrsunternehmen aus anderen Mitgliedstaaten und den entsandten Kraftfahrern in zugänglicher und transparenter Weise zur Verfügung gestellt werden. Das sollte gegebenenfalls die Arbeits- und Beschäftigungsbedingungen in Tarifverträgen einschließen, die allgemein für alle vergleichbaren Unternehmen in dem betreffenden geografischen Gebiet gelten. Die einschlägigen Informationen sollten sich insbesondere auf die Bestandteile der Vergütung beziehen, die durch solche Instrumente verbindlich vorgeschrieben sind. Gemäß der Richtlinie 2014/67/EU ist die Einbeziehung der Sozialpartner anzustreben.

(15) Die Unternehmen der Union stehen in zunehmendem Maße im Wettbewerb mit Unternehmen aus Drittstaaten. Daher muss unbedingt sichergestellt werden, dass Unternehmen der Union nicht diskriminiert werden. Gemäß Artikel 1 Absatz 4 der Richtlinie 96/71/EG darf Unternehmen mit Sitz in einem Nichtmitgliedstaat keine günstigere Behandlung zuteilwerden als Unternehmen mit Sitz in einem Mitgliedstaat. Dieser Grundsatz sollte auch für die besonderen Entsendevorschriften der vorliegenden Richtlinie gelten. Er sollte insbesondere dann gelten, wenn Unternehmen aus Drittländern Beförderungen im Rahmen bilateraler oder multilateraler Übereinkünfte durchführen, die ihnen Zugang zum Unionsmarkt gewähren.

(16) Das multilaterale Kontingentsystem der Europäischen Verkehrsministerkonferenz (CEMT) ist eines der wichtigsten Instrumente zur Regelung des Zugangs von Unternehmen aus Drittländern zum Unionsmarkt und des Zugangs von Unternehmen aus der Union zu Drittlandsmärkten. Die Zahl der Genehmigungen, die jedem CEMT-Mitgliedstaat zugewiesen werden, wird jährlich festgelegt. Die Verpflichtung der Mitgliedstaaten, Unternehmen aus der Union nicht zu diskriminieren, muss auch bei der Vereinbarung der Bedingungen für den Zugang zum Unionsmarkt im Rahmen der CEMT beachtet werden.

(17) Die Zuständigkeit für die Aushandlung und den Abschluss des Europäischen Übereinkommens über die Arbeit des im internationalen Straßenverkehr beschäftigten Fahrpersonals (AETR) liegt bei der Union im Rahmen ihrer ausschließlichen Außenkompetenz. Die Union sollte gemäß Artikel 2 Absatz 3 der Verordnung (EG) Nr. 561/2006 des Europäischen Parlaments und des Rates (Verordnung (EG) Nr. 561/2006 des Europäischen Parlaments und des Rates vom 15. März 2006 zur Harmonisierung bestimmter Sozialvorschriften im Straßenverkehr und zur Änderung der Verordnungen (EWG) Nr. 3821/85 und (EG) Nr. 2135/98 des Rates sowie zur Aufhebung der Verordnung (EWG) Nr. 3820/85 des Rates (ABl. L 102 vom 11.4.2006, S. 1)) die Kontrollmechanismen, die zur Kontrolle der Einhaltung der Sozialvorschriften der Mitgliedstaaten und der Union durch Drittlandsunternehmen genutzt werden können, an die Kontrollmechanismen angleichen, die für Unternehmen aus der Union gelten.

(18) Auch bei der Anwendung der Vorschriften der Richtlinie 96/71/EG des Europäischen Parlaments und des Rates über die Entsendung von Arbeitnehmern sowie der Verwaltungsanforderungen der Richtlinie 2014/67/EU des Europäischen Parlaments und des Rates auf den hochgradig mobilen Straßenverkehrssektor haben sich Schwierigkeiten ergeben. Die nationalen Maßnahmen zur Anwendung und Durchsetzung der Vorschriften für die Entsendung von Arbeitnehmern im Straßenverkehrssektor wurden nicht koordiniert, was zu Rechtsunsicherheit und einem hohen Verwaltungsaufwand für nicht gebietsansässige Unternehmen der Union führte. Die Freiheit zur Erbringung grenzüberschreitender Straßenverkehrsdienstleistungen wurde auf diese Weise unangemessen eingeschränkt, was sich negativ auf die Beschäftigungssituation und die Wettbewerbsfähigkeit der Unternehmen auswirkte. Die Verwaltungsanforderungen und die Kontrollmaßnahmen müssen daher harmonisiert werden. Damit würde auch vermieden, dass die Unternehmen unnötige Verzögerungen hinnehmen müssen.

(19) Um die wirksame und effiziente Durchsetzung der sektorspezifischen Regeln für die Entsendung von Arbeitnehmern sicherzustellen und einen unverhältnismäßigen Verwaltungsaufwand für nicht im Unionsgebiet ansässige Unternehmen zu vermeiden, sollten im Straßenverkehrssektor besondere Verwaltungsanforderungen und Kontrollmaßnahmen eingeführt werden, die die Vorteile von Kontrollinstrumenten wie des digitalen Fahrtenschreibers in vollem Umfang nutzen. Um die Einhaltung der in der vorliegenden Richtlinie und in der Richtlinie 96/71/EG festgelegten Pflichten zu überwachen und gleichzeitig die Komplexität dieser Aufgabe zu verringern, sollte den Mitgliedstaaten nur gestattet sein, Unternehmen die in

4/6c. Lex Specialis zur EntsendeRL
Präambel

dieser Richtlinie aufgeführten Verwaltungsanforderungen und Kontrollmaßnahmen aufzuerlegen, die an den Straßenverkehrssektor angepasst sind.

(20) Die Verkehrsunternehmen benötigen Rechtssicherheit bei den Vorschriften und Anforderungen, die sie erfüllen müssen. Diese Vorschriften und Anforderungen sollten klar und verständlich formuliert und den Verkehrsunternehmen leicht zugänglich sein, und sie sollten die Durchführung wirksamer Kontrollen ermöglichen. Die Einführung neuer Regelungen darf keinen unnötigen Verwaltungsaufwand nach sich ziehen, und die neuen Regelungen müssen den Interessen von kleinen und mittleren Unternehmen in angemessener Weise Rechnung tragen.

(21) Der Verwaltungsaufwand und die Pflicht zum Dokumentationsmanagement für die Kraftfahrer sollten angemessen sein. Bestimmte Dokumente sollten also im Fahrzeug zur Überprüfung bei Straßenkontrollen bereitliegen, andere Dokumente sollten hingegen von den Unternehmen und erforderlichenfalls von den zuständigen Behörden des Niederlassungsmitgliedstaats des Unternehmens, über die mit der Verordnung (EU) Nr. 1024/2012 des Europäischen Parlaments und des Rates (Verordnung (EU) Nr. 1024/2012 des Europäischen Parlaments und des Rates vom 25. Oktober 2012 über die Verwaltungszusammenarbeit mit Hilfe des Binnenmarkt-Informationssystems und zur Aufhebung der Entscheidung 2008/49/EG der Kommission („IMI-Verordnung") (ABl. L 316 vom 14.11.2012, S. 1)) eingerichtete öffentliche Schnittstelle des Binnenmarktinformationssystems (im Folgenden „IMI") bereitgestellt werden. Die zuständigen Behörden sollten den Rahmen der Amtshilfe zwischen den Mitgliedstaaten gemäß der Richtlinie 2014/67/EU nutzen.

(22) Um die Kontrolle der Einhaltung der Entsendevorschriften nach dieser Richtlinie zu erleichtern, sollten Unternehmen den zuständigen Behörden der Mitgliedstaaten, in die sie Kraftfahrer entsenden, eine Entsendemeldung übermitteln.

(23) Um den Verwaltungsaufwand für die Unternehmen zu verringern, muss das Verfahren für die Übermittlung und Aktualisierung der Entsendemeldungen vereinfacht werden. Daher sollte die Kommission eine mehrsprachige öffentliche Schnittstelle entwickeln, zu der die Unternehmen Zugang haben und über die sie Entsendeinformationen übermitteln und aktualisieren sowie erforderlichenfalls weitere relevante Dokumente an das IMI übermitteln können.

(24) Da die Sozialpartner in einigen Mitgliedstaaten eine entscheidende Rolle bei der Durchsetzung der Sozialvorschriften im Straßenverkehrssektor spielen, sollte es den Mitgliedstaaten gestattet sein, den nationalen Sozialpartnern die einschlägigen Informationen, die über das IMI ausgetauscht wurden, ausschließlich zu dem Zweck zur Verfügung zu stellen, die Einhaltung der Entsendevorschriften und gleichzeitig der Verordnung (EU) 2016/679 des Europäischen Parlaments und des Rates (Verordnung (EU) 2016/679 des Europäischen Parlaments und des Rates vom 27. April 2016 zum Schutz natürlicher Personen bei der Verarbeitung personenbezogener Daten, zum freien Datenverkehr und zur Aufhebung der Richtlinie 95/46/EG (Datenschutz-Grundverordnung) (ABl. L 119 vom 4.5.2016, S. 1)) zu überprüfen. Die einschlägigen Informationen sollten den Sozialpartnern anders als über das IMI zur Verfügung gestellt werden.

(25) Um einheitliche Bedingungen für die Durchführung dieser Richtlinie zu gewährleisten, sollten der Kommission Durchführungsbefugnisse zur Festlegung der Funktionen der mit dem IMI verbundenen öffentlichen Schnittstelle übertragen werden. Diese Befugnisse sollten gemäß der Verordnung (EU) Nr. 182/2011 des Europäischen Parlaments und des Rates (Verordnung (EU) Nr. 182/2011 des Europäischen Parlaments und des Rates vom 16. Februar 2011 zur Festlegung der allgemeinen Regeln und Grundsätze, nach denen die Mitgliedstaaten die Wahrnehmung der Durchführungsbefugnisse durch die Kommission kontrollieren (ABl. L 55 vom 28.2.2011, S. 13)) ausgeübt werden.

(26) Eine angemessene, wirksame und kohärente Durchsetzung der Vorschriften zu Arbeits- und Ruhezeiten ist entscheidend für die Verbesserung der Straßenverkehrssicherheit, für den Schutz der Arbeitsbedingungen der Kraftfahrer und die Vermeidung von Wettbewerbsverzerrungen durch Nichteinhaltung der Bestimmungen. Daher sollten die in der Richtlinie 2006/22/EG des Europäischen Parlaments und des Rates (Richtlinie 2006/22/EG des Europäischen Parlaments und des Rates vom 15. März 2006 über Mindestbedingungen für die Durchführung der Verordnungen (EWG) Nr. 3820/85 und (EWG) Nr. 3821/85 des Rates über Sozialvorschriften für Tätigkeiten im Kraftverkehr sowie zur Aufhebung der Richtlinie 88/599/EWG des Rates (ABl. L 102 vom 11.4.2006, S. 35)) niedergelegten bestehenden Anforderungen an eine einheitliche Durchsetzung auf die Kontrolle der Einhaltung der Arbeitszeitbestimmungen der Richtlinie 2002/15/EG des Europäischen Parlaments und des Rates (Richtlinie 2002/15/EG des Europäischen Parlaments und des Rates vom 11. März 2002 zur Regelung der Arbeitszeit von Personen, die Fahrtätigkeiten im Bereich des Straßentransports ausüben (ABl. L 80 vom 23.3.2002, S. 35)) ausgeweitet werden.

(27) Angesichts der Datenreihen, die für die Kontrolle der Einhaltung der Arbeitszeitvorschriften nach der Richtlinie 2002/15/EG erforderlich sind, hängt der Umfang der Straßenkontrollen von der Entwicklung und Einführung grundlegender Technologien ab, die es erlauben, einen ausreichend langen Zeitraum abzudecken. Straßenkontrollen sollten sich auf diejenigen Aspekte beschränken, die unter Verwendung eines Fahrtenschreibers und der zugehörigen Aufzeichnungsgeräte an Bord effizient kontrolliert werden können; umfassende Kontrollen sollten nur auf dem Betriebsgelände durchgeführt werden.

(28) Straßenkontrollen sollten effizient und rasch durchgeführt werden, damit die Kontrollen so schnell wie möglich und mit möglichst gerin-

4/6c. Lex Specialis zur EntsendeRL
Präambel

ger Verzögerung für den Kraftfahrer abgeschlossen werden können. Es sollte klar zwischen den Pflichten der Unternehmen und den Pflichten der Kraftfahrer unterschieden werden.

(29) Die Zusammenarbeit zwischen den Vollzugsbehörden der Mitgliedstaaten sollte durch konzertierte Kontrollen weiter gefördert werden, wobei sich die Mitgliedstaaten bemühen sollten, sie auch auf Kontrollen auf dem Betriebsgelände auszudehnen. Die Europäische Arbeitsbehörde, in deren Tätigkeitsbereich gemäß Artikel 1 Absatz 4 der Verordnung (EU) 2019/1149 des Europäischen Parlaments und des Rates (Verordnung (EU) 2019/1149 des Europäischen Parlaments und des Rates vom 20. Juni 2019 zur Errichtung einer Europäischen Arbeitsbehörde und zur Änderung der Verordnungen (EG) Nr. 883/2004, (EU) Nr. 492/2011 und (EU) 2016/589 sowie zur Aufhebung des Beschlusses (EU) 2016/344 (ABl. L 186 vom 11.7.2019, S. 21)) die Richtlinie 2006/22/EG fällt, könnte eine wichtige Rolle bei der Unterstützung der Mitgliedstaaten bei der Durchführung konzertierter Kontrollen spielen und könnte auch Ausbildungsanstrengungen unterstützen.

(30) Die Verwaltungszusammenarbeit der Mitgliedstaaten bei der Anwendung der Sozialvorschriften im Straßenverkehrssektor hat sich als unzureichend erwiesen; die grenzüberschreitende Durchsetzung ist daher erschwert, ineffizient und uneinheitlich. Aus diesem Grund ist ein Rahmen für effektive Kommunikation und Amtshilfe zu schaffen, auch für den Austausch von Informationen über Verstöße und empfehlenswerte Durchsetzungspraktiken.

(31) Zur Förderung einer wirksamen Verwaltungszusammenarbeit und eines wirksamen Informationsaustauschs verpflichtet die Verordnung (EG) Nr. 1071/2009 des Europäischen Parlaments und des Rates (Verordnung (EG) Nr. 1071/2009 des Europäischen Parlaments und des Rates vom 21. Oktober 2009 zur Festlegung gemeinsamer Regeln für die Zulassung zum Beruf des Kraftverkehrsunternehmers und zur Aufhebung der Richtlinie 96/26/EG des Rates (ABl. L 300 vom 14.11.2009, S. 51)) die Mitgliedstaaten, ihre nationalen elektronischen Register (NER) über das System des europäischen Registers der Kraftverkehrsunternehmen (ERRU) zu vernetzen. Die Informationen, die bei Straßenkontrollen über dieses System zugänglich sind, sollten erweitert werden.

(32) Die Kommission sollte ein oder mehrere neue Module des IMI entwickeln, um die Kommunikation zwischen den Mitgliedstaaten zu erleichtern und zu verbessern, eine einheitlichere Anwendung der Sozialvorschriften im Verkehrssektor zu gewährleisten und die Einhaltung der Verwaltungsanforderungen durch die Unternehmen bei der Entsendung von Kraftfahrern zu erleichtern. Es ist wichtig, dass das IMI bei Straßenkontrollen die Durchführung einer Gültigkeitsprüfung von Entsendemeldungen ermöglicht.

(33) Bei dem Austausch von Informationen im Rahmen einer wirksamen Verwaltungszusammenarbeit und der gegenseitigen Amtshilfe zwischen Mitgliedstaaten sollten die in den Verordnungen (EU) 2016/679 und (EU) 2018/1725 des Europäischen Parlaments und des Rates (Verordnung (EU) 2018/1725 des Europäischen Parlaments und des Rates vom 23. Oktober 2018 zum Schutz natürlicher Personen bei der Verarbeitung personenbezogener Daten durch die Organe, Einrichtungen und sonstigen Stellen der Union, zum freien Datenverkehr und zur Aufhebung der Verordnung (EG) Nr. 45/2001 und des Beschlusses Nr. 1247/2002/EG (ABl. L 295 vom 21.11.2018, S. 39)) festgelegten Vorschriften für den Schutz personenbezogener Daten eingehalten werden. Der Informationsaustausch über das IMI sollte auch gemäß der Verordnung (EU) Nr. 1024/2012 erfolgen.

(34) Damit die Vorschriften wirksamer, effizienter und kohärenter durchgesetzt werden, sollten die Merkmale weiterentwickelt und der Einsatz der bestehenden nationalen Risikoeinstufungssysteme ausgeweitet werden. Ein Zugang zu den durch die Risikoeinstufungssysteme erfassten Daten würde den zuständigen Kontrollbehörden des betreffenden Mitgliedstaats eine gezieltere Kontrolle der gegen die Vorschriften verstoßenden Unternehmen ermöglichen. Eine gemeinsame Formel für die Berechnung der Risikoeinstufung eines Verkehrsunternehmens sollte zu einer faireren Behandlung der Unternehmen bei Kontrollen führen.

(35) Infolge des Inkrafttretens des Vertrags von Lissabon sollten die der Kommission mit der Richtlinie 2006/22/EG übertragenen Befugnisse an die Artikel 290 und 291 des Vertrags über die Arbeitsweise der Europäischen Union (AEUV) angepasst werden.

(36) Zur Gewährleistung einheitlicher Bedingungen für die Durchführung der Richtlinie 2006/22/EG sollten der Kommission Durchführungsbefugnisse übertragen werden, um den Mindestprozentsatz der von den Mitgliedstaaten kontrollierten Tage, an denen Kraftfahrer arbeiten, auf 4 % anzuheben; um die Definitionen für die Kategorien der zu erhebenden statistischen Daten weiter zu präzisieren; um eine Stelle für die Förderung des aktiven Austauschs von Daten, Erfahrungen und Erkenntnissen zwischen den Mitgliedstaaten zu benennen; um eine gemeinsame Formel für die Berechnung der Risikoeinstufung eines Unternehmens festzulegen; um Leitlinien für bewährte Verfahren bei der Durchführung zu erstellen; um ein gemeinsames Vorgehen bei der Aufzeichnung und Überprüfung von anderen Arbeiten und bei der Aufzeichnung und Überprüfung von mindestens einwöchigen Zeiträumen, während deren ein Kraftfahrer sich nicht in seinem Fahrzeug aufhält und keine Tätigkeiten mit dem Fahrzeug verrichten kann; um einen gemeinsamen Ansatz zur Durchführung der genannten Richtlinie zu fördern, um einen kohärenten Ansatz und eine harmonisierte Auslegung der Verordnung (EG) Nr. 561/2006 zwischen den verschiedenen Vollzugsbehörden zu fördern und um den Dialog zwischen dem Transportsektor und den Vollzugsbehörden zu fördern. Insbesondere sollte die Kommission bei dem Erlass von Rechtsakten zur Entwicklung einer gemein-

4/6c. Lex Specialis zur EntsendeRL

samen Formel für die Berechnung der Risikoeinstufung eines Unternehmens die Gleichbehandlung von Unternehmen gewährleisten, wenn sie die Kriterien der vorliegenden Richtlinie berücksichtigt. Diese Befugnisse sollten gemäß der Verordnung (EU) Nr. 182/2011 ausgeübt werden.

(37) Um die Fortentwicklung bewährter Vorgehensweisen dabei widerzuspiegeln, dass Kontrollen und Standardausrüstung den Durchsetzungseinheiten (enforcement units) zur Verfügung stehen und die Gewichtung der Schwere von Verstößen gegen die Verordnungen (EG) Nr. 561/2006 oder (EU) Nr. 165/2014 des Europäischen Parlaments und des Rates (Verordnung (EU) Nr. 165/2014 des Europäischen Parlaments und des Rates vom 4. Februar 2014 über Fahrtenschreiber im Straßenverkehr, zur Aufhebung der Verordnung (EWG) Nr. 3821/85 des Rates über das Kontrollgerät im Straßenverkehr und zur Änderung der Verordnung (EG) Nr. 561/2006 des Europäischen Parlaments und des Rates zur Harmonisierung bestimmter Sozialvorschriften im Straßenverkehr (ABl. L 60 vom 28.2.2014, S. 1)) aufzustellen oder zu aktualisieren, sollte der Kommission die Befugnis übertragen werden, gemäß Artikel 290 AEUV delegierte Rechtsakte zur Änderung der Anhänge I, II und III der Richtlinie 2006/22/EG zu erlassen. Es ist von besonderer Bedeutung, dass die Kommission im Zuge ihrer Vorbereitungsarbeit angemessene Konsultationen, auch auf der Ebene von Sachverständigen, durchführt, die mit den Grundsätzen in Einklang stehen, die in der Interinstitutionellen Vereinbarung vom 13. April 2016 über bessere Rechtsetzung (ABl. L 123 vom 12.5.2016, S. 1) niedergelegt wurden. Um insbesondere für eine gleichberechtigte Beteiligung an der Ausarbeitung delegierter Rechtsakte zu sorgen, erhalten das Europäische Parlament und der Rat alle Dokumente zur gleichen Zeit wie die Sachverständigen der Mitgliedstaaten, und ihre Sachverständigen haben systematisch Zugang zu den Sitzungen der Sachverständigengruppen der Kommission, die mit der Ausarbeitung der delegierten Rechtsakte befasst sind.

(38) Die Richtlinie 2006/22/EG sollte daher entsprechend geändert werden.

(39) Verkehrsunternehmen sind die Adressaten bestimmter besonderer Entsendevorschriften und tragen die Konsequenzen der von ihnen begangenen Verstöße. Um jedoch Missbrauch durch Unternehmen zu verhindern, die Verträge über die Erbringung von Verkehrsdienstleistungen mit Güterkraftverkehrsunternehmen schließen, sollten die Mitgliedstaaten auch klare und vorhersehbare Vorschriften über Sanktionen gegen Versender, Spediteure, Auftragnehmer und Unterauftragnehmer vorsehen, wenn diese wussten oder angesichts aller relevanten Umstände hätten wissen müssen, dass im Rahmen der von ihnen in Auftrag gegebenen Verkehrsdienstleistungen gegen besondere Entsendevorschriften verstoßen wurde.

(40) Zur Gewährleistung fairer Wettbewerbsbedingungen und gleicher Rahmenbedingungen für Arbeitnehmer und Unternehmen ist es notwendig, bei der intelligenten Durchsetzung Fortschritte zu erzielen und der vollständigen Einführung und Nutzung von Risikoeinstufungssystemen jede erdenkliche Unterstützung zukommen zu lassen.

(41) Die Kommission sollte die Auswirkungen der Anwendung und Durchsetzung der Vorschriften über die Entsendung von Arbeitnehmern auf die Straßenverkehrsbranche bewerten und dem Europäischen Parlament und dem Rat einen Bericht über die Ergebnisse dieser Bewertung, gegebenenfalls zusammen mit einem Gesetzgebungsvorschlag, vorlegen.

(42) Da die Ziele dieser Richtlinie, angemessene Arbeitsbedingungen und einen angemessenen Sozialschutz für Kraftfahrer als auch angemessene Geschäftsbedingungen und einen fairen Wettbewerb für Unternehmen sicherzustellen, von den Mitgliedstaaten nicht ausreichend verwirklicht werden können, sondern vielmehr wegen des Umfangs und der Wirkungen dieser Richtlinie auf Unionsebene besser zu verwirklichen sind, kann die Union in Einklang mit dem in Artikel 5 des Vertrags über die Europäische Union verankerten Subsidiaritätsprinzip tätig werden. Entsprechend dem in demselben Artikel genannten Grundsatz der Verhältnismäßigkeit geht diese Richtlinie nicht über das für die Verwirklichung dieser Ziele erforderliche Maß hinaus.

(43) Die nationalen Bestimmungen zur Umsetzung dieser Richtlinie sollten ab dem Tag 18 Monate nach dem Tag des Inkrafttretens dieser Richtlinie gelten. Die Richtlinie (EU) 2018/957 des Europäischen Parlaments und des Rates (Richtlinie (EU) 2018/957 des Europäischen Parlaments und des Rates vom 28. Juni 2018 zur Änderung der Richtlinie 96/71/EG über die Entsendung von Arbeitnehmern im Rahmen der Erbringung von Dienstleistungen (ABl. L 173 vom 9.7.2018, S. 16)) gilt gemäß ihrem Artikel 3 Absatz 3 ab dem 2. Februar 2022 für den Straßenverkehrssektor –

HABEN FOLGENDE RICHTLINIE ERLASSEN:

Artikel 1
Besondere Regeln für die Entsendung von Kraftfahrern

(1) Dieser Artikel legt besondere Regeln für bestimmte Aspekte der Richtlinie 96/71/EG, die die Entsendung von Kraftfahrern im Straßenverkehrssektor betreffen, sowie der Richtlinie 2014/67/EU, die Verwaltungsanforderungen und Kontrollmaßnahmen für die Entsendung dieser Kraftfahrer betreffen, fest.

(2) Diese besonderen Regeln gelten für Kraftfahrer, die in einem Mitgliedstaat niedergelassenen Unternehmen beschäftigt sind, die die länderübergreifende Maßnahme nach Artikel 1 Absatz 3 Buchstabe a der Richtlinie 96/71/EG treffen.

(3) Ungeachtet des Artikels 2 Absatz 1 der Richtlinie 96/71/EG gilt ein Kraftfahrer nicht als entsandt im Sinne der Richtlinie 96/71/EG, wenn er bilaterale Beförderungen von Gütern durchführt.

Für die Zwecke dieser Richtlinie bedeutet eine bilaterale Beförderung von Gütern die Verbringung

4/6c. Lex Specialis zur EntsendeRL
Art. 1

von Gütern auf der Grundlage eines Beförderungsvertrags vom Niederlassungsmitgliedstaat im Sinne des Artikels 2 Nummer 8 der Verordnung (EG) Nr. 1071/2009 in einen anderen Mitgliedstaat oder ein Drittland oder von einem anderen Mitgliedstaat oder einem Drittland in den Niederlassungsmitgliedstaat.

Ab dem 2. Februar 2022, welcher dem Tag entspricht, ab dem Kraftfahrer die Daten über den Grenzübertritt gemäß Artikel 34 Absatz 7 der Verordnung (EU) Nr. 165/2014 manuell aufzeichnen müssen, wenden die Mitgliedstaaten die Ausnahme für bilaterale Beförderungen von Gütern im Sinne der Unterabsätze 1 und 2 des vorliegenden Absatzes auch dann an, wenn der Kraftfahrer über eine bilaterale Beförderung hinaus in den Mitgliedstaaten oder Drittländern, durch die er fährt, eine Tätigkeit der Be- und/oder Entladung vornimmt, sofern der Fahrer die Waren nicht in demselben Mitgliedstaat lädt und entlädt.

Erfolgt im Anschluss an eine bilaterale Beförderung, die im Niederlassungsmitgliedstaat beginnt und während der keine zusätzliche Tätigkeit ausgeführt wird, eine bilaterale Beförderung in den Niederlassungsmitgliedstaat, so gilt die Ausnahmeregelung für zusätzliche Tätigkeiten gemäß Unterabsatz 3 für höchstens zwei zusätzliche Be- und/oder Entladungen gemäß den Voraussetzungen des Unterabsatzes 3.

Die Ausnahmeregelung für zusätzliche Tätigkeiten gemäß den Unterabsätzen 3 und 4 des vorliegenden Absatzes gilt nur bis zu dem Tag, ab dem Fahrzeuge, die in einem Mitgliedstaat erstmals zugelassen werden, gemäß Artikel 8 Absatz 1 Unterabsatz 4 der Verordnung (EU) Nr. 165/2014 mit intelligenten Fahrtenschreibern ausgerüstet sein müssen, die die Anforderungen an die Aufzeichnung von Grenzüberschreitungen und zusätzlichen Tätigkeiten gemäß Artikel 8 Absatz 1 Unterabsatz 1 derselben Verordnung erfüllen. Ab diesem Tag gelten die Ausnahmeregelungen für zusätzliche Tätigkeiten gemäß den Unterabsätzen 3 und 4 des vorliegenden Absatzes nur noch für Kraftfahrer, die Fahrzeuge nutzen, die mit intelligenten Fahrtenschreibern gemäß den Artikeln 8, 9 und 10 der genannten Verordnung ausgestattet sind.

(4) Ungeachtet des Artikels 2 Absatz 1 der Richtlinie 96/71/EG, ist ein Kraftfahrer nicht als „entsandt" im Sinne der Richtlinie 96/71/EG anzusehen, wenn er bilaterale Beförderungen von Fahrgästen ausführt.

Für die Zwecke dieser Richtlinie ist eine bilaterale Beförderung von Fahrgästen im grenzüberschreitenden Gelegenheits- oder Linienverkehr im Sinne der Verordnung (EG) Nr. 1073/2009 dann gegeben, wenn ein Kraftfahrer eine der folgenden Tätigkeiten ausführt:

a) Fahrgäste im Niederlassungsmitgliedstaat aufnimmt und in einem anderen Mitgliedstaat oder in einem Drittland wieder absetzt;

b) Fahrgäste in einem Mitgliedstaat oder in einem Drittland aufnimmt und sie im Niederlassungsmitgliedstaat wieder absetzt oder

c) Fahrgäste im Niederlassungsmitgliedstaat aufnimmt und wieder absetzt, um örtliche Ausflüge in einen anderen Mitgliedstaat oder in ein Drittland gemäß der Verordnung (EG) Nr. 1073/2009 durchzuführen.

Ab dem 2. Februar 2022, was dem Zeitpunkt entspricht, ab dem Kraftfahrer gemäß Artikel 34 Absatz 7 der Verordnung (EU) Nr. 165/2014 Angaben zu Grenzübertritten manuell aufzeichnen müssen, wenden die Mitgliedstaaten die Ausnahmeregelung auf bilaterale Beförderungen von Fahrgästen nach den Unterabsätzen 1 und 2 des vorliegenden Absatzes auch an, wenn der Kraftfahrer zusätzlich zu einer bilateralen Beförderung einmal Fahrgäste aufnimmt; und/oder einmal in den Mitgliedstaaten oder Drittländern, durch die er fährt, Fahrgäste wieder absetzt, sofern Kraftfahrer keine Beförderung von Fahrgästen zwischen zwei Orten innerhalb des Durchfuhrmitgliedstaats anbietet. Dasselbe gilt für die Rückfahrt.

Die Ausnahmeregelung für zusätzliche Tätigkeiten gemäß Unterabsatz 3 des vorliegenden Absatzes gilt nur bis zu dem Tag, ab dem Fahrzeuge, die in einem Mitgliedstaat erstmals zugelassen werden, mit einem den in Artikel 8 Absatz 1 Unterabsatz 1 der Verordnung (EU) Nr. 165/2014 genannten Spezifikationen entsprechenden intelligenten Fahrtenschreiber ausgerüstet sein müssen, der die in Artikel 8 Absatz 1 Unterabsatz 4 derselben Verordnung genannten Anforderungen an die Aufzeichnung von Grenzüberschreitungen und zusätzlichen Tätigkeiten erfüllt. Ab diesem Tag gilt die Ausnahmeregelung für zusätzliche Tätigkeiten nach Unterabsatz 3 des vorliegenden Absatzes nur noch für Kraftfahrer, die Fahrzeuge nutzen, die mit intelligenten Fahrtenschreibern im Sinne der Artikel 8, 9 und 10 der genannten Verordnung ausgestattet sind.

(5) Abweichend von Artikel 2 Absatz 1 der Richtlinie 96/71/EG gilt ein Kraftfahrer nicht als für die Zwecke der Richtlinie 96/71/EG entsandt, wenn der Kraftfahrer das Hoheitsgebiet des Mitgliedstaats im Transit durchfährt, ohne Güter zuzuladen oder zu entladen und ohne Fahrgäste aufzunehmen oder abzusetzen.

(6) Ungeachtet des Artikels 2 Absatz 1 der Richtlinie 96/71/EG gilt ein Kraftfahrer nicht als entsandt im Sinne der Richtlinie 96/71/EG, wenn Kraftfahrer im kombinierten Verkehr im Sinne der Richtlinie 92/106/EWG (Richtlinie 92/106/ EWG des Rates vom 7. Dezember 1992 über die Festlegung gemeinsamer Regeln für bestimmte Beförderungen im kombinierten Güterverkehr zwischen Mitgliedstaaten (ABl. L 368 vom 17.12.1992, S. 38) die Zu- oder Ablaufstrecke auf der Straße zurücklegt, sofern die auf der Straße zurückgelegte Teilstrecke selbst aus bilateralen Beförderungen im Sinne von Absatz 3 des vorliegenden Artikels besteht.

(7) Ein Kraftfahrer, der eine Kabotagebeförderung im Sinne der Verordnungen (EG) Nr. 1072/2009 und (EG) Nr. 1073/2009 durchführt, gilt als entsandt im Sinne der Richtlinie 96/71/EG.

4/6c. Lex Specialis zur EntsendeRL

(8) Eine Entsendung gilt für die Zwecke des Artikels 3 Absatz 1a der Richtlinie 96/71/EG als beendet, wenn der Kraftfahrer den Aufnahmemitgliedstaat im Rahmen einer grenzüberschreitenden Güter- oder Personenbeförderung verlässt. Dieser Entsendezeitraum darf nicht mit früheren Entsendezeiträumen im Zusammenhang mit solchen grenzüberschreitenden Beförderungen desselben Kraftfahrers oder eines anderen Kraftfahrers, den er ersetzt, kumuliert werden.

(9) Die Mitgliedstaaten sorgen entsprechend der Richtlinie 2014/67/EU dafür, dass die in Artikel 3 der Richtlinie 96/71/EG genannten Arbeits- und Beschäftigungsbedingungen, die in nationalen Rechts- und Verwaltungsvorschriften oder in Tarifverträgen oder Schiedssprüchen festgelegt sind, die in ihrem Hoheitsgebiet für allgemein verbindlich erklärt wurden oder in anderer Weise gemäß Artikel 3 Absätze 1 und 8 der Richtlinie 96/71/EG gelten, den Verkehrsunternehmen aus anderen Mitgliedstaaten und den entsandten Kraftfahrern in zugänglicher und transparenter Weise zur Verfügung gestellt werden. Die einschlägigen Informationen beziehen sich insbesondere auf alle die Entlohnung ausmachenden Bestandteile der Vergütung, die durch solche Instrumente, gegebenenfalls auch durch Tarifverträge, die allgemein für alle vergleichbaren Unternehmen in dem betreffenden geografischen Gebiet gelten, verbindlich gemacht worden sind.

(10) Verkehrsunternehmen mit Sitz in einem Nicht-Mitgliedstaat werden nicht günstiger behandelt als Unternehmen mit Sitz in einem Mitgliedstaat, auch wenn sie Beförderungen im Rahmen bilateraler oder multilateraler Übereinkünfte durchführen, die ihnen Zugang zum Unionsmarkt oder Teilen davon gewähren.

(11) Abweichend von Artikel 9 Absätze 1 und 2 der Richtlinie 2014/67/EU dürfen die Mitgliedstaaten nur die folgenden Verwaltungsanforderungen und Kontrollmaßnahmen für die Entsendung von Kraftfahrern vorschreiben:

a) die Verpflichtung für das in einem anderen Mitgliedstaat niedergelassene Unternehmen, spätestens bei Beginn der Entsendung den zuständigen nationalen Behörden des Mitgliedstaats, in den der Kraftfahrer entsendet wird, unter Verwendung eines mehrsprachigen Standardformulars der öffentlichen Schnittstelle – die durch die Verordnung (EU) Nr. 1024/2012 geschaffenen – Binnenmarkt-Informationssystems (IMI) eine Entsendemeldung zu übermitteln. Die Entsendemeldung enthält folgende Angaben:

 i) die Identität des Unternehmens, zumindest in Form der Nummer der Gemeinschaftslizenz, sofern diese verfügbar ist;
 ii) die Kontaktangaben eines Verkehrsleiters oder einer anderen Person im Niederlassungsmitgliedstaat, der/die als Ansprechpartner für die zuständigen Behörden des Aufnahmemitgliedstaates, in dem die Dienstleistungen erbracht werden, zur Verfügung steht und Dokumente oder Mitteilungen versendet und in Empfang nimmt;
 iii) die Identität, die Wohnanschrift und die Führerscheinnummer des Kraftfahrers;
 iv) den Beginn des Arbeitsvertrags des Kraftfahrers und das auf diesen Vertrag anwendbare Recht;
 v) das geplante Datum des Beginns und des Endes der Entsendung;
 vi) die amtlichen Kennzeichen der Kraftfahrzeuge;
 vii) ob es sich bei den Verkehrsdienstleistungen um Güterbeförderung, Personenbeförderung, grenzüberschreitende Beförderung oder Kabotage handelt;

b) die Verpflichtung des Unternehmens, dafür zu sorgen, dass dem Kraftfahrer folgende Unterlagen in Papier- oder elektronischer Form zur Verfügung stehen, und die Verpflichtung des Kraftfahrers, die folgenden Unterlagen mit sich zu führen und nach Aufforderung bei der Straßenkontrolle zur Verfügung zu stellen:

 i) eine Kopie der über das IMI übermittelten Entsendemeldung;
 ii) Nachweise darüber, dass die Beförderungen im Aufnahmemitgliedstaat erfolgen, z. B. einen elektronischen Frachtbrief (e-CMR) oder die in Artikel 8 Absatz 3 der Verordnung (EG) Nr. 1072/2009 genannten Belege;
 iii) die Aufzeichnungen des Fahrtenschreibers, insbesondere die Ländersymbole der Mitgliedstaaten, in denen sich der Kraftfahrer bei grenzüberschreitenden Beförderungen und Kabotagebeförderungen aufgehalten hat, gemäß den Vorschriften über die Aufzeichnung und Aufbewahrung der Verordnungen (EG) Nr. 561/2006 und (EU) Nr. 165/2014;

c) die Verpflichtung des Unternehmens, nach dem Entsendezeitraum auf direkte Aufforderung der zuständigen Behörden der Mitgliedstaaten, in die die Entsendung erfolgte, über die mit dem IMI verbundene öffentliche Schnittstelle Kopien der Unterlagen nach Buchstabe b Ziffern ii und iii des vorliegenden Absatzes sowie Unterlagen über die Entlohnung des Kraftfahrers, im Entsendezeitraum, den Arbeitsvertrag oder gleichwertige Unterlagen im Sinne des Artikels 3 der Richtlinie 91/533/EWG des Rates (Richtlinie 91/533/EWG des Rates vom 14. Oktober 1991 über die Pflicht des Arbeitgebers zur Unterrichtung des Arbeitnehmers über die für seinen Arbeitsvertrag oder sein Arbeitsverhältnis geltenden Bedingungen (ABl. L 288 vom 18.10.1991, S. 32)), Zeiterfassungsbögen, die sich auf die Arbeit des Kraftfahrers beziehen, und Zahlungsbelege zu übermitteln.

Das Unternehmen sendet die Dokumentation über die mit dem IMI verbundene öffentliche

4/6c. Lex Specialis zur EntsendeRL
Art. 1. 2

Schnittstelle spätestens acht Wochen nach dem Tag der Aufforderung. Legt das Unternehmen die angeforderten Unterlagen nicht innerhalb dieser Zeitspanne vor, so können die zuständigen Behörden des Mitgliedstaats, in den die Entsendung erfolgte, über das IMI die zuständigen Behörden des Niederlassungsmitgliedstaats gemäß den Artikeln 6 und 7 der Richtlinie 2014/67/EU um Unterstützung ersuchen. Im Falles eines solchen Amtshilfeersuchens müssen die zuständigen Behörden des Mitgliedstaats, in dem das Unternehmen niedergelassen ist, auf die Entsendemeldung und andere sachdienliche Angaben, die das Unternehmen über die mit dem IMI verbundene öffentliche Schnittstelle übermittelt hat, zugreifen können.

Die zuständigen Behörden des Niederlassungsmitgliedstaats sorgen dafür, dass sie die angeforderten Unterlagen den zuständigen Behörden des Mitgliedstaats, in den die Entsendung erfolgte, innerhalb von 25 Arbeitstagen nach dem Zeitpunkt des Amtshilfeersuchens über das IMI bereitstellen.

Um festzustellen, ob ein Kraftfahrer gemäß den Absätzen 3 und 4 des vorliegenden Artikels nicht als entsandt gilt, dürfen die Mitgliedstaaten als einzige Kontrollmaßnahme dem Kraftfahrer die Verpflichtung auferlegen, die Nachweise der maßgeblichen grenzüberschreitenden Beförderung, z. B. einen elektronischen Frachtbrief (e-CMR) oder die in Artikel 8 Absatz 3 der Verordnung (EG) Nr. 1072/2009 genannten Belege, sowie die in Buchstabe b Ziffer iii des vorliegenden Absatzes genannten Aufzeichnungen des Fahrtenschreibers in Papierform oder in elektronischem Format mit sich zu führen und bei der Straßenkontrolle nach Aufforderung zur Verfügung zu stellen.

(12) Zu Kontrollzwecken hält das Unternehmen die Entsendemeldungen gemäß Absatz 11 Buchstabe a an der mit dem IMI verbundenen öffentlichen Schnittstelle auf dem neuesten Stand.

(13) Die Informationen aus den Entsendemeldungen werden für einen Zeitraum von 24 Monaten im IMI-Speicher für Kontrollzwecke gespeichert.

Ein Mitgliedstaat kann der zuständigen Behörde gestatten, den nationalen Sozialpartnern die im IMI verfügbaren einschlägigen Informationen gemäß den nationalen Rechtsvorschriften und Gepflogenheiten anders als über das IMI zur Verfügung zu stellen, soweit das erforderlich ist, um die Einhaltung der Entsendevorschriften zu überprüfen, sofern

a) sich die Informationen auf eine Entsendung in das Hoheitsgebiet des betreffenden Mitgliedstaats beziehen;
b) die Informationen ausschließlich zum Zweck der Durchsetzung der Entsendevorschriften genutzt werden und
c) die Datenverarbeitung gemäß der Verordnung (EU) 2016/679 erfolgt.

(14) Bis zum 2. Februar 2021 legt die Kommission im Wege eines Durchführungsrechtsakts die Funktionalitäten der mit dem IMI verbundenen öffentlichen Schnittstelle fest. Dieser Durchführungsrechtsakt wird gemäß dem in Artikel 4 Absatz 2 genannten Prüfverfahren erlassen.

(15) Die Mitgliedstaaten vermeiden bei der Durchführung der Kontrollmaßnahmen unnötige Verzögerungen, die sich auf die Dauer und den Zeitpunkt der Entsendung auswirken könnten.

(16) Vorbehaltlich der Bedingungen der Richtlinie 2014/67/EU und der Verordnung (EG) Nr. 1071/2009 arbeiten die zuständigen Behörden der Mitgliedstaaten eng zusammen, leisten sich gegenseitig Amtshilfe und tauschen alle maßgeblichen Informationen aus.

Artikel 2
Änderung der Richtlinie 2006/22/EG

Die Richtlinie 2006/22/EG wird wie folgt geändert:

1. Der Titel erhält folgende Fassung:

„**Richtlinie 2006/22/EG des Europäischen Parlaments und des Rates vom 15. März 2006 über Mindestbedingungen für die Durchführung der Verordnungen (EG) Nr. 561/2006 und (EU) Nr. 165/2014 und der Richtlinie 2002/15/EG über Sozialvorschriften für Tätigkeiten im Kraftverkehr sowie zur Aufhebung der Richtlinie 88/599/EWG des Rates".**

2. Artikel 1 erhält folgende Fassung:

„**Artikel 1**
Gegenstand

Mit dieser Richtlinie werden Mindestbedingungen für die Durchführung der Verordnungen (EG) Nr. 561/2006 und (EU) Nr. 165/2014 des Europäischen Parlaments und des Rates sowie die Umsetzung der Richtlinie 2002/15/EG des Europäischen Parlaments und des Rates festgelegt.

3. Artikel 2 wird wie folgt geändert:

a) Absatz 1 Unterabsatz 2 erhält folgende Fassung:

„Diese Kontrollen erfassen alljährlich einen bedeutenden, repräsentativen Querschnitt des Fahrpersonals, der Kraftfahrer, der Unternehmen und der Fahrzeuge im Rahmen des Geltungsbereichs der Verordnungen (EG) Nr. 561/2006 und (EU) Nr. 165/2014 sowie des Fahrpersonals und der Kraftfahrer im Rahmen des Geltungsbereichs der Richtlinie 2002/15/EG. Straßenkontrollen zur Überprüfung der Einhaltung der Richtlinie 2002/15/EG werden auf Aspekte beschränkt, die mithilfe des Fahrtenschreibers und des zugehörigen Kontrollgeräts effizient kontrolliert werden können. Eine umfassende Kontrolle der Einhaltung der Richtlinie 2002/15/EG darf nur auf dem Betriebsgelände erfolgen."

b) Absatz 3 Unterabsätze 1 und 2 erhält folgende Fassung:

„Jeder Mitgliedstaat führt die Kontrollen so durch, dass mindestens 3 % der Tage überprüft werden, an denen Kraftfahrer von Fahrzeugen arbeiten, die in den Geltungsbereich der Verordnungen (EG) Nr. 561/2006 und (EU) Nr. 165/2014 fallen. Der Kraftfahrer ist berechtigt, während der Straßenkontrolle die Hauptverwaltung, den Verkehrsleiter oder jede andere Person oder Stelle zu kontaktieren, um vor Abschluss der Straßenkontrolle die Nachweise zu erbringen, die an Bord fehlen; das gilt unbeschadet der Verpflichtung des Kraftfahrers, die ordnungsgemäße Verwendung des Fahrtenschreibers sicherzustellen.

Ab dem 1. Januar 2012 kann die Kommission diesen Mindestprozentsatz mittels eines Durchführungsrechtsakts auf 4 % anheben, sofern die nach Artikel 3 erhobenen statistischen Daten zeigen, dass im Durchschnitt mehr als 90 % aller kontrollierten Fahrzeuge mit einem digitalen Fahrtenschreiber ausgerüstet sind. Bei ihrer Entscheidung berücksichtigt die Kommission auch die Effizienz bestehender Kontrollmaßnahmen, insbesondere die Verfügbarkeit von Daten von digitalen Fahrtenschreibern auf dem Betriebsgelände der Unternehmen. Der Durchführungsrechtsakt wird gemäß dem in Artikel 12 Absatz 2 genannten Prüfverfahren erlassen."

c) folgender Absatz wird eingefügt:

„(3a) Jeder Mitgliedstaat veranlasst, dass die Einhaltung der Richtlinie 2002/15/EG unter Berücksichtigung des Risikoeinstufungssystems gemäß Artikel 9 der vorliegenden Richtlinie kontrolliert wird. Diese Kontrollen werden gezielt bei einem Unternehmen durchgeführt, wenn einer oder mehrere seiner Kraftfahrer ständig oder schwer gegen die Verordnungen (EG) Nr. 561/2006 oder (EU) Nr. 165/2014 verstößt bzw. verstoßen."

d) Absatz 4 erhält folgende Fassung:

„(4) Die Angaben, die der Kommission nach Artikel 17 der Verordnung (EG) Nr. 561/2006 und Artikel 13 der Richtlinie 2002/15/EG übermittelt werden, müssen die Zahl der bei Straßenkontrollen überprüften Kraftfahrer, die Zahl der auf dem Betriebsgelände von Unternehmen durchgeführten Kontrollen, die Zahl der überprüften Arbeitstage sowie die Zahl und die Art der gemeldeten Verstöße und müssen einen Vermerk enthalten, ob es sich um Personenbeförderung oder Gütertransport handelte."

4. Artikel 3, Absatz 5 erhält folgende Fassung:

„Die Kommission präzisiert, falls erforderlich, mittels Durchführungsrechtsakten die Definitionen für die in Absatz 1, Buchstaben a und b genannten Kategorien. Diese Durchführungsrechtsakte werden gemäß dem in Artikel 12 Absatz 2 genannten Prüfverfahren erlassen."

5. Artikel 5 erhält folgende Fassung:

**„Artikel 5
Abgestimmte Kontrollen**

Die Mitgliedstaaten führen mindestens sechs Mal jährlich miteinander abgestimmte Straßenkontrollen bei Kraftfahrern und Fahrzeugen durch, die in den Geltungsbereich der Verordnungen (EG) Nr. 561/2006 oder (EU) Nr. 165/2014 fallen. Darüber hinaus bemühen sich die Mitgliedstaaten, abgestimmte Kontrollen auf dem Betriebsgelände von Unternehmen durchzuführen.

Diese abgestimmten Kontrollen werden von den Vollzugsbehörden von zwei oder mehr Mitgliedstaaten in ihren jeweiligen Hoheitsgebieten gleichzeitig durchgeführt."

6. Artikel 6 Absatz 1 erhält folgende Fassung:

„(1) Bei der Planung von Kontrollen auf dem Betriebsgelände werden die bisherigen Erfahrungen mit den verschiedenen Beförderungsarten und Unternehmenstypen berücksichtigt. Sie werden auch durchgeführt, wenn bei Straßenkontrollen schwere Verstöße gegen die Verordnungen (EG) Nr. 561/2006 oder (EU) Nr. 165/2014 oder die Richtlinie 2002/15/EG festgestellt wurden."

7. Artikel 7 wird wie folgt geändert:

a) Absatz 1 wird wie folgt geändert:

i) Buchstabe b erhält folgende Fassung:

„b) alle zwei Jahre die Übermittlung statistischer Erhebungen an die Kommission gemäß Artikel 17 der Verordnung (EG) Nr. 561/2006;";

ii) der folgende Buchstabe wird angefügt:

„d) die Gewährleistung des Informationsaustauschs mit den anderen Mitgliedstaaten gemäß Artikel 8 der vorliegenden Richtlinie über die Anwendung der nationalen Bestimmungen zur Umsetzung der vorliegenden Richtlinie und der Richtlinie 2002/15/EG;";

b) Absatz 3 erhält folgende Fassung:

„(3) Der Austausch von Daten, Erfahrungen und Erkenntnissen zwischen den Mitgliedstaaten wird in erster Linie, aber nicht ausschließlich, durch den in Artikel 12 Absatz 1 genannten Ausschuss und gegebenenfalls durch eine entsprechende, von der Kommission benannte Stelle gefördert. Diese Durchführungsrechtsakte werden gemäß dem in Artikel 12 Absatz 2 genannten Prüfverfahren erlassen."

8. Artikel 8 erhält folgende Fassung:

**„Artikel 8
Informationsaustausch**

„(1) Die gemäß Artikel 22 Absatz 3 der Verordnung (EG) Nr. 561/2006 gegenseitig bereitgestellten Informationen werden auch zwischen den benannten Stellen, die der Kommission gemäß Artikel 7 dieser Richtlinie bekannt gegeben wurden, wie folgt ausgetauscht:

a) mindestens einmal alle sechs Monate nach Inkrafttreten dieser Richtlinie;

b) in Einzelfällen auf begründetes Ersuchen eines Mitgliedstaats.

(2) Ein Mitgliedstaat stellt die von einem anderen Mitgliedstaat gemäß Absatz 1 Buchstabe b angeforderten Informationen binnen 25 Arbeitstagen ab Eingang des Ersuchens zur Verfügung. Die Mitgliedstaaten können eine kürzere Frist vereinbaren. In dringenden Fällen oder solchen, die nur eine einfache Einsichtnahme in Register, z. B. in Register eines Risikoeinstufungssystems, erfordern, sind die angeforderten Informationen innerhalb von drei Arbeitstagen zur Verfügung zu stellen.

4/6c. Lex Specialis zur EntsendeRL

Ist das Ersuchen nach Ansicht des ersuchten Mitgliedstaats unzureichend begründet, so teilt er das dem ersuchenden Mitgliedstaat innerhalb von zehn Arbeitstagen ab Eingang des Ersuchens mit. Der ersuchende Mitgliedstaat begründet das Ersuchen ausführlicher. Ist der ersuchende Mitgliedstaat nicht in der Lage, das Ersuchen ausführlicher zu begründen, so kann der ersuchte Mitgliedstaat das Ersuchen ablehnen.

Ist es schwierig oder unmöglich, einem Auskunftsersuchen nachzukommen oder Kontrollen oder Untersuchungen durchzuführen, so teilt der ersuchte Mitgliedstaat das dem ersuchenden Mitgliedstaat innerhalb von zehn Arbeitstagen ab Eingang des Ersuchens mit und erläutert und rechtfertigt die Schwierigkeit oder Unmöglichkeit in ordnungsgemäßer Weise. Die betreffenden Mitgliedstaaten erörtern die Angelegenheit, um eine Lösung zu finden.

Bei anhaltenden Verzögerungen bei der Übermittlung von Informationen an den Mitgliedstaat, in dessen Hoheitsgebiet der Arbeitnehmer entsandt ist, wird die Kommission unterrichtet und ergreift geeignete Maßnahmen.

(3) Der Informationsaustausch gemäß diesem Artikel erfolgt durch das mit der Verordnung (EU) Nr. 1024/2012 des Europäischen Parlaments und des Rates eingerichtete Binnenmarkt-Informationssystem (IMI). Das gilt nicht für Informationen, die die Mitgliedstaaten durch direkte Abfrage nationaler elektronischer Register gemäß Artikel 16 Absatz 5 der Verordnung (EG) Nr. 1071/2009 des Europäischen Parlaments und des Rates austauschen.

9. Artikel 9 wird wie folgt geändert:

a) Absatz 1 erhält folgende Fassung:

„(1) Die Mitgliedstaaten errichten ein System für die Risikoeinstufung von Unternehmen anhand der relativen Anzahl und Schwere der von den einzelnen Unternehmen begangenen Verstöße gegen die Verordnungen (EG) Nr. 561/2006 oder (EU) Nr. 165/2014 oder gegen die nationalen Bestimmungen zur Umsetzung der Richtlinie 2002/15/EG.

Bis zum 2. Juni 2021 legt die Kommission im Wege von Durchführungsrechtsakten eine gemeinsame Formel für die Risikoeinstufung eines Unternehmens fest. Diese gemeinsame Formel berücksichtigt die Anzahl, Schwere und Häufigkeit von Verstößen, die Ergebnisse von Kontrollen, bei denen keine Verstöße festgestellt wurden, sowie die Tatsache, ob ein Straßenverkehrsunternehmen in allen seinen Fahrzeugen einen intelligenten Fahrtenschreiber gemäß Kapitel II der Verordnung (EU) Nr. 165/2014 einsetzt. Diese Durchführungsrechtsakte werden gemäß dem in Artikel 12 Absatz 2 genannten Prüfverfahren erlassen."

b) Absatz 2 Satz 2 wird gestrichen.

c) Absatz 3 erhält folgende Fassung:

„(3) Eine erste Liste von Verstößen gegen die Verordnungen (EG) Nr. 561/2006 und (EU) Nr. 165/2014 mit der Gewichtung ihrer Schwere ist in Anhang III enthalten.

Zur Festlegung oder Aktualisierung der Gewichtung der Schwere von Verstößen gegen die Verordnungen (EG) Nr. 561/2006 oder (EU) Nr. 165/2014 wird der Kommission die Befugnis übertragen, gemäß Artikel 15a dieser Richtlinie delegierte Rechtsakte zur Änderung des Anhangs III zu erlassen, um den regulatorischen Entwicklungen und Erwägungen der Verkehrssicherheit Rechnung zu tragen.

In die Kategorie der schwerwiegendsten Verstöße sollten diejenigen aufgenommen werden, bei denen die Nichteinhaltung der einschlägigen Bestimmungen der Verordnungen (EG) Nr. 561/2006 und (EU) Nr. 165/2014 das hohe Risiko in sich birgt, dass es zu Todesfällen oder schweren Körperverletzungen kommt."

d) Die folgenden Absätze werden angefügt:

„(4) Zur Erleichterung gezielter Straßenkontrollen müssen die in dem jeweiligen nationalen Risikoeinstufungssystem erfassten Daten zum Kontrollzeitpunkt allen zuständigen Kontrollbehörden des betreffenden Mitgliedstaats zugänglich sein.

(5) Die Mitgliedstaaten machen die in ihren nationalen Risikoeinstufungssystemen erfassten Daten den zuständigen Behörden der anderen Mitgliedstaaten mithilfe der in Artikel 16 der Verordnung (EG) Nr. 1071/2009 genannten interoperablen nationalen elektronischen Register gemäß Artikel 16 Absatz 2 der genannten Verordnung direkt zugänglich."

10. Artikel 11 wird wie folgt geändert:

a) Absatz 1 erhält folgende Fassung:

„(1) Die Kommission erstellt mittels Durchführungsrechtsakten Leitlinien für bewährte Verfahren bei der Durchsetzung. Die Durchführungsrechtsakte werden gemäß dem in Artikel 12 Absatz 2 genannten Prüfverfahren erlassen.

Die Leitlinien werden in einem Zweijahresbericht der Kommission veröffentlicht."

b) Absatz 3 erhält folgende Fassung

„(3) Die Kommission legt im Wege von Durchführungsrechtsakten eine gemeinsame Vorgehensweise für die Erfassung und Kontrolle der Zeiten für ,andere Arbeiten' gemäß der Definition des Artikels 4 Buchstabe e der Verordnung (EG) Nr. 561/2006 fest, einschließlich der Art der Erfassung und besonderer Fälle, in denen sie zu erfolgen hat, sowie für die Erfassung und Kontrolle der Zeiträume von mindestens einer Woche, in denen ein Kraftfahrer sich nicht in seinem Fahrzeug aufhält und keine Tätigkeiten mit diesem Fahrzeug verrichten kann. Diese Durchführungsrechtsakte werden gemäß dem in Artikel 12 Absatz 2 der vorliegenden Richtlinie genannten Prüfverfahren erlassen."

11. Die Artikel 12 bis 15 erhalten folgende Fassung:

„**Artikel 12**
Ausschussverfahren

(1) Die Kommission wird von dem durch Artikel 42 Absatz 1 der Verordnung (EU) Nr. 165/2014 eingesetzten Ausschuss unterstützt. Dieser Ausschuss ist ein Ausschuss im Sinne der Verordnung

(EU) Nr. 182/2011 des Europäischen Parlaments und des Rates.

(2) Wird auf diesen Absatz Bezug genommen, so gilt Artikel 5 der Verordnung (EU) Nr. 182/2011.

Gibt der Ausschuss keine Stellungnahme ab, so erlässt die Kommission den Durchführungsrechtsakt nicht und Artikel 5 Absatz 4 Unterabsatz 3 der Verordnung (EU) Nr. 182/2011 findet Anwendung.

Artikel 13
Durchführungsmaßnahmen

Die Kommission erlässt auf Antrag eines Mitgliedstaats oder aus eigener Veranlassung Durchführungsmaßnahmen, mit denen insbesondere folgende Ziele verfolgt werden:

a) Förderung eines gemeinsamen Ansatzes zur Durchführung dieser Richtlinie;
b) Förderung eines kohärenten Ansatzes und einer harmonisierten Auslegung der Verordnung (EG) Nr. 561/2006 zwischen den verschiedenen Vollzugsbehörden;
c) Förderung des Dialogs zwischen dem Transportsektor und den Vollzugsbehörden.

Diese Durchführungsrechtsakte werden gemäß dem in Artikel 12 Absatz 2 der vorliegenden Richtlinie genannten Prüfverfahren erlassen.

Artikel 14
Verhandlungen mit Drittländern

Nach Inkrafttreten dieser Richtlinie nimmt die Union Verhandlungen mit den betreffenden Drittländern zur Anwendung einer dieser Richtlinie inhaltlich gleichwertigen Regelung auf.

Bis zum Abschluss der Verhandlungen nehmen die Mitgliedstaaten in ihre Erhebungen, die der Kommission gemäß Artikel 17 der Verordnung (EG) Nr. 561/2006 zu übermitteln sind, Angaben über Kontrollen an Fahrzeugen aus Drittstaaten auf.

Artikel 15
Aktualisierung der Anhänge

Der Kommission wird die Befugnis übertragen, gemäß Artikel 15a delegierte Rechtsakte zur Änderung der Anhänge I und II zu erlassen, um die notwendigen Anpassungen an die Fortentwicklung bewährter Verfahren einzuführen.

12. Folgender Artikel wird eingefügt:

„Artikel 15a
Ausübung der Befugnisübertragung

(1) Die Befugnis zum Erlass delegierter Rechtsakte wird der Kommission unter der im vorliegenden Artikel festgelegten Bedingungen übertragen.

(2) Die Befugnis zum Erlass delegierter Rechtsakte gemäß Artikel 9 Absatz 3 und Artikel 15 wird der Kommission für einen Zeitraum von fünf Jahren ab dem 1. August 2020 übertragen. Die Kommission erstellt spätestens neun Monate vor Ablauf des Zeitraums von fünf Jahren einen Bericht über die Befugnisübertragung. Die Befugnisübertragung verlängert sich stillschweigend um Zeiträume gleicher Länge, es sei denn, das Europäische Parlament oder der Rat widersprechen einer solchen Verlängerung spätestens drei Monate vor Ablauf des jeweiligen Zeitraums.

(3) Die Befugnisübertragung gemäß Artikel 9 Absatz 3 und Artikel 15 kann vom Europäischen Parlament oder vom Rat jederzeit widerrufen werden. Der Beschluss über den Widerruf beendet die Übertragung der in diesem Beschluss angegebenen Befugnis. Er wird am Tag nach seiner Veröffentlichung im *Amtsblatt der Europäischen Union* oder zu einem im Beschluss über den Widerruf angegebenen späteren Zeitpunkt wirksam. Die Gültigkeit von delegierten Rechtsakten, die bereits in Kraft sind, wird von dem Beschluss über den Widerruf nicht berührt.

(4) Vor dem Erlass eines delegierten Rechtsakts konsultiert die Kommission die von den einzelnen Mitgliedstaaten benannten Sachverständigen im Einklang mit den in der Interinstitutionellen Vereinbarung vom 13. April 2016 über bessere Rechtsetzung enthaltenen Grundsätzen.

(5) Sobald die Kommission einen delegierten Rechtsakt erlässt, übermittelt sie ihn gleichzeitig dem Europäischen Parlament und dem Rat.

(6) Ein delegierter Rechtsakt, der gemäß Artikel 9 Absatz 3 und Artikel 15 erlassen wurde, tritt nur in Kraft, wenn weder das Europäische Parlament noch der Rat innerhalb einer Frist von zwei Monaten nach Übermittlung dieses Rechtsakts an das Europäische Parlament und den Rat Einwände erhoben haben oder wenn vor Ablauf dieser Frist sowohl das Europäische Parlament als auch der Rat der Kommission mitgeteilt haben, dass sie keine Einwände erheben werden. Auf Initiative des Europäischen Parlaments oder des Rates wird diese Frist um zwei Monate verlängert.

13. Anhang I wird wie folgt geändert:

a) Teil A wird wie folgt geändert:

i) Die Nummern 1 und 2 erhalten folgende Fassung:

„1. tägliche und wöchentliche Lenkzeiten, Ruhepausen sowie tägliche und wöchentliche Ruhezeiten; daneben die Schaublätter der vorhergehenden Tage, die gemäß Artikel 36 Absätze 1 und 2 der Verordnung (EU) Nr. 165/2014 im Fahrzeug mitzuführen sind, und/oder die für den gleichen Zeitraum auf der Fahrerkarte und/oder im Speicher des Kontrollgeräts gemäß Anhang II der vorliegenden Richtlinie aufgezeichneten Daten und/oder Ausdrucke;

2. während des in Artikel 36 Absätze 1 und 2 der Verordnung (EU) Nr. 165/2014 genannten Zeitraums jede Überschreitung der zulässigen Höchstgeschwindigkeit des Fahrzeugs, d. h. jeder Zeitraum von mehr als einer Minute, während dessen die Geschwindigkeit des Fahrzeugs bei Fahrzeugen der Klasse N_3 90 km/h bzw. bei Fahrzeugen der Klasse M_3 105 km/h überschritten hat (Fahrzeugklassen N_3 und M_3 entsprechend der Definition der Richtlinie 2007/46/EG des Europäischen Parlaments und des Rates);

4/6c. Lex Specialis zur EntsendeRL
Art. 2 – 8

ii) Nummer 4 erhält folgende Fassung:
„4. das einwandfreie Funktionieren des Kontrollgeräts (Feststellung eines möglichen Missbrauchs des Geräts und/oder der Kraftfahrerkarte und/oder der Schaublätter) oder gegebenenfalls Vorlage der in Artikel 16 Absatz 2 der Verordnung (EG) Nr. 561/2006 genannten Dokumente;";
iii) Folgende Nummer wird angefügt:
„6. verlängerte wöchentliche Höchstarbeitszeiten von 60 Stunden im Sinne des Artikels 4 Buchstabe a der Richtlinie 2002/15/EG; andere wöchentliche Arbeitszeiten im Sinne der Artikel 4 und 5 der Richtlinie 2002/15/EG nur, wenn die Technologie die Durchführung wirksamer Kontrollen ermöglicht.";
b) Teil B wird wie folgt geändert:
i) In Absatz 1 werden folgende Nummern angefügt:
„4. Einhaltung durchschnittlicher wöchentlicher Höchstarbeitszeiten, Ruhepausen und Nachtarbeit gemäß den Artikeln 4, 5 und 7 der Richtlinie 2002/15/EG;
5. die Einhaltung der Verpflichtungen der Unternehmen zur Bezahlung der Unterbringung der Kraftfahrer und die Organisation der Arbeit der Kraftfahrer gemäß Artikel 8 Absätze 8 und 8a der Verordnung (EG) Nr. 561/2006.";
ii) Absatz 2 erhält folgende Fassung
„Die Mitgliedstaaten können bei Feststellung eines Verstoßes gegebenenfalls überprüfen, ob eine Mitverantwortung anderer Beteiligter der Beförderungskette, wie etwa Verlader, Spediteure oder Unterauftragnehmer, vorliegt; dabei ist auch zu prüfen, ob die für das Erbringen von Verkehrsdienstleistungen geschlossenen Verträge die Einhaltung der Verordnungen (EG) Nr. 561/2006 und (EU) Nr. 165/2014 ermöglichen."

Artikel 3
Änderung der Verordnung (EU) Nr. 1024/2012

Im Anhang der Verordnung (EU) Nr. 1024/2012 werden die folgenden Nummern angefügt:
„13. Richtlinie 2006/22/EG des Europäischen Parlaments und des Rates vom 15. März 2006 über Mindestbedingungen für die Durchführung der Verordnungen (EG) Nr. 561/2006 und (EU) Nr. 165/2014 und der Richtlinie 2002/15/EG über Sozialvorschriften für Tätigkeiten im Kraftverkehr sowie zur Aufhebung der Richtlinie 88/599/EWG des Rates: Artikel 8.
14. Richtlinie (EU) 2020/1057 des Europäischen Parlaments und des Rates vom 15. Juli 2020 zur Festlegung besonderer Regeln im Zusammenhang mit der Richtlinie 96/71/EG und der Richtlinie 2014/67/EU für die Entsendung von Kraftfahrern im Straßenverkehrssektor und zur Änderung der Richtlinie 2006/22/EG bezüglich der Durchsetzungsanforderungen und der Verordnung (EU) Nr. 1024/201: Artikel 1 Absatz 14.

Artikel 4
Ausschussverfahren

(1) Die Kommission wird von dem Ausschuss, der durch Artikel 42 Absatz 1 der Verordnung (EU) Nr. 165/2014 eingesetzt wurde, unterstützt. Dieser Ausschuss ist ein Ausschuss im Sinne der Verordnung (EU) Nr. 182/2011.

(2) Wird auf diesen Absatz Bezug genommen, so gilt Artikel 5 der Verordnung (EU) Nr. 182/2011.

Artikel 5
Strafen und Sanktionen

(1) Die Mitgliedstaaten legen Vorschriften über Sanktionen gegen Versender, Spediteure, Auftragnehmer und Unterauftragnehmer wegen Nichteinhaltung von gemäß Artikel 1 erlassenen nationalen Bestimmungen fest, wenn sie wussten oder angesichts aller relevanten Umstände hätten wissen müssen, dass die von ihnen in Auftrag gegebenen Verkehrsdienstleistungen zu Verstößen gegen diese Bestimmungen führten.

(2) Die Mitgliedstaaten legen Vorschriften über Sanktionen fest, die bei einem Verstoß gegen gemäß Artikel 1 erlassene nationale Bestimmungen zu verhängen sind, und treffen alle erforderlichen Maßnahmen, um deren Durchsetzung zu gewährleisten. Die vorgesehenen Sanktionen müssen wirksam, verhältnismäßig, abschreckend und nichtdiskriminierend sein.

Artikel 6
Intelligente Durchsetzung

Unbeschadet der Richtlinie 2014/67/EU und zur weiteren Durchsetzung der Verpflichtungen gemäß Artikel 1 stellen die Mitgliedstaaten sicher, dass in ihrem jeweiligen Hoheitsgebiet eine schlüssige nationale Durchsetzungsstrategie angewandt wird. Diese Strategie wird auf die in Artikel 9 der Richtlinie 2006/22/EG genannten Unternehmen mit hoher Risikoeinstufung ausgerichtet.

Artikel 7
Bewertung

(1) Die Kommission bewertet die Umsetzung dieser Richtlinie, insbesondere die Auswirkungen des Artikels 1 bis zum 31. Dezember 2025 und erstattet dem Europäischen Parlament und dem Rat über die Anwendung dieser Richtlinie Bericht. Ihrem Bericht fügt die Kommission gegebenenfalls einen Legislativvorschlag bei. Der Bericht wird veröffentlicht.

(2) Nach Vorlage des in Absatz 1 genannten Berichts bewertet die Kommission regelmäßig diese Richtlinie und legt die Bewertungsergebnisse dem Europäischen Parlament und dem Rat vor. Den Ergebnissen der Bewertung werden gegebenenfalls geeignete Vorschläge beigefügt.

Artikel 8
Ausbildung

Die Mitgliedstaaten arbeiten bei der Durchführung von Ausbildungsmaßnahmen für Vollzugsbehörden zusammen und bauen dabei auf bestehenden Durchsetzungssystemen auf.

Die Arbeitgeber sind dafür verantwortlich, sicherzustellen, dass sich ihre Kraftfahrer über ihre Rechte und Pflichten nach dieser Richtlinie informieren.

Artikel 9
Umsetzung

(1) Die Mitgliedstaaten erlassen und veröffentlichen bis zum 2. Februar 2022 die Vorschriften, die erforderlich sind, um dieser Richtlinie nachzukommen. Sie setzen die Kommission unverzüglich davon in Kenntnis.

Sie wenden diese Vorschriften ab dem 2. Februar 2022 an.

Bei Erlass dieser Vorschriften nehmen die Mitgliedstaaten in den Vorschriften selbst oder durch einen Hinweis bei der amtlichen Veröffentlichung auf diese Richtlinie Bezug. Die Mitgliedstaaten regeln die Einzelheiten der Bezugnahme.

(2) Die Mitgliedstaaten teilen der Kommission den Wortlaut der wichtigsten nationalen Vorschriften mit, die sie auf dem unter diese Richtlinie fallenden Gebiet erlassen.

Artikel 10
Inkrafttreten

Diese Richtlinie tritt am Tag nach ihrer Veröffentlichung im *Amtsblatt der Europäischen Union* in Kraft.

Artikel 11
Adressaten

Diese Richtlinie ist an die Mitgliedstaaten gerichtet.

4/7. HinweisgeberRL

Richtlinie (EU) 2019/1937 des Europäischen Parlaments und des Rates vom 23. Oktober 2019 zum Schutz von Personen, die Verstöße gegen das Unionsrecht melden

(ABl. Nr. L 305 v. 26.11.2019, S. 17; geändert durch die VO (EU) 2020/1503, ABl. Nr. L 347 v. 20.10.2020, S. 1; geändert durch die VO (EU) 2022/1925, ABl. Nr. L 265 v. 12.10.2022, S. 1)

GLIEDERUNG

KAPITEL I: ANWENDUNGSBEREICH, BEGRIFFSBESTIMMUNGEN UND SCHUTZVORAUSSETZUNGEN
- Art. 1: Ziel
- Art. 2: Sachlicher Anwendungsbereich
- Art. 3: Beziehung zu anderen Unionsrechtsakten und nationalen Bestimmungen
- Art. 4: Persönlicher Anwendungsbereich
- Art. 5: Begriffsbestimmungen
- Art. 6: Voraussetzungen für den Schutz von Hinweisgebern

KAPITEL II: INTERNE MELDUNGEN UND FOLGEMASSNAHMEN
- Art. 7: Meldung über interne Meldekanäle
- Art. 8: Pflicht zur Einrichtung interner Meldekanäle
- Art. 9: Verfahren für interne Meldungen und Folgemaßnahmen

KAPITEL III: EXTERNE MELDUNGEN UND FOLGEMASSNAHMEN
- Art. 10: Meldung über externe Meldekanäle
- Art. 11: Pflicht zur Einrichtung externer Meldekanäle und Ergreifung von Folgemaßnahmen nach Meldungen
- Art. 12: Gestaltung externer Meldekanäle
- Art. 13: Informationen über die Entgegennahme von Meldungen und die betreffenden Folgemaßnahmen
- Art. 14: Überprüfung der Verfahren durch die zuständigen Behörden

KAPITEL IV: OFFENLEGUNG
- Art. 15: Offenlegung

KAPITEL V: VORSCHRIFTEN FÜR INTERNE UND EXTERNE MELDUNGEN
- Art. 16: Vertraulichkeitsgebot
- Art. 17: Verarbeitung personenbezogener Daten
- Art. 18: Dokumentation der Meldungen

KAPITEL VI: SCHUTZMASSNAHMEN
- Art. 19: Verbot von Repressalien
- Art. 20: Unterstützende Maßnahmen
- Art. 21: Maßnahmen zum Schutz vor Repressalien
- Art. 22: Maßnahmen zum Schutz betroffener Personen
- Art. 23: Sanktionen
- Art. 24: Keine Aufhebung von Rechten und Rechtsbehelfen

KAPITEL VII: SCHLUSSBESTIMMUNGEN
- Art. 25: Günstigere Behandlung und Regressionsverbot
- Art. 26: Umsetzung und Übergangszeitraum
- Art. 27: Berichterstattung, Bewertung und Überprüfung
- Art. 28: Inkrafttreten
- Art. 29: Adressaten

ANHANG

DAS EUROPÄISCHE PARLAMENT UND DER RAT DER EUROPÄISCHEN UNION –

gestützt auf den Vertrag über die Arbeitsweise der Europäischen Union, insbesondere auf Artikel 16, Artikel 43 Absatz 2, Artikel 50, Artikel 53 Absatz 1, Artikel 91, Artikel 100, Artikel 114, Artikel 168 Absatz 4, Artikel 169, Artikel 192 Absatz 1 und Artikel 325 Absatz 4 und auf den Vertrag zur Gründung der Europäischen Atomgemeinschaft, insbesondere auf Artikel 31,

auf Vorschlag der Europäischen Kommission,

nach Zuleitung des Entwurfs des Gesetzgebungsakts an die nationalen Parlamente,

nach Stellungnahme des Rechnungshofs,

nach Stellungnahme des Europäischen Wirtschafts- und Sozialausschusses,

nach Anhörung des Ausschusses der Regionen,

nach Stellungnahme der Gruppe von Sachverständigen gemäß Artikel 31 des Vertrags zur Gründung der Europäischen Atomgemeinschaft vom 30. November 2018,

gemäß dem ordentlichen Gesetzgebungsverfahren,

in Erwägung nachstehender Gründe:

(1) Personen, die für eine öffentliche oder private Organisation arbeiten oder im Rahmen ihrer beruflichen Tätigkeiten mit einer solchen Organisation in Kontakt stehen, nehmen eine in diesem Zusammen-

hang auftretende Gefährdung oder Schädigung des öffentlichen Interesses häufig als Erste wahr. Indem sie Verstöße gegen das Unionsrecht melden, die das öffentliche Interesse beeinträchtigen, handeln diese Personen als Hinweisgeber und tragen entscheidend dazu bei, solche Verstöße aufzudecken und zu unterbinden. Allerdings schrecken potenzielle Hinweisgeber aus Angst vor Repressalien häufig davor zurück, ihre Bedenken oder ihren Verdacht zu melden. In diesem Zusammenhang wird sowohl auf Unionsebene als auch auf internationaler Ebene zunehmend anerkannt, dass es eines ausgewogenen und effizienten Hinweisgeberschutzes bedarf.

(2) Auf Unionsebene sind Meldungen und Offenlegungen durch Hinweisgeber eine Möglichkeit, dem Unionsrecht und der Unionspolitik Geltung zu verschaffen. Ihre Informationen fließen in die auf nationaler und Unionsebene bestehenden Rechtsdurchsetzungssysteme ein und tragen so dazu bei, dass Verstöße gegen das Unionsrecht wirksam aufgedeckt, untersucht und verfolgt werden, sodass Transparenz und Verantwortlichkeit gestärkt werden.

(3) In bestimmten Politikbereichen können Verstöße gegen das Unionsrecht – ungeachtet dessen, ob sie nach nationalem Recht als Ordnungswidrigkeit, Straftat oder andere Art rechtswidriger Handlung eingestuft sind – erhebliche Risiken für das Gemeinwohl bergen, indem sie ernsthafte Gefahren für das öffentliche Interesse schaffen. Wenn in solchen Bereichen Schwächen bei der Rechtsdurchsetzung festgestellt werden und sich Hinweisgeber gewöhnlich in einer privilegierten Position befinden, um Verstöße ans Licht zu bringen, muss die Rechtsdurchsetzung verbessert werden, indem effektive, vertrauliche und sichere Meldekanäle eingerichtet und Hinweisgeber wirksam vor Repressalien geschützt werden.

(4) Der bestehende Hinweisgeberschutz in der Union ist in den Mitgliedstaaten unterschiedlich und in den verschiedenen Politikbereichen uneinheitlich gestaltet. Die Folgen der von Hinweisgebern gemeldeten Verstöße gegen das Unionsrecht, die eine grenzüberschreitende Dimension aufweisen, zeigen deutlich, dass ein unzureichender Schutz in einem Mitgliedstaat die Funktionsweise der Unionsvorschriften nicht nur in diesem Mitgliedstaat, sondern auch in anderen Mitgliedstaaten und in der Union als Ganzem beeinträchtigt.

(5) Es sollten gemeinsame Mindeststandards zur Gewährleistung eines wirksamen Hinweisgeberschutzes in Rechtsakten und Politikbereichen gelten, in denen die Notwendigkeit besteht, die Rechtsdurchsetzung zu verbessern, eine unzureichende Meldung von Verstößen durch Hinweisgeber die Rechtsdurchsetzung wesentlich beeinträchtigt und Verstöße gegen das Unionsrecht das öffentliche Interesse ernsthaft schädigen können. Die Mitgliedstaaten können entscheiden, den Anwendungsbereich der nationalen Bestimmungen auf andere Bereiche auszudehnen, um auf nationaler Ebene für einen umfassenden und kohärenten Rahmen für den Hinweisgeberschutz zu sorgen.(1)

(6) Der Schutz von Hinweisgebern ist notwendig, um die Durchsetzung des Unionsrechts im Bereich der öffentlichen Auftragsvergabe zu verbessern. Es ist erforderlich, nicht nur Betrug und Korruption bei der Auftragsvergabe im Zusammenhang mit der Ausführung des Unionshaushalts aufzudecken und zu verhindern, sondern auch die unzureichende Durchsetzung der Vorschriften bei der Vergabe öffentlicher Aufträge durch nationale öffentliche Auftraggeber und Auftraggeber bei der Ausführung von Bauleistungen, der Lieferung von Waren oder der Erbringung von Dienstleistungen anzugehen. Verstöße gegen solche Vorschriften verursachen Wettbewerbsverzerrungen, erhöhen die Geschäftskosten, untergraben die Interessen von Anlegern und Aktionären, verringern insgesamt die Anreize für Investitionen und schaffen ungleiche Bedingungen für Unternehmen in der ganzen Union, wodurch das ordnungsgemäße Funktionieren des Binnenmarktes beeinträchtigt wird.

(7) Im Bereich der Finanzdienstleistungen hat der Unionsgesetzgeber den Mehrwert des Hinweisgeberschutzes bereits anerkannt. Nach der Finanzkrise, die schwerwiegende Mängel bei der Durchsetzung der geltenden Vorschriften ans Licht gebracht hat, wurden in einer Vielzahl von einschlägigen Rechtsakten im Bereich der Finanzdienstleistungen Maßnahmen zum Schutz von Hinweisgebern eingeführt, darunter interne und externe Meldekanäle sowie ein ausdrückliches Verbot von Repressalien, wie in der Mitteilung der Kommission vom 8. Dezember 2010 mit dem Titel „Stärkung der Sanktionsregelungen im Finanzdienstleistungssektor" dargelegt. Innerhalb des für Kreditinstitute und Wertpapierfirmen geltenden Aufsichtsrahmens sorgt insbesondere die Richtlinie 2013/36/EU des Europäischen Parlaments und des Rates für den Hinweisgeberschutz, der im Rahmen der Verordnung (EU) Nr. 575/2013 des Europäischen Parlaments und des Rates gilt.

(8) Was die Sicherheit der auf dem Binnenmarkt angebotenen Produkte anbelangt, so lassen sich Beweise in erster Linie in den an der Herstellung und am Vertrieb beteiligten Unternehmen sammeln; Meldungen von Hinweisgebern aus solchen Unternehmen haben somit einen hohen Mehrwert, da sie sich sehr viel näher an Informationen über mögliche unlautere oder illegale Herstellungs-, Einfuhr- oder Vertriebspraktiken im Zusammenhang mit unsicheren Produkten befinden. Daher besteht das Bedürfnis, im Zusammenhang mit den Sicherheitsanforderungen für Produkte, die den Harmonisierungsrechtsvorschriften der Union unterliegen, wie in den Anhängen I und II der Verordnung (EU) 2019/1020 des Europäischen Parlaments und des Rates aufgeführt, und in Bezug auf die allgemeinen Anforderungen an die Produktsicherheit nach Maßgabe der Richtlinie 2001/95/EG des Europäischen Parlaments und des Rates einen Hinweisgeberschutz einzuführen. Darüber hinaus würde der Hinweisgeberschutz gemäß der vorliegenden Richtlinie entscheidend dazu beitragen, die Umlenkung von Feuerwaffen, Teilen von Feuerwaffen und Munition sowie von Verteidigungsgütern zu

4/7. HinweisgeberRL
Präambel

verhindern, da er zur Meldung von Verstößen gegen das Unionsrecht anhalten würde, etwa in Bezug auf Urkundendelikte, veränderte Kennzeichnungen und betrügerischen Erwerb von Feuerwaffen innerhalb der Union, wodurch es häufig zu einer Umlenkung vom legalen auf den illegalen Markt kommt. Der Hinweisgeberschutz gemäß der vorliegenden Richtlinie würde außerdem dazu beitragen, dass die Beschränkungen und Kontrollen in Bezug auf Ausgangsstoffe für Explosivstoff korrekt angewendet werden und so die unerlaubte Eigenherstellung von Explosivstoffen erschweren.

(9) Der wesentliche Beitrag des Hinweisgeberschutzes zur Vermeidung von Verstößen gegen Unionsvorschriften auf dem Gebiet der Verkehrssicherheit, die das Leben von Menschen gefährden können, wurde bereits in den sektoralen Unionsrechtsakten für die Sicherheit im Luftverkehr, d. h. der Verordnung (EU) Nr. 376/2014 des Europäischen Parlaments und des Rates und die Sicherheit im Seeverkehr, d. h. den Richtlinien 2013/54/EU und 2009/16/EG des Europäischen Parlaments und des Rates, anerkannt, die spezifische Maßnahmen zum Schutz von Hinweisgebern sowie eigene Meldekanäle vorsehen. Diese Rechtsakte beinhalten auch den Schutz der Arbeitnehmer, die eigene unbeabsichtigte Fehler melden, vor Repressalien (sogenannte „Redlichkeitskultur"). Die bestehenden Elemente des Hinweisgeberschutzes in diesen beiden Sektoren müssen ergänzt werden, und der Schutz muss auch anderen Verkehrsbereichen, d. h. dem Binnenschifffahrts-, dem Straßen- und dem Schienenverkehr, gewährt werden, um die Durchsetzung der Sicherheitsstandards in diesen Verkehrsbereichen zu verbessern.

(10) Im Bereich des Umweltschutzes gestalten sich die Beweiserhebung, Verhütung, Aufdeckung und Bekämpfung von Umweltstraftaten und rechtswidrigen Handlungen nach wie vor problematisch und Maßnahmen in dieser Hinsicht müssen gestärkt werden, wie die Kommission in ihrer Mitteilung vom 18. Januar 2018 mit dem Titel „Aktionsplan der EU für einen besseren Vollzug des Umweltrechts und eine bessere Umweltordnungspolitik" anerkannt hat. Da vor dem Inkrafttreten dieser Richtlinie die einzigen bestehenden Bestimmungen zum Schutz vom Hinweisgebern im Bereich des Umweltschutzes in einem sektorspezifischen Rechtsakt enthalten waren, d. h. der Richtlinie 2013/30/EU des Europäischen Parlaments und des Rates, ist die Einführung eines solchen Schutzes notwendig, um eine wirksame Durchsetzung des Umweltrechts der Union zu gewährleisten, zumal Verstöße in diesem Bereich das öffentliche Interesse schädigen und sich über nationale Grenzen hinweg negativ auswirken können. Die Einführung eines solchen Schutzes ist auch in Fällen bedeutend, in denen unsichere Produkte Umweltschäden verursachen können.

(11) Ein verbesserter Hinweisgeberschutz würde auch einen Beitrag zur Prävention und Abschreckung von Verstößen gegen Vorschriften der Europäischen Atomgemeinschaft für die nukleare Sicherheit, den Strahlenschutz und die verantwortungsvolle und sichere Entsorgung abgebrannter Brennelemente und radioaktiver Abfälle leisten. Er würde auch die Durchsetzung der einschlägigen Bestimmungen der Richtlinie 2009/71/Euratom des Rates in Bezug auf die Förderung und Verbesserung einer effektiven Sicherheitskultur im Nuklearbereich und insbesondere des Artikels 8b Absatz 2 Buchstabe a jener Richtlinie stärken, der unter anderem verlangt, dass die zuständige Regulierungsbehörde Managementsysteme einführt, die der nuklearen Sicherheit gebührenden Vorrang einräumen und auf allen Ebenen des Personals und des Managements die Fähigkeit fördern, zu hinterfragen, ob die einschlägigen Sicherheitsgrundsätze und -praktiken ihrer Funktion effektiv gerecht werden, und Sicherheitsprobleme rechtzeitig zu melden.

(12) Die Einführung eines Rahmens für den Hinweisgeberschutz würde zur Verbesserung der Durchsetzung bestehender Bestimmungen und zur Verhinderung von Verstößen gegen Unionsvorschriften, insbesondere in Bezug auf die Lebens- und Futtermittelsicherheit, sowie die Gesundheit, den Schutz und das Wohlergehen von Tieren beitragen. Die in diesen Bereichen festgelegten Unionsvorschriften sind eng miteinander verknüpft. Die Verordnung (EG) Nr. 178/2002 des Europäischen Parlaments und des Rates legt die allgemeinen Grundsätze und Anforderungen fest, die allen Maßnahmen der Union und der Mitgliedstaaten in Bezug auf Lebensmittel und Futtermittel zugrunde liegen, mit besonderem Schwerpunkt auf der Lebensmittelsicherheit, um ein hohes Schutzniveau für die menschliche Gesundheit und die Verbraucherinteressen im Lebensmittelbereich sowie das reibungslose Funktionieren des Binnenmarkts zu gewährleisten. Mit der genannten Verordnung werden unter anderem Lebens- und Futtermittelunternehmer daran gehindert, ihr Personal und andere Personen davon abzuhalten, mit zuständigen Behörden zusammenzuarbeiten, wenn eine solche Zusammenarbeit einem mit einem Lebensmittel verbundenen Risiko vorbeugen, es begrenzen oder ausschalten könnte. Im Bereich Tiergesundheitsrecht verfolgt der Unionsgesetzgeber mit der Verordnung (EU) 2016/429 des Europäischen Parlaments und des Rates, die Vorschriften zur Verhütung und Bekämpfung von auf Tiere oder Menschen übertragbaren Tierseuchen enthält, sowie im Bereich des Schutzes und des Wohlergehens landwirtschaftlicher Nutztiere, für wissenschaftliche Zwecke verwendeter Tiere, von Tieren während des Transports und von Tieren zum Zeitpunkt der Tötung mit der Richtlinie 98/58/EG des Rates und der Richtlinie 2010/63/EU des Europäischen Parlaments und des Rates sowie den Verordnungen (EG) Nr. 1/2005 und (EG) Nr. 1099/2009 des Rates einen ähnlichen Ansatz.

(13) Die Meldung von Verstößen durch Hinweisgeber kann entscheidend dazu beitragen, Risiken für die öffentliche Gesundheit und den Verbraucherschutz, die andernfalls womöglich unbemerkten Verstößen gegen Unionsvorschriften erwachsen, aufzudecken, zu verhindern, einzu-

dämmen oder zu beseitigen. Vor allem im Bereich Verbraucherschutz besteht eine starke Verbindung zu Fällen, in denen Verbraucher durch unsichere Produkte erheblich geschädigt werden können.

(14) Die Achtung der Privatsphäre und der Schutz personenbezogener Daten, welche als Grundrechte in den Artikeln 7 und 8 der Charta der Grundrechte der Europäischen Union (im Folgenden „Charta") verankert sind, sind weitere Bereiche, in denen Hinweisgeber dazu beitragen können, Verstöße gegen das Unionsrecht, die das öffentliche Interesse schädigen können, aufzudecken. Hinweisgeber können auch zur Aufdeckung von Verstößen gegen die Richtlinie (EU) 2016/1148 des Europäischen Parlaments und des Rates über die Sicherheit von Netz- und Informationssystemen beitragen, die die Verpflichtung, Sicherheitsvorfälle zu melden (auch solche, die personenbezogene Daten nicht beeinträchtigen) sowie Sicherheitsanforderungen für Einrichtungen, die grundlegende Dienste in vielen Bereichen erbringen, beispielsweise Energie, Gesundheit, Verkehr und Bankwesen, für Anbieter zentraler digitaler Dienste, beispielsweise Cloud-Computing-Dienste, und für Lieferanten grundlegender Versorgungsgüter, wie Wasser, Strom und Gas, vorsieht. Meldungen von Hinweisgebern sind in diesem Bereich besonders nützlich, um Sicherheitsvorfälle zu verhindern, die wichtige wirtschaftliche und soziale Tätigkeiten und weitverbreitete digitale Dienste beeinträchtigen würden, und um Verstöße gegen die Datenschutzvorschriften der Union zu verhindern. Solche Meldungen tragen zur Kontinuität von Diensten bei, die für das Funktionieren des Binnenmarkts und das Wohlergehen der Gesellschaft von wesentlicher Bedeutung sind.

(15) Zudem ist der Schutz der finanziellen Interessen der Union, der die Bekämpfung von Betrug, Korruption und sonstigen rechtswidrigen Handlungen im Zusammenhang mit den Ausgaben der Union, der Erhebung von Einnahmen und Geldern der Union oder Vermögenswerten der Union betrifft, ein Kernbereich, in dem die Durchsetzung des Unionsrechts gestärkt werden muss. Der Stärkung des Schutzes der finanziellen Interessen der Union kommt auch bei der Ausführung des Haushaltsplans der Union im Zusammenhang mit Ausgaben, die auf der Grundlage des Vertrags zur Gründung der Europäischen Atomgemeinschaft (Euratom-Vertrag) anfallen, Bedeutung zu. Aufgrund mangelnder wirksamer Durchsetzungsmaßnahmen im Bereich des Schutzes der finanziellen Interessen der Union sowie in Bezug auf die Bekämpfung von Betrug und Korruption auf nationaler Ebene kommt es zu einem Rückgang der Unionseinnahmen und einem Missbrauch von Unionsgeldern, wodurch die öffentlichen Investitionen verzerrt werden sowie das Wachstum gedämpft und das Vertrauen der Bürger in Unionsmaßnahmen untergraben werden kann. Nach Artikel 325 des Vertrags über die Arbeitsweise der Europäischen Union (AEUV) sind die Union und die Mitgliedstaaten verpflichtet, Betrügereien und sonstige gegen die finanziellen Interessen der Union gerichtete rechtswidrige Handlungen zu bekämpfen. Zu den einschlägigen Maßnahmen der Union in diesem Bereich gehören insbesondere die Verordnung (EG, Euratom) Nr. 2988/95 des Rates und die Verordnung (EU, Euratom) Nr. 883/2013 des Europäischen Parlaments und des Rates. Die Verordnung (EG, Euratom) Nr. 2988/95 wird bezüglich der schwersten Formen betrugsähnlichen Verhaltens durch die Richtlinie (EU) 2017/1371 des Europäischen Parlaments und des Rates und das Übereinkommen aufgrund von Artikel K.3 des Vertrags über die Europäische Union über den Schutz der finanziellen Interessen der Europäischen Gemeinschaften vom 26. Juli 1995, einschließlich der dazugehörigen Protokolle vom 27. September 1996, 29. November 1996 und 19. Juni 1997, ergänzt. Dieses Übereinkommen und diese Protokolle gelten weiterhin für die Mitgliedstaaten, die nicht durch die Richtlinie (EU) 2017/1371 gebunden sind.

(16) Gemeinsame Mindeststandards für den Schutz von Hinweisgebern sollten auch für Verstöße gegen die Binnenmarktvorschriften im Sinne von Artikel 26 Absatz 2 AEUV festgelegt werden. Darüber hinaus zielen Maßnahmen der Union zur Verwirklichung des Binnenmarkts oder zur Gewährleistung eines funktionierenden Binnenmarkts nach der Rechtsprechung des Gerichtshofs der Europäischen Union (im Folgenden „Gerichtshof") darauf ab, zur Beseitigung bestehender oder sich abzeichnender Hemmnisse für den freien Waren- oder Dienstleistungsverkehr und zur Beseitigung von Wettbewerbsverzerrungen beizutragen.

(17) Der Schutz von Hinweisgebern im Interesse einer besseren Durchsetzung des Wettbewerbsrechts der Union, einschließlich in Bezug auf staatliche Beihilfen, würde insbesondere dazu beitragen, das effiziente Funktionieren der Märkte in der Union zu gewährleisten, gleiche Wettbewerbsbedingungen für Unternehmen zu ermöglichen und Vorteile für Verbraucher zu erzielen. Was die Wettbewerbsregeln für Unternehmen anbelangt, so wird die Bedeutung von Insiderinformationen bei der Aufdeckung von Wettbewerbsverstößen bereits in der von der Kommission angewandten Kronzeugenregelung nach Artikel 4a der Verordnung (EG) Nr. 773/2004 der Kommission sowie in dem kürzlich von der Europäischen Kommission eingeführten Instrument für anonyme Hinweise anerkannt. Verstöße gegen das Wettbewerbsrecht und gegen Vorschriften über staatliche Beihilfen betreffen die Artikel 101, 102, 106, 107 und 108 AEUV sowie die sekundärrechtlichen Bestimmungen zu ihrer Umsetzung.

(18) Verstöße gegen das Körperschaftsteuerrecht und Vereinbarungen, deren Zweck darin besteht, einen Steuervorteil zu erlangen und rechtliche Verpflichtungen zu umgehen, und die dem Ziel oder Zweck der geltenden Körperschaftsteuer-Vorschriften zuwiderlaufen, beeinträchtigen das ordnungsgemäße Funktionieren des Binnenmarkts. Solche Verstöße und Vereinbarungen können zu unlauterem Steuerwettbewerb und umfassender Steuerhinterziehung führen, die Wettbewerbsbedingungen für Unternehmen verzerren und Steuereinbußen

4/7. HinweisgeberRL
Präambel

für die Mitgliedstaaten und den Unionshaushalt insgesamt nach sich ziehen. Diese Richtlinie sollte Maßnahmen vorsehen, um Personen vor Repressalien zu schützen, die über steuerhinterziehende und/oder missbräuchliche Vereinbarungen berichten, die ansonsten unbemerkt bleiben könnten, damit die zuständigen Behörden besser in der Lage sind, einen ordnungsgemäß funktionierenden Binnenmarkt zu gewährleisten und Verzerrungen und Handelshemmnisse zu beseitigen, die sich auf die Wettbewerbsfähigkeit von Unternehmen im Binnenmarkt auswirken, in direktem Bezug zu den Freizügigkeitsbestimmungen stehen und auch für die Anwendung der Vorschriften für staatliche Beihilfen von Bedeutung sind. Der Hinweisgeberschutz gemäß dieser Richtlinie würde die jüngsten Initiativen der Kommission zur Verbesserung der Transparenz und des Informationsaustauschs im Steuerbereich und zur Schaffung eines gerechteren Umfelds im Bereich der Körperschaftsteuer innerhalb der Union ergänzen, um die Effizienz der Mitgliedstaaten bei der Ermittlung steuerhinterziehender und/oder missbräuchlicher Vereinbarungen zu erhöhen, und er würde solchen Vereinbarungen entgegenwirken. Durch die Richtlinie werden jedoch weder materielle noch verfahrensrechtliche Steuerbestimmungen harmonisiert und sie zielt nicht darauf ab, die Durchsetzung der nationalen Bestimmungen über die Körperschaftsteuer zu verbessern; dies lässt die Möglichkeit der Mitgliedstaaten, gemeldete Informationen zu diesem Zweck zu verwenden, unberührt.

(19) In Artikel 2 Absatz 1 Buchstabe a wird der sachliche Anwendungsbereich dieser Richtlinie durch eine Bezugnahme auf eine Reihe von im Anhang aufgeführten Unionsrechtsakten festgelegt. Wenn der sachliche Anwendungsbereich dieser Unionsrechtsakte wiederum durch Bezugnahme auf in ihren Anhängen aufgeführten Unionsrechtsakte definiert wird, bedeutet das, dass diese in den Anhängen aufgeführten Unionsrechtsakte ebenfalls Teil des sachlichen Anwendungsbereichs dieser Richtlinie sind. Die Bezugnahme auf die Rechtsakte im Anhang sollte außerdem dahingehend ausgelegt werden, dass sie auch alle nach diesen Rechtsakten erlassenen Durchführungs- oder delegierten Maßnahmen der Mitgliedstaaten und der Union umfasst. Darüber hinaus ist die Bezugnahme auf die Unionsrechtsakte im Anhang als dynamische Bezugnahme im Sinne des üblichen Systems für Bezugnahmen in Unionsrechtsakten zu verstehen. Demzufolge bezieht sich die Bezugnahme, wenn der Unionsrechtsakt im Anhang geändert wird, auf die geänderte Fassung des Rechtsakts, und wenn der Unionsrechtsakt im Anhang ersetzt wird, bezieht sich die Bezugnahme auf den neuen Rechtsakt.

(20) Insbesondere im Bereich der Finanzdienstleistungen enthalten einige Rechtsakte der Union, wie die Verordnung (EU) Nr. 596/2014 des Europäischen Parlaments und des Rates und die zugehörige Durchführungsrichtlinie (EU) 2015/2392 der Kommission, schon jetzt detaillierte Vorschriften zum Schutz von Hinweisgebern. In solchen bestehenden Unionsvorschriften – einschließlich der in Teil II des Anhangs dieser Richtlinie aufgeführten Unionsrechtsakte – vorgesehene spezifische Regelungen in diesem Zusammenhang, die auf die entsprechenden Bereiche zugeschnitten sind, sollten beibehalten werden. Dies ist besonders wichtig, um festzulegen, welche juristischen Personen auf dem Gebiet der Finanzdienstleistungen, der Verhinderung von Geldwäsche und Terrorismusfinanzierung derzeit verpflichtet sind, interne Meldekanäle einzurichten. Damit in allen Mitgliedstaaten für Kohärenz und Rechtssicherheit gesorgt ist, sollte diese Richtlinie zugleich für alle Angelegenheiten gelten, die nicht durch sektorspezifische Rechtsakte geregelt werden und somit solche Rechtsakte ergänzen, sodass sie in vollem Umfang den Mindeststandards entsprechen. Insbesondere sollte diese Richtlinie genauere Einzelheiten zur Gestaltung der internen und externen Meldekanäle, zu den Verpflichtungen der zuständigen Behörden sowie dazu enthalten, in welcher konkreten Form auf nationaler Ebene für den Schutz vor Repressalien gesorgt wird. Diesbezüglich sieht Artikel 28 Absatz 4 der Verordnung (EU) Nr. 1286/2014 des Europäischen Parlaments und des Rates (30) vor, dass die Mitgliedstaaten in dem von der genannten Verordnung geregelten Bereich einen internen Meldekanal vorsehen können. Aus Gründen der Kohärenz mit den in dieser Richtlinie festgelegten Mindeststandards sollte die Verpflichtung zur Einrichtung interner Meldekanäle gemäß dieser Richtlinie auch in Bezug auf die Verordnung (EU) Nr. 1286/2014 gelten.

(21) Diese Richtlinie sollte den für Arbeitnehmer gewährten Schutz bei der Meldung von Verstößen gegen das Arbeitsrecht der Union unberührt lassen. Im Bereich der Sicherheit und des Gesundheitsschutzes am Arbeitsplatz verpflichtet Artikel 11 der Richtlinie 89/391/EWG des Rates die Mitgliedstaaten schon jetzt, dafür zu sorgen, dass Arbeitnehmern oder Arbeitnehmervertretern keine Nachteile entstehen, wenn sie den Arbeitgeber um geeignete Maßnahmen ersuchen und ihm Vorschläge unterbreiten, um Gefahren für die Arbeitnehmer vorzubeugen und/oder Gefahrenquellen auszuschalten. Die Arbeitnehmer und ihre Vertreter sind nach der genannten Richtlinie berechtigt, die zuständige Behörde auf Probleme hinzuweisen, wenn sie der Auffassung sind, dass die vom Arbeitgeber getroffenen Maßnahmen und eingesetzten Mittel nicht ausreichen, um die Sicherheit und den Gesundheitsschutz zu gewährleisten.

(22) Die Mitgliedstaaten können entschieden, dass Meldungen von ausschließlich den Hinweisgeber beeinträchtigenden zwischenmenschlichen Beschwerden, das heißt Beschwerden über zwischenmenschliche Konflikte zwischen dem Hinweisgeber und einem anderen Arbeitnehmer, in andere Verfahren übergeleitet werden können.

(23) Der Schutz, der durch die Verfahren für die Meldung von mutmaßlich rechtswidrigen Tätigkeiten, einschließlich Betrug oder Korruption, zum Nachteil der Interessen der Union, oder für die Meldung von Verhaltensweisen im Zusammenhang mit der Ausübung dienstlicher Pflichten,

die eine schwerwiegende Verletzung der Dienstpflichten der Beamten und sonstigen Bediensteten der Europäischen Union gemäß Artikel 22a, 22b und 22c des in der Verordnung (EWG, Euratom, EGKS) Nr. 259/68 des Rates niedergelegten Statuts der Beamten der Europäischen Union und der Beschäftigungsbedingungen für die sonstigen Bediensteten der Union darstellen könnten, gewährt wird, sollte von dieser Richtlinie unberührt bleiben. Diese Richtlinie sollte für Meldungen von Verstößen durch Beamte und sonstige Bedienstete der Union in einem beruflichen Kontext außerhalb ihres Beschäftigungsverhältnisses mit den Organen, Einrichtungen oder sonstigen Stellen der Union gelten.

(24) Die nationale Sicherheit fällt weiterhin in die alleinige Verantwortlichkeit der einzelnen Mitgliedstaaten. Diese Richtlinie sollte im Einklang mit der Rechtsprechung des Gerichtshofs nicht für Meldungen von Verstößen im Zusammenhang mit der Vergabe von Aufträgen gelten, die unter Artikel 346 AEUV fallende Verteidigungs- oder Sicherheitsaspekte beinhalten. Wenn Mitgliedstaaten entscheiden, den in dieser Richtlinie vorgesehenen Schutz auf weitere Bereiche und Handlungen auszuweiten, die nicht in ihren sachlichen Anwendungsbereich fallen, so sollten diese Mitgliedstaaten diesbezüglich besondere Bestimmungen zum Schutz grundlegender Interessen der nationalen Sicherheit erlassen können.

(25) Diese Richtlinie sollte zudem den Schutz von Verschlusssachen, deren Schutz vor unbefugtem Zugriff im Unionsrecht oder in den geltenden Rechts- und Verwaltungsvorschriften des betreffenden Mitgliedstaats aus Sicherheitsgründen vorgesehen ist, unberührt lassen. Darüber hinaus sollte diese Richtlinie nicht die Verpflichtungen berühren, die sich aus dem Beschluss 2013/488/EU des Rates oder dem Beschluss (EU, Euratom) 2015/444 der Kommission ergeben.

(26) Diese Richtlinie sollte sich nicht auf den im nationalen Recht und gegebenenfalls – im Einklang mit der Rechtsprechung des Gerichtshofs – im Unionsrecht vorgesehenen Schutz der Vertraulichkeit der Kommunikation zwischen Rechtsanwalt und Mandant („anwaltliche Verschwiegenheitspflicht") auswirken. Darüber hinaus sollte sich diese Richtlinie nicht auf die im nationalen Recht und im Unionsrecht vorgesehene Verpflichtung zur Wahrung der Vertraulichkeit der Kommunikation von Erbringern von Gesundheitsleistungen, einschließlich Therapeuten, mit ihren Patienten und von Patientenakten („ärztliche Schweigepflicht") auswirken.

(27) Angehörige anderer Berufe als dem des Rechtsanwalts und der Erbringer von Gesundheitsleistungen sollten Anspruch auf Schutz im Rahmen dieser Richtlinie haben können, wenn sie durch geltende Berufsregeln geschützte Informationen melden, sofern die Meldung dieser Informationen für Zwecke der Aufdeckung eines Verstoßes im Anwendungsbereich dieser Richtlinie notwendig ist.

(28) Nach dieser Richtlinie sollte zwar unter bestimmten Bedingungen im Fall von Verletzung der Geheimhaltungspflicht ein begrenzter Ausschluss von der Haftung gelten, auch von der strafrechtlichen Verantwortung, aber dieser Ausschluss sollte sich nicht auf die Bestimmungen des nationalen Strafverfahrensrechts und insbesondere nicht auf jene Bestimmungen auswirken, die dem Schutz der Integrität von Ermittlungen und Verfahren oder Verteidigungsrechten der betroffenen Personen dienen. Die Aufnahme von Schutzmaßnahmen in andere Arten des nationalen Verfahrensrechts, insbesondere der Umkehr der Beweislast in nationalen verwaltungs-, zivil- oder arbeitsrechtlichen Verfahren, sollte davon unberührt bleiben.

(29) Diese Richtlinie sollte sich nicht auf nationale Bestimmungen über die Inanspruchnahme des Rechts der Arbeitnehmervertreter auf Information, Konsultation und Teilnahme an Kollektivverhandlungen und die Verteidigung der Arbeitnehmerrechte durch Arbeitnehmervertreter auswirken. Die Ausübung dieser Rechte sollte das durch diese Richtlinie gewährte Maß an Schutz unberührt lassen.

(30) Diese Richtlinie sollte nicht in Fällen gelten, in denen Personen, die aufgrund ihrer in Kenntnis der Sachlage erteilten Einwilligung auf nationaler Ebene als Informanten identifiziert oder als solche in von benannten Behörden wie Zollbehörden verwalteten Datenbanken erfasst wurden, den Strafverfolgungsbehörden gegen Vergütung oder Entschädigung Verstöße melden. Solche Meldungen erfolgen nach bestimmten Verfahren, die darauf ausgerichtet sind, zum Schutz der körperlichen Unversehrtheit dieser Personen deren Anonymität zu garantieren, und die sich von den gemäß dieser Richtlinie vorgesehenen Meldekanälen unterscheiden.

(31) Personen, die Informationen über eine Gefährdung oder Schädigung des öffentlichen Interesses im Zusammenhang mit ihren beruflichen Tätigkeiten melden, machen von ihrem Recht auf freie Meinungsäußerung Gebrauch. Das Recht auf freie Meinungsäußerung und Informationsfreiheit, das in Artikel 11 der Charta und in Artikel 10 der Konvention zum Schutze der Menschenrechte und Grundfreiheiten verankert ist, umfasst sowohl das Recht, Informationen zu empfangen und weiterzugeben, als auch die Freiheit und die Pluralität der Medien. Dementsprechend stützt sich diese Richtlinie auf die Rechtsprechung des Europäischen Gerichtshofs für Menschenrechte (EGMR) zum Recht auf freie Meinungsäußerung und auf die auf dieser Grundlage vom Europarat in seiner Empfehlung zum Schutz von Whistleblowern, die vom Ministerkomitee am 30. April 2014 angenommen wurde, entwickelten Grundsätze.

(32) Hinweisgeber sollten nur dann gemäß dieser Richtlinie geschützt sein, wenn sie zum Zeitpunkt der Meldung angesichts der Umstände und der verfügbaren Informationen hinreichenden Grund zu der Annahme haben, dass die von ihnen gemeldeten Sachverhalte der Wahrheit entsprechen. Diese Anforderung ist eine wichtige Schutzvorkehrung gegen böswillige oder missbräuchliche Meldungen, da sie gewährleistet, dass Personen keinen Schutz

4/7. HinweisgeberRL
Präambel

erhalten, wenn sie zum Zeitpunkt der Meldung willentlich und wissentlich falsche oder irreführende Informationen gemeldet haben. Gleichzeitig wird mit dieser Anforderung gewährleistet, dass der Schutz auch dann gilt, wenn ein Hinweisgeber in gutem Glauben ungenaue Informationen über Verstöße gemeldet hat. In ähnlicher Weise sollten Hinweisgeber Schutz im Rahmen dieser Richtlinie erhalten, wenn sie hinreichenden Grund zu der Annahme haben, dass die gemeldeten Informationen in den Anwendungsbereich der Richtlinie fallen. Aus welchen Gründen der Hinweisgeber Informationen meldet, sollte bei der Entscheidung, ob die Person Schutz erhalten sollte, keine Rolle spielen.

(33) Hinweisgeber fühlen sich in der Regel wohler, wenn sie Informationen intern melden, es sei denn, sie haben Grund dazu, Informationen extern zu melden. Empirische Studien belegen, dass Hinweisgeber mehrheitlich zu internen Meldungen innerhalb der Organisation, in der sie arbeiten, neigen. Interne Meldungen sind auch der beste Weg, um Informationen an die Personen heranzutragen, die zu einer frühzeitigen und wirksamen Abwendung von Gefahren für das öffentliche Interesse beitragen können. Zugleich sollte der Hinweisgeber den Meldekanal wählen können, der sich angesichts der fallspezifischen Umstände am besten eignet. Zudem ist es erforderlich, im Einklang mit den von der Rechtsprechung des EGMR aufgestellten Kriterien die Offenlegung von Informationen unter Berücksichtigung demokratischer Grundsätze wie Transparenz und Verantwortlichkeit und Grundrechten wie die Freiheit der Meinungsäußerung und die Freiheit und die Pluralität der Medien zu schützen und gleichzeitig das Interesse der Arbeitgeber an der Verwaltung ihrer Unternehmen und dem Schutz ihrer Interessen einerseits mit dem Interesse der Öffentlichkeit am Schutz vor Schaden andererseits abzuwägen.

(34) Unbeschadet der nach dem Unionsrecht bestehenden Verpflichtungen, anonyme Meldungen zu ermöglichen, sollten die Mitgliedstaaten entscheiden können, ob juristische Personen des privaten und öffentlichen Sektors und zuständige Behörden verpflichtet sind, anonyme Meldungen von Verstößen, die in den Anwendungsbereich dieser Richtlinie fallen, entgegenzunehmen und Folgemaßnahmen zu ergreifen. Jedoch sollten Personen, die anonym Meldung erstattet haben oder die anonym Offenlegungen vorgenommen haben, welche in den Anwendungsbereich dieser Richtlinie fallen, und die deren Voraussetzungen erfüllen, nach Maßgabe dieser Richtlinie Schutz genießen, wenn sie anschließend identifiziert werden und Repressalien ausgesetzt sind.

(35) Diese Richtlinie sollte vorsehen, dass Schutz zu gewähren ist, wenn Personen im Einklang mit den Rechtsvorschriften der Union Organen, Einrichtungen und sonstigen Stellen der Union beispielsweise im Zusammenhang mit den Unionshaushalt betreffendem Betrug melden erstatten.

(36) Personen benötigen besonderen Rechtsschutz, wenn sie Informationen melden, von denen sie im Rahmen ihrer beruflichen Tätigkeit Kenntnis erlangen, und sich damit dem Risiko von berufsbezogenen Repressalien aussetzen, beispielsweise aufgrund einer Verletzung der Vertraulichkeits- oder Loyalitätspflicht. Der Grund für den Schutz dieser Personen ist ihre wirtschaftliche Abhängigkeit von der Person, auf die sie de facto bezüglich ihrer Beschäftigung angewiesen sind. Liegt jedoch kein beruflich bedingtes Machtungleichgewicht vor, beispielsweise im Fall gewöhnlicher Beschwerdeträger oder unbeteiligter Dritter, so ist kein Schutz vor Repressalien erforderlich.

(37) Eine wirksame Durchsetzung des Unionsrechts setzt voraus, dass ein möglichst breites Spektrum von Personengruppen geschützt werden sollte, die – gleich ob sie Unionsbürger oder Drittstaatsangehörige sind – aufgrund ihrer beruflichen Tätigkeit, unabhängig von der Art dieser Tätigkeit sowie davon, ob diese vergütet wird oder nicht, privilegierten Zugang zu Informationen über Verstöße, deren Meldung im öffentlichen Interesse liegt, haben und die im Falle einer solchen Meldung Repressalien erleiden könnten. Die Mitgliedstaaten sollten sicherstellen, dass der Schutzbedarf unter Berücksichtigung aller relevanten Umstände und nicht nur unter Bezugnahme auf die Art der Arbeitsbeziehung bestimmt wird, sodass alle Personen erfasst werden, die im weiteren Sinne mit der Organisation verbunden sind, in der der Verstoß vorgefallen ist.

(38) Schutz sollte zuallererst für „Arbeitnehmer" im Sinne des Artikels 45 Absatz 1 AEUV in der Auslegung durch den Gerichtshof gelten, d. h. für Personen, die während eines bestimmten Zeitraums Dienstleistungen, für die sie eine Vergütung erhalten, für und unter der Leitung einer anderen Person erbringen. Schutz sollte daher auch Arbeitnehmern in atypischen Beschäftigungsverhältnissen, einschließlich Teilzeitbeschäftigten und befristet Beschäftigten, sowie Personen gewährt werden, die einen Arbeitsvertrag oder ein Arbeitsverhältnis mit einem Leiharbeitsunternehmen geschlossen haben; bei prekären Vertragsbeziehungen ist es häufig schwierig, Standardschutzbestimmungen gegen unfaire Behandlung anzuwenden. Der Begriff „Arbeitnehmer" schließt auch Beamte, öffentliche Bedienstete und andere Personen, die im öffentlichen Sektor arbeiten, ein.

(39) Schutz sollte darüber hinaus auch für weitere Kategorien natürlicher Personen gelten, die zwar nicht „Arbeitnehmer" im Sinne des Artikels 45 Absatz 1 AEUV sind, aber entscheidend zur Aufdeckung von Verstößen gegen das Unionsrecht beitragen können, und sich möglicherweise im Zusammenhang mit ihrer beruflichen Tätigkeit in wirtschaftlicher Abhängigkeit befinden. So sind etwa im Bereich der Produktsicherheit Lieferanten sehr viel näher an der Informationsquelle zu möglichen unlauteren und illegalen Herstellungs-, Einfuhr- oder Vertriebspraktiken in Bezug auf unsichere Produkte; und bei der Verwendung von Unionsmitteln sind Berater, die Dienstleistungen erbringen, in einer privilegierten Position, um auf Verstöße aufmerksam zu machen. Diese Kategorien von Personen, zu denen Selbstständige, die Dienst-

leistungen erbringen, Freiberufler, Auftragnehmer, Unterauftragnehmer und Lieferanten zählen, erfahren häufig Repressalien, die beispielsweise in der Form zutage treten können, dass Dienstleistungsverträge, Lizenzen oder Bewilligungen vorzeitig beendet oder gekündigt werden, sie Auftrags- oder Einkommensverluste erleiden, Opfer von Nötigung, Einschüchterung oder Mobbing werden, auf „schwarze Listen" gesetzt bzw. geschäftlich boykottiert werden oder ihr Ruf geschädigt wird. Anteilseigner und Personen in Leitungsgremien können ebenfalls von Repressalien betroffen sein, etwa in finanzieller Hinsicht oder in Form von Einschüchterung oder Mobbing, Eintragung in „schwarze Listen" oder Rufschädigung. Schutz sollte auch Personen mit beendetem Arbeitsverhältnis und Bewerbern für eine Stelle oder Personen, die Dienstleistungen bei einer Organisation erbringen möchten, gewährt werden, wenn sie während des Einstellungsverfahrens oder einer anderen vorvertraglichen Verhandlungsstufe Informationen über Verstöße erhalten und Repressalien erleiden könnten, etwa in Form negativer Arbeitszeugnisse oder indem sie auf „schwarze Listen" gesetzt bzw. geschäftlich boykottiert werden.

(40) Ein wirksamer Hinweisgeberschutz umfasst auch den Schutz von Personengruppen, die zwar auf ihre berufliche Tätigkeit nicht wirtschaftlich angewiesen sind, aber infolge einer Meldung von Verstößen dennoch Repressalien erleiden können. Gegenüber Freiwilligen und bezahlten oder unbezahlten Praktikanten könnten Repressalien etwa in der Form ausgeübt werden, dass ihre Dienste nicht mehr in Anspruch genommen werden, ihnen negative Arbeitszeugnisse ausgestellt werden oder ihr Ruf bzw. ihre beruflichen Perspektiven auf andere Weise geschädigt werden.

(41) Es sollte nicht nur Schutz vor Repressalien gewährt werden, die direkt gegen den Hinweisgeber selbst ergriffen werden, sondern auch für Maßnahmen, die indirekt, einschließlich gegen Mittler, Kollegen oder Verwandte des Hinweisgebers, die ebenfalls in einer beruflichen Verbindung zum Arbeitgeber des Hinweisgebers, zu einem Kunden des Hinweisgebers oder zu einem Empfänger vom Hinweisgeber erbrachter Dienstleistungen stehen, ergriffen werden können. Unbeschadet des Schutzes, den Gewerkschaftsvertreter oder Arbeitnehmervertreter nach sonstigen Unionsbestimmungen und den nationalen Bestimmungen in ihrer Eigenschaft als Interessenvertreter genießen, sollten sie sowohl im Fall von Meldungen, die sie in ihrer Eigenschaft als Arbeitnehmer erstatten, als auch im Fall der Beratung und Unterstützung des Hinweisgebers den in dieser Richtlinie vorgesehenen Schutz genießen. Indirekte Repressalien umfassen auch Maßnahmen wie Verweigerung von Dienstleistungen, Erfassung auf „schwarzen Listen" oder Geschäftsboykott gegen die juristische Person, die im Eigentum des Hinweisgebers steht, für die er arbeitet oder mit der er in einem beruflichen Kontext anderweitig in Verbindung steht.

(42) Um eine ernsthafte Schädigung des öffentlichen Interesses wirksam aufdecken und verhindern zu können, muss der Begriff „Verstoß" auch auf missbräuchliche Praktiken im Sinne der Rechtsprechung des Gerichtshofs erfassen, also Handlungen oder Unterlassungen, die in formaler Hinsicht nicht als rechtswidrig erscheinen, die jedoch mit dem Ziel oder Zweck der einschlägigen Rechtsvorschriften unvereinbar sind.

(43) Um Verstöße gegen das Unionsrecht wirksam zu unterbinden, sollten auch Personen geschützt werden, die Informationen melden, die zur Aufdeckung von bereits eingetretenen Verstößen, von Verstößen, die zwar noch nicht eingetreten sind, aber mit deren Eintreten mit hoher Wahrscheinlichkeit zu rechnen ist, von Handlungen oder Unterlassungen, die der Hinweisgeber aus hinreichendem Grund als Verstöße erachtet, sowie von Versuchen zur Verschleierung von Verstößen notwendig sind. Aus denselben Gründen ist der Schutz auch für Personen gerechtfertigt, die zwar keine eindeutigen Beweise beibringen, aber begründete Bedenken oder einen begründeten Verdacht äußern. Demgegenüber sollte Personen, die Informationen melden, die bereits öffentlich in vollem Umfang verfügbar sind oder bei denen es sich um unbegründete Spekulationen oder Gerüchte handelt, kein Schutz gewährt werden.

(44) Es sollte ein enger Zusammenhang zwischen der Meldung und der unmittelbar oder mittelbar von dem Hinweisgeber erlittenen Benachteiligung bestehen, damit die Benachteiligung als Repressalie angesehen werden kann und der Hinweisgeber daher Rechtsschutz in dieser Hinsicht erhalten kann. Ein wirksamer Schutz von Hinweisgebern als Mittel zur besseren Durchsetzung des Unionsrechts erfordert eine weit gefasste Definition des Begriffs Repressalien, die jede benachteiligende Handlung oder Unterlassung im beruflichen Kontext einschließt. Diese Richtlinie sollte jedoch Arbeitgeber nicht daran hindern, beschäftigungsbezogene Entscheidungen zu treffen, die nicht auf die Meldung oder Offenlegung zurückzuführen sind.

(45) Schutz vor Repressalien als Mittel zum Schutz der Freiheit der Meinungsäußerung und der Freiheit und der Pluralität der Medien sollte Personen gewährt werden, die Informationen über Handlungen oder Unterlassungen innerhalb einer Organisation melden (im Folgenden „interne Meldungen") oder einer externen Behörde zukommen lassen (im Folgenden „externe Meldungen"), sowie Personen, die diese Informationen öffentlich zugänglich machen, etwa direkt über Online-Plattformen und soziale Medien oder indirekt über die Medien, gewählte Amtsträger, zivilgesellschaftliche Organisationen, Gewerkschaften oder Berufsverbände.

(46) Hinweisgeber sind besonders wichtige Informationsquellen für investigative Journalisten. Ein wirksamer Schutz von Hinweisgebern vor Repressalien erhöht die Rechtssicherheit potenzieller Hinweisgeber und fördert damit die Weitergabe von Hinweisen auch über die Medien. In dieser Hinsicht trägt der Schutz von Hinweisgebern als journalistische Quellen wesentlich zur Wahrung

4/7. HinweisgeberRL
Präambel

der Überwachungsfunktion investigativer Journalisten in demokratischen Gesellschaften bei.

(47) Damit Verstöße gegen das Unionsrecht wirksam aufgedeckt und unterbunden werden können, müssen die einschlägigen Informationen rasch zu denjenigen gelangen, die der Ursache des Problems am nächsten sind, der Meldung am ehesten nachgehen können und über entsprechende Befugnisse verfügen, um dem Problem, soweit möglich, abzuhelfen. Aus diesem Grund sollten Hinweisgeber grundsätzlich darin bestärkt werden, zunächst die internen Meldekanäle zu nutzen und ihrem Arbeitgeber Meldung zu erstatten, sofern ihnen derartige Kanäle zur Verfügung stehen und vernünftigerweise erwartet werden kann, dass sie funktionieren. Dies gilt insbesondere, wenn die Hinweisgeber der Meinung sind, dass in der betreffenden Organisation wirksam gegen den Verstoß vorgegangen werden kann und keine Repressalien drohen. Folglich sollten juristische Personen des privaten und öffentlichen Sektors geeignete interne Verfahren für die Entgegennahme von Meldungen und entsprechende Folgemaßnahmen einrichten. In dieser Weise bestärkt werden sollten Hinweisgeber auch, wenn diese Kanäle eingerichtet wurden, ohne dass dazu nach dem Unionsrecht oder dem nationalen Recht eine Verpflichtung bestand. Dieser Grundsatz sollte bei Organisationen zur Förderung einer Kultur der guten Kommunikation und der sozialen Verantwortung von Unternehmen beitragen, in deren Rahmen Hinweisgeber als Personen gelten, die wesentlich zu Selbstverbesserung und herausragender Kompetenz innerhalb der Organisation beitragen.

(48) Bei juristischen Personen des Privatrechts sollte die Verpflichtung zur Einrichtung interner Meldekanäle in einem angemessenen Verhältnis zu ihrer Größe und dem Ausmaß des Risikos ihrer Tätigkeiten für das öffentliche Interesse stehen. Alle Unternehmen mit 50 oder mehr Arbeitnehmern, die Mehrwertsteuer erheben müssen, sollten unabhängig von der Art ihrer Tätigkeiten interne Meldekanäle einrichten müssen. Die Mitgliedstaaten können nach einer geeigneten Risikobewertung auch anderen Unternehmen vorschreiben, in bestimmten Fällen interne Meldekanäle einzurichten, etwa aufgrund erheblicher Risiken, die sich aus ihrer Tätigkeit ergeben.

(49) Die Möglichkeit der Mitgliedstaaten, juristische Personen des privaten Sektors mit weniger als 50 Arbeitnehmern darin zu bestärken, interne Kanäle für Meldungen und Folgemaßnahmen einzurichten, indem sie unter anderem für diese Kanäle weniger strenge Anforderungen als in dieser Richtlinie vorgesehen festlegen, sofern durch diese Anforderungen die Vertraulichkeit der Meldung und ordnungsgemäße Folgemaßnahmen garantiert sind, sollte von der Richtlinie unberührt bleiben.

(50) Die Ausnahme für Klein- und Kleinstunternehmen von der Verpflichtung, interne Meldekanäle einzurichten, sollte nicht für Privatunternehmen gelten, die gemäß den in Teilen I.B und II des Anhangs genannten Rechtsakten der Union zur Einrichtung interner Meldekanäle verpflichtet sind.

(51) Sehen juristische Personen des privaten Sektors keine internen Meldekanäle vor, sollte es klar sein, dass es Hinweisgebern möglich sein sollte, Meldungen extern an die zuständigen Behörden zu richten, und dass sie nach Maßgabe dieser Richtlinie vor Repressalien geschützt sein sollten.

(52) Um insbesondere die Einhaltung der Vorschriften für die Vergabe öffentlicher Aufträge im öffentlichen Sektor zu gewährleisten, sollten alle öffentlichen Auftraggeber und Auftraggeber auf lokaler, regionaler und nationaler Ebene entsprechend ihrer Größe zur Einrichtung interner Meldekanäle verpflichtet sein.

(53) Solange die Vertraulichkeit der Identität des Hinweisgebers gewahrt bleibt, kann jede juristische Person des privaten und öffentlichen Sektors selbst festlegen, welche Art von Meldekanälen einzurichten ist. Konkret sollten die Meldekanäle es Personen ermöglichen, schriftlich Meldung zu erstatten und diese Meldung auf dem Postweg, über einen Beschwerde-Briefkasten oder über eine Online-Plattform, sei es eine Plattform im Intranet oder im Internet, einzureichen, oder mündlich Meldung zu erstatten, über eine Telefon-Hotline oder ein anderes System für gesprochene Nachrichten, oder beides. Auf Anfrage des Hinweisgebers sollte es über diese Kanäle auch möglich sein, innerhalb eines angemessenen Zeitraums im Rahmen von physischen Zusammenkünften Meldung zu erstatten.

(54) Auch Dritte könnten ermächtigt werden, Meldungen von Verstößen im Namen von juristischen Personen des privaten und öffentlichen Sektors entgegenzunehmen, sofern sie entsprechende Garantien für die Wahrung der Unabhängigkeit und Vertraulichkeit, des Datenschutzes und der Geheimhaltung bieten. Bei solchen Dritten könnte es sich um externe Anbieter von Meldeplattformen, externe Berater, Prüfer, Gewerkschaftsvertreter oder Arbeitnehmervertreter handeln.

(55) Interne Meldeverfahren sollten juristische Personen des privaten Sektors in die Lage versetzen, nicht nur den Meldungen ihrer Arbeitnehmer bzw. der Arbeitnehmer ihrer Tochterunternehmen oder verbundenen Unternehmen (im Folgenden „Gruppe") unter vollständiger Wahrung der Vertraulichkeit nachzugehen, sondern soweit möglich auch den Meldungen der Arbeitnehmer von Vertretern und Lieferanten der Gruppe sowie von Personen, die im Rahmen ihrer beruflichen Tätigkeit mit dem Unternehmen und der Gruppe Informationen erhalten.

(56) Welche Personen oder Abteilungen innerhalb einer juristischen Person des privaten Sektors am besten geeignet sind, Meldungen entgegenzunehmen und Folgemaßnahmen zu ergreifen, hängt von der Struktur des Unternehmens ab; ihre Funktion sollte jedenfalls dergestalt sein, dass ihre Unabhängigkeit gewährleistet wird und Interessenkonflikte ausgeschlossen werden. In kleineren Unternehmen könnte diese Aufgabe durch einen Mitarbeiter in Doppelfunktion erfüllt werden, der direkt der Unternehmensleitung berichten kann, etwa ein Leiter der Compliance-

4/7. HinweisgeberRL
Präambel

oder Personalabteilung, ein Integritätsbeauftragter, ein Rechts- oder Datenschutzbeauftragter, ein Finanzvorstand, ein Auditverantwortlicher oder ein Vorstandsmitglied.

(57) Bei internen Meldungen trägt eine möglichst umfassende Unterrichtung des Hinweisgebers, soweit diese rechtlich möglich ist, über die Folgemaßnahmen zu einer Meldung wesentlich dazu bei, Vertrauen in die Wirksamkeit des allgemeinen Hinweisgeberschutzes aufzubauen und die Wahrscheinlichkeit weiterer unnötiger Meldungen oder einer Offenlegung zu senken. Der Hinweisgeber sollte innerhalb eines angemessenen Zeitrahmens über die geplanten oder ergriffenen Folgemaßnahmen und die Gründe für die Wahl jener Folgemaßnahmen informiert werden. Die Folgemaßnahmen könnten beispielsweise den Verweis auf andere Kanäle oder Verfahren bei Meldungen, die ausschließlich die individuellen Rechte des Hinweisgebers betreffen, den Abschluss des Verfahrens aufgrund mangelnder Beweise oder anderer Gründe, die Einleitung interner Nachforschungen, eventuell unter Angabe der Ergebnisse und möglicher Maßnahmen zur Behebung des Problems oder die Befassung einer zuständigen Behörde zwecks weiterer Untersuchung umfassen, soweit diese Informationen die internen Nachforschungen oder die Untersuchung nicht berühren und die Rechte der von der Meldung betroffenen Person nicht beeinträchtigen. Der Hinweisgeber sollte in jedem Fall über die Fortschritte und Ergebnisse der Untersuchung informiert werden. Es sollte möglich sein, den Hinweisgeber während der Untersuchung um weitere Informationen zu bitten, ohne dass jedoch eine Verpflichtung zur Bereitstellung dieser Informationen besteht.

(58) Ein angemessener Zeitrahmen zur Unterrichtung des Hinweisgebers sollte drei Monate nicht überschreiten. Werden die geeigneten Folgemaßnahmen erst noch festgelegt, so sollte der Hinweisgeber auch darüber informiert werden; zudem sollte ihm mitgeteilt werden, welche weiteren Rückmeldungen er erwarten kann.

(59) Personen, die Verstöße gegen das Unionsrecht melden wollen, sollten eine fundierte Entscheidung darüber treffen können, ob, wann und auf welche Weise sie Meldung erstatten. Juristische Personen des privaten und öffentlichen Sektors, die über interne Meldeverfahren verfügen, sollten Informationen zu diesen Verfahren sowie über externe Meldeverfahren an die jeweils zuständigen Behörde bereitstellen müssen. Es ist von wesentlicher Bedeutung, dass diese Informationen klar und leicht zugänglich sind, und zwar – soweit möglich – auch für Personen, die nicht Arbeitnehmer des Unternehmens sind, die aber aufgrund ihrer beruflichen Tätigkeit mit dem Unternehmen in Kontakt treten, beispielsweise Dienstleistungsunternehmen, Vertriebsunternehmen, Lieferanten und andere Geschäftspartner. Die Informationen könnten etwa an einer sichtbaren, für diesen gesamten Personenkreis zugänglichen Stelle sowie auf der Unternehmenswebsite veröffentlicht werden und auch in Kursen und Schulungen zum Thema Ethik und Integrität behandelt werden.

(60) Eine wirksame Aufdeckung und Verhütung von Verstößen gegen das Unionsrecht setzt voraus, dass potenzielle Hinweisgeber die Informationen in ihrem Besitz einfach und unter vollständiger Wahrung der Vertraulichkeit an die zuständigen Behörden weitergeben können, die in der Lage sind, das Problem zu untersuchen und soweit wie möglich zu beheben.

(61) Es kann vorkommen, dass keine internen Kanäle bestehen oder dass sie zwar verwendet wurden, aber nicht ordnungsgemäß funktionierten – etwa weil die Meldung nicht gewissenhaft oder innerhalb eines angemessenen Zeitrahmens bearbeitet wurde – oder dass trotz der Bestätigung eines Verstoßes als Ergebnis der entsprechenden internen Untersuchung keine Maßnahmen ergriffen wurden, um gegen den Verstoß vorzugehen.

(62) In anderen Fällen kann vernünftigerweise nicht erwartet werden, dass die Nutzung interner Kanäle angemessen funktioniert. Dies ist insbesondere der Fall, wenn Hinweisgeber hinreichenden Grund zu der Annahme haben, dass sie im Zusammenhang mit der Meldung, auch infolge der Verletzung der Vertraulichkeitspflicht, Repressalien erleiden würden oder dass zuständige Behörden besser in der Lage wären, wirksam gegen den Verstoß vorzugehen. Zuständige Behörden wären beispielsweise in einer besseren Position, wenn der letztlich verantwortliche Mitarbeiter an dem Verstoß beteiligt ist, oder die Gefahr besteht, dass der Verstoß verschleiert wird oder diesbezügliche Beweismittel unterdrückt bzw. vernichtet werden könnten; oder allgemeiner, wenn die Wirksamkeit von Untersuchungsmaßnahmen durch die zuständigen Behörden auf andere Weise gefährdet wäre, beispielsweise im Fall von Meldungen über Kartellabsprachen und andere Verstöße gegen die Wettbewerbsvorschriften, oder wenn bei dem Verstoß dringender Handlungsbedarf etwa zum Schutz der Gesundheit oder der Sicherheit von Menschen oder zum Schutz der Umwelt besteht. In allen Fällen sollten Hinweisgeber, die ihre Meldung extern an die zuständigen Behörden oder gegebenenfalls an die zuständigen Organe, Einrichtungen und sonstigen Stellen der Union übermitteln, geschützt werden. Durch diese Richtlinie sollte auch Schutz gewährt werden, wenn der Hinweisgeber nach dem Unionsrecht oder dem nationalen Recht gehalten ist, den zuständigen nationalen Behörden Meldung zu erstatten, beispielsweise im Rahmen seiner mit der Stelle verbundenen Aufgaben und Zuständigkeiten oder weil der Verstoß eine Straftat darstellt.

(63) Mangelndes Vertrauen in die Wirksamkeit von Meldungen ist ein wesentlicher Faktor, der potenzielle Hinweisgeber abschreckt. Entsprechend besteht ein Bedürfnis, die zuständigen Behörden zu verpflichten, geeignete externe Meldekanäle zu schaffen, eingegangene Meldungen sorgfältig nachzuverfolgen und dem Hinweisgeber innerhalb eines angemessenen Zeitrahmens Rückmeldung zu geben.

4/7. HinweisgeberRL
Präambel

(64) Es sollte Sache der Mitgliedstaaten sein, die zuständigen Behörden zu benennen, die befugt sind, unter diese Richtlinie fallende Informationen über Verstöße entgegenzunehmen und geeignete Folgemaßnahmen zu den Meldungen zu ergreifen. Dabei könnte es sich um Justizbehörden, in den betreffenden Einzelbereichen zuständige Regulierungs- oder Aufsichtsstellen oder Behörden mit allgemeinerer Zuständigkeit auf zentraler Ebene eines Mitgliedstaats, Strafverfolgungsbehörden, Korruptionsbekämpfungsstellen oder Ombudsleute handeln.

(65) Als Empfänger dieser Meldungen sollten die als zuständig benannten Behörden über die erforderlichen Kapazitäten und Befugnisse verfügen, um im Einklang mit ihrem Mandat für angemessene Folgemaßnahmen Sorge zu tragen, wozu auch die Beurteilung der Stichhaltigkeit der in der Meldung erhobenen Vorwürfe und das Vorgehen gegen die gemeldeten Verstöße durch Einleitung einer internen Nachforschung, einer Untersuchung, der Strafverfolgung oder der Einziehung von Mitteln oder durch sonstige geeignete Abhilfemaßnahmen gehören. Alternativ sollten diese Behörden die erforderlichen Befugnisse besitzen, um eine andere Behörde mit der Meldung zu befassen, die den gemeldeten Verstoß untersuchen sollte, wobei sie dafür Sorge tragen sollten, dass diese andere Behörde angemessene Folgemaßnahmen trifft. Insbesondere wenn die Mitgliedstaaten z. B. im Bereich der staatlichen Beihilfen externe Meldekanäle auf ihrer zentralen Ebene schaffen wollen, sollten sie angemessene Garantien einführen, damit die in dieser Richtlinie niedergelegten Auflagen der Unabhängigkeit und Autonomie eingehalten werden. Die Aufsichtsbefugnisse der Mitgliedstaaten oder der Kommission im Bereich der staatlichen Beihilfen sollten durch die Schaffung derartiger externer Meldekanäle nicht berührt werden; ebenso wenig sollten die ausschließlichen Befugnisse der Kommission hinsichtlich der Erklärung der Vereinbarkeit staatlicher Beihilfemaßnahmen insbesondere gemäß Artikel 107 Absatz 3 AEUV durch diese Richtlinie berührt werden. In Bezug auf Verstöße gegen die Artikel 101 und 102 AEUV sollten die Mitgliedstaaten unbeschadet der Befugnisse der Kommission in diesem Bereich als zuständige Behörden diejenigen benennen, auf die in Artikel 35 der Verordnung (EG) Nr. 1/2003 des Rates Bezug genommen wird.

(66) Ferner sollten die zuständigen Behörden dem Hinweisgeber Rückmeldung zu den geplanten oder ergriffenen Folgemaßnahmen geben, beispielsweise Befassung einer anderen Behörde, Abschluss des Verfahrens aufgrund mangelnder Beweise oder anderer Gründe oder Einleitung einer Untersuchung, eventuell unter Angabe der Ergebnisse und möglicher Maßnahmen zur Behebung des Problems sowie zu den Gründen für die Wahl jener Folgemaßnahmen. Das Unionsrecht, zu dem auch mögliche Einschränkungen für die Veröffentlichung von Beschlüssen im Bereich der Vorschriften für den Finanzsektor gehören, sollte durch Mitteilungen über die abschließenden Ergebnisse der Untersuchung nicht berührt werden. Dies sollte entsprechend im Bereich der Unternehmensbesteuerung gelten, wenn im geltenden nationalen Recht ähnliche Beschränkungen vorgesehen sind.

(67) Folgemaßnahmen und Rückmeldungen sollten innerhalb eines angemessenen Zeitrahmens erfolgen, da das Problem, das Gegenstand der Meldung ist, unverzüglich angegangen werden und eine unnötige Offenlegung vermieden werden muss. Der Zeitrahmen sollte nicht mehr als drei Monate umfassen, könnte jedoch auf sechs Monate ausgedehnt werden, wenn die besonderen Umstände des Falls dies erfordern, insbesondere wenn die Art und die Komplexität des Gegenstands der Meldung eine langwierige Untersuchung nach sich zieht.

(68) In bestimmten Bereichen wie Marktmissbrauch, d. h. Verordnung (EU) Nr. 596/2014 und Durchführungsrichtlinie (EU) 2015/2392, Zivilluftfahrt, d. h. Verordnung (EU) Nr. 376/2014, oder Sicherheit von Offshore-Erdöl- und -Erdgasaktivitäten, d. h. Richtlinie 2013/30/EU, sieht das Unionsrecht schon jetzt die Einrichtung interner und externer Meldekanäle vor. Die nach der vorliegenden Richtlinie verpflichtend einzurichtenden Kanäle sollten so weit wie möglich auf den bestehenden Kanälen aufbauen, die in einschlägigen Unionsrechtsakten vorgesehen sind.

(69) Die Kommission sowie einige Einrichtungen und sonstige Stellen der Union, darunter das Europäische Amt für Betrugsbekämpfung (OLAF), die Europäische Agentur für die Sicherheit des Seeverkehrs (EMSA), die Europäische Agentur für Flugsicherheit (EASA), die Europäische Wertpapier- und Marktaufsichtsbehörde (ESMA) und die Europäische Arzneimittel-Agentur (EMA), verfügen über externe Meldekanäle und Verfahren für den Empfang von Meldungen über Verstöße, die in den Anwendungsbereich dieser Richtlinie fallen, wobei in erster Linie die Vertraulichkeit der Identität des Hinweisgebers gewährleistet wird. Diese Richtlinie sollte solche eventuell vorhandenen externen Meldekanäle und -verfahren unberührt lassen, dabei jedoch gewährleisten, dass Personen, die bei Organen, Einrichtungen und sonstigen Stellen der Union Verstöße melden, in der gesamten Union von gemeinsamen Mindestschutzstandards profitieren.

(70) Im Hinblick auf die Wirksamkeit der Verfahren für die Folgemaßnahmen zu Meldungen und das Vorgehen gegen Verstöße gegen das betreffende Unionsrecht sollten die Mitgliedstaaten Maßnahmen ergreifen können, um die zuständigen Behörden bei Meldungen über geringfügige Verstöße gegen Vorschriften, die in den Anwendungsbereich dieser Richtlinie fallen, wiederholten Meldungen oder Meldungen von Verstößen gegen Nebenbestimmungen, beispielsweise Bestimmungen über die Dokumentations- oder Mitteilungspflichten, zu entlasten. Diese Maßnahmen könnten darin bestehen, dass den zuständigen Behörden gestattet wird, nach einer gebührenden Bewertung der Angelegenheit zu entscheiden, dass der gemeldete Verstoß eindeutig geringfügig ist und mit Ausnahme des Abschlusses des Verfahrens keine

weiteren Folgemaßnahmen gemäß dieser Richtlinie erforderlich macht. Es sollte den Mitgliedstaaten auch möglich sein, den zuständigen Behörden zu gestatten, das Verfahren bei wiederholten Meldungen einzustellen, die keine zweckdienlichen neuen Informationen beinhalten und zu einer Meldung in der Vergangenheit gehören, für die die einschlägigen Verfahren abgeschlossen wurden, es sei denn, neue rechtliche oder tatsächliche Umstände rechtfertigen eine andere Art von Folgemaßnahme. Außerdem sollten die Mitgliedstaaten in der Lage sein, den zuständigen Behörden zu gestatten, beim Eingang zahlreicher Meldungen der Bearbeitung von Meldungen über schwerwiegende Verstöße oder Verstöße gegen wesentliche Bestimmungen, die in den Geltungsbereich dieser Richtlinie fallen, Vorrang einzuräumen.

(71) Soweit dies nach Unionsrecht oder nationalem Recht vorgesehen ist, sollten die zuständigen Behörden Fälle oder relevante Informationen über Verstöße an die zuständigen Organe, Einrichtungen und sonstigen Stellen der Union übermitteln, einschließlich – für die Zwecke dieser Richtlinie – OLAF und die Europäische Staatsanwaltschaft (EUStA); dies gilt unbeschadet der Möglichkeit des Hinweisgebers, sich direkt an diese Einrichtungen und sonstigen Stellen der Union zu wenden.

(72) In zahlreichen Politikbereichen, die in den sachlichen Anwendungsbereich dieser Richtlinie fallen, gibt es Kooperationsmechanismen, über die die zuständigen nationalen Behörden Informationen austauschen und bei Verstößen gegen das Unionsrecht, die eine grenzüberschreitende Dimension aufweisen, Folgemaßnahmen ergreifen. Die Beispiele reichen vom System für Amtshilfe und Zusammenarbeit, das durch den Durchführungsbeschluss (EU) 2015/1918 der Kommission eingerichtet wurde, in Fällen grenzüberschreitender Verstöße gegen die Unionsvorschriften für die Lebensmittelkette, über das Lebensmittelbetrug-Netz gemäß der Verordnung (EG) Nr. 882/2004 des Europäischen Parlaments und des Rate, das Schnellwarnsystem für gefährliche Non-Food-Produkte, das durch die Verordnung (EG) Nr. 178/2002 des Europäischen Parlaments und des Rates eingerichtet wurde, das Netzwerk für die Zusammenarbeit im Verbraucherschutz gemäß der Verordnung (EG) Nr. 2006/2004 des Europäischen Parlaments und des Rates, bis hin zum Forum für den Vollzug des Umweltrechts und für Umweltordnungspolitik, das durch den Beschluss der Kommission vom 18. Januar 2018 eingerichtet wurde, das Europäischen Wettbewerbsnetz, das durch die Verordnung (EG) Nr. 1/2003 eingerichtet wurde und zur Zusammenarbeit der Verwaltungsbehörden im Bereich der Besteuerung gemäß der Richtlinie 2011/16/EU des Rates. Die zuständigen Behörden der Mitgliedstaaten sollten diese bestehenden Kooperationsmechanismen im Rahmen ihrer Verpflichtung, bei Meldungen über in den Anwendungsbereich dieser Richtlinie fallende Verstöße Folgemaßnahmen zu ergreifen, gegebenenfalls in vollem Umfang nutzen. Überdies könnten die Behörden der Mitgliedstaaten auch bei Verstößen mit grenzüberschreitender Dimension in Bereichen, in denen es solche Kooperationsmechanismen nicht gibt, außerhalb der bestehenden Kooperationsmechanismen zusammenarbeiten.

(73) Um eine wirksame Kommunikation mit ihren für die Bearbeitung von Meldungen zuständigen Mitarbeitern zu ermöglichen, ist es notwendig, dass die zuständigen Behörden nutzerfreundliche, sichere, die Vertraulichkeit für die Entgegennahme und Bearbeitung der von Hinweisgebern übermittelten Informationen über Verstöße wahrende Kanäle einrichten, die die dauerhafte Speicherung von Informationen im Hinblick auf weitere Untersuchungen ermöglichen. Hierfür könnte es erforderlich sein, dass diese Kanäle von den allgemeinen Kanälen, über die die zuständigen Behörden mit der Öffentlichkeit kommunizieren, etwa von ihren normalen Systemen für Beschwerden der Öffentlichkeit, oder von den Kanälen, über die sie in ihren allgemeinen Arbeitsabläufen intern und mit Dritten kommunizieren, getrennt sind.

(74) Die für die Bearbeitung der Meldungen zuständigen Mitarbeiter der zuständigen Behörden sollten speziell geschult und auch mit den geltenden Datenschutzvorschriften vertraut sein, damit sie die Meldungen bearbeiten und die Kommunikation mit dem Hinweisgeber sowie geeignete Folgemaßnahmen sicherstellen können.

(75) Personen, die Verstöße melden wollen, sollten eine fundierte Entscheidung darüber treffen können, ob, wann und auf welche Weise sie Meldung erstatten. Daher sollten die zuständigen Behörden in klarer und der allgemeinen Öffentlichkeit leicht zugänglicher Weise Informationen zu ihren verfügbaren Meldekanälen, den anwendbaren Verfahren und den innerhalb dieser Behörden für die Bearbeitung der Meldungen zuständigen Mitarbeitern bereitstellen. Um Meldungen zu fördern und Hinweisgeber nicht abzuschrecken, sollten sämtliche Informationen zu Meldungen transparent, leicht verständlich und zuverlässig sein.

(76) Die Mitgliedstaaten sollten sicherstellen, dass die zuständigen Behörden angemessene Schutzverfahren für die Bearbeitung von Meldungen und den Schutz der personenbezogenen Daten der in der Meldung genannten Personen eingerichtet haben. Diese Verfahren sollten gewährleisten, dass die Identität aller Hinweisgeber, betroffenen Personen und in der Meldung genannten Dritten, z. B. Zeugen oder Kollegen, in allen Verfahrensstufen geschützt ist.

(77) Es ist notwendig, dass die für die Bearbeitung der Meldungen zuständigen Mitarbeiter wie auch andere Mitarbeiter der zuständigen Behörde, die das Recht haben, auf von einer Person gemeldete Informationen zuzugreifen, oder bei der Übermittlung von Daten innerhalb und außerhalb der zuständigen Behörde ihre berufliche Schweigepflicht sowie die Pflicht zur Wahrung der Vertraulichkeit einhalten, und zwar auch dann, wenn eine zuständige Behörde im Zusammenhang mit der Meldung eine Untersuchung oder ein internes Ermittlungsverfahren einleitet oder Durchsetzungsmaßnahmen ergreift.

4/7. HinweisgeberRL
Präambel

(78) Die Angemessenheit und Zweckdienlichkeit der Verfahren der zuständigen Behörden sollte anhand regelmäßiger Überprüfungen und anhand eines Austauschs der Behörden über bewährte Verfahren gewährleistet werden.

(79) Personen, die Informationen offenlegen, sollten in Fällen geschützt sein, in denen nicht gegen einen Verstoß vorgegangen wird, obwohl es intern und extern gemeldet wurde, beispielsweise wenn der Verstoß nicht angemessen bewertet oder untersucht wurde oder keine geeigneten Abhilfemaßnahmen getroffen wurden. Die Angemessenheit der Folgemaßnahmen sollte nach objektiven Kriterien bewertet werden, die mit der Pflicht der zuständigen Behörden, die Stichhaltigkeit der in der Meldung erhobenen Vorwürfe zu beurteilen und etwaige Verstöße gegen das Unionsrecht abzustellen, im Zusammenhang stehen. Die Angemessenheit der Folgemaßnahmen ist somit abhängig von den fallspezifischen Umständen und von der Art der Vorschriften, gegen die verstoßen wurde. Insbesondere könnte eine Entscheidung der Behörden, dass ein Verstoß eindeutig geringfügig war und mit Ausnahme des Abschlusses des Verfahrens keine weiteren Folgemaßnahmen erfordert, eine angemessene Folgemaßnahme gemäß dieser Richtlinie darstellen.

(80) Personen, die Informationen unmittelbar offenlegen, sollten ebenfalls geschützt werden, wenn sie hinreichenden Grund zu der Annahme haben, dass eine unmittelbare oder offenkundige Gefahr für das öffentliche Interesse oder die Gefahr einer irreversiblen Schädigung etwa der körperlichen Unversehrtheit einer Person besteht.

(81) Personen, die Informationen unmittelbar offenlegen, sollten ebenfalls geschützt sein, wenn sie hinreichenden Grund zu der Annahme haben, dass im Fall einer externen Meldung Repressalien zu befürchten sind oder aufgrund der besonderen Umstände des Falls geringe Aussichten bestehen, dass wirksam gegen den Verstoß vorgegangen wird, weil beispielsweise Beweismittel unterdrückt oder vernichtet werden könnten oder zwischen einer Behörde und dem Urheber des Verstoßes Absprachen bestehen könnten oder die Behörde an dem Verstoß beteiligt sein könnte.

(82) Die Wahrung der Vertraulichkeit der Identität der Hinweisgeber während des Meldeverfahrens und der durch die Meldung ausgelösten Untersuchungen ist eine wesentliche Vorsorgemaßnahme gegen Repressalien. Es sollte nur dann möglich sein, die Identität des Hinweisgebers offenzulegen, wenn dies nach Unionsrecht oder nationalem Recht eine notwendige und verhältnismäßige Pflicht im Rahmen von behördlichen Untersuchungen oder von Gerichtsverfahren darstellt, insbesondere im Hinblick auf die Wahrung der Verteidigungsrechte betroffener Personen. Eine solche Pflicht könnte sich insbesondere aus der Richtlinie 2012/13/EU des Europäischen Parlaments und des Rates ergeben. Die Vertraulichkeit braucht nicht gewahrt zu werden, wenn der Hinweisgeber seine Identität im Rahmen einer Offenlegung absichtlich preisgegeben hat.

(83) Die nach Maßgabe dieser Richtlinie vorgenommene Verarbeitung personenbezogener Daten einschließlich des Austausches oder der Übermittlung personenbezogener Daten durch die zuständigen Behörden sollte im Einklang mit der Verordnung (EU) 2016/679 des Europäischen Parlaments und des Rates und der Richtlinie (EU) 2016/680 des Europäischen Parlaments und des Rates erfolgen. Der Austausch oder die Übermittlung von Informationen durch die Organe, Einrichtungen oder sonstigen Stellen der Union sollte im Einklang mit der Verordnung (EU) 2018/1725 des Europäischen Parlaments und des Rates erfolgen. Besondere Beachtung sollte dabei den für die Verarbeitung personenbezogener Daten geltenden Grundsätzen geschenkt werden, die in Artikel 5 der Verordnung (EU) 2016/679, Artikel 4 der Richtlinie (EU) 2016/680 und Artikel 4 der Verordnung (EU) 2018/1725 niedergelegt sind, sowie dem Grundsatz des Datenschutzes durch Technik und datenschutzfreundliche Voreinstellungen gemäß Artikel 25 der Verordnung (EU) 2016/679, Artikel 20 der Richtlinie (EU) 2016/680 und den Artikeln 27 und 85 der Verordnung (EU) 2018/1725.

(84) Die in dieser Richtlinie festgelegten Verfahren für Folgemaßnahmen nach Meldungen über Verstöße gegen Rechtsvorschriften der Union in Bereichen, die in ihre Zuständigkeit fallen, dienen einem wichtigen Ziel des allgemeinen öffentlichen Interesses der Union und der Mitgliedstaaten im Sinne von Artikel 23 Absatz 1 Buchstabe e der Verordnung (EU) 2016/679, denn sie sollen die Durchsetzung des Rechts und der Politik der Union in bestimmten Bereichen, in denen Verstöße dem öffentlichen Interesse ernsthaft schaden können, verbessern. Der wirksame Schutz der Vertraulichkeit der Identität der Hinweisgeber ist für den Schutz der Rechte und Freiheiten anderer Personen, insbesondere der Hinweisgeber, gemäß Artikel 23 Absatz 1 Buchstabe i der Verordnung (EU) 2016/679 notwendig. Die Mitgliedstaaten sollten die Wirksamkeit dieser Richtlinie gewährleisten, indem sie unter anderem erforderlichenfalls die Ausübung bestimmter Datenschutzrechte betroffener Personen gemäß Artikel 23 Absatz 1 Buchstaben e und i und Artikel 23 Absatz 2 der Verordnung (EU) 2016/679 durch gesetzgeberische Maßnahmen einschränken, soweit und solange dies notwendig ist, um Versuche, Meldungen zu behindern, Folgemaßnahmen – insbesondere Untersuchungen – zu verhindern, zu unterlaufen oder zu verschleppen oder Versuche, die Identität der Hinweisgeber festzustellen, zu verhüten und zu unterbinden.

(85) Der wirksame Schutz der Vertraulichkeit der Identität der Hinweisgeber ist zudem für den Schutz der Rechte und Freiheiten anderer Personen, insbesondere der Hinweisgeber, notwendig, wenn die Meldungen von Behörden im Sinne von Artikel 3 Nummer 7 der Richtlinie (EU) 2016/680 bearbeitet werden. Die Mitgliedstaaten sollten die Wirksamkeit dieser Richtlinie gewährleisten, indem sie unter anderem erforderlichenfalls die Ausübung bestimmter Datenschutzrechte betroffener Personen gemäß Artikel 13 Absatz 3 Buchstaben

a und e, Artikel 15 Absatz 1 Buchstaben a und e, Artikel 16 Absatz 4 Buchstaben a und e und Artikel 31 Absatz 5 der Richtlinie (EU) 2016/680 durch gesetzgeberische Maßnahmen einschränken, soweit und solange dies notwendig ist, um Versuche, Meldungen zu behindern, Folgemaßnahmen – insbesondere Untersuchungen – zu verhindern, zu unterlaufen oder zu verschleppen oder Versuche, die Identität der Hinweisgeber festzustellen, zu verhüten und zu unterbinden.

(86) Die Mitgliedstaaten sollten dafür Sorge tragen, dass alle Meldungen von Verstößen in angemessener Weise dokumentiert werden, jede Meldung abrufbar ist und Informationen aus Meldungen bei Durchsetzungsmaßnahmen gegebenenfalls als Beweismittel verwendbar sind.

(87) Hinweisgeber sollten vor jeder Form von direkten oder indirekten Repressalien geschützt werden, die von ihrem Arbeitgeber, von einem Kunden oder von einem Empfänger von ihnen erbrachter Dienstleistungen und von Personen, die für diese Personen arbeiten oder in ihrem Namen handeln, beispielsweise Kollegen und Führungskräfte derselben Organisation oder anderer Organisationen, mit denen der Hinweisgeber im Rahmen seiner beruflichen Tätigkeiten im Kontakt steht, ergriffen, gefördert oder geduldet werden.

(88) Wenn keine Abschreckung gegen Repressalien besteht und Repressalien ungestraft bleiben, kann dies potenzielle Hinweisgeber von Meldungen abhalten. Ein eindeutiges gesetzliches Verbot von Repressalien würde eine große abschreckende Wirkung besitzen und durch einschlägige Bestimmungen über die persönliche Haftung und über Sanktionen gegen Personen, die zu Repressalien greifen, noch verstärkt werden.

(89) Ein potenzieller Hinweisgeber, der sich nicht sicher ist, wie er Meldung erstatten kann oder ob er letztendlich geschützt werden wird, verliert möglicherweise den Mut, Meldung zu erstatten. Die Mitgliedstaaten sollten daher sicherstellen, dass hierzu einschlägige und zutreffende Informationen in einer klaren und der allgemeinen Öffentlichkeit leicht zugänglichen Weise bereitgestellt werden. Individuelle, unparteiische und vertrauliche Beratungen sollten kostenlos verfügbar sein, beispielsweise zu der Frage, ob die gemeldeten Informationen unter die geltenden Bestimmungen für den Schutz von Hinweisgebern fallen, welcher Meldekanal am besten geeignet sein dürfte und nach welchen alternativen Verfahren vorgegangen werden kann, falls die Informationen nicht unter die geltenden Bestimmungen fallen, sogenannte wegweisende Hinweise. Der Zugang zu derartigen Beratungen kann dazu beitragen, dass Meldungen über geeignete Kanäle und in verantwortungsvoller Weise vorgenommen und Verstöße zeitnah aufgedeckt oder gar verhindert werden. Derartige Beratung und Informationen könnten von einem Informationszentrum oder einer einzigen, unabhängigen Verwaltungsbehörde erteilt werden. Die Mitgliedstaaten können entscheiden, dass diese Beratung auch Rechtsberatung einschließt. Wird diese Beratung der Hinweisgeber von zivilgesellschaftlichen Organisationen übernommen, die verpflichtet sind, Informationen, die sie erhalten, vertraulich zu behandeln, so sollten die Mitgliedstaaten sicherstellen, dass diese Organisationen keinen Repressalien ausgesetzt werden, beispielsweise indem sie dadurch wirtschaftlich geschädigt werden, dass ihr Zugang zu Finanzmitteln eingeschränkt wird, oder indem sie auf eine „schwarze Liste" gesetzt werden und deshalb nicht mehr richtig arbeiten können.

(90) Die zuständigen Behörden sollten den Hinweisgebern die notwendige Unterstützung zukommen lassen, damit diese tatsächlich Zugang zu Schutz erhalten. Insbesondere sollten sie Beweismittel oder sonstige Unterlagen zur Verfügung stellen, mit denen gegenüber anderen Behörden oder vor Gericht bestätigt werden kann, dass eine externe Meldung erfolgt ist. In einigen nationalen Regelungen ist in bestimmten Fällen vorgesehen, dass sich Hinweisgeber bescheinigen lassen können, dass sie die geltenden rechtlichen Vorgaben erfüllen. Ungeachtet dieser Möglichkeiten sollten sie einen wirksamen Zugang zu einer gerichtlichen Überprüfung haben, wobei es den Gerichten obliegt, auf der Grundlage aller einzelnen Umstände des jeweiligen Falles zu entscheiden, ob sie die geltenden rechtlichen Vorgaben erfüllen.

(91) Man sollte sich nicht auf die rechtlichen oder vertraglichen Pflichten des Einzelnen, beispielsweise Loyalitätsklauseln in Verträgen oder Vertraulichkeits- oder Geheimhaltungsvereinbarungen, stützen dürfen, um die Möglichkeit einer Meldung auszuschließen, Hinweisgebern den Schutz zu versagen oder sie für die Meldung von Informationen über Verstöße oder die Offenlegung mit Sanktionen zu belegen, wenn die Weitergabe der Informationen, die unter diese Klauseln und Vereinbarungen fallen, notwendig ist, um den Verstoß aufzudecken. Wenn diese Bedingungen erfüllt sind, sollten Hinweisgeber weder zivil-, straf- oder verwaltungsrechtlich noch in Bezug auf ihre Beschäftigung haftbar gemacht werden können. Es ist angemessen, dass bei Meldung oder Offenlegung von Informationen gemäß dieser Richtlinie Schutz vor Haftung besteht, wenn der Hinweisgeber hinreichenden Grund zu der Annahme hatte, dass die Meldung oder Offenlegung der Informationen notwendig ist, um einen Verstoß im Sinne dieser Richtlinie aufzudecken. Dieser Schutz sollte sich nicht auf überflüssige Informationen erstrecken, die die betreffende Person ohne solchen hinreichenden Grund offengelegt hat.

(92) Hinweisgeber, die die gemeldeten Informationen über Verstöße oder die Dokumente, die diese Informationen enthalten, rechtmäßig erlangt haben oder sich rechtmäßig Zugang zu ihnen verschafft haben, sollten nicht haftbar gemacht werden können. Dies sollte sowohl dann gelten, wenn die Hinweisgeber den Inhalt der Dokumente, zu denen sie rechtmäßig Zugang haben, offenlegen, als auch dann, wenn sie Abschriften dieser Dokumente anfertigen oder diese aus den Räumlichkeiten der Organisation, bei der sie beschäftigt sind, unter Verstoß gegen vertragliche oder sonstige Klau-

4/7. HinweisgeberRL
Präambel

seln, nach denen die betreffenden Dokumente Eigentum der Organisation sind, entfernen. Die Hinweisgeber sollten auch dann nicht haftbar gemacht werden können, wenn die Erlangung der betreffenden Informationen oder Dokumente oder der Zugriff darauf ein Problem im Hinblick auf die zivil- oder verwaltungsrechtliche oder beschäftigungsbezogene Haftung aufwirft. Dies wäre beispielsweise der Fall, wenn die Hinweisgeber die Informationen erlangt haben, indem sie auf E-Mails eines Mitarbeiters oder auf Dateien, die sie im Rahmen ihrer Arbeit normalerweise nicht nutzen, zugegriffen haben, oder indem sie die Räumlichkeiten der Organisation fotografiert oder Räume betreten haben, zu denen sie normalerweise keinen Zugang haben. Wenn die Hinweisgeber eine Straftat – etwa Hausfriedensbruch oder Hacking – begangen haben, um die betreffenden Informationen oder Dokumente zu erlangen oder sich Zugang zu ihnen zu verschaffen, so sollten sie unbeschadet des gemäß Artikel 21 Absatz 7 dieser Richtlinie gewährten Schutzes weiterhin nach Maßgabe der anwendbaren nationalen Rechtsvorschriften strafrechtlich verantwortlich gemacht werden. Ebenso sollte jedwede sonstige Haftung der Hinweisgeber für Handlungen oder Unterlassungen, die nicht mit der Meldung im Zusammenhang stehen oder nicht für die Aufdeckung eines Verstoßes im Sinne dieser Richtlinie notwendig sind, weiterhin den anwendbaren Vorschriften des Unionsrechts oder des nationalen Rechts unterliegen. In diesen Fällen sollte es Sache der nationalen Gerichte sein, anhand aller einschlägigen Sachinformationen und unter Berücksichtigung der jeweiligen Umstände des Einzelfalls, unter anderem der Frage, ob die Handlung oder Unterlassung im Verhältnis zur Meldung oder Offenlegung notwendig und angemessen war, über die Haftung der Hinweisgeber zu befinden.

(93) Für Repressalien werden als Gründe oftmals andere Ursachen als die erfolgte Meldung angeführt, und es kann für Hinweisgeber sehr schwierig sein, den kausalen Zusammenhang zwischen der Meldung und den Repressalien nachzuweisen; die Personen, die die Repressalien ergreifen, stehen hingegen unter Umständen größere Möglichkeiten und Ressourcen zur Verfügung, um ihr eigenes Vorgehen und die dahinter stehenden Gründe zu dokumentieren. Wenn ein Hinweisgeber daher darlegt, dass er Verstöße im Einklang mit dieser Richtlinie gemeldet oder offengelegt und eine Benachteiligung erfahren hat, sollte die Beweislast auf die Person übergehen, die die Benachteiligung vorgenommen hat, d. h. diese sollte dann nachweisen müssen, dass ihr Vorgehen in keiner Weise mit der erfolgten Meldung oder Offenlegung in Verbindung stand.

(94) Über ein ausdrückliches rechtlich verankertes Verbot von Repressalien hinaus ist es von entscheidender Bedeutung, dass Hinweisgeber, die sich Repressalien ausgesetzt sehen, Zugang zu Rechtsbehelfen und Anspruch auf Entschädigung haben. Welcher Rechtsbehelf im Einzelfall am besten geeignet ist, sollte von der Art der erlittenen Repressalie abhängen, und der in solchen Fällen entstandene Schaden sollte im Einklang mit dem nationalen Recht vollständig wiedergutgemacht werden. Geeignete Rechtsbehelfe könnten beispielsweise Wiedereinstellungs- oder Wiedereinsetzungsklagen – beispielsweise nach einer Kündigung, einer Versetzung, einer Herabstufung oder Degradierung oder im Falle der Versagung einer Beförderung oder einer Teilnahme an einer Schulung –, oder Klagen auf Wiederherstellung entzogener Genehmigungen, Lizenzen oder Verträge sowie Klagen auf Entschädigung für eingetretene oder künftige finanzielle Verluste – beispielsweise Gehaltsausfälle in der Vergangenheit oder künftige Einkommensverluste, durch einen Arbeitsplatzwechsel verursachte Kosten –, für sonstige wirtschaftliche Schäden wie Rechtsschutzkosten und Kosten für medizinische Behandlungen sowie für immaterielle Schäden wie Schmerzensgeld sein.

(95) Während die Art des Rechtsbehelfs je nach Rechtsordnung variieren kann, so sollte sie doch sicherstellen, dass der Schaden tatsächlich und wirksam ausgeglichen oder ersetzt wird, und zwar auf eine Art und Weise, die dem erlittenen Schaden angemessen und abschreckend ist. In diesem Zusammenhang von Belang sind die Grundsätze der europäischen Säule sozialer Rechte, und zwar insbesondere der Grundsatz 7, in dem es heißt: „Bei jeder Kündigung haben Arbeitnehmerinnen und Arbeitnehmer das Recht, zuvor die Gründe zu erfahren, und das Recht auf eine angemessene Kündigungsfrist. Sie haben das Recht auf Zugang zu wirkungsvoller und unparteiischer Streitbeilegung und bei einer ungerechtfertigten Kündigung Anspruch auf Rechtsbehelfe einschließlich einer angemessenen Entschädigung." Die auf nationaler Ebene bestehenden Rechtsbehelfe sollten keine abschreckende Wirkung auf potenzielle Hinweisgeber haben. Wenn beispielsweise alternativ zu einer Wiedereinstellung im Fall einer Kündigung auch die Möglichkeit einer Entschädigung vorgesehen wird, könnte dies dazu führen, dass insbesondere größere Organisationen in der Praxis systematisch von dieser Alternative Gebrauch machen – was auf potenzielle Hinweisgeber abschreckend wirkt.

(96) Besonders wichtig für Hinweisgeber ist ein einstweiliger Rechtsschutz während laufender, mitunter langwieriger Gerichtsverfahren. Insbesondere sollten Hinweisgebern auch im nationalen Recht vorgesehene einstweilige Rechtsschutzmaßnahmen zur Verfügung stehen, die geeignet sind, Drohungen oder anhaltende Repressalien wie beispielsweise Mobbing sowie den Versuch zu unterbinden, oder Repressalien wie eine Kündigung, die sich nach einem längeren Zeitraum unter Umständen nur schwer wieder rückgängig machen lässt und den Hinweisgeber finanziell ruinieren kann, zu verhindern, denn gerade diese könnten auch einen potenziellen Hinweisgeber ernsthaft entmutigen.

(97) Eine große abschreckende Wirkung auf Hinweisgeber kann zudem von außerhalb des beruflichen Kontexts ergriffenen Maßnahmen wie Gerichtsverfahren wegen vermeintlicher Verleumdung oder vermeintlicher Verstöße gegen das Urheberrecht, das Geschäftsgeheimnis, die

Vertraulichkeit oder den Schutz personenbezogener Daten ausgehen. In solchen Verfahren sollten sich Hinweisgeber zu ihrer Verteidigung darauf berufen können, die Meldung von Verstößen oder die Offenlegung im Einklang mit dieser Richtlinie vorgenommen zu haben, sofern die gemeldeten oder offengelegten Informationen notwendig waren, um den Verstoß aufzudecken. In derartigen Fällen sollte es der Person obliegen, die das Verfahren angestrengt hat, nachzuweisen, dass der Hinweisgeber die in dieser Richtlinie festgelegten Bedingungen nicht erfüllt.

(98) Die Richtlinie (EU) 2016/943 des Europäischen Parlaments und des Rates enthält Vorschriften, die gewährleisten sollen, dass ein ausreichender und kohärenter zivilrechtlicher Schutz für den Fall des rechtswidrigen Erwerbs oder der rechtswidrigen Nutzung oder Offenlegung eines Geschäftsgeheimnisses besteht. Allerdings ist darin auch festgelegt, dass der Erwerb, die Nutzung oder die Offenlegung eines Geschäftsgeheimnisses insofern als rechtmäßig anzusehen ist, als dies nach dem Unionsrecht erlaubt ist. Personen, die Geschäftsgeheimnisse in einem beruflichen Kontext erlangt haben, sollten nur dann den durch diese Richtlinie gewährten Schutz – auch vor zivilrechtlicher Haftung – genießen, wenn sie die in dieser Richtlinie festgelegten Bedingungen erfüllen, wozu auch gehört, dass die Offenlegung notwendig war, um einen Verstoß, der in den sachlichen Anwendungsbereich dieser Richtlinie fällt, aufzudecken. Sind diese Bedingungen erfüllt, so ist die Offenlegung von Geschäftsgeheimnissen als nach dem Unionsrecht erlaubt im Sinne von Artikel 3 Absatz 2 der Richtlinie (EU) 2016/943 zu betrachten. Überdies sollten beide Richtlinien als einander ergänzend betrachtet werden, und die in der Richtlinie (EU) 2016/943 vorgesehenen zivilrechtlichen Schutzmaßnahmen, Verfahren und Rechtsbehelfe sowie Ausnahmen sollten weiterhin immer dann gelten, wenn eine Offenlegung von Geschäftsgeheimnissen nicht in den Anwendungsbereich der vorliegenden Richtlinie fällt. Zuständige Behörden, denen Informationen über Verstöße zugehen, die Geschäftsgeheimnisse enthalten, sollten sicherstellen, dass sie nicht für Zwecke benutzt oder offengelegt werden, die über das für die ordnungsgemäße Weiterverfolgung der Meldungen erforderliche Maß hinausgehen.

(99) Für Hinweisgeber, die sich auf gerichtlichem Wege gegen erlittene Repressalien zur Wehr setzen, können die betreffenden Rechtskosten eine erhebliche Belastung darstellen. Wenngleich sie solche Kosten am Ende des Verfahrens möglicherweise erstattet bekommen, sind sie unter Umständen nicht in der Lage, diese Kosten zu begleichen, wenn sie am Anfang des Verfahrens auferlegt werden; dies ist insbesondere dann der Fall, wenn sie arbeitslos sind oder auf eine „schwarze Liste" gesetzt wurden. Die Prozesskostenhilfe in Strafverfahren, insbesondere in Fällen, in denen die Hinweisgeber die Bedingungen der Richtlinie (EU) 2016/1919 des Europäischen Parlaments und des Rates erfüllen, und allgemein Unterstützung für Personen, die sich in ernsten finanziellen Nöten befinden, könnten in bestimmten Fällen zu einer wirksamen Durchsetzung des Rechts dieser Personen auf Schutz beitragen.

(100) Die Rechte der betroffenen Person sollten geschützt werden, um eine Rufschädigung oder andere negative Folgen zu vermeiden. Ferner sollten die Verteidigungsrechte der betroffenen Person und ihr Zugang zu Rechtsbehelfen in allen Stadien des sich an die Meldung anschließenden Verfahrens in vollem Umfang und im Einklang mit den Artikeln 47 und 48 der Charta gewahrt werden. Die Mitgliedstaaten sollten die Vertraulichkeit der Identität der betroffenen Person schützen und ihre Verteidigungsrechte nach den im nationalen Recht geltenden Verfahren bei Untersuchungen oder einem anschließenden Gerichtsverfahren gewährleisten; dazu gehören das Recht auf Akteneinsicht, das Recht auf Anhörung und das Recht auf wirksamen Rechtsschutz.

(101) Personen, die infolge einer Meldung oder Offenlegung ungenauer oder irreführender Informationen eine direkte oder indirekte Benachteiligung erfahren, sollten weiterhin den ihnen nach allgemeinem Recht zustehenden Schutz genießen und auf die nach allgemeinem nationalen Recht verfügbaren Rechtsbehelfe zurückgreifen können. In Fällen, in denen diese ungenauen oder irreführenden Informationen vorsätzlich und wissentlich gemeldet oder offengelegt wurden, sollten betroffene Personen Anspruch auf Schadensersatz nach nationalem Recht haben.

(102) Um die Wirksamkeit der Vorschriften über den Schutz von Hinweisgebern sicherzustellen, bedarf es geeigneter zivil-, straf- oder verwaltungsrechtlicher Sanktionen. Sanktionen gegen Personen, die Repressalien oder sonstige beschwerende Maßnahmen gegen Hinweisgeber ergreifen, können von derartigen Handlungen abschrecken. Um von böswilligen Meldungen abzuschrecken und die Glaubwürdigkeit des Systems zu wahren, bedarf es zudem Sanktionen gegen Personen, die wissentlich Informationen über Verstöße melden oder offenlegen, welche nachweislich falsch sind. Die Sanktionen sollten gleichwohl so bemessen sein, dass potenzielle Hinweisgeber nicht abgeschreckt werden.

(103) Alle behördlichen Entscheidungen, die durch diese Richtlinie gewährten Rechte beeinträchtigen, insbesondere Entscheidungen, mit denen die zuständigen Behörden entscheiden, das Verfahren zu einem gemeldeten Verstoß zu beenden, da dieser als eindeutig geringfügig oder die Meldung als wiederholt angesehen wird, oder mit denen sie entscheiden, dass eine bestimmte Meldung keine vorrangige Behandlung erfordert, sind gemäß Artikel 47 der Charta gerichtlich überprüfbar.

(104) Mit dieser Richtlinie werden Mindeststandards eingeführt; die Mitgliedstaaten sollten gleichwohl die Möglichkeit haben, für Hinweisgeber günstigere Bestimmungen als jene dieser Richtlinie einzuführen oder beizubehalten, sofern diese die Maßnahmen zum Schutz der betroffenen

4/7. HinweisgeberRL

Personen unberührt lassen. Die Umsetzung dieser Richtlinie sollte keinesfalls als Rechtfertigung dafür dienen, dass das Schutzniveau in den von ihr erfassten Bereichen, das Hinweisgebern im nationalen Recht bereits gewährt wird, abgesenkt wird.

(105) Gemäß Artikel 26 Absatz 2 AEUV soll der Binnenmarkt einen Raum ohne Binnengrenzen umfassen, in dem der freie Verkehr von Waren und Dienstleistungen gewährleistet ist. Der Binnenmarkt soll den Unionsbürgern einen Mehrwert in Form einer besseren Qualität und Sicherheit der Waren und Dienstleistungen bieten sowie ein hohes Niveau beim Gesundheits- und Umweltschutz sowie beim freien Verkehr personenbezogener Daten sicherstellen. Daher ist Artikel 114 AEUV die geeignete Rechtsgrundlage für den Erlass von Maßnahmen, die für die Errichtung und das Funktionieren des Binnenmarkts erforderlich sind. Zusätzlich zu Artikel 114 AEUV sollte diese Richtlinie auf weiteren spezifischen Rechtsgrundlagen basieren, um jene Bereiche abzudecken, in denen etwaige Maßnahmen der Union auf Grundlage des Artikels 16, des Artikels 43 Absatz 2, des Artikels 50, des Artikels 53 Absatz 1, der Artikel 91 und 100, des Artikels 168 Absatz 4, des Artikels 169, des Artikels 192 Absatz 2 und des Artikels 325 Absatz 4 AEUV sowie auf Grundlage des Artikels 31 des Euratom-Vertrags erlassen werden.

(106) Der sachliche Anwendungsbereich dieser Richtlinie erstreckt sich auf Bereiche, in denen die Einführung eines Schutzes von Hinweisgebern gerechtfertigt und angesichts der bisher vorliegenden Erkenntnisse geboten scheint. Dieser sachliche Anwendungsbereich könnte auf weitere Bereiche oder Rechtsakte der Union ausgeweitet werden, falls sich im Lichte etwaiger neuer Erkenntnisse oder der Ergebnisse einer Evaluierung des Funktionierens dieser Richtlinie die Notwendigkeit ergibt, die Durchsetzung dieser Richtlinie zu verstärken.

(107) Bei der Annahme zukünftiger Rechtsakte mit Relevanz für die unter diese Richtlinie fallenden Politikbereiche sollten diese gegebenenfalls angeben, dass diese Richtlinie Anwendung findet. Falls notwendig, sollten der sachliche Anwendungsbereich dieser Richtlinie entsprechend angepasst und der Anhang geändert werden.

(108) Da das Ziel dieser Richtlinie, nämlich die Stärkung der Durchsetzung von Rechtsakten in bestimmten Politikbereichen, in denen Verstöße gegen das Unionsrecht eine ernsthafte Schädigung des öffentlichen Interesses verursachen können, durch einen wirksamen Schutz von Hinweisgebern von den Mitgliedstaaten allein oder ohne Koordinierung nicht ausreichend verwirklicht werden kann, sondern vielmehr durch die Festlegung gemeinsamer Mindeststandards für den Schutz von Hinweisgebern auf Unionsebene besser zu verwirklichen ist, und da sich nur durch ein Vorgehen auf Unionsebene die Kohärenz und die Vereinheitlichung der geltenden Unionsvorschriften über den Hinweisgeberschutz erreichen lässt, kann die Union im Einklang mit dem in Artikel 5 des Vertrags über die Europäische Union verankerten Subsidiaritätsprinzip tätig werden. Entsprechend dem in demselben Artikel genannten Grundsatz der Verhältnismäßigkeit geht diese Richtlinie nicht über das für die Verwirklichung dieses Ziels erforderliche Maß hinaus.

(109) Diese Richtlinie steht im Einklang mit den Grundrechten und Grundsätzen, die insbesondere mit der Charta, vor allem in Artikel 11, anerkannt wurden. Folglich ist es von grundlegender Bedeutung, dass diese Richtlinie im Einklang mit diesen Rechten und Grundsätzen umgesetzt wird, indem unter anderem die vollständige Wahrung der Meinungs- und der Informationsfreiheit, des Rechts auf den Schutz personenbezogener Daten, der unternehmerischen Freiheit, des Rechts auf einen hohen Verbraucherschutz, des Rechts auf ein hohes Maß an Schutz der menschlichen Gesundheit, des Rechts auf ein hohes Umweltschutzniveau, des Rechts auf eine gute Verwaltung, des Rechts auf wirksamen Rechtsbehelf und der Rechte der Verteidigung sichergestellt wird.

(110) Der Europäische Datenschutzbeauftragte wurde gemäß Artikel 28 Absatz 2 der Verordnung (EG) Nr. 45/2001 konsultiert –

HABEN FOLGENDE RICHTLINIE ERLASSEN:

KAPITEL I
ANWENDUNGSBEREICH, BEGRIFFSBESTIMMUNGEN UND SCHUTZVORAUSSETZUNGEN

Ziel

Art. 1 Ziel dieser Richtlinie ist eine bessere Durchsetzung des Unionsrechts und der Unionspolitik in bestimmten Bereichen durch die Festlegung gemeinsamer Mindeststandards, die ein hohes Schutzniveau für Personen sicherstellen, die Verstöße gegen das Unionsrecht melden.

Sachlicher Anwendungsbereich

Art. 2 (1) Durch diese Richtlinie werden gemeinsame Mindeststandards für den Schutz von Personen festgelegt, die folgende Verstöße gegen das Unionsrecht melden:

a) Verstöße, die in den Anwendungsbereich der im Anhang aufgeführten Rechtsakte der Union fallen und folgende Bereiche betreffen:
   i) öffentliches Auftragswesen,
   ii) Finanzdienstleistungen, Finanzprodukte und Finanzmärkte sowie Verhinderung von Geldwäsche und Terrorismusfinanzierung,
   iii) Produktsicherheit und -konformität,
   iv) Verkehrssicherheit,
   v) Umweltschutz,
   vi) Strahlenschutz und kerntechnische Sicherheit,
   vii) Lebensmittel- und Futtermittelsicherheit, Tiergesundheit und Tierschutz,
   viii) öffentliche Gesundheit,
   ix) Verbraucherschutz,

x) Schutz der Privatsphäre und personenbezogener Daten sowie Sicherheit von Netz- und Informationssystemen;
b) Verstöße gegen die finanziellen Interessen der Union im Sinne von Artikel 325 AEUV sowie gemäß den genaueren Definitionen in einschlägigen Unionsmaßnahmen;
c) Verstöße gegen die Binnenmarktvorschriften im Sinne von Artikel 26 Absatz 2 AEUV, einschließlich Verstöße gegen Unionsvorschriften über Wettbewerb und staatliche Beihilfen, sowie Verstöße gegen die Binnenmarktvorschriften in Bezug auf Handlungen, die die Körperschaftsteuer-Vorschriften verletzen oder in Bezug auf Vereinbarungen, die darauf abzielen, sich einen steuerlichen Vorteil zu verschaffen, der dem Ziel oder dem Zweck des geltenden Körperschaftsteuerrechts zuwiderläuft.

(2) Diese Richtlinie lässt die Befugnis der Mitgliedstaaten unberührt, den Schutz nach nationalem Recht in Bezug auf Bereiche oder Rechtsakte auszudehnen, die nicht unter Absatz 1 fallen.

Beziehung zu anderen Unionsrechtsakten und nationalen Bestimmungen

Art. 3 (1) Falls die in Teil II des Anhangs aufgeführten sektorspezifischen Rechtsakte der Union spezifische Regeln über die Meldung von Verstößen enthalten, gelten diese Regeln. Die Bestimmungen dieser Richtlinie gelten insoweit, als die betreffende Frage durch diese sektorspezifischen Rechtsakte der Union nicht verbindlich geregelt ist.

(2) Diese Richtlinie berührt nicht die Verantwortung der Mitgliedstaaten, die nationale Sicherheit zu gewährleisten, oder ihre Befugnis zum Schutz ihrer wesentlichen Sicherheitsinteressen. Diese Richtlinie gilt insbesondere nicht für Meldungen von Verstößen gegen die Vorschriften für die Vergabe öffentlicher Aufträge, die Verteidigungs- oder Sicherheitsaspekte betreffen, es sei denn, diese fallen unter das einschlägige Unionsrecht.

(3) Diese Richtlinie berührt nicht die Anwendung von Unionsrecht oder nationalem Recht in Bezug auf alle folgenden Punkte:
a) den Schutz von Verschlusssachen;
b) den Schutz der anwaltlichen und ärztlichen Verschwiegenheitspflichten;
c) das richterliche Beratungsgeheimnis;
d) das Strafprozessrecht.

(4) Diese Richtlinie berührt nicht die nationalen Vorschriften über die Wahrnehmung des Rechts von Arbeitnehmern, ihre Vertreter oder Gewerkschaften zu konsultieren, und über den Schutz vor ungerechtfertigten nachteiligen Maßnahmen aufgrund einer solchen Konsultation sowie über die Autonomie der Sozialpartner und deren Recht, Tarifverträge einzugehen. Dies gilt unbeschadet des durch diese Richtlinie garantierten Schutzniveaus.

Persönlicher Anwendungsbereich

Art. 4 (1) Diese Richtlinie gilt für Hinweisgeber, die im privaten oder im öffentlichen Sektor tätig sind und im beruflichen Kontext Informationen über Verstöße erlangt haben, und schließt mindestens folgende Personen ein:
a) Arbeitnehmer im Sinne von Artikel 45 Absatz 1 AEUV, einschließlich Beamte;
b) Selbstständige im Sinne von Artikel 49 AEUV;
c) Anteilseigner und Personen, die dem Verwaltungs-, Leitungs- oder Aufsichtsorgan eines Unternehmens angehören, einschließlich der nicht geschäftsführenden Mitglieder, sowie Freiwillige und bezahlte oder unbezahlte Praktikanten;
d) Personen, die unter der Aufsicht und Leitung von Auftragnehmern, Unterauftragnehmern und Lieferanten arbeiten.

(2) Diese Richtlinie gilt auch für Hinweisgeber, die Informationen über Verstöße melden oder offenlegen, von denen sie im Rahmen eines inzwischen beendeten Arbeitsverhältnisses Kenntnis erlangt haben.

(3) Diese Richtlinie gilt auch für Hinweisgeber, deren Arbeitsverhältnis noch nicht begonnen hat und die während des Einstellungsverfahrens oder anderer vorvertraglicher Verhandlungen Informationen über Verstöße erlangt haben.

(4) Die Maßnahmen zum Schutz von Hinweisgebern gemäß Kapitel VI gelten, soweit einschlägig, auch für
a) Mittler,
b) Dritte, die mit den Hinweisgebern in Verbindung stehen und in einem beruflichen Kontext Repressalien erleiden könnten, wie z. B. Kollegen oder Verwandte des Hinweisgebers, und
c) juristische Personen, die im Eigentum des Hinweisgebers stehen oder für die der Hinweisgeber arbeitet oder mit denen er in einem beruflichen Kontext anderweitig in Verbindung steht.

Begriffsbestimmungen

Art. 5 Für die Zwecke dieser Richtlinie bezeichnet der Ausdruck
1. „Verstöße" Handlungen oder Unterlassungen, die
   i) rechtswidrig sind und mit den Rechtsakten der Union und den Bereichen in Zusammenhang stehen, die in den sachlichen Anwendungsbereich gemäß Artikel 2 fallen, oder
   ii) dem Ziel oder dem Zweck der Vorschriften der Rechtsakte der Union und der Bereiche, die in den sachlichen Anwendungsbereich gemäß Artikel 2 fallen, zuwiderlaufen;
2. „Informationen über Verstöße" Informationen, einschließlich begründeter Verdachts-

momente, in Bezug auf tatsächliche oder potenzielle Verstöße, die in der Organisation, in der der Hinweisgeber tätig ist oder war, oder in einer anderen Organisation, mit der der Hinweisgeber aufgrund seiner beruflichen Tätigkeit im Kontakt steht oder stand, bereits begangen wurden oder sehr wahrscheinlich erfolgen werden, sowie in Bezug auf Versuche der Verschleierung solcher Verstöße;

3. „Meldung" oder „melden" die mündliche oder schriftliche Mitteilung von Informationen über Verstöße;
4. „interne Meldung" die mündliche oder schriftliche Mitteilung von Informationen über Verstöße innerhalb einer juristischen Person des privaten oder öffentlichen Sektors;
5. „externe Meldung" die mündliche oder schriftliche Mitteilung von Informationen über Verstöße an die zuständigen Behörden;
6. „Offenlegung" oder „offenlegen" das öffentliche Zugänglichmachen von Informationen über Verstöße;
7. „Hinweisgeber" eine natürliche Person, die im Zusammenhang mit ihren Arbeitstätigkeiten erlangte Informationen über Verstöße meldet oder offenlegt;
8. „Mittler" eine natürliche Person, die einen Hinweisgeber bei dem Meldeverfahren in einem beruflichen Kontext unterstützt und deren Unterstützung vertraulich sein sollte;
9. „beruflicher Kontext" laufende oder frühere Arbeitstätigkeiten im öffentlichen oder im privaten Sektor, durch die Personen unabhängig von der Art der Tätigkeiten Informationen über Verstöße erlangen und bei denen sich diese Personen Repressalien ausgesetzt sehen könnten, wenn sie diese Informationen melden würden;
10. „betroffene Person" eine natürliche oder juristische Person, die in der Meldung oder in der Offenlegung als eine Person bezeichnet wird, die den Verstoß begangen hat, oder mit der die bezeichnete Person verbunden ist;
11. „Repressalien" direkte oder indirekte Handlungen oder Unterlassungen in einem beruflichen Kontext, die durch eine interne oder externe Meldung oder eine Offenlegung ausgelöst werden und durch die dem Hinweisgeber ein ungerechtfertigter Nachteil entsteht oder entstehen kann;
12. „Folgemaßnahmen" vom Empfänger einer Meldung oder einer zuständigen Behörde ergriffene Maßnahmen zur Prüfung der Stichhaltigkeit der in der Meldung erhobenen Behauptungen und gegebenenfalls zum Vorgehen gegen den gemeldeten Verstoß, unter anderem durch interne Nachforschungen, Ermittlungen, Strafverfolgungsmaßnahmen, Maßnahmen zur (Wieder-)Einziehung von Mitteln oder Abschluss des Verfahrens;
13. „Rückmeldung" die Unterrichtung des Hinweisgebers über die geplanten oder bereits ergriffenen Folgemaßnahmen und die Gründe für diese Folgemaßnahmen;
14. „zuständige Behörde" die nationale Behörde, die benannt wurde, um Meldungen nach Kapitel III entgegenzunehmen und dem Hinweisgeber Rückmeldung zu geben und/oder als die Behörde benannt wurde, welche die in dieser Richtlinie vorgesehenen Aufgaben – insbesondere in Bezug auf etwaige Folgemaßnahmen – erfüllt.

Voraussetzungen für den Schutz von Hinweisgebern

Art. 6 (1) Hinweisgeber haben Anspruch auf Schutz nach dieser Richtlinie, sofern

a) sie hinreichenden Grund zu der Annahme hatten, dass die gemeldeten Informationen über Verstöße zum Zeitpunkt der Meldung der Wahrheit entsprachen und dass diese Informationen in den Anwendungsbereich dieser Richtlinie fielen, und

b) sie intern gemäß Artikel 7 oder extern gemäß Artikel 10 Meldung erstattet haben oder eine Offenlegung gemäß Artikel 15 vorgenommen haben.

(2) Unbeschadet der nach Unionsrecht bestehenden Verpflichtungen in Bezug auf anonyme Meldungen berührt diese Richtlinie nicht die Befugnis der Mitgliedstaaten zu entscheiden, ob juristische Personen des privaten oder öffentlichen Sektors und zuständige Behörden zur Entgegennahme und Weiterverfolgung anonymer Meldungen von Verstößen verpflichtet sind.

(3) Personen, die Informationen über Verstöße anonym gemeldet oder offengelegt haben, anschließend jedoch identifiziert wurden und Repressalien erleiden, haben dennoch Anspruch auf Schutz gemäß Kapitel VI, sofern sie die Voraussetzungen gemäß Absatz 1 erfüllen.

(4) Personen, die den zuständigen Organen, Einrichtungen oder sonstigen Stellen der Union in den Anwendungsbereich dieser Richtlinie fallende Verstöße melden, haben unter den gleichen Bedingungen Anspruch auf Schutz im Rahmen dieser Richtlinie wie Personen, die extern Meldung erstattet haben.

KAPITEL II
INTERNE MELDUNGEN UND FOLGEMASSNAHMEN

Meldung über interne Meldekanäle

Art. 7 (1) Unbeschadet der Artikel 10 und 15 können Informationen über Verstöße grundsätzlich unter Nutzung der internen Meldekanäle und Verfahren nach Maßgabe dieses Kapitels gemeldet werden.

(2) Die Mitgliedstaaten setzen sich dafür ein, dass die Meldung über interne Meldekanäle gegenüber der Meldung über externe Meldekanäle in den Fällen bevorzugt wird, in denen intern wirksam gegen den Verstoß vorgegangen werden kann und der Hinweisgeber keine Repressalien befürchtet.

(3) Im Rahmen der Unterrichtung vonseiten juristischer Personen des privaten und öffentlichen Sektors gemäß Artikel 9 Absatz 1 Buchstabe g und vonseiten zuständiger Behörden gemäß Artikel 12 Absatz 4 Buchstabe a und Artikel 13 werden zweckdienliche Informationen über die Nutzung der internen Meldekanäle gemäß Absatz 2 bereitgestellt.

Pflicht zur Einrichtung interner Meldekanäle
Art. 8 (1) Die Mitgliedstaaten stellen sicher, dass juristische Personen des privaten und öffentlichen Sektors Kanäle und Verfahren für interne Meldungen und für Folgemaßnahmen einrichten; sofern nach nationalem Recht vorgesehen, nach Rücksprache und im Einvernehmen mit den Sozialpartnern.

(2) Die Kanäle und Verfahren gemäß Absatz 1 dieses Artikels müssen den Arbeitnehmern der juristischen Person die Meldung von Informationen über Verstöße ermöglichen. Sie können auch den in Artikel 4 Absatz 1 Buchstaben b, c und d und Artikel 4 Absatz 2 genannten anderen Personen, die im Rahmen ihrer beruflichen Tätigkeiten mit der juristischen Person im Kontakt stehen, die Meldung von Informationen über Verstöße ermöglichen.

(3) Absatz 1 gilt für juristische Personen des privaten Sektors mit 50 oder mehr Arbeitnehmern.

(4) Der in Absatz 3 festgelegte Schwellenwert gilt nicht für juristische Personen, die unter die im Anhang in den Teilen I.B und II genannten Unionsrechtsakte fallen.

(5) Meldekanäle können intern von einer hierfür benannten Person oder Abteilung betrieben oder extern von einem Dritten bereitgestellt werden. Die in Artikel 9 Absatz 1 genannten Garantien und Anforderungen gelten auch für Dritte, die damit beauftragt sind, den Meldekanal für eine juristische Person des privaten Sektors zu betreiben.

(6) Juristische Personen des privaten Sektors mit 50 bis 249 Arbeitnehmern können für die Entgegennahme von Meldungen und für möglicherweise durchzuführende Untersuchungen Ressourcen teilen. Dies gilt unbeschadet der diesen juristischen Personen durch diese Richtlinie auferlegten Verpflichtung, Vertraulichkeit zu wahren, Rückmeldung zu geben und gegen den gemeldeten Verstoß vorzugehen.

(7) Nach einer geeigneten Risikobewertung, die der Art der Tätigkeiten der juristischen Personen und dem von ihnen ausgehenden Risiko – insbesondere für die Umwelt und die öffentliche Gesundheit – Rechnung trägt, können die Mitgliedstaaten juristische Personen des privaten Sektors mit weniger als 50 Arbeitnehmern verpflichten, interne Meldekanäle und -verfahren gemäß Kapitel II einzurichten.

(8) Die Mitgliedstaaten teilen der Kommission jede gemäß Absatz 7 gefasste Entscheidung, juristische Personen des privaten Sektors zur Einrichtung interner Meldekanäle zu verpflichten, mit. Diese Mitteilung enthält eine Begründung der Entscheidung und die in der Risikobewertung nach Absatz 7 verwendeten Kriterien. Die Kommission setzt die anderen Mitgliedstaaten von dieser Entscheidung in Kenntnis.

(9) Absatz 1 gilt für alle juristischen Personen des öffentlichen Sektors, einschließlich Stellen, die im Eigentum oder unter der Kontrolle einer solchen juristischen Person stehen.

Die Mitgliedstaaten können Gemeinden mit weniger als 10 000 Einwohnern oder weniger als 50 Arbeitnehmern oder sonstige juristische Personen im Sinne von Unterabsatz 1 dieses Absatzes mit weniger als 50 Arbeitnehmern von der Verpflichtung nach Absatz 1 ausnehmen.

Die Mitgliedstaaten können vorsehen, dass interne Meldekanäle entsprechend dem nationalen Recht von Gemeinden gemeinsam oder von gemeinsamen Behördendiensten betrieben werden können, sofern die geteilten internen Meldekanäle von den einschlägigen externen Meldekanälen getrennt und gegenüber diesen autonom sind.

Verfahren für interne Meldungen und Folgemaßnahmen
Art. 9 (1) Die Verfahren für interne Meldungen und Folgemaßnahmen gemäß Artikel 8 schließen Folgendes ein:
a) Meldekanäle, die so sicher konzipiert, eingerichtet und betrieben werden, dass die Vertraulichkeit der Identität des Hinweisgebers und Dritter, die in der Meldung erwähnt werden, gewahrt bleibt und nicht befugten Mitarbeitern der Zugriff darauf verwehrt wird;
b) eine innerhalb einer Frist von sieben Tagen nach Eingang der Meldung an den Hinweisgeber zu richtende Bestätigung dieses Eingangs;
c) die Benennung einer unparteiischen Person oder Abteilung, die für die Folgemaßnahmen zu den Meldungen zuständig ist, wobei es sich um dieselbe Person oder Abteilung handeln kann, die die Meldungen entgegennimmt und die mit dem Hinweisgeber in Kontakt bleibt, diesen erforderlichenfalls um weitere Informationen ersucht und ihm Rückmeldung gibt;
d) ordnungsgemäße Folgemaßnahmen der benannten Person oder Abteilung nach Buchstabe c;
e) ordnungsgemäße Folgemaßnahmen in Bezug auf anonyme Meldungen, sofern durch das nationale Recht vorgesehen;
f) einen angemessenen zeitlichen Rahmen für die Rückmeldung an den Hinweisgeber, und zwar von maximal drei Monaten ab der Bestätigung des Eingangs der Meldung bzw. – wenn der Eingang dem Hinweisgeber nicht bestätigt wurde – drei Monate nach Ablauf der Frist von sieben Tagen nach Eingang der Meldung;
g) die Erteilung klarer und leicht zugänglicher Informationen über die Verfahren für externe Meldungen an die zuständigen Behörden nach Artikel 10 und gegebenenfalls an Orga-

ne, Einrichtungen oder sonstige Stellen der Union.

(2) Die Meldekanäle gemäß Absatz 1 Buchstabe a müssen die Meldung in schriftlicher oder mündlicher bzw. in beiden Formen ermöglichen. Mündliche Meldungen müssen per Telefon oder mittels einer anderen Art der Sprachübermittlung sowie – auf Ersuchen des Hinweisgebers – im Wege einer physischen Zusammenkunft innerhalb eines angemessenen Zeitrahmens möglich sein.

KAPITEL III
EXTERNE MELDUNGEN UND FOLGEMASSNAHMEN

Meldung über externe Meldekanäle

Art. 10 Unbeschadet des Artikels 15 Absatz 1 Buchstabe b melden Hinweisgeber Informationen über Verstöße unter Nutzung der Kanäle und Verfahren gemäß den Artikeln 11 und 12, nachdem sie zuerst über interne Meldekanäle Meldung erstattet haben, oder indem sie direkt über externe Meldekanäle Meldung erstatten.

Pflicht zur Einrichtung externer Meldekanäle und Ergreifung von Folgemaßnahmen nach Meldungen

Art. 11 (1) Die Mitgliedstaaten benennen die zuständigen Behörden, die befugt sind, Meldungen entgegenzunehmen, Rückmeldung dazu zu geben und entsprechende Folgemaßnahmen zu ergreifen, und statten diese Behörden mit angemessenen Ressourcen aus.

(2) Die Mitgliedstaaten stellen sicher, dass die zuständigen Behörden

a) unabhängige und autonome externe Meldekanäle für die Entgegennahme und Bearbeitung von Informationen über Verstöße einrichten;
b) den Eingang der Meldungen umgehend, und in jedem Fall innerhalb von sieben Tagen nach dem Eingang der Meldung, bestätigen, sofern der Hinweisgeber sich nicht ausdrücklich dagegen ausgesprochen oder die zuständige Behörde hinreichenden Grund zu der Annahme hat, dass die Bestätigung des Eingangs der Meldung den Schutz der Identität des Hinweisgebers beeinträchtigen würde;
c) ordnungsgemäße Folgemaßnahmen zu den Meldungen ergreifen;
d) Hinweisgebern binnen eines angemessenen Zeitrahmens von maximal drei Monaten, bzw. sechs Monaten in hinreichend begründeten Fällen, Rückmeldung erstatten.
e) dem Hinweisgeber das abschließende Ergebnis von durch die Meldung ausgelösten Untersuchungen nach den im nationalen Recht vorgesehenen Verfahren mitteilen;
f) die in der Meldung enthaltenen Informationen rechtzeitig an die jeweils zuständigen Organe, Einrichtungen und sonstigen Stellen der Union zur weiteren Untersuchung weiterleiten, sofern diese Möglichkeit nach dem Unionsrecht oder dem nationalen Recht besteht.

(3) Die Mitgliedstaaten können vorsehen, dass die zuständigen Behörden nach ordnungsgemäßer Prüfung des Sachverhalts entscheiden können, dass ein gemeldeter Verstoß eindeutig geringfügig ist und mit Ausnahme des Abschlusses des Verfahrens keine weiteren Folgemaßnahmen gemäß dieser Richtlinie erfordert. Dies berührt nicht andere Verpflichtungen oder andere geltende Verfahren zum Vorgehen gegen den gemeldeten Verstoß, oder den durch diese Richtlinie gewährten Schutz in Bezug auf interne oder externe Meldungen. In diesem Fall teilen die zuständigen Behörden dem Hinweisgeber ihre Entscheidung und die Gründe hierfür mit.

(4) Die Mitgliedstaaten können vorsehen, dass die zuständigen Behörden entscheiden können, Verfahren im Falle von wiederholten Meldungen abzuschließen, die im Vergleich zu einer vorangegangenen Meldung, für die die einschlägigen Verfahren abgeschlossen wurden, keine zweckdienlichen neuen Informationen über Verstöße beinhalten, es sei denn, neue rechtliche oder sachliche Umstände rechtfertigen ein anderes Vorgehen. In diesem Fall teilen die zuständigen Behörden dem Hinweisgeber ihre Entscheidung und die Gründe hierfür mit.

(5) Für den Fall, dass sehr viele Meldungen eingehen, können die Mitgliedstaaten vorsehen, dass die zuständigen Behörden Meldungen von schwerwiegenden Verstößen oder von Verstößen gegen wesentliche in den Anwendungsbereich dieser Richtlinie fallende Bestimmungen vorrangig behandeln können; dies gilt unbeschadet des Zeitrahmens gemäß Absatz 2 Buchstabe d.

(6) Die Mitgliedstaaten stellen sicher, dass Behörden, die eine Meldung erhalten haben, aber nicht befugt sind, gegen den gemeldeten Verstoß vorzugehen, die Meldung innerhalb einer angemessenen Frist auf sichere Weise an die zuständige Behörde weiterleiten und den Hinweisgeber unverzüglich über die Weiterleitung in Kenntnis setzen.

Gestaltung externer Meldekanäle

Art. 12 (1) Externe Meldekanäle gelten als unabhängig und autonom, wenn sie alle folgenden Kriterien erfüllen:

a) sie werden so gestaltet, eingerichtet und betrieben, dass die Vollständigkeit, Integrität und Vertraulichkeit der Informationen gewährleistet ist und nicht befugten Mitarbeitern der zuständigen Behörde der Zugriff darauf verwehrt wird;
b) sie ermöglichen die dauerhafte Speicherung von Informationen gemäß Artikel 18, um weitere Untersuchungen zu ermöglichen.

(2) Die externen Meldekanäle müssen die Meldung in schriftlicher und mündlicher Form ermöglichen. Mündliche Meldungen müssen per Telefon oder mittels einer anderen Art der Sprachübermittlung sowie – auf Ersuchen des Hinweisgebers – im Wege einer physischen Zusammenkunft innerhalb eines angemessenen Zeitrahmens möglich sein.

(3) Die zuständigen Behörden stellen sicher, dass es den entgegennehmenden Mitarbeitern in Fällen, in denen eine Meldung die über andere Kanäle als die in den Absätzen 1 und 2 genannten Meldekanäle eingegangen ist oder von anderen als den für die Bearbeitung zuständigen Mitarbeitern entgegengenommen wurde, untersagt ist, Informationen offenzulegen, durch die die Identität des Hinweisgebers oder der betroffenen Person bekannt werden könnte, und dass diese die Meldung unverzüglich und unverändert an die für die Bearbeitung von Meldungen zuständigen Mitarbeiter weiterleiten.

(4) Die Mitgliedstaaten stellen sicher, dass die zuständigen Behörden Mitarbeiter benennen, die für die Bearbeitung von Meldungen und insbesondere für Folgendes zuständig sind:

a) Übermittlung von Informationen über die Meldeverfahren an etwaige interessierte Personen;

b) Entgegennahme von Meldungen und Ergreifung entsprechender Folgemaßnahmen;

c) Aufrechterhaltung des Kontakts zum Hinweisgeber zwecks Erstattung von Rückmeldungen und erforderlichenfalls Anforderung weiterer Informationen.

(5) Die in Absatz 4 genannten Mitarbeiter werden für die Bearbeitung von Meldungen speziell geschult.

Informationen über die Entgegennahme von Meldungen und die betreffenden Folgemaßnahmen

Art. 13 Die Mitgliedstaaten stellen sicher, dass die zuständigen Behörden in einem gesonderten sowie leicht erkennbaren und zugänglichen Abschnitt ihrer Website mindestens folgende Informationen veröffentlichen:

a) die Bedingungen für den Schutz nach Maßgabe dieser Richtlinie;

b) die Kontaktdaten für die externen Meldekanäle gemäß Artikel 12, insbesondere die E-Mail-Adressen und Postanschriften sowie die Telefonnummern solcher Kanäle mit der Angabe, ob die Telefongespräche aufgezeichnet werden;

c) die geltenden Verfahrensvorschriften für die Meldung von Verstößen, insbesondere die Art und Weise, in der die zuständige Behörde den Hinweisgeber auffordern kann, die gemeldeten Informationen zu präzisieren oder zusätzliche Informationen zu liefern, der Zeitrahmen für die Rückmeldung sowie Art und Inhalt dieser Rückmeldung;

d) die geltende Vertraulichkeitsregelung für Meldungen und insbesondere die Informationen über die Verarbeitung personenbezogener Daten – je nach Anwendbarkeit – gemäß Artikel 17 dieser Richtlinie, Artikel 5 und 13 der Verordnung (EU) 2016/679, Artikel 13 der Richtlinie (EU) 2016/680 oder Artikel 15 der Verordnung (EU) 2018/1725;

e) die Art der zu eingehenden Meldungen zu ergreifenden Folgemaßnahmen;

f) die verfügbaren Abhilfemöglichkeiten und Verfahren für den Schutz vor Repressalien sowie Verfügbarkeit einer vertraulichen Beratung von Personen, die in Erwägung ziehen, eine Meldung zu erstatten;

g) eine Erläuterung, aus der eindeutig hervorgeht, unter welchen Umständen Personen, die eine Meldung an die zuständige Behörde richten, nicht wegen Verletzung der Geheimhaltungspflicht gemäß Artikel 21 Absatz 2 haftbar gemacht werden können; und

h) gegebenenfalls die Kontaktdaten des Informationszentrums oder der einzigen unabhängigen Verwaltungsbehörde gemäß Artikel 20 Absatz 3.

Überprüfung der Verfahren durch die zuständigen Behörden

Art. 14 Die Mitgliedstaaten tragen dafür Sorge, dass die zuständigen Behörden ihre Verfahren für die Entgegennahme von Meldungen und die Folgemaßnahmen dazu regelmäßig und mindestens alle drei Jahre überprüfen. Bei dieser Überprüfung tragen die zuständigen Behörden den Erfahrungen Rechnung, die sie und andere zuständige Behörden gesammelt haben, und passen ihre Verfahren entsprechend an.

KAPITEL IV
OFFENLEGUNG

Offenlegung

Art. 15 (1) Ein Hinweisgeber, der Informationen offenlegt, hat Anspruch auf Schutz im Rahmen dieser Richtlinie, wenn eine der folgenden Bedingungen erfüllt ist:

a) Er hat zunächst intern und extern oder auf direktem Weg extern gemäß den Kapiteln II und III Meldung erstattet, aber zu seiner Meldung wurden innerhalb des Zeitrahmens gemäß Artikel 9 Absatz 1 Buchstabe f oder Artikel 11 Absatz 2 Buchstabe d keine geeigneten Maßnahmen ergriffen; oder

b) er hat hinreichenden Grund zu der Annahme, dass

i) der Verstoß eine unmittelbare oder offenkundige Gefährdung des öffentlichen Interesses darstellen kann, so z. B. in einer Notsituation oder bei Gefahr eines irreversiblen Schadens; oder

ii) im Fall einer externen Meldung Repressalien zu befürchten sind oder aufgrund der besonderen Umstände des Falls geringe Aussichten bestehen, dass wirksam gegen den Verstoß vorgegangen wird, beispielsweise weil Beweismittel unterdrückt oder vernichtet werden könnten oder wenn zwischen einer Behörde und dem Urheber des Verstoßes Absprachen bestehen könnten oder die

Behörde an dem Verstoß beteiligt sein könnte.

(2) Dieser Artikel gilt nicht in Fällen, in denen eine Person auf der Grundlage spezifischer nationaler Bestimmungen, die ein Schutzsystem für die Freiheit der Meinungsäußerung und die Informationsfreiheit bilden, Informationen unmittelbar gegenüber der Presse offenlegt.

KAPITEL V
VORSCHRIFTEN FÜR INTERNE UND EXTERNE MELDUNGEN

Vertraulichkeitsgebot

Art. 16 (1) Die Mitgliedstaaten stellen sicher, dass die Identität des Hinweisgebers ohne dessen ausdrückliche Zustimmung keinen anderen Personen als gegenüber den befugten Mitarbeitern, die für die Entgegennahme von Meldungen oder für das Ergreifen von Folgemaßnahmen zu Meldungen zuständig sind, offengelegt wird. Dies gilt auch für alle anderen Informationen, aus denen die Identität des Hinweisgebers direkt oder indirekt abgeleitet werden kann.

(2) Abweichend von Absatz 1 dürfen die Identität des Hinweisgebers sowie alle anderen in Absatz 1 genannten Informationen nur dann offengelegt werden, wenn dies nach Unionsrecht oder nationalem Recht eine notwendige und verhältnismäßige Pflicht im Rahmen der Untersuchungen durch nationale Behörden oder von Gerichtsverfahren darstellt, so auch im Hinblick auf die Wahrung der Verteidigungsrechte der betroffenen Person.

(3) Offenlegungen gemäß der Ausnahmeregelung des Absatzes 2 unterliegen angemessenen Garantien nach den geltenden Unionsvorschriften sowie nationalen Vorschriften. Insbesondere wird der Hinweisgeber unterrichtet, bevor seine Identität offengelegt wird, es sei denn, diese Unterrichtung würde die entsprechenden Untersuchungen oder Gerichtsverfahren gefährden. Im Rahmen der Unterrichtung von Hinweisgebern übermittelt die zuständige Behörde ihnen eine schriftliche Darlegung der Gründe für die Offenlegung der betreffenden vertraulichen Daten.

(4) Die Mitgliedstaaten stellen sicher, dass die zuständigen Behörden, denen Informationen über Verstöße zugehen, die Geschäftsgeheimnisse beinhalten, diese Geschäftsgeheimnisse nicht für Zwecke benutzen oder offenlegen, die über das für ordnungsgemäße Folgemaßnahmen erforderliche Maß hinausgehen.

Verarbeitung personenbezogener Daten

Art. 17 Die nach dieser Richtlinie vorgenommene Verarbeitung personenbezogener Daten einschließlich des Austauschs oder der Übermittlung personenbezogener Daten durch die zuständigen Behörden erfolgt im Einklang mit der Verordnung (EU) 2016/679 und der Richtlinie (EU) 2016/680. Der Austausch oder die Übermittlung von Informationen durch Organe, Einrichtungen oder sonstige Stellen der Union erfolgt im Einklang mit der Verordnung (EU) 2018/1725. Personenbezogene Daten, die für die Bearbeitung einer spezifischen Meldung offensichtlich nicht relevant sind, werden nicht erhoben bzw. unverzüglich wieder gelöscht, falls sie unbeabsichtigt erhoben wurden.

Dokumentation der Meldungen

Art. 18 (1) Die Mitgliedstaaten stellen sicher, dass juristische Personen des privaten und öffentlichen Sektors und zuständige Behörden alle eingehenden Meldungen im Einklang mit den Vertraulichkeitspflichten gemäß Artikel 16 dokumentieren. Die Meldungen werden nicht länger aufbewahrt, als dies erforderlich und verhältnismäßig ist, um die von dieser Richtlinie auferlegten Anforderungen oder andere Anforderungen nach Unionsrecht oder nationalem Recht zu erfüllen.

(2) Bei telefonisch oder mittels einer anderen Art der Sprachübermittlung erfolgten Meldungen, die aufgezeichnet werden, sind die juristischen Personen des privaten und öffentlichen Sektors und die zuständigen Behörden vorbehaltlich der Zustimmung des Hinweisgebers berechtigt, die mündliche Meldung auf eine der folgenden Weisen dokumentieren:

a) durch Erstellung einer Tonaufzeichnung des Gesprächs in dauerhafter und abrufbarer Form, oder

b) durch vollständige und genaue Niederschrift des Gesprächs durch die für die Bearbeitung der Meldungen verantwortlichen Mitarbeiter.

Juristische Personen des privaten und öffentlichen Sektors und die zuständigen Behörden geben dem Hinweisgeber Gelegenheit, die Niederschrift zu überprüfen, gegebenenfalls zu korrigieren und durch seine Unterschrift zu bestätigen.

(3) Bei telefonisch oder mittels einer anderen Art der Sprachübermittlung erfolgten Meldungen, die nicht aufgezeichnet werden, sind juristische Personen des privaten und des öffentlichen Sektors und die zuständigen Behörden berechtigt, die mündliche Meldung mittels eines genauen, von der für die Bearbeitung der Meldungen verantwortlichen Mitarbeitern erstellten Gesprächsprotokolls zu dokumentieren. Juristische Personen des privaten und des öffentlichen Sektors und die zuständigen Behörden geben dem Hinweisgeber Gelegenheit, das Gesprächsprotokoll zu überprüfen, gegebenenfalls zu korrigieren und durch seine Unterschrift zu bestätigen.

(4) Bittet ein Hinweisgeber gemäß Artikel 9 Absatz 2 und Artikel 12 Absatz 2 um eine Zusammenkunft mit den Mitarbeitern der juristischen Personen des privaten und öffentlichen Sektors oder der zuständigen Behörden, um einen Verstoß zu melden, so sorgen die juristischen Personen des privaten und öffentlichen Sektors und die zuständigen Behörden vorbehaltlich der Zustimmung des Hinweisgebers dafür, dass vollständige und genaue Aufzeichnungen über die Zusammenkunft in dauerhafter und abrufbarer Form aufbewahrt werden.

Juristische Personen des privaten und öffentlichen Sektors und die zuständigen Behörden sind

berechtigt, die Zusammenkunft auf eine der folgenden Weisen zu dokumentieren:
a) durch Erstellung einer Tonaufzeichnung des Gesprächs in dauerhafter und abrufbarer Form, oder
b) durch ein von den für die Bearbeitung der Meldung verantwortlichen Mitarbeitern erstelltes genaues Protokoll der Zusammenkunft.

Juristische Personen des privaten und öffentlichen Sektors und die zuständigen Behörden geben dem Hinweisgeber Gelegenheit, das Protokoll der Zusammenkunft zu überprüfen, gegebenenfalls zu korrigieren und durch seine Unterschrift zu bestätigen.

KAPITEL VI
SCHUTZMASSNAHMEN

Verbot von Repressalien

Art. 19 Die Mitgliedstaaten ergreifen die erforderlichen Maßnahmen, um jede Form von Repressalien gegen die in Artikel 4 genannten Personen, einschließlich der Androhung von Repressalien und des Versuchs von Repressalien, zu untersagen; dies schließt insbesondere folgende Repressalien ein:
a) Suspendierung, Kündigung oder vergleichbare Maßnahmen;
b) Herabstufung oder Versagung einer Beförderung;
c) Aufgabenverlagerung, Änderung des Arbeitsortes, Gehaltsminderung, Änderung der Arbeitszeit;
d) Versagung der Teilnahme an Weiterbildungsmaßnahmen;
e) negative Leistungsbeurteilung oder Ausstellung eines schlechten Arbeitszeugnisses;
f) Disziplinarmaßnahme, Rüge oder sonstige Sanktion einschließlich finanzieller Sanktionen;
g) Nötigung, Einschüchterung, Mobbing oder Ausgrenzung;
h) Diskriminierung, benachteiligende oder ungleiche Behandlung;
i) Nichtumwandlung eines befristeten Arbeitsvertrags in einen unbefristeten Arbeitsvertrag in Fällen, in denen der Arbeitnehmer zu Recht erwarten durfte, einen unbefristeten Arbeitsvertrag angeboten zu bekommen;
j) Nichtverlängerung oder vorzeitige Beendigung eines befristeten Arbeitsvertrags;
k) Schädigung (einschließlich Rufschädigung), insbesondere in den sozialen Medien, oder Herbeiführung finanzieller Verluste (einschließlich Auftrags- oder Einnahmeverluste);
l) Erfassung des Hinweisgebers auf einer „schwarzen Liste" auf Basis einer informellen oder formellen sektor- oder branchenspezifischen Vereinbarung mit der Folge, dass der Hinweisgeber sektor- oder branchenweit keine Beschäftigung mehr findet;
m) vorzeitige Kündigung oder Aufhebung eines Vertrags über Waren oder Dienstleistungen;
n) Entzug einer Lizenz oder einer Genehmigung;
o) psychiatrische oder ärztliche Überweisungen.

Unterstützende Maßnahmen

Art. 20 (1) Die Mitgliedstaaten stellen sicher, dass die in Artikel 4 genannten Personen gegebenenfalls Zugang zu unterstützende Maßnahmen haben, wozu insbesondere Folgendes gehört:
a) umfassende und unabhängige Information und Beratung über die verfügbaren Abhilfemöglichkeiten und Verfahren gegen Repressalien und die Rechte der betroffenen Person, die der Öffentlichkeit einfach und kostenlos zugänglich sind;
b) wirksame Unterstützung vonseiten der zuständigen Behörden beim Kontakt mit etwaigen am Schutz vor Repressalien beteiligten Behörden einschließlich – sofern nach nationalem Recht vorgesehen – einer Bescheinigung, dass die Voraussetzungen für einen Schutz gemäß dieser Richtlinie erfüllt sind; und
c) Prozesskostenhilfe in Strafverfahren und in grenzüberschreitenden Zivilverfahren gemäß der Richtlinie (EU) 2016/1919 und der Richtlinie 2008/52/EG des Europäischen Parlaments und des Rates und gemäß dem nationalen Recht Prozesskostenhilfe in weiteren Verfahren sowie zu Rechtsberatung und anderer rechtlicher Hilfe.

(2) Die Mitgliedstaaten können im Rahmen gerichtlicher Verfahren finanzielle Hilfen und unterstützende Maßnahmen, einschließlich psychologischer Betreuung, für Hinweisgeber bereitstellen.

(3) Die unterstützenden Maßnahmen nach diesem Artikel können gegebenenfalls von einem Informationszentrum oder einer einzigen, eindeutig benannten unabhängigen Verwaltungsbehörde bereitgestellt werden.

Maßnahmen zum Schutz vor Repressalien

Art. 21 (1) Die Mitgliedstaaten ergreifen die erforderlichen Maßnahmen, um sicherzustellen, dass die in Artikel 4 genannten Personen vor Repressalien geschützt sind. Dies umfasst insbesondere die in den Absätzen 2 bis 8 des vorliegenden Artikels genannten Maßnahmen.

(2) Unbeschadet des Artikels 3 Absätze 2 und 3 gelten Personen, die nach dieser Richtlinie Informationen über Verstöße melden oder offenlegen, nicht als Personen, die eine Offenlegungsbeschränkung verletzt haben, und sie können für eine solche Meldung oder Offenlegung in keiner Weise haftbar gemacht werden, sofern sie hinreichenden Grund zu der Annahme hatten, dass die Meldung oder Offenlegung der Information notwendig war, um einen Verstoß gemäß dieser Richtlinie aufzudecken.

(3) Hinweisgeber können nicht für die Beschaffung der oder den Zugriff auf Informationen, die gemeldet oder offengelegt wurden, haftbar gemacht

4/7. HinweisgeberRL
Art. 21 – 25

werden, sofern die Beschaffung oder der Zugriff nicht als solche bzw. solcher eine eigenständige Straftat dargestellt haben. Im Fall, dass die Beschaffung oder der Zugriff eine eigenständige Straftat darstellen, unterliegt die strafrechtliche Haftung weiterhin dem nationalen Recht.

(4) Jede weitere mögliche Haftung des Hinweisgebers aufgrund von Handlungen oder Unterlassungen, die nicht mit der Meldung oder Offenlegung in Zusammenhang stehen oder für die Aufdeckung eines Verstoßes nach dieser Richtlinie nicht erforderlich sind, unterliegt weiterhin dem geltenden Unionsrecht oder nationalem Recht.

(5) In Verfahren vor einem Gericht oder einer anderen Behörde, die sich auf eine vom Hinweisgeber erlittene Benachteiligung beziehen und in denen der Hinweisgeber geltend macht, diese Benachteiligung infolge seiner Meldung oder der Offenlegung erlitten zu haben, wird vermutet, dass die Benachteiligung eine Repressalie für die Meldung oder Offenlegung war. In diesen Fällen obliegt es der Person, die die benachteiligende Maßnahme ergriffen hat, zu beweisen, dass diese Maßnahme auf hinreichend gerechtfertigten Gründen basierte.

(6) Die in Artikel 4 genannten Personen erhalten Zugang zu geeigneten Abhilfemaßnahmen gegen Repressalien einschließlich einstweiligen Rechtsschutzes während laufender Gerichtsverfahren nach Maßgabe des nationalen Rechts.

(7) In Gerichtsverfahren, einschließlich privatrechtlicher, öffentlich-rechtlicher oder arbeitsrechtlicher Gerichtsverfahren wegen Verleumdung, Verletzung des Urheberrechts, Verletzung der Geheimhaltungspflicht, Verstößen gegen Datenschutzvorschriften, Offenlegung von Geschäftsgeheimnissen sowie Schadensersatzverfahren, können die in Artikel 4 genannten Personen aufgrund von Meldungen oder von Offenlegungen im Einklang mit dieser Richtlinie in keiner Weise haftbar gemacht werden. Diese Personen haben das Recht, unter Verweis auf die betreffende Meldung oder Offenlegung die Abweisung der Klage zu beantragen, sofern sie hinreichenden Grund zu der Annahme hatten, dass die Meldung oder Offenlegung notwendig war, um einen Verstoß gemäß dieser Richtlinie aufzudecken.

Wenn eine Person Informationen über in den Anwendungsbereich dieser Richtlinie fallende Verstöße meldet oder offenlegt, die Geschäftsgeheimnisse beinhalten, und wenn diese Person die Bedingungen dieser Richtlinie erfüllt, gilt diese Meldung oder Offenlegung als rechtmäßig im Sinne von Artikel 3 Absatz 2 der Richtlinie (EU) 2016/943.

(8) Die Mitgliedstaaten ergreifen die erforderlichen Maßnahmen, um sicherzustellen, dass Rechtsbehelfe und eine vollständige Wiedergutmachung des erlittenen Schadens für die in Artikel 4 genannten Personen entsprechend dem nationalen Recht vorgesehen sind.

Maßnahmen zum Schutz betroffener Personen

Art. 22 (1) Die Mitgliedstaaten stellen gemäß der Charta sicher, dass betroffene Personen ihr Recht auf einen wirksamen Rechtsbehelf und auf ein faires Gerichtsverfahren und die Wahrung der Unschuldsvermutung sowie ihre Verteidigungsrechte, einschließlich des Rechts auf Anhörung und des Rechts auf Einsicht in ihre Akte, in vollem Umfang ausüben können.

(2) Die zuständigen Behörden stellen im Einklang mit dem nationalen Recht sicher, dass die Identität betroffener Personen während der Dauer einer durch die Meldung oder Offenlegung ausgelösten Untersuchung geschützt bleibt.

(3) Die in den Artikeln 12, 17 und 18 festgelegten Regeln über den Schutz der Identität von Hinweisgebern gelten auch für den Schutz der Identität betroffener Personen.

Sanktionen

Art. 23 (1) Die Mitgliedstaaten legen wirksame, angemessene und abschreckende Sanktionen für natürliche oder juristische Personen fest, die

a) Meldungen behindern oder zu behindern versuchen;
b) Repressalien gegen die in Artikel 4 genannten Personen ergreifen;
c) mutwillige Gerichtsverfahren gegen die in Artikel 4 genannten Personen anstrengen;
d) gegen die Pflicht gemäß Artikel 16 verstoßen, die Vertraulichkeit der Identität von Hinweisgebern zu wahren.

(2) Die Mitgliedstaaten legen wirksame, angemessene und abschreckende Sanktionen für Hinweisgeber fest, denen nachgewiesen wird, dass sie wissentlich falsche Informationen gemeldet oder offengelegt haben. Die Mitgliedstaaten sehen auch Maßnahmen entsprechend dem nationalen Recht zur Wiedergutmachung von Schäden vor, die durch diese Meldungen oder Offenlegungen entstanden sind.

Keine Aufhebung von Rechten und Rechtsbehelfen

Art. 24 Die Mitgliedstaaten stellen sicher, dass die in dieser Richtlinie vorgesehenen Rechte und Rechtsbehelfe nicht aufgrund einer Beschäftigungsvereinbarung, -bestimmung, -art oder -bedingung, einschließlich einer Vorab-Schiedsvereinbarung, aufgehoben oder eingeschränkt werden können.

KAPITEL VII
SCHLUSSBESTIMMUNGEN

Günstigere Behandlung und Regressionsverbot

Art. 25 (1) Die Mitgliedstaaten können unbeschadet des Artikel 22 und Artikel 23 Absatz 2 für die Rechte von Hinweisgebern günstigere Bestimmungen als die in dieser Richtlinie festgelegten Bestimmungen einführen oder beibehalten.

(2) Die Umsetzung dieser Richtlinie darf unter keinen Umständen als Rechtfertigung dafür dienen, das von den Mitgliedstaaten bereits garantierte Schutzniveau in den von dieser Richtlinie erfassten Bereichen abzusenken.

Umsetzung und Übergangszeitraum

Art. 26 (1) Die Mitgliedstaaten setzen die Rechts- und Verwaltungsvorschriften in Kraft, die erforderlich sind, um dieser Richtlinie bis zum 17. Dezember 2021 nachzukommen.

(2) Abweichend von Absatz 1 setzen die Mitgliedstaaten hinsichtlich juristischer Personen mit 50 bis 249 Arbeitnehmern bis zum 17. Dezember 2023 die Rechts- und Verwaltungsvorschriften in Kraft, die erforderlich sind, um der Verpflichtung nach Artikel 8 Absatz 3, interne Meldekanäle einzurichten, nachzukommen.

(3) Bei Erlass der Vorschriften gemäß den Absätzen 1 und 2 nehmen die Mitgliedstaaten in den Vorschriften selbst oder durch einen Hinweis bei der amtlichen Veröffentlichung auf diese Richtlinie Bezug. Die Mitgliedstaaten regeln die Einzelheiten dieser Bezugnahme. Sie teilen der Kommission unverzüglich den Wortlaut dieser Vorschriften mit.

Berichterstattung, Bewertung und Überprüfung

Art. 27 (1) Die Mitgliedstaaten stellen der Kommission alle relevanten Informationen über die Umsetzung und Anwendung dieser Richtlinie zur Verfügung. Auf der Grundlage der übermittelten Informationen legt die Kommission dem Europäischen Parlament und dem Rat bis zum 17. Dezember 2023 einen Bericht über die Umsetzung und Anwendung dieser Richtlinie vor.

(2) Unbeschadet der in anderen Rechtsakten der Union festgelegten Berichtspflichten legen die Mitgliedstaaten der Kommission jährlich die folgenden Statistiken – vorzugsweise in aggregierter Form – in Bezug auf die in Kapitel III genannten Meldungen vor, soweit sie auf zentraler Ebene in dem betreffenden Mitgliedstaat verfügbar sind:
a) Zahl der bei den zuständigen Behörden eingegangenen Meldungen,
b) Zahl der Untersuchungen und Gerichtsverfahren, die infolge dieser Meldungen eingeleitet wurden, sowie deren Ergebnisse, und
c) sofern festgestellt, geschätzter finanzieller Schaden sowie im Anschluss an Untersuchungen und Gerichtsverfahren zu den gemeldeten Verstößen (wieder)eingezogene Beträge.

(3) Die Kommission legt dem Europäischen Parlament und dem Rat bis zum 17. Dezember 2025 einen Bericht vor, in dem sie unter Berücksichtigung ihres gemäß Absatz 1 vorgelegten Berichts und der von den Mitgliedstaaten gemäß Absatz 2 übermittelten Statistiken die Auswirkungen der von den Mitgliedstaaten zur Umsetzung dieser Richtlinie erlassenen nationalen Rechtsvorschriften bewertet. Sie bewertet in dem Bericht, wie die Richtlinie funktioniert hat und prüft, ob zusätzliche Maßnahmen einschließlich etwaiger geeigneter Änderungen zur Ausweitung des Anwendungsbereichs dieser Richtlinie auf zusätzliche Unionsrechtsakte oder Bereiche erforderlich sind, insbesondere im Hinblick auf die Verbesserung der Arbeitsumwelt zum Schutz der Gesundheit und der Sicherheit der Arbeitnehmer und der Arbeitsbedingungen.

Zusätzlich zur Bewertung gemäß Unterabsatz 1 wird in dem Bericht bewertet, auf welche Weise die Mitgliedstaaten im Rahmen ihrer Verpflichtung, Folgemaßnahmen zu Meldungen von in den Anwendungsbereich dieser Richtlinie fallenden Verstößen zu ergreifen, bestehende Kooperationsmechanismen genutzt haben und wie sie generell im Fall von Verstößen mit grenzüberschreitender Dimension zusammenarbeiten.

(4) Die Kommission veröffentlicht die in den Absätzen 1 und 3 genannten Berichte und macht sie leicht zugänglich.

Inkrafttreten

Art. 28 Diese Richtlinie tritt am zwanzigsten Tag nach ihrer Veröffentlichung im *Amtsblatt der Europäischen Union* in Kraft.

Adressaten

Art. 29 Diese Richtlinie ist an die Mitgliedstaaten gerichtet.

ANHANG

Teil I

A. Artikel 2 Absatz 1 Buchstabe a Ziffer i – Öffentliches Auftragswesen:

1. Verfahrensregeln für die Vergabe von öffentlichen Aufträgen und Konzessionen, für die Vergabe von Aufträgen in den Bereichen Verteidigung und Sicherheit und für die Vergabe von Aufträgen durch Auftraggeber in den Bereichen Wasser- und Energieversorgung, Verkehrs- und Postdienste sowie anderer Aufträge, die in folgenden Rechtsakten festgelegt sind:
   i) Richtlinie 2014/23/EU des Europäischen Parlaments und des Rates vom 26. Februar 2014 über die Konzessionsvergabe (ABl. L 94 vom 28.3.2014, S. 1);
   ii) Richtlinie 2014/24/EU des Europäischen Parlaments und des Rates vom 26. Februar 2014 über die öffentliche Auftragsvergabe und zur Aufhebung der Richtlinie 2004/18/EG (ABl. L 94 vom 28.3.2014, S. 65);
   iii) Richtlinie 2014/25/EU des Europäischen Parlaments und des Rates vom 26. Februar 2014 über die Vergabe von Aufträgen durch Auftraggeber im Bereich der Wasser-, Energie- und Verkehrsversorgung sowie der Postdienste und zur Aufhebung der Richtlinie 2004/17/EG (ABl. L 94 vom 28.3.2014, S. 243);
   iv) Richtlinie 2009/81/EG des Europäischen Parlaments und des Rates vom 13. Juli 2009 über die Koordinierung

4/7. HinweisgeberRL
Anhang

der Verfahren zur Vergabe bestimmter Bau-, Liefer- und Dienstleistungsaufträge in den Bereichen Verteidigung und Sicherheit und zur Änderung der Richtlinien 2004/17/EG und 2004/18/EG (ABl. L 216 vom 20.8.2009, S. 76).

2. Nachprüfungsverfahren gemäß der
   i) Richtlinie 92/13/EWG des Rates vom 25. Februar 1992 zur Koordinierung der Rechts- und Verwaltungsvorschriften für die Anwendung der Gemeinschaftsvorschriften über die Auftragsvergabe durch Auftraggeber im Bereich der Wasser-, Energie- und Verkehrsversorgung sowie im Telekommunikationssektor (ABl. L 76 vom 23.3.1992, S. 14);
   ii) Richtlinie 89/665/EWG des Rates vom 21. Dezember 1989 zur Koordinierung der Rechts- und Verwaltungsvorschriften für die Anwendung der Nachprüfungsverfahren im Rahmen der Vergabe öffentlicher Liefer- und Bauaufträge (ABl. L 395 vom 30.12.1989, S. 33).

B. Artikel 2 Absatz 1 Buchstabe a Ziffer ii – Finanzdienstleistungen, Finanzprodukte und Finanzmärkte sowie Verhinderung von Geldwäsche und Terrorismusfinanzierung:

Regeln zur Festlegung eines Regulierungs- und Aufsichtsrahmens sowie zur Gewährleistung des Verbraucher- und Anlegerschutzes in den Bereichen Finanzdienstleistungen und Kapitalmärkte, Bankdienstleistungen, Kreditvergabe, Investitionen, Versicherung und Rückversicherung, betriebliche und private Altersvorsorgeprodukte, Wertpapiere, Investmentfonds, Zahlungsdienste in der Union sowie in Bezug auf die Tätigkeiten, die in Anhang I der Richtlinie 2013/36/EU des Europäischen Parlaments und des Rates vom 26. Juni 2013 über den Zugang zur Tätigkeit von Kreditinstituten und die Beaufsichtigung von Kreditinstituten und Wertpapierfirmen, zur Änderung der Richtlinie 2002/87/EG und zur Aufhebung der Richtlinien 2006/48/EG und 2006/49/EG (ABl. L 176 vom 27.6.2013, S. 338) genannt sind, die in folgenden Rechtsakten festgelegt sind

i) Richtlinie 2009/110/EG des Europäischen Parlaments und des Rates vom 16. September 2009 über die Aufnahme, Ausübung und Beaufsichtigung der Tätigkeit von E-Geld-Instituten, zur Änderung der Richtlinien 2005/60/EG und 2006/48/EG sowie zur Aufhebung der Richtlinie 2000/46/EG (ABl. L 267 vom 10.10.2009, S. 7);

ii) Richtlinie 2011/61/EU des Europäischen Parlaments und des Rates vom 8. Juni 2011 über die Verwalter alternativer Investmentfonds und zur Änderung der Richtlinien 2003/41/EG und 2009/65/EG und der Verordnungen (EG) Nr. 1060/2009 und (EU) Nr. 1095/2010 (ABl. L 174 vom 1.7.2011, S. 1);

iii) Verordnung (EU) Nr. 236/2012 des Europäischen Parlaments und des Rates vom 14. März 2012 über Leerverkäufe und bestimmte Aspekte von Credit Default Swaps (ABl. L 86 vom 24.3.2012, S. 1);

iv) Verordnung (EU) Nr. 345/2013 des Europäischen Parlaments und des Rates vom 17. April 2013 über Europäische Risikokapitalfonds (ABl. L 115 vom 25.4.2013, S. 1);

v) Verordnung (EU) Nr. 346/2013 des Europäischen Parlaments und des Rates vom 17. April 2013 über Europäische Fonds für soziales Unternehmertum (ABl. L 115 vom 25.4.2013, S. 18);

vi) Richtlinie 2014/17/EU des Europäischen Parlaments und des Rates vom 4. Februar 2014 über Wohnimmobilienkreditverträge für Verbraucher und zur Änderung der Richtlinien 2008/48/EG und 2013/36/EU und der Verordnung (EU) Nr. 1093/2010 (ABl. L 60 vom 28.2.2014, S. 34);

vii) Verordnung (EU) Nr. 537/2014 des Europäischen Parlaments und des Rates vom 16. April 2014 über spezifische Anforderungen an die Abschlussprüfung bei Unternehmen von öffentlichem Interesse und zur Aufhebung des Beschlusses 2005/909/EG der Kommission (ABl. L 158 vom 27.5.2014, S. 77);

viii) Verordnung (EU) Nr. 600/2014 des Europäischen Parlaments und des Rates vom 15. Mai 2014 über Märkte für Finanzinstrumente und zur Änderung der Verordnung (EU) Nr. 648/2012 (ABl. L 173 vom 12.6.2014, S. 84);

ix) Richtlinie (EU) 2015/2366 des Europäischen Parlaments und des Rates vom 25. November 2015 über Zahlungsdienste im Binnenmarkt, zur Änderung der Richtlinien 2002/65/EG, 2009/110/EG und 2013/36/EU und der Verordnung (EU) Nr. 1093/2010 sowie zur Aufhebung der Richtlinie 2007/64/EG (ABl. L 337 vom 23.12.2015, S. 35);

x) Richtlinie 2004/25/EG des Europäischen Parlaments und des Rates vom 21. April 2004 betreffend Übernahmeangebote (ABl. L 142 vom 30.4.2004, S. 12);

xi) Richtlinie 2007/36/EG des Europäischen Parlaments und des Rates vom 11. Juli 2007 über die Ausübung bestimmter Rechte von Aktionären in börsennotierten Gesellschaften (ABl. L 184 vom 14.7.2007, S. 17);

xii) Richtlinie 2004/109/EG des Europäischen Parlaments und des Rates vom 15. Dezember 2004 zur Harmonisierung der Transparenzanforderungen in Bezug auf Informationen über Emittenten, deren Wertpapiere zum Handel auf einem geregelten Markt zugelassen sind, und zur Änderung der Richtlinie 2001/34/EG (ABl. L 390 vom 31.12.2004, S. 38);

xiii) Verordnung (EU) Nr. 648/2012 des Europäischen Parlaments und des Rates vom 4. Juli 2012 über OTC-Derivate, zentrale Gegenparteien und Transaktionsregister (ABl. L 201 vom 27.7.2012, S. 1);

xiv) Verordnung (EU) 2016/1011 des Europäischen Parlaments und des Rates vom 8. Juni 2016

4/7. HinweisgeberRL Anhang

über Indizes, die bei Finanzinstrumenten und Finanzkontrakten als Referenzwert oder zur Messung der Wertentwicklung eines Investmentfonds verwendet werden, und zur Änderung der Richtlinien 2008/48/EG und 2014/17/EU sowie der Verordnung (EU) Nr. 596/2014 (ABl. L 171 vom 29.6.2016, S. 1);

xv) Richtlinie 2009/138/EG des Europäischen Parlaments und des Rates vom 25. November 2009 betreffend die Aufnahme und Ausübung der Versicherungs- und der Rückversicherungstätigkeit (Solvabilität II) (ABl. L 335 vom 17.12.2009, S. 1);

xvi) Richtlinie 2014/59/EU des Europäischen Parlaments und des Rates vom 15. Mai 2014 zur Festlegung eines Rahmens für die Sanierung und Abwicklung von Kreditinstituten und Wertpapierfirmen und zur Änderung der Richtlinie 82/891/EWG des Rates, der Richtlinien 2001/24/EG, 2002/47/EG, 2004/25/EG, 2005/56/EG, 2007/36/EG, 2011/35/EU, 2012/30/EU und 2013/36/EU sowie der Verordnungen (EU) Nr. 1093/2010 und (EU) Nr. 648/2012 des Europäischen Parlaments und des Rates (ABl. L 173 vom 12.6.2014, S. 190);

xvii) Richtlinie 2002/87/EG des Europäischen Parlaments und des Rates vom 16. Dezember 2002 über die zusätzliche Beaufsichtigung der Kreditinstitute, Versicherungsunternehmen und Wertpapierfirmen eines Finanzkonglomerats und zur Änderung der Richtlinien 73/239/EWG, 79/267/EWG, 92/49/EWG, 92/96/EWG, 93/6/EWG und 93/22/EWG des Rates und der Richtlinien 98/78/EG und 2000/12/EG des Europäischen Parlaments und des Rates (ABl. L 35 vom 11.2.2003, S. 1);

xviii) Richtlinie 2014/49/EU des Europäischen Parlaments und des Rates vom 16. April 2014 über Einlagensicherungssysteme (ABl. L 173 vom 12.6.2014, S. 149);

xix) Richtlinie 97/9/EG des Europäischen Parlaments und des Rates vom 3. März 1997 über Systeme für die Entschädigung der Anleger (ABl. L 84 vom 26.3.1997, S. 22);

xx) Verordnung (EU) Nr. 575/2013 des Europäischen Parlaments und des Rates vom 26. Juni 2013 über Aufsichtsanforderungen an Kreditinstitute und Wertpapierfirmen und zur Änderung der Verordnung (EU) Nr. 648/2012 (ABl. L 176 vom 27.6.2013, S. 1);

xxi) Verordnung (EU) 2020/1503 des Europäischen Parlaments und des Rates vom 7. Oktober 2020 über Europäische Schwarmfinanzierungsdienstleister für Unternehmen und zur Änderung der Verordnung (EU) 2017/1129 und der Richtlinie (EU) 2019/1937 (ABl. L 347 vom 20.10.2020, S. 1).

C. Artikel 2 Absatz 1 Buchstabe a Ziffer iii – Produktsicherheit und -konformität:

1. Sicherheits- und Konformitätsanforderungen für in der Union in Verkehr gebrachte Produkte, wie sie in folgenden Rechtsvorschriften definiert und geregelt sind:

   i) Richtlinie 2001/95/EG des Europäischen Parlaments und des Rates vom 3. Dezember 2001 über die allgemeine Produktsicherheit (ABl. L 11 vom 15.1.2002, S. 4);

   ii) Harmonisierungsrechtsvorschriften der Union, einschließlich Kennzeichnungsvorschriften, für hergestellte Produkte mit Ausnahme von Lebensmitteln, Futtermitteln, Human- und Tierarzneimitteln, lebenden Pflanzen und Tieren, Erzeugnissen menschlichen Ursprungs und Erzeugnissen von Pflanzen und Tieren, die unmittelbar mit ihrer künftigen Reproduktion zusammenhängen, gemäß der Anhänge I und II der Verordnung (EU) 2019/1020 des Europäischen Parlaments und des Rates vom 20. Juni 2019 über Marktüberwachung und Konformität von Produkten sowie zur Änderung der Richtlinie 2004/42/EG und der Verordnungen (EG) Nr. 765/2008 und (EU) Nr. 305/2011 (ABl. L 169 vom 25.6.2019, S. 1);

   iii) Richtlinie 2007/46/EG des Europäischen Parlaments und des Rates vom 5. September 2007 zur Schaffung eines Rahmens für die Genehmigung von Kraftfahrzeugen und Kraftfahrzeuganhängern sowie von Systemen, Bauteilen und selbstständigen technischen Einheiten für diese Fahrzeuge (Rahmenrichtlinie) (ABl. L 263 vom 9.10.2007, S. 1).

2. Regeln für die Vermarktung und Nutzung sensibler und gefährlicher Produkte, die in folgenden Rechtsakten festgelegt sind

   i) Richtlinie 2009/43/EG des Europäischen Parlaments und des Rates vom 6. Mai 2009 zur Vereinfachung der Bedingungen für die innergemeinschaftliche Verbringung von Verteidigungsgütern (ABl. L 146 vom 10.6.2009, S. 1);

   ii) Richtlinie 91/477/EWG des Rates vom 18. Juni 1991 über die Kontrolle des Erwerbs und des Besitzes von Waffen (ABl. L 256 vom 13.9.1991, S. 51);

   iii) Verordnung (EU) Nr. 98/2013 des Europäischen Parlaments und des Rates vom 15. Januar 2013 über die Vermarktung und Verwendung von Ausgangsstoffen für Explosivstoffe (ABl. L 39 vom 9.2.2013, S. 1).

D. Artikel 2 Absatz 1 Buchstabe a Ziffer iv – Verkehrssicherheit:

1. Sicherheitsanforderungen im Eisenbahnsektor gemäß der Richtlinie (EU) 2016/798 des Europäischen Parlaments und des Rates vom 11. Mai 2016 über Eisenbahnsicherheit (ABl. L 138 vom 26.5.2016, S. 102).

2. Sicherheitsanforderungen in der Zivilluftfahrt gemäß der Verordnung (EU) Nr. 996/2010 des Europäischen Parlaments und des Rates vom 20. Oktober 2010 über die Untersuchung und

4/7. HinweisgeberRL
Anhang

Verhütung von Unfällen und Störungen in der Zivilluftfahrt und zur Aufhebung der Richtlinie 94/56/EG (ABl. L 295 vom 12.11.2010, S. 35).

3. Sicherheitsanforderungen im Straßenverkehr gemäß der
   i) Richtlinie 2008/96/EG des Europäischen Parlaments und des Rates vom 19. November 2008 über ein Sicherheitsmanagement für die Straßenverkehrsinfrastruktur (ABl. L 319 vom 29.11.2008, S. 59);
   ii) Richtlinie 2004/54/EG des Europäischen Parlaments und des Rates vom 29. April 2004 über Mindestanforderungen an die Sicherheit von Tunneln im transeuropäischen Straßennetz (ABl. L 167 vom 30.4.2004, S. 39);
   iii) Verordnung (EG) Nr. 1071/2009 des Europäischen Parlaments und des Rates vom 21. Oktober 2009 zur Festlegung gemeinsamer Regeln für die Zulassung zum Beruf des Kraftverkehrsunternehmers und zur Aufhebung der Richtlinie 96/26/EG des Rates (ABl. L 300 vom 14.11.2009, S. 51).

4. Sicherheitsanforderungen im Seeverkehr gemäß der
   i) Verordnung (EG) Nr. 391/2009 des Europäischen Parlaments und des Rates vom 23. April 2009 über gemeinsame Vorschriften und Normen für Schiffsüberprüfungs- und -besichtigungsorganisationen (ABl. L 131 vom 28.5.2009, S. 11);
   ii) Verordnung (EG) Nr. 392/2009 des Europäischen Parlaments und des Rates vom 23. April 2009 über die Unfallhaftung von Beförderern von Reisenden auf See (ABl. L 131 vom 28.5.2009, S. 24);
   iii) Richtlinie 2014/90/EU des Europäischen Parlaments und des Rates vom 23. Juli 2014 über Schiffsausrüstung und zur Aufhebung der Richtlinie 96/98/EG des Rates (ABl. L 257 vom 28.8.2014, S. 146);
   iv) Richtlinie 2009/18/EG des Europäischen Parlaments und des Rates vom 23. April 2009 zur Festlegung der Grundsätze für die Untersuchung von Unfällen im Seeverkehr und zur Änderung der Richtlinie 1999/35/EG des Rates und der Richtlinie 2002/59/EG des Europäischen Parlaments und des Rates (ABl. L 131 vom 28.5.2009, S. 114);
   v) Richtlinie 2008/106/EG des Europäischen Parlaments und des Rates vom 19. November 2008 über Mindestanforderungen für die Ausbildung von Seeleuten (ABl. L 323 vom 3.12.2008, S. 33);
   vi) Richtlinie 98/41/EG des Rates vom 18. Juni 1998 über die Registrierung der an Bord von Fahrgastschiffen im Verkehr nach oder von einem Hafen eines Mitgliedstaats der Gemeinschaft befindlichen Personen (ABl. L 188 vom 2.7.1998, S. 35);
   vii) Richtlinie 2001/96/EG des Europäischen Parlaments und des Rates vom 4. Dezember 2001 zur Festlegung von harmonisierten Vorschriften und Verfahrensregeln für das sichere Be- und Entladen von Massengutschiffen (ABl. L 13 vom 16.1.2002, S. 9).

5. Sicherheitsanforderungen gemäß der Richtlinie 2008/68/EG des Europäischen Parlaments und des Rates vom 24. September 2008 über die Beförderung gefährlicher Güter im Binnenland (ABl. L 260 vom 30.9.2008, S. 13).

E. Artikel 2 Absatz 1 Buchstabe a Ziffer v – Umweltschutz:

1. Vorschriften in Bezug auf Umweltstraftaten gemäß der Richtlinie 2008/99/EG des Europäischen Parlaments und des Rates vom 19. November 2008 über den strafrechtlichen Schutz der Umwelt (ABl. L 328 vom 6.12.2008, S. 28) und rechtswidrige Handlungen, mit denen gegen die im Anhang der Richtlinie 2008/99/EG genannten Rechtsvorschriften verstoßen wird.

2. Regeln in Bezug auf Umwelt und Klima, die in folgenden Rechtsakten festgelegt sind
   i) Richtlinie 2003/87/EG des Europäischen Parlaments und des Rates vom 13. Oktober 2003 über ein System für den Handel mit Treibhausgasemissionszertifikaten in der Gemeinschaft und zur Änderung der Richtlinie 96/61/EG des Rates (ABl. L 275 vom 25.10.2003, S. 32);
   ii) Richtlinie 2009/28/EG des Europäischen Parlaments und des Rates vom 23. April 2009 zur Förderung der Nutzung von Energie aus erneuerbaren Quellen und zur Änderung und anschließenden Aufhebung der Richtlinien 2001/77/EG und 2003/30/EG (ABl. L 140 vom 5.6.2009, S. 16).
   iii) Richtlinie 2012/27/EU des Europäischen Parlaments und des Rates vom 25. Oktober 2012 zur Energieeffizienz, zur Änderung der Richtlinien 2009/125/EG und 2010/30/EU und zur Aufhebung der Richtlinien 2004/8/EG und 2006/32/EG (ABl. L 315 vom 14.11.2012, S. 1);
   iv) Verordnung (EU) Nr. 525/2013 des Europäischen Parlaments und des Rates vom 21. Mai 2013 über ein System für die Überwachung von Treibhausgasemissionen sowie für die Berichterstattung über diese Emissionen und andere klimaschutzrelevante Informationen auf Ebene der Mitgliedstaaten und der Union und zur Aufhebung der Entschei-

dung Nr. 280/2004/EG (ABl. L 165 vom 18.6.2013, S. 13);
v) Richtlinie (EU) 2018/2001 des Europäischen Parlaments und des Rates vom 11. Dezember 2018 zur Förderung der Nutzung von Energie aus erneuerbaren Quellen (ABl. L 328 vom 21.12.2018, S. 82).

3. Regeln für nachhaltige Entwicklung und Abfallbewirtschaftung, die in folgenden Rechtsakten festgelegt sind
   i) Richtlinie 2008/98/EG des Europäischen Parlaments und des Rates vom 19. November 2008 über Abfälle und zur Aufhebung bestimmter Richtlinien (ABl. L 312 vom 22.11.2008, S. 3);
   ii) Verordnung (EU) Nr. 1257/2013 des Europäischen Parlaments und des Rates vom 20. November 2013 über das Recycling von Schiffen und zur Änderung der Verordnung (EG) Nr. 1013/2006 und der Richtlinie 2009/16/EG (ABl. L 330 vom 10.12.2013, S. 1);
   iii) Verordnung (EU) Nr. 649/2012 des Europäischen Parlaments und des Rates vom 4. Juli 2012 über die Aus- und Einfuhr gefährlicher Chemikalien (ABl. L 201 vom 27.7.2012, S. 60).

4. Regeln zur Bekämpfung der Meeres- und Luftverschmutzung sowie der Lärmbelastung, die in folgenden Rechtsakten festgelegt sind
   i) Richtlinie 1999/94/EG des Europäischen Parlaments und des Rates vom 13. Dezember 1999 über die Bereitstellung von Verbraucherinformationen über den Kraftstoffverbrauch und CO_2-Emissionen beim Marketing für neue Personenkraftwagen (ABl. L 12 vom 18.1.2000, S. 16);
   ii) Richtlinie 2001/81/EG des Europäischen Parlaments und des Rates vom 23. Oktober 2001 über nationale Emissionshöchstmengen für bestimmte Luftschadstoffe (ABl. L 309 vom 27.11.2001, S. 22);
   iii) Richtlinie 2002/49/EG des Europäischen Parlaments und des Rates vom 25. Juni 2002 über die Bewertung und Bekämpfung von Umgebungslärm (ABl. L 189 vom 18.7.2002, S. 12);
   iv) Verordnung (EG) Nr. 782/2003 des Europäischen Parlaments und des Rates vom 14. April 2003 über das Verbot zinnorganischer Verbindungen auf Schiffen (ABl. L 115 vom 9.5.2003, S. 1);
   v) Richtlinie 2004/35/EG des Europäischen Parlaments und des Rates vom 21. April 2004 über Umwelthaftung zur Vermeidung und Sanierung von Umweltschäden (ABl. L 143 vom 30.4.2004, S. 56);
   vi) Richtlinie 2005/35/EG des Europäischen Parlaments und des Rates vom 7. September 2005 über die Meeresverschmutzung durch Schiffe und die Einführung von Sanktionen für Verstöße (ABl. L 255 vom 30.9.2005, S. 11);
   vii) Verordnung (EG) Nr. 166/2006 des Europäischen Parlaments und des Rates vom 18. Januar 2006 über die Schaffung eines Europäischen Schadstofffreisetzungs- und -verbringungsregisters und zur Änderung der Richtlinien 91/689/EWG und 96/61/EG des Rates (ABl. L 33 vom 4.2.2006, S. 1);
   viii) Richtlinie 2009/33/EG des Europäischen Parlaments und des Rates vom 23. April 2009 über die Förderung sauberer und energieeffizienter Straßenfahrzeuge (ABl. L 120 vom 15.5.2009, S. 5);
   ix) Verordnung (EG) Nr. 443/2009 des Europäischen Parlaments und des Rates vom 23. April 2009 zur Festsetzung von Emissionsnormen für neue Personenkraftwagen im Rahmen des Gesamtkonzepts der Gemeinschaft zur Verringerung der CO_2-Emissionen von Personenkraftwagen und leichten Nutzfahrzeugen (ABl. L 140 vom 5.6.2009, S. 1);
   x) Verordnung (EG) Nr. 1005/2009 des Europäischen Parlaments und des Rates vom 16. September 2009 über Stoffe, die zum Abbau der Ozonschicht führen (ABl. L 286 vom 31.10.2009, S. 1);
   xi) Richtlinie 2009/126/EG des Europäischen Parlaments und des Rates vom 21. Oktober 2009 über Phase II der Benzindampf-Rückgewinnung beim Betanken von Kraftfahrzeugen an Tankstellen (ABl. L 285 vom 31.10.2009, S. 36);
   xii) Verordnung (EU) Nr. 510/2011 des Europäischen Parlaments und des Rates vom 11. Mai 2011 zur Festsetzung von Emissionsnormen für neue leichte Nutzfahrzeuge im Rahmen des Gesamtkonzepts der Union zur Verringerung der CO_2-Emissionen von Personenkraftwagen und leichten Nutzfahrzeugen (ABl. L 145 vom 31.5.2011, S. 1);
   xiii) Richtlinie 2014/94/EU des Europäischen Parlaments und des Rates vom 22. Oktober 2014 über den Aufbau der Infrastruktur für alternative Kraftstoffe (ABl. L 307 vom 28.10.2014, S. 1);
   xiv) Verordnung (EU) 2015/757 des Europäischen Parlaments und des Rates vom 29. April 2015 über die Überwachung von Kohlendioxidemissionen aus dem Seeverkehr, die Berichterstattung darüber und die Prüfung dieser Emissionen und zur Änderung der Richtlinie 2009/16/EG (ABl. L 123 vom 19.5.2015, S. 55);
   xv) Richtlinie (EU) 2015/2193 des Europäischen Parlaments und des Rates vom

4/7. HinweisgeberRL
Anhang

25. November 2015 zur Begrenzung der Emissionen bestimmter Schadstoffe aus mittelgroßen Feuerungsanlagen in die Luft (ABl. L 313 vom 28.11.2015, S. 1).

5. Regeln für den Schutz und Bewirtschaftung von Gewässern und Böden, die in folgenden Rechtsakten festgelegt sind
   i) Richtlinie 2007/60/EG des Europäischen Parlaments und des Rates vom 23. Oktober 2007 über die Bewertung und das Management von Hochwasserrisiken (ABl. L 288 vom 6.11.2007, S. 27);
   ii) Richtlinie 2008/105/EG des Europäischen Parlaments und des Rates vom 16. Dezember 2008 über Umweltqualitätsnormen im Bereich der Wasserpolitik und zur Änderung und anschließenden Aufhebung der Richtlinien des Rates 82/176/EWG, 83/513/EWG, 84/156/EWG, 84/491/EWG und 86/280/EWG sowie zur Änderung der Richtlinie 2000/60/EG (ABl. L 348 vom 24.12.2008, S. 84);
   iii) Richtlinie 2011/92/EU des Europäischen Parlaments und des Rates vom 13. Dezember 2011 über die Umweltverträglichkeitsprüfung bei bestimmten öffentlichen und privaten Projekten (ABl. L 26 vom 28.1.2012, S. 1).

6. Regeln für den Schutz der Natur und der biologischen Vielfalt, die in folgenden Rechtsakten festgelegt sind
   i) Verordnung (EG) Nr. 1936/2001 des Rates vom 27. September 2001 mit Kontrollmaßnahmen für die Befischung bestimmter Bestände weit wandernder Arten (ABl. L 263 vom 3.10.2001, S. 1);
   ii) Verordnung (EG) Nr. 812/2004 des Rates vom 26. April 2004 zur Festlegung von Maßnahmen gegen Walbeifänge in der Fischerei und zur Änderung der Verordnung (EG) Nr. 88/98 (ABl. L 150 vom 30.4.2004, S. 12);
   iii) Verordnung (EG) Nr. 1007/2009 des Europäischen Parlaments und des Rates vom 16. September 2009 über den Handel mit Robbenerzeugnissen (ABl. L 286 vom 31.10.2009, S. 36);
   iv) Verordnung (EG) Nr. 734/2008 des Rates vom 15. Juli 2008 zum Schutz empfindlicher Tiefseeökosysteme vor den schädlichen Auswirkungen von Grundfanggeräten (ABl. L 201 vom 30.7.2008, S. 8);
   v) Richtlinie 2009/147/EG des Europäischen Parlaments und des Rates vom 30. November 2009 über die Erhaltung der wildlebenden Vogelarten (ABl. L 20 vom 26.1.2010, S. 7);
   vi) Verordnung (EU) Nr. 995/2010 des Europäischen Parlaments und des Rates vom 20. Oktober 2010 über die Verpflichtungen von Marktteilnehmern, die Holz und Holzerzeugnisse in Verkehr bringen (ABl. L 295 vom 12.11.2010, S. 23);
   vii) Verordnung (EU) Nr. 1143/2014 des Europäischen Parlaments und des Rates vom 22. Oktober 2014 über die Prävention und das Management der Einbringung und Ausbreitung invasiver gebietsfremder Arten (ABl. L 317 vom 4.11.2014, S. 35).

7. Regeln für chemische Stoffe, die in der Verordnung (EG) Nr. 1907/2006 des Europäischen Parlaments und des Rates vom 18. Dezember 2006 zur Registrierung, Bewertung, Zulassung und Beschränkung chemischer Stoffe (REACH), zur Schaffung einer Europäischen Chemikalienagentur, zur Änderung der Richtlinie 1999/45/EG und zur Aufhebung der Verordnung (EWG) Nr. 793/93 des Rates, der Verordnung (EG) Nr. 1488/94 der Kommission, der Richtlinie 76/769/EWG des Rates sowie der Richtlinien 91/155/EWG, 93/67/EWG, 93/105/EG und 2000/21/EG der Kommission (ABl. L 396 vom 30.12.2006, S. 1) festgelegt sind.

8. Regeln für ökologische/biologische Erzeugnisse, die in der Verordnung (EU) 2018/848 des Europäischen Parlaments und des Rates vom 30. Mai 2018 über die ökologische/biologische Produktion und die Kennzeichnung von ökologischen/biologischen Erzeugnissen sowie zur Aufhebung der Verordnung (EG) Nr. 834/2007 des Rates (ABl. L 150 vom 14.6.2018, S. 1) festgelegt sind.

F. Artikel 2 Absatz 1 Buchstabe a Ziffer vi – Strahlenschutz und kerntechnische Sicherheit:

Regeln für kerntechnische Sicherheit, die in folgenden Rechtsakten festgelegt sind
i) Richtlinie 2009/71/Euratom des Rates vom 25. Juni 2009 über einen Gemeinschaftsrahmen für die nukleare Sicherheit kerntechnischer Anlagen (ABl. L 172 vom 2.7.2009, S. 18);
ii) Richtlinie 2013/51/Euratom des Rates vom 22. Oktober 2013 zur Festlegung von Anforderungen an den Schutz der Gesundheit der Bevölkerung hinsichtlich radioaktiver Stoffe in Wasser für den menschlichen Gebrauch (ABl. L 296 vom 7.11.2013, S. 12);
iii) Richtlinie 2013/59/Euratom des Rates vom 5. Dezember 2013 zur Festlegung grundlegender Sicherheitsnormen für den Schutz vor den Gefahren einer Exposition gegenüber ionisierender Strahlung und zur Aufhebung der Richtlinien 89/618/Euratom, 90/641/Euratom, 96/29/Euratom, 97/43/Euratom und 2003/122/Euratom (ABl. L 13 vom 17.1.2014, S. 1);
iv) Richtlinie 2011/70/Euratom des Rates vom 19. Juli 2011 über einen Gemeinschaftsrahmen für die verantwortungsvolle und sichere Entsorgung abgebrannter Brennelemente und radioaktiver Abfälle (ABl. L 199 vom 2.8.2011, S. 48);

v) Richtlinie 2006/117/Euratom des Rates vom 20. November 2006 über die Überwachung und Kontrolle der Verbringungen radioaktiver Abfälle und abgebrannter Brennelemente (ABl. L 337 vom 5.12.2006, S. 21);

vi) Verordnung (Euratom) 2016/52 des Rates vom 15. Januar 2016 zur Festlegung von Höchstwerten an Radioaktivität in Lebens- und Futtermitteln im Falle eines nuklearen Unfalls oder eines anderen radiologischen Notfalls und zur Aufhebung der Verordnung (Euratom) Nr. 3954/87 und der Verordnungen (Euratom) Nr. 944/89 und (Euratom) Nr. 770/90 der Kommission (ABl. L 13 vom 20.1.2016, S. 2);

vii) Verordnung (Euratom) Nr. 1493/93 des Rates vom 8. Juni 1993 über die Verbringung radioaktiver Stoffe zwischen den Mitgliedstaaten (ABl. L 148 vom 19.6.1993, S. 1).

G. Artikel 2 Absatz 1 Buchstabe a Ziffer vii – Lebensmittel- und Futtermittelsicherheit, Tiergesundheit und Tierschutz:

1. Lebens- und Futtermittelrecht der Union gemäß der in der Verordnung (EG) Nr. 178/2002 des Europäischen Parlaments und des Rates vom 28. Januar 2002 zur Festlegung der allgemeinen Grundsätze und Anforderungen des Lebensmittelrechts, zur Errichtung der Europäischen Behörde für Lebensmittelsicherheit und zur Festlegung von Verfahren zur Lebensmittelsicherheit (ABl. L 31 vom 1.2.2002, S. 1) enthaltenen Grundsätze und Anforderungen.

2. Tiergesundheit gemäß der
   i) Verordnung (EU) 2016/429 des Europäischen Parlaments und des Rates vom 9. März 2016 zu Tierseuchen und zur Änderung und Aufhebung einiger Rechtsakte im Bereich der Tiergesundheit („Tiergesundheitsrecht") (ABl. L 84 vom 31.3.2016, S. 1);
   ii) Verordnung (EG) Nr. 1069/2009 des Europäischen Parlaments und des Rates vom 21. Oktober 2009 mit Hygienevorschriften für nicht für den menschlichen Verzehr bestimmte tierische Nebenprodukte und zur Aufhebung der Verordnung (EG) Nr. 1774/2002 (Verordnung über tierische Nebenprodukte) (ABl. L 300 vom 14.11.2009, S. 1).

3. Verordnung (EU) 2017/625 des Europäischen Parlaments und des Rates vom 15. März 2017 über amtliche Kontrollen und andere amtliche Tätigkeiten zur Gewährleistung der Anwendung des Lebens- und Futtermittelrechts und der Vorschriften über Tiergesundheit und Tierschutz, Pflanzengesundheit und Pflanzenschutzmittel, zur Änderung der Verordnungen (EG) Nr. 999/2001, (EG) Nr. 396/2005, (EG) Nr. 1069/2009, (EG) Nr. 1107/2009, (EU) Nr. 1151/2012, (EU) Nr. 652/2014, (EU) 2016/429 und (EU) 2016/2031 des Europäischen Parlaments und des Rates, der Verordnungen (EG) Nr. 1/2005 und (EG) Nr. 1099/2009 des Rates sowie der Richtlinien 98/58/EG, 1999/74/EG, 2007/43/EG, 2008/119/EG und 2008/120/EG des Rates und zur Aufhebung der Verordnungen (EG) Nr. 854/2004 und (EG) Nr. 882/2004 des Europäischen Parlaments und des Rates, der Richtlinien 89/608/EWG, 89/662/EWG, 90/425/EWG, 91/496/EEG, 96/23/EG, 96/93/EG und 97/78/EG des Rates und des Beschlusses 92/438/EWG des Rates (Verordnung über amtliche Kontrollen) (ABl. L 95 vom 7.4.2017, S. 1).

4. Regeln und Standards über den Schutz und das Wohlergehen von Tieren, die in folgenden Rechtsakten festgelegt sind
   i) Richtlinie 98/58/EG des Rates vom 20. Juli 1998 über den Schutz landwirtschaftlicher Nutztiere (ABl. L 221 vom 8.8.1998, S. 23);
   ii) Verordnung (EG) Nr. 1/2005 des Rates vom 22. Dezember 2004 über den Schutz von Tieren beim Transport und damit zusammenhängenden Vorgängen sowie zur Änderung der Richtlinien 64/432/EWG und 93/119/EG und der Verordnung (EG) Nr. 1255/97 (ABl. L 3 vom 5.1.2005, S. 1);
   iii) Verordnung (EG) Nr. 1099/2009 des Rates vom 24. September 2009 über den Schutz von Tieren zum Zeitpunkt der Tötung (ABl. L 303 vom 18.11.2009, S. 1);
   iv) Richtlinie 1999/22/EG des Rates vom 29. März 1999 über die Haltung von Wildtieren in Zoos (ABl. L 94 vom 9.4.1999, S. 24);
   v) Richtlinie 2010/63/EU des Europäischen Parlaments und des Rates vom 22. September 2010 zum Schutz der für wissenschaftliche Zwecke verwendeten Tiere (ABl. L 276 vom 20.10.2010, S. 33).

H. Artikel 2 Absatz 1 Buchstabe a Ziffer viii – Öffentliche Gesundheit:

1. Maßnahmen zur Festlegung hoher Qualitäts- und Sicherheitsstandards für Organe und Substanzen menschlichen Ursprungs gemäß der
   i) Richtlinie 2002/98/EG des Europäischen Parlaments und des Rates vom 27. Januar 2003 zur Festlegung von Qualitäts- und Sicherheitsstandards für die Gewinnung, Testung, Verarbeitung, Lagerung und Verteilung von menschlichem Blut und Blutbestandteilen und zur Änderung der Richtlinie 2001/83/EG (ABl. L 33 vom 8.2.2003, S. 30);
   ii) Richtlinie 2004/23/EG des Europäischen Parlaments und des Rates vom 31. März 2004 zur Festlegung von Qualitäts- und Sicherheitsstandards für die Spende, Beschaffung, Testung, Verarbeitung,

4/7. HinweisgeberRL
Anhang

Konservierung, Lagerung und Verteilung von menschlichen Geweben und Zellen (ABl. L 102 vom 7.4.2004, S. 48);

iii) Richtlinie 2010/53/EU des Europäischen Parlaments und des Rates vom 7. Juli 2010 über Qualitäts- und Sicherheitsstandards für zur Transplantation bestimmte menschliche Organe (ABl. L 207 vom 6.8.2010, S. 14).

2. Maßnahmen zur Festlegung hoher Qualitäts- und Sicherheitsstandards für Arzneimittel und Medizinprodukte gemäß der

i) Verordnung (EG) Nr. 141/2000 des Europäischen Parlaments und des Rates vom 16. Dezember 1999 über Arzneimittel für seltene Leiden (ABl. L 18 vom 22.1.2000, S. 1);

ii) Richtlinie 2001/83/EG des Europäischen Parlaments und des Rates vom 6. November 2001 zur Schaffung eines Gemeinschaftskodexes für Humanarzneimittel (ABl. L 311 vom 28.11.2001, S. 67);

iii) Verordnung (EU) 2019/6 des Europäischen Parlaments und des Rates vom 11. Dezember 2018 über Tierarzneimittel und zur Aufhebung der Richtlinie 2001/82/EG (ABl. L 4 vom 7.1.2019, S. 43);

iv) Verordnung (EG) Nr. 726/2004 des Europäischen Parlaments und des Rates vom 31. März 2004 zur Festlegung von Gemeinschaftsverfahren für die Genehmigung und Überwachung von Human- und Tierarzneimitteln und zur Errichtung einer Europäischen Arzneimittel-Agentur (ABl. L 136 vom 30.4.2004, S. 1);

v) Verordnung (EG) Nr. 1901/2006 des Europäischen Parlaments und des Rates vom 12. Dezember 2006 über Kinderarzneimittel und zur Änderung der Verordnung (EWG) Nr. 1768/92, der Richtlinien 2001/20/EG und 2001/83/EG sowie der Verordnung (EG) Nr. 726/2004 (ABl. L 378 vom 27.12.2006, S. 1);

vi) Verordnung (EG) Nr. 1394/2007 des Europäischen Parlaments und des Rates vom 13. November 2007 über Arzneimittel für neuartige Therapien und zur Änderung der Richtlinie 2001/83/EG und der Verordnung (EG) Nr. 726/2004 (ABl. L 324 vom 10.12.2007, S. 121);

vii) Verordnung (EU) Nr. 536/2014 des Europäischen Parlaments und des Rates vom 16. April 2014 über klinische Prüfungen mit Humanarzneimitteln und zur Aufhebung der Richtlinie 2001/20/EG (ABl. L 158 vom 27.5.2014, S. 1).

3. Patientenrechte gemäß der Richtlinie 2011/24/EU des Europäischen Parlaments und des Rates vom 9. März 2011 über die Ausübung der Patientenrechte in der grenzüberschreitenden Gesundheitsversorgung (ABl. L 88 vom 4.4.2011, S. 45).

4. Herstellung, Aufmachung und Verkauf von Tabakerzeugnissen und verwandten Erzeugnissen gemäß der Richtlinie 2014/40/EU des Europäischen Parlaments und des Rates vom 3. April 2014 zur Angleichung der Rechts- und Verwaltungsvorschriften der Mitgliedstaaten über die Herstellung, die Aufmachung und den Verkauf von Tabakerzeugnissen und verwandten Erzeugnissen und zur Aufhebung der Richtlinie 2001/37/EG (ABl. L 127 vom 29.4.2014, S. 1).

I. Artikel 2 Absatz 1 Buchstabe a Ziffer ix – Verbraucherschutz:

Verbraucherrechte und Verbraucherschutz gemäß der

i) Richtlinie 98/6/EG des Europäischen Parlaments und des Rates vom 16. Februar 1998 über den Schutz der Verbraucher bei der Angabe der Preise der ihnen angebotenen Erzeugnisse (ABl. L 80 vom 18.3.1998, S. 27);

ii) Richtlinie (EU) 2019/770 des Europäischen Parlaments und des Rates vom 20. Mai 2019 über bestimmte vertragsrechtliche Aspekte der Bereitstellung digitaler Inhalte und digitaler Dienstleistungen (ABl. L 136 vom 22.5.2019, S. 1);

iii) Richtlinie (EU) 2019/771 des Europäischen Parlaments und des Rates vom 20. Mai 2019 über bestimmte vertragsrechtliche Aspekte des Warenkaufs, zur Änderung der Verordnung (EU) 2017/2394 und der Richtlinie 2009/22/EG sowie zur Aufhebung der Richtlinie 1999/44/EG (ABl. L 136 vom 22.5.2019, S. 28);

iv) Richtlinie 1999/44/EG des Europäischen Parlaments und des Rates vom 25. Mai 1999 zu bestimmten Aspekten des Verbrauchsgüterkaufs und der Garantien für Verbrauchsgüter (ABl. L 171 vom 7.7.1999, S. 12);

v) Richtlinie 2002/65/EG des Europäischen Parlaments und des Rates vom 23. September 2002 über den Fernabsatz von Finanzdienstleistungen an Verbraucher und zur Änderung der Richtlinie 90/619/EWG des Rates und der Richtlinien 97/7/EG und 98/27/EG (ABl. L 271 vom 9.10.2002, S. 16);

vi) Richtlinie 2005/29/EG des Europäischen Parlaments und des Rates vom 11. Mai 2005 über unlautere Geschäftspraktiken von Unternehmen gegenüber Verbrauchern im Binnenmarkt und zur Änderung der Richtlinie 84/450/EWG des Rates, der Richtlinien 97/7/EG, 98/27/EG und 2002/65/EG des Europäischen Parlaments und des Rates sowie der Verordnung (EG) Nr. 2006/2004 des Europäischen Parlaments und des Rates (Richtlinie über unlautere Geschäftspraktiken) (ABl. L 149 vom 11.6.2005, S. 22);

vii) Richtlinie 2008/48/EG des Europäischen Parlaments und des Rates vom 23. April 2008 über Verbraucherkreditverträge und zur Aufhebung der Richtlinie 87/102/EWG des Rates (ABl. L 133 vom 22.5.2008, S. 66);

viii) Richtlinie 2011/83/EU des Europäischen Parlaments und des Rates vom 25. Oktober 2011 über die Rechte der Verbraucher, zur Abänderung der Richtlinie 93/13/EWG des Rates und der Richtlinie 1999/44/EG des Europäischen Parlaments und des Rates sowie zur Aufhebung der Richtlinie 85/577/EWG des Rates und der Richtlinie 97/7/EG des Europäischen Parlaments und des Rates (ABl. L 304 vom 22.11.2011, S. 64);

ix) Richtlinie 2014/92/EU des Europäischen Parlaments und des Rates vom 23. Juli 2014 über die Vergleichbarkeit von Zahlungskontoentgelten, den Wechsel von Zahlungskonten und den Zugang zu Zahlungskonten mit grundlegenden Funktionen (ABl. L 257 vom 28.8.2014, S. 214).

J. Artikel 2 Absatz 1 Buchstabe a Ziffer x – Schutz der Privatsphäre und personenbezogener Daten sowie Sicherheit von Netz- und Informationssystemen:

i) Richtlinie 2002/58/EG des Europäischen Parlaments und des Rates vom 12. Juli 2002 über die Verarbeitung personenbezogener Daten und den Schutz der Privatsphäre in der elektronischen Kommunikation (Datenschutzrichtlinie für elektronische Kommunikation) (ABl. L 201 vom 31.7.2002, S. 37);

ii) Verordnung (EU) 2016/679 des Europäischen Parlaments und des Rates vom 27. April 2016 zum Schutz natürlicher Personen bei der Verarbeitung personenbezogener Daten, zum freien Datenverkehr und zur Aufhebung der Richtlinie 95/46/EG (Datenschutz-Grundverordnung) (ABl. L 119 vom 4.5.2016, S. 1);

iii) Richtlinie (EU) 2016/1148 des Europäischen Parlaments und des Rates vom 6. Juli 2016 über Maßnahmen zur Gewährleistung eines hohen gemeinsamen Sicherheitsniveaus von Netz- und Informationssystemen in der Union (ABl. L 194 vom 19.7.2016, S. 1).

iv) Verordnung (EU) 2022/1925 des Europäischen Parlaments und des Rates vom 14. September 2022 über bestreitbare und faire Märkte im digitalen Sektor und zur Änderung der Richtlinien (EU) 2019/1937 und (EU) 2020/1828 (Gesetz über digitale Märkte) (ABl. L 265 vom 21.9.2022, S. 1).

(VO (EU) 2022/1925)

Teil II

Artikel 3 Absatz 1 bezieht sich auf folgende Rechtsvorschriften der Union:

A. Artikel 2 Absatz 1 Buchstabe a Ziffer ii – Finanzdienstleistungen, Finanzprodukte und Finanzmärkte sowie Verhinderung von Geldwäsche und Terrorismusfinanzierung:

1. Finanzdienstleistungen:

i) Richtlinie 2009/65/EG des Europäischen Parlaments und des Rates vom 13. Juli 2009 zur Koordinierung der Rechts- und Verwaltungsvorschriften betreffend bestimmte Organismen für gemeinsame Anlagen in Wertpapieren (OGAW) (ABl. L 302 vom 17.11.2009, S. 32);

ii) Richtlinie (EU) 2016/2341 des Europäischen Parlaments und des Rates vom 14. Dezember 2016 über die Tätigkeiten und die Beaufsichtigung von Einrichtungen der betrieblichen Altersversorgung (EbAV) (ABl. L 354 vom 23.12.2016, S. 37);

iii) Richtlinie 2006/43/EG des Europäischen Parlaments und des Rates vom 17. Mai 2006 über Abschlussprüfungen von Jahresabschlüssen und konsolidierten Abschlüssen, zur Änderung der Richtlinien 78/660/EWG und 83/349/EWG des Rates und zur Aufhebung der Richtlinie 84/253/EWG des Rates (ABl. L 157 vom 9.6.2006, S. 87);

iv) Verordnung (EU) Nr. 596/2014 des Europäischen Parlaments und des Rates vom 16. April 2014 über Marktmissbrauch (Marktmissbrauchsverordnung) und zur Aufhebung der Richtlinie 2003/6/EG des Europäischen Parlaments und des Rates und der Richtlinien 2003/124/EG, 2003/125/EG und 2004/72/EG der Kommission (ABl. L 173 vom 12.6.2014, S. 1);

v) Richtlinie 2013/36/EU des Europäischen Parlaments und des Rates vom 26. Juni 2013 über den Zugang zur Tätigkeit von Kreditinstituten und die Beaufsichtigung von Kreditinstituten und Wertpapierfirmen, zur Änderung der Richtlinie 2002/87/EG und zur Aufhebung der Richtlinien 2006/48/EG und 2006/49/EG (ABl. L 176 vom 27.6.2013, S. 338);

vi) Richtlinie 2014/65/EU des Europäischen Parlaments und des Rates vom 15. Mai 2014 über Märkte für Finanzinstrumente und zur Änderung der Richtlinien 2002/92/EG und 2011/61/EU (ABl. L 173 vom 12.6.2014, S. 349);

vii) Verordnung (EU) Nr. 909/2014 des Europäischen Parlaments und des Rates vom 23. Juli 2014 zur Verbesserung der Wertpapierlieferungen und -abrechnungen in der Europäischen Union und über Zentralverwahrer sowie zur Änderung der

4/7. HinweisgeberRL
Anhang

Richtlinien 98/26/EG und 2014/65/EU und der Verordnung (EU) Nr. 236/2012 (ABl. L 257 vom 28.8.2014, S. 1);
viii) Verordnung (EU) Nr. 1286/2014 des Europäischen Parlaments und des Rates vom 26. November 2014 über Basisinformationsblätter für verpackte Anlageprodukte für Kleinanleger und Versicherungsanlageprodukte (PRIIP) (ABl. L 352 vom 9.12.2014, S. 1);
ix) Verordnung (EU) 2015/2365 des Europäischen Parlaments und des Rates vom 25. November 2015 über die Transparenz von Wertpapierfinanzierungsgeschäften und der Weiterverwendung sowie zur Änderung der Verordnung (EU) Nr. 648/2012 (ABl. L 337 vom 23.12.2015, S. 1);
x) Richtlinie (EU) 2016/97 des Europäischen Parlaments und des Rates vom 20. Januar 2016 über Versicherungsvertrieb (ABl. L 26 vom 2.2.2016, S. 19);
xi) Verordnung (EU) 2017/1129 des Europäischen Parlaments und des Rates vom 14. Juni 2017 über den Prospekt, der beim öffentlichen Angebot von Wertpapieren oder bei deren Zulassung zum Handel an einem geregelten Markt zu veröffentlichen ist und zur Aufhebung der Richtlinie 2003/71/EG (ABl. L 168 vom 30.6.2017, S. 12).

2. Verhinderung von Geldwäsche und Terrorismusfinanzierung:
i) Richtlinie (EU) 2015/849 des Europäischen Parlaments und des Rates vom 20. Mai 2015 zur Verhinderung der Nutzung des Finanzsystems zum Zwecke der Geldwäsche und der Terrorismusfinanzierung, zur Änderung der Verordnung (EU) Nr. 648/2012 des Europäischen Parlaments und des Rates und zur Aufhebung der Richtlinie 2005/60/EG des Europäischen Parlaments und des Rates und der Richtlinie 2006/70/EG der Kommission (ABl. L 141 vom 5.6.2015, S. 73);
ii) Verordnung (EU) 2015/847 des Europäischen Parlaments und des Rates vom 20. Mai 2015 über die Übermittlung von Angaben bei Geldtransfers und zur Aufhebung der Verordnung (EU) Nr. 1781/2006 (ABl. L 141 vom 5.6.2015, S. 1).

B. Artikel 2 Absatz 1 Buchstabe a Ziffer iv – Verkehrssicherheit:
i) Verordnung (EU) Nr. 376/2014 des Europäischen Parlaments und des Rates vom 3. April 2014 über die Meldung, Analyse und Weiterverfolgung von Ereignissen in der Zivilluftfahrt, zur Änderung der Verordnung (EU) Nr. 996/2010 des Europäischen Parlaments und des Rates und zur Aufhebung der Richtlinie 2003/42/EG des Europäischen Parlaments und des Rates und der Verordnungen (EG) Nr. 1321/2007 und (EG) Nr. 1330/2007 der Kommission (ABl. L 122 vom 24.4.2014, S. 18);
ii) Richtlinie 2013/54/EU des Europäischen Parlaments und des Rates vom 20. November 2013 über bestimmte Verantwortlichkeiten der Flaggenstaaten für die Einhaltung und Durchsetzung des Seearbeitsübereinkommens 2006 (ABl. L 329 vom 10.12.2013, S. 1);
iii) Richtlinie 2009/16/EG des Europäischen Parlaments und des Rates vom 23. April 2009 über die Hafenstaatkontrolle (ABl. L 131 vom 28.5.2009, S. 57).

C. Artikel 2 Absatz 1 Buchstabe a Ziffer v – Umweltschutz:
i) Richtlinie 2013/30/EU des Europäischen Parlaments und des Rates vom 12. Juni 2013 über die Sicherheit von Offshore-Erdöl- und -Erdgasaktivitäten und zur Änderung der Richtlinie 2004/35/EG (ABl. L 178 vom 28.6.2013, S. 66).

4/8. TeilzeitarbeitsRL

Präambel

4/8. Teilzeitarbeitsrichtlinie

Richtlinie 97/81/EG des Rates zu der von UNICE, CEEP und EGB geschlossenen Rahmenvereinbarung über Teilzeitarbeit vom 15. Dezember 1997

(ABl. Nr. L 14 v. 20.1.1998, S. 9; berichtigt durch ABl. Nr. L 128 v. 30.4.1998, S. 71; geändert durch die RL 98/23/EG, ABl. Nr. L 131 v. 5.5.1998, S. 10)
(nicht amtlich aktualisierte Fassung)

GLIEDERUNG

Art. 1: Ziel
Art. 2: Umsetzung
Art. 3: Inkrafttreten
Art. 4: Adressaten

ANHANG: Rahmenvereinbarung über Teilzeitarbeit

DER RAT DER EUROPÄISCHEN UNION –

gestützt auf das Abkommen über die Sozialpolitik (vgl. unter 1/1. die Art. 118ff kursiv), das dem Protokoll (Nr. 14) über die Sozialpolitik im Anhang zum Vertrag zur Gründung der Europäischen Gemeinschaft beigefügt ist, insbesondere auf Artikel 4 Absatz 2,

auf Vorschlag der Kommission,

in Erwägung nachstehender Gründe:

(1) Auf der Grundlage des Protokolls (Nr. 14) über die Sozialpolitik haben die Mitgliedstaaten mit Ausnahme des Vereinigten Königreichs Großbritannien und Nordirland [zur Ausdehnung der Richtlinie auf das Vereinigte Königreich Großbritannien und Nordirland vgl. RL 98/23/EG des Rates vom 7. April 1998, ABl. Nr. L 131 v. 5. 5. 1998, S. 10 (im folgenden als „Mitgliedstaaten" bezeichnet) in dem Wunsch, in dem von der Sozialcharta von 1989 vorgezeichneten Weg weiterzugehen, ein Abkommen über die Sozialpolitik geschlossen.

(2) Die Sozialpartner können entsprechend Artikel 4 Absatz 2 des Abkommens über die Sozialpolitik gemeinsam beantragen, daß die auf Gemeinschaftsebene geschlossenen Vereinbarungen durch einen Beschluß des Rates auf Vorschlag der Kommission durchgeführt werden.

(3) Nummer 7 der Gemeinschaftscharta der sozialen Grundrechte der Arbeitnehmer sieht unter anderem folgendes vor: „Die Verwirklichung des Binnenmarktes muß zu einer Verbesserung der Lebens- und Arbeitsbedingungen der Arbeitnehmer in der Europäischen Gemeinschaft führen. Dieser Prozeß erfolgt durch eine Angleichung dieser Bedingungen auf dem Wege des Fortschritts und betrifft namentlich andere Arbeitsformen als das unbefristete Arbeitsverhältnis, wie das befristete Arbeitsverhältnis, Teilzeitarbeit, Leiharbeit und Saisonarbeit".

(4) Der Rat hat weder zu dem Vorschlag für eine Richtlinie über bestimmte Arbeitsverhältnisse im Hinblick auf Wettbewerbsverzerrungen (ABl. Nr. C 224 v. 8. 9. 1990, S. 6) in der geänderten Fassung (ABl. Nr. C 305 v. 5. 12. 1990, S. 8) noch zu dem Vorschlag für eine Richtlinie über bestimmte Arbeitsverhältnisse hinsichtlich der Arbeitsbedingungen (ABl. Nr. C 224 v. 8. 9. 1990, S. 4) einen Beschluß gefaßt.

(5) Entsprechend den Schlußfolgerungen des Europäischen Rates von Essen sind Maßnahmen zur Förderung der Beschäftigung und Chancengleichheit zwischen Frauen und Männern sowie Maßnahmen zur Steigerung der Beschäftigungsintensität des Wachstums, insbesondere durch eine flexiblere Organisation der Arbeit, die sowohl den Wünschen der Arbeitnehmer als auch den Erfordernissen des Wettbewerbs gerecht wird, erforderlich.

(6) Die Kommission hat nach Artikel 3 Absatz 2 des Abkommens über die Sozialpolitik die Sozialpartner zu der Frage gehört, wie eine Gemeinschaftsaktion zur Flexibilisierung der Arbeitszeit und zur Absicherung der Arbeitnehmer gegebenenfalls ausgerichtet werden sollte.

(7) Die Kommission, die nach dieser Anhörung eine Gemeinschaftsaktion für zweckmäßig hielt, hat die Sozialpartner nach Artikel 3 Absatz 3 des Abkommens erneut zum Inhalt des in Aussicht genommenen Vorschlags gehört.

(8) Die europäischen Sozialpartner (Union der Industrie- und Arbeitgeberverbände Europas [UNICE], Europäischer Zentralverband der öffentlichen Wirtschaft [CEEP] und Europäischer Gewerkschaftsbund [EGB]) haben der Kommission in einem gemeinsamen Schreiben vom 19. Juni 1996 mitgeteilt, daß sie das Verfahren nach Artikel 4 des Abkommens über die Sozialpolitik in Gang setzen wollen. Sie haben die Kommission in einem gemeinsamen Schreiben vom 12. März 1997 um eine zusätzliche Frist von drei Monaten gebeten. Die Kommission hat ihnen diese Frist eingeräumt.

(9) Die genannten Sozialpartner haben am 6. Juni 1997 eine Rahmenvereinbarung über Teilzeitarbeit geschlossen und der Kommission nach Artikel 4 Absatz 2 des Abkommens ihren gemeinsamen Antrag auf Durchführung dieser Rahmenvereinbarung übermittelt.

(10) Der Rat hat in seiner Entschließung vom 6. Dezember 1994 zu bestimmten Perspektiven einer Sozialpolitik der Europäischen Union: ein

4/8. TeilzeitarbeitsRL
Präambel, Art. 1, 2

Beitrag zur wirtschaftlichen und sozialen Konvergenz in der Union (ABl. Nr. C 368 v. 23. 12. 1994, S. 6) die Sozialpartner ersucht, die Möglichkeiten zum Abschluß von Vereinbarungen wahrzunehmen, weil sie in der Regel näher an den sozialen Problemen und der sozialen Wirklichkeit sind.

(11) Die Unterzeichnerparteien wollten eine Rahmenvereinbarung über Teilzeitarbeit schließen, in der die allgemeinen Grundsätze und Mindestvorschriften für die Teilzeitarbeit niedergelegt sind. Sie haben ihren Willen bekundet, einen allgemeinen Rahmen für die Beseitigung der Diskriminierungen von Teilzeitbeschäftigten zu schaffen und einen Beitrag zur Entwicklung der Teilzeitarbeitsmöglichkeiten auf einer für Arbeitgeber und Arbeitnehmer akzeptablen Grundlage zu leisten.

(12) Die Sozialpartner wollten der Teilzeitarbeit besondere Bedeutung schenken, haben aber auch erklärt, daß sie in Erwägung ziehen wollten, ob ähnliche Vereinbarungen für andere Arbeitsformen erforderlich sind.

(13) In den Schlußfolgerungen des Rates von Amsterdam haben die Staats- und Regierungschefs der Mitgliedstaaten der Europäischen Union die Vereinbarung der Sozialpartner über Teilzeitarbeit nachdrücklich begrüßt.

(14) Der geeignete Rechtsakt zur Durchführung der Rahmenvereinbarung ist eine Richtlinie im Sinne von Artikel 189 des Vertrags. Diese ist für die Mitgliedstaaten hinsichtlich des zu erreichenden Ziels verbindlich, überläßt jedoch den einzelstaatlichen Stellen die Wahl der Form und der Mittel.

(15) Entsprechend den in Artikel 3b des Vertrags genannten Grundsätzen der Subsidiarität und der Verhältnismäßigkeit können die Ziele dieser Richtlinie auf Ebene der Mitgliedstaaten nicht ausreichend erreicht werden, so daß sie besser auf Gemeinschaftsebene verwirklicht werden können. Die Richtlinie geht nicht über das für die Erreichung dieser Ziele Erforderliche hinaus.

(16) Bezüglich der in der Rahmenvereinbarung verwendeten, jedoch nicht genauer definierten Begriffe überläßt es die Richtlinie – wie andere im Sozialbereich erlassene Richtlinien, in denen ähnliche Begriffe vorkommen – den Mitgliedstaaten, diese Begriffe entsprechend ihrem nationalen Recht und/oder ihrer nationalen Praxis zu definieren, vorausgesetzt, diese Definitionen entsprechen inhaltlich dem Rahmenabkommen.

(17) Die Kommission hat ihren Richtlinienvorschlag entsprechend ihrer Mitteilung vom 14. Dezember 1993 über die Anwendung des Protokolls (Nr. 14) über die Sozialpolitik und ihrer Mitteilung vom 18. September 1996 zur Entwicklung des sozialen Dialogs auf Gemeinschaftsebene unter Berücksichtigung des Vertretungsanspruchs der Vertragsparteien, ihres Mandats und der Rechtmäßigkeit der Bestimmungen der Rahmenvereinbarung ausgearbeitet.

(18) Die Kommission hat ihren Richtlinienvorschlag unter Berücksichtigung des Artikels 2 Absatz 2 des Abkommens über die Sozialpolitik ausgearbeitet, wonach die Richtlinien im Bereich der Sozialpolitik „keine verwaltungsmäßigen, finanziellen oder rechtlichen Auflagen vorschreiben (sollen), die der Gründung oder Entwicklung von kleinen und mittleren Unternehmen entgegenstehen".

(19) Im Einklang mit ihrer Mitteilung vom 14. Dezember 1993 über die Anwendung des Protokolls (Nr. 14) über die Sozialpolitik hat die Kommission das Europäische Parlament unterrichtet und ihm ihren Richtlinienvorschlag mit der Rahmenvereinbarung übermittelt.

(20) Die Kommission hat außerdem den Wirtschafts- und Sozialausschuß unterrichtet.

(21) Nach Paragraph 6 Absatz 1 der Rahmenvereinbarung dürfen die Mitgliedstaaten und/oder die Sozialpartner günstigere Bestimmungen beibehalten oder einführen.

(22) Nach Paragraph 6 Absatz 2 des Rahmenabkommens darf die Durchführung dieser Richtlinie nicht als Rechtfertigung für eine Verschlechterung der derzeit in den einzelnen Mitgliedstaaten bestehenden Situation dienen.

(23) Die Gemeinschaftscharta der sozialen Grundrechte der Arbeitnehmer betont die Notwendigkeit, gegen Diskriminierung jeglicher Art, insbesondere aufgrund von Geschlecht, Hautfarbe, Rasse, Meinung oder Glauben vorzugehen.

(24) Nach Artikel F Absatz 2 des Vertrags über die Europäische Union achtet die Union die Grundrechte, wie sie in der Europäischen Konvention zum Schutze der Menschenrechte und Grundfreiheiten gewährleistet sind und wie sie sich aus den gemeinsamen Verfassungsüberlieferungen der Mitgliedstaaten als allgemeine Grundsätze des Gemeinschaftsrechts ergeben.

(25) Die Mitgliedstaaten können den Sozialpartnern auf deren gemeinsamen Antrag die Durchführung dieser Richtlinie übertragen, sofern sie alle erforderlichen Maßnahmen treffen, um jederzeit gewährleisten zu können, daß die durch die Richtlinie vorgeschriebenen Ergebnisse erzielt werden.

(26) Die Durchführung der Rahmenvereinbarung trägt zur Verwirklichung der in Artikel 1 des Abkommens über die Sozialpolitik genannten Ziele bei –

HAT FOLGENDE RICHTLINIE ERLASSEN:

Ziel

Art. 1 Mit dieser Richtlinie soll die am 6. Juni 1997 zwischen den europäischen Sozialpartnern (UNICE, CEEP, EGB) geschlossene Rahmenvereinbarung über Teilzeitarbeit, die im Anhang enthalten ist, durchgeführt werden.

Umsetzung

Art. 2 (1) Die Mitgliedstaaten setzen die Rechts- und Verwaltungsvorschriften, die erforderlich sind, um dieser Richtlinie nachzukommen, bis zum 20. Januar 2000 in Kraft und vergewissern sich spätestens zu diesem Zeitpunkt, daß die Sozialpartner im Wege einer Vereinbarung die erforderlichen Vorkehrungen getroffen haben; dabei haben die

Mitgliedstaaten alle notwendigen Maßnahmen zu treffen, um jederzeit gewährleisten zu können, daß die durch diese Richtlinie vorgeschriebenen Ergebnisse erzielt werden. Sie setzen die Kommission unverzüglich davon in Kenntnis.

Den Mitgliedstaaten kann bei besonderen Schwierigkeiten oder im Falle einer Durchführung mittels eines Tarifvertrags eine zusätzliche Frist von höchstens einem Jahr gewährt werden. Sie setzen die Kommission umgehend von diesen Gegebenheiten in Kenntnis.

Wenn die Mitgliedstaaten die Vorschriften nach Unterabsatz 1 erlassen, nehmen sie in den Vorschriften selbst oder bei der amtlichen Veröffentlichung auf diese Richtlinie Bezug. Die Mitgliedstaaten regeln die Einzelheiten der Bezugnahme.

(1a) Für das Vereinigte Königreich Großbritannien und Nordirland gilt anstelle des in Absatz 1 genannten Zeitpunkts des 20. Januar 2000 der 7. April 2000.

(RL 98/23/EG)

(2) Die Mitgliedstaaten teilen der Kommission die wichtigsten innerstaatlichen Rechtsvorschriften mit, die sie im Anwendungsbereich dieser Richtlinie erlassen haben oder erlassen.

Inkrafttreten

Art. 3 Diese Richtlinie tritt am Tag ihrer Veröffentlichung im *Amtsblatt der Europäischen Gemeinschaften* in Kraft.

Adressaten

Art. 4 Diese Richtlinie ist an die Mitgliedstaaten gerichtet.

ANHANG
Rahmenvereinbarung über Teilzeitarbeit
Präambel

Die vorliegende Rahmenvereinbarung ist ein Beitrag zur allgemeinen europäischen Beschäftigungsstrategie. Die Teilzeitarbeit hat in den letzten Jahren einen erheblichen Einfluß auf die Beschäftigungslage gehabt. Aus diesem Grunde haben die Unterzeichner dieser Vereinbarung dieser Form der Arbeit vorrangige Beachtung eingeräumt. Die Parteien beabsichtigen, die Notwendigkeit ähnlicher Abkommen für andere flexible Arbeitsformen in Erwägung zu ziehen.

Diese Vereinbarung legt in Anerkennung der Vielfalt der Verhältnisse in den Mitgliedstaaten und in der Erkenntnis, daß die Teilzeitarbeit ein Merkmal der Beschäftigung in bestimmten Branchen und Tätigkeiten ist, die allgemeinen Grundsätze und Mindestvorschriften für die Teilzeitarbeit nieder. Sie macht den Willen der Sozialpartner deutlich, einen allgemeinen Rahmen für die Beseitigung von Diskriminierungen von Teilzeitbeschäftigten zu schaffen und einen Beitrag zur Entwicklung der Teilzeitarbeitsmöglichkeiten auf einer für Arbeitgeber und Arbeitnehmer akzeptablen Grundlage zu leisten.

Die Vereinbarung erstreckt sich auf die Beschäftigungsbedingungen von Teilzeitbeschäftigten und erkennt an, daß Fragen der gesetzlichen Regelung der sozialen Sicherheit der Entscheidung der Mitgliedstaaten unterliegen. Die Unterzeichnerparteien haben im Sinne des Grundsatzes der Nichtdiskriminierung von der Erklärung zur Beschäftigung des Europäischen Rates von Dublin im Dezember 1996 Kenntnis genommen, in welcher der Rat unter anderem betont, daß die Systeme der sozialen Sicherheit beschäftigungsfreundlicher gestaltet werden sollten, indem „Systeme der sozialen Sicherheit entwickelt werden, die sich an neue Arbeitsstrukturen anpassen lassen und die jedem, der im Rahmen solcher Strukturen arbeitet, auch einen angemessenen sozialen Schutz bieten". Die Unterzeichnerparteien sind der Ansicht, daß diese Erklärung in die Praxis umgesetzt werden sollte.

EGB, UNICE und CEEP ersuchen die Kommission, diese Rahmenvereinbarung dem Rat vorzulegen, damit deren Vorschriften in den Mitgliedstaaten, die das Abkommen über die Sozialpolitik, das dem Protokoll (Nr. 14) über die Sozialpolitik im Anhang zum Vertrag zur Gründung der Europäischen Gemeinschaft beigefügt ist, unterzeichnet haben, durch Ratsbeschluß verbindlich gemacht werden.

Die Unterzeichnerparteien ersuchen die Kommission, die Mitgliedstaaten in ihrem Vorschlag zur Umsetzung dieser Vereinbarung aufzufordern, die erforderlichen Rechts- und Verwaltungsvorschriften zu erlassen, um dem Ratsbeschluß innerhalb einer Frist von zwei Jahren nach seiner Verabschiedung nachzukommen, oder sich zu vergewissern (im Sinne von Artikel 2 Absatz 4 des Abkommens über die Sozialpolitik im Anhang zum Vertrag zur Gründung der Europäischen Gemeinschaft), daß die Sozialpartner im Wege einer Vereinbarung die erforderlichen Maßnahmen vor Ablauf dieser Frist ergreifen. Den Mitgliedstaaten kann bei besonderen Schwierigkeiten oder im Fall einer Durchführung im Wege eines Tarifvertrags höchstens ein zusätzliches Jahr gewährt werden, um dieser Bestimmung nachzukommen.

Unbeschadet der jeweiligen Rolle der einzelstaatlichen Gerichte und des Gerichtshofs bitten die Unterzeichnerparteien darum, daß jede Frage im Hinblick auf die Auslegung dieser Vereinbarung auf europäischer Ebene über die Kommission zunächst an sie weitergeleitet wird, damit sie eine Stellungnahme abgeben können.

Allgemeine Erwägungen

1. Gestützt auf das Abkommen über die Sozialpolitik im Anhang zum Protokoll (Nr. 14) über die Sozialpolitik, das dem Vertrag zur Gründung der Europäischen Gemeinschaft beigefügt ist, insbesondere auf Artikel 3 Absatz 4 und Artikel 4 Absatz 2,

in Erwägung nachstehender Gründe:

2. Gemäß Artikel 4 Absatz 2 des Abkommens über die Sozialpolitik erfolgt die Durchführung der auf Gemeinschaftsebene geschlossenen Vereinbarungen auf gemeinsamen Antrag der Unter-

4/8. TeilzeitarbeitsRL
Anhang

zeichnerparteien durch einen Beschluß des Rates auf Vorschlag der Kommission.

3. Die Kommission kündigte in ihrem zweiten Konsultationspapier über die Flexibilität der Arbeitszeit und die Absicherung der Arbeitnehmer an, eine gesetzlich bindende Gemeinschaftsmaßnahme vorschlagen zu wollen.

4. Die Schlußfolgerungen des Europäischen Rates von Essen betonen nachdrücklich die Notwendigkeit von Maßnahmen zur Förderung der Beschäftigung und Chancengleichheit zwischen Frauen und Männern und fordern Maßnahmen zur „Steigerung der Beschäftigungsintensität des Wachstums, insbesondere durch eine flexiblere Organisation der Arbeit, die sowohl den Wünschen der Arbeitnehmer als auch den Erfordernissen des Wettbewerbs gerecht wird".

5. Die Unterzeichnerparteien messen denjenigen Maßnahmen Bedeutung zu, die den Zugang zur Teilzeitarbeit für Frauen und Männer erleichtern, und zwar im Hinblick auf die Vorbereitung des Ruhestands, die Vereinbarkeit von Beruf und Familienleben sowie die Nutzung von allgemeinen und beruflichen Bildungsmöglichkeiten zur Verbesserung ihrer Fertigkeiten und ihres beruflichen Fortkommens, im beiderseitigen Interesse der Arbeitgeber und der Arbeitnehmer und auf eine Weise, die die Entwicklung der Unternehmen begünstigt.

6. Diese Vereinbarung überläßt es den Mitgliedstaaten und den Sozialpartnern, die Anwendungsmodalitäten dieser allgemeinen Grundsätze, Mindestvorschriften und Bestimmungen zu definieren, um so der jeweiligen Situation der einzelnen Mitgliedstaaten Rechnung zu tragen.

7. Diese Vereinbarung berücksichtigt die Notwendigkeit, die sozialpolitischen Anforderungen zu verbessern, die Wettbewerbsfähigkeit der Wirtschaft der Gemeinschaft zu stärken, und zu vermeiden, daß verwaltungstechnische, finanzielle und rechtliche Zwänge auferlegt werden, die die Gründung und Entwicklung von kleinen und mittleren Unternehmen hemmen könnten.

8. Die Sozialpartner sind am besten in der Lage, Lösungen zu finden, die die Bedingungen der Arbeitgeber und der Arbeitnehmer gerecht werden; daher ist ihnen eine besondere Rolle bei der Umsetzung und Anwendung dieser Vereinbarung einzuräumen –

DIE UNTERZEICHNERPARTEIEN HABEN FOLGENDE VEREINBARUNG GESCHLOSSEN:

Ziel

§ 1. Diese Rahmenvereinbarung soll
a) die Beseitigung von Diskriminierungen von Teilzeitbeschäftigten sicherstellen und die Qualität der Teilzeitarbeit verbessern;
b) die Entwicklung der Teilzeitarbeit auf freiwilliger Basis fördern und zu einer flexiblen Organisation der Arbeitszeit beitragen, die den Bedürfnissen der Arbeitgeber und der Arbeitnehmer Rechnung trägt.

Anwendungsbereich

§ 2. 1. Die vorliegende Vereinbarung gilt für Teilzeitbeschäftigte, die nach den Rechtsvorschriften, Tarifverträgen oder Gepflogenheiten in dem jeweiligen Mitgliedstaat einen Arbeitsvertrag haben oder in einem Arbeitsverhältnis stehen.

2. Nach Anhörung der Sozialpartner gemäß den einzelstaatlichen Rechtsvorschriften, den Tarifverträgen oder Gepflogenheiten können die Mitgliedstaaten und/oder die Sozialpartner auf der entsprechenden Ebene in Übereinstimmung mit den einzelstaatlichen Praktiken im Bereich der Arbeitsbeziehungen aus sachlichen Gründen Teilzeitbeschäftigte, die nur gelegentlich arbeiten, ganz oder teilweise ausschließen. Dieser Ausschluß sollte regelmäßig daraufhin überprüft werden, ob die sachlichen Gründe, auf denen er beruht, weiter vorliegen.

Begriffsbestimmungen

§ 3. Im Sinne dieser Vereinbarung ist
1. „Teilzeitbeschäftigter" ein Arbeitnehmer, dessen normale, auf Wochenbasis oder als Durchschnitt eines bis zu einem Jahr reichenden Beschäftigungszeitraumes berechnete Arbeitszeit unter der eines vergleichbaren Vollzeitbeschäftigten liegt;
2. „vergleichbarer Vollzeitbeschäftigter" ein Vollzeitbeschäftigter desselben Betriebs mit derselben Art von Arbeitsvertrag oder Beschäftigungsverhältnis, der in der gleichen oder einer ähnlichen Arbeit/Beschäftigung tätig ist, wobei auch die Betriebszugehörigkeitsdauer und die Qualifikationen/Fertigkeiten sowie andere Erwägungen heranzuziehen sind.

Ist in demselben Betrieb kein vergleichbarer Vollzeitbeschäftigter vorhanden, so erfolgt der Vergleich anhand des anwendbaren Tarifvertrages oder, in Ermangelung eines solchen, gemäß den gesetzlichen oder tarifvertraglichen Bestimmungen oder den nationalen Gepflogenheiten.

Grundsatz der Nichtdiskriminierung

§ 4. 1. Teilzeitbeschäftigte dürfen in ihren Beschäftigungsbedingungen nur deswegen, weil sie teilzeitbeschäftigt sind, gegenüber vergleichbaren Vollzeitbeschäftigten nicht schlechter behandelt werden, es sei denn, die unterschiedliche Behandlung ist aus objektiven Gründen gerechtfertigt.

2. Es gilt, wo dies angemessen ist, der Prorata-temporis-Grundsatz.

3. Die Anwendungsmodalitäten dieser Vorschrift werden von den Mitgliedstaaten und/oder den Sozialpartnern unter Berücksichtigung der Rechtsvorschriften der Gemeinschaft und der einzelstaatlichen gesetzlichen und tarifvertraglichen Bestimmungen und Gepflogenheiten festgelegt.

4. Wenn dies aus sachlichen Gründen gerechtfertigt ist, können die Mitgliedstaaten nach Anhörung der Sozialpartner gemäß den einzelstaatlichen Rechtsvorschriften, Tarifverträgen oder Gepflogenheiten und/oder die Sozialpartner gegebenenfalls den Zugang zu besonderen Beschäftigungsbedingungen von einer bestimmten Betriebszugehörigkeitsdauer, der Arbeitszeit oder Lohn- und Gehaltsbedingungen abhängig machen. Die Zugangskriterien von Teilzeitbeschäftigten zu besonderen Beschäftigungsbedingungen sollten regelmäßig unter Berücksichtigung des in Paragraph 4 Nummer 1 genannten Grundsatzes der Nichtdiskriminierung überprüft werden.

Teilzeitarbeitsmöglichkeiten

§ 5. 1. Im Rahmen des Paragraphen 1 dieser Vereinbarung und im Einklang mit dem Grundsatz der Nichtdiskriminierung von Teilzeit- und Vollzeitbeschäftigten,

a) sollten die Mitgliedstaaten nach Anhörung der Sozialpartner gemäß den einzelstaatlichen Rechtsvorschriften oder Gepflogenheiten Hindernisse rechtlicher oder verwaltungstechnischer Natur, die die Teilzeitarbeitsmöglichkeiten beschränken können, identifizieren und prüfen und sie gegebenenfalls beseitigen;

b) sollten die Sozialpartner innerhalb ihres Zuständigkeitsbereiches durch tarifvertraglich vorgesehene Verfahren Hindernisse, die die Teilzeitarbeitsmöglichkeiten beschränken können, identifizieren und prüfen und sie gegebenenfalls beseitigen.

2. Die Weigerung eines Arbeitnehmers, von einem Vollzeitarbeitsverhältnis in ein Teilzeitarbeitsverhältnis oder umgekehrt überzuwechseln, sollte, unbeschadet der Möglichkeit, gemäß den gesetzlichen und tarifvertraglichen Bestimmungen und den nationalen Gepflogenheiten aus anderen Gründen, wie etwa wegen betrieblicher Notwendigkeit, Kündigungen auszusprechen, als solche keinen gültigen Kündigungsgrund darstellen.

3. Die Arbeitgeber sollten, soweit dies möglich ist,

a) Anträge von Vollzeitbeschäftigten auf Wechsel in ein im Betrieb zur Verfügung stehendes Teilzeitarbeitsverhältnis berücksichtigen;

b) Anträge von Teilzeitbeschäftigten auf Wechsel in ein Vollzeitarbeitsverhältnis oder auf Erhöhung ihrer Arbeitszeit, wenn sich diese Möglichkeit ergibt, berücksichtigen;

c) bemüht sein, zur Erleichterung des Wechsels von einem Vollzeit- in ein Teilzeitarbeitsverhältnis und umgekehrt rechtzeitig Informationen über Teilzeit- oder Vollzeitarbeitspläne, die im Betrieb zur Verfügung stehen, bereitzustellen;

d) Maßnahmen, die den Zugang zur Teilzeitarbeit auf allen Ebenen des Unternehmens einschließlich qualifizierten und leitenden Stellungen erleichtern, und in geeigneten Fällen auch Maßnahmen, die den Zugang von Teilzeitbeschäftigten zur beruflichen Bildung erleichtern, zur Förderung des beruflichen Fortkommens und der beruflichen Mobilität in Erwägung ziehen;

e) bemüht sein, den bestehenden Arbeitnehmervertretungsgremien geeignete Informationen über die Teilzeitarbeit in dem Unternehmen zur Verfügung zu stellen.

Umsetzungsbestimmungen

§ 6. 1. Die Mitgliedstaaten und/oder die Sozialpartner können günstigere Bestimmungen beibehalten oder einführen, als sie in dieser Vereinbarung vorgesehen sind.

2. Die Umsetzung dieser Vereinbarung rechtfertigt nicht eine Verringerung des allgemeinen Schutzniveaus der Arbeitnehmer in dem unter diese Vereinbarung fallenden Bereich; dies berührt nicht das Recht der Mitgliedstaaten und/oder der Sozialpartner, bei Veränderungen der Umstände unterschiedliche Rechts- und Verwaltungsvorschriften oder tarifvertragliche Regelungen zu entwickeln, und steht der Anwendung von Paragraph 5.1 nicht entgegen, sofern der in Paragraph 4.1 festgelegte Grundsatz der Nichtdiskriminierung eingehalten wird.

3. Diese Vereinbarung beeinträchtigt nicht das Recht der Sozialpartner auf der entsprechenden Ebene, einschließlich der europäischen Ebene, Übereinkünfte zur Anpassung und/oder Ergänzung dieser Vereinbarung zu schließen, um besonderen Bedürfnissen der betroffenen Sozialpartner Rechnung zu tragen.

4. Diese Vereinbarung gilt unbeschadet spezifischer Gemeinschaftsbestimmungen, insbesondere der Gemeinschaftsbestimmungen zur Gleichbehandlung und Chancengleichheit von Männern und Frauen.

5. Die Vermeidung und Behebung von Streitfällen aufgrund der Anwendung dieser Vereinbarung erfolgt gemäß den einzelstaatlichen Rechtsvorschriften, Tarifverträgen oder Gepflogenheiten.

6. Die Unterzeichnerparteien überprüfen die Anwendung dieser Vereinbarung fünf Jahre nach Erlaß des Ratsbeschlusses, wenn einer von ihnen einen entsprechenden Antrag stellt.

4/9. RL über befristete Arbeitsverträge
Präambel

4/9. Richtlinie über befristete Arbeitsverträge

Richtlinie 1999/70/EG des Rates zu der EGB-UNICE-CEEP-Rahmenvereinbarung über befristete Arbeitsverträge vom 28. Juni 1999

(ABl. Nr. L 175 v. 10.7.1999, S. 43)

GLIEDERUNG

Art. 1: Ziel
Art. 2: Umsetzung
Art. 3: In-Kraft-Treten
Art. 4: Adressaten

ANHANG: Rahmenvereinbarung über befristete Arbeitsverträge

DER RAT DER EUROPÄISCHEN UNION –
gestützt auf den Vertrag zur Gründung der Europäischen Gemeinschaft, insbesondere auf Artikel 139 Absatz 2,

auf Vorschlag der Kommission,

in Erwägung nachstehender Gründe:

(1) Durch das Inkrafttreten des Vertrags von Amsterdam wurden die Vorschriften des Abkommens über die Sozialpolitik, das dem Protokoll über die Sozialpolitik beigefügt war, welches dem Vertrag zur Gründung der Europäischen Gemeinschaft beigefügt war, in die Artikel 136 bis 139 des Vertrages zur Gründung der Europäischen Gemeinschaft übernommen.

(2) Die Sozialpartner können nach Artikel 139 Absatz 2 des Vertrags gemeinsam beantragen, dass die auf Gemeinschaftsebene geschlossenen Vereinbarungen durch einen Beschluss des Rates auf Vorschlag der Kommission durchgeführt werden.

(3) Nummer 7 der Gemeinschaftscharta der sozialen Grundrechte der Arbeitnehmer sieht unter anderem folgendes vor: „Die Verwirklichung des Binnenmarktes muss zu einer Verbesserung der Lebens- und Arbeitsbedingungen der Arbeitnehmer in der Europäischen Gemeinschaft führen. Dieser Prozess erfolgt durch eine Angleichung dieser Bedingungen auf dem Wege des Fortschritts und betrifft namentlich andere Arbeitsformen als das unbefristete Arbeitsverhältnis, wie das befristete Arbeitsverhältnis, Teilzeitarbeit, Leiharbeit und Saisonarbeit".

(4) Der Rat hat weder zu dem Vorschlag für eine Richtlinie über bestimmte Arbeitsverhältnisse im Hinblick auf Wettbewerbsverzerrungen (ABl. C 224 v. 8. 9. 1990, S. 6 und ABl. C 305 v. 5. 12. 1990, S. 8) noch zu dem Vorschlag für eine Richtlinie über bestimmte Arbeitsverhältnisse hinsichtlich der Arbeitsbedingungen (ABl. C 224 v. 8. 9. 1990, S. 4) einen Beschluss gefasst.

(5) Entsprechend den Schlussfolgerungen des Europäischen Rates von Essen sind Maßnahmen „zur Steigerung der Beschäftigungsintensität des Wachstums, insbesondere durch eine flexiblere Organisation der Arbeit, die sowohl den Wünschen der Arbeitnehmer als auch den Erfordernissen des Wettbewerbs gerecht wird," erforderlich.

(6) In der Entschließung des Rates vom 9. Februar 1999 zu den beschäftigungspolitischen Leitlinien für 1999 werden die Sozialpartner aufgefordert, auf allen geeigneten Ebenen Vereinbarungen zur Modernisierung der Arbeitsorganisation, darunter auch anpassungsfähige Arbeitsregelungen, auszuhandeln, um die Unternehmen produktiv und wettbewerbsfähig zu machen und ein ausgewogenes Verhältnis zwischen Anpassungsfähigkeit und Sicherheit zu erreichen.

(7) Die Kommission hat nach Artikel 3 Absatz 2 des Abkommens über die Sozialpolitik die Sozialpartner zu der Frage gehört, wie eine Gemeinschaftsaktion zur Flexibilisierung der Arbeitszeit und Absicherung der Arbeitnehmer gegebenenfalls ausgerichtet werden sollte.

(8) Die Kommission, die nach dieser Anhörung eine Gemeinschaftsaktion für zweckmäßig hielt, hat die Sozialpartner nach Artikel 3 Absatz 3 des genannten Abkommens erneut zum Inhalt des in Aussicht genommenen Vorschlags gehört.

(9) Die allgemeinen branchenübergreifenden Organisationen, d. h. die Union der Industrie- und Arbeitgeberverbände Europas (UNICE), der Europäische Zentralverband der öffentlichen Wirtschaft (CEEP) und der Europäische Gewerkschaftsbund (EGB) haben der Kommission in einem gemeinsamen Schreiben vom 23. März 1998 mitgeteilt, dass sie das Verfahren nach Artikel 4 des genannten Abkommens in Gang setzen wollen. Sie haben die Kommission in einem gemeinsamen Schreiben um eine zusätzliche Frist von drei Monaten gebeten. Die Kommission kam dieser Bitte nach und verlängerte den Verhandlungszeitraum bis zum 30. März 1999.

(10) Die genannten branchenübergreifenden Organisationen schlossen am 18. März 1999 eine Rahmenvereinbarung über befristete Arbeitsverträge und übermittelten der Kommission nach Artikel 4 Absatz 2 des Abkommens über die Sozialpolitik ihren gemeinsamen Antrag auf Durchführung dieser Rahmenvereinbarung durch einen Beschluss des Rates auf Vorschlag der Kommission.

4/9. RL über befristete Arbeitsverträge

Präambel, Art. 1 – 4

(11) Der Rat hat in seiner Entschließung vom 6. Dezember 1994 „Bestimmte Perspektiven einer Sozialpolitik der Europäischen Union: ein Beitrag zur wirtschaftlichen und sozialen Konvergenz in der Union" (ABl. C 368 v. 23. 12. 1994, S. 6) die Sozialpartner ersucht, die Möglichkeiten zum Abschluss von Vereinbarungen wahrzunehmen, weil sie in der Regel näher an den sozialen Problemen und der sozialen Wirklichkeit sind.

(12) In der Präambel zu der am 6. Juni 1997 geschlossenen Rahmenvereinbarung über Teilzeitarbeit kündigten die Unterzeichnerparteien ihre Absicht an, zu prüfen, ob ähnliche Vereinbarungen für andere flexible Arbeitsformen erforderlich sind.

(13) Die Sozialpartner wollten den befristeten Arbeitsverträgen besondere Beachtung schenken, erklärten jedoch auch, dass sie in Erwägung ziehen wollten, ob eine ähnliche Vereinbarung über Leiharbeit erforderlich ist.

(14) Die Unterzeichnerparteien wollten eine Rahmenvereinbarung über befristete Arbeitsverträge schließen, welche die allgemeinen Grundsätze und Mindestvorschriften für befristete Arbeitsverträge und Beschäftigungsverhältnisse niederlegt. Sie haben ihren Willen bekundet, durch Anwendung des Grundsatzes der Nichtdiskriminierung die Qualität befristeter Arbeitsverhältnisse zu verbessern und einen Rahmen zu schaffen, der den Missbrauch durch aufeinanderfolgende befristete Arbeitsverträge oder Beschäftigungsverhältnisse verhindert.

(15) Der geeignete Rechtsakt zur Durchführung der Rahmenvereinbarung ist eine Richtlinie im Sinne von Artikel 249 des Vertrags. Sie ist für die Mitgliedstaaten hinsichtlich des zu erreichenden Zieles verbindlich, überlässt diesen jedoch die Wahl der Form und der Mittel.

(16) Entsprechend den in Artikel 5 des Vertrags genannten Grundsätzen der Subsidiarität und der Verhältnismäßigkeit können die Ziele dieser Richtlinie auf Ebene der Mitgliedstaaten nicht ausreichend erreicht werden, so dass sie besser auf Gemeinschaftsebene verwirklicht werden können. Die Richtlinie geht nicht über das für die Erreichung dieser Ziele Erforderliche hinaus.

(17) Bezüglich der in der Rahmenvereinbarung verwendeten, jedoch nicht genau definierten Begriffe überlässt es diese Richtlinie – wie andere im Sozialbereich erlassene Richtlinien, in denen ähnliche Begriffe vorkommen – den Mitgliedstaaten, diese Begriffe entsprechend dem nationalen Recht und/oder ihrer nationalen Praxis zu definieren, vorausgesetzt, diese Definitionen entsprechen inhaltlich der Rahmenvereinbarung.

(18) Die Kommission hat ihren Richtlinienvorschlag entsprechend ihrer Mitteilung vom 14. Dezember 1993 über die Anwendung des Protokolls über die Sozialpolitik und ihrer Mitteilung vom 20. Mai 1998 zur Entwicklung des sozialen Dialogs auf Gemeinschaftsebene unter Berücksichtigung des Vertretungsanspruchs der Unterzeichnerparteien, ihres Mandats und der Rechtmäßigkeit der Bestimmungen der Rahmenvereinbarung ausgearbeitet. Die Unterzeichnerparteien verfügen über einen ausreichenden kumulativen Vertretungsanspruch.

(19) Entsprechend ihrer Mitteilung über die Anwendung des Protokolls über die Sozialpolitik hat die Kommission das Europäische Parlament und den Wirtschafts- und Sozialausschuss unterrichtet und ihnen den Wortlaut der Rahmenvereinbarung sowie ihren mit einer Begründung versehenen Vorschlag für eine Richtlinie übermittelt.

(20) Das Europäische Parlament hat am 6. Mai 1999 eine Entschließung zu der Rahmenvereinbarung der Sozialpartner angenommen.

(21) Die Durchführung der Rahmenvereinbarung trägt zur Verwirklichung der in Artikel 136 des Vertrags genannten Ziele bei –

HAT FOLGENDE RICHTLINIE ERLASSEN:

Ziel

Art. 1 Mit dieser Richtlinie soll die zwischen den allgemeinen branchenübergreifenden Organisationen (EGB, UNICE und CEEP) geschlossene Rahmenvereinbarung vom 18. März 1999 über befristete Arbeitsverträge, die im Anhang enthalten ist, durchgeführt werden.

Umsetzung

Art. 2 Die Mitgliedstaaten setzen die Rechts- und Verwaltungsvorschriften in Kraft, die erforderlich sind, um dieser Richtlinie spätestens am 10. Juli 2001 nachzukommen, oder vergewissern sich spätestens zu diesem Zeitpunkt, dass die Sozialpartner im Wege einer Vereinbarung die erforderlichen Vorkehrungen getroffen haben; dabei haben die Mitgliedstaaten alle notwendigen Maßnahmen zu treffen, um jederzeit gewährleisten zu können, dass die durch die Richtlinie vorgeschriebenen Ergebnisse erzielt werden. Sie setzen die Kommission unverzüglich davon in Kenntnis.

Sofern notwendig kann den Mitgliedstaaten bei besonderen Schwierigkeiten oder im Falle einer Durchführung mittels eines Tarifvertrags nach Konsultation der Sozialpartner eine zusätzliche Frist von höchstens einem Jahr gewährt werden. Sie setzen die Kommission umgehend von diesen Gegebenheiten in Kenntnis.

Wenn die Mitgliedstaaten die Vorschriften nach Absatz 1 erlassen, nehmen sie in diesen Vorschriften selbst oder bei deren amtlicher Veröffentlichung auf diese Richtlinie Bezug. Die Mitgliedstaaten regeln die Einzelheiten der Bezugnahme.

In-Kraft-Treten

Art. 3 Diese Richtlinie tritt am Tag ihrer Veröffentlichung im *Amtsblatt der Europäischen Gemeinschaften* in Kraft.

Adressaten

Art. 4 Diese Richtlinie ist an die Mitgliedstaaten gerichtet.

ANHANG
Rahmenvereinbarung über befristete Arbeitsverträge

Präambel

Die vorliegende Rahmenvereinbarung ist ein Beispiel für die Rolle, die Sozialpartner im Rahmen der 1997 auf der Sondertagung in Luxemburg vereinbarten europäischen Beschäftigungsstrategie spielen können, und nach der Rahmenvereinbarung über Teilzeitarbeit ein weiterer Beitrag auf dem Weg zu einem besseren Gleichgewicht zwischen „Flexibilität der Arbeitszeit und Sicherheit der Arbeitnehmer".

Die Unterzeichnerparteien dieser Vereinbarung erkennen an, dass unbefristete Verträge die übliche Form des Beschäftigungsverhältnisses zwischen Arbeitgebern und Arbeitnehmern darstellen und weiter darstellen werden. Sie erkennen auch an, dass befristete Beschäftigungsverträge unter bestimmten Umständen den Bedürfnissen von Arbeitgebern und Arbeitnehmern entsprechen.

Die Vereinbarung legt die allgemeinen Grundsätze und Mindestvorschriften für befristete Arbeitsverträge in der Erkenntnis nieder, dass bei ihrer genauen Anwendung die besonderen Gegebenheiten der jeweiligen nationalen, sektoralen und saisonalen Situation berücksichtigt werden müssen. Sie macht den Willen der Sozialpartner deutlich, einen allgemeinen Rahmen zu schaffen, der durch den Schutz vor Diskriminierung die Gleichbehandlung von Arbeitnehmern in befristeten Arbeitsverhältnissen sichert und die Inanspruchnahme befristete Arbeitsverträge auf einer für Arbeitgeber und Arbeitnehmer akzeptablen Grundlage ermöglicht.

Die Vereinbarung gilt für Arbeitnehmer in befristeten Arbeitsverhältnissen mit Ausnahme derer, die einem Unternehmen von einer Leiharbeitsagentur zur Verfügung gestellt werden. Es ist die Absicht der Parteien, den Abschluss einer ähnlichen Vereinbarung über Leiharbeit in Erwägung zu ziehen.

Die Vereinbarung erstreckt sich auf die Beschäftigungsbedingungen von Arbeitnehmern in befristeten Arbeitsverhältnissen und erkennt an, dass Fragen der gesetzlichen Regelung der sozialen Sicherheit der Entscheidung der Mitgliedstaaten unterliegen. Die Sozialpartner nehmen in diesem Sinne von der Erklärung zur Beschäftigung des Europäischen Rates von Dublin aus dem Jahre 1996 Kenntnis, in der unter anderem betont wird, dass die Systeme der sozialen Sicherheit beschäftigungsfreundlicher gestaltet werden sollten, indem Systeme der sozialen Sicherheit entwickelt werden, die sich an neue Arbeitsstrukturen anpassen lassen und die jedem, der im Rahmen solcher Strukturen arbeitet, auch einen angemessenen sozial Schutz bieten. Die Unterzeichnerparteien wiederholen ihre bereits 1997 in der Rahmenvereinbarung über Teilzeitarbeit geäußerte Ansicht, dass die Mitgliedstaaten die Erklärung unverzüglich umsetzen sollten.

Außerdem wird anerkannt, dass Innovationen in den betrieblichen Sozialschutzsystemen erforderlich sind, um sie an die Bedingungen von heute anzupassen und insbesondere die Übertragbarkeit von Ansprüchen zu ermöglichen.

EGB, UNICE und CEEP ersuchen die Kommission, diese Rahmenvereinbarung dem Rat vorzulegen, damit deren Vorschriften in den Mitgliedstaaten, die das Abkommen über die Sozialpolitik, das dem Protokoll (Nr. 14) über die Sozialpolitik im Anhang zum Vertrag zur Gründung der Europäischen Union beigefügt ist, unterzeichnet haben, durch Ratsbeschluss verbindlich werden.

Die Unterzeichnerparteien ersuchen die Kommission, die Mitgliedstaaten in ihrem Vorschlag zur Umsetzung dieser Vereinbarung aufzufordern, die erforderlichen Rechts- und Verwaltungsvorschriften zu erlassen, um dem Ratsbeschluss innerhalb einer Frist von zwei Jahren nach seiner Verabschiedung nachzukommen, oder sich zu vergewissern (im Sinne von Artikel 2 Absatz 4 des Abkommens über die Sozialpolitik, das dem Protokoll [Nr. 14] über die Sozialpolitik im Anhang zum Vertrag zur Gründung der Europäischen Gemeinschaft beigefügt ist), dass die Sozialpartner die notwendigen Maßnahmen vor Ablauf dieser Frist im Wege einer Vereinbarung ergreifen. Bei besonderen Schwierigkeiten oder einer Umsetzung mittels eines Tarifvertrags haben die Mitgliedstaaten nach Konsultation der Sozialpartner gegebenenfalls zusätzlich bis zu einem Jahr Zeit, dieser Bestimmung nachzukommen.

Die Unterzeichnerparteien bitten darum, dass die Sozialpartner vor jeder Maßnahme, die Rechts- und Verwaltungsvorschriften der Mitgliedstaaten zur Erfüllung dieser Vereinbarung betrifft, konsultiert werden.

Unbeschadet der jeweiligen Rolle der einzelstaatlichen Gerichte und des Gerichtshofs bitten die Unterzeichnerparteien darum, dass jede Frage im Hinblick auf die Auslegung dieser Vereinbarung auf europäischer Ebene über die Kommission zunächst an sie weitergeleitet wird, damit sie eine Stellungnahme abgeben können.

Allgemeine Erwägungen

1. Gestützt auf das Abkommen über die Sozialpolitik, das dem Protokoll (Nr. 14) über die Sozialpolitik im Anhang zum Vertrag zur Gründung der Europäischen Gemeinschaft beigefügt ist, insbesondere auf Artikel 3 Absatz 4 und Artikel 4 Absatz 2,

in Erwägung nachstehender Gründe:

2. Gemäß Artikel 4 Absatz 2 des Abkommens über die Sozialpolitik erfolgt die Durchführung der auf Gemeinschaftsebene geschlossenen Vereinbarungen auf gemeinsamen Antrag der Unterzeichnerparteien durch einen Beschluss des Rates auf Vorschlag der Kommission.

3. Die Kommission kündigte in ihrem zweiten Konsultationspapier über die Flexibilität der Arbeitszeit und Arbeitnehmersicherheit an, eine gesetzlich bindende Gemeinschaftsmaßnahme vorschlagen zu wollen.

4/9. RL über befristete Arbeitsverträge

4. Das Europäische Parlament forderte die Kommission in seiner Stellungnahme zum Vorschlag für eine Richtlinie über Teilzeitarbeit auf, unverzüglich Vorschläge für Richtlinien über andere Formen der flexiblen Arbeit wie befristete Arbeitsverträge und Leiharbeit zu unterbreiten.

5. In den Schlussfolgerungen des außerordentlichen Gipfeltreffens über Beschäftigungsfragen in Luxemburg ersuchte der Europäische Rat die Sozialpartner, „Vereinbarungen zur Modernisierung der Arbeitsorganisation, darunter flexible Arbeitsregelungen, auszuhandeln, um die Unternehmen produktiv und wettbewerbsfähig zu machen und ein ausgewogenes Verhältnis zwischen Flexibilität und Sicherheit zu erreichen".

6. Unbefristete Arbeitsverträge sind die übliche Form des Beschäftigungsverhältnisses. Sie tragen zur Lebensqualität der betreffenden Arbeitnehmer und zur Verbesserung ihrer Leistungsfähigkeit bei.

7. Die aus objektiven Gründen erfolgende Inanspruchnahme befristeter Arbeitsverträge hilft Missbrauch zu vermeiden.

8. Befristete Arbeitsverträge sind für die Beschäftigung in bestimmten Branchen, Berufen und Tätigkeiten charakteristisch und können den Bedürfnissen der Arbeitgeber und der Arbeitnehmer entsprechen.

9. Da mehr als die Hälfte der Arbeitnehmer in befristeten Arbeitsverhältnissen in der Europäischen Union Frauen sind, kann diese Vereinbarung zur Verbesserung der Chancengleichheit zwischen Frauen und Männern beitragen.

10. Diese Vereinbarung überlässt es den Mitgliedstaaten und den Sozialpartnern, die Anwendungsmodalitäten ihrer allgemeinen Grundsätze, Mindestvorschriften und Bestimmungen zu definieren, um so der jeweiligen Situation der einzelnen Mitgliedstaaten und den Umständen bestimmter Branchen und Berufe einschließlich saisonaler Tätigkeiten Rechnung zu tragen.

11. Diese Vereinbarung berücksichtigt die Notwendigkeit, die sozialpolitischen Rahmenbedingungen zu verbessern, die Wettbewerbsfähigkeit der Wirtschaft der Gemeinschaft zu fördern und verwaltungstechnische, finanzielle oder rechtliche Zwänge zu vermeiden, die die Gründung und Entwicklung von kleinen und mittleren Unternehmen behindern können.

12. Die Sozialpartner sind am besten in der Lage, Lösungen zu finden, die den Bedürfnissen der Arbeitgeber und der Arbeitnehmer gerecht werden. Daher ist ihnen eine besondere Rolle bei der Umsetzung und Anwendung dieser Vereinbarung einzuräumen –

HABEN DIE UNTERZEICHNERPARTEIEN FOLGENDES VEREINBART:

Gegenstand

§ 1. Diese Rahmenvereinbarung soll:
a) durch Anwendung des Grundsatzes der Nichtdiskriminierung die Qualität befristeter Arbeitsverhältnisse verbessern;
b) einen Rahmen schaffen, der den Missbrauch durch aufeinanderfolgende befristete Arbeitsverträge oder -verhältnisse verhindert.

Anwendungsbereich

§ 2. 1. Diese Vereinbarung gilt für befristet beschäftigte Arbeitnehmer mit einem Arbeitsvertrag oder -verhältnis gemäß der gesetzlich, tarifvertraglich oder nach den Gepflogenheiten in jedem Mitgliedstaat geltenden Definition.

2. Die Mitgliedstaaten, nach Anhörung der Sozialpartner, und/oder die Sozialpartner können vorsehen, dass diese Vereinbarung nicht gilt für:
a) Berufsausbildungsverhältnisse und Auszubildendensysteme/Lehrlingsausbildungssysteme;
b) Arbeitsverträge und -verhältnisse, die im Rahmen eines besonderen öffentlichen oder von der öffentlichen Hand unterstützten beruflichen Ausbildungs-, Eingliederungs- oder Umschulungsprogramms abgeschlossen wurden.

Definitionen

§ 3. Im Sinne dieser Vereinbarung ist:
1. „befristet beschäftigter Arbeitnehmer" eine Person mit einem direkt zwischen dem Arbeitgeber und dem Arbeitnehmer geschlossenen Arbeitsvertrag oder -verhältnis, dessen Ende durch objektive Bedingungen wie das Erreichen eines bestimmten Datums, die Erfüllung einer bestimmten Aufgabe oder das Eintreten eines bestimmten Ereignisses bestimmt wird.
2. „vergleichbarer Dauerbeschäftigter" ein Arbeitnehmer desselben Betriebs mit einem unbefristeten Arbeitsvertrag oder -verhältnis, der in der gleichen oder einer ähnlichen Arbeit/Beschäftigung tätig ist, wobei auch die Qualifikationen/Fertigkeiten angemessen zu berücksichtigen sind.

Ist in demselben Betrieb kein vergleichbarer Dauerbeschäftigter vorhanden, erfolgt der Vergleich anhand des anwendbaren Tarifvertrags oder in Ermangelung solcher einzelstaatlichen gesetzlichen oder tarifvertraglichen Bestimmungen oder Gepflogenheiten.

Grundsatz der Nichtdiskriminierung

§ 4. 1. Befristet beschäftigte Arbeitnehmer dürfen in ihren Beschäftigungsbedingungen nur deswegen, weil für sie ein befristeter Arbeitsvertrag oder ein befristetes Arbeitsverhältnis gilt, gegenüber vergleichbaren Dauerbeschäftigten nicht schlechter behandelt werden, es sei denn, die unterschiedliche Behandlung ist aus sachlichen Gründen gerechtfertigt.

2. Es gilt, wo dies angemessen ist, der Pro-rata-temporis-Grundsatz.

3. Die Anwendungsmodalitäten dieser Bestimmung werden von den Mitgliedstaaten nach Anhörung der Sozialpartner und/oder von den Sozialpartnern und Berücksichtigung der Rechts-

4/9. RL über befristete Arbeitsverträge
Anhang

vorschriften der Gemeinschaft und der einzelstaatlichen gesetzlichen und tarifvertraglichen Bestimmungen und Gepflogenheiten festgelegt.

4. In Bezug auf bestimmte Beschäftigungsbedingungen gelten für befristet beschäftigte Arbeitnehmer dieselben Betriebszugehörigkeitszeiten wie für Dauerbeschäftigte, es sei denn, unterschiedliche Betriebszugehörigkeitszeiten sind aus sachlichen Gründen gerechtfertigt.

Maßnahmen zur Vermeidung von Missbrauch

§ 5. 1. Um Missbrauch durch aufeinanderfolgende befristete Arbeitsverträge oder -verhältnisse zu vermeiden, ergreifen die Mitgliedstaaten nach der gesetzlich oder tarifvertraglich vorgeschriebenen oder in dem Mitgliedstaat üblichen Anhörung der Sozialpartner und/oder die Sozialpartner, wenn keine gleichwertigen gesetzlichen Maßnahmen zur Missbrauchsverhinderung bestehen, unter Berücksichtigung der Anforderungen bestimmter Branchen und/oder Arbeitnehmerkategorien eine oder mehrere der folgenden Maßnahmen:

a) sachliche Gründe, die die Verlängerung solcher Verträge oder Verhältnisse rechtfertigen;
b) die insgesamt maximal zulässige Dauer aufeinanderfolgender Arbeitsverträge oder -verhältnisse;
c) die zulässige Zahl der Verlängerungen solcher Verträge oder Verhältnisse.

2. Die Mitgliedstaaten, nach Anhörung der Sozialpartner, und/oder die Sozialpartner legen gegebenenfalls fest, unter welchen Bedingungen befristete Arbeitsverträge oder Beschäftigungsverhältnisse:

a) als „aufeinanderfolgend" zu betrachten sind;
b) als unbefristete Verträge oder Verhältnisse zu gelten haben.

Information und Beschäftigungsmöglichkeiten

§ 6. 1. Die Arbeitgeber informieren die befristet beschäftigten Arbeitnehmer über Stellen, die im Unternehmen oder Betrieb frei werden, damit diese die gleichen Chancen auf einen sicheren unbefristeten Arbeitsplatz haben wie andere Arbeitnehmer. Diese Information kann durch allgemeine Bekanntgabe an geeigneter Stelle im Unternehmen oder Betrieb erfolgen.

2. Die Arbeitgeber erleichtern den befristet beschäftigten Arbeitnehmern, soweit dies möglich ist, den Zugang zu angemessenen Aus- und Weiterbildungsmöglichkeiten, die die Verbesserung ihrer Fertigkeiten, ihr berufliches Fortkommen und ihre berufliche Mobilität fördern.

Information und Konsultation

§ 7. 1. Befristet beschäftigte Arbeitnehmer werden entsprechend den nationalen Rechtsvorschriften bei der Berechnung der Schwellenwerte für die Einrichtung von Arbeitnehmervertretungen in den Unternehmen berücksichtigt, die nach den Rechtsvorschriften der Gemeinschaft und der Mitgliedstaaten vorgesehen sind.

2. Die Anwendungsmodalitäten des Paragraphs 7 Nummer 1 werden von den Mitgliedstaaten nach Anhörung der Sozialpartner und/oder von den Sozialpartnern unter Berücksichtigung der einzelstaatlichen gesetzlichen und tarifvertraglichen Bestimmungen und Gepflogenheiten und im Einklang mit Paragraph 4 Nummer 1 festgelegt.

3. Die Arbeitgeber ziehen, soweit dies möglich ist, eine angemessene Information der vorhandenen Arbeitnehmervertretungsgremien über befristete Arbeitsverhältnisse im Unternehmen in Erwägung.

Umsetzungsbestimmungen

§ 8. 1. Die Mitgliedstaaten und/oder die Sozialpartner können günstigere Bestimmungen für Arbeitnehmer beibehalten oder einführen, als sie in dieser Vereinbarung vorgesehen sind.

2. Diese Vereinbarung gilt unbeschadet spezifischerer Gemeinschaftsbestimmungen, insbesondere der Gemeinschaftsbestimmungen zur Gleichbehandlung und Chancengleichheit von Männern und Frauen.

3. Die Umsetzung dieser Vereinbarung darf nicht als Rechtfertigung für die Senkung des allgemeinen Niveaus des Arbeitnehmerschutzes in dem von dieser Vereinbarung erfassten Bereich dienen.

4. Diese Vereinbarung beeinträchtigt nicht das Recht der Sozialpartner, auf der geeigneten, einschließlich der europäischen Ebene, Vereinbarungen zu schließen, die die Bestimmungen dieser Vereinbarung unter Berücksichtigung der besonderen Bedürfnisse der betroffenen Sozialpartner anpassen und/oder ergänzen.

5. Die Vermeidung und Behandlung von Streitfällen und Beschwerden, die sich aus der Anwendung dieser Vereinbarung ergeben, erfolgen im Einklang mit den einzelstaatlichen gesetzlichen und tarifvertraglichen Bestimmungen und Gepflogenheiten.

6. Falls eine der Unterzeichnerparteien dies beantragt, nehmen diese fünf Jahre nach dem Datum des Ratsbeschlusses eine Überprüfung der Anwendung dieser Vereinbarung vor.

4/10. LeiharbeitnehmerRL

4/10. Leiharbeitnehmerrichtlinie

Richtlinie 2008/104/EG des Europäischen Parlaments und des Rates über Leiharbeit vom 19. November 2008

(ABl. Nr. L 327 v. 5.12.2008, S. 9)

GLIEDERUNG

KAPITEL I: ALLGEMEINE BESTIMMUNGEN
Art. 1: Anwendungsbereich
Art. 2: Ziel
Art. 3: Begriffsbestimmungen
Art. 4: Überprüfung der Einschränkungen und Verbote

KAPITEL II: ARBEITS- UND BESCHÄFTIGUNGSBEDINGUNGEN
Art. 5: Grundsatz der Gleichbehandlung
Art. 6: Zugang zu Beschäftigung, Gemeinschaftseinrichtungen und beruflicher Bildung
Art. 7: Vertretung der Leiharbeitnehmer
Art. 8: Unterrichtung der Arbeitnehmervertreter

KAPITEL III: SCHLUSSBESTIMMUNGEN
Art. 9: Mindestvorschriften
Art. 10: Sanktionen
Art. 11: Umsetzung
Art. 12: Überprüfung durch die Kommission
Art. 13: Inkrafttreten
Art. 14: Adressaten

DAS EUROPÄISCHE PARLAMENT UND DER RAT DER EUROPÄISCHEN UNION –

gestützt auf den Vertrag zur Gründung der Europäischen Gemeinschaft, insbesondere auf Artikel 137 Absatz 2,

auf Vorschlag der Kommission,

nach Stellungnahme des Europäischen Wirtschafts- und Sozialausschusses (ABl. C 61 vom 14.3.2003, S. 124),

nach Anhörung des Ausschusses der Regionen,

gemäß dem Verfahren des Artikels 251 des Vertrags (Stellungnahme des Europäischen Parlaments vom 21. November 2002 (ABl. C 25 E vom 29.1.2004, S. 368), Gemeinsamer Standpunkt des Rates vom 15. September 2008 und Standpunkt des Europäischen Parlaments vom 22. Oktober 2008 (noch nicht im Amtsblatt veröffentlicht)),

in Erwägung nachstehender Gründe:

(1) Diese Richtlinie steht im Einklang mit den Grundrechten und befolgt die in der Charta der Grundrechte der Europäischen Union anerkannten Prinzipien (ABl. C 303 vom 14.12. 2007, S. 1). Sie soll insbesondere die uneingeschränkte Einhaltung von Artikel 31 der Charta gewährleisten, wonach jede Arbeitnehmerin und jeder Arbeitnehmer das Recht auf gesunde, sichere und würdige Arbeitsbedingungen sowie auf eine Begrenzung der Höchstarbeitszeit, auf tägliche und wöchentliche Ruhezeiten sowie auf bezahlten Jahresurlaub hat.

(2) Nummer 7 der Gemeinschaftscharta der sozialen Grundrechte der Arbeitnehmer sieht unter anderem vor, dass die Verwirklichung des Binnenmarktes zu einer Verbesserung der Lebens- und Arbeitsbedingungen der Arbeitnehmer in der Europäischen Gemeinschaft führen muss; dieser Prozess erfolgt durch eine Angleichung dieser Bedingungen auf dem Wege des Fortschritts und betrifft namentlich Arbeitsformen wie das befristete Arbeitsverhältnis, Teilzeitarbeit, Leiharbeit und Saisonarbeit.

(3) Die Kommission hat die Sozialpartner auf Gemeinschaftsebene am 27. September 1995 gemäß Artikel 138 Absatz 2 des Vertrags zu einem Tätigwerden auf Gemeinschaftsebene hinsichtlich der Flexibilität der Arbeitszeit und der Arbeitsplatzsicherheit gehört.

(4) Da die Kommission nach dieser Anhörung eine Gemeinschaftsaktion für zweckmäßig hielt, hat sie die Sozialpartner am 9. April 1996 erneut gemäß Artikel 138 Absatz 3 des Vertrags zum Inhalt des in Aussicht genommenen Vorschlags gehört.

(5) In der Präambel zu der am 18. März 1999 geschlossenen Rahmenvereinbarung über befristete Arbeitsverträge bekundeten die Unterzeichneten ihre Absicht, die Notwendigkeit einer ähnlichen Vereinbarung zum Thema Leiharbeit zu prüfen und entschieden, Leiharbeitnehmer nicht in der Richtlinie über befristete Arbeitsverträge zu behandeln.

(6) Die allgemeinen branchenübergreifenden Wirtschaftsverbände, nämlich die Union der Industrie- und Arbeitgeberverbände Europas (UNICE) (die UNICE hat ihren Namen im Januar 2007 in BUSINESSEUROPE geändert), der Europäische Zentralverband der öffentlichen Wirtschaft (CEEP) und der Europäische Gewerkschaftsbund (EGB), haben der Kommission in einem gemeinsamen Schreiben vom 29. Mai 2000 mitgeteilt, dass sie

4/10. LeiharbeitnehmerRL
Präambel

den Prozess nach Artikel 139 des Vertrags in Gang setzen wollen. Sie haben die Kommission in einem weiteren gemeinsamen Schreiben vom 28. Februar 2001 um eine Verlängerung der in Artikel 138 Absatz 4 genannten Frist um einen Monat ersucht. Die Kommission hat dieser Bitte entsprochen und die Verhandlungsfrist bis zum 15. März 2001 verlängert.

(7) Am 21. Mai 2001 erkannten die Sozialpartner an, dass ihre Verhandlungen über Leiharbeit zu keinem Ergebnis geführt hatten.

(8) Der Europäische Rat hat es im März 2005 für unabdingbar gehalten, der Lissabon-Strategie neue Impulse zu geben und ihre Prioritäten erneut auf Wachstum und Beschäftigung auszurichten. Der Rat hat die Integrierten Leitlinien für Wachstum und Beschäftigung (2005-2008) angenommen, die unter gebührender Berücksichtigung der Rolle der Sozialpartner unter anderem der Förderung von Flexibilität in Verbindung mit Beschäftigungssicherheit und der Verringerung der Segmentierung des Arbeitsmarktes dienen sollen.

(9) Im Einklang mit der Mitteilung der Kommission zur sozialpolitischen Agenda für den Zeitraum bis 2010, die vom Europäischen Rat im März 2005 als Beitrag zur Verwirklichung der Ziele der Lissabon-Strategie durch Stärkung des europäischen Sozialmodells begrüßt wurde, hat der Europäische Rat die Ansicht vertreten, dass auf Seiten der Arbeitnehmer und der Unternehmen neue Formen der Arbeitsorganisation und eine größere Vielfalt der Arbeitsverträge mit besserer Kombination von Flexibilität und Sicherheit zur Anpassungsfähigkeit beitragen würden. Im Dezember 2007 hat der Europäische Rat darüber hinaus die vereinbarten gemeinsamen Flexicurity-Grundsätze gebilligt, die auf ein ausgewogenes Verhältnis zwischen Flexibilität und Sicherheit auf dem Arbeitsmarkt abstellen und sowohl Arbeitnehmern als auch Arbeitgebern helfen sollen, die durch die Globalisierung gebotenen Chancen zu nutzen.

(10) In Bezug auf die Inanspruchnahme der Leiharbeit sowie die rechtliche Stellung, den Status und die Arbeitsbedingungen der Leiharbeitnehmer lassen sich innerhalb der Union große Unterschiede feststellen.

(11) Die Leiharbeit entspricht nicht nur dem Flexibilitätsbedarf der Unternehmen, sondern auch dem Bedürfnis der Arbeitnehmer, Beruf und Privatleben zu vereinbaren. Sie trägt somit zur Schaffung von Arbeitsplätzen und zur Teilnahme am und zur Eingliederung in den Arbeitsmarkt bei.

(12) Die vorliegende Richtlinie legt einen diskriminierungsfreien, transparenten und verhältnismäßigen Rahmen zum Schutz der Leiharbeitnehmer fest und wahrt gleichzeitig die Vielfalt der Arbeitsmärkte und der Arbeitsbeziehungen.

(13) Die Richtlinie 91/383/EWG des Rates vom 25. Juni 1991 zur Ergänzung der Maßnahmen zur Verbesserung der Sicherheit und des Gesundheitsschutzes von Arbeitnehmern mit befristetem Arbeitsverhältnis oder Leiharbeitsverhältnis (ABl. L 206 vom 29.7.1991, S. 19]) enthält die für Leiharbeitnehmer geltenden Bestimmungen im Bereich von Sicherheit und Gesundheitsschutz am Arbeitsplatz.

(14) Die wesentlichen Arbeits- und Beschäftigungsbedingungen für Leiharbeitnehmer sollten mindestens denjenigen entsprechen, die für diese Arbeitnehmer gelten würden, wenn sie von dem entleihenden Unternehmen für den gleichen Arbeitsplatz eingestellt würden.

(15) Unbefristete Arbeitsverträge sind die übliche Form des Beschäftigungsverhältnisses. Im Falle von Arbeitnehmern, die einen unbefristeten Vertrag mit dem Leiharbeitsunternehmen geschlossen haben, sollte angesichts des hierdurch gegebenen besonderen Schutzes die Möglichkeit vorgesehen werden, von den im entleihenden Unternehmen geltenden Regeln abzuweichen.

(16) Um der Vielfalt der Arbeitsmärkte und der Arbeitsbeziehungen auf flexible Weise gerecht zu werden, können die Mitgliedstaaten den Sozialpartnern gestatten, Arbeits- und Beschäftigungsbedingungen festzulegen, sofern das Gesamtschutzniveau für Leiharbeitnehmer gewahrt bleibt.

(17) Außerdem sollten die Mitgliedstaaten unter bestimmten, genau festgelegten Umständen auf der Grundlage einer zwischen den Sozialpartnern auf nationaler Ebene geschlossenen Vereinbarung vom Grundsatz der Gleichbehandlung im beschränkten Maße abweichen dürfen, sofern ein angemessenes Schutzniveau gewährleistet ist.

(18) Die Verbesserung des Mindestschutzes der Leiharbeitnehmer sollte mit einer Überprüfung der Einschränkungen oder Verbote einhergehen, die möglicherweise in Bezug auf Leiharbeit gelten. Diese können nur aus Gründen des Allgemeininteresses, vor allem des Arbeitnehmerschutzes, der Erfordernisse von Gesundheitsschutz und Sicherheit am Arbeitsplatz und der Notwendigkeit, das reibungslose Funktionieren des Arbeitsmarktes zu gewährleisten und eventuellen Missbrauch zu verhüten, gerechtfertigt sein.

(19) Die vorliegende Richtlinie beeinträchtigt weder die Autonomie der Sozialpartner, noch sollte sie die Beziehungen zwischen den Sozialpartnern beeinträchtigen, einschließlich des Rechts, Tarifverträge gemäß nationalem Recht und nationalen Gepflogenheiten bei gleichzeitiger Einhaltung des geltenden Gemeinschaftsrechts auszuhandeln und zu schließen.

(20) Die in dieser Richtlinie enthaltenen Bestimmungen über Einschränkungen oder Verbote der Beschäftigung von Leiharbeitnehmern lassen die nationalen Rechtsvorschriften und Gepflogenheiten unberührt, die es verbieten, streikende Arbeitnehmer durch Leiharbeitnehmer zu ersetzen.

(21) Die Mitgliedstaaten sollten für Verstöße gegen die Verpflichtungen aus dieser Richtlinie Verwaltungs- oder Gerichtsverfahren zur Wahrung der Rechte der Leiharbeitnehmer sowie wirksame, abschreckende und verhältnismäßige Sanktionen vorsehen.

(22) Die vorliegende Richtlinie sollte im Einklang mit den Vorschriften des Vertrags über die

Dienstleistungs- und Niederlassungsfreiheit, und unbeschadet der Richtlinie 96/71/EG des Europäischen Parlaments und des Rates vom 16. Dezember 1996 über die Entsendung von Arbeitnehmern im Rahmen der Erbringung von Dienstleistungen (ABl. L 18 vom 21.1.1997, S. 1) umgesetzt werden.

(23) Da das Ziel dieser Richtlinie, nämlich die Schaffung eines auf Gemeinschaftsebene harmonisierten Rahmens zum Schutz der Leiharbeitnehmer, auf Ebene der Mitgliedstaaten nicht ausreichend verwirklicht werden kann und daher wegen des Umfangs und der Wirkungen der Maßnahme besser auf Gemeinschaftsebene zu verwirklichen ist, und zwar durch Einführung von Mindestvorschriften, die in der gesamten Europäischen Gemeinschaft Geltung besitzen, kann die Gemeinschaft im Einklang mit dem in Artikel 5 des Vertrags niedergelegten Subsidiaritätsprinzip tätig werden. Entsprechend dem in demselben Artikel genannten Grundsatz der Verhältnismäßigkeit geht diese Richtlinie nicht über das zur Erreichung dieses Ziels erforderliche Maß hinaus –

HABEN FOLGENDE RICHTLINIE ERLASSEN:

KAPITEL I
ALLGEMEINE BESTIMMUNGEN

Anwendungsbereich

Art. 1 (1) Diese Richtlinie gilt für Arbeitnehmer, die mit einem Leiharbeitsunternehmen einen Arbeitsvertrag geschlossen haben oder ein Beschäftigungsverhältnis eingegangen sind und die entleihenden Unternehmen zur Verfügung gestellt werden, um vorübergehend unter deren Aufsicht und Leitung zu arbeiten.

(2) Diese Richtlinie gilt für öffentliche und private Unternehmen, bei denen es sich um Leiharbeitsunternehmen oder entleihende Unternehmen handelt, die eine wirtschaftliche Tätigkeit ausüben, unabhängig davon, ob sie Erwerbszwecke verfolgen oder nicht.

(3) Die Mitgliedstaaten können nach Anhörung der Sozialpartner vorsehen, dass diese Richtlinie nicht für Arbeitsverträge oder Beschäftigungsverhältnisse gilt, die im Rahmen eines spezifischen öffentlichen oder von öffentlichen Stellen geförderten beruflichen Ausbildungs-, Eingliederungs- und Umschulungsprogramms geschlossen wurden.

Ziel

Art. 2 Ziel dieser Richtlinie ist es, für den Schutz der Leiharbeitnehmer zu sorgen und die Qualität der Leiharbeit zu verbessern, indem die Einhaltung des Grundsatzes der Gleichbehandlung von Leiharbeitnehmern gemäß Artikel 5 gesichert wird und die Leiharbeitsunternehmen als Arbeitgeber anerkannt werden, wobei zu berücksichtigen ist, dass ein angemessener Rahmen für den Einsatz von Leiharbeit festgelegt werden muss, um wirksam zur Schaffung von Arbeitsplätzen und zur Entwicklung flexibler Arbeitsformen beizutragen.

Begriffsbestimmungen

Art. 3 (1) Im Sinne dieser Richtlinie bezeichnet der Ausdruck

a) „Arbeitnehmer" eine Person, die in dem betreffenden Mitgliedstaat nach dem nationalen Arbeitsrecht als Arbeitnehmer geschützt ist;

b) „Leiharbeitsunternehmen" eine natürliche oder juristische Person, die nach einzelstaatlichem Recht mit Leiharbeitnehmern Arbeitsverträge schließt oder Beschäftigungsverhältnisse eingeht, um sie entleihenden Unternehmen zu überlassen, damit sie dort unter deren Aufsicht und Leitung vorübergehend arbeiten;

c) „Leiharbeitnehmer" einen Arbeitnehmer, der mit einem Leiharbeitsunternehmen einen Arbeitsvertrag geschlossen hat oder ein Beschäftigungsverhältnis eingegangen ist, um einem entleihenden Unternehmen überlassen zu werden und dort unter dessen Aufsicht und Leitung vorübergehend zu arbeiten;

d) „entleihendes Unternehmen" eine natürliche oder juristische Person, in deren Auftrag und unter deren Aufsicht und Leitung ein Leiharbeitnehmer vorübergehend arbeitet;

e) „Überlassung" den Zeitraum, während dessen der Leiharbeitnehmer dem entleihenden Unternehmen zur Verfügung gestellt wird, um dort unter dessen Aufsicht und Leitung vorübergehend zu arbeiten;

f) „wesentliche Arbeits- und Beschäftigungsbedingungen" die Arbeits- und Beschäftigungsbedingungen, die durch Gesetz, Verordnung, Verwaltungsvorschrift, Tarifvertrag und/oder sonstige verbindliche Bestimmungen allgemeiner Art, die im entleihenden Unternehmen gelten, festgelegt sind und sich auf folgende Punkte beziehen:

   i) Dauer der Arbeitszeit, Überstunden, Pausen, Ruhezeiten, Nachtarbeit, Urlaub, arbeitsfreie Tage,

   ii) Arbeitsentgelt.

(2) Diese Richtlinie lässt das nationale Recht in Bezug auf die Begriffsbestimmungen von „Arbeitsentgelt", „Arbeitsvertrag", „Beschäftigungsverhältnis" oder „Arbeitnehmer" unberührt.

Die Mitgliedstaaten dürfen Arbeitnehmer, Arbeitsverträge oder Beschäftigungsverhältnisse nicht lediglich deshalb aus dem Anwendungsbereich dieser Richtlinie ausschließen, weil sie Teilzeitbeschäftigte, befristet beschäftigte Arbeitnehmer oder Personen sind bzw. betreffen, die mit einem Leiharbeitsunternehmen einen Arbeitsvertrag geschlossen haben oder ein Beschäftigungsverhältnis eingegangen sind.

Überprüfung der Einschränkungen und Verbote

Art. 4 (1) Verbote oder Einschränkungen des Einsatzes von Leiharbeit sind nur aus Gründen des Allgemeininteresses gerechtfertigt; hierzu zählen vor allem der Schutz der Leiharbeitnehmer, die

Erfordernisse von Gesundheitsschutz und Sicherheit am Arbeitsplatz oder die Notwendigkeit, das reibungslose Funktionieren des Arbeitsmarktes zu gewährleisten und eventuellen Missbrauch zu verhüten.

(2) Nach Anhörung der Sozialpartner gemäß den nationalen Rechtsvorschriften, Tarifverträgen und Gepflogenheiten überprüfen die Mitgliedstaaten bis zum 5. Dezember 2011 die Einschränkungen oder Verbote des Einsatzes von Leiharbeit, um festzustellen, ob sie aus den in Absatz 1 genannten Gründen gerechtfertigt sind.

(3) Sind solche Einschränkungen oder Verbote durch Tarifverträge festgelegt, so kann die Überprüfung gemäß Absatz 2 von denjenigen Sozialpartnern durchgeführt werden, die die einschlägige Vereinbarung ausgehandelt haben.

(4) Die Absätze 1, 2 und 3 gelten unbeschadet der nationalen Anforderungen hinsichtlich der Eintragung, Zulassung, Zertifizierung, finanziellen Garantie und Überwachung der Leiharbeitsunternehmen.

(5) Die Mitgliedstaaten informieren die Kommission über die Ergebnisse der Überprüfung gemäß den Absätzen 2 und 3 bis zum 5. Dezember 2011.

KAPITEL II
ARBEITS- UND BESCHÄFTIGUNGS-BEDINGUNGEN

Grundsatz der Gleichbehandlung

Art. 5 (1) Die wesentlichen Arbeits- und Beschäftigungsbedingungen der Leiharbeitnehmer entsprechen während der Dauer ihrer Überlassung an ein entleihendes Unternehmen mindestens denjenigen, die für sie gelten würden, wenn sie von jenem genannten Unternehmen unmittelbar für den gleichen Arbeitsplatz eingestellt worden wären.

Bei der Anwendung von Unterabsatz 1 müssen die im entleihenden Unternehmen geltenden Regeln in Bezug auf
a) den Schutz schwangerer und stillender Frauen und den Kinder- und Jugendschutz sowie
b) die Gleichbehandlung von Männern und Frauen und sämtliche Maßnahmen zur Bekämpfung von Diskriminierungen aufgrund des Geschlechts, der Rasse oder der ethnischen Herkunft, der Religion oder Weltanschauung, einer Behinderung, des Alters oder der sexuellen Orientierung

so eingehalten werden, wie sie durch Gesetze, Verordnungen, Verwaltungsvorschriften, Tarifverträge und/oder sonstige Bestimmungen allgemeiner Art festgelegt sind.

(2) In Bezug auf das Arbeitsentgelt können die Mitgliedstaaten nach Anhörung der Sozialpartner die Möglichkeit vorsehen, dass vom Grundsatz des Absatzes 1 abgewichen wird, wenn Leiharbeitnehmer, die einen unbefristeten Vertrag mit dem Leiharbeitsunternehmen abgeschlossen haben, auch in der Zeit zwischen den Überlassungen bezahlt werden.

(3) Die Mitgliedstaaten können nach Anhörung der Sozialpartner diesen die Möglichkeit einräumen, auf der geeigneten Ebene und nach Maßgabe der von den Mitgliedstaaten festgelegten Bedingungen Tarifverträge aufrechtzuerhalten oder zu schließen, die unter Achtung des Gesamtschutzes von Leiharbeitnehmern Regelungen in Bezug auf die Arbeits- und Beschäftigungsbedingungen von Leiharbeitnehmern, welche von den in Absatz 1 aufgeführten Regelungen abweichen können, enthalten können.

(4) Sofern Leiharbeitnehmern ein angemessenes Schutzniveau gewährt wird, können Mitgliedstaaten, in denen es entweder kein gesetzliches System, durch das Tarifverträge allgemeine Gültigkeit erlangen, oder kein gesetzliches System bzw. keine Gepflogenheiten zur Ausweitung von deren Bestimmungen auf alle vergleichbaren Unternehmen in einem bestimmten Sektor oder bestimmten geografischen Gebiet gibt, – nach Anhörung der Sozialpartner auf nationaler Ebene und auf der Grundlage einer von ihnen geschlossenen Vereinbarung – Regelungen in Bezug auf die wesentlichen Arbeits- und Beschäftigungsbedingungen von Leiharbeitnehmern festlegen, die vom Grundsatz des Absatzes 1 abweichen. Zu diesen Regelungen kann auch eine Wartezeit für Gleichbehandlung zählen.

Die in diesem Absatz genannten Regelungen müssen mit den gemeinschaftlichen Bestimmungen in Einklang stehen und hinreichend präzise und leicht zugänglich sein, damit die betreffenden Sektoren und Firmen ihre Verpflichtungen bestimmen und einhalten können. Insbesondere müssen die Mitgliedstaaten in Anwendung des Artikels 3 Absatz 2 angeben, ob betriebliche Systeme der sozialen Sicherheit, einschließlich Rentensysteme, Systeme zur Lohnfortzahlung im Krankheitsfall oder Systeme der finanziellen Beteiligung, zu den in Absatz 1 genannten wesentlichen Arbeits- und Beschäftigungsbedingungen zählen. Solche Vereinbarungen lassen Vereinbarungen auf nationaler, regionaler, lokaler oder sektoraler Ebene, die für Arbeitnehmer nicht weniger günstig sind, unberührt.

(5) Die Mitgliedstaaten ergreifen die erforderlichen Maßnahmen gemäß ihren nationalen Rechtsvorschriften und/oder Gepflogenheiten, um eine missbräuchliche Anwendung dieses Artikels zu verhindern und um insbesondere aufeinander folgende Überlassungen, mit denen die Bestimmungen der Richtlinie umgangen werden sollen, zu verhindern. Sie unterrichten die Kommission über solche Maßnahmen.

Zugang zu Beschäftigung, Gemeinschaftseinrichtungen und beruflicher Bildung

Art. 6 (1) Die Leiharbeitnehmer werden über die im entleihenden Unternehmen offenen Stellen unterrichtet, damit sie die gleichen Chancen auf einen unbefristeten Arbeitsplatz haben wie die übrigen Arbeitnehmer dieses Unternehmens. Diese Unterrichtung kann durch allgemeine Bekanntmachung an einer geeigneten Stelle in dem

Unternehmen erfolgen, in dessen Auftrag und unter dessen Aufsicht die Leiharbeitnehmer arbeiten.

(2) Die Mitgliedstaaten ergreifen die erforderlichen Maßnahmen, damit Klauseln, die den Abschluss eines Arbeitsvertrags oder die Begründung eines Beschäftigungsverhältnisses zwischen dem entleihenden Unternehmen und dem Leiharbeitnehmer nach Beendigung seines Einsatzes verbieten oder darauf hinauslaufen, diese zu verhindern, nichtig sind oder für nichtig erklärt werden können.

Dieser Absatz lässt die Bestimmungen unberührt, aufgrund deren Leiharbeitsunternehmen für die dem entleihenden Unternehmen erbrachten Dienstleistungen in Bezug auf Überlassung, Einstellung und Ausbildung von Leiharbeitnehmern einen Ausgleich in angemessener Höhe erhalten.

(3) Leiharbeitsunternehmen dürfen im Gegenzug zur Überlassung an ein entleihendes Unternehmen oder in dem Fall, dass Arbeitnehmer nach beendigter Überlassung mit dem betreffenden entleihenden Unternehmen einen Arbeitsvertrag abschließen oder ein Beschäftigungsverhältnis eingehen, kein Entgelt von den Arbeitnehmern verlangen.

(4) Unbeschadet des Artikels 5 Absatz 1 haben Leiharbeitnehmer in dem entleihenden Unternehmen zu den gleichen Bedingungen wie die unmittelbar von dem Unternehmen beschäftigten Arbeitnehmer Zugang zu den Gemeinschaftseinrichtungen oder -diensten, insbesondere zur Gemeinschaftsverpflegung, zu Kinderbetreuungseinrichtungen und zu Beförderungsmitteln, es sei denn, eine unterschiedliche Behandlung ist aus objektiven Gründen gerechtfertigt.

(5) Die Mitgliedstaaten treffen die geeigneten Maßnahmen oder fördern den Dialog zwischen den Sozialpartnern nach ihren nationalen Traditionen und Gepflogenheiten mit dem Ziel,
a) den Zugang der Leiharbeitnehmer zu Fort- und Weiterbildungsangeboten und Kinderbetreuungseinrichtungen in den Leiharbeitsunternehmen – auch in der Zeit zwischen den Überlassungen – zu verbessern, um deren berufliche Entwicklung und Beschäftigungsfähigkeit zu fördern;
b) den Zugang der Leiharbeitnehmer zu den Fort- und Weiterbildungsangeboten für die Arbeitnehmer der entleihenden Unternehmen zu verbessern.

Vertretung der Leiharbeitnehmer
Art. 7 (1) Leiharbeitnehmer werden unter Bedingungen, die die Mitgliedstaaten festlegen, im Leiharbeitsunternehmen bei der Berechnung des Schwellenwertes für die Einrichtung der Arbeitnehmervertretungen berücksichtigt, die nach Gemeinschaftsrecht und nationalem Recht oder in den Tarifverträgen vorgesehen sind.

(2) Die Mitgliedstaaten können unter den von ihnen festgelegten Bedingungen vorsehen, dass Leiharbeitnehmer im entleihenden Unternehmen bei der Berechnung des Schwellenwertes für die Einrichtung der nach Gemeinschaftsrecht und nationalem Recht oder in den Tarifverträgen vorgesehenen Arbeitnehmervertretungen im gleichen Maße berücksichtigt werden wie Arbeitnehmer, die das entleihende Unternehmen für die gleiche Dauer unmittelbar beschäftigen würde.

(3) Die Mitgliedstaaten, die die Option nach Absatz 2 in Anspruch nehmen, sind nicht verpflichtet, Absatz 1 umzusetzen.

Unterrichtung der Arbeitnehmervertreter
Art. 8 Unbeschadet strengerer und/oder spezifischerer einzelstaatlicher oder gemeinschaftlicher Vorschriften über Unterrichtung und Anhörung und insbesondere der Richtlinie 2002/14/EG des Europäischen Parlaments und des Rates vom 11. März 2002 zur Festlegung eines allgemeinen Rahmens für die Unterrichtung und Anhörung der Arbeitnehmer in der Europäischen Gemeinschaft (ABl. L 80 vom 23.3.2002, S. 29) hat das entleihende Unternehmen den gemäß einzelstaatlichem und gemeinschaftlichem Recht eingesetzten Arbeitnehmervertretungen im Zuge der Unterrichtung über die Beschäftigungslage in dem Unternehmen angemessene Informationen über den Einsatz von Leiharbeitnehmern in dem Unternehmen vorzulegen.

KAPITEL III
SCHLUSSBESTIMMUNGEN

Mindestvorschriften
Art. 9 (1) Diese Richtlinie lässt das Recht der Mitgliedstaaten unberührt, für Arbeitnehmer günstigere Rechts- und Verwaltungsvorschriften anzuwenden oder zu erlassen oder den Abschluss von Tarifverträgen oder Vereinbarungen zwischen den Sozialpartnern zu fördern oder zuzulassen, die für die Arbeitnehmer günstiger sind.

(2) Die Durchführung dieser Richtlinie ist unter keinen Umständen ein hinreichender Grund zur Rechtfertigung einer Senkung des allgemeinen Schutzniveaus für Arbeitnehmer in den von dieser Richtlinie abgedeckten Bereichen. Dies gilt unbeschadet der Rechte der Mitgliedstaaten und/oder der Sozialpartner, angesichts sich wandelnder Bedingungen andere Rechts- und Verwaltungsvorschriften oder vertragliche Regelungen festzulegen als diejenigen, die zum Zeitpunkt des Erlasses dieser Richtlinie gelten, sofern die Mindestvorschriften dieser Richtlinie eingehalten werden.

Sanktionen
Art. 10 (1) Für den Fall der Nichteinhaltung dieser Richtlinie durch Leiharbeitsunternehmen oder durch entleihende Unternehmen sehen die Mitgliedstaaten geeignete Maßnahmen vor. Sie sorgen insbesondere dafür, dass es geeignete Verwaltungs- oder Gerichtsverfahren gibt, um die Erfüllung der sich aus der Richtlinie ergebenden Verpflichtungen durchsetzen zu können.

(2) Die Mitgliedstaaten legen die Sanktionen fest, die im Falle eines Verstoßes gegen die einzelstaatlichen Vorschriften zur Umsetzung dieser Richtlinie Anwendung finden, und treffen alle erforderlichen Maßnahmen, um deren Durchführung zu gewährleisten. Die Sanktionen müssen wirksam,

angemessen und abschreckend sein. Die Mitgliedstaaten teilen der Kommission diese Bestimmungen bis zum 5. Dezember 2011 mit. Die Mitgliedstaaten melden der Kommission rechtzeitig alle nachfolgenden Änderungen dieser Bestimmungen. Sie stellen insbesondere sicher, dass die Arbeitnehmer und/oder ihre Vertreter über angemessene Mittel zur Erfüllung der in dieser Richtlinie vorgesehenen Verpflichtungen verfügen.

Umsetzung

Art. 11 (1) Die Mitgliedstaaten setzen die erforderlichen Rechts- und Verwaltungsvorschriften in Kraft und veröffentlichen sie, um dieser Richtlinie bis spätestens zum 5. Dezember 2011 nachzukommen, oder sie vergewissern sich, dass die Sozialpartner die erforderlichen Vorschriften im Wege von Vereinbarungen festlegen; dabei sind die Mitgliedstaaten gehalten, die erforderlichen Vorkehrungen zu treffen, damit sie jederzeit gewährleisten können, dass die Ziele dieser Richtlinie erreicht werden. Sie setzen die Kommission unverzüglich davon in Kenntnis.

(2) Wenn die Mitgliedstaaten diese Maßnahmen erlassen, nehmen sie in den Vorschriften selbst oder durch einen Hinweis bei deren amtlicher Veröffentlichung auf diese Richtlinie Bezug. Die Mitgliedstaaten regeln die Einzelheiten der Bezugnahme.

Überprüfung durch die Kommission

Art. 12 Die Kommission überprüft im Benehmen mit den Mitgliedstaaten und den Sozialpartnern auf Gemeinschaftsebene die Anwendung dieser Richtlinie bis zum 5. Dezember 2013, um erforderlichenfalls die notwendigen Änderungen vorzuschlagen.

Inkrafttreten

Art. 13 Diese Richtlinie tritt am Tag ihrer Veröffentlichung im *Amtsblatt der Europäischen Union* in Kraft.

Adressaten

Art. 14 Diese Richtlinie ist an die Mitgliedstaaten gerichtet.

4/11. RL über das Seearbeitsübereinkommen

4/11. RL über das Seearbeitsübereinkommen

Richtlinie 2009/13/EG des Rates zur Durchführung der Vereinbarung zwischen dem Verband der Reeder in der Europäischen Gemeinschaft (ECSA) und der Europäischen Transportarbeiter-Föderation (ETF) über das Seearbeitsübereinkommen 2006 und zur Änderung der Richtlinie 1999/63/EG vom 16. Februar 2009

(ABl. Nr. L 124 v. 20.5.2009, S. 30; geändert durch die RL (EU) 2018/131, ABl. Nr. L 22 v. 26.1.2018, S. 28)
(nicht amtlich aktualisierte Fassung)

DER RAT DER EUROPÄISCHEN UNION –
gestützt auf den Vertrag zur Gründung der Europäischen Gemeinschaft, insbesondere auf Artikel 139 Absatz 2,
auf Vorschlag der Kommission,
in Erwägung nachstehender Gründe:

(1) Die Sozialpartner können nach Artikel 139 Absatz 2 des Vertrags gemeinsam beantragen, dass die von ihnen auf Gemeinschaftsebene geschlossenen Vereinbarungen durch einen Beschluss des Rates auf Vorschlag der Kommission durchgeführt werden.

(2) Die Internationale Arbeitsorganisation nahm am 23. Februar 2006 das Seearbeitsübereinkommen 2006 an, um ein einziges, in sich schlüssiges Instrument zu schaffen, das soweit wie möglich alle aktuellen Normen der bestehenden internationalen Seearbeitsübereinkommen und -empfehlungen sowie die grundlegenden, in anderen internationalen Arbeitsübereinkommen enthaltenen Prinzipien umfasst.

(3) Gemäß Artikel 138 Absatz 2 des Vertrags hörte die Kommission die Sozialpartner zu der Frage an, ob es zweckmäßig ist, den bestehenden gemeinschaftlichen Besitzstand unter Berücksichtigung des Seearbeitsübereinkommens 2006 durch entsprechende Anpassung, Konsolidierung oder Ergänzung weiterzuentwickeln.

(4) Am 29. September 2006 haben der Verband der Reeder in der Europäischen Gemeinschaft (ECSA) und die Europäische Transportarbeiter-Föderation (ETF) die Kommission von ihrem Wunsch in Kenntnis gesetzt, gemäß Artikel 138 Absatz 4 des Vertrags Verhandlungen aufzunehmen.

(5) Am 19. Mai 2008 haben die besagten Organisationen eine Vereinbarung über das Seearbeitsübereinkommen 2006 (nachstehend die „Vereinbarung" genannt) geschlossen, um weltweit gleiche Ausgangsbedingungen in der gesamten Seeverkehrswirtschaft zu schaffen. Diese Vereinbarung und ihr Anhang enthalten einen an die Kommission gerichteten gemeinsamen Antrag, die Vereinbarung und ihren Anhang gemäß Artikel 139 Absatz 2 des Vertrags durch einen Beschluss des Rates auf Vorschlag der Kommission durchzuführen.

(6) Die Vereinbarung gilt für Seeleute auf Schiffen, die in einem Mitgliedstaat eingetragen sind und/oder die Flagge eines Mitgliedstaats führen.

(7) Mit der Vereinbarung wird die Europäische Vereinbarung über die Regelung der Arbeitszeit von Seeleuten geändert, die der Verband der Reeder in der Europäischen Gemeinschaft (ECSA) und der Verband der Verkehrsgewerkschaften in der Europäischen Union (FST) am 30. September 1998 in Brüssel geschlossen haben.

(8) Im Sinne von Artikel 249 des Vertrags ist eine Richtlinie das geeignete Rechtsinstrument zur Durchführung der Vereinbarung.

(9) Die Vereinbarung soll gleichzeitig mit dem Seearbeitsübereinkommen 2006 in Kraft treten; auf Wunsch der Sozialpartner sollen die einzelstaatlichen Maßnahmen zur Umsetzung dieser Richtlinie nicht vor dem Datum in Kraft treten, an dem das besagte Übereinkommen in Kraft tritt.

(10) Bezüglich der in der Vereinbarung verwendeten Ausdrücke, die dort nicht im einzelnen definiert sind, überlässt es die Richtlinie – wie andere im Sozialbereich erlassene Richtlinien, in denen ähnliche Ausdrücke vorkommen – den Mitgliedstaaten, diese nach dem innerstaatlichen Recht und/oder der innerstaatlichen Praxis zu definieren, vorausgesetzt, diese Definitionen entsprechen inhaltlich der Vereinbarung.

(11) Die Kommission hat ihren Richtlinienvorschlag in Übereinstimmung mit ihrer Mitteilung vom 20. Mai 1998 über die Anpassung und Förderung des sozialen Dialogs auf Gemeinschaftsebene ausgearbeitet; dabei hat sie die Repräsentativität der Vertragsparteien und die Rechtmäßigkeit der Vereinbarungsklauseln berücksichtigt.

(12) Die Mitgliedstaaten können den Sozialpartnern auf deren gemeinsamen Antrag die Durchführung dieser Richtlinie übertragen, vorausgesetzt, sie treffen alle erforderlichen Maßnahmen, um jederzeit gewährleisten zu können, dass die durch diese Richtlinie vorgeschriebenen Ergebnisse erzielt werden.

(13) Diese Richtlinie sollte unbeschadet etwaiger bestehender Gemeinschaftsvorschriften gelten, die spezieller sind und/oder ein höheres Schutzniveau für Seeleute garantieren, und insbesondere unbeschadet der Vorschriften, die Teil des gemeinschaftlichen Besitzstandes sind.

(14) Es sollte sichergestellt werden, dass der allgemeine Grundsatz der Verantwortung des Arbeitgebers gemäß der Richtlinie 89/391/EWG des Rates vom 12. Juni 1989 zur Durchführung von Maßnahmen zur Verbesserung der Sicherheit und des Gesundheitsschutzes der Arbeitnehmer bei der Arbeit (ABl. L 183 vom 29.6.1989, S. 1),

4/11. RL über das Seearbeitsübereinkommen
Präambel, Art. 1 – 6

insbesondere gemäß Artikel 5 Absätze 1 und 3, eingehalten wird.

(15) Diese Richtlinie sollte nicht dazu dienen, eine Senkung des allgemeinen Schutzniveaus für Arbeitnehmer in dem Bereich zu rechtfertigen, der von der im Anhang enthaltenen Vereinbarung erfasst ist.

(16) Diese Richtlinie und die Vereinbarung legen Mindestnormen fest. Die Mitgliedstaaten und/oder Sozialpartner sollten günstigere Bestimmungen beibehalten oder einführen können.

(17) Im Einklang mit ihrer Mitteilung vom 14. Dezember 1993 über die Anwendung des Protokolls über die Sozialpolitik hat die Kommission das Europäische Parlament und den Europäischen Wirtschafts- und Sozialausschuss unterrichtet und ihnen ihren Richtlinienvorschlag mit der Vereinbarung übermittelt.

(18) Dieses Rechtsinstrument entspricht den Grundrechten und den Grundsätzen, die in der Charta der Grundrechte der Europäischen Union festgelegt sind; insbesondere entspricht es deren Artikel 31, der besagt, dass alle Arbeitnehmer das Recht auf gesunde, sichere und würdige Arbeitsbedingungen, auf eine Begrenzung der Höchstarbeitszeit, auf tägliche und wöchentliche Ruhezeiten sowie auf bezahlten Jahresurlaub haben.

(19) Da die Ziele dieser Richtlinie auf Ebene der Mitgliedstaaten nicht ausreichend verwirklicht werden können und daher wegen des Umfangs und der Wirkungen der Maßnahme besser auf Gemeinschaftsebene zu verwirklichen sind, kann die Gemeinschaft im Einklang mit dem in Artikel 5 des Vertrags niedergelegten Subsidiaritätsprinzip tätig werden. Entsprechend dem in demselben Artikel genannten Grundsatz der Verhältnismäßigkeit geht diese Richtlinie nicht über das zur Erreichung dieser Ziele erforderliche Maß hinaus.

(20) Nach Nummer 34 der Interinstitutionellen Vereinbarung über bessere Rechtsetzung (ABl. C 321 vom 31.12.2003, S. 1) sind die Mitgliedstaaten aufgefordert, für ihre eigenen Zwecke und im Interesse der Gemeinschaft eigene Tabellen aufzustellen, aus denen im Rahmen des Möglichen die Entsprechungen zwischen dieser Richtlinie und den Umsetzungsmaßnahmen zu entnehmen sind, und diese zu veröffentlichen.

(21) Die Richtlinie 1999/63/EG des Rates vom 21. Juni 1999 zu der vom Verband der Reeder in der Europäischen Gemeinschaft (European Community Shipowners' Association – ECSA) und dem Verband der Verkehrsgewerkschaften in der Europäischen Union (Federation of Transport Workers' Unions in the European Union – FST) getroffenen Vereinbarung über die Regelung der Arbeitszeit von Seeleuten (ABl. L 167 vom 2.7.1999, S. 33), die im Anhang die Europäische Vereinbarung über die Regelung der Arbeitszeit von Seeleuten enthält, sollte entsprechend geändert werden.

(22) Die Durchführung der Vereinbarung trägt zur Erreichung der Ziele des Artikels 136 des Vertrags bei –

HAT FOLGENDE RICHTLINIE ERLASSEN:

Art. 1 Mit dieser Richtlinie wird die im Anhang enthaltene Vereinbarung über das Seearbeitsübereinkommen 2006 durchgeführt, die die Arbeitgeber- und Arbeitnehmerverbände in der Seeverkehrswirtschaft (Verband der Reeder in der Europäischen Gemeinschaft – ECSA, und Verband der Verkehrsgewerkschaften in der Europäischen Union – ETF) am 19. Mai 2008 geschlossen haben.

Art. 2 Der Anhang der Richtlinie 1999/63/EG wird wie folgt geändert:

(Änderungen eingearbeitet in RL 1999/63/EG)

Art. 3 (1) Die Mitgliedstaaten können Vorschriften beibehalten oder einführen, die günstiger sind als die Bestimmungen dieser Richtlinie.

(2) Die Durchführung dieser Richtlinie ist unter keinen Umständen ein hinreichender Grund zur Rechtfertigung einer Senkung des allgemeinen Schutzniveaus für Arbeitnehmer in den von dieser Richtlinie erfassten Bereichen. Das Recht der Mitgliedstaaten und/oder der Sozialpartner, bei sich verändernden Umständen andere Rechts- und Verwaltungsvorschriften oder kollektivvertragliche Regelungen festzulegen als diejenigen, die zum Zeitpunkt der Annahme dieser Richtlinie gelten, bleibt hiervon unberührt, sofern die Mindestanforderungen dieser Richtlinie eingehalten werden.

(3) Etwaige Gemeinschafts- oder einzelstaatliche Rechtsvorschriften, Gewohnheitsrechte und jede entsprechende Praxis, mit denen den Seeleuten günstigere Bedingungen gewährt werden, bleiben von der Umsetzung und/oder Auslegung dieser Richtlinie unberührt.

(4) Der Grundsatz der Verantwortung des Arbeitgebers gemäß Artikel 5 der Richtlinie 89/391/EWG bleibt von Norm A4.2 Absatz 5 Buchstabe b unberührt.

Art. 4 Die Mitgliedstaaten legen fest, welche Sanktionen bei einem Verstoß gegen die innerstaatlichen Vorschriften zur Umsetzung dieser Richtlinie zu verhängen sind. Die Sanktionen müssen wirksam, verhältnismäßig und abschreckend sein.

Art. 5 (1) Die Mitgliedstaaten setzen die erforderlichen Rechts- und Verwaltungsvorschriften in Kraft, um dieser Richtlinie binnen zwölf Monaten ab ihrem Inkrafttreten nachzukommen, oder sie vergewissern sich spätestens zu diesem Zeitpunkt, dass die Sozialpartner mittels einer Vereinbarung die erforderlichen Vorkehrungen getroffen haben.

(2) Wenn die Mitgliedstaaten diese Vorschriften erlassen, nehmen sie in den Vorschriften selbst oder durch einen Hinweis bei der amtlichen Veröffentlichung auf diese Richtlinie Bezug. Die Mitgliedstaaten regeln die Einzelheiten der Bezugnahme. Sie übermitteln der Kommission unverzüglich den Wortlaut dieser Vorschriften.

(3) Die Mitgliedstaaten teilen der Kommission den Wortlaut der wichtigsten innerstaatlichen Rechtsvorschriften mit, die sie auf dem unter diese Richtlinie fallenden Gebiet erlassen.

Art. 6 Das in der Präambel der Vereinbarung angeführte Prinzip der wesentlichen Gleichwertig-

4/11. RL über das Seearbeitsübereinkommen

keit lässt die sich aus dieser Richtlinie ergebenden Pflichten der Mitgliedstaaten unberührt.

Art. 7 Diese Richtlinie tritt am Tag des Inkrafttretens des Seearbeitsübereinkommens 2006 in Kraft.

Art. 8 Diese Richtlinie ist an die Mitgliedstaaten gerichtet.

ANHANG
Übereinkommen
Vereinbarung zwischen ECSA und ETF über das Seearbeitsübereinkommen 2006

PRÄAMBEL

DIE UNTERZEICHNERPARTEIEN – IN ERWÄGUNG NACHSTEHENDER GRÜNDE:

Das IAO-Seearbeitsübereinkommen 2006 (nachstehend „das Übereinkommen" genannt) verpflichtet jedes Mitglied, sich zu vergewissern, dass seine Rechtsvorschriften im Rahmen des Übereinkommens die grundlegenden Rechte in Bezug auf die Vereinigungsfreiheit und die effektive Anerkennung des Rechts zu Kollektivverhandlungen, die Beseitigung aller Formen von Zwangs- oder Pflichtarbeit, die effektive Abschaffung der Kinderarbeit sowie die Beseitigung der Diskriminierung in Beschäftigung und Beruf achten.

Gemäß dem Übereinkommen haben alle Seeleute das Recht auf einen sicheren und gefahrlosen Arbeitsplatz, der den Sicherheitsnormen entspricht, auf angemessene Beschäftigungsbedingungen, auf menschenwürdige Arbeits- und Lebensbedingungen und auf Gesundheitsschutz, medizinische Betreuung, Sozialmaßnahmen und andere Formen des Sozialschutzes.

Das Übereinkommen verpflichtet die Mitglieder, innerhalb der Grenzen ihrer Rechtshoheit sicherzustellen, dass die in dem vorstehenden Absatz dieser Präambel aufgeführten Beschäftigungs- und Sozialrechte der Seeleute im Einklang mit den Anforderungen des Übereinkommens in vollem Umfang verwirklicht werden. Sofern in dem Übereinkommen nichts anderes bestimmt wird, kann diese Verwirklichung durch innerstaatliche Rechtsvorschriften, durch geltende Gesamtarbeitsverträge oder durch andere Maßnahmen oder in der Praxis erreicht werden.

Die Unterzeichnerparteien möchten insbesondere auf die „Erläuternden Anmerkungen zu den Regeln und dem Code des Seearbeitsübereinkommens" hinweisen, die die Form und den Aufbau des Übereinkommens darlegen.

Gestützt auf den Vertrag zur Gründung der Europäischen Gemeinschaft (im Folgenden „der Vertrag" genannt), insbesondere auf die Artikel 137, 138 und 139.

Nach Artikel 139 Absatz 2 des Vertrags können die Unterzeichnerparteien einen gemeinsamen Antrag auf Durchführung der auf Gemeinschaftsebene geschlossenen Vereinbarungen durch einen Beschluss des Rates auf Vorschlag der Kommission stellen.

Die Unterzeichnerparteien stellen hiermit diesen Antrag.

Das geeignete Rechtsinstrument zur Durchführung der Vereinbarung ist eine Richtlinie im Sinne von Artikel 249 des Vertrags, die für die Mitgliedstaaten hinsichtlich des zu erreichenden Ergebnisses verbindlich ist, den innerstaatlichen Stellen jedoch die Wahl der Form und der Mittel überlässt. Artikel VI des Übereinkommens erlaubt es Mitgliedern der IAO, Maßnahmen durchzuführen, die den Normen des Übereinkommens im Wesentlichen gleichwertig sind, wenn sich die Mitglieder vergewissert haben, dass diese der vollen Erreichung des allgemeinen Ziels und Zwecks des Übereinkommens dienen und die betreffenden Bestimmungen des Übereinkommens umsetzen. Die Durchführung der Vereinbarung im Wege einer Richtlinie und der im Übereinkommen festgelegte Grundsatz der „wesentlichen Gleichwertigkeit" sind deshalb darauf gerichtet, den Mitgliedstaaten die Möglichkeit zu geben, die Rechte und Grundsätze in der in Artikel VI Absätze 3 und 4 des Übereinkommens dargelegten Weise zu verwirklichen –

SIND WIE FOLGT ÜBEREINGEKOMMEN: BEGRIFFSBESTIMMUNGEN UND GELTUNGSBEREICH

1. Im Sinne dieser Vereinbarung und soweit in einzelnen Bestimmungen nichts anderes festgelegt ist,
   a) bezeichnet der Ausdruck „zuständige Stelle" den Minister, das Regierungsstelle oder eine andere von einem Mitgliedstaat benannte Stelle mit der Befugnis, Vorschriften, Anordnungen oder sonstige Weisungen mit bindender Wirkung bezüglich des Gegenstands der betreffenden Bestimmung zu erlassen und durchzusetzen;
   b) bezeichnet der Ausdruck „Bruttoraumzahl" den Bruttoraumgehalt, der gemäß den Regeln für die Ermittlung der Raumzahlen, die in Anlage I zu dem Internationalen Schiffsvermessungs-Übereinkommen, 1969, oder jedem Nachfolgeübereinkommen enthalten sind berechnet wurde; für Schiffe, die dem von der Internationalen Seeschifffahrts-Organisation angenommenen vorläufigen System der Schiffsvermessung unterliegen, ist die Bruttoraumzahl diejenige, die im Internationalen Schiffsmessbrief (1969) in der Spalte BEMERKUNGEN aufgeführt ist;
   c) bezeichnet der Ausdruck „Seeleute" alle Personen, die in irgendeiner Eigenschaft an Bord eines Schiffes, für das diese Vereinbarung gilt, beschäftigt oder angeheuert sind oder arbeiten;
   d) schließt der Ausdruck „Beschäftigungsvertrag für Seeleute" sowohl einen Arbeitsvertrag als auch einen Heuervertrag ein;

4/11. RL über das Seearbeitsübereinkommen
Anhang

e) bezeichnet der Ausdruck „Schiff" ein Schiff, das nicht ausschließlich auf Binnengewässern, in geschützten Gewässern oder in deren unmittelbarer Nähe oder in Gebieten verkehrt, die einer Hafenordnung unterliegen;

f) bezeichnet der Ausdruck „Reeder" den Eigner des Schiffes oder jede andere Organisation oder Person, wie den Leiter, Agenten oder Bareboat-Charterer, die vom Reeder die Verantwortung für den Betrieb des Schiffes übernommen hat und die sich mit der Übernahme dieser Verantwortung bereit erklärt hat, die Aufgaben und Pflichten zu erfüllen, die den Reedern gemäß dieser Vereinbarung auferlegt werden, ungeachtet dessen, ob andere Organisationen oder Personen bestimmte dieser Aufgaben oder Pflichten im Auftrag des Reeders erfüllen.

2. Sofern nicht ausdrücklich etwas anderes bestimmt wird, gilt diese Vereinbarung für alle Seeleute.

3. Im Zweifelsfall entscheidet die zuständige Stelle jedes Mitgliedstaats nach Anhörung der mit dieser Frage befassten Verbände der Reeder und der Seeleute, ob bestimmte Personengruppen als Seeleute im Sinne dieser Vereinbarung anzusehen sind. In diesem Zusammenhang wird die Entschließung der 94. (Seeschifffahrts-)Tagung der Allgemeinen Konferenz der Internationalen Arbeitsorganisation über Hinweise zu Berufsgruppen gebührend berücksichtigt.

4. Sofern nicht ausdrücklich etwas anderes bestimmt wird, gilt diese Vereinbarung für alle Schiffe, gleich ob in öffentlichem oder privatem Eigentum, die gewöhnlich zu gewerblichen Tätigkeiten verwendet werden, ausgenommen Schiffe, die zur Fischerei oder zu ähnlichen Zwecken verwendet werden, und Schiffe traditioneller Bauweise wie Dauen und Dschunken. Diese Vereinbarung gilt nicht für Kriegsschiffe oder Flottenhilfsschiffe.

5. Im Zweifelsfall entscheidet die zuständige Stelle jedes Mitgliedstaats nach Anhörung der betreffenden Verbände der Reeder und der Seeleute, ob diese Vereinbarung für ein Schiff oder eine bestimmte Gruppe von Schiffen gilt.

REGELN UND NORMEN

MINDESTANFORDERUNGEN FÜR DIE ARBEIT VON SEELEUTEN AUF SCHIFFEN

Regel 1.1 – Mindestalter

1. Personen unterhalb des Mindestalters dürfen nicht auf Schiffen beschäftigt oder angeheuert werden oder arbeiten.

2. Für bestimmte in dieser Vereinbarung geregelte Fälle gilt ein höheres Mindestalter.

Norm A1.1 – Mindestalter

Das Mindestalter ist in der Richtlinie 1999/63/EG des Rates vom 21. Juni 1999 (zu ändern) zu der Europäischen Vereinbarung über die Regelung der Arbeitszeit von Seeleuten (zu ändern gemäß Anhang A dieser Vereinbarung) geregelt.

Regel 1.2 – Ärztliches Zeugnis

Ärztliche Zeugnisse (ärztliche Bescheinigungen) sind in der Richtlinie 1999/63/EG des Rates vom 21. Juni 1999 (zu ändern) zu der Europäischen Vereinbarung über die Regelung der Arbeitszeit von Seeleuten (zu ändern gemäß Anhang A dieser Vereinbarung) geregelt.

Regel 1.3 – Ausbildung und Befähigungen

1. Um an Bord eines Schiffes zu arbeiten, müssen Seeleute für ihre Aufgaben ausgebildet sein oder die erforderlichen Befähigungsnachweise besitzen oder in sonstiger Weise qualifiziert sein.

2. Seeleuten wird die Tätigkeit auf einem Schiff nicht gestattet, solange sie nicht einen Schiffssicherheitslehrgang erfolgreich abgeschlossen haben.

3. Die in Übereinstimmung mit den verbindlichen Instrumenten der Internationalen Seeschifffahrts-Organisation durchgeführten Ausbildungen und ausgestellten Befähigungsnachweise erfüllen die Anforderungen nach den Absätzen 1 und 2 dieser Regel.

TITEL 2
BESCHÄFTIGUNGSBEDINGUNGEN

Regel 2.1 – Beschäftigungsverträge für Seeleute

1. Die Beschäftigungsbedingungen der Seeleute werden in einer schriftlichen Vereinbarung, die in verständlicher und rechtlich durchsetzbarer Form abzufassen ist, aufgeführt und es ist darauf Bezug zu nehmen, und sie entsprechen den Normen dieser Vereinbarung.

2. Die Seeleute müssen in der Lage sein, die Bedingungen in ihren Beschäftigungsverträgen vor deren Unterzeichnung zu prüfen, Rat hierzu einzuholen und über deren Annahme frei zu entscheiden.

3. In dem Umfang, wie dies mit dem innerstaatlichen Recht und der innerstaatlichen Praxis des Mitgliedstaats vereinbar ist, beinhalten die Beschäftigungsverträge für Seeleute die geltenden Gesamtarbeitsverträge.

Norm A2.1 – Beschäftigungsverträge für Seeleute

1. Die innerstaatlichen Rechtsvorschriften jedes Mitgliedstaats schreiben vor, dass Schiffe unter seiner Flagge folgende Anforderungen zu erfüllen haben:

   a) Seeleute auf Schiffen unter seiner Flagge verfügen über einen von den Seeleuten und dem Reeder oder einem Vertreter des Reeders unterzeichneten Beschäf-

4/11. RL über das Seearbeitsübereinkommen
Anhang

tigungsvertrag für Seeleute (oder, wenn sie keine Arbeitnehmer sind, Nachweise über vertragliche oder ähnliche Vereinbarungen), der angemessene Arbeits- und Lebensbedingungen an Bord vorsieht, wie sie diese Vereinbarung verlangt;

b) Seeleuten, die einen Beschäftigungsvertrag für Seeleute unterschreiben, wird Gelegenheit gegeben, dessen Bedingungen zuvor zu prüfen, Rat hierzu einzuholen sowie andere Hilfen in Anspruch zu nehmen, durch die sichergestellt wird, dass sie freiwillig eine Vereinbarung eingegangen sind und von ihren Rechten und Pflichten ausreichend Kenntnis genommen haben;

c) der betroffene Reeder und die betroffenen Seeleute sind jeweils im Besitz eines unterzeichneten Originals des Beschäftigungsvertrags für Seeleute;

d) es werden Maßnahmen getroffen, durch die sichergestellt ist, dass die Seeleute, einschließlich des Kapitäns, an Bord auf einfache Weise klare Informationen über ihre Beschäftigungsbedingungen erhalten können und dass diese Informationen, einschließlich einer Kopie des Beschäftigungsvertrags für Seeleute, auch für eine Einsichtnahme durch Bedienstete der zuständigen Stelle, einschließlich solcher in den anzulaufenden Häfen, zur Verfügung stehen;

e) Seeleuten wird eine Bescheinigung über ihren Dienst an Bord des Schiffes ausgehändigt.

2. Soweit der Beschäftigungsvertrag für Seeleute ganz oder teilweise auf einem Gesamtarbeitsvertrag basiert, ist ein Exemplar dieses Vertrags an Bord verfügbar. Soweit der Beschäftigungsvertrag für Seeleute und jeder geltende Gesamtarbeitsvertrag nicht in englischer Sprache abgefasst sind, liegt Folgendes auch in englischer Übersetzung vor (mit Ausnahme auf Schiffen, die nur in der Inlandfahrt eingesetzt sind):

    a) ein Exemplar eines Mustervertrags;

    b) die Teile des Gesamtarbeitsvertrags, die der Hafenstaatkontrolle unterliegen.

3. Die in Absatz 1 Buchstabe e dieser Norm genannte Bescheinigung enthält keine Beurteilung der Arbeitsleistungen der Seeleute und keine Angaben über ihre Heuern. Die Form dieser Bescheinigung, die darin vorzunehmenden Eintragungen und die Art, wie diese Eintragungen zu erfolgen haben, bestimmen sich nach dem innerstaatlichen Recht.

4. Jeder Mitgliedstaat schreibt in seinen Rechtsvorschriften die Angaben vor, die in den seinem innerstaatlichen Recht unterliegenden Beschäftigungsverträgen für Seeleute enthalten sein müssen. Beschäftigungsverträge für Seeleute enthalten in jedem Falle die folgenden Angaben:

a) den vollständigen Namen der Seeleute, ihr Geburtsdatum oder Alter und ihren Geburtsort;

b) den Namen und die Anschrift des Reeders;

c) den Ort und das Datum, an dem der Beschäftigungsvertrag abgeschlossen ist;

d) die Tätigkeiten, für die die Seeleute eingestellt werden;

e) die Höhe der Heuer der Seeleute oder gegebenenfalls die für ihre Berechnung zugrunde gelegte Formel;

f) den Anspruch auf bezahlten Jahresurlaub oder gegebenenfalls die für seine Berechnung zugrunde gelegte Formel;

g) die Beendigung des Vertrags und deren Voraussetzungen, insbesondere:

    i) wenn der Vertrag auf unbestimmte Zeit geschlossen ist, die Voraussetzungen, die jede Partei zur Kündigung berechtigen, sowie die maßgebliche Kündigungsfrist, wobei die Frist für die Kündigung durch den Reeder nicht kürzer sein darf als die für die Kündigung durch die Seeleute;

    ii) wenn der Vertrag auf bestimmte Zeit geschlossen ist, den Tag des Ablaufs des Vertrags;

    iii) wenn der Vertrag für eine Reise geschlossen ist, den Bestimmungshafen und die Angabe der Frist nach Ankunft, nach deren Ablauf die Seeleute abmustern können;

h) die Leistungen des Gesundheitsschutzes und der sozialen Sicherheit, die der Reeder den Seeleuten zu gewähren hat;

i) den Heimschaffungsanspruch der Seeleute;

j) gegebenenfalls die Verweisung auf den Gesamtarbeitsvertrag;

k) alle sonstigen Angaben, die durch innerstaatliche Rechtsvorschriften vorgeschrieben sind.

5. Jeder Mitgliedstaat erlässt Rechtsvorschriften, in denen Mindestkündigungsfristen für die vorzeitige Beendigung eines Beschäftigungsvertrags für Seeleute durch die Seeleute und den Reeder festgelegt werden. Die Dauer dieser Fristen wird nach Beratung mit den betreffenden Verbänden der Reeder und der Seeleute bestimmt; sie ist jedoch nicht kürzer als sieben Tage.

6. Eine kürzere als die Mindestkündigungsfrist ist unter Bedingungen möglich, die nach den innerstaatlichen Rechtsvorschriften oder geltenden Gesamtarbeitsverträgen die Beendigung des Beschäftigungsvertrags mit kürzerer Kündigungsfrist oder ohne Kündi-

4/11. RL über das Seearbeitsübereinkommen
Anhang

gungsfrist rechtfertigen. Bei der Festlegung der Bedingungen stellt jeder Mitgliedstaat sicher, dass die Notwendigkeit für Seeleute, den Beschäftigungsvertrag mit kürzerer Kündigungsfrist oder ohne Kündigungsfrist wegen dringender Familienangelegenheiten oder aus anderen dringenden Gründen ohne Sanktion zu beenden, berücksichtigt wird.

Regel 2.3 – Arbeitszeiten und Ruhezeiten

Die Arbeitszeiten und Ruhezeiten für Seeleute sind in der Richtlinie 1999/63/EG des Rates vom 21. Juni 1999 (zu ändern) zu der Europäischen Vereinbarung über die Regelung der Arbeitszeit von Seeleuten (zu ändern gemäß Anhang A dieser Vereinbarung) geregelt.

Regel 2.4 – Urlaubsanspruch

1. Jeder Mitgliedstaat schreibt vor, dass die auf Schiffen unter seiner Flagge beschäftigten Seeleute bezahlten Jahresurlaub unter angemessenen Bedingungen im Einklang mit dieser Vereinbarung und der Richtlinie 1999/63/EG des Rates vom 21. Juni 1999 (zu ändern) zu der Europäischen Vereinbarung über die Regelung der Arbeitszeit der Seeleute (zu ändern gemäß Anhang A dieser Vereinbarung) erhalten.
2. Den Seeleuten wird im Interesse ihrer Gesundheit und ihres Wohlbefindens und entsprechend den betrieblichen Anforderungen ihrer Positionen Landgang gewährt.

Regel 2.5 – Heimschaffung

1. Seeleute haben ein Recht auf für sie kostenfreie Heimschaffung.
2. Jeder Mitgliedstaat schreibt für Schiffe unter seiner Flagge vor, dass eine finanzielle Sicherheit für die ordnungsgemäße Heimschaffung besteht.

Norm A2.5.1 – Heimschaffung

1. Jeder Mitgliedstaat stellt sicher, dass die auf Schiffen unter seiner Flagge tätigen Seeleute in den folgenden Fällen Anspruch auf Heimschaffung haben:
   a) wenn der Beschäftigungsvertrag für Seeleute endet, während diese sich im Ausland aufhalten;
   b) wenn der Beschäftigungsvertrag für Seeleute durch
      i) den Reeder oder
      ii) die Seeleute aus berechtigten Gründen beendet wird; sowie
   c) wenn die Seeleute nicht mehr in der Lage sind, ihre vertraglichen Aufgaben auszuführen, oder von ihnen nicht erwartet werden kann, dass sie unter den besonderen Umständen ausführen.
2. Jeder Mitgliedstaat stellt sicher, dass durch seine Rechtsvorschriften, sonstige Maßnahmen oder Gesamtarbeitsverträge geeignete Bestimmungen festgelegt sind, die Folgendes vorschreiben:
   a) die Umstände, unter denen Seeleute einen Anspruch auf Heimschaffung in Übereinstimmung mit Absatz 1 Buchstaben b und c dieser Norm haben;
   b) die Höchstdauer der Dienstzeiten an Bord, nach denen Seeleute Anspruch auf Heimschaffung haben; diese Zeiten müssen weniger als zwölf Monate betragen;
   c) die genauen Ansprüche, die vom Reeder für die Heimschaffung zu gewähren sind, einschließlich solcher betreffend den Ort der Heimschaffung, die Art des Transports, die zu tragenden Kosten und anderer vom Reeder zu treffender Vorkehrungen.
3. Jeder Mitgliedstaat untersagt den Reedern, von Seeleuten zu Beginn ihrer Beschäftigung eine Vorauszahlung zur Deckung der Heimschaffungskosten zu verlangen oder die Heimschaffungskosten von den Heuern oder sonstigen Ansprüchen der Seeleute abzuziehen, es sei denn, die Seeleute sind gemäß den innerstaatlichen Rechtsvorschriften oder sonstigen Maßnahmen oder gemäß den geltenden Gesamtarbeitsverträgen einer schweren Verletzung ihrer beruflichen Pflichten für schuldig befunden worden.
4. Die innerstaatlichen Rechtsvorschriften beeinträchtigen in keiner Weise das Recht des Reeders, sich die Kosten für die Heimschaffung aufgrund vertraglicher Vereinbarungen mit Dritten erstatten zu lassen.
5. Unterlässt es ein Reeder, Vorkehrungen für die Heimschaffung von Seeleuten, die Anspruch auf Heimschaffung haben, zu treffen oder die Kosten ihrer Heimschaffung zu tragen,
   a) veranlasst die zuständige Stelle des Mitgliedstaats, dessen Flagge das Schiff führt, die Heimschaffung der betreffenden Seeleute; unterlässt sie dies, kann der Staat, aus dessen Hoheitsgebiet die Seeleute heimgeschafft werden sollen, oder der Staat, dessen Staatsangehörigkeit sie besitzen, ihre Heimschaffung veranlassen und sich die Kosten von dem Mitgliedstaat, dessen Flagge das Schiff führt, erstatten lassen;
   b) ist der Mitgliedstaat, dessen Flagge das Schiff führt, befugt, die Erstattung der ihm im Zusammenhang mit der Heimschaffung der Seeleute entstandenen Kosten von dem Reeder zu verlangen;
   c) gehen die Kosten der Heimschaffung in keinem Fall zu Lasten der Seeleute, außer unter den in Absatz 3 dieser Norm vorgesehenen Umständen.
6. Unter Berücksichtigung der anwendbaren internationalen Instrumente, einschließlich des Internationalen Übereinkommens über

4/11. RL über das Seearbeitsübereinkommen

den Arrest in Schiffe 1999, ist ein Mitgliedstaat, der die Heimschaffungskosten getragen hat, befugt, Schiffe des betreffenden Reeders festhalten oder deren Festhalten zu verlangen, bis die Erstattung nach Absatz 5 dieser Norm erfolgt ist.

7. Jeder Mitgliedstaat erleichtert die Heimschaffung von Seeleuten, die auf Schiffen tätig sind, die seinen Häfen anlaufen oder seine Hoheits- oder Binnengewässer durchfahren, sowie ihre Ersetzung an Bord.

8. Insbesondere verweigert ein Mitgliedstaat Seeleuten nicht das Recht auf Heimschaffung wegen der finanziellen Verhältnisse eines Reeders oder wegen dessen Unfähigkeit oder Unwilligkeit, die Seeleute zu ersetzen.

9. Jeder Mitgliedstaat schreibt vor, dass den Seeleuten auf Schiffen unter seiner Flagge ein Exemplar der anwendbaren innerstaatlichen Vorschriften über die Heimschaffung in einer geeigneten Sprache zur Verfügung steht.

Norm A2.5.2 – Finanzielle Sicherheit

1. Zur Umsetzung der Regel 2.5 Absatz 2 legt diese Norm Anforderungen zur Gewährleistung eines schnellen und wirksamen Systems der finanziellen Sicherheit fest, um Seeleute im Falle ihres Im-Stich-Lassens zu unterstützen.

2. Für die Zwecke dieser Norm gelten Seeleute als im Stich gelassen, wenn der Reeder in Verletzung der Anforderungen dieser Vereinbarung oder der Bedingungen des Beschäftigungsvertrags für Seeleute

   a) die Kosten für die Heimschaffung der Seeleute nicht übernimmt; oder
   b) den Seeleuten nicht den notwendigen Unterhalt und die notwendige Unterstützung gewährt; oder
   c) auf andere Weise einseitig die Verbindung zu den Seeleuten beendet hat; darunter fällt auch die Nichtzahlung vertraglich vereinbarter Heuern für einen Zeitraum von mindestens zwei Monaten.

3. Jeder Mitgliedstaat hat sicherzustellen, dass für Schiffe unter seiner Flagge ein System der finanziellen Sicherheit existiert, das den Anforderungen dieser Norm genügt. Das System der finanziellen Sicherheit kann ein System der sozialen Sicherheit, eine Versicherung oder ein nationaler Fonds oder ein anderes ähnliches Instrument sein. Seine Form ist vom Mitgliedstaat nach Beratung mit den betreffenden Verbänden der Reeder und der Seeleute festzulegen.

4. Das System der finanziellen Sicherheit hat im Einklang mit dieser Norm allen im Stich gelassenen Seeleuten auf einem Schiff unter der Flagge des Mitgliedstaats direkten Zugang, ausreichenden Schutz und rasche finanzielle Hilfe zu gewähren.

5. Für die Zwecke von Absatz 2 Buchstabe b dieser Norm haben der notwendige Unterhalt und die notwendige Unterstützung der Seeleute Folgendes zu umfassen: angemessene Ernährung, Unterkunft, Trinkwasservorräte, für das Überleben an Bord des Schiffes ausreichender Treibstoff und notwendige medizinische Betreuung.

6. Jeder Mitgliedstaat hat vorzuschreiben, dass Schiffe unter seiner Flagge, die nach innerstaatlichem Recht verpflichtet sind, ein Seearbeitszeugnis mit sich zu führen oder dies auf Verlangen des Reeders tun, ein Zertifikat oder einen anderen Nachweis der finanziellen Sicherheit, ausgestellt vom Anbieter der finanziellen Sicherheit, an Bord mit sich führen. Eine Kopie ist an einer deutlich sichtbaren Stelle an Bord auszuhängen, wo sie den Seeleuten zugänglich ist. Gibt es mehrere Anbieter finanzieller Sicherheiten, ist das Dokument eines jeden Anbieters an Bord mitzuführen.

7. Das Zertifikat oder ein anderer schriftlicher Nachweis der finanziellen Sicherheit muss in Englisch abgefasst oder von einer englischen Übersetzung begleitet sein und hat folgende Angaben zu enthalten:

   a) Name des Schiffes;
   b) Heimathafen des Schiffes;
   c) Rufzeichen des Schiffes;
   d) IMO-Nummer des Schiffes;
   e) Name und Anschrift des Anbieters bzw. der Anbieter der finanziellen Sicherheit;
   f) Kontaktinformationen der Personen oder der Stelle, die für die Behandlung der Hilfesuchen der Seeleute zuständig sind;
   g) Name des Reeders;
   h) Gültigkeitsdauer der finanziellen Sicherheit; und
   i) eine Bescheinigung des Anbieters der finanziellen Sicherheit, der zufolge die finanzielle Sicherheit den Anforderungen der Norm A2.5.2 genügt.

8. Die vom System der finanziellen Sicherheit bereitgestellte Unterstützung muss auf Ersuchen der Seeleute oder ihrer benannten Vertreter auf Grundlage der notwendigen Anspruchsberechtigung gemäß dem Absatz 2 dieser Norm unverzüglich gewährt werden.

9. Unter Hinweis auf die Regel 2.5 hat die vom System der finanziellen Sicherheit bereitgestellte Unterstützung ausreichend zu sein, um Folgendes zu decken:

   a) ungezahlte Heuern und andere den Seeleuten vom Reeder gemäß ihrem Beschäftigungsvertrag, dem einschlägigen Gesamtarbeitsvertrag oder den innerstaatlichen Rechtsvorschriften des Flaggenstaates zu gewährende Leistungen, beschränkt auf vier Monate solcher

4/11. RL über das Seearbeitsübereinkommen
Anhang

    nicht gezahlter Heuern und vier Monate solcher nicht gewährter Leistungen;
- b) alle den Seeleuten entstandenen vertretbaren Aufwendungen, einschließlich der in Absatz 10 dieser Norm genannten Kosten der Heimschaffung; und
- c) die grundlegenden Bedürfnisse der Seeleute, wie z. B.: angemessene Verpflegung, Bekleidung sofern erforderlich, Unterkunft, Trinkwasserversorgung, für das Überleben an Bord des Schiffes ausreichender Treibstoff, notwendige medizinische Betreuung und andere vertretbare Kosten oder Aufwendungen, und zwar ab dem Zeitpunkt der Handlung oder Unterlassung, die das Im-Stich-Lassen begründet, bis zum Eintreffen der Seeleute an ihrem Wohnort.

10. Die Heimschaffungskosten umfassen die Kosten für die Reise mit geeigneten und zügigen Transportmitteln, in der Regel auf dem Luftweg, und sie beinhalten die Verpflegung und Unterkunft der Seeleute in der Zeit vom Verlassen des Schiffs bis zur Ankunft an ihrem Heimatort, notwendige medizinische Betreuung, die Überführung und Beförderung der persönlichen Habe sowie alle anderen vertretbaren Kosten oder Aufwendungen, die sich aus dem Im-Stich-Lassen ergeben.
11. Die finanzielle Sicherheit darf nicht vor dem Ablauf ihrer Gültigkeitsdauer enden, es sei denn, der Anbieter der finanziellen Sicherheit hat dies der zuständigen Stelle des Flaggenstaates mindestens 30 Tage vorher mitgeteilt.
12. Hat der Anbieter der Versicherung oder einer anderen finanziellen Sicherheit Seeleuten gemäß dieser Norm eine Zahlung geleistet, so erwirbt dieser Anbieter bis zur Höhe des gezahlten Betrags im Einklang mit dem geltenden Recht im Wege der Abtretung, dem Forderungsübergang oder auf andere Weise die Rechte, auf die die Seeleute Anspruch gehabt hätten.
13. Durch diese Norm wird in keiner Weise das Regressrecht des Versicherers oder des Anbieters der finanziellen Sicherheit gegenüber dritten Parteien eingeschränkt.
14. Die Bestimmungen dieser Norm zielen nicht auf Ausschließlichkeit ab; andere Rechte, Ansprüche oder Rechtsmittel, die ebenfalls zur Entschädigung im Stich gelassener Seeleute dienen, bleiben unberührt. Innerstaatliche Rechtsvorschriften können vorsehen, dass die nach dieser Norm zu zahlenden Beträge mit Beträgen verrechnet werden können, die aus anderen Quellen stammen und auf Rechten, Ansprüchen oder Rechtsmitteln beruhen, die Gegenstand von Entschädigungen im Sinne der vorliegenden Norm sein können.

Regel 2.6 – Entschädigung für Seeleute bei Schiffsverlust oder Schiffbruch

Seeleute haben im Fall von Verletzung, Schaden oder Arbeitslosigkeit, die auf Schiffsverlust oder Schiffbruch zurückzuführen sind, Anspruch auf eine angemessene Entschädigung.

Norm A2.6 – Entschädigung für Seeleute bei Schiffsverlust oder Schiffbruch

1. Jeder Mitgliedstaat trifft Regelungen, durch die sichergestellt ist, dass der Reeder in jedem Fall des Verlustes eines Schiffes oder von Schiffbruch allen auf diesem Schiff beschäftigten Seeleuten eine Entschädigung für die Arbeitslosigkeit gewährt, die infolge des Verlustes des Schiffes oder von Schiffbruch entsteht.
2. Die in Absatz 1 dieser Norm genannten Regelungen lassen etwaige anderweitige Ansprüche der Seeleute aufgrund der innerstaatlichen Rechtsvorschriften des betreffenden Mitgliedstaats wegen Schäden oder Verletzungen durch Schiffsverlust oder Schiffbruch unberührt.

Regel 2.7 – Besatzungsstärke der Schiffe

Vorschriften über die ausreichende, sichere und effiziente Besatzung der Schiffe sind in der Richtlinie 1999/63/EG des Rates vom 21. Juni 1999 (zu ändern) zu der Europäischen Vereinbarung über die Regelung der Arbeitszeit von Seeleuten (zu ändern gemäß Anhang A dieser Vereinbarung) enthalten.

Regel 2.8 – Berufliche Entwicklung und Qualifizierung sowie Beschäftigungschancen für Seeleute

Jeder Mitgliedstaat verfügt über eine innerstaatliche Politik, um die Beschäftigung im Seeschifffahrtssektor zu stärken und die berufliche Entwicklung und Qualifizierung sowie größere Beschäftigungschancen für in ihrem Hoheitsgebiet wohnende Seeleute zu fördern.

Norm A2.8 – Berufliche Entwicklung und Qualifizierung sowie Beschäftigungschancen für Seeleute

1. Jeder Mitgliedstaat verfügt über eine innerstaatliche Politik, durch die die berufliche Entwicklung und Qualifizierung sowie Beschäftigungschancen für Seeleute gefördert werden, damit dem Seeschifffahrtssektor beständige und sachkundige Arbeitskräfte zur Verfügung stehen.
2. Das Ziel der in Absatz 1 dieser Norm genannten Politik besteht darin, Seeleute dabei zu unterstützen, ihre Kompetenzen, Qualifikationen und Beschäftigungschancen zu stärken.
3. Jeder Mitgliedstaat legt nach Anhörung der betreffenden Verbände der Reeder und der Seeleute klare Zielvorgaben für die berufliche Beratung sowie die theoretische und praktische Ausbildung der Seeleute fest, deren Aufgaben an Bord sich in erster Linie auf den

4/11. RL über das Seearbeitsübereinkommen

Anhang

sicheren Schiffsbetrieb und die sichere Navigation des Schiffes beziehen, einschließlich Weiterbildungsmaßnahmen.

TITEL 3
UNTERKÜNFTE, FREIZEITEINRICHTUNGEN, VERPFLEGUNG UND VERPROVIANTIERUNG

Norm A3.1 – Unterkünfte und Freizeiteinrichtungen

1. Auf Schiffen, die regelmäßig Häfen in Moskitogebieten anlaufen, werden entsprechend den Anforderungen der zuständigen Stelle geeignete Schutzvorrichtungen angebracht.
2. Angemessene Einrichtungen, Angebote und Dienste zur Erholung und Freizeitgestaltung, die den besonderen Bedürfnissen der an Bord lebenden und arbeitenden Seeleute Rechnung tragen, stehen für das Wohlbefinden aller Seeleute an Bord zur Verfügung, wobei Bestimmungen über den Schutz der Gesundheit und Sicherheit sowie die Unfallverhütung entsprechend zu berücksichtigen sind.
3. Die zuständige Stelle schreibt häufige Überprüfungen auf dem Schiff durch den Kapitän oder unter dessen Verantwortung vor, damit sichergestellt ist, dass die Unterkünfte der Seeleute sauber, angemessen wohnlich sind und sich in einem guten Allgemeinzustand befinden. Die Ergebnisse solcher Überprüfungen werden schriftlich niedergelegt und für Kontrollen bereitgehalten.
4. Für Schiffe, bei denen die Interessen von Seeleuten mit unterschiedlichen religiösen und sozialen Gebräuchen zu berücksichtigen sind, kann die zuständige Stelle nach Beratung mit den betreffenden Verbänden der Reeder und der Seeleute ohne irgendwelche Diskriminierung angemessene Abweichungen von den Bestimmungen dieser Norm zulassen, sofern die dadurch entstehenden Verhältnisse im Ganzen nicht ungünstiger sind als die Verhältnisse, die sich aus der Anwendung dieser Norm ergeben würden.

Regel 3.2 – Verpflegung und Verproviantierung

1. Jeder Mitgliedstaat stellt sicher, dass auf Schiffen unter seiner Flagge genügend Verpflegung und Trinkwasser von geeigneter Qualität und mit geeignetem Nährwert mitgeführt und ausgegeben werden, die den Bedarf des Schiffes ausreichend decken und den unterschiedlichen religiösen und kulturellen Gebräuchen Rechnung tragen.
2. Die Seeleute haben während ihrer Tätigkeit an Bord Anspruch auf kostenfreie Verpflegung.
3. Als Schiffsköche beschäftigte Seeleute, die für die Zubereitung von Speisen verantwortlich sind, müssen für ihre Tätigkeiten ausgebildet und qualifiziert sein.

Norm A3.2 – Verpflegung und Verproviantierung

1. Jeder Mitgliedstaat erlässt Rechtsvorschriften oder sonstige Maßnahmen, die Mindestnormen für die Quantität und Qualität der Verpflegung und des Trinkwassers und für die Anforderungen an die Zubereitung der an die Seeleute auf Schiffen unter seiner Flagge ausgegebenen Speisen vorsehen und unternimmt Ausbildungsveranstaltungen, um das Bewusstsein für die in diesem Absatz genannten Normen und ihre Umsetzung zu fördern.
2. Jeder Mitgliedstaat stellt sicher, dass Schiffe unter seiner Flagge die folgenden Mindestnormen erfüllen:
    a) eine unter Berücksichtigung der Anzahl der Seeleute an Bord, ihrer religiösen Bedürfnisse und kulturellen Gebräuche, soweit sie sich auf das Essen beziehen, und der Dauer und Art der Reise nach Menge, Nährwert, Güte und Abwechslung angemessene Versorgung mit Nahrungsmitteln und Trinkwasser;
    b) die Einrichtung und Ausstattung des Verpflegungsdienstes an Bord jedes Schiffes sind so gestaltet, dass die Seeleute ausreichende, abwechslungsreiche und nahrhafte sowie nach hygienischen Standards zubereitete Mahlzeiten erhalten; und
    c) das Personal des Verpflegungsdienstes ist für seine Aufgaben an Bord ordnungsgemäß ausgebildet.
3. Reeder stellen sicher, dass als Schiffskoch angestellte Seeleute hierfür ausgebildet und qualifiziert sind und die Anforderungen der innerstaatlichen Rechtsvorschriften des jeweiligen Mitgliedstaats an die Position erfüllen.
4. Die Anforderungen nach Absatz 3 dieser Norm beinhalten den erfolgreichen Abschluss eines von der zuständigen Stelle gebilligten oder anerkannten Lehrgangs, der praktische Kenntnisse über die Zubereitung von Speisen, Nahrungsmittelhygiene und persönliche Hygiene, Nahrungsmittellagerung, die Kontrolle des Lagerbestands, Umweltschutz und die Gesundheit und Sicherheit bei der Verpflegung umfasst.
5. An Bord von Schiffen mit einer vorgeschriebenen Mannschaftsstärke von weniger als zehn Personen, die aufgrund der Mannschaftsgröße oder Einsatzart von der zuständigen Stelle nicht verpflichtet werden, einen voll qualifizierten Koch an Bord zu haben, erhält jeder, der in der Küche Speisen zubereitet, eine Ausbildung oder Unterweisung in Bereichen wie Nahrungsmittel- und persönliche Hygiene sowie Handhabung und Lagerung von Verpflegung an Bord.
6. In außergewöhnlichen Notfällen kann die zuständige Stelle eine Ausnahmegenehmigung erteilen, die es einem nicht voll qualifizierten Koch gestattet, auf einem bestimmten Schiff

4/11. RL über das Seearbeitsübereinkommen
Anhang

während einer bestimmten begrenzten Zeit bis zum nächsten leicht erreichbaren Anlaufhafen oder während eines Zeitraums von höchstens einem Monat zu arbeiten, vorausgesetzt, dass die Person, der die Ausnahmegenehmigung erteilt wird, in Bereichen wie Nahrungsmittelhygiene und persönlicher Hygiene sowie Handhabung und Lagerung von Verpflegung an Bord ausgebildet oder unterwiesen wird.

7. Die zuständige Stelle schreibt vor, dass häufige dokumentierte Überprüfungen durch den Kapitän oder unter seiner Verantwortung durchgeführt werden in Bezug auf:
    a) die Verpflegungs- und Trinkwasservorräte;
    b) alle Räume und Ausrüstungsgegenstände, die der Lagerung von Verpflegung und Trinkwasser dienen;
    c) Küchen und andere Ausrüstungen für die Zubereitung und das Servieren von Speisen.

8. Seeleute unter 18 Jahren werden nicht als Schiffskoch beschäftigt oder angeheuert oder arbeiten als solche.

TITEL 4
GESUNDHEITSSCHUTZ, MEDIZINISCHE UND SOZIALE BETREUUNG

Regel 4.1 – Medizinische Betreuung an Bord und an Land

1. Jeder Mitgliedstaat stellt sicher, dass für alle auf Schiffen unter seiner Flagge fahrenden Seeleute angemessene Maßnahmen zum Schutz ihrer Gesundheit bestehen und dass die Seeleute, während sie an Bord arbeiten, Zugang zu unverzüglicher und angemessener medizinischer Betreuung haben.

2. Jeder Mitgliedstaat stellt sicher, dass Seeleute auf Schiffen, die sich in seinem Hoheitsgebiet aufhalten, Zugang zu den medizinischen Einrichtungen an Land des Mitgliedstaats haben, wenn sie der unverzüglichen medizinischen Betreuung bedürfen.

3. Die Maßnahmen für den Gesundheitsschutz und die medizinische Betreuung an Bord schließen Normen für Maßnahmen ein, die darauf abzielen, den Seeleuten soweit wie möglich einen vergleichbaren Gesundheitsschutz und eine vergleichbare medizinische Betreuung zu gewährleisten, wie sie im Allgemeinen den Arbeitnehmern an Land zur Verfügung stehen.

Norm A4.1 – Medizinische Betreuung an Bord und an Land

1. Jeder Mitgliedstaat stellt sicher, dass Maßnahmen für den Gesundheitsschutz und die medizinische Betreuung, einschließlich einer notwendigen Zahnbehandlung, für die Seeleute, die auf Schiffen unter seiner Flagge arbeiten, erlassen werden, die
    a) sicherstellen, dass alle allgemeinen Bestimmungen über den Gesundheitsschutz bei der Arbeit und über die medizinische Betreuung, die für ihre Aufgaben von Belang sind, sowie alle die Arbeit an Bord betreffenden besonderen Bestimmungen angewendet werden;
    b) sicherstellen, dass Seeleute soweit wie möglich einen vergleichbaren Gesundheitsschutz und eine vergleichbare medizinische Betreuung erhalten, wie sie im Allgemeinen den Arbeitnehmern an Land zur Verfügung stehen, einschließlich des unverzüglichen Zugangs zu den notwendigen Medikamenten, medizinischen Geräten und Einrichtungen für Diagnose und Behandlung und zu medizinischen Informationen und Fachauskünften;
    c) die Seeleute berechtigen, in den Anlaufhäfen unverzüglich einen qualifizierten Arzt oder Zahnarzt aufzusuchen, soweit dies möglich ist;
    d) nicht auf die Behandlung kranker oder verletzter Seeleute beschränkt sind, sondern auch vorbeugende Maßnahmen wie Programme zur Gesundheitsförderung und zur Gesundheitserziehung umfassen.

2. Die zuständige Stelle sieht ein einheitliches ärztliches Berichtsformular für die Verwendung durch die Kapitäne und das zuständige medizinische Personal an Land und an Bord vor. Das ausgefüllte Berichtsformular und die darin enthaltenen Angaben werden vertraulich behandelt und werden nur genutzt, um die Behandlung der Seeleute zu erleichtern.

3. Jeder Mitgliedstaat legt in seinen innerstaatlichen Rechtsvorschriften Anforderungen an Krankenräume, Ausrüstungen, Geräte und Ausbildung für die medizinische Betreuung auf Schiffen unter seiner Flagge fest.

4. Die innerstaatlichen Rechtsvorschriften sehen folgende Mindestanforderungen vor:
    a) alle Schiffe sind mit einer Schiffsapotheke, medizinischer Ausrüstung und einem medizinischen Handbuch ausgestattet, deren genaue Anforderungen die zuständige Stelle vorschreibt und diese regelmäßig überprüft; die innerstaatlichen Anforderungen berücksichtigen den Schiffstyp, die Anzahl der an Bord befindlichen Personen sowie Art, Dauer und Ziel der Reisen und einschlägige auf nationaler und internationaler Ebene empfohlene ärztliche Normen;
    b) auf Schiffen mit 100 oder mehr Personen an Bord, die gewöhnlich zu internationalen Reisen mit einer Fahrtdauer von mehr als 72 Stunden eingesetzt werden, befindet sich ein qualifizierter Arzt an Bord, der für die ärztliche Betreuung verantwortlich ist; die innerstaatlichen

4/11. RL über das Seearbeitsübereinkommen

Rechtsvorschriften bestimmen auch, welche weiteren Schiffe verpflichtet sind, einen Arzt an Bord zu haben, wobei unter anderem Faktoren wie Dauer, Art und Umstände der Reise und die Anzahl der an Bord befindlichen Seeleute zu berücksichtigen sind;

c) auf Schiffen ohne Arzt befindet sich mindestens ein Seemann an Bord, dem im Rahmen seiner normalen Pflichten die medizinische Betreuung und die Verabreichung von Arzneimitteln obliegt, oder mindestens ein Seemann, der für die Erteilung von medizinischer Erster Hilfe zuständig ist; die für die medizinische Betreuung an Bord zuständigen Personen, die keine Ärzte sind, haben einen anerkannten Lehrgang für medizinische Betreuung erfolgreich abgeschlossen, der den Anforderungen des Internationalen Übereinkommens über Normen für die Ausbildung, die Erteilung von Befähigungszeugnissen und den Wachdienst von Seeleuten, 1978, in der geänderten Fassung (STCW) entspricht; Seeleute, die für die Erteilung der medizinischen Ersten Hilfe verantwortlich sind, haben eine Ausbildung in Erster Hilfe erfolgreich abgeschlossen, die die Anforderungen des STCW erfüllt; die innerstaatlichen Rechtsvorschriften bestimmen auch das Niveau der erforderlichen anerkannten Lehrgänge, wobei unter anderem Faktoren wie Dauer, Art und Umstände der Reise und die Anzahl der an Bord befindlichen Seeleute zu berücksichtigen sind;

d) die zuständige Stelle stellt durch vorsorgliche Maßnahmen sicher, dass eine funk- oder satellitenfunkärztliche Beratung einschließlich fachärztlicher Beratung den Schiffen auf See rund um die Uhr zur Verfügung steht; eine solche ärztliche Beratung, einschließlich der Übertragung ärztlicher Mitteilungen über Funk oder Satellitenfunk zwischen einem Schiff und dem Beratungspersonal an Land, steht allen Schiffen ungeachtet der Flagge, die sie führen, kostenfrei zur Verfügung.

Regel 4.2 – Verpflichtungen der Reeder

1. Jeder Mitgliedstaat stellt sicher, dass für Seeleute auf Schiffen unter seiner Flagge Maßnahmen getroffen werden, die ihnen das Recht auf materielle Hilfe und Unterstützung hinsichtlich der finanziellen Folgen bei Krankheit, Verletzung oder Tod während ihrer Tätigkeit im Rahmen eines Beschäftigungsvertrags für Seeleute oder als Folge ihrer Beschäftigung im Rahmen eines solchen Vertrags durch den Reeder gewähren.

2. Diese Regel bleibt ohne Einfluss auf andere Rechtsmittel, die Seeleute möglicherweise in Anspruch nehmen wollen.

Norm A4.2.1 – Verpflichtungen der Reeder

1. Jeder Mitgliedstaat sieht in seinen innerstaatlichen Rechtsvorschriften vor, dass auf Schiffen unter seiner Flagge die Reeder für den Gesundheitsschutz und die medizinische Betreuung aller an Bord tätigen Seeleute entsprechend den folgenden Mindestnormen verantwortlich sind:

   a) die Reeder tragen die durch Krankheit und Verletzung der an Bord ihrer Schiffe tätigen Seeleute entstehenden Kosten zwischen dem Dienstbeginn und dem Tag, an dem sie als ordnungsgemäß heimgeschafft gelten oder als Folge ihrer Tätigkeit in diesem Zeitraum entstanden sind;

   b) die Reeder stellen finanzielle Sicherheiten, um eine Entschädigung bei Tod oder Erwerbsunfähigkeit der Seeleute aufgrund von Arbeitsunfällen, Krankheiten oder Gefährdungen gemäß den innerstaatlichen Rechtsvorschriften, dem Beschäftigungsvertrag für Seeleute oder dem Gesamtarbeitsvertrag zu gewährleisten;

   c) die Reeder tragen die Kosten für die medizinische Betreuung, einschließlich der medizinischen Behandlung und der Versorgung mit den notwendigen Arzneimitteln und therapeutischen Geräten, sowie Verpflegung und Unterkunft außerhalb des Wohnorts der Seeleute zu tragen, bis der erkrankte oder verletzte Seemann wieder gesund ist oder bis die Krankheit oder Erwerbsunfähigkeit als dauernd eingestuft ist;

   d) die Reeder tragen die Kosten der Bestattung, wenn der Tod während des Bestehens des Beschäftigungsverhältnisses an Bord oder an Land eingetreten ist.

2. Innerstaatliche Rechtsvorschriften können vorsehen, dass die Fürsorgeleistungen des Reeders auf einen Zeitraum beschränkt werden, der nicht weniger als 16 Wochen vom Tag der Verletzung oder des Krankheitsbeginns an beträgt.

3. Hat die Krankheit oder die Verletzung die Arbeitsunfähigkeit zur Folge, so ist der Reeder verpflichtet

   a) die volle Heuer zu zahlen, solange die kranken oder verletzten Seeleute sich an Bord befinden oder bis die Seeleute gemäß dieser Vereinbarung heimgeschafft worden sind; und

   b) die volle Heuer oder einen Teil der Heuer nach Maßgabe der innerstaatlichen Rechtsvorschriften oder von Gesamtarbeitsverträgen vom Zeitpunkt der Heimschaffung der Seeleute oder

4/11. RL über das Seearbeitsübereinkommen
Anhang

deren Verbringung an Land bis zu ihrer Genesung zu zahlen oder, bis sie Anspruch auf Geldleistungen nach dem Recht des betreffenden Mitgliedstaats haben, wenn dies vorher zutrifft.

4. Innerstaatliche Rechtsvorschriften können die Verpflichtung des Reeders zur Zahlung der vollen Heuer oder eines Teils der Heuer an abgemusterte Seeleute auf einen Zeitraum beschränken, der nicht weniger als 16 Wochen vom Tage des Unfalls oder des Krankheitsbeginns an beträgt.

5. Innerstaatliche Rechtsvorschriften können Ausnahmen von der Verpflichtung des Reeders zur Fürsorge vorsehen, wenn
   a) die Verletzung außerhalb des Schiffsdienstes eingetreten ist;
   b) die Verletzung oder Krankheit aufgrund des vorsätzlichen Fehlverhaltens der erkrankten, verletzten oder verstorbenen Seeleute eingetreten ist;
   c) Krankheiten oder Gebrechen bei Abschluss des Heuervertrags absichtlich verschwiegen worden sind.

6. Der Reeder kann durch innerstaatliche Rechtsvorschriften von der Pflicht, die Kosten für die medizinische Betreuung, Verpflegung und Unterkunft und die Bestattung zu tragen, befreit werden, soweit solche Verpflichtungen von staatlichen Stellen übernommen werden.

7. Die Reeder oder ihre Vertreter ergreifen Maßnahmen, um das an Bord zurückgelassene Eigentum der erkrankten, verletzten oder verstorbenen Seeleute in Verwahrung zu nehmen und es ihnen oder ihren nächsten Angehörigen zurückzugeben.

8. Die innerstaatlichen Rechtsvorschriften haben vorzuschreiben, dass das System der finanziellen Sicherheit zur Sicherstellung einer Entschädigung gemäß Absatz 1 Buchstabe b dieser Norm in Bezug auf vertragliche Forderungen, wie sie in der Norm A4.2.2 definiert werden, die folgenden Mindestanforderungen erfüllt:
   a) die vertragliche Entschädigung ist, sofern sie im Beschäftigungsvertrag der Seeleute festgelegt ist und unbeschadet von Buchstabe c dieses Absatzes, vollständig und unverzüglich zu zahlen;
   b) es darf kein Druck ausgeübt werden, eine Zahlung unterhalb des vertraglich vereinbarten Betrags zu akzeptieren;
   c) wo es aufgrund der Art der Erwerbsunfähigkeit der Seeleute schwierig ist, die vollständige Entschädigung festzulegen, auf die die Seeleute Anspruch haben können, haben Seeleute eine Interimszahlung oder -zahlungen zu erhalten, um unbillige Härten zu vermeiden;
   d) im Einklang mit der Regel 4.2 Absatz 2 erhalten Seeleute Zahlungen unbeschadet anderer rechtlicher Ansprüche, diese Zahlungen können vom Reeder jedoch mit Entschädigungen für andere Forderungen der Seeleute gegenüber dem Reeder, die auf demselben Vorfall beruhen, verrechnet werden; und
   e) die Forderung nach vertraglicher Entschädigung kann unmittelbar von den betroffenen Seeleuten, von ihren nächsten Angehörigen, einem Vertreter der Seeleute oder von einem benannten Begünstigten geltend gemacht werden.

(RL (EU) 2018/131)

9. Innerstaatliche Rechtsvorschriften haben zu gewährleisten, dass Seeleute im Voraus informiert werden, wenn die finanzielle Sicherheit eines Reeders annulliert oder gekündigt werden soll.

(RL (EU) 2018/131)

10. Innerstaatliche Rechtsvorschriften haben zu gewährleisten, dass die zuständige Stelle des Flaggenstaates vom Anbieter der finanziellen Sicherheit unterrichtet wird, wenn die finanzielle Sicherheit eines Reeders annulliert oder gekündigt wird.

(RL (EU) 2018/131)

11. Jeder Mitgliedstaat hat vorzuschreiben, dass Schiffe unter seiner Flagge ein Zertifikat oder einen anderen Nachweis der finanziellen Sicherheit an Bord mitführen, ausgestellt vom Anbieter der finanziellen Sicherheit. Eine Kopie muss an einer deutlich sichtbaren Stelle an Bord ausgehängt werden, wo sie den Seeleuten zugänglich ist. Gibt es mehrere Anbieter finanzieller Sicherheiten, ist das Dokument eines jeden Anbieters an Bord mitzuführen.

(RL (EU) 2018/131)

12. Die finanzielle Sicherheit darf nicht vor dem Ablauf ihrer Gültigkeitsdauer erlöschen, es sei denn, der Anbieter der finanziellen Sicherheit hat die zuständige Stelle des Flaggenstaates mindestens 30 Tage zuvor davon in Kenntnis gesetzt.

(RL (EU) 2018/131)

13. Die finanzielle Sicherheit hat die Zahlung aller von ihr abgedeckten vertraglichen Ansprüche zu gewährleisten, die während der Gültigkeit des Dokuments entstehen.

(RL (EU) 2018/131)

14. Das Zertifikat oder ein anderer schriftlicher Nachweis der finanziellen Sicherheit muss in Englisch abgefasst oder von einer englischen Übersetzung begleitet sein und hat folgende Angaben zu enthalten:
   a) Name des Schiffes;
   b) Heimathafen des Schiffes;
   c) Rufzeichen des Schiffes;
   d) IMO-Nummer des Schiffes;
   e) Name und Anschrift des Anbieters bzw. der Anbieter der finanziellen Sicherheit;

f) Kontaktinformationen der Personen oder der Stelle, die für die Behandlung der vertraglichen Forderungen der Seeleute zuständig sind;
g) Name des Reeders;
h) Gültigkeitsdauer der finanziellen Sicherheit; und
i) eine Bescheinigung des Anbieters der finanziellen Sicherheit, der zufolge die finanzielle Sicherheit den Anforderungen der Norm A4.2.1 genügt.

(RL (EU) 2018/131)

Regel 4.3 – Schutz der Gesundheit und Sicherheit sowie Unfallverhütung

1. Jeder Mitgliedstaat stellt sicher, dass Seeleute auf Schiffen unter seiner Flagge einem Arbeitsschutzsystem unterliegen und dass die Seeleute an Bord in sicheren und hygienischen Verhältnissen leben, arbeiten und ausgebildet werden.
2. Jeder Mitgliedstaat arbeitet nach Beratung mit den repräsentativen Verbänden der Reeder und der Seeleute und unter Berücksichtigung anwendbarer Kodizes, Richtlinien und Normen, die von internationalen Organisationen, nationalen Behörden und Seeschifffahrtsorganisationen empfohlen werden, innerstaatliche Richtlinien für das Management des Arbeitsschutzes an Bord der Schiffe unter seiner Flagge aus und macht diese bekannt.
3. Jeder Mitgliedstaat erlässt Rechtsvorschriften und andere Maßnahmen, durch die die in dieser Vereinbarung aufgeführten Angelegenheiten geregelt werden, wobei die einschlägigen internationalen Instrumente zu berücksichtigen sind, und legt Normen für den Arbeitsschutz und die Unfallverhütung auf Schiffen unter seiner Flagge fest.

Norm A4.2.2 – Behandlung vertraglicher Forderungen

1. Für die Zwecke der Norm A4.2.1 Absatz 8 und der vorliegenden Norm bezeichnet der Ausdruck ‚vertragliche Forderung' jede Forderung im Zusammenhang mit dem Tod oder der Erwerbsunfähigkeit von Seeleuten aufgrund eines Arbeitsunfalls oder einer berufsbedingten Erkrankung oder Gefahr, gemäß den innerstaatlichen Rechtsvorschriften, dem Beschäftigungsvertrag der Seeleute oder dem Gesamtarbeitsvertrag.
2. Das System der finanziellen Sicherheit gemäß der Norm A4.2.1 Absatz 1 Buchstabe b kann ein System der sozialen Sicherheit, eine Versicherung, ein Fonds oder ein anderes ähnliches Instrument sein. Seine Form ist von dem Mitgliedstaat nach Beratung mit den betreffenden Verbänden der Reeder und der Seeleute festzulegen.
3. Innerstaatliche Rechtsvorschriften haben sicherzustellen, dass wirksame Mechanismen vorhanden sind, um vertragliche Ansprüche, die Entschädigungen gemäß der Norm A4.2.1 Absatz 8 betreffen, im Rahmen zügiger und fairer Verfahren entgegenzunehmen, zu behandeln und unparteiisch zu regeln.

Norm A4.3 – Schutz der Gesundheit und Sicherheit sowie Unfallverhütung

1. Die Rechtsvorschriften und anderen Maßnahmen, die gemäß der Regel 4.3 Absatz 3 erlassen werden, umfassen Folgendes:
   a) die Annahme und effektive Umsetzung sowie Förderung von Politiken und Programmen im Bereich des Arbeitsschutzes auf Schiffen unter der Flagge des Mitgliedstaats, einschließlich Risikobewertung sowie Ausbildung und Unterweisung von Seeleuten;
   b) Programme an Bord für die Verhütung von Arbeitsunfällen und Berufskrankheiten sowie für ständige Verbesserungen zur Arbeitssicherheit und Gesundheitsschutz unter Einbeziehung von Vertretern der Seeleute und aller anderen Personen, die ein Interesse an der Umsetzung dieser Maßnahmen haben, unter Berücksichtigung von Präventivmaßnahmen, einschließlich Technik- und Konstruktionskontrolle, Substitution von Prozessen und Verfahren für kollektive und individuelle Aufgaben und der Verwendung persönlicher Schutzausrüstung;
   c) Anforderungen an die Überprüfung, Meldung und Beseitigung von unsicheren Arbeitsbedingungen sowie die Untersuchung und Meldung von Arbeitsunfällen an Bord.
2. Die in Absatz 1 dieser Norm genannten Bestimmungen erfüllen folgende Kriterien:
   a) sie berücksichtigen die einschlägigen internationalen Instrumente, die sich allgemein mit Arbeitssicherheit und Gesundheitsschutz sowie mit besonderen Gefährdungen befassen und gehen auf alle Angelegenheiten ein, die für die Verhütung von Arbeitsunfällen und Berufskrankheiten relevant sind, die gegebenenfalls bei der Arbeit der Seeleute auftreten, und insbesondere solche, die nur bei der Arbeit an Bord vorkommen;
   b) sie legen die Verpflichtung des Kapitäns und/oder einer vom Kapitän bezeichneten Person fest, besondere Verantwortung für die Durchführung und Einhaltung der Politik und des Programms des Schiffes im Bereich Arbeitssicherheit und Gesundheitsschutz zu übernehmen; und
   c) sie geben die Befugnisse an, über die die als Sicherheitsbeauftragte des Schiffes ernannten oder gewählten Seeleute im Hinblick auf die Teilnahme an Tagungen

4/11. RL über das Seearbeitsübereinkommen
Anhang

des Sicherheitsausschusses des Schiffes verfügen; ein solcher Ausschuss wird auf Schiffen mit fünf oder mehr Seeleuten eingerichtet.

3. Die Rechtsvorschriften und anderen Maßnahmen, die in der Regel 4.3 Absatz 3 genannt werden, werden nach Beratung mit den Vertretern der Verbände der Reeder und der Seeleute regelmäßig überprüft und, falls erforderlich, überarbeitet, um sich ändernden Technologien und neuen Forschungserkenntnissen Rechnung zu tragen und somit die ständige Verbesserung der Politiken und Programme im Bereich Arbeitssicherheit und Gesundheitsschutz zu erleichtern und eine sichere Arbeitsumwelt für Seeleute auf Schiffen unter der Flagge des Mitgliedstaats bereitzustellen.

4. Die Anforderungen dieser Vereinbarung gelten als erfüllt, wenn die Anforderungen der anwendbaren internationalen Instrumente über eine zulässige Exposition gegenüber Arbeitsplatzgefahren an Bord von Schiffen und über die Entwicklung und Umsetzung der Politiken und Programme im Bereich des Arbeitsschutzes der Schiffe erfüllt werden.

5. Die zuständige Stelle stellt sicher, dass
   a) Arbeitsunfälle und Berufskrankheiten ordnungsgemäß gemeldet werden;
   b) umfassende Statistiken über solche Unfälle und Krankheiten geführt, ausgewertet und veröffentlicht werden, gegebenenfalls mit anschließenden Untersuchungen über allgemeine Unfalltendenzen und die ermittelten Gefahren;
   c) Arbeitsunfälle untersucht werden.

6. Die Berichte und Untersuchungen über Arbeitsschutzbelange sind so gestaltet, dass der Schutz der personenbezogenen Daten der Seeleute sichergestellt ist.

7. Die zuständige Stelle trifft in Zusammenarbeit mit Verbänden der Reeder und der Seeleute Vorkehrungen dafür, dass alle Seeleute Informationen über bestimmte Gefahren an Bord von Schiffen erhalten, zum Beispiel durch Aushänge mit entsprechenden Hinweisen.

8. Die zuständige Stelle schreibt vor, dass Reeder, die eine Risikobewertung hinsichtlich des Arbeitsschutzmanagements vornehmen, auf geeignete statistische Informationen von ihren Schiffen und von allgemeinen Statistiken, die von der zuständigen Stelle zur Verfügung gestellt werden, Bezug nehmen.

Regel 4.4 – Zugang zu Sozialeinrichtungen an Land

Jeder Mitgliedstaat stellt sicher, dass Sozialeinrichtungen an Land, soweit vorhanden, leicht zugänglich sind. Der Mitgliedstaat fördert auch die Entwicklung von Sozialeinrichtungen in bezeichneten Häfen, damit Seeleute, deren Schiffe sich in seinen Häfen befinden, Zugang zu angemessenen Sozialeinrichtungen und -diensten haben.

Norm A4.4 – Zugang zu Sozialeinrichtungen an Land

1. Jeder Mitgliedstaat schreibt vor, dass die in seinem Hoheitsgebiet vorhandenen Sozialeinrichtungen allen Seeleuten, ungeachtet der Staatsangehörigkeit, der Rasse, der Hautfarbe, des Geschlechts, der Religion, der politischen Meinung oder der sozialen Herkunft und ungeachtet des Flaggenstaats des Schiffes, auf dem sie beschäftigt oder angeheuert sind oder arbeiten, zur Verfügung stehen.

2. Jeder Mitgliedstaat fördert die Schaffung von Sozialeinrichtungen in geeigneten Häfen und bestimmt nach Beratung mit den betreffenden Verbänden der Reeder und der Seeleute, welche Häfen als geeignet anzusehen sind.

3. Jeder Mitgliedstaat fördert die Einrichtung von Sozialbeiräten, deren Aufgabe es ist, die Sozialeinrichtungen und -dienste regelmäßig zu überprüfen, um sicherzustellen, dass sie den Bedürfnissen der Seeleute unter Berücksichtigung technischer, betrieblicher und sonstiger Entwicklungen im Seeschifffahrtssektor entsprechen.

TITEL 5
EINHALTUNG UND DURCHSETZUNG

Regel 5.1.5 – Beschwerdeverfahren an Bord

1. Jeder Mitgliedstaat schreibt vor, dass Schiffe unter seiner Flagge über Verfahren an Bord für eine gerechte, wirksame und zügige Behandlung von Beschwerden von Seeleuten wegen behaupteter Verstöße gegen die Anforderungen des Übereinkommens (einschließlich der Rechte der Seeleute) verfügen.

2. Jeder Mitgliedstaat untersagt und ahndet jede Art von Schikanierung von Seeleuten wegen der Einreichung einer Beschwerde.

3. Die Bestimmungen dieser Regel berühren nicht das Recht der Seeleute, eine Entschädigung durch das von ihnen als geeignet erachtete Rechtsmittel zu verlangen.

Norm A5.1.5 – Beschwerdeverfahren an Bord

1. Unbeschadet eines etwaigen breiteren Geltungsbereichs in innerstaatlichen Rechtsvorschriften oder in Gesamtarbeitsverträgen können die Seeleute von den Verfahren an Bord Gebrauch machen, um Beschwerden im Zusammenhang mit jeder Angelegenheit einzureichen, die nach ihrer Behauptung einen Verstoß gegen die Anforderungen des Übereinkommens (einschließlich der Rechte der Seeleute) darstellt.

2. Jeder Mitgliedstaat stellt sicher, dass in seinen innerstaatlichen Rechtsvorschriften geeignete Beschwerdeverfahren an Bord vorgesehen sind, die den Anforderungen der Regel 5.1.5 entsprechen. Ziel dieser Verfahren muss es

4/11. RL über das Seearbeitsübereinkommen

sein, Beschwerden auf der niedrigstmöglichen Ebene beizulegen. Dennoch haben die Seeleute in allen Fällen das Recht, sich unmittelbar beim Kapitän und, soweit sie dies für notwendig erachten, bei geeigneten externen Stellen zu beschweren.

3. Die Beschwerdeverfahren an Bord umfassen das Recht der Seeleute, sich während des Beschwerdeverfahrens begleiten oder vertreten zu lassen, sowie Vorkehrungen gegen die Schikanierung von Seeleuten wegen der Einreichung einer Beschwerde. Der Ausdruck „Schikanierung" bezeichnet alle nachteiligen Maßnahmen, die von irgendeiner Person in Bezug auf Seeleute wegen der Einreichung einer Beschwerde getroffen werden, der nicht eine offensichtlich missbräuchliche oder bösartige Absicht zugrunde liegt.

4. Zusätzlich zu einer Kopie ihres Beschäftigungsvertrags wird allen Seeleuten eine Kopie der an Bord des Schiffes geltenden Beschwerdeverfahren ausgehändigt. Diese beinhaltet Kontaktinformationen über die zuständige Stelle im Flaggenstaat und – falls Flaggenstaat und Wohnsitzstaat der Seeleute nicht identisch sind – im Wohnsitzstaat der Seeleute sowie den Namen einer Person oder von Personen an Bord des Schiffes, die den Seeleuten auf vertraulicher Grundlage unparteiisch zu ihrer Beschwerde erteilen und ihnen anderweitig bei der Anwendung der ihnen an Bord des Schiffes zur Verfügung stehenden Beschwerdeverfahren behilflich sein können.

SCHLUSSBESTIMMUNGEN

Nach erfolgten Änderungen von Bestimmungen des Seearbeitsübereinkommens 2006, oder wenn dies von einer der Parteien dieser Vereinbarung gewünscht wird, wird eine Überprüfung dieser Vereinbarung durchgeführt.

Die Sozialpartner schließen diese Vereinbarung unter der Bedingung, dass sie nicht vor dem Datum in Kraft tritt, an dem das Seearbeitsübereinkommen 2006 in Kraft tritt. Dieses Datum ist zwölf Monate nach dem Tag, an dem beim Internationalen Arbeitsamt die Ratifikationen von mindestens 30 Mitgliedern eingetragen sind, die zusammen über eine Bruttoraumzahl von mindestens 33 Prozent der Welthandelstonnage verfügen.

Die Mitgliedstaaten und/oder Sozialpartner können günstigere Bestimmungen beibehalten oder einführen als diejenigen, die in dieser Vereinbarung vorgesehen sind.

Strengere und/oder spezifischere Gemeinschaftsvorschriften bleiben von dieser Vereinbarung unberührt.

Etwaige Gesetze, Gewohnheitsrechte oder Vereinbarungen, die günstigere Bedingungen für die betreffenden Seeleute enthalten, bleiben von dieser Vereinbarung unberührt. Unter anderem werden von dieser Vereinbarung nicht berührt: die Richtlinie 89/391/EWG des Rates über die Durchführung von Maßnahmen zur Verbesserung der Sicherheit und des Gesundheitsschutzes der Arbeitnehmer bei der Arbeit; die Richtlinie 92/29/EWG des Rates über Mindestvorschriften für die Sicherheit und den Gesundheitsschutz zum Zweck einer besseren medizinischen Versorgung auf Schiffen; die Richtlinie 1999/63/EG des Rates zu der Europäischen Vereinbarung über die Regelung der Arbeitszeit von Seeleuten (zu ändern gemäß Anhang A dieser Vereinbarung).

Die Durchführung dieser Vereinbarung darf nicht als Rechtfertigung für eine Senkung des allgemeinen Schutzniveaus für Seeleute in dem von der Vereinbarung erfassten Bereich dienen.

ANHANG A
ÄNDERUNGEN DER AM 30. SEPTEMBER 1998 GESCHLOSSENEN VEREINBARUNG ÜBER DIE REGELUNG DER ARBEITSZEIT VON SEELEUTEN

Bei ihren Erörterungen, die zum Abschluss ihrer Vereinbarung über das Seearbeitsübereinkommen 2006 führten, haben die Sozialpartner zusätzlich die am 30. September 1998 geschlossene Vereinbarung über die Regelung der Arbeitszeit von Seeleuten überprüft, um festzustellen, ob diese den einschlägigen Bestimmungen des Übereinkommens entspricht, und um erforderliche Änderungen zu vereinbaren.

Im Ergebnis haben sich die Sozialpartner auf die folgenden Änderungen der Vereinbarung über die Regelung der Arbeitszeit von Seeleuten geeinigt:

Die Änderungen wurden in die RL 1999/63/EG über die Arbeitszeit auf Schiffen eingearbeitet.

5. Arbeitszeitrecht

Inhaltsverzeichnis

5/1.	ArbeitszeitRL	Seite	651
5/2.	RL zur Arbeitszeit im Straßenverkehr	Seite	661
5/3.	RL über die Arbeitszeit von Seeleuten	Seite	667
5/4.	RL über die Arbeitszeit auf Schiffen	Seite	673
5/5.	ArbeitszeitRL für das fliegende Personal	Seite	680
5/6.	ArbeitszeitRL für das Bahnpersonal	Seite	684
5/7.	FahrtenschreiberVO	Seite	689
5/7a.	DurchführungsVO zur FahrtenschreiberVO	Seite	710
5/8.	LenkzeitenVO	Seite	714
5/9.	KontrollRL	Seite	728
5/9a.	Formblattentscheidung	Seite	741

5/1. ArbeitszeitRL

Richtlinie 2003/88/EG des Rates über bestimmte Aspekte der Arbeitszeitgestaltung vom 4. November 2003

(ABl. Nr. L 299 v. 18.11.2003, S. 9)

GLIEDERUNG

KAPITEL 1: Anwendungsbereich und Begriffsbestimmungen
Art. 1: Gegenstand und Anwendungsbereich
Art. 2: Begriffsbestimmungen

KAPITEL 2: Mindestruhezeiten – sonstige Aspekte der Arbeitszeitgestaltung
Art. 3: Tägliche Ruhezeit
Art. 4: Ruhepause
Art. 5: Wöchentliche Ruhezeit
Art. 6: Wöchentliche Höchstarbeitszeit
Art. 7: Jahresurlaub

KAPITEL 3: Nachtarbeit – Schichtarbeit – Arbeitsrhythmus
Art. 8: Dauer der Nachtarbeit
Art. 9: Untersuchung des Gesundheitszustands von Nachtarbeitern und Versetzung auf Arbeitsstellen mit Tagarbeit
Art. 10: Garantien für Arbeit während der Nachtzeit
Art. 11: Unterrichtung bei regelmäßiger Inanspruchnahme von Nachtarbeitern
Art. 12: Sicherheits- und Gesundheitsschutz
Art. 13: Arbeitsrhythmus

KAPITEL 4: Sonstige Bestimmungen
Art. 14: Spezifischere Gemeinschaftsvorschriften
Art. 15: Günstigere Vorschriften
Art. 16: Bezugszeiträume

KAPITEL 5: Abweichungen und Ausnahmen
Art. 17: Abweichungen
Art. 18: Abweichungen im Wege von Tarifverträgen
Art. 19: Grenzen der Abweichungen von Bezugszeiträumen
Art. 20: Mobile Arbeitnehmer und Tätigkeiten auf Offshore-Anlagen
Art. 21: Arbeitnehmer an Bord von seegehenden Fischereifahrzeugen
Art. 22: Sonstige Bestimmungen

KAPITEL 6: Schlussbestimmungen
Art. 23: Niveau des Arbeitnehmerschutzes
Art. 24: Berichtswesen
Art. 25: Überprüfung der Durchführung der Bestimmungen für Arbeitnehmer an Bord von seegehenden Fischereifahrzeugen
Art. 26: Überprüfung des Durchführungsstands der Bestimmungen für Arbeitnehmer, die im regelmäßigen innerstädtischen Personenverkehr beschäftigt sind
Art. 27: Aufhebung
Art. 28: Inkrafttreten
Art. 29: Adressaten

ANHÄNGE I und II

DAS EUROPÄISCHE PARLAMENT UND DER RAT DER EUROPÄISCHEN UNION –
gestützt auf den Vertrag zur Gründung der Europäischen Gemeinschaft, insbesondere auf Artikel 137 Absatz 2,
auf Vorschlag der Kommission,
nach Stellungnahme des Europäischen Wirtschafts- und Sozialausschusses (ABl. C 61 vom 14.3.2003, S. 123),
nach Anhörung des Ausschusses der Regionen,
gemäß dem Verfahren des Artikels 251 des Vertrags (Stellungnahme des Europäischen Parlaments vom 17. Dezember 2002, noch nicht im Amtsblatt veröffentlicht und Beschluss des Rates vom 22. September 2003),
in Erwägung nachstehender Gründe:

(1) Die Richtlinie 93/104/EG des Rates vom 23. November 1993 über bestimmte Aspekte der Arbeitszeitgestaltung (ABl. L 307 vom 13.12.1993, S. 18. Geändert durch die Richtlinie 2000/34/EG des Europäischen Parlaments und des Rates, ABl. L 195 vom 1.8.2000, S. 41), die Mindestvorschriften für Sicherheit und Gesundheitsschutz bei der Arbeitszeitgestaltung im Hinblick auf tägliche Ruhezeiten, Ruhepausen, wöchentliche Ruhezeiten, wöchentliche Höchstarbeitszeit, Jahresurlaub sowie Aspekte der Nacht- und der Schichtarbeit und des Arbeitsrhythmus enthält, ist in wesentlichen Punkten geändert worden. Aus Gründen der Übersichtlichkeit und Klarheit empfiehlt es sich deshalb, die genannten Bestimmungen zu kodifizieren.

(2) Nach Artikel 137 des Vertrags unterstützt und ergänzt die Gemeinschaft die Tätigkeit der Mit-

gliedstaaten, um die Arbeitsumwelt zum Schutz der Sicherheit und der Gesundheit der Arbeitnehmer zu verbessern. Richtlinien, die auf der Grundlage dieses Artikels angenommen werden, sollten keine verwaltungsmäßigen, finanziellen oder rechtlichen Auflagen vorschreiben, die der Gründung und Entwicklung von kleinen und mittleren Unternehmen entgegenstehen.

(3) Die Bestimmungen der Richtlinie 89/391/EWG des Rates vom 12. Juni 1989 über die Durchführung von Maßnahmen zur Verbesserung der Sicherheit und des Gesundheitsschutzes der Arbeitnehmer bei der Arbeit (ABl. L 183 vom 29.6.1989, S. 1) bleiben auf die durch die vorliegende Richtlinie geregelte Materie – unbeschadet der darin enthaltenen strengeren und/oder spezifischen Vorschriften – in vollem Umfang anwendbar.

(4) Die Verbesserung von Sicherheit, Arbeitshygiene und Gesundheitsschutz der Arbeitnehmer bei der Arbeit stellen Zielsetzungen dar, die keinen rein wirtschaftlichen Überlegungen untergeordnet werden dürfen.

(5) Alle Arbeitnehmer sollten angemessene Ruhezeiten erhalten. Der Begriff „Ruhezeit" muss in Zeiteinheiten ausgedrückt werden, d. h. in Tagen, Stunden und/oder Teilen davon. Arbeitnehmern in der Gemeinschaft müssen Mindestruhezeiten – je Tag, Woche und Jahr – sowie angemessene Ruhepausen zugestanden werden. In diesem Zusammenhang muss auch eine wöchentliche Höchstarbeitszeit festgelegt werden.

(6) Hinsichtlich der Arbeitszeitgestaltung ist den Grundsätzen der Internationalen Arbeitsorganisation Rechnung zu tragen; dies betrifft auch die für Nachtarbeit geltenden Grundsätze.

(7) Untersuchungen zeigen, dass der menschliche Organismus während der Nacht besonders empfindlich auf Umweltstörungen und auf bestimmte belastende Formen der Arbeitsorganisation reagiert und dass lange Nachtarbeitszeiträume für die Gesundheit der Arbeitnehmer nachteilig sind und ihre Sicherheit bei der Arbeit beeinträchtigen können.

(8) Infolgedessen ist die Dauer der Nachtarbeit, auch in Bezug auf die Mehrarbeit, einzuschränken und vorzusehen, dass der Arbeitgeber im Fall regelmäßiger Inanspruchnahme von Nachtarbeitern die zuständigen Behörden auf Ersuchen davon in Kenntnis setzt.

(9) Nachtarbeiter haben vor Aufnahme der Arbeit – und danach regelmäßig – Anspruch auf eine unentgeltliche Untersuchung ihres Gesundheitszustands und müssen, wenn sie gesundheitliche Schwierigkeiten haben, soweit jeweils möglich auf eine für sie geeignete Arbeitsstelle mit Tagarbeit versetzt werden.

(10) In Anbetracht der besonderen Lage von Nacht- und Schichtarbeitern müssen deren Sicherheit und Gesundheit in einem Maß geschützt werden, das der Art ihrer Arbeit entspricht, und die Schutz- und Vorsorgeleistungen oder -mittel müssen effizient organisiert und eingesetzt werden.

(11) Die Arbeitsbedingungen können die Sicherheit und Gesundheit der Arbeitnehmer beeinträchtigen. Die Gestaltung der Arbeit nach einem bestimmten Rhythmus muss dem allgemeinen Grundsatz Rechnung tragen, dass die Arbeitsgestaltung dem Menschen angepasst sein muss.

(12) Eine europäische Vereinbarung über die Regelung der Arbeitszeit von Seeleuten ist gemäß Artikel 139 Absatz 2 des Vertrags durch die Richtlinie 1999/63/EG des Rates vom 21. Juni 1999 zu der von Verband der Reeder in der Europäischen Gemeinschaft (European Community Shipowners' Association ECSA) und dem Verband der Verkehrsgewerkschaften in der Europäischen Union (Federation of Transport Workers' Unions in the European Union FST) getroffenen Vereinbarung über die Regelung der Arbeitszeit von Seeleuten (ABl. L 167 vom 2.7.1999, S. 33) durchgeführt worden. Daher sollten die Bestimmungen dieser Richtlinie nicht für Seeleute gelten.

(13) Im Fall jener „am Ertrag beteiligten Fischer", die in einem Arbeitsverhältnis stehen, ist es Aufgabe der Mitgliedstaaten, gemäß dieser Richtlinie die Bedingungen für das Recht auf und die Gewährung von Jahresurlaub einschließlich der Regelungen für die Bezahlung festzulegen.

(14) Die spezifischen Vorschriften anderer gemeinschaftlicher Rechtsakte über zum Beispiel Ruhezeiten, Arbeitszeit, Jahresurlaub und Nachtarbeit bestimmter Gruppen von Arbeitnehmern sollten Vorrang vor den Bestimmungen dieser Richtlinie haben.

(15) In Anbetracht der Fragen, die sich aufgrund der Arbeitszeitgestaltung im Unternehmen stellen können, ist eine gewisse Flexibilität bei der Anwendung einzelner Bestimmungen dieser Richtlinie vorzusehen, wobei jedoch die Grundsätze des Schutzes der Sicherheit und der Gesundheit der Arbeitnehmer zu beachten sind.

(16) Je nach Lage des Falles sollten die Mitgliedstaaten oder die Sozialpartner die Möglichkeit haben, von einzelnen Bestimmungen dieser Richtlinie abzuweichen. Im Fall einer Abweichung müssen jedoch die betroffenen Arbeitnehmern in der Regel gleichwertige Ausgleichsruhezeiten gewährt werden.

(17) Diese Richtlinie sollte die Pflichten der Mitgliedstaaten hinsichtlich der in Anhang I Teil B aufgeführten Richtlinien und deren Umsetzungsfristen unberührt lassen –

HABEN FOLGENDE RICHTLINIE ERLASSEN:

KAPITEL 1
Anwendungsbereich und Begriffsbestimmungen

Gegenstand und Anwendungsbereich

Art. 1 (1) Diese Richtlinie enthält Mindestvorschriften für Sicherheit und Gesundheitsschutz bei der Arbeitszeitgestaltung.

(2) Gegenstand dieser Richtlinie sind

a) die täglichen und wöchentlichen Mindestruhezeiten, der Mindestjahresurlaub, die Ruhepausen und die wöchentliche Höchstarbeitszeit sowie

b) bestimmte Aspekte der Nacht- und der Schichtarbeit sowie des Arbeitsrhythmus.

(3) Diese Richtlinie gilt unbeschadet ihrer Artikel 14, 17, 18 und 19 für alle privaten oder öffentlichen Tätigkeitsbereiche im Sinne des Artikels 2 der Richtlinie 89/391/EWG. Diese Richtlinie gilt unbeschadet des Artikels 2 Nummer 8 nicht für Seeleute gemäß der Definition in der Richtlinie 1999/63/EG.

(4) Die Bestimmungen der Richtlinie 89/391/EWG finden unbeschadet strengerer und/oder spezifischer Vorschriften in der vorliegenden Richtlinie auf die in Absatz 2 genannten Bereiche voll Anwendung.

Begriffsbestimmungen

Art. 2 Im Sinne dieser Richtlinie sind:
1. Arbeitszeit: jede Zeitspanne, während der ein Arbeitnehmer gemäß den einzelstaatlichen Rechtsvorschriften und/oder Gepflogenheiten arbeitet, dem Arbeitgeber zur Verfügung steht und seine Tätigkeit ausübt oder Aufgaben wahrnimmt;
2. Ruhezeit: jede Zeitspanne außerhalb der Arbeitszeit;
3. Nachtzeit: jede, in den einzelstaatlichen Rechtsvorschriften festgelegte Zeitspanne von mindestens sieben Stunden, welche auf jeden Fall die Zeitspanne zwischen 24 Uhr und 5 Uhr umfasst;
4. Nachtarbeiter:
   a) einerseits: jeder Arbeitnehmer, der während der Nachtzeit normalerweise mindestens drei Stunden seiner täglichen Arbeitszeit verrichtet;
   b) andererseits: jeder Arbeitnehmer, der während der Nachtzeit gegebenenfalls einen bestimmten Teil seiner jährlichen Arbeitszeit verrichtet, der nach Wahl des jeweiligen Mitgliedstaats festgelegt wird:
      i) nach Anhörung der Sozialpartner in den einzelstaatlichen Rechtsvorschriften oder
      ii) in Tarifverträgen oder Vereinbarungen zwischen den Sozialpartnern auf nationaler oder regionaler Ebene;
5. Schichtarbeit: jede Form der Arbeitsgestaltung kontinuierlicher oder nicht kontinuierlicher Art mit Belegschaften, bei der Arbeitnehmer nach einem bestimmten Zeitplan, auch im Rotationsturnus, sukzessive an den gleichen Arbeitsstellen eingesetzt werden, so dass sie ihre Arbeit innerhalb eines Tages oder Wochen umfassenden Zeitraums zu unterschiedlichen Zeiten verrichten müssen;
6. Schichtarbeiter: jeder in einem Schichtarbeitsplan eingesetzte Arbeitnehmer;
7. mobiler Arbeitnehmer: jeder Arbeitnehmer, der als Mitglied des fahrenden oder fliegenden Personals im Dienst eines Unternehmens beschäftigt ist, das Personen oder Güter im Straßen- oder Luftverkehr oder in der Binnenschifffahrt befördert;
8. Tätigkeiten auf Offshore-Anlagen: Tätigkeiten, die größtenteils auf oder von einer Offshore-Plattform (einschließlich Bohrplattformen) aus direkt oder indirekt im Zusammenhang mit der Exploration, Erschließung oder wirtschaftlichen Nutzung mineralischer Ressourcen einschließlich Kohlenwasserstoffe durchgeführt werden, sowie Tauchen im Zusammenhang mit derartigen Tätigkeiten, entweder von einer Offshore-Anlage oder von einem Schiff aus;
9. ausreichende Ruhezeiten: die Arbeitnehmer müssen über regelmäßige und ausreichend lange und kontinuierliche Ruhezeiten verfügen, deren Dauer in Zeiteinheiten angegeben wird, damit sichergestellt ist, dass sie nicht wegen Übermüdung oder wegen eines unregelmäßigen Arbeitsrhythmus sich selbst, ihre Kollegen oder sonstige Personen verletzen und weder kurzfristig noch langfristig ihre Gesundheit schädigen.

KAPITEL 2
Mindestruhezeiten – sonstige Aspekte der Arbeitszeitgestaltung

Tägliche Ruhezeit

Art. 3 Die Mitgliedstaaten treffen die erforderlichen Maßnahmen, damit jedem Arbeitnehmer pro 24-Stunden-Zeitraum eine Mindestruhezeit von elf zusammenhängenden Stunden gewährt wird.

Ruhepause

Art. 4 Die Mitgliedstaaten treffen die erforderlichen Maßnahmen, damit jedem Arbeitnehmer bei einer täglichen Arbeitszeit von mehr als sechs Stunden eine Ruhepause gewährt wird; die Einzelheiten, insbesondere Dauer und Voraussetzung für die Gewährung dieser Ruhepause, werden in Tarifverträgen oder Vereinbarungen zwischen den Sozialpartnern oder in Ermangelung solcher Übereinkünfte in den innerstaatlichen Rechtsvorschriften festgelegt.

Wöchentliche Ruhezeit

Art. 5 Die Mitgliedstaaten treffen die erforderlichen Maßnahmen, damit jedem Arbeitnehmer pro Siebentageszeitraum eine kontinuierliche Mindestruhezeit von 24 Stunden zuzüglich der täglichen Ruhezeit von elf Stunden gemäß Artikel 3 gewährt wird.

Wenn objektive, technische oder arbeitsorganisatorische Umstände dies rechtfertigen, kann eine Mindestruhezeit von 24 Stunden gewählt werden.

Wöchentliche Höchstarbeitszeit

Art. 6 Die Mitgliedstaaten treffen die erforderlichen Maßnahmen, damit nach Maßgabe der Erfordernisse der Sicherheit und des Gesundheitsschutzes der Arbeitnehmer:

a) die wöchentliche Arbeitszeit durch innerstaatliche Rechts- und Verwaltungsvorschriften oder in Tarifverträgen oder Vereinbarungen zwischen den Sozialpartnern festgelegt wird;
b) die durchschnittliche Arbeitszeit pro Siebentageszeitraum 48 Stunden einschließlich der Überstunden nicht überschreitet.

Jahresurlaub

Art. 7 (1) Die Mitgliedstaaten treffen die erforderlichen Maßnahmen, damit jeder Arbeitnehmer einen bezahlten Mindestjahresurlaub von vier Wochen nach Maßgabe der Bedingungen für die Inanspruchnahme und die Gewährung erhält, die in den einzelstaatlichen Rechtsvorschriften und/oder nach den einzelstaatlichen Gepflogenheiten vorgesehen sind.

(2) Der bezahlte Mindestjahresurlaub darf außer bei Beendigung des Arbeitsverhältnisses nicht durch eine finanzielle Vergütung ersetzt werden.

KAPITEL 3
Nachtarbeit – Schichtarbeit – Arbeitsrhythmus

Dauer der Nachtarbeit

Art. 8 Die Mitgliedstaaten treffen die erforderlichen Maßnahmen, damit:
a) die normale Arbeitszeit für Nachtarbeiter im Durchschnitt acht Stunden pro 24-Stunden-Zeitraum nicht überschreitet;
b) Nachtarbeiter, deren Arbeit mit besonderen Gefahren oder einer erheblichen körperlichen oder geistigen Anspannung verbunden ist, in einem 24-Stunden-Zeitraum, während dessen sie Nachtarbeit verrichten, nicht mehr als acht Stunden arbeiten.

Zum Zweck von Buchstabe b) wird im Rahmen von einzelstaatlichen Rechtsvorschriften und/oder Gepflogenheiten oder von Tarifverträgen oder Vereinbarungen zwischen den Sozialpartnern festgelegt, welche Arbeit unter Berücksichtigung der Auswirkungen der Nachtarbeit und der ihr eigenen Risiken mit besonderen Gefahren oder einer erheblichen körperlichen und geistigen Anspannung verbunden ist.

Untersuchung des Gesundheitszustands von Nachtarbeitern und Versetzung auf Arbeitsstellen mit Tagarbeit

Art. 9 (1) Die Mitgliedstaaten treffen die erforderlichen Maßnahmen, damit:
a) der Gesundheitszustand der Nachtarbeiter vor Aufnahme der Arbeit und danach regelmäßig unentgeltlich untersucht wird;
b) Nachtarbeiter mit gesundheitlichen Schwierigkeiten, die nachweislich damit verbunden sind, dass sie Nachtarbeit leisten, soweit jeweils möglich auf eine Arbeitsstelle mit Tagarbeit versetzt werden, für die sie geeignet sind.

(2) Die unentgeltliche Untersuchung des Gesundheitszustands gemäß Absatz 1 Buchstabe a) unterliegt der ärztlichen Schweigepflicht.

(3) Die unentgeltliche Untersuchung des Gesundheitszustands gemäß Absatz 1 Buchstabe a) kann im Rahmen des öffentlichen Gesundheitswesens durchgeführt werden.

Garantien für Arbeit während der Nachtzeit

Art. 10 Die Mitgliedstaaten können die Arbeit bestimmter Gruppen von Nachtarbeitern, die im Zusammenhang mit der Arbeit während der Nachtzeit einem Sicherheits- oder Gesundheitsrisiko ausgesetzt sind, nach Maßgabe der einzelstaatlichen Rechtsvorschriften und/oder Gepflogenheiten von bestimmten Garantien abhängig machen.

Unterrichtung bei regelmäßiger Inanspruchnahme von Nachtarbeitern

Art. 11 Die Mitgliedstaaten treffen die erforderlichen Maßnahmen, damit der Arbeitgeber bei regelmäßiger Inanspruchnahme von Nachtarbeitern die zuständigen Behörden auf Ersuchen davon in Kenntnis setzt.

Sicherheits- und Gesundheitsschutz

Art. 12 Die Mitgliedstaaten treffen die erforderlichen Maßnahmen, damit:
a) Nacht- und Schichtarbeitern hinsichtlich Sicherheit und Gesundheit in einem Maß Schutz zuteil wird, das der Art ihrer Arbeit Rechnung trägt;
b) die zur Sicherheit und zum Schutz der Gesundheit von Nacht- und Schichtarbeitern gebotenen Schutz- und Vorsorgeleistungen und -mittel denen für die übrigen Arbeitnehmer entsprechen und jederzeit vorhanden sind.

Arbeitsrhythmus

Art. 13 Die Mitgliedstaaten treffen die erforderlichen Maßnahmen, damit ein Arbeitgeber, der beabsichtigt, die Arbeit nach einem bestimmten Rhythmus zu gestalten, dem allgemeinen Grundsatz Rechnung trägt, dass die Arbeitsgestaltung dem Menschen angepasst sein muss, insbesondere im Hinblick auf die Verringerung der eintönigen Arbeit und des maschinenbestimmten Arbeitsrhythmus, nach Maßgabe der Art der Tätigkeit und der Erfordernisse der Sicherheit und des Gesundheitsschutzes, insbesondere was die Pausen während der Arbeitszeit betrifft.

KAPITEL 4
Sonstige Bestimmungen

Spezifischere Gemeinschaftsvorschriften

Art. 14 Die Bestimmungen dieser Richtlinie gelten nicht, soweit andere Gemeinschaftsinstrumente spezifischere Vorschriften über die Arbeitszeitgestaltung für bestimmte Beschäftigungen oder berufliche Tätigkeiten enthalten.

Günstigere Vorschriften

Art. 15 Das Recht der Mitgliedstaaten, für die Sicherheit und den Gesundheitsschutz der Arbeitnehmer günstigere Rechts- und Verwaltungsvorschriften anzuwenden oder zu erlassen oder die Anwendung von für die Sicherheit und den Gesundheitsschutz der Arbeitnehmer günstigeren Tarifverträgen oder Vereinbarungen zwischen den Sozialpartnern zu fördern oder zu gestatten, bleibt unberührt.

Bezugszeiträume

Art. 16 Die Mitgliedstaaten können für die Anwendung der folgenden Artikel einen Bezugszeitraum vorsehen, und zwar
a) für Artikel 5 (wöchentliche Ruhezeit) einen Bezugszeitraum bis zu 14 Tagen;
b) für Artikel 6 (wöchentliche Höchstarbeitszeit) einen Bezugszeitraum bis zu vier Monaten.

Die nach Artikel 7 gewährten Zeiten des bezahlten Jahresurlaubs sowie die Krankheitszeiten bleiben bei der Berechnung des Durchschnitts unberücksichtigt oder sind neutral;
c) für Artikel 8 (Dauer der Nachtarbeit) einen Bezugszeitraum, der nach Anhörung der Sozialpartner oder in Tarifverträgen oder Vereinbarungen zwischen den Sozialpartnern auf nationaler oder regionaler Ebene festgelegt wird.

Fällt die aufgrund von Artikel 5 verlangte wöchentliche Mindestruhezeit von 24 Stunden in den Bezugszeitraum, so bleibt sie bei der Berechnung des Durchschnitts unberücksichtigt.

KAPITEL 5
Abweichungen und Ausnahmen

Abweichungen

Art. 17 (1) Unter Beachtung der allgemeinen Grundsätze des Schutzes der Sicherheit und der Gesundheit der Arbeitnehmer können die Mitgliedstaaten von den Artikeln 3 bis 6, 8 und 16 abweichen, wenn die Arbeitszeit wegen der besonderen Merkmale der ausgeübten Tätigkeit nicht gemessen und/oder nicht im Voraus festgelegt wird oder von den Arbeitnehmern selbst festgelegt werden kann, und zwar insbesondere in Bezug auf nachstehende Arbeitnehmer:
a) leitende Angestellte oder sonstige Personen mit selbstständiger Entscheidungsbefugnis;
b) Arbeitskräfte, die Familienangehörige sind;
c) Arbeitnehmer, die im liturgischen Bereich von Kirchen oder Religionsgemeinschaften beschäftigt sind.

(2) Sofern die betroffenen Arbeitnehmer gleichwertige Ausgleichsruhezeiten oder in Ausnahmefällen, in denen die Gewährung solcher gleichwertigen Ausgleichsruhezeiten aus objektiven Gründen nicht möglich ist, einen angemessenen Schutz erhalten, kann im Wege von Rechts- und Verwaltungsvorschriften oder im Wege von Tarifverträgen oder Vereinbarungen zwischen den Sozialpartnern gemäß den Absätzen 3, 4 und 5 abgewichen werden.

(3) Gemäß Absatz 2 dieses Artikels sind Abweichungen von den Artikeln 3, 4, 5, 8 und 16 zulässig:
a) bei Tätigkeiten, die durch eine Entfernung zwischen dem Arbeitsplatz und dem Wohnsitz des Arbeitnehmers – einschließlich Tätigkeiten auf Offshore-Anlagen – oder durch eine Entfernung zwischen verschiedenen Arbeitsplätzen des Arbeitnehmers gekennzeichnet sind;
b) für den Wach- und Schließdienst sowie die Dienstbereitschaft, die durch die Notwendigkeit gekennzeichnet sind, den Schutz von Sachen und Personen zu gewährleisten, und zwar insbesondere in Bezug auf Wachpersonal oder Hausmeister oder Wach- und Schließunternehmen;
c) bei Tätigkeiten, die dadurch gekennzeichnet sind, dass die Kontinuität des Dienstes oder der Produktion gewährleistet sein muss, und zwar insbesondere bei
   i) Aufnahme-, Behandlungs- und/oder Pflegediensten von Krankenhäusern oder ähnlichen Einrichtungen, einschließlich der Tätigkeiten von Ärzten in der Ausbildung, Heimen sowie Gefängnissen,
   ii) Hafen- und Flughafenpersonal,
   iii) Presse-, Rundfunk-, Fernsehdiensten oder kinematografischer Produktion, Post oder Telekommunikation, Ambulanz-, Feuerwehr- oder Katastrophenschutzdiensten,
   iv) Gas-, Wasser- oder Stromversorgungsbetrieben, Hausmüllabfuhr oder Verbrennungsanlagen,
   v) Industriezweigen, in denen der Arbeitsprozess aus technischen Gründen nicht unterbrochen werden kann,
   vi) Forschungs- und Entwicklungstätigkeiten,
   vii) landwirtschaftlichen Tätigkeiten,
   viii) Arbeitnehmern, die im regelmäßigen innerstädtischen Personenverkehr beschäftigt sind;
d) im Fall eines vorhersehbaren übermäßigen Arbeitsanfalls, insbesondere
   i) in der Landwirtschaft,
   ii) im Fremdenverkehr,
   iii) im Postdienst;
e) im Fall von Eisenbahnpersonal
   i) bei nichtständigen Tätigkeiten,
   ii) bei Beschäftigten, die ihre Arbeitszeit in Zügen verbringen, oder
   iii) bei Tätigkeiten, die an Fahrpläne gebunden sind und die die Kontinuität

und Zuverlässigkeit des Verkehrsablaufs sicherstellen;
f) unter den in Artikel 5 Absatz 4 der Richtlinie 89/391/EWG aufgeführten Bedingungen;
g) im Fall eines Unfalls oder der Gefahr eines unmittelbar bevorstehenden Unfalls.

(4) Gemäß Absatz 2 dieses Artikels sind Abweichungen von den Artikeln 3 und 5 zulässig:
a) wenn bei Schichtarbeit der Arbeitnehmer die Gruppe wechselt und zwischen dem Ende der Arbeit in einer Schichtgruppe und dem Beginn der Arbeit in der nächsten nicht in den Genuss der täglichen und/oder wöchentlichen Ruhezeit kommen kann;
b) bei Tätigkeiten, bei denen die Arbeitszeiten über den Tag verteilt sind, insbesondere im Fall von Reinigungspersonal.

(5) Gemäß Absatz 2 dieses Artikels sind Abweichungen von Artikel 6 und von Artikel 16 Buchstabe b) bei Ärzten in der Ausbildung nach Maßgabe der Unterabsätze 2 bis 7 dieses Absatzes zulässig.

In Unterabsatz 1 genannte Abweichungen von Artikel 6 sind für die Übergangszeit von fünf Jahren ab dem 1. August 2004 zulässig.

Die Mitgliedstaaten verfügen erforderlichenfalls über einen zusätzlichen Zeitraum von höchstens zwei Jahren, um den Schwierigkeiten bei der Einhaltung der Arbeitszeitvorschriften im Zusammenhang mit ihren Zuständigkeiten für die Organisation und Bereitstellung von Gesundheitsdiensten und medizinischer Versorgung Rechnung zu tragen. Spätestens sechs Monate vor dem Ende der Übergangszeit unterrichtet der betreffende Mitgliedstaat die Kommission hierüber unter Angabe der Gründe, so dass die Kommission nach entsprechenden Konsultationen innerhalb von drei Monaten nach dieser Unterrichtung eine Stellungnahme abgeben kann. Falls der Mitgliedstaat der Stellungnahme der Kommission nicht folgt, rechtfertigt er seine Entscheidung. Die Unterrichtung und die Rechtfertigung des Mitgliedstaats sowie die Stellungnahme der Kommission werden im *Amtsblatt der Europäischen Union* veröffentlicht und dem Europäischen Parlament übermittelt.

Die Mitgliedstaaten verfügen erforderlichenfalls über einen zusätzlichen Zeitraum von höchstens einem Jahr, um den besonderen Schwierigkeiten bei der Wahrnehmung der in Unterabsatz 3 genannten Zuständigkeiten Rechnung zu tragen. Sie haben das Verfahren des Unterabsatzes 3 einzuhalten.

Die Mitgliedstaaten stellen sicher, dass die Zahl der Wochenarbeitsstunden keinesfalls einen Durchschnitt von 58 während der ersten drei Jahre der Übergangszeit, von 56 während der folgenden zwei Jahre und von 52 während des gegebenenfalls verbleibenden Zeitraums übersteigt.

Der Arbeitgeber konsultiert rechtzeitig die Arbeitnehmervertreter, um – soweit möglich – eine Vereinbarung über die Regelungen zu erreichen, die während der Übergangszeit anzuwenden sind. Innerhalb der in Unterabsatz 5 festgelegten Grenzen kann eine derartige Vereinbarung sich auf Folgendes erstrecken:
a) die durchschnittliche Zahl der Wochenarbeitsstunden während der Übergangszeit und
b) Maßnahmen, die zur Verringerung der Wochenarbeitszeit auf einen Durchschnitt von 48 Stunden bis zum Ende der Übergangszeit zu treffen sind.

In Unterabsatz 1 genannte Abweichungen von Artikel 16 Buchstabe b) sind zulässig, vorausgesetzt, dass der Bezugszeitraum während des in Unterabsatz 5 festgelegten ersten Teils der Übergangszeit zwölf Monate und danach sechs Monate nicht übersteigt.

Abweichungen im Wege von Tarifverträgen

Art. 18 Von den Artikeln 3, 4, 5, 8 und 16 kann abgewichen werden im Wege von Tarifverträgen oder Vereinbarungen zwischen den Sozialpartnern auf nationaler oder regionaler Ebene oder, bei zwischen den Sozialpartnern getroffenen Abmachungen, im Wege von Tarifverträgen oder Vereinbarungen zwischen Sozialpartnern auf niedrigerer Ebene.

Mitgliedstaaten, in denen es keine rechtliche Regelung gibt, wonach über die in dieser Richtlinie geregelten Fragen zwischen den Sozialpartnern auf nationaler oder regionaler Ebene Tarifverträge oder Vereinbarungen geschlossen werden können, oder Mitgliedstaaten, in denen es einen entsprechenden rechtlichen Rahmen gibt und innerhalb dessen Grenzen, können im Einklang mit den einzelstaatlichen Rechtsvorschriften und/oder Gepflogenheiten Abweichungen von den Artikeln 3, 4, 5, 8 und 16 durch Tarifverträge oder Vereinbarungen zwischen den Sozialpartnern auf geeigneter kollektiver Ebene zulassen.

Die Abweichungen gemäß den Unterabsätzen 1 und 2 sind nur unter der Voraussetzung zulässig, dass die betroffenen Arbeitnehmer gleichwertige Ausgleichsruhezeiten oder in Ausnahmefällen, in denen die Gewährung solcher Ausgleichsruhezeiten aus objektiven Gründen nicht möglich ist, einen angemessenen Schutz erhalten.

Die Mitgliedstaaten können Vorschriften vorsehen
a) für die Anwendung dieses Artikels durch die Sozialpartner und
b) für die Erstreckung der Bestimmungen von gemäß diesem Artikel geschlossenen Tarifverträgen oder Vereinbarungen auf andere Arbeitnehmer gemäß den einzelstaatlichen Rechtsvorschriften und/oder Gepflogenheiten.

Grenzen der Abweichungen von Bezugszeiträumen

Art. 19 Die in Artikel 17 Absatz 3 und in Artikel 18 vorgesehene Möglichkeit der Abweichung von Artikel 16 Buchstabe b) darf nicht die Festlegung eines Bezugszeitraums zur Folge haben, der länger ist als sechs Monate.

Den Mitgliedstaaten ist es jedoch mit der Maßgabe, dass sie dabei die allgemeinen Grundsätze der Sicherheit und des Gesundheitsschutzes der Arbeitnehmer wahren, freigestellt zuzulassen, dass in den Tarifverträgen oder Vereinbarungen zwischen Sozialpartnern aus objektiven, technischen oder arbeitsorganisatorischen Gründen längere Bezugszeiträume festgelegt werden, die auf keinen Fall zwölf Monate überschreiten dürfen.

Der Rat überprüft vor dem 23. November 2003 anhand eines Vorschlags der Kommission, dem ein Evaluierungsbericht beigefügt ist, die Bestimmungen dieses Absatzes und befindet über das weitere Vorgehen.

Mobile Arbeitnehmer und Tätigkeiten auf Offshore-Anlagen

Art. 20 (1) Die Artikel 3, 4, 5 und 8 gelten nicht für mobile Arbeitnehmer.

Die Mitgliedstaaten treffen jedoch die erforderlichen Maßnahmen, um zu gewährleisten, dass die mobilen Arbeitnehmer – außer unter den in Artikel 17 Absatz 3 Buchstaben f) und g) vorgesehenen Bedingungen – Anspruch auf ausreichende Ruhezeiten haben.

(2) Vorbehaltlich der Einhaltung der allgemeinen Grundsätze der Sicherheit und des Gesundheitsschutzes der Arbeitnehmer und sofern die betreffenden Sozialpartner konsultiert wurden und Anstrengungen zur Förderung aller einschlägigen Formen des sozialen Dialogs – einschließlich der Konzertierung, falls die Parteien dies wünschen – unternommen wurden, können die Mitgliedstaaten aus objektiven, technischen oder arbeitsorganisatorischen Gründen den in Artikel 16 Buchstabe b) genannten Bezugszeitraum für Arbeitnehmer, die hauptsächlich Tätigkeiten auf Offshore-Anlagen ausüben, auf zwölf Monate ausdehnen.

(3) Die Kommission überprüft bis zum 1. August 2005 nach Konsultation der Mitgliedstaaten sowie der Arbeitgeber und Arbeitnehmer auf europäischer Ebene die Durchführung der Bestimmungen für Arbeitnehmer auf Offshore-Anlagen unter dem Gesichtspunkt der Gesundheit und Sicherheit, um, falls erforderlich, geeignete Änderungen vorzuschlagen.

Arbeitnehmer an Bord von seegehenden Fischereifahrzeugen

Art. 21 (1) Die Artikel 3 bis 6 und 8 gelten nicht für Arbeitnehmer an Bord von seegehenden Fischereifahrzeugen, die unter der Flagge eines Mitgliedstaats fahren.

Die Mitgliedstaaten treffen jedoch die erforderlichen Maßnahmen, um zu gewährleisten, dass jeder Arbeitnehmer an Bord von seegehenden Fischereifahrzeugen, die unter der Flagge eines Mitgliedstaats fahren, Anspruch auf eine ausreichende Ruhezeit hat, und um die Wochenarbeitszeit auf 48 Stunden im Durchschnitt während eines Bezugszeitraums von höchstens zwölf Monaten zu begrenzen.

(2) Innerhalb der in Absatz 1 Unterabsatz 2 sowie den Absätzen 3 und 4 angegebenen Grenzen treffen die Mitgliedstaaten die erforderlichen Maßnahmen, um zu gewährleisten, dass unter Berücksichtigung der Notwendigkeit der Sicherheit und des Gesundheitsschutzes der betroffenen Arbeitnehmer

a) die Arbeitsstunden auf eine Höchstarbeitszeit beschränkt werden, die in einem gegebenen Zeitraum nicht überschritten werden darf, oder

b) eine Mindestruhezeit in einem gegebenen Zeitraum gewährleistet ist.

Die Höchstarbeits- oder Mindestruhezeit wird durch Rechts- und Verwaltungsvorschriften, durch Tarifverträge oder Vereinbarungen zwischen den Sozialpartnern festgelegt.

(3) Für die Arbeits- oder Ruhezeiten gelten folgende Beschränkungen:
a) die Höchstarbeitszeit darf nicht überschreiten:
  i) 14 Stunden in jedem Zeitraum von 24 Stunden und
  ii) 72 Stunden in jedem Zeitraum von sieben Tagen, oder
b) die Mindestruhezeit darf nicht unterschreiten:
  i) zehn Stunden in jedem Zeitraum von 24 Stunden und
  ii) 77 Stunden in jedem Zeitraum von sieben Tagen.

(4) Die Ruhezeit kann in höchstens zwei Zeiträume aufgeteilt werden, von denen einer eine Mindestdauer von sechs Stunden haben muss; der Zeitraum zwischen zwei aufeinander folgenden Ruhezeiten darf 14 Stunden nicht überschreiten.

(5) In Übereinstimmung mit den allgemeinen Grundsätzen für die Sicherheit und den Gesundheitsschutz der Arbeitnehmer und aus objektiven, technischen oder arbeitsorganisatorischen Gründen können die Mitgliedstaaten, auch bei der Festlegung von Bezugszeiträumen, Ausnahmen von den in Absatz 1 Unterabsatz 2 sowie den Absätzen 3 und 4 festgelegten Beschränkungen gestatten. Diese Ausnahmen haben so weit wie möglich den festgelegten Normen zu folgen, können aber häufigeren oder längeren Urlaubszeiten oder der Gewährung von Ausgleichsurlaub für die Arbeitnehmer Rechnung tragen. Diese Ausnahmen können festgelegt werden

a) durch Rechts- oder Verwaltungsvorschriften, vorausgesetzt, dass – soweit dies möglich ist – die Vertreter der betroffenen Arbeitgeber und Arbeitnehmer konsultiert und Anstrengungen zur Förderung aller einschlägigen Formen des sozialen Dialogs unternommen werden, oder

b) durch Tarifverträge oder Vereinbarungen zwischen den Sozialpartnern.

(6) Der Kapitän eines seegehenden Fischereifahrzeugs hat das Recht, von Arbeitnehmern an Bord die Ableistung jeglicher Anzahl von Arbeitsstunden zu verlangen, wenn diese Arbeit für die unmittelbare Sicherheit des Schiffes, von Personen an Bord oder der Ladung oder zum Zweck der

Hilfeleistung für andere Schiffe oder Personen in Seenot erforderlich ist.

(7) Die Mitgliedstaaten können vorsehen, dass Arbeitnehmer an Bord von seegehenden Fischereifahrzeugen, bei denen einzelstaatliches Recht oder einzelstaatliche Praxis während eines bestimmten, einen Monat überschreitenden Zeitraums des Kalenderjahres den Betrieb nicht erlauben, ihren Jahresurlaub gemäß Artikel 7 während dieses Zeitraums nehmen.

Sonstige Bestimmungen

Art. 22 (1) Es ist einem Mitgliedstaat freigestellt, Artikel 6 nicht anzuwenden, wenn er die allgemeinen Grundsätze der Sicherheit und des Gesundheitsschutzes der Arbeitnehmer einhält und mit den erforderlichen Maßnahmen dafür sorgt, dass

a) kein Arbeitgeber von einem Arbeitnehmer verlangt, im Durchschnitt des in Artikel 16 Buchstabe b) genannten Bezugszeitraums mehr als 48 Stunden innerhalb eines Siebentagezeitraums zu arbeiten, es sei denn der Arbeitnehmer hat sich hierzu bereit erklärt;

b) keinem Arbeitnehmer Nachteile daraus entstehen, dass er nicht bereit ist, eine solche Arbeit zu leisten;

c) der Arbeitgeber aktuelle Listen über alle Arbeitnehmer führt, die eine solche Arbeit leisten;

d) die Listen den zuständigen Behörden zur Verfügung gestellt werden, die aus Gründen der Sicherheit und/oder des Schutzes der Gesundheit der Arbeitnehmer die Möglichkeit zur Überschreitung der wöchentlichen Höchstarbeitszeit unterbinden oder einschränken können;

e) der Arbeitgeber die zuständigen Behörden auf Ersuchen darüber unterrichtet, welche Arbeitnehmer sich dazu bereit erklärt haben, im Durchschnitt des in Artikel 16 Buchstabe b) genannten Bezugszeitraums mehr als 48 Stunden innerhalb eines Siebentagezeitraums zu arbeiten.

Vor dem 23. November 2003 überprüft der Rat anhand eines Vorschlags der Kommission, dem ein Evaluierungsbericht beigefügt ist, die Bestimmungen dieses Absatzes und befindet über das weitere Vorgehen.

(2) Für die Anwendung des Artikels 7 ist es den Mitgliedstaaten freigestellt, eine Übergangszeit von höchstens drei Jahren ab dem 23. November 1996 in Anspruch zu nehmen, unter der Bedingung, dass während dieser Übergangszeit

a) jeder Arbeitnehmer einen bezahlten Mindestjahresurlaub von drei Wochen nach Maßgabe der in den einzelstaatlichen Rechtsvorschriften und/oder nach den einzelstaatlichen Gepflogenheiten vorgesehenen Bedingungen für dessen Inanspruchnahme und Gewährung erhält und

b) der bezahlte Jahresurlaub von drei Wochen außer im Fall der Beendigung des Arbeitsverhältnisses nicht durch eine finanzielle Vergütung ersetzt wird.

(3) Sofern die Mitgliedstaaten von den in diesem Artikel genannten Möglichkeiten Gebrauch machen, setzen sie die Kommission unverzüglich davon in Kenntnis.

KAPITEL 6
Schlussbestimmungen

Niveau des Arbeitnehmerschutzes

Art. 23 Unbeschadet des Rechts der Mitgliedstaaten, je nach der Entwicklung der Lage im Bereich der Arbeitszeit unterschiedliche Rechts- und Verwaltungsvorschriften sowie Vertragsvorschriften zu entwickeln, sofern die Mindestvorschriften dieser Richtlinie eingehalten werden, stellt die Durchführung dieser Richtlinie keine wirksame Rechtfertigung für eine Zurücknahme des allgemeinen Arbeitnehmerschutzes dar.

Berichtswesen

Art. 24 (1) Die Mitgliedstaaten teilen der Kommission den Wortlaut der innerstaatlichen Rechtsvorschriften mit, die sie auf dem unter diese Richtlinie fallenden Gebiet erlassen oder bereits erlassen haben.

(2) Die Mitgliedstaaten erstatten der Kommission alle fünf Jahre Bericht über die Anwendung der Bestimmungen dieser Richtlinie in der Praxis und geben dabei die Standpunkte der Sozialpartner an.

Die Kommission unterrichtet darüber das Europäische Parlament, den Rat, den Europäischen Wirtschafts- und Sozialausschuss sowie den Beratenden Ausschuss für Sicherheit, Arbeitshygiene und Gesundheitsschutz am Arbeitsplatz.

(3) Die Kommission legt dem Europäischen Parlament, dem Rat und dem Europäischen Wirtschafts- und Sozialausschuss nach dem 23. November 1996 alle fünf Jahre einen Bericht über die Anwendung dieser Richtlinie unter Berücksichtigung der Artikel 22 und 23 und der Absätze 1 und 2 dieses Artikels vor.

Überprüfung der Durchführung der Bestimmungen für Arbeitnehmer an Bord von seegehenden Fischereifahrzeugen

Art. 25 Die Kommission überprüft bis zum 1. August 2009 nach Konsultation der Mitgliedstaaten und der Sozialpartner auf europäischer Ebene die Durchführung der Bestimmungen für Arbeitnehmer an Bord von seegehenden Fischereifahrzeugen und untersucht insbesondere, ob diese Bestimmungen vor allem in Bezug auf Gesundheit und Sicherheit nach wie vor angemessen sind, um, falls erforderlich, geeignete Änderungen vorzuschlagen.

Überprüfung des Durchführungsstands der Bestimmungen für Arbeitnehmer, die im regelmäßigen innerstädtischen Personenverkehr beschäftigt sind

Art. 26 Die Kommission überprüft bis zum 1. August 2005 nach Konsultation der Mitgliedstaaten sowie der Arbeitgeber und Arbeitnehmer auf europäischer Ebene den Stand der Durchführung der Bestimmungen für Arbeitnehmer, die im regelmäßigen innerstädtischen Personenverkehr beschäftigt sind, um, falls erforderlich, im Hinblick auf die Gewährleistung eines kohärenten und angemessenen Ansatzes für diesen Sektor geeignete Änderungen vorzuschlagen.

Aufhebung

Art. 27 (1) Die Richtlinie 93/104/EG in der Fassung der in Anhang I Teil A genannten Richtlinie wird unbeschadet der Pflichten der Mitgliedstaaten hinsichtlich der in Anhang I Teil B genannten Umsetzungsfristen aufgehoben.

(2) Bezugnahmen auf die aufgehobene Richtlinie gelten als Bezugnahmen auf die vorliegende Richtlinie und sind nach Maßgabe der Entsprechungstabelle in Anhang II zu lesen.

Inkrafttreten

Art. 28 Diese Richtlinie tritt am 2. August 2004 in Kraft.

Adressaten

Art. 29 Diese Richtlinie ist an alle Mitgliedstaaten gerichtet.

ANHANG I

TEIL A
AUFGEHOBENE RICHTLINIE UND IHRE NACHFOLGENDEN ÄNDERUNGEN
(Artikel 27)

Richtlinie 93/104/EG des Rates	(ABl. L 307 vom 13.12.1993, S. 18)
Richtlinie 2000/34/EG des Europäischen Parlaments und des Rates	(ABl. L 195 vom 1.8.2000, S. 41)

TEIL B
FRISTEN FÜR DIE UMSETZUNG UND ANWENDUNG (Artikel 27)

Richtlinie	Frist für die Umsetzung
93/104/EG	23. November 1996
2000/34/EG	1. August 2003[1)]

[1)] 1. August 2004 für Ärzte in der Ausbildung. Siehe Artikel 2 der Richtlinie 2000/34/EG.

ANHANG II
ENTSPRECHUNGSTABELLE

Richtlinie 93/104/EG	Diese Richtlinie
Artikel 1-5	Artikel 1-5
Artikel 6 einleitender Teil	Artikel 6 einleitender Teil
Artikel 6 Nummer 1	Artikel 6 Buchstabe a)
Artikel 6 Nummer 2	Artikel 6 Buchstabe b)
Artikel 7	Artikel 7
Artikel 8 einleitender Teil	Artikel 8 einleitender Teil
Artikel 8 Nummer 1	Artikel 8 Buchstabe a)
Artikel 8 Nummer 2	Artikel 8 Buchstabe b)
Artikel 9, 10 und 11	Artikel 9, 10 und 11
Artikel 12 einleitender Teil	Artikel 12 einleitender Teil
Artikel 12 Nummer 1	Artikel 12 Buchstabe a)
Artikel 12 Nummer 2	Artikel 12 Buchstabe b)
Artikel 13, 14 und 15	Artikel 13, 14 und 15
Artikel 16 einleitender Teil	Artikel 16 einleitender Teil
Artikel 16 Nummer 1	Artikel 16 Buchstabe a)
Artikel 16 Nummer 2	Artikel 16 Buchstabe b)
Artikel 16 Nummer 3	Artikel 16 Buchstabe c)
Artikel 17 Absatz 1	Artikel 17 Absatz 1
Richtlinie 93/104/EG	Diese Richtlinie

5/1. ArbeitszeitRL
Anhang II

Richtlinie 93/104/EG	Diese Richtlinie
Artikel 17 Absatz 2 einleitender Teil	Artikel 17 Absatz 2
Artikel 17 Absatz 2 Nummer 2.1	Artikel 17 Absatz 3 Buchstaben a) bis e)
Artikel 17 Absatz 2 Nummer 2.2	Artikel 17 Absatz 3 Buchstaben f) bis g)
Artikel 17 Absatz 2 Nummer 2.3	Artikel 17 Absatz 4
Artikel 17 Absatz 2 Nummer 2.4	Artikel 17 Absatz 5
Artikel 17 Absatz 3	Artikel 18
Artikel 17 Absatz 4	Artikel 19
Artikel 17a Absatz 1	Artikel 20 Absatz 1 Unterabsatz 1
Artikel 17a Absatz 2	Artikel 20 Absatz 1 Unterabsatz 2
Artikel 17a Absatz 3	Artikel 20 Absatz 2
Artikel 17a Absatz 4	Artikel 20 Absatz 3
Artikel 17b Absatz 1	Artikel 21 Absatz 1 Unterabsatz 1
Artikel 17b Absatz 2	Artikel 21 Absatz 1 Unterabsatz 2
Artikel 17b Absatz 3	Artikel 21 Absatz 2
Artikel 17b Absatz 4	Artikel 21 Absatz 3
Artikel 17b Absatz 5	Artikel 21 Absatz 4
Artikel 17b Absatz 6	Artikel 21 Absatz 5
Artikel 17b Absatz 7	Artikel 21 Absatz 6
Artikel 17b Absatz 8	Artikel 21 Absatz 7
Artikel 18 Absatz 1 Buchstabe a)	–
Artikel 18 Absatz 1 Buchstabe b), Ziffer i)	Artikel 22 Absatz 1
Artikel 18 Absatz 1 Buchstabe b), Ziffer ii)	Artikel 22 Absatz 2
Artikel 18 Absatz 1 Buchstabe c)	Artikel 22 Absatz 3
Artikel 18 Absatz 2	–
Artikel 18 Absatz 3	Artikel 23
Artikel 18 Absatz 4	Artikel 24 Absatz 1
Artikel 18 Absatz 5	Artikel 24 Absatz 2
Artikel 18 Absatz 6	Artikel 24 Absatz 3
–	Artikel 25[1]
–	Artikel 26[2]
–	Artikel 27
–	Artikel 28
Artikel 19	Artikel 29
–	Anhang I
–	Anhang II

[1]) Richtlinie 2000/34/EG, Artikel 3.
[2]) Richtlinie 2000/34/EG, Artikel 4.

5/2. Richtlinie zur Arbeitszeit im Straßenverkehr

Richtlinie 2002/15/EG des Europäischen Parlaments und des Rates zur Regelung der Arbeitszeit von Personen, die Fahrtätigkeiten im Bereich des Straßentransports ausüben, vom 11. März 2002

(ABl. Nr. L 80 v. 23.3.2002, S. 35)

GLIEDERUNG

- Art. 1: Zweck
- Art. 2: Anwendungsbereich
- Art. 3: Begriffsbestimmungen
- Art. 4: Wöchentliche Höchstarbeitszeit
- Art. 5: Ruhepausen
- Art. 6: Ruhezeit
- Art. 7: Nachtarbeit
- Art. 8: Abweichende Regelungen
- Art. 9: Informationspflicht und Aufzeichnungen
- Art. 10: Günstigere Vorschriften
- Art. 11: Sanktionen
- Art. 12: Verhandlungen mit Drittländern
- Art. 13: Bericht
- Art. 14: Schlussbestimmungen
- Art. 15: Inkrafttreten
- Art. 16: Adressaten

DAS EUROPÄISCHE PARLAMENT UND DER RAT DER EUROPÄISCHEN UNION –

gestützt auf den Vertrag zur Gründung der Europäischen Gemeinschaft, insbesondere auf Artikel 71 und Artikel 137 Absatz 2,

auf Vorschlag der Kommission (ABl. C 43 vom 17.2.1999, S. 4),

nach Stellungnahme des Wirtschafts- und Sozialausschusses (ABl. C 138 vom 18.5.1999, S. 33),

nach Anhörung des Ausschusses der Regionen,

gemäß dem Verfahren des Artikels 251 des Vertrags (Stellungnahme des Europäischen Parlaments vom 14. April 1999, ABl. C 219 vom 30.7.1999, S. 235, bestätigt am 6. Mai 1999, ABl. C 279 vom 1.10.1999, S. 270, Gemeinsamer Standpunkt des Rates vom 23. März 2001, ABl. C 142 vom 15.5.2001, S. 24 und Beschluss des Europäischen Parlaments vom 14. Juni 2001 (noch nicht im Amtsblatt veröffentlicht). Beschluss des Europäischen Parlaments vom 5. Februar 2002 und Beschluss des Rates vom 18. Februar 2002), aufgrund des vom Vermittlungsausschuss am 16. Januar 2002 gebilligten gemeinsamen Entwurfs,

in Erwägung nachstehender Gründe:

(1) Durch die Verordnung (EWG) Nr. 3820/85 des Rates vom 20. Dezember 1985 über die Harmonisierung bestimmter Sozialvorschriften im Straßenverkehr (ABl. L 370 vom 31.12.1985, S. 1) wurden gemeinsame Regeln für die Lenk- und Ruhezeiten von Fahrern festgelegt. Andere Aspekte der Arbeitszeit im Straßenverkehr werden von der genannten Verordnung nicht erfasst.

(2) Die Richtlinie 93/104/EG des Rates vom 23. November 1993 über bestimmte Aspekte der Arbeitszeitgestaltung (ABl. L 307 vom 13.12.1993, S. 18, Richtlinie zuletzt geändert durch die Richtlinie 2000/34/EG des Europäischen Parlaments und des Rates, ABl. L 195 vom 1.8.2000, S. 41 [nun RL 2003/88/EG]) ermöglicht die Annahme spezifischerer Vorschriften für die Arbeitszeitgestaltung. Angesichts ihres sektorspezifischen Charakters haben die Bestimmungen der vorliegenden Richtlinie nach Artikel 14 der Richtlinie 93/104/EG Vorrang vor jener Richtlinie.

(3) Trotz intensiver Verhandlungen zwischen den Sozialpartnern konnte keine Einigung hinsichtlich des im Straßenverkehr tätigen Fahrpersonals erzielt werden.

(4) Daher muss eine Reihe spezifischerer Vorschriften zur Arbeitszeit im Straßenverkehr erstellt werden, die darauf abzielen, die Straßenverkehrssicherheit sowie den Schutz von Sicherheit und Gesundheit der betreffenden Personen zu gewährleisten.

(5) Da die Ziele der in Betracht gezogenen Maßnahmen auf Ebene der Mitgliedstaaten nicht ausreichend erreicht werden können und daher wegen ihres Umfangs oder ihrer Wirkungen besser auf Gemeinschaftsebene erreicht werden können, kann die Gemeinschaft im Einklang mit dem in Artikel 5 des Vertrags niedergelegten Subsidiaritätsprinzip tätig werden. Im Einklang mit dem in demselben Artikel niedergelegten Verhältnismäßigkeitsprinzip geht diese Richtlinie nicht über das zur Erreichung dieser Ziele notwendige Maß hinaus.

(6) Der Anwendungsbereich dieser Richtlinie erfasst ausschließlich das von einem Verkehrsunternehmen mit Sitz in einem Mitgliedstaat beschäftigte Fahrpersonal, das Straßenverkehrstätigkeiten im Sinne der Verordnung (EWG) Nr. 3820/85 oder ansonsten des Europäischen Übereinkommens über die Arbeit des in internationalen Straßenverkehr beschäftigten Fahrpersonals (AETR) nachgeht.

(7) Es ist klarzustellen, dass Fahrpersonal, das vom Anwendungsbereich der vorliegenden Richt-

linie ausgeschlossen ist, mit Ausnahme der selbständigen Kraftfahrer, den Mindestschutz genießt, der in der Richtlinie 93/104/EG vorgesehen ist. Dieser Mindestschutz umfasst die bestehenden Bestimmungen über ausreichende Ruhezeiten, die durchschnittliche wöchentliche Höchstarbeitszeit, den Jahresurlaub und bestimmte grundlegende Vorschriften für Nachtarbeit, insbesondere Untersuchungen des Gesundheitszustandes.

(8) Da selbständige Kraftfahrer vom Anwendungsbereich der Verordnung (EWG) Nr. 3820/85 erfasst, vom Anwendungsbereich der Richtlinie 93/104/ EG jedoch ausgenommen sind, sollten diese Kraftfahrer gemäß den Bestimmungen von Artikel 2 Absatz 1 vom Anwendungsbereich der vorliegenden Richtlinie vorläufig ausgenommen werden.

(9) Die Begriffsbestimmungen dieser Richtlinie dürfen andere gemeinschaftsrechtliche Regelungen der Arbeitszeit nicht präjudizieren.

(10) Zur Verbesserung der Sicherheit im Straßenverkehr, zur Vermeidung von Wettbewerbsverzerrungen und zur Gewährleistung der Sicherheit und Gesundheit des unter diese Richtlinie fallenden Fahrpersonals sollten diese Personen genau wissen, welche Zeiten für Tätigkeiten im Straßenverkehr als Arbeitszeiten gelten und welche Zeiten hiervon ausgenommen sind und als Pausen, als Ruhezeiten oder als Bereitschaftszeiten gelten. Diesem Personenkreis sollten tägliche und wöchentliche Mindestruhezeiten sowie angemessene Ruhepausen gewährt werden. Ferner muss eine Höchstgrenze für die wöchentliche Arbeitszeit festgelegt werden.

(11) Untersuchungen zeigen, dass der menschliche Organismus während der Nacht besonders empfindlich auf Störungen in seiner Umgebung und auf bestimmte belastende Formen der Arbeitsorganisation reagiert und dass über lange Zeit währende Nachtarbeit für die Gesundheit der Arbeitnehmer nachteilig sein und ihre Sicherheit sowie die Straßenverkehrssicherheit ganz allgemein gefährden kann.

(12) Infolgedessen müssen die Zeiten, in denen Nachtarbeit geleistet wird, eingeschränkt werden, und es ist dafür zu sorgen, dass Berufskraftfahrer, die Nachtarbeit leisten, einen angemessen Ausgleich für ihre Tätigkeit erhalten und in ihren beruflichen Weiterbildungsmöglichkeiten nicht benachteiligt werden.

(13) Die Arbeitgeber sollten Aufzeichnungen über Überschreitungen der durchschnittlichen wöchentlichen Höchstarbeitszeit für Fahrpersonal führen.

(14) Die Bestimmungen der Verordnung (EWG) Nr. 3820/85 in Bezug auf die Lenkzeiten im innerstaatlichen und grenzüberschreitenden Personenverkehr, mit Ausnahme des Linienverkehrs, sollten weiterhin gelten.

(15) Die Kommission sollte die Umsetzung dieser Richtlinie überwachen, die Entwicklungen auf diesem Gebiet in den Mitgliedstaaten verfolgen und dem Europäischen Parlament, dem Rat, dem Wirtschafts- und Sozialausschuss und dem Ausschuss der Regionen einen Bericht über die Anwendung der Vorschriften sowie über die Auswirkungen der Bestimmungen zur Nachtarbeit vorlegen.

(16) Die Mitgliedstaaten oder, je nach Lage des Falls, die Sozialpartner müssen die Möglichkeit haben, Ausnahmen von einzelnen Bestimmungen dieser Richtlinie zu beschließen. Im Falle einer Ausnahme sollten jedoch den betroffenen Arbeitnehmern in der Regel Ausgleichsruhezeiten gewährt werden –

HABEN FOLGENDE RICHTLINIE ERLASSEN:

Zweck

Art. 1 Zweck dieser Richtlinie ist es, Mindestvorschriften für die Gestaltung der Arbeitszeit festzulegen, um die Sicherheit und die Gesundheit der Personen, die Fahrtätigkeiten im Bereich des Straßentransports ausüben, verstärkt zu schützen, die Sicherheit im Straßenverkehr zu erhöhen und die Wettbewerbsbedingungen einander stärker anzugleichen.

Anwendungsbereich

Art. 2 (1) Diese Richtlinie gilt für das Fahrpersonal von Unternehmen mit Sitz in einem Mitgliedstaat, das im Straßenverkehr im Sinne der Verordnung (EWG) Nr. 3820/85 oder ansonsten des AETR-Übereinkommens tätig ist.

Unbeschadet der Bestimmungen im folgenden Unterabsatz findet die vorliegende Richtlinie auf die selbständigen Kraftfahrer ab dem 23. März 2009 Anwendung.

Spätestens 2 Jahre vor diesem Datum legt die Kommission dem Europäischen Parlament und dem Rat einen Bericht vor. Dieser Bericht untersucht die Auswirkungen des Ausschlusses selbständiger Kraftfahrer vom Geltungsbereich der Richtlinie auf die Straßenverkehrssicherheit, die Wettbewerbsbedingungen und die Berufsstruktur sowie soziale Aspekte. Die Bedingungen in jedem einzelnen Mitgliedstaat mit Blick auf die Struktur des Transportgewerbes und Arbeitsbedingungen der im Straßentransport Tätigen werden berücksichtigt. Auf der Grundlage dieses Berichts legt die Kommission einen Vorschlag mit dem Ziel vor, um gegebenenfalls entweder

– die Bedingungen für die Einbeziehung selbständiger Kraftfahrer in den Geltungsbereich dieser Richtlinie mit Blick auf bestimmte selbständige Kraftfahrer festzulegen, die nicht im Straßenverkehr in anderen Mitgliedstaaten tätig sind und die aus objektiven Gründen lokalen Beschränkungen unterliegen, beispielsweise Standort in Randlage, große Inlandsentfernungen und ein besonders starker Wettbewerb, oder

– die selbständigen Kraftfahrer nicht in den Anwendungsbereich dieser Richtlinie aufzunehmen.

(2) Für das Fahrpersonal, das vom Anwendungsbereich dieser Richtlinie ausgeschlossen ist, gilt die Richtlinie 93/104/EG.

(3) Soweit diese Richtlinie spezifischere Vorschriften für das Fahrpersonal im Straßenverkehr enthält, hat sie gemäß Artikel 14 der Richtlinie 93/104/EG Vorrang vor den einschlägigen Bestimmungen jener Richtlinie.

(4) Diese Richtlinie ergänzt die Bestimmungen der Verordnung (EWG) Nr. 3820/85 und erforderlichenfalls des AETR-Übereinkommens, die Vorrang vor den Bestimmungen dieser Richtlinie haben.

Begriffsbestimmungen

Art. 3 Für die Zwecke dieser Richtlinie bezeichnet der Ausdruck

a) „Arbeitszeit" ist

1. bei Fahrpersonal: die Zeitspanne zwischen Arbeitsbeginn und Arbeitsende, während der der Beschäftigte an seinem Arbeitsplatz ist, dem Arbeitgeber zur Verfügung steht, und während der er seine Funktion oder Tätigkeit ausübt, d. h.
   - die Zeit sämtlicher Tätigkeiten im Straßenverkehr. Diese Tätigkeiten umfassen insbesondere Folgendes:
     i) Fahren,
     ii) Be- und Entladen,
     iii) Hilfe beim Ein- und Aussteigen der Fahrgäste,
     iv) Reinigung und technische Wartung,
     v) alle anderen Arbeiten, die dazu dienen, die Sicherheit des Fahrzeugs, der Ladung und der Fahrgäste zu gewährleisten bzw. die gesetzlichen oder behördlichen Formalitäten die einen direkten Zusammenhang mit der gerade ausgeführten spezifischen Transporttätigkeit aufweisen, zu erledigen; hierzu gehören auch: Überwachen des Beladens/Entladens, Erledigung von Formalitäten im Zusammenhang mit Polizei, Zoll, Einwanderungsbehörden usw.;
   - die Zeiten, während deren das Fahrpersonal nicht frei über seine Zeit verfügen kann und sich an seinem Arbeitsplatz bereithalten muss, seine normale Arbeit aufzunehmen, wobei es bestimmte mit dem Dienst verbundene Aufgaben ausführt, insbesondere während der Zeit des Wartens auf das Be- und Entladen, wenn deren voraussichtliche Dauer nicht im Voraus bekannt ist, d. h. entweder vor der Abfahrt bzw. unmittelbar vor dem tatsächlichen Beginn des betreffenden Zeitraums oder gemäß den allgemeinen zwischen den Sozialpartnern ausgehandelten und/oder durch die Rechtsvorschriften der Mitgliedstaaten festgelegten Bedingungen.

2. bei selbständigen Kraftfahrern gilt die gleiche Definition: Zeitspanne zwischen Arbeitsbeginn und Arbeitsende, in der sich der selbständige Kraftfahrer an seinem Arbeitsplatz befindet, dem Kunden zur Verfügung steht, und während deren er seine Funktionen oder Tätigkeiten ausübt; dies umfasst nicht allgemeine administrative Tätigkeiten, die keinen direkten Zusammenhang mit der gerade ausgeführten spezifischen Transporttätigkeit aufweisen.

Nicht zur Arbeitszeit gerechnet werden die Ruhepausen gemäß Artikel 5, die Ruhezeiten gemäß Artikel 6 sowie unbeschadet der Rechtsvorschriften der Mitgliedstaaten oder der Vereinbarungen der Sozialpartner, nach denen derartige Zeiten ausgeglichen oder begrenzt werden, die Bereitschaftszeit gemäß Buchstabe b) des vorliegenden Artikels.

b) „Bereitschaftszeit"
   - andere Zeiten als Ruhepausen und Ruhezeiten, in denen das Fahrpersonal nicht verpflichtet ist, an seinem Arbeitsplatz zu bleiben, in denen es sich jedoch in Bereitschaft halten muss, um etwaigen Anweisungen zur Aufnahme oder Wiederaufnahme der Fahrtätigkeit oder zur Ausführung anderer Arbeiten Folge zu leisten. Als Bereitschaftszeit gelten insbesondere die Zeiten, in denen das Fahrpersonal ein Fahrzeug während der Beförderung auf einer Fähre oder mit einem Zug begleitet sowie Wartezeiten an den Grenzen und infolge von Fahrverboten.

   Diese Zeiten und ihre voraussichtliche Dauer müssen dem Fahrpersonal im Voraus bekannt sein, d. h. entweder vor der Abfahrt bzw. unmittelbar vor dem tatsächlichen Beginn des betreffenden Zeitraums oder gemäß den allgemeinen zwischen den Sozialpartnern ausgehandelten und/oder durch die Rechtsvorschriften der Mitgliedstaaten festgelegten Bedingungen;
   - für Fahrpersonal, das sich beim Fahren abwechselt, die Zeit, die während der Fahrt neben dem Fahrer oder in einer Schlafkabine verbracht wird;

c) „Arbeitsplatz"
   - den Standort der Hauptniederlassung des Unternehmens, für das die Personen, die Fahrtätigkeiten im Bereich des Straßentransports ausüben, tätig sind, und seine verschiedenen Zweigniederlassungen, ob sie nun mit seinem Geschäftssitz oder

seiner Hauptniederlassung zusammenfallen oder nicht;
- das Fahrzeug, das die Personen, die Fahrtätigkeiten im Bereich des Straßentransports ausüben, bei ihrer Tätigkeit benutzen und
- jeden anderen Ort, an dem die mit der Beförderung verbundenen Tätigkeiten ausgeführt werden;

d) „Fahrpersonal" alle Arbeitnehmer, einschließlich Praktikanten und Auszubildende, die im Dienst eines Unternehmens, das auf Rechnung Dritter oder auf eigene Rechnung Fahrgäste oder Waren im Straßenverkehr befördert, eine Fahrtätigkeit ausüben;

e) „selbständiger Kraftfahrer" alle Personen, deren berufliche Tätigkeit hauptsächlich darin besteht, mit Gemeinschaftslizenz oder einer anderen berufsspezifischen Beförderungsermächtigung gewerblich im Sinne des Gemeinschaftsrechts, Fahrgäste oder Waren im Straßenverkehr zu befördern, die befugt sind, auf eigene Rechnung zu arbeiten, und die nicht durch einen Arbeitsvertrag oder ein anderes arbeitsrechtliches Abhängigkeitsverhältnis an einen Arbeitgeber gebunden sind, die über den erforderlichen freien Gestaltungsspielraum für die Ausübung der betreffenden Tätigkeit verfügen, deren Einkünfte direkt von den erzielten Gewinnen abhängen und die die Freiheit haben, als Einzelne oder durch eine Zusammenarbeit zwischen selbständigen Kraftfahrern Geschäftsbeziehungen zu mehreren Kunden zu unterhalten.

Für die Zwecke dieser Richtlinie unterliegen Fahrer, die diese Kriterien nicht erfüllen, den gleichen Verpflichtungen, und genießen die gleichen Rechte, wie sie diese Richtlinie für Fahrpersonal vorsieht.

f) „Personen, die Fahrtätigkeiten im Bereich des Straßentransports ausüben Fahrpersonal" oder selbständige Kraftfahrer;

g) „Woche" den Zeitraum von Montag 00.00 Uhr bis Sonntag 24.00 Uhr;

h) „Nachtzeit" jede in den einzelstaatlichen Rechtsvorschriften festgelegte Zeitspanne von mindestens vier Stunden in der Zeit zwischen 00.00 Uhr und 7.00 Uhr;

i) „Nachtarbeit" jede Arbeit, die während der Nachtzeit ausgeführt wird.

Wöchentliche Höchstarbeitszeit

Art. 4 Die Mitgliedstaaten treffen die erforderlichen Maßnahmen, damit Folgendes gewährleistet ist:

a) Die durchschnittliche wöchentliche Arbeitszeit darf 48 Stunden nicht überschreiten. Die wöchentliche Höchstarbeitszeit kann bis zu 60 Stunden betragen, sofern der Wochendurchschnitt in einem Zeitraum von vier Monaten 48 Stunden nicht übersteigt. Artikel 6 Absatz 1 Unterabsätze 4 und 5 der Verordnung (EWG) Nr. 3820/85 oder erforderlichenfalls Artikel 6 Absatz 1 Unterabsatz 4 des AETR-Übereinkommens haben Vorrang vor den Bestimmungen dieser Richtlinie, sofern die betroffenen Fahrer eine durchschnittliche Arbeitszeit von 48 Stunden pro Woche in einem Zeitraum von vier Monaten nicht überschreiten.

b) Die Arbeitszeiten bei verschiedenen Arbeitgebern werden zusammengerechnet. Der Arbeitgeber fordert das Fahrpersonal schriftlich auf, ihm eine Aufstellung der bei einem anderen Arbeitgeber geleisteten Arbeitszeit vorzulegen. Das Fahrpersonal legt diese Angaben schriftlich vor.

Ruhepausen

Art. 5 (1) Unbeschadet des Schutzes, der durch die Verordnung (EWG) Nr. 3820/85 oder ansonsten durch das AETR-Übereinkommen gewährleistet wird, treffen die Mitgliedstaaten die erforderlichen Maßnahmen, damit Personen, die Fahrtätigkeiten im Bereich des Straßentransports ausüben, unbeschadet der Bestimmungen von Artikel 2 Absatz 1 auf keinen Fall länger als sechs Stunden hintereinander ohne Ruhepausen arbeiten.

Die Arbeit ist durch eine Ruhepause von mindestens 30 Minuten bei einer Gesamtarbeitszeit von sechs bis neun Stunden und von mindestens 45 Minuten bei einer Gesamtarbeitszeit von mehr als neun Stunden zu unterbrechen.

(2) Die Ruhepausen können in Pausen von einer Mindestdauer von je 15 Minuten aufgeteilt werden.

Ruhezeit

Art. 6 Für die Zwecke dieser Richtlinie unterliegen Auszubildende und Praktikanten in Bezug auf die Ruhezeit denselben Bestimmungen wie das übrige Fahrpersonal gemäß der Verordnung (EWG) Nr. 3820/85 oder ansonsten dem AETR-Übereinkommen.

Nachtarbeit

Art. 7 (1) Die Mitgliedstaaten treffen die erforderlichen Maßnahmen, damit Folgendes gewährleistet ist:
- Wenn Nachtarbeit geleistet wird, darf die tägliche Arbeitszeit in einem Zeitraum von jeweils 24 Stunden zehn Stunden nicht überschreiten.
- Es erfolgt ein Ausgleich für Nachtarbeit nach den einzelstaatlichen Rechtsvorschriften, Tarifverträgen, Vereinbarungen zwischen den Sozialpartnern und/oder einzelstaatlichen Gepflogenheiten, sofern dieser Ausgleich die Sicherheit im Straßenverkehr nicht gefährdet.

(2) Die Kommission beurteilt bis zum 23. März 2007 im Rahmen des von ihr nach Artikel 13 Absatz 2 zu erstellenden Berichts die Auswirkungen der in Absatz 1 des vorliegenden Artikels vorgesehenen Bestimmungen. Die Kommission fügt diesem Bericht gegebenenfalls entsprechende Vorschläge bei.

(3) Die Bestimmungen über die Ausbildung der Berufskraftfahrer, einschließlich solcher, die Nachtarbeit leisten, werden Gegenstand eines Richtlinienvorschlags der Kommission sein, in dem die allgemeinen Grundsätze dieser Ausbildung festgelegt werden.

Abweichende Regelungen

Art. 8 (1) Von Artikel 4 und 7 abweichende Regelungen können aus objektiven oder technischen Gründen oder aus Gründen im Zusammenhang mit der Arbeitsorganisation durch Tarifverträge, Vereinbarungen zwischen den Sozialpartnern, oder wenn dies nicht möglich ist, durch Rechts- oder Verwaltungsvorschriften getroffen werden, sofern die Vertreter der betroffenen Arbeitgeber und Arbeitnehmer konsultiert und Anstrengungen zur Förderung aller einschlägigen Formen des sozialen Dialogs unternommen werden.

(2) Die Möglichkeit, eine von Artikel 4 abweichende Regelung zu treffen, darf nicht dazu führen, dass für die Berechnung des Durchschnitts der wöchentlichen Höchstarbeitszeit von 48 Stunden ein Bezugszeitraum von mehr als sechs Monaten festgelegt wird.

Informationspflicht und Aufzeichnungen

Art. 9 Die Mitgliedstaaten tragen dafür Sorge, dass
a) das Fahrpersonal unbeschadet der Bestimmungen der Richtlinie 91/533/EWG des Rates vom 14. Oktober 1991 über die Pflicht des Arbeitgebers zur Unterrichtung des Arbeitnehmers über die für seinen Arbeitsvertrag oder sein Arbeitsverhältnis geltenden Bedingungen (ABl. L 288 vom 18.10.1991, S. 32) über die maßgeblichen einzelstaatlichen Rechtsvorschriften, die Betriebsordnung und die Vereinbarungen zwischen den Sozialpartnern, insbesondere die Tarifverträge und die etwaigen Betriebsvereinbarungen, die aufgrund dieser Richtlinie festgelegt werden, unterrichtet wird;
b) über die Arbeitszeit von Personen, die Fahrtätigkeiten im Bereich des Straßentransports ausüben, unbeschadet der Bestimmungen von Artikel 2 Absatz 1 Buch geführt wird. Die Aufzeichnungen sind mindestens zwei Jahre nach Ablauf des betreffenden Zeitraums aufzubewahren. Die Arbeitgeber sind für die Aufzeichnung der Arbeitszeit des Fahrpersonals verantwortlich. Der Arbeitgeber ist gehalten, dem Fahrpersonal auf Anfrage eine Kopie der Aufzeichnung der geleisteten Stunden auszuhändigen.

Günstigere Vorschriften

Art. 10 Diese Richtlinie berührt nicht die Befugnis der Mitgliedstaaten, die Sicherheit und die Gesundheit von Personen, die Fahrtätigkeiten im Bereich des Straßentransports ausüben, besser schützende Rechts- oder Verwaltungsvorschriften anzuwenden oder einzuführen, oder die Anwendung von Tarifverträgen oder sonstigen Vereinbarungen zwischen den Sozialpartnern, die die Sicherheit und die Gesundheit des Fahrpersonals besser schützen, zu fördern oder zu gestatten. Die Umsetzung dieser Richtlinie darf nicht als Begründung dafür herangezogen werden, das generelle Schutzniveau der Arbeitnehmer gemäß Artikel 2 Absatz 1 zu senken.

Sanktionen

Art. 11 Die Mitgliedstaaten legen für Verstöße gegen die gemäß dieser Richtlinie erlassenen innerstaatlichen Rechtsvorschriften Sanktionen fest und ergreifen alle notwendigen Maßnahmen, um die Anwendung dieser Sanktionen zu gewährleisten. Die Sanktionen müssen wirksam, verhältnismäßig und abschreckend sein.

Verhandlungen mit Drittländern

Art. 12 Im Hinblick auf die Anwendung einer dieser Richtlinie inhaltlich gleichwertigen Regelung auf Fahrpersonal von Unternehmen mit Sitz in einem Drittland wird die Gemeinschaft nach dem Inkrafttreten dieser Richtlinie Verhandlungen mit den betreffenden Drittländern aufnehmen.

Bericht

Art. 13 (1) Die Mitgliedstaaten erstatten der Kommission alle zwei Jahre über die Durchführung dieser Richtlinie Bericht und teilen hierbei die Standpunkte der Sozialpartner mit. Der Bericht muss spätestens am 30. September nach Ablauf des betreffenden Zweijahreszeitraums bei der Kommission eingehen. Der Zweijahreszeitraum entspricht dem in Artikel 16 Absatz 2 der Verordnung (EWG) Nr. 3820/85 genannten Zeitraum.

(2) Die Kommission erstellt alle zwei Jahre einen Bericht über die Durchführung dieser Richtlinie durch die Mitgliedstaaten und die Entwicklung auf dem betreffenden Gebiet. Die Kommission legt diesen Bericht dem Europäischen Parlament, dem Rat, dem Wirtschafts- und Sozialausschuss und dem Ausschuss der Regionen vor.

Schlussbestimmungen

Art. 14 (1) Die Mitgliedstaaten erlassen die erforderlichen Rechts- und Verwaltungsvorschriften, um dieser Richtlinie bis zum 23. März 2005 nachzukommen, oder sorgen dafür, dass die Sozialpartner bis zu diesem Zeitpunkt im Wege einer Vereinbarung die erforderlichen Vorkehrungen getroffen haben; dabei haben die Mitgliedstaaten alles zu unternehmen, damit sie jederzeit gewährleisten können, dass die durch diese Richtlinie vorgeschriebenen Ergebnisse erreicht werden.

Wenn die Mitgliedstaaten die Vorschriften nach Unterabsatz 1 erlassen, nehmen sie in diesen Vorschriften selbst oder durch einen Hinweis bei der amtlichen Veröffentlichung auf diese Richtlinie Bezug. Die Mitgliedstaaten regeln die Einzelheiten dieser Bezugnahme.

(2) Die Mitgliedstaaten teilen der Kommission den Wortlaut der innerstaatlichen Rechtsvorschrif-

ten mit, die sie auf dem unter diese Richtlinie fallenden Gebiet bereits erlassen haben oder noch erlassen.

(3) Die Mitgliedstaaten sorgen dafür, dass die Frachtführer, Verlader, Spediteure, Hauptauftragsunternehmer, Subunternehmer und Unternehmen, die Fahrpersonal beschäftigen, die entsprechenden Vorschriften dieser Richtlinie einhalten.

Inkrafttreten

Art. 15 Diese Richtlinie tritt am Tag ihrer Veröffentlichung im *Amtsblatt der Europäischen Gemeinschaften* in Kraft.

Adressaten

Art. 16 Diese Richtlinie ist an alle Mitgliedstaaten gerichtet.

5/3. Richtlinie über die Arbeitszeit von Seeleuten

Richtlinie 1999/63/EG des Rates zu der vom Verband der Reeder in der Europäischen Gemeinschaft (European Community Shipowners' Association ECSA) und dem Verband der Verkehrsgewerkschaften in der Europäischen Union (Federation of Transport Workers' Unions in the European Union FST) getroffenen Vereinbarung über die Regelung der Arbeitszeit von Seeleuten vom 21. Juni 1999

(ABl. Nr. L 167 v. 2.7.1999, S. 33; geändert durch die die RL 2009/13/EG, ABl. Nr. L 124 v. 20.5.2009, S. 30)
(nicht amtlich aktualisierte Fassung)

GLIEDERUNG

Art. 1
Art. 2: Mindestvorschriften
Art. 3: Umsetzung
Art. 4: Adressaten

ANHANG: Europäische Vereinbarung über die Regelung der Arbeitszeit von Seeleuten

DER RAT DER EUROPÄISCHEN UNION –
gestützt auf den Vertrag zur Gründung der Europäischen Gemeinschaft, insbesondere auf Artikel 139 Absatz 2,

auf Vorschlag der Kommission,

in Erwägung nachstehender Gründe:

(1) Durch das Inkrafttreten des Vertrages von Amsterdam wurden die Vorschriften des Abkommens über die Sozialpolitik, das dem Protokoll (Nr. 14) über die Sozialpolitik im Anhang des Vertrags zur Gründung der Europäischen Gemeinschaft in der durch den Vertrag von Maastricht geänderten Fassung beigefügt ist, in die Artikel 136 bis 139 des Vertrags zur Gründung der Europäischen Gemeinschaft aufgenommen.

(2) Die Sozialpartner können nach Artikel 139 Absatz 2 des Vertrages einen gemeinsamen Antrag auf Durchführung der auf Gemeinschaftsebene geschlossenen Vereinbarungen durch einen Beschluss des Rates auf Vorschlag der Kommission stellen.

(3) In der vom Rat erlassenen Richtlinie 93/104/EG vom 23. November 1993 über bestimmte Aspekte der Arbeitszeitgestaltung (ABl. L 307 v. 13. 12. 1993, S. 18) ist der Seeverkehr einer der Tätigkeitsbereiche, die vom Anwendungsbereich der Richtlinie ausgeschlossen sind.

(4) Die einschlägigen Übereinkommen der Internationalen Arbeitsorganisation zur Regelung der Arbeitszeit, insbesondere auch die Übereinkommen über die Arbeitszeit der Seeleute, sollten berücksichtigt werden.

(5) Die Kommission hat nach Artikel 3 Absatz 2 des Abkommens über die Sozialpolitik die Sozialpartner zu der Frage gehört, wie eine Gemeinschaftsaktion zu den Sektoren und Tätigkeitsbereichen, die von der Richtlinie 93/104/EG ausgeschlossen sind, gegebenenfalls ausgerichtet werden sollte.

(6) Die Kommission, die nach dieser Anhörung eine Gemeinschaftsmaßnahme in diesem Bereich für zweckmäßig hielt, hat die Sozialpartner auf Gemeinschaftsebene nach Artikel 3 Absatz 3 des Abkommens über die Sozialpolitik erneut zum Inhalt des in Aussicht genommenen Vorschlags gehört.

(7) Der Verband der Reeder in der Europäischen Gemeinschaft (ECSA) und der Verband der Verkehrsgewerkschaften in der Europäischen Union (FST) haben die Kommission von ihrem Wunsch in Kenntnis gesetzt, gemäß Artikel 4 des Abkommens über die Sozialpolitik Verhandlungen aufzunehmen.

(8) Die genannten Organisationen haben am 30. September 1998 eine Vereinbarung über die Arbeitszeit von Seeleuten geschlossen. Diese Vereinbarung enthält einen an die Kommission gerichteten gemeinsamen Antrag, die Vereinbarung gemäß Artikel 4 Absatz 2 des Abkommens über die Sozialpolitik durch einen Beschluss des Rates auf Vorschlag der Kommission durchzuführen.

(9) Der Rat hat in seiner Entschließung vom 6. Dezember 1994 „Zu bestimmten Perspektiven einer Sozialpolitik der Europäischen Union: Ein Beitrag zur wirtschaftlichen und sozialen Konvergenz in der Union" (ABl. C 368 v. 23. 12. 1994, S. 6) die Sozialpartner ersucht, die Möglichkeiten zum Abschluss von Vereinbarungen wahrzunehmen, weil sie nahe an den sozialen Problemen und der sozialen Wirklichkeit sind.

(10) Diese Vereinbarung gilt für Seeleute auf allen seegehenden Schiffen, gleich ob in öffentlichem oder privatem Eigentum, die im Hoheitsgebiet eines Mitgliedstaates eingetragen sind und die gewöhnlich in der gewerblichen Seeschifffahrt verwendet werden.

(11) Das geeignete Rechtsinstrument zur Durchführung der Vereinbarung ist eine Richtlinie im Sinne von Artikel 249 des Vertrages. Sie ist für die Mitgliedstaaten hinsichtlich des zu erreichenden Ergebnisses verbindlich, überlässt jedoch den innerstaatlichen Stellen die Wahl der Form und der Mittel.

5/3. RL über die AZ von Seeleuten
Präambel, Art. 1 – 4, Anhang

(12) Entsprechend den in Artikel 5 des Vertrags genannten Grundsätzen der Subsidiarität und der Verhältnismäßigkeit können die Ziele dieser Richtlinie auf der Ebene der Mitgliedstaaten nicht ausreichend erreicht werden, sodass sie besser auf Gemeinschaftsebene verwirklicht werden können. Die Richtlinie geht nicht über das für die Erreichung dieser Ziele Erforderliche hinaus.

(13) Bezüglich der in der Vereinbarung verwendeten, jedoch nicht genauer definierten Begriffe überlässt es die Richtlinie – wie andere im Sozialbereich erlassene Richtlinien, in denen ähnliche Begriffe vorkommen – den Mitgliedstaaten, diese Begriffe entsprechend ihrem nationalen Recht und/oder ihrer nationalen Praxis zu definieren, vorausgesetzt, diese Definitionen entsprechen inhaltlich der Vereinbarung.

(14) Die Kommission hat ihren Richtlinienvorschlag in Übereinstimmung mit ihrer Mitteilung vom 20. Mai 1998 über die Anpassung und Förderung des sozialen Dialoges auf Gemeinschaftsebene unter Berücksichtigung des Vertretungsanspruches der Vertragsparteien und der Rechtmäßigkeit der Bestimmungen der Vereinbarung ausgearbeitet.

(15) Im Einklang mit ihrer Mitteilung vom 14. Dezember 1993 über die Anwendung des Protokolls (Nr. 14) über die Sozialpolitik hat die Kommission das Europäische Parlament und den Wirtschafts- und Sozialausschuss unterrichtet und ihnen ihren Richtlinienvorschlag mit der Vereinbarung übermittelt.

(16) Die Durchführung der Vereinbarung trägt zur Verwirklichung der in Artikel 136 des Vertrages genannten Ziele bei –

HAT FOLGENDE RICHTLINIEN ERLASSEN:

Art. 1 Mit dieser Richtlinie soll die am 30. September 1998 zwischen den Sozialpartnern im Seeverkehr (ECSA und FST) geschlossene Vereinbarung über die Regelung der Arbeitszeit von Seeleuten, die im Anhang enthalten ist, durchgeführt werden.

Mindestvorschriften

Art. 2 (1) Die Mitgliedstaaten können günstigere Bestimmungen beibehalten oder einführen, als sie in dieser Richtlinie vorgesehen sind.

(2) Die Durchführung dieser Richtlinie darf unter keinen Umständen als Rechtfertigung für eine Senkung des allgemeinen Schutzniveaus der Arbeitnehmer in dem von ihr erfassten Bereich dienen. Das Recht der Mitgliedstaaten und/oder der Sozialpartner, bei veränderten Gegebenheiten andere Rechts- und Verwaltungsvorschriften oder tarifvertragliche Regelungen festzulegen als diejenigen, die zum Zeitpunkt der Annahme dieser Richtlinie gelten, bleiben hiervon unberührt, sofern die Mindestanforderungen der Richtlinie eingehalten werden.

Umsetzung

Art. 3 (1) Die Mitgliedstaaten setzen die Rechts- und Verwaltungsvorschriften in Kraft, die erforderlich sind, um dieser Richtlinie bis zum 30. Juni 2002 nachzukommen, oder sie vergewissern sich spätestens zu diesem Zeitpunkt, dass die Sozialpartner mittels einer Vereinbarung die erforderlichen Vorkehrungen getroffen haben; dabei sind die Mitgliedstaaten verpflichtet, die erforderlichen Maßnahmen zu treffen, um jederzeit gewährleisten zu können, dass die durch die Richtlinie vorgeschriebenen Ergebnisse erzielt werden. Sie setzen die Kommission unverzüglich davon in Kenntnis.

(2) Wenn die Mitgliedstaaten derartige Vorschriften erlassen, nehmen sie in den Vorschriften selbst oder durch einen Hinweis bei der amtlichen Veröffentlichung auf diese Richtlinie Bezug. Die Mitgliedstaaten regeln die Einzelheiten der Bezugnahme.

Adressaten

Art. 4 Diese Richtlinie ist an die Mitgliedstaaten gerichtet.

ANHANG
Europäische Vereinbarung über die Regelung der Arbeitszeit von Seeleuten

Gestützt auf das Abkommen über die Sozialpolitik, das dem Protokoll über die Sozialpolitik im Anhang zum Vertrag zur Gründung der Europäischen Gemeinschaft beigefügt ist, insbesondere auf Artikel 3 Absatz 4 und Artikel 4 Absatz 2,

in Erwägung nachstehender Gründe:

Artikel 4 Absatz 2 des Abkommens über die Sozialpolitik sieht vor, dass auf europäischer Ebene geschlossene Vereinbarungen auf gemeinsamen Antrag der Unterzeichnerparteien durch einen Beschluss des Rates auf Vorschlag der Kommission durchgeführt werden.

Die Unterzeichnungsparteien stellen hiermit diesen Antrag.

DIE UNTERZEICHNERPARTEIEN HABEN FOLGENDES VEREINBART:

Geltungsbereich

§ 1. 1. Diese Vereinbarung gilt für Seeleute auf allen Seeschiffen, gleich ob in öffentlichem oder privatem Eigentum, die im Hoheitsgebiet eines Mitgliedstaates eingetragen sind und die gewöhnlich in der gewerblichen Seeschifffahrt verwendet werden. Im Sinne dieser Vereinbarung gilt ein Schiff, das im Register von zwei Staaten eingetragen ist, als im Hoheitsgebiet des Staates eingetragen, dessen Flagge es führt.

2. Im Zweifelsfall hat die zuständige Stelle des jeweiligen Mitgliedstaats zu entscheiden, ob es sich um Seeschiffe oder in der gewerblichen Seeschifffahrt im Sinne dieser Vereinbarung eingesetzte Schiffe handelt. Die entsprechenden Verbände der Reeder, der Seeleute und der Fischer werden hierzu angehört.

3. Im Zweifelsfall entscheidet die zuständige Stelle jedes Mitgliedstaats nach Anhörung der mit dieser Frage befassten Verbände der Reeder und der Seeleute, ob bestimmte Personengruppen als Seeleute im Sinne dieser Vereinbarung anzusehen sind. In diesem Zusammenhang wird die

Entschließung der 94. (Seeschifffahrts-)Tagung der Allgemeinen Konferenz der Internationalen Arbeitsorganisation über Hinweise zu Berufsgruppen gebührend berücksichtigt.
(Punkt 3. durch RL 2009/13/EG angefügt)

Begriffsbestimmungen

§ 2. Im Sinne dieser Vereinbarung

a) bedeutet der Ausdruck „*Arbeitszeit*" die Zeit, während der ein Seemann Arbeit für das Schiff verrichten muss;

b) bedeutet der Ausdruck „*Ruhezeit*" die Zeit außerhalb der Arbeitszeit; dieser Ausdruck schließt kurze Pausen nicht ein;

c) bedeutet der Ausdruck „*Seeleute*" alle Personen, die in irgendeiner Eigenschaft an Bord eines Schiffes, für das diese Vereinbarung gilt, beschäftigt oder angeheuert sind oder arbeiten;

d) bedeutet der Ausdruck „*Reeder*" den Eigner des Schiffes oder jede andere Organisation oder Person, wie den Leiter, Agenten oder Bareboat-Charterer, die vom Reeder die Verantwortung für den Betrieb des Schiffes übernommen hat und die sich mit der Übernahme dieser Verantwortung bereit erklärt hat, die Aufgaben und Pflichten zu erfüllen, die den Reedern gemäß dieser Vereinbarung auferlegt werden, ungeachtet dessen, ob andere Organisationen oder Personen bestimmte dieser Aufgaben oder Pflichten im Auftrag des Reeders erfüllen.

(lit c und d durch RL 2009/13/EG geändert)

Mindestregelungen

§ 3. Innerhalb der in Paragraph 5 angegebenen Grenzen ist entweder eine Höchstarbeitszeit, die in einem gegebenen Zeitraum nicht überschritten werden darf, oder eine Mindestruhezeit, die in einem gegebenen Zeitraum zu gewähren ist, festzulegen.

§ 4. Unbeschadet der Bestimmungen von Paragraph 5 wird bei der Festlegung der normalen Arbeitszeit für Seeleute grundsätzlich ein Achtstundentag und ein wöchentlicher Ruhetag sowie Arbeitsruhe an Feiertagen zugrunde gelegt. Die Mitgliedstaaten können jedoch Verfahren zur Genehmigung oder Registrierung von Tarifverträgen annehmen, der die normale Arbeitszeit der Seeleute auf einer Grundlage festlegt, die nicht weniger günstig ist als diese Norm.

Beschränkungen der Arbeits- oder Ruhezeiten

§ 5. 1. Die Arbeits- oder Ruhezeiten haben folgenden Beschränkungen zu unterliegen:

a) Die Höchstarbeitszeit darf nicht überschreiten:
  i) 14 Stunden in jedem Zeitraum von 24 Stunden
  und
  ii) 72 Stunden in jedem Zeitraum von 7 Tagen;
oder

b) die Mindestruhezeit darf nicht unterschreiten:
  i) 10 Stunden in jedem Zeitraum von 24 Stunden
  und
  ii) 77 Stunden in jedem Zeitraum von 7 Tagen.

2. Die Ruhezeit kann in höchstens zwei Zeiträumen aufgeteilt werden, von denen einer eine Mindestdauer von 6 Stunden haben muss; der Zeitraum zwischen zwei aufeinanderfolgenden Ruhezeiten darf 14 Stunden nicht überschreiten.

3. Musterungen, Feuerlöscher- und Rettungsbootsübungen sowie durch nationale Rechts- und Verwaltungsvorschriften und internationale Übereinkünfte vorgeschriebene Übungen sind in einer Weise durchzuführen, die die Störung der Ruhezeiten auf ein Mindestmaß beschränkt und keine Müdigkeit verursacht.

4. Bei Bereitschaftsdienst – wenn z.B. ein Maschinenraum unbesetzt ist – ist dem Seemann eine angemessene Ruhezeit als Ausgleich zu gewähren, sofern die normale Ruhezeit durch Aufrufe zur Arbeit gestört wird.

5. Falls kein Tarifvertrag oder Schiedsspruch vorliegt oder falls die zuständige Stelle feststellt, dass die Bestimmungen des Tarifvertrags oder Schiedsspruchs in Bezug auf die Nummer 3 oder 4 unzureichend sind, hat die zuständige Stelle entsprechende Bestimmungen festzulegen, um zu gewährleisten, dass die betreffenden Seeleute eine ausreichende Ruhezeit erhalten.

6. Unter Berücksichtigung der allgemeinen Bestimmungen über die Sicherheit und den Gesundheitsschutz der Arbeitnehmer können die zuständigen Stellen der Mitgliedstaaten auf Grund nationaler Rechts- oder Verwaltungsvorschriften oder eines entsprechenden Verfahrens Tarifverträge genehmigen oder registrieren, die Ausnahmen von den in den Nummern 1 und 2 festgelegten Beschränkungen gestatten. Diese Ausnahmen haben soweit wie möglich den festgelegten Normen zu folgen, können aber häufigeren oder längeren Urlaubszeiten oder der Gewährung von Ausgleichsurlaub für wachegehende Seeleute oder Seeleute, die an Bord von Schiffen von kurzer Reisedauer arbeiten, Rechnung tragen.

7. An einem leicht zugänglichen Ort ist eine Übersicht mit der Arbeitsorganisation an Bord anzuschlagen, die für jede Position mindestens Folgendes enthalten muss:

a) den See- und Hafendienstplan und

b) die Höchstarbeitszeit oder die Mindestruhezeit, entsprechend den in den Mitgliedstaaten geltenden Rechts- und Verwaltungsvorschriften oder Tarifverträgen.

8. Die in Nummer 7 erwähnte Übersicht ist nach einem Standardmuster in der oder den Arbeitssprachen des Schiffes und in Englisch zu erstellen.

Nachtarbeit

§ 6. 1. Nachtarbeit von Seeleuten unter 18 Jahren ist verboten. Im Sinne dieses Paragraphen ist der

5/3. RL über die AZ von Seeleuten
Anhang

Begriff der Nacht nach dem innerstaatlichen Recht und der innerstaatlichen Praxis zu bestimmen. Als „Nacht" gilt ein Zeitraum von mindestens neun Stunden, der spätestens um Mitternacht beginnt und nicht vor fünf Uhr morgens endet.

2. Die zuständige Stelle kann von der strikten Einhaltung der Nachtarbeit Ausnahmen zulassen, wenn

a) die wirksame Ausbildung der betreffenden Seeleute nach festgelegten Programmen und Zeitplänen beeinträchtigt würde, oder

b) die Besonderheit der Aufgabe oder eines anerkannten Ausbildungsprogramms es erforderlich macht, dass die von der Ausnahme erfassten Seeleute Aufgaben in der Nacht verrichten und die zuständige Stelle nach Beratung mit den betreffenden Verbänden der Reeder und der Seeleute festgestellt hat, dass die Arbeit sich nicht nachteilig auf ihre Gesundheit oder ihr Wohlbefinden auswirkt.

3. Die Beschäftigung, Anheuerung oder Arbeit von Seeleuten unter 18 Jahren ist verboten, wenn die Arbeiten ihre Gesundheit oder Sicherheit gefährden können. Diese Arten von Arbeiten werden durch innerstaatliche Rechtsvorschriften oder durch die zuständige Stelle nach Beratung mit den betreffenden Verbänden der Reeder und der Seeleute im Einklang mit den einschlägigen internationalen Normen bestimmt.

(§ 6 durch RL 2009/13/EG neu gefasst)

Ausnahmen

§ 7. 1. Der Kapitän eines Schiffes hat das Recht, von einem Seemann die Arbeitsstunden zu verlangen, die für die unmittelbare Sicherheit des Schiffes, der Personen an Bord, der Ladung oder zur Hilfeleistung für andere in Seenot befindliche Schiffe oder Personen erforderlich sind.

2. Gemäß Nummer 1 kann der Kapitän den Arbeitszeit- oder Ruhezeitplan vorübergehend außer Kraft setzen und von einem Seemann verlangen, dass er jederzeit die erforderlichen Arbeitsstunden erbringt, bis die normale Situation wiederhergestellt ist.

3. Sobald es nach Wiederherstellung der normalen Situation praktisch möglich ist, hat der Kapitän sicherzustellen, dass alle Seeleute, die während einer planmäßigen Ruhezeit Arbeit geleistet haben, eine ausreichende Ruhezeit erhalten.

Aufzeichnungen und Informationen

§ 8. 1. Es werden Aufzeichnungen über die tägliche Arbeits- oder Ruhezeit geführt, um die Einhaltung der Bestimmungen nach Paragraph 5 überwachen zu können. Dem Seemann ist eine Kopie der ihn betreffenden Aufzeichnungen auszuhändigen, die vom Kapitän bzw. einer von ihm ermächtigten Person und vom Seemann schriftlich zu bestätigen ist.

2. Es werden Verfahren zur Führung dieser Aufzeichnungen an Bord festgelegt, einschließlich der Zeitabstände für die Eintragung dieser Informationen. Ein Vordruck für die Aufzeichnung der Arbeitszeit oder der Ruhezeit der Seeleute wird unter Berücksichtigung vorhandener internationaler Richtlinien erstellt. Das Muster ist in der oder den in Paragraph 5 Nummer 8 vorgesehenen Sprachen abzufassen.

3. Eine Kopie der einschlägigen Bestimmungen der nationalen Rechts- und Verwaltungsvorschriften zu dieser Vereinbarung und der einschlägigen Tarifverträge ist an Bord aufzubewahren und muss der Besatzung leicht zugänglich sein.

§ 9. Die in Paragraph 8 erwähnten Aufzeichnungen sind in geeigneten Zeitabständen zu prüfen und zu bestätigen; dies soll sicherstellen, dass die Bestimmungen über die Arbeits- oder Ruhezeiten zur Durchführung dieser Vereinbarung eingehalten werden.

Besatzungsstärke

§ 10. 1. Bei der Festlegung, Genehmigung oder Änderungen der Besatzungsstärke ist zu berücksichtigen, dass übermäßig lange Arbeitszeiten weitestgehend vermieden oder auf ein Mindestmaß beschränkt werden, um eine ausreichende Erholung sicherzustellen und Ermüdung zu begrenzen.

2. Wenn die Aufzeichnungen oder sonstige Beweismittel die Verletzung der Bestimmungen über die Arbeits- oder Ruhezeiten erkennen lassen, sind Maßnahmen zu ergreifen, erforderlichenfalls auch die Änderung der Besatzungsstärke des Schiffes, um künftige Verstöße zu vermeiden.

3. Jedes Schiff, für das diese Vereinbarung gilt, hat zur Gewährleistung der Sicherheit eine nach Zahl und Befähigung ausreichende Besatzung gemäß dem Dokument über die sichere Mindestbesatzungsstärke oder einem von der zuständigen Stelle herausgegebenen gleichwertigen Dokument an Bord zu führen.

Beschäftigungsverbot

§ 11. Personen unter 16 Jahren dürfen nicht auf einem Schiff arbeiten.

Pflichten der Reeder und Kapitäne

§ 12. Der Reeder hat sicherzustellen, dass dem Kapitän die erforderlichen Mittel zur Erfüllung der Verpflichtungen aus dieser Vereinbarung zur Verfügung gestellt werden, einschließlich derjenigen, die sich auf die ausreichende Besatzungsstärke des Schiffes beziehen. Der Kapitän hat alle erforderlichen Maßnahmen zu treffen, um sicherzustellen, dass den sich aus dieser Vereinbarung ergebenden Erfordernissen in Bezug auf die Arbeits- und Ruhezeit der Seeleute entsprochen wird.

Gesundheitsbescheinigung

§ 13. 1. Seeleute dürfen auf einem Schiff nicht ohne ein Zeugnis arbeiten, in welchem ihre medizinische Tauglichkeit für ihre Tätigkeit festgestellt ist.

2. Ausnahmen hiervon sind nur in den in dieser Vereinbarung vorgeschriebenen Fällen zulässig.

3. Die zuständige Stelle schreibt vor, dass Seeleute vor Beginn ihrer Arbeit auf einem Schiff im Besitz eines gültigen ärztlichen Zeugnisses sein

5/3. RL über die AZ von Seeleuten — Anhang

müssen, in welchem bescheinigt ist, dass sie für die von ihnen zu verrichtende Tätigkeit auf See gesundheitlich tauglich sind.

4. Die zuständige Stelle schreibt nach Beratung mit den betreffenden Verbänden der Reeder und der Seeleute und unter gebührender Berücksichtigung der anwendbaren internationalen Leitlinien die Einzelheiten der ärztlichen Untersuchung und des ärztlichen Zeugnisses vor, damit sichergestellt ist, dass das ärztliche Zeugnis den Gesundheitszustand der Seeleute im Hinblick auf die zu verrichtenden Tätigkeiten richtig wiedergibt.

5. Das Internationale Übereinkommen über Normen für die Ausbildung, die Erteilung von Befähigungszeugnissen und den Wachdienst von Seeleuten, 1978, in der geänderten Fassung (STCW) bleibt von dieser Vereinbarung unberührt. Die zuständige Stelle erkennt ein ärztliches Zeugnis, das nach den Anforderungen des STCW ausgestellt worden ist, für Zwecke der Nummern 1 und 2 dieses Paragraphen an. Bei Seeleuten, die nicht in den Geltungsbereich des STCW fallen, wird ein ärztliches Zeugnis, das dessen Anforderungen im Wesentlichen entspricht, ebenfalls anerkannt.

6. Das ärztliche Zeugnis wird durch einen qualifizierten Arzt oder, im Fall eines nur das Sehvermögen betreffenden Zeugnisses, von einer durch die zuständige Stelle zur Erteilung solcher Zeugnisse als qualifiziert anerkannten Person ausgestellt. Die Ärzte müssen beim Treffen ihres medizinischen Fachurteils nach Durchführung der ärztlichen Untersuchungsverfahren vollständige fachliche Unabhängigkeit genießen.

7. Seeleuten, denen ein ärztliches Zeugnis verweigert oder denen eine Einschränkung ihrer Diensttauglichkeit insbesondere hinsichtlich Arbeitszeiten, Tätigkeitsbereich oder Fahrtgebiet auferlegt worden ist, erhalten die Möglichkeit, sich einer weiteren Untersuchung durch einen anderen unabhängigen Arzt oder durch einen unabhängigen ärztlichen Gutachter zu unterziehen.

8. Jedes ärztliche Zeugnis enthält insbesondere Angaben darüber,
a) dass das Hör- und Sehvermögen der betreffenden Seeleute und die Farbentüchtigkeit, sofern Seeleute in Eigenschaften beschäftigt werden sollen, in denen ihre Tauglichkeit für die zu leistenden Aufgaben bei Farbenblindheit beeinträchtigt wird, sämtlich zufrieden stellend sind; und
b) dass die betreffenden Seeleute sich nicht in einem Krankheitszustand befinden, der sich durch die Tätigkeit auf See verschlimmern oder sie für eine solche Tätigkeit untauglich machen oder die Gesundheit anderer Personen an Bord gefährden könnte.

9. Soweit nicht wegen der Besonderheit der von den betreffenden Seeleuten zu verrichtenden Tätigkeit eine kürzere Frist erforderlich ist oder nach dem STCW vorgeschrieben wird, beträgt
a) die Geltungsdauer des ärztlichen Zeugnisses höchstens zwei Jahre, es sei denn, die Seeleute sind jünger als 18 Jahre; in diesem Fall beträgt die Geltungsdauer ein Jahr;
b) die Geltungsdauer eines Zeugnisses, das die Farbentüchtigkeit betrifft, höchstens sechs Jahre.

10. In dringenden Fällen kann die zuständige Stelle die Beschäftigung von Seeleuten ohne gültiges ärztliches Zeugnis bis zum nächsten Anlaufhafen, in dem sie ein ärztliches Zeugnis durch einen qualifizierten Arzt erhalten können, mit der Maßgabe zulassen, dass
a) die Dauer einer solchen Zulassung drei Monate nicht überschreitet; und
b) die betreffenden Seeleute im Besitz eines nicht mehr gültigen ärztlichen Zeugnisses jüngeren Datums sind.

11. Läuft die Gültigkeitsdauer eines Zeugnisses während einer Reise ab, bleibt es gültig, bis der nächste Hafen angelaufen wird, in dem die Seeleute ein ärztliches Zeugnis von einem qualifizierten Arzt erhalten können, mit der Maßgabe, dass dieser Zeitraum drei Monate nicht überschreitet.

12. Die ärztlichen Zeugnisse für Seeleute auf Schiffen, die normalerweise zu internationalen Reisen verwendet werden, müssen mindestens auf Englisch ausgestellt werden.

13. Die Art der vorzunehmenden Bewertung des Gesundheitszustandes und die in die ärztliche Bescheinigung einzubeziehenden Elemente werden nach Anhörung der betreffenden Verbände der Reeder und der Seeleute festgelegt.

14. Alle Seeleute haben sich regelmäßig einer Bewertung des Gesundheitszustandes zu unterziehen. Wachegehende Seeleute mit gesundheitlichen Problemen, die laut ärztlicher Bescheinigung auf die Nachtarbeit zurückzuführen sind, müssen, sofern irgend möglich, auf eine geeignete Stelle am Tag versetzt werden.

15. Die in den Nummern 13 und 14 genannte Bewertung des Gesundheitszustands ist kostenfrei und unterliegt der ärztlichen Schweigepflicht. Solche Bewertungen des Gesundheitszustandes können im Rahmen des nationalen Gesundheitssystems durchgeführt werden.

(§ 13 durch RL 2009/13/EG neu gefasst)

Auskunftspflicht

§ 14. Die Reeder haben den zuständigen nationalen Stellen auf Anfrage über Wache gehende und andere, nachts arbeitende Seeleute zu erteilen.

Gesundheitsschutz

§ 15. Die Sicherheitsvorkehrungen und der Gesundheitsschutz müssen den Arbeiten entsprechen, die die Seeleute auszuführen haben. Zur Sicherheit und zum Gesundheitsschutz der bei Tag und bei Nacht arbeitenden Seeleute müssen geeignete Schutz- und Präventionsdienste oder -einrichtungen vorhanden sein.

Urlaub

§ 16. Alle Seeleute haben Anspruch auf bezahlten Jahresurlaub. Der bezahlte Jahresurlaub ist auf der Grundlage von mindestens 2,5 Kalendertagen je Beschäftigungsmonat beziehungsweise für nicht vollständige Monate anteilig zu berechnen. Der Mindestzeitraum für bezahlten Jahresurlaub darf nicht durch eine finanzielle Vergütung ersetzt werden, es sei denn, das Beschäftigungsverhältnis wird beendet.

(§ 16 durch RL 2009/13/EG neu gefasst)

5/4. Richtlinie über die Arbeitszeit auf Schiffen

Richtlinie 1999/95/EG des Europäischen Parlaments und des Rates zur Durchsetzung der Arbeitszeitregelung für Seeleute an Bord von Schiffen, die Gemeinschaftshäfen anlaufen, vom 13. Dezember 1999

(ABl. Nr. L 14 v. 20.1.2000, S. 29)

GLIEDERUNG

Art. 1: Zweck und Geltungsbereich
Art. 2: Begriffsbestimmungen
Art. 3: Übersendung von Berichten
Art. 4: Überprüfung und gründlichere Überprüfungen
Art. 5: Mängelbeseitigung
Art. 6: Folgemaßnahmen
Art. 7: Widerspruchsrecht
Art. 8: Zusammenarbeit der Behörden
Art. 9: Nichtbegünstigungsklausel
Art. 10: Schlussbestimmungen
Art. 11: Schiffe aus Drittstaaten
Art. 12: Inkrafttreten
Art. 13: Adressaten

Anhänge I und II

DAS EUROPÄISCHE PARLAMENT UND DER RAT DER EUROPÄISCHEN UNION –

gestützt auf den Vertrag zur Gründung der Europäischen Gemeinschaft, insbesondere auf Artikel 80 Absatz 2,

auf Vorschlag der Kommission (ABl. C 43 v. 17.2.1999, S. 16),

nach Stellungnahme des Wirtschafts- und Sozialausschusses (ABl. C 138 v. 18.5.1999, S. 33),

gemäß dem Verfahren des Artikels 251 des Vertrages (Stellungnahme des Europäischen Parlaments vom 14. April 1999 [ABl. C 219 vom 30.7.1999, S. 240]. Gemeinsamer Standpunkt des Rates vom 12. Juli 1999, [ABl. C 249 v. 1.9.1999, S. 7] und Beschluss des Europäischen Parlaments vom 4. November 1999 [noch nicht im Amtsblatt veröffentlicht]),

in Erwägung nachstehender Gründe:

(1) Auf dem Gebiet der Sozialpolitik zielt die Gemeinschaft unter anderem auf die Verbesserung der Gesundheit und der Sicherheit der Arbeitnehmer in ihrer Arbeitsumwelt ab.

(2) Die Gemeinschaftstätigkeit auf dem Gebiet des Seeverkehrs zielt unter anderem darauf ab, die Lebens- und Arbeitsbedingungen von Seeleuten an Bord von Schiffen und die Sicherheit auf See zu verbessern sowie die durch Unfälle auf See verursachten Verschmutzung wirksamer vorzubeugen.

(3) Die Allgemeine Konferenz der Internationalen Arbeitsorganisation (IAO) hat auf ihrer vierundachtzigsten Tagung vom 8. bis 22. Oktober 1996 das Übereinkommen Nr. 180 der IAO über die Arbeitszeit der Seeleute und die Besatzungsstärke der Schiffe von 1996 (nachstehend „Übereinkommen Nr. 180 der IAO" genannt) und das Protokoll von 1996 zu dem Übereinkommen über die Handelsschiffe (Mindestnormen) von 1976 (nachstehend „Protokoll zum Übereinkommen Nr. 147 der IAO" genannt) angenommen.

(4) Mit der gemäß Artikel 139 Absatz 2 des Vertrages verabschiedeten Richtlinie 1999/63/EG des Rates vom 21. Juni 1999 zu der vom Verband de Reeder in der Europäischen Gemeinschaft (European Community Shipowners' Association (ECSA)) und dem Verband der Verkehrsgewerkschaften in der Europäischen Union (Federation of Transport Workers' Unions in the European Union (FST)) getroffenen Vereinbarungen über die Regelung der Arbeitszeit von Seeleuten (ABl. L 167 v. 2.7.1999, S. 37) soll die genannte Vereinbarung vom 30. September 1998 (nachstehend „Vereinbarung" genannt) umgesetzt werden. Inhaltlich lehnt sich diese Vereinbarung an einige Bestimmungen des Übereinkommens Nr. 180 der IAO an. Sie gilt für Seeleute auf allen Seeschiffen, gleich ob in öffentlichem oder privatem Eigentum, die im Schiffsregister eines Mitgliedstaates eingetragen sind und die gewöhnlich in der gewerblichen Seeschifffahrt eingesetzt werden.

(5) Mit dieser Richtlinie sollen die auf das Übereinkommen Nr. 180 der IAO gestützten Bestimmungen der Richtlinie 1999/63/EG auf alle Schiffe – unabhängig von deren Flagge – angewendet werden, die einen Hafen der Gemeinschaft anlaufen, um alle Situationen, die eine eindeutige Gefahr für die Sicherheit oder die Gesundheit der Seeleute darstellen, festzustellen und zu beseitigen. Die Richtlinie 1999/63/EG enthält allerdings Bestimmungen, die nicht im Übereinkommen Nr. 180 der IAO enthalten sind und daher nicht an Bord von Schiffen angewendet werden sollten, die nicht die Flagge eines Mitgliedstaates führen.

(6) Die Richtlinie 1999/63/EG gilt für Seeleute an Bord aller Seeschiffe, die im Schiffsregister eines Mitgliedstaates eingetragen sind. Es ist Aufgabe der Mitgliedstaaten, die Einhaltung aller Bestimmungen der Richtlinie 1999/63/EG auf den unter ihrer Flagge fahrenden Schiffen zu überwachen.

5/4. RL über die AZ auf Schiffen
Präambel, Art. 1 – 4

(7) Um die Sicherheit zu gewährleisten und Wettbewerbsverzerrungen zu vermeiden, müssen die Mitgliedstaaten die Einhaltung der einschlägigen Bestimmungen der Richtlinie 1999/63/EG durch alle Seeschiffe überprüfen können, die ihre Häfen anlaufen, unabhängig von dem Staat, in dem sie eingetragen sind.

(8) Insbesondere darf Schiffen, die unter der Flagge eines Staates fahren, der nicht Vertragspartei des Übereinkommen Nr. 180 der IAO oder des Protokolls zum Übereinkommen Nr. 147 der IAO ist, keine günstigere Behandlung zuteil werden als Schiffen, die unter der Flagge eines Staates fahren, der Vertragspartei des Übereinkommens oder des Protokolls oder beider ist.

(9) Für die Kontrolle der wirksamen Durchsetzung der Richtlinie 1999/63/EG müssen die Mitgliedstaaten Überprüfungen an Bord von Schiffen durchführen, insbesondere, wenn sie vom Kapitän, von einem Besatzungsmitglied oder von einer anderen Person oder Organisation mit berechtigtem Interesse am sicheren Schiffsbetrieb und an sicheren Lebens- und Arbeitsbedingungen an Bord oder an der Verhütung von Verschmutzung eine Beschwerde erhalten haben.

(10) Zur Anwendung dieser Richtlinie können die Mitgliedstaaten auf eigene Initiative entsprechend den Bedürfnissen Besichtiger für Hafenstaatkontrolle zur Ausführung von Überprüfungen an Bord von Schiffen, die Gemeinschaftshäfen anlaufen, bestimmen.

(11) Der Nachweis darüber, dass ein Schiff die Bestimmungen der Richtlinie 1999/63/EG nicht erfüllt, kann nach Überprüfung der Arbeitsbedingungen an Bord und der Aufzeichnungen über die Arbeits- und Ruhezeiten der Seeleute oder dann erbracht werden, wenn ein Besichtiger berechtigten Grund zu der Annahme hat, dass die Seeleute übermüdet sind.

(12) Bestehen eindeutig sicherheits- oder gesundheitsgefährdende Bedingungen an Bord eines Schiffes, so kann die zuständige Behörde des Mitgliedstaates, in dessen Hafen das Schiff eingelaufen ist, dem Schiff das Verlassen des Hafens so lange untersagen, bis die festgestellten Mängel beseitigt wurden oder die Mannschaft sich hinreichend ausgeruht hat.

(13) Da die Richtlinie 1999/63/EG die Bestimmungen des Übereinkommens Nr. 180 der IAO wiedergibt, kann die Überprüfung der Einhaltung der Bestimmungen jener Richtlinien auf Schiffen, die im Schiffsregister eines Drittstaates eingetragen sind, erst nach Inkrafttreten des Übereinkommens erfolgen –

HABEN FOLGENDE RICHTLINIEN ERLASSEN:

Zweck und Geltungsbereich

Art. 1 (1) Mit dieser Richtlinie soll ein System geschaffen werden, mit dem die Einhaltung der Richtlinie 1999/63/EG durch Schiffe, die Häfen der Mitgliedstaaten anlaufen, überprüft und kontrolliert werden soll, um die Sicherheit auf See, die Arbeitsbedingungen und die Gesundheit und Sicherheit von Seeleuten an Bord von Schiffen zu verbessern.

(2) Die Mitgliedstaaten treffen geeignete Maßnahmen, damit die Schiffe, die nicht in ihrem Gebiet registriert sind oder nicht unter ihrer Flagge fahren, die im Anhang der Richtlinie 1999/63/EG enthaltenen Paragraphen 1 bis 12 der Vereinbarung einhalten.

Begriffsbestimmungen

Art. 2 Im Sinne dieser Richtlinie bedeutet

a) *„Schiff"* ein Seeschiff in öffentlichem oder privatem Eigentum, das gewöhnlich in der gewerblichen Seeschifffahrt verwendet wird. Fischereifahrzeuge fallen nicht unter diese Definition;

b) *„zuständige Behörde"* die von den Mitgliedstaaten zur Ausübung von Tätigkeiten im Rahmen dieser Richtlinie benannten Behörden;

c) *„Besichtiger"* ein öffentlicher Bediensteter oder eine andere Person, die von der zuständigen Behörde des Mitgliedstaats ordnungsgemäß ermächtigt ist, die Arbeitsbedingungen an Bord zu überprüfen, und dieser Behörde gegenüber verantwortlich ist;

d) *„Beschwerde"* jeder Hinweis oder Bericht eines Besatzungsmitgliedes, einer Berufsorganisation, eines Verbands, einer Gewerkschaft oder jedweder Person, die an der Sicherheit des Schiffes, insbesondere an der Sicherheit oder Gesundheit der Besatzungsmitglieder, interessiert ist.

Übersendung von Berichten

Art. 3 Unbeschadet des Artikels 1 Absatz 2 bereitet ein Mitgliedstaat, dessen Hafen freiwillig von einem Schiff auf dessen normaler Fahrt oder aus schiffsbetrieblichen Gründen angelaufen wird und der eine Beschwerde erhält, die er nicht für offensichtlich unbegründet hält, oder Beweise dafür hat, dass das Schiff nicht die Normen der Richtlinie 1999/63/EG erfüllt, einen Bericht vor, den er an die Regierung des Staates übermittelt, in dessen Schiffsregister das Schiff eingetragen ist, und trifft, wenn eine Überprüfung gemäß Artikel 4 entsprechende Beweise erbringt, die erforderlichen Maßnahmen, um sicherzustellen, dass die Bedingungen an Bord, die eine eindeutige Gefahr für die Sicherheit oder Gesundheit der Besatzungsmitglieder darstellen, geändert werden.

Die Identität der beschwerdeführenden Person darf weder dem Kapitän noch dem Eigentümer des betroffenen Schiffes bekannt gegeben werden.

Überprüfung und gründlichere Überprüfungen

Art. 4 (1) Wird eine Überprüfung durchgeführt, um Beweise zu erhalten, dass ein Schiff die Anforderungen der Richtlinie 1999/63/EG nicht erfüllt, so stellt der Besichtiger fest, ob

- eine Übersicht, aus der die Arbeitsorganisation an Bord hervorgeht, gemäß dem in Anhang I enthaltenen Standardmuster oder einem anderen gleichwertigen Muster in der oder den auf dem Schiff gesprochenen Arbeitssprache(n) und in Englisch erstellt und an einem leicht zugänglichen Ort an Bord angeschlagen wurde;
- Aufzeichnungen über die Arbeits- und Ruhezeiten der Seeleute in der oder den auf dem Schiff gesprochenen Arbeitssprache(n) und in Englisch gemäß dem in Anhang II enthaltenen Standardmuster oder einem anderen gleichwertigen Muster an Bord geführt und aufbewahrt werden und nachweislich von der zuständigen Behörde des Staates, in dem das Schiff eingetragen ist, geprüft und bestätigt wurden.

(2) Liegt eine Beschwerde vor oder gelangt der Besichtiger nach seinen eigenen Beobachtungen an Bord zu der Auffassung, dass die Seeleute übermüdet sein könnten, so führt der Besichtiger gemäß Absatz 1 eine gründlichere Überprüfung durch, um festzustellen, ob die aufgezeichneten Arbeits- und Ruhezeiten den Normen der Richtlinie 1999/63/EG entsprechen und gebührend beachtet wurden, wobei andere Aufzeichnungen über den Betrieb des Schiffes zu berücksichtigen sind.

Mängelbeseitigung

Art. 5 (1) Hat die Überprüfung oder die gründlichere Überprüfung ergeben, dass das Schiff nicht die Anforderungen der Richtlinie 1999/63/EG erfüllt, so trifft der Mitgliedstaat die notwendigen Maßnahmen, um sicherzustellen, dass die Bedingungen an Bord, die eine eindeutige Gefahr für die Sicherheit oder die Gesundheit der Seeleute darstellen, geändert werden. Diese Maßnahmen können das Verbot beinhalten, den Hafen zu verlassen, solange die Mängel nicht beseitigt sind oder die Seeleute keine ausreichende Ruhezeit hatten.

(2) Gibt es klare Beweise dafür, dass das Wachpersonal für die erste Wache oder die darauffolgenden Wachen übermüdet ist, so stellt der Mitgliedstaat sicher, dass das Schiff den Hafen nicht verlässt, bis die festgestellten Mängel beseitigt sind oder die Seeleute eine ausreichende Ruhezeit hatten.

Folgemaßnahmen

Art. 6 (1) Wird ein Schiff gemäß Artikel 5 festgehalten, unterrichtet die zuständige Behörde des Mitgliedstaates den Kapitän, den Schiffseigner oder -betreiber sowie die Verwaltung des Flaggenstaats oder des Staats, in dem das Schiff eingetragen ist, oder den Konsul oder, falls keine konsularische Vertretung erreichbar ist, die nächstgelegene diplomatische Vertretung dieses Staates über die die Ergebnisse der Überprüfungen gemäß Artikel 4, die vom Besichtiger getroffenen Entscheidungen und, falls erforderlich, die zur Beseitigung der Mängel notwendigen Maßnahmen.

(2) Wird eine Überprüfung gemäß dieser Richtlinie vorgenommen, sind alle erdenklichen Anstrengungen zu unternehmen, um ein unangemessenes Aufhalten des Schiffes zu vermeiden. Tritt dieser Fall dennoch ein, so hat der Schiffseigner oder -betreiber Anspruch auf Ersatz des erlittenen Verlustes oder Schadens. In allen Fällen, in denen ein unangemessenes Aufhalten geltend gemacht wird, liegt die Beweislast beim Eigner oder Betreiber des Schiffes.

Widerspruchsrecht

Art. 7 (1) Der Eigentümer oder Betreiber eines Schiffes oder sein Vertreter in dem Mitgliedstaat hat das Recht, gegen ein von der zuständigen Behörde verfügtes Festhalten Widerspruch einzulegen. Der Widerspruch hat keine aufschiebende Wirkung.

(2) Die Mitgliedstaaten werden zu diesem Zweck geeignete Verfahren nach Maßgabe ihrer innerstaatlichen Rechtsvorschriften einführen und beibehalten.

(3) Die zuständige Behörde unterrichtet den Kapitän eines in Absatz 1 genannten Schiffes gebührend über die Widerspruchsrechte.

Zusammenarbeit der Behörden

Art. 8 (1) Die Mitgliedstaaten treffen die erforderlichen Vorkehrungen, um unter Bedingungen, die mit denen des Artikels 14 der Richtlinie 95/21/EG des Rates vom 19. Juni 1995 zur Durchsetzung internationaler Normen für die Schiffssicherheit, die Verhütung von Verschmutzung und die Lebens- und Arbeitsbedingungen an Bord von Schiffen, die Gemeinschaftshäfen anlaufen und in Hoheitsgewässern der Mitgliedstaaten fahren (Hafenstaatkontrolle) (ABl. L 157 vom 7.7.1995, S. 1. Richtlinie zuletzt geändert durch die Richtlinie 98/42/EG, ABl. L 184 vom 27.6.1998, S. 40) vereinbar sind, eine Zusammenarbeit zwischen ihren zuständigen Behörden und den zuständigen Behörden der anderen Mitgliedstaaten im Hinblick auf die wirksame Umsetzung der vorliegenden Richtlinie zu gewährleisten; sie unterrichten die Kommission von diesen Vorkehrungen.

(2) Die Informationen über die gemäß den Artikeln 4 und 5 ergriffenen Maßnahmen werden nach Modalitäten veröffentlicht, die den in Artikel 15 Absatz 1 der Richtlinie 95/21/EG vorgesehenen Modalitäten entsprechen.

Nichtbegünstigungsklausel

Art. 9 Bei der Überprüfung eines Schiffs, das unter der Flagge eines Staates fährt oder im Schiffsregister eines Staates eingetragen ist, der das Übereinkommen Nr. 180 der IAO oder das Protokoll zum Übereinkommen Nr. 147 der IAO nicht unterzeichnet hat, sorgen die Mitgliedstaaten ab Inkrafttreten des Übereinkommens und des Protokolls dafür, dass das Schiff und seine Besatzung nicht günstiger behandelt werden als Schiffe, die unter der Flagge eines Staates fahren, der Vertragspartei des Übereinkommens Nr. 180

5/4. RL über die AZ auf Schiffen
Art. 9 – 13, Anhang I

der IAO oder des Protokolls zum Übereinkommen Nr. 147 der IAO oder beider ist.

Schlussbestimmungen

Art. 10 (1) Die Mitgliedstaaten setzen die Rechts- und Verwaltungsvorschriften in Kraft, die erforderlich sind, um dieser Richtlinie spätestens am 30. Juni 2002 nachzukommen.

(2) Wenn die Mitgliedstaaten derartige Vorschriften erlassen, nehmen sie in den Vorschriften selbst oder durch einen Hinweis bei der amtlichen Veröffentlichung auf diese Richtlinie Bezug. Die Mitgliedstaaten regeln die Einzelheiten dieser Bezugnahme.

(3) Die Mitgliedstaaten teilen der Kommission unverzüglich alle innerstaatlichen Rechtsvorschriften mit, die sie auf dem unter diese Richtlinie fallenden Gebiet erlassen. Die Kommission unterrichtet die anderen Mitgliedstaaten hiervon.

Schiffe aus Drittstaaten

Art. 11 Für Schiffe, die nicht unter der Flagge eines Mitgliedstaates fahren oder nicht im Schiffsregister eines Mitgliedstaates eingetragen sind, gelten die Bestimmungen dieser Richtlinie erst ab dem Datum des Inkrafttreten des Übereinkommens Nr. 180 der IAO und des Protokolls zum Übereinkommen Nr. 147 der IAO.

Inkrafttreten

Art. 12 Diese Richtlinie tritt am Tag ihrer Veröffentlichung im *Amtsblatt der Europäischen Gemeinschaften* in Kraft.

Adressaten

Art. 13 Diese Richtlinie ist an die Mitgliedstaaten gerichtet.

Anhang I
Standardmuster für die Übersicht über die Arbeitsorganisation an Bord[1]

Name des Schiffs: _____
Flagge des Schiffs: _____
IMO-Nummer (falls vorhanden): _____
Letzte Aktualisierung der Übersicht: _____ ( ) von ( ) Seiten.
Die Höchstarbeitszeit und Mindestzuheizeit unterliegen nachstehender Regelung: _____ (nationales Gesetz oder Verordnung), die dem Übereinkommen 180 der IAO über die Arbeitszeit der Seeleute und die Besatzungsstärke der Schiffe 1996 und allen gemäß diesem Übereinkommen eingetragenen oder genehmigten Tarifverträgen und dem Internationalen Übereinkommen über Normen für die Ausbildung, die Erteilung von Befähigungszeugnissen und den Wachdienst von Seeleuten (1978) in seiner geänderten Fassung (STCW)[2] entsprechen.
Höchstarbeitszeit und Mindestruhezeit[3] _____
Sonstige Bestimmungen:

Dienstl. Stellung/ Rang[4]	Tägliche Regelarbeitszeit auf See		Tägliche Regelarbeitszeit im Hafen		Bemerkungen	Tägl. Gesamtarbeitszeit[3] (Std.)	
	Wachdienst (von-bis)	Sonstige Pflichten (von-bis)[5]	Wachdienst (von-bis)	Sonstige Pflichten (von-bis)		Auf See	Im Hafen

Unterschrift des Kapitäns:

---

[1] Die in diesem Muster verwendeten Begriffe sind in der Arbeitssprache oder den Arbeitssprachen des Schiffes und in Englisch anzugeben.
[2] Für Auszüge aus dem ILO-Übereinkommen 180 und dem STCW-Übereinkommen s. folgende Seite.
[3] Unzutreffendes streichen.
[4] Hier sind die gleichen wie die im Schiffsbesatzungszeugnis für diese dienstlichen Stellungen/Ränge enthaltenen Begriffe zu verwenden.
[5] Für das Wachpersonal können unter der Rubrik „Bemerkungen" Angaben zu der voraussichtlich für außerplanmäßige Dienste abzuleistenden Stundenzahl eingetragen werden; diese Stunden sind in der Rubrik zur Angabe der täglichen Gesamtarbeitszeit aufzunehmen.

5/4. RL über die AZ auf Schiffen

Anhang I

Auswahl von Texten aus dem IAO-Übereinkommen 180 und dem STCW-Übereinkommen

IAO-Übereinkommen 180

Art. 5 Absatz 1	Die Arbeits- oder Ruhezeiten haben folgenden Beschränkungen zu unterliegen: a) die Höchstarbeitszeit darf nicht überschreiten: i) 14 Stunden in jedem Zeitraum von 24 Stunden; ii) 72 Stunden in jedem Zeitraum von sieben Tagen; oder b) die Mindestruhezeit darf nicht unterschreiten: i) zehn Stunden in jedem Zeitraum von 24 Stunden, und ii) 77 Stunden in jedem Zeitraum von sieben Tagen.
Art. 5 Absatz 2	Die Ruhezeit kann in höchstens zwei Zeiträume aufgeteilt werden, von denen einer eine Mindestdauer von sechs Stunden haben muß, und der Zeitraum zwischen zwei aufeinanderfolgenden Ruhezeiten darf 14 Stunden nicht überschreiten.
Art. 5 Absatz 6	Die Absätze 1 und 2 hindern das Mitglied nicht daran, eine innerstaatliche Gesetzgebung oder ein Verfahren anzunehmen, wonach die zuständige Stelle Gesamtarbeitsverträge genehmigen oder registrieren kann, die Ausnahmen von den festgelegten Beschränkungen gestatten. Diese Ausnahmen haben so weit wie möglich den festgelegten Normen zu folgen, können aber häufigeren oder längeren Urlaubszeiten oder der Gewährung von Ausgleichsurlaub für wachegehende Seeleute oder Seeleuten, die an Bord von Schiffen von kurzer Reisedauer arbeiten, Rechnung tragen.
Art. 7 Absatz 1	Die Bestimmungen dieses Übereinkommens sind nicht so auszulegen, als würde dadurch das Recht des Kapitäns eines Schiffes beeinträchtigt, von einem Seemann die Leistung der Arbeitszeiten zu verlangen, die für die unmittelbare Sicherheit des Schiffes, der Personen an Bord oder der Ladung oder zur Hilfeleistung für andere Schiffe oder Personen, die sich in Seenot befinden, erforderlich sind.
Art. 7 Absatz 3	Sobald es nach Wiederherstellung der normalen Situation praktisch möglich ist, hat der Kapitän sicherzustellen, daß alle Seeleute, die während einer planmäßigen Ruhezeit Arbeit geleistet haben, eine ausreichende Ruhezeit erhalten.

STCW-Übereinkommen

Abschnitt A-VIII/1 des STCW-Codes (Normen)

1. Allen Personen, die als Wachoffiziere oder als Schiffsleute, die Brückenwache gehen, zum Dienst eingeteilt sind, müssen während eines jeden Zeitraums von 24 Stunden mindestens 10 Stunden Ruhe zugestanden werden.
2. Die Ruhephasen dürfen in höchstens zwei Zeiträume aufgeteilt werden, von denen eine mindestens 6 Stunden umfassen muß.
3. Die Vorschriften bezüglich der in den Absätzen 1 und 2 festgelegten Ruhepausen brauchen im Notfall, bei Übungen oder unter sonstigen vordringlichen betrieblichen Bedingungen nicht eingehalten zu werden.
4. Ungeachtet der Vorschriften in den Absätzen 1 und 2 kann der Mindestzeitraum von 10 Stunden auf mindestens 6 aufeinanderfolgende Stunden reduziert werden, vorausgesetzt daß sich eine solche Herabsetzung nicht über mehr als zwei Tage erstreckt und mindestens 70 Stunden Ruhe in jedem Zeitraum von sieben Tagen gewährleistet sind.
5. Die Verwaltungen müssen dafür Sorge tragen, daß Wachpläne an den Stellen angebracht werden, die leicht zugänglich sind.

Abschnitt B-VIII/1 des STCW-Codes (Anleitung)

3. Bei der Anwendung von Regel VIII/1 sollten die nachstehenden Gegebenheiten berücksichtigt werden:
1. in den Vorschriften über die Verhütung von Ermüdung sollte sichergestellt werden, daß keine übermäßige oder unvernünftige Gesamtarbeitszeit geleistet wird. Insbesondere sollten die in Abschnitt VIII/1 aufgeführten Mindestruhepausen so ausgelegt werden, daß darunter nicht zu verstehen ist, daß die gesamte andere Zeit für Wachdienst oder andere Pflichten aufgewendet werden kann;
2. die Häufigkeit und die Länge der Ruhepausen sowie die Gewährung von Ausgleichsurlaub sind wesentliche Faktoren, um zu verhindern, daß es zu zunehmender Ermüdung über einen längeren Zeitraum kommt;
3. die Vorschriften für Schiffe, die sich auf kurzen Seereisen befinden, können variiert werden, vorausgesetzt daß besondere Sicherheitsvorkehrungen getroffen werden.

5/4. RL über die AZ auf Schiffen
Anhang II

Anhang II
Standardformular für die Übersicht über die Arbeitszeiten und Ruhezeiten von Seeleuten[1]

Name des Schiffs: _____
IMO-Nummer (falls vorhanden): _____
Flagge des Schiffs: _____
Seemann (vollständiger Name): _____
dienstl. Stellung/Rang: _____
Monat und Jahr: _____ Wachmann[2]: ja ☐   nein ☐

Übersicht über die Arbeits-/Ruhezeiten[3]
Bitte kennzeichnen Sie die Arbeits- oder Ruhezeiten ggf. mit einem „X" oder verwenden sie eine durchgehende Pfeillinie.

Bitte füllen sie die umstehende Tabelle aus
Für dieses Schiff gelten die nachstehenden Rechts- und Verwaltungsvorschriften und/oder Tarifverträge über die Begrenzung der Arbeitszeiten oder Mindestruhezeiten: _____
Ich bestätige, daß diese Übersicht die Arbeits- bzw. Ruhezeiten der betroffenen Seeleute korrekt wiedergibt.
Name des Kapitäns oder der vom Kapitän zur Unterzeichnung dieser Übersicht ermächtigten Person: _____
Unterschrift des Kapitäns oder der hierzu ermächtigten Person: _____
Unterschrift des Seemanns: _____
Dem Seemann ist eine Zweitschrift dieser Übersicht auszuhändigen.
Dieses Formular ist gemäß den vom .... (Name der zuständigen Behörde) aufgestellten Verfahren zu prüfen und zu bestätigen.

---

[1] Die in dieser Mustertabelle enthaltenen Angaben sind in der Arbeitssprache oder den Arbeitssprachen des Schiffs und in Englisch zu machen.
[2] Ggf. mit ✓ bestätigen.
[3] Nichtzutreffendes streichen.

5/4. RL über die AZ auf Schiffen

Anhang II

Die Arbeits und Ruhezeiten sind ggf. mit einem „X" oder einer durchgehenden Linie bzw. einem Pfeil zu kennzeichnen		Bemerkungen	Ruhezeiten während eines Zeitraums von 24 Std.	Nicht vom Seemann auszufüllen[1])	
Stunden 00 01 02 03 04 05 06 07 08 09 10 11 12 13 14 15 16 17 18 19 20 21 22 23				Jeweilige Arbeits- oder Ruhezeiten innerhalb eines beliebigen Zeitraums von 24 Stunden[2])	Jeweilige Arbeits- oder Ruhezeiten innerhalb eines beliebigen Zeitraums von 7 Tagen[2])
Datum					
Hours 00 01 02 03 04 05 06 07 08 09 10 11 12 13 14 15 16 17 18 19 20 21 22 23					

[1]) Auszufüllen und zu verwenden gemäß den von der zuständigen Behörde in Übereinstimmung mit den einschlägigen Anforderungen des Übereinkommens über die Arbeitszeit der Seeleute und die Besatzungsstärke der Schiffe, 1996 (Übereinkommen 180) vorgegebenen Verfahren.

[2]) Um die Einhaltung der einschlägigen Anforderungen des Übereinkommens über die Arbeitszeit der Seeleute und die Besatzungsstärke der Schiffe, 1996 (Übereinkommen 180) und des Internationalen Übereinkommens von 1978 über Normen für die Ausbildung, die Erteilung von Befähigungszeugnissen und den Wachdienst von Seeleuten (STCW-Übereinkommen) in seiner geänderten Fassung sicherzustellen, können sich zusätzliche Berechnungen und Überprüfungen als erforderlich erweisen.

5/5. AZ-RL für das fliegende Personal
Präambel

5/5. Arbeitszeitrichtlinie für das fliegende Personal

Richtlinie 2000/79/EG des Rates über die Durchführung der von der Vereinigung Europäischer Fluggesellschaften (AEA), der Europäischen Transportarbeiter-Föderation (ETF), der European Cockpit Association (ECA), der European Regions Airline Association (ERA) und der International Air Carrier Association (IACA) geschlossenen Europäischen Vereinbarung über die Arbeitszeitorganisation für das fliegende Personal der Zivilluftfahrt, vom 27. November 2000

(ABl. Nr. L 302 v. 1.12.2000, S. 57)

GLIEDERUNG

Art. 1: Zweck
Art. 2: Rückschrittsverbot
Art. 3: Umsetzung
Art. 4: In-Kraft-Treten
Art. 5: Adressaten

ANHANG

DER RAT DER EUROPÄISCHEN UNION –

gestützt auf den Vertrag zur Gründung der Europäischen Gemeinschaft, insbesondere auf Artikel 139 Absatz 2,

auf Vorschlag der Kommission,

in Erwägung nachstehender Gründe:

(1) Die Sozialpartner können gemäß Artikel 139 Absatz 2 des Vertrags gemeinsam beantragen, dass auf Gemeinschaftsebene geschlossene Vereinbarungen durch einen Beschluss des Rates auf Vorschlag der Kommission durchgeführt werden.

(2) Der Rat hat die Richtlinie 93/104/EG (ABl. L 307 v. 13.12.1993, S. 18. Richtlinie geändert durch die Richtlinie 2000/34/EG, ABl. L 195 v. 1.8.2000, S. 41 [nun RL 2003/ 88/EG) über bestimmte Aspekte der Arbeitszeitgestaltung erlassen. Die Zivilluftfahrt zählt zu den von dem Anwendungsbereich der genannten Richtlinie ausgeschlossenen Sektoren und Tätigkeitsbereichen. Das Europäische Parlament und der Rat haben die Richtlinie 2000/34/EG zur Änderung der Richtlinie 93/104/EG verabschiedet, mit der die Sektoren und Tätigkeitsbereiche, die aus dieser bislang ausgeschlossen waren, ebenfalls abgedeckt werden sollen.

(3) Die Kommission hat gemäß Artikel 138 Absatz 2 des Vertrags die Sozialpartner zu der möglichen Ausrichtung einer Gemeinschaftsaktion bezüglich der von der Richtlinie 93/104/EG ausgeschlossenen Sektoren und Tätigkeitsbereich angehört.

(4) Da die Kommission nach dieser Anhörung zu dem Schluss kam, dass eine Gemeinschaftsaktion zweckmäßig sei, hörte sie die Sozialpartner auf europäischer Ebene gemäß Artikel 138 Absatz 3 des Vertrags zum Inhalt des in Aussicht genommenen Vorschlags erneut an.

(5) Die Vereinigung Europäischer Fluggesellschaften (AEA), die Europäische Transportarbeiter-Föderation (ETF), die European Cockpit Association (ECA), die European Regions Airline Association (ERA) und die International Air Carrier Association (IACA) haben die Kommission von ihrem Wunsch in Kenntnis gesetzt, gemäß Artikel 138 Absatz 4 Verhandlungen aufzunehmen.

(6) Am 22. März 2000 schlossen die genannten Organisationen eine Europäische Vereinbarung über die Arbeitszeitorganisation für das fliegende Personal der Zivilluftfahrt.

(7) Die Vereinbarung enthält einen an die Kommission gerichteten gemeinsamen Antrag, die Vereinbarung durch einen Beschluss des Rates auf Vorschlag der Kommission gemäß Artikel 139 Absatz 2 des Vertrags durchzuführen.

(8) Diese Richtlinie und die Vereinbarung enthalten spezifische Vorschriften im Sinne von Artikel 14 der Richtlinie 93/104/EG, die die Arbeitszeitorganisation für das fliegende Personal der Zivilluftfahrt betreffen.

(9) Nach Artikel 2 Nummer 7 der Richtlinie 93/104/EG ist ein „mobiler Arbeitnehmer" jeder Arbeitnehmer, der als Mitglied des fahrenden oder fliegenden Personals im Dienste eines Unternehmens beschäftigt ist, das Personen oder Güter im Straßen- oder Luftverkehr oder in der Binnenschifffahrt befördert.

(10) Das angemessene Instrument für die Durchführung der Vereinbarung ist eine Richtlinie im Sinne von Artikel 249 des Vertrags.

(11) Angesichts der starken Integration des Luftfahrtsektors und der dort herrschenden Wettbewerbsbedingungen können die Ziele dieser Richtlinie – nämlich Schutz von Gesundheit und Sicherheit der Arbeitnehmer – von den Mitgliedstaaten nicht in ausreichendem Maße verwirklicht werden, weswegen nach dem Subsidiaritätsprinzip des Artikel 5 des Vertrags eine Gemeinschaftsmaßnahme erforderlich ist. Diese Richtlinie geht nicht über das für die Erreichung dieser Ziele erforderliche Maß hinaus.

(12) Diese Richtlinie lässt den Mitgliedstaaten die Freiheit, die in der Vereinbarung verwendeten Begriffe, die dort nicht eigenes definiert sind,

5/5. AZ-RL für das fliegende Personal

Präambel, Art. 1 – 5, Anhang

in Übereinstimmung mit den einzelstaatlichen Rechtsvorschriften und Gepflogenheiten zu bestimmen, wie es auch bei den übrigen sozialpolitischen Richtlinien der Fall ist, die ähnlichen Begriffe verwenden. Allerdings müssen die Begriffsbestimmungen mit der Vereinbarung kompatibel sein.

(13) Die Kommission hat ihren Richtlinienvorschlag gemäß ihrer Mitteilung vom 20. Mai 1998 über die Anpassung und Förderung des sozialen Dialogs auf Gemeinschaftsebene unter Berücksichtigung der Repräsentativität der Unterzeichnerparteien und der Rechtmäßigkeit jeder Klausel der Vereinbarung erstellt. Die Unterzeichnerparteien verfügen über eine ausreichende kumulative Repräsentativität für das fliegende Personal im Dienste eines Unternehmens, das Personen oder Güter im Zivilluftverkehr befördert.

(14) Die Kommission hat ihren Richtlinienvorschlag gemäß Artikel 137 Absatz 2 des Vertrags erstellt, dem zufolge Richtlinien im Bereich der Sozialpolitik „keine verwaltungsmäßigen, finanziellen oder rechtlichen Auflagen vorschreiben (sollen), die der Gründung und Entwicklung von kleinen und mittleren Unternehmen entgegenstehen."

(15) Diese Richtlinie und die Vereinbarung legen einen Mindeststandard fest. Die Mitgliedstaaten und/oder die Sozialpartner sollten günstigere Bestimmungen beibehalten oder einführen können.

(16) Die Durchführung dieser Richtlinie darf nicht als Rechtfertigung für Rückschritte hinter den bereits in den einzelnen Mitgliedstaaten erreichten Stand dienen.

(17) Die Kommission hat das Europäische Parlament, den Wirtschafts- und Sozialausschuss und den Ausschuss der Regionen unterrichtet und ihnen ihren Richtlinienvorschlag, der die Vereinbarung umfasst, übermittelt.

(18) Das Europäische Parlament hat am 3. Oktober 2000 eine Entschließung betreffend die Rahmenvereinbarung der Sozialpartner angenommen.

(19) Die Durchführung der Vereinbarung trägt zur Erreichung der Ziele des Artikels 136 des Vertrags bei –
HAT FOLGENDE RICHTLINIE ERLASSEN:

Zweck

Art. 1 Zweck dieser Richtlinie ist die Durchführung der Europäischen Vereinbarung über die Arbeitszeitorganisation für das fliegende Personal der Zivilluftfahrt, die am 22. März 2000 zwischen den Organisationen geschlossen wurde, die die Arbeitgeber und die Arbeitnehmer der Zivilluftfahrt vertreten: der Vereinigung Europäischer Fluggesellschaften (AEA), der Europäischen Transportarbeiter-Föderation (ETF), der European Cockpit Association (ECA), der European Regions Airline Association (ERA) und der International Air Carrier Association (IACA).
Der Wortlaut der Vereinbarung ist beigefügt.

Rückschrittsverbot

Art. 2 (1) Die Mitgliedstaaten können Vorschriften beibehalten oder einführen, die günstiger sind als die Bestimmungen dieser Richtlinie.

(2) Die Durchführung dieser Richtlinie ist unter keinen Umständen ein hinreichender Grund zur Rechtfertigung einer Senkung des allgemeinen Schutzniveaus für Arbeitnehmer in den von dieser Richtlinie abgedeckten Bereichen. Dies gilt unbeschadet der Rechte der Mitgliedstaaten und/oder der Sozialpartner, angesichts sich wandelnder Bedingungen andere Rechts- und Verwaltungsvorschriften oder vertragliche Regelungen festzulegen als diejenigen, die zum Zweck des Erlasses dieser Richtlinie gelten, sofern die Mindestvorschriften dieser Richtlinie eingehalten werden.

Umsetzung

Art. 3 Die Mitgliedstaaten erlassen die erforderlichen Rechts- und Verwaltungsvorschriften, um dieser Richtlinie spätestens am 1. Dezember 2003 nachzukommen, oder sie sorgen dafür, dass bis spätestens zu diesem Zeitpunkt die Sozialpartner im Wege von Vereinbarungen die notwendigen Vorkehrungen getroffen haben. Die Mitgliedstaaten treffen alle notwendigen Vorkehrungen, die es ihnen erlauben, die durch die Richtlinie vorgeschriebenen Ergebnisse jederzeit gewährleisten zu können. Sie setzen die Kommission unverzüglich davon in Kenntnis.

Wenn die Mitgliedstaaten die Vorschriften nach Absatz 1 erlassen, nehmen sie in den Vorschriften selbst oder durch einen Hinweis bei der amtlichen Veröffentlichung auf diese Richtlinie Bezug. Die Mitgliedstaaten regeln die Einzelheiten der Bezugnahme.

In-Kraft-Treten

Art. 4 Diese Richtlinie tritt am Tag ihrer Veröffentlichung im *Amtsblatt der Europäischen Gemeinschaften* in Kraft.

Adressaten

Art. 5 Diese Richtlinie ist an die Mitgliedstaaten gerichtet.

ANHANG
Europäische Vereinbarung über die Arbeitszeitorganisation für das fliegende Personal der Zivilluftfahrt, geschlossen von der Vereinigung Europäischer Fluggesellschaften (AEA), der Europäischen Transportarbeiter-Föderation (ETF), der European Cockpit Association (ECA), der European Regions Airline Association (ERA) und der International Air Carrier Association (IACA)

Gestützt auf den Vertrag zur Gründung der Europäischen Gemeinschaft, insbesondere auf Artikel 138 und 139 Absatz 2,
in Erwägung nachstehender Gründe:

Artikel 139 Absatz 2 des Vertrags sieht vor, dass auf Gemeinschaftsebene geschlossene Ver-

5/5. AZ-RL für das fliegende Personal
Anhang

einbarungen auf gemeinsamen Antrag der Unterzeichnerparteien durch einen Beschluss des Rates auf Vorschlag der Kommission durchgeführt werden können.

Die Unterzeichnerparteien stellen hiermit einen solchen Antrag.

Nach Auffassung der Unterzeichnerparteien handelt es sich bei den Bestimmungen dieser Vereinbarung um „spezifischere Vorschriften" im Sinne von Artikel 14 der Richtlinie 93/104/EG des Rates, sodass die Bestimmungen dieser Richtlinie insofern nicht gelten –

SIND DIE UNTERZEICHNERPARTEIEN WIE FOLGT ÜBEREINGEKOMMEN:

Geltungsbereich

Klausel 1. (1) Die Vereinbarung gilt für die Arbeitszeit des fliegenden Personals der Zivilluftfahrt.

(2) Sie enthält spezifischere Vorschriften im Sinne von Artikel 14 der Richtlinie 93/104/EG des Rates, die die Arbeitszeitorganisation für das fliegende Personal der Zivilluftfahrt betreffen.

Definitionen

Klausel 2. (1) *„Arbeitszeit"* bezeichnet jede Zeitspanne, während der ein Arbeitnehmer gemäß den einzelstaatlichen Rechtsvorschriften und/oder Gepflogenheiten arbeitet, dem Arbeitgeber zur Verfügung steht und seine Tätigkeit ausübt oder Aufgaben wahrnimmt.

(2) *„Fliegendes Personal der Zivilluftfahrt"* bezeichnet die Mitglieder der Besatzung an Bord eines Zivilluftfahrzeugs, die von einem Unternehmen mit Sitz in einem Mitgliedstaat beschäftigt werden.

(3) *„Blockzeit"* bezeichnet die Zeit zwischen dem erstmaligen Abrollen eines Luftfahrzeugs aus seiner Parkposition zum Zweck des Startens bis zum Stillstand an der zugewiesenen Parkposition und bis alle Triebwerke abgestellt sind.

Jahresurlaub

Klausel 3. (1) Das fliegende Personal der Zivilluftfahrt hat Anspruch auf bezahlten Jahresurlaub von mindestens vier Wochen; die Voraussetzungen für diesen Anspruch und für die Gewährung des Jahresurlaubs sind durch die nationalen Rechtsvorschriften und/oder Gepflogenheiten geregelt.

(2) Der bezahlte Mindestjahresurlaub darf außer bei Beendigung des Arbeitsverhältnisses nicht durch eine finanzielle Vergütung ersetzt werden.

Gesundheitsschutz

Klausel 4. (1)
a) Das fliegende Personal der Zivilluftfahrt hat Anspruch auf eine unentgeltliche Untersuchung des Gesundheitszustands vor der erstmaligen Aufnahme der Arbeit und danach in regelmäßigen Abständen.
b) Leidet ein Mitglied des fliegenden Personals der Zivilluftfahrt an gesundheitlichen Problemen, die anerkanntermaßen damit zusammenhängen, dass die betreffende Person auch nachts arbeitet, so wird ihr nach Möglichkeit eine ihrer Eignung entsprechende Tätigkeit als Mitglied des fliegenden Personals oder des Bodenpersonals zugewiesen, die nur am Tage ausgeübt wird.

(2) Die unentgeltliche Untersuchung des Gesundheitszustands gemäß Absatz 1 Buchstabe a) unterliegt der ärztlichen Schweigepflicht.

(3) Die unentgeltliche Untersuchung des Gesundheitszustandes gemäß Absatz 1 Buchstabe a) kann im Rahmen des öffentlichen Gesundheitswesens durchgeführt werden.

Klausel 5. (1) Den Mitgliedern des fliegenden Personals der Zivilluftfahrt wird ein der Art ihrer Tätigkeit entsprechender Schutz ihrer Sicherheit und Gesundheit gewährt.

(2) Für die Sicherheit und Gesundheit des fliegenden Personals der Zivilluftfahrt stehen jederzeit angemessene Schutz- und Präventionsvorkehrungen oder -einrichtungen zur Verfügung.

Arbeitsrhythmus

Klausel 6. Es werden die erforderlichen Maßnahmen getroffen, um zu gewährleisten, dass ein Arbeitgeber, der beabsichtigt, die Arbeit nach einem bestimmten Rhythmus zu organisieren, den allgemeinen Grundsatz berücksichtigt, dass die Arbeit dem Arbeitnehmer angepasst sein muss.

Klausel 7. Die zuständigen Behörden sind auf Verlangen über spezifische Arbeitsrhythmen für das fliegende Personal der Zivilluftfahrt zu informieren.

Arbeitszeit

Klausel 8. (1) Die Arbeitszeit ist unbeschadet etwaiger künftiger Gemeinschaftsbestimmungen über Flugdienstzeitbegrenzungen sowie Ruhezeitregelungen und in Verbindung mit den einschlägigen nationalen Rechtsvorschriften zu betrachten, die bei allen diesbezüglichen Fragen zu berücksichtigen sind.

(2) Die maximale jährliche Arbeitszeit beträgt einschließlich der durch Rechtsakte geregelten Bereitschaftszeit zur Aufgabenzuweisung 2000 Stunden, wobei die Blockzeit auf 900 Stunden beschränkt ist.

(3) Die maximale jährliche Arbeitszeit sollte so gleichmäßig über das Jahr verteilt werden, wie dies in der Praxis möglich ist.

Freizeit

Klausel 9. Unbeschadet der Klausel 3 erhält das fliegende Personal der Zivilluftfahrt im Voraus bekanntzugebende flugdienstzeitfreie und bereitschaftsfreie Tage wie folgt:
a) mindestens 7 Ortstage pro Kalendermonat, die die gesetzlich vorgeschriebenen Ruhezeiten einschließen können, und
b) mindestens 96 Ortstage pro Kalenderjahr, die die gesetzlich vorgeschriebenen Ruhezeiten einschließen können.

Überprüfung

Klausel 10. Die Parteien überprüfen die obigen Bestimmungen 2 Jahre nach Ablauf der Durchführungsfrist, die im Ratsbeschluss zur Inkraftsetzung dieser Vereinbarung festgelegt wird.

5/6. AZ-RL – Bahnpersonal

5/6. Arbeitszeitrichtlinie für das Bahnpersonal

Richtlinie 2005/47/EG des Rates betreffend die Vereinbarung zwischen der Gemeinschaft der Europäischen Bahnen (CER) und der Europäischen Transportarbeiter-Föderation (ETF) über bestimmte Aspekte der Einsatzbedingungen des fahrenden Personals im interoperablen grenzüberschreitenden Verkehr im Eisenbahnsektor vom 18. Juli 2005

(ABl. Nr. L 195 v. 27.7.2005, S. 15)

DER RAT DER EUROPÄISCHEN UNION –

gestützt auf den Vertrag zur Gründung der Europäischen Gemeinschaft, insbesondere auf Artikel 139 Absatz 2,

auf Vorschlag der Kommission,

in Erwägung nachstehender Gründe:

(1) Diese Richtlinie steht im Einklang mit den Grundrechten und Prinzipien, wie sie in der Charta der Grundrechte der Europäischen Union anerkannt sind; sie soll insbesondere die uneingeschränkte Einhaltung von Artikel 31 der Charta gewährleisten, dem zufolge jede Arbeitnehmerin und jeder Arbeitnehmer das Recht auf gesunde, sichere und würdige Arbeitsbedingungen sowie auf eine Begrenzung der Höchstarbeitszeit, auf tägliche und wöchentliche Ruhezeiten sowie auf bezahlten Jahresurlaub hat.

(2) Die Sozialpartner können gemäß Artikel 139 Absatz 2 des Vertrags gemeinsam beantragen, dass auf Gemeinschaftsebene geschlossene Vereinbarungen durch einen Beschluss des Rates auf Vorschlag der Kommission durchgeführt werden.

(3) Der Rat hat die Richtlinie 93/104/EG vom 23. November 1993 über bestimmte Aspekte der Arbeitszeitgestaltung (ABl. L 307 vom 13.12.1993, S. 18, geändert durch die Richtlinie 2000/34/EG) erlassen. Der Eisenbahnverkehr zählt zu den aus dem Anwendungsbereich der genannten Richtlinie ausgeschlossenen Sektoren und Tätigkeitsbereichen. Das Europäische Parlament und der Rat haben die Richtlinie 2000/34/ EG zur Änderung der Richtlinie 93/104/EG (ABl. L 195 vom 1.8.2000, S. 41) erlassen, mit der die Sektoren und Tätigkeitsbereiche, die bislang ausgeschlossen waren, ebenfalls abgedeckt werden sollten.

(4) Das Europäische Parlament und der Rat haben die Richtlinie 2003/88/EG vom 4. November 2003 über bestimmte Aspekte der Arbeitszeitgestaltung (ABl. L 299 vom 18.11.2003, S. 9 *[siehe 5/1.]*) erlassen, mit der die Richtlinie 93/104/EG kodifiziert und aufgehoben wurde.

(5) Die Richtlinie 2003/88/EG sieht vor, dass Abweichungen von den Artikeln 3, 4, 5, 8 und 16 für Eisenbahnpersonal, das seine Arbeitszeit in Zügen verbringt, zulässig sind.

(6) Die Gemeinschaft der Europäischen Bahnen (CER) und die Europäische Transportarbeiter-Föderation (ETF) haben die Kommission von ihrem Wunsch in Kenntnis gesetzt, gemäß Artikel 139 Absatz 1 des Vertrags Verhandlungen aufzunehmen.

(7) Am 27. Januar 2004 haben die genannten Organisationen eine Vereinbarung über bestimmte Aspekte der Bedingungen für den Einsatz des fahrenden Personals im interoperablen grenzüberschreitenden Eisenbahnverkehr, nachstehend „Vereinbarung" genannt, geschlossen.

(8) Die Vereinbarung enthält einen an die Kommission gerichteten gemeinsamen Antrag, die Vereinbarung durch einen Beschluss des Rates auf Vorschlag der Kommission gemäß Artikel 139 Absatz 2 des Vertrags durchzuführen.

(9) Die Richtlinie 2003/88/EG ist anwendbar auf fahrendes Personal im interoperablen grenzüberschreitenden Eisenbahnverkehr, außer wenn spezifischere Vorschriften in der vorliegenden Richtlinie und der beigefügten Vereinbarung enthalten sind.

(10) Im Sinne von Artikel 249 des Vertrags ist eine Richtlinie das angemessene Instrument für die Durchführung der Vereinbarung.

(11) Da die Ziele dieser Richtlinie, die dem Schutz von Gesundheit und Sicherheit dienen soll, im Hinblick auf die Vollendung des Binnenmarkts im Eisenbahnverkehr und angesichts der dort herrschenden Wettbewerbsbedingungen von den Mitgliedstaaten nicht ausreichend verwirklicht werden können und daher besser auf Gemeinschaftsebene zu erreichen sind, kann die Gemeinschaft im Einklang mit dem in Artikel 5 des Vertrags niedergelegten Subsidiaritätsprinzip tätig werden. Entsprechend dem in demselben Artikel niedergelegten Verhältnismäßigkeitsgrundsatz geht diese Richtlinie nicht über das für die Erreichung der Ziele erforderliche Maß hinaus.

(12) Die Entwicklung des europäischen Eisenbahnsektors erfordert eine aufmerksame Begleitung der Rolle der gegenwärtigen und neuen Akteure, damit eine harmonische Weiterentwicklung in der gesamten Gemeinschaft sichergestellt wird. Der europäische soziale Dialog in diesem Bereich sollte diese Entwicklung widerspiegeln können und ihr bestmöglich Rechnung tragen.

(13) Diese Richtlinie lässt den Mitgliedstaaten die Freiheit, die in der Vereinbarung verwendeten Begriffe, die dort nicht eigens definiert sind, in Übereinstimmung mit den einzelstaatlichen Rechtsvorschriften und Gepflogenheiten zu bestimmen, wie es auch bei den übrigen sozialpolitischen Richtlinien der Fall ist, die ähnliche Begriffe verwenden. Allerdings müssen die Begriffsbestimmungen mit der Vereinbarung zu vereinbaren sein.

(14) Die Kommission hat ihren Richtlinienvorschlag in Übereinstimmung mit ihrer Mitteilung vom 20. Mai 1998 über die Anpassung und Förde-

rung des sozialen Dialogs auf Gemeinschaftsebene unter Berücksichtigung der Repräsentativität der Vertragsparteien und der Rechtmäßigkeit der Bestimmungen der Vereinbarung ausgearbeitet; die Vertragsparteien verfügen gemeinsam über eine ausreichende Repräsentativität für das fahrende Eisenbahnpersonal im interoperablen grenzüberschreitenden Verkehr der Eisenbahnbetriebe.

(15) Die Kommission hat ihren Richtlinienvorschlag in Übereinstimmung mit Artikel 137 Absatz 2 des Vertrags erstellt, dem zufolge Richtlinien im Bereich der Sozialpolitik keine verwaltungsmäßigen, finanziellen oder rechtlichen Auflagen vorschreiben sollen, die der Gründung und Entwicklung von kleinen und mittleren Unternehmen entgegenstehen.

(16) Diese Richtlinie und die Vereinbarung legen Mindeststandards fest; die Mitgliedstaaten und/oder die Sozialpartner sollten günstigere Bestimmungen beibehalten oder einführen können.

(17) Die Kommission hat das Europäische Parlament, den Europäischen Wirtschafts- und Sozialausschuss und den Ausschuss der Regionen unterrichtet und ihnen ihren Vorschlag für eine Richtlinie zur Durchführung der Vereinbarung übermittelt.

(18) Das Europäische Parlament hat am 26. Mai 2005 eine Entschließung zu der Vereinbarung der Sozialpartner angenommen.

(19) Die Durchführung der Vereinbarung trägt zur Verwirklichung der in Artikel 136 des Vertrags genannten Ziele bei.

(20) In Einklang mit Nummer 34 der Interinstitutionellen Vereinbarung über bessere Rechtsetzung (ABl. C 321 vom 31.12.2003, S. 1.) wird den Mitgliedstaaten nahe gelegt, für ihre eigenen Zwecke und im Interesse der Gemeinschaft eigene Aufstellungen vorzunehmen, aus denen im Rahmen des Möglichen die Entsprechungen zwischen der Richtlinie und den Umsetzungsmaßnahmen zu entnehmen sind, und diese zu veröffentlichen –

HAT FOLGENDE RICHTLINIE ERLASSEN:

Ziel

Art. 1 Ziel dieser Richtlinie ist die Durchführung der Vereinbarung vom 27. Januar 2004 zwischen der Gemeinschaft der Europäischen Bahnen (CER) und der Europäischen Transportarbeiter-Föderation (ETF) über bestimmte Aspekte der Einsatzbedingungen des fahrenden Personals im interoperablen grenzüberschreitenden Verkehr.

Der Wortlaut der Vereinbarung ist dieser Richtlinie beigefügt.

Günstigkeitsprinzip, Rückschrittsverbot

Art. 2 (1) Die Mitgliedstaaten können günstigere Bestimmungen beibehalten oder einführen, als in dieser Richtlinie vorgesehen sind.

(2) Die Durchführung dieser Richtlinie ist unter keinen Umständen ein hinreichender Grund zur Rechtfertigung einer Senkung des allgemeinen Schutzniveaus für Arbeitnehmer in den von dieser Richtlinie abgedeckten Bereichen. Dies gilt unbeschadet der Rechte der Mitgliedstaaten und/oder der Sozialpartner, angesichts sich wandelnder Bedingungen andere Rechts- und Verwaltungsvorschriften oder vertragliche Regelungen festzulegen als diejenigen, die zum Zeitpunkt des Erlasses dieser Richtlinie gelten, sofern die Mindestvorschriften dieser Richtlinie eingehalten werden.

Bericht

Art. 3 Unbeschadet der Bestimmungen der Vereinbarung über das Follow-up und die Bewertung durch die Unterzeichner wird die Kommission nach Anhörung der Sozialpartner auf Gemeinschaftsebene dem Europäischen Parlament und dem Rat über die Durchführung dieser Richtlinie im Zusammenhang mit der Entwicklung des Eisenbahnsektors Bericht erstatten, und zwar bis zum 27. Juli 2011.

Sanktionen

Art. 4 Die Mitgliedstaaten legen die Sanktionen fest, die bei einem Verstoß gegen die einzelstaatlichen Vorschriften zur Anwendung dieser Richtlinie zu verhängen sind, und treffen alle erforderlichen Maßnahmen, um deren Durchführung zu gewährleisten. Die Sanktionen müssen wirksam, verhältnismäßig und abschreckend sein. Die Mitgliedstaaten teilen diese Bestimmungen der Kommission bis zum 27. Juli 2008 mit und melden unverzüglich alle späteren Änderungen der Bestimmungen.

Umsetzung

Art. 5 Die Mitgliedstaaten erlassen nach Anhörung der Sozialpartner die Rechts- und Verwaltungsvorschriften, die erforderlich sind, um dieser Richtlinie zum 27. Juli 2008 nachzukommen, oder sie sorgen dafür, dass bis zu diesem Zeitpunkt die Sozialpartner im Wege von Vereinbarungen die notwendigen Vorkehrungen getroffen haben. Sie übermitteln der Kommission unverzüglich den Wortlaut dieser Vorschriften.

Die Mitgliedstaaten treffen alle notwendigen Vorkehrungen, die es ihnen ermöglichen, die durch die Richtlinie vorgeschriebenen Ergebnisse jederzeit gewährleisten zu können. Sie setzen die Kommission unverzüglich davon in Kenntnis.

Wenn die Mitgliedstaaten diese Vorschriften erlassen, nehmen sie in den Vorschriften selbst oder durch einen Hinweis bei der amtlichen Veröffentlichung auf diese Richtlinie Bezug. Die Mitgliedstaaten regeln die Einzelheiten der Bezugnahme.

Inkrafttreten

Art. 6 Diese Richtlinie tritt am Tag ihrer Veröffentlichung im *Amtsblatt der Europäischen Union* in Kraft.

Adressaten

Art. 7 Diese Richtlinie ist an die Mitgliedstaaten gerichtet.

5/6. AZ-RL – Bahnpersonal
Vereinbarung

Vereinbarung zwischen der Gemeinschaft der Europäischen Bahnen (CER) und der Europäischen Transportarbeiter-Föderation (ETF) über bestimmte Aspekte der Einsatzbedingungen des fahrenden Personals im interoperablen grenzüberschreitenden Verkehr

IN ERWÄGUNG NACHSTEHENDER GRÜNDE:
- Die Entwicklung des Eisenbahnverkehrs erfordert eine Modernisierung des Systems und den Ausbau des transeuropäischen Verkehrs und damit der Interoperabilität.
- Es besteht die Notwendigkeit, einen sicheren grenzüberschreitenden Verkehr aufzubauen und die Gesundheit und Sicherheit der im interoperablen grenzüberschreitenden Verkehr Beschäftigten zu schützen.
- Es besteht die Notwendigkeit, einen Wettbewerb zu verhindern, der allein auf den Unterschieden zwischen den Arbeitsbedingungen beruht.
- Es besteht ein Interesse daran, den Eisenbahnverkehr innerhalb der Europäischen Union zu entwickeln.
- Es gibt Anlass für die Überzeugung, dass sich die genannten Ziele durch die Schaffung gemeinsamer Mindeststandardregeln für die Einsatzbedingungen des fahrenden Personals im interoperablen grenzüberschreitenden Verkehr erreichen lassen.
- Die Zahl der betroffenen Beschäftigten wird in den nächsten Jahren noch zunehmen;
- gestützt auf den Vertrag zur Gründung der Europäischen Gemeinschaft, insbesondere auf Artikel 138 und Artikel 139 Absatz 2;
- gestützt auf die Richtlinie 93/104/EG (geändert durch die Richtlinie 2000/34/EG), insbesondere auf die Artikel 14 und 17;
- gestützt auf das Übereinkommen über das auf vertragliche Schuldverhältnisse anzuwendende Recht (Rom, 19. Juni 1980).
- Nach Artikel 139 Absatz 2 des Vertrags werden die auf Gemeinschaftsebene geschlossenen Vereinbarungen auf gemeinsamen Antrag der Unterzeichner durch einen Beschluss des Rates auf Vorschlag der Kommission durchgeführt.
- Die Unterzeichner stellen hiermit einen solchen Antrag.

SIND DIE UNTERZEICHNER WIE FOLGT ÜBEREINGEKOMMEN:

Ziffer 1
Geltungsbereich

Diese Vereinbarung gilt für das fahrende Personal der Eisenbahnen, das im interoperablen grenzüberschreitenden Verkehr eingesetzt ist, der von Eisenbahnunternehmen durchgeführt wird.

Im grenzüberschreitenden Personennah- und -regionalverkehr, für den grenzüberschreitenden Güterverkehr, welcher nicht mehr als 15 Kilometer über die Grenze hinausgeht, sowie für den Verkehr zwischen den im Anhang aufgeführten offiziellen Grenzbahnhöfen ist die Anwendung dieser Vereinbarung freigestellt.

Bei Zügen auf grenzüberschreitenden Strecken, die ihre Fahrt auf der Infrastruktur desselben Mitgliedstaats beginnen und beenden und die Infrastruktur eines anderen Mitgliedstaats nutzen, ohne dort anzuhalten (deren Fahrt also als inländischer Verkehr betrachtet werden kann), ist die Anwendung dieser Vereinbarung ebenfalls freiwillig.

Hinsichtlich des fahrenden Personals, das im interoperablen grenzüberschreitenden Verkehr eingesetzt ist, ist die Richtlinie 93/104/EG bezüglich derjenigen Aspekte nicht anzuwenden, für die diese Vereinbarung spezifischere Bestimmungen enthält.

Ziffer 2
Begriffsbestimmungen

Im Sinne dieser Vereinbarung gelten folgende Begriffsbestimmungen:

1. „Interoperabler grenzüberschreitender Verkehr": grenzüberschreitender Verkehr, für den gemäß der Richtlinie 2001/14/EG mindestens zwei Sicherheitsbescheinigungen für die Eisenbahnunternehmen erforderlich sind;
2. „im interoperablen grenzüberschreitenden Verkehr eingesetztes fahrendes Personal": alle Arbeitnehmer, die Mitglied des Zugpersonals sind und bezogen auf eine Tagesschicht für mehr als eine Stunde im interoperablen grenzüberschreitenden Verkehr eingesetzt sind;
3. „Arbeitszeit": jede Zeitspanne, während der ein Arbeitnehmer gemäß den einzelstaatlichen Rechtsvorschriften und/oder Gepflogenheiten arbeitet, dem Arbeitgeber zur Verfügung steht und seine Tätigkeit ausübt oder Aufgaben wahrnimmt;
4. „Ruhezeit": jede Zeitspanne außerhalb der Arbeitszeit;
5. „Nachtzeit": jede in den einzelstaatlichen Rechtsvorschriften festgelegte Zeitspanne von mindestens 7 Stunden, welche auf jeden Fall die Zeit zwischen 24 Uhr und 5 Uhr umfasst;
6. „Nachtschicht": jede Schicht, die mit mindestens 3 Stunden in die Nachtzeit fällt;
7. „auswärtige Ruhezeit": tägliche Ruhezeit, die nicht am üblichen Wohnort des fahrenden Arbeitnehmers genommen werden kann;
8. „Triebfahrzeugführer": jeder Arbeitnehmer, der für das Fahren eines Triebfahrzeugs verantwortlich ist;
9. „Fahrzeit": die Dauer der geplanten Tätigkeit, während der der Triebfahrzeugführer die Verantwortung für das Fahren eines Triebfahrzeugs trägt, ausgenommen die Zeit, für das Auf- und Abrüsten des Triebfahrzeugs eingeplant ist. Sie schließt die geplanten Unterbrechungen ein, in denen der Triebfahrzeugführer für das Fahren des Triebfahrzeugs verantwortlich bleibt.

5/6. AZ-RL – Bahnpersonal
Vereinbarung

Ziffer 3
Tägliche Ruhezeit am Wohnort

Die tägliche Ruhezeit hat eine Dauer von mindestens 12 zusammenhängenden Stunden pro 24-Stunden-Zeitraum.

Sie kann innerhalb eines Zeitraums von 7 Tagen einmal auf ein Minimum von 9 zusammenhängenden Stunden reduziert werden. In diesem Fall werden die der Differenz zwischen der reduzierten Ruhezeit und 12 Stunden entsprechenden Stunden der folgenden täglichen Ruhezeit am Wohnort hinzugefügt.

Eine deutlich reduzierte tägliche Ruhezeit darf nicht zwischen zwei auswärtigen Ruhezeiten festgelegt werden.

Ziffer 4
Auswärtige tägliche Ruhezeit

Die auswärtige Ruhezeit hat eine Dauer von mindestens 8 zusammenhängenden Stunden pro 24-Stunden-Zeitraum.

Auf eine auswärtige Ruhezeit muss eine tägliche Ruhezeit am Wohnort folgen. (Die Parteien stimmen darin überein, dass Verhandlungen über eine zweite zusammenhängende auswärtige Ruhezeit sowie über den Ausgleich für auswärtige Ruhezeiten zwischen den Sozialpartnern auf Unternehmensebene oder auf nationaler Ebene stattfinden können, je nachdem, welche Ebene angemessener ist. Über die Frage der Zahl der zusammenhängenden auswärtigen Ruhezeiten sowie des Ausgleichs für auswärtige Ruhezeiten wird zwei Jahre nach Unterzeichnung dieser Vereinbarung auf europäischer Ebene neu verhandelt.)

Es wird empfohlen, bei der Unterkunft des betroffenen Personals für angemessenen Komfort zu sorgen.

Ziffer 5
Pausen

a) Triebfahrzeugführer

Beträgt die Arbeitszeit eines Triebfahrzeugführers mehr als 8 Stunden, wird eine Pause von mindestens 45 Minuten während des Arbeitstages gewährt.

Oder:

Beträgt die Arbeitszeit zwischen 6 und 8 Stunden, dauert diese Pause mindestens 30 Minuten und wird während des Arbeitstages gewährt.

Die zeitliche Lage und die Länge der Pause müssen ausreichend sein, um eine effektive Erholung des Arbeitnehmers zu sichern.

Die Pausen können bei Verspätungen von Zügen im Verlauf eines Arbeitstages angepasst werden.

Ein Teil der Pause sollte zwischen der 3. und 6. Arbeitsstunde gewährt werden.

Ziffer 5 Buchstabe a ist nicht anwendbar, wenn ein zweiter Triebfahrzeugführer anwesend ist. In diesem Fall werden die Bedingungen zur Gewährung einer Pause auf nationaler Ebene geregelt.

b) Zugbegleitpersonal

Für das übrige Personal an Bord des Zuges wird eine Pause von mindestens 30 Minuten gewährt, wenn die Arbeitszeit mehr als 6 Stunden beträgt.

Ziffer 6
Wöchentliche Ruhezeit

Dem fahrenden Personal, das im interoperablen grenzüberschreitenden Verkehr eingesetzt ist, wird pro 7-Tage-Zeitraum eine zusammenhängende Mindestruhezeit von 24 Stunden zuzüglich der täglichen Ruhezeit von 12 Stunden gemäß Ziffer 3 gewährt.

Dem fahrenden Personal stehen pro Jahr 104 Ruhezeiten von 24 Stunden zu; sie schließen sowohl die 24-Stunden-Perioden der 52 wöchentlichen Ruhezeiten mit ein als auch

– 12 Doppelruhen (von 48 Stunden plus tägliche Ruhezeit von 12 Stunden), die den Samstag und den Sonntag umfassen, und

– 12 Doppelruhen (von 48 Stunden plus tägliche Ruhezeit von 12 Stunden) ohne Garantie, dass ein Samstag oder Sonntag einbezogen ist.

Ziffer 7
Fahrzeit

Die Fahrzeit nach Ziffer 2 darf bei einer Tagesschicht 9 Stunden und bei einer Nachtschicht zwischen zwei täglichen Ruhezeiten 8 Stunden nicht überschreiten.

Die maximale Fahrzeit ist pro Zeitraum von zwei Wochen auf 80 Stunden begrenzt.

Ziffer 8
Kontrolle

Ein Verzeichnis, das die täglichen Arbeits- und Ruhestunden des fahrenden Personals darstellt, muss geführt werden, um die Einhaltung der Bestimmungen dieser Vereinbarung zu überwachen. Angaben bezüglich der tatsächlichen Arbeitsstunden sind zur Verfügung zu stellen. Das Verzeichnis wird mindestens ein Jahr im Unternehmen aufbewahrt.

Ziffer 9
Rückschrittsklausel

Die Durchführung dieser Vereinbarung stellt in keinem Fall eine wirksame Rechtfertigung für eine Zurücknahme des allgemeinen Schutzniveaus des fahrenden Personals, das im interoperablen grenzüberschreitenden Verkehr eingesetzt ist, dar.

Ziffer 10
Follow-up der Vereinbarung

Die Unterzeichner beobachten die Umsetzung und Anwendung dieser Vereinbarung im Rahmen des Ausschusses des Sozialen Dialogs „Eisenbahn", der in Übereinstimmung mit dem Beschluss 98/500/EG der Kommission eingesetzt wurde.

5/6. AZ-RL – Bahnpersonal
Vereinbarung

Ziffer 11
Bewertung

Die Vertragsparteien bewerten die Bestimmungen dieser Vereinbarung zwei Jahre nach ihrer Unterzeichnung anhand der ersten Erfahrungen mit der Entwicklung des interoperablen grenzüberschreitenden Verkehrs.

Ziffer 12
Überprüfung

Die Unterzeichner überprüfen die vorstehenden Bestimmungen zwei Jahre nach Ablauf der Durchführungsfrist, die im Ratsbeschluss zur Durchführung dieser Vereinbarung festgelegt wird.

ANHANG
Liste der offiziellen Grenzbahnhöfe, die mehr als 15 km von der Grenze entfernt liegen und für die die Vereinbarung fakultativ ist

RRZEPIN (Polen)
TUPLICE (Polen)
ZEBRZYDOWICE (Polen)
DOMODOSSOLA (Italien)

5/7. FahrtenschreiberVO

5/7. Fahrtenschreiberverordnung

Verordnung (EU) Nr. 165/2014 des Europäischen Parlaments und des Rates über Fahrtenschreiber im Straßenverkehr, zur Aufhebung der Verordnung (EWG) Nr. 3821/85 des Rates über das Kontrollgerät im Straßenverkehr und zur Änderung der Verordnung (EG) Nr. 561/2006 des Europäischen Parlaments und des Rates zur Harmonisierung bestimmter Sozialvorschriften im Straßenverkehr

(ABl. Nr. L 60 v. 28.2.2014, S. 1; berichtigt durch ABl. Nr. L 93 v. 9.4.2015, S. 103; berichtigt durch ABl. Nr. L 246 v. 23.9.2015, S. 11; geändert durch die VO (EU) 2020/1054, ABl. Nr. L 249 v. 31.7.2020, S. 1)
(nicht amtlich aktualisierte Fassung)

GLIEDERUNG

KAPITEL I: GRUNDSÄTZE, GELTUNGSBEREICH UND ANFORDERUNGEN
Art. 1: Gegenstand und Grundsätze
Art. 2: Begriffsbestimmungen
Art. 3: Anwendungsbereich
Art. 4: Anforderungen und zu speichernde Daten
Art. 5: Funktionen des digitalen Fahrtenschreibers
Art. 6: Datenanzeige und Warnsignale
Art. 7: Datenschutz

KAPITEL II: INTELLIGENTER FAHRTENSCHREIBER
Art. 8: Aufzeichnung des Fahrzeugstandorts an bestimmten Punkten bzw. Zeitpunkten während der täglichen Arbeitszeit
Art. 9: Früherkennung von möglicher Manipulation oder möglichem Missbrauch per Fernkommunikation
Art. 10: Schnittstelle zu intelligenten Verkehrssystemen
Art. 11: Einzelvorschriften für intelligente Fahrtenschreiber

KAPITEL III: TYPGENEHMIGUNG
Art. 12: Beantragung
Art. 13: Erteilung der Typgenehmigung
Art. 14: Typgenehmigungszeichen
Art. 15: Genehmigung oder Ablehnung
Art. 16: Übereinstimmung des Geräts mit der Typgenehmigung
Art. 17: Genehmigung der Schaublätter
Art. 18: Begründung der Ablehnung
Art. 19: Anerkennung typgenehmigter Fahrtenschreiber
Art. 20: Sicherheit
Art. 21: Praxiserprobungen

KAPITEL IV: EINBAU UND PRÜFUNG
Art. 22: Einbau und Reparatur
Art. 23: Nachprüfung der Fahrtenschreiber
Art. 24: Zulassung der Einbaubetriebe Werkstätten und Fahrzeughersteller
Art. 25: Werkstattkarten

KAPITEL V: FAHRERKARTEN
Art. 26: Ausstellung von Fahrerkarten
Art. 27: Benutzung von Fahrerkarten
Art. 28: Erneuerung von Fahrerkarten
Art. 29: Verlorene, gestohlene und defekte Fahrerkarten
Art. 30: Gegenseitige Anerkennung und Umtausch von Fahrerkarten
Art. 31: Elektronischer Austausch von Informationen über Fahrerkarten

KAPITEL VI: BENUTZUNGSVORSCHRIFTEN
Art. 32: Ordnungsgemäße Benutzung der Fahrtenschreiber
Art. 33: Verantwortlichkeit des Verkehrsunternehmens
Art. 34: Benutzung von Fahrerkarten und Schaublättern
Art. 35: Beschädigte Fahrerkarten und Schaublätter
Art. 36: Vom Fahrer mitzuführende Aufzeichnungen
Art. 37: Verfahren bei einer Fehlfunktion des Gerätes

KAPITEL VII: DURCHSETZUNG UND SANKTIONEN
Art. 38: Kontrolleure
Art. 39: Aus- und Fortbildung der Kontrolleure
Art. 40: Gegenseitige Amtshilfe
Art. 41: Sanktionen

KAPITEL VIII: SCHLUSSBESTIMMUNGEN
Art. 42: Ausschuss
Art. 43: Fahrtenschreiberforum
Art. 44: Mitteilung der innerstaatlichen Vorschriften

5/7. FahrtenschreiberVO
Präambel

Art. 45: Änderung der Verordnung (EG) Nr. 561/2006
Art. 46: Übergangsmaßnahmen
Art. 47: Aufhebung
Art. 48: Inkrafttreten

DAS EUROPÄISCHE PARLAMENT UND DER RAT DER EUROPÄISCHEN UNION –
gestützt auf den Vertrag über die Arbeitsweise der Europäischen Union, insbesondere auf Artikel 91,
auf Vorschlag der Europäischen Kommission,
nach Zuleitung des Entwurfs des Gesetzgebungsakts an die nationalen Parlamente,
nach Stellungnahme des Europäischen Wirtschafts- und Sozialausschusses,
nach Anhörung des Ausschusses der Regionen,
gemäß dem ordentlichen Gesetzgebungsverfahren,
in Erwägung nachstehender Gründe:

(1) Die Verordnung (EWG) Nr. 3821/85 des Rates enthält Vorschriften über Bauart, Einbau, Benutzung und Prüfung von Fahrtenschreibern. Sie wurde mehrfach wesentlich geändert. Im Interesse einer größeren Klarheit ist es daher geboten, ihre hauptsächlichen Vorschriften zu vereinfachen und neu zu ordnen.

(2) Aufgrund der Erfahrungen sollten bestimmte technische Aspekte und Kontrollverfahren verbessert werden, um die Wirksamkeit und Effizienz des Fahrtenschreibersystems zu gewährleisten.

(3) Für bestimmte Kraftfahrzeuge gelten Ausnahmen von den Bestimmungen der Verordnung (EG) Nr. 561/2006 des Europäischen Parlaments und des Rates. Zur Wahrung der Kohärenz sollte es möglich sein, solche Kraftfahrzeuge auch vom Anwendungsbereich der vorliegenden Verordnung auszunehmen.

(4) Fahrtenschreiber sollten in Fahrzeuge eingebaut werden, die von der Verordnung (EG) Nr. 561/2006 erfasst werden. Einige Fahrzeuge sollten im Interesse einer gewissen Flexibilität vom Anwendungsbereich der Verordnung (EG) Nr. 561/2006 *[hier abgedruckt unter 5/9.]* ausgenommen werden, nämlich Fahrzeuge mit einer zulässigen Höchstmasse von nicht mehr als 7,5 t, die zur Beförderung von Material, Ausrüstungen oder Maschinen benutzt werden, die der Fahrer zur Ausübung seines Berufes benötigt, und die nur in einem Umkreis von 100 km vom Standort des Unternehmens und unter der Bedingung benutzt werden, dass das Lenken dieser Fahrzeuge für den Fahrer nicht die Haupttätigkeit darstellt. Zur Wahrung der Kohärenz zwischen den einschlägigen Ausnahmen gemäß der Verordnung (EG) Nr. 561/2006 und zur Verringerung der Verwaltungslasten der Verkehrsunternehmen sollten unter Beachtung der Ziele der genannten Verordnung einige der in diesen Ausnahmen festgelegten zulässigen Höchstentfernungen geändert werden.

(5) Die Kommission wird die Verlängerung der Dauer der Zulässigkeit von Adaptern für Fahrzeuge der Klassen M1 und N1 bis 2015 prüfen und vor dem Jahr 2015 weitere Überlegungen über eine langfristige Lösung für Fahrzeuge der Klassen M1 und N1 anstellen.

(6) Die Kommission sollte den Einbau von Gewichtssensoren in schweren Nutzfahrzeugen in Erwägung ziehen und sollte der Frage nachgehen, inwieweit Gewichtssensoren zu einer besseren Einhaltung der Straßenverkehrsvorschriften beitragen können.

(7) Die Verwendung von Fahrtenschreibern, die an ein globales Satellitennavigationssystem angebunden sind, ist ein geeignetes und kostengünstiges Mittel für die automatische Aufzeichnung des Standorts des Fahrzeugs an bestimmten Punkten während der täglichen Arbeitszeit zur Unterstützung der Kontrolleure bei ihren Kontrollen und sollte daher eingeführt werden.

(8) Der Gerichtshof hat in seinem Urteil in der Rechtssache C-394/92 *Michielsen und Geybels Transport Service* den Begriff „tägliche Arbeitszeit" definiert und die Kontrollbehörden sollten die Bestimmungen dieser Verordnung im Lichte dieser Definition auslegen. Die „tägliche Arbeitszeit" beginnt in dem Moment, in dem der Fahrer nach einer wöchentlichen oder täglichen Ruhezeit den Fahrtenschreiber in Gang setzt, oder, wenn eine tägliche Ruhezeit in Abschnitten genommen wird, am Ende der Ruhezeit, deren Dauer neun Stunden nicht unterschreitet. Sie endet zu Beginn einer täglichen Ruhezeit oder, wenn die tägliche Ruhezeit in Abschnitten genommen wird, zu Beginn einer Ruhezeit von mindestens neun zusammenhängenden Stunden.

(9) Die Richtlinie 2006/22/EG des Europäischen Parlaments und des Rates *[hier abgedruckt unter 5/10.]* verpflichtet die Mitgliedstaaten zur Durchführung einer bestimmten Mindestzahl von Straßenkontrollen. Die Fernkommunikation zwischen dem Fahrtenschreiber und Kontrollbehörden zu Straßenkontrollzwecken erleichtert die Durchführung gezielter Straßenkontrollen; sie ermöglicht eine Verringerung der Verwaltungslasten, die durch stichprobenartige Überprüfungen der Verkehrsunternehmen entstehen, und sollte daher eingeführt werden.

(10) Intelligente Verkehrssysteme (im Folgenden „IVS") können dabei helfen, die Herausforderungen der europäischen Verkehrspolitik zu bewältigen, beispielsweise die Zunahme des Straßenverkehrsaufkommens und der Verkehrsstaus und den steigenden Energieverbrauch. Deshalb sollten in Fahrtenschreibern genormte Schnittstellen be-

reitgestellt werden, um die Interoperabilität mit IVS-Anwendungen zu gewährleisten.

(11) Priorität sollte die Entwicklung von Anwendungen erhalten, die den Fahrern helfen, die im Fahrtenschreiber aufgezeichneten Daten zu interpretieren, damit sie die Sozialvorschriften einhalten können.

(12) Die Sicherheit des Fahrtenschreibers und seines Systems ist eine wesentliche Voraussetzung dafür, dass vertrauenswürdige Daten generiert werden. Deshalb sollten die Hersteller den Fahrtenschreiber so konstruieren, erproben und über seinen gesamten Lebenszyklus ständig überprüfen, dass Sicherheitsschwachstellen vermieden, erkannt, und verringert werden.

(13) Die Praxiserprobung von Fahrtenschreibern, für die noch keine Typgenehmigung erteilt wurde, ermöglicht vor der breiten Einführung einen Test unter realen Anwendungsbedingungen, wie auch schnellere Verbesserungen ermöglicht. Praxiserprobungen sollten daher unter der Voraussetzung erlaubt werden, dass die Teilnahme daran und die Einhaltung der Verordnung (EG) Nr. 561/2006 wirksam überwacht und kontrolliert wird.

(14) Da es sehr wichtig ist, ein Höchstmaß an Sicherheit aufrechtzuerhalten, sollten Sicherheitszertifikate von einer Zertifizierungsstelle ausgestellt werden, die vom Verwaltungsausschuss im Rahmen des „Mutual Recognition Agreement of Information Technology Security Evaluation Certificates" (Abkommen zur gegenseitigen Anerkennung von IT-Sicherheitszertifikaten) der Gruppe Hoher Beamter für Informationssicherheit (SOG-IS) anerkannt ist.

Im Rahmen der internationalen Beziehungen zu Drittländern sollte die Kommission eine Zertifizierungsstelle für die Zwecke dieser Verordnung nicht anerkennen, wenn die Stelle Bedingungen für die Sicherheitsevaluierung nicht erfüllt, die denen nach dem Abkommen zur gegenseitigen Anerkennung gleichwertig sind. Dabei sollte die Stellungnahme des Verwaltungsausschusses zugrunde gelegt werden.

(15) Den Einbaubetrieben und Werkstätten kommt bei der Gewährleistung der Sicherheit von Fahrtenschreibern eine wichtige Rolle zu. Daher sollten bestimmte Mindestanforderungen für ihre Zuverlässigkeit und für ihre Zulassung, und Überprüfung festgelegt werden. Darüber hinaus sollten die Mitgliedstaaten geeignete Maßnahmen ergreifen, damit Interessenkonflikte zwischen Einbaubetrieben oder Werkstätten und Verkehrsunternehmen vermieden werden. Durch diese Verordnung werden die Mitgliedstaaten in keiner Weise daran gehindert, für deren Zulassung, Kontrolle und Zertifizierung nach dem Verfahren der Verordnung (EG) Nr. 765/2008 des Europäischen Parlaments und des Rates zu sorgen, sofern die Mindestkriterien der vorliegenden Verordnung erfüllt sind.

(16) Um eine wirksamere Prüfung und Kontrolle der Fahrerkarten zu ermöglichen und den Kontrolleuren die Wahrnehmung ihrer Aufgaben zu erleichtern, sollten nationale elektronische Register eingerichtet und Vorgaben für deren Vernetzung gemacht werden.

(17) Bei der Prüfung der Einzigkeit von Fahrerkarten sollten die Mitgliedstaaten die Verfahren anwenden, die in der Empfehlung 2010/19/EU der Kommission genannt werden.

(18) Es sollte der Sonderfall berücksichtigt werden, dass ein Mitgliedstaat die Möglichkeit haben sollte, einem Fahrer, der seinen gewöhnlichen Wohnsitz nicht in einem Mitgliedstaat oder einem Staat hat, der Vertragspartei des Europäischen Übereinkommens über die Arbeit des im internationalen Straßenverkehr beschäftigten Fahrpersonals vom 1. Juli 1970 (im Folgenden „AETR-Übereinkommen") ist, eine befristete und nicht erneuerbare Fahrerkarte auszustellen. In diesen Fällen müssen die betreffenden Mitgliedstaaten die einschlägigen Bestimmungen dieser Verordnung uneingeschränkt anwenden.

(19) Die Mitgliedstaaten sollten auch dann Fahrerkarten für in ihrem Hoheitsgebiet ansässige Fahrer ausstellen können, wenn die Verträge für bestimmte Teile ihres Hoheitsgebiets nicht gelten. In diesen Fällen müssen die betreffenden Mitgliedstaaten die einschlägigen Bestimmungen dieser Verordnung uneingeschränkt anwenden.

(20) Veränderungen des Fahrtenschreibers und neue Manipulationstechniken stellen für die Kontrolleure eine ständige Herausforderung dar. Im Interesse einer wirksameren Kontrolle und einer stärkeren Harmonisierung der Kontrollansätze in der Europäischen Union sollte eine gemeinsame Methodik für die Grundausbildung und die Fortbildung der Kontrolleure festgelegt werden.

(21) Die Aufzeichnung von Daten durch den Fahrtenschreiber wie auch die Entwicklung von Technologien für die Aufzeichnung von Standortdaten, die Fernkommunikation und die Schnittstelle zu IVS führen zur Verarbeitung personenbezogener Daten. Daher sollten die einschlägigen Rechtsvorschriften der Union Anwendung finden, insbesondere die in der Richtlinie 95/46/EG des Europäischen Parlaments und des Rates und der Richtlinie 2002/58/EG des Europäischen Parlaments und des Rates festgelegten.

(22) Im Interesse eines unverfälschten Wettbewerbs bei der Entwicklung von Anwendungen für Fahrtenschreiber sollten Rechte des geistigen Eigentums und Patente bezüglich der Übertragung von Daten von und zu Fahrtenschreibern für jedermann unentgeltlich zur Verfügung stehen.

(23) Die im Rahmen der Kommunikation mit den Kontrollbehörden in den Mitgliedstaaten ausgetauschten Daten sollten gegebenenfalls einschlägigen internationalen Normen entsprechen, wie der vom Europäischen Komitee für Normung verabschiedeten Normenserie für die dedizierte Kurzstreckenkommunikation.

(24) Um gleiche Wettbewerbsbedingungen im Verkehrsbinnenmarkt zu gewährleisten und um ein eindeutiges Signal an Fahrer und Verkehrsunternehmen zu richten, sollten die Mitglied-

staaten – unbeschadet des Subsidiaritätsprinzips – entsprechend den in der Richtlinie 2006/22/EG festgelegten Kategorien von Verstößen wirksame, verhältnismäßige, abschreckende und nicht diskriminierende Sanktionen vorsehen.

(25) Die Mitgliedstaaten sollten sicherstellen, dass die Auswahl der zu kontrollierenden Fahrzeuge ohne Diskriminierung aufgrund der Staatsangehörigkeit des Fahrers oder des Landes erfolgt, in dem das Nutzfahrzeug zugelassen ist oder in Betrieb genommen wurde.

(26) Im Interesse der klaren, wirksamen, verhältnismäßigen und einheitlichen Durchsetzung der Sozialvorschriften im Straßenverkehr sollten die Behörden der Mitgliedstaaten die Regeln einheitlich anwenden.

(27) Jeder Mitgliedstaat sollte der Kommission seine Erkenntnisse über das Angebot an betrügerischen Geräten oder Einrichtungen zur Manipulation von Fahrtenschreibern, darunter auch die Angebote im Internet, mitteilen und die Kommission sollte alle anderen Mitgliedstaaten entsprechend von diesen Erkenntnissen informieren.

(28) Die Kommission sollte auch weiterhin ihre Internet-Hotline betreiben, bei der Fahrer, Verkehrsunternehmen, Kontrollbehörden und zugelassene Einbaubetriebe, Werkstätten und Fahrzeughersteller ihre Fragen und Bedenken zum digitalen Fahrtenschreiber vorbringen können, etwa auch zu neuen Formen von Manipulation und Betrug.

(29) Durch die Anpassungen des AETR-Übereinkommens ist die Verwendung eines digitalen Fahrtenschreibers für Fahrzeuge obligatorisch geworden, die in Drittländern zugelassen sind, welche das AETR-Übereinkommen unterzeichnet haben. Da diese Länder direkt von den durch diese Verordnung eingeführten Änderungen am Fahrtenschreiber betroffen sind, sollten sie die Möglichkeit haben, sich an einem Dialog über technische Angelegenheiten, einschließlich des Systems für den Austausch von Informationen über Fahrerkarten und Werkstattkarten, zu beteiligen. Daher sollte ein Fahrtenschreiberforum eingerichtet werden.

(30) Um einheitliche Voraussetzungen für die Durchführung der vorliegenden Verordnung zu gewährleisten, sollten der Kommission Durchführungsbefugnisse für folgende Aspekte übertragen werden: Anforderungen, Anzeige- und Warnfunktionen und Typgenehmigung des Fahrtenschreibers sowie Einzelvorschriften für intelligente Fahrtenschreiber; Verfahren für Praxiserprobungen und dabei verwendete Kontrollformulare; Musterformular für die schriftliche Begründung für die Entfernung der Verplombung; erforderliche gemeinsame Verfahren und Spezifikationen für die Vernetzung der elektronischen Register; methodische Angaben zum Inhalt der Erstausbildung und der Weiterbildung von Kontrollbeamten. Diese Befugnisse sollten gemäß der Verordnung (EU) Nr. 182/2011 des Europäischen Parlaments und des Rates ausgeübt werden.

(31) Die für die Zwecke der vorliegenden Verordnung erlassenen Durchführungsrechtsakte, die die Vorschriften des Anhangs IB der Verordnung (EWG) Nr. 3821/85 ersetzen werden, sowie andere Durchführungsmaßnahmen sollten ab dem 2. März 2016 gelten. Wurden die Durchführungsrechtsakte aus irgendeinem Grund nicht rechtzeitig erlassen, so sollte die erforderliche Kontinuität durch Übergangsmaßnahmen sichergestellt werden.

(32) Die Durchführungsrechtsakte nach dieser Verordnung sollten von der Kommission nicht erlassen werden, wenn der in dieser Verordnung vorgesehene Ausschuss keine Stellungnahme zu dem von der Kommission vorgelegten Entwurf eines Durchführungsrechtsakts abgibt.

(33) Im Rahmen der Anwendung des AETR-Übereinkommens sollten Verweise auf die Verordnung (EWG) Nr. 3821/85 als Verweise auf die vorliegende Verordnung gelten. Die Union wird geeignete Maßnahmen in der Wirtschaftskommission der Vereinten Nationen für Europa (UNECE) in Betracht ziehen, um die erforderliche Kohärenz zwischen dieser Verordnung und dem AETR-Übereinkommen sicherzustellen.

(34) Der Europäische Datenschutzbeauftragte wurde gemäß Artikel 28 Absatz 2 der Verordnung (EG) Nr. 45/2001 des Europäischen Parlaments und des Rates angehört und hat am 5. Oktober 2011 eine Stellungnahme abgegeben.

(35) Die Verordnung (EWG) Nr. 3821/85 sollte daher aufgehoben werden –

HABEN FOLGENDE VERORDNUNG ERLASSEN:

KAPITEL I
GRUNDSÄTZE, GELTUNGSBEREICH UND ANFORDERUNGEN

Gegenstand und Grundsätze

Art. 1 (1) Diese Verordnung enthält die Pflichten zu und Vorschriften über Bauart, Einbau, Benutzung, Prüfung und Kontrolle von Fahrtenschreibern im Straßenverkehr, um die Einhaltung der Verordnung (EG) Nr. 561/2006, der Verordnungen (EG) Nr. 1071/2009, (EG) Nr. 1072/2009, (EG) Nr. 1073/2009 des Europäischen Parlaments und des Rates, der Richtlinie 2002/15/EG des Europäischen Parlaments und des Rates, der Richtlinien 92/6/EWG und 92/106/EWG des Rates und, was die Entsendung von Arbeitnehmern im Straßenverkehr betrifft, der Richtlinien 96/71/EG, 2014/67/EU und (EU) 2020/1057 des Europäischen Parlaments und des Rates zu überprüfen.

Fahrtenschreiber müssen hinsichtlich Bauart, Einbau, Benutzung und Prüfung den Vorschriften dieser Verordnung entsprechen.

(VO (EU) 2020/1054)

(2) Diese Verordnung enthält die Bedingungen und Vorschriften, nach denen die Informationen und nicht personenbezogenen Daten, die von den Fahrtenschreibern aufgezeichnet, verarbeitet oder gespeichert wurden, für andere Zwecke verwendet werden können als die Überprüfung der Einhaltung der in Absatz 1 genannten Rechtsakte.

5/7. FahrtenschreiberVO

Begriffsbestimmungen

Art. 2 (1) Im Sinne dieser Verordnung gelten die Begriffsbestimmungen des Artikels 4 der Verordnung (EG) Nr. 561/2006.

(2) Zusätzlich zu den in Absatz 1 genannten Begriffsbestimmungen gelten im Sinne dieser Verordnung folgende Begriffsbestimmungen:

a) „Fahrtenschreiber" oder „Kontrollgerät" ist das für den Einbau in Kraftfahrzeuge bestimmte Gerät zum vollautomatischen oder halbautomatischen Anzeigen, Aufzeichnen, Ausdrucken, Speichern und Ausgeben von Angaben über die Fahrten des Fahrzeugs, einschließlich seiner Fahrgeschwindigkeit, gemäß Artikel 4 Absatz 3 sowie von Angaben über bestimmte Tätigkeitszeiten der Fahrer;

b) „Fahrzeugeinheit" ist der Fahrtenschreiber ohne den Bewegungssensor und ohne die Verbindungskabel zum Bewegungssensor. Die Fahrzeugeinheit kann aus einem Einzelgerät oder aus mehreren im Fahrzeug verteilten Geräten bestehen, sofern sie den Sicherheitsanforderungen dieser Verordnung entspricht; die Fahrzeugeinheit umfasst unter anderem eine Verarbeitungseinheit, einen Massenspeicher, eine Zeitmessfunktion, zwei Chipkarten-Schnittstellengeräte für Fahrer und Beifahrer, einen Drucker, eine Datenanzeige, Steckverbinder und Bedienelemente für Nutzereingaben;

c) „Bewegungssensor" ist der Bestandteil des Fahrtenschreibers, der ein Signal bereitstellt, das die Fahrzeuggeschwindigkeit und/oder die zurückgelegte Wegstrecke darstellt;

d) „Fahrtenschreiberkarte" ist eine zur Verwendung mit dem Fahrtenschreiber bestimmte Chipkarte, die die Feststellung der Rolle des Karteninhabers durch den Fahrtenschreiber und die Übertragung und Speicherung von Daten ermöglicht;

e) „Schaublatt" ist ein für die dauerhafte Aufzeichnung von Daten bestimmtes Blatt, das in den analogen Fahrtenschreibern eingelegt wird und auf dem die Schreibeinrichtung der analogen Fahrtenschreibers die zu registrierenden Angaben fortlaufend aufzeichnet;

f) „Fahrerkarte" ist eine Fahrtenschreiberkarte, die einem bestimmten Fahrer von den Behörden eines Mitgliedstaats ausgestellt wird, den Fahrer ausweist und die Speicherung von Tätigkeitsdaten des Fahrers ermöglicht;

g) „analoger Fahrtenschreiber" ist ein Fahrtenschreiber, bei dem ein Schaublatt in Einklang mit dieser Verordnung verwendet wird;

h) „digitaler Fahrtenschreiber" ist ein Fahrtenschreiber, bei dem eine Fahrtenschreiberkarte in Einklang mit dieser Verordnung verwendet wird;

i) „Kontrollkarte" ist eine Fahrtenschreiberkarte, die die Behörden eines Mitgliedstaats einer zuständigen nationalen Kontrollbehörde ausstellen, die die Kontrollbehörde und fakultativ den Kontrolleur, ausweist und das Lesen, Ausdrucken und/oder Herunterladen der im Massenspeicher, auf Fahrerkarten, und fakultativ auf Werkstattkarten gespeicherten Daten, ermöglicht;

j) „Unternehmenskarte" ist eine Fahrtenschreiberkarte, die die Behörden eines Mitgliedstaats einem Verkehrsunternehmen ausstellen, das mit einem Fahrtenschreiber ausgerüstete Fahrzeuge betreiben muss, und die das Verkehrsunternehmen ausweist und das Anzeigen, Herunterladen und Ausdrucken der Daten ermöglicht, die in dem von diesem Verkehrsunternehmen gesperrten Fahrtenschreiber gespeichert sind;

k) „Werkstattkarte" ist eine Fahrtenschreiberkarte, die die Behörden eines Mitgliedstaats benannten Mitarbeitern eines von diesem Mitgliedstaat zugelassenen Fahrtenschreiberherstellers, Einbaubetriebs, Fahrzeugherstellers oder einer von ihm zugelassenen Werkstatt ausstellen, den Karteninhaber ausweist und das Prüfen, Kalibrieren und Aktivieren von Fahrtenschreibern und/oder das Herunterladen der Daten von diesen ermöglicht;

l) „Aktivierung" ist die Phase, in der der Fahrtenschreiber mit Hilfe einer Werkstattkarte seine volle Einsatzbereitschaft erlangt und alle Funktionen, einschließlich Sicherheitsfunktionen, erfüllt;

m) „Kalibrierung" des digitalen Fahrtenschreibers ist die mit Hilfe der Werkstattkarte vorgenommene Aktualisierung und Bestätigung von Fahrzeugparametern einschließlich der Fahrzeugkennung und der Fahrzeugmerkmale, die im Massenspeicher zu speichern sind;

n) „Herunterladen" von einem digitalen Fahrtenschreiber ist das Kopieren eines Teils oder aller im Massenspeicher der Fahrzeugeinheit oder im Speicher der Fahrtenschreiberkarte gespeicherten Datendateien zusammen mit der digitalen Signatur, sofern hierdurch die gespeicherten Daten weder verändert noch gelöscht werden;

o) „Ereignis" ist eine vom Fahrtenschreiber festgestellte Betriebsabweichung, die möglicherweise auf einen Betrugsversuch zurückgeht;

p) „Störung" ist eine vom Fahrtenschreiber festgestellte Betriebsabweichung, die möglicherweise auf eine technische Fehlfunktion oder ein technisches Versagen zurückgeht;

q) „Einbau" ist die Montage eines Fahrtenschreibers in einem Fahrzeug;

r) „ungültige Karte" ist eine Karte, die als fehlerhaft festgestellt wurde oder deren Erstautentisierung fehlgeschlagen oder deren Gültigkeitsbeginn noch nicht erreicht oder deren Ablaufdatum überschritten ist;

s) „regelmäßige Nachprüfung" ist ein Komplex von Arbeitsgängen zur Überprüfung der ordnungsgemäßen Funktion des Fahrtenschreibers und der Übereinstimmung seiner

5/7. FahrtenschreiberVO

Einstellungen mit den Fahrzeugparametern sowie zur Kontrolle, dass keine Manipulationsvorrichtungen an den Fahrtenschreiber angeschlossen sind;

t) „Reparatur" ist die Reparatur eines Bewegungssensors oder einer Fahrzeugeinheit, wozu die Trennung von der Stromversorgung oder die Trennung von anderen Komponenten des Fahrtenschreibers oder die Öffnung des Bewegungssensors oder der Fahrzeugeinheit erforderlich ist;

u) „Typgenehmigung" ist das Verfahren, mit dem durch einen Mitgliedstaat gemäß Artikel 13 bescheinigt wird, dass der Fahrtenschreiber, seine jeweiligen Komponenten oder die Fahrtenschreiberkarte, die in Verkehr gebracht werden sollen, die Anforderungen dieser Verordnung erfüllen;

v) „Interoperabilität" ist die Fähigkeit von Systemen, Daten auszutauschen und Informationen weiterzugeben, sowie die ihnen zugrundeliegenden Geschäftsabläufe;

w) „Schnittstelle" ist eine Einrichtung zwischen Systemen, die der Verbindung und der Kommunikation zwischen den Systemen dient;

x) „Zeitmessung" ist die ununterbrochene digitale Aufzeichnung der koordinierten Weltzeit aus Kalenderdatum und Uhrzeit (UTC);

y) „Zeiteinstellung" ist die in regelmäßigen Abständen vorgenommene automatische Einstellung der aktuellen Zeit mit einer Höchsttoleranz von einer Minute oder die während der Kalibrierung vorgenommene Einstellung;

z) „offene Norm" ist eine Norm, die in einem Normenspezifikationsdokument aufgeführt ist, das kostenlos oder gegen eine Schutzgebühr zur Verfügung steht und gebührenfrei oder gegen eine Schutzgebühr kopiert, verteilt oder benutzt werden darf.

Anwendungsbereich

Art. 3 (1) Der Fahrtenschreiber ist in Fahrzeugen einzubauen und zu benutzen, die in einem Mitgliedstaat zugelassen sind, der Personen- oder Güterbeförderung im Straßenverkehr dienen und für die die Verordnung (EG) Nr. 561/2006 gilt.

(2) Die Mitgliedstaaten können die in Artikel 13 Absätze 1 und 3 der Verordnung (EG) Nr. 561/2006 genannten Fahrzeuge von der Anwendung der vorliegenden Verordnung ausnehmen.

(3) Die Mitgliedstaaten können Fahrzeuge, die für Beförderungen eingesetzt werden, für die eine Ausnahme nach Artikel 14 Absatz 1 der Verordnung (EG) Nr. 561/2006 gewährt wurde, von der Anwendung der vorliegenden Verordnung ausnehmen.

Die Mitgliedstaaten können Fahrzeuge, die für Beförderungen eingesetzt werden, für die gemäß Artikel 14 Absatz 2 der Verordnung (EG) Nr. 561/2006 eine Ausnahme gewährt wurde, von der Anwendung der vorliegenden Verordnung ausnehmen; sie setzen die Kommission unverzüglich davon in Kenntnis.

(4) Spätestens drei Jahre nach Ablauf des Jahres des Inkrafttretens der in Artikel 11 Absatz 2 genannten Einzelvorschriften müssen folgende Kategorien von Fahrzeugen, die in einem anderen Mitgliedstaat als dem Mitgliedstaat ihrer Zulassung eingesetzt werden, mit einem intelligenten Fahrtenschreiber gemäß den Artikeln 8, 9 und 10 dieser Verordnung ausgerüstet sein:

a) Fahrzeuge, die mit einem analogen Fahrtenschreiber ausgerüstet sind;

b) Fahrzeuge, die mit einem digitalen Fahrtenschreiber ausgerüstet sind, der den bis zum 30. September 2011 geltenden Spezifikationen in Anhang IB der Verordnung (EWG) Nr. 3821/85 entspricht;

c) Fahrzeuge, die mit einem digitalen Fahrtenschreiber ausgerüstet sind, der den ab dem 1. Oktober 2011 geltenden Spezifikationen in Anhang IB der Verordnung (EWG) Nr. 3821/85 entspricht, und

d) Fahrzeuge, die mit einem digitalen Fahrtenschreiber ausgerüstet sind, der den ab dem 1. Oktober 2012 geltenden Spezifikationen in Anhang IB der Verordnung (EWG) Nr. 3821/85 entspricht.

(VO (EU) 2020/1054)

(4a) Spätestens vier Jahre nach Inkrafttreten der in Artikel 11 Absatz 2 genannten Einzelvorschriften müssen Fahrzeuge, die mit einem intelligenten Fahrtenschreiber gemäß Anhang IC der Durchführungsverordnung (EU) 2016/799 der Kommission ausgerüstet sind und in einem anderen Mitgliedstaat als dem Mitgliedstaat ihrer Zulassung eingesetzt werden, mit einem intelligenten Fahrtenschreiber gemäß den Artikeln 8, 9 und 10 der vorliegenden Verordnung ausgerüstet sein.

(VO (EU) 2020/1054)

(5) Die Mitgliedstaaten können für Beförderungen im Binnenverkehr vorschreiben, dass in allen Fahrzeugen, in denen gemäß Absatz 1 nicht anderweitig ein Fahrtenschreiber eingebaut und benutzt zu werden braucht, ein Fahrtenschreiber gemäß dieser Verordnung eingebaut und benutzt werden muss.

Anforderungen und zu speichernde Daten

Art. 4 (1) Fahrtenschreiber, einschließlich externer Komponenten, Fahrtenschreiberkarten und Schaublätter müssen strenge technische und andere Anforderungen erfüllen, so dass diese Verordnung ordnungsgemäß angewendet werden kann.

(2) Der Fahrtenschreiber und die Fahrtenschreiberkarten müssen die folgenden Anforderungen erfüllen:

— Aufzeichnung genauer und zuverlässiger Daten betreffend den Fahrer, die Tätigkeit des Fahrers und das Fahrzeug;

— Sicherheit, damit insbesondere Integrität und Ursprung der Herkunft der von Fahrzeugeinheiten und Bewegungssensoren aufge-

zeichneten und von ihnen abgerufenen Daten gewährleistet sind;
- Interoperabilität zwischen den verschiedenen Generationen von Fahrzeugeinheiten und Fahrtenschreiberkarten;
- Ermöglichung einer wirksamen Überprüfung der Einhaltung dieser Verordnung und anderer Rechtsakte;
- ausreichend Speicherkapazität zur Speicherung aller gemäß dieser Verordnung erforderlichen Daten;
- Benutzerfreundlichkeit.

(VO (EU) 2020/1054)
(3) Der digitale Fahrtenschreiber muss folgende Daten aufzeichnen:
a) zurückgelegte Wegstrecke und Geschwindigkeit des Fahrzeugs;
b) Zeitmessung;
c) Standorte gemäß Artikel 8 Absatz 1;
d) Identität des Fahrers;
e) Tätigkeit des Fahrers;
f) Kontroll-, Kalibrierungs- und Fahrtenschreiber-Reparaturdaten, einschließlich Angaben zur Werkstatt;
g) Ereignisse und Fehler.

(4) Der analoge Fahrtenschreiber muss mindestens die in Absatz 3 Buchstaben a, b und e genannten Daten aufzeichnen.

(5) Folgenden Stellen kann jederzeit Zugang zu den im Fahrtenschreiber und auf der Fahrtenschreiberkarte gespeicherten Daten gewährt werden:
a) den zuständigen Kontrollbehörden, und
b) dem jeweiligen Verkehrsunternehmen, damit es seinen rechtlichen Verpflichtungen nachkommen kann, insbesondere jenen gemäß Artikel 32 und 33.

(6) Das Herunterladen von Daten erfolgt mit geringst möglicher zeitlicher Beeinträchtigung für Verkehrsunternehmen bzw. Fahrer.

(7) Die vom Fahrtenschreiber gespeicherten Daten, die drahtlos oder elektronisch vom oder zum Fahrtenschreiber übertragen werden können, müssen öffentlich verfügbare Protokolle sein, die in offenen Normen definiert sind.

(8) Um sicherzustellen, dass der Fahrtenschreiber und die Fahrtenschreiberkarten den Grundsätzen und Anforderungen dieser Verordnung und insbesondere dieses Artikels genügen, erlässt die Kommission im Wege von Durchführungsrechtsakten Einzelvorschriften für die einheitliche Anwendung dieses Artikels, und zwar insbesondere Bestimmungen zu den technischen Vorkehrungen zwecks Einhaltung dieser Anforderungen. Diese Durchführungsrechtsakte werden nach dem in Artikel 42 Absatz 3 genannten Prüfverfahren erlassen.

(9) Diese Einzelvorschriften gemäß Absatz 8, die gegebenenfalls auf Normen gestützt sind, gewährleisten die Einhaltung der Interoperabilität und Kompatibilität zwischen den verschiedenen Generationen von Fahrzeugeinheiten und allen Fahrtenschreiberkarten.

Funktionen des digitalen Fahrtenschreibers
Art. 5 Der digitale Fahrtenschreiber muss folgende Funktionen gewährleisten:
- Geschwindigkeits- und Wegstreckenmessung;
- Überwachung der Fahrertätigkeiten und des Status der Fahrzeugführung;
- Überwachung des Einsteckens und Entnehmens von Fahrtenschreiberkarten;
- Aufzeichnung manueller Eingaben der Fahrer;
- Kalibrierung;
- automatische Aufzeichnung der Standorte gemäß Artikel 8 Absatz 1;
- Überwachung von Kontrollen;
- Feststellung und Aufzeichnung von Ereignissen und Störungen;
- Auslesen von Daten aus dem Massenspeicher und Aufzeichnung und Speicherung von Daten im Massenspeicher;
- Auslesen von Daten aus Fahrtenschreiberkarten und Aufzeichnung und Speicherung von Daten auf Fahrtenschreiberkarten;
- Datenanzeige, Warnsignale, Ausdrucken und Herunterladen von Daten auf externe Geräte;
- Zeiteinstellung und Zeitmessung;
- Fernkommunikation;
- Unternehmenssperren;
- integrierte Tests und Selbsttests.

Datenanzeige und Warnsignale
Art. 6 (1) Die im digitalen Fahrtenschreiber und auf der Fahrtenschreiberkarte gespeicherten Informationen über Fahrzeugbewegungen und über Fahrer und Beifahrer müssen klar, unzweideutig und ergonomisch angezeigt werden.

(2) Folgende Informationen müssen angezeigt werden:
a) Uhrzeit;
b) Betriebsart;
c) Fahrertätigkeit:
 - bei derzeitiger Tätigkeit „Lenken": die aktuelle ununterbrochene Lenkzeit und die aktuelle kumulierte Arbeitsunterbrechung des Fahrers;
 - bei derzeitiger Tätigkeit „Bereitschaft/andere Arbeiten/Ruhezeit oder Pause": die aktuelle Dauer dieser Tätigkeit (seit der Auswahl) und die aktuelle kumulierte Arbeitsunterbrechung;
d) Warndaten;
e) Menüzugangsdaten.

Vom Fahrtenschreiber können zusätzliche Informationen angezeigt werden, sofern sie von den gemäß dem vorliegenden Absatz vorgeschriebenen Informationen deutlich unterscheidbar sind.

(3) Bei Feststellung eines Ereignisses und/oder einer Störung sowie vor und zum Zeitpunkt der Überschreitung der höchstzulässigen ununterbrochenen Lenkzeit erhält der Fahrer vom di-

gitalen Fahrtenschreiber ein Warnsignal, damit er die einschlägigen Rechtsvorschriften leichter einhalten kann.

(4) Warnsignale werden als optisches Signal ausgegeben; zusätzlich kann ein akustisches Signal ausgegeben werden. Die Warnsignale haben eine Dauer von mindestens 30 Sekunden, sofern sie nicht vom Nutzer durch Drücken einer Taste am Fahrtenschreiber bestätigt werden. Der Grund für die Warnung wird am Fahrtenschreiber angezeigt und bleibt so lange sichtbar, bis der Benutzer ihn mit einer bestimmten Taste oder mit einem bestimmten Befehl über den Fahrtenschreiber bestätigt.

(5) Um sicherzustellen, dass der Fahrtenschreiber die Anzeige- und Warnsignal-Anforderungen nach diesem Artikel erfüllt, erlässt die Kommission die für die einheitliche Anwendung dieses Artikels erforderlichen Einzelvorschriften. Diese Durchführungsrechtsakte werden nach dem in Artikel 42 Absatz 3 genannten Prüfverfahren erlassen.

Datenschutz

Art. 7 (1) Die Mitgliedstaaten stellen sicher, dass die Verarbeitung personenbezogener Daten im Rahmen der vorliegenden Verordnung nur zum Zwecke der Überprüfung der Einhaltung der vorliegenden Verordnung und der Verordnungen (EG) Nr. 561/2006, (EG) Nr. 1071/2009, (EG) Nr. 1072/2009 und (EG) Nr. 1073/2009, der Richtlinien 92/6/EWG, 92/106/EWG und 2002/15/EG sowie, was die Entsendung von Arbeitnehmern im Straßenverkehr betrifft, der Richtlinien 96/71/EG, 2014/67/EU und (EU) 2020/1057 erfolgt.

(2) Die Mitgliedstaaten stellen insbesondere sicher, dass personenbezogene Daten gegen andere Verwendungen als die strikt mit den in Absatz 1 genannten Rechtsakten der Union zusammenhängende Verwendung in Bezug auf Folgendes geschützt werden:

a) Nutzung eines globalen Satellitennavigationssystems (GNSS) für die Aufzeichnung von Standortdaten gemäß Artikel 8,

b) Nutzung der Fernkommunikation zu Kontrollzwecken gemäß Artikel 9, Nutzung eines Fahrtenschreibers mit einer harmonisierten Schnittstelle gemäß Artikel 10, elektronischer Austausch von Informationen über Fahrerkarten gemäß Artikel 31 und insbesondere grenzüberschreitender Austausch dieser Daten mit Drittländern und

c) Aufbewahrung von Aufzeichnungen durch Verkehrsunternehmen gemäß Artikel 33.

(3) Der digitale Fahrtenschreiber muss so konstruiert sein, dass er die Privatsphäre schützt. Es dürfen nur Daten verarbeitet werden, die für die in Absatz 1 genannten Zwecke erforderlich sind.

(4) Die Fahrzeugeigentümer, die Verkehrsunternehmen und jede sonstige betroffene Stelle halten, soweit anwendbar, die einschlägigen Bestimmungen zum Schutz personenbezogener Daten ein.

(VO (EU) 2020/1054)

KAPITEL II
INTELLIGENTER FAHRTENSCHREIBER

Aufzeichnung des Fahrzeugstandorts an bestimmten Punkten bzw. Zeitpunkten während der täglichen Arbeitszeit

Art. 8 (1) Um die Überprüfung der Einhaltung der einschlägigen Rechtsvorschriften zu erleichtern, wird der Standort des Fahrzeugs an folgenden Punkten oder am nächstgelegenen Ort, an dem das Satellitensignal verfügbar ist, automatisch aufgezeichnet:

– Standort zu Beginn der täglichen Arbeitszeit;
– jedes Mal, wenn das Fahrzeug die Grenze eines Mitgliedstaats überschreitet;
– bei jeder Be- oder Entladung des Fahrzeugs;
– nach jeweils drei Stunden kumulierter Lenkzeit und
– Standort am Ende der täglichen Arbeitszeit.

Um die Überprüfung der Einhaltung der Vorschriften durch die Kontrollbehörden zu erleichtern, zeichnet der intelligente Fahrtenschreiber gemäß den Anforderungen der Verordnung (EG) Nr. 561/2006 ferner auf, ob das Fahrzeug für die Beförderung von Gütern oder Personen benutzt wurde.

Dazu müssen Fahrzeuge, die 36 Monate nach Inkrafttreten der Einzelvorschriften gemäß Artikel 11 Absatz 1 erstmals zugelassen werden, mit einem Fahrtenschreiber ausgerüstet sein, der an einen Positionsbestimmungsdienst auf der Basis eines Satellitennavigationssystems angebunden ist.

Die Aufzeichnung von Grenzüberschreitungen und zusätzlichen Tätigkeiten gemäß Unterabsatz 1 zweiter und dritter Gedankenstrich und gemäß Unterabsatz 2 gilt jedoch für Fahrzeuge, die mehr als zwei Jahre nach Inkrafttreten der in Artikel 11 Absatz 2 genannten Einzelvorschriften in einem Mitgliedstaat erstmals zugelassen wurden, unbeschadet der Pflicht zur späteren Nachrüstung bestimmter Fahrzeuge gemäß Artikel 3 Absatz 4.

(VO (EU) 2020/1054)

(2) Was die Anbindung des Fahrtenschreibers an einen auf ein Satellitennavigationssystem gestützten Positionsbestimmungsdienst gemäß Absatz 1 anbelangt, so dürfen nur solche Dienste genutzt werden, die kostenfrei sind. Andere Standortdaten als die – soweit möglich – in geografischen Koordinaten ausgedrückten Daten zur Bestimmung der Standorte gemäß Absatz 1 dürfen im Fahrtenschreiber nicht dauerhaft gespeichert werden. Standortdaten, die vorübergehend gespeichert werden müssen, um die automatische Aufzeichnung der Punkte gemäß Absatz 1 zu ermöglichen oder um den Bewegungssensor abzugleichen, dürfen für keinen Nutzer zugänglich sein und müssen automatisch gelöscht werden, sobald sie für diese Zwecke nicht mehr benötigt werden.

Früherkennung von möglicher Manipulation oder möglichem Missbrauch per Fernkommunikation

Art. 9 (1) Um den zuständigen Kontrollbehörden gezielte Straßenkontrollen zu erleichtern, muss der Fahrtenschreiber, der in Fahrzeugen eingebaut ist, die 36 Monate nach Inkrafttreten der Einzelvorschriften gemäß Artikel 11 erstmals zugelassen worden sind, fähig sein, mit diesen Behörden zu kommunizieren, während sich das Fahrzeug in Bewegung befindet.

(2) Drei Jahre nach Inkrafttreten der in Artikel 11 Absatz 2 genannten Einzelvorschriften mit Spezifikationen für die Aufzeichnung von Grenzüberschreitungen und zusätzlichen Tätigkeiten nach Artikel 8 Absatz 1 zweiter und dritter Gedankenstrich statten die Mitgliedstaaten ihre Kontrollbehörden in angemessenem Umfang mit den Geräten zur Früherkennung per Fernkommunikation aus, die für die Datenkommunikation gemäß dem vorliegenden Artikel benötigt werden; dabei sind ihre besonderen Durchsetzungsanforderungen und -strategien zu berücksichtigen. Bis zu diesem Zeitpunkt steht es den Mitgliedstaaten frei, ihre Kontrollbehörden mit den Fernkommunikationsgeräten für die Früherkennung auszustatten.

(VO (EU) 2020/1054)

(3) Die Kommunikation mit dem Fahrtenschreiber gemäß Absatz 1 darf nur auf Veranlassung des Prüfgeräts der Kontrollbehörden aufgenommen werden. Sie muss gesichert erfolgen, um die Datenintegrität und die Authentifizierung des Kontrollgeräts und des Prüfgeräts sicherzustellen. Der Zugang zu den übertragenen Daten ist auf die Kontrollbehörden beschränkt, die ermächtigt sind, Verstöße gegen die in Artikel 7 Absatz 1 genannten Rechtsakte der Union und gegen die vorliegende Verordnung zu überprüfen, und auf Werkstätten, soweit ein Zugang für die Überprüfung des ordnungsgemäßen Funktionierens des Fahrtenschreibers erforderlich ist.

(VO (EU) 2020/1054)

(4) Bei der Kommunikation dürfen nur Daten übertragen werden, die für die Zwecke der gezielten Straßenkontrolle von Fahrzeugen notwendig sind, deren Fahrtenschreiber mutmaßlich manipuliert oder missbraucht wurde. Diese Daten müssen sich auf folgende vom Fahrtenschreiber aufgezeichnete Ereignisse oder Daten beziehen:

– letzter Versuch einer Sicherheitsverletzung,
– längste Unterbrechung der Stromversorgung,
– Sensorstörung,
– Datenfehler Weg und Geschwindigkeit,
– Datenkonflikt Fahrzeugbewegung,
– Fahren ohne gültige Karte,
– Einstecken der Karte während des Lenkens,
– Zeiteinstellungsdaten,
– Kalibrierungsdaten einschließlich des Datums der zwei letzten Kalibrierungen,
– amtliches Kennzeichen des Fahrzeugs,
– vom Fahrtenschreiber aufgezeichnete Geschwindigkeit.
– Überschreitung der maximalen Lenkzeit.

(VO (EU) 2020/1054)

(5) Die übertragenen Daten dürfen nur dazu verwendet werden, die Einhaltung dieser Verordnung zu überprüfen. Sie dürfen nur an Behörden, die Einhaltung der Lenk- und Ruhezeiten kontrollieren, und an Justizbehörden im Rahmen eines laufenden Gerichtsverfahrens übermittelt werden.

(6) Die Daten werden von den Kontrollbehörden nur für die Dauer einer Straßenkontrolle gespeichert und spätestens drei Stunden nach ihrer Übermittlung gelöscht, es sei denn, die Daten lassen eine Manipulation oder einen Missbrauch des Fahrtenschreibers vermuten. Bestätigt sich der Verdacht einer Manipulation oder eines Missbrauchs im Laufe der anschließenden Straßenkontrolle nicht, so werden die übertragenen Daten gelöscht.

(7) Das Verkehrsunternehmen, das das Fahrzeug betreibt, ist dafür verantwortlich, dass der Fahrer über die Möglichkeit der Früherkennung von möglicher Manipulation oder möglichem Missbrauch des Fahrtenschreibers per Fernkommunikation informiert wird.

(8) Eine Fernkommunikation zur Früherkennung der Art, wie sie in dem vorliegenden Artikel beschrieben wird, führt in keinem Fall zu automatischen Geldbußen oder Zwangsgeldern für den Fahrer oder das Unternehmen. Die zuständige Kontrollbehörde kann aufgrund der ausgetauschten Daten entscheiden, eine Überprüfung des Fahrzeugs und des Fahrtenschreibers durchzuführen. Das Ergebnis der Fernkommunikation hindert die Kontrollbehörden nicht daran, auf der Grundlage des durch Artikel 9 der Richtlinie 2006/22/EG eingeführten Risikoeinstufungssystems stichprobenartige Unterwegskontrollen durchzuführen.

Schnittstelle zu intelligenten Verkehrssystemen

Art. 10 Fahrtenschreiber von Fahrzeugen, die 36 Monate nach Inkrafttreten der Einzelvorschriften gemäß Artikel 11 erstmals zugelassen werden, können mit genormten Schnittstellen ausgerüstet werden, die im Betriebsmodus die Nutzung der vom Fahrtenschreiber aufgezeichneten oder erzeugten Daten durch externe Geräte ermöglichen, sofern die folgenden Voraussetzungen erfüllt sind:

a) Die Schnittstelle beeinträchtigt die Authentizität und Integrität der Daten des Fahrtenschreibers nicht.
b) Die Schnittstelle entspricht den Einzelvorschriften nach Artikel 11.
c) Das an die Schnittstelle angeschlossene externe Gerät kann auf personenbezogene Daten, einschließlich Ortsbestimmungsdaten, nur zugreifen, wenn der Fahrer, auf den sich die Daten beziehen, nachweisbar seine Zustimmung erteilt hat.

Fahrtenschreiber von Fahrzeugen, die zwei Jahre nach Inkrafttreten der in Artikel 11 Absatz 2 ge-

nannten Einzelvorschriften mit Spezifikationen für die Aufzeichnung von Grenzüberschreitungen und zusätzlichen Tätigkeiten nach Artikel 8 Absatz 1 zweiter und dritter Gedankenstrich erstmals in einem Mitgliedstaat zugelassen werden, werden mit der in Absatz 1 genannten Schnittstelle ausgerüstet.
(VO (EU) 2020/1054)

Einzelvorschriften für intelligente Fahrtenschreiber

Art. 11 Um sicherzustellen, dass der intelligente Fahrtenschreiber den Grundsätzen und Anforderungen dieser Verordnung entspricht, erlässt die Kommission die für die einheitliche Anwendung der Artikel 8, 9 und 10 erforderlichen Einzelvorschriften, mit Ausnahme aller Bestimmungen, in denen die Aufzeichnung zusätzlicher Daten durch den Fahrtenschreiber vorgesehen würde.

Die Kommission erlässt bis zum 21. August 2021 Durchführungsrechtsakte mit genauen Vorschriften für die einheitliche Anwendung der Verpflichtung zur Aufzeichnung und Speicherung der Daten zu sämtlichen Grenzüberschreitungen des Fahrzeugs und Tätigkeiten gemäß Artikel 8 Absatz 1 Unterabsatz 1 zweiter und dritter Gedankenstrich und Artikel 8 Absatz 1 Unterabsatz 2.

Die Kommission erlässt bis zum 21. Februar 2022 Durchführungsrechtsakte mit genauen Vorschriften, die für die einheitliche Anwendung der Vorschriften über Datenanforderungen und -funktionen, einschließlich der Artikel 8, 9 und 10 dieser Verordnung, und über den Einbau von Fahrtenschreibern für Fahrzeuge im Sinne des Artikels 2 Absatz 1 Unterabsatz 2 Buchstabe aa der Verordnung (EG) Nr. 561/2006 erforderlich sind.

Diese Durchführungsrechtsakte werden nach dem in Artikel 42 Absatz 3 genannten Prüfverfahren erlassen.

Die Einzelvorschriften nach den Absätzen 1, 2 und 3 des vorliegenden Artikels müssen:

a) bezüglich der Ausführung der Funktionen des intelligenten Fahrtenschreibers gemäß dem vorliegenden Kapitel die notwendigen Anforderungen enthalten, um die Sicherheit, Genauigkeit und Zuverlässigkeit der Daten zu gewährleisten, die von dem satellitengestützten Positionsbestimmungsdienst und der Fernkommunikationseinrichtung gemäß den Artikeln 8 und 9 an den Fahrtenschreiber übertragen werden;

b) die verschiedenen Bedingungen und Anforderungen für den satellitengestützten Positionsbestimmungsdienst und die Fernkommunikationseinrichtung gemäß den Artikeln 8 und 9 enthalten, und zwar sowohl für externe Lösungen als auch für den Fall einer Einbettung im Fahrtenschreiber; bei externen Lösungen müssen sie auch die Bedingungen für die Nutzung des satellitengestützten Positionsbestimmungssignals als zweiter Bewegungssensor abdecken;

c) die notwendigen Normen für die Schnittstelle gemäß Artikel 10 enthalten. Hierzu kann eine Bestimmung über die Vergabe von Zugriffsrechten für Fahrer, Werkstatt und Verkehrsunternehmen und über Kontrollfunktionen für die vom Fahrtenschreiber aufgezeichneten Daten enthalten sein; den Kontrollfunktionen muss ein Authentifizierungs-/Autorisierungsmechanismus für die Schnittstelle zugrunde liegen, wie beispielsweise ein Zertifikat für jede Zugriffsebene, allerdings unter dem Vorbehalt der technischen Machbarkeit.

(VO (EU) 2020/1054)

KAPITEL III
TYPGENEHMIGUNG

Beantragung

Art. 12 (1) Die Hersteller oder deren Beauftragte beantragen die Typgenehmigung für die Fahrzeugeinheit, den Bewegungssensor, das Schaublatt-Muster oder die Fahrtenschreiberkarte bei den Typgenehmigungsbehörden, die hierfür von den Mitgliedstaaten benannt worden sind.

(2) Die Mitgliedstaaten teilen der Kommission bis 2. März 2015 die Namen und Kontaktangaben der benannten Behörden gemäß Absatz 1 sowie erforderlichenfalls spätere Aktualisierungen dieser Angaben mit. Die Kommission veröffentlicht die Liste der benannten Typgenehmigungsbehörden auf ihrer Website und hält diese Liste auf dem neuesten Stand.

(3) Einem Typgenehmigungsantrag müssen die entsprechenden Spezifikationen, einschließlich der erforderlichen Informationen über die Plombierung, und die Sicherheits-, Funktions- und Interoperabilitätszertifikate beigefügt sein. Das Sicherheitszertifikat muss von einer anerkannten Zertifizierungsstelle ausgestellt sein, die von der Kommission benannt ist.

Das Funktionszertifikat wird dem Hersteller von der Typgenehmigungsbehörde ausgestellt.

Ein Interoperabilitätszertifikat wird von einer einzigen Prüfstelle erteilt, die der Kommission untersteht und sich in ihrer Verantwortung befindet.

(4) In Bezug auf den Fahrtenschreiber, seine relevanten Komponenten und die Fahrtenschreiberkarte gilt Folgendes:

a) Das Sicherheitszertifikat muss für die Fahrzeugeinheit, die Fahrtenschreiberkarten, den Bewegungssensor und die Verbindung zum GNSS-Empfänger – falls das GNSS nicht in die Fahrzeugeinheiten integriert ist – Folgendes bescheinigen:

  i) Einhaltung der Sicherheitsziele;

  ii) Identifizierung und Authentifizierung, Autorisierung, Vertraulichkeit, Nachvollziehbarkeit, Integrität, Audit, Genauigkeit und Zuverlässigkeit des Dienstes.

b) Das Funktionszertifikat muss bescheinigen, dass das geprüfte Gerät die jeweiligen Anforderungen hinsichtlich folgender Punkte einhält: ausgeführte Funktionen, Umwelteigenschaften, elektromagnetische Verträglichkeit,

Einhaltung physikalischer Anforderungen und Einhaltung anwendbarer Normen.

c) Das Interoperabilitätszertifikat muss bescheinigen, dass bei dem geprüften Gerät uneingeschränkte Interoperabilität mit den notwendigen Fahrtenschreibern oder Fahrtenschreiberkarten-Modellen gegeben ist.

(5) Änderungen an der Software oder Hardware des Fahrtenschreibers oder an den für seine Herstellung verwendeten Werkstoffen werden vor ihrer Umsetzung der Behörde gemeldet, die die Typgenehmigung für das Gerät erteilt hat. Diese Behörde bestätigt dem Hersteller die Erweiterung der Typgenehmigung oder verlangt eine Aktualisierung oder Bestätigung des entsprechenden Funktions-, Sicherheits- und/oder Interoperabilitätszertifikats.

(6) Der Typgenehmigungsantrag für ein und dieselbe Bauart von Fahrzeugeinheit, Bewegungssensor, Schaublatt-Muster oder Fahrtenschreiberkarte darf nicht bei mehreren Mitgliedstaaten gestellt werden.

(7) Die Kommission erlässt im Wege von Durchführungsrechtsakten Einzelvorschriften für die einheitliche Anwendung dieses Artikels. Diese Durchführungsrechtsakte werden nach dem in Artikel 42 Absatz 3 genannten Prüfverfahren erlassen.

Erteilung der Typgenehmigung

Art. 13 Ein Mitgliedstaat erteilt die Typgenehmigung für eine Bauart von Fahrzeugeinheit, Bewegungssensor, Schaublatt-Muster oder Fahrtenschreiberkarte, wenn diese den Vorschriften der Artikel 4 und 11 entsprechen und der Mitgliedstaat die Möglichkeit hat, die Übereinstimmung der Produktion mit dem zugelassenen Muster zu überprüfen.

Änderungen oder Ergänzungen eines Musters, für das die Typgenehmigung bereits erteilt worden ist, bedürfen einer Nachtrags-Typgenehmigung des Mitgliedstaats, der die ursprüngliche Typgenehmigung erteilt hat.

Typgenehmigungszeichen

Art. 14 Die Mitgliedstaaten erteilen dem Antragsteller für jede gemäß Artikel 13 und Anhang II zugelassene Bauart von Fahrzeugeinheit, Bewegungssensor, Schaublatt-Muster oder Fahrtenschreiberkarte ein Typgenehmigungszeichen entsprechend einem vorher festgelegten Muster. Diese Muster werden von der Kommission im Wege von Durchführungsrechtsakten nach dem in Artikel 42 Absatz 3 genannten Prüfverfahren genehmigt.

Genehmigung oder Ablehnung

Art. 15 Die zuständigen Behörden des Mitgliedstaats, bei dem die Typgenehmigung beantragt wurde, übermitteln den Behörden der anderen Mitgliedstaaten für jede zugelassene Bauart von Fahrzeugeinheit, Bewegungssensor, Schaublatt-Muster oder Fahrtenschreiberkarte innerhalb eines Monats eine Kopie des Typgenehmigungsbogens sowie Kopien der erforderlichen Spezifikationen, auch in Bezug auf die Plombierung. Lehnen die zuständigen Behörden eine beantragte Typgenehmigung ab, so unterrichten sie hiervon die Behörden der anderen Mitgliedstaaten und teilen die Gründe dafür mit.

Übereinstimmung des Geräts mit der Typgenehmigung

Art. 16 (1) Stellt ein Mitgliedstaat, der eine Typgenehmigung gemäß Artikel 13 erteilt hat, fest, dass Fahrzeugeinheiten, Bewegungssensoren, Schaublätter oder Fahrtenschreiberkarten, die das von ihm erteilte Typgenehmigungszeichen tragen, nicht dem von ihm zugelassenen Muster entsprechen, so trifft er die erforderlichen Maßnahmen, um die Übereinstimmung der Produktion mit dem zugelassenen Muster sicherzustellen. Diese Maßnahmen können nötigenfalls bis zum Entzug der Typgenehmigung reichen.

(2) Der Mitgliedstaat, der eine Typgenehmigung erteilt hat, muss diese entziehen, wenn die Fahrzeugeinheit, der Bewegungssensor, das Schaublatt oder die Fahrtenschreiberkarte, für die die Typgenehmigung erteilt wurde, dieser Verordnung nicht entspricht oder bei der Verwendung einen Fehler allgemeiner Art erkennen lässt, der es/ihn/sie für seinen/ihren bestimmungsgemäßen Zweck ungeeignet macht.

(3) Wird der Mitgliedstaat, der eine Typgenehmigung erteilt hat, von einem anderen Mitgliedstaat darüber unterrichtet, dass einer der in den Absätzen 1 oder 2 genannten Fälle vorliegt, so trifft er nach Anhörung des mitteilenden Mitgliedstaats die in diesen Absätzen vorgesehenen Maßnahmen vorbehaltlich des Absatzes 5.

(4) Der Mitgliedstaat, der einen der in Absatz 2 genannten Fälle festgestellt hat, kann das Inverkehrbringen und die Inbetriebnahme der betreffenden Fahrzeugeinheiten, Bewegungssensoren, Schaublätter oder Fahrtenschreiberkarten bis auf Weiteres untersagen. Dasselbe gilt in den in Absatz 1 genannten Fällen in Bezug auf Fahrzeugeinheiten, Bewegungssensoren, Schaublätter oder Fahrtenschreiberkarten, die von der EU-Ersteichung befreit worden sind, wenn der Hersteller nach ordnungsgemäßer Anmahnung die Übereinstimmung des Geräts mit dem zugelassenen Muster bzw. mit den Anforderungen dieser Verordnung nicht herbeigeführt hat.

Auf jeden Fall teilen die zuständigen Behörden der Mitgliedstaaten einander und der Kommission innerhalb eines Monats den Entzug einer Typgenehmigung und jedwede andere gemäß den Absätzen 1, 2 oder 3 getroffene Maßnahmen mit und legen die Gründe dafür dar.

(5) Bestreitet der Mitgliedstaat, der eine Typgenehmigung erteilt hat, dass die in den Absätzen 1 und 2 genannten Fälle, auf die er hingewiesen worden ist, gegeben sind, so bemühen sich die betreffenden Mitgliedstaaten um die Beilegung des Streitfalls und unterrichten die Kommission laufend darüber.

Haben die Gespräche zwischen den Mitgliedstaaten nicht binnen vier Monaten nach der Unterrichtung gemäß Absatz 3 zu einem Einvernehmen geführt, so erlässt die Kommission nach Anhörung von Sachverständigen sämtlicher Mitgliedstaaten und nach Prüfung aller einschlägigen Faktoren, z.B. wirtschaftlicher und technischer Faktoren, binnen sechs Monaten nach Ablauf der genannten Viermonatsfrist einen Beschluss, der den beteiligten Mitgliedstaaten bekanntgegeben und gleichzeitig den übrigen Mitgliedstaaten mitgeteilt wird. Die Kommission setzt in jedem Fall die Frist für den Beginn der Durchführung ihres Beschlusses fest.

Genehmigung der Schaublätter

Art. 17 (1) Im Antrag auf eine Typgenehmigung für ein Schaublatt-Muster ist im Antragsformular anzugeben, für welche Typen von analogen Fahrtenschreibern dieses Schaublatt bestimmt ist; für Prüfungen des Schaublatts ist außerdem ein geeigneter Fahrtenschreiber des entsprechenden Typs zur Verfügung zu stellen.

(2) Die zuständigen Behörden eines jeden Mitgliedstaats geben auf dem Typgenehmigungsbogen des Schaublatt-Musters an, in welchen Typen von analogen Fahrtenschreibern dieses Schaublatt-Muster verwendet werden kann.

Begründung der Ablehnung

Art. 18 Jede Entscheidung aufgrund dieser Verordnung, durch die eine Typgenehmigung für eine Bauart von Fahrzeugeinheit, Bewegungssensor, Schaublatt-Muster oder Fahrtenschreiberkarte abgelehnt oder entzogen wird, ist eingehend zu begründen. Sie wird dem Betreffenden unter Angabe der nach dem Recht des jeweiligen Mitgliedstaats vorgesehen Rechtsmittel und der Rechtsmittelfristen mitgeteilt.

Anerkennung typgenehmigter Fahrtenschreiber

Art. 19 Die Mitgliedstaaten dürfen die Zulassung oder Inbetriebnahme oder Benutzung von mit einem Fahrtenschreiber ausgerüsteten Fahrzeugen nicht aus Gründen ablehnen bzw. verbieten, die mit diesem Gerät zusammenhängen, wenn der Fahrtenschreiber das in Artikel 14 genannte Typgenehmigungszeichen und die in Artikel 22 Absatz 4 genannte Einbauplakette aufweist.

Sicherheit

Art. 20 (1) Die Hersteller müssen ihre produzierten Fahrzeugeinheiten, Bewegungssensoren und Fahrtenschreiberkarten so konstruieren, erproben und ständig überprüfen, um Sicherheitsschwachstellen in allen Phasen des Produktlebenszyklus festzustellen, und müssen deren mögliche Ausnutzung verhindern oder eindämmen. Der Mitgliedstaat, der die Typgenehmigung erteilt hat, legt fest, wie häufig Prüfungen durchgeführt werden, wobei der Zeitraum zwischen zwei Prüfungen zwei Jahre nicht überschreiten darf.

(2) Zu diesem Zweck übermitteln die Hersteller der in Artikel 12 Absatz 3 genannten Zertifizierungsstelle die erforderlichen Unterlagen für die Schwachstellenanalyse.

(3) Für die Zwecke des Absatzes 1 führt die in Artikel 12 Absatz 3 genannte Zertifizierungsstelle Prüfungen an Fahrzeugeinheiten, Bewegungssensoren und Fahrtenschreiberkarten durch, um zu bestätigen, dass bekannte Sicherheitsschwachstellen nicht von Personen, die über öffentlich zugängliche Kenntnisse verfügen, ausgenutzt werden können.

(4) Werden bei den in Absatz 1 genannten Prüfungen Sicherheitsschwachstellen in Systemkomponenten (Fahrzeugeinheiten, Bewegungssensoren und Fahrtenschreiberkarten) festgestellt, so werden diese Komponenten nicht in Verkehr gebracht. Werden bei den in Absatz 3 genannten Prüfungen Sicherheitsschwachstellen in Komponenten festgestellt, die bereits in Verkehr gebracht wurden, unterrichtet der Hersteller oder die Zertifizierungsstelle die zuständigen Behörden des Mitgliedstaats, der die Typgenehmigung erteilt hat. Diese zuständigen Behörden ergreifen alle erforderlichen Maßnahmen, um sicherzustellen, dass das Problem – insbesondere vom Hersteller – beseitigt wird; außerdem unterrichten sie die Kommission unverzüglich über die festgestellten Sicherheitsschwachstellen und die geplanten oder ergriffenen Maßnahmen, wozu erforderlichenfalls auch der Entzug der Typgenehmigung gemäß Artikel 16 Absatz 2 zählt.

Praxiserprobungen

Art. 21 (1) Die Mitgliedstaaten können Praxiserprobungen mit Fahrtenschreibern, für die noch keine Typgenehmigung erteilt wurde, genehmigen. Die von den Mitgliedstaaten erteilten Genehmigungen für Praxiserprobungen werden von ihnen gegenseitig anerkannt.

(2) Fahrer und Verkehrsunternehmen, die an einer Praxiserprobung teilnehmen, müssen die Anforderungen der Verordnung (EG) Nr. 561/2006 erfüllen. Die Fahrer erbringen diesen Nachweis nach dem Verfahren gemäß Artikel 35 Absatz 2 der vorliegenden Verordnung.

(3) Die Kommission kann Durchführungsrechtsakte zur Festlegung der Verfahren für die Durchführung von Praxiserprobungen und der Formulare für deren Überwachung erlassen. Diese Durchführungsrechtsakte werden nach dem in Artikel 42 Absatz 3 genannten Prüfverfahren erlassen.

KAPITEL IV
EINBAU UND PRÜFUNG

Einbau und Reparatur

Art. 22 (1) Einbau und Reparaturen von Fahrtenschreibern dürfen nur von Einbaubetrieben, Werkstätten oder Fahrzeugherstellern vorgenommen werden, die von den zuständigen Behörden der Mitgliedstaaten gemäß Artikel 24 dafür zugelassen worden sind.

(2) Zugelassene Einbaubetriebe, Werkstätten oder Fahrzeughersteller plombieren den Fahrtenschreiber gemäß den Spezifikationen in dem Typgenehmigungsbogen nach Artikel 15, nachdem

sie überprüft haben, dass er ordnungsgemäß funktioniert und insbesondere auf eine Art und Weise, durch die sichergestellt wird, dass die aufgezeichneten Daten durch Manipulationsvorrichtungen weder verfälscht noch geändert werden können.

(3) Der zugelassene Einbaubetrieb, die zugelassene Werkstatt oder der zugelassene Fahrzeughersteller versieht die durchgeführten Plombierungen mit einem besonderen Zeichen und gibt außerdem bei digitalen Fahrtenschreibern die elektronischen Sicherheitsdaten ein, mit denen sich die Authentifizierungskontrollen durchführen lassen. Die zuständigen Behörden eines jeden Mitgliedstaats übermitteln der Kommission das Verzeichnis der verwendeten Zeichen und elektronischen Sicherheitsdaten und die erforderlichen Informationen über die verwendeten elektronischen Sicherheitsdaten. Die Kommission macht den Mitgliedstaaten diese Informationen auf Anfrage zugänglich.

(4) Durch die Anbringung einer deutlich sichtbaren und leicht zugänglichen Einbauplakette wird bescheinigt, dass der Einbau des Fahrtenschreibers den Vorschriften dieser Verordnung entsprechend erfolgt ist.

(5) Fahrtenschreiberbauteile werden gemäß den Vorgaben des Typgenehmigungsbogens plombiert. Anschlüsse an den Fahrtenschreiber, die potenziell manipulationsanfällig sind, einschließlich der Verbindung zwischen dem Bewegungssensor und dem Getriebe, sowie gegebenenfalls die Einbauplakette werden plombiert.

Eine Plombierung darf nur entfernt oder aufgebrochen werden
– durch Einbaubetriebe oder Werkstätten, die gemäß Artikel 24 von den zuständigen Behörden zugelassen sind, zwecks Reparatur, Instandhaltung oder Neukalibrierung des Fahrtenschreibers oder durch angemessen geschulte und erforderlichenfalls ermächtigte Kontrolleure für Kontrollzwecke;
– zwecks Reparaturen oder Umbauten des Fahrzeugs, die sich auf die Plombierung auswirken. In diesen Fällen ist im Fahrzeug eine schriftliche Erklärung mitzuführen, in der das Datum, die Uhrzeit und die Begründung der Entfernung der Plombierung angeführt sind. Die Kommission legt mittels Durchführungsrechtsakten ein Musterformular für die schriftliche Erklärung fest.

Die entfernte oder aufgebrochene Plombierung ist ohne unangemessene Verzögerung, spätestens jedoch innerhalb von sieben Tagen nach ihrem Entfernen oder Aufbrechen, von einem zugelassenen Einbaubetrieb oder einer zugelassenen Werkstatt zu ersetzen. Wurden Plombierungen zu Kontrollzwecken entfernt oder aufgebrochen, so können sie von einem Kontrolleur ohne unangemessene Verzögerung unter Verwendung einer entsprechenden Vorrichtung und eines eindeutigen besonderen Zeichens ersetzt werden.

Entfernt ein Kontrolleur eine Plombierung, so wird die Kontrollkarte ab dem Moment der Entfernung der Plombierung bis zum Ende der Kontrolle in den Fahrtenschreiber eingesetzt; das gilt auch im Fall der Anbringung einer neuen Plombierung. Der Kontrolleur stellt eine schriftliche Erklärung aus, die mindestens die folgenden Angaben enthält:
– Fahrzeug-Identifizierungsnummer;
– Name des Kontrolleurs;
– Kontrollbehörde und Mitgliedstaat;
– Nummer der Kontrollkarte;
– Nummer der entfernten Plombierung;
– Datum und Uhrzeit der Entfernung der Plombierung;
– Nummer der neuen Plombierung, sofern der Kontrolleur eine neue Plombierung angebracht hat.

Vor der Ersetzung der Plombierung wird der Fahrtenschreiber von einer zugelassenen Werkstaat einer Prüfung und Kalibrierung unterzogen, es sei denn, die Plombierung wurde zu Kontrollzwecken entfernt oder aufgebrochen und durch einen Kontrolleur ersetzt.

(VO (EU) 2020/1054)

Nachprüfung der Fahrtenschreiber

Art. 23 (1) Fahrtenschreiber werden regelmäßigen Nachprüfungen durch zugelassene Werkstätten unterzogen. Die regelmäßigen Nachprüfungen finden mindestens alle zwei Jahre statt.

(2) Bei den Nachprüfungen gemäß Absatz 1 wird insbesondere Folgendes überprüft:
– dass der Fahrtenschreiber ordnungsgemäß eingebaut ist und für das Fahrzeug geeignet ist,
– dass der Fahrtenschreiber ordnungsgemäß funktioniert,
– dass auf dem Fahrtenschreiber das Typgenehmigungszeichen angebracht ist,
– dass die Einbauplakette angebracht ist,
– dass alle Plombierungen unversehrt sind und ihre Funktion erfüllen,
– dass keine Manipulationsvorrichtungen an den Fahrtenschreiber angeschlossen sind und dass keine Spuren der Verwendung solcher Vorrichtungen vorhanden sind,
– die Reifengröße und der tatsächliche Umfang der Radreifen.

(3) Falls Unregelmäßigkeiten in der Funktionsweise der Fahrtenschreiber behoben werden mussten, erstellen die zugelassenen Werkstätten, die Nachprüfungen durchführen, einen Nachprüfungsbericht, und zwar unabhängig davon, ob die Nachprüfung im Rahmen einer wiederkehrenden Nachprüfung oder im besonderen Auftrag der zuständigen nationalen Behörde erfolgt ist. Sie führen eine Liste aller erstellten Nachprüfungsberichte.

(4) Die Nachprüfungsberichte werden ab der Erstellung mindestens zwei Jahre lang aufbewahrt. Die Mitgliedstaaten entscheiden, ob die Nachprüfungsberichte in dieser Zeit einbehalten oder aber der zuständigen Behörde übermittelt werden. Bewahrt eine Werkstatt die Nachprüfungsberich-

te auf, so macht sie auf Anfrage der zuständigen Behörde die Berichte über die in diesem Zeitraum durchgeführten Nachprüfungen und Kalibrierungen zugänglich.

Zulassung der Einbaubetriebe Werkstätten und Fahrzeughersteller

Art. 24 (1) Die Mitgliedstaaten sorgen für die Zulassung, regelmäßige Kontrolle und Zertifizierung der Einbaubetriebe, Werkstätten und Fahrzeughersteller, die zu Einbau, Einbauprüfung, Nachprüfung und Reparatur von Fahrtenschreibern befugt sind.

(2) Die Mitgliedstaaten gewährleisten die Fachkompetenz und Zuverlässigkeit der Einbaubetriebe, Werkstätten und Fahrzeughersteller. Zu diesem Zweck erstellen und veröffentlichen sie eindeutige nationale Verfahren und sorgen dafür, dass folgende Mindestanforderungen erfüllt werden:
a) das Personal ist ordnungsgemäß geschult,
b) die Ausrüstungen, die zur Durchführung der einschlägigen Prüfungen und Aufgaben erforderlich sind, stehen zur Verfügung,
c) die Einbaubetriebe, Werkstätten und Fahrzeughersteller gelten als zuverlässig.

(3) Zugelassene Einbaubetriebe und Werkstätten werden folgendermaßen überprüft:
a) Zugelassene Einbaubetriebe und Werkstätten werden mindestens alle zwei Jahre einem Audit unterzogen, bei dem die von ihnen angewandten Verfahren für den Umgang mit Fahrtenschreibern geprüft werden. Im Mittelpunkt des Audits stehen insbesondere die getroffenen Sicherheitsmaßnahmen und der Umgang mit Werkstattkarten. Die Mitgliedstaaten können diese Audits auch ohne eine Ortsbesichtigung durchführen.
b) Ferner finden unangekündigte technische Audits der zugelassenen Einbaubetriebe und Werkstätten statt, um die durchgeführten Kalibrierungen, Nachprüfungen und Einbauten zu überwachen. Diese Audits müssen jährlich mindestens 10 % der zugelassenen Einbaubetriebe und Werkstätten unterzogen werden.

(4) Die Mitgliedstaaten und ihre zuständigen Behörden ergreifen geeignete Maßnahmen, um Interessenkonflikte zwischen Einbaubetrieben oder Werkstätten mit den Verkehrsunternehmen zu vermeiden. Insbesondere bei Bestehen einer ernsthaften Gefahr eines Interessenkonflikts werden zusätzliche fallbezogene Maßnahmen ergriffen, um sicherzustellen, dass der Einbaubetrieb oder die Werkstatt diese Verordnung einhält.

(5) Die zuständigen Behörden der Mitgliedstaaten übermitteln der Kommission jährlich – möglichst elektronisch – die Verzeichnisse der zugelassenen Einbaubetriebe und Werkstätten sowie der ihnen ausgestellten Karten. Die Kommission veröffentlicht diese Verzeichnisse auf ihrer Website.

(6) Die zuständigen Behörden in den Mitgliedstaaten entziehen Einbaubetrieben, Werkstätten und Fahrzeugherstellern, die ihren Pflichten aus dieser Verordnung nicht nachkommen, vorübergehend oder dauerhaft die Zulassung.

Werkstattkarten

Art. 25 (1) Die Gültigkeitsdauer der Werkstattkarten darf ein Jahr nicht überschreiten. Bei der Erneuerung der Werkstattkarte stellt die zuständige Behörde sicher, dass der Einbaubetrieb, die Werkstatt oder der Fahrzeughersteller die Kriterien gemäß Artikel 24 Absatz 2 erfüllt.

(2) Die zuständige Behörde erneuert eine Werkstattkarte binnen 15 Arbeitstagen nach Eingang eines gültigen Antrags auf Erneuerung und aller erforderlichen Unterlagen. Bei Beschädigung, Fehlfunktion oder Verlust oder Diebstahl der Werkstattkarte stellt die zuständige Behörde binnen fünf Arbeitstagen nach Eingang eines entsprechenden begründeten Antrags eine Ersatzkarte aus. Die zuständigen Behörden führen ein Verzeichnis der verlorenen, gestohlenen und defekten Karten.

(3) Entzieht ein Mitgliedstaat einem Einbaubetrieb, einer Werkstatt oder einem Fahrzeughersteller nach Maßgabe des Artikels 24 die Zulassung, so zieht er auch die diesem/dieser ausgestellten Werkstattkarten ein.

(4) Die Mitgliedstaaten ergreifen alle erforderlichen Maßnahmen, um das Fälschen der den zugelassenen Einbaubetrieben, Werkstätten und Fahrzeugherstellern ausgestellten Werkstattkarten zu verhindern.

KAPITEL V
FAHRERKARTEN

Ausstellung von Fahrerkarten

Art. 26 (1) Die Fahrerkarte wird dem Fahrer auf seinen Antrag von der zuständigen Behörde des Mitgliedstaats, in dem er seinen gewöhnlichen Wohnsitz hat, ausgestellt. Die Ausstellung erfolgt binnen eines Monats nach Eingang des Antrags und aller erforderlichen Unterlagen bei der zuständigen Behörde.

(2) Im Sinne dieses Artikels gilt als „gewöhnlicher Wohnsitz" der Ort, an dem eine Person wegen persönlicher und beruflicher Bindungen oder – im Falle einer Person ohne berufliche Bindungen – wegen persönlicher Bindungen, die enge Beziehungen zwischen der Person und dem Wohnort erkennen lassen, gewöhnlich, d. h. während mindestens 185 Tagen im Kalenderjahr, wohnt.

Jedoch gilt als gewöhnlicher Wohnsitz einer Person, deren berufliche Bindungen an einem anderen Ort als dem seiner persönlichen Bindungen liegen und die daher veranlasst ist, sich abwechselnd an verschiedenen Orten in zwei oder mehr Mitgliedstaaten aufzuhalten, der Ort ihrer persönlichen Bindungen, sofern sie regelmäßig dorthin zurückkehrt. Letzteres ist nicht erforderlich, wenn sich die Person in einem Mitgliedstaat zur Ausführung eines Auftrags von bestimmter Dauer aufhält.

(3) Die Fahrer erbringen den Nachweis über ihren gewöhnlichen Wohnsitz anhand aller geeigneten Mittel, insbesondere des Personalausweises

oder jedes anderen beweiskräftigen Dokuments. Bestehen bei den zuständigen Behörden des Mitgliedstaats, der die Fahrerkarte ausstellt, Zweifel über die Richtigkeit der Angabe des gewöhnlichen Wohnsitzes oder sollen bestimmte spezifische Kontrollen vorgenommen werden, so können diese Behörden zusätzliche Auskünfte oder zusätzliche Belege verlangen.

(4) In hinreichend begründeten Ausnahmefällen können die Mitgliedstaaten einem Fahrer ohne gewöhnlichen Wohnsitz in einem Mitgliedstaat oder in einem Staat, der Vertragspartei des AETR-Übereinkommens ist, eine befristete und nicht erneuerbare Fahrerkarte ausstellen, die für einen Zeitraum von höchstens 185 Tagen gültig ist, sofern dieser Fahrer sich in einem arbeitsrechtlichen Verhältnis mit einem im ausstellenden Mitgliedstaat niedergelassenen Unternehmen befindet und
– soweit die Verordnung (EG) Nr. 1072/2009 des Europäischen Parlaments und des Rates gilt – eine Fahrerbescheinigung entsprechend der genannten Verordnung vorlegt.

Die Kommission verfolgt die Anwendung dieses Absatzes fortlaufend anhand der von den Mitgliedstaaten zur Verfügung gestellten Daten. Sie berichtet dem Europäischen Parlament und dem Rat alle zwei Jahre über ihre Erkenntnisse und geht dabei insbesondere der Frage nach, ob sich die befristeten Fahrerkarten negativ auf den Arbeitsmarkt auswirken und ob befristete Karten einem bestimmten Fahrer gewöhnlich mehrmals ausgestellt werden. Die Kommission kann einen sachdienlichen Gesetzgebungsvorschlag zur Änderung dieses Absatzes unterbreiten.

(5) Die zuständigen Behörden des ausstellenden Mitgliedstaats treffen geeignete Maßnahmen, um sicherzustellen, dass der Antragsteller nicht bereits Inhaber einer gültigen Fahrerkarte ist, und versehen die Fahrerkarte auf sichtbare und sichere Weise mit den persönlichen Daten des Fahrers.

(6) Die Gültigkeitsdauer der Fahrerkarte darf fünf Jahre nicht überschreiten.

(7) Eine gültige Fahrerkarte darf nur entzogen oder ausgesetzt werden, wenn die zuständigen Behörden eines Mitgliedstaats feststellen, dass die Karte gefälscht worden ist, der Fahrer eine Karte verwendet, deren Inhaber er nicht ist, oder die Ausstellung der Karte auf der Grundlage falscher Erklärungen und/ oder gefälschter Dokumente erwirkt wurde. Werden solche Maßnahmen zum Entzug oder zur Aussetzung der Gültigkeit der Karte von einem anderen als dem ausstellenden Mitgliedstaat getroffen, so sendet dieser Mitgliedstaat die Karte so bald wie möglich an die Behörden des ausstellenden Mitgliedstaats zurück und teilt die Gründe für den Entzug oder die Aussetzung mit. Dauert die Rücksendung der Karte voraussichtlich mehr als zwei Wochen, so teilt der Mitgliedstaat, der die Aussetzung der Gültigkeit oder den Entzug der Karte vorgenommen hat, dem ausstellenden Mitgliedstaat innerhalb dieser zwei Wochen die Gründe für die Aussetzung oder den Entzug mit.

(7a) Die zuständige Behörde des ausstellenden Mitgliedstaats kann verlangen, dass ein Fahrer die Fahrerkarte durch eine neue ersetzt, wenn das zur Einhaltung der einschlägigen technischen Spezifikationen erforderlich ist.

(VO (EU) 2020/1054)

(8) Die Mitgliedstaaten ergreifen alle erforderlichen Maßnahmen, um das Fälschen von Fahrerkarten zu verhindern.

(9) Dieser Artikel hindert die Mitgliedstaaten nicht daran, eine Fahrerkarte einem Fahrer auszustellen, der seinen gewöhnlichen Wohnsitz in einem Teil des Hoheitsgebiets dieses Mitgliedstaats hat, für den der Vertrag über die Europäische Union und der Vertrag über die Arbeitsweise der Europäischen Union nicht gelten, sofern in diesen Fällen die einschlägigen Bestimmungen dieser Verordnung zur Anwendung kommen.

Benutzung von Fahrerkarten

Art. 27 (1) Die Fahrerkarte ist persönlich und nicht übertragbar.

(2) Ein Fahrer darf nur Inhaber einer einzigen gültigen Fahrerkarte sein und nur seine eigene persönliche Fahrerkarte benutzen. Er darf weder eine defekte noch eine abgelaufene Fahrerkarte benutzen.

Erneuerung von Fahrerkarten

Art. 28 (1) Ein Fahrer, der die Erneuerung seiner Fahrerkarte wünscht, muss bei den zuständigen Behörden des Mitgliedstaats, in dem er seinen gewöhnlichen Wohnsitz hat, spätestens fünfzehn Arbeitstage vor Ablauf der Gültigkeit der Karte einen entsprechenden Antrag stellen.

(2) Ist bei einer Erneuerung der Mitgliedstaat, in dem der Fahrer seinen gewöhnlichen Wohnsitz hat, ein anderer als der, der die bestehende Fahrerkarte ausgestellt hat, und wurde bei den Behörden des früheren Mitgliedstaats ein Antrag gestellt, die Fahrerkarte zu erneuern, so teilt dieser den Ausstellungsbehörden der bisherigen Karte die genauen Gründe für die Erneuerung mit.

(3) Bei Beantragung der Erneuerung einer Karte, deren Gültigkeitsdauer in Kürze abläuft, stellt die zuständige Behörde vor Ablauf der Gültigkeit eine neue Karte aus, sofern sie den Antrag bis zu der in Absatz 1 genannten Frist erhalten hat.

Verlorene, gestohlene und defekte Fahrerkarten

Art. 29 (1) Die ausstellende Behörde führt ein Verzeichnis der ausgestellten, gestohlenen, verlorenen und defekten Fahrerkarten, in dem die Fahrerkarten mindestens bis zum Ablauf ihrer Gültigkeitsdauer aufgeführt werden.

(2) Bei Beschädigung oder Fehlfunktion der Fahrerkarte gibt der Fahrer diese Karte der zuständigen Behörde des Mitgliedstaats, in dem er seinen gewöhnlichen Wohnsitz hat, zurück. Der Diebstahl einer Fahrerkarte muss den zuständigen

Behörden des Staates, in dem sich der Diebstahl ereignet hat, ordnungsgemäß gemeldet werden.

(3) Der Verlust einer Fahrerkarte muss den zuständigen Behörden des ausstellenden Mitgliedstaats sowie, falls es sich nicht um denselben Staat handelt, den zuständigen Behörden des Mitgliedstaats, in dem der Fahrer seinen gewöhnlichen Wohnsitz hat, ordnungsgemäß gemeldet werden.

(4) Bei Beschädigung, Fehlfunktion, Verlust oder Diebstahl der Fahrerkarte muss der Fahrer bei den zuständigen Behörden des Mitgliedstaats, in dem er seinen gewöhnlichen Wohnsitz hat, binnen sieben Kalendertagen die Ersetzung der Karte beantragen. Diese Behörden stellen binnen acht Arbeitstagen nach Eingang eines entsprechenden begründeten Antrags bei ihnen eine Ersatzkarte aus.

(5) Unter den in Absatz 4 genannten Umständen darf der Fahrer seine Fahrt ohne Fahrerkarte während eines Zeitraums von höchstens 15 Kalendertagen fortsetzen, bzw. während eines längeren Zeitraums, wenn dies für die Rückkehr des Fahrzeugs zu seinem Standort erforderlich ist, sofern der Fahrer nachweisen kann, dass es unmöglich war, die Fahrerkarte während dieses Zeitraums vorzulegen oder zu benutzen.

Gegenseitige Anerkennung und Umtausch von Fahrerkarten

Art. 30 (1) Von den Mitgliedstaaten ausgestellte Fahrerkarten werden von den Mitgliedstaaten gegenseitig anerkannt.

(2) Hat der Inhaber einer von einem Mitgliedstaat ausgestellten gültigen Fahrerkarte seinen gewöhnlichen Wohnsitz in einem anderen Mitgliedstaat begründet, so kann er den Umtausch seiner Karte gegen eine gleichwertige Fahrerkarte beantragen. Es ist Sache des umtauschenden Mitgliedstaats zu prüfen, ob die vorgelegte Karte noch gültig ist.

(3) Die Mitgliedstaaten, die einen Umtausch vornehmen, senden die einbehaltene Karte den Behörden des ausstellenden Mitgliedstaats zurück und begründen ihr Vorgehen.

(4) Wird eine Fahrerkarte von einem Mitgliedstaat ersetzt oder umgetauscht, so wird dieser Vorgang ebenso wie jeder weitere Ersatz oder Umtausch in dem betreffenden Mitgliedstaat erfasst.

Elektronischer Austausch von Informationen über Fahrerkarten

Art. 31 (1) Um sicherzustellen, dass der Antragsteller nicht bereits Inhaber einer gültigen Fahrerkarte ist, wie in Artikel 26 ausgeführt, führen die Mitgliedstaaten nationale elektronische Register, in denen sie folgende Informationen über Fahrerkarten – auch über die in Artikel 26 Absatz 4 genannten Fahrerkarten – mindestens bis zum Ablauf der Gültigkeitsdauer der Fahrerkarten speichern:

– Name und Vorname des Fahrers,
– Geburtsdatum und, sofern verfügbar, Geburtsort des Fahrers,
– gültige Führerscheinnummer und Ausstellungsland des Führerscheins (falls zutreffend),
– Status der Fahrerkarte,
– Nummer der Fahrerkarte.

(2) Die Mitgliedstaaten treffen alle erforderlichen Maßnahmen, damit die nationalen elektronischen Register vernetzt werden und unionsweit zugänglich sind, und verwenden dazu das in der Empfehlung 2010/19/EU genannte Benachrichtigungssystem TACHOnet oder ein kompatibles System. Im Falle eines kompatiblen Systems muss der Austausch elektronischer Daten mit allen anderen Mitgliedstaaten über das Benachrichtigungssystem TACHOnet möglich sein.

(3) Bei jeder Ausstellung, Ersetzung und erforderlichenfalls Erneuerung einer Fahrerkarte überprüfen die Mitgliedstaaten mittels des elektronischen Datenaustauschs, ob der Fahrer nicht bereits Inhaber einer anderen gültigen Fahrerkarte ist. Dabei dürfen nur die für die Zwecke dieser Überprüfung notwendigen Daten übertragen werden.

(4) Kontrolleuren kann Zugang zu dem elektronischen Register gewährt werden, damit sie den Status der Fahrerkarte überprüfen können.

(5) Die Kommission erlässt Durchführungsrechtsakte zur Festlegung der gemeinsamen Verfahren und Spezifikationen, die für die in Absatz 2 genannte Vernetzung notwendig sind, einschließlich des Datenaustauschformats, der technischen Verfahren für die elektronische Abfrage der nationalen elektronischen Register, der Zugangsverfahren und Sicherheitsvorkehrungen. Diese Durchführungsrechtsakte werden nach dem in Artikel 42 Absatz 3 genannten Prüfverfahren erlassen.

KAPITEL VI
BENUTZUNGSVORSCHRIFTEN

Ordnungsgemäße Benutzung der Fahrtenschreiber

Art. 32 (1) Das Verkehrsunternehmen und die Fahrer sorgen für das einwandfreie Funktionieren und die ordnungsgemäße Benutzung des digitalen Fahrtenschreibers sowie der Fahrerkarte. Die Verkehrsunternehmen und die Fahrer, die einen analogen Fahrtenschreiber verwenden, stellen das einwandfreie Funktionieren des Fahrtenschreibers und die ordnungsgemäße Benutzung des Schaublatts sicher.

(2) Der digitale Fahrtenschreiber darf nicht so eingestellt werden, dass er automatisch auf eine bestimmte Tätigkeitskategorie umschaltet, wenn der Fahrzeugmotor abgestellt oder die Zündung ausgeschaltet wird, es sei denn, der Fahrer kann die jeweilige Tätigkeitskategorie weiterhin manuell eingeben.

(3) Es ist verboten, die auf dem Schaublatt aufgezeichneten, im Fahrtenschreiber oder auf der Fahrerkarte gespeicherten oder vom Fahrtenschreiber ausgedruckten Daten zu verfälschen, zu verschleiern oder zu vernichten. Verboten ist ebenfalls jede Manipulation am Fahrtenschreiber, am Schaublatt oder an der Fahrerkarte, durch

die die Daten und/oder Ausdrucke verfälscht, unterdrückt oder vernichtet werden könnten. Im Fahrzeug darf keine Vorrichtung vorhanden sein, die zu diesem Zweck verwendet werden kann.

(4) Fahrzeuge dürfen nur mit einem einzigen Fahrtenschreiber ausgerüstet sein, außer für die Zwecke der Praxiserprobungen gemäß Artikel 21.

(5) Die Mitgliedstaaten verbieten die Herstellung, den Vertrieb, die Bewerbung und den Verkauf von Geräten, die dafür konstruiert oder bestimmt sind, Fahrtenschreiber zu manipulieren.

Verantwortlichkeit des Verkehrsunternehmens

Art. 33 (1) Das Verkehrsunternehmen hat verantwortlich dafür zu sorgen, dass seine Fahrer hinsichtlich des ordnungsgemäßen Funktionierens des Fahrtenschreibers angemessen geschult und unterwiesen werden, unabhängig davon, ob dieser digital oder analog ist; es führt regelmäßige Überprüfungen durch, um sicherzustellen, dass seine Fahrer den Fahrtenschreiber ordnungsgemäß verwenden, und gibt seinen Fahrern keinerlei direkte oder indirekte Anreize, die zu einem Missbrauch des Fahrtenschreibers anregen könnten.

Das Verkehrsunternehmen händigt den Fahrern von Fahrzeugen mit einem analogen Fahrtenschreiber eine ausreichende Anzahl Schaublätter aus, wobei es dem persönlichen Charakter dieser Schaublätter, der Dauer des Einsatzes und der Verpflichtung Rechnung trägt, beschädigte oder von einem ermächtigten Kontrolleur eingezogene Schaublätter zu ersetzen. Das Verkehrsunternehmen händigt den Fahrern nur solche Schaublätter aus, die einem genehmigten Muster entsprechen und die sich für das in das Fahrzeug eingebaute Gerät eignen.

Ist ein Fahrzeug mit einem digitalen Fahrtenschreiber ausgerüstet, so sorgen das Verkehrsunternehmen und der Fahrer dafür, dass im Falle einer Nachprüfung der Ausdruck von Daten aus dem Fahrtenschreiber unter Berücksichtigung der Dauer des Einsatzes und auf Verlangen eines Kontrolleurs ordnungsgemäß erfolgen kann.

(2) Das Verkehrsunternehmen bewahrt die Schaublätter und – sofern Ausdrucke gemäß Artikel 35 erstellt wurden – die Ausdrucke in chronologischer Reihenfolge und in lesbarer Form nach der Benutzung mindestens ein Jahr lang auf und händigt den betreffenden Fahrern auf Verlangen eine Kopie aus. Das Verkehrsunternehmen händigt den betreffenden Fahrern ferner auf Verlangen eine Kopie der von den Fahrerkarten heruntergeladenen Daten sowie Ausdrucke davon aus. Die Schaublätter, die Ausdrucke und die heruntergeladenen Daten sind jedem ermächtigten Kontrolleur auf Verlangen vorzulegen oder auszuhändigen.

(3) Ein Verkehrsunternehmen haftet für Verstöße gegen diese Verordnung, die von Fahrern des Unternehmens bzw. von den Fahrern begangen werden, die ihm zur Verfügung stehen. Die Mitgliedstaaten können diese Haftung jedoch von einem Verstoß des Verkehrsunternehmens gegen Absatz 1 Unterabsatz 1 des vorliegenden Artikels und Artikel 10 Absätze 1 und 2 der Verordnung (EG) Nr. 561/2006 abhängig machen.

Benutzung von Fahrerkarten und Schaublättern

Art. 34 (1) Die Fahrer benutzen für jeden Tag, an dem sie lenken, ab dem Zeitpunkt, an dem sie das Fahrzeug übernehmen, Schaublätter oder Fahrerkarten. Das Schaublatt oder die Fahrerkarte wird nicht vor dem Ende der täglichen Arbeitszeit entnommen, es sei denn, eine Entnahme ist anderweitig zulässig oder sie ist erforderlich, um nach einer Grenzüberschreitung das Symbol des Landes einzutragen. Schaublätter oder Fahrerkarten dürfen nicht über den Zeitraum, für den sie bestimmt sind, hinaus verwendet werden.

(VO (EU) 2020/1054)

(2) Die Fahrer müssen die Schaublätter oder Fahrerkarten angemessen schützen und dürfen keine angeschmutzten oder beschädigten Schaublätter oder Fahrerkarten verwenden.

(3) Wenn der Fahrer sich nicht im Fahrzeug aufhält und daher nicht in der Lage ist, den in das Fahrzeug eingebauten Fahrtenschreiber zu betätigen, werden die in Absatz 5 Buchstabe b Ziffern ii, iii und iv genannten Zeiträume,

a) wenn das Fahrzeug mit einem analogen Fahrtenschreiber ausgerüstet ist, von Hand, durch automatische Aufzeichnung oder auf andere Weise lesbar und ohne Verschmutzung des Schaublatts auf dem Schaublatt eingetragen,

b) wenn das Fahrzeug mit einem digitalen Fahrtenschreiber ausgerüstet ist, mittels der manuellen Eingabevorrichtung des Fahrtenschreibers auf der Fahrerkarte eingetragen.

Die Mitgliedstaaten dürfen von den Fahrern nicht die Vorlage von Formularen verlangen, mit denen die Tätigkeit des Fahrers, während sie sich nicht im Fahrzeug aufhalten, bescheinigt wird.

(4) Befindet sich an Bord eines mit einem digitalen Fahrtenschreiber ausgerüsteten Fahrzeugs mehr als ein Fahrer, so stellt jeder Fahrer sicher, dass seine Fahrerkarte in den richtigen Steckplatz im Fahrtenschreiber eingeschoben ist.

Befindet sich an Bord eines mit einem analogen Fahrtenschreiber ausrüsteten Fahrzeugs mehr als ein Fahrer, nehmen die Fahrer auf den Schaublättern erforderliche Änderungen so vor, dass die relevanten Angaben auf dem Schaublatt des Fahrers, der tatsächlich lenkt, aufgezeichnet werden.

(5) Die Fahrer

a) achten darauf, dass die Zeitmarkierung auf dem Schaublatt mit der gesetzlichen Zeit des Landes übereinstimmt, in dem das Fahrzeug zugelassen ist,

b) betätigen die Schaltvorrichtung des Kontrollgeräts so, dass folgende Zeiten getrennt und unterscheidbar aufgezeichnet werden:

   i) unter dem Zeichen ⊕ : die Lenkzeiten,

5/7. FahrtenschreiberVO
Art. 34 – 36

ii) unter dem Zeichen ✖ : „andere Arbeiten", das sind alle anderen Tätigkeiten als die Lenktätigkeit im Sinne von Artikel 3 Buchstabe a der Richtlinie 2002/15/EG sowie jegliche Arbeit für denselben oder einen anderen Arbeitgeber, sei es innerhalb oder außerhalb des Verkehrssektors,

iii) unter dem Zeichen ▱ : „Bereitschaftszeit" im Sinne von Artikel 3 Buchstabe b der Richtlinie 2002/15/EG,

iv) unter dem Zeichen 🛏 : Fahrtunterbrechungen, Ruhezeiten, Jahresurlaub oder krankheitsbedingte Fehlzeiten,

(VO (EU) 2020/1054)

v) unter dem Zeichen für „Fähre/Zug": Zusätzlich zu dem Zeichen 🛏 : die Ruhezeiten an Bord eines Fährschiffs oder Zuges gemäß Artikel 9 der Verordnung (EG) Nr. 561/2006.

(VO (EU) 2020/1054)

(6) Jeder Fahrer eines mit einem analogen Fahrtenschreiber ausgestatteten Fahrzeugs trägt auf dem Schaublatt folgende Angaben ein:

a) bei Beginn der Benutzung des Schaublatts: seinen Namen und Vornamen,

b) bei Beginn und am Ende der Benutzung des Schaublatts: den Zeitpunkt und den Ort,

c) das amtliche Kennzeichen des Fahrzeugs, das dem Fahrer zugewiesen ist, und zwar vor der ersten auf dem Schaublatt verzeichneten Fahrt und in der Folge im Falle des Fahrzeugwechsels während der Benutzung des Schaublatts,

d) den Stand des Kilometerzählers:
 i) vor der ersten auf dem Schaublatt verzeichneten Fahrt,
 ii) am Ende der letzten auf dem Schaublatt verzeichneten Fahrt,
 iii) im Falle des Fahrzeugwechsels während des Arbeitstags den Zählerstand des ersten Fahrzeugs, das dem Fahrer zugewiesen war, und den Zählerstand des nächsten Fahrzeugs,

e) gegebenenfalls die Uhrzeit des Fahrzeugwechsels,

f) das Symbol des Landes, in dem die tägliche Arbeitszeit beginnt bzw. endet. Der Fahrer trägt auch das Symbol des Landes ein, in das er nach Überqueren einer Grenze eines Mitgliedstaats einreist, und zwar zu Beginn seines ersten Halts in diesem Mitgliedstaat. Der erste Halt erfolgt auf dem nächstmöglichen Haltplatz an oder nach der Grenze. Wird die Grenze eines Mitgliedstaats mit dem Fährschiff oder der Eisenbahn überquert, so gibt er das Symbol des Landes im Ankunftshafen oder -bahnhof ein.

(VO (EU) 2020/1054)

(7) Der Fahrer gibt in den digitalen Fahrtenschreiber das Symbol des Landes ein, in dem die tägliche Arbeitszeit begann bzw. endete.

Ab dem 2. Februar 2022 gibt der Fahrer auch das Symbol des Landes ein, in das er nach Überqueren einer Grenze eines Mitgliedstaats einreist, und zwar zu Beginn seines ersten Halts in diesem Mitgliedstaat. Der erste Halt erfolgt auf dem nächstmöglichen Haltplatz an oder nach der Grenze. Wird die Grenze eines Mitgliedstaats mit dem Fährschiff oder der Eisenbahn überquert, so gibt er das Symbol des Landes im Ankunftshafen oder -bahnhof ein.

Die Mitgliedstaaten können den Fahrern von Fahrzeugen, die einen innerstaatlichen Transport in ihrem Hoheitsgebiet durchführen, vorschreiben, dem Symbol des Landes genauere geographische Angaben hinzuzufügen, sofern die betreffenden Mitgliedstaaten diese genaueren geographischen Angaben der Kommission vor dem 1. April 1998 mitgeteilt hatten.

Die Fahrer brauchen die Angaben nach Unterabsatz 1 nicht zu machen, wenn der Fahrtenschreiber Standortdaten gemäß Artikel 8 automatisch aufzeichnet.

(VO (EU) 2020/1054)

Beschädigte Fahrerkarten und Schaublätter

Art. 35 (1) Wird ein Schaublatt, das Aufzeichnungen enthält, oder eine Fahrerkarte beschädigt, so müssen die Fahrer das beschädigte Schaublatt oder die beschädigte Fahrerkarte dem ersatzweise verwendeten Reserveblatt beifügen.

(2) Bei Beschädigung, Fehlfunktion, Verlust oder Diebstahl der Fahrerkarte muss der Fahrer

a) zu Beginn seiner Fahrt die Angaben über das von ihm gelenkte Fahrzeug ausdrucken und in den Ausdruck
 i) die Angaben eintragen, mit denen der Fahrer identifiziert werden kann (Name, Nummer der Fahrerkarte oder des Führerscheins), und seine Unterschrift anbringen,
 ii) die in Artikel 34 Absatz 5 Buchstabe b Ziffern ii, iii und iv genannten Zeiten eintragen,

b) am Ende seiner Fahrt die Angaben über die vom Fahrtenschreiber aufgezeichneten Zeiten ausdrucken, die vom Fahrtenschreiber nicht erfassten Zeiten vermerken, in denen er seit dem Erstellen des Ausdrucks bei Fahrtantritt andere Arbeiten ausgeübt hat, Bereitschaft hatte oder Ruhepause eingelegt hat, und auf diesem Dokument die Angaben eintragen, mit denen der Fahrer identifiziert werden kann (Name, Nummer der Fahrerkarte oder des Führerscheins), und seine Unterschrift anbringen.

Vom Fahrer mitzuführende Aufzeichnungen

Art. 36 (1) Lenkt der Fahrer ein Fahrzeug, das mit einem analogen Fahrtenschreiber ausgerüstet ist, so muss er einem ermächtigten Kontrolleur auf Verlangen jederzeit Folgendes vorlegen können:

5/7. FahrtenschreiberVO
Art. 36 – 38

i) die Schaublätter für den laufenden Tag und die vom Fahrer an den vorherigen 28 Tagen verwendeten Schaublätter,

i)ᵃ⁾ die Schaublätter für den laufenden Tag und die vorausgehenden 56 Tage,
(VO (EU) 2020/1054)

ᵃ⁾ Gilt ab dem 31. Dezember 2024.

ii) die Fahrerkarte, falls er Inhaber einer solchen Karte ist, und

iii) alle am laufenden Tag und an den vorherigen 28 Tagen erstellten handschriftlichen Aufzeichnungen und Ausdrucke, die gemäß der vorliegenden Verordnung und der Verordnung (EG) Nr. 561/2006 vorgeschrieben sind.

iii)ᵃ⁾ alle am laufenden Tag und an den vorausgehenden 56 Tagen erstellten handschriftlichen Aufzeichnungen und Ausdrucke.
(VO (EU) 2020/1054)

ᵃ⁾ Gilt ab dem 31. Dezember 2024.

(2) Lenkt der Fahrer ein Fahrzeug, das mit einem digitalen Fahrtenschreiber ausgerüstet ist, so muss er einem ermächtigten Kontrolleur auf Verlangen jederzeit Folgendes vorlegen können:

i) seine Fahrerkarte,

ii) alle am laufenden Tag und an den vorherigen 28 Tagen erstellten handschriftlichen Aufzeichnungen und Ausdrucke, die gemäß der vorliegenden Verordnung und der Verordnung (EG) Nr. 561/2006 vorgeschrieben sind,

ii)ᵃ⁾ alle am laufenden Tag und an den vorausgehenden 56 Tagen erstellten handschriftlichen Aufzeichnungen und Ausdrucke.
(VO (EU) 2020/1054)

ᵃ⁾ Gilt ab dem 31. Dezember 2024.

iii) die Schaublätter für den Zeitraum gemäß Ziffer ii, falls er in dieser Zeit ein Fahrzeug gelenkt hat, das mit einem analogen Fahrtenschreiber ausgerüstet ist.

(3) Ein ermächtigter Kontrolleur kann die Einhaltung der Verordnung (EG) Nr. 561/2006 überprüfen, indem er die Schaublätter, die vom Fahrtenschreiber oder auf der Fahrerkarte gespeicherten Daten (mittels Anzeige, Ausdruck oder Herunterladen) oder anderenfalls jedes andere beweiskräftige Dokument, das die Nichteinhaltung einer Bestimmung wie etwa des Artikels 29 Absatz 2 und des Artikels 37 Absatz 2 dieser Verordnung belegt, analysiert.

Verfahren bei einer Fehlfunktion des Gerätes

Art. 37 (1) Bei Betriebsstörung oder Fehlfunktion des Fahrtenschreibers muss das Verkehrsunternehmen die Reparatur, sobald die Umstände dies gestatten, von einem zugelassenen Einbaubetrieb oder einer zugelassenen Werkstatt durchführen lassen.

Kann die Rückkehr zum Standort des Verkehrsunternehmens erst nach mehr als einer Woche nach dem Tag des Eintritts der Betriebsstörung oder der Feststellung der Fehlfunktion erfolgen, so ist die Reparatur unterwegs vorzunehmen.

In den gemäß Artikel 41 getroffenen Maßnahmen ermächtigen die Mitgliedstaaten die zuständigen Behörden dazu, die Benutzung des Fahrzeugs zu untersagen, wenn eine Betriebsstörung oder Fehlfunktion nicht gemäß Unterabsatz 1 oder 2 des vorliegenden Absatzes behoben wird, sofern dies mit den nationalen Rechtsvorschriften des betreffenden Mitgliedstaats im Einklang steht.

(2) Während einer Betriebsstörung oder bei Fehlfunktion des Fahrtenschreibers vermerkt der Fahrer die Angaben, mit denen er identifiziert werden kann (Name, Nummer seiner Fahrerkarte oder seines Führerscheins), zusammen mit seiner Unterschrift sowie die vom Fahrtenschreiber nicht mehr ordnungsgemäß aufgezeichneten oder ausgedruckten Angaben über die verschiedenen Zeiten

a) auf dem Schaublatt bzw. den Schaublättern oder

b) auf einem besonderen Blatt, das dem Schaublatt oder der Fahrerkarte beigefügt wird.

KAPITEL VII
DURCHSETZUNG UND SANKTIONEN

Kontrolleure

Art. 38 (1) Um die Einhaltung dieser Verordnung wirksam zu überwachen, werden die ermächtigten Kontrolleure mit ausreichender Ausrüstung und angemessenen gesetzlichen Befugnissen ausgestattet, damit sie ihren Aufgaben gemäß dieser Verordnung nachkommen können. Zu dieser Ausrüstung gehören insbesondere:

a) Kontrollkarten, die den Zugang zu Daten ermöglichen, die auf dem Fahrtenschreiber und auf den Fahrtenschreiberkarten sowie optional auf der Werkstattkarte aufgezeichnet sind,

b) die Instrumente, die erforderlich sind, um Datendateien der Fahrzeugeinheit und der Fahrtenschreiberkarten herunterzuladen und um derartige Datendateien und vom digitalen Fahrtenschreiber ausgedruckte Daten zusammen mit Schaublättern oder Tabellen vom analogen Fahrtenschreiber analysieren zu können.

(2) Wenn Kontrolleure bei einer Überprüfung genügend Hinweise feststellen, die einen begründeten Betrugsverdacht nahelegen, sind sie befugt, das Fahrzeug zu einer zugelassenen Werkstatt zu schicken, wo weitere Kontrollen vorgenommen werden, um insbesondere zu überprüfen, dass

a) der Fahrtenschreiber ordnungsgemäß funktioniert,

b) der Fahrtenschreiber die Daten korrekt aufzeichnet und speichert und die Kalibrierungsparameter korrekt sind.

(3) Die Kontrolleure sind befugt, zugelassene Werkstätten aufzufordern, die in Absatz 2 genannte Kontrolle sowie spezielle Kontrollen vorzunehmen, die darauf ausgerichtet sind, das Vorhandensein von Manipulationsgeräten festzustellen. Werden

5/7. FahrtenschreiberVO
Art. 38 – 44

Manipulationsgeräte festgestellt, so können der Fahrtenschreiber einschließlich des Gerätes selbst, die Fahrzeugeinheit oder ihre Bestandteile sowie die Fahrerkarte aus dem Fahrzeug entfernt und entsprechend den nationalen Verfahrensregeln für die Behandlung von Beweismaterial als Beweisstücke verwendet werden.

(4) Die Kontrolleure machen gegebenenfalls von der Möglichkeit Gebrauch, während einer Kontrolle des Sitzes des Unternehmens Fahrtenschreiber und Fahrerkarten zu überprüfen, die sich vor Ort befinden.

Aus- und Fortbildung der Kontrolleure

Art. 39 (1) Die Mitgliedstaaten stellen sicher, dass die Kontrolleure für die Analyse der aufgezeichneten Daten und die Überprüfung des Fahrtenschreibers ordnungsgemäß geschult sind, um eine effiziente und harmonisierte Kontrolle und Rechtsdurchsetzung zu erreichen.

(2) Die Mitgliedstaaten teilen der Kommission bis 2. September 2016 die für ihre Kontrolleure geltenden Aus- und Fortbildungsanforderungen mit.

(3) Die Kommission erlässt im Wege von Durchführungsrechtsakten Vorschriften, in denen der Inhalt der Grundausbildung und Fortbildung der Kontrolleure einschließlich der Ausbildung in Techniken für die gezielte Kontrolle und die Feststellung von Manipulationsgeräten und Betrug präzisiert wird. Diese Maßnahmen beinhalten Leitlinien zur Erleichterung der Durchführung der einschlägigen Bestimmungen dieser Verordnung und der Verordnung (EG) Nr. 561/2006. Diese Durchführungsrechtsakte werden nach dem in Artikel 42 Absatz 3 genannten Prüfverfahren erlassen.

(4) Die Mitgliedstaaten nehmen den von der Kommission präzisierten Inhalt in die Aus- und Fortbildung der Kontrolleure auf.

Gegenseitige Amtshilfe

Art. 40 Die Mitgliedstaaten gewähren einander Beistand im Hinblick auf die Anwendung dieser Verordnung und die Überwachung der Anwendung.

Im Rahmen dieser Amtshilfe sind die zuständigen Behörden der Mitgliedstaaten insbesondere gehalten, sich einander regelmäßig alle verfügbaren Informationen über Verstöße gegen diese Verordnung in Bezug auf Einbaubetriebe und Werkstätten, Arten von Manipulationsverfahren und die wegen solcher Verstöße verhängten Strafen zu übermitteln.

Sanktionen

Art. 41 (1) Die Mitgliedstaaten erlassen in Einklang mit den nationalen Verfassungsbestimmungen Vorschriften über die bei einem Verstoß gegen diese Verordnung zu verhängenden Sanktionen und treffen alle erforderlichen Maßnahmen, damit diese Sanktionen angewandt werden. Diese Sanktionen müssen wirksam, verhältnismäßig und abschreckend sein und dürfen nicht diskriminierend sein, sie müssen ferner den in der Richtlinie 2006/22/EG festgelegten Kategorien von Verstößen entsprechen.

(2) Die Mitgliedstaaten teilen der Kommission diese Maßnahmen und die Vorschriften für Sanktionen bis 2. März 2016 mit. Sie teilen der Kommission jede spätere Änderung dieser Maßnahmen mit.

KAPITEL VIII
SCHLUSSBESTIMMUNGEN

Ausschuss

Art. 42 (1) Die Kommission wird von einem Ausschuss unterstützt. Dabei handelt es sich um einen Ausschuss im Sinne der Verordnung (EU) Nr. 182/2011.

(2) Wird auf diesen Absatz Bezug genommen, so gilt Artikel 4 der Verordnung (EU) Nr. 182/2011.

(3) Wird auf diesen Absatz Bezug genommen, so gilt Artikel 5 der Verordnung (EU) Nr. 182/2011.

Gibt der Ausschuss keine Stellungnahme ab, so erlässt die Kommission den Durchführungsrechtsakt nicht und Artikel 5 Absatz 4 Unterabsatz 3 der Verordnung (EU) Nr. 182/2011 findet Anwendung.

Wird die Stellungnahme des Ausschusses in einem schriftlichen Verfahren eingeholt, so wird das Verfahren ohne Ergebnis abgeschlossen, wenn der Vorsitz dies innerhalb der Frist für die Abgabe der Stellungnahme beschließt oder eine einfache Mehrheit der Ausschussmitglieder es verlangt.

Fahrtenschreiberforum

Art. 43 (1) Ein Fahrtenschreiberforum wird eingerichtet, um den Dialog über technische Angelegenheiten in Bezug auf Fahrtenschreiber zwischen Fachleuten aus den Mitgliedstaaten, Mitgliedern des Ausschusses nach Artikel 42 und Fachleuten aus den Drittländern zu fördern, die Fahrtenschreiber entsprechend dem AETR-Übereinkommen verwenden.

(2) Die Mitgliedstaaten sollten die an dem Ausschuss nach Artikel 42 beteiligten Fachleute als Fachleute in das Fahrtenschreiberforum entsenden.

(3) Das Fahrtenschreiberforum steht für die Beteiligung von Fachleuten aus interessierten Drittstaaten, die Vertragsparteien des AETR-Übereinkommens sind, offen.

(4) Zum Fahrtenschreiberforum werden Beteiligte, Vertreter der Fahrzeughersteller, Fahrtenschreiberhersteller, Sozialpartner und der Europäische Datenschutzbeauftragte eingeladen.

(5) Das Fahrtenschreiberforum gibt sich eine Geschäftsordnung.

(6) Das Fahrtenschreiberforum tritt mindestens einmal jährlich zusammen.

Mitteilung der innerstaatlichen Vorschriften

Art. 44 Die Mitgliedstaaten teilen der Kommission den Wortlaut der Rechts- und Verwaltungsvorschriften mit, die sie auf dem unter diese Verordnung fallenden Gebiet erlassen, und zwar spätestens 30 Tage nach ihrer Annahme und erstmals bis 2. März 2015.

Änderung der Verordnung (EG) Nr. 561/2006

Art. 45 Die Verordnung (EG) Nr. 561/2006 wird wie folgt geändert:

(Änderungen eingearbeitet in VO (EG) Nr. 561/2006)

Übergangsmaßnahmen

Art. 46 Sofern die Durchführungsrechtsakte, auf die in dieser Verordnung Bezug genommen wird, nicht rechtzeitig erlassen wurden, dass sie zum Zeitpunkt der Anwendung dieser Verordnung angewendet werden können, gelten weiter vorübergehend die Vorschriften der Verordnung (EWG) Nr. 3821/85 einschließlich des Anhangs IB bis zum Zeitpunkt der Anwendung der Durchführungsrechtsakte, auf die in dieser Verordnung Bezug genommen wird.

Aufhebung

Art. 47 Die Verordnung (EWG) Nr. 3821/85 wird aufgehoben. Verweise auf die aufgehobene Verordnung gelten als Verweise auf die vorliegende Verordnung.

Inkrafttreten

Art. 48 Diese Verordnung tritt am Tag nach ihrer Veröffentlichung im *Amtsblatt der Europäischen Union* in Kraft.

Sie gilt vorbehaltlich der Übergangsmaßnahmen gemäß Artikel 46 ab 2. März 2016. Die Artikel 24, 34 und 45 gelten jedoch ab dem 2. März 2015.

Diese Verordnung ist in allen ihren Teilen verbindlich und gilt unmittelbar in jedem Mitgliedstaat.

(Vom Abdruck der Anhänge wurde abgesehen)

5/7a. FahrtenschreiberDVO
Präambel

5/7a. Durchführungsverordnung zur Fahrtenschreiberverordnung

Durchführungsverordnung (EU) 2016/799 der Kommission vom 18. März 2016 zur Durchführung der Verordnung (EU) Nr. 165/2014 des Europäischen Parlaments und des Rates zur Festlegung der Vorschriften über Bauart, Prüfung, Einbau, Betrieb und Reparatur von Fahrtenschreibern und ihren Komponenten

(ABl. Nr. L 139 v. 26.5.2016, S. 1; berichtigt durch ABl. Nr. L 146 v. 3.6.2016, S. 31; berichtigt durch ABl. Nr. L 27 v. 1.2.2017, S. 169; geändert durch die VO (EU) 2018/502, ABl. Nr. L 85 v. 28.3.2018, S. 1; geändert durch die VO (EU) 2020/158, ABl. Nr. L 34 v. 6.2.2020, S. 20; geändert durch die VO (EU) 2021/1228, ABl. Nr. L 273 v. 30.7.2021, S. 1; geändert durch die VO (EU) 2023/980, ABl. Nr. L 134 v. 22.5.2023, S. 28)
(nicht amtlich aktualisierte Fassung)

GLIEDERUNG

Art. 1: Gegenstand und Geltungsbereich
Art. 2: Begriffsbestimmungen
Art. 3: Standortgestützte Dienste
Art. 4: Verfahren für die Typgenehmigung von Fahrtenschreibern und Komponenten des Fahrtenschreibers
Art. 5: Änderungen der Typgenehmigungen
Art. 6: Inkrafttreten

DIE EUROPÄISCHE KOMMISSION –

gestützt auf den Vertrag über die Arbeitsweise der Europäischen Union,

gestützt auf die Verordnung (EU) Nr. 165/2014 des Europäischen Parlaments und des Rates vom 4. Februar 2014 über Fahrtenschreiber im Straßenverkehr (ABl. L 60 vom 28.2.2014, S. 1.), insbesondere auf Artikel 11 und Artikel 12 Absatz 7,

in Erwägung nachstehender Gründe:

(1) Mit der Verordnung (EU) Nr. 165/2014 wurden digitale Fahrtenschreiber der zweiten Generation, sogenannte „intelligente Fahrtenschreiber", eingeführt, die auch eine Anbindung an das globale Satellitennavigationssystem („GNSS"), eine Ausrüstung zur Früherkennung per Fernkommunikation und eine Schnittstelle zu intelligenten Verkehrssystemen umfassen. Die Spezifikationen für die technischen Anforderungen an die Bauart von intelligenten Fahrtenschreibern sollten festgelegt werden.

(2) Die Ausrüstung zur Früherkennung per Fernkommunikation nach Artikel 9 Absatz 4 der Verordnung (EU) Nr. 165/2014 sollte den Kontrolleuren bei Straßenkontrollen die Daten des digitalen Fahrtenschreibers und die Angaben zu Gewicht und Achslast der gesamten Fahrzeugkombination (Zugmaschine und Anhänger oder Sattelanhänger) gemäß der Richtlinie 96/53/EG des Europäischen Parlaments und des Rates (Richtlinie 96/53/EG des Rates vom 25. Juli 1996 zur Festlegung der höchstzulässigen Abmessungen für bestimmte Straßenfahrzeuge im innerstaatlichen und grenzüberschreitenden Verkehr in der Gemeinschaft sowie zur Festlegung der höchstzulässigen Gewichte im grenzüberschreitenden Verkehr (ABl. L 235 vom 17.9.1996, S. 59).) übermitteln. Dies dürfte eine wirksame und rasche Prüfung von Fahrzeugen durch die Kontrollbehörden mit weniger elektronischen Geräten in der Fahrerkabine ermöglichen.

(3) Gemäß der Richtlinie 96/53/EG sollte die Ausrüstung zur Früherkennung per Fernkommunikation die in dieser Richtlinie genannten CEN DSRC-Normen (Die Normen für dedizierte Kurzstreckenkommunikation (DSRC) des Europäischen Komitees für Normung (CEN) EN 12253, EN 12795, EN 12834, EN 13372 sowie ISO 14906.) auf dem Frequenzband im Bereich zwischen 5 795–5 805 MHz verwenden. Da dieses Frequenzband auch für die elektronische Mauterhebung genutzt wird, sollten die Kontrolleure die Ausrüstung zur Früherkennung per Fernkommunikation nicht an einer Mautstelle nutzen, um Interferenzen zwischen Mauterhebungs- und Kontrollanwendungen zu vermeiden.

(4) Neue Sicherheitsmechanismen zur Aufrechterhaltung des Sicherheitsniveaus des digitalen Fahrtenschreibers sollten zusammen mit dem intelligenten Fahrtenschreiber eingeführt werden, um derzeitige Sicherheitsschwachstellen zu beseitigen. Eine dieser Schwachstellen ist das Fehlen von Ablaufdaten der digitalen Zertifikate. Gemäß bewährten Verfahren in Sicherheitsfragen wird empfohlen, die Verwendung von digitalen Zertifikaten ohne Ablaufdaten zu vermeiden. Die normale Gültigkeitsdauer für den Betrieb von Fahrzeugeinheiten sollte 15 Jahre betragen, gerechnet ab dem Ausstellungsdatum der digitalen Zertifikate für die Fahrzeugeinheit. Fahrzeugeinheiten sollten nach Ablauf dieser Gültigkeitsdauer ersetzt werden.

(5) Die Bereitstellung sicherer und verlässlicher Positionsbestimmungsinformationen ist ein wesentliches Element für den effektiven Betrieb der intelligenten Fahrtenschreiber. Es ist daher angezeigt, ihre Kompatibilität mit den in der Verordnung (EU) Nr. 1285/2013 des Europäischen Parlaments und des Rates (Verordnung (EU) Nr. 1285/2013 des Europäischen Parlaments und des Rates vom 11. Dezember 2013 betreffend den Aufbau und den Betrieb der europäischen Satellitennavigationssysteme und zur Aufhebung der Verordnung (EG) Nr. 876/2002 des Rates und der Verordnung (EG) Nr. 683/2008 des Europäischen Parlaments und des Rates (ABl. L 347 vom 20.12.2013, S. 1).) im Hinblick auf die Verbesserung der Sicherheit des digitalen Fahrtenschreibers dargelegten Mehrwertleistungen im Rahmen des Programms Galileo sicherzustellen.

(6) Gemäß Artikel 8 Absatz 1, Artikel 9 Absatz 1 und Artikel 10 Absätze 1 und 2 der Verordnung (EU) Nr. 165/2014 sollten die durch diese Verordnung eingeführten Sicherheitsmechanismen 36 Monate nach dem Inkrafttreten der erforderlichen Durchführungsrechtsakte zur Anwendung kommen, damit die Hersteller eine neue Generation intelligenter Fahrtenschreiber entwickeln und von den zuständigen Behörden die Typgenehmigungsbögen erhalten können.

(7) Gemäß der Verordnung (EU) Nr. 165/2014 sollten Fahrzeuge, die 36 Monate nach dem Inkrafttreten dieser Verordnung der Kommission erstmals in einem Mitgliedstaat zugelassen werden, mit einem intelligenten Fahrtenschreiber ausgerüstet sein, der den Anforderungen dieser Verordnung der Kommission entspricht. Auf jeden Fall sollten alle Fahrzeuge, die in einem anderen Mitgliedstaat als dem Zulassungsmitgliedstaat betrieben werden, 15 Jahre nach dem Zeitpunkt der Anwendung dieser Anforderungen mit einem intelligenten Fahrtenschreiber ausgerüstet sein.

(8) Gemäß der Verordnung (EG) Nr. 68/2009 der Kommission (Verordnung (EG) Nr. 68/2009 der Kommission vom 23. Januar 2009 zur neunten Anpassung der Verordnung (EWG) Nr. 3821/85 des Rates über das Kontrollgerät im Straßenverkehr an den technischen Fortschritt (ABl. L 21 vom 24.1.2009, S. 3).) war während eines Übergangszeitraums, der am 31. Dezember 2013 endete, die Verwendung eines Adapters gestattet, um den Einbau von Fahrtenschreibern in Fahrzeuge der Klassen M1 und N1 zu ermöglichen. Aufgrund technischer Schwierigkeiten bei der Suche nach einer Alternative für die Verwendung des Adapters sind Experten aus der Automobil- und der Fahrtenschreiberindustrie gemeinsam mit der Kommission zu dem Schluss gelangt, dass keine Alternativlösung zum Adapter besteht, die nicht mit übermäßig hohen Kosten für die Industrie, die in keinem Verhältnis zur Größe des Marktes stünden, verbunden wäre. Daher sollte die Verwendung des Adapters in Fahrzeugen der Klassen M1 und N1 Fahrzeuge unbefristet zugelassen werden.

(9) Die in der vorliegenden Verordnung vorgesehenen Maßnahmen stehen in Einklang mit der Stellungnahme des gemäß Artikel 42 Absatz 3 der Verordnung (EU) Nr. 165/2014 eingesetzten Ausschusses –

HAT FOLGENDE VERORDNUNG ERLASSEN:

Gegenstand und Geltungsbereich

Art. 1 1. Diese Verordnung legt die notwendigen Bestimmungen für die einheitliche Behandlung folgender Aspekte des Fahrtenschreibers fest:

a) Aufzeichnung der Position des Fahrzeugs an bestimmten Punkten während der täglichen Arbeitszeit des Fahrers;
b) Früherkennung von möglicher Manipulation oder möglichem Missbrauch des intelligenten Fahrtenschreibers per Fernkommunikation;
c) Schnittstelle zu intelligenten Verkehrssystemen;
d) administrative und technische Anforderungen an Typgenehmigungsverfahren von Fahrtenschreibern, einschließlich der Sicherheitsmechanismen.

2. Bauart, Prüfung, Einbau, Nachprüfung, Betrieb und Reparatur von intelligenten Fahrtenschreibern und ihren Komponenten müssen den technischen Anforderungen des Anhangs IC dieser Verordnung genügen.

(VO (EU) 2018/502)

3. Andere als intelligente Fahrtenschreiber müssen – hinsichtlich Bauart, Prüfung, Einbau, Nachprüfung, Betrieb und Reparatur – weiterhin den Anforderungen des Anhangs I der Verordnung (EU) Nr. 165/2014 bzw. des Anhangs IB der Verordnung (EWG) Nr. 3821/85 des Rates genügen.

(VO (EU) 2018/502)

4. Gemäß Artikel 10d der Richtlinie 96/53/EG des Europäischen Parlaments und des Rates übermittelt die Ausrüstung zur Früherkennung per Fernkommunikation auch die von bordeigenen Wiegesystemen bereitgestellten Gewichtsdaten zum Zweck der frühzeitigen Aufdeckung von Betrugsfällen.

5. Diese Verordnung berührt nicht die Richtlinie 2014/53/EU des Europäischen Parlaments und des Rates.

(VO (EU) 2018/502)

Begriffsbestimmungen

Art. 2 Für die Zwecke dieser Verordnung gelten die Begriffsbestimmungen in Artikel 2 der Verordnung (EU) Nr. 165/2014.

Zusätzlich gelten folgende Begriffsbestimmungen:

1) „digitaler Fahrtenschreiber" oder „Fahrtenschreiber der ersten Generation" ist ein digitaler Fahrtenschreiber, bei dem es sich nicht um einen intelligenten Fahrtenschreiber handelt;
2) „externe GNSS-Ausrüstung" ist eine Ausrüstung, die den GNSS-Empfänger (wenn die Fahrzeugeinheit nicht aus einem Einzelgerät besteht) sowie andere Komponenten enthält, die erforderlich sind für den Schutz der Kom-

5/7a. FahrtenschreiberDVO
Art. 2 – 4

munikation der Positionsdaten an die übrige Fahrzeugeinheit;

3) „Informationsdossier" ist das Gesamtdossier in elektronischer Form oder auf Papier, das alle Angaben enthält, die der Hersteller oder dessen Beauftragter der Typgenehmigungsbehörde für die Zwecke der Typgenehmigung des Fahrtenschreibers oder einer seiner Komponenten vorgelegt hat, einschließlich der Zertifikate nach Artikel 12 Absatz 3 der Verordnung (EU) Nr. 165/2014, der Durchführung der Prüfungen gemäß Anhang IC dieser Verordnung sowie Zeichnungen, Fotografien und anderer relevanter Unterlagen;
(VO (EU) 2018/502)

4) „Informationspaket" ist das Informationsdossier in elektronischer Form oder auf Papier, zusammen mit etwaigen anderen Unterlagen, die die Typgenehmigungsbehörde im Zuge der Wahrnehmung ihrer Aufgaben dem Informationsdossier beigefügt hat, darunter auch – am Ende des Typgenehmigungsverfahrens – der EG-Typgenehmigungsbogen des Fahrtenschreibers oder einer seiner Komponenten;

5) „Inhaltsverzeichnis des Informationspakets" ist die Unterlage, in der der nummerierte Inhalt des Informationspakets einschließlich aller relevanten Teile dieses Pakets aufgeführt ist. Das Format dieser Unterlage muss die Unterscheidung der aufeinander folgenden Schritte im Verfahren für die Erteilung der EG-Typgenehmigung, einschließlich der Daten etwaiger Überarbeitungen und Aktualisierungen dieses Pakets, erlauben;

6) „Ausrüstung zur Früherkennung per Fernkommunikation" ist die Ausrüstung der Fahrzeugeinheit, die zur Durchführung gezielter Straßenkontrollen verwendet wird;

7) „intelligenter Fahrtenschreiber" oder „Fahrtenschreiber der zweiten Generation" ist ein digitaler Fahrtenschreiber gemäß den Artikeln 8, 9 und 10 der Verordnung (EU) Nr. 165/2014 sowie gemäß Anhang IC dieser Verordnung;
(VO (EU) 2018/502)

8) „Komponente eines Fahrtenschreibers" ist einer der folgenden Bestandteile: die Fahrzeugeinheit, der Bewegungssensor, das Schaublatt, die externe GNSS-Ausrüstung oder die Ausrüstung zur Früherkennung per Fernkommunikation;
(VO (EU) 2018/502)

9) „Typgenehmigungsbehörde" ist die Behörde eines Mitgliedstaats, die für die Durchführung der Typgenehmigung des Fahrtenschreibers oder seiner Komponenten, das Zulassungsverfahren, die Ausstellung und gegebenenfalls den Entzug von Typgenehmigungsbögen zuständig ist, die als Kontaktstelle für die Genehmigungsbehörden der anderen Mitgliedstaaten fungiert und sicherstellt, dass die Hersteller ihren Verpflichtungen im Hinblick auf die Erfüllung der Anforderungen dieser Verordnung nachkommen.

10) ‚Fahrzeugeinheit' ist der Fahrtenschreiber ohne den Bewegungssensor und ohne die Verbindungskabel zum Bewegungssensor.

Sie kann aus einem Einzelgerät oder aus mehreren im Fahrzeug verteilten Geräten bestehen und umfasst eine Verarbeitungseinheit, einen Massenspeicher, eine Zeitmessfunktion, zwei Chipkarten-Schnittstellengeräte für Fahrer und Beifahrer, einen Drucker, eine Datenanzeige, Steckverbinder und Bedienelemente für Nutzereingaben, einen GNSS-Empfänger und eine Ausrüstung zur Fernkommunikation.

Die Fahrzeugeinheit kann aus folgenden typgenehmigungspflichtigen Teilen bestehen:
- Fahrzeugeinheit als Einzelkomponente (einschließlich GNSS-Empfänger und Fernkommunikationsausrüstung),
- Hauptgehäuse der Fahrzeugeinheit (einschließlich Fernkommunikationsausrüstung) und externer GNSS-Ausrüstung,
- Hauptgehäuse der Fahrzeugeinheit (einschließlich GNSS-Empfänger) und externer Fernkommunikationsausrüstung,
- Hauptgehäuse der Fahrzeugeinheit, externer GNSS-Ausrüstung und externer Fernkommunikationsausrüstung.

Besteht die Fahrzeugeinheit aus mehreren im Fahrzeug verteilten Geräten, so sind im Hauptgehäuse der Fahrzeugeinheit die Verarbeitungseinheit, der Massenspeicher und die Zeitmessfunktion untergebracht.

Das Kürzel „VU" (vehicle unit) wird für „Fahrzeugeinheit" oder „Hauptgehäuse der Fahrzeugeinheit" verwendet;
(VO (EU) 2018/502)

Standortgestützte Dienste

Art. 3 1. Die Hersteller gewährleisten, dass intelligente Fahrtenschreiber mit den durch das Satelliten-Navigationssystem Galileo und die Europäische Erweiterung des geostationären Navigationssystems (EGNOS) erbrachten Positionsbestimmungsdiensten kompatibel sind.

2. Zusätzlich zu den in Absatz 1 genannten Systemen können die Hersteller auch die Kompatibilität mit anderen Satellitennavigationssystemen gewährleisten.

Verfahren für die Typgenehmigung von Fahrtenschreibern und Komponenten des Fahrtenschreibers

Art. 4 1. Der Hersteller oder dessen Beauftragter beantragt die Typgenehmigung für einen Fahrtenschreiber oder eine seiner Komponenten oder Gruppe von Komponenten bei der von einem Mitgliedstaat benannten Typgenehmigungsbehörde. Der Antrag umfasst ein Informationsdossier mit den Angaben zu jeder einzelnen Komponente, einschließlich, falls vorhanden, der Typgenehmigungsbögen von anderen, zur Vervollständigung

5/7a. FahrtenschreiberDVO — Art. 4 – 6

des Fahrtenschreibers erforderlichen Komponenten, sowie alle sonstigen relevanten Unterlagen.

2. Ein Mitgliedstaat erteilt die Typgenehmigung für den Fahrtenschreiber, die Komponente oder Gruppe von Komponenten, die den administrativen und technischen Anforderungen nach Artikel 1 Absätze 2 bzw. 3 genügen. In diesem Fall stellt die Typgenehmigungsbehörde dem Antragsteller einen Typgenehmigungsbogen nach dem Muster in Anhang II dieser Verordnung aus.

3. Die Typgenehmigungsbehörde kann vom Hersteller oder dessen Beauftragtem zusätzliche Informationen verlangen.

4. Der Hersteller oder dessen Beauftragter stellt den Typgenehmigungsbehörden sowie den für die Ausstellung der Zertifikate nach Artikel 12 Absatz 3 der Verordnung (EU) Nr. 165/2014 zuständigen Stellen so viele Fahrtenschreiber oder Komponenten des Fahrtenschreibers zur Verfügung, wie für die ordnungsgemäße Durchführung des Typgenehmigungsverfahrens erforderlich sind.

5. Beantragt der Hersteller oder dessen Beauftragter eine Typgenehmigung für bestimmte Komponenten oder Gruppen von Komponenten eines Fahrtenschreibers, so stellt er den für die Typgenehmigung zuständigen Behörden die übrigen Komponenten, für die bereits eine Typgenehmigung vorliegt, sowie andere für den Bau des vollständigen Fahrtenschreibers erforderliche Teile zur Verfügung, damit diese Behörden die erforderlichen Prüfungen durchführen können.

Änderungen der Typgenehmigungen

Art. 5 1. Der Hersteller oder dessen Beauftragter unterrichtet die Typgenehmigungsbehörden, die die ursprüngliche Typgenehmigung erteilt haben, unverzüglich über jegliche Änderung der Software oder Hardware des Fahrtenschreibers oder der für dessen Herstellung verwendeten Werkstoffe, die im Informationspaket verzeichnet sind, und beantragt die Änderung der Typgenehmigung.

2. Die Typgenehmigungsbehörden können je nach Art und Merkmalen der Änderungen eine bestehende Typgenehmigung ändern oder erweitern oder eine neue Typgenehmigung erteilen.

Eine „Änderung" wird vorgenommen, wenn die Genehmigungsbehörde der Auffassung ist, dass es sich um geringfügige Änderungen an der Software oder Hardware des Fahrtenschreibers oder der für seine Herstellung verwendeten Werkstoffe handelt. In diesem Fall stellt die Typgenehmigungsbehörde die geänderten Unterlagen des Informationspakets aus, aus denen die Art der Änderungen und das Datum ihrer Genehmigung hervorgehen. Eine aktualisierte Fassung des Informationspakets in konsolidierter Form zusammen mit einer ausführlichen Beschreibung der vorgenommenen Änderungen reicht zur Erfüllung dieser Anforderung aus.

Eine „Erweiterung" wird vorgenommen, wenn die Genehmigungsbehörde der Auffassung ist, dass es sich um wesentliche Änderungen an der Software oder Hardware des Fahrtenschreibers oder der für seine Herstellung verwendeten Werkstoffe handelt. In diesem Fall kann sie die Durchführung neuer Prüfungen verlangen und teilt dies dem Hersteller oder dessen Beauftragtem mit. Verlaufen diese Prüfungen zufriedenstellend, stellt die Typgenehmigungsbehörde einen geänderten Typgenehmigungsbogen aus, dessen Nummer auf die gewährte Erweiterung hinweist. Auf dem Typgenehmigungsbogen sind der Grund für die Erweiterung und das Ausstellungsdatum anzugeben.

3. Im Inhaltsverzeichnis zum Informationspaket ist das Datum der jüngsten Erweiterung oder Änderung der Typgenehmigung oder das Datum der jüngsten Konsolidierung der aktualisierten Fassung der Typgenehmigung anzugeben.

4. Eine neue Typgenehmigung ist erforderlich, wenn die beantragten Änderungen des zugelassenen Fahrtenschreibers oder seiner Komponenten zur Erteilung eines neuen Sicherheits- oder Interoperabilitätszertifikats führen würden.

Inkrafttreten

Art. 6 Diese Verordnung tritt am zwanzigsten Tag nach ihrer Veröffentlichung im *Amtsblatt der Europäischen Union* in Kraft.

Sie gilt ab 2. März 2016.

Der Anhang IC gilt jedoch ab dem 15. Juni 2019, ausgenommen Anlage 16, die ab dem 2. März 2016 gilt.

(VO (EU) 2018/502)

(Vom Abdruck der Anhänge wurde abgesehen)

5/8. LenkzeitenVO
Präambel

5/8. Lenkzeitenverordnung

Verordnung (EG) Nr. 561/2006 des Europäischen Parlaments und des Rates zur Harmonisierung bestimmter Sozialvorschriften im Straßenverkehr und zur Änderung der Verordnungen (EWG) Nr. 3821/85 und (EG) Nr. 2135/98 des Rates sowie zur Aufhebung der Verordnung (EWG) Nr. 3820/85 des Rates vom 15. März 2006

(ABl. Nr. L 102 v. 11.4.2006, S. 1; berichtigt durch ABl. Nr. L 70 v. 14.3.2009, S. 19; geändert durch die VO (EG) Nr. 1073/2009, ABl. Nr. L 300 v. 14.11.2009, S. 88; geändert durch die VO (EU) Nr. 165/2014, ABl. Nr. L 60 v. 28.2.2014, S. 1; berichtigt durch ABl. Nr. L 101 v. 18.4.2015, S. 62; berichtigt durch ABl. Nr. L 195 v. 20.7.2016, S. 83; geändert durch die VO (EU) Nr. 2020/1054, ABl. Nr. L 249 v. 31.7.2020, S. 1)

(nicht amtlich aktualisierte Fassung)

GLIEDERUNG

KAPITEL I: Einleitende Bestimmungen
Art. 1–4

KAPITEL II: Fahrpersonal, Lenkzeiten, Fahrtunterbrechungen und Ruhezeiten
Art. 5–9a

KAPITEL III: Haftung von Verkehrsunternehmen
Art. 10

KAPITEL IV: Ausnahmen
Art. 11–15

KAPITEL V: Überwachung und Sanktionen
Art. 16–25

KAPITEL VI: Schlussbestimmungen
Art. 26–29

DAS EUROPÄISCHE PARLAMENT UND DER RAT DER EUROPÄISCHEN UNION –

gestützt auf den Vertrag zur Gründung der Europäischen Gemeinschaft, insbesondere auf Artikel 71,

auf Vorschlag der Kommission,

nach Stellungnahme des Europäischen Wirtschafts- und Sozialausschusses,

nach Anhörung des Ausschusses der Regionen,

gemäß dem Verfahren des Artikels 251 des Vertrags, im Hinblick auf den vom Vermittlungsausschuss am 8. Dezember 2005 gebilligten Gemeinsamen Entwurf,

in Erwägung nachstehender Gründe:

(1) Durch die Verordnung (EWG) Nr. 3820/85 des Rates vom 20. Dezember 1985 über die Harmonisierung bestimmter Sozialvorschriften im Straßenverkehr sollten die Wettbewerbsbedingungen zwischen Binnenverkehrsträgern, insbesondere im Straßenverkehrsgewerbe, harmonisiert und die Arbeitsbedingungen und die Sicherheit im Straßenverkehr verbessert werden. Die in diesen Bereichen erzielten Fortschritte sollten gewahrt und ausgebaut werden.

(2) Nach der Richtlinie 2002/15/EG des Europäischen Parlaments und des Rates vom 11. März 2002 zur Regelung der Arbeitszeit von Personen, die Fahrtätigkeiten im Bereich des Straßentransports ausüben, sind die Mitgliedstaaten verpflichtet, Maßnahmen zur Beschränkung der wöchentlichen Höchstarbeitszeit des Fahrpersonals zu erlassen.

(3) Es hat sich als schwierig erwiesen, gewisse Bestimmungen der Verordnung (EWG) Nr. 3820/85 über Lenkzeiten, Fahrtunterbrechungen und Ruhezeiten von Fahrern im nationalen und grenzüberschreitenden Straßenverkehr innerhalb der Gemeinschaft in allen Mitgliedstaaten einheitlich auszulegen, anzuwenden, durchzusetzen und zu überwachen, weil die Bestimmungen zu allgemein gehalten sind.

(4) Eine wirksame und einheitliche Durchführung dieser Bestimmungen ist wünschenswert, damit ihre Ziele erreicht werden und die Anwendung nicht in Misskredit gerät. Daher sind klarere und einfachere Vorschriften nötig, die sowohl vom Straßenverkehrsgewerbe als auch den Vollzugsbehörden leichter zu verstehen, auszulegen und anzuwenden sind.

(5) Durch die in dieser Verordnung vorgesehenen Maßnahmen in Bezug auf die Arbeitsbedingungen sollte das Recht der Sozialpartner, im Zuge von Tarifverhandlungen oder in anderer Weise günstigere Bedingungen für die Arbeitnehmer festzulegen, nicht beeinträchtigt werden.

(6) Es ist wünschenswert, den Geltungsbereich dieser Verordnung klar zu bestimmen, indem die Hauptarten der von ihr erfassten Fahrzeuge aufgeführt werden.

(7) Diese Verordnung sollte für Beförderungen im Straßenverkehr, die entweder ausschließlich innerhalb der Gemeinschaft oder aber zwischen der Gemeinschaft, der Schweiz und den Vertrags-

5/8. LenkzeitenVO

Präambel

staaten des Abkommens über den Europäischen Wirtschaftsraum getätigt werden, gelten.

(8) Das Europäische Übereinkommen über die Arbeit des im internationalen Straßenverkehr beschäftigten Fahrpersonals (im Folgenden „AETR" genannt) vom 1. Juli 1970 in seiner geänderten Fassung sollte weiterhin Anwendung finden auf die Beförderung von Gütern und Personen im Straßenverkehr mit Fahrzeugen, die in einem Mitgliedstaat oder einem Staat, der Vertragspartei des AETR ist, zugelassen sind, und zwar für die gesamte Strecke von Fahrten zwischen der Gemeinschaft und einem Drittstaat außer der Schweiz und der Vertragsstaaten des Abkommens über den Europäischen Wirtschaftsraum oder durch einen solchen Staat hindurch. Es ist unabdingbar, dass das AETR so schnell wie möglich, im Idealfall innerhalb von zwei Jahren nach Inkrafttreten dieser Verordnung, geändert wird, um dessen Bestimmungen an diese Verordnung anzupassen.

(9) Bei Beförderungen im Straßenverkehr mit Fahrzeugen, die in einem Drittstaat zugelassen sind, der nicht Vertragspartei des AETR ist, sollte das AETR für den Teil der Fahrstrecke gelten, der innerhalb der Gemeinschaft oder innerhalb von Staaten liegt, die Vertragsparteien des AETR sind.

(10) Da der Gegenstand des AETR in den Geltungsbereich dieser Verordnung fällt, ist die Gemeinschaft für die Aushandlung und den Abschluss dieses Übereinkommens zuständig.

(11) Erfordert eine Änderung der innergemeinschaftlichen Regeln auf dem betreffenden Gebiet eine entsprechende Änderung des AETR, so sollten die Mitgliedstaaten gemeinsam handeln, um eine solche Änderung des AETR nach dem darin vorgesehenen Verfahren so schnell wie möglich zu erreichen.

(12) Das Verzeichnis der Ausnahmen sollte aktualisiert werden, um den Entwicklungen im Kraftverkehrssektor im Laufe der letzten neunzehn Jahre Rechnung zu tragen.

(13) Alle wesentlichen Begriffe sollten umfassend definiert werden, um die Auslegung zu erleichtern und eine einheitliche Anwendung dieser Verordnung zu gewährleisten. Daneben muss eine einheitliche Auslegung und Anwendung dieser Verordnung seitens der einzelstaatlichen Kontrollbehörden angestrebt werden. Die Definition des Begriffs „Woche" in dieser Verordnung sollte Fahrer nicht daran hindern, ihre Arbeitswoche an jedem beliebigen Tag der Woche aufzunehmen.

(14) Um eine wirksame Durchsetzung zu gewährleisten, ist es von wesentlicher Bedeutung, dass die zuständigen Behörden bei Straßenkontrollen nach einer Übergangszeit in der Lage sein sollten, die ordnungsgemäße Einhaltung der Lenk- und Ruhezeiten des laufenden Tages und der vorausgehenden 28 Tage zu kontrollieren.

(15) Die grundlegenden Vorschriften über die Lenkzeiten müssen klarer und einfacher werden, um eine wirksame und einheitliche Durchsetzung mit Hilfe des digitalen Fahrtenschreibers nach der Verordnung (EWG) Nr. 3821/85 des Rates vom 20. Dezember 1985 über das Kontrollgerät im Straßenverkehr und der vorliegenden Verordnung zu ermöglichen. Außerdem sollten sich die Vollzugsbehörden der Mitgliedstaaten in einem Ständigen Ausschuss um Einvernehmen über die Durchführung dieser Verordnung bemühen.

(16) Nach den Vorschriften der Verordnung (EWG) Nr. 3820/85 war es möglich, die täglichen Lenkzeiten und Fahrtunterbrechungen so zu planen, dass Fahrer zu lange ohne eine vollständige Fahrtunterbrechung fahren konnten, was zu Beeinträchtigungen der Straßenverkehrssicherheit und schlechteren Arbeitsbedingungen für die Fahrer geführt hat. Es ist daher angebracht, sicherzustellen, dass aufgeteilte Fahrtunterbrechungen so angeordnet werden, dass Missbrauch verhindert wird.

(17) Mit dieser Verordnung sollen die sozialen Bedingungen für die von ihr erfassten Arbeitnehmer sowie die allgemeine Straßenverkehrssicherheit verbessert werden. Dazu dienen insbesondere die Bestimmungen über die maximale Lenkzeit pro Tag, pro Woche und pro Zeitraum von zwei aufeinander folgenden Wochen, die Bestimmung über die Verpflichtung der Fahrer, mindestens einmal in jedem Zeitraum von zwei aufeinander folgenden Wochen eine regelmäßige wöchentliche Ruhezeit zu nehmen, und die Bestimmungen, wonach eine tägliche Ruhezeit unter keinen Umständen einen ununterbrochenen Zeitraum von neun Stunden unterschreiten sollte. Da diese Bestimmungen angemessene Ruhepausen garantieren, ist unter Berücksichtigung der Erfahrungen mit der praktischen Durchführung in den vergangenen Jahren ein Ausgleichssystem für reduzierte tägliche Ruhezeiten nicht mehr notwendig.

(18) Viele Beförderungen im innergemeinschaftlichen Straßenverkehr enthalten Streckenabschnitte, die mit Fähren oder auf der Schiene zurückgelegt werden. Für solche Beförderungen sollten deshalb klare und sachgemäße Bestimmungen über die täglichen Ruhezeiten und Fahrtunterbrechungen festgelegt werden.

(19) Angesichts der Zunahme des grenzüberschreitenden Güter- und Personenverkehrs ist es im Interesse der Straßenverkehrssicherheit und einer besseren Durchsetzung von Straßenkontrollen und Kontrollen auf dem Betriebsgelände von Unternehmen wünschenswert, dass auch die in anderen Mitgliedstaaten oder Drittstaaten angefallenen Lenkzeiten, Ruhezeiten und Fahrtunterbrechungen kontrolliert werden und festgestellt wird, ob die entsprechenden Vorschriften in vollem Umfang und ordnungsgemäß eingehalten wurden.

(20) Die Haftung von Verkehrsunternehmen sollte zumindest für Verkehrsunternehmen gelten, die juristische oder natürliche Personen sind, ohne jedoch die Verfolgung natürlicher Personen auszuschließen, die Verstöße gegen diese Verordnung begehen, dazu anstiften oder Beihilfe leisten.

(21) Fahrer, die für mehrere Verkehrsunternehmen tätig sind, müssen jedes dieser Unternehmen angemessen informieren, damit diese ihren Pflichten aus dieser Verordnung nachkommen können.

5/8. LenkzeitenVO
Präambel, Art. 1

(22) Zur Förderung des sozialen Fortschritts und zur Verbesserung der Straßenverkehrssicherheit sollte jeder Mitgliedstaat das Recht behalten, bestimmte zweckmäßige Maßnahmen zu treffen.

(23) Nationale Abweichungen sollten die Änderungen im Kraftverkehrssektor widerspiegeln und sich auf jene Elemente beschränken, die derzeit keinem Wettbewerbsdruck unterliegen.

(24) Die Mitgliedstaaten sollten Vorschriften für Fahrzeuge erlassen, die zur Personenbeförderung im Linienverkehr dienen, wenn die Strecke nicht mehr als 50 km beträgt. Diese Vorschriften sollten einen angemessenen Schutz in Form von erlaubten Lenkzeiten und vorgeschriebenen Fahrtunterbrechungen und Ruhezeiten bieten.

(25) Im Interesse einer wirksamen Durchsetzung dieser Verordnung ist es wünschenswert, dass alle inländischen und grenzüberschreitenden Personenlinienverkehrsdienste unter Einsatz eines Standardkontrollgeräts kontrolliert werden.

(26) Die Mitgliedstaaten sollten Sanktionen festlegen, die bei Verstößen gegen diese Verordnung zu verhängen sind, und deren Durchsetzung gewährleisten. Diese Sanktionen müssen wirksam, verhältnismäßig, abschreckend und nicht diskriminierend sein. Die Möglichkeit, ein Fahrzeug bei einem schweren Verstoß stillzulegen, sollte in das gemeinsame Spektrum möglicher Maßnahmen der Mitgliedstaaten aufgenommen werden. Die in dieser Verordnung enthaltenen Bestimmungen über Sanktionen oder Verfahren sollten nationale Beweislastregeln unberührt lassen.

(27) Im Interesse einer klaren und wirksamen Durchsetzung dieser Verordnung sind einheitliche Bestimmungen über die Haftung von Verkehrsunternehmen und Fahrern bei Verstößen gegen diese Verordnung wünschenswert. Diese Haftung kann in den Mitgliedstaaten gegebenenfalls strafrechtliche, zivilrechtliche oder verwaltungsrechtliche Sanktionen zur Folge haben.

(28) Da das Ziel dieser Verordnung, nämlich die Festlegung eindeutiger gemeinsamer Vorschriften über Lenk- und Ruhezeiten, auf Ebene der Mitgliedstaaten nicht ausreichend erreicht werden kann und daher wegen der Notwendigkeit koordinierter Maßnahmen besser auf Gemeinschaftsebene zu erreichen ist, kann die Gemeinschaft im Einklang mit dem in Artikel 5 des Vertrags niedergelegten Subsidiaritätsprinzip tätig werden. Entsprechend dem in demselben Artikel genannten Verhältnismäßigkeitsprinzip geht diese Verordnung nicht über das für die Erreichung dieses Ziels erforderliche Maß hinaus.

(29) Die zur Durchführung dieser Verordnung erforderlichen Maßnahmen sollten gemäß dem Beschluss 1999/468/EG des Rates vom 28. Juni 1999 zur Festlegung der Modalitäten für die Ausübung der der Kommission übertragenen Durchführungsbefugnisse erlassen werden.

(30) Da die Bestimmungen zum Mindestalter der Fahrer in der Richtlinie 2003/59/EG geregelt worden sind und bis 2009 umgesetzt werden müssen, braucht diese Verordnung lediglich Übergangsbestimmungen für das Mindestalter des Fahrpersonals zu enthalten.

(31) Die Verordnung (EWG) Nr. 3821/85 sollte geändert werden, um die besonderen Verpflichtungen der Verkehrsunternehmen und der Fahrer klar herauszustellen sowie um die Rechtssicherheit zu fördern und die Durchsetzung der maximalen Lenk- und Ruhezeiten durch Straßenkontrollen zu erleichtern.

(32) Die Verordnung (EWG) Nr. 3821/85 sollte auch geändert werden, um die Rechtssicherheit hinsichtlich der neuen Termine für die Einführung digitaler Fahrtenschreiber und für die Verfügbarkeit von Fahrerkarten zu fördern.

(33) Mit der Einführung des Aufzeichnungsgeräts gemäß Verordnung (EG) Nr. 2135/98 und somit der elektronischen Aufzeichnung der Tätigkeiten des Fahrers auf seiner Fahrerkarte über einen Zeitraum von 28 Tagen und des Fahrzeugs über einen Zeitraum von 365 Tagen wird in Zukunft eine schnellere und umfassendere Kontrolle auf der Straße ermöglicht.

(34) Die Richtlinie 88/599/EWG schreibt für Kontrollen auf der Straße lediglich die Kontrolle der täglichen Lenkzeiten, der täglichen Ruhezeit sowie der Fahrtunterbrechungen vor. Mit der Einführung eines digitalen Aufzeichnungsgeräts werden die Daten des Fahrers und des Fahrzeuges elektronisch gespeichert und erlauben eine elektronische Auswertung der Daten vor Ort. Dies sollte mit der Zeit eine einfache Kontrolle der regelmäßigen und reduzierten täglichen Ruhezeiten und der regelmäßigen und reduzierten wöchentlichen Ruhezeiten sowie der Ausgleichsruhepausen ermöglichen.

(35) Die Erfahrung zeigt, dass eine Einhaltung der Bestimmungen dieser Verordnung und insbesondere der vorgeschriebenen maximalen Lenkzeit über einen Zeitraum von zwei Wochen nur durchgesetzt werden kann, wenn wirksame und effektive Kontrollen des gesamten Zeitraums durchgeführt werden.

(36) Die Anwendung der gesetzlichen Vorschriften betreffend digitale Tachografen sollte im Einklang mit dieser Verordnung erfolgen, um eine optimale Wirksamkeit bei der Überwachung und Durchsetzung bestimmter Sozialvorschriften im Straßenverkehr zu erreichen.

(37) Aus Gründen der Klarheit und Rationalisierung sollte die Verordnung (EWG) Nr. 3820/85 aufgehoben und durch diese Verordnung ersetzt werden –

HABEN FOLGENDE VERORDNUNG ERLASSEN:

KAPITEL I
Einleitende Bestimmungen

Art. 1 Durch diese Verordnung werden Vorschriften zu den Lenkzeiten, Fahrtunterbrechungen und Ruhezeiten für Kraftfahrer im Straßengüter- und -personenverkehr festgelegt, um die Bedingungen für den Wettbewerb zwischen Landverkehrsträgern, insbesondere im Straßenverkehrsgewerbe, anzugleichen und die Arbeitsbedingungen sowie die Straßenverkehrssicherheit zu verbessern. Ziel dieser Verordnung ist es ferner, zu einer besseren Kontrolle und Durchsetzung durch die Mitgliedstaaten sowie zu einer besseren Arbeitspraxis innerhalb des Straßenverkehrsgewerbes beizutragen.

Art. 2 (1) Diese Verordnung gilt für folgende Beförderungen im Straßenverkehr:
a) Güterbeförderung mit Fahrzeugen, deren zulässige Höchstmasse einschließlich Anhänger oder Sattelanhänger 3,5 t übersteigt, oder
aa) ab dem 1. Juli 2026 bei grenzüberschreitenden Güterbeförderungen oder bei Kabotagebeförderungen mit Fahrzeugen, deren zulässige Höchstmasse einschließlich Anhänger oder Sattelanhänger 2,5 Tonnen übersteigt, oder
(VO (EU) 2020/1054)
b) Personenbeförderung mit Fahrzeugen, die für die Beförderung von mehr als neun Personen einschließlich des Fahrers konstruiert oder dauerhaft angepasst und zu diesem Zweck bestimmt sind.

(2) Diese Verordnung gilt unabhängig vom Land der Zulassung des Fahrzeugs für Beförderungen im Straßenverkehr
a) ausschließlich innerhalb der Gemeinschaft oder
b) zwischen der Gemeinschaft, der Schweiz und den Vertragsstaaten des Abkommens über den Europäischen Wirtschaftsraum.

(3) Das AETR gilt anstelle dieser Verordnung für grenzüberschreitende Beförderungen im Straßenverkehr, die teilweise außerhalb der in Absatz 2 genannten Gebiete erfolgen,
a) im Falle von Fahrzeugen, die in der Gemeinschaft oder in Staaten, die Vertragsparteien des AETR sind, zugelassen sind, für die gesamte Fahrstrecke;
b) im Falle von Fahrzeugen, die in einem Drittstaat, der nicht Vertragspartei des AETR ist, zugelassen sind, nur für den Teil der Fahrstrecke, der im Gebiet der Gemeinschaft oder von Staaten liegt, die Vertragsparteien des AETR sind.

Die Bestimmungen des AETR sollten an die Bestimmungen dieser Verordnung angepasst werden, damit die wesentlichen Bestimmungen dieser Verordnung über das AETR auf solche Fahrzeuge für den auf Gemeinschaftsgebiet liegenden Fahrtabschnitt angewendet werden können.

Art. 3 Diese Verordnung gilt nicht für Beförderungen im Straßenverkehr mit folgenden Fahrzeugen:
a) Fahrzeuge, die zur Personenbeförderung im Linienverkehr verwendet werden, wenn die Linienstrecke nicht mehr als 50 km beträgt;
aa) Fahrzeuge oder Fahrzeugkombinationen mit einer zulässigen Höchstmasse von nicht mehr als 7,5 Tonnen, die
  i) zur Beförderung von Material, Ausrüstungen oder Maschinen benutzt werden, die der Fahrer zur Ausübung seines Berufes benötigt, oder
  ii) zur Auslieferung von handwerklich hergestellten Gütern,
ausschließlich in einem Umkreis von 100 km vom Standort des Unternehmens, und unter der Bedingung, dass das Lenken des Fahrzeugs für den Fahrer nicht die Haupttätigkeit darstellt und dass die Beförderung nicht gewerblich erfolgt;
(VO (EU) 2020/1054)
b) Fahrzeuge mit einer zulässigen Höchstgeschwindigkeit von nicht mehr als 40 km/h;
c) Fahrzeuge, die Eigentum der Streitkräfte, des Katastrophenschutzes, der Feuerwehr oder der für die Aufrechterhaltung der öffentlichen Ordnung zuständigen Kräfte sind oder von ihnen ohne Fahrer angemietet werden, sofern die Beförderung aufgrund der diesen Diensten zugewiesenen Aufgaben stattfindet und ihrer Aufsicht unterliegt;
d) Fahrzeuge – einschließlich Fahrzeuge, die für nichtgewerbliche Transporte für humanitäre Hilfe verwendet werden –, die in Notfällen oder bei Rettungsmaßnahmen verwendet werden;
e) Spezialfahrzeuge für medizinische Zwecke;
f) spezielle Pannenhilfefahrzeuge, die innerhalb eines Umkreises von 100 km um ihren Standort eingesetzt werden;
g) Fahrzeuge, mit denen zum Zweck der technischen Entwicklung oder im Rahmen von Reparatur- oder Wartungsarbeiten Probefahrten auf der Straße durchgeführt werden, sowie neue oder umgebaute Fahrzeuge, die noch nicht in Betrieb genommen worden sind;
h) Fahrzeuge oder Fahrzeugkombinationen mit einer zulässigen Höchstmasse von nicht mehr als 7,5 t, die zur nichtgewerblichen Güterbeförderung verwendet werden;
ha) Fahrzeuge mit einer zulässigen Höchstmasse einschließlich Anhänger oder Sattelanhänger von mehr als 2,5 aber nicht mehr als 3,5 Tonnen, die für die Güterbeförderung eingesetzt werden, wenn die Beförderung nicht als gewerbliche Beförderung, sondern durch das Unternehmen oder den Fahrer im Werkverkehr erfolgt und das Fahren nicht die Haupttätigkeit der Person darstellt, die das Fahrzeug führt;
(VO (EU) 2020/1054)
i) Nutzfahrzeuge, die nach den Rechtsvorschriften des Mitgliedstaats, in dem sie verwendet werden, als historisch eingestuft werden und die zur nichtgewerblichen Güter- oder Personenbeförderung verwendet werden.

Art. 4 Im Sinne dieser Verordnung bezeichnet der Ausdruck

5/8. LenkzeitenVO
Art. 4

a) „Beförderung im Straßenverkehr" jede ganz oder teilweise auf einer öffentlichen Straße durchgeführte Fahrt eines zur Personen- oder Güterbeförderung verwendeten leeren oder beladenen Fahrzeugs;

b) „Fahrzeug" ein Kraftfahrzeug, eine Zugmaschine, einen Anhänger oder Sattelanhänger oder eine Kombination dieser Fahrzeuge gemäß den nachstehenden Definitionen:
- „Kraftfahrzeug": jedes auf der Straße verkehrende Fahrzeug mit Eigenantrieb, das normalerweise zur Personen- oder Güterbeförderung verwendet wird, mit Ausnahme von dauerhaft auf Schienen verkehrenden Fahrzeugen;
- „Zugmaschine": jedes auf der Straße verkehrende Fahrzeug mit Eigenantrieb, das speziell dafür ausgelegt ist, Anhänger, Sattelanhänger, Geräte oder Maschinen zu ziehen, zu schieben oder zu bewegen, mit Ausnahme von dauerhaft auf Schienen verkehrenden Fahrzeugen;
- „Anhänger": jedes Fahrzeug, das dazu bestimmt ist, an ein Kraftfahrzeug oder eine Zugmaschine angehängt zu werden;
- „Sattelanhänger": ein Anhänger ohne Vorderachse, der so angehängt wird, dass ein beträchtlicher Teil seines Eigengewichts und des Gewichts seiner Ladung von der Zugmaschine oder vom Kraftfahrzeug getragen wird;

c) „Fahrer" jede Person, die das Fahrzeug, sei es auch nur kurze Zeit, selbst lenkt oder sich in einem Fahrzeug befindet, um es – als Bestandteil seiner Pflichten – gegebenenfalls lenken zu können;

d) „Fahrtunterbrechung" jeden Zeitraum, in dem der Fahrer keine Fahrtätigkeit ausüben und keine anderen Arbeiten ausführen darf und der ausschließlich zur Erholung genutzt wird;

e) „andere Arbeiten" alle in Artikel 3 Buchstabe a der Richtlinie 2002/15/EG als „Arbeitszeit" definierten Tätigkeiten mit Ausnahme der Fahrtätigkeit sowie jegliche Arbeit für denselben oder einen anderen Arbeitgeber, sei es inner- oder außerhalb des Verkehrssektors;

f) „Ruhepause" jeden ununterbrochenen Zeitraum, in dem ein Fahrer frei über seine Zeit verfügen kann;

g) „tägliche Ruhezeit" den täglichen Zeitraum, in dem ein Fahrer frei über seine Zeit verfügen kann und der eine „regelmäßige tägliche Ruhezeit" und eine „reduzierte tägliche Ruhezeit" umfasst:
- „regelmäßige tägliche Ruhezeit" eine Ruhepause von mindestens 11 Stunden. Diese regelmäßige tägliche Ruhezeit kann auch in zwei Teilen genommen werden, wobei der erste Teil einen ununterbrochenen Zeitraum von mindestens 3 Stunden und der zweite Teil einen ununterbrochenen Zeitraum von mindestens 9 Stunden umfassen muss;
- „reduzierte tägliche Ruhezeit" eine Ruhepause von mindestens 9 Stunden, aber weniger als 11 Stunden;

h) „wöchentliche Ruhezeit" den wöchentlichen Zeitraum, in dem ein Fahrer frei über seine Zeit verfügen kann und der eine „regelmäßige wöchentliche Ruhezeit" und eine „reduzierte wöchentliche Ruhezeit" umfasst;
- „regelmäßige wöchentliche Ruhezeit" eine Ruhepause von mindestens 45 Stunden;
- „reduzierte wöchentliche Ruhezeit" eine Ruhepause von weniger als 45 Stunden, die vorbehaltlich der Bedingungen des Artikels 8 Absatz 6 auf eine Mindestzeit von 24 aufeinander folgenden Stunden reduziert werden kann;

i) „Woche" den Zeitraum zwischen Montag 00.00 Uhr und Sonntag 24.00 Uhr;

j) „Lenkzeit" die Dauer der Lenktätigkeit, aufgezeichnet entweder:
- vollautomatisch oder halbautomatisch durch Kontrollgeräte im Sinne der Anhänge I und I B der Verordnung (EWG) Nr. 3821/85, oder
- von Hand gemäß den Anforderungen des Artikels 16 Absatz 2 der Verordnung (EWG) Nr. 3821/85;

k) „tägliche Lenkzeit" die summierte Gesamtlenkzeit zwischen dem Ende einer täglichen Ruhezeit und dem Beginn der darauf folgenden täglichen Ruhezeit oder zwischen einer täglichen und einer wöchentlichen Ruhezeit;

l) „wöchentliche Lenkzeit" die summierte Gesamtlenkzeit innerhalb einer Woche;

m) „zulässige Höchstmasse" die höchstzulässige Masse eines fahrbereiten Fahrzeugs einschließlich Nutzlast;

n) „Personenlinienverkehr" inländische und grenzüberschreitende Verkehrsdienste im Sinne des Artikels 2 der Verordnung (EWG) Nr. 684/92 des Rates vom 16. März 1992 zur Einführung gemeinsamer Regeln für den grenzüberschreitenden Personenverkehr mit Kraftomnibussen;

o) „Mehrfahrerbetrieb" den Fall, in dem während der Lenkdauer zwischen zwei aufeinander folgenden täglichen Ruhezeiten oder zwischen einer täglichen und einer wöchentlichen Ruhezeit mindestens zwei Fahrer auf dem Fahrzeug zum Lenken eingesetzt sind. Während der ersten Stunde des Mehrfahrerbetriebs ist die Anwesenheit eines anderen Fahrers oder anderer Fahrer fakultativ, während der restlichen Zeit jedoch obligatorisch;

p) „Verkehrsunternehmen" jede natürliche oder juristische Person und jede Vereinigung oder Gruppe von Personen ohne Rechtspersönlichkeit mit oder ohne Erwerbszweck sowie jede eigene Rechtspersönlichkeit besitzende oder einer Behörde mit Rechtspersönlichkeit unterstehende offizielle Stelle, die Beförderungen im Straßenverkehr gewerblich oder im Werkverkehr vornimmt;

q) „Lenkdauer" die Gesamtlenkzeit zwischen dem Zeitpunkt, zu dem ein Fahrer nach einer Ruhezeit oder einer Fahrtunterbrechung beginnt, ein Fahrzeug zu lenken, und dem Zeitpunkt, zu dem er eine Ruhezeit oder Fahrtunterbrechung einlegt. Die Lenkdauer kann ununterbrochen oder unterbrochen sein.

r) ‚nichtgewerbliche Beförderung' jede Beförderung im Straßenverkehr, außer Beförderungen auf eigene oder fremde Rechnung die weder direkt noch indirekt entlohnt wird und durch die weder direkt noch indirekt ein Einkommen für den Fahrer des Fahrzeugs oder für Dritte erzielt wird und die nicht im Zusammenhang mit einer beruflichen oder gewerblichen Tätigkeit steht.

(VO (EU) 2020/1054)

KAPITEL II
Fahrpersonal, Lenkzeiten, Fahrtunterbrechungen und Ruhezeiten

Art. 5 (1) Das Mindestalter für Schaffner beträgt 18 Jahre.

(2) Das Mindestalter für Beifahrer beträgt 18 Jahre. Die Mitgliedstaaten können jedoch das Mindestalter für Beifahrer unter folgenden Bedingungen auf 16 Jahre herabsetzen:
a) Die Beförderung im Straßenverkehr erfolgt innerhalb eines Mitgliedstaats in einem Umkreis von 50 km vom Standort des Fahrzeugs, einschließlich des Verwaltungsgebiets von Gemeinden, deren Zentrum innerhalb dieses Umkreises liegt,
b) die Herabsetzung erfolgt zum Zwecke der Berufsausbildung und
c) die von den arbeitsrechtlichen Bestimmungen des jeweiligen Mitgliedstaates vorgegebenen Grenzen werden eingehalten.

Art. 6 (1) Die tägliche Lenkzeit darf 9 Stunden nicht überschreiten. Die tägliche Lenkzeit darf jedoch höchstens zweimal in der Woche auf höchstens 10 Stunden verlängert werden.

(2) Die wöchentliche Lenkzeit darf 56 Stunden nicht überschreiten und nicht dazu führen, dass die in der Richtlinie 2002/15/EG festgelegte wöchentliche Höchstarbeitszeit überschritten wird.

(3) Die summierte Gesamtlenkzeit während zweier aufeinander folgender Wochen darf 90 Stunden nicht überschreiten.

(4) Die tägliche und die wöchentliche Lenkzeit umfassen alle Lenkzeiten im Gebiet der Gemeinschaft oder im Hoheitsgebiet von Drittstaaten.

(5) Der Fahrer muss die Zeiten im Sinne des Artikels 4 Buchstabe e sowie alle Lenkzeiten in einem Fahrzeug, das für gewerbliche Zwecke außerhalb des Anwendungsbereichs der vorliegenden Verordnung verwendet wird, als andere Arbeiten festhalten; ferner muss er gemäß Artikel 34 Absatz 5 Buchstabe b Ziffer iii der Verordnung (EU) Nr. 165/2014 die Bereitschaftszeiten im Sinne des Artikels 3 Buchstabe b der Richtlinie 2002/15/EG des Europäischen Parlaments und des Rates festhalten. Diese Zeiten sind entweder handschriftlich auf einem Schaublatt oder einem Ausdruck einzutragen oder manuell in den Fahrtenschreiber einzugeben.

(VO (EU) 2020/1054)

Art. 7 Nach einer Lenkdauer von viereinhalb Stunden hat ein Fahrer eine ununterbrochene Fahrtunterbrechung von wenigstens 45 Minuten einzulegen, sofern er keine Ruhezeit einlegt.

Diese Unterbrechung kann durch eine Unterbrechung von mindestens 15 Minuten, gefolgt von einer Unterbrechung von mindestens 30 Minuten, ersetzt werden, die in die Lenkzeit so einzufügen sind, dass die Bestimmungen des Absatzes 1 eingehalten werden.

Ein im Mehrfahrerbetrieb eingesetzter Fahrer kann eine Fahrtunterbrechung von 45 Minuten in einem Fahrzeug einlegen, das von einem anderen Fahrer gelenkt wird, sofern der Fahrer, der die Fahrtunterbrechung einlegt, den das Fahrzeug lenkenden Fahrer dabei nicht unterstützt.

(VO (EU) 2020/1054)

Art. 8 (1) Der Fahrer muss tägliche und wöchentliche Ruhezeiten einhalten.

(2) Innerhalb von 24 Stunden nach dem Ende der vorangegangenen täglichen oder wöchentlichen Ruhezeit muss der Fahrer eine neue tägliche Ruhezeit genommen haben.

Beträgt der Teil der täglichen Ruhezeit, die in den 24-Stunden-Zeitraum fällt, mindestens 9 Stunden, jedoch weniger als 11 Stunden, so ist die fragliche tägliche Ruhezeit als reduzierte tägliche Ruhezeit anzusehen.

(3) Eine tägliche Ruhezeit kann verlängert werden, so dass sich eine regelmäßige wöchentliche Ruhezeit oder eine reduzierte wöchentliche Ruhezeit ergibt.

(4) Der Fahrer darf zwischen zwei wöchentlichen Ruhezeiten höchstens drei reduzierte tägliche Ruhezeiten einlegen.

(5) Abweichend von Absatz 2 muss ein im Mehrfahrerbetrieb eingesetzter Fahrer innerhalb von 30 Stunden nach dem Ende einer täglichen oder wöchentlichen Ruhezeit eine neue tägliche Ruhezeit von mindestens 9 Stunden genommen haben.

(6) In zwei jeweils aufeinander folgenden Wochen hat der Fahrer mindestens folgende Ruhezeiten einzuhalten:
a) zwei regelmäßige wöchentliche Ruhezeiten oder
b) eine regelmäßige wöchentliche Ruhezeit und eine reduzierte wöchentliche Ruhezeit von mindestens 24 Stunden.

Eine wöchentliche Ruhezeit beginnt spätestens am Ende von sechs 24-Stunden-Zeiträumen nach dem Ende der vorangegangenen wöchentlichen Ruhezeit.

Abweichend von Unterabsatz 1 kann ein im grenzüberschreitenden Güterverkehr tätiger Fahrer außerhalb des Mitgliedstaats der Niederlassung zwei aufeinanderfolgende reduzierte wöchentliche Ruhezeiten einlegen, sofern der Fahrer in vier jeweils aufeinanderfolgenden Wochen mindestens vier wöchentliche Ruhezeiten einlegt, von denen mindestens zwei regelmäßige wöchentliche Ruhezeiten sein müssen.

Für die Zwecke dieses Absatzes gilt ein Fahrer als im grenzüberschreitenden Verker tätig, wenn der Fahrer die zwei aufeinanderfolgenden reduzierten wöchentlichen Ruhezeiten außerhalb des Mitgliedstaats der Niederlassung des Arbeitgebers und des Landes des Wohnsitzes des Fahrers beginnt.

(VO (EU) 2020/1054)

(6a) Abweichend von Absatz 6 darf ein Fahrer, der für einen einzelnen Gelegenheitsdienst im grenzüberschreitenden Personenverkehr im Sinne der Verordnung (EG) Nr. 1073/2009 des Europäischen Parlaments und des Rates vom 21. Oktober 2009 über gemeinsame Regeln für den Zugang zum Markt des grenzüberschreitenden Personenkraftverkehrs (ABl. L 300 vom 14.11.2009, S. 88) eingesetzt wird, die wöchentliche Ruhezeit auf bis zu 12 aufeinander folgende 24-Stunden-Zeiträume nach einer vorhergehenden regelmäßigen wöchentlichen Ruhezeit unter folgenden Voraussetzungen verschieben:

a) der Dienst dauert mindestens 24 aufeinander folgende Stunden in einem anderen Mitgliedstaat oder unter diese Verordnung fallenden Drittstaat als demjenigen, in dem jeweils der Dienst begonnen wurde;

b) nach der Inanspruchnahme der Ausnahmeregelung nimmt der Fahrer
   i) entweder zwei regelmäßige wöchentliche Ruhezeiten oder
   ii) eine regelmäßige wöchentliche Ruhezeit und eine reduzierte wöchentliche Ruhezeit von mindestens 24 Stunden. Dabei wird jedoch die Reduzierung durch eine gleichwertige Ruhepause ausgeglichen, die ohne Unterbrechung vor dem Ende der dritten Woche nach dem Ende des Ausnahmezeitraums genommen werden muss;

c) ab dem 1. Januar 2014 ist das Fahrzeug mit einem Kontrollgerät entsprechend den Anforderungen des Anhangs IB der Verordnung (EWG) Nr. 3821/85 ausgestattet und

d) ab dem 1. Januar 2014, sofern das Fahrzeug bei Fahrten während des Zeitraums von 22.00 Uhr bis 6.00 Uhr mit mehreren Fahrern besetzt ist oder die Lenkdauer nach Artikel 7 auf drei Stunden vermindert wird.

Die Kommission überwacht die Inanspruchnahme dieser Ausnahmeregelung genau, um die Aufrechterhaltung der Sicherheit im Straßenverkehr unter sehr strengen Voraussetzungen sicherzustellen, insbesondere indem sie darauf achtet, dass die summierte Gesamtlenkzeit während des unter die Ausnahmeregelung fallenden Zeitraums nicht zu lang ist. Bis zum 4. Dezember 2012 erstellt die Kommission einen Bericht, in dem sie die Folgen der Ausnahmeregelung in Bezug auf die Sicherheit im Straßenverkehr sowie soziale Aspekte bewertet. Wenn sie es für sinnvoll erachtet, schlägt die Kommission diesbezügliche Änderungen der vorliegenden Verordnung vor.

(6b) Jede Reduzierung der wöchentlichen Ruhezeit ist durch eine gleichwertige Ruhepause auszugleichen, die ohne Unterbrechung vor dem Ende der dritten Woche nach der betreffenden Woche zu nehmen ist.

Wurden zwei reduzierte wöchentliche Ruhezeiten gemäß Absatz 6 Unterabsatz 3 nacheinander eingelegt, ist die nächste Ruhezeit – als Ausgleich für diese zwei reduzierten wöchentlichen Ruhezeiten – vor der darauffolgenden wöchentlichen Ruhezeit einzulegen.

(VO (EU) 2020/1054)

(7) Jede Ruhepause, die als Ausgleich für eine reduzierte wöchentliche Ruhezeit eingelegt wird, ist an eine andere Ruhezeit von mindestens 9 Stunden anzuhängen.

(8) Die regelmäßigen wöchentlichen Ruhezeiten und jede wöchentliche Ruhezeit von mehr als 45 Stunden, die als Ausgleich für die vorherige verkürzte wöchentliche Ruhezeit eingelegt wird, dürfen nicht in einem Fahrzeug verbracht werden. Sie sind in einer geeigneten geschlechtergerechten Unterkunft mit angemessenen Schlafgelegenheiten und sanitären Einrichtungen zu verbringen.

Alle Kosten für die Unterbringung außerhalb des Fahrzeugs werden vom Arbeitgeber getragen.

(VO (EU) 2020/1054)

(8a) Verkehrsunternehmen planen die Arbeit der Fahrer so, dass jeder Fahrer in der Lage ist, innerhalb jedes Zeitraums von vier aufeinanderfolgenden Wochen zu der im Mitgliedstaat der Niederlassung des Arbeitgebers gelegenen Betriebsstätte des Arbeitgebers, der der Fahrer normalerweise zugeordnet ist und an der er seine wöchentliche Ruhezeit beginnt, oder zu seinem Wohnsitz zurückzukehren, um dort mindestens eine regelmäßige wöchentliche Ruhezeit oder eine wöchentliche Ruhezeit von mehr als 45 Stunden als Ausgleich für eine reduzierte wöchentliche Ruhezeit zu verbringen.

Hat der Fahrer jedoch zwei aufeinanderfolgende reduzierte wöchentliche Ruhezeiten gemäß Absatz 6 eingelegt, muss das Verkehrsunternehmen die Arbeit des Fahrers so planen, dass dieser in der Lage ist, bereits vor Beginn der regelmäßigen wöchentlichen Ruhezeit von mehr als 45 Stunden, die als Ausgleich eingelegt wird, zurückzukehren.

Das Unternehmen dokumentiert, wie es diese Verpflichtung erfüllt, und es bewahrt die betreffenden Unterlagen in seinen Geschäftsräumen auf, damit sie auf Verlangen der Kontrollbehörden vorgelegt werden können.

(VO (EU) 2020/1054)

(9) Eine wöchentliche Ruhezeit, die in zwei Wochen fällt, kann für eine der beiden Wochen gezählt werden, nicht aber für beide.

(10) Die Kommission prüft spätestens am 21. August 2022, ob geeignetere Vorschriften für Fahrer erlassen werden können, die für Gelegenheitsdienste im Personenverkehr im Sinne von Artikel 2 Nummer 4 der Verordnung (EG) Nr. 1073/2009 eingesetzt werden, und teilt das Ergebnis dem Parlament und dem Rat mit.
(VO (EU) 2020/1054)

Art. 8a (1) Die Kommission stellt sicher, dass Kraftfahrer im Straßengüter- und -personenverkehr leichten Zugang zu Informationen über sichere und gesicherte Parkflächen haben. Die Kommission veröffentlicht eine Liste aller zertifizierten Parkflächen, damit den Fahrern Folgendes in angemessener Form geboten wird:
- Erkennen und Verhindern von unberechtigtem Eindringen,
- Beleuchtung und Sichtverhältnisse,
- Kontaktstelle und Verfahren für Notfälle,
- geschlechtergerechte sanitäre Einrichtungen,
- Möglichkeiten zum Kauf von Lebensmitteln und Getränken,
- Kommunikationsverbindungen,
- Stromversorgung.

Die Liste dieser Parkflächen wird auf einer einheitlichen amtlichen Internetseite veröffentlicht und regelmäßig aktualisiert.

(2) Die Kommission erlässt delegierte Rechtsakte gemäß Artikel 23a, um Normen festzulegen, mit denen das Dienstleistungs- und Sicherheitsniveau der in Absatz 1 genannten Flächen und die Verfahren für die Zertifizierung von Parkflächen detaillierter vorgegeben werden.

(3) An allen zertifizierten Parkflächen kann darauf hingewiesen werden, dass sie gemäß den Normen und Verfahren der Union zertifiziert sind.

Gemäß Artikel 39 Absatz 2 Buchstabe c der Verordnung (EU) Nr. 1315/2013 des Europäischen Parlaments und des Rates sind die Mitgliedstaaten gehalten, die Schaffung von Parkflächen für gewerbliche Straßennutzer zu fördern.

(4) Die Kommission legt dem Europäischen Parlament und dem Rat bis zum 31. Dezember 2024 einen Bericht über die Verfügbarkeit geeigneter Ruheeinrichtungen für Fahrer und über die Verfügbarkeit gesicherter Parkeinrichtungen sowie über den Ausbau sicherer und gesicherter Parkflächen, die gemäß den delegierten Rechtsakten zertifiziert sind, vor. Dieser Bericht kann eine Liste mit Maßnahmen zur Erhöhung der Zahl und der Qualität sicherer und gesicherter Parkflächen enthalten.
(VO (EU) 2020/1054)

Art. 9 (1) Legt ein Fahrer, der ein Fahrzeug begleitet, das auf einem Fährschiff oder mit der Eisenbahn befördert wird, eine regelmäßige tägliche Ruhezeit oder eine reduzierte wöchentliche Ruhezeit ein, so darf diese Ruhezeit abweichend von Artikel 8 nicht mehr als zwei Mal durch andere Tätigkeiten unterbrochen werden, deren Gesamtdauer eine Stunde nicht überschreiten darf. Während dieser regelmäßigen täglichen Ruhezeit oder reduzierten wöchentlichen Ruhezeit muss dem Fahrer eine Schlafkabine, eine Schlafkoje oder ein Liegeplatz zur Verfügung stehen.

In Bezug auf regelmäßige wöchentliche Ruhezeiten gilt diese Ausnahme für Fähr- oder Zugreisen nur, wenn
a) die geplante Reisedauer 8 Stunden oder mehr beträgt und
b) der Fahrer Zugang zu einer Schlafkabine auf der Fähre oder im Zug hat.
(VO (EU) 2020/1054)

(2) Die von einem Fahrer verbrachte Zeit, um zu einem in den Geltungsbereich dieser Verordnung fallenden Fahrzeug, das sich nicht am Wohnsitz des Fahrers oder der Betriebsstätte des Arbeitsgebers befindet, der der Fahrer normalerweise zugeordnet ist, anzureisen oder von diesem zurückzureisen, ist nur dann als Ruhepause oder Fahrtunterbrechung anzusehen, wenn sich der Fahrer in einem Zug oder auf einem Fährschiff befindet und Zugang zu einer Schlafkabine, einer Koje oder einem Liegewagen hat.
(VO (EU) 2020/1054)

(3) Die von einem Fahrer verbrachte Zeit, um mit einem nicht in den Geltungsbereich dieser Richtlinie fallenden Fahrzeug zu einem in den Geltungsbereich dieser Verordnung fallenden Fahrzeug, das sich nicht am Wohnsitz des Fahrers oder der Betriebsstätte des Arbeitgebers, dem der Fahrer normalerweise zugeordnet ist, befindet, anzureisen oder von diesem zurückzureisen, ist als andere Arbeiten anzusehen.

Art. 9a Die Kommission erstellt bis zum 31. Dezember 2025 einen Bericht über die Nutzung autonomer Fahrsysteme in den Mitgliedstaaten und legt ihn dem Europäischen Parlament und dem Rat vor. In dem Bericht geht sie insbesondere auf die möglichen Auswirkungen dieser Systeme auf die Vorschriften über Lenk- und Ruhezeiten ein. Diesem Bericht ist gegebenenfalls ein Gesetzgebungsvorschlag zur Änderung dieser Verordnung beizufügen.
(VO (EU) 2020/1054)

KAPITEL III
Haftung von Verkehrsunternehmen

Art. 10 (1) Verkehrsunternehmen dürfen beschäftigten oder ihnen zur Verfügung gestellten Fahrern keine Zahlungen in Abhängigkeit von der zurückgelegten Strecke, der Schnelligkeit der Auslieferung und/oder der Menge der beförderten Güter leisten, auch nicht in Form von Prämien oder Lohnzuschlägen, falls diese Zahlungen geeignet sind, die Sicherheit im Straßenverkehr zu gefährden, und/oder zu Verstößen gegen diese Verordnung verleiten.
(VO (EU) 2020/1054)

(2) Das Verkehrsunternehmen organisiert die Arbeit der in Absatz 1 genannten Fahrer so, dass diese die Bestimmungen der Verordnung (EWG) Nr. 3821/85 sowie des Kapitels II der vorliegenden Verordnung einhalten können. Das Verkehrsunternehmen hat den Fahrer ordnungsgemäß anzuweisen und regelmäßig zu überprüfen, dass die Verordnung (EWG) Nr. 3821/85 und Kapitel II der vorliegenden Verordnung eingehalten werden.

(3) Das Verkehrsunternehmen haftet für Verstöße von Fahrern des Unternehmens, selbst wenn der Verstoß im Hoheitsgebiet eines anderen Mitgliedstaates oder eines Drittstaates begangen wurde.

Unbeschadet des Rechts der Mitgliedstaaten, Verkehrsunternehmen uneingeschränkt haftbar zu machen, können die Mitgliedstaaten diese Haftung von einem Verstoß des Unternehmens gegen die Absätze 1 und 2 abhängig machen. Die Mitgliedstaaten können alle Beweise prüfen, die belegen, dass das Verkehrsunternehmen billigerweise nicht für den begangenen Verstoß haftbar gemacht werden kann.

(4) Unternehmen, Verlader, Spediteure, Reiseveranstalter, Hauptauftragnehmer, Unterauftragnehmer und Fahrervermittlungsagenturen stellen sicher, dass die vertraglich vereinbarten Beförderungszeitpläne nicht gegen diese Verordnung verstoßen.

(5)
a) Ein Verkehrsunternehmen, das Fahrzeuge einsetzt, die unter die vorliegende Verordnung fallen und die mit einem Kontrollgerät ausgestattet sind, das dem Anhang I B der Verordnung (EWG) Nr. 3821/85 entspricht, stellt Folgendes sicher:
   i) Alle Daten werden von dem Bordgerät und der Fahrerkarte so regelmäßig heruntergeladen, wie es der Mitgliedstaat vorschreibt; diese relevanten Daten werden in kürzeren Abständen heruntergeladen, damit sichergestellt ist, dass alle von dem Unternehmen oder für das Unternehmen durchgeführten Tätigkeiten heruntergeladen werden;
   ii) alle sowohl vom Bordgerät als auch von der Fahrerkarte heruntergeladenen Daten werden nach ihrer Aufzeichnung mindestens zwölf Monate lang aufbewahrt und müssen für einen Kontrollbeamten auf Verlangen entweder direkt oder zur Fernabfrage von den Geschäftsräumen des Unternehmens zugänglich sein.
b) Im Sinne dieses Absatzes wird der Ausdruck „heruntergeladen" entsprechend der Begriffsbestimmung in Anhang I B Kapitel I Buchstabe s der Verordnung (EWG) Nr. 3821/85 ausgelegt.
c) Die Kommission entscheidet nach dem in Artikel 24 Absatz 2 genannten Verfahren über den Höchstzeitraum für das Herunterladen der relevanten Daten gemäß Buchstabe a Ziffer i.

KAPITEL IV

Ausnahmen

Art. 11 Ein Mitgliedstaat kann für Beförderungen im Straßenverkehr, die vollständig in seinem Hoheitsgebiet durchgeführt werden, längere Mindestfahrtunterbrechungen und Ruhezeiten oder kürzere Höchstlenkzeiten als nach den Artikeln 6 bis 9 festlegen. In einem solchen Fall muss der Mitgliedstaat die relevanten kollektiven oder anderen Vereinbarungen zwischen den Sozialpartnern berücksichtigen. Für Fahrer im grenzüberschreitenden Verkehr gilt jedoch weiterhin diese Verordnung.

Art. 12 Sofern die Sicherheit im Straßenverkehr nicht gefährdet wird, kann der Fahrer von den Artikeln 6 bis 9 abweichen, um einen geeigneten Halteplatz zu erreichen, soweit dies erforderlich ist, um die Sicherheit von Personen, des Fahrzeugs oder seiner Ladung zu gewährleisten. Der Fahrer hat Art und Grund dieser Abweichung spätestens bei Erreichen des geeigneten Halteplatzes handschriftlich auf dem Schaublatt des Kontrollgeräts oder einem Ausdruck aus dem Kontrollgerät oder im Arbeitszeitplan zu vermerken.

Sofern die Sicherheit im Straßenverkehr nicht gefährdet wird, kann der Fahrer unter außergewöhnlichen Umständen auch von Artikel 6 Absätze 1 und 2 und von Artikel 8 Absatz 2 abweichen, indem er die tägliche und die wöchentliche Lenkzeit um bis zu eine Stunde überschreitet, um die Betriebsstätte des Arbeitgebers oder den Wohnsitz des Fahrers zu erreichen, um eine wöchentliche Ruhezeit einzulegen.

Unter den gleichen Bedingungen kann der Fahrer die tägliche und die wöchentliche Lenkzeit um bis zu zwei Stunden überschreiten, sofern eine ununterbrochene Fahrtunterbrechung von 30 Minuten eingelegt wurde, die der zusätzlichen Lenkzeit zur Erreichung der Betriebsstätte des Arbeitgebers oder des Wohnsitzes des Fahrers, um dort eine regelmäßige wöchentliche Ruhezeit einzulegen, unmittelbar vorausgeht.

Der Fahrer hat Art und Grund dieser Abweichung spätestens bei Erreichen des Bestimmungsorts oder des geeigneten Halteplatzes handschriftlich auf dem Schaublatt des Kontrollgeräts, einem Ausdruck aus dem Kontrollgerät oder im Arbeitszeitplan zu vermerken.

Jede Lenkzeitverlängerung wird durch eine gleichwertige Ruhepause ausgeglichen, die zusammen mit einer beliebigen Ruhezeit ohne Unterbrechung bis zum Ende der dritten Woche nach der betreffenden Woche genommen werden muss.
(VO (EU) 2020/1054)

Art. 13 (1) Sofern die Verwirklichung der in Artikel 1 genannten Ziele nicht beeinträchtigt wird, kann jeder Mitgliedstaat für sein Hoheitsgebiet oder mit Zustimmung des betreffenden Mitgliedstaats für das Hoheitsgebiet eines anderen Mitgliedstaats Abweichungen von den Artikeln 5 bis 9 zulassen und solche Abweichungen für die Beförderung mit folgenden Fahrzeugen an individuelle Bedingungen knüpfen:

a) Fahrzeuge, die Eigentum von Behörden sind oder von diesen ohne Fahrer angemietet sind, um Beförderungen im Straßenverkehr durchzuführen, die nicht im Wettbewerb mit privatwirtschaftlichen Verkehrsunternehmen stehen;

b) Fahrzeuge, die von Landwirtschafts-, Gartenbau-, Forstwirtschafts- oder Fischereiunternehmen zur Güterbeförderung im Rahmen ihrer eigenen unternehmerischen Tätigkeit in einem Umkreis von bis zu 100 km vom Standort des Unternehmens benutzt oder ohne Fahrer angemietet werden;

c) land- und forstwirtschaftliche Zugmaschinen, die für land- oder forstwirtschaftliche Tätigkeiten eingesetzt werden, und zwar in einem Umkreis von bis zu 100 km vom Standort des Unternehmens, das das Fahrzeug besitzt, anmietet oder least;

d) Fahrzeuge oder Fahrzeugkombinationen mit einer zulässigen Höchstmasse von nicht mehr als 7,5 t, die von Universaldienstanbietern im Sinne des Artikels 2 Absatz 13 der Richtlinie 97/67/EG des Europäischen Parlaments und des Rates vom 15. Dezember 1997 über gemeinsame Vorschriften für die Entwicklung des Binnenmarktes der Postdienste der Gemeinschaft und die Verbesserung der Dienstqualität zum Zweck der Zustellung von Sendungen im Rahmen des Universaldienstes benutzt werden.

Diese Fahrzeuge dürfen nur in einem Umkreis von 100 km vom Standort des Unternehmens und unter der Bedingung benutzt werden, dass das Lenken des Fahrzeugs für den Fahrer nicht die Haupttätigkeit darstellt;

e) Fahrzeuge, die ausschließlich auf Inseln oder vom Rest des Hoheitsgebiets isolierten Binnengebieten mit einer Fläche von nicht mehr als 2 300 km² verkehren, die mit den übrigen Teilen des Hoheitsgebiets nicht durch eine Brücke, eine Furt oder einen Tunnel, die von Kraftfahrzeugen benutzt werden können, verbunden sind und auch nicht an einen anderen Mitgliedstaat angrenzen;

(VO (EU) 2020/1054)

f) Fahrzeuge, die im Umkreis von 100 km vom Standort des Unternehmens zur Güterbeförderung mit Druckerdgas-, Flüssiggas- oder Elektroantrieb benutzt werden und deren zulässige Höchstmasse einschließlich Anhänger oder Sattelanhänger 7,5 t nicht übersteigt;

g) Fahrzeuge, die zum Fahrschulunterricht und zur Fahrprüfung zwecks Erlangung des Führerscheins oder eines beruflichen Befähigungsnachweises dienen, sofern diese Fahrzeuge nicht für die gewerbliche Personen- oder Güterbeförderung benutzt werden;

h) Fahrzeuge, die in Verbindung mit Kanalisation, Hochwasserschutz, Wasser-, Gas- und Elektrizitätsversorgung, Straßenunterhaltung und -kontrolle, Hausmüllabfuhr, Telegramm- und Telefondienstleistungen, Rundfunk und Fernsehen sowie zur Erfassung von Radio- bzw. Fernsehsendern oder -geräten eingesetzt werden;

i) Fahrzeuge mit 10 bis 17 Sitzen, die ausschließlich zur nichtgewerblichen Personenbeförderung verwendet werden;

j) Spezialfahrzeuge, die Ausrüstungen des Zirkus- oder Schaustellergewerbes transportieren;

k) speziell ausgerüstete Projektfahrzeuge für mobile Projekte, die hauptsächlich im Stand zu Lehrzwecken dienen;

l) Fahrzeuge, die zum Abholen von Milch bei landwirtschaftlichen Betrieben und/oder zur Rückgabe von Milchbehältern oder von Milcherzeugnissen für Futterzwecke an diese Betriebe verwendet werden;

m) Spezialfahrzeuge für Geld- und/oder Werttransporte;

n) Fahrzeuge, die zur Beförderung von tierischen Abfällen oder von nicht für den menschlichen Verzehr bestimmten Tierkörpern verwendet werden;

o) Fahrzeuge, die ausschließlich auf Straßen in Güterverteilzentren wie Häfen, Umschlaganlagen des Kombinierten Verkehrs und Eisenbahnterminals benutzt werden;

p) Fahrzeuge, die innerhalb eines Umkreises von bis zu 100 km für die Beförderung lebender Tiere von den landwirtschaftlichen Betrieben zu den lokalen Märkten und umgekehrt oder von den Märkten zu den lokalen Schlachthäusern verwendet werden;

q) Fahrzeuge oder Fahrzeugkombinationen zur Beförderung von Baumaschinen für ein Bauunternehmen, die in einem Umkreis von höchstens 100 km vom Standort des Unternehmens benutzt werden, vorausgesetzt dass das Lenken der Fahrzeuge für den Fahrer nicht die Haupttätigkeit darstellt;

(VO (EU) 2020/1054)

r) Fahrzeuge, die für die Lieferung von Transportbeton verwendet werden.

(VO (EU) 2020/1054)

(2) Die Mitgliedstaaten teilen der Kommission die Ausnahmen mit, die sie nach Absatz 1 gewähren, und die Kommission unterrichtet die übrigen Mitgliedstaaten hiervon.

(3) Sofern die Verwirklichung der in Artikel 1 genannten Ziele nicht beeinträchtigt wird und ein angemessener Schutz der Fahrer sichergestellt ist, kann ein Mitgliedstaat mit Genehmigung der Kommission in seinem Hoheitsgebiet in geringem Umfang Ausnahmen von dieser Verordnung für Fahrzeuge, die in zuvor festgelegten Gebieten mit einer Bevölkerungsdichte von weniger als 5 Personen pro Quadratkilometer eingesetzt werden, in folgenden Fällen zulassen:

5/8. LenkzeitenVO
Art. 13 – 19

— Bei inländischen Personenlinienverkehrsdiensten, sofern ihr Fahrplan von den Behörden bestätigt wurde (in diesem Fall dürfen nur Ausnahmen in Bezug auf Fahrtunterbrechungen zugelassen werden) und

— im inländischen Werkverkehr oder gewerblich durchgeführten Güterkraftverkehr, soweit sich diese Tätigkeiten nicht auf den Binnenmarkt auswirken und für den Erhalt bestimmter Wirtschaftszweige in dem betroffenen Gebiet notwendig sind und die Ausnahmebestimmungen dieser Verordnung einen Umkreis von höchstens 100 km vorschreiben.

Eine Beförderung im Straßenverkehr nach dieser Ausnahme kann eine Fahrt zu einem Gebiet mit einer Bevölkerungsdichte von 5 Personen pro Quadratmeter oder mehr nur einschließen, wenn damit eine Fahrt beendet oder begonnen wird. Solche Maßnahmen müssen ihrer Art und ihrem Umfang nach verhältnismäßig sein.

Art. 14 (1) Sofern die Verwirklichung der in Artikel 1 genannten Ziele nicht beeinträchtigt wird, können die Mitgliedstaaten nach Genehmigung durch die Kommission Ausnahmen von den Artikeln 6 bis 9 für unter außergewöhnlichen Umständen durchgeführte Beförderungen zulassen.

(2) Die Mitgliedstaaten können in dringenden Fällen, die mit außergewöhnlichen Umständen einhergehen, eine vorübergehende Ausnahme für einen Zeitraum von höchstens 30 Tagen zulassen, die hinreichend zu begründen und der Kommission sofort mitzuteilen ist. Die Kommission veröffentlicht diese Informationen unverzüglich auf einer öffentlichen Internetseite.

(VO (EU) 2020/1054)

(3) Die Kommission teilt den übrigen Mitgliedstaaten alle nach diesem Artikel gewährten Ausnahmen mit.

Art. 15 Die Mitgliedstaaten stellen sicher, dass Fahrer der in Artikel 3 Buchstabe a genannten Fahrzeuge unter nationale Vorschriften fallen, die einen angemessenen Schutz bei den erlaubten Lenkzeiten sowie den vorgeschriebenen Fahrtunterbrechungen und Ruhezeiten bieten. Die Mitgliedstaaten teilen der Kommission die für diese Fahrer geltenden einschlägigen nationalen Vorschriften mit.

(VO (EU) 2020/1054)

KAPITEL V
Überwachung und Sanktionen

Art. 16 (1) Verfügt ein Fahrzeug nicht über ein mit der Verordnung (EWG) Nr. 3821/85 übereinstimmendes Kontrollgerät, so gelten die Absätze 2 und 3 des vorliegenden Artikels für:

a) nationale Personenlinienverkehrsdienste und
b) grenzüberschreitende Personenlinienverkehrsdienste, deren Endpunkte in der Luftlinie höchstens 50 km von einer Grenze zwischen zwei Mitgliedstaaten entfernt sind und deren Fahrstrecke höchstens 100 km beträgt.

(2) Das Verkehrsunternehmen erstellt einen Fahrplan und einen Arbeitszeitplan, in dem für jeden Fahrer der Name, der Standort und der im Voraus festgelegte Zeitplan für die verschiedenen Zeiträume der Lenktätigkeit, der anderen Arbeiten und der Fahrtunterbrechungen sowie die Bereitschaftszeiten angegeben werden.

Jeder Fahrer, der in einem Dienst im Sinne des Absatzes 1 eingesetzt ist, muss einen Auszug aus dem Arbeitszeitplan und eine Ausfertigung des Linienfahrplans mit sich führen.

(3) Der Arbeitszeitplan muss

a) alle in Absatz 2 aufgeführten Angaben mindestens für den Zeitraum der vorangegangenen 28 Tage enthalten; diese Angaben sind in regelmäßigen Abständen von höchstens einem Monat zu aktualisieren;

a)[a)] alle in Absatz 2 aufgeführten Angaben mindestens für den Zeitraum des Tages der Kontrolle und der vorausgehenden 56 Tage enthalten; diese Angaben sind in regelmäßigen Abständen von höchstens einem Monat zu aktualisieren;

(VO (EU) 2020/1054)

[a)] Gilt ab dem 31. Dezember 2024.

b) die Unterschrift des Leiters des Verkehrsunternehmens oder seines Beauftragten tragen;

c) vom Verkehrsunternehmen nach Ablauf des Geltungszeitraums ein Jahr lang aufbewahrt werden. Das Verkehrsunternehmen händigt den betreffenden Fahrern auf Verlangen einen Auszug aus dem Arbeitszeitplan aus; und

d) auf Verlangen einem dazu befugten Kontrollbeamten vorgelegt und ausgehändigt werden.

Art. 17 (1) Die Mitgliedstaaten übermitteln der Kommission unter Verwendung des in der Entscheidung 93/173/EWG vorgesehenen Berichtsmusters die notwendigen Informationen, damit diese alle zwei Jahre einen Bericht über die Durchführung der vorliegenden Verordnung und der Verordnung (EWG) Nr. 3821/85 und über die Entwicklungen auf dem betreffenden Gebiet erstellen kann.

(2) Diese Angaben müssen bei der Kommission spätestens am 30. September des Jahres nach Ende des betreffenden Zweijahreszeitraums mitgeteilt werden.

(3) In dem Bericht wird zugleich angegeben, inwieweit von den Ausnahmeregelungen gemäß Artikel 13 Gebrauch gemacht wird.

(4) Die Kommission leitet den Bericht innerhalb von 13 Monaten nach Ende des betreffenden Zweijahreszeitraums dem Europäischen Parlament und dem Rat zu.

Art. 18 Die Mitgliedstaaten ergreifen die zur Durchführung dieser Verordnung erforderlichen Maßnahmen.

Art. 19 (1) Die Mitgliedstaaten erlassen Vorschriften für Sanktionen für Verstöße gegen die vorliegende Verordnung und die Verordnung (EU) Nr. 165/2014 und treffen alle erforderlichen Maßnahmen, um deren Anwendung zu gewährleisten. Diese Sanktionen müssen wirksam und verhältnismäßig zum Schweregrad der Verstöße gemäß Anhang III der Richtlinie 2006/22/EG des Europäischen Parlaments und des Rates, sowie abschreckend und nicht- diskriminierend sein. Kein Verstoß gegen die vorliegende Verordnung oder gegen die Verordnung (EU) Nr. 165/2014 darf mehrmals Gegenstand von Sanktionen oder Verfahren sein. Die Mitgliedstaaten teilen der Kommission diese Maßnahmen und Regeln sowie das Verfahren und die Kriterien, die auf einzelstaatlicher Ebene zur Bewertung der Verhältnismäßigkeit herangezogen wurden, mit. Die Mitgliedstaaten teilen etwaige spätere Änderungen daran, die Auswirkungen darauf haben, unverzüglich mit. Die Kommission informiert die Mitgliedstaaten über diese Regeln und Maßnahmen sowie über etwaige Änderungen. Die Kommission stellt sicher, dass diese Informationen in allen Amtssprachen der Union auf einer eigens hierfür eingerichteten öffentlichen Internetseite veröffentlicht werden, die detaillierte Informationen über die in den Mitgliedstaaten geltenden Sanktionen enthält.

(VO (EU) 2020/1054)

(2) Ein Mitgliedstaat ermächtigt die zuständigen Behörden, gegen ein Unternehmen und/oder einen Fahrer bei einem in seinem Hoheitsgebiet festgestellten Verstoß gegen diese Verordnung eine Sanktion zu verhängen, sofern hierfür noch keine Sanktion verhängt wurde, und zwar selbst dann, wenn der Verstoß im Hoheitsgebiet eines anderen Mitgliedstaats oder eines Drittstaats begangen wurde.

Dabei gilt folgende Ausnahmeregelung: Wird ein Verstoß festgestellt,
– der nicht im Hoheitsgebiet des betreffenden Mitgliedstaats begangen wurde und
– der von einem Unternehmen, das seinen Sitz in einem anderen Mitgliedstaat oder einem Drittstaat hat, oder von einem Fahrer, der seinen Arbeitsplatz in einem anderen Mitgliedstaat oder einem Drittstaat hat, begangen wurde,

so kann ein Mitgliedstaat bis zum 1. Januar 2009, anstatt eine Sanktion zu verhängen, der zuständigen Behörde des Mitgliedstaats oder des Drittstaats, in dem das Unternehmen seinen Sitz oder der Fahrer seinen Arbeitsplatz hat, den Verstoß melden.

(3) Leitet ein Mitgliedstaat in Bezug auf einen bestimmten Verstoß ein Verfahren ein oder verhängt er eine Sanktion, so muss er dem Fahrer gegenüber angemessene schriftliche Belege beibringen.

(4) Die Mitgliedstaaten stellen sicher, dass ein System verhältnismäßiger Sanktionen, die finanzielle Sanktionen umfassen können, für den Fall besteht, dass Unternehmen oder mit ihnen verbundene Verlader, Spediteure, Reiseveranstalter, Hauptauftragnehmer, Unterauftragnehmer und Fahrervermittlungsagenturen gegen die vorliegende Verordnung oder die Verordnung (EWG) Nr. 3821/85 verstoßen.

Art. 20 (1) Der Fahrer muss alle von einem Mitgliedstaat zu Sanktionen oder zur Einleitung von Verfahren beigebrachten Belege so lange aufbewahren, bis derselbe Verstoß gegen diese Verordnung nicht mehr in ein zweites Verfahren oder eine zweite Sanktion gemäß dieser Verordnung münden kann.

(2) Der Fahrer hat die in Absatz 1 genannten Belege auf Verlangen vorzuweisen.

(3) Ein Fahrer, der bei mehreren Verkehrsunternehmen beschäftigt ist oder mehreren Verkehrsunternehmen zur Verfügung steht, verschafft jedem Unternehmen ausreichende Informationen, um diesem die Einhaltung der Bestimmungen des Kapitels II zu ermöglichen.

Art. 21 In Fällen, in denen ein Mitgliedstaat der Auffassung ist, dass ein Verstoß gegen diese Verordnung vorliegt, der die Straßenverkehrssicherheit eindeutig gefährden könnte, ermächtigt er die betreffende zuständige Behörde, das betreffende Fahrzeug so lange stillzulegen, bis die Ursache des Verstoßes behoben ist. Die Mitgliedstaaten können dem Fahrer auferlegen, eine tägliche Ruhezeit einzulegen. Die Mitgliedstaaten können ferner gegebenenfalls die Zulassung eines Unternehmens entziehen, aussetzen oder einschränken, falls es seinen Sitz in diesem Mitgliedstaat hat, oder sie können die Fahrerlaubnis eines Fahrers entziehen, aussetzen oder einschränken. Die Kommission entwickelt nach dem in Artikel 24 Absatz 2 genannten Verfahren Leitlinien, um eine harmonisierte Anwendung dieses Artikels zu erreichen.

Art. 22 (1) Die Mitgliedstaaten arbeiten eng miteinander zusammen und leisten einander ohne unangemessene Verzögerung Amtshilfe, um die einheitliche Anwendung dieser Verordnung und ihre wirksame Durchsetzung gemäß den Anforderungen des Artikels 8 der Richtlinie 2006/22/EG zu erleichtern.

(VO (EU) 2020/1054)

(2) Die zuständigen Behörden der Mitgliedstaaten tauschen regelmäßig alle verfügbaren Informationen aus über
a) die von Gebietsfremden begangenen Verstöße gegen die Bestimmungen des Kapitels II und die gegen diese Verstöße verhängten Sanktionen;
b) die von einem Mitgliedstaat verhängten Sanktionen für Verstöße, die seine Gebietsansässigen in anderen Mitgliedstaaten begangen haben.
c) sonstige spezielle Informationen, darunter die Risikoeinstufung des Unternehmens, die sich auf die Einhaltung dieser Verordnung auswirken können.

(VO (EU) 2020/1054)

(3) Die Mitgliedstaaten übermitteln der Kommission regelmäßig relevante Informationen über die nationale Auslegung und Anwendung dieser Verordnung; die Kommission stellt diese Infor-

mationen den anderen Mitgliedstaaten in elektronischer Form zur Verfügung.

(3a) Für die Zwecke des Informationsaustauschs im Rahmen dieser Verordnung nutzen die Mitgliedstaaten die gemäß Artikel 7 der Richtlinie 2006/22/EG benannten Stellen für die innergemeinschaftliche Verbindung.
(VO (EU) 2020/1054)

(3b) Verwaltungszusammenarbeit und gegenseitige Amtshilfe erfolgen unentgeltlich.
(VO (EU) 2020/1054)

(4) Die Kommission unterstützt durch den in Artikel 24 Absatz 1 genannten Ausschuss den Dialog zwischen den Mitgliedstaaten über die einzelstaatliche Auslegung und Anwendung dieser Verordnung.

Art. 23 Die Gemeinschaft wird mit Drittländern die Verhandlungen aufnehmen, die zur Durchführung dieser Verordnung gegebenenfalls erforderlich sind.

Art. 23a (1) Die Befugnis zum Erlass delegierter Rechtsakte wird der Kommission unter den in diesem Artikel festgelegten Bedingungen übertragen.

(2) Die Befugnis zum Erlass delegierter Rechtsakte gemäß Artikel 8a wird der Kommission für einen Zeitraum von fünf Jahren ab dem 20. August 2020 übertragen.

Die Kommission erstellt spätestens neun Monate vor Ablauf des Zeitraums von fünf Jahren einen Bericht über die Befugnisübertragung. Die Befugnisübertragung verlängert sich stillschweigend um Zeiträume gleicher Länge, es sei denn, das Europäische Parlament oder der Rat widersprechen einer solchen Verlängerung spätestens drei Monate vor Ablauf des jeweiligen Zeitraums.

(3) Die Befugnisübertragung gemäß Artikel 8a kann vom Europäischen Parlament oder vom Rat jederzeit widerrufen werden. Der Beschluss über den Widerruf beendet die Übertragung der in diesem Beschluss angegebenen Befugnis. Er wird am Tag nach seiner Veröffentlichung im *Amtsblatt der Europäischen Union* oder zu einem im Beschluss über den Widerruf angegebenen späteren Zeitpunkt wirksam. Die Gültigkeit von delegierten Rechtsakten, die bereits in Kraft sind, wird von dem Beschluss über den Widerruf nicht berührt.

(4) Vor dem Erlass eines delegierten Rechtsakts konsultiert die Kommission die von den einzelnen Mitgliedstaaten benannten Sachverständigen im Einklang mit den in der Interinstitutionellen Vereinbarung vom 13. April 2016 über bessere Rechtsetzung enthaltenen Grundsätzen.

(5) Sobald die Kommission einen delegierten Rechtsakt erlässt, übermittelt sie ihn gleichzeitig dem Europäischen Parlament und dem Rat.

(6) Ein delegierter Rechtsakt, der gemäß Artikel 8a erlassen wurde, tritt nur in Kraft, wenn weder das Europäische Parlament noch der Rat innerhalb einer Frist von zwei Monaten nach Übermittlung dieses Rechtsakts an das Europäische Parlament und den Rat Einwände erhoben haben oder wenn vor Ablauf dieser Frist sowohl das Europäische Parlament als auch der Rat der Kommission mitgeteilt haben, dass sie keine Einwände erheben werden. Auf Initiative des Europäischen Parlaments oder des Rates wird diese Frist um zwei Monate verlängert.
(VO (EU) 2020/1054)

Art. 24 (1) Die Kommission wird von dem durch Artikel 18 Absatz 1 der Verordnung (EWG) Nr. 3821/85 eingesetzten Ausschuss unterstützt.

(2) Wird auf diesen Absatz Bezug genommen, so gilt Artikel 4 der Verordnung (EU) Nr. 182/2011 des Europäischen Parlaments und des Rates.
(VO (EU) 2020/1054)

(2a) Wird auf diesen Absatz Bezug genommen, so gilt Artikel 5 der Verordnung (EU) Nr. 182/2011.
(VO (EU) 2020/1054)

(3) Der Ausschuss gibt sich eine Geschäftsordnung.

Art. 25 (1) Auf Antrag eines Mitgliedstaates oder von sich aus

a) prüft die Kommission die Fälle, in denen die Bestimmungen dieser Verordnung, insbesondere bezüglich der Lenkzeiten, Fahrtunterbrechungen und Ruhezeiten, unterschiedlich angewandt und durchgesetzt werden;

b) klärt die Kommission die Bestimmungen dieser Verordnung, um einen gemeinsamen Ansatz sicherzustellen.

(2) In den in Absatz 1 Buchstabe b genannten Fällen erlässt die Kommission Durchführungsrechtsakte zur Festlegung gemeinsamer Ansätze. Diese Durchführungsrechtsakte werden nach dem in Artikel 24 Absatz 2a genannten Prüfverfahren erlassen.
(VO (EU) 2020/1054)

KAPITEL VI
SCHLUSSBESTIMMUNGEN

Art. 26 Die Verordnung (EWG) Nr. 3821/85 wird wie folgt geändert: *(Änderungen bereits eingearbeitet)*

Art. 27 Die Verordnung (EWG) Nr. 2135/98 wird wie folgt geändert: *(Änderungen bereits eingearbeitet)*

Art. 28 Die Verordnung (EWG) Nr. 3820/85 wird aufgehoben und durch die vorliegende Verordnung ersetzt.

Artikel 5 Absätze 1, 2 und 4 der Verordnung (EWG) Nr. 3820/85***)** gelten jedoch bis zu den in Artikel 15 Absatz 1 der Richtlinie 2003/59/EG genannten Terminen *(Anm: Absatz 1 wurde am 10. September 2009 und die Absätze 2 und 4 am 10. September 2008 aufgehoben)*.

*) VO (EWG) Nr. 3820/85
Art. 5 (1) Das Mindestalter der im Güterverkehr eingesetzten Fahrer wird festgelegt:
a) bei Fahrzeugen mit einem höchstzulässigen Gesamtgewicht bis zu 7,5 Tonnen einschließlich – Anhänger

oder Sattelanhänger gegebenenfalls inbegriffen – auf das vollendete 18. Lebensjahr;
b) bei den übrigen Fahrzeugen auf
– das vollendete 21. Lebensjahr oder
– das vollendete 18. Lebensjahr, falls der Fahrer Inhaber eines Befähigungsnachweises über den erfolgreichen Abschluß einer von einem der Mitgliedstaaten anerkannten Ausbildung für Fahrer im Güterkraftverkehr gemäß den gemeinschaftlichen Rechtsvorschriften über das Mindestniveau der Ausbildung für Fahrer von Transportfahrzeugen im Straßenverkehr ist.

(2) Die im Personenverkehr eingesetzten Fahrer müssen mindestens 21 Jahre alt sein.

Die im Personenverkehr im Umkreis von mehr als 50 km um den Standort des Fahrzeugs eingesetzten Fahrer müssen außerdem
a) mindestens ein Jahr lang die Tätigkeit eines im Güterverkehr eingesetzten Fahrers von Fahrzeugen mit einem zulässigen Höchstgewicht von mehr als 3,5 Tonnen ausgeübt haben oder
b) mindestens ein Jahr lang die Tätigkeit eines Fahrers ausgeübt haben, der im Personenverkehr im Umkreis von bis zu 50 km um den Standort des Fahrzeugs oder in anderen Arten der Personenbeförderung eingesetzt war, die nicht unter diese Verordnung fallen, aber nach Auffassung der zuständigen Behörde die erforderliche Erfahrung verliehen haben, oder
c) Inhaber eines Befähigungsnachweises über den erfolgreichen Abschluß einer von einem der Mitgliedstaaten anerkannten Ausbildung für Fahrer im Personenkraftverkehr gemäß den gemeinschaftlichen Rechtsvorschriften über das Mindestniveau der Ausbildung für Fahrer von Transportfahrzeugen im Straßenverkehr sein.

(4) Die im Personenverkehr eingesetzten Fahrer brauchen die in Absatz 2 Buchstaben a), b) und c) genannten Bedingungen nicht zu erfüllen, wenn sie ihre Tätigkeit vor dem 1. Oktober 1970 mindestens ein Jahr lang ausgeübt haben.

Art. 29 Diese Verordnung tritt am 11. April 2007 in Kraft, ausgenommen Artikel 10 Absatz 5, Artikel 26 Absätze 3 und 4 und Artikel 27, die am 1. Mai 2006 in Kraft treten.

Diese Verordnung ist in allen ihren Teilen verbindlich und gilt unmittelbar in jedem Mitgliedstaat.

5/9. KontrollRL
Präambel

5/9. Kontrollrichtlinie

Richtlinie 2006/22/EG des Europäischen Parlaments und des Rates vom 15. März 2006 über Mindestbedingungen für die Durchführung der Verordnungen (EG) Nr. 561/2006 und (EU) Nr. 165/2014 und der Richtlinie 2002/15/EG über Sozialvorschriften für Tätigkeiten im Kraftverkehr sowie zur Aufhebung der Richtlinie 88/599/EWG des Rates

(ABl. Nr. L 102 v. 11.4.2006, S. 35; geändert durch die RL 2009/4/EG, ABl. Nr. L 21 v. 24.1.2009, S. 39; geändert durch die RL 2009/5/EG, ABl. Nr. L 29 v. 31.1.2009, S. 45; berichtigt durch ABl. Nr. L 215 v. 20.8.2009, S. 7; berichtigt durch ABl. Nr. L 256 v. 29.9.2009, S. 38; geändert durch die VO (EU) 2016/403, ABl. Nr. L 74 v. 19.3.2016, S. 8; geändert durch die RL (EU) 2020/1057, ABl. Nr. L 249 v. 31.7.2020, S. 49)
(nicht amtlich aktualisierte Fassung)

GLIEDERUNG

Art. 1: Gegenstand
Art. 2: Kontrollsysteme
Art. 3: Statistik
Art. 4: Straßenkontrollen
Art. 5: Abgestimmte Kontrollen
Art. 6: Kontrollen auf dem Betriebsgelände von Unternehmen
Art. 7: Innergemeinschaftliche Verbindung
Art. 8: Informationsaustausch
Art. 9: Risikoeinstufungssystem
Art. 10: Berichterstattung
Art. 11: Bewährte Verfahren
Art. 12: Ausschussverfahren
Art. 13: Durchführungsmaßnahmen
Art. 14: Verhandlungen mit Drittländern
Art. 15: Aktualisierung der Anhänge
Art. 15a: Ausübung der Befugnisübertragung
Art. 16: Umsetzung
Art. 17: Aufhebung
Art. 18: Inkrafttreten
Art. 19: Adressaten

ANHÄNGE I–III

DAS EUROPÄISCHE PARLAMENT UND DER RAT DER EUROPÄISCHEN UNION –
gestützt auf den Vertrag zur Gründung der Europäischen Gemeinschaft, insbesondere auf Artikel 71 Absatz 1,
auf Vorschlag der Kommission,
nach Stellungnahme des Europäischen Wirtschafts- und Sozialausschusses (ABl. C 241 vom 28.9.2004, S. 65),
nach Anhörung des Ausschusses der Regionen,
gemäß dem Verfahren des Artikels 251 des Vertrags (Stellungnahme des Europäischen Parlaments vom 20. April 2004 (ABl. C 104 E vom 30.4.2004, S. 385), Gemeinsamer Standpunkt des Rates vom 9. Dezember 2004 (ABl. C 63 E vom 15.3.2005, S. 1) und Standpunkt des Europäischen Parlaments vom 13. April 2005 (ABl. C 33 E vom 9.2.2006, S. 415). Legislative Entschließung des Europäischen Parlaments vom 2. Februar 2006 und Beschluss des Rates vom 2. Februar 2006), im Hinblick auf den vom Vermittlungsausschuss am 8. Dezember 2005 gebilligten Gemeinsamen Entwurf,
in Erwägung nachstehender Gründe:

(1) Die Verordnungen (EWG) Nr. 3820/85 des Rates vom 20. Dezember 1985 über die Harmonisierung bestimmter Sozialvorschriften im Straßenverkehr (ABl. L 370 vom 31.12.1985, S. 1, geändert durch die Richtlinie 2003/59/EG des Europäischen Parlaments und des Rates (ABl. L 226 vom 10.9.2003, S. 4) und (EWG) Nr. 3821/85 des Rates vom 20. Dezember 1985 über das Kontrollgerät im Straßenverkehr (ABl. L 370 vom 31.12.1985, S. 8, zuletzt geändert durch die Verordnung (EG) Nr. 432/2004 der Kommission (ABl. L 71 vom 10.3.2004, S. 3) sowie die Richtlinie 2002/15/EG des Europäischen Parlaments und des Rates vom 11. März 2002 zur Regelung der Arbeitszeit von Personen, die Fahrtätigkeiten im Bereich des Straßentransports ausüben (ABl. L 80 vom 23.3.2002, S. 35), sind für die Schaffung eines gemeinsamen Marktes für Landverkehrsleistungen, für die Straßenverkehrssicherheit und für die Arbeitsbedingungen von Bedeutung.

(2) In dem Weißbuch „Die Europäische Verkehrspolitik bis 2010: Weichenstellungen für die Zukunft" hat die Kommission festgestellt, dass es notwendig ist, die Kontrollen und Sanktionen vor allem im Bereich der Sozialvorschriften für Tätigkeiten im Straßenverkehr zu verschärfen und insbesondere die Anzahl der Kontrollen an erhöhen, den systematischen Informationsaustausch zwischen den Mitgliedstaaten zu fördern, Kontrolltätigkeiten zu koordinieren und die Ausbildung der Kontrollbeamten zu fördern.

(3) Deshalb muss die ordnungsgemäße Anwendung und harmonisierte Auslegung der Sozialvorschriften im Straßenverkehr durch die Festlegung von Mindestanforderungen für die einheitliche und wirksame Kontrolle der Einhaltung der einschlägigen Bestimmungen durch die Mitgliedstaaten sichergestellt werden. Diese Kon-

trollen sollten zur Verringerung und Vermeidung von Verstößen führen. Darüber hinaus sollte ein System eingeführt werden, wonach Unternehmen mit hoher Risikoeinstufung strenger und häufiger kontrolliert werden.

(4) Die durch Übermüdung der Fahrer entstehenden Risiken sollten ebenfalls durch die Durchsetzung der Bestimmungen der Richtlinie 2002/15/EG angegangen werden.

(5) Die in dieser Richtlinie vorgesehenen Maßnahmen sollten nicht nur zu einer Erhöhung der Straßenverkehrssicherheit führen, sondern auch zu einer Harmonisierung der Arbeitsbedingungen in der Gemeinschaft beitragen und die Wettbewerbsgleichheit fördern.

(6) Aufgrund der Ersetzung analoger Fahrtenschreiber durch digitale Geräte können in zunehmendem Maße größere Datenmengen rascher und genauer geprüft werden, weshalb die Mitgliedstaaten zunehmend in der Lage sein werden, mehr Kontrollen durchzuführen. Im Rahmen der Kontrollen sollte der Anteil der kontrollierten Arbeitstage von Fahrern in Fahrzeugen, die unter die Sozialvorschriften fallen, stufenweise auf 4 % erhöht werden.

(7) Bei den Kontrollsystemen muss es Ziel sein, nationale Lösungen hin zur europäischen Interoperabilität und Praktikabilität zu entwickeln.

(8) Alle Kontrollteams sollten über ausreichende Standardausrüstungen und angemessene gesetzliche Befugnisse verfügen, damit sie ihre Aufgaben wirksam und effizient erfüllen können.

(9) Unbeschadet der ordnungsgemäßen Durchführung der in dieser Richtlinie vorgeschriebenen Aufgaben sollten die Mitgliedstaaten bestrebt sein, dass Straßenkontrollen effizient und schnell durchgeführt werden, damit die Kontrollen in kürzestmöglicher Zeit und mit geringstmöglichem Zeitverlust für den Fahrer abgeschlossen werden.

(10) In jedem Mitgliedstaat sollte eine einzige Stelle für die innergemeinschaftliche Verbindung mit anderen zuständigen Behörden bestehen. Diese Stelle sollte auch einschlägige Statistiken erstellen. Die Mitgliedstaaten sollten zudem eine schlüssige nationale Durchsetzungsstrategie in ihrem jeweiligen Hoheitsgebiet anwenden, wobei sie eine einzige Stelle mit der Koordinierung der Umsetzung dieser Strategie betrauen sollten.

(11) Die Zusammenarbeit zwischen den Vollzugsbehörden der Mitgliedstaaten sollte durch abgestimmte Kontrollen, gemeinsame Ausbildungsprojekte, elektronischen Informationsaustausch sowie Austausch von Erkenntnissen und Erfahrungen weiter gefördert werden.

(12) Bewährte Verfahren für die Kontrollen im Straßenverkehr sollten durch ein Forum für die Vollzugsbehörden der Mitgliedstaaten begünstigt und gefördert werden, um insbesondere ein einheitliches Konzept in Bezug auf Belege für Urlaubs- oder Krankheitstage von Fahrern zu gewährleisten.

(13) Die zur Durchführung dieser Richtlinie notwendigen Maßnahmen sollten gemäß dem Beschluss 1999/468/EG des Rates vom 28. Juni 1999 zur Festlegung der Modalitäten für die Ausübung der der Kommission übertragenen Durchführungsbefugnisse (ABl. L 184 vom 17.7.1999, S. 23) erlassen werden.

(14) Da das Ziel dieser Richtlinie, nämlich die Festlegung eindeutiger gemeinsamer Regeln mit Mindestbedingungen für die Kontrolle der ordnungsgemäßen und einheitlichen Anwendung der Verordnungen (EWG) Nr. 3820/85 und (EWG) Nr. 3821/85 sowie der Verordnung (EG) Nr. 561/2006 des Europäischen Parlaments und des Rates vom 15. März 2006 zur Harmonisierung bestimmter Sozialvorschriften im Straßenverkehr und zur Änderung der Verordnungen (EWG) Nr. 3821/85 und (EG) Nr. 2135/98 des Rates sowie zur Aufhebung der Verordnung (EWG) Nr. 3820/85 (ABl. L 102 vom 11.4.2006, S. 1) des Rates auf Ebene der Mitgliedstaaten nicht ausreichend erreicht werden kann und daher wegen der Notwendigkeit koordinierter grenzüberschreitender Maßnahmen besser auf Gemeinschaftsebene zu erreichen ist, kann die Gemeinschaft im Einklang mit dem in Artikel 5 des Vertrags niedergelegten Subsidiaritätsprinzip tätig werden. Entsprechend dem in demselben Artikel genannten Verhältnismäßigkeitsprinzip geht diese Richtlinie nicht über das für die Erreichung dieses Ziels erforderliche Maß hinaus.

(15) Die Richtlinie 88/599/EWG des Rates (ABl. L 325 vom 29.11.1988, S. 55, geändert durch die Verordnung (EG) Nr. 2135/98 (ABl. L 274 vom 9.10.1998, S. 1)) über einheitliche Verfahren zur Anwendung der Verordnungen (EWG) Nr. 3820/85 und (EWG) Nr. 3821/85 sollte daher aufgehoben werden –

HABEN FOLGENDE RICHTLINIE ERLASSEN:

Gegenstand

Art. 1 Mit dieser Richtlinie werden Mindestbedingungen für die Durchführung der Verordnungen (EG) Nr. 561/2006 (Verordnung (EG) Nr. 561/2006 des Europäischen Parlaments und des Rates vom 15. März 2006 zur Harmonisierung bestimmter Sozialvorschriften im Straßenverkehr und zur Änderung der Verordnungen (EWG) Nr. 3821/85 und (EG) Nr. 2135/98 des Rates sowie zur Aufhebung der Verordnung (EWG) Nr. 3820/85 des Rates (ABl. L 102 vom 11.4.2006, S. 1)) und (EU) Nr. 165/2014 des Europäischen Parlaments und des Rates (Verordnung (EU) Nr. 165/2014 des Europäischen Parlaments und des Rates vom 4. Februar 2014 über Fahrtenschreiber im Straßenverkehr, zur Aufhebung der Verordnung (EWG) Nr. 3821/85 des Rates über das Kontrollgerät im Straßenverkehr und zur Änderung der Verordnung (EG) Nr. 561/2006 des Europäischen Parlaments und des Rates zur Harmonisierung bestimmter Sozialvorschriften im Straßenverkehr (ABl. L 60 vom 28.2.2014, S. 1)) sowie die Umsetzung der Richtlinie 2002/15/EG des Europäischen Parlaments und des Rates (Richtlinie 2002/15/EG des Europäischen Parlaments und des Rates vom 11. März 2002 zur Regelung der Arbeitszeit von Personen, die Fahr-

5/9. KontrollRL
Art. 1 – 3

tätigkeiten im Bereich des Straßentransports ausüben (ABl. L 80 vom 23.3.2002, S. 35)) festgelegt.

(RL (EU) 2020/1057)

Kontrollsysteme

Art. 2 (1) Die Mitgliedstaaten errichten ein System angemessener und regelmäßiger Kontrollen der ordnungsgemäßen und einheitlichen Anwendung gemäß Artikel 1 sowohl auf der Straße als auch auf dem Betriebsgelände von Verkehrsunternehmen jeder Beförderungsart.

Diese Kontrollen erfassen alljährlich einen bedeutenden, repräsentativen Querschnitt des Fahrpersonals, der Kraftfahrer, der Unternehmen und der Fahrzeuge im Rahmen des Geltungsbereichs der Verordnungen (EG) Nr. 561/2006 und (EU) Nr. 165/2014 sowie des Fahrpersonals und der Kraftfahrer im Rahmen des Geltungsbereichs der Richtlinie 2002/15/EG. Straßenkontrollen zur Überprüfung der Einhaltung der Richtlinie 2002/15/EG werden auf Aspekte beschränkt, die mithilfe des Fahrtenschreibers und des zugehörigen Kontrollgeräts effizient kontrolliert werden können. Eine umfassende Kontrolle der Einhaltung der Richtlinie 2002/15/EG darf nur auf dem Betriebsgelände erfolgen.

(RL (EU) 2020/1057)

Die Mitgliedstaaten sorgen dafür, dass in ihrem jeweiligen Hoheitsgebiet eine kohärente nationale Kontrollstrategie angewandt wird. Zu diesem Zweck können die Mitgliedstaaten eine Koordinierungsstelle für die Maßnahmen gemäß den Artikeln 4 und 6 benennen; die Kommission und die anderen Mitgliedstaaten werden in diesem Fall entsprechend unterrichtet.

(2) Sofern dies nicht bereits der Fall ist, erteilen die Mitgliedstaaten den zuständigen Beamten, die mit der Kontrolle befasst sind, bis zum 1. Mai 2007 angemessene gesetzliche Befugnisse, damit sie die ihnen übertragenen Inspektionsaufgaben gemäß dieser Richtlinie ordnungsgemäß wahrnehmen können.

(3) Jeder Mitgliedstaat führt die Kontrollen so durch, dass mindestens 3 % der Tage überprüft werden, an denen Kraftfahrer von Fahrzeugen arbeiten, die in den Geltungsbereich der Verordnungen (EG) Nr. 561/2006 und (EU) Nr. 165/2014 fallen. Der Kraftfahrer ist berechtigt, während der Straßenkontrolle die Hauptverwaltung, den Verkehrsleiter oder jede andere Person oder Stelle zu kontaktieren, um vor Abschluss der Straßenkontrolle die Nachweise zu erbringen, die an Bord fehlen; das gilt unbeschadet der Verpflichtung des Kraftfahrers, die ordnungsgemäße Verwendung des Fahrtenschreibers sicherzustellen.

(RL (EU) 2020/1057)

Ab dem 1. Januar 2012 kann die Kommission diesen Mindestprozentsatz mittels eines Durchführungsrechtsakts auf 4 % anheben, sofern die nach Artikel 3 erhobenen statistischen Daten zeigen, dass im Durchschnitt mehr als 90 % aller kontrollierten Fahrzeuge mit einem digitalen Fahrtenschreiber ausgerüstet sind. Bei ihrer Entscheidung berücksichtigt die Kommission auch die Effizienz bestehender Kontrollmaßnahmen, insbesondere die Verfügbarkeit von Daten von digitalen Fahrtenschreibern auf dem Betriebsgelände der Unternehmen. Der Durchführungsrechtsakt wird gemäß dem in Artikel 12 Absatz 2 genannten Prüfverfahren erlassen.

(RL (EU) 2020/1057)

Mindestens 15 % aller überprüften Arbeitstage werden bei Straßenkontrollen und mindestens 30 % der überprüften Arbeitstage bei Kontrollen auf dem Betriebsgelände von Unternehmen geprüft. Ab dem 1. Januar 2008 werden mindestens 30 % aller überprüften Arbeitstage bei Straßenkontrollen und mindestens 50 % der überprüften Arbeitstage bei Kontrollen auf dem Betriebsgelände von Unternehmen geprüft.

(3a) Jeder Mitgliedstaat veranlasst, dass die Einhaltung der Richtlinie 2002/15/EG unter Berücksichtigung des Risikoeinstufungssystems gemäß Artikel 9 der vorliegenden Richtlinie kontrolliert wird. Diese Kontrollen werden gezielt bei einem Unternehmen durchgeführt, wenn einer oder mehrere seiner Kraftfahrer ständig oder schwer gegen die Verordnungen (EG) Nr. 561/2006 oder (EU) Nr. 165/2014 verstößt bzw. verstoßen.

(4) Die Angaben, die der Kommission nach Artikel 17 der Verordnung (EG) Nr. 561/2006 und Artikel 13 der Richtlinie 2002/15/EG übermittelt werden, müssen die Zahl der bei Straßenkontrollen überprüften Kraftfahrer, die Zahl der auf dem Betriebsgelände von Unternehmen durchgeführten Kontrollen, die Zahl der überprüften Arbeitstage sowie die Zahl und die Art der gemeldeten Verstöße umfassen und müssen einen Vermerk enthalten, ob es sich um Personenbeförderung oder Gütertransport handelte.

(RL (EU) 2020/1057)

Statistik

Art. 3 Die Mitgliedstaaten stellen sicher, dass die bei den Kontrollen nach Artikel 2 Absätze 1 und 3 erhobenen statistischen Daten nach folgenden Kategorien aufgeschlüsselt werden:

a) Bei Straßenkontrollen:
   i) Art der Straße wie Autobahn, Bundes-/Nationalstraße oder Nebenstraße und – um Diskriminierung vorzubeugen – Land, in dem das kontrollierte Fahrzeug zugelassen ist;
   ii) Art des Fahrtenschreibers: analog oder digital;

b) Bei Kontrollen auf dem Betriebsgelände:
   i) Art der Beförderungen wie grenzüberschreitender oder Binnenverkehr, Personen- oder Güterverkehr, Werksverkehr oder gewerblicher Verkehr;
   ii) Flottengröße des Unternehmens;
   iii) Art des Fahrtenschreibers: analog oder digital.

Diese statistischen Daten werden alle zwei Jahre der Kommission vorgelegt und in einem Bericht veröffentlicht.

Die erhobenen Daten des letzten Jahres werden von den zuständigen Behörden in den Mitgliedstaaten aufbewahrt.

Die für den Fahrer verantwortlichen Unternehmen bewahren die ihnen von den Vollzugsbehörden überlassenen Niederschriften, Ergebnisprotokolle und andere relevante Daten über bei ihnen auf dem Gelände vorgenommene bzw. bei ihren Fahrern auf der Straße vorgenommene Kontrollen ein Jahr lang auf.

Die Kommission präzisiert, falls erforderlich, mittels Durchführungsrechtsakten die Definitionen für die in Absatz 1, Buchstaben a und b genannten Kategorien. Diese Durchführungsrechtsakte werden gemäß dem in Artikel 12 Absatz 2 genannten Prüfverfahren erlassen.

(RL (EU) 2020/1057)

Straßenkontrollen

Art. 4 (1) Straßenkontrollen werden an verschiedenen Orten zu beliebigen Zeiten in einem Teil des Straßennetzes durchgeführt, der so groß ist, dass eine Umgehung der Kontrollposten schwierig ist.

(2) Die Mitgliedstaaten stellen sicher, dass
a) auf oder in der Nähe von bestehenden und geplanten Straßen Kontrollposten in ausreichender Zahl vorgesehen werden, und dass – soweit erforderlich – insbesondere Tankstellen und andere sichere Plätze auf Autobahnen sowie Autohöfe als Kontrollposten dienen können;
b) Kontrollen nach einem System der Zufallsrotation mit einem angemessenen geografischen Gleichgewicht durchgeführt werden.

(3) Gegenstand der Straßenkontrollen sind die in Anhang I Teil A genannten Punkte. Die Kontrollen können sich erforderlichenfalls auf einen spezifischen Punkt konzentrieren.

(4) Die Straßenkontrollen sind unbeschadet des Artikels 9 Absatz 2 ohne Diskriminierung durchzuführen. Insbesondere dürfen die Kontrollbeamten nicht nach einem der folgenden Gesichtspunkte diskriminieren:
a) Land der Zulassung des Fahrzeugs;
b) Land des Wohnsitzes des Fahrers;
c) Land der Niederlassung des Unternehmens;
d) Ursprung und Bestimmung der Beförderung;
e) Art des Fahrtenschreibers: analog oder digital.

(5) Dem Kontrollbeamten ist Folgendes zur Verfügung zu stellen:
a) eine Liste der wichtigsten zu überprüfenden Punkte gemäß Anhang I Teil A;
b) eine Standardkontrollausrüstung gemäß Anhang II.

(6) Legt in einem Mitgliedstaat das Ergebnis einer Straßenkontrolle, der der Fahrer eines in einem anderen Mitgliedstaat zugelassenen Fahrzeugs unterzogen wird, den Verdacht auf Verstöße nahe, die während der Kontrolle nicht nachgewiesen werden können, weil die erforderlichen Daten fehlen, so leisten sich die zuständigen Behörden der betreffenden Mitgliedstaaten bei der Klärung gegenseitig Amtshilfe.

Abgestimmte Kontrollen

Art. 5 Die Mitgliedstaaten führen mindestens sechs Mal jährlich miteinander abgestimmte Straßenkontrollen bei Kraftfahrern und Fahrzeugen durch, die in den Geltungsbereich der Verordnungen (EG) Nr. 561/2006 oder (EU) Nr. 165/2014 fallen. Darüber hinaus können sich die Mitgliedstaaten, abgestimmte Kontrollen auf dem Betriebsgelände von Unternehmen durchzuführen.

Diese abgestimmten Kontrollen werden von den Vollzugsbehörden von zwei oder mehr Mitgliedstaaten in ihren jeweiligen Hoheitsgebieten gleichzeitig durchgeführt.

(RL (EU) 2020/1057)

Kontrollen auf dem Betriebsgelände von Unternehmen

Art. 6 (1) Bei der Planung von Kontrollen auf dem Betriebsgelände werden die bisherigen Erfahrungen mit den verschiedenen Beförderungsarten und Unternehmenstypen berücksichtigt. Sie werden auch durchgeführt, wenn bei Straßenkontrollen schwere Verstöße gegen die Verordnungen (EG) Nr. 561/2006 oder (EU) 165/2014 oder die Richtlinie 2002/15/EG festgestellt wurden.

(RL (EU) 2020/1057)

(2) Bei Kontrollen auf dem Betriebsgelände werden die in Anhang I Teil A und Teil B genannten Punkte überprüft.

(3) Dem Kontrollbeamten ist Folgendes zur Verfügung zu stellen:
a) eine Liste der wichtigsten zu überprüfenden Punkte gemäß Anhang I Teile A und B;
b) eine Standardkontrollausrüstung gemäß Anhang II.

(4) Im Zuge seiner Kontrollen trägt der Kontrollbeamte in einem Mitgliedstaat allen Informationen Rechnung, die von der gemäß Artikel 7 Absatz 1 benannten Verbindungsstelle eines anderen Mitgliedstaates zur Geschäftstätigkeit des betreffenden Unternehmens in diesem anderen Mitgliedstaat übermittelt wurden.

(5) Für die Zwecke der Absätze 1 bis 4 sind Kontrollen, die bei den zuständigen Behörden anhand der von den Unternehmen auf Verlangen dieser Behörden vorgelegten einschlägigen Unterlagen oder Daten durchgeführt werden, den Kontrollen auf dem Betriebsgelände von Unternehmen gleichgestellt.

Innergemeinschaftliche Verbindung

Art. 7 (1) Die Mitgliedstaaten benennen eine Stelle, die folgende Aufgaben wahrnimmt:

a) die Koordinierung mit den entsprechenden Stellen in den anderen Mitgliedstaaten von Maßnahmen nach Artikel 5;
b) alle zwei Jahre die Übermittlung statistischer Erhebungen an die Kommission gemäß Artikel 17 der Verordnung (EG) Nr. 561/2006;

(RL (EU) 2020/1057)

c) die Hauptverantwortung für die Unterstützung der zuständigen Behörden anderer Mitgliedstaaten im Sinne des Artikels 4 Absatz 6.
d) die Gewährleistung des Informationsaustauschs mit den anderen Mitgliedstaaten gemäß Artikel 8 der vorliegenden Richtlinie über die Anwendung der nationalen Bestimmungen zur Umsetzung der vorliegenden Richtlinie und der Richtlinie 2002/15/EG.

(RL (EU) 2020/1057)

Die Stelle ist in dem in Artikel 12 Absatz 1 genannten Ausschuss vertreten.

(2) Die Mitgliedstaaten unterrichten die Kommission über die Benennung dieser Stelle und die Kommission unterrichtet die anderen Mitgliedstaaten entsprechend.

(3) Der Austausch von Daten, Erfahrungen und Erkenntnissen zwischen den Mitgliedstaaten wird in erster Linie, aber nicht ausschließlich, durch den in Artikel 12 Absatz 1 genannten Ausschuss und gegebenenfalls durch eine entsprechende, von der Kommission benannte Stelle gefördert. Diese Durchführungsrechtsakte werden gemäß dem in Artikel 12 Absatz 2 genannten Prüfverfahren erlassen.

(RL (EU) 2020/1057)

Informationsaustausch

Art. 8 (1) Die gemäß Artikel 22 Absatz 3 der Verordnung (EG) Nr. 561/2006 gegenseitig bereitgestellten Informationen werden auch zwischen den benannten Stellen, die der Kommission gemäß Artikel 7 dieser Richtlinie bekannt gegeben wurden, wie folgt ausgetauscht:

a) mindestens einmal alle sechs Monate nach Inkrafttreten dieser Richtlinie;
b) in Einzelfällen auf begründetes Ersuchen eines Mitgliedstaats.

(2) Ein Mitgliedstaat stellt die von einem anderen Mitgliedstaat gemäß Absatz 1 Buchstabe b angeforderten Informationen binnen 25 Arbeitstagen ab Eingang des Ersuchens zur Verfügung. Die Mitgliedstaaten können eine kürzere Frist vereinbaren. In dringenden Fällen oder solchen, die nur eine einfache Einsichtnahme in Register, z. B. in Register eines Risikoeinstufungssystems, erfordern, sind die angeforderten Informationen innerhalb von drei Arbeitstagen zur Verfügung zu stellen.

Ist das Ersuchen nach Ansicht des ersuchten Mitgliedstaats unzureichend begründet, so teilt er das dem ersuchenden Mitgliedstaat innerhalb von zehn Arbeitstagen ab Eingang des Ersuchens mit. Der ersuchende Mitgliedstaat begründet das Ersuchen ausführlicher. Ist der ersuchende Mitgliedstaat nicht in der Lage, das Ersuchen ausführlicher zu begründen, so kann der ersuchte Mitgliedstaat das Ersuchen ablehnen.

Ist es schwierig oder unmöglich, einem Auskunftsersuchen nachzukommen oder Kontrollen oder Untersuchungen durchzuführen, so teilt der ersuchte Mitgliedstaat das dem ersuchenden Mitgliedstaat innerhalb von zehn Arbeitstagen ab Eingang des Ersuchens mit und erläutert und rechtfertigt die Schwierigkeit oder Unmöglichkeit in ordnungsgemäßer Weise. Die betreffenden Mitgliedstaaten erörtern die Angelegenheit, um eine Lösung zu finden.

Bei anhaltenden Verzögerungen bei der Übermittlung von Informationen an den Mitgliedstaat, in dessen Hoheitsgebiet der Arbeitnehmer entsandt ist, wird die Kommission unterrichtet und ergreift geeignete Maßnahmen.

(3) Der Informationsaustausch gemäß diesem Artikel erfolgt durch das mit der Verordnung (EU) Nr. 1024/2012 des Europäischen Parlaments und des Rates (Verordnung (EU) Nr. 1024/2012 des Europäischen Parlaments und des Rates vom 25. Oktober 2012 über die Verwaltungszusammenarbeit mit Hilfe des Binnenmarkt-Informationssystems und zur Aufhebung der Entscheidung 2008/49/EG der Kommission („IMI-Verordnung") (ABl. L 316 vom 14.11.2012, S. 1)) eingerichtete Binnenmarkt-Informationssystem (IMI). Das gilt nicht für Informationen, die die Mitgliedstaaten durch direkte Abfrage nationaler elektronischer Register gemäß Artikel 16 Absatz 5 der Verordnung (EG) Nr. 1071/2009 des Europäischen Parlaments und des Rates (Verordnung (EG) Nr. 1071/2009 des Europäischen Parlaments und des Rates vom 21. Oktober 2009 zur Festlegung gemeinsamer Regeln für die Zulassung zum Beruf des Kraftverkehrsunternehmers und zur Aufhebung der Richtlinie 96/26/EG des Rates (ABl. L 300 vom 14.11.2009, S. 51)) austauschen.

(RL (EU) 2020/1057)

Risikoeinstufungssystem

Art. 9 (1) Die Mitgliedstaaten errichten ein System für die Risikoeinstufung von Unternehmen anhand der relativen Anzahl und Schwere der von den einzelnen Unternehmen begangenen Verstöße gegen die Verordnungen (EG) Nr. 561/2006 oder (EU) Nr. 165/2014 oder gegen die nationalen Bestimmungen zur Umsetzung der Richtlinie 2002/15/EG.

Bis zum 2. Juni 2021 legt die Kommission im Wege von Durchführungsrechtsakten eine gemeinsame Formel für die Risikoeinstufung eines Unternehmens fest. Diese gemeinsame Formel berücksichtigt die Anzahl, Schwere und Häufigkeit von Verstößen, die Ergebnisse von Kontrollen, bei denen keine Verstöße festgestellt wurden, sowie die Tatsache, ob ein Straßenverkehrsunternehmen in allen seinen Fahrzeugen einen intelligenten Fahrtenschreiber gemäß Kapitel II der Verordnung (EU) Nr. 165/2014 einsetzt. Diese Durchführungsrechts-

akte werden gemäß dem in Artikel 12 Absatz 2 genannten Prüfverfahren erlassen.
(RL (EU) 2020/1057)

(2) Unternehmen mit einer hohen Risikoeinstufung werden strenger und häufiger geprüft.
(RL (EU) 2020/1057)

(3) Eine erste Liste von Verstößen gegen die Verordnungen (EG) Nr. 561/2006 und (EU) Nr. 165/2014 mit der Gewichtung ihrer Schwere ist in Anhang III enthalten.

Zur Festlegung oder Aktualisierung der Gewichtung der Schwere von Verstößen gegen die Verordnungen (EG) Nr. 561/2006 oder (EU) Nr. 165/2014 wird der Kommission die Befugnis übertragen, gemäß Artikel 15a dieser Richtlinie delegierte Rechtsakte zur Änderung des Anhangs III zu erlassen, um den regulatorischen Entwicklungen und Erwägungen der Verkehrssicherheit Rechnung zu tragen.

In die Kategorie der schwerwiegendsten Verstöße sollten diejenigen aufgenommen werden, bei denen die Nichteinhaltung der einschlägigen Bestimmungen der Verordnungen (EG) Nr. 561/2006 und (EU) Nr. 165/2014 das hohe Risiko in sich birgt, dass es zu Todesfällen oder schweren Körperverletzungen kommt.
(RL (EU) 2020/1057)

(4) Zur Erleichterung gezielter Straßenkontrollen müssen die in dem jeweiligen nationalen Risikoeinstufungssystem erfassten Daten zum Kontrollzeitpunkt allen zuständigen Kontrollbehörden des betreffenden Mitgliedstaats zugänglich sein.
(RL (EU) 2020/1057)

(5) Die Mitgliedstaaten machen die in ihren nationalen Risikoeinstufungssystemen erfassten Daten den zuständigen Behörden der anderen Mitgliedstaaten mithilfe der in Artikel 16 der Verordnung (EG) Nr. 1071/2009 genannten interoperablen nationalen elektronischen Register gemäß Artikel 16 Absatz 2 der genannten Verordnung direkt zugänglich.
(RL (EU) 2020/1057)

Berichterstattung

Art. 10 Die Kommission legt dem Europäischen Parlament und dem Rat bis zum 1. Mai 2009 einen Bericht vor, worin die in den Rechtsvorschriften der Mitgliedstaaten für gravierende Verstöße vorgesehenen Sanktionen analysiert werden.

Bewährte Verfahren

Art. 11 (1) Die Kommission erstellt mittels Durchführungsrechtsakten Leitlinien für bewährte Verfahren bei der Durchsetzung. Die Durchführungsrechtsakte werden gemäß dem in Artikel 12 Absatz 2 genannten Prüfverfahren erlassen.

Die Leitlinien werden in einem Zweijahresbericht der Kommission veröffentlicht.
(RL (EU) 2020/1057)

(2) Die Mitgliedstaaten richten gemeinsame Ausbildungsprogramme über bewährte Verfahren ein, die mindestens einmal jährlich durchzuführen sind, und erleichtern den mindestens einmal jährlich vorzunehmenden Austausch von Personal zwischen den jeweiligen Stellen für die innergemeinschaftliche Verbindung.

(3) Die Kommission legt im Wege von Durchführungsrechtsakten eine gemeinsame Vorgehensweise für die Erfassung und Kontrolle der Zeiten für ‚andere Arbeiten' gemäß der Definition des Artikels 4 Buchstabe e der Verordnung (EG) Nr. 561/2006 fest, einschließlich der Art der Erfassung und besonderer Fälle, in denen sie zu erfolgen hat, sowie für die Erfassung und Kontrolle der Zeiträume von mindestens einer Woche, in denen ein Kraftfahrer sich nicht in seinem Fahrzeug aufhält und keine Tätigkeiten mit dem Fahrzeug verrichten kann. Diese Durchführungsrechtsakte werden gemäß dem in Artikel 12 Absatz 2 der vorliegenden Richtlinie genannten Prüfverfahren erlassen.
(RL (EU) 2020/1057)

(4) Die Mitgliedstaaten stellen sicher, dass die Kontrollbeamten für die Durchführung ihrer Aufgaben ordnungsgemäß geschult sind.

Ausschussverfahren

Art. 12 (1) Die Kommission wird von dem durch Artikel 42 Absatz 1 der Verordnung (EU) Nr. 165/2014 eingesetzten Ausschuss unterstützt. Dieser Ausschuss ist ein Ausschuss im Sinne der Verordnung (EU) Nr. 182/2011 des Europäischen Parlaments und des Rates (Verordnung (EU) Nr. 182/2011 des Europäischen Parlaments und des Rates vom 16. Februar 2011 zur Festlegung der allgemeinen Regeln und Grundsätze, nach denen die Mitgliedstaaten die Wahrnehmung der Durchführungsbefugnisse durch die Kommission kontrollieren (ABl. L 55 vom 28.2.2011, S. 13)).

(2) Wird auf diesen Absatz Bezug genommen, so gilt Artikel 5 der Verordnung (EU) Nr. 182/2011.

Gibt der Ausschuss keine Stellungnahme ab, so erlässt die Kommission den Durchführungsrechtsakt nicht und Artikel 5 Absatz 4 Unterabsatz 3 der Verordnung (EU) Nr. 182/2011 findet Anwendung.
(RL (EU) 2020/1057)

Durchführungsmaßnahmen

Art. 13 Die Kommission erlässt auf Antrag eines Mitgliedstaats oder aus eigener Veranlassung Durchführungsmaßnahmen, mit denen insbesondere folgende Ziele verfolgt werden:

a) Förderung eines gemeinsamen Ansatzes zur Durchführung dieser Richtlinie;
b) Förderung eines kohärenten Ansatzes und einer harmonisierten Auslegung der Verordnung (EG) Nr. 561/2006 zwischen den verschiedenen Vollzugsbehörden;
c) Förderung des Dialogs zwischen dem Transportsektor und den Vollzugsbehörden.

Diese Durchführungsrechtsakte werden gemäß dem in Artikel 12 Absatz 2 der vorliegenden Richtlinie genannten Prüfverfahren erlassen.
(RL (EU) 2020/1057)

Verhandlungen mit Drittländern

Art. 14 Nach Inkrafttreten dieser Richtlinie nimmt die Union Verhandlungen mit den betreffenden Drittländern zur Anwendung einer dieser Richtlinie inhaltlich gleichwertigen Regelung auf.

Bis zum Abschluss der Verhandlungen nehmen die Mitgliedstaaten in ihre Erhebungen, die der Kommission gemäß Artikel 17 der Verordnung (EG) Nr. 561/2006 zu übermitteln sind, Angaben über Kontrollen an Fahrzeugen aus Drittstaaten auf.

(RL (EU) 2020/1057)

Aktualisierung der Anhänge

Art. 15 Der Kommission wird die Befugnis übertragen, gemäß Artikel 15a delegierte Rechtsakte zur Änderung der Anhänge I und II zu erlassen, um die notwendigen Anpassungen an die Fortentwicklung bewährter Verfahren einzuführen.

(RL (EU) 2020/1057)

Ausübung der Befugnisübertragung

Art. 15a (1) Die Befugnis zum Erlass delegierter Rechtsakte wird der Kommission unter den im vorliegenden Artikel festgelegten Bedingungen übertragen.

(2) Die Befugnis zum Erlass delegierter Rechtsakte gemäß Artikel 9 Absatz 3 und Artikel 15 wird der Kommission für einen Zeitraum von fünf Jahren ab dem 1. August 2020 übertragen. Die Kommission erstellt spätestens neun Monate vor Ablauf des Zeitraums von fünf Jahren einen Bericht über die Befugnisübertragung. Die Befugnisübertragung verlängert sich stillschweigend um Zeiträume gleicher Länge, es sei denn, das Europäische Parlament oder der Rat widersprechen einer solchen Verlängerung spätestens drei Monate vor Ablauf des jeweiligen Zeitraums.

(3) Die Befugnisübertragung gemäß Artikel 9 Absatz 3 und Artikel 15 kann vom Europäischen Parlament oder vom Rat jederzeit widerrufen werden. Der Beschluss über den Widerruf beendet die Übertragung der in diesem Beschluss angegebenen Befugnis. Er wird am Tag nach seiner Veröffentlichung im *Amtsblatt der Europäischen Union* oder zu einem im Beschluss über den Widerruf angegebenen späteren Zeitpunkt wirksam. Die Gültigkeit von delegierten Rechtsakten, die bereits in Kraft sind, wird von dem Beschluss über den Widerruf nicht berührt.

(4) Vor dem Erlass eines delegierten Rechtsakts konsultiert die Kommission die von den einzelnen Mitgliedstaaten benannten Sachverständigen im Einklang mit den in der Interinstitutionellen Vereinbarung vom 13. April 2016 über bessere Rechtsetzung (ABl. L 123 vom 12.5.2016, S. 1) enthaltenen Grundsätzen.

(5) Sobald die Kommission einen delegierten Rechtsakt erlässt, übermittelt sie ihn gleichzeitig dem Europäischen Parlament und dem Rat.

(6) Ein delegierter Rechtsakt, der gemäß Artikel 9 Absatz 3 und Artikel 15 erlassen wurde, tritt nur in Kraft, wenn weder das Europäische Parlament noch der Rat innerhalb einer Frist von zwei Monaten nach Übermittlung dieses Rechtsakts an das Europäische Parlament und den Rat Einwände erhoben haben oder wenn vor Ablauf dieser Frist sowohl das Europäische Parlament als auch der Rat der Kommission mitgeteilt haben, dass sie keine Einwände erheben werden. Auf Initiative des Europäischen Parlaments oder des Rates wird diese Frist um zwei Monate verlängert.

(RL (EU) 2020/1057)

Umsetzung

Art. 16 (1) Die Mitgliedstaaten setzen die Rechts- und Verwaltungsvorschriften in Kraft, die erforderlich sind, um dieser Richtlinie bis zum 1. April 2007 nachzukommen. Sie übermitteln der Kommission unverzüglich den Wortlaut dieser Vorschriften sowie eine Tabelle der Entsprechungen zwischen diesen Vorschriften und den Bestimmungen dieser Richtlinie.

Wenn die Mitgliedstaaten diese Vorschriften erlassen, nehmen sie in den Vorschriften selbst oder durch einen Hinweis bei der amtlichen Veröffentlichung auf diese Richtlinie Bezug. Die Mitgliedstaaten regeln die Einzelheiten der Bezugnahme.

(2) Die Mitgliedstaaten teilen der Kommission den Wortlaut der wichtigsten innerstaatlichen Rechtsvorschriften mit, die sie auf dem unter diese Richtlinie fallenden Gebiet erlassen.

Aufhebung

Art. 17 (1) Die Richtlinie 88/599/EWG wird aufgehoben.

(2) Verweisungen auf die aufgehobene Richtlinie gelten als Verweisungen auf die vorliegende Richtlinie.

Inkrafttreten

Art. 18 Diese Richtlinie tritt am zwanzigsten Tag nach ihrer Veröffentlichung im *Amtsblatt der Europäischen Union* in Kraft.

Adressaten

Art. 19 Diese Richtlinie ist an die Mitgliedstaaten gerichtet.

ANHANG I

TEIL A
STRASSENKONTROLLEN

Bei Straßenkontrollen werden im Allgemeinen folgende Punkte überprüft:

1. tägliche und wöchentliche Lenkzeiten, Ruhepausen sowie tägliche und wöchentliche Ruhezeiten; daneben die Schaublätter der vorhergehenden Tage, die gemäß Artikel 36 Absätze 1 und 2 der Verordnung (EU) Nr. 165/2014 im Fahrzeug mitzuführen sind, und/oder die für den gleichen Zeitraum auf der Fahrerkarte und/oder im Speicher des Kontrollgeräts gemäß Anhang II der vorliegenden

Richtlinie aufgezeichneten Daten und/oder Ausdrucke;
(RL (EU) 2020/1057)

2. während des in Artikel 36 Absätze 1 und 2 der Verordnung (EU) Nr. 165/2014 genannten Zeitraums jede Überschreitung der zulässigen Höchstgeschwindigkeit des Fahrzeugs, d. h. jeder Zeitraum von mehr als einer Minute, während dessen die Geschwindigkeit des Fahrzeugs bei Fahrzeugen der Klasse N_3 90 km/h bzw. bei Fahrzeugen der Klasse M_3 105 km/h überschritten hat (Fahrzeugklassen N_3 und M_3 entsprechend der Definition der Richtlinie 2007/46/EG des Europäischen Parlaments und des Rates (Richtlinie 2007/46/EG des Europäischen Parlaments und des Rates vom 5. September 2007 zur Schaffung eines Rahmens für die Genehmigung von Kraftfahrzeugen und Kraftfahrzeuganhängern sowie von Systemen, Bauteilen und selbstständigen technischen Einheiten für diese Fahrzeuge (Rahmenrichtlinie) (ABl. L 263 vom 9.10.2007, S. 1)));
(RL (EU) 2020/1057)

3. erforderlichenfalls die nach den Aufzeichnungen des Kontrollgeräts in den letzten höchstens 24 Stunden der Fahrzeugnutzung zeitweilig vom Fahrzeug erreichten Geschwindigkeiten;

4. das einwandfreie Funktionieren des Kontrollgeräts (Feststellung eines möglichen Missbrauchs des Geräts und/oder der Kraftfahrerkarte und/oder der Schaublätter) oder gegebenenfalls Vorlage der in Artikel 16 Absatz 2 der Verordnung (EG) Nr. 561/2006 genannten Dokumente;
(RL (EU) 2020/1057)

5. erforderlichenfalls und unter gebührender Beachtung der Sicherheitsaspekte eine Überprüfung des in den Fahrzeugen eingebauten Kontrollgeräts, um die Anbringung und/oder Verwendung von Geräten festzustellen, mit denen Daten zerstört, unterdrückt, manipuliert oder verändert oder der elektronische Datenaustausch zwischen den Komponenten des Kontrollgeräts gestört oder die Daten auf derartige Weise schon vor der Verschlüsselung blockiert oder verändert werden sollen.
(Punkt 5 hinzugefügt durch die RL 2009/4/EG)

6. verlängerte wöchentliche Höchstarbeitszeiten von 60 Stunden im Sinne des Artikels 4 Buchstabe a der Richtlinie 2002/15/EG; andere wöchentliche Arbeitszeiten im Sinne der Artikel 4 und 5 der Richtlinie 2002/15/EG nur, wenn die Technologie die Durchführung wirksamer Kontrollen ermöglicht.
(RL (EU) 2020/1057)

TEIL B
KONTROLLEN AUF DEM BETRIEBSGELÄNDE VON UNTERNEHMEN

Bei den Kontrollen auf dem Betriebsgelände von Unternehmen wird zusätzlich zu den in Teil A genannten Punkten Folgendes überprüft:

1. wöchentliche Ruhezeiten und Lenkzeiten zwischen diesen Ruhezeiten;
2. die Einhaltung der vierzehntägigen Begrenzung der Lenkzeiten;
3. Schaublätter, Daten im Fahrzeuggerät und auf der Fahrerkarte sowie Ausdrucke;
4. Einhaltung durchschnittlicher wöchentlicher Höchstarbeitszeiten, Ruhepausen und Nachtarbeit gemäß den Artikeln 4, 5 und 7 der Richtlinie 2002/15/EG;
(RL (EU) 2020/1057)
5. die Einhaltung der Verpflichtungen der Unternehmen zur Bezahlung der Unterbringung der Kraftfahrer und die Organisation der Arbeit der Kraftfahrer gemäß Artikel 8 Absätze 8 und 8a der Verordnung (EG) Nr. 561/2006.
(RL (EU) 2020/1057)

Die Mitgliedstaaten können bei Feststellung eines Verstoßes gegebenenfalls überprüfen, ob eine Mitverantwortung anderer Beteiligter der Beförderungskette, wie etwa Verlader, Spediteure oder Unterauftragnehmer, vorliegt; dabei ist auch zu prüfen, ob die für das Erbringen von Verkehrsdienstleistungen geschlossenen Verträge die Einhaltung der Verordnungen (EG) Nr. 561/2006 und (EU) Nr. 165/2014 ermöglichen.
(RL (EU) 2020/1057)

ANHANG II
Standardausrüstung der Kontrollteams

Die Mitgliedstaaten stellen sicher, dass die Kontrollteams, die die in Anhang I genannten Aufgaben wahrnehmen, über folgende Standardausrüstung verfügen:

1. Ausrüstung, die es ermöglicht, Daten vom Fahrzeuggerät und der Fahrerkarte des digitalen Fahrtenschreibers herunterzuladen, zu lesen und zu analysieren und/oder zur Analyse an eine zentrale Datenbank zu übertragen;
2. Ausrüstung zur Überprüfung der Fahrtenschreiberblätter;
3. besondere Analyseausrüstung mit geeigneter Software zur Überprüfung und Bestätigung der mit den Daten verknüpften digitalen Signatur sowie besondere Analysesoftware, die ein detailliertes Geschwindigkeitsprofil der Fahrzeuge vor der Kontrolle ihres Kontrollgeräts liefert.

(Pkt. 3 hinzugefügt durch RL 2009/4/EG)

5/9. KontrollRL
Anhang III

ANHANG III

1. **Gruppen von Verstößen gegen die Verordnung (EG) Nr. 561/2006**

Nr.	RECHTSGRUNDLAGE	ART DES VERSTOSSES	SCHWEREGRAD (¹)			
			MSI	VSI	SI	MI
A		**Fahrpersonal**				
A1	Artikel 5 Absatz 1	Nichteinhaltung des Mindestalters für Schaffner			X	
B		**Lenkzeiten**				
B1	Artikel 6 Absatz 1	Überschreitung der täglichen Lenkzeit von 9 Std., sofern die Verlängerung auf 10 Std. nicht gestattet ist	9 Std. < ... < 10 Std.			X
B2			10 Std. ≤ ... < 11 Std.		X	
B3			11 Std. ≤ ...		X	
B4		Überschreitung der täglichen Lenkzeit von 9 Std. um mindestens 50 % ohne Fahrtunterbrechung oder Ruhezeit von mindestens 4,5 Stunden	13,5 Std. ≤ ... und keine Fahrtunterbrechung/ Ruhezeit	X			
B5		Überschreitung der verlängerten täglichen Lenkzeit von 10 Std., sofern die Verlängerung gestattet ist	10 Std. < ... < 11 Std.				X
B6			11 Std. ≤ ... < 12 Std.		X	
B7			12 Std. ≤ ...		X	
B8		Überschreitung der täglichen Lenkzeit von 10 Std. um mindestens 50 % ohne Fahrtunterbrechung oder Ruhezeit von mindestens 4,5 Stunden	15 Std. ≤ ... und keine Fahrtunterbrechung/ Ruhezeit	X			
B9	Artikel 6 Absatz 2	Überschreitung der wöchentlichen Lenkzeit	56 Std. < ... < 60 Std.				X
B10			60 Std. ≤ ... < 65 Std.		X	
B11			65 Std. ≤ ... < 70 Std.		X	
B12		Überschreitung der wöchentlichen Lenkzeit um mindestens 25 %	70 Std. ≤ ...	X			
B13	Artikel 6 Absatz 3	Überschreitung der maximalen Gesamtlenkzeit während zweier aufeinander folgender Wochen	90 Std. < ... < 100 Std.				X
B14			100 Std. ≤ ... < 105 Std.		X	
B15			105 Std. ≤ ... < 112,5 Std.		X	
B16		Überschreitung der maximalen Gesamtlenkzeit während zweier aufeinander folgender Wochen um mindestens 25 %	112,5 Std. ≤ ...	X			

5/9. KontrollRL
Anhang III

Nr.	RECHTSGRUND-LAGE	ART DES VERSTOSSES	SCHWEREGRAD (¹)			
			MSI	VSI	SI	MI
C		**Fahrtunterbrechungen**				
C1	Artikel 7	Überschreitung der ununterbrochenen Lenkzeit von 4,5 Std. vor Fahrtunterbrechung	4,5 Std. < ... < 5 Std.			X
C2			5 Std. ≤ ... < 6 Std.		X	
C3			6 Std. ≤ ...		X	
D		**Ruhezeiten**				
D1	Artikel 8 Absatz 2	Unzureichende tägliche Ruhezeit von weniger als 11 Std., sofern keine reduzierte tägliche Ruhezeit gestattet ist	10 Std. ≤ ... < 11 Std.			X
D2			8,5 Std. ≤ ... < 10 Std.		X	
D3			... < 8,5 Std.	X		
D4		Unzureichende reduzierte tägliche Ruhezeit von weniger als 9 Std., sofern die reduzierte Ruhezeit gestattet ist	8 Std. ≤ ... < 9 Std.			X
D5			7 Std. ≤ ... < 8 Std.		X	
D6			... < 7 Std.	X		
D7		Unzureichende aufgeteilte tägliche Ruhezeit von weniger als 3 Std. + 9 Std.	3 Std. + [8 Std. ≤ ... < 9 Std.]			X
D8			3 Std. + [7 Std. ≤ ... < 8 Std.]		X	
D9			3 Std. + [... < 7 Std.]	X		
D10	Artikel 8 Absatz 5	Unzureichende tägliche Ruhezeit von weniger als 9 Std. bei Mehrfahrerbetrieb	8 Std. ≤ ... < 9 Std.			X
D11			7 Std. ≤ ... < 8 Std.		X	
D12			... < 7 Std.	X		
D13	Artikel 8 Absatz 6	Unzureichende reduzierte wöchentliche Ruhezeit von weniger als 24 Std.	22 Std. ≤ ... < 24 Std.			X
D14			20 Std. ≤ ... < 22 Std.		X	
D15			... < 20 Std.	X		
D16		Unzureichende wöchentliche Ruhezeit von weniger als 45 Std., sofern keine reduzierte wöchentliche Ruhezeit gestattet ist	42 Std. ≤ ... < 45 Std.			X
D17			36 Std. ≤ ... < 42 Std.		X	
D18			... < 36 Std.	X		
D19	Artikel 8 Absatz 6	Überschreitung von sechs aufeinanderfolgenden 24-Stunden-Zeiträumen nach der vorangegangenen wöchentlichen Ruhezeit	... < 3 Std.			X
D20			3 Std. ≤ ... < 12 Std.		X	
D21			12 Std. ≤ ...	X		

5/9. KontrollRL
Anhang III

Nr.	RECHTSGRUND-LAGE	ART DES VERSTOSSES	SCHWEREGRAD (¹)			
			MSI	VSI	SI	MI
E		12-Tage-Ausnahmeregelung				
E1	Artikel 8 Absatz 6a	Überschreitung von zwölf aufeinanderfolgenden 24-Stunden-Zeiträumen nach einer vorangegangenen regelmäßigen wöchentlichen Ruhezeit	... < 3 Std.			X
E2			3 Std. ≤ ... < 12 Std.		X	
E3			12 Std. ≤ ...		X		
E4	Artikel 8 Absatz 6a Buchstabe b Ziffer ii	Wöchentliche Ruhezeit nach zwölf aufeinanderfolgenden 24-Stunden-Zeiträumen	65 Std. < ... ≤ 67 Std.		X	
E5			... ≤ 65 Std.	X		
E6	Artikel 8 Absatz 6a Buchstabe d	Lenkdauer von mehr als 3 Std. zwischen 22.00 und 6.00 Uhr vor der Pause, sofern das Fahrzeug nicht mit mehreren Fahrern besetzt ist	3 Std. < ... < 4,5 Std.		X	
E7			4,5 Std. ≤ ...		X		
F		Arbeitsorganisation				
F1	Artikel 10 Absatz 1	Verknüpfung von Lohn und zurückgelegter Strecke bzw. Menge der beförderten Güter		X		
F2	Artikel 10 Absatz 2	Keine oder mangelhafte Organisation der Arbeit des Fahrers, keine Anweisungen für den Fahrer, um ihm die Einhaltung der Rechtsvorschriften zu ermöglichen, oder fehlerhafte Anweisungen		X		

(¹) MSI = schwerste Verstöße/VSI = sehr schwerwiegender Verstoß/SI = schwerwiegender Verstoß/ MI = geringfügiger Verstoß.

2. Gruppen von Verstößen gegen die Verordnung (EU) Nr. 165/2014 des Europäischen Parlaments und des Rates (¹) (Fahrtenschreiber)

Nr.	RECHTSGRUND-LAGE	ART DES VERSTOSSES	SCHWEREGRAD			
			MSI	VSI	SI	MI
G		Einbau des Fahrtenschreibers				
G1	Artikel 3 Absatz 1 und Artikel 22 Absatz 2	Fehlen bzw. Nichtbenutzung eines typgenehmigten Fahrtenschreibers (z. B.: Fahrtenschreiber nicht von Einbaubetrieben, Werkstätten und Fahrzeugherstellern eingebaut, die von den zuständigen Behörden der Mitgliedstaaten dafür zugelassen sind, Verwendung eines Fahrtenschreibers, dem die erforderliche, von einem zugelassenen Einbaubetrieb, einer zugelassenen Werkstatt oder einem zugelassenen Fahrzeughersteller vorgenommene oder ersetzte Plombierung fehlt, oder Verwendung eines Fahrtenschreibers ohne Einbauplakette)	X			
H		Benutzung von Fahrtenschreibern, Fahrerkarten oder Schaublättern				
H1	Artikel 23 Absatz 1	Verwendung eines nicht durch eine zugelassene Werkstatt nachgeprüften Fahrtenschreibers		X		

Nr.	RECHTSGRUND-LAGE	ART DES VERSTOSSES	SCHWEREGRAD			
			MSI	VSI	SI	MI
H2	Artikel 27	Fahrer besitzt und/oder benutzt mehr als eine eigene Fahrerkarte		X		
H3		Verwendung einer gefälschten Fahrerkarte (gilt als Fahren ohne Fahrerkarte)	X			
H4		Verwendung einer Fahrerkarte durch einen Fahrer, der nicht der Inhaber ist (gilt als Fahren ohne Fahrerkarte)	X			
H5		Verwendung einer Fahrerkarte, die aufgrund falscher Erklärungen und/oder gefälschter Dokumente erwirkt wurde (gilt als Fahren ohne Fahrerkarte)	X			
H6	Artikel 32 Absatz 1	Fahrtenschreiber funktioniert nicht ordnungsgemäß (z. B.: Fahrtenschreiber nicht ordnungsgemäß nachgeprüft, kalibriert und verplombt)		X		
H7	Artikel 32 Absatz 1 und Artikel 33 Absatz 1	Fahrtenschreiber wird nicht ordnungsgemäß verwendet (z. B.: absichtlicher, freiwilliger oder erzwungener Missbrauch, mangelnde Anweisungen zur richtigen Verwendung usw.)		X		
H8	Artikel 32 Absatz 3	Verwendung einer betrügerischen Vorrichtung, durch die die Aufzeichnungen des Fahrtenschreibers verändert werden können	X			
H9		Verfälschung, Verschleierung, Unterdrückung oder Vernichtung der auf dem Schaublatt aufgezeichneten Daten oder der im Fahrtenschreiber und/oder auf der Fahrerkarte gespeicherten oder von diesen heruntergeladenen Daten	X			
H10	Artikel 33 Absatz 2	Unternehmen bewahrt Schaublätter, Ausdrucke und heruntergeladene Daten nicht auf		X		
H11		Aufgezeichnete und gespeicherte Daten sind nicht mindestens ein Jahr lang verfügbar		X		
H12	Artikel 34 Absatz 1	Falsche Benutzung von Schaublättern/Fahrerkarten		X		
H13		Unerlaubte Entnahme von Schaublättern oder der Fahrerkarte, die sich auf die Aufzeichnung der einschlägigen Daten auswirkt		X		
H14		Schaublatt oder Fahrerkarte wurde über den Zeitraum, für den es/sie bestimmt ist, hinaus verwendet, mit Datenverlust		X		
H15	Artikel 34 Absatz 2	Benutzung angeschmutzter oder beschädigter Schaublätter oder Fahrerkarten, Daten nicht lesbar		X		
H16	Artikel 34 Absatz 3	Keine Eingabe von Hand, wenn vorgeschrieben		X		
H17	Artikel 34 Absatz 4	Verwendung eines falschen Schaublatts oder Fahrerkarte nicht im richtigen Steckplatz eingeschoben (Mehrfahrerbetrieb)			X	
H18	Artikel 34 Absatz 5	Falsche Betätigung der Schaltvorrichtung		X		

5/9. KontrollRL
Anhang III

Nr.	RECHTSGRUND-LAGE	ART DES VERSTOSSES	SCHWEREGRAD			
			MSI	VSI	SI	MI
I		Vorlegen von Angaben			
I1	Artikel 36	Verweigerung der Kontrolle		X		
I2	Artikel 36	Aufzeichnungen für den laufenden Tag und die vorherigen 28 Tage können nicht vorgelegt werden		X		
I3	Artikel 36	Aufzeichnungen der Fahrerkarte (falls der Fahrer Inhaber einer solchen Karte ist) können nicht vorgelegt werden		X		
I4	Artikel 36	Am Tag der Kontrolle und an den vorherigen 28 Tagen erstellte handschriftliche Aufzeichnungen und Ausdrucke können nicht vorgelegt werden		X		
I5	Artikel 36	Fahrerkarte (falls der Fahrer Inhaber einer solchen Karte ist) kann nicht vorgelegt werden		X		
J		Fehlfunktion			
J1	Artikel 37 Absatz 1 und Artikel 22 Absatz 1	Reparatur des Fahrtschreibers nicht von einem zugelassenen Einbaubetrieb oder einer zugelassenen Werkstatt durchgeführt		X		
J2	Artikel 37 Absatz 2	Fahrer vermerkt nicht alle vom Fahrtschreiber während einer Betriebsstörung oder Fehlfunktion nicht mehr einwandfrei aufgezeichneten Angaben		X[a]		

(VO (EU) 2016/403)

5/9a. Formblattentscheidung

Entscheidung der Kommission 2007/230/EG über ein Formblatt betreffend die Sozialvorschriften für Tätigkeiten im Kraftverkehr vom 12. April 2007

(ABl. Nr. L 99 v. 14.4.2007, S. 14, geändert durch den Beschluss v. 14.12.2009, ABl. Nr. L 330 v. 16.12.2009, S. 80)

DIE KOMMISSION DER EUROPÄISCHEN GEMEINSCHAFTEN –

gestützt auf den Vertrag zur Gründung der Europäischen Gemeinschaft,

gestützt auf die Richtlinie 2006/22/EG des Europäischen Parlaments und des Rates vom 15. März 2006 über Mindestbedingungen für die Durchführung der Verordnungen (EWG) Nr. 3820/85 und (EWG) Nr. 3821/85 des Rates über Sozialvorschriften für Tätigkeiten im Kraftverkehr sowie zur Aufhebung der Richtlinie 88/599/EWG des Rates (ABl. L 102 vom 11.4.2006, S. 35), insbesondere auf Artikel 11 Absatz 3,

in Erwägung nachstehender Gründe:

(1) Gemäß der Richtlinie 2006/22/EG muss die Kommission ein elektronisches und druckfähiges Formblatt erstellen, das verwendet wird, wenn sich der Fahrer im Krankheits- oder Erholungsurlaub befunden hat oder wenn der Fahrer ein anderes aus dem Anwendungsbereich der Verordnung (EG) Nr. 561/2006 des Europäischen Parlaments und des Rates vom 15. März 2006 zur Harmonisierung bestimmter Sozialvorschriften im Straßenverkehr und zur Änderung der Verordnungen (EWG) Nr. 3821/85 und (EG) Nr. 2135/98 des Rates sowie zur Aufhebung der Verordnung (EWG) Nr. 3820/85 des Rates (ABl. L 102 vom 11.4.2006, S. 1) ausgenommenes Fahrzeug gelenkt hat.

(2) Die in dieser Entscheidung vorgesehenen Maßnahmen stehen im Einklang mit der Stellungnahme des durch Artikel 18 Absatz 1 der Verordnung (EWG) Nr. 3821/85 des Rates (ABl. L 370 vom 31.12.1985, S. 8. Verordnung zuletzt geändert durch die Verordnung (EG) Nr. 1791/2006 anläßlich des Beitritts Rumäniens und Bulgariens betreffend die Anpassung der Anhänge (ABl. L 363 vom 20.12.2006, S. 1)) eingesetzten Ausschusses –

HAT FOLGENDE ENTSCHEIDUNG ERLASSEN:

Art. 1 Das in Artikel 11 Absatz 3 der Richtlinie 2006/22/EG genannte Formblatt ist im Anhang dieser Entscheidung festgelegt.

(Der Anhang wurde durch den Beschluss der Kommission vom 14.12.2009, ABl. Nr. L 330 v. 16.12.2009, S. 80, geändert.)

Art. 2 Diese Entscheidung ist an die Mitgliedstaaten gerichtet.

5/9a. Formblattentscheidung
Anhang

ANHANG

BESCHEINIGUNG VON TÄTIGKEITEN ([1])

(VERORDNUNG (EG) Nr. 561/2006 ODER AETR ([2])**)**

Vor jeder Fahrt maschinenschriftlich auszufüllen und zu unterschreiben.

Zusammen mit den Original-Kontrollgerätaufzeichnungen aufzubewahren.

Falsche Bescheinigungen stellen einen Verstoß gegen geltendes Recht dar.

Vom Unternehmen auszufüllender Teil

1 Name des Unternehmens: ....

2 Straße, Hausnr., Postleitzahl, Ort, Land: ....

3 Telefon-Nr. (mit internationaler Vorwahl): ....

4 Fax-Nr. (mit internationaler Vorwahl): ....

5 E-Mail-Adresse: ....

Ich, der/die Unterzeichnete:

6 Name und Vorname: ....

7 Position im Unternehmen: ....

erkläre, dass sich der Fahrer/die Fahrerin:

8 Name und Vorname: ....

9 Geburtsdatum (Tag, Monat, Jahr): ....

10 Nummer des Führerscheins, des Personalausweises oder des Reisepasses: ....

11 der/die im Unternehmen tätig ist seit (Tag, Monat, Jahr): ....

im Zeitraum:

12 von (Uhrzeit/Tag/Monat/Jahr): ....

13 bis (Uhrzeit/Tag/Monat/Jahr): ....

14 ☐ sich im Krankheitsurlaub befand (*)

15 ☐ sich im Erholungsurlaub befand (*)

16 ☐ sich im Urlaub oder in Ruhezeit befand (*)

17 ☐ ein vom Anwendungsbereich der Verordnung (EG) Nr. 561/2006 oder des AETR ausgenommenes Fahrzeug gelenkt hat (*)

18 ☐ andere Tätigkeiten als Lenktätigkeiten ausgeführt hat (*)

19 ☐ zur Verfügung stand (*)

20 Ort: .... Datum: ....

Unterschrift

21 Ich, der Fahrer/die Fahrerin, bestätige, dass ich im vorstehend genannten Zeitraum kein unter den Anwendungsbereich der Verordnung (EG) Nr. 561/2006 oder des AETR fallendes Fahrzeug gelenkt habe.

22 Ort: .... Datum: ....

Unterschrift des Fahrers/der Fahrerin

([1]) Eine elektronische und druckfähige Fassung dieses Formblatts ist verfügbar unter der Internetadresse http://ec.europa.eu
([2]) Europäisches Übereinkommen über die Arbeit des im internationalen Straßenverkehr beschäftigten Fahrpersonals.
(*) Nur ein Kästchen ankreuzen

6. Arbeitnehmerschutzrecht

Inhaltsverzeichnis

6/1.	ArbeitsschutzrahmenRL	Seite	745
6/1a.	RL über Berichtspflichten zu Arbeitsschutzrichtlinien – Auszug	Seite	753
6/2.	ArbeitsstättenRL	Seite	755
6/3.	ArbeitsmittelRL	Seite	764
6/4.	RL über die persönliche Schutzausrüstung	Seite	775
6/5.	LastenRL	Seite	795
6/6.	BildschirmRL	Seite	799
6/7.	KarzinogeneRL	Seite	804
6/8.	Biologische Arbeitsstoffe-RL	Seite	819
6/8a.	RL zur Vermeidung von Nadelstichverletzungen	Seite	848
6/9.	BaustellenRL	Seite	854
6/10.	SicherheitskennzeichnungsRL	Seite	866
6/11.	MutterschutzRL	Seite	882
6/12.	BohrungenRL	Seite	889
6/13.	MineralgewinnungsRL	Seite	902
6/14.	FischereifahrzeugeRL	Seite	914
6/15.	Chemische Arbeitsstoffe-RL	Seite	925
6/15a.	1. Arbeitsplatz-RichtgrenzwerteRL	Seite	937
6/15b.	2. Arbeitsplatz-RichtgrenzwerteRL	Seite	940
6/15c.	3. Arbeitsplatz-RichtgrenzwerteRL	Seite	943
6/15d.	4. Arbeitsplatz-RichtgrenzwerteRL	Seite	946
6/15e.	5. Arbeitsplatz-RichtgrenzwerteRL	Seite	950
6/15f.	RichtgrenzwerteRL	Seite	953
6/16.	Explosionsfähige Atmosphären – ATEX-RL	Seite	955
6/17.	VibrationenRL	Seite	962
6/18.	LärmRL	Seite	969
6/19.	Optische Strahlung-RL	Seite	977
6/20.	Elektromagnetische Felder – EMF-RL	Seite	998
6/21.	Medizinische Versorgung auf Schiffen-RL	Seite	1018
6/22.	AsbestRL	Seite	1022
6/23.	LeiharbeitsRL Sicherheit und Gesundheitsschutz	Seite	1031
6/24.	JugendarbeitsschutzRL	Seite	1034
6/25.	Arbeitnehmerschutz-Informationsentscheidung	Seite	1042
6/26.	Empfehlung Sicherheit und Gesundheitsschutz Selbstständiger	Seite	1043

6/1. ArbeitsschutzrahmenRL

Präambel

6/1. Arbeitsschutzrahmenrichtlinie

Richtlinie 89/391/EWG des Rates über die Durchführung von Maßnahmen zur Verbesserung der Sicherheit und des Gesundheitsschutzes der Arbeitnehmer bei der Arbeit vom 12. Juni 1989

(ABl. Nr. L 183 v. 29.6.1989, S. 1; geändert durch ABl. Nr. L 284 v. 31.10.2003, S. 1; geändert durch ABl. Nr. L 165 v. 27.6.2007, S. 21; geändert durch ABl. Nr. L 311 v. 21.11.2008, S. 4)
(nicht amtlich aktualisierte Fassung)

GLIEDERUNG

ABSCHNITT I: Allgemeine Bestimmungen
Art. 1: Ziel der Richtlinie
Art. 2: Anwendungsbereich
Art. 3, 4: Definitionen

ABSCHNITT II: Pflichten des Arbeitgebers
Art. 5: Allgemeine Vorschrift
Art. 6: Allgemeine Pflichten des Arbeitgebers
Art. 7: Mit Schutzmaßnahmen und Maßnahmen zur Gefahrenverhütung beauftragte Dienste
Art. 8: Erste Hilfe, Brandbekämpfung, Evakuierung der Arbeitnehmer, ernste und unmittelbare Gefahren
Art. 9: Sonstige Pflichten des Arbeitgebers
Art. 10: Unterrichtung der Arbeitnehmer
Art. 11: Anhörung und Beteiligung der Arbeitnehmer
Art. 12: Unterweisung der Arbeitnehmer

ABSCHNITT III: Pflichten des Arbeitnehmers
Art. 13

ABSCHNITT IV: Sonstige Bestimmungen
Art. 14: Präventivmedizinische Überwachung
Art. 15: Risikogruppen
Art. 16: Allgemeiner Geltungsbereich dieser Richtlinie
Art. 17: Ausschussverfahren
Art. 17a: Durchführungsberichte
Art. 18, 19: Schlussbestimmungen

ANHANG

DER RAT DER EUROPÄISCHEN GEMEINSCHAFTEN –
gestützt auf den Vertrag zur Gründung der Europäischen Wirtschaftsgemeinschaft, insbesondere auf Art. 118a,
auf Vorschlag der Kommission (ABl. Nr. C 141 v. 30.5.1988, S. 1), erstellt nach Anhörung des Beratenden Ausschusses für Sicherheit, Arbeitshygiene und Gesundheitsschutz am Arbeitsplatz,
in Zusammenarbeit mit dem Europäischen Parlament (ABl. Nr. C 326 v. 19.12.1988, S. 102, und ABl. Nr. C 158 v. 26.6.1989),
nach Stellungnahme des Wirtschafts- und Sozialausschusses (ABl. Nr. C 175 v. 4.7.1988, S. 22),
in Erwägung nachstehender Gründe:

Artikel 118a des Vertrages sieht vor, daß der Rat durch Richtlinien Mindestvorschriften festlegt, die die Verbesserung insbesondere der Arbeitsumwelt fördern, um die Sicherheit und die Gesundheit der Arbeitnehmer verstärkt zu schützen.

Durch diese Richtlinie kann keine mögliche Einschränkung des bereits in den einzelnen Mitgliedstaaten erzielten Schutzes gerechtfertigt werden; die Mitgliedstaaten haben sich gemäß dem Vertrag verpflichtet, die bestehenden Bedingungen in diesem Bereich zu verbessern, und sich eine Harmonisierung bei gleichzeitigem Fortschritt zum Ziel gesetzt.

Es ist erwiesen, daß Arbeitnehmer an ihrem Arbeitsplatz und während ihres gesamten Arbeitslebens gefährlichen Umgebungsfaktoren ausgesetzt sein können.

Gemäß Artikel 118a des Vertrages wird in den Richtlinien auf verwaltungsmäßige, finanzielle oder rechtliche Auflagen, die der Gründung und Entwicklung von Klein- und Mittelbetrieben entgegenstehen könnten, verzichtet.

Die Mitteilung der Kommission über ihr Aktionsprogramm für Sicherheit, Arbeitshygiene und Gesundheitsschutz am Arbeitsplatz (ABl. Nr. C 28 v. 3.2.1988, S. 3) sieht die Verabschiedung von Richtlinien vor, die die Sicherheit und den Gesundheitsschutz der Arbeitnehmer gewährleisten sollen.

In seiner Entschließung vom 21. Dezember 1987 in bezug auf Sicherheit, Arbeitshygiene und Gesundheitsschutz am Arbeitsplatz (ABl. Nr. C 28 v. 3.2.1988, S. 1) nimmt der Rat die Absicht der Kommission zur Kenntnis, ihm binnen kurzem eine Richtlinie über die Organisation der Sicherheit und des Gesundheitsschutzes der Arbeitnehmer am Arbeitsplatz vorzulegen.

Im Februar 1988 hat das Europäische Parlament im Anschluß an die Aussprache über den Binnenmarkt und den Arbeitsschutz vier Entschließungen angenommen. In diesen Entschließungen fordert das Parlament die Kommission insbesondere auf, eine Rahmenrichtlinie auszuarbeiten, die als Grundlage für Einzelrichtlinien dienen kann, die alle Risiken betreffend den Bereich Sicherheit und Gesundheitsschutz am Arbeitsplatz abdecken.

Es ist Aufgabe der Mitgliedstaaten, in ihrem Gebiet die Sicherheit und den Gesundheitsschutz von Arbeitnehmer zu verbessern. Maßnahmen betreffend Sicherheit und Gesundheitsschutz der Arbeitnehmer am Arbeitsplatz tragen in manchen Fällen auch zum Schutz der Gesundheit und gegebenenfalls zur Sicherheit der in ihrem Haushalt lebenden Personen bei.

Die Rechtsvorschriften der Mitgliedstaaten auf dem Gebiet der Sicherheit und des Gesundheitsschutzes am Arbeitsplatz sind sehr unterschiedlich und sollen verbessert werden. Die einschlägigen einzelstaatlichen Bestimmungen, die weitgehend durch technische Vorschriften bzw. freiwillig eingeführte Normen ergänzt werden, können zu einem unterschiedlichen Grad der Sicherheit und des Gesundheitsschutzes führen und eine Konkurrenz entstehen lassen, die zu Lasten der Sicherheit und des Gesundheitsschutzes geht.

Es sind nach wie vor zu viele Arbeitsunfälle und berufsbedingte Erkrankungen zu beklagen. Für die Sicherheit und den Gesundheitsschutz der Arbeitnehmer müssen daher unverzüglich vorbeugende Maßnahmen ergriffen bzw. bestehende Maßnahmen verbessert werden, um einen wirksameren Schutz sicherzustellen.

Um einen besseren Schutz zu gewährleisten, ist es erforderlich, daß die Arbeitnehmer bzw. ihre Vertreter über die Gefahren für ihre Sicherheit und Gesundheit und die erforderlichen Maßnahmen zur Verringerung oder Ausschaltung dieser Gefahren informiert werden.

Es ist ferner unerläßlich, daß sie in die Lage versetzt werden, durch eine angemessene Mitwirkung entsprechend den nationalen Rechtsvorschriften bzw. Praktiken zu überprüfen und zu gewährleisten, daß die erforderlichen Schutzmaßnahmen getroffen werden.

Es ist erforderlich, die Unterrichtung, den Dialog und die ausgewogene Zusammenarbeit im Bereich der Sicherheit und des Gesundheitsschutzes am Arbeitsplatz zwischen den Arbeitgebern und den Arbeitnehmern bzw. ihren Vertretern durch geeignete Verfahren und Instrumente entsprechend den nationalen Rechtsvorschriften bzw. Praktiken auszuweiten.

Die Verbesserung von Sicherheit, Arbeitshygiene und Gesundheitsschutz der Arbeitnehmer am Arbeitsplatz stellen Zielsetzungen dar, die keinen rein wirtschaftlichen Überlegungen untergeordnet werden dürfen.

Die Arbeitgeber sind verpflichtet, sich unter Berücksichtigung der in ihrem Unternehmen bestehenden Risiken über den neuesten Stand der Technik und der wissenschaftlichen Erkenntnisse auf dem Gebiet der Gestaltung von Arbeitsplätzen zu informieren und diese Kenntnisse an die Arbeitnehmervertreter, die im Rahmen dieser Richtlinie Mitbestimmungsrechte ausüben, weiterzugeben, um einen besseren Schutz und einen besseren Gesundheitsschutz der Arbeitnehmer gewährleisten zu können.

Die Bestimmungen dieser Richtlinie gelten für alle Gefahren, unter anderem diejenigen, die sich aus der Verwendung der in der Richtlinie 80/1107/EWG, zuletzt geändert durch die Richtlinie 88/642/EWG[*)] genannten chemischen, physikalischen und biologischen Arbeitsstoffe bei der Arbeit ergeben, und zwar unbeschadet bereits geltender oder künftiger strengerer gemeinschaftlicher Bestimmungen.

[*)] An die Stelle der RL 80/1107/EWG und 88/642/EWG trat mit 5. Mai 2001 die RL 98/24/EG; s. Erwägungsgrund (7) und Art. 13 Abs. 1 der RL 98/24/EG.

Der durch den Beschluß 74/325/EWG (ABl. Nr. L 185 v. 9.7.1974, S. 15) eingesetzte Beratende Ausschuß für Sicherheit, Arbeitshygiene und Gesundheitsschutz am Arbeitsplatz[**)] wird im Hinblick auf die Ausarbeitung von Vorschlägen auf diesem Gebiet von der Kommission gehört.

[**)] Jetzt: Beratender Ausschuss für Sicherheit und Gesundheit am Arbeitsplatz (Beschluss des Rates v. 22. .2003, ABl. Nr. C 218 v. 13.9.2003, S. 1).

Es ist angebracht, einen Ausschuß einzusetzen, dessen Mitglieder von den Mitgliedstaaten benannt werden und dessen Aufgabe es ist, die Kommission bei den in der Richtlinie vorgesehenen technischen Anpassungen zu unterstützen –

HAT FOLGENDE RICHTLINIE ERLASSEN:

ABSCHNITT I
Allgemeine Bestimmungen

Ziel der Richtlinie

Art. 1 (1) Ziel dieser Richtlinie ist die Durchführung von Maßnahmen zur Verbesserung der Sicherheit und des Gesundheitsschutzes der Arbeitnehmer am Arbeitsplatz.

(2) Sie enthält zu diesem Zweck allgemeine Grundsätze für die Verhütung berufsbedingter Gefahren, für die Sicherheit und den Gesundheitsschutz, die Ausschaltung von Risiko- und Unfallfaktoren, die Information, die Anhörung, die ausgewogene Beteiligung nach den nationalen Rechtsvorschriften bzw. Praktiken, die Unterweisung der Arbeitnehmer und ihrer Vertreter sowie allgemeine Regeln für die Durchführung dieser Grundsätze.

(3) Diese Richtlinie berührt nicht bereits geltende oder künftige nationale und gemeinschaftliche Bestimmungen, die für die Sicherheit und den Gesundheitsschutz der Arbeitnehmer am Arbeitsplatz günstiger sind.

Anwendungsbereich

Art. 2 (1) Diese Richtlinie findet Anwendung auf alle privaten oder öffentlichen Tätigkeitsbereiche (gewerbliche, landwirtschaftliche, kaufmännische, verwaltungsmäßige sowie dienstleistungs- oder ausbildungsbezogene, kulturelle und Freizeittätigkeiten usw.).

(2) Diese Richtlinie findet keine Anwendung, soweit dem Besonderheiten bestimmter spezifischer Tätigkeiten im öffentlichen Dienst, z.B. bei den Streitkräften oder der Polizei, oder bestimmter spezifischer Tätigkeiten bei den Katastrophenschutzdiensten zwingend entgegenstehen.

In diesen Fällen ist dafür Sorge zu tragen, daß unter Berücksichtigung der Ziele dieser Richtlinie eine größtmögliche Sicherheit und ein größtmöglicher Gesundheitsschutz der Arbeitnehmer gewährleistet ist.

Definitionen

Art. 3 Für die Zwecke dieser Richtlinie gilt als:
a) *Arbeitnehmer:* jede Person, die von einem Arbeitgeber beschäftigt wird, einschließlich Praktikanten und Lehrlingen, jedoch mit Ausnahme von Hausangestellten;
b) *Arbeitgeber:* jede natürliche oder juristische Person, die als Vertragspartei des Beschäftigungsverhältnisses mit dem Arbeitnehmer die Verantwortung für das Unternehmen bzw. den Betrieb trägt;
c) *Arbeitnehmervertreter mit einer besonderen Funktion bei der Sicherheit und beim Gesundheitsschutz der Arbeitnehmer:* jede Person, die gemäß den nationalen Rechtsvorschriften bzw. Praktiken gewählt, ausgewählt oder benannt wurde, um die Arbeitnehmer in Fragen der Sicherheit und des Gesundheitsschutzes der Arbeitnehmer bei der Arbeit zu vertreten;
d) *Gefahrenverhütung:* sämtliche Bestimmungen oder Maßnahmen, die in einem Unternehmen auf allen Tätigkeitsstufen zur Vermeidung oder Verringerung berufsbedingter Gefahren eingeleitet oder vorgesehen werden.

Art. 4 (1) Die Mitgliedstaaten treffen die erforderlichen Vorkehrungen, um zu gewährleisten, daß die Arbeitgeber, die Arbeitnehmer und die Arbeitnehmervertreter den für die Anwendung dieser Richtlinie erforderlichen Rechtsvorschriften unterliegen.

(2) Die Mitgliedstaaten tragen insbesondere für eine angemessene Kontrolle und Überwachung Sorge.

ABSCHNITT II
Pflichten des Arbeitgebers

Allgemeine Vorschrift

Art. 5 (1) Der Arbeitgeber ist verpflichtet, für die Sicherheit und den Gesundheitsschutz der Arbeitnehmer in bezug auf alle Aspekte, die die Arbeit betreffen, zu sorgen.

(2) Zieht ein Arbeitgeber in Anwendung von Artikel 7 Absatz 3 außerbetriebliche Fachleute (Personen oder Dienste) hinzu, so enthebt ihn dies nicht seiner diesbezüglichen Verantwortung.

(3) Die Pflichten der Arbeitnehmer in Fragen der Sicherheit und des Gesundheitsschutzes am Arbeitsplatz berühren nicht den Grundsatz der Verantwortung des Arbeitgebers.

(4) Diese Richtlinie steht nicht der Befugnis der Mitgliedstaaten entgegen, den Ausschluß oder die Einschränkung der Verantwortung des Arbeitgebers bei Vorkommnissen vorzusehen, die auf nicht von diesem zu vertretende anormale und unvorhersehbare Umstände oder auf außergewöhnliche Ereignisse zurückzuführen sind, deren Folgen trotz aller Sorgfalt nicht hätten vermieden werden können.

Die Mitgliedstaaten sind nicht verpflichtet, von der in Unterabsatz 1 genannten Möglichkeit Gebrauch zu machen.

Allgemeine Pflichten des Arbeitgebers

Art. 6 (1) Im Rahmen seiner Verpflichtungen trifft der Arbeitgeber die für die Sicherheit und den Gesundheitsschutz der Arbeitnehmer erforderlichen Maßnahmen, einschließlich der Maßnahmen zur Verhütung berufsbedingter Gefahren, zur Information und zur Unterweisung sowie der Bereitstellung einer geeigneten Organisation und der erforderlichen Mittel.

Der Arbeitgeber muß darauf achten, daß diese Maßnahmen entsprechend den sich ändernden Gegebenheiten angepaßt werden, und er muß eine Verbesserung der bestehenden Arbeitsbedingungen anstreben.

(2) Der Arbeitgeber setzt die Maßnahmen nach Absatz 1 Unterabsatz 1 ausgehend von folgenden allgemeinen Grundsätzen der Gefahrenverhütung um:
a) Vermeidung von Risiken;
b) Abschätzung nichtvermeidbarer Risiken;
c) Gefahrenbekämpfung an der Quelle;
d) Berücksichtigung des Faktors „Mensch" bei der Arbeit, insbesondere bei der Gestaltung von Arbeitsplätzen sowie bei der Auswahl von Arbeitsmitteln und Arbeits- und Fertigungsverfahren, vor allem im Hinblick auf eine Erleichterung bei eintöniger Arbeit und bei maschinenbestimmtem Arbeitsrhythmus sowie auf eine Abschwächung ihrer gesundheitsschädigenden Auswirkungen;
e) Berücksichtigung des Stands der Technik;
f) Ausschaltung oder Verringerung von Gefahrenmomenten;
g) Planung der Gefahrenverhütung mit dem Ziel einer kohärenten Verknüpfung von Technik, Arbeitsorganisation, Arbeitsbedingungen, sozialen Beziehungen und Einfluß der Umwelt auf den Arbeitsplatz;
h) Vorrang des kollektiven Gefahrenschutzes vor individuellem Gefahrenschutz;
i) Erteilung geeigneter Anweisungen an die Arbeitnehmer.

(3) Unbeschadet der anderen Bestimmungen dieser Richtlinie hat der Arbeitgeber je nach Art der Tätigkeiten des Unternehmens bzw. Betriebs folgende Verpflichtungen:

a) Beurteilung von Gefahren für Sicherheit und Gesundheit der Arbeitnehmer, unter anderem bei der Auswahl von Arbeitsmitteln, chemischen Stoffen oder Zubereitungen und bei der Gestaltung der Arbeitsplätze.

Die vom Arbeitgeber aufgrund dieser Beurteilung getroffenen Maßnahmen zur Gefahrenverhütung sowie die von ihm angewendeten Arbeits- und Produktionsverfahren müssen erforderlichenfalls
- einen höheren Grad an Sicherheit und einen besseren Gesundheitsschutz der Arbeitnehmer gewährleisten;
- in allen Tätigkeiten des Unternehmens bzw. des Betriebes und auf allen Führungsebenen einbezogen werden;

b) bei Übertragung von Aufgaben an einen Arbeitnehmer Berücksichtigung der Eignung dieses Arbeitnehmers in bezug auf Sicherheit und Gesundheit;

c) bei der Planung und Einführung neuer Technologien sind die Arbeitnehmer bzw. ihre Vertreter zu den Auswirkungen zu hören, die die Auswahl der Arbeitsmittel, die Gestaltung der Arbeitsbedingungen und die Einwirkung der Umwelt auf den Arbeitsplatz für die Sicherheit und Gesundheit der Arbeitnehmer haben;

d) es ist durch geeignete Maßnahmen dafür zu sorgen, daß nur die Arbeitnehmer, die ausreichende Anweisungen erhalten haben, Zugang zu den Bereichen mit ernsten und spezifischen Gefahren haben.

(4) Unbeschadet der übrigen Bestimmungen dieser Richtlinie müssen die Arbeitgeber für den Fall, daß an einem Arbeitsplatz Arbeitnehmer mehrerer Unternehmen anwesend sind, bei der Durchführung der Sicherheits-, Hygiene- und Gesundheitsschutzbestimmungen zusammenarbeiten, je nach Art der Tätigkeiten beim Gefahrenschutz und bei der Verhütung berufsbedingter Gefahren ihre Tätigkeiten koordinieren und sich gegenseitig sowie ihre jeweiligen Arbeitnehmer bzw. deren Vertreter über die Gefahren informieren.

(5) Die Kosten für die Sicherheits-, Hygiene- und Gesundheitsschutzmaßnahmen dürfen auf keinen Fall zu Lasten der Arbeitnehmer gehen.

Mit Schutzmaßnahmen und Maßnahmen zur Gefahrenverhütung beauftragte Dienste

Art. 7 (1) Unbeschadet seiner Pflichten nach den Artikeln 5 und 6 benennt der Arbeitgeber einen oder mehrere Arbeitnehmer, die er mit Schutzmaßnahmen und Maßnahmen zur Verhütung berufsbedingter Gefahren im Unternehmen bzw. im Betrieb beauftragt.

(2) Den benannten Arbeitnehmern dürfen durch ihre Schutztätigkeiten und ihre Tätigkeiten zur Verhütung berufsbedingter Gefahren keine Nachteile entstehen.

Die benannten Arbeitnehmer müssen, um den sich aus dieser Richtlinie ergebenden Verpflichtungen nachkommen zu können, über die entsprechende Zeit verfügen.

(3) Reichen die Möglichkeiten im Unternehmen bzw. im Betrieb nicht aus, um die Organisation dieser Schutzmaßnahmen und Maßnahmen zur Gefahrenverhütung durchzuführen, so muß der Arbeitgeber außerbetriebliche Fachleute (Personen oder Dienste) hinzuziehen.

(4) Zieht der Arbeitgeber außerbetriebliche Fachleute hinzu, so hat er die betreffenden Personen oder Dienste über diejenigen Faktoren zu unterrichten, von denen bekannt ist oder vermutet wird, daß sie Auswirkungen auf die Sicherheit und die Gesundheit der Arbeitnehmer haben, und ihnen Zugang zu den in Artikel 10 Absatz 2 genannten Informationen zu verschaffen.

(5) In allen Fällen gilt:
- die benannten Arbeitnehmer müssen über die erforderlichen Fähigkeiten und Mittel verfügen,
- die hinzugezogenen außerbetrieblichen Personen oder Dienste müssen über die erforderliche Eignung sowie die erforderlichen personellen und berufsspezifischen Mittel verfügen und
- die benannten Arbeitnehmer und die hinzugezogenen außerbetrieblichen Personen oder Dienste müssen über eine ausreichende Personalausstattung verfügen,

so daß sie die Schutzmaßnahmen und Maßnahmen zur Gefahrenverhütung übernehmen können, wobei die Größe des Unternehmens bzw. des Betriebs und/oder der Grad der Gefahren, denen die Arbeitnehmer ausgesetzt sind, sowie deren Lokalisierung innerhalb des gesamten Unternehmens bzw. des Betriebs zu berücksichtigen sind.

(6) Der Schutz und die Verhütung von Gefahren für die Sicherheit und die Gesundheit, die Gegenstand dieses Artikels sind, werden von einem oder mehreren Arbeitnehmern bzw. von einem einzigen oder von verschiedenen Diensten gewährleistet, der/die zu dem Unternehmen bzw. Betrieb gehört/gehören oder von außen hinzugezogen wird/werden.

Der oder die Arbeitnehmer bzw. der Dienst oder die Dienste müssen erforderlichenfalls zusammenarbeiten.

(7) Die Mitgliedstaaten können unter Berücksichtigung der Art der Tätigkeiten und der Größe der Unternehmen die Unternehmenssparten festlegen, in denen der Arbeitgeber die in Absatz 1 genannten Aufgaben selbst übernehmen kann, sofern er die erforderlichen Fähigkeiten besitzt.

(8) Die Mitgliedstaaten legen fest, welche Fähigkeiten und Eignungen im Sinne von Absatz 5 erforderlich sind.

Sie können festlegen, welche Personalausstattung im Sinne von Absatz 5 ausreichend ist.

6/1. ArbeitsschutzrahmenRL

Art. 8 – 10

Erste Hilfe, Brandbekämpfung, Evakuierung der Arbeitnehmer, ernste und unmittelbare Gefahren

Art. 8 (1) Der Arbeitgeber muß
- die der Art der Tätigkeiten und der Größe des Unternehmens bzw. Betriebs angepaßten Maßnahmen treffen, die zur Ersten Hilfe, Brandbekämpfung und Evakuierung der Arbeitnehmer erforderlich sind, wobei der Anwesenheit anderer Personen Rechnung zu tragen ist, und
- die erforderlichen Verbindungen zu außerbetrieblichen Stellen, insbesondere im Bereich der Ersten Hilfe, der medizinischen Notversorgung, der Bergung und der Brandbekämpfung organisieren.

(2) In Anwendung von Absatz 1 muß der Arbeitgeber insbesondere diejenigen Arbeitnehmer benennen, die für Erste Hilfe, Brandbekämpfung und Evakuierung der Arbeitnehmer zuständig sind.

Diese Arbeitnehmer müssen, unter Berücksichtigung der Größe bzw. der in diesem Unternehmen bzw. Betrieb bestehenden spezifischen Gefahren, entsprechend ausgebildet und zahlenmäßig stark genug sein sowie über die erforderliche Ausrüstung verfügen.

(3) Der Arbeitgeber
a) muß alle Arbeitnehmer, die einer ernsten und unmittelbaren Gefahr ausgesetzt sind oder sein können, möglichst frühzeitig über diese Gefahr und die getroffenen oder zu treffenden Schutzmaßnahmen unterrichten;
b) muß Maßnahmen treffen und Anweisungen erteilen, um den Arbeitnehmern bei ernster, unmittelbarer und nicht vermeidbarer Gefahr zu ermöglichen, ihre Tätigkeit einzustellen bzw. sich durch sofortiges Verlassen des Arbeitsplatzes in Sicherheit zu bringen;
c) darf außer in begründeten Ausnahmefällen die Arbeitnehmer nicht auffordern, ihre Tätigkeit in einer Arbeitssituation wieder aufzunehmen, in der eine ernste und unmittelbare Gefahr fortbesteht.

(4) Einem Arbeitnehmer, der bei ernster, unmittelbarer und nicht vermeidbarer Gefahr seinen Arbeitsplatz bzw. einen gefährlichen Bereich verläßt, dürfen dadurch keine Nachteile entstehen, und er muß gegen alle nachteiligen und ungerechtfertigten Folgen entsprechend den einzelstaatlichen Rechtsvorschriften bzw. Praktiken geschützt werden.

(5) Der Arbeitgeber trägt dafür Sorge, daß jeder Arbeitnehmer, wenn er den zuständigen Vorgesetzten nicht erreichen kann, in der Lage ist, bei ernster und unmittelbarer Gefahr für die eigene Sicherheit bzw. die Sicherheit anderer Personen unter Berücksichtigung seiner Kenntnisse und technischen Mittel die geeigneten Maßnahmen zu treffen, um die Folgen einer solchen Gefahr zu vermeiden.

Aus seinem Handeln dürfen ihm keine Nachteile entstehen, es sei denn, er hat unüberlegt oder grob fahrlässig gehandelt.

Sonstige Pflichten des Arbeitgebers

Art. 9 (1) Der Arbeitgeber muß
a) über eine Evaluierung der am Arbeitsplatz bestehenden Gefahren für die Sicherheit und die Gesundheit auch hinsichtlich der besonders gefährdeten Arbeitnehmergruppen verfügen;
b) die durchzuführenden Schutzmaßnahmen und, falls notwendig, die zu verwendenden Schutzmittel festlegen;
c) eine Liste der Arbeitsunfälle, die einen Arbeitsunfall von mehr als drei Arbeitstagen für den Arbeitnehmer zur Folge hatten, führen;
d) für die zuständige Behörde im Einklang mit den nationalen Rechtsvorschriften bzw. Praktiken Berichte über die Arbeitsunfälle ausarbeiten, die die bei ihm beschäftigten Arbeitnehmer erlitten haben.

(2) Die Mitgliedstaaten legen unter Berücksichtigung der Art der Tätigkeiten und der Größe der Unternehmen die Pflichten der verschiedenen Unternehmenskategorien betreffend die Erstellung der in Absatz 1 Buchstaben a) und b) vorgesehenen Dokumente und bei der Erstellung der in Absatz 1 Buchstaben c) und d) genannten Dokumente fest.

Unterrichtung der Arbeitnehmer

Art. 10 (1) Der Arbeitgeber trifft die geeigneten Maßnahmen, damit die Arbeitnehmer bzw. deren Vertreter im Unternehmen bzw. Betrieb gemäß den nationalen Rechtsvorschriften bzw. Praktiken, die insbesondere der Unternehmens- bzw. der Betriebsgröße Rechnung tragen können, alle erforderlichen Informationen erhalten über:
a) die Gefahren für Sicherheit und Gesundheit sowie die Schutzmaßnahmen und Maßnahmen zur Gefahrenverhütung im Unternehmen bzw. im Betrieb im allgemeinen und für die einzelnen Arten von Arbeitsplätzen bzw. Aufgabenbereichen.
b) die in Anwendung von Artikel 8 Absatz 2 ergriffenen Maßnahmen.

(2) Der Arbeitgeber trifft die geeigneten Maßnahmen, damit die Arbeitgeber der Arbeitnehmer der in seinem Unternehmen oder Betrieb hinzugezogenen außerbetrieblichen Unternehmen bzw. Betriebe gemäß den nationalen Rechtsvorschriften bzw. Praktiken angemessene Informationen über die in Absatz 1 Buchstaben a) und b) genannten Punkte erhalten, die für die betreffenden Arbeitnehmer bestimmt sind.

(3) Der Arbeitgeber trifft die geeigneten Maßnahmen, damit die Arbeitnehmer mit einer besonderen Funktion bei der Sicherheit und beim Gesundheitsschutz der Arbeitnehmer oder die Arbeitnehmervertreter mit einer besonderen Funktion bei der Sicherheit und beim Gesundheitsschutz der Arbeitnehmer zur Ausübung ihrer jeweiligen Tätigkeiten gemäß den nationalen Rechtsvorschriften bzw. Praktiken Zugang haben
a) zu der in Artikel 9 Absatz 1 Buchstaben a) und b) vorgesehenen Evaluierung der Gefahren

und zu der Aufstellung der zu ergreifenden Schutzmaßnahmen;

b) zu der Liste und den Berichten gemäß Artikel 9 Absatz 1 Buchstaben c) und d);

c) zu den Informationen, die sich aus den Schutzmaßnahmen und Maßnahmen zur Gefahrenverhütung ergeben, sowie zu Informationen der für Sicherheit und Gesundheitsschutz zuständigen Behörden und Organe.

Anhörung und Beteiligung der Arbeitnehmer

Art. 11 (1) Die Arbeitgeber hören die Arbeitnehmer bzw. deren Vertreter an und ermöglichen deren Beteiligung bei allen Fragen betreffend die Sicherheit und die Gesundheit am Arbeitsplatz.

Dies beinhaltet:
– die Anhörung der Arbeitnehmer;
– das Recht der Arbeitnehmer bzw. ihrer Vertreter, Vorschläge zu unterbreiten;
– die ausgewogene Beteiligung nach den nationalen Rechtsvorschriften bzw. Praktiken.

(2) Die Arbeitnehmer bzw. die Arbeitnehmervertreter mit einer besonderen Funktion bei der Sicherheit und beim Gesundheitsschutz der Arbeitnehmer werden in ausgewogener Weise nach den nationalen Rechtsvorschriften bzw. Praktiken beteiligt oder werden im voraus vom Arbeitgeber gehört:

a) zu jeder Aktion, die wesentliche Auswirkungen auf Sicherheit und Gesundheit haben kann;

b) zu der Benennung der Arbeitnehmer gemäß Artikel 7 Absatz 1 und Artikel 8 Absatz 2 sowie zu den Maßnahmen gemäß Artikel 7 Absatz 1;

c) zu den Informationen gemäß Artikel 9 Absatz 1 und Artikel 10;

d) zur etwaigen Hinzuziehung außerbetrieblicher Fachleute (Personen oder Dienste) gemäß Artikel 7 Absatz 3;

e) zur Planung und Organisation der in Artikel 12 vorgesehenen Unterweisung.

(3) Die Arbeitnehmervertreter mit einer besonderen Funktion bei der Sicherheit und beim Gesundheitsschutz der Arbeitnehmer haben das Recht, den Arbeitgeber um geeignete Maßnahmen zu ersuchen und ihm diesbezüglich Vorschläge zu unterbreiten, um so jeder Gefahr für die Arbeitnehmer vorzubeugen und/oder die Gefahrenquellen auszuschalten.

(4) Den in Absatz 2 genannten Arbeitnehmern und den in den Absätzen 2 und 3 genannten Arbeitnehmervertretern dürfen aufgrund ihrer in den Absätzen 2 und 3 genannten jeweiligen Tätigkeit keinerlei Nachteile entstehen.

(5) Der Arbeitgeber ist verpflichtet, den Arbeitnehmervertretern mit einer besonderen Funktion bei der Sicherheit und beim Gesundheitsschutz der Arbeitnehmer eine ausreichende Arbeitsbefreiung ohne Lohnausfall zu gewähren und ihnen die erforderlichen Mittel zur Verfügung zu stellen, um ihnen die Wahrnehmung der sich aus dieser Richtlinie ergebenden Rechte und Aufgaben zu ermöglichen.

(6) Die Arbeitnehmer bzw. ihre Vertreter haben das Recht, sich gemäß den nationalen Rechtsvorschriften bzw. Praktiken an die für die Sicherheit und den Gesundheitsschutz am Arbeitsplatz zuständige Behörde zu wenden, wenn sie der Auffassung sind, daß die vom Arbeitgeber getroffenen Maßnahmen und bereitgestellten Mittel nicht ausreichen, um die Sicherheit und den Gesundheitsschutz am Arbeitsplatz sicherzustellen.

Die Vertreter der Arbeitnehmer müssen die Möglichkeit haben, bei Besuchen und Kontrollen der zuständigen Behörde ihre Bemerkungen vorzubringen.

Unterweisung der Arbeitnehmer

Art. 12 (1) Der Arbeitgeber muß dafür sorgen, daß jeder Arbeitnehmer zum Zeitpunkt
– seiner Einstellung,
– einer Versetzung oder einer Veränderung seines Aufgabenbereichs,
– der Einführung oder Änderung von Arbeitsmitteln,
– der Einführung einer neuen Technologie,

eine ausreichende und angemessene Unterweisung über Sicherheit und Gesundheitsschutz, insbesondere in Form von Informationen und Anweisungen, erhält, die eigens auf seinen Arbeitsplatz oder seinen Aufgabenbereich ausgerichtet ist.

Diese Unterweisung muß
– an die Entwicklung der Gefahrenmomente und an die Entstehung neuer Gefahren angepaßt sein und
– erforderlichenfalls regelmäßig wiederholt werden.

(2) Der Arbeitgeber muß sich vergewissern, daß Arbeitnehmer außerbetrieblicher Firmen, die in seinem Unternehmen bzw. Betrieb zum Einsatz kommen, angemessene Anweisungen hinsichtlich der Sicherheits- und Gesundheitsrisiken während ihrer Tätigkeit in seinem Unternehmen oder Betrieb erhalten haben.

(3) Die Arbeitnehmervertreter mit einer besonderen Funktion bei der Sicherheit und beim Gesundheitsschutz der Arbeitnehmer haben Anspruch auf eine angemessene Unterweisung.

(4) Die in den Absätzen 1 und 3 vorgesehene Unterweisung darf nicht zu Lasten der Arbeitnehmer oder ihrer Vertreter gehen.

Die in Absatz 1 vorgesehene Unterweisung muß während der Arbeitszeit erfolgen.

Die in Absatz 3 vorgesehene Unterweisung muß während der Arbeitszeit oder entsprechend den nationalen Praktiken entweder innerhalb oder außerhalb des Unternehmens bzw. Betriebs erfolgen.

ABSCHNITT III
Pflichten des Arbeitnehmers

Art. 13 (1) Jeder Arbeitnehmer ist verpflichtet, nach seinen Möglichkeiten für seine eigene Sicherheit und Gesundheit sowie für die Sicherheit und die Gesundheit derjenigen Personen Sorge zu tragen, die von seinen Handlungen oder Unterlassungen bei der Arbeit betroffen sind, und zwar gemäß seiner Unterweisung und den Anweisungen des Arbeitgebers.

(2) Zur Verwirklichung dieser Ziele ist jeder Arbeitnehmer insbesondere verpflichtet, gemäß seiner Unterweisung und den Anweisungen des Arbeitgebers

a) Maschinen, Geräte, Werkzeuge, gefährliche Stoffe, Transportmittel und sonstige Mittel ordnungsgemäß zu benutzen;
b) die ihm zur Verfügung gestellte persönliche Schutzausrüstung ordnungsgemäß zu benutzen und sie nach Benutzung an dem dafür vorgesehenen Platz zu lagern;
c) Schutzvorrichtungen insbesondere an Maschinen, Geräten, Werkzeugen, Anlagen und Gebäuden nicht außer Betrieb zu setzen, willkürlich zu verändern oder umzustellen und diese Schutzvorrichtungen ordnungsgemäß zu benutzen;
d) dem Arbeitgeber bzw. den Arbeitnehmern mit einer besonderen Funktion bei der Sicherheit und beim Gesundheitsschutz der Arbeitnehmer jede von ihm festgestellte ernste und unmittelbare Gefahr für die Sicherheit und Gesundheit sowie jeden an den Schutzsystemen festgestellten Defekt unverzüglich zu melden;
e) gemeinsam mit dem Arbeitgeber bzw. dem Arbeitnehmern mit einer besonderen Funktion bei der Sicherheit und beim Gesundheitsschutz der Arbeitnehmer gemäß den nationalen Praktiken so lange wie nötig darauf hinzuwirken, daß die Ausführung aller Aufgaben und die Einhaltung aller Auflagen, die von der zuständigen Behörde für die Sicherheit und den Gesundheitsschutz der Arbeitnehmer am Arbeitsplatz vorgeschrieben sind, ermöglicht werden;
f) gemeinsam mit dem Arbeitgeber bzw. den Arbeitnehmern mit einer besonderen Funktion bei der Sicherheit und beim Gesundheitsschutz der Arbeitnehmer gemäß den nationalen Praktiken so lange wie nötig darauf hinzuwirken, daß der Arbeitgeber gewährleisten kann, daß das Arbeitsumfeld und die Arbeitsbedingungen sicher sind und keine Gefahren für die Sicherheit und die Gesundheit innerhalb des Tätigkeitsbereichs der Arbeitnehmer aufweisen.

ABSCHNITT IV
Sonstige Bestimmungen

Präventivmedizinische Überwachung

Art. 14 (1) Zur Gewährleistung einer geeigneten Überwachung der Gesundheit der Arbeitnehmer je nach den Gefahren für ihre Sicherheit und Gesundheit am Arbeitsplatz werden Maßnahmen im Einklang mit den nationalen Rechtsvorschriften bzw. Praktiken getroffen.

(2) Die in Absatz 1 genannten Maßnahmen sind so konzipiert, daß jeder Arbeitnehmer sich auf Wunsch einer regelmäßigen präventivmedizinischen Überwachung unterziehen kann.

(3) Die präventivmedizinische Überwachung kann Bestandteil eines nationalen Gesundheitsfürsorgesystems sein.

Risikogruppen

Art. 15 Besonders gefährdete Risikogruppen müssen gegen die speziell sie bedrohenden Gefahren geschützt werden.

Einzelrichtlinien – Änderungen

Allgemeiner Geltungsbereich dieser Richtlinie

Art. 16 (1) Der Rat erläßt auf der Grundlage eines auf Artikel 118a des Vertrages beruhenden Vorschlags der Kommission Einzelrichtlinien, unter anderem für die im Anhang aufgeführten Bereiche.

(2) Diese Richtlinie und – unbeschadet des Verfahrens nach Artikel 17 für technische Anpassungen – die Einzelrichtlinien können nach dem Verfahren des Artikel 118a des Vertrages geändert werden.

(3) Die Bestimmungen dieser Richtlinie gelten uneingeschränkt für alle Bereiche, die unter die Einzelrichtlinien fallen; gegebenenfalls bestehende strengere bzw. spezifische Bestimmungen in diesen Einzelrichtlinien bleiben unberührt.

Ausschussverfahren

Art. 17 (1) Bei rein technischen Anpassungen in den in Artikel 16 Absatz 1 genannten Einzelrichtlinien zur Berücksichtigung
a) der im Hinblick auf die technische Harmonisierung und Normung angenommenen Richtlinien,
b) des technischen Fortschritts, der Entwicklung der internationalen Vorschriften oder Spezifikationen und des Wissensstands
wird die Kommission von einem Ausschuss unterstützt.

Diese Maßnahmen zur Änderung nicht wesentlicher Bestimmungen der Einzelrichtlinien werden nach dem in Absatz 2 genannten Regelungsverfahren mit Kontrolle erlassen. Aus Gründen äußerster Dringlichkeit kann die Kommission auf das in Absatz 3 genannte Dringlichkeitsverfahren zurückgreifen.

(2) Wird auf diesen Absatz Bezug genommen, so gelten Artikel 5a Absätze 1 bis 4 und Artikel 7 des Beschlusses 1999/468/EG unter Beachtung von dessen Artikel 8.

(3) Wird auf diesen Absatz Bezug genommen, so gelten Artikel 5a Absätze 1, 2, 4 und 6 sowie

Artikel 7 des Beschlusses 1999/468/EG unter Beachtung von dessen Artikel 8.
(Art. 17 geändert durch VO (EG) Nr. 1882/2003 und VO (EG) Nr. 1137/2008)

Durchführungsberichte

Art. 17a. (1) Alle fünf Jahre legen die Mitgliedstaaten der Kommission einen Gesamtbericht über die praktische Durchführung dieser Richtlinie sowie ihrer Einzelrichtlinien im Sinne von Artikel 16 Absatz 1 vor, wobei auf die Standpunkte der Sozialpartner einzugehen ist. Der Bericht enthält eine Beurteilung der diversen Punkte, die mit der praktischen Durchführung der verschiedenen Richtlinien zusammenhängen, und liefert nach dem Geschlecht aufgeschlüsselte Daten, sofern dies möglich und sinnvoll ist.

(2) Die Struktur des Berichts wird zusammen mit einem Fragebogen mit näheren Angaben zu dessen Inhalt von der Kommission in Zusammenarbeit mit dem Beratenden Ausschuss für Sicherheit und Gesundheit am Arbeitsplatz festgelegt.

Der Bericht umfasst einen allgemeinen Teil, in dem die Bestimmungen der derzeitigen Richtlinie behandelt werden, die die gemeinsamen Grundsätze und Punkte betreffen, die für alle in Absatz 1 erwähnten Richtlinien gelten. Der allgemeine Teil wird durch spezielle Kapitel über die Durchführung der besonderen Aspekte der einzelnen Richtlinien unter Einbeziehung etwa vorhandener spezieller Indikatoren ergänzt.

(3) Die Kommission übermittelt den Mitgliedstaaten die Berichtsstruktur zusammen mit dem genannten Fragebogen mindestens sechs Monate vor Ende des Berichtszeitraums. Der Bericht ist bei der Kommission innerhalb von zwölf Monaten nach Ablauf des von ihm erfassten Fünfjahreszeitraums einzureichen.

(4) Auf der Grundlage dieser Berichte nimmt die Kommission eine Gesamtbewertung der Durchführung der betreffenden Richtlinien vor, insbesondere hinsichtlich ihrer Relevanz sowie der in den einschlägigen Bereichen erfolgten Forschungsarbeiten und gewonnenen neuen wissenschaftlichen Erkenntnisse. Die Kommission erstattet dem Europäischen Parlament, dem Rat, dem Europäischen Wirtschafts- und Sozialausschuss sowie dem Beratenden Ausschuss für Sicherheit und Gesundheit am Arbeitsplatz innerhalb von 36 Monaten nach Ablauf des Fünfjahreszeitraums Bericht über die Ergebnisse dieser Bewertung und, falls erforderlich, über etwaige Initiativen zur Verbesserung des Funktionierens des rechtlichen Rahmens.

(5) Der erste Bericht umfasst den Zeitraum 2007–2012.

(Art. 17a eingefügt durch Art. 1 RL 2007/30/EG)

Schlussbestimmungen

Art. 18 (1) Die Mitgliedstaaten erlassen die erforderlichen Rechts- und Verwaltungsvorschriften, um dieser Richtlinie spätestens am 31. Dezember 1992 nachzukommen. Sie setzen die Kommission unverzüglich davon in Kenntnis.

(2) Die Mitgliedstaaten teilen der Kommission den Wortlaut der einzelstaatlichen Rechtsvorschriften mit, die auf dem unter diese Richtlinie fallenden Gebiet bereits erlassen worden sind oder von ihnen erlassen werden.

(Art. 18 Abs. 3 und 4 aufgehoben durch Art. 3 Z 1 RL 2007/30/EG)

Art. 19 Diese Richtlinie ist an die Mitgliedstaaten gerichtet.

ANHANG
Liste der von Artikel 16 Absatz 1 erfaßten Bereiche

— Arbeitsstätten
— Arbeitsmittel
— Persönliche Schutzausrüstungen
— Arbeiten mit Bildschirmgeräten
— Handhabung schwerer Lasten, die Gefährdungen der Lendenwirbelsäule mit sich bringen
— Baustellen und Wanderbaustellen
— Fischerei und Landwirtschaft

6/1a. RL Berichtspflichten

Präambel

6/1a. Richtlinie über Berichtspflichten zu Arbeitsschutzrichtlinien (Auszug)

Richtlinie 2007/30/EG des Europäischen Parlaments und des Rates zur Änderung der Richtlinie 89/391/EWG des Rates und ihrer Einzelrichtlinien sowie der Richtlinien 83/477/EWG, 91/383/EWG, 92/29/EWG und 94/33/EG des Rates im Hinblick auf die Vereinfachung und Rationalisierung der Berichte über die praktische Durchführung vom 20. Juni 2007

(ABl. Nr. L 165 v. 27.6.2007, S. 21)

DAS EUROPÄISCHE PARLAMENT UND DER RAT DER EUROPÄISCHEN UNION –
gestützt auf den Vertrag zur Gründung der Europäischen Gemeinschaft, insbesondere auf Artikel 137 Absatz 2,
...
in Erwägung nachstehender Gründe:

(1) ...

(2) ...

[Aufzählung der Arbeitsschutzrichtlinien, die Berichte der Mitgliedstaaten über ihre praktische Durchführung vorsehen]

(3) Die Bestimmungen über die Erstellung von Berichten in den Einzelrichtlinien im Sinne von Artikel 16 Absatz 1 der Richtlinie 89/391/EWG sowie in den Richtlinien 91/383/EWG, 92/29/EWG und 94/33/EG sind sowohl hinsichtlich der Zeitabstände als auch ihres Inhalts uneinheitlich.

(4) Die Verpflichtung, die zum einen den Mitgliedstaaten auferlegt ist, Bericht über die praktische Durchführung der Richtlinien zu erstatten, und zum anderen der Kommission, anhand der nationalen Berichte selber Bericht zu erstatten, stellt tatsächlich ein wichtiges Moment des Gesetzgebungsverfahrens dar, da sie es erlaubt, eine Bilanz und eine Bewertung der wichtigsten Elemente der praktischen Durchführung der Richtlinienbestimmungen vorzunehmen; es gilt daher, diese Verpflichtung auf die Richtlinien auszuweiten, die die Erstellung von Durchführungsberichten nicht vorsehen, und zwar: die Richtlinie 2000/54/EG des Europäischen Parlaments und des Rates vom 18. September 2000 über den Schutz der Arbeitnehmer gegen Gefährdung durch biologische Arbeitsstoffe bei der Arbeit (Siebte Einzelrichtlinie im Sinne von Artikel 16 Absatz 1 der Richtlinie 89/391/EWG), die Richtlinie 2004/37/EG des Europäischen Parlaments und des Rates vom 29. April 2004 über den Schutz der Arbeitnehmer gegen Gefährdung durch Karzinogene oder Mutagene bei der Arbeit (Sechste Einzelrichtlinie im Sinne von Artikel 16 Absatz 1 der Richtlinie 89/391/EWG) sowie die Richtlinie 83/477/EWG des Rates vom 19. September 1983 über den Schutz der Arbeitnehmer gegen Gefährdung durch Asbest am Arbeitsplatz.

(5) Somit müssen die Bestimmungen der Richtlinie 89/391/EWG, der Einzelrichtlinien im Sinne von Artikel 16 Absatz 1 dieser Richtlinie sowie der Richtlinien 83/477/EWG, 91/383/EWG, 92/29/EWG und 94/33/EG vereinheitlicht werden.

(6) Die Mitteilung der Kommission „Anpassung an den Wandel von Arbeitswelt und Gesellschaft: eine neue Gemeinschaftsstrategie für Gesundheit und Sicherheit am Arbeitsplatz 2002-2006" (KOM(2002) 118 endgültig) sieht die Ausarbeitung von Legislativvorschlägen zur Vereinfachung und Rationalisierung der Durchführungsberichte vor; dieser Punkt ist auch als eines der prioritären Anliegen bei der Vereinfachung der gemeinschaftlichen Rechtsvorschriften bei den Arbeiten im Zuge der Initiative zur Verbesserung des Regelungsumfelds erkannt worden.

(7) Der gesamte Vorgang muss vereinfacht werden, indem man gleichzeitig die Zeitabstände der Vorlage der nationalen Berichte über die praktische Durchführung bei der Kommission vereinheitlicht und nur noch einen Gesamtbericht über die praktische Durchführung vorsieht, der aus einem allgemeinen Teil mit Geltung für alle Richtlinien und spezifischen Kapiteln über die von den einzelnen Richtlinien behandelten Aspekte bestehen soll. Mit Hilfe dieser Bestimmungen und insbesondere der Einführung eines neuen Artikels 17a in die Richtlinie 89/391/EWG wird es darüber hinaus möglich, in diese Berichterstattung über die Durchführung die Einzelrichtlinien im Sinne von Artikel 16 Absatz 1 der Richtlinie 89/391/EWG einzubeziehen, die keine Erstellung von Berichten vorsehen, nämlich die Richtlinien 2000/54/EG und 2004/37/EG, sowie sämtliche zukünftigen Einzelrichtlinien im Sinne von Artikel 16 Absatz 1 der Richtlinie 89/391/EWG.

(8) Es erscheint angezeigt, die Zeitabstände der Erstellung dieser Berichte und ihrer Vorlage bei der Kommission durch die Mitgliedstaaten auf fünf Jahre festzusetzen, wobei der erste Bericht ausnahmsweise einen längeren Zeitraum erfassen sollte. Die Struktur dieser Berichte sollte Kohärenz aufweisen, um ihre Auswertung zu ermöglichen. Die Berichte sollten anhand eines Fragebogens verfasst werden, der von der Kommission nach Anhörung des Beratenden Ausschusses für Sicherheit und Gesundheit am Arbeitsplatz ausgearbeitet wird, und einschlägige Informationen über die in den Mitgliedstaaten unternommenen Präventionsbemühungen enthalten, um es so der Kommission zu ermöglichen, unter Berücksichtigung etwaiger wichtiger Erkenntnisse der Europäischen Agentur für Sicherheit und Gesundheit am Arbeitsplatz sowie der Europäischen Stiftung für die Verbesserung der Lebens- und Arbeitsbedingungen angemessen

zu beurteilen, wie die Rechtsvorschriften in der Praxis funktionieren.

(9)–(11) ... *[Nach Art. 138 EG-Vertrag durchgeführtes Verfahren der Anhörung der Sozialpartner]*

(12) Die Mitgliedstaaten sollten die notwendigen Maßnahmen zur Umsetzung der in dieser Richtlinie vorgesehenen Änderungen ergreifen, bei denen es sich angesichts der besonderen Beschaffenheit dieser Richtlinie gegebenenfalls um Verwaltungsmaßnahmen handeln könnte –

HABEN FOLGENDE RICHTLINIE ERLASSEN:

Änderung der Richtlinie 89/391/EWG

Art. 1 *(eingearbeitet in die RL 89/391/EWG)*

Änderung der Richtlinien 83/477/EWG, 91/383/EWG, 92/29/EWG und 94/33/EG

Art. 2 *(eingearbeitet in diese RL)*

Aufhebung

Art. 3 ... *[Aufhebung der Bestimmungen in einzelnen Richtlinien betreffend Berichte über die praktische Durchführung dieser Richtlinien; eingearbeitet in diese RL]*

Durchführung

Art. 4 Die Mitgliedstaaten treffen die Maßnahmen, die erforderlich sind, um dieser Richtlinie bis zum 31. Dezember 2012 nachzukommen.

Inkrafttreten

Art. 5 Diese Richtlinie tritt am Tag nach ihrer Veröffentlichung im *Amtsblatt der Europäischen Union* in Kraft.

Adressaten

Art. 6 Diese Richtlinie ist an die Mitgliedstaaten gerichtet.

6/2. Arbeitsstättenrichtlinie

Richtlinie 89/654/EWG des Rates über Mindestvorschriften für Sicherheit und Gesundheitsschutz in Arbeitsstätten (Erste Einzelrichtlinie im Sinne des Artikels 16 Absatz 1 der Richtlinie 89/391/EWG) vom 30. November 1989

(ABl. Nr. L 393 v. 30.12.1989, S. 1; geändert durch die RL 2007/30/EG, ABl. Nr. L 165 v. 27.6.2007, S. 21; geändert durch die VO (EU) 2019/1243, ABl. Nr. L 198 v. 25.7.2019, S. 241)
(nicht amtlich aktualisierte Fassung)

GLIEDERUNG

ABSCHNITT I: ALLGEMEINE BESTIMMUNGEN
Art. 1: Ziel der Richtlinie
Art. 2: Definition

ABSCHNITT II: PFLICHTEN DES ARBEITGEBERS
Art. 3: Erstmals genutzte Arbeitsstätten
Art. 4: Bereits genutzte Arbeitsstätten
Art. 5: Änderungen der Arbeitsstätten
Art. 6: Allgemeine Verpflichtungen
Art. 7: Unterrichtung der Arbeitnehmer
Art. 8: Anhörung und Beteiligung der Arbeitnehmer

ABSCHNITT III: SONSTIGE BESTIMMUNGEN
Art. 9: Änderungen der Anhänge
Art. 9a: Ausübung der Befugnisübertragung
Art. 9b: Dringlichkeitsverfahren
Art. 10, 11: Schlussbestimmungen

ANHÄNGE I und II

DER RAT DER EUROPÄISCHEN GEMEINSCHAFTEN –

gestützt auf den Vertrag zur Gründung der Europäischen Wirtschaftsgemeinschaft, insbesondere auf Artikel 118a,

auf Vorschlag der Kommission (ABl. Nr. C 141 v. 30.5.1988, S. 6, ABl. Nr. C 115 v. 8.5.1989, S. 34, und ABl. Nr. C 284 v. 10.11.1989, S. 8), die den Beratenden Ausschuß für Sicherheit, Arbeitshygiene und Gesundheitsschutz am Arbeitsplatz gehört hat, in Zusammenarbeit mit dem Europäischen Parlament (ABl. Nr. C 326 v. 19.12.1988, S. 123, und ABl. Nr. C 256 v. 9.10.1988, S. 51),

nach Stellungnahme des Wirtschafts- und Sozialausschusses (ABl. Nr. C 175 v. 4.7.1988, S. 28),

in Erwägung nachstehender Gründe:

In Artikel 118a des Vertrages ist vorgesehen, daß der Rat durch Richtlinien Mindestvorschriften festlegt, die die Verbesserung insbesondere der Arbeitsumwelt fördern, um die Sicherheit und die Gesundheit der Arbeitnehmer verstärkt zu schützen.

Nach demselben Artikel sollen diese Richtlinien keine verwaltungsmäßigen, finanziellen oder rechtlichen Auflagen vorschreiben, die der Gründung und Entwicklung von Klein- und Mittelbetrieben entgegenstehen.

Die Mitteilung der Kommission über ihr Aktionsprogramm für Sicherheit, Arbeitshygiene und Gesundheitsschutz am Arbeitsplatz (ABl. Nr. C 28 v. 3.2.1988, S. 3) sieht die Verabschiedung einer Richtlinie vor, die die Sicherheit und den Gesundheitsschutz der Arbeitnehmer in Arbeitsstätten gewährleisten soll.

In seiner Entschließung vom 21. Dezember 1987 in bezug auf Sicherheit, Arbeitshygiene und Gesundheitsschutz am Arbeitsplatz hat der Rat die Absicht der Kommission zur Kenntnis genommen, ihm binnen kurzem Mindestvorschriften über die Arbeitsstätten vorzulegen.

Die Einhaltung von Mindestvorschriften zur Verbesserung der Sicherheit und des Gesundheitsschutzes in Arbeitsstätten ist eine unabdingbare Voraussetzung für die Gewährleistung der Sicherheit und des Gesundheitsschutzes der Arbeitnehmer.

Die vorliegende Richtlinie ist eine Einzelrichtlinie im Sinne von Artikel 16 Absatz 1 der Richtlinie 89/391/EWG des Rates vom 12. Juni 1989 über die Durchführung von Maßnahmen zur Verbesserung der Sicherheit und des Gesundheitsschutzes der Arbeitnehmer bei der Arbeit. Die Bestimmungen der genannten Richtlinie finden daher unbeschadet strengerer oder spezifischer Bestimmungen der vorliegenden Richtlinie im Bereich der Arbeitsstätten in vollem Umfang Anwendung.

Die vorliegende Richtlinie stellt einen konkreten Beitrag zur Ausgestaltung der sozialen Dimension des Binnenmarktes dar.

Nach dem Beschluß 74/325/EWG (ABl. L 185 v. 9.7.1974, S. 15), zuletzt geändert durch die Beitrittsakte von 1985, wird der Beratende Ausschuß für Sicherheit, Arbeitshygiene und Gesundheitsschutz am Arbeitsplatz*) im Hinblick auf die Aus-

6/2. ArbeitsstättenRL

Präambel, Art. 1 – 9

arbeitung von Vorschlägen auf diesem Gebiet von der Kommission gehört –

*) Jetzt: Beratender Ausschuss für Sicherheit und Gesundheit am Arbeitsplatz (Beschluss des Rates v. 22.7.2003, ABl. Nr. C 218 v. 13. 9. 2003, S. 1).

HAT FOLGENDE RICHTLINIE ERLASSEN:

ABSCHNITT I
ALLGEMEINE BESTIMMUNGEN

Ziel der Richtlinie

Art. 1 (1) Diese Richtlinie ist die erste Einzelrichtlinie im Sinne des Artikels 16 Absatz 1 der Richtlinie 89/391/EWG; sie legt Mindestvorschriften in bezug auf Sicherheit und Gesundheitsschutz in Arbeitsstätten im Sinne des Artikels 2 fest.

(2) Die vorliegende Richtlinie gilt nicht für

a) Transportmittel, die außerhalb des Unternehmens und/oder des Betriebs genutzt werden, sowie für Arbeitsstätten in Transportmitteln,
b) Baustellen und Wanderbaustellen,
c) die mineralgewinnende Industrie,
d) Fischereifahrzeuge,
e) Felder, Wälder und sonstige Flächen, die zu einem land- oder forstwirtschaftlichen Betrieb gehören, aber außerhalb seiner bebauten Fläche liegen.

(3) Die Richtlinie 89/391/EWG findet unbeschadet strengerer oder spezifischer Bestimmungen der vorliegenden Richtlinie auf den gesamten in Absatz 1 genannten Bereich in vollem Umfang Anwendung.

Definition

Art. 2 Im Sinne dieser Richtlinie gelten als Arbeitsstätten die Orte in den Gebäuden des Unternehmens und/oder Betriebs, die zur Nutzung für Arbeitsplätze vorgesehen sind, einschließlich jedes Orts auf dem Gelände des Unternehmens und/oder Betriebs, zu dem Arbeitnehmer im Rahmen ihrer Arbeit Zugang haben.

ABSCHNITT II
PFLICHTEN DES ARBEITGEBERS

Erstmals genutzte Arbeitsstätten

Art. 3 Arbeitsstätten, die erstmalig nach dem 31. Dezember 1992 genutzt werden, müssen den in Anhang I aufgeführten Mindestvorschriften in bezug auf Sicherheit und Gesundheitsschutz entsprechen.

Bereits genutzte Arbeitsstätten

Art. 4 Arbeitsstätten, die bereits vor dem 1. Januar 1993 genutzt wurden, müssen spätestens drei Jahre nach diesem Zeitpunkt den in Anhang II aufgeführten Mindestvorschriften in bezug auf Sicherheit und Gesundheitsschutz entsprechen.

Im Falle der Portugiesischen Republik jedoch müssen die vor dem 1. Januar 1993 bereits genutzten Arbeitsstätten vier Jahre nach diesem Zeitpunkt den Mindestvorschriften für Sicherheit und Gesundheitsschutz nach Anhang II genügen.

Änderungen der Arbeitsstätten

Art. 5 Werden an Arbeitsstätten nach dem 31. Dezember 1992 Änderungen, Erweiterungen und/oder Umgestaltungen vorgenommen, so hat der Arbeitgeber die erforderlichen Maßnahmen zu treffen, damit diese Änderungen, Erweiterungen und/oder Umgestaltungen mit den entsprechenden Mindestvorschriften des Anhangs I übereinstimmen.

Allgemeine Verpflichtungen

Art. 6 Zur Gewährleistung der Sicherheit und zum Schutz der Gesundheit der Arbeitnehmer hat der Arbeitgeber dafür Sorge zu tragen, daß

– die Verkehrswege zu Notausgängen und Fluchtwegen sowie die Notausgänge und Fluchtwege selbst freigehalten werden, damit sie jederzeit benutzt werden können,
– die Arbeitsstätten sowie Anlagen und Einrichtungen, insbesondere die in den Anhängen I und II erwähnten, instandgehalten werden und festgestellte Mängel, die sich auf die Sicherheit und die Gesundheit der Arbeitnehmer negativ auswirken könnten, möglichst umgehend beseitigt werden.
– die Arbeitsstätten sowie Anlagen und Einrichtungen, insbesondere die in Anhang I Nummer 6 und Anhang II Nummer 6 erwähnten, zur Gewährleistung angemessener Hygienebedingungen regelmäßig gereinigt werden,
– die Sicherheitseinrichtungen und -vorrichtungen zur Verhütung oder Beseitigung von Gefahren, insbesondere die in den Anhängen I und II erwähnten, regelmäßig gewartet und auf ihre Funktionsfähigkeit geprüft werden.

Unterrichtung der Arbeitnehmer

Art. 7 Unbeschadet des Artikels 10 der Richtlinie 89/391/EWG werden die Arbeitnehmer und/oder die Arbeitnehmervertreter über alle Maßnahmen unterrichtet, die hinsichtlich von Sicherheit und Gesundheitsschutz in Arbeitsstätten getroffen werden müssen.

Anhörung und Beteiligung der Arbeitnehmer

Art. 8 Gemäß Artikel 11 der Richtlinie 89/391/EWG hören die Arbeitgeber die Arbeitnehmer bzw. deren Vertreter in den unter die vorliegende Richtlinie – einschließlich ihrer Anhänge – fallenden Bereichen an und ermöglichen deren Beteiligung.

ABSCHNITT III
SONSTIGE BESTIMMUNGEN

Änderungen der Anhänge

Art. 9 Der Kommission wird die Befugnis übertragen, gemäß Artikel 9a delegierte Rechtsakte zur Vornahme rein technischer Änderungen der Anhänge zu erlassen, um die technische Harmonisierung und Normung der Planung, Herstellung oder Konstruktion von Teilbereichen der Arbeitsstätten, den technischen Fortschritt sowie die Entwicklung der internationalen Regelungen oder

Spezifikationen und der Kenntnisse auf dem Gebiet der Arbeitsstätten zu berücksichtigen.

Ist in hinreichend begründeten Ausnahmefällen, in denen eine akute, unmittelbare und schwerwiegende Gefahr für die körperliche Gesundheit und Sicherheit von Arbeitnehmern oder anderen Personen gegeben ist, aus Gründen äußerster Dringlichkeit sehr kurzfristiges Handeln erforderlich, so findet das Verfahren gemäß Artikel 9b auf delegierte Rechtsakte, die gemäß dem vorliegenden Artikel erlassen werden, Anwendung.

(VO (EU) 2019/1243)

Artikel 9a
Ausübung der Befugnisübertragung

(1) Die Befugnis zum Erlass delegierter Rechtsakte wird der Kommission unter den in diesem Artikel festgelegten Bedingungen übertragen.

(2) Die Befugnis zum Erlass delegierter Rechtsakte gemäß Artikel 9 wird der Kommission für einen Zeitraum von fünf Jahren ab dem 26. Juli 2019 übertragen. Die Kommission erstellt spätestens neun Monate vor Ablauf des Zeitraums von fünf Jahren einen Bericht über die Befugnisübertragung. Die Befugnisübertragung verlängert sich stillschweigend um Zeiträume gleicher Länge, es sei denn, das Europäische Parlament oder der Rat widersprechen einer solchen Verlängerung spätestens drei Monate vor Ablauf des jeweiligen Zeitraums.

(3) Die Befugnisübertragung gemäß Artikel 9 kann vom Europäischen Parlament oder vom Rat jederzeit widerrufen werden. Der Beschluss über den Widerruf beendet die Übertragung der in diesem Beschluss angegebenen Befugnis. Er wird am Tag nach seiner Veröffentlichung im *Amtsblatt der Europäischen Union* oder zu einem im Beschluss über den Widerruf angegebenen späteren Zeitpunkt wirksam. Die Gültigkeit von delegierten Rechtsakten, die bereits in Kraft sind, wird von dem Beschluss über den Widerruf nicht berührt.

(4) Vor dem Erlass eines delegierten Rechtsakts konsultiert die Kommission die von den einzelnen Mitgliedstaaten benannten Sachverständigen im Einklang mit den in der Interinstitutionellen Vereinbarung vom 13. April 2016 über bessere Rechtsetzung (ABl. L 123 vom 12.5.2016, S. 1) enthaltenen Grundsätzen.

(5) Sobald die Kommission einen delegierten Rechtsakt erlässt, übermittelt sie ihn gleichzeitig dem Europäischen Parlament und dem Rat.

(6) Ein delegierter Rechtsakt, der gemäß Artikel 9 erlassen wurde, tritt nur in Kraft, wenn weder das Europäische Parlament noch der Rat innerhalb einer Frist von zwei Monaten nach Übermittlung dieses Rechtsakts an das Europäische Parlament und den Rat Einwände erhoben haben oder wenn vor Ablauf dieser Frist das Europäische Parlament und der Rat beide der Kommission mitgeteilt haben, dass sie keine Einwände erheben werden. Auf Initiative des Europäischen Parlaments oder des Rates wird diese Frist um zwei Monate verlängert.

(VO (EU) 2019/1243)

Artikel 9b
Dringlichkeitsverfahren

(1) Delegierte Rechtsakte, die nach diesem Artikel erlassen werden, treten umgehend in Kraft und sind anwendbar, solange keine Einwände gemäß Absatz 2 erhoben werden. Bei der Übermittlung eines delegierten Rechtsakts an das Europäische Parlament und den Rat werden die Gründe für die Anwendung des Dringlichkeitsverfahrens angegeben.

(2) Das Europäische Parlament oder der Rat können gemäß dem Verfahren des Artikels 9a Absatz 6 Einwände gegen einen delegierten Rechtsakt erheben. In diesem Fall hebt die Kommission den Rechtsakt umgehend nach der Übermittlung des Beschlusses des Europäischen Parlaments oder des Rates, Einwände zu erheben, auf.

(VO (EU) 2019/1243)

Schlussbestimmungen

Art. 10 (1) Die Mitgliedstaaten erlassen die erforderlichen Rechts- und Verwaltungsvorschriften, um dieser Richtlinie spätestens am 31. Dezember 1992 nachzukommen. Sie setzen die Kommission unverzüglich davon in Kenntnis.

Die Griechische Republik muß dieser Richtlinie jedoch erst am 31. Dezember 1994 nachkommen.

(2) Die Mitgliedstaaten teilen der Kommission den Wortlaut der innerstaatlichen Rechtsvorschriften mit, die sie auf dem unter diese Richtlinie fallenden Gebiet erlassen oder bereits erlassen haben.

(Art. 10 Abs. 3 und 4 aufgehoben durch Art. 3 Z. 2 RL 2007/30/EG)

Art. 11 Diese Richtlinie ist an die Mitgliedstaaten gerichtet.

ANHANG I
Mindestvorschriften für Sicherheit und Gesundheitsschutz in erstmals genutzten Arbeitsstätten nach Artikel 3 der Richtlinie

1. Vorbemerkung

Die Anforderungen dieses Anhangs gelten in allen Fällen, in denen die Eigenschaften der Arbeitsstätte oder der Tätigkeit, die Umstände oder eine Gefahr dies erfordern.

2. Stabilität und Festigkeit

Gebäude für Arbeitsstätten müssen eine der Nutzungsart entsprechende Konstruktion und Festigkeit aufweisen.

3. Elektrische Anlagen

Elektrische Anlagen müssen so konzipiert und installiert sein, daß von ihnen keine Brand- oder Explosionsgefahr ausgeht und daß Personen vor Unfallgefahren bei direktem und indirektem Kontakt angemessen geschützt sind.

Bei der Konzeption und der Ausführung sowie der Wahl des Materials und der Schutzvorrichtungen sind die Spannung, die äußeren Einwirkungsbedingungen und die Fachkenntnisse der Personen zu berücksichtigen, die zu Teilen der Anlage Zugang haben.

6/2. ArbeitsstättenRL
Anhang I

4. Fluchtwege und Notausgänge

4.1. Fluchtwege und Notausgänge müssen frei von Hindernissen bleiben und auf möglichst kurzem Weg ins Freie oder in einen sicheren Bereich führen.

4.2. Alle Arbeitsplätze müssen bei Gefahr von den Arbeitnehmern schnell und in größter Sicherheit verlassen werden können.

4.3. Anzahl, Anordnung und Abmessungen der Fluchtwege und Notausgänge richten sich nach der Nutzung, der Einrichtung und den Abmessungen der Arbeitsstätten sowie der höchstmöglichen Anzahl der dort anwesenden Personen.

4.4. Türen von Notausgängen müssen sich nach außen öffnen.

Türen von Notausgängen dürfen nicht so verschlossen werden, daß sie nicht leicht und unmittelbar von jeder Person geöffnet werden können, die sie im Notfall benützen müßte.

Schiebe- und Drehtüren sind als Nottüren nicht zulässig.

4.5. Fluchtwege und Notausgänge als solche sind gemäß den innerstaatlichen Bestimmungen zur Umsetzung der Richtlinie 77/576/EWG (ABl. Nr. L 229 dem 7. 9. 1977, S. 12) zu kennzeichnen.

Diese Kennzeichnung muß an geeigneten Stellen angebracht und dauerhaft sein.

4.6. Notausgänge dürfen nicht mittels eines Schlüssels verschlossen werden.

Fluchtwege und Notausgänge sowie die dorthin führenden Durchgänge und Türen dürfen nicht durch Gegenstände versperrt werden, so daß sie jederzeit ungehindert benutzt werden können.

4.7. Fluchtwege und Notausgänge, bei denen eine Beleuchtung notwendig ist, müssen für den Fall, daß die Beleuchtung ausfällt, über eine ausreichende Sicherheitsbeleuchtung verfügen.

5. Brandmeldung und -bekämpfung

5.1. In den Arbeitsstätten müssen je nach Abmessungen und Nutzung der Gebäude, nach vorhandenen Einrichtungen, nach physikalischen und chemischen Eigenschaften der vorhandenen Stoffe und nach der größtmöglichen Zahl anwesender Personen Feuerlöscheinrichtungen und erforderlichenfalls Brandmelder und Alarmanlagen vorhanden sein.

5.2. Nichtselbsttätige Feuerlöscheinrichtungen müssen leicht zu erreichen und zu handhaben sein.

Sie sind gemäß den innerstaatlichen Bestimmungen zur Umsetzung der Richtlinie 77/576/EWG zu kennzeichnen.

Diese Kennzeichnung muß an geeigneten Stellen angebracht und dauerhaft sein.

6. Lüftung umschlossener Arbeitsräume

6.1. In umschlossenen Arbeitsräumen muß unter Berücksichtigung der Arbeitsverfahren und der körperlichen Beanspruchung der Arbeitnehmer ausreichend gesundheitlich zuträgliche Atemluft vorhanden sein.

Bei Verwendung einer lüftungstechnischen Anlage muß diese jederzeit funktionsfähig sein.

Eine etwaige Störung muß durch eine Warneinrichtung angezeigt werden, wenn dies mit Rücksicht auf die Gesundheit der Arbeitnehmer erforderlich ist.

6.2. Werden Klimaanlagen oder mechanische Belüftungseinrichtungen verwendet, so ist sicherzustellen, daß die Arbeitnehmer keinem störenden Luftzug ausgesetzt sind.

Ablagerungen und Verunreinigungen, die zu einer unmittelbaren Gesundheitsgefährdung der Arbeitnehmer durch Verschmutzung der Raumluft führen könnten, müssen rasch beseitigt werden.

7. Raumtemperatur

7.1. In den Arbeitsräumen muß während der Arbeitszeit unter Berücksichtigung der angewandten Arbeitsmethoden und der körperlichen Beanspruchung der Arbeitnehmer eine Raumtemperatur herrschen, die dem menschlichen Organismus angemessen ist.

7.2. In Pausen-, Bereitschafts-, Sanitär, Kantinen- und Sanitätsräumen muß die Temperatur dem spezifischen Nutzungszweck der Räume entsprechen.

7.3. Fenster, Oberlichter und Glaswände müssen je nach Art der Arbeit und der Arbeitsstätte eine Abschirmung der Arbeitsstätten gegen übermäßige Sonneneinstrahlung ermöglichen.

8. Natürliche und künstliche Beleuchtung der Räume

8.1. Die Arbeitsstätten müssen möglichst ausreichend Tageslicht erhalten und mit Einrichtungen für eine der Sicherheit und dem Gesundheitsschutz der Arbeitnehmer angemessene künstliche Beleuchtung ausgestattet sein.

8.2. Die Beleuchtung der Arbeitsräume und Verbindungswege muß so angebracht sein, daß aus der Art der Beleuchtung keine Unfallgefahr für die Arbeitnehmer entsteht.

8.3. Arbeitsstätten, in denen die Arbeitnehmer bei Ausfall der künstlichen Beleuchtung in besonderem Maße Gefahren ausgesetzt sind, müssen eine ausreichende Sicherheitsbeleuchtung haben.

9. Fußböden, Wände, Decken und Dächer der Räume

9.1. Die Fußböden der Räume dürfen keine Unebenheiten, Löcher oder gefährlichen Neigungen aufweisen; sie müssen befestigt, trittsicher und rutschfest sein.

Wo sich ein Arbeitsplatz befindet, müssen die Arbeitsstätten je nach Art des Unternehmens und der körperlichen Tätigkeit des Arbeitnehmers eine ausreichende Wärmeisolierung aufweisen.

9.2. Die Oberfläche der Fußböden, Decken und Wände muß so beschaffen sein, daß sie sich den hygienischen Erfordernissen entsprechend reinigen und erneuern läßt.

9.3. Durchsichtige oder lichtdurchlässige Wände, insbesondere Ganzglaswände, in Räumen oder im Bereich von Arbeitsplätzen und Verkehrswegen müssen deutlich gekennzeichnet sein und aus Sicherheitswerkstoff bestehen oder so gegen die Arbeitsplätze und Verkehrswege abgeschirmt sein, daß die Arbeitnehmer nicht mit den Wänden in Berührung kommen und beim Zersplittern der Wände nicht verletzt werden können.

9.4. Der Zugang zu Dächern aus Werkstoffen, die keinen ausreichenden Belastungswiderstand bieten, ist nur zulässig, wenn Ausrüstungen zur Verfügung gestellt werden, die eine sichere Ausführung der Arbeit ermöglichen.

10. Fenster und Oberlichter der Räume

10.1. Fenster, Oberlichter und Lüftungsvorrichtungen müssen sich von den Arbeitnehmern sicher öffnen, schließen, verstellen und festlegen lassen. Sie dürfen nicht so angeordnet sein, daß sie in geöffnetem Zustand eine Gefahr für die Arbeitnehmer darstellen.

10.2. Fenster und Oberlichter müssen in Verbindung mit der Einrichtung konzipiert oder mit Vorrichtungen versehen sein, die es ermöglichen, sie ohne Gefährdung der die Reinigung durchführenden Arbeitnehmer sowie der in den Gebäuden und um die Gebäude herum anwesenden Arbeitnehmer zu reinigen.

11. Türen und Tore

11.1. Die Lage, die Anzahl, die bei der Ausführung verwendeten Werkstoffe und die Abmessung der Türen und Tore müssen sich nach der Art und Nutzung der Räume oder Bereiche richten.

11.2. Durchsichtige Türen müssen in Augenhöhe gekennzeichnet sein.

11.3. Schwingtüren und -tore müssen durchsichtig sein oder Sichtfenster haben.

11.4. Bestehen durchsichtige oder lichtdurchlässige Flächen von Türen und Toren nicht aus Sicherheitsmaterial und ist zu befürchten, daß sich Arbeitnehmer beim Zersplitten der Flächen verletzen können, so sind diese Flächen gegen Eindrücken zu schützen.

11.5. Schiebetüren müssen gegen Ausheben und Herausfallen gesichert sein.

11.6. Türen und Tore, die sich nach oben öffnen, müssen gegen Herabfallen gesichert sein.

11.7. Türen im Verlauf von Fluchtwegen müssen angemessen gekennzeichnet sein.

Sie müssen sich jederzeit von innen ohne besondere Hilfsmittel öffnen lassen.

Solange sich Arbeitnehmer in der Arbeitsstätte befinden, müssen die Türen sich öffnen lassen.

11.8. In unmittelbarer Nähe von Toren, die vorwiegend für den Fahrzeugverkehr bestimmt sind, müssen gut sichtbar gekennzeichnete und stets zugängliche Türen für den Fußgängerverkehr vorhanden sein, es sei denn, der Durchgang ist für Fußgänger ungefährlich.

11.9. Kraftbetätigte Türen und Tore müssen ohne Gefahr der Arbeitnehmer bewegt werden können.

Sie müssen mit gut erkennbaren und leicht zugänglichen Notabschalteinrichtungen ausgestattet und auch von Hand zu öffnen sein, sofern sie sich bei Stromausfall nicht automatisch öffnen.

12. Verkehrswege – Gefahrenbereiche

12.1. Verkehrswege, einschließlich Treppen, fest angebrachten Steigleitern und Laderampen, müssen so angelegt und bemessen sein, daß sie je nach ihrem Bestimmungszweck leicht und sicher begangen oder befahren werden können und in der Nähe beschäftigte Arbeitnehmer nicht gefährdet werden.

12.2. Die Bemessung der Verkehrswege, die dem Personen- und/oder Güterverkehr dienen, muß sich nach der Zahl der möglichen Benutzer und der Art des Betriebs richten.

Werden Beförderungsmittel auf Verkehrswegen verwendet, so muß für Fußgänger ein ausreichender Sicherheitsabstand gewahrt werden.

12.3. Verkehrswege für Fahrzeuge müssen an Türen, Toren, Fußgängerwegen, Durchgängen und Treppenaustritten in ausreichendem Abstand vorbeiführen.

12.4. Soweit aufgrund der Nutzung und Einrichtung der Räume zum Schutz der Arbeitnehmer erforderlich, müssen die Begrenzungen der Verkehrswege gekennzeichnet sein.

12.5. Befinden sich in den Arbeitsstätten durch die Art der Arbeit bedingte Gefahrenbereiche, in denen Sturzgefahr für die Arbeitnehmer oder die Gefahr des Herabfallens von Gegenständen besteht, so müssen diese Bereiche nach Möglichkeit mit Vorrichtungen ausgestattet sein, die unbefugte Arbeitnehmer am Betreten dieser Bereiche hindern.

Zum Schutz der Arbeitnehmer, die zum Betreten der Gefahrenbereiche befugt sind, sind entsprechende Vorkehrungen zu treffen.

Die Gefahrenbereiche müssen gut sichtbar gekennzeichnet sein.

13. Besondere Anforderungen an Rolltreppen und Rollsteige

Rolltreppen und Rollsteige müssen sicher funktionieren.

Sie müssen mit den notwendigen Sicherheitsvorrichtungen ausgestattet sein.

Sie müssen durch gut erkennbare und leicht zugängliche Notschalteinrichtungen stillgelegt werden können.

14. Laderampen

14.1. Laderampen sind den Abmessungen der transportierten Lasten entsprechend auszulegen.

14.2. Laderampen müssen mindestens einen Abgang haben.

Soweit es betriebstechnisch möglich ist, müssen Laderampen, die eine bestimmte Länge überschreiten, in jedem Endbereich einen Abgang haben.

14.3. Bei Laderampen müssen die Arbeitnehmer nach Möglichkeit gegen Abstürzen gesichert sein.

15. Raumabmessungen und Luftraum der Räume, Bewegungsfläche am Arbeitsplatz

15.1. Arbeitsräume müssen eine ausreichende Grundfläche und Höhe sowie einen ausreichen-

6/2. ArbeitsstättenRL
Anhang I

den Luftraum aufweisen, so daß die Arbeitnehmer ohne Beeinträchtigung ihrer Sicherheit, ihrer Gesundheit oder ihres Wohlbefindens ihre Arbeit verrichten können.

15.2. Die freie unverstellte Fläche am Arbeitsplatz muß so bemessen sein, daß sich die Arbeitnehmer bei ihrer Tätigkeit ungehindert bewegen können.

Kann dieser Anforderung aus arbeitsplatztechnischen Gründen nicht entsprochen werden, muß dem Arbeitnehmer in der Nähe des Arbeitsplatzes eine andere ausreichend große Bewegungsfläche zur Verfügung stehen.

16. Pausenräume

16.1. Den Arbeitnehmern ist ein leicht erreichbarer Pausenraum zur Verfügung zu stellen, wenn Sicherheits- oder Gesundheitsgründe, insbesondere wegen der Art der ausgeübten Tätigkeit oder der eine bestimmte Obergrenze übersteigende Anzahl der im Betrieb beschäftigten Personen, dies erfordern.

Dies gilt nicht, wenn die Arbeitnehmer in Büroräumen oder vergleichbaren Arbeitsräumen beschäftigt sind und dort gleichwertige Voraussetzungen für eine Erholung während der Pause gegeben sind.

16.2. Pausenräume müssen ausreichend bemessen und der Zahl der Arbeitnehmer entsprechend mit Tischen und Sitzgelegenheiten mit Rückenlehne ausgestattet sein.

16.3. In den Pausenräumen sind angemessene Maßnahmen zum Schutz der Nichtraucher vor Belästigung durch Tabakrauch zu treffen.

16.4. Fallen in der Arbeitszeit regelmäßig und häufig Arbeitsbereitschaftszeiten und sind keine Pausenräume vorhanden, so sind andere Räume zur Verfügung zu stellen, in denen sich die Arbeitnehmer während der Dauer der Arbeitsbereitschaft aufhalten können, wenn Gesundheits- oder Sicherheitsgründe dies erfordern.

In diesen Räumen sind angemessene Maßnahmen zum Schutz der Nichtraucher vor Belästigung durch Tabakrauch vorzusehen.

17. Schwangere Frauen und stillende Mütter

Schwangere Frauen und stillende Mütter müssen sich unter geeigneten Bedingungen hinlegen und ausruhen können.

18. Sanitärräume

18.1. Umkleideräume, Kleiderschränke

18.1.1. Den Arbeitnehmern sind geeignete Umkleideräume zur Verfügung zu stellen, wenn sie bei ihrer Tätigkeit besondere Arbeitskleidung tragen müssen und es ihnen aus gesundheitlichen oder sittlichen Gründen nicht zuzumuten ist, sich in einem anderen Raum umzukleiden.

Die Umkleideräume müssen leicht zugänglich, von ausreichender Größe und mit Sitzgelegenheiten ausgestattet sein.

18.1.2. Die Umkleideräume müssen mit abschließbaren Einrichtungen ausgestattet sein, in denen jeder Arbeitnehmer seine Kleidung während der Arbeitszeit aufbewahren kann.

Kleiderschränke für Arbeitskleidung sind von Kleiderschränken für Privatkleidung zu trennen, wenn die Umstände dies erfordern (z. B. Umgang mit gefährlichen Stoffen, Feuchtigkeit, Schmutz).

18.1.3. Für Frauen und Männer sind getrennte Umkleideräume oder aber eine getrennte Benutzung dieser Räume vorzusehen.

18.1.4. Wenn Umkleideräume nach Ziffer 18.1.1. nicht erforderlich sind, muß für jeden Arbeitnehmer eine Kleiderablage vorhanden sein.

18.2. Duschen, Waschgelegenheiten

18.2.1. Den Arbeitnehmern sind in ausreichender Zahl geeignete Duschen zur Verfügung zu stellen, wenn es die Art der Tätigkeit oder gesundheitliche Gründe erfordern.

Für Frauen und Männer sind getrennte Duschräume oder eine getrennte Benutzung der Duschräume vorzusehen.

18.2.2. Die Duschräume müssen ausreichend bemessen sein, damit jeder Arbeitnehmer sich den hygienischen Erfordernissen entsprechend ungehindert reinigen kann.

Die Duschen müssen fließendes kaltes und warmes Wasser haben.

18.2.3. Wenn Duschen nach Ziffer 18.2.1. erster Unterabsatz nicht erforderlich sind, müssen ausreichende und angemessene Waschgelegenheiten mit fließendem Wasser (erforderlichenfalls mit warmem Wasser) in der Nähe des Arbeitsplatzes und der Umkleideräume vorhanden sein.

Für Frauen und Männer sind getrennte Waschgelegenheiten oder eine getrennte Benutzung der Waschgelegenheiten vorzusehen, wenn dies aus sittlichen Gründen notwendig ist.

18.2.4. Duschen oder Waschgelegenheiten und Umkleideräume, die voneinander getrennt sind, müssen untereinander leicht erreichbar sein.

18.3. Toiletten und Handwaschbecken

Den Arbeitnehmern sind in der Nähe der Arbeitsplätze, der Pausenräume, der Umkleideräume und der Duschen bzw. Waschgelegenheiten spezielle Räume mit einer ausreichenden Zahl von Toiletten und Handwaschbecken zur Verfügung zu stellen.

Für Frauen und Männer sind getrennte Toiletten oder eine getrennte Benutzung der Toiletten vorzusehen.

19. Räume für die Erste Hilfe

19.1. Wenn die Größe der Räumlichkeiten, die Art der dort ausgeübten Tätigkeit und die Unfallhäufigkeit es erfordern, sind ein oder mehrere Räume für die Erste Hilfe vorzusehen.

19.2. Die Räume für die Erste Hilfe müssen mit den erforderlichen Erste-Hilfe-Einrichtungen und -Materialien ausgestattet und leicht für Personen mit Krankentragen zugänglich sein.

6/2. ArbeitsstättenRL
Anhänge I, II

Sie sind entsprechend den einzelstaatlichen Rechtsvorschriften zur Umsetzung der Richtlinie 77/576/EWG zu kennzeichnen.

19.3. Eine Erste-Hilfe-Ausstattung muß ferner überall dort aufbewahrt werden, wo die Arbeitsbedingungen dies erforderlich machen.

Die Aufbewahrungsstellen müssen als solche gekennzeichnet und gut erreichbar sein.

20. Behinderte Arbeitnehmer

Die Arbeitsstätten sind gegebenenfalls behindertengerecht zu gestalten.

Dies gilt insbesondere für Türen, Verbindungswege, Treppen, Duschen, Waschgelegenheiten und Toiletten, die von Behinderten benutzt werden, sowie für Arbeitsplätze, an denen Behinderte unmittelbar tätig sind.

21. Arbeitsstätten im Freien (besondere Bestimmungen)

21.1. Arbeitsplätze, Verkehrswege und sonstige Stellen oder Einrichtungen im Freien, die von den Arbeitnehmern während ihrer Tätigkeit benutzt oder betreten werden müssen, sind so zu gestalten, daß sie sicher begangen und befahren werden können.

Die Ziffern 12, 13 und 14 gelten ebenfalls für Hauptverkehrswege auf dem Betriebsgelände (Verkehrswege zu ortsgebundenen Arbeitsplätzen), für Verkehrswege, die der regelmäßigen Wartung und Überwachung der Betriebseinrichtungen dienen, sowie für Laderampen.

Die in Ziffer 12 vorgesehenen Bestimmungen gelten für Arbeitsstätten im Freien entsprechend.

21.2. Arbeitsstätten im Freien müssen künstlich beleuchtet werden, wenn das Tageslicht nicht ausreicht.

21.3. Werden die Arbeitnehmer auf Arbeitsplätzen im Freien beschäftigt, so sind die Arbeitsplätze nach Möglichkeit so einzurichten, daß die Arbeitnehmer

a) gegen Witterungseinflüsse und gegebenenfalls gegen das Herabfallen von Gegenständen geschützt sind,

b) weder Geräuschen mit einem für die Gesundheit unzuträglichen Lärmpegel noch schädlichen Wirkungen von außen (z. B. Gasen, Dämpfen, Staub) ausgesetzt sind,

c) bei Gefahr rasch ihren Arbeitsplatz verlassen können bzw. ihnen rasch Hilfe geleistet werden kann,

d) nicht ausgleiten oder abstürzen können.

ANHANG II
Mindestvorschriften für Sicherheit und Gesundheitsschutz in bereits genutzten Arbeitsstätten nach Artikel 4 der Richtlinie

1. Vorbemerkung

Die Anforderungen dieses Anhangs gelten in allen Fällen, in denen die Eigenschaften der Arbeitsstätte oder der Tätigkeit, die Umstände oder eine Gefahr dies erfordern.

2. Stabilität und Festigkeit

Gebäude für Arbeitsstätten müssen eine der Nutzungsart entsprechende Konstruktion und Festigkeit aufweisen.

3. Elektrische Anlagen

Von elektrischen Anlagen darf keine Brand- oder Explosionsgefahr ausgehen; Personen müssen angemessen vor Unfallgefahren bei direktem oder indirektem Kontakt geschützt sein.

Bei der elektrischen Anlage und den Schutzvorrichtungen sind die Spannung, die äußeren Einwirkungsbedingungen und die Fachkenntnisse der Personen zu berücksichtigen, die zu Teilen der Anlage Zugang haben.

4. Fluchtwege und Notausgänge

4.1. Fluchtwege und Notausgänge müssen frei von Hindernissen bleiben und auf möglichst kurzem Weg ins Freie oder in einen sicheren Bereich führen.

4.2. Alle Arbeitsplätze müssen bei Gefahr von den Arbeitnehmern schnell und in größter Sicherheit verlassen werden können.

4.3. Fluchtwege und Notausgänge müssen in ausreichender Anzahl vorhanden sein.

4.4. Türen von Notausgängen müssen sich nach außen öffnen.

Türen von Notausgängen dürfen nicht so verschlossen werden, daß sie nicht leicht und unmittelbar von jeder Person geöffnet werden können, die sie im Notfall benutzen müßte.

Schiebe- und Drehtüren sind als Nottüren nicht zulässig.

4.5. Fluchtwege und Notausgänge als solche sind gemäß den innerstaatlichen Bestimmungen zur Umsetzung der Richtlinie 77/576/EWG zu kennzeichnen.

Diese Kennzeichnung muß an geeigneten Stellen angebracht und dauerhaft sein.

4.6. Notausgänge dürfen nicht mittels eines Schlüssels verschlossen werden.

Fluchtwege und Notausgänge sowie die dorthin führenden Durchgänge und Türen dürfen nicht durch Gegenstände versperrt werden, so daß sie jederzeit ungehindert benutzt werden können.

4.7. Fluchtwege und Notausgänge, bei denen eine Beleuchtung notwendig ist, müssen für den Fall, daß die Beleuchtung ausfällt, über eine ausreichende Sicherheitsbeleuchtung verfügen.

5. Brandmeldung und -bekämpfung

5.1. In den Arbeitsstätten müssen je nach Abmessungen und Nutzung der Gebäude, nach vorhandenen Einrichtungen, nach physikalischen und chemischen Eigenschaften der vorhandenen Stoffe und nach der größtmöglichen Zahl anwesender Personen Feuerlöscheinrichtungen und erforderlichenfalls Brandmelder und Alarmanlagen vorhanden sein.

5.2. Nichtselbständige Feuerlöscheinrichtungen müssen leicht zu erreichen und zu handhaben sein.

6/2. ArbeitsstättenRL
Anhang II

Sie sind gemäß den innerstaatlichen Bestimmungen zur Umsetzung der Richtlinie 77/576/EWG zu kennzeichnen.

Diese Kennzeichnung muß an geeigneten Stellen angebracht und dauerhaft sein.

6. Lüftung umschlossener Arbeitsräume

In umschlossenen Arbeitsräumen muß unter Berücksichtigung der Arbeitsverfahren und der körperlichen Beanspruchung der Arbeitnehmer ausreichend gesundheitlich zuträgliche Atemluft vorhanden sein.

Bei Verwendung einer lüftungstechnischen Anlage muß diese jederzeit funktionsfähig sein.

Eine etwaige Störung muß durch eine Warneinrichtung angezeigt werden, wenn dies mit Rücksicht auf die Gesundheit der Arbeiter erforderlich ist.

7. Raumtemperatur

7.1. In den Arbeitsräumen muß während der Arbeitszeit unter Berücksichtigung der angewandten Arbeitsmethoden und der körperlichen Beanspruchung der Arbeitnehmer eine Raumtemperatur herrschen, die dem menschlichen Organismus angemessen ist.

7.2. In Pausen-, Bereitschafts-, Sanitär, Kantinen- und Sanitätsräumen muß die Temperatur dem spezifischen Nutzungszweck der Räume entsprechen.

8. Natürliche und künstliche Beleuchtung der Räume

8.1. Die Arbeitsstätten müssen möglichst ausreichend Tageslicht erhalten und mit Einrichtungen für eine dem Arbeitsablauf und dem Gesundheitsschutz der Arbeitnehmer angemessene künstliche Beleuchtung ausgestattet sein.

8.2. Arbeitsstätten, in denen die Arbeitnehmer bei Ausfall der künstlichen Beleuchtung in besonderem Maße Gefahren ausgesetzt sind, müssen eine ausreichende Sicherheitsbeleuchtung haben.

9. Türen und Tore

9.1. Durchsichtige Türen müssen in Augenhöhe gekennzeichnet sein.

9.2. Schwingtüren und -tore müssen durchsichtig sein oder Sichtfenster haben.

10. Gefahrenbereiche

Befinden sich in den Arbeitsstätten durch die Art der Arbeit bedingte Gefahrenbereiche, in denen Sturzgefahr für die Arbeitnehmer oder die Gefahr des Herabfallens von Gegenständen besteht, so müssen diese Bereiche nach Möglichkeit mit Vorrichtungen ausgestattet sein, die unbefugte Arbeitnehmer am Betreten dieser Bereiche hindern.

Zum Schutz der Arbeitnehmer, die zum Betreten der Gefahrenbereiche befugt sind, sind entsprechende Vorkehrungen zu treffen.

Die Gefahrenbereiche müssen gut sichtbar gekennzeichnet sein.

11. Pausenräume und Pausenbereiche

11.1. Den Arbeitnehmern ist ein leicht erreichbarer Pausenraum oder entsprechender Pausenbereich zur Verfügung zu stellen, wenn Sicherheits- oder Gesundheitsgründe, insbesondere wegen der Art der ausgeübten Tätigkeit oder für eine bestimmte Obergrenze übersteigende Anzahl der im Betrieb beschäftigten Personen, dies erfordern.

Dies gilt nicht, wenn die Arbeitnehmer in Büroräumen oder vergleichbaren Arbeitsräumen beschäftigt sind und dort gleichwertige Voraussetzungen für eine Erholung während der Pausen gegeben sind.

11.2. Pausenräume und Pausenbereiche müssen mit Tischen und Sitzgelegenheiten mit Rückenlehne ausgestattet sein.

11.3. In den Pausenräumen und Pausenbereichen sind angemessene Maßnahmen zum Schutz der Nichtraucher vor Belästigungen durch Tabakrauch zu treffen.

12. Schwangere Frauen und stillende Mütter

Schwangere Frauen und stillende Mütter müssen sich unter geeigneten Bedingungen hinlegen und ausruhen können.

13. Sanitärräume

13.1. Umkleideräume, Kleiderschränke

13.1.1. Den Arbeitnehmern sind geeignete Umkleideräume zur Verfügung zu stellen, wenn sie bei ihrer Tätigkeit besondere Arbeitskleidung tragen müssen und es ihnen aus gesundheitlichen oder sittlichen Gründen nicht zuzumuten ist, sich in einem anderen Raum umzukleiden.

Die Umkleideräume müssen leicht zugänglich und von ausreichender Größe sein.

13.1.2. Diese Umkleideräume müssen mit abschließbaren Einrichtungen ausgestattet sein, in denen jeder Arbeitnehmer seine Kleidung während der Arbeitszeit aufbewahren kann.

Kleiderschränke für Arbeitskleidung sind von Kleiderschränken für Privatkleidung zu trennen, wenn die Umstände dies erfordern (z. B. Umgang mit gefährlichen Stoffen, Feuchtigkeit, Schmutz).

13.1.3. Für Frauen und Männer sind getrennte Umkleideräume oder aber eine getrennte Benutzung dieser Räume vorzusehen.

13.2. Duschen, Toiletten und Handwaschbecken

13.2.1. Die Arbeitsplätze sind so einzurichten, daß den Arbeitnehmern in der Nähe des Arbeitsplatzes folgendes zur Verfügung steht:

- Duschen, wenn die Art ihrer Tätigkeit dies erfordert;
- besondere Räume, die mit Toiletten und Handwaschbecken in ausreichender Zahl ausgestattet sein müssen.

13.2.2. Die Duschen und Waschgelegenheiten müssen fließendes Wasser (erforderlichenfalls warmes Wasser) haben.

13.2.3. Für Frauen und Männer sind getrennte Duschen oder aber eine getrennte Benutzung dieser Duschen vorzusehen.

Für Frauen und Männer sind getrennte Toiletten oder aber eine getrennte Benutzung der Toiletten vorzusehen.

14. Mittel für die Erste Hilfe

Die Arbeitsstätten müssen mit Mitteln für die Erste Hilfe ausgestattet sein.

Diese Erste-Hilfe-Mittel müssen entsprechend gekennzeichnet und leicht zugänglich sein.

15. Behinderte Arbeitnehmer

Die Arbeitsstätten sind gegebenenfalls behindertengerecht zu gestalten.

Dies gilt insbesondere für Türen, Verbindungswege, Treppen, Duschen, Waschgelegenheiten und Toiletten, die von Behinderten benutzt werden sowie für Arbeitsplätze, an denen behinderte Arbeitnehmer unmittelbar tätig sind.

16. Verkehr von Fußgängern und Fahrzeugen

Arbeitsplätze in geschlossenen Räumen und im Freien sind so zu gestalten, daß sie sicher begangen und befahren werden können.

17. Arbeitsstätten im Freien (besondere Bestimmungen)

Werden die Arbeitnehmer auf Arbeitsplätzen im Freien beschäftigt, so sind die Arbeitsplätze nach Möglichkeit so einzurichten, daß die Arbeitnehmer

a) gegen Witterungseinflüsse und gegebenenfalls gegen das Herabfallen von Gegenständen geschützt sind,

b) weder Geräuschen mit einem für die Gesundheit unzuträglichen Lärmpegel noch schädlichen Wirkungen von außen (z. B Gasen, Dämpfen, Staub) ausgesetzt sind,

c) bei Gefahr rasch ihren Arbeitsplatz verlassen können bzw. ihnen rasch Hilfe geleistet werden kann,

d) nicht ausgleiten oder abstürzen können.

6/3. ArbeitsmittelRL

6/3. ArbeitsmittelRL

Richtlinie 2009/104/EG des Europäischen Parlaments und des Rates über Mindestvorschriften für Sicherheit und Gesundheitsschutz bei Benutzung von Arbeitsmitteln durch Arbeitnehmer bei der Arbeit (Zweite Einzelrichtlinie im Sinne des Artikels 16 Absatz 1 der Richtlinie 89/391/EWG) vom 16. September 2009

(ABl. Nr. L 260 v. 3.10.2009, S. 5)

GLIEDERUNG

KAPITEL I: ALLGEMEINE BESTIMMUNGEN

Art. 1: Ziel der Richtlinie
Art. 2: Definitionen

KAPITEL II: PFLICHTEN DES ARBEITSGEBERS

Art. 3: Allgemeine Pflichten
Art. 4: Vorschriften für die Arbeitsmittel
Art. 5: Überprüfung der Arbeitsmittel
Art. 6: Spezifisch gefährliche Arbeitsmittel
Art. 7: Ergonomie und Gesundheitsschutz am Arbeitsplatz
Art. 8: Unterrichtung der Arbeitnehmer
Art. 9: Unterweisung der Arbeitnehmer
Art. 10: Anhörung und Beteiligung der Arbeitnehmer

KAPITEL III: SONSTIGE BESTIMMUNGEN

Art. 11: Änderung der Anhänge
Art. 12–15: Schlussbestimmungen

ANHÄNGE I–IV

DAS EUROPÄISCHE PARLAMENT UND DER RAT DER EUROPÄISCHEN UNION –

gestützt auf den Vertrag zur Gründung der Europäischen Gemeinschaft, insbesondere auf Artikel 137 Absatz 2,

auf Vorschlag der Kommission,

nach Stellungnahme des Europäischen Wirtschafts- und Sozialausschusses (ABl. C 100 vom 30.4.2009, S. 144),

nach Anhörung des Ausschusses der Regionen,

gemäß dem Verfahren des Artikels 251 des Vertrags,

in Erwägung nachstehender Gründe:

(1) Die Richtlinie 89/655/EWG des Rates vom 30. November 1989 über Mindestvorschriften für Sicherheit und Gesundheitsschutz bei Benutzung von Arbeitsmitteln durch Arbeitnehmer bei der Arbeit (Zweite Einzelrichtlinie im Sinne des Artikels 16 Absatz 1 der Richtlinie 89/391/EWG) wurde mehrfach und erheblich geändert. Aus Gründen der Klarheit und der Übersichtlichkeit empfiehlt es sich, sie zu kodifizieren.

(2) Die vorliegende Richtlinie ist eine Einzelrichtlinie im Sinne von Artikel 16 Absatz 1 der Richtlinie 89/391/EWG des Rates vom 12. Juni 1989 über die Durchführung von Maßnahmen zur Verbesserung der Sicherheit und des Gesundheitsschutzes der Arbeitnehmer bei der Arbeit. Die Bestimmungen der Richtlinie 89/391/EWG finden daher auf die Benutzung von Arbeitsmitteln durch Arbeitnehmer bei der Arbeit in vollem Umfang Anwendung, unbeschadet strengerer oder spezifischer Bestimmungen der vorliegenden Richtlinie.

(3) In Artikel 137 Absatz 2 des Vertrags ist vorgesehen, dass der Rat durch Richtlinien Mindestvorschriften erlassen kann, um die Verbesserung insbesondere der Arbeitsumwelt zum Schutz der Gesundheit und der Sicherheit der Arbeitnehmer zu fördern.

(4) Gemäß demselben Artikel sollen die Richtlinien keine verwaltungsmäßigen, finanziellen oder rechtlichen Auflagen vorschreiben, die der Gründung und Entwicklung von Klein- und Mittelbetrieben entgegenstehen.

(5) Die aufgrund des Artikels 137 Absatz 2 des Vertrags erlassenen Bestimmungen hindern die Mitgliedstaaten nicht daran, strengere Maßnahmen zum Schutz der Arbeitsbedingungen beizubehalten oder zu treffen, die mit dem Vertrag vereinbar sind.

(6) Die Einhaltung von Mindestvorschriften zur Verbesserung der Sicherheit und des Gesundheitsschutzes bei Benutzung von Arbeitsmitteln ist eine unabdingbare Voraussetzung für die Gewährleistung der Sicherheit und des Gesundheitsschutzes der Arbeitnehmer.

(7) Die Verbesserung der Sicherheit, der Arbeitshygiene und des Gesundheitsschutzes der Arbeitnehmer am Arbeitsplatz ist ein Ziel, das nicht rein wirtschaftlichen Überlegungen untergeordnet werden kann.

(8) Bei der Arbeit an hoch gelegenen Arbeitsplätzen können die Arbeitnehmer besonders großen Gefahren für ihre Sicherheit und Gesundheit ausgesetzt sein, insbesondere der Absturzgefahr und der Gefahr anderer schwerer Arbeitsunfälle, die einen hohen Prozentsatz der Unfälle, insbesondere der tödlichen Unfälle, ausmachen.

(9) Die vorliegende Richtlinie stellt einen konkreten Beitrag zur Ausgestaltung der sozialen Dimension des Binnenmarktes dar.

(10) Gemäß der Richtlinie 98/34/EG des Europäischen Parlaments und des Rates vom 22. Juni 1998 über ein Informationsverfahren auf dem Gebiet der Normen und technischen Vorschriften und der Vorschriften für die Dienste der Informationsgesellschaft (ABl. L 204 vom 21.7.1998, S. 37) müssen die Mitgliedstaaten der Kommission alle Entwürfe von technischen Vorschriften für Maschinen, Apparate und Anlagen mitteilen.

(11) Die vorliegende Richtlinie stellt das geeignetste Mittel dar, um die angestrebten Ziele zu erreichen; sie geht nicht über das hierfür erforderliche Maß hinaus.

(12) Diese Richtlinie sollte die Verpflichtungen der Mitgliedstaaten hinsichtlich der in Anhang III Teil B genannten Fristen für die Umsetzung der dort genannten Richtlinien in innerstaatliches Recht unberührt lassen –

HABEN FOLGENDE RICHTLINIE ERLASSEN:

KAPITEL I
ALLGEMEINE BESTIMMUNGEN

Ziel der Richtlinie

Art. 1 (1) Diese Richtlinie ist die zweite Einzelrichtlinie im Sinne von Artikel 16 Absatz 1 der Richtlinie 89/391/EWG; sie legt Mindestvorschriften in Bezug auf Sicherheit und Gesundheitsschutz bei der Benutzung von Arbeitsmitteln nach Artikel 2 durch Arbeitnehmer bei der Arbeit fest.

(2) Die Richtlinie 89/391/EWG findet auf den gesamten in Absatz 1 genannten Bereich in vollem Umfang Anwendung, unbeschadet strengerer oder spezifischer Bestimmungen der vorliegenden Richtlinie.

Definitionen

Art. 2 Im Sinne dieser Richtlinie gelten als
a) *„Arbeitsmittel"*: alle Maschinen, Apparate, Werkzeuge oder Anlagen, die bei der Arbeit benutzt werden,
b) *„Benutzung von Arbeitsmitteln"*: alle ein Arbeitsmittel betreffenden Tätigkeiten wie An- oder Abschalten, Gebrauch, Transport, Instandsetzung, Umbau, Instandhaltung und Wartung, einschließlich insbesondere Reinigung,
c) *„Gefahrenzone"*: der Bereich innerhalb und/oder im Umkreis eines Arbeitsmittels, in dem die Sicherheit oder die Gesundheit eines sich darin aufhaltenden Arbeitnehmers gefährdet ist,
d) *„gefährdeter Arbeitnehmer"*: ein Arbeitnehmer, der sich ganz oder teilweise in einer Gefahrenzone befindet,
e) *„Bedienungspersonal"*: der oder die für die Benutzung eines Arbeitsmittels zuständige(n) Arbeitnehmer.

KAPITEL II
PFLICHTEN DES ARBEITSGEBERS

Allgemeine Pflichten

Art. 3 (1) Der Arbeitgeber trifft die erforderlichen Vorkehrungen, damit die den Arbeitnehmern im Unternehmen bzw. Betrieb zur Verfügung gestellten Arbeitsmittel für die jeweiligen Arbeiten geeignet sind oder zweckentsprechend angepasst werden, so dass bei der Benutzung die Sicherheit und der Gesundheitsschutz der Arbeitnehmer gewährleistet sind.

Bei der Auswahl der einzusetzenden Arbeitsmittel berücksichtigt der Arbeitgeber die besonderen Bedingungen und Eigenschaften der Arbeit sowie die insbesondere am Arbeitsplatz bestehenden Gefahren für die Sicherheit und die Gesundheit der Arbeitnehmer im Unternehmen bzw. im Betrieb oder die Gefahren, die aus der Benutzung der betreffenden Arbeitsmittel zusätzlich erwachsen.

(2) Ist es nicht möglich, demgemäß die Sicherheit und den Gesundheitsschutz der Arbeitnehmer bei der Benutzung der Arbeitsmittel in vollem Umfang zu gewährleisten, so trifft der Arbeitgeber die geeigneten Maßnahmen, um die Gefahren weitestgehend zu verringern.

Vorschriften für die Arbeitsmittel

Art. 4 (1) Unbeschadet des Artikels 3 beschafft sich der Arbeitgeber Arbeitsmittel bzw. benutzt Arbeitsmittel, die,
a) sofern sie den Arbeitnehmern erstmalig nach dem 31. Dezember 1992 im Unternehmen bzw. Betrieb zur Verfügung gestellt werden,
   i) den Bestimmungen aller geltenden einschlägigen Gemeinschaftsrichtlinien entsprechen;
   ii) den Mindestvorschriften im Sinne des Anhangs I entsprechen, wenn keine andere Gemeinschaftsrichtlinie anwendbar ist oder wenn eine etwaige andere Gemeinschaftsrichtlinie nur teilweise anwendbar ist;
b) sofern sie den Arbeitnehmern am 31. Dezember 1992 im Unternehmen bzw. Betrieb bereits zur Verfügung stehen, spätestens vier Jahre nach diesem Zeitpunkt den Mindestvorschriften im Sinne des Anhangs I entsprechen;
c) im Fall besonderer Arbeitsmittel, die den Vorschriften des Anhangs I Nummer 3 unterliegen und den Arbeitnehmern am 5. Dezember 1998 im Unternehmen bzw. Betrieb bereits zur Verfügung stehen, unbeschadet Buchstabe a Ziffer i und abweichend von Buchstabe a Ziffer i und von Buchstabe b spätestens vier Jahre nach diesem Zeitpunkt den Mindestvorschriften im Sinne des Anhangs I entsprechen.

(2) Der Arbeitgeber trifft die erforderlichen Vorkehrungen, damit die Arbeitsmittel während der gesamten Zeit der Benutzung durch entsprechende Wartung auf einem Niveau gehalten werden, das

sicherstellt, dass sie Absatz 1 Buchstabe a bzw. Buchstabe b entsprechen.

(3) Die Mitgliedstaaten legen nach Anhörung der Sozialpartner unter Berücksichtigung der einzelstaatlichen Rechtsvorschriften oder Praktiken die Modalitäten fest, mit denen ein Sicherheitsniveau erreicht werden kann, das den mit Anhang II verfolgten Zielen entspricht.

Überprüfung der Arbeitsmittel

Art. 5 (1) Der Arbeitgeber sorgt dafür, dass die Arbeitsmittel, deren Sicherheit von den Montagebedingungen abhängt, durch im Sinne der einzelstaatlichen Rechtsvorschriften oder Praktiken hierzu befähigte Personen nach der Montage und vor der ersten Inbetriebnahme einer Erstüberprüfung und nach jeder Montage auf einer neuen Baustelle oder an einem neuen Standort einer Überprüfung unterzogen werden, um sich von der korrekten Montage und vom korrekten Funktionieren dieser Arbeitsmittel zu überzeugen.

(2) Damit die Gesundheits- und Sicherheitsvorschriften eingehalten und Schäden, welche zu gefährlichen Situationen führen können, rechtzeitig entdeckt und behoben werden können, sorgt der Arbeitgeber dafür, dass die Arbeitsmittel, die Schäden verursachenden Einflüssen unterliegen,

a) durch im Sinne der einzelstaatlichen Rechtsvorschriften oder Praktiken hierzu befähigte Personen regelmäßig überprüft und gegebenenfalls erprobt werden und

b) durch im Sinne der einzelstaatlichen Rechtsvorschriften oder Praktiken hierzu befähigte Personen jedes Mal einer außerordentlichen Überprüfung unterzogen werden, wenn außergewöhnliche Ereignisse stattgefunden haben, die schädigende Auswirkungen auf die Sicherheit des Arbeitsmittels haben können, beispielsweise Veränderungen, Unfälle, Naturereignisse, längere Zeiträume, in denen das Arbeitsmittel nicht benutzt wurde.

(3) Die Ergebnisse der Überprüfungen werden schriftlich festgehalten und stehen den zuständigen Behörden zur Verfügung. Sie werden während eines angemessenen Zeitraums aufbewahrt.

Werden die betreffenden Arbeitsmittel außerhalb des Unternehmens eingesetzt, ist ihnen ein Nachweis über die Durchführung der letzten Überprüfung beigefügt.

(4) Die Mitgliedstaaten legen die Modalitäten dieser Überprüfungen fest.

Spezifisch gefährliche Arbeitsmittel

Art. 6 Ist die Benutzung eines Arbeitsmittels mit einer möglichen spezifischen Gefährdung der Sicherheit oder Gesundheit der Arbeitnehmer verbunden, so trifft der Arbeitgeber die erforderlichen Vorkehrungen, damit

a) die Benutzung des Arbeitsmittels den hierzu beauftragten Personen vorbehalten bleibt;

b) Instandsetzungs-, Umbau-, Instandhaltungs- und Wartungsarbeiten nur von eigens hierzu befugten Arbeitnehmern durchgeführt werden.

Ergonomie und Gesundheitsschutz am Arbeitsplatz

Art. 7 Der Arbeitsplatz und die Körperhaltung, die die Arbeitnehmer bei der Benutzung der Arbeitsmittel einnehmen müssen, sowie die ergonomischen Grundsätze werden vom Arbeitgeber bei der Anwendung der Mindestvorschriften für die Sicherheit und den Gesundheitsschutz in jeder Hinsicht berücksichtigt.

Unterrichtung der Arbeitnehmer

Art. 8 (1) Unbeschadet des Artikels 10 der Richtlinie 89/391/EWG trifft der Arbeitgeber die erforderlichen Vorkehrungen, damit den Arbeitnehmern angemessene Informationen und gegebenenfalls Betriebsanleitungen für die bei der Arbeit benutzten Arbeitsmittel zur Verfügung stehen.

(2) Die Informationen und die Betriebsanleitungen enthalten zumindest folgende Angaben in Bezug auf die Sicherheit und den Gesundheitsschutz:

a) Einsatzbedingungen des jeweiligen Arbeitsmittels;

b) absehbare Störfälle;

c) Rückschlüsse aus den bei der Benutzung von Arbeitsmitteln gegebenenfalls gesammelten Erfahrungen.

Die Arbeitnehmer müssen auf die sie betreffenden Gefährdungen, auf die in ihrer unmittelbaren Arbeitsumgebung vorhandenen Arbeitsmittel sowie auf entsprechende Veränderungen aufmerksam gemacht werden, sofern diese Veränderungen jeweils Arbeitsmittel in ihrer unmittelbaren Arbeitsumgebung betreffen, auch wenn sie diese Arbeitsmittel nicht direkt benutzen.

(3) Die Informationen und die Betriebsanleitungen müssen für die betroffenen Arbeitnehmer verständlich sein.

Unterweisung der Arbeitnehmer

Art. 9 Unbeschadet des Artikels 12 der Richtlinie 89/391/EWG trifft der Arbeitgeber die erforderlichen Vorkehrungen, damit

a) die mit der Benutzung der Arbeitsmittel beauftragten Arbeitnehmer eine angemessene Unterweisung – auch in Bezug auf die mit der Benutzung gegebenenfalls verbundenen Gefahren – erhalten;

b) die in Artikel 6 Buchstabe b genannten Arbeitnehmer eine angemessene Spezialunterweisung erhalten.

Anhörung und Beteiligung der Arbeitnehmer

Art. 10 Gemäß Artikel 11 der Richtlinie 89/391/EWG hören die Arbeitgeber die Arbeitnehmer bzw. deren Vertreter in den unter die vorliegende Richtlinie – einschließlich ihrer Anhänge – fallenden Bereichen an und ermöglichen deren Beteiligung.

KAPITEL III
SONSTIGE BESTIMMUNGEN
Änderung der Anhänge

Art. 11 (1) Zusätzliche Mindestvorschriften für besondere Arbeitsmittel gemäß Anhang I Nummer 3 werden vom Europäischen Parlament und vom Rat nach dem Verfahren des Artikels 137 Absatz 2 des Vertrags in den Anhang I eingefügt.

(2) Rein technische Anpassungen der Anhänge werden nach dem in Artikel 17 Absatz 2 der Richtlinie 89/391/EWG genannten Verfahren vorgenommen, wenn sie bedingt sind

a) durch zur technischen Harmonisierung und Normung erlassene Richtlinien über Arbeitsmittel oder
b) durch den technischen Fortschritt, die Entwicklung der internationalen Regelungen oder Spezifikationen oder der Kenntnisse auf dem Gebiet der Arbeitsmittel.

Schlussbestimmungen

Art. 12 Die Mitgliedstaaten teilen der Kommission den Wortlaut der innerstaatlichen Rechtsvorschriften mit, die sie auf dem unter diese Richtlinie fallenden Gebiet erlassen oder bereits erlassen haben.

Art. 13 Die Richtlinie 89/655/EWG, in der Fassung der in Anhang III Teil A aufgeführten Richtlinien, wird unbeschadet der Verpflichtungen der Mitgliedstaaten hinsichtlich der in Anhang III Teil B genannten Fristen für die Umsetzung der dort genannten Richtlinien in innerstaatliches Recht aufgehoben.

Verweisungen auf die aufgehobene Richtlinie gelten als Verweisungen auf die vorliegende Richtlinie und sind nach Maßgabe der Entsprechungstabelle in Anhang IV zu lesen.

Art. 14 Diese Richtlinie tritt am zwanzigsten Tag nach ihrer Veröffentlichung im *Amtsblatt der Europäischen Union* in Kraft.

Art. 15 Diese Richtlinie ist an die Mitgliedstaaten gerichtet.

ANHANG I
MINDESTVORSCHRIFTEN

(nach Artikel 4 Absatz 1 Buchstabe a Ziffer ii und Buchstabe b)

1. Vorbemerkung

Die Anforderungen dieses Anhangs gelten nach Maßgabe dieser Richtlinie in den Fällen, in denen mit dem betreffenden Arbeitsmittel ein entsprechendes Risiko verbunden ist.

Sofern die nachstehenden Mindestvorschriften für bereits in Betrieb genommene Arbeitsmittel gelten, erfordern sie nicht unbedingt dieselben Maßnahmen wie die grundlegenden Anforderungen, die für neue Arbeitsmittel gelten.

2. Für Arbeitsmittel geltende allgemeine Mindestvorschriften

2.1. Die Betätigungssysteme eines Arbeitsmittels, die Einfluss auf die Sicherheit haben, müssen deutlich sichtbar sein und als solche identifizierbar sein und gegebenenfalls entsprechend gekennzeichnet werden.

Abgesehen von einigen gegebenenfalls erforderlichen Ausnahmen müssen die Betätigungssysteme außerhalb der Gefahrenzone so angeordnet sein, dass ihre Bedienung keine zusätzlichen Gefahren mit sich bringen kann. Aus einer unbeabsichtigten Betätigung darf keine Gefahr entstehen.

Vom Hauptbedienungsstand aus muss sich das Bedienungspersonal erforderlichenfalls vergewissern können, dass sich keine Personen in den Gefahrenzonen aufhalten. Ist dies nicht möglich, muss der Inbetriebsetzung automatisch ein sicheres System wie z. B. ein akustisches oder optisches Warnsignal vorgeschaltet sein. Gefährdete Arbeitnehmer müssen die Zeit oder die Möglichkeit haben, sich den Gefahren in Verbindung mit dem Inbetriebsetzen bzw. Abschalten des Arbeitsmittels rasch zu entziehen.

Die Betätigungssysteme müssen sicher sein; bei ihrer Auswahl sind die Ausfälle, Störungen und Zwänge zu berücksichtigen, die im Rahmen der geplanten Nutzung vorhersehbar sind.

2.2. Die Inbetriebsetzung eines Arbeitsmittels darf nur durch absichtliche Betätigung eines hierfür vorgesehenen Betätigungssystems möglich sein.

Dies gilt auch

– für die Wiederinbetriebsetzung nach einem Stillstand, ungeachtet der Ursache für diesen Stillstand,
– für die Steuerung einer wesentlichen Änderung der Betriebszustandes (zum Beispiel der Geschwindigkeit, des Druckes usw.),

sofern diese Wiederinbetriebsetzung oder diese Änderung für die gefährdeten Arbeitnehmer nicht völlig gefahrlos erfolgen kann.

Diese Anforderung gilt nicht für die Wiederinbetriebsetzung oder die Änderung des Betriebszustandes bei der normalen Befehlsabfolge im Automatikbetrieb.

2.3. Jedes Arbeitsmittel muss mit einem Betätigungssystem zum sicheren Abschalten des gesamten Arbeitsmittels ausgerüstet sein.

Jeder Arbeitsplatz muss mit einem Betätigungssystem ausgerüstet sein, mit dem sich entsprechend der Gefahrenlage das gesamte Arbeitsmittel oder nur bestimmte Teile abschalten lassen, um das Arbeitsmittel in einen sicheren Zustand zu versetzen. Der Befehl zum Abschalten des Arbeitsmittels muss den Befehlen zur Inbetriebsetzung übergeordnet sein. Nach Abschaltung des Arbeitsmittels oder seiner gefährlichen Teile muss die Energieversorgung des Antriebs unterbrochen sein.

2.4. Die Arbeitsmittel müssen gegebenenfalls entsprechend der von dem Arbeitsmittel ausgehenden Gefährdung und der normalerweise erforderlichen Stillsetzungszeit mit einer Notstopvorrichtung versehen sein.

2.5. Jedes Arbeitsmittel, das eine Gefährdung wegen herabfallender oder herausschleudernder

6/3. ArbeitsmittelRL
Anhang I

Gegenstände darstellt, muss mit entsprechenden Vorrichtungen zum Schutz gegen diese Gefahren versehen sein.

Jedes Arbeitsmittel, das wegen des Ausströmens von Gasen oder Dämpfen, des Austretens von Flüssigkeiten oder wegen Staubemissionen eine Gefährdung darstellt, muss mit entsprechenden Vorrichtungen zum Zurückhalten oder Ableiten der betreffenden Emissionen an der Quelle versehen sein.

2.6. Die Arbeitsmittel und ihre Teile müssen durch Befestigung oder auf anderem Wege stabilisiert werden, sofern dies für die Sicherheit und den Gesundheitsschutz der Arbeitnehmer erforderlich ist.

2.7. Besteht bei Teilen eines Arbeitsmittels Splitter- oder Bruchgefahr, die die Sicherheit oder die Gesundheit der Arbeitnehmer erheblich gefährden könnte, so müssen geeignete Schutzvorkehrungen getroffen werden.

2.8. Besteht bei beweglichen Teilen eines Arbeitsmittels die Gefahr eines mechanischen Kontakts, durch den Unfälle verursacht werden können, so müssen sie mit Schutzeinrichtungen ausgestattet sein, die den Zugang zu den Gefahrenzonen verhindern oder die beweglichen Teile vor dem Betreten der Gefahrenzonen stoppen.

Die Schutzeinrichtungen
– müssen stabil gebaut sein;
– dürfen keine zusätzlichen Gefahren verursachen;
– dürfen nicht auf einfache Weise umgangen oder unwirksam gemacht werden können;
– müssen ausreichend Abstand zur Gefahrenzone haben;
– dürfen die Beobachtung des Arbeitszyklus nicht mehr als notwendig einschränken;
– müssen die für Einbau oder Austausch von Teilen sowie für die Wartungsarbeiten erforderlichen Eingriffe möglichst ohne Demontage der Schutzeinrichtungen zulassen, wobei der Zugang auf den für die Arbeit notwendigen Bereich beschränkt sein muss.

2.9. Die Arbeits- bzw. Wartungsbereiche eines Arbeitsmittels müssen entsprechend den vorzunehmenden Arbeiten ausreichend beleuchtet sein.

2.10. Sehr heiße bzw. sehr kalte Teile eines Arbeitsmittels müssen – soweit angemessen – mit Schutzeinrichtungen versehen sein, die verhindern, dass die Arbeitnehmer die betreffenden Teile berühren bzw. ihnen gefährlich nahe kommen.

2.11. Die Warnvorrichtungen des Arbeitsmittels müssen leicht wahrnehmbar und unmissverständlich sein.

2.12. Ein Arbeitsmittel darf nicht für Arbeitsgänge und unter Bedingungen eingesetzt werden, für die es nicht geeignet ist.

2.13. Wartungsarbeiten müssen bei Stillstand des Arbeitsmittels vorgenommen werden können. Wenn dies nicht möglich ist, müssen für ihre Durchführung geeignete Schutzmaßnahmen ergriffen werden können, oder die Wartung muss außerhalb der Gefahrenzone erfolgen können.

Bei allen Arbeitsmitteln mit Wartungsbuch sind die Eintragungen stets auf dem neuesten Stand zu halten.

2.14. Jedes Arbeitsmittel muss mit deutlich erkennbaren Vorrichtungen ausgestattet sein, mit denen es von jeder einzelnen Energiequelle getrennt werden kann.

Bei der Wiedereinschaltung dürfen die betreffenden Arbeitnehmer keiner Gefahr ausgesetzt sein.

2.15. Jedes Arbeitsmittel muss zur Gewährleistung der Sicherheit der Arbeitnehmer mit den erforderlichen Gefahrenhinweisen und Kennzeichnungen versehen sein.

2.16. Für die Durchführung der Produktions-, Einstellungs- und Wartungsarbeiten am Arbeitsmittel müssen die Arbeitnehmer sicheren Zugang zu allen hierfür notwendigen Stellen haben, an denen ein gefahrloser Aufenthalt möglich sein muss.

2.17. Jedes Arbeitsmittel muss für den Schutz der Arbeitnehmer gegen Gefährdung durch Brand oder Erhitzung des Arbeitsmittels bzw. durch Freisetzung von Gas, Staub, Flüssigkeiten, Dampf oder anderen Stoffen ausgelegt werden, die in dem Arbeitsmittel erzeugt, verwendet oder gelagert werden.

2.18. Jedes Arbeitsmittel muss für den Schutz gegen Gefährdung durch Explosion des Arbeitsmittels oder von Stoffen ausgelegt werden, die in dem Arbeitsmittel erzeugt, verwendet oder gelagert werden.

2.19. Jedes Arbeitsmittel muss für den Schutz der gefährdeten Arbeitnehmer gegen direkten oder indirekten Kontakt mit elektrischem Strom ausgelegt werden.

3. Zusätzliche Mindestvorschriften für besondere Arbeitsmittel

3.1. Mindestvorschriften für mobile, selbstfahrende oder nicht selbstfahrende Arbeitsmittel

3.1.1. Mobile Arbeitsmittel mit mitfahrendem(n) Arbeitnehmer(n) müssen so ausgerüstet sein, dass die Gefahren für den (die) Arbeitnehmer während des Transports reduziert werden.

Dies gilt auch für die Risiken eines Kontakts der Arbeitnehmer mit Rädern und Ketten und eines Einklemmens durch diese.

3.1.2. Sofern durch das plötzliche Blockieren der Energieübertragungsvorrichtungen zwischen mobilen Arbeitsmitteln und ihren Zusatzausrüstungen oder Anhängern spezifische Risiken entstehen können, muss dieses Arbeitsmittel so ausgerüstet oder umgestaltet werden, dass ein Blockieren der Energieübertragungsvorrichtungen verhindert wird.

Sofern sich ein solches Blockieren nicht vermeiden lässt, sind alle Maßnahmen zu ergreifen, um gefährliche Folgen für die Arbeitnehmer zu verhindern.

3.1.3. Sofern die Vorrichtungen zur Energieübertragung zwischen mobilen Arbeitsmitteln beim Schleifen auf dem Boden verschmutzen oder beschädigt werden können, sind Aufhängevorrichtungen vorzusehen.

3.1.4. Bei mobilen Arbeitsmitteln mit mitfahrendem(n) Arbeitnehmer(n) sind unter tatsächlichen Einsatzbedingungen die Risiken aus einem Überrollen oder Kippen des Arbeitsmittels zu begrenzen, und zwar

– durch eine Schutzeinrichtung, die verhindert, dass das Arbeitsmittel um mehr als eine Vierteldrehung kippt, oder
– durch eine Einrichtung, die gewährleistet, dass ein ausreichender Freiraum um den/die mitfahrenden Arbeitnehmer erhalten bleibt, sofern die Kippbewegung mehr als eine Vierteldrehung ausmachen kann, oder
– durch eine andere Einrichtung mit gleicher Schutzwirkung.

Diese Schutzeinrichtungen können Bestandteil des Arbeitsmittels sein.

Diese Schutzeinrichtungen sind nicht erforderlich, sofern das Arbeitsmittel während der Benutzung stabilisiert wird oder wenn ein Überrollen oder Kippen des Arbeitsmittels aufgrund der Bauart unmöglich ist.

Besteht die Gefahr, dass ein mitfahrender Arbeitnehmer bei einem Überrollen oder Kippen des Arbeitsmittels zwischen Teilen des Arbeitsmittels und dem Boden zerquetscht wird, ist ein Rückhaltesystem für den/die mitfahrenden Arbeitnehmer einzubauen.

3.1.5. Flurförderzeuge mit aufsitzendem Arbeitnehmer bzw. aufsitzenden Arbeitnehmern sind so zu gestalten oder auszurüsten, dass die Risiken durch ein Kippen des Flurförderzeuges begrenzt werden, z. B.

– durch Verwendung einer Fahrerkabine oder
– mit einer Einrichtung, die verhindert, dass das Flurförderzeug kippt, oder
– mit einer Einrichtung, die gewährleistet, dass bei einem kippenden Flurförderzeug für den/die aufsitzenden Arbeitnehmer zwischen Flur und Teilen des Flurförderzeuges ein ausreichender Freiraum verbleibt, oder
– mit einer Einrichtung, die bewirkt, dass der/die Arbeitnehmer auf dem Fahrersitz gehalten wird/werden, so dass er/sie von Teilen des umstürzenden Flurförderzeuges nicht erfasst werden kann/können.

3.1.6. Die selbstfahrenden mobilen Arbeitsmittel, deren Fortbewegung mit Risiken für die Arbeitnehmer verbunden ist, müssen folgende Bedingungen erfüllen:

a) Sie sind mit Vorrichtungen zu versehen, die ein unerlaubtes Ingangsetzen verhindern;
b) sie sind mit geeigneten Vorrichtungen zu versehen, durch die die Folgen eines möglichen Zusammenstoßes bei gleichzeitiger Bewegung mehrerer schienengebundener Arbeitsmittel verringert werden;
c) sie sind mit einer Abbrems- und Stoppvorrichtung zu versehen; sofern dies aus Sicherheitsgründen erforderlich ist, muss eine durch eine leicht zugängliche Steuerung oder eine Automatik ausgelöste Notvorrichtung das Abbremsen und Anhalten im Falle des Versagens der Hauptvorrichtung ermöglichen;
d) reicht die direkte Sicht des Fahrers nicht aus, um die Sicherheit zu gewährleisten, sind geeignete Hilfsvorrichtungen zur Verbesserung der Sicht anzubringen;
e) sofern sie für den Einsatz bei Nacht oder in unbeleuchteter Umgebung vorgesehen sind, müssen sie mit einer den durchzuführenden Arbeiten entsprechenden Beleuchtungsvorrichtung versehen werden und ausreichend Sicherheit für die Arbeitnehmer bieten;
f) sofern durch sie selbst oder ihre Anhänger oder Ladungen ein Brandrisiko besteht, das Arbeitnehmer in Gefahr bringen kann, sind sie mit entsprechenden Brandbekämpfungseinrichtungen auszurüsten, außer wenn diese am Einsatzort an ausreichend nahe liegenden Stellen vorhanden sind;
g) sofern sie ferngesteuert sind, müssen sie automatisch anhalten, wenn sie aus dem Kontrollbereich herausfahren;
h) sofern sie ferngesteuert sind und unter normalen Einsatzbedingungen mit Arbeitnehmern zusammenstoßen oder diese einklemmen können, sind sie mit entsprechenden Schutzvorrichtungen auszurüsten, es sei denn, dass andere geeignete Vorrichtungen die Gefahr eines Zusammenstoßes in Grenzen halten.

3.2. Mindestvorschriften für Arbeitsmittel zum Heben von Lasten

3.2.1. Werden Arbeitsmittel zum Heben von Lasten auf Dauer montiert, muss ihre Festigkeit und ihre Stabilität während der Benutzung gewährleistet werden, wobei insbesondere die zu hebenden Lasten und die Belastungen der Aufhängungspunkte oder der Verankerungspunkte an den tragenden Teilen zu berücksichtigen sind.

3.2.2. Maschinen zum Heben von Lasten müssen mit einem deutlich sichtbaren Hinweis auf ihre zulässige Tragfähigkeit und gegebenenfalls mit einem Schild versehen sein, auf dem die zulässige Tragfähigkeit für die einzelnen Betriebszustände der Maschine angegeben ist.

Lastaufnahmeeinrichtungen sind so zu kennzeichnen, dass ihre für eine sichere Benutzung grundlegenden Eigenschaften zu erkennen sind.

Ist das Arbeitsmittel nicht zum Heben von Arbeitnehmern vorgesehen und besteht die Möglichkeit von Verwechslungen, muss eine entsprechende Kennzeichnung deutlich sichtbar angebracht werden.

3.2.3. Werden Arbeitsmittel auf Dauer montiert, so hat die Montage das Risiko zu reduzieren, dass die Lasten

a) auf Arbeitnehmer aufprallen;
b) sich ungewollt gefährlich verlagern oder im freien Fall herabstürzen oder

6/3. ArbeitsmittelRL
Anhänge I, II

c) unbeabsichtigt ausgehakt werden.

3.2.4. Maschinen zum Heben oder Fortbewegen von Arbeitnehmern müssen so beschaffen sein,

a) dass die Gefahr eines Absturzes des Lastaufnahmemittels, sofern ein solches vorhanden ist, mit geeigneten Vorrichtungen verhindert wird;

b) dass das Risiko des Herausfallens des Benutzers aus dem Lastaufnahmemittel, sofern ein solches vorhanden ist, vermieden wird;

c) dass die Gefahr des Quetschens oder des Einklemmens des Benutzers bzw. des Zusammenstoßes mit dem Benutzer, insbesondere infolge eines unbeabsichtigten Kontakts mit Gegenständen, vermieden wird;

d) dass die Sicherheit der bei einer Panne im Lastaufnahmemittel festsitzenden Personen gewährleistet und ihre Befreiung ermöglicht wird.

Können wegen des Standorts und des Höhenunterschieds die unter Buchstabe a genannten Risiken durch keinerlei Sicherheitsvorrichtung vermieden werden, ist ein Seil mit einem erhöhten Sicherheitskoeffizienten anzubringen und dessen einwandfreier Zustand an jedem Arbeitstag zu überprüfen.

ANHANG II
BESTIMMUNGEN NACH ARTIKEL 4 ABSATZ 3 BETREFFEND DIE BENUTZUNG DER ARBEITSMITTEL

Vorbemerkung

Dieser Anhang gilt nach Maßgabe dieser Richtlinie und sofern mit den betreffenden Arbeitsmitteln ein entsprechendes Risiko verbunden ist.

1. Allgemeine, für alle Arbeitsmittel gültige Bestimmungen

1.1. Die Arbeitsmittel sind so zu installieren, anzuordnen und zu benutzen, dass die Risiken für ihre Benutzer und die übrigen Arbeitnehmer beispielsweise dadurch reduziert werden, dass genügend freier Raum zwischen den beweglichen Bauteilen der Arbeitsmittel und festen oder beweglichen Bauteilen in ihrer Umgebung vorhanden ist und dass alle verwendeten oder erzeugten Energieformen und Stoffe sicher zugeführt oder entfernt werden können.

1.2. Der Auf- und Abbau der Arbeitsmittel muss sicher durchgeführt werden können, insbesondere unter Berücksichtigung möglicher Anweisungen des Herstellers.

1.3. Die Arbeitsmittel, die während ihrer Benutzung vom Blitz getroffen werden können, müssen durch geeignete Vorrichtungen oder Maßnahmen vor den Auswirkungen des Blitzschlags geschützt werden.

2. Bestimmungen betreffend die Benutzung mobiler, selbstfahrender oder nicht selbstfahrender Arbeitsmittel

2.1. Das Führen selbstfahrender Arbeitsmittel bleibt den Arbeitnehmern vorbehalten, die im Hinblick auf das sichere Führen dieser Arbeitsmittel eine angemessene Unterweisung erhalten haben.

2.2. Wird ein Arbeitsmittel in einem Arbeitsbereich eingesetzt, sind geeignete Verkehrsregeln festzulegen und einzuhalten.

2.3. Um zu verhindern, dass sich Arbeitnehmer zu Fuß im Arbeitsbereich von selbstfahrenden Arbeitsmitteln aufhalten, sind organisatorische Maßnahmen zu treffen.

Ist die Anwesenheit von laufenden und stehenden Arbeitnehmern zur korrekten Durchführung der Arbeiten erforderlich, sind entsprechende Maßnahmen zu treffen, um Verletzungen dieser Arbeitnehmer durch die Arbeitsmittel zu verhindern.

2.4. Das Mitfahren von Arbeitnehmern auf mobilen, mechanisch bewegten Arbeitsmitteln ist nur auf sicheren und für diesen Zweck ausgerüsteten Plätzen erlaubt. Müssen Arbeiten während des Fahrens durchgeführt werden, ist gegebenenfalls die Geschwindigkeit anzupassen.

2.5. Mobile Arbeitsmittel mit Verbrennungsmotor dürfen nur dann in Arbeitsbereichen benutzt werden, wenn sichergestellt ist, dass Luft, die für die Sicherheit und die Gesundheit der Arbeitnehmer ungefährlich ist, in ausreichender Menge vorhanden ist.

3. Bestimmungen betreffend die Benutzung von Arbeitsmitteln zum Heben von Lasten

3.1. Allgemeine Bestimmungen

3.1.1. Die demontierbaren oder mobilen Arbeitsmittel zum Heben von Lasten sind so zu benutzen, dass, soweit unter Berücksichtigung der Art des Bodens vorhersehbar, die Standsicherheit des Arbeitsmittels während des Einsatzes gewährleistet ist.

3.1.2. Das Heben von Arbeitnehmern ist nur mit für diesen Zweck vorgesehenen Arbeitsmitteln und Zusatzausrüstungen erlaubt.

Unbeschadet des Artikels 5 der Richtlinie 89/391/EWG ist das Heben von Arbeitnehmern durch hierfür nicht vorgesehene Arbeitsmittel ausnahmsweise zulässig, sofern geeignete Maßnahmen ergriffen wurden, die die Sicherheit im Einklang mit einzelstaatlichen Rechtsvorschriften oder Praktiken gewährleisten, in denen eine angemessene Überwachung vorgesehen ist.

Während der Anwesenheit von Arbeitnehmern auf Arbeitsmitteln zum Heben von Lasten muss der Steuerstand ständig besetzt sein. Die gehobenen Arbeitnehmer müssen über ein sicheres Kommunikationsmittel verfügen. Ihre Bergung im Gefahrenfall muss im Voraus geplant worden sein.

3.1.3. Es sind Maßnahmen zu ergreifen, damit sich keine Arbeitnehmer unter hängenden Lasten aufhalten, es sei denn, dies ist für den reibungslosen Ablauf der Arbeiten erforderlich.

Es ist untersagt, hängende Lasten über ungeschützten Arbeitsplätzen, an denen sich für gewöhnlich Arbeitnehmer aufhalten, zu bewegen.

In Fällen, in denen ein reibungsloser Ablauf der Arbeiten anders nicht gewährleistet werden

6/3. ArbeitsmittelRL
Anhang II

kann, sind geeignete Maßnahmen festzulegen und anzuwenden.

3.1.4. Die Anschlagmittel sind entsprechend den zu handhabenden Lasten, den Greifpunkten, der Einhakvorrichtung, den Witterungsbedingungen sowie der Art und Weise des Anschlagens auszuwählen. Sofern sie nach der Benutzung nicht getrennt werden, sind Verbindungen von Anschlagmitteln deutlich zu kennzeichnen, um den Benutzer über deren Eigenschaften zu unterrichten.

3.1.5. Die Anschlagmittel sind so aufzubewahren, dass ihre Beschädigung und die Beeinträchtigung ihrer Funktionsfähigkeit ausgeschlossen sind.

3.2. Arbeitsmittel zum Heben von nichtgeführten Lasten.

3.2.1. Sind zwei oder mehrere Arbeitsmittel zum Heben von nichtgeführten Lasten an einem Arbeitsplatz so aufgebaut oder montiert, dass sich ihre Aktionsbereiche überschneiden, sind geeignete Maßnahmen zu treffen, um Zusammenstöße zwischen den Lasten oder den Bauteilen der Arbeitsmittel selbst zu verhindern.

3.2.2. Während des Einsatzes eines mobilen Arbeitsmittels zum Heben von nichtgeführten Lasten sind Maßnahmen zu treffen, um dessen Kippen, Überrollen und gegebenenfalls sein Verschieben und Abrutschen zu verhindern. Die korrekte Durchführung dieser Maßnahmen ist zu überprüfen.

3.2.3. Kann die Person, die ein Arbeitsmittel zum Heben von nichtgeführten Lasten bedient, den gesamten Weg der Last weder direkt noch durch Zusatzgeräte, die nützliche Informationen liefern, beobachten, ist eine für die Signale verantwortliche Person, die mit der Bedienungsperson in Verbindung steht, einzuteilen, um diese zu führen; ferner sind organisatorische Maßnahmen zu treffen, um Zusammenstöße mit der Last zu verhindern, die die Arbeitnehmer gefährden könnten.

3.2.4. Der Arbeitsablauf ist so zu gestalten, dass Lasten sicher von Hand ein- und ausgehängt werden können; dabei ist insbesondere zu gewährleisten, dass die betreffenden Arbeitnehmer direkt oder indirekt den Vorgang steuern.

3.2.5. Alle Hebevorgänge sind ordnungsgemäß zu planen und so zu beaufsichtigen und durchzuführen, dass die Sicherheit der Arbeitnehmer geschützt wird.

Insbesondere dann, wenn eine Last gleichzeitig durch zwei oder mehrere Arbeitsmittel zum Heben von nichtgeführten Lasten angehoben werden soll, ist ein Verfahren festzulegen und anzuwenden, das eine ordnungsgemäße Koordinierung des Bedienungspersonals sicherstellt.

3.2.6. Können die Arbeitsmittel zum Heben von nichtgeführten Lasten diese Lasten bei einem teilweisen oder vollständigen Energieausfall nicht halten, sind geeignete Maßnahmen zu treffen, um zu verhindern, dass Arbeitnehmer daraus herrührenden Gefahren ausgesetzt werden.

Hängende Lasten dürfen nicht unüberwacht bleiben, es sei denn, dass der Zugang zum Gefahrenbereich verhindert wird, die Last ohne jede Gefährdung eingehängt wurde und sicher im hängenden Zustand gehalten wird.

3.2.7. Die Benutzung von Arbeitsmitteln zum Heben von nichtgeführten Lasten im Freien muss eingestellt werden, sobald sich die Wetterbedingungen derart verschlechtern, dass die Funktionssicherheit beeinträchtigt wird und die Arbeitnehmer hierdurch Gefahren ausgesetzt werden. Angemessene Schutzmaßnahmen, die insbesondere das Umkippen des Arbeitsmittels verhindern sollen, müssen getroffen werden, um Gefahren für die Arbeitnehmer zu verhindern.

4. Vorschriften für die Benutzung von Arbeitsmitteln, die für zeitweilige Arbeiten an hoch gelegenen Arbeitsplätzen bereitgestellt werden

4.1. Allgemeine Vorschriften

4.1.1. Wenn nach Artikel 6 der Richtlinie 89/391/EWG und Artikel 3 der vorliegenden Richtlinie zeitweilige Arbeiten an hoch gelegenen Arbeitsplätzen nicht auf sichere Weise und unter angemessenen ergonomischen Bedingungen von einer geeigneten Bodenfläche aus verrichtet werden können, müssen die Arbeitsmittel ausgewählt werden, die am geeignetsten sind, um sichere Arbeitsbedingungen auf Dauer zu gewährleisten. Dabei muss dem kollektiven Gefahrenschutz Vorrang vor dem individuellen Gefahrenschutz eingeräumt werden. Die Abmessungen des Arbeitsmittels müssen der Art der auszuführenden Arbeiten und den vorhersehbaren Beanspruchungen angepasst sein und ein gefahrloses Begehen erlauben.

Die Auswahl der geeignetsten Zugangsmittel für hoch gelegene Arbeitsplätze, an denen zeitweilige Arbeiten ausgeführt werden, muss unter Berücksichtigung der Begehungshäufigkeit, des zu überwindenden Höhenunterschieds und der Dauer der Benutzung erfolgen. Diese Auswahl muss auch die Flucht bei drohender Gefahr ermöglichen. Beim Übergang von einem Zugangsmittel zu Arbeitsbühnen, Gerüstbelägen, Laufstegen und umgekehrt dürfen keine zusätzlichen Absturzgefahren entstehen.

4.1.2. Die Benutzung einer Leiter als hoch gelegener Arbeitsplatz ist auf Umstände zu beschränken, bei denen unter Berücksichtigung der Nummer 4.1.1 die Benutzung anderer, sichererer Arbeitsmittel wegen des geringen Risikos und entweder wegen der geringen Dauer der Benutzung oder der vorhandenen baulichen Gegebenheiten, die der Arbeitgeber nicht ändern kann, nicht gerechtfertigt ist.

4.1.3. Zugangs- und Positionierungsverfahren unter Zuhilfenahme von Seilen dürfen nur angewandt werden, wenn die Risikobewertung ergibt, dass die betreffende Arbeit sicher durchgeführt werden kann, und wenn die Verwendung anderer, sichererer Arbeitsmittel nicht gerechtfertigt ist.

Unter Berücksichtigung der Risikobewertung und insbesondere nach Maßgabe der Dauer der Arbeiten und der ergonomischen Beanspruchungen ist ein Sitz mit angemessenem Zubehör vorzusehen.

6/3. ArbeitsmittelRL
Anhang II

4.1.4. Je nach Art des Arbeitsmittels, das auf der Grundlage der vorstehenden Nummern gewählt wurde, müssen die geeigneten Vorkehrungen festgelegt werden, um die mit diesem Arbeitsmitteltyp für die Arbeitnehmer verbundenen Gefahren so gering wie möglich zu halten. Erforderlichenfalls ist die Anbringung von Absturzsicherungen vorzusehen. Diese Vorrichtungen müssen so gestaltet und so fest sein, dass Abstürze verhindert oder abstürzende Personen aufgefangen und Verletzungen der Arbeitnehmer so weit wie möglich vermieden werden. Die kollektiven Absturzsicherungen dürfen nur an Zugängen zu Leitern oder Treppen unterbrochen werden.

4.1.5. Wenn es für die Ausführung einer besonderen Arbeit erforderlich ist, eine kollektive Absturzsicherung vorübergehend zu entfernen, müssen wirksame Ersatzmaßnahmen für die Sicherheit getroffen werden. Die Arbeit darf erst ausgeführt werden, wenn diese Maßnahmen getroffen wurden. Sobald diese besondere Arbeit endgültig oder vorübergehend abgeschlossen ist, müssen die kollektiven Absturzsicherungen wieder angebracht werden.

4.1.6. Zeitweilige Arbeiten an hoch gelegenen Arbeitsplätzen dürfen nur dann ausgeführt werden, wenn die Witterungsverhältnisse die Sicherheit und die Gesundheit der Arbeitnehmer nicht beeinträchtigen.

4.2. Besondere Vorschriften für die Benutzung von Leitern

4.2.1. Leitern sind so aufzustellen, dass sie während der Benutzung standsicher sind. Die Leiterfüße von tragbaren Leitern müssen so auf einem stabilen, festen, angemessen dimensionierten und unbeweglichen Untergrund ruhen, dass die Stufen in horizontaler Stellung bleiben. Hängeleitern müssen sicher und – mit Ausnahme von Strickleitern – so angebracht werden, dass sie nicht verrutschen oder in eine Schwingbewegung geraten können.

4.2.2. Das Verrutschen der Leiterfüße von tragbaren Leitern muss während der Benutzung dieser Leitern entweder durch Fixierung des oberen oder unteren Teils der Holme, durch eine Gleitschutzvorrichtung oder durch eine andere gleichwertige Lösung verhindert werden. Für den Zugang benutzte Leitern müssen so beschaffen sein, dass sie weit genug über die Ebene, die mit den Leitern erreicht werden soll, hinausragen, sofern nicht andere Vorrichtungen ein sicheres Festhalten erlauben. Aus mehreren Teilen bestehende Steckleitern oder Schiebeleitern sind so zu verwenden, dass die Leiterteile unbeweglich miteinander verbunden bleiben. Fahrbare Leitern sind vor ihrer Benutzung sicher zu arretieren.

4.2.3. Leitern müssen so verwendet werden, dass die Arbeitnehmer jederzeit sicher stehen und sich sicher festhalten können. Wenn auf einer Leiter eine Last in der Hand getragen werden muss, darf dies ein sicheres Festhalten nicht verhindern.

4.3. Besondere Vorschriften für die Benutzung von Gerüsten

4.3.1. Liegt für das gewählte Gerüst kein Bemessungsblatt vor oder sind in dem Bemessungsblatt die geplanten strukturellen Konfigurationen nicht enthalten, so ist eine Festigkeits- und Standfestigkeitsberechnung vorzunehmen, es sei denn, das Gerüst wird nach einer allgemein anerkannten Regelausführung errichtet.

4.3.2. Je nach Komplexität des gewählten Gerüsts ist von einer sachkundigen Person ein Plan für Aufbau, Benutzung und Abbau zu erstellen. Dabei kann es sich um einen allgemeinen Anwendungsplan handeln, der durch Detailangaben für das jeweilige Gerüst ergänzt wird.

4.3.3. Die Ständer eines Gerüstes sind vor Gefahr des Rutschens entweder durch Fixierung an der Auflagefläche oder durch eine Gleitschutzvorrichtung oder durch ein anderes gleichwertiges Mittel zu schützen, und die belastete Fläche muss eine ausreichende Tragfähigkeit haben. Die Standsicherheit des Gerüsts muss sichergestellt sein. Ein unbeabsichtigtes Fortbewegen von Fahrgerüsten während der Arbeiten auf hoch gelegenen Arbeitsplätzen muss durch geeignete Vorrichtungen verhindert werden.

4.3.4. Die Abmessungen, die Form und die Anordnung der Gerüstbeläge müssen für die auszuführende Arbeit geeignet sein, an die zu tragenden Belastungen angepasst sein und ein gefahrloses Begehen erlauben. Die Gerüstbeläge sind so anzubringen, dass die einzelnen Belagelemente bei normaler Benutzung nicht verrutschen. Zwischen den einzelnen Belagelementen und den kollektiven senkrechten Absturzsicherungen darf kein gefährlicher Zwischenraum vorhanden sein.

4.3.5. Wenn bestimmte Teile eines Gerüsts noch nicht einsatzbereit sind, insbesondere während des Auf-, Ab- oder Umbaus, sind diese Teile mit Warnzeichen für allgemeine Gefahr entsprechend den einzelstaatlichen Bestimmungen zur Umsetzung der Richtlinie 92/58/EWG des Rates vom 24. Juni 1992 über Mindestvorschriften für die Sicherheits- und/oder Gesundheitsschutzkennzeichnung am Arbeitsplatz (Neunte Einzelrichtlinie im Sinne von Artikel 16 Absatz 1 der Richtlinie 89/391/EWG) (ABl. L 245 vom 26.8.1992, S. 23) zu kennzeichnen und durch Absperrungen, die den Zugang zur Gefahrenzone verhindern, angemessen abzugrenzen.

4.3.6. Gerüste dürfen nur unter der Leitung einer sachkundigen Person und von Arbeitnehmern aufgebaut, abgebaut oder erheblich verändert werden, die für diese Arbeiten eine angemessene und spezielle Unterweisung in Bezug auf spezifische Gefahren gemäß Artikel 9 erhalten haben, die sich insbesondere auf Folgendes erstreckt:

a) Verstehen des Plans für den Auf-, Ab- oder Umbau des betreffenden Gerüsts;

b) sicherer Auf-, Ab- oder Umbau des betreffenden Gerüsts;

c) vorbeugende Maßnahmen gegen die Gefahr des Absturzes von Personen und des Herabfallens von Gegenständen;

d) Sicherheitsvorkehrungen für den Fall, dass sich die Witterungsverhältnisse so verändern,

dass die Sicherheit des betreffenden Gerüsts beeinträchtigt sein könnte;
e) zulässige Belastungen;
f) alle anderen mit dem Auf-, Ab- oder Umbau gegebenenfalls verbundenen Gefahren.

Der leitenden Person und den betreffenden Arbeitnehmern muss der in Nummer 4.3.2 vorgesehene Aufbau- und Abbauplan mit allen darin enthaltenen Anweisungen vorliegen.

4.4. Besondere Vorschriften für Zugangs- und Positionierungsverfahren unter Zuhilfenahme von Seilen

Für Zugangs- und Positionierungsverfahren unter Zuhilfenahme von Seilen müssen folgende Bedingungen erfüllt sein:
a) Das System umfasst mindestens zwei getrennt voneinander befestigte Seile, wobei eines als Zugangs-, Absenk- und Haltemittel (Arbeitsseil) und das andere als Sicherungsmittel (Sicherungsseil) dient;
b) die Arbeitnehmer erhalten und verwenden ein geeignetes Sicherheitsgeschirr, über das sie mit dem Sicherungsseil verbunden sind;
c) das Arbeitsseil wird mit sicheren Mitteln für das Aufseilen und Abseilen ausgerüstet; es umfasst ein selbstsicherndes System, das in den Fällen, in denen der Anwender die Kontrolle über seine Bewegungen verliert, einen Absturz verhindert. Das Sicherungsseil ist mit einer bewegungssynchron mitlaufenden beweglichen Absturzsicherung auszurüsten;
d) Werkzeug und anderes Zubehör, das von den Arbeitnehmern benutzt werden soll, sind an deren Sicherheitsgeschirr oder Sitz oder unter Rückgriff auf andere angemessene Mittel zu befestigen;
e) die Arbeiten sind sorgfältig zu planen und zu überwachen, damit einem Arbeitnehmer bei Bedarf unmittelbar Hilfe geleistet werden kann;
f) die betreffenden Arbeitnehmer haben gemäß Artikel 9 eine angemessene und spezielle Unterweisung in den vorgesehenen Arbeitsverfahren, insbesondere in Bezug auf die Rettungsverfahren, erhalten.

Unter außergewöhnlichen Umständen, unter denen – unter Berücksichtigung der Risikobewertung – die Verwendung eines zweiten Seils eine größere Gefährdung bei den Arbeiten bewirken würde, kann die Verwendung eines einzigen Seils zugelassen werden, sofern geeignete Maßnahmen ergriffen wurden, um die Sicherheit in Einklang mit den einzelstaatlichen Rechtsvorschriften oder Praktiken zu gewährleisten.

ANHANG III

TEIL A
Aufgehobene Richtlinie mit ihren nachfolgenden Änderungen
(gemäß Artikel 13)

Richtlinie 89/655/EWG des Rates
(ABl. L 393 vom 30.12.1989, S. 13).

Richtlinie 95/63/EG des Rates
(ABl. L 335 vom 30.12.1995, S. 28).

Richtlinie 2001/45/EG des Europäischen Parlaments und des Rates
(ABl. L 195 vom 19.7.2001, S. 46).

Richtlinie 2007/30/EG des Europäischen Parlaments und des Rates
(ABl. L 165 vom 27.6.2007, S. 21).
nur in Bezug auf die Verweisung in Artikel 3 Nummer 3 auf die Richtlinie 89/655/EWG

TEIL B
Fristen für die Umsetzung in innerstaatliches Recht
(gemäß Artikel 13)

Richtlinie	Frist für die Umsetzung
89/655/EWG	31. Dezember 1992
95/63/EG	4. Dezember 1998
2001/45/EG	19. Juli 2004 ([1])
2007/30/EG	31. Dezember 2012

([1]) Den Mitgliedstaaten steht es hinsichtlich der Anwendung von Anhang II Nummer 4 der Richtlinie 89/655/EWG frei, eine Übergangszeit von höchstens zwei Jahren ab dem 19. Juli 2004 in Anspruch zu nehmen, um den unterschiedlichen Gegebenheiten Rechnung zu tragen, die im Zusammenhang mit der praktischen Anwendung der Richtlinie 2001/45/EG – insbesondere durch die kleinen und mittleren Unternehmen – auftreten können.

6/3. ArbeitsmittelRL
Anhang IV

ANHANG IV
Entsprechungstabelle

Richtlinie 89/655/EWG	Vorliegende Richtlinie
Artikel 1	Artikel 1
Artikel 2	Artikel 2
Artikel 3	Artikel 3
Artikel 4	Artikel 4
Artikel 4a Absatz 1	Artikel 5 Absatz 1
Artikel 4a Absatz 2 erster und zweiter Gedankenstrich	Artikel 5 Absatz 2 Buchstaben a und b
Artikel 4a Absatz 3	Artikel 5 Absatz 3
Artikel 4a Absatz 4	Artikel 5 Absatz 4
Artikel 5 erster und zweiter Gedankenstrich	Artikel 6 Buchstaben a und b
Artikel 5a	Artikel 7
Artikel 6 Absatz 1	Artikel 8 Absatz 1
Artikel 6 Absatz 2 Unterabsatz 1 erster, zweiter, und dritter Gedankenstrich	Artikel 8 Absatz 2 Unterabsatz 1 Buchstaben a, b und c
Artikel 6 Absatz 2 Unterabsatz 2	Artikel 8 Absatz 2 Unterabsatz 2
Artikel 6 Absatz 3	Artikel 8 Absatz 3
Artikel 7 erster Gedankenstrich	Artikel 9 Buchstabe a
Artikel 7 zweiter Gedankenstrich	Artikel 9 Buchstabe b
Artikel 8	Artikel 10
Artikel 9 Absatz 1	Artikel 11 Absatz 1
Artikel 9 Absatz 2 erster und zweiter Gedankenstrich	Artikel 11 Absatz 2 Buchstaben a und b
Artikel 10 Absatz 1	—
Artikel 10 Absatz 2	Artikel 12
—	Artikel 13
—	Artikel 14
Artikel 11	Artikel 15
Anhang I	Anhang I
Anhang II	Anhang II
—	Anhang III
—	Anhang IV

6/4. Richtlinie über die persönliche Schutzausrüstung

Richtlinie 89/656/EWG des Rates über Mindestvorschriften für Sicherheit und Gesundheitsschutz bei Benutzung persönlicher Schutzausrüstungen durch Arbeitnehmer bei der Arbeit (Dritte Einzelrichtlinie im Sinne des Artikels 16 Absatz 1 der Richtlinie 89/391/EWG) vom 30. November 1989

(ABl. Nr. L 393 v. 30.12.1989, S. 18; geändert durch die RL 2007/30/EG, ABl. Nr. L 165 v. 27.6.2007, S. 21; geändert durch die RL (EU) 2019/1832, ABl. Nr. L 279 v. 13.10.2019, S. 35)
(nicht amtlich aktualisierte Fassung)

GLIEDERUNG

ABSCHNITT I: ALLGEMEINE VORSCHRIFTEN
Art. 1: Ziel der Richtlinie
Art. 2: Definition
Art. 3: Allgemeine Regeln

ABSCHNITT II: PFLICHTEN DER ARBEITGEBER
Art. 4: Allgemeine Bestimmungen
Art. 5: Bewertung der persönlichen Schutzausrüstung
Art. 6: Vorschriften für die Benutzung
Art. 7: Unterrichtung der Arbeitnehmer
Art. 8: Anhörung und Beteiligung der Arbeitnehmer

ABSCHNITT III: SONSTIGE BESTIMMUNGEN
Art. 9: Anpassung der Anhänge
Art. 10, 11: Schlussbestimmungen

ANHÄNGE I–III

DER RAT DER EUROPÄISCHEN GEMEINSCHAFTEN –

gestützt auf den Vertrag zur Gründung der Europäischen Wirtschaftsgemeinschaft, insbesondere auf Artikel 118a,

auf Vorschlag der Kommission (ABl. Nr. C 161 v. 20.6.1988, S. 1, ABl. Nr. C 115 v. 8.5.1989, S. 27, und ABl. Nr. C 287 v. 15.11.1989, S. 11), die zuvor den Beratenden Ausschuß für Sicherheit, Arbeitshygiene und Gesundheitsschutz am Arbeitsplatz gehört hat,

in Zusammenarbeit mit dem Europäischen Parlament (ABl. Nr. C 12 v. 16.1.1989, S. 92, und ABl. Nr. C 256 v. 9.10.1989, S. 61), nach Stellungnahme des Wirtschafts- und Sozialausschusses (ABl. Nr. C 318 v. 12.12.1988, S. 30),

in Erwägung nachstehender Gründe:

In Artikel 118a des Vertrags ist vorgesehen, daß der Rat durch Richtlinien Mindestvorschriften festlegt, die die Verbesserung insbesondere der Arbeitsumwelt fördern, um die Sicherheit und die Gesundheit der Arbeitnehmer verstärkt zu schützen.

Nach demselben Artikel sollen diese Richtlinien keine verwaltungsmäßigen, finanziellen oder rechtlichen Auflagen vorschreiben, die der Gründung und Entwicklung von Klein- und Mittelbetrieben entgegenstehen.

Die Mitteilung der Kommission über ihr Aktionsprogramm für Sicherheit, Arbeitshygiene und Gesundheitsschutz am Arbeitsplatz (ABl. Nr. C 28 v. 3.2.1988, S. 3) sieht die Verabschiedung einer Richtlinie über die Benutzung persönlicher Schutzausrüstungen bei der Arbeit vor.

In seiner Entschließung vom 21. Dezember 1987 über Sicherheit, Arbeitshygiene und Gesundheitsschutz am Arbeitsplatz (ABl. Nr. C 28 v. 3.2.1988, S. 1) nahm der Rat die Absicht der Kommission zur Kenntnis, ihm binnen kurzem Mindestvorschriften über die Gewährleistung von Sicherheit und Gesundheitsschutz der Arbeitnehmer am Arbeitsplatz vorzulegen.

Die Einhaltung der Mindestvorschriften zur Sicherstellung eines höheren Maßes an Sicherheit und Gesundheitsschutz bei Benutzung persönlicher Schutzausrüstungen ist eine unabdingbare Voraussetzung für die Sicherheit und den Gesundheitsschutz der Arbeitnehmer.

Die vorliegende Richtlinie ist eine Einzelrichtlinie im Sinne des Artikels 16 Absatz 1 der Richtlinie 89/391/EWG des Rates vom 12. Juni 1989 über die Durchführung von Maßnahmen zur Verbesserung der Sicherheit und des Gesundheitsschutzes der Arbeitnehmer bei der Arbeit. Die Bestimmungen der letztgenannten Richtlinie finden daher in vollem Umfang auf die Benutzung persönlicher Schutzausrüstungen durch Arbeitnehmer bei der Arbeit Anwendung, unbeschadet strengerer oder spezifischer Bestimmungen der vorliegenden Richtlinie.

Diese Richtlinie stellt einen konkreten Beitrag zur Ausgestaltung der sozialen Dimension des Binnenmarktes dar.

Die kollektiven Schutzmaßnahmen haben Vorrang gegenüber den persönlichen Schutzausrüstungen. Der Arbeitgeber ist verpflichtet, Sicherheitseinrichtungen und -maßnahmen vorzusehen.

Die Vorschriften der vorliegenden Richtlinie dürfen keine Veränderungen derjenigen persönlichen Schutzausrüstungen, deren Konzeption und Konstruktion im Hinblick auf Sicherheit und Gesundheit mit den diesbezüglichen Gemeinschaftsrichtlinien im Einklang stehen, gegenüber den Bestimmungen der letztgenannten Richtlinien verlangen.

Es ist zweckmäßig, Hinweise vorzusehen, die die Mitgliedstaaten bei der Festlegung der allgemeinen Vorschriften für die Benutzung von persönlichen Schutzausrüstungen heranziehen können.

Nach dem Beschluß 74/325/EWG (ABl. Nr. L 185 vom 9.7.1974, S. 15), zuletzt geändert durch die Beitrittsakte vom 1985, wird der Beratende Ausschuß für Sicherheit, Arbeitshygiene und Gesundheitsschutz am Arbeitsplatz[*)] im Hinblick auf die Ausarbeitung von Vorschlägen auf diesem Gebiet von der Kommission gehört –

[*)] Jetzt: Beratender Ausschuss für Sicherheit und Gesundheit am Arbeitsplatz (Beschluss des Rates v. 22.7.2003, ABl. Nr. C 218 v. 13. 9. 2003, S. 1).

HAT FOLGENDE RICHTLINIE ERLASSEN:

ABSCHNITT I
ALLGEMEINE VORSCHRIFTEN
Ziel der Richtlinie

Art. 1 (1) Diese Richtlinie ist die dritte Einzelrichtlinie im Sinne von Artikel 16 Absatz 1 der Richtlinie 89/391/EWG; sie legt Mindestvorschriften in bezug auf Sicherheit und Gesundheitsschutz bei Benutzung persönlicher Schutzausrüstungen durch Arbeitnehmer bei der Arbeit fest.

(2) Die Richtlinie 89/391/EWG findet auf den gesamten in Absatz 1 genannten Bereich in vollem Umfang Anwendung, unbeschadet strengerer oder spezifischer Bestimmungen der vorliegenden Richtlinie.

Definition

Art. 2 (1) Im Sinne dieser Richtlinie gilt als persönliche Schutzausrüstung jede Ausrüstung, die dazu bestimmt ist, vom Arbeitnehmer benutzt oder getragen zu werden, um sich gegen ein Risiko oder gegen Risiken zu schützen, die seine Sicherheit oder seine Gesundheit bei der Arbeit beeinträchtigen könnten, sowie jede mit demselben Ziel verwendete Zusatzausrüstung.

(2) Nicht unter die Definition nach Absatz 1 fallen:
a) normale Arbeitskleidung und Uniformen, die nicht speziell dem Schutz von Sicherheit und Gesundheit des Arbeitnehmers dienen,
b) Ausrüstungen für Not- und Rettungsdienste,
c) persönliche Schutzausrüstungen für Militär, Polizei und Angehörige von Ordnungsdiensten,
d) persönliche Schutzausrüstungen bei Straßenverkehrsmitteln,
e) Sportausrüstungen,
f) Selbstverteidigungs- und Abschreckungsmittel,
g) tragbare Geräte zur Feststellung und Signalisierung von Risiken und Schadstoffen.

Allgemeine Regeln

Art. 3 Persönliche Schutzausrüstungen sind zu verwenden, wenn die Risiken nicht durch kollektive technische Schutzmittel oder durch arbeitsorganisatorische Maßnahmen, Methoden oder Verfahren vermieden oder ausreichend begrenzt werden können.

ABSCHNITT II
PFLICHTEN DER ARBEITGEBER
Allgemeine Bestimmungen

Art. 4 (1) Eine persönliche Schutzausrüstung muß hinsichtlich ihrer Konzeption und Konstruktion den einschlägigen Gemeinschaftsvorschriften über Sicherheit und Gesundheitsschutz entsprechen.

Stets muß eine persönliche Schutzausrüstung
a) Schutz gegenüber den zu verhütenden Risiken bieten, ohne selbst ein größeres Risiko mit sich zu bringen,
b) für die am Arbeitsplatz gegebenen Bedingungen geeignet sein,
c) den ergonomischen Anforderungen und den gesundheitlichen Erfordernissen des Arbeitnehmers Rechnung tragen,
d) dem Träger nach erforderlicher Anpassung passen.

(2) Machen verschiedene Risiken den gleichzeitigen Einsatz mehrerer persönlicher Schutzausrüstungen notwendig, so müssen diese Ausrüstungen aufeinander abgestimmt und ihre Schutzwirkung gegenüber dem bzw. den betreffenden Risiken gewährleistet sein.

(3) Die Bedingungen, unter denen eine persönliche Schutzausrüstung verwendet werden muß, ergeben sich, insbesondere hinsichtlich der Dauer ihres Einsatzes, aus der Höhe des Risikos, der Häufigkeit der Exposition gegenüber diesem Risiko und den spezifischen Merkmalen des Arbeitsplatzes jedes einzelnen Arbeitnehmers sowie aus den Leistungswerten der persönlichen Schutzausrüstung.

(4) Grundsätzlich ist eine persönliche Schutzausrüstung für den persönlichen Gebrauch bestimmt.

Erfordern die Umstände, daß eine persönliche Schutzausrüstung von mehreren Personen benutzt wird, so sind entsprechende Maßnahmen zu treffen, damit sich dadurch für die verschiedenen Benutzer keine Gesundheits- und Hygieneprobleme ergeben.

(5) Im Unternehmen und/oder Betrieb sind geeignete Informationen über jede einzelne persönliche Schutzausrüstung, die nach Maßgabe der Absätze 1 und 2 erforderlich sind, zu liefern und zur Verfügung zu halten.

(6) Der Arbeitgeber hat persönliche Schutzausrüstungen kostenlos zur Verfügung zu stellen; er

muß durch die erforderlichen Wartungs-, Reparatur- und Ersatzmaßnahmen ein gutes Funktionieren und einwandfreie hygienische Bedingungen gewährleisten.

Die Mitgliedstaaten können jedoch im Einklang mit den nationalen Praktiken vorsehen, daß die Arbeitnehmer um einen Kostenbeitrag zu bestimmten persönlichen Schutzausrüstungen in den Fällen ersucht werden, in denen das Tragen dieser Schutzausrüstungen nicht auf die Arbeit beschränkt ist.

(7) Der Arbeitgeber unterrichtet den Arbeitnehmer vorab darüber, gegen welche Risiken er geschützt wird, wenn er die persönliche Schutzausrüstung trägt.

(8) Der Arbeitgeber sorgt für eine entsprechende Ausbildung und führt gegebenenfalls eine Schulung in der Benutzung der persönlichen Schutzausrüstung durch.

(9) Außer in besonderen Ausnahmefällen darf die persönliche Schutzausrüstung nur zu den vorgesehenen Zwecken verwendet werden.

Sie ist gemäß der Bedienungsanleitung zu benutzen.

Die Bedienungsanleitung muß dem Arbeitnehmer verständlich sein.

Bewertung der persönlichen Schutzausrüstung

Art. 5 (1) Vor der Auswahl einer persönlichen Schutzausrüstung muß der Arbeitgeber eine Bewertung der von ihm vorgesehenen persönlichen Schutzausrüstung vornehmen, um festzustellen, ob sie den in Artikel 4 Absätze 1 und 2 genannten Bedingungen gerecht wird.

Diese Bewertung umfaßt:
a) die Untersuchung und die Abwägung derjenigen Risiken, die anderweitig nicht verhindert werden können,
b) die Definition der Eigenschaften, die persönliche Schutzausrüstungen aufweisen müssen, damit sie einen Schutz gegenüber den unter Buchstabe a) genannten Risiken bieten, wobei eventuelle Gefahrenquellen, die die persönlichen Schutzausrüstungen selbst darstellen können, zu berücksichtigen sind,
c) die Bewertung der Eigenschaften der entsprechenden verfügbaren persönlichen Schutzausrüstungen im Vergleich mit den unter Buchstabe b) genannten Eigenschaften.

(2) Die in Absatz 1 vorgesehene Bewertung muß bei Änderungen der einzelnen Kriterien überprüft werden.

Vorschriften für die Benutzung

Art. 6 (1) Unbeschadet der Artikel 3, 4 und 5 sorgen die Mitgliedstaaten dafür, daß allgemeine Vorschriften für die Benutzung von persönlichen Schutzausrüstungen und/oder Regeln für die Fälle und Situationen, in denen der Arbeitgeber die persönlichen Schutzausrüstungen stellen muß, festgelegt werden; hierbei sind die gemeinschaftlichen Rechtsvorschriften über den freien Warenverkehr zu berücksichtigen.

Diese Vorschriften enthalten insbesondere Angaben über die Umstände oder Risikosituationen, in denen unbeschadet des Vorrangs der kollektiven Schutzmaßnahmen die Benutzung von persönlichen Schutzausrüstungen erforderlich ist.

Die zur Orientierung dienenden Anhänge I, II und III enthalten zweckdienliche Angaben für die Festlegung dieser Vorschriften.

(2) Die Mitgliedstaaten tragen bei der Anpassung der in Absatz 1 genannten Vorschriften wesentlichen Änderungen Rechnung, die sich durch den technischen Fortschritt in bezug auf Risiken, kollektive Schutzmaßnahmen und persönliche Schutzausrüstungen ergeben.

(3) Die einzelnen Mitgliedstaaten konsultieren zunächst die Organisationen der Sozialpartner zu den in den Absätzen 1 und 2 genannten Vorschriften.

Unterrichtung der Arbeitnehmer

Art. 7 Unbeschadet des Artikels 10 der Richtlinie 89/391/EWG werden die Arbeitnehmer und/oder die Arbeitnehmervertreter über alle Maßnahmen unterrichtet, die hinsichtlich der Sicherheit und der Gesundheit der Arbeitnehmer bei Benutzung persönlicher Schutzausrüstung durch Arbeitnehmer bei der Arbeit zu treffen sind.

Anhörung und Beteiligung der Arbeitnehmer

Art. 8 Gemäß Artikel 11 der Richtlinie 89/391/EWG hören die Arbeitgeber die Arbeitnehmer bzw. deren Vertreter in den unter die vorliegende Richtlinie – einschließlich ihrer Anhänge – fallenden Bereichen an und ermöglichen deren Beteiligung.

ABSCHNITT III
SONSTIGE BESTIMMUNGEN

Anpassung der Anhänge

Art. 9 Rein technische Anpassungen der Anhänge I, II und III, die
– durch zur technischen Harmonisierung und Normung erlassene Richtlinie über persönliche Schutzausrüstungen und/oder
– durch den technischen Fortschritt, die Entwicklung der internationalen Regelung oder Spezifikationen oder der Kenntnisse auf dem Gebiet persönlicher Schutzausrüstungen
bedingt sind, werden nach dem Verfahren des Artikels 17 der Richtlinie 89/391/EWG vorgenommen.

Schlussbestimmungen

Art. 10 (1) Die Mitgliedstaaten erlassen die erforderlichen Rechts- und Verwaltungsvorschriften, um dieser Richtlinie spätestens am 31. Dezember 1992 nachzukommen. Sie setzen die Kommission unverzüglich davon in Kenntnis.

(2) Die Mitgliedstaaten teilen der Kommission den Wortlaut der innerstaatlichen Rechtsvorschrif-

ten mit, die sie auf dem unter diese Richtlinie fallenden Gebiet erlassen oder bereits erlassen haben.

(Art. 10 Abs. 3 und 4 aufgehoben durch Art. 3 Z. 4 RL 2007/30/EG)

Art. 11 Diese Richtlinie ist an die Mitgliedstaaten gerichtet.

6/4. PSA-RL
Anhang I

ANHANG I
RISIKEN IN BEZUG AUF DIE DURCH PSA ZU SCHÜTZENDEN KÖRPERTEILE (*)

(*) Diese Liste der Risiken/Körperteile kann nicht als erschöpfend erachtet werden. Die Notwendigkeit einer PSA und deren Merkmale werden anhand der Risikobewertung gemäß den Bestimmungen dieser Richtlinie ermittelt.

		RISIKEN															
		PHYSIK						CHEMIE (einschließlich Nanomaterialien) (¹)					BIOLOGISCHE ARBEITSSTOFFE (enthalten in)			SONSTIGE RISIKEN	
	LÄRM	THERMIK		ELEKTRIZITÄT		STRAHLUNG		AEROSOLE		FLÜSSIGKEITEN		GASE, DÄMPFE	AEROSOLE	FLÜSSIGKEITEN	MATERIALIEN, PERSONEN, TIERE usw.		
MECHANIK		Hitze und/oder Feuer	Kälte	Stromschlag	Statische Elektrizität	nicht-ionisierend	ionisierend	fest (⁴⁰)	flüssig (⁴¹)	Überflutung	Spritzer, Spritzwasser, Strahl		Festsoffe und Flüssigkeiten	Direkter und indirekter Kontakt	Spritzer, Spritzwasser, Strahl	Direkter und indirekter Kontakt	ERTRINKEN	SAUER-STOFF-MANGEL	MANGELNDE SICHTBARKEIT

ZU SCHÜTZENDE KÖRPERTEILE:
- Kopf: Schädel / Gesamter Kopf
- Gehör
- Augen
- Gesicht
- Atmungssystem
- Hände
- Arme (Teile)
- Füße
- Beine (Teile)
- Haut
- Rumpf/Bauch
- Teile des Körpers
- Gesamter Körper

(¹) Stöße durch herunterfallende oder herausgeschleuderte Gegenstände, durch Aufprall auf ein Hindernis und durch Hochdruckstrahl
(²) Stürze durch Ausgleiten
(³) Stürze aus der Höhe
(⁴) Schwingungen
(⁵) Statische Kompression von Körperteilen
(⁶) Mechanische Verletzungen (Abschürfungen, Perforationen, Schnitte, Bisse, Wunden oder Stiche)
(⁷) Verfangen und Einklemmen
(⁸) Direkter oder indirekter Kontakt
(⁹/¹⁰) Einschließlich Sonnenlicht (ausgenommen direkte Beobachtung)
(⁴⁰/⁴¹) Staub, Dämpfe, Rauch und Fasern
(⁴¹) Dunst und Nebel
(¹) Siehe Empfehlung 2011/696/EU zur Definition von Nanomaterialien

6/4. PSA-RL
Anhang II

ANHANG II
NICHT ERSCHÖPFENDE LISTE PERSÖNLICHER SCHUTZAUSRÜSTUNGEN UNTER BERÜCKSICHTIGUNG DER RISIKEN, VOR DENEN SIE SCHÜTZEN

Ausrüstungen für den KOPFSCHUTZ
- Helme und/oder Kappen/Kopfmasken/Kopfkappen zum Schutz gegen
  - Stöße durch herabfallende oder herausgeschleuderte Gegenstände
  - Aufprall auf ein Hindernis
  - mechanische Risiken (Perforation, Abschürfungen)
  - statische Kompression (seitliche Quetschverletzung)
  - thermische Risiken (Feuer, Hitze, Kälte, heiße Festkörper, einschließlich Flüssigmetall)
  - Stromschlag und bei Arbeiten an unter Spannung stehenden Teilen
  - chemische Risiken
  - nicht-ionisierende Strahlung (UV-, Infrarot-, Sonnen- oder Schweißstrahlung)
- Haarnetze zum Schutz vor Verfangen

Ausrüstungen für den SCHALLSCHUTZ
- Kapselgehörschützer (einschließlich z. B. Kapselgehörschützer mit Arbeitsschutzhelm-Befestigung, aktive Geräuschminderungskapselgehörschützer, Kapselgehörschützer mit Kommunikationseinrichtung)
- Gehörschutzstöpsel (einschließlich z. B. pegelabhängige Gehörschutzstöpsel, maßgeschneiderte Gehörschutzstöpsel)

Ausrüstungen für den AUGEN- UND GESICHTSSCHUTZ
- Brillen, Schutzmasken und Schutzschilde (sofern erforderlich mit Korrekturlinsen) zum Schutz gegen
  - mechanische Risiken
  - thermische Risiken
  - nicht-ionisierende Strahlung (UV-, Infrarot-, Sonnen- oder Schweißstrahlung)
  - ionisierende Strahlung
  - chemische und biologische Arbeitsstoffe in fester und flüssiger Form und als Aerosole

Ausrüstungen für den ATEMSCHUTZ
- Filtereinrichtungen zum Schutz gegen
  - Partikel
  - Gase
  - Partikel und Gase
  - Aerosole in fester und/oder flüssiger Form
- Isolierende Geräte, auch mit Luftzufuhr
- Geräte zur Selbstrettung
- Tauchausrüstungen

Ausrüstungen für den HAND- UND ARMSCHUTZ
- Handschuhe (einschließlich Fäustlingen und Armschutz) zum Schutz gegen
  - mechanische Risiken
  - thermische Risiken (Hitze, Flammen und Kälte)
  - Stromschlag und bei Arbeiten an unter Spannung stehenden Teilen (antistatisch, leitfähig, isolierend)
  - chemische Risiken
  - biologische Arbeitsstoffe
  - ionisierende Strahlung und radioaktive Kontamination
  - nicht-ionisierende Strahlung (UV-, Infrarot-, Sonnen- oder Schweißstrahlung)
  - Risiken durch Schwingungen
- Fingerlinge

Ausrüstungen für den FUSS- UND BEINSCHUTZ und Rutschschutz
- Schuhwerk (z. B. Schuhe, einschließlich unter bestimmten Umständen Clogs, Stiefel, eventuell mit Stahlkappen) zum Schutz gegen
  - mechanische Risiken
  - Rutschgefahr
  - thermische Risiken (Hitze, Flammen und Kälte)
  - Stromschlag und bei Arbeiten an unter Spannung stehenden Teilen (antistatisch, leitfähig, isolierend)
  - chemische Risiken
  - Risiken durch Schwingungen
  - biologische Risiken
- Abnehmbare Spannschützer zum Schutz gegen mechanische Risiken
- Knieschützer zum Schutz gegen mechanische Risiken
- Gamaschen zum Schutz gegen mechanische, thermische und chemische Risiken sowie biologische Arbeitsstoffe
- Zubehör (z. B. Krampen, Steigeisen)

HAUTSCHUTZ – HAUTSCHUTZCREMES [1]
- Es könnte Hautschutzcremes geben zum Schutz gegen
  - nicht-ionisierende Strahlung (UV-, Infrarot-, Sonnen- oder Schweißstrahlung)
  - ionisierende Strahlung
  - Chemikalien
  - biologische Arbeitsstoffe
  - thermische Risiken (Hitze, Flammen und Kälte)

[1] Unter bestimmten Umständen könnten ausgehend von der Risikobewertung Hautschutzcremes zusammen mit anderen PSA verwendet werden, um die Haut des Arbeit-

nehmers vor entsprechenden Risiken zu schützen. Hautschutzcremes sind in den Geltungsbereich der Richtlinie 89/656/EWG fallende PSA, da diese Art von Ausrüstung unter bestimmten Umständen als „Zusatzausrüstung" im Sinne von Artikel 2 der genannten Richtlinie zu erachten ist. Hautschutzcremes sind jedoch keine PSA im Sinne der Definition in Artikel 3 Absatz 1 der Verordnung (EU) 2016/425.

Ausrüstungen für den KÖRPERSCHUTZ/ SONSTIGEN HAUTSCHUTZ
– Persönliche Schutzausrüstungen zum Schutz gegen Stürze aus der Höhe, z. B. Höhensicherungsgeräte, Auffanggurte, Sitzgurte, Haltegurte und Verbindungsmittel für Haltegurte, Falldämpfer, Steigschutzeinrichtungen einschließlich Führung, Seileinstellvorrichtungen, Anschlageinrichtungen, die nicht ständig befestigt sein müssen und vor ihrer Verwendung keine Befestigungsarbeiten erfordern, Verbindungen, Haltegurte, Rettungsgurte
– Schutzkleidung, einschließlich Ganzkörperschutz (z. B. Anzüge, Overalls) und Teilkörperschutz (z. B. Gamaschen, Hosen, Jacken, Westen, Schürzen, Knieschützer, Kapuzen, Kopfmasken) zum Schutz gegen

– mechanische Risiken
– thermische Risiken (Hitze, Flammen und Kälte)
– Chemikalien
– biologische Arbeitsstoffe
– ionisierende Strahlung und radioaktive Kontamination
– nicht-ionisierende Strahlung (UV-, Infrarot-, Sonnen- oder Schweißstrahlung)
– Stromschlag und bei Arbeiten an unter Spannung stehenden Teilen (antistatisch, leitfähig, isolierend)
– Verfangen und Einklemmen
– Rettungswesten zum Schutz vor Ertrinken und Schwimmhilfen
– PSA zur optischen Signalisierung der Anwesenheit des Benutzers

6/4. PSA-RL
Anhang III

ANHANG III
NICHT ERSCHÖPFENDE LISTE DER ARBEITEN BZW. DER ARBEITSBEREICHE, FÜR DIE DIE BEREITSTELLUNG PERSÖNLICHER SCHUTZAUSRÜSTUNGEN ERFORDERLICH SEIN KANN (*)

(*) Die Notwendigkeit einer PSA und deren Merkmale werden anhand der Risikobewertung gemäß den Bestimmungen dieser Richtlinie ermittelt.

I. PHYSIKALISCHE RISIKEN

Risiken	Betroffener Körperteil Art von PSA	Beispiele für Arbeiten, bei denen die Verwendung der entsprechenden Art von PSA erforderlich sein kann (*)	Branche und Arbeitsbereiche
		PHYSIK — MECHANIK	
Stöße durch herabfallende oder herausgeschleuderte Gegenstände, durch Aufprall auf ein Hindernis und durch Hochdruckstrahl	Schädel **Schutzhelme**	— Arbeiten auf, unter oder in der Nähe von Gerüsten und hochgelegenen Arbeitsplätzen — Rohbau- und Straßenbauarbeiten — Ein- und Ausschalarbeiten — Gerüstmontage- und Verlegearbeiten — Montage- und Installationsarbeiten — Abrissarbeiten — Sprengarbeiten — Arbeiten in Gruben, Gräben, Schächten und Stollen — Arbeiten im Bereich von Aufzügen, Hebezeugen, Kranen und Fördermitteln — Arbeiten im Bergbau unter und über Tage und in Steinbrüchen — Arbeiten in Industrieöfen, Behältern, Apparaten, Silos, Bunkern und Rohrleitungen — Schlacht- und Zerlegungsarbeiten — Handhabung von Lasten oder Transport- und Lagerarbeiten — Forstarbeiten — Arbeiten an Stahlbrücken, Stahlhochbauten, Stahlwasserbauten, Hochofen-, Stahlwerks- und Walzwerksanlagen, Großbehältern, Großrohrleitungen, Kessel- und Kraftwerksanlagen — Erd- und Felsarbeiten — Arbeiten mit Bolzensetzgeräten — Arbeiten in Hochofenanlagen, Direktreduktionsanlagen, Stahlwerken, Walzwerken, Metallhütten, Hammer- und Gesenkschmieden sowie Gießereien — Arbeiten unter Verwendung von Fahrrädern und mechanisch betriebenen Rädern	— Hochbau — Ingenieurbau — Maschinenbau, Installation und Wartung — Arbeiten im Schiffbau — Arbeiten im Bergbau — Energieerzeugung — Infrastrukturbau und -unterhaltung — Eisen- und Stahlindustrie — Schlachthöfe — Arbeiten im Eisenbahnrangierdienst — Häfen, Transport und Logistik — Forstwirtschaft

6/4. PSA-RL
Anhang III

Risiken	Betroffener Körperteil Art von PSA	Beispiele für Arbeiten, bei denen die Verwendung der entsprechenden Art von PSA erforderlich sein kann (*)	Branche und Arbeitsbereiche
	Augen und/oder Gesicht **Brillen, Schutzmasken und Schutzschilde**	— Schweiß-, Schleif- und Trennarbeiten — Manuelle Hammerarbeiten — Stemm- und Meißelarbeiten — Steinbearbeitung und Steinverarbeitung — Arbeiten mit Bolzensetzgeräten — Arbeiten an Zerspanungsmaschinen für Kleinspäne — Gesenkschmiedearbeiten — Zerkleinerung und Beseitigung von Scherben — Strahlarbeiten mit körnigem Strahlmittel — Verwendung von Motorsensen oder Kettensägen — Zahnärztliche und chirurgische Eingriffe	— Hochbau — Ingenieurbau — Maschinenbau, Installation und Wartung — Arbeiten im Schiffbau — Arbeiten im Bergbau — Energieerzeugung — Infrastrukturbau und -unterhaltung — Eisen- und Stahlindustrie — Metall- und Holzindustrie — Steinbearbeitungsarbeiten — Gartenarbeiten — Gesundheitsversorgung — Forstwirtschaft
	Füße und Beine (Teile) **Sicherheitsschuhe (oder Stiefel usw.) oder Schuhe mit Schutzkappen Schuhe mit Mittelfußschutz**	— Rohbau- und Straßenbauarbeiten — Einschal- und Ausschalarbeiten — Gerüstmontage- und Verlegearbeiten — Abrissarbeiten — Sprengarbeiten — Be- und Verarbeitung von Steinen — Schlacht- und Zerlegungsarbeiten — Transport- und Lagerarbeiten — Handhabung von Formen in der keramischen Industrie — Arbeiten mit Gefrierfleischblöcken und Konservengebinden — Flachglas- und Hohlglasherstellung sowie -be- und -verarbeitung — Umbau- und Instandhaltungsarbeiten — Forstarbeiten — Betonbau und Fertigteilbau mit Ein- und Ausschalarbeiten — Arbeiten auf Bauhöfen und Lagerplätzen — Dacharbeiten — Arbeiten an Stahlbrücken, Stahlhochbauten, Masten, Türmen, Aufzügen, Stahlwasserbauten, Hochöfen, Stahlwerks- und Walzwerksanlagen, Großbehältern, Großrohrleitungen, Krananlagen, Kessel- und Kraftwerksanlagen — Ofenbauarbeiten, Heizungs-, Lüftungs- und Metallbaumontagearbeiten — Arbeiten in Hochofenanlagen, Direktreduktionsanlagen, Stahlwerken, Walzwerken, Metallhütten, Hammer- und Gesenkschmieden, Warmpresswerken und Ziehereien — Arbeiten in Steinbrüchen, im Bergbau über Tage und bei Haldenabtragungen	— Hochbau — Ingenieurbau — Maschinenbau, Installation und Wartung — Arbeiten im Schiffbau — Arbeiten im Bergbau — Energieerzeugung — Infrastrukturbau und -unterhaltung — Eisen- und Stahlindustrie — Schlachthöfe — Logistikunternehmen — Herstellendes Gewerbe — Glasindustrie — Forstwirtschaft

6/4. PSA-RL
Anhang III

Risiken	Betroffener Körperteil / Art von PSA	Beispiele für Arbeiten, bei denen die Verwendung der entsprechenden Art von PSA erforderlich sein kann (*)	Branche und Arbeitsbereiche
		— Handhabung von Formen in der keramischen Industrie — Beschichtungsarbeiten im Ofenbereich der keramischen Industrie — Arbeiten im Eisenbahnrangierdienst	
Stürze durch Ausgleiten	Füße Gegenstände, **Rutschfeste Schuhe**	— Arbeiten auf rutschigen Flächen — Arbeiten in feuchten Umgebungen	— Hochbau — Ingenieurbau — Arbeiten im Schiffbau — Schlachthof — Reinigung — Lebensmittelindustrie — Gartenarbeiten — Fischereisektor
Stürze aus der Höhe	Gesamter Körper **PSA, die Stürze verhindern oder unterbrechen**	— Gerüstarbeiten — Fertigteilmontage — Arbeiten an Masten — Dacharbeiten — Arbeiten auf vertikalen oder geneigten Flächen — Arbeiten in hochgelegenen Kranfahrerkabinen — Arbeiten in hochgelegenen Führerkabinen von Regalbediengeräten — Arbeiten an hochgelegenen Stellen von Bohrtürmen — Arbeiten in Schächten und Kanälen	— Hochbau — Ingenieurbau — Arbeiten im Schiffbau — Infrastruktur-Unterhaltung
Schwingungen	Hände **Schutzhandschuhe**	— Arbeiten mit Handwerkzeugen	— Herstellendes Gewerbe — Bauarbeiten — Ingenieurbau
Statische Kompression von Körperteilen	Knie (Teile des Beins) **Knieschützer**	— Installation von Bausteinen, Ziegeln und Bodenplatten	— Hochbau — Ingenieurbau
	Füße **Schuhe mit Schutzkappen**	— Abrissarbeiten — Handhabung von Lasten	— Hochbau — Ingenieurbau — Transport- und Lagerarbeiten — Instandhaltung
Mechanische Verletzungen (Abschürfungen, Perforationen, Schnitte, Bisse, Wunden oder Stiche)	Augen und/oder Gesicht **Brillen, Schutzmasken, Schutzschilde**	— Arbeiten mit Handwerkzeugen — Schweiß- und Schmiedearbeiten — Schleif- und Trennarbeiten — Meißelarbeiten — Steinbearbeitung und Steinverarbeitung — Arbeiten an Zerspanungsmaschinen für Kleinspäne — Gesenkschmiedearbeiten — Zerkleinerung und Beseitigung von Scherben — Strahlarbeiten mit körnigem Strahlmittel	— Hochbau — Ingenieurbau — Arbeiten im Schiffbau — Arbeiten im Bergbau — Energieerzeugung — Infrastruktur-Unterhaltung — Eisen- und Stahlindustrie — Metall- und Holzindustrie — Steinbearbeitungsarbeiten

Risiken	Betroffener Körperteil Art von PSA	Beispiele für Arbeiten, bei denen die Verwendung der entsprechenden Art von PSA erforderlich sein kann (*)	Branche und Arbeitsbereiche
		— Verwendung von Motorsensen oder Kettensägen	— Gartenarbeiten — Forstwirtschaft
	Hände **Mechanische Schutzhandschuhe**	— Arbeiten mit Stahlrahmen — Umgang mit scharfkantigen Gegenständen, jedoch nicht bei Maschinenarbeiten, wenn die Gefahr des Erfasstwerdens der Handschuhe besteht — Regelmäßige Schneidearbeiten mit Handmesser im Bereich der Produktion und Schlachtung — Auswechseln von Messern an Schneidemaschinen — Forstarbeiten — Gartenarbeiten	— Hochbau — Ingenieurbau — Arbeiten im Schiffbau — Infrastruktur-Unterhaltung — Herstellendes Gewerbe — Lebensmittelindustrie — Schlachtarbeiten — Forstwirtschaft
	Unterarme **Armschutz**	— Ausbein- und Zerlegearbeiten	— Lebensmittelindustrie — Schlachtarbeiten
	Rumpf/Bauch/Beine **Schutzschürze, Gamaschen Durchdringungsfeste Hosen (schnittfeste Hosen)**	— Regelmäßige Schneidearbeiten mit Handmesser im Bereich der Produktion und Schlachtung — Forstarbeiten	— Lebensmittelindustrie — Schlachtarbeiten — Forstwirtschaft
	Füße **Durchtrittsichere Schuhe**	— Rohbau- und Straßenbauarbeiten — Abrissarbeiten — Ein- und Ausschalarbeiten — Forstarbeiten	— Hochbau — Ingenieurbau — Arbeiten im Schiffbau — Arbeiten im Bergbau — Forstwirtschaft
Verfangen und Einklemmen	Gesamter Körper **Schutzkleidung für Bereiche, in denen ein Risiko des Verfangens in beweglichen Teilen besteht**	— Verfangen in Maschinenteilen — Erfasstwerden in Maschinenteilen — Erfasstwerden von Kleidung in Maschinenteilen — Fortgerissenwerden	— Maschinenbau — Herstellung von schweren Maschinen — Ingenieurwesen — Baugewerbe — Landwirtschaft
PHYSIK — LÄRM			
Lärm	Gehör **Gehörschützer**	— Arbeiten an Metallpressen — Arbeiten mit Pressluftwerkzeugen — Arbeiten des Bodenpersonals auf Flughäfen — Arbeiten mit Elektrowerkzeugen — Sprengarbeiten — Rammarbeiten — Arbeiten in der Holz- und Textilindustrie	— Metallindustrie — Herstellendes Gewerbe — Hochbau — Ingenieurbau — Luftfahrtsektor — Arbeiten im Bergbau

6/4. PSA-RL
Anhang III

Risiken	Betroffener Körperteil / Art von PSA	Beispiele für Arbeiten, bei denen die Verwendung der entsprechenden Art von PSA erforderlich sein kann (*)	Branche und Arbeitsbereiche
		PHYSIK — THERMIK	
Hitze und/oder Feuer	Gesicht/gesamter Kopf **Schweißkopfschilder, Helme/Kappen gegen Hitze oder Feuer, Schutzkapuzen zum Schutz gegen Hitze und/oder Flammen**	— Arbeiten bei hohen Temperaturen, Strahlungshitze oder Feuer — Arbeiten mit feuerflüssigen Massen oder beim Aufenthalt in deren Einwirkungsbereich — Arbeiten mit Schweißpistolen	— Eisen- und Stahlindustrie — Metallindustrie — Instandhaltungsdienstleistungen — Herstellendes Gewerbe
	Rumpf/Bauch/Beine **Schutzschürze, Gamaschen**	— Schweiß- und Schmiedearbeiten — Gießereiarbeiten	— Eisen- und Stahlindustrie — Metallindustrie — Instandhaltungsdienstleistungen — Herstellendes Gewerbe
	Hände **Schutzhandschuhe zum Schutz gegen Hitze und/oder Flammen**	— Schweiß- und Schmiedearbeiten — Arbeiten bei hohen Temperaturen, Strahlungshitze oder Feuer — Arbeiten mit feuerflüssigen Massen oder beim Aufenthalt in deren Einwirkungsbereich	— Eisen- und Stahlindustrie — Metallindustrie — Instandhaltungsdienstleistungen — Herstellendes Gewerbe
	Unterarme **Ärmel**	— Schweiß- und Schmiedearbeiten — Arbeiten mit feuerflüssigen Massen oder beim Aufenthalt in deren Einwirkungsbereich	— Eisen- und Stahlindustrie — Metallindustrie — Instandhaltungsdienstleistungen — Herstellendes Gewerbe
	Füße **Schuhwerk zum Schutz gegen Hitze und/oder Flammen**	— Arbeiten mit feuerflüssigen Massen oder beim Aufenthalt in deren Einwirkungsbereich	— Eisen- und Stahlindustrie — Metallindustrie — Instandhaltungsdienstleistungen — Herstellendes Gewerbe
	Ganzer Körper/Teile des Körpers **Schutzkleidung zum Schutz gegen Hitze und/oder Flammen**	— Arbeiten bei hohen Temperaturen, Strahlungshitze oder Feuer	— Eisen- und Stahlindustrie — Metallindustrie — Forstwirtschaft
Kälte	Hände **Schutzhandschuhe zum Schutz gegen Kälte** Füße **Schuhwerk zum Schutz gegen Kälte**	— Arbeiten im Freien bei Regen oder extremer Kälte — Arbeiten in Tiefkühlräumen — Arbeiten mit Kryoflüssigkeiten	— Hochbau — Ingenieurbau — Arbeiten im Schiffbau — Arbeiten im Bergbau — Lebensmittelindustrie — Landwirtschaft und Fischerei
	Ganzer Körper/Teile des Körpers, einschl. Kopf **Schutzkleidung zum Schutz gegen Kälte**	— Arbeiten im Freien bei Regen oder Kälte — Arbeiten in Tiefkühlräumen	— Hochbau — Ingenieurbau — Arbeiten im Schiffbau — Arbeiten im Bergbau — Lebensmittelindustrie — Landwirtschaft und Fischerei — Transport- und Lagerarbeiten

6/4. PSA-RL
Anhang III

Risiken	Betroffener Körperteil Art von PSA	Beispiele für Arbeiten, bei denen die Verwendung der entsprechenden Art von PSA erforderlich sein kann (*)	Branche und Arbeitsbereiche
PHYSIK — ELEKTRIZITÄT			
Stromschlag (direkter oder indirekter Kontakt)	Gesamter Kopf **Elektrisch isolierende Helme** Hände **Elektrisch isolierende Handschuhe** Füße **Elektrisch isolierende Schuhe** Ganzer Körper/Hände/Füße **Leitfähige PSA, die von fachkundig geschultem Personal bei Arbeiten an Teilen mit einer nominalen Spannung von bis zu 800 kV AC und 600 kV getragen werden**	— Arbeiten an unter Spannung stehenden Teilen — Arbeiten an Elektroanlagen	— Energieerzeugung — Übertragung und Verteilung von Elektrizität — Instandhaltung von Industrieanlagen — Hochbau — Ingenieurbau
Statische Elektrizität	Hände **Antistatische Handschuhe** Füße **Antistatische/ Leitfähige Schuhe** Gesamter Körper **Antistatische Bekleidung**	— Handhabung von Kunststoff und Gummi — Kippen oder Schütten in Sammelbehälter — Arbeiten in der Nähe von hoch aufgeladenen Elementen wie Förderbändern — Handhabung von Sprengstoffen	— Herstellendes Gewerbe — Futtermittelindustrie — Einsack- und Verpackungsanlagen — Produktion, Lagerung oder Transport von Sprengstoffen
PHYSIK — STRAHLUNG			
Nicht-ionisierende Strahlung, einschließlich Sonnenlicht (ausgenommen direkte Beobachtung)	Kopf **Kappen und Helme**	— Arbeiten im Freien	— Fischerei und Landwirtschaft — Hochbau — Ingenieurbau
	Augen **Schutzbrillen, Schutzmasken und Schutzschilde**	— Arbeiten bei Strahlungshitze — Arbeiten an Hochöfen — Arbeiten mit Lasern — Arbeiten im Freien — Schweißen und Brennschneiden — Glasblasen — Entkeimungslampen	— Eisen- und Stahlindustrie — Herstellendes Gewerbe — Fischerei und Landwirtschaft
	Ganzer Körper (Haut) **PSA als Schutz gegen natürliche und künstliche UV-Strahlen**	— Arbeiten im Freien — Elektrische Schweißarbeiten — Entkeimungslampen — Xenonlampen	— Hochbau — Ingenieurbau — Arbeiten im Schiffbau — Arbeiten im Bergbau — Energieerzeugung — Infrastruktur-Unterhaltung — Fischerei und Landwirtschaft

6/4. PSA-RL
Anhang III

Risiken	Betroffener Körperteil Art von PSA	Beispiele für Arbeiten, bei denen die Verwendung der entsprechenden Art von PSA erforderlich sein kann (*)	Branche und Arbeitsbereiche
			— Forstwirtschaft — Gartenarbeiten — Lebensmittelindustrie — Kunststoffindustrie — Druckindustrie
Ionisierende Strahlung	Augen **Schutzbrillen/-masken zum Schutz gegen ionisierende Strahlung** Hände **Schutzhandschuhe zum Schutz gegen ionisierende Strahlung**	— Arbeiten in Röntgeneinrichtungen — Arbeiten im Bereich der medizinischen Röntgendiagnose — Arbeiten mit radioaktiven Produkten	— Gesundheitsversorgung — Tierärztliche Versorgung — Wiederaufbereitungsanlage für radioaktive Abfälle — Energieerzeugung
	Rumpf/Bauch/Teile des Körpers **Schutzschürze gegen Röntgenstrahlen** **/Mantel/Weste/ Schürze als Schutz gegen Röntgenstrahlen**	— Arbeiten in Röntgeneinrichtungen — Arbeiten im Bereich der medizinischen Röntgendiagnose	— Gesundheitsversorgung — Tierärztliche Versorgung — Zahnärztliche Versorgung — Urologie — Chirurgie — Interventionelle Radiologie — Laboratorien
	Kopf **Kopfbekleidung und Kappen PSA zum Schutz gegen beispielsweise die Entwicklung von Hirntumoren**	— Medizinische Röntgen-Arbeitsplätze und -Einrichtungen	— Gesundheitsversorgung — Tierärztliche Versorgung — Zahnärztliche Versorgung — Urologie — Chirurgie — Interventionelle Radiologie
	Teile des Körpers **PSA für den Schilddrüsenschutz** **PSA für den Keimdrüsenschutz**	— Arbeiten in Röntgeneinrichtungen — Arbeiten im Bereich der medizinischen Röntgendiagnose	— Gesundheitsversorgung — Tierärztliche Versorgung
	Gesamter Körper **Schutzkleidung zum Schutz gegen ionisierende Strahlung**	— Arbeiten im Bereich der medizinischen Röntgendiagnose — Arbeiten mit radioaktiven Produkten	— Energieerzeugung — Wiederaufbereitungsanlage für radioaktive Abfälle

II. CHEMISCHE RISIKEN (einschließlich Nanomaterialien)

Risiken	Betroffener Körperteil Art von PSA	Beispiele für Arbeiten, bei denen die Verwendung der entsprechenden Art von PSA erforderlich sein kann (*)	Branche und Arbeitsbereiche
		CHEMIE — AEROSOLE	
Feststoffe (Stäube, Dämpfe, Rauch, Fasern und Nanomaterialien)	Atmungssystem **Atemschutzeinrichtungen zum Schutz vor Partikeln**	— Abrissarbeiten — Sprengarbeiten — Sandstrahlen und Polieren von Oberflächen — Arbeiten in Präsenz von Asbest — Verwendung von Materialien, die aus Nanopartikeln bestehen oder diese enthalten — Schweißen — Kaminreiniger — Arbeiten an Futtern von Öfen und Pfannen, sofern mit Staub zu rechnen ist — Arbeiten im Bereich von Ofenabstichen, sofern mit Schwermetallrauchen zu rechnen ist — Arbeiten im Bereich der Hochofengicht	— Hochbau — Ingenieurbau — Arbeiten im Schiffbau — Arbeiten im Bergbau — Eisen- und Stahlindustrie — Metall- und Holzindustrie — Automobilindustrie — Steinbearbeitungsarbeiten — Pharmaindustrie — Gesundheitsdienstleistungen — Zubereitung von Zytostatika
	Hände **Chemische Schutzhandschuhe und Schutzcreme als zusätzlicher Schutz**	— Arbeiten in Präsenz von Asbest — Verwendung von Materialien, die aus Nanopartikeln bestehen oder diese enthalten	— Hochbau — Ingenieurbau — Arbeiten im Schiffbau — Instandhaltung von Industrieanlagen
	Gesamter Körper **Schutzkleidung als Schutz vor Feststoffpartikeln**	— Abrissarbeiten — Arbeiten in Präsenz von Asbest — Verwendung von Materialien, die aus Nanopartikeln bestehen oder diese enthalten — Kaminreiniger — Zubereitung von Pflanzenschutzmittteln	— Hochbau — Ingenieurbau — Arbeiten im Schiffbau — Instandhaltung von Industrieanlagen — Landwirtschaft
	Augen **Brillen/Schutzmasken und Schutzschilde**	— Holzarbeiten — Straßenarbeiten	— Bergbau — Metall- und Holzindustrie — Ingenieurbau
Flüssige Phase (Dunst und Nebel)	Atmungssystem **Atemschutzeinrichtungen zum Schutz vor Partikeln**	— Oberflächenbehandlung (z. B. Lackieren/Malerarbeiten, Sandstrahlen) — Oberflächenreinigung	— Metallindustrie — Herstellendes Gewerbe — Automobilindustrie
	Hände **Chemische Schutzhandschuhe**	— Oberflächenbehandlung — Oberflächenreinigung — Arbeiten mit Flüssigkeitsstrahlern — Arbeiten mit Säuren und Laugen, Desinfektionsmitteln und ätzenden Reinigungsmitteln	— Metallindustrie — Herstellendes Gewerbe — Automobilindustrie
	Gesamter Körper **Chemische Schutzkleidung**	— Oberflächenbehandlung — Oberflächenreinigung	— Metallindustrie — Herstellendes Gewerbe — Automobilindustrie

6/4. PSA-RL
Anhang III

Risiken	Betroffener Körperteil / Art von PSA	Beispiele für Arbeiten, bei denen die Verwendung der entsprechenden Art von PSA erforderlich sein kann (*)	Branche und Arbeitsbereiche
		CHEMIE — FLÜSSIGKEITEN	
Eintauchen Spritzer, Sprühwasser und Strahl	Hände **Chemische Schutzhandschuhe**	— Arbeiten mit Flüssigkeitsstrahlern — Arbeiten mit Säuren und Laugen, Desinfektionsmitteln und ätzenden Reinigungsmitteln — Verarbeiten von Beschichtungsstoffen — Gerbereiarbeiten — Arbeiten im Friseurgewerbe und in Schönheitssalons	— Textil- und Bekleidungsindustrie — Reinigungsindustrie — Automobilindustrie — Schönheits- und Friseurbranche
	Unterarme **Chemische Schutzärmel**	— Arbeiten mit Säuren und Laugen, Desinfektionsmitteln und ätzenden Reinigungsmitteln	— Reinigung — Chemieindustrie — Reinigungsindustrie — Automobilindustrie
	Füße **Chemische Schutzstiefel**	— Arbeiten mit Flüssigkeitsstrahlern — Arbeiten mit Säuren und Laugen, Desinfektionsmitteln und ätzenden Reinigungsmitteln	— Textil- und Bekleidungsindustrie — Reinigungsindustrie — Automobilindustrie
	Gesamter Körper **Chemische Schutzkleidung**	— Arbeiten mit Flüssigkeitsstrahlern — Arbeiten mit Säuren und Laugen, Desinfektionsmitteln und ätzenden Reinigungsmitteln	— Reinigung — Chemieindustrie — Reinigungsindustrie — Automobilindustrie — Landwirtschaft
		CHEMIE — GASE UND DÄMPFE	
Gase und Dämpfe	Atmungssystem **Atemschutzeinrichtungen zum Schutz gegen Gase**	— Oberflächenbehandlung (z. B. Lackieren/Malerarbeiten, Sandstrahlen) — Oberflächenreinigung — Arbeiten in Gär- und Destillierräumen — Arbeiten innerhalb von Tanks und Vergärungsanlagen — Arbeiten in Behältern, engen Räumen und gasbeheizten Industrieöfen, sofern mit Gasgefahr oder Sauerstoffmangel zu rechnen ist — Kaminreiniger — Desinfektionsmittel und ätzende Reinigungsmittel — Arbeiten im Bereich von Gasumsetzern und Gichtgasleitungen	— Metallindustrie — Automobilindustrie — Herstellendes Gewerbe — Reinigungsindustrie — Herstellung alkoholischer Getränke — Abwasserbehandlungsanlagen — Abfallentsorgungsanlage — Chemieindustrie — Petrochemische Industrie
	Hände **Chemische Schutzhandschuhe**	— Oberflächenbehandlung — Oberflächenreinigung — Arbeiten in Gär- und Destillierräumen — Arbeiten innerhalb von Tanks und Vergärungsanlagen — Arbeiten in Behältern, engen Räumen und gasbeheizten Industrieöfen, sofern mit Gasgefahr oder Sauerstoffmangel zu rechnen ist	— Metallindustrie — Automobilindustrie — Herstellendes Gewerbe — Herstellung alkoholischer Getränke — Abwasserbehandlungsanlagen — Abfallentsorgungsanlage — Chemieindustrie — Petrochemische Industrie

Risiken	Betroffener Körperteil Art von PSA	Beispiele für Arbeiten, bei denen die Verwendung der entsprechenden Art von PSA erforderlich sein kann (*)	Branche und Arbeitsbereiche
	Gesamter Körper **Chemische Schutzkleidung**	— Oberflächenbehandlung — Oberflächenreinigung — Arbeiten in Gär- und Destillierräumen — Arbeiten innerhalb von Tanks und Vergärungsanlagen — Arbeiten in Behältern, engen Räumen und gasbeheizten Industrieöfen, sofern mit Gasgefahr oder Sauerstoffmangel zu rechnen ist	— Metallindustrie — Automobilindustrie — Herstellendes Gewerbe — Herstellung alkoholischer Getränke — Abwasserbehandlungsanlagen — Abfallentsorgungsanlage — Chemieindustrie — Petrochemische Industrie
	Augen **Brillen, Schutzmasken und Schutzschilde**	— Spritzlackierung — Holzarbeiten — Bergbaubetrieb	— Automobilindustrie — Herstellendes Gewerbe — Bergbau — Chemieindustrie — Petrochemische Industrie

III. BIOLOGISCHE ARBEITSSTOFFE

Risiken	Betroffener Körperteil Art von PSA	Beispiele für Arbeiten, bei denen die Verwendung der entsprechenden Art von PSA erforderlich sein kann (*)	Branche und Arbeitsbereiche
	BIOLOGISCHE ARBEITSSTOFFE (enthalten in) — AEROSOLE		
Feststoffe und Flüssigkeiten	Atmungssystem **Atemschutzeinrichtungen zum Schutz vor Partikeln**	— Arbeiten mit Kontakt mit dem menschlichen Körper und mit Flüssigkeiten und Gewebe tierischen Ursprungs — Arbeiten mit biologischen Arbeitsstoffen	— Gesundheitsversorgung — Tierkliniken — Medizinische Labors — Forschungslabors — Altenheime — Häusliche Pflege — Abwasserbehandlungsanlagen — Abfallentsorgungsanlage — Lebensmittelindustrie — Biochemieproduktion
	Hände **Schutzhandschuhe zum Schutz vor Mikroorganismen** Ganzer Körper/Teile des Körpers **Schutzkleidung zum Schutz gegen biologische Arbeitsstoffe** Augen und/oder Gesicht **Schutzbrillen, Schutzmasken und Schutzschilde**	— Arbeiten mit Kontakt mit dem menschlichen Körper und mit Flüssigkeiten und Gewebe tierischen Ursprungs — Arbeiten mit biologischen Arbeitsstoffen	— Gesundheitsversorgung — Tierkliniken — Medizinische Labors — Forschungslabors — Altenheime — Häusliche Pflege — Abwasserbehandlungsanlagen — Abfallentsorgungsanlage — Lebensmittelindustrie

6/4. PSA-RL
Anhang III

Risiken	Betroffener Körperteil Art von PSA	Beispiele für Arbeiten, bei denen die Verwendung der entsprechenden Art von PSA erforderlich sein kann (*)	Branche und Arbeitsbereiche
	BIOLOGISCHE ARBEITSSTOFFE (enthalten in) — FLÜSSIGKEITEN		
Direkter und indirekter Kontakt	Hände **Schutzhandschuhe zum Schutz vor Mikroorganismen** Ganzer Körper/Teile des Körpers **Schutzkleidung zum Schutz gegen biologische Arbeitsstoffe** Augen und/oder Gesicht **Schutzmasken und Schutzschilde**	— Arbeiten mit Kontakt mit dem menschlichen Körper und mit Flüssigkeiten und Gewebe tierischen Ursprungs (Bisse, Stiche) — Arbeiten mit biologischen Arbeitsstoffen	— Gesundheitsversorgung — Tierkliniken — Medizinische Labors — Forschungslabors — Altenheime — Häusliche Pflege — Abwasserbehandlungsanlagen — Abfallentsorgungsanlage — Lebensmittelindustrie — Forstwirtschaft
Spritzer, Sprühwasser und Strahl	Hände **Schutzhandschuhe zum Schutz vor Mikroorganismen**	— Arbeiten mit Kontakt mit dem menschlichen Körper und mit Flüssigkeiten und Gewebe tierischen Ursprungs — Arbeiten mit biologischen Arbeitsstoffen	— Gesundheitsversorgung — Tierkliniken — Medizinische Labors — Forschungslabors — Altenheime — Häusliche Pflege — Abwasserbehandlungsanlagen — Abfallentsorgungsanlage — Lebensmittelindustrie
	Unterarme **Schutzärmel zum Schutz vor Mikroorganismen**	— Arbeiten mit Kontakt mit dem menschlichen Körper und mit Flüssigkeiten und Gewebe tierischen Ursprungs — Arbeiten mit biologischen Arbeitsstoffen	— Gesundheitsversorgung — Tierkliniken — Medizinische Labors — Forschungslabors — Altenheime — Häusliche Pflege — Abwasserbehandlungsanlagen — Abfallentsorgungsanlage — Lebensmittelindustrie
	Füße/Beine **Schutzüberzüge für Stiefel und Gamaschen**	— Arbeiten mit Kontakt mit dem menschlichen Körper und mit Flüssigkeiten und Gewebe tierischen Ursprungs — Arbeiten mit biologischen Arbeitsstoffen	— Gesundheitsversorgung — Tierkliniken — Medizinische Labors — Forschungslabors — Altenheime — Häusliche Pflege — Abwasserbehandlungsanlagen — Abfallentsorgungsanlage — Lebensmittelindustrie

Risiken	Betroffener Körperteil Art von PSA	Beispiele für Arbeiten, bei denen die Verwendung der entsprechenden Art von PSA erforderlich sein kann (*)	Branche und Arbeitsbereiche
	Gesamter Körper **Schutzkleidung zum Schutz gegen biologische Arbeitsstoffe**	— Arbeiten mit Kontakt mit dem menschlichen Körper und mit Flüssigkeiten und Gewebe tierischen Ursprungs — Arbeiten mit biologischen Arbeitsstoffen	— Gesundheitsversorgung — Tierkliniken — Medizinische Labors — Forschungslabors — Altenheime — Häusliche Pflege — Abwasserbehandlungsanlagen — Abfallentsorgungsanlage — Lebensmittelindustrie
	BIOLOGISCHE ARBEITSSTOFFE (enthalten in) — MATERIALIEN, PERSONEN, TIEREN usw.		
Direkter und indirekter Kontakt	Hände **Schutzhandschuhe zum Schutz vor Mikroorganismen** Ganzer Körper/Teile des Körpers **Schutzkleidung zum Schutz gegen biologische Arbeitsstoffe** Augen und/oder Gesicht **Schutzmasken und Schutzschilde**	— Arbeiten mit Kontakt mit dem menschlichen Körper und mit Flüssigkeiten und Gewebe tierischen Ursprungs (Bisse, Stiche) — Arbeiten mit biologischen Arbeitsstoffen	— Gesundheitsversorgung — Tierkliniken — Medizinische Labors — Forschungslabors — Altenheime — Häusliche Pflege — Abwasserbehandlungsanlagen — Abfallentsorgungsanlage — Lebensmittelindustrie — Forstwirtschaft

IV. **SONSTIGE RISIKEN**

Risiken	Betroffener Körperteil Art von PSA	Beispiele für Arbeiten, bei denen die Verwendung der entsprechenden Art von PSA erforderlich sein kann (*)	Branche und Arbeitsbereiche
Mangelnde Sichtbarkeit	Gesamter Körper **PSA zur optischen Signalisierung der Anwesenheit des Benutzers**	— Arbeiten in der Nähe rangierender Fahrzeuge — Asphaltarbeiten und Straßenmarkierungsarbeiten — Gleisbauarbeiten — Fahren von Transportmitteln — Arbeiten des Bodenpersonals auf Flughäfen	— Hochbau — Ingenieurbau — Arbeiten im Schiffbau — Arbeiten im Bergbau — Transportleistungen und Beförderung von Personen
Sauerstoffmangel	Atmungssystem **Isolierende Atemschutzeinrichtungen**	— Arbeiten in abgeschlossenen Räumen — Arbeiten in Gär- und Destillierräumen — Arbeiten innerhalb von Tanks und Vergärungsanlagen — Arbeiten in Behältern, engen Räumen und gasbeheizten Industrieöfen, sofern mit Gasgefahr oder Sauerstoffmangel zu rechnen ist — Arbeiten in Schächten, Kanälen und anderen unterirdischen Räumen der Abwasserkanalisation	— Herstellung alkoholischer Getränke — Ingenieurbau — Chemieindustrie — Petrochemische Industrie
	Atmungssystem **Tauchausrüstungen**	— Unterwasserarbeiten	— Ingenieurbau

6/4. PSA-RL
Anhang III

Risiken	Betroffener Körperteil Art von PSA	Beispiele für Arbeiten, bei denen die Verwendung der entsprechenden Art von PSA erforderlich sein kann (*)	Branche und Arbeitsbereiche
Ertrinken	Gesamter Körper **Rettungsweste**	— Arbeiten im oder in der Nähe von Wasser — Arbeiten auf See — Arbeiten in einem Flugzeug	— Fischereisektor — Luftfahrtindustrie — Hochbau — Ingenieurbau — Arbeiten im Schiffbau — Docks und Häfen"

6/5. Lastenrichtlinie

Richtlinie 90/269/EWG des Rates über die Mindestvorschriften bezüglich der Sicherheit und des Gesundheitsschutzes bei der manuellen Handhabung von Lasten, die für die Arbeitnehmer insbesondere eine Gefährdung der Lendenwirbelsäule mit sich bringt (Vierte Einzelrichtlinie im Sinne von Artikel 16 Absatz 1 der Richtlinie 89/391/EWG) vom 29. Mai 1990 (ABl. Nr. L 156 v. 21.6.1990, S. 9; geändert durch die RL 2007/30/EG, ABl. Nr. L 165 v. 27.6.2007, S. 21; geändert durch die VO (EU) 2019/1243, ABl. Nr. L 198 v. 25.7.2019, S. 241)
(nicht amtlich aktualisierte Fassung)

GLIEDERUNG

ABSCHNITT I: ALLGEMEINE BESTIMMUNGEN
Art. 1: Ziel der Richtlinie
Art. 2: Begriffsbestimmungen

ABSCHNITT II: PFLICHTEN DES ARBEITGEBERS
Art. 3: Allgemeine Bestimmung
Art. 4: Gestaltung des Arbeitsplatzes
Art. 5: Berücksichtigung des Anhangs II
Art. 6: Unterrichtung und Unterweisung der Arbeitnehmer
Art. 7: Anhörung und Beteiligung der Arbeitnehmer

ABSCHNITT III: SONSTIGE BESTIMMUNGEN
Art. 8: Änderungen der Anhänge
Art. 8a: Ausübung der Befugnisübertragung
Art. 8b: Dringlichkeitsverfahren
Art. 9, 10: Schlussbestimmungen

ANHÄNGE I und II

DER RAT DER EUROPÄISCHEN GEMEINSCHAFTEN –

gestützt auf den Vertrag zur Gründung der Europäischen Wirtschaftsgemeinschaft, insbesondere auf Artikel 118a,

auf Vorschlag der Kommission (ABl. Nr. C 117 v. 4.5.1988, S. 8), die zuvor den Beratenden Ausschuß für Sicherheit, Arbeitshygiene und Gesundheitsschutz am Arbeitsplatz gehört hat,

in Zusammenarbeit mit dem Europäischen Parlament (ABl. Nr. C 326 v. 19.12.1988, S. 137, und ABl. Nr. C 96 v. 17.4.1990, S. 82),

nach Stellungnahme des Wirtschafts- und Sozialausschusses (ABl. Nr. C 318 v. 12.12.1988, S. 37),

in Erwägung nachstehender Gründe:

In Artikel 118a des Vertrages ist vorgesehen, daß der Rat durch Richtlinien Mindestvorschriften festlegt, die die Verbesserung insbesondere der Arbeitsumwelt fördern, um die Sicherheit und die Gesundheit der Arbeitnehmer verstärkt zu schützen.

Nach demselben Artikel sollen diese Richtlinien keine verwaltungsmäßigen, finanziellen oder rechtlichen Auflagen vorschreiben, die der Gründung und Entwicklung von Klein- und Mittelbetrieben entgegenstehen.

Die Mitteilung der Kommission über ihr Aktionsprogramm für Sicherheit, Arbeitshygiene und Gesundheitsschutz am Arbeitsplatz (ABl. Nr. C 28 v. 3.2.1988, S. 3) sieht die Verabschiedung von Richtlinien vor, die die Sicherheit und den Gesundheitsschutz der Arbeitnehmer gewährleisten sollen.

In seiner Entschließung vom 21. Dezember 1987 in bezug auf Sicherheit, Arbeitshygiene und Gesundheitsschutz am Arbeitsplatz (ABl. Nr. C 28 v. 3.2.1988, S. 1) hat der Rat die Absicht der Kommission zur Kenntnis genommen, ihm eine Richtlinie über den Schutz gegen Gefährdung durch das Tragen schwerer Lasten von Hand vorzulegen.

Die Einhaltung der Mindestvorschriften zur Verbesserung der Sicherheit und des Gesundheitsschutzes in Arbeitsstätten ist eine unabdingbare Voraussetzung für die Gewährleistung der Sicherheit und des Gesundheitsschutzes der Arbeitnehmer.

Die vorliegende Richtlinie ist eine Einzelrichtlinie im Sinne von Artikel 16 Absatz 1 der Richtlinie 89/391/EWG vom 12. Juni 1989 über die Durchführung von Maßnahmen zur Verbesserung der Sicherheit und des Gesundheitsschutzes der Arbeitnehmer bei der Arbeit. Die Bestimmungen der letztgenannten Richtlinie finden daher unbeschadet strengerer und/oder spezifischer Bestimmungen der vorliegenden Richtlinie in vollem Umfang Anwendung auf die manuelle Handhabung von Lasten, die für die Arbeitnehmer insbesondere eine Gefährdung der Lendenwirbelsäule mit sich bringt.

Die vorliegende Richtlinie stellt einen konkreten Beitrag zur Ausgestaltung der sozialen Dimension des Binnenmarktes dar.

Nach dem Beschluß 74/325/EWG (ABl. Nr. L 185 v. 9.7.1974, S. 15) wird der Beratende Ausschuß für Sicherheit, Arbeitshygiene und Gesund-

6/5. LastenRL
Präambel, Art. 1 – 8

heitsschutz am Arbeitsplatz*⁾ im Hinblick auf die Ausarbeitung von Vorschlägen auf diesem Gebiet von der Kommission gehört –

---
*⁾ Jetzt: Beratender Ausschuss für Sicherheit und Gesundheit am Arbeitsplatz (Beschluss des Rates v. 22. 7. 2003, ABl. Nr. C 218 v. 13. 9. 2003, S. 1).

HAT FOLGENDE RICHTLINIE ERLASSEN:

ABSCHNITT I
ALLGEMEINE BESTIMMUNGEN

Ziel der Richtlinie

Art. 1 (1) Diese Richtlinie ist die vierte Einzelrichtlinie im Sinne von Artikel 16 Absatz 1 der Richtlinie 89/391/EWG; sie legt Mindestvorschriften in bezug auf die Sicherheit und den Gesundheitsschutz bei der manuellen Handhabung von Lasten fest, die für die Arbeitnehmer insbesondere eine Gefährdung der Lendenwirbelsäule mit sich bringt.

(2) Die Richtlinie 89/391/EWG findet unbeschadet strengerer und/oder spezifischer Bestimmungen der vorliegenden Richtlinie auf den gesamten in Absatz 1 genannten Bereich in vollem Umfang Anwendung.

Begriffsbestimmungen

Art. 2 Im Sinne dieser Richtlinie gilt als manuelle Handhabung von Lasten jede Beförderung oder das Abstützen einer Last durch einen oder mehrere Arbeitnehmer, unter anderem das Heben, Absetzen, Schieben, Ziehen, Tragen und Bewegen einer Last, die aufgrund ihrer Merkmale oder ungünstiger ergonomischer Bedingungen für die Arbeitnehmer eine Gefährdung, insbesondere der Lendenwirbelsäule, mit sich bringen.

ABSCHNITT II
PFLICHTEN DES ARBEITGEBERS

Allgemeine Bestimmung

Art. 3 (1) Der Arbeitgeber trifft die geeigneten organisatorischen Maßnahmen oder setzt die geeigneten Mittel, insbesondere mechanische Ausrüstungen, ein, um zu vermeiden, daß die Arbeitnehmer Lasten manuell handhaben müssen.

(2) Läßt es sich nicht vermeiden, daß die Arbeitnehmer Lasten manuell handhaben müssen, so trifft der Arbeitgeber die geeigneten organisatorischen Maßnahmen, setzt die geeigneten Mittel ein oder stellt den Arbeitnehmern derartige Mittel zur Verfügung, um die Gefährdung bei der manuellen Handhabung dieser Lasten gering zu halten, wobei er Anhang I zugrunde legt.

Gestaltung des Arbeitsplatzes

Art. 4 In allen Fällen, in denen es sich nicht umgehen läßt, daß der Arbeitnehmer Lasten manuell handhaben muß, gestaltet der Arbeitgeber den Arbeitsplatz so, daß die Handhabung möglichst sicher und mit möglichst geringer Gesundheitsgefährdung erfolgt, und

a) bewertet möglichst im vorhinein die Bedingungen in bezug auf Sicherheit und Gesundheitsschutz, die für die Art der jeweiligen Arbeit gelten; dabei berücksichtigt er insbesondere die Merkmale der Last, wobei er Anhang I zugrunde legt;

b) sorgt dafür, daß es beim Arbeitnehmer insbesondere nicht zu einer Gefährdung der Lendenwirbelsäule kommt oder daß solche Gefährdungen gering gehalten werden, indem er insbesondere unter Berücksichtigung der Merkmale der Arbeitsumgebung und der Erfordernisse der Aufgabe geeignete Maßnahmen ergreift, wobei er Anhang I zugrunde legt.

Berücksichtigung des Anhangs II

Art. 5 Bei der Anwendung von Artikel 6 Absatz 3 Buchstabe b), Artikel 14 und Artikel 15 der Richtlinie 89/391/EWG sollte Anhang II dieser Richtlinie zugrunde gelegt werden.

Unterrichtung und Unterweisung der Arbeitnehmer

Art. 6 (1) Unbeschadet des Artikels 10 der Richtlinie 89/391/EWG werden die Arbeitnehmer und/oder deren Vertreter über alle Maßnahmen unterrichtet, die gemäß der vorliegenden Richtlinie für Sicherheit und Gesundheitsschutz zu treffen sind.

Die Arbeitgeber haben dafür Sorge zu tragen, daß die Arbeitnehmer und/oder deren Vertreter allgemeine Angaben und, wann immer dies möglich ist, genaue Angaben erhalten über

– das Gewicht einer Last;
– den Schwerpunkt oder die schwerste Seite, wenn der Inhalt einer Verpackung exzentrisch angeordnet ist.

(2) Unbeschadet des Artikels 12 der Richtlinie 89/391/EWG haben die Arbeitgeber dafür Sorge zu tragen, daß die Arbeitnehmer unter Zugrundelegung der Anhänge I und II ferner eine angemessene Unterweisung und genaue Angaben über die sachgemäße Handhabung von Lasten und die Gefahren, denen sie insbesondere bei einer unsachgemäßen Ausführung dieser Tätigkeiten ausgesetzt sind, erhalten.

Anhörung und Beteiligung der Arbeitnehmer

Art. 7 Gemäß Artikel 11 der Richtlinie 89/391/EWG hören die Arbeitgeber die Arbeitnehmer bzw. deren Vertreter auf den unter die vorliegende Richtlinie – einschließlich ihrer Anhänge – fallenden Bereiche an und ermöglichen deren Beteiligung.

ABSCHNITT III
SONSTIGE BESTIMMUNGEN

Änderungen der Anhänge

Art. 8 Der Kommission wird die Befugnis übertragen, gemäß Artikel 8a delegierte Rechtsakte zur Vornahme rein technischer Änderungen der Anhänge zu erlassen, um den technischen Fortschritt sowie die Entwicklung der internationalen

Regelungen oder Spezifikationen und der Kenntnisse auf dem Gebiet der manuellen Handhabung von Lasten zu berücksichtigen.

Ist in hinreichend begründeten Ausnahmefällen, in denen eine akute, unmittelbare und schwerwiegende Gefahr für die körperliche Gesundheit und Sicherheit von Arbeitnehmern oder anderen Personen gegeben ist, aus Gründen äußerster Dringlichkeit sehr kurzfristiges Handeln erforderlich, so findet das Verfahren gemäß Artikel 8b auf delegierte Rechtsakte, die gemäß dem vorliegenden Artikel erlassen werden, Anwendung.

(VO (EU) 2019/1243)

Artikel 8a
Ausübung der Befugnisübertragung

(1) Die Befugnis zum Erlass delegierter Rechtsakte wird der Kommission unter den in diesem Artikel festgelegten Bedingungen übertragen.

(2) Die Befugnis zum Erlass delegierter Rechtsakte gemäß Artikel 8 wird der Kommission für einen Zeitraum von fünf Jahren ab dem 26. Juli 2019 übertragen. Die Kommission erstellt spätestens neun Monate vor Ablauf des Zeitraums von fünf Jahren einen Bericht über die Befugnisübertragung. Die Befugnisübertragung verlängert sich stillschweigend um Zeiträume gleicher Länge, es sei denn, das Europäische Parlament oder der Rat widersprechen einer solchen Verlängerung spätestens drei Monate vor Ablauf des jeweiligen Zeitraums.

(3) Die Befugnisübertragung gemäß Artikel 8 kann vom Europäischen Parlament oder vom Rat jederzeit widerrufen werden. Der Beschluss über den Widerruf beendet die Übertragung der in diesem Beschluss angegebenen Befugnis. Er wird am Tag nach seiner Veröffentlichung im *Amtsblatt der Europäischen Union* oder zu einem im Beschluss über den Widerruf angegebenen späteren Zeitpunkt wirksam. Die Gültigkeit von delegierten Rechtsakten, die bereits in Kraft sind, wird von dem Beschluss über den Widerruf nicht berührt.

(4) Vor dem Erlass eines delegierten Rechtsakts konsultiert die Kommission die von den einzelnen Mitgliedstaaten benannten Sachverständigen im Einklang mit den in der Interinstitutionellen Vereinbarung vom 13. April 2016 über bessere Rechtsetzung (ABl. L 123 vom 12.5.2016, S. 1) enthaltenen Grundsätzen.

(5) Sobald die Kommission einen delegierten Rechtsakt erlässt, übermittelt sie ihn gleichzeitig dem Europäischen Parlament und dem Rat.

(6) Ein delegierter Rechtsakt, der gemäß Artikel 8 erlassen wurde, tritt nur in Kraft, wenn weder das Europäische Parlament noch der Rat innerhalb einer Frist von zwei Monaten nach Übermittlung dieses Rechtsakts an das Europäische Parlament und den Rat Einwände erhoben hat oder wenn vor Ablauf dieser Frist das Europäische Parlament und der Rat beide der Kommission mitgeteilt haben, dass sie keine Einwände erheben werden. Auf Initiative des Europäischen Parlaments oder des Rates wird diese Frist um zwei Monate verlängert.

(VO (EU) 2019/1243)

Artikel 8b
Dringlichkeitsverfahren

(1) Delegierte Rechtsakte, die nach diesem Artikel erlassen werden, treten umgehend in Kraft und sind anwendbar, solange keine Einwände gemäß Absatz 2 erhoben werden. Bei der Übermittlung eines delegierten Rechtsakts an das Europäische Parlament und den Rat werden die Gründe für die Anwendung des Dringlichkeitsverfahrens angegeben.

(2) Das Europäische Parlament oder der Rat können gemäß dem Verfahren des Artikels 8a Absatz 6 Einwände gegen einen delegierten Rechtsakt erheben. In diesem Fall hebt die Kommission den Rechtsakt umgehend nach der Übermittlung des Beschlusses des Europäischen Parlaments oder des Rates, Einwände zu erheben, auf.

(VO (EU) 2019/1243)

Schlussbestimmungen

Art. 9 (1) Die Mitgliedstaaten erlassen die erforderlichen Rechts- und Verwaltungsvorschriften, um dieser Richtlinie spätestens am 31. Dezember 1992 nachzukommen.

Sie setzen die Kommission unverzüglich davon in Kenntnis.

(2) Die Mitgliedstaaten teilen der Kommission den Wortlaut der innerstaatlichen Rechtsvorschriften mit, die sie auf dem unter diese Richtlinie fallenden Gebiet erlassen oder bereits erlassen haben.

(Art. 9 Abs. 3 und 4 aufgehoben durch Art. 3 Z. 5 RL 2007/30/EG)

Art. 10 Diese Richtlinie ist an die Mitgliedstaaten gerichtet.

ANHANG I
(Im Hinblick auf eine Analyse mehrerer Faktoren können die verschiedenen in den Anhängen I und II enthaltenen Elemente gleichzeitig berücksichtigt werden.)

ZU BERÜCKSICHTIGENDE GEGEBENHEITEN

(Artikel 3 Absatz 2, Artikel 4 Buchstaben a) und b) und Artikel 6 Absatz 2)

1. Merkmale der Last

Die manuelle Handhabung einer Last kann insbesondere eine bedeutende Gefährdung der Lendenwirbelsäule darstellen, wenn die Last

— zu schwer oder zu groß ist;
— unhandlich oder schwierig zu fassen ist;
— sich in einem labilen Gleichgewicht befindet oder der Inhalt sich leicht bewegt;
— sich in einer Position befindet, in der sie vom Körper entfernt gehalten oder gehandhabt werden muß bzw. der Rumpf gebeugt oder gedreht ist;

6/5. LastenRL
Anhänge I, II

- aufgrund ihrer äußeren und/oder inneren Beschaffenheit körperliche Schäden bei dem Arbeitnehmer, insbesondere bei einem Aufprall, verursachen kann.

2. Geforderter körperlicher Kraftaufwand

Ein körperlicher Kraftaufwand kann eine Gefährdung, insbesondere der Lendenwirbelsäule, darstellen, wenn er
- zu groß ist;
- nur durch eine Drehbewegung des Rumpfes möglich ist;
- leicht zu einer plötzlichen Bewegung der Last führen kann;
- in einer unsicheren Körperhaltung erfolgt.

3. Merkmale der Arbeitsumgebung

Die Merkmale der Arbeitsumgebung können insbesondere eine größere Gefährdung der Lendenwirbelsäule bewirken, wenn
- für die Tätigkeit nicht ausreichend Raum, insbesondere in vertikaler Richtung, zur Verfügung steht;
- der Boden uneben ist und daher Stolperstellen aufweist oder, je nach Schuhwerk, rutschig ist;
- der Arbeitsplatz so gelegen oder die Arbeitsumgebung so gestaltet ist, daß die manuelle Handhabung einer Last in einer sicheren Höhe in einer für den Arbeitnehmer geeigneten Haltung unmöglich ist;
- der Boden oder die Arbeitsfläche Höhenunterschiede aufweist, so daß die Last über verschiedene Ebenen befördert werden muß;
- der Boden oder der Abstützpunkt instabil sind;
- Temperatur, Luftfeuchtigkeit oder Luftzufuhr nicht angemessen sind.

4. Erfordernisse der Aufgabe

Die Aufgabe selbst kann insbesondere eine Gefährdung der Lendenwirbelsäule darstellen, wenn
- zu häufige oder zu lange Kraftanstrengungen insbesondere mit Beanspruchung der Wirbelsäule erforderlich sind;
- die für körperliche Ruhe oder Erholung vorgesehene Zeit unzureichend ist;
- die Entfernungen, über die die Last gehoben, gesenkt oder getragen werden muß, zu groß sind;
- das Arbeitstempo durch einen Arbeitsablauf vorgegeben ist, der nicht vom Arbeitnehmer geändert werden kann.

ANHANG II
(Im Hinblick auf eine Analyse mehrerer Faktoren können die verschiedenen in den Anhängen I und II enthaltenen Elemente gleichzeitig berücksichtigt werden.)

INDIVIDUELLE RISIKOFAKTOREN
(Artikel 5 und Artikel 6 Absatz 2)

In folgenden Fällen kann eine Gefährdung des Arbeitnehmers gegeben sein:
- bei mangelnder körperlicher Eignung zur Ausführung der Aufgabe;
- bei ungeeigneter Kleidung, ungeeignetem Schuhwerk oder sonstigen ungeeigneten persönlichen Gegenständen;
- bei unzureichenden oder unangemessenen Kenntnissen oder bei unzureichender oder unangemessener Unterweisung.

6/6. BildschirmRL

Präambel

6/6. BildschirmRL

Richtlinie 90/270/EWG des Rates über die Mindestvorschriften bezüglich der Sicherheit und des Gesundheitsschutzes bei der Arbeit an Bildschirmgeräten (Fünfte Einzelrichtlinie im Sinne von Artikel 16 Absatz 1 der Richtlinie 89/391/EWG) vom 29. Mai 1990

(ABl. Nr. L 156 v. 21.6.1990, S. 14; berichtigt durch ABl. Nr. L 171 v. 4.7.1990, S. 30; geändert durch die RL 2007/30/EG, ABl. Nr. L 165 v. 27.6.2007, S. 21; geändert durch die VO (EU) 2019/1243, ABl. Nr. L 198 v. 25.7.2019, S. 241)
(nicht amtlich aktualisierte Fassung)

GLIEDERUNG

ABSCHNITT I: ALLGEMEINE BESTIMMUNGEN
Art. 1: Zielsetzung
Art. 2: Begriffsbestimmungen

ABSCHNITT II: PFLICHTEN DES ARBEITGEBERS
Art. 3: Arbeitsplatzanalyse
Art. 4: Erstmals in Betrieb genommene Arbeitsplätze
Art. 5: Bereits in Betrieb befindliche Arbeitsplätze
Art. 6: Unterrichtung und Unterweisung der Arbeitnehmer
Art. 7: Täglicher Arbeitsablauf
Art. 8: Anhörung und Beteiligung der Arbeitnehmer
Art. 9: Schutz der Augen und des Sehvermögens der Arbeitnehmer

ABSCHNITT III: SONSTIGE BESTIMMUNGEN
Art. 10: Änderungen des Anhangs
Art. 10a: Ausübung der Befugnisübertragung
Art. 10b: Dringlichkeitsverfahren
Art. 11, 12: Schlussbestimmungen

ANHANG

DER RAT DER EUROPÄISCHEN GEMEINSCHAFTEN –

gestützt auf den Vertrag zur Gründung der Europäischen Wirtschaftsgemeinschaft, insbesondere auf Artikel 118a,

auf Vorschlag der Kommission (ABl. Nr. C 113 v. 29.4.1988, S. 7, und ABl. Nr. C 130 v. 26.5.1989, S. 5), erstellt nach Anhörung des Beratenden Ausschusses für Sicherheit, Arbeitshygiene und Gesundheitsschutz am Arbeitsplatz,

in Zusammenarbeit mit dem Europäischen Parlament (ABl. Nr. C 12 v. 6.1.1989, S. 92, und ABl. Nr. C 113 v. 7.5.1990),

nach Stellungnahme des Wirtschafts- und Sozialausschusses (ABl. Nr. C 318 v. 12.12.1988, S. 32),

in Erwägung nachstehender Gründe:

In Artikel 118a des EWG-Vertrages ist vorgesehen, daß der Rat durch Richtlinien Mindestvorschriften festlegt, die die Verbesserung insbesondere der Arbeitsumwelt fördern, um die Sicherheit und die Gesundheit der Arbeitnehmer verstärkt zu schützen.

Nach demselben Artikel sollen diese Richtlinien keine verwaltungsmäßigen, finanziellen oder rechtlichen Auflagen vorschreiben, die der Gründung und Entwicklung von Klein- und Mittelbetrieben entgegenstehen.

Die Mitteilung der Kommission über ihr Aktionsprogramm für Sicherheit, Arbeitshygiene und Gesundheitsschutz am Arbeitsplatz (ABl. Nr. C 28 v. 3.2.1988, S. 3) sieht die Verabschiedung von Maßnahmen im Hinblick auf die neuen Technologien vor. Der Rat hat dies in seiner Entschließung vom 21. Dezember 1987 über Sicherheit, Arbeitshygiene und Gesundheitsschutz am Arbeitsplatz (ABl. Nr. C 28 v. 3.2.1988, S. 1) zur Kenntnis genommen.

Die Einhaltung der Mindestvorschriften zur Sicherstellung eines höheren Maßes an Sicherheit an Bildschirmarbeitsplätzen ist eine unabdingbare Voraussetzung für die Gewährleistung der Sicherheit und des Gesundheitsschutzes der Arbeitnehmer.

Diese Richtlinie ist eine Einzelrichtlinie im Sinne von Artikel 16 Absatz 1 der Richtlinie 89/391/EWG vom 12. Juni 1989 über die Durchführung von Maßnahmen zur Verbesserung der Sicherheit und des Gesundheitsschutzes der Arbeitnehmer bei der Arbeit. Die Bestimmungen der letztgenannten Richtlinie finden daher unbeschadet strengerer und/oder spezifischer Bestimmungen der vorliegenden Richtlinie in vollem Umfang auf die Benutzung von Bildschirmgeräten durch Arbeitnehmer Anwendung.

Die Arbeitgeber sind verpflichtet, sich über den neuesten Stand der Technik und der wissenschaftlichen Erkenntnisse auf dem Gebiet der Gestaltung der Arbeitsplätze zu informieren, um etwa erforderliche Änderungen vorzunehmen und damit eine bessere Sicherheit und einen besseren Gesundheitsschutz der Arbeitnehmer gewährleisten zu können.

6/6. BildschirmRL

An Bildschirmarbeitsplätzen sind die ergonomischen Aspekte besonders wichtig.

Diese Richtlinie leistet einen konkreten Beitrag zur Verwirklichung der sozialen Dimension des Binnenmarktes.

Gemäß dem Beschluß 74/325/EWG (ABl. Nr. L 185 v. 9.7.1974, S. 15) wird der Beratende Ausschuß für Sicherheit, Arbeitshygiene und Gesundheitsschutz am Arbeitsplatz*) im Hinblick auf die Ausarbeitung von Vorschlägen auf diesem Gebiet von der Kommission gehört –

---

*) Jetzt: Beratender Ausschuss für Sicherheit und Gesundheit am Arbeitsplatz (Beschluss des Rates v. 22. 7. 2003, ABl. Nr. C 218 v. 13. 9. 2003, S. 1).

HAT FOLGENDE RICHTLINIE ERLASSEN:

ABSCHNITT I
ALLGEMEINE BESTIMMUNGEN

Zielsetzung

Art. 1 (1) Diese Richtlinie ist die fünfte Einzelrichtlinie im Sinne von Artikel 16 Absatz 1 der Richtlinie 89/391/EWG. Sie legt Mindestvorschriften in bezug auf die Sicherheit und den Gesundheitsschutz bei der Arbeit an Bildschirmgeräten im Sinne von Artikel 2 fest.

(2) Die Richtlinie 89/391/EWG findet unbeschadet strengerer und/oder spezifischer Bestimmungen der vorliegenden Richtlinien in vollem Umfang auf den gesamten in Absatz 1 genannten Bereich Anwendung.

(3) Diese Richtlinie gilt nicht für

a) Fahrer- bzw. Bedienerplätze von Fahrzeugen und Maschinen;
b) Datenverarbeitungsanlagen an Bord eines Verkehrsmittels;
c) Datenverarbeitungsanlagen, die hauptsächlich zur Benutzung durch die Öffentlichkeit bestimmt sind;
d) sogenannte „tragbare" Datenverarbeitungsanlagen, sofern sie nicht regelmäßig an einem Arbeitsplatz eingesetzt werden;
e) Rechenmaschinen, Registrierkassen und Geräte mit einer kleinen Daten- oder Meßwertanzeigevorrichtung, die zur direkten Benutzung des Geräts erforderlich ist;
f) Schreibmaschinen klassischer Bauart, sogenannte „Display-Schreibmaschinen".

Begriffsbestimmungen

Art. 2 Im Sinne dieser Richtlinie gilt als:

a) *Bildschirm:* Schirm zur Darstellung alphanumerischer Zeichen oder zur Grafikdarstellung, ungeachtet des Darstellungsverfahrens;
b) *Arbeitsplatz:* Bildschirmgerät, das gegebenenfalls mit einer Tastatur oder einer Datenerfassungsvorrichtung und/oder einer die Mensch-Maschine-Schnittstelle bestimmenden Software, optionalen Zusatzgeräten, Anlagenelementen einschließlich Diskettenlaufwerk, Telefon, Modem, Drucker, Manuskripthalter, Sitz und Arbeitstisch oder Arbeitsfläche ausgerüstet ist, sowie die unmittelbare Arbeitsumgebung;
c) *Arbeitnehmer:* jeder Arbeitnehmer im Sinne von Artikel 3 Buchstabe a) der Richtlinie 89/391/EWG, der gewöhnlich bei einem nicht unwesentlichen Teil seiner normalen Arbeit ein Bildschirmgerät benutzt.

ABSCHNITT II
PFLICHTEN DES ARBEITGEBERS

Arbeitsplatzanalyse

Art. 3 (1) Der Arbeitgeber ist verpflichtet, eine Analyse der Arbeitsplätze durchzuführen, um die Sicherheits- und Gesundheitsbedingungen zu beurteilen, die dort für die beschäftigten Arbeitnehmer vorliegen; dies gilt insbesondere für die mögliche Gefährdung des Sehvermögens sowie für körperliche Probleme und psychische Belastungen.

(2) Der Arbeitgeber muß auf der Grundlage der Analyse gemäß Absatz 1 zweckdienliche Maßnahmen zur Ausschaltung der festgestellten Gefahren treffen, wobei er die Addition und/oder die Kombination der Wirkungen der festgestellten Gefahren zu berücksichtigen hat.

Erstmals in Betrieb genommene Arbeitsplätze

Art. 4 Der Arbeitgeber muß die zweckdienlichen Maßnahmen treffen, damit Arbeitsplätze, die nach dem 31. Dezember 1992 erstmals in Betrieb genommen werden, die im Anhang genannten Mindestvorschriften erfüllen.

Bereits in Betrieb befindliche Arbeitsplätze

Art. 5 Der Arbeitgeber muß die zweckdienlichen Maßnahmen treffen, damit die Arbeitsplätze, die bereits vor dem 31. Dezember 1992 in Betrieb genommen wurden, so gestaltet werden, daß sie spätestens vier Jahre nach diesem Zeitpunkt die im Anhang genannten Mindestvorschriften erfüllen.

Unterrichtung und Unterweisung der Arbeitnehmer

Art. 6 (1) Unbeschadet des Artikels 10 der Richtlinie 89/391/EWG sind die Arbeitnehmer umfassend über alle gesundheits- und sicherheitsrelevanten Fragen im Zusammenhang mit ihrem Arbeitsplatz und insbesondere über die für die Arbeitsplätze geltenden Maßnahmen, die gemäß Artikel 3 sowie gemäß den Artikeln 7 und 9 durchgeführt werden, zu unterrichten.

In jedem Fall sind die Arbeitnehmer oder die Arbeitnehmervertreter über alle gesundheits- und sicherheitsrelevanten Maßnahmen, die gemäß der vorliegenden Richtlinie getroffen werden, zu unterrichten.

(2) Unbeschadet des Artikels 12 der Richtlinie 89/391/EWG ist jeder Arbeitnehmer außerdem vor Aufnahme seiner Tätigkeit am Bildschirm und bei jeder wesentlichen Veränderung der Organisation des Arbeitsplatzes im Umgang mit dem Gerät zu unterweisen.

Täglicher Arbeitsablauf

Art. 7 Der Arbeitgeber ist verpflichtet, die Tätigkeit des Arbeitnehmers so zu organisieren, daß die tägliche Arbeit an Bildschirmgeräten regelmäßig durch Pausen oder andere Tätigkeiten unterbrochen wird, die die Belastung durch die Arbeit an Bildschirmgeräten verringern.

Anhörung und Beteiligung der Arbeitnehmer

Art. 8 Die Arbeitnehmer und/oder die Arbeitnehmervertreter werden gemäß Artikel 11 der Richtlinie 89/391/EWG zu den unter die vorliegende Richtlinie sowie deren Anhang fallenden Fragen gehört und an ihrer Behandlung beteiligt.

Schutz der Augen und des Sehvermögens der Arbeitnehmer

Art. 9 (1) Die Arbeitnehmer haben das Recht auf eine angemessene Untersuchung der Augen und des Sehvermögens durch eine Person mit entsprechender Qualifikation, und zwar:
- vor Aufnahme der Bildschirmarbeit,
- anschließend regelmäßig und
- bei Auftreten von Sehbeschwerden, die auf die Bildschirmarbeit zurückgeführt werden können.

(2) Die Arbeitnehmer haben das Recht auf eine augenärztliche Untersuchung, wenn sich dies aufgrund der Ergebnisse der Untersuchung gemäß Absatz 1 als erforderlich erweist.

(3) Den Arbeitnehmern sind spezielle Sehhilfen für die betreffende Arbeit zur Verfügung zu stellen, wenn die Ergebnisse der Untersuchung gemäß Absatz 1 oder der Untersuchung gemäß Absatz 2 ergeben, daß sie notwendig sind und normale Sehhilfen nicht verwendet werden können.

(4) Die gemäß diesem Artikel getroffenen Maßnahmen dürfen in keinem Fall zu einer finanziellen Mehrbelastung der Arbeitnehmer führen.

(5) Der Schutz der Augen und des Sehvermögens der Arbeitnehmer kann Bestandteil eines nationalen Gesundheitsfürsorgesystems sein.

ABSCHNITT III
SONSTIGE BESTIMMUNGEN

Anpassung des Anhangs

Art. 10 Der Kommission wird die Befugnis übertragen, gemäß Artikel 10a delegierte Rechtsakte zur Vornahme rein technischer Änderungen des Anhangs zu erlassen, um den technischen Fortschritt sowie die Entwicklung der internationalen Regelungen oder Spezifikationen und der Kenntnisse auf dem Gebiet der Bildschirmgeräte zu berücksichtigen.

Ist in hinreichend begründeten Ausnahmefällen, in denen eine akute, unmittelbare und schwerwiegende Gefahr für die körperliche Gesundheit und Sicherheit von Arbeitnehmern oder anderen Personen gegeben ist, aus Gründen äußerster Dringlichkeit sehr kurzfristiges Handeln erforderlich, so findet das Verfahren gemäß Artikel 10b auf delegierte Rechtsakte, die gemäß dem vorliegenden Artikel erlassen werden, Anwendung.

(VO (EU) 2019/1243)

Ausübung der Befugnisübertragung

Art. 10a (1) Die Befugnis zum Erlass delegierter Rechtsakte wird der Kommission unter den in diesem Artikel festgelegten Bedingungen übertragen.

(2) Die Befugnis zum Erlass delegierter Rechtsakte gemäß Artikel 10 wird der Kommission für einen Zeitraum von fünf Jahren ab dem 26. Juli 2019 übertragen. Die Kommission erstellt spätestens neun Monate vor Ablauf des Zeitraums von fünf Jahren einen Bericht über die Befugnisübertragung. Die Befugnisübertragung verlängert sich stillschweigend um Zeiträume gleicher Länge, es sei denn, das Europäische Parlament oder der Rat widersprechen einer solchen Verlängerung spätestens drei Monate vor Ablauf des jeweiligen Zeitraums.

(3) Die Befugnisübertragung gemäß Artikel 10 kann vom Europäischen Parlament oder vom Rat jederzeit widerrufen werden. Der Beschluss über den Widerruf beendet die Übertragung der in diesem Beschluss angegebenen Befugnis. Er wird am Tag nach seiner Veröffentlichung im *Amtsblatt der Europäischen Union* oder zu einem im Beschluss über den Widerruf angegebenen späteren Zeitpunkt wirksam. Die Gültigkeit von delegierten Rechtsakten, die bereits in Kraft sind, wird von dem Beschluss über den Widerruf nicht berührt.

(4) Vor dem Erlass eines delegierten Rechtsakts konsultiert die Kommission die von den einzelnen Mitgliedstaaten benannten Sachverständigen im Einklang mit den in der Interinstitutionellen Vereinbarung vom 13. April 2016 über bessere Rechtsetzung (ABl. L 123 vom 12.5.2016, S. 1) enthaltenen Grundsätzen.

(5) Sobald die Kommission einen delegierten Rechtsakt erlässt, übermittelt sie ihn gleichzeitig dem Europäischen Parlament und dem Rat.

(6) Ein delegierter Rechtsakt, der gemäß Artikel 10 erlassen wurde, tritt nur in Kraft, wenn weder das Europäische Parlament noch der Rat innerhalb einer Frist von zwei Monaten nach Übermittlung dieses Rechtsakts an das Europäische Parlament und den Rat Einwände erhoben haben oder wenn vor Ablauf dieser Frist das Europäische Parlament und der Rat beide der Kommission mitgeteilt haben, dass sie keine Einwände erheben werden. Auf Initiative des Europäischen Parlaments oder des Rates wird diese Frist um zwei Monate verlängert.

(VO (EU) 2019/1243)

Dringlichkeitsverfahren

Art. 10b (1) Delegierte Rechtsakte, die nach diesem Artikel erlassen werden, treten umgehend in Kraft und sind anwendbar, solange keine Einwände gemäß Absatz 2 erhoben werden. Bei der Übermittlung eines delegierten Rechtsakts an das Europäische Parlament und den Rat werden die Gründe für die Anwendung des Dringlichkeitsverfahrens angegeben.

6/6. BildschirmRL
Art. 10b – 12, Anhang

(2) Das Europäische Parlament oder der Rat können gemäß dem Verfahren des Artikels 10a Absatz 6 Einwände gegen einen delegierten Rechtsakt erheben. In diesem Fall hebt die Kommission den Rechtsakt umgehend nach der Übermittlung des Beschlusses des Europäischen Parlaments oder des Rates, Einwände zu erheben, auf.
(VO (EU) 2019/1243)

Schlussbestimmungen

Art. 11 (1) Die Mitgliedstaaten erlassen die erforderlichen Rechts- und Verwaltungsvorschriften, um dieser Richtlinie spätestens am 31. Dezember 1992 nachzukommen.

Sie setzen die Kommission davon unverzüglich in Kenntnis.

(2) Die Mitgliedstaaten teilen der Kommission den Wortlaut der innerstaatlichen Rechtsvorschriften mit, die sie in dem unter diese Richtlinie fallenden Bereich erlassen haben bzw. erlassen.

(Art. 11 Abs. 3 u. 4 aufgehoben durch Art. 3 Z. 6 der RL 2007/30/EG)

Art. 12 Diese Richtlinie ist an die Mitgliedstaaten gerichtet.

ANHANG
(Artikel 4 und 5)

Einleitende Bemerkung

Die Auflagen dieses Anhangs gelten im Hinblick auf die Verwirklichung der Ziele dieser Richtlinie und insoweit, als zum einen die entsprechenden Gegebenheiten am Arbeitsplatz bestehen und zum anderen die spezifischen Erfordernisse oder Merkmale der Tätigkeit dem nicht entgegenstehen.

1. Gerät

a) Allgemeine Bemerkung

Die Benutzung des Gerätes als solche darf keine Gefährdung der Arbeitnehmer mit sich bringen.

b) Bildschirm

Die auf dem Bildschirm angezeigten Zeichen müssen scharf und deutlich, ausreichend groß und mit angemessenem Zeichen- und Zeilenabstand dargestellt werden.

Das Bild muß stabil und frei vom Flimmern sein und darf keine Instabilität anderer Art aufweisen.

Die Helligkeit und/oder der Kontrast zwischen Zeichen und Bildschirmhintergrund müssen leicht vom Benutzer eingestellt und den Umgebungsbedingungen angepaßt werden können.

Der Bildschirm muß zur Anpassung an die individuellen Bedürfnisse des Benutzers frei und leicht drehbar und neigbar sein.

Ein separater Ständer für den Bildschirm oder ein verstellbarer Tisch kann ebenfalls verwendet werden.

Der Bildschirm muß frei von Reflexen und Spiegelungen sein, die den Benutzer stören können.

c) Tastatur

Die Tastatur muß neigbar und eine vom Bildschirm getrennte Einheit sein, damit der Benutzer eine bequeme Haltung einnehmen kann, die Arme und Hände nicht ermüdet.

Die Fläche vor der Tastatur muß ausreichend sein, um dem Benutzer ein Auflegen von Händen und Armen zu ermöglichen.

Zur Vermeidung von Reflexen muß die Tastatur eine matte Oberfläche haben.

Die Anordnung der Tastatur und die Beschaffenheit der Tasten müssen die Bedienung der Tastatur erleichtern.

Die Tastenbeschriftung muß sich vom Untergrund deutlich genug abheben und bei normaler Arbeitshaltung lesbar sein.

d) Arbeitstisch oder Arbeitsfläche

Der Arbeitstisch bzw. die Arbeitsfläche muß eine ausreichend große und reflexionsarme Oberfläche besitzen und eine flexible Anordnung von Bildschirm, Tastatur, Schriftgut und sonstigen Arbeitsmitteln ermöglichen.

Der Manuskripthalter muß stabil und verstellbar sein und ist so einzurichten, daß unbequeme Kopf- und Augenbewegungen soweit wie möglich eingeschränkt werden.

Ausreichender Raum für eine bequeme Arbeitshaltung muß vorhanden sein.

e) Arbeitsstuhl

Der Arbeitsstuhl muß kippsicher sein, darf die Bewegungsfreiheit des Benutzers nicht einschränken und muß ihm eine bequeme Haltung ermöglichen.

Die Rückenlehne muß in Höhe und Neigung verstellbar sein.

Auf Wunsch ist eine Fußstütze zur Verfügung zu stellen.

2. Umgebung

a) Platzbedarf

Der Arbeitsplatz ist so zu bemessen und einzurichten, daß ausreichend Platz vorhanden ist, um wechselnde Arbeitshaltungen und -bewegungen zu ermöglichen.

b) Beleuchtung

Die allgemeine Beleuchtung und/oder die spezielle Beleuchtung (Arbeitslampen) sind so zu dimensionieren und anzuordnen, daß zufriedenstellende Lichtverhältnisse und ein ausreichender Kontrast zwischen Bildschirm und Umgebung im Hinblick auf die Art der Tätigkeit und die sehkraftbedingten Bedürfnisse des Benutzers gewährleistet sind.

Störende Blendung und Reflexe oder Spiegelungen auf dem Bildschirm und anderen Ausrüstungsgegenständen sind durch Abstimmung der Einrichtung von Arbeitsraum und Arbeitsplatz auf die Anordnung und die technischen Eigenschaften künstlicher Lichtquellen zu vermeiden.

c) Reflexe und Blendung

Bildschirmarbeitsplätze sind so einzurichten, daß Lichtquellen wie Fenster und sonstige Öffnungen, durchsichtige oder durchscheinende Trennwände sowie helle Einrichtungsgegenstände und

Wände keine Direktblendung und keine störende Reflexion auf dem Bildschirm verursachen.

Die Fenster müssen mit einer geeigneten verstellbaren Lichtschutzvorrichtung ausgestattet sein, durch die sich die Stärke des Tageslichteinfalls auf den Arbeitsplatz vermindern läßt.

d) Lärm

Dem Lärm, der durch die zum Arbeitsplatz (zu den Arbeitsplätzen) gehörenden Geräte verursacht wird, ist bei der Einrichtung des Arbeitsplatzes Rechnung zu tragen, insbesondere um eine Beeinträchtigung der Konzentration und Sprachverständlichkeit zu vermeiden.

e) Wärme

Die zum Arbeitsplatz (zu den Arbeitsplätzen) gehörenden Geräte dürfen nicht zu einer Wärmezunahme führen, die auf die Arbeitnehmer störend wirken könnte.

f) Strahlungen

Alle Strahlungen mit Ausnahme des sichtbaren Teils des elektromagnetischen Spektrums müssen auf Werte verringert werden, die vom Standpunkt der Sicherheit und des Gesundheitsschutzes der Arbeitnehmer unerheblich sind.

g) Feuchtigkeit

Es ist für ausreichende Luftfeuchtigkeit zu sorgen.

3. Mensch-Maschine-Schnittstelle

Bei Konzipierung, Auswahl, Erwerb und Änderung von Software sowie bei der Gestaltung von Tätigkeiten, bei denen Bildschirmgeräte zum Einsatz kommen, hat der Arbeitgeber folgenden Faktoren Rechnung zu tragen:

a) Die Software muß der auszuführenden Tätigkeit angepaßt sein.

b) Die Software muß benutzerfreundlich sein und gegebenenfalls dem Kenntnis- und Erfahrungsstand des Benutzers angepaßt werden können; ohne Wissen des Arbeitnehmers darf keinerlei Vorrichtung zur quantitativen oder qualitativen Kontrolle verwendet werden.

c) Die Systeme müssen den Arbeitnehmern Angaben über die jeweiligen Abläufe bieten.

d) Die Systeme müssen die Information in einem Format und in einem Tempo anzeigen, das den Benutzern angepaßt ist.

e) Die Grundsätze der Ergonomie sind insbesondere auf die Verarbeitung von Informationen durch den Menschen anzuwenden.

6/7. Karzinogenerichtlinie

Richtlinie 2004/37/EG des Europäischen Parlaments und des Rates vom 29. April 2004 über den Schutz der Arbeitnehmer gegen Gefährdung durch Exposition gegenüber Karzinogenen, Mutagenen oder reproduktionstoxischen Stoffen bei der Arbeit (Sechste Einzelrichtlinie im Sinne von Artikel 16 Absatz 1 der Richtlinie 89/391/EWG des Rates)

(ABl. Nr. L 158 v. 30.4.2004, S. 50, berichtigt durch ABl. Nr. L 229 v. 29.6.2004, S. 23; geändert durch die RL 2014/27/EU, ABl. Nr. L 65 v. 5.3.2014, S. 1; geändert durch die RL (EU) 2017/2398, ABl. Nr. L 345 v. 27.12.2017, S. 87; geändert durch die RL (EU) 2019/130, ABl. Nr. L 30 v. 31.1.2019, S. 112; geändert durch die RL (EU) 2019/983, ABl. Nr. L 164 v. 20.6.2019, S. 23; geändert durch die VO (EU) 2019/1243, ABl. Nr. L 198 v. 25.7.2019, S. 241; geändert durch die RL (EU) 2022/431, ABl. Nr. L 88 v. 16.3.2022, S. 1)
(nicht amtlich aktualisierte Fassung)

GLIEDERUNG

KAPITEL I: ALLGEMEINE BESTIMMUNGEN
Art. 1: Ziel
Art. 2: Definitionen
Art. 3: Anwendungsbereich – Ermittlung und Bewertung der Gefahren

KAPITEL II: PFLICHTEN DER ARBEITGEBER
Art. 4: Verringerung und Ersatz
Art. 5: Maßnahmen zur Vermeidung oder Verringerung einer Exposition
Art. 6: Unterrichtung der zuständigen Behörde
Art. 7: Unvorhersehbare Exposition
Art. 8: Vorhersehbare Exposition
Art. 9: Zugang zu den Gefahrenbereichen
Art. 10: Hygienemaßnahmen und individuelle Schutzmaßnahmen
Art. 11: Unterrichtung und Unterweisung der Arbeitnehmer
Art. 12: Unterrichtung der Arbeitnehmer
Art. 13: Anhörung und Mitwirkung der Arbeitnehmer
Art. 13a: Vereinbarungen zwischen den Sozialpartnern

KAPITEL III: SONSTIGE BESTIMMUNGEN
Art. 14: Gesundheitsüberwachung
Art. 15: Aufbewahrung der Unterlagen
Art. 16: Grenzwerte
Art. 16a: Bestimmung von reproduktionstoxischen Stoffen ohne Schwellenwert und mit Schwellenwert
Art. 17: Änderung des Anhangs II
Art. 17a: Ausübung der Befugnisübertragung
Art. 17b: Dringlichkeitsverfahren
Art. 18: Datenauswertung
Art. 18a: Bewertung
Art. 19: Information der Kommission
Art. 20: Aufhebung
Art. 21: Inkrafttreten
Art. 22: Adressaten

ANHÄNGE I–V

DAS EUROPÄISCHE PARLAMENT UND DER RAT DER EUROPÄISCHEN UNION –

gestützt auf den Vertrag zur Gründung der Europäischen Gemeinschaft, insbesondere auf Artikel 137 Absatz 2,

auf Vorschlag der Kommission,

nach Stellungnahme des Europäischen Wirtschafts- und Sozialausschusses (ABl. C 368 vom 20.12.1999, S. 18),

nach Anhörung des Ausschusses der Regionen,

gemäß dem Verfahren des Artikels 251 des Vertrags (Stellungnahme des Europäischen Parlaments vom 2. September 2003 und Beschluss des Rates vom 30. März 2004),

in Erwägung nachstehender Gründe:

(1) Die Richtlinie 90/394/EWG des Rates vom 28. Juni 1990 über den Schutz der Arbeitnehmer gegen Gefährdung durch Karzinogene bei der Arbeit (Sechste Einzelrichtlinie im Sinne von Artikel 16 Absatz 1 der Richtlinie 89/391/EWG) (ABl. L 196 vom 26.7.1990, S. 1, zuletzt geändert durch die Richtlinie 1999/38/EG, ABl. L 138 vom 1.6.1999, S. 66) ist mehrfach in wesentlichen Punkten geändert worden (siehe Anhang IV Teil A). Aus Gründen der Klarheit und der Übersichtlichkeit empfiehlt es sich, die genannte Richtlinie zu kodifizieren.

(2) Die Einhaltung von Mindestvorschriften, mit denen sich ein höheres Niveau an Sicherheit und Gesundheitsschutz im Rahmen des Schutzes der Arbeitnehmer gegen die Gefährdung durch

Karzinogene oder Mutagene bei der Arbeit sicherstellen lässt, ist ein zwingendes Erfordernis, um die Sicherheit und den Gesundheitsschutz der Arbeitnehmer zu gewährleisten; hierdurch soll auch ein Mindestmaß an Schutz für alle Arbeitnehmer in der Gemeinschaft geschaffen werden.

(3) Diese Richtlinie ist eine Einzelrichtlinie im Sinne von Artikel 16 Absatz 1 der Richtlinie 89/391/EWG des Rates vom 12. Juni 1989 über die Durchführung von Maßnahmen zur Verbesserung der Sicherheit und des Gesundheitsschutzes der Arbeitnehmer bei der Arbeit. Die Bestimmungen jener Richtlinie finden daher unbeschadet strengerer und/oder spezifischer Bestimmungen in der vorliegenden Richtlinie in vollem Umfang Anwendung auf die Exposition der Arbeitnehmer gegenüber Karzinogenen oder Mutagenen.

(4) Es muss ein einheitliches, für die ganze Gemeinschaft geltendes Niveau des Schutzes gegen die Gefährdung durch Karzinogene oder Mutagene festgelegt werden, und zwar nicht durch detaillierte Vorschriften, sondern durch einen Rahmen allgemeiner Grundsätze, innerhalb dessen die Mitgliedstaaten die Mindestvorschriften entsprechend anwenden können.

(5) Keimzellenmutagene sind Stoffe, die bleibende qualitative oder quantitative Veränderungen des genetischen Materials einer Keimzelle auslösen können, die zu einer Änderung der phänotypischen Merkmale dieser Zelle führen und auf künftige Generationen von Tochterzellen übertragen werden können.

(6) Aufgrund ihrer Wechselwirkung mit der DNA haben Keimzellenmutagene wahrscheinlich karzinogene Wirkung.

(7) Die Richtlinie 67/548/EWG des Rates vom 27. Juni 1967 zur Angleichung der Rechts- und Verwaltungsvorschriften für die Einstufung, Verpackung und Kennzeichnung gefährlicher Stoffe (ABl. 196 vom 16.8.1967, S. 1, zuletzt geändert durch die Verordnung (EG) Nr. 807/2003, ABl. L 122 vom 16.5.2003, S. 36) enthält in ihrem Anhang VI Einstufungskriterien und Angaben zur Kennzeichnung für jeden Stoff.

(8) Die Richtlinie 1999/45/EG des Europäischen Parlaments und des Rates vom 31. Mai 1999 zur Angleichung der Rechts- und Verwaltungsvorschriften der Mitgliedstaaten für die Einstufung, Verpackung und Kennzeichnung gefährlicher Zubereitungen (ABl. L 200 vom 30.7.1999, S. 1, zuletzt geändert durch die Verordnung (EG) Nr. 1882/2003) enthält Angaben zur Einstufung und Kennzeichnung gefährlicher Zubereitungen.

(9) Arbeitnehmer müssen in Bezug auf Zubereitungen, die ein oder mehrere Karzinogene oder Mutagene enthalten, und auf bei der Arbeit entstehende karzinogene oder mutagene Verbindungen in allen Arbeitssituationen geschützt werden.

(10) Soll das größtmögliche Maß an Sicherheit gewährleistet werden, so ist es bei einigen Arbeitsstoffen erforderlich, sämtliche Resorptionswege einschließlich der Möglichkeit einer Hautpenetration zu berücksichtigen.

(11) Beim gegenwärtigen Stand der wissenschaftlichen Kenntnisse kann ein Niveau, unter dem eine Gefährdung der Gesundheit nicht mehr gegeben ist, nicht festgelegt werden, jedoch wird durch eine Verringerung der Exposition gegenüber Karzinogenen oder Mutagenen diese Gefährdung vermindert.

(12) Um einen Beitrag zu einer Verminderung der Gefährdung zu leisten, sollten Grenzwerte und andere damit unmittelbar zusammenhängende Bestimmungen für alle Karzinogene oder Mutagene festgelegt werden, bei denen dies aufgrund der verfügbaren Informationen, einschließlich wissenschaftlicher und technischer Daten, möglich ist.

(13) Grenzwerte berufsbedingter Exposition sind als wichtiger Bestandteil der allgemeinen Vorkehrungen zum Schutz der Arbeitnehmer anzusehen. Derartige Grenzwerte müssen revidiert werden, wenn sich dies angesichts neuerer wissenschaftlicher Daten als erforderlich erweist.

(14) Beim Schutz der Gesundheit der Arbeitnehmer sollte das Vorsorgeprinzip gelten.

(15) Zum Schutz von Sicherheit und Gesundheit der durch Karzinogene oder Mutagene gefährdeten Arbeitnehmer müssen vorbeugende Maßnahmen getroffen werden.

(16) Diese Richtlinie bildet eine konkrete Maßnahme im Rahmen der Verwirklichung der sozialen Dimension des Binnenmarktes.

(17) Gemäß dem Beschluss 74/325/EWG des Rates hat die Kommission den Beratenden Ausschuss für Sicherheit und Gesundheit am Arbeitsplatz[*)] im Hinblick auf die Ausarbeitung der Vorschläge der von der vorliegenden Richtlinie erfassten Richtlinien angehört.

[*)] Jetzt: Beratender Ausschuss für Sicherheit und Gesundheit am Arbeitsplatz (Beschluss des Rates v. 22.7.2003, ABl. Nr. C 218 v. 13. 9. 2003, S. 1).

(18) Diese Richtlinie lässt die Pflichten der Mitgliedstaaten hinsichtlich der Fristen für die Umsetzung in nationales Recht der in Anhang IV Teil B aufgeführten Richtlinien unberührt –

HABEN FOLGENDE RICHTLINIE ERLASSEN:

KAPITEL I
ALLGEMEINE BESTIMMUNGEN

Ziel

Art. 1 (1) Ziel dieser Richtlinie ist der Schutz der Arbeitnehmer gegen die Gefährdung ihrer Gesundheit und Sicherheit, die aus einer Exposition gegenüber Karzinogenen, Mutagenen oder reproduktionstoxischen Stoffen bei der Arbeit entsteht oder entstehen kann, einschließlich der Vorbeugung.

In ihr werden die einschlägigen Mindestvorschriften einschließlich Grenzwerte festgelegt.

(RL (EU) 2022/431)

(2) Diese Richtlinie gilt nicht für Arbeitnehmer, die nur dem unter den Vertrag zur Gründung der Europäischen Atomgemeinschaft fallenden Strahlungen ausgesetzt sind.

(3) Die Richtlinie 89/391/EWG findet auf den gesamten in Absatz 1 genannten Bereich in vollem Umfang Anwendung, unbeschadet strengerer und/oder spezifischer Bestimmungen der vorliegenden Richtlinie.

(4) Für Asbest, der unter die Richtlinie 2009/148/EG des Europäischen Parlament und des Rates fällt, gelten die Bestimmungen der vorliegenden Richtlinie, soweit sie ein höheres Sicherheits- und Gesundheitsschutzniveau bei der Arbeit vorsehen.
(Art. 1 Abs. 4 geändert durch Art. 5 Z. 1 der RL 2014/27/EU)

Definitionen

Art. 2 Im Sinne dieser Richtlinie bedeutet
a) „Karzinogen"
  i) einen Stoff oder ein Gemisch, der bzw. das die in Anhang I der Verordnung (EG) Nr. 1272/2008 des Europäischen Parlaments und des Rates vom 16. Dezember 2008 über die Einstufung, Kennzeichnung und Verpackung von Stoffen und Gemischen genannten Kriterien für die Einstufung als krebserzeugender Stoff der Kategorie 1A oder 1B erfüllt;
  ii) einen Stoff, ein Gemisch oder ein Verfahren, der bzw. das in Anhang I dieser Richtlinie aufgeführt ist, sowie einen Stoff oder ein Gemisch, der bzw. das durch ein in diesem Anhang genanntes Verfahren freigesetzt wird;
  (RL 2014/27/EU)
b) „Mutagen" einen Stoff oder ein Gemisch, der bzw. das die in Anhang I der Verordnung (EG) Nr. 1272/2008 genannten Kriterien für die Einstufung als erbgutverändernder Stoff der Kategorie 1A oder 1B erfüllt;
  (RL 2014/27/EU)
ba) „reproduktionstoxischer Stoff" einen Stoff oder ein Gemisch, der bzw. das die in Anhang I der Verordnung (EG) Nr. 1272/2008 festgelegten Kriterien für die Einstufung als reproduktionstoxischer Stoff der Kategorie 1A oder 1B erfüllt;
  (RL (EU) 2022/431)
bb) „reproduktionstoxischer Stoff ohne Schwellenwert" einen reproduktionstoxischen Stoff, für den es kein für die Gesundheit der Arbeitnehmer unbedenkliches Expositionsniveau gibt und der als solcher in Anhang III in der Spalte ‚Hinweis' ausgewiesen ist;
  (RL (EU) 2022/431)
bc) „reproduktionstoxischer Stoff mit Schwellenwert" einen reproduktionstoxischen Stoff, für den es ein unbedenkliches Expositionsniveau gibt, unterhalb dessen die Gesundheit der Arbeitnehmer nicht gefährdet ist und der als solcher in Anhang III in der Spalte ‚Hinweis' ausgewiesen ist;
  (RL (EU) 2022/431)
c) „Grenzwert", sofern nicht anders angegeben, den Grenzwert des zeitlich gewogenen Mittelwerts der Konzentration für ein Karzinogen, ein Mutagen oder einen reproduktionstoxischen Stoff in der Luft im Atembereich eines Arbeitnehmers innerhalb eines in Anhang III angegebenen Referenzzeitraums;
  (RL (EU) 2022/431)
d) „biologischer Grenzwert" den Grenzwert für die Konzentration in dem entsprechenden biologischen Material für den jeweiligen Arbeitsstoff, seinen Metaboliten oder einen Beanspruchungsindikator;
  (RL (EU) 2022/431)
e) „Gesundheitsüberwachung" die Beurteilung eines einzelnen Arbeitnehmers, um seinen Gesundheitszustand im Zusammenhang mit der Exposition gegenüber bestimmten Karzinogenen, Mutagenen oder reproduktionstoxischen Stoffen bei der Arbeit festzustellen.
  (RL (EU) 2022/431)

Anwendungsbereich – Ermittlung und Bewertung der Gefahren

Art. 3 (1) Diese Richtlinie gilt für Tätigkeiten, bei denen Arbeitnehmer aufgrund ihrer Arbeit Karzinogenen, Mutagenen oder reproduktionstoxischen Stoffen ausgesetzt sind oder sein können.
(RL (EU) 2022/431)

(2) Für jede Tätigkeit, bei der eine Exposition gegenüber Karzinogenen, Mutagenen oder reproduktionstoxischen Stoffen auftreten kann, werden die Art, das Ausmaß und die Dauer der Exposition der Arbeitnehmer ermittelt, damit alle Gefährdungen für die Sicherheit und die Gesundheit der Arbeitnehmer bewertet und entsprechende Maßnahmen festgelegt werden können.

Diese Bewertung wird in regelmäßigen Abständen und auf jeden Fall bei jeder Änderung der Bedingungen, die sich auf die Exposition der Arbeitnehmer gegenüber Karzinogenen, Mutagenen oder reproduktionstoxischen Stoffen auswirken können, erneut vorgenommen.

Der Arbeitgeber muss den zuständigen Behörden auf Aufforderung die dieser Bewertung zugrunde liegenden Kriterien mitteilen.
(RL (EU) 2022/431)

(3) Bei der Risikobewertung sind alle sonstigen Expositionswege, z. B. Aufnahme in und/oder über die Haut, zu berücksichtigen.

(4) Die Arbeitgeber widmen bei der Risikobewertung etwaigen Auswirkungen auf die Sicherheit oder die Gesundheit besonders gefährdeter Arbeitnehmer besondere Aufmerksamkeit und berücksichtigen unter anderem, ob es sich empfiehlt, diese Arbeitnehmer nicht in Bereichen zu beschäftigen, in denen sie mit Karzinogenen, Mutagenen oder reproduktionstoxischen Stoffen in Berührung kommen können.
(RL (EU) 2022/431)

KAPITEL II
PFLICHTEN DER ARBEITGEBER

Verringerung und Ersatz

Art. 4 (1) Der Arbeitgeber verringert die Verwendung eines Karzinogens, Mutagens oder reproduktionstoxischen Stoffes am Arbeitsplatz, insbesondere indem er es bzw. ihn, soweit technisch möglich, durch Stoffe, Gemische oder Verfahren ersetzt, die bei ihrer Verwendung bzw. Anwendung nicht oder weniger gefährlich für die Gesundheit bzw. die Sicherheit der Arbeitnehmer sind.

(RL (EU) 2022/431)

(2) Der Arbeitgeber teilt der zuständigen Behörde auf Anforderung das Ergebnis seiner Untersuchungen mit.

Maßnahmen zur Vermeidung oder Verringerung einer Exposition

Art. 5 (1) Ergibt sich aus den Ergebnissen der in Artikel 3 Absatz 2 vorgesehenen Bewertung ein Risiko für die Sicherheit oder die Gesundheit der Arbeitnehmer, so muss die Exposition der Arbeitnehmer vermieden werden.

(2) Ist die Substitution des Karzinogens, Mutagens oder reproduktionstoxischen Stoffs durch Stoffe, Gemische oder Verfahren, die bei ihrer Verwendung bzw. Anwendung nicht oder weniger gefährlich für die Sicherheit und die Gesundheit sind, technisch nicht möglich, so sorgt der Arbeitgeber dafür, dass das Karzinogen, das Mutagen oder der reproduktionstoxische Stoff, soweit technisch möglich, in einem geschlossenen System hergestellt und verwendet wird.

(RL (EU) 2022/431)

(3) Ist die Anwendung eines geschlossenen Systems technisch nicht möglich, so sorgt der Arbeitgeber dafür, dass die Exposition der Arbeitnehmer gegenüber dem Karzinogen, Mutagen oder reproduktionstoxischen Stoff ohne Schwellenwert auf das geringste technisch mögliche Niveau verringert wird.

(RL (EU) 2022/431)

(3a) Ist die Verwendung oder Herstellung eines reproduktionstoxischen Stoffs mit Schwellenwert in einem geschlossenen System technisch nicht möglich, so sorgt der Arbeitgeber dafür, dass das mit der Exposition verknüpfte Risiko der Arbeitnehmer gegenüber diesem reproduktionstoxischen Stoff mit Schwellenwert auf ein Mindestmaß verringert wird.

(RL (EU) 2022/431)

(3b) Bei reproduktionstoxischen Stoffen, bei denen es sich weder um reproduktionstoxische Stoffe ohne Schwellenwert noch um reproduktionstoxische Stoffe mit Schwellenwert handelt, wendet der Arbeitgeber Absatz 3a an. In diesem Fall berücksichtigt der Arbeitgeber bei der in Artikel 3 genannten Durchführung der Gefährdungsbeurteilung gemäß Artikel 3 gebührend, dass es für einen solchen reproduktionstoxischen Stoff möglicherweise kein für die Gesundheit der Arbeitnehmer unbedenkliches Expositionsniveau gibt, und er trifft dafür geeignete Maßnahmen.

(RL (EU) 2022/431)

(4) Die Exposition darf die in Anhang III festgelegten Grenzwerte für Karzinogene, Mutagene oder reproduktionstoxische Stoffe nicht überschreiten.

(RL (EU) 2022/431)

(5) In all den Fällen, in denen ein Karzinogen, ein Mutagen oder ein reproduktionstoxischer Stoff verwendet wird, wendet der Arbeitgeber alle folgenden Maßnahmen an:

a) Begrenzung der Mengen von Karzinogenen, Mutagenen oder reproduktionstoxischen Stoffen am Arbeitsplatz;

(RL (EU) 2022/431)

b) Begrenzung der Zahl der Arbeitnehmer, die exponiert werden oder exponiert werden können, auf das geringstmögliche Maß;

c) Gestaltung der Arbeitsverfahren und der technischen Maßnahmen mit dem Ziel, am Arbeitsplatz die Freisetzung von Karzinogenen, Mutagenen oder reproduktionstoxischen Stoffen zu vermeiden oder möglichst gering zu halten;

(RL (EU) 2022/431)

d) Abführung der Karzinogene, Mutagene oder reproduktionstoxischen Stoffe an der Quelle, lokale Absaugvorrichtung oder allgemeine Lüftungsanlage, wobei alle diese Methoden mit dem erforderlichen Schutz der öffentlichen Gesundheit und der Umwelt vereinbar sein müssen;

(RL (EU) 2022/431)

e) Anwendung vorhandener geeigneter Messverfahren für Karzinogene, Mutagene oder reproduktionstoxische Stoffe, insbesondere zur frühzeitigen Ermittlung anormaler Expositionen infolge eines unvorhersehbaren Ereignisses oder eines Unfalls;

(RL (EU) 2022/431)

f) Anwendung geeigneter Arbeitsverfahren und -methoden;

g) kollektive und/oder – dort, wo eine andere Lösung zur Vermeidung einer Exposition nicht möglich ist – individuelle Schutzmaßnahmen;

h) Hygienemaßnahmen, insbesondere die regelmäßige Reinigung der Böden, Wände und anderer Oberflächen;

i) Unterrichtung der Arbeitnehmer;

j) Abgrenzung der Gefährdungsbereiche und Anbringung von geeigneten Warn- und Sicherheitszeichen, einschließlich des Zeichens „Rauchen verboten", in Bereichen, in denen die Arbeitnehmer Karzinogenen, Mutagenen oder reproduktionstoxischen Stoffen ausgesetzt sind oder ausgesetzt sein können;

(RL (EU) 2022/431)

k) Vorkehrungen für Notfälle, in denen anormal hohe Expositionswerte auftreten können;

6/7. KarzinogeneRL
Art. 5 – 10

l) Gewährleistung einer sicheren Lagerung, Handhabung und Beförderung, unter anderem durch Verwendung hermetisch verschließbarer und klar, eindeutig und sichtbar gekennzeichneter Behälter;
m) Gewährleistung der Sicherheit beim Sammeln sowie bei der Lagerung und der Beseitigung des Abfalls durch die Arbeitnehmer, unter anderem durch Verwendung hermetisch verschließbarer und klar, eindeutig und sichtbar gekennzeichneter Behälter.

(RL (EU) 2022/431)

Unterrichtung der zuständigen Behörde

Art. 6 Wenn die Ergebnisse der in Artikel 3 Absatz 2 vorgesehenen Bewertung ein Risiko für die Sicherheit oder die Gesundheit der Arbeitnehmer erkennen lassen, müssen die Arbeitgeber der zuständigen Behörde auf Anforderung sachdienliche Informationen über Folgendes zur Verfügung stellen:

a) durchgeführte Tätigkeiten und/oder angewandte industrielle Verfahren einschließlich der Gründe für die Verwendung von Karzinogenen, Mutagenen oder reproduktionstoxischen Stoffen;

(RL (EU) 2022/431)

b) Menge der hergestellten oder verwendeten Stoffe oder Gemische, die Karzinogene, Mutagene oder reproduktionstoxische Stoffe enthalten;

(RL (EU) 2022/431)

c) Zahl der exponierten Arbeitnehmer;
d) getroffene Vorbeugungsmaßnahmen;
e) Art der zu verwendenden Schutzausrüstung;
f) Art und Grad der Exposition;
g) Fälle von Substitution.

Die Mitgliedstaaten berücksichtigen die unter Absatz 1 Buchstaben a bis g dieses Artikels aufgeführten Informationen in ihren Berichten, die sie der Kommission gemäß Artikel 17a der Richtlinie 89/391/EWG vorlegen.

(Art. 6 geändert durch Art. 5 Z. 5 der RL 2014/27/EU und Art. 1 Z 1 der RL (EU) 2017/2398)

Unvorhersehbare Exposition

Art. 7 (1) Bei einem unvorhersehbaren Ereignis oder einem Unfall, der eine anormale Exposition der Arbeitnehmer bedingen könnte, unterrichtet der Arbeitgeber die Arbeitnehmer.

(2) Bis der Normalzustand wieder eingetreten ist und solange die Ursachen der anormalen Exposition nicht beseitigt sind,

a) haben nur die für Reparaturen und sonstige notwendige Arbeiten benötigten Arbeitnehmer Zugang zu dem betroffenen Bereich;

b) werden den betreffenden Arbeitnehmern Schutzkleidung und Atemschutzgeräte zur Verfügung gestellt, die sie tragen müssen; die Exposition darf nicht von unbegrenzter Dauer sein und ist für jeden Arbeitnehmer auf das unbedingt erforderliche Mindestmaß zu beschränken;

c) dürfen Arbeitnehmer ohne Schutzausrüstung nicht in dem betroffenen Bereich arbeiten.

Vorhersehbare Exposition

Art. 8 (1) Bei bestimmten Tätigkeiten, z. B. Wartungsarbeiten, bei denen die Möglichkeit einer beträchtlichen Erhöhung der Exposition der Arbeitnehmer vorzusehen ist und bei denen jede Möglichkeit weiterer technischer Vorbeugungsmaßnahmen zur Begrenzung dieser Exposition bereits ausgeschöpft wurde, legt der Arbeitgeber nach Konsultierung der Arbeitnehmer und/oder ihrer Vertreter in dem Unternehmen oder Betrieb unbeschadet der Verantwortlichkeit des Arbeitgebers die erforderlichen Maßnahmen fest, um die Dauer der Exposition der Arbeitnehmer so weit wie möglich zu verkürzen und den Schutz der Arbeitnehmer während dieser Tätigkeiten zu gewährleisten.

In Anwendung von Unterabsatz 1 werden den betreffenden Arbeitnehmern Schutzkleidung und Atemschutzgeräte zur Verfügung gestellt und, die sie während der gesamten Dauer der anormalen Exposition tragen müssen; diese darf nicht von unbegrenzter Dauer sein und ist für jeden Arbeitnehmer auf das unbedingt erforderliche Mindestmaß zu beschränken.

(2) Es werden geeignete Maßnahmen ergriffen, um die Bereiche, in denen die in Absatz 1 Unterabsatz 1 genannten Tätigkeiten ausgeführt werden, klar abzugrenzen und kenntlich zu machen oder mit anderen Mitteln zu verhindern, dass Unbefugte sich Zugang zu diesen Bereichen verschaffen.

Zugang zu den Gefahrenbereichen

Art. 9 Die Arbeitgeber treffen geeignete Maßnahmen, um zu gewährleisten, dass die Bereiche, in denen die Tätigkeiten ausgeführt werden, für die die Ergebnisse der in Artikel 3 Absatz 2 vorgesehenen Bewertung ein Risiko für die Sicherheit oder die Gesundheit der Arbeitnehmer erkennen lassen, nur den Arbeitnehmern zugänglich sind, die sie zur Ausübung ihrer Arbeit oder zur Durchführung bestimmter Aufgaben betreten müssen.

Hygienemaßnahmen und individuelle Schutzmaßnahmen

Art. 10 (1) Die Arbeitgeber sind verpflichtet, für die Tätigkeiten, bei denen die Gefährdung einer Kontamination durch Karzinogene, Mutagene oder reproduktionstoxische Stoffe besteht, geeignete Maßnahmen zu treffen, mit denen sichergestellt wird, dass:

a) die Arbeitnehmer in den Arbeitsbereichen, in denen die Gefährdung einer Kontamination durch Karzinogene, Mutagene oder reproduktionstoxische Stoffe besteht, weder essen noch trinken noch rauchen;

(RL (EU) 2022/431)

b) den Arbeitnehmern geeignete Schutzkleidung oder sonstige geeignete Spezialkleidung zur Verfügung gestellt wird;
c) getrennte Aufbewahrungsmöglichkeiten für die Arbeits- oder Schutzkleidung einerseits und die Straßenkleidung andererseits vorgesehen werden;
d) den Arbeitnehmern geeignete und angemessene Toiletten und Waschgelegenheiten zur Verfügung gestellt werden;
e) die Schutzausrüstungen an einem dafür vorgesehenen Ort sachgerecht aufbewahrt und nach Möglichkeit vor Gebrauch, in jedem Fall jedoch nach jedem Gebrauch, überprüft und gereinigt werden;
f) schadhafte Schutzausrüstungen vor erneutem Gebrauch ausgebessert oder ausgetauscht werden.

(RL (EU) 2022/431)

(2) Die Kosten für die Maßnahmen gemäß Absatz 1 dürfen nicht zulasten der Arbeitnehmer gehen.

Unterrichtung und Unterweisung der Arbeitnehmer

Art. 11 (1) Der Arbeitgeber trifft geeignete Maßnahmen, um zu gewährleisten, dass die Arbeitnehmer und/oder ihre Vertreter im Unternehmen oder Betrieb, insbesondere in Form von Informationen und Anweisungen, eine ausreichende angemessene Unterweisung auf der Grundlage aller verfügbaren Auskünfte erhalten in Bezug auf
a) mögliche Gefahren für die Gesundheit, einschließlich der zusätzlichen Risiken durch Tabakkonsum;
b) Maßnahmen, die zur Verhütung einer Exposition zu ergreifen sind;
c) Hygienevorschriften;
d) das Tragen und Benutzen von Schutzausrüstung und Schutzkleidung;
e) Maßnahmen, die von den Arbeitnehmern, insbesondere von den Rettungsmannschaften, bei Zwischenfällen und zur Verhütung von Zwischenfällen zu treffen sind.

Diese Unterweisung muss
– neue oder veränderte Gefährdungen berücksichtigen, insbesondere wenn Arbeitnehmer tatsächlich oder wahrscheinlich neuen Karzinogenen, Mutagenen oder reproduktionstoxischen Stoffen oder mehreren verschiedenen Karzinogenen, Mutagenen oder reproduktionstoxischen Stoffen, auch solchen, die in gefährlichen Arzneimitteln enthalten sind, ausgesetzt sind oder wenn sich die Umstände im Zusammenhang mit der Arbeit ändern,
– im Gesundheitswesen für alle Arbeitnehmer, bei denen eine Exposition gegenüber Karzinogenen, Mutagenen oder reproduktionstoxischen Stoffen gegeben ist, regelmäßig durchgeführt werden, insbesondere, wenn am jeweiligen Arbeitsplatz neuartige gefährliche

Arzneimittel, die diese Stoffe enthalten, verwendet werden, und
– in anderen Rahmen erforderlichenfalls regelmäßig wiederholt werden.

(RL (EU) 2022/431)

(2) Die Arbeitgeber unterrichten die Arbeitnehmer über Apparaturen und zugehörige Behältnisse, die Karzinogene, Mutagene oder reproduktionstoxische Stoffe enthalten, sorgen dafür, dass alle Behältnisse, Verpackungen und Apparaturen, die Karzinogene, Mutagene oder reproduktionstoxische Stoffe enthalten, mit einer klaren und leserlichen Aufschrift versehen werden, und lassen gut sichtbare Warn- und Sicherheitszeichen anbringen.

Wenn ein biologischer Grenzwert in Anhang IIIa festgelegt wurde, ist die Gesundheitsüberwachung für Arbeiten mit dem jeweiligen Karzinogen, Mutagen oder reproduktionstoxischen Stoff gemäß den in Anhang IIIa vorgesehenen Verfahren zwingend vorgeschrieben. Die Arbeitnehmer sind über diese Anforderung zu unterrichten, bevor ihnen eine Arbeit zugewiesen wird, die mit dem Risiko einer Exposition gegenüber dem angegebenen Karzinogen, Mutagen oder reproduktionstechnischen Stoff verbunden ist.

(RL (EU) 2022/431)

Unterrichtung der Arbeitnehmer

Art. 12 Es werden geeignete Maßnahmen getroffen, um zu gewährleisten, dass
a) die Arbeitnehmer und/oder ihre Vertreter in den Unternehmen oder Betrieben nachprüfen können, ob die Bestimmungen dieser Richtlinie Anwendung finden bzw. zu deren Anwendung herangezogen werden können, und zwar insbesondere in Bezug auf
   i) die mit der Auswahl, dem Tragen und der Verwendung von Schutzkleidung und Schutzausrüstungen verbundenen Folgen für die Sicherheit und die Gesundheit der Arbeitnehmer, unbeschadet der Verantwortlichkeiten des Arbeitgebers für die Bestimmung der Wirksamkeit der Schutzkleidung und der Schutzausrüstungen,
   ii) die vom Arbeitgeber festgelegten Maßnahmen im Sinne des Artikels 8 Absatz 1 Unterabsatz 1, unbeschadet der Verantwortlichkeiten des Arbeitgebers für die Festlegung dieser Maßnahmen;
b) die Arbeitnehmer und/oder ihre Vertreter in den Unternehmen oder Betrieben bei einer anormalen Exposition einschließlich der in Artikel 8 genannten Fälle so schnell wie möglich unterrichtet und über die Ursachen sowie über die bereits getroffenen oder noch zu treffenden Gegenmaßnahmen informiert werden;
c) der Arbeitgeber eine aktualisierte Liste der Arbeitnehmer führt, die mit Tätigkeiten, für die die Ergebnisse der in Artikel 3 Absatz 2 vorgesehenen Bewertung ein Risiko für die

Sicherheit oder die Gesundheit der Arbeitnehmer erkennen lassen, beschäftigt sind, gegebenenfalls – soweit die betreffende Information verfügbar ist – unter Angabe der Exposition, der sie möglicherweise ausgesetzt waren;

d) der Arzt und/oder die zuständige Behörde sowie jede andere für die Sicherheit oder die Gesundheit am Arbeitsplatz verantwortliche Person Zugang zu der unter Buchstabe c) genannten Liste hat;

e) jeder Arbeitnehmer Zugang zu den ihn persönlich betreffenden Angaben in der Liste hat;

f) die Arbeitnehmer und/oder ihre Vertreter in den Unternehmen oder Betrieben Zugang zu den nicht personenbezogenen Informationen allgemeiner Art haben.

Anhörung und Mitwirkung der Arbeitnehmer

Art. 13 Die Anhörung und Mitwirkung der Arbeitnehmer und/oder ihrer Vertreter erfolgt gemäß Artikel 11 der Richtlinie 89/391/EWG hinsichtlich der unter die vorliegende Richtlinie fallenden Bereiche.

Vereinbarungen zwischen den Sozialpartnern

Art. 13a Etwaige Vereinbarungen, die im Bereich dieser Richtlinie zwischen den Sozialpartnern geschlossen werden, sind auf der Webseite der Europäischen Agentur für Sicherheit und Gesundheitsschutz am Arbeitsplatz (EU-OSHA) aufzulisten. Die Liste wird regelmäßig aktualisiert.

(Art. 13a eingefügt durch Art. 1 Z 1 der RL (EU) 2019/130)

**KAPITEL III
SONSTIGE BESTIMMUNGEN**

Gesundheitsüberwachung

Art. 14 (1) Maßnahmen zur Durchführung einer geeigneten Gesundheitsüberwachung von Arbeitnehmern, für die die Ergebnisse der in Artikel 3 Absatz 2 vorgesehenen Bewertung ein Risiko hinsichtlich ihrer Sicherheit oder Gesundheit erkennen lassen, werden von den Mitgliedstaaten in Übereinstimmung mit den Rechtsvorschriften der Mitgliedstaaten oder der dort üblichen Praxis festgelegt. Der Arzt oder die Behörde, der bzw. die für die Überwachung der Gesundheit der Arbeitnehmer zuständig ist, kann darauf hinweisen, dass die Gesundheitsüberwachung nach dem Ende der Exposition so lange fortzusetzen ist, wie er bzw. sie es für den Schutz der Gesundheit des betreffenden Arbeitnehmers für erforderlich hält.

(Abs. 1 geändert durch Art. 1 Z 2 lit. a der RL (EU) 2017/2398)

(2) Die in Absatz 1 genannten Maßnahmen müssen, wenn dies angemessen ist, eine geeignete Überwachung des Gesundheitszustands aller Arbeitnehmer ermöglichen, und zwar

– vor der Exposition;
– und später in regelmäßigen Abständen.

Anhand dieser Maßnahmen muss es möglich sein, unmittelbar medizinische Einzelmaßnahmen und arbeitsmedizinische Maßnahmen zu ergreifen.

(3) Weist ein Arbeitnehmer eine Anomalie auf, bei der Verdacht besteht, dass sie auf eine Exposition gegenüber Karzinogenen, Mutagenen oder reproduktionstoxischen Stoffen zurückzuführen ist, oder wird festgestellt, dass ein biologischer Grenzwert überschritten wurde, so kann der Arzt oder die Behörde, der bzw. die für die Überwachung der Gesundheit der Arbeitnehmer zuständig ist, veranlassen, dass weitere Arbeitnehmer, die der gleichen Exposition ausgesetzt waren, einer Gesundheitsüberwachung unterzogen werden.

In einem solchen Fall muss eine neuerliche Bewertung des Expositionsrisikos gemäß Artikel 3 Absatz 2 erfolgen.

(RL (EU) 2022/431)

(4) In den Fällen, in denen eine Gesundheitsüberwachung erfolgt, wird eine persönliche Gesundheitsakte angelegt, und der Arzt oder die Behörde, der bzw. die für die Gesundheitsüberwachung zuständig ist, schlägt Schutz- oder Vorbeugungsmaßnahmen für alle Arbeitnehmer vor. Eine biologische Überwachung und damit zusammenhängende Anforderungen können Teil der Gesundheitsüberwachung sein.

(RL (EU) 2022/431)

(5) Den Arbeitnehmern sind Auskünfte und Ratschläge betreffend jede Maßnahme zur Überwachung ihres Gesundheitszustands, die nach Abschluss der Exposition erfolgen kann, zu erteilen.

(6) Gemäß den Rechtsvorschriften der einzelnen Mitgliedstaaten und/oder der dort üblichen Praxis

– haben die Arbeitnehmer Zugang zu den Ergebnissen der sie betreffenden Gesundheitsüberwachung und

– kann der betreffende Arbeitnehmer oder der Arbeitgeber eine Überprüfung der Ergebnisse der Gesundheitsüberwachung beantragen.

(7) Praktische Empfehlungen für die Gesundheitsüberwachung von Arbeitnehmern sind in Anhang II enthalten.

(8) Alle Fälle von Krebserkrankungen, schädlichen Auswirkungen auf die Sexualfunktion und Fruchtbarkeit bei erwachsenen männlichen und weiblichen Arbeitnehmern oder Entwicklungsschädigungen bei den Nachkommen, die gemäß den Rechtsvorschriften der einzelnen Mitgliedstaaten oder der dort üblichen Praxis als Folge einer Exposition gegenüber einem Karzinogen, Mutagen oder reproduktionstoxischen Stoff bei der Arbeit festgestellt wurden, sind der zuständigen Behörde zu melden.

Die Mitgliedstaaten berücksichtigen in ihren Berichten, die sie der Kommission gemäß Artikel 17a der Richtlinie 89/391/EWG vorlegen, die Informationen nach diesem Absatz.

(RL (EU) 2022/431)

6/7. KarzinogeneRL
Art. 15 – 17a

Aufbewahrung der Unterlagen

Art. 15 (1) Bei Karzinogenen und Mutagenen sind die in Artikel 12 Buchstabe c genannte Liste und die in Artikel 14 Absatz 4 genannte Gesundheitsakte nach Ende der Exposition gemäß dem Recht der einzelnen Mitgliedstaaten oder der dort üblichen Praxis mindestens 40 Jahre lang aufzubewahren.

(RL (EU) 2022/431)

(1a) Bei reproduktionstoxischen Stoffen sind die in Artikel 12 Buchstabe c genannte Liste und die in Artikel 14 Absatz 4 genannte Gesundheitsakte nach Ende der Exposition gemäß dem Recht der einzelnen Mitgliedstaaten oder der dort üblichen Praxis mindestens fünf Jahre lang aufzubewahren.

(2) Stellt das Unternehmen seine Tätigkeit ein, so sind diese Unterlagen im Einklang mit den Rechtsvorschriften der Mitgliedstaaten und/oder der dort üblichen Praxis der zuständigen Behörde zur Verfügung zu stellen.

Grenzwerte

Art. 16 (1) Das Europäische Parlament und der Rat legen nach dem Verfahren des Artikels 153 Absatz 2 Buchstabe b des Vertrags über die Arbeitsweise der Europäischen Union (AEUV) für alle Karzinogene, Mutagene oder reproduktionstoxischen Stoffe, bei denen das möglich ist, in Richtlinien Grenzwerte fest, erlassen erforderlichenfalls andere unmittelbar damit zusammenhängende Bestimmungen und stützen sich dabei auf die verfügbaren Informationen einschließlich wissenschaftlicher und technischer Daten.

(RL (EU) 2022/431)

(2) Die Grenzwerte und die anderen damit unmittelbar zusammenhängenden Bestimmungen sind in Anhang III angegeben.

(3) Das Europäische Parlament und der Rat legen nach dem Verfahren des Artikel 153 Absatz 2 Buchstabe b AEUV biologische Grenzwerte fest und stützen sich dabei auf die verfügbaren Informationen einschließlich wissenschaftlicher und technischer Daten sowie andere einschlägige Gesundheitsüberwachungsinformationen.

(RL (EU) 2022/431)

(4) Die biologischen Grenzwerte und die anderen Gesundheitsüberwachungsinformationen sind in Anhang IIIa festgelegt.

(RL (EU) 2022/431)

Bestimmung von reproduktionstoxischen Stoffen ohne Schwellenwert und mit Schwellenwert

Art. 16a Das Europäische Parlament und der Rat bestimmen nach dem Verfahren des Artikels 153 Absatz 2 Buchstabe b des Vertrags über die Arbeitsweise der Europäischen Union (AEUV), auf der Grundlage der verfügbaren wissenschaftlichen und technischen Daten, in der Spalte „Hinweise" in Anhang III dieser Richtlinie, ob ein reproduktionstoxischer Stoff ein reproduktionstoxischer Stoff ohne Schwellenwert oder ein reproduktionstoxischer Stoff mit Schwellenwert ist.

(RL (EU) 2022/431)

Änderung des Anhangs II

Art. 17 Der Kommission wird die Befugnis übertragen, gemäß Artikel 17a delegierte Rechtsakte zur Vornahme rein technischer Änderungen des Anhangs II zu erlassen, um den technischen Fortschritt, die Entwicklung der internationalen Vorschriften oder Spezifikationen und neue Erkenntnisse auf dem Gebiet der Karzinogene, Mutagene oder reproduktionstoxischen Stoffe zu berücksichtigen.

Ist in hinreichend begründeten Ausnahmefällen, in denen eine akute, unmittelbare und schwerwiegende Gefahr für die körperliche Gesundheit und Sicherheit von Arbeitnehmern oder anderen Personen gegeben ist, aus Gründen äußerster Dringlichkeit sehr kurzfristiges Handeln erforderlich, so findet das Verfahren gemäß Artikel 17b auf delegierte Rechtsakte, die gemäß dem vorliegenden Artikel erlassen werden, Anwendung.

(RL (EU) 2022/431)

Ausübung der Befugnisübertragung

Art. 17a (1) Die Befugnis zum Erlass delegierter Rechtsakte wird der Kommission unter den in diesem Artikel festgelegten Bedingungen übertragen.

(2) Die Befugnis zum Erlass delegierter Rechtsakte gemäß Artikel 17 wird der Kommission für einen Zeitraum von fünf Jahren ab dem 26. Juli 2019 übertragen. Die Kommission erstellt spätestens neun Monate vor Ablauf des Zeitraums von fünf Jahren einen Bericht über die Befugnisübertragung. Die Befugnisübertragung verlängert sich stillschweigend um Zeiträume gleicher Länge, es sei denn, das Europäische Parlament oder der Rat widersprechen einer solchen Verlängerung spätestens drei Monate vor Ablauf des jeweiligen Zeitraums.

(3) Die Befugnisübertragung gemäß Artikel 17 kann vom Europäischen Parlament oder vom Rat jederzeit widerrufen werden. Der Beschluss über den Widerruf beendet die Übertragung der in diesem Beschluss angegebenen Befugnis. Er wird am Tag nach seiner Veröffentlichung im *Amtsblatt der Europäischen Union* oder zu einem im Beschluss über den Widerruf angegebenen späteren Zeitpunkt wirksam. Die Gültigkeit von delegierten Rechtsakten, die bereits in Kraft sind, wird von dem Beschluss über den Widerruf nicht berührt.

(4) Vor dem Erlass eines delegierten Rechtsakts konsultiert die Kommission die von den einzelnen Mitgliedstaaten benannten Sachverständigen im Einklang mit den in der Interinstitutionellen Vereinbarung vom 13. April 2016 über bessere Rechtsetzung enthaltenen Grundsätzen.

(5) Sobald die Kommission einen delegierten Rechtsakt erlässt, übermittelt sie ihn gleichzeitig dem Europäischen Parlament und dem Rat.

(6) Ein delegierter Rechtsakt, der gemäß Artikel 17 erlassen wurde, tritt nur in Kraft, wenn weder das Europäische Parlament noch der Rat innerhalb einer Frist von zwei Monaten nach Übermittlung dieses Rechtsakts an das Europäische Parlament und den Rat Einwände erhoben haben oder wenn vor Ablauf dieser Frist das Europäische Parlament und der Rat beide der Kommission mitgeteilt haben, dass sie keine Einwände erheben werden. Auf Initiative des Europäischen Parlaments oder des Rates wird diese Frist um zwei Monate verlängert.

Dringlichkeitsverfahren

Art. 17b (1) Delegierte Rechtsakte, die nach diesem Artikel erlassen werden, treten umgehend in Kraft und sind anwendbar, solange keine Einwände gemäß Absatz 2 erhoben werden. Bei der Übermittlung eines delegierten Rechtsakts an das Europäische Parlament und den Rat werden die Gründe für die Anwendung des Dringlichkeitsverfahrens angegeben.

(2) Das Europäische Parlament oder der Rat können gemäß dem Verfahren des Artikels 17a Absatz 6 Einwände gegen einen delegierten Rechtsakt erheben. In diesem Fall hebt die Kommission den Rechtsakt umgehend nach der Übermittlung des Beschlusses des Europäischen Parlaments oder des Rates, Einwände zu erheben, auf.

(Art. 17a und 17b eingefügt durch VO (EU) 2019/1243)

Datenauswertung

Art. 18 Die von den zuständigen nationalen Behörden anhand der Informationen nach Artikel 14 Absatz 8 vorgenommenen Auswertungen stehen der Kommission zur Verfügung.

Bewertung

Art. 18a Wenn die Kommission im Rahmen der Bewertung gemäß Artikel 17a der Richtlinie 89/391/EWG das nächste Mal die Umsetzung der vorliegenden Richtlinie bewertet, überprüft sie auch, ob der Grenzwert für alveolengängigen Quarzfeinstaub geändert werden muss. Die Kommission leitet dieses Verfahren im Jahr 2022 ein und legt anschließend erforderlichenfalls im Rahmen einer späteren Überarbeitung dieser Richtlinie Vorschläge für notwendige Änderungen für diesen Stoff vor.

Die Kommission prüft spätestens am 11. Juli 2022, ob die vorliegende Richtlinie geändert werden sollte, um für Cadmium und seine anorganischen Verbindungen eine Vorschrift für eine Kombination aus einem Luftgrenzwert wegen berufsbedingter Exposition und biologischem Grenzwert aufzunehmen.

Bis spätestens 31. Dezember 2022 legt die Kommission erforderlichenfalls, nach Anhörung des Beratenden Ausschusses für Sicherheit und Gesundheit am Arbeitsplatz (ACSH) und unter Berücksichtigung der bestehenden Empfehlungen verschiedener Agenturen, Interessenträger und der Weltgesundheitsorganisation zu Karzinogenen, Mutagenen und reproduktionstoxischen Stoffen, die als prioritär eingestuft und für die Expositionsgrenzwerte erforderlich sind, einen Aktionsplan vor, um für mindestens 25 Stoffe, Stoffgruppen oder bei Verfahren erzeugte Stoffe Grenzwerte für die Exposition am Arbeitsplatz festzulegen oder zu ändern. Die Kommission legt unter Berücksichtigung des genannten Aktionsplans, der neuesten Entwicklungen der wissenschaftlichen Kenntnisse und nach Anhörung des ACSH erforderlichenfalls unverzüglich Gesetzgebungsvorschläge gemäß Artikel 16 vor.

Erforderlichenfalls und spätestens bis 5. April 2025 erarbeitet die Kommission unter Berücksichtigung der neuesten Entwicklungen der wissenschaftlichen Kenntnisse und nach angemessener Anhörung der einschlägigen Interessenträger eine Definition der gefährlichen Arzneimittel oder der darin enthaltenen Stoffe, die die Kriterien für die Einstufung als Karzinogen Kategorie 1A oder 1B gemäß Anhang I der Verordnung (EG) Nr. 1272/2008 erfüllen oder ein mutagener oder reproduktionstoxischer Stoff sind, und erstellt eine vorläufige Liste der gefährlichen Arzneimittel und der darin enthaltenen Stoffe.

Spätestens bis zum 31. Dezember 2022 arbeitet die Kommission nach angemessener Anhörung der einschlägigen Interessenträger Unionsleitlinien für die Zubereitung, Verabreichung und Entsorgung gefährlicher Arzneimittel am Arbeitsplatz aus. Diese Leitlinien werden auf der Website der Europäischen Agentur für Sicherheit und Gesundheitsschutz am Arbeitsplatz (EU-OSHA) veröffentlicht und in allen Mitgliedstaaten von den zuständigen Behörden verbreitet.

Erforderlichenfalls legt die Kommission nach Erhalt einer Stellungnahme des ACSH unter Berücksichtigung der in einigen Mitgliedstaaten bestehenden Methoden zur Festlegung von Grenzwerten für Karzinogene und der Stellungnahme des ACSH das obere und das untere Risikoniveau fest. Spätestens zwölf Monate nach Erhalt der Stellungnahme des ACSH legt die Kommission nach angemessener Konsultation der einschlägigen Interessenträger Unionsleitlinien für Methoden zur Festlegung risikobasierter Grenzwerte vor. Diese Leitlinien werden auf der Website der EU-OSHA veröffentlicht und in allen Mitgliedstaaten von den einschlägigen Behörden verbreitet.

Spätestens bis zum 31. Dezember 2024 schlägt die Kommission unter Berücksichtigung der neuesten Entwicklungen der wissenschaftlichen Kenntnisse und nach angemessener Konsultation der einschlägigen Interessenträger erforderlichenfalls einen Grenzwert für Cobalt und anorganische Cobaltverbindungen vor.

(RL (EU) 2022/431)

Information der Kommission

Art. 19 Die Mitgliedstaaten teilen der Kommission den Wortlaut der innerstaatlichen Rechtsvorschriften mit, die sie auf dem unter diese Richtlinie fallenden Gebiet erlassen.

Aufhebung

Art. 20 Die Richtlinie 90/394/EWG in der Fassung der in Anhang IV Teil A der vorliegenden Richtlinie aufgeführten Richtlinien wird unbeschadet der Pflichten der Mitgliedstaaten hinsichtlich der in Anhang IV Teil B der vorliegenden Richtlinie genannten Umsetzungsfristen aufgehoben.

Verweisungen auf die aufgehobene Richtlinie gelten als Verweisungen auf die vorliegende Richtlinie und sind nach der Entsprechungstabelle in Anhang V zu lesen.

Inkrafttreten

Art. 21 Diese Richtlinie tritt am zwanzigsten Tag nach ihrer Veröffentlichung im *Amtsblatt der Europäischen Union* in Kraft.

Adressaten

Art. 22 Diese Richtlinie ist an die Mitgliedstaaten gerichtet.

ANHANG I
Liste von Stoffen, Gemischen und Verfahren
(Artikel 2 Buchstabe a) Ziffer iii))*

*) Redaktionsversehen – gemeint: Ziffer ii)

1. Herstellung von Auramin.
2. Arbeiten, bei denen die betreffenden Arbeitnehmer polyzyklischen aromatischen Kohlenwasserstoffen ausgesetzt sind, die in Steinkohlenruß, Steinkohlenteer oder Steinkohlenpech vorhanden sind.
3. Arbeiten, bei denen die betreffenden Arbeitnehmer Staub, Rauch oder Nebel beim Rösten oder bei der elektrolytischen Raffination von Nickelmatte ausgesetzt sind.
4. Starke-Säure-Verfahren bei der Herstellung von Isopropylalkohol.
5. Arbeiten, bei denen die betreffenden Arbeitnehmer Hartholzstäuben (ein Verzeichnis einiger Hartholzarten findet sich in Band 62 der vom Internationalen Krebsforschungszentrum (IARC) veröffentlichten Monografienreihe zur Evaluierung von Krebsrisiken für den Menschen: Wood Dust and Formaldehyde, Lyon, 1995) ausgesetzt sind.
6. Arbeiten, bei denen aufgrund eines Arbeitsverfahrens eine Exposition gegenüber Quarzfeinstaub besteht.
7. Arbeiten, bei denen dermale Exposition gegenüber Mineralölen besteht, die zuvor in Verbrennungsmotoren zur Schmierung und Kühlung der beweglichen Teile des Motors verwendet wurden.
8. Arbeiten, bei denen eine Exposition gegenüber Dieselmotoremissionen besteht.

(Z 6 eingefügt durch Art. 1 Z 4 der RL (EU) 2017/2398)

(Z 7 und 8 eingefügt durch Art. 1 Z 2 der RL (EU) 2019/130)

ANHANG II
Praktische Empfehlungen für die Gesundheitsüberwachung von Arbeitnehmern
(Artikel 14 Absatz 7)

1. Der Arzt bzw. die Behörde, der bzw. die für die Gesundheitsüberwachung von Arbeitnehmern, die Karzinogenen, Mutagenen oder reproduktionstoxischen Stoffen ausgesetzt sind, verantwortlich ist, muss mit den für jeden Arbeitnehmer geltenden Expositionsbedingungen bzw. -gegebenheiten vertraut sein.

(RL (EU) 2022/431)

2. Die Gesundheitsüberwachung der Arbeitnehmer muss gemäß den Grundsätzen und der Praxis der Arbeitsmedizin erfolgen; sie muss zumindest folgende Maßnahmen umfassen:
   – Führung von Akten über die Krankengeschichte und den beruflichen Werdegang des Arbeitnehmers,
   – persönliches Gespräch,
   – falls angebracht, Durchführung einer biologischen Überwachung und Ermittlung reversibler Schäden in einem frühen Stadium.

Für alle einer Gesundheitsüberwachung unterworfenen Arbeitnehmer können unter Berücksichtigung der jüngsten Erkenntnisse der Arbeitsmedizin weitere Untersuchungen beschlossen werden.

6/7. KarzinogeneRL
Anhang III

ANHANG III
GRENZWERTE UND ANDERE DAMIT UNMITTELBAR ZUSAMMENHÄNGENDE BESTIMMUNGEN (ARTIKEL 16)

A. GRENZWERTE BERUFSBEDINGTER EXPOSITION

Bezeichnung des Arbeitsstoffs	EG-Nr. (¹)	CAS-Nr. (²)	Grenzwerte 8 Stunden (³) mg/m³ (⁵)	Grenzwerte 8 Stunden (³) ppm (⁶)	Grenzwerte 8 Stunden (³) f/ml (⁷)	Kurzzeit (⁴) mg/m³	Kurzzeit (⁴) ppm	Kurzzeit (⁴) f/ml	Hinweis	Übergangsmaßnahmen
Hartholzstäube	—	—	2 (⁸)	—	—	—	—	—	—	Grenzwert 3 mg/m³ bis zum 17. Januar 2023
Chrom(VI)-Verbindungen, die Karzinogene im Sinne von Artikel 2 Buchstabe a Ziffer i (als Chrom)	—	—	0,005	—	—	—	—	—	—	Grenzwert 0,010 mg/m³ bis zum 17. Januar 2025 Grenzwert: 0,025 mg/m³ für Schweiß- oder Plasmaschneidearbeiten oder ähnliche raucherzeugende Arbeitsverfahren bis zum 17. Januar 2025
Feuerfeste Keramikfasern, die Karzinogene im Sinne von Artikel 2 Buchstabe a Ziffer i sind	—	—	—	—	0,3	—	—	—	—	—
Alveolengängiges kristallines Siliciumdioxid (Quarzfeinstaub)	—	—	0,1 (⁹)	—	—	—	—	—	—	—
Benzol	200-753-7	71-43-2	0,66	0,2	—	—	—	—	Haut (⁸)	Grenzwert 1 ppm (3,25 mg/m³) bis zum 5. April 2024. Grenzwert 0,5 ppm (1,65 mg/m³) vom 5. April 2024 bis zum 5. April 2026.
Vinylchloridmonomer	200-831-0	75-01-4	2,6	1	—	—	—	—	—	—
Ethylenoxid	200-849-9	75-21-8	1,8	1	—	—	—	—	Haut (¹⁰)	—
1,2-Epoxypropan	200-879-2	75-56-9	2,4	1	—	—	—	—	—	—
Trichlorethylen	201-167-4	79-01-6	54,7	10	—	164,1	30	—	Haut (¹⁰)	—
Acrylamid	201-173-7	79-06-1	0,1	—	—	—	—	—	Haut (¹⁰)	—
2-Nitropropan	201-209-1	79-46-9	18	5	—	—	—	—	—	—
o-Toluidin	202-429-0	95-53-4	0,5	0,1	—	—	—	—	Haut (¹⁰)	—

6/7. KarzinogeneRL

Anhang III

4,4'-Methylendianilin	202-974-4	101-77-9	0,08	—	—	Haut ([10])
Epichlorhydrin	203-439-8	106-89-8	1,9	—	—	Haut ([10])
Ethylendibromid	203-444-5	106-93-4	0,8	0,1	—	Haut ([10])
1,3-Butadien	203-450-8	106-99-0	2,2	1	—	—
Ethylendichlorid	203-458-1	107-06-2	8,2	2	—	Haut ([10])
Hydrazin	206-114-9	302-01-2	0,013	0,01	—	Haut ([10])
Bromethylen	209-800-6	593-60-2	4,4	1	—	—
Dieselmotoremissionen			0,05 (*)				Der Grenzwert gilt ab 21. Februar 2023. Für Untertagebau und Tunnelbau gilt der Grenzwert ab 21. Februar 2026.
Polyzyklische aromatische Kohlenwasserstoffgemische, insbesondere solche, die Benzo[a]pyren enthalten, die Karzinogene im Sinne der vorliegenden Richtlinie sind						Haut ([10])
Mineralöle, die zuvor in Verbrennungsmotoren zur Schmierung und Kühlung der beweglichen Teile des Motors verwendet wurden						Haut ([10])
Cadmium und seine anorganischen Verbindungen	—	—	0,001 ([11])	—	—	—	Grenzwert 0,004 mg/m³ ([12]) bis 11. Juli 2027.
Beryllium und anorganische Berylliumverbindungen	—	—	0,0002 ([1])	—	—	Sensibilisierung der Haut und der Atemwege ([13])	Grenzwert 0,0006 mg/m³ bis 11. Juli 2026.
Arsensäure und ihre Salze sowie anorganische Arsenverbindungen	—	—	0,01 ([11])	—	—	—	In der Kupferverhüttung gilt der Grenzwert ab dem 11. Juli 2023.
Formaldehyd	200-001-8	50-00-0	0,37	0,3	0,74	0,6	Sensibilisierung der Haut ([14])	Grenzwert 0,62 mg/m³ oder 0,5 ppm (²) für Gesundheitseinrichtungen, Bestattungs- und Einbalsamierungsunternehmen bis 11. Juli 2024.

6/7. KarzinogeneRL
Anhang III

Stoff	EG-Nr.	CAS-Nr.	mg/m³	ppm	mg/m³ (Kurzzeit)	ppm (Kurzzeit)	Anmerkung	Bemerkung
4,4'-Methylen-bis(2-chloranilin)	202-918-9	101-14-4	0,01	—	—	—	Haut (^{10})	
Acrylnitril	203-466-5	07-13-1	1	0,45	4	1,8	Haut (^{8}) Sensibilisierung der Haut (^{9})	Der Grenzwert gilt ab dem 5. April 2026.
Nickelverbindungen:	—	—	—	0,01 (^{10}) 0,05 (^{11})	—	—	Sensibilisierung der Haut und der Atemwege (^{12})	Der Grenzwert (^{10}) gilt ab dem 18. Januar 2025. Der Grenzwert (^{11}) gilt ab dem 18. Januar 2025. Davor gilt ein Grenzwert von 0,1 mg/m³ (^{11}).
Anorganisches Blei und seine Verbindungen			0,15					
N,N-Dimethylacetamid	204-826-4	127-19-5	36	10	72	20	Haut (^{8})	
Nitrobenzol	202-716-0	98-95-3	1	0,2			Haut (^{8})	
N,N Dimethylformamid	200-679-5	68-12-2	15	5	30	10	Haut (^{8})	
2-Methoxyethanol	203-713-7	109-86-4	8	1			Haut (^{8})	
2-Methoxyethylacetat	203-772-9	110-49-6	11	1			Haut (^{8})	
2-Ethoxyethanol	203-804-1	110-80-5	8	2			Haut (^{8})	
2-Ethoxyethylacetat	203-839-2	111-15-9	11	2			Haut (^{8})	
1-Methyl-2-pyrrolidon	212-828-1	872-50-4	40	10	80	20	Haut (^{8})	
Quecksilber und divalente anorganische Quecksilberverbindungen einschließlich Quecksilberoxid und Quecksilberchlorid (gemessen als Quecksilber)			0,02					
Bisphenol A; 4,4'-Isopropylidendiphenol	201-245-8	80-05-7	2 (^{13})					
Kohlenmonoxid	211-128-3	630-08-0	23	20	117	100		

(¹) Die EG-Nummer, d. h. die Einecs-, ELINCS- oder NLP-Nummer, ist die offizielle Nummer des Stoffes in der Europäischen Union, wie in Anhang VI Teil 1 Abschnitt 1.1.1.2 der Verordnung (EG) Nr. 1272/2008 definiert.
(²) CAS-Nr.: Nummer des 'Chemical Abstracts Service'.
(³) Zeitlich gewichteter Mittelwert, gemessen oder berechnet für einen Bezugszeitraum von acht Stunden (TWA).
(⁴) Grenzwert für Kurzzeitexposition (STEL). Grenzwert, der nicht überschritten werden soll, soweit nicht anders angegeben, auf eine Dauer von 15 Minuten bezogen.
(⁵) mg/m³ = Milligramm pro Kubikmeter Luft bei 20 °C und 101,3 kPa (760 mm Quecksilbersäule).
(⁶) ppm = Volumenteile pro Million in Luft (ml/m³).
(⁷) f/ml = Fasern pro Milliliter.
(⁸) Deutliche Erhöhung der Gesamtbelastung des Körpers durch dermale Exposition möglich.
(⁹) Der Stoff kann zu einer Sensibilisierung der Haut führen.
(¹⁰) Alveolengängige Fraktion, gemessen als Nickel.
(¹¹) Einatembare Fraktion, gemessen als Nickel.
(¹²) Der Stoff kann zu einer Sensibilisierung der Haut und der Atemwege führen.
(¹³) einatembare Fraktion.

(RL (EU) 2022/431)

B. ANDERE DAMIT UNMITTELBAR ZUSAMMENHÄNGENDE BESTIMMUNGEN

p.m.

(RL (EU) 2019/130, RL (EU) 2019/983)

ANHANG IIIa
BIOLOGISCHE GRENZWERTE UND GESUNDHEITSÜBERWACHUNGSMAßNAHMEN
(Artikel 16 Absatz 4)

1. Blei und seine ionischen Verbindungen
   1.1. Die biologische Überwachung umfasst die Messung des Blutbleispiegels (PbB) durch Absorptionsspektroskopie oder ein gleichwertiges Verfahren. Der entsprechende biologische Grenzwert beträgt
        70 μg Pb/100 ml Blut.
   1.2. Eine medizinische Überwachung wird bei einer Exposition gegenüber einer Konzentration von mehr als 0,075 mg/m³ Blei in der Luft, berechnet als zeitlich gewichteter Mittelwert bezogen auf 40 Stunden pro Woche, oder bei einer Höhe des gemessenen individuellen Blutbleispiegels der Arbeitnehmer von mehr als 40 μg Pb/100 ml Blut durchgeführt.

(RL (EU) 2022/431)

ANHANG IV
TEIL A
Aufgehobene Richtlinie und ihre nachfolgenden Änderungen
(gemäß Artikel 20)

Richtlinie 90/394/EWG des Rates	(ABl. L 196 vom 26.7.1990, S. 1)
Richtlinie 97/42/EG des Rates	(ABl. L 179 vom 8.7.1997, S. 4)
Richtlinie 1999/38/EG des Rates	(ABl. L 138 vom 1.6.1999, S. 66)

TEIL B
Fristen für die Umsetzung in nationales Recht
(gemäß Artikel 20)

Richtlinie	Endgültiges Datum der Umsetzung
90/394/EWG	31. Dezember 1992
97/42/EG	27. Juni 2000
1999/38/EG	29. April 2003

ANHANG V
ENTSPRECHUNGSTABELLE

Richtlinie 90/394/EWG	Vorliegende Richtlinie
Artikel 1	Artikel 1
Artikel 2 Buchstabe a)	Artikel 2 Buchstabe a)
Artikel 2 Buchstabe aa)	Artikel 2 Buchstabe b)
Artikel 2 Buchstabe b)	Artikel 2 Buchstabe c)

6/7. KarzinogeneRL
Anhang V

Richtlinie 90/394/EWG	Vorliegende Richtlinie
Artikel 3 bis 9	Artikel 3 bis 9
Artikel 10 Absatz 1 Buchstabe a)	Artikel 10 Absatz 1 Buchstabe a)
Artikel 10 Absatz 1 Buchstabe b) erster Teilsatz	Artikel 10 Absatz 1 Buchstabe b)
Artikel 10 Absatz 1 Buchstabe b) zweiter Teilsatz	Artikel 10 Absatz 1 Buchstabe c)
Artikel 10 Absatz 1 Buchstabe c)	Artikel 10 Absatz 1 Buchstabe d)
Artikel 10 Absatz 1 Buchstabe d) erster und zweiter Teilsatz	Artikel 10 Absatz 1 Buchstabe e)
Artikel 10 Absatz 1 Buchstabe d) dritter Teilsatz	Artikel 10 Absatz 1 Buchstabe f)
Artikel 10 Absatz 2	Artikel 10 Absatz 2
Artikel 11 bis 18	Artikel 11 bis 18
Artikel 19 Absatz 1 Unterabsatz 1	–
Artikel 19 Absatz 1 Unterabsatz 2	–
Artikel 19 Absatz 1 Unterabsatz 3	–
Artikel 19 Absatz 2	Artikel 19
–	Artikel 20
–	Artikel 21
Artikel 20	Artikel 22
Anhang I	Anhang I
Anhang II	Anhang II
Anhang III	Anhang III
–	Anhang IV
–	Anhang V

Gemeinsame Erklärung des Europäischen Parlaments und des Rates zum Anwendungsbereich der Richtlinie 2004/37/EG

Das Europäische Parlament und der Rat teilen das gemeinsame Verständnis, dass gefährliche Arzneimittel, die Stoffe enthalten, die die Kriterien für eine Einstufung als karzinogen (Kategorie 1A oder 1B), mutagen (Kategorie 1A oder 1B) oder reproduktionstoxisch (Kategorie 1A oder 1B) gemäß der Verordnung (EG) Nr. 1272/2008 erfüllen, in den Anwendungsbereich der Richtlinie 2004/37/EG fallen. Alle Anforderungen der Richtlinie 2004/37/EG gelten folglich für gefährliche Arzneimittel.

6/8. Biologische Arbeitsstoffe – Richtlinie

Richtlinie 2000/54/EG des Europäischen Parlaments und des Rates über den Schutz der Arbeitnehmer gegen Gefährdung durch biologische Arbeitsstoffe bei der Arbeit (Siebte Einzelrichtlinie im Sinne von Artikel 16 Absatz 1 der Richtlinie 89/391/EWG) vom 18. September 2000

(ABl. Nr. L 262 v. 17.10.2000, S. 21, geändert durch die RL (EU) 2019/1833, ABl. Nr. L 279 v. 31.10.2019, S. 54, geändert durch die RL (EU) 2020/739, ABl. Nr. L 175 v. 4.6.2020, S. 11)

GLIEDERUNG

KAPITEL I: Allgemeine Bestimmungen
Art. 1: Ziel der Richtlinie
Art. 2: Definitionen
Art. 3: Anwendungsbereich – Ermittlung und Abschätzung der Risiken
Art. 4: Anwendung der einzelnen Artikel im Zusammenhang mit der Risikoabschätzung

KAPITEL II: Pflichten der Arbeitgeber
Art. 5: Ersetzung
Art. 6: Verringerung der Risiken
Art. 7: Unterrichtung der zuständigen Behörde
Art. 8: Hygienemaßnahmen und individuelle Schutzmaßnahmen
Art. 9: Unterrichtung und Unterweisung der Arbeitnehmer
Art. 10: Unterrichtung der Arbeitnehmer in besonderen Fällen
Art. 11: Führung eines Verzeichnisses exponierter Arbeitnehmer
Art. 12: Anhörung und Mitwirkung der Arbeitnehmer
Art. 13: Anmeldung bei der zuständigen Behörde

KAPITEL III: Verschiedene Bestimmungen
Art. 14: Gesundheitsüberwachung
Art. 15: Human- und veterinärmedizinische Gesundheitseinrichtungen mit Ausnahme von Untersuchungslaboratorien
Art. 16: Besondere Maßnahmen für industrielle Verfahren, Laboratorien und Tierhaltungsräume
Art. 17: Datenauswertung
Art. 18: Einstufung der biologischen Arbeitsstoffe
Art. 19: Anhänge
Art. 20: Informationen der Kommission
Art. 21: Aufhebung
Art. 22: Inkrafttreten
Art. 23: Adressaten

ANHÄNGE I–IX

DAS EUROPÄISCHE PARLAMENT UND DER RAT DER EUROPÄISCHEN UNION –
gestützt auf den Vertrag zur Gründung der Europäischen Gemeinschaft, insbesondere auf Artikel 137 Absatz 2,
auf Vorschlag der Kommission,
nach Stellungnahme des Wirtschafts- und Sozialausschusses (ABl. C 75 vom 15.3.2000, S. 15),
nach Konsultation des Ausschusses der Regionen,
gemäß dem Verfahren des Artikels 251 des Vertrags (Stellungnahme des Europäischen Parlaments vom 13. Juni 2000 und Beschluss des Rates vom 17. Juli 2000),
in Erwägung nachstehender Gründe:

(1) Die Richtlinie 90/679/EWG des Rates vom 26. November 1990 über den Schutz der Arbeitnehmer gegen Gefährdung durch biologische Arbeitsstoffe bei der Arbeit (Siebte Einzelrichtlinie im Sinne von Artikel 16 Absatz 1 der Richtlinie 89/391/EWG (ABl. L 374 v. 31.12.1990, S. 1, zuletzt geändert durch die Richtlinie 97/65/EG der Kommission (ABl. L 335 v. 6.12.1997, S. 17)) ist wiederholt in wesentlichen Punkten (siehe Anhang VIII Teil A.) geändert worden. Aus Gründen der Übersichtlichkeit und der Klarheit empfiehlt es sich daher, die Richtlinie 90/679/EWG zu kodifizieren.

(2) Die Einhaltung von Mindestvorschriften, mit denen sich ein höheres Niveau an Sicherheit und Gesundheitsschutz im Rahmen des Schutzes der Arbeitnehmer gegen die Gefährdung durch biologische Arbeitsstoffe am Arbeitsplatz sicherstellen lässt, ist ein zwingendes Erfordernis, um die Sicherheit und den Gesundheitsschutz der Arbeitnehmer zu gewährleisten.

(3) Die vorliegende Richtlinie ist eine Einzelrichtlinie im Sinne des Artikels 16 Absatz 1 der Richtlinie 89/391/EWG des Rates vom 12. Juni 1989 über die Durchführung von Maßnahmen zur Verbesserung der Sicherheit und des Gesundheitsschutzes der Arbeitnehmer bei der Arbeit. Die Bestimmungen der genannten Richtlinie finden daher – unbeschadet strengerer oder spezifischer Bestimmungen der vorliegenden Richtlinie – in

vollem Umfang auf dem Gebiet der Gefährdung der Arbeitnehmer durch biologische Arbeitsstoffe Anwendung.

(4) Durch Aufzeichnungen lassen sich genauere Kenntnisse über die durch die Exposition gegenüber biologischen Arbeitsstoffen bei der Arbeit bedingten Risiken gewinnen.

(5) Die Liste und die Einstufung der biologischen Arbeitsstoffe sind regelmäßig zu prüfen und unter Zugrundelegung neuer wissenschaftlicher Daten zu revidieren.

(6) Für einige dieser biologischen Arbeitsstoffe sind ergänzend Angaben zu ihrer Einstufung vorzusehen.

(7) Die Arbeitgeber haben sich ständig über den neuesten Stand der Technik zu informieren, um den Schutz für Gesundheit und Sicherheit der Arbeitnehmer wirksamer gestalten zu können.

(8) Zum Schutz von Gesundheit und Sicherheit der durch biologische Arbeitsstoffe gefährdeten Arbeitnehmer sollten vorbeugende Maßnahmen getroffen werden.

(9) Die vorliegende Richtlinie bildet eine konkrete Maßnahme im Rahmen der Verwirklichung der sozialen Dimension des Binnenmarkts.

(10) Die Kommission hat den Beratenden Ausschuss für Sicherheit, Arbeitshygiene und Gesundheitsschutz am Arbeitsplatz gemäß dem Beschluss 74/325/EWG des Rates (ABl. L 185 v. 9.7.1974, S. 15, Beschluss zuletzt geändert durch die Beitrittsakte von 1994)*) im Hinblick auf die Erstellung von Vorschlägen auf dem fraglichen Gebiet anzuhören. Dieser Ausschuss ist für die Erstellung der der vorliegenden Richtlinie zugrunde liegenden Richtlinien angehört worden.

*) Jetzt: Beratender Ausschuss für Sicherheit und Gesundheit am Arbeitsplatz (Beschluss des Rates v. 22. 7. 2003, ABl. Nr. C 218 v. 13. 9. 2003, S. 1).

(11) Diese Richtlinie lässt die Pflichten der Mitgliedstaaten hinsichtlich der in Anhang VIII Teil B angegebenen Umsetzungsfristen unberührt –
HABEN FOLGENDE RICHTLINIE ERLASSEN:

KAPITEL I
Allgemeine Bestimmungen
Ziel der Richtlinie

Art. 1 (1) Das Ziel dieser Richtlinie ist der Schutz der Arbeitnehmer vor der Gefährdung ihrer Sicherheit und Gesundheit, der sie aufgrund des Exposition gegenüber biologischen Arbeitsstoffen bei der Arbeit ausgesetzt sind oder sein können, einschließlich der Vorbeugung gegen eine solche Gefährdung.

Sie legt spezielle Mindestvorschriften in diesem Bereich fest.

(2) Die Richtlinie 89/391/EWG findet auf den gesamten in Absatz 1 genannten Bereich – unbeschadet strengerer und/oder spezifischer Bestimmungen der vorliegenden Richtlinie – in vollem Umfang Anwendung.

(3) Diese Richtlinie lässt die Richtlinie 90/219/EWG des Rates (Richtlinie 90/219/EWG des Rates vom 23. April 1990 über die Anwendung genetisch veränderter Mikroorganismen in geschlossenen Systemen (ABl. L 117 v. 8.5.1990, S. 1), zuletzt geändert durch die Richtlinie 98/81/EG (ABl. L 330 v. 5.12.1998, S. 13)) und die Richtlinie 90/220/EWG des Rates (Richtlinie 90/220/EWG des Rates vom 23. April 1990 über die absichtliche Freisetzung genetisch veränderter Organismen in die Umwelt (ABl. L 117 v. 8.5.1990, S. 15), zuletzt geändert durch die Richtlinie 97/35/EG (ABl. L 169 v. 27.6.1997, S. 72)) unberührt.

Definitionen

Art. 2 Im Sinne dieser Richtlinie

a) sind biologische Arbeitsstoffe Mikroorganismen, einschließlich genetisch veränderter Mikroorganismen, Zellkulturen und Humanendoparasiten, die Infektionen, Allergien oder toxische Wirkungen hervorrufen könnten;

b) sind Mikroorganismen alle zellularen oder nichtzellularen mikrobiologischen Einheiten, die zur Vermehrung oder zur Weitergabe von genetischem Material fähig sind;

c) sind Zellkulturen in-vitro-Vermehrungen von aus vielzelligen Organismen isolierten Zellen.

Für biologische Arbeitsstoffe gilt entsprechend dem von ihnen ausgehenden Infektionsrisiko eine Unterteilung in vier Risikogruppen:

1. biologische Arbeitsstoffe der Gruppe 1 sind Stoffe, bei denen es unwahrscheinlich ist, dass sie beim Menschen eine Krankheit verursachen;

2. biologische Arbeitsstoffe der Gruppe 2 sind Stoffe, die eine Krankheit beim Menschen hervorrufen können und eine Gefahr für Arbeitnehmer darstellen könnten; eine Verbreitung des Stoffes in der Bevölkerung ist unwahrscheinlich; eine wirksame Vorbeugung oder Behandlung ist normalerweise möglich;

3. biologische Arbeitsstoffe der Gruppe 3 sind Stoffe, die eine schwere Krankheit beim Menschen hervorrufen und eine ernste Gefahr für Arbeitnehmer darstellen können; die Gefahr einer Verbreitung in der Bevölkerung kann bestehen, doch ist normalerweise eine wirksame Vorbeugung oder Behandlung möglich;

4. biologische Arbeitsstoffe der Gruppe 4 sind Stoffe, die eine schwere Krankheit beim Menschen hervorrufen und eine ernste Gefahr für Arbeitnehmer darstellen; die Gefahr einer Verbreitung in der Bevölkerung ist unter Umständen groß; normalerweise ist eine wirksame Vorbeugung oder Behandlung nicht möglich.

Anwendungsbereich – Ermittlung und Abschätzung der Risiken

Art. 3 (1) Diese Richtlinie gilt für Tätigkeiten, bei denen Arbeitnehmer im Rahmen der Ausübung ihres Berufes biologischen Arbeitsstoffen ausgesetzt sind bzw. ausgesetzt sein können.

(2) Für jede Tätigkeit, bei der eine Exposition gegenüber biologischen Arbeitsstoffen auftreten kann, müssen die Art, das Ausmaß und die Dauer der Exposition der Arbeitnehmer ermittelt werden, damit alle Risiken für die Sicherheit oder die Gesundheit der Arbeitnehmer abgeschätzt und entsprechende Maßnahmen festgelegt werden können.

Bei Tätigkeiten, die mit einer Exposition gegenüber mehreren Gruppen biologischer Arbeitsstoffe verbunden sind, werden die Risiken ausgehend von der Gefahr abgeschätzt, die von allen gefährlichen Arbeitsstoffen ausgeht, gegenüber denen eine Exposition stattfindet.

Diese Abschätzung muss in regelmäßigen Abständen und auf jeden Fall bei jeder Änderung der Bedingungen, die sich auf die Exposition der Arbeitnehmer gegenüber biologischen Arbeitsstoffen auswirken können, erneut vorgenommen werden.

Der Arbeitgeber muss den zuständigen Behörden auf Anforderung die dieser Abschätzung zugrunde liegenden Kriterien mitteilen.

(3) Bei der Risikoabschätzung nach Absatz 2 ist von allen verfügbaren Informationen einschließlich folgender Faktoren auszugehen:
a) der Einstufung der biologischen Arbeitsstoffe nach Artikel 18, die eine Gefahr für die menschliche Gesundheit darstellen oder darstellen können;
b) den Empfehlungen einer zuständigen Behörde, nach denen der biologische Arbeitsstoff unter Kontrolle zu halten ist, um die Gesundheit der Arbeitnehmer zu schützen, wenn diese aufgrund ihrer beruflichen Tätigkeit solchen Arbeitsstoffen ausgesetzt sind oder ausgesetzt sein können;
c) den Informationen über Krankheiten, die sich ein Arbeitnehmer aufgrund seiner beruflichen Tätigkeit zuziehen kann;
d) den aus der Arbeit der Arbeitnehmer resultierenden möglichen allergieauslösenden oder toxigenen Wirkungen;
e) der Kenntnis einer Krankheit, die bei einem Arbeitnehmer festgestellt worden ist und die in unmittelbarem Zusammenhang mit seiner Arbeit steht.

Anwendung der einzelnen Artikel im Zusammenhang mit der Risikoabschätzung

Art. 4 (1) Die Artikel 5 bis 17 sowie Artikel 19 finden keine Anwendung, wenn sich aus den Ergebnissen der Risikoabschätzung nach Artikel 3 ergibt, dass es sich um eine Exposition und/oder eine mögliche Exposition gegenüber einem biologischen Arbeitsstoff der Gruppe 1 ohne erkennbares Gesundheitsrisiko für die Arbeitnehmer handelt.

Anhang VI Nummer 1 sollte jedoch eingehalten werden.

(2) Zeigen die Ergebnisse der Risikoabschätzung nach Artikel 3, dass die Tätigkeit zwar nicht den absichtlichen Umgang mit einem biologischen Arbeitsstoff bzw. seine absichtliche Verwendung umfasst, jedoch zu einer Exposition der Arbeitnehmer gegenüber einem biologischen Arbeitsstoff führen kann, wie etwa während der Tätigkeiten im Sinne der informatorischen Liste in Anhang I, so finden die Artikel 5, 7, 8, 10, 11, 12, 13 und 14 Anwendung, es sei denn, sie erweisen sich aufgrund der Ergebnisse der Risikoabschätzung nach Artikel 3 nicht als erforderlich.

KAPITEL II
Pflichten der Arbeitgeber

Ersetzung

Art. 5 Der Arbeitgeber vermeidet die Verwendung eines gefährlichen biologischen Arbeitsstoffes, indem er ihn, soweit die Art der Tätigkeit dies zulässt, durch einen biologischen Arbeitsstoff ersetzt, der nach dem gegenwärtigen Erkenntnisstand bei seiner Verwendung bzw. Anwendung nicht oder gegebenenfalls weniger gefährlich für die Gesundheit der Arbeitnehmer ist.

Verringerung der Risiken

Art. 6 (1) Offenbaren die Ergebnisse der in Artikel 3 vorgesehenen Abschätzung ein Risiko für die Sicherheit oder die Gesundheit der Arbeitnehmer, so muss die Exposition der Arbeitnehmer vermieden werden.

(2) Ist dies in Anbetracht der Tätigkeit und der in Artikel 3 vorgesehenen Risikoabschätzung technisch nicht durchführbar, so ist die Gefahr einer Exposition so weit zu verringern, wie dies zum angemessenen Schutz von Gesundheit und Sicherheit der betroffenen Arbeitnehmer erforderlich ist; zu diesem Zweck sind unter Berücksichtigung der Ergebnisse der in Artikel 3 vorgesehenen Risikoabschätzung insbesondere folgende Maßnahmen zu treffen:
a) Begrenzung der Anzahl der tatsächlich oder möglicherweise exponierten Arbeitnehmer auf das niedrigstmögliche Niveau;
b) Gestaltung der Arbeitsverfahren und der technischen Maßnahmen mit dem Ziel, am Arbeitsplatz die Freisetzung von biologischen Arbeitsstoffen zu vermeiden oder möglichst gering zu halten;
c) kollektive und/oder – wenn eine andere Lösung zur Vermeidung einer Exposition nicht möglich ist – persönliche Schutzmaßnahmen;
d) Hygienemaßnahmen, die mit dem Ziel der Verhütung oder Verringerung der Gefahr einer unbeabsichtigten Übertragung oder Freisetzung eines biologischen Arbeitsstoffes vom Arbeitsplatz aus vereinbar sind;
e) Verwendung eines Symbols für Biogefährdung (siehe Anhang II) und geeigneter anderer Warnzeichen;
f) Vorkehrungen für Unfälle mit biologischen Arbeitsstoffen;
g) sofern dies notwendig und technisch möglich ist, Tests auf das Vorhandensein am Arbeitsplatz verwendeter biologischer Arbeitsstoffe

außerhalb der primären physikalischen Einschließung;

h) Gewährleistung der Sicherheit beim Sammeln sowie bei der Lagerung und der Beseitigung des Abfalls durch die Arbeitnehmer, unter anderem durch sachgerechte Behandlung, wo dies angezeigt ist, und durch anschließende Verwendung sicherer und deutlich erkennbarer Behälter;

i) Vorkehrungen für den sicheren Umgang mit und den sicheren Transport von biologischen Arbeitsstoffen am Arbeitsplatz.

Unterrichtung der zuständigen Behörde

Art. 7 (1) Wenn die Ergebnisse der in Artikel 3 vorgesehenen Abschätzung ein Risiko für die Sicherheit oder Gesundheit der Arbeitnehmer erkennen lassen, müssen die Arbeitgeber der zuständigen Behörde auf Anforderung sachdienliche Informationen über Folgendes zur Verfügung stellen:

a) die Ergebnisse der Risikoabschätzung,
b) die Tätigkeiten, bei denen Arbeitnehmer tatsächlich oder möglicherweise biologischen Arbeitsstoffen ausgesetzt worden sind,
c) die Zahl der exponierten Arbeitnehmer,
d) den Namen und die Befähigung der für Sicherheit und Gesundheitsschutz am Arbeitsplatz verantwortlichen Person,
e) die getroffenen Schutz- und Vorbeugungsmaßnahmen, einschließlich der Arbeitsverfahren und -methoden,
f) einen Notfallplan zum Schutz der Arbeitnehmer vor einer Exposition gegenüber einem biologischen Arbeitsstoff der Gruppe 3 oder 4, die sich aus einem Versagen der physikalischen Einschließung ergeben könnte.

(2) Der Arbeitgeber hat die zuständige Behörde unverzüglich über jeden Unfall oder Zwischenfall zu unterrichten, der möglicherweise zur Freisetzung eines biologischen Arbeitsstoffes geführt hat und beim Menschen schwere Infektionen und/oder Krankheiten verursachen kann.

(3) Das in Artikel 11 erwähnte Verzeichnis und die in Artikel 14 genannte Gesundheitsakte sind im Einklang mit den Rechtsvorschriften der Mitgliedstaaten und/oder der dort üblichen Praxis der zuständigen Behörde zur Verfügung zu stellen, wenn das Unternehmen seine Tätigkeit einstellt.

Hygienemaßnahmen und individuelle Schutzmaßnahmen

Art. 8 (1) Die Arbeitgeber sind verpflichtet, für die Tätigkeiten, bei denen die Gesundheit oder Sicherheit der Arbeitnehmer aufgrund ihrer Arbeit mit biologischen Arbeitsstoffen gefährdet ist, geeignete Maßnahmen zu treffen, um zu gewährleisten, dass

a) die Arbeitnehmer in den Arbeitsbereichen, in denen die Gefahr einer Kontamination durch biologische Arbeitsstoffe besteht, weder essen noch trinken;

b) den Arbeitnehmern geeignete Schutzkleidung oder sonstige geeignete Spezialkleidung zur Verfügung gestellt wird;
c) den Arbeitnehmern geeignete und angemessene Toiletten und Waschgelegenheiten zur Verfügung gestellt werden, die auch Augenspülungen und/oder Hautantiseptika umfassen können;
d) die notwendigen Schutzausrüstungen
   – an einem dafür vorgesehenen Ort sachgerecht aufbewahrt werden;
   – nach Möglichkeit vor Gebrauch, in jedem Fall jedoch nach jedem Gebrauch überprüft und gereinigt werden;
   – vor erneutem Gebrauch, falls sie schadhaft sind, ausgebessert oder ausgetauscht werden:
e) die Verfahren für die Entnahme, die Handhabung und die Verarbeitung von Proben menschlichen oder tierischen Ursprungs spezifiziert werden.

(2) Arbeitskleidung und persönliche Schutzausrüstung, einschließlich Schutzkleidung im Sinne des Absatzes 1, die möglicherweise durch biologische Arbeitsstoffe kontaminiert wurde, sind bei Verlassen des Arbeitsbereichs abzulegen und vor Durchführung der nach Unterabsatz 2 zu ergreifenden Maßnahmen getrennt von anderen Kleidungsstücken aufzubewahren.

Der Arbeitgeber hat für die Desinfektion, Reinigung oder erforderlichenfalls Vernichtung der betreffenden Kleidung und persönlichen Schutzausrüstung Sorge zu tragen.

(3) Die Kosten für die Maßnahmen nach den Absätzen 1 und 2 dürfen nicht zu Lasten der Arbeitnehmer gehen.

Unterrichtung und Unterweisung der Arbeitnehmer

Art. 9 (1) Der Arbeitgeber trifft geeignete Maßnahmen, um zu gewährleisten, dass die Arbeitnehmer und/oder ihre Vertreter im Unternehmen oder Betrieb, insbesondere in Form von Informationen und Anweisungen eine ausreichende angemessene Unterweisung auf der Grundlage aller verfügbaren Auskünfte erhalten in Bezug auf

a) mögliche Gefahren für die Gesundheit;
b) Maßnahmen, die zur Verhütung einer Exposition zu ergreifen sind;
c) Hygienevorschriften;
d) das Tragen und Benutzen von Schutzausrüstung und Schutzkleidung;
e) Maßnahmen, die von den Arbeitnehmern bei Zwischenfällen und zur Verhütung von Zwischenfällen zu treffen sind.

(2) Die Unterweisung muss

a) am Anfang der Tätigkeit erteilt werden bei der der Arbeitnehmer in Kontakt mit biologischen Arbeitsstoffen kommt,

b) an die Entwicklung der Gefahrenmomente und an die Entstehung neuer Gefahren angepasst sein und
c) erforderlichenfalls regelmäßig wiederholt werden.

Unterrichtung der Arbeitnehmer in besonderen Fällen

Art. 10 (1) Der Arbeitgeber hat am Arbeitsplatz schriftliche Anweisungen bereitzustellen und gegebenenfalls durch Aushang bekanntzugeben, die zumindest das Verfahren behandeln, das
a) bei einem schweren Unfall oder Zwischenfall bei Arbeiten mit einem biologischen Arbeitsstoff,
b) bei Arbeiten mit einem biologischen Arbeitsstoff der Gruppe 4
zu befolgen ist.

(2) Die Arbeitnehmer haben jeden Unfall oder Zwischenfall bei Arbeiten mit einem biologischen Arbeitsstoff unverzüglich der für die Arbeit oder der für die Sicherheit und Gesundheitsschutz am Arbeitsplatz verantwortlichen Person zu melden.

(3) Die Arbeitgeber haben die Arbeitnehmer und/oder ihre etwaigen Vertreter unverzüglich über jeden Unfall oder Zwischenfall zu unterrichten, der möglicherweise zur Freisetzung eines biologischen Arbeitsstoffes geführt hat und beim Menschen schwere Infektionen und/oder Krankheiten verursachen kann.

Darüber hinaus haben die Arbeitgeber die Arbeitnehmer und/oder ihre etwaigen Vertreter in dem Unternehmen oder Betrieb bei einem schweren Unfall oder Zwischenfall so schnell wie möglich zu unterrichten und über die Ursachen sowie über die bereits getroffenen oder zu treffenden Abhilfemaßnahmen zu informieren.

(4) Jeder Arbeitnehmer hat Zugang zu den ihn persönlich betreffenden Angaben in dem in Artikel 11 genannten Verzeichnis.

(5) Die Arbeitnehmer und/oder ihre Vertreter in dem Unternehmen oder Betrieb haben Zugang zu den nicht personenbezogenen Informationen allgemeiner Art.

(6) Die Arbeitgeber haben den Arbeitnehmern und/oder ihren Vertretern auf Antrag die Informationen gemäß Artikel 7 Absatz 1 zur Verfügung zu stellen.

Führung eines Verzeichnisses exponierter Arbeitnehmer

Art. 11 (1) Der Arbeitgeber führt ein Verzeichnis der Arbeitnehmer, die biologischen Arbeitsstoffen der Gruppe 3 und/oder der Gruppe 4 ausgesetzt sind, in dem die Art der Arbeit und nach Möglichkeit der biologische Arbeitsstoff, dem die Arbeitnehmer ausgesetzt waren, angegeben wird, sowie je nach Umständen Verzeichnisse über Expositionen, Unfälle und Zwischenfälle.

(2) Das in Absatz 1 genannte Verzeichnis wird gemäß den einzelstaatlichen Rechtsvorschriften und/oder Gepflogenheiten für mindestens zehn Jahre nach Ende der Exposition aufbewahrt.

Bei Explosionen, welche zu einer Infektion:
a) durch biologische Arbeitsstoffe, die bekanntlich dauerhafte oder latente Infektionen hervorrufen,
b) die im Lichte des gegenwärtigen Erkenntnisstands erst diagnostiziert werden kann, wenn viele Jahre später eine Krankheit ausbricht,
c) mit besonders langen Inkubationszeiten bis zum Auftreten einer Krankheit
d) die Krankheiten verursacht, deren Folgen über längere Zeit hinweg trotz Behandlung gelegentlich wieder auftreten, oder
e) die schwerwiegende Langzeitfolgen haben kann,
führen können, wird das Verzeichnis für eine entsprechend längere Frist bis zu vierzig Jahren nach der letzten bekannten Exposition aufbewahrt.

(3) Der in Artikel 14 genannte Arzt und/oder die für die Sicherheit und den Gesundheitsschutz am Arbeitsplatz zuständige Behörde sowie jede andere hierfür zuständige Person haben Zugang zu dem in Absatz 1 genannten Verzeichnis.

Anhörung und Mitwirkung der Arbeitnehmer

Art. 12 Die Anhörung und Mitwirkung der Arbeitnehmer und/oder ihrer Vertreter erfolgt gemäß Artikel 11 der Richtlinie 89/391/EWG hinsichtlich der unter die vorliegende Richtlinie und die Anhänge fallenden Bereiche.

Anmeldung bei der zuständigen Behörde

Art. 13 (1) Die erstmalige Verwendung
a) biologischer Arbeitsstoffe der Gruppe 2,
b) biologischer Arbeitsstoffe der Gruppe 3,
c) biologischer Arbeitsstoffe der Gruppe 4
ist bei der zuständigen Behörde im Voraus anzumelden.

Die Anmeldung hat mindestens dreißig Tage vor dem Beginn der Arbeiten zu erfolgen.

Vorbehaltlich Absatz 2 ist außerdem die erstmalige Verwendung aller nachfolgend entstandenen biologischen Arbeitsstoffe der Gruppe 4 und aller nachfolgend entstandenen neuen biologischen Arbeitsstoffe der Gruppe 3 im Voraus anzumelden, wenn der Arbeitgeber selbst die vorläufige Einstufung des betreffenden biologischen Arbeitsstoffes vornimmt.

(2) Laboratorien, die eine Diagnose über biologische Arbeitsstoffe der Gruppe 4 erstellen, brauchen nur eine erste Anmeldung bezüglich ihrer Absicht vorzunehmen.

(3) Eine Neuanmeldung hat auf jeden Fall dann zu erfolgen, wenn an den Arbeitsprozessen und/oder -verfahren wesentliche Änderungen vorgenommen werden, die für die Sicherheit oder Gesundheit am Arbeitsplatz von Bedeutung sind und aufgrund deren die Anmeldung überholt ist.

(4) Die Anmeldung nach den Absätzen 1, 2 und 3 umfasst folgende Punkte:
a) Name und Anschrift des Unternehmens und/oder des Betriebs;
b) Name und Befähigung der für Sicherheit und Gesundheitsschutz am Arbeitsplatz zuständigen Person;
c) das Ergebnis der Risikoabschätzung gemäß Artikel 3;
d) die Art des biologischen Arbeitsstoffes;
e) die geplanten Schutz- und Vorbeugungsmaßnahmen.

KAPITEL III
Verschiedene Bestimmungen

Gesundheitsüberwachung

Art. 14 (1) Die Mitgliedstaaten treffen gemäß den einzelstaatlichen Rechtsvorschriften und Gepflogenheiten Vorkehrungen, um eine geeignete Überwachung der Gesundheit der Arbeitnehmer zu gewährleisten, bei denen das Ergebnisse der in Artikel 3 genannten Abschätzung ein Risiko für ihre Sicherheit oder Gesundheit erkennen lassen.

(2) Aufgrund der in Absatz 1 genannten Vorkehrungen kann für jeden Arbeitnehmer gegebenenfalls eine geeignete Gesundheitsüberwachung durchgeführt werden und zwar
a) vor der Exposition,
b) im Anschluss daran in regelmäßigen Abständen.

Diese Vorkehrungen sollen die direkte Anwendung personenbezogener und arbeitsmedizinischer Gesundheitsmaßnahmen ermöglichen.

(3) Bei der Abschätzung nach Artikel 3 sollte festgestellt werden, für welche Arbeitnehmer besondere Schutzmaßnahmen erforderlich sein können.

Erforderlichenfalls sollten denjenigen Arbeitnehmern, die gegen den biologischen Arbeitsstoff, dem sie ausgesetzt sind bzw. möglicherweise ausgesetzt werden, noch nicht immun sind, wirksame Impfstoffe zur Verfügung gestellt werden.

Bei der Bereitstellung von Impfstoffen sollten die Arbeitgeber die empfohlenen Verhaltensregeln in Anhang VII berücksichtigen.

Stellt sich heraus, dass sich ein Arbeitnehmer eine Infektion und/oder Krankheit zugezogen hat, die auf eine Exposition zurückzuführen sein könnte, so bietet der Arzt oder die Behörde, der bzw. die für die Gesundheitsüberwachung zuständig ist, anderen in derselben Art exponierten Arbeitnehmern eine derartige Gesundheitsüberwachung an.

In diesem Fall ist eine Neubewertung des Expositionsrisikos gemäß Artikel 3 vorzunehmen.

(4) Im Rahmen der Gesundheitsüberwachung wird gemäß den einzelstaatlichen Rechtsvorschriften und Gepflogenheiten für mindestens zehn Jahre nach Ende der Exposition eine persönliche Gesundheitsakte geführt.

In den besonderen Fällen nach Artikel 11 Absatz 2 Unterabsatz 2 wird für einen entsprechend längeren Zeitraum von bis zu vierzig Jahren nach der letzten bekannten Exposition eine persönliche Gesundheitsakte geführt.

(5) Der Arzt oder die Behörde, der bzw. die für die Gesundheitsüberwachung zuständig ist, schlägt für die einzelnen Arbeitnehmer alle sinnvollen Schutz- bzw. Vorbeugungsmaßnahmen vor.

(6) Den Arbeitnehmern sind Auskünfte und Ratschläge über die Gesundheitsüberwachung, der sie nach Ende der Exposition unterzogen werden könnten, zu erteilen.

(7) Gemäß den einzelstaatlichen Rechtsvorschriften bzw. Gepflogenheiten
a) haben die Arbeitnehmer Zugang zu den Unterlagen über die sie betreffenden Maßnahmen im Rahmen der Gesundheitsüberwachung und
b) können die betreffenden Arbeitnehmer oder der Arbeitgeber eine Überprüfung der Ergebnisse der Maßnahmen im Rahmen der Gesundheitsüberwachung beantragen.

(8) Praktische Empfehlungen für die Gesundheitsüberwachung der Arbeitnehmer finden sich in Anhang IV.

(9) Alle Krankheits- bzw. Todesfälle, bei denen gemäß den einzelstaatlichen Rechtsvorschriften bzw. Gepflogenheiten festgestellt wurde, dass sie Folge einer berufsbedingten Exposition gegenüber biologischen Arbeitsstoffen sind, sind der zuständigen Behörde zu melden.

Human- und veterinärmedizinische Gesundheitseinrichtungen mit Ausnahme von Untersuchungslaboratorien

Art. 15 (1) Bei der Risikoabschätzung nach Artikel 3 sollten folgende Aspekte besonders berücksichtigt werden:
a) die Ungewissheit hinsichtlich des Vorhandenseins biologischer Arbeitsstoffe im Organismus menschlicher Patienten oder von Tieren und in den von ihnen stammenden Proben und Abfallstoffen;
b) die Gefährdung durch biologische Arbeitsstoffe, die im Organismus menschlicher Patienten oder von Tieren und in den von ihnen stammenden Proben und Abfallstoffen vorhanden sind bzw. sein könnten;
c) das durch die Art der Tätigkeit bedingte Risiko.

(2) In den human- und veterinärmedizinischen Gesundheitseinrichtungen werden Maßnahmen getroffen, um die Gesundheit der betreffenden Arbeitnehmer in angemessener Weise zu schützen und ihre Sicherheit zu gewährleisten.

Die Maßnahmen umfassen unter anderem
a) Angaben zu geeigneten Dekontaminierungs- und Desinfektionsmaßnahmen;
b) Festlegung von Verfahren für den sicheren Umgang mit und die sichere Beseitigung von kontaminiertem Abfall.

(3) Auf Isolierstationen, auf denen sich menschliche Patienten oder Tiere befinden, die mit biologischen Arbeitsstoffen der Gruppe 3 oder 4 infiziert sind oder sein können, sind aus den Maßnahmen nach Anhang V Spalte A geeignete Sicherheitsmaßnahmen auszuwählen, um die Infektionsgefahr so gering wie möglich zu halten.

Besondere Maßnahmen für industrielle Verfahren, Laboratorien und Tierhaltungsräume

Art. 16 (1) In Laboratorien (einschließlich Untersuchungslaboratorien) und Räumen zur Haltung von Labortieren, die absichtlich mit biologischen Arbeitsstoffen der Gruppen 2, 3 oder 4 infiziert wurden oder Träger solcher Arbeitsstoffe sind oder sein könnten, sind folgende Maßnahmen zu ergreifen:
a) Laboratorien, in denen Arbeiten durchgeführt werden, die den Einsatz von biologischen Arbeitsstoffen der Gruppen 2, 3, oder 4 zu Forschungs-, Entwicklungs-, Lehr- oder Untersuchungszwecken mit sich bringen, bestimmen gemäß Anhang V Sicherheitsmaßnahmen, um die Infektionsgefahr so gering wie möglich zu halten.
b) Aufgrund der Bewertung nach Artikel 3 sind nach Festlegung der dem jeweiligen Gefährdungsgrad entsprechenden physikalischen Sicherheitsstufe für die biologischen Arbeitsstoffe Maßnahmen gemäß Anhang V zu bestimmen.

Tätigkeiten, die den Umgang mit einem biologischen Arbeitsstoff erfordern, dürfen nur in Arbeitsbereichen durchgeführt werden, die
– bei einem biologischen Arbeitsstoff der Gruppe 2 mindestens den Anforderungen der Sicherheitsstufe 2 genügen;
– bei einem biologischen Arbeitsstoff der Gruppe 3 mindestens den Anforderungen der Sicherheitsstufe 3 genügen;
– bei einem biologischen Arbeitsstoff der Gruppe 4 mindestens den Anforderungen der Sicherheitsstufe 4 genügen.

c) Laboratorien, die Stoffe einsetzen, bei denen nicht feststeht, ob biologische Arbeitsstoffe vorhanden sind, welche für den Menschen krankheitserregend sein können, die jedoch nicht beabsichtigen, mit biologischen Arbeitsstoffen als solchen zu arbeiten (d. h. sie zu züchten oder zu konzentrieren), sollen mindestens die Sicherheitsstufe 2 wählen. Die Sicherheitsstufen 3 oder 4 müssen gegebenenfalls gewählt werden, wenn sie bekanntlich oder vermutlich notwendig sind, soweit nicht gemäß den Leitlinien der zuständigen einzelstaatlichen Behörden in bestimmten Fällen eine niedrigere Sicherheitsstufe angemessen ist.

(2) Für industrielle Verfahren, bei denen biologische Arbeitsstoffe der Gruppen 2, 3 oder 4 eingesetzt werden, sind folgende Maßnahmen zu treffen:
a) Die Sicherheitsgrundsätze gemäß Absatz 1 Buchstabe b) Unterabsatz 2 sollten auf der Grundlage der in Anhang VI aufgeführten praktischen Maßnahmen und geeigneten Verfahren auch für industrielle Verfahren gelten.
b) Ausgehend von der Abschätzung der mit dem Einsatz von biologischen Arbeitsstoffen der Gruppen 2, 3 oder 4 verbundenen Risiken, können die zuständigen Behörden geeignete Maßnahmen beschließen, die bei der industriellen Verwendung solcher biologischer Arbeitsstoffe zu ergreifen sind.

(3) Bei allen unter die Absätze 1 und 2 fallenden Tätigkeiten, bei denen sich eine abschließende Abschätzung des mit einem biologischen Arbeitsstoff verbundenen Risikos nicht vornehmen lässt, jedoch Hinweise dafür vorliegen, dass ein erhebliches Gesundheitsrisiko für die Arbeitnehmer bei der beabsichtigten Verwendung gegeben sein könnte, dürfen die entsprechenden Tätigkeiten nur in Arbeitsräumen ausgeführt werden, die mindestens den Anforderungen der Sicherheitsstufe 3 genügen.

Datenauswertung

Art. 17 Die von den zuständigen einzelstaatlichen Behörden anhand der Informationen nach Artikel 14 Absatz 9 vorgenommenen Auswertungen werden für die Kommission zur Verfügung gehalten.

Einstufung der biologischen Arbeitsstoffe

Art. 18 (1) Der gemeinschaftlichen Einstufung werden die Definitionen des Artikels 2 Absatz 2 Nummern 2, 3 und 4 (Gruppen 2, 3 und 4) zugrunde gelegt.

(2) Solange eine gemeinschaftliche Einstufung noch aussteht, nehmen die Mitgliedstaaten ausgehend von den Definitionen des Artikels 2 Absatz 2 Nummern 2, 3 und 4 (Gruppen 2, 3 und 4) eine Einstufung der biologischen Arbeitsstoffe vor, die eine Gefährdung für die menschliche Gesundheit darstellen bzw. darstellen könnten.

(3) Lässt sich der biologische Arbeitsstoff nicht eindeutig einer der in Artikel 2 Absatz 2 definierten Gruppen zuordnen, so ist er bei mehreren in Betracht kommenden Gruppen in die Gruppe mit dem höchsten Gefährdungsgrad einzustufen.

Anhänge

Art. 19 Die rein technischen Anpassungen der Anhänge nach Maßgabe des technischen Fortschritts, der Entwicklung der internationalen Vorschriften oder Spezifikationen und des Wissensstandes auf dem Gebiet der biologischen Arbeitsstoffe erfolgen nach dem Verfahren des Artikels 17 der Richtlinie 89/391/EWG.

Informationen der Kommission

Art. 20 Die Mitgliedstaaten teilen der Kommission den Wortlaut der innerstaatlichen Rechtsvorschriften mit, die sie auf dem unter diese Richtlinie fallenden Gebiet bereits erlassen.

6/8. Biolog. Arbeitsstoffe – RL
Art. 21 – 23, Anhänge I – III

Aufhebung

Art. 21 Die Richtlinie 90/679/EWG in der Fassung der in Anhang VIII Teil A aufgeführten Richtlinien wird unbeschadet der Pflichten der Mitgliedstaaten hinsichtlich der im Anhang VIII Teil B genannten Umsetzungsfristen aufgehoben.

Verweisungen auf die durch Absatz 1 aufgehobene Richtlinie gelten als Verweisungen auf die vorliegende Richtlinie und sind nach Maßgabe der Übereinstimmungstabelle in Anhang IX zu lesen.

Inkrafttreten

Art. 22 Diese Richtlinie tritt am zwanzigsten Tag nach ihrer Veröffentlichung im *Amtsblatt der Europäischen Gemeinschaften* in Kraft.

Adressaten

Art. 23 Diese Richtlinie ist an die Mitgliedstaaten gerichtet.

ANHANG I
INFORMATORISCHE LISTE DER TÄTIGKEITEN
(Artikel 4 Absatz 2)

Vorbemerkung:

Ergibt die gemäß Artikel 3 und Artikel 4 Absatz 2 dieser Richtlinie durchgeführte Risikoabschätzung, dass eine unbeabsichtigte Exposition gegenüber biologischen Arbeitsstoffen besteht, so sollten eventuell auch andere, nicht in diesem Anhang aufgeführte Tätigkeiten berücksichtigt werden.

1. Arbeiten in Nahrungsmittelproduktionsanlagen
2. Arbeiten in der Landwirtschaft
3. Tätigkeiten, bei denen Kontakt mit Tieren bzw. Erzeugnissen tierischen Ursprungs besteht
4. Arbeiten im Bereich der Gesundheitsfürsorge, einschließlich Isolier- und Post-mortem-Stationen
5. Arbeiten in klinischen, veterinärmedizinischen und diagnostischen Laboratorien, außer diagnostischen mikrobiologischen Laboratorien
6. Arbeiten in Müllbeseitigungsanlagen
7. Arbeiten in Abwasserkläranlagen.

(RL (EU) 2019/1833)

ANHANG II
SYMBOL FÜR BIOGEFÄHRDUNG
(Artikel 6 Absatz 2 Buchstabe e))

ANHANG III
GEMEINSCHAFTLICHE EINSTUFUNG
(Artikel 2 Absatz 2 und Artikel 18)

EINFÜHRENDE BEMERKUNGEN

1. Entsprechend dem Anwendungsbereich der Richtlinie sollen nur Arbeitsstoffe, die bekanntermaßen Infektionen beim Menschen hervorrufen, in die Einstufung aufgenommen werden.

   Gegebenenfalls werden Hinweise auf das toxische und allergene Potenzial dieser Arbeitsstoffe beigefügt.

   Nicht berücksichtigt wurden Tier- und Pflanzenpathogene, von denen bekannt ist, dass sie nicht auf den Menschen wirken.

   Bei der Erstellung der vorliegenden Liste eingestufter biologischer Arbeitsstoffe wurden genetisch veränderte Mikroorganismen nicht berücksichtigt.

2. Bei der Einstufung der biologischen Arbeitsstoffe wurde deren Wirkung bei gesunden Arbeitnehmern zugrunde gelegt.

   Nicht besonders berücksichtigt wurden spezifische Wirkungen bei Arbeitnehmern, die aus verschiedenen Gründen, beispielsweise aufgrund einer bestehenden Krankheit, einer Medikation, eines geschwächten Immunsystems, in der Schwangerschaft oder Stillzeit, besonders empfindlich sind.

   Das zusätzliche Risiko, dem solche Arbeitnehmer unterliegen, sollte bei der in der Richtlinie vorgeschriebenen Risikoabschätzung berücksichtigt werden.

   Im Fall bestimmter industrieller Verfahren, bestimmter Labortätigkeiten sowie bestimmter Tätigkeiten in Tierhaltungsräumen, bei denen eine Exposition der Arbeitnehmer gegenüber biologischen Arbeitsstoffen der Gruppe 3 oder 4 gegeben ist oder möglicherweise gegeben ist, sind bei der Durchführung der technischen Schutzmaßnahmen die Bestimmungen von Artikel 16 der vorliegenden Richtlinie einzuhalten.

3. Biologische Arbeitsstoffe, die in der Liste nicht in die Gruppen 2 bis 4 eingestuft wur-

6/8. Biolog. Arbeitsstoffe – RL

Anhang III

den, sind nicht automatisch der Gruppe 1 zugeordnet.

Im Fall von Gattungen, von denen mehrere Arten als humanpathogen bekannt sind, enthält die Liste die am häufigsten mit einem Krankheitsgeschehen assoziierten Arten und einen allgemeineren Hinweis darauf, dass andere Arten derselben Gattung möglicherweise den Gesundheitszustand beeinträchtigen.

Wird eine gesamte Gattung in der Einstufung biologischer Arbeitsstoffe genannt, so ist davon auszugehen, dass die als nicht pathogen geltenden Arten und Stämme hiervon ausgeschlossen sind.

4. Ist ein Stamm abgeschwächt oder hat er bekannte Virulenzgene verloren, so brauchen die aufgrund der Einstufung seines Elternstamms erforderlichen Sicherheitsmaßnahmen vorbehaltlich einer angemessenen Bewertung des potenziellen Risikos am Arbeitsplatz nicht unbedingt ergriffen zu werden.

Dies gilt beispielsweise für den Fall, wenn ein solcher Stamm als Produkt oder Bestandteil eines Produkts zu prophylaktischen oder therapeutischen Zwecken verwendet werden soll.

5. Die bei der Erstellung der vorliegenden Liste verwendete Nomenklatur der eingestuften Arbeitsstoffe entspricht den zum Zeitpunkt der Erarbeitung neuesten internationalen Vereinbarungen über die Taxonomie und Nomenklatur von Arbeitsstoffen.

6. Die Liste eingestufter biologischer Arbeitsstoffe spiegelt den Kenntnisstand zum Zeitpunkt ihrer Erstellung wider.

Sie wird aktualisiert, sobald sie dem Kenntnisstand nicht mehr entspricht.

7. Die Mitgliedstaaten sorgen dafür, dass sämtliche Viren, die bereits beim Menschen isoliert, aber noch nicht bewertet und in diesem Anhang eingestuft wurden, mindestens in Gruppe 2 eingestuft werden, es sei denn, den Mitgliedstaaten liegt der Nachweis dafür vor, dass diese Viren aller Wahrscheinlichkeit nach beim Menschen keine Krankheit verursachen.

8. Bei bestimmten biologischen Arbeitsstoffen, die in Gruppe 3 eingestuft und in der Liste mit zwei Sternchen (**) versehen wurden, ist das Infektionsrisiko für Arbeitnehmer begrenzt, da eine Infektion über den Luftweg normalerweise nicht erfolgen kann.

Um festzustellen, ob unter besonderen Umständen auf bestimmte Maßnahmen verzichtet werden kann, unterziehen die Mitgliedstaaten die auf die biologischen Arbeitsstoffe angewendeten Sicherheitsmaßnahmen einer Beurteilung, bei der sie die Art der betreffenden spezifischen Tätigkeiten und die Menge des jeweiligen biologischen Arbeitsstoffs berücksichtigen.

9. Die Sicherheitsauflagen, die sich aus der Einstufung der Parasiten ergeben, gelten ausschließlich für diejenigen Stadien des Lebenszyklus des betreffenden Parasiten, die für den Menschen am Arbeitsplatz möglicherweise infektionsfähig sind.

10. Im Übrigen enthält die Liste gesonderte Angaben, wenn biologische Arbeitsstoffe allergische oder toxische Reaktionen verursachen können, wenn ein wirksamer Impfstoff zur Verfügung steht oder wenn es angezeigt ist, das Verzeichnis der exponierten Arbeitnehmer länger als 10 Jahre aufzubewahren.

Diese Angaben werden in Form folgender Bemerkungen systematisiert:

A: Mögliche allergene Wirkungen.

D: Das Verzeichnis der gegenüber diesem biologischen Arbeitsstoff exponierten Arbeitnehmer ist länger als 10 Jahre nach dem Ende der letzten bekannten Exposition aufzubewahren.

T: Toxinproduktion.

V: Wirksamer Impfstoff verfügbar und in der EU registriert.

Bei der Durchführung von Schutzimpfungen sollten die Verhaltensregeln in Anhang VII berücksichtigt werden.

BAKTERIEN
und ähnliche Organismen

NB: Bei den in dieser Liste aufgeführten biologischen Arbeitsstoffen steht der Eintrag der gesamten Gattung mit dem Zusatz „spp." für die anderen als humanpathogen bekannten Arten dieser Gattung, die nicht gesondert in diese Liste aufgenommen wurden. Weitere Einzelheiten können der einführenden Bemerkung 3 entnommen werden.

Biologischer Arbeitsstoff	Einstufung	Bemerkungen
Actinomadura madurae	2	
Actinomadura pelletieri	2	
Actinomyces gerencseriae	2	
Actinomyces israelii	2	
Actinomyces spp.	2	
Aggregatibacter actinomycetemcomitans (Actinobacillus actinomycetemcomitans)	2	

6/8. Biolog. Arbeitsstoffe – RL
Anhang III

Biologischer Arbeitsstoff	Einstufung	Bemerkungen
Anaplasma spp.	2	
Arcanobacterium haemolyticum (Corynebacterium haenolyticum)	2	
Arcobacter butzleri	2	
Bacillus anthracis	3	T
Bacteroides fragilis	2	
Bacteroides spp.	2	
Bartonella bacilliformis	2	
Bartonella quintana (Rochalimaea quintana)	2	
Bartonella (Rochalimaea) spp.	2	
Bordetella bronchiseptica	2	
Bordetella parapertussis	2	
Bordetella pertussis	2	T, V
Bordetella spp.	2	
Borrelia burgdorferi	2	
Borrelia duttonii	2	
Borrelia recurrentis	2	
Borrelia spp.	2	
Brachyspira spp.	2	
Brucella abortus	3	
Brucella canis	3	
Brucella inopinata	3	
Brucella melitensis	3	
Brucella suis	3	
Burkholderia cepacia	2	
Burkholderia mallei (Pseudomonas mallei)	3	
Burkholderia pseudomallei (Pseudomonas pseudomallei)	3	D
Campylobacter fetus subsp. *fetus*	2	
Campylobacter fetus subsp. *venerealis*	2	
Campylobacter jejuni subsp. *doylei*	2	
Campylobacter jejuni subsp. *jejuni*	2	
Campylobacter spp.	2	
Cardiobacterium hominis	2	
Cardiobacterium valvarum	2	
Chlamydia abortus (Chlamydophila abortus)	2	
Chlamydia caviae (Chlamydophila caviae)	2	
Chlamydia felis (Chlamydophila felis)	2	
Chlamydia pneumoniae (Chlamydophila pneumoniae)	2	
Chlamydia psittaci (Chlamydophila psittaci) (aviäre Stämme)	3	
Chlamydia psittaci (Chlamydophila psittaci) (sonstige Stämme)	2	
Chlamydia trachomatis (Chlamydophila trachomatis)	2	
Clostridium botulinum	2	T
Clostridium difficile	2	T
Clostridium perfringens	2	T
Clostridium tetani	2	T, V
Clostridium spp.	2	
Corynebacterium diphtheriae	2	T, V
Corynebacterium minutissimum	2	

6/8. Biolog. Arbeitsstoffe – RL

Anhang III

Biologischer Arbeitsstoff	Einstufung	Bemerkungen
Corynebacterium pseudotuberculosis	2	T
Corynebacterium ulcerans	2	T
Corynebacterium spp.	2	
Coxiella burnetii	3	
Edwardsiella tarda	2	
Ehrlichia spp.	2	
Eikenella corrodens	2	
Elizabethkingia meningoseptica (Flavobacterium meningosepticum)	2	
Enterobacter aerogenes (Klebsiella mobilis)	2	
Enterobacter cloacae subsp. *cloacae (Enterobacter cloacae)*	2	
Enterobacter spp.	2	
Enterococcus spp.	2	
Erysipelothrix rhusiopathiae	2	
Escherichia coli (außer nichtpathogenen Stämmen)	2	
Escherichia coli, verotoxinbildende Stämme (z. B. O157:H7 oder O103)	3 (*)	T
Fluoribacter bozemanae (Legionella)	2	
Francisella hispaniensis	2	
Francisella tularensis subsp. *holarctica*	2	
Francisella tularensis subsp. *mediasiatica*	2	
Francisella tularensis subsp. *novicida*	2	
Francisella tularensis subsp. *tularensis*	3	
Fusobacterium necrophorum subsp. *funduliforme*	2	
Fusobacterium necrophorum subsp. *necrophorum*	2	
Gardnerella vaginalis	2	
Haemophilus ducreyi	2	
Haemophilus influenzae	2	V
Haemophilus spp.	2	
Helicobacter pylori	2	
Helicobacter spp.	2	
Klebsiella oxytoca	2	
Klebsiella pneumoniae subsp. *ozaenae*	2	
Klebsiella pneumoniae subsp. *pneumoniae*	2	
Klebsiella pneumoniae subsp. *rhinoscleromatis*	2	
Klebsiella spp.	2	
Legionella pneumophila subsp. *fraseri*	2	
Legionella pneumophila subsp. *pascullei*	2	
Legionella pneumophila subsp. *pneumophila*	2	
Legionella spp.	2	
Leptospira interrogans (alle Serotypen)	2	
Leptospira interrogans spp.	2	
Listeria monocytogenes	2	
Listeria ivanovii subsp. *ivanovii*	2	
Listeria invanovii subsp. *londoniensis*	2	
Morganella morganii subsp. *morganii (Proteus morganii)*	2	
Morganella morganii subsp. *sibonii*	2	
Mycobacterium abscessus subsp. *abscessus*	2	

6/8. Biolog. Arbeitsstoffe – RL
Anhang III

Biologischer Arbeitsstoff	Einstufung	Bemerkungen
Mycobacterium africanum	3	V
Mycobacterium avium subsp. *avium (Mycobacterium avium)*	2	
Mycobacterium avium subsp. *paratuberculosis (Mycobacterium paratuberculosis)*	2	
Mycobacterium avium subsp. *silvaticum*	2	
Mycobacterium bovis	3	V
Mycobacterium caprae (Mycobacterium tuberculosis subsp. *caprae)*	3	
Mycobacterium chelonae	2	
Mycobacterium chimaera	2	
Mycobacterium fortuitum	2	
Mycobacterium intracellulare	2	
Mycobacterium kansasii	2	
Mycobacterium leprae	3	
Mycobacterium malmoense	2	
Mycobacterium marinum	2	
Mycobacterium microti	3 (*)	
Mycobacterium pinnipedii	3	
Mycobacterium scrofulaceum	2	
Mycobacterium simiae	2	
Mycobacterium szulgai	2	
Mycobacterium tuberculosis	3	V
Mycobacterium ulcerans	3 (*)	
Mycobacterium xenopi	2	
Mycoplasma hominis	2	
Mycoplasma pneumoniae	2	
Mycoplasma spp.	2	
Neisseria gonorrhoeae	2	
Neisseria meningitidis	2	V
Neorickettsia sennetsu (Rickettsia sennetsu, Ehrlichia sennetsu)	2	
Nocardia asteroides	2	
Nocardia brasiliensis	2	
Nocardia farcinica	2	
Nocardia nova	2	
Nocardia otitidiscaviarum	2	
Nocardia spp.	2	
Orientia tsutsugamushi (Rickettsia tsutsugamushi)	3	
Pasteurella multocida subsp.*gallicida (Pasteurella gallicida)*	2	
Pasteurella multocida subsp.*multocida*	2	
Pasteurella multocida subsp.*septica*	2	
Pasteurella spp.	2	
Peptostreptococcus anaerobius	2	
Plesiomonas shigelloides	2	
Porphyromonas spp.	2	
Prevotella spp.	2	
Proteus mirabilis	2	
Proteus penneri	2	
Proteus vulgaris	2	

6/8. Biolog. Arbeitsstoffe – RL

Anhang III

Biologischer Arbeitsstoff	Einstufung	Bemerkungen
Providencia alcalifaciens (Proteus inconstans)	2	
Providencia rettgeri (Proteus rettgeri)	2	
Providencia spp.	2	
Pseudomonas aeruginosa	2	T
Rhodococcus hoagii (Corynebacterium equii)	2	
Rickettsia africae	3	
Rickettsia akari	3 (*)	
Rickettsia australis	3	
Rickettsia canadensis	2	
Rickettsia conorii	3	
Rickettsia heilongjiangensis	3 (*)	
Rickettsia japonica	3	
Rickettsia montanensis	2	
Rickettsia typhi	3	
Rickettsia prowazekii	3	
Rickettsia rickettsii	3	
Rickettsia sibirica	3	
Rickettsia spp.	2	
Salmonella enterica (choleraesuis) subsp. *arizonae*	2	
Salmonella Enteritidis	2	
Salmonella Paratyphi A, B, C	2	V
Salmonella Typhi	3 (*)	V
Salmonella Typhimurium	2	
Salmonella (sonstige Serotypen)	2	
Shigella boydii	2	
Shigella dysenteriae (Serotyp 1)	3 (*)	T
Shigella dysenteriae, außer Serotyp 1	2	
Shigella flexneri	2	
Shigella sonnei	2	
Staphylococcus aureus	2	T
Streptobacillus moniliformis	2	
Streptococcus agalactiae	2	
Streptococcus dysgalactiae subsp. *equisimilis*	2	
Streptococcus pneumoniae	2	T, V
Streptococcus pyogenes	2	T
Streptococcus suis	2	
Streptococcus spp.	2	
Treponema carateum	2	
Treponema pallidum	2	
Treponema pertenue	2	
Treponema spp.	2	
Trueperella pyogenes	2	
Ureaplasma parvum	2	
Ureaplasma urealyticum	2	
Vibrio cholerae (einschließlich El Tor)	2	T, V
Vibrio parahaemolyticus (Benecka parahaemolytica)	2	
Vibrio spp.	2	
Yersinia enterocolitica subsp. *enterolitica*	2	

6/8. Biolog. Arbeitsstoffe – RL
Anhang III

Biologischer Arbeitsstoff	Einstufung	Bemerkungen
Yersinia enterocolitica subsp. *palearctica*	2	
Yersinia pestis	3	
Yersinia pseudotuberculosis	2	
Yersinia spp.	2	

(*) Siehe „Einführende Bemerkungen", Nummer 8.

VIREN (*)

NB: Die Viren wurden ausgehend von ihrer Ordnung (O), Familie (F) und Gattung (G) aufgeführt.

Biologischer Arbeitsstoff (Virusarten oder angegebene taxonomische Ordnung)	Einstufung	Bemerkungen
Bunyavirales (O)		
Hantaviridae (F)		
Orthohantavirus (G)		
Andes-Orthohantavirus (Hantavirusarten, die das Hantavirus-induzierte Pulmonale Syndrom [HPS] hervorrufen)	3	
Bayou-Orthohantavirus	3	
Black-Creek-Canal-Orthohantavirus	3	
Cano-Delgadito-Orthohantavirus	3	
Choclo-Orthohantavirus	3	
Dobrava-Belgrade-Orthohantavirus (Hantavirusarten, die Hämorrhagisches Fieber mit renalem Syndrom [HFRS] hervorrufen)	3	
El-Moro-Canyon-Orthohantavirus	3	
Hantaan-Orthohantavirus (Hantavirusarten, die Hämorrhagisches Fieber mit renalem Syndrom [HFRS] hervorrufen)	3	
Laguna-Negra-Orthohantavirus	3	
Prospect-Hill-Orthohantavirus	2	
Puumala-Orthohantavirus (Hantavirusarten, die Nephropathia Epidemica [NE] hervorrufen)	2	
Seoul-Orthohantavirus (Hantavirusarten, die Hämorrhagisches Fieber mit renalem Syndrom [HFRS] hervorrufen)	3	
Sin-Nombre-Orthohantavirus (Hantavirusarten, die das Hantavirale Pulmonale Syndrom [HPS] hervorrufen)	3	
Sonstige als pathogen bekannte Hantaviren	2	
Nairoviridae (F)		
Orthonairovirus (G)		
Orthonairovirus des Hämorrhagischen Kongo-Krim-Fiebers	4	
Dugbe-Orthonairovirus	2	
Hazara-Orthonairovirus	2	
Nairobi-Sheep-Disease-Orthonairovirus	2	
Sonstige als pathogen bekannte Nairoviren	2	
Peribunyaviridae (F)		
Orthobunyavirus (G)		
Bunyamwera-Orthobunyavirus (Germiston-Virus)	2	
Orthobunyavirus der Kalifornischen Enzephalitis	2	
Oropouche-Orthobunyavirus	3	
Sonstige als pathogen bekannte Orthobunyaviren	2	
Phenuiviridae (F)		

6/8. Biolog. Arbeitsstoffe – RL

Anhang III

Biologischer Arbeitsstoff (Virusarten oder angegebene taxonomische Ordnung)	Einstufung	Bemerkungen
Phlebovirus (G)		
Bhanja-Phlebovirus	2	
Punta-Toro-Phlebovirus	2	
Rift-Valley-Fieber-Phlebovirus	3	
Sandfliegen-Fieber-Naples-Phlebovirus (Toscana-Virus)	2	
SFTS-Phlebovirus (Severe Fever with Thrombocytopenia Syndrome)	3	
Sonstige als pathogen bekannte Phleboviren	2	
Herpesvirales (O)		
Herpesviridae (F)		
Cytomegalovirus (G)		
Humanes Betaherpesvirus 5 (Zytomegalievirus)	2	
Lymphocryptovirus (G)		
Humanes Gammaherpesvirus 4 (Epstein-Barr-Virus)	2	
Rhadinovirus (G)		
Humanes Gammaherpesvirus 8	2	D
Roseolovirus (G)		
Humanes Betaherpesvirus 6A (Humanes B-lymphotropes Virus)	2	
Humanes Betaherpesvirus 6B	2	
Humanes Betaherpesvirus 7	2	
Simplexvirus (G)		
Macacines Alphaherpesvirus 1 (Herpesvirus simiae, Herpes-B-Virus)	3	
Humanes Alphaherpesvirus 1 (Humanes Herpesvirus 1, Herpes-simplex- Virus Typ 1)	2	
Humanes Alphaherpesvirus 2 (Humanes Herpesvirus 2, Herpes-simplex- Virus Typ 2)	2	
Varicellovirus (G)		
Humanes Alphaherpesvirus 3 (Varicella-Zoster-Virus)	2	V
Mononegavirales (O)		
Filoviridae (F)		
Ebolavirus (G)	4	
Marburgvirus (G)		
Marburg-Marburgvirus	4	
Paramyxoviridae (F)		
Avulavirus (G)		
Newcastle-Disease-Virus	2	
Henipavirus (G)		
Hendra-Henipavirus	4	
Nipah-Henipavirus	4	
Morbillivirus (G)		
Masern-Morbillivirus	2	V
Respirovirus (G)		
Humanes Respirovirus 1 (Parainfluenzavirus 1)	2	
Humanes Respirovirus 3 (Parainfluenzavirus 3)	2	
Rubulavirus (G)		
Mumps-Rubulavirus	2	

6/8. Biolog. Arbeitsstoffe – RL
Anhang III

Biologischer Arbeitsstoff (Virusarten oder angegebene taxonomische Ordnung)	Einstufung	Bemerkungen
Humanes Rubulavirus 2 (Parainfluenzavirus 2)	2	
Humanes Rubulavirus 4 (Parainfluenzavirus 4)	2	
Pneumoviridae (F)		
Metapneumovirus (G)		
Orthopneumovirus (G)		
Humanes Orthopneumovirus (Respiratory-Syncytial-Virus)	2	
Rhabdoviridae (F)		
Lyssavirus (G)		
Australisches Fledermaus-Lyssavirus	3 (**)	V
Duvenhage-Lyssavirus	3 (**)	V
Europäisches Fledermaus-Lyssavirus 1	3 (**)	V
Europäisches Fledermaus-Lyssavirus 2	3 (**)	V
Lagos-Fledermaus-Lyssavirus	3 (**)	
Mokola-Lyssavirus	3	
Rabies-Lyssavirus	3 (**)	V
Vesiculovirus (G)		
Virus der vesikulären Stomatitis, Alagoas-Vesiculovirus	2	
Virus der vesikulären Stomatitis, Indiana-Vesiculovirus	2	
Virus der vesikulären Stomatitis, New-Jersey-Vesiculovirus	2	
Piry-Vesiculovirus (Piry-Virus)	2	
Nidovirales (O)		
Coronaviridae (F)		
Betacoronavirus (G)		
Severe-Acute-Respiratory-Syndrome-Related-Virus (SARS-Coronavirus)	3	
Severe-Acute-Respiratory-Syndrome-Related-Coronavirus-2 (SARS-CoV-2) (^{1})	3	
Middle East respiratory syndrome coronavirus (MERS-Coronavirus)	3	
Sonstige als pathogen bekannte *Coronaviridae*	2	
Picornavirales (O)		
Picornaviridae (F)		
Cardiovirus (G)		
Saffoldvirus	2	
Cosavirus (G)		
Cosavirus A	2	
Enterovirus (G)		
Enterovirus A	2	
Enterovirus B	2	
Enterovirus C	2	
Enterovirus D Humanes Enterovirus Typ 70 (Acute-Haemorrhagic-Conjunctivitis-Virus)	2	
Rhinoviren	2	
Poliovirus, Typ 1 und 3	2	V
Poliovirus, Typ 2 (^{2})	3	V
Hepatovirus (G)		
Hepatovirus A (Hepatitis-A-Virus, Humanes Enterovirus Typ 72) (G)	2	V

Biologischer Arbeitsstoff (Virusarten oder angegebene taxonomische Ordnung)	Einstufung	Bemerkungen
Kobuvirus		
Aichivirus A (Aichivirus 1)	2	
Parechovirus (G)		
Parechovirus A (Humanes Parechovirus)	2	
Parechovirus B (Ljunganvirus)	2	
Sonstige als pathogen bekannte *Picornaviridae*	2	
Nicht zugewiesen (O)		
Adenoviridae (F)	2	
Astroviridae (F)	2	
Arenaviridae (F)		
Mammarenavirus (G)		
Brazilian-Mammarenavirus	4	
Chapare-Mammarenavirus	4	
Flexal-Mammarenavirus	4	
Guanarito-Mammarenavirus	4	
Junín-Mammarenavirus	4	
Lassa-Mammarenavirus	4	
Lujo-Mammarenavirus	4	
Mammarenavirus der Lymphozytären Choriomeningitis (neurotrope Stämme)	2	
Mammarenavirus der Lymphozytären Choriomeningitis (sonstige Stämme)	2	
Machupo-Mammarenavirus	4	
Mobala-Mammarenavirus	2	
Mopeia-Mammarenavirus	2	
Tacaribe-Mammarenavirus	2	
Whitewater-Arroyo-Mammarenavirus	3	
Caliciviridae (F)		
Norovirus (G)		
Norovirus (Norwalkvirus)	2	
Sonstige als pathogen bekannte *Caliciviridae*	2	
Hepadnaviridae (F)		
Orthohepadnavirus (G)		
Hepatitis-B-Virus	3 (**)	V, D
Hepeviridae (F)		
Orthohepevirus (G)		
Orthohepevirus A (Hepatitis-E-Virus)	2	
Flaviviridae (F)		
Flavivirus (G)		
Denguevirus	3	
Virus der Japanischen Enzephalitis	3	V
Kyasanur-Forest-Disease-Virus	3	V
Louping-ill-Virus	3 (**)	
Murray-Valley-Enzephalitisvirus (Virus der Australischen Enzephalitis)	3	
Virus des Omsker Hämorrhagischen Fiebers	3	
Powassan-Virus	3	
Rocio-Virus	3	

6/8. Biolog. Arbeitsstoffe – RL
Anhang III

Biologischer Arbeitsstoff (Virusarten oder angegebene taxonomische Ordnung)	Einstufung	Bemerkungen
St.-Louis-Enzephalitisvirus	3	
Zeckenenzephalitisvirus		
Absettarovvirus	3	
Fernöstlicher Subtyp des Zeckenenzephalitisvirus	3	
Hanzalovavirus	3	
Hyprvirus	3	
Kumlingevirus	3	
Negishivirus	3	
Sibirischer Subtyp des Zeckenenzephalitisvirus	3	V
Virus der Russischen Frühsommer-Enzephalitis ([a])	3	V
Zentraleuropäischer Subtyp des Zeckenenzephalitisvirus	3 (**)	V
Wesselsbronvirus	3 (**)	
West-Nil-Fieber-Virus	3	
Gelbfiebervirus	3	
Zikavirus	2	
Sonstige als pathogen bekannte Flaviviren	2	
Hepacivirus (G)		
Hepacivirus C (Hepatitis-C-Virus)	3 (**)	D
Orthomyxoviridae (F)		
Gammainfluenzavirus (G)		
Influenza-C-Virus	2	V ([c])
Influenzavirus A (G)		
Hoch pathogene aviäre Influenzaviren HPAIV (H5), z. B. H5N1	3	
Hoch pathogene aviäre Influenzaviren HPAIV (H7), z. B. H7N7, H7N9	3	
Influenza-A-Virus	2	V ([c])
Influenza-A-Virus A/New York/1/18 (H1N1) (Spanische Grippe 1918)	3	
Influenza-A-Virus A/Singapore/1/57 (H2N2)	3	
Niedrig pathogene aviäre Influenzaviren (LPAIV) H7N9	3	
Influenzavirus B (G)		
Influenza-B-Virus	2	V ([c])
Thogotovirus (G)		
Dhori-Virus (von Zecken übertragene *Orthomyxoviridae*: Dhori)	2	
Thogoto-Virus (von Zecken übertragene *Orthomyxoviridae*: Thogoto)	2	
Papillomaviridae (F)	2	D ([d])
Parvoviridae (F)		
Erythroparvovirus (G)		
Erythroparvovirus der Primaten 1 (Humanes Parvovirus, Parvovirus B 19)	2	
Polyomaviridae (F)		
Betapolyomavirus (G)		
Humanes Polyomavirus 1 (BK-Virus)	2	D ([d])
Humanes Polyomavirus 2 (JC-Virus)	2	D ([d])
Poxviridae (F)		

6/8. Biolog. Arbeitsstoffe – RL

Anhang III

Biologischer Arbeitsstoff (Virusarten oder angegebene taxonomische Ordnung)	Einstufung	Bemerkungen
Molluscipoxvirus (G)		
Molluscum-contagiosum-Virus	2	
Orthopoxvirus (G)		
Affenpockenvirus	3	V
Kuhpockenvirus	2	
Vacciniavirus (inkl. Büffelpockenvirus (e), Elefantenpockenvirus (f), Kaninchenpockenvirus (g))	2	
Variola-major- und Variola-minor-Virus	4	V
Parapoxvirus (G)		
Orf-Virus	2	
Pseudo-Kuhpockenvirus (Melkerknoten-Virus, Parapoxvirus bovis)	2	
Yatapoxvirus (G)		
Tanapockenvirus	2	
Yaba-Affentumor-Virus	2	
Reoviridae (F)		
Seadornavirus (G)		
Banna-Virus	2	
Coltivirus (G)	2	
Rotavirus (G)	2	
Orbivirus (G)	2	
Retroviridae (F)		
Deltaretrovirus (G)		
T-Lymphotropes Virus der Primaten 1 (Humanes T-Zell-Leukämievirus, Typ 1)	3 (**)	D
T-Lymphotropes Virus der Primaten 2 (Humanes T-Zell-Leukämievirus, Typ 2)	3 (**)	D
Lentivirus (G)		
Humanes Immundefizienz-Virus 1	3 (**)	D
Humanes Immundefizienz-Virus 2	3 (**)	D
Immundefizienz-Virus des Affen (SIV) (h)	2	
Togaviridae (F)		
Alphavirus (G)		
Cabassouvirus	3	
Eastern-Equine-Encephalitis-Virus	3	V
Bebaruvirus	2	
Chikungunya-Virus	3 (h)	
Everglades-Virus	3 (**)	
Mayarovirus	3	
Mucambovirus	3 (**)	
Ndumuvirus	3 (**)	
O'nyong-nyong-Virus	2	
Ross-River-Virus	2	
Semliki-Forest-Virus	2	
Sindbisvirus	2	
Tonatevirus	3 (**)	
Venezuelan-Equine-Encephalitis-Virus	3	V
Western-Equine-Encephalitis-Virus	3	V

6/8. Biolog. Arbeitsstoffe – RL
Anhang III

Biologischer Arbeitsstoff (Virusarten oder angegebene taxonomische Ordnung)	Einstufung	Bemerkungen
Sonstige als pathogen bekannte Alphaviren	2	
Rubivirus (G)		
Rubellavirus	2	V
Nicht zugewiesen (F)		
Deltavirus (G)		
Hepatitis-Deltavirus ([b])	2	V, D

(*) Siehe „Einführende Bemerkungen", Nummer 7.
(**) Siehe „Einführende Bemerkungen", Nummer 8.
([1]) Gemäß Artikel 16 Absatz 1 Buchstabe c sind nichtproliferative diagnostische Laborarbeiten an SARS-CoV-2 in einer Einrichtung unter Anwendung von Verfahren durchzuführen, die mindestens der Sicherheitsstufe 2 entsprechen. Proliferative Arbeiten an SARS-CoV-2 sind in einem Hochsicherheitslabor der Sicherheitsstufe 3 mit Unterdruck zur Atmosphäre durchzuführen.
([2]) Einstufung gemäß Globalem Aktionsplan der WHO zur Minimierung der von Laboreinrichtungen für Polioviren ausgehenden Risiken nach einer typenspezifischen Eradikation von Polio-Wildviren und der anschließenden Einstellung der Verwendung des oralen Polioimpfstoffs.
([a]) Zeckenenzephalitis.
([b]) Eine Infektion mit dem Hepatitis-Deltavirus wirkt nur bei Simultan- oder Sekundärinfektion des Arbeitnehmers mit dem Hepatitis-B-Virus pathogen. Die Impfung gegen das Hepatitis-B-Virus schützt daher Arbeitnehmer, die nicht mit dem Hepatitis-B-Virus infiziert sind, gegen das Hepatitis-Deltavirus.
([c]) Nur für die Typen A und B.
([d]) Empfohlen für Arbeiten, bei denen ein direkter Kontakt mit diesen Arbeitsstoffen gegeben ist.
([e]) Unter dieser Bezeichnung können zwei Viren identifiziert werden: ein Typ des Büffelpockenvirus und eine Variante des Vacciniavirus.
([f]) Variante des Kuhpockenvirus.
([g]) Variante des Vacciniavirus.
([h]) Derzeit gibt es keinen Beweis für eine Erkrankung von Menschen durch die übrigen Retroviren von Affen. Als Vorsichtsmaßnahme wird für Arbeiten, die gegenüber diesen Viren exponieren, Sicherheitsstufe 3 empfohlen.

PRIONEN ALS KRANKHEITSERREGER

Biologischer Arbeitsstoff	Einstufung	Bemerkungen
Agens der Creutzfeldt-Jakob-Krankheit	3 (*)	D ([a])
Variante des Agens der Creutzfeldt-Jakob-Krankheit	3 (*)	D ([a])
Agens der Bovinen Spongiformen Enzephalopathie (BSE) und andere verwandte tierische TSE	3 (*)	D ([a])
Agens des Gerstmann-Sträussler-Scheinker-Syndroms	3 (*)	D ([a])
Agens der Kuru	3 (*)	D ([a])
Agens der Traberkrankheit (Scrapie)	2	

(*) Siehe „Einführende Bemerkungen", Nummer 8.
([a]) Empfohlen für Arbeiten, bei denen ein direkter Kontakt mit diesen Arbeitsstoffen gegeben ist.

PARASITEN

NB: Bei den in dieser Liste aufgeführten biologischen Arbeitsstoffen steht der Eintrag der gesamten Gattung mit dem Zusatz „spp." für die anderen als humanpathogen bekannten Arten dieser Gattung, die nicht gesondert in diese Liste aufgenommen wurden. Weitere Einzelheiten können der einführenden Bemerkung 3 entnommen werden.

Biologischer Arbeitsstoff	Einstufung	Bemerkungen
Acanthamoeba castellani	2	
Ancylostoma duodenale	2	
Angiostrongylus cantonensis	2	
Angiostrongylus costaricensis	2	
Anisakis simplex	2	A
Ascaris lumbricoides	2	A
Ascaris suum	2	A
Babesia divergens	2	

6/8. Biolog. Arbeitsstoffe – RL

Anhang III

Biologischer Arbeitsstoff	Einstufung	Bemerkungen
Babesia microti	2	
Balamuthia mandrillaris	3	
Balantidium coli	2	
Brugia malayi	2	
Brugia pahangi	2	
Brugia timori	2	
Capillaria philippinensis	2	
Capillaria spp.	2	
Clonorchis sinensis (Opisthorchis sinensis)	2	
Clonorchis viverrini (Opisthirchis viverrini)	2	
Cryptosporidium hominis	2	
Cryptosporidium parvum	2	
Cyclospora cayetanensis	2	
Dicrocoelium dentriticum	2	
Dipetalonema streptocerca	2	
Diphyllobothrium latum	2	
Dracunculus medinensis	2	
Echinococcus granulosus	3 (*)	
Echinococcus multilocularis	3 (*)	
Echinococcus oligarthrus	3 (*)	
Echinococcus vogeli	3 (*)	
Entamoeba histolytica	2	
Enterobius vermicularis	2	
Enterocytozoon bieneusi	2	
Fasciola gigantica	2	
Fasciola hepatica	2	
Fasciolopsis buski	2	
Giardia lamblia (Giardia duodenalis, Giardia intestinalis)	2	
Heterophyes spp.	2	
Hymenolepis diminuta	2	
Hymenolepis nana	2	
Leishmania aethiopica	2	
Leishmania braziliensis	3 (*)	
Leishmania donovani	3 (*)	
Leishmania guyanensis (Viannia guyanensis)	3 (*)	
Leishmania infantum (Leishmania chagasi)	3 (*)	
Leishmania major	2	
Leishmania mexicana	2	
Leishmania panamensis (Viannia panamensis)	3 (*)	
Leishmania peruviana	2	
Leishmania tropica	2	
Leishmania spp.	2	
Loa loa	2	
Mansonella ozzardi	2	
Mansonella perstans	2	
Mansonella streptocerca	2	
Metagonimus spp.	2	
Naegleria fowleri	3	
Necator americanus	2	

6/8. Biolog. Arbeitsstoffe – RL
Anhang III

Biologischer Arbeitsstoff	Einstufung	Bemerkungen
Onchocerca volvulus	2	
Opisthorchis felineus	2	
Opisthorchis spp.	2	
Paragonimus westermani	2	
Paragonimus spp.	2	
Plasmodium falciparum	3 (*)	
Plasmodium knowlesi	3 (*)	
Plasmodium spp. (des Menschen und von Affen)	2	
Sarcocystis suihominis	2	
Schistosoma haematobium	2	
Schistosoma intercalatum	2	
Schistosoma japonicum	2	
Schistosoma mansoni	2	
Schistosoma mekongi	2	
Strongyloides stercoralis	2	
Strongyloides spp.	2	
Taenia saginata	2	
Taenia solium	3 (*)	
Toxocara canis	2	
Toxocara cati	2	
Toxoplasma gondii	2	
Trichinella nativa	2	
Trichinella nelsoni	2	
Trichinella pseudospiralis	2	
Trichinella spiralis	2	
Trichomonas vaginalis	2	
Trichostrongylus orientalis	2	
Trichostrongylus spp.	2	
Trichuris trichiura	2	
Trypanosoma brucei brucei	2	
Trypanosoma brucei gambiense	2	
Trypanosoma brucei rhodesiense	3 (*)	
Trypanosoma cruzi	3 (*)	
Wuchereria bancrofti	2	

(*) Siehe „Einführende Bemerkungen", Nummer 8.

PILZE

NB: Bei den in dieser Liste aufgeführten biologischen Arbeitsstoffen steht der Eintrag der gesamten Gattung mit dem Zusatz „spp." für die anderen als humanpathogen bekannten Arten dieser Gattung, die nicht gesondert in diese Liste aufgenommen wurden. Weitere Einzelheiten können der einführenden Bemerkung 3 entnommen werden.

Biologischer Arbeitsstoff	Einstufung	Bemerkungen
Aspergillus flavus	2	A
Aspergillus fumigatus	2	A
Aspergillus spp.	2	
Blastomyces dermatitidis (*Ajellomyces dermatitidis*)	3	
Blastomyces gilchristii	3	
Candida albicans	2	A
Candida dubliniensis	2	

6/8. Biolog. Arbeitsstoffe – RL
Anhänge III, IV

Candida glabrata	2	
Candida parapsilosis	2	
Candida tropicalis	2	
Cladophialophora bantiana (Xylohypha bantiana, Cladosporium bantianum, Cladosporium trichoides)	3	
Cladophialophora modesta	3	
Cladophialophora spp.	2	
Coccidioides immitis	3	A
Coccidioides posadasii	3	A
Cryptococcus gattii (Filobasidiella neoformans var. bacillispora)	2	A
Cryptococcus neoformans (Filobasidiella neoformans var. neoformans)	2	A
Emmonsia parva var. *parva*	2	
Emmonsia parva var. *crescens*	2	
Epidermophyton floccosum	2	A
Epidermophyton spp.	2	
Fonsecaea pedrosoi	2	
Histoplasma capsulatum	3	
Histoplasma capsulatum var. *farciminosum*	3	
Histoplasma duboisii	3	
Madurella grisea	2	
Madurella mycetomatis	2	
Microsporum spp.	2	A
Nannizzia spp.	2	
Neotestudina rosatii	2	
Paracoccidioides brasiliensis	3	A
Paracoccidioides lutzii	3	
Paraphyton spp.	2	
Rhinocladiella mackenziei	3	
Scedosporium apiospermum	2	
Scedosporium prolificans (inflatum)	2	
Sporothrix schenckii	2	
Talaromyces marneffei (Penicillium marneffei)	2	A
Trichophyton rubrum	2	A
Trichophyton tonsurans	2	A
Trichophyton spp.	2	

(RL (EU) 2019/1833, RL (EU) 2020/739)

ANHANG IV
PRAKTISCHE EMPFEHLUNGEN FÜR DIE GESUNDHEITSÜBERWACHUNG VON ARBEITNEHMERN
(Artikel 14 Absatz 8)

1. Der Arzt und/oder die Behörde, der/die für die Überwachung der Gesundheit von Arbeitnehmern, welche biologischen Arbeitsstoffen ausgesetzt sind, zuständig ist, muss mit den für jeden Arbeitnehmer geltenden Expositionsbedingungen bzw. -gegebenheiten vertraut sein.

2. Die Gesundheitsüberwachung der Arbeitnehmer muss gemäß den Grundsätzen und der Praxis der Arbeitsmedizin erfolgen, sie muss zumindest folgende Maßnahmen umfassen:

- Führung von Akten über die Krankengeschichte und den beruflichen Werdegang des Arbeitnehmers;
- eine individuelle Beurteilung des Gesundheitszustands des Arbeitnehmers;
- falls angebracht, Durchführung einer biologischen Überwachung und Ermittlung reversibler Schäden in einem frühen Stadium.

6/8. Biolog. Arbeitsstoffe – RL
Anhänge IV, V

Für alle einer Gesundheitsüberwachung unterworfenen Arbeitnehmer können unter Berücksichtigung der jüngsten Erkenntnisse der Arbeitsmedizin weitere Untersuchungen beschlossen werden.

ANHANG V
ANGABEN ZU DEN SICHERHEITSMAßNAHMEN UND SICHERHEITSSTUFEN
(Artikel 15 Absatz 3 und Artikel 16 Absatz 1 Buchstaben a und b)

Vorbemerkung:

Die in diesem Anhang aufgeführten Maßnahmen werden entsprechend der Art der Tätigkeit, der Abschätzung des Risikos für die Arbeitnehmer und der Beschaffenheit des betreffenden biologischen Arbeitsstoffs angewandt.

In der Tabelle bedeutet der Begriff „Empfohlen", dass die Maßnahmen grundsätzlich angewandt werden sollten, sofern sich aus der in Artikel 3 Absatz 2 genannten Risikoabschätzung nichts anderes ergibt.

A. Sicherheitsmaßnahmen		B. Sicherheitsstufen		
		2	3	4
Arbeitsplatz				
1.	Der Arbeitsplatz ist von anderen Tätigkeiten in demselben Gebäude abzutrennen	Nein	Empfohlen	Ja
2.	Der Arbeitsplatz muss hermetisch abdichtbar sein, um eine Begasung zu ermöglichen	Nein	Empfohlen	Ja
Einrichtungen				
3.	Der Umgang mit infiziertem Material, einschließlich aller Tiere, muss in einer Sicherheitswerkbank oder einem Isolierraum oder einem an deren geeigneten Raum erfolgen	Wo angebracht	Ja, wenn die Infektion über den Luftweg erfolgt	Ja
Ausrüstung				
4.	Zu- und Abluft am Arbeitsplatz müssen durch Hochleistungsschwebstofffilter (HEPA (^{1})) oder eine vergleichbare Vorrichtung geführt werden	Nein	Ja, für Abluft	Ja, für Zu- und Abluft
5.	Am Arbeitsplatz muss ein Unterdruck aufrechterhalten werden	Nein	Empfohlen	Ja
6.	Wasserundurchlässige und leicht zu reinigende Oberflächen	Ja, für Werkbänke und Böden	Ja, für Werkbänke, Böden und andere durch Risikoabschätzung bestimmte Flächen	Ja, für Werkbänke, Wände, Böden und Decken
7.	Gegen Säuren, Laugen, Lösungs- und Desinfektionsmittel widerstandsfähige Oberflächen	Empfohlen	Ja	Ja
8.	Der Zugang ist auf benannte Arbeitnehmer zu beschränken	Empfohlen	Ja	Ja, mit Luftschleuse (^{2})
Arbeitsbereich				
9.	Wirksame Vektorkontrolle, z. B. Nagetiere und Insekten	Empfohlen	Ja	Ja
10.	Spezifische Desinfektionsverfahren	Ja	Ja	Ja
11.	Sichere Aufbewahrung eines biologischen Arbeitsstoffes	Ja	Ja	Ja, unter Verschluss
12.	Das Personal sollte duschen, bevor es den geschlossenen Bereich verlässt	Nein	Empfohlen	Empfohlen
Abfall				

13.	Validierter Inaktivierungsprozess für die sichere Entsorgung von Tierkörpern	Empfohlen	Ja, innerhalb oder außerhalb von Betriebsanlagen	Ja, vor Ort
Sonstige Maßnahmen				
14.	Jedes Labor sollte über eine eigene Ausrüstung verfügen	Nein	Empfohlen	Ja
15.	Der Raum muss mit einem Beobachtungsfenster oder einer vergleichbaren Vorrichtung versehen sein, damit die im Raum anwesenden Personen bzw. Tiere beobachtet werden können	Empfohlen	Empfohlen	Ja

(^{1}) HEPA: High-Efficiency Particulate Air (Hochleistungsschwebstofffilter).
(^{2}) Luftschleuse: Das Labor wird über eine Luftschleuse, d. h. über einen vom Labor abgetrennten Raum, betreten. Die „saubere" Seite der Luftschleuse muss von der gesperrten Seite durch Umkleide- oder Duscheinrichtungen und vorzugsweise durch verriegelbare Türen abgetrennt sein.

(RL (EU) 2019/1833)

ANHANG VI
SICHERHEITSMAßNAHMEN FÜR INDUSTRIELLE VERFAHREN
(Artikel 4 Absatz 1 und Artikel 16 Absatz 2 Buchstabe a)

Vorbemerkung:
In der Tabelle bedeutet der Begriff „Empfohlen", dass die Maßnahmen grundsätzlich angewandt werden sollten, sofern sich aus der in Artikel 3 Absatz 2 genannten Risikoabschätzung nichts anderes ergibt.

Biologische Arbeitsstoffe der Gruppe 1
Bei Arbeiten mit biologischen Arbeitsstoffen der Gruppe 1 einschließlich abgeschwächter Lebendimpfstoffe sollten die Grundsätze der Sicherheit und Hygiene zum Arbeitsplatz eingehalten werden.

Biologische Arbeitsstoffe der Gruppen 2, 3 und 4
Es könnte zweckmäßig sein, die Sicherheitsanforderungen für verschiedene der unten genannten Kategorien auf der Grundlage einer Risikoabschätzung für jedes einzelne Verfahren bzw. jeden Teil eines Verfahrens auszuwählen und zu kombinieren.

A. Sicherheitsmaßnahmen	B. Sicherheitsstufen		
	2	3	4
Allgemeines			
1. Arbeiten mit lebensfähigen Organismen sollten in einem System durchgeführt werden, das den Prozess physisch von der Umwelt trennt	Ja	Ja	Ja
2. Abgase aus dem geschlossenen System sollten so behandelt werden, dass	Freisetzungen minimal gehalten werden	Freisetzungen verhindert werden	Freisetzungen verhindert werden
3. Sammlung von Proben, Hinzufügung von Materialien zu einem geschlossenen System und Übertragung lebensfähiger Organismen in ein anderes geschlossenes System sollten so durchgeführt werden, dass	Freisetzungen minimal gehalten werden	Freisetzungen verhindert werden	Freisetzungen verhindert werden
4. Kulturflüssigkeiten sollten nicht aus dem geschlossenen System genommen werden, wenn die lebensfähigen Organismen nicht	durch erprobte chemische oder physikalische Mittel inaktiviert worden sind	durch erprobte chemische oder physikalische Mittel inaktiviert worden sind	durch erprobte chemische oder physikalische Mittel inaktiviert worden sind
5. Der Verschluss der Kulturgefäße sollte so ausgelegt sein, dass	Freisetzungen minimal gehalten werden	Freisetzungen verhindert werden	Freisetzungen verhindert werden

6/8. Biolog. Arbeitsstoffe – RL
Anhänge VI, VII

6.	Der kontrollierte Bereich sollte so ausgelegt sein, dass er ein Überlaufen des gesamten Inhalts des geschlossenen Systems abblockt	Nein	Empfohlen	Ja
7.	Der kontrollierte Bereich sollte hermetisch abdichtbar sein, um eine Begasung zu ermöglichen	Nein	Empfohlen	Ja
Einrichtungen				
8.	Dekontaminations- und Wascheinrichtungen sollten für das Personal bereitstehen	Ja	Ja	Ja
Ausrüstung				
9.	Zuluft und Abluft zum kontrollierten Bereich sollten durch HEPA-Filter ([1]) geführt werden	Nein	Empfohlen	Ja
10.	In dem kontrollierten Bereich sollte ein Unterdruck aufrechterhalten werden	Nein	Empfohlen	Ja
11.	Der kontrollierte Bereich sollte entsprechend belüftet sein, um die Luftkontamination zu minimieren	Empfohlen	Empfohlen	Ja
Arbeitsbereich				
12.	Geschlossene Systeme ([2]) sollten innerhalb kontrollierter Bereiche angesiedelt sein	Empfohlen	Empfohlen	Ja, zweckgebunden
13.	Kennzeichnung als biologischer Gefahrenbereich	Empfohlen	Ja	Ja
14.	Der Zugang sollte auf das benannte Personal beschränkt sein	Empfohlen	Ja	Ja, mit Luftschleuse ([3])
15.	Das Personal sollte vor dem Verlassen des kontrollierten Bereichs duschen	Nein	Empfohlen	Ja
16.	Das Personal sollte Schutzkleidung tragen	Ja, Arbeitskleidung	Ja	Ja, vollständige Umkleidung
Abfall				
17.	Abwässer aus Waschbecken und Duschen sollten gesammelt und vor der Ableitung inaktiviert werden	Nein	Empfohlen	Ja
18.	Abwässerbehandlung vor der endgültigen Ableitung	Inaktiviert durch erprobte chemische oder physikalische Mittel	Inaktiviert durch erprobte chemische oder physikalische Mittel	Inaktiviert durch erprobte chemische oder physikalische Mittel

([1]) HEPA: High-Efficiency Particulate Air (Hochleistungsschwebstofffilter).
([2]) Geschlossenes System: ein System, das den Prozess physisch von der Umwelt trennt (z. B. Inkubatorenwannen, Behälter usw.).
([3]) Luftschleuse: Das Labor wird über eine Luftschleuse, d. h. über einen vom Labor abgetrennten Raum, betreten. Die „saubere" Seite der Luftschleuse muss von der gesperrten Seite durch Umkleide- oder Duscheinrichtungen und vorzugsweise durch verriegelbare Türen abgetrennt sein.

(RL (EU) 2019/1833)

ANHANG VII
EMPFOHLENE VERHALTENSREGELN BEI IMPFUNG
(Artikel 14 Absatz 3)

1. Stellt sich bei der Abschätzung gemäß Artikel 3 Absatz 2 heraus, dass ein Risiko für die Sicherheit oder Gesundheit der Arbeitnehmer aufgrund der Exposition gegenüber biologischen Arbeitsstoffen besteht, gegen die es wirksame Impfstoffe gibt, so bieten die Arbeitgeber den betreffenden Arbeitnehmern die Impfung an.

2. Die Impfung wird gemäß den einzelstaatlichen Rechtsvorschriften und/oder Gepflogenheiten durchgeführt.

Die Arbeitnehmer werden über die Vor- und Nachteile der Impfung bzw. der Nichtimpfung unterrichtet.

3. Die Impfung darf den Arbeitnehmern keine Kosten verursachen.

4. Es kann ein Impfschein ausgestellt werden, der dem betreffenden Arbeitnehmer sowie, auf Antrag, den zuständigen Behörden ausgehändigt wird.

ANHANG VIII

Teil A
Aufgehobene Richtlinie und ihre folgenden Änderungen (Artikel 21)

Richtlinie 90/679/EWG des Rates (ABl. L 374 vom 31. 12. 1990, S. 1).
Richtlinie 93/88/EWG des Rates (ABl. L 268 vom 29. 10. 1993, S. 71).
Richtlinie 95/30/EG der Kommission (ABl. L 155 vom 6. 7. 1995, S. 41).
Richtlinie 97/59/EG der Kommission (ABl. L 282 vom 15. 10. 1997, S. 33).
Richtlinie 97/65/EG der Kommission (ABl. L 335 vom 6. 12. 1997, S. 17).

Teil B
Liste der Fristen für die Umsetzung in nationales Recht
(Artikel 21)

Richtlinie	Umsetzungsfrist
Richtlinie 90/679/EWG	28. November 1993
Richtlinie 93/88/EWG	30. April 1994
Richtlinie 95/30/EG	30. November 1996
Richtlinie 97/59/EG	31. März 1998
Richtlinie 97/65/EG	30. Juni 1998

ANHANG IX
ÜBEREINSTIMMUNGSTABELLE

Richtlinie 90/679/EWG	Vorliegende Richtlinie
Artikel 1	Artikel 1
Artikel 2 Buchstabe a)	Artikel 2 Absatz 1 Buchstabe a)
Artikel 2 Buchstabe b)	Artikel 2 Absatz 1 Buchstabe b)
Artikel 2 Buchstabe c)	Artikel 2 Absatz 1 Buchstabe c)
Artikel 2 Buchstabe d)	Artikel 2 Absatz 2
Artikel 3 Absatz 1	Artikel 3 Absatz 1
Artikel 3 Absatz 2 Buchstabe a)	Artikel 3 Absatz 2 Unterabsatz 1
Artikel 3 Absatz 2 Buchstabe b)	Artikel 3 Absatz 2 Unterabsatz 2
Artikel 3 Absatz 2 Buchstabe c)	Artikel 3 Absatz 2 Unterabsatz 3
Artikel 3 Absatz 2 Buchstabe d)	Artikel 3 Absatz 2 Unterabsatz 4
Artikel 3 Absatz 3 erster Gedankenstrich	Artikel 3 Absatz 3 Buchstabe a)
Artikel 3 Absatz 3 zweiter Gedankenstrich	Artikel 3 Absatz 3 Buchstabe b)
Artikel 3 Absatz 3 dritter Gedankenstrich	Artikel 3 Absatz 3 Buchstabe c)
Artikel 3 Absatz 3 vierter Gedankenstrich	Artikel 3 Absatz 3 Buchstabe d)
Artikel 3 Absatz 3 fünfter Gedankenstrich	Artikel 3 Absatz 3 Buchstabe e)
Artikel 4	Artikel 4
Artikel 5	Artikel 5
Artikel 6	Artikel 6
Artikel 7 Absatz 1 erster Gedankenstrich	Artikel 7 Absatz 1 Buchstabe a)
Artikel 7 Absatz 1 zweiter Gedankenstrich	Artikel 7 Absatz 1 Buchstabe b)
Artikel 7 Absatz 1 dritter Gedankenstrich	Artikel 7 Absatz 1 Buchstabe c)
Artikel 7 Absatz 1 vierter Gedankenstrich	Artikel 7 Absatz 1 Buchstabe d)
Artikel 7 Absatz 1 fünfter Gedankenstrich	Artikel 7 Absatz 1 Buchstabe e)
Artikel 7 Absatz 1 sechster Gedankenstrich	Artikel 7 Absatz 1 Buchstabe f)
Artikel 7 Absatz 2	Artikel 7 Absatz 2
Artikel 7 Absatz 3	Artikel 7 Absatz 3

6/8. Biolog. Arbeitsstoffe – RL
Anhang IX

Richtlinie 90/679/EWG	Vorliegende Richtlinie
Artikel 8 Absatz 1 Buchstaben a) bis e)	Artikel 8 Absatz 1 Buchstaben a) bis e)
Artikel 8 Absatz 2 Buchstabe a)	Artikel 8 Absatz 2 Unterabsatz 1
Artikel 8 Absatz 2 Buchstabe b)	Artikel 8 Absatz 2 Unterabsatz 2
Artikel 8 Absatz 3	Artikel 8 Absatz 3
Artikel 9 Absatz 1 Buchstaben a) bis e)	Artikel 9 Absatz 1 Buchstaben a) bis e)
Artikel 9 Absatz 2 erster Gedankenstrich	Artikel 9 Absatz 2 Buchstabe a)
Artikel 9 Absatz 2 zweiter Gedankenstrich	Artikel 9 Absatz 2 Buchstabe b)
Artikel 9 Absatz 2 dritter Gedankenstrich	Artikel 9 Absatz 2 Buchstabe c)
Artikel 10 Absatz 1 erster Gedankenstrich	Artikel 10 Absatz 1 Buchstabe a)
Artikel 10 Absatz 1 zweiter Gedankenstrich	Artikel 10 Absatz 1 Buchstabe b)
Artikel 10 Absätze 2 bis 6	Artikel 10 Absätze 2 bis 6
Artikel 11 Absatz 1	Artikel 11 Absatz 1
Artikel 11 Absatz 2 Unterabsatz 2 erster Gedankenstrich	Artikel 11 Absatz 2 Unterabsatz 2 Buchstabe a)
Artikel 11 Absatz 2 Unterabsatz 2 zweiter Gedankenstrich	Artikel 11 Absatz 2 Unterabsatz 2 Buchstabe b)
Artikel 11 Absatz 2 Unterabsatz 2 dritter Gedankenstrich	Artikel 11 Absatz 2 Unterabsatz 2 Buchstabe c)
Artikel 11 Absatz 2 Unterabsatz 2 vierter Gedankenstrich	Artikel 11 Absatz 2 Unterabsatz 2 Buchstabe d)
Artikel 11 Absatz 2 Unterabsatz 2 fünfter Gedankenstrich	Artikel 11 Absatz 2 Unterabsatz 2 Buchstabe e)
Artikel 11 Absatz 3	Artikel 11 Absatz 3
Artikel 12	Artikel 12
Artikel 13 Absatz 1 erster Gedankenstrich	Artikel 13 Absatz 1 Buchstabe a)
Artikel 13 Absatz 1 zweiter Gedankenstrich	Artikel 13 Absatz 1 Buchstabe b)
Artikel 13 Absatz 1 dritter Gedankenstrich	Artikel 13 Absatz 1 Buchstabe c)
Artikel 13 Absätze 2 bis 4	Artikel 13 Absätze 2 bis 4
Artikel 14 Absatz 1	Artikel 14 Absatz 1
Artikel 14 Absatz 2 erster Gedankenstrich	Artikel 14 Absatz 2 Buchstabe a)
Artikel 14 Absatz 2 zweiter Gedankenstrich	Artikel 14 Absatz 2 Buchstabe b)
Artikel 14 Absätze 3 bis 6	Artikel 14 Absätze 3 bis 6
Artikel 14 Absatz 7 erster Gedankenstrich	Artikel 14 Absatz 7 Buchstabe a)
Artikel 14 Absatz 7 zweiter Gedankenstrich	Artikel 14 Absatz 7 Buchstabe b)
Artikel 14 Absatz 8	Artikel 14 Absatz 8
Artikel 14 Absatz 9	Artikel 14 Absatz 9
Artikel 15	Artikel 15
Artikel 16 Absatz 1	Artikel 16 Absatz 1
Artikel 16 Absatz 2 Buchstabe a)	Artikel 16 Absatz 2 Buchstabe a)
Artikel 16 Absatz 2 Buchstabe b)	Artikel 16 Absatz 2 Buchstabe b)
Artikel 16 Absatz 2 Buchstabe c)	Artikel 16 Absatz 3
Artikel 17	Artikel 17
Artikel 18 Absatz 1	–
Artikel 18 Absatz 2	Artikel 18 Absatz 1
Artikel 18 Absatz 3	Artikel 18 Absatz 2
Artikel 18 Absatz 4	Artikel 18 Absatz 3
Artikel 19	Artikel 19
Artikel 20 Absatz 1	–
Artikel 20 Absatz 2	Artikel 20

6/8. Biolog. Arbeitsstoffe – RL
Anhang IX

Richtlinie 90/679/EWG	Vorliegende Richtlinie
–	Artikel 21
–	Artikel 22
–	Artikel 23
Anhang I	Anhang I
Anhang II	Anhang II
Anhang III	Anhang III
Anhang IV	Anhang IV
Anhang V	Anhang V
Anhang VI	Anhang VI
Anhang VII	Anhang VII
–	Anhang VIII
–	Anhang IX

6/8a. RL Vermeidung von Nadelstichverletzungen

6/8a. Richtlinie zur Vermeidung von Nadelstichverletzungen

Richtlinie 2010/32/EU des Rates zur Durchführung der von HOSPEEM und EGÖD geschlossenen Rahmenvereinbarung zur Vermeidung von Verletzungen durch scharfe/spitze Instrumente im Krankenhaus- und Gesundheitssektor vom 10. Mai 2010

(ABl. Nr. L 134 v. 1.6.2010, S. 66)

DER RAT DER EUROPÄISCHEN UNION –
gestützt auf den Vertrag über die Arbeitsweise der Europäischen Union, insbesondere auf Artikel 155 Absatz 2,
auf Vorschlag der Europäischen Kommission,
in Erwägung nachstehender Gründe:

(1) Nach Artikel 155 Absatz 2 des Vertrags über die Arbeitsweise der Europäischen Union können die Sozialpartner gemeinsam die Durchführung der auf Unionsebene geschlossenen Vereinbarungen in den durch Artikel 153 AEUV erfassten Bereichen durch einen Beschluss des Rates auf Vorschlag der Kommission beantragen.

(2) Mit Schreiben vom 17. November 2008 haben die europäischen Sozialpartnerorganisationen HOSPEEM (Europäische Arbeitgebervereinigung für Kliniken und Gesundheitswesen – ein Branchenverband der Arbeitgeber) und EGÖD (Europäischer Gewerkschaftsverband für den öffentlichen Dienst – eine europäische Gewerkschaftsorganisation) die Kommission über ihre Absicht unterrichtet, Verhandlungen gemäß Artikel 138 Absatz 4 und Artikel 139 des Vertrags zur Gründung der Europäischen Gemeinschaft (im Folgenden „EG-Vertrag" genannt) aufzunehmen, um eine Rahmenvereinbarung zur Vermeidung von Verletzungen durch scharfe/spitze Instrumente im Krankenhaus- und Gesundheitssektor auszuhandeln.

(3) Am 17. Juli 2009 haben die Sozialpartner auf Gemeinschaftsebene eine Rahmenvereinbarung zur Vermeidung von Verletzungen durch scharfe/spitze Instrumente im Krankenhaus- und Gesundheitssektor unterzeichnet.

(4) Da die Ziele der Richtlinie, nämlich die Schaffung einer möglichst sicheren Arbeitsumgebung durch Vermeidung von Verletzungen von Arbeitnehmern durch scharfe/spitze medizinische Instrumente (einschließlich Nadelstichverletzungen) und Schutz gefährdeter Arbeitnehmer im Krankenhaus- und Gesundheitssektor, auf Ebene der Mitgliedstaaten nicht ausreichend verwirklicht werden können und sich daher besser auf Unionsebene erreichen lassen, kann die Union im Einklang mit dem in Artikel 5 des Vertrags über die Europäische Union niedergelegten Subsidiaritätsprinzip tätig werden. Entsprechend dem in demselben Artikel genannten Grundsatz der Verhältnismäßigkeit geht diese Richtlinie nicht über das zur Erreichung dieser Ziele erforderliche Maß hinaus.

(5) Bei der Ausarbeitung ihres Richtlinienvorschlags hat die Kommission berücksichtigt, dass die Unterzeichnerparteien im Anwendungsbereich der Vereinbarung, also für den Krankenhaus- und Gesundheitssektor, repräsentativ sind und über ein Mandat verfügen und dass die Bestimmungen der Rahmenvereinbarung rechtmäßig sind und mit den einschlägigen Bestimmungen für kleine und mittlere Unternehmen im Einklang stehen.

(6) Die Kommission hat das Europäische Parlament und den Europäischen Wirtschafts- und Sozialausschuss über ihren Vorschlag unterrichtet.

(7) Das Europäische Parlament hat am 11. Februar 2010 eine Entschließung zu dem Vorschlag angenommen.

(8) Die Rahmenvereinbarung soll gemäß ihrem Paragraf 1 zum Erreichen eines der Ziele der Sozialpolitik, nämlich zur Verbesserung der Arbeitsbedingungen beitragen.

(9) Paragraf 11 der Vereinbarung sieht vor, dass bestehende und künftige Bestimmungen der Mitgliedstaaten und der Gemeinschaft (beziehungsweise – seit dem 1. Dezember 2009 – der Union), die einen besseren Schutz der Arbeitnehmer vor Verletzungen durch scharfe/spitze medizinische Instrumente vorsehen, von der Vereinbarung unberührt bleiben.

(10) Die Mitgliedstaaten sollten wirksame, verhältnismäßige und abschreckende Sanktionen für Verstöße gegen die in dieser Richtlinie festgelegten Pflichten vorsehen.

(11) Sofern sie alle erforderlichen Maßnahmen treffen, um jederzeit gewährleisten zu können, dass die durch diese Richtlinie vorgeschriebenen Ergebnisse erzielt werden, können die Mitgliedstaaten den Sozialpartnern auf deren gemeinsamen Antrag die Durchführung dieser Richtlinie übertragen.

(12) Nach Nummer 34 der Interinstitutionellen Vereinbarung über bessere Rechtsetzung (ABl. C 321 v. 31. 12. 2003, S. 1) sind die Mitgliedstaaten aufgefordert, für ihre eigenen Zwecke und im Interesse der Union eigene Tabellen aufzustellen, aus denen im Rahmen des Möglichen die Entsprechungen zwischen dieser Richtlinie und den Umsetzungsmaßnahmen zu entnehmen sind, und diese zu veröffentlichen –

HAT FOLGENDE RICHTLINIE ERLASSEN:

Art. 1 Mit der vorliegenden Richtlinie wird die als Anhang beigefügte Rahmenvereinbarung zur Vermeidung von Verletzungen durch scharfe/spitze Instrumente im Krankenhaus- und Gesundheitssektor, die die einschlägigen Sozialpartner auf Gemeinschaftsebene, HOSPEEM und EGÖD, am 17. Juli 2009 geschlossen haben, durchgeführt.

Art. 2 Die Mitgliedstaaten legen fest, welche Sanktionen bei einem Verstoß gegen die innerstaatlichen Vorschriften zur Umsetzung dieser Richt-

6/8a. RL Vermeidung von Nadelstichverletzungen

Art. 2 – 5, Anhang

linie zu verhängen sind. Die Sanktionen müssen wirksam, verhältnismäßig und abschreckend sein.

Art. 3 (1) Die Mitgliedstaaten setzen spätestens bis zum 11. Mai 2013 die erforderlichen Rechts- und Verwaltungsvorschriften in Kraft, um dieser Richtlinie nachzukommen, oder sie stellen sicher, dass die Sozialpartner die notwendigen Bestimmungen bis zu diesem Zeitpunkt durch Vereinbarung einführen. Sie setzen die Kommission unverzüglich davon in Kenntnis.

Bei Erlass dieser Vorschriften nehmen die Mitgliedstaaten in den Vorschriften selbst oder durch einen Hinweis bei der amtlichen Veröffentlichung auf diese Richtlinie Bezug. Die Mitgliedstaaten regeln die Einzelheiten der Bezugnahme.

(2) Die Mitgliedstaaten teilen der Kommission den Wortlaut der wichtigsten innerstaatlichen Rechtsvorschriften mit, die sie auf dem unter diese Richtlinie fallenden Gebiet erlassen.

Art. 4 Diese Richtlinie tritt am zwanzigsten Tag nach ihrer Veröffentlichung im *Amtsblatt der Europäischen Union* in Kraft.

Art. 5 Diese Richtlinie ist an die Mitgliedstaaten gerichtet.

ANHANG
RAHMENVEREINBARUNG ZUR VERMEIDUNG VON VERLETZUNGEN DURCH SCHARFE/SPITZE INSTRUMENTE IM KRANKENHAUS- UND GESUNDHEITSSEKTOR

Präambel

1. Das Thema Gesundheit und Sicherheit am Arbeitsplatz sollte für jeden im Krankenhaus- und Gesundheitssektor wichtig sein. Sachgemäß durchgeführte Maßnahmen zur Vermeidung von Verletzungen und zum Schutz vor vermeidbaren Verletzungen wirken sich positiv auf die Ressourcen aus.
2. Gesundheit und Sicherheit der Arbeitnehmer sind von höchster Bedeutung und eng mit der Gesundheit der Patienten verbunden. Dies stärkt die Qualität der Pflege.
3. Die Festlegung und Umsetzung von Regeln in Bezug auf Verletzungen durch scharfe/spitze medizinische Instrumente sollten das Ergebnis eines sozialen Dialogs sein.
4. HOSPEEM (Europäische Arbeitgebervereinigung für Kliniken und Gesundheitswesen) und EGÖD (Europäischer Gewerkschaftsverband für den öffentlichen Dienst), die anerkannten europäischen Sozialpartner im Krankenhaus- und Gesundheitssektor, haben Folgendes vereinbart:

Allgemeine Erwägungen

1. Gestützt auf den Vertrag zur Gründung der Europäischen Gemeinschaft, insbesondere auf Artikel 138 und Artikel 139 Absatz 2;
2. gestützt auf die Richtlinie 89/391/EWG des Rates vom 12. Juni 1989 über die Durchführung von Maßnahmen zur Verbesserung der Sicherheit und des Gesundheitsschutzes der Arbeitnehmer bei der Arbeit;
3. gestützt auf die Richtlinie 89/655/EWG des Rates vom 30. November 1989 über Mindestvorschriften für Sicherheit und Gesundheitsschutz bei Benutzung von Arbeitsmitteln durch Arbeitnehmer bei der Arbeit [jetzt RL 2009/104/EG];
4. gestützt auf die Richtlinie 2000/54/EG des Europäischen Parlaments und des Rates vom 18. September 2000 über den Schutz der Arbeitnehmer gegen Gefährdung durch biologische Arbeitsstoffe bei der Arbeit;
5. gestützt auf die Gemeinschaftsstrategie für Gesundheit und Sicherheit am Arbeitsplatz 2007-2012 [Entschließung];
6. gestützt auf die Richtlinie 2002/14/EG des Europäischen Parlaments und des Rates vom 11. März 2002 zur Festlegung eines allgemeinen Rahmens für die Unterrichtung und Anhörung der Arbeitnehmer in der Europäischen Gemeinschaft;
7. gestützt auf die Entschließung des Europäischen Parlaments vom 6. Juli 2006 mit Empfehlungen zum Schutz der in Europa im Gesundheitsbereich tätigen Arbeitnehmer vor durch Blut übertragbaren Infektionen aufgrund von Nadelstichverletzungen (2006/2015(INI));
8. gestützt auf die erste und zweite Phase der Konsultation der Europäischen Kommission zum Schutz der in der Europäischen Union im Gesundheitsbereich tätigen Arbeitnehmerinnen und Arbeitnehmer vor durch Blut übertragbaren Infektionen nach Nadelstichverletzungen;
9. gestützt auf die Ergebnisse des EGÖD/HOSPEEM-Fachseminars zu Nadelstichverletzungen am 7. Februar 2008;
10. gestützt auf die Hierarchie der allgemeinen Grundsätze der Gefahrenverhütung gemäß Artikel 6 der Richtlinie 89/391/EWG des Rates sowie auf die in den Artikeln 3, 5 und 6 der Richtlinie 2000/54/EG festgelegten Schutzmaßnahmen;
11. gestützt auf die gemeinsamen ILO-/WHO-Leitlinien zum Gesundheitswesen und zu HIV/Aids sowie die gemeinsamen ILO-/WHO-Leitlinien zur Postexpositionsprophylaxe zur Vermeidung von HIV-Infektionen;
12. unter vollständiger Berücksichtigung der geltenden nationalen Gesetzgebung und Tarifverträge;
13. Es sind Maßnahmen zur Beurteilung der Häufigkeit von Unfällen mit scharfen/spitzen Instrumenten im Krankenhaus- und Gesundheitssektor erforderlich; jedoch ist bereits wissenschaftlich nachgewiesen, dass Schutzmaßnahmen eine beachtliche Verringerung von Unfällen und Infektionen bewirken können;
14. Eine umfassende Risikobewertung ist eine Voraussetzung, um geeignete Maßnahmen

6/8a. RL Vermeidung von Nadelstichverletzungen
Anhang

zur Vermeidung von Verletzungen und Infektionen festzulegen;

15. Die Arbeitgeber und die Arbeitnehmervertreter für Sicherheit und Gesundheitsschutz müssen zusammenarbeiten, um Arbeitnehmer vor Verletzungen und Infektionen durch scharfe/spitze medizinische Instrumente zu schützen und diesen vorzubeugen;
16. Von Verletzungen durch scharfe/spitze Instrumente sind vornehmlich, aber nicht ausschließlich, Arbeitnehmer im Gesundheitssektor betroffen;
17. Auszubildende und Studenten, die im Rahmen ihrer Ausbildung klinisch unterrichtet und unterwiesen werden, werden zwar nicht als Arbeitnehmer im Sinne dieser Vereinbarung angesehen, sollten aber dennoch unter die in dieser Vereinbarung beschriebenen Präventions- und Schutzmaßnahmen fallen, wobei für die Haftung die einzelstaatliche Gesetzgebung und Praxis maßgeblich ist;

Paragraf 1: Zweck

Zweck dieser Rahmenvereinbarung ist es,
– eine möglichst sichere Arbeitsumgebung zu schaffen;
– Verletzungen von Arbeitnehmern durch scharfe/spitze medizinische Instrumente (einschließlich Nadelstichverletzungen) zu vermeiden;
– gefährdete Arbeitnehmer zu schützen;
– einen integrierten Ansatz mit Regeln für Risikobewertung, Risikoprävention, Unterrichtung und Unterweisung, Information, Schaffung von Gefahrenbewusstsein und Überwachung zu entwickeln;
– Verfahren für Reaktion und Folgemaßnahmen einzuführen.

Paragraf 2: Anwendungsbereich

Diese Vereinbarung gilt für alle Arbeitnehmer im Krankenhaus- und Gesundheitssektor sowie alle Personen, die unter der Weisungsbefugnis und der Aufsicht der Arbeitgeber stehen. Die Arbeitgeber sollten Maßnahmen ergreifen, um sicherzustellen, dass Subunternehmer die in dieser Vereinbarung festgelegten Bestimmungen einhalten.

Paragraf 3: Begriffsbestimmungen

Für die Zwecke dieser Vereinbarung gelten folgende Definitionen:

1. „Arbeitnehmer": alle Personen, die von einem Arbeitgeber beschäftigt werden und deren Tätigkeit unmittelbar auf den Krankenhaus- und Gesundheitssektor bezogen ist und die ihre Dienstleistungen in diesem Sektor erbringen, einschließlich Praktikanten und Auszubildenden. Diese Vereinbarung gilt auch für Arbeitnehmer, die bei einem Leiharbeitsunternehmen im Sinne der Richtlinie 91/383/EWG des Rates zur Ergänzung der Maßnahmen zur Verbesserung der Sicherheit und des Gesundheitsschutzes von Arbeitnehmern mit befristetem Arbeitsverhältnis oder Leiharbeitsverhältnis beschäftigt sind.
2. „Arbeitsplätze": Gesundheitseinrichtungen/-dienste im öffentlichen und im privaten Sektor sowie in allen anderen Bereichen, in denen Gesundheitsdienstleistungen/-tätigkeiten unter der Weisungsbefugnis und der Aufsicht eines Arbeitgebers erbracht und durchgeführt werden.
3. „Arbeitgeber": natürliche/juristische Personen/Organisationen, die Arbeitnehmer beschäftigen. Sie sind für die Verwaltung, Organisation und Erbringung von Gesundheitsdienstleistungen/-tätigkeiten oder unmittelbar damit verbundenen Dienstleistungen/ Tätigkeiten durch Arbeitnehmer verantwortlich.
4. „Scharfe/spitze Instrumente": zur Durchführung bestimmter medizinischer Tätigkeiten benötigte Gegenstände oder Instrumente, die schneiden, stechen und Verletzungen und/ oder Infektionen verursachen können. Scharfe/spitze Instrumente gelten als Arbeitsmittel im Sinne der Richtlinie 89/655/EWG über die Benutzung von Arbeitsmitteln.
5. „Rangfolge der Maßnahmen": sie ergibt sich aus der Geeignetheit der Maßnahmen zur Vermeidung, Verhinderung und Verringerung von Gefahren gemäß Artikel 6 der Richtlinie 89/391/EWG und den Artikeln 3, 5 und 6 der Richtlinie 2000/54/EG.
6. „Spezifische Schutzmaßnahmen": sind Maßnahmen zur Vermeidung von Verletzungen und/oder Infektionsübertragungen bei der Erbringung von unmittelbar mit dem Krankenhaus- und Gesundheitssektor verbundenen Dienstleistungen und Tätigkeiten; dazu zählen die Verwendung der benötigten Arbeitsmittel, die nach der Risikobewertung die sichersten sind, sowie sichere Methoden für die Entsorgung scharfer/spitzer medizinischer Instrumente.
7. „Arbeitnehmervertreter": jede Person, die gemäß den einzelstaatlichen Rechtsvorschriften und/oder Praktiken zur Vertretung der Arbeitnehmer gewählt, ausgewählt oder benannt wurde.
8. „Arbeitnehmervertreter für Sicherheit und Gesundheitsschutz": nach der Definition in Artikel 3 Buchstabe c der Richtlinie 89/391/ EWG jede Person, die gemäß den einzelstaatlichen Rechtsvorschriften und/oder Praktiken gewählt, ausgewählt oder benannt wurde, um die Arbeitnehmer in Fragen der Sicherheit und des Gesundheitsschutzes bei der Arbeit zu vertreten.
9. „Subunternehmer": jede Person, die im Rahmen vertraglicher Arbeitsbeziehungen zum Arbeitgeber direkt mit dem Krankenhaus- und Gesundheitssektor verbundene Dienstleistungen und Tätigkeiten erbringt bzw. durchführt.

6/8a. RL Vermeidung von Nadelstichverletzungen

Paragraf 4: Grundsätze

1. Um der Gefahr von Verletzungen und Infektionen durch scharfe/spitze medizinische Instrumente vorzubeugen, ist gut geschultes, angemessen ausgestattetes und geschütztes Personal im Gesundheitssektor unabdingbar. Die wichtigste Strategie zur Verhinderung beruflich bedingter Verletzungen und Infektionen bzw. zur Minimierung des Risikos ist die Vermeidung von Expositionen.
2. Den Arbeitnehmervertretern für Sicherheit und Gesundheitsschutz kommt bei der Risikoprävention und dem Schutz gegenüber Risiken eine zentrale Rolle zu.
3. Der Arbeitgeber hat die Sicherheit und Gesundheit der Arbeitnehmer in allen mit der Arbeit zusammenhängenden Aspekten einschließlich psychosozialer Faktoren und der Arbeitsorganisation sicherzustellen.
4. Soweit möglich übernimmt jeder Arbeitnehmer entsprechend der Unterrichtung und Unterweisung durch den Arbeitgeber und dessen Anweisungen Verantwortung für seine eigene Sicherheit und Gesundheit und für die Sicherheit und die Gesundheit anderer Personen, die von seinen Handlungen am Arbeitsplatz betroffen sind.
5. Der Arbeitgeber sorgt für eine Arbeitsumgebung, in der sich die Arbeitnehmer und ihre Vertreter an der Entwicklung von Regeln und Methoden für Gesundheit und Sicherheit beteiligen.
6. Die in den Paragrafen 5 bis 10 dieser Vereinbarung genannten spezifischen Schutzmaßnahmen beruhen auf dem Grundsatz, niemals davon auszugehen, dass kein Risiko besteht. Es gilt die Hierarchie der allgemeinen Grundsätze der Gefahrenverhütung gemäß Artikel 6 der Richtlinie 89/391/EWG und gemäß den Artikeln 3, 5 und 6 der Richtlinie 2000/54/EG.
7. Arbeitgeber und Arbeitnehmervertreter arbeiten auf geeigneter Ebene zusammen, um Gefahren zu vermeiden bzw. auszuschließen, die Gesundheit und Sicherheit der Arbeitnehmer zu schützen und eine sichere Arbeitsumgebung zu schaffen; dazu gehören auch eine Beteiligung hinsichtlich der Auswahl und Verwendung sicherer Arbeitsmittel, der Ermittlung der besten Vorgehensweisen bei der Unterrichtung und Unterweisung sowie hinsichtlich der Information und der Schaffung eines Gefahrenbewusstseins.
8. Die Maßnahmen sind im Rahmen eines Verfahrens zur Anhörung und Beteiligung gemäß den einzelstaatlichen Rechtsvorschriften und/oder Tarifverträgen zu ergreifen.
9. Die Maßnahmen zur Schaffung eines Gefahrenbewusstseins sind nur dann wirksam, wenn sowohl die Arbeitgeber als auch die Arbeitnehmer und ihre Vertreter in die Pflicht genommen werden.
10. An Arbeitsplätzen kann die größtmögliche Sicherheit nur durch eine Kombination von Planung, Gefahrenbewusstsein, Information, Unterrichtung und Unterweisung sowie Schutzmaßnahmen und Überwachung erreicht werden.
11. Gefördert wird eine Kultur der Vermeidung von Schuldzuweisungen. Das Verfahren zur Meldung von relevanten Zwischenfällen sollte nicht auf individuelle Fehler, sondern auf systemische Faktoren ausgerichtet sein. Die systematische Meldung ist als akzeptiertes Verfahren anzusehen.

Paragraf 5: Risikobewertung

1. Die Verfahren zur Risikobewertung werden nach Maßgabe der Artikel 3 und 6 der Richtlinie 2000/54/EG sowie der Artikel 6 und 9 der Richtlinie 89/391/EWG durchgeführt.
2. Die Risikobewertung beinhaltet die Ermittlung der Exposition; dabei ist die Wichtigkeit einer gut ausgestatteten und organisierten Arbeitsumgebung anzuerkennen; sie hat alle Situationen zu erfassen, in denen Verletzungen, Blut oder andere potenziell infektiöse Stoffe vorkommen.
3. Bei der Risikobewertung werden Technologie, Arbeitsorganisation, Arbeitsbedingungen, Qualifikationsniveau, arbeitsbezogene psychosoziale Faktoren sowie der Einfluss von Faktoren der Arbeitsumgebung berücksichtigt. Auf diese Weise wird festgestellt,
   – wie Expositionen vermieden werden könnten,
   – welche alternativen Systeme in Frage kommen.

Paragraf 6: Maßnahmen zur Vermeidung und Schutzmaßnahmen

1. Ergibt sich aus der Risikobewertung ein Risiko der Verletzung und/oder Infektion durch scharfe/spitze Instrumente, so sind zur Verhinderung der Exposition der Arbeitnehmer die nachstehenden Maßnahmen, nicht notwendigerweise in der angegebenen Reihenfolge, zu treffen:
   – Festlegung und Umsetzung sicherer Verfahren für den Umgang mit scharfen/spitzen medizinischen Instrumenten und kontaminierten Abfällen und für deren Entsorgung. Diese Verfahren werden regelmäßig neu bewertet und sind integraler Bestandteil der Maßnahmen zur Information, Unterrichtung und Unterweisung der Arbeitnehmer gemäß Paragraf 8;
   – Vermeidung unnötiger Verwendungen scharfer/spitzer Instrumente durch Änderung der Verfahren auf der Grundlage der Ergebnisse der Risikobewertung sowie Bereitstellung medizinischer Instrumente mit integrierten Sicherheits- und Schutzmechanismen;

6/8a. RL Vermeidung von Nadelstichverletzungen
Anhang

– das Wiederaufsetzen der Schutzkappe auf die gebrauchte Nadel wird mit sofortiger Wirkung verboten.

2. Unter Berücksichtigung der Tätigkeit und der Risikobewertung ist das Expositionsrisiko auf ein so niedriges Niveau zu verringern, dass Sicherheit und Gesundheit der betroffenen Arbeitnehmer angemessen geschützt sind. Auf der Grundlage der Ergebnisse der Risikobewertung sind die folgenden Maßnahmen zu treffen:
   – Einführung sachgerechter Entsorgungsverfahren sowie deutlich gekennzeichneter und technisch sicherer Behälter für die Entsorgung scharfer/spitzer medizinischer Instrumente und Injektionsgeräte; die Behälter sind so nah wie möglich an den von der Bewertung erfassten Bereichen, in denen scharfe/spitze medizinische Instrumente verwendet oder vorgefunden werden können, aufzustellen;
   – Prävention von Infektionsgefahren durch Einführung sicherer Arbeitsregelungen mittels
     a) Entwicklung eines kohärenten umfassenden Präventionskonzepts, das Technologie, Arbeitsorganisation, Arbeitsbedingungen, arbeitsbezogene psychosoziale Faktoren sowie den Einfluss von Faktoren der Arbeitsumgebung umfasst;
     b) Unterrichtung und Unterweisung;
     c) Anwendung von Gesundheitsüberwachungsverfahren gemäß Artikel 14 der Richtlinie 2000/54/EG;
   – Verwendung persönlicher Schutzausrüstung.

3. Ergibt die in Paragraf 5 vorgesehene Risikobewertung, dass die Gesundheit und die Sicherheit von Arbeitnehmern durch eine Exposition gegenüber biologischen Arbeitsstoffen gefährdet sind, für die es wirksame Impfstoffe gibt, so wird den Arbeitnehmern eine Impfung angeboten.

4. Die Impfung und die gegebenenfalls erforderlichen Auffrischungsimpfungen sowie die Bestimmung der Art des Impfstoffs erfolgen nach Maßgabe der einzelstaatlichen Vorschriften und/oder Verfahren.
   – Die Arbeitnehmer werden über die Vor- und Nachteile der Impfung wie auch des Unterlassens der Impfung in Kenntnis gesetzt;
   – die Impfung ist allen Arbeitnehmern sowie Auszubildenden und Studenten, die am Arbeitsplatz Gesundheitsdienstleistungen und damit verbundene Tätigkeiten erbringen, kostenlos anzubieten.

Paragraf 7: Information und Schaffung eines Gefahrenbewusstseins

Da scharfe/spitze medizinische Instrumente als Arbeitsmittel im Sinne der Richtlinie 89/655/EWG *[jetzt RL 2009/104/EG]* gelten, treffen die Arbeitgeber zusätzlich zu der in Artikel 6 der Richtlinie 89/655/EWG vorgesehenen Unterrichtung der Arbeitnehmer und Bereitstellung von schriftlichen Anweisungen die nachstehenden geeigneten Maßnahmen:
– Hinweis auf die verschiedenen Risiken;
– Informationen zu den geltenden Rechtsvorschriften;
– Förderung bewährter Verfahren für die Prävention und die Meldung von Zwischenfällen bzw. Unfällen;
– Sensibilisierung durch Ausarbeitung von Maßnahmen und Informationsmaterial in Zusammenarbeit mit repräsentativen Gewerkschaften und/oder Arbeitnehmervertretern;
– Bereitstellung von Informationen über vorhandene Unterstützungsprogramme.

Paragraf 8: Unterrichtung und Unterweisung

Zusätzlich zu den in Artikel 9 der Richtlinie 2000/54/EG vorgesehenen Maßnahmen wird eine geeignete Unterrichtung und Unterweisung über die Regeln und Verfahren in Bezug auf Verletzungen durch scharfe/spitze Gegenstände angeboten, die u. a. folgende Themen abdecken:
– richtige Verwendung scharfer/spitzer medizinischer Instrumente mit integrierten Schutzmechanismen;
– Einarbeitung aller neuen Mitarbeiter und Zeitkräfte;
– Risiken im Zusammenhang mit der Exposition gegenüber Blut und Körperflüssigkeiten;
– Schutzmaßnahmen unter Berücksichtigung der am Arbeitsplatz üblichen Vorgehensweisen, einschließlich grundlegender Schutzmaßnahmen, sicherer Arbeitsverfahren, korrekter Verwendungs- und Entsorgungsverfahren sowie Bedeutung der Schutzimpfung;
– Verfahren für Meldung, Reaktion und Überwachung und ihre Bedeutung;
– im Verletzungsfall zu treffende Maßnahmen.

Die Arbeitgeber sind verpflichtet, eine für die Arbeitnehmer obligatorische Unterrichtung und Unterweisung zu organisieren und anzubieten. Der Arbeitgeber hat die Arbeitnehmer für die Teilnahme an dieser obligatorischen Unterrichtung und Unterweisung freizustellen. Eine solche Unterrichtung und Unterweisung, bei der die Ergebnisse von Überwachungs-, Modernisierungs- und Verbesserungsprozessen zu berücksichtigen sind, wird regelmäßig angeboten.

Paragraf 9: Meldeverfahren

1. Die geltenden Meldeverfahren werden in Zusammenarbeit mit den Arbeitnehmervertretern für Sicherheit und Gesundheitsschutz und/oder den geeigneten Arbeitgeber-/Arbeitnehmervertretern überarbeitet. Die Melde-

6/8a. RL Vermeidung von Nadelstichverletzungen

Anhang

mechanismen sollten lokale, nationale und europaweite Regelungen einschließen.

2. Die Arbeitnehmer melden Unfälle oder Zwischenfälle mit scharfen/spitzen Instrumenten umgehend dem Arbeitgeber und/oder der verantwortlichen Person und/oder der für Sicherheit und Gesundheit am Arbeitsplatz zuständigen Person.

Paragraf 10: Reaktion und Folgemaßnahmen

Für den Fall einer Verletzung mit scharfen oder spitzen Gegenständen sind geeignete Regeln und Verfahren vorgesehen. Alle Arbeitnehmer sind auf diese Regeln und Verfahren hinzuweisen. Diese sollten mit den europäischen, nationalen bzw. regionalen Vorschriften und Tarifverträgen im Einklang stehen.

Insbesondere werden folgende Maßnahmen getroffen:

– Der Arbeitgeber unternimmt unverzüglich die erforderlichen Schritte zur Versorgung des verletzten Arbeitnehmers, einschließlich Postexpositionsprophylaxe und notwendiger medizinischer Untersuchungen, wenn dies aus medizinischen Gründen angezeigt ist, und sorgt für eine angemessene Gesundheitsüberwachung gemäß Paragraf 6 Absatz 2 Buchstabe c;

– der Arbeitgeber untersucht die Ursachen und Umstände, protokolliert den Unfall bzw. Zwischenfall und ergreift die gegebenenfalls erforderlichen Maßnahmen. Der Arbeitnehmer ist verpflichtet, in einem angemessenen Zeitraum Informationen über den Unfall bzw. Zwischenfall mitzuteilen, damit alle Einzelheiten erfasst werden können;

– im Falle einer Verletzung prüft der Arbeitgeber, inwieweit die nachstehenden Schritte, die gegebenenfalls eine Beratung und eine angemessene, garantierte medizinische Behandlung einschließen, in Betracht kommen: Rehabilitationsmaßnahmen, Weiterbeschäftigung und Gewährung von Ausgleichszahlungen im Einklang mit den geltenden nationalen und/oder sektoralen Tarifverträgen oder Vorschriften.

Hinsichtlich der Verletzung, der Diagnose und der Behandlung ist absolute Vertraulichkeit zu wahren.

Paragraf 11: Umsetzungsbestimmungen

Bestehende und künftige nationale und gemeinschaftliche Bestimmungen, die einen besseren Schutz der Arbeitnehmer im Zusammenhang mit Verletzungen durch scharfe/spitze medizinische Instrumente vorsehen, bleiben von der vorliegenden Vereinbarung unberührt.

Die Unterzeichnerparteien ersuchen die Kommission, dem Rat diese Vereinbarung zur Beschlussfassung vorzulegen, damit ihre Bestimmungen für die Mitgliedstaaten der Europäischen Union verbindlich werden.

Erlangt diese Vereinbarung durch einen Beschluss des Rates Wirksamkeit, kann ihre Auslegung auf europäischer Ebene unbeschadet der Aufgaben der Kommission, der einzelstaatlichen Gerichte und des Europäischen Gerichtshofs von der Kommission an die Unterzeichnerparteien zurückverwiesen werden, die eine Stellungnahme abgeben.

Fünf Jahre nach dem Beschluss des Rates überprüfen die Unterzeichnerparteien die Anwendung dieser Vereinbarung, wenn eine der Parteien dies beantragt.

6/9. BaustellenRL
Präambel

6/9. Baustellenrichtlinie

Richtlinie 92/57/EWG des Rates über die auf zeitlich begrenzte oder ortsveränderliche Baustellen anzuwendenden Mindestvorschriften für die Sicherheit und den Gesundheitsschutz (Achte Einzelrichtlinie im Sinne des Artikels 16 Absatz 1 der Richtlinie 89/391/EWG) vom 24. Juni 1992

(ABl. Nr. L 245 v. 26.8.1992, S. 6; geändert durch die RL 2007/30/EG, ABl. Nr. L 165 v. 27.6.2007, S. 21; geändert durch die VO (EU) 2019/1243, ABl. Nr. L 198 v. 25.7.2019, S. 241)
(nicht amtlich aktualisierte Fassung)

GLIEDERUNG

Art. 1: Gegenstand
Art. 2: Definitionen
Art. 3: Koordinatoren – Sicherheits- und Gesundheitsschutzplan – Vorankündigung
Art. 4: Vorbereitung des Bauprojekts: Allgemeine Grundsätze
Art. 5: Vorbereitung des Bauprojekts: Aufgaben der Koordinatoren
Art. 6: Ausführung des Bauwerks: Aufgaben der Koordinatoren
Art. 7: Verantwortung der Bauleiter und Bauherren sowie der Arbeitgeber
Art. 8: Anwendung von Artikel 6 der Richtlinie 89/391/EWG
Art. 9: Verpflichtungen der Arbeitgeber
Art. 10: Verpflichtungen anderer Personengruppen
Art. 11: Unterrichtung der Arbeitnehmer
Art. 12: Anhörung und Beteiligung der Arbeitnehmer
Art. 13: Änderungen des Anhangs IV
Art. 13a: Ausübung der Befugnisübertragung
Art. 13b: Dringlichkeitsverfahren
Art. 14, 15: Schlussbestimmungen

ANHÄNGE I bis IV

DER RAT DER EUROPÄISCHEN GEMEINSCHAFTEN –

gestützt auf den Vertrag zur Gründung der Europäischen Wirtschaftsgemeinschaft, insbesondere auf Artikel 118a,

auf Vorschlag der Kommission (ABl. Nr. C 213 v. 28.8.1990, S. 2, und ABl. Nr. C 112 v. 27.4.1991, S. 4), die zuvor den Beratenden Ausschuß für Sicherheit, Arbeitshygiene und Gesundheitsschutz am Arbeitsplatz gehört hat,

in Zusammenarbeit mit dem Europäischen Parlament (ABl. Nr. C 78 v. 18.3.1990, S. 172, und ABl. Nr. C 150 v. 15.6.1992),

nach Stellungnahme des Wirtschafts- und Sozialausschusses (ABl. Nr. C 120 v. 6.5.1991, S. 24),

in Erwägung nachstehender Gründe:

In Artikel 118a des Vertrages ist vorgesehen, daß der Rat durch Richtlinien Mindestvorschriften festlegt, die die Verbesserung insbesondere der Arbeitsumwelt fördern, um die Sicherheit und die Gesundheit der Arbeitnehmer verstärkt zu schützen.

Nach demselben Artikel sollen die Richtlinien keine verwaltungsmäßigen, finanziellen oder rechtlichen Auflagen vorschreiben, die der Gründung und Entwicklung von Klein- und Mittelbetrieben entgegenstehen.

Die Mitteilung der Kommission über ihr Aktionsprogramm für Sicherheit, Arbeitshygiene und Gesundheitsschutz am Arbeitsplatz (ABl. Nr. C 28 v. 3.2.1988, S. 3) sieht den Erlaß einer Richtlinie vor, die die Sicherheit und den Gesundheitsschutz der Arbeitnehmer auf zeitlich begrenzten oder ortsveränderlichen Baustellen gewährleisten soll.

In seiner Entschließung vom 21. Dezember 1987 über Sicherheit, Arbeitshygiene und Gesundheitsschutz am Arbeitsplatz (ABl. Nr. C 28 v. 3.2.1988, S. 1) hat der Rat die Absicht der Kommission zur Kenntnis genommen, ihm binnen kurzem Mindestvorschriften für zeitlich begrenzte oder ortsveränderliche Baustellen vorzulegen.

Arbeitnehmer sind auf zeitlich begrenzten oder ortsveränderlichen Baustellen besonders großen Gefahren ausgesetzt.

In mehr als der Hälfte der Arbeitsunfälle auf Baustellen in der Gemeinschaft haben nicht geeignete bauliche und/oder organisatorische Entscheidungen oder eine schlechte Planung der Arbeiten bei der Vorbereitung des Bauprojekts eine Rolle gespielt.

In jedem Mitgliedstaat müssen die für Sicherheit und Gesundheitsschutz am Arbeitsplatz zuständigen Behörden vor Beginn der Arbeiten über die Durchführung von Arbeiten, deren Umfang eine bestimmte Schwelle überschreitet, unterrichtet werden.

Bei der Errichtung eines Bauwerks können Fehler bei der Koordinierung, insbesondere aufgrund der gleichzeitigen bzw. aufeinanderfolgenden Anwesenheit verschiedener Unternehmen auf der gleichen zeitlich begrenzten oder ortsveränlichen Baustelle, zu einer Vielzahl von Arbeitsunfällen führen.

Ab der Vorbereitung des Bauprojekts, jedoch auch während der Durchführung der Bauarbeiten ist daher eine verstärkte Koordinierung zwischen den verschiedenen Ausführenden erforderlich.

Die Einhaltung von Mindestvorschriften zur Gewährleistung verbesserter Sicherheits- und Gesundheitsschutzbedingungen auf zeitlich begrenzten oder ortsveränderlichen Baustellen ist eine unabdingbare Voraussetzung für die Gewährleistung der Sicherheit und des Gesundheitsschutzes der Arbeitnehmer.

Darüber hinaus können Selbständige und Arbeitnehmer, wenn sie selbst eine berufliche Tätigkeit auf einer zeitlich begrenzten oder ortsveränderlichen Baustelle ausüben, die Sicherheit und die Gesundheit der Arbeitnehmer durch ihre Tätigkeit gefährden.

Es ist daher erforderlich, bestimmte einschlägige Vorschriften der Richtlinie 89/655/EWG des Rates vom 30. November 1989 über Mindestvorschriften für Sicherheit und Gesundheitsschutz bei Benutzung von Arbeitsmitteln durch Arbeitnehmer bei der Arbeit (Zweite Einzelrichtlinie) [jetzt RL 2009/104/EG] und der Richtlinie 89/656/EWG des Rates vom 30. November 1989 über Mindestvorschriften für Sicherheit und Gesundheitsschutz bei Benutzung persönlicher Schutzausrüstungen durch Arbeitnehmer bei der Arbeit (Dritte Einzelrichtlinie) auf Selbständige und auf Arbeitgeber, die selbst eine berufliche Tätigkeit auf einer Baustelle ausüben, auszudehnen.

Die vorliegende Richtlinie ist eine Einzelrichtlinie im Sinne des Artikels 16 Absatz 1 der Richtlinie 89/391/EWG des Rates vom 12. Juni 1989 über die Durchführung von Maßnahmen zur Verbesserung der Sicherheit und des Gesundheitsschutzes der Arbeitnehmer bei der Arbeit. Die Bestimmungen der genannten Richtlinie finden daher unbeschadet strengerer oder spezifischer Bestimmungen der vorliegenden Richtlinie auch im Fall zeitlich begrenzter oder ortsveränderlicher Baustellen in vollem Umfang Anwendung.

Die vorliegende Richtlinie stellt einen konkreten Beitrag zur Ausgestaltung der sozialen Dimension des Binnenmarktes dar, insbesondere in bezug auf den Regelungsgegenstand der Richtlinie 89/106/EWG des Rates vom 21. Dezember 1988 zur Angleichung der Rechts- und Verwaltungsvorschriften der Mitgliedstaaten über Bauprodukte (ABl. Nr. L 40 v. 11.2.1989, S. 12) und der Richtlinie 89/440/EWG des Rates vom 18. Juli 1989 zur Änderung der Richtlinie 71/305/EWG über die Koordination der Verfahren zur Vergabe öffentlicher Bauaufträge (ABl. Nr. L 210 v. 21.7.1989, S. 1. Richtlinie geändert durch die Entscheidung 90/380/EWG der Kommission, ABl. Nr. L 187 v. 19.7.1990, S. 55).

Nach dem Beschluß 74/325/EWG (ABl. Nr. L 185 vom 9.7.1974, S. 15. Beschluß zuletzt geändert durch die Beitrittsakte von 1985) wird der Beratende Ausschuß für Sicherheit, Arbeitshygiene und Gesundheitsschutz am Arbeitsplatz*) im Hinblick auf die Ausarbeitung von Vorschlägen auf diesem Gebiet von der Kommission gehört –

*) Jetzt: Beratender Ausschuss für Sicherheit und Gesundheit am Arbeitsplatz (Beschluss des Rates v. 22.7.2003, ABl. Nr. C 218 v. 13. 9. 2003, S. 1).

HAT FOLGENDE RICHTLINIE ERLASSEN:

Gegenstand

Art. 1 Diese Richtlinie, bei der es sich um die achte Einzelrichtlinie im Sinne des Artikels 16 Absatz 1 der Richtlinie 89/391/EWG handelt, legt Mindestvorschriften für die Sicherheit und den Gesundheitsschutz auf zeitlich begrenzten oder ortsveränderlichen Baustellen gemäß der Definition des Artikels 2 Buchstabe a) fest.

(2) Diese Richtlinie gilt nicht für Bohr- und Förderarbeiten der mineralgewinnenden Betriebe im Sinne des Artikels 1 Absatz 2 des Beschlusses 74/326/EWG des Rates vom 27. Juni 1974 über die Erstreckung der Zuständigkeit des Ständigen Ausschusses für die Betriebssicherheit und den Gesundheitsschutz im Steinkohlenbergbau auf alle mineralgewinnenden Betriebe (ABl. Nr. L 185 v. 9.7.1974, S. 18).

(3) Die Richtlinie 89/391/EWG gilt unbeschadet der in der vorliegenden Richtlinie enthaltenen strengeren bzw. spezifischen Bestimmungen uneingeschränkt für den gesamten Bereich gemäß Absatz 1.

Definitionen

Art. 2 Im Sinne dieser Richtlinie gelten als

a) „zeitlich begrenzte oder ortsveränderliche Baustellen" (nachfolgend „Baustellen" genannt) alle Baustellen, an denen Hoch- oder Tiefbauarbeiten ausgeführt werden, die in der nicht erschöpfenden Liste in Anhang I aufgeführt sind;

b) „Bauherr" jede natürliche oder juristische Person, in deren Auftrag ein Bauwerk ausgeführt wird;

c) „Bauleiter" jede natürliche oder juristische Person, die mit der Planung und/oder Ausführung und/oder Überwachung der Ausführung des Bauwerks im Auftrag des Bauherrn beauftragt ist;

d) „Selbständiger" jede andere Person als die in Artikel 3 Buchstaben a) und b) der Richtlinie 89/391/EWG genannten Person, die ihre berufliche Tätigkeit zur Ausführung des Bauwerks ausübt;

e) „Sicherheits- und Gesundheitsschutzkoordinator für die Vorbereitungsphase des Bauprojekts" jede natürliche oder juristische Person, die vom Bauherrn und/oder Bauleiter mit der Durchführung der in Artikel 5 genannten Aufgaben für die Vorbereitungsphase des Bauwerks betraut wird;

f) „Sicherheits- und Gesundheitsschutzkoordinator für die Ausführungsphase des Bauwerks" jede natürliche oder juristische Person, die vom Bauherrn und/oder Bauleiter mit der

Durchführung der in Artikel 6 genannten Aufgaben für die Ausführungsphase des Bauwerks betraut wird.

Koordinatoren – Sicherheits- und Gesundheitsschutzplan – Vorankündigung

Art. 3 (1) Der Bauherr oder der Bauleiter betraut im Fall einer Baustelle, auf der mehrere Unternehmen anwesend sein werden, einen oder mehrere Sicherheits- und Gesundheitsschutzkoordinatoren im Sinne von Artikel 2 Buchstaben e) und f).

(2) Der Bauherr oder der Bauleiter sorgt dafür, daß vor Eröffnung der Baustelle ein Sicherheits- und Gesundheitsschutzplan entsprechend Artikel 5 Buchstabe b) erstellt wird.

Die Mitgliedstaaten können nach Anhörung der Sozialpartner von Unterabsatz 1 abweichen, außer wenn es sich um Arbeiten handelt,

– die mit besonderen Gefahren, wie in Anhang II aufgeführt, verbunden sind

oder

– für die nach Absatz 3 eine Vorankündigung erforderlich ist.

(3) Im Fall einer Baustelle,

– bei der die voraussichtliche Dauer der Arbeiten mehr als 30 Arbeitstage beträgt und auf der mehr als 20 Arbeitnehmer gleichzeitig beschäftigt werden

oder

– deren voraussichtlicher Umfang 500 Manntage übersteigt,

übermittelt der Bauherr oder der Bauleiter den zuständigen Behörden vor Beginn der Arbeiten eine Vorankündigung, deren Inhalt Anhang III entspricht.

Die Vorankündigung ist sichtbar auf der Baustelle auszuhängen und erforderlichenfalls auf dem laufenden zu halten.

Vorbereitung des Bauprojekts: Allgemeine Grundsätze

Art. 4 Bei Entwurf, Ausführungsplanung und Vorbereitung des Bauprojekts sind die in der Richtlinie 89/391/EWG aufgeführten allgemeinen Grundsätze zur Verhütung von Gefahren für Sicherheit und Gesundheit vom Bauleiter und gegebenenfalls vom Bauherrn zu berücksichtigen, insbesondere

– bei der architektonischen, technischen und/oder organisatorischen Planung, um die verschiedenen Arbeiten oder Arbeitsabschnitte einzuteilen, die gleichzeitig oder nacheinander durchgeführt werden;

– bei der Abschätzung der voraussichtlichen Dauer für die Durchführung dieser verschiedenen Arbeiten oder Arbeitsabschnitte.

Jedesmal wenn es sich als notwendig erweist, werden ebenfalls jeder Sicherheits- und Gesundheitsschutzplan und jede Unterlage berücksichtigt, die gemäß Artikel 5 Buchstaben b) und c) ausgearbeitet bzw. zusammengestellt oder gemäß Artikel 6 Buchstabe c) angepaßt werden.

Vorbereitung des Bauprojekts: Aufgaben der Koordinatoren

Art. 5 Der bzw. die gemäß Artikel 3 Absatz 1 betrauten Sicherheits- und Gesundheitsschutzkoordinatoren für die Vorbereitungsphase des Bauprojekts haben

a) die Anwendung der in Artikel 4 vorgesehenen Bestimmungen zu koordinieren;

b) einen Sicherheits- und Gesundheitsschutzplan auszuarbeiten oder ausarbeiten zu lassen, in dem die auf die betreffende Baustelle anwendbaren Bestimmungen aufgeführt sind, wobei gegebenenfalls betriebliche Tätigkeiten auf dem Gelände zu berücksichtigen sind; dieser Plan muß außerdem spezifische Maßnahmen bezüglich der Arbeiten enthalten, die unter eine oder mehrere Kategorien des Anhangs II fallen;

c) eine Unterlage zusammenzustellen, die den Merkmalen des Bauwerks Rechnung trägt und zweckdienliche Angaben in bezug auf Sicherheit und Gesundheitsschutz, die bei eventuellen späteren Arbeiten zu berücksichtigen sind, enthält.

Ausführung des Bauwerks: Aufgaben der Koordinatoren

Art. 6 Der bzw. die gemäß Artikel 3 Absatz 1 betrauten Sicherheits- und Gesundheitsschutzkoordinatoren für die Ausführungsphase des Bauwerks haben

a) die Anwendung der allgemeinen Grundsätze für die Verhütung von Gefahren und für die Sicherheit zu koordinieren

– bei der technischen und/oder organisatorischen Planung, um die verschiedenen Arbeiten oder Arbeitsabschnitte einzuteilen, die gleichzeitig oder nacheinander durchgeführt werden,

– bei der Abschätzung der voraussichtlichen Dauer für die Durchführung dieser verschiedenen Arbeiten oder Arbeitsabschnitte;

b) die Anwendung der einschlägigen Bestimmungen zu koordinieren und dabei darauf zu achten, daß die Arbeitgeber und – wenn dies zum Schutz der Arbeitnehmer erforderlich ist –

– die Selbständigen

– die in Artikel 8 genannten Grundsätze in schlüssiger Weise anwenden,

– den gemäß Artikel 5 Buchstabe b) vorgesehenen Sicherheits- und Gesundheitsschutzplan, soweit erforderlich, anwenden;

c) Anpassungen des Sicherheits- und Gesundheitsschutzplans nach Artikel 5 Buchstabe b) und der Unterlage nach Artikel 5 Buchstabe c) unter Berücksichtigung des Fortschritts der Arbeiten und eingetretener Änderungen vorzunehmen oder vornehmen zu lassen;

d) zwischen den Arbeitgebern, einschließlich der nacheinander auf der Baustelle tätigen Arbeitgeber, die Zusammenarbeit und die Koordinierung der Tätigkeiten zum Schutz der Arbeitnehmer und zur Verhütung von Unfällen und berufsbedingten Gesundheitsgefährdungen sowie deren gegenseitige Information gemäß Artikel 6 Absatz 4 der Richtlinie 89/391/EWG, gegebenenfalls unter Einbeziehung der Selbständigen, zu organisieren;

e) die Überwachung der ordnungsgemäßen Anwendung der Arbeitsverfahren zu koordinieren;

f) die erforderlichen Maßnahmen zu treffen, damit nur befugte Personen die Baustelle betreten.

Verantwortung der Bauleiter und Bauherren sowie der Arbeitgeber

Art. 7 (1) Hat ein Bauleiter oder Bauherr einen oder mehrere Koordinatoren mit der Wahrnehmung der in den Artikeln 5 und 6 genannten Aufgaben betraut, so entbindet ihn dies nicht von der Verantwortung in diesem Bereich.

(2) Die Anwendung der Artikel 5 und 6 sowie des Absatzes 1 des vorliegenden Artikels berührt nicht den Grundsatz der Verantwortung der Arbeitgeber gemäß der Richtlinie 89/391/EWG.

Anwendung von Artikel 6 der Richtlinie 89/391/EWG

Art. 8 Bei der Ausführung des Bauwerks werden die in Artikel 6 der Richtlinie 89/391/EWG genannten Grundsätze angewendet, insbesondere in bezug auf

a) die Aufrechterhaltung von Ordnung und Sauberkeit auf der Baustelle;

b) die Wahl des Standorts der Arbeitsplätze unter Berücksichtigung der Zugangsbedingungen zu diesen Arbeitsplätzen und die Festlegung der Verkehrswege oder -zonen;

c) die Bedingungen für die Handhabung der verschiedenen Materialien;

d) die Instandhaltung, die Kontrolle vor Inbetriebnahme und die regelmäßige Kontrolle der Anlagen und Einrichtungen, um Mängel, die die Sicherheit und die Gesundheit der Arbeitnehmer beeinträchtigen können, auszuschalten;

e) die Abgrenzung und die Einrichtung von Lagerbereichen für die verschiedenen Materialien, insbesondere wenn es sich um gefährliche Materialien oder Stoffe handelt;

f) die Bedingungen für die Entfernung von benutzten gefährlichen Materialien;

g) die Lagerung und die Beseitigung bzw. den Abtransport von Abfällen und Schutt;

h) die Anpassung der tatsächlichen Dauer für die verschiedenen Arbeiten oder Arbeitsabschnitte unter Berücksichtigung der Arbeiten auf der Baustelle,

i) die Zusammenarbeit zwischen Arbeitgebern und Selbständigen,

j) die Wechselwirkungen zu betrieblichen Tätigkeiten auf dem Gelände, auf dem oder in dessen Nähe die Baustelle liegt.

Verpflichtungen der Arbeitgeber

Art. 9 Zum Schutz der Sicherheit und der Gesundheit auf der Baustelle und entsprechend den in den Artikeln 6 und 7 festgelegten Bedingungen haben die Arbeitgeber

a) insbesondere bei der Anwendung von Artikel 8 Maßnahmen zu ergreifen, die mit den Mindestvorschriften in Anhang IV übereinstimmen,

b) die Hinweise des bzw. der Sicherheits- und Gesundheitsschutzkoordinatoren zu berücksichtigen.

Verpflichtungen anderer Personengruppen

Art. 10 (1) Zum Schutz der Sicherheit und der Gesundheit auf der Baustelle haben Selbständige

a) sinngemäß insbesondere folgende Vorschriften einzuhalten:
  i) Artikel 6 Absatz 4 und Artikel 13 der Richtlinie 89/391/EWG sowie Artikel 8 und Anhang IV der vorliegenden Richtlinie,
  ii) Artikel 4 der Richtlinie 89/655/EWG und die einschlägigen Bestimmungen im Anhang derselben Richtlinie,
  iii) Artikel 3, Artikel 4 Absätze 1 bis 4 und 9 sowie Artikel 5 der Richtlinie 89/656/EWG; b) die Hinweise des bzw. der Sicherheits- und Gesundheitsschutzkoordinatoren zu berücksichtigen.

(2) Zum Schutz der Sicherheit und der Gesundheit auf der Baustelle haben Arbeitgeber, die selbst eine berufliche Tätigkeit auf der Baustelle ausüben,

a) sinngemäß folgende Vorschriften einzuhalten:
  i) Artikel 13 der Richtlinie 89/391/EWG,
  ii) Artikel 4 der Richtlinie 89/655/EWG und die einschlägigen Bestimmungen im Anhang derselben Richtlinie,
  iii) Artikel 3, Artikel 4 Absätze 1 bis 4 und 9 sowie Artikel 5 der Richtlinie 89/656/EWG;

b) die Hinweise des bzw. der Sicherheits- und Gesundheitskoordinatoren zu berücksichtigen.

Unterrichtung der Arbeitnehmer

Art. 11 (1) Unbeschadet des Artikels 10 der Richtlinie 89/391/EWG werden die Arbeitnehmer und/oder ihre Vertreter über alle Maßnahmen unterrichtet, die in bezug auf ihre Sicherheit und den Schutz ihrer Gesundheit auf der Baustelle zu ergreifen sind.

(2) Die Angaben müssen für die betreffenden Arbeitnehmer verständlich sein.

Anhörung und Beteiligung der Arbeitnehmer

Art. 12 Die Anhörung und die Beteiligung der Arbeitnehmer und/oder ihrer Vertreter in den durch die Artikel 6, 8 und 9 abgedeckten Bereichen erfolgen gemäß Artikel 11 der Richtlinie 89/391/EWG, wobei immer, wenn dies angesichts des Ausmaßes des Risikos und des Umfangs der Baustelle erforderlich erscheint, eine angemessene Abstimmung zwischen den Arbeitnehmern bzw. Vertretern der Arbeitnehmer der Unternehmen, die auf der Baustelle tätig sind, vorzusehen ist.

Änderungen des Anhangs IV

Art. 13 Der Kommission wird die Befugnis übertragen, gemäß Artikel 13a delegierte Rechtsakte zur Vornahme rein technischer Änderungen des Anhangs IV zu erlassen, um die technische Harmonisierung und Normung auf dem Gebiet der zeitlich begrenzten oder ortsveränderlichen Baustellen sowie den technischen Fortschritt sowie die Entwicklung der internationalen Regelungen oder Spezifikationen und der Kenntnisse auf dem genannten Gebiet zu berücksichtigen.

Ist in hinreichend begründeten Ausnahmefällen, in denen eine akute, unmittelbare und schwerwiegende Gefahr für die körperliche Gesundheit und Sicherheit von Arbeitnehmern oder anderen Personen gegeben ist, aus Gründen äußerster Dringlichkeit sehr kurzfristiges Handeln erforderlich, so findet das Verfahren gemäß Artikel 13b auf delegierte Rechtsakte, die gemäß dem vorliegenden Artikel erlassen werden, Anwendung.

(VO (EU) 2019/1243)

Ausübung der Befugnisübertragung

Art. 13a (1) Die Befugnis zum Erlass delegierter Rechtsakte wird der Kommission unter den in diesem Artikel festgelegten Bedingungen übertragen.

(2) Die Befugnis zum Erlass delegierter Rechtsakte gemäß Artikel 13 wird der Kommission für einen Zeitraum von fünf Jahren ab dem 26. Juli 2019 übertragen. Die Kommission erstellt spätestens neun Monate vor Ablauf des Zeitraums von fünf Jahren einen Bericht über die Befugnisübertragung. Die Befugnisübertragung verlängert sich stillschweigend um Zeiträume gleicher Länge, es sei denn, das Europäische Parlament oder der Rat widerspricht einer solchen Verlängerung spätestens drei Monate vor Ablauf des jeweiligen Zeitraums.

(3) Die Befugnisübertragung gemäß Artikel 13 kann vom Europäischen Parlament oder vom Rat jederzeit widerrufen werden. Der Beschluss über den Widerruf beendet die Übertragung der in diesem Beschluss angegebenen Befugnis. Er wird am Tag nach seiner Veröffentlichung im *Amtsblatt der Europäischen Union* oder zu einem im Beschluss über den Widerruf angegebenen späteren Zeitpunkt wirksam. Die Gültigkeit von delegierten Rechtsakten, die bereits in Kraft sind, wird von dem Beschluss über den Widerruf nicht berührt.

(4) Vor dem Erlass eines delegierten Rechtsakts konsultiert die Kommission die von den einzelnen Mitgliedstaaten benannten Sachverständigen im Einklang mit den in der Interinstitutionellen Vereinbarung vom 13. April 2016 über bessere Rechtsetzung enthaltenen Grundsätzen.

(5) Sobald die Kommission einen delegierten Rechtsakt erlässt, übermittelt sie ihn gleichzeitig dem Europäischen Parlament und dem Rat.

(6) Ein delegierter Rechtsakt, der gemäß Artikel 13 erlassen wurde, tritt nur in Kraft, wenn weder das Europäische Parlament noch der Rat innerhalb einer Frist von zwei Monaten nach Übermittlung dieses Rechtsakts an das Europäische Parlament und den Rat Einwände erhoben haben oder wenn vor Ablauf dieser Frist das Europäische Parlament und der Rat beide der Kommission mitgeteilt haben, dass sie keine Einwände erheben werden. Auf Initiative des Europäischen Parlaments oder des Rates wird diese Frist um zwei Monate verlängert.

(VO (EU) 2019/1243)

Dringlichkeitsverfahren

Art. 13b (1) Delegierte Rechtsakte, die nach diesem Artikel erlassen werden, treten umgehend in Kraft und sind anwendbar, solange keine Einwände gemäß Absatz 2 erhoben werden. Bei der Übermittlung eines delegierten Rechtsakts an das Europäische Parlament und den Rat werden die Gründe für die Anwendung des Dringlichkeitsverfahrens angegeben.

(2) Das Europäische Parlament oder der Rat können gemäß dem Verfahren des Artikels 13a Absatz 6 Einwände gegen einen delegierten Rechtsakt erheben. In diesem Fall hebt die Kommission den Rechtsakt umgehend nach der Übermittlung des Beschlusses des Europäischen Parlaments oder des Rates, Einwände zu erheben, auf.

(VO (EU) 2019/1243)

Schlussbestimmungen

Art. 14 (1) Die Mitgliedstaaten erlassen die erforderlichen Rechts- und Verwaltungsvorschriften, um dieser Richtlinie bis spätestens 31. Dezember 1993 nachzukommen. Sie setzen die Kommission unverzüglich davon in Kenntnis.

(2) Wenn die Mitgliedstaaten Vorschriften nach Absatz 1 erlassen, nehmen sie in den Vorschriften selbst oder durch einen Hinweis bei der amtlichen Veröffentlichung auf diese Richtlinie Bezug. Die Mitgliedstaaten regeln die Einzelheiten der Bezugnahme.

(3) Die Mitgliedstaaten teilen der Kommission den Wortlaut der innerstaatlichen Rechtsvorschriften mit, die sie in dem unter diese Richtlinie fallenden Gebiet bereits erlassen haben oder erlassen.

(Art. 14 Abs. 4 u. 5 aufgehoben durch Art. 3 Z. 9 der RL 2007/30/EG)

Art. 15 Diese Richtlinie ist an die Mitgliedstaaten gerichtet.

6/9. BaustellenRL
Anhänge I – IV

ANHANG I
Nichtschöpfende Liste von Hoch- und Tiefbauarbeiten nach Artikel 2 Buchstabe a)
1. Aushub
2. Erdarbeiten
3. Bauarbeiten im engeren Sinne
4. Errichtung und Abbau von Fertigbauelementen
5. Einrichtung oder Ausstattung
6. Umbau
7. Renovierung
8. Reparatur
9. Abbauarbeiten
10. Abbrucharbeiten
11. Wartung
12. Instandhaltungs-, Maler- und Reinigungsarbeiten
13. Sanierung

ANHANG II
Nichtschöpfende Liste der Arbeiten, die mit besonderen Gefahren für Sicherheit und Gesundheit der Arbeitnehmer verbunden sind, nach Artikel 3 Absatz 2 Unterabsatz 2
1. Arbeiten, bei denen die Arbeitnehmer der Gefahr des Verschüttetwerdens, des Versinkens oder des Absturzes ausgesetzt sind, die durch die Art der Tätigkeit, die angewandten Verfahren oder die Umgebungsbedingungen am Arbeitsplatz bzw. auf der Baustelle verstärkt wird (bei der Anwendung der Nummer 1 können die Mitgliedstaaten Zahlenwerte für spezifische Situationen festsetzen).
2. Arbeiten, bei denen die Arbeitnehmer chemischen oder biologischen Stoffen ausgesetzt sind, die entweder eine besondere Gefahr für die Sicherheit und die Gesundheit der Arbeitnehmer darstellen oder für die gesetzlich eine Gesundheitsüberwachung vorgeschrieben ist.
3. Arbeiten mit ionisierenden Strahlungen für die Festlegung von Kontroll- oder Überwachungsbereichen im Sinne der Richtlinie 80/836/Euratom (ABl. Nr. L 246 v. 17.9.1980, S. 1; zuletzt geändert durch die Richtlinie 84/467/Euratom, ABl. Nr. L 265 v. 5.10.1984, S. 4).
4. Arbeiten in der Nähe von Hochspannungsleitungen.
5. Arbeiten, bei denen die Gefahr des Ertrinkens besteht.
6. Brunnenbau, unterirdische Erdarbeiten und Tunnelbau.
7. Arbeiten mit Tauchergeräten.
8. Arbeiten in Druckkammern.
9. Arbeiten, bei denen Sprengstoff eingesetzt wird.
10. Errichtung oder Abbau von schweren Fertigbauelementen.

ANHANG III
Inhalt der Vorankündigung nach Artikel 3 Absatz 3 Unterabsatz 1
1. Datum der Mitteilung: ...
2. Genauer Standort der Baustelle: ...
3. Bauherr(en) Name(n) und Anschrift(en)): ...
4. Art des Bauwerks: ...
5. Bauleiter (Name(n) und Anschrift(en)): ...
6. Sicherheits- und Gesundheitsschutzkoordinator(en) während der Vorbereitungsphase des Bauprojekts (Name(n) und Anschrift(en)): ...
7. Sicherheits- und Gesundheitsschutzkoordinator(en) während der Ausführungsphase des Bauwerks (Name(n) und Anschrift(en)): ...
8. Voraussichtlicher Termin für den Beginn der Arbeiten auf der Baustelle: ...
9. Voraussichtliche Dauer der Arbeiten auf der Baustelle: ...
10. Voraussichtliche Höchstzahl von Beschäftigten auf der Baustelle: ...
11. Zahl der voraussichtlich auf der Baustelle tätigen Unternehmen und Selbständigen: ...
12. Angabe der bereits ausgewählten Unternehmen: ...

ANHANG IV
Mindestvorschriften für Sicherheit und Gesundheitsschutz auf Baustellen
nach Artikel 9 Buchstabe a) und Artikel 10 Absatz 1 Buchstabe a) Ziffer i)

Vorbemerkung

Die Anforderungen dieses Anhangs gelten immer dann, wenn die Merkmale der Baustelle oder der Tätigkeit, die Umstände oder eine entsprechende Gefahr dies erfordern.

Als Räume im Sinne dieses Anhangs gelten auch Baubaracken.

Teil A
Allgemeine Mindestvorschriften für Arbeitsstätten auf Baustellen

1. Standsicherheit und Festigkeit

1.1. Materialien, Ausrüstungen und ganz allgemein alle Elemente, die durch Ortsveränderung die Sicherheit und die Gesundheit der Arbeitnehmer beeinträchtigen können, müssen auf eine geeignete und sichere Art und Weise stabilisiert werden.

1.2. Der Zugang zu Flächen aus Werkstoffen, die keine ausreichende Festigkeit bieten, ist nur zulässig, wenn Ausrüstungen oder geeignete Vorrichtungen zur Verfügung gestellt werden, die eine sichere Ausführung der Arbeit ermöglichen.

2. Energieverteilungsanlagen

2.1. Die Anlagen müssen so konzipiert, installiert und eingesetzt werden, daß von ihnen keine Brand- und Explosionsgefahr ausgeht und daß die Personen in angemessener Weise vor den Gefahren eines Stromschlags durch direkten oder indirekten Kontakt geschützt sind.

6/9. BaustellenRL
Anhang IV

2.2. Bei Konzeption, Installation und Auswahl von Material und Schutzvorrichtungen sind Art und Stärke der verteilten Energie, die äußeren Einwirkungsbedingungen und die Fachkenntnisse der Personen zu berücksichtigen, die Zugang zu Teilen der Anlage haben.

3. Fluchtwege und Notausgänge

3.1. Fluchtwege und Notausgänge müssen frei von Hindernissen bleiben und auf möglichst kurzem Weg in einen sicheren Bereich führen.

3.2. Alle Arbeitsplätze müssen bei Gefahr von den Arbeitnehmern schnell und in größter Sicherheit verlassen werden können.

3.3. Anzahl, Anordnung und Abmessungen der Fluchtwege und Ausgänge richten sich nach Nutzung, Einrichtung und Abmessung der Baustelle und der Räume sowie nach der höchstmöglichen Anzahl der dort anwesenden Personen.

3.4. Fluchtwege und Notausgänge als solche sind gemäß den innerstaatlichen Bestimmungen zur Umsetzung der Richtlinie 77/576/EWG (ABl. Nr. L 229 v. 7. 9. 1977, S. 12, zuletzt geändert durch die Richtlinie 79/640/EWG, ABl. Nr. L 183 v. 19. 7. 1979, S. 1) zu kennzeichnen.

Diese Kennzeichnung muß ausreichend dauerhaft und an geeigneten Stellen angebracht sein.

3.5. Fluchtwege und Notausgänge sowie die dorthin führenden Durchgänge und Türen dürfen nicht durch Gegenstände versperrt werden, so daß sie jederzeit ungehindert benutzt werden können.

3.6. Notausgänge und Fluchtwege, bei denen eine Beleuchtung notwendig ist, müssen für den Fall, daß die Beleuchtung ausfällt, über eine ausreichende Sicherheitsbeleuchtung verfügen.

4. Brandmeldung und -bekämpfung

4.1. Je nach Merkmalen der Baustelle und nach Abmessungen und Nutzung der Räume, vorhandenen Einrichtungen, physikalischen und chemischen Eigenschaften der vorhandenen Substanzen oder Materialien sowie der höchstmöglichen Anzahl der anwesenden Personen müssen eine ausreichende Anzahl von geeigneten Feuerlöscheinrichtungen und, soweit erforderlich, Brandmelde- und Alarmanlagen vorgesehen werden.

4.2. Diese Feuerlöscheinrichtungen und Brandmelde- und Alarmanlagen müssen regelmäßig überprüft und instandgehalten werden.

In regelmäßigen Abständen sind geeignete Versuche und Übungen durchzuführen.

4.3. Nichtselbständige Feuerlöscheinrichtungen müssen leicht zu erreichen und zu handhaben sein.

Sie sind gemäß den innerstaatlichen Bestimmungen zur Umsetzung der Richtlinie 77/576/EWG zu kennzeichnen.

Diese Kennzeichnung muß ausreichend dauerhaft und an geeigneten Stellen angebracht sein.

5. Lüftung

Unter Berücksichtigung der Arbeitsverfahren und der körperlichen Beanspruchung der Arbeitnehmer ist dafür zu sorgen, daß ausreichend gesundheitlich zuträgliche Atemluft vorhanden ist.

Wird eine Lüftungsanlage benutzt, so muß sie in betriebsbereitem Zustand gehalten werden, und die Arbeitnehmer dürfen keinem gesundheitsschädigenden Luftzug ausgesetzt sein.

Ein Kontrollsystem muß jede Störung anzeigen, falls dies für die Gesundheit der Arbeitnehmer erforderlich ist.

6. Arbeit unter besonderen Gefahren

6.1. Die Arbeitnehmer dürfen keinem schädigenden Geräuschpegel und keiner äußeren Schadeinwirkung (z. B. Gase, Dämpfe, Stäube) ausgesetzt werden.

6.2. Wenn Arbeitnehmer einen Bereich betreten müssen, in dem die Luft einen giftigen oder schädlichen Stoff bzw. unzureichend Sauerstoff enthält oder entzündbar sein kann, ist die Luft in diesem Bereich zu überwachen und sind geeignete Maßnahmen zu treffen, um jeglicher Gefahr vorzubeugen.

6.3. Ein Arbeitnehmer darf auf keinen Fall allein in einem Bereich arbeiten, in dem hinsichtlich der Luft erhöhte Gefahr besteht.

Er muß zumindest ständig von außen überwacht werden, und es sind alle geeigneten Vorkehrungen zu treffen, um eine wirksame und sofortige Hilfeleistung zu ermöglichen.

7. Temperatur

Während der Arbeitszeit muß unter Berücksichtigung der angewandten Arbeitsmethoden und der körperlichen Beanspruchung der Arbeitnehmer eine Temperatur herrschen, die für den menschlichen Organismus angemessen ist.

8. Natürliche und künstliche Beleuchtung der Arbeitsplätze, der Räume und der Verkehrswege auf der Baustelle

8.1. Arbeitsplätze, Räume und Verkehrswege müssen soweit wie möglich über genügend Tageslicht verfügen und nachts sowie bei schlechtem Tageslicht auf geeignete und ausreichende Weise künstlich beleuchtet werden; gegebenenfalls sind stoßsichere tragbare Lichtquellen zu benutzen.

Durch die für die künstliche Beleuchtung verwendete Farbe darf die Wahrnehmung von Signalen oder Warnschildern nicht gestört oder beeinflußt werden.

8.2. Die Beleuchtung der Räume, Arbeitsplätze und Verkehrswege muß so angebracht sein, daß aus der Art der vorgesehenen Beleuchtung keine Unfallgefahr für die Arbeitnehmer entsteht.

8.3. Räume, Arbeitsplätze und Verkehrswege, bei denen die Arbeitnehmer bei Ausfall der künstlichen Beleuchtung in besonderem Maße Gefahren ausgesetzt sind, müssen eine ausreichende Sicherheitsbeleuchtung haben.

9. Türen und Tore

9.1. Schiebetüren müssen gegen Ausheben und Herausfallen gesichert sein.

9.2. Türen und Tore, die sich nach oben öffnen, müssen gegen Herabfallen gesichert sein.

9.3. Türen und Tore im Verlauf von Fluchtwegen müssen angemessen gekennzeichnet sein.

9.4. In unmittelbarer Nähe von Toren, die vorwiegend für den Fahrzeugverkehr bestimmt sind, müssen gut sichtbar gekennzeichnete und stets zugängliche Türen für den Fußgängerverkehr vorhanden sein, es sei denn, der Durchgang für Fußgänger ist ungefährlich.

9.5. Kraftbetätigte Türen und Tore müssen ohne Gefährdung der Arbeitnehmer bewegt werden können.

Sie müssen mit gut erkennbaren und leicht zugänglichen Notabschalteinrichtungen ausgestattet und auch von Hand zu öffnen sein, sofern sie sich bei Stromausfall nicht automatisch öffnen.

10. Verkehrswege – Gefahrenbereiche

10.1. Verkehrswege, einschließlich Treppen, festangebrachte Steigleitern und Laderampen, müssen so berechnet, angeordnet, gestaltet und bemessen sein, daß sie nach ihrem Bestimmungszweck leicht und sicher begangen oder befahren werden können und in der Nähe beschäftigte Arbeitnehmer nicht gefährdet werden.

10.2. Die Bemessung der Verkehrswege, die dem Personen- und/oder Güterverkehr dienen, einschließlich der Verkehrswege für Be- und Entladearbeiten, muß sich nach der Zahl der möglichen Benutzer und der Art der Tätigkeit richten.

Werden Beförderungsmittel auf Verkehrswegen verwendet, so müssen für andere Benutzer ein ausreichender Sicherheitsabstand oder geeignete Schutzvorrichtungen vorgesehen werden.

Die Wege müssen klar gekennzeichnet sein und regelmäßig überprüft und gewartet werden.

10.3. Verkehrswege für Fahrzeuge müssen an Türen, Toren, Durchgängen, Durchfahrten und Treppenauftritten in ausreichendem Abstand vorbeiführen.

10.4. Befinden sich auf der Baustelle Bereiche mit beschränktem Zutritt, so müssen diese Bereiche mit Vorrichtungen ausgestattet sein, die unbefugte Arbeitnehmer am Betreten dieser Bereiche hindern.

Zum Schutz der Arbeitnehmer, die zum Betreten der Gefahrenbereiche befugt sein, müssen entsprechende Vorkehrungen getroffen werden.

Die Gefahrenbereiche müssen gut sichtbar gekennzeichnet sein.

11. Laderampen

11.1. Laderampen sind den Abmessungen der transportierten Lasten entsprechend auszulegen.

11.2. Laderampen müssen mindestens einen Abgang haben.

11.3. Bei Laderampen müssen die Arbeitnehmer gegen Abstürze gesichert sein.

12. Bewegungsfläche am Arbeitsplatz

Die Fläche des Arbeitsplatzes ist so vorzusehen, daß die Arbeitnehmer bei ihrer Tätigkeit unter Berücksichtigung der erforderlichen Ausrüstungen und Geräte über genügend Bewegungsfreiheit verfügen.

13. Erste Hilfe

13.1. Der Arbeitgeber hat sicherzustellen, daß jederzeit Erste Hilfe geleistet werden kann und entsprechend ausgebildetes Personal zur Verfügung steht.

Es sind Maßnahmen zu treffen, um den Abtransport von Arbeitnehmern, die von einem Unfall oder plötzlichem Unwohlsein betroffen sind, zur ärztlichen Behandlung sicherzustellen.

13.2. Wenn die Größe der Baustelle oder die Art der Tätigkeiten es erfordert, sind eine oder mehrere Räumlichkeiten für die Erste Hilfe vorzusehen.

13.3. Die Räumlichkeiten für die Erste Hilfe müssen mit den erforderlichen Erste-Hilfe-Einrichtungen und -Materialien ausgestattet und leicht für Personen mit Krankentragen zugänglich sein.

Sie sind entsprechend den einzelstaatlichen Rechtsvorschriften zur Umsetzung der Richtlinie 77/576/EWG zu kennzeichnen.

13.4. Die erforderlichen Mittel für die Erste Hilfe müssen außerdem überall dort aufbewahrt werden, wo die Arbeitsbedingungen dies erforderlich machen.

Die Aufbewahrungsstellen müssen als solche gekennzeichnet und gut erreichbar sein.

An einer deutlich gekennzeichneten Stelle müssen Anschrift und Telefonnummer des örtlichen Rettungsdienstes angegeben sein.

14. Sanitärräume

14.1. Umkleideräume, Kleiderschränke

14.1.1. Den Arbeitnehmern sind geeignete Umkleideräume zur Verfügung zu stellen, wenn sie bei ihrer Tätigkeit besondere Arbeitskleidung tragen müssen und es ihnen aus Gründen der Sicherheit oder der Schicklichkeit nicht zugemutet werden kann, sich an anderer Stelle umzuziehen.

Die Umkleideräume müssen leicht zugänglich, ausreichend groß und mit Sitzgelegenheiten ausgestattet sein.

14.1.2. Die Umkleideräume müssen ausreichend bemessen sein und über Einrichtungen verfügen, damit jeder Arbeitnehmer gegebenenfalls seine Arbeitskleidung trocknen sowie seine Kleidung und persönlichen Gegenstände unter Verschluß aufbewahren kann.

14.1.3. Für Männer und Frauen sind getrennte Umkleideräume einzurichten, bzw. es ist eine getrennte Benutzung der Umkleideräume vorzusehen.

14.1.4. Wenn Umkleideräume nicht im Sinne von Nummer 14.1.1. erster Absatz erforderlich sind, muß für jeden Arbeitnehmer eine Kleiderablage vorhanden sein, damit er seine Kleidung und persönlichen Gegenstände unter Verschluß aufbewahren kann.

14.2. Duschen und Waschgelegenheiten

14.2.1. Den Arbeitnehmern sind in ausreichender Zahl geeignete Duschen zur Verfügung zu stellen, wenn die Art der Tätigkeit oder die Pflege der Gesundheit dies erfordern.

6/9. BaustellenRL
Anhang IV

Für Männer und Frauen sind getrennte Duschräume einzurichten, bzw. es ist eine getrennte Benutzung der Duschräume vorzusehen.

14.2.2. Die Duschräume müssen ausreichend bemessen sein, damit jeder Arbeitnehmer sich entsprechend den hygienischen Erfordernissen ungehindert waschen kann.

Die Duschen müssen fließendes kaltes und warmes Wasser haben.

14.2.3. Wenn Duschen nach Nummer 14.2.1 erster Absatz nicht erforderlich sind, müssen geeignete Waschgelegenheiten mit (erforderlichenfalls warmem) fließendem Wasser in ausreichender Zahl in der Nähe des Arbeitsplatzes und der Umkleideräume vorhanden sein.

Für Männer und Frauen sind getrennte Waschgelegenheiten einzurichten, bzw. es ist eine getrennte Benutzung der Waschgelegenheiten vorzusehen, wenn dies aus Gründen der Schicklichkeit erforderlich ist.

14.2.4. Sind Duschräume oder Waschgelegenheiten und Umkleideräume getrennt, muß zwischen diesen Räumen eine bequeme Verbindung bestehen.

14.3. Toiletten und Handwaschbecken

Den Arbeitnehmern sind in der Nähe der Arbeitsplätze Pausenräume, Umkleideräume und Duschen bzw. Waschgelegenheiten, besondere Räume mit einer ausreichenden Zahl von Toiletten und Handwaschbecken zur Verfügung zu stellen.

Für Frauen und Männer sind getrennte Toilettenräume einzurichten, bzw. es ist eine getrennte Benutzung der Toiletten vorzusehen.

15. Pausenräume und/oder Unterbringungsmöglichkeiten

15.1. Den Arbeitnehmern sind leicht erreichbare Pausenräume und/oder Unterbringungsmöglichkeiten zur Verfügung zu stellen, wenn Sicherheits- oder Gesundheitsgründe, insbesondere wegen der Art der ausgeübten Tätigkeit oder der Anzahl der im Betrieb beschäftigten Personen und der Abgelegenheit der Baustelle dies erfordern.

15.2. Die Pausenräume und/oder Unterbringungsmöglichkeiten müssen ausreichend bemessen und der Zahl der Arbeitnehmer entsprechend mit Tischen und Stühlen ausgestattet sein.

15.3. Sind solche Räume nicht vorhanden, sind den Arbeitnehmern andere Einrichtungen zur Verfügung zu stellen, damit sie sich dort während Arbeitsunterbrechungen aufhalten können.

15.4. Ortsfeste Unterbringungsmöglichkeiten, die nicht nur ausnahmsweise benutzt werden, müssen mit einer ausreichenden Anzahl von Sanitäreinrichtungen, einem Eßraum und einem Aufenthaltsraum ausgestattet sein.

Die Räume sind entsprechend der Anzahl der Arbeitnehmer mit Betten, Schränken, Tischen und Stühlen auszustatten; bei der Zuteilung der Räume ist gegebenenfalls die Anwesenheit von weiblichen und männlichen Arbeitnehmern zu berücksichtigen.

15.5. In den Pausenräumen und/oder Unterbringungsmöglichkeiten sind geeignete Maßnahmen zum Schutz der Nichtraucher vor Belästigung durch Tabakrauch vorzusehen.

16. Schwangere und stillende Mütter

Schwangere und stillende Mütter müssen sich unter geeigneten Bedingungen hinlegen und ausruhen können.

17. Behinderte Arbeitnehmer

Die Arbeitsstätten sind gegebenenfalls behindertengerecht zu gestalten.

Dies gilt insbesondere für Türen, Verbindungswege, Treppen, Duschen, Waschgelegenheiten und Toiletten, die Behinderte benutzen, sowie für Arbeitsplätze, an denen Behinderte unmittelbar tätig sind.

18. Verschiedene Bestimmungen

18.1. Die unmittelbare Umgebung und die Grenze der Baustelle sind klar sichtbar und als solche erkennbar zu kennzeichnen und zu gestalten.

18.2. Die Arbeitnehmer müssen auf der Baustelle über Trinkwasser und gegebenenfalls über ein anderes geeignetes, alkoholfreies Getränk in ausreichender Menge in den benutzten Räumen sowie in der Nähe der Arbeitsplätze verfügen.

18.3. Die Arbeitnehmer müssen

– über Einrichtungen verfügen, um ihre Mahlzeiten unter zufriedenstellenden Bedingungen einnehmen zu können;

– gegebenenfalls über Einrichtungen verfügen, um ihre Mahlzeiten unter zufriedenstellenden Bedingungen zubereiten zu können.

Teil B
Besondere Mindestvorschriften für Arbeitsplätze auf Baustellen

Vorbemerkung

Wenn besondere Situationen es erfordern, ist die Einteilung der Mindestanforderungen in zwei Abschnitte, wie sie nachstehend aufgeführt sind, als solche nicht als verbindlich anzusehen.

Abschnitt I
Baustellenarbeitsplätze innerhalb von Räumen

1. Standsicherheit und Festigkeit

Die Räume müssen eine der Nutzungsart entsprechende Konstruktion und Festigkeit aufweisen.

2. Türen von Notausgängen

Türen von Notausgängen müssen in Fluchtrichtung aufschlagen.

Die Türen von Notausgängen müssen so geschlossen sein, daß sie leicht und unverzüglich von jeder Person, die sie im Notfall benutzen muß, zu öffnen sind.

Schiebe- und Drehtüren sind als Nottüren nicht zulässig.

3. Lüftung

Bei Klimaanlagen und mechanischen Belüftungseinrichtungen ist sicherzustellen, daß die Arbeitnehmer keinem störenden Luftzug ausgesetzt sind.

Ablagerungen und Verunreinigungen, die unmittelbar zu einer Gefährdung der Gesundheit der Arbeitnehmer durch Verschmutzung der eingeatmeten Luft führen können, müssen rasch beseitigt werden.

4. Temperatur

4.1. In Pausen-, Bereitschafts-, Sanitär, Kantinen- und Sanitätsräumen muß die Temperatur dem spezifischen Nutzungszweck der Räume entsprechen.

4.2. Fenster, Oberlichter und Glaswände müssen je nach Art der Arbeit und Nutzung des Raums eine Abschirmung gegen übermäßige Sonneneinstrahlung ermöglichen.

5. Natürliche und künstliche Beleuchtung

Die Arbeitsstätten müssen soweit wie möglich über genügend Tageslicht verfügen und mit Vorrichtungen für eine geeignete künstliche Beleuchtung zur Gewährleistung der Sicherheit und zum Schutz der Gesundheit der Arbeitnehmer ausgerüstet sein.

6. Fußböden, Wände und Decken der Räume

6.1. Die Fußböden der Räume dürfen keine Unebenheiten, Löcher oder gefährlichen Neigungen aufweisen; sie müssen fest, trittsicher und rutschfest sein.

6.2. Die Oberfläche der Fußböden, Decken und Wände der Räume muß so beschaffen sein, daß sie sich den hygienischen Erfordernissen entsprechend reinigen und erneuern läßt.

6.3. Durchsichtige oder lichtdurchlässige Wände, insbesondere Ganzglaswände, in Räumen oder in der Nähe von Arbeitsplätzen und Verkehrswegen müssen deutlich gekennzeichnet sein und aus Sicherheitsmaterial bestehen oder so gegen die Arbeitsplätze und Verkehrswege abgeschirmt sein, daß die Arbeitnehmer nicht mit den Wänden in Berührung kommen und beim Zersplittern der Wände nicht verletzt werden können.

7. Fenster und Oberlichter der Räume

7.1. Fenster, Oberlichter und Lüftungsvorrichtungen müssen sich von den Arbeitnehmern sicher öffnen, schließen, verstellen und feststellen lassen.

Sie dürfen in geöffnetem Zustand keine Gefahr für die Arbeitnehmer darstellen.

7.2. Fenster und Oberlichter müssen in Verbindung mit der Einrichtung konzipiert oder mit Vorrichtungen versehen sein, die es ermöglichen, sie ohne Gefährdung der die Reinigung durchführenden Arbeitnehmer sowie der anwesenden Arbeitnehmer zu reinigen.

8. Türen und Tore

8.1. Lage, Anzahl, Werkstoffe und Abmessungen von Türen und Toren müssen sich nach der Art und Nutzung der Räume richten.

8.2. Durchsichtige Türen müssen in Augenhöhe gekennzeichnet sein.

8.3. Schwingtüren und -tore müssen durchsichtig sein oder Sichtfenster haben.

8.4. Bestehen durchsichtige oder lichtdurchlässige Flächen von Türen und Toren nicht aus Sicherheitsmaterial und ist zu befürchten, daß sich Arbeitnehmer beim Zersplittern der Flächen verletzen können, so sind diese Flächen gegen Eindrücken zu schützen.

9. Verkehrswege

Soweit aufgrund der Nutzung und Einrichtung der Räume zum Schutz der Arbeitnehmer erforderlich, müssen die Begrenzungen der Verkehrswege gekennzeichnet sein.

10. Besondere Anforderungen an Rolltreppen und Rollsteige

Rolltreppen und Rollsteige müssen sicher funktionieren.

Sie müssen mit den notwendigen Sicherheitsvorrichtungen ausgestattet sein.

Sie müssen durch gut erkennbare und leicht zugängliche Notabschalteinrichtungen stillgesetzt werden können.

11. Raumabmessungen und Luftraum der Räume

Arbeitsräume müssen eine ausreichende Grundfläche und Höhe aufweisen, so daß die Arbeitnehmer ohne Beeinträchtigung ihrer Sicherheit, ihrer Gesundheit oder ihres Wohlbefindens ihre Arbeit verrichten können.

Abschnitt II
Baustellenarbeitsplätze außerhalb von Räumen

1. Standsicherheit und Festigkeit

1.1. Ortsveränderliche oder ortsfeste Arbeitsplätze an erhöhten oder tieferliegenden Standorten müssen standsicher und stabil sein; zu berücksichtigen sind dabei

– die Zahl der dort beschäftigten Arbeitnehmer,
– die höchstmögliche Belastung sowie die Verteilung der Lasten,
– etwaige äußere Einwirkungen.

Wenn die tragenden und die sonstigen Teile dieser Arbeitsplätze selbst nicht standsicher sind, ist ihre Standsicherheit durch geeignete und sichere Befestigungsvorrichtungen zu gewährleisten, um jede zufällige bzw. ungewollte Ortsveränderung des gesamten bzw. eines Teils des Arbeitsplatzes zu verhindern.

1.2. Überprüfung

Standsicherheit und Festigkeit müssen in geeigneter Weise überprüft werden, insbesondere nach einer etwaigen Veränderung der Höhe bzw. der Tiefe des Arbeitsplatzes.

2. Energieverteilungsanlagen

2.1. Die Energieverteilungsanlagen auf der Baustelle, insbesondere diejenigen die äußeren Einwirkungen ausgesetzten Anlagen, müssen regelmäßig überprüft und instandgehalten werden.

6/9. BaustellenRL
Anhang IV

2.2. Die vor Beginn der Arbeiten auf der Baustelle vorhandenen Anlagen müssen identifiziert, überprüft und klar gekennzeichnet werden.

2.3. Vorhandene elektrische Freileitungen müssen nach Möglichkeit außerhalb des Baustellengeländes verlegt oder freigeschaltet werden.

Ist dies nicht möglich, so sind Abschrankungen oder Hinweise anzubringen, damit Fahrzeuge und Einrichtungen von diesen Leitungen ferngehalten werden.

Geeignete Warneinrichtungen und eine hängende Abschirmung sind vorzusehen, wenn Baustellenfahrzeuge die Leitungen unterqueren müssen.

3. Witterungseinflüsse

Die Arbeitnehmer müssen gegen Witterungseinflüsse, die ihre Sicherheit und ihre Gesundheit beeinträchtigen können, geschützt werden.

4. Herabfallen von Gegenständen

Die Arbeitnehmer müssen durch kollektive Schutzmittel gegen das Herabfallen von Gegenständen geschützt werden, wenn dies technisch möglich ist.

Material und Ausrüstung müssen so angeordnet bzw. gestapelt werden, daß sie nicht verrutschen oder umstürzen können.

Gegebenenfalls müssen auf der Baustelle überdachte Durchgänge vorgesehen werden, oder der Zugang zu Gefahrenbereichen muß ausgeschlossen werden.

5. Absturz

5.1. Abstürze müssen durch Vorrichtungen verhindert werden, insbesondere durch solide Geländer, die hoch genug sind und mindestens aus einer Fußleiste, einem Handlauf und einer Mittelleiste bestehen, oder durch eine gleichwertige Alternativlösung.

5.2. Arbeiten an erhöhten Standorten dürfen grundsätzlich nur mit Hilfe geeigneter Einrichtungen oder mit kollektiven Schutzmitteln wie Geländern, Plattformen oder Auffangnetzen durchgeführt werden.

Ist die Verwendung dieser Einrichtungen aufgrund der Art der Arbeiten ausgeschlossen, so sind geeignete Zugangsmöglichkeiten vorzusehen und Sicherheitsgeschirr oder andere verankerte Sicherheitsausrüstungen zu verwenden.

6. Gerüste und Leitern

(Dieser Abschnitt wird in der künftigen Richtlinie zur Änderung der Richtlinie 89/655/EWG präzisiert, insbesondere zur Ergänzung von Abschnitt 3 des Anhangs dieser Richtlinie.)(*)

(*) S. nun Nummer 3.2. in Anhang II Abschnitt 4 der RL 2009/104/EG.

6.1. Jedes Gerüst muß in sachgerechter Weise so entworfen, gebaut und instandgehalten werden, daß es nicht einstürzt oder sich plötzlich bewegt.

6.2. Arbeitsplattformen, Laufstege und Gerüsttreppen müssen so gebaut, bemessen, geschützt und verwendet werden, daß niemand abstürzt oder von herabfallenden Gegenständen getroffen werden kann.

6.3. Gerüste müssen von einer sachkundigen Person überprüft werden
a) vor ihrer Inbetriebnahme,
b) danach in regelmäßigen Abständen sowie
c) nach einem Umbau, nach zeitweiliger Nichtbenutzung, nach Unwettern oder Erdbeben oder jedem anderen Umstand, durch den ihre Haltbarkeit oder Standfestigkeit beeinträchtigt werden könnte.

6.4. Leitern müssen eine ausreichende Festigkeit besitzen und ordnungsgemäß instandgehalten werden.

Sie müssen sachgerecht an den entsprechenden Stellen und bestimmungsgemäß verwendet werden.

6.5. Fahrgerüste müssen gegen unbeabsichtigtes Verfahren gesichert sein.

7. Hebezeuge

(Dieser Abschnitt wird in der künftigen Richtlinie zur Änderung der Richtlinie 89/655/EWG präzisiert, insbesondere zur Ergänzung von Abschnitt 3 des Anhangs dieser Richtlinie.)(**)

(**) S. nun Nummer 3.2. in Anhang I und Abschnitt 3 in Anhang II der RL 2009/104/EG.

7.1. Hebezeuge und Hebezubehör, einschließlich der wesentlichen Bestandteile, Befestigungen, Verankerungen und Abstützungen, müssen
a) sachgerecht entworfen und gebaut sein und eine für ihren Verwendungszweck ausreichende Festigkeit besitzen;
b) ordnungsgemäß aufgestellt und verwendet werden;
c) betriebsfähig gehalten werden;
d) gemäß den geltenden Rechtsvorschriften überprüft und regelmäßigen Prüfungen und Kontrollen unterzogen werden;
e) von qualifizierten Arbeitnehmern, die eine angemessene Schulung erhalten haben, bedient werden.

7.2. Auf Hebezeugen und Hebezubehör muß der Wert für die höchstzulässige Belastung deutlich sichtbar angegeben sein.

7.3. Hebezeuge und Hebezubehör dürfen nur bestimmungsgemäß eingesetzt werden.

8. Fahrzeuge, Erdbaumaschinen und Förderzeuge

(Dieser Abschnitt wird in der künftigen Richtlinie zur Änderung der Richtlinie 89/655/EWG präzisiert, insbesondere zur Ergänzung von Abschnitt 3 des Anhangs dieser Richtlinie.)

8.1. Alle Fahrzeuge, Erdbaumaschinen und Förderzeuge müssen
a) unter weitestgehender Berücksichtigung ergonomischer Grundsätze sachgerecht entworfen und gebaut sein;
b) betriebsfähig gehalten werden;
c) ordnungsgemäß eingesetzt werden.

8.2. Fahrer und Bediener von Fahrzeugen, Erdbaumaschinen und Förderzeugen müssen besonders geschult sein.

8.3. Es müssen Vorkehrungen getroffen werden, um zu verhindern, daß Fahrzeuge, Erdbaumaschinen und Förderzeuge in Ausschachtungen oder ins Wasser stürzen.

8.4. Gegebenenfalls müssen Erdbaumaschinen und Förderzeuge mit solchen Aufbauten ausgerüstet sein, die den Fahrer bei einem Umstürzen der Maschine vor dem Erdrücktwerden und die ihn vor herabfallenden Gegenständen schützen.

9. Anlagen, Maschinen, Ausrüstungen

(Dieser Abschnitt wird in der künftigen Richtlinie zur Änderung der Richtlinie 89/655/EWG präzisiert, insbesondere zur Ergänzung von Abschnitt 3 des Anhangs dieser Richtlinie.)

9.1. Anlagen, Maschinen und Ausrüstungen, einschließlich Handwerkszeug mit und ohne Motor, müssen

a) unter weitestgehender Berücksichtigung ergonomischer Grundsätze sachgerecht entworfen und gebaut sein;

b) betriebsfähig gehalten werden;

c) ausschließlich für zweckgemäße Arbeiten verwendet werden;

d) von angemessen geschulten Arbeitnehmern bedient werden.

9.2. Anlagen und Geräte unter Druck müssen gemäß den geltenden Rechtsvorschriften überprüft und regelmäßigen Prüfungen und Kontrollen unterzogen werden.

10. Ausschachtungen, Brunnenbau, unterirdische Arbeiten, Tunnelbau, Erdarbeiten

10.1. Bei Ausschachtungen, Brunnenbau, unterirdischen oder Tunnelbauarbeiten müssen geeignete Sicherheitsvorkehrungen getroffen werden, die

a) in einer geeigneten Verschalung bzw. Abschrägung bestehen;

b) Gefahren im Zusammenhang mit dem Sturz von Personen, dem Herabfallen von Material oder Gegenständen oder dem Eindringen von Wasser vermeiden;

c) eine ausreichende Lüftung an allen Arbeitsplätzen gewährleisten, damit für Atemluft gesorgt ist, die nicht gefährlich oder gesundheitsschädlich ist;

d) es ermöglichen, daß sich die Arbeitnehmer im Brandfall oder beim Eindringen von Wasser oder Material in Sicherheit bringen können.

10.2. Vor Beginn der Erdarbeiten müssen Messungen durchgeführt werden, um die Gefährdung durch unterirdisch verlegte Kabel und andere Versorgungsleitungen festzustellen und auf ein Mindestmaß zu verringern.

10.3. Die Ausschachtung muß über sichere Wege betreten und verlassen werden können.

10.4. Aushub, Material und in Bewegung befindliche Fahrzeuge müssen von Ausschachtungen ferngehalten werden; gegebenenfalls müssen geeignete Abschrankungen angebracht werden.

11. Abbrucharbeiten

Wenn der Abbruch eines Gebäudes oder eines Bauwerks eine Gefährdung bewirken kann,

a) müssen geeignete Vorsichtsmaßnahmen getroffen und sachgemäße Arbeitsverfahren angewandt werden;

b) dürfen die Arbeiten nur unter Aufsicht einer fachkundigen Person geplant und durchgeführt werden.

12. Stahl- oder Betonkonstruktionen, Schalungen und schwere Fertigbauteile

12.1. Stahl- oder Betonkonstruktionen sowie Teile hiervon, Schalungen, Fertigbauteile oder vorläufige Träger sowie Abstützungen dürfen nur unter Aufsicht einer fachkundigen Person auf- oder abgebaut werden.

12.2. Zum Schutz der Arbeitnehmer gegen Gefahren aufgrund fehlender Festigkeit oder vorübergehender Instabilität eines Bauwerks sind ausreichende Vorsichtsmaßnahmen zu treffen.

12.3. Schalungen, vorläufige Träger und Abstützungen müssen so entworfen, berechnet, angebracht und instandgehalten werden, daß sie den möglicherweise auf sie einwirkenden Beanspruchungen sicher standhalten können.

13. Spundwände und Senkkästen

13.1. Spundwände und Senkkästen sind

a) sachgerecht aus geeignetem, stabilem Material mit hinreichender Festigkeit zu bauen;

b) mit einer angemessenen Vorrichtung auszustatten, damit sich die Arbeitnehmer beim Eindringen von Wasser und Material retten können.

13.2. Bau, Instellungbringen, Umbau oder Abbau einer Spundwand oder eines Senkkastens dürfen nur unter Aufsicht einer fachkundigen Person erfolgen.

13.3. Spundwände und Senkkästen müssen in regelmäßigen Abständen von einer sachkundigen Person kontrolliert werden.

14. Dacharbeiten

14.1. In den Fällen, in denen dies zur Gefahrenvorbeugung erforderlich ist, oder wenn die Dachhöhe oder Dachneigung die von den Mitgliedstaaten festgelegten Werte überschreiten, müssen kollektive Schutzmaßnahmen gegen den Absturz von Arbeitnehmern bzw. das Herabfallen von Werkzeugen und sonstigen Gegenständen sowie von Baustoffen getroffen werden.

14.2. Wenn die Arbeitnehmer auf Dächern oder sonstigen Flächen aus nicht durchtrittsicherem Material oder in deren Nähe arbeiten müssen, müssen Vorbeugungsmaßnahmen getroffen werden, um ein versehentliches Begehen der nicht durchtrittsicheren Flächen und ein Abstürzen zu verhindern.

6/10. SicherheitskennzeichnungsRL
Präambel

6/10. Sicherheitskennzeichnungsrichtlinie

Richtlinie 92/58/EWG des Rates über Mindestvorschriften für die Sicherheits- und/oder Gesundheitsschutzkennzeichnung am Arbeitsplatz (Neunte Einzelrichtlinie im Sinne von Artikel 16 Absatz 1 der Richtlinie 89/391/EWG) vom 24. Juni 1992

(ABl. Nr. L 245 v. 26.8.1992, S. 23; geändert durch die RL 2007/30/EG, ABl. Nr. L 165 v. 27.6.2007, S. 21; geändert durch die RL 2014/27/EU, ABl. Nr. L 65 v. 5.3.2014, S. 1; geändert durch die VO (EU) 2019/1243, ABl. Nr. L 198 v. 25.7.2019, S. 241)
(nicht amtlich aktualisierte Fassung)

GLIEDERUNG

ABSCHNITT I: ALLGEMEINE VORSCHRIFTEN
Art. 1: Zweck der Richtlinie
Art. 2: Begriffsbestimmungen

ABSCHNITT II: PFLICHTEN DES ARBEITGEBERS
Art. 3: Allgemeine Vorschrift
Art. 4: Erstmalig verwendete Sicherheits- und/oder Gesundheitsschutzkennzeichnung
Art. 5: Bereits verwendete Sicherheits- und/oder Gesundheitsschutzkennzeichnung
Art. 6: Befreiungen
Art. 7: Unterrichtung und Schulung der Arbeitnehmer
Art. 8: Anhörung und Beteiligung der Arbeitnehmer

ABSCHNITT III: SONSTIGE BESTIMMUNGEN
Art. 9: Änderungen der Anhänge
Art. 9a: Ausübung der Befugnisübertragung
Art. 9b: Dringlichkeitsverfahren
Art. 10
Art. 11, 12: Schlussbestimmungen

ANHÄNGE I bis IX

DER RAT DER EUROPÄISCHEN GEMEINSCHAFTEN –

gestützt auf den Vertrag zur Gründung der Europäischen Wirtschaftsgemeinschaft, insbesondere auf Artikel 118a,

auf Vorschlag der Kommission (ABl. Nr. C 53 v. 28.2.1991, S. 46, und ABl. Nr. C 279 v. 26.10.1991, S. 13), der nach Anhörung des Beratenden Ausschusses für Sicherheit, Arbeitshygiene und Gesundheitsschutz am Arbeitsplatz ausgearbeitet wurde,

in Zusammenarbeit mit dem Europäischen Parlament (ABl. Nr. C 240 v. 16.9.1991, S. 102, und ABl. Nr. C 150 v. 15.6.1992),

nach Stellungnahme des Wirtschafts- und Sozialausschusses (ABl. Nr. C 159 v. 17.6.1991, S. 9),

in Erwägung nachstehender Gründe:

Artikel 118a des Vertrages bestimmt, daß der Rat durch Richtlinien Mindestvorschriften zur Verbesserung insbesondere der Arbeitsumwelt erläßt, um den Schutz der Sicherheit und Gesundheit der Arbeitnehmer zu gewährleisten.

Nach demselben Artikel sollen diese Richtlinien keine verwaltungsmäßigen, finanziellen oder rechtlichen Auflagen vorschreiben, die der Gründung und Entwicklung von Klein- und Mittelbetrieben entgegenstehen.

Die Mitteilung der Kommission über ihr Aktionsprogramm für Sicherheit, Arbeitshygiene und Gesundheitsschutz am Arbeitsplatz (ABl. Nr. C 28 v. 3.2.1988, S. 3) sieht die Überarbeitung und Erweiterung des Anwendungsbereichs der Richtlinie 77/576/EWG des Rates vom 25. Juli 1977 zur Angleichung der Rechts- und Verwaltungsvorschriften der Mitgliedstaaten über die Sicherheitskennzeichnung am Arbeitsplatz (ABl. Nr. L 229 v. 7.9.1977, S. 12, zuletzt geändert durch die Richtlinie 79/640/EWG der Kommission, ABl. Nr. L 183 vom 19.7.1979, S. 11) vor.

In seiner Entschließung vom 21. Dezember 1987 über Sicherheit, Arbeitshygiene und Gesundheitsschutz am Arbeitsplatz hat der Rat die Absicht der Kommission zur Kenntnis genommen, ihm binnen kurzem einen Vorschlag zur Überarbeitung und Erweiterung der obengenannten Richtlinie vorzulegen.

Aus Gründen der Übersichtlichkeit und Klarheit ist eine Neufassung der Richtlinie 77/576/EWG angezeigt.

Die vorliegende Richtlinie ist eine Einzelrichtlinie im Sinne von Artikel 16 Absatz 1 der Richtlinie 89/391/EWG des Rates vom 12. Juni 1989 über die Durchführung von Maßnahmen zur Verbesserung der Sicherheit und des Gesundheitsschutzes der Arbeitnehmer am Arbeitsplatz. Die Bestimmungen der Richtlinie 89/391/EWG finden daher in vollem Umfang Anwendung auf die Sicherheits- und Gesundheitsschutzkennzeichnung am Arbeitsplatz, unbeschadet strengerer und/oder spezifischer Bestimmungen in der vorliegenden Richtlinie.

6/10. SicherheitskennzeichnungsRL

Präambel, Art. 1, 2

Die bestehenden Rechtsvorschriften der Gemeinschaft betreffen im wesentlichen Sicherheitszeichen und die Kennzeichnung von Hindernissen und Gefahrenstellen und sind somit auf eine beschränkte Anzahl von Kennzeichnungsarten begrenzt.

Diese Begrenzung hat zur Folge, daß bestimmte Risiken nicht Gegenstand einer angemessenen Kennzeichnung sind. Deshalb müssen neue Kennzeichnungsarten eingeführt werden, damit Arbeitgeber und Arbeitnehmer Risiken für die Sicherheit und/oder Gesundheit am Arbeitsplatz erkennen und vermeiden können.

Einer Sicherheits- und/oder Gesundheitsschutzkennzeichnung bedarf es, wenn die Risiken nicht durch kollektive technische Schutzmittel oder durch arbeitsorganisatorische Maßnahmen, Methoden oder Verfahren vermieden oder ausreichend begrenzt werden können.

Derzeit bestehen im Bereich der Sicherheits- und/oder Gesundheitsschutzkennzeichnung erhebliche Unterschiede zwischen den Mitgliedstaaten, woraus sich Unsicherheitsfaktoren ergeben, die angesichts der Freizügigkeit der Arbeitnehmer im Rahmen des Binnenmarktes noch zunehmen können.

Die Verwendung einer harmonisierten Kennzeichnung am Arbeitsplatz kann generell dazu beitragen, Risiken aufgrund sprachlicher und kultureller Unterschiede der Arbeitnehmer zu begrenzen.

Die vorliegende Richtlinie stellt ein konkretes Element im Rahmen der Verwirklichung der sozialen Dimension des Binnenmarktes dar.

Gemäß dem Beschluß 74/325/EWG (ABl. Nr. L 185 v. 9.7.1974, S. 15) wird der Beratende Ausschuß für Sicherheit, Arbeitshygiene und Gesundheitsschutz am Arbeitsplatz*) im Hinblick auf die Ausarbeitung einschlägiger Vorschläge von der Kommission gehört –

*) Jetzt: Beratender Ausschuss für Sicherheit und Gesundheit am Arbeitsplatz (Beschluss des Rates v. 22.7.2003, ABl. Nr. C 218 v. 13.9.2003, S. 1).

HAT FOLGENDE RICHTLINIE ERLASSEN:

ABSCHNITT I
ALLGEMEINE VORSCHRIFTEN

Zweck der Richtlinie

Art. 1 (1) Mit der vorliegenden Richtlinie, der neunten Einzelrichtlinie im Sinne von Artikel 16 Absatz 1 der Richtlinie 89/391/EWG, werden Mindestvorschriften für die Sicherheits- und/oder Gesundheitsschutzkennzeichnung am Arbeitsplatz festgelegt.

(2) Diese Richtlinie findet keine Anwendung auf die Kennzeichnung für das Inverkehrbringen von gefährlichen Stoffen und Gemischen, Erzeugnissen und/oder Ausrüstungen, sofern nicht in anderen Unionsvorschriften ausdrücklich darauf verwiesen wird.

(Art. 1 Abs. 2 geändert durch Art. 1 Z. 1 der RL 2014/27/EU)

(3) Diese Richtlinie findet keine Anwendung auf die Kennzeichnung zur Regelung des Straßen-, Eisenbahn-, Binnenschiffs-, See- und Luftverkehrs.

(4) Die Richtlinie 89/391/EWG findet in vollem Umfang Anwendung auf den in Absatz 1 genannten Bereich, unbeschadet strengerer und/oder spezifischer Bestimmungen der vorliegenden Richtlinie.

Begriffsbestimmungen

Art. 2 Im Sinne dieser Richtlinie gilt als

a) *„Sicherheits- und/oder Gesundheitsschutzkennzeichnung"* eine Kennzeichnung, die – bezogen auf einen bestimmten Gegenstand, eine bestimmte Tätigkeit oder einen bestimmten Sachverhalt – jeweils mittels eines Schildes, einer Farbe, eines Leucht- oder Schallzeichens, einer verbalen Kommunikation oder eines Handzeichens eine Aussage oder eine Vorschrift betreffend den Sicherheits- und/oder Gesundheitsschutz am Arbeitsplatz ermöglicht;

b) *„Verbotszeichen"* ein Zeichen, das ein gefährdendes oder gefahrenträchtiges Verhalten untersagt;

c) *„Warnzeichen"* ein Zeichen, das vor einem Risiko oder einer Gefahr warnt;

d) *„Gebotszeichen"*, ein Zeichen, das ein bestimmtes Verhalten vorschreibt;

e) *„Erste-Hilfe- oder Rettungszeichen"* ein Zeichen mit Angaben über Notausgänge oder über Erste-Hilfe- oder Rettungsmittel;

f) *„Hinweiszeichen"* ein Zeichen, das andere Hinweise als die unter den Buchstaben b) bis e) genannten Sicherheitszeichen liefert;

g) *„Schild"* ein Zeichen, das durch Kombination von geometrischer Form, Farbe und Bildzeichen oder Piktogramm eine bestimmte Aussage beinhaltet; seine Erkennbarkeit wird durch eine hinreichend hohe Leuchtdichte gewährleistet;

h) *„Zusatzschild"* ein Zeichen, das zusammen mit einem Schild gemäß Buchstabe g) verwendet wird und zusätzliche Hinweise liefert;

i) *„Sicherheitsfarbe"* eine Farbe, der eine bestimmte Bedeutung zugeordnet ist;

j) *„Bildzeichen oder Piktogramm"* ein Bild, das eine Situation beschreibt oder ein bestimmtes Verhalten vorschreibt und auf einem Schild oder einer Leuchtfläche angeordnet ist;

k) *„Leuchtzeichen"* ein Zeichen, das von einer Vorrichtung erzeugt wird, die aus durchsichtigem oder durchscheinendem Material besteht, das von innen oder von hinten durchleuchtet wird und dadurch wie eine Leuchtfläche erscheint;

l) *„Schallzeichen"* ein codiertes Schallzeichen, das von einer spezifischen Vorrichtung ohne Verwendung einer menschlichen oder synthetischen Stimme ausgesandt und verbreitet wird;

m) *„verbale Kommunikation"* eine verbale Mitteilung mit festgelegtem Wortlaut unter Verwendung einer menschlichen oder synthetischen Stimme;

n) *„Handzeichen"* eine codierte Bewegung und/oder Stellung von Armen und/oder Händen zur Anleitung von Personen bei Handhabungsvorgängen, die ein Risiko oder eine Gefahr für Arbeitnehmer darstellen.

ABSCHNITT II
PFLICHTEN DES ARBEITGEBERS

Allgemeine Vorschrift

Art. 3 (1) Der Arbeitgeber hat eine Sicherheits- und/oder Gesundheitsschutzkennzeichnung am Arbeitsplatz gemäß der vorliegenden Richtlinie vorzusehen bzw. sich von dem Vorhandensein einer solchen Kennzeichnung zu vergewissern, wenn die Risiken nicht durch kollektive technische Schutzmittel oder durch arbeitsorganisatorische Maßnahmen, Methoden oder Verfahren vermieden oder ausreichend begrenzt werden können.

Der Arbeitgeber berücksichtigt eine nach Artikel 6 Absatz 3 Buchstabe a) der Richtlinie 89/391/EWG vorgenommene Beurteilung von Gefahren.

(2) Die auf den Straßen-, Eisenbahn-, Binnenschiffs-, See- und Luftverkehr anwendbare Kennzeichnung ist unbeschadet des Anhangs V gegebenenfalls für diese Verkehrsarten innerhalb von Unternehmen und/oder Betrieben zu verwenden.

Erstmalig verwendete Sicherheits- und/oder Gesundheitsschutzkennzeichnung

Art. 4 Die ab dem in Artikel 11 Absatz 1 Unterabsatz 1 vorgesehenen Datum zum ersten Mal am Arbeitsplatz verwendete Sicherheits- und/oder Gesundheitsschutzkennzeichnung muß unbeschadet des Artikels 6 den in den Anhängen I bis IX enthaltenen Mindestvorschriften entsprechen.

Bereits verwendete Sicherheits- und/oder Gesundheitsschutzkennzeichnung

Art. 5 Die bereits vor dem in Artikel 11 Absatz 1 Unterabsatz 1 vorgesehenen Datum am Arbeitsplatz verwendete Sicherheits- und/oder Gesundheitsschutzkennzeichnung muß unbeschadet des Artikels 6 den in den Anhängen I bis IX enthaltenen Mindestvorschriften entsprechen, und zwar spätestens 18 Monate nach diesem Datum.

Befreiungen

Art. 6 (1) Die Mitgliedstaaten können unter Berücksichtigung der Art der Tätigkeit und/oder der Größe des Unternehmens die Unternehmenskategorien festlegen, die die in der vorliegenden Richtlinie vorgesehenen Leucht- und/oder Schallzeichen insgesamt, teilweise oder zeitweise durch Maßnahmen, die das gleiche Sicherheitsniveau gewährleisten, ersetzen dürfen.

(2) Die Mitgliedstaaten können nach Anhörung der Sozialpartner von der Anwendung des Anhangs VIII Nummer 2 und/oder des Anhangs IX Nummer 3 abweichen, indem sie alternative Maßnahmen vorsehen, die das gleiche Sicherheitsniveau gewährleisten.

(3) Die Mitgliedstaaten hören bei Anwendung des Absatzes 1 Arbeitgeber und Arbeitnehmerorganisationen nach Maßgabe der innerstaatlichen Rechtsvorschriften und/oder Gepflogenheiten an.

Unterrichtung und Schulung der Arbeitnehmer

Art. 7 (1) Unbeschadet des Artikels 10 der Richtlinie 89/391/EWG werden die Arbeitnehmer und/oder ihre Vertreter über sämtliche zu ergreifenden Maßnahmen im Hinblick auf die Sicherheits- und/oder Gesundheitsschutzkennzeichnung am Arbeitsplatz unterrichtet.

(2) Unbeschadet des Artikels 12 der Richtlinie 89/391/EWG müssen die Arbeitnehmer eine angemessene Schulung, insbesondere in Form präziser Anweisungen hinsichtlich der Sicherheits- und Gesundheitsschutzkennzeichnung am Arbeitsplatz, erhalten.

Bei der Schulung nach Unterabsatz 1 wird insbesondere die Bedeutung der Kennzeichnung behandelt, vor allem bei Verwendung von Wörtern, sowie das Verhalten allgemein und in besonderen Fällen.

Anhörung und Beteiligung der Arbeitnehmer

Art. 8 Die Anhörung und Beteiligung der Arbeitnehmer und/oder ihrer Vertreter zu allen in dieser Richtlinie, einschließlich der Anhänge I bis IX, behandelten Fragen richtet sich nach Artikel 11 der Richtlinie 89/391/EWG.

ABSCHNITT III
SONSTIGE BESTIMMUNGEN

Änderungen der Anhänge

Art. 9 Der Kommission wird die Befugnis übertragen, gemäß Artikel 9a delegierte Rechtsakte zur Vornahme rein technischer Änderungen der Anhänge zu erlassen, um die technische Harmonisierung und Normung auf dem Gebiet der Gestaltung und der Herstellung von Mitteln oder Vorrichtungen zur Sicherheits- und/oder Gesundheitsschutzkennzeichnung am Arbeitsplatz sowie den technischen Fortschritt, die Entwicklung der internationalen Vorschriften oder Spezifikationen und Fortschritte beim Kenntnisstand im Bereich Sicherheits- und/oder Gesundheitsschutzkennzeichnung am Arbeitsplatz zu berücksichtigen.

Ist in hinreichend begründeten Ausnahmefällen, in denen eine akute, unmittelbare und schwerwiegende Gefahr für die körperliche Gesundheit und Sicherheit von Arbeitnehmern oder anderen Personen gegeben ist, aus Gründen äußerster Dringlichkeit sehr kurzfristiges Handeln erforderlich, so findet das Verfahren gemäß Artikel 9b auf delegierte Rechtsakte, die gemäß dem vorliegenden Artikel erlassen werden, Anwendung.

(VO (EU) 2019/1243)

6/10. SicherheitskennzeichnungsRL

Art. 9a – 12, Anhang I

Ausübung der Befugnisübertragung

Art. 9a (1) Die Befugnis zum Erlass delegierter Rechtsakte wird der Kommission unter den in diesem Artikel festgelegten Bedingungen übertragen.

(2) Die Befugnis zum Erlass delegierter Rechtsakte gemäß Artikel 9 wird der Kommission für einen Zeitraum von fünf Jahren ab dem 26. Juli 2019 übertragen. Die Kommission erstellt spätestens neun Monate vor Ablauf des Zeitraums von fünf Jahren einen Bericht über die Befugnisübertragung. Die Befugnisübertragung verlängert sich stillschweigend um Zeiträume gleicher Länge, es sei denn, das Europäische Parlament oder der Rat widersprechen einer solchen Verlängerung spätestens drei Monate vor Ablauf des jeweiligen Zeitraums.

(3) Die Befugnisübertragung gemäß Artikel 9 kann vom Europäischen Parlament oder vom Rat jederzeit widerrufen werden. Der Beschluss über den Widerruf beendet die Übertragung der in diesem Beschluss angegebenen Befugnis. Er wird am Tag nach seiner Veröffentlichung im *Amtsblatt der Europäischen Union* oder zu einem im Beschluss über den Widerruf angegebenen späteren Zeitpunkt wirksam. Die Gültigkeit von delegierten Rechtsakten, die bereits in Kraft sind, wird von dem Beschluss über den Widerruf nicht berührt.

(4) Vor dem Erlass eines delegierten Rechtsakts konsultiert die Kommission die von den einzelnen Mitgliedstaaten benannten Sachverständigen im Einklang mit den in der Interinstitutionellen Vereinbarung vom 13. April 2016 über bessere Rechtsetzung (ABl. L 123 vom 12.5.2016, S. 1) enthaltenen Grundsätzen.

(5) Sobald die Kommission einen delegierten Rechtsakt erlässt, übermittelt sie ihn gleichzeitig dem Europäischen Parlament und dem Rat.

(6) Ein delegierter Rechtsakt, der gemäß Artikel 9 erlassen wurde, tritt nur in Kraft, wenn weder das Europäische Parlament noch der Rat innerhalb einer Frist von zwei Monaten nach Übermittlung dieses Rechtsakts an das Europäische Parlament und den Rat Einwände erhoben haben oder wenn vor Ablauf dieser Frist das Europäische Parlament und der Rat beide der Kommission mitgeteilt haben, dass sie keine Einwände erheben werden. Auf Initiative des Europäischen Parlaments oder des Rates wird diese Frist um zwei Monate verlängert.

(VO (EU) 2019/1243)

Dringlichkeitsverfahren

Art. 9b (1) Delegierte Rechtsakte, die nach diesem Artikel erlassen werden, treten umgehend in Kraft und sind anwendbar, solange keine Einwände gemäß Absatz 2 erhoben werden. Bei der Übermittlung eines delegierten Rechtsakts an das Europäische Parlament und den Rat werden die Gründe für die Anwendung des Dringlichkeitsverfahrens angegeben.

(2) Das Europäische Parlament oder der Rat können gemäß dem Verfahren des Artikels 9a Absatz 6 Einwände gegen einen delegierten Rechtsakt erheben. In diesem Fall hebt die Kommission den Rechtsakt umgehend nach der Übermittlung des Beschlusses des Europäischen Parlaments oder des Rates, Einwände zu erheben, auf.

(VO (EU) 2019/1243)

Art. 10 (1) Die Richtlinie 77/576/EWG wird mit Wirkung von dem in Artikel 11 Absatz 1 Unterabsatz 1 vorgesehenen Datum aufgehoben.

In den Fällen des Artikels 5 bleibt sie jedoch noch für einen Zeitraum von längstens 18 Monaten nach diesem Datum in Kraft.

(2) Verweise auf die aufgehobene Richtlinie sind als Verweise auf die entsprechenden Bestimmungen der vorliegenden Richtlinie zu verstehen.

Schlussbestimmungen

Art. 11 (1) Die Mitgliedstaaten erlassen die erforderlichen Rechts- und Verwaltungsvorschriften, um dieser Richtlinie spätestens am 24. Juni 1994 nachzukommen.

Sie setzten die Kommission unverzüglich davon in Kenntnis.

(2) Wenn die Mitgliedstaaten Vorschriften nach Absatz 1 erlassen, nehmen sie in den Vorschriften selbst oder durch einen Hinweis bei der amtlichen Veröffentlichung auf diese Richtlinie Bezug. Die Mitgliedstaaten regeln die Einzelheiten der Bezugnahme.

(3) Die Mitgliedstaaten teilen der Kommission den Wortlaut der einzelstaatlichen Rechtsvorschriften mit, die sie auf dem unter diese Richtlinie fallenden Gebiet erlassen haben oder erlassen werden.

(Art. 11 Abs. 4 und 5 aufgehoben durch Art. 3 Z. 10 RL 2007/30/EG)

Art. 12 Diese Richtlinie ist an die Mitgliedstaaten gerichtet.

ANHANG I
Allgemeine Mindestvorschriften für die Sicherheits- und/oder Gesundheitsschutzkennzeichnung am Arbeitsplatz

1. Vorbemerkungen

1.1. Ist eine Sicherheits- und/oder Gesundheitsschutzkennzeichnung gemäß der in Artikel 3 genannten allgemeinen Regel erforderlich, so muß sie den spezifischen Anforderungen der Anhänge II bis IX entsprechen.

1.2. Mit dem vorliegenden Anhang werden diese Anforderungen aufgestellt, die einzelnen Verwendungen der Sicherheits- und/oder Gesundheitsschutzkennzeichnungen beschrieben und die allgemeinen Regeln für die Austauschbarkeit und Kombination dieser Kennzeichnungen festgelegt.

1.3. Die Sicherheits- und/oder Gesundheitsschutzkennzeichnungen dürfen ausschließlich für die in dieser Richtlinie festgelegten Mitteilungen oder Informationen verwendet werden.

2. Art der Kennzeichnung

2.1. Ständige Kennzeichnung

2.1.1. Für die ständige Kennzeichnung in Form von Verbots-, Warn- und Gebotszeichen sowie für die Kennzeichnung und Standorterkennung von

6/10. SicherheitskennzeichnungsRL
Anhang I

Erste-Hilfe- oder Rettungsmitteln sind Schilder zu benutzen.

Zur Kennzeichnung und Standorterkennung von Material und Ausrüstungen zur Brandbekämpfung sind Schilder und/oder Sicherheitsfarben dauerhaft anzubringen.

2.1.2. Die Kennzeichnung von Behältern und Rohrleitungen erfolgt in der in Anhang III vorgesehenen Form.

2.1.3. Die Kennzeichnung bei Gefahr des Anstoßens gegen Hindernisse und bei Absturzgefahr muß dauerhaft in Form einer Sicherheitsfarbe und/oder von Schildern angebracht werden.

2.1.4. Die Kennzeichnung von Fahrspuren muß dauerhaft in Form einer Sicherheitsfarbe angebracht werden.

2.2. Vorübergehende Kennzeichnung

2.2.1. Hinweise auf Gefahren und Notrufe an Personen zur Durchführung bestimmter Tätigkeiten wie beispielsweise Evakuierung von Personen sind vorübergehend und unter Berücksichtigung der Austauschbarkeit und Kombination gemäß Nummer 3 durch Leucht- oder Schallzeichen und/oder verbale Kommunikation zu übermitteln.

2.2.2. Die Anleitung von Personen bei Handhabungsvorgängen, die ein Risiko oder eine Gefahr darstellen, ist vorübergehend und in Form von Handzeichen und/oder verbaler Kommunikation zu regeln.

3. Gegenseitige Austauschbarkeit und Kombination

3.1. Bei gleicher Wirkung ist frei zu wählen
- zwischen einer Sicherheitsfarbe und einem Schild zur Kennzeichnung der Gefahr von Stolpern oder Absturz,
- zwischen Leuchtzeichen, Schallzeichen und verbaler Kommunikation,
- zwischen Handzeichen und verbaler Kommunikation.

3.2. Bestimmte Kennzeichnungsarten können gemeinsam verwendet werden, und zwar
- Leuchtzeichen und Schallzeichen,
- Leuchtzeichen und verbale Kommunikation,
- Handzeichen und verbale Kommunikation.

4. Die Hinweise in nachstehender Tabelle gelten für jede Kennzeichnung, die eine Sicherheitsfarbe enthält.

Sicherheitsfarbe	Bedeutung	Hinweise – Angaben
Rot	Verbotszeichen	Gefährliches Verhalten
Rot	Gefahr – Alarm	Halt, Stillstand, Not-Ausschalteinrichtung, Evakuierung
Rot	Material und Ausrüstungen zur Brandbekämpfung	Kennzeichnung und Standort
Gelb oder Gelb-Orange	Warnzeichen	Achtung, Vorsicht, Überprüfung
Blau	Gebotszeichen	Besonderes Verhalten oder Tätigkeit – Verpflichtung zum Tragen einer persönlichen Schutzausrüstung
Grün	Erste-Hilfe-Rettungszeichen	Türen, Ausgänge, Wege, Betriebsmittel, Stationen, Räume
Grün	Gefahrlosigkeit	Rückkehr zum Normalzustand

5. Die Wirksamkeit eines Sicherheitszeichens darf nicht beeinträchtigt werden durch

5.1. eine andere Kennzeichnung oder Emissionsquelle gleicher Art, die die Sicht- oder Hörbarkeit beeinträchtigt. Dabei sollten insbesondere

5.1.1. die Verwendung einer übermäßigen Zahl von Schildern in unmittelbarer Nähe zueinander vermieden werden;

5.1.2. nicht gleichzeitig zwei verwechselbare Leuchtzeichen verwendet werden;

5.1.3. ein Leuchtzeichen nicht in der Nähe einer relativ ähnlichen anderen Lichtquelle verwendet werden;

5.1.4. nicht gleichzeitig zwei Schallzeichen eingesetzt werden;

5.1.5. kein Schallzeichen verwendet werden, wenn der Umgebungslärm zu stark ist;

5.2. eine schlechte Gestaltung, eine ungenügende Anzahl, einen schlechten Standort, einen schlechten Zustand oder eine mangelhafte Funktionsweise der Mittel und Vorrichtungen zur Sicherheitskennzeichnung.

6. Die Mittel und Vorrichtungen zur Sicherheitskennzeichnung müssen ihrer Art entsprechend regelmäßig gereinigt, gewartet, überprüft und instand gesetzt sowie bei Bedarf erneuert werden, damit ihre Eigenmerkmale und/oder ihre Funktionsweise erhalten bleiben.

7. Die Anzahl und die Anordnung der zu verwendenden Mittel oder Vorrichtungen zur Sicherheitskennzeichnung richten sich nach dem Ausmaß der Risiken oder Gefahren sowie nach dem zu erfassenden Bereich.

8. Die Kennzeichnungen, die eine Energiequelle benötigen, müssen für den Fall, daß diese ausfällt, über eine Notversorgung verfügen, es sei denn, daß bei Unterbrechung der Energiezufuhr kein Risiko mehr besteht.

9. Ein Leucht- und/oder Schallzeichen fordert zu einer Aktion auf, sobald es ausgelöst wird; es muß so lange andauern, wie dies für die Ausführung der Aktion erforderlich ist.

6/10. SicherheitskennzeichnungsRL
Anhänge I, II

Die Leucht- oder Schallzeichen müssen nach einer Aktion unverzüglich wieder betriebsbereit gemacht werden.

10. Die Leucht- und Schallzeichen müssen vor ihrer Inbetriebnahme sowie danach in ausreichender Häufigkeit auf ihre einwandfreie Funktionsweise und ihre tatsächliche Wirksamkeit überprüft werden.

11. Sind die auditiven oder visuellen Möglichkeiten der betroffenen Arbeitnehmer – auch durch das Tragen von persönlicher Schutzausrüstung – eingeschränkt, so sind geeignete zusätzliche oder alternative Maßnahmen zu ergreifen.

12. Orte, Räume oder umschlossene Bereiche, die für die Lagerung erheblicher Mengen gefährlicher Stoffe oder Gemische verwendet werden, sind mit einem geeigneten Warnzeichen nach Anhang II Nummer 3.2 zu versehen oder nach Maßgabe von Anhang III Nummer 1 zu kennzeichnen, sofern die einzelnen Verpackungen oder Behälter nicht bereits mit einer für den genannten Zweck ausreichenden Kennzeichnung versehen sind.

Wenn es in Anhang II Nummer 3.2 kein entsprechendes Warnzeichen zur Warnung vor gefährlichen chemischen Stoffen oder Gemischen gibt, ist das relevante Gefahrenpiktogramm gemäß Anhang V der Verordnung (EG) Nr. 1272/2008 des Europäischen Parlaments und des Rates vom 16. Dezember 2008 über die Einstufung, Kennzeichnung und Verpackung von Stoffen und Gemischen zu verwenden.

(Anhang I Nr. 12 geändert durch Art. 1 Z. 2 der RL 2014/27/EU)

ANHANG II
Mindestvorschriften für Sicherheitszeichen

1. Eigenmerkmale

1.1. Form und Farbe der Zeichen sind – in Abhängigkeit vom jeweiligen Zweck (Verbotszeichen, Warnzeichen, Gebotszeichen, Erste-Hilfe- oder Rettungszeichen und Hinweiszeichen auf Material oder Ausrüstungen zur Brandbekämpfung) – in Absatz 3 definiert.

1.2. Piktogramme müssen möglichst leicht verständlich sein; für das Verständnis nicht erforderliche Details sind wegzulassen.

1.3. Die verwendeten Piktogramme können leicht variieren oder detaillierter sein als die Darstellungen unter Nummer 3, vorausgesetzt, daß die Bedeutung nicht verändert wird und keine Unterschiede und Anpassungen die Bedeutung unverständlich machen.

1.4. Die Zeichen sind aus gegen Schlag und Umgebungsbedingungen möglichst widerstandsfähigem und witterungsbeständigem Material herzustellen.

1.5. Abmessungen sowie kolorimetrische und photometrische Eigenschaften der Zeichen müssen eine gute Erkennbarkeit und Verständlichkeit gewährleisten.

2. Anwendungsvorschriften

2.1. Die Zeichen sind grundsätzlich in einer angemessenen Höhe und in einer in bezug auf den Blickwinkel angemessenen Stellung – gegebenenfalls unter Berücksichtigung von Hindernissen – an einem ausreichend beleuchteten und leicht zugänglichen und erkennbaren Standort entweder am Zugang zu einem Bereich mit allgemeiner Gefährdung oder aber in unmittelbarer Nähe einer bestimmten Gefährdung oder eines anzuzeigenden Gegenstandes anzubringen.

Unbeschadet der Bestimmungen der Richtlinie 89/654/EWG sind im Fall von unzureichendem natürlichem Licht phosphoreszierende Farben, reflektierende Materialien oder eine künstliche Beleuchtung einzusetzen.

2.2. Besteht die entsprechende Situation nicht mehr, muß das Zeichen entfernt werden.

3. Zu verwendende Zeichen

3.1. Verbotszeichen

– Eigenmerkmale:
  - Form: rund,
  - schwarzes Piktogramm auf weißem Grund, Rand und Querbalken (von links nach rechts in einem Neigungswinkel von 45° zur Horizontalen) rot (die Sicherheitsfarbe Rot muß mindestens 35 % der Oberfläche des Zeichens ausmachen).

6/10. SicherheitskennzeichnungsRL
Anhang II

Rauchen verboten

Feuer, offenes Licht und Rauchen verboten

Für Fußgänger verboten

Verbot, mit Wasser zu löschen

Kein Trinkwasser

Zutritt für Unbefugte verboten

6/10. SicherheitskennzeichnungsRL

Anhang II

3.2. Warnzeichen

- Eigenmerkmale:
    - Form: dreieckig,
    - schwarzes Piktogramm auf gelbem Grund, schwarzer Rand (die Sicherheitsfarbe Gelb muß mindestens 50 % der Oberfläche des Zeichens ausmachen).

Warnung vor feuergefährlichen Stoffen oder hoher Temperatur (¹)

Warnung vor explosionsgefährlichen Stoffen

Warnung vor giftigen Stoffen

Warnung vor ätzenden Stoffen

Warnung vor radioaktiven Stoffen

Warnung vor schwebender Last

Warnung vor Flurförderzeugen

Warnung vor gefährlicher elektrischer Spannung

Warnung vor einer allgemeinen Gefahr (***)

(¹) Bei Fehlen eines besonderen Zeichens für hohe Temperatur.

(***) Dieses Warnzeichen wird nicht zur Warnung vor gefährlichen chemischen Stoffen oder Gemischen verwendet, außer in Fällen, in denen das Warnzeichen nach Maßgabe von Anhang III Nummer 5 Unterabsatz 2 verwendet wird, um die Lagerung von gefährlichen Stoffen oder Gemischen anzuzeigen.

6/10. SicherheitskennzeichnungsRL
Anhang II

Warnung vor Laserstrahl

Warnung vor brandfördernden Stoffen

Warnung vor nichtionisierender Strahlung

Warnung vor starkem magnetischem Feld

Warnung vor Stolpergefahr

Warnung vor Absturzgefahr

(*) Warnung vor Biogefährdung

Warnung vor Kälte

(Anhang II Nr. 3.2. geändert durch Art. 1 Z. 3 der RL 2014/27/EU)

3.3. Gebotszeichen

– Eigenmerkmale
  - Form: rund
  - weißes Piktogramm auf blauem Grund (die Sicherheitsfarbe Blau muss mindestens 50% der Oberfläche des Zeichens ausmachen);

(*) Piktogramm vorgesehen durch die Richtlinie 90/679/EWG des Rates vom 26. November 1990 über den Schutz der Arbeitnehmer vor den Gefahren durch die Exposition gegenüber biologischen Arbeitsstoffen bei der Arbeit (Siebte Einzelrichtlinie im Sinne von Artikel 16 Absatz 1 der Richtlinie 89/391/EWG) (ABl. Nr. 374 vom 31.12.1990, S. 1) [jetzt RL 2000/54/EG].

Augenschutz tragen

Schutzhelm tragen

Gehörschutz tragen

Atemschutz tragen

Schutzschuhe tragen

Schutzhandschuhe tragen

Schutzkleidung tragen

Gesichtsschutzschild tragen

Auffanggurt anlegen

Gebot für Fußgänger

Allgemeines Gebot
(gegebenenfalls mit Zusatzzeichen)

6/10. SicherheitskennzeichnungsRL
Anhang II

3.4. Rettungszeichen
- Eigenmerkmale:
  - Form: rechteckig oder quadratisch,
  - weißes Piktogramm auf grünem Grund (die Sicherheitsfarbe Grün muß mindestens 50 % der Oberfläche des Zeichens ausmachen);

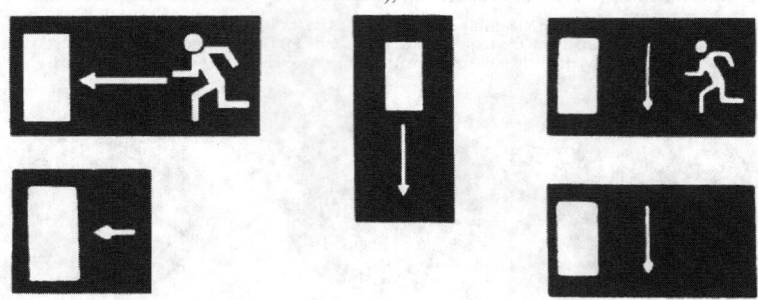

Rettungsweg – Notausgang

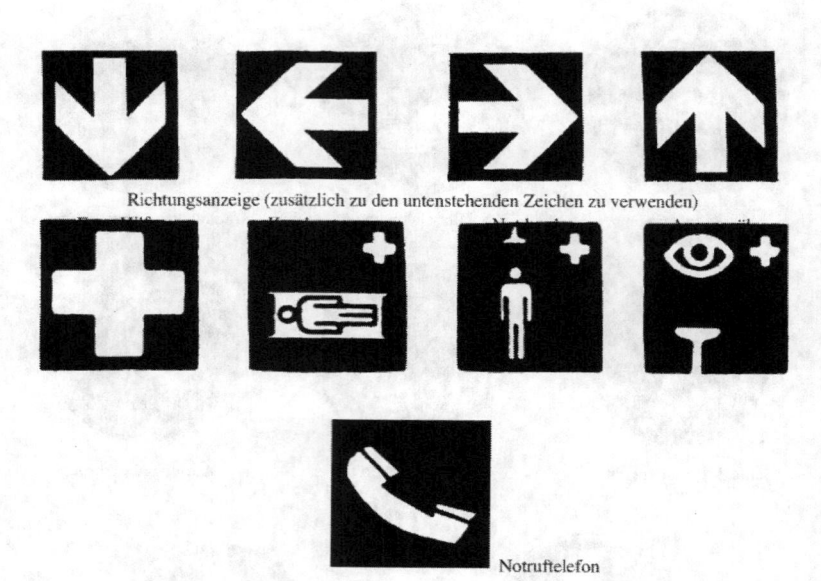

Richtungsanzeige (zusätzlich zu den untenstehenden Zeichen zu verwenden)

Notruftelefon

6/10. SicherheitskennzeichnungsRL
Anhänge II, III

3.5. Hinweisschilder für Material zur Brandbekämpfung
– Eigenmerkmale:
  - Form: rechteckig oder quadratisch,
  - weißes Piktogramm auf rotem Grund (die Sicherheitsfarbe Rot muß mindestens 50 % der Oberfläche des Zeichens ausmachen).

Hinweis auf einen Feuerwehrschlauch

Hinweis auf eine Leiter

Hinweis auf ein Feuerlöschgerät

Brandmeldungstelefon

Richtungsanzeige
(zusätzlich zu den obenstehenden Zeichen zu verwenden)

ANHANG III
Mindestvorschriften für die Kennzeichnung von Behältern und Rohrleitungen

1. Behälter, die bei der Arbeit für chemische Stoffe oder Gemische verwendet werden, die nach den Kriterien für eine der Klassen für physikalische und gesundheitliche Gefahr gemäß der Verordnung (EG) Nr. 1272/2008 als gefährlich eingestuft werden, und Behälter, die für die Lagerung dieser gefährlichen Stoffe oder Gemische verwendet werden, sowie die sichtbar verlegten Rohrleitungen, die solche gefährlichen Stoffe oder Gemische enthalten, müssen mit relevanten Gefahrenpiktogrammen nach der genannten Verordnung gekennzeichnet sein.

Unterabsatz 1 gilt weder für Behälter, die bei der Arbeit nur während eines kurzen Zeitraums verwendet werden, noch für Behälter, deren Inhalt oft wechselt, vorausgesetzt, dass angemessene alternative Maßnahmen getroffen werden, insbesondere Informations- und/oder Ausbildungsmaßnahmen, die für das gleiche Schutzniveau sorgen.

Die Kennzeichnung nach Unterabsatz 1 kann
— durch Warnzeichen nach Anhang II ersetzt werden, wobei dasselbe Piktogramm oder Symbol zu verwenden ist; wenn es in Anhang II Nummer 3.2 kein entsprechendes Warnzeichen gibt, muss das entsprechende Gefahrenpiktogramm gemäß Anhang V der Verordnung (EG) Nr. 1272/2008 verwendet werden;
— durch zusätzliche Informationen, zum Beispiel den Namen und/oder die Formel des gefährlichen Stoffs oder Gemisches sowie genaue Angaben über die Gefahr, ergänzt werden;
— beim Transport von Behältern am Arbeitsplatz durch Zeichen ergänzt oder ersetzt werden, die für den Transport gefährlicher Stoffe oder Gemische in der Union gelten.

2. Diese Kennzeichnung ist wie folgt anzubringen:
— an der (den) sichtbaren Seite(n),
— als Schild, Aufkleber oder aufgemalte Kennzeichnung.

3. Die in Anhang II, Nummer 1.4, vorgesehenen Eigenmerkmale sowie die in Anhang II, Nummer 2, vorgesehenen Verwendungsbedingungen für Sicherheitszeichen gelten entsprechend auch für die Kennzeichnung nach der vorstehenden Nummer 1.

4. Die Kennzeichnung auf Rohrleitungen muß unbeschadet der Nummern 1, 2 und 3 sichtbar in unmittelbarer Nähe der gefahrenträchtigsten Stellen wie Schieber und Anschlußstellen und in ausreichender Häufigkeit angebracht werden.

5. Orte, Räume oder umschlossene Bereiche, die für die Lagerung erheblicher Mengen gefährlicher Stoffe oder Gemische verwendet werden, sind mit einem geeigneten Warnzeichen aus Anhang II, Nummer 3.2, zu versehen oder nach Maßgabe von Anhang III, Nummer 1, zu kennzeichnen, sofern die einzelnen Verpackungen oder Behälter nicht bereits mit einer ausreichenden Kennzeichnung versehen sind, wobei Anhang II, Nummer 1.5, betreffend die Abmessungen zu berücksichtigen ist.

Die Lagerung bestimmter gefährlicher Stoffe oder Gemische kann mit dem Warnzeichen „Warnung vor einer allgemeinen Gefahr" angezeigt werden.

6/10. SicherheitskennzeichnungsRL
Anhänge III – VII

Die genannten Schilder oder Kennzeichnungen müssen entweder in unmittelbarer Nähe des Lagerortes oder auf der Tür zum Lagerraum angebracht werden.
(Anhang III geändert durch Art. 1 Z. 4 der RL 2014/27/EU)

ANHANG IV
Mindestvorschriften zur Kennzeichnung und Standorterkennung von Ausrüstungen zur Brandbekämpfung

1. Vorbemerkungen

Der vorliegende Anhang findet Anwendung auf Ausrüstungen, die ausschließlich zur Brandbekämpfung bestimmt sind.

2. Ausrüstungen zur Brandbekämpfung sind durch die Farbgestaltung der Ausrüstungen und einen Hinweis auf den Standort und/oder die Farbgestaltung des Standortes oder des Zugangs zu den Standorten zu kennzeichnen.

3. Die Kennzeichnungsfarbe dieser Ausrüstungen ist rot.

Die rote Oberfläche muß deutlich erkennbar sein.

4. Die in Anhang II, Nummer 3.5, vorgesehenen Zeichen sind je nach Standort dieser Ausrüstungen zu verwenden.

ANHANG V
Mindestvorschriften für die Kennzeichnung von Hindernissen und Gefahrenstellen sowie zur Markierung von Fahrspuren

1. Kennzeichnung von Hindernissen und Gefahrenstellen

1.1. Das Risiko eines Anstoßens an Hindernisse, von fallenden Gegenständen und Stürzen ist innerhalb bebauter Bereiche eines Unternehmens, zu denen der Arbeitnehmer im Rahmen seiner Arbeit Zugang hat, durch abwechselnd schwarze und gelbe oder durch abwechselnd rote und weiße Streifen zu kennzeichnen.

1.2. Die Abmessungen dieser Kennzeichnung richten sich nach den Abmessungen des Hindernisses oder der Gefahrenstelle.

1.3. Die Streifen sind in einem Neigungswinkel von etwa 45° anzuordnen und müssen in etwa gleiche Abmessungen aufweisen.

1.4. Muster

2. Markierung von Fahrspuren

2.1. Wenn die Verwendung und die Ausrüstung der Räumlichkeiten dies im Interesse des Schutzes der Arbeitnehmer erfordern, sind die Fahrspuren durch durchlaufende Streifen in einer gut sichtbaren Farbe – vorzugsweise weiß oder gelb – in Abhängigkeit von der Farbe der Bodenfläche deutlich zu kennzeichnen.

2.2. Bei der Anordnung der Streifen ist ein entsprechender Sicherheitsabstand zwischen den die Fahrspuren benutzenden Fahrzeugen und den in der jeweiligen Umgebung befindlichen Gegenständen sowie zwischen den Fußgängern und den Fahrzeugen einzuhalten.

2.3. Dauerhaft genutzte Fahrwege außerhalb der bebauten Bereiche müßten, soweit erforderlich, ebenfalls gekennzeichnet werden, es sei denn, daß sie mit geeigneten Absperrungen oder einem geeigneten Plattenbelag versehen sind.

ANHANG VI
Mindestvorschriften für Leuchtzeichen

1. Eigenmerkmale

1.1. Das von einem Leuchtzeichen erzeugte Licht muß je nach den vorgesehenen Benutzungsbedingungen deutlich mit seiner Umgebung kontrastieren. Das Leuchtzeichen darf weder durch zu grelles Licht blenden noch durch zu schwaches Licht die Sichtbarkeit beeinträchtigen.

1.2. Die abstrahlende Oberfläche des Leuchtzeichens ist entweder einfarbig oder trägt ein Piktogramm auf einem bestimmten Hintergrund.

1.3. Bei einfarbigen Zeichen muß die Farbe der in Anhang I, Nummer 4, angegebenen Tabelle zur Bedeutung der Sicherheitsfarben entsprechend.

1.4. Beinhaltet das Zeichen ein Piktogramm, so muß dieses allen einschlägigen Bestimmungen in Anhang II entsprechen.

2. Besondere Anwendungsregeln

2.1. Kann eine Vorrichtung sowohl ein kontinuierliches als auch ein intermittierendes Zeichen aussenden, so wird das intermittierende Zeichen im Gegensatz zu dem kontinuierlichen Zeichen benutzt, um eine höhere Gefahrenstufe oder einen dringenderen Bedarf zur Durchführung des gewünschten oder vorgeschriebenen Einsatzes oder der gewünschten oder vorgeschriebenen Aktion anzuzeigen.

Die Dauer jedes einzelnen Leuchtsignals sowie die Frequenz der Signale eines intermittierenden Leuchtzeichens müssen so beschaffen sein, daß

– die Mitteilung klar verständlich ist und
– eine Verwechslung zwischen verschiedenen Leuchtzeichen oder mit einem kontinuierlichen Leuchtzeichen ausgeschlossen ist.

2.2. Wird ein intermittierendes Leuchtzeichen anstelle eines Schallzeichens oder zusätzlich eingesetzt, so muß der Zeichencode identisch sein.

2.3. Vorrichtungen zur Anzeige einer schwerwiegenden Gefahr durch ein Leuchtzeichen müssen besonders gewartet oder mit einer Ersatzlampe ausgestattet werden.

ANHANG VII
Mindestvorschriften für Schallzeichen

1. Eigenmerkmale

1.1. Das Schallzeichen muß

a) mit seinem Lautstärkepegel deutlich über dem Umgebungslärm liegen, um gut vernehmbar zu sein, darf jedoch nicht übertrieben laut oder schmerzhaft sein;

b) durch Impulsdauer und Abstände zwischen Impulsen bzw. Impulsgruppen gut erkennbar und deutlich abgesetzt von anderen Schallzeichen oder sonstigen Umgebungsgeräuschen sein.

1.2. Kann eine Vorrichtung sowohl eine veränderliche als auch eine stabile Frequenz aussenden, so wird die veränderliche Frequenz im Gegensatz zur stabilen Frequenz benutzt, um eine höhere Gefahrenstufe oder einen dringenderen Bedarf zur Durchführung des gewünschten oder vorgeschriebenen Einsatzes oder der gewünschten oder vorgeschriebenen Aktion anzuzeigen.

2. Zu verwendender Code

Der Ton eines Evakuierungszeichens muß kontinuierlich sein.

ANHANG VIII
Mindestvorschriften für die verbale Kommunikation

1. Eigenmerkmale

1.1. Eine verbale Kommunikation entsteht zwischen einem Sprecher oder Sender und einem oder mehreren Hörern durch kurze Texte, Sätze, Wortgruppen und/oder isolierte, gegebenenfalls codierte Wörter.

1.2. Die verbalen Mitteilungen sind so kurz, einfach und klar wie möglich; die verbalen Fähigkeiten des Sprechers sowie die auditiven Fähigkeiten des oder der Hörer müssen eine einwandfreie verbale Kommunikation gewährleisten.

1.3. Die verbale Kommunikation ist direkt (Einsatz der menschlichen Stimme) oder indirekt (menschliche oder künstliche Stimme, Übermittlung durch verfügbare Mittel).

2. Besondere Anwendungsregeln

2.1. Die betroffenen Personen müssen die verwendete Sprache beherrschen, um die verbale Mitteilung einwandfrei ausdrücken und verstehen und sich im Hinblick auf Gesundheitsschutz und/oder Sicherheit aufgrund einer solchen Mitteilung entsprechend verhalten zu können.

2.2. Wird die verbale Kommunikation anstatt oder ergänzend zu den Handzeichen verwendet, sind Codewörter zu verwenden, wie zum Beispiel:

– Beginn
  Anzeige der Übernahme des Kommandos
– Stop
  Unterbrechung oder Ende einer Bewegung
– Ende
  Ende eines Arbeitsablaufs
– Hoch
  Anheben einer Last
– Herunter
  Absenken einer Last
– Vorwärts
– Rückwärts
– Rechts
– Links
  Der Sinn dieser Bewegungen ist gegebenenfalls durch entsprechende Handzeichen zu verdeutlichen.
– Gefahr
  Notstop/-Unterbrechung
– Schnell
  Beschleunigung einer Bewegung aus Sicherheitsgründen

ANHANG IX
Mindestvorschriften für Handzeichen

1. Merkmale

Handzeichen müssen genau, einfach, aussagekräftig, leicht durchführbar und verständlich sowie deutlich voneinander abgegrenzt sein.

Der gleichzeitige Einsatz beider Arme darf nur zur Ausführung gleicher/symmetrischer Bewegungen und zur Erteilung eines einzigen Handzeichens erfolgen.

Handzeichen dürfen, unter Beachtung der genannten Merkmale, leicht variieren oder detaillierter als die Darstellungen unter Nummer 3 sein, sofern ihre Bedeutung und Verständlichkeit zumindest gleichwertig sind.

2. Besondere Anwendungsregeln

2.1. Die das Zeichen erteilende Person (im folgenden „Zeichengeber" genannt) erteilt mit Hilfe von Handzeichen dem Empfänger (im folgenden „Bediener" genannt) Anweisungen für bestimmte Arbeitsvorgänge.

2.2. Der Zeichengeber muß den gesamten Ablauf der Arbeitsvorgänge beobachten können, ohne durch die Arbeitsvorgänge gefährdet zu sein.

2.3. Der Zeichengeber hat sich ausschließlich der Steuerung der Arbeitsvorgänge und der Sicherheit der in der Nähe befindlichen Arbeitnehmer zu widmen.

2.4. Sind die Bedingungen gemäß Nummer 2.2. nicht erfüllt, so sind ein oder mehrere zusätzliche Zeichengeber einzusetzen.

2.5. Der Bediener muß die Ausführung des Arbeitsvorgangs unterbrechen und neue Anweisungen anfordern, wenn er bei der Ausführung der erhaltenen Anweisungen nicht die erforderliche Sicherheit gewährleisten kann.

2.6. Zubehör für Handzeichen

Der Zeichengeber muß für den Bediener leicht erkennbar sein.

Der Zeichengeber hat ein oder mehrere geeignete Erkennungszeichen zu tragen, z.B. Jacke, Helm, Manschetten, Armbinden, Signalkellen.

Die Erkennungszeichen sind von einer auffallenden Farbe und vorzugsweise einheitlich zu gestalten und müssen dem Zeichengeber vorbehalten sein.

6/10. SicherheitskennzeichnungsRL
Anhang IX

3. Zu verwendende codierte Handzeichen

Vorbemerkung

Sämtliche nachstehend angegebenen Handzeichen gelten unbeschadet der Verwendung anderer Codes, die auf Gemeinschaftsebene insbesondere für bestimmte Tätigkeitsbereiche anwendbar sind und dieselben Tätigkeiten bezeichnen.

Bedeutung	Beschreibung	Darstellung
A. Allgemeine Handzeichen		
BEGINN – Achtung Hinweis auf nachfolgende Handzeichen	Arme seitwärts waagerecht ausgestreckt, die Handflächen nach vorne gekehrt	
HALT – Unterbrechung Beenden eines Bewegungsablaufs	Rechter Arm nach oben, die Handfläche der rechten Hand nach vorne gekehrt	
ENDE – eines Bewegungsablaufs	Die Hände in Brusthöhe verschränkt	
B. Vertikale Bewegungen		
AUF	Rechter Arm nach oben, Handfläche der rechten Hand nach vorne gekehrt, beschreibt langsam einen Kreis	
AB	Rechter Arm nach unten, Handfläche der rechten Hand nach innen gekehrt, beschreibt langsam einen Kreis	
VERTIKALER ABSTAND	Die Hände zeigen den Abstand an	
C. Horizontale Bewegungen		
VORWÄRTS	Arme angewinkelt; Handflächen nach innen gekehrt; die Unterarme machen langsame Bewegungen zum Körper hin	
RÜCKWÄRTS	Arme angewinkelt, Handflächen nach außen gekehrt, die Unterarme machen langsame Bewegungen vom Körper fort	

6/10. SicherheitskennzeichnungsRL

Anhang IX

RECHTS vom Zeichengeber aus gesehen	Rechter Arm mehr oder weniger waagerecht ausgestreckt, die Handfläche der rechten Hand nach unten, kleine Bewegungen in die gezeigte Richtung	
LINKS vom Zeichengeber aus gesehen	Linker Arm mehr oder weniger waagerecht ausgestreckt, die Handfläche der linken Hand nach unten, kleine Bewegungen in die gezeigte Richtung	
HORIZONTALER ABSTAND	Die Hände zeigen den Abstand an	

D. Gefahren

GEFAHR Nothalt	Beide Arme nach oben, die Handflächen nach vorne gekehrt	
SCHNELLE BEWEGUNG	Codierte Handzeichen für Bewegungen, schnell ausgeführt	
LANGSAME BEWEGUNG	Codierte Handzeichen für Bewegungen, betont langsam ausgeführt	

6/11. MutterschutzRL

6/11. Mutterschutzrichtlinie

Richtlinie 92/85/EWG des Rates über die Durchführung von Maßnahmen zur Verbesserung der Sicherheit und des Gesundheitsschutzes von schwangeren Arbeitnehmerinnen, Wöchnerinnen und stillenden Arbeitnehmerinnen am Arbeitsplatz (Zehnte Einzelrichtlinie im Sinne des Artikels 16 Absatz 1 der Richtlinie 89/391/EWG) vom 19. Oktober 1992

(ABl. Nr. L 348 v. 28.11.1992, S. 1; geändert durch die RL 2007/30/EG, ABl. Nr. L 165 v. 27.6.2007, S. 21; geändert durch die RL 2014/27/EU, ABl. Nr. L 65 v. 5.3.2014, S. 1; geändert durch die VO (EU) 2019/1243, ABl. Nr. L 198 v. 25.7.2019, S. 241)

(nicht amtlich aktualisierte Fassung)

GLIEDERUNG

ABSCHNITT I: Ziel und Definitionen
Art. 1: Ziel
Art. 2: Definitionen

ABSCHNITT II: Allgemeine Bestimmungen
Art. 3: Leitlinien
Art. 4: Beurteilung und Unterrichtung
Art. 5: Konsequenzen aus der Beurteilung
Art. 6: Verbot der Exposition
Art. 7: Nachtarbeit
Art. 8: Mutterschaftsurlaub
Art. 9: Freistellung von der Arbeit für Vorsorgeuntersuchungen
Art. 10: Verbot der Kündigung
Art. 11: Mit dem Arbeitsvertrag verbundene Rechte
Art. 12: Rechtsschutz
Art. 13: Änderungen des Anhangs
Art. 13a: Ausübung der Befugnisübertragung
Art. 13b: Dringlichkeitsverfahren
Art. 14, 15: Schlussbestimmungen

ANHÄNGE I und II

DER RAT DER EUROPÄISCHEN GEMEINSCHAFTEN –

gestützt auf den Vertrag zur Gründung der Europäischen Wirtschaftsgemeinschaft, insbesondere auf Art. 118a,

auf Vorschlag der Kommission, erstellt nach Anhörung des Beratenden Ausschusses für Sicherheit, Arbeitshygiene und Gesundheitsschutz am Arbeitsplatz (ABl. Nr. C 281 v. 9.11.1990, S. 3, und ABl. Nr. C 25 v. 1.2.1991, S. 9),

in Zusammenarbeit mit dem Europäischen Parlament (ABl. Nr. C 19 v. 28.1.1991, S. 177, und ABl. Nr. C 150 v. 15.6.1992, S. 99),

nach Stellungnahme des Wirtschafts- und Sozialausschusses (ABl. Nr. C 41 v. 18.2.1991, S. 29),

in Erwägung nachstehender Gründe:

Artikel 118a des Vertrages sieht vor, daß der Rat durch Richtlinien Mindestvorschriften erläßt, um die Verbesserung insbesondere der Arbeitsumwelt zu fördern und so die Sicherheit und Gesundheit der Arbeitnehmer zu schützen.

Diese Richtlinie ermöglicht keine Einschränkung des bereits in den einzelnen Mitgliedstaaten erzielten Schutzes; die Mitgliedstaaten haben sich gemäß dem Vertrag verpflichtet, die bestehenden Bedingungen in diesem Bereich zu verbessern, und sich eine Harmonisierung bei gleichzeitigem Fortschritt zum Ziel gesetzt.

Gemäß dem Artikel 118a des Vertrages wird in diesen Richtlinien auf verwaltungsmäßige, finanzielle oder rechtliche Auflagen verzichtet, die der Gründung und Entwicklung von Klein- und Mittelbetrieben entgegenstehen.

Gemäß dem Beschluß 74/325/EWG (ABl. Nr. L 185 v. 9.7.1974, S. 15), zuletzt geändert durch die Beitrittsakte von 1985, wird der Beratende Ausschuß für Sicherheit, Arbeitshygiene und Gesundheitsschutz am Arbeitsplatz[*)] im Hinblick auf die Ausarbeitung von Vorschlägen auf diesem Gebiet von der Kommission gehört.

[*)] Jetzt: Beratender Ausschuss für Sicherheit und Gesundheit am Arbeitsplatz (Beschluss des Rates v. 22.7.2003, ABl. Nr. C 218 v. 13.9.2003, S. 1).

In der vom Europäischen Rat am 9. Dezember 1989 in Straßburg verabschiedeten Gemeinschaftscharta der sozialen Grundrechte der Arbeitnehmer heißt es insbesondere in Absatz 19:

„Jeder Arbeitnehmer muß in seiner Arbeitsumwelt zufriedenstellende Bedingungen für Gesundheitsschutz und Sicherheit vorfinden. Es sind geeignete Maßnahmen zu ergreifen, um die Harmonisierung der auf diesem Gebiet bestehenden Bedingungen auf dem Weg des Fortschritts weiterzuführen."

Die Kommission hat sich im Rahmen des Aktionsprogramms zur Anwendung der Gemeinschaftscharta der sozialen Grundrechte der Arbeitnehmer unter anderem den Erlaß einer Richtlinie über den Schutz von Schwangeren am Arbeitsplatz durch den Rat zum Ziel gesetzt.

Gemäß Artikel 15 der Richtlinie 89/391/EWG des Rates vom 12. Juni 1989 über die Durchführung von Maßnahmen zur Verbesserung der Sicherheit und des Gesundheitsschutzes der Arbeitnehmer bei der Arbeit müssen besonders gefährdete Risikogruppen gegen die speziell sie bedrohenden Gefahren geschützt werden.

Da schwangere Arbeitnehmerinnen, Wöchnerinnen und stillende Arbeitnehmerinnen in vielerlei Hinsicht als eine Gruppe mit besonderen Risiken betrachtet werden müssen, sind Maßnahmen für ihre Sicherheit und ihren Gesundheitsschutz zu treffen.

Der Schutz der Sicherheit und der Gesundheit von schwangeren Arbeitnehmerinnen, Wöchnerinnen und stillenden Arbeitnehmerinnen darf Frauen auf dem Arbeitsmarkt nicht benachteiligen; er darf ferner nicht die Richtlinien zur Gleichbehandlung von Männern und Frauen beeinträchtigen.

Bei bestimmten Tätigkeiten kann ein besonderes Risiko einer Exposition der schwangeren Arbeitnehmerin, der Wöchnerin oder der stillenden Arbeitnehmerin gegenüber gefährlichen Agenzien, Verfahren oder Arbeitsbedingungen bestehen; die Risiken müssen beurteilt und die Ergebnisse dieser Beurteilung den Arbeitnehmerinnen und/oder ihren Vertretern mitgeteilt werden.

Für den Fall, daß das Ergebnis dieser Beurteilung ein Risiko für die Sicherheit und die Gesundheit der Arbeitnehmerin ergibt, ist eine Regelung zum Schutz der Arbeitnehmerin vorzusehen.

Schwangere Arbeitnehmerinnen und stillende Arbeitnehmerinnen dürfen keine Tätigkeiten ausüben, bei denen die Beurteilung ergeben hat, daß das Risiko einer die Sicherheit oder Gesundheit gefährdenden Exposition gegenüber bestimmten besonders gefährlichen Agenzien oder Arbeitsbedingungen besteht.

Es sind Bestimmungen vorzusehen, nach denen schwangere Arbeitnehmerinnen, Wöchnerinnen oder stillende Arbeitnehmerinnen nicht verpflichtet werden, Nachtarbeit zu verrichten, wenn dies aus Gründen ihrer Sicherheit und Gesundheit erforderlich ist.

Die Empfindlichkeit der schwangeren Arbeitnehmerin, der Wöchnerin oder der stillenden Arbeitnehmerin machen einen Anspruch auf Mutterschaftsurlaub von mindestens 14 Wochen ohne Unterbrechung erforderlich, die sich auf die Zeit vor und/oder nach der Entbindung aufteilen; ferner muß ein Mutterschaftsurlaub von mindestens 2 Wochen obligatorisch gemacht werden, der auf die Zeit vor und/oder nach der Entbindung aufzuteilen ist.

Die Gefahr, aus Gründen entlassen zu werden, die mit ihrem Zustand in Verbindung stehen, kann sich schädlich auf die physische und psychische Verfassung von schwangeren Arbeitnehmerinnen, Wöchnerinnen oder stillenden Arbeitnehmerinnen auswirken; daher ist es erforderlich, ihre Kündigung zu verbieten.

Die arbeitsorganisatorischen Maßnahmen zum Schutz der Gesundheit der schwangeren Arbeitnehmerinnen, der Wöchnerinnen oder der stillenden Arbeitnehmerinnen hätten keine praktische Wirksamkeit, wenn nicht gleichzeitig die mit dem Arbeitsvertrag verbundenen Rechte, einschließlich der Fortzahlung eines Arbeitsentgelts und/oder des Anspruchs auf eine angemessene Sozialleistung, gewährleistet wären.

Desgleichen hätten die Bestimmungen über den Mutterschaftsurlaub keine praktische Wirksamkeit, wenn nicht gleichzeitig die mit dem Arbeitsvertrag verbundenen Rechte und die Fortzahlung eines Arbeitsentgelts und/oder der Anspruch auf eine angemessene Sozialleistung gewährleistet wären.

Der Begriff der angemessenen Sozialleistung beim Mutterschaftsurlaub ist als ein technischer Bezugspunkt zur Festlegung des Mindestschutzstandards anzusehen; er darf keinesfalls als eine Gleichstellung von Schwangerschaft und Krankheit ausgelegt werden –

HAT FOLGENDE RICHTLINIE ERLASSEN:

ABSCHNITT I
Ziel und Definitionen

Ziel

Art. 1 (1) Ziel dieser Richtlinie, die die zehnte Einzelrichtlinie im Sinne von Artikel 16 Absatz 1 der Richtlinie 89/391/EWG darstellt, ist die Durchführung von Maßnahmen zur Verbesserung der Sicherheit und des Gesundheitsschutzes von schwangeren Arbeitnehmerinnen, Wöchnerinnen und stillenden Arbeitnehmerinnen am Arbeitsplatz.

(2) Die Bestimmungen der Richtlinie 89/391/EWG mit Ausnahme von Artikel 2 Absatz 2 gelten unbeschadet strengerer und/oder spezifischer Bestimmungen dieser Richtlinie uneingeschränkt für den gesamten Bereich im Sinne von Absatz 1.

(3) Aus dieser Richtlinie läßt sich bei ihrer Umsetzung keine Rechtfertigung für einen Abbau des der schwangeren Arbeitnehmerin, der Wöchnerin oder der stillenden Arbeitnehmerin gewährten Schutzes im Vergleich mit der Lage ableiten, die in den einzelnen Mitgliedstaaten zum Zeitpunkt des Erlasses dieser Richtlinie besteht.

Definitionen

Art. 2 Im Sinne dieser Richtlinie gilt als

a) *„schwangere Arbeitnehmerin"* jede schwangere Arbeitnehmerin, die den Arbeitgeber gemäß den einzelstaatlichen Rechtsvorschriften und/oder Gepflogenheiten von ihrer Schwangerschaft unterrichtet;

b) *„Wöchnerin"* jede Arbeitnehmerin kurz nach einer Entbindung im Sinne der einzelstaatlichen Rechtsvorschriften und/oder Gepflogenheiten, die den Arbeitgeber gemäß diesen Rechtsvorschriften und/oder Gepflogenheiten von ihrer Entbindung unterrichtet;

c) *„stillende Arbeitnehmerin"* jede stillende Arbeitnehmerin im Sinne der einzelstaatlichen Rechtsvorschriften und/oder Gepflogenheiten, die den Arbeitgeber gemäß diesen Rechtsvorschriften und/oder Gepflogenheiten darüber unterrichtet, daß sie stillt.

ABSCHNITT II
Allgemeine Bestimmungen

Leitlinien

Art. 3 (1) Die Kommission erstellt im Benehmen mit den Mitgliedstaaten und mit Unterstützung des Beratenden Ausschusses für Sicherheit, Arbeitshygiene und Gesundheitsschutz am Arbeitsplatz Leitlinien für die Beurteilung der chemischen, physikalischen und biologischen Agenzien sowie der industriellen Verfahren, die als Gefahrenquelle für Gesundheit und Sicherheit der Arbeitnehmerinnen im Sinne des Artikels 2 gelten.

Die in Unterabsatz 1 genannten Leitlinien erstrecken sich auch auf die Bewegungen und Körperhaltungen, die geistige und körperliche Ermüdung und die sonstigen, mit der Tätigkeit der Arbeitnehmerinnen im Sinne des Artikels 2 verbundenen körperlichen und geistigen Belastungen.

(2) Die in Absatz 1 genannten Leitlinien sollen als Leitfaden für die in Artikel 4 Absatz 1 vorgesehene Beurteilung dienen.

Zu diesem Zweck bringen die Mitgliedstaaten diese Leitlinien den Arbeitgebern und den Arbeitnehmerinnen und/oder ihren Vertretern in dem betreffenden Mitgliedstaat zur Kenntnis.

Beurteilung und Unterrichtung

Art. 4 (1) Für jede Tätigkeit, bei der ein besonderes Risiko einer Exposition gegenüber den in der nicht erschöpfenden Liste in Anhang I genannten Agenzien, Verfahren und Arbeitsbedingungen besteht, sind in dem betreffenden Unternehmen und/oder Betrieb vom Arbeitgeber selbst oder durch die in Artikel 7 der Richtlinie 89/391/EWG genannten Dienste für die Gefahrenverhütung Art, Ausmaß und Dauer der Exposition der Arbeitnehmerinnen im Sinne des Artikels 2 zu beurteilen, damit

- alle Risiken für Sicherheit und Gesundheit sowie alle Auswirkungen auf Schwangerschaft oder Stillzeit der Arbeitnehmerinnen im Sinne des Artikels 2 abgeschätzt und
- die zu ergreifenden Maßnahmen bestimmt werden können.

(2) Unbeschadet des Artikels 10 der Richtlinie 89/391/EWG werden in dem betreffenden Unternehmen und/oder Betrieb die Arbeitnehmerinnen im Sinne des Artikels 2 sowie diejenigen Arbeitnehmerinnen, die sich in einer der in Artikel 2 genannten Situation befinden könnten, und/oder ihre Vertreter über die Ergebnisse der Beurteilung nach Absatz 1 und über alle in bezug auf Sicherheit und Gesundheitsschutz am Arbeitsplatz zu ergreifenden Maßnahmen unterrichtet.

Konsequenzen aus der Beurteilung

Art. 5 (1) Ergibt die Beurteilung nach Artikel 4 Absatz 1 das Vorhandensein einer Gefährdung für Sicherheit oder Gesundheit sowie eine mögliche Auswirkung auf Schwangerschaft oder Stillzeit einer Arbeitnehmerin im Sinne des Artikels 2, so trifft der Arbeitgeber unbeschadet des Artikels 6 der Richtlinie 89/391/EWG die erforderlichen Maßnahmen, um durch eine einstweilige Umgestaltung der Arbeitsbedingungen und/oder der Arbeitszeiten der betreffenden Arbeitnehmerin auszuschließen, daß die Arbeitnehmerin dieser Gefährdung ausgesetzt ist.

(2) Ist die Umgestaltung der Arbeitsbedingungen und/oder der Arbeitszeiten technisch und/oder sachlich nicht möglich oder aus gebührend nachgewiesenen Gründen nicht zumutbar, so trifft der Arbeitgeber die erforderlichen Maßnahmen für einen Arbeitsplatzwechsel der betreffenden Arbeitnehmerin.

(3) Ist der Arbeitsplatzwechsel technisch und/oder sachlich nicht möglich oder aus gebührend nachgewiesenen Gründen nicht zumutbar, so wird die betreffende Arbeitnehmerin während des gesamten zum Schutz ihrer Sicherheit und Gesundheit erforderlichen Zeitraums entsprechend den einzelstaatlichen Rechtsvorschriften und/oder Gepflogenheiten beurlaubt.

(4) Die Bestimmungen dieses Artikels gelten sinngemäß für den Fall, daß eine Arbeitnehmerin, die eine nach Artikel 6 verbotene Tätigkeit ausübt, schwanger wird oder stillt und ihren Arbeitgeber davon unterrichtet.

Verbot der Exposition

Art. 6 Neben den allgemeinen Vorschriften zum Schutz der Arbeitnehmer und insbesondere den Vorschriften über die Grenzwerte berufsbedingter Expositionen gilt folgendes:

1. Schwangere Arbeitnehmerinnen im Sinne des Artikels 2 Buchstabe a) dürfen in keinem Fall zu Tätigkeiten verpflichtet werden, bei denen die Beurteilung ergeben hat, daß das Risiko einer die Sicherheit oder Gesundheit gefährdenden Exposition gegenüber den in Anhang II Abschnitt A aufgeführten Agenzien und Arbeitsbedingungen besteht.
2. Stillende Arbeitnehmerinnen im Sinne des Artikels 2 Buchstabe c) dürfen in keinem Fall zu Tätigkeiten verpflichtet werden, bei denen die Beurteilung ergeben hat, daß das Risiko einer die Sicherheit oder Gesundheit gefährdenden Exposition gegenüber den in Anhang II Abschnitt B aufgeführten Agenzien und Arbeitsbedingungen besteht.

Nachtarbeit

Art. 7 (1) Die Mitgliedstaaten treffen die erforderlichen Maßnahmen, damit Arbeitnehmerinnen im Sinne des Artikels 2 während ihrer Schwangerschaft und während eines von der für die Sicherheit und den Gesundheitsschutz zuständigen einzelstaatlichen Behörde festzulegenden Zeitraums nach der Entbindung nicht zu Nachtarbeit verpflichtet werden, vorbehaltlich eines nach den von den Mitgliedstaaten zu bestimmenden Einzelheiten vorzulegenden ärztlichen Attestes, in dem die entsprechende Notwendigkeit im Hinblick auf die Sicherheit und den Gesundheitsschutz der Arbeitnehmerin bestätigt wird.

(2) Die in Absatz 1 genannten Maßnahmen müssen entsprechend den einzelstaatlichen Rechtsvorschriften und/oder Gepflogenheiten folgendes ermöglichen:
a) die Umsetzung an einen Arbeitsplatz mit Tagarbeit oder
b) die Beurlaubung oder die Verlängerung des Mutterschaftsurlaubs, sofern eine solche Umsetzung technisch oder sachlich nicht möglich oder aus gebührend nachgewiesenen Gründen nicht zumutbar ist.

Mutterschaftsurlaub

Art. 8 (1) Die Mitgliedstaaten treffen die erforderlichen Maßnahmen, um sicherzustellen, daß den Arbeitnehmerinnen im Sinne des Artikels 2 ein Mutterschaftsurlaub von mindestens 14 Wochen ohne Unterbrechung gewährt wird, die sich entsprechend den einzelstaatlichen Rechtsvorschriften und/oder Gepflogenheiten auf die Zeit vor und/oder nach der Entbindung aufteilen.

(2) Der Mutterschaftsurlaub gemäß Absatz 1 muß einen obligatorischen Mutterschaftsurlaub von mindestens zwei Wochen umfassen, die sich entsprechend den einzelstaatlichen Rechtsvorschriften und/oder Gepflogenheiten auf die Zeit vor und/oder nach der Entbindung aufteilen.

Freistellung von der Arbeit für Vorsorgeuntersuchungen

Art. 9 Die Mitgliedstaaten treffen die erforderlichen Maßnahmen, damit schwangeren Arbeitnehmerinnen im Sinne des Artikels 2 Buchstabe a) entsprechend den einzelstaatlichen Rechtsvorschriften und/oder Gepflogenheiten eine Freistellung von der Arbeit gewährt wird, die es ihnen erlaubt, die Vorsorgeuntersuchungen während der Schwangerschaft ohne Lohn- bzw. Gehaltseinbußen wahrzunehmen, wenn diese Untersuchungen während der Arbeitszeit stattfinden müssen.

Verbot der Kündigung

Art. 10 Um den Arbeitnehmerinnen im Sinne des Artikels 2 die Ausübung der in diesem Artikel anerkannten Rechte in bezug auf ihre Sicherheit und ihren Gesundheitsschutz zu gewährleisten, wird folgendes vorgesehen:
1. Die Mitgliedstaaten treffen die erforderlichen Maßnahmen, um die Kündigung der Arbeitnehmerinnen im Sinne des Artikels 2 während der Zeit vom Beginn der Schwangerschaft bis zum Ende des Mutterschaftsurlaubs nach Artikel 8 Absatz 1 zu verbieten; davon ausgenommen sind die nicht mit ihrem Zustand in Zusammenhang stehenden Ausnahmefälle, die entsprechend den einzelstaatlichen Rechtsvorschriften und/oder Gepflogenheiten zulässig sind, wobei gegebenenfalls die zuständige Behörde ihre Zustimmung erteilen muß.
2. Wird einer Arbeitnehmerin im Sinne des Artikels 2 während der in Nummer 1 genannten Zeit gekündigt, so muß der Arbeitgeber schriftlich berechtigte Kündigungsgründe anführen.
3. Die Mitgliedstaaten treffen die erforderlichen Maßnahmen, um Arbeitnehmerinnen im Sinne des Artikels 2 vor den Folgen einer nach Nummer 1 widerrechtlichen Kündigung zu schützen.

Mit dem Arbeitsvertrag verbundene Rechte

Art. 11 Um den Arbeitnehmerinnen im Sinne des Artikels 2 die Ausübung der in diesem Artikel anerkannten Rechte in bezug auf ihre Sicherheit und ihren Gesundheitsschutz zu gewährleisten, wird folgendes vorgesehen:
1. In den in den Artikeln 5, 6 und 7 genannten Fällen müssen die mit dem Arbeitsvertrag verbundenen Rechte der Arbeitnehmerinnen im Sinne des Artikels 2, einschließlich der Fortzahlung eines Arbeitsentgelts und/oder des Anspruchs auf eine angemessene Sozialleistung, entsprechend den einzelstaatlichen Rechtsvorschriften und/oder Gepflogenheiten gewährleistet sein.
2. In dem in Artikel 8 genannten Fall müssen gewährleistet sein:
   a) die mit dem Arbeitsvertrag der Arbeitnehmerinnen im Sinne des Artikels 2 verbundenen anderen Rechte als die unter dem nachstehenden Buchstaben b) genannten;
   b) die Fortzahlung eines Arbeitsentgelts und/oder der Anspruch auf eine angemessene Sozialleistung für die Arbeitnehmerinnen im Sinne des Artikels 2.
3. Die Sozialleistung nach Nummer 2 Buchstabe b) gilt als angemessen, wenn sie mindestens den Bezügen entspricht, die die betreffende Arbeitnehmerin im Falle einer Unterbrechung ihrer Erwerbstätigkeit aus gesundheitlichen Gründen erhalten würde, wobei es gegebenenfalls eine von den einzelstaatlichen Gesetzgebern festgelegte Obergrenze gibt.
4. Es steht den Mitgliedstaaten frei, den Anspruch auf die Fortzahlung des Arbeitsentgelts oder die in Nummer 1 und Nummer 2 Buchstabe b) genannte Sozialleistung davon abhängig zu machen, daß die betreffende Arbeitnehmerin die in den einzelstaatlichen Rechtsvorschriften vorgesehenen Bedingungen für das Entstehen eines Anspruchs auf diese Leistungen erfüllt.

Nach diesen Bedingungen darf keinesfalls vorgesehen sein, daß dem voraussichtlichen Zeitpunkt der Entbindung eine Erwerbstätigkeit von mehr als zwölf Monaten unmittelbar vorangegangen sein muß.

Rechtsschutz

Art. 12 Die Mitgliedstaaten erlassen die innerstaatlichen Vorschriften, die notwendig sind, damit jede Arbeitnehmerin, die sich durch die Nichterfüllung der Verpflichtungen aus dieser Richtlinie für beschwert hält, ihre Rechte gerichtlich und/oder entsprechend den innerstaatlichen Rechtsvorschriften und/oder Gebräuchen durch Befassung anderer zuständiger Stellen geltend machen kann.

Änderungen des Anhangs I

Art. 13 Der Kommission wird die Befugnis übertragen, gemäß Artikel 13a delegierte Rechtsakte zur Vornahme rein technischer Änderungen des Anhangs I zu erlassen, um den technischen Fortschritt, die Entwicklung der internationalen Vorschriften oder Spezifikationen und den Wissensstand zu berücksichtigen.

Ist in hinreichend begründeten Ausnahmefällen, in denen eine akute, unmittelbare und schwerwiegende Gefahr für die körperliche Gesundheit und Sicherheit von Arbeitnehmern oder anderen Personen gegeben ist, aus Gründen äußerster Dringlichkeit sehr kurzfristiges Handeln erforderlich, so findet das Verfahren gemäß Artikel 13b auf delegierte Rechtsakte, die gemäß dem vorliegenden Artikel erlassen werden, Anwendung.

(VO (EU) 2019/1243)

Artikel 13a
Ausübung der Befugnisübertragung

(1) Die Befugnis zum Erlass delegierter Rechtsakte wird der Kommission unter den in diesem Artikel festgelegten Bedingungen übertragen.

(2) Die Befugnis zum Erlass delegierter Rechtsakte gemäß Artikel 13 wird der Kommission für einen Zeitraum von fünf Jahren ab 26. Juli 2019 übertragen. Die Kommission erstellt spätestens neun Monate vor Ablauf des Zeitraums von fünf Jahren einen Bericht über die Befugnisübertragung. Die Befugnisübertragung verlängert sich stillschweigend um Zeiträume gleicher Länge, es sei denn, das Europäische Parlament oder der Rat widersprechen einer solchen Verlängerung spätestens drei Monate vor Ablauf des jeweiligen Zeitraums.

(3) Die Befugnisübertragung gemäß Artikel 13 kann vom Europäischen Parlament oder vom Rat jederzeit widerrufen werden. Der Beschluss über den Widerruf beendet die Übertragung der in diesem Beschluss angegebenen Befugnis. Er wird am Tag nach seiner Veröffentlichung im *Amtsblatt der Europäischen Union* oder zu einem im Beschluss über den Widerruf angegebenen späteren Zeitpunkt wirksam. Die Gültigkeit von delegierten Rechtsakten, die bereits in Kraft sind, wird von dem Beschluss über den Widerruf nicht berührt.

(4) Vor dem Erlass eines delegierten Rechtsakts konsultiert die Kommission die von den einzelnen Mitgliedstaaten benannten Sachverständigen im Einklang mit den in der Interinstitutionellen Vereinbarung vom 13. April 2016 über bessere Rechtsetzung (ABl. L 123 vom 12.5.2016, S. 1) enthaltenen Grundsätzen.

(5) Sobald die Kommission einen delegierten Rechtsakt erlässt, übermittelt sie ihn gleichzeitig dem Europäischen Parlament und dem Rat.

(6) Ein delegierter Rechtsakt, der gemäß Artikel 13 erlassen wurde, tritt nur in Kraft, wenn weder das Europäische Parlament noch der Rat innerhalb einer Frist von zwei Monaten nach Übermittlung dieses Rechtsakts an das Europäische Parlament und den Rat Einwände erhoben haben oder wenn vor Ablauf dieser Frist das Europäische Parlament und der Rat beide der Kommission mitgeteilt haben, dass sie keine Einwände erheben werden. Auf Initiative des Europäischen Parlaments oder des Rates wird diese Frist um zwei Monate verlängert.

(VO (EU) 2019/1243)

Artikel 13b
Dringlichkeitsverfahren

(1) Delegierte Rechtsakte, die nach diesem Artikel erlassen werden, treten umgehend in Kraft und sind anwendbar, solange keine Einwände gemäß Absatz 2 erhoben werden. Bei der Übermittlung eines delegierten Rechtsakts an das Europäische Parlament und den Rat werden die Gründe für die Anwendung des Dringlichkeitsverfahrens angegeben.

(2) Das Europäische Parlament oder der Rat können gemäß dem Verfahren des Artikels 13a Absatz 6 Einwände gegen einen delegierten Rechtsakt erheben. In diesem Fall hebt die Kommission den Rechtsakt unverzüglich nach der Übermittlung des Beschlusses des Europäischen Parlaments oder des Rates, Einwände zu erheben, auf.

(VO (EU) 2019/1243)

Schlussbestimmungen

Art. 14 (1) Die Mitgliedstaaten erlassen die erforderlichen Rechts- und Verwaltungsvorschriften, um dieser Richtlinie spätestens zwei Jahre nach ihrem Erlaß nachzukommen, bzw. vergewissern sich, daß die Sozialpartner bis spätestens zwei Jahre nach dem Erlaß dieser Richtlinie die notwendigen Vorschriften durch Vereinbarungen einführen, wobei die Mitgliedstaaten die notwendigen Vorkehrungen zu treffen haben, um jederzeit in der Lage zu sein, die dieser Richtlinie entsprechenden Ergebnisse zu gewährleisten. Sie setzen die Kommission unverzüglich davon in Kenntnis.

(2) Wenn die Mitgliedstaaten die Vorschriften nach Absatz 1 erlassen, nehmen sie in den Vorschriften selbst oder durch einen Hinweis bei der amtlichen Veröffentlichung auf diese Richtlinie Bezug. Die Mitgliedstaaten regeln die Einzelheiten der Bezugnahme.

(3) Die Mitgliedstaaten teilen der Kommission den Wortlaut der wesentlichen einzelstaatlichen Rechtsvorschriften mit, die auf dem unter diese Richtlinie fallenden Gebiet bereits erlassen worden sind oder von ihnen erlassen werden.

(Art. 14 Abs. 4 bis 6 aufgehoben durch Art. 3 Z. 11 RL 2007/30/EG)

Art. 15 Diese Richtlinie ist an die Mitgliedstaaten gerichtet.

6/11. MutterschutzRL
Anhänge I, II

ANHANG I
Nicht erschöpfende Liste der Agenzien, Verfahren und Arbeitsbedingungen nach Artikel 4 Absatz 1

A. Agenzien

1. *Physikalische Agenzien*, sofern sie als Agenzien gelten, die zu Schädigungen des Fötus führen und/oder eine Lösung der Plazenta verursachen können, insbesondere

a) Stöße, Erschütterungen oder Bewegungen;
b) Bewegen schwerer Lasten von Hand, gefahrenträchtig insbesondere für den Rücken- und Lendenwirbelbereich;
c) Lärm;
d) ionisierende Strahlungen (siehe RL 80/836/ Euratom ABl. Nr. L 246 v. 17 .9. 1980, S. 1);
e) nicht ionisierende Strahlungen;
f) extreme Kälte und Hitze;
g) Bewegungen und Körperhaltungen, sowohl innerhalb als auch außerhalb des Betriebs, geistige und körperliche Ermüdung und sonstige mit der Tätigkeit der Arbeitnehmerin im Sinne des Artikels 2 verbundene körperliche Belastungen.

2. *Biologische Agenzien*

Biologische Agenzien der Risikogruppen 2, 3 und 4 im Sinne des Artikels 2 Absatz 2 Nummern 2, 3 und 4 der Richtlinie 2000/54/EG des Europäischen Parlaments und des Rates, soweit bekannt ist, dass solche Agenzien oder die im Fall einer durch sie hervorgerufenen Schädigung anzuwendenden therapeutischen Maßnahmen die Gesundheit der schwangeren Arbeitnehmerin und des ungeborenen Kindes gefährden, und soweit sie noch nicht in Anhang II aufgenommen sind.

3. *Chemische Agenzien*

Folgende chemische Agenzien, soweit bekannt ist, dass sie die Gesundheit der schwangeren Arbeitnehmerin und des ungeborenen Kindes gefährden und soweit sie noch nicht in Anhang II aufgenommen sind:

a) Stoffe und Gemische, die die Kriterien für die Einstufung in eine oder mehrere der folgenden Gefahrenklassen und Gefahrenkategorien mit einem oder mehreren der folgenden Gefahrenhinweise gemäß der Verordnung (EG) Nr. 1272/2008 des Europäischen Parlaments und des Rates vom 16. Dezember 2008 über die Einstufung, Kennzeichnung und Verpackung von Stoffen und Gemischen erfüllen, sofern sie noch nicht in Anhang II aufgenommen sind:
– Keimzellmutagenität, Kategorie 1A, 1B oder 2 (H340, H341);
– Karzinogenität, Kategorie 1A, 1B oder 2 (H350, H350i, H351);
– Reproduktionstoxizität, Kategorie 1A, 1B oder 2 oder die zusätzliche Kategorie im Fall von Wirkungen auf oder über die Laktation (H360, H360D, H360FD, H360Fd, H360Df, H361, H361d, H361fd, H362);
– spezifische Zielorgan-Toxizität nach einmaliger Exposition, Kategorie 1 oder 2 (H370, H371).

b) die in Anhang I der Richtlinie 2004/37/EG des Europäischen Parlaments und des Rates aufgeführten chemischen Agenzien;
c) Quecksilber und Quecksilberderivate;
d) Mitosehemmstoffe;
e) Kohlenmonoxid;
f) gefährliche chemische Agenzien, die nachweislich in die Haut eindringen.

B. Verfahren

– Die in Anhang I der Richtlinie 2004/37/EG aufgeführten industriellen Verfahren.

C. Arbeitsbedingungen

– Bergbauarbeiten unter Tage.

(Anhang I geändert durch Art. 2 der RL 2014/27/EU)

ANHANG II
Nicht erschöpfende Liste der Agenzien und Arbeitsbedingungen nach Artikel 6

A. Schwangere Arbeitnehmerinnen im Sinne des Artikels 2 Buchstabe a)

1. *Agenzien*

a) Physikalische Agenzien
– Arbeit bei Überdruck, z.B. in Druckkammern, beim Tauchen

b) Biologische Agenzien
Folgende biologische Agenzien:
– Toxoplasma,
– Rötelvirus,
außer in Fällen, in denen nachgewiesen wird, daß die Arbeitnehmerin durch Immunisierung ausreichend gegen diese Agenzien geschützt ist.

c) Chemische Agenzien
– Blei und Bleiderivate, soweit die Gefahr besteht, daß diese Agenzien vom menschlichen Organismus absorbiert werden.

2. *Arbeitsbedingungen*:
– Bergbauarbeiten unter Tage.

B. Stillende Arbeitnehmerinnen im Sinne des Artikels 2 Buchstabe c)

1. *Agenzien*

a) Chemische Agenzien
– Blei und Bleiderivate, soweit Gefahr besteht, daß diese Agenzien vom menschlichen Organismus absorbiert werden.

2. *Arbeitsbedingungen*
– Bergbauarbeiten unter Tage

Erklärung des Rates und der Kommission zu Artikel 11 Nummer 3 der Richtlinie 92/85/EWG zur Aufnahme in das Protokoll der 1608. Tagung des Rates

(Luxemburg, den 19. Oktober 1992)

DER RAT UND DIE KOMMISSION ERKLÄREN:

„Bei der Festlegung der Höhe der Leistungen nach Artikel 11 Nummer 2 Buchstabe b) und Nummer 3 wird lediglich aus technischen Gründen auf die Leistungen Bezug genommen, die die Arbeitnehmerin im Falle einer Unterbrechung ihrer Erwerbstätigkeit aus gesundheitlichen Gründen erhalten würde. Diese Bezugnahme bedeutet keineswegs die Gleichstellung von Schwangerschaft und Geburt mit Krankheit. Die nationalen Sozialversicherungsvorschriften aller Mitgliedstaaten sehen vor, daß während einer krankheitsbedingten Abwesenheit vom Arbeitsplatz eine Leistung gezahlt wird. Die in der gewählten Formulierung hergestellte Verbindung mit diesen Leistungen soll lediglich dazu dienen, einen konkreten, festen Bezugsbetrag in allen Mitgliedstaaten für die Festlegung des Mindestbetrags der zu zahlenden Mutterschaftsleistung vorzusehen. Werden in einzelnen Mitgliedstaaten höhere Leistungen gezahlt als in der Richtlinie vorgesehen, so werden diese Leistungen selbstverständlich beibehalten. Dies geht aus Artikel 1 Absatz 3 der Richtlinie deutlich hervor."

6/12. Bohrungenrichtlinie

Richtlinie 92/91/EWG des Rates über Mindestvorschriften zur Verbesserung der Sicherheit und des Gesundheitsschutzes der Arbeitnehmer in den Betrieben, in denen durch Bohrungen Mineralien gewonnen werden (Elfte Einzelrichtlinie im Sinne des Artikels 16 Absatz 1 der Richtlinie 89/391/EWG) vom 3. November 1992

(ABl. Nr. L 348 v. 28.11.1992, S. 9; geändert durch die RL 2007/30/EG, ABl. Nr. L 165 v. 27.6.2007, S. 21)

(nicht amtlich aktualisierte Fassung)

GLIEDERUNG

ABSCHNITT I: Allgemeine Bestimmungen
Art. 1: Ziel
Art. 2: Definitionen

ABSCHNITT II: Pflichten des Arbeitgebers
Art. 3: Allgemeine Verpflichtungen
Art. 4: Brand- und Explosionsschutzmaßnahmen sowie Schutz vor gesundheitsgefährdender Atmosphäre
Art. 5: Flucht- und Rettungsmittel
Art. 6: Kommunikations-, Warn- und Alarmsysteme
Art. 7: Unterrichtung der Arbeitnehmer
Art. 8: Präventivmedizinische Überwachung
Art. 9: Anhörung und Beteiligung der Arbeitnehmer
Art. 10: Mindestvorschriften für Sicherheit und Gesundheitsschutz

ABSCHNITT III: Sonstige Bestimmungen
Art. 11: Anpassung der Anhänge
Art. 12, 13: Schlussbestimmungen

DER RAT DER EUROPÄISCHEN GEMEINSCHAFTEN –

gestützt auf den Vertrag zur Gründung der Europäischen Wirtschaftsgemeinschaft, insbesondere auf Artikel 118a,

auf Vorschlag der Kommission (ABl. Nr. C 32 v. 7.2.1991, S. 7), erstellt nach Anhörung des Ständigen Ausschusses für die Betriebssicherheit und den Gesundheitsschutz im Steinkohlenbergbau und in den anderen mineralgewinnenden Betrieben,

in Zusammenarbeit mit dem Europäischen Parlament (ABl. Nr. C 280 v. 28.10.1991, S. 79, ABl. Nr. C 241 v. 21.9.1992, S. 88),

nach Stellungnahme des Wirtschafts- und Sozialausschusses (ABl. Nr. C 191 vom 22.7.1991, S. 34),

in Erwägung nachstehender Gründe:

Artikel 118a des Vertrages sieht vor, daß der Rat durch Richtlinien Mindestvorschriften festlegt, die die Verbesserung insbesondere der Arbeitsumwelt fördern, um die Sicherheit und die Gesundheit der Arbeitnehmer verstärkt zu schützen.

Nach demselben Artikel sollen diese Richtlinien keine verwaltungsmäßigen, finanziellen oder rechtlichen Auflagen vorschreiben, die der Gründung und Entwicklung von Klein- und Mittelbetrieben entgegenstehen.

Die Verbesserung der Sicherheit, der Arbeitshygiene und des Gesundheitsschutzes der Arbeitnehmer bei der Arbeit ist ein Ziel, das nicht rein wirtschaftlichen Überlegungen untergeordnet werden darf.

In der Richtlinie 89/654/EWG des Rates vom 30. November 1989 über Mindestvorschriften für Sicherheit und Gesundheitsschutz in Arbeitsstätten (Erste Einzelrichtlinie im Sinne des Artikels 16 Absatz 1 der Richtlinie 89/391/EWG) werden die mineralgewinnenden Betriebe ausgenommen.

Die Einhaltung von Mindestvorschriften zur Verbesserung der Sicherheit und des Gesundheitsschutzes in den Betrieben, in denen durch Bohrungen Mineralien gewonnen werden, ist eine unabdingbare Voraussetzung für die Gewährleistung der Sicherheit und des Gesundheitsschutzes der Arbeitnehmer.

Bei den Betrieben, in denen durch Bohrungen Mineralien gewonnen werden, handelt es sich um Tätigkeitsbereiche, in denen die Arbeitnehmer überdurchschnittlich hohen Risiken ausgesetzt sein können.

Die vorliegende Richtlinie ist eine Einzelrichtlinie im Sinne von Artikel 16 Absatz 1 der Richtlinie 89/391/EWG des Rates vom 12. Juni 1989 über die Durchführung von Maßnahmen zur Verbesserung der Sicherheit und des Gesundheitsschutzes der Arbeitnehmer bei der Arbeit. Die Bestimmungen der genannten Richtlinie finden daher unbeschadet strengerer und/oder spezifischer Bestimmungen der vorliegenden Richtlinie im Bereich der Betriebe, in denen durch Bohrungen Mineralien gewonnen werden, in vollem Umfang Anwendung.

Die vorliegende Richtlinie stellt einen konkreten Beitrag zur Ausgestaltung der sozialen Dimension des Binnenmarktes dar –

6/12. BohrungenRL

HAT FOLGENDE RICHTLINIE ERLASSEN:

ABSCHNITT I
Allgemeine Bestimmungen

Ziel

Art. 1 (1) Diese Richtlinie ist die elfte Einzelrichtlinie im Sinne des Artikels 16 Absatz 1 der Richtlinie 89/391/EWG; sie legt Mindestvorschriften in bezug auf Sicherheit und Gesundheitsschutz der Arbeitnehmer in den Betrieben, in denen durch Bohrungen Mineralien gewonnen werden, nach Artikel 2 Buchstabe a) fest.

(2) Die Richtlinie 89/391/EWG findet unbeschadet strengerer und/oder spezifischer Bestimmungen der vorliegenden Richtlinie auf den gesamten in Absatz 1 genannten Bereich in vollem Umfang Anwendung.

Definitionen

Art. 2 Im Sinne dieser Richtlinie sind:

a) *„Betriebe, in denen durch Bohrungen Mineralien gewonnen werden"*: alle Betriebe, deren Tätigkeit
   - das eigentliche Gewinnen von Mineralien durch Bohrungen und/oder
   - das Aufsuchen zum Zwecke einer späteren Gewinnung und/oder
   - die Aufbereitung des Förderguts für den Verkauf mit Ausnahme der Tätigkeiten zur Weiterverarbeitung dieses Förderguts

   ist;

b) *„Arbeitsstätten"*: alle Örtlichkeiten, die zur Einrichtung von Arbeitsplätzen vorgesehen sind und die Haupt- und Nebenbetriebe sowie Anlagen der Betriebe, in denen durch Bohrungen Mineralien gewonnen werden, umfassen – einschließlich vorhandener Unterkünfte –, zu denen die Arbeitnehmer im Rahmen ihrer Arbeit Zugang haben.

ABSCHNITT II
Pflichten des Arbeitgebers

Allgemeine Verpflichtungen

Art. 3 (1) Zur Gewährleistung der Sicherheit und zum Schutz der Gesundheit der Arbeitnehmer trifft der Arbeitgeber die erforderlichen Maßnahmen, damit

a) die Arbeitsstätten so konzipiert, errichtet, in Betrieb genommen, ausgestattet, betrieben und unterhalten werden, daß die Arbeitnehmer die ihnen übertragenen Arbeiten ohne Gefährdung weder ihrer Sicherheit und ihrer Gesundheit noch der Sicherheit und Gesundheit anderer Arbeitnehmer ausführen können;

b) der Betrieb von mit Arbeitnehmern belegten Arbeitsstätten der Überwachung durch eine verantwortliche Person unterliegt;

c) die mit einem besonderen Risiko verbundenen Arbeiten nur fachkundigen Arbeitnehmern übertragen und entsprechend den Anweisungen ausgeführt werden;

d) alle Sicherheitsanweisungen für alle Arbeitnehmer verständlich sind;

e) angemessene Einrichtungen zur Leistung von Erster Hilfe bereitstehen;

f) die erforderlichen Sicherheitsübungen in regelmäßigen Zeitabständen durchgeführt werden.

(2) Der Arbeitgeber vergewissert sich, daß ein Dokument über Sicherheit und Gesundheitsschutz (nachstehend „Sicherheits- und Gesundheitsschutzdokument" genannt), das die einschlägigen Anforderungen nach dem Artikeln 6, 9 und 10 der Richtlinie 89/391/EWG erfüllt, erstellt und auf dem letzten Stand gehalten wird.

Aus dem Sicherheits- und Gesundheitsschutzdokument muß insbesondere hervorgehen,
- daß die Gefährdungen, denen die Arbeitnehmer an den Arbeitsstätten ausgesetzt sind, ermittelt und einer Bewertung unterzogen worden sind;
- daß angemessene Maßnahmen getroffen werden, um die Ziele dieser Richtlinie zu erreichen;
- daß die Arbeitsstätten und die Ausrüstung sicher gestaltet, betrieben und gewartet sind.

Das Sicherheits-Schutzdokument muß vor Aufnahme der Arbeit erstellt und überarbeitet werden, wenn an den Arbeitsstätten wichtige Änderungen, Erweiterungen oder Umgestaltungen vorgenommen werden.

(3) Sind Arbeitnehmer mehrerer Betriebe an derselben Arbeitsstätte tätig, so ist jeder Arbeitgeber für die Bereiche, die seiner Kontrolle unterstehen, verantwortlich.

Der Arbeitgeber, der nach den einzelstaatlichen Rechtsvorschriften und/oder Praktiken die Verantwortung für die Arbeitsstätte hat, koordiniert die Durchführung aller die Sicherheit und den Gesundheitsschutz der Arbeitnehmer betreffenden Maßnahmen und macht in seinem Sicherheits- und Gesundheitsschutzdokument genauere Angaben über das Ziel, die Maßnahmen und die Modalitäten der Durchführung dieser Koordinierung.

Die Koordinierung berührt nicht die Verantwortlichkeit der einzelnen Arbeitgeber nach der Richtlinie 89/391/EWG.

(4) Der Arbeitgeber hat tödliche und/oder schwere Betriebsunfälle und gefährliche Vorkommnisse den zuständigen Behörden unverzüglich zu melden.

Falls erforderlich, hat der Arbeitgeber das Sicherheits- und Gesundheitsschutzdokument durch Angabe der zur Vermeidung von Wiederholungsfällen getroffenen Maßnahmen auf den letzten Stand zu bringen.

Brand- und Explosionsschutzmaßnahmen sowie Schutz vor gesundheitsgefährdender Atmosphäre

Art. 4 Der Arbeitgeber hat die der Art des Betriebes entsprechenden Maßnahmen zu treffen,
- um die Entstehung und Ausbreitung von Bränden und Explosionen zu verhindern, zu erkennen und zu bekämpfen sowie
- das Auftreten einer explosionsfähigen und/oder gesundheitsgefährdenden Atmosphäre zu verhindern.

Flucht- und Rettungsmittel

Art. 5 Der Arbeitgeber hat für die Bereitstellung und Wartung geeigneter Flucht- und Rettungsmittel zu sorgen, um zu gewährleisten, daß die Arbeitnehmer die Arbeitsstätten bei Gefahr sicher verlassen können.

Kommunikations-, Warn- und Alarmsysteme

Art. 6 Der Arbeitgeber hat dafür zu sorgen, daß die erforderlichen Alarm- und sonstigen Kommunikationssysteme vorhanden sind, um im Bedarfsfall unverzüglich Hilfs-, Evakuierungs- und Rettungsmaßnahmen einzuleiten.

Unterrichtung der Arbeitnehmer

Art. 7 (1) Unbeschadet des Artikels 10 der Richtlinie 89/391/EWG werden die Arbeitnehmer und/oder ihre Vertreter von allen Maßnahmen unterrichtet, die zum Schutz von Sicherheit und Gesundheit an der Arbeitsstätte, insbesondere in Anwendung der Artikel 3 bis 6, getroffen werden müssen.

(2) Die Informationen müssen für die betreffenden Arbeitnehmer verständlich sein.

Präventivmedizinische Überwachung

Art. 8 (1) Um zu gewährleisten, daß die Gesundheit der Arbeitnehmer in Abhängigkeit von den Sicherheits- und Gesundheitsrisiken am Arbeitsplatz in geeigneter Weise überwacht wird, werden im Einklang mit den einzelstaatlichen Rechtsvorschriften und/oder Praktiken Maßnahmen getroffen.

(2) Die in Absatz 1 genannten Maßnahmen sind so konzipiert, daß jeder Arbeitnehmer ein Recht auf eine präventivmedizinische Überwachung hat bzw. sich ihr unterziehen muß, bevor ihm Aufgaben im Zusammenhang mit den in Artikel 2 genannten Tätigkeiten übertragen werden, und diese Überwachung in der Folge in regelmäßigen Abständen vorgenommen wird.

(3) Die präventivmedizinische Überwachung kann Teil der staatlichen Gesundheitsfürsorge sein.

Anhörung und Beteiligung der Arbeitnehmer

Art. 9 Die Arbeitnehmer und/oder deren Vertreter werden nach Artikel 11 der Richtlinie 89/391/EWG zu allen in der vorliegenden Richtlinie behandelten Fragen gehört und daran beteiligt.

Mindestvorschriften für Sicherheit und Gesundheitsschutz

Art. 10 (1) Arbeitsstätten, die zum ersten Mal nach dem in Artikel 12 Absatz 1 genannten Zeitpunkt genutzt werden, zu dem die Mitgliedstaaten dieser Richtlinie spätestens nachzukommen haben, müssen den im Anhang aufgeführten Mindestvorschriften für Sicherheit und Gesundheitsschutz entsprechen.

(2) Arbeitsstätten, die bereits vor dem in Artikel 12 Absatz 1 genannten Zeitpunkt genutzt wurden, zu dem die Mitgliedstaaten dieser Richtlinie spätestens nachzukommen haben, müssen möglichst bald, spätestens jedoch fünf Jahre nach diesem Zeitpunkt, die im Anhang aufgeführten Mindestvorschriften für Sicherheit und Gesundheitsschutz erfüllen.

(3) Werden an Arbeitsstätten nach dem in Artikel 12 Absatz 1 genannten Zeitpunkt, zu dem die Mitgliedstaaten dieser Richtlinie spätestens nachzukommen haben, Änderungen, Erweiterungen und/oder Umgestaltungen vorgenommen, so hat der Arbeitgeber die erforderlichen Maßnahmen zu treffen, damit diese Änderungen, Erweiterungen und/oder Umgestaltungen mit den entsprechenden Mindestvorschriften des Anhangs übereinstimmen.

ABSCHNITT III
Sonstige Bestimmungen

Anpassung der Anhänge

Art. 11 Rein technische Anpassungen der Anhänge, die
- durch die Verabschiedung von Richtlinien zur technischen Harmonisierung und Normung betreffend die Betriebe, in denen durch Bohrungen Mineralien gewonnen werden, und/oder
- durch den technischen Fortschritt, die Entwicklung der internationalen Regelwerke oder Spezifikationen oder des Wissensstandes betreffend die Betriebe, in denen durch Bohrungen Mineralien gewonnen werden,

bedingt sind, werden nach dem Verfahren des Artikels 17 der Richtlinie 89/391/EWG vorgenommen.

Schlussbestimmungen

Art. 12 (1) Die Mitgliedstaaten erlassen die erforderlichen Rechts- und Verwaltungsvorschriften, um dieser Richtlinie spätestens 24 Monate nach ihrer Annahme nachzukommen. Sie setzen die Kommission unverzüglich davon in Kenntnis.

(2) Wenn die Mitgliedstaaten Vorschriften nach Absatz 1 erlassen, nehmen sie in den Vorschriften selbst oder durch einen Hinweis bei der amtlichen Veröffentlichung auf diese Richtlinie Bezug. Die Mitgliedstaaten regeln die Einzelheiten der Bezugnahme.

(3) Die Mitgliedstaaten teilen der Kommission den Wortlaut der innerstaatlichen Rechtsvorschrif-

ten mit, die sie auf dem unter diese Richtlinie fallenden Gebiet bereits erlassen haben oder erlassen.
(Art. 12 Abs. 4 aufgehoben durch Art. 3 Z. 12 der RL 2007/30/EG)

Art. 13 Diese Richtlinie ist an die Mitgliedstaaten gerichtet.

**ANHANG
Mindestvorschriften für Sicherheit und
Gesundheitsschutz nach Artikel 10**
Vorbemerkung

Die Anforderungen dieses Anhangs gelten in allen Fällen, in denen die Eigenschaften der Arbeitsstätte oder der Tätigkeit, die Umstände oder eine besondere Gefahr dies erfordern.

**ABSCHNITT A
Gemeinsame Mindestvorschriften für den
Onshore- und Offshore-Bereich**

1. Stabilität und Festigkeit

Die Arbeitsstätten sind so auszulegen, zu bauen, zu errichten, zu betreiben, zu überwachen und zu warten, daß sie den zu erwartenden Umgebungsbedingungen standhalten.

Sie müssen eine ihrer Nutzungsart entsprechende Konstruktion und Festigkeit aufweisen.

2. Organisation und Aufsicht
2.1. Gestaltung der Arbeitsstätten

2.1.1. Bei der Gestaltung der Arbeitsstätten ist für angemessenen Schutz gegen Gefahren zu sorgen. Sie sind sauber zu halten, wobei gefährliche Stoffe oder Ablagerungen zu beseitigen oder so zu überwachen sind, daß Gesundheit und Sicherheit der Arbeitnehmer nicht beeinträchtigt werden.

2.1.2. Die Arbeitsplätze sind nach ergonomischen Grundsätzen zu gestalten und einzurichten, so daß die Arbeitnehmer in der Lage sind, die für ihren Arbeitsplatz charakteristischen Arbeitsvorgänge zu verfolgen.

2.1.3. Besondere Gefahrenbereiche sind abzugrenzen und mit Warnschildern zu versehen.

2.2. Verantwortliche Person

Für jede bemannte Arbeitsstätte muß jederzeit eine Person verantwortlich sein, die nach den einzelstaatlichen Rechtsvorschriften und/oder Praktiken über die für diese Aufgabe erforderlichen Fähigkeiten und Qualifikationen verfügt und vom Arbeitgeber benannt worden ist.

Der Arbeitgeber kann selbst die Verantwortung für die Arbeitsstätte im Sinne des Absatzes 1 übernehmen, falls er nach den einzelstaatlichen Rechtsvorschriften und/oder Praktiken über die für diese Aufgabe erforderlichen Fähigkeiten und Qualifikationen verfügt.

2.3. Aufsicht

Die Arbeitskräfte sind zur Gewährleistung des Gesundheitsschutzes und der Sicherheit bei allen Arbeitsvorgängen von Personen zu beaufsichtigen, die nach den einzelstaatlichen Rechtsvorschriften und/oder Praktiken über die für diese Aufgabe erforderlichen Fähigkeiten und Qualifikationen verfügen, vom Arbeitgeber oder in dessen Namen benannt worden sind und in seinem Namen handeln.

Der Arbeitgeber kann die Aufsicht nach Absatz 1 selbst führen, wenn er nach den einzelstaatlichen Rechtsvorschriften und/oder Praktiken über die hierfür erforderlichen Fähigkeiten und Qualifikationen verfügt.

2.4. Sachkundige Arbeitnehmer

Jede bemannte Arbeitsstätte muß von einer ausreichenden Anzahl von Arbeitnehmern besetzt sein, die die erforderliche Qualifikation, Erfahrung und Ausbildung für die ihnen zugewiesenen Aufgaben besitzen.

2.5. Information, Unterweisung und Ausbildung

Die Arbeitnehmer sind zur Gewährleistung ihrer Sicherheit und Gesundheit angemessen zu informieren, zu unterweisen und aus- bzw. weiterzubilden.

Der Arbeitgeber muß sicherstellen, daß die Arbeitnehmer verständliche Anweisungen erhalten, damit weder ihre eigene Sicherheit und Gesundheit noch die anderer Arbeitnehmer gefährdet wird.

2.6. Schriftliche Anweisungen

Für jede Arbeitsstätte sind schriftliche Anweisungen über die Vorgehensweisen zu erteilen, die zur Gewährleistung der Sicherheit und des Gesundheitsschutzes der Arbeitnehmer und eines sicheren Einsatzes der Betriebsmittel einzuhalten sind.

Diese Anweisungen haben Informationen über den Einsatz von Notfallausrüstungen sowie darüber zu enthalten, wie bei einem Notfall an oder in der Nähe der Arbeitsstätte vorzugehen ist.

2.7. Sichere Arbeitsverfahren

An jeder Arbeitsstätte bzw. bei jeder Tätigkeit ist für sichere Arbeitsverfahren zu sorgen.

2.8. Arbeitsfreigabe

Sofern es das Sicherheits- und Gesundheitsschutzdokument erfordert, ist für gefährliche Arbeiten oder normalerweise gefahrlose Arbeiten, die sich mit anderen Arbeitsgängen überschneiden und die daher eine ernste Gefährdung bewirken können, ein Arbeitsfreigabesystem vorzusehen.

Die Arbeitsfreigabe ist vor Beginn der Arbeiten von einer verantwortlichen Person zu erteilen; in der Arbeitsfreigabe müssen die einzuhaltenden Bedingungen sowie die vor, während und nach Abschluß der Arbeiten einzuhaltenden Sicherheitsvorkehrungen aufgeführt sein.

2.9. Regelmäßige Prüfung der Sicherheits- und der Gesundheitsschutzmaßnahmen

Der Arbeitgeber muß die Maßnahmen zur Gewährleistung der Sicherheit und des Gesundheitsschutzes der Arbeitnehmer, einschließlich des Sicherheits- und Gesundheitsschutz-Managementsystems, regelmäßig prüfen lassen, um sicherzustellen, daß die Anforderungen dieser Richtlinie eingehalten werden.

3. Maschinelle und elektrische Betriebsmittel und Anlagen

3.1. Allgemeines

Maschinelle und elektrische Betriebsmittel sind unter gebührender Berücksichtigung der Sicherheit und des Gesundheitsschutzes der Arbeitnehmer sowie unter Berücksichtigung anderer Bestimmungen dieser Richtlinie und der Richtlinien 89/392/EWG (ABl. Nr. L 183 v. 29. 6. 1989, S. 9, geändert durch die Richtlinie 91/368/EWG, ABl. Nr. L 198 v. 22. 7. 1991, S. 16) und 89/655/EWG [jetzt RL 2009/104/EG] auszuwählen, zu installieren und in Betrieb zu nehmen, zu betreiben und zu warten.

Sind diese Betriebsmittel und Anlagen in einem Bereich angeordnet, in dem die Gefahr von Bränden oder Explosionen durch Entzündung von Gasen, Dämpfen oder flüchtigen Flüssigkeiten besteht oder bestehen kann, so müssen sie für den Einsatz in diesem Bereich geeignet sein.

Die Betriebsmittel sind erforderlichenfalls mit geeigneten Schutzvorrichtungen und mit Systemen für Störfälle auszustatten.

3.2. Besondere Bestimmungen

Die maschinellen Betriebsmittel und Anlagen müssen von angemessener Festigkeit und frei von offensichtlichen Mängeln sowie für den jeweiligen Einsatzzweck geeignet sein.

Die elektrischen Betriebsmittel und Anlagen müssen für ihren jeweiligen Einsatzzweck ausreichend dimensioniert und leistungsfähig sein.

4. Wartung

4.1. Allgemeine Wartung

Für die systematische Prüfung, Wartung und gegebenenfalls Erprobung von maschinellen und elektrischen Betriebsmitteln und Anlagen ist ein geeigneter Plan aufzustellen.

Sämtliche Wartungs-, Prüf- und Erprobungsarbeiten an Anlagen- oder Betriebsmitteln sind von einer sachkundigen Person durchzuführen.

Die Prüfungen und Tests sind in einem Protokoll festzuhalten, das entsprechend aufzubewahren ist.

4.2. Wartung von Sicherheitseinrichtungen

Angemessene Sicherheitseinrichtungen sind ständig in einsatzfähigem und gutem Zustand zu halten.

Die Wartung ist unter entsprechender Berücksichtigung der Betriebsvorgänge durchzuführen.

5. Bohrlochkontrolle

Während der Bohrarbeiten sind geeignete Bohrlochkontrollgeräte zum Schutz gegen Blowouts einzusetzen.

Beim Einsatz dieser Geräte sind die vorherrschenden Bohrloch- und Betriebsbedingungen zu berücksichtigen.

6. Schutz gegen gesundheitsgefährdende Atmosphäre, Explosionsschutz

6.1.
Es sind geeignete Maßnahmen zu treffen, um beurteilen zu können, ob gesundheitsgefährdende und/oder explosionsfähige Stoffe in der Atmosphäre vorhanden sind, und um ihre Konzentration messen zu können.

Sofern es das Sicherheits- und Gesundheitsschutzdokument erfordert, sind Überwachungseinrichtungen, die an festgelegten Stellen die Gaskonzentrationen automatisch und kontinuierlich messen, automatische Alarmsysteme und Einrichtungen zur automatischen Abschaltung von elektrischen Betriebsmitteln und Verbrennungsmotoren vorzusehen.

Falls automatische Messungen vorgesehen sind, müssen die Meßergebnisse aufgezeichnet und, wie im Sicherheits- und Gesundheitsschutzdokument vorgesehen, aufbewahrt werden.

6.2. Schutz gegen gesundheitsgefährdende Atmosphäre

6.2.1. Es sind geeignete Maßnahmen vorzusehen, damit gesundheitsgefährdende Stoffe, die sich in der Atmosphäre angesammelt haben oder ansammeln können, am Entstehungsort abgesaugt und abgeleitet werden.

Gesundheitsgefährdende Gase dieser Art müssen über ein entsprechendes System so verdünnt werden können, daß keine Gefahr für die Arbeitnehmer besteht.

6.2.2. Unbeschadet der Richtlinie 89/656/EWG müssen für Bereiche, in denen Arbeitskräfte gesundheitsgefährdenden Stoffen in der Atmosphäre ausgesetzt sein können, geeignete Atemschutz- und Wiederbelebungsgeräte in ausreichender Zahl verfügbar sein.

Für die Bedienung dieser Geräte muß eine ausreichende Zahl von sachkundigen Personen an der Arbeitsstätte zur Verfügung stehen.

Die Geräte sind angemessen aufzubewahren und zu warten.

6.2.3. Soweit Schwefelwasserstoff oder andere toxische Gase in der Atmosphäre vorhanden sind oder sein können, ist ein Gasschutzplan, der die Schutzausrüstung und die getroffenen vorbeugenden Maßnahmen detailliert beschreibt, für die zuständigen Behörden zur Verfügung zu halten.

6.3. Explosionsschutz

6.3.1. Es sind alle erforderlichen Maßnahmen zu treffen, um das Entstehen und die Ansammlung explosionsfähiger Atmosphäre zu verhindern.

6.3.2. Innerhalb der explosionsgefährdeten Bereiche sind alle erforderlichen Maßnahmen zu treffen, um die Zündung explosionsfähiger Atmosphäre zu verhindern.

6.3.3. Über die Einrichtungen und die Maßnahmen zum Explosionsschutz ist ein Explosionsschutzplan auszuarbeiten.

7. Fluchtwege und Notausgänge

7.1. Fluchtwege und Notausgänge müssen frei von Hindernissen bleiben und auf möglichst kurzem Weg ins Freie oder in einen sicheren Bereich, zu einem sicheren Sammlungspunkt oder zu einer sicheren Evakuierungsstation führen.

6/12. BohrungenRL
Anhang

7.2. Alle Arbeitsplätze müssen bei Gefahr von den Arbeitnehmern schnell und in größter Sicherheit verlassen werden können.

7.3. Anzahl, Anordnung und Abmessungen der Fluchtwege und Notausgänge richten sich nach der Nutzung, der Einrichtung und den Abmessungen der Arbeitsstätten sowie der höchstmöglichen Anzahl der dort anwesenden Personen. Unterkünfte und Aufenthaltsräume müssen mindestens zwei getrennte, so weit wie möglich auseinanderliegende Notausgänge aufweisen, die in einen sicheren Bereich, zu einem sicheren Sammlungspunkt oder zu einer sicheren Evakuierungsstation führen.

7.4. Türen von Notausgängen müssen sich nach außen öffnen bzw., wenn dies nicht möglich ist, als Schiebetüren ausgeführt sein.

Türen von Notausgängen dürfen nicht so verschlossen werden, daß sie nicht leicht und unmittelbar von jeder Person geöffnet werden können, die sie im Notfall benutzen müßte.

7.5. Fluchtwege und Notausgänge als solche sind gemäß den innerstaatlichen Bestimmungen zur Umsetzung der Richtlinie 92/58/EWG zu kennzeichnen.

7.6. Türen von Notausgängen dürfen nicht mittels eines Schlüssels verschlossen werden.

Fluchtwege und Notausgänge sowie die dorthin führenden Durchgänge und Türen dürfen nicht durch Gegenstände versperrt werden, so daß sie jederzeit ungehindert benutzt werden können.

7.7. Fluchtwege und Notausgänge, bei denen eine Beleuchtung notwendig ist, müssen für den Fall, daß die Beleuchtung ausfällt, über eine ausreichende Sicherheitsbeleuchtung verfügen.

8. Lüftung umschlossener Arbeitsräume

8.1. In umschlossenen Arbeitsräumen muß unter Berücksichtigung der Arbeitsverfahren und der körperlichen Beanspruchung der Arbeitnehmer ausreichend gesundheitlich zuträgliche Atemluft vorhanden sein.

Bei Verwendung einer lüftungstechnischen Anlage muß diese jederzeit funktionsfähig sein.

Eine etwaige Störung muß durch eine Warneinrichtung angezeigt werden, wenn dies mit Rücksicht auf die Gesundheit der Arbeitnehmer erforderlich ist.

8.2. Klimaanlagen oder mechanische Belüftungseinrichtungen sind so zu betreiben, daß die Arbeitnehmer keinem störenden Luftzug ausgesetzt sind.

Ablagerungen und Verunreinigungen, die zu einer unmittelbaren Gesundheitsgefährdung der Arbeitnehmer durch Verschmutzung der Atemluft führen könnten, müssen rasch beseitigt werden.

9. Raumtemperatur

9.1. In den Arbeitsräumen muß während der Arbeitszeit unter Berücksichtigung der angewandten Arbeitsmethoden und der körperlichen Beanspruchung der Arbeitnehmer eine Raumtemperatur herrschen, die dem menschlichen Organismus angemessen ist.

9.2. In Pausen-, Bereitschafts-, Sanitär-, Kantinen- und Sanitätsräumen muß die Temperatur dem spezifischen Nutzungszweck der Räume entsprechen.

9.3. Fenster, Oberlichter und Glaswände müssen je nach Art der Arbeit und der Arbeitsstätte eine Abschirmung der Arbeitsstätten gegen übermäßige Sonneneinstrahlung ermöglichen.

10. Fußböden, Wände, Decken und Dächer der Räume

10.1. Die Fußböden der Räume dürfen keine Unebenheiten, Löcher oder gefährliche Neigungen aufweisen; sie müssen befestigt, trittsicher und rutschfest sein.

Wo sich ein Arbeitsplatz befindet, müssen die Arbeitsstätten je nach Art des Unternehmens und der körperlichen Tätigkeit des Arbeitnehmers eine ausreichende Wärmeisolierung aufweisen.

10.2. Die Oberfläche der Fußböden, Decken und Wände muß so beschaffen sein, daß sie sich den hygienischen Erfordernissen entsprechend reinigen und erneuern läßt.

10.3. Durchsichtige oder lichtdurchlässige Wände, insbesondere Ganzglaswände, in Räumen oder im Bereich von Arbeitsplätzen und Verkehrswegen müssen deutlich gekennzeichnet sein und aus Sicherheitswerkstoff bestehen oder so gegen die Arbeitsplätze und Verkehrswege abgeschirmt sein, daß die Arbeitnehmer nicht mit den Wänden in Berührung kommen und beim Zersplittern der Wände nicht verletzt werden können.

10.4. Der Zugang zu Dächern aus Werkstoffen, die keinen ausreichenden Belastungswiderstand bieten, ist nur zulässig, wenn Ausrüstungen zur Verfügung gestellt werden, die eine sichere Ausführung der Arbeit ermöglichen.

11. Natürliche und künstliche Beleuchtung

11.1. Jede Arbeitsstätte ist grundsätzlich so auszuleuchten, daß die Sicherheit und der Gesundheitsschutz der Arbeitnehmer ausreichend gewährleistet sind.

11.2. Die Arbeitsstätten müssen möglichst ausreichend Tageslicht erhalten und unter Berücksichtigung der Witterungsbedingungen mit Einrichtungen für eine der Sicherheit und dem Gesundheitsschutz der Arbeitnehmer angemessenen künstlichen Beleuchtung ausgestattet sein.

11.3. Die Beleuchtung der Arbeitsräume und Verbindungswege muß so angebracht sein, daß aus der Art der Beleuchtung keine Unfallgefahr für die Arbeitnehmer entsteht.

11.4. Arbeitsstätten, in denen die Arbeitnehmer bei Ausfall der künstlichen Beleuchtung in besonderem Maße Gefahren ausgesetzt sind, müssen eine ausreichende Sicherheitsbeleuchtung haben.

11.5. Die Beleuchtungseinrichtungen sind so auszulegen, daß die Betriebskontrolleinrichtungen, Fluchtwege, Einbootungs- und Gefahrenbereiche beleuchtet bleiben.

Bei nur gelegentlich besetzten Arbeitsstätten ist die Anforderung nach Absatz 1 auf die Zeit beschränkt, in der Arbeitnehmer anwesend sind.

12. Fenster und Oberlichter der Räume

12.1. Fenster, Oberlichter und Lüftungsvorrichtungen, die geöffnet, geschlossen, verstellt und festgelegt werden können, sind so auszulegen, daß eine sichere Handhabung gewährleistet ist.

Sie dürfen nicht so angeordnet sein, daß sie in geöffnetem Zustand eine Gefahr für die Arbeitnehmer darstellen.

12.2. Fenster und Oberlichter müssen sich gefahrlos reinigen lassen.

13. Türen und Tore

13.1. Die Lage, die Anzahl, die bei der Ausführung verwendeten Werkstoffe und die Abmessung der Türen und Tore müssen sich nach der Art und Nutzung der Räume oder Bereiche richten.

13.2. Durchsichtige Türen müssen in Augenhöhe gekennzeichnet sein.

13.3. Schwingtüren und -tore müssen durchsichtig sein oder Sichtfenster haben.

13.4. Bestehen durchsichtige oder lichtdurchlässige Flächen von Türen und Toren nicht aus Sicherheitsmaterial und ist zu befürchten, daß sich Arbeitnehmer beim Zersplittern der Flächen verletzen können, so sind diese Flächen gegen Eindrücken zu schützen.

13.5. Schiebetüren müssen gegen unbeabsichtigtes Ausheben und Herausfallen gesichert sein.

13.6. Türen und Tore, die sich nach oben öffnen, müssen gegen unvermitteltes Herabfallen gesichert sein.

13.7. Türen im Verlauf von Fluchtwegen müssen angemessen gekennzeichnet sein.

Sie müssen sich jederzeit von innen ohne besondere Hilfsmittel öffnen lassen.

Solange sich Arbeitnehmer in der Arbeitsstätte befinden, müssen die Türen sich öffnen lassen.

13.8. In unmittelbarer Nähe von Toren, die vorwiegend für den Fahrzeugverkehr bestimmt sind, müssen gut sichtbar gekennzeichnete und stets zugängliche Türen für den Fußgängerverkehr vorhanden sein, es sei denn, der Durchgang ist für Fußgänger ungefährlich.

13.9. Kraftbetätigte Türen und Tore müssen ohne Gefährdung der Arbeitnehmer bewegt werden können.

Sie müssen mit gut erkennbaren und leicht zugänglichen Notabschalteinrichtungen ausgestattet und auch von Hand zu öffnen sein, sofern sie sich bei Stromausfall nicht automatisch öffnen.

13.10. Wird an irgendeiner Stelle der Zutritt durch Ketten oder ähnliche Vorrichtungen unterbunden, so müssen diese Ketten oder ähnlichen Vorrichtungen deutlich sichtbar und durch entsprechende Verbots- oder Warnzeichen gekennzeichnet sein.

14. Verkehrswege

14.1. Arbeitsstätten müssen gefahrlos zu erreichen sein und im Notfall schnell und sicher verlassen werden können.

14.2. Verkehrswege, einschließlich Treppen, festangebrachte Steigleitern und Laderampen, müssen so berechnet, bemessen und angelegt sein, daß sie je nach ihrem Bestimmungszweck leicht und sicher begangen oder befahren werden können und in der Nähe beschäftigte Arbeitnehmer nicht gefährdet werden.

14.3. Die Bemessung der Verkehrswege, die dem Personen- und/oder Güterverkehr dienen, muß sich nach der Zahl der möglichen Benutzer und der Art des Betriebs richten.

Werden Beförderungsmittel auf Verkehrswegen verwendet, so muß für Fußgänger ein ausreichender Sicherheitsabstand gewahrt werden.

14.4. Verkehrswege für Fahrzeuge müssen an Türen, Toren, Fußgängerwegen, Durchgängen und Treppenaustritten in ausreichendem Abstand vorbeiführen.

14.5. Die Begrenzungen der Verkehrs- und Zugangswege müssen deutlich gekennzeichnet sein, um den Schutz der Arbeitnehmer zu gewährleisten.

15. Gefahrenbereiche

15.1. Befinden sich in den Arbeitsstätten durch die Art der Arbeit bedingte Gefahrenbereiche, in denen Sturzgefahr für die Arbeitnehmer oder die Gefahr des Herabfallens von Gegenständen besteht, so müssen diese Bereiche nach Möglichkeit mit Vorrichtungen ausgestattet sein, die unbefugte Arbeitnehmer am Betreten dieser Bereiche hindern.

15.2. Zum Schutz der Arbeitnehmer, die zum Betreten der Gefahrenbereiche befugt sind, sind entsprechende Vorkehrungen zu treffen.

15.3. Die Gefahrenbereiche müssen gut sichtbar gekennzeichnet sein.

16. Raumabmessungen und Luftraum der Räume, Bewegungsfläche am Arbeitsplatz

16.1. Arbeitsräume müssen eine ausreichende Grundfläche und Höhe sowie einen ausreichenden Luftraum aufweisen, so daß die Arbeitnehmer ohne Beeinträchtigung ihrer Sicherheit, ihrer Gesundheit oder ihres Wohlbefindens ihre Arbeit verrichten können.

16.2. Der den Arbeitnehmern am Arbeitsplatz zur Verfügung stehende Raum muß so bemessen sein, daß die Arbeitnehmer bei ihrer Tätigkeit ausreichende Bewegungsfreiheit haben und ihre Aufgaben sicher ausführen können.

17. Pausenräume

17.1. Den Arbeitnehmern ist ein leicht erreichbarer Pausenraum zur Verfügung zu stellen, wenn Sicherheits- oder Gesundheitsgründe, insbesondere wegen der Art der ausgeübten Tätigkeit oder der eine bestimmte Obergrenze übersteigenden Anzahl der im Betrieb beschäftigten Personen dies erfordern.

Dies gilt nicht, wenn die Arbeitnehmer in Büroräumen oder vergleichbaren Arbeitsräumen beschäftigt sind und dort gleichwertige Voraussetzungen für eine Erholung während der Pausen gegeben sind.

17.2. Pausenräume müssen ausreichend bemessen und der Zahl der Arbeitnehmer entsprechend mit Tischen und Sitzgelegenheiten mit Rückenlehne ausgestattet sein.

17.3. In den Pausenräumen sind angemessene Maßnahmen zum Schutz der Nichtraucher vor Belästigung durch Tabakrauch zu treffen.

17.4. Fallen in der Arbeitszeit regelmäßig und häufig Arbeitsbereitschaftszeiten an und sind keine Pausenräume vorhanden, so sind andere Räume zur Verfügung zu stellen, in denen sich die Arbeitnehmer während der Dauer der Arbeitsbereitschaft aufhalten können, wenn Gesundheits- oder Sicherheitsgründe dies erfordern.

In diesen Räumen sind angemessene Maßnahmen zum Schutz der Nichtraucher vor Belästigung durch Tabakrauch vorzusehen.

18. Arbeitsstätten im Freien

18.1. Arbeitsplätze, Verkehrswege und sonstige Stellen oder Einrichtungen im Freien, die von den Arbeitnehmern während ihrer Tätigkeit benutzt oder betreten werden, sind so zu gestalten, daß sie sicher begangen und befahren werden können.

18.2. Arbeitsstätten im Freien müssen künstlich beleuchtet werden, wenn das Tageslicht nicht ausreicht.

18.3. Werden die Arbeitnehmer auf Arbeitsplätzen im Freien beschäftigt, so sind die Arbeitsplätze nach Möglichkeit so einzurichten, daß die Arbeitnehmer

a) gegen Witterungseinflüsse und gegebenenfalls gegen das Herabfallen von Gegenständen geschützt sind,

b) weder Geräuschen mit einem für die Gesundheit unzuträglichen Lärmpegel noch schädlichen Wirkungen von außen (z.B. Gasen, Dämpfen, Staub) ausgesetzt sind,

c) bei Gefahr rasch ihren Arbeitsplatz verlassen können bzw. ihnen rasch Hilfe geleistet werden kann,

d) nicht ausgleiten oder abstürzen können.

19. Schwangere Frauen und stillende Mütter

Schwangere Frauen und stillende Mütter müssen sich unter geeigneten Bedingungen hinlegen und ausruhen können.

20. Behinderte Arbeitnehmer

Die Arbeitsstätten sind gegebenenfalls behindertengerecht zu gestalten.

Dies gilt insbesondere für Türen, Verbindungswege, Treppen, Duschen, Waschgelegenheiten und Toiletten, die von Behinderten benutzt werden, sowie für Arbeitsplätze, an denen Behinderte unmittelbar tätig sind.

ABSCHNITT B
Besondere Mindestvorschriften für den Onshore-Bereich

1. Brandmeldung und -bekämpfung

1.1. Bei Planung, Einrichtung, Ausrüstung, Inbetriebnahme, Betrieb und Wartung von Arbeitsstätten sind geeignete Maßnahmen dagegen zu treffen, daß Brände an den im Sicherheits- und Gesundheitsschutzdokument bezeichneten Zündquellen entstehen und sich ausbreiten.

Für den Brandfall ist eine schnelle und wirksame Brandbekämpfung zu gewährleisten.

1.2. Arbeitsstätten müssen mit geeigneten Feuerlöscheinrichtungen und gegebenenfalls mit Brandmeldern und Alarmanlagen ausgestattet sein.

1.3. Nichtselbsttätige Feuerlöscheinrichtungen müssen leicht zu erreichen und zu handhaben und gegebenenfalls gegen Beschädigungen geschützt sein.

1.4. Über die Vorkehrungen zum Schutz vor, zur Erkennung und Bekämpfung der Entstehung und Ausbreitung von Bränden gemäß den Artikeln 3, 4, 5 und 6 ist vor Ort ein Brandschutzplan zu führen.

1.5. Die Feuerlöscheinrichtungen sind gemäß den innerstaatlichen Bestimmungen zur Umsetzung der Richtlinie 92/58/EWG zu kennzeichnen.

Diese Kennzeichnung muß an geeigneten Stellen angebracht und dauerhaft sein.

2. Fernbedienung in Notfällen

Nach Maßgabe des Sicherheits- und Gesundheitsschutzdokuments müssen bestimmte Geräte im Notfall von geeigneten Stellen aus fernbedienbar sein.

Diese Geräte müssen Systeme zur Absperrung und Druckentlastung von Bohrlöchern, Anlagen und Rohrleitungen umfassen.

3. Kommunikation, allgemein und in Notfällen

3.1. Nach Maßgabe des Sicherheits- und Gesundheitsschutzdokuments sind auf jeder bemannten Arbeitsstätte folgende Einrichtungen vorzusehen:

a) ein akustisch-optisches System, das je nach Erfordernis in jeden bemannten Bereich der Arbeitsstätte Alarmsignale übertragen kann;

b) ein akustisches System, das in allen Bereichen der Anlage, in denen sich häufig Arbeitnehmer aufhalten, deutlich hörbar ist.

3.2. An geeigneten Stellen sind Alarmauslösevorrichtungen vorzusehen.

3.3. Befinden sich Arbeitnehmer an normalerweise nicht bemannten Arbeitsstätten, so sind den Umständen entsprechende Kommunikationssysteme bereitzustellen.

4. Sammelstellen und Namensliste

Nach Maßgabe des Sicherheits- und Gesundheitsschutzdokuments sind Sammelstellen vorzusehen, ist eine Namensliste zu führen und sind die entsprechenden Maßnahmen durchzuführen.

5. Rettungs- und Fluchteinrichtungen

5.1. Die Arbeitnehmer sind darin auszubilden, welche Maßnahmen sie in einem Notfall zu ergreifen haben.

5.2. Fluchtgeräte sind leicht zugänglich an geeigneten Stellen in betriebsbereitem Zustand bereitzuhalten.

5.3. Bei schwierigen Fluchtwegen und bei tatsächlich oder möglicherweise auftretender unatembarer Atmosphäre sind Selbstretter für den unmittelbaren Einsatz am Arbeitsplatz vorzusehen.

6. Sicherheitsübungen

An normalerweise bemannten Arbeitsstätten sind in regelmäßigen Zeitabständen Sicherheitsübungen durchzuführen.

Bei diesen Übungen ist insbesondere jede in der Arbeitsstätte beschäftigte Person, der Aufgaben für den Notfall zugewiesen wurden, die den Einsatz, die Handhabung oder die Bedienung von Rettungsausrüstungen erfordern, unter Berücksichtigung der im Sicherheits- und Gesundheitsschutzdokument nach Nummer 1.1 festgelegten Kriterien zu unterweisen und zu prüfen.

Gegebenenfalls müssen die Arbeitnehmer, denen solche Aufgaben zugewiesen wurden, auch die korrekte Benutzung, Handhabung oder Bedienung dieser Ausrüstung einüben können.

7. Sanitäreinrichtungen

7.1. Umkleideräume, Kleiderschränke

7.1.1. Den Arbeitnehmern sind geeignete Umkleideräume zur Verfügung zu stellen, wenn sie bei ihrer Tätigkeit besondere Arbeitskleidung tragen müssen und es ihnen aus gesundheitlichen oder sittlichen Gründen nicht zuzumuten ist, sich in einem anderen Raum umzukleiden.

Die Umkleideräume müssen leicht zugänglich, von ausreichender Größe und mit Sitzgelegenheiten ausgestattet sein.

7.1.2. Die Umkleideräume müssen ausreichend bemessen und mit abschließbaren Einrichtungen ausgestattet sein, in denen jeder Arbeitnehmer seine Kleidung während der Arbeitszeit aufbewahren kann.

Kleiderschränke für Arbeitskleidung sind von Kleiderschränken für Privatkleidung zu trennen, wenn die Umstände dies erfordern (z.B. Umgang mit gefährlichen Stoffen, Feuchtigkeit, Schmutz).

Es ist dafür zu sorgen, daß Arbeitskleidung getrocknet werden kann.

7.1.3. Für Frauen und Männer sind getrennte Umkleideräume oder ist eine getrennte Benutzung dieser Räume vorzusehen.

7.1.4. Wenn Umkleideräume nach Nummer 7.1.1 nicht erforderlich sind, muß für jeden Arbeitnehmer eine Kleiderablage vorhanden sein.

7.2. Duschen, Waschgelegenheiten

7.2.1. Den Arbeitnehmern sind in ausreichender Zahl geeignete Duschen zur Verfügung zu stellen, wenn es die Art der Tätigkeit oder gesundheitliche Gründe erfordern.

Für Frauen und Männer sind getrennte Duschräume oder ist eine getrennte Benutzung der Duschräume vorzusehen.

7.2.2. Die Duschräume müssen ausreichend bemessen sein, damit jeder Arbeitnehmer sich den hygienischen Erfordernissen entsprechend ungehindert reinigen kann.

Die Duschen müssen fließendes kaltes und warmes Wasser haben.

7.2.3. Wenn Duschen nach Nummer 7.2.1 erster Unterabsatz nicht erforderlich sind, müssen ausreichende und angemessene Waschgelegenheiten mit fließendem kalten und warmen Wasser in der Nähe des Arbeitsplatzes und der Umkleideräume vorhanden sein.

Für Frauen und Männer sind getrennte Waschgelegenheiten oder ist eine getrennte Benutzung der Waschgelegenheiten vorzusehen, wenn dies aus sittlichen Gründen notwendig ist.

7.2.4. Duschen oder Waschgelegenheiten und Umkleideräume, die voneinander getrennt sind, müssen untereinander leicht erreichbar sein.

7.3. Toiletten und Handwaschbecken

Den Arbeitnehmern sind in der Nähe der Arbeitsplätze, der Pausenräume, der Umkleideräume und der Duschen bzw. Waschgelegenheiten spezielle Räume mit einer ausreichenden Zahl von Toiletten und Handwaschbecken zur Verfügung zu stellen.

Für Frauen und Männer sind getrennte Toiletten oder ist eine getrennte Benutzung der Toiletten vorzusehen.

8. Räume und Einrichtungen für die Erste Hilfe

8.1. Die Erste-Hilfe-Einrichtung muß der Art der ausgeübten Tätigkeit entsprechen.

Es sind ein oder mehrere Räume für die Erste Hilfe vorzusehen.

In diesen Räumen ist eine Anleitung für die Erste Hilfe bei Unfällen gut sichtbar auszuhängen.

8.2. Die Räume für die Erste Hilfe müssen mit den erforderlichen Erste-Hilfe-Einrichtungen und -Materialien ausgestattet und leicht für Personen mit Krankentragen zugänglich sein.

Sie sind entsprechend den einzelstaatlichen Arbeitsvorschriften zur Umsetzung der Richtlinie 92/58/EWG zu kennzeichnen.

8.3. Eine Erste-Hilfe-Ausstattung muß ferner überall dort aufbewahrt werden, wo die Arbeitsbedingungen dies erforderlich machen.

Die Aufbewahrungsstellen müssen als solche gekennzeichnet und gut erreichbar sein.

8.4. Eine angemessene Anzahl von Personen ist im Hinblick auf die Benutzung der bereitgestellten Erste-Hilfe-Ausrüstung auszubilden.

9. Verkehrswege

Wird das Betriebsgelände mit Kraftfahrzeugen befahren, so sind die erforderlichen Verkehrsregelungen festzulegen.

6/12. BohrungenRL
Anhang

ABSCHNITT C
Besondere Mindestvorschriften für den Offshore-Bereich

1. Vorbemerkung

1.1. Unbeschadet des Artikels 3 Absatz 2 hat der Arbeitgeber, der entsprechend den einzelstaatlichen Rechtsvorschriften und/oder Praktiken die Verantwortung für eine unter Abschnitt C fallende Arbeitsstätte hat, dafür zu sorgen, daß in dem Sicherheits- und Gesundheitsschutzdokument nachgewiesen wird, daß alle einschlägigen Maßnahmen, die der Sicherheit und dem Gesundheitsschutz der Arbeitnehmer allgemein und in Notfällen dienen, getroffen worden sind.

Zu diesem Zweck muß das Dokument folgenden Anforderungen genügen:

a) die besonderen Gefahrenquellen, die an der Arbeitsstätte unter Berücksichtigung aller sie betreffenden Tätigkeiten bestehen und aus denen sich Unfälle mit möglicherweise schweren Auswirkungen für Sicherheit und Gesundheit der betroffenen Arbeitnehmer ergeben können, müssen in dem Dokument genau aufgeführt werden;

b) es muß eine Beurteilung vorgenommen werden, wie ernst die Gefahren sind, die sich aus den unter Buchstabe a) genannten besonderen Gefahrenquellen ergeben;

c) es muß nachgewiesen werden, daß entsprechende Vorsichtsmaßnahmen zur Verhütung der unter Buchstabe a) genannten Unfälle, zur Begrenzung des Unfallausmaßes und zu einer wirksamen und geordneten Räumung der Arbeitsstätte in Notfällen getroffen worden sind;

d) es muß nachgewiesen werden, daß das Verwaltungssystem in der Lage ist, die Bestimmungen der Richtlinie 89/391/EWG und der vorliegenden Richtlinie sowohl allgemein als auch in Notfällen einzuhalten.

1.2. Der Arbeitgeber hat die im Sicherheits- und Gesundheitsschutzdokument vorgesehenen Verfahren und Modalitäten bei der Planung und Durchführung aller unter diese Richtlinie fallenden Phasen einzuhalten.

1.3. Die verschiedenen Arbeitgeber, die für die einzelnen Arbeitsstätten verantwortlich sind, haben gegebenenfalls bei der Erstellung der Sicherheits- und Gesundheitsschutzdokumente und bei den zur Gewährleistung der Sicherheit und des Gesundheitsschutzes der Arbeitnehmer erforderlichen Maßnahmen zusammenzuarbeiten.

2. Brandmeldung und -bekämpfung

2.1. Dem Sicherheits- und Gesundheitsschutzdokument nach Nummer 1.1 entsprechend sind geeignete Sicherheitsvorkehrungen zum Schutz gegen den Ausbruch und die Ausbreitung von Bränden sowie zu deren Erkennung und Bekämpfung zu treffen.

Wo dies zweckmäßig ist, sind Brandschutzwände zur Abtrennung brandgefährdeter Bereiche zu errichten.

2.2. In sämtlichen Arbeitsstätten sind entsprechend den im Sicherheits- und Gesundheitsschutzdokument nach Nummer 1.1 bezeichneten Gefahren angemessene Melde- und Schutzsysteme für Brände sowie Brandbekämpfungs- und Alarmsysteme vorzusehen.

Diese Systeme können insbesondere folgende Einrichtungen umfassen, sind jedoch nicht hierauf begrenzt:
— Brandmeldesysteme,
— Feueralarmanlagen,
— Feuerlöschleitungen,
— Feuerwehrhydranten und -schläuche,
— Wasserflutsysteme und Wasserstrahlrohre,
— automatische Sprenklersysteme,
— Gaslöschsysteme,
— Schaumlöschsysteme,
— tragbare Feuerlöscher,
— Feuerwehrausrüstung.

2.3. Nichtselbsttätige Feuerlöscheinrichtungen müssen leicht zu erreichen, zu handhaben und erforderlichenfalls gegen Beschädigungen geschützt sein.

2.4. Über die Vorkehrungen zum Schutz vor, zur Erkennung und Bekämpfung der Entstehung und Ausbreitung von Bränden ist in der Arbeitsstätte ein Brandschutzplan zu führen.

2.5. Notsysteme sind getrennt anzuordnen oder auf andere Art von Unfalleinflüssen im erforderlichen Maße zu schützen, damit ihre Funktionsfähigkeit in einem Notfall gewährleistet ist.

Wo dies zweckmäßig ist, sind solche Systeme doppelt auszulegen.

2.6. Die Ausrüstungen sind gemäß den innerstaatlichen Bestimmungen zur Umsetzung der Richtlinie 92/58/EWG zu kennzeichnen.

Diese Kennzeichnung muß an geeigneten Stellen angebracht und dauerhaft sein.

3. Fernbedienung in Notfällen

3.1. Wenn das Sicherheits- und Gesundheitsschutzdokument nach Nummer 1.1 entsprechendes vorschreibt, so ist eine Anlage für die Fernbedienung in Notfällen vorzusehen.

Diese Anlage muß über im Notfall einsatzbereite Kontrollstationen an geeigneten Stellen verfügen, erforderlichenfalls auch über Kontrollstationen an sicheren Versammlungsstellen und an Ablegestationen.

3.2. Mit einer solchen Fernbedienungsanlage nach Nummer 3.1 ausgestattet sein müssen zumindest Belüftungssysteme und Systeme für die Notabschaltung von Geräten, die eine Zündung auslösen können, Systeme zum Verhindern eines Auslaufens brennbarer Flüssigkeiten und Gase sowie Systeme für Brandschutz und Bohrlochkontrolle.

4. Kommunikation, allgemein und in Notfällen

4.1. Nach Maßgabe des Sicherheits- und Gesundheitsschutzdokuments nach Nummer 1.1 sind auf

jeder bemannten Arbeitsstätte folgende Einrichtungen vorzusehen:
- ein akustisch-optisches System, das je nach Erfordernis in jeden bemannten Bereich der Arbeitsstätte Alarmsignale übertragen kann;
- ein akustisches System, das in allen Bereichen der Anlage, in denen sich häufig Arbeitnehmer aufhalten, deutlich hörbar ist;
- ein System für die Unterhaltung von Nachrichtenverbindungen mit der Küste und den Notdiensten.

4.2. Diese Systeme müssen in einem Notfall einsatzbereit bleiben.

Das akustische System ist durch Kommunikationssysteme zu ergänzen, die von ausfallgefährdeten Energiequellen unabhängig sind.

4.3. An geeigneten Stellen sind Alarmauslösevorrichtungen vorzusehen.

4.4. Befinden sich Arbeitnehmer in normalerweise nicht bemannten Arbeitsstätten, so sind den Umständen entsprechende Kommunikationssysteme bereitzustellen.

5. Sammelstellen und Namensliste

5.1. Es sind entsprechende Maßnahmen zu treffen, damit Ablegestationen und sichere Sammelstellen gegen Wärme und Rauch sowie, soweit möglich, gegen Explosionseinwirkungen geschützt sind und die Fluchtwege zu Ablegestationen und Sammelstellen sowie die von diesen ausgehenden Fluchtwege benutzbar bleiben.

Diese Maßnahmen müssen so geartet sein, daß den Arbeitnehmern über einen ausreichend langen Zeitraum Schutz geboten wird, um erforderlichenfalls eine sichere Evakuierung, Flucht und Rettung organisieren und durchführen zu können.

5.2. Wenn das Sicherheits- und Gesundheitsschutzdokument nach Nummer 1.1 entsprechendes vorsieht, so ist eine der in Nummer 5.1 genannten geschützten Stellen mit Einrichtungen zu versehen, die eine Fernbedienung in der in Abschnitt C Nummer 3 genannten Systeme und Nachrichtenverbindungen mit der Küste und den Notdiensten ermöglichen.

5.3. Sichere Sammelstellen und Ablegestationen müssen von den Unterkünften und Arbeitsbereichen aus leicht zugänglich sein.

5.4. Für jede sichere Sammelstelle ist vorgeschrieben, daß eine Liste mit den Namen der ihr zugewiesenen Arbeitnehmer auf dem laufenden gehalten und ausgehängt wird.

5.5. Ein Verzeichnis der Arbeitnehmer, denen im Notfall Sonderaufgaben zugewiesen sind, ist anzufertigen und an entsprechenden Stellen in der Arbeitsstätte auszuhängen.

Die Namen dieser Personen sind in den schriftlichen Anweisungen gemäß Abschnitt A Nummer 3.6 festzuhalten.

6. Rettungs- und Fluchteinrichtungen

6.1. Die Arbeitnehmer sind darin auszubilden, welche Maßnahmen sie in einem Notfall zu ergreifen haben.

Neben der allgemeinen Ausbildung für Notfälle müssen die Arbeitnehmer eine arbeitsplatzbezogene Ausbildung erhalten, die in dem Sicherheits- und Gesundheitsschutzdokument nach Nummer 1.1 für die betreffende Arbeitsstätte anzugeben ist.

6.2. Die Arbeitnehmer sind unter Berücksichtigung der im Sicherheits- und Gesundheitsschutzdokument nach Nummer 1.1 festgelegten Kriterien in den entsprechenden Überlebenstechniken auszubilden.

6.3. Geeignete und ausreichende Evakuierungsmöglichkeiten für Notfälle und direkte Fluchtmöglichkeiten zur See sind in jeder Arbeitsstätte vorzusehen.

6.4. Es ist ein Notfallplan für Situationen wie Mann über Bord und Räumung der Arbeitsstätte auszuarbeiten.

Dieser Plan, der sich auf das Sicherheits- und Gesundheitsschutzdokument nach Nummer 1.1 stützt, muß den Einsatz von Bereitschaftsschiffen und Hubschraubern vorsehen und Kriterien für die Aufnahmefähigkeit und die Eingreifzeit der Bereitschaftsschiffe und Hubschrauber enthalten.

Die erforderliche Eingreifzeit ist im Sicherheits- und Gesundheitsschutzdokument jeder Anlage anzugeben.

Die Bereitschaftsschiffe sind so zu konzipieren und auszurüsten, daß sie den Evakuierungs- und Rettungsanforderungen genügen.

6.5. Zu den Mindestanforderungen für die verfügbaren Rettungsboote, Rettungsflöße, Rettungsbojen und Schwimmwesten gehören:
- Eignung und Ausrüstung für Überlebenssicherung für einen ausreichenden Zeitraum;
- ausreichende Anzahl für alle voraussichtlich anwesenden Arbeitnehmer;
- Typeneignung für die Arbeitsstätte;
- einwandfreie Verarbeitung aus geeigneten Materialien unter Berücksichtigung der Lebensrettungsfunktion und der Bedingungen für den Einsatz oder die Einsatzbereitschaft;
- auffällige Farbgebung für den Einsatz und Ausrüstung mit Vorrichtungen, mit denen der Benutzer die Aufmerksamkeit von Rettungspersonal auf sich ziehen kann.

6.6. Geeignete Lebensrettungsgeräte müssen sofort einsatzfähig sein.

7. Sicherheitsübungen

An normalerweise bemannten Arbeitsstätten sind in regelmäßigen Zeitabständen Sicherheitsübungen durchzuführen, bei denen
- die Arbeitnehmer, denen Aufgaben für den Notfall zugewiesen wurden, die den Einsatz, die Handhabung oder die Bedienung von Rettungsausrüstung erfordern, unter Berücksichtigung der im Sicherheits- und Gesundheitsschutzdokument nach Nummer 1.1 festgelegten Kriterien in der Ausübung ihrer Aufgaben unterwiesen und geprüft werden;
- gegebenenfalls müssen die Arbeitnehmer auch die korrekte Benutzung, Handhabung

oder Bedienung dieser Ausrüstung einüben können;
- sämtliches bei der Übung benutztes Rettungsgerät geprüft, gereinigt und gegebenenfalls nachgeladen oder ausgewechselt wird und alle dabei verwendeten tragbaren Geräte zum ordnungsgemäßen Aufbewahrungsort zurückgebracht werden;
- geprüft wird, ob die Rettungsboote einsatzbereit sind.

8. Sanitäreinrichtungen

8.1. Umkleideräume, Kleiderschränke

8.1.1. Den Arbeitnehmern sind geeignete Umkleideräume zur Verfügung zu stellen, wenn sie bei ihrer Tätigkeit besondere Arbeitskleidung tragen müssen und es ihnen aus gesundheitlichen oder sittlichen Gründen nicht zuzumuten ist, sich in einem anderen Raum umzukleiden.

Die Umkleideräume müssen leicht zugänglich, von ausreichender Größe und mit Sitzgelegenheiten ausgestattet sein.

8.1.2. Die Umkleideräume müssen ausreichend bemessen und mit abschließbaren Einrichtungen ausgestattet sein, in denen jeder Arbeitnehmer seine Kleidung während der Arbeitszeit aufbewahren kann.

Kleiderschränke für Arbeitskleidung sind von Kleiderschränken für Privatkleidung zu trennen, wenn die Umstände dies erfordern (z.B. Umgang mit gefährlichen Stoffen, Feuchtigkeit, Schmutz).

Es ist dafür zu sorgen, daß nasse Arbeitskleidung getrocknet werden kann.

8.1.3. Für Frauen und Männer sind getrennte Umkleideräume oder ist eine getrennte Benutzung dieser Räume vorzusehen.

8.1.4. Wenn Umkleideräume nach Nummer 8.1.1 nicht erforderlich sind, muß für jeden Arbeitnehmer eine Kleiderablage vorhanden sein.

8.2. Duschen und Waschgelegenheiten

Zusätzlich zu den entsprechenden Einrichtungen in allen Unterbringungsbereichen sind den Arbeitnehmern gegebenenfalls in der Nähe der Arbeitsplätze geeignete Duschen und Waschgelegenheiten zur Verfügung zu stellen.

8.3. Toiletten und Handwaschbecken

Zusätzlich zu den entsprechenden Einrichtungen in den Unterkünften sind den Arbeitnehmern gegebenenfalls in der Nähe der Arbeitsplätze Toiletten und Handwaschbecken zur Verfügung zu stellen.

Für Frauen und Männer sind getrennte Toiletten oder ist eine getrennte Benutzung der Toiletten vorzusehen.

9. Räume und Einrichtungen für die Erste Hilfe

9.1. Entsprechend der Größe der Anlage und der Art der dort ausgeübten Tätigkeit sind ein oder mehrere Räume für die Erste Hilfe vorzusehen.

9.2. In diesen Räumen sind für die Erste Hilfe und gegebenenfalls Behandlung nach Weisungen des Arztes (der zugegen oder nicht zugegen sein kann), entsprechend den jeweiligen Umständen angemessene Geräte, Einrichtungen und Medikamente sowie eine ausreichende Anzahl von Arbeitnehmern mit einschlägigen Kenntnissen bereitzuhalten.

Diese Räume sind entsprechend den einzelstaatlichen Rechtsvorschriften zur Umsetzung der Richtlinie 92/58/EWG zu kennzeichnen.

9.3. Eine Erste-Hilfe-Ausstattung muß ferner überall dort aufbewahrt werden, wo die Arbeitsbedingungen dies erforderlich machen.

Die Aufbewahrungsstellen müssen als solche gekennzeichnet und gut erreichbar sein.

10. Unterbringung

10.1. Falls es Art, Umfang und Dauer der Arbeiten erfordern, muß der Arbeitgeber den Arbeitnehmern Unterkünfte bereitstellen, die folgende Kriterien zu erfüllen haben:
- Schutz gegen Explosionseinwirkungen, Eindringen von Rauch und Gas sowie gegen Ausbruch und Ausbreitung von Bränden entsprechend den Angaben im Sicherheits- und Gesundheitsschutzdokument nach Nummer 1.1;
- zweckmäßige Ausstattung mit Lüftung, Heizung und Beleuchtung;
- mindestens zwei getrennte Ausgänge zu Fluchtwegen auf jeder Ebene;
- Schutz vor Lärm, Geruchsbelästigungen und Rauch aus anderen Bereichen, sofern diese gesundheitsschädlich sein können, sowie vor Witterungseinflüssen;
- getrennte Anordnung von jeglichen Arbeitsplätzen und größere Entfernungen zu Gefahrenbereichen.

10.2. Solche Unterkünfte müssen ausreichend Betten oder Kojen für die Anzahl der voraussichtlich auf der Anlage schlafenden Arbeitnehmer enthalten.

Jeder als Schlafraum ausgewiesene Raum muß für die hier untergebrachten Personen ausreichend Platz zur Aufbewahrung ihrer Kleidung bieten.

Für Frauen und Männer sind getrennte Schlafräume vorzusehen.

10.3. In solchen Unterkünften muß eine ausreichende Zahl von Duschen und Waschgelegenheiten mit fließendem warmen und kalten Wasser vorhanden sein.

Für Frauen und Männer sind getrennte Duschräume oder ist eine getrennte Benutzung der Duschräume vorzusehen.

Die Duschräume müssen ausreichend bemessen sein, damit jeder Arbeitnehmer sich den hygienischen Erfordernissen entsprechend ungehindert reinigen kann.

10.4. Die Unterkünfte müssen mit einer ausreichenden Zahl von Toiletten und Handwaschbecken ausgestattet sein.

Für Frauen und Männer sind getrennte Toiletten oder ist eine getrennte Benutzung der Toiletten vorzusehen.

10.5. Die Unterkünfte und deren Ausstattung sind in einem den hygienischen Erfordernissen entsprechenden Zustand zu halten.

11. Hubschraubereinsätze

11.1. Hubschrauberlandeplätze in Arbeitsstätten müssen für eine ungehinderte Landung ausreichend bemessen und entsprechend angeordnet sein, damit der größte den Landeplatz anfliegende Hubschrauber unter den härtesten anzunehmenden Bedingungen für Hubschraubereinsätze operieren kann.

Der Hubschrauberlandeplatz muß so ausgelegt und ausgeführt sein, daß er für den Nutzungszweck ausreicht.

11.2. In unmittelbarer Nähe des Hubschrauberlandebereiches ist das Gerät vorzusehen und zu lagern, das bei einem Unfall unter Beteiligung eines Hubschraubers erforderlich ist.

11.3. In Anlagen, in denen Arbeitnehmer untergebracht sind, ist auf dem Hubschrauberlandeplatz während der Hubschraubereinsätze eine ausreichende Zahl von entsprechend ausgebildeten Personen für den Einsatz in Notfällen vorzusehen.

12. Positionierung der Anlagen auf See – Sicherheit und Stabilität

12.1. Es sind alle erforderlichen Maßnahmen zu treffen, damit die Sicherheit und der Schutz der Gesundheit der Arbeitnehmer in den Betrieben, in denen durch Bohrungen Mineralien gewonnen werden, während der Tätigkeiten zur Positionierung der Anlagen auf See gewährleistet sind.

12.2. Die vorbereitenden Arbeiten zur Positionierung der Anlagen auf See müssen so ausgeführt werden, daß Sicherheit und Stabilität der Anlagen gewährleistet sind.

12.3. Die Einrichtungen und Verfahren zur Durchführung der in Nummer 12.1 genannten Tätigkeiten sind so zu gestalten, daß die Gefahren für die Arbeitnehmer in den Betrieben, in denen durch Bohrungen Mineralien gewonnen werden, sowohl allgemein als auch in Notfällen niedrig gehalten werden.

6/13. Mineralgewinnungsrichtlinie

Richtlinie 92/104/EWG des Rates über Mindestvorschriften zur Verbesserung der Sicherheit und des Gesundheitsschutzes der Arbeitnehmer in übertägigen oder untertägigen mineralgewinnenden Betrieben (Zwölfte Einzelrichtlinie im Sinne des Artikels 16 Absatz 1 der Richtlinie 89/391/EWG) vom 3. Dezember 1992

(ABl Nr. L 404 v. 31.12.1992, S. 10; geändert durch die RL 2007/30/EG, ABl. Nr. L 165 v. 27.6.2007, S. 21)
(nicht amtlich aktualisierte Fassung)

GLIEDERUNG

ABSCHNITT I: Allgemeine Bestimmungen
Art. 1: Ziel
Art. 2: Definitionen

ABSCHNITT II: Pflichten des Arbeitgebers
Art. 3: Allgemeine Verpflichtungen
Art. 4: Brand- und Explosionsschutzmaßnahmen sowie Schutz vor gesundheitsgefährdender Atmosphäre
Art. 5: Flucht- und Rettungsmittel
Art. 6: Kommunikations-, Warn- und Alarmsysteme
Art. 7: Unterrichtung der Arbeitnehmer
Art. 8: Präventivmedizinische Überwachung
Art. 9: Anhörung und Beteiligung der Arbeitnehmer
Art. 10: Mindestvorschriften für Sicherheit und Gesundheitsschutz

ABSCHNITT III: Sonstige Bestimmungen
Art. 11: Anpassung des Anhangs
Art. 12: Mineralgewinnung durch Schwimmbagger
Art. 13, 14: Schlussbestimmungen

DER RAT DER EUROPÄISCHEN GEMEINSCHAFTEN –

gestützt auf den Vertrag zur Gründung der Europäischen Wirtschaftsgemeinschaft, insbesondere auf Artikel 118a,

auf Vorschlag der Kommission (ABl. Nr. C 58 v. 5.3.1992, S. 3), erstellt nach Anhörung des Ständigen Ausschusses für die Betriebssicherheit und den Gesundheitsschutz im Steinkohlenbergbau und in den anderen mineralgewinnenden Betrieben, in Zusammenarbeit mit dem Europäischen Parlament (ABl. Nr. C 150 v. 15.6.1992, S. 128, und ABl. Nr. C 305 v. 23.11.1992),

nach Stellungnahme des Wirtschafts- und Sozialausschusses (ABl. Nr. C 169 v. 6.7.1992, S. 28),

in Erwägung nachstehender Gründe:

Artikel 118a des Vertrages sieht vor, daß der Rat durch Richtlinien Mindestvorschriften festlegt, die die Verbesserung insbesondere der Arbeitsumwelt fördern, um die Sicherheit und die Gesundheit der Arbeitnehmer verstärkt zu schützen.

Nach demselben Artikel sollen diese Richtlinien keine verwaltungsmäßigen, finanziellen oder rechtlichen Auflagen vorschreiben, die der Gründung und Entwicklung von Klein- und Mittelbetrieben entgegenstehen.

Die Verbesserung der Sicherheit, der Arbeitshygiene und des Gesundheitsschutzes der Arbeitnehmer bei der Arbeit ist ein Ziel, das nicht rein wirtschaftlichen Überlegungen untergeordnet werden darf.

In der Richtlinie 89/654/EWG des Rates vom 30. November 1989 über Mindestvorschriften für Sicherheit und Gesundheitsschutz in Arbeitsstätten (Erste Einzelrichtlinie im Sinne des Artikels 16 Absatz 1 der Richtlinie 89/391/EWG) werden die mineralgewinnenden Betriebe ausgenommen.

Die Einhaltung von Mindestvorschriften zur Verbesserung der Sicherheit und des Gesundheitsschutzes in den übertägigen oder untertägigen mineralgewinnenden Betrieben ist eine unabdingbare Voraussetzung für die Gewährleistung der Sicherheit und des Gesundheitsschutzes der Arbeitnehmer.

Bei den übertägigen oder untertägigen mineralgewinnenden Betrieben handelt es sich um Tätigkeitsbereiche, in denen die Arbeitnehmer überdurchschnittlich hohen Risiken ausgesetzt sein können.

Die vorliegende Richtlinie ist eine Einzelrichtlinie im Sinne des Artikels 16 Absatz 1 der Richtlinie 89/391/EWG des Rates vom 12. Juni 1989 über die Durchführung von Maßnahmen zur Verbesserung der Sicherheit und des Gesundheitsschutzes der Arbeitnehmer bei der Arbeit. Die Bestimmungen der genannten Richtlinie finden daher unbeschadet strengerer und/oder spezifischer Bestimmungen der vorliegenden Richtlinie im Bereich der übertägigen oder untertägigen mineralgewinnenden Betriebe in vollem Umfang Anwendung.

Für die übertägigen Nebeneinrichtungen von übertägigen oder untertägigen mineralgewinnenden Betrieben, die für die übertägigen oder untertägigen mineralgewinnenden Betriebe im Sinne der Begriffsbestimmung in Artikel 2 Buchstabe a) nicht erforderlich sind, gelten die Bestimmungen der Richtlinie 89/654/EWG.

Der Rat hat am 3. November 1992 die Richtlinie 92/91/EWG über Mindestvorschriften zur Verbesserung der Sicherheit und des Gesundheitsschutzes der Arbeitnehmer in den Betrieben, in denen durch Bohrungen Mineralien gewonnen werden (Elfte Einzelrichtlinie im Sinne des Artikels 16 Absatz 1 der Richtlinie 89/391/EWG) erlassen.

Die vorliegende Richtlinie stellt einen konkreten Beitrag zur Ausgestaltung der sozialen Dimension des Binnenmarktes dar –

HAT FOLGENDE RICHTLINIE ERLASSEN:

ABSCHNITT I
Allgemeine Bestimmungen
Ziel

Art. 1 (1) Diese Richtlinie ist die zwölfte Einzelrichtlinie im Sinne des Artikels 16 Absatz 1 der Richtlinie 89/391/EWG; sie legt Mindestvorschriften in bezug auf Sicherheit und Gesundheitsschutz der Arbeitnehmer in den übertägigen oder untertägigen mineralgewinnenden Betrieben nach Artikel 2 Buchstabe a) fest.

(2) Die Richtlinie 89/391/EWG findet unbeschadet strengerer und/oder spezifischer Bestimmungen der vorliegenden Richtlinie auf den gesamten in Absatz 1 genannten Bereich in vollem Umfang Anwendung.

Definitionen

Art. 2 Im Sinne dieser Richtlinie sind:
a) *übertägige oder untertägige mineralgewinnende Betriebe:* alle Betriebe, deren Tätigkeit
 - das eigentliche Gewinnen von Mineralien über oder unter Tage ist und/oder
 - das Aufsuchen zum Zwecke einer späteren Gewinnung und/oder
 - die Aufbereitung des Förderguts für den Verkauf mit Ausnahme der Tätigkeiten zur Weiterverarbeitung dieses Förderguts,

 mit Ausnahme der Betriebe im Sinne der Begriffsbestimmung des Artikels 2 Buchstabe a) der Richtlinie 92/91/EWG, in denen Mineralien durch Bohrungen gewonnen werden;
b) *Arbeitsstätte:* alle Örtlichkeiten, die zur Einrichtung von Arbeitsplätzen vorgesehen sind und die Haupt- und Nebenbetriebe sowie Anlagen der übertägigen oder untertägigen mineralgewinnenden Betriebe umfassen – einschließlich der Abraumhalden und sonstigen Halden sowie gegebenenfalls vorhandener Unterkünfte –, zu denen die Arbeitnehmer im Rahmen ihrer Arbeit Zugang haben.

ABSCHNITT II
Pflichten des Arbeitgebers
Allgemeine Verpflichtungen

Art. 3 (1) Zur Gewährleistung der Sicherheit und zum Schutz der Gesundheit der Arbeitnehmer trifft der Arbeitgeber die erforderlichen Maßnahmen, damit
a) die Arbeitsstätten so konzipiert, errichtet, ausgestattet, in Betrieb genommen, betrieben und unterhalten werden, daß die Arbeitnehmer die ihnen übertragenen Arbeiten ohne Gefährdung weder ihrer Sicherheit und ihrer Gesundheit noch der Sicherheit und Gesundheit anderer Arbeitnehmer ausführen können;
b) der Betrieb von mit Arbeitnehmern belegten Arbeitsstätten der Überwachung durch eine verantwortliche Person unterliegt;
c) die mit einem besonderen Risiko verbundenen Arbeiten nur fachkundigen Arbeitnehmern übertragen und entsprechend den Anweisungen ausgeführt werden;
d) alle Sicherheitsanweisungen für alle Arbeitnehmer verständlich sind;
e) angemessene Einrichtungen zur Leistung von Erster Hilfe bereitstehen;
f) die erforderlichen Sicherheitsübungen in regelmäßigen Zeitabständen durchgeführt werden.

(2) Der Arbeitgeber vergewissert sich, daß ein Dokument über Sicherheit und Gesundheitsschutz (nachstehend „Sicherheits- und Gesundheitsschutzdokument" genannt), das die einschlägigen Anforderungen nach den Artikeln 6, 9 und 10 der Richtlinie 89/391/EWG erfüllt, erstellt und auf dem letzten Stand gehalten wird.

Aus dem Sicherheits- und Gesundheitsschutzdokument muß insbesondere hervorgehen,
- daß die Gefährdungen, denen die Arbeitnehmer an den Arbeitsstätten ausgesetzt sind, ermittelt und einer Bewertung unterzogen worden sind;
- daß angemessene Maßnahmen getroffen werden, um die Ziele dieser Richtlinie zu erreichen;
- daß die Arbeitsstätten und die Ausrüstung sicher gestaltet, betrieben und gewartet sind.

Das Sicherheits- und Gesundheitsschutzdokument muß vor Aufnahme der Arbeit erstellt und muß überarbeitet werden, wenn an den Arbeitsstätten wichtige Änderungen, Erweiterungen oder Umgestaltungen vorgenommen werden.

(3) Sind Arbeitnehmer mehrerer Betriebe an derselben Arbeitsstätte tätig, so ist jeder Arbeitgeber für die Bereiche, die seiner Kontrolle unterstehen, verantwortlich.

Der Arbeitgeber, der nach den einzelstaatlichen Rechtsvorschriften und/oder Praktiken die Verantwortung für die Arbeitsstätte hat, koordiniert die Durchführung aller die Sicherheit und den Gesundheitsschutz der Arbeitnehmer betreffenden Maßnahmen und macht in seinem Sicherheits- und

Gesundheitsschutzdokument genauere Angaben über das Ziel, die Maßnahmen und die Modalitäten der Durchführung dieser Koordinierung.

Die Koordinierung berührt nicht die Verantwortlichkeit der einzelnen Arbeitgeber nach der Richtlinie 89/391/EWG.

(4) Der Arbeitgeber hat tödliche und/oder schwere Betriebsunfälle und gefährliche Vorkommnisse den zuständigen Behörden unverzüglich zu melden.

Brand- und Explosionsschutzmaßnahmen sowie Schutz vor gesundheitsgefährdender Atmosphäre

Art. 4 Der Arbeitgeber hat die der Art des Betriebes entsprechenden Maßnahmen zu treffen,
– um die Entstehung und Ausbreitung von Bränden und Explosionen zu verhindern, zu erkennen und zu bekämpfen sowie
– das Auftreten einer explosionsfähigen und/oder gesundheitsgefährdenden Atmosphäre zu verhindern.

Flucht- und Rettungsmittel

Art. 5 Der Arbeitgeber hat für die Bereitstellung und Wartung geeigneter Flucht- und Rettungsmittel zu sorgen, damit die Arbeitnehmer die Arbeitsstätten bei Gefahr schnell und sicher verlassen können.

Kommunikations-, Warn- und Alarmsysteme

Art. 6 Der Arbeitgeber hat dafür zu sorgen, daß die erforderlichen Alarm- und sonstigen Kommunikationssysteme vorhanden sind, damit im Bedarfsfall unverzüglich Hilfs-, Evakuierungs- und Rettungsmaßnahmen eingeleitet werden können.

Unterrichtung der Arbeitnehmer

Art. 7 (1) Unbeschadet des Artikels 10 der Richtlinie 89/391/EWG werden die Arbeitnehmer und/oder ihre Vertreter von allen Maßnahmen unterrichtet, die zum Schutz von Sicherheit und Gesundheit an der Arbeitsstätte, insbesondere in Anwendung der Artikel 3 bis 6, getroffen werden müssen.

(2) Die Informationen müssen für die betreffenden Arbeitnehmer verständlich sein.

Präventivmedizinische Überwachung

Art. 8 (1) Um zu gewährleisten, daß die Gesundheit der Arbeitnehmer in Abhängigkeit von den Sicherheits- und Gesundheitsrisiken am Arbeitsplatz in geeigneter Weise überwacht wird, werden im Einklang mit den einzelstaatlichen Rechtsvorschriften und/oder Praktiken Maßnahmen getroffen.

(2) Die in Absatz 1 genannten Maßnahmen sind so konzipiert, daß jeder Arbeitnehmer ein Recht auf eine präventivmedizinische Überwachung hat bzw. sich ihr unterziehen muß, bevor ihm Aufgaben im Zusammenhang mit den in Artikel 2 genannten Tätigkeiten übertragen werden, und diese Überwachung in der Folge in regelmäßigen Abständen vorgenommen wird.

(3) Die präventivmedizinische Überwachung kann Teil der staatlichen Gesundheitsfürsorge sein.

Anhörung und Beteiligung der Arbeitnehmer

Art. 9 Die Arbeitnehmer und/oder deren Vertreter werden nach Artikel 11 der Richtlinie 89/391/EWG zu allen in der vorliegenden Richtlinie behandelten Fragen gehört und daran beteiligt.

Mindestvorschriften für Sicherheit und Gesundheitsschutz

Art. 10 (1) Arbeitsstätten, die zum ersten Mal nach dem in Artikel 13 Absatz 1 genannten Zeitpunkt genutzt werden, zu dem die Mitgliedstaaten dieser Richtlinie spätestens nachzukommen haben, müssen den im Anhang aufgeführten Mindestvorschriften für Sicherheit und Gesundheitsschutz entsprechen.

(2) Arbeitsstätten, die bereits vor dem in Artikel 13 Absatz 1 genannten Zeitpunkt genutzt wurden, zu dem die Mitgliedstaaten dieser Richtlinie spätestens nachzukommen haben, müssen möglichst bald, spätestens jedoch neun Jahre nach diesem Zeitpunkt, die im Anhang aufgeführten Mindestvorschriften für Sicherheit und Gesundheitsschutz erfüllen.

(3) Werden an Arbeitsstätten nach dem in Artikel 13 Absatz 1 genannten Zeitpunkt, zu dem die Mitgliedstaaten dieser Richtlinie spätestens nachzukommen haben, Änderungen, Erweiterungen und/oder Umgestaltungen vorgenommen, so hat der Arbeitgeber die erforderlichen Maßnahmen zu treffen, damit diese Änderungen, Erweiterungen und/oder Umgestaltungen mit den entsprechenden Mindestvorschriften des Anhangs übereinstimmen.

ABSCHNITT III
Sonstige Bestimmungen

Anpassung des Anhangs

Art. 11 Rein technische Anpassungen des Anhangs, die
– durch die Verabschiedung von Richtlinien zur technischen Harmonisierung und Normung betreffend die übertägigen oder untertägigen mineralgewinnenden Betriebe

und/oder

– durch den technischen Fortschritt, die Entwicklung der internationalen Regelwerke oder Spezifikationen oder des Wissensstandes betreffend die übertägigen oder untertägigen mineralgewinnenden Betriebe

bedingt sind, werden nach dem Verfahren des Artikels 17 der Richtlinie 89/391/EWG vorgenommen.

Mineralgewinnung durch Schwimmbagger

Art. 12 Die Mitgliedstaaten können die Mineralgewinnung durch Schwimmbagger aus dem Anwendungsbereich dieser Richtlinie ausnehmen, sofern sie sicherstellen, daß den betreffenden Arbeitnehmern ein Schutz gewährt wird, der den in dieser Richtlinie enthaltenen allgemeinen Grundsätzen in bezug auf Sicherheit und Gesundheitsschutz von Arbeitnehmern entspricht und den mit der Mineralgewinnung durch Schwimmbagger verbundenen spezifischen Risiken Rechnung trägt.

Schlussbestimmungen

Art. 13 (1) Die Mitgliedstaaten erlassen die erforderlichen Rechts- und Verwaltungsvorschriften, um dieser Richtlinie spätestens 24 Monate nach ihrer Annahme nachzukommen. Sie setzen die Kommission unverzüglich davon in Kenntnis.

(2) Wenn die Mitgliedstaaten Vorschriften nach Absatz 1 erlassen, nehmen sie in den Vorschriften selbst oder durch einen Hinweis bei der amtlichen Veröffentlichung auf diese Richtlinie Bezug. Die Mitgliedstaaten regeln die Einzelheiten der Bezugnahme.

(3) Die Mitgliedstaaten teilen der Kommission den Wortlaut der innerstaatlichen Rechtsvorschriften mit, die sie auf den unter diese Richtlinie fallenden Gebiet bereits erlassen haben oder erlassen.

(Art. 13 Abs. 4 aufgehoben durch Art. 3 Z. 13 der RL 2007/30/EG)

Art. 14 Diese Richtlinie ist an die Mitgliedstaaten gerichtet.

ANHANG
Mindestvorschriften für Sicherheit und Gesundheitsschutz nach Artikel 10

Vorbemerkung

Die Anforderungen dieses Anhangs gelten in allen Fällen, in denen die Eigenschaften der Arbeitsstätte oder der Tätigkeit, die Umstände oder eine besondere Gefahr dies erfordern.

ABSCHNITT A
Gemeinsame Mindestvorschriften für übertägige und untertägige mineralgewinnende Betriebe und zugehörige Tagesanlagen

1. Organisation und Aufsicht

1.1. Gestaltung der Arbeitsstätten

1.1.1. Bei der Gestaltung der Arbeitsstätten ist für angemessenen Schutz gegen Gefahren zu sorgen. Sie sind in Ordnung zu halten, wobei gefährliche Stoffe oder Ablagerungen zu beseitigen oder so zu überwachen sind, daß Gesundheit und Sicherheit der Arbeitnehmer nicht beeinträchtigt werden.

1.1.2. Die Arbeitsplätze sind nach ergonomischen Grundsätzen zu gestalten und einzurichten, so daß die Arbeitnehmer in der Lage sind, die für ihren Arbeitsplatz charakteristischen Arbeitsvorgänge zu verfolgen.

1.1.3. Werden Arbeitnehmer allein an Arbeitsplätzen beschäftigt, so ist für eine angemessene Beaufsichtigung oder eine Verbindung durch Kommunikationsmittel zu sorgen.

1.2. Verantwortliche Person

Für jede belegte Arbeitsstätte muß jederzeit eine Person verantwortlich sein, die nach den einzelstaatlichen Rechtsvorschriften und/oder Praktiken über die für diese Aufgabe erforderlichen Fähigkeiten und Qualifikationen verfügt und von dem Arbeitgeber benannt worden ist.

Der Arbeitgeber kann selbst die Verantwortung für die Arbeitsstätte im Sinne des Absatzes 1 übernehmen, falls er nach den einzelstaatlichen Rechtsvorschriften und/oder Praktiken über die für diese Aufgabe erforderlichen Fähigkeiten und Qualifikationen verfügt.

1.3. Aufsicht

Die Arbeitskräfte sind zur Gewährleistung des Gesundheitsschutzes und der Sicherheit bei allen Arbeitsvorgängen von Personen zu beaufsichtigen, die nach den einzelstaatlichen Rechtsvorschriften und/oder Praktiken über die für diese Aufgabe erforderlichen Fähigkeiten und Qualifikationen verfügen, vom Arbeitgeber oder in dessen Namen benannt worden sind und in dessen Namen handeln.

Die belegten Arbeitsstätten müssen mindestens einmal während jeder Schicht von einer Aufsichtsperson besucht werden, wenn das Sicherheits- und Gesundheitsschutzdokument diese Auflage enthält.

Der Arbeitgeber kann die Aufsicht nach den Absätzen 1 und 2 selbst führen, wenn er nach den einzelstaatlichen Rechtsvorschriften und/oder Praktiken über die hierfür erforderlichen Fähigkeiten und Qualifikationen verfügt.

1.4. Sachkundige Arbeitnehmer

Auf jeder belegten Arbeitsstätte muß sich eine ausreichende Anzahl von Arbeitnehmern befinden, die die erforderliche Qualifikation, Erfahrung und Ausbildung für die ihnen zugewiesenen Aufgaben besitzen.

1.5. Information, Unterweisung und Ausbildung

Die Arbeitnehmer sind zur Gewährleistung ihrer Sicherheit und Gesundheit angemessen zu informieren, zu unterweisen und aus- bzw. weiterzubilden.

Der Arbeitgeber muß sicherstellen, daß die Arbeitnehmer verständliche Anweisungen erhalten, damit weder ihre eigene Sicherheit und Gesundheit noch die anderer Arbeitnehmer gefährdet wird.

1.6. Schriftliche Anweisungen

Für jede Arbeitsstätte sind schriftliche Anweisungen über die Vorgehensweisen zu erteilen, die zur Gewährleistung der Sicherheit und des Gesundheitsschutzes der Arbeitnehmer und eines sicheren Einsatzes der Betriebsmittel einzuhalten sind.

Diese Anweisungen haben Informationen über den Einsatz von Notfallausrüstungen sowie darüber zu enthalten, wie bei einem Notfall an oder in der Nähe der Arbeitsstätte vorzugehen ist.

1.7. Sichere Arbeitsverfahren

An jeder Arbeitsstätte bzw. bei jeder Tätigkeit ist für sichere Arbeitsverfahren zu sorgen.

1.8. Arbeitsfreigabe

Sofern es das Sicherheits- und Gesundheitsschutzdokument verlangt, ist für gefährliche Arbeiten oder normalerweise gefahrlose Arbeiten, die sich mit anderen Arbeitsgängen überschneiden und die daher eine ernste Gefährdung bewirken können, ein Arbeitsfreigabesystem vorzusehen.

Diese Freigabe ist vor Beginn der Arbeiten von einer verantwortlichen Person zu erteilen; darin müssen die einzuhaltenden Bedingungen sowie die vor, während und nach Abschluß der Arbeiten einzuhaltenden Sicherheitsvorkehrungen aufgeführt sein.

1.9. Regelmäßige Prüfung der Sicherheits- und der Gesundheitsschutzmaßnahmen

Der Arbeitgeber muß die Maßnahmen zur Gewährleistung der Sicherheit und des Gesundheitsschutzes der Arbeitnehmer, einschließlich des Sicherheits- und Gesundheitsschutz-Managementsystems, regelmäßig prüfen lassen, um sicherzustellen, daß die Anforderungen dieser Richtlinie eingehalten werden.

2. Maschinelle und elektrische Betriebsmittel und Anlagen

2.1. Allgemeines

Maschinelle und elektrische Betriebsmittel sind unter gebührender Berücksichtigung der Sicherheit und des Gesundheitsschutzes der Arbeitnehmer sowie unter Berücksichtigung anderer Bestimmungen dieser Richtlinie und der Richtlinien 89/392/EWG (ABl. Nr. L 183 v. 29. 6. 1989, S. 9, zuletzt geändert durch die Richtlinie 91/368/EWG, ABl. Nr. L 198 v. 22. 7. 1991, S. 16) und 89/655/EWG auszuwählen, zu installieren und in Betrieb zu nehmen, zu betreiben und zu warten.

Sind diese Betriebsmittel und Anlagen in einem Bereich angeordnet, in dem die Gefahr von Bränden oder Explosionen durch Entzündung von Gasen, Dämpfen oder flüchtiger Flüssigkeiten besteht oder bestehen kann, so müssen sie für den Einsatz in diesem Bereich geeignet sein.

Die Betriebsmittel sind erforderlichenfalls mit geeigneten Schutzvorrichtungen und mit Systemen für Störfälle auszustatten.

2.2. Besondere Bestimmungen

Die maschinellen Betriebsmittel und Anlagen müssen von angemessener Festigkeit und frei von offensichtlichen Mängeln sowie für den jeweiligen Einsatzzweck geeignet sein.

Die elektrischen Betriebsmittel und Anlagen müssen für ihren jeweiligen Einsatzzweck ausreichend dimensioniert und leistungsfähig sein.

Die maschinellen und elektrischen Betriebsmittel und Anlagen sind so zu installieren und zu schützen, daß keine Gefahr besteht.

3. Wartung

3.1. Allgemeine Wartung

Für die systematische Prüfung, Wartung und gegebenenfalls Erprobung von maschinellen und elektrischen Betriebsmitteln und Anlagen ist ein geeigneter Plan aufzustellen.

Sämtliche Wartungs-, Prüf- und Erprobungsarbeiten an Anlagen- oder Betriebsmittelteilen sind von einer sachkundigen Person durchzuführen.

Die Prüfungen und Tests sind in einem Protokoll festzuhalten, das entsprechend aufzubewahren ist.

3.2. Wartung von Sicherheitseinrichtungen

Angemessene Sicherheitseinrichtungen sind ständig in einsatzfähigem und gutem Zustand zu halten.

Die Wartung ist unter entsprechender Berücksichtigung der Betriebsvorgänge durchzuführen.

4. Explosionsschutz, Schutz gegen gesundheitsgefährdende Atmosphäre und Brandschutz

4.1. Allgemeines

4.1.1. Es sind geeignete Maßnahmen zu treffen, um beurteilen zu können, ob gesundheitsgefährdende und/oder explosionsfähige Stoffe in der Atmosphäre vorhanden sind, und um ihre Konzentration messen zu können.

Sofern es das Sicherheits- und Gesundheitsschutzdokument verlangt, sind Überwachungseinrichtungen, die an festgelegten Stellen die Gaskonzentrationen automatisch und kontinuierlich messen, automatische Alarmsysteme und Einrichtungen zur automatischen Abschaltung von elektrischen Betriebsmitteln und Verbrennungsmotoren vorzusehen.

Falls automatische Messungen vorgesehen sind, müssen die Meßergebnisse aufgezeichnet und, wie im Sicherheits- und Gesundheitsschutzdokument vorgesehen, aufbewahrt werden.

4.1.2. Das Rauchen in unmittelbar brand- und explosionsgefährdeten Bereichen ist verboten.

Ferner ist dort der Umgang mit offenem Feuer und das Verrichten von Arbeiten verboten, von denen eine Entzündungsgefahr ausgehen kann, es sei denn, daß ausreichende vorbeugende Maßnahmen gegen die Entstehung von Bränden oder Explosionen getroffen werden.

4.2. Explosionsschutz

4.2.1. Es sind alle erforderlichen Maßnahmen zu treffen, um das Entstehen und die Ansammlung explosionsfähiger Atmosphäre zu bekämpfen.

4.2.2. Innerhalb der explosionsgefährdeten Bereiche sind alle erforderlichen Maßnahmen zu treffen, um die Zündung explosionsfähiger Atmosphäre zu verhindern.

4.2.3. Über die Einrichtungen und die Maßnahmen zum Explosionsschutz ist ein Explosionsschutzplan auszuarbeiten.

4.3. Schutz gegen gesundheitsgefährdende Atmosphäre

4.3.1. Für den Fall, daß sich gesundheitsgefährdende Stoffe in der Atmosphäre angesammelt haben oder ansammeln können, sind geeignete Maßnahmen vorzusehen, um

a) sicherzustellen, daß sie am Entstehungsort niedergeschlagen werden, oder
b) sie am Entstehungsort abzusaugen bzw. zu beseitigen oder
c) Ansammlungen dieser Stoffe zu verdünnen, so daß keine Gefahr für die Arbeitnehmer besteht.

Gesundheitsgefährdende Stoffe dieser Art müssen sen über ein entsprechendes System so verteilt werden, daß keine Gefahr für die Arbeitnehmer besteht.

4.3.2. Unbeschadet der Richtlinie 89/656/EWG müssen für Bereiche, in denen Arbeitnehmer gesundheitsgefährdenden Stoffen in der Atmosphäre ausgesetzt sein können, geeignete Atemschutz- und Wiederbelebungsgeräte in ausreichender Zahl verfügbar sein.

Für die Bedienung dieser Geräte muß eine ausreichende Zahl von sachkundigen Personen an der Arbeitsstätte zur Verfügung stehen.

Die Geräte sind angemessen aufzubewahren und zu warten.

4.3.3. Soweit toxische Gase in der Atmosphäre vorhanden sind oder sein können, muß ein Gasschutzplan, der die Schutzausrüstung und die getroffenen vorbeugenden Maßnahmen detailliert beschreibt, zur Verfügung stehen.

4.4. Brandschutz

4.4.1. Bei Planung, Einrichtung, Ausrüstung, Inbetriebnahme, Betrieb und Wartung von Arbeitsstätten sind geeignete Maßnahmen dagegen zu treffen, daß Brände an den im Sicherheits- und Gesundheitsschutzdokument bezeichneten Zündquellen entstehen und sich ausbreiten.

Für den Brandfall ist eine schnelle und wirksame Brandbekämpfung zu gewährleisten.

4.4.2. Arbeitsstätten müssen mit geeigneten Feuerlöscheinrichtungen und gegebenenfalls mit Brandmeldern und Alarmanlagen ausgestattet sein.

4.4.3. Nichtselbsttätige Feuerlöscheinrichtungen müssen leicht zu erreichen und zu handhaben und erforderlichenfalls gegen Beschädigungen geschützt sein.

4.4.4. Über die Vorkehrungen, die gemäß den Artikeln 3, 4, 5 und 6 zum Schutz vor, zur Erkennung und Bekämpfung der Entstehung und Ausbreitung von Bränden zu treffen sind, muß an der Arbeitsstätte ein Brandschutzplan verfügbar sein.

4.4.5. Die Feuerlöscheinrichtungen sind gemäß den innerstaatlichen Bestimmungen zur Umsetzung der Richtlinie 92/58/EWG zu kennzeichnen. Diese Kennzeichnung muß an geeigneten Stellen angebracht und dauerhaft sein.

5. Sprengstoffe und Zündmittel

Aufbewahrung, Transport und Verwendung von Sprengstoffen und Zündmitteln dürfen nur von fachkundigen Personen ausgeführt werden, die ordnungsgemäß hiermit betraut worden sind.

Diese Arbeiten sind so zu gestalten und auszuführen, daß jeglicher Gefährdung der Arbeitnehmer vorgebeugt wird.

6. Verkehrswege

6.1. Arbeitsstätten müssen gefahrlos zu erreichen sein und im Notfall schnell und sicher verlassen werden können.

6.2. Verkehrswege, einschließlich Treppen, fest angebrachte Steigleitern und Laderampen, müssen so berechnet, bemessen und angelegt sein, daß sie je nach ihrem Bestimmungszweck leicht und sicher begangen oder befahren werden können und in der Nähe beschäftigte Arbeitnehmer nicht gefährdet werden.

6.3. Die Bemessung der Verkehrswege, die dem Personen- und/oder Güterverkehr dienen, muß sich nach der Zahl der möglichen Benutzer und der Art des Betriebs richten.

Werden Beförderungsmittel auf Verkehrswegen verwendet, so muß für Fußgänger ein ausreichender Sicherheitsabstand gewahrt werden.

6.4. Verkehrswege für Fahrzeuge müssen an Türen, Toren, Fußgängerwegen, Durchgängen und Treppenaustritten in ausreichendem Abstand vorbeiführen.

6.5. Die Begrenzungen der Verkehrs- und Zugangswege müssen deutlich gekennzeichnet sein, um den Schutz der Arbeitnehmer zu gewährleisten.

6.6. Wird das Betriebsgelände mit Kraftfahrzeugen oder Maschinen befahren, so sind die erforderlichen Verkehrsregelungen festzulegen.

7. Arbeitsstätten im Freien

7.1. Arbeitsplätze, Verkehrswege und sonstige Stellen oder Einrichtungen im Freien, die von den Arbeitnehmern während ihrer Tätigkeit benutzt oder betreten werden, sind so zu gestalten, daß sie sicher begangen und befahren werden können.

7.2. Arbeitsstätten im Freien müssen künstlich beleuchtet werden, wenn das Tageslicht nicht ausreicht.

7.3. Werden die Arbeitnehmer auf Arbeitsplätzen im Freien beschäftigt, so sind die Arbeitsplätze nach Möglichkeit so einzurichten, daß die Arbeitnehmer

a) gegen Witterungseinflüsse und gegebenenfalls gegen das Herabfallen von Gegenständen geschützt sind,

b) weder Geräuschen mit einem für die Gesundheit unzuträglichen Lärmpegel noch schädlichen Wirkungen von außen (z. B. Gasen, Dämpfen, Staub) ausgesetzt sind,

c) bei Gefahr rasch ihren Arbeitsplatz verlassen können bzw. ihnen rasch Hilfe geleistet werden kann,

d) nicht ausgleiten oder abstürzen können.

8. Gefahrenbereiche

8.1. Die Gefahrenbereiche müssen gut sichtbar gekennzeichnet sein.

8.2. Befinden sich in den Arbeitsstätten durch die Art der Arbeit bedingte Gefahrenbereiche, in denen z. B. Sturzgefahr für die Arbeitnehmer oder die Gefahr des Herabfallens von Gegenständen besteht, so müssen diese Bereiche nach Möglichkeit mit Vorrichtungen ausgestattet sein, die unbefugte Arbeitnehmer am Betreten dieser Bereiche hindern.

8.3. Zum Schutz der Arbeitnehmer, die zum Betreten der Gefahrenbereiche befugt sind, sind entsprechende Vorkehrungen zu treffen.

9. Fluchtwege und Notausgänge

9.1. Alle Arbeitsplätze müssen bei Gefahr von

den Arbeitnehmern schnell und in größter Sicherheit verlassen werden können.

9.2. Fluchtwege und Notausgänge müssen frei von Hindernissen bleiben und auf möglichst kurzem Weg ins Freie oder in einen sicheren Bereich, zu einem sicheren Sammlungspunkt oder zu einer sicheren Evakuierungsstation führen.

9.3. Anzahl, Anordnung und Abmessungen der Fluchtwege und Notausgänge richten sich nach der Nutzung, der Einrichtung und den Abmessungen der Arbeitsstätten sowie der höchstmöglichen Anzahl der dort anwesenden Personen.

9.4. Türen von Notausgängen müssen sich nach außen öffnen.

Türen von Notausgängen dürfen nicht so verschlossen werden, daß sie nicht leicht und unmittelbar von jeder Person geöffnet werden können, die sie im Notfall benutzen müßte.

9.5. Türen von Notausgängen dürfen nicht mittels eines Schlüssels verschlossen werden

Fluchtwege und Notausgänge sowie die dorthin führenden Durchgänge und Türen dürfen nicht durch Gegenstände versperrt werden, so daß sie jederzeit ungehindert benutzt werden können.

9.6. Fluchtwege und Notausgänge, bei denen eine Beleuchtung notwendig ist, müssen für den Fall, daß die Beleuchtung ausfällt, über eine ausreichende Sicherheitsbeleuchtung verfügen.

9.7. Fluchtwege und Notausgänge als solche sind gemäß den innerstaatlichen Bestimmungen zur Umsetzung der Richtlinie 92/58/EWG zu kennzeichnen.

10. Flucht- und Rettungseinrichtungen

10.1. Die Arbeitnehmer sind darin zu unterweisen, welche Maßnahmen sie in einem Notfall zu ergreifen haben.

10.2. Rettungsgeräte sind leicht zugänglich an geeigneten Stellen in betriebsbereitem Zustand bereitzuhalten und sind als solche gemäß den innerstaatlichen Bestimmungen zur Umsetzung der Richtlinie 92/58/EWG zu kennzeichnen.

11. Sicherheitsübungen

An normalerweise belegten Arbeitsstätten sind in regelmäßigen Zeitabständen Sicherheitsübungen durchzuführen.

Diese Übungen haben insbesondere zum Ziel, jeden an der Arbeitsstätte beschäftigten Arbeitnehmer, dem Aufgaben für den Notfall zugewiesen wurden, die den Einsatz, die Handhabung oder die Bedienung von Rettungsausrüstungen erfordern, zu unterweisen und sich über seine Fertigkeiten zu vergewissern.

Gegebenenfalls müssen die Arbeitnehmer auch die korrekte Benutzung, Handhabung oder Bedienung dieser Ausrüstung einüben können.

12. Einrichtungen für die Erste Hilfe

12.1. Erste-Hilfe-Einrichtungen müssen überall dort verfügbar sein, wo die Arbeitsbedingungen dies erfordern; sie müssen der Art der ausgeübten Tätigkeit angepaßt sein.

Sie müssen entsprechend gekennzeichnet und gut erreichbar sein.

12.2. Wenn die Größe der Arbeitsstätten, die Art der dort ausgeübten Tätigkeit und die Unfallhäufigkeit es erfordern, sind ein oder mehrere Räume für die Erste Hilfe vorzusehen.

In diesen Räumen ist eine Anleitung für die Erste Hilfe bei Unfällen gut sichtbar auszuhängen.

12.3. Die Räume für die Erste Hilfe müssen mit den erforderlichen Erste-Hilfe-Einrichtungen und -Materialien ausgestattet und leicht für Personen mit Krankentragen zugänglich sein.

Sie sind entsprechend den einzelstaatlichen Rechtsvorschriften zur Umsetzung der Richtlinie 92/58/EWG zu kennzeichnen.

12.4. Eine Erste-Hilfe-Ausstattung muß ferner überall dort aufbewahrt werden, wo die Arbeitsbedingungen dies erforderlich machen.

Die Aufbewahrungsstellen müssen als solche gekennzeichnet und gut erreichbar sein.

12.5. Eine angemessene Anzahl von Personen ist im Hinblick auf die Benutzung der bereitgestellten Erste-Hilfe-Ausrüstung auszubilden.

13. Natürliche und künstliche Beleuchtung

13.1. Jede Arbeitsstätte ist so auszuleuchten, daß die Sicherheit und der Gesundheitsschutz der Arbeitnehmer ausreichend gewährleistet sind.

13.2. Die Arbeitsstätten müssen möglichst ausreichend Tageslicht erhalten und unter Berücksichtigung der Witterungsbedingungen mit Einrichtungen für eine der Sicherheit und dem Gesundheitsschutz der Arbeitnehmer angemessene künstliche Beleuchtung ausgestattet sein.

13.3. Die Beleuchtung der Arbeitsräume und Verbindungswege muß so angebracht sein, daß aus der Art der Beleuchtung keine Unfallgefahr für die Arbeitnehmer entsteht.

13.4. Arbeitsstätten, in denen die Arbeitnehmer bei Ausfall der künstlichen Beleuchtung Gefahren ausgesetzt sind, müssen eine ausreichende Sicherheitsbeleuchtung haben.

Falls dies nicht möglich ist, müssen die Arbeitnehmer über ein eigenes Geleucht verfügen.

14. Sanitäreinrichtungen

14.1. Umkleideräume, Kleiderschränke

14.1.1. Den Arbeitnehmern sind geeignete Umkleideräume zur Verfügung zu stellen, wenn sie bei ihrer Tätigkeit besondere Arbeitskleidung tragen müssen und es ihnen aus gesundheitlichen oder sittlichen Gründen nicht zuzumuten ist, sich in einem anderen Raum umzukleiden.

Die Umkleideräume müssen leicht zugänglich, von ausreichender Größe und mit Sitzgelegenheiten ausgestattet sein.

14.1.2. Die Umkleideräume müssen ausreichend bemessen und mit abschließbaren Einrichtungen ausgestattet sein, in denen jeder Arbeitnehmer seine Kleidung während der Arbeitszeit aufbewahren kann.

Kleiderschränke für Arbeitskleidung sind von Kleiderschränken für Privatkleidung zu trennen, wenn die Umstände dies erfordern (z. B. Umgang mit gefährlichen Stoffen, Feuchtigkeit, Schmutz). Es ist dafür zu sorgen, daß Arbeitskleidung getrocknet werden kann.

14.1.3. Für Frauen und Männer sind getrennte Umkleideräume oder ist eine getrennte Benutzung dieser Räume vorzusehen.

14.1.4. Wenn Umkleideräume nach Nummer 14.1.1 nicht erforderlich sind, muß für jeden Arbeitnehmer eine Kleiderablage vorhanden sein.

14.2. Duschen, Waschgelegenheiten

14.2.1. Den Arbeitnehmern sind in ausreichender Zahl geeignete Duschen zur Verfügung zu stellen, wenn es die Art der Tätigkeit oder gesundheitliche Gründe erfordern.

Für Frauen und Männer sind getrennte Duschräume oder ist eine getrennte Benutzung der Duschräume vorzusehen.

14.2.2. Die Duschräume müssen ausreichend bemessen sein, damit jeder Arbeitnehmer sich den hygienischen Erfordernissen entsprechend ungehindert reinigen kann.

Die Duschen müssen kaltes und warmes Wasser haben.

14.2.3. Wenn Duschen nach Nummer 14.2.1 erster Unterabsatz nicht erforderlich sind, müssen ausreichende und angemessene Waschgelegenheiten mit kaltem und warmen Wasser in der Nähe des Arbeitsplatzes und der Umkleideräume vorhanden sein.

Für Frauen und Männer sind getrennte Waschgelegenheiten oder ist eine getrennte Benutzung der Waschgelegenheiten vorzusehen, wenn dies aus sittlichen Gründen notwendig ist.

14.3. Toiletten und Handwaschbecken

Den Arbeitnehmern sind in der Nähe der Arbeitsplätze, der Pausenräume, der Umkleideräume und der Duschen bzw. Waschgelegenheiten spezielle Räume mit einer ausreichenden Zahl von Toiletten und Handwaschbecken zur Verfügung zu stellen.

Für Frauen und Männer sind getrennte Toiletten oder ist eine getrennte Benutzung der Toiletten vorzusehen.

Die in diesem Abschnitt genannten Sanitäreinrichtungen können sich bei untertägigen mineralgewinnenden Betrieben über Tage befinden.

15. Abraumhalden und sonstige Halden

Abraumhalden, Kippen und sonstige Halden sowie Absetzbecken sind so zu planen, anzulegen, zu betreiben und zu unterhalten, daß ihre Standsicherheit sowie die Sicherheit und der Gesundheitsschutz der Arbeitnehmer gewährleistet sind.

16. Tagesanlagen (besondere Zusatzbestimmungen)

16.1. Stabilität und Festigkeit

Die Arbeitsstätten sind so auszulegen, zu bauen, zu errichten, zu betreiben, zu überwachen und zu warten, daß sie den zu erwartenden Umgebungsbedingungen standhalten.

Sie müssen eine ihrer Nutzungsart entsprechende Konstruktion und Festigkeit aufweisen.

16.2. Fußböden, Wände, Decken und Dächer der Räume

16.2.1. Die Fußböden der Räume dürfen keine Unebenheiten, Löcher oder gefährlichen Neigungen aufweisen; sie müssen befestigt, trittsicher und rutschfest sein.

Die Arbeitsstätten müssen dort, wo sich ein Arbeitsplatz befindet, je nach Art des Unternehmens und der körperlichen Tätigkeit des Arbeitnehmers eine ausreichende Wärmeisolierung aufweisen.

16.2.2. Die Oberfläche der Fußböden, Wände und Decken muß so beschaffen sein, daß sie sich den hygienischen Erfordernissen entsprechend reinigen und erneuern läßt.

16.2.3. Durchsichtige oder lichtdurchlässige Wände, insbesondere Ganzglaswände, in Räumen oder im Bereich von Arbeitsplätzen und Verkehrswegen müssen deutlich gekennzeichnet sein und aus Sicherheitswerkstoff bestehen oder so gegen die Arbeitsplätze und Verkehrswege abgeschirmt sein, daß die Arbeitnehmer nicht mit den Wänden in Berührung kommen und beim Zersplittern der Wände nicht verletzt werden können.

16.2.4. Der Zugang zu Dächern aus Werkstoffen, die keinen ausreichenden Belastungswiderstand bieten, ist nur zulässig, wenn Ausrüstungen zur Verfügung gestellt werden, die eine sichere Ausführung der Arbeit ermöglichen.

16.3. Raumabmessungen und Luftraum der Räume – Bewegungsfläche am Arbeitsplatz

16.3.1. Arbeitsräume müssen eine ausreichende Grundfläche und Höhe sowie einen ausreichenden Luftraum aufweisen, so daß die Arbeitnehmer ohne Beeinträchtigung ihrer Sicherheit, ihrer Gesundheit oder ihres Wohlbefindens ihre Arbeit verrichten können.

16.3.2. Der den Arbeitnehmern am Arbeitsplatz zur Verfügung stehende Raum muß so bemessen sein, daß die Arbeitnehmer bei ihrer Tätigkeit ausreichende Bewegungsfreiheit haben und ihre Aufgaben sicher ausführen können.

16.4. Fenster und Oberlichter der Räume

16.4.1. Fenster, Oberlichter und Lüftungsvorrichtungen, die geöffnet, geschlossen, verstellt und festgelegt werden können, sind so auszulegen, daß eine sichere Handhabung gewährleistet ist.

Sie dürfen nicht so angeordnet sein, daß sie in geöffnetem Zustand eine Gefahr für die Arbeitnehmer darstellen.

16.4.2. Fenster und Oberlichter müssen sich gefahrlos reinigen lassen.

16.5. Türen und Tore

16.5.1. Die Lage, die Anzahl, die bei der Ausführung verwendeten Werkstoffe und die Abmessung der Türen und Tore müssen sich nach der Art und Nutzung der Räume oder Bereiche richten.

6/13. MineralgewinnungsRL
Anhang

16.5.2. Durchsichtige Türen müssen in Augenhöhe gekennzeichnet sein.

16.5.3. Schwingtüren und -tore müssen durchsichtig sein oder Sichtfenster haben.

16.5.4. Bestehen durchsichtige oder lichtdurchlässige Flächen von Türen und Toren nicht aus Sicherheitsmaterial und ist zu befürchten, daß sich Arbeitnehmer beim Zersplittern der Flächen verletzen können, so sind diese Flächen gegen Eindrücken zu schützen.

16.5.5. Schiebetüren müssen gegen unbeabsichtigtes Ausheben und Herausfallen gesichert sein.

16.5.6. Türen und Tore, die sich nach oben öffnen, müssen gegen unvermitteltes Herabfallen gesichert sein.

16.5.7. Türen im Verlauf von Fluchtwegen müssen angemessen gekennzeichnet sein.

Sie müssen sich jederzeit von innen ohne besondere Hilfsmittel öffnen lassen.

Solange sich Arbeitnehmer in der Arbeitsstätte befinden, müssen die Türen sich öffnen lassen.

16.5.8. In unmittelbarer Nähe von Toren, die vorwiegend für den Fahrzeugverkehr bestimmt sind, müssen gut sichtbar gekennzeichnete und stets zugängliche Türen für den Fußgängerverkehr vorhanden sein, es sei denn, der Durchgang ist für Fußgänger ungefährlich.

16.5.9. Kraftbetätigte Türen und Tore müssen ohne Gefährdung der Arbeitnehmer bewegt werden können.

Sie müssen mit gut erkennbaren und leicht zugänglichen Notabschalteinrichtungen ausgestattet und auch von Hand zu öffnen sein, sofern sie sich bei Stromausfall nicht automatisch öffnen.

16.6. Lüftung umschlossener Arbeitsräume

16.6.1. In umschlossenen Arbeitsräumen muß unter Berücksichtigung der Arbeitsverfahren und der körperlichen Beanspruchung der Arbeitnehmer ausreichend gesundheitlich zuträgliche Atemluft vorhanden sein.

Bei Verwendung einer lüftungstechnischen Anlage muß diese jederzeit funktionsfähig sein.

Eine etwaige Störung muß durch eine Warneinrichtung angezeigt werden, wenn dies mit Rücksicht auf die Gesundheit der Arbeitnehmer erforderlich ist.

16.6.2. Klimaanlagen oder mechanische Belüftungseinrichtungen sind so zu betreiben, daß die Arbeitnehmer keinem störenden Luftzug ausgesetzt sind.

Ablagerungen und Verunreinigungen, die zu einer unmittelbaren Gesundheitsgefährdung der Arbeitnehmer durch Verschmutzung der Atemluft führen könnten, müssen rasch beseitigt werden.

16.7. Raumtemperatur

16.7.1. In den Arbeitsräumen muß während der Arbeitszeit unter Berücksichtigung der angewandten Arbeitsmethoden und der körperlichen Beanspruchung der Arbeitnehmer eine Raumtemperatur herrschen, die dem menschlichen Organismus angemessen ist.

16.7.2. In Pausen-, Bereitschafts-, Sanitär-, Kantinen- und Sanitätsräumen muß die Temperatur dem spezifischen Nutzungszweck der Räume entsprechen.

16.7.3. Fenster, Oberlichter und Glaswände müssen je nach Art der Arbeit und der Arbeitsstätte eine Abschirmung der Arbeitsstätten gegen übermäßige Sonneneinstrahlung ermöglichen.

16.8. Pausenräume

16.8.1. Den Arbeitnehmern ist ein leicht erreichbarer Pausenraum zur Verfügung zu stellen, wenn Sicherheits- oder Gesundheitsgründe, insbesondere wegen der Art der ausgeübten Tätigkeit oder der eine bestimmte Obergrenze übersteigenden Anzahl der im Betrieb beschäftigten Personen, dies erfordern.

Dies gilt nicht, wenn die Arbeitnehmer in Büroräumen oder vergleichbaren Arbeitsräumen beschäftigt sind und dort gleichwertige Voraussetzungen für eine Erholung während der Pausen gegeben sind.

16.8.2. Pausenräume müssen ausreichend bemessen und der Zahl der Arbeitnehmer entsprechend mit Tischen und Sitzgelegenheiten mit Rückenlehne ausgestattet sein.

16.8.3. In den Pausenräumen sind angemessene Maßnahmen zum Schutz der Nichtraucher vor Belästigung durch Tabakrauch zu treffen.

16.8.4. Fallen in der Arbeitszeit regelmäßig und häufig Arbeitsbereitschaftszeiten an und sind keine Pausenräume vorhanden, so sind andere Räume zur Verfügung zu stellen, in denen sich die Arbeitnehmer während der Dauer der Arbeitsbereitschaft aufhalten können, wenn Gesundheits- oder Sicherheitsgründe dies erfordern.

In diesen Räumen sind angemessene Maßnahmen zum Schutz der Nichtraucher vor Belästigung durch Tabakrauch vorzusehen.

17. Schwangere Frauen und stillende Mütter

Schwangere Frauen und stillende Mütter müssen sich unter geeigneten Bedingungen hinlegen und ausruhen können.

18. Behinderte Arbeitnehmer

Die Arbeitsstätten sind gegebenenfalls behindertengerecht zu gestalten.

Dies gilt insbesondere für Türen, Verbindungswege, Treppen, Duschen, Waschgelegenheiten und Toiletten, die von Behinderten benutzt werden, sowie für Arbeitsplätze, an denen Behinderte unmittelbar tätig sind.

ABSCHNITT B
Besondere Mindestvorschriften für übertägige mineralgewinnende Betriebe
1. Allgemeines

1.1. Unbeschadet des Artikels 3 Absatz 2 hat der Arbeitgeber, der entsprechend den einzelstaatlichen Rechtsvorschriften und/oder Praktiken die Verantwortung für eine unter Abschnitt B fallende

Arbeitsstätte hat, dafür zu sorgen, daß in dem Sicherheits- und Gesundheitsschutzdokument nachgewiesen wird, daß alle einschlägigen Maßnahmen, die der Sicherheit und dem Gesundheitsschutz der Arbeitnehmer allgemein und in Notfällen dienen, getroffen worden sind.

1.2. Dieses Dokument muß regelmäßig auf den neuesten Stand gebracht werden und in der Arbeitsstätte verfügbar sein.

Die Arbeit ist gemäß diesem Dokument durchzuführen.

2. Betrieb

2.1. Die Arbeit ist unter Berücksichtigung der Angaben des Sicherheits- und Gesundheitsschutzdokuments hinsichtlich der Gefahr von abstürzenden oder abrutschenden Massen zu planen.

Daher müssen vorsorglich Höhe und Neigung des Böschungssystems den natürlichen Gegebenheiten, der Standfestigkeit der Gebirgsschichten sowie dem Abbauverfahren angepaßt sein.

2.2. Straßen und Verkehrswege müssen eine Standfestigkeit aufweisen, die für die eingesetzten Maschinen angemessen ist.

Sie müssen so angelegt und unterhalten werden, daß ein sicheres Fahren von Fahrzeugen und Maschinen gegeben ist.

2.3. Bevor jeweils mit der Arbeit begonnen wird, müssen Abraum- und Gewinnungsbetriebe oberhalb von Arbeitsplätzen oder Verkehrswegen auf lose Massen untersucht werden.

Gegebenenfalls ist zu beräumen.

2.4. Gewinnungs- und Abraumstöße sowie Kippen dürfen nicht dergestalt unterhöhlt werden, daß sie unsicher werden.

ABSCHNITT C
Besondere Mindestvorschriften für untertägige mineralgewinnende Betriebe

1. Allgemeines

1.1. Unbeschadet des Artikels 3 Absatz 2 hat der Arbeitgeber, der entsprechend den einzelstaatlichen Rechtsvorschriften und/oder Praktiken die Verantwortung für eine unter Abschnitt C fallende Arbeitsstätte hat, dafür zu sorgen, daß in dem Sicherheits- und Gesundheitsschutzdokument nachgewiesen wird, daß alle einschlägigen Maßnahmen, die der Sicherheit und dem Gesundheitsschutz der Arbeitnehmer allgemein und in Notfällen dienen, getroffen worden sind.

1.2. Dieses Dokument muß regelmäßig auf den neuesten Stand gebracht werden und in der Arbeitsstätte verfügbar sein.

Die Arbeit ist gemäß diesem Dokument durchzuführen.

2. Risse der untertägigen Grubenbaue

2.1. Es sind Risse der untertägigen Grubenbaue in einem für eine klare Darstellung geeigneten Maßstab zu erstellen.

Neben Strecken und Abbaubetriebspunkten sind darin sämtliche bekannten Elemente aufzuführen, die Einfluß auf die Gewinnung und deren sicheren Ablauf haben können.

Das Rißwerk muß leicht zugänglich sein und solange aufbewahrt werden, wie es für die Sicherheit erforderlich ist.

2.2. Das Rißwerk muß regelmäßig auf den neuesten Stand gebracht werden und in der Arbeitsstätte verfügbar sein.

3. Zu Tage ausgehende Grubenbaue

Jeder untertägige Betrieb muß über mindestens zwei getrennte, sichere und für die unter Tage Beschäftigten leicht zugängliche Wege mit der Tagesoberfläche verbunden sein.

Sofern die Benutzung dieser Wege für die Arbeitnehmer eine besondere Anstrengung bedeutet, sind sie mit mechanischen Personenbeförderungsmitteln auszurüsten.

4. Grubenbaue

Grubenbaue, in denen untertägige Tätigkeiten ausgeführt werden, sind so anzulegen, zu nutzen, auszurüsten und zu unterhalten, daß die Gefährdung der Arbeitnehmer bei der Arbeit und bei der Fahrung möglichst gering ist.

Strecken sind mit einer Kennzeichnung zu versehen, die den Arbeitnehmern die Orientierung erleichtert.

5. Transport

5.1. Transporteinrichtungen sind so zu errichten, in Betrieb zu nehmen und zu unterhalten, daß Sicherheit und Gesundheitsschutz der Arbeitnehmer, die diese bedienen, benutzen oder sich in unmittelbarer Nähe aufhalten, gewährleistet sind.

5.2. Die Personenbeförderung ist angemessen einzurichten und durch besondere schriftliche Anweisungen zu regeln.

6. Ausbau und Gebirgsbeherrschung

Unmittelbar nach der Auffahrung ist ein Ausbau einzubringen, außer in Fällen, in denen dies aufgrund der Standfestigkeit des Gebirges für die Sicherheit der Arbeitnehmer nicht erforderlich ist. Dieser Ausbau ist gemäß den schriftlichen Anweisungen und Schemata einzubringen.

Alle Grubenbaue, die betreten werden dürfen, sind regelmäßig auf die Standfestigkeit des Gebirges zu überprüfen, und der Ausbau ist entsprechend instandzuhalten.

7. Bewetterung

7.1. Alle untertägigen Grubenbaue, für die der Zugang zulässig ist, sind angemessen zu bewettern.

Eine ständige Bewetterung muß vorgesehen werden, um mit einem ausreichenden Sicherheitsspielraum folgendes aufrechtzuerhalten:

– eine gesundheitliche unbedenkliche Atmosphäre,

– eine Atmosphäre, in der die Explosionsgefahren und die von atembaren Stäuben ausgehenden Gefahren beherrscht werden,

– eine Atmosphäre, in der die Arbeitsbedingungen während der Arbeitszeit unter Berücksichtigung der angewandten Arbeitsmethoden

6/13. MineralgewinnungsRL
Anhang

und der körperlichen Beanspruchung der Arbeitnehmer angemessen sind.

7.2. Reicht die natürliche Bewetterung nicht aus, um die Anforderungen nach Abschnitt 7.1 zu erfüllen, so ist die Hauptbewetterung über einen oder mehrere maschinelle Lüfter sicherzustellen.

Es sind Vorkehrungen zu treffen, um die Stabilität und Kontinuität der Bewetterung sicherzustellen.

Die Depression der Hauptlüfter ist kontinuierlich zu überwachen, und eine Alarmvorrichtung muß vor unbeabsichtigtem Lüfterstillstand warnen.

7.3. Die regelmäßige Messung der Bewetterungsparameter ist sicherzustellen. Die Meßergebnisse sind aufzuzeichnen.

Ein Bewetterungsplan mit den wesentlichen Merkmalen der Bewetterung ist anzufertigen, regelmäßig auf den neusten Stand zu bringen und in der Arbeitsstätte verfügbar zu halten.

8. Grubengasführende Bergwerke

8.1. Als grubengasführend gilt jeder untertägige Betrieb, in dem Grubengas in einer Menge freigesetzt werden kann, aufgrund derer die Bildung einer explosionsfähigen Atmosphäre nicht ausgeschlossen werden kann.

8.2. Die Hauptbewetterung ist durch einen oder mehrere maschinelle Lüfter zu gewährleisten.

8.3. Der Abbau ist unter Berücksichtigung der Ausgasung durchzuführen.

Es sind Vorkehrungen zu treffen, um die Gefahren, die von Grubengas ausgehen, so weit wie möglich zu vermindern.

8.4. Die Sonderbewetterung ist begrenzt auf Ausrichtungs-, Vorrichtungs- und Raubarbeiten sowie auf solche Grubenbaue, die in unmittelbarer Verbindung mit dem Hauptwetterstrom stehen.

Abbaubetriebe dürfen nur dann sonderbewettert werden, wenn zusätzliche geeignete Maßnahmen ergriffen werden, die die Sicherheit und Gesundheit der Arbeitnehmer gewährleisten.

8.5. Die in Abschnitt 7.3 genannten Wettermessungen müssen durch Grubengasmessungen ergänzt werden.

Nach Maßgabe des Sicherheits- und Gesundheitsschutzdokuments ist in den Ausziehwegen von mechanisierten Abbaubetrieben und von Abbaubetrieben, in denen die Hangendkohle abgezogen wird, sowie im Ortsbereich von nicht durchschlägigen Betriebspunkten mit mechanisiertem Vortrieb die Grubengaskonzentration ständig zu überwachen.

8.6. In grubengasführenden Bergwerken dürfen nur hierfür geeignete Sprengstoffe und Zündmittel verwendet werden.

8.7. Die Anforderungen des Abschnittes 4.1.2 von Abschnitt A werden durch folgendes ersetzt:

– Es ist untersagt, zu rauchen und zum Rauchen bestimmte Tabakerzeugnisse und jegliche Gegenstände zur Erzeugung offener Flammen mit sich zu führen.

– Brennschneiden und Schweißen sowie andere vergleichbare Tätigkeiten sind nur in Ausnahmefällen vorbehaltlich besonderer Maßnahmen zur Gewährleistung von Sicherheit und Gesundheit der Arbeitnehmer zulässig.

9. Bergwerke mit entzündlichen Stäuben

9.1. Kohlenbergwerke gelten als Bergwerke mit entzündlichen Stäuben, es sei denn, im Sicherheits- und Gesundheitsschutzdokument ist ausgewiesen, daß der Staub keines der erschlossenen Flöze eine Explosion weiterzuleiten vermag.

9.2. In Bergwerken mit entzündlichen Stäuben gelten die Anforderungen der Abschnitte 8.6 und 8.7 von Abschnitt C entsprechend.

9.3. Es sind Vorkehrungen zu treffen, um Ablagerungen entzündlicher Stäube zu verringern, zu entfernen, zu neutralisieren oder zu binden.

9.4. Die Ausbreitung einer Staub- und/oder Grubengasexplosion, die weitere Staubexplosionen auslösen kann, ist mittels Explosionssperren zu begrenzen.

Die Anordnung dieser Explosionssperren ist in einem stets auf den neuesten Stand zu bringenden und in der Arbeitsstätte zu Verfügung zu haltenden Dokument festzuhalten.

10. Gasausbruch, Gebirgsschlag oder Wassereinbruch

10.1. In Bereichen von Bergwerken, die gasausbruch- (mit oder ohne Ausbruch von Mineral oder Nebengestein), gebirgsschlag- oder wassereinbruchgefährdet sind, ist die Gewinnung so zu planen und durchzuführen, daß eine störungsfreie Arbeit unter Beachtung der Sicherheit des Personals so weit wie möglich gewährleistet ist.

10.2. Es sind Maßnahmen zu treffen, um Gefahrenzonen zu erkennen, das Personal in Grubenbauen, das sich in Richtung auf oder innerhalb solcher Zonen bewegen, zu schützen und die Gefahren zu beherrschen.

11. Offene und verdeckte Grubenbrände, Selbstentzündungen

11.1. Es sind Maßnahmen zu treffen, um eine Selbstentzündung zu vermeiden oder frühzeitig zu erkennen.

11.2. Werden brennbare Stoffe nach unter Tage gebracht, so sind deren Mengen auf das unbedingt notwendige Maß zu beschränken.

11.3. Müssen Hydraulikflüssigkeiten (Flüssigkeiten für die Übertragung von hydrostatischer und/oder hydrokinetischer mechanischer Energie) verwendet werden, so sind im Rahmen des Möglichen schwer entflammbare Flüssigkeiten zu verwenden, um der Entstehung von Bränden und ihrer Ausbreitung vorzubeugen.

Die Hydraulikflüssigkeiten müssen den einschlägigen Spezifikationen und Prüfbedingungen in bezug auf die Nichtbrennbarkeit sowie bestimmten Hygieneanforderungen genügen. Bei Verwendung von Hydraulikflüssigkeiten, die nicht den in Absatz 2 genannten Spezifikationen, Bedingungen und Kriterien entsprechen, müssen zusätzliche

Sicherheitsvorkehrungen getroffen werden, um der erhöhten Gefahr von Bränden und ihrer Ausbreitung vorzubeugen.

12. Vorkehrungen zum Schutz der Arbeitnehmer

Alle Arbeitnehmer müssen, um sich in Sicherheit bringen zu können, in Abhängigkeit vom Risiko über eine Atemschutzausrüstung (Selbstretter) verfügen, die in ständiger Reichweite zu halten ist.

Jeder Träger eines solchen Gerätes ist in die Benutzung einzuweisen.

Diese Geräte sind in dem betreffenden Betrieb zu lagern, und ihr Zustand ist regelmäßig zu überprüfen.

13. Beleuchtung

Die Bestimmungen des Abschnitts 13 von Abschnitt A werden durch folgendes ersetzt:

– Jeder Arbeitnehmer muß über eine eigene, für den Verwendungszweck geeignete Lampe verfügen.

– Die Arbeitsplätze müssen möglichst mit Einrichtungen für eine der Sicherheit und dem Gesundheitsschutz der Arbeitnehmer angemessene künstliche Beleuchtung ausgestattet sein.

– Die Beleuchtung muß so angebracht sein, daß aus der Art der Beleuchtung keine Unfallsgefahr für die Arbeitnehmer entsteht.

14. Kontrolle der Anwesenheit unter Tage

Es sind organisatorische Möglichkeiten zu schaffen, um jederzeit darüber informiert zu sein, wer sich unter Tage befindet.

15. Organisation des Rettungswesens

Um bei Unglücksfällen schnell und wirksam eingreifen zu können, ist eine angemessene Grubenrettungsorganisation vorzusehen.

Diese Rettungsorganisation muß für den Einsatz in jedem einzelnen Betrieb, in dem unter Tage Mineralien aufgesucht oder gewonnen werden, über eine ausreichende Anzahl zur Rettung Ausgebildeter und über geeignete Einsatzmittel verfügen.

6/14. FischereifahrzeugeRL

Präambel

6/14. Fischereifahrzeugerichtlinie

Richtlinie 93/103/EG des Rates über Mindestvorschriften für Sicherheit und Gesundheitsschutz bei der Arbeit an Bord von Fischereifahrzeugen (Dreizehnte Einzelrichtlinie im Sinne von Artikel 16 Absatz 1 der Richtlinie 89/391/EWG) vom 23. November 1993

(ABl. Nr. L 307 v. 13.12.1993, S. 1; geändert durch die RL 2007/30/EG,
ABl. Nr. L 165 v. 27.6.2007, S. 21)
(nicht amtlich aktualisierte Fassung)

GLIEDERUNG

- Art. 1: Ziel
- Art. 2: Begriffsbestimmungen
- Art. 3: Allgemeine Bestimmungen
- Art. 4: Neue Fischereifahrzeuge
- Art. 5: Vorhandene Fischereifahrzeuge
- Art. 6: Umfangreiche Instandsetzungen, Umbauten und Veränderungen
- Art. 7: Ausrüstung und Wartung
- Art. 8: Unterrichtung der Arbeitnehmer
- Art. 9: Ausbildung der Arbeitnehmer
- Art. 10: Erweiterte Ausbildung der Personen, die gegebenenfalls die Führung eines Fahrzeugs übernehmen
- Art. 11: Anhörung und Beteiligung der Arbeitnehmer
- Art. 12: Anpassung der Anhänge
- Art. 13, 14: Schlussbestimmungen

ANHÄNGE I–IV

DER RAT DER EUROPÄISCHEN GEMEINSCHAFTEN –

gestützt auf den Vertrag zur Gründung der Europäischen Gemeinschaft, insbesondere auf Artikel 118a,

auf Vorschlag der Kommission (ABl. Nr. C 337 v. 31.12.1991, S. 21, und ABl. Nr. C 311 v. 27.11.1992, S. 21), vorgelegt nach Anhörung des Beratenden Ausschusses für Sicherheit, Arbeitshygiene und Gesundheitsschutz am Arbeitsplatz,

in Zusammenarbeit mit dem Europäischen Parlament (ABl. Nr. C 241 v. 21.9.1992, S. 106, und Beschluß vom 27. Oktober 1993, ABl. Nr. C 315 v. 22.11.1993, S. 131),

nach Stellungnahme des Wirtschafts- und Sozialausschusses (ABl. Nr. C 169 vom 6.7.1992, S. 46),

in Erwägung nachstehender Gründe:

In der Entschließung vom 21. Dezember 1987 über Sicherheit, Arbeitshygiene und Gesundheitsschutz am Arbeitsplatz (ABl. Nr. C 28 v. 3.2.1988, S. 1) hat der Rat die Absicht der Kommission zur Kenntnis genommen, ihm Mindestvorschriften über die Regelung der Sicherheit und des Gesundheitsschutzes der Arbeitnehmer am Arbeitsplatz vorzulegen.

Auch im Rahmen der Maßnahmen der Gemeinschaft betreffend die Fischerei sind Vorkehrungen zur Gewährleistung der Sicherheit und des Gesundheitsschutzes bei der Arbeit zu treffen.

Die Einhaltung von Mindestvorschriften zur Verbesserung der Sicherheit und des Gesundheitsschutzes bei der Arbeit an Bord von Fischereifahrzeugen ist eine unabdingbare Voraussetzung für die Gewährleistung der Sicherheit und des Gesundheitsschutzes der betroffenen Arbeitnehmer.

Die besonderen und besonders schwierigen Arbeits- und Lebensbedingungen an Bord von Fischereifahrzeugen sind die Ursache dafür, daß die Häufigkeit tödlicher Unfälle in der Seefischerei sehr groß ist.

Das Europäische Parlament nahm am 15. April 1988 eine Entschließung an, in der es die Bedeutung vorbeugender Maßnahmen hinsichtlich der Sicherheit bei der Arbeit an Bord von Fischereifahrzeugen anerkannte.

Der Ortung von Fischereifahrzeugen in Notfällen, insbesondere mit Hilfe neuer einschlägiger Technologien, ist aus Gründen der Sicherheit und des Gesundheitsschutzes der Arbeitnehmer hohe Bedeutung beizumessen.

Die vorliegende Richtlinie ist eine Einzelrichtlinie im Sinne von Artikel 16 Absatz 1 der Richtlinie 89/391/EWG des Rates vom 12. Juni 1989 über die Durchführung von Maßnahmen zur Verbesserung der Sicherheit und des Gesundheitsschutzes der Arbeitnehmer bei der Arbeit. Die Bestimmungen der genannten Richtlinie finden daher unbeschadet strengerer und/oder spezifischer Bestimmungen der vorliegenden Richtlinie im Bereich der Arbeit an Bord von Fischereifahrzeugen in vollem Umfang Anwendung.

Die im Bereich der Sicherheit und des Gesundheitsschutzes am Arbeitsplatz bereits erlassenen Einzelrichtlinien gelten, wenn nicht anders angegeben, für die Seefischerei. Gegebenenfalls sind also die Besonderheiten dieses Tätigkeitszweiges zu bestimmen, um die Anwendung der Einzelrichtlinie zu optimieren.

Die Richtlinie 92/29/EWG des Rates vom 31. März 1992 über Mindestvorschriften für den Gesundheitsschutz und die Sicherheit zum Zweck einer besseren medizinischen Versorgung auf Schiffen gilt uneingeschränkt für die Seefischerei.

Die vorliegende Richtlinie stellt einen konkreten Beitrag zur Ausgestaltung der sozialen Dimension des Binnenmarktes dar –

HAT FOLGENDE RICHTLINIE ERLASSEN:

Ziel

Art. 1 (1) Diese Richtlinie ist die 13. Einzelrichtlinie im Sinne des Artikels 16 Absatz 1 der Richtlinie 89/391/EWG; sie legt Mindestvorschriften in bezug auf Sicherheit und Gesundheitsschutz bei der Arbeit an Bord von Fischereifahrzeugen fest.

(2) Die Richtlinie 89/391/EWG findet unbeschadet strengerer und/oder spezifischer Bestimmungen der vorliegenden Richtlinie auf den gesamten in Absatz 1 genannten Bereich in vollem Umfang Anwendung.

Begriffsbestimmungen

Art. 2 Im Sinne dieser Richtlinie gilt als

a) *Fischereifahrzeug:* jedes zu gewerblichen Zwecken entweder für den Fang oder für den Fang und die Verarbeitung von Fisch oder sonstigen Seelebewesen eingesetzte Fahrzeug, das die Flagge eines Mitgliedstaats führt oder unter der unbeschränkten Hoheitsgewalt eines Mitgliedstaats eingetragen ist;

b) *neues Fischereifahrzeug:* jedes Fischereifahrzeug, dessen Länge zwischen den Loten 15 Meter oder mehr beträgt, für das an oder nach dem in Artikel 13 Absatz 1 Unterabsatz 1 genannten Zeitpunkt
  i) der Bau- oder Umbauvertrag erteilt wird,
  ii) der Bau- oder Umbauvertrag vor dem in Artikel 13 Absatz 1 Unterabsatz 1 genannten Zeitpunkt erteilt worden ist und das frühestens drei Jahre nach diesem Zeitpunkt abgeliefert wird, oder,
  iii) falls kein Bauvertrag vorliegt,
  – der Kiel gelegt wird,
  – der für ein bestimmtes Fahrzeug erkennbare Bau begonnen wird oder
  – die Montage von mindestens 50 Tonnen oder von 1 v. H. des geschätzten Gesamtbedarfs des Baumaterials begonnen hat, je nachdem, welcher Wert kleiner ist;

c) *vorhandenes Fischereifahrzeug:* jedes Fischereifahrzeug, dessen Länge zwischen den Loten 18 Meter oder mehr beträgt und das kein neues Fischereifahrzeug ist;

d) *Fahrzeug:* jedes neue oder vorhandene Fischereifahrzeug;

e) *Arbeitnehmer:* jede Person, die an Bord eines Fahrzeugs eine berufliche Tätigkeit ausübt, einschließlich Praktikanten und Auszubildende, mit Ausnahme von nicht seefahrendem Personal, das Arbeiten an Bord eines am Kai liegenden Fahrzeugs ausführt, und von Hafenlotsen;

f) *Reeder:* der eingetragene Eigentümer eines Fahrzeugs, es sei denn, das betreffende Fahrzeug wird als Bareboat-Charter-Fahrzeug eingesetzt oder es wird gemäß einer Bewirtschaftungsvereinbarung ganz oder teilweise von einer natürlichen oder juristischen Person verwaltet, die mit dem eingetragenen Eigentümer nicht identisch ist; in diesem Falle gilt als Reeder der Bareba-Charterer bzw. die mit der Verwaltung des Fahrzeugs betraute natürliche oder juristische Person;

g) *Schiffsführer:* der Arbeitnehmer, der gemäß den einzelstaatlichen Rechtsvorschriften und/oder Gepflogenheiten die Führung des Fahrzeugs innehat oder die Verantwortung für das Fahrzeug trägt.

Allgemeine Bestimmungen

Art. 3 (1) Die Mitgliedstaaten ergreifen alle erforderlichen Maßnahmen, damit

a) die Reeder sich vergewissern, daß ihre Fahrzeuge insbesondere bei vorhersehbaren Witterungsverhältnissen unbeschadet der Verantwortung des Schiffsführers so eingesetzt werden, daß die Sicherheit und die Gesundheit der Arbeitnehmer nicht gefährdet sind;

b) bei Anwendung von Artikel 8 Absatz 4 der Richtlinie 89/391/EWG eine eventuelle Gefährdung der übrigen Arbeitnehmer berücksichtigt wird;

c) die Begebenheiten auf See, die Auswirkungen auf die Sicherheit und die Gesundheit der Arbeitnehmer an Bord haben können, in einem ausführlichen Bericht dargelegt werden, der für die dazu benannte zuständige Behörde bestimmt ist, und sorgfältig und eingehend im Schiffstagebuch, wenn das Halten eines solchen Schiffstagebuches für den betreffenden Schiffstyp aufgrund der geltenden einzelstaatlichen Rechtsvorschriften vorgeschrieben ist, oder andernfalls in einem dafür vorgesehenen Dokument vermerkt werden.

(2) Die Mitgliedstaaten ergreifen alle erforderlichen Maßnahmen, damit die Fahrzeuge von eigens mit dieser Aufgabe betrauten Behörden regelmäßigen Kontrollen in bezug auf die Einhaltung dieser Richtlinie unterzogen werden.

Bestimmte Kontrollen in bezug auf die Einhaltung dieser Richtlinie können auf See durchgeführt werden.

Neue Fischereifahrzeuge

Art. 4 Neue Fischereifahrzeuge müssen den in Anhang I aufgeführten Mindestvorschriften in bezug auf Sicherheit und Gesundheitsschutz spätestens zu dem in Artikel 13 Absatz 1 Unterabsatz 1 genannten Zeitpunkt entsprechen.

6/14. FischereifahrzeugeRL
Art. 5 – 12

Vorhandene Fischereifahrzeuge

Art. 5 Vorhandene Fischereifahrzeuge müssen den in Anhang II aufgeführten Mindestvorschriften in bezug auf Sicherheit und Gesundheitsschutz spätestens sieben Jahre nach dem in Artikel 13 Absatz 1 Unterabsatz 1 genannten Zeitpunkt entsprechen.

Umfangreiche Instandsetzungen, Umbauten und Veränderungen

Art. 6 Umfangreiche Instandsetzungen, Umbauten und Veränderungen an Fahrzeugen, die zu dem in Artikel 13 Absatz 1 Unterabsatz 1 genannten Zeitpunkt oder danach vorgenommen werden, müssen den in Anhang I aufgeführten entsprechenden Mindestvorschriften genügen.

Ausrüstung und Wartung

Art. 7 (1) Die Mitgliedstaaten treffen die erforderlichen Maßnahmen, damit der Reeder unbeschadet der Verantwortung des Schiffsführers zur Gewährleistung der Sicherheit und zum Schutz der Gesundheit der Arbeitnehmer

a) sich vergewissert, daß die Fahrzeuge sowie Anlagen und Einrichtungen, insbesondere die in den Anhängen I und II aufgeführten, instand gehalten werden und festgestellte Mängel, die die Sicherheit und Gesundheit der Arbeitnehmer beeinträchtigen könnten, möglichst umgehend beseitigt werden;

b) Maßnahmen ergreift, damit die Fahrzeuge sowie alle Anlagen und Einrichtungen zur Gewährleistung angemessener Hygienebedingungen regelmäßig gereinigt werden;

c) geeignete Rettungs- und Überlebensmittel in gutem Betriebszustand und in ausreichender Zahl an Bord des Fahrzeugs bereithält;

d) die Mindestvorschriften für Sicherheit und Gesundheitsschutz hinsichtlich der Rettungs- und Überlebensmittel gemäß Anhang III berücksichtigt;

e) unbeschadet der Bestimmungen der Richtlinie 89/656/EWG des Rates vom 30. November 1989 über Mindestvorschriften für Sicherheit und Gesundheitsschutz bei Benutzung persönlicher Schutzausrüstungen durch Arbeitnehmer bei der Arbeit (Dritte Einzelrichtlinie im Sinne des Artikels 16 Absatz 1 der Richtlinie 89/391/EWG) den Spezifikationen über persönliche Schutzausrüstungen im Anhang IV der vorliegenden Richtlinie Rechnung trägt.

(2) Die Mitgliedstaaten treffen die erforderlichen Maßnahmen, damit der Reeder dem Schiffsführer im Hinblick auf die Sicherheit und den Gesundheitsschutz der Arbeitnehmer alle Mittel zur Verfügung stellt, die er zur Erfüllung der ihm nach dieser Richtlinie auferlegten Verpflichtungen benötigt.

Unterrichtung der Arbeitnehmer

Art. 8 (1) Unbeschadet des Artikels 10 der Richtlinie 89/391/EWG werden die Arbeitnehmer und/oder ihre Vertreter über alle Maßnahmen unterrichtet, die hinsichtlich der Sicherheit und des Gesundheitsschutzes an Bord von Fischereifahrzeugen getroffen werden müssen.

(2) Die Informationen müssen für die betreffenden Arbeitnehmer verständlich sein.

Ausbildung der Arbeitnehmer

Art. 9 (1) Unbeschadet des Artikels 12 der Richtlinie 89/391/EWG bedürfen die Arbeitnehmer einer angemessenen Ausbildung, insbesondere genauer und verständlicher Anweisungen in Fragen der Sicherheit und des Gesundheitsschutzes an Bord von Fahrzeugen sowie ganz speziell der Unfallverhütung.

(2) Die Schwerpunkte der in Absatz 1 genannten Schulung sind die Brandbekämpfung, die Benutzung von Rettungs- und Überlebensmitteln sowie, für die in Frage kommenden Arbeitnehmer, der Umgang mit dem Fischfanggerät und den Zugförderungsanlagen sowie die verschiedenen Verständigungsmöglichkeiten, insbesondere durch Zeichengebung.

Bei einer Veränderung der Tätigkeit an Bord ist eine entsprechende Nachschulung vorzusehen.

Erweiterte Ausbildung der Personen, die gegebenenfalls die Führung eines Fahrzeugs übernehmen

Art. 10 Unbeschadet des Artikels 5 Absatz 3 der Richtlinie 92/29/EWG bedürfen diejenigen Personen, die gegebenenfalls die Führung eines Fahrzeugs übernehmen, einer erweiterten Ausbildung in folgenden Bereichen:

a) Verhütung von Krankheiten und Arbeitsunfällen an Bord und bei Unfällen zu ergreifende Maßnahmen,

b) Stabilität des Fahrzeugs und ihre Sicherstellung bei allen vorhersehbaren Ladegegebenheiten und bei den Fangvorgängen,

c) Navigation und Funkverkehr einschließlich der Verfahren.

Anhörung und Beteiligung der Arbeitnehmer

Art. 11 Die Anhörung und Beteiligung der Arbeitnehmer und/oder ihrer Vertreter in den unter diese Richtlinie – einschließlich ihrer Anhänge – fallenden Bereichen erfolgt gemäß Artikel 11 der Richtlinie 89/391/EWG.

Anpassung der Anhänge

Art. 12 Rein technische Anpassungen der Anhänge, die bedingt sind durch

– zur technischen Harmonisierung und Normung erlassene Richtlinien über bestimmte Aspekte der Sicherheit und des Gesundheitsschutzes an Bord von Schiffen

und/oder

– den technischen Fortschritt, die Entwicklung der internationalen Regelungen oder Spezifikationen oder der Kenntnisse im Bereich der Sicherheit und des Gesundheitsschutzes an Bord von Schiffen, werden nach dem Verfahren des Artikels 17 der Richtlinie 89/391/EWG vorgenommen.

Schlussbestimmungen

Art. 13 (1) Die Mitgliedstaaten erlassen die erforderlichen Rechts- und Verwaltungsvorschriften, um dieser Richtlinie spätestens am 23. November 1995 nachzukommen. Sie setzen die Kommission unverzüglich davon in Kenntnis. Wenn die Mitgliedstaaten diese Vorschriften erlassen, nehmen sie in den Vorschriften selbst oder durch einen Hinweis bei der amtlichen Veröffentlichung auf diese Richtlinie Bezug. Die Mitgliedstaaten regeln die Einzelheiten der Bezugnahme.

(2) Die Mitgliedstaaten teilen der Kommission den Wortlaut der innerstaatlichen Rechtsvorschriften mit, die sie auf dem unter diese Richtlinie fallenden Gebiet bereits erlassen haben oder noch erlassen.

(Art. 13 Abs. 3 u. 4 aufgehoben durch Art. 3 Z. 14 der RL 2007/30/EG)

Art. 14 Diese Richtlinie ist an die Mitgliedstaaten gerichtet.

ANHANG I
Mindestvorschriften für Sicherheit und Gesundheitsschutz an Bord von neuen Fischereifahrzeugen (Artikel 4 und 6 sowie Artikel 7 Absatz 1 Buchstabe a))

Vorbemerkung

Die Anforderungen dieses Anhangs gelten in allen Fällen, in denen die Gegebenheiten am Arbeitsplatz, die Merkmale der Tätigkeit, die Umstände oder eine Gefahr dies an Bord eines neuen Fischereifahrzeugs erforderlich machen.

1. Seetüchtigkeit und Stabilität

1.1. Das Fahrzeug muß in seetüchtigem Zustand gehalten werden und seiner Bestimmung und Verwendung entsprechend ausgerüstet sein.

1.2. Alle Informationen über die Stabilitätsparameter des Fahrzeugs müssen an Bord zur Verfügung stehen und der Wachmannschaft zugänglich sein.

1.3. Im intakten Zustand muß die Stabilität jedes Fahrzeugs unter an vorgesehenen Betriebsbedingungen stets gewährleistet sein.

Der Schiffsführer muß Vorkehrungen für die Aufrechterhaltung einer angemessenen Stabilität des Fahrzeugs treffen.

Die Anweisungen in bezug auf die Stabilität des Fahrzeugs müssen strikt befolgt werden.

2. Mechanische und elektrische Anlagen

2.1. Die elektrischen Anlagen müssen so konzipiert und installiert sein, daß von ihnen keine Gefahr ausgeht und daß
- Besatzung und Fahrzeug vor einer Gefährdung durch elektrischen Strom geschützt sind;
- der ordnungsgemäße Betrieb aller Anlagen gewährleistet ist, die normale Einsatz- und Wohnbedingungen an Bord sicherstellen, ohne daß auf eine Notstromquelle zurückgegriffen werden muß;
- der Betrieb der zur Gewährleistung der Sicherheit erforderlichen Anlagen für etwaige Notfälle sichergestellt ist.

2.2. Es ist eine Notstromanlage einzurichten.

Sie ist, außer bei offenen Fahrzeugen, außerhalb des Maschinenraums aufzustellen und muß auf jeden Fall so ausgelegt sein, daß sie bei Brand oder Ausfall der Hauptstromversorgungsanlage den gleichzeitigen Betrieb folgender Anlagen während mindestens drei Stunden gewährleistet:
- internes Kommunikationssystem, Brandmeldeanlage sowie Notsignale;
- Navigationslichter und Notbeleuchtung;
- Funksystem;
- elektrische Notfeuerlöschpumpe, sofern vorhanden.

Handelt es sich bei der Notstromanlage um eine Akkumulatorenbatterie, so muß diese bei einem Ausfall der Hauptstromversorgungsanlage automatisch an die Notschalttafel angeschlossen sein und ohne Unterbrechung während drei Stunden den Betrieb der in Unterabsatz 2 erster, zweiter und dritter Gedankenstrich angegebenen Anlagen aufrechterhalten.

Die Hauptschalttafel und die Notschalttafel müssen nach Möglichkeit so angebracht sein, daß sie dem Wasser oder dem Feuer nicht gleichzeitig ausgesetzt sein können.

2.3. Die Schalttafeln müssen deutlich gekennzeichnet sein; die Sicherungskästen und -halter müssen in regelmäßigen Abständen überprüft werden, um sicherzustellen, daß die richtige Sicherungsstärke verwendet wird.

2.4. Die Akkumulatorenräume sind angemessen zu belüften.

2.5. Die elektronischen Navigationshilfen müssen häufig einem Probebetrieb unterzogen und ordnungsgemäß gewartet werden.

2.6. Alle Hebevorrichtungen müssen in regelmäßigen Abständen einem Probebetrieb unterzogen und überprüft werden.

2.7. Alle Teile der Zugförderungsanlagen, Hebevorrichtungen und Zusatzausrüstungen müssen in gutem, funktionstüchtigem Zustand gehalten werden.

2.8. Sind Kühl- oder Hochdruckanlagen installiert, so müssen sie ordnungsgemäß gewartet und regelmäßig überprüft werden.

2.9. Mit schweren Gasen betriebene Küchen- und Haushaltsgeräte dürfen nur in gut gelüfteten Räumen benutzt werden, und es ist darauf zu achten, daß keine gefährliche Ansammlung von Gas entsteht.

Metallflaschen mit entzündlichen und sonstigen gefährlichen Gasen müssen eine klare Inhaltskennzeichnung tragen und auf offenem Deck verstaut sein.

Ventile, Druckregulatoren und Abflußschläuche müssen gegen Beschädigungen geschützt sein.

3. Funkanlage

Mit der Funkanlage muß es möglich sein, unter Berücksichtigung der normalen Bedingungen für die Ausbreitung der Funkwellen jederzeit mit mindestens einer Küsten- oder Landfunkstation Verbindung aufzunehmen.

4. Fluchtwege und Notausgänge

4.1. Wege und Ausgänge, die als Fluchtwege und Notausgänge benutzt werden können, müssen stets ohne Behinderung und leicht erreichbar sein und auf möglichst kurzem Weg auf das offene Deck oder in einen sicheren Bereich und von dort aus zu einem Rettungsgerät führen, so daß die Arbeitnehmer ihre Arbeitsplätze oder Unterkunftsräume rasch und unter optimalen Sicherheitsbedingungen verlassen können.

4.2. Anzahl, Anordnung und Abmessungen der Wege und Ausgänge, die als Fluchtwege und Notausgänge benutzt werden können, richten sich nach der Nutzung, der Ausstattung und den Abmessungen der Arbeitsstätte bzw. des Unterkunftsraums und der höchstmöglichen Zahl anwesender Personen.

Verschlossene Ausgänge, die als Notausgänge benutzt werden können, müssen im Notfall von jedem Arbeitnehmer oder von Rettungsmannschaften sofort und ohne Schwierigkeiten geöffnet werden können.

4.3. Wetter- und Wasserdichtheit der Türen von Notausgängen und Notausstiegen müssen dem jeweiligen Standort und ihrer speziellen Funktion angepaßt sein.

Diese Türen müssen dieselbe Feuerfestigkeit wie die Trennwände aufweisen.

4.4. Fluchtwege und Notausgänge müssen gemäß den einzelstaatlichen Vorschriften zur Durchführung der Richtlinie 92/58/EWG gekennzeichnet sein.

Diese Kennzeichnung muß an geeigneten Stellen angebracht und dauerhaft sein.

4.5. Fluchtwege, Fluchtmittel und Notausgänge, die einer Beleuchtung bedürfen, müssen für den Fall, daß die Beleuchtung ausfällt, über eine ausreichende Sicherheitsbeleuchtung verfügen.

5. Brandmeldung und -bekämpfung

5.1. In den Unterkunftsräumen, in umschlossenen Arbeitsstätten, einschließlich des Maschinenraums, sowie erforderlichenfalls im Fischraum müssen nach Maßgabe der Abmessungen und des Verwendungszwecks des Fahrzeugs, der vorhandenen Einrichtungen, der physikalischen und chemischen Eigenschaften vorhandener Stoffe und der größtmöglichen Zahl anwesender Personen geeignete Feuerlöscheinrichtungen und erforderlichenfalls Feuermelder und Alarmanlagen vorhanden sein.

5.2. Feuerlöschvorrichtungen müssen sich stets an dem für sie vorgesehenen Ort befinden, funktionsfähig gehalten werden und für den sofortigen Einsatz bereit sein.

Die Arbeitnehmer müssen mit dem Standort, der Funktionsweise und dem Gebrauch der Feuerlöschvorrichtungen vertraut sein.

Vor jedem Auslaufen des Fahrzeugs ist das Vorhandensein der Feuerlöscher und der sonstigen tragbaren Brandbekämpfungsgeräte zu kontrollieren.

5.3. Von Hand zu betätigende Feuerlöscheinrichtungen müssen leicht zu erreichen und zu handhaben sein und sind gemäß den innerstaatlichen Bestimmungen zur Umsetzung der Richtlinie 92/58/EWG zu kennzeichnen.

Diese Kennzeichnung muß an geeigneten Stellen angebracht und dauerhaft sein.

5.4. Brandmelde- und Brandalarmanlagen müssen regelmäßig einem Probebetrieb unterzogen und in gutem Zustand gehalten werden.

5.5. Es müssen regelmäßig Brandbekämpfungsübungen durchgeführt werden.

6. Lüftung umschlossener Arbeitsstätten

In umschlossenen Arbeitsstätten muß nach Maßgabe der Arbeitsverfahren und der körperlichen Beanspruchung der Arbeitnehmer ausreichend frische Atemluft vorhanden sein.

Bei Verwendung einer mechanischen Lüftungsanlage muß diese in gutem Zustand gehalten werden.

7. Raumtemperatur

7.1. In den Arbeitsräumen muß während der Arbeitszeit nach Maßgabe der angewandten Arbeitsmethoden, der körperlichen Beanspruchung der Arbeitnehmer sowie der Witterungsbedingungen, die entsprechend der Jahreszeit im Einsatzgebiet des Fahrzeugs vorherrschen oder zu erwarten sind, eine Raumtemperatur herrschen, die dem menschlichen Organismus angemessen ist.

7.2. In Unterkunfts-, Sanitär-, Kantinen- und Sanitätsräumen, sofern vorhanden, muß die Temperatur dem spezifischen Nutzungszweck der Räume entsprechen.

8. Natürliche und künstliche Beleuchtung der Arbeitsstätten

8.1. Die Arbeitsstätten müssen möglichst über ausreichendes Tageslicht verfügen und mit einer künstlichen, den Gegebenheiten der jeweiligen Fangtätigkeit angepaßten Beleuchtung ausgestattet sein, ohne daß die Sicherheit und Gesundheit der Arbeitnehmer gefährdet und die übrigen Fahrzeuge bei der Navigation behindert werden.

8.2. Die Beleuchtung der Arbeitsräume, Treppen, Leitern und Verkehrsgänge muß so angebracht sein, daß die Beleuchtungsart weder eine Unfallgefahr für Arbeitnehmer noch eine Behinderung bei der Navigation darstellt.

8.3. Arbeitsstätten, in denen die Arbeitnehmer bei Ausfall der künstlichen Beleuchtung in besonderem Maße Gefahren ausgesetzt sind, müssen über eine ausreichende Notbeleuchtung verfügen.

8.4. Die Sicherheitsbeleuchtung muß in funktionstüchtigem Zustand gehalten und regelmäßig einem Probebetrieb unterzogen werden.

9. Fußböden, Trennwände und Decken

9.1. Die Räumlichkeiten, zu denen die Arbeitnehmer Zugang haben, dürfen nicht rutschgefährlich bzw. müssen rutschfest und mit Vorrichtungen zur Vermeidung von Stürzen versehen sowie möglichst hindernisfrei sein.

9.2. Arbeitsstätten, in denen Arbeitsplätze untergebracht sind, müssen je nach Art der Aufgabe und körperlichen Tätigkeit der Arbeitnehmer eine ausreichende Schall- und Wärmedämmung aufweisen.

9.3. Die Oberfläche der Fußböden, Wände und Decken der Räume muß so beschaffen sein, daß sie sich den hygienischen Erfordernissen entsprechend reinigen und erneuern läßt.

10. Türen

10.1. Die Türen müssen sich jederzeit ohne besondere Hilfsmittel von innen öffnen lassen.

Wenn die Arbeitsstätten besetzt sind, müssen sich die Türen von beiden Seiten öffnen lassen.

10.2. Türen, insbesondere Schiebetüren, sofern nicht auf sie verzichtet werden kann, müssen insbesondere bei ungünstigen Wetter- und Seebedingungen für die Arbeitnehmer so sicher wie möglich funktionieren.

11. Verkehrswege – Gefahrenbereiche

11.1. Verkehrsgänge, Schächte, die Außenseite von Deckshäusern und alle Verkehrswege im allgemeinen sind mit Geländern, Greifleinen, Manntauen oder sonstigen Vorrichtungen zur Gewährleistung der Sicherheit der Arbeitnehmer bei der Ausübung der Tätigkeiten an Bord zu versehen.

11.2. Besteht für die Arbeitnehmer Absturzgefahr an Decksluken bzw. die Gefahr des Absturzes von einem Deck auf ein anderes, so ist nach Möglichkeit überall dort, wo es möglich ist, eine geeignete Schutzvorrichtung vorzusehen.

Handelt es sich bei dieser Schutzvorrichtung um eine Reeling, so muß diese eine Höhe von mindestens 1 Meter haben.

11.3. Die Zugänge zu Anlagen oberhalb des Decks, die für deren Benutzung bzw. Instandhaltung erforderlich sind, müssen so gestaltet sein, daß die Sicherheit der Arbeitnehmer gewährleistet ist.

Zur Vermeidung von Stürzen sind Geländer oder ähnliche Schutzmittel in angemessener Höhe vorzusehen.

11.4. Schanzkleider oder andere Vorrichtungen, die verhindern sollen, daß Personen über Bord fallen, müssen in funktionsfähigem Zustand gehalten werden.

Die Schanzkleider müssen mit Wasserpforten oder vergleichbaren Vorrichtungen versehen sein, damit das Wasser rasch abfließen kann.

11.5. Der obere Teil der Aufschleppe auf Hecktrawlern muß mit einem Gitter oder einer sonstigen Sicherheitsvorrichtung in gleicher Höhe wie die angrenzenden Schanzkleider oder anderen Schutzvorrichtungen versehen sein, um die Arbeitnehmer vor der Gefahr eines Sturzes in die Aufschleppe hinein zu schützen.

Dieses Gitter bzw. jegliche sonstige Vorrichtung muß leicht zu öffnen und zu schließen sein, vorzugsweise durch Fernbedienung, und darf nur während des Aus- und Einholens des Netzes geöffnet werden.

12. Ausstattung der Arbeitsstätten

12.1. Arbeitsbereiche müssen hindernisfrei und soweit wie möglich vor überkommenden Seen geschützt sein sowie einen angemessenen Schutz der Arbeitnehmer vor Stürzen an Bord bzw. über Bord bieten.

Die Fisch-Handhabungsbereiche müssen höhen- und flächenmäßig groß genug sein.

12.2. Erfolgt die Überwachung der Motoren vom Maschinenraum aus, so hat dies in einem schall- und wärmegedämmten Leitstand zu geschehen, der vom Maschinenraum getrennt und ohne Durchqueren dieses Maschinenraums erreichbar ist.

Die Kommandobrücke gilt als Raum, der die Auflage nach Unterabsatz 1 erfüllt.

12.3. Der Betätigungsraum für die Stellteile von Zugförderungsanlagen muß groß genug sein, um dem Bedienungspersonal ein unbehindertes Arbeiten zu ermöglichen.

Zusätzlich müssen Zugförderungsanlagen für Notfälle mit angemessenen Sicherheitseinrichtungen versehen sein, zu denen auch Notstoppvorrichtungen gehören.

12.4. Bei der Steuerung von Zugförderungsanlagen muß der Bedienungsmann die Anlagen und die im Einsatz befindlichen Arbeitnehmer gut sehen können.

Bei der Bedienung von Zugförderungsanlagen von der Brücke aus muß der Bedienungsmann auch hier, entweder unmittelbar oder dank geeigneter Vorkehrungen, die im Einsatz befindlichen Arbeitnehmer gut sehen können.

12.5. Zwischen Brücke und Arbeitsdeck ist ein zuverlässiges Kommunikationssystem zu benutzen.

12.6. Es ist ständig höchste Wachsamkeit geboten, und die Mannschaft muß während der Fischfangarbeiten oder sonstiger Arbeiten an Deck vor der unmittelbar drohenden Gefahr schwerer überkommender Seen gewarnt werden.

12.7. Leinen, Kurrleinen und bewegliche Ausrüstungsteile sind mit Schutzvorrichtungen zu versehen, um Berührungsmöglichkeiten auf ein Mindestmaß zu beschränken.

12.8. Zur Handhabung sperriger Lasten sind, insbesondere auf Trawlern, geeignete Vorrichtungen vorzusehen:
– Vorrichtungen zur Feststellung von Scherbrettern,
– Vorrichtungen, um die Schaukelbewegungen des Steerts unter Kontrolle zu halten.

13. Unterkunftsräume

13.1. Standort, Aufbau und Anordnung sowie Schall- und Wärmedämmung von Unterkunftsräumen und Wirtschaftsräumen, sofern vorhanden, sowie von Zugängen dorthin müssen einen angemessenen Schutz vor Witterungseinflüssen und Seegang, Vibrationen, Geräuschen und Gerüchen aus anderen Bereichen sicherstellen, damit die Arbeitnehmer ihre Ruhezeiten ungestört verbringen können.

Die Auswirkungen der Schiffsbewegungen und Beschleunigungen auf die Unterkunftsräume der Arbeitnehmer müssen durch die Lage dieser Räume auf ein Mindestmaß beschränkt werden, soweit die Konzeption, die Abmessungen und/oder der Verwendungszweck des Fahrzeugs dies zulassen.

Geeignete Maßnahmen zum Schutz der Nichtraucher vor Belästigung durch Tabakrauch sind soweit möglich vorzusehen.

13.2. Die Unterkunftsräume bedürfen einer wirksamen Lüftung, die eine ständige Frischluftzufuhr sicherstellt und Kondensation verhindert.

Die Unterkunftsräume sind mit einer geeigneten Beleuchtung zu versehen, die besteht aus
– einer angemessenen normalen Allgemeinbeleuchtung,
– einer schwächeren Allgemeinbeleuchtung, um ruhende Arbeitnehmer nicht zu stören, und
– einer individuellen Beleuchtung in jeder Koje.

13.3. Küche und Messe, sofern vorhanden, müssen von angemessener Größe, gut beleuchtet und belüftet sowie pflegeleicht sein.

Kühlschränke bzw. sonstige Kühlvorrichtungen zur Aufbewahrung von Lebensmitteln müssen in diesen Räumen vorhanden sein.

14. Sanitäranlagen

14.1. Auf Fahrzeugen, auf denen sich ein Unterkunftsraum befindet, müssen Duschen mit fließendem warmem und kaltem Wasser, Waschbecken und Toiletten angemessen installiert und ausgestattet sein; die betreffenden Räume müssen angemessen belüftet sein.

14.2. Jeder Arbeitnehmer muß über einen Platz verfügen, an dem er seine Kleidungsstücke unterbringen kann.

15. Erste Hilfe

Auf allen Fahrzeugen muß eine Erste-Hilfe-Ausrüstung vorhanden sein, die den Anforderungen von Anhang II der Richtlinie 92/29/EWG entspricht.

16. Fallreeps und Landgangstege

Ein Fallreep, ein Landgangsteg oder eine andere vergleichbare Vorrichtung muß vorhanden sein, um in geeigneter Weise einen sicheren Zugang zum Fahrzeug zu gewährleisten.

17. Lärm

Mit allen entsprechenden technischen Maßnahmen ist dafür zu sorgen, daß der Lärmpegel an den Arbeitsstätten und in den Unterkunftsräumen nach Maßgabe der Größe des Fahrzeugs so niedrig wie möglich gehalten wird.

ANHANG II
Mindestvorschriften für Sicherheit und Gesundheitsschutz an Bord von vorhandenen Fischereifahrzeugen (Artikel 5 und Artikel 7 Absatz 1 Buchstabe a))

Vorbemerkung

Die Anforderungen dieses Anhangs gelten, soweit die Bauausführung des Fischereifahrzeugs es zuläßt, in allen Fällen, in denen die Gegebenheiten am Arbeitsplatz, die Merkmale der Tätigkeit, die Umstände oder eine Gefahr dies an Bord eines neuen Fischereifahrzeugs erforderlich machen.

1. Seetüchtigkeit und Stabilität

1.1. Das Fahrzeug muß in seetüchtigem Zustand gehalten werden und seiner Bestimmung und Verwendung entsprechend ausgerüstet sein.

1.2. Alle Informationen über die Stabilitätsparameter des Fahrzeugs müssen, wenn vorhanden, an Bord zur Verfügung stehen und der Wachmannschaft zugänglich sein.

1.3. Im intakten Zustand muß die Stabilität jedes Fahrzeugs unter den vorgesehenen Betriebsbedingungen stets gewährleistet sein.

Der Schiffsführer muß Vorkehrungen für die Aufrechterhaltung einer angemessenen Stabilität des Fahrzeugs treffen.

Die Anweisungen in bezug auf die Stabilität des Fahrzeugs müssen strikt befolgt werden.

2. Mechanische und elektrische Anlagen

2.1. Die elektrischen Anlagen müssen so konzipiert und installiert sein, daß von ihnen keine Gefahr ausgeht und daß
– Besatzung und Fahrzeug von einer Gefährdung durch elektrischen Strom geschützt sind;
– der ordnungsgemäße Betrieb aller Anlagen gewährleistet ist, die normale Einsatz- und Wohnbedingungen an Bord sicherstellen, ohne daß auf eine Notstromquelle zurückgegriffen werden muß;
– der Betrieb der zur Gewährleistung der Sicherheit erforderlichen Anlagen für etwaige Notfälle sichergestellt ist.

2.2. Es ist eine Notstromanlage einzurichten.

Sie ist außer bei offenen Fahrzeugen außerhalb des Maschinenraums aufzustellen und muß auf jeden Fall so ausgelegt sein, daß sie bei Brand oder Ausfall der Hauptstromversorgungsanlage den gleichzeitigen Betrieb folgender Anlagen während mindestens drei Stunden gewährleistet:
– internes Kommunikationssystem, Brandmeldeanlage sowie Notsignale;
– Navigationslichter und Notbeleuchtung;
– Funksystem;
– elektrische Notfeuerlöschpumpe, sofern vorhanden.

Handelt es sich bei der Notstromanlage um eine Akkumulatorenbatterie, so muß diese bei einem Ausfall der Hauptstromversorgungsanlage automatisch an die Notschalttafel angeschlossen sein und ohne Unterbrechung während drei Stunden

den Betrieb der in Unterabsatz 2 erster, zweiter und dritter Gedankenstrich angegebenen Anlagen aufrechterhalten.

Die Hauptschalttafel und die Notschalttafel müssen nach Möglichkeit so angebracht sein, daß sie dem Wasser oder dem Feuer nicht gleichzeitig ausgesetzt sein können.

2.3. Die Schalttafeln müssen deutlich gekennzeichnet sein; die Sicherungskästen und -halter müssen in regelmäßigen Abständen überprüft werden, um sicherzustellen, daß die richtige Sicherungsstärke verwendet wird.

2.4. Die Akkumulatorenräume sind angemessen zu belüften.

2.5. Die elektronischen Navigationshilfen müssen häufig einem Probebetrieb unterzogen und ordnungsgemäß gewartet werden.

2.6. Alle Hebevorrichtungen müssen in regelmäßigen Abständen einem Probebetrieb unterzogen und überprüft werden.

2.7. Alle Teile der Zugförderungsanlagen, Hebevorrichtungen und Zusatzausrüstungen müssen in gutem, funktionstüchtigem Zustand gehalten werden.

2.8. Sind Kühl- oder Hochdruckanlagen installiert, so müssen sie ordnungsgemäß gewartet und regelmäßig überprüft werden.

2.9. Mit schweren Gasen betriebene Küchen- und Haushaltsgeräte dürfen nur in gut gelüfteten Räumen benutzt werden, und es ist darauf zu achten, daß keine gefährliche Ansammlung von Gas entsteht.

Metallflaschen mit entzündlichen und sonstigen gefährlichen Gasen müssen eine klare Inhaltskennzeichnung tragen und auf offenem Deck verstaut sein.

Ventile, Druckregulatoren und Abflußschläuche müssen gegen Beschädigungen geschützt sein.

3. Funkanlage

Mit der Funkanlage muß es möglich sein, unter Berücksichtigung der normalen Bedingungen für die Ausbreitung der Funkwellen jederzeit mit mindestens einer Küsten- oder Landfunkstation Verbindung aufzunehmen.

4. Fluchtwege und Notausgänge

4.1. Wege und Ausgänge, die als Fluchtwege und Notausgänge benutzt werden können, müssen stets ohne Behinderung und leicht erreichbar sein und auf möglichst kurzem Weg auf das offene Deck oder in einen sicheren Bereich und von dort aus zu einem Rettungsgerät führen, so daß die Arbeitnehmer ihre Arbeitsplätze oder Unterkunftsräume rasch und unter optimalen Sicherheitsbedingungen verlassen können.

4.2. Anzahl, Anordnung und Abmessungen der Wege und Ausgänge, die als Fluchtwege und Notausgänge benutzt werden können, richten sich nach der Nutzung, der Ausstattung und den Abmessungen der Arbeitsstätte bzw. des Unterkunftsraums und der höchstmöglichen Zahl anwesender Personen.

Verschlossene Ausgänge, die als Notausgänge benutzt werden können, müssen im Notfall von jedem Arbeitnehmer oder von Rettungsmannschaften sofort und ohne Schwierigkeiten geöffnet werden können.

4.3. Fluchtwege und Notausgänge müssen gemäß den einzelstaatlichen Vorschriften zur Durchführung der Richtlinie 92/58/EWG gekennzeichnet sein.

Diese Kennzeichnung muß an geeigneten Stellen angebracht und dauerhaft sein.

4.4. Fluchtwege, Fluchtmittel und Notausgänge, die einer Beleuchtung bedürfen, müssen für den Fall, daß die Beleuchtung ausfällt, über eine ausreichende Sicherheitsbeleuchtung verfügen.

5. Brandmeldung und -bekämpfung

5.1. In den Unterkunftsräumen, in umschlossenen Arbeitsstätten, einschließlich des Maschinenraums, sowie erforderlichenfalls im Fischraum müssen nach Maßgabe der Abmessungen und des Verwendungszwecks des Fahrzeugs, der vorhandenen Einrichtungen, der physikalischen und chemischen Eigenschaften vorhandener Stoffe und der größtmöglichen Zahl anwesender Personen geeignete Feuerlöscheinrichtungen und erforderlichenfalls Feuermelder und Alarmanlagen vorhanden sein.

5.2. Feuerlöschvorrichtungen müssen sich stets an dem für sie vorgesehenen Ort befinden, funktionsfähig gehalten werden und für den sofortigen Einsatz bereit sein.

Die Arbeitnehmer müssen mit dem Standort, der Funktionsweise und dem Gebrauch der Feuerlöschvorrichtungen vertraut sein.

Vor jedem Auslaufen des Fahrzeugs ist das Vorhandensein der Feuerlöscher und der sonstigen tragbaren Brandbekämpfungsgeräte zu kontrollieren.

5.3. Von Hand zu betätigende Feuerlöscheinrichtungen müssen leicht zu erreichen und zu handhaben sein und sind gemäß den innerstaatlichen Bestimmungen zur Umsetzung der Richtlinie 92/58/EWG zu kennzeichnen.

Diese Kennzeichnung muß an geeigneten Stellen angebracht und dauerhaft sein.

5.4. Feuermelde- und Brandalarmanlagen müssen regelmäßig einem Probebetrieb unterzogen und in gutem Zustand gehalten werden.

5.5. Es müssen regelmäßig Brandbekämpfungsübungen durchgeführt werden.

6. Lüftung umschlossener Arbeitsstätten

In umschlossenen Arbeitsstätten muß nach Maßgabe der Arbeitsverfahren und der körperlichen Beanspruchung der Arbeitnehmer ausreichend frische Atemluft vorhanden sein.

Bei Verwendung einer mechanischen Lüftungsanlage muß diese in gutem Zustand gehalten werden.

7. Raumtemperatur

7.1. In den Arbeitsräumen muß während der Arbeitszeit nach Maßgabe der angewandten Arbeitsmethoden, der körperlichen Beanspruchung der

Arbeitnehmer sowie der Witterungsbedingungen, die entsprechend der Jahreszeit im Einsatzgebiet des Fahrzeugs vorherrschen oder zu erwarten sind, eine Raumtemperatur herrschen, die dem menschlichen Organismus angemessen ist.

7.2. In Unterkunfts-, Sanitär-, Kantinen- und Sanitätsräumen, sofern vorhanden, muß die Temperatur dem spezifischen Nutzungszweck der Räume entsprechen.

8. Natürliche und künstliche Beleuchtung der Arbeitsstätten

8.1. Die Arbeitsstätten müssen möglichst über ausreichendes Tageslicht verfügen und mit einer künstlichen, den Gegebenheiten der jeweiligen Fangtätigkeit angepaßten Beleuchtung ausgestattet sein, ohne daß die Sicherheit und Gesundheit der Arbeitnehmer gefährdet und die übrigen Fahrzeuge bei der Navigation behindert werden.

8.2. Die Beleuchtung der Arbeitsräume, Treppen, Leitern und Verkehrswege muß so angebracht sein, daß die Beleuchtungsart weder eine Unfallgefahr für Arbeitnehmer noch eine Behinderung bei der Navigation darstellt.

8.3. Arbeitsstätten, in denen die Arbeitnehmer bei Ausfall der künstlichen Beleuchtung in besonderem Maße Gefahren ausgesetzt sind, müssen über eine ausreichende Notbeleuchtung verfügen.

8.4. Die Sicherheitsbeleuchtung muß in funktionstüchtigem Zustand gehalten und regelmäßig einem Probebetrieb unterzogen werden.

9. Fußböden, Trennwände und Decken

9.1. Die Räumlichkeiten, zu denen die Arbeitnehmer Zugang haben, dürfen nicht rutschgefährlich bzw. müssen rutschfest und mit Vorrichtungen zur Vermeidung von Stürzen versehen sowie möglichst hindernisfrei sein.

9.2. Arbeitsstätten, in denen Arbeitsplätze untergebracht sind, müssen je nach Art der Aufgabe und körperlichen Tätigkeit der Arbeitnehmer eine ausreichende Schall- und Wärmedämmung aufweisen.

9.3. Die Oberfläche der Fußböden, Wände und Decken der Räume muß so beschaffen sein, daß sie sich den hygienischen Erfordernissen entsprechend reinigen und erneuern läßt.

10. Türen

10.1. Die Türen müssen sich jederzeit ohne besondere Hilfsmittel von innen öffnen lassen.

Wenn die Arbeitsstätten besetzt sind, müssen sich die Türen von beiden Seiten öffnen lassen.

10.2. Türen, ganz speziell Schiebetüren, sofern nicht auf sie verzichtet werden kann, müssen insbesondere bei ungünstigen Wetter- und Seebedingungen für die Arbeitnehmer so sicher wie möglich funktionieren.

11. Verkehrswege – Gefahrenbereiche

11.1. Verkehrsgänge, Schächte, die Außenseite von Deckshäusern und alle Verkehrswege im allgemeinen sind mit Geländern, Greifleinen, Manntauen oder sonstigen Vorrichtungen zur Gewährleistung der Sicherheit der Arbeitnehmer bei der Ausübung der Tätigkeiten an Bord zu versehen.

11.2. Besteht für die Arbeitnehmer Absturzgefahr an Deckslucken bzw. die Gefahr des Absturzes von einem Deck auf ein anderes, so ist, überall, wo dies möglich ist, eine geeignete Schutzvorrichtung vorzusehen.

11.3. Die Zugänge zu Anlagen oberhalb des Decks, die für deren Benutzung bzw. Instandhaltung erforderlich sind, müssen so gestaltet sein, daß die Sicherheit der Arbeitnehmer gewährleistet ist.

Zur Vermeidung von Stürzen sind Geländer oder ähnliche Schutzmittel in angemessener Höhe vorzusehen.

11.4. Schanzkleider oder andere Vorrichtungen, die verhindern sollen, daß Personen über Bord fallen, müssen in funktionsfähigem Zustand gehalten werden.

Die Schanzkleider müssen mit Wasserpforten oder vergleichbaren Vorrichtungen versehen sein, damit das Wasser rasch abfließen kann.

11.5. Der obere Teil der Aufschleppe auf Hecktrawlern muß mit einem Gitter oder einer sonstigen Sicherheitsvorrichtung in gleicher Höhe wie die angrenzenden Schanzkleider oder anderen Schutzvorrichtungen versehen sein, um die Arbeitnehmer vor der Gefahr eines Sturzes in die Aufschleppe hinein zu schützen.

Dieses Gitter bzw. jegliche sonstige Vorrichtung muß leicht zu öffnen und zu schließen sein und darf nur während des Aus- und Einholens des Netzes geöffnet werden.

12. Ausstattung der Arbeitsstätten

12.1. Arbeitsbereiche müssen hindernisfrei und soweit wie möglich vor überkommenden Seen geschützt sein sowie einen angemessenen Schutz der Arbeitnehmer vor Stürzen an Bord bzw. über Bord bieten.

Die Fisch-Handhabungsbereiche müssen höhen- und flächenmäßig groß genug sein.

12.2. Erfolgt die Überwachung der Motoren vom Maschinenraum aus, hat sie in einem schall- und wärmegedämmten Leitstand zu geschehen, der vom Maschinenraum getrennt und ohne Durchqueren dieses Maschinenraums erreichbar ist.

Die Kommandobrücke gilt als Raum, der die Auflage nach Unterabsatz 1 erfüllt.

12.3. Der Betätigungsraum für die Stellteile von Zugförderungsanlagen muß groß genug sein, um dem Bedienungspersonal ein unbehindertes Arbeiten zu ermöglichen.

Zusätzlich müssen Zugförderungsanlagen für Notfälle mit angemessenen Sicherheitseinrichtungen versehen sein, zu denen auch Notstoppvorrichtungen gehören.

12.4. Bei der Steuerung von Zugförderungsanlagen muß der Bedienungsmann die Anlagen und die im Einsatz befindlichen Arbeitnehmer gut sehen können.

Bei der Bedienung von Zugförderungsanlagen von der Brücke aus muß der Bedienungsmann auch hier, entweder unmittelbar oder dank geeigneter

Vorkehrungen, die im Einsatz befindlichen Arbeitnehmer gut sehen können.

12.5. Zwischen Brücke und Arbeitsdeck ist ein zuverlässiges Kommunikationssystem zu benutzen.

12.6. Es ist ständig höchste Wachsamkeit geboten, und die Mannschaft muß während der Fischfangarbeiten oder sonstiger Arbeiten an Deck vor der unmittelbar drohenden Gefahr schwerer überkommender Seen gewarnt werden.

12.7. Leinen, Kurrleinen und bewegliche Ausrüstungsteile sind mit Schutzvorrichtungen zu versehen, um Berührungsmöglichkeiten auf ein Mindestmaß zu beschränken.

12.8. Zur Handhabung sperriger Lasten sind, insbesondere auf Trawlern, geeignete Vorrichtungen vorzusehen:
– Vorrichtungen zur Feststellung von Scherbrettern,
– Vorrichtungen, um die Schaukelbewegungen des Steerts unter Kontrolle zu halten.

13. Unterkunftsräume

13.1. Die Unterkunftsräume für die Arbeitnehmer, sofern vorhanden, sind so zu gestalten, daß die Einwirkung von Lärm, Vibrationen und Gerüchen aus anderen Bereichen sowie die Auswirkungen der Schiffsbewegungen und Beschleunigungen auf ein Mindestmaß beschränkt werden.

Die Unterkunftsräume sind mit einer geeigneten Beleuchtung zu versehen.

13.2. Küche und Messe, sofern vorhanden, müssen von angemessener Größe, gut beleuchtet und belüftet sowie pflegeleicht sein.

Kühlschränke bzw. sonstige Kühlvorrichtungen zur Aufbewahrung von Lebensmitteln müssen in diesen Räumen vorhanden sein.

14. Sanitäranlagen

Auf Fahrzeugen, auf denen sich ein Unterkunftsraum befindet, müssen Toiletten, Waschbecken, und, falls möglich, eine Dusche eingerichtet sein, und die betreffenden Räume müssen angemessen belüftet sein.

15. Erste Hilfe

Auf allen Fahrzeugen muß eine Erste-Hilfe-Ausrüstung vorhanden sein, die den Anforderungen von Anhang II der Richtlinie 92/29/EWG entspricht.

16. Fallreeps und Landgangstege

Ein Fallreep, ein Landgangsteg oder eine andere vergleichbare Vorrichtung muß vorhanden sein, um in geeigneter Weise einen sicheren Zugang zum Fahrzeug zu gewährleisten.

ANHANG III
Mindestvorschriften für Sicherheit und Gesundheitsschutz hinsichtlich der Rettungs- und Überlebensmittel (Artikel 7 Absatz 1 Buchstabe d))

Vorbemerkung

Die Anforderungen dieses Anhangs gelten in allen Fällen, in denen die Gegebenheiten am Arbeitsplatz, die Merkmale der Tätigkeit, die Umstände oder eine Gefahr dies an Bord eines Fahrzeugs erforderlich machen.

1. Auf Fischereifahrzeugen sind nach Maßgabe der Anzahl der an Bord befindlichen Personen und des Einsatzgebiets des Fahrzeugs angemessene Rettungs- und Überlebensmittel einschließlich angemessener Mittel, um Arbeitnehmer aus dem Wasser zu holen und Funkrettungsmittel mitzuführen, insbesondere eine Funkbake mit hydrostatischem Auftrieb zur Unfallortung.

2. Die Rettungs- und Überlebensmittel sind an den hierzu vorgesehenen Stellen unterzubringen; sie müssen in gutem Betriebszustand gehalten werden und unmittelbar einsatzbereit sein.

   Die Rettungs- und Überlebensmittel sind vor dem Auslaufen sowie während der Fahrt von den Arbeitnehmern zu kontrollieren.

3. Die Rettungs- und Überlebensmittel sind regelmäßig zu überprüfen.

4. Alle Arbeitnehmer sind für etwaige Notfälle entsprechend auszubilden und anzuweisen.

5. Bei Fahrzeugen mit einer Länge von über 45 m oder einer Besatzung von fünf oder mehr Arbeitnehmern ist eine Namensliste zu erstellen, die für jeden einzelnen eindeutige Anweisungen für den Notfall enthält.

6. Einmal monatlich ist im Hafen und/oder auf See mit den Arbeitnehmern eine Rettungsübung abzuhalten.

   Damit soll sichergestellt werden, daß die Arbeitnehmer mit den jeweiligen Aufgaben bei Handhabung und Bedienung aller Rettungs- und Überlebensmittel gründlich vertraut sind und daß sie diese Aufgaben eingeübt haben.

   Die Arbeitnehmer sind im Aufstellen und Bedienen der tragbaren Funkausrüstung, sofern vorhanden, zu unterweisen.

ANHANG IV
Mindestvorschriften für Sicherheit und Gesundheitsschutz hinsichtlich der persönlichen Schutzausrüstungen (Artikel 7 Absatz 1 Buchstabe e))

Vorbemerkung

Die Anforderungen dieses Anhangs gelten in allen Fällen, in denen die Gegebenheiten am Arbeitsplatz, die Merkmale der Tätigkeit, die Umstände oder eine Gefahr dies an Bord eines Fahrzeugs erforderlich machen.

1. Falls die Risiken für Sicherheit und Gesundheit der Arbeitnehmer durch kollektive oder

technische Schutzvorrichtungen nicht hinreichend ausgeschlossen oder begrenzt werden können, müssen die Arbeitnehmer mit persönlichen Schutzausrüstungen ausgestattet werden.
2. Für persönliche Schutzausrüstungen, die als Kleidungsstück bzw. über der Arbeitskleidung getragen werden, ist eine leuchtende, sich vom Meer abhebende und gut sichtbare Farbe zu wählen.

6/15. Chemische Arbeitsstoffe-Richtlinie

Richtlinie 98/24/EG des Rates zum Schutz von Gesundheit und Sicherheit der Arbeitnehmer vor der Gefährdung durch chemische Arbeitsstoffe bei der Arbeit (Vierzehnte Einzelrichtlinie im Sinne des Artikels 16 Abs. 1 der Richtlinie 89/391/EWG) vom 7. April 1998

(ABl. Nr. L 131 v. 5.5.1998, S. 11; geändert durch die RL 2007/30/EG, ABl. Nr. L 165 v. 27.6.2007, S. 21; geändert durch die RL 2014/27/EU, ABl. Nr. L 65 v. 5.3.2014, S. 1; geändert durch die VO (EU) 2019/1243, ABl. Nr. L 198 v. 25.7.2019, S. 241)
(nicht amtlich aktualisierte Fassung)

GLIEDERUNG

ABSCHNITT I: Allgemeine Bestimmungen
- Art. 1: Ziel und Geltungsbereich
- Art. 2: Begriffsbestimmungen
- Art. 3: Arbeitsplatzgrenzwerte und biologische Grenzwerte

ABSCHNITT II: Pflichten der Arbeitgeber
- Art. 4: Ermittlung und Bewertung des Risikos von gefährlichen chemischen Arbeitsstoffen
- Art. 5: Allgemeine Grundsätze für die Verhütung von Risiken im Zusammenhang mit gefährlichen chemischen Arbeitsstoffen und Anwendung der Richtlinie in bezug auf die Risikobewertung
- Art. 6: Besondere Schutz- und Vorbeugungsmaßnahmen
- Art. 7: Vorkehrungen für das Verhalten bei Unfällen, Zwischenfällen und Notfällen
- Art. 8: Unterrichtung und Unterweisung der Arbeitnehmer

ABSCHNITT III: Sonstige Bestimmungen
- Art. 9: Verbote
- Art. 10: Gesundheitsüberwachung
- Art. 11: Anhörung und Mitwirkung der Arbeitnehmer
- Art. 12: Anpassung der Anhänge, Ausarbeitung und Annahme technischer Leitlinien
- Art. 12a: Ausübung der Befugnisübertragung
- Art. 12b: Dringlichkeitsverfahren
- Art. 13: Aufhebung und Änderung früherer Richtlinien

ABSCHNITT IV: Schlussbestimmungen
- Art. 14–17

ANHÄNGE I–III

DER RAT DER EUROPÄISCHEN UNION –
gestützt auf den Vertrag zur Gründung der Europäischen Gemeinschaft, insbesondere auf Artikel 118a, auf Vorschlag der Kommission (ABl. Nr. C 165 vom 16.6.1993, S. 4), erstellt nach Anhörung des Beratenden Ausschusses für Sicherheit, Arbeitshygiene und Gesundheitsschutz am Arbeitsplatz, nach Stellungnahme des Wirtschafts- und Sozialausschusses (ABl. Nr. C 34 vom 2.2.1994, S. 42), gemäß dem Verfahren des Artikels 189c des Vertrages (Stellungnahme des Europäischen Parlaments vom 20. April 1994, ABl. Nr. C 128 vom 9.5.1994, S. 167, Gemeinsamer Standpunkt des Rates vom 7. Oktober 1998, ABl. Nr. C 375 vom 10.12.1997, S. 2 und Beschluß des Europäischen Parlaments vom 17. Februar 1998),
in Erwägung nachstehender Gründe:

(1) Artikel 118a des Vertrages sieht vor, daß der Rat durch Richtlinien Mindestvorschriften zur Förderung von Verbesserungen insbesondere der Arbeitsumwelt erläßt, um zu gewährleisten, daß die Sicherheit und die Gesundheit der Arbeitnehmer in stärkerem Maße geschützt werden.

(2) Gemäß dem genannten Artikel sollen diese Richtlinien keine verwaltungsmäßigen, finanziellen oder rechtlichen Auflagen vorschreiben, die der Gründung und Entwicklung von Klein- und Mittelbetrieben entgegenstehen.

(3) Die Verbesserung der Sicherheit, der Arbeitshygiene und des Gesundheitsschutzes der Arbeitnehmer bei der Arbeit ist ein Ziel, das nicht rein wirtschaftlichen Erwägungen untergeordnet werden darf.

(4) Die Einhaltung von Mindestvorschriften für den Schutz von Gesundheit und Sicherheit der Arbeitnehmer vor der Gefährdung durch chemische Arbeitsstoffe hat zum Ziel, nicht nur den Schutz von Gesundheit und Sicherheit jedes einzelnen Arbeitnehmers zu gewährleisten, sondern auch dafür zu sorgen, daß sämtliche Arbeitnehmer in der Gemeinschaft einen bestimmten Mindestschutz genießen, wodurch mögliche Wettbewerbsverzerrungen vermieden werden.

(5) Für die Gemeinschaft als Ganzes ist ein einheitliches Maß an Schutz vor der Gefährdung durch chemische Arbeitsstoffe vorzusehen, und zwar nicht durch einzelne Vorschriften und An-

6/15. Chem. Arbeitsstoffe-RL
Präambel

forderungen, sondern durch einen Rahmen allgemeiner Grundsätze, die die Mitgliedstaaten in die Lage versetzen, die Mindestvorschriften kohärent anzuwenden.

(6) Bei den Tätigkeiten mit chemischen Arbeitsstoffen können die Arbeitnehmer Risiken ausgesetzt sein.

(7) Die Richtlinie 80/1107/EWG des Rates vom 27. November 1980 zum Schutz der Arbeitnehmer vor der Gefährdung durch chemische, physikalische und biologische Arbeitsstoffe bei der Arbeit (ABl. Nr. L 327 vom 3. 12. 1980, S. 8, zuletzt geändert durch die Richtlinie 88/642/EWG, ABl. Nr. L 356 vom 24.12.1988, S. 74), die Richtlinie 82/605/EWG des Rates vom 28. Juli 1982 über den Schutz der Arbeitnehmer gegen Gefährdung durch metallisches Blei und seine Ionenverbindungen am Arbeitsplatz (erste Einzelrichtlinie im Sinne des Artikels 8 der Richtlinie 80/1107/EWG, ABl. Nr. L 247 vom 23.8.1982, S. 12) und die Richtlinie 88/364/EWG des Rates vom 9. Juni 1988 zum Schutz der Arbeitnehmer durch ein Verbot bestimmter Arbeitsstoffe und/oder Arbeitsverfahren (vierte Einzelrichtlinie im Sinne des Artikels 8 der Richtlinie 80/1107/ EWG, ABl. Nr. L 179 vom 9.7.1988, S. 44) sollten zwecks Vereinheitlichung und Klarstellung sowie aus technischen Gründen überarbeitet und in einer einzigen Richtlinie zusammengefaßt werden, die Mindestvorschriften zum Schutz von Gesundheit und Sicherheit der Arbeitnehmer bei Tätigkeiten mit chemischen Arbeitsstoffen festlegt. Die genannten Richtlinien können aufgehoben werden.

(8) Die vorliegende Richtlinie ist eine Einzelrichtlinie im Sinne des Artikels 16 Absatz 1 der Richtlinie 89/391/EWG des Rates vom 12. Juni 1989 über die Durchführung von Maßnahmen zur Verbesserung der Sicherheit und des Gesundheitsschutzes der Arbeitnehmer bei der Arbeit (ABl. Nr. L 183 vom 29.6.1989, S. 1.

(9) Die letztgenannte Richtlinie findet daher unbeschadet strengerer und/oder spezifischer Bestimmungen der vorliegenden Richtlinie in vollem Umfang auf Arbeitnehmer Anwendung, die gegenüber chemischen Arbeitsstoffen exponiert sind.

(10) Strengere und/oder spezifische Bestimmungen für die Beförderung gefährlicher chemischer Stoffe sind in bindenden internationalen Vereinbarungen und Übereinkünften enthalten, die in Gemeinschaftsvorschriften für die Beförderung gefährlicher Güter auf der Straße, der Schiene oder im Wasser- und Luftweg eingearbeitet wurden.

(11) Mit den Richtlinien 67/548/EWG (ABl. Nr. L 196 vom 16.8.1967, zuletzt geändert durch die Richtlinie 96/56/EG, ABl. Nr. L 236 vom 18.9.1996, S. 35) und 88/379/EWG (ABl. Nr. L 187 vom 16.7.1988, S. 14, zuletzt geändert durch die Richtlinie 96/65/EG der Kommission, ABl. Nr. L 265 vom 18.10.1996, S. 15) zur Angleichung der Rechts- und Verwaltungsvorschriften der Mitgliedstaaten für die Einstufung, Verpackung und Kennzeichnung gefährlicher Stoffe bzw. Zubereitungen hat der Rat ein System von Kriterien für die Einstufung gefährlicher Stoffe und Zubereitungen festgelegt.

(12) Die Definition gefährlicher chemischer Arbeitsstoffe sollte alle chemischen Stoffe umfassen, die diesen Kriterien entsprechen, und außerdem alle chemischen Stoffe, die diesen Kriterien zwar nicht entsprechen, aufgrund ihrer physikalischchemischen, chemischen oder toxikologischen Eigenschaften und der Art ihrer Verwendung oder ihres Vorhandenseins am Arbeitsplatz aber eine Gefahr für die Sicherheit und die Gesundheit der Arbeitnehmer darstellen.

(13) In der Richtlinie 90/492/EWG (ABl. Nr. L 275 vom 5.10.1990, S. 35.) hat die Kommission Definitionen und Vorschriften für ein System zur spezifischen Information über gefährliche Stoffe und Zubereitungen in Form von Sicherheitsdatenblättern niedergelegt, die hauptsächlich für berufsmäßige Benutzer bestimmt sind und es diesen ermöglichen sollen, die zum Schutz von Gesundheit und Sicherheit der Arbeitnehmer erforderlichen Maßnahmen zu ergreifen. Mit der Richtlinie 92/58/EWG des Rates vom 24. Juni 1992 über die Mindestvorschriften für die Sicherheits- und/oder Gesundheitsschutzkennzeichnung am Arbeitsplatz (neunte Einzelrichtlinie im Sinne des Artikels 16 Absatz 1 der Richtlinie 89/391/EWG) wurde ein System zur Kennzeichnung von Behältern und Rohrleitungen für gefährliche Stoffe oder Zubereitungen bei der Arbeit eingeführt.

(14) Der Arbeitgeber sollte alle Risiken für die Sicherheit und Gesundheit der Arbeitnehmer, die sich aus dem Vorhandensein gefährlicher chemischer Arbeitsstoffe am Arbeitsplatz ergeben, einer Bewertung unterziehen, um die in dieser Richtlinie vorgesehenen erforderlichen Vorbeugungs- und Schutzmaßnahmen zu ergreifen.

(15) Die im Zuge der Risikobewertung durch den Arbeitgeber festgelegten und von ihm getroffenen Vorbeugungsmaßnahmen sollten mit der Notwendigkeit des Schutzes der öffentlichen Gesundheit und der Umwelt im Einklang stehen.

(16) Um die den Arbeitnehmer zugänglichen Informationen zwecks Gewährleistung eines besseren Schutzes zu vervollständigen, ist es erforderlich, daß die Arbeitnehmer und ihre Vertreter über die durch chemische Arbeitsstoffe möglicherweise gegebenen Risiken für ihre Gesundheit und Sicherheit sowie über die zur Minderung oder Abwendung dieser Risiken erforderlichen Maßnahmen informiert werden und in die Lage versetzt werden zu kontrollieren, ob die erforderlichen Schutzmaßnahmen getroffen werden.

(17) Die Überwachung der Gesundheit der Arbeitnehmer, für die die Ergebnisse der vorgenannten Bewertung ein Gesundheitsrisiko erkennen lassen, kann einen Beitrag zu den vom Arbeitgeber zu treffenden Vorbeugungs- und Schutzmaßnahmen darstellen.

(18) Der Arbeitgeber muß in regelmäßigen Abständen Bewertungen und Messungen vornehmen und sich im Hinblick auf eine Verbesserung des Schutzes von Gesundheit und Sicherheit der Arbeitnehmer über neue technische Entwicklungen auf dem laufenden halten.

(19) Unabhängige Wissenschaftler sollten die neuesten wissenschaftlichen Daten auswerten, um die Kommission bei der Festlegung der Arbeitsplatzgrenzwerte zu unterstützen.

(20) Zwar lassen es die wissenschaftlichen Erkenntnisse in manchen Fällen nicht zu, für die Exposition gegenüber einem chemischen Arbeitsstoff einen Wert festzulegen, unterhalb dessen Gesundheitsrisiken nicht mehr gegeben sind, doch wird eine Verringerung der Exposition gegenüber den betreffenden chemischen Arbeitsstoffen diese Risiken mindern.

(21) Mit den Richtlinien 91/322/EWG (ABl. Nr. L 177 vom 5.7.1991, S. 22) und 96/94/EG (ABl. Nr. L 338 vom 28.12.1996, S. 86)*) hat die Kommission Richtgrenzwerte im Sinne der Richtlinie 80/1107/EWG festgelegt. Sie sollten als Teil des geltenden rechtlichen Rahmens beibehalten werden.

*) Die RL 96/94/EG ist gemäß Art. 4 der Richtlinie 2000/39/EG mit 31.12.2001 außer Kraft getreten.

(22) Erforderliche technische Anpassungen dieser Richtlinie sollten von der Kommission in Zusammenarbeit mit dem durch die Richtlinie 89/391/EWG eingesetzten Ausschuß ausgearbeitet werden, der die Kommission bei technischen Anpassungen an die im Rahmen der letztgenannten Richtlinie erlassenen Einzelrichtlinien zu unterstützen hat. Die Kommission sollte nach Einholung der Stellungnahme des Beratenden Ausschusses für Sicherheit, Arbeitshygiene und Gesundheitsschutz am Arbeitsplatz gemäß dem Beschluß 74/325/EWG (ABl. Nr. L 185 vom 9.7.1974, S. 15, Beschluß zuletzt geändert durch die Beitrittsakte von 1994)*) außerdem praktische Leitlinien für die Anwendung der vorliegenden Richtlinie ausarbeiten.

*) Jetzt: Beratender Ausschuss für Sicherheit und Gesundheit am Arbeitsplatz (Beschluss des Rates v. 22.7.2003, ABl. Nr. C 218 v. 13.9.2003, S. 1).

(23) Die Aufhebung der Richtlinie 80/1107/EWG darf nicht zur Folge haben, daß die gegenwärtig geltenden Standards für den Schutz der Arbeitnehmer in bezug auf chemische, physikalische und biologische Arbeitsstoffe gesenkt werden. Die Standards aufgrund der bestehenden Richtlinien für biologische Arbeitsstoffe, aufgrund der vorgeschlagenen Richtlinie für physikalische Arbeitsstoffe, aufgrund der vorliegenden Richtlinie sowie aufgrund etwaiger Änderungen der genannten Texte sollten die Standards jener Richtlinie zum Ausdruck bringen und zumindest wahren.

(24) Diese Richtlinie stellt einen praxisbezogenen Beitrag zur Ausgestaltung der sozialen Dimension des Binnenmarkts dar –

HAT FOLGENDE RICHTLINIE ERLASSEN:

ABSCHNITT I
Allgemeine Bestimmungen

Ziel und Geltungsbereich

Art. 1 (1) Mit dieser Richtlinie, der vierzehnten Einzelrichtlinie im Sinne des Artikels 16 Absatz 1 der Richtlinie 89/391/EWG, werden Mindestanforderungen für den Schutz der Arbeitnehmer gegen tatsächliche oder mögliche Gefährdungen ihrer Gesundheit und Sicherheit durch die Wirkungen von am Arbeitsplatz vorhandenen chemischen Arbeitsstoffen oder aufgrund von Tätigkeiten mit chemischen Arbeitsstoffen festgelegt.

(2) Die Anforderungen dieser Richtlinie gelten in allen Fällen, in denen gefährliche chemische Arbeitsstoffe am Arbeitsplatz vorhanden sind oder vorhanden sein können; davon unberührt bleiben Vorschriften für chemische Arbeitsstoffe, die aufgrund von Richtlinien im Rahmen des Vertrages zur Gründung der Europäischen Atomgemeinschaft Strahlenschutzmaßnahmen unterliegen.

(3) Für Karzinogene am Arbeitsplatz gilt die vorliegende Richtlinie unbeschadet strengerer und/oder spezifischer Bestimmungen der Richtlinie 90/394/EWG des Rates vom 28. Juni 1990 über den Schutz der Arbeitnehmer gegen Gefährdung durch Karzinogene bei der Arbeit (sechste Einzelrichtlinie im Sinne des Artikels 16 Absatz 1 der Richtlinie 89/391/EWG, ABl. Nr. L 196 vom 26.7.1990, S. 1*)).

*) Jetzt: RL 2004/37/EG.

(4) Die Richtlinie 89/391/EWG gilt unbeschadet strengerer und/oder spezifischer Bestimmungen der vorliegenden Richtlinie in vollem Umfang für den gesamten in diesem Artikel genannten Bereich.

(5) Für die Beförderung gefährlicher chemischer Stoffe gilt die vorliegende Richtlinie unbeschadet strengerer und/oder spezifischer Bestimmungen der Richtlinie 94/55/EG (RL 94/55/EG des Rates vom 21. November 1994 zur Angleichung der Rechtsvorschriften der Mitgliedstaaten für den Gefahrguttransport auf der Straße, ABl. Nr. L 319 vom 12.12.1994, S. 7, geändert durch die RL 96/86/EG der Kommission, ABl. Nr. L 335 vom 24.12.1996, S. 43), der Richtlinie 96/49/EG (RL 96/49/EG des Rates vom 23. Juli 1996 zur Angleichung der Rechtsvorschriften der Mitgliedstaaten für die Eisenbahnbeförderung gefährlicher Güter, ABl. Nr. L 235 vom 17.9.1996, S. 25, geändert durch die RL 96/87/EG der Kommission, ABl. Nr. L 335 v. 24.12.1996, S. 45), des IMDG-Codes, des IBC-Codes und des IGC-Codes im Sinne der Begriffsbestimmungen in Artikel 2 der Richtlinie 93/75/EWG (RL 93/75/EWG des Rates vom 13. September 1993 über die Mindestanforderung an Schiffe, die Seehäfen der Gemeinschaft anlaufen oder aus ihnen auslaufen und gefährliche oder umweltschädliche Güter befördern, ABl. Nr. L 247 v. 5.10.1993, S. 19, geändert durch die RL 97/34/EG der Kommission, ABl. Nr. L 158 v. 17.6.1997, S. 40), des Europäischen Übereinkommens über die internationale Beförderung gefährlicher Güter auf Binnenwasserstraßen und der Verordnung über die Beförderung gefährlicher Güter auf dem Rhein, wie sie in Gemeinschaftsrecht übernommen worden sind, sowie der technischen Vorschriften für die sichere Beförderung gefährlicher Güter in der zum Zeitpunkt des Inkrafttretens dieser Richtlinie von der Internationalen Zivilluftfahrt-Organisation veröffentlichten Fassung.

Begriffsbestimmungen

Art. 2 Im Sinne dieser Richtlinie bezeichnet der Ausdruck

a) *„chemische Arbeitsstoffe"* alle chemischen Elemente und Verbindungen, einzeln oder in einem Gemisch, wie sie in der Natur vorkommen oder durch eine Arbeitstätigkeit hergestellt, verwendet oder freigesetzt werden – einschließlich der Freisetzung als Abfall –, unabhängig davon, ob sie absichtlich oder unabsichtlich erzeugt und ob sie in Verkehr gebracht werden;

b) *„gefährliche chemische Arbeitsstoffe"*
   i) alle chemischen Arbeitsstoffe, die die Kriterien für die Einstufung als gefährlich in einer der Klassen für physikalische und gesundheitliche Gefahr gemäß der Verordnung (EG) Nr. 1272/2008 des Europäischen Parlaments und des Rates vom 16. Dezember 2008 über die Einstufung, Kennzeichnung und Verpackung von Stoffen und Gemischen erfüllen; dies gilt unabhängig davon, ob der chemische Arbeitsstoff aufgrund dieser Verordnung eingestuft ist.

   (Ziffer i des Art. 2 Buchstabe b) geändert durch Art. 4 Z. 1 Buchstabe a) der RL 2014/27/EU und Ziffer ii des Art. 2 Buchstabe b) aufgehoben durch Art. 4 Z. 1 Buchstabe b) der RL 2014/27/EU)

   iii) alle chemischen Arbeitsstoffe, die die Kriterien für die Einstufung als „gefährlich" nach Buchstabe b Ziffer i dieses Artikels nicht erfüllen, aber aufgrund ihrer physikalisch-chemischen, chemischen oder toxikologischen Eigenschaften und der Art und Weise, wie sie am Arbeitsplatz verwendet werden oder dort vorhanden sind, für die Sicherheit und die Gesundheit der Arbeitnehmer ein Risiko darstellen können; dies gilt auch für alle chemischen Arbeitsstoffe, denen im Rahmen des Artikels 3 ein Arbeitsplatzgrenzwert zugewiesen wurde;

c) *„Tätigkeit mit chemischen Arbeitsstoffen"* jede Arbeit, bei der chemische Arbeitsstoffe im Rahmen eines Prozesses einschließlich Produktion, Handhabung, Lagerung, Beförderung, Entsorgung und Behandlung verwendet werden oder verwendet werden sollen oder bei dieser Arbeit auftreten;

d) *„Arbeitsplatzgrenzwert"*, sofern nicht anders angegeben, den Grenzwert für die zeitlich gewichtete durchschnittliche Konzentration eines chemischen Arbeitsstoffs in der Luft im Atembereich eines Arbeitnehmers in bezug auf einen gegebenen Referenzzeitraum;

e) *„biologischer Grenzwert"* den Grenzwert für die Konzentration in dem entsprechenden biologischen Material für den jeweiligen Arbeitsstoff, seinen Metaboliten oder einen Beanspruchungsindikator;

f) *„Gesundheitsüberwachung"* die Beurteilung eines einzelnen Arbeitnehmers, mit der sein Gesundheitszustand in bezug auf die Exposition gegenüber spezifischen chemischen Arbeitsstoffen bei der Arbeit festgestellt werden soll;

g) *„Gefahr"* die einem chemischen Arbeitsstoff innewohnende Eigenschaft, potentiell Schaden zu verursachen;

h) *„Risiko"* die Wahrscheinlichkeit, daß der potentielle Schaden unter den gegebenen Verwendungs- und/oder Expositionsbedingungen auftritt.

(Ziffer iii des Art. 2 Buchstabe b) geändert durch Art. 4 Z. 1 Buchstabe c) der RL 2014/27/EU)

Arbeitsplatzgrenzwerte und biologische Grenzwerte

Art. 3 (1) Die Kommission bewertet die Zusammenhänge zwischen den gesundheitlichen Auswirkungen der gefährlichen chemischen Arbeitsstoffe und dem Niveau der arbeitsbedingten Exposition anhand einer unabhängigen wissenschaftlichen Auswertung der neuesten wissenschaftlichen Daten.

(2) Auf der Grundlage der Bewertung gemäß Absatz 1 schlägt die Kommission nach Anhörung des Beratenden Ausschusses für Sicherheit, Arbeitshygiene und Gesundheitsschutz am Arbeitsplatz europäische Ziele in Form von auf Gemeinschaftsebene festzulegenden Arbeitsplatz-Richtgrenzwerten für den Schutz der Arbeitnehmer vor den Risiken chemischer Arbeitsstoffe vor.

Der Kommission wird die Befugnis übertragen, gemäß Artikel 12a delegierte Rechtsakte zu erlassen, um diese Richtlinie durch die Festlegung oder Änderung der in Unterabsatz 1 genannten Arbeitsplatz-Richtgrenzwerte unter Berücksichtigung der verfügbaren Messtechniken zu ergänzen.

Die Mitgliedstaaten unterrichten die Organisationen der Arbeitnehmer und der Arbeitgeber regelmäßig über die auf Unionsebene festgelegten Arbeitsplatzgrenzwerte.

Ist in hinreichend begründeten Ausnahmefällen, in denen eine akute, unmittelbare und schwerwiegende Gefahr für die körperliche Gesundheit und Sicherheit von Arbeitnehmern oder anderen Personen gegeben ist, aus Gründen äußerster Dringlichkeit sehr kurzfristiges Handeln erforderlich, so findet das Verfahren gemäß Artikel 12b auf delegierte Rechtsakte, die gemäß dem vorliegenden Artikel erlassen werden, Anwendung.

(VO (EU) 2019/1243)

(3) Für jeden chemischen Arbeitsstoff, für den ein Arbeitsplatz-Richtgrenzwert auf Gemeinschaftsebene festgelegt wurde, legen die Mitgliedstaaten unter Berücksichtigung des gemeinschaftlichen Grenzwerts einen nationalen Arbeitsplatzgrenzwert fest, dessen Natur sie gemäß ihren innerstaatlichen Rechtsvorschriften und Gepflogenheiten bestimmen.

(4) Auf Gemeinschaftsebene können verbindliche Arbeitsplatzgrenzwerte festgelegt werden, die zusätzlich zu den Faktoren, die bei der Festlegung der Arbeitsplatz-Richtgrenzwerte berücksichtigt wurden, Durchführbarkeitsfaktoren widerspiegeln und gleichzeitig die Zielsetzung des Schutzes der Gesundheit der Arbeitnehmer bei der Arbeit wahren. Diese Grenzwerte, die nach dem Verfahren des Artikels 118a des Vertrags festgelegt werden, sind in Anhang I wiedergegeben.

(5) Für jeden chemischen Arbeitsstoff, für den ein verbindlicher Arbeitsplatzgrenzwert festgelegt wurde, legen die Mitgliedstaaten einen entsprechenden verbindlichen nationalen Arbeitsplatzgrenzwert fest, der sich auf den gemeinschaftlichen Grenzwert stützt, aber nicht höher als dieser sein darf.

(6) Auf Gemeinschaftsebene können auf der Grundlage der Bewertung gemäß Absatz 1 und der verfügbaren Meßtechniken verbindliche biologische Grenzwerte festgelegt werden, die die Durchführbarkeitsfaktoren widerspiegeln und gleichzeitig die Zielsetzung des Schutzes der Gesundheit der Arbeitnehmer bei der Arbeit wahren. Diese Grenzwerte, die nach dem Verfahren des Artikels 118a des Vertrags festgelegt werden, sind zusammen mit anderen maßgeblichen Angaben zur Gesundheitsüberwachung in Anhang II wiedergegeben.

(7) Für jeden chemischen Arbeitsstoff, für den ein verbindlicher biologischer Grenzwert festgelegt wurde, setzen die Mitgliedstaaten einen entsprechenden nationalen verbindlichen biologischen Grenzwert fest, der sich auf den gemeinschaftlichen Grenzwert stützt, aber nicht höher als dieser sein darf.

(8) Führt ein Mitgliedstaat für einen chemischen Arbeitsstoff einen nationalen Arbeitsplatzgrenzwert oder einen nationalen biologischen Grenzwert ein oder ändert er diese Werte, so unterrichtet er die Kommission und die anderen Mitgliedstaaten davon und übermittelt die entsprechenden wissenschaftlichen und technischen Daten. Die Kommission trifft die geeigneten Maßnahmen.

(9) Auf der Grundlage der von den Mitgliedstaaten gemäß Artikel 15 übermittelten Berichte nimmt die Kommission eine Bewertung der Art und Weise vor, wie die Mitgliedstaaten den gemeinschaftlichen Richtgrenzwerten bei der Festlegung der entsprechenden nationalen Arbeitsplatzgrenzwerte Rechnung getragen haben.

(10) Standardisierte Verfahren für die Messung und Evaluierung der Konzentrationen in der Luft am Arbeitsplatz in bezug auf die Arbeitsplatzgrenzwerte werden nach Artikel 12 Absatz 2 ausgearbeitet.

ABSCHNITT II
Pflichten der Arbeitgeber

Ermittlung und Bewertung des Risikos von gefährlichen chemischen Arbeitsstoffen

Art. 4 (1) Im Rahmen seiner Pflichten gemäß Artikel 6 Absatz 3 und Artikel 9 Absatz 1 der Richtlinie 89/391/EWG stellt der Arbeitgeber zunächst fest, ob es am Arbeitsplatz gefährliche chemische Arbeitsstoffe gibt. Ist dies der Fall, so unterzieht er alle Risiken, die sich aufgrund des Vorhandenseins dieser chemischen Arbeitsstoffe für die Sicherheit und Gesundheit der Arbeitnehmer ergeben, einer Bewertung, wobei folgenden Aspekten Rechnung zu tragen ist:

– den gefährlichen Eigenschaften;
– den Informationen, die der Lieferant über die Sicherheit und die Gesundheit etwa auf dem entsprechenden Sicherheitsdatenblatt gemäß Verordnung (EG) Nr. 1907/2006 des Europäischen Parlaments und des Rates vom 18. Dezember 2006 zur Registrierung, Bewertung, Zulassung und Beschränkung chemischer Stoffe (REACH) vorzulegen hat;
– dem Ausmaß, der Art und der Dauer der Exposition;
– den Arbeitsbedingungen im Zusammenhang mit solchen Arbeitsstoffen, einschließlich ihrer Menge;
– den im Hoheitsgebiet des betreffenden Mitgliedstaats festgelegten Arbeitsplatzgrenzwerten bzw. biologischen Grenzwerten;
– den Wirkungen der getroffenen oder zu treffenden Vorbeugungsmaßnahmen;
– soweit vorhanden, den aus einer bereits durchgeführten Gesundheitsüberwachung zu ziehenden Schlußfolgerung.

Der Arbeitgeber hat sich die für eine Risikobewertung notwendigen Informationen beim Lieferanten oder bei anderen ohne weiteres zugänglichen Quellen zu beschaffen. Soweit geeignet, gehört zu diesen Informationen auch die besondere Bewertung hinsichtlich des Risikos für die Benutzer, die auf der Grundlage von Gemeinschaftsvorschriften für chemische Stoffe erstellt wird.

(Art. 4 Abs. 1 geändert durch Art. 4 Z. 2 der RL 2014/27/EU)

(2) Der Arbeitgeber muß im Besitz einer Risikobewertung gemäß Artikel 9 der Richtlinie 89/391/EWG sein und angeben, welche Maßnahmen gemäß den Artikeln 5 und 6 der vorliegenden Richtlinie getroffen worden sind. Die Risikobewertung ist gemäß einzelstaatlichen Vorschriften und Praktiken in geeigneter Form zu dokumentieren und kann eine Begründung des Arbeitgebers einschließen, daß eine detailliertere Risikobewertung aufgrund der Art und des Umfangs der Risiken im Zusammenhang mit chemischen Arbeitsstoffen nicht erforderlich ist. Die Risikobewertung ist insbesondere dann zu aktualisieren, wenn maßgebliche Veränderungen eingetreten sind, so daß sie veraltet sein könnte, oder wenn sich eine Aktualisierung aufgrund der Ergebnisse der Gesundheitsüberwachung als erforderlich erweist.

(3) In die Risikobewertung sind bestimmte Tätigkeiten innerhalb des Unternehmens oder Betriebs, z.B. Wartungsarbeiten, einzubeziehen, bei denen vorherzusehen ist, daß auch nach Ausschöpfung sämtlicher technischer Maßnahmen die Mög-

lichkeit einer maßgeblichen Exposition besteht, oder die sich aus anderen Gründen schädlich auf die Sicherheit und Gesundheit auswirken können.

(4) Im Fall von Tätigkeiten, die mit einer Exposition gegenüber verschiedenen gefährlichen chemischen Arbeitsstoffen verbunden sind, ist die Risikobewertung anhand des Risikos vorzunehmen, das sämtliche betreffenden chemischen Arbeitsstoffe kombiniert darstellen.

(5) Im Fall einer neuen Tätigkeit mit gefährlichen chemischen Arbeitsstoffen darf die Arbeit erst aufgenommen werden, nachdem eine Bewertung des Risikos dieser Tätigkeit vorgenommen worden ist und alle ausgewiesenen Vorbeugungsmaßnahmen durchgeführt worden sind.

(6) Praktische Leitlinien für die Ermittlung und Bewertung des Risikos sowie für ihre Überprüfung und erforderlichenfalls Anpassung werden nach Artikel 12 Absatz 2 aufgestellt.

Allgemeine Grundsätze für die Verhütung von Risiken im Zusammenhang mit gefährlichen chemischen Arbeitsstoffen und Anwendung der Richtlinie in bezug auf die Risikobewertung

Art. 5 (1) Im Rahmen seiner Verpflichtung, die Gesundheit und die Sicherheit der Arbeitnehmer bei allen Tätigkeiten mit gefährlichen chemischen Arbeitsstoffen sicherzustellen, trifft der Arbeitgeber die erforderlichen Vorbeugungsmaßnahmen nach Artikel 6 Absätze 1 und 2 der Richtlinie 89/391/EWG und schließt darin die in der vorliegenden Richtlinie genannten Maßnahmen ein.

(2) Die Risiken für die Gesundheit und die Sicherheit der Arbeitnehmer bei Arbeiten mit gefährlichen chemischen Arbeitsstoffen werden durch folgende Vorkehrungen ausgeschaltet oder auf ein Minimum reduziert:

– Gestaltung des Arbeitsplatzes und Arbeitsorganisation;
– Bereitstellung geeigneter Arbeitsmittel für den Umgang mit chemischen Arbeitsstoffen und entsprechende Wartungsverfahren zur Gewährleistung der Gesundheit und Sicherheit der Arbeitnehmer bei der Arbeit;
– Begrenzung der Anzahl der Arbeitnehmer, die den chemischen Arbeitsstoffen ausgesetzt sind oder ausgesetzt sein können, auf ein Mindestmaß;
– Begrenzung der Dauer und Intensität der Exposition auf ein Mindestmaß;
– angemessene Hygienemaßnahmen;
– Begrenzung der Menge der am Arbeitsplatz vorhandenen chemischen Arbeitsstoffe auf das für die Art der betreffenden Arbeit erforderliche Mindestmaß;
– geeignete Arbeitsverfahren, einschließlich Vorkehrungen für die sichere Handhabung, Lagerung und Beförderung von gefährlichen chemischen Arbeitsstoffen und von Abfällen, die derartige chemische Arbeitsstoffe enthalten, am Arbeitsplatz.

Praktische Leitlinien für Vorbeugungsmaßnahmen zur Risikobegrenzung werden gemäß Artikel 12 Absatz 2 ausgearbeitet.

(3) Ergibt sich aus den Ergebnissen der Bewertung nach Artikel 4 Absatz 1 ein Risiko für die Sicherheit und die Gesundheit der Arbeitnehmer, so sind die besonderen Schutz-, Vorbeugungs- und Überwachungsmaßnahmen der Artikel 6, 7 und 10 anzuwenden.

(4) Ergibt sich aus den Ergebnissen der Risikobewertung nach Artikel 4 Absatz 1, daß aufgrund der am Arbeitsplatz vorhandenen Mengen eines gefährlichen chemischen Arbeitsstoffes nur ein geringfügiges Risiko für die Sicherheit und Gesundheit der Arbeitnehmer besteht, und reichen die nach den Absätzen 1 und 2 ergriffenen Maßnahmen zur Verringerung dieses Risikos aus, so sind Artikel 6, 7 und 10 nicht anwendbar.

Besondere Schutz- und Vorbeugungsmaßnahmen

Art. 6 (1) Der Arbeitgeber hat dafür zu sorgen, daß das durch einen gefährlichen chemischen Arbeitsstoff bedingte Risiko für die Sicherheit und die Gesundheit der Arbeitnehmer bei der Arbeit ausgeschaltet oder auf ein Mindestmaß verringert wird.

(2) Bei der Anwendung des Absatzes 1 ist vorrangig eine Substitution vorzunehmen; dabei hat der Arbeitgeber die Verwendung eines gefährlichen chemischen Arbeitsstoffes zu vermeiden und diesen durch einen chemischen Arbeitsstoff oder ein Verfahren zu ersetzen, der bzw. das unter den jeweiligen Verwendungsbedingungen für die Sicherheit und Gesundheit der Arbeitnehmer – je nach Fall – nicht oder weniger gefährlich ist.

Läßt sich unter Berücksichtigung des Arbeitsvorgangs und der Risikobewertung nach Artikel 4 das Risiko aufgrund der Art der Tätigkeit nicht durch Substitution ausschalten, so sorgt der Arbeitgeber dafür, daß das Risiko durch Anwendung von Schutz- und Vorbeugungsmaßnahmen, die mit der Risikobewertung nach Artikel 4 im Einklang stehen, auf ein Mindestmaß verringert wird. Zu diesen Maßnahmen gehören in der angegebenen Rangordnung:

a) Gestaltung geeigneter Arbeitsverfahren und technischer Steuerungseinrichtungen sowie Verwendung geeigneter Arbeitsmittel und Materialien, um die Freisetzung gefährlicher chemischer Arbeitsstoffe, die für die Sicherheit und die Gesundheit der Arbeitnehmer am Arbeitsplatz ein Risiko darstellen können, möglichst gering zu halten;

b) Durchführung kollektiver Schutzmaßnahmen an der Gefahrenquelle, wie z.B. angemessene Be- und Entlüftung und geeignete organisatorische Maßnahmen;

c) sofern eine Exposition nicht mit anderen Mitteln verhütet werden kann, Durchführung von individuellen Schutzmaßnahmen, die auch eine persönliche Schutzausrüstung umfassen.

Praktische Leitlinien für Schutz- und Vorbeugungsmaßnahmen zur Risikobegrenzung werden gemäß Artikel 12 Absatz 2 ausgearbeitet.

(3) Die Maßnahmen gemäß Absatz 2 werden durch eine Gesundheitsüberwachung nach Artikel 10 ergänzt, sofern diese der Art des Risikos angemessen ist.

(4) Sofern der Arbeitgeber nicht mittels anderer Beurteilungen eindeutig nachweist, daß in angemessener Weise Vorbeugung und Schutz gemäß Absatz 2 erzielt worden sind, führt er in Bezug auf chemische Arbeitsstoffe, die für die Gesundheit der Arbeitnehmer am Arbeitsplatz ein Risiko darstellen können, insbesondere im Hinblick auf die Arbeitsplatzgrenzwerte die erforderlichen regelmäßigen Messungen durch; diese Messungen sind auch durchzuführen, wenn sich die Bedingungen ändern, welche die Exposition der Arbeitnehmer gegenüber chemischen Arbeitsstoffen beeinflussen können.

(5) Der Arbeitgeber berücksichtigt bei der Erfüllung der in Artikel 4 niedergelegten oder sich aus Artikel 4 ergebenen Verpflichtungen die Ergebnisse der Verfahren nach Absatz 4.

Bei einer Überschreitung eines im Hoheitsgebiet eines Mitgliedstaats wirksam festgelegten Arbeitsplatzgrenzwerts trifft der Arbeitgeber auf jeden Fall unverzüglich unter Berücksichtigung der Natur dieses Grenzwerts Vorbeugungs- und Schutzmaßnahmen, um Abhilfe zu schaffen.

(6) Auf der Grundlage der umfassenden Risikobewertung und der allgemeinen Grundsätze der Risikoverhütung im Sinne der Artikel 4 und 5 ergreift der Arbeitgeber der Art der Tätigkeit angemessene technische und/oder organisatorische Maßnahmen, einschließlich Lagerung, Handhabung und Trennung unvereinbarer chemischer Arbeitsstoffe, um die Arbeitnehmer gegen die aufgrund der physikalisch-chemischen Eigenschaften chemischer Arbeitsstoffe auftretenden Gefahren zu schützen. Insbesondere trifft er Vorkehrungen in der angegebenen Rangordnung, um

a) das Auftreten gefährlicher Konzentrationen von entzündlichen Stoffen bzw. gefährlicher Mengen von chemisch instabilen Stoffen an der Arbeitsstätte zu verhindern; sollte die Art der Arbeit dies nicht zulassen, so gilt folgendes:

b) das Auftreten von Zündquellen, die zu Bränden und Explosionen führen könnten, oder von ungünstigen Bedingungen, durch die chemisch instabile Stoffe oder Stoffgemische zu schädlichen physikalischen Wirkungen führen könnten, ist zu vermeiden, und

c) die schädlichen Auswirkungen im Fall eines Brandes oder einer Explosion aufgrund der Entzündung entzündlicher Stoffe auf die Gesundheit und Sicherheit der Arbeitnehmer oder von chemisch instabilen Stoffen oder Stoffgemischen ausgehende schädliche physikalische Wirkungen sind zu verringern.

Arbeitsmittel und Schutzeinrichtungen, die der Arbeitgeber zum Schutz der Arbeitnehmer zu Verfügung stellt, entsprechen im Hinblick auf die Gesundheit und Sicherheit den einschlägigen Gemeinschaftsvorschriften über die Auslegung, die Herstellung und das Inverkehrbringen. Vom Arbeitgeber ergriffene technische und/oder organisatorische Maßnahmen werden unter Berücksichtigung der Einteilung der Gerätegruppen in Kategorien im Sinne des Anhangs I der Richtlinie 94/9/EG des Europäischen Parlaments und des Rates vom 23. März 1994 zur Angleichung der Rechtsvorschriften der Mitgliedstaaten für Geräte und Schutzsysteme zur bestimmungsgemäßen Verwendung in explosionsgefährdeten Bereichen (ABl. Nr. L 100 vom 19. 4. 1994, S. 1) und in Übereinstimmung mit dieser festgelegt.

Der Arbeitgeber ergreift Maßnahmen für eine ausreichende Kontrolle von Anlagen, Geräten und Maschinen oder sieht Explosionsschutzeinrichtungen bzw. Vorkehrungen zur Explosionsdruckentlastung vor.

Vorkehrungen für das Verhalten bei Unfällen, Zwischenfällen und Notfällen

Art. 7 (1) Um die Sicherheit und den Gesundheitsschutz der Arbeitnehmer bei einem Unfall, Zwischenfall oder Notfall zu gewährleisten, der mit dem Vorhandensein gefährlicher chemischer Arbeitsstoffe am Arbeitsplatz in Verbindung steht, legt der Arbeitgeber unbeschadet der Verpflichtungen nach Artikel 8 der Richtlinie 89/391/EWG Verfahren (Aktionspläne) fest, die beim Eintreten eines derartigen Ereignisses angewendet werden können, damit angemessene Maßnahmen ergriffen werden. Hiezu zählen alle einschlägigen Sicherheitsübungen, die in regelmäßigen Abständen durchzuführen sind, sowie die Bereitstellung angemessener Erste-Hilfe-Einrichtungen.

(2) Tritt eines der in Absatz 1 genannten Ereignisse ein, so ergreift der Arbeitgeber unverzüglich Maßnahmen zur Minderung der Auswirkungen des Ereignisses und zur Unterrichtung der betroffenen Arbeitnehmer.

Zur Wiederherstellung der normalen Situation

- ergreift der Arbeitgeber so bald wie möglich geeignete Abhilfemaßnahmen;
- dürfen nur diejenigen Arbeitnehmer, die für Instandsetzungsarbeiten und sonstige notwendige Tätigkeiten unbedingt benötigt werden, in dem betroffenen Bereich arbeiten.

(3) Die Arbeitnehmer, die in dem betroffenen Bereich arbeiten dürfen, sind mit geeigneter Schutzkleidung, persönlicher Schutzausrüstung, speziellen Sicherheitseinrichtungen und besonderen Arbeitsmitteln auszustatten, die sie so lange benutzen müssen, wie die Situation fortbesteht; diese Situation darf kein Dauerzustand sein.

Ungeschützte Personen dürfen nicht in dem betroffenen Bereich verbleiben.

(4) Unbeschadet des Artikels 8 der Richtlinie 89/391/EWG ergreift der Arbeitgeber die erforderlichen Maßnahmen, um Warn- und sonstige Kommunikationssysteme zur Verfügung zu stellen, die erforderlich sind, um ein erhöhtes Risiko für die Sicherheit und die Gesundheit anzuzeigen, so daß

eine angemessene Reaktion möglich ist und Abhilfemaßnahmen sowie Hilfs-, Evakuierungs- und Rettungsmaßnahmen im Bedarfsfall unverzüglich eingeleitet werden können.

(5) Der Arbeitgeber stellt sicher, daß Informationen über die Notfallvorkehrungen in bezug auf gefährliche chemische Arbeitsstoffe zur Verfügung stehen. Die zuständigen innerbetrieblichen und betriebsfremden Unfall- und Notfalldienste erhalten Zugang zu diesen Informationen. Hierzu zählen:
- Vorabmitteilung von einschlägigen Gefahren bei der Arbeit, von Vorkehrungen zur Feststellung von Gefahren, von Vorsichtsmaßregeln und Verfahren, damit die Notfalldienste ihre eigenen Abhilfemaßnahmen und Sicherheitsvorkehrungen vorbereiten können;
- alle verfügbaren Informationen über spezifische Gefahren, die bei einem Unfall oder Notfall auftreten oder auftreten können, einschließlich Informationen über die nach diesem Artikel vorbereiteten Verfahren.

Unterrichtung und Unterweisung der Arbeitnehmer

Art. 8 (1) Unbeschadet der Artikel 10 und 12 der Richtlinie 89/391/EWG stellt der Arbeitgeber sicher, dass die Arbeitnehmer und/oder ihre Vertreter folgendes erhalten:
- die gemäß Artikel 4 gewonnenen Daten sowie weitere Informationen, wenn eine größere Veränderung am Arbeitsplatz zu einer Änderung dieser Daten führt;
- Informationen über die am Arbeitsplatz auftretenden gefährlichen chemischen Arbeitsstoffe, wie z.B. Bezeichnung der Arbeitsstoffe, Risiken für die Sicherheit und die Gesundheit, relevante Arbeitsplatzgrenzwerte und sonstige gesetzliche Bestimmungen;
- Unterweisung und Informationen über angemessene Vorsichtsmaßregeln und Vorkehrungen, die der Arbeitnehmer zu seinem eigenen Schutz und zum Schutz der anderen Arbeitnehmer am Arbeitsplatz zu treffen hat;
- Zugang zu allen Sicherheitsdatenblättern, die vom Lieferanten gemäß Artikel 31 der Verordnung (EG) Nr. 1907/2006 zur Verfügung gestellt werden.

Der Arbeitgeber stellt ferner sicher, dass die Informationen
- in einer Form zur Verfügung gestellt werden, die dem Ergebnis der Risikobewertung nach Artikel 4 Rechnung trägt, wobei die Spanne der Unterrichtungsmöglichkeiten je nach Art und Umfang des im Zuge der Bewertung nach Artikel 4 festgestellten Risikos von mündlicher Mitteilung bis hin zu individueller Unterweisung und Schulung, verbunden mit schriftlicher Unterrichtung, reichen kann;
- aktualisiert werden, um veränderten Gegebenheiten Rechnung zu tragen.

(Art. 8 Abs. 1 geändert durch Art. 4 Z. 3 Buchstabe a) der RL 2014/27/EU)

(2) Sind Behälter und Rohrleitungen, die für gefährliche chemische Arbeitsstoffe bei der Arbeit verwendet werden, nicht in Übereinstimmung mit den einschlägigen gemeinschaftlichen Rechtsvorschriften über die Kennzeichnung von chemischen Arbeitsstoffen und über die Sicherheitskennzeichnung am Arbeitsplatz gekennzeichnet, so stellt der Arbeitgeber unbeschadet der in den vorgenannten Rechtsvorschriften vorgesehenen Abweichungen sicher, daß der Inhalt der Behälter und Rohrleitungen sowie die Art des Inhalts und die davon ausgehenden Gefahren eindeutig identifizierbar sind.

(3) Die Mitgliedstaaten können die erforderlichen Maßnahmen ergreifen, um sicherzustellen, dass die Arbeitgeber auf Anfrage, nach Möglichkeit vom Hersteller oder Lieferanten, alle Informationen über gefährliche chemische Arbeitsstoffe erhalten können, die zur Anwendung des Artikels 4 Absatz 1 erforderlich sind, sofern weder die Verordnung (EG) Nr. 1907/2006 noch die Verordnung (EG) Nr. 1272/2008 eine Informationspflicht vorsehen.

(Art. 8 Abs. 3 geändert durch Art. 4 Z. 3 Buchstabe b) der RL 2014/27/EU)

ABSCHNITT III
Sonstige Bestimmungen

Verbote

Art. 9 (1) Zum Schutz der Arbeitnehmer vor einer Gesundheitsgefährdung durch bestimmte chemische Arbeitsstoffe und/oder Tätigkeiten mit chemischen Arbeitsstoffen wird die Herstellung und Verarbeitung der in Anhang III genannten chemischen Arbeitsstoffe, ihre Verwendung bei der Arbeit sowie die dort genannten Tätigkeiten in dem angegebenen Umfang verboten.

(2) Die Mitgliedstaaten können für folgende Fälle Ausnahmen von Absatz 1 zulassen:
- für ausschließlich wissenschaftliche Forschungs-, Versuchs- und Analysezwecke;
- für Tätigkeiten zur Beseitigung von chemischen Arbeitsstoffen in Form von Neben- oder Abfallprodukten;
- für die Herstellung von chemischen Arbeitsstoffe im Sinne des Absatzes 1 als Zwischenprodukte und für deren Verwendung als Zwischenprodukte.

Eine Exposition der Arbeitnehmer gegenüber den chemischen Arbeitsstoffen im Sinne des Absatzes 1 ist insbesondere dadurch zu vermeiden, daß Sorge dafür getragen wird, daß die Herstellung und die möglichst baldige Verwendung dieser Stoffe als Zwischenprodukte in einem einzigen geschlossenen System erfolgen, dem sie nur entnommen werden dürfen, soweit dies für die Kontrolle des Arbeitsvorgangs oder für die Wartung des Systems erforderlich ist.

Die Mitgliedstaaten können Regelungen für Einzelgenehmigungen vorsehen.

(3) Werden gemäß Absatz 2 Ausnahmen zugelassen, so fordert die zuständige Behörde vom Arbeitgeber folgende Angaben an:

- Grund für die Beantragung der Ausnahmeregelung;
- jährlich zu verwendende Menge des chemischen Arbeitsstoffs;
- betroffene Tätigkeiten und/oder Reaktionen oder Verfahren;
- Zahl der voraussichtlich betroffenen Arbeitnehmer;
- geplante Sicherheitsvorkehrungen zur Gewährleistung der Sicherheit und des Gesundheitsschutzes der betroffenen Arbeitnehmer;
- getroffene technische und organisatorische Maßnahmen zur Verhütung der Exposition von Arbeitnehmern.

(4) Der Rat kann nach dem Verfahren des Artikels 118a des Vertrags die Verbotsliste gemäß Absatz 1 ändern, um weitere chemische Arbeitsstoffe oder Tätigkeiten einzubeziehen.

Gesundheitsüberwachung

Art. 10 (1) Unbeschadet des Artikels 14 der Richtlinie 89/391/EWG treffen die Mitgliedstaaten Vorkehrungen für die Durchführung einer angemessenen Überwachung der Gesundheit der Arbeitnehmer, für die die Ergebnisse der Bewertung nach Artikel 4 ein Gesundheitsrisiko erkennen lassen. Diese Vorkehrungen, einschließlich der Anforderungen für die Gesundheits- und Expositionsakten sowie deren Verfügbarkeit, werden entsprechend den innerstaatlichen Rechtsvorschriften und Gepflogenheiten eingeführt.

Eine Gesundheitsüberwachung, deren Ergebnisse bei der Durchführung von Vorbeugungsmaßnahmen an dem konkreten Arbeitsplatz zu berücksichtigen sind, ist in den Fällen angemessen, in denen

- die Exposition der Arbeitnehmer gegenüber einem gefährlichen chemischen Arbeitsstoff mit einer bestimmbaren Krankheit oder einer gesundheitsschädlichen Auswirkung zusammenhängen kann und
- eine Wahrscheinlichkeit besteht, daß die Krankheit oder Auswirkung unter den besonderen Arbeitsbedingungen des Arbeitnehmers auftritt, und
- das Risikopotential der Untersuchungstechnik für den Arbeitnehmer gering ist.

Zudem müssen anerkannte Techniken zur Feststellung von Anzeichen der Krankheit bzw. Auswirkung zur Verfügung stehen.

In den Fällen, in denen ein verbindlicher biologischer Grenzwert nach Anhang II festgelegt wurde, ist die Gesundheitsüberwachung für Arbeiten mit dem betreffenden Arbeitsstoff gemäß den in Anhang II vorgesehenen Verfahren eine zwingend vorgeschriebene Anforderung. Die Arbeitnehmer sind über diese Anforderung zu unterrichten, bevor eine Arbeit zugewiesen wird, die mit dem Risiko einer Exposition gegenüber dem angegebenen gefährlichen chemischen Arbeitsstoff verbunden ist.

(2) Die Mitgliedstaaten treffen Vorkehrungen, um sicherzustellen, daß für jeden Arbeitnehmer, der der Gesundheitsüberwachung nach Absatz 1 unterliegt, persönliche Gesundheits- und Expositionsakten geführt und auf dem neuesten Stand gehalten werden.

(3) Gesundheits- und Expositionsakten enthalten eine Zusammenfassung der Ergebnisse der durchgeführten Gesundheitsüberwachung und für die Exposition der betreffenden Person repräsentativen Überwachungsdaten. Eine biologische Überwachung und damit zusammenhängende Anforderungen können Teil der Gesundheitsüberwachung sein.

Die Akten sind in angemessener Weise zu führen, so daß sie zu einem späteren Zeitpunkt unter Berücksichtigung der Schweigepflicht konsultiert werden können.

Der zuständigen Behörde ist auf Verlangen eine Kopie der entsprechenden Akten zu übermitteln. Der einzelne Arbeitnehmer erhält auf Verlangen Zugang zu der ihn persönlich betreffenden Gesundheits- und Expositionsakte.

Stellt ein Unternehmen seine Tätigkeit ein, so sind die Gesundheits- und Expositionsakten der zuständigen Behörde zur Verfügung zu stellen.

(4) Ergibt die Gesundheitsüberwachung,

- daß ein Arbeitnehmer an einer bestimmten Krankheit leidet oder daß sich bei ihm eine gesundheitsschädliche Auswirkung zeigt, die nach Auffassung eines Arztes oder Arbeitsmediziners das Ergebnis der Exposition gegenüber einem gefährlichen chemischen Arbeitsstoff bei der Arbeit ist, oder
- daß ein verbindlicher biologischer Grenzwert überschritten worden ist,

so ist der Arbeitnehmer von dem Arzt oder einer anderen entsprechend qualifizierten Person über die ihn persönlich betreffenden Ergebnisse zu unterrichten, wozu auch Informationen und Beratung über Gesundheitsüberwachungsmaßnahmen, denen er sich nach Abschluß der Exposition unterziehen sollte, zählen,

und so muß der Arbeitgeber

- die gemäß Artikel 4 Absatz 1 vorgenommene Risikobewertung überprüfen;
- die vorgesehenen Maßnahmen zur Ausschaltung oder Verringerung von Risiken gemäß den Artikeln 5 und 6 überprüfen;
- den Rat des Arbeitsmediziners oder einer anderen entsprechend qualifizierten Person oder der zuständigen Behörde berücksichtigen und alle erforderlichen Maßnahmen zur Ausschaltung oder Verringerung des Risikos gemäß Artikel 6 durchführen, wozu auch die Möglichkeit zählt, dem Arbeitnehmer eine andere Tätigkeit zuzuweisen, bei der kein Risiko einer weiteren Exposition besteht;
- Vorkehrungen für eine kontinuierliche Gesundheitsüberwachung treffen und für eine Überprüfung des Gesundheitszustands aller anderen Arbeitnehmer sorgen, die in ähnli-

cher Weise exponiert waren. In diesen Fällen kann der zuständige Arzt oder Arbeitsmediziner oder die zuständige Behörde vorschlagen, daß exponierte Personen einer ärztlichen Untersuchung unterzogen werden.

Anhörung und Mitwirkung der Arbeitnehmer

Art. 11 Die Anhörung und Mitwirkung der Arbeitnehmer und/oder ihrer Vertreter in den von dieser Richtlinie und ihren Anhängen erfaßten Angelegenheiten erfolgt gemäß Artikel 11 der Richtlinie 89/391/EWG.

Anpassung der Anhänge, Ausarbeitung und Annahme technischer Leitlinien

Art. 12 (1) Der Kommission wird die Befugnis übertragen, gemäß Artikel 12a delegierte Rechtsakte zur Vornahme rein technischer Änderungen der Anhänge zu erlassen, um die technische Harmonisierung und Normung betreffend chemische Arbeitsstoffe und den technischen Fortschritt, die Entwicklung internationaler Normen oder Spezifikationen sowie neue Erkenntnisse über chemische Arbeitsstoffe zu berücksichtigen.

Ist in hinreichend begründeten Ausnahmefällen, in denen eine akute, unmittelbare und schwerwiegende Gefahr für die körperliche Gesundheit und Sicherheit von Arbeitnehmern oder anderen Personen gegeben ist, aus Gründen äußerster Dringlichkeit sehr kurzfristiges Handeln erforderlich, so findet das Verfahren gemäß Artikel 12b auf delegierte Rechtsakte, die gemäß dem vorliegenden Artikel erlassen werden, Anwendung.

(VO (EU) 2019/1243)

(2) Die Kommission stellt unverbindliche praktische Leitlinien auf. Diese Leitlinien beziehen sich auf die in den Artikeln 3, 4, 5 und 6 sowie in Anhang II Nummer 1 genannten Themen.

Die Kommission hört zunächst den Beratenden Ausschuß für Sicherheit, Arbeitshygiene und Gesundheitsschutz am Arbeitsplatz gemäß dem Beschluß 74/325/EWG.

Im Rahmen der Anwendung dieser Richtlinie berücksichtigen die Mitgliedstaaten soweit wie möglich diese Leitlinien bei der Festlegung ihrer einzelstaatlichen Politik für den Schutz von Gesundheit und Sicherheit der Arbeitnehmer.

Ausübung der Befugnisübertragung

Art. 12a (1) Die Befugnis zum Erlass delegierter Rechtsakte wird der Kommission unter den in diesem Artikel festgelegten Bedingungen übertragen.

(2) Die Befugnis zum Erlass delegierter Rechtsakte gemäß Artikel 3 Absatz 2 und Artikel 12 Absatz 1 wird der Kommission für einen Zeitraum von fünf Jahren ab dem 26. Juli 2019 übertragen. Die Kommission erstellt spätestens neun Monate vor Ablauf des Zeitraums von fünf Jahren einen Bericht über die Befugnisübertragung. Die Befugnisübertragung verlängert sich stillschweigend um Zeiträume gleicher Länge, es sei denn, das Europäische Parlament oder der Rat widersprechen einer solchen Verlängerung spätestens drei Monate vor Ablauf des jeweiligen Zeitraums.

(3) Die Befugnisübertragung gemäß Artikel 3 Absatz 2 und Artikel 12 Absatz 1 kann vom Europäischen Parlament oder vom Rat jederzeit widerrufen werden. Der Beschluss über den Widerruf beendet die Übertragung der in diesem Beschluss angegebenen Befugnis. Er wird am Tag nach seiner Veröffentlichung im *Amtsblatt der Europäischen Union* oder zu einem im Beschluss über den Widerruf angegebenen späteren Zeitpunkt wirksam. Die Gültigkeit von delegierten Rechtsakten, die bereits in Kraft sind, wird von dem Beschluss über den Widerruf nicht berührt.

(4) Vor dem Erlass eines delegierten Rechtsakts konsultiert die Kommission die von den einzelnen Mitgliedstaaten benannten Sachverständigen im Einklang mit den in der Interinstitutionellen Vereinbarung vom 13. April 2016 über bessere Rechtsetzung enthaltenen Grundsätzen.

(5) Sobald die Kommission einen delegierten Rechtsakt erlässt, übermittelt sie ihn gleichzeitig dem Europäischen Parlament und dem Rat.

(6) Ein delegierter Rechtsakt, der gemäß Artikel 3 Absatz 2 und Artikel 12 Absatz 1 erlassen wurde, tritt nur in Kraft, wenn weder das Europäische Parlament noch der Rat innerhalb einer Frist von zwei Monaten nach Übermittlung dieses Rechtsakts an das Europäische Parlament und den Rat Einwände erhoben haben oder wenn vor Ablauf dieser Frist das Europäische Parlament und der Rat beide der Kommission mitgeteilt haben, dass sie keine Einwände erheben werden. Auf Initiative des Europäischen Parlaments oder des Rates wird diese Frist um zwei Monate verlängert.

(VO (EU) 2019/1243)

Dringlichkeitsverfahren

Art. 12b (1) Delegierte Rechtsakte, die nach diesem Artikel erlassen werden, treten umgehend in Kraft und sind anwendbar, solange keine Einwände gemäß Absatz 2 erhoben werden. Bei der Übermittlung eines delegierten Rechtsakts an das Europäische Parlament und den Rat werden die Gründe für die Anwendung des Dringlichkeitsverfahrens angegeben.

(2) Das Europäische Parlament oder der Rat können gemäß dem Verfahren des Artikels 12a Absatz 6 Einwände gegen einen delegierten Rechtsakt erheben. In diesem Fall hebt die Kommission den Rechtsakt umgehend nach der Übermittlung des Beschlusses des Europäischen Parlaments oder des Rates, Einwände zu erheben, auf.

(VO (EU) 2019/1243)

Aufhebung und Änderung früherer Richtlinien

Art. 13 (1) Die Richtlinien 80/1107/EWG, 82/605/EWG und 88/364/EWG werden zu dem in Artikel 14 Absatz 1 genannten Zeitpunkt aufgehoben.

(2) – (4) *gegenstandslos*

(5) Die Richtlinien 91/322/EWG und 96/94/EG bleiben in Kraft.*)

*) Die RL 96/94/EG ist gemäß Art. 4 der RL 2000/39/EG mit 21.12.2001 außer Kraft getreten.

ABSCHNITT IV
Schlussbestimmungen

Art. 14 (1) Die Mitgliedstaaten erlassen die erforderlichen Rechts- und Verwaltungsvorschriften, um dieser Richtlinie spätestens am 5. Mai 2001 nachzukommen. Sie setzen die Kommission unverzüglich davon in Kenntnis.

Wenn die Mitgliedstaaten Vorschriften nach Absatz 1 erlassen, nehmen sie in den Vorschriften selbst oder durch einen Hinweis bei der amtlichen Veröffentlichung auf diese Richtlinie Bezug. Sie regeln die Einzelheiten der Bezugnahme.

(2) Die Mitgliedstaaten teilen der Kommission den Wortlaut der innerstaatlichen Rechtsvorschriften mit, die sie auf dem unter diese Richtlinie fallenden Gebiet bereits erlassen haben oder noch erlassen werden.

(Art. 15 aufgehoben durch Art. 3 Z. 16 der RL 2007/30/EG)

Art. 16 Diese Richtlinie tritt am zwanzigsten Tag nach ihrer Veröffentlichung im *Amtsblatt der Europäischen Gemeinschaften* in Kraft.

Art. 17 Diese Richtlinie ist an die Mitgliedstaaten gerichtet.

ANHANG I
Verzeichnis verbindlicher Arbeitsplatzgrenzwerte

Bezeichnung des Arbeitsstoffs	EINECS-Nummer(^{1})	CAS-Nummer(^{2})	Arbeitsplatzgrenzwert 8 Std.(^{3})		Arbeitsplatzgrenzwert Kurzzeitwert (^{4})	
			mg/m^3 (^{5})	ppm (^{6})	mg/m^3	ppm
Anorganisches Blei und seine Verbindungen			0,15			

(^{1}) EINECS: Europäisches Verzeichnis der auf dem Markt vorhandenen chemischen Stoffe.
(^{2}) CAS: Chemical Abstracts Service.
(^{3}) Gemessen oder berechnet in bezug auf einen Referenzzeitraum von 8 Stunden, zeitlich gewichtetes Mittel.
(^{4}) Expositionsgrenzwert, der nicht überschritten werden sollte und der – sofern nicht anders angegeben – auf einen Zeitraum von 15 Minuten bezogen ist.
(^{5}) mg/m^3: Milligramm pro Kubikmeter Luft bei 20 °C und 101,3 kPa.
(^{6}) ppm: Volumenteile pro Million in der Luft (ml/m^3).

ANHANG II
Verbindliche biologische Grenzwerte und Gesundheitsüberwachungsmaßnahmen

1. Blei und seine Ionenverbindungen
1.1. Die biologische Überwachung umfaßt die Messung des Blutbleispiegels (PbB) durch Absorptionsspektroskopie oder ein gleichwertiges Verfahren; der entsprechende biologische Grenzwert beträgt:

70 µg Pb/100 ml Blut

1.2. Eine medizinische Überwachung wird in folgenden Fällen durchgeführt:
   – Exposition gegenüber einer Konzentration von mehr als 0,075 mg/m³ Blei in der Luft, berechnet als zeitlich gewichteter Mittelwert bezogen auf 40 Stunden pro Woche, oder
   – Höhe des individuellen Blutbleispiegels der Arbeitnehmer von mehr als 40 µg Pb/100 ml Blut.

1.3. Praktische Leitlinien für die biologische und die medizinische Überwachung werden nach Artikel 12 Absatz 2 ausgearbeitet. Einzubeziehen sind dabei Empfehlungen für biologische Indikatoren (z.B. ALAU, ZPP, ALAD) und Methoden der biologischen Überwachung.

6/15. Chem. Arbeitsstoffe-RL
Anhang III

ANHANG III
Verbote

Die Herstellung und Verarbeitung der nachstehend genannten chemischen Arbeitsstoffe, ihre Verwendung bei der Arbeit sowie die entsprechenden Tätigkeiten sind verboten. Das Verbot gilt nicht, wenn der chemische Arbeitsstoff in einem anderen chemischen Arbeitsstoff oder als Bestandteil von Abfällen vorliegt, sofern seine einzelne Konzentration unter der angegebenen Grenze liegt.

a) Chemische Arbeitsstoffe

EINECS-Nummer[1]	CAS-Nummer[2]	Bezeichnung des Arbeitsstoffes	Konzentrationsgrenze für Freistellung
202-080-4	91-59-8	2-Naphtylamin und seine Salze	0,1 % w/w
202-177-1	92-67-1	4-Aminodiphenyl und seine Salze	0,1 % w/w
202-199-1	92-87-5	Benzidin und seine Salze	0,1 % w/w
202-204-7	92-93-3	4-Nitrodiphenyl	0,1 % w/w

[1] EINECS: Europäisches Verzeichnis der auf dem Markt vorhandenen chemischen Stoffe.
[2] CAS: Chemical Abstracts Service.

b) Tätigkeiten

Keine.

6/15a. 1. Arbeitsplatz-Richtgrenzwerterichtlinie

Richtlinie 2000/39/EG der Kommission zur Festlegung einer ersten Liste von Arbeitsplatz-Richtgrenzwerten in Durchführung der Richtlinie 98/24/EG des Rates zum Schutz von Gesundheit und Sicherheit der Arbeitnehmer vor der Gefährdung durch chemische Arbeitsstoffe bei der Arbeit vom 8. Juni 2000

(ABl. Nr. L 142 v. 16.6.2000, S. 47; geändert durch die RL 2006/15/EG, ABl. Nr. L 38 v. 9.2.2006, S. 36; geändert durch die RL 2009/161/EU, ABl. Nr. L 338 v. 19.12.2009, S. 87; geändert durch die RL (EU) 2017/164, ABl. Nr. L 27 v. 1.2.2017, S. 115; geändert durch die RL (EU) 2019/1831, ABl. Nr. L 279 v. 31.10.2019, S. 31)
(nicht amtlich aktualisierte Fassung)

DIE KOMMISSION DER EUROPÄISCHEN GEMEINSCHAFTEN –

gestützt auf den Vertrag zur Gründung der Europäischen Gemeinschaft,

gestützt auf die Richtlinie 98/24/EG des Rates vom 7. April 1998 zum Schutz von Gesundheit und Sicherheit der Arbeitnehmer vor der Gefährdung durch chemische Arbeitsstoffe bei der Arbeit, insbesondere auf Artikel 3 Absatz 2,

nach Stellungnahme des Beratenden Ausschusses für Sicherheit, Arbeitshygiene und Gesundheitsschutz am Arbeitsplatz,

in Erwägung nachstehender Gründe:

(1) Gemäß der Richtlinie 98/24/EG schlägt die Kommission europäische Ziele in Form von auf Gemeinschaftsebene festzulegenden Arbeitsplatz-Richtgrenzwerten für den Schutz der Arbeitnehmer vor den Risiken chemischer Arbeitsstoffe vor.

(2) Bei der Ausführung dieser Aufgabe wird die Kommission vom Wissenschaftlichen Ausschuss für Grenzwerte berufsbedingter Exposition gegenüber chemischen Arbeitsstoffen (SCOEL) unterstützt, der mit dem Beschluss 95/320/EG der Kommission (ABl. L 188 v. 9.8.1995, S. 14) eingesetzt wurde.

(3) Für jeden chemischen Arbeitsstoff, für den ein Arbeitsplatz-Richtgrenzwert auf Gemeinschaftsebene festgelegt wird, sollen die Mitgliedstaaten unter Berücksichtigung des gemeinschaftlichen Grenzwerts einen nationalen Arbeitsplatzgrenzwert festlegen, dessen Natur sie gemäß ihren innerstaatlichen Rechtsvorschriften und Gepflogenheiten bestimmen.

(4) Arbeitsplatz-Richtgrenzwerte sind als wichtiger Bestandteil des Gesamtkonzepts für den Schutz der Gesundheit der Arbeitnehmer vor den von gefährlichen Chemikalien ausgehenden Risiken am Arbeitsplatz zu betrachten.

(5) Unter Zugrundelegung der Bestimmungen der Richtlinie 80/1107/EWG des Rates vom 27. November 1980 zum Schutz der Arbeitnehmer vor der Gefährdung durch chemische, physikalische und biologische Arbeitsstoffe bei der Arbeit (ABl. L 327 v. 3.12.1980, S. 8) wurden mit den Richtlinien 91/322/EWG und 96/94/EG[(*)] der Kommission eine erste und eine zweite Liste von Richtgrenzwerten festgelegt.

[(*)] Die RL 96/94/EG ist gemäß Art. 4 der RL 2000/39/EG mit 31.12.2001 außer Kraft getreten.

(6) Die Richtlinie 80/1107/EWG wurde durch die Richtlinie 98/24/EG mit Wirkung vom 5. Mai 2001 aufgehoben.

(7) Es ist angebracht, die im Rahmen der Richtlinie 80/1107/EWG durch die Richtlinien 91/322/EWG und 96/94/EG festgelegten Richtgrenzwerte noch einmal im Rahmen der Richtlinie 98/24/EG zu verabschieden.

(8) Die im Anhang zu dieser Richtlinie vorgelegte Liste enthält die Stoffe des Anhangs zur Richtlinie 96/94/EG und darüber hinaus eine Reihe weiterer Arbeitsstoffe, für die der SCOEL nach Bewertung der neuestens verfügbaren wissenschaftlichen Daten über arbeitsmedizinische Auswirkungen und unter Berücksichtigung der einsatzfähigen Messverfahren Arbeitsplatz-Richtgrenzwerte empfohlen hat. Im Hinblick auf die vorangegangenen Ausführungen und im Interesse der Klarheit sollte die Richtlinie 96/94/EG neu gefasst werden.

(9) Für einige Stoffe ist es erforderlich, Kurzzeitgrenzwerte festzulegen, die den Auswirkungen einer kurzfristigen Exposition Rechnung tragen.

(10) Für einige Arbeitsstoffe muss auch die Möglichkeit der Hautpenetration berücksichtigt werden, um den bestmöglichen Schutz sicherzustellen.

(11) Diese Richtlinie stellt einen praxisorientierten Schritt in Richtung auf die Vollendung der sozialen Dimension des Binnenmarktes dar.

(12) Die in dieser Richtlinie festgelegten Maßnahmen stimmen mit der Stellungnahme des gemäß Artikel 17 der Richtlinie 89/391/EWG des Rates vom 12. Juni 1989 über die Durchführung von Maßnahmen zur Verbesserung der Sicherheit und des Gesundheitsschutzes der Arbeitnehmer bei der Arbeit eingesetzten Ausschusses überein –

HAT FOLGENDE RICHTLINIE ERLASSEN:

Art. 1 Für die im Anhang aufgeführten chemischen Arbeitsstoffe wird ein gemeinschaftlicher Arbeitsplatz-Richtgrenzwert festgelegt.

Art. 2 Die Mitgliedstaaten legen für die im Anhang aufgeführten chemischen Arbeitsstoffe unter Berücksichtigung der gemeinschaftlichen Werte nationale Arbeitsplatz-Grenzwerte fest.

6/15a. 1. Arb.Platz-RGW-RL
Art. 3 – 6, Anhang

Art. 3 (1) Die Mitgliedstaaten erlassen die erforderlichen Rechts- und Verwaltungsvorschriften, um dieser Richtlinie spätestens am 31. Dezember 2001 nachzukommen. Sie setzen die Kommission unverzüglich davon in Kenntnis.

Bei Erlass dieser Vorschriften nehmen die Mitgliedstaaten in den Vorschriften selbst oder durch einen Hinweis bei der amtlichen Veröffentlichung auf diese Richtlinie Bezug. Die Mitgliedstaaten regeln die Einzelheiten der Bezugnahme.

(2) Die Mitgliedstaaten teilen der Kommission den Wortlaut der innerstaatlichen Rechtsvorschriften mit, die sie auf dem unter diese Richtlinie fallenden Gebiet erlassen.

Art. 4 Die Richtlinie 96/94/EG wird mit Wirkung ab dem in Artikel 3 Absatz 1 genannten Zeitpunkt aufgehoben.

Art. 5 Diese Richtlinie tritt am 20. Tag nach ihrer Veröffentlichung im *Amtsblatt der Europäischen Gemeinschaften* in Kraft.

Art. 6 Diese Richtlinie ist an alle Mitgliedstaaten gerichtet.

ANHANG
Arbeitsplatz-Richtgrenzwerte

EINECS[1]	CAS[2]	Arbeitsstoff	Grenzwerte					Hinweis[3]
			8 Stunden[4]		Kurzzeit[5]		
			mg/m³ [6]	ppm[7]	mg/m³ [6]	ppm[7]	
200-467-2	60-29-7	Diethylether	308	100	616	200	–
200-662-2	67-64-1	Aceton	1 210	500	–	–	–
200-663-8	67-66-3	Trichlormethan	10	2	–	–	Haut
200-756-3	71-55-6	1,1,1-Trichlorethan	555	100	1 110	200	–
200-834-7	75-04-7	Ethylamin	9,4	5	–	–	–
200-863-5	75-34-3	1,1-Dichlorethan	412	100	–	–	Haut
200-870-3	75-44-5	Phosgen	0,08	0,02	0,4	0,1	–
200-871-9	75-45-6	Chlordifluormethan	3 600	1 000	–	–	–
201-159-0	78-93-3	Butanon	600	200	900	300	–
201-176-3	79-09-4	Propionsäure	31	10	62	20	–
202-422-2	95-47-6	o-Xylol	221	50	442	100	Haut
202-425-9	95-50-1	1,2-Dichlorbenzol	122	20	306	50	Haut
202-436-9	95-63-6	1,2,4-Trimethylbenzol	100	20	–	–	–
202-705-0	98-83-9	2-Phenylpropen	246	50	492	100	–
202-849-4	100-41-4	Ethylbenzol	442	100	884	200	Haut
203-313-2	105-60-2	e-Caprolactam (Staub und Dampf)	10	–	40	–	–
203-388-1	106-35-4	Heptan-3-on	95	20	–	–	–
203-396-5	106-42-3	p-Xylol	221	50	442	100	Haut
203-470-7	107-18-6	Allylalkohol	4,8	2	12,1	5	Haut
203-473-3	107-21-1	Ethandiol	52	20	104	40	Haut
203-539-1	107-98-2	1-Methoxy-2-propanol	375	100	568	150	Haut
203-550-1	108-10-1	4-Methylpentan-2-on	83	20	208	50	–
203-576-3	108-38-3	m-Xylol	221	50	442	100	Haut
203-603-9	108-65-6	2-Methoxy-1-methylethylacetat	275	50	550	100	Haut
203-604-4	108-67-8	Mesitylen (Trimethylbenzol)	100	20	–	–	–
203-631-1	108-94-1	Cyclohexanon	40,8	10	81,6	20	Haut
203-726-8	109-99-9	Tetrahydrofuran	150	50	300	100	Haut
203-737-8	110-12-3	5-Methylhexan-2-on	95	20	–	–	–
203-767-1	110-43-0	Heptan-2-on	238	50	475	100	Haut
203-808-3	110-85-0	Piperazin	0,1	–	0,3	–	–
203-905-0	111-76-2	2-Butoxyethanol	98	20	246	50	Haut

6/15a. 1. Arb.Platz-RGW-RL

Anhang

203-933-3	112-07-2	2-Butoxyethylacetat	133	20	333	50	Haut
204-065-8	115-10-6	Dimethylether	1 920	1 000	–	–	–
204-428-0	120-82-1	1,2,4-Trichlorbenzol	15,1	2	37,8	5	Haut
204-469-4	121-44-8	Triethylamin	8,4	2	12,6	3	Haut
204-662-3	123-92-2	Isopentylacetat	270	50	540	100	–
204-697-4	124-40-3	Dimethylamin	3,8	2	9,4	5	–
204-826-4	127-19-5	N,N-Dimethylacetamid	36	10	72	20	Haut
205-480-7	141-32-2	n-Butylacrylat	11	2	53	10	–
205-563-8	142-82-5	n-Heptan	2 085	500	–	–	–
208-394-8	526-73-8	1,2,3-Trimethylbenzol	100	20	–	–	–
208-793-7	541-85-5	5-Methyl-3-heptanon	53	10	107	20	–
210-946-8	626-38-0	1-Methylbutylacetat	270	50	540	100	–
211-047-3	628-63-7	Pentylacetat	270	50	540	100	–
	620-11-1	3-Pentylacetat	270	50	540	100	–
	625-16-1	tert.-Amylacetat	270	50	540	100	–
215-535-7	1330-20-7	Xylol, alle Isomeren, rein	221	50	442	100	Haut
222-995-2	3689-24-5	Sulfotep (ISO)	0,1	–	–	–	Haut
231-634-8	7664-39-3	Fluorwasserstoff	1,5	1,8	2,5	3	–
231-131-3	7440-22-4	Silber, metallisch	0,1	–	–	–	–
231-595-7	7647-01-0	Hydrogenchlorid	8	5	15	10	–
231-633-2	7664-38-2	Phosphorsäure	1	–	2	–	–
231-635-3	7664-41-7	Ammoniak, wasserfrei	14	20	36	50	–
231-954-8	7782-41-4	Fluor	1,58	1	3,16	2	–
231-978-9	7783-07-5	Dihydrogenselenid	0,07	0,02	0,17	0,05	–
233-113-0	10035-10-6	Hydrogenbromid	–	–	6,7	2	–
247-852-1	26628-22-8	Natriumazid	0,1	–	0,3	–	Haut
252-104-2	34590-94-8	(2-Methoxymethylethoxy)-propanol	308	50	–	–	Haut
		Fluoride, anorganisch	2,5	–	–	–	–

([1]) EINECS: Europäisches Verzeichnis der auf dem Markt vorhandenen chemischen Stoffe
([2]) CAS: Chemical Abstract Service Registry Number
([3]) Der Hinweis „Haut" bei einem Grenzwert zeigt die Möglichkeit an, dass größere Mengen des Stoffs durch die Haut aufgenommen werden
([4]) Zeitlich gewichteter Mittelwert, gemessen oder berechnet für einen Bezugszeitraum von acht Stunden
([5]) Grenzwert, der nicht überschritten werden soll. Soweit nicht anders angegeben, bezieht er sich auf eine Zeitdauer von 15 Minuten
([6]) mg/m^3: Milligramm pro Kubikmeter Luft bei 20 °C und 101,3 KPa
([7]) ppm: Volumenteile pro Million in Luft (ml/m^3).

(Anhang geändert durch Art. 3 der RL 2006/15/EG, Art. 3 der RL 2009/161/EU und Art. 3 der RL (EU) 2019/1831)
(RL 2006/15/EG, RL 2009/161/EU, RL (EU) 2017/164)

6/15b. 2. Arbeitsplatz-Richtgrenzwerterichtlinie

Richtlinie 2006/15/EG der Kommission zur Festlegung einer zweiten Liste von Arbeitsplatz-Richtgrenzwerten in Durchführung der Richtlinie 98/24/EG des Rates und zur Änderung der RL 91/322/EWG und 2000/39/EG vom 7. Februar 2006

(ABl. Nr. L 38 v. 9.2.2006, S. 36)

DIE KOMMISSION DER EUROPÄISCHEN GEMEINSCHAFTEN –

gestützt auf den Vertrag zur Gründung der Europäischen Gemeinschaft,

gestützt auf die Richtlinie 98/24/EG des Rates vom 7. April 1998 zum Schutz von Gesundheit und Sicherheit der Arbeitnehmer vor der Gefährdung durch chemische Arbeitsstoffe bei der Arbeit, insbesondere auf Artikel 3 Absatz 2,

nach Stellungnahme des Beratenden Ausschusses für Sicherheit, Arbeitshygiene und Gesundheitsschutz am Arbeitsplatz,

in Erwägung nachstehender Gründe:

(1) Gemäß Richtlinie 98/24/EG schlägt die Kommission europäische Ziele in Form von auf Gemeinschaftsebene festzulegenden Arbeitsplatz-Richtgrenzwerten zum Schutz der Arbeitnehmer vor der Gefährdung durch chemische Arbeitsstoffe vor.

(2) Bei der Durchführung dieser Aufgabe wird die Kommission vom Wissenschaftlichen Ausschuss für Grenzwerte berufsbedingter Exposition (SCOEL) unterstützt, der mit dem Beschluss 95/320/EG der Kommission (ABl. L 188 vom 9.8.1995, S. 14) eingesetzt wurde.

(3) Arbeitsplatz-Richtgrenzwerte sind gesundheitsbasierte, nicht verbindliche, aus den neuesten wissenschaftlichen Daten abgeleitete und die verfügbaren Messtechniken berücksichtigende Werte. Es handelt sich um Expositionsgrenzen, unterhalb deren für einen Stoff keine schädlichen Auswirkungen zu erwarten sind. Sie sind erforderlich für die Ermittlung und Bewertung des Risikos durch den Arbeitgeber gemäß Artikel 4 der Richtlinie 98/24/EG.

(4) Für jeden chemischen Arbeitsstoff, für den auf Gemeinschaftsebene ein Arbeitsplatz-Richtgrenzwert festgelegt wurde, müssen die Mitgliedstaaten einen nationalen Arbeitsplatzgrenzwert festlegen, wobei sie den Gemeinschaftsgrenzwert berücksichtigen müssen, aber den Rechtscharakter nach der einzelstaatlichen Gesetzgebung und Praxis wählen können.

(5) Arbeitsplatz-Richtgrenzwerte sollten als wichtiger Teil der Gesamtstrategie zur Gewährleistung des Schutzes der Gesundheit der Arbeitnehmer vor den durch gefährliche chemische Stoffe am Arbeitsplatz entstehenden Risiken betrachtet werden.

(6) Auf der Grundlage der Ergebnisse der im Rahmen der Verordnung (EWG) Nr. 793/93 des Rates (ABl. L 84 vom 5.4.1993, S. 1; geändert durch die Verordnung (EG) Nr. 1882/2003 des Europäischen Parlaments und des Rates, ABl. L 284 vom 31.10.2003, S. 1) zur Bewertung und Kontrolle der Umweltrisiken chemischer Altstoffe entwickelten Risikobewertung und Strategie zur Risikobegrenzung ist die Festlegung oder Überprüfung der Grenzwerte berufsbedingter Exposition für eine Reihe von Stoffen vorgesehen.

(7) Eine erste und eine zweite Liste von Richtgrenzwerten berufsbedingter Exposition wurden in den Richtlinien 91/322/EWG und 96/94/EG der Kommission im Rahmen der Richtlinie 80/1107/EWG des Rates vom 27. November 1980 zum Schutz der Arbeitnehmer vor den Gefährdungen durch chemische, physikalische und biologische Arbeitsstoffe bei der Arbeit festgelegt.

(8) Die Richtlinie 80/1107/EWG wurde mit Wirkung vom 5. Mai 2001 durch die Richtlinie 98/24/EG aufgehoben.

(9) Laut Richtlinie 98/24/EG bleiben die Richtlinien 91/322/EWG und 96/94/EWG in Kraft.

(10) Die Richtlinie 96/94/EG wurde mit Wirkung vom 31. Dezember 2001 durch die Richtlinie 2000/39/EG der Kommission vom 8. Juni 2000 zur Festlegung einer ersten Liste von Arbeitsplatz-Richtgrenzwerten in Durchführung der Richtlinie 98/24/EG des Rates zum Schutz von Gesundheit und Sicherheit der Arbeitnehmer vor der Gefährdung durch chemische Arbeitsstoffe bei der Arbeit aufgehoben.

(11) Die in der Richtlinie 91/322/EWG festgelegten Richtgrenzwerte berufsbedingter Exposition sollten unter Berücksichtigung einer Bewertung der neuesten wissenschaftlichen Daten überprüft werden.

(12) Der SCOEL hat gemäß Artikel 3 der Richtlinie 98/24/EG insgesamt 33 Stoffe bewertet, die im Anhang zur vorliegenden Richtlinie aufgeführt sind. 17 dieser 33 Stoffe standen bereits im Anhang zur Richtlinie 91/322/EWG der Kommission. Der SCOEL empfiehlt für 4 dieser Stoffe die Festlegung neuer Richtgrenzwerte und für 13 Stoffe die Beibehaltung der bisherigen Grenzwerte. Daher sollten die 17 Stoffe, die im Anhang zur vorliegenden Richtlinie aufgeführt sind, aus dem Anhang zur Richtlinie 91/322/EWG gestrichen werden, während die übrigen 10 Stoffe im Anhang zur Richtlinie 91/322/EWG verbleiben.

(13) 10 Stoffe sollten im Anhang zur Richtlinie 91/322/EWG verbleiben. Für 9 dieser Stoffe hat der SCOEL noch keine Richtgrenzwerte berufsbedingter Exposition empfohlen, während für den einen verbleibenden Stoff in naher Zukunft zusätzliche wissenschaftliche Daten erwartet werden, worauf er dem SCOEL zur Überprüfung vorgelegt werden soll.

6/15b. 2. Arb.Platz-RGW-RL
Präambel, Art. 1 – 6, Anhang

(14) Die Liste im Anhang zur vorliegenden Richtlinie umfasst auch 16 weitere Stoffe, für die der SCOEL aufgrund der Bewertung der neuesten wissenschaftlichen Daten über die gesundheitlichen Auswirkungen einer berufsbedingten Exposition und unter Berücksichtigung der Verfügbarkeit von Messmethoden gemäß Artikel 3 der Richtlinie 98/24/EG Arbeitsplatz-Richtgrenzwerte empfohlen hat.

(15) Einer dieser 16 Stoffe, Monochlorbenzol, war im Anhang zur Richtlinie 2000/39/EG enthalten. Der SCOEL hat den Arbeitsplatz-Richtgrenzwert unter Zugrundelegung neuester wissenschaftlicher Daten überprüft und die Festsetzung eines neuen Arbeitsplatz-Richtgrenzwerts empfohlen. Daher sollte dieser im Anhang zur vorliegenden Richtlinie erfasste Stoff aus dem Anhang zur Richtlinie 2000/39/EG gestrichen werden.

(16) Für bestimmte Stoffe müssen außerdem Kurzzeitexpositionsgrenzwerte festgelegt werden, um die Wirkungen kurzzeitiger Expositionen zu berücksichtigen.

(17) Für einige Stoffe muss die Möglichkeit des Eindringens durch die Haut berücksichtigt werden, um ein optimales Schutzniveau zu gewährleisten.

(18) Diese Richtlinie sollte einen praktischen Beitrag zur Verwirklichung der sozialen Dimension des Binnenmarkts darstellen.

(19) Die in dieser Richtlinie vorgesehenen Maßnahmen entsprechen der Stellungnahme des Ausschusses gemäß Artikel 17 der Richtlinie 89/391/EWG des Rates vom 12. Juni 1989 über die Durchführung von Maßnahmen zur Verbesserung der Sicherheit und des Gesundheitsschutzes der Arbeitnehmer bei der Arbeit.

(20) Die Richtlinie 91/322/EWG sollte folglich entsprechend geändert werden –

HAT FOLGENDE RICHTLINIE ERLASSEN:

Art. 1 In Durchführung der Richtlinie 98/24/EG wird für die im Anhang aufgeführten chemischen Arbeitsstoffe eine zweite Liste gemeinschaftlicher Arbeitsplatz-Richtgrenzwerte festgelegt.

Art. 2 Die Mitgliedstaaten legen für die im Anhang aufgeführten chemischen Arbeitsstoffe unter Berücksichtigung der Gemeinschaftswerte nationale Grenzwerte berufsbedingter Exposition fest.

Art. 3 (eingearbeitet in die RL 91/322/EWG und 2000/39/EG)

Art. 4 (1) Die Mitgliedstaaten erlassen die Rechts- und Verwaltungsvorschriften, um dieser Richtlinie spätestens binnen 18 Monaten nach ihrem Inkrafttreten nachzukommen.*[)]

*[)] 29. 8. 2007.

Sie übermitteln der Kommission unverzüglich den Wortlaut dieser Vorschriften sowie eine Tabelle der Entsprechungen zwischen diesen Vorschriften und den Richtlinienbestimmungen.

Bei Erlass dieser Vorschriften nehmen die Mitgliedstaaten in den Vorschriften selbst oder durch einen Hinweis bei der amtlichen Veröffentlichung auf diese Richtlinie Bezug. Die Mitgliedstaaten regeln die Einzelheiten der Bezugnahme.

(2) Die Mitgliedstaaten teilen der Kommission den Wortlaut der innerstaatlichen Rechtsvorschriften mit, die sie auf dem unter diese Richtlinie fallenden Gebiet erlassen.

Art. 5 Diese Richtlinie tritt am zwanzigsten Tag nach ihrer Veröffentlichung im *Amtsblatt der Europäischen Union* in Kraft.

Art. 6 Diese Richtlinie ist an die Mitgliedstaaten gerichtet.

Anhang
Arbeitsplatz-Richtgrenzwerte

EINECS [1]	CAS [2]	Bezeichnung des Arbeitsstoffs	Grenzwerte				Hinweis [3]
			8 Stunden [4]		Kurzzeit [5]		
			mg/m³ [6]	ppm [7]	mg/m³ [6]	ppm [7]	
200-193-3	54-11-5	Nikotin	0,5	—	—	—	Haut
200-579-1	64-18-6	Ameisensäure	9	5	—	—	—
200-659-6	67-56-1	Methanol	260	200	—	—	Haut
200-830-5	75-00-3	Chloräthan	268	100	—	—	—
200-835-2	75-05-8	Acetonitril	70	40	—	—	Haut
201-142-8	78-78-4	Isopentan	3 000	1 000	—	—	—
202-716-0	98-95-3	Nitrobenzol	1	0,2	—	—	Haut
203-585-2	108-46-3	Resorcin	45	10	—	—	Haut
203-625-9	108-88-3	Toluol	192	50	384	100	Haut
203-628-5	108-90-7	Monochlorbenzol	23	5	70	15	Haut
203-692-4	109-66-0	Pentan	3 000	1 000	—	—	—
203-716-3	109-89-7	Diethylamin	15	5	30	10	—
203-777-6	110-54-3	n-Hexane	72	20	—	—	—

6/15b. 2. Arb.Platz-RGW-RL
Anhang

203-806-2	110-82-7	Cyclohexan	700	200	—	—	—
203-815-1	110-91-8	Morpholin	36	10	72	20	—
203-906-6	111-77-3	2-(2-Methoxy-ethoxy)Ethanol	50,1	10	—	—	Haut
203-961-6	112-34-5	2-(2-Butoxy-ethoxy)Ethanol	67,5	10	101,2	15	—
204-696-9	124-38-9	Kohlendioxid	9 000	5 000	—	—	—
205-483-3	141-43-5	2-Aminoethanol	2,5	1	7,6	3	Haut
205-634-3	144-62-7	Oxalsäure	1	—	—	—	—
206-992-3	420-04-2	Cyanamid	1	0,58	—	—	Haut
207-343-7	463-82-1	Neopentan	3 000	1 000	—	—	—
215-236-1	1314-56-3	Diphosphor-pentaoxid	1	—	—	—	—
215-242-4	1314-80-3	Diphosphor-pentasulfid	1	—	—	—	—
231-131-3		Silber (lösliche Verbindungen als Ag)	0,01	—	—	—	—
		Barium (lösliche Verbindungen als Ba)	0,5	—	—	—	—
		Chrommetall, anorganische Chrom(II)-Verbindungen und anorganische Chrom(III)-Verbindungen (unlöslich)	2	—	—	—	—
231-714-2	7697-37-2	Salpetersäure	—	—	2,6	1	—
231-778-1	7726-95-6	Brom	0,7	0,1	—	—	—
231-959-5	7782-50-5	Chlor	—	—	1,5	0,5	—
232-260-8	7803-51-2	Phosphin	0,14	0,1	0,28	0,2	—
	8003-34-7	Pyrethrum (von sensibilisierenden Laktonen gereinigt)	1	—	—	—	—
233-060-3	10026-13-8	Phosphorpentachlorid	1	—	—	—	—

([1]) EINECS: Europäisches Altstoffverzeichnis.
([2]) CAS: Chemical Abstract Service Registry Number.
([3]) Der Hinweis „Haut" bei einem Grenzwert berufsbedingter Exposition zeigt an, dass größere Mengen des Stoffs durch die Haut aufgenommen werden können.
([4]) Zeitlich gewichteter Mittelwert, gemessen oder berechnet für einen Bezugszeitraum von acht Stunden.
([5]) Grenzwert, der nicht überschritten werden soll, soweit nicht anders angegeben, auf eine Dauer von 15 Minuten bezogen.
([6]) mg/m³: Milligramm pro Kubikmeter Luft bei 20 °C und 101,3 kPa.
([7]) ppm: Teile pro Million in der Luft (ml/m³).

6/15c. 3. Arbeitsplatz-Richtgrenzwerterichtlinie

Richtlinie 2009/161/EU der Kommission zur Festlegung einer dritten Liste von Arbeitsplatz-Richtgrenzwerten in Durchführung der Richtlinie 98/24/EG des Rates und zur Änderung der Richtlinie 2000/39/EG vom 17. Dezember 2009

(ABl. Nr. L 338 v. 19.12.2009, S. 87; geändert durch die RL (EU) 2017/164, ABl. Nr. L 27 v. 1.2.2017, S. 115)

DIE EUROPÄISCHE KOMMISSION –

gestützt auf den Vertrag über die Europäische Union und den Vertrag über die Arbeitsweise der Europäischen Union,

gestützt auf die Richtlinie 98/24/EG des Rates vom 7. April 1998 zum Schutz von Gesundheit und Sicherheit der Arbeitnehmer vor der Gefährdung durch chemische Arbeitsstoffe bei der Arbeit insbesondere auf Artikel 3 Absatz 2,

nach Stellungnahme des Beratenden Ausschusses für Sicherheit und Gesundheit am Arbeitsplatz,

in Erwägung nachstehender Gründe:

(1) Gemäß Richtlinie 98/24/EG schlägt die Kommission europäische Ziele in Form von auf Gemeinschaftsebene festzulegenden Arbeitsplatz-Richtgrenzwerten zum Schutz der Arbeitnehmer vor der Gefährdung durch chemische Arbeitsstoffe vor.

(2) Bei der Durchführung dieser Aufgabe wird die Kommission vom Wissenschaftlichen Ausschuss für Grenzwerte berufsbedingter Exposition (SCOEL) unterstützt, der mit dem Beschluss 95/320/EG der Kommission eingesetzt wurde.

(3) Arbeitsplatz-Richtgrenzwerte sind gesundheitsbasierte, nicht verbindliche, aus den neuesten wissenschaftlichen Daten abgeleitete und die verfügbaren Messtechniken berücksichtigende Werte. Es handelt sich um Expositionsgrenzen, unterhalb deren im Allgemeinen für einen Stoff nach kurzfristiger oder täglicher Exposition während des Erwerbslebens keine schädlichen Auswirkungen zu erwarten sind. Durch diese europäischen Zielvorgaben sollen die Arbeitgeber bei der Ermittlung und Bewertung von Risiken gemäß Artikel 4 der Richtlinie 98/24/EG unterstützt werden.

(4) Für jeden chemischen Arbeitsstoff, für den auf Gemeinschaftsebene ein Arbeitsplatz-Richtgrenzwert festgelegt wurde, müssen die Mitgliedstaaten einen nationalen Arbeitsplatzgrenzwert festlegen, wobei sie den Gemeinschaftsgrenzwert berücksichtigen müssen, aber den Rechtscharakter nach der einzelstaatlichen Gesetzgebung und Praxis wählen können.

(5) Arbeitsplatz-Richtgrenzwerte sind als wichtiger Bestandteil des Gesamtkonzepts zur Sicherstellung des Schutzes der Gesundheit der Arbeitnehmer vor den von gefährlichen Chemikalien ausgehenden Risiken am Arbeitsplatz zu betrachten.

(6) Die Ergebnisse der im Rahmen der Verordnung (EWG) Nr. 793/93 des Rates vom 23. März 1993 zur Bewertung und Kontrolle der Umweltrisiken chemischer Altstoffe entwickelten Risikobewertungen und Strategien zur Risikobegrenzung zeigen, dass für eine Reihe von Stoffen die Festlegung oder Überprüfung der Grenzwerte berufsbedingter Exposition erforderlich ist.

(7) Die Richtlinie 91/322/EWG der Kommission in der durch die Richtlinie 2006/15/EG geänderten Fassung enthält Arbeitsplatz-Richtgrenzwerte für 10 Stoffe und bleibt in Kraft.

(8) Eine erste und eine zweite Liste von Arbeitsplatz-Richtgrenzwerten wurden in den Richtlinien 2000/39/EG und 2006/15/EG der Kommission im Rahmen der Richtlinie 98/24/EG des Rates festgelegt. Die vorliegende Richtlinie legt eine dritte Liste von Arbeitsplatz-Richtgrenzwerten im Rahmen der Richtlinie 98/24/EG fest.

(9) Der SCOEL hat gemäß Artikel 3 der Richtlinie 98/24/EG 19 Stoffe bewertet, die im Anhang zu dieser Richtlinie aufgeführt sind. Einer dieser Stoffe, Phenol, war zuvor im Anhang zur Richtlinie 2000/39/EG aufgeführt. Der SCOEL hat den Arbeitsplatz-Richtgrenzwert für diesen Stoff unter Zugrundelegung neuester wissenschaftlicher Daten überprüft und die Festsetzung eines Grenzwerts für Kurzzeitexposition (STEL) empfohlen, um den bestehenden zeitlich gewichteten Mittelwert (TWA) des Arbeitsplatz-Richtgrenzwertes zu ergänzen. Daher sollte dieser jetzt im Anhang zu dieser Richtlinie erfasste Stoff aus dem Anhang zur Richtlinie 2000/39/EG gestrichen werden.

(10) Quecksilber ist ein Stoff, der ernste kumulative Auswirkungen auf die Gesundheit haben kann. Deshalb sollte eine Gesundheitsüberwachung einschließlich einer biologischen Überwachung gemäß Artikel 10 der Richtlinie 98/24/EG den Arbeitsplatz-Richtgrenzwert ergänzen.

(11) Für bestimmte Stoffe müssen außerdem Kurzzeitexpositionsgrenzwerte festgelegt werden, um die Wirkungen kurzzeitiger Expositionen zu berücksichtigen.

(12) Für einige Stoffe muss die Möglichkeit des Eindringens durch die Haut berücksichtigt werden, um ein optimales Schutzniveau zu gewährleisten.

(13) Diese Richtlinie sollte einen praktischen Beitrag zur Konsolidierung der sozialen Dimension des Binnenmarkts darstellen.

(14) Die in dieser Richtlinie vorgesehenen Maßnahmen entsprechen der Stellungnahme des Ausschusses gemäß Artikel 17 der Richtlinie 89/391/EWG des Rates vom 12. Juni 1989 über die Durchführung von Maßnahmen zur Verbesserung der Sicherheit und des Gesundheitsschutzes der Arbeitnehmer bei der Arbeit –

HAT FOLGENDE RICHTLINIE ERLASSEN:

Art. 1 In Durchführung der Richtlinie 98/24/EG wird für die im Anhang aufgeführten chemischen Arbeitsstoffe eine dritte Liste gemeinschaftlicher Arbeitsplatz-Richtgrenzwerte festgelegt.

Art. 2 Die Mitgliedstaaten legen für die im Anhang aufgeführten chemischen Arbeitsstoffe unter Berücksichtigung der gemeinschaftlichen Werte nationale Arbeitsplatz-Grenzwerte fest.

Art. 3 *(Eingearbeitet in die RL 2000/39/EG)*

Art. 4 (1) Die Mitgliedstaaten erlassen die erforderlichen Rechts- und Verwaltungsvorschriften, um dieser Richtlinie spätestens bis zum 18. Dezember 2011 nachzukommen.

Sie übermitteln der Kommission unverzüglich den Wortlaut dieser Vorschriften sowie eine Tabelle der Entsprechungen zwischen den Vorschriften und den Richtlinienbestimmungen.

Bei Erlass dieser Vorschriften nehmen die Mitgliedstaaten in den Vorschriften selbst oder durch einen Hinweis bei der amtlichen Veröffentlichung auf diese Richtlinie Bezug. Die Mitgliedstaaten regeln die Einzelheiten der Bezugnahme.

(2) Die Mitgliedstaaten teilen der Kommission den Wortlaut der innerstaatlichen Rechtsvorschriften mit, die sie auf dem unter diese Richtlinie fallenden Gebiet erlassen.

Art. 5 Diese Richtlinie tritt am zwanzigsten Tag nach ihrer Veröffentlichung im *Amtsblatt der Europäischen Union* in Kraft.

Art. 6 Diese Richtlinie ist an die Mitgliedstaaten gerichtet.

ANHANG

CAS [1]	BEZEICHNUNG DES ARBEITSSTOFFS	GRENZWERTE 8 Stunden [3] mg/m³ [5]	ppm [6]	Kurzzeit [4] mg/m³	ppm	Hinweis [2]
68-12-2	N,N Dimethylformamid	15	5	30	10	Haut
75-15-0	Kohlenstoffdisulfid	15	5	—	—	Haut
80-62-6	Methylmethacrylat	—	50	—	100	—
96-33-3	Methylacrylat	18	5	36	10	—
108-05-4	Vinylacetat	17,6	5	35,2	10	—
108-95-2	Phenol	8	2	16	4	Haut
109-86-4	2-Methoxyethanol	—	1	—	—	Haut
110-49-6	2-Methoxyethylacetat	—	1	—	—	Haut
110-80-5	2-Ethoxyethanol	8	2	—	—	Haut
111-15-9	2-Ethoxyethylacetat	11	2	—	—	Haut
123-91-1	1,4-Dioxan	73	20	—	—	—
140-88-5	Ethylacrylat	21	5	42	10	—
624-83-9	Methylisocyanat	—	—	—	0,02	—
872-50-4	N-Methyl-2-pyrrolidon	40	10	80	20	Haut
1634-04-4	tert-Butylmethylether	183,5	50	367	100	—
	Quecksilber und divalente anorganische Quecksilberverbindungen einschließlich Quecksilberoxid und Quecksilberchlorid (gemessen als Quecksilber) [7]	0,02	—	—	—	—
7664-93-9	Schwefelsäure (Nebel) [8] [9]	0,05	—	—	—	—
7783-06-4	Schwefelwasserstoff	7	5	14	10	—

[1] CAS: Chemical Abstract Service Registry Number.
[2] Der Hinweis „Haut" bei einem Grenzwert berufsbedingter Exposition zeigt an, dass größere Mengen des Stoffs durch die Haut aufgenommen werden können.
[3] Zeitlich gewichteter Mittelwert, gemessen oder berechnet für einen Bezugszeitraum von acht Stunden (TWA).
[4] Grenzwert für Kurzzeitexposition (STEL). Grenzwert, der nicht überschritten werden soll, soweit nicht anders angegeben, auf eine Dauer von 15 Minuten bezogen.
[5] mg/m³: Milligramm pro Kubikmeter Luft bei 20 °C und 101,3 kPa.
[6] ppm: Volumenteile pro Million in der Luft (ml/m³).
[7] Während der Überwachung der Exposition gegenüber Quecksilber und seinen divalenten anorganischen Verbindungen sollen die entsprechenden Techniken für biologische Überwachung, die den Arbeitsplatz-Richtgrenzwert ergänzen, berücksichtigt werden.

(⁸) Bei der Auswahl einer geeigneten Methode zur Überwachung der Exposition soll potenziellen Einschränkungen und Störungen Rechnung getragen werden, die in Gegenwart anderer Schwefelverbindungen auftreten können.
(⁹) Der Nebel ist definiert als die thoraxgängige Fraktion.

(RL (EU) 2017/164)

6/15d. 4. Arbeitsplatz-Richtgrenzwerterichtlinie

Richtlinie (EU) 2017/164 der Kommission vom 31. Januar 2017 zur Festlegung einer vierten Liste von Arbeitsplatz-Richtgrenzwerten in Durchführung der Richtlinie 98/24/EG des Rates und zur Änderung der Richtlinien 91/322/EWG, 2000/39/EG und 2009/161/EU der Kommission

(ABl. Nr. L 27 v. 1.2.2017, S. 115)

DIE EUROPÄISCHE KOMMISSION –

gestützt auf den Vertrag über die Arbeitsweise der Europäischen Union,

gestützt auf die Richtlinie 98/24/EG des Rates vom 7. April 1998 zum Schutz der Gesundheit und Sicherheit der Arbeitnehmer vor der Gefährdung durch chemische Arbeitsstoffe bei der Arbeit (im Folgenden „Richtlinie 98/24/EG"), insbesondere auf Artikel 3 Absatz 2,

in Erwägung nachstehender Gründe:

(1) Gemäß Richtlinie 98/24/EG schlägt die Kommission Unionsziele in Form von auf Unionsebene festzulegenden Arbeitsplatz-Richtgrenzwerten zum Schutz der Arbeitnehmer vor den Risiken gefährlicher Chemikalien vor.

(2) Artikel 3 Absatz 2 der Richtlinie 98/24/EG ermächtigt die Kommission, mittels Maßnahmen gemäß Artikel 17 der Richtlinie 89/391/EWG des Rates Arbeitsplatz-Richtgrenzwerte unter Berücksichtigung der verfügbaren Messtechnik festzulegen oder zu ändern.

(3) Bei dieser Aufgabe wird die Kommission vom Wissenschaftlichen Ausschuss für Grenzwerte berufsbedingter Exposition (SCOEL) unterstützt, der mit dem Beschluss 2014/113/EU der Kommission eingesetzt wurde.

(4) Im Sinne der Richtlinie 98/24/EG bezeichnet „Arbeitsplatzgrenzwert", sofern nicht anders angegeben, den Grenzwert für die zeitlich gewichtete durchschnittliche Konzentration eines chemischen Arbeitsstoffs in der Luft im Atembereich eines Arbeitnehmers in Bezug auf einen gegebenen Referenzzeitraum.

(5) Arbeitsplatz-Richtgrenzwerte sind gesundheitsbasierte, vom SCOEL aus den neuesten wissenschaftlichen Daten abgeleitete und von der Kommission unter Berücksichtigung der verfügbaren Messtechniken festgelegte Werte. Sie stellen Expositionsgrenzen dar, unterhalb deren im Allgemeinen für einen chemischen Arbeitsstoff nach kurzfristiger oder täglicher Exposition während des Erwerbslebens keine schädlichen Auswirkungen zu erwarten sind. Es handelt sich dabei um Zielvorgaben auf Unionsebene, die die Arbeitgeber bei der Ermittlung und Bewertung von Risiken und der Einführung von Vorbeugungs- und Schutzmaßnahmen gemäß der Richtlinie 98/24/EG unterstützen sollen.

(6) Gemäß der Empfehlung des SCOEL werden Arbeitsplatz-Richtgrenzwerte als zeitlich gewichtete Mittelwerte für einen Bezugszeitraum von acht Stunden (Grenzwerte für die Langzeitexposition) festgelegt und, für bestimmte chemische Arbeitsstoffe für kürzere Bezugszeiträume, in der Regel als gewichtete Mittelwerte für einen Zeitraum von 15 Minuten (Grenzwerte für die Kurzzeitexposition), um die Auswirkungen kurzzeitiger Exposition zu berücksichtigen.

(7) Für jeden chemischen Arbeitsstoff, für den auf Unionsebene ein Arbeitsplatz-Richtgrenzwert festgelegt wurde, müssen die Mitgliedstaaten einen nationalen Arbeitsplatzgrenzwert festlegen. Dabei müssen sie den Unionsgrenzwert berücksichtigen, können aber den Rechtscharakter des nationalen Grenzwerts nach der einzelstaatlichen Gesetzgebung und Praxis wählen.

(8) Arbeitsplatz-Richtgrenzwerte sind ein wichtiger Bestandteil der allgemeinen Regelung zum Schutz der Gesundheit der Arbeitnehmer vor den von gefährlichen Chemikalien ausgehenden Risiken am Arbeitsplatz.

(9) Der SCOEL hat gemäß Artikel 3 der Richtlinie 98/24/EG das Verhältnis zwischen den Auswirkungen der 31 chemischen Arbeitsstoffe, die im Anhang dieser Richtlinie aufgeführt sind, und dem Grad der Exposition bei der Arbeit bewertet und für all diese chemischen Arbeitsstoffe für die Aufnahme über die Atmung die Festlegung von Arbeitsplatz-Richtgrenzwerten in Form zeitlich gewichteter Mittelwerte für einen Bezugszeitraum von acht Stunden empfohlen. Es sollten daher für all diese Arbeitsstoffe im Anhang Grenzwerte für die Langzeitexposition festgelegt werden.

(10) Für einige dieser chemischen Arbeitsstoffe hat der SCOEL auch die Festlegung von Grenzwerten für kürzere Bezugszeiträume und/oder eines Hinweises „Haut" empfohlen.

(11) Vier dieser chemischen Arbeitsstoffe — Stickstoffmonoxid, Calciumdihydroxid, Lithiumhydrid und Essigsäure — sind gegenwärtig im Anhang der Richtlinie 91/322/EWG der Kommission aufgeführt.

(12) Einer dieser chemischen Arbeitsstoffe, 1,4-Dichlorbenzol, ist gegenwärtig im Anhang der Richtlinie 2000/39/EG der Kommission aufgeführt.

(13) Ein weiterer, Bisphenol A, ist gegenwärtig im Anhang der Richtlinie 2009/161/EU der Kommission aufgeführt.

(14) Der SCOEL hat für diese Arbeitsstoffe die Festlegung neuer Arbeitsplatz-Richtgrenzwerte empfohlen. Daher sollten für diese sechs chemischen Arbeitsstoffe überarbeitete Grenzwerte in den Anhang dieser Richtlinie aufgenommen und die Einträge für die betreffenden Stoffe aus dem

Anhang der Richtlinie 91/322/EWG, 2000/39/EG bzw. 2009/161/EU gelöscht werden.

(15) Für einen der 31 im Anhang dieser Richtlinie aufgeführten chemischen Arbeitsstoffe, Acrylsäure, hat der SCOEL die Festlegung eines Grenzwertes für die Kurzzeitexposition bezogen auf einen Zeitraum von einer Minute empfohlen. Es sollte daher für diesen chemischen Arbeitsstoff im Anhang dieser Richtlinie ein solcher Grenzwert für die Kurzzeitexposition festgelegt werden.

(16) Für bestimmte Stoffe muss die Möglichkeit des Eindringens durch die Haut berücksichtigt werden, um ein optimales Schutzniveau zu gewährleisten. Für die folgenden der 31 im Anhang dieser Richtlinie aufgeführten chemischen Arbeitsstoffe stellte der SCOEL die Möglichkeit der Aufnahme einer größeren Menge über die Haut fest: Glycerintrinitrat, Tetrachlorkohlenstoff, Hydrogencyanid, Methylenchlorid, Nitroethan, 1,4-Dichlorbenzol, Methylformiat, Tetrachlorethylen, Natriumcyanid und Kaliumcyanid. Daher sollte im Anhang dieser Richtlinie für diese chemischen Arbeitsstoffe neben dem Arbeitsplatz-Richtgrenzwert auch der Hinweis aufgeführt werden, dass größere Mengen dieser chemischen Arbeitsstoffe über die Haut aufgenommen werden können.

(17) Der Beratende Ausschuss für Sicherheit und Gesundheit am Arbeitsplatz, der gemäß Artikel 3 Absatz 2 der Richtlinie 98/24/EG gehört wurde, bestätigte, dass es Bedenken gibt hinsichtlich der technischen Umsetzbarkeit der vorgeschlagenen Arbeitsplatz-Richtgrenzwerte für Stickstoffmonoxid und Stickstoffdioxid im Untertagebau und im Tunnelbau sowie für Kohlenmonoxid im Untertagebau. Der Ausschuss bestätigte ferner, dass es gegenwärtig Probleme mit der Verfügbarkeit von Messmethoden gibt, mit denen die Einhaltung der vorgeschlagenen Stickstoffdioxid-Grenzwerte im Untertagebau und im Tunnelbau nachgewiesen werden könnte. Daher sollte den Mitgliedstaaten eine Übergangsfrist eingeräumt werden für die Umsetzung der im Anhang dieser Richtlinie festgelegten Grenzwerte für Stickstoffmonoxid, Stickstoffdioxid und Kohlenmonoxid im Untertagebau und im Tunnelbau, vor deren Ablauf die Kommission die genannten Punkte überprüft. Während dieses Übergangszeitraums können die Mitgliedstaaten statt der Grenzwerte im Anhang dieser Richtlinie weiter die derzeit geltenden Grenzwerte anwenden.

(18) Gemäß der Gemeinsamen Politischen Erklärung der Mitgliedstaaten und der Kommission zu erläuternden Dokumenten vom 28. September 2011 haben sich die Mitgliedstaaten verpflichtet, in begründeten Fällen zusätzlich zur Mitteilung ihrer Umsetzungsmaßnahmen ein oder mehrere Dokumente zu übermitteln, in denen der Zusammenhang zwischen den Bestandteilen einer Richtlinie und den entsprechenden Teilen nationaler Umsetzungsinstrumente erläutert wird.

(19) Da für einige Arbeitsstoffe bereits nationale Expositionsgrenzwerte im einzelstaatlichen Recht festgelegt sind und angesichts der Vielfalt und des technischen Charakters der Rechtsinstrumente zur Festlegung von Arbeitsplatz-Grenzwerten auf nationaler Ebene hält die Kommission in Bezug auf diese Richtlinie die Übermittlung solcher Dokumente in Form von Tabellen, aus denen die Entsprechungen zwischen den nationalen Maßnahmen und dieser Richtlinie hervorgehen, für gerechtfertigt.

(20) Der Beratende Ausschuss für Sicherheit und Gesundheit am Arbeitsplatz gab am 27. November 2014 und am 21. Mai 2015 seine Stellungnahmen ab.

(21) Die in dieser Richtlinie vorgesehenen Maßnahmen entsprechen der Stellungnahme des gemäß Artikel 17 der Richtlinie 89/391/EWG des Rates eingesetzten Ausschusses für die Anpassung an den technischen Fortschritt –

HAT FOLGENDE RICHTLINIE ERLASSEN:

Art. 1 Es wird eine vierte Liste von Arbeitsplatz-Richtgrenzwerten für die Union für die im Anhang aufgeführten chemischen Arbeitsstoffe festgelegt.

Art. 2 Die Mitgliedstaaten legen für die im Anhang aufgeführten chemischen Arbeitsstoffe unter Berücksichtigung der Unionsgrenzwerte nationale Arbeitsplatz-Grenzwerte fest.

Art. 3 Im Anhang der Richtlinie 91/322/EWG werden die Einträge für Calciumdihydroxid, Lithiumhydrid und Stickstoffmonoxid mit Wirkung vom 21. August 2018 unbeschadet des Artikels 6 Absatz 2 Buchstabe a gestrichen.

Art. 4 Im Anhang der Richtlinie 2000/39/EG wird der Eintrag für 1,4-Dichlorbenzol mit Wirkung vom 21. August 2018 gestrichen.

Art. 5 Im Anhang der Richtlinie 2009/161/EU wird der Eintrag für Bisphenol A mit Wirkung vom 21. August 2018 gestrichen.

Art. 6 1. Für den Untertagebau und den Tunnelbau können die Mitgliedstaaten für die Grenzwerte für Stickstoffmonoxid, Stickstoffdioxid und Kohlenmonoxid eine Übergangsfrist in Anspruch nehmen, die spätestens am 21. August 2023 endet.

2. Während der Übergangsfrist gemäß Absatz 1 können die Mitgliedstaaten statt der Grenzwerte im Anhang dieser Richtlinie weiter folgende Grenzwerte anwenden:

a) für Stickstoffmonoxid: die geltenden, gemäß dem Anhang der Richtlinie 91/322/EWG festgelegten Richtwerte;

b) für Stickstoffdioxid und Kohlenmonoxid: die am 1. Februar 2017 geltenden nationalen Grenzwerte.

Art. 7 1. Die Mitgliedstaaten erlassen die erforderlichen Rechts- und Verwaltungsvorschriften, um dieser Richtlinie spätestens am 21. August 2018 nachzukommen.

Sie teilen der Kommission unverzüglich den Wortlaut dieser Rechtsvorschriften mit und fügen ihrer Mitteilung ein oder mehrere erläuternde Dokumente in Tabellenform bei, aus denen die Entsprechungen zwischen den Bestimmungen der Richtlinie und den nationalen Bestimmungen hervorgehen.

6/15d. 4. Arb.Platz-RGW-RL
Art. 7 – 9, Anhang

Bei Erlass dieser Vorschriften nehmen die Mitgliedstaaten in den Vorschriften selbst oder durch einen Hinweis bei der amtlichen Veröffentlichung auf die vorliegende Richtlinie Bezug. Die Mitgliedstaaten regeln die Einzelheiten dieser Bezugnahme.

2. Die Mitgliedstaaten teilen der Kommission den Wortlaut der wichtigsten nationalen Vorschriften mit, die sie auf dem unter diese Richtlinie fallenden Gebiet erlassen.

Art. 8 Diese Richtlinie tritt am zwanzigsten Tag nach ihrer Veröffentlichung im *Amtsblatt der Europäischen Union* in Kraft.

Art. 9 Diese Richtlinie ist an die Mitgliedstaaten gerichtet.

ANHANG

EG-Nr. ([1])	CAS-Nr. ([2])	BEZEICHNUNG DES CHEMISCHEN ARBEITSSTOFFES	GRENZWERTE				Hinweis ([3])
			8 Stunden ([4])		Kurzzeit ([5])		
			mg/m³ ([6])	ppm ([7])	mg/m³ ([6])	ppm ([7])	
—	—	Mangan und anorganische Manganverbindungen (als Mangan)	0,2 ([8]) 0,05 ([9])	—	—	—	—
200-240-8	55-63-0	Glycerintrinitrat	0,095	0,01	0,19	0,02	Haut
200-262-8	56-23-5	Tetrachlorkohlenstoff; Tetrachlormethan	6,4	1	32	5	Haut
200-521-5	61-82-5	Amitrol	0,2	—	—	—	—
200-580-7	64-19-7	Essigsäure	25	10	50	20	—
200-821-6	74-90-8	Hydrogencyanid (als Cyanid)	1	0,9	5	4,5	Haut
200-838-9	75-09-2	Methylenchlorid; Dichlormethan	353	100	706	200	Haut
200-864-0	75-35-4	Vinylidenchlorid; 1,1-Dichlorethylen	8	2	20	5	—
201-083-8	78-10-4	Tetraethylorthosilicat	44	5	—	—	—
201-177-9	79-10-7	Acrylsäure; Prop-2-ensäure	29	10	59 ([10])	20 ([10])	—
201-188-9	79-24-3	Nitroethan	62	20	312	100	Haut
201-245-8	80-05-7	Bisphenol A; 4,4′-Isopropylidendiphenol	2 ([8])	—	—	—	—
202-981-2	101-84-8	Diphenylether	7	1	14	2	—
203-234-3	104-76-7	2-Ehylhexan-1-ol	5,4	1	—	—	—
203-400-5	106-46-7	1,4-Dichlorbenzol p-Dichlorbenzol	12	2	60	10	Haut
203-453-4	107-02-8	Acrolein; Acrylaldehyd; Prop-2-enal	0,05	0,02	0,12	0,05	—
203-481-7	107-31-3	Methylformiat	125	50	250	100	Haut
203-788-6	110-65-6	But-2-in-1,4-diol	0,5	—	—	—	—
204-825-9	127-18-4	Tetrachlorethylen	138	20	275	40	Haut
205-500-4	141-78-6	Ethylacetat	734	200	1 468	400	—
205-599-4	143-33-9	Natriumcyanid (als Cyanid)	1	—	5	—	Haut
205-792-3	151-50-8	Kaliumcyanid (als Cyanid)	1	—	5	—	Haut
207-069-8	431-03-8	Diacetyl; Butandiol	0,07	0,02	0,36	0,1	—
211-128-3	630-08-0	Kohlenmonoxid	23	20	117	100	—
215-137-3	1305-62-0	Calciumdihydroxid	1 ([9])	—	4 (9)	—	—

215-138-9	1305-78-8	Calciumoxid	1 (⁹)	—	4 (9)	—	—
231-195-2	7446-09-5	Schwefeldioxid	1,3	0,5	2,7	1	—
231-484-3	7580-67-8	Lithiumhydrid	—	—	0,02 (⁸)	—	—
233-271-0	10102-43-9	Stickstoffmonoxid	2,5	2	—	—	—
233-272-6	10102-44-0	Stickstoffdioxid	0,96	0,5	1,91	1	—
262-967-7	61788-32-7	Terphenyl, hydriert	19	2	48	5	—

(¹) EG-Nr.: Die EG-Nummer ist die Kennnummer für Stoffe in der Europäischen Union.
(²) CAS-Nr.: Nummer des „Chemical Abstracts Service".
(³) Der Hinweis „Haut" bei einem Grenzwert berufsbedingter Exposition zeigt an, dass größere Mengen des Stoffs durch die Haut aufgenommen werden können.
(⁴) Zeitlich gewichteter Mittelwert, gemessen oder berechnet für einen Bezugszeitraum von acht Stunden (TWA).
(⁵) Grenzwert für Kurzzeitexposition (STEL). Grenzwert, der nicht überschritten werden soll, soweit nicht anders angegeben, auf eine Dauer von 15 Minuten bezogen.
(⁶) mg/m³: Milligramm pro Kubikmeter Luft. Für chemische Stoffe in der Gas- oder Dampfphase wird der Grenzwert bei 20 °C und 101,3 kPa angegeben.
(⁷) ppm: Volumenteile pro Million in der Luft (ml/m³).
(⁸) Einatembare Fraktion.
(⁹) Alveolengängige Fraktion.
(¹⁰) Grenzwert für die Kurzzeitexposition für einen Bezugszeitraum von einer Minute.

6/15e. 5. Arb.Platz-RGW-RL

6/15e. 5. Arbeitsplatz-Richtgrenzwerterichtlinie

Richtlinie (EU) 2019/1831 der Kommission vom 24. Oktober 2019 zur Festlegung einer fünften Liste von Arbeitsplatz-Richtgrenzwerten in Durchführung der Richtlinie 98/24/EG des Rates und zur Änderung der Richtlinie 2000/39/EG der Kommission

(ABl. Nr. L 279 v. 31.10.2019, S. 31; berichtigt durch ABl. Nr. L 15 v. 24.1.2022, S. 21)

DIE EUROPÄISCHE KOMMISSION –

gestützt auf den Vertrag über die Arbeitsweise der Europäischen Union,

gestützt auf die Richtlinie 98/24/EG des Rates vom 7. April 1998 zum Schutz von Gesundheit und Sicherheit der Arbeitnehmer vor der Gefährdung durch chemische Arbeitsstoffe bei der Arbeit, insbesondere auf Artikel 3 Absatz 2,

in Erwägung nachstehender Gründe:

(1) Grundsatz 10 der europäischen Säule sozialer Rechte, die am 17. November 2017 in Göteborg proklamiert wurde, sieht vor, dass alle Arbeitnehmerinnen und Arbeitnehmer das Recht auf ein gesundes, sicheres und geeignetes Arbeitsumfeld haben. Das Recht auf ein hohes Maß an Sicherheit und Gesundheitsschutz am Arbeitsplatz und ein Arbeitsumfeld, das ihren beruflichen Bedürfnissen entspricht und ihnen eine lange Teilnahme am Arbeitsmarkt ermöglicht, beinhaltet auch den Schutz gegenüber chemischen Arbeitsstoffen bei der Arbeit.

(2) In ihrer Mitteilung „Sicherere und gesündere Arbeitsbedingungen für alle" hob die Kommission deutlich hervor, dass der Schutz der Arbeitnehmer gegenüber gefährlichen chemischen Stoffen am Arbeitsplatz weiterhin verbessert werden muss.

(3) Gemäß der Richtlinie 98/24/EG schlägt die Kommission für die Europäische Union (EU) Ziele in Form von auf EU-Ebene festzulegenden Arbeitsplatz-Richtgrenzwerten zum Schutz der Arbeitnehmer vor den Risiken gefährlicher Chemikalien vor.

(4) Artikel 3 Absatz 2 der Richtlinie 98/24/EG ermächtigt die Kommission – gestützt auf Maßnahmen gemäß Artikel 17 der Richtlinie 89/391/EWG des Rates – Arbeitsplatz-Richtgrenzwerte unter Berücksichtigung der verfügbaren Messtechnik festzulegen oder zu ändern.

(5) Gemäß Artikel 3 Absatz 1 der Richtlinie 98/24/EG bewertet die Kommission anhand einer unabhängigen wissenschaftlichen Auswertung der neuesten wissenschaftlichen Daten die Zusammenhänge zwischen den gesundheitlichen Auswirkungen der gefährlichen chemischen Arbeitsstoffe und dem Niveau der arbeitsbedingten Exposition.

(6) Bei dieser Aufgabe wird die Kommission vom Wissenschaftlichen Ausschuss für Grenzwerte berufsbedingter Exposition gegenüber chemischen Arbeitsstoffen (SCOEL) unterstützt, der mit dem Beschluss 2014/113/EU der Kommission eingesetzt wurde.

(7) Gemäß der Richtlinie 98/24/EG bezeichnet „Arbeitsplatzgrenzwert", sofern nicht anders angegeben, den Grenzwert für die zeitlich gewichtete durchschnittliche Konzentration eines chemischen Arbeitsstoffs in der Luft im Atembereich eines Arbeitnehmers in Bezug auf einen gegebenen Referenzzeitraum.

(8) Arbeitsplatz-Richtgrenzwerte sind gesundheitsbasierte, aus den neuesten wissenschaftlichen Daten abgeleitete und von der Kommission unter Berücksichtigung der verfügbaren Messtechniken festgelegte Werte. Sie stellen Expositionsgrenzen dar, unterhalb deren im Allgemeinen für einen chemischen Arbeitsstoff nach kurzfristiger oder täglicher Exposition während des Erwerbslebens keine schädlichen Auswirkungen zu erwarten sind. Es handelt sich dabei um Zielvorgaben auf EU-Ebene, die die Arbeitgeber bei der Ermittlung und Bewertung von Risiken und der Einführung von Vorbeugungs- und Schutzmaßnahmen gemäß der Richtlinie 98/24/EG unterstützen sollen.

(9) Gemäß den Empfehlungen des SCOEL werden Arbeitsplatz-Richtgrenzwerte als zeitlich gewichtete Mittelwerte für einen Bezugszeitraum von acht Stunden (Grenzwert für die Langzeitexposition) festgelegt und, für bestimmte chemische Arbeitsstoffe für kürzere Bezugszeiträume, in der Regel als gewichtete Mittelwerte für einen Zeitraum von 15 Minuten (Grenzwerte für die Kurzzeitexposition), um die Auswirkungen kurzzeitiger Exposition zu berücksichtigen.

(10) Für jeden chemischen Arbeitsstoff, für den auf EU-Ebene ein Arbeitsplatz-Richtgrenzwert festgelegt wurde, müssen die Mitgliedstaaten einen nationalen Arbeitsplatzgrenzwert festlegen. Dabei müssen sie den EU-Grenzwert berücksichtigen, können aber den Rechtscharakter des nationalen Grenzwerts nach der einzelstaatlichen Gesetzgebung und Praxis wählen.

(11) Arbeitsplatz-Richtgrenzwerte sind ein wichtiger Bestandteil der allgemeinen Regelungen zum Schutz der Gesundheit der Arbeitnehmer vor den von gefährlichen Chemikalien ausgehenden Risiken am Arbeitsplatz.

(12) Der SCOEL hat gemäß Artikel 3 der Richtlinie 98/24/EG das Verhältnis zwischen den gesundheitlichen Auswirkungen der 10 chemischen Arbeitsstoffe, die im Anhang dieser Richtlinie aufgeführt sind, und dem Grad der Exposition bei der Arbeit bewertet. Für alle diese chemischen Arbeitsstoffe hat er in Zusammenhang mit der Festlegung von Arbeitsplatz-Richtgrenzwerten für die Aufnahme über die Atmung in Form zeitlich gewichteter Mittelwerte für einen Bezugszeitraum von acht Stunden empfohlen. Es sollten daher für alle diese Arbeitsstoffe im Anhang dieser Richt-

linie Grenzwerte für die Langzeitexposition festgelegt werden.

(13) Für einige dieser Arbeitsstoffe, d. h. Anilin, Trimethylamin, 2-Phenylpropen (Cumol), sec-Butylacetat, 4-Aminotoluol, Isobutylacetat, Isoamylalkohol, n-Butylacetat und Phosphorylchlorid, hat der SCOEL zudem die Festlegung von Grenzwerten für die Kurzzeitexposition empfohlen.

(14) Für bestimmte Stoffe muss die Möglichkeit des Eindringens durch die Haut berücksichtigt werden, um ein optimales Schutzniveau zu gewährleisten. Unter den im Anhang dieser Richtlinie aufgeführten chemischen Arbeitsstoffen stellte der SCOEL für Anilin, 2-Phenylpropen (Cumol) und 4-Aminotoluol die Möglichkeit der Aufnahme einer größeren Menge über die Haut fest. Daher sollte im Anhang dieser Richtlinie für diese chemischen Arbeitsstoffe neben dem Arbeitsplatz-Richtgrenzwert auch der Hinweis eingefügt werden, dass größere Mengen dieser chemischen Arbeitsstoffe über die Haut aufgenommen werden können.

(15) Einer der chemischen Arbeitsstoffe, 2-Phenylpropen (Cumol), ist gegenwärtig im Anhang der Richtlinie 2000/39/EG der Kommission (6) aufgeführt. Der SCOEL hat für diesen Stoff die Festlegung eines neuen Arbeitsplatz-Richtgrenzwerts empfohlen. Daher sollte ein neuer Grenzwert für 2-Phenylpropen (Cumol) im Anhang der vorliegenden Richtlinie eingefügt und der entsprechende Eintrag im Anhang der Richtlinie 2000/39/EG gestrichen werden.

(16) Gemäß der Gemeinsamen Politischen Erklärung der Mitgliedstaaten und der Kommission zu erläuternden Dokumenten vom 28. September 2011 haben sich die Mitgliedstaaten verpflichtet, in begründeten Fällen zusätzlich zur Mitteilung ihrer Umsetzungsmaßnahmen ein oder mehrere Dokumente zu übermitteln, in denen der Zusammenhang zwischen den Bestandteilen einer Richtlinie und den entsprechenden Teilen nationaler Umsetzungsinstrumente erläutert wird.

(17) Da für einige Arbeitsstoffe bereits nationale Arbeitsplatz-Grenzwerte im einzelstaatlichen Recht festgelegt sind und angesichts der Vielfalt und des technischen Charakters der nationalen Rechtsinstrumente mit Arbeitsplatz-Grenzwerten hält die Kommission es in Bezug auf diese Richtlinie für gerechtfertigt, solche Dokumente in Form von Tabellen zu übermitteln, aus denen die Entsprechungen zwischen den nationalen Maßnahmen und dieser Richtlinie hervorgehen.

(18) Der Beratende Ausschuss für Sicherheit und Gesundheit am Arbeitsplatz wurde gemäß Artikel 3 Absatz 2 der Richtlinie 98/24/EG gehört und gab am 6. Dezember 2017 und am 31. Mai 2018 seine Stellungnahmen ab. Der Ausschuss bestätigte, dass es gegenwärtig Probleme mit der Verfügbarkeit von Messmethoden gibt, mit denen die Einhaltung der vorgeschlagenen Grenzwerte für Phosphorylchlorid und Isoamylalkohol nachgewiesen werden könnte, und dass sichergestellt werden sollte, dass bis zum Ende des Übergangszeitraums geeignete Techniken verfügbar sind.

(19) Die in dieser Richtlinie vorgesehenen Maßnahmen entsprechen der Stellungnahme des gemäß Artikel 17 der Richtlinie 89/391/EWG eingesetzten Ausschusses für die Anpassung an den technischen Fortschritt –

HAT FOLGENDE RICHTLINIE ERLASSEN:

Art. 1 Es wird eine fünfte Liste von Arbeitsplatz-Richtgrenzwerten für die EU für die im Anhang aufgeführten chemischen Arbeitsstoffe festgelegt.

Art. 2 Die Mitgliedstaaten legen für die im Anhang aufgeführten chemischen Arbeitsstoffe unter Berücksichtigung der EU- Grenzwerte nationale Arbeitsplatz-Grenzwerte fest.

Art. 3 Im Anhang der Richtlinie 2000/39/EG wird der Eintrag für Cumol mit Wirkung vom 20. Mai 2021 gestrichen.

Art. 4 (1) Die Mitgliedstaaten erlassen und veröffentlichen spätestens am 20. Mai 2021 die erforderlichen Rechts- und Verwaltungsvorschriften, um dieser Richtlinie nachzukommen.

Sie teilen der Kommission unverzüglich den Wortlaut dieser Rechtsvorschriften mit und fügen ihrer Mitteilung ein oder mehrere erläuternde Dokumente in Tabellenform bei, aus denen die Entsprechungen zwischen den Bestimmungen der Richtlinie und den nationalen Bestimmungen hervorgehen.

Bei Erlass dieser Vorschriften nehmen die Mitgliedstaaten in den Vorschriften selbst oder durch einen Hinweis bei der amtlichen Veröffentlichung auf diese Richtlinie Bezug. Die Mitgliedstaaten regeln die Einzelheiten dieser Bezugnahme.

(2) Die Mitgliedstaaten teilen der Kommission den Wortlaut der wichtigsten nationalen Rechtsvorschriften mit, die sie auf dem unter diese Richtlinie fallenden Gebiet erlassen.

Art. 5 Diese Richtlinie tritt am zwanzigsten Tag nach ihrer Veröffentlichung im *Amtsblatt der Europäischen Union* in Kraft.

Art. 6 Diese Richtlinie ist an die Mitgliedstaaten gerichtet.

6/15e. 5. Arb.Platz-RGW-RL
Anhang

ANHANG

EG-Nr. ([1])	CAS-Nr. ([2])	Bezeichnung des chemischen Arbeitsstoffes	Grenzwerte 8 Stunden ([4])		Grenzwerte Kurzzeit ([5])		Hinweis ([3])
			mg/m³ ([6])	ppm ([7])	mg/m³ ([6])	ppm ([7])	
200-539-3	62-53-3	Anilin ([8])	7,74	2	19,35	5	Haut
200-817-4	74-87-3	Chlormethan	42	20	-	-	-
200-875-0	75-50-3	Trimethylamin	4,9	2	12,5	5	-
202-704-5	98-82-8	2-Phenylpropen (Cumol) ([8])	50	10	250	50	Haut
203-300-1	105-46-4	sec-Butylacetat	241	50	723	150	-
203-403-1	106-49-0	4-Aminotoluol	4,46	1	8,92	2	Haut
203-745-1	110-19-0	Isobutylacetat	241	50	723	150	-
204-633-5	123-51-3	Isoamylalkohol	18	5	37	10	-
204-658-1	123-86-4	n-Butylacetat	241	50	723	150	-
233-046-7	10025-87-3	Phosphorylchlorid	0,064	0,01	0,13	0,02	-

([1]) EG-Nr.: Die EG-Nummer ist die Kennnummer für Stoffe in der Europäischen Union.
([2]) CAS-Nr.: Nummer des „Chemical Abstracts Service".
([3]) Der Hinweis Haut bei einem Arbeitsplatz-Grenzwert zeigt an, dass möglicherweise größere Mengen des Stoffs durch die Haut aufgenommen werden.
([4]) Zeitlich gewichteter Mittelwert, gemessen oder berechnet für einen Bezugszeitraum von acht Stunden (TWA).
([5]) Grenzwert für Kurzzeitexposition (STEL), der nicht überschritten werden soll. Soweit nicht anders angegeben, auf eine Dauer von 15 Minuten bezogen.
([6]) mg/m³: Milligramm pro Kubikmeter Luft. Für chemische Stoffe in der Gas- oder Dampfphase wird der Grenzwert bei 20 °C und 101,3 kPa angegeben.
([7]) ppm: Volumenteile pro Million in der Luft (ml/m³).
([8]) Während der Überwachung der Exposition sollen die entsprechenden vom Wissenschaftlichen Ausschuss für Grenzwerte berufsbedingter Exposition gegenüber chemischen Arbeitsstoffen (SCOEL) vorgeschlagenen Werte für biologische Überwachung berücksichtigt werden.

6/15f. Richtgrenzwerterichtlinie

Richtlinie 91/322/EWG der Kommission zur Festsetzung von Richtgrenzwerten zur Durchführung der Richtlinie 80/1107/EWG des Rates über den Schutz der Arbeitnehmer vor der Gefährdung durch chemische, physikalische und biologische Arbeitsstoffe bei der Arbeit vom 29. Mai 1991

(ABl. Nr. L 177 v. 5.7.1991, S. 22; geändert durch die RL 2006/15/EG, ABl. Nr. L 38 v. 9.2.2006, S. 36; geändert durch die RL (EU) 2017/164, ABl. Nr. L 27 v. 1.2.2017, S. 115)
(nicht amtlich aktualisierte Fassung)

DER RAT DER EUROPÄISCHEN GEMEINSCHAFTEN –

gestützt auf den Vertrag zur Gründung der Europäischen Wirtschaftsgemeinschaft,

gestützt auf die Richtlinie 80/1107/EWG des Rates vom 27. November 1980 zum Schutz der Arbeitnehmer vor der Gefährdung durch chemische, physikalische und biologische Arbeitsstoffe bei der Arbeit, zuletzt geändert durch die Richtlinie 88/642/EWG (ABl. Nr. L 356 vom 24.12.1988, S. 74)*⁾, insbesondere auf Artikel 8 Absatz 4 erster Unterabsatz,

*⁾ *Die RL 80/1107/EWG und 88/642/EWG wurden durch Art. 13 der RL 98/24/EG mit Wirkung ab 5. Mai 2001 aufgehoben.*

nach Stellungnahme des Beratenden Ausschusses für Sicherheit, Arbeitshygiene und Gesundheitsschutz am Arbeitsplatz,

in Erwägung nachstehender Gründe:

Artikel 8 Absatz 4 Unterabsatz 3 der Richtlinie 80/1107/EWG schreibt vor, daß die Richtgrenzwerte berufsbedingter Exposition auf der Grundlage von auf wissenschaftlichen Daten beruhenden Beratungen von Sachverständigen festgelegt werden.

Die Festlegung dieser Grenzwerte hat die Harmonisierung der Voraussetzungen in diesem Bereich zum Ziel, unter Beibehaltung der erzielten Verbesserungen.

Die vorliegende Richtlinie stellt einen praktischen Schritt zur Schaffung der sozialen Dimension des Binnenmarkts dar.

Grenzwerte berufsbedingter Exposition sind als wesentlicher Bestandteil des globalen Ansatzes zur Gewährleistung des Gesundheitsschutzes der Arbeitnehmer am Arbeitsplatz zu sehen.

Eine erste Liste von Grenzwerten berufsbedingter Exposition kann für diejenigen Arbeitsstoffe erstellt werden, für die in den einzelnen Mitgliedstaaten ähnliche Grenzwerte bestehen, wobei diejenigen Agenzien vorrangig behandelt werden sollten, die am Arbeitsplatz vorkommen und gesundheitliche Auswirkungen zeitigen können. Zur Erstellung dieser ersten Liste sind die bereits vorliegenden wissenschaftlichen Daten über die gesundheitlichen Auswirkungen heranzuziehen, obschon sie für bestimmte Arbeitsstoffe ausgesprochen unzureichend sind.

Es kann zusätzlich erforderlich sein, Grenzwerte berufsbedingter Exposition für kürzere Zeiträume festzulegen, um auch die Auswirkungen von Kurzzeitexpositionen berücksichtigen zu können.

Die Richtlinie 80/1107/EWG beschreibt eine Referenzmethode unter anderem für die Ermittlung der Belastung und die Meßstrategie in Zusammenhang mit den Grenzwerten berufsbedingter Exposition.

Angesichts der Bedeutung, die der Ermittlung zuverlässiger Meßwerte der Exposition im Hinblick auf die Grenzwerte berufsbedingter Exposition zukommt, kann es künftig erforderlich sein, geeignete Referenzmethoden festzulegen.

Die Grenzwerte berufsbedingter Exposition müssen einer ständigen Überwachung unterliegen und, falls anhand neuer wissenschaftlicher Daten nachgewiesen wird, daß sie überholt sind, angepaßt werden.

Für bestimmte Arbeitsstoffe sind in Zukunft sämtliche Aufnahmewege, einschließlich der Möglichkeit einer Penetration durch die Haut, in Betracht zu ziehen, soll der bestmögliche Schutz gewährleistet werden.

Die in der vorliegenden Richtlinie vorgesehenen Maßnahmen stehen im Einklang mit der Stellungnahme des durch Artikel 9 der Richtlinie 80/1107/EWG eingesetzten Ausschusses –

HAT FOLGENDE RICHTLINIE ERLASSEN:

Art. 1 Die Richtgrenzwerte, die die Mitgliedstaaten unter anderem bei der Festsetzung von Grenzwerten gemäß Artikel 4 Absatz 2 Buchstabe b) der Richtlinie 80/1107/EWG berücksichtigen müssen, sind im Anhang aufgeführt.

Art. 2 (1) Die Mitgliedstaaten erlassen die erforderlichen Rechtsvorschriften, um dieser Richtlinie bis spätestens 31. Dezember 1993 nachzukommen. Sie unterrichten die Kommission unverzüglich davon.

Wenn die Mitgliedstaaten diese Vorschriften erlassen, nehmen sie in diesen Vorschriften selbst oder durch einen Hinweis bei der amtlichen Veröffentlichung auf diese Richtlinie Bezug. Die Mitgliedstaaten regeln die Einzelheiten dieser Bezugnahme.

(2) Die Mitgliedstaaten teilen der Kommission die Bestimmungen der einzelstaatlichen Rechtsvorschriften mit, die sie auf dem in der vorliegenden Richtlinie behandelten Gebiet erlassen.

Art. 3 Diese Richtlinie ist an alle Mitgliedstaaten gerichtet.

6/15f. Richtgrenzwerte-RL
Anhang

ANHANG
Richtgrenzwerte berufsbedingter Exposition

EINECS [1]	CAS [2]	Bezeichnung des Arbeitsstoffs	Richtgrenzwert berufsbedingter Exposition [3]	
			mg/m³ [4]	ppm [5]
2 005 807	64-19-7	Essigsäure	25	10
2 018 659	88-89-1	Pikrinsäure [6]	0,1	–
2 020 495	91-20-3	Naphtalin	50	10
2 038 099	110-86-1	Pyridin [6]	15	5
2 152 932	1319-77-3	Kresol (alle Isomeren) [6]	22	5
2 311 161	7440-06-4	Platin (Metall) [6]	1	–
		Anorganische Zinnverbindungen (als Sn) [6]	2	–

[1] EINECS: *European Inventory of Existing Chemical Substances.*
[2] CAS: *Chemical Abstract Service Number.*
[3] Gemessen oder berechnet (Bezugszeitraum acht Stunden).
[4] mg/m³ = Milligramm pro Kubikmeter Luft bei 20° C und 101,3 kPa (760 mm Hg).
[5] ppm = Teile pro Million (Raumvolumen) (ml/m³).
[6] Wissenschaftliche Daten über gesundheitliche Auswirkungen ausgesprochen unzureichend.

(RL 2006/15/EG, RL (EU) 2017/164)

6/16. ATEX-RL

Präambel

6/16. Explosionsfähige Atmosphären – ATEX-Richtlinie

Richtlinie 1999/92/EG des Europäischen Parlaments und des Rates über Mindestvorschriften zur Verbesserung des Gesundheitsschutzes und der Sicherheit der Arbeitnehmer, die durch explosionsfähige Atmosphären gefährdet werden können (Fünfzehnte Einzelrichtlinie im Sinne von Artikel 16 Absatz 1 der Richtlinie 89/391/EWG) vom 16. Dezember 1999

(ABl. Nr. L 23 v. 28.1.2000, S. 57; berichtigt durch ABl. Nr. L 134 v. 7.6.2000, S. 36; geändert durch die RL 2007/30/EG, ABl. Nr. L 165 v. 27.6.2007, S. 21)
(nicht amtlich aktualisierte Fassung)

GLIEDERUNG

ABSCHNITT I: Allgemeine Bestimmungen
Art. 1: Zweck und Anwendungsbereich der Richtlinie
Art. 2: Definition

ABSCHNITT II: Pflichten des Arbeitgebers
Art. 3: Verhinderung von und Schutz gegen Explosionen
Art. 4: Beurteilung der Explosionsrisiken
Art. 5: Allgemeine Verpflichtungen
Art. 6: Koordinierungspflicht
Art. 7: Bereiche mit explosionsfähigen Atmosphären
Art. 8: Explosionsschutzdokument
Art. 9: Besondere Vorschriften für Arbeitsmittel und Arbeitsstätten

ABSCHNITT III: Sonstige Bestimmungen
Art. 10: Anpassung der Anhänge
Art. 11: Leitfaden für bewährte Verfahren
Art. 12: Unterrichtung der Unternehmen
Art. 13–15: Schlussbestimmungen

ANHÄNGE I–III

DAS EUROPÄISCHE PARLAMENT UND DER RAT DER EUROPÄISCHEN UNION –
gestützt auf den Vertrag zur Gründung der Europäischen Gemeinschaft, insbesondere auf Artikel 137,
auf Vorschlag der Kommission (ABl. C 332 vom 9.12.1995, S. 10, und ABl. C 184 vom 17.6.1997, S. 1), nach Anhörung des Beratenden Ausschusses für Sicherheit, Arbeitshygiene und Gesundheitsschutz am Arbeitsplatz sowie des Ständigen Ausschusses für die Betriebssicherheit und den Gesundheitsschutz im Steinkohlenbergbau und in den anderen mineralgewinnenden Betrieben vorgelegt wurde,
nach Anhörung des Ausschusses der Regionen,
nach Stellungnahme des Wirtschafts- und Sozialausschusses (ABl. C 153 vom 28.5.1996, S. 35),
gemäß dem Verfahren des Artikels 251 des Vertrags (Stellungnahme des Europäischen Parlaments vom 20. Juni 1996 (ABl. C 198 vom 8.7.1996, S. 160), bestätigt am 4. Mai 1999 (ABl. C 279 vom 1.10.1999, S. 55). Gemeinsamer Standpunkt des Rates vom 22. Dezember 1998 (ABl. C 55 vom 25.2.1999, S. 45). Beschluß des Europäischen Parlaments vom 6. Mai 1999 (ABl. C 279 vom 1.10.1999, S. 386). Beschluß des Europäischen Parlaments vom 2. Dezember 1999 und Beschluß des Rates vom 6. Dezember 1999), aufgrund des vom Vermittlungsausschuß am 21. Oktober 1999 gebilligten gemeinsamen Entwurfs,
in Erwägung nachstehender Gründe:

(1) Artikel 137 des Vertrages sieht vor, daß der Rat durch Richtlinien Mindestvorschriften erlassen kann, die die Verbesserung insbesondere der Arbeitsumwelt fördern, um die Sicherheit und die Gesundheit der Arbeitnehmer verstärkt zu schützen.

(2) Gemäß jenem Artikel sollen diese Richtlinien keine verwaltungsmäßigen, finanziellen oder rechtlichen Auflagen vorschreiben, die der Gründung und Entwicklung von kleinen und mittleren Unternehmen entgegenstehen.

(3) Die Verbesserung der Sicherheit, der Arbeitshygiene und des Gesundheitsschutzes der Arbeitnehmer am Arbeitsplatz ist ein Ziel, das nicht rein wirtschaftlichen Überlegungen untergeordnet werden sollte.

(4) Die Einhaltung der Mindestvorschriften zur Verbesserung des Gesundheitsschutzes und der Arbeitssicherheit der Arbeitnehmer, die durch explosionsfähige Atmosphären gefährdet werden können, ist eine unabdingbare Voraussetzung für die Sicherheit und den Gesundheitsschutz der Arbeitnehmer.

(5) Diese Richtlinie ist eine Einzelrichtlinie im Sinne des Artikels 16 Absatz 1 der Richtlinie 89/391/EWG des Rates vom 12. Juni 1989 über die Durchführung von Maßnahmen zur Verbesserung der Sicherheit und des Gesundheitsschutzes der Arbeitnehmer bei der Arbeit. Die Bestimmungen der letztgenannten Richtlinie, insbesondere die über die Information der Arbeitnehmer, die Anhörung und die Beteiligung der Arbeitnehmer und die Unterweisung der Arbeitnehmer, finden

daher unbeschadet strengerer oder spezifischer Bestimmungen der vorliegenden Richtlinien auch auf den Fall in vollem Umfang Anwendung, daß Arbeitnehmer durch explosionsfähige Atmosphären gefährdet werden können.

(6) Diese Richtlinie stellt einen praktischen Beitrag zur Verwirklichung der sozialen Dimension des Binnenmarktes dar.

(7) In der Richtlinie 94/9/EG des Europäischen Parlaments und des Rates vom 23. März 1994 zur Angleichung der Rechtsvorschriften der Mitgliedstaaten für Geräte und Schutzsysteme zur bestimmungsgemäßen Verwendung in explosionsgefährdeten Bereichen (ABl. L 100 vom 19.4.1994, S. 1) ist festgelegt, daß eine ergänzende Richtlinie nach Artikel 137 des Vertrags vorgesehen ist, die sich insbesondere mit der Gefahr durch Explosionen aufgrund der Verwendung und/oder der Art und Weise der Installation der Geräte befaßt.

(8) Der Explosionsschutz zählt zu den besonders sicherheitsrelevanten Aufgabenbereichen. Im Explosionsfall sind das Leben und die Gesundheit der Arbeitnehmer durch unkontrollierte Flammen- und Druckwirkung sowie durch schädliche Reaktionsprodukte und Verbrauch des zum Atmen benötigten Sauerstoffs aus der Umgebungsluft gefährdet.

(9) Das Erstellen eines stimmigen Explosionsschutzkonzeptes erfordert, daß organisatorische Maßnahmen die für die Arbeitsstätte getroffenen technischen Maßnahmen ergänzen. Gemäß der Richtlinie 89/391/EWG muß der Arbeitgeber über eine Evaluierung der am Arbeitsplatz bestehenden Gefahren für Sicherheit und Gesundheit der Arbeitnehmer verfügen. Diese Vorschrift wird durch die vorliegende Richtlinie dahin gehend präzisiert, daß der Arbeitgeber verpflichtet wird, ein Explosionsschutzdokument oder eine Reihe von Dokumenten, die die in dieser Richtlinie dargelegten Mindestanforderung erfüllen, zu erstellen und auf dem letzten Stand zu halten. In dem Explosionsschutzdokument werden Gefährdungen festgelegt, Risiken bewertet und spezifische Maßnahmen zum Schutz der Gesundheit und Sicherheit von Arbeitnehmern vor explosionsfähigen Atmosphären gemäß Artikel 9 der Richtlinie 89/391/EWG definiert. Diese Explosionsschutzdokumente können Bestandteil der Evaluierung der am Arbeitsplatz bestehenden Gefahren für Sicherheit und Gesundheit gemäß Artikel 9 der Richtlinie 89/391/EWG sein.

(10) Eine Evaluierung der Explosionsgefahren kann möglicherweise auch aufgrund anderer Gemeinschaftsrechtsakte erforderlich sein. Zur Vermeidung unnötiger Doppelarbeit sollte dem Arbeitgeber in Einklang mit den nationalen Gepflogenheiten die Möglichkeit eingeräumt werden, ein oder mehrere Dokumente oder Teile von Dokumenten oder andere aufgrund anderer Gemeinschaftsrechtsakte vorzulegende gleichwertige Berichte zu einem einzigen „Sicherheitsbericht" zusammenzufassen.

(11) Zur Verhinderung der Bildung explosionsfähiger Atmosphären ist auch das Substitutionsprinzip anzuwenden.

(12) Wenn sich Arbeitnehmer mehrerer Unternehmen an derselben Arbeitsstätte befinden, sollte eine Koordinierung erfolgen.

(13) Neben den vorbeugenden Maßnahmen sind erforderlichenfalls ergänzende Maßnahmen vorzusehen, die wirksam werden, wenn eine Zündung bereits erfolgt ist. Das größtmögliche Sicherheitsniveau kann erreicht werden, indem vorbeugende Maßnahmen mit anderen, ergänzenden Maßnahmen, die die schädigenden Wirkungen von Explosionen begrenzen, kombiniert werden.

(14) Die Richtlinie 92/58/EWG des Rates vom 24. Juni 1992 über Mindestvorschriften für die Sicherheits- und/oder Gesundheitsschutzkennzeichnung am Arbeitsplatz (Neunte Einzelrichtlinie im Sinne des Artikels 16 Absatz 1 der Richtlinie 89/391/EWG) findet in vollem Umfang Anwendung, insbesondere auf Bereiche, die unmittelbar an die explosionsgefährdeten Bereiche anschließen und in denen Rauchen, Schneide- und Schweißarbeiten und andere Tätigkeiten mit offener Flamme und Funkenbildung auf den explosionsgefährdeten Bereich einwirken können.

(15) Die Richtlinie 94/9/EG teilt die ihr unterliegenden Geräte und Schutzsysteme in Gerätegruppen und Kategorien ein. Die vorliegende Richtlinie sieht seitens des Arbeitgebers eine Einteilung der Bereiche, in denen explosionsfähige Atmosphären vorhanden sein können, in Zonen vor und legt fest, welche Geräte und Schutzsysteme in den jeweiligen Zonen benutzt werden sollen –

HAT FOLGENDE RICHTLINIE ERLASSEN:

ABSCHNITT I
Allgemeine Bestimmungen

Zweck und Anwendungsbereich der Richtlinie

Art. 1 (1) Diese Richtlinie ist die Fünfzehnte Einzelrichtlinie im Sinne von Artikel 16 Absatz 1 der Richtlinie 89/391/EWG; sie legt Mindestvorschriften in bezug auf Sicherheit und Gesundheitsschutz der Arbeitnehmer fest, die durch explosionsfähige Atmosphären gemäß der Definition in Artikel 2 gefährdet werden können.

(2) Diese Richtlinie gilt nicht für:

a) Bereiche, die unmittelbar für die medizinische Behandlung von Patienten und während dieser Behandlung genutzt werden;

b) die Verwendung von Gasverbrauchseinrichtungen gemäß der Richtlinie 90/396/EWG (ABl. L 196 vom 26. 7. 1990, S. 15, geändert durch die Richtlinie 93/63/EWG, ABl. L 220 vom 30. 8. 1993, S. 1);

c) Herstellung, Handhabung, Verwendung, Lagerung und Transport von Sprengstoffen oder chemisch instabilen Stoffen;

d) mineralgewinnende Betriebe, die den Richtlinien 92/91/EWG oder 92/104/EWG unterliegen;

e) die Benutzung von Transportmitteln auf dem Land-, Wasser- und Luftweg, auf die die einschlägigen Bestimmungen der internationalen Übereinkünfte (z. B. ADNR, ADR,

ICAO, IMO, RID) und die Gemeinschaftsrichtlinien zur Umsetzung dieser Übereinkünfte angewandt werden. Transportmittel zur bestimmungsgemäßen Verwendung in explosionsgefährdeten Bereichen sind nicht ausgenommen.

(3) Die Richtlinie 89/391/EWG sowie die einschlägigen Einzelrichtlinien finden auf den in Absatz 1 genannten Bereich in vollem Umfang Anwendung, unbeschadet strengerer und/oder spezifischer Bestimmungen der vorliegenden Richtlinie.

Definition

Art. 2 Im Sinne dieser Richtlinie gilt als explosionsfähige Atmosphäre ein Gemisch aus Luft und brennbaren Gasen, Dämpfen, Nebeln oder Stäuben unter atmosphärischen Bedingungen, in dem sich der Verbrennungsvorgang nach erfolgter Entzündung auf das gesamte unverbrannte Gemisch überträgt.

ABSCHNITT II
Pflichten des Arbeitgebers

Verhinderung von und Schutz gegen Explosionen

Art. 3 (1) Mit dem Ziel des Verhinderns von Explosionen im Sinne von Artikel 6 Absatz 2 der Richtlinie 89/391/EWG und des Schutzes gegen Explosionen trifft der Arbeitgeber die der Art des Betriebes entsprechenden technischen und/oder organisatorischen Maßnahmen nach folgender Rangordnung von Grundsätzen:

— Verhinderung der Bildung explosionsfähiger Atmosphären, oder, falls dies aufgrund der Art der Tätigkeit nicht möglich ist,
— Vermeidung der Zündung explosionsfähiger Atmosphären und
— Abschwächung der schädlichen Auswirkungen einer Explosion, um die Gesundheit und Sicherheit der Arbeitnehmer zu gewährleisten.

Wo erforderlich, werden diese Maßnahmen mit Maßnahmen gegen die Ausbreitung von Explosionen kombiniert und/oder durch sie ergänzt; sie werden regelmäßig überprüft, auf jeden Fall aber dann, wenn sich wesentliche Änderungen ergeben.

Beurteilung der Explosionsrisiken

Art. 4 (1) Im Rahmen seiner Pflichten gemäß Artikel 6 Absatz 3 und Artikel 9 Absatz 1 der Richtlinie 89/391/EWG beurteilt der Arbeitgeber die spezifischen Risiken, die von explosionsfähigen Atmosphären ausgehen, wobei mindestens folgendes berücksichtigt wird:

— Wahrscheinlichkeit und Dauer des Auftretens von explosionsfähigen Atmosphären;
— Wahrscheinlichkeit des Vorhandenseins und der Aktivierung und des Wirksamwerdens von Zündquellen, einschließlich elektrostatischer Entladungen;
— die Anlagen, verwendeten Stoffe, Verfahren und ihre möglichen Wechselwirkungen;
— das Ausmaß der zu erwartenden Auswirkungen.

Die Explosionsrisiken sind in ihrer Gesamtheit zu beurteilen.

(2) Bereiche, die über Öffnungen mit Bereichen verbunden sind oder verbunden werden können, in denen explosionsfähige Atmosphären auftreten können, werden bei der Beurteilung der Explosionsrisiken ebenfalls berücksichtigt.

Allgemeine Verpflichtungen

Art. 5 Zum Schutz der Gesundheit und zur Gewährleistung der Sicherheit der Arbeitnehmer trifft der Arbeitgeber in Anwendung der Grundsätze der Risikobewertung sowie der in Artikel 3 festgelegten Grundsätze die erforderlichen Maßnahmen, damit

— das Arbeitsumfeld, in dem explosionsfähige Atmosphäre in einer Menge, die die Gesundheit und Sicherheit von Arbeitnehmern oder anderen gefährden kann, auftreten kann, so gestaltet ist, daß die Arbeit gefahrlos ausgeführt werden kann,
— während der Anwesenheit von Arbeitnehmern in einem Arbeitsumfeld, in dem explosionsfähige Atmosphäre in einer Menge, die die Gesundheit und Sicherheit von Arbeitnehmern gefährden kann, auftreten kann, eine angemessene Aufsicht gemäß den Grundsätzen der Risikobewertung durch Verwendung von geeigneten technischen Mitteln gewährleistet ist.

Koordinierungspflicht

Art. 6 Sind Arbeitnehmer mehrerer Betriebe an derselben Arbeitsstätte tätig, so ist jeder Arbeitgeber für die Bereiche, die seiner Kontrolle unterstehen, verantwortlich.

Unbeschadet der Einzelverantwortung jedes Arbeitgebers gemäß der Richtlinie 89/391/ EWG koordiniert der Arbeitgeber, der nach den einzelstaatlichen Rechtsvorschriften und/oder Praktiken die Verantwortung für die Arbeitsstätte hat, die Durchführung aller den die Sicherheit und den Gesundheitsschutz der Arbeitnehmer betreffenden Maßnahmen und macht in seinem Explosionsschutzdokument nach Artikel 8 genauere Angaben über das Ziel, die Maßnahmen und die Modalitäten der Durchführung dieser Koordinierung.

Bereiche mit explosionsfähigen Atmosphären

Art. 7 (1) Der Arbeitgeber teilt Bereiche, in denen explosionsfähige Atmosphären vorhanden sein können, entsprechend Anhang I in Zonen ein.

(2) Der Arbeitgeber stellt sicher, daß die Mindestvorschriften des Anhangs II in Bereichen, die unter Absatz 1 fallen, angewendet werden.

(3) Wo erforderlich, werden Bereiche, in denen explosionsfähige Atmosphären in einer die Sicherheit und die Gesundheit der Arbeitnehmer gefährdenden Menge auftreten können, an ihren Zugängen gemäß Anhang III gekennzeichnet.

Explosionsschutzdokument

Art. 8 Im Rahmen seiner Pflichten nach Artikel 4 stellt der Arbeitgeber sicher, daß ein Dokument (nachstehend „Explosionsschutzdokument" genannt) erstellt und auf dem letzten Stand gehalten wird.

Aus dem Explosionsschutzdokument geht insbesondere hervor,
- daß die Explosionsrisiken ermittelt und einer Bewertung unterzogen worden sind;
- daß angemessene Maßnahmen getroffen werden, um die Ziele dieser Richtlinie zu erreichen;
- welche Bereiche entsprechend Anhang I in Zonen eingeteilt wurden;
- für welche Bereiche die Mindestvorschriften gemäß Anhang II gelten;
- daß die Arbeitsstätte und die Arbeitsmittel einschließlich der Warneinrichtungen sicher gestaltet sind, und sicher betrieben und gewartet werden;
- daß gemäß der Richtlinie 89/655/EWG des Rates (geändert durch die Richtlinie 95/63/EG) Vorkehrungen für die sichere Benutzung von Arbeitsmitteln getroffen worden sind.

Das Explosionsschutzdokument wird vor Aufnahme der Arbeit erstellt; es wird überarbeitet, wenn wesentliche Änderungen, Erweiterungen oder Umgestaltungen der Arbeitsstätte, der Arbeitsmittel oder des Arbeitslaufes vorgenommen werden.

Der Arbeitgeber kann bereits vorhandene Explosionsrisikoabschätzungen, Dokumente oder andere gleichwertige Berichte, die im Rahmen anderer gemeinschaftlicher Akte erstellt wurden, miteinander kombinieren.

Besondere Vorschriften für Arbeitsmittel und Arbeitsstätten

Art. 9 (1) Vor dem 30. Juni 2003 bereits verwendete oder erstmalig im Unternehmen bzw. Betrieb zur Verfügung gestellte Arbeitsmittel zur Verwendung in Bereichen, in denen explosionsfähige Atmosphären auftreten können, müssen ab dem genannten Zeitpunkt den in Anhang II Abschnitt A aufgeführten Mindestvorschriften entsprechen, wenn keine andere Gemeinschaftsrichtlinie anwendbar ist oder wenn eine etwaige andere Gemeinschaftsrichtlinie nur teilweise anwendbar ist.

(2) Nach dem 30. Juni 2003 erstmalig im Unternehmen bzw. Betrieb zur Verfügung gestellte Arbeitsmittel zur Verwendung in Bereichen, in denen explosionsfähige Atmosphären auftreten können, müssen den Anforderungen des Anhangs II Abschnitte A und B entsprechen.

(3) Nach dem 30. Juni 2003 erstmalig genutzte Arbeitsstätten mit Bereichen, in denen explosionsfähige Atmosphären auftreten können, müssen den Mindestvorschriften dieser Richtlinie entsprechen.

(4) Vor dem 30. Juni 2003 bereits genutzte Arbeitsstätten mit Bereichen, in denen explosionsfähige Atmosphären auftreten können, müssen spätesten drei Jahre nach diesem Zeitpunkt den Mindestvorschriften dieser Richtlinie entsprechen.

(5) Werden an Arbeitsstätten mit Bereichen, in denen explosionsfähige Atmosphären auftreten können, nach dem 30. Juni 2003 Änderungen, Erweiterungen und/oder Umgestaltungen vorgenommen, so trifft der Arbeitgeber die erforderlichen Maßnahmen, damit diese Änderungen, Erweiterungen und/oder Umgestaltungen mit den Mindestvorschriften dieser Richtlinie übereinstimmen.

ABSCHNITT III
Sonstige Bestimmungen

Anpassung der Anhänge

Art. 10 Rein technische Anpassungen der Anhänge, die
- durch die Annahme von Richtlinien zur technischen Harmonisierung und Normung betreffend den Explosionsschutz und/oder
- durch den technischen Fortschritt, die Entwicklung der internationalen Regelwerke oder Spezifikationen oder des Wissensstands betreffend die Vermeidung von und den Schutz gegen Explosionen

bedingt sind, werden nach dem Verfahren des Artikels 17 der Richtlinie 89/391/EWG vorgenommen.

Leitfaden für bewährte Verfahren

Art. 11 Die Kommission stellt in einem unverbindlichen Leitfaden für bewährte Verfahren praktische Leitlinien auf. Dieser Leitfaden behandelt die in den Artikeln 3, 4, 5, 6, 7 und 8 sowie in Anhang I und Anhang II Abschnitt A genannten Themen.

Die Kommission hört zunächst den Beratenden Ausschuß für Sicherheit, Arbeitshygiene und Gesundheitsschutz am Arbeitsplatz gemäß dem Beschluß 74/325/EWG des Rates.

Im Rahmen der Anwendung dieser Richtlinie berücksichtigen die Mitgliedstaaten soweit wie möglich den obengenannten Leitfaden bei der Festlegung ihrer einzelstaatlichen Politik für den Schutz von Gesundheit und Sicherheit der Arbeitnehmer.

Unterrichtung der Unternehmen

Art. 12 Auf Antrag bemühen sich die Mitgliedstaaten, Arbeitgebern gemäß Artikel 11 einschlägige Informationen zugänglich zu machen, und zwar mit besonderer Bezugnahme auf den Leitfaden.

Schlussbestimmungen

Art. 13 (1) Die Mitgliedstaaten setzen die Rechts- und Verwaltungsvorschriften in Kraft, die erforderlich sind, um dieser Richtlinie spätestens am 30. Juni 2003 nachzukommen. Sie setzen die Kommission unverzüglich davon in Kenntnis.

Wenn die Mitgliedstaaten derartige Vorschriften erlassen, nehmen sie in den Vorschriften selbst oder durch einen Hinweis bei der amtlichen Veröffentlichung auf diese Richtlinie Bezug. Die Mitgliedstaaten regeln die Einzelheiten der Bezugnahme.

(2) Die Mitgliedstaaten teilen der Kommission den Wortlaut der innerstaatlichen Rechtsvorschriften mit, die sie auf dem unter diese Richtlinie fallenden Gebiet bereits erlassen haben oder erlassen.
(Art. 13 Abs. 3 aufgehoben durch Art. 3 Z. 17 der RL 2007/30/EG)

Art. 14 Diese Richtlinie tritt am Tag ihrer Veröffentlichung im *Amtsblatt der Europäischen Gemeinschaften* in Kraft.

Art. 15 Diese Richtlinie ist an die Mitgliedstaaten gerichtet.

ANHANG I
Einteilung von Bereichen, in denen explosionsfähige Atmosphären vorhanden sein können

Vorbemerkung

Die nachfolgende Einteilung gilt für Bereiche, in denen Schutzmaßnahmen gemäß den Artikeln 3, 4, 7 und 8 getroffen werden müssen.

1. Bereiche, in denen explosionsfähige Atmosphären vorhanden sein können

Ein Bereich, in dem explosionsfähige Atmosphären in solchen Mengen auftreten kann, daß besondere Schutzmaßnahmen für die Aufrechterhaltung des Schutzes von Sicherheit und Gesundheit der betroffenen Arbeitnehmer erforderlich werden, gilt als explosionsgefährdeter Bereich.

Ein Bereich, in dem explosionsfähige Atmosphäre nicht in solchen Mengen zu erwarten ist, daß besondere Schutzmaßnahmen erforderlich werden, gilt als nichtexplosionsgefährdeter Bereich.

Brennbare Substanzen sind als Stoffe, die explosionsfähige Atmosphäre bilden können, einzustufen, es sei denn, die Prüfung ihrer Eigenschaften hat ergeben, daß sie in Mischungen mit der Luft nicht in der Lage sind, eine Explosion selbsttätig fortzuleiten.

2. Einteilung von explosionsgefährdeten Bereichen:

Explosionsgefährdete Bereiche werden nach Häufigkeit und Dauer des Auftretens von explosionsfähiger Atmosphäre in Zonen unterteilt.

Aus dieser Einteilung ergibt sich der Umfang der zu ergreifenden Maßnahmen nach Anhang II Abschnitt A.

Zone 0

Bereich, in dem explosionsfähige Atmosphäre als Gemisch aus Luft und brennbaren Gasen, Dämpfen oder Nebeln ständig, über lange Zeiträume oder häufig vorhanden ist.

Zone 1

Bereich, in dem sich bei Normalbetrieb gelegentlich eine explosionsfähige Atmosphäre als Gemisch aus Luft und brennbaren Gasen, Dämpfen oder Nebeln bilden kann.

Zone 2

Bereich, in dem bei Normalbetrieb eine explosionsfähige Atmosphäre als Gemisch aus Luft und brennbaren Gasen, Dämpfen oder Nebeln normalerweise nicht oder aber nur kurzzeitig auftritt.

Zone 20

Bereich, in dem explosionsfähige Atmosphäre in Form einer Wolke aus in der Luft enthaltenem brennbaren Staub ständig, über lange Zeiträume oder häufig vorhanden ist.

Zone 21

Bereich, in dem sich bei Normalbetrieb gelegentlich eine explosionsfähige Atmosphäre in Form einer Wolke aus in der Luft enthaltenem brennbaren Staub bilden kann.

Zone 22

Bereich, in dem bei Normalbetrieb eine explosionsfähige Atmosphäre in Form einer Wolke aus in der Luft enthaltenem brennbaren Staub normalerweise nicht oder aber nur kurzzeitig auftritt.

Anmerkungen:

1. Schichten, Ablagerungen und Aufhäufungen von brennbarem Staub sind wie jede andere Ursache, die zur Bildung einer explosionsfähigen Atmosphäre führen kann, zu berücksichtigen.

2. Als Normalbetrieb gilt der Zustand, in dem Anlagen innerhalb ihrer Auslegungsparameter benutzt werden.

ANHANG II
A. Mindestvorschriften zur Verbesserung der Sicherheit und des Gesundheitsschutzes der Arbeitnehmer, die durch explosionsfähige Atmosphären gefährdet werden können

Vorbemerkung

Die Anforderungen dieses Anhangs gelten
- für Bereiche, die gemäß Anhang I als explosionsgefährdet eingestuft sind, in allen Fällen, in denen die Eigenschaften der Arbeitsstätte, der Arbeitsplätze, der verwendeten Einrichtungen oder Stoffe oder die von der Tätigkeit ausgehenden Gefahren durch explosionsfähige Atmosphären dies erfordern;
- für Einrichtungen in nichtexplosionsgefährdeten Bereichen, die für den explosionssicheren Betrieb von Einrichtungen, die sich innerhalb von explosionsgefährdeten Bereichen befinden, erforderlich sind oder dazu beitragen.

1. Organisatorische Maßnahmen

1.1. Unterweisung der Arbeitnehmer

Für Arbeiten in Bereichen, in denen explosionsfähige Atmosphären auftreten können, muß der Arbeitgeber die Arbeitnehmer ausreichend und angemessen hinsichtlich des Explosionsschutzes unterweisen.

1.2. Schriftliche Anweisungen, Arbeitsfreigabe

Soweit im Explosionsschutzdokument vorgesehen,
- sind Arbeiten in explosionsgefährdeten Bereichen gemäß den schriftlichen Anweisungen des Arbeitgebers auszuführen;

6/16. ATEX-RL
Anhang II

- ist ein Arbeitsfreigabesystem für die Durchführung von gefährlichen Tätigkeiten und von Tätigkeiten, die durch Wechselwirkung mit anderen Arbeiten gefährlich werden können, anzuwenden.

Die Arbeitsfreigabe ist vor Beginn der Arbeiten von einer hierfür verantwortlichen Person zu erteilen.

2. Explosionsschutzmaßnahmen

2.1. Entwichene und/oder absichtlich oder unabsichtlich freigesetzte brennbare Gase, Dämpfe, Nebel oder Stäube, die zu einer Explosionsgefahr führen können, sind auf sichere Weise abzuführen oder zu einem sicheren Platz abzuleiten oder, wenn dies nicht möglich ist, sicher einzuschließen oder auf andere Weise unschädlich zu machen.

2.2 Enthält die explosionsfähige Atmosphäre mehrere Arten von brennbaren Gasen, Dämpfen, Nebeln oder Stäuben, so müssen die Schutzmaßnahmen auf das größtmögliche Risikopotential ausgelegt sein.

2.3. Bei der Vermeidung von Zündgefahren gemäß Artikel 3 sind auch die elektrostatischen Entladungen zu berücksichtigen, die von Arbeitnehmern oder der Arbeitsumwelt als Ladungsträger oder Ladungserzeuger ausgehen. Den Arbeitnehmern muß geeignete Arbeitskleidung zur Verfügung gestellt werden; diese muß aus Materialien bestehen, die nicht zu elektrostatischen Entladungen führen, durch die die explosionsfähigen Atmosphären entzündet werden können.

2.4. Anlagen, Geräte, Schutzsysteme und die dazugehörigen Verbindungsvorrichtungen dürfen nur in Betrieb genommen werden, wenn aus dem Explosionsschutzdokument hervorgeht, daß sie in explosionsfähiger Atmosphäre sicher verwendet werden können. Dies gilt ebenfalls für Arbeitsmittel und die dazugehörigen Verbindungsvorrichtungen, die nicht zu Geräte oder Schutzsysteme im Sinne der Richtlinie 94/9/EG gelten, wenn ihre Verwendung in einer Einrichtung an sich eine potentielle Zündquelle darstellt. Es sind die erforderlichen Maßnahmen zu ergreifen, damit Verbindungsvorrichtungen nicht verwechselt werden.

2.5. Es sind alle erforderlichen Maßnahmen zu treffen, um sicherzustellen, daß der Arbeitsplatz, die Arbeitsmittel und die dazugehörigen Verbindungsvorrichtungen, die den Arbeitnehmern zur Verfügung gestellt werden, so konstruiert, errichtet, zusammengebaut und installiert wurden und so gewartet und betrieben werden, daß das Explosionsrisiko so gering wie möglich gehalten wird und, falls es doch zu einer Explosion kommen sollte, das Risiko einer Explosionsübertragung innerhalb des Bereichs des betreffenden Arbeitsplatzes und/oder des Arbeitsmittels kontrolliert oder so gering wie möglich gehalten wird. Bei solchen Arbeitsplätzen sind geeignete Maßnahmen zu treffen, um die Gefährdung der Arbeitnehmer durch die physikalischen Auswirkungen der Explosion so gering wie möglich zu halten.

2.6. Erforderlichenfalls sind die Arbeitnehmer vor Erreichen der Explosionsbedingungen optisch und/oder akustisch zu warnen und zurückzuziehen.

2.7. Soweit im Explosionsschutzdokument vorgesehen, sind Fluchtmittel bereitzustellen und zu warten, um zu gewährleisten, daß die Arbeitnehmer gefährdete Bereiche bei Gefahr schnell und sicher verlassen können.

2.8. Vor der erstmaligen Nutzung von Arbeitsstätten mit Bereichen, in denen explosionsfähige Atmosphären auftreten können, muß die Explosionssicherheit der Gesamtanlage überprüft werden. Sämtliche zur Gewährleistung des Explosionsschutzes erforderlichen Bedingungen sind aufrechtzuerhalten.

Eine solche Prüfung ist von Personen durchzuführen, die durch ihre Erfahrung und/oder berufliche Ausbildung auf dem Gebiet des Explosionsschutzes hierzu befähigt sind.

2.9. Wenn sich aus der Risikobewertung die Notwendigkeit dazu ergibt,

- und ein Energieausfall zu einer Gefahrenausweitung führen kann, muß es bei Energieausfall möglich sein, die Geräte und Schutzsysteme unabhängig vom übrigen Betriebssystem in einem sicheren Betriebszustand zu halten;
- müssen im Automatikbetrieb laufende Geräte und Schutzsysteme, die vom bestimmungsgemäßen Betrieb abweichen, unter sicheren Bedingungen von Hand abgeschaltet werden können. Derartige Eingriffe dürfen nur von fachkundigen Arbeitnehmern durchgeführt werden;
- müssen gespeicherte Energien beim Betätigen der Notabschalteinrichtungen so schnell und sicher wie möglich abgebaut oder isoliert werden, damit sie ihre gefahrbringende Wirkung verlieren.

B. Kriterien für die Auswahl von Geräten und Schutzsystemen

Sofern das Explosionsschutzdokument unter Zugrundelegung einer Risikoabschätzung nichts anderes vorsieht, sind in allen Bereichen, in denen explosionsfähige Atmosphären vorhanden sein können, Geräte und Schutzsysteme entsprechend den Kategorien gemäß der Richtlinie 94/9/EG auszuwählen.

Insbesondere sind in diesen Zonen folgende Kategorien von Geräten zu verwenden, sofern sie für Gase, Dämpfe, Nebel und/oder Stäube geeignet sind:

- in Zone 0 oder Zone 20:
    Geräte der Kategorie 1,
- in Zone 1 oder Zone 21:
    Geräte der Kategorie 1 oder der Kategorie 2,
- in Zone 2 oder Zone 22:
    Geräte der Kategorie 1, der Kategorie 2 oder der Kategorie 3.

ANHANG III

Warnzeichen zur Kennzeichnung von Bereichen, in denen explosionsfähige Atmosphären auftreten können, gemäß Artikel 7 Absatz 3:

Warnung vor einem Bereich, in dem explosionsfähige Atmosphären auftreten können

Unterscheidungsmerkmale:
- Form: dreieckig,
- schwarze Buchstaben auf gelbem Grund, schwarzer Rand (die Sicherheitsfarbe Gelb muß mindestens 50 % der Oberfläche des Zeichens ausmachen).

Die Mitgliedstaaten können auf Wunsch weitere Erläuterungen hinzufügen.

6/17. VibrationenRL
Präambel

6/17. Vibrationenrichtlinie

Richtlinie 2002/44/EG des Europäischen Parlaments und des Rates über Mindestvorschriften zum Schutz von Sicherheit und Gesundheit der Arbeitnehmer vor der Gefährdung durch physikalische Einwirkungen (Vibrationen) (Sechzehnte Einzelrichtlinie im Sinne des Artikels 16 Absatz 1 der Richtlinie 89/391/EWG) vom 25. Juni 2002

(ABl. Nr. L 177 v. 6.7.2002, S. 13; geändert durch die RL 2007/30/EG, ABl. Nr. L 165 v. 27.6.2007, S. 21; geändert durch die VO (EG) Nr. 1137/2008, ABl. Nr. L 311 v. 21.11.2008, S. 5; geändert durch die VO (EU) Nr. 2019/1243, ABl. Nr. L 198 v. 25.7.2019, S. 241)

(nicht amtlich aktualisierte Fassung)

GLIEDERUNG

ABSCHNITT I: Allgemeine Bestimmungen

Art. 1: Ziel und Geltungsbereich
Art. 2: Begriffsbestimmungen
Art. 3: Expositionsgrenzwerte und Auslösewerte

ABSCHNITT II: Pflichten der Arbeitgeber

Art. 4: Ermittlung und Bewertung der Risiken
Art. 5: Maßnahmen zur Vermeidung oder Verringerung der Exposition
Art. 6: Unterrichtung und Unterweisung der Arbeitnehmer
Art. 7: Anhörung und Beteiligung der Arbeitnehmer

ABSCHNITT III: Sonstige Bestimmungen

Art. 8: Gesundheitsüberwachung
Art. 9: Übergangszeitraum
Art. 10: Ausnahmen
Art. 11: Änderungen des Anhangs
Art. 11a: Ausübung der Befugnisübertragung
Art. 11b: Dringlichkeitsverfahren
Art. 12: (aufgehoben)

ABSCHNITT IV: Schlussbestimmungen

Art. 13: (aufgehoben)
Art. 14: Umsetzung
Art. 15: Inkrafttreten
Art. 16: Adressaten

ANHANG

DAS EUROPÄISCHE PARLAMENT UND DER RAT DER EUROPÄISCHEN UNION –
gestützt auf den Vertrag zur Gründung der Europäischen Gemeinschaft, insbesondere Artikel 137 Absatz 2,
auf Vorschlag der Kommission (ABl. C 77 vom 18.3.1993, S. 12, und ABl. C 230 vom 19.8.1994, S. 3), vorgelegt nach Anhörung des Beratenden Ausschusses für Sicherheit, Arbeitshygiene und Gesundheitsschutz am Arbeitsplatz,
nach Stellungnahme des Wirtschafts- und Sozialausschusses (ABl. C 249 vom 13.9.1993, S. 28),
nach Anhörung des Ausschusses der Regionen,
gemäß dem Verfahren des Artikels 251 des Vertrags (Stellungnahme des Europäischen Parlaments vom 20. April 1994 (ABl. C 128 vom 9.5.1994, S. 146), bestätigt am 16. September 1999 (ABl. C 54 vom 25.2.2000, S. 75), Gemeinsamer Standpunkt des Rates vom 25. Juni 2001 (ABl. C 301 vom 26.10.2001, S. 1) und Beschluss des Europäischen Parlaments vom 23. Oktober 2001, Beschluss des Europäischen Parlaments vom 25. April 2002 und Beschluss des Rates vom 21. Mai 2002),
aufgrund des vom Vermittlungsausschuss am 8. April 2002 gebilligten Entwurfs,
in Erwägung nachstehender Gründe:

(1) Im Vertrag ist vorgesehen, dass der Rat durch Richtlinien Mindestvorschriften erlassen kann, die die Verbesserung insbesondere der Arbeitsumwelt zum besseren Schutz der Sicherheit und der Gesundheit der Arbeitnehmer zum Ziel haben. Diese Richtlinien sollten keine verwaltungsmäßigen, finanziellen oder rechtlichen Auflagen vorschreiben, die der Gründung und Entwicklung von kleinen und mittleren Unternehmen entgegenstehen.

(2) Die Mitteilung der Kommission über ihr Aktionsprogramm zur Anwendung der Gemeinschaftscharta der sozialen Grundrechte der Arbeitnehmer sieht die Festlegung von Mindestvorschriften zum Schutz von Sicherheit und Gesundheit der Arbeitnehmer vor der Gefährdung durch physikalische Einwirkungen vor. Das Europäische Parlament hat im September 1990 eine Entschließung zu diesem Aktionsprogramm (ABl. C 260 vom 15.10.1990, S. 167) verabschiedet, in der die Kommission insbesondere aufgefordert wurde, eine Einzelrichtlinie für den Bereich der Gefährdung durch Lärm und Vibrationen sowie sonstige physikalische Einwirkungen am Arbeitsplatz auszuarbeiten.

(3) Die Einführung von Maßnahmen zum Schutz der Arbeitnehmer vor den durch Vibrationen verursachten Gefahren wird aufgrund ihrer Auswir-

kungen auf die Gesundheit und die Sicherheit der Arbeitnehmer, nämlich insbesondere Muskel- und Skelettschädigungen, neurologische Erkrankungen und Durchblutungsstörungen, als notwendiger erster Schritt angesehen. Mit diesen Maßnahmen sollen nicht nur die Gesundheit und die Sicherheit jedes einzelnen Arbeitnehmers geschützt, sondern es soll für die gesamte Arbeitnehmerschaft der Gemeinschaft ein Mindestschutz sichergestellt werden, der möglichen Wettbewerbsverzerrungen vorbeugt.

(4) In dieser Richtlinie werden Mindestvorschriften festgelegt, so dass die Mitgliedstaaten die Möglichkeit haben, unter dem Aspekt des Schutzes der Arbeitnehmer vorteilhaftere Bestimmungen beizubehalten oder zu erlassen, insbesondere die Festlegung niedrigerer Werte für den täglichen Auslösewert oder den täglichen Expositionsgrenzwert für Vibrationen. Die Durchführung dieser Richtlinie kann nicht als Begründung für einen Rückschritt gegenüber der bestehenden Situation in jedem einzelnen Mitgliedstaat herangezogen werden.

(5) Ein System zum Schutz vor Vibrationen muss darauf beschränkt sein, die zu erreichenden Ziele, die einzuhaltenden Grundsätze und die zu verwendenden grundlegenden Werte ohne unnötige Einzelheiten festzulegen, damit die Mitgliedstaaten in die Lage versetzt werden, die Mindestvorschriften in gleichwertiger Weise anzuwenden.

(6) Eine Verringerung der Exposition gegenüber Vibrationen lässt sich am wirkungsvollsten dann erreichen, wenn bereits bei der Planung der Arbeitsplätze und Arbeitsstätten Präventivmaßnahmen ergriffen werden und die Arbeitsmittel sowie die Arbeitsverfahren und -methoden so gewählt werden, dass die Gefahren vorrangig bereits am Entstehungsort verringert werden. Bestimmungen über Arbeitsmittel und Arbeitsmethoden tragen somit zum Schutz der Arbeitnehmer bei, die sie einsetzen.

(7) Die Arbeitgeber müssen sich dem technischen Fortschritt und dem wissenschaftlichen Kenntnisstand auf dem Gebiet der durch die Einwirkung von Vibrationen entstehenden Gefahren anpassen, um den Schutz von Sicherheit und Gesundheit der Arbeitnehmer zu verbessern.

(8) Im Bereich der Seeschifffahrt und der Luftfahrt ist es nach dem derzeitigen Stand der Technik nicht möglich, die Expositionsgrenzwerte für Ganzkörper-Vibrationen in allen Fällen einzuhalten; deshalb müssen Möglichkeiten für gebührend begründete Ausnahmen vorgesehen werden.

(9) Da es sich bei der vorliegenden Richtlinie um eine Einzelrichtlinie im Sinne des Artikels 16 Absatz 1 der Richtlinie 89/391/EWG des Rates vom 12. Juni 1989 über die Durchführung von Maßnahmen zur Verbesserung der Sicherheit und des Gesundheitsschutzes der Arbeitnehmer bei der Arbeit (ABl. L 183 vom 29.6.1989, S. 1 handelt, finden unbeschadet strengerer und/oder spezifischerer Vorschriften der vorliegenden Richtlinie die Bestimmungen der genannten Richtlinie auf den Bereich der Exposition von Arbeitnehmern gegenüber Vibrationen Anwendung.

(10) Die vorliegende Richtlinie leistet einen konkreten Beitrag zur Verwirklichung der sozialen Dimension des Binnenmarktes.

(11) Die zur Durchführung dieser Richtlinie erforderlichen Maßnahmen sollten gemäß dem Beschluss 1999/468/EG des Rates vom 28. Juni 1999 zur Festlegung der Modalitäten für die Ausübung der der Kommission übertragenen Durchführungsbefugnisse (ABl. L 184 vom 17.7.1999, S. 23) erlassen werden –

HABEN FOLGENDE RICHTLINIE ERLASSEN:

ABSCHNITT I
Allgemeine Bestimmungen

Ziel und Geltungsbereich

Art. 1 (1) Mit dieser Richtlinie, der 16. Einzelrichtlinie im Sinne des Artikels 16 Absatz 1 der Richtlinie 89/391/EWG, werden Mindestanforderungen für den Schutz der Arbeitnehmer gegen tatsächliche oder mögliche Gefährdungen ihrer Gesundheit und Sicherheit durch Einwirkung von Vibrationen festgelegt.

(2) Die Anforderungen dieser Richtlinie gelten für Tätigkeiten, bei denen die Arbeitnehmer während ihrer Arbeit einer Gefährdung durch Vibrationen ausgesetzt sind oder ausgesetzt sein können.

(3) Die Richtlinie 89/391/EWG gilt unbeschadet strengerer und/oder spezifischerer Bestimmungen der vorliegenden Richtlinie in vollem Umfang für den gesamten in Absatz 1 genannten Bereich.

Begriffsbestimmungen

Art. 2 Für diese Richtlinie gelten folgende Definitionen:

a) „Hand-Arm-Vibrationen": mechanische Schwingungen, die bei Übertragung auf das Hand-Arm-System des Menschen Gefährdungen für die Gesundheit und Sicherheit der Arbeitnehmer verursachen, insbesondere Durchblutungsstörungen, Knochen- oder Gelenkschäden, neurologische oder Muskelerkrankungen;

b) „Ganzkörper-Vibrationen": mechanische Schwingungen, die bei Übertragung auf den gesamten Körper Gefährdungen für die Gesundheit und Sicherheit der Arbeitnehmer verursachen, insbesondere Rückenschmerzen und Schädigungen der Wirbelsäule.

Expositionsgrenzwerte und Auslösewerte

Art. 3 (1) Für Hand-Arm-Vibrationen

a) wird der tägliche Expositionsgrenzwert, normiert auf einen Bezugszeitraum von 8 Stunden, auf 5 m/s2 festgesetzt;

b) wird der tägliche Auslösewert, normiert auf einen Bezugszeitraum von 8 Stunden, auf 2,5 m/s2 festgesetzt.

Die Exposition des Arbeitnehmers gegenüber Hand-Arm-Vibrationen wird nach Teil A Nummer 1 des Anhangs bewertet oder gemessen.

(2) Für Ganzkörper-Vibrationen
a) wird der tägliche Expositionsgrenzwert, normiert auf einen Bezugszeitraum von 8 Stunden, auf 1,15 m/s2 oder nach Wahl des Mitgliedstaats auf einen Vibrationsdosiswert (VDV) von 21 m/s1,75 festgesetzt;
b) wird der tägliche Auslösewert, normiert auf einen Bezugszeitraum von 8 Stunden, auf 0,5 m/s2 oder nach Wahl des Mitgliedstaats auf einen Vibrationsdosiswert (VDV) von 9,1 m/s1,75 festgesetzt.

Die Exposition des Arbeitnehmers gegenüber Ganzkörper-Vibrationen wird nach Teil B Nummer 1 des Anhangs bewertet oder gemessen.

ABSCHNITT II
Pflichten der Arbeitgeber

Ermittlung und Bewertung der Risiken

Art. 4 (1) Im Rahmen seiner Pflichten gemäß Artikel 6 Absatz 3 und Artikel 9 Absatz 1 der Richtlinie 89/391/EWG nimmt der Arbeitgeber eine Bewertung und erforderlichenfalls eine Messung der Vibrationen, denen die Arbeitnehmer ausgesetzt sind, vor. Die Messung erfolgt je nach Sachverhalt gemäß Teil A Nummer 2 bzw. Teil B Nummer 2 des Anhangs der vorliegenden Richtlinie.

(2) Das Ausmaß der Exposition gegenüber Vibrationen kann bewertet werden, indem die spezifischen Arbeitsweisen beobachtet werden und einschlägige Angaben – auch des Ausrüstungsherstellers – zu dem wahrscheinlichen Ausmaß der Vibrationen, die durch die unter den jeweiligen spezifischen Bedingungen verwendete Ausrüstung bzw. Art der Ausrüstung verursacht werden, herangezogen werden. Dieser Vorgang unterscheidet sich vom Messvorgang, für den spezielle Vorrichtungen und eine geeignete Methodik erforderlich sind.

(3) Die Bewertungen und Messungen nach Absatz 1 müssen in angemessenen Abständen sachkundig geplant und durchgeführt werden, wobei hinsichtlich der erforderlichen entsprechend befähigten Dienste oder Personen insbesondere Artikel 7 der Richtlinie 89/391/EWG zu berücksichtigen ist. Die aus den Bewertungen und/oder Messungen des Ausmaßes der Exposition gegenüber Vibrationen resultierenden Daten werden in einer geeigneten Form gespeichert, die eine spätere Einsichtnahme ermöglicht.

(4) Nach Artikel 6 Absatz 3 der Richtlinie 89/391/EWG berücksichtigt der Arbeitgeber bei der Risikobewertung insbesondere Folgendes:
a) Ausmaß, Art und Dauer der Exposition, einschließlich der Exposition gegenüber intermittierenden Vibrationen und wiederholten Erschütterungen;
b) die Expositionsgrenzwerte und Auslösewerte gemäß Artikel 3 der vorliegenden Richtlinie;
c) alle Auswirkungen auf die Gesundheit und Sicherheit besonders gefährdeter Arbeitnehmer;
d) alle indirekten Auswirkungen auf die Sicherheit der Arbeitnehmer durch Wechselwirkungen zwischen Vibrationen und dem Arbeitsplatz oder anderen Arbeitsmitteln;
e) die Angaben des Herstellers der Arbeitsmittel gemäß den einschlägigen Gemeinschaftsrichtlinien;
f) die Verfügbarkeit alternativer Ausrüstungen, die so ausgelegt sind, dass das Ausmaß der Exposition gegenüber Vibrationen verringert wird;
g) die Ausdehnung der Exposition gegenüber Ganzkörper-Vibrationen über die Arbeitszeit hinaus unter der Verantwortung des Arbeitgebers;
h) besondere Arbeitsbedingungen wie z.B. Arbeit bei niedrigen Temperaturen;
i) einschlägige Informationen auf der Grundlage der Gesundheitsüberwachung einschließlich, im Rahmen des Möglichen, veröffentlichter Informationen.

(5) Der Arbeitgeber muss im Besitz einer Risikobewertung gemäß Artikel 9 Absatz 1 Buchstabe a) der Richtlinie 89/391/EWG sein und ermitteln, welche Maßnahmen gemäß den Artikeln 5 und 6 der vorliegenden Richtlinie zu treffen sind. Die Risikobewertung, die gemäß einzelstaatlichen Vorschriften und Praktiken auf einem geeigneten Datenträger zu dokumentieren ist, kann eine Begründung des Arbeitgebers einschließen, wonach eine detailliertere Risikobewertung aufgrund der Art und des Umfangs der Risiken im Zusammenhang mit Vibrationen nicht erforderlich ist. Die Risikobewertung ist regelmäßig zu aktualisieren, insbesondere wenn bedeutsame Veränderungen eingetreten sind, so dass sie veraltet sein könnte, oder wenn sich eine Aktualisierung aufgrund der Ergebnisse der Gesundheitsüberwachung als erforderlich erweist.

Maßnahmen zur Vermeidung oder Verringerung der Exposition

Art. 5 (1) Unter Berücksichtigung des technischen Fortschritts und der Verfügbarkeit von Mitteln zur Begrenzung der Gefährdung am Entstehungsort muss die Gefährdung aufgrund der Einwirkung von Vibrationen am Entstehungsort ausgeschlossen oder so weit wie möglich verringert werden.

Die Verringerung dieser Gefährdung stützt sich auf die allgemeinen Grundsätze der Vorbeugung in Artikel 6 Absatz 2 der Richtlinie 89/391/EWG.

(2) Auf der Grundlage der Risikobewertung gemäß Artikel 4 muss der Arbeitgeber, falls die in Artikel 3 Absatz 1 Buchstabe b) und Absatz 2 Buchstabe b) festgesetzten Werte überschritten werden, ein Programm mit technischen und/oder organisatorischen Maßnahmen zur Minimierung der Exposition gegenüber Vibrationen sowie der

damit verbundenen Risiken ausarbeiten und durchführen; dabei ist insbesondere Folgendes zu berücksichtigen:

a) alternative Arbeitsverfahren, welche die Notwendigkeit einer Exposition gegenüber Vibrationen verringern;
b) die Auswahl geeigneter Arbeitsmittel, die nach ergonomischen Gesichtspunkten ausgelegt sind und unter Berücksichtigung der auszuführenden Arbeit möglichst geringe Vibrationen verursachen;
c) Bereitstellung von Zusatzausrüstungen, die die Verletzungsgefahren aufgrund von Vibrationen verringern, z.B. Sitze, die Ganzkörper-Vibrationen wirkungsvoll dämpfen, und Griffe, die die auf den Hand-Arm-Bereich übertragene Vibration verringern;
d) angemessene Wartungsprogramme für Arbeitsmittel, Arbeitsplatz und Arbeitsplatzsysteme;
e) Gestaltung und Auslegung der Arbeitsstätten und Arbeitsplätze;
f) angemessene Information und Schulung, um die Arbeitnehmer in der korrekten und sicheren Handhabung der Arbeitsmittel zu unterweisen, um so ihre Exposition gegenüber Vibrationen zu minimieren;
g) Begrenzung der Dauer und Intensität der Exposition;
h) zweckmäßige Arbeitspläne mit ausreichenden Ruhezeiten;
i) Bereitstellung von Kleidung für gefährdete Arbeitnehmer zum Schutz vor Kälte und Nässe.

(3) Die Exposition der Arbeitnehmer darf den Expositionsgrenzwert in keinem Fall überschreiten.

Wurde der Expositionsgrenzwert trotz der vom Arbeitgeber aufgrund dieser Richtlinie durchgeführten Maßnahmen überschritten, so ergreift der Arbeitgeber unverzüglich Maßnahmen, um die Exposition auf einen Wert unterhalb des Expositionsgrenzwertes zu senken. Er ermittelt, warum der Expositionsgrenzwert überschritten wurde, und passt die Schutz- und Vorbeugemaßnahmen entsprechend an, um ein erneutes Überschreiten des Grenzwertes zu verhindern.

(4) In Anwendung von Artikel 15 der Richtlinie 89/391/EWG passt der Arbeitgeber die Maßnahmen im Sinne des vorliegenden Artikels an die Erfordernisse der besonders gefährdeten Arbeitnehmer an.

Unterrichtung und Unterweisung der Arbeitnehmer

Art. 6 Unbeschadet der Artikel 10 und 12 der Richtlinie 89/391/EWG stellt der Arbeitgeber sicher, dass die Arbeitnehmer, die einer Gefährdung durch Vibrationen bei der Arbeit ausgesetzt sind, und/oder ihre Vertreter Informationen und eine Unterweisung im Zusammenhang mit dem Ergebnis der Risikobewertung nach Artikel 4 Absatz 1 der vorliegenden Richtlinie erhalten, die sich insbesondere auf Folgendes erstrecken:

a) aufgrund dieser Richtlinie ergriffene Maßnahmen zur Beseitigung oder zur Minimierung der Gefährdung durch Vibrationen;
b) Expositionsgrenzwerte und Auslösewerte;
c) Ergebnisse der Bewertungen und Messungen der Vibrationen gemäß Artikel 4 der vorliegenden Richtlinie und potentielle Verletzungsgefahren, die von den verwendeten Arbeitsmitteln ausgehen;
d) Erkennen und Melden der Anzeichen von Schädigungen (Zweckmäßigkeit und Vorgehensweise);
e) Voraussetzungen, unter denen die Arbeitnehmer Anspruch auf eine Gesundheitsüberwachung haben;
f) sichere Arbeitsverfahren zur Minimierung der Exposition gegenüber Vibrationen.

Anhörung und Beteiligung der Arbeitnehmer

Art. 7 Die Anhörung und Beteiligung der Arbeitnehmer und/oder ihrer Vertreter in den von dieser Richtlinie erfassten Fragen erfolgt gemäß Artikel 11 der Richtlinie 89/391/EWG.

ABSCHNITT III
Sonstige Bestimmungen

Gesundheitsüberwachung

Art. 8 (1) Unbeschadet des Artikels 14 der Richtlinie 89/391/EWG treffen die Mitgliedstaaten Vorkehrungen, um eine angemessene Überwachung der Gesundheit der Arbeitnehmer im Zusammenhang mit dem Ergebnis der Risikobewertung nach Artikel 4 Absatz 1 der vorliegenden Richtlinie sicherzustellen, wenn dieses Ergebnis eine Gefährdung ihrer Gesundheit erkennen lässt. Diese Vorkehrungen, einschließlich der Anforderungen für die Gesundheitsakten sowie deren Verfügbarkeit, werden entsprechend den innerstaatlichen Rechtsvorschriften und/oder Gepflogenheiten eingeführt.

Die Gesundheitsüberwachung, deren Ergebnisse bei der Durchführung von Vorbeugemaßnahmen an einem bestimmten Arbeitsplatz berücksichtigt werden, dient der Vorbeugung und der Frühdiagnose aller durch Vibrationen verursachten Gesundheitsstörungen; diese Überwachung ist angemessen, falls

– die Exposition der Arbeitnehmer gegenüber Vibrationen dergestalt ist, dass ein Zusammenhang zwischen dieser Exposition und einer bestimmbaren Krankheit oder die Gesundheit schädigenden Auswirkungen hergestellt werden kann;

– die Wahrscheinlichkeit besteht, dass die Krankheit oder die Auswirkungen unter den besonderen Arbeitsbedingungen des Arbeitnehmers auftreten, und

– es bewährte Verfahren zum Nachweis der Krankheit oder der die Gesundheit schädigenden Auswirkungen gibt.

Arbeitnehmer, die Vibrationen ausgesetzt sind, die die in Artikel 3 Absatz 1 Buchstabe b) und Absatz

2 Buchstabe b) festgesetzten Werte überschreiten, haben auf jeden Fall Anspruch auf eine angemessene Gesundheitsüberwachung.

(2) Die Mitgliedstaaten treffen Vorkehrungen, um sicherzustellen, dass für jeden Arbeitnehmer, der der Gesundheitsüberwachung nach Absatz 1 unterliegt, persönliche Gesundheitsakten geführt und auf dem neuesten Stand gehalten werden. Die Gesundheitsakten enthalten eine Zusammenfassung der Ergebnisse der Gesundheitsüberwachung. Die Akten sind so zu führen, dass eine Einsichtnahme zu einem späteren Zeitpunkt unter Wahrung des Arztgeheimnisses möglich ist.

Der zuständigen Behörde ist auf Verlangen eine Kopie der entsprechenden Akten zu übermitteln. Der einzelne Arbeitnehmer erhält auf Verlangen Einsicht in seine persönlichen Gesundheitsakten.

(3) Ergibt die Gesundheitsüberwachung, dass ein Arbeitnehmer an einer bestimmbaren Krankheit leidet oder dass sich bei ihm eine die Gesundheit schädigende Auswirkung zeigt, die nach Auffassung eines Arztes oder eines Arbeitsmediziners das Ergebnis der Einwirkung von Vibrationen bei der Arbeit ist, so gilt Folgendes:

a) Der Arbeitnehmer wird von dem Arzt oder einer anderen entsprechend qualifizierten Person über die ihn persönlich betreffenden Ergebnisse unterrichtet. Er erhält insbesondere Informationen und Beratung über Gesundheitsüberwachungsmaßnahmen, denen er sich nach Abschluss der Exposition unterziehen sollte.

b) Der Arbeitgeber wird über alle wichtigen Erkenntnisse der Gesundheitsüberwachung unterrichtet; dabei werden die möglichen Grade der ärztlichen Vertraulichkeit berücksichtigt.

c) Der Arbeitgeber
   – überprüft die gemäß Artikel 4 vorgenommene Risikobewertung;
   – überprüft die Maßnahmen zur Vermeidung oder Verringerung der Gefährdung gemäß Artikel 5;
   – berücksichtigt den Rat des Arbeitsmediziners oder einer anderen entsprechend qualifizierten Person oder der zuständigen Behörde und führt alle für erforderlich gehaltenen Maßnahmen zur Vermeidung oder Verringerung der Gefährdung gemäß Artikel 5 durch, wozu auch die Möglichkeit zählt, dem Arbeitnehmer eine andere Tätigkeit zuzuweisen, bei der kein Risiko einer weiteren Exposition besteht;
   – trifft Vorkehrungen für eine kontinuierliche Gesundheitsüberwachung und sorgt für eine Überprüfung des Gesundheitszustands aller anderen Arbeitnehmer, die in ähnlicher Weise exponiert waren. In diesen Fällen kann der zuständige Arzt oder Arbeitsmediziner oder die zuständige Behörde vorschlagen, dass exponierte Personen einer ärztlichen Untersuchung unterzogen werden.

Übergangszeitraum

Art. 9 In Bezug auf die Umsetzung der Verpflichtungen des Artikels 5 Absatz 3 können die Mitgliedstaaten nach Anhörung der Sozialpartner gemäß dem innerstaatlichen Recht oder der innerstaatlichen Praxis einen Übergangszeitraum von höchstens 6 Jahren, gerechnet ab dem 6. Juli 2005, in Anspruch nehmen, wenn Arbeitsmittel verwendet werden, die den Arbeitnehmern vor dem 6. Juli 2007 zur Verfügung gestellt wurden und die unter Berücksichtigung der letzten technischen Fortschritte und/oder der Durchführung organisatorischer Maßnahmen die Einhaltung der Expositionsgrenzwerte nicht gestatten. In Bezug auf Arbeitsmittel, die in der Land- und Forstwirtschaft eingesetzt werden, können die Mitgliedstaaten diesen Übergangszeitraum um höchstens 3 weitere Jahre verlängern.

Ausnahmen

Art. 10 (1) Unter Wahrung der allgemeinen Grundsätze für den Schutz der Sicherheit und Gesundheit von Arbeitnehmern können die Mitgliedstaaten für den Bereich der Seeschifffahrt und der Luftfahrt unter gebührend begründeten Umständen von Artikel 5 Absatz 3 in Bezug auf Ganzkörper-Vibrationen abweichen, wenn es nach dem Stand der Technik und aufgrund der besonderen Merkmale der Arbeitsplätze nicht möglich ist, den Expositionsgrenzwert trotz Durchführung technischer und/oder organisatorischer Maßnahmen einzuhalten.

(2) In den Fällen, in denen ein Arbeitnehmer Vibrationen ausgesetzt ist, die in der Regel unter den in Artikel 3 Absatz 1 Buchstabe b) und Absatz 2 Buchstabe b) festgesetzten Werten liegen, aber von einem Augenblick zum nächsten erheblich schwanken und gelegentlich den Expositionsgrenzwert überschreiten können, können die Mitgliedstaaten ebenfalls Abweichungen von Artikel 5 Absatz 3 zulassen. Allerdings muss die durchschnittliche Exposition über einen Zeitraum von 40 Stunden hinweg unter dem Expositionsgrenzwert bleiben, und es ist nachzuweisen, dass die Risiken aus dieser Form der Einwirkung, der der Arbeitnehmer ausgesetzt ist, geringer sind als die mit einer Exposition in Höhe des Expositionsgrenzwertes verbundenen Risiken.

(3) Die Ausnahmen im Sinne der Absätze 1 und 2 werden von den Mitgliedstaaten nach der Anhörung der Sozialpartner geregelt, die gemäß den innerstaatlichen Rechtsvorschriften und Gepflogenheiten durchgeführt wird. Diese Ausnahmen müssen mit Auflagen verbunden sein, die unter Berücksichtigung der besonderen Umstände gewährleisten, dass die sich daraus ergebenden Risiken auf ein Minimum reduziert werden und dass für die betreffenden Arbeitnehmer eine verstärkte Gesundheitsüberwachung durchgeführt wird. Diese Ausnahmen werden alle vier Jahre überprüft und

sie werden aufgehoben, sobald die Umstände, die sie gerechtfertigt haben, nicht mehr gegeben sind.

(4) Die Mitgliedstaaten übermitteln der Kommission alle vier Jahre eine Übersicht über die Ausnahmen im Sinne der Absätze 1 und 2 unter Angabe der genauen Umstände und Gründe, die sie zur Gewährung dieser Ausnahmen veranlasst haben.

Änderungen des Anhangs

Art. 11 Der Kommission wird die Befugnis übertragen, gemäß Artikel 11a delegierte Rechtsakte zur Vornahme rein technischer Änderungen des Anhangs zu erlassen, um die technische Harmonisierung und Normung im Bereich von Auslegung, Bau, Herstellung oder Konstruktion von Arbeitsmitteln und Arbeitsstätten, den technischen Fortschritt, die Entwicklung der harmonisierten europäischen Normen oder Spezifikationen und neue Erkenntnisse auf dem Gebiet der Vibrationen zu berücksichtigen.

Ist in hinreichend begründeten Ausnahmefällen, in denen eine akute, unmittelbare und schwerwiegende Gefahr für die körperliche Gesundheit und Sicherheit von Arbeitnehmern und anderen Personen gegeben ist, aus Gründen äußerster Dringlichkeit sehr kurzfristiges Handeln erforderlich, so findet das Verfahren gemäß Artikel 11b auf delegierte Rechtsakte, die gemäß dem vorliegenden Artikel erlassen werden, Anwendung.

(VO (EU) 2019/1243)

Ausübung der Befugnisübertragung

Art. 11a (1) Die Befugnis zum Erlass delegierter Rechtsakte wird der Kommission unter den in diesem Artikel festgelegten Bedingungen übertragen.

(2) Die Befugnis zum Erlass delegierter Rechtsakte gemäß Artikel 11 wird der Kommission für einen Zeitraum von fünf Jahren ab dem 26. Juli 2019 übertragen. Die Kommission erstellt spätestens neun Monate vor Ablauf des Zeitraums von fünf Jahren einen Bericht über die Befugnisübertragung. Die Befugnisübertragung verlängert sich stillschweigend um Zeiträume gleicher Länge, es sei denn, das Europäische Parlament oder der Rat widersprechen einer solchen Verlängerung spätestens drei Monate vor Ablauf des jeweiligen Zeitraums.

(3) Die Befugnisübertragung gemäß Artikel 11 kann vom Europäischen Parlament oder vom Rat jederzeit widerrufen werden. Der Beschluss über den Widerruf beendet die Übertragung der in diesem Beschluss angegebenen Befugnis. Er wird am Tag nach seiner Veröffentlichung im *Amtsblatt der Europäischen Union* oder zu einem im Beschluss über den Widerruf angegebenen späteren Zeitpunkt wirksam. Die Gültigkeit von delegierten Rechtsakten, die bereits in Kraft sind, wird von dem Beschluss über den Widerruf nicht berührt.

(4) Vor dem Erlass eines delegierten Rechtsakts konsultiert die Kommission die von den einzelnen Mitgliedstaaten benannten Sachverständigen im Einklang mit den in der Interinstitutionellen Vereinbarung vom 13. April 2016 über bessere Rechtsetzung enthaltenen Grundsätzen.

(5) Sobald die Kommission einen delegierten Rechtsakt erlässt, übermittelt sie ihn gleichzeitig dem Europäischen Parlament und dem Rat.

(6) Ein delegierter Rechtsakt, der gemäß Artikel 11 erlassen wurde, tritt nur in Kraft, wenn weder das Europäische Parlament noch der Rat innerhalb einer Frist von zwei Monaten nach Übermittlung dieses Rechtsakts an das Europäische Parlament und den Rat Einwände erhoben haben oder wenn vor Ablauf dieser Frist das Europäische Parlament und der Rat beide der Kommission mitgeteilt haben, dass sie keine Einwände erheben werden. Auf Initiative des Europäischen Parlaments oder des Rates wird diese Frist um zwei Monate verlängert.

(VO (EU) 2019/1243)

Dringlichkeitsverfahren

Art. 11b (1) Delegierte Rechtsakte, die nach diesem Artikel erlassen werden, treten umgehend in Kraft und sind anwendbar, solange keine Einwände gemäß Absatz 2 erhoben werden. Bei der Übermittlung eines delegierten Rechtsakts an das Europäische Parlament und den Rat werden die Gründe für die Anwendung des Dringlichkeitsverfahrens angegeben.

(2) Das Europäische Parlament oder der Rat können gemäß dem Verfahren des Artikels 11a Absatz 6 Einwände gegen einen delegierten Rechtsakt erheben. In diesem Fall hebt die Kommission den Rechtsakt umgehend nach der Übermittlung des Beschlusses des Europäischen Parlaments oder des Rates, Einwände zu erheben, auf.

(VO (EU) 2019/1243)

Art. 12 (aufgehoben)

(VO (EU) 2019/1243)

ABSCHNITT IV
Schlussbestimmungen

(Art. 13 aufgehoben durch Art. 3 Z. 18 der RL 2007/30/EG)

Umsetzung

Art. 14 (1) Die Mitgliedstaaten setzen die Rechts- und Verwaltungsvorschriften in Kraft, die erforderlich sind, um dieser Richtlinie spätestens ab dem 6. Juli 2005 nachzukommen. Sie setzen die Kommission unverzüglich davon in Kenntnis. Sie fügen eine ausführlich begründete Übersicht über die von den Mitgliedstaaten gemäß Artikel 9 erlassenen Übergangsbestimmungen bei.

Wenn die Mitgliedstaaten derartige Vorschriften erlassen, nehmen sie in den Vorschriften selbst oder durch einen Hinweis bei der amtlichen Veröffentlichung auf diese Richtlinie Bezug. Die Mitgliedstaaten regeln die Einzelheiten der Bezugnahme.

(2) Die Mitgliedstaaten teilen der Kommission den Wortlaut der innerstaatlichen Rechtsvorschriften mit, die sie auf dem unter diese Richtlinie fallenden Gebiet erlassen oder bereits erlassen haben.

6/17. VibrationenRL
Art. 15, 16, Anhang

Inkrafttreten
Art. 15 Diese Richtlinie tritt am Tag ihrer Veröffentlichung im *Amtsblatt der Europäischen Gemeinschaften* in Kraft.

Adressaten
Art. 16 Diese Richtlinie ist an alle Mitgliedstaaten gerichtet.

ANHANG

A. HAND-ARM-VIBRATIONEN

1. Bewertung der Exposition

Die Bewertung des Ausmaßes der Exposition gegenüber Hand-Arm-Vibrationen erfolgt anhand der Berechnung des auf einen Bezugszeitraum von 8 Stunden normierten Tagesexpositionswertes A(8); dieser wird ausgedrückt als die Quadratwurzel aus der Summe der Quadrate (Gesamtwert) der Effektivwerte der frequenzbewerteten Beschleunigung in den drei orthogonalen Richtungen a_{hwx}, a_{hwy}, a_{hwz} gemäß den Kapiteln 4 und 5 sowie Anhang A der Norm ISO 5349-1:2001.

Die Bewertung des Ausmaßes der Exposition kann mittels einer Schätzung anhand der Herstellerangaben zum Ausmaß der von den verwendeten Arbeitsmitteln verursachten Vibrationen und mittels Beobachtung der spezifischen Arbeitsweisen oder durch Messung vorgenommen werden.

2. Messung

Im Fall von Messungen gemäß Artikel 4 Absatz 1

a) können Stichprobenverfahren verwendet werden, wenn sie für die fraglichen Vibrationen, denen der einzelne Arbeitnehmer ausgesetzt ist, repräsentativ sind; die eingesetzten Verfahren und Vorrichtungen müssen hierbei in Einklang mit der Norm ISO 5349-2:2001 in den besonderen Merkmalen der zu messenden Vibrationen, den Umweltfaktoren und den technischen Merkmalen des Messgeräts angepasst sein;

b) an Geräten, die beidhändig gehalten/geführt werden müssen, sind diese an jeder Hand vorzunehmen. Die Exposition wird unter Bezug auf den höheren der beiden Werte ermittelt; der Wert für die andere Hand wird ebenfalls angegeben.

3. Interferenzen

Artikel 4 Absatz 4 Buchstabe d) gilt insbesondere dann, wenn sich Vibrationen auf das korrekte Handhaben von Bedienungselementen oder das Ablesen von Anzeigen störend auswirken.

4. Indirekte Gefährdung

Artikel 4 Absatz 4 Buchstabe d) gilt insbesondere dann, wenn sich Vibrationen auf die Stabilität der Strukturen oder die Festigkeit von Verbindungen störend auswirken.

5. Persönliche Schutzausrüstungen

Persönliche Schutzausrüstungen gegen Hand-Arm-Vibrationen können Teil des Maßnahmenprogramms gemäß Artikel 5 Absatz 2 sein.

B. GANZKÖRPER-VIBRATIONEN

1. Bewertung der Exposition

Die Bewertung des Ausmaßes der Exposition gegenüber Ganzkörper-Vibrationen erfolgt anhand der Berechnung der Tagesexposition A(8); diese wird ausgedrückt als die äquivalente Dauerbeschleunigung für einen Zeitraum von 8 Stunden, berechnet als der höchste Wert der Effektivwerte – oder der höchste Wert der Vibrationsdosiswerte (VDV) – der frequenzbewerteten Beschleunigungen in den drei orthogonalen Richtungen (1,4 a_{wx}, 1,4 a_{wy}, a_{wz}, für einen sitzenden oder stehenden Arbeitnehmer) gemäß den Abschnitten 5, 6 und 7 sowie den Anhängen A und B der Norm ISO 2631-1:1997.

Die Bewertung des Ausmaßes der Exposition kann mittels einer Schätzung anhand der Herstellerangaben zum Ausmaß der von den verwendeten Arbeitsmitteln verursachten Vibrationen und mittels Beobachtung der spezifischen Arbeitsweisen oder durch Messung vorgenommen werden.

Die Mitgliedstaaten haben die Möglichkeit, im Bereich der Seeschifffahrt lediglich Vibrationen mit einer Frequenz von mehr als 1 Hz zu berücksichtigen.

2. Messung

Im Falle von Messungen gemäß Artikel 4 Absatz 1 können Stichprobenverfahren verwendet werden, wenn sie für die betreffenden Vibrationen, denen der einzelne Arbeitnehmer ausgesetzt ist, repräsentativ sind. Die eingesetzten Verfahren müssen den besonderen Merkmalen der zu messenden Vibrationen, den Umweltfaktoren und den technischen Merkmalen des Messgeräts angepasst sein.

3. Interferenzen

Artikel 4 Absatz 4 Buchstabe d) gilt insbesondere dann, wenn sich Vibrationen auf das korrekte Handhaben von Bedienungselementen oder das Ablesen von Anzeigen störend auswirken.

4. Indirekte Gefährdung

Artikel 4 Absatz 4 Buchstabe d) gilt insbesondere dann, wenn sich Vibrationen auf die Stabilität der Strukturen oder die Festigkeit von Verbindungen störend auswirken.

5. Ausdehnung der Exposition

Artikel 4 Absatz 4 Buchstabe g) gilt insbesondere dann, wenn die Art der Tätigkeit dazu führt, dass ein Arbeitnehmer vom Arbeitgeber überwachte Ruheräume benutzt; Ganzkörper-Vibrationen müssen in diesen Räumlichkeiten auf ein mit ihrem Zweck und ihren Nutzungsbedingungen zu vereinbarendes Niveau gesenkt werden, Fälle höherer Gewalt ausgenommen.

6/18. Lärmrichtlinie

Richtlinie 2003/10/EG des Europäischen Parlaments und des Rates über Mindestvorschriften zum Schutz von Sicherheit und Gesundheit der Arbeitnehmer vor der Gefährdung durch physikalische Einwirkungen (Lärm) (Siebzehnte Einzelrichtlinie im Sinne des Artikels 16 Absatz 1 der Richtlinie 89/391/EWG) vom 6. Februar 2003

(ABl. Nr. L 42 v. 15.2.2003, S. 38; geändert durch die RL 2007/30/EG, ABl. Nr. L 165 v. 27.6.2007, S. 21; geändert durch die VO (EG) Nr. 1137/2008, ABl. Nr. L 311 v. 21.11.2008, S. 6; geändert durch die VO (EU) Nr. 2019/1243, ABl. Nr. L 198 v. 25.7.2019, S. 241)
(nicht amtlich aktualisierte Fassung)

GLIEDERUNG

ABSCHNITT I: Allgemeine Bestimmungen
Art. 1: Ziel und Geltungsbereich
Art. 2: Begriffsbestimmungen
Art. 3: Expositionsgrenzwerte und Auslösewerte

ABSCHNITT II: Pflichten der Arbeitgeber
Art. 4: Ermittlung und Bewertung der Risiken
Art. 5: Maßnahmen zur Vermeidung oder Verringerung der Exposition
Art. 6: Persönlicher Schutz
Art. 7: Begrenzung der Exposition
Art. 8: Unterrichtung und Unterweisung der Arbeitnehmer
Art. 9: Anhörung und Beteiligung der Arbeitnehmer

ABSCHNITT III: Sonstige Bestimmungen
Art. 10: Gesundheitsüberwachung
Art. 11: Ausnahmen
Art. 12: Änderungen der Richtlinie
Art. 13: (aufgehoben)
Art. 14: Kodex
Art. 15: Aufhebung

ABSCHNITT IV: Schlussbestimmungen
Art. 16: (aufgehoben)
Art. 17: Umsetzung
Art. 18: Inkrafttreten
Art. 19: Adressaten

DAS EUROPÄISCHE PARLAMENT UND DER RAT DER EUROPÄISCHEN UNION –
gestützt auf den Vertrag zur Gründung der Europäischen Gemeinschaft, insbesondere Artikel 137 Absatz 2,
auf Vorschlag der Kommission (ABl. C 77 vom 18.3.1993, S. 12, und ABl. C 230 vom 19.8.1994, S. 3), vorgelegt nach Anhörung des Beratenden Ausschusses für Sicherheit, Arbeitshygiene und Gesundheitsschutz am Arbeitsplatz,
nach Stellungnahme des Wirtschafts- und Sozialausschusses (ABl. C 249 vom 13.9.1993, S. 28),
nach Anhörung des Ausschusses der Regionen,
gemäß dem Verfahren des Artikels 251 des Vertrags (Stellungnahme des Europäischen Parlaments vom 20. April 1994 (ABl. C 128 vom 9.5.1994, S. 146), bestätigt am 16. September 1999 (ABl. C 54 vom 25.2.2000, S. 75), Gemeinsamer Standpunkt des Rates vom 29. Oktober 2001 (ABl. C 45 E vom 19.2.2002, S. 41) und Beschluss des Europäischen Parlaments vom 13. März 2002),
aufgrund des vom Vermittlungsausschuss am 8. November 2002 gebilligten Entwurfs,
in Erwägung nachstehender Gründe:

(1) Im Vertrag ist vorgesehen, dass der Rat durch Richtlinien Mindestvorschriften erlassen kann, die die Verbesserung insbesondere der Arbeitsumwelt zur Gewährleistung eines höheren Schutzniveaus für die Sicherheit und Gesundheit der Arbeitnehmer zum Ziel haben. Diese Richtlinien sollten keine verwaltungsmäßigen, finanziellen oder rechtlichen Auflagen vorschreiben, die der Gründung und Entwicklung von kleinen und mittleren Unternehmen entgegenstehen.

(2) Durch die vorliegende Richtlinie werden entsprechend dem Vertrag die einzelnen Mitgliedstaaten nicht daran gehindert, strengere Schutzmaßnahmen beizubehalten oder zu treffen; die Durchführung dieser Richtlinie kann jedoch nicht als Begründung für einen Rückschritt gegenüber der bestehenden Situation in jedem einzelnen Mitgliedstaat herangezogen werden.

(3) In der Richtlinie 86/188/EWG des Rates vom 12. Mai 1986 über den Schutz der Arbeitnehmer gegen Gefährdung durch Lärm am Arbeitsplatz (ABl. L 137 vom 24.5.1986, S. 28, geändert durch die Richtlinie 98/24/EG) ist vorgesehen, dass der Rat die Richtlinie auf Vorschlag der Kommission im Hinblick auf die Verringerung der betreffenden Gefahren überprüft, wobei er insbesondere den Fortschritten von Wissenschaft und Technik Rechnung trägt.

6/18. LärmRL
Präambel

(4) Die Mitteilung der Kommission über ihr Aktionsprogramm für Sicherheit, Arbeitshygiene und Gesundheitsschutz am Arbeitsplatz (ABl. C 28 vom 3.2.1988, S. 3) sieht die Verabschiedung von Maßnahmen zur Verbesserung der Sicherheit am Arbeitsplatz vor, insbesondere hinsichtlich der Ausdehnung des Geltungsbereichs der Richtlinie 86/188/EWG sowie der Überprüfung der darin enthaltenen Schwellenwerte. Der Rat hat dies in seiner Entschließung vom 21. Dezember 1987 über Sicherheit, Arbeitshygiene und Gesundheitsschutz am Arbeitsplatz (ABl. C 28 vom 3.2.1988, S. 1) zur Kenntnis genommen.

(5) Die Mitteilung der Kommission über ihr Aktionsprogramm zur Anwendung der Gemeinschaftscharta der sozialen Grundrechte der Arbeitnehmer sieht die Festlegung von Mindestvorschriften zum Schutz von Sicherheit und Gesundheit der Arbeitnehmer vor der Gefährdung durch physikalische Einwirkungen vor. Das Europäische Parlament hat im September 1990 eine Entschließung zu diesem Aktionsprogramm (ABl. C 260 vom 15.10.1990, S. 167) verabschiedet, in der die Kommission insbesondere aufgefordert wurde, eine Einzelrichtlinie für den Bereich der Gefährdung durch Lärm und Vibrationen sowie sonstige physikalische Einwirkungen am Arbeitsplatz auszuarbeiten.

(6) Als ersten Schritt haben das Europäische Parlament und der Rat am 25. Juni 2002 die Richtlinie 2002/44/EG über Mindestvorschriften zum Schutz von Sicherheit und Gesundheit der Arbeitnehmer vor der Gefährdung durch physikalische Einwirkungen (Vibrationen) (16. Einzelrichtlinie im Sinne des Artikels 16 Absatz 1 der Richtlinie 89/391/EWG) angenommen.

(7) Als sinnvoller zweiter Schritt wird die Einführung von Maßnahmen zum Schutz der Arbeitnehmer vor den durch Lärm verursachten Gefährdungen aufgrund seiner Auswirkungen auf die Gesundheit und die Sicherheit der Arbeitnehmer, insbesondere Gehörschädigungen, angesehen. Durch diese Maßnahmen sollen nicht nur die Gesundheit und die Sicherheit jedes einzelnen Arbeitnehmers geschützt, sondern für die gesamte Arbeitnehmerschaft der Gemeinschaft ein Mindestschutz sichergestellt werden, um eventuellen Wettbewerbsverzerrungen vorzubeugen.

(8) Der derzeitige wissenschaftliche Kenntnisstand über etwaige Folgen von Lärm für die Gesundheit und die Sicherheit reicht nicht aus, um exakte, jegliche Gefährdung der Gesundheit und Sicherheit erfassende Expositionsgrenzen festzulegen, insbesondere hinsichtlich der extraauralen Lärmwirkungen.

(9) Ein System zum Schutz vor Lärm muss darauf beschränkt sein, die zu erreichenden Ziele, die zu beachtenden Grundsätze und die zu verwendenden grundlegenden Werte ohne übermäßige Einzelheiten festzulegen, damit die Mitgliedstaaten in die Lage versetzt werden, die Mindestvorschriften in gleichwertiger Weise anzuwenden.

(10) Eine Verringerung der Exposition gegenüber Lärm lässt sich wirkungsvoller dann erreichen, wenn bereits bei der Planung der Arbeitsplätze und Arbeitsstätten Präventivmaßnahmen ergriffen werden und die Arbeitsmittel sowie die Arbeitsverfahren und -methoden so gewählt werden, dass die Gefahren vorrangig bereits am Entstehungsort verringert werden. Bestimmungen über Arbeitsmittel und Arbeitsmethoden tragen somit zum Schutz der Arbeitnehmer bei, die sie einsetzen. Gemäß den allgemeinen Grundsätzen der Gefahrenverhütung nach Artikel 6 Absatz 2 der Richtlinie 89/391/EWG des Rates vom 12. Juni 1989 über die Durchführung von Maßnahmen zur Verbesserung der Sicherheit und des Gesundheitsschutzes der Arbeitnehmer bei der Arbeit (ABl. L 183 vom 29.6.1989, S. 1) hat der kollektive Gefahrenschutz Vorrang vor dem individuellen Gefahrenschutz.

(11) Mit dem in der Entschließung A 468 (12) der Internationalen Seeschifffahrtsorganisation enthaltenen Kodex für den Lärmpegel auf Schiffen werden Leitlinien dafür vorgegeben, wie der Lärm auf Schiffen am Entstehungsort verringert werden kann. Die Mitgliedstaaten sollten jedoch die Möglichkeit haben, für die Besatzungen von Seeschiffen eine Übergangszeit vorzusehen.

(12) Für die korrekte Bewertung der Exposition von Arbeitnehmern gegenüber Lärm ist es zweckmäßig, eine objektive Messmethode anzuwenden, so dass Hinweise auf die allgemein anerkannte ISO-Norm 1999:1990 erfolgen. Die bewerteten oder objektiv gemessenen Werte sind entscheidend für die Einleitung der im Zusammenhang mit den unteren und oberen Auslösewerten vorgesehenen Maßnahmen. Expositionsgrenzwerte sind erforderlich, um irreversible Hörschäden bei Arbeitnehmern zu vermeiden; der Lärm, der das Ohr erreicht, sollte unter den Expositionsgrenzwerten bleiben.

(13) Die besonderen Charakteristika des Musik- und Unterhaltungssektors erfordern einen praktischen Leitfaden, der eine wirksame Anwendung der Bestimmungen dieser Richtlinie gewährleistet. Die Mitgliedstaaten sollten Anspruch auf einen Übergangszeitraum zur Aufstellung eines Kodex für einen praktischen Leitfaden haben, der den in diesen Sektoren tätigen Arbeitnehmern und Arbeitgebern hilft, die in dieser Richtlinie festgelegten Schutzniveaus zu erreichen.

(14) Die Arbeitgeber müssen sich dem technischen Fortschritt und dem wissenschaftlichen Kenntnisstand auf dem Gebiet der durch die Einwirkung von Lärm entstehenden Gefahren anpassen, um den Schutz von Gesundheit und Sicherheit der Arbeitnehmer zu verbessern.

(15) Da es sich bei der vorliegenden Richtlinie um eine Einzelrichtlinie im Sinne des Artikels 16 Absatz 1 der Richtlinie 89/391/EWG handelt, finden unbeschadet strengerer und/oder spezifischerer Vorschriften der vorliegenden Richtlinie die Bestimmungen jener Richtlinie auf den Bereich der Exposition von Arbeitnehmern gegenüber Lärm Anwendung.

(16) Die vorliegende Richtlinie leistet einen konkreten Beitrag zur Verwirklichung der sozialen Dimension des Binnenmarktes.

(17) Die zur Durchführung dieser Richtlinie erforderlichen Maßnahmen sollten gemäß dem Beschluss 1999/468/EG des Rates vom 28. Juni 1999 zur Festlegung der Modalitäten für die Ausübung der der Kommission übertragenen Durchführungsbefugnisse (ABl. L 184 vom 17.7.1999, S. 23) erlassen werden –

HABEN FOLGENDE RICHTLINIE ERLASSEN:

ABSCHNITT I
Allgemeine Bestimmungen

Ziel und Geltungsbereich

Art. 1 (1) Mit dieser Richtlinie, der 17. Einzelrichtlinie im Sinne des Artikels 16 Absatz 1 der Richtlinie 89/391/EWG, werden Mindestanforderungen für den Schutz der Arbeitnehmer gegen tatsächliche oder mögliche Gefährdungen ihrer Gesundheit und Sicherheit durch Einwirkung von Lärm, insbesondere die Gefährdung des Gehörs, festgelegt.

(2) Die Anforderungen dieser Richtlinie gelten für Tätigkeiten, bei denen die Arbeitnehmer aufgrund ihrer Arbeit einer Gefährdung durch Lärm ausgesetzt sind oder ausgesetzt sein können.

(3) Die Richtlinie 89/391/EWG gilt unbeschadet strengerer und/oder spezifischerer Bestimmungen der vorliegenden Richtlinie in vollem Umfang für den gesamten in Absatz 1 genannten Bereich.

Begriffsbestimmungen

Art. 2 Für diese Richtlinie gelten folgende Definitionen der als Gefahrenindikator verwendeten physikalischen Größen:
a) Spitzenschalldruck (p_{peak}): Höchstwert des momentanen C-frequenzbewerteten Schalldrucks;
b) Tages-Lärmexpositionspegel ($L_{EX,8h}$) (in dB(A) bezogen auf 20 µPa): der über die Zeit gemittelte Lärmexpositionspegel für einen nominalen Achtstundentag entsprechend der Definition der internationalen Norm ISO 1999: 1990, Abschnitt 3.6. Erfasst werden alle am Arbeitsplatz auftretenden Schallereignisse einschließlich impulsförmigen Schalls;
c) Wochen-Lärmexpositionspegel ($L_{EX,8h}$): der über die Zeit gemittelte Tages-Lärmexpositionspegel für eine nominale Woche mit fünf Achtstundentagen entsprechend der Definition der internationalen Norm ISO 1999: 1990, Abschnitt 3.6 (Anmerkung 2).

Expositionsgrenzwerte und Auslösewerte

Art. 3 (1) Für diese Richtlinie werden die Expositionsgrenzwerte und die Auslösewerte in Bezug auf die Tages-Lärmexpositionspegel und den Spitzenschalldruck wie folgt festgesetzt:
a) Expositionsgrenzwerte: $L_{EX,8h}$ = 87 dB(A) bzw. p_{peak} = 200 Pa (140 dB (C) bezogen auf 20 µPa)
b) Obere Auslösewerte: $L_{EX,8h}$ = 85 dB(A) bzw. p_{peak} = 140 Pa (137 dB (C) bezogen auf 20 µPa)
c) Untere Auslösewerte: $L_{EX,8h}$ = 80 dB(A) bzw. P_{peak} = 112 Pa (135 dB (C) bezogen auf 20 µPa)

(2) Bei der Feststellung der effektiven Exposition der Arbeitnehmer unter Anwendung der Expositionsgrenzwerte wird die dämmende Wirkung des persönlichen Gehörschutzes des Arbeitnehmers berücksichtigt. Bei den Auslösewerten wird die Wirkung eines solchen Gehörschutzes nicht berücksichtigt.

(3) Unter hinreichend begründeten Umständen können die Mitgliedstaaten für Tätigkeiten, bei denen die Lärmexposition von einem Arbeitstag zum anderen erheblich schwankt, für die Anwendung der Expositionsgrenzwerte und Auslösewerte zur Bewertung der Lärmpegel, denen die Arbeitnehmer ausgesetzt sind, anstatt des Tages-Lärmexpositionspegels den Wochen- Lärmexpositionspegel verwenden, sofern
a) der Wochen-Lärmexpositionspegel den Expositionsgrenzwert von 87 dB(A) nicht überschreitet, was durch eine geeignete Messung nachzuweisen ist, und
b) geeignete Maßnahmen getroffen werden, um die mit diesen Tätigkeiten verbundenen Risiken auf ein Mindestmaß zu verringern.

ABSCHNITT II
Pflichten der Arbeitgeber

Ermittlung und Bewertung der Risiken

Art. 4 (1) Im Rahmen seiner Pflichten gemäß Artikel 6 Absatz 3 und Artikel 9 Absatz 1 der Richtlinie 89/391/EWG nimmt der Arbeitgeber eine Bewertung und erforderlichenfalls eine Messung des Lärms vor, dem die Arbeitnehmer ausgesetzt sind.

(2) Die Methoden und Geräte müssen den vorherrschenden Bedingungen angepasst sein, insbesondere unter Berücksichtigung der Merkmale des zu messenden Schalls, der Dauer der Einwirkung, der Umgebungsbedingungen und der Merkmale der Messgeräte.

Diese Methoden und Geräte müssen es ermöglichen, die in Artikel 2 definierten Größen zu bestimmen und zu entscheiden, ob in einem bestimmten Fall die in Artikel 3 festgesetzten Werte überschritten wurden.

(3) Die verwendeten Methoden können auch eine Stichprobenerhebung umfassen, die für die persönliche Exposition eines Arbeitnehmers repräsentativ sein muss.

(4) Die Bewertungen und Messungen nach Absatz 1 müssen in angemessenen Zeitabständen sachkundig geplant und durchgeführt werden, wobei hinsichtlich der erforderlichen entsprechend befähigten Dienste oder Personen insbesondere Artikel 7 der Richtlinie 89/391/EWG zu berücksichtigen ist. Die aus den Bewertungen und/oder Messungen der Exposition gegenüber Lärm resultierenden Daten werden in einer geeigneten Form gespeichert, die eine spätere Einsichtnahme ermöglicht.

(5) Bei der Anwendung dieses Artikels wird bei der Bewertung der Messergebnisse den Ungenauigkeiten bei der Messung, die entsprechend den Gepflogenheiten im Messwesen bestimmt werden, Rechnung getragen.

(6) Nach Artikel 6 Absatz 3 der Richtlinie 89/391/EWG berücksichtigt der Arbeitgeber bei der Risikobewertung insbesondere Folgendes:

a) Ausmaß, Art und Dauer der Exposition, einschließlich der Exposition gegenüber impulsförmigem Schall;
b) Expositionsgrenzwerte und Auslösewerte gemäß Artikel 3 der vorliegenden Richtlinie;
c) alle Auswirkungen auf die Gesundheit und Sicherheit von Arbeitnehmern, die besonders gefährdeten Risikogruppen angehören;
d) alle Auswirkungen auf die Gesundheit und Sicherheit der Arbeitnehmer durch Wechselwirkungen zwischen Lärm und arbeitsbedingten ototoxischen Substanzen sowie zwischen Lärm und Vibrationen, soweit dies technisch durchführbar ist;
e) alle indirekten Auswirkungen auf die Gesundheit und Sicherheit der Arbeitnehmer durch Wechselwirkungen zwischen Lärm und Warnsignalen bzw. anderen Geräuschen, die beachtet werden müssen, um die Unfallgefahr zu verringern;
f) die Angaben des Herstellers der Arbeitsmittel über Lärmemissionen gemäß den einschlägigen Gemeinschaftsrichtlinien;
g) die Verfügbarkeit alternativer Arbeitsmittel, die so ausgelegt sind, dass die Lärmerzeugung verringert wird;
h) die Ausdehnung der Exposition gegenüber Lärm über die normale Arbeitszeit hinaus unter der Verantwortung des Arbeitgebers;
i) einschlägige Informationen auf der Grundlage der Gesundheitsüberwachung sowie, im Rahmen des Möglichen, veröffentlichte Informationen;
j) die Verfügbarkeit von Gehörschutzeinrichtungen mit einer angemessenen dämmenden Wirkung.

(7) Der Arbeitgeber muss im Besitz einer Risikobewertung gemäß Artikel 9 Absatz 1 Buchstabe a) der Richtlinie 89/391/EWG sein und ermitteln, welche Maßnahmen gemäß den Artikeln 5, 6, 7 und 8 der vorliegenden Richtlinie zu treffen sind. Die Risikobewertung ist gemäß einzelstaatlichen Vorschriften und Praktiken auf einem geeigneten Datenträger zu dokumentieren. Die Risikobewertung ist regelmäßig zu aktualisieren, insbesondere wenn bedeutsame Veränderungen eingetreten sind, sodass sie veraltet sein könnte, oder wenn sich eine Aktualisierung aufgrund der Ergebnisse der Gesundheitsüberwachung als erforderlich erweist.

Maßnahmen zur Vermeidung oder Verringerung der Exposition

Art. 5 (1) Unter Berücksichtigung des technischen Fortschritts und der Verfügbarkeit von Mitteln zur Begrenzung der Gefährdung am Entstehungsort muss die Gefährdung aufgrund der Einwirkung von Lärm am Entstehungsort ausgeschlossen oder so weit wie möglich verringert werden.

Die Verringerung dieser Gefährdung stützt sich auf die allgemeinen Grundsätze der Gefahrenverhütung in Artikel 6 Absatz 2 der Richtlinie 89/391/EWG; dabei ist insbesondere Folgendes zu berücksichtigen:

a) Alternative Arbeitsverfahren, welche die Notwendigkeit einer Exposition gegenüber Lärm verringern;
b) die Auswahl geeigneter Arbeitsmittel, die unter Berücksichtigung der auszuführenden Arbeit möglichst geringen Lärm erzeugen, einschließlich der Möglichkeit, den Arbeitnehmern Arbeitsmittel zur Verfügung zu stellen, für welche Gemeinschaftsvorschriften mit dem Ziel oder der Auswirkung gelten, die Exposition gegenüber Lärm zu begrenzen;
c) Gestaltung und Auslegung der Arbeitsstätten und Arbeitsplätze;
d) angemessene Unterrichtung und Unterweisung der Arbeitnehmer in der ordnungsgemäßen Handhabung der Arbeitsmittel zur weitestgehenden Verringerung ihrer Lärmexposition;
e) technische Lärmminderung:
   i) Luftschallminderung, z. B. durch Abschirmungen, Kapselungen, Abdeckungen mit schallabsorbierendem Material;
   ii) Körperschallminderung, z. B. durch Körperschalldämmung oder Körperschallisolierung;
f) angemessene Wartungsprogramme für Arbeitsmittel, Arbeitsplätze und Arbeitsplatzsysteme;
g) arbeitsorganisatorische Lärmminderung:
   i) Begrenzung von Dauer und Ausmaß der Exposition;
   ii) zweckmäßige Arbeitspläne mit ausreichenden Ruhezeiten.

(2) Auf der Grundlage der Risikobewertung gemäß Artikel 4 muss der Arbeitgeber, sobald die oberen Auslösewerte überschritten werden, ein Programm mit technischen und/oder organisatorischen Maßnahmen zur Verringerung der Exposition gegenüber Lärm ausarbeiten und durchführen, wobei insbesondere die in Absatz 1 genannten Maßnahmen zu berücksichtigen sind.

(3) Auf der Grundlage der Risikobewertung gemäß Artikel 4 werden Arbeitsplätze, an denen Arbeitnehmer Lärmpegeln ausgesetzt sein können, welche die oberen Auslösewerte überschreiten, mit einer geeigneten Kennzeichnung versehen. Die betreffenden Bereiche werden ferner abgegrenzt und der Zugang zu ihnen wird eingeschränkt, wenn dies technisch möglich und aufgrund des Expositionsrisikos gerechtfertigt ist.

(4) Werden einem Arbeitnehmer aufgrund der Art der Tätigkeit vom Arbeitgeber Ruheeinrichtungen zur Verfügung gestellt, so ist der Lärm in diesen Einrichtungen soweit zu verringern, dass er mit ihrem Zweck und den Bedingungen ihrer Nutzung im Einklang steht.

(5) In Anwendung von Artikel 15 der Richtlinie 89/391/EWG passt der Arbeitgeber die Maßnahmen im Sinne des vorliegenden Artikels den Erfordernissen der Arbeitnehmer an, die besonders gefährdeten Risikogruppen angehören.

Persönlicher Schutz

Art. 6 (1) Können die mit einer Lärmexposition verbundenen Risiken nicht durch andere Maßnahmen vermieden werden, so wird gemäß der Richtlinie 89/656/EWG des Rates vom 30. November 1989 über Mindestvorschriften für Sicherheit und Gesundheitsschutz bei Benutzung persönlicher Schutzausrüstungen durch Arbeitnehmer bei der Arbeit (Dritte Einzelrichtlinie im Sinne des Artikels 16 Absatz 1 der Richtlinie 89/391/EWG) und gemäß Artikel 13 Absatz 2 der Richtlinie 89/391/EWG den Arbeitnehmern ein geeigneter, ordnungsgemäß angepasster persönlicher Gehörschutz unter folgenden Bedingungen zur Verfügung gestellt und von ihnen benutzt:

a) Wenn die Exposition gegenüber Lärm die unteren Auslösewerte überschreitet, stellt der Arbeitgeber den Arbeitnehmern persönlichen Gehörschutz zur Verfügung.

b) Wenn die Exposition gegenüber Lärm die oberen Auslösewerte erreicht oder überschreitet, ist persönlicher Gehörschutz zu verwenden.

c) Der persönliche Gehörschutz ist so auszuwählen, dass durch ihn die Gefährdung des Gehörs beseitigt oder auf ein Mindestmaß verringert wird.

(2) Der Arbeitgeber unternimmt alle Anstrengungen, um für die Verwendung des Gehörschutzes zu sorgen, und ist für die Prüfung der Wirksamkeit der gemäß diesem Artikel getroffenen Maßnahmen verantwortlich.

Begrenzung der Exposition

Art. 7 (1) Unter keinen Umständen dürfen bei der gemäß Artikel 3 Absatz 2 festgestellten Exposition der Arbeitnehmer die Expositionsgrenzwerte überschritten werden.

(2) Wird ungeachtet der zur Umsetzung dieser Richtlinie ergriffenen Maßnahmen eine Exposition festgestellt, die über den Expositionsgrenzwerten liegt, so werden vom Arbeitgeber

a) unverzüglich Maßnahmen ergriffen, um die Exposition auf einen Wert unter den Expositionsgrenzwerten zu verringern,

b) die Gründe für die Überschreitung des Expositionsgrenzwerts ermittelt,

c) die Schutz- und Vorbeugemaßnahmen angepasst, um ein erneutes Überschreiten der Expositionsgrenzwerte zu verhindern.

Unterrichtung und Unterweisung der Arbeitnehmer

Art. 8 Unbeschadet der Artikel 10 und 12 der Richtlinie 89/391/EWG stellt der Arbeitgeber sicher, dass die Arbeitnehmer, die bei der Arbeit einer Lärmbelastung in Höhe der unteren Auslösewerte oder darüber ausgesetzt sind, und/oder ihre Vertreter Informationen und eine Unterweisung im Zusammenhang mit den durch die Exposition gegenüber Lärm entstehenden Risiken erhalten, die sich insbesondere auf Folgendes erstrecken:

a) Die Art derartiger Risiken;
b) die aufgrund dieser Richtlinie ergriffenen Maßnahmen zur Beseitigung oder zur Minimierung der Gefährdung durch Lärm, einschließlich der Umstände, unter denen die Maßnahmen angewandt werden;
c) die in Artikel 3 dieser Richtlinie festgelegten Expositionsgrenzwerte und Auslösewerte;
d) die Ergebnisse der Bewertungen und Messungen des Lärms gemäß Artikel 4 dieser Richtlinie zusammen mit einer Erläuterung ihrer Bedeutung und potenziellen Gefahr;
e) die korrekte Verwendung des Gehörschutzes;
f) das Erkennen und Melden der Anzeichen von Gehörschädigungen;
g) die Voraussetzungen, unter denen die Arbeitnehmer Anspruch auf Gesundheitsüberwachung haben, und den Zweck der Gesundheitsüberwachung gemäß Artikel 10 dieser Richtlinie;
h) sichere Arbeitsverfahren zur Minimierung der Exposition gegenüber Lärm.

Anhörung und Beteiligung der Arbeitnehmer

Art. 9 Die Anhörung und Beteiligung der Arbeitnehmer und/oder ihrer Vertreter in den von dieser Richtlinie erfassten Fragen erfolgt gemäß Artikel 11 der Richtlinie 89/391/EWG, insbesondere:

– die Bewertung von Risiken und die Ermittlung der zu treffenden Maßnahmen gemäß Artikel 4;
– die Maßnahmen zur Beseitigung oder zur Minimierung der Gefährdung durch Lärm gemäß Artikel 5;
– die Auswahl persönlicher Gehörschutzeinrichtungen gemäß Artikel 6 Absatz 1 Buchstabe c).

ABSCHNITT III
Sonstige Bestimmungen

Gesundheitsüberwachung

Art. 10 (1) Unbeschadet des Artikels 14 der Richtlinie 89/391/EWG treffen die Mitgliedstaaten Vorkehrungen, um eine angemessene Überwachung der Gesundheit der Arbeitnehmer in den Fällen sicherzustellen, in denen das Ergebnis der Bewertung und Messung nach Artikel 4 Absatz 1 der vorliegenden Richtlinie eine Gefährdung der Gesundheit erkennen lässt. Diese Vorkehrungen, einschließlich der Anforderungen für die Gesundheitsakten sowie deren Verfügbarkeit, werden entsprechend den innerstaatlichen Rechtsvorschriften und/oder Gepflogenheiten eingeführt.

(2) Ein Arbeitnehmer, der über den oberen Auslösewerten liegendem Lärm ausgesetzt ist, hat Anspruch darauf, dass sein Gehör von einem Arzt oder unter der Verantwortung eines Arztes von einer anderen entsprechend qualifizierten Person gemäß den einzelstaatlichen Rechtsvorschriften und/oder Gepflogenheiten untersucht wird. Vorbeugende audiometrische Untersuchungen stehen auch denjenigen Arbeitnehmern zur Verfügung, die über den unteren Auslösewerten liegendem Lärm ausgesetzt sind, wenn die Bewertung und die Messung nach Artikel 4 Absatz 1 auf ein Gesundheitsrisiko hindeuten.

Ziel der Untersuchungen ist es, eine Frühdiagnose jeglichen lärmbedingten Gehörverlusts zu stellen und die Funktion des Gehörs zu erhalten.

(3) Die Mitgliedstaaten treffen Vorkehrungen, um sicherzustellen, dass für jeden Arbeitnehmer, der der Gesundheitsüberwachung nach den Absätzen 1 und 2 unterliegt, persönliche Gesundheitsakten geführt und auf dem neuesten Stand gehalten werden. Die Gesundheitsakten enthalten eine Zusammenfassung der Ergebnisse der Gesundheitsüberwachung. Die Akten sind so zu führen, dass eine Einsichtnahme zu einem späteren Zeitpunkt unter Wahrung des Arztgeheimnisses möglich ist.

Der zuständigen Behörde ist auf Verlangen eine Kopie der entsprechenden Akten zu übermitteln. Der einzelne Arbeitnehmer erhält auf Verlangen Einsicht in seine persönlichen Gesundheitsakten.

(4) Ergibt die Überwachung des Gehörs, dass ein Arbeitnehmer an einer bestimmbaren Gehörschädigung leidet, so überprüft ein Arzt oder, falls dieser es als erforderlich erachtet, ein Spezialist, ob die Schädigung möglicherweise das Ergebnis der Einwirkung von Lärm bei der Arbeit ist. Trifft dies zu, so gilt Folgendes:

a) Der Arbeitnehmer wird von dem Arzt oder einer anderen entsprechend qualifizierten Person über die ihn persönlich betreffenden Ergebnisse unterrichtet.

b) Der Arbeitgeber
   i) überprüft die gemäß Artikel 4 vorgenommene Risikobewertung;
   ii) überprüft die Maßnahmen zur Vermeidung oder Verringerung der Gefährdung gemäß den Artikeln 5 und 6;
   iii) berücksichtigt den Rat des Arbeitsmediziners oder einer anderen entsprechend qualifizierten Person der zuständigen Behörde und führt alle erforderlichen Maßnahmen zur Vermeidung oder Verringerung der Gefährdung gemäß den Artikeln 5 und 6 durch, wozu auch die Möglichkeit zählt, dem Arbeitnehmer eine andere Tätigkeit zuzuweisen, bei der kein Risikoeiner weiteren Exposition besteht;
   iv) trifft Vorkehrungen für eine systematische Gesundheitsüberwachung und sorgt für eine Überprüfung des Gesundheitszustands aller anderen Arbeitnehmer, die in ähnlicher Weise exponiert waren.

Ausnahmen

Art. 11 (1) Unter außergewöhnlichen Umständen, in denen aufgrund der Art der Tätigkeit bei uneingeschränkter und ordnungsgemäßer Verwendung eines persönlichen Gehörschutzes größere Gesundheits- oder Sicherheitsrisiken zu erwarten sind als bei einem Verzicht auf einen solchen Schutz, können die Mitgliedstaaten Ausnahmen zu Artikel 6 Absatz 1 Buchstaben a) und b) sowie zu Artikel 7 gewähren.

(2) Die Ausnahmen im Sinne des Absatzes 1 werden von den Mitgliedstaaten nach der Anhörung der Sozialpartner und, sofern dies angebracht ist, der zuständigen medizinischen Stellen gemäß den einzelstaatlichen Rechtsvorschriften und/oder Gepflogenheiten gewährt. Diese Ausnahmen müssen mit Auflagen verbunden sein, die unter Berücksichtigung der besonderen Umstände gewährleisten, dass die sich daraus ergebenden Risiken auf ein Minimum reduziert werden und dass für die betreffenden Arbeitnehmer eine verstärkte Gesundheitsüberwachung durchgeführt wird. Diese Ausnahmen werden alle vier Jahre überprüft, und sie werden aufgehoben, sobald die Umstände, die sie gerechtfertigt haben, nicht mehr gegeben sind.

(3) Die Mitgliedstaaten übermitteln der Kommission alle vier Jahre eine Übersicht über die Ausnahmen im Sinne des Absatzes 1 unter Angabe der genauen Gründe und Umstände, die sie zur Gewährung dieser Ausnahmen veranlasst haben.

Änderungen der Richtlinie

Art. 12 Der Kommission wird die Befugnis übertragen, gemäß Artikel 12a delegierte Rechtsakte zur Vornahme rein technischer Änderungen dieser Richtlinie zu erlassen, um die technische Harmonisierung und Normung im Bereich von Auslegung, Bau, Herstellung oder Konstruktion von Arbeitsmitteln und Arbeitsstätten, den technischen Fortschritt, die Entwicklung der harmonisierten europäischen Normen oder Spezifikationen und neue Erkenntnisse auf dem Gebiet des Lärms zu berücksichtigen.

Ist in hinreichend begründeten Ausnahmefällen, in denen eine akute, unmittelbare und schwerwiegende Gefahr für die körperliche Gesundheit und Sicherheit von Arbeitnehmern oder anderen Personen gegeben ist, aus Gründen äußerster Dringlichkeit sehr kurzfristiges Handeln erforderlich, so findet das Verfahren gemäß Artikel 12b auf delegierte Rechtsakte, die gemäß dem vorliegenden Artikel erlassen werden, Anwendung.

(VO (EU) 2019/1243)

Ausübung der Befugnisübertragung

Art. 12a (1) Die Befugnis zum Erlass delegierter Rechtsakte wird der Kommission unter den in diesem Artikel festgelegten Bedingungen übertragen.

(2) Die Befugnis zum Erlass delegierter Rechtsakte gemäß Artikel 12 wird der Kommission für einen Zeitraum von fünf Jahren ab dem 26. Juli 2019 übertragen. Die Kommission erstellt spätestens neun Monate vor Ablauf des Zeitraums von fünf Jahren einen Bericht über die Befugnisübertragung. Die Befugnisübertragung verlängert sich stillschweigend um Zeiträume gleicher Länge, es sei denn, das Europäische Parlament oder der Rat widersprechen einer solchen Verlängerung spätestens drei Monate vor Ablauf des jeweiligen Zeitraums.

(3) Die Befugnisübertragung gemäß Artikel 12 kann vom Europäischen Parlament oder vom Rat jederzeit widerrufen werden. Der Beschluss über den Widerruf beendet die Übertragung der in diesem Beschluss angegebenen Befugnis. Er wird am Tag nach seiner Veröffentlichung im *Amtsblatt der Europäischen Union* oder zu einem im Beschluss über den Widerruf angegebenen späteren Zeitpunkt wirksam. Die Gültigkeit von delegierten Rechtsakten, die bereits in Kraft sind, wird von dem Beschluss über den Widerruf nicht berührt.

(4) Vor dem Erlass eines delegierten Rechtsakts konsultiert die Kommission die von den einzelnen Mitgliedstaaten benannten Sachverständigen im Einklang mit den in der Interinstitutionellen Vereinbarung vom 13. April 2016 über bessere Rechtsetzung enthaltenen Grundsätzen.

(5) Sobald die Kommission einen delegierten Rechtsakt erlässt, übermittelt sie ihn gleichzeitig dem Europäischen Parlament und dem Rat.

(6) Ein delegierter Rechtsakt, der gemäß Artikel 12 erlassen wurde, tritt nur in Kraft, wenn weder das Europäische Parlament noch der Rat innerhalb einer Frist von zwei Monaten nach Übermittlung dieses Rechtsakts an das Europäische Parlament und den Rat Einwände erhoben haben oder wenn vor Ablauf dieser Frist das Europäische Parlament und der Rat beide der Kommission mitgeteilt haben, dass sie keine Einwände erheben werden. Auf Initiative des Europäischen Parlaments oder des Rates wird diese Frist um zwei Monate verlängert.

(VO (EU) 2019/1243)

Dringlichkeitsverfahren

Art. 12b (1) Delegierte Rechtsakte, die nach diesem Artikel erlassen werden, treten umgehend in Kraft und sind anwendbar, solange keine Einwände gemäß Absatz 2 erhoben werden. Bei der Übermittlung eines delegierten Rechtsakts an das Europäische Parlament und den Rat werden die Gründe für die Anwendung des Dringlichkeitsverfahrens angegeben.

(2) Das Europäische Parlament oder der Rat können gemäß dem Verfahren des Artikels 12a Absatz 6 Einwände gegen einen delegierten Rechtsakt erheben. In diesem Fall hebt die Kommission den Rechtsakt umgehend nach der Übermittlung des Beschlusses des Europäischen Parlaments oder des Rates, Einwände zu erheben, auf.

(VO (EU) 2019/1243)

Art. 13 (aufgehoben)

(VO (EU) 2019/1243)

Kodex

Art. 14 Bei der Anwendung dieser Richtlinie arbeiten die Mitgliedstaaten in Konsultation mit den Sozialpartnern und im Einklang mit den einzelstaatlichen Rechtsvorschriften und Gepflogenheiten einen Kodex für einen praktischen Leitfaden aus, um Arbeitnehmern und Arbeitgebern im Musik- und Unterhaltungssektor zu helfen, den gesetzlichen Verpflichtungen, wie sie in dieser Richtlinie festgelegt sind, zu entsprechen.

Aufhebung

Art. 15 Die Richtlinie 86/188/EWG wird mit Wirkung ab dem in Artikel 17 Absatz 1 Unterabsatz 1 genannten Zeitpunkt aufgehoben.

ABSCHNITT IV
Schlussbestimmungen

(Art. 16 aufgehoben durch Art. 3 Z. 19 der RL 2007/30/EG)

Umsetzung

Art. 17 (1) Die Mitgliedstaaten setzen die Rechts- und Verwaltungsvorschriften in Kraft, die erforderlich sind, um dieser Richtlinie bis zum 15. Februar 2006 nachzukommen. Sie setzen die Kommission unverzüglich davon in Kenntnis.

Wenn die Mitgliedstaaten diese Vorschriften erlassen, nehmen sie in den Vorschriften selbst oder durch einen Hinweis bei der amtlichen Veröffentlichung auf diese Richtlinie Bezug. Die Mitgliedstaaten regeln die Einzelheiten der Bezugnahme.

(2) Zur Berücksichtigung besonderer Umstände können die Mitgliedstaaten erforderlichenfalls eine zusätzliche Frist von fünf Jahren ab dem 15. Februar 2006, d. h. eine Gesamtfrist von acht Jahren, für die Umsetzung der Bestimmungen des Artikels 7 in Bezug auf die Besatzungen von Seeschiffen in Anspruch nehmen.

Um die Ausarbeitung eines Kodex für einen praktischen Leitfaden für die Durchführung der Bestimmungen dieser Richtlinie zu ermöglichen, können die Mitgliedstaaten von einem Übergangszeitraum von maximal zwei Jahren ab 15. Februar 2006, d. h. von insgesamt fünf Jahren ab dem Inkrafttreten dieser Richtlinie, Gebrauch machen, um dieser Richtlinie im Hinblick auf den Musik- und Unterhaltungssektor zu entsprechen, und zwar unter der Voraussetzung, dass in diesem Zeitraum die bereits in den einzelnen Mitgliedstaaten im Hinblick auf das Personal in diesen Sektoren erreichten Schutzniveaus erhalten bleiben.

(3) Die Mitgliedstaaten teilen der Kommission den Wortlaut der innerstaatlichen Rechtsvorschriften mit, die sie auf dem unter diese Richtlinie fallenden Gebiet erlassen oder bereits erlassen haben.

Inkrafttreten

Art. 18 Diese Richtlinie tritt am Tag ihrer Veröffentlichung im *Amtsblatt der Europäischen Union* in Kraft.

Adressaten

Art. 19 Diese Richtlinie ist an alle Mitgliedstaaten gerichtet.

6/19. Optische Strahlung-Richtlinie

Richtlinie 2006/25/EG des Europäischen Parlaments und des Rates über Mindestvorschriften zum Schutz von Sicherheit und Gesundheit der Arbeitnehmer vor der Gefährdung durch physikalische Einwirkungen (künstliche optische Strahlung) (Neunzehnte Einzelrichtlinie im Sinne des Artikels 16 Absatz 1 der Richtlinie 89/391/EWG) vom 5. April 2006

(ABl. Nr. L 114 v. 27.4.2006, S. 38; geändert durch die RL 2007/30/EG, ABl. Nr. L 165 v. 27.6.2007, S. 21; geändert durch die VO (EG) Nr. 1137/2008 v. 22.10.2008, ABl. Nr. L 311 v. 21.11.2008, S. 7; geändert durch die RL 2013/64/EU v. 17.12.2013, ABL Nr. L 353 v. 28.12.2013, S. 8; geändert durch die VO (EU) 2019/1243, ABl. Nr. L 198 v. 25.7.2019, S. 241)
(nicht amtlich aktualisierte Fassung)

GLIEDERUNG

ABSCHNITT I: Allgemeine Bestimmungen
- Art. 1: Ziel und Geltungsbereich
- Art. 2: Begriffsbestimmungen
- Art. 3: Expositionsgrenzwerte

ABSCHNITT II: Pflichten der Arbeitgeber
- Art. 4: Ermittlung der Exposition und Bewertung der Risiken
- Art. 5: Maßnahmen zur Vermeidung oder Verringerung der Risiken
- Art. 6: Unterrichtung und Unterweisung der Arbeitnehmer
- Art. 7: Anhörung und Beteiligung der Arbeitnehmer

ABSCHNITT III: Sonstige Bestimmungen
- Art. 8: Gesundheitsüberwachung
- Art. 9: Sanktionen
- Art. 10: Änderung der Anhänge
- Art. 10a: Ausübung der Befugnisübertragung
- Art. 10b: Dringlichkeitsverfahren
- Art. 11: (aufgehoben)

ABSCHNITT IV: Schlussbestimmungen
- Art. 12: (aufgehoben)
- Art. 13: Praktischer Leitfaden
- Art. 14: Umsetzung
- Art. 14a: Abweichungen in Gebieten in äußerster Randlage – Mayotte
- Art. 15: Inkrafttreten
- Art. 16: Adressaten

ANHÄNGE I und II

DAS EUROPÄISCHE PARLAMENT UND DER RAT DER EUROPÄISCHEN UNION –

gestützt auf den Vertrag zur Gründung der Europäischen Gemeinschaft, insbesondere Artikel 137 Absatz 2,

auf Vorschlag der Kommission (ABl. C 77 vom 18.3.1993, S. 12, und ABl. C 230 vom 19.8.1994, S. 3), vorgelegt nach Anhörung des Beratenden Ausschusses für Sicherheit und Gesundheit am Arbeitsplatz,

nach Stellungnahme des Europäischen Wirtschafts- und Sozialausschusses (ABl. C 249 vom 13.9.1993, S. 28),

nach Anhörung des Ausschusses der Regionen,

gemäß dem Verfahren des Artikels 251 des Vertrags (Stellungnahme des Europäischen Parlaments vom 20. April 1994 (ABl. C 128 vom 9.5.1994, S. 146), bestätigt am 16. September 1999 (ABl. C 54 vom 25.2.2000, S. 75), Gemeinsamer Standpunkt des Rates vom 18. April 2005 (ABl. C 172 E vom 12.7.2005, S. 26) und Standpunkt des Europäischen Parlaments vom 16. November 2005. Legislative Entschließung des Europäischen Parlaments vom 14. Februar 2006 und Beschluss des Rates vom 23. Februar 2006), aufgrund des vom Vermittlungsausschuss am 31. Januar 2006 gebilligten gemeinsamen Entwurfs,

in Erwägung nachstehender Gründe:

(1) Im Vertrag ist vorgesehen, dass der Rat durch Richtlinien Mindestvorschriften erlassen kann, die die Verbesserung insbesondere der Arbeitsumwelt zur Gewährleistung eines höheren Schutzniveaus für die Sicherheit und Gesundheit der Arbeitnehmer zum Ziel haben. Diese Richtlinien sollten keine verwaltungsmäßigen, finanziellen oder rechtlichen Auflagen vorschreiben, die der Gründung und Entwicklung von kleinen und mittleren Unternehmen (KMU) entgegenstehen.

(2) Die Mitteilung der Kommission über ihr Aktionsprogramm zur Anwendung der Gemeinschaftscharta der sozialen Grundrechte der Arbeitnehmer sieht die Festlegung von Mindestvorschriften zum Schutz von Sicherheit und Gesundheit der Arbeitnehmer vor der Gefährdung durch physikalische Einwirkungen vor. Das Europäische Parlament hat im September 1990 eine Entschließung zu diesem Aktionsprogramm (ABl. C 260 vom 15.10.1990, S. 167) verabschiedet, in der die Kommission insbesondere aufgefordert wurde, eine Einzelrichtlinie für den Bereich der Gefähr-

6/19. Optische Strahlung-RL
Präambel

dung durch Lärm und Vibrationen sowie sonstige physikalische Einwirkungen am Arbeitsplatz auszuarbeiten.

(3) Als ersten Schritt haben das Europäische Parlament und der Rat die Richtlinie 2002/44/EG vom 25. Juni 2002 über Mindestvorschriften zum Schutz von Sicherheit und Gesundheit der Arbeitnehmer vor der Gefährdung durch physikalische Einwirkungen (Vibrationen) (16. Einzelrichtlinie im Sinne des Artikels 16 Absatz 1 der Richtlinie 89/391/EWG) angenommen. Anschließend haben das Europäische Parlament und der Rat am 6. Februar 2003 die Richtlinie 2003/10/EG über Mindestvorschriften zum Schutz von Sicherheit und Gesundheit der Arbeitnehmer vor der Gefährdung durch physikalische Einwirkungen (Lärm) (17. Einzelrichtlinie im Sinne des Artikels 16 Absatz 1 der Richtlinie 89/391/EWG) angenommen. Danach haben das Europäische Parlament und der Rat am 29. April 2004 die Richtlinie 2004/40/EG über Mindestvorschriften zum Schutz von Sicherheit und Gesundheit der Arbeitnehmer vor der Gefährdung durch physikalische Einwirkungen (elektromagnetische Felder) (18. Einzelrichtlinie im Sinne des Artikels 16 Absatz 1 der Richtlinie 89/391/EWG) [jetzt RL 2013/35/EU] angenommen.

(4) Aufgrund der Auswirkungen von optischer Strahlung auf die Gesundheit und die Sicherheit der Arbeitnehmer, insbesondere wegen der Schädigung der Augen und der Haut, wird nunmehr die Einführung von Maßnahmen zum Schutz der Arbeitnehmer vor der Gefährdung durch optische Strahlung als notwendig angesehen. Durch diese Maßnahmen sollen nicht nur die Gesundheit und die Sicherheit jedes einzelnen Arbeitnehmers geschützt, sondern für die gesamte Arbeitnehmerschaft der Gemeinschaft ein Mindestschutz sichergestellt werden, um mögliche Wettbewerbsverzerrungen zu vermeiden.

(5) Eines der Ziele dieser Richtlinie ist die rechtzeitige Erkennung negativer gesundheitlicher Auswirkungen der Exposition gegenüber optischer Strahlung.

(6) In dieser Richtlinie werden Mindestvorschriften festgelegt, so dass die Mitgliedstaaten die Möglichkeit haben, unter dem Aspekt des Arbeitnehmerschutzes strengere Bestimmungen beizubehalten oder zu erlassen, insbesondere niedrigere Expositionsgrenzwerte festzulegen. Die Umsetzung dieser Richtlinie darf nicht als Begründung für eine Verschlechterung der bestehenden Situation in jedem einzelnen Mitgliedstaat herangezogen werden.

(7) Ein System zum Schutz vor der Gefährdung durch optische Strahlung sollte darauf beschränkt sein, die zu erreichenden Ziele, die einzuhaltenden Grundsätze und die zu verwendenden grundlegenden Werte ohne übermäßige Einzelheiten festzulegen, damit die Mitgliedstaaten in die Lage versetzt werden, die Mindestvorschriften in gleichwertiger Weise anzuwenden.

(8) Eine Verringerung der Exposition gegenüber optischer Strahlung lässt sich wirksamer erreichen, wenn bereits bei der Planung der Arbeitsplätze Präventivmaßnahmen ergriffen werden und die Arbeitsmittel sowie die Arbeitsverfahren und -methoden so gewählt werden, dass die Gefahren vorrangig bereits am Entstehungsort verringert werden. Bestimmungen über Arbeitsmittel und Arbeitsmethoden tragen somit zum Schutz der betroffenen Arbeitnehmer bei. Im Einklang mit den allgemeinen Grundsätzen der Gefahrenverhütung gemäß Artikel 6 Absatz 2 der Richtlinie 89/391/EWG des Rates vom 12. Juni 1989 über die Durchführung von Maßnahmen zur Verbesserung der Sicherheit und des Gesundheitsschutzes der Arbeitnehmer bei der Arbeit hat der kollektive Gefahrenschutz Vorrang vor dem individuellen Gefahrenschutz.

(9) Die Arbeitgeber sollten Anpassungen an den technischen Fortschritt und den wissenschaftlichen Kenntnisstand auf dem Gebiet der durch die Exposition gegenüber optischer Strahlung entstehenden Gefahren vornehmen, um den Schutz von Sicherheit und Gesundheit der Arbeitnehmer zu verbessern.

(10) Da es sich bei der vorliegenden Richtlinie um eine Einzelrichtlinie im Sinne des Artikels 16 Absatz 1 der Richtlinie 89/391/EWG handelt, finden unbeschadet strengerer und/oder spezifischerer Vorschriften der vorliegenden Richtlinie die Bestimmungen der genannten Richtlinie auf die Exposition von Arbeitnehmern gegenüber optischer Strahlung Anwendung.

(11) Die vorliegende Richtlinie leistet einen konkreten Beitrag zur Verwirklichung der sozialen Dimension des Binnenmarktes.

(12) Ergänzende Bemühungen sowohl hinsichtlich der Förderung des Grundsatzes einer besseren Rechtsetzung als auch zur Sicherstellung eines hohen Schutzniveaus lassen sich in den Fällen verwirklichen, in denen die Produkte der Hersteller von Quellen optischer Strahlung und entsprechender Arbeitsmittel den harmonisierten Normen entsprechen, die zum Schutz der Gesundheit und der Sicherheit der Nutzer vor den von solchen Produkten ausgehenden Gefahren aufgestellt worden sind. Es ist daher nicht erforderlich, dass der Arbeitgeber die Messungen oder Berechnungen wiederholen, die bereits vom Hersteller durchgeführt wurden, um die Einhaltung der in geltenden Gemeinschaftsrichtlinien aufgeführten grundlegenden Sicherheitsanforderungen an diesen Arbeitsmitteln zu überprüfen, sofern diese Arbeitsmittel in angemessener Weise und regelmäßig gewartet wurden.

(13) Die zur Durchführung dieser Richtlinie erforderlichen Maßnahmen sollten gemäß dem Beschluss 1999/468/EG des Rates vom 28. Juni 1999 zur Festlegung der Modalitäten für die Ausübung der der Kommission übertragenen Durchführungsbefugnisse erlassen werden.

(14) Die Einhaltung der Expositionsgrenzwerte sollte ein hohes Schutzniveau in Bezug auf die möglichen gesundheitlichen Auswirkungen der Exposition gegenüber optischer Strahlung gewährleisten.

6/19. Optische Strahlung-RL

(15) Die Kommission sollte einen praktischen Leitfaden erstellen, um Arbeitgebern, insbesondere den Geschäftsführern von KMU zu helfen, die technischen Vorschriften dieser Richtlinie besser zu verstehen. Die Kommission sollte sich bemühen diesen Leitfaden so rasch wie möglich zu erstellen, um den Mitgliedstaaten den Erlass der zur Durchführung dieser Richtlinie erforderlichen Maßnahmen zu erleichtern.

(16) Entsprechend Nummer 34 der Interinstitutionellen Vereinbarung über bessere Rechtsetzung (ABl. C 321 vom 31.12.2003, S. 1) wird den Mitgliedstaaten empfohlen, für ihre eigenen Zwecke und im Interesse der Gemeinschaft eigene Tabellen aufzustellen, denen im Rahmen des Möglichen die Entsprechungen zwischen dieser Richtlinie und den Umsetzungsmaßnahmen zu entnehmen sind, und diese zu veröffentlichen –

HABEN FOLGENDE RICHTLINIE ERLASSEN:

ABSCHNITT I
Allgemeine Bestimmungen

Ziel und Geltungsbereich

Art. 1 (1) Mit dieser Richtlinie, der 19. Einzelrichtlinie im Sinne des Artikels 16 Absatz 1 der Richtlinie 89/391/EWG, werden Mindestanforderungen für den Schutz der Arbeitnehmer gegen tatsächliche oder mögliche Gefährdungen ihrer Gesundheit und Sicherheit durch die Exposition gegenüber künstlicher optischer Strahlung während ihrer Arbeit festgelegt.

(2) Diese Richtlinie betrifft die Gefährdung der Gesundheit und Sicherheit von Arbeitnehmern durch die Schädigung von Augen und Haut aufgrund der Exposition gegenüber künstlicher optischer Strahlung.

(3) Die Richtlinie 89/391/EWG gilt unbeschadet strengerer und/oder spezifischerer Bestimmungen der vorliegenden Richtlinie in vollem Umfang für den gesamten in Absatz 1 genannten Bereich.

Begriffsbestimmungen

Art. 2 Im Sinne dieser Richtlinie bezeichnet der Ausdruck

a) *optische Strahlung:* jede elektromagnetische Strahlung im Wellenlängenbereich von 100 nm bis 1 mm. Das Spektrum der optischen Strahlung wird unterteilt in ultraviolette Strahlung, sichtbare Strahlung und Infrarotstrahlung:
  i) *ultraviolette Strahlung:* optische Strahlung im Wellenlängenbereich von 100 nm bis 400 nm. Der Bereich der ultravioletten Strahlung wird unterteilt in UV-A-Strahlung (315 – 400 nm), UV-B-Strahlung (280 – 315 nm) und UV-C-Strahlung (100 – 280 nm);
  ii) *sichtbare Strahlung:* optische Strahlung im Wellenlängenbereich von 380 bis 780 nm;
  iii) *Infrarotstrahlung:* optische Strahlung im Wellenlängenbereich von 780 nm bis 1 mm. Der Bereich der Infrarotstrahlung wird unterteilt in IR-A-Strahlung (780 – 1400 nm), IR-B-Strahlung (1400 – 3000 nm) und IR-C-Strahlung (3000 nm – 1 mm);

b) *Laser* (Light Amplification by Stimulated Emission of Radiation – Lichtverstärkung durch stimulierte Emission von Strahlung): jede Einrichtung, die dazu verwendet werden kann, elektromagnetische Strahlung im Bereich der Wellenlänge optischer Strahlung in erster Linie durch einen Prozess kontrollierter stimulierter Emission zu erzeugen oder zu verstärken;

c) *Laserstrahlung:* aus einem Laser resultierende optische Strahlung;

d) *inkohärente Strahlung:* jede optische Strahlung außer Laserstrahlung;

e) *Expositionsgrenzwerte:* Grenzwerte für die Exposition gegenüber optischer Strahlung, die unmittelbar auf nachgewiesenen gesundheitlichen Auswirkungen und biologischen Erwägungen beruhen. Durch die Einhaltung dieser Grenzwerte wird sichergestellt, dass Arbeitnehmer, die künstlichen Quellen optischer Strahlung ausgesetzt sind, vor allen bekannten gesundheitsschädlichen Auswirkungen geschützt sind;

f) *Bestrahlungsstärke (E)* oder *Leistungsdichte:* die auf eine Fläche einfallende Strahlungsleistung je Flächeneinheit, ausgedrückt in Watt pro Quadratmeter ($W\,m^{-2}$);

g) *Bestrahlung (H):* das Integral der Bestrahlungsstärke über die Zeit, ausgedrückt in Joule pro Quadratmeter ($J\,m^{-2}$);

h) *Strahldichte (L):* der Strahlungsfluss oder die Strahlungsleistung je Einheitsraumwinkel je Flächeneinheit, ausgedrückt in Watt pro Quadratmeter pro Steradiant ($W\,m^{-2}\,sr^{-1}$);

i) *Ausmaß:* die kombinierte Wirkung von Bestrahlungsstärke, Bestrahlung und Strahldichte, der ein Arbeitnehmer ausgesetzt ist.

Expositionsgrenzwerte

Art. 3 (1) Die Expositionsgrenzwerte für inkohärente Strahlung, die nicht aus natürlichen Quellen optischer Strahlung stammt, entsprechen den in Anhang I festgelegten Werten.

(2) Die Expositionsgrenzwerte für Laserstrahlung entsprechen den in Anhang II festgelegten Werten.

ABSCHNITT II
Pflichten der Arbeitgeber

Ermittlung der Exposition und Bewertung der Risiken

Art. 4 (1) Im Rahmen seiner Pflichten gemäß Artikel 6 Absatz 3 und Artikel 9 Absatz 1 der Richtlinie 89/391/EWG nimmt der Arbeitgeber im Falle der Exposition von Arbeitnehmern gegenüber künstlichen Quellen optischer Strahlung eine Bewertung und erforderlichenfalls eine Messung und/oder Berechnung des Ausmaßes der optischen Strahlung vor, der die Arbeitnehmer voraussichtlich ausgesetzt sind, so dass die erforderlichen Maßnahmen zur Beschränkung der Exposition auf die geltenden Grenzwerte ermittelt und angewendet werden können. Die Bewertungs-, Mess- und/oder Berechnungsmethodik entspricht hinsichtlich Laserstrahlung den Normen des internationalen Normierungsgremiums für Elektrotechnik/Elektronik (International Electrotechnical Commission – IEC) und hinsichtlich inkohärenter Strahlung den Empfehlungen der internationalen Beleuchtungskommission (International Commission Illumination – CIE) und des Europäischen Komitees für Normung (European Committee for Standardisation – CEN). In Expositionssituationen, die von diesen Normen und Empfehlungen nicht abgedeckt sind, werden für die Bewertung, Messung und/oder Berechnung bis zur Verfügbarkeit geeigneter EU-Normen oder -Empfehlungen vorhandene nationale oder internationale wissenschaftlich untermauerte Leitlinien verwendet. In beiden Expositionssituationen können bei der Bewertung Angaben der Hersteller der Arbeitsmittel berücksichtigt werden, wenn die Arbeitsmittel in den Geltungsbereich der einschlägigen Gemeinschaftsrichtlinien fallen.

(2) Die Bewertung, Messung und/oder Berechnung nach Absatz 1 müssen in angemessenen Zeitabständen von hierzu befähigten Diensten oder Personen geplant und durchgeführt werden, wobei hinsichtlich der erforderlichen befähigten Dienste oder Personen und der Anhörung und Beteiligung der Arbeitnehmer insbesondere Artikel 7 und Artikel 11 der Richtlinie 89/391/EWG zu berücksichtigen sind. Die aus der Bewertung resultierenden Daten, einschließlich der Daten aus der Messung und/oder der Berechnung der Exposition nach Absatz 1, werden in einer geeigneten Form gespeichert, die eine spätere Einsichtnahme ermöglicht.

(3) Nach Artikel 6 Absatz 3 der Richtlinie 89/391/EWG berücksichtigt der Arbeitgeber bei der Risikobewertung insbesondere Folgendes:

a) Ausmaß, Wellenlängenbereich und Dauer der Exposition gegenüber künstlichen Quellen optischer Strahlung;
b) die in Artikel 3 der vorliegenden Richtlinie genannten Expositionsgrenzwerte;
c) alle Auswirkungen auf die Gesundheit und Sicherheit von Arbeitnehmern, die besonders gefährdeten Risikogruppen angehören;
d) alle möglichen Auswirkungen auf die Gesundheit und Sicherheit der Arbeitnehmer, die sich aus dem Zusammenwirken zwischen optischer Strahlung und fotosensibilisierenden chemischen Stoffen am Arbeitsplatz ergeben können;
e) alle indirekten Auswirkungen wie vorübergehende Blendung, Explosion oder Feuer;
f) die Verfügbarkeit von Ersatzausrüstungen, die so ausgelegt sind, dass das Ausmaß der Exposition gegenüber künstlicher optischer Strahlung verringert wird;
g) einschlägige Informationen auf der Grundlage der Gesundheitsüberwachung einschließlich, im Rahmen des Möglichen, veröffentlichter Informationen;
h) die Exposition gegenüber künstlicher optischer Strahlung aus mehreren Quellen;
i) eine Klassifizierung für den Einsatz von Lasern gemäß der einschlägigen IEC-Norm und für alle künstlichen Strahlungsquellen, die ähnliche Schädigungen hervorrufen können wie ein Laser der Klassen 3B oder 4, jede entsprechende Klassifizierung;
j) die Informationen der Hersteller von Quellen optischer Strahlung und entsprechender Arbeitsmittel gemäß den Bestimmungen der einschlägigen Gemeinschaftsrichtlinien.

(4) Der Arbeitgeber muss im Besitz einer Risikobewertung gemäß Artikel 9 Absatz 1 Buchstabe a der Richtlinie 89/391/EWG sein und ermitteln, welche Maßnahmen gemäß den Artikeln 5 und 6 der vorliegenden Richtlinie zu treffen sind. Die Risikobewertung ist gemäß nationalem Recht und Übung auf einem geeigneten Datenträger zu dokumentieren; sie kann eine Begründung des Arbeitgebers einschließen, wonach eine detailliertere Risikobewertung aufgrund der Art und des Umfangs der Risiken im Zusammenhang mit optischer Strahlung nicht erforderlich ist. Die Risikobewertung ist regelmäßig zu aktualisieren, insbesondere wenn bedeutsame Veränderungen eingetreten sind, so dass sie veraltet sein könnte, oder wenn sich eine Aktualisierung aufgrund der Ergebnisse der Gesundheitsüberwachung als erforderlich erweist.

Maßnahmen zur Vermeidung oder Verringerung der Risiken

Art. 5 (1) Unter Berücksichtigung des technischen Fortschritts und der Verfügbarkeit von Mitteln zur Begrenzung der Gefährdung am Entstehungsort muss die Gefährdung aufgrund der Exposition gegenüber künstlicher optischer Strahlung ausgeschlossen oder auf ein Mindestmaß reduziert werden.

Die Verringerung der Gefährdung aufgrund der Exposition gegenüber künstlicher optischer Strahlung stützt sich auf die in der Richtlinie 89/391/EWG festgelegten allgemeinen Grundsätze der Gefahrenverhütung.

(2) Sofern bei der gemäß Artikel 4 Absatz 1 durchgeführten Risikobewertung für die Exposition von Arbeitnehmern gegenüber künstlichen Quellen optischer Strahlung festgestellt wird, dass die Expositionsgrenzwerte möglicherweise überschritten werden, muss der Arbeitgeber ein Aktionsprogramm mit technischen und/oder organisatorischen Maßnahmen zur Vermeidung einer über die Grenzwert hinausgehenden Exposition ausarbeiten und durchführen und dabei insbesondere Folgendes berücksichtigen:

a) alternative Arbeitsverfahren, durch die die Gefährdung durch optische Strahlung verringert wird;

b) gegebenenfalls die Auswahl von Arbeitsmitteln, die in geringerem Maße optische Strahlung emittieren, unter Berücksichtigung der auszuführenden Arbeit;
c) technische Maßnahmen zur Verringerung der Einwirkung optischer Strahlung, erforderlichenfalls auch unter Einsatz von Verriegelungseinrichtungen, Abschirmungen oder vergleichbaren Gesundheitsschutzvorrichtungen;
d) angemessene Wartungsprogramme für Arbeitsmittel, Arbeitsplätze und Arbeitsplatzsysteme;
e) die Gestaltung und Auslegung der Arbeitsstätten und Arbeitsplätze;
f) die Begrenzung der Dauer und des Ausmaßes der Exposition;
g) die Verfügbarkeit geeigneter persönlicher Schutzausrüstung;
h) die Anweisungen des Herstellers der Arbeitsmittel, wenn diese unter einschlägige Richtlinien der Gemeinschaft fallen.

(3) Auf der Grundlage der gemäß Artikel 4 durchgeführten Risikobewertung werden Arbeitsplätze, an denen Arbeitnehmer optischer Strahlung aus künstlichen Quellen von einem Ausmaß ausgesetzt sein könnten, das die Expositionsgrenzwerte überschreitet, mit einer geeigneten Kennzeichnung gemäß der Richtlinie 92/58/EWG des Rates vom 24. Juni 1992 über Mindestvorschriften für die Sicherheits- und/oder Gesundheitsschutzkennzeichnung am Arbeitsplatz (9. Einzelrichtlinie im Sinne von Artikel 16 Absatz 1 der Richtlinie 89/391/EWG) versehen. Die betreffenden Bereiche werden abgegrenzt und der Zugang zu ihnen wird eingeschränkt, wenn dies technisch möglich ist und die Gefahr einer Überschreitung der Expositionsgrenzwerte besteht.

(4) Die Arbeitnehmer dürfen auf keinen Fall einer über den Grenzwerten liegenden Exposition ausgesetzt sein. Werden die Expositionsgrenzwerte trotz der vom Arbeitgeber aufgrund dieser Richtlinie durchgeführten Maßnahmen in Bezug auf künstliche Quellen optischer Strahlung überschritten, so ergreift der Arbeitgeber unverzüglich Maßnahmen, um die Exposition auf einen Wert unterhalb der Expositionsgrenzwerte zu senken. Der Arbeitgeber ermittelt, warum die Expositionsgrenzwerte überschritten wurden, und passt die Schutz- und Präventivmaßnahmen entsprechend an, um ein erneutes Überschreiten der Grenzwerte zu verhindern.

(5) In Anwendung von Artikel 15 der Richtlinie 89/391/EWG passt der Arbeitgeber die Maßnahmen im Sinne des vorliegenden Artikels an die Erfordernisse von Arbeitnehmern an, die besonders gefährdeten Risikogruppen angehören.

Unterrichtung und Unterweisung der Arbeitnehmer

Art. 6 Unbeschadet der Artikel 10 und 12 der Richtlinie 89/391/EWG stellt der Arbeitgeber sicher, dass die Arbeitnehmer, die einer Gefährdung durch künstliche optische Strahlung bei der Arbeit ausgesetzt sind, und/oder ihre Vertreter alle erforderlichen Informationen und Unterweisungen im Zusammenhang mit dem Ergebnis der Risikobewertung nach Artikel 4 der vorliegenden Richtlinie erhalten, die sich insbesondere auf Folgendes erstrecken:
a) aufgrund dieser Richtlinie ergriffene Maßnahmen;
b) Expositionsgrenzwerte und damit verbundene potenzielle Gefahren;
c) Ergebnisse der Bewertungen, Messungen und/oder Berechnungen des Ausmaßes der Exposition gegenüber künstlicher optischer Strahlung gemäß Artikel 4 dieser Richtlinie zusammen mit einer Erläuterung ihrer Bedeutung und der damit verbundenen potenziellen Gefahren;
d) wie gesundheitsschädliche Auswirkungen der Exposition zu erkennen und wie diese zu melden sind;
e) Voraussetzungen, unter denen die Arbeitnehmer Anspruch auf eine Gesundheitsüberwachung haben;
f) sichere Arbeitsverfahren zur Minimierung der Gefährdung aufgrund der Exposition;
g) ordnungsgemäße Verwendung geeigneter persönlicher Schutzausrüstung.

Anhörung und Beteiligung der Arbeitnehmer

Art. 7 Die Anhörung und Beteiligung der Arbeitnehmer und/oder ihrer Vertreter in den von der vorliegenden Richtlinie erfassten Fragen erfolgt gemäß Artikel 11 der Richtlinie 89/391/EWG.

ABSCHNITT III
Sonstige Bestimmungen

Gesundheitsüberwachung

Art. 8 (1) Mit dem Ziel der Vermeidung und rechtzeitigen Erkennung negativer gesundheitlicher Auswirkungen sowie der Vermeidung langfristiger Gesundheitsrisiken und des Risikos chronischer Erkrankungen aufgrund der Exposition gegenüber optischer Strahlung erlassen die Mitgliedstaaten Vorschriften, um eine angemessene Überwachung der Gesundheit der Arbeitnehmer nach Artikel 14 Absatz 1 der Richtlinie 89/391/EWG sicherzustellen.

(2) Die Mitgliedstaaten stellen sicher, dass die Überwachung der Gesundheit durch einen Arzt, einen Arbeitsmediziner oder eine nach nationalen Recht und Übung für die Überwachung der Gesundheit zuständige medizinische Behörde erfolgt.

(3) Die Mitgliedstaaten treffen Vorkehrungen, um sicherzustellen, dass für jeden Arbeitnehmer, der der Gesundheitsüberwachung nach Absatz 1 unterliegt, persönliche Gesundheitsakten geführt und auf dem neuesten Stand gehalten werden. Die Gesundheitsakten enthalten eine Zusammenfassung der Ergebnisse der Gesundheitsüberwachung. Die Akten sind so zu führen, dass eine Einsicht-

nahme zu einem späteren Zeitpunkt unter Wahrung des Arztgeheimnisses möglich ist. Der zuständigen Behörde ist auf Verlangen unter Wahrung des Arztgeheimnisses eine Kopie der entsprechenden Akten zu übermitteln. Der Arbeitgeber trifft geeignete Maßnahmen, um sicherzustellen, dass – je nach Ermessen des Mitgliedstaats – der Arzt, der Arbeitsmediziner bzw. die für die Überwachung der Gesundheit zuständige medizinische Behörde Zugang zu den Ergebnissen der Risikobewertung nach Artikel 4 hat, soweit diese Ergebnisse für die Überwachung der Gesundheit von Bedeutung sein können. Der einzelne Arbeitnehmer erhält auf Verlangen Einsicht in seine persönlichen Gesundheitsakten.

(4) Auf jeden Fall wird dem/den Arbeitnehmer(n) nach nationalem Recht und Übung eine ärztliche Untersuchung angeboten, wenn eine Exposition oberhalb der Expositionsgrenzwerte festgestellt wird. Die ärztliche Untersuchung erfolgt auch, wenn die Gesundheitsüberwachung ergibt, dass ein Arbeitnehmer an einer bestimmbaren Krankheit leidet oder dass sich bei ihm eine die Gesundheit schädigende Auswirkung zeigt, die nach Auffassung eines Arztes oder eines Arbeitsmediziners das Ergebnis der Exposition gegenüber künstlicher optischer Strahlung bei der Arbeit ist. In beiden Fällen gilt Folgendes, wenn die Grenzwerte überschritten oder gesundheitsschädliche Auswirkungen (einschließlich Krankheiten) festgestellt werden:

a) Der Arbeitnehmer wird vom dem Arzt oder einer anderen entsprechend qualifizierten Person über die ihn persönlich betreffenden Ergebnisse unterrichtet. Er erhält insbesondere Informationen und Beratung über Gesundheitsüberwachungsmaßnahmen, denen er sich nach Abschluss der Exposition unterziehen sollte.

b) Der Arbeitgeber wird über alle wichtigen Erkenntnisse der Gesundheitsüberwachung unterrichtet; dabei werden die möglichen Grade der ärztlichen Vertraulichkeit berücksichtigt.

c) Der Arbeitgeber
   – überprüft die gemäß Artikel 4 vorgenommene Risikobewertung;
   – überprüft die Maßnahmen zur Vermeidung oder Verringerung der Gefährdung gemäß Artikel 5;
   – berücksichtigt den Rat des Arbeitsmediziners oder einer anderen entsprechend qualifizierten Person oder der zuständigen Behörde und führt alle für erforderlich gehaltenen Maßnahmen zur Vermeidung oder Verringerung der Gefährdung gemäß Artikel 5 durch und
   – trifft Vorkehrungen für eine kontinuierliche Gesundheitsüberwachung und sorgt für eine Überprüfung des Gesundheitszustands aller anderen Arbeitnehmer, die in ähnlicher Weise exponiert waren. In diesen Fällen kann der zuständige Arzt oder Arbeitsmediziner oder die zuständige Behörde vorschlagen, dass exponierte Personen einer ärztlichen Untersuchung unterzogen werden.

Sanktionen

Art. 9 Die Mitgliedstaaten sehen angemessene Sanktionen vor, die bei einem Verstoß gegen die aufgrund dieser Richtlinie erlassenen nationalen Rechtsvorschriften zu verhängen sind. Die Sanktionen müssen wirksam, verhältnismäßig und abschreckend sein.

Änderung der Anhänge

Art. 10 Der Kommission wird die Befugnis übertragen, gemäß Artikel 10a delegierte Rechtsakte zur Vornahme rein technischer Änderungen der Anhänge zu erlassen, um die technische Harmonisierung und Normung im Bereich von Auslegung, Bau, Herstellung und Konstruktion von Arbeitsmitteln und Arbeitsstätten, den technischen Fortschritt, die Entwicklung der harmonisierten europäischen Normen oder internationalen Spezifikationen und neue wissenschaftliche Erkenntnisse auf dem Gebiet der Exposition gegenüber optischer Strahlung zu berücksichtigen. Diese Änderungen dürfen nicht zu einer Änderung der in den Anhängen aufgeführten Expositionsgrenzwerte führen.

Ist in hinreichend begründeten Ausnahmefällen, in denen eine akute, unmittelbare und schwerwiegende Gefahr für die körperliche Gesundheit und Sicherheit von Arbeitnehmern oder anderen Personen gegeben ist, aus Gründen äußerster Dringlichkeit sehr kurzfristiges Handeln erforderlich, so findet das Verfahren gemäß Artikel 10b auf delegierte Rechtsakte, die gemäß dem vorliegenden Artikel erlassen werden, Anwendung.

(VO (EU) 2019/1243)

Ausübung der Befugnisübertragung

Art. 10a (1) Die Befugnis zum Erlass delegierter Rechtsakte wird der Kommission unter den in diesem Artikel festgelegten Bedingungen übertragen.

(2) Die Befugnis zum Erlass delegierter Rechtsakte gemäß Artikel 10 wird der Kommission für einen Zeitraum von fünf Jahren ab dem 26. Juli 2019 übertragen. Die Kommission erstellt spätestens neun Monate vor Ablauf des Zeitraums von fünf Jahren einen Bericht über die Befugnisübertragung. Die Befugnisübertragung verlängert sich stillschweigend um Zeiträume gleicher Länge, es sei denn, das Europäische Parlament oder der Rat widersprechen einer solchen Verlängerung spätestens drei Monate vor Ablauf des jeweiligen Zeitraums.

(3) Die Befugnisübertragung gemäß Artikel 10 kann vom Europäischen Parlament oder vom Rat jederzeit widerrufen werden. Der Beschluss über den Widerruf beendet die Übertragung der in diesem Beschluss angegebenen Befugnis. Er wird am Tag nach seiner Veröffentlichung im *Amtsblatt der Europäischen Union* oder zu einem im Beschluss über den Widerruf angegebenen späteren Zeitpunkt wirksam. Die Gültigkeit von delegierten

Rechtsakten, die bereits in Kraft sind, wird von dem Beschluss über den Widerruf nicht berührt.

(4) Vor dem Erlass eines delegierten Rechtsakts konsultiert die Kommission die von den einzelnen Mitgliedstaaten benannten Sachverständigen im Einklang mit den in der Interinstitutionellen Vereinbarung vom 13. April 2016 über bessere Rechtsetzung enthaltenen Grundsätzen.

(5) Sobald die Kommission einen delegierten Rechtsakt erlässt, übermittelt sie ihn gleichzeitig dem Europäischen Parlament und dem Rat.

(6) Ein delegierter Rechtsakt, der gemäß Artikel 10 erlassen wurde, tritt nur in Kraft, wenn weder das Europäische Parlament noch der Rat innerhalb einer Frist von zwei Monaten nach Übermittlung dieses Rechtsakts an das Europäische Parlament und den Rat Einwände erhoben haben oder wenn vor Ablauf dieser Frist das Europäische Parlament und der Rat beide der Kommission mitgeteilt haben, dass sie keine Einwände erheben werden. Auf Initiative des Europäischen Parlaments oder des Rates wird diese Frist um zwei Monate verlängert.
(VO (EU) 2019/1243)

Dringlichkeitsverfahren

Art. 10b (1) Delegierte Rechtsakte, die nach diesem Artikel erlassen werden, treten umgehend in Kraft und sind anwendbar, solange keine Einwände gemäß Absatz 2 erhoben werden. Bei der Übermittlung eines delegierten Rechtsakts an das Europäische Parlament und den Rat werden die Gründe für die Anwendung des Dringlichkeitsverfahrens angegeben.

(2) Das Europäische Parlament oder der Rat können gemäß dem Verfahren des Artikels 10a Absatz 6 Einwände gegen einen delegierten Rechtsakt erheben. In diesem Fall hebt die Kommission den Rechtsakt umgehend nach der Übermittlung des Beschlusses des Europäischen Parlaments oder des Rates, Einwände zu erheben, auf.
(VO (EU) 2019/1243)

Art. 11 (aufgehoben)
(VO (EU) 2019/1243)

ABSCHNITT IV
Schlussbestimmungen

(Art. 12 aufgehoben durch Art. 3 Z. 21 der RL 2007/30/EG)

Praktischer Leitfaden

Art. 13 Zur Erleichterung der Durchführung dieser Richtlinie erstellt die Kommission einen praktischen Leitfaden für die Bestimmungen der Artikel 4 und 5 und der Anhänge I und II.

Umsetzung

Art. 14 (1) Die Mitgliedstaaten setzen die Rechts- und Verwaltungsvorschriften in Kraft, die erforderlich sind, um dieser Richtlinie bis spätestens ab dem 27. April 2010 nachzukommen. Sie setzen die Kommission unverzüglich davon in Kenntnis.

Wenn die Mitgliedstaaten diese Vorschriften erlassen, nehmen sie in den Vorschriften selbst oder durch einen Hinweis bei der amtlichen Veröffentlichung auf diese Richtlinie Bezug. Die Mitgliedstaaten regeln die Einzelheiten der Bezugnahme.

(2) Die Mitgliedstaaten teilen der Kommission den Wortlaut der innerstaatlichen Rechtsvorschriften mit, die sie auf dem unter diese Richtlinie fallenden Gebiet erlassen oder bereits erlassen haben.

Abweichungen in Gebieten in äußerster Randlage – Mayotte

Art. 14a (1) Unbeschadet der allgemeinen Schutz- und Präventionsgrundsätze im Bereich der Sicherheit und des Gesundheitsschutzes der Arbeitnehmer kann Frankreich bis zum 31. Dezember 2017 von der Anwendung der Vorschriften abweichen, die erforderlich sind, um dieser Richtlinie in Mayotte als Gebiet in äußerster Randlage im Sinne des Artikels 349 des Vertrags über die Arbeitsweise der Europäischen Union (im Folgenden „Mayotte") nachzukommen, sofern diese Anwendung spezielle technische Einrichtungen erfordert, die in Mayotte nicht verfügbar sind.

Unterabsatz 1 gilt nicht für die Verpflichtungen nach Artikel 5 Absatz 1 dieser Richtlinie noch für die Bestimmungen dieser Richtlinie, die allgemeinen Grundsätze der Richtlinie 89/391/EWG widerspiegeln.

(2) Für alle Ausnahmen von dieser Richtlinie, die sich aus der Anwendung von Maßnahmen ergeben, die am 1. Januar 2014 bestehen, oder aus der Annahme neuer Maßnahmen resultieren, ist eine vorherige Anhörung der Sozialpartner gemäß den einzelstaatlichen Rechtsvorschriften und Gepflogenheiten durchzuführen. Für die Anwendung dieser Ausnahmen gelten Bedingungen, die unter Berücksichtigung der besonderen Gegebenheiten in Mayotte sicherstellen sollen, dass sich daraus ergebenden Risiken für die Arbeitnehmer auf ein Minimum reduziert werden und für die betroffenen Arbeitnehmer eine verstärkte Gesundheitsüberwachung gilt.

(3) Die abweichenden nationalen Maßnahmen werden jährlich nach Anhörung der Sozialpartner überprüft; sie werden aufgehoben, sobald die zugrunde liegenden Umstände nicht mehr bestehen.
(Art. 14a eingefügt durch Art. 5 der RL 2013/64/EU)

Inkrafttreten

Art. 15 Diese Richtlinie tritt am Tag ihrer Veröffentlichung im *Amtsblatt der Europäischen Union* in Kraft.

Adressaten

Art. 16 Diese Richtlinie ist an die Mitgliedstaaten gerichtet.

ANHANG I

Inkohärente optische Strahlung

Die biophysikalisch relevanten Expositionswerte für optische Strahlung lassen sich anhand der nachstehenden Formeln bestimmen. Welche Formel zu verwenden ist, hängt von dem Bereich der von der Quelle ausgehenden Strahlung ab; die Ergebnisse sind mit den entsprechenden Emissionsgrenzwerten der Tabelle 1.1 zu vergleichen. Für die jeweilige Strahlenquelle können mehrere Expositionswerte und entsprechende Expositionsgrenzwerte relevant sein.

Die Buchstaben a bis o beziehen sich auf die entsprechenden Zeilen in Tabelle 1.1.

a) $H_{eff} = \int_0^t \int_{\lambda=180\,nm}^{\lambda=400\,nm} E_\lambda(\lambda,t) \cdot S(\lambda) \cdot d\lambda \cdot dt$ (H_{eff} ist nur im Bereich 180 bis 400 nm relevant)

b) $H_{UVA} = \int_0^t \int_{\lambda=315\,nm}^{\lambda=400\,nm} E_\lambda(\lambda,t) \cdot d\lambda \cdot dt$ (H_{UVA} ist nur im Bereich 315 bis 400 nm relevant)

c), d) $L_B = \int_{\lambda=300\,nm}^{\lambda=700\,nm} L_\lambda(\lambda) \cdot B(\lambda) \cdot d\lambda$ (L_B ist nur im Bereich 300 bis 700 nm relevant)

e), f) $E_B = \int_{\lambda=300\,nm}^{\lambda=700\,nm} E_\lambda(\lambda) \cdot B(\lambda) \cdot d\lambda$ (E_B ist nur im Bereich 300 bis 700 nm relevant)

g) bis l) $L_R = \int_{\lambda_1}^{\lambda_2} L_\lambda(\lambda) \cdot R(\lambda) \cdot d\lambda$ (Geeignete Werte für λ_1 und λ_2: siehe Tabelle 1.1)

m), n) $E_{IR} = \int_{\lambda=780\,nm}^{\lambda=3000\,nm} E_\lambda(\lambda) \cdot d\lambda$ (E_{IR} ist nur im Bereich 780 bis 3 000 nm relevant)

o) $H_{skin} = \int_0^t \int_{\lambda=380\,nm}^{\lambda=3000\,nm} E_\lambda(\lambda,t) \cdot d\lambda \cdot dt$ (H_{skin} ist nur im Bereich 380 bis 3 000 nm relevant)

Für die Zwecke dieser Richtlinie können die vorstehenden Formeln durch folgende Ausdrücke ersetzt werden, wobei die in den folgenden Tabellen aufgeführten diskreten Werte zu verwenden sind:

a) $E_{eff} = \sum_{\lambda=180\,nm}^{\lambda=400\,nm} E_\lambda \cdot S(\lambda) \cdot \Delta\lambda$ und $H_{eff} = E_{eff} \cdot \Delta t$

b) $E_{UVA} = \sum_{\lambda=315\,nm}^{\lambda=400\,nm} E_\lambda \cdot \Delta\lambda$ und $H_{UVA} = E_{UVA} \cdot \Delta t$

c), d) $L_B = \sum_{\lambda=300\,nm}^{\lambda=700\,nm} L_\lambda \cdot B(\lambda) \cdot \Delta\lambda$

e), f) $E_B = \sum_{\lambda=300\,nm}^{\lambda=700\,nm} E_\lambda \cdot B(\lambda) \cdot \Delta\lambda$

g) bis l) $L_R = \sum_{\lambda_1}^{\lambda_2} L_\lambda \cdot R(\lambda) \cdot \Delta\lambda$ (Geeignete Werte für λ_1 und λ_2: siehe Tabelle 1.1)

m), n) $E_{IR} = \sum_{\lambda=780\,nm}^{\lambda=3000\,nm} E_\lambda \cdot \Delta\lambda$

6/19. Optische Strahlung-RL

Anhang I

o) $\quad E_{skin} = \sum\limits_{\lambda=380\,nm}^{\lambda=3\,000\,nm} E_\lambda \cdot \Delta\lambda \qquad$ und $H_{skin} = E_{skin} \cdot \Delta t$

Anmerkungen:

$E_\lambda\,(\lambda, t),\ E_\lambda$	*spektrale Bestrahlungsstärke oder spektrale Leistungsdichte:* die auf eine Fläche einfallende Strahlungsleistung je Flächeneinheit, ausgedrückt in Watt pro Quadratmeter pro Nanometer [W m^{-2} nm^{-1}]; die Werte Eλ (λ, t) und E_λ werden aus Messungen gewonnen oder können vom Hersteller der Arbeitsmittel angegeben werden;
E_{eff}	*effektive Bestrahlungsstärke (UV-Bereich):* berechnete Bestrahlungsstärke im UV-Wellenlängenbereich von 180 bis 400 nm, spektral gewichtet mit S (λ), ausgedrückt in Watt pro Quadratmeter [W m^{-2}];
H	*Bestrahlung:* das Integral der Bestrahlungsstärke über die Zeit, ausgedrückt in Joule pro Quadratmeter [J m^{-2}];
H_{eff}	*effektive Bestrahlung:* Bestrahlung, spektral gewichtet mit S (λ), ausgedrückt in Joule pro Quadratmeter [J m^{-2}];
E_{UVA}	*Gesamtbestrahlungsstärke (UV-A):* berechnete Bestrahlungsstärke im UV-A-Wellenlängenbereich von 315 bis 400 nm, ausgedrückt in Watt pro Quadratmeter [W m^{-2}];
H_{UVA}	*Bestrahlung:* das Integral der Bestrahlungsstärke über die Zeit und die Wellenlänge oder die Summe der Bestrahlungsstärke im UV-A-Wellenlängenbereich von 315 bis 400 nm, ausgedrückt in Joule pro Quadratmeter [J m^{-2}];
S (λ)	*spektrale Gewichtung* unter Berücksichtigung der Wellenlängenabhängigkeit der gesundheitlichen Auswirkungen von UV-Strahlung auf Auge und Haut (Tabelle 1.2) [dimensionslos];
t, Δt	*Zeit, Dauer der Exposition,* ausgedrückt in Sekunden [s];
λ	*Wellenlänge,* ausgedrückt in Nanometern [nm];
$\Delta \lambda$	*Bandbreite der Berechnungs- oder Messintervalle,* ausgedrückt in Nanometern [nm];
Lλ (λ), L_λ	*spektrale Strahldichte der Quelle,* ausgedrückt in Watt pro Quadratmeter pro Steradiant pro Nanometer [W m^{-2} sr^{-1} nm^{-1}];
R (λ)	*spektrale Gewichtung* unter Berücksichtigung der Wellenlängenabhängigkeit der dem Auge durch sichtbare Strahlung und Infrarot-A-Strahlung zugefügten thermischen Schädigung (Tabelle 1.3) [dimensionslos];
L_R	*effektive Strahldichte (thermische Schädigung):* berechnete Strahldichte, spektral gewichtet mit R (λ), ausgedrückt in Watt pro Quadratmeter pro Steradiant [W m^{-2} sr^{-1}];
B (λ)	*spektrale Gewichtung* unter Berücksichtigung der Wellenlängenabhängigkeit der dem Auge durch Blaulichtstrahlung zugefügten photochemischen Schädigung (Tabelle 1.3) [dimensionslos];
L_B	*effektive Strahldichte (Blaulicht):* berechnete Strahldichte, spektral gewichtet mit B (λ), ausgedrückt in Watt pro Quadratmeter pro Steradiant [W m^{-2} sr^{-1}];
E_B	*effektive Bestrahlungsstärke (Blaulicht):* berechnete Bestrahlungsstärke, spektral gewichtet mit B (λ), ausgedrückt in Watt pro Quadratmeter [W m^{-2}];
E_{IR}	*Gesamtbestrahlungsstärke (thermische Schädigung):* berechnete Bestrahlungsstärke im Infrarot-Wellenlängenbereich von 780 nm bis 3 000 nm, ausgedrückt in Watt pro Quadratmeter [W m^{-2}];
E_{skin}	*Gesamtbestrahlungsstärke (sichtbar, IR-A und IR-B):* berechnete Bestrahlungsstärke im sichtbaren und Infrarot-Wellenlängenbereich von 380 nm bis 3 000 nm, ausgedrückt in Watt pro Quadratmeter [W m^{-2}];
H_{skin}	*Bestrahlung:* das Integral der Bestrahlungsstärke über die Zeit und die Wellenlänge oder die Summe der Bestrahlungsstärke im sichtbaren und Infrarotwellenlängenbereich von 380 nm bis 3 000 nm, ausgedrückt in Joule pro Quadratmeter [J m^{-2}];
α	*Winkelausdehnung:* der Winkel, unter dem eine scheinbare Quelle als Punkt im Raum erscheint, ausgedrückt in Milliradian (mrad). Scheinbare Quelle ist das reale oder virtuelle Objekt, das das kleinstmögliche Netzhautbild erzeugt.

6/19. Optische Strahlung-RL
Anhang I

Tabelle 1.1
Emissionsgrenzwerte für inkohärente optische Strahlung

Kenn-buch-stabe	Wellenlänge (nm)	Expositionsgrenzwert	Einheit	Anmerkung	Körperteil	Gefährdung
a.	180 — 400 (UV-A, UV-B und UV-C)	$H_{eff} = 30$ Tageswert 8 Stunden	$[J\ m^{-2}]$		Auge Hornhaut Bindehaut Linse Haut	Photokeratitis Konjunktivitis Kataraktogenese Erythem Elastose Hautkrebs
b.	315 — 400 (UV-A)	$H_{UVA} = 10^4$ Tageswert 8 Stunden	$[J\ m^{-2}]$		Auge Linse	Kataraktogenese
c.	300 — 700 (Blaulicht) siehe Anmerkung 1	$L_B = \dfrac{10^6}{t}$ bei $t \leq 10\ 000$ s	$L_B : [W\ m^{-2}\ sr^{-1}]$ t: [Sekunden]	bei $\alpha \geq 11$ mrad		
d.	300 — 700 (Blaulicht) siehe Anmerkung 1	$L_B = 100$ bei $t > 10\ 000$ s	$[W\ m^{-2}\ sr^{-1}]$			
e.	300 — 700 (Blaulicht)	$E_B = \dfrac{100}{t}$ bei $t \leq 10\ 000$ s	$E_B: [W\ m^{-2}]$ t: [Sekunden]	bei $\alpha < 11$ mrad siehe Anmerkung 2	Auge Netzhaut	Photoretinitis
f.	300 — 700 (Blaulicht) siehe Anmerkung 1	$E_B = 0{,}01$ $t > 10\ 000$ s	$[W\ m^{-2}]$			

6/19. Optische Strahlung-RL

Anhang I

Kenn-buch-stabe	Wellenlänge (nm)	Expositionsgrenzwert	Einheit	Anmerkung	Körperteil	Gefährdung
g.	380 — 1 400 (Sichtbar und IR-A)	$L_R = \dfrac{2{,}8 \cdot 10^7}{C_a}$ bei t > 10 s	[W m^{-2} sr^{-1}]	$C_a = 1{,}7$ bei $\alpha \le 1{,}7$ mrad $C_a = \alpha$ bei $1{,}7 \le \alpha \le 100$ mrad $C_a = 100$ bei $\alpha > 100$ mrad $\lambda_1 = 380;\ \lambda_2 = 1\,400$	Auge Netzhaut	Netzhautverbrennung
h.	380 — 1 400 (Sichtbar und IR-A)	$L_R = \dfrac{5 \cdot 10^7}{C_a t^{0{,}25}}$ bei 10 µs ≤ t ≤ 10 s	L_R: [W m^{-2} sr^{-1}] t: [Sekunden]			
i.	380 — 1 400 (Sichtbar und IR-A)	$L_R = \dfrac{8{,}89 \cdot 10^8}{C_a}$ bei t <10 µs	[W m^{-2} sr^{-1}]			
j.	780 — 1 400 (IR-A)	$L_R = \dfrac{6 \cdot 10^6}{C_a}$ bei t > 10 s	[W m^{-2} sr^{-1}]	$C_a = 11$ bei $\alpha \le 11$ mrad $C_a = \alpha$ bei $11 \le \alpha \le 100$ mrad $C_a = 100$ bei $\alpha > 100$ mrad (Messgesichtsfeld: 11 mrad) $\lambda_1 = 780;\ \lambda_2 = 1\,400$	Auge Netzhaut	Netzhaut-verbrennung
k.	780 — 1 400 (IR-A)	$L_R = \dfrac{5 \cdot 10^7}{C_a t^{0{,}25}}$ bei 10 µs ≤ t ≤ 10 s	L_R: [W m^{-2} sr^{-1}] t: [Sekunden]			
l.	780 — 1 400 (IR-A)	$L_R = \dfrac{8{,}89 \cdot 10^8}{C_a}$ bei t < 10 µs	[W m^{-2} sr^{-1}]			
m.	780 — 3 000 (IR-A und IR-B)	$E_{IR} = 18\,000 t^{-0{,}75}$ bei t ≤ 1 000 s	E: [Wm^{-2}] t: [Sekunden]		Auge Hornhaut Linse	Hornhautverbrennung Kataraktogenese
n.	780 — 3 000 (IR-A und IR-B)	$E_{IR} = 100$ bei t > 1 000 s	[W m^{-2}]			

6/19. Optische Strahlung-RL
Anhang I

Kennbuchstabe	Wellenlänge (nm)	Expositionsgrenzwert	Einheit	Anmerkung	Körperteil	Gefährdung
o.	380 — 3 000 (Sichtbar, IR-A und IR-B)	$H_{Haut} = 20\,000\ t^{0,25}$ bei $t < 10$ s	H: [J m^{-2}] t: [Sekunden]		Haut	Verbrennung

Anmerkung 1: Der Bereich von 300 bis 700 nm deckt Teile der UV-B-Strahlung, die gesamte UV-A-Strahlung und den größten Teil der sichtbaren Strahlung ab; die damit verbundene Gefährdung wird gemeinhin als Gefährdung durch „Blaulicht" bezeichnet. Blaulicht deckt jedoch streng genommen nur den Bereich von ca. 400 bis 490 nm ab.

Anmerkung 2: Bei stetiger Fixierung von sehr kleinen Quellen mit einer Winkelausdehnung von weniger als 11 mrad kann L_B in E_B umgewandelt werden. Dies ist normalerweise nur bei ophthalmischen Instrumenten oder einer Augenstabilisierung während einer Betäubung der Fall. Die maximale „Starrzeit" errechnet sich anhand der Formel $t_{max} = 100/E_B$, wobei E_B in W m^{-2} ausgedrückt wird. Wegen der Augenbewegungen bei normalen visuellen Anforderungen werden 100 s hierbei nicht überschritten.

6/19. Optische Strahlung-RL

Anhang I

Tabelle 1.2

S (λ) [dimensionslos], 180 nm bis 400 nm

λ in nm	S (λ)	λ in nm	S (λ)	λ in nm	S (λ)	λ in nm	S (λ)	λ in nm	S (λ)
180	0,0120	228	0,1737	276	0,9434	324	0,000520	372	0,000086
181	0,0126	229	0,1819	277	0,9272	325	0,000500	373	0,000083
182	0,0132	230	0,1900	278	0,9112	326	0,000479	374	0,000080
183	0,0138	231	0,1995	279	0,8954	327	0,000459	375	0,000077
184	0,0144	232	0,2089	280	0,8800	328	0,000440	376	0,000074
185	0,0151	233	0,2188	281	0,8568	329	0,000425	377	0,000072
186	0,0158	234	0,2292	282	0,8342	330	0,000410	378	0,000069
187	0,0166	235	0,2400	283	0,8122	331	0,000396	379	0,000066
188	0,0173	236	0,2510	284	0,7908	332	0,000383	380	0,000064
189	0,0181	237	0,2624	285	0,7700	333	0,000370	381	0,000062
190	0,0190	238	0,2744	286	0,7420	334	0,000355	382	0,000059
191	0,0199	239	0,2869	287	0,7151	335	0,000340	383	0,000057
192	0,0208	240	0,3000	288	0,6891	336	0,000327	384	0,000055
193	0,0218	241	0,3111	289	0,6641	337	0,000315	385	0,000053
194	0,0228	242	0,3227	290	0,6400	338	0,000303	386	0,000051
195	0,0239	243	0,3347	291	0,6186	339	0,000291	387	0,000049
196	0,0250	244	0,3471	292	0,5980	340	0,000280	388	0,000047
197	0,0262	245	0,3600	293	0,5780	341	0,000271	389	0,000046
198	0,0274	246	0,3730	294	0,5587	342	0,000263	390	0,000044
199	0,0287	247	0,3865	295	0,5400	343	0,000255	391	0,000042
200	0,0300	248	0,4005	296	0,4984	344	0,000248	392	0,000041
201	0,0334	249	0,4150	297	0,4600	345	0,000240	393	0,000039
202	0,0371	250	0,4300	298	0,3989	346	0,000231	394	0,000037
203	0,0412	251	0,4465	299	0,3459	347	0,000223	395	0,000036
204	0,0459	252	0,4637	300	0,3000	348	0,000215	396	0,000035
205	0,0510	253	0,4815	301	0,2210	349	0,000207	397	0,000033
206	0,0551	254	0,5000	302	0,1629	350	0,000200	398	0,000032
207	0,0595	255	0,5200	303	0,1200	351	0,000191	399	0,000031
208	0,0643	256	0,5437	304	0,0849	352	0,000183	400	0,000030
209	0,0694	257	0,5685	305	0,0600	353	0,000175		
210	0,0750	258	0,5945	306	0,0454	354	0,000167		
211	0,0786	259	0,6216	307	0,0344	355	0,000160		
212	0,0824	260	0,6500	308	0,0260	356	0,000153		
213	0,0864	261	0,6792	309	0,0197	357	0,000147		
214	0,0906	262	0,7098	310	0,0150	358	0,000141		
215	0,0950	263	0,7417	311	0,0111	359	0,000136		
216	0,0995	264	0,7751	312	0,0081	360	0,000130		
217	0,1043	265	0,8100	313	0,0060	361	0,000126		
218	0,1093	266	0,8449	314	0,0042	362	0,000122		
219	0,1145	267	0,8812	315	0,0030	363	0,000118		
220	0,1200	268	0,9192	316	0,0024	364	0,000114		
221	0,1257	269	0,9587	317	0,0020	365	0,000110		
222	0,1316	270	1,0000	318	0,0016	366	0,000106		
223	0,1378	271	0,9919	319	0,0012	367	0,000103		
224	0,1444	272	0,9838	320	0,0010	368	0,000099		
225	0,1500	273	0,9758	321	0,000819	369	0,000096		
226	0,1583	274	0,9679	322	0,000670	370	0,000093		
227	0,1658	275	0,9600	323	0,000540	371	0,000090		

6/19. Optische Strahlung-RL
Anhang I

Tabelle 1.3

B (λ), R (λ) [dimensionslos], 380 nm bis 1 400 nm

λ in nm	B (λ)	R (λ)
300 ≤ λ < 380	0,01	—
380	0,01	0,1
385	0,013	0,13
390	0,025	0,25
395	0,05	0,5
400	0,1	1
405	0,2	2
410	0,4	4
415	0,8	8
420	0,9	9
425	0,95	9,5
430	0,98	9,8
435	1	10
440	1	10
445	0,97	9,7
450	0,94	9,4
455	0,9	9
460	0,8	8
465	0,7	7
470	0,62	6,2
475	0,55	5,5
480	0,45	4,5
485	0,32	3,2
490	0,22	2,2
495	0,16	1,6
500	0,1	1
500 < λ ≤ 600	$10^{0,02 \cdot (450 - \lambda)}$	1
600 < λ ≤ 700	0,001	1
700 < λ ≤ 1 050	—	$10^{0,002 \cdot (700 - \lambda)}$
1 050 < λ ≤ 1 150	—	0,2
1 150 < λ ≤ 1 200	—	$0,2 \cdot 10^{0,02 \cdot (1\,150 - \lambda)}$
1 200 < λ ≤ 1 400	—	0,02

ANHANG II

Laserstrahlung

Die biophysikalisch relevanten Expositionswerte für optische Strahlung lassen sich anhand der nachstehenden Formeln bestimmen. Welche Formel zu verwenden ist, hängt von der Wellenlänge und der Dauer der von der Quelle ausgehenden Strahlung ab; die Ergebnisse sind mit den entsprechenden Emissionsgrenzwerten (EGW) der Tabellen 2.2 bis 2.4 zu vergleichen. Für die jeweilige Laserstrahlenquelle können mehrere Expositionswerte und entsprechende Expositionsgrenzwerte relevant sein.

Die in den Tabellen 2.2 bis 2.4 als Berechnungsfaktoren verwendeten Koeffizienten sind in Tabelle 2.5, die Korrekturfaktoren für wiederholte Exposition sind in Tabelle 2.6 aufgeführt.

$$E = \frac{dP}{dA} \ [W \ m^{-2}]$$

$$H = \int_0^t E(t) \cdot dt \ [J \ m^{-2}]$$

Anmerkungen:

dP	Leistung, ausgedrückt in Watt [W];
dA	Fläche, ausgedrückt in Quadratmetern [m²];
E (t), E	*Bestrahlungsstärke oder Leistungsdichte*: die auf eine Fläche einfallende Strahlungsleistung je Flächeneinheit, üblicherweise ausgedrückt in Watt pro Quadratmeter [W m⁻²]; die Werte E(t) und E werden aus Messungen gewonnen oder können vom Hersteller der Arbeitsmittel angegeben werden;
H	*Bestrahlung*: das Integral der Bestrahlungsstärke über die Zeit, ausgedrückt in Joule pro Quadratmeter [J m⁻²];
t	*Zeit, Dauer der Exposition*, ausgedrückt in Sekunden [s];
λ	*Wellenlänge*, ausgedrückt in Nanometern [nm];
γ	*Grenzempfangswinkel*, ausgedrückt in Milliradian [mrad];
γₘ	*Messempfangswinkel*, ausgedrückt in Milliradian [mrad];
α	*Winkelausdehnung einer Quelle*, ausgedrückt in Milliradian [mrad];
	Grenzblende: die kreisförmige Fläche, über die Bestrahlungsstärke und Bestrahlung gemittelt werden;
G	*integrierte Strahldichte*: das Integral der Strahldichte über eine bestimmte Expositionsdauer, ausgedrückt als Strahlungsenergie je Flächeneinheit einer Abstrahlfläche je Einheitsraumwinkel der Emission, ausgedrückt in Joule pro Quadratmeter pro Steradiant [J m⁻² sr⁻¹].

6/19. Optische Strahlung-RL
Anhang II

Tabelle 2.1

Strahlungsgefährdung

Wellenlänge [nm] λ	Strahlungsbereich	Betroffenes Organ	Gefährdung	Tabelle für den Expositionsgrenzwert
180 bis 400	UV	Auge	Photochemische Schädigung und thermische Schädigung	2.2, 2.3
180 bis 400	UV	Haut	Erythem	2.4
400 bis 700	sichtbar	Auge	Netzhautschädigung	2.2
400 bis 600	sichtbar	Auge	Photochemische Schädigung	2.3
400 bis 700	sichtbar	Haut	Thermische Schädigung	2.4
700 bis 1 400	IR-A	Auge	Thermische Schädigung	2.2, 2.3
700 bis 1 400	IR-A	Haut	Thermische Schädigung	2.4
1 400 bis 2 600	IR-B	Auge	Thermische Schädigung	2.2
2 600 bis 10^6	IR-C	Auge	Thermische Schädigung	2.2
1 400 bis 10^6	IR-B, IR-C	Auge	Thermische Schädigung	2.3
1 400 bis 10^6	IR-B, IR-C	Haut	Thermische Schädigung	2.4

6/19. Optische Strahlung-RL

Anhang II

Tabelle 2.2

Grenzwerte für die Exposition des Auges gegenüber — Laserstrahlen Kurze Expositionsdauer < 10 s

Wellenlänge[a] [nm]		Öffnung	Dauer [s]						
			$10^{-13} - 10^{-11}$	$10^{-11} - 10^{-9}$	$10^{-9} - 10^{-7}$	$10^{-7} - 1{,}8 \cdot 10^{-5}$	$1{,}8 \cdot 10^{-5} - 5 \cdot 10^{-5}$	$5 \cdot 10^{-5} - 10^{-3}$	$10^{-3} - 10^{1}$
UV-C	180 - 280	1 mm für t < 0,3 s; 1,5 · t^{0,375} für 0,3 < t < 10 s			$H = 30 [J] m^{-2}$				
	280 - 302								
UV-B	303				$H = 40 [J] m^{-2}$	wenn t < $2{,}6 \cdot 10^{-9}$ dann $H = 5{,}6 \cdot 10^3 \, t^{0{,}25} [J] m^{-2}$[d]			
	304				$H = 60 [J] m^{-2}$	wenn t < $1{,}3 \cdot 10^{-8}$ dann $H = 5{,}6 \cdot 10^3 \, t^{0{,}25} [J] m^{-2}$[d]			
	305				$H = 100 [J] m^{-2}$	wenn t < $1{,}0 \cdot 10^{-7}$ dann $H = 5{,}6 \cdot 10^3 \, t^{0{,}25} [J] m^{-2}$[d]			
	306				$H = 160 [J] m^{-2}$	wenn t < $6{,}7 \cdot 10^{-7}$ dann $H = 5{,}6 \cdot 10^3 \, t^{0{,}25} [J] m^{-2}$[d]			
	307				$H = 250 [J] m^{-2}$	wenn t < $4{,}0 \cdot 10^{-6}$ dann $H = 5{,}6 \cdot 10^3 \, t^{0{,}25} [J] m^{-2}$[d]			
	308				$H = 400 [J] m^{-2}$	wenn t < $2{,}6 \cdot 10^{-5}$ dann $H = 5{,}6 \cdot 10^3 \, t^{0{,}25} [J] m^{-2}$[d]			
	309		$E = 3 \cdot 10^{10} [W m^{-2}]$		$H = 630 [J] m^{-2}$	wenn t < $1{,}6 \cdot 10^{-4}$ dann $H = 5{,}6 \cdot 10^3 \, t^{0{,}25} [J] m^{-2}$[d]			
	310				$H = 10^3 [J] m^{-2}$	wenn t < $1{,}0 \cdot 10^{-3}$ dann $H = 5{,}6 \cdot 10^3 \, t^{0{,}25} [J] m^{-2}$[d]			
	311				$H = 1{,}6 \cdot 10^3 [J] m^{-2}$	wenn t < $6{,}7 \cdot 10^{-3}$ dann $H = 5{,}6 \cdot 10^3 \, t^{0{,}25} [J] m^{-2}$[d]			
	312				$H = 2{,}5 \cdot 10^3 [J] m^{-2}$	wenn t < $4{,}0 \cdot 10^{-2}$ dann $H = 5{,}6 \cdot 10^3 \, t^{0{,}25} [J] m^{-2}$[d]			
	313				$H = 4{,}0 \cdot 10^3 [J] m^{-2}$	wenn t < $2{,}6 \cdot 10^{-1}$ dann $H = 5{,}6 \cdot 10^3 \, t^{0{,}25} [J] m^{-2}$[d]			
	314				$H = 6{,}3 \cdot 10^3 [J] m^{-2}$	wenn t < $1{,}6 \cdot 10^0$ dann $H = 5{,}6 \cdot 10^3 \, t^{0{,}25} [J] m^{-2}$[d]			
UV-A	315 - 400		$H = 1{,}5 \cdot 10^{-4} \, C_E [J] m^{-2}$	$H = 2{,}7 \cdot 10^4 \, t^{0{,}75} \, C_E [J] m^{-2}$	$H = 5 \cdot 10^{-3} \, C_E [J] m^{-2}$			$H = 5{,}6 \cdot 10^{-3} \, t^{0{,}25} \, C_E [J] m^{-2}$	
Sichtbar und IR-A	400 - 700	7 mm	$H = 1{,}5 \cdot 10^{-4} \, C_A \, C_E [J] m^{-2}$	$H = 2{,}7 \cdot 10^4 \, t^{0{,}75} \, C_A \, C_E [J] m^{-2}$	$H = 5 \cdot 10^{-3} \, C_A \, C_E [J] m^{-2}$		$H = 18 \cdot t^{0{,}75} \, C_A \, C_E [J] m^{-2}$		
	700 - 1050		$H = 1{,}5 \cdot 10^{-3} \, C_C \, C_E [J] m^{-2}$	$H = 2{,}7 \cdot 10^4 \, t^{0{,}75} \, C_C \, C_E [J] m^{-2}$	$H = 5 \cdot 10^{-3} \, C_C \, C_E [J] m^{-2}$		$H = 90 \cdot t^{0{,}75} \, C_C \, C_E [J] m^{-2}$		
IR-B und IR-C	1050 - 1400		$E = 10^{13} [W m^{-2}]$[c]	$H = 10^2 [J] m^{-2}$	$H = 5 \cdot 10^{-2} \, C_C \, C_E [J] m^{-2}$			$H = 5{,}6 \cdot 10^{-3} \, t^{0{,}25} \, C_C \, C_E [J] m^{-2}$	
	1400 - 1500		$E = 10^{13} [W m^{-2}]$[c]	$H = 10^3 [J] m^{-2}$					
	1500 - 1800		$E = 10^{12} [W m^{-2}]$[c]	$H = 10^4 [J] m^{-2}$					
	1800 - 2600		$E = 10^{13} [W m^{-2}]$[c]	$H = 10^3 [J] m^{-2}$					
	2600 - 10^6			$H = 100 [J] m^{-2}$				$H = 5{,}6 \cdot 10^3 \, t^{0{,}25} [J] m^{-2}$	

[a] Wird die Wellenlänge des Lasers von zwei Grenzwerten erfasst, so gilt der strengere Wert.
[b] Wenn 1 400 ≤ λ < 10^6 nm: Öffnungsdurchmesser = 1 mm bei t ≤ 0,3 s und 1,5·$t^{0{,}375}$ mm bei 0,3 s < t < 10 s; wenn 10^5 s ≤ λ < 10^6 nm: Öffnungsdurchmesser = 11 mm.
[c] Mangels Daten für diese Impulslängen empfiehlt die ICNIRP, als Grenzwert für die Bestrahlungsstärke 1 ns zu verwenden.
[d] Die in der Tabelle angegebenen Werte gelten für einzelne Laserimpulse. Bei mehrfachen Laserimpulsen müssen die Laserimpulsdauern von Impulsen, die innerhalb eines Intervalls T_{min} (siehe Tabelle 2.6) liegen, aufaddiert werden, und der daraus resultierende Zeitwert muss in der Formel 5,6 · $10^3 \, t^{0{,}25}$ für t eingesetzt werden.

6/19. Optische Strahlung-RL
Anhang II

Tabelle 2.3

Grenzwerte für die Exposition des Auges gegenüber — Laserstrahlen Lange Expositionsdauer ≥ 10 s

Wellenlänge [a] [nm]		Öffnung	Dauer [s] 10^{1} – 10^{2}	10^{2} – 10^{4}	10^{4} – $3 \cdot 10^{4}$
UV-C	180 – 280	3,5 mm			$H = 30$ [J m^{-2}]
	280 – 302				$H = 40$ [J m^{-2}]
	303				$H = 60$ [J m^{-2}]
	304				$H = 100$ [J m^{-2}]
UV-B	305				$H = 160$ [J m^{-2}]
	306				$H = 250$ [J m^{-2}]
	307				$H = 400$ [J m^{-2}]
	308				$H = 630$ [J m^{-2}]
	309				$H = 1,0 \cdot 10^{3}$ [J m^{-2}]
	310				$H = 1,6 \cdot 10^{3}$ [J m^{-2}]
	311				$H = 2,5 \cdot 10^{3}$ [J m^{-2}]
	312				$H = 4,0 \cdot 10^{3}$ [J m^{-2}]
	313				$H = 6,3 \cdot 10^{3}$ [J m^{-2}]
UV-A	315 – 400				$H = 10^{4}$ [J m^{-2}]
Sichtbar 400 – 700	400 – 600 Photochemisch Netzhautschädigung	7 mm	$H = 100\,C_B$ [J m^{-2}] ($\gamma = 11$ mrad)[d]	$E = 1\,C_B$ [W m^{-2}] ($\gamma = 1,1\,t^{0,5}$ mrad)[d]	$E = 1\,C_B$ [W m^{-2}] ($\gamma = 110$ mrad)[d]
	400 – 700 Thermisch[b] Netzhautschädigung	7 mm	wenn $\alpha < 1,5$ mrad wenn $\alpha \geq 1,5$ mrad und $t \leq T_2$ wenn $\alpha > 1,5$ mrad und $t > T_2$	dann $E = 10$ [W m^{-2}] dann $H = 18\,C_E\,t^{0,75}$ [J m^{-2}] dann $E = 18\,C_E\,T_2^{-0,25}$ [W m^{-2}]	
IR-A	700 – 1 400	7 mm	wenn $\alpha < 1,5$ mrad wenn $\alpha \geq 1,5$ mrad und $t \leq T_2$ wenn $\alpha > 1,5$ mrad und $t > T_2$	dann $E = 10\,C_A\,C_C$ [W m^{-2}] dann $H = 18\,C_A\,C_C\,t^{0,75}$ [J m^{-2}] dann $E = 18\,C_A\,C_C\,T_2^{-0,25}$ [W m^{-2}] (maximal 1 000 W m^{-2})	
IR-B und IR-C	1 400 – 10^{6}	Siehe [c]		$E = 1\,000$ [W m^{-2}]	

[a] Wird die Wellenlänge oder eine andere Gegebenheit des Lasers von zwei Grenzwerten erfasst, so gilt der strengere Wert.

[b] Bei kleinen Quellen mit einer Winkelausdehnung von 1,5 mrad oder weniger sind die beiden Grenzwerte für sichtbare Strahlung L von 400 nm bis 600 nm zu reduzieren auf die thermischen Grenzwerte für 10 s ≤ t < T$_1$, und auf die photochemischen Grenzwerte für längere Zeiten. Zu T$_1$ und T$_2$ siehe Tabelle 2.5. Der Grenzwert für photochemische Netzhautgefährdung kann auch ausgedrückt werden als Integral über die Zeit G = 10^{6} · C$_B$ [J m^{-2} sr^{-1}], wobei Folgendes gilt: t > 10 s bis zu t = 10 000 s und L = 100 C$_B$ [W m^{-2} sr^{-1}], bei t > 10 000 s. Zur Messung von G und L ist γ_{ph} als Mittelung des Gesichtsfeldes zu verwenden. Die offizielle Grenze zwischen sichtbar und infrarot ist 780 nm (entsprechend der Definition der CIE). Die Spalte mit den Bezeichnungen für die Wellenlängenbänder dient lediglich der besseren Übersicht. (Die Bezeichnung G wird von CEN verwendet, die Bezeichnung L$_B$ von der IEC und dem CENELEC.)

[c] Für die Wellenlänge 1 400 – 10^{5} nm: Öffnungsdurchmesser = 3,5 mm; für die Wellenlänge 10^{5} – 10^{6} nm: Öffnungsdurchmesser = 11 mm.

[d] Für Messungen des Expositionswertes ist γ wie folgt zu berücksichtigen: Wenn α > γ (Winkelausdehnung einer Quelle) > γ$_{ph}$ (Grenzempfangswinkel, in eckigen Klammern in der entsprechenden Spalte angegeben), dann sollte der Messgesichtsfeld γ$_m$ den Wert γ erhalten. (Bei Verwendung eines größeren Messgesichtsfeld γ$_{ph}$ groß genug sein, um die Quelle einzuschließen; es ist ansonsten jedoch nicht beschränkt und kann größer sein als γ.

Wenn α < γ$_{ph}$ dann muss das Messgesichtsfeld γ$_m$ groß genug sein, um die Quelle einzuschließen; es ist ansonsten jedoch nicht beschränkt und kann größer sein als γ.

6/19. Optische Strahlung-RL

Anhang II

Tabelle 2.4

Grenzwerte für die Exposition der Haut gegenüber Laserstrahlen

Wellenlänge[a] [nm]		Öffnung	Dauer [s]						
			$<10^{-9}$	10^{-9}–10^{-7}	10^{-7}–10^{-3}	10^{-3}–10^{-1}	10^{-1}–10^{1}	10^{1}–10^{3}	10^{3}–$3 \cdot 10^{4}$
UV (A, B, C)	180-400	3,5 mm	$E = 3 \cdot 10^{10}$ [W m^{-2}]	Gleiche Werte wie Expositionsgrenzwerte für das Auge					
Sichtbar und IR-A	400-700	3,5 mm	$E = 2 \cdot 10^{11}$ [W m^{-2}]	$H = 200\, C_A$ [J m^{-2}]	Gleiche Werte wie Expositionsgrenzwerte für das Auge				
	700-1 400		$E = 2 \cdot 10^{11}\, C_A$ [W m^{-2}]		$H = 1{,}1 \cdot 10^{4}\, C_A\, t^{0{,}25}$ [J m^{-2}]			$E = 2 \cdot 10^{3}\, C_A$ [W m^{-2}]	
IR-B und IR-C	1 400-1 500		$E = 10^{12}$ [W m^{-2}]						
	1 500-1 800		$E = 10^{13}$ [W m^{-2}]						
	1 800-2 600		$E = 10^{12}$ [W m^{-2}]						
	2 600-10^{6}		$E = 10^{11}$ [W m^{-2}]						

[a] Wird die Wellenlänge oder eine andere Gegebenheit des Lasers von zwei Grenzwerten erfasst, so gilt der strengere Wert.

Tabelle 2.5

Korrekturfaktoren und sonstige Berechnungsparameter

Parameter nach ICNIRP	Gültiger Spektralbereich (nm)	Wert
C_A	$\lambda < 700$	$C_A = 1{,}0$
	$700 - 1\,050$	$C_A = 10^{\,0{,}002(\lambda - 700)}$
	$1\,050 - 1\,400$	$C_A = 5{,}0$
C_B	$400 - 450$	$C_B = 1{,}0$
	$450 - 700$	$C_B = 10^{\,0{,}02(\lambda - 450)}$
C_C	$700 - 1\,150$	$C_C = 1{,}0$
	$1\,150 - 1\,200$	$C_C = 10^{\,0{,}018(\lambda - 1\,150)}$
	$1\,200 - 1\,400$	$C_C = 8{,}0$
T_1	$\lambda < 450$	$T_1 = 10$ s
	$450 - 500$	$T_1 = 10 \cdot [10^{\,0{,}02(\lambda - 450)}]$ s
	$\lambda > 500$	$T_1 = 100$ s

Parameter nach ICNIRP	Biologische Wirkung	Wert
α_{min}	Alle thermischen Wirkungen	$\alpha_{min} = 1{,}5$ mrad

Parameter nach ICNIRP	Gültiger Winkelbereich (mrad)	Wert
C_E	$\alpha < \alpha_{min}$	$C_E = 1{,}0$
	$\alpha_{min} < \alpha < 100$	$C_E = \alpha/\alpha_{min}$
	$\alpha > 100$	$C_E = \alpha^2/(\alpha_{min} \cdot \alpha_{max})$ mrad bei $\alpha_{max} = 100$ mrad
T_2	$\alpha < 1{,}5$	$T_2 = 10$ s
	$1{,}5 < \alpha < 100$	$T_2 = 10 \cdot [10^{\,(\alpha - 1{,}5)/98{,}5}]$ s
	$\alpha > 100$	$T_2 = 100$ s

6/19. Optische Strahlung-RL

Anhang II

Parameter nach ICNIRP	Gültige Expositionsdauer (s)	Wert
γ	$t \leq 100$	$\gamma = 11$ [mrad]
	$100 < t < 10^4$	$\gamma = 1{,}1 \ t^{\,0{,}5}$ [mrad]
	$t > 10^4$	$\gamma = 110$ [mrad]

Tabelle 2.6

Korrektur bei wiederholter Exposition

Jede der drei folgenden allgemeinen Regeln ist bei allen wiederholten Expositionen anzuwenden, die bei wiederholt gepulster oder modulierter Laserstrahlung auftreten:

1. Die Exposition gegenüber jedem einzelnen Impuls einer Impulsfolge darf den Expositionsgrenzwert für einen Einzelimpuls dieser Impulsdauer nicht überschreiten.
2. Die Exposition gegenüber einer Impulsgruppe (oder einer Untergruppe von Impulsen in einer Impulsfolge) innerhalb des Zeitraums t darf den Expositionsgrenzwert für die Zeit t nicht überschreiten.
3. Die Exposition gegenüber jedem einzelnen Impuls in einer Impulsgruppe darf den Expositionsgrenzwert für den Einzelimpuls, multipliziert mit einem für die kumulierte thermische Wirkung geltenden Korrekturfaktor $C_p = N^{-0{,}25}$ nicht überschreiten (wobei N die Zahl der Impulse ist). Diese Regel gilt nur für Expositionsgrenzwerte zum Schutz gegen thermische Schädigung, wobei alle in weniger als T_{min} erzeugten Impulse als einzelner Impuls behandelt werden.

Parameter	Gültiger Spektralbereich (nm)	Wert
T_{min}	$315 < \lambda \leq 400$	$T_{min} = 10^{-9}$ s ($= 1$ ns)
	$400 < \lambda \leq 1\,050$	$T_{min} = 18 \cdot 10^{-6}$ s ($= 18$ µs)
	$1\,050 < \lambda \leq 1\,400$	$T_{min} = 50 \cdot 10^{-6}$ s ($= 50$ µs)
	$1\,400 < \lambda \leq 1\,500$	$T_{min} = 10^{-3}$ s ($= 1$ ms)
	$1\,500 < \lambda \leq 1\,800$	$T_{min} = 10$ s
	$1\,800 < \lambda \leq 2\,600$	$T_{min} = 10^{-3}$ s ($= 1$ ms)
	$2\,600 < \lambda \leq 10^6$	$T_{min} = 10^{-7}$ s ($= 100$ ns)

ERKLÄRUNG DES RATES

Erklärung des Rates zur Verwendung des Wortes „penalties" in der englischen Fassung von Rechtsakten der Europäischen Gemeinschaft

Nach Ansicht des Rates wird das Wort „penalties" in der englischen Fassung von Rechtsinstrumenten der Europäischen Gemeinschaft in einer neutralen Bedeutung verwendet und bezieht sich nicht speziell auf strafrechtliche Sanktionen; es kann auch administrative oder finanzielle Sanktionen sowie andere Arten von Sanktionen umfassen. Werden die Mitgliedstaaten im Rahmen eines Rechtsakts der Gemeinschaft verpflichtet, „penalties" festzulegen, so ist es ihre Aufgabe, die geeignete Art von Sanktionen im Einklang mit der Rechtsprechung des EuGH zu wählen.

In der Sprachendatenbank der Gemeinschaft wird das Wort „penalties" in einigen anderen Sprachen wie folgt übersetzt:

Tschechisch: „sankce", Spanisch: „sanciones", Dänisch: „sanktioner", Deutsch: „Sanktionen", Estnisch: „sanktsioonid", Französisch: „sanctions", Griechisch: „κυρώσεις", Ungarisch: „jogkövetkezmények", Italienisch: „sanzioni", Lettisch: „sankcijas", Litauisch: „sankcijos", Maltesisch: „penali", Niederländisch: „sancties", Polnisch: „sankcje", Portugiesisch: „sanções", Slowenisch: „kazni", Slowakisch: „sankcie", Finnisch: „seuraamukset" und Schwedisch: „sanktioner".

Wenn in der überarbeiteten englischen Fassung eines Rechtsinstruments das ursprünglich verwendete Wort „sanctions" durch das Wort „penalties" ersetzt wird, so stellt dies keine wesentliche Änderung dar.

6/20. Elektromagnetische Felder – EMF-Richtlinie

Richtlinie 2013/35/EU des Europäischen Parlaments und des Rates über Mindestvorschriften zum Schutz von Sicherheit und Gesundheit der Arbeitnehmer vor der Gefährdung durch physikalische Einwirkungen (elektromagnetische Felder) (Zwanzigste Einzelrichtlinie im Sinne des Artikels 16 Absatz 1 der Richtlinie 89/391/EWG) und zur Aufhebung der Richtlinie 2004/40/EG vom 26. Juni 2013

(ABl. Nr. L 179 v. 29.6.2013, S. 1; berichtigt durch ABl. Nr. L 120 v. 13.5.2015, S. 62)

GLIEDERUNG

KAPITEL I: Allgemeine Bestimmungen
- Art. 1: Gegenstand und Geltungsbereich
- Art. 2: Begriffsbestimmungen
- Art. 3: Expositionsgrenzwerte und Auslöseschwellen

KAPITEL II: Pflichten der Arbeitgeber
- Art. 4: Bewertung der Risiken und Ermittlung der Exposition
- Art. 5: Maßnahmen zur Vermeidung oder Verringerung der Risiken
- Art. 6: Unterrichtung und Unterweisung der Arbeitnehmer
- Art. 7: Anhörung und Beteiligung der Arbeitnehmer

KAPITEL III: Sonstige Bestimmungen
- Art. 8: Gesundheitsüberwachung
- Art. 9: Sanktionen
- Art. 10: Ausnahmen
- Art. 11: Technische Änderungen der Anhänge
- Art. 12: Ausübung der Befugnisübertragung
- Art. 13: Dringlichkeitsverfahren

KAPITEL IV: Schlussbestimmungen
- Art. 14: Leitfäden
- Art. 15: Überprüfung und Bericht
- Art. 16: Umsetzung
- Art. 17: Aufhebung
- Art. 18: Inkrafttreten
- Art. 19: Adressaten

ANHÄNGE I–IV

DAS EUROPÄISCHE PARLAMENT UND DER RAT DER EUROPÄISCHEN UNION –

gestützt auf den Vertrag über die Arbeitsweise der Europäischen Union, insbesondere auf Artikel 153 Absatz 2,

auf Vorschlag der Europäischen Kommission,

nach Zuleitung des Entwurfs des Gesetzgebungsakts an die nationalen Parlamente,

nach Stellungnahme des Europäischen Wirtschafts- und Sozialausschusses (ABl. Nr. C 43 v. 15.2.2012, S. 47),

nach Anhörung des Ausschusses der Regionen,

gemäß dem ordentlichen Gesetzgebungsverfahren,

in Erwägung nachstehender Gründe:

(1) Im Vertrag ist vorgesehen, dass das Europäische Parlament und der Rat durch Richtlinien Mindestvorschriften erlassen können, die die Förderung der Verbesserung insbesondere der Arbeitsumwelt zur Gewährleistung eines höheren Schutzniveaus für die Sicherheit und Gesundheit der Arbeitnehmer zum Ziel haben. Diese Richtlinien sollten keine verwaltungsmäßigen, finanziellen oder rechtlichen Auflagen vorschreiben, die der Gründung und Entwicklung von kleinen und mittleren Unternehmen entgegenstehen.

(2) Gemäß Artikel 31 Absatz 1 der Charta der Grundrechte der Europäischen Union hat jeder Arbeitnehmer das Recht auf gesunde, sichere und würdige Arbeitsbedingungen.

(3) Nach dem Inkrafttreten der Richtlinie 2004/40/EG des Europäischen Parlaments und des Rates vom 29. April 2004 über Mindestvorschriften zum Schutz von Sicherheit und Gesundheit der Arbeitnehmer vor der Gefährdung durch physikalische Einwirkungen (elektromagnetische Felder) (18. Einzelrichtlinie im Sinne des Artikels 16 Absatz 1 der Richtlinie 89/391/EWG) (ABl. Nr. L 159 v. 30.4.2004, S.1) brachten betroffene, insbesondere medizinische Kreise schwerwiegende Bedenken dahin gehend zum Ausdruck, dass sich die Durchführung dieser Richtlinie auf medizinische Anwendungen auswirken könnte, die sich auf bildgebende Verfahren stützen. Bedenken wurden auch hinsichtlich der Folgen der Richtlinie für bestimmte industrielle Verfahren geäußert.

(4) Die Kommission hat die von den Betroffenen vorgebrachten Argumente sorgfältig geprüft und nach mehreren Konsultationen beschlossen, einige Bestimmungen der Richtlinie 2004/40/EG auf der Grundlage neuer, von international anerkannten Fachleuten vorgelegter wissenschaftlicher Erkenntnisse gründlich zu überdenken.

(5) Die Richtlinie 2004/40/EG wurde durch die Richtlinie 2008/46/EG des Europäischen Parlaments und des Rates (ABl. Nr. L 114 v. 26.4.2008, S.88) dahin gehend geändert, dass die Umsetzungsfrist für die Richtlinie 2004/40/EG um vier Jahre verlängert wurde und anschließend diese Umsetzungsfrist nochmals durch die Richtlinie 2012/11/EU des Europäischen Parlaments und des Rates (ABl. Nr. L 110 v. 24.4.2012, S.1) bis zum 31. Oktober 2013 verlängert wurde. So sollte der Kommission die Möglichkeit gegeben werden, einen neuen Vorschlag vorzulegen, und den Legislativorganen, eine auf jüngeren und besser belegten Erkenntnissen basierende neue Richtlinie zu erlassen.

(6) Die Richtlinie 2004/40/EG sollte aufgehoben werden, und es sollten angemessenere und verhältnismäßigere Maßnahmen zum Schutz der Arbeitnehmer vor den von elektromagnetischen Feldern ausgehenden Gefährdungen eingeführt werden. Die genannte Richtlinie berücksichtigte nicht die Langzeitwirkungen einschließlich der möglichen karzinogenen Wirkungen aufgrund der Exposition gegenüber zeitvariablen elektrischen, magnetischen und elektromagnetischen Feldern, da hier derzeit kein schlüssiger wissenschaftlicher Beweis für einen Kausalzusammenhang vorliegt. Die vorliegende Richtlinie zielt darauf ab, alle bekannten direkten biophysikalischen Wirkungen und indirekten Wirkungen elektromagnetischer Felder zu erfassen, um nicht nur die Gesundheit und die Sicherheit jedes einzelnen Arbeitnehmers zu schützen, sondern auch für alle Arbeitnehmer in der Union einen Mindestschutz sicherzustellen, bei gleichzeitiger Reduzierung möglicher Wettbewerbsverzerrungen.

(7) In dieser Richtlinie werden die möglichen Langzeitwirkungen einer Exposition gegenüber elektromagnetischen Feldern nicht berücksichtigt, da derzeit keine gesicherten wissenschaftlichen Erkenntnisse für einen Kausalzusammenhang vorliegen. Sollten solche gesicherten Erkenntnisse jedoch aufkommen, sollte die Kommission prüfen, mit welchen Mitteln diese Wirkungen am besten bekämpft werden können, und sollte das Europäische Parlament und den Rat in ihrem Bericht über die praktische Umsetzung dieser Richtlinie darüber informieren. Dabei sollte die Kommission, zusätzlich zu den entsprechenden Angaben, die sie von den Mitgliedstaaten erhält, den jüngsten vorliegenden Forschungsergebnissen und den jüngsten wissenschaftlichen Erkenntnissen Rechnung tragen, die sich aus den in diesem Bereich vorliegenden Informationen ergeben.

(8) Es sollten Mindestanforderungen festgelegt werden, so dass es den Mitgliedstaaten freisteht, zum Schutz der Arbeitnehmer vorteilhaftere Bestimmungen beizubehalten oder zu erlassen, insbesondere niedrigere Auslöseschwellen oder Expositionsgrenzwerte für elektromagnetische Felder festzulegen. Die Umsetzung dieser Richtlinie sollte nicht als Rechtfertigung für eine Absenkung des in den Mitgliedstaaten bereits bestehenden Schutzniveaus benutzt werden.

(9) Das System zum Schutz vor elektromagnetischen Feldern sollte darauf beschränkt sein, die zu erreichenden Ziele, die einzuhaltenden Grundsätze und die zu verwendenden grundlegenden Werte ohne übermäßige Einzelheiten festzulegen, damit die Mitgliedstaaten in die Lage versetzt werden, die Mindestanforderungen in gleichwertiger Weise anzuwenden.

(10) Um Arbeitnehmer zu schützen, die elektromagnetischen Feldern ausgesetzt sind, ist die Durchführung einer effektiven und effizienten Risikobewertung erforderlich. Diese Pflicht sollte jedoch in Bezug auf die am Arbeitsplatz vorliegenden Situation verhältnismäßig sein. Deshalb sollte ein Schutzsystem entwickelt werden, das auf einfache, abgestufte und leicht verständliche Weise unterschiedliche Risiken gruppiert. Folglich kann die Bezugnahme auf eine Reihe von Indikatoren und Standardsituationen, die in Leitfäden zur Verfügung gestellt werden, den Arbeitgebern bei der Erfüllung ihrer Pflicht helfen.

(11) Die unerwünschten Wirkungen auf den menschlichen Körper hängen von der Frequenz des elektromagnetischen Feldes oder der elektromagnetischen Strahlung ab, dem bzw. der der Körper ausgesetzt ist. Deshalb müssen die Systeme zur Begrenzung der Exposition entsprechend den jeweiligen Expositions- und Frequenzmustern gestaltet werden, um die Arbeitnehmer, die elektromagnetischen Feldern ausgesetzt sind, ausreichend zu schützen.

(12) Eine Verringerung der Exposition gegenüber elektromagnetischen Feldern lässt sich wirksamer erreichen, wenn bereits bei der Planung der Arbeitsplätze Präventivmaßnahmen getroffen werden sowie wenn der Verringerung von Gefahren bereits am Entstehungsort bei der Auswahl der Arbeitsmittel, Arbeitsverfahren und Arbeitsmethoden der Vorzug gegeben wird. Bestimmungen über Arbeitsmittel und Arbeitsmethoden tragen somit zum Schutz der betroffenen Arbeitnehmer bei. Eine wiederholte Durchführung der Risikobewertung sollte allerdings vermieden werden, wenn die Arbeitsmittel die Anforderungen von einschlägigem Unionsrecht zu Produkten erfüllen, die ein strengeres Sicherheitsniveau vorschreiben als die vorliegende Richtlinie. Somit ist in einer großen Zahl von Fällen eine vereinfachte Bewertung zulässig.

(13) Die Arbeitgeber sollten entsprechend dem technischen Fortschritt und dem wissenschaftlichen Kenntnisstand auf dem Gebiet der durch die Einwirkung von elektromagnetischen Feldern entstehenden Gefahren Anpassungen vornehmen, um den Schutz von Sicherheit und Gesundheit der Arbeitnehmer zu verbessern.

(14) Da es sich bei der vorliegenden Richtlinie um eine Einzelrichtlinie im Sinne des Artikels 16 Absatz 1 der Richtlinie 89/391/EWG des Rates vom 12. Juni 1989 über die Durchführung von Maßnahmen zur Verbesserung der Sicherheit und des Gesundheitsschutzes der Arbeitnehmer bei der Arbeit handelt, finden unbeschadet strengerer und/oder spezifischerer Vorschriften der vorliegenden

Richtlinie die Bestimmungen der Richtlinie 89/391/EWG auf den Bereich der Exposition von Arbeitnehmern gegenüber elektromagnetischen Feldern Anwendung.

(15) Die in dieser Richtlinie festgelegten physikalischen Größen, Expositionsgrenzwerte und Auslöseschwellen stützen sich auf die Empfehlungen der Internationalen Kommission für den Schutz vor nichtionisierender Strahlung (International Commission on Non-Ionizing Radiation Protection – ICNIRP) und sollten gemäß den Konzepten der ICNIRP in Betracht gezogen werden, insoweit diese Richtlinie nichts anderes vorsieht.

(16) Um sicherzustellen, dass diese Richtlinie auf dem aktuellen Stand bleibt, sollte der Kommission die Befugnis übertragen werden, gemäß Artikel 290 des Vertrags über die Arbeitsweise der Europäischen Union Rechtsakte hinsichtlich rein technischer Änderungen der Anhänge zu erlassen, um dem Erlass von Verordnungen und Richtlinien im Bereich der technischen Harmonisierung und Normung, dem technischen Fortschritt, Änderungen in den wichtigsten Normen oder Spezifikationen und neuen wissenschaftlichen Erkenntnissen über Gefahren elektromagnetischer Felder Rechnung zu tragen und Auslöseschwellen anzupassen. Es ist von besonderer Bedeutung, dass die Kommission im Zuge ihrer Vorbereitungsarbeit angemessene Konsultationen, auch auf der Ebene von Experten, durchführt. Bei der Vorbereitung und Ausarbeitung delegierter Rechtsakte sollte die Kommission gewährleisten, dass die einschlägigen Dokumente dem Europäischen Parlament und dem Rat gleichzeitig, rechtzeitig und auf angemessene Weise übermittelt werden.

(17) Wenn rein technische Änderungen der Anhänge erforderlich werden, sollte die Kommission eng mit dem Beratenden Ausschuss für Sicherheit und Gesundheit am Arbeitsplatz zusammenarbeiten, der durch den Beschluss des Rates vom 22. Juli 2003 (ABl. Nr. C 218 v. 13.9.2003, S.1) eingesetzt wurde.

(18) In außergewöhnlichen Fällen, wenn Gründe äußerster Dringlichkeit es zwingend erfordern, wie etwa eine mögliche unmittelbare Gefährdung der Gesundheit und Sicherheit von Arbeitnehmern durch elektromagnetische Felder, sollte die Möglichkeit eingeräumt werden, das Dringlichkeitsverfahren auf von der Kommission erlassene delegierte Rechtsakte anzuwenden.

(19) Die Mitgliedstaaten haben sich gemäß der Gemeinsamen Politischen Erklärung der Mitgliedstaaten und der Kommission vom 28. September 2011 zu erläuternden Dokumenten (ABl. Nr. C 369 v. 17.12.2011, S.14) dazu verpflichtet, in begründeten Fällen zusätzlich zur Mitteilung ihrer Umsetzungsmaßnahmen ein oder mehrere Dokumente zu übermitteln, in denen der Bezug zwischen den Bestandteilen einer Richtlinie und den entsprechenden Teilen innerstaatlicher Umsetzungsinstrumente erläutert wird. In Bezug auf diese Richtlinie hält der Gesetzgeber die Übermittlung derartiger Dokumente für gerechtfertigt.

(20) Ein System, das Expositionsgrenzwerte und Auslöseschwellen vorsieht, sollte als Hilfsmittel angesehen werden, das die Gewährleistung eines hohen Schutzniveaus im Hinblick auf gesundheitsschädliche Wirkungen und Sicherheitsrisiken, die sich aus der Exposition gegenüber elektromagnetischen Feldern ergeben können, erleichtert. Ein solches System kann aber mit spezifischen Bedingungen bei bestimmten Tätigkeiten in Konflikt geraten, etwa bei der Nutzung bildgebender Verfahren auf Basis der Magnetresonanz im medizinischen Bereich. Daher ist es notwendig, diesen besonderen Bedingungen Rechnung zu tragen.

(21) Um den Besonderheiten der Streitkräfte Rechnung zu tragen und ihren wirksamen Einsatz und ihre wirksame Interoperabilität – auch bei gemeinsamen internationalen militärischen Übungen – zu ermöglichen, sollten die Mitgliedstaaten die Möglichkeit haben, gleichwertige oder spezifischere Schutzsysteme wie etwa international vereinbarte Standards, wie zum Beispiel NATO-Normen, anzuwenden, sofern gesundheitsschädliche Wirkungen und Sicherheitsrisiken vermieden werden.

(22) Arbeitgeber sollten verpflichtet werden sicherzustellen, dass Risiken durch elektromagnetische Felder am Arbeitsplatz ausgeschlossen oder auf ein Mindestmaß reduziert werden. Dennoch kann nicht ausgeschlossen werden, dass die in dieser Richtlinie festgelegten Expositionsgrenzwerte in bestimmten Fällen und unter hinreichend begründeten Umständen lediglich zeitweilig überschritten werden. In derartigen Fällen sollten die Arbeitgeber die erforderlichen Maßnahmen treffen, um dafür zu sorgen, dass die Expositionsgrenzwerte so schnell wie möglich wieder eingehalten werden.

(23) Ein System, das ein hohes Schutzniveau in Bezug auf die möglichen gesundheitsschädlichen Wirkungen und die Sicherheitsrisiken einer Exposition gegenüber elektromagnetischen Feldern gewährleistet, sollte spezifische Arbeitnehmergruppen, die besonders gefährdet sind, angemessen berücksichtigen und Probleme durch Störungen bei medizinischen Geräten, etwa metallischen Prothesen, Herzschrittmachern und Defibrillatoren, Cochlea-Implantaten und sonstigen Implantaten oder am Körper getragenen medizinischen Geräten, oder Auswirkungen auf den Betrieb solcher Geräte vermeiden. Probleme durch Störungen insbesondere bei Herzschrittmachern können bei Werten unterhalb der Auslöseschwellen auftreten und sollten deshalb entsprechenden Vorkehrungen und Schutzmaßnahmen unterliegen –

HABEN FOLGENDE RICHTLINIE ERLASSEN:

KAPITEL I
Allgemeine Bestimmungen

Gegenstand und Geltungsbereich

Art. 1 (1) Mit dieser Richtlinie, der 20. Einzelrichtlinie im Sinne des Artikels 16 Absatz 1 der Richtlinie 89/391/EWG, werden Mindestanforderungen für den Schutz der Arbeitnehmer gegen tatsächliche oder mögliche Gefährdungen ihrer Gesundheit und Sicherheit durch Einwirkung von elektromagnetischen Feldern während ihrer Arbeit festgelegt.

(2) Diese Richtlinie umfasst alle bekannten direkten biophysikalischen Wirkungen und indirekten Auswirkungen, die durch elektromagnetische Felder hervorgerufen werden.

(3) Die in dieser Richtlinie festgelegten Expositionsgrenzwerte betreffen nur die wissenschaftlich nachgewiesenen Zusammenhänge zwischen direkten biophysikalischen Kurzzeitwirkungen und der Exposition gegenüber elektromagnetischen Feldern.

(4) Diese Richtlinie umfasst nicht die vermuteten Langzeitwirkungen.

Die Kommission verfolgt laufend die neuesten wissenschaftlichen Entwicklungen. Die Kommission prüft eine angemessene politische Reaktion, gegebenenfalls einschließlich der Vorlage eines Vorschlags für einen Rechtsakt, um derartigen Wirkungen zu begegnen, wenn gesicherte wissenschaftliche Nachweise für vermutete Langzeitwirkungen verfügbar werden. Über ihren Bericht nach Artikel 15 hält die Kommission das Europäische Parlament und den Rat diesbezüglich auf dem Laufenden.

(5) Diese Richtlinie betrifft nicht die Gefährdungen durch das Berühren von unter Spannung stehenden Leitern.

(6) Die Richtlinie 89/391/EWG findet unbeschadet strengerer oder spezifischerer Bestimmungen der vorliegenden Richtlinie für den gesamten in Absatz 1 genannten Bereich weiterhin in vollem Umfang Anwendung.

Begriffsbestimmungen

Art. 2 Für die Zwecke dieser Richtlinie bezeichnet der Ausdruck

a) „elektromagnetische Felder" statische elektrische, statische magnetische sowie zeitvariable elektrische, magnetische und elektromagnetische Felder mit Frequenzen bis 300 GHz;

b) „direkte biophysikalische Wirkungen" die Wirkungen, die im menschlichen Körper durch dessen Anwesenheit in einem elektromagnetischen Feld unmittelbar hervorgerufen werden, einschließlich

   i) thermische Wirkungen, wie etwa Gewebeerwärmung durch Energieabsorption aus elektromagnetischen Feldern im Gewebe,

   ii) nichtthermische Wirkungen, wie etwa die Stimulation von Muskeln, Nerven oder Sinnesorganen. Diese Wirkungen können die mentale und körperliche Gesundheit exponierter Arbeitnehmer nachteilig beeinflussen. Ferner kann die Stimulation von Sinnesorganen zu vorübergehenden Symptomen wie Schwindelgefühl oder Phosphenen führen. Diese Wirkungen können eine zeitlich befristete Belästigung verursachen oder das Wahrnehmungsvermögen oder andere Hirn- oder Muskelfunktionen beeinflussen und damit die Fähigkeit von Arbeitnehmern beeinträchtigen, sicher zu arbeiten (das heißt Sicherheitsrisiken), und

   iii) Ströme durch die Gliedmaßen;

c) „indirekte Auswirkungen" durch das Vorhandensein eines Gegenstands in einem elektromagnetischen Feld ausgelöste Wirkungen, die eine Gefahr für Sicherheit oder Gesundheit hervorrufen können, wie etwa

   i) Störungen bei elektronischen medizinischen Vorrichtungen und Geräten, einschließlich Herzschrittmachern und anderen implantierten oder am Körper getragenen medizinischen Geräten;

   ii) Verletzungsrisiko durch die Projektilwirkung ferromagnetischer Gegenstände in statischen Magnetfeldern;

   iii) Auslösung von elektrischen Zündvorrichtungen (Detonatoren);

   iv) Brände und Explosionen, verursacht durch die Entzündung von entzündlichen Materialien durch Funkenbildung aufgrund von induzierten Feldern, Kontaktströmen oder Funkenentladungen; und

   v) Kontaktströme;

d) „Expositionsgrenzwerte" Werte, die auf der Grundlage biophysikalischer und biologischer Erwägungen festgelegt wurden, insbesondere auf der Grundlage wissenschaftlich nachgewiesener kurzzeitiger und akuter Wirkungen, also thermischer Wirkungen und elektrischer Stimulation von Gewebe;

e) „Expositionsgrenzwerte für gesundheitliche Wirkungen" diejenigen Expositionsgrenzwerte, bei deren Überschreitung Arbeitnehmer gesundheitsschädlichen Wirkungen wie etwa thermischer Erwärmung oder der Stimulation von Nerven- und Muskelgewebe ausgesetzt sein können;

f) „Expositionsgrenzwerte für sensorische Wirkungen" diejenigen Expositionsgrenzwerte, deren Überschreitung vorübergehende Störungen der Sinnesempfindungen von Arbeitnehmern und geringfügige Veränderungen ihrer Hirnfunktionen hervorrufen kann;

g) „Auslöseschwellen" operative Werte, die festgelegt wurden, damit einfacher nachgewiesen werden kann, dass die relevanten Expositionsgrenzwerte eingehalten werden, oder damit gegebenenfalls die in dieser Richtlinie festgelegten relevanten Schutz- oder Präventionsmaßnahmen ergriffen werden.

In Anhang II werden im Zusammenhang mit Auslöseschwellen folgende Begriffe verwendet:

   i) Bei elektrischen Feldern bezeichnen die Ausdrücke „niedrige Auslösewerte"

ii) und „hohe Auslöseschwellen" die Werte, die sich auf die in dieser Richtlinie festgelegten spezifischen Schutz- oder Präventionsmaßnahmen beziehen, und

ii) bei magnetischen Feldern bezeichnen der Ausdruck „niedrige Auslöseschwellen" die auf die Expositionsgrenzwerte für sensorische Wirkungen bezogenen Werte und der Ausdruck „hohe Auslöseschwellen" die auf die Expositionsgrenzwerte für gesundheitliche Wirkungen bezogenen Werte.

Expositionsgrenzwerte und Auslöseschwellen

Art. 3 (1) Die physikalischen Größen im Zusammenhang mit der Einwirkung von elektromagnetischen Feldern sind in Anhang I aufgeführt. Die Expositionsgrenzwerte für gesundheitliche und sensorische Wirkungen und die Auslöseschwellen sind in den Anhängen II und III festgelegt.

(2) Die Mitgliedstaaten schreiben vor, dass die Arbeitgeber dafür sorgen, dass die Exposition der Arbeitnehmer gegenüber elektromagnetischen Feldern für nichtthermische Wirkungen auf die in Anhang II aufgeführten Expositionsgrenzwerte für gesundheitliche Wirkungen und für sensorische Wirkungen und für thermische Wirkungen auf die in Anhang III aufgeführten Expositionsgrenzwerte für gesundheitliche Wirkungen und für sensorische Wirkungen begrenzt wird. Die Einhaltung der Expositionsgrenzwerte für gesundheitliche Wirkungen und für sensorische Wirkungen wird durch Anwendung der relevanten Expositionsbewertungsverfahren nach Artikel 4 bestimmt. Übersteigt die Exposition der Arbeitnehmer gegenüber elektromagnetischen Feldern die Expositionsgrenzwerte, so ergreift der Arbeitgeber unverzüglich Maßnahmen gemäß Artikel 5 Absatz 8.

(3) Wird nachgewiesen, dass die relevanten Auslöseschwellen gemäß den Anhängen II und III nicht überschritten werden, so gilt dies für die Zwecke dieser Richtlinie als Einhaltung der Expositionsgrenzwerte für gesundheitliche Wirkungen und für sensorische Wirkungen durch den Arbeitgeber. Überschreitet die Exposition die Auslöseschwellen, so ergreift der Arbeitgeber Maßnahmen nach Artikel 5 Absatz 2, es sei denn, die nach Artikel 4 Absätze 1, 2 und 3 durchgeführte Überprüfung erbringt den Nachweis, dass die relevanten Expositionsgrenzwerte nicht überschritten werden und Sicherheitsrisiken ausgeschlossen werden können.

Ungeachtet des Unterabsatzes 1 kann die Exposition folgende Werte überschreiten:

a) die niedrigen Auslöseschwellen für elektrische Felder (Anhang II Tabelle B1), wenn dies aus praxis- oder verfahrensbedingten Gründen gerechtfertigt ist, sofern entweder die Expositionsgrenzwerte für sensorische Wirkungen (Anhang II Tabelle A3) nicht überschritten werden oder

i) die Expositionsgrenzwerte für gesundheitliche Wirkungen (Anhang II Tabelle A2) nicht überschritten werden;

ii) übermäßige Funkenentladungen und Kontaktströme (Anhang II Tabelle B3) durch spezifische Schutzmaßnahmen im Sinne des Artikels 5 Absatz 6 verhindert werden und

iii) die Arbeitnehmer über die in Artikel 6 Buchstabe f genannten Situationen unterrichtet wurden;

b) die niedrigen Auslöseschwellen für magnetische Felder (Anhang II Tabelle B2), wenn dies aus praxis- oder verfahrensbedingten Gründen gerechtfertigt ist, und zwar einschließlich im Kopf- und Rumpfbereich, während der Arbeitszeit, sofern entweder die Expositionsgrenzwerte für sensorische Wirkungen (Anhang II Tabelle A3) nicht überschritten werden oder

i) die Überschreitung der Expositionsgrenzwerte für sensorische Wirkungen nur vorübergehender Natur ist;

ii) die Expositionsgrenzwerte für gesundheitliche Wirkungen (Anhang II Tabelle A2) nicht überschritten werden;

iii) Maßnahmen gemäß Artikel 5 Absatz 9 ergriffen werden, wenn vorübergehende Symptome nach Buchstabe a des genannten Absatzes auftreten, und

iv) die Arbeitnehmer über die in Artikel 6 Buchstabe f genannten Situationen unterrichtet wurden.

(4) Ungeachtet der Absätze 2 und 3 kann die Exposition folgende Werte überschreiten:

a) die Expositionsgrenzwerte für sensorische Wirkungen (Anhang II Tabelle A1) während der Arbeitszeit, wenn dies aus praxis- oder verfahrensbedingten Gründen gerechtfertigt ist, sofern

i) ihre Überschreitung nur vorübergehender Natur ist;

ii) die Expositionsgrenzwerte für gesundheitliche Wirkungen (Anhang II Tabelle A1) nicht überschritten werden;

iii) spezifische Schutzmaßnahmen gemäß Artikel 5 Absatz 7 ergriffen wurden;

iv) Maßnahmen gemäß Artikel 5 Absatz 9 ergriffen werden, wenn vorübergehende Symptome nach Buchstabe b des genannten Absatzes auftreten, und

v) die Arbeitnehmer über die in Artikel 6 Buchstabe f genannten Situationen unterrichtet wurden;

b) die Expositionsgrenzwerte für sensorische Wirkungen (Anhang II Tabelle A3 und Anhang III Tabelle A2) während der Arbeitszeit, wenn dies aus praxis- oder verfahrensbedingten Gründen gerechtfertigt ist, sofern

i) ihre Überschreitung nur vorübergehender Natur ist;

ii) die Expositionsgrenzwerte für gesundheitliche Wirkungen (Anhang II Tabelle

A2 und Anhang III Tabelle A1 und Tabelle A3) nicht überschritten werden;
iii) Maßnahmen gemäß Artikel 5 Absatz 9 ergriffen werden, wenn vorübergehende Symptome nach Buchstabe a des genannten Absatzes auftreten, und
iv) die Arbeitnehmer über die in Artikel 6 Buchstabe f genannten Situationen unterrichtet wurden.

KAPITEL II
Pflichten der Arbeitgeber

Bewertung der Risiken und Ermittlung der Exposition

Art. 4 (1) Im Rahmen seiner Pflichten gemäß Artikel 6 Absatz 3 und Artikel 9 Absatz 1 der Richtlinie 89/391/EWG nimmt der Arbeitgeber eine Bewertung sämtlicher Risiken für die Arbeitnehmer, die durch elektromagnetische Felder am Arbeitsplatz hervorgerufen werden, und erforderlichenfalls eine Messung oder Berechnung der elektromagnetischen Felder vor, denen die Arbeitnehmer ausgesetzt sind.

Unbeschadet des Artikels 10 der Richtlinie 89/391/EWG und des Artikels 6 dieser Richtlinie kann diese Bewertung auf Anfrage im Einklang mit den einschlägigen Rechtsvorschriften der Union und der Mitgliedstaaten öffentlich gemacht werden. Werden im Zuge einer derartigen Bewertung personenbezogene Daten von Arbeitnehmern verarbeitet, so muss jede Veröffentlichung insbesondere die Bestimmungen der Richtlinie 95/46/EG des Europäischen Parlaments und des Rates vom 24. Oktober 1995 zum Schutz natürlicher Personen bei der Verarbeitung personenbezogener Daten und zum freien Datenverkehr und der nationalen Rechtsvorschriften jener Mitgliedstaaten, die diese Richtlinie umsetzen, erfüllen. Sofern kein überwiegendes öffentliches Interesse an einer Offenlegung besteht, können öffentliche Stellen, die im Besitz einer Ausfertigung der Bewertung sind, einen Antrag auf Zugang zu der Bewertung oder einen Antrag auf Veröffentlichung der Bewertung verweigern, wenn die Offenlegung den Schutz der wirtschaftlichen Interessen des Arbeitgebers, einschließlich derjenigen, die das geistige Eigentum betreffen, beeinträchtigen würde. Arbeitgeber können sich unter denselben Bedingungen im Einklang mit den einschlägigen Rechtsvorschriften der Union und der Mitgliedstaaten weigern, die Bewertung offenzulegen oder öffentlich zu machen.

(2) Für die Zwecke der Bewertung nach Absatz 1 dieses Artikels ermittelt und bewertet der Arbeitgeber elektromagnetische Felder am Arbeitsplatz und berücksichtigt dabei den in Artikel 14 genannten Leitfaden und sonstige relevante Normen oder Leitlinien des betreffenden Mitgliedstaats, einschließlich expositionsbezogener Datenbanken. Ungeachtet der in diesem Artikel genannten Pflichten des Arbeitgebers ist der Arbeitgeber auch berechtigt, gegebenenfalls die von den Geräteherstellern oder -vertreibern gemäß Unionsrecht für die Geräte angegebenen Emissionswerte und andere geeignete sicherheitsbezogene Daten zu berücksichtigen, einschließlich einer Risikobewertung, wenn diese auf die Expositionsbedingungen am Arbeitsplatz oder Aufstellungsort anwendbar sind.

(3) Ist es nicht möglich, die Einhaltung der Expositionsgrenzwerte aufgrund von leicht zugänglichen Informationen zuverlässig zu bestimmen, wird die Exposition anhand von Messungen oder Berechnungen bewertet. In diesem Fall werden bei der Bewertung die gemäß einschlägiger bewährter Verfahren ermittelten Mess- oder Berechnungsunsicherheiten berücksichtigt, wie zum Beispiel numerische Fehler, Quellenmodellierung, Phantomgeometrie und die elektrische Eigenschaften von Geweben und Werkstoffen.

(4) Die in den Absätzen 1, 2 und 3 dieses Artikels genannten Bewertungen, Messungen und Berechnungen werden von fachkundigen Diensten oder Personen in angemessenen Zeitabständen geplant und durchgeführt, wobei die Anleitungen dieser Richtlinie und insbesondere die Artikel 7 und 11 der Richtlinie 89/391/EWG hinsichtlich der erforderlichen entsprechend befähigten Dienste oder Personen sowie der Anhörung und Beteiligung der Arbeitnehmer zu berücksichtigen sind. Die aus den Bewertungen, Messungen oder Berechnungen der Exposition resultierenden Daten werden in einer geeigneten, rückverfolgbaren Form gespeichert, so dass eine spätere Einsichtnahme gemäß den innerstaatlichen Rechtsvorschriften und Praktiken möglich ist.

(5) Bei der Risikobewertung berücksichtigt der Arbeitgeber gemäß Artikel 6 Absatz 3 der Richtlinie 89/391/EWG insbesondere Folgendes:
a) die in Artikel 3 und den Anhängen II und III dieser Richtlinie genannten Expositionsgrenzwerte für gesundheitliche und sensorische Wirkungen und Auslöseschwellen;
b) Frequenz, Ausmaß, Dauer und Art der Exposition, einschließlich der Verteilung über den Körper des Arbeitnehmers und über den Raum des Arbeitsplatzes;
c) alle direkten biophysikalischen Wirkungen;
d) alle Auswirkungen auf die Gesundheit und Sicherheit besonders gefährdeter Arbeitnehmer, insbesondere der Arbeitnehmer, die aktive oder passive implantierte medizinische Geräte tragen, etwa Herzschrittmacher, der Arbeitnehmer, die medizinische Geräte am Körper tragen. etwa Insulinpumpen, sowie schwangerer Arbeitnehmerinnen;
e) alle indirekten Auswirkungen;
f) Verfügbarkeit von Ersatzausrüstungen, die so ausgelegt sind, dass das Ausmaß der Exposition gegenüber elektromagnetischen Feldern verringert wird;
g) einschlägige Informationen auf der Grundlage der in Artikel 8 genannten Gesundheitsüberwachung;
h) vom Gerätehersteller bereitgestellte Informationen;

i) weitere relevante gesundheits- und sicherheitsbezogene Informationen;
j) Exposition gegenüber Mehrfachquellen;
k) gleichzeitige Exposition gegenüber Feldern mit mehreren Frequenzen.

(6) An öffentlich zugänglichen Arbeitsplätzen ist es nicht erforderlich, die Expositionsbewertung durchzuführen, wenn bereits eine Bewertung gemäß den Vorschriften zur Begrenzung der Exposition der Bevölkerung gegenüber elektromagnetischen Feldern erfolgt ist, wenn die in diesen Vorschriften festgelegten Grenzwerte in Bezug auf die Arbeitnehmer eingehalten werden und wenn Sicherheits- und Gesundheitsrisiken ausgeschlossen sind. Werden Arbeitsmittel, die zur Benutzung durch die Allgemeinheit bestimmt sind und Unionsrecht zu Produkten entsprechen, die ein höheres Sicherheitsniveau vorschreiben als die vorliegende Richtlinie, bestimmungsgemäß für die Allgemeinheit verwendet, und werden keine anderen Arbeitsmittel verwendet, gelten diese Bedingungen als erfüllt.

(7) Der Arbeitgeber muss im Besitz einer Risikobewertung gemäß Artikel 9 Absatz 1 Buchstabe a der Richtlinie 89/391/EWG sein und ermitteln, welche Maßnahmen gemäß Artikel 5 der vorliegenden Richtlinie zu treffen sind. Die Risikobewertung kann eine Begründung des Arbeitgebers einschließen, warum eine detailliertere Risikobewertung aufgrund der Art und des Umfangs der Risiken im Zusammenhang mit elektromagnetischen Feldern nicht erforderlich ist. Die Risikobewertung ist regelmäßig zu aktualisieren, insbesondere wenn bedeutsame Veränderungen eingetreten sind, so dass sie veraltet sein könnte, oder falls sich eine Aktualisierung aufgrund der Ergebnisse der in Artikel 8 genannten Gesundheitsüberwachung als erforderlich erweist.

Maßnahmen zur Vermeidung oder Verringerung der Risiken

Art. 5 (1) Unter Berücksichtigung des technischen Fortschritts und der Verfügbarkeit von Mitteln zur Begrenzung der Erzeugung von elektromagnetischen Feldern am Entstehungsort ergreift der Arbeitgeber die notwendigen Maßnahmen, um sicherzustellen, dass die Gefährdung durch elektromagnetische Felder am Arbeitsplatz ausgeschlossen oder auf ein Mindestmaß reduziert wird.

Die Verringerung der Gefährdung durch Einwirkung von elektromagnetischen Feldern stützt sich auf die in Artikel 6 Absatz 2 der Richtlinie 89/391/EWG festgelegten allgemeinen Grundsätze der Gefahrenverhütung.

(2) Werden die in Artikel 3 sowie in den Anhängen II und III genannten relevanten Auslöseschwellen überschritten und erbringt die nach Artikel 4 Absätze 1, 2 und 3 durchgeführte Überprüfung nicht den Nachweis, dass die relevanten Expositionsgrenzwerte nicht überschritten werden und dass Sicherheitsrisiken ausgeschlossen werden können, erarbeitet und realisiert der Arbeitgeber auf der Grundlage der in Artikel 4 genannten Risikobewertung einen Aktionsplan, der technische und/oder organisatorische Maßnahmen zur Vermeidung einer die Expositionsgrenzwerte für gesundheitliche und sensorische Wirkungen überschreitenden Exposition enthält, wobei er insbesondere Folgendes berücksichtigt:

a) alternative Arbeitsverfahren, die die Notwendigkeit einer Exposition gegenüber elektromagnetischen Feldern verringern;
b) die Auswahl von Arbeitsmitteln, die weniger starke elektromagnetische Felder emittieren, unter Berücksichtigung der auszuführenden Arbeit;
c) technische Maßnahmen zur Verringerung der Emission von elektromagnetischen Feldern, erforderlichenfalls auch unter Einsatz von Verriegelungseinrichtungen, Abschirmungen oder vergleichbaren Gesundheitsschutzvorrichtungen;
d) angemessene Abgrenzungs- und Zugangskontrollmaßnahmen, wie zum Beispiel Signale, Aufschriften, Bodenmarkierungen, Schranken, zur Zugangsbeschränkung oder -kontrolle;
e) im Falle der Exposition gegenüber elektrischen Feldern: Maßnahmen und Verfahren zur Beherrschung von Funkenentladungen und Kontaktströmen durch technische Mittel und durch Unterweisung der Arbeitnehmer;
f) angemessene Wartungspläne für Arbeitsmittel, Arbeitsplätze und Arbeitsplatzsysteme;
g) Gestaltung und Auslegung der Arbeitsstätten und Arbeitsplätze;
h) Begrenzung von Dauer und Intensität der Exposition; und
i) Verfügbarkeit angemessener persönlicher Schutzausrüstung.

(3) Auf der Grundlage der in Artikel 4 genannten Risikobewertung erarbeitet und realisiert der Arbeitgeber einen Aktionsplan, der technische und/oder organisatorische Maßnahmen zur Verhinderung aller Risiken für besonders gefährdete Arbeitnehmer und aller Risiken aufgrund indirekter Auswirkungen, die in Artikel 4 genannt sind, enthält.

(4) Zusätzlich zur Unterrichtung gemäß Artikel 6 dieser Richtlinie passt der Arbeitgeber gemäß Artikel 15 der Richtlinie 89/391/EWG die im vorliegenden Artikel genannten Maßnahmen je nach Bedarf an die Erfordernisse der besonders gefährdeten Arbeitnehmer und gegebenenfalls an die individuellen Risikobewertungen an, insbesondere für Arbeitnehmer, die erklärt haben, dass sie ein aktives oder passives implantiertes medizinisches Gerät tragen, wie einen Herzschrittmacher, oder ein am Körper getragenes medizinisches Gerät verwenden, wie eine Insulinpumpe, oder für schwangere Arbeitnehmerinnen, die den Arbeitgeber von ihrer Schwangerschaft in Kenntnis gesetzt haben.

(5) Auf der Grundlage der in Artikel 4 genannten Risikobewertung werden Arbeitsplätze, an denen Arbeitnehmer voraussichtlich elektromagnetischen

Feldern ausgesetzt sein werden, die die Auslöseschwellen überschreiten, mit einer geeigneten Kennzeichnung gemäß den Anhängen II und III sowie der Richtlinie 92/58/EWG des Rates vom 24. Juni 1992 über Mindestvorschriften für die Sicherheits- und/oder Gesundheitsschutzkennzeichnung am Arbeitsplatz (Neunte Einzelrichtlinie im Sinne von Artikel 16 Absatz 1 der Richtlinie 89/391/EWG) versehen. Die betreffenden Bereiche werden abgegrenzt und der Zugang zu ihnen wird gegebenenfalls eingeschränkt. Ist der Zugang zu diesen Bereichen aus anderen Gründen auf geeignete Weise eingeschränkt und sind die Arbeitnehmer über die Risiken aufgrund elektromagnetischer Felder unterrichtet, so sind speziell auf elektromagnetische Felder ausgerichtete Kennzeichnungen und Zugangsbeschränkungen nicht erforderlich.

(6) Ist Artikel 3 Absatz 3 Buchstabe a anwendbar, so werden spezifische Schutzmaßnahmen getroffen, wie zum Beispiel die Unterweisung der Arbeitnehmer gemäß Artikel 6 und die Verwendung technischer Mittel und persönlicher Schutzausrüstung, einschließlich der Erdung von Arbeitsgegenständen, den Schutz des Arbeitnehmers gegen elektrischen Schlag (Potentialausgleich) und gegebenenfalls gemäß Artikel 4 Absatz 1 Buchstabe a der Richtlinie 89/656/EWG des Rates vom 30. November 1989 über Mindestvorschriften für Sicherheit und Gesundheitsschutz bei Benutzung persönlicher Schutzausrüstungen durch Arbeitnehmer bei der Arbeit (Dritte Einzelrichtlinie im Sinne des Artikels 16 Absatz 1 der Richtlinie 89/391/EWG) (2) die Verwendung von isolierenden Schuhen und Isolierhandschuhen sowie von Schutzkleidung.

(7) Ist Artikel 3 Absatz 4 Buchstabe a anwendbar, so werden spezifische Schutzmaßnahmen, wie zum Beispiel eine Kontrolle der Bewegungen, ergriffen.

(8) Die Exposition der Arbeitnehmer darf die Expositionsgrenzwerte für gesundheitliche und sensorische Wirkungen nicht überschreiten, es sei denn, die Bedingungen entweder gemäß Artikel 10 Buchstabe a oder c oder gemäß Artikel 3 Absatz 3 oder Artikel 3 Absatz 4 sind erfüllt. Werden die Expositionsgrenzwerte für gesundheitliche Wirkungen und für sensorische Wirkungen trotz der vom Arbeitgeber durchgeführten Maßnahmen überschritten, so trifft der Arbeitgeber unverzüglich Maßnahmen, um die Exposition auf einen Wert unterhalb der Expositionsgrenzwerte zu senken. Der Arbeitgeber ermittelt und erfasst, warum die Expositionsgrenzwerte für gesundheitliche Wirkungen und für sensorische Wirkungen überschritten wurden, und passt die Schutz- und Präventionsmaßnahmen entsprechend an, um ein erneutes Überschreiten der Grenzwerte zu vermeiden. Die geänderten Schutz- und Präventionsmaßnahmen werden in einer geeigneten, rückverfolgbaren Form gespeichert, so dass eine spätere Einsichtnahme nach den nationalen Rechtsvorschriften und Praktiken möglich ist.

(9) Ist Artikel 3 Absätze 3 und 4 anwendbar und meldet der Arbeitnehmer das Auftreten von vorübergehenden Symptomen, so aktualisiert der Arbeitgeber erforderlichenfalls die Risikobewertung und die Präventionsmaßnahmen. Vorübergehende Symptome können Folgendes umfassen:

a) Sinnesempfindungen und Wirkungen auf die Funktion des im Kopf gelegenen Teils des Zentralnervensystems, die durch zeitvariable magnetische Felder hervorgerufen werden, und

b) durch statische Magnetfelder hervorgerufenen Wirkungen, wie etwa Schwindel oder Übelkeit.

Unterrichtung und Unterweisung der Arbeitnehmer

Art. 6 Unbeschadet der Artikel 10 und 12 der Richtlinie 89/391/EWG stellt der Arbeitgeber sicher, dass die Arbeitnehmer, die wahrscheinlich einer Gefährdung durch elektromagnetische Felder bei der Arbeit ausgesetzt sind, und/oder ihre Vertreter alle erforderlichen Informationen und Unterweisungen im Zusammenhang mit dem Ergebnis der Risikobewertung nach Artikel 4 der vorliegenden Richtlinie erhalten, die sich insbesondere auf Folgendes erstrecken:

a) aufgrund der Anwendung dieser Richtlinie ergriffene Maßnahmen;

b) die Werte und Konzepte der Expositionsgrenzwerte und Auslöseschwellen, die damit zusammenhängende Gefährdung und die getroffenen Präventionsmaßnahmen;

c) die möglichen indirekten Wirkungen einer Exposition;

d) die Ergebnisse der Bewertungen, Messungen und/oder Berechnungen der Expositionsniveaus gegenüber elektromagnetischen Feldern gemäß Artikel 4 dieser Richtlinie;

e) wie gesundheitsschädliche Wirkungen einer Exposition zu erkennen und wie sie zu melden sind;

f) möglicherweise auftretende vorübergehende Symptome und Empfindungen, die mit Wirkungen im zentralen oder peripheren Nervensystem verknüpft sind;

g) Voraussetzungen, unter denen die Arbeitnehmer Anspruch auf eine Gesundheitsüberwachung haben;

h) sichere Arbeitsverfahren zur Minimierung der Gefährdung aufgrund der Exposition;

i) besonders gefährdete Arbeitnehmer im Sinne von Artikel 4 Absatz 5 Buchstabe d und Artikel 5 Absätze 3 und 4 dieser Richtlinie.

Anhörung und Beteiligung der Arbeitnehmer

Art. 7 Die Anhörung und Beteiligung der Arbeitnehmer und/oder ihrer Vertreter erfolgt gemäß Artikel 11 der Richtlinie 89/391/EWG.

KAPITEL III
Sonstige Bestimmungen

Gesundheitsüberwachung

Art. 8 (1) Im Interesse der Prävention und Früherkennung jeglicher gesundheitsschädlicher Wirkungen aufgrund der Exposition gegenüber elektromagnetischen Feldern wird gemäß Artikel 14 der Richtlinie 89/391/EWG eine angemessene Gesundheitsüberwachung durchgeführt. Gesundheitsakten und ihrer Verfügbarkeit werden im Einklang mit den innerstaatlichen Rechtsvorschriften und/oder Praktiken sichergestellt.

(2) Im Einklang mit den innerstaatlichen Rechtsvorschriften und Praktiken werden die Ergebnisse der Gesundheitsüberwachung in einer geeigneten Form aufbewahrt, so dass eine spätere Einsichtnahme möglich ist, wenn Vertraulichkeitsanforderungen eingehalten werden. Die einzelnen Arbeitnehmer haben auf Verlangen Zugang zu ihrer Gesundheitsakte.

Werden von einem Arbeitnehmer unerwünschte oder unerwartete gesundheitliche Auswirkungen gemeldet oder in allen Fällen, in denen eine Exposition über den Expositionsgrenzwerten festgestellt wird, stellt der Arbeitgeber sicher, dass dem betroffenen Arbeitnehmer im Einklang mit den nationalen Rechtsvorschriften und Praktiken eine angemessene ärztliche Untersuchung oder persönliche medizinische Überwachung zugute kommt.

Eine derartige Untersuchung oder Überwachung wird zu einer vom Arbeitnehmer gewählten Zeit zur Verfügung gestellt, und sämtliche damit verbundenen Kosten werden nicht vom Arbeitnehmer getragen.

Sanktionen

Art. 9 Die Mitgliedstaaten sehen angemessene Sanktionen vor, die bei einem Verstoß gegen die aufgrund dieser Richtlinie erlassenen nationalen Rechtsvorschriften zu verhängen sind. Die Sanktionen müssen wirksam, verhältnismäßig und abschreckend sein.

Ausnahmen

Art. 10 (1) Abweichend von Artikel 3, aber unbeschadet des Artikels 5 Absatz 1 gilt Folgendes:
a) die Expositionsgrenzwerte können überschritten werden, wenn die Exposition mit der Aufstellung, Prüfung, Anwendung, Entwicklung und Wartung von Geräten für bildgebende Verfahren mittels Magnetresonanz für Patienten im Gesundheitswesen oder damit verknüpften Forschungsarbeiten in Zusammenhang steht, sofern alle folgenden Voraussetzungen erfüllt sind:
  i) Die nach Artikel 4 durchgeführte Risikobewertung hat gezeigt, dass die Expositionsgrenzwerte überschritten werden,
  ii) nach dem Stand der Technik sind alle technischen und/oder organisatorischen Maßnahmen durchgeführt worden,
  iii) die Umstände rechtfertigen hinreichend eine Überschreitung der Expositionsgrenzwerte,
  iv) die spezifischen Merkmale des Arbeitsplatzes, der Arbeitsmittel oder der Arbeitsmethoden wurden berücksichtigt, und
  v) der Arbeitgeber weist nach, dass die Arbeitnehmer weiterhin vor gesundheitsschädlichen Wirkungen und Sicherheitsrisiken geschützt sind, unter anderem, indem er sicherstellt, dass die Anleitungen für die sichere Verwendung, die der Hersteller gemäß der Richtlinie 93/42/EWG des Rates vom 14. Juni 1993 über Medizinprodukte (1) bereitgestellt hat, eingehalten werden;
b) Die Mitgliedstaaten können gestatten, dass ein gleichwertiges oder spezifischeres Schutzsystem für das Personal angewandt wird, das in operativen militärischen Einrichtungen beschäftigt oder an militärischen Aktivitäten beteiligt ist, einschließlich gemeinsamer internationaler militärischer Übungen, sofern gesundheitsschädliche Wirkungen und Sicherheitsrisiken vermieden werden.
c) Die Mitgliedstaaten können unter hinreichend begründeten Umständen und nur so lange, wie diese hinreichenden Gründe bestehen, gestatten, dass die Expositionsgrenzwerte in bestimmten Sektoren oder für bestimmte Tätigkeiten, die außerhalb des Anwendungsbereichs der Buchstaben a und b liegen, zeitweilig überschritten werden. Im Sinne dieses Buchstabens bezeichnet der Ausdruck „hinreichend begründete Umstände" Umstände, bei denen folgende Voraussetzungen erfüllt sind:
  i) Die nach Artikel 4 durchgeführte Risikobewertung hat ergeben, dass die Expositionsgrenzwerte überschritten werden,
  ii) nach dem Stand der Technik sind alle technischen und/oder organisatorischen Maßnahmen durchgeführt worden,
  iii) die spezifischen Merkmale des Arbeitsplatzes, der Arbeitsmittel oder der Arbeitsmethoden wurden berücksichtigt, und
  iv) der Arbeitgeber weist nach, dass die Arbeitnehmer weiterhin vor gesundheitsschädlichen Wirkungen und Sicherheitsrisiken geschützt sind, hierzu gehört auch die Anwendung vergleichbarer, spezifischerer und international anerkannter Normen und Leitlinien.

(2) Die Mitgliedstaaten unterrichten die Kommission in dem Bericht nach Artikel 15 über Abweichungen gemäß Absatz 1 Buchstaben b und c und über die Gründe, die sie rechtfertigen.

Technische Änderungen der Anhänge

Art. 11 (1) Der Kommission wird die Befugnis übertragen, gemäß Artikel 12 delegierte Rechtsakte zu erlassen, um rein technische Änderungen der Anhänge vorzunehmen, die dazu dienen,
a) den zur technischen Harmonisierung und Normung im Bereich von Auslegung, Bau, Herstellung oder Konstruktion von Arbeitsmitteln und/oder Arbeitsstätten erlassenen Verordnungen und Richtlinien Rechnung zu tragen;
b) dem technischen Fortschritt, der Entwicklung der am besten geeignetsten Normen oder Spezifikationen und neuen wissenschaftlichen Erkenntnissen auf dem Gebiet der elektromagnetischen Felder Rechnung zu tragen;
c) die Auslöseschwellen anzupassen, wenn neue wissenschaftliche Erkenntnisse vorliegen, sofern die Arbeitgeber weiterhin an die in den Anhängen II und III festgelegten Expositionsgrenzwerte gebunden sind.

(2) Der Kommission wird die Befugnis übertragen, gemäß Artikel 12 einen delegierten Rechtsakt zu erlassen, um in Anhang II die ICNIRP Leitlinien zur Begrenzung der Exposition gegenüber elektrischen Feldern, die durch die Bewegung des menschlichen Körpers in einem statischen magnetischen Feld sowie durch zeitlich variierende Magnetfelder von unter 1 Hz induziert werden, einzufügen, sobald sie verfügbar sind.

(3) Ist im Fall von Änderungen gemäß den Absätzen 1 und 2 aus Gründen äußerster Dringlichkeit erforderlich, so findet das Verfahren gemäß Artikel 13 auf delegierte Rechtsakte, die gemäß dem vorliegenden Artikel erlassen werden, Anwendung.

Ausübung der Befugnisübertragung

Art. 12 (1) Die Befugnis zum Erlass delegierter Rechtsakte wird der Kommission unter den in diesem Artikel festgelegten Bedingungen übertragen.

(2) Die Befugnis zum Erlass delegierter Rechtsakte gemäß Artikel 11 wird der Kommission für einen Zeitraum von fünf Jahren ab dem 29. Juni 2013 übertragen. Die Kommission erstellt spätestens neun Monate vor Ablauf des Zeitraums von fünf Jahren einen Bericht über die Befugnisübertragung. Die Befugnisübertragung verlängert sich stillschweigend um Zeiträume gleicher Länge, es sei denn, das Europäische Parlament oder der Rat widerspricht einer solchen Verlängerung spätestens drei Monate vor Ablauf des jeweiligen Zeitraums.

(3) Die Befugnisübertragung gemäß Artikel 11 kann vom Europäischen Parlament oder vom Rat jederzeit widerrufen werden. Der Beschluss über den Widerruf beendet die Übertragung der in diesem Beschluss angegebenen Befugnis. Er wird am Tag nach seiner Veröffentlichung im *Amtsblatt der Europäischen Union* oder zu einem im Beschluss über den Widerruf angegebenen späteren Zeitpunkt wirksam. Die Gültigkeit von delegierten Rechtsakten, die bereits in Kraft sind, wird von dem Beschluss über den Widerruf nicht berührt.

(4) Sobald die Kommission einen delegierten Rechtsakt erlässt, übermittelt sie ihn gleichzeitig dem Europäischen Parlament und dem Rat.

(5) Ein delegierter Rechtsakt, der gemäß Artikel 11 erlassen wurde, tritt nur in Kraft, wenn weder das Europäische Parlament noch der Rat innerhalb einer Frist von zwei Monaten nach Übermittlung dieses Rechtsakts an das Europäische Parlament und den Rat Einwände erhoben haben oder wenn vor Ablauf dieser Frist das Europäische Parlament und der Rat beide der Kommission mitgeteilt haben, dass sie keine Einwände erheben werden. Auf Initiative des Europäischen Parlaments oder des Rates wird diese Frist um zwei Monate verlängert.

Dringlichkeitsverfahren

Art. 13 (1) Delegierte Rechtsakte, die nach diesem Artikel erlassen werden, treten umgehend in Kraft und sind anwendbar, solange keine Einwände gemäß Absatz 2 erhoben werden. Bei der Übermittlung eines delegierten Rechtsakts an das Europäische Parlament und den Rat werden die Gründe für die Anwendung des Dringlichkeitsverfahrens, das im Zusammenhang mit der Gesundheit und dem Schutz der Arbeitnehmer steht, angegeben.

(2) Das Europäische Parlament oder der Rat können gemäß dem Verfahren des Artikels 12 Absatz 5 Einwände gegen einen delegierten Rechtsakt erheben. In diesem Fall hebt die Kommission den Rechtsakt umgehend nach der Übermittlung des Beschlusses des Europäischen Parlaments oder des Rates, Einwände zu erheben, auf.

KAPITEL IV
Schlussbestimmungen

Leitfäden

Art. 14 Um die Durchführung dieser Richtlinie zu erleichtern stellt die Kommission spätestens sechs Monate vor dem 1. Juli 2016 unverbindliche Leitfäden bereit. Diese Leitfäden beziehen sich insbesondere auf die folgenden Punkte:
a) Ermittlung der Exposition unter Berücksichtigung geeigneter europäischer oder internationaler Normen, einschließlich
   – Berechnungsmethoden für die Bewertung von Expositionsgrenzwerten,
   – der örtlichen Mittelung externer elektrischer und magnetischer Felder,
   – einer Anleitung für den Umgang mit Mess- und Berechnungsunsicherheiten;
b) Anleitung für den Nachweis der Einhaltung der Vorschriften bei besonderen Formen ungleichmäßiger Exposition in bestimmten Situationen, gestützt auf fundierte dosimetrische Grundlagen;
c) Beschreibung der „Methode gewichteter Spitzenwerte" für niederfrequente Felder und der „Summation von multifrequenten Feldern" für hochfrequente Felder;

d) Durchführung der Risikobewertung und – wann immer möglich – Bereitstellung vereinfachter Methoden unter besonderer Berücksichtigung der Bedürfnisse von KMU;
e) Maßnahmen zur Vermeidung oder Verringerung der Risiken, einschließlich spezifischer Präventivmaßnahmen entsprechend dem Ausmaß der Exposition und den Merkmalen des Arbeitsplatzes;
f) Festlegung dokumentierter Arbeitsverfahren sowie spezifischer Maßnahmen zur Unterrichtung und Unterweisung von Arbeitnehmern, die während der Ausübung von unter Artikel 10 Absatz 1 Buchstabe a fallenden Tätigkeiten im Zusammenhang mit der Magnetresonanztomographie elektromagnetischen Feldern ausgesetzt sind;
g) Evaluierung von Expositionen im Frequenzbereich von 100 kHz bis 10 MHz, wenn sowohl thermische als auch nichtthermische Wirkungen zu berücksichtigen sind;
h) Anleitung für die ärztlichen Untersuchungen und die medizinische Überwachung, für die der Arbeitgeber gemäß Artikel 8 Absatz 2 Sorge zu tragen hat.

Die Kommission arbeitet dabei eng mit dem Beratenden Ausschuss für Sicherheit und Gesundheit am Arbeitsplatz zusammen. Das Europäische Parlament wird regelmäßig unterrichtet.

Überprüfung und Bericht

Art. 15 Der Bericht über die praktische Durchführung dieser Richtlinie wird unter Berücksichtigung von Artikel 1 Absatz 4 gemäß Artikel 17a der Richtlinie 89/391/EWG erstellt.

Umsetzung

Art. 16 (1) Die Mitgliedstaaten setzen die erforderlichen Rechts- und Verwaltungsvorschriften in Kraft, um dieser Richtlinie bis zum 1. Juli 2016 nachzukommen.

Bei Erlass dieser Vorschriften nehmen die Mitgliedstaaten in den Vorschriften selbst oder durch einen Hinweis bei der amtlichen Veröffentlichung auf diese Richtlinie Bezug. Die Mitgliedstaaten legen die Einzelheiten der Bezugnahme fest.

(2) Die Mitgliedstaaten teilen der Kommission den Wortlaut der wichtigsten innerstaatlichen Rechtsvorschriften mit, die sie auf dem unter diese Richtlinie fallenden Gebiet erlassen.

Aufhebung

Art. 17 (1) Die Richtlinie 2004/40/EG wird mit Wirkung vom 29. Juni 2013 aufgehoben.

(2) Bezugnahmen auf die aufgehobene Richtlinie gelten als Bezugnahmen auf diese Richtlinie und sind nach Maßgabe der Entsprechungstabelle in Anhang V zu lesen.

Inkrafttreten

Art. 18 Diese Richtlinie tritt am Tag ihrer Veröffentlichung im *Amtsblatt der Europäischen Union* in Kraft.

Adressaten

Art. 19 Diese Richtlinie ist an die Mitgliedstaaten gerichtet.

ANHANG I
PHYSIKALISCHE GRÖSSEN IM ZUSAMMENHANG MIT DER EXPOSITION GEGENÜBER ELEKTROMAGNETISCHEN FELDERN

Die folgenden physikalischen Größen werden zur Beschreibung der Exposition gegenüber elektromagnetischen Feldern verwendet:

Die elektrische Feldstärke (E) ist eine Vektorgröße, die der Kraft entspricht, die auf ein geladenes Teilchen ungeachtet seiner Bewegung im Raum ausgeübt wird. Sie wird ausgedrückt in Volt pro Meter (Vm^{-1}). Es muss zwischen der Feldstärke eines in der Umgebung auftretenden elektrischen Felds und der Feldstärke, wie sie im Körper (in situ) infolge einer Exposition gegenüber der Umgebungsfeldstärke auftritt, unterschieden werden.

Strom durch die Gliedmaßen (I_L) bezeichnet den Strom in den Gliedmaßen einer Person, die elektromagnetischen Feldern im Frequenzbereich von 10 MHz bis 100 MHz ausgesetzt ist infolge eines Kontakts mit einem Gegenstand in einem elektromagnetischen Feld oder infolge des Fließens kapazitiver Ströme, die in dem exponierten Körper induziert werden. Er wird in Ampere (A) ausgedrückt.

Kontaktstrom (I_C) bezeichnet einen Strom, der beim Kontakt einer Person mit einem Gegenstand in einem elektromagnetischen Feld fließt. Er wird in Ampere (A) ausgedrückt. Ein stationärer Kontaktstrom tritt bei einem kontinuierlichen Kontakt zwischen einer Person und einem Gegenstand in einem elektromagnetischen Feld auf. Im Augenblick der Herstellung eines solchen Kontakts kann es zu einer Funkenentladung mit entsprechenden transienten Strömen kommen.

Die elektrische Ladung (Q) ist die entsprechende Größe, die für Funkenentladungen verwendet und in Coulomb (C) ausgedrückt wird.

Die magnetische Feldstärke (H) ist eine Vektorgröße, die neben der magnetischen Flussdichte zur Beschreibung des magnetischen Feldes in jedem Raumpunkt dient. Sie wird in Ampere pro Meter (Am^{-1}) ausgedrückt.

Die magnetische Flussdichte (B) ist eine Vektorgröße, aus der sich eine Kraft auf bewegte Ladungen ergibt; sie wird in Tesla (T) ausgedrückt. Im leeren Raum und in biologischem Material können magnetische Flussdichte und magnetische Feldstärke anhand der Äquivalenz der magnetischen Feldstärke H = 1 Am^{-1} mit der magnetischen Flussdichte B = $4\pi\ 10^{-7}$ T (ungefähr 1,25 Mikrotesla) umgerechnet werden.

Die Leistungsdichte (S) ist die entsprechende Größe, die für sehr hohe Frequenzen benutzt wird, bei denen die Eindringtiefe in den Körper gering ist. Die Leistungsdichte ist der senkrecht zu einer Oberfläche auftreffende Energiefluss, geteilt durch die Fläche. Sie wird ausgedrückt in Watt pro Quadratmeter (Wm^{-2}).

Die spezifische Energieabsorption (SA) ist die je Masseneinheit biologischen Gewebes absorbierte Energie; sie wird ausgedrückt in Joule pro Kilogramm (J/kg^{-1}). In dieser Richtlinie wird sie zur Festlegung von Grenzen für Wirkungen gepulster Mikrowellenstrahlung benutzt.

Die spezifische Energieabsorptionsrate (SAR), gemittelt über den ganzen Körper oder Teile davon, ist die Rate, mit der Energie je Masseneinheit des Körpergewebes absorbiert wird; sie wird ausgedrückt in Watt pro Kilogramm (Wkg^{-1}). Die Ganzkörper-SAR ist eine weithin akzeptierte Größe, um schädliche Wärmewirkungen zu einer Hochfrequenz-(HF)-Exposition in Beziehung zu setzen. Neben der mittleren Ganzkörper-SAR sind lokale SAR-Werte notwendig, um übermäßige Energiekonzentrationen in kleinen Körperbereichen infolge besonderer Expositionsbedingungen zu bewerten und zu begrenzen. Beispiele hierfür sind durch HF im niedrigen MHz-Bereich (wie sie beispielsweise von dielektrischen Erwärmungsgeräten abgegeben werden) exponierte und im Nahfeld einer Antenne exponierte Personen.

Von diesen Größen lassen sich magnetische Flussdichte (B), Kontaktstrom (I_C), Strom durch Gliedmaßen (I_L), elektrische Feldstärke (E), magnetische Feldstärke (H) sowie Leistungsdichte (S) direkt messen.

ANHANG II
NICHTTHERMISCHE WIRKUNGEN
EXPOSITIONSGRENZWERTE UND AUSLÖSESCHWELLEN IM FREQUENZBEREICH VON 0 Hz BIS 10 MHz

A. EXPOSITIONSGRENZWERTE

Expositionsgrenzwerte unter 1 Hz (Tabelle A1) sind Grenzwerte für statische Magnetfelder, die nicht durch das Körpergewebe beeinflusst werden.

Expositionsgrenzwerte für Frequenzen von 1 Hz bis zu 10 MHz (Tabelle A2) sind Grenzen für elektrische Felder, die im Körper infolge einer Exposition gegenüber zeitvariablen elektrischen und magnetischen Feldern induziert werden.

Expositionsgrenzwerte für eine externe magnetische Flussdichte von 0 bis zu 1 Hz

Die Expositionsgrenzwerte für sensorische Wirkungen sind die Grenzwerte für normale Arbeitsbedingungen (Tabelle A1) und beziehen sich auf Schwindelgefühle und andere physiologische Symptome aufgrund einer Störung des Gleichgewichtsorgans, wie sie hauptsächlich dann auftritt, wenn Personen sich in einem statischen magnetischen Feld bewegen.

Die Expositionsgrenzwerte für gesundheitliche Wirkungen unter kontrollierten Arbeitsbedingungen (Tabelle A1) gelten befristet während der Arbeitszeit, wenn dies aus praxis- oder verfahrensbedingten Gründen gerechtfertigt ist, sofern Vorsorgemaßnahmen wie eine Kontrolle der Bewegungen und eine Unterrichtung der Arbeitnehmer festgelegt wurden.

Tabelle A1
Expositionsgrenzwerte für externe magnetische Flussdichte (B 0) bis zu 1 Hz

	Expositionsgrenzwerte für sensorische Wirkungen
Normale Arbeitsbedingungen	2 T
Lokale Exposition von Gliedmaßen	8 T
	Expositionsgrenzwerte für gesundheitliche Wirkungen
Kontrollierte Arbeitsbedingungen	8 T

Expositionsgrenzwerte für gesundheitliche Wirkungen bei internen elektrischen Feldstärken von 1 Hz bis 10 MHz

Die Expositionsgrenzwerte für gesundheitliche Wirkungen (Tabelle A2) beziehen sich auf die elektrische Stimulation des gesamten peripheren und autonomen Nervengewebes im Körper, einschließlich des Kopfes.

Tabelle A2
Expositionsgrenzwerte für gesundheitliche Wirkungen bei internen elektrischen Feldstärken von 1 Hz bis 10 MHz

Frequenzbereich	Expositionsgrenzwerte für gesundheitliche Wirkungen
$1\ Hz \leq f < 3\ kHz$	$1{,}1\ Vm^{-1}$ (Spitzenwert)
$3\ kHz \leq f \leq 10\ MHz$	$3{,}8 \times 10^{-4}\ f\ Vm^{-1}$ (Spitzenwert)

Anmerkung A2-1: f ist die Frequenz in Hertz (Hz).

Anmerkung A2-2: Die Expositionsgrenzwerte für gesundheitliche Wirkungen bei internen elektrischen Feldern sind örtliche Spitzenwerte im gesamten Körper der exponierten Person.

Anmerkung A2-3: Die Expositionsgrenzwerte sind Spitzenwerte im Zeitverlauf und entsprechen bei sinusförmigen Feldern den mit einem Faktor von $\sqrt{2}$ multiplizierten Effektivwerten (RMS-Werten). Bei einem nicht sinusförmigen Feld basiert die gemäß Artikel 4 durchgeführte Expositionsberechnung auf der Methode gewichteter Spitzenwerte (Gewichtung im Zeitbereich), wie in den in Artikel 14 genannten Leitfäden dargelegt; es können aber auch andere wissenschaftlich nachgewiesene und validierte Expositionsberechnungsverfahren herangezogen werden, vorausgesetzt sie führen zu annähernd gleichwertigen und vergleichbaren Ergebnissen.

Expositionsgrenzwerte für sensorische Wirkungen bei internen elektrischen Feldstärken von 1 Hz bis 400 Hz

Die Expositionsgrenzwerte für sensorische Wirkungen (Tabelle A3) beziehen sich auf die Wirkungen elektrischer Felder auf das zentrale Nervensystem im Kopf, d. h. Phosphene der Netzhaut und geringfügige vorübergehende Veränderungen bestimmter Hirnfunktionen.

Tabelle A3
Expositionsgrenzwerte für sensorische Wirkungen bei internen elektrischen Feldstärken von 1 Hz bis 400 Hz

Frequenzbereich	Expositionsgrenzwerte für sensorische Wirkungen
$1\ Hz \leq f < 10\ Hz$	$0,7/f\ Vm^{-1}$ (Spitzenwert)
$10\ Hz \leq f < 25\ Hz$	$0,07\ Vm^{-1}$ (Spitzenwert)
$25\ Hz \leq f \leq 400\ Hz$	$0,0028\ f\ Vm^{-1}$ (Spitzenwert)

Anmerkung A3-1: f ist die Frequenz in Hertz (Hz).

Anmerkung A3-2: Die Expositionsgrenzwerte für interne elektrische Felder sind örtliche Spitzenwerte im Kopf der exponierten Person.

Anmerkung A3-3: Die Expositionsgrenzwerte sind Spitzenwerte im Zeitverlauf und entsprechen bei sinusförmigen Feldern den mit dem Faktor $\sqrt{2}$ multiplizierten Effektivwerten (RMS-Werten). Bei einem nicht sinusförmigen Feld basiert die gemäß Artikel 4 durchgeführte Expositionsberechnung auf der Methode gewichteter Spitzenwerte (Gewichtung im Zeitbereich), wie in den in Artikel 14 genannten Leitfäden dargelegt; es können aber auch andere wissenschaftlich nachgewiesene und validierte Expositionsberechnungsverfahren herangezogen werden, vorausgesetzt sie führen zu annähernd gleichwertigen und vergleichbaren Ergebnissen.

B. AUSLÖSESCHWELLEN

Die folgenden physikalischen Größen und Werte werden zur Angabe der Auslöseschwellen herangezogen, die festgelegt werden, damit mittels vereinfachter Bewertung sichergestellt werden kann, dass die einschlägigen Expositionsgrenzwerte eingehalten werden, oder um anzugeben, ab wann die relevanten Schutz- oder Präventivmaßnahmen gemäß Artikel 5 zu ergreifen sind:

– niedrige Auslöseschwelle (E) und hohe Auslöseschwelle (E) für die elektrische Feldstärke (E) von zeitvariablen elektrischen Feldern wie in Tabelle B1 angegeben;
– niedrige Auslöseschwelle (B) und hohe Auslöseschwelle (B) für die magnetische Flussdichte (B) von zeitvariablen magnetischen Feldern wie in Tabelle B2 angegeben;
– Auslöseschwelle (I_C) für den Kontaktstrom wie in Tabelle B3 angegeben;
– Auslöseschwelle (B_0) für die magnetische Flussdichte statischer magnetischer Felder wie in Tabelle B4 angegeben.

Die Auslöseschwellen entsprechen den am Arbeitsplatz in Abwesenheit des Arbeitnehmers berechneten oder gemessenen Werten von elektrischen und magnetischen Feldern.

Auslöseschwellen für die Exposition gegenüber elektrischen Feldern

Die niedrigen Auslöseschwellen (vgl. Tabelle B1) für externe elektrische Felder basieren auf der Begrenzung des internen elektrischen Felds auf Werte unter den Expositionsgrenzwerten (vgl. Tabellen A2 und A3) und auf der Begrenzung von Funkenentladungen in die Arbeitsumwelt.

Bei Unterschreitung der hohen Auslöseschwellen überschreitet das interne elektrische Feld die Expositionsgrenzwerte (vgl. Tabellen A2 und A3) nicht, und störende Funkenentladungen werden vermieden, sofern die Schutzmaßnahmen nach Artikel 5 Absatz 6 ergriffen wurden.

Tabelle B1
Auslöseschwellen für die Exposition gegenüber elektrischen Feldern von 1 Hz bis 10 MHz

Frequenzbereich	niedrige Auslöseschwelle für die elektrische Feldstärke (E) (Vm^{-1}) (RMS)	hohe Auslöseschwelle für die elektrische Feldstärke (E) (Vm^{-1}) (RMS)
$1 \leq f < 25\ Hz$	$2,0 \times 10^4$	$2,0 \times 10^4$
$25 \leq f < 50\ Hz$	$5,0 \times 10^5/f$	$2,0 \times 10^4$
$50\ Hz \leq f < 1,64\ kHz$	$5,0 \times 10^5/f$	$1,0 \times 10^6/f$
$1,64 \leq f < 3\ kHz$	$5,0 \times 10^5/f$	$6,1 \times 10^2$
$3\ kHz \leq f \leq 10\ MHz$	$1,7 \times 10^2$	$6,1 \times 10^2$

Anmerkung B1-1: f ist die Frequenz in Hertz (Hz).

Anmerkung B1-2: Die niedrige Auslöseschwelle (E) und die hohe Auslöseschwelle (E) ergeben sich aus den Effektivwerten (quadratischer Mittelwert) der elektrischen Feldstärke; diese entsprechen bei sinusförmigen Feldern den Spitzenwerten geteilt durch $\sqrt{2}$. Bei nicht sinusförmigen Feldern basiert die gemäß Artikel 4 durchgeführte Expositionsberechnung auf der Methode gewichteter Spitzenwerte (Gewichtung im Zeitbereich), wie in den in Artikel 14 genannten Leitfäden dargelegt; es können aber

6/20. EMF-RL
Anhang II

auch andere wissenschaftlich nachgewiesene und validierte Expositionsberechnungsverfahren herangezogen werden, vorausgesetzt sie führen zu annähernd gleichwertigen und vergleichbaren Ergebnissen.

Anmerkung B1-3: Die Auslöseschwellen stellen die am Standort des Körpers des Arbeitnehmers berechneten oder gemessenen Höchstwerte dar. Dadurch ergibt sich für alle ungleichmäßigen Expositionsbedingungen eine konservative Bewertung der Exposition und die automatische Einhaltung der Expositionsgrenzwerte. Zur Vereinfachung der gemäß Artikel 4 durchzuführenden Bewertung der Einhaltung der Expositionsgrenzwerte im Fall spezifischer ungleichmäßiger Bedingungen werden in den in Artikel 14 genannten Leitfäden Kriterien für die örtliche Mittelung der gemessenen Felder nach anerkannten Dosimetrieverfahren festgelegt. Bei einer räumlich stark begrenzten Quelle im Abstand von einigen Zentimetern von einem Körper wird das induzierte elektrische Feld im Einzelfall dosimetrisch ermittelt.

Auslöseschwellen für die Exposition gegenüber magnetischen Feldern

Niedrige Auslöseschwellen (vgl. Tabelle B2) werden bei Frequenzen unter 400 Hz aus den Expositionsgrenzwerten für sensorische Wirkungen (vgl. Tabelle A3) abgeleitet, Auslöseschwellen für Frequenzen über 400 Hz werden aus den Expositionsgrenzwerten für gesundheitliche Wirkungen interner elektrischer Felder (vgl. Tabelle A2) abgeleitet.

Hohe Auslöseschwellen (vgl. Tabelle B2) werden aus den Expositionsgrenzwerten für gesundheitliche Wirkungen interner elektrischer Felder in Bezug auf die elektrische Stimulation von peripherem und autonomem Nervengewebe in Kopf und Rumpf (vgl. Tabelle A2) abgeleitet. Durch die Einhaltung der hohen Auslöseschwellen wird sichergestellt, dass die Expositionsgrenzwerte für gesundheitliche Wirkungen nicht überschritten werden; Wirkungen im Zusammenhang mit Phosphenen der Netzhaut und geringfügigen vorübergehenden Veränderungen bei Hirnfunktionen sind jedoch möglich, wenn die Exposition des Kopfes die niedrigen Auslöseschwellen für Expositionen bis 400 Hz übersteigt. In diesem Fall findet Artikel 5 Absatz 6 Anwendung.

Die Auslöseschwellen für die Exposition von Gliedmaßen werden aus den Expositionsgrenzwerten für gesundheitliche Wirkungen interner elektrischer Felder in Bezug auf die elektrische Stimulation von Gliedmaßengewebe abgeleitet, wobei berücksichtigt wird, dass das magnetische Feld weniger stark an die Gliedmaßen als an den gesamten Körper gekoppelt ist.

Tabelle B2
Auslöseschwellen für die Exposition gegenüber magnetischen Feldern von 1 Hz bis 10 MHz

Frequenzbereich	Niedrige Auslöseschwellen für magnetische Flussdichte (B) (μT) (RMS)	Hohe Auslöseschwellen für magnetische Flussdichte (B) (μT) (RMS)	Magnetische Flussdichte: Auslöseschwellen für die Exposition von Gliedmaßen gegenüber einem lokalen Magnetfeld (μT) (RMS)
$1 \leq f < 8$ Hz	$2{,}0 \times 10^5/f^2$	$3{,}0 \times 10^5/f$	$9{,}0 \times 10^5/f$
$8 \leq f < 25$ Hz	$2{,}5 \times 10^4/f$	$3{,}0 \times 10^5/f$	$9{,}0 \times 10^5/f$
$25 \leq f < 300$ Hz	$1{,}0 \times 10^3$	$3{,}0 \times 10^5/f$	$9{,}0 \times 10^5/f$
300 Hz $\leq f < 3$ kHz	$3{,}0 \times 10^5/f$	$3{,}0 \times 10^5/f$	$9{,}0 \times 10^5/f$
3 kHz $\leq f \leq 10$ MHz	$1{,}0 \times 10^2$	$1{,}0 \times 10^2$	$3{,}0 \times 10^2$

Anmerkung B2-1: f ist die Frequenz in Hertz (Hz).

Anmerkung B2-2: Niedrige Auslöseschwellen und hohe Auslöseschwellen ergeben sich aus den Effektivwerten (quadratischer Mittelwert), die bei sinusförmigen Feldern den Spitzenwerten geteilt durch $\sqrt{2}$ entsprechen. Bei nicht sinusförmigen Feldern basiert die gemäß Artikel 4 durchgeführte Expositionsberechnung auf der Methode gewichteter Spitzenwerte (Gewichtung im Zeitbereich), wie in den in Artikel 14 genannten Leitfäden dargelegt; es können aber auch andere wissenschaftlich nachgewiesene und validierte Expositionsberechnungsverfahren herangezogen werden, vorausgesetzt sie führen zu annähernd gleichwertigen und vergleichbaren Ergebnissen.

Anmerkung B2-3: Die Auslöseschwellen für die Exposition gegenüber magnetischen Feldern stellen die Höchstwerte am Standort des Körpers des Arbeitnehmers dar. Dadurch ergibt sich für alle ungleichmäßigen Expositionsbedingungen eine konservative Bewertung der Exposition und die automatische Einhaltung der Expositionsgrenzwerte. Zur Vereinfachung der gemäß Artikel 4 durchzuführenden Bewertung der Einhaltung der Expositionsgrenzwerte im Falle spezifischer ungleichmäßiger Bedingungen werden in den in Artikel 14 genannten Leitfäden Kriterien für die örtliche Mittelung der gemessenen Felder nach anerkannten Dosimetrieverfahren festgelegt. Im Fall einer räumlich stark eingegrenzten Quelle innerhalb eines Abstands von einigen Zentimetern von einem Körper wird das induzierte elektrische Feld im Einzelfall dosimetrisch ermittelt.

Tabelle B3
Auslöseschwellen für Kontaktstrom (I_C)

Frequenz	Auslöseschwelle (I_C) für stationären zeitvariablen Kontaktstrom (mA) (RMS)
Bis 2,5 kHz	1,0
2,5 ≤ f < 100 kHz	0,4f
100 kHz ≤ f ≤ 10 000 kHz	40

Anmerkung B3-1: f ist die Frequenz in Kilohertz (kHz).

Auslöseschwellen für die magnetische Flussdichte statischer magnetischer Felder

Tabelle B4
Auslöseschwellen für die magnetische Flussdichte statischer magnetischer Felder

Gefahrenquelle	Auslöseschwelle (B_0)
Beeinflussung von implantierten aktiven Geräten, z. B. Herzschrittmacher	0,5 mT
Verletzungsrisiko durch Anziehung und Projektilwirkung im Streufeld von Quellen mit hohen Feldstärken (> 100 mT)	3 mT

ANHANG III
THERMISCHE WIRKUNGEN
EXPOSITIONSGRENZWERTE UND AUSLÖSESCHWELLEN IM FREQUENZBEREICH VON 100 kHz BIS 300 GHz

A. EXPOSITIONSGRENZWERTE

Expositionsgrenzwerte für gesundheitliche Wirkungen bei Frequenzen von 100 kHz bis 6 GHz (Tabelle A1) sind Grenzwerte für die je Masseneinheit des Körpergewebes absorbierte Energie und Leistung aufgrund der Exposition gegenüber elektrischen und magnetischen Feldern.

Expositionsgrenzwerte für sensorische Wirkungen bei Frequenzen von 0,3 bis 0,6 GHz (Tabelle A2) sind Grenzwerte für von einer kleinen Masse des Kopfgewebes absorbierte Energie aufgrund der Exposition gegenüber elektromagnetischen Feldern.

Expositionsgrenzwerte für gesundheitliche Wirkungen bei Frequenzen von über 6 GHz (Tabelle A3) sind Grenzwerte für die Leistungsdichte einer auf die Körperoberfläche auftreffenden elektromagnetischen Welle.

Tabelle A1
Expositionsgrenzwert für gesundheitliche Wirkungen bei Exposition gegenüber elektromagnetischen Feldern von 100 kHz bis 6 GHz

Expositionsgrenzwerte für gesundheitliche Wirkungen	Gemittelte SAR-Werte über Sechs-Minuten-Intervalle
Expositionsgrenzwert für Ganzkörper-Wärmebelastung, ausgedrückt als gemittelte SAR im Körper	0,4 Wkg^{-1}
Expositionsgrenzwert für die lokale Wärmebelastung in Kopf und Rumpf, ausgedrückt als lokale SAR im Körper	10 Wkg^{-1}
Expositionsgrenzwert für die lokale Wärmebelastung in Gliedmaßen, ausgedrückt als lokale SAR in Gliedmaßen	20 Wkg^{-1}

Anmerkung A1-1: Die zu mittelnde Gewebemasse für lokale SAR-Werte beträgt 10 g eines beliebigen zusammenhängenden Körpergewebes; die so ermittelten SAR-Maximalwerte sollten für die Expositionsabschätzung herangezogen werden. Diese 10 g Gewebe sollen eine Masse zusammenhängenden Gewebes mit nahezu gleichen elektrischen Eigenschaften sein. Hinsichtlich der Bestimmung einer Masse zusammenhängenden Gewebes wird eingeräumt, dass dieses Konzept bei der numerischen Dosimetrie angewandt werden kann, bei direkten physikalischen Messungen jedoch unter Umständen Schwierigkeiten bereitet. Es kann eine einfache geometrische Form, beispielsweise eine kubische oder kugelförmige Gewebemasse, verwendet werden.

6/20. EMF-RL
Anhang III

Expositionsgrenzwert für sensorische Wirkungen bei Frequenzen von 0,3 bis 6 GHz

Dieser Expositionsgrenzwert für sensorische Wirkungen (Tabelle A2) bezieht sich auf die Unterbindung von Höreffekten, die durch die Exposition des Kopfes gegenüber gepulsten Mikrowellen bedingt sind.

Tabelle A2
Expositionsgrenzwert für sensorische Wirkungen bei Exposition gegenüber elektromagnetischen Feldern von 0,3 bis 6 GHz

Frequenzbereich	Lokale spezifische Energieabsorption (SA)
$0,3 \leq f \leq 6$ GHz	10 mJkg^{-1}

Anmerkung A2-1: Die zu mittelnde Gewebemasse für lokale SA beträgt 10 g.

Tabelle A3
Expositionsgrenzwert für gesundheitliche Wirkungen bei Exposition gegenüber elektromagnetischen Feldern von 6 GHz bis 300 GHz

Frequenzbereich	Expositionsgrenzwerte für gesundheitliche Wirkungen in Relation zur Leistungsdichte
6 GHz $\leq f \leq$ 300 GHz	50 Wm^{-2}

Anmerkung A3-1: Die Leistungsdichte wird über jedes Flächenelement von 20 cm² gemittelt. Die maximale örtliche Leistungsdichte, gemittelt über 1 cm², sollte das 20fache des Wertes von 50 Wm^{-2} nicht überschreiten. Leistungsdichten von 6 bis 10 GHz werden über Sechs-Minuten-Intervalle gemittelt. Bei mehr als 10 GHz wird die Leistungsdichte über ein beliebiges Zeitintervall von jeweils $68/f^{1,05}$-Minuten gemittelt (wobei f die Frequenz in GHz ist), um die mit steigender Frequenz immer geringer werdende Eindringtiefe auszugleichen.

B. AUSLÖSESCHWELLEN

Die folgenden physikalischen Größen und Werte werden zur Angabe der Auslöseschwellen herangezogen, die festgelegt werden, damit mittels vereinfachter Bewertung sichergestellt werden kann, dass die einschlägigen Expositionsgrenzwerte eingehalten werden, oder um anzugeben, ab wann die relevanten Schutz- oder Präventivmaßnahmen gemäß Artikel 5 zu ergreifen sind:

– Auslöseschwelle (E) für die elektrische Feldstärke E eines zeitvariablen elektrischen Felds wie in Tabelle B1 angegeben;
– Auslöseschwelle (B) für die magnetische Flussdichte B eines zeitvariablen magnetischen Felds wie in Tabelle B1 angegeben;
– Auslöseschwelle (S) für die Leistungsdichte elektromagnetischer Wellen wie in Tabelle B1 angegeben;
– Auslöseschwelle (I_C) für Kontaktstrom wie in Tabelle B2 angegeben;
– Auslöseschwelle (I_L) für Strom durch die Gliedmaßen wie in Tabelle B2 angegeben.

Die Auslöseschwellen entsprechen den am Arbeitsplatz in Abwesenheit des Arbeitnehmers als Höchstwert am Standort des Körpers oder des spezifizierten Körperteils berechneten oder gemessenen Feldwerten.

Auslöseschwellen für die Exposition gegenüber elektrischen und magnetischen Feldern

Die Auslöseschwelle (E) und die Auslöseschwelle (B) werden aus dem SAR-Wert oder dem Expositionsgrenzwert für die Leistungsdichte (Tabellen A1 und A3) abgeleitet, auf der Grundlage der Schwellenwerte für die durch Exposition gegenüber (externen) elektrischen und magnetischen Feldern verursachten internen thermischen Wirkungen.

Tabelle B1
Auslöseschwellen für die Exposition gegenüber elektrischen und magnetischen Feldern von 100 kHz bis 300 GHz

Frequenzbereich	Auslöseschwelle (E) für die elektrische Feldstärke (Vm^{-1}) (RMS)	Auslöseschwelle (B) für die magnetische Flussdichte (µT) (RMS)	Auslöseschwelle (S) für die Leistungsdichte (Wm^{-2})
100 kHz $\leq f <$ 1 MHz	$6,1 \times 10^2$	$2,0 \times 10^6/f$	—
1 $\leq f <$ 10 MHz	$6,1 \times 10^8/f$	$2,0 \times 10^6/f$	—
10 $\leq f <$ 400 MHz	61	0,2	—
400 MHz $\leq f <$ 2 GHz	$3 \times 10^{-3} f^{½}$	$1,0 \times 10^{-5} f^{½}$	—

$2 \leq f < 6$ GHz	$1{,}4 \times 10^2$	$4{,}5 \times 10^{-1}$	—
$6 \leq f \leq 300$ GHz	$1{,}4 \times 10^2$	$4{,}5 \times 10^{-1}$	50

Anmerkung B1-1: f ist die Frequenz in Hertz (Hz).

Anmerkung B1-2: (Auslöseschwelle (E))² und (Auslöseschwelle (B))² werden über ein Sechs-Minuten-Intervall gemittelt. Bei Hochfrequenzpulsen (HF-Pulsen) darf die über die Impulsbreite gemittelte höchste Leistungsdichte das 1 000-fache der entsprechenden Auslöseschwelle (S) nicht überschreiten. Bei Feldern mit mehreren Frequenzen basiert die Analyse auf einer Summation, wie in den in Artikel 14 genannten Leitfäden dargelegt.

Anmerkung B1-3: Die Auslöseschwelle (E) und die Auslöseschwelle (B) stellen die am Standort des Körpers des Arbeitnehmers berechneten oder gemessenen Höchstwerte dar. Dadurch ergibt sich für alle ungleichmäßigen Expositionsbedingungen eine konservative Bewertung der Exposition und die automatische Einhaltung der Expositionsgrenzwerte. Zur Vereinfachung der gemäß Artikel 4 durchzuführenden Bewertung der Einhaltung der Expositionsgrenzwerte im Falle spezifischer ungleichmäßiger Bedingungen werden in den in Artikel 14 genannten Leitfäden Kriterien für die örtliche Mittelung der gemessenen Felder nach anerkannten Dosimetrieverfahren festgelegt. Im Fall einer lokal räumlich stark begrenzten Quelle im Abstand von einigen Zentimetern von einem Körper wird die Einhaltung der Expositionsgrenzwerte im Einzelfall dosimetrisch ermittelt.

Anmerkung B1-4: Die Leistungsdichte wird über ein beliebiges exponiertes Flächenelement von 20 cm² gemittelt. Die maximale örtliche Leistungsdichte, gemittelt über 1 cm², sollte das 20-fache des Wertes von 50 Wm⁻² nicht überschreiten. Leistungsdichten von 6 bis 10 GHz werden über Sechs-Minuten-Intervalle gemittelt. Über 10 GHz wird die Leistungsdichte über ein beliebiges Zeitintervall von jeweils $68/f^{1{,}05}$-Minuten gemittelt (wobei f die Frequenz in GHz ist), um die bei steigender Frequenz immer kürzer werdende Eindringtiefe auszugleichen.

Tabelle B2
Auslöseschwellen für stationären Kontaktstrom und induzierte Ströme durch die Gliedmaßen

Frequenzbereich	Auslöseschwelle (I_C) für stationären zeitvariablen Kontaktstrom (mA) (RMS)	Auslöseschwelle (I_L) für induzierten Strom durch eine beliebige Gliedmaße (mA) (RMS)
100 kHz $\leq$ f < 10 MHz	40	—
10 MHz $\leq$ f $\leq$ 110 MHz	40	100

Anmerkung B2-1: (Auslöseschwelle (I_L))² wird über ein sechs-Minuten-Intervall gemittelt.

ANHANG IV
Entsprechungstabelle

Richtlinie 2004/40/EG	Diese Richtlinie
Artikel 1 Absatz 1	Artikel 1 Absatz 1
Artikel 1 Absatz 2	Artikel 1 Absätze 2 und 3
Artikel 1 Absatz 3	Artikel 1 Absatz 4
Artikel 1 Absatz 4	Artikel 1 Absatz 5
Artikel 1 Absatz 5	Artikel 1 Absatz 6
Artikel 2 Buchstabe a	Artikel 2 Buchstabe a
—	Artikel 2 Buchstabe b
—	Artikel 2 Buchstabe c
Artikel 2 Buchstabe b	Artikel 2 Buchstaben d, e und f
Artikel 2 Buchstabe c	Artikel 2 Buchstabe g
Artikel 3 Absatz 1	Artikel 3 Absatz 1
Artikel 3 Absatz 2	Artikel 3 Absatz 1
—	Artikel 3 Absatz 2
Artikel 3 Absatz 3	Artikel 3 Absätze 2 und 3
—	Artikel 3 Absatz 4
Artikel 4 Absatz 1	Artikel 4 Absatz 1
Artikel 4 Absatz 2	Artikel 4 Absätze 2 und 3
Artikel 4 Absatz 3	Artikel 4 Absatz 3

6/20. EMF-RL
Anhang IV

Richtlinie 2004/40/EG	Diese Richtlinie
Artikel 4 Absatz 4	Artikel 4 Absatz 4
Artikel 4 Absatz 5 Buchstabe a	Artikel 4 Absatz 5 Buchstabe b
Artikel 4 Absatz 5 Buchstabe b	Artikel 4 Absatz 5 Buchstabe a
—	Artikel 4 Absatz 5 Buchstabe c
Artikel 4 Absatz 5 Buchstabe c	Artikel 4 Absatz 5 Buchstabe d
Artikel 4 Absatz 5 Buchstabe d	Artikel 4 Absatz 5 Buchstabe e
Artikel 4 Absatz 5 Buchstabe d Ziffer i	—
Artikel 4 Absatz 5 Buchstabe d Ziffer ii	—
Artikel 4 Absatz 5 Buchstabe d Ziffer iii	—
Artikel 4 Absatz 5 Buchstabe d Ziffer iv	—
Artikel 4 Absatz 5 Buchstabe e	Artikel 4 Absatz 5 Buchstabe f
Artikel 4 Absatz 5 Buchstabe f	Artikel 4 Absatz 5 Buchstabe g
—	Artikel 4 Absatz 5 Buchstabe h
—	Artikel 4 Absatz 5 Buchstabe i
Artikel 4 Absatz 5 Buchstabe g	Artikel 4 Absatz 5 Buchstabe j
Artikel 4 Absatz 5 Buchstabe h	Artikel 4 Absatz 5 Buchstabe k
—	Artikel 4 Absatz 6
Artikel 4 Absatz 6	Artikel 4 Absatz 7
Artikel 5 Absatz 1	Artikel 5 Absatz 1
Artikel 5 Absatz 2, Einleitungssatz	Artikel 5 Absatz 2, Einleitungssatz
Artikel 5 Absatz 2 Buchstaben a bis c	Artikel 5 Absatz 2 Buchstaben a bis c
—	Artikel 5 Absatz 2 Buchstabe d
—	Artikel 5 Absatz 2 Buchstabe e
Artikel 5 Absatz 2 Buchstaben d bis g	Artikel 5 Absatz 2 Buchstaben f bis i
—	Artikel 5 Absatz 4
Artikel 5 Absatz 3	Artikel 5 Absatz 5
—	Artikel 5 Absatz 6
—	Artikel 5 Absatz 7
Artikel 5 Absatz 4	Artikel 5 Absatz 8
—	Artikel 5 Absatz 9
Artikel 5 Absatz 5	Artikel 5 Absatz 3
Artikel 6, Einleitungssatz	Artikel 6, Einleitungssatz
Artikel 6 Buchstabe a	Artikel 6 Buchstabe a
Artikel 6 Buchstabe b	Artikel 6 Buchstabe b
—	Artikel 6 Buchstabe c
Artikel 6 Buchstabe c	Artikel 6 Buchstabe d
Artikel 6 Buchstabe d	Artikel 6 Buchstabe e
—	Artikel 6 Buchstabe f
Artikel 6 Buchstabe e	Artikel 6 Buchstabe g
Artikel 6 Buchstabe f	Artikel 6 Buchstabe h
—	Artikel 6 Buchstabe i
Artikel 7	Artikel 7
Artikel 8 Absatz 1	Artikel 8 Absatz 1
Artikel 8 Absatz 2	—
Artikel 8 Absatz 3	Artikel 8 Absatz 2
Artikel 9	Artikel 9
—	Artikel 10
Artikel 10 Absatz 1	Artikel 11 Absatz 1 Buchstabe c

6/20. EMF-RL
Anhang IV

Richtlinie 2004/40/EG	Diese Richtlinie
Artikel 10 Absatz 2 Buchstabe a	Artikel 11 Absatz 1 Buchstabe a
Artikel 10 Absatz 2 Buchstabe b	Artikel 11 Absatz 1 Buchstabe b
Artikel 11	—
—	Artikel 12
—	Artikel 13
—	Artikel 14
—	Artikel 15
Artikel 13 Absatz 1	Artikel 16 Absatz 1
Artikel 13 Absatz 2	Artikel 16 Absatz 2
—	Artikel 17
Artikel 14	Artikel 18
Artikel 15	Artikel 19
Anhang	Anhang I, Anhang II und Anhang III
—	Anhang IV

6/21. Medizinische Versorgung auf Schiffen-Richtlinie

Richtlinie 92/29/EWG des Rates über Mindestvorschriften für die Sicherheit und den Gesundheitsschutz zum Zweck einer besseren medizinischen Versorgung auf Schiffen vom 31. März 1992

(ABl. Nr. L 113 v. 30.4.1992, S. 19; geändert durch ABl. Nr. L 284 v. 31.10.2003, S. 1; geändert durch die RL 2007/30/EG, ABl. Nr. L 165 v. 27.6.2007, S. 21; geändert durch die VO (EG) Nr. 1137/2008, ABl. Nr. L 311 v. 21.11.2008, S. 5; geändert durch die RL (EU) 2019/1834, ABl. Nr. L 279 v. 31.10.2019, S. 80; geändert durch die VO (EU) Nr. 2019/1243, ABl. Nr. L 198 v. 25.7.2019, S. 241; geändert durch die RL (EU) 2019/1834, ABl. Nr. L 279 v. 31.10.2019, S. 80)
(nicht amtlich aktualisierte Fassung)

GLIEDERUNG

Art. 1: Begriffsbestimmungen
Art. 2: Arzneimittel und medizinisches Material – Raum für medizinische Versorgung – Arzt
Art. 3: Antidote
Art. 4: Verantwortlichkeiten
Art. 5: Information und Ausbildung
Art. 6: Funkärztliche Beratung
Art. 7: Kontrolle
Art. 8: Änderungen der Anhänge
Art. 8a: Ausübung der Befugnisübertragung
Art. 8b: Dringlichkeitsverfahren
Art. 9: Schlussbestimmungen
Art. 9a: Durchführungsbericht
Art. 10

DER RAT DER EUROPÄISCHEN GEMEINSCHAFTEN –

gestützt auf den Vertrag zur Gründung der Europäischen Wirtschaftsgemeinschaft, insbesondere auf Artikel 118a,

auf Vorschlag der Kommission (ABl. Nr. C 183 v. 24.7.1990, S. 6, und ABl. Nr. C 74 v. 20.3.1991, S. 11), erstellt nach Anhörung des Beratenden Ausschusses für Sicherheit, Arbeitshygiene und Gesundheitsschutz am Arbeitsplatz,

in Zusammenarbeit mit dem Europäischen Parlament (ABl. Nr. C 48 v. 25.2.1991, S. 154, und ABl. Nr. C 326 v. 16.12.1991, S. 72),

nach Stellungnahme des Wirtschafts- und Sozialausschusses (ABl. Nr. C 332 v. 21.12.1990, S. 165),

in Erwägung nachstehender Gründe:

Die Mitteilung der Kommission über ihr Aktionsprogramm für Sicherheit, Arbeitshygiene und Gesundheitsschutz am Arbeitsplatz (ABl. Nr. C 28 vom 3.2.1988, S. 3) sieht Maßnahmen vor, die eine medizinische Versorgung auf See sicherstellen sollen.

Schiffe sind Arbeitsstätten, denen unter anderem aufgrund ihrer möglichen geographischen Isolierung sowie aufgrund der hohen Gefahrenschwelle für Sicherheit und Gesundheit der an Bord befindlichen Arbeitnehmer besondere Aufmerksamkeit zu schenken ist.

Schiffe müssen über eine geeignete medizinische Ausstattung verfügen, die in gutem Zustand zu halten und in regelmäßigen Zeitabständen zu überprüfen ist, damit den Arbeitnehmern die erforderliche medizinische Versorgung auf See gewährt werden kann.

Es ist angezeigt, die Ausbildung und Information der Seeleute für die An- und Verwendung der medizinischen Ausstattung im Hinblick auf die Ermöglichung einer angemesseneren medizinischen Versorgung auf See zu fördern.

Der Einsatz der Möglichkeiten zur funkärztlichen Beratung stellt ein wirksames Mittel dar, um zum Schutz der Sicherheit und Gesundheit der Arbeitnehmer beizutragen –

HAT FOLGENDE RICHTLINIE ERLASSEN:

Begriffsbestimmungen

Art. 1 Im Sinne dieser Richtlinie bedeuten:

a) *Schiff:* jedes zur Seeschiffahrt zugelassene oder zum Fischfang in Mündungsgewässern eingesetzte Wasserfahrzeug im Besitz der öffentlichen Hand oder im Privatbesitz, das unter Flagge eines Mitgliedstaats fährt oder unter der unbeschränkten Hoheitsgewalt eines Mitgliedstaats eingetragen ist, ausgenommen:
– die Binnenschiffahrt,
– Kriegsschiffe,
– zu nichtkommerziellen Zwecken eingesetzte Sportfahrzeuge mit nichtprofessioneller Besatzung sowie
– im Hafenbereich eingesetzte Schleppschiffe.

Die Schiffe werden gemäß Anhang I in drei Kategorien unterteilt;

6/21. Med. Versorgung auf Schiffen-RL

b) *Arbeitnehmer:* jede Person, die an Bord eines Schiffes eine berufliche Tätigkeit ausübt, einschließlich Praktikanten und Auszubildende, mit Ausnahme von Hafenlotsen und nicht seefahrendem Personal, das Arbeiten an Bord eines am Kai liegenden Schiffes ausführt;

c) *Reeder:* der eingetragene Eigentümer eines Schiffes, es sei denn, das betreffende Schiff wird als Bareboat-Charter-Schiff eingesetzt oder es wird gemäß einer Bewirtschaftungsvereinbarung ganz oder teilweise von einer natürlichen oder juristischen Person verwaltet, die mit dem eingetragenen Eigentümer nicht identisch ist; in diesem Fall gilt als Reeder der Bareboat-Charterer bzw. die mit der Verwaltung des Schiffes betraute natürliche oder juristische Person;

d) *medizinische Ausstattung:* die Arzneimittel, das medizinische Material und die Antidote, die in einer nicht erschöpfenden Liste in Anhang II aufgeführt sind;

c) *Antidot:* ein Stoff, der zur Verhütung oder Behandlung der direkten oder indirekten schädlichen Auswirkung(en) eines oder mehrerer der im Verzeichnis „Gefährliche Stoffe" (Anhang III) aufgeführten Stoffe eingesetzt wird.

Arzneimittel und medizinisches Material – Raum für medizinische Versorgung – Arzt

Art. 2 Jeder Mitgliedstaat trifft die erforderlichen Maßnahmen, damit

1. a) an Bord eines jeden unter seiner Flagge fahrenden oder unter seiner unbeschränkten Hoheitsgewalt eingetragenen Schiffes stets eine medizinische Ausstattung mitgeführt wird, die ihrer Beschaffenheit nach für die jeweils zutreffende Schiffskategorie zumindest Anhang II Abschnitte I und II entspricht;

   b) die Mengen an Arzneimitteln und medizinischem Material, die mitzuführen sind, sich nach den Merkmalen der Fahrt – insbesondere Zwischenanlaufhäfen, Bestimmungshafen und Fahrtdauer –, nach der bzw. den während der Fahrt anfallenden Tätigkeiten, den Merkmalen der jeweiligen Fracht sowie nach der Anzahl der Arbeitnehmer richten;

   c) der Inhalt der medizinischen Ausstattung in bezug auf Arzneimittel und medizinisches Material auf einem Kontrolldokument festgehalten wird, das zumindest dem allgemeinen Rahmen des Anhangs IV Abschnitte A, B und C, Nummern II 1 und II 2 entspricht;

2. a) auf jedem unter seiner Flagge fahrenden oder unter seiner unbeschränkten Hoheitsgewalt eingetragenen Schiff für sämtliche Rettungsflöße und -boote je ein wasserdichter Arzneimittelbehälter mitgeführt wird, dessen Inhalt zumindest der medizinischen Ausstattung gemäß Anhang II Abschnitte I und II für Schiffe der Kategorie C entspricht;

   b) der Inhalt der Arzneimittelbehälter gleichfalls auf dem Kontrolldokument nach Nummer 1 Buchstabe c) festgehalten wird;

3. auf jedem unter seiner Flagge fahrenden oder unter seiner unbeschränkten Hoheitsgewalt eingetragenen Schiff von mehr als 500 BRZ mit einer Besatzung von 15 oder mehr Arbeitnehmern bei Fahrten von mehr als drei Tagen ein Raum zur Verfügung steht, in dem eine medizinische Versorgung unter befriedigenden materiellen und hygienischen Bedingungen erfolgen kann;

4. auf jedem unter seiner Flagge fahrenden oder unter seiner unbeschränkten Hoheitsgewalt eingetragenen Schiff mit einer Besatzung von 100 oder mehr Arbeitnehmern bei internationalen Fahrten mit einer Dauer von mehr als drei Tagen ein Arzt an Bord ist, dem die medizinische Versorgung der Arbeitnehmer obliegt.

Antidote

Art. 3 Jeder Mitgliedstaat trifft die erforderlichen Maßnahmen, damit

1. an Bord eines jeden unter seiner Flagge fahrenden oder unter seiner unbeschränkten Hoheitsgewalt eingetragenen Schiffes, das einen oder mehrere der in Anhang III aufgeführten gefährlichen Stoffe befördert, als Teil der medizinischen Ausstattung zumindest die in Anhang II Abschnitt III genannten Antidote mitgeführt werden;

2. an Bord eines jeden unter seiner Flagge fahrenden oder unter seiner unbeschränkten Hoheitsgewalt eingetragenen Schiffes, das als Fähre eingesetzt wird und dessen Betriebsbedingungen es nicht immer ermöglichen, die Art der zu befördernden gefährlichen Stoffe früh genug im voraus zu erfahren, als Teil der medizinischen Ausstattung zumindest die in Anhang II Abschnitt III genannten Antidote mitgeführt werden.

   Dauert die Überfahrt auf einer regelmäßig befahrenen Route jedoch voraussichtlich weniger als zwei Stunden, so genügt es, die Antidote mitzuführen, die in ganz besonders dringlichen Fällen innerhalb einer die normale Fahrtdauer nicht überschreitenden Frist zu verabreichen sind;

3. der Inhalt der medizinischen Ausstattung in bezug auf Antidot auf einem Kontrolldokument festgehalten wird, das zumindest dem allgemeinen Rahmen des Anhangs IV Abschnitte A, B und C, Nummer II 3, entspricht.

Verantwortlichkeiten

Art. 4 Jeder Mitgliedstaat trifft die erforderlichen Maßnahmen, damit

1. a) Beschaffung und Erneuerung der medizinischen Ausstattung jedes unter seiner Flagge fahrenden oder unter seiner unbeschränkten Hoheitsgewalt eingetragenen Schiffes ausschließlich unter der Verantwortung des Reeders ohne finanzielle Belastung für die Arbeitnehmer geschehen;
   b) der Schiffskapitän die Verantwortung für die Verwaltung der medizinischen Ausstattung trägt; unbeschadet dieser Verantwortlichkeit kann der Kapitän den Gebrauch und die Instandhaltung der medizinischen Ausstattung einem oder mehreren Arbeitnehmern übertragen, die aufgrund ihrer Sachkunde namentlich bezeichnet werden;
2. die medizinische Ausstattung in gutem Zustand gehalten und so bald wie möglich, auf jeden Fall aber bei der normalen Verproviantierung mit Vorrang vervollständigt und/oder erneuert wird;
3. bei einem vom Schiffskapitän nach Einholung einer ärztlichen Stellungnahme – sofern möglich – festgestellten Notfall die Arzneimittel, das medizinische Material und die Antidote, die erforderlich, aber an Bord nicht vorhanden sind, möglichst rasch zur Verfügung gestellt werden können.

Information und Ausbildung

Art. 5 Jeder Mitgliedstaat trifft die erforderlichen Maßnahmen, damit
1. der medizinischen Ausstattung ein oder mehrerer Benutzerhandbücher beigefügt werden, die eine Anleitung zur Anwendung von mindestens den in Anhang II Abschnitt III genannten Antidoten enthalten;
2. alle Personen, die eine seemännische Berufsausbildung erhalten und beabsichtigen, an Bord von Schiffen zu arbeiten, eine Grundausbildung in bezug auf medizinische Hilfsmaßnahmen oder Erste Hilfe bei Unfällen oder bei Lebensgefahr erhalten;
3. der Kapitän und der bzw. die Arbeitnehmer, denen er gegebenenfalls in Anwendung von Artikel 4 Nummer 1 Buchstabe b) den Gebrauch der medizinischen Ausstattung des Schiffes übertragen hat, eine besondere Ausbildung nach den in Anhang V genannten allgemeinen Leitlinien erhalten, die in regelmäßigen Abständen, und zwar zumindest alle fünf Jahre, aufgefrischt wird und die durch die unterschiedlichen Schiffskategorien gegebenen spezifischen Risiken und Erfordernisse berücksichtigt.

Funkärztliche Beratung

Art. 6 (1) Zur Sicherstellung einer besseren Notfallbehandlung der Arbeitnehmer trifft jeder Mitgliedstaat die erforderlichen Maßnahmen, damit

a) ein oder mehrere Zentren benannt werden, die den Arbeitnehmern eine unentgeltliche funkärztliche Beratung erteilen;
b) Ärzte eines Zentrums für funkärztliche Beratung, die im Rahmen der Tätigkeit dieser Zentren für eine solche Beratung eingesetzt werden, mit den besonderen Bedingungen an Bord von Schiffen vertraut gemacht werden.

(2) In den Zentren für funkärztliche Beratung können mit Zustimmung der betreffenden Arbeitnehmer gegebenenfalls persönliche medizinische Daten gespeichert werden, um eine optimale Beratung zu ermöglichen.

Die Vertraulichkeit dieser Daten muß gewährleistet sein.

Kontrolle

Art. 7 (1) Jeder Mitgliedstaat trifft die erforderlichen Maßnahmen, damit sich eine zuständige Person oder eine zuständige Behörde sich bei einer jährlich durchzuführenden Kontrolle der medizinischen Ausstattung an Bord eines jeden unter seiner Flagge fahrenden Schiffes vergewissert,
– daß die Ausstattung den Mindestvorschriften dieser Richtlinie entspricht;
– daß in dem in Artikel 2 Nummer 1 Buchstabe c) vorgesehenen Kontrolldokument die Übereinstimmung der Ausstattung mit diesen Mindestvorschriften bestätigt wird;
– daß die medizinische Ausstattung vorschriftsmäßig aufbewahrt wird;
– daß etwaige Verfallsdaten berücksichtigt werden.

(2) Die Kontrolle der medizinischen Ausstattung von Rettungsflößen erfolgt bei deren Jahreswartung.

Diese Kontrolle kann in Ausnahmefällen um maximal fünf Monate verschoben werden.

Änderungen der Anhänge

Art. 8 Der Kommission wird die Befugnis übertragen, gemäß Artikel 8a delegierte Rechtsakte zur Vornahme rein technischer Änderungen der Anhänge zu erlassen, um den technischen Fortschritt, die Entwicklung der internationalen Regelungen oder Spezifikationen und neue Erkenntnisse auf dem Gebiet der medizinischen Versorgung auf Schiffen zu berücksichtigen.

Ist in hinreichend begründeten Ausnahmefällen, in denen eine akute, unmittelbare und schwerwiegende Gefahr für die körperliche Gesundheit und Sicherheit von Arbeitnehmern oder anderen Personen gegeben ist, aus Gründen äußerster Dringlichkeit sehr kurzfristiges Handeln erforderlich, so findet das Verfahren gemäß Artikel 8b auf delegierte Rechtsakte, die gemäß dem vorliegenden Artikel erlassen werden, Anwendung.

(VO (EU) 2019/1243)

Ausübung der Befugnisübertragung

Art. 8a (1) Die Befugnis zum Erlass delegierter Rechtsakte wird der Kommission unter den in diesem Artikel festgelegten Bedingungen übertragen.

(2) Die Befugnis zum Erlass delegierter Rechtsakte gemäß Artikel 8 wird der Kommission für einen Zeitraum von fünf Jahren ab dem 26. Juli 2019 übertragen. Die Kommission erstellt spätestens neun Monate vor Ablauf des Zeitraums von fünf Jahren einen Bericht über die Befugnisübertragung. Die Befugnisübertragung verlängert sich stillschweigend um Zeiträume gleicher Länge, es sei denn, das Europäische Parlament oder der Rat widersprechen einer solchen Verlängerung spätestens drei Monate vor Ablauf des jeweiligen Zeitraums.

(3) Die Befugnisübertragung gemäß Artikel 8 kann vom Europäischen Parlament oder vom Rat jederzeit widerrufen werden. Der Beschluss über den Widerruf beendet die Übertragung der in diesem Beschluss angegebenen Befugnis. Er wird am Tag nach seiner Veröffentlichung im *Amtsblatt der Europäischen Union* oder zu einem im Beschluss über den Widerruf angegebenen späteren Zeitpunkt wirksam. Die Gültigkeit von delegierten Rechtsakten, die bereits in Kraft sind, wird von dem Beschluss über den Widerruf nicht berührt.

(4) Vor dem Erlass eines delegierten Rechtsakts konsultiert die Kommission die von den einzelnen Mitgliedstaaten benannten Sachverständigen im Einklang mit den in der Interinstitutionellen Vereinbarung vom 13. April 2016 über bessere Rechtsetzung enthaltenen Grundsätzen.

(5) Sobald die Kommission einen delegierten Rechtsakt erlässt, übermittelt sie ihn gleichzeitig dem Europäischen Parlament und dem Rat.

(6) Ein delegierter Rechtsakt, der gemäß Artikel 8 erlassen wurde, tritt nur in Kraft, wenn weder das Europäische Parlament noch der Rat innerhalb einer Frist von zwei Monaten nach Übermittlung dieses Rechtsakts an das Europäische Parlament und den Rat Einwände erhoben haben oder wenn vor Ablauf dieser Frist das Europäische Parlament und der Rat beide der Kommission mitgeteilt haben, dass sie keine Einwände erheben werden. Auf Initiative des Europäischen Parlaments oder des Rates wird diese Frist um zwei Monate verlängert.

(VO (EU) 2019/1243)

Dringlichkeitsverfahren

Art. 8b (1) Delegierte Rechtsakte, die nach diesem Artikel erlassen werden, treten umgehend in Kraft und sind anwendbar, solange keine Einwände gemäß Absatz 2 erhoben werden. Bei der Übermittlung eines delegierten Rechtsakts an das Europäische Parlament und den Rat werden die Gründe für die Anwendung des Dringlichkeitsverfahrens angegeben.

(2) Das Europäische Parlament oder der Rat können gemäß dem Verfahren des Artikels 8a Absatz 6 Einwände gegen einen delegierten Rechtsakt erheben. In diesem Fall hebt die Kommission den Rechtsakt umgehend nach der Übermittlung des Beschlusses des Europäischen Parlaments oder des Rates, Einwände zu erheben, auf.

(VO (EU) 2019/1243)

Schlussbestimmungen

Art. 9 (1) Die Mitgliedstaaten erlassen die erforderlichen Rechts- und Verwaltungsvorschriften, um dieser Richtlinie spätestens am 31. Dezember 1994 nachzukommen. Sie setzen die Kommission unverzüglich davon in Kenntnis.

Wenn die Mitgliedstaaten diese Vorschriften erlassen, nehmen sie in den Vorschriften selbst oder durch einen Hinweis bei der amtlichen Veröffentlichung auf diese Richtlinie Bezug. Die Mitgliedstaaten regeln die Einzelheiten der Bezugnahme.

(2) Die Mitgliedstaaten teilen der Kommission den Wortlaut der innerstaatlichen Rechtsvorschriften mit, die sie auf den unter diese Richtlinie fallenden Gebiet bereits erlassen haben oder erlassen.

(Art. 9 Abs. 3 u. 4 aufgehoben durch Art. 3 Z 8 der RL 2007/30/EG)

Durchführungsbericht

Art. 9a Alle fünf Jahre legen die Mitgliedstaaten der Kommission einen Bericht über die praktische Durchführung dieser Richtlinie vor, und zwar in Form eines gesonderten Kapitels des in Artikel 17a Absätze 1, 2 und 3 der Richtlinie 89/391/EWG vorgesehenen Gesamtberichts, der als Grundlage für die Bewertung dient, die von der Kommission gemäß Artikel 17a Absatz 4 jener Richtlinie durchzuführen ist.

(Art. 9a eingefügt durch Art. 2 Abs. 3 der RL 2007/30/EG)

Art. 10 Diese Richtlinie ist an die Mitgliedstaaten gerichtet.

(Vom Abdruck der Anhänge wurde abgesehen)

6/22. Asbestrichtlinie

Richtlinie 2009/148/EG des Europäischen Parlaments und des Rates über den Schutz der Arbeitnehmer gegen Gefährdung durch Asbest am Arbeitsplatz vom 30. November 2009

(ABl. Nr. L 330 v. 16.12.2009, S. 28; geändert durch die VO (EU) 2019/1243, ABl. Nr. L 198 v. 25.7.2019, S. 241)

DAS EUROPÄISCHE PARLAMENT UND DER RAT DER EUROPÄISCHEN UNION –

gestützt auf den Vertrag zur Gründung der Europäischen Gemeinschaft, insbesondere auf Artikel 137 Absatz 2,

auf Vorschlag der Kommission,

nach Stellungnahme des Europäischen Wirtschafts- und Sozialausschusses,

nach Anhörung des Ausschusses der Regionen, gemäß dem Verfahren des Artikels 251 des Vertrags,

in Erwägung nachstehender Gründe:

(1) Die Richtlinie 83/477/EWG des Rates vom 19. September 1983 über den Schutz der Arbeitnehmer gegen Gefährdung durch Asbest am Arbeitsplatz (Zweite Einzelrichtlinie im Sinne des Artikels 8 der Richtlinie 80/1107/EWG) wurde mehrfach und erheblich geändert (s. Anhang II Teil A). Aus Gründen der Übersichtlichkeit und Klarheit empfiehlt es sich, sie zu kodifizieren.

(2) Asbest ist eine besonders gefährdende Substanz, die eine schwere Krankheit beim Menschen hervorrufen kann und die an vielen Arbeitsplätzen auftritt. Dementsprechend sind viele Arbeitnehmer einer möglichen Gefährdung für ihre Gesundheit ausgesetzt. Krokydolith wird als besonders gefährliche Asbestfaserart angesehen.

(3) Beim gegenwärtigen Stand der wissenschaftlichen Kenntnisse kann ein Niveau, unter dem eine Gefährdung der Gesundheit nicht mehr gegeben ist, nicht festgelegt werden, jedoch wird durch eine Verringerung der Asbestexposition die Gefahr asbestbedingter Krankheiten herabgesetzt. Es ist daher notwendig, die Ausarbeitung besonderer harmonisierter Maßnahmen zum Schutz der Arbeitnehmer vor Asbest vorzusehen. Die vorliegende Richtlinie enthält Mindestvorschriften, die aufgrund der Erfahrung sowie der Entwicklung der Technik auf diesem Gebiet überprüft werden.

(4) Mit dem Lichtmikroskop lassen sich zwar die kleinsten für die Gesundheit gefährlichen Asbestfasern nicht messen, seine Verwendung stellt aber die gängigste Methode für die regelmäßige Messung von Asbeststaub dar.

(5) Die vorbeugenden Maßnahmen zum Zweck des Gesundheitsschutzes für Arbeitnehmer, die durch Asbest gefährdet sind, und die vorgesehene Verpflichtung der Mitgliedstaaten auf dem Gebiet der Gesundheitsüberwachung bei diesen Arbeitnehmern sind von großer Bedeutung.

(6) Um eine eindeutige Definition der Fasern sicherzustellen, sollten sie entweder in mineralogischer Hinsicht oder durch ihre CAS (Chemical Abstract Service)-Nummer definiert werden.

(7) Unbeschadet sonstiger Gemeinschaftsbestimmungen über das Inverkehrbringen und die Verwendung von Asbest wird eine Begrenzung der Tätigkeiten, bei denen es zu einer Asbestexposition kommt, für die Prävention der damit zusammenhängenden Krankheiten eine sehr wichtige Rolle spielen.

(8) Das Meldesystem für Tätigkeiten, bei denen es zu einer Asbestexposition kommt, sollte an die neuen Arbeitssituationen angepasst werden.

(9) Das Verbot der Spritzverarbeitung von Asbest mittels Beflockung reicht nicht aus, um eine Freisetzung von Asbestfasern in die Atmosphäre zu verhindern. Es ist notwendig auch Tätigkeiten, bei denen die Arbeitnehmer Asbestfasern im Rahmen der Gewinnung von Asbest, der Herstellung und Verarbeitung von Asbesterzeugnissen oder der Herstellung und Verarbeitung von Erzeugnissen, die absichtlich zugesetzte Asbestfasern enthalten, ausgesetzt sind, zu verbieten, in Anbetracht des damit verbundenen hohen Expositionsniveaus und der Schwierigkeit von Schutzvorkehrungen.

(10) Die Methoden zur Entnahme von Proben für die Messung der Asbestkonzentration in der Luft sowie die Faserzählmethode sollten unter Berücksichtigung des neuesten Fachwissens bestimmt werden.

(11) Auch wenn es noch nicht gelungen ist, eine Expositionsschwelle festzulegen, bis zu der Asbest kein Krebsrisiko mit sich bringt, sollte die arbeitsbedingte Asbestexposition der Arbeitnehmer auf ein Minimum gesenkt werden.

(12) Die Arbeitgeber sollten verpflichtet sein, vor Beginn von Asbestsanierungsvorhaben an Gebäuden das tatsächliche oder vermutete Vorhandensein von Asbest in den betreffenden Gebäuden oder in den technischen Anlagen festzustellen und diese Informationen an andere weiterzugeben, die durch die Nutzung des Gebäudes oder bei Instandhaltungsarbeiten am Gebäude oder durch andere Tätigkeiten im oder am Gebäude exponiert werden können.

(13) Es sollte unbedingt darauf geachtet werden, dass Abbruch- oder Asbestsanierungsarbeiten nur von Unternehmen durchgeführt werden, die alle zum Schutz der Arbeitnehmer erforderlichen Vorkehrungen kennen.

(14) Es sollte für eine spezielle Unterweisung der Arbeitnehmer, die Asbest ausgesetzt sind oder ausgesetzt sein können, gesorgt werden, da dies dazu beiträgt, die mit dieser Exposition zusammenhängenden Gefahren deutlich zu verringern.

(15) Im Hinblick auf eine Früherkennung der asbestbedingten Erkrankungen sollten praktische

Empfehlungen für die klinische Überwachung der exponierten Arbeitnehmer unter Berücksichtigung der neuesten medizinischen Erkenntnisse vorgesehen werden.

(16) Da das Ziel der beabsichtigten Maßnahme, nämlich die Verbesserung des Schutzes der Arbeitnehmer gegen die Gefährdung durch Asbest am Arbeitsplatz, auf Ebene der Mitgliedstaaten nicht ausreichend verwirklicht werden kann und daher wegen des Umfangs und der Wirkungen der Maßnahme besser auf Gemeinschaftsebene zu verwirklichen ist, kann die Gemeinschaft im Einklang mit dem in Artikel 5 des Vertrags niedergelegten Subsidiaritätsprinzip tätig werden. Entsprechend dem in demselben Artikel genannten Grundsatz der Verhältnismäßigkeit geht diese Richtlinie nicht über das zur Erreichung dieser Ziele erforderliche Maß hinaus.

(17) Die in der vorliegenden Richtlinie enthaltenen Bestimmungen stellen einen konkreten Beitrag zur Verwirklichung der sozialen Dimension des Binnenmarktes dar. Diese Bestimmungen sind auf ein Mindestmaß begrenzt, um die Gründung und Entwicklung von kleinen und mittleren Unternehmen nicht unnötig zu erschweren.

(18) Diese Richtlinie lässt die Verpflichtungen der Mitgliedstaaten hinsichtlich der in Anhang II Teil B genannten Fristen für die Umsetzung der dort genannten in innerstaatliches Recht der aufgeführten Richtlinien unberührt –

HABEN FOLGENDE RICHTLINIE ERLASSEN:

Art. 1 (1) Ziel dieser Richtlinie ist der Schutz der Arbeitnehmer vor der Gefährdung ihrer Gesundheit, einschließlich der Vorbeugung gegen Gefahren, die aus einer Belastung durch Asbest bei der Arbeit erwachsen oder erwachsen können.

In ihr werden der Grenzwert dieser Belastung und andere Sonderbestimmungen festgelegt.

(2) Diese Richtlinie hindert die Mitgliedstaaten nicht, Rechts- oder Verwaltungsvorschriften anzuwenden oder einzuführen, die, insbesondere durch den Einsatz weniger gefährlicher Ersatzstoffe für Asbest, einen umfassenderen Schutz der Arbeitnehmer gewährleisten.

Art. 2 Asbest im Sinne dieser Richtlinie sind folgende Silikate mit Faserstruktur:
a) Aktinolith, CAS-Nr. 77536-66-4[1)];
b) Amosit, CAS-Nr. 12172-73-5[1)];
c) Anthophyllit, CAS-Nr. 77536-67-5[1)];
d) Chrysotil, CAS-Nr. 12001-29-5[1)];
e) Krokydolith, CAS-Nr. 12001-28-4[1)];
f) Tremolit, CAS-Nr. 77536-68-6[1)].

[1)] Nummer im Register des Chemical Abstract Service (CAS).

Art. 3 (1) Diese Richtlinie gilt für Tätigkeiten, bei denen die Arbeitnehmer bei ihrer Arbeit Asbeststaub oder Staub von asbesthaltigen Materialien ausgesetzt sind oder ausgesetzt sein können.

(2) Für jede Tätigkeit, bei der eine Gefährdung durch Asbeststaub oder Staub von asbesthaltigen Materialien auftreten kann, muss eine Beurteilung dieser Gefährdung vorgenommen werden, um die Art und das Ausmaß zu ermitteln, in dem die Arbeitnehmer dem Asbeststaub oder dem Staub von asbesthaltigen Materialien ausgesetzt sind.

(3) Sofern es sich um gelegentliche Expositionen der Arbeitnehmer von geringer Höhe handelt und sich aus den Ergebnissen der in Absatz 2 genannten Gefährdungsbeurteilung eindeutig ergibt, dass der Expositionsgrenzwert für Asbest in der Luft im Arbeitsbereich nicht überschritten wird, brauchen die Artikel 4, 18 und 19 auf folgende Arbeitsvorgänge nicht angewendet zu werden:
a) kurze, nicht aufeinander folgende Wartungsarbeiten, bei denen nur an nicht brüchigen Materialien gearbeitet wird,
b) Beseitigung von intakten Materialien, in denen die Asbestfasern fest in einer Matrix gebunden sind, wobei diese Materialien nicht beschädigt werden,
c) Einkapselung und Einhüllung von asbesthaltigen Materialien in gutem Zustand,
d) Überwachung und Kontrolle der Luft und Probenahmen zur Feststellung des Vorhandenseins von Asbest in einem bestimmten Material.

(4) Die Mitgliedstaaten legen nach Anhörung der Sozialpartner gemäß den einzelstaatlichen Rechtsvorschriften und der einzelstaatlichen Praxis praktische Leitlinien für die Bestimmung gelegentlicher Expositionen von geringer Höhe gemäß Absatz 3 fest.

(5) Die Arbeitnehmer und/oder ihre Vertreter im Unternehmen oder Betrieb werden zu der in Absatz 2 genannten Beurteilung angehört; diese Beurteilung wird überprüft, wenn Grund zu der Annahme besteht, dass sie unrichtig ist, oder wenn bei der Arbeit eine wesentliche Änderung erfolgt.

Art. 4 (1) Vorbehaltlich des Artikels 3 Absatz 3 werden die in den Absätzen 2 bis 5 genannten Maßnahmen ergriffen.

(2) Die in Artikel 3 Absatz 1 genannten Tätigkeiten müssen einer von der zuständigen Behörde des Mitgliedstaats anzuwendenden Mitteilungsregelung unterliegen.

(3) Die in Absatz 2 genannte Mitteilung muss gemäß den einzelstaatlichen Rechts- und Verwaltungsvorschriften vor Beginn der Arbeiten durch den Arbeitgeber an die zuständige Behörde des Mitgliedstaats erfolgen.

Diese Mitteilung muss mindestens eine kurze Beschreibung folgender Punkte enthalten:
a) Lage der Arbeitsstätte,
b) verwendete oder gehandhabte Asbestarten und -mengen,
c) durchgeführte Tätigkeiten und angewendete Verfahren,
d) Anzahl der beteiligten Arbeitnehmer,
e) Beginn und Dauer der Arbeiten,
f) Maßnahmen zur Begrenzung der Asbestexposition der Arbeitnehmer.

(4) Die Arbeitnehmer und/oder ihre Vertreter im Unternehmen oder Betrieb müssen die Möglichkeit haben, gemäß den einzelstaatlichen Rechtsvorschriften die in Absatz 2 genannte Mitteilung über ihr Unternehmen bzw. ihren Betrieb einzusehen.

(5) Wenn es zu einer Änderung der Arbeitsbedingungen kommt, durch die die Exposition gegenüber Asbeststaub oder Staub von asbesthaltigen Materialien erheblich zunehmen kann, muss eine neue Mitteilung erfolgen.

Art. 5 Die Spritzverarbeitung von Asbest mittels Beflockung sowie Tätigkeiten, bei denen asbesthaltige Isoliermaterialien oder Dämmstoffe mit geringer Dichte (weniger als 1 g/cm³) verarbeitet werden, sind untersagt.

Unbeschadet der Anwendung anderer Gemeinschaftsvorschriften über das Inverkehrbringen und die Verwendung von Asbest sind Tätigkeiten untersagt, bei denen die Arbeitnehmer Asbestfasern im Rahmen der Gewinnung von Asbest, der Herstellung und Verarbeitung von Asbesterzeugnissen oder der Herstellung und Verarbeitung von Erzeugnissen, denen absichtlich Asbest zugesetzt worden ist, ausgesetzt sind; von diesem Verbot ausgenommen sind die Behandlung und die Entsorgung von Materialien, die bei Abbruch- und Asbestsanierungsarbeiten anfallen.

Art. 6 Für alle in Artikel 3 Absatz 1 genannten Tätigkeiten ist die Exposition von Arbeitnehmern gegenüber Asbeststaub oder Staub von asbesthaltigen Materialien am Arbeitsplatz auf ein Minimum zu reduzieren und in jedem Fall unter den Grenzwert nach Artikel 8 zu senken, und zwar insbesondere durch folgende Maßnahmen:

a) die Zahl der Arbeitnehmer, die Asbeststaub oder Staub von asbesthaltigen Materialien ausgesetzt sind oder ausgesetzt sein könnten, ist so weit wie möglich zu reduzieren;

b) die Arbeitsverfahren sind so zu gestalten, dass kein Asbeststaub entsteht; ist dies nicht möglich, muss die Freisetzung von Asbeststaub in die Luft vermieden werden;

c) alle Betriebsräume sowie Ausrüstungen, die bei der Bearbeitung von Asbest Verwendung finden, müssen regelmäßig wirksam gereinigt und gewartet werden können;

d) Asbest, Asbeststaub freisetzendes oder asbesthaltiges Material ist in geeigneten geschlossenen Behältnissen aufzubewahren und zu transportieren;

e) Abfälle müssen gesammelt und so rasch wie möglich vom Arbeitsplatz in geeigneten geschlossenen Behältnissen entfernt werden, deren Kennzeichnung auf Asbest als Inhalt hinweist; diese Maßnahme gilt nicht für bergbauliche Tätigkeiten; solche Abfälle sind gemäß der Richtlinie 91/689/EWG des Rates vom 12. Dezember 1991 über gefährliche Abfälle zu behandeln.

Art. 7 (1) Je nach den Ergebnissen der anfänglichen Gefährdungsbeurteilung und um die Einhaltung des in Artikel 8 festgelegten Grenzwerts zu gewährleisten, ist die Konzentration der Asbestfasern in der Luft am Arbeitsplatz regelmäßig zu messen.

(2) Die Probenahme muss für das Ausmaß, in dem der einzelne Arbeitnehmer Asbeststaub oder Staub von asbesthaltigen Materialien ausgesetzt ist, repräsentativ sein.

(3) Die Probenahmen werden nach Anhörung der Arbeitnehmer und/oder ihrer Vertreter im Unternehmen oder Betrieb durchgeführt.

(4) Die Probenahmen sind von entsprechend qualifizierten Personen durchzuführen. Die anschließende Analyse der Proben gemäß Absatz 6 ist in Laboratorien durchzuführen, die für die Zählung der Fasern ausgerüstet sind.

(5) Die Dauer der Probenahmen muss so gewählt werden, dass durch Messung oder zeitlich gewichtete Berechnung die Exposition repräsentativ für eine Referenzzeit von acht Stunden (eine Schicht) ermittelt werden kann.

(6) Die Fasern sind, wo immer möglich, mit dem Phasenkontrastmikroskop (PCM) zu zählen, und zwar unter Anwendung des von der Weltgesundheitsorganisation (WHO) 1997 empfohlenen Verfahrens (*Determination of airborne fibre number concentrations. A recommended method, by phase-contrast optical microscopy (membrane filter method)*, WHO, Genf 1997 (ISBN 92-4-154496-1) oder eines anderen Verfahrens, das zu gleichwertigen Ergebnissen führt.

Zum Zwecke der in Absatz 1 genannten Messung von Asbestfasern in der Luft sind nur Fasern mit einer Länge von mehr als 5 Mikrometern und einer Breite von weniger als 3 Mikrometern sowie einem Verhältnis Länge/Breite von mehr als 3:1 zu berücksichtigen.

Art. 8 Der Arbeitgeber muss sicherstellen, dass kein Arbeitnehmer einer Asbestfaserkonzentration in der Luft von mehr als 0,1 Fasern pro cm³ ausgesetzt wird, berechnet als gewichteter Mittelwert für einen Referenzzeitraum von 8 Stunden (TWA).

Art. 9 (aufgehoben)
(VO (EU) 2019/1243)

Art. 10 (1) Wird der in Artikel 8 festgelegte Grenzwert überschritten, so sind die Ursachen für diese Überschreitung festzustellen und so bald wie möglich geeignete Abhilfemaßnahmen zu treffen.

Die Arbeit in dem betreffenden Bereich darf nur fortgesetzt werden, wenn für die betroffenen Arbeitnehmer geeignete Schutzmaßnahmen ergriffen werden.

(2) Zur Überprüfung der Wirksamkeit der in Absatz 1 Unterabsatz 1 genannten Maßnahmen wird der Asbestgehalt der Luft unverzüglich neu ermittelt.

(3) Kann die Exposition nicht auf andere Weise reduziert werden und erweist sich daher das Überschreiten des Grenzwerts das Tragen individueller Atemschutzgeräte als erforderlich, so darf dies nicht auf Dauer geschehen, sondern muss für jeden Arbeitnehmer auf ein absolutes zeitliches Minimum begrenzt werden. Während der Dauer der

Tätigkeiten, bei denen das Tragen individueller Atemschutzgeräte erforderlich ist, werden je nach physischer und klimatischer Belastung und gegebenenfalls in Absprache mit den Arbeitnehmern und/oder ihren Vertretern im Unternehmen oder Betrieb gemäß den einzelstaatlichen Rechtsvorschriften und der einzelstaatlichen Praxis Ruhepausen vorgesehen.

Art. 11 Vor Beginn von Abbruch- oder Instandhaltungsarbeiten treffen die Arbeitgeber, gegebenenfalls nach Einholung entsprechender Informationen beim Eigentümer, die geeigneten Vorkehrungen, um vermutlich asbesthaltige Materialien zu ermitteln.

Besteht Grund zu der Annahme, dass ein Material oder Gebäude Asbest enthält, dann sind die einschlägigen Vorschriften dieser Richtlinie zu befolgen.

Art. 12 Bei bestimmten Tätigkeiten, wie Abbruch-, Asbestsanierungs-, Reparatur- oder Instandhaltungsarbeiten, bei denen trotz der technischen Vorbeugungsmaßnahmen zur Begrenzung der Asbestkonzentration in der Luft eine Überschreitung des in Artikel 8 festgelegten Grenzwerts vorherzusehen ist, beschließt der Arbeitgeber die zum Schutz der Arbeitnehmer bei diesen Tätigkeiten zu ergreifenden Maßnahmen, die insbesondere Folgendes umfassen:

a) die Arbeitnehmer erhalten geeignete Atemschutzgeräte und andere persönliche Schutzausrüstungen, die getragen werden müssen, und

b) es werden Warnschilder angebracht, die darauf hinweisen, dass der in Artikel 8 festgelegte Grenzwert voraussichtlich überschritten wird, und

c) die Ausbreitung von Asbeststaub oder Staub von asbesthaltigen Materialien außerhalb der Betriebsräume/Arbeitsorte wird verhindert.

Die Arbeitnehmer und/oder ihre Vertreter im Unternehmen oder Betrieb werden vor Durchführung dieser Tätigkeiten zu den betreffenden Maßnahmen angehört.

Art. 13 (1) Vor Beginn der Abbrucharbeiten oder der Entfernung von Asbest und/oder asbesthaltigen Materialien aus Gebäuden, Bauten, Geräten und Anlagen sowie aus Schiffen ist ein Arbeitsplan aufzustellen.

(2) In dem in Absatz 1 genannten Arbeitsplan sind die Maßnahmen aufzuführen, die für die Sicherheit und den Schutz der Gesundheit der Arbeitnehmer am Arbeitsplatz erforderlich sind.

Der Arbeitsplan muss insbesondere Folgendes vorsehen:

a) der Asbest und/oder die asbesthaltigen Materialien werden vor Anwendung der Abbruchtechniken entfernt, außer in den Fällen, in denen diese Entfernung für die Arbeitnehmer eine größere Gefahr verursachen würde, als wenn der Asbest und/oder die asbesthaltigen Materialien an Ort und Stelle verbleiben würden;

b) erforderlichenfalls werden die in Artikel 12 Absatz 1 Buchstabe a genannten persönlichen Schutzausrüstungen zur Verfügung gestellt;

c) nach Abschluss der Abbruch- oder Asbestsanierungsarbeiten muss entsprechend den einzelstaatlichen Rechtsvorschriften und der einzelstaatlichen Praxis überprüft werden, dass keine Gefährdung durch Asbest am Arbeitsplatz mehr besteht.

Auf Verlangen der zuständigen Behörden muss der Arbeitsplan Angaben über folgende Punkte enthalten:

a) Art und voraussichtliche Dauer der Arbeiten;

b) Ort der Ausführung der Arbeiten;

c) angewendete Arbeitsweise, wenn bei den Arbeiten mit Asbest oder asbesthaltigen Materialien umgegangen wird;

d) Eigenschaften der Ausrüstungen für
 i) den Schutz und die Dekontaminierung des mit Asbest betrauten Personals,
 ii) den Schutz sonstiger Personen, die sich am Ort der Arbeiten oder in dessen Nähe aufhalten.

(3) Auf Verlangen der zuständigen Behörden muss ihnen der in Absatz 1 genannte Arbeitsplan vor Beginn der vorgesehenen Arbeiten bekannt gegeben werden.

Art. 14 (1) Die Arbeitgeber müssen für alle Arbeitnehmer, die Asbeststaub oder Staub von asbesthaltigen Materialien ausgesetzt sind oder ausgesetzt sein können, eine angemessene Unterweisung durchführen. Diese Unterweisung muss in regelmäßigen Abständen erfolgen und für die Arbeitnehmer kostenlos sein.

(2) Der Inhalt der Unterweisung muss für die Arbeitnehmer leicht verständlich sein. Die Unterweisung muss den Arbeitnehmern die Kenntnisse und die Kompetenz vermitteln, die für Vorbeugung und Sicherheit erforderlich sind, und zwar insbesondere hinsichtlich folgender Punkte:

a) Eigenschaften von Asbest und seine Auswirkungen auf die Gesundheit einschließlich der synergistischen Wirkung des Rauchens;

b) Arten von Erzeugnissen oder Materialien, die Asbest enthalten können;

c) Arbeiten, bei denen eine Asbestexposition auftreten kann, und die Bedeutung von Vorkehrungen zur Expositionsminderung;

d) sichere Arbeitsverfahren, Kontrollen und persönliche Schutzausrüstungen;

e) Zweck, Angebot und Auswahl, Wirkungsgrenzen und richtiger Einsatz von Atemschutzausrüstungen;

f) Notfallverfahren;

g) Dekontaminationsverfahren;

h) Abfallbeseitigung;

i) erforderliche ärztliche Untersuchungen.

(3) Praktische Leitlinien für die Unterweisung von in der Asbestbeseitigung tätigen Arbeitnehmern sind auf Gemeinschaftsebene auszuarbeiten.

Art. 15 Vor der Durchführung von Abbruch- oder Asbestsanierungsarbeiten müssen die Unternehmen ihre einschlägige Fachkenntnis nachweisen. Diese Nachweise sind gemäß den einzelstaatlichen Rechtsvorschriften und/oder der einzelstaatlichen Praxis zu erbringen.

Art. 16 (1) Für jede in Artikel 3 Absatz 1 genannte Tätigkeit werden vorbehaltlich des Artikels 3 Absatz 3 geeignete Maßnahmen getroffen, mit denen Folgendes gewährleistet wird:
a) die Bereiche, in denen diese Tätigkeiten durchgeführt werden,
  i) müssen deutlich abgegrenzt und mit Warnschildern versehen werden;
  ii) dürfen nur den Arbeitnehmern zugänglich sein, die diese Bereiche aus beruflichen Gründen oder aufgrund ihrer Tätigkeit betreten müssen;
  iii) müssen zu Bereichen erklärt werden, in denen nicht geraucht werden darf;
b) es müssen Bereiche eingerichtet werden, in denen die Arbeitnehmer ohne die Gefahr einer Verunreinigung durch Asbeststaub essen und trinken können;
c) den Arbeitnehmern ist geeignete Arbeits- oder Schutzkleidung zur Verfügung zu stellen; die Arbeits- oder Schutzkleidung muss im Betrieb bleiben; die Reinigung kann aber in dafür ausgerüsteten Einrichtungen außerhalb des Betriebs erfolgen, wenn dieser die Reinigung nicht selbst vornimmt; in diesem Fall ist die Kleidung in geschlossenen Behältern zu befördern;
d) es muss sichergestellt werden, dass die Arbeits- oder Schutzkleidung und die Straßenkleidung getrennt aufbewahrt werden;
e) den Arbeitnehmern müssen geeignete Waschräume – die im Falle von Staub verursachenden Tätigkeiten mit Duschen ausgerüstet sind – zur Verfügung stehen;
f) die Schutzausrüstungen müssen in einem dafür vorgesehenen Raum untergebracht und nach jedem Gebrauch geprüft und gereinigt werden; fehlerhafte Ausrüstungen sind vor einem erneuten Gebrauch auszubessern oder auszutauschen.

(2) Die Kosten für die Maßnahmen nach Absatz 1 dürfen nicht zu Lasten der Arbeitnehmer gehen.

Art. 17 (1) Für jede in Artikel 3 Absatz 1 genannte Tätigkeit werden geeignete Maßnahmen getroffen, damit die Arbeitnehmer sowie ihre Vertreter im Unternehmen oder Betrieb in angemessener Weise über Folgendes unterrichtet werden:
a) die Gefahren für die Gesundheit infolge Exposition gegenüber Asbeststaub oder Staub von asbesthaltigen Materialien;
b) die vorgeschriebenen Grenzwerte und die Notwendigkeit der Überwachung der Luft;
c) die Vorschriften über die Hygienemaßnahmen, einschließlich der Notwendigkeit, nicht zu rauchen;
d) die erforderlichen Vorsichtsmaßnahmen in Bezug auf das Tragen und die Verwendung von Schutzausrüstung und Schutzkleidung;
e) die besonderen Vorsichtsmaßnahmen, um die Asbestexposition so weit wie möglich zu verringern.

(2) Abgesehen von den in Absatz 1 genannten Maßnahmen und vorbehaltlich des Artikels 3 Absatz 3 werden geeignete Maßnahmen getroffen,
a) damit den Arbeitnehmern und/oder ihren Vertretern im Unternehmen oder Betrieb die Ergebnisse der Messungen des Asbestgehalts der Luft zugänglich sind und sie Auskünfte über die Bedeutung dieser Ergebnisse erhalten können;
b) damit – sofern die Ergebnisse den in Artikel 8 festgelegten Grenzwert überschreiten – die betroffenen Arbeitnehmer sowie ihre Vertreter im Unternehmen oder Betrieb so rasch wie möglich von diesen Überschreitungen und ihrer Ursache unterrichtet werden; die Arbeitnehmer und/oder ihre Vertreter im Unternehmen oder Betrieb werden zu den zu treffenden Maßnahmen gehört oder in dringenden Fällen über die getroffenen Maßnahmen unterrichtet.

Art. 18 (1) Vorbehaltlich des Artikels 3 Absatz 3 werden die in den Absätzen 2 bis 5 genannten Maßnahmen getroffen.

(2) Bevor ein Arbeitnehmer erstmals Asbeststaub oder Staub von asbesthaltigen Materialien ausgesetzt wird, muss ihm die Gelegenheit zu einer Gesundheitskontrolle gegeben werden.

Diese Gesundheitskontrolle muss eine besondere Thoraxuntersuchung umfassen. Für die ärztliche Überwachung der Arbeitnehmer können die Mitgliedstaaten auf die praktischen Empfehlungen in Anhang I zurückgreifen. Der Kommission wird die Befugnis übertragen, gemäß Artikel 18a delegierte Rechtsakte zur Änderung des Anhangs I zu erlassen, um ihn an den technischen Fortschritt anzupassen.

Ist in hinreichend begründeten Ausnahmefällen, in denen eine akute, unmittelbare und schwerwiegende Gefahr für die körperliche Gesundheit und Sicherheit von Arbeitnehmern oder anderen Personen gegeben ist, aus Gründen äußerster Dringlichkeit sehr kurzfristiges Handeln erforderlich, so findet das Verfahren gemäß Artikel 18b auf delegierte Rechtsakte, die gemäß dem vorliegenden Artikel erlassen werden, Anwendung.

Solche Gesundheitskontrollen müssen während des Expositionszeitraums mindestens einmal alle drei Jahre zur Verfügung stehen.

Für jeden Arbeitnehmer wird in Übereinstimmung mit den einzelstaatlichen Rechtsvorschriften und/oder Praktiken eine persönliche Gesundheitsakte angelegt.

(VO (EU) 2019/1243)

(3) Nach der in Absatz 2 Unterabsatz 2 genannten ärztlichen Überwachung äußern sich der Arzt oder die Behörde, die für die medizinische

Überwachung der Arbeitnehmer zuständig sind, in Übereinstimmung mit den einzelstaatlichen Rechtsvorschriften zu etwaigen individuellen Schutz- oder Vorbeugungsmaßnahmen oder entscheiden über diese.

Zu diesen Maßnahmen kann gegebenenfalls die Entfernung des Arbeitnehmers von jeder Asbestexposition gehören.

(4) Den Arbeitnehmern sind Auskünfte und Ratschläge hinsichtlich der Gesundheitskontrolle zu erteilen, der sie sich nach Ende der Exposition unterziehen können.

Der zuständige Arzt oder die für die arbeitsmedizinische Überwachung zuständige Behörde können darauf hinweisen, dass die ärztliche Überwachung nach Beendigung der Exposition so lange fortzusetzen ist, wie sie dies zur Sicherung der Gesundheit des Betreffenden für erforderlich halten.

Diese fortgesetzte Überwachung findet im Einklang mit den einzelstaatlichen Rechtsvorschriften und/oder der einzelstaatlichen Praxis statt.

(5) Der betreffende Arbeitnehmer oder der Arbeitgeber kann in Übereinstimmung mit den einzelstaatlichen Rechtsvorschriften eine Überprüfung der in Absatz 3 genannten Beurteilungen beantragen.

Art. 18a (1) Die Befugnis zum Erlass delegierter Rechtsakte wird der Kommission unter den in diesem Artikel festgelegten Bedingungen übertragen.

(2) Die Befugnis zum Erlass delegierter Rechtsakte gemäß Artikel 18 Absatz 2 wird der Kommission für einen Zeitraum von fünf Jahren ab dem 26. Juli 2019 übertragen. Die Kommission erstellt spätestens neun Monate vor Ablauf des Zeitraums von fünf Jahren einen Bericht über die Befugnisübertragung. Die Befugnisübertragung verlängert sich stillschweigend um Zeiträume gleicher Länge, es sei denn, das Europäische Parlament oder der Rat widersprechen einer solchen Verlängerung spätestens drei Monate vor Ablauf des jeweiligen Zeitraums.

(3) Die Befugnisübertragung gemäß Artikel 18 Absatz 2 kann vom Europäischen Parlament oder vom Rat jederzeit widerrufen werden. Der Beschluss über den Widerruf beendet die Übertragung der in diesem Beschluss angegebenen Befugnis. Er wird am Tag nach seiner Veröffentlichung im *Amtsblatt der Europäischen Union* oder zu einem im Beschluss über den Widerruf angegebenen späteren Zeitpunkt wirksam. Die Gültigkeit von delegierten Rechtsakten, die bereits in Kraft sind, wird von dem Beschluss über den Widerruf nicht berührt.

(4) Vor dem Erlass eines delegierten Rechtsakts konsultiert die Kommission die von den einzelnen Mitgliedstaaten benannten Sachverständigen im Einklang mit den in der Interinstitutionellen Vereinbarung vom 13. April 2016 über bessere Rechtsetzung (ABl. L 123 vom 12.5.2016, S. 1) enthaltenen Grundsätzen.

(5) Sobald die Kommission einen delegierten Rechtsakt erlässt, übermittelt sie ihn gleichzeitig dem Europäischen Parlament und dem Rat.

(6) Ein delegierter Rechtsakt, der gemäß Artikel 18 Absatz 2 erlassen wurde, tritt nur in Kraft, wenn weder das Europäische Parlament noch der Rat innerhalb der Frist von zwei Monaten nach Übermittlung dieses Rechtsakts an das Europäische Parlament und den Rat Einwände erhoben haben oder wenn vor Ablauf dieser Frist das Europäische Parlament und der Rat beide der Kommission mitgeteilt haben, dass sie keine Einwände erheben werden. Auf Initiative des Europäischen Parlaments oder des Rates wird diese Frist um zwei Monate verlängert.

(VO (EU) 2019/1243)

Art. 18b (1) Delegierte Rechtsakte, die nach diesem Artikel erlassen werden, treten umgehend in Kraft und sind anwendbar, solange keine Einwände gemäß Absatz 2 erhoben werden. Bei der Übermittlung eines delegierten Rechtsakts an das Europäische Parlament und den Rat werden die Gründe für die Anwendung des Dringlichkeitsverfahrens angegeben.

(2) Das Europäische Parlament oder der Rat können gemäß dem Verfahren des Artikels 18a Absatz 6 Einwände gegen einen delegierten Rechtsakt erheben. In diesem Fall hebt die Kommission den Rechtsakt umgehend nach der Übermittlung des Beschlusses des Europäischen Parlaments oder des Rates, Einwände zu erheben, auf.

(VO (EU) 2019/1243)

Art. 19 (1) Vorbehaltlich des Artikels 3 Absatz 3 werden die in den Absätzen 2, 3 und 4 genannten Maßnahmen getroffen.

(2) Der Arbeitgeber führt über die Arbeitnehmer, die die in Artikel 3 Absatz 1 genannten Tätigkeiten ausüben, ein Verzeichnis, in dem Art und Dauer ihrer Tätigkeit sowie die Gefährdung, der sie ausgesetzt gewesen sind, angegeben werden. Der Arzt und/oder die für die ärztliche Überwachung zuständige Behörde haben Zugang zu diesem Verzeichnis. Jeder Arbeitnehmer hat Zugang zu den ihn persönlich betreffenden Angaben, die in diesem Verzeichnis enthalten sind. Die Arbeitnehmer und/oder ihre Vertreter im Unternehmen oder Betrieb müssen die Möglichkeit haben, die in diesem Verzeichnis enthaltenen nichtpersonenbezogenen allgemeinen Informationen einzusehen.

(3) Das in Absatz 2 genannte Verzeichnis und die in Artikel 18 Absatz 2 Unterabsatz 4 genannten persönlichen Gesundheitsakten sind nach Ende der Exposition im Einklang mit den einzelstaatlichen Rechtsvorschriften und/oder der einzelstaatlichen Praxis mindestens 40 Jahre lang aufzubewahren.

(4) Die in Absatz 3 genannten Unterlagen sind im Einklang mit den einzelstaatlichen Rechtsvorschriften und/oder der einzelstaatlichen Praxis der zuständigen Behörde bei Schließung des Unternehmens oder Betriebs zur Verfügung zu stellen.

Art. 20 Die Mitgliedstaaten sehen angemessene Sanktionen vor, die bei einem Verstoß gegen die aufgrund dieser Richtlinie erlassenen einzelstaatlichen Rechtsvorschriften zu verhängen sind. Diese Sanktionen müssen wirksam, verhältnismäßig und abschreckend sein.

Art. 21 Die Mitgliedstaaten führen ein Verzeichnis aller anerkannten Fälle von Asbestose und Mesotheliom.

Art. 22 Alle fünf Jahre legen die Mitgliedstaaten der Kommission einen Bericht über die praktische Durchführung dieser Richtlinie vor, und zwar in der Form eines gesonderten Kapitels des in Artikel 17a Absätze 1, 2 und 3 der Richtlinie 89/391/EWG vorgesehenen Gesamtberichts, der als Grundlage für die Bewertung dient, die von der Kommission gemäß des genannten Artikels 17a Absatz 4 durchzuführen ist.

Art. 23 Die Mitgliedstaaten übermitteln der Kommission die innerstaatlichen Rechtsvorschriften, die sie auf dem unter diese Richtlinie fallenden Gebiet erlassen.

Art. 24 Die Richtlinie 83/477/EWG, in der Fassung der in Anhang II aufgeführten Richtlinien, wird unbeschadet der Verpflichtungen der Mitgliedstaaten hinsichtlich der in Anhang II Teil B genannten Fristen für die Umsetzung der dort genannten Richtlinien in innerstaatliches Recht aufgehoben.

Verweisungen auf die aufgehobene Richtlinie gelten als Verweisungen auf die vorliegende Richtlinie und sind nach Maßgabe der Entsprechungstabelle in Anhang III zu lesen.

Art. 25 Diese Richtlinie tritt am zwanzigsten Tag nach ihrer Veröffentlichung im *Amtsblatt der Europäischen Union* in Kraft.

Art. 26 Diese Richtlinie ist an die Mitgliedstaaten gerichtet.

ANHANG I
Praktische Empfehlungen für die ärztliche Überwachung der Arbeitnehmer nach Artikel 18 Absatz 2 Unterabsatz 2

1. Nach dem heutigen Wissensstand können Asbestfasern folgende Gesundheitsschäden verursachen:
   – Asbestose,
   – Mesotheliom,
   – Lungenkrebs,
   – gastrointestinalen Krebs.

2. Der Arzt und/oder die Behörde, die für die medizinische Überwachung der Arbeitnehmer, die Asbest ausgesetzt sind, zuständig sind, müssen mit den für jeden einzelnen Arbeitnehmer geltenden Expositionsbedingungen und -gegebenheiten vertraut sein.

3. Die Gesundheitsüberwachung der Arbeitnehmer sollte gemäß den Grundsätzen und der Praxis der Arbeitsmedizin durchgeführt werden. Sie sollte mindestens folgende Maßnahmen umfassen:
   – Führen von Akten über die Krankengeschichte und das Berufsleben des Arbeitnehmers,
   – persönliches Gespräch,
   – allgemeine klinische Untersuchung und insbesondere Untersuchung des Thorax,
   – Lungenfunktionstests (Atemvolumen und Atemfrequenz).

   Der für die Gesundheitsüberwachung zuständige Arzt und/oder die zuständige Behörde entscheiden im Einzelfall entsprechend dem neuesten arbeitsmedizinischen Wissensstand, ob weitere Untersuchungen, etwa eine zytologische Untersuchung des Sputums, eine Thorax-Röntgenuntersuchung oder eine Computertomografie, erforderlich sind.

ANHANG II
TEIL A
Aufgehobene Richtlinie mit Liste ihrer nachfolgenden Änderungen (gemäß Artikel 24)

Richtlinie 83/477/EWG des Rates
(ABl. L 263 vom 24.9.1983, S. 25)

Richtlinie 91/382/EWG des Rates (ABl. L 206 vom 29.7.1991, S. 16)	
Richtlinie 98/24/EG des Rates (ABl. L 131 vom 5.5.1998, S. 11)	Nur Artikel 13 Absatz 2
Richtlinie 2003/18/EG des Europäischen Parlaments und des Rates (ABl. L 97 vom 15.4.2003, S. 48)	
Richtlinie 2007/30/EG des Europäischen Parlaments und des Rates (ABl. L 165 vom 27.6.2007, S. 21)	Nur Artikel 2 Absatz 1

TEIL B
Fristen für die Umsetzung in innerstaatliches Recht (gemäß Artikel 24)

Richtlinie	Frist für die Umsetzung
83/477/EWG	31. Dezember 1986 ([1])
91/382/EWG	1. Januar 1993 ([2])
98/24/EG	5. Mai 2001
2003/18/EG	14. April 2006
2007/30/EG	31. Dezember 2012

([1]) Dieser Zeitpunkt wird jedoch für die Abbautätigkeiten zur Asbestgewinnung auf den 31. Dezember 1989 verschoben.
([2]) Für die Griechische Republik hat die Umsetzung der Richtlinie bis spätestens 1. Januar 1996 zu erfolgen. Die Umsetzungsfrist für die Abbautätigkeiten zur Asbestgewinnung wird jedoch für die Griechische Republik auf den 1. Januar 1999 und für alle anderen Mitgliedstaaten auf den 1. Januar 1996 festgesetzt.

ANHANG III
Entsprechungstabelle

Richtlinie 83/477/EWG	Vorliegende Richtlinie
Artikel 1 Absatz 1	Artikel 1 Absatz 1
Artikel 1 Absatz 2	—
Artikel 1 Absatz 3	Artikel 1 Absatz 2
Artikel 2 erster bis sechster Gedankenstrich	Artikel 2 Buchstaben a bis f
Artikel 3 Absätze 1 bis 3	Artikel 3 Absätze 1 bis 3
Artikel 3 Absatz 3a	Artikel 3 Absatz 4
Artikel 3 Absatz 4	Artikel 3 Absatz 5
Artikel 4 einleitende Worte	Artikel 4 Absatz 1
Artikel 4 Nummer 1	Artikel 4 Absatz 2
Artikel 4 Nummer 2	Artikel 4 Absatz 3
Artikel 4 Nummer 3	Artikel 4 Absatz 4
Artikel 4 Nummer 4	Artikel 4 Absatz 5
Artikel 5	Artikel 5
Artikel 6 Nummern 1 bis 5	Artikel 6 Buchstaben a bis e
Artikel 7 und 8	Artikel 7 und 8
Artikel 9 Absatz 2	Artikel 9
Artikel 10	Artikel 10
Artikel 10a	Artikel 11
Artikel 11 Absätze 1 und 2	Artikel 12 Absätze 1 und 2
Artikel 12 Absatz 1	Artikel 13 Absatz 1
Artikel 12 Absatz 2 Unterabsatz 1	Artikel 13 Absatz 2 Unterabsatz 1
Artikel 12 Absatz 2 Unterabsatz 2 erster Gedankenstrich	Artikel 13 Absatz 2 Unterabsatz 2 Buchstabe a
Artikel 12 Absatz 2 Unterabsatz 2 zweiter Gedankenstrich	Artikel 13 Absatz 2 Unterabsatz 2 Buchstabe b
Artikel 12 Absatz 2 Unterabsatz 2 dritter Gedankenstrich	Artikel 13 Absatz 2 Unterabsatz 2 Buchstabe c
Artikel 12 Absatz 2 Unterabsatz 3 erster Gedankenstrich	Artikel 13 Absatz 2 Unterabsatz 3 Buchstabe a
Artikel 12 Absatz 2 Unterabsatz 3 zweiter Gedankenstrich	Artikel 13 Absatz 2 Unterabsatz 3 Buchstabe b
Artikel 12 Absatz 2 Unterabsatz 3 dritter Gedankenstrich	Artikel 13 Absatz 2 Unterabsatz 3 Buchstabe c
Artikel 12 Absatz 2 Unterabsatz 3 vierter Gedankenstrich	Artikel 13 Absatz 2 Unterabsatz 3 Buchstabe d

6/22. AsbestRL
Anhang III

Richtlinie 83/477/EWG	Vorliegende Richtlinie
Artikel 12 Absatz 2 Unterabsatz 3 vierter Gedankenstrich erster Untergedankenstrich	Artikel 13 Absatz 2 Unterabsatz 3 Buchstabe d Ziffer i
Artikel 12 Absatz 2 Unterabsatz 3 vierter Gedankenstrich zweiter Untergedankenstrich	Artikel 13 Absatz 2 Unterabsatz 3 Buchstabe d Ziffer ii
Artikel 12 Absatz 3	Artikel 13 Absatz 3
Artikel 12a	Artikel 14
Artikel 12b	Artikel 15
Artikel 13 Absatz 1 Buchstabe a	Artikel 16 Absatz 1 Buchstabe a
Artikel 13 Absatz 1 Buchstabe b	Artikel 16 Absatz 1 Buchstabe b
Artikel 13 Absatz 1 Buchstabe c Ziffern i und ii	Artikel 16 Absatz 1 Buchstabe c
Artikel 13 Absatz 1 Buchstabe c Ziffer iii	Artikel 16 Absatz 1 Buchstabe d
Artikel 13 Absatz 1 Buchstabe c Ziffer iv	Artikel 16 Absatz 1 Buchstabe e
Artikel 13 Absatz 1 Buchstabe c Ziffer v	Artikel 16 Absatz 1 Buchstabe f
Artikel 13 Absatz 2	Artikel 16 Absatz 2
Artikel 14 Absatz 1 einleitender Satz	Artikel 17 Absatz 1 einleitender Satz
Artikel 14 Absatz 1 erster bis fünfter Gedankenstrich	Artikel 17 Absatz 1 Buchstaben a bis e
Artikel 14 Absatz 2	Artikel 17 Absatz 2
Artikel 15 einleitender Satz	Artikel 18 Absatz 1
Artikel 15 Nummern 1 bis 4	Artikel 18 Absätze 2 bis 5
Artikel 16 einleitender Satz	Artikel 19 Absatz 1
Artikel 16 Nummern 1 bis 3	Artikel 19 Absätze 2 bis 4
Artikel 16a	Artikel 20
Artikel 17	Artikel 21
Artikel 17a	Artikel 22
Artikel 18 Absatz 1	—
Artikel 18 Absatz 2	Artikel 23
—	Artikel 24
—	Artikel 25
Artikel 19	Artikel 26
Anhang II	Anhang I
—	Anhang II
—	Anhang III

6/23. Leiharbeitsrichtlinie Sicherheit und Gesundheitsschutz

Richtlinie 91/383/EWG des Rates zur Ergänzung der Maßnahmen zur Verbesserung der Sicherheit und des Gesundheitsschutzes von Arbeitnehmern mit befristetem Arbeitsverhältnis oder Leiharbeitsverhältnis vom 25. Juni 1991

(ABl. Nr. L 206 v. 29.7.1991, S. 19; geändert durch die RL 2007/30/EG,
ABl. Nr. L 165 v. 27.6.2007, S. 21)
(nicht amtlich aktualisierte Fassung)

GLIEDERUNG

ABSCHNITT I: Anwendungsbereich und Zweck
Art. 1: Anwendungsbereich
Art. 2: Zweck

ABSCHNITT II: Allgemeine Bestimmungen
Art. 3: Unterrichtung der Arbeitnehmer
Art. 4: Unterweisung der Arbeitnehmer
Art. 5: Einsatz und ärztliche Überwachung der Arbeitnehmer
Art. 6: Mit Schutzmaßnahmen und Maßnahmen zur Gefahrenverhütung beauftragte Dienste

ABSCHNITT III: Besondere Bestimmungen
Art. 7: Leiharbeitsverhältnisse: Unterrichtung
Art. 8: Leiharbeitsverhältnisse: Verantwortung

ABSCHNITT IV: Verschiedene Bestimmungen
Art. 9: Günstigere Bestimmungen
Art. 10: Schlussbestimmungen
Art. 10a: Durchführungsbericht
Art. 11

DER RAT DER RUROPÄISCHEN GEMEINSCHAFTEN –

gestützt auf den Vertrag zur Gründung der Europäischen Wirtschaftsgemeinschaft, insbesondere auf Artikel 118a,

auf Vorschlag der Kommission (ABl. Nr. C 224 v. 8.9.1990, S. 4),

in Zusammenarbeit mit dem Europäischen Parlament (Stellungnahme vom 20. November 1990, ABl. Nr. C 324 v. 24.12.1990, S. 96, und ABl. Nr. C 158 v. 17.6.1991, S. 81),

nach Stellungnahme des Wirtschafts- und Sozialausschusses (ABl. Nr. C 332 v. 31.12.1990, S. 167),

in Erwägung nachstehender Gründe:

Artikel 118a des Vertrages sieht vor, daß der Rat durch Richtlinien Mindestvorschriften festlegt, die die Verbesserung insbesondere der Arbeitsumwelt fördern, um die Sicherheit und die Gesundheit der Arbeitnehmer verstärkt zu schützen.

Gemäß diesem Artikel sollen diese Richtlinien keine verwaltungsmäßigen, finanziellen oder rechtlichen Auflagen vorschreiben, die der Gründung und Entwicklung von Klein- und Mittelbetrieben entgegenstehen.

Arbeitsformen wie befristete Arbeit oder Leiharbeit haben erheblich zugenommen.

Untersuchungen haben gezeigt, daß Arbeitnehmer mit befristetem Arbeitsverhältnis oder Leiharbeitsverhältnis in einigen Bereichen generell in höherem Maße als andere Beschäftigte der Gefahr von Arbeitsunfällen und Berufskrankheiten ausgesetzt sind.

Diese in einigen Bereichen gegebene zusätzliche Gefährdung hängt zum Teil mit bestimmten besonderen Formen der Einbeziehung in den Betrieb zusammen. Diese Gefährdung kann durch eine angemessene Unterrichtung und Unterweisung zu Beginn des Arbeitsverhältnisses verringert werden.

Die Richtlinien auf dem Gebiet der Sicherheit und des Gesundheitsschutzes am Arbeitsplatz, insbesondere die Richtlinie 89/391/EWG des Rates vom 12. Juni 1989 über die Durchführung von Maßnahmen zur Verbesserung der Sicherheit und des Gesundheitsschutzes der Arbeitnehmer bei der Arbeit, enthalten Vorschriften, die auf die Verbesserung der Sicherheit und des Gesundheitsschutzes der Arbeitnehmer im allgemeinen abzielen.

Die besondere Lage der Arbeitnehmer mit befristetem Arbeitsverhältnis oder Leiharbeitsverhältnis und die besonderen Risiken, denen sie in einigen Bereichen ausgesetzt sind, erfordern besondere ergänzende Vorschriften, insbesondere über die Unterrichtung, die Unterweisung und die ärztliche Überwachung der betreffenden Arbeitnehmer.

Diese Richtlinie soll einen konkreten Beitrag zur Verwirklichung der sozialen Dimension des Binnenmarktes leisten –

HAT FOLGENDE RICHTLINIE ERLASSEN:

ABSCHNITT I
Anwendungsbereich und Zweck

Anwendungsbereich

Art. 1 Diese Richtlinie gilt für

1. Arbeitsverhältnisse auf der Grundlage eines befristeten Arbeitsvertrags, der unmittelbar zwischen Arbeitgeber und Arbeitnehmer geschlossen und in dem das Vertragsende nach objektiven Bedingungen festgelegt wird, etwa: Erreichen eines bestimmten Datums, Abschluß eines bestimmten Arbeitsauftrags oder Eintritt eines bestimmten Ereignisses;
2. Leiharbeitsverhältnisse zwischen einem Leiharbeitsunternehmen als Arbeitgeber einerseits und einem Arbeitnehmer andererseits, wobei letzterer zur Verfügung gestellt wird, um für und unter der Kontrolle eines entleihenden Unternehmens und/oder einer entleihenden Einrichtung zu arbeiten.

Zweck

Art. 2 (1) Ziel dieser Richtlinie ist es sicherzustellen, daß Arbeitnehmer mit einem Arbeitsverhältnis im Sinne des Artikels 1 im Hinblick auf Sicherheit und Gesundheitsschutz am Arbeitsplatz das gleiche Schutzniveau wie die anderen Arbeitnehmer des entleihenden Unternehmens und/oder der entleihenden Einrichtung genießen.

(2) Das Bestehen eines Arbeitsverhältnisses im Sinne des Artikels 1 darf in bezug auf die Arbeitsbedingungen nicht zu einer Ungleichbehandlung führen, soweit es sich um die Sicherheit und den Gesundheitsschutz am Arbeitsplatz und insbesondere um die Inanspruchnahme individueller Schutzeinrichtungen handelt.

(3) Die Bestimmungen der Richtlinie 89/391/EWG sowie die Einzelrichtlinien im Sinne des Artikels 16 Absatz 1 der Richtlinie 89/391/EWG finden unbeschadet strengerer und/oder spezifischerer Vorschriften der vorliegenden Richtlinie auf Arbeitnehmer mit einem Arbeitsverhältnis im Sinne des Artikels 1 voll Anwendung.

ABSCHNITT II
Allgemeine Bestimmungen

Unterrichtung der Arbeitnehmer

Art. 3 Die Mitgliedstaaten treffen unbeschadet des Artikels 10 der Richtlinie 89/391/EWG die erforderlichen Vorkehrungen, damit

1. jeder Arbeitnehmer mit einem Arbeitsverhältnis im Sinne des Artikels 1, bevor er eine Tätigkeit aufnimmt, vom entleihenden Unternehmen und/oder der entleihenden Einrichtung über die Risiken, denen er ausgesetzt sein könnte, unterrichtet wird;
2. diese Unterrichtung über folgendes Aufschluß gibt:
   - insbesondere die Notwendigkeit besonderer Qualifikationen bzw. beruflicher Fähigkeiten oder einer besonderen ärztlichen Überwachung, wie sie in der nationalen Gesetzgebung definiert ist, und
   - etwaige erhöhte spezifische Risiken des zu besetzenden Arbeitsplatzes, wie sie in der nationalen Gesetzgebung definiert sind.

Unterweisung der Arbeitnehmer

Art. 4 Die Mitgliedstaaten treffen unbeschadet des Artikels 12 der Richtlinie 89/391/EWG die erforderlichen Vorkehrungen, damit der Arbeitnehmer in den in Artikel 3 genannten Fällen unter Berücksichtigung seiner Qualifikation und seiner Erfahrung eine ausreichende und den besonderen Merkmalen des Arbeitsplatzes entsprechende Unterweisung erhält.

Einsatz und ärztliche Überwachung der Arbeitnehmer

Art. 5 (1) Die Mitgliedstaaten können verbieten, daß Arbeitnehmer mit einem Arbeitsverhältnis im Sinne des Artikels 1 für bestimmte mit besonderen Risiken für die Sicherheit oder die Gesundheit dieser Arbeitnehmer verbundene Arbeiten, wie sie in den einzelstaatlichen Rechtsvorschriften festgelegt sind, und insbesondere für bestimmte Arbeiten, für die in den einzelstaatlichen Rechtsvorschriften eine besondere ärztliche Überwachung vorgesehen ist, eingesetzt werden.

(2) Machen die Mitgliedstaaten von der in Absatz 1 genannten Möglichkeit nicht Gebrauch, so treffen sie unbeschadet des Artikels 14 der Richtlinie 89/391/EWG die erforderlichen Vorkehrungen, damit Arbeitnehmern mit einem Arbeitsverhältnis im Sinne des Artikels 1, die für Arbeiten eingesetzt werden, für die in den einzelstaatlichen Rechtsvorschriften eine besondere ärztliche Überwachung vorgesehen ist, eine angemessene besondere ärztliche Überwachung zugute kommt.

(3) Die Mitgliedstaaten können vorsehen, daß die in Absatz 2 vorgesehene angemessene besondere ärztliche Überwachung auch nach Beendigung des Arbeitsverhältnisses fortgesetzt wird.

Mit Schutzmaßnahmen und Maßnahmen zur Gefahrenverhütung beauftragte Dienste

Art. 6 Die Mitgliedstaaten treffen die erforderlichen Vorkehrungen, damit die Arbeitnehmer, Dienste oder Personen, die nach Artikel 7 der Richtlinie 89/391/EWG mit Schutzmaßnahmen und Maßnahmen zur Verhütung berufsbedingter Gefahren beauftragt werden, über den Einsatz von Arbeitnehmern mit einem Arbeitsverhältnis im Sinne des Artikels 1 unterrichtet werden, soweit dies erforderlich ist, damit die beauftragten Arbeitnehmer, Dienste oder Personen der Schutz- und Verhütungsmaßnahmen für alle Arbeitnehmer des Unternehmens und/oder der Einrichtung in angemessener Weise durchführen können.

ABSCHNITT III
Besondere Bestimmungen

Leiharbeitsverhältnisse: Unterrichtung

Art. 7 Unbeschadet des Artikels 3 treffen die Mitgliedstaaten die erforderlichen Vorkehrungen, damit

1. das entleihende Unternehmen und/oder die entleihende Einrichtung dem Leiharbeitsunternehmen vor der Überlassung des Arbeitnehmers mit einem Arbeitsverhältnis im Sinne des Artikels 1 Nummer 2 insbesondere die erforderliche berufliche Qualifikation und die besonderen Merkmale des zu besetzenden Arbeitsplatzes angibt;
2. das Leiharbeitsunternehmen diese Angaben den betreffenden Arbeitnehmern vollständig zur Kenntnis bringt.

Die Mitgliedstaaten können vorsehen, daß die nach Absatz 1 Nummer 1 von dem entleihenden Unternehmen und/oder der entleihenden Einrichtung dem Leiharbeitsunternehmen zu machenden Angaben in einen Vertrag über die Arbeitnehmerüberlassung aufzunehmen sind.

Leiharbeitsverhältnisse: Verantwortung

Art. 8 Die Mitgliedstaaten treffen die erforderlichen Vorkehrungen, damit

1. unbeschadet der durch die einzelstaatlichen Rechtsvorschriften festgelegten Verantwortung des Leiharbeitsunternehmens das entleihende Unternehmen und/oder die entleihende Einrichtung während der Dauer des Arbeitsauftrags für die Bedingungen der Arbeitsausführung verantwortlich ist;
2. für die Anwendung der Nummer 1 die Bedingungen für die Arbeitsausführung ausschließlich diejenigen umfassen, die mit der Sicherheit, der Hygiene und dem Gesundheitsschutz am Arbeitsplatz zusammenhängen.

ABSCHNITT IV
Verschiedene Bestimmungen

Günstigere Bestimmungen

Art. 9 Diese Richtlinie berührt in keiner Weise bestehende oder künftige einzelstaatliche oder gemeinschaftliche Rechtsvorschriften, die den Arbeitnehmern mit einem Arbeitsverhältnis im Sinne des Artikels 1 günstiger Bedingungen in bezug auf die Sicherheit und den Gesundheitsschutz am Arbeitsplatz bieten.

Schlussbestimmungen

Art. 10 (1) Die Mitgliedstaaten erlassen die erforderlichen Rechts- und Verwaltungsvorschriften, um dieser Richtlinie bis spätestens 31. Dezember 1992 nachzukommen. Sie setzen die Kommission unverzüglich davon in Kenntnis.

Wenn die Mitgliedstaaten Vorschriften nach Unterabsatz 1 erlassen, nehmen sie in diesen selbst oder durch einen Hinweis bei der amtlichen Veröffentlichung auf diese Richtlinie Bezug. Sie regeln die Einzelheiten der Bezugnahme.

(2) Die Mitgliedstaaten teilen der Kommission den Wortlaut der einzelstaatlichen Rechtsvorschriften mit, die auf dem unter diese Richtlinie fallenden Gebiet erlassen worden sind oder von ihnen erlassen werden.

(Art. 10 Abs. 3 u. 4 aufgehoben durch Art. 3 Z. 7 der RL 2007/30/EG)

Durchführungsbericht

Art. 10a Alle fünf Jahre legen die Mitgliedstaaten der Kommission einen Bericht über die praktische Durchführung dieser Richtlinie vor, und zwar in Form eines gesonderten Kapitels des in Artikel 17a Absätze 1, 2 und 3 der Richtlinie 89/391/EWG vorgesehenen Gesamtberichts, der als Grundlage für die Bewertung dient, die von der Kommission gemäß Artikel 17a Absatz 4 jener Richtlinie durchzuführen ist.

(Art. 10a eingefügt durch Art. 2 Abs. 2 der RL 2007/30/EG)

Art. 11 Diese Richtlinie ist an die Mitgliedstaaten gerichtet.

6/24. Jugendarbeitsschutzrichtlinie

Richtlinie 94/33/EG des Rates über den Jugendarbeitsschutz vom 22. Juni 1994

(ABl. Nr. L 216 v. 20.8.1994, S. 12; geändert durch die RL 2007/30/EG, ABl. Nr. L 165 v. 27.6.2007, S. 21; geändert durch die RL 2014/27/EU, ABl. Nr. L 65 v. 5.3.2014, S. 1; geändert durch die VO (EU) 2019/1243, ABl. Nr. L 198 v. 25.7.2019, S. 241)
(nicht amtlich aktualisierte Fassung)

GLIEDERUNG

ABSCHNITT I
Art. 1: Gegenstand
Art. 2: Geltungsbereich
Art. 3: Begriffsbestimmungen
Art. 4: Verbot der Kinderarbeit
Art. 5: Kulturelle und ähnliche Aktivitäten

ABSCHNITT II
Art. 6: Allgemeine Pflichten des Arbeitgebers
Art. 7: Gefährdungen für junge Menschen – Beschäftigungsverbote

ABSCHNITT III
Art. 8: Arbeitszeit
Art. 9: Nachtarbeit
Art. 10: Ruhezeiten
Art. 11: Jahresruhezeit
Art. 12: Pausen
Art. 13: Jugendarbeit in Fällen höherer Gewalt

ABSCHNITT IV
Art. 14: Maßnahmen
Art. 15: Änderungen des Anhangs
Art. 15a: Ausübung der Befugnisübertragung
Art. 16: Nichtrückschrittsklausel
Art. 17: Schlussbestimmungen
Art. 17a, 18: Durchführungsbericht

ANHANG

DER RAT DER EUROPÄISCHEN UNION –

gestützt auf den Vertrag zur Gründung der Europäischen Gemeinschaft, insbesondere auf Artikel 118a, auf Vorschlag der Kommission (ABl. Nr. C 84 v. 4.4.1992, S. 7),

nach Stellungnahme des Wirtschafts- und Sozialausschusses (ABl. Nr. C 313 v. 30.11.1992, S. 70),

gemäß dem Verfahren des Artikels 189c des Vertrags (ABl. Nr. C 21 v. 25.1.1993, S. 167, und ABl. Nr. C 91 v. 28.3.1994, S. 89),

in Erwägung nachstehender Gründe:

Art. 118a des Vertrags bestimmt, daß der Rat durch Richtlinie Mindestvorschriften zur Verbesserung insbesondere der Arbeitsumwelt erläßt, um einen besseren Schutz der Sicherheit und Gesundheit der Arbeitnehmer zu gewährleisten.

Nach demselben Artikel sollen diese Richtlinien keine verwaltungsmäßigen, finanziellen oder rechtlichen Aufgaben vorschreiben, die der Gründung und Entwicklung von Klein- und Mittelbetrieben entgegenstehen.

In der Gemeinschaftscharta der sozialen Grundrechte der Arbeitnehmer, die von den Staats- und Regierungschefs von elf Mitgliedstaaten auf der Tagung des Europäischen Rates in Straßburg am 9. Dezember 1989 verabschiedet wurde, heißt es unter Punkten 20 und 22:

„20. Unbeschadet günstigerer Vorschriften für Jugendliche, vor allem solcher Vorschriften, die ihre berufliche Eingliederung durch Berufsausbildung gewährleisten, und abgesehen von auf bestimmte leichte Arbeiten beschränkten Ausnahmen darf das Mindestalter für den Eintritt in das Arbeitsleben das Alter, in dem die Schulpflicht erlischt, nicht unterschreiten und in keinem Fall unter 15 Jahren liegen.

22. Es sind die notwendigen Maßnahmen zu ergreifen, um die arbeitsrechtlichen Vorschriften für junge Arbeitnehmer so umzugestalten, daß sie den Erfordernissen ihrer persönlichen Entwicklung und ihrem Bedarf an beruflicher Bildung und an Zugang zur Beschäftigung entsprechen.

Namentlich die Arbeitszeit der Arbeitnehmer unter 18 Jahren ist zu begrenzen – ohne daß dieses Gebot durch den Rückgriff auf Überstunden umgangen werden kann – und die Nachtarbeit zu untersagen, wobei für bestimmte durch die einzelstaatlichen Rechtsvorschriften und Regelungen festgelegte berufliche Tätigkeiten Ausnahmen gelten können."

Es ist den Grundsätzen der Internationalen Arbeitsorganisation hinsichtlich des Jugendarbeitsschutzes Rechnung zu tragen, einschließlich der Regeln über das Mindestalter für den Zugang zur Beschäftigung oder zur Arbeit.

In seiner Entschließung über die Kinderarbeit (ABl. Nr. C 190 v. 20.7.1987, S. 44) hat das Europäische Parlament die Aspekte der Arbeit Jugendlicher zusammengefaßt und insbesondere die Auswirkungen dieser Arbeit auf die Gesundheit,

6/24. JugendarbeitsschutzRL

Präambel, Art. 1

die Sicherheit sowie die körperliche und geistige Entwicklung der jungen Menschen hervorgehoben; es hat die Notwendigkeit unterstrichen, eine Richtlinie zu erlassen, die die einschlägigen nationalen Rechtsvorschriften vereinheitlicht.

Gemäß Art. 15 der RL 89/391/EWG des Rates vom 12. Juni 1989 über die Durchführung von Maßnahmen zur Verbesserung der Sicherheit und des Gesundheitsschutzes der Arbeitnehmer bei der Arbeit müssen besonders gefährdete Risikogruppen gegen die speziell sie bedrohenden Gefahren geschützt werden.

Da Kinder und Jugendliche als Gruppen mit besonderen Risiken betrachtet werden müssen, sind Maßnahmen für ihre Sicherheit und ihren Gesundheitsschutz zu treffen.

Die Gefährdungen für Kinder machen es erforderlich, daß die Mitgliedstaaten Kinderarbeit verbieten und dafür Sorge tragen, daß das Mindestalter für den Zugang zur Beschäftigung oder Arbeit nicht unter dem Alter, mit dem gemäß den einzelstaatlichen Rechtsvorschriften die Vollzeitschulpflicht endet, und in keinem Fall unter 15 Jahren liegt. Ausnahmen von dem Verbot der Kinderarbeit können nur in einzelnen Fällen und unter den in dieser Richtlinie genannten Bedingungen zugelassen werden. Sie dürfen sich auf keinen Fall auf den Schulbesuch und den Nutzen des Unterrichts nachteilig auswirken.

Die besonderen Merkmale des Übergangs von der Kindheit zum Erwachsenenalter machen eine strenge Regelung und einen strengen Schutz der Arbeit von Jugendlichen erforderlich.

Die Arbeitgeber müssen gewährleisten, daß die Arbeitsbedingungen dem Alter des jungen Menschen angepaßt sind.

Die Arbeitgeber müssen die für die Sicherheit und den Gesundheitsschutz der jungen Menschen erforderlichen Maßnahmen aufgrund einer Beurteilung der für die jungen Menschen mit ihrer Arbeit verbundenen Gefährdung treffen.

Die Mitgliedstaaten müssen die jungen Menschen vor den spezifischen Gefahren schützen, die aus der mangelnden Erfahrung, dem fehlenden Bewußtsein für tatsächliche oder potentielle Gefahren und der noch nicht abgeschlossenen Entwicklung des jungen Menschen herrühren.

Die Mitgliedstaaten müssen zu diesem Zweck eine Beschäftigung junger Menschen mit den in der vorliegenden Richtlinie genannten Arbeiten verbieten.

Mit dem Erlaß von eindeutigen Mindestvorschriften für die Arbeitszeitgestaltung können die Arbeitsbedingungen der jungen Menschen verbessert werden.

Die Höchstdauer der Arbeitszeit der jungen Menschen muß strikt begrenzt werden, und Nachtarbeit muß für junge Menschen verboten werden, ausgenommen in bestimmten, durch einzelstaatliche Rechtsvorschriften festzulegenden Tätigkeitsbereichen.

Die Mitgliedstaaten müssen geeignete Maßnahmen treffen, damit bei Jugendlichen, die noch in schulischer Ausbildung stehen, die Arbeitszeit sich nicht nachteilig auf die Fähigkeit auswirkt, dem Unterricht mit Nutzen zu folgen.

Die Zeit, die die jungen Menschen, die im Rahmen eines dualen Systems der theoretischen und/oder praktischen Berufsausbildung oder eines Betriebspraktikums arbeiten, für die Ausbildung aufwenden, muß als Teil der Arbeitszeit gelten.

Um die Sicherheit und Gesundheit der jungen Menschen zu gewährleisten, müssen ihnen Mindestruhezeiten – je Tag, Woche und Jahr – sowie angemessene Ruhepausen zugestanden werden.

Bei der wöchentlichen Ruhezeit muß der Unterschiedlichkeit der kulturellen, ethnischen, religiösen und anderen Faktoren in den Mitgliedstaaten hinreichend Rechnung getragen werden. Insbesondere fällt es in den Zuständigkeitsbereich eines jeden Mitgliedstaats, letztlich darüber zu befinden, ob und in welchem Maße der Sonntag in die wöchentliche Ruhezeit einzubeziehen ist.

Eine angemessene Arbeitserfahrung kann dazu beitragen, die jungen Menschen auf das berufliche und gesellschaftliche Leben von Erwachsenen vorzubereiten, vorausgesetzt, es wird dafür Sorge getragen, daß nachteilige Auswirkungen auf ihre Sicherheit, Gesundheit und Entwicklung vermieden werden.

Wenn Ausnahmen von den in dieser Richtlinie vorgesehenen Verboten und Einschränkungen für bestimmte Beschäftigungen oder besondere Situationen unumgänglich erscheinen, darf ihre Anwendung nicht die Grundsätze des festgelegten Schutzsystems beeinträchtigen.

Diese Richtlinie stellt ein konkretes Element im Rahmen der Verwirklichung der sozialen Dimension des Binnenmarktes dar.

Das von dieser Richtlinie vorgesehene Schutzsystem erfordert für seine konkrete Anwendung, daß die Mitgliedstaaten ein System von Maßnahmen einführen, die wirksam und angemessen sind.

Die Durchführung einiger Bestimmungen dieser Richtlinie stellt einen Mitgliedstaat in bezug auf sein System des Schutzes Jugendlicher bei der Arbeit vor besondere Schwierigkeiten. Diesem Mitgliedstaat sollte deshalb gestattet werden, die betreffenden Bestimmungen während eines angemessenen Zeitraums noch nicht anzuwenden –

HAT FOLGENDE RICHTLINIE ERLASSEN:

ABSCHNITT I
Geltungsbereich

Art. 1 (1) Die Mitgliedstaaten treffen die erforderlichen Maßnahmen, um die Kinderarbeit zu verbieten.

Sie tragen unter den in dieser Richtlinie vorgesehenen Bedingungen dafür Sorge, daß das Mindestalter für den Zugang zur Beschäftigung oder Arbeit nicht unter dem Alter, mit dem gemäß den einzelstaatlichen Rechtsvorschriften die

Vollzeitschulpflicht endet und in keinem Fall unter 15 Jahren liegt.

(2) Die Mitgliedstaaten tragen dafür Sorge, daß die Arbeit Jugendlicher unter den in dieser Richtlinie vorgesehenen Bedingungen streng geregelt und geschützt wird.

(3) Die Mitgliedstaaten tragen allgemein dafür Sorge, daß der Arbeitgeber gewährleistet, daß die Arbeitsbedingungen dem Alter der jungen Menschen angepaßt sind.

Sie tragen dafür Sorge, daß junge Menschen vor wirtschaftlicher Ausbeutung sowie vor Arbeiten geschützt werden, die ihrer Sicherheit, ihrer Gesundheit oder ihrer physischen, psychischen, moralischen oder sozialen Entwicklung schaden oder ihre Gesamtbildung beeinträchtigen könnten.

Geltungsbereich

Art. 2 (1) Diese Richtlinie gilt für Personen unter 18 Jahren, die einen Arbeitsvertrag haben oder in einem Arbeitsverhältnis stehen, der bzw. das durch das in einem Mitgliedstaat geltende Recht definiert ist und/oder dem in einem Mitgliedstaat geltenden Recht unterliegt.

(2) Die Mitgliedstaaten können durch Rechtsvorschrift vorsehen, daß diese Richtlinie im Rahmen von ihnen durch Rechtsvorschrift festgesetzter Grenzen und Bedingungen keine Anwendung findet auf gelegentliche oder kurzfristige

a) Hausarbeiten in einem Privathaushalt oder
b) Arbeiten in Familienbetrieben, sofern diese Arbeiten als für junge Menschen weder schädlich noch nachteilig noch gefährlich anzusehen sind.

Begriffsbestimmungen

Art. 3 In dieser Richtlinie bezeichnet der Ausdruck

a) *„junger Mensch"* jede Person unter 18 Jahren im Sinne des Artikels 2 Absatz 1;
b) *„Kind"* jeden jungen Menschen, der noch nicht 15 Jahre alt ist oder gemäß den einzelstaatlichen Rechtsvorschriften noch der Vollzeitschulpflicht unterliegt;
c) *„Jugendlicher"* jeden jungen Menschen, der mindestens 15, aber noch nicht 18 Jahre alt ist und gemäß den einzelstaatlichen Rechtsvorschriften nicht mehr der Vollzeitschulpflicht unterliegt;
d) *„leichte Arbeit"* jede Arbeit, die aufgrund ihrer Beschaffenheit und der besonderen Bedingungen, unter denen sie ausgeführt wird, sich
  i) weder auf die Sicherheit, die Gesundheit oder die Entwicklung der Kinder
  ii) noch auf ihren Schulbesuch, ihre Beteiligung an Programmen zur Berufsberatung oder -ausbildung, die von der zuständigen Stelle anerkannt sind, oder ihre Fähigkeit, dem Unterricht mit Nutzen zu folgen,

nachteilig auswirkt;

e) *„Arbeitszeit"* jegliche Zeitspanne, während der der junge Mensch gemäß den einzelstaatlichen Rechtsvorschriften und/oder Gepflogenheiten arbeitet, dem Arbeitgeber zur Verfügung steht und seine Tätigkeit ausübt oder Aufgaben wahrnimmt;
f) *„Ruhezeit"* jegliche Zeitspanne außerhalb der Arbeitszeit.

Verbot der Kinderarbeit

Art. 4 (1) Die Mitgliedstaaten treffen die erforderlichen Maßnahmen für ein Verbot der Kinderarbeit.

(2) Die Mitgliedstaaten können unter Berücksichtigung der Ziele des Artikels 1 durch Rechtsvorschrift vorsehen, daß das Verbot der Kinderarbeit nicht gilt für

a) Kinder, die unter Artikel 5 fallende Tätigkeiten ausüben;
b) Kinder, die mindestens 14 Jahre alt sind und im Rahmen eines Systems der dualen Ausbildung oder eines Betriebspraktikums arbeiten, sofern diese Arbeit unter den von der zuständigen Behörde vorgeschriebenen Bedingungen ausgeübt wird;
c) Kinder, die mindestens 14 Jahre alt sind und leichte Arbeiten mit Ausnahme der unter Artikel 5 fallenden leichten Arbeiten verrichten; leichte Arbeiten mit Ausnahme der unter Artikel 5 fallenden leichten Arbeiten dürfen jedoch nach Maßgabe der einzelstaatlichen Rechtsvorschriften in bestimmten Kategorien von Arbeiten für eine begrenzte Zahl von Stunden auch von Kindern ab 13 Jahren verrichtet werden.

(3) Die Mitgliedstaaten, die von der in Absatz 2 Buchstabe c) genannten Möglichkeit Gebrauch machen, legen die Arbeitsbedingungen für leichte Arbeiten nach Maßgabe dieser Richtlinie fest.

Kulturelle und ähnliche Aktivitäten

Art. 5 (1) Die Einstellung von Kindern im Hinblick auf ihre Mitwirkung bei kulturellen, künstlerischen, sportlichen oder Werbetätigkeiten bedarf der vorherigen Genehmigung im Einzelfall durch die zuständige Stelle.

(2) Die Mitgliedstaaten regeln durch Rechtsvorschrift die Arbeitsbedingungen der Kinder in den in Absatz 1 genannten Fällen sowie die Modalitäten des Verfahrens der vorherigen Genehmigung mit der Maßgabe, daß sich diese Tätigkeiten

i) weder auf die Sicherheit, die Gesundheit oder die Entwicklung der Kinder
ii) noch auf ihren Schulbesuch, auf ihre Beteiligung an Programmen zur Berufsberatung oder -ausbildung, die von der zuständigen Stelle anerkannt sind, oder ihre Fähigkeit, dem Unterricht mit Nutzen zu folgen,

nachteilig auswirken dürfen.

(3) Abweichend von dem in Absatz 1 vorgesehenen Verfahren können die Mitgliedstaaten durch Rechtsvorschrift vorsehen, daß Kinder, die mindestens 13 Jahre alt sind, im Hinblick auf ihre Mitwirkung bei kulturellen, künstlerischen, sportlichen oder Werbetätigkeiten unter von den Mitgliedstaaten festgesetzten Bedingungen beschäftigt werden dürfen.

(4) Mitgliedstaaten können Regelungen beibehalten, nach denen Modell-Agenturen einer besonderen Genehmigung für die Beschäftigung von Kindern bedürfen.

ABSCHNITT II
Allgemeine Pflichten des Arbeitgebers

Art. 6 (1) Unbeschadet des Artikels 4 Absatz 1 trifft der Arbeitgeber unter besonderer Berücksichtigung der in Artikel 7 Absatz 1 genannten spezifischen Gefahren die für die Sicherheit und den Gesundheitsschutz der jungen Menschen erforderlichen Maßnahmen.

(2) Der Arbeitgeber trifft die Maßnahmen gemäß Absatz 1 aufgrund einer Beurteilung der für die jungen Menschen mit ihrer Beschäftigung verbundenen Gefährdungen.

Die Beurteilung erfolgt vor Beginn der Beschäftigung des jungen Menschen und bei jeder bedeutenden Änderung der Arbeitsbedingungen; sie bezieht sich insbesondere auf folgende Punkte:

a) Einrichtung und Gestaltung der Arbeitsstätte und des Arbeitsplatzes;
b) Art, Grad und Dauer der physikalischen, chemischen und biologischen Einwirkungen;
c) Gestaltung, Auswahl und Einsatz von Arbeitsmitteln, insbesondere von Arbeitsstoffen, Maschinen, Geräten und Anlagen sowie den Umgang damit;
d) Gestaltung von Arbeitsverfahren und Arbeitsabläufen und deren Zusammenwirken (Arbeitsorganisation);
e) Stand von Ausbildung und Unterweisung der jungen Menschen.

Wenn diese Beurteilung ergibt, daß eine Gefahr für die Sicherheit, die körperliche oder geistige Gesundheit oder die Entwicklung der jungen Menschen besteht, so ist sicherzustellen, daß unbeschadet der Richtlinie 89/391/EWG in regelmäßigen Zeitabständen kostenlos eine angemessene Bewertung und Überwachung des Gesundheitszustandes der jungen Menschen erfolgt.

Die kostenlose Gesundheitsbewertung und -überwachung kann Bestandteil eines nationalen Gesundheitssystems sein.

(3) Der Arbeitgeber unterrichtet die jungen Menschen über mögliche Gefahren sowie über alle zu ihrer Sicherheit und ihrem Gesundheitsschutz getroffenen Maßnahmen.

Der Arbeitgeber unterrichtet ferner die gesetzlichen Vertreter der Kinder über mögliche Gefahren sowie über alle zu ihrer Sicherheit und ihrem Gesundheitsschutz getroffenen Maßnahmen.

(4) Der Arbeitgeber beteiligt die mit Schutzmaßnahmen und Maßnahmen zur Gefahrenverhütung beauftragten Dienste im Sinne des Artikels 7 der Richtlinie 89/391/EWG an der Planung, Durchführung und Überwachung der für die Sicherheit und den Gesundheitsschutz bei der Beschäftigung junger Menschen geltenden Vorschriften.

Gefährdungen für junge Menschen – Beschäftigungsverbote

Art. 7 (1) Die Mitgliedstaaten tragen dafür Sorge, daß junge Menschen vor den spezifischen Gefahren für die Sicherheit, die Gesundheit und die Entwicklung geschützt werden, die aus der mangelnden Erfahrung, dem fehlenden Bewußtsein für tatsächliche oder potentielle Gefahren und der noch nicht abgeschlossenen Entwicklung des jungen Menschen herrühren.

(2) Unbeschadet des Artikels 4 Absatz 1 verbieten die Mitgliedstaaten zu diesem Zweck eine Beschäftigung junger Menschen mit

a) Arbeiten, die objektiv ihre physische oder psychische Leistungsfähigkeit übersteigen;
b) Arbeiten, die eine schädliche Einwirkung von giftigen, krebserregenden, erbgutverändernden, fruchtschädigenden oder in sonstiger Weise den Menschen chronisch schädigenden Gefahrstoffen mit sich bringen;
c) Arbeiten, die eine schädliche Einwirkung von Strahlen mit sich bringen;
d) Arbeiten, die mit Unfallgefahren verbunden sind, von denen anzunehmen ist, daß junge Menschen sie wegen mangelnden Sicherheitsbewußtseins oder wegen mangelnder Erfahrung oder Ausbildung nicht erkennen oder nicht abwenden können; oder
e) Arbeiten, bei denen die Gesundheit durch extreme Kälte oder Hitze oder durch Lärm oder Erschütterungen gefährdet ist.

Zu den Arbeiten, die spezifische Gefahren für junge Menschen im Sinne des Absatzes 1 mit sich bringen, gehören insbesondere

– Arbeiten unter schädlicher Einwirkung der in Abschnitt I des Anhangs aufgeführten physikalischen, chemischen und biologischen Agenzien und
– Verfahren und Arbeiten, die in Abschnitt II des Anhangs aufgeführt sind.

(3) Die Mitgliedstaaten können durch Rechtsvorschrift für Jugendliche Abweichungen von Absatz 2 zulassen, soweit sie für die Berufsausbildung der Jugendlichen unbedingt erforderlich sind und die Sicherheit und der Gesundheitsschutz der Jugendlichen dadurch sichergestellt wird, daß die Arbeiten unter der Aufsicht einer gemäß Artikel 7 der Richtlinie 89/391/EWG hierfür zuständigen Person ausgeführt werden und daß der in derselben Richtlinie vorgesehene Schutz gewährleistet ist.

ABSCHNITT III
Arbeitszeit

Art. 8 (1) Die Mitgliedstaaten, die von Artikel 4

Absatz 2 Buchstabe b) oder c) Gebrauch machen, treffen die erforderlichen Maßnahmen, um die Arbeitszeit von Kindern wie folgt zu begrenzen:
a) auf 8 Stunden pro Tag und auf 40 Stunden pro Woche für Kinder, die im Rahmen eines Systems der dualen Ausbildung oder eines Betriebspraktikums arbeiten;
b) auf 2 Stunden pro Schultag und auf 12 Stunden pro Woche bei Arbeiten, die während der Schulzeit außerhalb der Unterrichtsstunden verrichtet werden, sofern die einzelstaatlichen Rechtsvorschriften und/oder Praktiken dies nicht verbieten;

die Tagesarbeitszeit darf in keinem Fall 7 Stunden überschreiten; diese Höchstdauer kann für Kinder, die mindestens 15 Jahre alt sind, auf 8 Stunden heraufgesetzt werden;
c) auf 7 Stunden pro Tag und 35 Stunden pro Woche bei Arbeiten während der unterrichtsfreien Zeit, wenn diese mindestens eine Woche beträgt; diese Begrenzungen können für Kinder, die mindestens 15 Jahre alt sind, auf 8 Stunden pro Tag und 40 Stunden pro Woche heraufgesetzt werden;
d) auf 7 Stunden pro Tag und auf 35 Stunden pro Woche bei leichten Arbeiten, die von Kindern ausgeführt werden, die gemäß den einzelstaatlichen Rechtsvorschriften nicht mehr der Vollzeitschulpflicht unterliegen.

(2) Die Mitgliedstaaten treffen die erforderlichen Maßnahmen, um die Arbeitszeit von Jugendlichen auf 8 Stunden pro Tag und auf 40 Stunden pro Woche zu begrenzen.

(3) Die Zeit, die ein junger Mensch, der im Rahmen eines dualen Systems der theoretischen und/oder praktischen Berufsausbildung oder eines Betriebspraktikums arbeitet, für die Ausbildung aufwendet, gilt als Teil der Arbeitszeit.

(4) Ist ein junger Mensch bei mehreren Arbeitgebern beschäftigt, so sind die geleisteten Arbeitstage und Arbeitsstunden zusammenzurechnen.

(5) Die Mitgliedstaaten können durch Rechtsvorschrift vorsehen, daß in Ausnahmefällen oder in Fällen, in denen dies durch objektive Gründe gerechtfertigt ist, von Absatz 1 Buchstabe a) bzw. Absatz 2 abgewichen werden kann.

Die Mitgliedstaaten legen die Bedingungen, Einschränkungen und sonstigen Einzelheiten für die Durchführung der Abweichungen durch Rechtsvorschrift fest.

Nachtarbeit
Art. 9

(1) a) Die Mitgliedstaaten, die von Artikel 4 Absatz 2 Buchstabe b) oder c) Gebrauch machen, treffen die erforderlichen Maßnahmen, um Kinderarbeit zwischen 20.00 Uhr und 6.00 Uhr zu verbieten.
b) Die Mitgliedstaaten treffen die erforderlichen Maßnahmen, um die Arbeit von Jugendlichen zwischen 22.00 Uhr und 6.00 Uhr oder zwischen 23.00 Uhr und 7.00 Uhr zu verbieten.

(2) a) Die Mitgliedstaaten können durch Rechtsvorschrift in besonderen Tätigkeitsbereichen die Arbeit von Jugendlichen während des Nachtarbeitsverbots nach Absatz 1 Buchstabe b) zulassen.

In diesem Fall treffen die Mitgliedstaaten geeignete Maßnahmen für die Beaufsichtigung des Jugendlichen durch einen Erwachsenen in den Fällen, in denen eine solche Beaufsichtigung zum Schutz des Jugendlichen erforderlich ist.

b) Für den Fall, daß Buchstabe a) angewendet wird, bleibt eine Arbeit zwischen Mitternacht und 4.00 Uhr verboten.

Die Mitgliedstaaten können jedoch durch Rechtsvorschrift in den nachstehend aufgeführten Fällen die Arbeit von Jugendlichen während des Nachtarbeitsverbots zulassen, sofern dies durch objektive Gründe gerechtfertigt ist, den Jugendlichen angemessene Ausgleichsruhezeiten gewährt werden und die Ziele des Artikels 1 nicht in Frage gestellt werden:
— Beschäftigung in der Schiffahrt oder in der Fischerei;
— Beschäftigung in den Streitkräften oder in der Polizei;
— Beschäftigung in Krankenhäusern oder ähnlichen Einrichtungen;
— kulturelle, künstlerische, sportliche oder Werbetätigkeiten.

(3) Vor einer Einteilung zur Nachtarbeit und anschließend in regelmäßigen Abständen muß den Jugendlichen eine kostenlose Bewertung ihres Gesundheitszustandes und ihrer Fähigkeit gewährt werden, es sei denn, die Arbeit während des Nachtarbeitsverbots wird nur ausnahmsweise verrichtet.

Ruhezeiten
Art. 10

(1) a) Die Mitgliedstaaten, die von Artikel 4 Absatz 2 Buchstabe b) oder c) Gebrauch machen, treffen die erforderlichen Maßnahmen, damit Kinder während jedes Zeitraums von 24 Stunden eine Ruhezeit von mindestens 14 aufeinanderfolgenden Stunden erhalten.
b) Die Mitgliedstaaten treffen die erforderlichen Maßnahmen, damit Jugendliche während jedes Zeitraums von 24 Stunden eine Ruhezeit von mindestens 12 aufeinanderfolgenden Stunden erhalten.

(2) Die Mitgliedstaaten treffen die erforderlichen Maßnahmen, damit
— Kinder, auf die Artikel 4 Absatz 2 Buchstabe b) oder c) angewendet wird, und
— Jugendliche

während jedes Zeitraums von 7 Tagen mindestens 2 Ruhetage, die nach Möglichkeit aufeinanderfolgen, erhalten.

Die Mindestruhezeit kann verkürzt werden, sofern technische oder organisatorische Gründe dies rechtfertigen; sie darf in keinem Fall weniger als 36 aufeinanderfolgende Stunden betragen.

Die in den Unterabsätzen 1 und 2 genannte Mindestruhezeit umfaßt im Prinzip den Sonntag.

(3) Die Mitgliedstaaten können durch Rechtsvorschrift vorsehen, daß die in den Absätzen 1 und 2 genannten Mindestruhezeiten bei Tätigkeiten mit über den Tag verteilten oder kurzen Arbeitszeiten unterbrochen werden können.

(4) Die Mitgliedstaaten können durch Rechtsvorschrift in den nachstehend aufgeführten Fällen für Jugendliche Abweichungen von Absatz 1 Buchstabe b) und Absatz 2 zulassen, sofern dies durch objektive Gründe gerechtfertigt ist, den Jugendlichen angemessene Ausgleichsruhezeiten gewährt werden und die Ziele des Artikels 1 nicht in Frage gestellt werden:

a) Beschäftigung in der Schiffahrt oder in der Fischerei;
b) Beschäftigung in den Streitkräften oder in der Polizei;
c) Beschäftigung in Krankenhäusern oder ähnlichen Einrichtungen;
d) Beschäftigung in der Landwirtschaft;
e) Beschäftigung im Fremdenverkehr oder im Hotel- und Gaststättengewerbe;
f) Beschäftigung, bei der die Arbeitszeiten über den Tag verteilt sind.

Jahresruhezeit

Art. 11 Die Mitgliedstaaten, die von der Möglichkeit des Artikels 4 Absatz 2 Buchstabe b) oder c) Gebrauch machen, tragen dafür Sorge, daß bei Kindern, die aufgrund der einzelstaatlichen Rechtsvorschriften der Vollzeitschulpflicht unterliegen, die Schulferien im Rahmen des Möglichen einen arbeitsfreien Zeitraum umfassen.

Pausen

Art. 12 Die Mitgliedstaaten treffen die erforderlichen Maßnahmen, damit junge Menschen eine nach Möglichkeit zusammenhängende Ruhepause von mindestens 30 Minuten erhalten, wenn die tägliche Arbeitszeit mehr als viereinhalb Stunden beträgt.

Jugendarbeit in Fällen höherer Gewalt

Art. 13 Die Mitgliedstaaten können durch Rechtsvorschrift für Arbeiten, die unter den in Artikel 5 Absatz 4 der Richtlinie 89/391/EWG genannten Bedingungen ausgeführt werden, Ausnahmen von Artikel 8 Absatz 2, Artikel 9 Absatz 1 Buchstabe b), Artikel 10 Absatz 1 Buchstabe b) sowie, im Fall von Jugendlichen, von Artikel 12 zulassen, sofern diese Arbeiten vorübergehend sind und keinen Aufschub dulden, keine erwachsenen Arbeitnehmer zur Verfügung stehen und den betroffenen Jugendlichen binnen drei Wochen entsprechende Ausgleichsruhezeiten gewährt werden.

ABSCHNITT IV
Maßnahmen

Art. 14 Jeder Mitgliedstaat legt die erforderlichen Maßnahmen fest, die bei einem Verstoß gegen die zur Durchführung dieser Richtlinie erlassenen Bestimmungen zu ergreifen sind; diese Maßnahmen müssen wirksam und angemessen sein.

Änderungen des Anhangs

Art. 15 Der Kommission wird die Befugnis übertragen, gemäß Artikel 15a delegierte Rechtsakte zur Vornahme rein technischer Änderungen des Anhangs zu erlassen, um den technischen Fortschritt, die Entwicklung der internationalen Regelungen oder Spezifikationen und die Fortschritte beim Kenntnisstand auf dem Gebiet des Jugendarbeitsschutzes zu berücksichtigen.

(VO (EU) 2019/1243)

Ausübung der Befugnisübertragung

Art. 15a (1) Die Befugnis zum Erlass delegierter Rechtsakte wird der Kommission unter den in diesem Artikel festgelegten Bedingungen übertragen.

(2) Die Befugnis zum Erlass delegierter Rechtsakte gemäß Artikel 15 wird der Kommission für einen Zeitraum von fünf Jahren ab dem 26. Juli 2019 übertragen. Die Kommission erstellt spätestens neun Monate vor Ablauf des Zeitraums von fünf Jahren einen Bericht über die Befugnisübertragung. Die Befugnisübertragung verlängert sich stillschweigend um Zeiträume gleicher Länge, es sei denn, das Europäische Parlament oder der Rat widersprechen einer solchen Verlängerung spätestens drei Monate vor Ablauf des jeweiligen Zeitraums.

(3) Die Befugnisübertragung gemäß Artikel 15 kann vom Europäischen Parlament oder vom Rat jederzeit widerrufen werden. Der Beschluss über den Widerruf beendet die Übertragung der in diesem Beschluss angegebenen Befugnis. Er wird am Tag nach seiner Veröffentlichung im *Amtsblatt der Europäischen Union* oder zu einem im Beschluss über den Widerruf angegebenen späteren Zeitpunkt wirksam. Die Gültigkeit von delegierten Rechtsakten, die bereits in Kraft sind, wird von dem Beschluss über den Widerruf nicht berührt.

(4) Vor dem Erlass eines delegierten Rechtsakts konsultiert die Kommission die von den einzelnen Mitgliedstaaten benannten Sachverständigen im Einklang mit den in der Interinstitutionellen Vereinbarung vom 13. April 2016 über bessere Rechtsetzung enthaltenen Grundsätzen.

(5) Sobald die Kommission einen delegierten Rechtsakt erlässt, übermittelt sie ihn gleichzeitig dem Europäischen Parlament und dem Rat.

(6) Ein delegierter Rechtsakt, der gemäß Artikel 15 erlassen wurde, tritt nur in Kraft, wenn weder das Europäische Parlament noch der Rat innerhalb einer Frist von zwei Monaten nach Übermittlung dieses Rechtsakts an das Europäische Parlament und den Rat Einwände erhoben haben oder wenn vor Ablauf dieser Frist das Europäische Parlament und der Rat beide der Kommission mitgeteilt ha-

6/24. JugendarbeitsschutzRL
Art. 15a – 18, Anhang

ben, daß sie keine Einwände erheben werden. Auf Initiative des Europäischen Parlaments oder des Rates wird diese Frist um zwei Monate verlängert.
(VO (EU) 2019/1243)

Nichtrückschrittsklausel

Art. 16 Unbeschadet des Rechts der Mitgliedstaaten, aufgrund der Entwicklung der Lage unterschiedliche Vorschriften im Bereich des Jugendschutzes zu erlassen, sofern die in dieser Richtlinie vorgesehenen Mindestanforderungen eingehalten werden, darf die Umsetzung dieser Richtlinie keinen Rückschritt gegenüber dem in jedem Mitgliedstaat bestehenden allgemeinen Jugendschutzniveau bedeuten.

Schlussbestimmungen

Art. 17
(1) a) Die Mitgliedstaaten erlassen die erforderlichen Rechts- und Verwaltungsvorschriften, um dieser Richtlinie spätestens am 22. Juni 1996 nachzukommen, bzw. vergewissern sich spätestens zu jenem Zeitpunkt, daß die Sozialpartner die notwendigen Vorschriften durch Vereinbarungen einführen, wobei die Mitgliedstaaten die notwendigen Maßnahmen zu treffen haben, um die dieser Richtlinie entsprechenden Ergebnisse jederzeit gewährleisten zu können.

b) Während eines Zeitraumes von vier Jahren ab dem unter Buchstabe a) genannten Zeitpunkt kann das Vereinigte Königreich die Durchführung von Artikel 8 Absatz 1 Buchstabe b) Unterabsatz 1 hinsichtlich der Höchstdauer der Wochenarbeitszeit sowie von Artikel 8 Absatz 2 und von Artikel 9 Absatz 1 Buchstabe b) und Absatz 2 hinausschieben.

Die Kommission legt einen Bericht über die Auswirkungen dieser Bestimmung vor.

Der Rat entscheidet nach den im Vertrag vorgesehenen Bedingungen, ob der obengenannte Zeitraum verlängert wird.

c) Die Mitgliedstaaten setzen die Kommission unverzüglich davon in Kenntnis.

(2) Wenn die Mitgliedstaaten Vorschriften nach Absatz 1 erlassen, nehmen sie in den Vorschriften selbst oder durch einen Hinweis bei der amtlichen Veröffentlichung auf diese Richtlinie Bezug. Die Mitgliedstaaten regeln die Einzelheiten der Bezugnahme.

(3) Die Mitgliedstaaten teilen der Kommission den Wortlaut der wichtigsten innerstaatlichen Rechtsvorschriften mit, die sie in dem unter diese Richtlinie fallenden Bereich erlassen bzw. bereits erlassen haben.

(Art. 17 Abs. 4 u. 5 aufgehoben durch Art. 3 Z. 15 der RL 2007/30/EG)

Durchführungsbericht

Art. 17a Alle fünf Jahre legen die Mitgliedstaaten der Kommission einen Bericht über die praktische Durchführung dieser Richtlinie vor, und zwar in Form eines gesonderten Kapitels des in Artikel 17a Absätze 1, 2 und 3 der Richtlinie 89/391/EWG vorgesehenen Gesamtberichts, der als Grundlage für die Bewertung dient, die von der Kommission gemäß Artikel 17a Absatz 4 jener Richtlinie durchzuführen ist.
(Art. 17a eingefügt durch Art. 2 Abs. 4 der RL 2007/30/EG)

Art. 18 Diese Richtlinie ist an die Mitgliedstaaten gerichtet.

ANHANG
Nicht erschöpfende Liste der Agenzien, Verfahren und Arbeiten (Artikel 7 Absatz 2 Unterabsatz 2)

I. Agenzien

1. *Physikalische Agenzien*
   a) Ionisierende Strahlungen;
   b) Arbeiten unter Überdruckbedingungen, beispielsweise in Senkkästen, bei Taucheinsätzen.

2. *Biologische Agenzien*
   a) Biologische Agenzien der Risikogruppen 3 und 4 im Sinne von Artikel 2 Absatz 2 Nummern 3 und 4 der Richtlinie 2000/54/EG des Europäischen Parlaments und des Rates.
   (Anhang, Abschnitt I Nr. 2 Buchstabe a) geändert durch Art. 3 Z. 1 Buchstabe a) der RL 2014/27/EU)

3. *Chemische Agenzien*
   a) Stoffe und Gemische, die die Kriterien für die Einstufung in eine oder mehrere der folgenden Gefahrenklassen und Gefahrenkategorien mit einem oder mehreren der folgenden Gefahrenhinweise gemäß der Verordnung (EG) Nr. 1272/2008 des Europäischen Parlaments und des Rates vom 16. Dezember 2008 über die Einstufung, Kennzeichnung und Verpackung von Stoffen und Gemischen erfüllen:
   – akute Toxizität, Kategorie 1, 2 oder 3 (H300, H310, H330, H301, H311, H331);
   – Ätzwirkung auf die Haut, Kategorie 1A, 1B oder 1C (H314);
   – entzündbare Gase, Kategorie 1 oder 2 (H220, H221);
   – entzündbare Aerosole, Kategorie 1 (H222);
   – entzündbare Flüssigkeiten, Kategorie 1 oder 2 (H224, H225);
   – explosive Stoffe, Kategorie ‚instabil, explosiv', oder explosive Stoffe der Unterklassen 1.1, 1.2,

1.3, 1.4, 1.5 (H200, H201, H202, H203, H204, H205);
- selbstzersetzliche Stoffe und Gemische, Typ A, B, C oder D (H240, H241, H242);
- organische Peroxide, Typ A oder B (H240, H241);
- spezifische Zielorgan-Toxizität nach einmaliger Exposition, Kategorie 1 oder 2 (H370, H371);
- spezifische Zielorgan-Toxizität nach wiederholter Exposition, Kategorie 1 oder 2 (H372, H373);
- Sensibilisierung der Atemwege, Kategorie 1, Unterkategorie 1A oder 1B (H334);
- Sensibilisierung der Haut, Kategorie 1, Unterkategorie 1A oder 1B (H317);
- Karzinogenität, Kategorie 1A, 1B oder 2 (H350, H350i, H351);
- Keimzellmutagenität, Kategorie 1A, 1B oder 2 (H340, H341);
- Reproduktionstoxizität, Kategorie 1A oder 1B (H360, H360F, H360FD, H360Fd, H360D, H360Df).

(Anhang, Abschnitt I Nr. 3 Buchstabe a) geändert durch Art. 3 Z. 1 Buchstabe b) i) der RL 2014/27/EU)

(Anhang, Abschnitt I Nr. 3 Buchstabe b) aufgehoben durch Art. 3 Z. 1 Buchstabe b) ii) der RL 2014/27/EU)

(Anhang, Abschnitt I Nr. 3 Buchstabe c) aufgehoben durch Art. 3 Z. 1 Buchstabe b) iii) der RL 2014/27/EU)

d) in Artikel 2 Buchstabe a Ziffer ii der Richtlinie 2004/37/EG aufgeführte Stoffe und Gemische;

(Anhang, Abschnitt I Nr. 3 Buchstabe d) geändert durch Art. 3 Z. 1 Buchstabe b) iv) der RL 2014/27/EU)

e) Blei und Bleiverbindungen, soweit diese Agenzien vom menschlichen Organismus aufgenommen werden können;

f) Asbest.

II. Verfahren und Arbeiten

1. Arbeitsverfahren gemäß Anhang I der Richtlinie 2004/37/EG.
2. Herstellung und Handhabung von Anlagen, Zündmitteln oder sonstigen, Explosivstoffe enthaltenden Gegenständen.
3. Arbeiten in Tierschauen mit wilden oder giftigen Tieren.
4. Industrielle Schlachtung von Tieren.
5. Arbeiten, die mit der Handhabung von Geräten zur Herstellung, Lagerung oder Inbetriebnahme von Druckgas, Flüssiggas oder gelöstem Gas verbunden sind.
6. Arbeiten mit Behältern, Becken, Speicherbecken, Ballons oder Korbflaschen, die unter Abschnitt I Nummer 3 aufgeführte chemische Agenzien enthalten.
7. Arbeiten unter Einsturzgefahr.
8. Arbeiten, die mit Gefahren aufgrund von hohen elektrischen Spannungen verbunden sind.
9. Arbeiten, deren Takt durch Maschinen bestimmt wird und die nach Akkord bezahlt werden.

6/25. Arbeitnehmerschutz-Informationsentscheidung

Entscheidung 88/383/EWG der Kommission über die Verbesserung der Information im Bereich Sicherheit, Arbeitshygiene und Gesundheitsschutz am Arbeitsplatz vom 24. Februar 1988

(ABl. Nr. L 183 v. 14.7.1988, S. 34; geändert durch den Beschluss 95/1/EG, ABl. Nr. L 1 v. 1.1.1995, S. 1)
(nicht amtlich aktualisierte Fassung)

DIE KOMMISSION DER EUROPÄISCHEN GEMEINSCHAFTEN –

gestützt auf den Vertrag zur Gründung der Europäischen Wirtschaftsgemeinschaft, insbesondere auf Artikel 118,

in Erwägung nachstehender Gründe:

Es ist unerläßlich, daß die Kommission vor der Verabschiedung einzelstaatlicher Rechts- und Verwaltungsvorschriften im Bereich Sicherheit, Arbeitshygiene und Gesundheitsschutz am Arbeitsplatz über die erforderlichen Informationen verfügt. Alle Mitgliedstaaten müssen ebenfalls in bestimmten Fällen über die von einem von ihnen geplanten Rechts- und Verwaltungsvorschriften informiert werden.

Mit der Richtlinie 83/189/EWG des Rates (ABl. Nr. L 109 v. 26.4.1983, S. 8) wurde ein Informationsverfahren auf dem Gebiet der Normen und technischen Vorschriften einschließlich des Bereichs Sicherheit, Arbeitshygiene und Gesundheitsschutz am Arbeitsplatz geschaffen.

Es erscheint notwendig, dieses Verfahren durch die Verbesserung der Informationen über sonstige Rechts- und Verwaltungsvorschriften zu ergänzen, die Gegenstand der vorliegenden Entscheidung sind.

Es empfiehlt sich, eine Sachverständigengruppe einzusetzen, deren Mitglieder von den Mitgliedstaaten ernannt werden und deren Auftrag darin besteht, die Kommission bei der Prüfung von Entwürfen einzelstaatlicher Rechts- und Verwaltungsvorschriften zu unterstützen –

HAT FOLGENDE ENTSCHEIDUNG ERLASSEN:

Art. 1 Die Mitgliedstaaten machen der Kommission unverzüglich über ihre Rechts- und Verwaltungsvorschriften im Bereich der Sicherheit, der Arbeitshygiene und des Gesundheitsschutzes am Arbeitsplatz sowie über sämtliche Entwürfe von Rechts- und Verwaltungsvorschriften in diesem Bereich Mitteilung; hiervon ausgenommen sind Entwürfe technischer Vorschriften im Sinne von Artikel 1 Ziffer 6 der Richtlinie 83/189/EWG.

Art. 2 (1) Die Kommission übermittelt den Mitgliedstaaten alle Entwürfe von Rechts- und Verwaltungsvorschriften, die in Anwendung von Artikel 1 bei ihr eingehen und die sie wegen der Zielsetzung dieser Entscheidung für wichtig hält.

(2) Dem Mitgliedstaat, dessen Entwurf gemäß Absatz 1 übermittelt wurde, können die Kommission und die übrigen Mitgliedstaaten Anmerkungen zukommen lassen, die von diesem soweit wie möglich berücksichtigt werden. Die Anmerkungen der Mitgliedstaaten werden von der Kommission weitergeleitet.

Art. 3 Die Kommission wird von einer Sachverständigengruppe unterstützt, in der ein Vertreter der Kommission den Vorsitz führt. Die Gruppe setzt sich aus 2 Mitgliedern je Mitgliedstaat zusammen, und zwar aus zwei Sachverständigen je Mitgliedstaat, die von der Kommission auf Vorschlag der Mitgliedstaaten ernannt werden. Für jedes der Mitglieder wird gemäß den vorstehenden Modalitäten ein stellvertretendes Mitglied ernannt.

Art. 4 Die Kommission unterrichtet den Beratenden Ausschuß für Sicherheit, Arbeitshygiene und Gesundheitsschutz am Arbeitsplatz sowie gegebenenfalls den gemäß Artikel 5 der Richtlinie 83/189/EWG eingesetzten ständigen Ausschuß regelmäßig über die sich aus der Durchführung der vorliegenden Entscheidung ergebenden Maßnahmen, wobei jedoch die von den Mitgliedstaaten als vertraulich betrachteten Angaben nicht mitgeteilt werden.

Art. 5 Diese Entscheidung ist an die Mitgliedstaaten gerichtet.

6/26. SiGe Selbstständiger
Präambel

6/26. Empfehlung Sicherheit und Gesundheitsschutz Selbstständiger

Empfehlung 2003/134/EG des Rates zur Verbesserung des Gesundheitsschutzes und der Sicherheit Selbstständiger am Arbeitsplatz vom 18. Februar 2003

(ABl. Nr. L 53 v. 28.2.2003, S. 45)

DER RAT DER EUROPÄISCHEN UNION –
gestützt auf den Vertrag zur Gründung der Europäischen Gemeinschaft, insbesondere auf Artikel 308,
gestützt auf den Vorschlag der Kommission für eine Empfehlung,
nach Stellungnahme des Europäischen Parlaments (Stellungnahme vom 23. Oktober 2002),
nach Stellungnahme des Europäischen Wirtschafts- und Sozialausschusses (ABl. C 241 vom 7.10.2002, S. 139),
in Erwägung nachstehender Gründe:

(1) Die Mitteilung der Kommission über ein Gemeinschaftsprogramm für Sicherheit, Arbeitshygiene und Gesundheitsschutz am Arbeitsplatz (1996-2000) (ABl. C 262 vom 7.10.1995, S. 18) sah angesichts der ständig steigenden Zahl Selbstständiger die Prüfung der Notwendigkeit eines Vorschlags für eine Empfehlung des Rates zum Schutz der Sicherheit und Gesundheit Selbstständiger am Arbeitsplatz vor.

(2) In seiner Entschließung (ABl. C 205 vom 25.7.1994, S. 478) zum allgemeinen Rahmen für die Tätigkeit der Kommission im Bereich Sicherheit, Arbeitshygiene und Gesundheitsschutz am Arbeitsplatz (1994-2000) hat das Europäische Parlament vorgeschlagen, das Programm solle Maßnahmen zur Ausweitung des Geltungsbereichs der Rahmenrichtlinie auf Selbstständige vorsehen. In seiner Entschließung (Entschließung des EP vom 25.2.1999 (A4-0050/1999)) zum Zwischenbericht über die Durchführung dieses Programms weist das Europäische Parlament erneut darauf hin, dass die Gruppe der Selbstständigen zum Großteil nicht von den einschlägigen Rechtsvorschriften erfasst wird, und erinnert daran, dass die steigende Zahl von Unterauftragnehmern zu einer Zunahme von Arbeitsunfällen geführt hat.

(3) Die Mitteilung der Kommission vom 11. März 2002 – „Anpassung an den Wandel von Arbeitswelt und Gesellschaft: eine neue Gemeinschaftsstrategie für Gesundheit und Sicherheit am Arbeitsplatz 2002-2006" – und die Entschließung des Rates vom 3. Juni 2002 über eine neue Gemeinschaftsstrategie für Gesundheitsschutz und Sicherheit am Arbeitsplatz (2002-2006), die darauf abzielen, eine Kultur der Prävention entstehen zu lassen und das Verhalten zu beeinflussen, sollten, wo immer möglich, sowohl von Arbeitnehmern als auch von Selbstständigen berücksichtigt werden.

(4) Die Sozialpartner legen großen Wert auf den Schutz der Gesundheit und die Gewährleistung der Sicherheit von Selbstständigen und anderen am selben Arbeitsplatz arbeitenden Personen, und fast alle haben sich für eine Gemeinschaftsmaßnahme in Form einer Empfehlung des Rates ausgesprochen, bei der der Schwerpunkt auf den Hochrisiko-Bereichen und insbesondere auf Maßnahmen zur Information und Sensibilisierung auf dem Gebiet der Gefahrenverhütung sowie angemessenen Schulungsmaßnahmen und einer geeigneten Gesundheitsüberwachung liegt.

(5) Erwerbstätige, die nicht durch ein Arbeitsverhältnis an einen Arbeitgeber oder ganz allgemein durch ein Beschäftigungs- oder Abhängigkeitsverhältnis an einen Dritten gebunden sind, fallen in der Regel nicht unter die Gemeinschaftsrichtlinien zum Arbeitsschutz, insbesondere nicht unter die Rahmenrichtlinie 89/391/EWG des Rates vom 12. Juni 1989 über die Durchführung von Maßnahmen zur Verbesserung der Sicherheit und des Gesundheitsschutzes der Arbeitnehmer bei der Arbeit. Außerdem gelten die Vorschriften zur Gesundheit und Sicherheit am Arbeitsplatz in einigen Mitgliedstaaten nicht für diese Erwerbstätigen.

(6) Selbstständige können aber, ob sie nun allein arbeiten oder mit bei ihnen beschäftigtem Personal, ähnlichen Gefahren für ihre Sicherheit und Gesundheit ausgesetzt sein wie Arbeitnehmer.

(7) Durch ihre Tätigkeiten können Selbstständige die Sicherheit und Gesundheit anderer am selben Arbeitsplatz arbeitender Personen gefährden.

(8) Außerdem gibt es in der Gemeinschaft Beschäftigungsbereiche mit hohem Risiko, in denen sehr viele Selbstständige tätig sind (Landwirtschaft, Fischerei, Bauwirtschaft, Verkehr).

(9) Nach der jüngsten Empfehlung der IAO, die dem Übereinkommen über den Arbeitsschutz in der Landwirtschaft beigefügt ist (IAA, Übereinkommen 184/2001 vom 21.6.2001), sollten die Mitglieder unter Berücksichtigung der Auffassungen der Verbände der selbstständig erwerbstätigen Landwirte Pläne ausarbeiten, um den für Arbeitnehmer vorgesehenen Schutz gegebenenfalls schrittweise auf selbstständig erwerbstätige Landwirte auszudehnen.

(10) Arbeitsunfälle und Berufskrankheiten, von denen Selbstständige in besonderem Maß betroffen sind, verursachen erhebliche Kosten für die Gesellschaft und großes menschliches Leid.

(11) Aus diesen Gründen sollte der Gruppe der Selbstständigen Rechnung getragen und der Schwerpunkt dieser Empfehlung auf die Prävention von Arbeitsunfällen und Berufskrankheiten gelegt werden, denen Selbstständige ausgesetzt sind.

(12) Die Notwendigkeit der Berücksichtigung der besonderen Lage der Selbstständigen wurde

6/26. SiGe Selbstständiger

Präambel, 1 – 8

bereits im Zusammenhang mit Arbeiten auf zeitlich begrenzten oder ortsveränderlichen Baustellen anerkannt, weshalb in der Richtlinie 92/57/EWG die Ausdehnung bestimmter einschlägiger Bestimmungen über die Benutzung von Arbeitsmitteln und Schutzausrüstungen auf Selbstständige vorgesehen ist.

(13) Die Verbesserung der Sicherheits- und Gesundheitsschutzstandards für Selbstständige kann die Wettbewerbsbedingungen und die Wettbewerbsfähigkeit auf europäischer Ebene verbessern.

(14) Zur Verbesserung der Gesundheit und Sicherheit Selbstständiger und der Personen, die mit ihnen an derselben Arbeitsstätte zusammenarbeiten, muss den Selbstständigen ferner der Zugang zu Schulungen und Informationen erleichtert werden.

(15) Die Mitgliedstaaten sollten zur Erreichung dieser Ziele die ihnen am geeignetsten erscheinenden Mittel wählen.

(16) Die vorliegende Empfehlung berührt nicht bereits geltende oder künftige nationale Rechtsvorschriften, die ein höheres Schutzniveau gewährleisten.

(17) Die Mitgliedstaaten sind derzeit am besten in der Lage, die geeigneten Maßnahmen zutreffen, doch auch die Gemeinschaft muss zur Erreichung der Ziele dieser Empfehlung beitragen.

(18) Dieser Vorschlag wurde nach Anhörung der Sozialpartner gemäß Artikel 138 Absätze 2 und 3 des Vertrags sowie des Beratenden Ausschusses für Sicherheit, Arbeitshygiene und Gesundheitsschutz am Arbeitsplatz ausgearbeitet –

EMPFIEHLT DEN MITGLIEDSTAATEN,

1. im Rahmen ihrer Maßnahmen zur Verhütung von Unfällen und Krankheiten am Arbeitsplatz die Sicherheit und Gesundheit der Selbstständigen unter Berücksichtigung der besonderen Risiken in bestimmten Sektoren und der besonderen Art der Beziehung zwischen Auftraggebern und Selbstständigen zu fördern;

2. bei der Förderung der Gesundheit und Sicherheit von Selbstständigen die ihnen am geeignetsten erscheinenden Maßnahmen zu wählen, wie etwa eine der Folgenden, Gesetzgebung, Anreize, Informationskampagnen und Appelle an die entsprechenden Beteiligten;

3. die erforderlichen Maßnahmen zu treffen, einschließlich Sensibilisierungskampagnen, damit Selbstständige bei den zuständigen Diensten und/oder Einrichtungen sowie von ihren Verbänden zweckdienliche Informationen und Ratschläge über die Verhütung von Arbeitsunfällen und Berufskrankheiten erhalten können;

4. die erforderlichen Maßnahmen zu treffen, damit Selbstständige Zugang zu Schulungsmaßnahmen haben, die den Erwerb angemessener Qualifikationen auf dem Gebiet der Sicherheit und des Gesundheitsschutzes hinreichend sicherstellen;

5. den Selbstständigen ungehinderten und mit nicht allzu hohen finanziellen Belastungen verbundenen Zugang zu solchen Informationen und Schulungsmaßnahmen zu ermöglichen;

6. in Übereinstimmung mit ihren einzelstaatlichen Rechtsvorschriften und/oder Gepflogenheiten Selbstständigen auf Wunsch eine Gesundheitsüberwachung anzubieten, die den Risiken, denen sie ausgesetzt sind, angemessen ist;

7. im Rahmen ihrer Maßnahmen zur Verhütung von Arbeitsunfällen und Berufskrankheiten Informationen über Erfahrungen in anderen Mitgliedstaaten zu berücksichtigen;

8. vier Jahre nach der Annahme der vorliegenden Empfehlung die Wirksamkeit der bestehenden einzelstaatlichen Maßnahmen oder der im Anschluss an die Annahme dieser Empfehlung getroffenen Maßnahmen zu prüfen und die Kommission über ihre Erkenntnisse zu informieren.

7. Kollektives Arbeitsrecht
(Unterrichtung und Anhörung der Arbeitnehmer)

Inhaltsverzeichnis

7/1.	Europäische-BetriebsräteRL – Neufassung	Seite 1047
7/2.	RL für die Unterrichtung und Anhörung der Arbeitnehmer	Seite 1062
7/3.	RL über die Mitbestimmung der AN in der SE	Seite 1067
7/4.	RL über die Mitbestimmung der AN in der SCE	Seite 1077
7/5.	RL AN-Mitbestimmung bei Verschmelzung und Spaltung – Auszug	Seite 1088
7/6.	EG-FusionskontrollVO – Auszug	Seite 1143
7/6a.	DurchführungsVO zur EG-FusionskontrollVO	Seite 1149

7/1. Europäische-Betriebsräte-Richtlinie – Neufassung

Richtlinie 2009/38/EG des Europäischen Parlaments und des Rates über die Einsetzung eines Europäischen Betriebsrats oder die Schaffung eines Verfahrens zur Unterrichtung und Anhörung der Arbeitnehmer in gemeinschaftsweit operierenden Unternehmen und Unternehmensgruppen vom 6. Mai 2009

(ABl. Nr. L 122 v. 16.5.2009, S. 28; geändert durch die RL (EU) 2015/1794, ABl. Nr. L 263 v. 8.10.2015, S. 1)
(nicht amtlich aktualisierte Fassung)

GLIEDERUNG

TEIL I: ALLGEMEINE BESTIMMUNGEN
Art. 1: Zielsetzung
Art. 2: Definitionen
Art. 3: Definition des Begriffs „herrschendes Unternehmen"

TEIL II: EINRICHTUNG DES EUROPÄISCHEN BETRIEBSRATS ODER SCHAFFUNG EINES VERFAHRENS ZUR UNTERRICHTUNG UND ANHÖRUNG DER ARBEITNEHMER
Art. 4: Verantwortung für die Einrichtung eines Europäischen Betriebsrats oder die Schaffung eines Verfahrens zur Unterrichtung und Anhörung der Arbeitnehmer
Art. 5: Besonderes Verhandlungsgremium
Art. 6: Inhalt der Vereinbarung
Art. 7: Subsidiäre Vorschriften

TEIL III: SONSTIGE BESTIMMUNGEN
Art. 8: Vertrauliche Informationen
Art. 9: Arbeitsweise des Europäischen Betriebsrats und Funktionsweise des Verfahrens zur Unterrichtung und Anhörung der Arbeitnehmer
Art. 10: Rolle und Schutz der Arbeitnehmervertreter
Art. 11: Einhaltung der Richtlinie
Art. 12: Zusammenhang mit anderen gemeinschaftlichen und einzelstaatlichen Bestimmungen
Art. 13: Anpassung
Art. 14: Geltende Vereinbarungen
Art. 15: Bericht
Art. 16: Umsetzung
Art. 17: Aufhebung
Art. 18: Inkrafttreten
Art. 19: Adressaten

ANHÄNGE I–III

DAS EUROPÄISCHE PARLAMENT UND DER RAT DER EUROPÄISCHEN UNION –

gestützt auf den Vertrag zur Gründung der Europäischen Gemeinschaft, insbesondere auf Artikel 137,

auf Vorschlag der Kommission,

nach Stellungnahme des Europäischen Wirtschafts- und Sozialausschusses (Stellungnahme vom 4. Dezember 2008 (noch nicht im Amtsblatt veröffentlicht)),

nach Anhörung des Ausschusses der Regionen, gemäß dem Verfahren des Artikels 251 des Vertrags (Stellungnahme des Europäischen Parlaments vom 16. Dezember 2008 (noch nicht im Amtsblatt veröffentlicht) und Beschluss des Rates vom 17. Dezember 2008),

in Erwägung nachstehender Gründe:

(1) Die Richtlinie 94/45/EG des Rates vom 22. September 1994 über die Einsetzung eines Europäischen Betriebsrats oder die Schaffung eines Verfahrens zur Unterrichtung und Anhörung der Arbeitnehmer in gemeinschaftsweit operierenden Unternehmen und Unternehmensgruppen (ABl. L 254 vom 30.9.1994, S. 64) muss inhaltlich geändert werden. Aus Gründen der Klarheit empfiehlt es sich, eine Neufassung dieser Richtlinie vorzunehmen.

(2) Gemäß Artikel 15 der Richtlinie 94/45/EG hat die Kommission im Benehmen mit den Mitgliedstaaten und den Sozialpartnern auf europäischer Ebene die Anwendung der genannten Richtlinie und insbesondere die Zweckmäßigkeit der Schwellenwerte für die Beschäftigtenzahl überprüft, um erforderlichenfalls entsprechende Änderungen vorzuschlagen.

(3) Nach Anhörungen der Mitgliedstaaten und der Sozialpartner auf europäischer Ebene hat die Kommission dem Europäischen Parlament und dem Rat am 4. April 2000 einen Bericht über den Stand der Anwendung der Richtlinie 94/45/EG vorgelegt.

(4) Gemäß Artikel 138 Absatz 2 des Vertrags hat die Kommission die Sozialpartner auf Gemeinschaftsebene zu der Frage angehört, wie eine

7/1. EBR-RL
Präambel

Gemeinschaftsaktion in diesem Bereich gegebenenfalls ausgerichtet werden sollte.

(5) Die Kommission war nach dieser Anhörung der Auffassung, dass eine Gemeinschaftsaktion wünschenswert ist, und hat gemäß Artikel 138 Absatz 3 des Vertrags die Sozialpartner auf Gemeinschaftsebene erneut zum Inhalt des in Aussicht genommenen Vorschlags angehört.

(6) Nach dieser zweiten Anhörung haben die Sozialpartner die Kommission nicht von ihrer gemeinsamen Absicht in Kenntnis gesetzt, das in Artikel 138 Absatz 4 des Vertrags vorgesehene Verfahren einzuleiten, das zum Abschluss einer Vereinbarung führen könnte.

(7) Es bedarf einer Modernisierung der gemeinschaftlichen Rechtsvorschriften im Bereich der länderübergreifenden Unterrichtung und Anhörung der Arbeitnehmer mit dem Ziel, die Wirksamkeit der Rechte auf eine länderübergreifende Unterrichtung und Anhörung der Arbeitnehmer sicherzustellen, die Zahl der Europäischen Betriebsräte zu erhöhen und gleichzeitig die Fortdauer geltender Vereinbarungen zu ermöglichen, die bei der praktischen Anwendung der Richtlinie 94/45/EG festgestellten Probleme zu lösen und die sich aus bestimmten Bestimmungen oder dem Fehlen von Bestimmungen ergebende Rechtsunsicherheit zu beseitigen sowie eine bessere Abstimmung der gemeinschaftlichen Rechtsinstrumente im Bereich der Unterrichtung und Anhörung der Arbeitnehmer zu gewährleisten.

(8) Gemäß Artikel 136 des Vertrags haben die Gemeinschaft und die Mitgliedstaaten das Ziel, den sozialen Dialog zu fördern.

(9) Diese Richtlinie ist Teil des gemeinschaftlichen Rahmens, der darauf abzielt, die Maßnahmen der Mitgliedstaaten im Bereich der Unterrichtung und Anhörung der Arbeitnehmer zu unterstützen und zu ergänzen. Dieser Rahmen sollte die Belastung der Unternehmen oder Betriebe auf ein Mindestmaß begrenzen, zugleich aber auch die wirksame Ausübung der eingeräumten Rechte gewährleisten.

(10) Im Rahmen des Funktionierens des Binnenmarkts findet ein Prozess der Unternehmenszusammenschlüsse, grenzübergreifenden Fusionen, Übernahmen und Joint Ventures und damit einhergehend eine länderübergreifende Strukturierung von Unternehmen und Unternehmensgruppen statt. Wenn die wirtschaftlichen Aktivitäten sich in harmonischer Weise entwickeln sollen, so müssen Unternehmen und Unternehmensgruppen, die in mehreren Mitgliedstaaten tätig sind, Vertreter ihrer von den Unternehmensentscheidungen betroffenen Arbeitnehmer unterrichten und anhören.

(11) Die Verfahren zur Unterrichtung und Anhörung der Arbeitnehmer nach den Rechtsvorschriften und Gepflogenheiten der Mitgliedstaaten werden häufig nicht an die länderübergreifende Struktur der Unternehmen angepasst, welche die Arbeitnehmer berührende Entscheidungen treffen. Dies kann zu einer Ungleichbehandlung der Arbeitnehmer führen, die von Entscheidungen ein und desselben Unternehmens bzw. ein und derselben Unternehmensgruppe betroffen sind.

(12) Es sind geeignete Vorkehrungen zu treffen, damit die Arbeitnehmer gemeinschaftsweit operierender Unternehmen oder Unternehmensgruppen angemessen informiert und angehört werden, wenn Entscheidungen, die sich auf sie auswirken, außerhalb des Mitgliedstaats getroffen werden, in dem sie beschäftigt sind.

(13) Um zu gewährleisten, dass die Arbeitnehmer von Unternehmen und Unternehmensgruppen, die in mehreren Mitgliedstaaten tätig sind, in angemessener Weise unterrichtet und angehört werden, muss ein Europäischer Betriebsrat eingerichtet werden oder müssen andere geeignete Verfahren zur länderübergreifenden Unterrichtung und Anhörung der Arbeitnehmer geschaffen werden.

(14) Die Modalitäten der Unterrichtung und Anhörung der Arbeitnehmer müssen so festgelegt und angewendet werden, dass die Wirksamkeit der Bestimmungen dieser Richtlinie gewährleistet wird. Hierzu sollte der Europäische Betriebsrat durch seine Unterrichtung und Anhörung die Möglichkeit haben, dem Unternehmen rechtzeitig eine Stellungnahme vorzulegen, wobei dessen Anpassungsfähigkeit nicht beeinträchtigt werden darf. Nur ein Dialog auf der Ebene der Festlegung der Leitlinien und eine wirksame Beteiligung der Arbeitnehmervertreter können es ermöglichen, den Wandel zu antizipieren und zu bewältigen.

(15) Für die Arbeitnehmer und ihre Vertreter muss die Unterrichtung und Anhörung auf der je nach behandeltem Thema relevanten Leitungs- und Vertretungsebene gewährleistet sein. Hierzu müssen Zuständigkeiten und Aktionsbereiche des Europäischen Betriebsrats von denen einzelstaatlicher Vertretungsgremien abgegrenzt werden und sich auf länderübergreifende Angelegenheiten beschränken.

(16) Zur Feststellung des länderübergreifenden Charakters einer Angelegenheit sollten sowohl der Umfang ihrer Auswirkungen als auch die betroffene Leitungs- und Vertretungsebene berücksichtigt werden. Als länderübergreifend werden Angelegenheiten erachtet, die das Unternehmen oder die Unternehmensgruppe insgesamt oder aber mindestens zwei Mitgliedstaaten betreffen. Dazu gehören Angelegenheiten, die ungeachtet der Zahl der betroffenen Mitgliedstaaten für die europäischen Arbeitnehmer hinsichtlich der Reichweite ihrer möglichen Auswirkungen von Belang sind oder die die Verlagerung von Tätigkeiten zwischen Mitgliedstaaten betreffen.

(17) Es ist eine Definition des Begriffs „herrschendes Unternehmen" erforderlich, die sich, unbeschadet der Definitionen der Begriffe „Unternehmensgruppe" und „beherrschender Einfluss" in anderen Rechtsakten, ausschließlich auf diese Richtlinie bezieht.

(18) Die Verfahren zur Unterrichtung und Anhörung der Arbeitnehmer in Unternehmen oder Unternehmensgruppen, die in mindestens zwei verschiedenen Mitgliedstaaten tätig sind, müssen

unabhängig davon, ob sich die zentrale Leitung des Unternehmens oder, im Fall einer Unternehmensgruppe, des herrschenden Unternehmens außerhalb der Gemeinschaft befindet, für alle in der Gemeinschaft angesiedelten Betriebe oder gegebenenfalls Unternehmen von Unternehmensgruppen gelten.

(19) Getreu dem Grundsatz der Autonomie der Sozialpartner legen die Arbeitnehmervertreter und die Leitung des Unternehmens oder des herrschenden Unternehmens einer Unternehmensgruppe die Art, Zusammensetzung, Befugnisse, Arbeitsweise, Verfahren und finanzielle Ressourcen des Europäischen Betriebsrats oder anderer Verfahren zur Unterrichtung und Anhörung der Arbeitnehmer einvernehmlich dergestalt fest, dass diese den jeweiligen besonderen Umständen entsprechen.

(20) Nach dem Grundsatz der Subsidiarität obliegt es den Mitgliedstaaten, die Arbeitnehmervertreter zu bestimmen und insbesondere – falls sie dies für angemessen halten – eine ausgewogene Vertretung der verschiedenen Arbeitnehmerkategorien vorzusehen.

(21) Es bedarf einer Klärung der Begriffe „Unterrichtung" und „Anhörung" der Arbeitnehmer im Einklang mit den Definitionen in den jüngsten einschlägigen Richtlinien und den im einzelstaatlichen Rahmen geltenden Definitionen mit der Zielsetzung, die Wirksamkeit des Dialogs auf länderübergreifender Ebene zu verbessern, eine geeignete Abstimmung zwischen der einzelstaatlichen und der länderübergreifenden Ebene des Dialogs zu ermöglichen und die erforderliche Rechtssicherheit bei der Anwendung dieser Richtlinie zu gewährleisten.

(22) Bei der Definition des Begriffs „Unterrichtung" ist dem Ziel Rechnung zu tragen, dass eine angemessene Prüfung durch die Arbeitnehmervertreter möglich sein muss, was voraussetzt, dass die Unterrichtung zu einem Zeitpunkt, in einer Weise und in einer inhaltlichen Ausgestaltung erfolgt, die dem Zweck angemessen sind, ohne den Entscheidungsprozess in den Unternehmen zu verlangsamen.

(23) Bei der Definition des Begriffs „Anhörung" muss dem Ziel Rechnung getragen werden, dass die Abgabe einer der Entscheidungsfindung dienlichen Stellungnahme möglich sein muss, was voraussetzt, dass die Anhörung zu einem Zeitpunkt, in einer Weise und in einer inhaltlichen Ausgestaltung erfolgt, die dem Zweck angemessen sind.

(24) In Unternehmen oder herrschenden Unternehmen im Fall einer Unternehmensgruppe, deren zentrale Leitung sich außerhalb der Gemeinschaft befindet, sind die in dieser Richtlinie festgelegten Bestimmungen über die Unterrichtung und Anhörung der Arbeitnehmer von dem gegebenenfalls benannten Vertreter des Unternehmens in der Gemeinschaft oder, in Ermangelung eines solchen Vertreters, von dem Betrieb oder dem kontrollierten Unternehmen mit der größten Anzahl von Arbeitnehmern in der Gemeinschaft durchzuführen.

(25) Die Verantwortung eines Unternehmens oder einer Unternehmensgruppe bei der Übermittlung der zur Aufnahme von Verhandlungen erforderlichen Informationen ist derart festzulegen, dass die Arbeitnehmer in die Lage versetzt werden, festzustellen, ob das Unternehmen oder die Unternehmensgruppe, in dem bzw. in der sie beschäftigt sind, gemeinschaftsweit operiert, und die zur Abfassung eines Antrags auf Aufnahme von Verhandlungen nötigen Kontakte zu knüpfen.

(26) Das besondere Verhandlungsgremium muss die Arbeitnehmer der verschiedenen Mitgliedstaaten in ausgewogener Weise repräsentieren. Die Arbeitnehmervertreter müssen die Möglichkeit haben, sich abzustimmen, um ihre Positionen im Hinblick auf die Verhandlung mit der zentralen Leitung festzulegen.

(27) Die Rolle, die anerkannte Gewerkschaftsorganisationen bei der Aus- oder Neuverhandlung der konstitutiven Vereinbarungen Europäischer Betriebsräte wahrnehmen können, ist anzuerkennen, damit Arbeitnehmervertreter, die einen entsprechenden Wunsch äußern, Unterstützung erhalten. Um es ihnen zu ermöglichen, die Einrichtung neuer Europäischer Betriebsräte zu verfolgen, und um bewährte Verfahren zu fördern, sind kompetente Gewerkschaftsorganisationen und Arbeitgeberverbände, die als europäische Sozialpartner anerkannt sind, über die Aufnahme von Verhandlungen zu unterrichten. Anerkannte kompetente europäische Gewerkschaftsorganisationen und Arbeitgeberverbände sind die Organisationen der Sozialpartner, die von der Kommission gemäß Artikel 138 des Vertrags konsultiert werden. Die Liste dieser Organisationen wird von der Kommission aktualisiert und veröffentlicht.

(28) Die Vereinbarungen über die Einrichtung und Arbeitsweise der Europäischen Betriebsräte müssen die Modalitäten für ihre Änderung, Kündigung oder gegebenenfalls Neuverhandlung enthalten, insbesondere für den Fall einer Änderung des Umfangs oder der Struktur des Unternehmens oder der Unternehmensgruppe.

(29) In diesen Vereinbarungen müssen die Modalitäten für die Abstimmung der einzelstaatlichen und der länderübergreifenden Ebene der Unterrichtung und Anhörung der Arbeitnehmer festgelegt werden, angepasst an die besonderen Gegebenheiten des Unternehmens oder der Unternehmensgruppe. Bei der Festlegung dieser Modalitäten müssen die jeweiligen Zuständigkeiten und Aktionsbereiche der Vertretungsgremien der Arbeitnehmer beachtet werden, vor allem was die Antizipierung und Bewältigung des Wandels anbelangt.

(30) Diese Vereinbarungen müssen gegebenenfalls die Einsetzung und die Arbeit eines engeren Ausschusses vorsehen, damit eine Koordinierung und eine höhere Effizienz der regelmäßigen Arbeit des Europäischen Betriebsrats sowie eine schnellstmögliche Unterrichtung und Anhörung im Falle außergewöhnlicher Umstände ermöglicht wird.

(31) Die Arbeitnehmervertreter können entweder vereinbaren, auf die Einrichtung eines Europäischen Betriebsrats zu verzichten, oder die Sozialpartner können andere Verfahren zur länderübergreifenden Unterrichtung und Anhörung der Arbeitnehmer beschließen.

(32) Es sollten subsidiäre Vorschriften vorgesehen werden, die auf Beschluss der Parteien oder in dem Fall, dass die zentrale Leitung die Aufnahme von Verhandlungen ablehnt oder bei den Verhandlungen kein Einvernehmen erzielt wird, Anwendung finden.

(33) Um ihrer Rolle in vollem Umfang gerecht zu werden und den Nutzen des Europäischen Betriebsrats sicherzustellen, müssen die Arbeitnehmervertreter den Arbeitnehmern, die sie vertreten, Rechenschaft ablegen und die Möglichkeit haben, die von ihnen benötigten Schulungen zu erhalten.

(34) Es sollte vorgesehen werden, dass die Arbeitnehmervertreter, die im Rahmen dieser Richtlinie handeln, bei der Wahrnehmung ihrer Aufgaben den gleichen Schutz und gleichartige Sicherheiten genießen wie die Arbeitnehmervertreter nach den Rechtsvorschriften und/oder Gepflogenheiten des Landes, in dem sie beschäftigt sind. Sie dürfen nicht aufgrund der gesetzlichen Ausübung ihrer Tätigkeit diskriminiert werden und müssen angemessen gegen Entlassungen und andere Sanktionen geschützt werden.

(35) Werden die sich aus dieser Richtlinie ergebenden Verpflichtungen nicht eingehalten, so müssen die Mitgliedstaaten geeignete Maßnahmen treffen.

(36) Gemäß den allgemeinen Grundsätzen des Gemeinschaftsrechts sollten im Falle eines Verstoßes gegen die sich aus dieser Richtlinie ergebenden Verpflichtungen administrative oder rechtliche Verfahren sowie Sanktionen, die wirksam, abschreckend und im Verhältnis zur Schwere der Zuwiderhandlung angemessen sind, angewandt werden.

(37) Aus Gründen der Effizienz, der Kohärenz und der Rechtssicherheit bedarf es einer Abstimmung zwischen den Richtlinien und den im Gemeinschaftsrecht und im einzelstaatlichen Recht und/oder den einzelstaatlichen Gepflogenheiten festgelegten Ebenen der Unterrichtung und Anhörung der Arbeitnehmer. Hierbei muss der Aushandlung dieser Abstimmungsmodalitäten innerhalb jedes Unternehmens oder jeder Unternehmensgruppe Priorität eingeräumt werden. Fehlt eine entsprechende Vereinbarung und sind Entscheidungen geplant, die wesentliche Veränderungen der Arbeitsorganisation oder der Arbeitsverträge mit sich bringen können, so muss der Prozess gleichzeitig auf einzelstaatlicher und europäischer Ebene so durchgeführt werden, dass die jeweiligen Zuständigkeiten und Aktionsbereiche der Vertretungsgremien der Arbeitnehmer beachtet werden. Die Abgabe einer Stellungnahme des Europäischen Betriebsrats sollte die Befugnis der zentralen Leitung, die erforderlichen Anhörungen innerhalb der im einzelstaatlichen Recht und/oder den einzelstaatlichen Gepflogenheiten vorgesehenen Fristen vorzunehmen, unberührt lassen. Die einzelstaatlichen Rechtsvorschriften und/oder einzelstaatlichen Gepflogenheiten müssen gegebenenfalls angepasst werden, um sicherzustellen, dass der Europäische Betriebsrat gegebenenfalls vor oder gleichzeitig mit den einzelstaatlichen Vertretungsgremien der Arbeitnehmer unterrichtet wird; dies darf jedoch keine Absenkung des allgemeinen Niveaus des Arbeitnehmerschutzes bewirken.

(38) Unberührt lassen sollte diese Richtlinie die Unterrichtungs- und Anhörungsverfahren gemäß der Richtlinie 2002/14/EG des Europäischen Parlaments und des Rates vom 11. März 2002 zur Festlegung eines allgemeinen Rahmens für die Unterrichtung und Anhörung der Arbeitnehmer in der Europäischen Gemeinschaft (ABl. L 80 vom 23.3.2002, S. 29), die spezifischen Verfahren nach Artikel 2 der Richtlinie 98/59/EG des Rates vom 20. Juli 1998 zur Angleichung der Rechtsvorschriften der Mitgliedstaaten über Massenentlassungen (ABl. L 225 vom 12.8. 1998, S. 16) sowie Artikel 7 der Richtlinie 2001/23/EG des Rates vom 12. März 2001 zur Angleichung der Rechtsvorschriften der Mitgliedstaaten über die Wahrung von Ansprüchen der Arbeitnehmer beim Übergang von Unternehmen, Betrieben oder Unternehmens- oder Betriebsteilen (ABl. L 82 vom 22.3.2001, S. 16).

(39) Es sollten besondere Bestimmungen für die gemeinschaftsweit operierenden Unternehmen und Unternehmensgruppen vorgesehen werden, in denen am 22. September 1996 eine für alle Arbeitnehmer geltende Vereinbarung über eine länderübergreifende Unterrichtung und Anhörung der Arbeitnehmer bestand.

(40) Ändert sich die Struktur des Unternehmens oder der Unternehmensgruppe wesentlich, beispielsweise durch eine Fusion, eine Übernahme oder eine Spaltung, so bedarf es einer Anpassung des bestehenden Europäischen Betriebsrats bzw. der bestehenden Europäischen Betriebsräte. Diese Anpassung muss vorrangig nach den Bestimmungen der geltenden Vereinbarung erfolgen, falls diese Bestimmungen die erforderliche Anpassung gestatten. Ist dies nicht der Fall und wird ein entsprechender Antrag gestellt, so werden Verhandlungen über eine neue Vereinbarung aufgenommen, an denen die Mitglieder des bestehenden Europäischen Betriebsrats bzw. der bestehenden Europäischen Betriebsräte zu beteiligen sind. Um die Unterrichtung und Anhörung der Arbeitnehmer in der häufig entscheidenden Phase der Strukturänderung zu ermöglichen, müssen der bestehende Europäische Betriebsrat bzw. die bestehenden Europäischen Betriebsräte in die Lage versetzt werden, ihre Tätigkeit, unter Umständen in entsprechend angepasster Art und Weise, bis zum Abschluss einer neuen Vereinbarung fortzusetzen. Mit Unterzeichnung einer neuen Vereinbarung müssen die zuvor eingerichteten Betriebsräte aufgelöst und die Vereinbarungen über ihre Einrichtung, unabhängig von den darin enthaltenen Bestimmungen über ihre Geltungsdauer oder Kündigung, beendet werden.

(41) Findet diese Anpassungsklausel keine Anwendung, so sollten die geltenden Vereinbarungen

weiter in Kraft bleiben können, um deren obligatorische Neuverhandlung zu vermeiden, wenn sie unnötig wäre. Es sollte vorgesehen werden, dass auf vor dem 22. September 1996 gemäß Artikel 13 Absatz 1 der Richtlinie 94/45/EG oder gemäß Artikel 3 Absatz 1 der Richtlinie 97/74/EG (Richtlinie 97/74/EG des Rates vom 15. Dezember 1997 zur Ausdehnung der Richtlinie 94/45/EG über die Einsetzung eines Europäischen Betriebsrats oder die Schaffung eines Verfahrens zur Unterrichtung und Anhörung der Arbeitnehmer in gemeinschaftsweit operierenden Unternehmen und Unternehmensgruppen auf das Vereinigte Königreich (ABl. L 10 vom 16.1.1998, S. 22)) geschlossene Vereinbarungen während ihrer Geltungsdauer Verpflichtungen, die sich aus der vorliegenden Richtlinie ergeben, weiterhin keine Anwendung finden. Ferner begründet die vorliegende Richtlinie keine allgemeine Verpflichtung zur Neuverhandlung von Vereinbarungen, die gemäß Artikel 6 der Richtlinie 94/45/EG zwischen dem 22. September 1996 und dem 5. Juni 2011 geschlossen wurden.

(42) Unbeschadet des Rechts der Parteien, anders lautende Vereinbarungen zu treffen, ist ein Europäischer Betriebsrat, der in Ermangelung einer Vereinbarung zwischen den Parteien zur Erreichung des Ziels dieser Richtlinie eingesetzt wird, in Bezug auf die Tätigkeiten des Unternehmens oder der Unternehmensgruppe zu unterrichten und anzuhören, damit er mögliche Auswirkungen auf die Interessen der Arbeitnehmer in mindestens zwei Mitgliedstaaten abschätzen kann. Hierzu sollte das Unternehmen oder das herrschende Unternehmen verpflichtet sein, den Arbeitnehmervertretern allgemeine Informationen, die die Interessen der Arbeitnehmer berühren, sowie Informationen, die sich konkret auf diejenigen Aspekte der Tätigkeiten des Unternehmens oder der Unternehmensgruppe beziehen, welche die Interessen der Arbeitnehmer berühren, mitzuteilen. Der Europäische Betriebsrat muss am Ende der Sitzung eine Stellungnahme abgeben können.

(43) Bevor bestimmte Beschlüsse mit erheblichen Auswirkungen auf die Interessen der Arbeitnehmer ausgeführt werden, sind die Arbeitnehmervertreter unverzüglich zu unterrichten und anzuhören.

(44) Der Inhalt der subsidiären Rechtsvorschriften, die in Ermangelung einer Vereinbarung anzuwenden sind und in den Verhandlungen als Auffangregelungen dienen, muss geklärt und an die Entwicklung der Anforderungen und Verfahren im Bereich der länderübergreifenden Unterrichtung und Anhörung angepasst werden. Eine Unterscheidung sollte vorgenommen werden zwischen den Bereichen, in denen eine Unterrichtung obligatorisch ist, und den Bereichen, in denen der Europäische Betriebsrat auch angehört werden muss, was das Recht einschließt, eine Antwort mit Begründung auf eine abgegebene Stellungnahme zu erhalten. Damit der engere Ausschuss die erforderliche Koordinierungsrolle wahrnehmen und im Falle außergewöhnlicher Umstände effizient handeln kann, muss dieser Ausschuss bis zu fünf Mitglieder umfassen und regelmäßig beraten können.

(45) Da das Ziel dieser Richtlinie, nämlich die Verbesserung der Rechte auf Unterrichtung und Anhörung der Arbeitnehmer in gemeinschaftsweit operierenden Unternehmen und Unternehmensgruppen, auf Ebene der Mitgliedstaaten nicht ausreichend verwirklicht werden kann und daher besser auf Gemeinschaftsebene zu verwirklichen ist, kann die Gemeinschaft im Einklang mit dem in Artikel 5 des Vertrags niedergelegten Subsidiaritätsprinzip tätig werden. Entsprechend dem in demselben Artikel genannten Grundsatz der Verhältnismäßigkeit geht diese Richtlinie nicht über das zur Erreichung dieses Ziels erforderliche Maß hinaus.

(46) Diese Richtlinie achtet die Grundrechte und wahrt insbesondere die Grundsätze, die mit der Charta der Grundrechte der Europäischen Union anerkannt wurden. Vor allem soll diese Richtlinie gewährleisten, dass das Recht der Arbeitnehmer oder ihrer Vertreter auf rechtzeitige Unterrichtung und Anhörung auf den angemessenen Ebenen in vollem Umfang Beachtung findet, und zwar in den Fällen und unter den Gegebenheiten, die im Gemeinschaftsrecht sowie in den einzelstaatlichen Rechtsvorschriften und Verfahren vorgesehen sind (Artikel 27 der Charta der Grundrechte der Europäischen Union).

(47) Die Verpflichtung zur Umsetzung dieser Richtlinie in innerstaatliches Recht sollte nur jene Bestimmungen betreffen, die im Vergleich zu den bisherigen Richtlinien inhaltlich geändert wurden. Die Verpflichtung zur Umsetzung der inhaltlich unveränderten Bestimmungen ergibt sich aus den bisherigen Richtlinien.

(48) Gemäß Nummer 34 der Interinstitutionellen Vereinbarung über bessere Rechtsetzung (ABl. C 321 vom 31.12.2003, S. 1) sind die Mitgliedstaaten aufgefordert, für ihre eigenen Zwecke und im Interesse der Gemeinschaft eigene Tabellen aufzustellen, aus denen im Rahmen des Möglichen die Entsprechungen zwischen dieser Richtlinie und den Umsetzungsmaßnahmen zu entnehmen sind, und diese zu veröffentlichen.

(49) Diese Richtlinie sollte die Verpflichtungen der Mitgliedstaaten hinsichtlich der in Anhang II Teil B genannten Fristen für die Umsetzung der dort genannten Richtlinien in innerstaatliches Recht und für die Anwendung dieser Richtlinien unberührt lassen —

HABEN FOLGENDE RICHTLINIE ERLASSEN:

TEIL I
ALLGEMEINE BESTIMMUNGEN

Zielsetzung

Art. 1 (1) Das Ziel dieser Richtlinie ist die Stärkung des Rechts auf Unterrichtung und Anhörung der Arbeitnehmer in gemeinschaftsweit operierenden Unternehmen und Unternehmensgruppen.

(2) Hierzu wird in allen gemeinschaftsweit operierenden Unternehmen und Unternehmensgruppen

auf Antrag gemäß dem Verfahren nach Artikel 5 Absatz 1 zum Zweck der Unterrichtung und Anhörung der Arbeitnehmer ein Europäischer Betriebsrat eingesetzt oder ein Verfahren zur Unterrichtung und Anhörung der Arbeitnehmer geschaffen. Die Modalitäten der Unterrichtung und Anhörung der Arbeitnehmer werden so festgelegt und angewandt, dass ihre Wirksamkeit gewährleistet ist und eine effiziente Beschlussfassung des Unternehmens oder der Unternehmensgruppe ermöglicht wird.

(3) Die Unterrichtung und Anhörung der Arbeitnehmer erfolgt auf der je nach behandeltem Thema relevanten Leitungs- und Vertretungsebene. Zu diesem Zweck beschränken sich die Zuständigkeiten des Europäischen Betriebsrats und der Geltungsbereich des Verfahrens zur Unterrichtung und Anhörung der Arbeitnehmer gemäß dieser Richtlinie auf länderübergreifende Angelegenheiten.

(4) Als länderübergreifend werden Angelegenheiten erachtet, die das gemeinschaftsweit operierende Unternehmen oder die gemeinschaftsweit operierende Unternehmensgruppe insgesamt oder mindestens zwei der Betriebe oder der zur Unternehmensgruppe gehörenden Unternehmen in zwei verschiedenen Mitgliedstaaten betreffen.

(5) Ungeachtet des Absatzes 2 wird der Europäische Betriebsrat in den Fällen, in denen eine gemeinschaftsweit operierende Unternehmensgruppe im Sinne von Artikel 2 Absatz 1 Buchstabe c ein oder mehrere Unternehmen oder Unternehmensgruppen umfasst, die gemeinschaftsweit operierende Unternehmen oder Unternehmensgruppen im Sinne von Artikel 2 Absatz 1 Buchstabe a oder c sind, auf der Ebene der Unternehmensgruppe eingesetzt, es sei denn, dass in der Vereinbarung gemäß Artikel 6 etwas anderes vorgesehen wird.

(6) Ist in der Vereinbarung gemäß Artikel 6 kein größerer Geltungsbereich vorgesehen, so erstrecken sich die Befugnisse und Zuständigkeiten der Europäischen Betriebsräte und die Verfahren zur Unterrichtung und Anhörung der Arbeitnehmer, die zur Erreichung des in Absatz 1 festgelegten Ziels vorgesehen sind, im Fall eines gemeinschaftsweit operierenden Unternehmens auf alle in den Mitgliedstaaten ansässigen Betriebe und im Fall einer gemeinschaftsweit operierenden Unternehmensgruppe auf alle in den Mitgliedstaaten ansässigen Unternehmen dieser Gruppe.

(7) (aufgehoben)

(RL (EU) 2015/1794)

Definitionen

Art. 2 (1) Im Sinne dieser Richtlinie bezeichnet der Ausdruck

a) „gemeinschaftsweit operierendes Unternehmen" ein Unternehmen mit mindestens 1 000 Arbeitnehmern in den Mitgliedstaaten und mit jeweils mindestens 150 Arbeitnehmern in mindestens zwei Mitgliedstaaten;

b) „Unternehmensgruppe" eine Gruppe, die aus einem herrschenden Unternehmen und den von diesem abhängigen Unternehmen besteht;

c) „gemeinschaftsweit operierende Unternehmensgruppe" eine Unternehmensgruppe, die folgende Voraussetzungen erfüllt:
- sie hat mindestens 1 000 Arbeitnehmer in den Mitgliedstaaten,
- sie umfasst mindestens zwei der Unternehmensgruppe angehörende Unternehmen in verschiedenen Mitgliedstaaten, und
- mindestens ein der Unternehmensgruppe angehörendes Unternehmen hat mindestens 150 Arbeitnehmer in einem Mitgliedstaat, und ein weiteres der Unternehmensgruppe angehörendes Unternehmen hat mindestens 150 Arbeitnehmer in einem anderen Mitgliedstaat;

d) „Arbeitnehmervertreter" die nach den Rechtsvorschriften und/oder den Gepflogenheiten der Mitgliedstaaten vorgesehenen Vertreter der Arbeitnehmer;

e) „zentrale Leitung" die zentrale Unternehmensleitung eines gemeinschaftsweit operierenden Unternehmens oder bei gemeinschaftsweit operierenden Unternehmensgruppen die zentrale Unternehmensleitung des herrschenden Unternehmens;

f) „Unterrichtung" die Übermittlung von Informationen durch den Arbeitgeber an die Arbeitnehmervertreter, um ihnen Gelegenheit zur Kenntnisnahme und Prüfung der behandelten Frage zu geben; die Unterrichtung erfolgt zu einem Zeitpunkt, in einer Weise und in einer inhaltlichen Ausgestaltung, die dem Zweck angemessen sind und es den Arbeitnehmervertretern ermöglichen, die möglichen Auswirkungen eingehend zu bewerten und gegebenenfalls Anhörungen mit dem zuständigen Organ des gemeinschaftsweit operierenden Unternehmens oder der gemeinschaftsweit operierenden Unternehmensgruppe vorzubereiten;

g) „Anhörung" die Einrichtung eines Dialogs und den Meinungsaustausch zwischen den Arbeitnehmervertretern und der zentralen Leitung oder einer anderen, angemesseneren Leitungsebene zu einem Zeitpunkt, in einer Weise und in einer inhaltlichen Ausgestaltung, die es den Arbeitnehmervertretern auf der Grundlage der erhaltenen Informationen ermöglichen, unbeschadet der Zuständigkeiten der Unternehmensleitung innerhalb einer angemessenen Frist zu den vorgeschlagenen Maßnahmen, die Gegenstand der Anhörung sind, eine Stellungnahme abzugeben, die innerhalb des gemeinschaftsweit operierenden Unternehmens oder der gemeinschaftsweit operierenden Unternehmensgruppe berücksichtigt werden kann;

h) „Europäischer Betriebsrat" einen Betriebsrat, der gemäß Artikel 1 Absatz 2 oder den Bestimmungen des Anhangs I zur Unterrichtung und Anhörung der Arbeitnehmer eingesetzt werden kann;

i) „besonderes Verhandlungsgremium" das gemäß Artikel 5 Absatz 2 eingesetzte Gremium, das die Aufgabe hat, mit der zentralen Leitung die Einsetzung eines Europäischen Betriebsrats oder die Schaffung eines Verfahrens zur Unterrichtung und Anhörung der Arbeitnehmer nach Artikel 1 Absatz 2 auszuhandeln.

(2) Für die Zwecke dieser Richtlinie werden die Beschäftigtenschwellen nach der entsprechend den einzelstaatlichen Rechtsvorschriften und/oder Gepflogenheiten berechneten Zahl der im Durchschnitt während der letzten zwei Jahre beschäftigten Arbeitnehmer, einschließlich der Teilzeitbeschäftigten, festgelegt.

Definition des Begriffs „herrschendes Unternehmen"

Art. 3 (1) Im Sinne dieser Richtlinie gilt als „herrschendes Unternehmen" ein Unternehmen, das zum Beispiel aufgrund von Eigentum, finanzieller Beteiligung oder sonstiger Bestimmungen, die die Tätigkeit des Unternehmens regeln, einen beherrschenden Einfluss auf ein anderes Unternehmen („abhängiges Unternehmen") ausüben kann.

(2) Die Fähigkeit, einen beherrschenden Einfluss auszuüben, gilt bis zum Beweis des Gegenteils als gegeben, wenn ein Unternehmen in Bezug auf ein anderes Unternehmen direkt oder indirekt

a) die Mehrheit des gezeichneten Kapitals dieses Unternehmens besitzt
oder
b) über die Mehrheit der mit den Anteilen am anderen Unternehmen verbundenen Stimmrechte verfügt
oder
c) mehr als die Hälfte der Mitglieder des Verwaltungs-, Leitungs- oder Aufsichtsorgans des anderen Unternehmens bestellen kann.

(3) Für die Anwendung von Absatz 2 müssen den Stimm- und Ernennungsrechten des herrschenden Unternehmens die Rechte aller abhängigen Unternehmen sowie aller natürlichen oder juristischen Personen, die zwar im eigenen Namen, aber für Rechnung des herrschenden Unternehmens oder eines anderen abhängigen Unternehmens handeln, hinzugerechnet werden.

(4) Ungeachtet der Absätze 1 und 2 ist ein Unternehmen kein „herrschendes Unternehmen" in Bezug auf ein anderes Unternehmen, an dem es Anteile hält, wenn es sich um eine Gesellschaft im Sinne von Artikel 3 Absatz 5 Buchstabe a oder c der Verordnung (EG) Nr. 139/2004 des Rates vom 20. Januar 2004 über die Kontrolle von Unternehmenszusammenschlüssen (ABl. L 24 vom 29.1.2004, S. 1) handelt.

(5) Ein beherrschender Einfluss gilt nicht allein schon aufgrund der Tatsache als gegeben, dass eine beauftragte Person ihre Funktionen gemäß den in einem Mitgliedstaat für die Liquidation, den Konkurs, die Zahlungsunfähigkeit, die Zahlungseinstellung, den Vergleich oder ein ähnliches Verfahren geltenden Rechtsvorschriften ausübt.

(6) Maßgebend für die Feststellung, ob ein Unternehmen ein herrschendes Unternehmen ist, ist das Recht des Mitgliedstaats, dem das Unternehmen unterliegt.

Unterliegt das Unternehmen nicht dem Recht eines Mitgliedstaats, so ist das Recht des Mitgliedstaats maßgebend, in dem der Vertreter des Unternehmens oder, in Ermangelung eines solchen, die zentrale Leitung desjenigen Unternehmens innerhalb einer Unternehmensgruppe ansässig ist, das die höchste Anzahl von Arbeitnehmern aufweist.

(7) Ergibt sich im Fall einer Normenkollision bei der Anwendung von Absatz 2, dass zwei oder mehr Unternehmen ein und derselben Unternehmensgruppe eines oder mehrere der in Absatz 2 festgelegten Kriterien erfüllen, so gilt das Unternehmen, welches das unter Absatz 2 Buchstabe c genannte Kriterium erfüllt, als herrschendes Unternehmen, solange nicht der Beweis erbracht ist, dass ein anderes Unternehmen einen beherrschenden Einfluss ausüben kann.

TEIL II
EINRICHTUNG DES EUROPÄISCHEN BETRIEBSRATS ODER SCHAFFUNG EINES VERFAHRENS ZUR UNTERRICHTUNG UND ANHÖRUNG DER ARBEITNEHMER

Verantwortung für die Einrichtung eines Europäischen Betriebsrats oder die Schaffung eines Verfahrens zur Unterrichtung und Anhörung der Arbeitnehmer

Art. 4 (1) Die zentrale Leitung ist dafür verantwortlich, dass die Voraussetzungen geschaffen und die Mittel bereitgestellt werden, damit jeweils nach Maßgabe des Artikels 1 Absatz 2 für gemeinschaftsweit operierende Unternehmen und operierende Unternehmensgruppen der Europäische Betriebsrat eingesetzt oder ein Verfahren zur Unterrichtung und Anhörung geschaffen werden kann.

(2) Ist die zentrale Leitung nicht in einem Mitgliedstaat ansässig, so ist ihr gegebenenfalls zu benennender Vertreter in der Gemeinschaft für die Maßnahmen nach Absatz 1 verantwortlich.

In Ermangelung eines solchen Vertreters ist die Leitung des Betriebs oder des zur Unternehmensgruppe gehörenden Unternehmens mit der höchsten Anzahl von Beschäftigten in einem Mitgliedstaat für die Maßnahmen nach Absatz 1 verantwortlich.

(3) Für die Zwecke dieser Richtlinie gelten der oder die Vertreter oder, in Ermangelung dieser Vertreter, die Leitung nach Absatz 2 Unterabsatz 2 als zentrale Leitung.

(4) Jede Leitung eines zu einer gemeinschaftsweit operierenden Unternehmensgruppe gehörenden Unternehmens sowie die zentrale Leitung oder die fingierte zentrale Leitung im Sinne des Absatzes 2 Unterabsatz 2 des gemeinschaftsweit operierenden Unternehmens oder der gemeinschaftsweit operierenden Unternehmensgruppe

ist dafür verantwortlich, die für die Aufnahme von Verhandlungen gemäß Artikel 5 erforderlichen Informationen zu erheben und an die Parteien, auf die die Richtlinie Anwendung findet, weiterzuleiten, insbesondere die Informationen in Bezug auf die Struktur des Unternehmens oder der Gruppe und die Belegschaft. Diese Verpflichtung betrifft insbesondere die Angaben zu der in Artikel 2 Absatz 1 Buchstaben a und c erwähnten Beschäftigtenzahl.

Besonderes Verhandlungsgremium

Art. 5 (1) Um das in Artikel 1 Absatz 1 festgelegte Ziel zu erreichen, nimmt die zentrale Leitung von sich aus oder auf schriftlichen Antrag von mindestens 100 Arbeitnehmern oder ihrer Vertreter aus mindestens zwei Betrieben oder Unternehmen in mindestens zwei verschiedenen Mitgliedstaaten Verhandlungen zur Einrichtung eines Europäischen Betriebsrats oder zur Schaffung eines Unterrichtungs- und Anhörungsverfahrens auf.

(2) Zu diesem Zwecke wird ein besonderes Verhandlungsgremium nach folgenden Leitlinien eingesetzt:

a) Die Mitgliedstaaten legen das Verfahren für die Wahl oder die Benennung der Mitglieder des besonderen Verhandlungsgremiums fest, die in ihrem Hoheitsgebiet zu wählen oder zu benennen sind.

Die Mitgliedstaaten sehen vor, dass die Arbeitnehmer der Unternehmen und/oder Betriebe, in denen unabhängig vom Willen der Arbeitnehmer keine Arbeitnehmervertreter vorhanden sind, selbst Mitglieder für das besondere Verhandlungsgremium wählen oder benennen dürfen.

Durch Unterabsatz 2 werden die einzelstaatlichen Rechtsvorschriften und/oder Gepflogenheiten, die Schwellen für die Einrichtung eines Gremiums zur Vertretung der Arbeitnehmer vorsehen, nicht berührt.

b) Die Mitglieder des besonderen Verhandlungsgremiums werden entsprechend der Zahl der in jedem Mitgliedstaat beschäftigten Arbeitnehmer des gemeinschaftsweit operierenden Unternehmens oder der gemeinschaftsweit operierenden Unternehmensgruppe gewählt oder bestellt, so dass pro Mitgliedstaat für jeden Anteil der in diesem Mitgliedstaat beschäftigten Arbeitnehmer, der 10 % der Gesamtzahl der in allen Mitgliedstaaten beschäftigten Arbeitnehmer entspricht, oder für einen Bruchteil dieser Tranche Anspruch auf einen Sitz besteht.

c) Die Zusammensetzung des besonderen Verhandlungsgremiums und der Beginn der Verhandlungen werden der zentralen Leitung und den örtlichen Unternehmensleitungen sowie den zuständigen europäischen Arbeitnehmer- und Arbeitgeberverbänden mitgeteilt.

(3) Aufgabe des besonderen Verhandlungsgremiums ist es, mit der zentralen Leitung in einer schriftlichen Vereinbarung den Tätigkeitsbereich, die Zusammensetzung, die Befugnisse und die Mandatsdauer des Europäischen Betriebsrats oder der Europäischen Betriebsräte oder die Durchführungsmodalitäten eines Verfahrens zur Unterrichtung und Anhörung der Arbeitnehmer festzulegen.

(4) Die zentrale Leitung beruft eine Sitzung mit dem besonderen Verhandlungsgremium ein, um eine Vereinbarung gemäß Artikel 6 zu schließen. Sie setzt die örtlichen Unternehmensleitungen hiervon in Kenntnis.

Vor und nach jeder Sitzung mit der zentralen Leitung ist das besondere Verhandlungsgremium berechtigt, zu tagen, ohne dass Vertreter der zentralen Leitung dabei zugegen sind, und dabei die erforderlichen Kommunikationsmittel zu nutzen.

Das besondere Verhandlungsgremium kann bei den Verhandlungen Sachverständige seiner Wahl hinzuziehen, zu denen Vertreter der kompetenten anerkannten Gewerkschaftsorganisationen auf Gemeinschaftsebene gehören können, um sich von ihnen bei seiner Arbeit unterstützen zu lassen. Diese Sachverständigen und Gewerkschaftsvertreter können auf Wunsch des besonderen Verhandlungsgremiums den Verhandlungen in beratender Funktion beiwohnen.

(5) Das besondere Verhandlungsgremium kann mit mindestens zwei Dritteln der Stimmen beschließen, keine Verhandlungen gemäß Absatz 4 zu eröffnen oder die bereits eröffneten Verhandlungen zu beenden.

Durch einen solchen Beschluss wird das Verfahren zum Abschluss der in Artikel 6 genannten Vereinbarung beendet. Ist ein solcher Beschluss gefasst worden, finden die Bestimmungen des Anhangs I keine Anwendung.

Ein neuer Antrag auf Einberufung des besonderen Verhandlungsgremiums kann frühestens zwei Jahre nach dem vorgenannten Beschluss gestellt werden, es sei denn, die betroffenen Parteien setzen eine kürzere Frist fest.

(6) Die Kosten im Zusammenhang mit den Verhandlungen nach den Absätzen 3 und 4 werden von der zentralen Leitung getragen, damit das besondere Verhandlungsgremium seine Aufgaben in angemessener Weise erfüllen kann.

Die Mitgliedstaaten können unter Wahrung dieses Grundsatzes Regeln für die Finanzierung der Arbeit des besonderen Verhandlungsgremiums festlegen. Sie können insbesondere die Übernahme der Kosten auf die Kosten für einen Sachverständigen begrenzen.

Inhalt der Vereinbarung

Art. 6 (1) Die zentrale Leitung und das besondere Verhandlungsgremium müssen im Geiste der Zusammenarbeit verhandeln, um zu einer Vereinbarung über die Modalitäten der Durchführung der in Artikel 1 Absatz 1 vorgesehenen Unterrichtung und Anhörung der Arbeitnehmer zu gelangen.

(2) Unbeschadet der Autonomie der Parteien wird in der schriftlichen Vereinbarung nach Absatz 1 zwischen der zentralen Leitung und dem besonderen Verhandlungsgremium Folgendes festgelegt:

a) die von der Vereinbarung betroffenen Unternehmen der gemeinschaftsweit operierenden Unternehmensgruppe oder Betriebe des gemeinschaftsweit operierenden Unternehmens;
b) die Zusammensetzung des Europäischen Betriebsrats, die Anzahl der Mitglieder, die Sitzverteilung, wobei so weit als möglich eine ausgewogene Vertretung der Arbeitnehmer nach Tätigkeit, Arbeitnehmerkategorien und Geschlecht zu berücksichtigen ist, und die Mandatsdauer;
c) die Befugnisse und das Unterrichtungs- und Anhörungsverfahren des Europäischen Betriebsrats sowie die Modalitäten für die Abstimmung zwischen der Unterrichtung und Anhörung des Europäischen Betriebsrats und der einzelstaatlichen Arbeitnehmervertretungen gemäß den Grundsätzen des Artikels 1 Absatz 3;
d) der Ort, die Häufigkeit und die Dauer der Sitzungen des Europäischen Betriebsrats;
e) gegebenenfalls die Zusammensetzung, die Modalitäten für die Bestellung, die Befugnisse und die Sitzungsmodalitäten des innerhalb des Europäischen Betriebsrates eingesetzten engeren Ausschusses;
f) die für den Europäischen Betriebsrat bereitzustellenden finanziellen und materiellen Mittel;
g) das Datum des Inkrafttretens der Vereinbarung und ihre Laufzeit, die Modalitäten für die Änderung oder Kündigung der Vereinbarung und gegebenenfalls die Fälle, in denen eine Neuaushandlung erfolgt, und das bei ihrer Neuaushandlung anzuwendende Verfahren, gegebenenfalls auch bei Änderungen der Struktur des gemeinschaftsweit operierenden Unternehmens oder der gemeinschaftsweit operierenden Unternehmensgruppe.

(3) Die zentrale Leitung und das besondere Verhandlungsgremium können in schriftlicher Form den Beschluss fassen, dass anstelle eines Europäischen Betriebsrats ein oder mehrere Unterrichtungs- und Anhörungsverfahren geschaffen werden.

In der Vereinbarung ist festzulegen, unter welchen Voraussetzungen die Arbeitnehmervertreter das Recht haben, zu einem Meinungsaustausch über die ihnen übermittelten Informationen zusammenzutreten.

Diese Informationen erstrecken sich insbesondere auf länderübergreifende Angelegenheiten, welche erhebliche Auswirkungen auf die Interessen der Arbeitnehmer haben.

(4) Sofern in den Vereinbarungen im Sinne der Absätze 2 und 3 nichts anderes bestimmt ist, gelten die subsidiären Vorschriften des Anhangs I nicht für diese Vereinbarungen.

(5) Für den Abschluss der Vereinbarungen im Sinne der Absätze 2 und 3 ist die Mehrheit der Stimmen der Mitglieder des besonderen Verhandlungsgremiums erforderlich.

Subsidiäre Vorschriften

Art. 7 (1) Um das in Artikel 1 Absatz 1 festgelegte Ziel zu erreichen, werden die subsidiären Rechtsvorschriften des Mitgliedstaats, in dem die zentrale Leitung ihren Sitz hat, angewandt,
– wenn die zentrale Leitung und das besondere Verhandlungsgremium einen entsprechenden Beschluss fassen

oder

– wenn die zentrale Leitung die Aufnahme von Verhandlungen binnen sechs Monaten nach dem ersten Antrag nach Artikel 5 Absatz 1 verweigert

oder

– wenn binnen drei Jahren nach dem entsprechenden Antrag keine Vereinbarung gemäß Artikel 6 zustande kommt und das besondere Verhandlungsgremium keinen Beschluss nach Artikel 5 Absatz 5 gefasst hat.

(2) Die subsidiären Vorschriften nach Absatz 1 in der durch die Rechtsvorschriften der Mitgliedstaaten festgelegten Fassung müssen den in Anhang I niedergelegten Bestimmungen genügen.

TEIL III
SONSTIGE BESTIMMUNGEN

Vertrauliche Informationen

Art. 8 (1) Die Mitgliedstaaten sehen vor, dass den Mitgliedern des besonderen Verhandlungsgremiums und des Europäischen Betriebsrats sowie den sie gegebenenfalls unterstützenden Sachverständigen nicht gestattet wird, ihnen ausdrücklich als vertraulich mitgeteilte Informationen an Dritte weiterzugeben.

Das Gleiche gilt für die Arbeitnehmervertreter im Rahmen eines Unterrichtungs- und Anhörungsverfahrens.

Diese Verpflichtung besteht unabhängig vom Aufenthaltsort der in den Unterabsätzen 1 und 2 genannten Personen und selbst nach Ablauf ihres Mandats weiter.

(2) Jeder Mitgliedstaat sieht vor, dass die in seinem Hoheitsgebiet ansässige zentrale Leitung in besonderen Fällen und unter den in den einzelstaatlichen Rechtsvorschriften festgelegten Bedingungen und Beschränkungen Informationen nicht weiterleiten muss, wenn diese die Arbeitsweise der betroffenen Unternehmen nach objektiven Kriterien erheblich beeinträchtigen oder ihnen schaden könnten.

Der betreffende Mitgliedstaat kann diese Befreiung von einer vorherigen behördlichen oder gerichtlichen Genehmigung abhängig machen.

(3) Jeder Mitgliedstaat kann besondere Bestimmungen für die zentrale Leitung der in seinem Hoheitsgebiet ansässigen Unternehmen vorsehen, die in Bezug auf Berichterstattung und Meinungsäußerung unmittelbar und überwiegend eine bestimmte weltanschauliche Tendenz verfolgen, falls die innerstaatlichen Rechtsvorschriften solche

besonderen Bestimmungen zum Zeitpunkt der Annahme dieser Richtlinie bereits enthalten.

Arbeitsweise des Europäischen Betriebsrats und Funktionsweise des Verfahrens zur Unterrichtung und Anhörung der Arbeitnehmer

Art. 9 Die zentrale Leitung und der Europäische Betriebsrat arbeiten mit dem Willen zur Verständigung unter Beachtung ihrer jeweiligen Rechte und gegenseitigen Verpflichtungen zusammen.

Gleiches gilt für die Zusammenarbeit zwischen der zentralen Leitung und den Arbeitnehmervertretern im Rahmen eines Verfahrens zur Unterrichtung und Anhörung der Arbeitnehmer.

Rolle und Schutz der Arbeitnehmervertreter

Art. 10 (1) Unbeschadet der Zuständigkeiten der anderen Gremien oder Organisationen in diesem Bereich verfügen die Mitglieder des Europäischen Betriebsrats über die Mittel, die erforderlich sind, um die Rechte auszuüben, die sich aus dieser Richtlinie ergeben, um kollektiv die Interessen der Arbeitnehmer des gemeinschaftsweit operierenden Unternehmens oder der gemeinschaftsweit operierenden Unternehmensgruppe zu vertreten.

(2) Unbeschadet des Artikels 8 informieren die Mitglieder des Europäischen Betriebsrats die Arbeitnehmervertreter der Betriebe oder der zur gemeinschaftsweit operierenden Unternehmensgruppe gehörenden Unternehmen oder, in Ermangelung solcher Vertreter, die Belegschaft insgesamt über Inhalt und Ergebnisse der gemäß dieser Richtlinie durchgeführten Unterrichtung und Anhörung.

(3) Die Mitglieder des besonderen Verhandlungsgremiums, die Mitglieder des Europäischen Betriebsrats und die Arbeitnehmervertreter, die bei dem Unterrichtungs- und Anhörungsverfahren nach Artikel 6 Absatz 3 mitwirken, genießen bei der Wahrnehmung ihrer Aufgaben den gleichen Schutz und gleichartige Sicherheiten wie die Arbeitnehmervertreter nach den innerstaatlichen Rechtsvorschriften und/oder Gepflogenheiten des Landes, in dem sie beschäftigt sind.

Dies gilt insbesondere für die Teilnahme an den Sitzungen des besonderen Verhandlungsgremiums, des Europäischen Betriebsrats und an allen anderen Sitzungen im Rahmen der Vereinbarungen nach Artikel 6 Absatz 3 sowie für die Lohn- und Gehaltsfortzahlung an die Mitglieder, die Beschäftigte des gemeinschaftsweit operierenden Unternehmens oder der gemeinschaftsweit operierenden Unternehmensgruppe sind, für die Dauer ihrer durch die Wahrnehmung ihrer Aufgaben notwendigen Abwesenheit.

Ein Mitglied eines besonderen Verhandlungsgremiums oder eines Europäischen Betriebsrats oder dessen Stellvertreter, das Besatzungsmitglied eines Seeschiffs ist, ist berechtigt, an einer Sitzung des besonderen Verhandlungsgremiums oder des Europäischen Betriebsrats oder an jeder anderen Sitzung gemäß den Verfahren des Artikels 6 Absatz 3 teilzunehmen, sofern es sich zum Sitzungszeitpunkt nicht auf See oder in einem Hafen in einem anderen Land als dem befindet, in dem die Reederei ihren Geschäftssitz hat.

Die Sitzungen sind nach Möglichkeit so anzusetzen, dass sie die Teilnahme von Mitgliedern oder Stellvertretern, die Besatzungsmitglied eines Seeschiffs sind, erleichtern.

Kann ein Mitglied eines besonderen Verhandlungsgremiums oder eines Europäischen Betriebsrats oder dessen Stellvertreter, das Besatzungsmitglied eines Seeschiffs ist, nicht an einer Sitzung teilnehmen, so ist nach Möglichkeit die Nutzung neuer Informations- und Kommunikationstechnologien in Erwägung zu ziehen.

(RL (EU) 2015/1794)

(4) In dem Maße, wie dies zur Wahrnehmung ihrer Vertretungsaufgaben in einem internationalen Umfeld erforderlich ist, müssen die Mitglieder des besonderen Verhandlungsgremiums und des Europäischen Betriebsrats Schulungen erhalten, ohne dabei Lohn- bzw. Gehaltseinbußen zu erleiden.

Einhaltung der Richtlinie

Art. 11 (1) Jeder Mitgliedstaat gewährleistet, dass die Leitung der in seinem Hoheitsgebiet befindlichen Betriebe eines gemeinschaftsweit operierenden Unternehmens und die Leitung eines Unternehmens, das Mitglied einer gemeinschaftsweit operierenden Unternehmensgruppe ist, und ihre Arbeitnehmervertreter oder, je nach dem betreffenden Einzelfall, deren Arbeitnehmer den in dieser Richtlinie festgelegten Verpflichtungen nachkommen, unabhängig davon, ob die zentrale Leitung sich in seinem Hoheitsgebiet befindet.

(2) Für den Fall der Nichteinhaltung dieser Richtlinie sehen die Mitgliedstaaten geeignete Maßnahmen vor; sie gewährleisten insbesondere, dass Verwaltungs- oder Gerichtsverfahren vorhanden sind, mit deren Hilfe die Erfüllung der sich aus dieser Richtlinie ergebenden Verpflichtungen durchgesetzt werden kann.

(3) Bei der Anwendung des Artikels 8 sehen die Mitgliedstaaten Verfahren vor, nach denen die Arbeitnehmervertreter auf dem Verwaltungs- oder Gerichtsweg Rechtsbehelfe einlegen können, wenn die zentrale Leitung sich auf die Vertraulichkeit der Informationen beruft oder diese – ebenfalls nach Artikel 8 – nicht weiterleitet.

Zu diesen Verfahren können auch Verfahren gehören, die dazu bestimmt sind, die Vertraulichkeit der betreffenden Informationen zu wahren.

Zusammenhang mit anderen gemeinschaftlichen und einzelstaatlichen Bestimmungen

Art. 12 (1) Die Unterrichtung und Anhörung des Europäischen Betriebsrats wird mit der Unterrichtung und Anhörung der einzelstaatlichen Vertretungsgremien der Arbeitnehmer abgestimmt, wobei die jeweiligen Zuständigkeiten und Aktionsbereiche sowie die Grundsätze des Artikels 1 Absatz 3 beachtet werden.

(2) Die Modalitäten für die Abstimmung zwischen der Unterrichtung und Anhörung des Euro-

päischen Betriebsrats und der einzelstaatlichen Arbeitnehmervertretungen werden in der Vereinbarung gemäß Artikel 6 festgelegt. Diese Vereinbarung steht den einzelstaatlichen Rechtsvorschriften und/oder den einzelstaatlichen Gepflogenheiten zur Unterrichtung und Anhörung der Arbeitnehmer nicht entgegen.

(3) Sind solche Modalitäten nicht durch Vereinbarung festgelegt, sehen die Mitgliedstaaten vor, dass der Prozess der Unterrichtung und Anhörung sowohl im Europäischen Betriebsrat als auch in den einzelstaatlichen Vertretungsgremien der Arbeitnehmer stattfindet, wenn Entscheidungen geplant sind, die wesentliche Veränderungen der Arbeitsorganisation oder der Arbeitsverträge mit sich bringen können.

(4) Diese Richtlinie lässt die in der Richtlinie 2002/14/EG vorgesehenen Unterrichtungs- und Anhörungsverfahren sowie die in Artikel 2 der Richtlinie 98/59/EG und in Artikel 7 der Richtlinie 2001/23/EG vorgesehenen spezifischen Verfahren unberührt.

(5) Die Durchführung dieser Richtlinie darf nicht als Rechtfertigung für Rückschritte hinter den bereits in den einzelnen Mitgliedstaaten erreichten Stand des allgemeinen Niveaus des Arbeitnehmerschutzes in den von ihr abgedeckten Bereichen benutzt werden.

Anpassung

Art. 13 Ändert sich die Struktur des gemeinschaftsweit operierenden Unternehmens oder der gemeinschaftsweit operierenden Unternehmensgruppe wesentlich und fehlen entsprechende Bestimmungen in den geltenden Vereinbarungen oder bestehen Konflikte zwischen den Bestimmungen von zwei oder mehr geltenden Vereinbarungen, so nimmt die zentrale Leitung von sich aus oder auf schriftlichen Antrag von mindestens 100 Arbeitnehmern oder ihrer Vertreter in mindestens zwei Unternehmen oder Betrieben in mindestens zwei verschiedenen Mitgliedstaaten die Verhandlungen gemäß Artikel 5 auf.

Mindestens drei Mitglieder des bestehenden Europäischen Betriebsrats oder jedes bestehenden Europäischen Betriebsrats gehören – neben den gemäß Artikel 5 Absatz 2 gewählten oder bestellten Mitgliedern – dem besonderen Verhandlungsgremium an.

Während der Verhandlungen erfolgt die Aufgabenwahrnehmung durch den bestehenden Europäischen Betriebsrat oder die bestehenden Europäischen Betriebsräte entsprechend den in einer Vereinbarung zwischen diesem/diesen und der zentralen Leitung festgelegten etwaigen Absprachen.

Geltende Vereinbarungen

Art. 14 (1) Unbeschadet des Artikels 13 gelten die sich aus dieser Richtlinie ergebenden Verpflichtungen nicht für gemeinschaftsweit operierende Unternehmen und gemeinschaftsweit operierende Unternehmensgruppen, in denen entweder

a) eine für alle Arbeitnehmer geltende Vereinbarung oder Vereinbarungen, in der bzw. in denen eine länderübergreifende Unterrichtung und Anhörung der Arbeitnehmer vorgesehen ist, gemäß Artikel 13 Absatz 1 der Richtlinie 94/45/EG oder Artikel 3 Absatz 1 der Richtlinie 97/74/EG abgeschlossen wurde bzw. wurden oder solche Vereinbarungen wegen Veränderungen in der Struktur der Unternehmen oder Unternehmensgruppen angepasst wurden;

oder

b) eine gemäß Artikel 6 der Richtlinie 94/45/EG abgeschlossene Vereinbarung zwischen dem 5. Juni 2009 und dem 5. Juni 2011 unterzeichnet oder überarbeitet wird.

Das einzelstaatliche Recht, das zum Zeitpunkt der Unterzeichnung oder der Überarbeitung der Vereinbarung gilt, gilt weiterhin für die in Unterabsatz 1 Buchstabe b genannten Unternehmen oder Unternehmensgruppen.

(2) Laufen die in Absatz 1 genannten Vereinbarungen aus, so können die betreffenden Parteien gemeinsam beschließen, sie weiter anzuwenden oder zu überarbeiten. Ist dies nicht der Fall, so findet diese Richtlinie Anwendung.

Bericht

Art. 15 Bis spätestens 5. Juni 2016 erstattet die Kommission dem Europäischen Parlament, dem Rat und dem Europäischen Wirtschafts- und Sozialausschuss Bericht über die Umsetzung der Bestimmungen dieser Richtlinie und legt gegebenenfalls geeignete Vorschläge vor.

Umsetzung

Art. 16 (1) Die Mitgliedstaaten erlassen die erforderlichen Rechts- und Verwaltungsvorschriften, um den Bestimmungen von Artikel 1 Absätze 2, 3 und 4, Artikel 2 Absatz 1 Buchstaben f und g, Artikel 3 Absatz 4, Artikel 4 Absatz 4, Artikel 5 Absatz 2 Buchstaben b und c, Artikel 5 Absatz 4, Artikel 6 Absatz 2 Buchstaben b, c, e und g und der Artikel 10, 12, 13 und 14 sowie des Anhangs I Nummer 1 Buchstaben a, c und d und Nummern 2 und 3 spätestens am 5. Juni 2011 nachzukommen, bzw. vergewissern sich, dass die Sozialpartner zu diesem Datum die notwendigen Vorschriften durch Vereinbarungen einführen, wobei die Mitgliedstaaten die notwendigen Vorkehrungen zu treffen haben, um jederzeit in der Lage zu sein, die dieser Richtlinie entsprechenden Ergebnisse zu gewährleisten.

Wenn die Mitgliedstaaten diese Vorschriften erlassen, nehmen sie in den Vorschriften selbst oder durch einen Hinweis bei der amtlichen Veröffentlichung auf diese Richtlinie Bezug. In diese Vorschriften fügen sie die Erklärung ein, dass Bezugnahmen in den geltenden Rechts- und Verwaltungsvorschriften auf die durch die vorliegende Richtlinie geänderte Richtlinie als Bezugnahmen auf die vorliegende Richtlinie gelten. Die Mitgliedstaaten regeln die Einzelheiten dieser Bezugnahme und legen die Formulierung der Erklärung fest.

(2) Die Mitgliedstaaten teilen der Kommission den Wortlaut der wichtigsten innerstaatlichen Rechtsvorschriften mit, die sie auf dem unter diese Richtlinie fallenden Gebiet erlassen.

Aufhebung

Art. 17 Die Richtlinie 94/45/EG, in der Fassung der in Anhang II Teil A aufgeführten Richtlinien, wird unbeschadet der Verpflichtungen der Mitgliedstaaten hinsichtlich der in Anhang II Teil B genannten Fristen für die Umsetzung der dort genannten Richtlinien in innerstaatliches Recht mit Wirkung vom 6. Juni 2011 aufgehoben.

Verweisungen auf die aufgehobene Richtlinie gelten als Verweisungen auf die vorliegende Richtlinie und sind nach Maßgabe der Entsprechungstabelle in Anhang III zu lesen.

Inkrafttreten

Art. 18 Diese Richtlinie tritt am zwanzigsten Tag nach ihrer Veröffentlichung im *Amtsblatt der Europäischen Union* in Kraft.

Artikel 1 Absätze 1, 5, 6 und 7, Artikel 2 Absatz 1 Buchstaben a bis e, h und i, Artikel 2 Absatz 2, Artikel 3 Absätze 1, 2, 3, 5, 6 und 7, Artikel 4 Absätze 1, 2 und 3, Artikel 5 Absätze 1, 3, 5 und 6, Artikel 5 Absatz 2 Buchstabe a, Artikel 6 Absatz 1, Artikel 6 Absatz 2 Buchstaben a, d und f, Artikel 6 Absätze 3, 4 und 5 und die Artikel 7, 8, 9 und 11 sowie Anhang I Nummer 1 Buchstaben b, e und f und Nummern 4, 5 und 6 sind ab dem 6. Juni 2011 anwendbar.

Adressaten

Art. 19 Diese Richtlinie ist an die Mitgliedstaaten gerichtet.

ANHANG I
SUBSIDIÄRE VORSCHRIFTEN
(nach Artikel 7)

(1) Um das in Artikel 1 Absatz 1 festgelegte Ziel zu erreichen, wird in den in Artikel 7 Absatz 1 vorgesehenen Fällen ein Europäischer Betriebsrat eingesetzt, für dessen Zuständigkeiten und Zusammensetzung folgende Regeln gelten:

a) Die Zuständigkeiten des Europäischen Betriebsrats werden gemäß Artikel 1 Absatz 3 festgelegt.

   Die Unterrichtung des Europäischen Betriebsrats bezieht sich insbesondere auf die Struktur, die wirtschaftliche und finanzielle Situation sowie die voraussichtliche Entwicklung der Geschäfts-, Produktions- und Absatzlage des gemeinschaftsweit operierenden Unternehmens oder der gemeinschaftsweit operierenden Unternehmensgruppe. Die Unterrichtung und Anhörung des Europäischen Betriebsrats bezieht sich insbesondere auf die Beschäftigungslage und ihre voraussichtliche Entwicklung, auf die Investitionen, auf grundlegende Änderungen der Organisation, auf die Einführung neuer Arbeits- und Fertigungsverfahren, auf Verlagerungen der Produktion, auf Fusionen, Verkleinerungen oder Schließungen von Unternehmen, Betrieben oder wichtigen Teilen dieser Einheiten und auf Massenentlassungen.

   Die Anhörung erfolgt in einer Weise, die es den Arbeitnehmervertretern gestattet, mit der zentralen Leitung zusammenzukommen und eine mit Gründen versehene Antwort auf ihre etwaige Stellungnahme zu erhalten.

b) Der Europäische Betriebsrat setzt sich aus Arbeitnehmern des gemeinschaftsweit operierenden Unternehmens oder der gemeinschaftsweit operierenden Unternehmensgruppe zusammen, die von den Arbeitnehmervertretern aus ihrer Mitte oder, in Ermangelung solcher Vertreter, von der Gesamtheit der Arbeitnehmer gewählt oder benannt werden.

   Die Mitglieder des Europäischen Betriebsrats werden entsprechend den einzelstaatlichen Rechtsvorschriften und/oder Gepflogenheiten gewählt oder benannt.

c) Die Mitglieder des Europäischen Betriebsrats werden entsprechend der Zahl der in jedem Mitgliedstaat beschäftigten Arbeitnehmer des gemeinschaftsweit operierenden Unternehmens oder der gemeinschaftsweit operierenden Unternehmensgruppe gewählt oder bestellt, so dass pro Mitgliedstaat für jeden Anteil der in diesem Mitgliedstaat beschäftigten Arbeitnehmer, der 10 % der Gesamtzahl der in allen Mitgliedstaaten beschäftigten Arbeitnehmer entspricht, oder für einen Bruchteil dieser Tranche Anspruch auf einen Sitz besteht.

d) Um die Koordination seiner Aktivitäten sicherzustellen, wählt der Europäische Betriebsrat aus seiner Mitte einen engeren Ausschuss mit höchstens fünf Mitgliedern, für den Bedingungen gelten müssen, die ihm die regelmäßige Wahrnehmung seiner Aufgaben ermöglichen.

   Er gibt sich eine Geschäftsordnung.

e) Die Zusammensetzung des Europäischen Betriebsrats wird der zentralen Leitung oder einer anderen geeigneteren Leitungsebene mitgeteilt.

f) Vier Jahre nach der Einrichtung des Europäischen Betriebsrats prüft dieser, ob die in Artikel 6 genannte Vereinbarung ausgehandelt werden soll oder ob die entsprechend diesem Anhang erlassenen subsidiären Vorschriften weiterhin angewendet werden sollen.

   Wird der Beschluss gefasst, eine Vereinbarung gemäß Artikel 6 auszuhandeln, so gelten die Artikel 6 und 7 entsprechend, wobei der Begriff „besonderes Verhandlungsgremium" durch den Begriff „Europäischer Betriebsrat" ersetzt wird.

(2) Der Europäische Betriebsrat ist befugt, einmal jährlich mit der zentralen Leitung zum Zwecke

der Unterrichtung und Anhörung, auf der Grundlage eines von der zentralen Leitung vorgelegten Berichts, über die Entwicklung der Geschäftslage und die Perspektiven des gemeinschaftsweit operierenden Unternehmens oder der gemeinschaftsweit operierenden Unternehmensgruppe zusammenzutreten. Die örtlichen Unternehmensleitungen werden hiervon in Kenntnis gesetzt.

(3) Treten außergewöhnliche Umstände ein oder werden Entscheidungen getroffen, die erhebliche Auswirkungen auf die Interessen der Arbeitnehmer haben, insbesondere bei Verlegung oder Schließung von Unternehmen oder Betrieben oder bei Massenentlassungen, so hat der engere Ausschuss oder, falls nicht vorhanden, der Europäische Betriebsrat das Recht, darüber unterrichtet zu werden. Er hat das Recht, auf Antrag mit der zentralen Leitung oder anderen, geeigneteren, mit Entscheidungsbefugnissen ausgestatteten Leitungsebenen innerhalb des gemeinschaftsweit operierenden Unternehmens oder der gemeinschaftsweit operierenden Unternehmensgruppe zusammenzutreten, um unterrichtet und angehört zu werden.

Im Falle einer Sitzung mit dem engeren Ausschuss dürfen auch die Mitglieder des Europäischen Betriebsrats teilnehmen, die von den Betrieben und/oder Unternehmen gewählt worden sind, welche unmittelbar von den in Frage stehenden Umständen oder Entscheidungen betroffen sind.

Diese Sitzung zur Unterrichtung und Anhörung erfolgt unverzüglich auf der Grundlage eines Berichts der zentralen Leitung oder einer anderen geeigneten Leitungsebene innerhalb der gemeinschaftsweit operierenden Unternehmensgruppe, zu dem der Europäische Betriebsrat binnen einer angemessenen Frist seine Stellungnahme abgeben kann.

Diese Sitzung lässt die Rechte der zentralen Leitung unberührt.

Die unter den genannten Umständen vorgesehene Unterrichtung und Anhörung erfolgt unbeschadet der Bestimmungen des Artikels 1 Absatz 2 und des Artikels 8.

(4) Die Mitgliedstaaten können Regeln bezüglich des Vorsitzes der Sitzungen zur Unterrichtung und Anhörung festlegen.

Vor Sitzungen mit der zentralen Leitung ist der Europäische Betriebsrat oder der engere Ausschuss, der gegebenenfalls gemäß Nummer 3 Absatz 2 erweitert ist, berechtigt, in Abwesenheit der betreffenden Unternehmensleitung zu tagen.

(5) Der Europäische Betriebsrat und der engere Ausschuss können sich durch Sachverständige ihrer Wahl unterstützen lassen, sofern dies zur Erfüllung ihrer Aufgaben erforderlich ist.

(6) Die Verwaltungsausgaben des Europäischen Betriebsrats gehen zu Lasten der zentralen Leitung.

Die betreffende zentrale Leitung stattet die Mitglieder des Europäischen Betriebsrats mit den erforderlichen finanziellen und materiellen Mitteln aus, damit diese ihre Aufgaben in angemessener Weise wahrnehmen können.

Insbesondere trägt die zentrale Leitung die für die Veranstaltung der Sitzungen anfallenden Kosten einschließlich der Dolmetschkosten sowie die Aufenthalts- und Reisekosten für die Mitglieder des Europäischen Betriebsrats und des engeren Ausschusses, soweit nichts anderes vereinbart wurde.

Die Mitgliedstaaten können unter Wahrung dieses Grundsatzes Regeln für die Finanzierung der Arbeit des Europäischen Betriebsrats festlegen. Sie können insbesondere die Übernahme der Kosten auf die Kosten für einen Sachverständigen begrenzen.

ANHANG II
TEIL A
Aufgehobene Richtlinie mit ihren nachfolgenden Änderungen (gemäß Artikel 17)

Richtlinie 94/45/EG des Rates	(ABl. L 254 vom 30.9.1994, S. 64).
Richtlinie 97/74/EG des Rates	(ABl. L 10 vom 16.1.1998, S. 22).
Richtlinie 2006/109/EG des Rates	(ABl. L 363 vom 20.12.2006, S. 416).

TEIL B
Fristen für die Umsetzung in innerstaatliches Recht (gemäß Artikel 17)

Richtlinie	Frist für die Umsetzung
94/45/EG	22.9.1996
97/74/EG	15.12.1999
2006/109/EG	1.1.2007

7/1. EBR-RL
Anhang III

ANHANG III
Entsprechungstabelle

Richtlinie 94/45/EG	Vorliegende Richtlinie
Artikel 1 Absatz 1	Artikel 1 Absatz 1
Artikel 1 Absatz 2	Artikel 1 Absatz 2 Satz 1
—	Artikel 1 Absatz 2 Satz 2
—	Artikel 1 Absätze 3 und 4
Artikel 1 Absatz 3	Artikel 1 Absatz 5
Artikel 1 Absatz 4	Artikel 1 Absatz 6
Artikel 1 Absatz 5	Artikel 1 Absatz 7
Artikel 2 Absatz 1 Buchstaben a bis e	Artikel 2 Absatz 1 Buchstaben a bis e
—	Artikel 2 Absatz 1 Buchstabe f
Artikel 2 Absatz 1 Buchstabe f	Artikel 2 Absatz 1 Buchstabe g
Artikel 2 Absatz 1 Buchstaben g und h	Artikel 2 Absatz 1 Buchstaben h und i
Artikel 2 Absatz 2	Artikel 2 Absatz 2
Artikel 3	Artikel 3
Artikel 4 Absätze 1, 2 und 3	Artikel 4 Absätze 1, 2 und 3
Artikel 11 Absatz 2	Artikel 4 Absatz 4
Artikel 5 Absatz 1 und Absatz 2 Buchstabe a	Artikel 5 Absatz 1 und Absatz 2 Buchstabe a
Artikel 5 Absatz 2 Buchstaben b und c	Artikel 5 Absatz 2 Buchstabe b
Artikel 5 Absatz 2 Buchstabe d	Artikel 5 Absatz 2 Buchstabe c
Artikel 5 Absatz 3	Artikel 5 Absatz 3
Artikel 5 Absatz 4 Unterabsatz 1	Artikel 5 Absatz 4 Unterabsatz 1
—	Artikel 5 Absatz 4 Unterabsatz 2
Artikel 5 Absatz 4 Unterabsatz 2	Artikel 5 Absatz 4 Unterabsatz 3
Artikel 5 Absätze 5 und 6	Artikel 5 Absätze 5 und 6
Artikel 6 Absatz 1 und Absatz 2 Buchstabe a	Artikel 6 Absatz 1 und Absatz 2 Buchstabe a
Artikel 6 Absatz 2 Buchstabe b	Artikel 6 Absatz 2 Buchstabe b
Artikel 6 Absatz 2 Buchstabe c	Artikel 6 Absatz 2 Buchstabe c
Artikel 6 Absatz 2 Buchstabe d	Artikel 6 Absatz 2 Buchstabe d
—	Artikel 6 Absatz 2 Buchstabe e
Artikel 6 Absatz 2 Buchstabe e	Artikel 6 Absatz 2 Buchstabe f
Artikel 6 Absatz 2 Buchstabe f	Artikel 6 Absatz 2 Buchstabe g
Artikel 6 Absätze 3, 4 und 5	Artikel 6 Absätze 3, 4 and 5
Artikel 7	Artikel 7
Artikel 8	Artikel 8
Artikel 9	Artikel 9
—	Artikel 10 Absätze 1 und 2
Artikel 10	Artikel 10 Absatz 3
—	Artikel 10 Absatz 4
Artikel 11 Absatz 1	Artikel 11 Absatz 1
Artikel 11 Absatz 2	Artikel 4 Absatz 4
Artikel 11 Absatz 3	Artikel 11 Absatz 2
Artikel 11 Absatz 4	Artikel 11 Absatz 3
Artikel 12 Absätze 1 und 2	—
—	Artikel 12 Absätze 1 bis 5
—	Artikel 13
Artikel 13 Absatz 1	Artikel 14 Absatz 1
Artikel 13 Absatz 2	Artikel 14 Absatz 2

7/1. EBR-RL
Anhang III

	Artikel 15
Artikel 14	Artikel 16
—	Artikel 17
—	Artikel 18
Artikel 16	Artikel 19
ANHANG	ANHANG I
Nummer 1 Eingangsteil	Nummer 1 Eingangsteil
Nummer 1 Buchstabe a (teilweise) und Nummer 2 Absatz 2 (teilweise)	Nummer 1 Buchstabe a (teilweise)
Nummer 1 Buchstabe b	Nummer 1 Buchstabe b
Nummer 1 Buchstabe c (teilweise) und Nummer 1 Buchstabe d	Nummer 1 Buchstabe c
Nummer 1 Buchstabe c (teilweise)	Nummer 1 Buchstabe d
Nummer 1 Buchstabe e	Nummer 1 Buchstabe e
Nummer 1 Buchstabe f	Nummer 1 Buchstabe f
Nummer 2 Absatz 1	Nummer 2
Nummer 3	Nummer 3
Nummer 4	Nummer 4
Nummer 5	—
Nummer 6	Nummer 5
Nummer 7	Nummer 6
—	Anhänge II und III

7/2. Unterrichtung und Anhörung der AN
Präambel

7/2. RL – Unterrichtung und Anhörung der Arbeitnehmer

Richtlinie 2002/14/EG des Europäischen Parlaments und des Rates zur Festlegung eines allgemeinen Rahmens für die Unterrichtung und Anhörung der Arbeitnehmer in der Europäischen Gemeinschaft vom 11. März 2002

(ABl. Nr. L 80 v. 23.3.2002, S. 29; geändert durch die RL (EU) 2015/1794, ABl. Nr. L 263 v. 8.10.2015, S. 1)
(nicht amtlich aktualisierte Fassung)

GLIEDERUNG

Art. 1: Gegenstand und Grundsätze
Art. 2: Begriffsbestimmungen
Art. 3: Anwendungsbereich
Art. 4: Modalitäten der Unterrichtung und Anhörung
Art. 5: Unterrichtung und Anhörung auf der Grundlage einer Vereinbarung
Art. 6: Vertrauliche Informationen
Art. 7: Schutz der Arbeitnehmervertreter
Art. 8: Durchsetzung der Rechte
Art. 9: Zusammenhang zwischen dieser Richtlinie und anderen gemeinschaftlichen und einzelstaatlichen Bestimmungen
Art. 10: Übergangsbestimmungen
Art. 11: Umsetzung
Art. 12: Überprüfung durch die Kommission
Art. 13: Inkrafttreten
Art. 14: Adressaten

DAS EUROPÄISCHE PARLAMENT UND DER RAT DER EUROPÄISCHEN UNION –

gestützt auf den Vertrag zur Gründung der Europäischen Gemeinschaft, insbesondere auf Artikel 137 Absatz 2,

auf Vorschlag der Kommission (ABl. C 2 vom 5.1.1999, S. 3),

nach Stellungnahme des Wirtschafts- und Sozialausschusses (ABl. C 258 vom 10.9.1999, S. 24),

nach Stellungnahme des Ausschusses der Regionen (ABl. C 144 vom 16.5.2001, S. 58),

gemäß dem Verfahren des Artikels 251 des Vertrags (Stellungnahme des Europäischen Parlaments vom 14. April 1999, ABl. C 219 vom 30.7.1999, S. 223, bestätigt am 16. September 1999, ABl. C 54 vom 25.2.2000, S. 55, Gemeinsamer Standpunkt des Rates vom 27. Juli 2001, ABl. C 307 vom 31.10.2001, S. 16 und Beschluss des Europäischen Parlaments vom 23. Oktober 2001 (noch nicht im Amtsblatt veröffentlicht). Beschluss des Europäischen Parlaments vom 5. Februar 2002 und Beschluss des Rates vom 18. Februar 2002),

aufgrund des vom Vermittlungsausschuss am 23.Januar 2002 gebilligten gemeinsamen Entwurfs, in Erwägung nachstehender Gründe:

(1) Gemäß Artikel 136 des Vertrags ist es ein besonderes Ziel der Gemeinschaft und der Mitgliedstaaten, den sozialen Dialog zwischen den Sozialpartnern zu fördern.

(2) Nach Nummer 17 der Gemeinschaftscharta der sozialen Grundrechte der Arbeitnehmer müssen unter anderem „Unterrichtung, Anhörung und Mitwirkung der Arbeitnehmer ... in geeigneter Weise, unter Berücksichtigung der in den verschiedenen Mitgliedstaaten herrschenden Gepflogenheiten, weiterentwickelt werden".

(3) Die Kommission hat die Sozialpartner auf Gemeinschaftsebene zu der Frage gehört, wie eine Gemeinschaftsaktion in den Bereichen Unterrichtung und Anhörung der Arbeitnehmer in den Unternehmen der Gemeinschaft gegebenenfalls ausgerichtet werden sollte.

(4) Die Kommission hielt nach dieser Anhörung eine Gemeinschaftsmaßnahme für zweckmäßig und hat die Sozialpartner erneut gehört, diesmal zum Inhalt des in Aussicht genommenen Vorschlags. Die Sozialpartner haben der Kommission ihre Stellungnahmen übermittelt.

(5) Nach Abschluss der zweiten Anhörungsphase haben die Sozialpartner der Kommission nicht mitgeteilt, dass sie den Prozess in Gang setzen wollen, der zum Abschluss einer Vereinbarung führen kann.

(6) Der auf Gemeinschaftsebene wie auch auf nationaler Ebene bestehende rechtliche Rahmen, durch den eine Einbeziehung der Arbeitnehmer in die Unternehmensabläufe und in Entscheidungen, die die Beschäftigten betreffen, sichergestellt werden soll, konnte nicht immer verhindern, dass Arbeitnehmer betreffende schwerwiegende Entscheidungen getroffen und bekannt gemacht wurden, ohne dass zuvor angemessene Informations- und Anhörungsverfahren durchgeführt worden wären.

(7) Die Stärkung des Dialogs und die Schaffung eines Klimas des Vertrauens im Unternehmen sind notwendig, um Risiken frühzeitig zu erkennen, bei gleichzeitiger Absicherung der Arbeitnehmer die Arbeitsorganisation flexibler zu gestalten und den Zugang der Arbeitnehmer zur Fortbildung im Unternehmen zu fördern, die Arbeitnehmer für die Notwendigkeit von Anpassungen zu sensibilisieren, die Bereitschaft der Arbeitnehmer zur Teilnahme an Maßnahmen und Aktionen zur Verbesserung

7/2. Unterrichtung und Anhörung der AN

Präambel

ihrer Beschäftigungsfähigkeit zu erhöhen, die Arbeitnehmer stärker in die Unternehmensabläufe und in die Gestaltung der Zukunft des Unternehmens einzubeziehen und dessen Wettbewerbsfähigkeit zu steigern.

(8) Es ist insbesondere notwendig, die Unterrichtung und Anhörung zu Beschäftigungssituation und wahrscheinlicher Beschäftigungsentwicklung im Unternehmen und – für den Fall, dass die vom Arbeitgeber vorgenommene Bewertung auf eine potentielle Bedrohung der Beschäftigung im Unternehmen schließen lässt – zu etwaigen geplanten antizipativen Maßnahmen, insbesondere in den Bereichen Ausbildung und Qualifizierung der Arbeitnehmer, zu fördern und zu intensivieren, um so mögliche negative Auswirkungen zu vermeiden oder ihre Konsequenzen abzumildern und die Beschäftigungsfähigkeit und Anpassungsfähigkeit der möglicherweise betroffenen Arbeitnehmer zu verbessern.

(9) Eine rechtzeitige Unterrichtung und Anhörung der Arbeitnehmer ist eine Vorbedingung für die erfolgreiche Bewältigung der Umstrukturierungsprozesse und für eine erfolgreiche Anpassung der Unternehmen an die im Zuge der Globalisierung der Wirtschaft – insbesondere durch die Entstehung neuer Formen der Arbeitsorganisation – geschaffenen neuen Bedingungen.

(10) Die Gemeinschaft hat eine Beschäftigungsstrategie entwickelt, die sie nun umsetzt und in deren Mittelpunkt die Begriffe „Antizipation", „Prävention" und „Beschäftigungsfähigkeit" stehen, wobei diese zentralen Konzepte in sämtliche staatlichen Maßnahmen integriert werden sollen, mit denen positive Beschäftigungseffekte erzielt werden können, einschließlich der Maßnahmen einzelner Unternehmen; dies soll durch einen Ausbau des sozialen Dialogs geschehen, damit bei der Förderung des Wandels das übergeordnete Ziel der Beschäftigungssicherung im Auge behalten wird.

(11) Die weitere Entwicklung des Binnenmarktes muss sich harmonisch vollziehen, unter Wahrung der grundlegenden Werte, auf denen unsere Gesellschaften basieren, und in einer Art und Weise, die sicherstellt, dass die wirtschaftliche Entwicklung allen Bürgern gleichermaßen zugute kommt.

(12) Der Eintritt in die dritte Phase der Wirtschafts- und Währungsunion hat europaweit eine Verstärkung und Beschleunigung des Wettbewerbsdrucks bewirkt. Dies macht weitergehende begleitende Maßnahmen auf einzelstaatlicher Ebene erforderlich.

(13) Der auf Gemeinschaftsebene und auf nationaler Ebene bestehende Rechtsrahmen für Unterrichtung und Anhörung der Arbeitnehmer ist häufig allzu sehr darauf ausgerichtet, Wandlungsprozesse im Nachhinein zu verarbeiten, vernachlässigt dabei die wirtschaftlichen Implikationen von Entscheidungen und stellt nicht wirklich auf eine „Antizipation" der Beschäftigungsentwicklung im Unternehmen oder auf eine „Prävention" von Risiken ab.

(14) Die Gesamtheit der politischen, wirtschaftlichen, sozialen und rechtlichen Entwicklungen macht eine Anpassung des bestehenden Rechtsrahmens erforderlich, der das rechtliche und praktische Instrumentarium zur Wahrnehmung des Rechtes auf Unterrichtung und Anhörung vorsieht.

(15) Von dieser Richtlinie unberührt bleiben nationale Regelungen, wonach die konkrete Wahrnehmung dieses Rechts eine kollektive Willensbekundung vonseiten der Rechtsinhaber erfordert.

(16) Von dieser Richtlinie unberührt bleiben Regelungen, die Bestimmungen über die direkte Mitwirkung der Arbeitnehmer enthalten, solange diese sich in jedem Fall dafür entscheiden können, das Recht auf Unterrichtung und Anhörung über ihre Vertreter wahrzunehmen.

(17) Da die oben dargelegten Ziele der in Betracht gezogenen Maßnahmen auf der Ebene der Mitgliedstaaten nicht ausreichend erreicht werden können, weil es das Ziel ist, einen Rahmen für die Unterrichtung und Anhörung der Arbeitnehmer zu schaffen, der dem oben beschriebenen neuen europäischen Kontext gerecht wird, und da die Ziele daher wegen des Umfangs und der Wirkungen der geplanten Maßnahmen besser auf Gemeinschaftsebene verwirklicht werden können, kann die Gemeinschaft in Einklang mit dem in Artikel 5 des Vertrags niedergelegten Subsidiaritätsprinzip Maßnahmen ergreifen. Im Einklang mit dem in demselben Artikel genannten Verhältnismäßigkeitsprinzip geht diese Richtlinie nicht über das für die Erreichung dieser Ziele erforderliche Maß hinaus.

(18) Dieser allgemeine Rahmen zielt auf die Festlegung von Mindestvorschriften ab, die überall in der Gemeinschaft Anwendung finden, und er darf die Mitgliedstaaten nicht daran hindern, für die Arbeitnehmer günstigere Vorschriften vorzusehen.

(19) Dieser allgemeine Rahmen muss ferner auf administrative, finanzielle und rechtliche Auflagen verzichten, die die Gründung und Entwicklung kleiner und mittlerer Unternehmen behindern könnten. Daher erscheint es sinnvoll, den Anwendungsbereich dieser Richtlinie je nach Wahl der Mitgliedstaaten auf Unternehmen mit mindestens 50 Beschäftigten oder auf Betriebe mit mindestens 20 Beschäftigten zu beschränken.

(20) Dies gilt unter Berücksichtigung und unbeschadet anderer nationaler Maßnahmen und Praktiken zur Förderung des sozialen Dialogs in Unternehmen, die nicht unter diese Richtlinie fallen, und in öffentlichen Verwaltungen.

(21) Übergangsweise sollten jedoch Mitgliedstaaten, in denen keine gesetzliche Regelung über die Unterrichtung und Anhörung von Arbeitnehmern oder Arbeitnehmervertretungen besteht, die Möglichkeit haben, den Anwendungsbereich dieser Richtlinie im Hinblick auf die Anzahl der Arbeitnehmer weitergehend zu beschränken.

(22) Der gemeinschaftliche Rahmen für die Unterrichtung und Anhörung der Arbeitnehmer sollte die Belastung der Unternehmen oder Betriebe auf ein Mindestmaß begrenzen, zugleich aber auch

7/2. Unterrichtung und Anhörung der AN
Präambel, Art. 1, 2

die wirksame Ausübung der eingeräumten Rechte gewährleisten.

(23) Das mit der Richtlinie verfolgte Ziel soll durch Festlegung eines allgemeinen Rahmens erreicht werden, der die Grundsätze, Begriffe und Modalitäten der Unterrichtung und Anhörung definiert. Es obliegt den Mitgliedstaaten, diesen Rahmen auszufüllen, an die jeweiligen einzelstaatlichen Gegebenheiten anzupassen und dabei gegebenenfalls den Sozialpartnern eine maßgebliche Rolle zuzuweisen, die es diesen ermöglicht, ohne jeden Zwang auf dem Wege einer Vereinbarung Modalitäten für die Unterrichtung und Anhörung festzulegen, die ihren Bedürfnissen und ihren Wünschen am besten gerecht werden.

(24) Es empfiehlt sich, gewisse Besonderheiten, die in den Rechtsvorschriften einiger Mitgliedstaaten im Bereich der Unterrichtung und Anhörung der Arbeitnehmer bestehen, unberührt zu lassen; gedacht ist hier an spezielle Regelungen für Unternehmen oder Betriebe, die politischen, koalitionspolitischen, konfessionellen, karitativen, erzieherischen, wissenschaftlichen oder künstlerischen Bestimmungen oder Zwecken der Berichterstattung oder Meinungsäußerung dienen.

(25) Die Unternehmen oder Betriebe sollten vor der Verbreitung bestimmter besonders sensibler Informationen geschützt werden.

(26) Unternehmer sollten das Recht haben, auf eine Unterrichtung und Anhörung zu verzichten, wenn dies dem Unternehmen oder Betrieb schwerwiegenden Schaden zufügen würde oder wenn sie unverzüglich einer Anordnung nachkommen müssen, die von einer Kontroll- oder Aufsichtsbehörde an sie gerichtet wurde.

(27) Unterrichtung und Anhörung bringen Rechte und Pflichten für die Sozialpartner auf Unternehmens- oder Betriebsebene mit sich.

(28) Im Falle eines Verstoßes gegen die aus dieser Richtlinie folgenden Verpflichtungen müssen administrative oder rechtliche Verfahren sowie Sanktionen, die im Verhältnis zur Schwere des Vergehens wirksam, angemessen und abschreckend sind, angewandt werden.

(29) Von dieser Richtlinie unberührt bleiben sollten die spezifischeren Bestimmungen der Richtlinie 98/59/EG des Rates vom 20. Juli 1998 zur Angleichung der Rechtsvorschriften der Mitgliedstaaten über Massenentlassungen (ABl. L 225 vom 12.8.1998, S. 16) und der Richtlinie 2001/23/EG des Rates vom 12. März 2001 zur Angleichung der Rechtsvorschriften der Mitgliedstaaten über die Wahrung von Ansprüchen der Arbeitnehmer beim Übergang von Unternehmen, Betrieben oder Unternehmens- oder Betriebsteilen (ABl. L 82 vom 22.3.2001, S. 16).

(30) Sonstige Unterrichtungs- und Anhörungsrechte einschließlich derjenigen, die sich aus der Richtlinie 94/45/EG des Rates vom 22. September 1994 über die Einsetzung eines Europäischen Betriebsrats oder die Schaffung eines Verfahrens zur Unterrichtung und Anhörung der Arbeitnehmer in gemeinschaftsweit operierenden Unternehmen und Unternehmensgruppen (ABl. L 254 vom 30.9.1994, S. 64. Richtlinie geändert durch die Richtlinie 97/74/EG, ABl. L 10 vom 16.1.1998, S. 22) ergeben, sollten von der vorliegenden Richtlinie unberührt bleiben.

(31) Die Durchführung dieser Richtlinie sollte nicht als Rechtfertigung für eine Beeinträchtigung des allgemeinen Niveaus des Arbeitnehmerschutzes in dem von ihr abgedeckten Bereich benutzt werden –

HABEN FOLGENDE RICHTLINIE ERLASSEN:

Gegenstand und Grundsätze

Art. 1 (1) Ziel dieser Richtlinie ist die Festlegung eines allgemeinen Rahmens mit Mindestvorschriften für das Recht auf Unterrichtung und Anhörung der Arbeitnehmer von in der Gemeinschaft ansässigen Unternehmen oder Betrieben.

(2) Die Modalitäten der Unterrichtung und Anhörung werden gemäß den einzelstaatlichen Rechtsvorschriften und den in den einzelnen Mitgliedstaaten geltenden Praktiken im Bereich der Arbeitsbeziehungen so gestaltet und angewandt, dass ihre Wirksamkeit gewährleistet ist.

(3) Die Modalitäten der Unterrichtung und Anhörung werden vom Arbeitgeber und den Arbeitnehmervertretern im Geiste der Zusammenarbeit und unter gebührender Beachtung ihrer jeweiligen Rechte und gegenseitigen Verpflichtungen festgelegt bzw. durchgeführt, wobei sowohl den Interessen des Unternehmens oder Betriebs als auch den Interessen der Arbeitnehmer Rechnung zu tragen ist.

Begriffsbestimmungen

Art. 2 Im Sinne dieser Richtlinie bezeichnet der Ausdruck

a) „Unternehmen" ein öffentliches oder privates Unternehmen, das eine wirtschaftliche Tätigkeit ausübt, unabhängig davon, ob es einen Erwerbszweck verfolgt oder nicht, und das im Hoheitsgebiet der Mitgliedstaaten ansässig ist;

b) „Betrieb" eine gemäß den einzelstaatlichen Rechtsvorschriften und Gepflogenheiten definierte Unternehmenseinheit, die im Hoheitsgebiet eines Mitgliedstaats ansässig ist und in der kontinuierlich unter Einsatz personeller und materieller Ressourcen eine wirtschaftliche Tätigkeit ausgeübt wird;

c) „Arbeitgeber" die natürliche oder juristische Person, die entsprechend den einzelstaatlichen Rechtsvorschriften und Gepflogenheiten Partei der Arbeitsverträge oder Arbeitsverhältnisse mit den Arbeitnehmern ist;

d) „Arbeitnehmer" eine Person, die in dem betreffenden Mitgliedstaat als Arbeitnehmer aufgrund des einzelstaatlichen Arbeitsrechts und entsprechend den einzelstaatlichen Gepflogenheiten geschützt ist;

e) „Arbeitnehmervertreter" die nach den einzelstaatlichen Rechtsvorschriften und/oder

7/2. Unterrichtung und Anhörung der AN

Art. 2 – 6

Gepflogenheiten vorgesehenen Vertreter der Arbeitnehmer;

f) „Unterrichtung" die Übermittlung von Informationen durch den Arbeitgeber an die Arbeitnehmervertreter, um ihnen Gelegenheit zur Kenntnisnahme und Prüfung der behandelten Frage zu geben;

g) „Anhörung" die Durchführung eines Meinungsaustauschs und eines Dialogs zwischen Arbeitnehmervertretern und Arbeitgeber.

Anwendungsbereich

Art. 3 (1) Diese Richtlinie gilt je nach Entscheidung der Mitgliedstaaten:

a) für Unternehmen mit mindestens 50 Arbeitnehmern in einem Mitgliedstaat oder
b) für Betriebe mit mindestens 20 Arbeitnehmern in einem Mitgliedstaat.

Die Mitgliedstaaten bestimmen, nach welcher Methode die Schwellenwerte für die Beschäftigtenzahl errechnet werden.

(2) Die Mitgliedstaaten können – unter Einhaltung der in dieser Richtlinie festgelegten Grundsätze und Ziele – spezifische Bestimmungen für Unternehmen oder Betriebe vorsehen, die unmittelbar und überwiegend politischen, koalitionspolitischen, konfessionellen, karitativen, erzieherischen, wissenschaftlichen oder künstlerischen Bestimmungen oder Zwecken der Berichterstattung oder Meinungsäußerung dienen, falls das innerstaatliche Recht Bestimmungen dieser Art zum Zeitpunkt des Inkrafttretens dieser Richtlinie bereits enthält.

(3) (aufgehoben)
(RL (EU) 2015/1794)

Modalitäten der Unterrichtung und Anhörung

Art. 4 (1) Im Einklang mit den in Artikel 1 dargelegten Grundsätzen und unbeschadet etwaiger geltender einzelstaatlicher Bestimmungen und/oder Gepflogenheiten, die für die Arbeitnehmer günstiger sind, bestimmen die Mitgliedstaaten entsprechend diesem Artikel im Einzelnen, wie das Recht auf Unterrichtung und Anhörung auf der geeigneten Ebene wahrgenommen wird.

(2) Unterrichtung und Anhörung umfassen

a) die Unterrichtung über die jüngste Entwicklung und die wahrscheinliche Weiterentwicklung der Tätigkeit und der wirtschaftlichen Situation des Unternehmens oder des Betriebs;
b) die Unterrichtung und Anhörung zu Beschäftigungssituation, Beschäftigungsstruktur und wahrscheinlicher Beschäftigungsentwicklung im Unternehmen oder Betrieb sowie zu gegebenenfalls geplanten antizipativen Maßnahmen, insbesondere bei einer Bedrohung für die Beschäftigung;
c) die Unterrichtung und Anhörung zu Entscheidungen, die wesentliche Veränderungen der Arbeitsorganisation oder der Arbeitsverträge mit sich bringen können, einschließlich solcher, die Gegenstand der in Artikel 9 Absatz 1 genannten Gemeinschaftsbestimmungen sind.

(3) Die Unterrichtung erfolgt zu einem Zeitpunkt, in einer Weise und in einer inhaltlichen Ausgestaltung, die dem Zweck angemessen sind und es insbesondere den Arbeitnehmervertretern ermöglichen, die Informationen angemessen zu prüfen und gegebenenfalls die Anhörung vorzubereiten.

(4) Die Anhörung erfolgt

a) zu einem Zeitpunkt, in einer Weise und in einer inhaltlichen Ausgestaltung, die dem Zweck angemessen sind;
b) auf der je nach behandeltem Thema relevanten Leitungs- und Vertretungsebene;
c) auf der Grundlage der vom Arbeitgeber gemäß Artikel 2 Buchstabe f) zu liefernden Informationen und der Stellungnahme, zu der die Arbeitnehmervertreter berechtigt sind;
d) in einer Weise, die es den Arbeitnehmervertretern gestattet, mit dem Arbeitgeber zusammenzukommen und eine mit Gründen versehene Antwort auf ihre etwaige Stellungnahme zu erhalten;
e) mit dem Ziel, eine Vereinbarung über die in Absatz 2 Buchstabe c) genannten Entscheidungen, die unter die Leitungsbefugnis des Arbeitgebers fallen, zu erreichen.

Unterrichtung und Anhörung auf der Grundlage einer Vereinbarung

Art. 5 Die Mitgliedstaaten können es den Sozialpartnern auf geeigneter Ebene, einschließlich Unternehmens- oder Betriebsebene, überlassen, nach freiem Ermessen und zu jedem beliebigen Zeitpunkt im Wege einer ausgehandelten Vereinbarung die Modalitäten für die Unterrichtung und Anhörung der Arbeitnehmer festzulegen. Diese Vereinbarungen und zu dem in Artikel 11 festgelegten Zeitpunkt bestehende Vereinbarungen sowie nachfolgende Verlängerungen derartiger Vereinbarungen können unter Wahrung der in Artikel 1 genannten Grundsätze und unter von den Mitgliedstaaten festzulegenden Bedingungen und Beschränkungen Bestimmungen vorsehen, die von den in Artikel 4 vorgesehenen Bestimmungen abweichen.

Vertrauliche Informationen

Art. 6 (1) Die Mitgliedstaaten sehen vor, dass es gemäß den in den einzelstaatlichen Rechtsvorschriften festgelegten Bedingungen und Beschränkungen den Arbeitnehmervertretern und den etwaigen sie unterstützenden Sachverständigen nicht gestattet ist, ihnen im berechtigten Interesse der Unternehmen oder Betriebe ausdrücklich als vertraulich mitgeteilte Informationen an Arbeitnehmer oder Dritte weiterzugeben. Diese Verpflichtung besteht unabhängig von ihrem Aufenthaltsort und auch noch nach Ablauf ihres Mandats. Ein Mitgliedstaat kann es Arbeitnehmervertretern oder sie unterstützenden Personen jedoch gestat-

7/2. Unterrichtung und Anhörung der AN
Art. 6 – 14

ten, vertrauliche Informationen an Arbeitnehmer und Dritte weiterzugeben, die zur Vertraulichkeit verpflichtet sind.

(2) Die Mitgliedstaaten sehen vor, dass der Arbeitgeber in besonderen Fällen und unter Beachtung der in den einzelstaatlichen Rechtsvorschriften festgelegten Bedingungen und Beschränkungen nicht verpflichtet ist, eine Unterrichtung vorzunehmen oder eine Anhörung durchzuführen, wenn diese Unterrichtung oder Anhörung nach objektiven Kriterien die Tätigkeit des Unternehmens oder Betriebs erheblich beeinträchtigen oder dem Unternehmen oder Betrieb schaden könnte.

(3) Unbeschadet bestehender einzelstaatlicher Verfahren sehen die Mitgliedstaaten Rechtsbehelfsverfahren auf dem Verwaltungsweg oder vor Gericht vor, falls gemäß den Absätzen 1 und 2 der Arbeitgeber Vertraulichkeit verlangt oder die Informationen verweigert. Sie können ferner Verfahren vorsehen, die dazu bestimmt sind, die Vertraulichkeit der betreffenden Informationen zu wahren.

Schutz der Arbeitnehmervertreter

Art. 7 Die Mitgliedstaaten tragen dafür Sorge, dass die Arbeitnehmervertreter bei der Ausübung ihrer Funktion einen ausreichenden Schutz und ausreichende Sicherheiten genießen, die es ihnen ermöglichen, die ihnen übertragenen Aufgaben in angemessener Weise wahrzunehmen.

Durchsetzung der Rechte

Art. 8 (1) Für den Fall der Nichteinhaltung dieser Richtlinie durch den Arbeitgeber oder durch die Arbeitnehmervertreter sehen die Mitgliedstaaten geeignete Maßnahmen vor. Sie sorgen insbesondere dafür, dass es geeignete Verwaltungs- und Gerichtsverfahren gibt, mit deren Hilfe die Erfüllung der sich aus dieser Richtlinie ergebenden Verpflichtungen durchgesetzt werden kann.

(2) Die Mitgliedstaaten sehen angemessene Sanktionen vor, die im Falle eines Verstoßes gegen diese Richtlinie durch den Arbeitgeber oder durch die Arbeitnehmervertreter Anwendung finden; die Sanktionen müssen wirksam, angemessen und abschreckend sein.

Zusammenhang zwischen dieser Richtlinie und anderen gemeinschaftlichen und einzelstaatlichen Bestimmungen

Art. 9 (1) Diese Richtlinie lässt die in Artikel 2 der Richtlinie 98/59/EG [vgl. 4/3.] und in Artikel 7 der Richtlinie 2001/23/EG [vgl. 4/2.] vorgesehenen spezifischen Informations- und Konsultationsverfahren unberührt.

(2) Diese Richtlinie lässt die gemäß den Richtlinien 94/45/EG [vgl. 7/1.] und 97/74/EG [vgl. 7/1a.] erlassenen Vorschriften unberührt.

(3) Diese Richtlinie lässt andere im einzelstaatlichen Recht vorgesehene Unterrichtungs-, Anhörungs- und Mitbestimmungsrechte unberührt.

(4) Die Durchführung dieser Richtlinie darf nicht als Rechtfertigung für Rückschritte hinter den bereits in den einzelnen Mitgliedstaaten erreichten Stand des allgemeinen Niveaus des Arbeitnehmerschutzes in den von ihr abgedeckten Bereichen benutzt werden.

Übergangsbestimmungen

Art. 10 Ungeachtet des Artikels 3 kann ein Mitgliedstaat, in dem zum Zeitpunkt des Inkrafttretens dieser Richtlinie weder eine allgemeine und unbefristete gesetzliche Regelung über die Unterrichtung und Anhörung von Arbeitnehmern noch eine allgemeine und unbefristete gesetzliche Regelung über die Arbeitnehmervertretung am Arbeitsplatz besteht, die es den Arbeitnehmern gestattet, sich für diesen Zweck vertreten zu lassen, die Anwendung der einzelstaatlichen Bestimmungen zur Umsetzung dieser Richtlinie

a) bis zum 23. März 2007 auf Unternehmen mit mindestens 150 Arbeitnehmern oder Betriebe mit mindestens 100 Arbeitnehmern beschränken und

b) während des Jahres nach dem in Buchstabe a) genannten Zeitpunkt auf Unternehmen mit mindestens 100 Arbeitnehmern oder Betriebe mit mindestens 50 Arbeitnehmern beschränken.

Umsetzung

Art. 11 (1) Die Mitgliedstaaten erlassen die erforderlichen Rechts- und Verwaltungsvorschriften, um dieser Richtlinie spätestens zum 23. März 2005 nachzukommen, oder stellen sicher, dass die Sozialpartner bis zu diesem Zeitpunkt mittels Vereinbarungen die erforderlichen Bestimmungen einführen; dabei haben die Mitgliedstaaten alle notwendigen Maßnahmen zu treffen, um jederzeit gewährleisten zu können, dass die in dieser Richtlinie vorgeschriebenen Ergebnisse erreicht werden. Sie setzen die Kommission unverzüglich davon in Kenntnis.

(2) Wenn die Mitgliedstaaten derartige Vorschriften erlassen, nehmen sie in den Vorschriften selbst oder durch einen Hinweis bei der amtlichen Veröffentlichung auf diese Richtlinie Bezug. Die Mitgliedstaaten regeln die Einzelheiten der Bezugnahme.

Überprüfung durch die Kommission

Art. 12 Spätestens am 23. März 2007 überprüft die Kommission im Benehmen mit den Mitgliedstaaten und den Sozialpartnern auf Gemeinschaftsebene die Anwendung dieser Richtlinie, um erforderlichenfalls entsprechende Änderungen vorzuschlagen.

Inkrafttreten

Art. 13 Diese Richtlinie tritt am Tag ihrer Veröffentlichung im *Amtsblatt der Europäischen Gemeinschaften* in Kraft.

Adressaten

Art. 14 Diese Richtlinie ist an alle Mitgliedstaaten gerichtet.

7/3. Richtlinie über die Mitbestimmung der AN in der SE

Richtlinie 2001/86/EG des Rates zur Ergänzung des Statuts der Europäischen Gesellschaft hinsichtlich der Beteiligung der Arbeitnehmer vom 8. Oktober 2001

(ABl. Nr. L 294 v. 10.11.2001, S. 22)

GLIEDERUNG

TEIL I: ALLGEMEINE BESTIMMUNGEN
Art. 1: Gegenstand
Art. 2: Begriffsbestimmungen

TEIL II: VERHANDLUNGSVERFAHREN
Art. 3: Einsetzung eines besonderen Verhandlungsgremiums
Art. 4: Inhalt der Vereinbarung
Art. 5: Dauer der Verhandlungen
Art. 6: Für das Verhandlungsverfahren maßgebliches Recht
Art. 7: Auffangregelung

TEIL III: SONSTIGE BESTIMMUNGEN
Art. 8: Verschwiegenheit und Geheimhaltung
Art. 9: Arbeitsweise des Vertretungsorgans und Funktionsweise des Verfahrens zur Unterrichtung und Anhörung der Arbeitnehmer
Art. 10: Schutz der Arbeitnehmervertreter
Art. 11: Verfahrensmissbrauch
Art. 12: Einhaltung der Richtlinie
Art. 13: Verhältnis dieser Richtlinie zu anderen Bestimmungen
Art. 14: Schlussbestimmungen
Art. 15: Überprüfung durch die Kommission
Art. 16: Inkrafttreten
Art. 17: Adressaten

ANHANG

DER RAT DER EUROPÄISCHEN UNION –
gestützt auf den Vertrag zur Gründung der Europäischen Gemeinschaft, insbesondere auf Artikel 308,
auf der Grundlage des geänderten Vorschlags der Kommission (ABl. C 138 vom 29.5.1991, S. 8),
nach Stellungnahme des Europäischen Parlaments (ABl. C 342 vom 20.12.1993, S. 15),
nach Stellungnahme des Wirtschafts- und Sozialausschusses (ABl. C 124 vom 21.5.1990, S. 34)
in Erwägung nachstehender Gründe:

(1) Zur Erreichung der Ziele des Vertrags wird mit der Verordnung (EG) Nr. 2157/2001 (ABl. Nr. L 294 v. 10. 11. 2001, S. 1) des Rates das Statut der Europäischen Gesellschaft (SE) festgelegt.

(2) Mit jener Verordnung soll ein einheitlicher rechtlicher Rahmen geschaffen werden, innerhalb dessen Gesellschaften aus verschiedenen Mitgliedstaaten in der Lage sein sollten, die Neuorganisation ihres Geschäftsbetriebs gemeinschaftsweit zu planen und durchzuführen.

(3) Um die Ziele der Gemeinschaft im sozialen Bereich zu fördern, müssen besondere Bestimmungen – insbesondere auf dem Gebiet der Beteiligung der Arbeitnehmer – festgelegt werden, mit denen gewährleistet werden soll, dass die Gründung einer SE nicht zur Beseitigung oder zur Einschränkung der Gepflogenheiten der Arbeitnehmerbeteiligung führt, die in den an der Gründung einer SE beteiligten Gesellschaften herrschen. Dieses Ziel sollte durch die Einführung von Regeln in diesem Bereich verfolgt werden, mit denen die Bestimmungen der Verordnung ergänzt werden.

(4) Da die Ziele der vorgeschlagenen Maßnahme – wie oben ausgeführt – nicht hinreichend von den Mitgliedstaaten erreicht werden können, weil es darum geht, eine Reihe von für die SE geltenden Regeln für die Beteiligung der Arbeitnehmer zu erlassen und da die Ziele daher wegen des Umfangs und der Wirkungen der vorgeschlagenen Maßnahme besser auf Gemeinschaftsebene erreicht werden können, kann die Gemeinschaft im Einklang mit dem Subsidiaritätsprinzip nach Artikel 5 des Vertrags Maßnahmen ergreifen. Im Einklang mit dem Verhältnismäßigkeitsprinzip nach jenem Artikel geht diese Richtlinie nicht über das für die Erreichung dieser Ziele erforderliche Maß hinaus.

(5) Angesichts der in den Mitgliedstaaten bestehenden Vielfalt an Regelungen und Gepflogenheiten für die Beteiligung der Arbeitnehmervertreter an der Beschlussfassung in Gesellschaften ist es nicht ratsam, ein auf die SE anwendbares einheitliches europäisches Modell der Arbeitnehmerbeteiligung vorzusehen.

(6) In allen Fällen der Gründung einer SE sollten jedoch Unterrichtungs- und Anhörungsverfahren auf grenzüberschreitender Ebene gewährleistet sein.

(7) Sofern und so weit es in einer oder mehreren der an der Gründung einer SE beteiligten Gesellschaften Mitbestimmungsrechte gibt, sollten sie durch Übertragung an die SE nach deren Gründung erhalten bleiben, es sei denn, dass die Parteien etwas anderes beschließen.

(8) Die konkreten Verfahren der grenzüberschreitenden Unterrichtung und Anhörung der

7/3. AN-Mitbestimmung in der SE – RL
Präambel

Arbeitnehmer sowie gegebenenfalls der Mitbestimmung, die für die einzelnen SE gelten, sollten vorrangig durch eine Vereinbarung zwischen den betroffenen Parteien oder – in Ermangelung einer derartigen Vereinbarung – durch die Anwendung einer Reihe von subsidiären Regeln festgelegt werden.

(9) Angesicht der unterschiedlichen Gegebenheiten bei den nationalen Systemen der Mitbestimmung sollte den Mitgliedstaaten die Anwendung der Auffangregelungen für die Mitbestimmung im Falle einer Fusion freigestellt werden. In diesem Fall ist die Beibehaltung der bestehenden Mitbestimmungssysteme und -praktiken, die gegebenenfalls auf der Ebene der teilnehmenden Gesellschaften bestehen, durch eine Anpassung der Vorschriften für die Registrierung zu gewährleisten.

(10) Die Abstimmungsregeln in dem besonderen Gremium, das die Arbeitnehmer zu Verhandlungszwecken vertritt, sollten – insbesondere wenn Vereinbarungen getroffen werden, die ein geringeres Maß an Mitbestimmung vorsehen, als es in einer oder mehreren der sich beteiligenden Gesellschaften gegeben ist – in einem angemessenen Verhältnis zur Gefahr der Beseitigung oder der Einschränkung der bestehenden Mitbestimmungssysteme und -praktiken stehen. Wenn eine SE im Wege der Umwandlung oder Verschmelzung gegründet wird, ist diese Gefahr größer, als wenn die Gründung im Wege der Errichtung einer Holdinggesellschaft oder einer gemeinsamen Tochtergesellschaft erfolgt.

(11) Führen die Verhandlungen zwischen den Vertretern der Arbeitnehmer und dem jeweils zuständigen Organ der beteiligten Gesellschaften nicht zu einer Vereinbarung, so sollten für die SE von ihrer Gründung an bestimmte Standardanforderungen gelten. Diese Standardanforderungen sollten eine effiziente Praxis der grenzüberschreitenden Unterrichtung und Anhörung der Arbeitnehmer sowie deren Mitbestimmung in dem einschlägigen Organ der SE gewährleisten, sofern und so weit es eine derartige Mitbestimmung vor der Errichtung der SE in einer der beteiligten Gesellschaften gegeben hat.

(12) Es sollte vorgesehen werden, dass die Vertreter der Arbeitnehmer, die im Rahmen der Richtlinie handeln, bei der Wahrnehmung ihrer Aufgaben einen ähnlichen Schutz und ähnliche Garantien genießen, wie sie die Vertreter der Arbeitnehmer nach den Rechtsvorschriften und/oder den Gepflogenheiten des Landes ihrer Beschäftigung haben. Sie sollten keiner Diskriminierung infolge der rechtmäßigen Ausübung ihrer Tätigkeit unterliegen und einen angemessenen Schutz vor Kündigung und anderen Sanktionen genießen.

(13) Die Vertraulichkeit sensibler Informationen sollte auch nach Ablauf der Amtszeit der Arbeitnehmervertreter gewährleistet sein; dem zuständigen Organ der SE sollte es gestattet werden, Informationen zurückzuhalten, die im Falle einer Bekanntgabe an die Öffentlichkeit den Betrieb der SE ernsthaft stören würden.

(14) Unterliegen eine SE sowie ihre Tochtergesellschaften und Niederlassungen der Richtlinie 94/45/EG des Rates vom 22. September 1994 über die Einsetzung eines Europäischen Betriebsrats oder die Schaffung eines Verfahrens zur Unterrichtung und Anhörung der Arbeitnehmer in gemeinschaftsweit operierenden Unternehmen und Unternehmensgruppen (ABl. L 254 vom 30.9.1994, S. 64, zuletzt geändert durch die Richtlinie 97/74/EG, ABl. L 10 vom 16.1.1998, S. 22), so sollten die Bestimmungen jener Richtlinie und die Bestimmungen zu ihrer Umsetzung in einzelstaatliches Recht weder auf die SE noch auf ihre Tochtergesellschaften und Niederlassungen anwendbar sein, es sei denn, das besondere Verhandlungsgremium beschließt, keine Verhandlungen aufzunehmen oder bereits eröffnete Verhandlungen zu beenden.

(15) Die Regeln dieser Richtlinie sollten andere bestehende Beteiligungsrechte nicht berühren und haben nicht notwendigerweise Auswirkungen auf andere bestehende Vertretungsstrukturen aufgrund gemeinschaftlicher oder einzelstaatlicher Rechtsvorschriften oder Gepflogenheiten.

(16) Die Mitgliedstaaten sollten geeignete Maßnahmen für den Fall vorsehen, dass die in dieser Richtlinie festgelegten Pflichten nicht eingehalten werden.

(17) Der Vertrag enthält Befugnisse für die Annahme dieser Richtlinie nur in Artikel 308.

(18) Die Sicherung erworbener Rechte der Arbeitnehmer über ihre Beteiligung an Unternehmensentscheidungen ist fundamentaler Grundsatz und erklärtes Ziel dieser Richtlinie. Die vor der Gründung von SE bestehenden Rechte der Arbeitnehmer sollten deshalb Ausgangspunkt auch für die Gestaltung ihrer Beteiligungsrechte in der SE (Vorher-Nachher-Prinzip) sein. Dieser Ansatz sollte folgerichtig nicht nur für die Neugründung einer SE, sondern auch für strukturelle Veränderungen einer bereits gegründeten SE und für die von den strukturellen Änderungsprozessen betroffenen Gesellschaften gelten.

(19) Die Mitgliedstaaten sollten vorsehen können, dass Vertreter von Gewerkschaften Mitglied eines besonderen Verhandlungsgremiums sein können, unabhängig davon, ob sie Arbeitnehmer einer an der Gründung einer SE beteiligten Gesellschaft sind oder nicht. In diesem Zusammenhang sollten die Mitgliedstaaten dieses Recht insbesondere in den Fällen vorsehen können, in denen Gewerkschaftsvertreter nach ihrem einzelstaatlichen Recht stimmberechtigte Mitglieder des Aufsichts- oder des Leitungsorgans sein dürfen.

(20) In mehreren Mitgliedstaaten werden die Beteiligung der Arbeitnehmer sowie andere Bereiche der Arbeitgeber/Arbeitnehmer-Beziehungen sowohl durch einzelstaatliche Rechtsvorschriften als auch durch Gepflogenheiten geregelt, wobei die Gepflogenheiten im vorliegenden Zusammenhang in der Weise zu verstehen sind, dass sie auch Tarifverträge auf verschiedenen Ebenen – national, sektoral oder unternehmensbezogen – umfassen –

HABEN FOLGENDE RICHTLINIE ERLASSEN:

7/3. AN-Mitbestimmung in der SE – RL

TEIL I
ALLGEMEINE BESTIMMUNGEN

Gegenstand

Art. 1 (1) Diese Richtlinie regelt die Beteiligung der Arbeitnehmer in der Europäischen Aktiengesellschaft (Societas Europaea, nachfolgend „SE" genannt), die Gegenstand der Verordnung (EG) Nr. 2157/2001 ist.

(2) Zu diesem Zweck wird in jeder SE gemäß dem Verhandlungsverfahren nach den Artikeln 3 bis 6 oder unter den in Artikel 7 genannten Umständen gemäß dem Anhang eine Vereinbarung über die Beteiligung der Arbeitnehmer getroffen.

Begriffsbestimmungen

Art. 2 Für die Zwecke dieser Richtlinie bezeichnet der Ausdruck

a) „SE" eine nach der Verordnung (EG) Nr. 2157/2001 gegründete Gesellschaft,

b) „beteiligte Gesellschaften" die Gesellschaften, die unmittelbar an der Gründung einer SE beteiligt sind,

c) „Tochtergesellschaft" einer Gesellschaft ein Unternehmen, auf das die betreffende Gesellschaft einen beherrschenden Einfluss im Sinne des Artikels 3 Absätze 2 bis 7 der Richtlinie 94/45/EG ausübt,

d) „betroffene Tochtergesellschaft oder betroffener Betrieb" eine Tochtergesellschaft oder einen Betrieb einer beteiligten Gesellschaft, die/der bei der Gründung der SE zu einer Tochtergesellschaft oder einem Betrieb der SE werden soll,

e) „Arbeitnehmervertreter" die nach den Rechtsvorschriften und/oder den Gepflogenheiten der einzelnen Mitgliedstaaten vorgesehenen Vertreter der Arbeitnehmer,

f) „Vertretungsorgan" das Organ zur Vertretung der Arbeitnehmer, das durch die Vereinbarung nach Artikel 4 oder entsprechend dem Anhang eingesetzt wird, um die Unterrichtung und Anhörung der Arbeitnehmer der SE und ihrer Tochtergesellschaften und Betriebe in der Gemeinschaft vorzunehmen und gegebenenfalls Mitbestimmungsrechte in Bezug auf die SE wahrzunehmen,

g) „besonderes Verhandlungsgremium" das gemäß Artikel 3 eingesetzte Gremium, das die Aufgabe hat, mit dem jeweils zuständigen Organ der beteiligten Gesellschaften die Vereinbarung über die Beteiligung der Arbeitnehmer in der SE auszuhandeln,

h) „Beteiligung der Arbeitnehmer" jedes Verfahren – einschließlich der Unterrichtung, der Anhörung und der Mitbestimmung –, durch das die Vertreter der Arbeitnehmer auf die Beschlussfassung innerhalb der Gesellschaft Einfluss nehmen können,

i) „Unterrichtung" die Unterrichtung des Organs zur Vertretung der Arbeitnehmer und/oder der Arbeitnehmervertreter durch das zuständige Organ der SE über Angelegenheiten, die die SE selbst oder eine ihrer Tochtergesellschaften oder einen ihrer Betriebe in einem anderen Mitgliedstaat betreffen oder die über die Befugnisse der Entscheidungsorgane auf der Ebene des einzelnen Mitgliedstaats hinausgehen, wobei Zeitpunkt, Form und Inhalt der Unterrichtung den Arbeitnehmervertretern eine eingehende Prüfung der möglichen Auswirkungen und gegebenenfalls die Vorbereitung von Anhörungen mit dem zuständigen Organ der SE ermöglichen müssen,

j) „Anhörung" die Einrichtung eines Dialogs und eines Meinungsaustauschs zwischen dem Organ zur Vertretung der Arbeitnehmer und/oder den Arbeitnehmervertretern und dem zuständigen Organ der SE, wobei Zeitpunkt, Form und Inhalt der Anhörung den Arbeitnehmervertretern auf der Grundlage der erfolgten Unterrichtung eine Stellungnahme zu den geplanten Maßnahmen des zuständigen Organs ermöglichen müssen, die im Rahmen des Entscheidungsprozesses innerhalb der SE berücksichtigt werden kann,

k) „Mitbestimmung" die Einflussnahme des Organs zur Vertretung der Arbeitnehmer und/oder der Arbeitnehmervertreter auf die Angelegenheiten einer Gesellschaft durch

– die Wahrnehmung des Rechts, einen Teil der Mitglieder des Aufsichts- oder des Verwaltungsorgans der Gesellschaft zu wählen oder zu bestellen oder

– die Wahrnehmung des Rechts, die Bestellung eines Teils der oder aller Mitglieder des Aufsichts- oder des Verwaltungsorgans der Gesellschaft zu empfehlen und/oder abzulehnen.

TEIL II
VERHANDLUNGSVERFAHREN

Einsetzung eines besonderen Verhandlungsgremiums

Art. 3 (1) Wenn die Leitungs- oder die Verwaltungsorgane der beteiligten Gesellschaften die Gründung einer SE planen, leiten sie nach der Offenlegung des Verschmelzungsplans oder des Gründungsplans für eine Holdinggesellschaft oder nach der Vereinbarung eines Plans zur Gründung einer Tochtergesellschaft oder zur Umwandlung in eine SE so rasch wie möglich die erforderlichen Schritte – zu denen auch die Unterrichtung über die Identität der beteiligten Gesellschaften und der betroffenen Tochtergesellschaften oder betroffenen Betriebe sowie die Zahl ihrer Beschäftigten gehört – für die Aufnahme von Verhandlungen mit den Arbeitnehmervertretern der Gesellschaften über die Vereinbarung über die Beteiligung der Arbeitnehmer in der SE ein.

(2) Zu diesem Zweck wird ein besonderes Verhandlungsgremium als Vertretung der Arbeitnehmer der beteiligten Gesellschaften sowie der betroffenen Tochtergesellschaften oder betroffenen Betriebe gemäß folgenden Vorschriften eingesetzt:

7/3. AN-Mitbestimmung in der SE – RL
Art. 3

a) Bei der Wahl oder der Bestellung der Mitglieder des besonderen Verhandlungsgremiums ist Folgendes sicherzustellen:
  i) die Vertretung durch gewählte oder bestellte Mitglieder entsprechend der Zahl der in jedem Mitgliedstaat beschäftigten Arbeitnehmer der beteiligten Gesellschaften und der betroffenen Tochtergesellschaften oder betroffenen Betriebe in der Form, dass pro Mitgliedstaat für jeden Anteil der in diesem Mitgliedstaat beschäftigten Arbeitnehmer, der 10 % der Gesamtzahl der in allen Mitgliedstaaten beschäftigten Arbeitnehmer der beteiligten Gesellschaften und der betroffenen Tochtergesellschaften oder betroffenen Betriebe entspricht, oder für einen Bruchteil dieser Tranche Anspruch auf einen Sitz besteht;
  ii) im Falle einer durch Verschmelzung gegründeten SE die Vertretung jedes Mitgliedstaats durch so viele weitere Mitglieder, wie erforderlich sind, um zu gewährleisten, dass jede beteiligte Gesellschaft, die eingetragen ist und Arbeitnehmer in dem betreffenden Mitgliedstaat beschäftigt und die als Folge der geplanten Eintragung der SE als eigene Rechtspersönlichkeit erlöschen wird, in dem besonderen Verhandlungsgremium durch mindestens ein Mitglied vertreten ist, sofern
     – die Zahl dieser zusätzlichen Mitglieder 20 % der sich aus der Anwendung von Ziffer i ergebenden Mitgliederzahl nicht überschreitet und
     – die Zusammensetzung des besonderen Verhandlungsgremiums nicht zu einer Doppelvertretung der betroffenen Arbeitnehmer führt.

  Übersteigt die Zahl dieser Gesellschaften die Zahl der gemäß Unterabsatz 1 verfügbaren zusätzlichen Mitglieder, so werden diese zusätzlichen Mitglieder Gesellschaften in verschiedenen Mitgliedstaaten in absteigender Reihenfolge der Zahl der bei ihnen beschäftigten Arbeitnehmer zugeteilt.

b) Die Mitgliedstaaten legen das Verfahren für die Wahl oder die Bestellung der Mitglieder des besonderen Verhandlungsgremiums fest, die in ihrem Hoheitsgebiet zu wählen oder zu bestellen sind. Sie ergreifen die erforderlichen Maßnahmen, um sicherzustellen, dass nach Möglichkeit jede beteiligte Gesellschaft, die in dem jeweiligen Mitgliedstaat Arbeitnehmer beschäftigt, durch mindestens ein Mitglied in dem Gremium vertreten ist. Die Gesamtzahl der Mitglieder darf durch diese Maßnahmen nicht erhöht werden.

Die Mitgliedstaaten können vorsehen, dass diesem Gremium Gewerkschaftsvertreter auch dann angehören können, wenn sie nicht Arbeitnehmer einer beteiligten Gesellschaft oder einer betroffenen Tochtergesellschaft oder eines betroffenen Betriebs sind.

Unbeschadet der einzelstaatlichen Rechtsvorschriften und/oder Gepflogenheiten betreffend Schwellen für die Einrichtung eines Vertretungsorgans sehen die Mitgliedstaaten vor, dass die Arbeitnehmer der Unternehmen oder Betriebe, in denen unabhängig vom Willen der Arbeitnehmer keine Arbeitnehmervertreter vorhanden sind, selbst Mitglieder für das besondere Verhandlungsgremium wählen oder bestellen dürfen.

(3) Das besondere Verhandlungsgremium und das jeweils zuständige Organ der beteiligten Gesellschaften legen in einer schriftlichen Vereinbarung die Beteiligung der Arbeitnehmer in der SE fest.

Zu diesem Zweck unterrichtet das jeweils zuständige Organ der beteiligten Gesellschaften das besondere Verhandlungsgremium über das Vorhaben der Gründung einer SE und den Verlauf des Verfahrens bis zu deren Eintragung.

(4) Das besondere Verhandlungsgremium beschließt vorbehaltlich des Absatzes 6 mit der absoluten Mehrheit seiner Mitglieder, sofern diese Mehrheit auch die absolute Mehrheit der Arbeitnehmer vertritt. Jedes Mitglied hat eine Stimme. Hätten jedoch die Verhandlungen eine Minderung der Mitbestimmungsrechte zur Folge, so ist für einen Beschluss zur Billigung einer solchen Vereinbarung eine Mehrheit von zwei Dritteln der Stimmen der Mitglieder des besonderen Verhandlungsgremiums, die mindestens zwei Drittel der Arbeitnehmer vertreten, erforderlich, mit der Maßgabe, dass diese Mitglieder Arbeitnehmer in mindestens zwei Mitgliedstaaten vertreten müssen, und zwar

– im Falle einer SE, die durch Verschmelzung gegründet werden soll, sofern sich die Mitbestimmung auf mindestens 25 % der Gesamtzahl der Arbeitnehmer der beteiligten Gesellschaften erstreckt, oder
– im Falle einer SE, die als Holdinggesellschaft oder als Tochtergesellschaft gegründet werden soll, sofern sich die Mitbestimmung auf mindestens 50 % der Gesamtzahl der Arbeitnehmer der beteiligten Gesellschaften erstreckt.

Minderung der Mitbestimmungsrechte bedeutet, dass der Anteil der Mitglieder der Organe der SE im Sinne des Artikels 2 Buchstabe k geringer ist als der höchste in den beteiligten Gesellschaften geltende Anteil.

(5) Das besondere Verhandlungsgremium kann bei den Verhandlungen Sachverständige seiner Wahl, zu denen auch Vertreter der einschlägigen Gewerkschaftsorganisationen auf Gemeinschaftsebene zählen können, hinzuziehen, um sich bei seiner Arbeit unterstützen zu lassen. Diese Sachverständigen können, wenn das besondere Verhandlungsgremium dies wünscht, den Verhandlungen in beratender Funktion beiwohnen, um gegebenenfalls die Kohärenz und Stimmigkeit

auf Gemeinschaftsebene zu fördern. Das besondere Verhandlungsgremium kann beschließen, die Vertreter geeigneter außenstehender Organisationen, zu denen auch Gewerkschaftsvertreter zählen können, vom Beginn der Verhandlungen zu unterrichten.

(6) Das besondere Verhandlungsgremium kann mit der nachstehend festgelegter Mehrheit beschließen, keine Verhandlungen aufzunehmen oder bereits aufgenommene Verhandlungen abzubrechen und die Vorschriften für die Unterrichtung und Anhörung der Arbeitnehmer zur Anwendung gelangen zu lassen, die in den Mitgliedstaaten gelten, in denen die SE Arbeitnehmer beschäftigt. Ein solcher Beschluss beendet das Verfahren zum Abschluss der Vereinbarung gemäß Artikel 4. Ist ein solcher Beschluss gefasst worden, findet keine der Bestimmungen des Anhangs Anwendung.

Für den Beschluss, die Verhandlungen nicht aufzunehmen oder sie abzubrechen, ist eine Mehrheit von zwei Dritteln der Stimmen der Mitglieder, die mindestens zwei Drittel der Arbeitnehmer vertreten, erforderlich, mit der Maßgabe, dass diese Mitglieder Arbeitnehmer in mindestens zwei Mitgliedstaaten vertreten müssen.

Im Fall einer durch Umwandlung gegründeten SE findet dieser Absatz keine Anwendung, wenn in der umzuwandelnden Gesellschaft Mitbestimmung besteht.

Das besondere Verhandlungsgremium wird auf schriftlichen Antrag von mindestens 10 % der Arbeitnehmer der SE, ihrer Tochtergesellschaften und ihrer Betriebe oder von deren Vertretern frühestens zwei Jahre nach dem vorgenannten Beschluss wieder einberufen, sofern die Parteien nicht eine frühere Wiederaufnahme der Verhandlungen vereinbaren. Wenn das besondere Verhandlungsgremium die Wiederaufnahme der Verhandlungen mit der Geschäftsleitung beschließt, in diesen Verhandlungen jedoch keine Einigung erzielt wird, findet keine der Bestimmungen des Anhangs Anwendung.

(7) Die Kosten, die im Zusammenhang mit der Tätigkeit des besonderen Verhandlungsgremiums und generell mit den Verhandlungen entstehen, werden von den beteiligten Gesellschaften getragen, damit das besondere Verhandlungsgremium seine Aufgaben in angemessener Weise erfüllen kann.

Im Einklang mit diesem Grundsatz können die Mitgliedstaaten Regeln für die Finanzierung der Arbeit des besonderen Verhandlungsgremiums festlegen. Sie können insbesondere die Übernahme der Kosten auf die Kosten für einen Sachverständigen begrenzen.

Inhalt der Vereinbarung

Art. 4 (1) Das jeweils zuständige Organ der beteiligten Gesellschaften und das besondere Verhandlungsgremium verhandeln mit dem Willen zur Verständigung, um zu einer Vereinbarung über die Beteiligung der Arbeitnehmer innerhalb der SE zu gelangen.

(2) Unbeschadet der Autonomie der Parteien und vorbehaltlich des Absatzes 4 wird in der schriftlichen Vereinbarung nach Absatz 1 zwischen dem jeweils zuständigen Organ der beteiligten Gesellschaften und dem besonderen Verhandlungsgremium Folgendes festgelegt:

a) der Geltungsbereich der Vereinbarung,
b) die Zusammensetzung des Vertretungsorgans als Verhandlungspartner des zuständigen Organs der SE im Rahmen der Vereinbarung über die Unterrichtung und Anhörung der Arbeitnehmer der SE und ihrer Tochtergesellschaften und Betriebe sowie die Anzahl seiner Mitglieder und die Sitzverteilung,
c) die Befugnisse und das Verfahren zur Unterrichtung und Anhörung des Vertretungsorgans,
d) die Häufigkeit der Sitzungen des Vertretungsorgans,
e) die für das Vertretungsorgan bereitzustellenden finanziellen und materiellen Mittel,
f) die Durchführungsmodalitäten des Verfahrens oder der Verfahren zur Unterrichtung und Anhörung für den Fall, dass die Parteien im Laufe der Verhandlungen beschließen, eines oder mehrere solcher Verfahren zu schaffen, anstatt ein Vertretungsorgan einzusetzen,
g) der Inhalt einer Vereinbarung über die Mitbestimmung für den Fall, dass die Parteien im Laufe der Verhandlungen beschließen, eine solche Vereinbarung einzuführen, einschließlich (gegebenenfalls) der Zahl der Mitglieder des Verwaltungs- oder des Aufsichtsorgans der SE, welche die Arbeitnehmer wählen oder bestellen können oder deren Bestellung sie empfehlen oder ablehnen können, der Verfahren, nach denen die Arbeitnehmer diese Mitglieder wählen oder bestellen oder deren Bestellung empfehlen oder ablehnen können, und der Rechte dieser Mitglieder.
h) der Zeitpunkt des Inkrafttretens der Vereinbarung und ihre Laufzeit, die Fälle, in denen die Vereinbarung neu ausgehandelt werden sollte, und das bei ihrer Neuaushandlung anzuwendende Verfahren.

(3) Sofern in der Vereinbarung nichts anderes bestimmt ist, gilt die Auffangregelung des Anhangs nicht für diese Vereinbarung.

(4) Unbeschadet des Artikels 13 Absatz 3 Buchstabe a) muss in der Vereinbarung im Falle einer durch Umwandlung gegründeten SE in Bezug auf alle Komponenten der Arbeitnehmerbeteiligung zumindest das gleiche Ausmaß gewährleistet werden, das in der Gesellschaft besteht, die in eine SE umgewandelt werden soll.

Dauer der Verhandlungen

Art. 5 (1) Die Verhandlungen beginnen mit der Einsetzung des besonderen Verhandlungsgremiums und können bis zu sechs Monate andauern.

(2) Die Parteien können einvernehmlich beschließen, die Verhandlungen über den in Absatz

7/3. AN-Mitbestimmung in der SE – RL
Art. 5 – 8

1 genannten Zeitraum hinaus bis zu insgesamt einem Jahr ab der Einsetzung des besonderen Verhandlungsgremiums fortzusetzen.

Für das Verhandlungsverfahren maßgebliches Recht

Art. 6 Sofern in dieser Richtlinie nichts anderes vorgesehen ist, ist für das Verhandlungsverfahren gemäß den Artikeln 3 bis 5 das Recht des Mitgliedstaates maßgeblich, in dem die SE ihren Sitz haben wird.

Auffangregelung

Art. 7 (1) Zur Verwirklichung des in Artikel 1 festgelegten Ziels führen die Mitgliedstaaten unbeschadet des nachstehenden Absatzes 3 eine Auffangregelung zur Beteiligung der Arbeitnehmer ein, die den im Anhang niedergelegten Bestimmungen genügen muss.

Die Auffangregelung, die in den Rechtsvorschriften des Mitgliedstaats festgelegt ist, in dem die SE ihren Sitz haben soll, findet ab dem Zeitpunkt der Eintragung der SE Anwendung, wenn

a) die Parteien dies vereinbaren oder
b) bis zum Ende des in Artikel 5 genannten Zeitraums keine Vereinbarung zustande gekommen ist und
 – das zuständige Organ jeder der beteiligten Gesellschaften der Anwendung der Auffangregelung auf die SE und damit der Fortsetzung des Verfahrens zur Eintragung der SE zugestimmt hat und
 – das besondere Verhandlungsgremium keinen Beschluss gemäß Artikel 3 Absatz 6 gefasst hat.

(2) Ferner findet die Auffangregelung, die in den Rechtsvorschriften des Mitgliedstaats festgelegt ist, in dem die SE eingetragen wird, gemäß Teil 3 des Anhangs nur Anwendung, wenn

a) im Falle einer durch Umwandlung gegründeten SE die Bestimmungen eines Mitgliedstaats über die Mitbestimmung der Arbeitnehmer im Verwaltungs- oder Aufsichtsorgan für eine in eine SE umgewandelte Aktiengesellschaft galten;
b) im Falle einer durch Verschmelzung gegründeten SE:
 – vor der Eintragung der SE in einer oder mehreren der beteiligten Gesellschaften eine oder mehrere Formen der Mitbestimmung bestanden und sich auf mindestens 25 % der Gesamtzahl der Arbeitnehmer aller beteiligten Gesellschaften erstreckten oder
 – vor der Eintragung der SE in einer oder mehreren der beteiligten Gesellschaften eine oder mehrere Formen der Mitbestimmung bestanden und sich auf weniger als 25 % der Gesamtzahl der Arbeitnehmer aller beteiligten Gesellschaften erstreckten und das besondere Verhandlungsgremium einen entsprechenden Beschluss fasst;
c) im Falle einer durch Errichtung einer Holdinggesellschaft oder einer Tochtergesellschaft gegründeten SE:
 – vor der Eintragung der SE in einer oder mehreren der beteiligten Gesellschaften eine oder mehrere Formen der Mitbestimmung bestanden und sich auf mindestens 50 % der Gesamtzahl der Arbeitnehmer aller beteiligten Gesellschaften erstreckten oder
 – vor der Eintragung der SE in einer oder mehreren der beteiligten Gesellschaften eine oder mehrere Formen der Mitbestimmung bestanden und sich auf weniger als 50 % der Gesamtzahl der Arbeitnehmer aller beteiligten Gesellschaften erstreckten und das besondere Verhandlungsgremium einen entsprechenden Beschluss fasst.

Bestanden mehr als eine Mitbestimmungsform in den verschiedenen beteiligten Gesellschaften, so entscheidet das besondere Verhandlungsgremium, welche von ihnen in der SE eingeführt wird. Die Mitgliedstaaten können Regeln festlegen, die anzuwenden sind, wenn kein einschlägiger Beschluss für eine in ihrem Hoheitsgebiet eingetragene SE gefasst worden ist. Das besondere Verhandlungsgremium unterrichtet das jeweils zuständige Organ der beteiligten Gesellschaften über die Beschlüsse, die es gemäß diesem Absatz gefasst hat.

(3) Die Mitgliedstaaten können vorsehen, dass die Auffangregelung in Teil 3 des Anhangs in dem in Absatz 2 Buchstabe b vorgesehenen Fall nicht Anwendung findet.

TEIL III
SONSTIGE BESTIMMUNGEN

Verschwiegenheit und Geheimhaltung

Art. 8 (1) Die Mitgliedstaaten sehen vor, dass den Mitgliedern des besonderen Verhandlungsgremiums und des Vertretungsorgans sowie den sie unterstützenden Sachverständigen nicht gestattet wird, ihnen als vertraulich mitgeteilte Informationen an Dritte weiterzugeben.

Das Gleiche gilt für die Arbeitnehmervertreter im Rahmen eines Verfahrens zur Unterrichtung und Anhörung.

Diese Verpflichtung besteht unabhängig von dem Aufenthaltsort der betreffenden Personen und auch nach Ablauf ihres Mandats weiter.

(2) Jeder Mitgliedstaat sieht vor, dass das Aufsichts- oder das Verwaltungsorgan einer SE oder einer beteiligten Gesellschaft mit Sitz in seinem Hoheitsgebiet in besonderen Fällen und unter den Bedingungen und Beschränkungen des einzelstaatlichen Rechts Informationen nicht weiterleiten muss, wenn deren Bekannt werden bei Zugrundelegung objektiver Kriterien den Geschäftsbetrieb der SE (oder gegebenenfalls der beteiligten Gesellschaft) oder ihrer Tochtergesellschaften und

Betriebe erheblich beeinträchtigen oder ihnen schaden würde.

Jeder Mitgliedstaat kann eine solche Freistellung von einer vorherigen behördlichen oder gerichtlichen Genehmigung abhängig machen.

(3) Jeder Mitgliedstaat kann für eine SE mit Sitz in seinem Hoheitsgebiet, die in Bezug auf Berichterstattung und Meinungsäußerung unmittelbar und überwiegend eine bestimmte weltanschauliche Tendenz verfolgt, besondere Bestimmungen vorsehen, falls das innerstaatliche Recht solche Bestimmungen zum Zeitpunkt der Annahme dieser Richtlinie bereits enthält.

(4) Bei der Anwendung der Absätze 1, 2 und 3 sehen die Mitgliedstaaten Verfahren vor, nach denen die Arbeitnehmervertreter auf dem Verwaltungsweg oder vor Gericht Rechtsbehelfe einlegen können, wenn das Aufsichts- oder das Verwaltungsorgan der SE oder der beteiligten Gesellschaft Vertraulichkeit verlangt oder die Informationen verweigert.

Diese Verfahren können Regelungen zur Wahrung der Vertraulichkeit der betreffenden Informationen einschließen.

Arbeitsweise des Vertretungsorgans und Funktionsweise des Verfahrens zur Unterrichtung und Anhörung der Arbeitnehmer

Art. 9 Das zuständige Organ der SE und das Vertretungsorgan arbeiten mit dem Willen zur Verständigung unter Beachtung ihrer jeweiligen Rechte und Pflichten zusammen.

Das Gleiche gilt für die Zusammenarbeit zwischen dem Aufsichts- oder dem Verwaltungsorgan der SE und den Arbeitnehmervertretern im Rahmen eines Verfahrens zur Unterrichtung und Anhörung der Arbeitnehmer.

Schutz der Arbeitnehmervertreter

Art. 10 Die Mitglieder des besonderen Verhandlungsgremiums, die Mitglieder des Vertretungsorgans, Arbeitnehmervertreter, die bei einem Verfahren zur Unterrichtung und Anhörung mitwirken, und Arbeitnehmervertreter im Aufsichts- oder im Verwaltungsorgan der SE, die Beschäftigte der SE, ihrer Tochtergesellschaften oder Betriebe oder einer der beteiligten Gesellschaften sind, genießen bei der Wahrnehmung ihrer Aufgaben den gleichen Schutz und gleichartige Sicherheiten wie die Arbeitnehmervertreter in den innerstaatlichen Rechtsvorschriften und/oder Gepflogenheiten des Landes, in dem sie beschäftigt sind.

Dies gilt insbesondere für die Teilnahme an den Sitzungen des besonderen Verhandlungsgremiums oder des Vertretungsorgans, an allen sonstigen Sitzungen, die im Rahmen der Vereinbarung nach Artikel 4 Absatz 2 Buchstabe f) stattfinden, und an den Sitzungen des Verwaltungs- oder des Aufsichtsorgans sowie für die Lohn- und Gehaltsfortzahlung an die Mitglieder, die Beschäftigte einer der beteiligten Gesellschaften oder der SE oder ihrer Tochtergesellschaften oder Betriebe sind, für die Dauer ihrer zur Wahrnehmung ihrer Aufgaben erforderlichen Abwesenheit.

Verfahrensmissbrauch

Art. 11 Die Mitgliedstaaten treffen im Einklang mit den gemeinschaftlichen Rechtsvorschriften geeignete Maßnahmen, um zu verhindern, dass eine SE dazu missbraucht wird, Arbeitnehmern Beteiligungsrechte zu entziehen oder vorzuenthalten.

Einhaltung der Richtlinie

Art. 12 (1) Jeder Mitgliedstaat trägt dafür Sorge, dass die Leitung der Betriebe einer SE und die Aufsichts- oder die Verwaltungsorgane der Tochtergesellschaften und der beteiligten Gesellschaften, die sich in seinem Hoheitsgebiet befinden, und ihre Arbeitnehmervertreter oder gegebenenfalls ihre Arbeitnehmer den Verpflichtungen dieser Richtlinie nachkommen, unabhängig davon, ob die SE ihren Sitz in seinem Hoheitsgebiet hat.

(2) Die Mitgliedstaaten sehen geeignete Maßnahmen für den Fall der Nichteinhaltung dieser Richtlinie vor; sie sorgen insbesondere dafür, dass Verwaltungs- oder Gerichtsverfahren bestehen, mit denen die Erfüllung der sich aus dieser Richtlinie ergebenden Verpflichtungen durchgesetzt werden kann.

Verhältnis dieser Richtlinie zu anderen Bestimmungen

Art. 13 (1) SE und Tochtergesellschaften einer SE, die gemeinschaftsweit operierende Unternehmen oder herrschende Unternehmen in einer gemeinschaftsweit operierenden Unternehmensgruppe im Sinne der Richtlinie 94/45/EG oder im Sinne der Richtlinie 97/74/EG (ABl. L 10 vom 16. 1. 1998, S. 22) zur Ausdehnung der genannten Richtlinie auf das Vereinigte Königreich sind, unterliegen nicht den genannten Richtlinien und den Bestimmungen zu deren Umsetzung in einzelstaatliches Recht.

Beschließt das besondere Verhandlungsgremium jedoch gemäß Artikel 3 Absatz 6, keine Verhandlungen aufzunehmen oder bereits aufgenommene Verhandlungen abzubrechen, so gelangen die Richtlinie 94/45/EG oder die Richtlinie 97/74/EG und die Bestimmungen zu ihrer Umsetzung in einzelstaatliches Recht zur Anwendung.

(2) Einzelstaatliche Rechtsvorschriften und/oder Gepflogenheiten in Bezug auf die Mitbestimmung der Arbeitnehmer in den Gesellschaftsorganen, die nicht zur Umsetzung dieser Richtlinie dienen, finden keine Anwendung auf gemäß der Verordnung (EG) Nr. 2157/2001 gegründete und von dieser Richtlinie erfasste Gesellschaften.

(3) Diese Richtlinie berührt nicht

a) die den Arbeitnehmern nach einzelstaatlichen Rechtsvorschriften und/oder Gepflogenheiten zustehenden Beteiligungsrechte, die für die Arbeitnehmer der SE und ihrer Tochtergesellschaften und Betriebe gelten, mit Ausnahme der Mitbestimmung in den Gremien der SE,

7/3. AN-Mitbestimmung in der SE – RL
Art. 13 – 17, Anhang

b) die nach einzelstaatlichen Rechtsvorschriften und/oder Gepflogenheiten geltenden Bestimmungen über die Mitbestimmung in den Gesellschaftsorganen, die auf die Tochtergesellschaften der SE Anwendung finden.

(4) Zur Wahrung der in Absatz 3 genannten Rechte können die Mitgliedstaaten durch geeignete Maßnahmen sicherstellen, dass die Strukturen der Arbeitnehmervertretung in den beteiligten Gesellschaften, die als eigenständige juristische Personen erlöschen, nach der Eintragung der SE fortbestehen.

Schlussbestimmungen

Art. 14 (1) Die Mitgliedstaaten erlassen die erforderlichen Rechts- und Verwaltungsvorschriften, um dieser Richtlinie spätestens am 8. Oktober 2004 nachzukommen, oder stellen spätestens zu diesem Zeitpunkt sicher, dass die Sozialpartner die erforderlichen Bestimmungen durch Vereinbarungen einführen; die Mitgliedstaaten treffen alle erforderlichen Vorkehrungen, um jederzeit gewährleisten zu können, dass die durch diese Richtlinie vorgeschriebenen Ergebnisse erzielt werden. Sie setzen die Kommission unverzüglich davon in Kenntnis.

(2) Wenn die Mitgliedstaaten diese Vorschriften erlassen, nehmen sie in den Vorschriften selbst oder durch einen Hinweis bei der amtlichen Veröffentlichung auf diese Richtlinie Bezug. Die Mitgliedstaaten regeln die Einzelheiten der Bezugnahme.

Überprüfung durch die Kommission

Art. 15 Die Kommission überprüft spätestens zum 8. Oktober 2007 im Benehmen mit den Mitgliedstaaten und den Sozialpartnern auf Gemeinschaftsebene die Anwendung dieser Richtlinie, um dem Rat gegebenenfalls erforderliche Änderungen vorzuschlagen.

Inkrafttreten

Art. 16 Diese Richtlinie tritt am Tag ihrer Veröffentlichung im *Amtsblatt der Europäischen Gemeinschaften* in Kraft.

Adressaten

Art. 17 Diese Richtlinie ist an die Mitgliedstaaten gerichtet.

ANHANG
AUFFANGREGELUNG (nach Artikel 7)

Teil 1:
Zusammensetzung des Organs zur Vertretung der Arbeitnehmer

Zur Verwirklichung des Ziels nach Artikel 1 wird in den in Artikel 7 genannten Fällen ein Vertretungsorgan gemäß folgenden Regeln eingesetzt:

a) Das Vertretungsorgan setzt sich aus Arbeitnehmern der SE und ihrer Tochtergesellschaften und Betriebe zusammen, die von den Arbeitnehmervertretern aus ihrer Mitte oder, in Ermangelung solcher Vertreter, von der Gesamtheit der Arbeitnehmer gewählt oder bestellt werden.

b) Die Mitglieder des Vertretungsorgans werden gemäß den einzelstaatlichen Rechtsvorschriften und/oder Gepflogenheiten gewählt oder bestellt.

Die Mitgliedstaaten sorgen durch entsprechende Vorschriften dafür, dass Änderungen innerhalb der SE und ihrer Tochtergesellschaften und Betriebe durch Anpassung der Zahl der Mitglieder des Vertretungsorgans und der Zuteilung der Sitze in diesem Organ Rechnung getragen wird.

c) Sofern die Zahl der Mitglieder des Vertretungsorgans es rechtfertigt, wählt das Vertretungsorgan aus seiner Mitte einen engeren Ausschuss mit höchstens drei Mitgliedern.

d) Das Vertretungsorgan gibt sich eine Geschäftsordnung.

e) Die Mitglieder des Vertretungsorgans werden entsprechend der Zahl der in jedem Mitgliedstaat beschäftigten Arbeitnehmer der beteiligten Gesellschaften und der betroffenen Tochtergesellschaften oder betroffenen Betriebe gewählt oder bestellt, so dass pro Mitgliedstaat für jeden Anteil der in diesem Mitgliedstaat beschäftigten Arbeitnehmer, der 10 % der Gesamtzahl der in allen Mitgliedstaaten beschäftigten Arbeitnehmer der beteiligten Gesellschaften und der betroffenen Tochtergesellschaften oder betroffenen Betriebe entspricht, oder für einen Bruchteil dieser Tranche Anspruch auf einen Sitz besteht.

f) Die Zusammensetzung des Vertretungsorgans wird dem zuständigen Organ der SE mitgeteilt.

g) Vier Jahre nach seiner Einsetzung prüft das Vertretungsorgan, ob die Vereinbarung nach den Artikeln 4 und 7 ausgehandelt werden oder die in Übereinstimmung mit diesem Anhang angenommene Auffangregelung weiterhin gelten soll.

Wird der Beschluss gefasst, eine Vereinbarung gemäß Artikel 4 auszuhandeln, so gelten Artikel 3 Absätze 4 bis 7 und Artikel 4 bis 6 sinngemäß, wobei der Ausdruck „besonderes Verhandlungsgremium" durch das Wort „Vertretungsorgan" ersetzt wird. Wenn am Ende des für die Verhandlungen vorgesehenen Zeitraums keine Vereinbarung zustande gekommen ist, findet die Regelung, die ursprünglich gemäß der Auffangregelung angenommen worden war, weiterhin Anwendung.

Teil 2:
Auffangregelung für die Unterrichtung und Anhörung

Für die Zuständigkeiten und Befugnisse des Vertretungsorgans in einer SE gelten folgende Regeln:

a) Die Zuständigkeiten des Vertretungsorgans beschränken sich auf die Angelegenheiten, die

7/3. AN-Mitbestimmung in der SE – RL

die SE selbst oder eine ihrer Tochtergesellschaften oder einen ihrer Betriebe in einem anderen Mitgliedstaat betreffen oder über die Befugnisse der Entscheidungsorgane auf der Ebene des einzelnen Mitgliedstaats hinausgehen.

b) Unbeschadet etwaiger Zusammenkünfte gemäß Buchstabe c) hat das Vertretungsorgan das Recht, auf der Grundlage regelmäßig von dem zuständigen Organ erstellter Berichte über die Entwicklung der Geschäftslage und die Perspektiven der SE unterrichtet und dazu gehört zu werden und zu diesem Zweck mindestens einmal jährlich mit dem zuständigen Organ der SE zusammenzutreten. Die örtlichen Geschäftsleitungen werden hiervon in Kenntnis gesetzt.

Das zuständige Organ der SE übermittelt dem Vertretungsorgan die Tagesordnung aller Sitzungen des Verwaltungsorgans oder gegebenenfalls des Leitungs- und des Aufsichtsorgans sowie Kopien aller Unterlagen, die der Hauptversammlung der Aktionäre unterbreitet werden.

Diese Unterrichtung und Anhörung bezieht sich insbesondere auf die Struktur der SE, ihre wirtschaftliche und finanzielle Situation, die voraussichtliche Entwicklung der Geschäfts-, Produktions- und Absatzlage, auf die Beschäftigungslage und deren voraussichtliche Entwicklung, auf die Investitionen, auf grundlegende Änderungen der Organisation, auf die Einführung neuer Arbeits- oder Fertigungsverfahren, auf Verlagerungen der Produktion, auf Fusionen, Verkleinerungen oder Schließungen von Unternehmen, Betrieben oder wichtigen Teilen derselben und auf Massenentlassungen.

c) Treten außergewöhnliche Umstände ein, die erhebliche Auswirkungen auf die Interessen der Arbeitnehmer haben, insbesondere bei Verlegungen, Verlagerungen, Betriebs- oder Unternehmensschließungen oder Massenentlassungen, so hat das Vertretungsorgan das Recht, darüber unterrichtet zu werden. Das Vertretungsorgan oder – wenn das Vertretungsorgan dies, insbesondere bei Dringlichkeit, beschließt – der engere Ausschuss hat das Recht, auf Antrag mit dem zuständigen Organ der SE oder den Vertretern einer geeigneteren mit eigenen Entscheidungsbefugnissen ausgestatteten Leitungsebene innerhalb der SE zusammenzutreffen, um über Maßnahmen, die erhebliche Auswirkungen auf die Interessen der Arbeitnehmer haben, unterrichtet und gehört zu werden.

Wenn das zuständige Organ beschließt, nicht im Einklang mit der von dem Vertretungsorgan abgegebenen Stellungnahme zu handeln, hat das Vertretungsorgan das Recht, ein weiteres Mal mit dem zuständigen Organ der SE zusammenzutreffen, um eine Einigung herbeizuführen.

Findet eine Sitzung mit dem engeren Ausschuss statt, so haben auch die Mitglieder des Vertretungsorgans, die von diesen Maßnahmen unmittelbar betroffene Arbeitnehmer vertreten, das Recht, daran teilzunehmen.

Die Sitzungen nach Absatz 1 lassen die Vorrechte des zuständigen Organs unberührt.

d) Die Mitgliedstaaten können Regeln für den Vorsitz in den Sitzungen zur Unterrichtung und Anhörung festlegen.

Vor Sitzungen mit dem zuständigen Organ der SE ist das Vertretungsorgan oder der engere Ausschuss – gegebenenfalls in der gemäß Buchstabe c) Absatz 3 erweiterten Zusammensetzung – berechtigt, in Abwesenheit der Vertreter des zuständigen Organs zu tagen.

e) Unbeschadet des Artikels 8 unterrichten die Mitglieder des Vertretungsorgans die Arbeitnehmervertreter der SE und ihrer Tochtergesellschaften und Betriebe über den Inhalt und die Ergebnisse der Unterrichtungs- und Anhörungsverfahren.

f) Das Vertretungsorgan oder der engere Ausschuss können sich durch Sachverständige ihrer Wahl unterstützen lassen.

g) Sofern dies zur Erfüllung ihrer Aufgaben erforderlich ist, haben die Mitglieder des Vertretungsorgans Anspruch auf bezahlte Freistellung für Fortbildungsmaßnahmen.

h) Die Ausgaben des Vertretungsorgans gehen zulasten der SE, die die Mitglieder dieses Organs mit den erforderlichen finanziellen und materiellen Mitteln ausstattet, damit diese ihre Aufgaben in angemessener Weise wahrnehmen können.

Insbesondere trägt die SE die Kosten der Veranstaltung der Sitzungen einschließlich der Dolmetschkosten sowie die Aufenthalts- und Reisekosten für die Mitglieder des Vertretungsorgans und des engeren Ausschusses, soweit nichts anderes vereinbart wurde.

Die Mitgliedstaaten können im Einklang mit diesen Grundsätzen Regeln für die Finanzierung der Arbeit des Vertretungsorgans festlegen. Sie können insbesondere die Übernahme der Kosten auf die Kosten für einen Sachverständigen begrenzen.

Teil 3:
Auffangregelung für die Mitbestimmung

Für die Mitbestimmung der Arbeitnehmer in der SE gelten folgende Bestimmungen:

a) Fanden im Falle einer durch Umwandlung gegründeten SE Vorschriften eines Mitgliedstaats über die Mitbestimmung der Arbeitnehmer im Verwaltungs- oder im Aufsichtsorgan vor der Eintragung Anwendung, so finden alle Komponenten der Mitbestimmung der Arbeitnehmer weiterhin Anwendung. Buchstabe b) gilt diesbezüglich sinngemäß.

b) In den Fällen der Gründung einer SE haben die Arbeitnehmer der SE, ihrer Tochtergesellschaften und Betriebe und/oder ihr Vertretungsorgan das Recht, einen Teil der Mitglieder des Verwaltungs- oder des Aufsichtsorgans der SE zu wählen oder zu bestellen oder deren Bestellung zu empfehlen oder abzulehnen, wobei die Zahl dieser Mitglieder sich nach dem höchsten maßgeblichen Anteil in den beteiligten Gesellschaften vor der Eintragung der SE bemisst.

Bestanden in keiner der beteiligten Gesellschaften vor der Eintragung der SE Vorschriften über die Mitbestimmung, so ist die SE nicht verpflichtet, eine Vereinbarung über die Mitbestimmung der Arbeitnehmer einzuführen.

Das Vertretungsorgan entscheidet über die Verteilung der Sitze im Verwaltungs- oder im Aufsichtsorgan auf die Mitglieder, die Arbeitnehmer aus verschiedenen Mitgliedstaaten vertreten oder über die Art und Weise, in der die Arbeitnehmer der SE Mitglieder dieser Organe empfehlen oder ablehnen können, entsprechend den jeweiligen Anteilen der in den einzelnen Mitgliedstaaten beschäftigten Arbeitnehmer der SE. Bleiben Arbeitnehmer aus einem oder mehreren Mitgliedstaaten bei der anteilmäßigen Verteilung unberücksichtigt, so bestellt das Vertretungsorgan eines der Mitglieder aus einem dieser Mitgliedstaaten, und zwar vorzugsweise – sofern angemessen – aus dem Mitgliedstaat, in dem die SE ihren Sitz haben wird. Jeder Mitgliedstaat hat das Recht, die Verteilung der ihm im Verwaltungs- oder im Aufsichtsorgan zugewiesenen Sitze festzulegen.

Alle von dem Vertretungsorgan oder gegebenenfalls den Arbeitnehmern gewählten, bestellten oder empfohlenen Mitglieder des Verwaltungsorgans oder gegebenenfalls des Aufsichtsorgans der SE sind vollberechtigte Mitglieder des jeweiligen Organs mit denselben Rechten (einschließlich des Stimmrechts) und denselben Pflichten wie die Mitglieder, die die Anteilseigner vertreten.

7/4. AN-Mitbestimmung in der SCE – RL

Präambel

7/4. Richtlinie über die Mitbestimmung der AN in der SCE

Richtlinie 2003/72/EG des Rates zur Ergänzung des Statuts der Europäischen Genossenschaft hinsichtlich der Beteiligung der Arbeitnehmer vom 22. Juli 2003

(ABl. Nr. L 207 v. 18.8.2003, S. 25; berichtigt durch ABl. Nr. L 107 v. 19.4.2012, S. 12)
(nicht amtlich aktualisierte Fassung)

GLIEDERUNG

TEIL I: Allgemeine Bestimmungen
Art. 1: Gegenstand
Art. 2: Begriffsbestimmungen

TEIL II: Verhandlungsverfahren im Fall einer SCE, die von mindestens zwei juristischen Personen sowie im Wege der Umwandlung gegründet wird
Art. 3: Einsetzung eines besonderen Verhandlungsgremiums
Art. 4: Inhalt der Vereinbarung
Art. 5: Dauer der Verhandlungen
Art. 6: Für das Verhandlungsverfahren maßgebliches Recht
Art. 7: Auffangregelung

TEIL III: Regelung im Fall einer SCE, die ausschließlich von natürlichen Personen oder von nur einer einzigen juristischen Person zusammen mit natürlichen Personen gegründet wird
Art. 8

TEIL IV: Stimmberechtigte Teilnahme an der Generalversammlung oder an der Sektor- oder Sektionsversammlung
Art. 9

TEIL V: Sonstige Bestimmungen
Art. 10: Verschwiegenheit und Geheimhaltung
Art. 11: Arbeitsweise des Vertretungsorgans und Funktionsweise des Verfahrens zur Unterrichtung und Anhörung der Arbeitnehmer
Art. 12: Schutz der Arbeitnehmervertreter
Art. 13: Verfahrensmissbrauch
Art. 14: Einhaltung dieser Richtlinie
Art. 15: Verhältnis dieser Richtlinie zu anderen Bestimmungen
Art. 16: Schlussbestimmungen
Art. 17: Überprüfung durch die Kommission
Art. 18: Inkrafttreten
Art. 19: Adressaten

ANHANG

DER RAT DER EUROPÄISCHEN UNION –
gestützt auf den Vertrag zur Gründung der Europäischen Gemeinschaft, insbesondere auf Artikel 308,
auf Vorschlag der Kommission (ABl. C 236 vom 31.8.1993, S. 36),
nach Stellungnahme des Europäischen Parlaments (ABl. C 42 vom 15.2.1993, S. 75),
nach Stellungnahme des Europäischen Wirtschafts- und Sozialausschusses (ABl. C 223 vom 31.8.1992, S. 42),
in Erwägung nachstehender Gründe:

(1) Zur Erreichung der Ziele des Vertrags wird mit der Verordnung (EG) Nr. 1435/2003 des Rates (ABl. L 207 v. 18. 8 2003, S. 1) das Statut der Europäischen Genossenschaft (SCE) festgelegt.

(2) Mit jener Verordnung soll ein einheitlicher rechtlicher Rahmen geschaffen werden, innerhalb dessen Genossenschaften und andere Rechtspersönlichkeiten und natürliche Personen aus verschiedenen Mitgliedstaaten in der Lage sein sollten, die Neuorganisation ihres Geschäftsbetriebs als Genossenschaft gemeinschaftsweit zu planen und durchzuführen.

(3) Um die Ziele der Gemeinschaft im sozialen Bereich zu fördern, müssen besondere Bestimmungen – insbesondere auf dem Gebiet der Beteiligung der Arbeitnehmer – festgelegt werden, mit denen gewährleistet werden soll, dass die Gründung einer SCE nicht zur Beseitigung oder zur Einschränkung der Gepflogenheiten der Arbeitnehmerbeteiligung führt, die in den an der Gründung einer SCE beteiligten Rechtspersönlichkeiten herrschen. Dieses Ziel sollte durch die Einführung von Regeln in diesen Bereich verfolgt werden, mit denen Bestimmungen der Verordnung Nr. 1435/2003 ergänzt werden.

(4) Da die vorstehend genannten Ziele der vorgeschlagenen Maßnahme von den Mitgliedstaaten nicht ausreichend erreicht werden können, da es sich darum handelt, eine Reihe von für die SCE geltenden Regeln für die Beteiligung der Arbeitnehmer zu erlassen, und diese Ziele wegen des Umfangs und der Wirkungen der vorgeschlagenen Maßnahme besser auf Gemeinschaftsebene zu erreichen sind, kann die Gemeinschaft im Einklang

7/4. AN-Mitbestimmung in der SCE – RL
Präambel

mit dem Subsidiaritätsprinzip nach Artikel 5 des Vertrags tätig werden. Entsprechend dem in demselben Artikel genannten Verhältnismäßigkeitsprinzip geht diese Richtlinie nicht über das für die Erreichung dieser Ziele erforderliche Maß hinaus.

(5) Angesichts der in den Mitgliedstaaten bestehenden Vielfalt an Regelungen und Gepflogenheiten für die Beteiligung der Arbeitnehmervertreter an der Beschlussfassung in Genossenschaften ist es nicht ratsam, ein auf die SCE anwendbares einheitliches europäisches Modell der Arbeitnehmerbeteiligung vorzusehen.

(6) In allen Fällen der Gründung einer SCE sollten Unterrichtungs- und Anhörungsverfahren auf grenzüberschreitender Ebene gewährleistet sein; bei völlig neugegründeten SCE, bei denen dies wegen ihrer Größe – gemessen an der Zahl der Beschäftigten – gerechtfertigt ist, wären die erforderlichen Anpassungen vorzunehmen.

(7) Sofern es in einer oder in mehreren der an der Gründung einer SCE beteiligten Rechtspersönlichkeiten Mitbestimmungsrechte gibt, sollten sie grundsätzlich durch Übertragung an die SCE nach deren Gründung erhalten bleiben, es sei denn, dass die Parteien etwas anderes beschließen.

(8) Die konkreten Verfahren der grenzüberschreitenden Unterrichtung und Anhörung der Arbeitnehmer sowie gegebenenfalls der Mitbestimmung, die für eine SCE gelten, sollten vorrangig durch eine Vereinbarung zwischen den betroffenen Parteien oder – in Ermangelung einer derartigen Vereinbarung – durch die Anwendung einer Reihe von subsidiären Regeln festgelegt werden.

(9) Angesichts der Unterschiede in den nationalen Systemen der Mitbestimmung sollte den Mitgliedstaaten die Anwendung der Auffangregelungen für die Mitbestimmung im Fall einer Fusion freigestellt werden. In diesem Fall ist die Beibehaltung der bestehenden Mitbestimmungssysteme und -praktiken, die gegebenenfalls auf der Ebene der beteiligten Rechtspersönlichkeiten bestehen, durch eine Anpassung der Vorschriften für die Registrierung zu gewährleisten.

(10) Die Abstimmungsregeln in dem besonderen Gremium, das die Arbeitnehmer zu Verhandlungszwecken vertritt, sollten – insbesondere wenn Vereinbarungen getroffen werden, die ein geringeres Maß an Mitbestimmung vorsehen, als es in einer oder mehreren der sich beteiligenden Rechtspersönlichkeiten gegeben ist – in einem angemessenen Verhältnis zur Gefahr der Beseitigung oder der Einschränkung der bestehenden Mitbestimmungssysteme und -praktiken stehen. Wenn eine SCE im Wege der Umwandlung oder Verschmelzung gegründet wird, ist diese Gefahr größer, als wenn es sich um eine völlige Neugründung handelt.

(11) Führen die Verhandlungen zwischen den Vertretern der Arbeitnehmer und dem jeweils zuständigen Organ der beteiligten Rechtspersönlichkeiten nicht zu einer Vereinbarung, so sollten für die SCE von ihrer Gründung an eine bestimmte Auffangregelung gelten. Diese Auffangregelung sollte eine effiziente Praxis der grenzüberschreitenden Unterrichtung und Anhörung der Arbeitnehmer sowie deren Mitbestimmung in dem einschlägigen Organ der SCE gewährleisten, sofern es eine derartige Mitbestimmung vor der Errichtung der SCE in einer der beteiligten Rechtspersönlichkeiten gegeben hat.

(12) Ist es wegen der – gemessen an der Zahl der Beschäftigten – geringen Größe der an der Neugründung einer SCE beteiligten Rechtspersönlichkeiten nicht gerechtfertigt, die vorgenannten Verfahren anzuwenden, sollte die SCE den nationalen Vorschriften für die Arbeitnehmerbeteiligung des Mitgliedstaats, in dem sie ihren Sitz nimmt, oder der Mitgliedstaaten, in denen sie Tochtergesellschaften oder Niederlassungen besitzt, unterliegen. Des ungeachtet sollten bereits bestehende SCE verpflichtet sein, diese Verfahren durchzuführen, wenn eine erhebliche Anzahl von Arbeitnehmern dies verlangt.

(13) Für die stimmberechtigte Teilnahme der Arbeitnehmer an der Generalversammlung sollten besondere Bestimmungen gelten, soweit dies nach einzelstaatlichem Recht zulässig ist. Die Anwendung dieser Bestimmungen schließt die Anwendung anderer, in dieser Richtlinie vorgesehener Beteiligungsformen nicht aus.

(14) Die Mitgliedstaaten sollten durch entsprechende Bestimmungen sicherstellen, dass die Vereinbarungen über die Beteiligung der Arbeitnehmer im Fall struktureller Veränderungen nach der Gründung einer SCE gegebenenfalls neu ausgehandelt werden können.

(15) Es sollte vorgesehen werden, dass die Vertreter der Arbeitnehmer, die im Rahmen dieser Richtlinie handeln, bei der Wahrnehmung ihrer Aufgaben denselben Schutz und ähnliche Garantien genießen, wie sie die Vertreter der Arbeitnehmer nach den Rechtsvorschriften und/oder den Gepflogenheiten des Landes ihrer Beschäftigung haben. Sie sollten weder Diskriminierung noch Belästigung infolge der rechtmäßigen Ausübung ihrer Tätigkeit erfahren und einen angemessenen Schutz vor Kündigung und anderen Sanktionen genießen.

(16) Die Vertraulichkeit sensibler Informationen sollte auch nach Ablauf der Amtszeit der Arbeitnehmervertreter gewährleistet sein; dem zuständigen Organ der SCE sollte es gestattet werden, Informationen zurückzuhalten, die im Fall einer Bekanntgabe an die Öffentlichkeit den Betrieb der SCE ernsthaft stören würden.

(17) Unterliegen eine SCE sowie ihre Tochtergesellschaften und Niederlassungen der Richtlinie 94/45/EG des Rates vom 22. September 1994 über die Einsetzung eines Europäischen Betriebsrats oder der Schaffung eines Verfahrens zur Unterrichtung und Anhörung der Arbeitnehmer in gemeinschaftsweit operierenden Unternehmen und Unternehmensgruppen (ABl. L 254 vom 30.9. 1994, S. 64. Zuletzt geändert durch die Richtlinie 97/74/EG (ABl. L 10 vom 16.1.1998, S. 22)), so sollten Bestimmungen jener Richtlinie und die Bestimmungen zu ihrer Umsetzung in einzelstaatliches Recht weder auf die SCE noch auf seine Tochterge-

7/4. AN-Mitbestimmung in der SCE – RL

Präambel, Art. 1, 2

sellschaften und Niederlassungen anwendbar sein, es sei denn, das besondere Verhandlungsgremium beschließt, keine Verhandlungen aufzunehmen oder bereits eröffnete Verhandlungen zu beenden.

(18) Die Regeln dieser Richtlinie sollten andere bestehende Beteiligungsrechte nicht berühren und haben nicht notwendigerweise Auswirkungen auf andere bestehende Vertretungsstrukturen aufgrund gemeinschaftlicher oder einzelstaatlicher Rechtsvorschriften oder Gepflogenheiten.

(19) Die Mitgliedstaaten sollten geeignete Maßnahmen für den Fall vorsehen, dass die in dieser Richtlinie festgelegten Pflichten nicht eingehalten werden.

(20) Der Vertrag enthält Befugnisse für die Annahme dieser Richtlinie nur in Artikel 308.

(21) Die Sicherung erworbener Rechte der Arbeitnehmer bei der Beteiligung an Unternehmensentscheidungen ist fundamentaler Grundsatz und erklärtes Ziel dieser Richtlinie. Die vor der Gründung einer SCE bestehenden Rechte der Arbeitnehmer sollten deshalb Ausgangspunkt auch für die Gestaltung ihrer Beteiligungsrechte in der SCE (Vorher-Nachher-Prinzip) sein. Dieser Ansatz sollte folgerichtig nicht nur für die Neugründung einer SCE, sondern auch für strukturelle Veränderungen in einer bereits gegründeten SCE und für die von den strukturellen Änderungsprozessen betroffenen Rechtspersönlichkeiten gelten. Bei der Verlegung des Sitzes einer SCE von einem Mitgliedstaat in einen anderen sollte daher weiterhin mindestens das gleiche Maß an Rechten der Arbeitnehmer auf Beteiligung gelten. Wird der Schwellenwert hinsichtlich der Beteiligung der Arbeitnehmer nach der Eintragung einer SCE erreicht oder überschritten, so sollten diese Rechte in der gleichen Weise gelten, wie sie gegolten hätten, wenn dieser Schwellenwert schon vor der Eintragung erreicht oder überschritten worden wäre.

(22) Die Mitgliedstaaten sollten vorsehen können, dass Vertreter von Gewerkschaften Mitglied eines besonderen Verhandlungsgremiums sein können, unabhängig davon, ob sie Arbeitnehmer einer an der Gründung einer SCE beteiligten Körperschaft sind oder nicht. In diesem Zusammenhang sollten die Mitgliedstaaten dieses Recht insbesondere in den Fällen vorsehen können, in denen Gewerkschaftsvertreter nach ihrem einzelstaatlichen Recht stimmberechtigte Mitglieder des Aufsichts- oder des Leitungsorgans sein dürfen.

(23) In mehreren Mitgliedstaaten werden die Beteiligung der Arbeitnehmer sowie andere Bereiche der Arbeitgeber/Arbeitnehmer-Beziehungen sowohl durch einzelstaatliche Rechtsvorschriften als auch durch Gepflogenheiten geregelt, wobei die Gepflogenheiten im vorliegenden Zusammenhang in der Weise zu verstehen sind, dass sie auch Tarifverträge auf verschiedenen Ebenen national, sektoral oder unternehmensbezogen – umfassen –

HAT FOLGENDE RICHTLINIE ERLASSEN:

TEIL I
Allgemeine Bestimmungen

Gegenstand

Art. 1 (1) Diese Richtlinie regelt die Beteiligung der Arbeitnehmer in der Europäischen Genossenschaft (nachstehend „SCE" genannt), die Gegenstand der Verordnung (EG) Nr. 1435/2003 ist.

(2) Zu diesem Zweck wird in jeder SCE gemäß dem Verhandlungsverfahren nach den Artikeln 3 bis 6 oder unter den in den Artikeln 7 und 8 genannten Umständen gemäß dem Anhang eine Vereinbarung über die Beteiligung der Arbeitnehmer getroffen.

Begriffsbestimmungen

Art. 2 Für die Zwecke dieser Richtlinie bezeichnet der Ausdruck

a) „SCE" eine nach der Verordnung (EG) Nr. 1435/2003 gegründete Genossenschaft,

b) „beteiligte juristische Personen" Gesellschaften im Sinne von Artikel 48 Absatz 2 des Vertrags einschließlich Genossenschaften sowie nach dem Recht eines Mitgliedstaats errichtete und diesem Recht unterliegende juristische Personen, die unmittelbar an der Gründung einer SCE beteiligt sind,

c) „Tochtergesellschaft" einer beteiligten juristischen Person oder einer SCE ein Unternehmen, auf das die betreffende juristische Person oder die betreffende SCE einen beherrschenden Einfluss im Sinne des Artikels 3 Absätze 2 bis 7 der Richtlinie 94/45/EG ausübt,

d) „betroffene Tochtergesellschaft oder betroffener Betrieb" eine Tochtergesellschaft oder einen Betrieb einer beteiligten juristischen Person, die/der bei der Gründung der SCE zu einer Tochtergesellschaft oder einem Betrieb der SCE werden soll,

e) „Arbeitnehmervertreter" die nach den Rechtsvorschriften und/oder den Gepflogenheiten der einzelnen Mitgliedstaaten vorgesehenen Vertreter der Arbeitnehmer,

f) „Vertretungsorgan" das Organ zur Vertretung der Arbeitnehmer, das durch die Vereinbarung nach Artikel 4 oder entsprechend dem Anhang eingesetzt wird, um die Unterrichtung und Anhörung der Arbeitnehmer der SCE und ihrer Tochtergesellschaften und Betriebe in der Gemeinschaft vorzunehmen und gegebenenfalls Mitbestimmungsrechte in Bezug auf die SCE wahrzunehmen,

g) „besonderes Verhandlungsgremium" das gemäß Artikel 3 eingesetzte Gremium, das die Aufgabe hat, mit dem jeweils zuständigen Organ der beteiligten juristischen Personen die Vereinbarung über die Beteiligung der Arbeitnehmer in der SCE auszuhandeln,

h) „Beteiligung der Arbeitnehmer" jedes Verfahren – einschließlich der Unterrichtung, der Anhörung und der Mitbestimmung –, durch das die Vertreter der Arbeitnehmer auf

7/4. AN-Mitbestimmung in der SCE – RL
Art. 2, 3

die Beschlussfassung innerhalb eines Unternehmens Einfluss nehmen können,

i) „Unterrichtung" die Unterrichtung des Organs zur Vertretung der Arbeitnehmer und/oder der Arbeitnehmervertreter durch das zuständige Organ der SCE über Angelegenheiten, die die SCE selbst oder eine ihrer Tochtergesellschaften oder Betriebe in einem anderen Mitgliedstaat betreffen oder die über die Befugnisse der Entscheidungsorgane auf der Ebene des einzelnen Mitgliedstaats hinausgehen, wobei Zeitpunkt, Form und Inhalt der Unterrichtung den Arbeitnehmervertretern eine eingehende Prüfung der möglichen Auswirkungen und gegebenenfalls die Vorbereitung von Anhörungen mit dem zuständigen Organ der SCE ermöglichen müssen,

j) „Anhörung" die Einrichtung eines Dialogs und eines Meinungsaustauschs zwischen dem Organ zur Vertretung der Arbeitnehmer und/oder den Arbeitnehmervertretern und dem zuständigen Organ der SCE, wobei Zeitpunkt, Form und Inhalt der Anhörung den Arbeitnehmervertretern auf der Grundlage der Unterrichtung eine Stellungnahme zu den geplanten Maßnahmen des zuständigen Organs ermöglichen müssen, die im Rahmen des Entscheidungsprozesses innerhalb der SCE berücksichtigt werden kann,

k) „Mitbestimmung" die Einflussnahme des Organs zur Vertretung der Arbeitnehmer und/oder der Arbeitnehmervertreter auf die Angelegenheiten einer juristischen Person durch
– die Wahrnehmung des Rechts, einen Teil der Mitglieder des Aufsichts- oder des Verwaltungsorgans der juristischen Person zu wählen oder zu bestellen oder
– die Wahrnehmung des Rechts, die Bestellung eines Teils der Mitglieder oder aller Mitglieder des Aufsichts- oder des Verwaltungsorgans der juristischen Person zu empfehlen und/oder abzulehnen.

TEIL II
Verhandlungsverfahren im Fall einer SCE, die von mindestens zwei juristischen Personen sowie im Wege der Umwandlung gegründet wird

Einsetzung eines besonderen Verhandlungsgremiums

Art. 3 (1) Wenn die Leitungs- oder die Verwaltungsorgane der beteiligten juristischen Personen die Gründung einer SCE planen, so leiten sie so rasch wie möglich die erforderlichen Schritte – zu denen auch die Unterrichtung über die Identität der beteiligten juristischen Personen und der Tochtergesellschaften oder Betriebe sowie die Zahl ihrer Beschäftigten gehört – für die Aufnahme von Verhandlungen mit den Arbeitnehmervertretern der juristischen Personen über die Vereinbarung über die Beteiligung der Arbeitnehmer in der SCE ein.

(2) Zu diesem Zweck wird ein besonderes Verhandlungsgremium als Vertretung der Arbeitnehmer der beteiligten juristischen Personen sowie der betroffenen Tochtergesellschaften oder betroffenen Betriebe gemäß folgenden Vorschriften eingesetzt:

a) Bei der Wahl oder der Bestellung der Mitglieder des besonderen Verhandlungsgremiums ist Folgendes sicherzustellen:

i) die Vertretung durch gewählte oder bestellte Mitglieder entsprechend der Zahl der in jedem Mitgliedstaat beschäftigten Arbeitnehmer der beteiligten juristischen Personen und der betroffenen Tochtergesellschaften oder betroffenen Betriebe in der Form, dass pro Mitgliedstaat für jeden Anteil der in diesem Mitgliedstaat beschäftigten Arbeitnehmer, der 10 % der Gesamtzahl der in allen Mitgliedstaaten beschäftigten Arbeitnehmer entspricht, oder für einen Bruchteil dieser Tranche Anspruch auf einen Sitz besteht;

ii) im Fall einer durch Verschmelzung gegründeten SCE die Vertretung jedes Mitgliedstaats durch so viele weitere Mitglieder, wie erforderlich sind, um zu gewährleisten, dass jede beteiligte Genossenschaft, die eingetragen ist und Arbeitnehmer in dem betreffenden Mitgliedstaat beschäftigt und der als Folge der geplanten Eintragung der SCE als eigene Rechtspersönlichkeit erlöschen wird, in dem besonderen Verhandlungsgremium durch mindestens ein Mitglied vertreten ist, sofern
– die Zahl dieser zusätzlichen Mitglieder 20 % der sich aus der Anwendung von Ziffer i) ergebenden Mitgliederzahl nicht überschreitet und
– die Zusammensetzung des besonderen Verhandlungsgremiums nicht zu einer Doppelvertretung der betroffenen Arbeitnehmer führt.

Übersteigt die Zahl dieser Genossenschaften die Zahl der gemäß Unterabsatz 1 verfügbaren zusätzlichen Sitze, so werden diese zusätzlichen Sitze Genossenschaften in verschiedenen Mitgliedstaaten in absteigender Reihenfolge der Zahl der bei ihnen beschäftigten Arbeitnehmer zugeteilt.

b) Die Mitgliedstaaten legen das Verfahren für die Wahl oder die Bestellung der Mitglieder des besonderen Verhandlungsgremiums fest, die in ihrem Hoheitsgebiet zu wählen oder zu bestellen sind. Sie ergreifen die erforderlichen Maßnahmen, um sicherzustellen, dass nach Möglichkeit jede beteiligte juristische Person, die in dem jeweiligen Mitgliedstaat Arbeitnehmer beschäftigt, durch mindestens ein Mitglied in dem Gremium vertreten ist. Die

Gesamtzahl der Mitglieder darf durch diese Maßnahmen nicht erhöht werden. Die Verfahren zur Benennung, Bestellung oder Wahl der Arbeitnehmervertreter sollten möglichst eine ausgewogene Vertretung von Frauen und Männern fördern.

Die Mitgliedstaaten können vorsehen, dass diesem Gremium Gewerkschaftsvertreter auch dann angehören können, wenn sie nicht Arbeitnehmer einer beteiligten juristischen Person oder einer betroffenen Tochtergesellschaft oder eines betroffenen Betriebs sind.

Unbeschadet der einzelstaatlichen Rechtsvorschriften und/oder Gepflogenheiten betreffend Schwellen für die Einrichtung eines Vertretungsorgans sehen die Mitgliedstaaten vor, dass die Arbeitnehmer der Unternehmen oder Betriebe, in denen unabhängig vom Willen der Arbeitnehmer keine Arbeitnehmervertreter vorhanden sind, selbst Mitglieder für das besondere Verhandlungsgremium wählen oder bestellen dürfen.

(3) Das besondere Verhandlungsgremium und das jeweils zuständige Organ der beteiligten juristischen Personen legen in einer schriftlichen Vereinbarung die Beteiligung der Arbeitnehmer in der SCE fest.

Zu diesem Zweck unterrichtet das jeweils zuständige Organ der beteiligten juristischen Personen das besondere Verhandlungsgremium über das Vorhaben der Gründung einer SCE und den Verlauf des Verfahrens bis zu dessen Eintragung.

(4) Das besondere Verhandlungsgremium beschließt vorbehaltlich des Absatzes 6 mit der absoluten Mehrheit seiner Mitglieder, sofern diese Mehrheit auch die absolute Mehrheit der Arbeitnehmer vertritt. Jedes Mitglied hat eine Stimme. Hätten jedoch die Verhandlungen eine Minderung der Mitbestimmungsrechte zur Folge, so ist für einen Beschluss zur Billigung einer solchen Vereinbarung eine Mehrheit von zwei Dritteln der Stimmen der Mitglieder des besonderen Verhandlungsgremiums, die mindestens zwei Drittel der Arbeitnehmer vertreten, erforderlich, mit der Maßgabe, dass diese Mitglieder Arbeitnehmer in mindestens zwei Mitgliedstaaten vertreten müssen, und zwar

– im Fall einer SCE, die durch Verschmelzung gegründet werden soll, sofern sich die Mitbestimmung auf mindestens 25 % der Gesamtzahl der Arbeitnehmer der beteiligten Verbände erstreckt, oder

– im Fall einer SCE, die auf andere Weise gegründet werden soll, sofern sich die Mitbestimmung auf mindestens 50 % der Gesamtzahl der Arbeitnehmer der beteiligten juristischen Personen erstreckt.

Minderung der Mitbestimmungsrechte bedeutet, dass der Anteil der Mitglieder der Organe der SCE im Sinne des Artikels 2 Buchstabe k) geringer ist als der höchste in den beteiligten juristischen Personen geltende Anteil.

(5) Das besondere Verhandlungsgremium kann bei den Verhandlungen Sachverständige seiner Wahl, zu denen auch Vertreter der einschlägigen Gewerkschaftsorganisationen auf Gemeinschaftsebene zählen können, hinzuziehen, um sich von ihnen bei seiner Arbeit unterstützen zu lassen. Diese Sachverständigen können, wenn das besondere Verhandlungsgremium dies wünscht, den Verhandlungen in beratender Funktion beiwohnen, um gegebenenfalls die Kohärenz und Stimmigkeit auf Gemeinschaftsebene zu fördern. Das besondere Verhandlungsgremium kann beschließen, die Vertreter geeigneter außenstehender Organisationen, zu denen auch Gewerkschaftsvertreter zählen können, vom Beginn der Verhandlungen zu unterrichten.

(6) Das besondere Verhandlungsgremium kann mit der in Unterabsatz 2 festgelegten Mehrheit beschließen, keine Verhandlungen aufzunehmen oder bereits aufgenommene Verhandlungen abzubrechen und die Vorschriften für die Unterrichtung und Anhörung der Arbeitnehmer zur Anwendung gelangen zu lassen, die in den Mitgliedstaaten gelten, in denen die SCE Arbeitnehmer beschäftigt. Ein solcher Beschluss beendet das Verfahren zum Abschluss der Vereinbarung gemäß Artikel 4. Ist ein solcher Beschluss gefasst worden, findet keine der Bestimmungen des Anhangs Anwendung.

Für den Beschluss, die Verhandlungen nicht aufzunehmen oder sie abzubrechen, ist eine Mehrheit von zwei Dritteln der Stimmen der Mitglieder, die mindestens zwei Drittel der Arbeitnehmer vertreten, erforderlich, mit der Maßgabe, dass diese Mitglieder Arbeitnehmer in mindestens zwei Mitgliedstaaten vertreten müssen.

Im Fall einer durch Umwandlung gegründeten SCE findet dieser Absatz keine Anwendung, wenn in der umzuwandelnden Genossenschaft Mitbestimmung besteht.

Das besondere Verhandlungsgremium wird auf schriftlichen Antrag von mindestens 10 % der Arbeitnehmer der SCE, ihrer Tochtergesellschaften und Betriebe oder von deren Vertretern frühestens zwei Jahre nach dem vorgenannten Beschluss wieder einberufen, sofern die Parteien nicht eine frühere Wiederaufnahme der Verhandlungen vereinbaren. Wenn das besondere Verhandlungsgremium die Wiederaufnahme der Verhandlungen mit der Geschäftsleitung beschließt, in diesen Verhandlungen jedoch keine Einigung erzielt wird, findet keine der Bestimmungen des Anhangs Anwendung.

(7) Die Kosten, die im Zusammenhang mit der Tätigkeit des besonderen Verhandlungsgremiums und generell mit den Verhandlungen entstehen, werden von den beteiligten juristischen Personen getragen, damit das besondere Verhandlungsgremium seine Aufgaben in angemessener Weise erfüllen kann.

Im Einklang mit diesem Grundsatz können die Mitgliedstaaten Regeln für die Finanzierung der Arbeit des besonderen Verhandlungsgremiums festlegen. Sie können insbesondere die Übernahme

7/4. AN-Mitbestimmung in der SCE – RL
Art. 3 – 7

der Kosten auf die Kosten für einen Sachverständigen begrenzen.

Inhalt der Vereinbarung

Art. 4 (1) Das jeweils zuständige Organ der beteiligten juristischen Personen und das besondere Verhandlungsgremium verhandeln mit dem Willen zur Verständigung, um zu einer Vereinbarung über die Beteiligung der Arbeitnehmer in der SCE zu gelangen.

(2) Unbeschadet der Autonomie der Parteien und vorbehaltlich des Absatzes 4 wird in der Vereinbarung nach Absatz 1 zwischen dem jeweils zuständigen Organ der beteiligten juristischen Personen und dem besonderen Verhandlungsgremium Folgendes festgelegt:

a) der Geltungsbereich der Vereinbarung,
b) die Zusammensetzung des Vertretungsorgans als Verhandlungspartner des zuständigen Organs der SCE im Rahmen der Vereinbarung über die Unterrichtung und Anhörung der Arbeitnehmer der SCE und ihrer Tochtergesellschaften und Betriebe sowie die Anzahl seiner Mitglieder und die Sitzverteilung,
c) die Befugnisse und das Verfahren zur Unterrichtung und Anhörung des Vertretungsorgans,
d) die Häufigkeit der Sitzungen des Vertretungsorgans,
e) die für das Vertretungsorgan bereitzustellenden finanziellen und materiellen Mittel,
f) die Durchführungsmodalitäten des Verfahrens oder der Verfahren zur Unterrichtung und Anhörung für den Fall, dass die Parteien im Laufe der Verhandlungen beschließen, eines oder mehrere solcher Verfahren zu schaffen, anstatt ein Vertretungsorgan einzusetzen,
g) der Inhalt einer Vereinbarung über die Mitbestimmung für den Fall, dass die Parteien im Laufe der Verhandlungen beschließen, eine solche Vereinbarung einzuführen, einschließlich (gegebenenfalls) der Zahl der Mitglieder des Verwaltungs- oder des Aufsichtsorgans der SCE, welche die Arbeitnehmer wählen oder bestellen können oder deren Bestellung sie empfehlen oder ablehnen können, der Verfahren, nach denen die Arbeitnehmer diese Mitglieder wählen oder bestellen oder deren Bestellung empfehlen oder ablehnen können, und der Rechte dieser Mitglieder,
h) der Zeitpunkt des Inkrafttretens der Vereinbarung und ihre Laufzeit, die Fälle, in denen die Vereinbarung neu ausgehandelt werden sollte, und das bei ihrer Neuaushandlung anzuwendende Verfahren, gegebenenfalls auch für den Fall struktureller Veränderungen in der SCE, ihren Tochtergesellschaften oder Betrieben, die nach Gründung der SCE eintreten.

(3) Sofern in der Vereinbarung nichts anderes bestimmt ist, gilt die Auffangregelung des Anhangs nicht für diese Vereinbarung.

(4) Unbeschadet des Artikels 15 Absatz 3 Buchstabe a) muss in der Vereinbarung im Fall einer durch Umwandlung gegründeten SCE in Bezug auf alle Komponenten der Arbeitnehmerbeteiligung zumindest das gleiche Ausmaß gewährleistet werden, das in der Genossenschaft besteht, die in eine SCE umgewandelt werden soll.

(5) In der Vereinbarung kann geregelt werden, wie die Arbeitnehmer ihr Recht auf stimmberechtigte Teilnahme an der Generalversammlung oder den Sektor- oder Sektionsversammlungen im Einklang mit Artikel 9 dieser Richtlinie und Artikel 59 Absatz 4 der Verordnung (EG) Nr. 1435/2003 wahrnehmen können.

Dauer der Verhandlungen

Art. 5 (1) Die Verhandlungen beginnen mit der Einsetzung des besonderen Verhandlungsgremiums und können bis zu sechs Monate andauern.

(2) Die Parteien können einvernehmlich beschließen, die Verhandlungen über den in Absatz 1 genannten Zeitraum hinaus bis zu insgesamt einem Jahr ab der Einsetzung des besonderen Verhandlungsgremiums fortzusetzen.

Für das Verhandlungsverfahren maßgebliches Recht

Art. 6 Sofern in dieser Richtlinie nichts anderes vorgesehen ist, ist für das Verhandlungsverfahren gemäß den Artikeln 3, 4 und 5 das Recht des Mitgliedstaats maßgeblich, in dem die SCE ihren Sitz haben wird.

Auffangregelung

Art. 7 (1) Zur Verwirklichung des in Artikel 1 festgelegten Ziels führen die Mitgliedstaaten eine Auffangregelung zur Beteiligung der Arbeitnehmer ein, die den im Anhang niedergelegten Bestimmungen genügen muss. Die Auffangregelung, die in den Rechtsvorschriften des Mitgliedstaats festgelegt ist, in dem die SCE ihren Sitz haben soll, findet ab dem Zeitpunkt der Eintragung der SCE Anwendung, wenn

a) die Parteien dies vereinbaren oder
b) bis zum Ende des in Artikel 5 genannten Zeitraums keine Vereinbarung zustande gekommen ist und

– das zuständige Organ jeder der beteiligten juristischen Personen der Anwendung der Auffangregelung auf die SCE und damit der Fortsetzung des Verfahrens zur Eintragung der SCE zugestimmt hat und

– das besondere Verhandlungsgremium keinen Beschluss gemäß Artikel 3 Absatz 6 gefasst hat.

(2) Ferner findet die Auffangregelung, die in den Rechtsvorschriften des Mitgliedstaats festgelegt ist, in dem die SCE eingetragen wird, gemäß Teil 3 des Anhangs nur Anwendung, wenn

a) im Fall einer durch Umwandlung gegründeten SCE die Bestimmungen eines Mitgliedstaats über die Mitbestimmung der Arbeitnehmer im Verwaltungs- oder Aufsichtsorgan für eine in eine SCE umgewandelte Genossenschaft galten;

b) im Fall einer durch Verschmelzung gegründeten SCE:
   – vor der Eintragung der SCE in einer oder mehreren der beteiligten Genossenschaften eine oder mehrere Formen der Mitbestimmung bestanden und sich auf mindestens 25 % der Gesamtzahl der bei ihnen beschäftigten Arbeitnehmer erstreckten oder
   – vor der Eintragung der SCE in einer oder mehreren der beteiligten Genossenschaften eine oder mehrere Formen der Mitbestimmung bestanden und sich auf weniger als 25 % der Gesamtzahl der bei ihnen beschäftigten Arbeitnehmer erstreckten und das besondere Verhandlungsgremium einen entsprechenden Beschluss fasst;

c) im Fall einer auf andere Weise gegründeten SCE:
   – vor der Eintragung der SCE in einer oder mehreren der beteiligten juristischen Personen eine oder mehrere Formen der Mitbestimmung bestanden und sich auf mindestens 50 % der Gesamtzahl der bei ihnen beschäftigten Arbeitnehmer erstreckten oder
   – vor der Eintragung der SCE in einer oder mehreren der beteiligten juristischen Personen eine oder mehrere Formen der Mitbestimmung bestanden und sich auf weniger als 50 % der Gesamtzahl der bei ihnen beschäftigten Arbeitnehmer erstreckten und das besondere Verhandlungsgremium einen entsprechenden Beschluss fasst.

Bestand mehr als eine Mitbestimmungsform in den verschiedenen beteiligten juristischen Personen, so entscheidet das besondere Verhandlungsgremium, welche von ihnen in der SCE eingeführt wird. Die Mitgliedstaaten können Regeln festlegen, die anzuwenden sind, wenn kein einschlägiger Beschluss für eine in ihrem Hoheitsgebiet eingetragene SCE gefasst worden ist. Das besondere Verhandlungsgremium unterrichtet das jeweils zuständige Organ der beteiligten juristischen Personen über die Beschlüsse, die es gemäß diesem Absatz gefasst hat.

(3) Die Mitgliedstaaten können vorsehen, dass die Auffangregelung in Teil 3 des Anhangs in dem in Absatz 2 Buchstabe b) vorgesehenen Fall keine Anwendung findet.

TEIL III
Regelung im Fall einer SCE, die ausschließlich von natürlichen Personen oder von nur einer einzigen juristischen Person zusammen mit natürlichen Personen gegründet wird

Art. 8 (1) Im Fall einer SCE, die ausschließlich von natürlichen Personen oder von nur einer einzigen juristischen Person sowie natürlichen Personen gegründet wird, die in mindestens zwei Mitgliedstaaten insgesamt mindestens 50 Arbeitnehmer beschäftigen, finden die Artikel 3 bis 7 Anwendung.

(2) Im Fall einer SCE, die ausschließlich von natürlichen Personen oder von nur einer einzigen juristischen Person sowie natürlichen Personen gegründet wird, die insgesamt weniger als 50 Arbeitnehmer oder in nur einem Mitgliedstaat 50 oder mehr Arbeitnehmer beschäftigen, ist die Beteiligung der Arbeitnehmer wie folgt geregelt:
– In der SCE selbst finden die für andere Rechtspersönlichkeiten desselben Typs geltenden Bestimmungen des Mitgliedstaats, in dem sich der Sitz der SCE befindet, Anwendung;
– in ihren Tochtergesellschaften und Betrieben finden die für andere Rechtspersönlichkeiten desselben Typs geltenden Bestimmungen des Mitgliedstaats, in dem sich diese befinden, Anwendung.

Wird der Sitz einer SCE, in der Vorschriften über die Mitbestimmung bestehen, in einen anderen Mitgliedstaat verlegt, so ist den Arbeitnehmern weiterhin zumindest dasselbe Niveau an Mitbestimmungsrechten zu gewährleisten.

(3) Stellen nach der Eintragung einer SCE nach Absatz 2 mindestens ein Drittel der Gesamtzahl der Arbeitnehmer der SCE und ihrer Tochtergesellschaften und Betriebe in mindestens zwei verschiedenen Mitgliedstaaten einen entsprechenden Antrag oder wird die Gesamtzahl von 50 Arbeitnehmern in mindestens zwei Mitgliedstaaten erreicht oder überschritten, so finden die Bestimmungen der Artikel 3 bis 7 entsprechend Anwendung. In diesem Fall werden die Worte „beteiligte juristische Personen" und „betroffene Tochtergesellschaft oder betroffener Betrieb" durch die Worte „SCE" bzw. „Tochtergesellschaften und Betriebe der SCE" ersetzt.

TEIL IV
Stimmberechtigte Teilnahme an der Generalversammlung oder an der Sektor- oder Sektionsversammlung

Art. 9 Vorbehaltlich der Beschränkungen nach Artikel 59 Absatz 4 der Verordnung (EG) Nr. 1435/2003 haben die Arbeitnehmer der SCE und/oder ihre Vertreter das Recht, an der Generalversammlung bzw., sofern diese existieren, an der Sektor- oder Sektionsversammlung, unter folgenden Voraussetzungen stimmberechtigt teilzunehmen:

1. wenn die Parteien dies in der Vereinbarung gemäß Artikel 4 festlegen oder
2. wenn eine Genossenschaft, in der diese Regelung galt, sich in eine SCE umwandelt oder
3. wenn im Fall einer auf andere Weise als durch Umwandlung gegründeten SCE in einer der beteiligten Genossenschaften diese Regelung galt und:

i) die Parteien innerhalb der durch Artikel 5 gesetzten Frist keine Vereinbarung gemäß Artikel 4 schließen,
ii) Artikel 7 Absatz 1 Buchstabe b) und Teil 3 des Anhangs Anwendung finden und
iii) die beteiligte Genossenschaft, in der diese Regelung gilt, in Bezug auf die Mitbestimmung im Sinne von Artikel 2 Buchstabe k), die in den betroffenen beteiligten Genossenschaften vor der Eintragung der SCE in Kraft war, den höchsten Grad an Mitbestimmung aufweist.

TEIL V
Sonstige Bestimmungen

Verschwiegenheit und Geheimhaltung

Art. 10 (1) Die Mitgliedstaaten sehen vor, dass den Mitgliedern des besonderen Verhandlungsgremiums und des Vertretungsorgans sowie den sie unterstützenden Sachverständigen nicht gestattet wird, ihnen als vertraulich mitgeteilte Informationen an Dritte weiterzugeben.

Das Gleiche gilt für die Arbeitnehmervertreter im Rahmen eines Verfahrens zur Unterrichtung und Anhörung.

Diese Verpflichtung besteht unabhängig von dem Aufenthaltsort der betreffenden Personen und gilt auch nach Ablauf ihres Mandats weiter.

(2) Jeder Mitgliedstaat sieht vor, dass das Aufsichts- oder das Verwaltungsorgan einer SCE oder einer beteiligten juristischen Person mit Sitz in seinem Hoheitsgebiet in besonderen Fällen und unter den Bedingungen und Beschränkungen des einzelstaatlichen Rechts Informationen nicht weiterleiten muss, wenn deren Bekanntwerden bei Zugrundelegung objektiver Kriterien den Geschäftsbetrieb der SCE (oder gegebenenfalls einer beteiligten juristischen Person) oder ihrer Tochtergesellschaften und Betriebe erheblich beeinträchtigen oder ihnen schaden würde.

Jeder Mitgliedstaat kann eine solche Freistellung von einer vorherigen behördlichen oder gerichtlichen Genehmigung abhängig machen.

(3) Jeder Mitgliedstaat kann für eine SCE mit Sitz in seinem Hoheitsgebiet, die in Bezug auf Berichterstattung und Meinungsäußerung unmittelbar und überwiegend eine bestimmte weltanschauliche Tendenz verfolgt, besondere Bestimmungen vorsehen, falls das innerstaatliche Recht solche Bestimmungen zum Zeitpunkt der Annahme dieser Richtlinie bereits enthält.

(4) Bei der Anwendung der Absätze 1, 2 und 3 sehen die Mitgliedstaaten Verfahren vor, nach denen die Arbeitnehmervertreter auf dem Verwaltungsweg oder vor Gericht Rechtsbehelfe einlegen können, wenn das Aufsichts- oder das Verwaltungsorgan der SCE oder der beteiligten juristischen Person Vertraulichkeit verlangt oder die Informationen verweigert. Diese Verfahren können Regelungen zur Wahrung der Vertraulichkeit der betreffenden Informationen einschließen.

Arbeitsweise des Vertretungsorgans und Funktionsweise des Verfahrens zur Unterrichtung und Anhörung der Arbeitnehmer

Art. 11 Das zuständige Organ der SCE und das Vertretungsorgan arbeiten mit dem Willen zur Verständigung unter Beachtung ihrer jeweiligen Rechte und Pflichten zusammen.

Das Gleiche gilt für die Zusammenarbeit zwischen dem Aufsichts- oder dem Verwaltungsorgan der SCE und den Arbeitnehmervertretern im Rahmen eines Verfahrens zur Unterrichtung und Anhörung der Arbeitnehmer.

Schutz der Arbeitnehmervertreter

Art. 12 Die Mitglieder des besonderen Verhandlungsgremiums, die Mitglieder des Vertretungsorgans, Arbeitnehmervertreter, die bei einem Verfahren zur Unterrichtung und Anhörung mitwirken, und Arbeitnehmervertreter im Aufsichts- oder im Verwaltungsorgan der SCE, die Beschäftigte der SCE, ihrer Tochtergesellschaften oder Betriebe oder einer der beteiligten juristischen Personen sind, genießen bei der Wahrnehmung ihrer Aufgaben den gleichen Schutz und gleichartige Sicherheiten wie die Arbeitnehmervertreter nach den innerstaatlichen Rechtsvorschriften und/oder Gepflogenheiten des Landes, in dem sie beschäftigt sind.

Dies gilt insbesondere für die Teilnahme an den Sitzungen des besonderen Verhandlungsgremiums oder des Vertretungsorgans, an allen sonstigen Sitzungen, die im Rahmen der Vereinbarung nach Artikel 4 Absatz 2 Buchstabe f) stattfinden, und an den Sitzungen des Verwaltungs- oder des Aufsichtsorgans sowie für die Lohn- und Gehaltsfortzahlung an die Mitglieder, die Beschäftigte der beteiligten juristischen Personen oder der SCE oder ihrer Tochtergesellschaften oder Betriebe sind, für die Dauer ihrer zur Wahrnehmung ihrer Aufgaben erforderlichen Abwesenheit.

Verfahrensmissbrauch

Art. 13 Die Mitgliedstaaten treffen im Einklang mit den gemeinschaftlichen Rechtsvorschriften geeignete Maßnahmen, um zu verhindern, dass eine SCE dazu missbraucht wird, Arbeitnehmern Beteiligungsrechte zu entziehen oder vorzuenthalten.

Einhaltung dieser Richtlinie

Art. 14 (1) Jeder Mitgliedstaat trägt dafür Sorge, dass die Leitung der Betriebe einer SCE und die Aufsichts- oder die Verwaltungsorgane der Tochtergesellschaften und der beteiligten juristischen Personen, die sich in seinem Hoheitsgebiet befinden, und ihre Arbeitnehmervertreter oder gegebenenfalls ihre Arbeitnehmer den Verpflichtungen dieser Richtlinie nachkommen, unabhängig davon, ob die SCE ihren Sitz in seinem Hoheitsgebiet hat.

(2) Die Mitgliedstaaten sehen geeignete Maßnahmen für den Fall der Nichteinhaltung dieser Richtlinie vor; sie sorgen insbesondere dafür, dass Verwaltungs- oder Gerichtsverfahren bestehen,

mit denen die Erfüllung der sich aus dieser Richtlinie ergebenden Verpflichtungen durchgesetzt werden kann.

Verhältnis dieser Richtlinie zu anderen Bestimmungen

Art. 15 (1) SCE und Tochtergesellschaften einer SCE, die gemeinschaftsweit operierende Unternehmen oder herrschende Unternehmen in einer gemeinschaftsweit operierenden Unternehmensgruppe im Sinne der Richtlinie 94/45/EG oder im Sinne der Richtlinie 97/74/EG des Rates vom 15. Dezember 1997 zur Ausdehnung der genannten Richtlinie auf das Vereinigte Königreich (ABl. L 10 vom 16.1.1998, S. 22) sind, unterliegen nicht den genannten Richtlinien und den Bestimmungen zu deren Umsetzung in einzelstaatliches Recht. Beschließt das besondere Verhandlungsgremium jedoch gemäß Artikel 3 Absatz 6, keine Verhandlungen aufzunehmen oder bereits aufgenommene Verhandlungen abzubrechen, so gelangen die Richtlinie 94/45/EG oder die Richtlinie 97/74/EG und die Bestimmungen zu ihrer Umsetzung in einzelstaatliches Recht zur Anwendung.

(2) Einzelstaatliche Rechtsvorschriften und/oder Gepflogenheiten in Bezug auf die Mitbestimmung der Arbeitnehmer in den Gesellschaftsorganen, die nicht zur Umsetzung dieser Richtlinie dienen, finden keine Anwendung auf SCE, die unter die Artikel 3 bis 7 fallen.

(3) Diese Richtlinie berührt nicht
a) die den Arbeitnehmern nach einzelstaatlichen Rechtsvorschriften und/oder Gepflogenheiten zustehenden Beteiligungsrechte, die für die Arbeitnehmer der SCE und ihrer Tochtergesellschaften und Betriebe gelten, mit Ausnahme der Mitbestimmung in den Gremien der SCE;
b) die nach einzelstaatlichen Rechtsvorschriften und/oder Gepflogenheiten geltenden Bestimmungen über die Mitbestimmung in den Gesellschaftsorganen, die auf die Tochtergesellschaften der SCE oder SCE Anwendung finden, die nicht unter die Artikel 3 bis 7 fallen.

(4) Zur Wahrung der in Absatz 3 genannten Rechte können die Mitgliedstaaten durch geeignete Maßnahmen sicherstellen, dass die Strukturen der Arbeitnehmervertretung in den beteiligten juristischen Personen, die als eigenständige juristische Personen erlöschen, nach der Eintragung der SCE fortbestehen.

Schlussbestimmungen

Art. 16 (1) Die Mitgliedstaaten erlassen die erforderlichen Rechts- und Verwaltungsvorschriften, um dieser Richtlinie spätestens am 18. August 2006 nachzukommen, oder stellen spätestens zu diesem Zeitpunkt sicher, dass die Sozialpartner die erforderlichen Bestimmungen durch Vereinbarungen einführen; die Mitgliedstaaten treffen alle erforderlichen Vorkehrungen, um jederzeit gewährleisten zu können, dass die durch diese Richtlinie vorgeschriebenen Ergebnisse erzielt werden. Sie setzen die Kommission unverzüglich davon in Kenntnis.

(2) Wenn die Mitgliedstaaten diese Vorschriften erlassen, nehmen sie in den Vorschriften selbst oder durch einen Hinweis bei der amtlichen Veröffentlichung auf diese Richtlinie Bezug. Die Mitgliedstaaten regeln die Einzelheiten der Bezugnahme.

Überprüfung durch die Kommission

Art. 17 Die Kommission überprüft spätestens zum 18. August 2009 im Benehmen mit den Mitgliedstaaten und den Sozialpartnern auf Gemeinschaftsebene die Anwendung dieser Richtlinie, um dem Rat gegebenenfalls erforderliche Änderungen vorzuschlagen.

Inkrafttreten

Art. 18 Diese Richtlinie tritt am Tag ihrer Veröffentlichung im *Amtsblatt der Europäischen Union* in Kraft.

Adressaten

Art. 19 Diese Richtlinie ist an die Mitgliedstaaten gerichtet.

ANHANG
Auffangregelung
(nach den Artikeln 7 und 8)

Teil 1:
Zusammensetzung des Organs zur Vertretung der Arbeitnehmer

Zur Verwirklichung des Ziels nach Artikel 1 wird in den in Artikel 7 genannten Fällen ein Vertretungsorgan gemäß folgenden Regeln eingesetzt:

a) Das Vertretungsorgan setzt sich aus Arbeitnehmern der SCE und ihrer Tochtergesellschaften und Betriebe zusammen, die von den Arbeitnehmervertretern aus ihrer Mitte oder, in Ermangelung solcher Vertreter, von der Gesamtheit der Arbeitnehmer gewählt oder bestellt werden.

b) Die Mitglieder des Vertretungsorgans werden gemäß den einzelstaatlichen Rechtsvorschriften und/oder Gepflogenheiten gewählt oder bestellt.

Die Mitgliedstaaten sorgen durch entsprechende Vorschriften dafür, dass Änderungen innerhalb der SCE und ihrer Tochtergesellschaften und Betriebe durch Anpassung der Zahl der Mitglieder des Vertretungsorgans und der Zuteilung der Sitze in diesem Organ Rechnung getragen wird. Die Verfahren zur Benennung, Bestellung oder Wahl der Arbeitnehmervertreter sollten möglichst eine ausgewogene Vertretung von Frauen und Männern fördern.

c) Sofern die Zahl der Mitglieder des Vertretungsorgans es rechtfertigt, wählt das Vertretungsorgan aus seiner Mitte einen engeren Ausschuss mit höchstens drei Mitgliedern.

d) Das Vertretungsorgan gibt sich eine Geschäftsordnung.
e) Die Mitglieder des Vertretungsorgans werden entsprechend der Zahl der in jedem Mitgliedstaat beschäftigten Arbeitnehmer der SCE und ihrer Tochtergesellschaften oder Betriebe gewählt oder bestellt, so dass pro Mitgliedstaat für jeden Anteil der in diesem Mitgliedstaat beschäftigten Arbeitnehmer, der 10 % der Gesamtzahl der in allen Mitgliedstaaten bei ihnen beschäftigten Arbeitnehmer entspricht, oder für einen Bruchteil dieser Tranche Anspruch auf einen Sitz besteht.
f) Die Zusammensetzung des Vertretungsorgans wird dem zuständigen Organ der SCE mitgeteilt.
g) Spätestens vier Jahre nach seiner Einsetzung prüft das Vertretungsorgan, ob die Vereinbarung nach den Artikeln 4 und 7 ausgehandelt werden oder die in Übereinstimmung mit diesem Anhang angenommene Auffangregelung weiterhin gelten soll.

Wird der Beschluss gefasst, eine Vereinbarung gemäß Artikel 4 auszuhandeln, so gelten Artikel 3 Absätze 4 bis 7 und die Artikel 4, 5 und 6 sinngemäß, wobei der Ausdruck „besonderes Verhandlungsgremium" durch das Wort „Vertretungsorgan" ersetzt wird. Wenn am Ende der für die Verhandlungen vorgesehenen Zeitraums keine Vereinbarung zustande gekommen ist, findet die Regelung, die ursprünglich gemäß der Auffangregelung angenommen worden war, weiterhin Anwendung.

Teil 2:
Auffangregelung für die Unterrichtung und Anhörung

Für die Zuständigkeiten und Befugnisse des Vertretungsorgans in einer SCE gelten folgende Regeln:

a) Die Zuständigkeiten des Vertretungsorgans beschränken sich auf die Angelegenheiten, die die SCE selbst oder eine ihrer Tochtergesellschaften oder einen ihrer Betriebe in einem anderen Mitgliedstaat betreffen oder über die Befugnisse der Entscheidungsorgane auf der Ebene des einzelnen Mitgliedstaats hinausgehen.
b) Unbeschadet etwaiger Zusammenkünfte gemäß Buchstabe c) hat das Vertretungsorgan das Recht, auf der Grundlage regelmäßig von dem zuständigen Organ erstellter Berichte über die Entwicklung der Geschäftslage und die Perspektiven der SCE unterrichtet und dazu gehört zu werden und zu diesem Zweck mindestens einmal jährlich mit dem zuständigen Organ der SCE zusammenzutreten. Die örtlichen Geschäftsleitungen werden hiervon in Kenntnis gesetzt.

Das zuständige Organ der SCE übermittelt dem Vertretungsorgan die Tagesordnung aller Sitzungen des Verwaltungsorgans oder gegebenenfalls des Leitungs- und des Aufsichtsorgans sowie Kopien aller Unterlagen, die der Versammlung der Mitglieder unterbreitet werden.

Die Sitzung bezieht sich insbesondere auf die Struktur der SCE, ihre wirtschaftliche und finanzielle Situation, die voraussichtliche Entwicklung der Geschäfts-, Produktions- und Absatzlage, auf Initiativen im Hinblick auf die soziale Verantwortung der Unternehmen, auf die Beschäftigungslage und deren voraussichtliche Entwicklung, auf die Investitionen, auf grundlegende Änderungen der Organisation, auf die Einführung neuer Arbeits- oder Fertigungsverfahren, auf Verlagerungen der Produktion, auf Fusionen, Verkleinerungen oder Schließungen von Unternehmen, Betrieben oder wichtigen Teilen derselben und auf Massenentlassungen.

c) Treten außergewöhnliche Umstände ein, die erhebliche Auswirkungen auf die Interessen der Arbeitnehmer haben, insbesondere bei Verlegungen, Verlagerungen, Betriebs- oder Unternehmensschließungen oder Massenentlassungen, so hat das Vertretungsorgan das Recht, darüber unterrichtet zu werden. Das Vertretungsorgan oder – wenn das Vertretungsorgan dies, insbesondere bei Dringlichkeit, beschließt – der engere Ausschuss hat das Recht, auf Antrag mit dem zuständigen Organ der SCE oder den Vertretern einer geeigneteren mit eigenen Entscheidungsbefugnissen ausgestatteten Leitungsebene innerhalb der SCE zusammenzutreffen, um über Maßnahmen, die erhebliche Auswirkungen auf die Interessen der Arbeitnehmer haben, unterrichtet und dazu gehört zu werden.

Wenn das zuständige Organ beschließt, nicht im Einklang mit der von dem Vertretungsorgan abgegebenen Stellungnahme zu handeln, hat das Vertretungsorgan das Recht, ein weiteres Mal mit dem zuständigen Organ der SCE zusammenzutreffen, um eine Einigung herbeizuführen.

Findet eine Sitzung mit dem engeren Ausschuss statt, so haben auch die Mitglieder des Vertretungsorgans, die von diesen Maßnahmen unmittelbar betroffene Arbeitnehmer vertreten, das Recht, daran teilzunehmen.

Die vorstehend genannten Sitzungen lassen die Vorrechte des zuständigen Organs unberührt.

d) Die Mitgliedstaaten können Regeln für den Vorsitz in den Sitzungen zur Unterrichtung und Anhörung festlegen. Vor Sitzungen mit dem zuständigen Organ der SCE ist das Vertretungsorgan oder der engere Ausschuss – gegebenenfalls in der gemäß Buchstabe c) Absatz 3 erweiterten Zusammensetzung – berechtigt, in Abwesenheit der Vertreter des zuständigen Organs zu tagen.

e) Unbeschadet des Artikels 10 unterrichten die Mitglieder des Vertretungsorgans die Arbeit-

7/4. AN-Mitbestimmung in der SCE – RL

nehmervertreter der SCE und ihrer Tochtergesellschaften und Betriebe über den Inhalt und die Ergebnisse der Unterrichtungs- und Anhörungsverfahren.

f) Das Vertretungsorgan oder der engere Ausschuss können sich durch Sachverständige ihrer Wahl unterstützen lassen.

g) Sofern dies zur Erfüllung ihrer Aufgaben erforderlich ist, haben die Mitglieder des Vertretungsorgans Anspruch auf bezahlte Freistellung für Fortbildungsmaßnahmen.

h) Die Ausgaben des Vertretungsorgans gehen zulasten der SCE, die die Mitglieder dieses Organs mit den erforderlichen finanziellen und materiellen Mitteln ausstattet, damit diese ihre Aufgaben in angemessener Weise wahrnehmen können.

Insbesondere trägt die SCE die Kosten der Veranstaltung der Sitzungen einschließlich der Dolmetschkosten sowie die Aufenthalts- und Reisekosten für die Mitglieder des Vertretungsorgans und des engeren Ausschusses, soweit nichts anderes vereinbart wurde.

Die Mitgliedstaaten können im Einklang mit diesen Grundsätzen Regeln für die Finanzierung der Arbeit des Vertretungsorgans festlegen. Sie können insbesondere die Übernahme der Kosten auf die Kosten für einen Sachverständigen begrenzen.

Teil 3:
Auffangregelung für die Mitbestimmung

Für die Mitbestimmung der Arbeitnehmer in der SCE gelten folgende Bestimmungen:

a) Fanden im Fall einer durch Umwandlung gegründeten SCE Vorschriften eines Mitgliedstaats über die Mitbestimmung der Arbeitnehmer im Verwaltungs- oder im Aufsichtsorgan vor der Eintragung Anwendung, so finden alle Komponenten der Mitbestimmung der Arbeitnehmer weiterhin auf die SCE Anwendung. Buchstabe b) gilt diesbezüglich sinngemäß.

b) In den Fällen der Gründung einer SCE haben die Arbeitnehmer der SCE, ihrer Tochtergesellschaften und Betriebe und/oder ihr Vertretungsorgan das Recht, einen Teil der Mitglieder des Verwaltungs- oder des Aufsichtsorgans der SCE zu wählen oder zu bestellen oder deren Bestellung zu empfehlen oder abzulehnen, wobei die Zahl dieser Mitglieder sich nach dem höchsten maßgeblichen Anteil in den beteiligten Gesellschaften vor der Eintragung der SCE bemisst.

c) Bestanden in keiner der beteiligten juristischen Personen vor der Eintragung der SCE Vorschriften über die Mitbestimmung, so ist die SCE nicht verpflichtet, eine Vereinbarung über die Mitbestimmung der Arbeitnehmer einzuführen.

d) Das Vertretungsorgan entscheidet über die Verteilung der Sitze im Verwaltungs- oder im Aufsichtsorgan auf die Mitglieder, die Arbeitnehmer aus verschiedenen Mitgliedstaaten vertreten oder über die Art und Weise, in der die Arbeitnehmer der SCE Mitglieder dieser Organe empfehlen oder ablehnen können, entsprechend den jeweiligen Anteilen der in den einzelnen Mitgliedstaaten beschäftigten Arbeitnehmer der SCE. Bleiben Arbeitnehmer aus einem oder mehreren Mitgliedstaaten bei der anteilmäßigen Verteilung unberücksichtigt, so bestellt das Vertretungsorgan eines der Mitglieder aus einem dieser Mitgliedstaaten, und zwar vorzugsweise – sofern angemessen – aus dem Mitgliedstaat, in dem die SCE ihren Sitz haben wird. Jeder Mitgliedstaat hat das Recht, die Verteilung der ihm im Verwaltungs- oder im Aufsichtsorgan zugewiesenen Sitze festzulegen.

e) Alle von dem Vertretungsorgan oder gegebenenfalls den Arbeitnehmern gewählten, bestellten oder empfohlenen Mitglieder des Verwaltungsorgans oder gegebenenfalls des Aufsichtsorgans der SCE sind vollberechtigte Mitglieder des jeweiligen Organs mit denselben Rechten (einschließlich des Stimmrechts) und denselben Pflichten wie die Mitglieder, die die Mitglieder der Genossenschaft vertreten.

7/5. RL AN-Mitbestimmung bei Verschmelzung und Spaltung (Auszug)

Richtlinie (EU) 2017/1132 des Europäischen Parlaments und des Rates vom 14. Juni 2017 über bestimmte Aspekte des Gesellschaftsrechts

(ABl. Nr. L 169 v. 30.6.2017, S. 46; geändert durch die RL (EU) 2019/1023, ABl. Nr. L 172 v. 26.6.2019, S. 18; geändert durch die RL (EU) 2019/1151, ABl. Nr. L 186 v. 11.7.2019, S. 80; geändert durch die RL (EU) 2019/2121, ABl. Nr. L 321 v. 12.12.2019, S. 1; berichtigt durch ABl. Nr. L 20 v. 24.1.2020, S. 24; geändert durch die VO (EU) 2021/23, ABl. Nr. L 22 v. 22.1.2021, S. 1)

GLIEDERUNG

TITEL II: UMWANDLUNG, VERSCHMELZUNG UND SPALTUNG VON KAPITALGESELLSCHAFTEN

KAPITEL -I: Grenzüberschreitende Umwandlung

Art. 86a:	Anwendungsbereich
Art. 86b:	Begriffsbestimmungen
Art. 86c:	Verfahren und Formalitäten
Art. 86d:	Plan für die grenzüberschreitende Umwandlung
Art. 86e:	Bericht des Verwaltungs- oder Leitungsorgans für Gesellschafter und Arbeitnehmer
Art. 86f:	Bericht unabhängiger Sachverständiger
Art. 86g:	Offenlegung
Art. 86h:	Zustimmung der Gesellschafterversammlung
Art. 86i:	Schutz der Gesellschafter
Art. 86j:	Schutz der Gläubiger
Art. 86k:	Unterrichtung und Anhörung der Arbeitnehmer
Art. 86l:	Mitbestimmung der Arbeitnehmer
Art. 86m:	Vorabbescheinigung
Art. 86n:	Übermittlung der Vorabbescheinigung
Art. 86o:	Prüfung der Rechtmäßigkeit der grenzüberschreitenden Umwandlung durch den Zuzugsmitgliedstaat
Art. 86p:	Eintragung
Art. 86q:	Wirksamwerden der grenzüberschreitenden Umwandlung
Art. 86r:	Wirkungen einer grenzüberschreitenden Umwandlung
Art. 86s:	Unabhängige Sachverständige
Art. 86t:	Gültigkeit

KAPITEL I: Verschmelzung von Aktiengesellschaften

Abschnitt 1: Allgemeine Bestimmungen über die Verschmelzung

Art. 87:	Allgemeine Bestimmungen
Art. 88:	Regelungen über die Verschmelzung durch Aufnahme und die Verschmelzung durch Gründung einer neunen Gesellschaft
Art. 89:	Definition der „Verschmelzung durch Aufnahme"
Art. 90:	Definition der „Verschmelzung durch Gründung einer neuen Gesellschaft"

Abschnitt 2: Verschmelzung durch Aufnahme

Art. 91:	Verschmelzungsplan
Art. 92:	Bekanntmachung des Verschmelzungsplans
Art. 93:	Zustimmung der Hauptversammlung jeder der sich verschmelzenden Gesellschaften
Art. 94:	Verschmelzung ohne Zustimmung der Hauptversammlung der übernehmenden Gesellschaft
Art. 95:	Ausführlicher schriftlicher Bericht und Informationen zur Verschmelzung
Art. 96:	Prüfung des Verschmelzungsplans durch Sachverständige
Art. 97:	Verfügbarkeit der Unterlagen zur Kenntnisnahme durch die Aktionäre
Art. 98:	Wahrung von Ansprüchen der Arbeitnehmer
Art. 99:	Schutz der Gläubigerinteressen der sich verschmelzenden Gesellschaften
Art. 100:	Schutz der Interessen der Anleihegläubiger der sich verschmelzenden Gesellschaften
Art. 101:	Schutz der Inhaber von Wertpapieren, die mit Sonderrechten verbunden sind, jedoch keine Aktien sind
Art. 102:	Öffentliche Beurkundung der Unterlagen
Art. 103:	Wirksamwerden der Verschmelzung
Art. 104:	Formalitäten der Offenlegung einer Verschmelzung
Art. 105:	Folgen einer Verschmelzung
Art. 106:	Zivilrechtliche Haftung der Mitglieder des Verwaltungs- oder Leitungs-

7/5. RL – AN-Mitbestimmung

Art. 107: Zivilrechtliche Haftung der Sachverständigen, die für die übertragende Gesellschaft Berichte erstellen
Art. 108: Voraussetzungen für die Nichtigkeit der Verschmelzung

Abschnitt 3: Verschmelzung durch Gründung einer neuen Gesellschaft
Art. 109: Verschmelzung durch Gründung einer neuen Gesellschaft

Abschnitt 4: Verschmelzung einer Gesellschaft mit einer Anderen, der mindestens 90 % der Aktien der Ersteren gehören
Art. 110: Übertragung des gesamten Aktiv- und Passivvermögens einer oder mehrerer Gesellschaften auf eine andere Gesellschaft, der alle Aktien und alle sonstigen Anteile der übertragenden Gesellschaft oder Gesellschaften gehören
Art. 111: Befreiung vom Erfordernis der Zustimmung der Hauptversammlung
Art. 112: Aktien im Besitz der übernehmenden Gesellschaft oder im Besitz für Rechnung der übernehmenden Gesellschaft
Art. 113: Verschmelzung im Wege der Aufnahme durch eine Gesellschaft, der mindestens 90 % der Aktien der übertragenden Gesellschaft gehören
Art. 114: Befreiung von für Verschmelzungen durch Aufnahme geltenden Anforderungen
Art. 115: Übertragung des gesamten Aktiv- und Passivvermögens einer oder mehrerer Gesellschaften auf eine Gesellschaft, der 90 % oder mehr der Aktien der übertragenden Gesellschaft oder Gesellschaften gehören

Abschnitt 5: Andere der Verschmelzung gleichgestellte Vorgänge
Art. 116: Verschmelzung durch bare Zuzahlung in Höhe von über 10 %
Art. 117: Verschmelzung ohne Erlöschen sämtlicher übertragender Gesellschaften

KAPITEL II: Grenzüberschreitende Verschmelzungen von Kapitalgesellschaften
Art. 118: Allgemeine Bestimmungen
Art. 119: Begriffsbestimmungen
Art. 120: Sonderregeln zum Anwendungsbereich
Art. 121: Voraussetzungen für grenzüberschreitende Verschmelzungen
Art. 122: Gemeinsamer Plan für grenzüberschreitende Verschmelzungen
Art. 123: Offenlegung
Art. 124: Bericht des Verwaltungs- oder Leitungsorgans für Gesellschafter und Arbeitnehmer
Art. 125: Bericht unabhängiger Sachverständiger
Art. 126: Zustimmung der Gesellschafterversammlung
Art. 126a: Schutz der Gesellschafter
Art. 126b: Schutz der Gläubiger
Art. 126c: Unterrichtung und Anhörung der Arbeitnehmer
Art. 127: Vorabbescheinigung
Art. 127a: Übermittlung der Vorabbescheinigung
Art. 128: Überprüfung der Rechtmäßigkeit der grenzüberschreitenden Verschmelzung
Art. 129: Wirksamwerden der grenzüberschreitenden Verschmelzung
Art. 130: Eintragung
Art. 131: Wirkungen der grenzüberschreitenden Verschmelzung
Art. 132: Vereinfachte Formalitäten
Art. 133: Mitbestimmung der Arbeitnehmer
Art. 133a: Unabhängige Sachverständige
Art. 134: Gültigkeit

KAPITEL III: Spaltung von Aktiengesellschaften

Abschnitt 1: Allgemeine Bestimmungen
Art. 135: Allgemeine Bestimmungen zur Spaltung

Abschnitt 2: Spaltung durch Übernahme
Art. 136: Definition der „Spaltung durch Übernahme"
Art. 137: Spaltungsplan
Art. 138: Bekanntmachung des Spaltungsplans
Art. 139: Zustimmung der Hauptversammlung jeder an der Spaltung beteiligten Gesellschaften
Art. 140: Abweichung vom Erfordernis der Zustimmung der Hauptversammlung einer begünstigten Gesellschaft
Art. 141: Ausführlicher schriftlicher Bericht und Informationen zur Spaltung
Art. 142: Prüfung des Spaltungsplans durch Sachverständige
Art. 143: Verfügbarkeit der Unterlagen zur Kenntnisnahme durch die Aktionäre
Art. 144: Vereinfachte Formalitäten
Art. 145: Wahrung von Ansprüchen der Arbeitnehmer
Art. 146: Schutz der Interessen der Gläubiger der an der Spaltung beteiligten Gesellschaften; gesamtschuldnerische

7/5. RL – AN-Mitbestimmung
Präambel

	Haftung der begünstigten Gesellschaften
Art. 147:	Schutz der Ansprüche der Inhaber von Wertpapieren, die mit Sonderrechten verbunden sind, jedoch keine Aktien sind
Art. 148:	Öffentliche Beurkundung der Unterlagen
Art. 149:	Wirksamwerden der Spaltung
Art. 150:	Formalitäten der Offenlegung
Art. 151:	Folgen einer Spaltung
Art. 152:	Zivilrechtliche Haftung der Mitglieder des Verwaltungs- oder Leitungsorgans der gespaltenen Gesellschaft
Art. 153:	Voraussetzungen für die Nichtigkeit der Spaltung
Art. 154:	Befreiung vom Erfordernis der Zustimmung der Hauptversammlung der gespaltenen Gesellschaft

Abschnitt 3: Spaltung durch Gründung neuer Gesellschaften

Art. 155:	Definition der „Spaltung durch Gründung neuer Gesellschaften"
Art. 156:	Anwendung von Vorschriften über die Spaltung durch Übernahme

Abschnitt 4: Spaltung unter Aufsicht eines Gerichts

Art. 157:	Spaltung unter Aufsicht eines Gerichts

Abschnitt 5: Andere der Spaltung gleichgestellte Vorgänge

Art. 158:	Spaltung durch bare Zuzahlung, die den Satz von 10 % übersteigt
Art. 159:	Spaltung ohne Erlöschen der gespalteten Gesellschaft

Abschnitt 6: Durchführungsbestimmungen

Art. 160:	Übergangsbestimmungen

KAPITEL IV: Grenzüberschreitende Spaltung von Kapitalgesellschaften

Art. 160a:	Anwendungsbereich
Art. 160b:	Begriffsbestimmungen
Art. 160c:	Verfahren und Formalitäten
Art. 160d:	Plan für die grenzüberschreitende Spaltung
Art. 160e:	Bericht des Verwaltungs- oder Leitungsorgans für Gesellschafter und Arbeitnehmer
Art. 160f:	Bericht unabhängiger Sachverständiger
Art. 160g:	Offenlegung
Art. 160h:	Zustimmung der Gesellschafterversammlung
Art. 160i:	Schutz der Gesellschafter
Art. 160j:	Schutz der Gläubiger
Art. 160k:	Unterrichtung und Anhörung der Arbeitnehmer
Art. 160l:	Mitbestimmung der Arbeitnehmer
Art. 160m:	Vorabbescheinigung
Art. 160n:	Übermittlung der Vorabbescheinigung
Art. 160o:	Prüfung der Rechtmäßigkeit der grenzüberschreitenden Spaltung
Art. 160p:	Eintragung
Art. 160q:	Wirksamwerden der grenzüberschreitenden Spaltung
Art. 160r:	Wirkungen einer grenzüberschreitenden Spaltung
Art. 160s:	Vereinfachung der Formalitäten
Art. 160t:	Unabhängige Sachverständige
Art. 160u:	Gültigkeit

TITEL III: SCHLUSSBESTIMMUNGEN

Art. 161:	Datenschutz
Art. 162:	Berichterstattung, regelmäßiger Dialog über das System der Registervernetzung und Überprüfung
Art. 162a:	Änderung der Anhänge
Art. 163:	Ausübung der Befugnisübertragung
Art. 164:	Ausschussverfahren
Art. 165:	Informationsaustausch
Art. 166:	Aufhebung
Art. 167:	Inkrafttreten
Art. 168:	Adressaten

DAS EUROPÄISCHE PARLAMENT UND DER RAT DER EUROPÄISCHEN UNION –

gestützt auf den Vertrag über die Arbeitsweise der Europäischen Union, insbesondere auf Artikel 50 Absatz 1 und Absatz 2 Buchstabe g,

auf Vorschlag der Europäischen Kommission,

nach Zuleitung des Entwurfs des Gesetzgebungsakts an die nationalen Parlamente,

nach Stellungnahme des Europäischen Wirtschafts- und Sozialausschusses,

gemäß dem ordentlichen Gesetzgebungsverfahren,

in Erwägung nachstehender Gründe:

(1) Die Richtlinien 82/891/EWG und 89/666/EWG des Rates und die Richtlinien 2005/56/EG, 2009/101/EG, 2011/35/EU und 2012/30/EU des Europäischen Parlaments und des Rates wurden mehrfach und erheblich geändert. Aus Gründen der Klarheit und der Übersichtlichkeit empfiehlt es sich, sie zu kodifizieren.

(2) Die Fortführung der Koordinierung, die Artikel 50 Absatz 2 Buchstabe g des Vertrags sowie das Allgemeine Programm zur Aufhebung der Beschränkungen der Niederlassungsfreiheit vorsehen und die mit der Ersten Richtlinie 68/151/EWG des Rates (10), begonnen wurde, ist bei den

7/5. RL – AN-Mitbestimmung
Präambel

Aktiengesellschaften besonders wichtig, weil in der Wirtschaft der Mitgliedstaaten die Tätigkeit dieser Gesellschaften vorherrscht und häufig die Grenzen des nationalen Hoheitsgebiets überschreitet.

(3) Die Koordinierung der nationalen Vorschriften über die Gründung von Aktiengesellschaften sowie die Aufrechterhaltung, die Erhöhung und die Herabsetzung ihres Kapitals ist vor allem bedeutsam, um beim Schutz der Aktionäre einerseits und der Gläubiger der Gesellschaft andererseits ein Mindestmaß an Gleichwertigkeit sicherzustellen.

(4) Die Satzung oder der Errichtungsakt einer Aktiengesellschaft muss in der Union jedem Interessierten die Möglichkeit bieten, die wesentlichen Merkmale der Gesellschaft und insbesondere die genaue Zusammensetzung des Gesellschaftskapitals zu kennen.

(5) Der Schutz Dritter sollte durch Bestimmungen gewährleistet werden, welche die Gründe, aus denen im Namen von Aktiengesellschaften, Kommanditgesellschaften auf Aktien oder Gesellschaften mit beschränkter Haftung eingegangene Verpflichtungen unwirksam sein können, so weit wie möglich beschränken.

(6) Um die Rechtssicherheit in den Beziehungen zwischen den Gesellschaften und Dritten sowie im Verhältnis der Gesellschafter untereinander zu gewährleisten, ist es erforderlich, die Fälle der Nichtigkeit sowie die Rückwirkung der Nichtigerklärung zu beschränken und für den Einspruch Dritter gegen diese Erklärung eine kurze Frist vorzuschreiben.

(7) Der Koordinierung der nationalen Vorschriften über die Offenlegung, die Wirksamkeit eingegangener Verpflichtungen von Aktiengesellschaften, Kommanditgesellschaften auf Aktien oder Gesellschaften mit beschränkter Haftung sowie die Nichtigkeit dieser Gesellschaften kommt insbesondere zum Schutz der Interessen Dritter eine besondere Bedeutung zu.

(8) Die Offenlegung sollte es Dritten erlauben, sich über die wesentlichen Urkunden einer Gesellschaft sowie einige sie betreffende Angaben, insbesondere die Personalien derjenigen, welche die Gesellschaft verpflichten können, zu unterrichten.

(9) Gesellschaften sollten unbeschadet der grundlegenden Anforderungen und vorgeschriebenen Formalitäten des nationalen Rechts der Mitgliedstaaten die Möglichkeit haben, die erforderlichen Urkunden und Angaben auf Papier oder in elektronischer Form einzureichen.

(10) Die betroffenen Parteien sollten in der Lage sein, von dem Register Kopien dieser Urkunden und Angaben sowohl in Papierform als auch in elektronischer Form zu erhalten.

(11) Die Mitgliedstaaten sollten das Amtsblatt, in dem die offenzulegenden Urkunden und Angaben bekannt zu machen sind, in Papierform oder in elektronischer Form führen oder Bekanntmachungen durch andere ebenso wirksame Formen vorschreiben können.

(12) Der grenzüberschreitende Zugang zu Informationen über eine Gesellschaft sollte erleichtert werden, indem zusätzlich zur verpflichtenden Offenlegung in einer der im Mitgliedstaat der Gesellschaft zugelassenen Sprachen die freiwillige Eintragung der erforderlichen Urkunden und Angaben in weiteren Sprachen gestattet wird. Gutgläubig handelnde Dritte sollten sich auf diese Übersetzungen berufen können.

(13) Es sollte klargestellt werden, dass die in der vorliegenden Richtlinie vorgeschriebenen Angaben in allen Geschäftsbriefen und Bestellscheinen der Gesellschaft unabhängig davon zu machen sind, ob sie Papierform oder eine andere Form aufweisen. Im Zuge der technischen Entwicklungen sollte auch vorgesehen werden, dass diese vorgeschriebenen Angaben auf den Webseiten der Gesellschaft zu machen sind.

(14) Die Errichtung einer Zweigniederlassung ist neben der Gründung einer Tochtergesellschaft eine der Möglichkeiten, die derzeit einer Gesellschaft zur Ausübung des Niederlassungsrechts in einem anderen Mitgliedstaat zur Verfügung stehen.

(15) Das Fehlen einer Koordinierung für die Zweigniederlassungen, insbesondere im Bereich der Offenlegung, hat im Hinblick auf den Schutz von Gesellschaftern und Dritten zu Unterschieden geführt zwischen den Gesellschaften, welche sich in anderen Mitgliedstaaten durch die Errichtung von Zweigniederlassungen betätigen, und den Gesellschaften, die dies durch die Gründung von Tochtergesellschaften tun.

(16) Zum Schutz der Personen, die über eine Zweigniederlassung mit einer Gesellschaft in Beziehung treten, müssen in dem Mitgliedstaat, in dem sich die Zweigniederlassung befindet, Maßnahmen der Offenlegung getroffen werden. Der wirtschaftliche und soziale Einfluss einer Zweigniederlassung kann in gewisser Hinsicht dem Einfluss einer Tochtergesellschaft vergleichbar sein, sodass ein öffentliches Interesse an einer Offenlegung der Gesellschaft bei der Zweigniederlassung besteht. Zur Regelung dieser Offenlegung bietet es sich an, von dem Verfahren Gebrauch zu machen, das bereits für Kapitalgesellschaften in der Union eingeführt worden ist.

(17) Die Offenlegung erstreckt sich auf eine Reihe von Urkunden und wichtigen Angaben sowie diesbezügliche Änderungen.

(18) Die Offenlegung kann – von der Vertretungsmacht, der Firma und der Rechtsform sowie der Auflösung der Gesellschaft und dem Verfahren bei Insolvenz abgesehen – auf Angaben beschränkt werden, welche die Zweigniederlassung selbst betreffen, sowie auf Hinweise auf das Register der Gesellschaft, zu der die Zweigniederlassung gehört, da aufgrund der bestehenden Unionsvorschriften bei diesem Register die Angaben über die Gesellschaft insgesamt zur Verfügung stehen.

(19) Nationale Vorschriften, welche die Offenlegung von Unterlagen der Rechnungslegung verlangen, die sich auf die Zweigniederlassung beziehen, haben ihre Berechtigung verloren, nachdem

die nationalen Vorschriften über die Erstellung, Prüfung und Offenlegung von Unterlagen der Rechnungslegung der Gesellschaft angeglichen worden sind. Deshalb genügt es, die von der Gesellschaft geprüften und offengelegten Unterlagen der Rechnungslegung beim Register der Zweigniederlassung offenzulegen.

(20) Geschäftsbriefe und Bestellscheine, die von der Zweigniederlassung benutzt werden, sollten mindestens die gleichen Angaben wie die Geschäftsbriefe und Bestellscheine der Gesellschaft sowie die Angabe des Registers, in das die Zweigniederlassung eingetragen ist, enthalten.

(21) Damit die Ziele dieser Richtlinie erreicht werden können und damit jede diskriminierende Behandlung nach dem Herkunftsland der Gesellschaft vermieden wird, sollte diese Richtlinie auch die Zweigniederlassungen von Gesellschaften erfassen, die dem Recht eines Drittlands unterliegen und eine Rechtsform haben, die derjenigen der unter diese Richtlinie fallenden Gesellschaften vergleichbar ist. Da Gesellschaften aus Drittländern nicht in den Anwendungsbereich dieser Richtlinie fallen, sind für solche Zweigniederlassungen besondere Vorschriften erforderlich, die sich von den Vorschriften unterscheiden, die für Gesellschaften gelten, die dem Recht eines anderen Mitgliedstaats unterliegen.

(22) Die vorliegende Richtlinie berührt nicht die Informationspflichten, denen die Zweigniederlassungen aufgrund anderer Vorschriften unterliegen, wie z. B. im Sozialrecht in Bezug auf das Informationsrecht der Arbeitnehmer, im Steuerrecht oder im Hinblick auf statistische Angaben.

(23) Die Verknüpfung von Zentral-, Handels- und Gesellschaftsregistern ist eine Maßnahme, die erforderlich ist, um die rechtlichen und steuerlichen Rahmenbedingungen unternehmensfreundlicher zu gestalten. Sie dürfte durch Bürokratieabbau und Erhöhung der Rechtssicherheit die Wettbewerbsfähigkeit der europäischen Unternehmen fördern und auf diese Weise zur Überwindung der weltweiten Wirtschafts- und Finanzkrise beitragen, was zu den Prioritäten der Agenda Europa 2020 gehört. Durch Nutzung innovativer Informations- und Kommunikationstechnologie dürfte eine solche Verknüpfung auch die grenzübergreifende Kommunikation zwischen den Registern verbessern.

(24) Im mehrjährigen Aktionsplan 2009-2013 für die Europäische E-Justiz wurde die Entwicklung eines europäischen E-Justiz-Portals (im Folgenden „Portal") vorgesehen, das als einziger europäischer Zugangspunkt für den elektronischen Zugang zu rechtlichen Informationen, Justiz- und Verwaltungsorganen, Registern, Datenbanken und anderen Diensten sein soll, und wird die Verknüpfung von Zentral-, Handels- und Gesellschaftsregistern als wichtig angesehen.

(25) Der grenzübergreifende Zugang zu Informationen über Gesellschaften und ihre Zweigniederlassungen in anderen Mitgliedstaaten lässt sich nur verbessern, wenn alle Mitgliedstaaten tatkräftig daran mitwirken, dass eine elektronische Kommunikation zwischen den Registern möglich wird und die Informationen an einzelne Nutzer in der gesamten Union in standardisierter Form (identischer Inhalt und interoperable Technologien) übermittelt werden. Diese Interoperabilität der Register sollte sichergestellt werden, indem die Register der Mitgliedstaaten (im Folgenden „inländische Register") Dienste zur Verfügung stellen, die als Schnittstellen zur zentralen Europäischen Plattform (im Folgenden „Plattform") dienen sollten. Die Plattform sollte aus einem zentralisierten Paket von IT-Instrumenten mit Diensten bestehen und eine gemeinsame Schnittstelle bilden. Diese Schnittstelle sollte von allen inländischen Registern genutzt werden. Die Plattform sollte zudem Dienste anbieten, die eine Schnittstelle mit dem als europäischer elektronischer Zugangspunkt dienenden Portal und mit den von den Mitgliedstaaten eingerichteten optionalen Zugangspunkten bilden. Die Plattform sollte ausschließlich als Instrument für die Verknüpfung von Registern und nicht als eigenständige Stelle mit Rechtspersönlichkeit verstanden werden. Auf der Grundlage einer einheitlichen Kennung sollte die Plattform imstande sein, Informationen aus jedem einzelnen mitgliedstaatlichen Register den zuständigen Registern anderer Mitgliedstaaten in einem standardisierten Nachrichten-Format (ein elektronisches Nachrichten-Format für den Austausch zwischen IT-Systemen, wie beispielsweise XML) und in der betreffenden Sprachfassung zukommen zu lassen.

(26) Diese Richtlinie zielt nicht auf die Schaffung einer zentralen Registerdatenbank ab, in der aussagekräftige Informationen über Gesellschaften gespeichert werden. Im Stadium der Einführung des Systems der Vernetzung von Zentral-, Handels- und Gesellschaftsregistern (im Folgenden „System der Registervernetzung") sollte lediglich der Datenbestand, der für den ordnungsgemäßen Betrieb der Plattform erforderlich ist, festgelegt werden. Dieser Bestand sollte insbesondere Betriebsdaten, Wörterbücher und Glossare umfassen. Dabei sollte auch berücksichtigt werden, dass das System der Registervernetzung effizient arbeiten muss. Die Daten sollten genutzt werden, um der Plattform die Ausübung ihrer Aufgaben zu ermöglichen, und sollten niemals unmittelbar öffentlich zugänglich gemacht werden. Die Plattform sollte überdies weder den Inhalt der in den inländischen Registern gespeicherten Daten zu Gesellschaften noch die durch das System der Registervernetzung übertragenen Daten zu Gesellschaften verändern.

(27) Da mit der Richtlinie 2012/17/EU des Europäischen Parlaments und des Rates nicht darauf abgezielt wird, die nationalen Systeme der Zentral-, Handels- und Gesellschaftsregister zu harmonisieren, sind Mitgliedstaaten in keiner Weise verpflichtet, ihr internes System für Register, insbesondere hinsichtlich der Verwaltung und der Speicherung von Daten, der Gebühren und der Verwendung und Offenlegung von Informationen zu einzelstaatlichen Zwecken, zu ändern.

(28) Das Portal sollte sich durch die Nutzung der Plattform mit Abfragen einzelner Benutzer von in

den inländischen Registern gespeicherten Informationen zu Gesellschaften und ihren Zweigniederlassungen in anderen Mitgliedstaaten befassen. Dies sollte es ermöglichen, die Suchergebnisse im Portal anzuzeigen, einschließlich der erläuternden Hinweise in sämtlichen Amtssprachen der Union mit einer Auflistung der bereitgestellten Informationen. Um den Schutz von Dritten in anderen Mitgliedstaaten zu erhöhen, sollten auf dem Portal zusätzlich grundlegende Informationen über den rechtlichen Stellenwert von Urkunden und Angaben verfügbar sein, die gemäß den im Einklang mit dieser Richtlinie erlassenen Gesetzen der Mitgliedstaaten offengelegt werden.

(29) Den Mitgliedstaaten sollte es möglich sein, einen oder mehrere optionale Zugangspunkte einzurichten, die Auswirkungen auf die Nutzung und den Betrieb der Plattform haben können. Daher sollte die Kommission über die Einrichtung solcher Zugangspunkte und über alle wesentlichen Änderungen ihrer Funktionsweise, insbesondere ihrer Schließung, unterrichtet werden. Eine solche Unterrichtung sollte in keiner Weise die Befugnisse der Mitgliedstaaten zur Einrichtung und zum Betrieb der optionalen Zugangspunkte einschränken.

(30) Gesellschaften und ihre Zweigniederlassungen in anderen Mitgliedstaaten sollten eine einheitliche Kennung haben, durch die sie eindeutig in der Union ermittelt werden können. Die Kennung soll für die Kommunikation zwischen den Registern über das System der Registervernetzung dienen. Deshalb sollten Gesellschaften und Zweigniederlassungen nicht verpflichtet sein, die einheitliche Kennung auf den in dieser Richtlinie erwähnten Geschäftsbriefen und Bestellscheinen der Gesellschaft anzugeben. Sie sollten weiterhin ihre inländische Registrierungsnummer für ihre eigenen Kommunikationszwecke benutzen.

(31) Es sollte ermöglicht werden, eine klare Verbindung zwischen dem Register einer Gesellschaft und den Registern ihrer Zweigniederlassungen in anderen Mitgliedstaaten herzustellen, und zwar durch den Austausch von Informationen über die Eröffnung und Beendigung von Verfahren zur Abwicklung oder Insolvenz der Gesellschaft sowie über die Löschung der Gesellschaft aus dem Register, sofern dies in dem Mitgliedstaat des Registers der Gesellschaft Rechtswirkungen auslöst. Auch wenn es den Mitgliedstaaten freigestellt bleiben sollte, welche Verfahren sie in Bezug auf die in ihrem Gebiet eingetragenen Zweigniederlassungen anwenden, sollten sie doch zumindest sicherstellen, dass die Zweigniederlassungen einer aufgelösten Gesellschaft ohne unangemessene Verzögerung und gegebenenfalls nach dem Liquidationsverfahren der betreffenden Zweigniederlassung aus dem Register gelöscht werden. Dies sollte nicht für Zweigniederlassungen von Gesellschaften gelten, die aus dem Register gelöscht worden sind, aber einen Rechtsnachfolger haben, etwa im Falle einer Änderung der Rechtsform der Gesellschaft, einer Verschmelzung oder Spaltung oder einer grenzüberschreitenden Verlegung des Sitzes.

(32) Die Vorschriften dieser Richtlinie über die Registervernetzung sollten keine Anwendung auf eine Zweigniederlassung finden, die in einem Mitgliedstaat von einer Gesellschaft errichtet worden ist, welche nicht dem Recht eines Mitgliedstaats unterliegt.

(33) Die Mitgliedstaaten sollten sicherstellen, dass alle in den Registern eingetragenen Informationen über Gesellschaften nach einer Änderung ohne unangemessene Verzögerung aktualisiert werden. Die Aktualisierung sollte in der Regel innerhalb von 21 Tagen offengelegt werden, nachdem die vollständigen Unterlagen über diese Änderungen, einschließlich der Prüfung der Rechtmäßigkeit nach nationalem Recht, eingegangen sind. Diese Frist sollte so ausgelegt werden, dass die Mitgliedstaaten verpflichtet sind, angemessene Anstrengungen zu unternehmen, um die in dieser Richtlinie festgelegte Frist einzuhalten. Sie sollte nicht für die Unterlagen der Rechnungslegung gelten, die Gesellschaften für jedes Geschäftsjahr vorzulegen haben. Diese Ausnahme ist aufgrund der Arbeitsüberlastung der inländischen Register während der Berichtszeiträume gerechtfertigt. Im Einklang mit den allen Mitgliedstaaten gemeinsamen allgemeinen Rechtsgrundsätzen sollte die Frist von 21 Tagen in Fällen höherer Gewalt ausgesetzt werden.

(34) Entscheidet die Kommission, die Plattform durch einen Dritten entwickeln und/oder betreiben zu lassen, so sollte dies gemäß der Verordnung (EG, Euratom) Nr. 966/2012 des Europäischen Parlaments und Rates erfolgen. Eine angemessene Beteiligung der Mitgliedstaaten an diesem Prozess sollte dadurch gewährleistet werden, dass die technischen Anforderungen für die Zwecke des Verfahrens zur Vergabe öffentlicher Aufträge in Durchführungsrechtsakten festgelegt werden, die gemäß dem in Artikel 5 der Verordnung (EU) Nr. 182/2011 des Europäischen Parlaments und des Rates, genannten Prüfverfahren erlassen werden.

(35) Entscheidet die Kommission, die Plattform durch einen Dritten betreiben zu lassen, so sollten die Kontinuität der Dienste, die durch das System der Registervernetzung bereitgestellt werden, und eine angemessene öffentliche Überwachung des Betriebs der Plattform gewährleistet werden. Nähere Bestimmungen zum Betriebsmanagement der Plattform sollten im Wege von Durchführungsrechtsakten festgelegt werden, die gemäß dem in Artikel 5 der Verordnung (EU) Nr. 182/2011 genannten Prüfverfahren erlassen werden. In jedem Fall sollte die Beteiligung der Mitgliedstaaten am Betrieb des gesamten Systems dadurch gewährleistet werden, dass ein regelmäßiger Dialog zwischen der Kommission und Vertretern der Mitgliedstaaten über Fragen des Betriebs des Systems der Registervernetzung und seiner künftigen Entwicklung geführt wird.

(36) Die Vernetzung von Zentral-, Handels- und Gesellschaftsregistern bedarf der Abstimmung nationaler Systeme mit unterschiedlichen technischen Merkmalen. Dies erfordert die Annahme technischer Maßnahmen und Anforderungen, bei

denen Unterschiede zwischen den Registern zu berücksichtigen sind. Um einheitliche Bedingungen für die Durchführung dieser Richtlinie zu gewährleisten, sollten der Kommission Durchführungsbefugnisse für diese technischen und operativen Fragen übertragen werden. Diese Befugnisse sollten im Einklang mit dem Prüfverfahren gemäß Artikel 5 der Verordnung (EU) Nr. 182/2011 ausgeübt werden.

(37) Diese Richtlinie sollte das Recht der Mitgliedstaaten, Gebühren für die Bereitstellung von Informationen über Gesellschaften durch das System der Registervernetzung zu erheben, wenn solche Gebühren nach nationalem Recht vorgeschrieben sind, nicht beschränken. Daher sollten die technischen Maßnahmen für und Anforderungen an das System der Registervernetzung die Festlegung von Zahlungsmodalitäten vorsehen. In dieser Hinsicht sollte diese Richtlinie keiner spezifischen technischen Lösung vorgreifen, da die Zahlungsmodalitäten zum Zeitpunkt der Annahme der Durchführungsrechtsakte festgelegt werden sollten, unter Berücksichtigung leicht zugänglicher Online-Zahlungsmöglichkeiten.

(38) Für Drittländer könnte es wünschenswert sein, in Zukunft an dem System der Registervernetzung teilnehmen zu können.

(39) Eine gerechte Lösung hinsichtlich der Finanzierung des Systems der Registervernetzung erfordert die Beteiligung sowohl der Union als auch ihrer Mitgliedstaaten. Die Mitgliedstaaten sollten die Ausgaben für die Anpassung ihrer inländischen Register an das System tragen, wogegen die zentralen Elemente, d. h. die Plattform und das Portal, das als europäischer elektronischer Zugangspunkt dient, über eine geeignete Haushaltslinie des Gesamthaushaltsplans der Europäischen Union finanziert werden sollten. Um nicht wesentliche Teile dieser Richtlinie zu ergänzen, sollte der Kommission die Befugnis übertragen werden, gemäß Artikel 290 des Vertrags Rechtsakte über die Erhebung von Gebühren für das Erhalten von Auskünften über Gesellschaften zu erlassen. Hierdurch wird die Möglichkeit des inländischen Registers, Gebühren zu erheben, nicht berührt, aber es könnte damit eine zusätzliche Gebühr einhergehen, um Wartung und Betrieb der Plattform zu kofinanzieren. Es ist von besonderer Bedeutung, dass die Kommission im Zuge ihrer Vorbereitungsarbeit angemessene Konsultationen, auch auf der Ebene von Sachverständigen, durchführt. Bei der Vorbereitung und Ausarbeitung delegierter Rechtsakte sollte die Kommission gewährleisten, dass die einschlägigen Dokumente dem Europäischen Parlament und dem Rat gleichzeitig, rechtzeitig und auf angemessene Weise übermittelt werden.

(40) Es ist notwendig, Unionsvorschriften zu erlassen, um das Kapital als Sicherheit für die Gläubiger zu erhalten, indem insbesondere untersagt wird, dass das Kapital durch nicht geschuldete Ausschüttungen an die Aktionäre verringert wird, und indem die Möglichkeit von Aktiengesellschaften, eigene Aktien zu erwerben, begrenzt wird.

(41) Die Beschränkungen für den Erwerb eigener Aktien sollten nicht nur für den Erwerb durch die Aktiengesellschaft selbst gelten, sondern auch für den Erwerb, der von einer Person getätigt wird, die im eigenen Namen, aber für Rechnung dieser Gesellschaft handelt.

(42) Um zu verhindern, dass sich eine Aktiengesellschaft einer anderen Gesellschaft, in der sie über die Mehrheit der Stimmrechte verfügt oder auf die sie einen beherrschenden Einfluss ausüben kann, bedient, um eigene Aktien zu erwerben, ohne die hierfür vorgesehenen Beschränkungen zu beachten, sollten die Vorschriften für den Erwerb eigener Aktien durch eine Gesellschaft die wichtigsten und am häufigsten vorkommenden Fälle des Erwerbs von Aktien durch diese andere Gesellschaft abdecken. Diese Regelung sollte sich auch auf die Zeichnung von Aktien der Aktiengesellschaft erstrecken.

(43) Um Umgehungen der vorliegenden Richtlinie zu vermeiden, sollten Aktiengesellschaften, Kommanditgesellschaften auf Aktien oder Gesellschaften mit beschränkter Haftung im Sinne dieser Richtlinie sowie Gesellschaften, die dem Recht eines Drittlands unterliegen und eine vergleichbare Rechtsform haben, in die in Erwägungsgrund 42 genannten Regelungen einbezogen werden.

(44) Besteht zwischen der Aktiengesellschaft und der anderen Gesellschaft im Sinne des Erwägungsgrundes 42 nur ein mittelbares Verhältnis, so erscheint es gerechtfertigt, die anwendbaren Bestimmungen flexibler als bei einem unmittelbaren Verhältnis zu gestalten, indem vorgesehen wird, dass die Aussetzung der Stimmrechte als Mindestmaßnahme zur Verwirklichung der Ziele der vorliegenden Richtlinie vorgesehen wird.

(45) Im Übrigen ist es gerechtfertigt, die Fälle auszunehmen, in denen es aufgrund der Besonderheiten einer beruflichen Tätigkeit ausgeschlossen ist, dass die Erreichung der Ziele der vorliegenden Richtlinie infrage gestellt wird.

(46) Im Hinblick auf die in Artikel 50 Absatz 2 Buchstabe g des Vertrags verfolgten Ziele ist es erforderlich, dass die Rechtsvorschriften der Mitgliedstaaten bei Kapitalerhöhungen und Kapitalherabsetzungen die Beachtung der Grundsätze über die Gleichbehandlung der Aktionäre, die sich in denselben Verhältnissen befinden, und den Schutz der Gläubiger von Forderungen, die bereits vor der Entscheidung über die Herabsetzung bestanden, sicherstellen und für die harmonisierte Durchführung dieser Grundsätze Sorge tragen.

(47) Um in allen Mitgliedstaaten die Vereinheitlichung des Gläubigerschutzes zu verbessern, sollten Gläubiger, deren Forderungen aufgrund einer Herabsetzung des Kapitals einer Aktiengesellschaft gefährdet sind, unter bestimmten Voraussetzungen auf Gerichts- oder Verwaltungsverfahren zurückgreifen können.

(48) Um Marktmissbrauch zuverlässig zu verhindern, sollten die Mitgliedstaaten bei der Umsetzung dieser Richtlinie den Bestimmungen der

Verordnung (EU) Nr. 596/2014 des Europäischen Parlaments und des Rates Rechnung tragen.

(49) Der Schutz der Interessen von Gesellschaftern und Dritten erfordert es, die Rechtsvorschriften der Mitgliedstaaten über die Verschmelzung von Aktiengesellschaften zu koordinieren; gleichzeitig erscheint es zweckmäßig, in die nationalen Rechte der Mitgliedstaaten die Institution der Verschmelzung einzuführen.

(50) Im Rahmen dieser Koordinierung ist es besonders wichtig, die Aktionäre der sich verschmelzenden Gesellschaften angemessen und so objektiv wie möglich zu unterrichten und ihre Rechte in geeigneter Weise zu schützen. Jedoch ist keine Prüfung des Verschmelzungsplans durch unabhängige Sachverständige für die Aktionäre der an der Verschmelzung beteiligten Gesellschaften erforderlich, wenn alle Aktionäre darauf verzichtet haben.

(51) Die Gläubiger einschließlich der Inhaber von Schuldverschreibungen sowie die Inhaber anderer Rechte der sich verschmelzenden Gesellschaften sollten dagegen geschützt werden, dass sie durch die Verschmelzung Schaden erleiden.

(52) Die Offenlegung zum Schutze der Interessen von Gesellschaftern und Dritten sollte sich auch auf Maßnahmen zur Durchführung von Verschmelzungen beziehen, damit hierüber auch Dritte ausreichend unterrichtet werden.

(53) Ferner sollten sich die Garantien, die Gesellschaftern und Dritten bei der Durchführung der Verschmelzung von Aktiengesellschaften gewährt werden, auch auf bestimmte andere rechtliche Vorgänge erstrecken, die in wesentlichen Punkten ähnliche Merkmale wie die Verschmelzung aufweisen, um Umgehungen des Schutzes zu vermeiden.

(54) Schließlich ist es notwendig, die Fälle der Nichtigkeit einer Verschmelzung zu beschränken, um die Rechtssicherheit in den Beziehungen zwischen den beteiligten Gesellschaften, zwischen diesen und Dritten sowie unter den Aktionären zu gewährleisten; außerdem müssen einerseits der Grundsatz, dass dem Mangel der Verschmelzung so weit wie möglich abgeholfen werden soll, und andererseits eine kurze Frist zur Geltendmachung der Nichtigkeit festgelegt werden.

(55) Mit dieser Richtlinie wird auch die grenzüberschreitende Verschmelzung von Kapitalgesellschaften erleichtert. Die Rechtsvorschriften der Mitgliedstaaten sollten die grenzüberschreitende Verschmelzung einer inländischen Kapitalgesellschaft mit einer Kapitalgesellschaft aus einem anderen Mitgliedstaat gestatten, wenn das nationale Recht der betreffenden Mitgliedstaaten Verschmelzungen zwischen Unternehmen solcher Rechtsformen erlaubt.

(56) Um grenzüberschreitende Verschmelzungen zu erleichtern, sollte festgelegt werden, dass für jede an einer grenzüberschreitenden Verschmelzung beteiligte Gesellschaft und jeden beteiligten Dritten weiterhin die Vorschriften und Formalitäten des nationalen Rechts gelten, das im Falle einer innerstaatlichen Verschmelzung anwendbar wäre, sofern diese Richtlinie nichts anderes bestimmt. Die Vorschriften und Formalitäten des nationalen Rechts, auf die in dieser Richtlinie Bezug genommen wird, sollten keine Beschränkungen der Niederlassungsfreiheit oder des freien Kapitalverkehrs einführen, es sei denn, derartige Beschränkungen lassen sich im Einklang mit der Rechtsprechung des Gerichtshofs der Europäischen Union und insbesondere durch die Erfordernisse des Gemeinwohls rechtfertigen und sind zur Erfüllung solcher vorrangigen Erfordernisse erforderlich und angemessen.

(57) Der gemeinsame Plan für eine grenzüberschreitende Verschmelzung sollte für alle an der grenzüberschreitenden Verschmelzung beteiligten Gesellschaften, die verschiedenen Mitgliedstaaten angehören, gleich lauten. Es sollte daher festgelegt werden, welche Angaben der gemeinsame Verschmelzungsplan mindestens enthalten muss, wobei den Gesellschaften gleichzeitig die Möglichkeit gegeben werden sollte, weitere Angaben zu vereinbaren.

(58) Zum Schutz der Interessen der Gesellschafter und Dritter sollte für jede der sich verschmelzenden Gesellschaften sowohl der gemeinsame Plan für die grenzüberschreitende Verschmelzung als auch der Abschluss der grenzüberschreitenden Verschmelzung im entsprechenden öffentlichen Register offengelegt werden.

(59) Die Rechtsvorschriften aller Mitgliedstaaten sollten vorsehen, dass auf nationaler Ebene für jede der sich verschmelzenden Gesellschaften von einem oder mehreren Sachverständigen ein Bericht über den gemeinsamen Plan für die grenzüberschreitende Verschmelzung erstellt wird. Um die im Zusammenhang mit einer grenzüberschreitenden Verschmelzung anfallenden Sachverständigenkosten zu begrenzen, sollte die Möglichkeit vorgesehen werden, einen gemeinsamen Bericht für alle Gesellschafter der an einer grenzüberschreitenden Verschmelzung beteiligten Gesellschaften zu erstellen. Die Gesellschafterversammlung jeder Gesellschaft sollte dem gemeinsamen Verschmelzungsplan zustimmen.

(60) Um grenzüberschreitende Verschmelzungen zu erleichtern, sollte die Kontrolle des Abschlusses und der Rechtmäßigkeit des Beschlussfassungsverfahrens jeder der sich verschmelzenden Gesellschaften von der für die einzelne Gesellschaft jeweils zuständigen nationalen Behörde vorgenommen werden, während die Kontrolle des Abschlusses und der Rechtmäßigkeit der grenzüberschreitenden Verschmelzung von der nationalen Behörde vorgenommen werden sollte, die für die aus der grenzüberschreitenden Verschmelzung hervorgehende Gesellschaft zuständig ist. Bei dieser nationalen Behörde kann es sich um ein Gericht, einen Notar oder jede andere von dem betreffenden Mitgliedstaat benannte Behörde handeln. Es sollte auch festgelegt werden, nach welchem nationalen Recht sich der Zeitpunkt bestimmt, zu dem die grenzüberschreitende Verschmelzung wirksam wird, nämlich nach dem Recht, das für die aus

7/5. RL – AN-Mitbestimmung
Präambel

der Verschmelzung hervorgehende Gesellschaft maßgebend ist.

(61) Zum Schutz der Interessen der Gesellschafter und Dritter sollten die Rechtsfolgen einer grenzüberschreitenden Verschmelzung angegeben werden, wobei danach zu unterscheiden ist, ob es sich bei der aus der Verschmelzung hervorgehenden Gesellschaft um eine übernehmende oder um eine neue Gesellschaft handelt. Im Interesse der Rechtssicherheit sollte vorgeschrieben werden, dass eine grenzüberschreitende Verschmelzung nach ihrem Wirksamwerden nicht mehr für nichtig erklärt werden kann.

(62) Diese Richtlinie lässt die Anwendung des Fusionskontrollrechts sowohl auf Ebene der Union durch die Verordnung (EG) Nr. 139/2004 des Rates als auch auf Ebene der Mitgliedstaaten unberührt.

(63) Die für Kreditvermittlungsgesellschaften und andere Finanzgesellschaften geltenden Rechtsvorschriften der Union und die gemäß diesen Rechtsvorschriften erlassenen nationalen Vorschriften bleiben von dieser Richtlinie unberührt.

(64) Diese Richtlinie lässt die Rechtsvorschriften der Mitgliedstaaten unberührt, nach denen anzugeben ist, welches der Ort der Hauptverwaltung oder der Hauptniederlassung der aus der grenzüberschreitenden Verschmelzung hervorgehenden Gesellschaft sein soll.

(65) Die Rechte der Arbeitnehmer mit Ausnahme der Mitbestimmungsrechte sollten weiterhin den Vorschriften der Mitgliedstaaten unterliegen, die in den Richtlinien 98/59/EG und 2001/23/EG des Rates und den Richtlinien 2002/14/EG und 2009/38/EG des Europäischen Parlaments und des Rates genannt sind.

(66) Haben die Arbeitnehmer Mitbestimmungsrechte in einer an der Verschmelzung beteiligten Gesellschaft nach Maßgabe dieser Richtlinie und sieht das nationale Recht des Mitgliedstaats, in dem die aus der grenzüberschreitenden Verschmelzung hervorgehende Gesellschaft ihren Sitz hat, nicht den gleichen Umfang an Mitbestimmung vor wie in den jeweiligen an der Verschmelzung beteiligten Gesellschaften – einschließlich in mit Beschlussfassungsbefugnissen ausgestatteten Ausschüssen des Aufsichtsorgans – oder sieht dieses Recht nicht den gleichen Anspruch auf Ausübung von Mitbestimmungsrechten durch die Arbeitnehmer der aus der grenzüberschreitenden Verschmelzung hervorgehenden Betriebe vor, so sollte die Mitbestimmung der Arbeitnehmer in der aus der grenzüberschreitenden Verschmelzung hervorgehenden Gesellschaft sowie ihre Mitwirkung an der Festlegung dieser Rechte neu geregelt werden. Hierbei sollten die Grundsätze und Verfahren der Verordnung (EG) Nr. 2157/2001 des Rates und der Richtlinie 2001/86/EG des Rates angewendet werden, jedoch mit den Änderungen, die für notwendig erachtet werden, weil die aus der Verschmelzung hervorgehende Gesellschaft dem nationalen Recht des Sitzmitgliedstaats unterliegen wird. Die Mitgliedstaaten können gemäß Artikel 3 Absatz 2 Buchstabe b der Richtlinie 2001/86/EG für eine rasche Aufnahme der in Artikel 133 der vorliegenden Richtlinie vorgesehenen Verhandlungen sorgen, damit Verschmelzungen nicht unnötig verzögert werden.

(67) Bei der Ermittlung des Umfangs der Mitbestimmung der Arbeitnehmer in den an der Verschmelzung beteiligten Gesellschaften sollte auch der Anteil der die Arbeitnehmer vertretenden Mitglieder des Leitungsgremiums berücksichtigt werden, das für die Ergebniseinheiten der Gesellschaften zuständig ist, wenn eine Mitbestimmung der Arbeitnehmer besteht.

(68) Der Schutz der Interessen von Gesellschaftern und Dritten erfordert es, die Rechtsvorschriften der Mitgliedstaaten über die Spaltung von Aktiengesellschaften zu koordinieren, sofern die Mitgliedstaaten die Spaltung zulassen.

(69) Im Rahmen der Koordinierung ist es besonders wichtig, die Aktionäre der an der Spaltung beteiligten Gesellschaften angemessen und so objektiv wie möglich zu unterrichten und ihre Rechte in geeigneter Weise zu schützen.

(70) Die Gläubiger einschließlich der Inhaber von Schuldverschreibungen sowie die Inhaber anderer Rechte der an der Spaltung beteiligten Aktiengesellschaften sollten dagegen geschützt werden, dass sie durch die Spaltung Schaden erleiden.

(71) Die Offenlegung gemäß Titel I Kapitel III Abschnitt 1 der vorliegenden Richtlinie sollte sich auch auf Maßnahmen zur Durchführung der Spaltung beziehen, damit Dritte hierüber ausreichend unterrichtet werden.

(72) Ferner sollten sich die Garantien, die Gesellschaftern und Dritten bei der Durchführung der Spaltung gewährt werden, auch auf bestimmte andere rechtliche Vorgänge erstrecken, die in wesentlichen Punkten ähnliche Merkmale wie die Spaltung aufweisen, um Umgehungen des Schutzes zu vermeiden.

(73) Schließlich sollten, um die Rechtssicherheit in den Beziehungen zwischen den an der Spaltung beteiligten Aktiengesellschaften, zwischen diesen und Dritten sowie unter den Aktionären zu gewährleisten, die Fälle der Nichtigkeit der Spaltung beschränkt werden; außerdem sollten der Grundsatz, dass Mängeln der Spaltung soweit wie möglich abgeholfen werden soll, und eine kurze Frist zur Geltendmachung der Nichtigkeit festgelegt werden.

(74) Die Internetseiten der Gesellschaften oder andere Internetseiten bieten in bestimmten Fällen eine Alternative zur Veröffentlichung von Informationen über das Gesellschaftsregister. Die Mitgliedstaaten sollten die Möglichkeit haben, diejenigen anderen Internetseiten zu benennen, die Gesellschaften kostenlos für diese Veröffentlichung nutzen können, wie etwa Internetseiten von Wirtschaftsverbänden und Handelskammern oder die zentrale elektronische Plattform gemäß dieser Richtlinie. Besteht die Möglichkeit, Internetseiten der Gesellschaften oder andere Internetseiten für die Veröffentlichung der Verschmelzungs- und Spaltungspläne oder anderer Dokumente, die den Aktionären und Gläubigern in

diesem Zusammenhang zur Verfügung zu stellen sind, zu nutzen, sollten Anforderungen, die die Sicherheit der Internetseiten und die Echtheit der Dokumente betreffen, eingehalten werden.

(75) Die Mitgliedstaaten sollten vorsehen können, dass die umfangreichen Berichts- und Informationspflichten betreffend die Verschmelzung oder Spaltung von Gesellschaften nach Titel II Kapitel I und Kapitel III nicht eingehalten werden brauchen, wenn alle Aktionäre der an der Verschmelzung oder Spaltung beteiligten Gesellschaften auf deren Einhaltung verzichtet haben.

(76) Änderungen des Titels II Kapitel I und Kapitel III, die eine derartige Vereinbarung der Aktionäre ermöglichen, sollten den Systemen zum Schutz der Interessen der Gläubiger der beteiligten Gesellschaften sowie den Vorschriften, die die erforderliche Unterrichtung der Arbeitnehmer dieser Gesellschaften und der Behörden wie der Steuerbehörden, die die Verschmelzung oder Spaltung im Einklang mit dem geltenden Unionsrecht überwachen, gewährleisten sollen, nicht entgegenstehen.

(77) Es ist nicht erforderlich, die Erstellung einer Zwischenbilanz zu verlangen, wenn ein Emittent, dessen Wertpapiere zum Handel an einem geregelten Markt zugelassen sind, Halbjahresfinanzberichte gemäß der Richtlinie 2004/109/EG des Europäischen Parlaments und des Rates, veröffentlicht.

(78) Ein Bericht eines unabhängigen Sachverständigen über die Prüfung der Einlagen, die nicht Bareinlagen sind, ist häufig nicht erforderlich, wenn gleichzeitig im Rahmen einer Verschmelzung oder Spaltung auch ein Bericht eines unabhängigen Sachverständigen zum Schutz der Interessen der Aktionäre oder Gläubiger erstellt werden muss. Die Mitgliedstaaten sollten in diesen Fällen deshalb die Möglichkeit haben, Gesellschaften von der Berichtspflicht hinsichtlich der Prüfung der Einlagen, die nicht Bareinlagen sind, zu befreien oder vorzusehen, dass beide Berichte von demselben Sachverständigen erstellt werden können.

(79) Die Richtlinie 95/46/EG des Europäischen Parlaments und des Rates und die Verordnung (EG) Nr. 45/2001 des Europäischen Parlaments und des Rates regeln die Verarbeitung personenbezogener Daten, einschließlich der elektronischen Übermittlung personenbezogener Daten innerhalb der Mitgliedstaaten. Jede Verarbeitung personenbezogener Daten durch die Register der Mitgliedstaaten, durch die Kommission und gegebenenfalls durch am Betrieb der Plattform beteiligte Dritte sollte im Einklang mit diesen Rechtsakten vorgenommen werden. Die in Bezug auf das System der Registervernetzung zu erlassenden Durchführungsrechtsakte sollten, wenn angebracht, die Einhaltung der genannten Rechtsakte gewährleisten, insbesondere indem darin die jeweiligen Aufgaben und Verantwortlichkeiten aller betreffenden Beteiligten sowie die für sie geltenden organisatorischen und technischen Vorschriften festgelegt werden.

(80) Diese Richtlinie wahrt die Grundrechte und beachtet die Grundsätze, die in der Charta der Grundrechte der Europäischen Union verankert sind, insbesondere in Artikel 8, wonach jede Person das Recht auf Schutz der sie betreffenden personenbezogenen Daten hat.

(81) Diese Richtlinie sollte die Verpflichtungen der Mitgliedstaaten hinsichtlich der in Anhang III Teil B genannten Fristen für die Umsetzung und Anwendung der dort genannten Richtlinien in nationales Recht unberührt lassen –

HABEN FOLGENDE RICHTLINIE ERLASSEN:

TITEL II
UMWANDLUNG, VERSCHMELZUNG UND SPALTUNG VON KAPITAL-GESELLSCHAFTEN.

KAPITEL -I
Grenzüberschreitende Umwandlung

Anwendungsbereich

Art. 86a (1) Dieses Kapitel gilt für Umwandlungen von Kapitalgesellschaften, die nach dem Recht eines Mitgliedstaats gegründet worden sind und ihren satzungsmäßigen Sitz, ihre Hauptverwaltung oder ihre Hauptniederlassung in der Union haben, in dem Recht eines anderen Mitgliedstaats unterliegende Kapitalgesellschaften.

(2) Dieses Kapitel gilt nicht für grenzüberschreitende Umwandlungen, an denen eine Gesellschaft beteiligt ist, deren Zweck es ist, die vom Publikum bei ihr eingelegten Gelder nach dem Grundsatz der Risikostreuung gemeinsam anzulegen, und deren Anteile auf Verlangen der Anteilsinhaber unmittelbar oder mittelbar zulasten des Vermögens dieser Gesellschaft zurückgenommen oder ausgezahlt werden. Diesen Rücknahmen oder Auszahlungen gleichgestellt sind Handlungen, mit denen eine solche Gesellschaft sicherstellen will, dass der Börsenwert ihrer Anteile nicht erheblich von deren Nettoinventarwert abweicht.

(3) Die Mitgliedstaaten stellen sicher, dass dieses Kapitel in keinem der folgenden Fälle auf Gesellschaften angewendet wird:
a) die Gesellschaft befindet sich in Liquidation und hat mit der Verteilung ihres Vermögens an ihre Gesellschafter begonnen;
b) die Gesellschaft ist Gegenstand von in Titel IV der Richtlinie 2014/59/EU oder in Titel V der Verordnung (EU) 2021/23 vorgesehenen Abwicklungsinstrumenten, -befugnissen und -mechanismen.

(VO (EU) 2021/23)

(4) Die Mitgliedstaaten können beschließen, dieses Kapitel nicht auf Gesellschaften anzuwenden, die Gegenstand von Folgendem sind:
a) Insolvenzverfahren oder präventiven Restrukturierungsrahmen;
b) anderen Liquidationsverfahren als denjenigen, die in Absatz 3 Buchstabe a genannt sind, oder
c) Krisenpräventionsmaßnahmen gemäß Artikel 2 Absatz 1 Nummer 101 der Richtlinie

7/5. RL – AN-Mitbestimmung

2014/59/EU oder gemäß Artikel 2 Nummer 48 der Verordnung (EU) 2021/23.

(VO (EU) 2021/23)

Begriffsbestimmungen

Art. 86b Für die Zwecke dieses Kapitels bezeichnet der Ausdruck:
1. „Gesellschaft" eine Kapitalgesellschaft mit einer in Anhang II genannten Rechtsform, die eine grenzüberschreitende Umwandlung vornimmt;
2. „grenzüberschreitende Umwandlung" einen Vorgang, durch den eine Gesellschaft ohne Auflösung, Abwicklung oder Liquidation die Rechtsform, in der sie im Wegzugsmitgliedstaat eingetragen ist, in eine in Anhang II genannte Rechtsform des Zuzugsmitgliedstaats umwandelt und mindestens ihren satzungsmäßigen Sitz unter Beibehaltung ihrer Rechtspersönlichkeit in den Zuzugsmitgliedstaat verlegt;
3. „Wegzugsmitgliedstaat" den Mitgliedstaat, in dem eine Gesellschaft vor einer grenzüberschreitenden Umwandlung eingetragen ist;
4. „Zuzugsmitgliedstaat" den Mitgliedstaat, in dem eine umgewandelte Gesellschaft infolge einer grenzüberschreitenden Umwandlung eingetragen ist;
5. „umgewandelte Gesellschaft" eine in einem Zuzugsmitgliedstaat infolge einer grenzüberschreitenden Umwandlung errichtete Gesellschaft.

Verfahren und Formalitäten

Art. 86c Im Einklang mit dem Unionsrecht ist das Recht des Wegzugsmitgliedstaats für diejenigen Teile der Verfahren und Formalitäten maßgebend, die im Zusammenhang mit der grenzüberschreitenden Umwandlung im Hinblick auf die Erlangung der Vorabbescheinigung zu erledigen sind, und das Recht des Zuzugsmitgliedstaats für diejenigen Teile der Verfahren und Formalitäten, die nach Erhalt der Vorabbescheinigung zu erledigen sind.

Plan für die grenzüberschreitende Umwandlung

Art. 86d Das Verwaltungs- oder Leitungsorgan der Gesellschaft erstellt einen Plan für die grenzüberschreitende Umwandlung. Der Plan für die grenzüberschreitende Umwandlung enthält mindestens folgende Angaben:
a) Rechtsform und Firma der Gesellschaft im Wegzugsmitgliedstaat und ihren satzungsmäßigen Sitz in jenem Mitgliedstaat;
b) Rechtsform und Firma, die für die umgewandelte Gesellschaft im Zuzugsmitgliedstaat vorgesehen sind, und ihren vorgesehenen satzungsmäßigen Sitz in jenem Mitgliedstaat;
c) soweit einschlägig den Errichtungsakt der Gesellschaft im Zuzugsmitgliedstaat und, falls sie Gegenstand eines gesonderten Aktes ist, die Satzung;
d) den vorgesehenen indikativen Zeitplan für die grenzüberschreitende Umwandlung;
e) die Rechte, welche die umgewandelte Gesellschaft den mit Sonderrechten ausgestatteten Gesellschaftern und den Inhabern von anderen Wertpapieren als Gesellschaftsanteilen gewährt, oder die für diese Personen vorgeschlagenen Maßnahmen;
f) etwaige Sicherheiten, die den Gläubigern angeboten werden, wie Garantien oder Zusagen;
g) etwaige besondere Vorteile, die den Mitgliedern der Verwaltungs-, Leitungs-, Aufsichts- oder Kontrollorgane der Gesellschaft gewährt werden;
h) ob die Gesellschaft in den letzten fünf Jahren im Wegzugsmitgliedstaat irgendwelche Förderungen oder Beihilfen erhalten hat;
i) die Einzelheiten zum Angebot einer Barabfindung für Gesellschafter nach Artikel 86i;
j) die voraussichtlichen Auswirkungen der grenzüberschreitenden Umwandlung auf die Beschäftigung;
k) gegebenenfalls Angaben zu dem Verfahren, nach dem gemäß Artikel 86l die Einzelheiten für die Beteiligung von Arbeitnehmern an der Festlegung ihrer Mitbestimmungsrechte in der umgewandelten Gesellschaft geregelt werden.

Bericht des Verwaltungs- oder Leitungsorgans für Gesellschafter und Arbeitnehmer

Art. 86e (1) Das Verwaltungs- oder Leitungsorgan der Gesellschaft erstellt einen Bericht für Gesellschafter und Arbeitnehmer, in dem die rechtlichen und wirtschaftlichen Aspekte der grenzüberschreitenden Umwandlung erläutert und begründet sowie die Auswirkungen der grenzüberschreitenden Umwandlung auf die Arbeitnehmer erläutert werden.

In diesem Bericht werden insbesondere die Auswirkungen der grenzüberschreitenden Umwandlung auf die künftige Geschäftstätigkeit der Gesellschaft erläutert.

(2) Der Bericht enthält auch einen Abschnitt für Gesellschafter und einen Abschnitt für Arbeitnehmer.

Die Gesellschaft kann entscheiden, ob sie einen einzigen Bericht erstellt, der diese beiden Abschnitte enthält, oder gesonderte Berichte für Gesellschafter und Arbeitnehmer, die den jeweiligen Abschnitt enthalten.

(3) In dem Abschnitt des Berichts für Gesellschafter wird insbesondere Folgendes erläutert:
a) die Barabfindung und die Methode, die benutzt wurde, um die Barabfindung zu ermitteln;
b) die Auswirkungen der grenzüberschreitenden Umwandlung auf die Gesellschafter;

c) die Rechte und Rechtsbehelfe für Gesellschafter nach Artikel 86i.

(4) Der Abschnitt des Berichts für Gesellschafter ist nicht erforderlich, wenn alle Gesellschafter der Gesellschaft einvernehmlich darauf verzichtet haben. Die Mitgliedstaaten können Gesellschaften mit einem einzigen Gesellschafter von den Bestimmungen dieses Artikels ausnehmen.

(5) In dem Abschnitt des Berichts für Arbeitnehmer wird insbesondere Folgendes erläutert:
a) die Auswirkungen der grenzüberschreitenden Umwandlung auf die Arbeitsverhältnisse sowie gegebenenfalls Maßnahmen, um diese Arbeitsverhältnisse zu sichern;
b) wesentliche Änderungen der anwendbaren Beschäftigungsbedingungen oder der Standorte der Niederlassungen der Gesellschaft;
c) wie sich die unter den Buchstaben a und b genannten Faktoren auf etwaige Tochtergesellschaften der Gesellschaft auswirken.

(6) Der Bericht oder die Berichte werden den Gesellschaftern und den Arbeitnehmervertretern oder – wenn es solche Vertreter nicht gibt – den Arbeitnehmern selbst in jedem Fall in elektronischer Form zusammen mit dem Plan für die grenzüberschreitende Umwandlung, falls verfügbar, spätestens sechs Wochen vor dem Tag der Gesellschafterversammlung nach Artikel 86h zugänglich gemacht.

(7) Erhält das Verwaltungs- oder Leitungsorgan der Gesellschaft nach Maßgabe des nationalen Rechts rechtzeitig eine Stellungnahme zu den Informationen gemäß den Absätzen 1 und 5 von den Arbeitnehmervertretern oder – wenn es solche Vertreter nicht gibt – den Arbeitnehmern selbst, werden die Gesellschafter hiervon in Kenntnis gesetzt und wird diese Stellungnahme dem Bericht als Anlage beigefügt.

(8) Der Abschnitt des Berichts für Arbeitnehmer ist nicht erforderlich, wenn eine Gesellschaft und ihre etwaigen Tochtergesellschaften keine anderen Arbeitnehmer haben als diejenigen, die dem Verwaltungs- oder Leitungsorgan angehören.

(9) Wurde auf den Abschnitt des Berichts für Gesellschafter nach Absatz 3 gemäß Absatz 4 verzichtet und ist der Abschnitt für Arbeitnehmer nach Absatz 5 gemäß Absatz 8 nicht erforderlich, ist ein Bericht nicht erforderlich.

(10) Die Absätze 1 bis 9 dieses Artikels lassen die anwendbaren Unterrichtungs- und Anhörungsrechte und -verfahren unberührt, die infolge der Umsetzung der Richtlinien 2002/14/EG und 2009/38/EG auf nationaler Ebene eingeführt wurden.

Bericht unabhängiger Sachverständiger

Art. 86f (1) Die Mitgliedstaaten stellen sicher, dass ein unabhängiger Sachverständiger den Plan für die grenzüberschreitende Umwandlung prüft und einen Bericht für die Gesellschafter erstellt. Dieser Bericht wird den Gesellschaftern spätestens einen Monat vor dem Tag der Gesellschafterversammlung nach Artikel 86h zugänglich gemacht. Als Sachverständige können je nach dem Recht des Mitgliedstaats natürliche Personen oder juristische Personen bestellt werden.

(2) Der Bericht nach Absatz 1 enthält in jedem Fall die Stellungnahme des Sachverständigen zu der Frage, ob die Barabfindung angemessen ist. Bei der Bewertung der Barabfindung berücksichtigt der Sachverständige den etwaigen Marktpreis, den die Anteile an der Gesellschaft vor Ankündigung der geplanten Umwandlung hatten, oder den nach allgemein anerkannten Bewertungsmethoden bestimmten Wert der Gesellschaft ohne die Auswirkungen der geplanten Umwandlung. In dem Bericht wird mindestens
a) angegeben, nach welcher Methode oder welchen Methoden die vorgeschlagene Barabfindung festgesetzt worden ist,
b) angegeben, ob die verwendete Methode bzw. die verwendeten Methoden für die Bewertung der Barabfindung angemessen ist/sind, und welcher Wert sich bei diesen Methoden ergibt; zugleich ist dazu Stellung zu nehmen, welche relative Bedeutung diesen Methoden bei der Bestimmung des zugrunde gelegten Wertes beigemessen wurde; und
c) beschrieben, welche besonderen Bewertungsschwierigkeiten möglicherweise aufgetreten sind.

Der Sachverständige ist befugt, von der Gesellschaft alle Auskünfte zu erhalten, die zur Erfüllung der Aufgaben des Sachverständigen notwendig sind.

(3) Weder die Prüfung des Plans für die grenzüberschreitende Umwandlung durch einen unabhängigen Sachverständigen noch die Erstellung eines Berichts eines unabhängigen Sachverständigen sind erforderlich, wenn alle Gesellschafter der Gesellschaft dem zugestimmt haben.

Die Mitgliedstaaten können Gesellschaften mit einem einzigen Gesellschafter von der Anwendung dieses Artikels ausnehmen.

Offenlegung

Art. 86g (1) Die Mitgliedstaaten stellen sicher, dass die Gesellschaft die folgenden Unterlagen spätestens einen Monat vor dem Tag der Gesellschafterversammlung nach Artikel 86h offenlegt und im Register des Wegzugsmitgliedstaats öffentlich zugänglich macht:
a) den Plan für die grenzüberschreitende Umwandlung; und
b) eine Bekanntmachung, in der den Gesellschaftern, Gläubigern und Arbeitnehmervertretern der Gesellschaft oder – wenn es solche Vertreter nicht gibt – den Arbeitnehmern selbst mitgeteilt wird, dass sie der Gesellschaft spätestens fünf Arbeitstage vor dem Tag der Gesellschafterversammlung Bemerkungen zu dem Plan für die grenzüberschreitende Umwandlung übermitteln können.

7/5. RL – AN-Mitbestimmung
Art. 86g, 86h

Die Mitgliedstaaten können vorschreiben, dass der Bericht des unabhängigen Sachverständigen in dem Register offengelegt und öffentlich zugänglich gemacht wird.

Die Mitgliedstaaten stellen sicher, dass die Gesellschaft vertrauliche Informationen von der Offenlegung des Berichts des unabhängigen Sachverständigen ausnehmen kann.

Die nach diesem Absatz offengelegten Unterlagen müssen auch über das System der Registervernetzung zugänglich sein.

(2) Die Mitgliedstaaten können eine Gesellschaft von der Offenlegungspflicht nach Absatz 1 dieses Artikels befreien, wenn diese Gesellschaft die Unterlagen nach Absatz 1 dieses Artikels während eines ununterbrochenen Zeitraums, der mindestens einen Monat vor dem festgelegten Tag der Gesellschafterversammlung nach Artikel 86h beginnt und nicht vor Schließung dieser Versammlung endet, auf ihrer Website der Öffentlichkeit kostenlos zugänglich macht.

Die Mitgliedstaaten knüpfen diese Befreiung jedoch an keine anderen Erfordernisse und Auflagen als die, die für die Gewährleistung der Sicherheit der Website und der Echtheit der Unterlagen erforderlich sind, und die zur Erreichung dieser Zwecke angemessen sind.

(3) Macht die Gesellschaft den Plan für die grenzüberschreitende Umwandlung nach Absatz 2 dieses Artikels zugänglich, übermittelt sie dem Register des Wegzugsmitgliedstaats spätestens einen Monat vor dem Tag der Gesellschafterversammlung nach Artikel 86h die folgenden Informationen:

a) Rechtsform und Firma der Gesellschaft und ihren satzungsmäßigen Sitz im Wegzugsmitgliedstaat sowie Rechtsform und Firma, die für die umgewandelte Gesellschaft im Zuzugsmitgliedstaat vorgesehen sind, und ihren vorgesehenen satzungsmäßigen Sitz in jenem Mitgliedstaat;
b) Register, in dem die in Artikel 14 genannten Unterlagen für die Gesellschaft hinterlegt worden sind, und ihre Eintragungsnummer in diesem Register;
c) Verweis auf die Regelungen, die für die Ausübung der Rechte der Gläubiger, Arbeitnehmer und Gesellschafter getroffen wurden; und
d) Angaben zu der Website, auf der der Plan für die grenzüberschreitende Umwandlung, die Bekanntmachung nach Absatz 1, der Bericht des unabhängigen Sachverständigen und vollständige Informationen zu den Regelungen nach Buchstabe c dieses Absatzes kostenlos online abgerufen werden können.

Das Register des Wegzugsmitgliedstaats macht die Informationen gemäß Unterabsatz 1 Buchstaben a bis d öffentlich zugänglich.

(4) Die Mitgliedstaaten stellen sicher, dass die Anforderungen nach den Absätzen 1 und 3 im Einklang mit den einschlägigen Bestimmungen von Titel I Kapitel III vollständig online erfüllt werden können, ohne dass es notwendig ist, dass die Antragsteller persönlich vor einer zuständigen Behörde im Wegzugsmitgliedstaat erscheinen.

(5) Zusätzlich zu der Offenlegung nach den Absätzen 1, 2 und 3 des vorliegenden Artikels können die Mitgliedstaaten vorschreiben, dass der Plan für die grenzüberschreitende Umwandlung oder die Informationen nach Absatz 3 des vorliegenden Artikels in ihrem nationalen Amtsblatt oder über eine zentrale elektronische Plattform gemäß Artikel 16 Absatz 3 veröffentlicht werden. In diesem Fall stellen die Mitgliedstaaten sicher, dass das Register dem nationalen Amtsblatt oder einer zentralen elektronischen Plattform die betreffenden Informationen übermittelt.

(6) Die Mitgliedstaaten stellen sicher, dass die Unterlagen nach Absatz 1 bzw. die Informationen nach Absatz 3 über das System der Registervernetzung der Öffentlichkeit kostenlos zugänglich sind.

Die Mitgliedstaaten stellen ferner sicher, dass Gebühren, die der Gesellschaft von den Registern für die Offenlegung nach den Absätzen 1 und 3 und gegebenenfalls für die Veröffentlichung nach Absatz 5 in Rechnung gestellt werden, die Deckung der Kosten für die Erbringung solcher Dienstleistungen nicht übersteigen.

Zustimmung der Gesellschafterversammlung

Art. 86h (1) Nachdem die Gesellschafterversammlung der Gesellschaft gegebenenfalls die Berichte nach den Artikeln 86e und 86f, die gemäß Artikel 86e vorgelegten Stellungnahmen der Arbeitnehmer und die gemäß Artikel 86g übermittelten Bemerkungen zur Kenntnis genommen hat, entscheidet sie in Form eines Beschlusses, ob sie dem Plan für die grenzüberschreitende Umwandlung zustimmt und ob sie den Errichtungsakt und, falls sie Gegenstand eines gesonderten Aktes ist, die Satzung anpasst.

(2) Die Gesellschafterversammlung der Gesellschaft kann sich das Recht vorbehalten, die Umsetzung der grenzüberschreitenden Umwandlung davon abhängig zu machen, dass die Regelungen nach Artikel 86l ausdrücklich von ihr bestätigt werden.

(3) Die Mitgliedstaaten stellen sicher, dass für die Zustimmung zu dem Plan für die grenzüberschreitende Umwandlung und zu jeglicher Änderung dieses Plans eine Mehrheit von nicht weniger als zwei Dritteln, aber nicht mehr als 90 % der Stimmen der in der Gesellschafterversammlung vertretenen Anteile oder des in der Gesellschafterversammlung vertretenen gezeichneten Kapitals erforderlich ist. In jedem Fall darf die Stimmrechtsschwelle nicht höher sein als die im nationalen Recht vorgesehene Stimmrechtsschwelle für die Zustimmung zu grenzüberschreitenden Verschmelzungen.

(4) Wenn eine Klausel in dem Plan für die grenzüberschreitende Umwandlung oder eine etwaige Änderung des Errichtungsakts der sich umwandelnden Gesellschaft dazu führt, dass die wirtschaftlichen Verpflichtungen eines Gesellschafters gegenüber der Gesellschaft oder Dritten zuneh-

men, können die Mitgliedstaaten unter solchen spezifischen Umständen vorschreiben, dass diese Klausel oder die Änderung des Errichtungsakts der Zustimmung des betreffenden Gesellschafters bedarf, vorausgesetzt, dieser Gesellschafter kann die Rechte nach Artikel 86i nicht ausüben.

(5) Die Mitgliedstaaten stellen sicher, dass die Zustimmung der Gesellschafterversammlung zu der grenzüberschreitenden Umwandlung nicht allein aus den folgenden Gründen angefochten werden kann:

a) die Barabfindung nach Artikel 86d Buchstabe i ist nicht angemessen; oder
b) die im Hinblick auf die Barabfindung gemäß Buchstabe a erteilten Informationen erfüllen nicht die rechtlichen Anforderungen.

Schutz der Gesellschafter

Art. 86i (1) Die Mitgliedstaaten stellen sicher, dass mindestens die Gesellschafter einer Gesellschaft, die gegen die Zustimmung zu dem Plan für die grenzüberschreitende Umwandlung gestimmt haben, berechtigt sind, ihre Anteile unter den Voraussetzungen der Absätze 2 bis 5 gegen Zahlung einer angemessenen Barabfindung zu veräußern.

Die Mitgliedstaaten können das Recht nach Unterabsatz 1 auch anderen Gesellschaftern der Gesellschaft einräumen.

Die Mitgliedstaaten können vorschreiben, dass die ausdrückliche Ablehnung des Plans für die grenzüberschreitende Umwandlung, die Absicht der Gesellschafter, ihr Recht auf Veräußerung ihrer Anteile auszuüben, oder beides, spätestens in der Gesellschafterversammlung nach Artikel 86h angemessen dokumentiert wird. Die Mitgliedstaaten können zulassen, dass der Widerspruch zur Niederschrift bezüglich des Plans für die grenzüberschreitende Umwandlung als ordnungsgemäße Dokumentation einer negativen Stimmabgabe gilt.

(2) Die Mitgliedstaaten legen die Frist fest, innerhalb derer die in Absatz 1 genannten Gesellschafter gegenüber der Gesellschaft ihre Entscheidung erklären müssen, das Recht auf Veräußerung ihrer Anteile auszuüben. Diese Frist darf einen Monat nach der Gesellschafterversammlung nach Artikel 86h nicht überschreiten. Die Mitgliedstaaten stellen sicher, dass die Gesellschaft eine elektronische Adresse für den Eingang dieser Erklärung in elektronischer Form zur Verfügung stellt.

(3) Die Mitgliedstaaten legen ferner die Frist für die Zahlung der in dem Plan für die grenzüberschreitende Umwandlung festgelegten Barabfindung fest. Diese Frist darf nicht später als zwei Monate nach dem Wirksamwerden der grenzüberschreitenden Umwandlung gemäß Artikel 86q ablaufen.

(4) Die Mitgliedstaaten stellen sicher, dass Gesellschafter, die ihre Entscheidung erklärt haben, ihr Recht auf Veräußerung ihrer Anteile auszuüben, aber der Auffassung sind, dass die von der Gesellschaft angebotene Barabfindung nicht angemessen ist, berechtigt sind, bei der nach nationalem Recht beauftragten zuständigen Behörde oder Stelle eine zusätzliche Barabfindung zu beantragen. Die Mitgliedstaaten setzen eine Frist für den Antrag auf zusätzliche Barabfindung fest.

Die Mitgliedstaaten können vorsehen, dass die endgültige Entscheidung, durch die eine zusätzliche Barabfindung zuerkannt wird, für alle Gesellschafter gültig ist, die ihre Entscheidung erklärt haben, ihr Recht auf Veräußerung ihrer Anteile gemäß Absatz 2 auszuüben.

(5) Die Mitgliedstaaten stellen sicher, dass für die Rechte nach den Absätzen 1 bis 4 das Recht des Wegzugsmitgliedstaats maßgebend ist und dass die ausschließliche Zuständigkeit zur Beilegung von Streitigkeiten im Zusammenhang mit diesen Rechten im Wegzugsmitgliedstaat liegt.

Schutz der Gläubiger

Art. 86j (1) Die Mitgliedstaaten sehen ein angemessenes Schutzsystem für die Interessen der Gläubiger vor, deren Forderungen vor der Offenlegung des Plans für die grenzüberschreitende Umwandlung entstanden und zum Zeitpunkt dieser Offenlegung noch nicht fällig geworden sind.

Die Mitgliedstaaten stellen sicher, dass Gläubiger, die die in dem Plan für die grenzüberschreitende Umwandlung nach Artikel 86d Buchstabe f angebotenen Sicherheiten für nicht zufriedenstellend erachten, innerhalb von drei Monaten nach der in Artikel 86g genannten Offenlegung des Plans für die grenzüberschreitende Umwandlung bei der zuständigen Verwaltungs- oder Justizbehörde angemessene Sicherheiten beantragen können, wenn diese Gläubiger glaubhaft darlegen können, dass die Befriedigung ihrer Forderungen durch die grenzüberschreitende Umwandlung gefährdet ist und sie von der Gesellschaft keine angemessenen Sicherheiten erhalten haben.

Die Mitgliedstaaten stellen sicher, dass die Sicherheiten davon abhängen, dass die grenzüberschreitende Umwandlung nach Artikel 86q wirksam wird.

(2) Die Mitgliedstaaten können vorschreiben, dass das Verwaltungs- oder Leitungsorgan der Gesellschaft eine Erklärung zur Verfügung stellt, die ihre aktuelle finanzielle Lage zu einem Zeitpunkt, der nicht früher als einen Monat vor der Offenlegung dieser Erklärung liegen darf, genau wiedergibt. Inhalt der Erklärung muss sein, dass aus Sicht des Verwaltungs- oder Leitungsorgans der Gesellschaft, nach angemessenen Nachforschungen, auf der Grundlage der ihm zum Zeitpunkt dieser Erklärung zur Verfügung stehenden Informationen kein Grund zu der Annahme besteht, dass die Gesellschaft nach Wirksamwerden der Umwandlung nicht in der Lage sein könnte, ihre Verbindlichkeiten bei Fälligkeit zu erfüllen. Die Erklärung wird zusammen mit dem Plan für die grenzüberschreitende Umwandlung nach Artikel 86g offengelegt.

(3) Die Absätze 1 und 2 lassen die Anwendung der Rechtsvorschriften des Wegzugsmitgliedstaats über die Befriedigung oder Sicherung von monetä-

ren oder nichtmonetären Pflichten gegenüber der öffentlichen Hand unberührt.

(4) Unbeschadet der Zuständigkeitsregeln, die sich aus Unionsrecht oder nationalem Recht oder vertraglichen Vereinbarungen ergeben, stellen die Mitgliedstaaten sicher, dass Gläubiger, deren Forderungen vor der Offenlegung des Plans für die grenzüberschreitende Umwandlung entstanden sind, innerhalb von zwei Jahren nach dem Wirksamwerden der Umwandlung auch in dem Wegzugsmitgliedstaat ein Verfahren gegen die Gesellschaft einleiten können. Die Möglichkeit, ein solches Verfahren einzuleiten, ist zusätzlich zu anderen Vorschriften über die Wahl des Gerichtsstands, die nach Unionsrecht anwendbar sind.

Unterrichtung und Anhörung der Arbeitnehmer

Art. 86k (1) Die Mitgliedstaaten stellen sicher, dass die Rechte der Arbeitnehmer auf Unterrichtung und Anhörung in Bezug auf die grenzüberschreitende Umwandlung geachtet und im Einklang mit dem Rechtsrahmen gemäß der Richtlinie 2002/14/EG und – soweit auf gemeinschaftsweit operierende Unternehmen und Unternehmensgruppen anwendbar – der Richtlinie 2009/38/EG des Rates ausgeübt werden. Die Mitgliedstaaten können beschließen, die Rechte der Arbeitnehmer auf Unterrichtung und Anhörung auf die Arbeitnehmer weiterer Gesellschaften als derjenigen anzuwenden, die in Artikel 3 Absatz 1 der Richtlinie 2002/14/EG genannt sind.

(2) Unbeschadet des Artikels 86e Absatz 7 und des Artikels 86g Absatz 1 Buchstabe b stellen die Mitgliedstaaten sicher, dass die Rechte der Arbeitnehmer auf Unterrichtung und Anhörung mindestens vor einer Entscheidung über den Plan für die grenzüberschreitende Umwandlung oder den Bericht nach Artikel 86e, je nachdem, welcher Zeitpunkt zuerst eintritt, in einer Weise geachtet werden, dass den Arbeitnehmern vor der Gesellschafterversammlung nach Artikel 86h eine begründete Antwort gegeben wird.

(3) Unbeschadet etwaiger geltender Vorschriften oder Gepflogenheiten, die für die Arbeitnehmer günstiger sind, bestimmen die Mitgliedstaaten entsprechend Artikel 4 der Richtlinie 2002/14/EG im Einzelnen, wie das Recht auf Unterrichtung und Anhörung wahrgenommen wird.

Mitbestimmung der Arbeitnehmer

Art. 86l (1) Unbeschadet des Absatzes 2 findet auf die umgewandelte Gesellschaft die Regelung für die Arbeitnehmermitbestimmung Anwendung, die gegebenenfalls im Zuzugsmitgliedstaat gilt.

(2) Die Regelung für die Arbeitnehmermitbestimmung, die gegebenenfalls im Zuzugsmitgliedstaat gilt, findet jedoch keine Anwendung, wenn die Gesellschaft in den sechs Monaten vor der Offenlegung des Plans für die grenzüberschreitende Umwandlung eine durchschnittliche Zahl von Arbeitnehmern beschäftigt, die vier Fünftel des im Recht des Wegzugsmitgliedstaats festgelegten Schwellenwerts entspricht, der die Mitbestimmung der Arbeitnehmer im Sinne des Artikels 2 Buchstabe k der Richtlinie 2001/86/EG auslöst, oder wenn das Recht des Zuzugsmitgliedstaats

a) nicht mindestens den gleichen Umfang an Mitbestimmung der Arbeitnehmer vorsieht, wie er in der Gesellschaft vor der grenzüberschreitenden Umwandlung bestand, wobei dieser Umfang als der Anteil der die Arbeitnehmer vertretenden Mitglieder des Verwaltungs- oder des Aufsichtsorgans oder ihrer Ausschüsse oder des Leitungsgremiums ausgedrückt wird, das für die Ergebniseinheiten der Gesellschaft zuständig ist, wenn eine Arbeitnehmermitbestimmung besteht, oder

b) für Arbeitnehmer in Betrieben der umgewandelten Gesellschaft, die sich in anderen Mitgliedstaaten befinden, nicht den gleichen Anspruch auf Ausübung von Mitbestimmungsrechten vorsieht, wie sie den Arbeitnehmern im Zuzugsmitgliedstaat gewährt werden.

(3) In den in Absatz 2 des vorliegenden Artikels genannten Fällen regeln die Mitgliedstaaten die Mitbestimmung der Arbeitnehmer in der umgewandelten Gesellschaft sowie ihre Mitwirkung an der Festlegung dieser Rechte vorbehaltlich der Absätze 4 bis 7 des vorliegenden Artikels entsprechend den Grundsätzen und Modalitäten des Artikels 12 Absätze 2 und 4 der Verordnung (EG) Nr. 2157/2001 und den nachstehenden Bestimmungen der Richtlinie 2001/86/EG:

a) Artikel 3 Absatz 1, Artikel 3 Absatz 2 Buchstabe a Ziffer i und Buchstabe b, Artikel 3 Absatz 3, die ersten beiden Sätze von Artikel 3 Absatz 4 und Artikel 3 Absätze 5 und 7;

b) Artikel 4 Absatz 1, Artikel 4 Absatz 2 Buchstaben a, g und h und Artikel 4 Absätze 3 und 4;

c) Artikel 5;

d) Artikel 6;

e) Artikel 7 Absatz 1 mit Ausnahme des zweiten Spiegelstriches in Buchstabe b;

f) Artikel 8, 10, 11 und 12; und

g) Teil 3 Buchstabe a des Anhangs.

(4) Bei der Festlegung der in Absatz 3 genannten Grundsätze und Modalitäten verfahren die Mitgliedstaaten wie folgt:

a) Sie gestatten dem besonderen Verhandlungsgremium, mit der Mehrheit von zwei Dritteln seiner mindestens zwei Drittel der Arbeitnehmer vertretenden Mitglieder zu beschließen, dass keine Verhandlungen eröffnet oder bereits eröffnete Verhandlungen beendet werden und die Mitbestimmungsregelung angewendet wird, die im Zuzugsmitgliedstaat gilt.

b) Sie können in dem Fall, dass nach vorherigen Verhandlungen die Auffangregelung für die Mitbestimmung gilt, und ungeachtet dieser Regelung beschließen, den Anteil der Arbeitnehmervertreter im Verwaltungsorgan der umgewandelten Gesellschaft zu begrenzen.

Bestand jedoch das Verwaltungs- oder Aufsichtsorgan der Gesellschaft zu mindestens einem Drittel aus Arbeitnehmervertretern, so darf die Begrenzung in keinem Fall dazu führen, dass die Arbeitnehmervertretung im Verwaltungsorgan weniger als ein Drittel beträgt.

c) Sie stellen sicher, dass die Regelung für die Arbeitnehmermitbestimmung, die vor der grenzüberschreitenden Umwandlung galt, bis zum Geltungsbeginn einer danach vereinbarten Regelung beziehungsweise in Ermangelung einer vereinbarten Regelung bis zur Anwendung der Auffangregelung nach Teil 3 Buchstabe a des Anhangs der Richtlinie 2001/86/EG weitergilt.

(5) Die Ausweitung von Mitbestimmungsrechten auf in anderen Mitgliedstaaten beschäftigte Arbeitnehmer der umgewandelten Gesellschaft nach Absatz 2 Buchstabe b verpflichtet die Mitgliedstaaten, die eine solche Ausweitung beschließen, nicht dazu, diese Arbeitnehmer bei der Berechnung der Schwellenwerte für die Beschäftigtenzahl zu berücksichtigen, bei deren Überschreitung Mitbestimmungsrechte nach nationalem Recht entstehen.

(6) Unterliegt die umgewandelte Gesellschaft einem System der Arbeitnehmermitbestimmung gemäß der Regelung nach Absatz 2, ist sie verpflichtet, eine Rechtsform anzunehmen, die die Ausübung von Mitbestimmungsrechten ermöglicht.

(7) Gilt für die umgewandelte Gesellschaft ein System der Arbeitnehmermitbestimmung, so ist sie verpflichtet, Maßnahmen zu ergreifen, um sicherzustellen, dass die Mitbestimmungsrechte der Arbeitnehmer im Falle nachfolgender Umwandlungen, Verschmelzungen oder Spaltungen – unabhängig davon, ob es sich um grenzüberschreitende oder innerstaatliche Vorhaben handelt – während vier Jahren nach Wirksamwerden der grenzüberschreitenden Umwandlung durch entsprechende Anwendung der Absätze 1 bis 6 geschützt werden.

(8) Die Gesellschaft teilt ihren Arbeitnehmern oder deren Vertretern ohne unangemessene Verzögerung das Ergebnis der Verhandlungen über die Mitbestimmung der Arbeitnehmer mit.

Vorabbescheinigung

Art. 86m (1) Die Mitgliedstaaten benennen das Gericht, den Notar oder eine sonstige Behörde oder sonstige Behörden, die dafür zuständig ist/sind, die Rechtmäßigkeit von grenzüberschreitenden Umwandlungen für diejenigen Verfahrensabschnitte, für die das Recht des Wegzugsmitgliedstaats maßgebend ist, zu prüfen und eine Vorabbescheinigung auszustellen, aus der hervorgeht, dass alle einschlägigen Voraussetzungen erfüllt und alle Verfahren und Formalitäten im Wegzugsmitgliedstaat ordnungsgemäß erledigt sind (im Folgenden „zuständige Behörde").

Diese Erledigung von Verfahren und Formalitäten kann die Befriedigung oder Sicherung von monetären oder nichtmonetären Pflichten gegenüber der öffentlichen Hand oder die Erfüllung besonderer sektoraler Anforderungen umfassen, einschließlich der Sicherung von Pflichten, die sich aus laufenden Verfahren ergeben.

(2) Die Mitgliedstaaten stellen sicher, dass die Gesellschaft ihrem Antrag auf Erteilung einer Vorabbescheinigung Folgendes beifügt:
a) den Plan für die grenzüberschreitende Umwandlung;
b) den Bericht und gegebenenfalls die als Anlage beigefügte Stellungnahme nach Artikel 86e sowie den Bericht nach Artikel 86f, sofern sie verfügbar sind;
c) etwaige gemäß Artikel 86g Absatz 1 übermittelte Bemerkungen; und
d) Informationen über die Zustimmung der Gesellschafterversammlung nach Artikel 86h.

(3) Die Mitgliedstaaten können vorschreiben, dass dem Antrag der Gesellschaft auf Erteilung einer Vorabbescheinigung zusätzliche Informationen beigefügt werden, wie insbesondere
a) die Zahl der Arbeitnehmer zum Zeitpunkt der Erstellung des Plans für die grenzüberschreitende Umwandlung;
b) das Bestehen von Tochtergesellschaften und ihre jeweiligen geographischen Standorte;
c) Informationen zur Befriedigung von Pflichten gegenüber der öffentlichen Hand durch die Gesellschaft.

Für die Zwecke dieses Absatzes können die zuständigen Behörden solche Informationen, wenn sie nicht von der Gesellschaft erteilt werden, von anderen einschlägigen Behörden anfordern.

(4) Die Mitgliedstaaten stellen sicher, dass der Antrag nach den Absätzen 2 und 3 einschließlich Informationen und Unterlagen im Einklang mit den einschlägigen Bestimmungen von Titel I Kapitel II vollständig online eingereicht werden kann, ohne dass es notwendig ist, dass der Antragsteller persönlich vor der zuständigen Behörde erscheinen.

(5) In Bezug auf die Einhaltung der Regelung für die Arbeitnehmermitbestimmung in Artikel 86l prüft die zuständige Behörde des Wegzugsmitgliedstaates, ob der Plan für die grenzüberschreitende Umwandlung Angaben zu den Verfahren, nach denen die einschlägigen Regelungen getroffen werden, sowie zu den Optionen für diese Regelungen enthält.

(6) Im Rahmen der Prüfung nach Absatz 1 prüft die zuständige Behörde Folgendes:
a) alle Unterlagen und Informationen, die der zuständigen Behörde gemäß den Absätzen 2 und 3 übermittelt wurden;
b) gegebenenfalls die Angabe der Gesellschaft, dass das Verfahren nach Artikel 86l Absätze 3 und 4 begonnen hat.

(7) Die Mitgliedstaaten stellen sicher, dass die Prüfung nach Absatz 1 innerhalb von drei Monaten nach dem Tag des Eingangs der Unterlagen und Informationen über die Zustimmung der Gesellschafterversammlung der Gesellschaft zu der grenzüberschreitenden Umwandlung vorgenom-

men wird. Diese Prüfung muss, je nach Fall, zu folgendem Ergebnis führen:
a) Wird festgestellt, dass die grenzüberschreitende Umwandlung alle einschlägigen Voraussetzungen erfüllt und dass alle erforderlichen Verfahren und Formalitäten erledigt sind, stellt die zuständige Behörde die Vorabbescheinigung aus.
b) Wird festgestellt, dass die grenzüberschreitende Umwandlung nicht alle einschlägigen Voraussetzungen erfüllt oder dass nicht alle erforderlichen Verfahren und Formalitäten erledigt sind, stellt die zuständige Behörde die Vorabbescheinigung nicht aus und teilt der Gesellschaft die Gründe für ihre Entscheidung mit; in diesem Fall kann die zuständige Behörde der Gesellschaft die Gelegenheit einräumen, innerhalb einer angemessenen Frist die entsprechenden Bedingungen zu erfüllen oder die Verfahren und Formalitäten zu erledigen.

(8) Die Mitgliedstaaten stellen sicher, dass die zuständige Behörde keine Vorabbescheinigung ausstellt, wenn im Einklang mit dem nationalen Recht festgestellt wird, dass eine grenzüberschreitende Umwandlung zu missbräuchlichen oder betrügerischen Zwecken, die dazu führen oder führen sollen, sich Unionsrecht oder nationalem Recht zu entziehen oder es zu umgehen, oder zu kriminellen Zwecken vorgenommen werden soll.

(9) Hat die zuständige Behörde im Rahmen der Prüfung nach Absatz 1 ernste Bedenken, dass die grenzüberschreitende Umwandlung zu missbräuchlichen oder betrügerischen Zwecken, die dazu führen oder führen sollen, sich Unionsrecht oder nationalem Recht zu entziehen oder es zu umgehen, oder zu kriminellen Zwecken vorgenommen werden soll, so berücksichtigt sie relevante Tatsachen und Umstände, wie etwa – sofern relevant und nicht isoliert betrachtet – Anhaltspunkte, die die zuständige Behörde im Verlaufe der Prüfung nach Absatz 1, auch über eine Konsultation der einschlägigen Behörden, bemerkt hat. Die Prüfung für die Zwecke dieses Absatzes wird von Fall zu Fall über ein Verfahren vorgenommen, das dem nationalen Recht unterliegt.

(10) Ist es für die Zwecke der Prüfung nach den Absätzen 8 und 9 notwendig, zusätzliche Informationen zu berücksichtigen oder zusätzliche Untersuchungstätigkeiten durchzuführen, so kann der in Absatz 7 vorgesehene Zeitraum von drei Monaten um höchstens drei Monate verlängert werden.

(11) Ist es wegen der Komplexität des grenzüberschreitenden Verfahrens nicht möglich, die Prüfung innerhalb der in den Absätzen 7 und 10 vorgesehenen Fristen vorzunehmen, so stellen die Mitgliedstaaten sicher, dass der Antragsteller über die Gründe für eine etwaige Verzögerung vor Ablauf dieser Fristen unterrichtet wird.

(12) Die Mitgliedstaaten sorgen dafür, dass die zuständige Behörde andere relevante Behörden mit Zuständigkeiten in den verschiedenen, von der grenzüberschreitenden Umwandlung betroffenen Bereichen, einschließlich derjenigen des Zuzugsmitgliedstaats, konsultieren kann und von diesen Behörden sowie von der Gesellschaft Informationen und Unterlagen erhalten kann, die notwendig sind, um die Rechtmäßigkeit der grenzüberschreitenden Umwandlung innerhalb des im nationalen Recht festgelegten Verfahrensrahmens zu prüfen. Für die Zwecke der Prüfung kann sich die zuständige Behörde eines unabhängigen Sachverständigen bedienen.

Übermittlung der Vorabbescheinigung

Art. 86n (1) Die Mitgliedstaaten stellen sicher, dass die Vorabbescheinigung den in Artikel 86o Absatz 1 genannten Behörden über das System der Registervernetzung übermittelt wird.

Die Mitgliedstaaten stellen ferner sicher, dass die Vorabbescheinigung über das System der Registervernetzung zugänglich ist.

(2) Der Zugang zu der Vorabbescheinigung ist für die in Artikel 86o Absatz 1 genannten Behörden und die Register kostenlos.

Prüfung der Rechtmäßigkeit der grenzüberschreitenden Umwandlung durch den Zuzugsmitgliedstaat

Art. 86o (1) Die Mitgliedstaaten benennen das Gericht, den Notar oder eine sonstige Behörde, die dafür zuständig ist, die Rechtmäßigkeit der grenzüberschreitenden Umwandlung für die Verfahrensabschnitte, für die das Recht des Zuzugsmitgliedstaats maßgebend ist, zu prüfen und die grenzüberschreitende Umwandlung zu genehmigen.

Diese Behörde stellt insbesondere sicher, dass die umgewandelte Gesellschaft den Bestimmungen des nationalen Rechts über die Gründung und Eintragung von Gesellschaften entspricht und dass gegebenenfalls Regelungen für die Mitbestimmung der Arbeitnehmer nach Artikel 86l getroffen wurden.

(2) Für die Zwecke des Absatzes 1 dieses Artikels legt die Gesellschaft der in Absatz 1 dieses Artikels genannten Behörde den Plan für die grenzüberschreitende Umwandlung vor, dem die Gesellschafterversammlung nach Artikel 86h zugestimmt hat.

(3) Jeder Mitgliedstaat stellt sicher, dass jeder von der Gesellschaft für die Zwecke von Absatz 1 gestellte Antrag einschließlich Informationen und Unterlagen im Einklang mit den einschlägigen Bestimmungen von Titel I Kapitel III vollständig online eingereicht werden kann, ohne dass es notwendig ist, dass die Antragsteller persönlich vor der Behörde nach Absatz 1 erscheinen.

(4) Die Behörde nach Absatz 1 genehmigt die grenzüberschreitende Umwandlung, sobald sie festgestellt hat, dass alle einschlägigen Voraussetzungen ordnungsgemäß erfüllt und alle Formalitäten im Zuzugsmitgliedstaat ordnungsgemäß erledigt sind.

(5) Die Vorabbescheinigung wird von der in Absatz 1 genannten Behörde als schlüssiger Nachweis

der ordnungsgemäßen Erledigung der geltenden der Umwandlung vorangehenden Verfahren und Formalitäten im Wegzugsmitgliedstaat anerkannt, ohne die die grenzüberschreitende Umwandlung nicht genehmigt werden kann.

Eintragung

Art. 86p (1) Für die Regelungen nach Artikel 16 zur Offenlegung des Abschlusses der grenzüberschreitenden Umwandlung in ihren Registern ist das Recht des Wegzugs- beziehungsweise des Zuzugsmitgliedstaats in Bezug auf ihr jeweiliges Hoheitsgebiet maßgebend.

(2) Die Mitgliedstaaten stellen sicher, dass in ihre Register mindestens die folgenden Informationen eingetragen werden:

a) im Register des Zuzugsmitgliedstaats die Tatsache, dass die Eintragung der umgewandelten Gesellschaft infolge einer grenzüberschreitenden Umwandlung erfolgte;

b) im Register des Zuzugsmitgliedstaats der Tag der Eintragung der umgewandelten Gesellschaft;

c) im Register des Wegzugsmitgliedstaats die Tatsache, dass die Löschung der Gesellschaft aus dem Register infolge einer grenzüberschreitenden Umwandlung erfolgte;

d) im Register des Wegzugsmitgliedstaats der Tag der Löschung der Gesellschaft aus dem Register;

e) in den Registern des Wegzugsmitgliedstaats bzw. des Zuzugsmitgliedstaats die Eintragungsnummer, Firma und Rechtsform der Gesellschaft und die Eintragungsnummer, Firma und Rechtsform der umgewandelten Gesellschaft.

Die Register machen die Informationen gemäß Unterabsatz 1 über das System der Registervernetzung öffentlich zugänglich.

(3) Die Mitgliedstaaten stellen sicher, dass das Register im Zuzugsmitgliedstaat dem Register im Wegzugsmitgliedstaat über das System der Registervernetzung mitteilt, dass die grenzüberschreitende Umwandlung wirksam geworden ist. Die Mitgliedstaaten stellen auch sicher, dass die Eintragung der Gesellschaft unmittelbar nach Eingang dieser Mitteilung aus dem Register gelöscht wird.

Wirksamwerden der grenzüberschreitenden Umwandlung

Art. 86q Der Zeitpunkt, an dem die grenzüberschreitende Umwandlung wirksam wird, bestimmt sich nach dem Recht des Zuzugsmitgliedstaats. Die Umwandlung kann jedoch erst dann wirksam werden, wenn die Prüfung nach Artikel 86m und 86o abgeschlossen ist.

Wirkungen einer grenzüberschreitenden Umwandlung

Art. 86r Eine grenzüberschreitende Umwandlung hat ab dem in Artikel 86q genannten Tag folgende Wirkungen:

a) Das gesamte Aktiv- und Passivvermögen der Gesellschaft, einschließlich aller Verträge, Kredite, Rechte und Pflichten, verbleibt bei der umgewandelten Gesellschaft.

b) Die Gesellschafter der Gesellschaft bleiben Gesellschafter der umgewandelten Gesellschaft, es sei denn, sie haben ihre Anteile nach Artikel 86i Absatz 1 veräußert.

c) Die am Tag des Wirksamwerdens der grenzüberschreitenden Umwandlung bestehenden Rechte und Pflichten der Gesellschaft aus Arbeitsverträgen oder -verhältnissen verbleiben bei der umgewandelten Gesellschaft.

Unabhängige Sachverständige

Art. 86s (1) Die Mitgliedstaaten erlassen Vorschriften, in denen mindestens die zivilrechtliche Haftung des unabhängigen Sachverständigen geregelt ist, der den Bericht nach Artikel 86f zu erstellen hat.

(2) Die Mitgliedstaaten verfügen über Vorschriften, um sicherzustellen, dass

a) der Sachverständige oder die juristische Person, in deren Namen der Sachverständige handelt, von der Gesellschaft, die eine Vorabbescheinigung beantragt, unabhängig ist und dass kein Interessenkonflikt mit dieser Gesellschaft besteht, und

b) die Stellungnahme des Sachverständigen unparteiisch und objektiv ist und abgegeben wird, um die zuständige Behörde im Einklang mit den Anforderungen der Unabhängigkeit und der Unparteilichkeit gemäß dem Recht und den beruflichen Standards, denen der Sachverständige unterliegt, zu unterstützen.

Gültigkeit

Art. 86t Eine grenzüberschreitende Umwandlung, die im Einklang mit den Verfahren zur Umsetzung dieser Richtlinie wirksam geworden ist, kann nicht für nichtig erklärt werden.

Absatz 1 berührt nicht die Befugnisse der Mitgliedstaaten, unter anderem im Hinblick auf das Strafrecht, die Verhinderung und Bekämpfung der Terrorismusfinanzierung, das Sozialrecht, die Besteuerung und die Strafverfolgung, gemäß nationalem Recht nach dem Tag des Wirksamwerdens der grenzüberschreitenden Umwandlung Maßnahmen und Sanktionen zu verhängen.

KAPITEL I
Verschmelzung von Aktiengesellschaften

Abschnitt 1
Allgemeine Bestimmungen über die Verschmelzung

Allgemeine Bestimmungen

Art. 87 (1) Die durch dieses Kapitel vorgeschriebenen Maßnahmen der Koordinierung gelten für die Rechts- und Verwaltungsvorschriften der

Mitgliedstaaten für Gesellschaften der in Anhang I genannten Rechtsformen.

(2) Die Mitgliedstaaten brauchen dieses Kapitel auf Genossenschaften, die in einer der in Anhang I genannten Rechtsformen gegründet worden sind, nicht anzuwenden. Soweit die Rechtsvorschriften der Mitgliedstaaten von dieser Möglichkeit Gebrauch machen, verpflichten sie diese Gesellschaften, die Bezeichnung „Genossenschaft" auf allen in Artikel 26 genannten Dokumenten anzugeben.

(3) Die Mitgliedstaaten brauchen dieses Kapitel nicht anzuwenden, wenn eine oder mehrere der übertragenden oder erlöschenden Gesellschaften Gegenstand eines Konkurs-, Vergleichs- oder ähnlichen Verfahrens ist bzw. sind.

(4) Die Mitgliedstaaten sorgen dafür, dass das vorliegende Kapitel nicht auf Gesellschaften angewandt wird, die Gegenstand einer Anwendung der in Titel IV der Richtlinie 2014/59/EU oder in Titel V der Verordnung (EU) 2021/23 vorgesehenen Abwicklungsinstrumente, -befugnisse und -mechanismen sind.

(VO (EU) 2021/23)

Regelungen über die Verschmelzung durch Aufnahme und die Verschmelzung durch Gründung einer neuen Gesellschaft

Art. 88 Die Mitgliedstaaten regeln für die Gesellschaften, die ihrem Recht unterliegen, die Verschmelzung durch Aufnahme einer oder mehrerer Gesellschaften durch eine andere Gesellschaft und die Verschmelzung durch Gründung einer neuen Gesellschaft.

Definition der „Verschmelzung durch Aufnahme"

Art. 89 (1) Im Sinne dieses Kapitels bezeichnet der Ausdruck „Verschmelzung durch Aufnahme" den Vorgang, durch den eine oder mehrere Gesellschaften ihr gesamtes Aktiv- und Passivvermögen im Wege der Auflösung ohne Abwicklung auf eine andere Gesellschaft übertragen, und zwar gegen Gewährung von Aktien der übernehmenden Gesellschaft an die Aktionäre der übertragenden Gesellschaft oder Gesellschaften und gegebenenfalls einer baren Zuzahlung, die 10 % des Nennbetrags oder, wenn der Nennbetrag nicht vorhanden ist, des rechnerischen Wertes der gewährten Aktien nicht übersteigt.

(2) Die Rechtsvorschriften eines Mitgliedstaats können vorsehen, dass die Verschmelzung durch Aufnahme auch dann erfolgen kann, wenn eine oder mehrere der übertragenden Gesellschaften in Abwicklung befinden, sofern diese Möglichkeit auf Gesellschaften beschränkt wird, die noch nicht mit der Verteilung ihres Vermögens an ihre Aktionäre begonnen haben.

Definition der „Verschmelzung durch Gründung einer neuen Gesellschaft"

Art. 90 (1) Im Sinne dieses Kapitels ist die „Verschmelzung durch Gründung einer neuen Gesellschaft" der Vorgang, durch den mehrere Gesellschaften ihr gesamtes Aktiv- und Passivvermögen im Wege der Auflösung ohne Abwicklung auf eine Gesellschaft, die sie gründen, übertragen, und zwar gegen Gewährung von Aktien der neuen Gesellschaft an ihre Aktionäre und gegebenenfalls einer baren Zuzahlung, die 10 % des Nennbetrags oder, wenn der Nennbetrag nicht vorhanden ist, des rechnerischen Wertes der gewährten Aktien nicht übersteigt.

(2) Die Rechtsvorschriften eines Mitgliedstaats können vorsehen, dass die Verschmelzung durch Gründung einer neuen Gesellschaft auch dann erfolgen kann, wenn sich eine oder mehrere der erlöschenden Gesellschaften in Abwicklung befinden, sofern diese Möglichkeit auf Gesellschaften beschränkt wird, die noch nicht mit der Verteilung ihres Vermögens an ihre Aktionäre begonnen haben.

**Abschnitt 2
Verschmelzung durch Aufnahme**

Verschmelzungsplan

Art. 91 (1) Die Verwaltungs- oder Leitungsorgane der sich verschmelzenden Gesellschaften erstellen einen schriftlichen Verschmelzungsplan.

(2) Der Verschmelzungsplan enthält mindestens folgende Angaben:

a) die Rechtsform, die Firma und den Sitz der sich verschmelzenden Gesellschaften;

b) das Umtauschverhältnis der Aktien und gegebenenfalls die Höhe der baren Zuzahlung;

c) die Einzelheiten hinsichtlich der Übertragung der Aktien der übernehmenden Gesellschaft;

d) den Zeitpunkt, von dem an diese Aktien das Recht auf Teilnahme am Gewinn gewähren, sowie alle Besonderheiten in Bezug auf dieses Recht;

e) den Zeitpunkt, von dem an die Handlungen der übertragenden Gesellschaft unter dem Gesichtspunkt der Rechnungslegung als für Rechnung der übernehmenden Gesellschaft vorgenommen gelten;

f) die Rechte, welche die übernehmende Gesellschaft den Aktionären mit Sonderrechten und den Inhabern anderer Wertpapiere als Aktien gewährt, oder die für diese Personen vorgeschlagenen Maßnahmen;

g) jeden besonderen Vorteil, der den Sachverständigen im Sinne des Artikels 96 Absatz 1 sowie den Mitgliedern der Verwaltungs-, Leitungs-, Aufsichts- oder Kontrollorgane der sich verschmelzenden Gesellschaften gewährt wird.

Bekanntmachung des Verschmelzungsplans

Art. 92 Der Verschmelzungsplan wird mindestens einen Monat vor dem Tage der Hauptversammlung, die über den Verschmelzungsplan zu beschließen hat, für jede der sich verschmelzenden Gesellschaften nach den in den Rechtsvorschriften der Mitgliedstaaten gemäß Artikel 16 vorgesehenen Verfahren offengelegt.

Jede verschmelzende Gesellschaft ist von der Offenlegungspflicht nach Artikel 16 befreit, wenn sie die Verschmelzungspläne während eines fortlaufenden Zeitraums, der mindestens einen Monat vor dem Datum der Hauptversammlung, die über die Verschmelzungspläne zu beschließen hat, beginnt und nicht vor dem Abschluss dieser Versammlung endet, für die Öffentlichkeit kostenlos auf ihren Internetseiten der Öffentlichkeit zugänglich macht. Die Mitgliedstaaten knüpfen diese Befreiung an keine anderen Erfordernisse und Auflagen als die, die für die Sicherheit der Internetseiten und die Echtheit der Dokumente erforderlich sind, und dürfen solche Erfordernisse und Auflagen nur einführen, soweit sie zur Erreichung dieses Zwecks angemessen sind.

Abweichend von Absatz 2 des vorliegenden Artikels können die Mitgliedstaaten verlangen, dass die Veröffentlichung über die zentrale elektronische Plattform gemäß Artikel 16 Absatz 5 erfolgt. Die Mitgliedstaaten können alternativ verlangen, dass die Veröffentlichung auf anderen, von ihnen zu diesem Zweck benannten Internetseiten erfolgt. Machen die Mitgliedstaaten von einer dieser Möglichkeiten Gebrauch, so gewährleisten sie, dass den Gesellschaften für diese Veröffentlichung keine spezifischen Kosten entstehen.

Werden andere Internetseiten als die zentrale elektronische Plattform genutzt, wird mindestens einen Monat vor dem Datum der Hauptversammlung auf der zentralen elektronischen Plattform ein Verweis, der zu diesen Internetseiten führt, veröffentlicht. Dieser Verweis enthält auch das Datum der Veröffentlichung der Verschmelzungspläne im Internet und ist der Öffentlichkeit kostenlos zugänglich. Den Gesellschaften entstehen für diese Veröffentlichung keine spezifischen Kosten.

Das Verbot gemäß den Absätzen 3 und 4, von Gesellschaften eine spezifische Gebühr für die Veröffentlichung zu verlangen, lässt die Möglichkeit der Mitgliedstaaten unberührt, die Kosten für die zentrale elektronische Plattform an Gesellschaften weiterzugeben.

Die Mitgliedstaaten können von Gesellschaften verlangen, Informationen für einen bestimmten Zeitraum nach der Hauptversammlung auf ihren Internetseiten oder gegebenenfalls auf der zentralen elektronischen Plattform oder den anderen von dem betreffenden Mitgliedstaat benannten Internetseiten verfügbar zu halten. Die Mitgliedstaaten können die Folgen einer vorübergehenden Unterbrechung des Zugriffs auf die Internetseiten und die zentrale elektronische Plattform aufgrund technischer oder sonstiger Ursachen bestimmen.

Zustimmung der Hauptversammlung jeder der sich verschmelzenden Gesellschaften

Art. 93 (1) Die Verschmelzung bedarf zumindest der Zustimmung der Hauptversammlung jeder der sich verschmelzenden Gesellschaften. Die Rechtsvorschriften der Mitgliedstaaten schreiben vor, dass dieser Beschluss zur Zustimmung mindestens eine Mehrheit von nicht weniger als zwei Dritteln der Stimmen der vertretenen Wertpapiere oder des vertretenen gezeichneten Kapitals erfordert.

Die Rechtsvorschriften der Mitgliedstaaten können jedoch vorschreiben, dass die einfache Mehrheit der in Unterabsatz 1 bezeichneten Stimmen ausreicht, sofern mindestens die Hälfte des gezeichneten Kapitals vertreten ist. Ferner sind gegebenenfalls die Vorschriften über die Satzungsänderung anzuwenden.

(2) Sind mehrere Gattungen von Aktien vorhanden, so ist der Beschluss über die Verschmelzung von einer gesonderten Abstimmung zumindest jeder Gattung derjenigen Aktionäre abhängig, deren Rechte durch die Maßnahme beeinträchtigt werden.

(3) Der Beschluss erstreckt sich auf die Genehmigung des Verschmelzungsplans und gegebenenfalls auf die zu seiner Durchführung erforderlichen Satzungsänderungen.

Verschmelzung ohne Zustimmung der Hauptversammlung der übernehmenden Gesellschaft

Art. 94 Die Rechtsvorschriften eines Mitgliedstaats brauchen die Zustimmung der Hauptversammlung der übernehmenden Gesellschaft nicht vorzuschreiben, wenn folgende Bedingungen erfüllt sind:

a) Die in Artikel 92 vorgeschriebene Offenlegung wird für die übernehmende Gesellschaft mindestens einen Monat vor dem Tage derjenigen Hauptversammlung der übertragenden Gesellschaft oder Gesellschaften, die über den Verschmelzungsplan zu beschließen haben, bewirkt;

b) jeder Aktionär der übernehmenden Gesellschaft hat mindestens einen Monat vor dem unter Buchstabe a genannten Zeitpunkt das Recht, am Sitz der übernehmenden Gesellschaft von den in Artikel 97 Absatz 1 genannten Unterlagen Kenntnis zu nehmen;

c) ein oder mehrere Aktionäre der übernehmenden Gesellschaft, die über Aktien in einem Mindestprozentsatz des gezeichneten Kapitals verfügen, haben das Recht, die Einberufung einer Hauptversammlung der übernehmenden Gesellschaft, in der über die Zustimmung zu der Verschmelzung beschlossen wird, zu verlangen; dieser Mindestprozentsatz darf nicht auf mehr als 5 % festgesetzt werden. Die Mitgliedstaaten können jedoch vorsehen, dass die Aktien ohne Stimmrecht von der Berechnung dieses Prozentsatzes ausgenommen sind.

Für die Zwecke von Absatz 1 Buchstabe b gilt Artikel 97 Absätze 2, 3 und 4.

Ausführlicher schriftlicher Bericht und Informationen zur Verschmelzung

Art. 95 (1) Die Verwaltungs- oder Leitungsorgane jeder der sich verschmelzenden Gesellschaften erstellen einen ausführlichen schriftlichen Bericht, in dem der Verschmelzungsplan und insbesondere das Umtauschverhältnis der Aktien rechtlich und wirtschaftlich erläutert und begründet werden.

In dem Bericht wird außerdem auf besondere Schwierigkeiten hingewiesen, die bei der Bewertung aufgetreten sind.

(2) Die Verwaltungs- oder Leitungsorgane jeder beteiligten Gesellschaft unterrichten die Hauptversammlung ihrer Gesellschaft, und die Verwaltungs- oder Leitungsorgane der anderen beteiligten Gesellschaften, damit diese die Hauptversammlung ihrer Gesellschaft unterrichten können, über jede zwischen der Aufstellung des Verschmelzungsplans und dem Datum der Hauptversammlung, die über den Verschmelzungsplan zu beschließen hat, eingetretene wesentliche Veränderung des Aktiv- oder Passivvermögens.

(3) Die Mitgliedstaaten können vorsehen, dass der in Absatz 1 genannte Bericht und/oder die in Absatz 2 genannten Informationen nicht verlangt werden, wenn alle Aktionäre und Inhaber anderer mit einem Stimmrecht verbundener Wertpapiere aller an der Verschmelzung beteiligten Gesellschaften darauf verzichtet haben.

Prüfung des Verschmelzungsplans durch Sachverständige

Art. 96 (1) Für jede der sich verschmelzenden Gesellschaften prüfen ein oder mehrere von diesen unabhängige Sachverständige, welche durch ein Gericht oder eine Verwaltungsbehörde bestellt oder zugelassen sind, den Verschmelzungsplan und erstellen einen schriftlichen Bericht für die Aktionäre. Die Rechtsvorschriften der Mitgliedstaaten können jedoch die Bestellung eines oder mehrerer unabhängiger Sachverständiger für alle sich verschmelzenden Gesellschaften vorsehen, wenn die Bestellung auf gemeinsamen Antrag dieser Gesellschaften durch ein Gericht oder eine Verwaltungsbehörde erfolgt. Diese Sachverständigen können entsprechend den Rechtsvorschriften jedes Mitgliedstaats sowohl natürliche oder juristische Personen als auch Gesellschaften sein.

(2) In dem Bericht nach Absatz 1 erklären die Sachverständigen in jedem Fall, ob das Umtauschverhältnis ihrer Ansicht nach angemessen ist. In dieser Erklärung wird zumindest angegeben,

a) nach welcher oder welchen Methoden das vorgeschlagene Umtauschverhältnis bestimmt worden ist;
b) ob diese Methode oder Methoden im vorliegenden Fall angemessen sind und welche Werte sich bei dieser Methoden ergeben; zugleich ist dazu Stellung zu nehmen, welche relative Bedeutung diesen Methoden bei der Bestimmung des zugrunde gelegten Wertes beigemessen wurde.

In dem Bericht wird außerdem auf besondere Schwierigkeiten bei der Bewertung, soweit solche aufgetreten sind, hingewiesen.

(3) Jeder Sachverständige hat das Recht, bei den sich verschmelzenden Gesellschaften alle zweckdienlichen Auskünfte und Unterlagen zu erhalten und alle erforderlichen Nachprüfungen vorzunehmen.

(4) Weder die Prüfung des Verschmelzungsplans noch die Erstellung eines Sachverständigenberichts sind erforderlich, wenn alle Aktionäre und Inhaber anderer mit einem Stimmrecht verbundener Wertpapiere aller an der Verschmelzung beteiligten Gesellschaften darauf verzichtet haben.

Verfügbarkeit der Unterlagen zur Kenntnisnahme durch die Aktionäre

Art. 97 (1) Mindestens einen Monat vor dem Datum der Hauptversammlung, die über den Verschmelzungsplan zu beschließen hat, hat jeder Aktionär das Recht, am Sitz der Gesellschaft zumindest von folgenden Unterlagen Kenntnis zu nehmen:

a) dem Verschmelzungsplan;
b) den Jahresabschlüssen und den Geschäftsberichten der sich verschmelzenden Gesellschaften für die letzten drei Geschäftsjahre;
c) gegebenenfalls einer Zwischenbilanz, die für einen Zeitpunkt erstellt ist, der nicht vor dem ersten Tag des dritten der Aufstellung des Verschmelzungsplans vorausgehenden Monats liegt, sofern der letzte Jahresabschluss sich auf ein mehr als sechs Monate vor der Aufstellung des Verschmelzungsplans abgelaufenes Geschäftsjahr bezieht;
d) gegebenenfalls den in Artikel 95 vorgesehenen Berichten der Verwaltungs- oder Leitungsorgane der sich verschmelzenden Gesellschaften;
e) gegebenenfalls den in Artikel 96 Absatz 1 genannten Berichten.

Für die Zwecke von Unterabsatz 1 Buchstabe c braucht keine Zwischenbilanz erstellt zu werden, wenn die Gesellschaft gemäß Artikel 5 der Richtlinie 2004/109/EG einen Halbjahresfinanzbericht veröffentlicht und den Aktionären gemäß diesem Absatz zur Verfügung stellt. Ferner können die Mitgliedstaaten vorsehen, dass keine Zwischenbilanz erstellt wird, wenn alle Aktionäre und Inhaber anderer mit einem Stimmrecht verbundener Wertpapiere aller an der Verschmelzung beteiligten Gesellschaften dies beschlossen haben.

(2) Die Zwischenbilanz nach Absatz 1 Unterabsatz 1 Buchstabe c ist nach denselben Methoden und in derselben Gliederung zu erstellen wie die letzte Jahresbilanz.

Die Rechtsvorschriften eines Mitgliedstaats können jedoch vorsehen, dass

a) es nicht erforderlich ist, eine neue körperliche Bestandsaufnahme durchzuführen;
b) die Bewertungen der letzten Bilanz nur nach Maßgabe der Bewegungen in den Büchern verändert zu werden brauchen, wobei jedoch zu berücksichtigen sind:
   – Abschreibungen, Wertberichtigungen und Rückstellungen für die Zwischenzeit,
   – wesentliche, aus den Büchern nicht ersichtliche Veränderungen der wirklichen Werte.

(3) Vollständige oder, falls gewünscht, auszugsweise Abschriften der in Absatz 1 genannten Unterlagen sind jedem Aktionär auf formlosen Antrag kostenlos zu erteilen.

Hat der Aktionär diesem Weg der Informationsübermittlung zugestimmt, so können Informationen auf elektronischem Wege bereitgestellt werden.

(4) Eine Gesellschaft ist von der Pflicht, die in Absatz 1 genannten Dokumente an ihrem Sitz zur Verfügung zu stellen befreit, wenn sie die betreffenden Dokumente während eines fortlaufenden Zeitraums, der mindestens einen Monat vor dem Datum der Hauptversammlung, die über die Verschmelzungspläne zu beschließen hat, beginnt und nicht vor dem Abschluss der Versammlung endet, auf ihren Internetseiten veröffentlicht. Die Mitgliedstaaten knüpfen diese Befreiung an keine anderen Erfordernisse und Auflagen als die, die für die Sicherheit der Internetseiten und die Echtheit der Dokumente erforderlich sind, und dürfen solche Erfordernisse und Auflagen nur einführen, soweit sie zur Erreichung dieses Zwecks angemessen sind.

Absatz 3 kommt nicht zur Anwendung, wenn der Aktionär während des gesamten in Unterabsatz 1 genannten Zeitraums auf den Internetseiten die Möglichkeit haben, die in Absatz 1 genannten Dokumente herunterzuladen und auszudrucken. In diesem Fall können die Mitgliedstaaten jedoch vorsehen, dass die Gesellschaft diese Dokumente an ihrem Sitz zur Einsichtnahme durch die Aktionäre zur Verfügung stellt.

Die Mitgliedstaaten können von Gesellschaften verlangen, Informationen für einen bestimmten Zeitraum nach der Hauptversammlung auf ihren Internetseiten verfügbar zu halten. Die Mitgliedstaaten können die Folgen einer vorübergehenden Unterbrechung des Zugriffs auf die Internetseiten aufgrund technischer oder sonstiger Ursachen bestimmen.

Wahrung von Ansprüchen der Arbeitnehmer

Art. 98 Die Wahrung von Ansprüchen der Arbeitnehmer der sich verschmelzenden Gesellschaften wird gemäß der Richtlinie 2001/23/EG geregelt.

Schutz der Gläubigerinteressen der sich verschmelzenden Gesellschaften

Art. 99 (1) Die Rechtsvorschriften der Mitgliedstaaten sehen ein angemessenes Schutzsystem für die Interessen der Gläubiger der sich verschmelzenden Gesellschaften vor, deren Forderungen vor der Bekanntmachung des Verschmelzungsplans entstanden und zum Zeitpunkt dieser Bekanntmachung noch nicht erloschen sind.

(2) Für die Zwecke des Absatzes 1 sehen die Rechtsvorschriften der Mitgliedstaaten zumindest vor, dass diese Gläubiger Anspruch auf angemessene Garantien haben, wenn die finanzielle Lage der sich verschmelzenden Gesellschaften einen solchen Schutz erforderlich macht und die Gläubiger nicht schon derartige Garantien haben.

Die Mitgliedstaaten legen die Modalitäten für den in Absatz 1 und Unterabsatz 1 des vorliegenden Absatzes vorgesehenen Schutz fest. Die Mitgliedstaaten gewährleisten in jedem Fall, dass die Gläubiger das Recht haben, bei der zuständigen Verwaltungsbehörde oder dem zuständigen Gericht angemessene Sicherheiten zu beantragen, wenn sie nachweisen können, dass die Befriedigung ihrer Forderungen durch die Verschmelzung gefährdet ist und sie von der Gesellschaft keine angemessenen Sicherheiten erhalten haben.

(3) Der Schutz kann für die Gläubiger der übernehmenden Gesellschaft und für die Gläubiger der übertragenden Gesellschaft unterschiedlich sein.

Schutz der Interessen der Anleihegläubiger der sich verschmelzenden Gesellschaften

Art. 100 Unbeschadet der Vorschriften über die gemeinsame Ausübung der Rechte der Anleihegläubiger der sich verschmelzenden Gesellschaften ist Artikel 99 auf diese Gläubiger anzuwenden, es sei denn, eine Versammlung der Anleihegläubiger – sofern die nationalen Rechtsvorschriften eine solche Versammlung vorsehen – oder jeder einzelne Anleihegläubiger hat der Verschmelzung zugestimmt.

Schutz der Inhaber von Wertpapieren, die mit Sonderrechten verbunden sind, jedoch keine Aktien sind

Art. 101 Die Inhaber von Wertpapieren, die mit Sonderrechten verbunden, jedoch keine Aktien sind, erhalten in der übernehmenden Gesellschaft Rechte, die mindestens denen gleichwertig sind, die sie in der übertragenden Gesellschaft hatten, es sei denn, dass eine Versammlung der Inhaber – sofern die nationalen Rechtsvorschriften eine solche Versammlung vorsehen – der Änderung dieser Rechte oder dass jeder einzelne Inhaber der Änderung seines Rechts zugestimmt hat oder dass diese Inhaber einen Anspruch auf Rückkauf ihrer Wertpapiere durch die übernehmende Gesellschaft haben.

Öffentliche Beurkundung der Unterlagen

Art. 102 (1) Falls die Rechtsvorschriften eines Mitgliedstaats für Verschmelzungen eine vorbeugende gerichtliche oder Verwaltungskontrolle der Rechtmäßigkeit nicht vorsehen oder sich diese Kontrolle nicht auf alle für die Verschmelzung erforderlichen Rechtshandlungen erstreckt, werden die Niederschriften der Hauptversammlungen, die über die Verschmelzung beschließen, und gegebenenfalls der nach diesen Hauptversammlungen geschlossene Verschmelzungsvertrag öffentlich beurkundet. Falls die Verschmelzung nicht von den Hauptversammlungen aller sich verschmelzenden Gesellschaften gebilligt werden muss, wird der Verschmelzungsplan öffentlich beurkundet.

(2) Der Notar oder die für die öffentliche Beurkundung zuständige Stelle prüft und bestätigt das Vorliegen und die Rechtmäßigkeit der Rechtshandlungen und Formalitäten, die der Gesellschaft obliegen, für die der Notar oder die Stelle tätig wird, sowie das Vorliegen und die Rechtmäßigkeit des Verschmelzungsplans.

Wirksamwerden der Verschmelzung

Art. 103 Die Rechtsvorschriften der Mitgliedstaaten bestimmen den Zeitpunkt, zu dem die Verschmelzung wirksam wird.

Formalitäten der Offenlegung einer Verschmelzung

Art. 104 (1) Für jede der sich verschmelzenden Gesellschaften wird die Verschmelzung nach den in den Rechtsvorschriften eines jeden Mitgliedstaats vorgesehenen Verfahren in Übereinstimmung mit Artikel 16 offengelegt.

(2) Die übernehmende Gesellschaft kann die für die übertragende Gesellschaft oder die übertragenden Gesellschaften vorzunehmenden Formalitäten der Offenlegung selbst veranlassen.

Folgen einer Verschmelzung

Art. 105 (1) Die Verschmelzung bewirkt ipso jure gleichzeitig Folgendes:
a) Sowohl zwischen der übertragenden Gesellschaft und der übernehmenden Gesellschaft als auch gegenüber Dritten geht das gesamte Aktiv- und Passivvermögen der übertragenden Gesellschaft auf die übernehmende Gesellschaft über;
b) die Aktionäre der übertragenden Gesellschaft werden Aktionäre der übernehmenden Gesellschaft und
c) die übertragende Gesellschaft erlischt.

(2) Es werden keine Aktien der übernehmenden Gesellschaft im Austausch für Aktien der übertragenden Gesellschaft begeben, die sich
a) im Besitz der übernehmenden Gesellschaft selbst oder einer Person befinden, die im eigenen Namen, aber für Rechnung der Gesellschaft handelt; oder
b) im Besitz der übertragenden Gesellschaft selbst oder einer Person befinden, die im eigenen Namen, aber für Rechnung der Gesellschaft handelt.

(3) Unberührt bleiben die Rechtsvorschriften der Mitgliedstaaten, die für die Wirksamkeit der Übertragung bestimmter, von der übertragenden Gesellschaft eingebrachter Vermögensgegenstände, Rechte und Pflichten gegenüber Dritten besondere Formalitäten erfordern. Die übernehmende Gesellschaft kann diese Formalitäten selbst veranlassen; die Rechtsvorschriften der Mitgliedstaaten können jedoch der übertragenden Gesellschaft gestatten, während eines begrenzten Zeitraums diese Formalitäten weiter zu vollziehen; dieser Zeitraum darf nur in Ausnahmefällen auf mehr als sechs Monate nach dem Zeitpunkt, in dem die Verschmelzung wirksam wird, festgesetzt werden.

Zivilrechtliche Haftung der Mitglieder des Verwaltungs- oder Leitungsorgans der übertragenden Gesellschaft

Art. 106 Die Rechtsvorschriften der Mitgliedstaaten regeln zumindest die zivilrechtliche Haftung der Mitglieder des Verwaltungs- oder Leitungsorgans der übertragenden Gesellschaft gegenüber den Aktionären dieser Gesellschaft für schuldhaftes Verhalten von Mitgliedern dieses Organs bei der Vorbereitung und dem Vollzug der Verschmelzung.

Zivilrechtliche Haftung der Sachverständigen, die für die übertragende Gesellschaft Berichte erstellen

Art. 107 Die Rechtsvorschriften der Mitgliedstaaten regeln zumindest die zivilrechtliche Haftung der Sachverständigen, die den in Artikel 96 Absatz 1 vorgesehenen Bericht für die übertragende Gesellschaft erstellen, gegenüber den Aktionären dieser Gesellschaft für schuldhaftes Verhalten dieser Sachverständigen bei der Erfüllung ihrer Aufgaben.

Voraussetzungen für die Nichtigkeit der Verschmelzung

Art. 108 (1) Die Rechtsvorschriften der Mitgliedstaaten können die Nichtigkeit der Verschmelzung von Gesellschaften nur nach Maßgabe folgender Bestimmungen regeln:
a) Die Nichtigkeit muss durch gerichtliche Entscheidung ausgesprochen werden;
b) für nichtig erklärt werden kann eine im Sinne von Artikel 103 wirksam gewordene Verschmelzung nur wegen Fehlens einer vorbeugenden gerichtlichen oder verwaltungsmäßigen Kontrolle der Rechtmäßigkeit oder einer öffentlichen Beurkundung oder wenn festgestellt wird, dass der Beschluss der Hauptversammlung nach nationalem Recht nichtig oder anfechtbar ist;
c) die Nichtigkeitsklage kann nicht mehr erhoben werden, wenn eine Frist von sechs Monaten verstrichen ist, nachdem die Verschmelzung demjenigen gegenüber wirksam geworden ist, der sich auf die Nichtigkeit beruft, oder wenn der Mangel behoben worden ist;
d) kann der Mangel, dessentwegen die Verschmelzung für nichtig erklärt werden kann, behoben werden, so hat das zuständige Gericht den beteiligten Gesellschaften dazu eine Frist einzuräumen;
e) die gerichtliche Entscheidung, durch welche die Nichtigkeit der Verschmelzung ausgesprochen wird, hat in Übereinstimmung mit Artikel 16 nach den in den Rechtsvorschriften jedes Mitgliedstaats vorgesehenen Verfahren offengelegt zu werden;
f) falls die Rechtsvorschriften der Mitgliedstaaten gegen die gerichtliche Entscheidung einen Einspruch Dritter vorsehen, so kann dieser Dritte nach Ablauf einer Frist von sechs Monaten seit Offenlegung der gerichtlichen Entscheidung gemäß Titel I Kapitel III Abschnitt 1 nicht mehr erhoben werden;
g) die gerichtliche Entscheidung, durch welche die Nichtigkeit der Verschmelzung ausgesprochen wird, berührt für sich allein nicht die Wirksamkeit der Verpflichtungen, die

vor der Offenlegung der gerichtlichen Entscheidung, jedoch nach dem Zeitpunkt, in dem die Verschmelzung wirksam wird, zu Lasten oder zugunsten der übernehmenden Gesellschaft entstanden sind und

h) die an der Verschmelzung beteiligten Gesellschaften haften als Gesamtschuldner für die in Buchstabe g genannten Verpflichtungen der übernehmenden Gesellschaft.

(2) Abweichend von Absatz 1 Buchstabe a können die Rechtsvorschriften eines Mitgliedstaats auch gestatten, dass die Nichtigkeit der Verschmelzung durch eine Verwaltungsbehörde ausgesprochen wird, wenn gegen eine solche Entscheidung ein Rechtsbehelf bei einem Gericht eingelegt werden kann. Absatz 1 Buchstabe b und Buchstaben d bis h gilt für die Verwaltungsbehörde entsprechend. Dieses Nichtigkeitsverfahren kann nach Ablauf einer Frist von sechs Monaten nach dem Zeitpunkt, in dem die Verschmelzung wirksam wird, nicht mehr eingeleitet werden.

(3) Unberührt bleiben die Rechtsvorschriften der Mitgliedstaaten über die Nichtigkeit einer Verschmelzung, die im Wege einer anderen Kontrolle der Verschmelzung als der vorbeugenden gerichtlichen oder verwaltungsmäßigen Kontrolle der Rechtmäßigkeit ausgesprochen wird.

Abschnitt 3
Verschmelzung durch Gründung einer neuen Gesellschaft

Verschmelzung durch Gründung einer neuen Gesellschaft

Art. 109 (1) Die Artikel 91, 92, 93 sowie 95 bis 108 sind unbeschadet der Artikel 11 und 12 auf die Verschmelzung durch Gründung einer neuen Gesellschaft anwendbar. Hierbei sind unter „sich verschmelzenden Gesellschaften" oder „übertragender Gesellschaft" die erlöschenden Gesellschaften und unter „übernehmender Gesellschaft" die neue Gesellschaft zu verstehen.

Artikel 91 Absatz 2 Buchstabe a wird auch auf die neue Gesellschaft angewendet.

(2) Der Verschmelzungsplan und, falls sie Gegenstand eines getrennten Aktes sind, der Errichtungsakt oder der Entwurf des Errichtungsaktes und die Satzung oder der Entwurf der Satzung der neuen Gesellschaft bedürfen der Zustimmung der Hauptversammlung jeder der erlöschenden Gesellschaften.

Abschnitt 4
Verschmelzung einer Gesellschaft mit einer Anderen, der mindestens 90 % der Aktien der Ersteren gehören

Übertragung des gesamten Aktiv- und Passivvermögens einer oder mehrerer Gesellschaften auf eine andere Gesellschaft, der alle Aktien und alle sonstigen Anteile der übertragenden Gesellschaft oder Gesellschaften gehören

Art. 110 Die Mitgliedstaaten regeln für die Gesellschaften, die ihrem Recht unterliegen, den Vorgang, durch den eine oder mehrere Gesellschaften ihr gesamtes Aktiv- und Passivvermögen im Wege der Auflösung ohne Abwicklung auf eine andere Gesellschaft übertragen, der alle Aktien sowie alle sonstigen Anteile der übertragenden Gesellschaft oder Gesellschaften gehören, die in der Hauptversammlung ein Stimmrecht gewähren. Auf diesen Vorgang sind die Bestimmungen des Abschnittes 2 dieses Kapitels anzuwenden. Allerdings dürfen die Mitgliedstaaten keine der in Artikel 91 Absatz 2 Buchstaben b, c und d, Artikel 95 und 96, Artikel 97 Absatz 1 Buchstaben d und e, Artikel 105 Absatz 1 Buchstabe b, Artikel 106 sowie Artikel 107 beschriebenen Anforderungen auferlegen.

Befreiung vom Erfordernis der Zustimmung der Hauptversammlung

Art. 111 Die Mitgliedstaaten wenden Artikel 93 nicht auf die in Artikel 110 genannten Vorgänge an, wenn folgende Bedingungen erfüllt sind:

a) Die in Artikel 92 vorgeschriebene Offenlegung wird für die an dem Vorgang beteiligten Gesellschaften mindestens einen Monat vor dem Zeitpunkt, zu dem der Vorgang wirksam wird, bewirkt;

b) alle Aktionäre der übernehmenden Gesellschaft haben das Recht, mindestens einen Monat vor dem Zeitpunkt, zu dem der Vorgang wirksam wird, am Sitz dieser Gesellschaft von den in Artikel 97 Absatz 1 Buchstaben a, b und c genannten Unterlagen Kenntnis zu nehmen;

c) Artikel 94 Absatz 1 Buchstabe c findet Anwendung.

Für die Zwecke von Absatz 1 Buchstabe b des vorliegenden Artikels gilt Artikel 97 Absätze 2, 3 und 4.

Aktien im Besitz der übernehmenden Gesellschaft oder im Besitz für Rechnung der übernehmenden Gesellschaft

Art. 112 Die Mitgliedstaaten können die Artikel 110 und 111 auf Vorgänge anwenden, durch die eine oder mehrere Gesellschaften ihr gesamtes Aktiv- und Passivvermögen im Wege der Auflösung ohne Abwicklung auf eine andere Gesellschaft übertragen, wenn alle in Artikel 110 genannten Aktien und sonstigen Anteile der übertragenden Gesellschaft oder Gesellschaften der übernehmenden Gesellschaft und/oder Personen gehören, welche diese Aktien und Anteile im eigenen Namen, aber für Rechnung der übernehmenden Gesellschaft besitzen.

Verschmelzung im Wege der Aufnahme durch eine Gesellschaft, der mindestens 90 % der Aktien der übertragenden Gesellschaft gehören

Art. 113 Vollzieht eine Gesellschaft, die mindestens 90 %, aber nicht alle Aktien und sonstigen in der Gesellschafterversammlung Stimmrecht gewährenden Anteile der übertragenden Gesellschaft

bzw. Gesellschaften hält, eine Verschmelzung im Wege der Aufnahme, so dürfen die Mitgliedstaaten die Genehmigung der Verschmelzung durch die Hauptversammlung der übernehmenden Gesellschaft nicht vorschreiben, wenn die folgenden Bedingungen erfüllt sind:
a) Die in Artikel 92 vorgeschriebene Offenlegung wird für die übernehmende Gesellschaft mindestens einen Monat vor dem Tage derjenigen Hauptversammlung der übertragenden Gesellschaft oder Gesellschaften, die über den Verschmelzungsplan zu beschließen hat bzw. haben, bewirkt;
b) alle Aktionäre der übernehmenden Gesellschaft haben das Recht, mindestens einen Monat vor dem unter Buchstabe a angegebenen Zeitpunkt am Sitz dieser Gesellschaft von den in Artikel 97 Absatz 1 Buchstaben a, b und gegebenenfalls Artikel 97 Absatz 1 Buchstaben c, d und e bezeichneten Unterlagen Kenntnis zu nehmen;
c) Artikel 94 Absatz 1 Buchstabe c findet Anwendung.

Für die Zwecke von Absatz 1 Buchstabe b des vorliegenden Artikels gilt Artikel 97 Absätze 2, 3 und 4.

Befreiung von für Verschmelzungen durch Aufnahme geltenden Anforderungen

Art. 114 Die Mitgliedstaaten dürfen die Anforderungen der Artikel 95, 96 und 97 bei Verschmelzungen im Sinne von Artikel 113 nicht auferlegen, wenn folgende Bedingungen erfüllt sind:
a) Die Minderheitsaktionäre der übertragenden Gesellschaft haben das Recht, ihre Aktien von der übernehmenden Gesellschaft aufkaufen zu lassen;
b) in diesem Fall haben sie Anspruch auf ein dem Wert ihrer Aktien entsprechendes Entgelt;
c) sofern hierüber keine Einigung erzielt wird, kann das Entgelt durch das Gericht oder von einer von dem Mitgliedstaat zu diesem Zweck benannten Verwaltungsbehörde festgesetzt werden.

Ein Mitgliedstaat braucht den ersten Absatz nicht anzuwenden, wenn die Rechtsvorschriften dieses Mitgliedstaats die übernehmende Gesellschaft dazu berechtigen, von allen Inhabern der verbleibenden Anteile der zu übernehmenden Gesellschaft oder Gesellschaften ohne ein vorheriges öffentliches Übernahmeangebot zu verlangen, ihr diese Anteile vor der Verschmelzung zu einem angemessenen Preis zu verkaufen.

Übertragung des gesamten Aktiv- und Passivvermögens einer oder mehrerer Gesellschaften auf eine Gesellschaft, der 90 % oder mehr der Aktien der übertragenden Gesellschaft oder Gesellschaften gehören

Art. 115 Die Mitgliedstaaten können die Artikel 113 und 114 auf Vorgänge anwenden, durch die eine oder mehrere Gesellschaften ihr gesamtes Aktiv- und Passivvermögen im Wege der Auflösung ohne Abwicklung auf eine andere Gesellschaft übertragen, wenn 90 % oder mehr, jedoch nicht alle der in Artikel 113 genannten Aktien und sonstigen Anteile der übertragenden Gesellschaft oder Gesellschaften der übernehmenden Gesellschaft und/oder Personen gehören, welche diese Aktien und Anteile im eigenen Namen, aber für Rechnung der übernehmenden Gesellschaft besitzen.

Abschnitt 5
Andere der Verschmelzung gleichgestellte Vorgänge

Verschmelzung durch bare Zuzahlung in Höhe von über 10 %

Art. 116 Gestatten die Rechtsvorschriften eines Mitgliedstaats für einen der in Artikel 88 vorgesehenen Vorgänge, dass die bare Zuzahlung den Satz von 10 % übersteigt, so werden die Abschnitte 2 und 3 dieses Kapitels sowie die Artikel 113, 114 und 115 angewendet.

Verschmelzung ohne Erlöschen sämtlicher übertragender Gesellschaften

Art. 117 Gestatten die Rechtsvorschriften eines Mitgliedstaats einen der in den Artikeln 88, 110 oder 116 vorgesehenen Vorgänge, ohne dass alle übertragenden Gesellschaften erlöschen, so werden Abschnitt 2 – mit Ausnahme des Artikels 105 Absatz 1 Buchstabe c – und die Abschnitte 3 oder 4 dieses Kapitels angewendet.

KAPITEL II
Grenzüberschreitende Verschmelzungen von Kapitalgesellschaften

Allgemeine Bestimmungen

Art. 118 Dieses Kapitel gilt für Verschmelzungen von Kapitalgesellschaften, die nach dem Recht eines Mitgliedstaats gegründet worden sind und ihren satzungsmäßigen Sitz, ihre Hauptverwaltung oder ihre Hauptniederlassung in der Union haben, sofern mindestens zwei der Gesellschaften dem Recht verschiedener Mitgliedstaaten unterliegen (nachstehend „grenzüberschreitende Verschmelzungen" genannt).

Begriffsbestimmungen

Art. 119 Im Sinne dieses Kapitels bezeichnet der Ausdruck
1. „Kapitalgesellschaft" (nachstehend „Gesellschaft" genannt)
    a) eine Gesellschaft im Sinne des Anhangs II; oder
    b) eine Gesellschaft, die Rechtspersönlichkeit besitzt und über gesondertes Gesellschaftskapital verfügt, das allein für die Verbindlichkeiten der Gesellschaft haftet, und die nach dem für sie maßgebenden nationalen Recht Schutzbestimmungen im Sinne des Titels I Kapitel II Abschnitt 2 und des Titels I Kapitel III Abschnitt 1 im Interesse der

Gesellschafter sowie Dritter einhalten muss;

2. „Verschmelzung" den Vorgang, durch den
   a) eine oder mehrere Gesellschaften zum Zeitpunkt ihrer Auflösung ohne Abwicklung ihr gesamtes Aktiv- und Passivvermögen auf eine bereits bestehende Gesellschaft – „übernehmende Gesellschaft" – gegen Gewährung von Aktien oder sonstigen Anteilen am Gesellschaftskapital der anderen Gesellschaft an ihre eigenen Gesellschafter und gegebenenfalls einer baren Zuzahlung übertragen; die Zuzahlung darf 10 % des Nennwerts oder – bei Fehlen eines solchen – des rechnerischen Werts dieser Aktien oder sonstigen Anteile nicht überschreiten; oder
   b) zwei oder mehrere Gesellschaften zum Zeitpunkt ihrer Auflösung ohne Abwicklung ihr gesamtes Aktiv- und Passivvermögen auf eine von ihnen gegründete Gesellschaft – „neue Gesellschaft" – gegen Gewährung von Aktien oder sonstigen Anteilen am Gesellschaftskapital der neuen Gesellschaft an ihre eigenen Gesellschafter und gegebenenfalls einer baren Zuzahlung übertragen; die Zuzahlung darf 10 % des Nennwerts oder – bei Fehlen eines solchen – des rechnerischen Werts dieser Aktien oder sonstigen Anteile nicht überschreiten; oder
   c) eine Gesellschaft zum Zeitpunkt ihrer Auflösung ohne Abwicklung ihr gesamtes Aktiv- und Passivvermögen auf die Gesellschaft überträgt, die sämtliche Aktien oder sonstigen Anteile an ihrem Gesellschaftskapital besitzt;
   d) eine oder mehrere Gesellschaften zum Zeitpunkt ihrer Auflösung ohne Abwicklung ihr gesamtes Aktiv- und Passivvermögen auf eine bereits bestehende Gesellschaft – „übernehmende Gesellschaft" – übertragen, ohne dass die übernehmende Gesellschaft neue Anteile ausgibt, sofern eine Person unmittelbar oder mittelbar alle Anteile an den sich verschmelzenden Gesellschaften besitzt oder die Aktien und sonstigen Anteile der Gesellschafter der sich verschmelzenden Gesellschaften bei allen sich verschmelzenden Gesellschaften dasselbe Verhältnis haben.

Sonderregeln zum Anwendungsbereich

Art. 120 (1) Ungeachtet des Artikels 119 Nummer 2 findet dieses Kapitel auch dann Anwendung auf grenzüberschreitende Verschmelzungen, wenn die bare Zuzahlung gemäß Artikel 119 Nummer 2 Buchstaben a und b nach dem Recht mindestens eines der betroffenen Mitgliedstaaten 10 % des Nennwerts oder – bei Fehlen eines solchen – des rechnerischen Werts der Aktien oder sonstigen Anteile am Kapital der Gesellschaft, die aus der grenzüberschreitenden Verschmelzung hervorgeht, überschreiten darf.

(2) Die Mitgliedstaaten können beschließen, dieses Kapitel nicht auf grenzüberschreitende Verschmelzungen anzuwenden, an denen eine Genossenschaft beteiligt ist; dies gilt auch dann, wenn diese Genossenschaft unter die Definition des Begriffs „Kapitalgesellschaft" gemäß Artikel 119 Nummer 1 fällt.

(3) Dieses Kapitel gilt nicht für grenzüberschreitende Verschmelzungen, an denen eine Gesellschaft beteiligt ist, deren Zweck es ist, die vom Publikum bei ihr eingelegten Gelder nach dem Grundsatz der Risikostreuung gemeinsam anzulegen und deren Anteile auf Verlangen der Anteilsinhaber unmittelbar oder mittelbar zulasten des Vermögens dieser Gesellschaft zurückgenommen oder ausgezahlt werden. Diesen Rücknahmen oder Auszahlungen gleichgestellt sind Handlungen, mit denen eine solche Gesellschaft sicherstellen will, dass der Börsenwert ihrer Anteile nicht erheblich von deren Nettoinventarwert abweicht.

(4) Die Mitgliedstaaten stellen sicher, dass dieses Kapitel in keinem der folgenden Fälle auf Gesellschaften angewendet wird:
a) die Gesellschaft befindet sich in Liquidation und hat mit der Verteilung ihres Vermögens an ihre Gesellschafter begonnen;
b) die Gesellschaft ist Gegenstand von in Titel IV der Richtlinie 2014/59/EU oder in Titel V der Verordnung (EU) 2021/23 vorgesehenen Abwicklungsinstrumenten, -befugnissen und -mechanismen.

(VO (EU) 2021/23)

(5) Die Mitgliedstaaten können beschließen, dieses Kapitel nicht auf Gesellschaften anzuwenden, die Gegenstand von Folgendem sind:
a) Insolvenzverfahren oder präventiven Restrukturierungsrahmen;
b) anderen Liquidationsverfahren als denjenigen, die in Absatz 4 Buchstabe a genannt sind, oder
c) Krisenpräventionsmaßnahmen gemäß Artikel 2 Absatz 1 Nummer 101 der Richtlinie 2014/59/EU oder gemäß Artikel 2 Nummer 48 der Verordnung (EU) 2021/23.

(VO (EU) 2021/23)

Voraussetzungen für grenzüberschreitende Verschmelzungen

Art. 121 (1) Sofern dieses Kapitel nicht etwas anderes bestimmt,
b) muss eine Gesellschaft, die sich an einer grenzüberschreitenden Verschmelzung beteiligt, die Vorschriften und Formalitäten des für sie geltenden nationalen Rechts einhalten bzw. erledigen. Wenn das Recht eines Mitgliedstaats es den Behörden dieses Mitgliedstaats gestattet, eine innerstaatliche Verschmelzung aus Gründen des öffentlichen Interesses zu verbieten, so gilt dies auch für eine

grenzüberschreitende Verschmelzung, bei der mindestens eine der an der Verschmelzung beteiligten Gesellschaften dem Recht dieses Mitgliedstaats unterliegt. Diese Bestimmung gilt nicht, soweit Artikel 21 der Verordnung (EG) Nr. 139/2004 anwendbar ist.

(2) Zu den in Absatz 1 Buchstabe b des vorliegenden Artikels genannten Vorschriften und Formalitäten zählen insbesondere Bestimmungen über das die Verschmelzung betreffende Beschlussfassungsverfahren und über den Schutz der Arbeitnehmer, soweit andere als die in Artikel 133 geregelten Rechte betroffen sind.

Gemeinsamer Plan für grenzüberschreitende Verschmelzungen

Art. 122 Die Leitungs- oder Verwaltungsorgane der sich verschmelzenden Gesellschaften stellen einen gemeinsamen Plan für eine grenzüberschreitende Verschmelzung (nachstehend „gemeinsamer Verschmelzungsplan" genannt) auf. Dieser Plan enthält mindestens folgende Angaben:

a) Rechtsform und Firma jeder der sich verschmelzenden Gesellschaften und ihre satzungsmäßigen Sitze sowie Rechtsform und Firma, die für die aus der grenzüberschreitenden Verschmelzung hervorgehende Gesellschaft vorgesehen sind, und ihren vorgesehenen satzungsmäßigen Sitz;

b) das Umtauschverhältnis der Aktien oder sonstigen Gesellschaftsanteile und gegebenenfalls die Höhe der baren Zuzahlungen;

c) die Einzelheiten der Übertragung der Aktien oder sonstigen Gesellschaftsanteile der aus der grenzüberschreitenden Verschmelzung hervorgehenden Gesellschaft;

d) die voraussichtlichen Auswirkungen der grenzüberschreitenden Verschmelzung auf die Beschäftigung;

e) den Zeitpunkt, von dem an diese Aktien oder sonstigen Gesellschaftsanteile deren Inhabern das Recht auf Beteiligung an Gewinn gewähren, sowie alle Besonderheiten, die eine Auswirkung auf dieses Recht haben;

f) den Zeitpunkt, von dem an die Handlungen der sich verschmelzenden Gesellschaften unter dem Gesichtspunkt der Rechnungslegung als für Rechnung der aus der grenzüberschreitenden Verschmelzung hervorgehenden Gesellschaft vorgenommen gelten;

g) die Rechte, welche die aus der grenzüberschreitenden Verschmelzung hervorgehende Gesellschaft den mit Sonderrechten ausgestatteten Gesellschaftern und den Inhabern von anderen Wertpapieren als Gesellschaftsanteilen gewährt, oder die für diese Personen vorgeschlagenen Maßnahmen;

h) etwaige besondere Vorteile, die den Mitgliedern der Verwaltungs-, Leitungs-, Aufsichts- oder Kontrollorgane der sich verschmelzenden Gesellschaften gewährt werden;

i) soweit einschlägig den Errichtungsakt der aus der grenzüberschreitenden Verschmelzung hervorgehenden Gesellschaft und, falls sie Gegenstand eines gesonderten Aktes ist, die Satzung;

j) gegebenenfalls Angaben zu dem Verfahren, nach dem gemäß Artikel 133 die Einzelheiten über die Beteiligung von Arbeitnehmern an der Festlegung ihrer Mitbestimmungsrechte in der aus der grenzüberschreitenden Verschmelzung hervorgehenden Gesellschaft geregelt werden;

k) Angaben zur Bewertung des Aktiv- und Passivvermögens, das auf die aus der grenzüberschreitenden Verschmelzung hervorgehende Gesellschaft übertragen wird;

l) den Stichtag der Jahresabschlüsse der an der Verschmelzung beteiligten Gesellschaften, die zur Festlegung der Bedingungen der grenzüberschreitenden Verschmelzung verwendet werden;

m) die Einzelheiten zum Angebot einer Barabfindung für Gesellschafter nach Artikel 126a;

n) etwaige Sicherheiten, die den Gläubigern angeboten werden, wie Garantien oder Zusagen.

Offenlegung

Art. 123 (1) Die Mitgliedstaaten stellen sicher, dass die Gesellschaft die folgenden Unterlagen spätestens einen Monat vor dem Tag der Gesellschafterversammlung nach Artikel 126 offenlegt und in den Registern der Mitgliedstaaten jeder sich verschmelzenden Gesellschaften öffentlich zugänglich macht:

a) den gemeinsamen Plan für die grenzüberschreitende Verschmelzung; und

b) eine Bekanntmachung, in der den Gesellschaftern, Gläubigern und Arbeitnehmervertretern der sich verschmelzenden Gesellschaft oder – wenn es solche Vertreter nicht gibt – den Arbeitnehmern selbst mitgeteilt wird, dass sie ihrer jeweiligen Gesellschaft spätestens fünf Arbeitstage vor dem Tag der Gesellschafterversammlung Bemerkungen zu dem gemeinsamen Plan für die grenzüberschreitende Verschmelzung übermitteln können.

Die Mitgliedstaaten können vorschreiben, dass der Bericht des unabhängigen Sachverständigen in dem Register offengelegt und öffentlich zugänglich gemacht wird.

Die Mitgliedstaaten stellen sicher, dass die Gesellschaft vertrauliche Informationen von der Offenlegung des Berichts des unabhängigen Sachverständigen ausnehmen kann.

Die nach diesem Absatz offengelegten Unterlagen müssen auch über das System der Registervernetzung zugänglich sein.

(2) Die Mitgliedstaaten können die sich verschmelzenden Gesellschaften von der Offenlegungspflicht nach Absatz 1 dieses Artikels befreien, wenn diese Gesellschaften die Unterlagen nach Absatz 1 dieses Artikels während eines un-

unterbrochenen Zeitraums, der mindestens einen Monat vor dem festgelegten Tag der Gesellschafterversammlung nach Artikel 126 beginnt und nicht vor Schließung dieser Versammlung endet, auf ihren Websites der Öffentlichkeit kostenlos zugänglich machen.

Die Mitgliedstaaten knüpfen diese Befreiung jedoch an keine anderen Erfordernisse und Auflagen als die, die für die Gewährleistung der Sicherheit der Website und der Echtheit der Unterlagen erforderlich sind, und die zur Erreichung dieser Zwecke angemessen sind.

(3) Machen die sich verschmelzenden Gesellschaften den gemeinsamen Plan für die grenzüberschreitende Verschmelzung nach Absatz 2 dieses Artikels zugänglich, übermitteln sie ihrem jeweiligen Register spätestens einen Monat vor dem Tag der Gesellschafterversammlung nach Artikel 126 die folgenden Informationen:

a) Rechtsform und Firma jeder der sich verschmelzenden Gesellschaften sowie ihre satzungsmäßigen Sitze sowie Rechtsform und Firma, die für etwaige neu gegründete Gesellschaften vorgesehen sind, und ihren vorgesehenen satzungsmäßigen Sitz;
b) Register, in dem die in Artikel 14 genannten Unterlagen für jede der sich verschmelzenden Gesellschaften hinterlegt worden sind, und Nummer der Eintragung der jeweiligen Gesellschaft in diesem Register;
c) für jede der sich verschmelzenden Gesellschaften Verweis auf die Regelungen, die für die Ausübung der Rechte der Gläubiger, Arbeitnehmer und Gesellschafter getroffen wurden; und
d) Angaben zu der Website, auf der der gemeinsame Plan für die grenzüberschreitende Verschmelzung, die Bekanntmachung nach Absatz 1, der Bericht des unabhängigen Sachverständigen und vollständige Informationen zu den Regelungen nach Buchstabe c dieses Absatzes kostenlos online abgerufen werden können.

Das Register des Mitgliedstaats jeder der sich verschmelzenden Gesellschaften macht die Informationen gemäß Unterabsatz 1 Buchstaben a bis d öffentlich zugänglich.

(4) Die Mitgliedstaaten stellen sicher, dass die Anforderungen nach den Absätzen 1 und 3 im Einklang mit den einschlägigen Bestimmungen von Titel I Kapitel III vollständig online erfüllt werden können, ohne dass es notwendig ist, dass die Antragsteller persönlich vor einer zuständigen Behörde in den Mitgliedstaaten der sich verschmelzenden Gesellschaften erscheinen.

(5) Ist nach Artikel 126 Absatz 3 die Zustimmung der Gesellschafterversammlung der übernehmenden Gesellschaft zu der Verschmelzung nicht erforderlich, so muss die Offenlegung nach den Absätzen 1, 2 und 3 des vorliegenden Artikels spätestens einen Monat vor dem Tag der Gesellschafterversammlung der anderen sich verschmelzenden Gesellschaft oder Gesellschaften erfolgen.

(6) Zusätzlich zu der Offenlegung nach den Absätzen 1, 2 und 3 des vorliegenden Artikels können die Mitgliedstaaten vorschreiben, dass der gemeinsame Plan für die grenzüberschreitende Verschmelzung oder die Informationen nach Absatz 3 des vorliegenden Artikels in ihrem nationalen Amtsblatt oder über eine zentrale elektronische Plattform gemäß Artikel 16 Absatz 3 veröffentlicht werden. In diesem Fall stellen die Mitgliedstaaten sicher, dass das Register dem nationalen Amtsblatt oder einer zentralen elektronischen Plattform die betreffenden Informationen übermittelt.

(7) Die Mitgliedstaaten stellen sicher, dass die Unterlagen nach Absatz 1 bzw. die Informationen nach Absatz 3 über das System der Registervernetzung der Öffentlichkeit kostenlos zugänglich sind.

Die Mitgliedstaaten stellen ferner sicher, dass Gebühren, die der Gesellschaft von dem Registern für die Offenlegung nach den Absätzen 1 und 3 und gegebenenfalls für die Veröffentlichung nach Absatz 6 in Rechnung gestellt werden, die Deckung der Kosten für die Erbringung solcher Dienstleistungen nicht übersteigen.

Bericht des Verwaltungs- oder Leitungsorgans für Gesellschafter und Arbeitnehmer

Art. 124 (1) Das Verwaltungs- oder Leitungsorgan der sich verschmelzenden Gesellschaften erstellt einen Bericht für Gesellschafter und Arbeitnehmer, in dem die rechtlichen und wirtschaftlichen Aspekte der grenzüberschreitenden Verschmelzung erläutert und begründet sowie die Auswirkungen der grenzüberschreitenden Verschmelzung auf die Arbeitnehmer erläutert werden.

In diesem Bericht werden insbesondere die Auswirkungen der grenzüberschreitenden Verschmelzung auf die künftige Geschäftstätigkeit der Gesellschaft erläutert.

(2) Der Bericht enthält auch einen Abschnitt für Gesellschafter und einen Abschnitt für Arbeitnehmer.

Die Gesellschaft kann entscheiden, ob sie einen einzigen Bericht erstellt, der diese beiden Abschnitte enthält, oder gesonderte Berichte für Gesellschafter und Arbeitnehmer, die den jeweiligen Abschnitt enthalten.

(3) In dem Abschnitt des Berichts für Gesellschafter wird insbesondere Folgendes erläutert:

a) die Barabfindung und die Methode, die benutzt wurde, um die Barabfindung zu ermitteln;
b) das Umtauschverhältnis der Gesellschaftsanteile und gegebenenfalls die Methode oder die Methoden, die benutzt wurde/wurden, um das Umtauschverhältnis zu ermitteln;
c) die Auswirkungen der grenzüberschreitenden Verschmelzung auf die Gesellschafter;
d) die Rechte und Rechtsbehelfe für Gesellschafter nach Artikel 126a.

(4) Der Abschnitt des Berichts für Gesellschafter ist nicht erforderlich, wenn alle Gesellschafter der Gesellschaft einvernehmlich darauf verzichtet

haben. Die Mitgliedstaaten können Gesellschaften mit einem einzigen Gesellschafter von den Bestimmungen dieses Artikels ausnehmen.

(5) In dem Abschnitt des Berichts für Arbeitnehmer wird insbesondere Folgendes erläutert:
a) die Auswirkungen der grenzüberschreitenden Verschmelzung auf die Arbeitsverhältnisse sowie gegebenenfalls Maßnahmen, um diese Arbeitsverhältnisse zu sichern;
b) wesentliche Änderungen der anwendbaren Beschäftigungsbedingungen oder der Standorte der Niederlassungen der Gesellschaft;
c) wie sich die unter den Buchstaben a und b genannten Faktoren auf etwaige Tochtergesellschaften der Gesellschaft auswirken.

(6) Der Bericht oder die Berichte werden den Gesellschaftern und den Arbeitnehmervertretern jeder der sich verschmelzenden Gesellschaften oder – wenn es solche Vertreter nicht gibt – den Arbeitnehmern selbst in jedem Fall in elektronischer Form zusammen mit dem gemeinsamen Plan für die grenzüberschreitende Verschmelzung, falls verfügbar, spätestens sechs Wochen vor dem Tag der Gesellschafterversammlung nach Artikel 126 zugänglich gemacht.

Ist jedoch nach Artikel 126 Absatz 3 die Zustimmung der Gesellschafterversammlung der übernehmenden Gesellschaft zu der Verschmelzung nicht erforderlich, so muss der Bericht spätestens sechs Wochen vor dem Tag der Gesellschafterversammlung der anderen sich verschmelzenden Gesellschaft oder Gesellschaften zugänglich gemacht werden.

(7) Erhält das Verwaltungs- oder Leitungsorgan der sich verschmelzenden Gesellschaft nach Maßgabe des nationalen Rechts rechtzeitig eine Stellungnahme zu den Informationen gemäß den Absätzen 1 und 5 von den Arbeitnehmervertretern oder – wenn es solche Vertreter nicht gibt – den Arbeitnehmern selbst, so werden die Gesellschafter hiervon in Kenntnis gesetzt und wird diese Stellungnahme dem Bericht als Anlage beigefügt.

(8) Der Abschnitt des Berichts für Arbeitnehmer ist nicht erforderlich, wenn eine sich verschmelzende Gesellschaft und ihre etwaigen Tochtergesellschaften keine anderen Arbeitnehmer haben als diejenigen, die dem Verwaltungs- oder Leitungsorgan angehören.

(9) Wurde auf den Abschnitt des Berichts für Gesellschafter nach Absatz 3 gemäß Absatz 4 verzichtet und ist der Abschnitt für Arbeitnehmer nach Absatz 5 gemäß Absatz 8 nicht erforderlich, ist ein Bericht nicht erforderlich.

(10) Die Absätze 1 bis 9 dieses Artikels lassen die anwendbaren Unterrichtungs- und Anhörungsrechte und -verfahren unberührt, die infolge der Umsetzung der Richtlinien 2002/14/EG und 2009/38/EG auf nationaler Ebene eingeführt wurden.

Bericht unabhängiger Sachverständiger

Art. 125 (1) Für jede der sich verschmelzenden Gesellschaften wird ein für die Gesellschafter bestimmter Bericht unabhängiger Sachverständiger erstellt, der spätestens einen Monat vor der in Artikel 126 genannten Gesellschafterversammlung vorliegen muss. Als Sachverständige können je nach dem Recht der Mitgliedstaaten natürliche Personen oder juristische Personen bestellt werden.

Ist jedoch nach Artikel 126 Absatz 3 die Zustimmung der Gesellschafterversammlung der übernehmenden Gesellschaft zu der Verschmelzung nicht erforderlich, so muss der Bericht spätestens einen Monat vor dem Tag der Gesellschafterversammlung der anderen sich verschmelzenden Gesellschaft oder Gesellschaften zugänglich gemacht werden.

(2) Als Alternative zur Heranziehung von Sachverständigen, die für Rechnung jeder der sich verschmelzenden Gesellschaften tätig sind, können ein oder mehrere unabhängige Sachverständige, die auf gemeinsamen Antrag dieser Gesellschaften von einem Gericht oder einer Verwaltungsbehörde des Mitgliedstaats, dessen Recht eine der sich verschmelzenden Gesellschaften oder die aus der grenzüberschreitenden Verschmelzung hervorgehende Gesellschaft unterliegt, dazu bestellt bzw. von einer solchen Behörde zugelassen wurden, den gemeinsamen Verschmelzungsplan prüfen und einen einzigen für alle Gesellschafter bestimmten schriftlichen Bericht erstellen.

(3) Der Bericht nach Absatz 1 enthält in jedem Fall die Stellungnahme des Sachverständigen zu der Frage, ob die Barabfindung und das Umtauschverhältnis der Gesellschaftsanteile angemessen sind. Bei der Bewertung der Barabfindung berücksichtigt der Sachverständige den etwaigen Marktpreis, den die Anteile an den sich verschmelzenden Gesellschaften vor Ankündigung der geplanten Verschmelzung hatten, oder den nach allgemein anerkannten Bewertungsmethoden bestimmten Wert der Gesellschaften ohne die Auswirkungen der geplanten Verschmelzung. In dem Bericht wird mindestens
a) angegeben, nach welcher Methode oder welchen Methoden die vorgeschlagene Barabfindung festgesetzt worden ist,
b) angegeben, nach welcher Methode oder welchen Methoden das vorgeschlagene Umtauschverhältnis der Gesellschaftsanteile bestimmt worden ist;
c) angegeben, ob die verwendete Methode bzw. die verwendeten Methoden für die Bewertung der Barabfindung und des Umtauschverhältnisses der Gesellschaftsanteile angemessen ist/sind und welcher Wert sich bei diesen Methoden ergibt; zugleich ist dazu Stellung zu nehmen, welche relative Bedeutung diesen Methoden bei der Bestimmung des zugrunde gelegten Wertes beigemessen wurde, und in dem Fall, dass unterschiedliche Methoden in den sich verschmelzenden Gesellschaften verwendet werden, ist auch anzugeben, ob die Verwendung unterschiedlicher Methoden gerechtfertigt war; und

d) beschrieben, welche besonderen Bewertungsschwierigkeiten möglicherweise aufgetreten sind.

Der Sachverständige ist befugt, von den sich verschmelzenden Gesellschaften alle Auskünfte zu erhalten, die zur Erfüllung der Aufgaben des Sachverständigen notwendig sind.

(4) Weder die Prüfung des gemeinsamen Verschmelzungsplans durch unabhängige Sachverständige noch die Erstellung eines Sachverständigenberichts sind erforderlich, wenn alle Gesellschafter aller sich verschmelzenden Gesellschaften darauf verzichten.

Die Mitgliedstaaten können Gesellschaften mit einem einzigen Gesellschafter von der Anwendung dieses Artikels ausnehmen.

Zustimmung der Gesellschafterversammlung

Art. 126 (1) Nachdem die Gesellschafterversammlung jeder der sich verschmelzenden Gesellschaften gegebenenfalls die Berichte nach den Artikeln 124 und 125, die gemäß Artikel 124 vorgelegten Stellungnahmen der Arbeitnehmer und die gemäß Artikel 123 übermittelten Bemerkungen zur Kenntnis genommen hat, entscheidet sie in Form eines Beschlusses, ob sie dem gemeinsamen Plan für die grenzüberschreitende Verschmelzung zustimmt und ob sie den Errichtungsakt und, falls sie Gegenstand eines gesonderten Aktes ist, die Satzung anpasst.

(2) Die Gesellschafterversammlung jeder der sich verschmelzenden Gesellschaften kann die Verschmelzung davon abhängig machen, dass die Modalitäten für die Mitbestimmung der Arbeitnehmer in der aus der grenzüberschreitenden Verschmelzung hervorgehenden Gesellschaft ausdrücklich von ihr bestätigt werden.

(3) In den Rechtsvorschriften eines Mitgliedstaats muss nicht die Zustimmung der Gesellschafterversammlung der übernehmenden Gesellschaft vorgeschrieben werden, wenn die Bedingungen des Artikels 94 erfüllt sind.

(4) Die Mitgliedstaaten stellen sicher, dass die Zustimmung der Gesellschafterversammlung zu der grenzüberschreitenden Verschmelzung nicht allein aus den folgenden Gründen angefochten werden kann:
a) das Umtauschverhältnis der Gesellschaftsanteile nach Artikel 122 Buchstabe b ist nicht angemessen;
b) die Barabfindung nach Artikel 122 Buchstabe m ist nicht angemessen; oder
c) die im Hinblick auf das Umtauschverhältnis der Gesellschaftsanteile gemäß Buchstabe a oder die Barabfindung gemäß Buchstabe b erteilten Informationen erfüllen nicht die rechtlichen Anforderungen.

Schutz der Gesellschafter

Art. 126a (1) Die Mitgliedstaaten stellen sicher, dass mindestens die Gesellschafter der sich verschmelzenden Gesellschaften, die gegen die Zustimmung zu dem gemeinsamen Plan für die grenzüberschreitende Verschmelzung gestimmt haben, berechtigt sind, ihre Anteile unter den Voraussetzungen der Absätze 2 bis 6 gegen Zahlung einer angemessenen Barabfindung zu veräußern, sofern sie infolge der Verschmelzung Anteile an der aus der Verschmelzung hervorgehenden Gesellschaft erwerben würden, die dem Recht eines anderen Mitgliedstaats als des Mitgliedstaats ihrer entsprechenden sich verschmelzenden Gesellschaft unterliegen würde.

Die Mitgliedstaaten können das Recht nach Unterabsatz 1 auch anderen Gesellschaftern der sich verschmelzenden Gesellschaften einräumen.

Die Mitgliedstaaten können vorschreiben, dass die ausdrückliche Ablehnung des gemeinsamen Plans für die grenzüberschreitende Verschmelzung, die Absicht der Gesellschafter, ihr Recht auf Veräußerung ihrer Anteile auszuüben, oder beides, spätestens in der Gesellschafterversammlung nach Artikel 126 angemessen dokumentiert wird. Die Mitgliedstaaten können zulassen, dass der Widerspruch zur Niederschrift bezüglich des gemeinsamen Plans für die grenzüberschreitende Verschmelzung als ordnungsgemäße Dokumentation einer negativen Stimmabgabe gilt.

(2) Die Mitgliedstaaten legen die Frist fest, innerhalb derer die in Absatz 1 genannten Gesellschafter gegenüber der betreffenden sich verschmelzenden Gesellschaft ihre Entscheidung erklären müssen, das Recht auf Veräußerung ihrer Anteile auszuüben. Diese Frist darf einen Monat nach der Gesellschafterversammlung nach Artikel 126 nicht überschreiten. Die Mitgliedstaaten stellen sicher, dass die sich verschmelzenden Gesellschaften eine elektronische Adresse für den Eingang dieser Erklärung in elektronischer Form zur Verfügung stellen.

(3) Die Mitgliedstaaten legen ferner die Frist für die Zahlung der in dem gemeinsamen Plan für die grenzüberschreitende Verschmelzung festgelegten Barabfindung fest. Diese Frist darf nicht später als zwei Monate nach dem Wirksamwerden der grenzüberschreitenden Verschmelzung gemäß Artikel 129 ablaufen.

(4) Die Mitgliedstaaten stellen sicher, dass Gesellschafter, die ihre Entscheidung erklärt haben, ihr Recht auf Veräußerung ihrer Anteile auszuüben, aber der Auffassung sind, dass die von der betreffenden sich verschmelzenden Gesellschaft angebotene Barabfindung nicht angemessen ist, berechtigt sind, bei der nach nationalem Recht beauftragten zuständigen Behörde oder Stelle eine zusätzliche Barabfindung zu beantragen. Die Mitgliedstaaten setzen eine Frist für den Antrag auf zusätzliche Barabfindung fest.

Die Mitgliedstaaten können vorsehen, dass die endgültige Entscheidung, durch die eine zusätzliche Barabfindung zuerkannt wird, für alle Gesellschafter der betreffenden sich verschmelzenden Gesellschaft gültig ist, die ihre Entscheidung erklärt haben, ihr Recht auf Veräußerung ihrer Anteile gemäß Absatz 2 auszuüben.

(5) Die Mitgliedstaaten stellen sicher, dass für die Rechte nach den Absätzen 1 bis 4 das Recht des Mitgliedstaats maßgebend ist, dem eine sich verschmelzende Gesellschaft unterliegt, und dass die ausschließliche Zuständigkeit zur Beilegung von Streitigkeiten im Zusammenhang mit diesen Rechten in diesem Mitgliedstaat liegt.

(6) Die Mitgliedstaaten stellen sicher, dass Gesellschafter der sich verschmelzenden Gesellschaften, die über kein Recht zur Veräußerung ihrer Anteile verfügten oder dieses nicht ausgeübt haben, aber der Auffassung sind, dass das im gemeinsamen Plan für die grenzüberschreitende Verschmelzung festgelegte Umtauschverhältnis der Gesellschaftsanteile nicht angemessen ist, berechtigt sind, dieses Umtauschverhältnis anzufechten und eine bare Zuzahlung zu verlangen. Die diesbezüglichen Verfahren werden vor der zuständigen Behörde oder Stelle, die gemäß dem Recht des Mitgliedstaats, dem die jeweilige sich verschmelzende Gesellschaft unterliegt, beauftragt ist, innerhalb der in diesem nationalen Recht festgesetzten Frist eingeleitet und stehen der Eintragung der grenzüberschreitenden Verschmelzung nicht entgegen. Die Entscheidung ist für die aus der grenzüberschreitenden Verschmelzung hervorgehende Gesellschaft bindend.

Die Mitgliedstaaten können ferner vorsehen, dass das in dieser Entscheidung festgelegte Umtauschverhältnis der Gesellschaftsanteile für etwaige Gesellschafter der betreffenden sich verschmelzenden Gesellschaft gültig ist, die über kein Recht zur Veräußerung ihrer Anteile verfügten oder dieses nicht ausgeübt haben.

(7) Die Mitgliedstaaten können auch vorsehen, dass die aus der grenzüberschreitenden Verschmelzung hervorgehende Gesellschaft anstelle einer baren Zuzahlung Anteile oder eine andere Abfindung bereitstellen kann.

Schutz der Gläubiger

Art. 126b (1) Die Mitgliedstaaten sehen ein angemessenes Schutzsystem für die Interessen der Gläubiger vor, deren Forderungen vor der Offenlegung des gemeinsamen Plans für die grenzüberschreitende Verschmelzung entstanden und zum Zeitpunkt dieser Offenlegung noch nicht fällig geworden sind.

Die Mitgliedstaaten stellen sicher, dass Gläubiger, die die im gemeinsamen Plan für die grenzüberschreitende Verschmelzung nach Artikel 122 Buchstabe n angebotenen Sicherheiten für nicht zufriedenstellend erachten, innerhalb von drei Monaten nach der in Artikel 123 genannten Offenlegung des gemeinsamen Plans für die grenzüberschreitende Verschmelzung bei der zuständigen Verwaltungs- oder Justizbehörde angemessene Sicherheiten beantragen können, wenn diese Gläubiger glaubhaft darlegen können, dass die Befriedigung ihrer Forderungen durch die grenzüberschreitende Verschmelzung gefährdet ist und sie von den sich verschmelzenden Gesellschaften keine angemessenen Sicherheiten erhalten haben.

Die Mitgliedstaaten stellen sicher, dass die Sicherheiten davon abhängen, dass die grenzüberschreitende Verschmelzung nach Artikel 129 wirksam wird.

(2) Die Mitgliedstaaten können vorschreiben, dass das Verwaltungs- oder Leitungsorgan jeder der sich verschmelzenden Gesellschaften eine Erklärung zur Verfügung stellt, die ihre aktuelle finanzielle Lage zu einem Zeitpunkt, der nicht früher als einen Monat vor der Offenlegung dieser Erklärung liegen darf, genau wiedergibt. Inhalt der Erklärung muss sein, dass aus Sicht des Verwaltungs- oder Leitungsorgans der sich verschmelzenden Gesellschaften, nach angemessenen Nachforschungen, auf der Grundlage der ihm zum Zeitpunkt dieser Erklärung zur Verfügung stehenden Informationen kein Grund zu der Annahme besteht, dass die aus der Verschmelzung hervorgehende Gesellschaft nicht in der Lage sein könnte, ihre Verbindlichkeiten bei Fälligkeit zu erfüllen. Die Erklärung wird zusammen mit dem gemeinsamen Plan für die grenzüberschreitende Verschmelzung nach Artikel 123 offengelegt.

(3) Die Absätze 1 und 2 lassen die Anwendung der Rechtsvorschriften der Mitgliedstaaten der sich verschmelzenden Gesellschaften über die Befriedigung oder Sicherung von monetären oder nichtmonetären Pflichten gegenüber der öffentlichen Hand unberührt.

Unterrichtung und Anhörung der Arbeitnehmer

Art. 126c (1) Die Mitgliedstaaten stellen sicher, dass die Rechte der Arbeitnehmer auf Unterrichtung und Anhörung in Bezug auf die grenzüberschreitende Verschmelzung geachtet und im Einklang mit dem Rechtsrahmen gemäß der Richtlinie 2002/14/EG, der Richtlinie 2001/23/EG, in der die grenzüberschreitende Verschmelzung als Übergang eines Unternehmens im Sinne der Richtlinie 2001/23/EG angesehen wird, und – soweit auf gemeinschaftsweit operierende Unternehmen und Unternehmensgruppen anwendbar – der Richtlinie 2009/38/EG ausgeübt werden. Die Mitgliedstaaten können beschließen, die Rechte der Arbeitnehmer auf Unterrichtung und Anhörung auf die Arbeitnehmer weiterer Gesellschaften als derjenigen anzuwenden, die in Artikel 3 Absatz 1 der Richtlinie 2002/14/EG genannt sind.

(2) Unbeschadet des Artikels 123 Absatz 1 Buchstabe b und des Artikel 124 Absatz 7 stellen die Mitgliedstaaten sicher, dass die Rechte der Arbeitnehmer auf Unterrichtung und Anhörung mindestens vor einer Entscheidung über den gemeinsamen Plan für die grenzüberschreitende Verschmelzung oder den Bericht nach Artikel 124, je nachdem, welcher Zeitpunkt früher eintritt, in jeder Weise geachtet werden, dass den Arbeitnehmern vor der Gesellschafterversammlung nach Artikel 126 eine begründete Antwort gegeben wird.

(3) Unbeschadet etwaiger geltender Vorschriften oder Gepflogenheiten, die für die Arbeitnehmer günstiger sind, bestimmen die Mitgliedstaaten entsprechend Artikel 4 der Richtlinie 2002/14/EG

im Einzelnen, wie das Recht auf Unterrichtung und Anhörung wahrgenommen wird.

Vorabbescheinigung

Art. 127 (1) Die Mitgliedstaaten benennen das Gericht, den Notar oder eine sonstige Behörde oder sonstige Behörden, die dafür zuständig ist/sind, die Rechtmäßigkeit von grenzüberschreitenden Verschmelzungen für diejenigen Verfahrensabschnitte, für das Recht des Mitgliedstaats der sich verschmelzenden Gesellschaft maßgebend ist, zu prüfen und eine Vorabbescheinigung auszustellen, aus der hervorgeht, dass alle einschlägigen Voraussetzungen erfüllt und alle Verfahren und Formalitäten im Mitgliedstaat der sich verschmelzenden Gesellschaft ordnungsgemäß erledigt sind (im Folgenden „zuständige Behörde").

Diese Erledigung von Verfahren und Formalitäten kann die Befriedigung oder Sicherung von monetären oder nichtmonetären Pflichten gegenüber der öffentlichen Hand oder die Erfüllung besonderer sektoraler Anforderungen umfassen, einschließlich der Sicherung von Pflichten, die sich aus laufenden Verfahren ergeben.

(2) Die Mitgliedstaaten stellen sicher, dass die sich verschmelzende Gesellschaft ihrem Antrag auf Erteilung einer Vorabbescheinigung Folgendes beifügt:
a) den gemeinsamen Plan für die grenzüberschreitende Verschmelzung;
b) den Bericht und gegebenenfalls die als Anlage beigefügte Stellungnahme nach Artikel 124 sowie den Bericht nach Artikel 125, sofern sie verfügbar sind;
c) etwaige gemäß Artikel 123 Absatz 1 übermittelte Bemerkungen; und
d) Informationen über die Zustimmung der Gesellschafterversammlung nach Artikel 126.

(3) Die Mitgliedstaaten können vorschreiben, dass dem Antrag der sich verschmelzenden Gesellschaft auf Erteilung einer Vorabbescheinigung zusätzliche Informationen beigefügt werden, wie insbesondere
a) die Zahl der Arbeitnehmer zum Zeitpunkt der Erstellung des gemeinsamen Plans für die grenzüberschreitende Verschmelzung;
b) das Bestehen von Tochtergesellschaften und ihre jeweiligen geographischen Standorte;
c) Informationen zur Befriedigung von Pflichten gegenüber der öffentlichen Hand durch die sich verschmelzende Gesellschaft.

Für die Zwecke dieses Absatzes können die zuständigen Behörden solche Informationen, wenn sie nicht von der sich verschmelzenden Gesellschaft erteilt werden, von anderen einschlägigen Behörden anfordern.

(4) Die Mitgliedstaaten stellen sicher, dass der Antrag nach den Absätzen 2 und 3 einschließlich Informationen und Unterlagen im Einklang mit den einschlägigen Bestimmungen von Titel I Kapitel III vollständig online eingereicht werden kann, ohne dass es notwendig ist, dass die Antragsteller persönlich vor der zuständigen Behörde erscheinen.

(5) In Bezug auf die Einhaltung der Regelung für die Arbeitnehmermitbestimmung in Artikel 133 prüft die zuständige Behörde des Mitgliedstaats der sich verschmelzenden Gesellschaft, ob der gemeinsame Plan für die grenzüberschreitende Verschmelzung Angaben zu den Verfahren, nach denen die einschlägigen Regelungen getroffen werden, und zu den Optionen für diese Regelungen enthält.

(6) Im Rahmen der Prüfung nach Absatz 1 prüft die zuständige Behörde Folgendes:
a) alle Unterlagen und Informationen, die der zuständigen Behörde gemäß den Absätzen 2 und 3 übermittelt wurden;
b) gegebenenfalls die Angabe der sich verschmelzenden Gesellschaften, dass das Verfahren nach Artikel 133 Absätze 3 und 4 begonnen hat.

(7) Die Mitgliedstaaten stellen sicher, dass die Prüfung nach Absatz 1 innerhalb von drei Monaten nach dem Tag des Eingangs der Unterlagen und Informationen über die Zustimmung der Gesellschafterversammlung der sich verschmelzenden Gesellschaft zu der grenzüberschreitenden Verschmelzung vorgenommen wird. Diese Prüfung muss, je nach Fall, zu folgendem Ergebnis führen:
a) Wird festgestellt, dass die grenzüberschreitende Verschmelzung alle einschlägigen Voraussetzungen erfüllt und dass alle erforderlichen Verfahren und Formalitäten erledigt sind, stellt die zuständige Behörde die Vorabbescheinigung aus.
b) Wird festgestellt, dass die grenzüberschreitende Verschmelzung nicht alle einschlägigen Voraussetzungen erfüllt oder dass nicht alle erforderlichen Verfahren und Formalitäten erledigt sind, stellt die zuständige Behörde die Vorabbescheinigung nicht aus und teilt der Gesellschaft die Gründe für ihre Entscheidung mit; in diesem Fall kann die zuständige Behörde der Gesellschaft die Gelegenheit einräumen, innerhalb einer angemessenen Frist die entsprechenden Bedingungen zu erfüllen oder die Verfahren und Formalitäten zu erledigen.

(8) Die Mitgliedstaaten stellen sicher, dass die zuständige Behörde keine Vorabbescheinigung ausstellt, wenn im Einklang mit dem nationalen Recht festgestellt wird, dass eine grenzüberschreitende Verschmelzung zu missbräuchlichen oder betrügerischen Zwecken, die dazu führen oder führen sollen, sich Unionsrecht oder nationalem Recht zu entziehen oder es zu umgehen, oder zu kriminellen Zwecken vorgenommen werden soll.

(9) Hat die zuständige Behörde im Rahmen der Prüfung nach Absatz 1 ernste Bedenken, dass die grenzüberschreitende Verschmelzung zu missbräuchlichen oder betrügerischen Zwecken, die dazu führen oder führen sollen, sich Unionsrecht oder nationalem Recht zu entziehen oder es zu umgehen, oder zu kriminellen Zwecken vorgenommen

werden soll, so berücksichtigt sie relevante Tatsachen und Umstände, wie etwa – sofern relevant und nicht isoliert betrachtet – Anhaltspunkte, die die zuständige Behörde im Verlaufe der Prüfung nach Absatz 1, auch über eine Konsultation der einschlägigen Behörden, bemerkt hat. Die Prüfung für die Zwecke dieses Absatzes wird von Fall zu Fall über ein Verfahren vorgenommen, das dem nationalen Recht unterliegt.

(10) Ist es für die Zwecke der Prüfung nach den Absätzen 8 und 9 notwendig, zusätzliche Informationen zu berücksichtigen oder zusätzliche Untersuchungstätigkeiten durchzuführen, so kann der in Absatz 7 vorgesehene Zeitraum von drei Monaten um höchstens drei Monate verlängert werden.

(11) Ist es wegen der Komplexität des grenzüberschreitenden Verfahrens nicht möglich, die Prüfung innerhalb der in den Absätzen 7 und 10 vorgesehenen Fristen vorzunehmen, so stellen die Mitgliedstaaten sicher, dass der Antragsteller über die Gründe für eine etwaige Verzögerung vor Ablauf dieser Fristen unterrichtet wird.

(12) Die Mitgliedstaaten sorgen dafür, dass die zuständige Behörde andere relevante Behörden mit Zuständigkeiten in den verschiedenen, von der grenzüberschreitenden Verschmelzung betroffenen Bereichen, einschließlich derjenigen des Mitgliedstaats der aus der Verschmelzung hervorgehenden Gesellschaft, konsultieren kann und von diesen Behörden sowie von der sich verschmelzenden Gesellschaft Informationen und Unterlagen erhalten kann, die notwendig sind, um die Rechtmäßigkeit der grenzüberschreitenden Verschmelzung innerhalb des im nationalen Recht festgelegten Verfahrensrahmens zu prüfen. Für die Zwecke der Prüfung kann sich die zuständige Behörde eines unabhängigen Sachverständigen bedienen.

Übermittlung der Vorabbescheinigung

Art. 127a (1) Die Mitgliedstaaten stellen sicher, dass die Vorabbescheinigung den in Artikel 128 Absatz 1 genannten Behörden über das System der Registervernetzung übermittelt wird.

Die Mitgliedstaaten stellen ferner sicher, dass die Vorabbescheinigung über das System der Registervernetzung zugänglich ist.

(2) Der Zugang zu der Vorabbescheinigung ist für die in Artikel 128 Absatz 1 genannten Behörden und die Register kostenlos.

Überprüfung der Rechtmäßigkeit der grenzüberschreitenden Verschmelzung

Art. 128 (1) Jeder Mitgliedstaat benennt das Gericht, den Notar oder die sonstige zuständige Behörde, die die Rechtmäßigkeit der grenzüberschreitenden Verschmelzung für die Verfahrensabschnitte kontrolliert, welche die Durchführung der grenzüberschreitenden Verschmelzung und gegebenenfalls die Gründung einer neuen, aus der grenzüberschreitenden Verschmelzung hervorgehenden Gesellschaft betreffen, wenn diese durch die grenzüberschreitende Verschmelzung geschaffene Gesellschaft seinem nationalen Recht unterliegt. Die betreffende Stelle stellt insbesondere sicher, dass die sich verschmelzenden Gesellschaften einem gemeinsamen gleich lautenden Verschmelzungsplan zugestimmt haben, und gegebenenfalls, dass eine Vereinbarung über die Mitbestimmung der Arbeitnehmer gemäß Artikel 133 geschlossen wurde.

(2) Für die Zwecke des Absatzes 1 dieses Artikels legt jede der sich verschmelzenden Gesellschaften der in Absatz 1 dieses Artikels genannten Behörde den gemeinsamen Plan für die grenzüberschreitende Verschmelzung vor, dem die Gesellschafterversammlung nach Artikel 126 zugestimmt hat, oder, wenn die Zustimmung der Gesellschafterversammlung gemäß Artikel 132 Absatz 3 nicht erforderlich ist, den gemeinsamen Plan für die grenzüberschreitende Verschmelzung, dem jede sich verschmelzende Gesellschaft im Einklang mit dem nationalen Recht zugestimmt hat.

(3) Jeder Mitgliedstaat stellt sicher, dass jeder von einer der sich verschmelzenden Gesellschaften für die Zwecke von Absatz 1 gestellte Antrag einschließlich Informationen und Unterlagen im Einklang mit den einschlägigen Bestimmungen von Titel I Kapitel III vollständig online eingereicht werden kann, ohne dass es notwendig ist, dass die Antragsteller persönlich vor der Behörde nach Absatz 1 erscheinen.

(4) Die Behörde nach Absatz 1 genehmigt die grenzüberschreitende Verschmelzung, sobald sie festgestellt hat, dass alle einschlägigen Voraussetzungen erfüllt sind.

(5) Die Vorabbescheinigung wird von der in Absatz 1 genannten Behörde als schlüssiger Nachweis der ordnungsgemäßen Erledigung der geltenden der Verschmelzung vorangehenden Verfahren und Formalitäten in dem betreffenden Mitgliedstaat anerkannt, ohne die die grenzüberschreitende Verschmelzung nicht genehmigt werden kann.

Wirksamwerden der grenzüberschreitenden Verschmelzung

Art. 129 Der Zeitpunkt, an dem die grenzüberschreitende Verschmelzung wirksam wird, bestimmt sich nach dem Recht des Mitgliedstaats, dem die aus der grenzüberschreitenden Verschmelzung hervorgehende Gesellschaft unterliegt. Die Verschmelzung kann jedoch erst dann wirksam werden, wenn die Kontrolle nach Artikel 128 abgeschlossen ist.

Eintragung

Art. 130 (1) Für die Regelungen nach Artikel 16 zur Offenlegung des Abschlusses der grenzüberschreitenden Verschmelzung in ihren Registern ist das Recht der Mitgliedstaaten der sich verschmelzenden Gesellschaften und der aus der Verschmelzung hervorgehenden Gesellschaft in Bezug auf ihr jeweiliges Hoheitsgebiet maßgebend.

(2) Die Mitgliedstaaten stellen sicher, dass in ihre Register mindestens die folgenden Informationen eingetragen werden:

a) im Register des Mitgliedstaats der aus der Verschmelzung hervorgehenden Gesellschaft die Tatsache, dass die Eintragung der aus der Verschmelzung hervorgehenden Gesellschaft infolge einer grenzüberschreitenden Verschmelzung erfolgte;
b) im Register des Mitgliedstaats der aus der Verschmelzung hervorgehenden Gesellschaft der Tag der Eintragung der aus der Verschmelzung hervorgehenden Gesellschaft;
c) im Register des Mitgliedstaats jeder der sich verschmelzenden Gesellschaften die Tatsache, dass die Löschung der sich verschmelzenden Gesellschaft aus dem Register infolge einer grenzüberschreitenden Verschmelzung erfolgte;
d) im Register des Mitgliedstaats jeder der sich verschmelzenden Gesellschaften der Tag der Löschung der sich verschmelzenden Gesellschaft aus dem Register;
e) in den Registern des Mitgliedstaats jeder der sich verschmelzenden Gesellschaften bzw. des Mitgliedstaats der aus der Verschmelzung hervorgehenden Gesellschaft die Eintragungsnummer, Firma und Rechtsform jeder der sich verschmelzenden Gesellschaften und der aus der Verschmelzung hervorgehenden Gesellschaft.

Die Register machen die Informationen gemäß Unterabsatz 1 über das System der Registervernetzung öffentlich zugänglich.

(3) Die Mitgliedstaaten stellen sicher, dass das Register im Mitgliedstaat der aus der grenzüberschreitenden Verschmelzung hervorgehenden Gesellschaft dem Register im jeweiligen Mitgliedstaat jeder der sich verschmelzenden Gesellschaften über das System der Registervernetzung mitteilt, dass die grenzüberschreitende Verschmelzung wirksam geworden ist. Die Mitgliedstaaten stellen auch sicher, dass die Eintragung der sich verschmelzenden Gesellschaft unmittelbar nach Eingang dieser Mitteilung aus dem Register gelöscht wird.

Wirkungen der grenzüberschreitenden Verschmelzung

Art. 131 (1) Eine gemäß Artikel 119 Nummer 2 Buchstaben a, c und d vollzogene grenzüberschreitende Verschmelzung hat ab dem in Artikel 129 genannten Tag folgende Wirkungen:
a) Das gesamte Aktiv- und Passivvermögen der übertragenden Gesellschaft, einschließlich aller Verträge, Kredite, Rechte und Pflichten, geht auf die übernehmende Gesellschaft über.
b) Die Gesellschafter der übertragenden Gesellschaft werden Gesellschafter der übernehmenden Gesellschaft, es sei denn, sie haben ihre Anteile nach Artikel 126a Absatz 1 veräußert.
c) Die übertragende Gesellschaft erlischt.

(2) Die nach Artikel 119 Nummer 2 Buchstabe b vollzogene grenzüberschreitende Verschmelzung bewirkt ab dem in Artikel 129 genannten Zeitpunkt Folgendes:
a) Das gesamte Aktiv- und Passivvermögen der sich verschmelzenden Gesellschaften, einschließlich aller Verträge, Kredite, Rechte und Pflichten, geht auf die neue Gesellschaft über.
b) Die Gesellschafter der sich verschmelzenden Gesellschaften werden Gesellschafter der neuen Gesellschaft, es sei denn, sie haben ihre Anteile nach Artikel 126a Absatz 1 veräußert.
c) Die sich verschmelzenden Gesellschaften erlöschen.

(3) Schreibt das Recht der Mitgliedstaaten im Falle einer grenzüberschreitenden Verschmelzung von Gesellschaften im Sinne dieses Kapitels die Erfüllung besonderer Formalitäten vor, bevor die Übertragung bestimmter von den sich verschmelzenden Gesellschaften eingebrachter Vermögensgegenstände, Rechte und Verbindlichkeiten gegenüber Dritten wirksam wird, so werden diese Formalitäten von der aus der grenzüberschreitenden Verschmelzung hervorgehenden Gesellschaft erfüllt.

(4) Die zum Zeitpunkt des Wirksamwerdens der grenzüberschreitenden Verschmelzung bestehenden Rechte und Pflichten der sich verschmelzenden Gesellschaften aus Arbeitsverträgen oder Beschäftigungsverhältnissen gehen infolge des Wirksamwerdens dieser grenzüberschreitenden Verschmelzung auf die aus der grenzüberschreitenden Verschmelzung hervorgehende Gesellschaft zu dem Zeitpunkt über, zu dem die grenzüberschreitende Verschmelzung wirksam wird.

(5) Anteile an der übernehmenden Gesellschaft werden nicht gegen Anteile an der übertragenden Gesellschaft getauscht, wenn diese Anteile
a) entweder von der übernehmenden Gesellschaft selbst oder von einer zwar im eigenen Namen, jedoch für Rechnung der übernehmenden Gesellschaft handelnden Person;
b) oder von der übertragenden Gesellschaft selbst oder von einer zwar im eigenen Namen, jedoch für Rechnung der übertragenden Gesellschaft handelnden Person gehalten werden.

Vereinfachte Formalitäten

Art. 132 (1) Nimmt eine Gesellschaft, die alle in den Gesellschafterversammlungen der übertragenden Gesellschaften Stimmrecht gewährenden Anteile und sonstigen Wertpapiere besitzt, oder eine Person, die unmittelbar oder mittelbar alle Anteile an der übernehmenden Gesellschaft und an der übertragenden Gesellschaft oder der übertragenden Gesellschaften besitzt, eine grenzüberschreitende Verschmelzung durch Aufnahme vor und teilt die übernehmende Gesellschaft im Rahmen der Verschmelzung keine Anteile zu, so
– finden Artikel 122 Buchstaben b, c, e und m, Artikel 125 und Artikel 131 Absatz 1 Buchstabe b keine Anwendung;

— finden Artikel 124 und Artikel 126 Absatz 1 keine Anwendung auf die übertragenen Gesellschaften.

(2) Vollzieht eine Gesellschaft, die mindestens 90 %, aber nicht alle Aktien und sonstigen in der Gesellschafterversammlung Stimmrecht gewährenden Anteile der übertragenden Gesellschaft(en) hält, eine grenzüberschreitende Verschmelzung im Wege der Aufnahme, so sind die Berichte des oder der unabhängigen Sachverständigen sowie die zur Kontrolle notwendigen Unterlagen gemäß Titel II Kapitel I nur insoweit erforderlich, als dies nach den entweder für die übernehmende oder die übertragende Gesellschaft geltenden nationalen Rechtsvorschriften vorgesehen ist.

(3) Sehen die Rechtsvorschriften der Mitgliedstaaten aller sich verschmelzenden Gesellschaften die Befreiung von der Zustimmung der Gesellschafterversammlung nach Artikel 126 Absatz 3 und nach Absatz 1 des vorliegenden Artikels vor, so müssen der gemeinsame Plan für die grenzüberschreitende Verschmelzung beziehungsweise die Informationen nach Artikel 123 Absätze 1 bis 3 und die Berichte nach den Artikeln 124 und 125 spätestens einen Monat vor dem Tag zugänglich gemacht werden, an dem die Gesellschaft im Einklang mit nationalem Recht den Beschluss über die Verschmelzung fasst.

Mitbestimmung der Arbeitnehmer

Art. 133 (1) Unbeschadet des Absatzes 2 findet auf die aus der grenzüberschreitenden Verschmelzung hervorgehende Gesellschaft die Regelung für die Arbeitnehmermitbestimmung Anwendung, die gegebenenfalls in dem Mitgliedstaat gilt, in dem diese Gesellschaft ihren Sitz hat.

(2) Die Regelung für die Arbeitnehmermitbestimmung, die gegebenenfalls in dem Mitgliedstaat gilt, in dem die aus der grenzüberschreitenden Verschmelzung hervorgehende Gesellschaft ihren Sitz hat, findet jedoch keine Anwendung, wenn mindestens eine der sich verschmelzenden Gesellschaften in den sechs Monaten vor der Offenlegung des gemeinsamen Plans für die grenzüberschreitende Verschmelzung eine durchschnittliche Zahl von Arbeitnehmern beschäftigt, die vier Fünfteln des Schwellenwerts entspricht, der im Recht des Mitgliedstaats, dessen Rechtsordnung die sich verschmelzende Gesellschaft unterliegt, festgelegt ist und der die Mitbestimmung der Arbeitnehmer im Sinne des Artikels 2 Buchstabe k der Richtlinie 2001/86/EG auslöst, oder wenn das für die aus der grenzüberschreitenden Verschmelzung hervorgehende Gesellschaft maßgebende nationale Recht

a) nicht mindestens den gleichen Umfang an Mitbestimmung der Arbeitnehmer vorsieht, wie er in den jeweiligen an der Verschmelzung beteiligten Gesellschaften bestand, wobei dieser Umfang als der Anteil der die Arbeitnehmer vertretenden Mitglieder des Verwaltungs- oder des Aufsichtsorgans oder ihrer Ausschüsse oder des Leitungsgremiums ausgedrückt wird, das für die Ergebniseinheiten der Gesellschaft zuständig ist, wenn eine Arbeitnehmermitbestimmung besteht; oder

b) für Arbeitnehmer in Betrieben der aus der grenzüberschreitenden Verschmelzung hervorgehenden Gesellschaft, die sich in anderen Mitgliedstaaten befinden, nicht den gleichen Anspruch auf Ausübung von Mitbestimmungsrechten vorsieht, wie sie den Arbeitnehmern in demjenigen Mitgliedstaat gewährt werden, in dem die aus der grenzüberschreitenden Verschmelzung hervorgehende Gesellschaft ihren Sitz hat.

(3) In den in Absatz 2 genannten Fällen regeln die Mitgliedstaaten die Mitbestimmung der Arbeitnehmer in der aus der grenzüberschreitenden Verschmelzung hervorgehenden Gesellschaft sowie ihre Mitwirkung an der Festlegung dieser Rechte vorbehaltlich der Absätze 4 bis 7 entsprechend den Grundsätzen und Modalitäten des Artikels 12 Absätze 2, 3 und 4 der Verordnung (EG) Nr. 2157/2001 und den nachstehenden Bestimmungen der Richtlinie 2001/86/EG:

a) Artikel 3 Absätze 1, 2 und 3, Artikel 3 Absatz 4 Unterabsatz 1 erster Gedankenstrich und Artikel 3 Absatz 4 Unterabsatz 2 sowie Artikel 3 Absätze 5 und 7;

b) Artikel 4 Absatz 1, Artikel 4 Absatz 2 Buchstaben a, g und h sowie Artikel 4 Absatz 3;

c) Artikel 5;

d) Artikel 6;

e) Artikel 7 Absatz 1, Artikel 7 Absatz 2 Unterabsatz 1 Buchstabe b und Artikel 7 Absatz 2 Unterabsatz 2 sowie Artikel 7 Absatz 3. Für die Zwecke dieses Kapitels wird jedoch der prozentuale Anteil, der nach Artikel 7 Absatz 2 Unterabsatz 1 Buchstabe b der Richtlinie 2001/86/EG für die Anwendung der Auffangregelung des Anhangs Teil 3 jener Richtlinie erforderlich ist, von 25 % auf 33 1/3 % angehoben;

f) die Artikel 8, 10 und 12;

g) Artikel 13 Absatz 4;

h) Anhang, Teil 3 Buchstabe b.

(4) Bei der Festlegung der in Absatz 3 genannten Grundsätze und Modalitäten verfahren die Mitgliedstaaten wie folgt:

a) Gilt für mindestens eine der sich verschmelzenden Gesellschaften ein System der Arbeitnehmermitbestimmung im Sinne des Artikels 2 Buchstabe k der Richtlinie 2001/86/EG, gestatten sie den betreffenden Organen der sich verschmelzenden Gesellschaften, sich dafür zu entscheiden, die Auffangregelung für die Mitbestimmung nach Teil 3 Buchstabe b des Anhangs der genannten Richtlinie, die durch das Recht des Mitgliedstaats, in dem die aus der grenzüberschreitenden Verschmelzung hervorgehende Gesellschaft ihren Sitz haben soll, festgelegt ist, ohne jede vorhergehende Verhandlung unmittelbar anzuwenden und diese Regelung ab dem Zeitpunkt der Eintragung einzuhalten.

b) Sie gestatten dem besonderen Verhandlungsgremium, mit der Mehrheit von zwei Dritteln seiner mindestens zwei Drittel der Arbeitnehmer vertretenden Mitglieder, mit der Maßgabe, dass diese Mitglieder Arbeitnehmer in mindestens zwei verschiedenen Mitgliedstaaten vertreten müssen, zu beschließen, dass keine Verhandlungen eröffnet oder bereits eröffnete Verhandlungen beendet werden und die Mitbestimmungsregelung angewandt wird, die in dem Mitgliedstaat gilt, in dem die aus der grenzüberschreitenden Verschmelzung hervorgehende Gesellschaft ihren Sitz haben wird.

c) Sie können in dem Fall, dass nach vorherigen Verhandlungen die Auffangregelung gilt, und ungeachtet dieser Regelung beschließen, den Anteil der Arbeitnehmervertreter im Verwaltungsorgan der aus der grenzüberschreitenden Verschmelzung hervorgehenden Gesellschaft zu begrenzen. Bestand jedoch das Verwaltungs- oder Aufsichtsorgan einer der an der Verschmelzung beteiligten Gesellschaften zu mindestens einem Drittel aus Arbeitnehmervertretern, so darf die Begrenzung in keinem Fall dazu führen, dass die Arbeitnehmervertretung im Verwaltungsorgan weniger als ein Drittel beträgt.

(5) Die Ausweitung von Mitbestimmungsrechten auf in anderen Mitgliedstaaten beschäftigte Arbeitnehmer der aus der grenzüberschreitenden Verschmelzung hervorgehenden Gesellschaft gemäß Absatz 2 Buchstabe b verpflichtet die Mitgliedstaaten, die eine solche Ausweitung beschließen, nicht dazu, diese Arbeitnehmer bei der Berechnung der Schwellenwerte für die Beschäftigtenzahl zu berücksichtigen, bei deren Überschreitung Mitbestimmungsrechte nach nationalem Recht entstehen.

(6) Besteht in mindestens einer der an der grenzüberschreitenden Verschmelzung beteiligten Gesellschaften ein System der Arbeitnehmermitbestimmung und soll diese Regelung des Absatzes 2 auf die aus der Verschmelzung hervorgehende Gesellschaft angewandt werden, so ist diese Gesellschaft verpflichtet, eine Rechtsform anzunehmen, die die Ausübung von Mitbestimmungsrechten ermöglicht.

(7) Gilt für die aus der grenzüberschreitenden Verschmelzung hervorgehende Gesellschaft ein System der Arbeitnehmermitbestimmung, so ist diese Gesellschaft verpflichtet, Maßnahmen zu ergreifen, um sicherzustellen, dass die Mitbestimmungsrechte der Arbeitnehmer im Falle nachfolgender Umwandlungen, Verschmelzungen oder Spaltungen – unabhängig davon, ob es sich um grenzüberschreitende oder innerstaatliche Vorhaben handelt – während vier Jahren nach Wirksamwerden der grenzüberschreitenden Verschmelzung durch entsprechende Anwendung der Absätze 1 bis 6 geschützt werden.

(8) Eine Gesellschaft teilt ihren Arbeitnehmern oder deren Vertretern mit, ob sie die Auffangregelung für die Mitbestimmung nach Absatz 3 Buchstabe h anwenden oder Verhandlungen mit dem besonderen Verhandlungsgremium aufnehmen will. Im letzteren Fall teilt die Gesellschaft ihren Arbeitnehmern oder deren Vertretern ohne unangemessene Verzögerung das Ergebnis der Verhandlungen mit.

Unabhängige Sachverständige

Art. 133a (1) Die Mitgliedstaaten erlassen Vorschriften, in denen mindestens die zivilrechtliche Haftung des unabhängigen Sachverständigen geregelt ist, der den Bericht nach Artikel 125 zu erstellen hat.

(2) Die Mitgliedstaaten verfügen über Vorschriften, um sicherzustellen, dass

a) der Sachverständige oder die juristische Person, in deren Namen der Sachverständige handelt, von der Gesellschaft, die eine Vorabbescheinigung beantragt, unabhängig ist und dass kein Interessenkonflikt mit dieser Gesellschaft besteht, und

b) die Stellungnahme des Sachverständigen unparteiisch und objektiv ist und abgegeben wird, um die zuständige Behörde im Einklang mit den Anforderungen der Unabhängigkeit und der Unparteilichkeit gemäß dem Recht und den beruflichen Standards, denen der Sachverständige unterliegt, zu unterstützen.

Gültigkeit

Art. 134 Eine grenzüberschreitende Verschmelzung, die nach Artikel 129 wirksam geworden ist, kann nicht mehr für nichtig erklärt werden.

Absatz 1 berührt nicht die Befugnisse der Mitgliedstaaten, unter anderem im Hinblick auf das Strafrecht, die Verhinderung und Bekämpfung der Terrorismusfinanzierung, das Sozialrecht, die Besteuerung und die Strafverfolgung, im Einklang mit den nationalen Rechtsvorschriften nach dem Tag des Wirksamwerdens der grenzüberschreitenden Verschmelzung Maßnahmen und Sanktionen zu verhängen.

KAPITEL III
Spaltung von Aktiengesellschaften

Abschnitt 1
Allgemeine Bestimmungen

Allgemeine Bestimmungen zur Spaltung

Art. 135 (1) Gestatten die Mitgliedstaaten für die in Anhang I genannten, ihrem Recht unterliegenden Gesellschaften die in Artikel 136 beschriebene Spaltung durch Übernahme, so unterwerfen sie diesen Vorgang dem zweiten Abschnitt dieses Kapitels.

(2) Gestatten die Mitgliedstaaten für die in Absatz 1 bezeichneten Gesellschaften die in Artikel 155 definierte Spaltung durch Gründung neuer Gesellschaften, so unterwerfen sie diesen Vorgang dem dritten Abschnitt dieses Kapitels.

(3) Gestatten die Mitgliedstaaten für die in Absatz 1 bezeichneten Gesellschaften den Vorgang, durch den eine Spaltung durch Übernahme im

Sinne von Artikel 136 Absatz 1 mit einer Spaltung durch Gründung einer oder mehrerer neuer Gesellschaften im Sinne von Artikel 155 Absatz 1 verbunden wird, so unterwerfen sie diesen Vorgang dem zweiten Abschnitt dieses Kapitels und Artikel 156.

(4) Artikel 87 Absätze 2, 3 und 4 findet Anwendung.

Abschnitt 2
Spaltung durch Übernahme

Definition der „Spaltung durch Übernahme"

Art. 136 (1) Im Sinne dieses Kapitels bezeichnet der Ausdruck Spaltung durch Übernahme den Vorgang, durch den eine Gesellschaft ihr gesamtes Aktiv- und Passivvermögen im Wege der Auflösung ohne Abwicklung auf mehrere Gesellschaften überträgt, und zwar gegen Gewährung von Aktien der Gesellschaften, denen die sich aus der Spaltung ergebenden Einlagen zugutekommen, – im folgenden „begünstigte Gesellschaften" genannt – an die Aktionäre der gespaltenen Gesellschaft und gegebenenfalls Gewährung einer baren Zuzahlung, die 10 % des Nennbetrags oder, wenn ein Nennbetrag nicht vorhanden ist, des rechnerischen Wertes der gewährten Aktien nicht übersteigt.

(2) Artikel 89 Absatz 2 findet Anwendung.

(3) Soweit in diesem Kapitel auf die Vorschriften von Titel II Kapitel I verwiesen wird, bezeichnen der Ausdruck „sich verschmelzende Gesellschaften" die an der Spaltung beteiligten Gesellschaften, der Ausdruck „übertragende Gesellschaft" die gespaltene Gesellschaft, der Ausdruck „übernehmende Gesellschaft" jede begünstigte Gesellschaft und der Ausdruck „Verschmelzungsplan" den Spaltungsplan.

Spaltungsplan

Art. 137 (1) Die Verwaltungs- oder Leitungsorgane der an der Spaltung beteiligten Gesellschaften erstellen einen schriftlichen Spaltungsplan.

(2) Der Spaltungsplan enthält mindestens folgende Angaben:
a) die Rechtsform, die Firma und den Sitz der an der Spaltung beteiligten Gesellschaften;
b) das Umtauschverhältnis der Aktien und gegebenenfalls die Höhe der baren Zuzahlung;
c) die Einzelheiten hinsichtlich der Übertragung der Aktien der begünstigten Gesellschaften;
d) den Zeitpunkt, von dem an diese Aktien das Recht auf Teilnahme am Gewinn gewähren, sowie alle Besonderheiten in Bezug auf dieses Recht;
e) den Zeitpunkt, von dem an die Handlungen der gespaltenen Gesellschaft unter dem Gesichtspunkt der Rechnungslegung als für Rechnung der einen oder anderen begünstigten Gesellschaft vorgenommen gelten;
f) die Rechte, welche die begünstigten Gesellschaften den Aktionären mit Sonderrechten und den Inhabern anderer Wertpapiere als Aktien gewähren, oder die für diese Personen vorgeschlagenen Maßnahmen;
g) jeden besonderen Vorteil, der den Sachverständigen im Sinne des Artikels 142 Absatz 1 sowie den Mitgliedern der Verwaltungs-, Leitungs-, Aufsichts- oder Kontrollorgane der an der Spaltung beteiligten Gesellschaften gewährt wird;
h) die genaue Beschreibung und Aufteilung der Gegenstände des Aktiv- und Passivvermögens, das an jede der begünstigten Gesellschaften zu übertragen ist;
i) die Aufteilung der begünstigten Gesellschaften auf die Aktionäre der gespaltenen Gesellschaft sowie den Aufteilungsmaßstab.

(3) Wird ein Gegenstand des Aktivvermögens im Spaltungsplan nicht zugeteilt und lässt auch dessen Auslegung eine Entscheidung über die Zuteilung nicht zu, so wird der Gegenstand oder sein Gegenwert auf alle begünstigten Gesellschaften anteilig im Verhältnis zu dem nach dem Spaltungsplan auf sie entfallenden Nettoaktivvermögen übertragen.

Wird ein Gegenstand des Passivvermögens im Spaltungsplan nicht zugeteilt und lässt auch dessen Auslegung eine Entscheidung über die Zuteilung nicht zu, so haftet jede der begünstigten Gesellschaften als Gesamtschuldner. Die Mitgliedstaaten können vorsehen, dass die gesamtschuldnerische Haftung auf das Nettoaktivvermögen beschränkt wird, das jeder begünstigten Gesellschaft zugeteilt wird.

Bekanntmachung des Spaltungsplans

Art. 138 Der Spaltungsplan wird mindestens einen Monat vor dem Datum der Hauptversammlung, die über den Spaltungsplan zu beschließen hat, für jede der an der Spaltung beteiligten Gesellschaften nach den in den Rechtsvorschriften der einzelnen Mitgliedstaaten gemäß Artikel 16 vorgesehenen Verfahren offengelegt.

Jede der verschmelzenden Gesellschaften ist von der Offenlegungspflicht nach Artikel 16 befreit, wenn sie die Spaltungspläne während eines fortlaufenden Zeitraums, der mindestens einen Monat vor dem Datum der Hauptversammlung, die über die Spaltungspläne zu beschließen hat, beginnt und nicht vor dem Abschluss dieser Versammlung endet, für die Öffentlichkeit kostenlos auf ihren Internetseiten veröffentlicht. Die Mitgliedstaaten knüpfen diese Befreiung an keine anderen Erfordernisse und Auflagen als die, die für die Sicherheit der Internetseiten und die Echtheit der Dokumente erforderlich sind, und dürfen solche Erfordernisse und Auflagen nur einführen, soweit sie zur Erreichung dieser Zwecke angemessen sind.

Abweichend von Absatz 2 können die Mitgliedstaaten verlangen, dass die Veröffentlichung über die zentrale elektronische Plattform gemäß Artikel 16 Absatz 5 erfolgt. Die Mitgliedstaaten können alternativ verlangen, dass die Veröffentlichung auf anderen, von ihnen zu diesem Zweck benannten Internetseiten erfolgt. Machen die Mitgliedstaaten von einer dieser Möglichkeiten Gebrauch, so gewährleisten sie, dass den Gesellschaften für diese Veröffentlichung keine spezifischen Kosten entstehen.

Werden andere Internetseiten als die zentrale elektronische Plattform genutzt, wird mindestens einen Monat vor dem Datum der Hauptversammlung auf dieser zentralen elektronischen Plattform ein Verweis, der zu diesen Internetseiten führt, veröffentlicht. Dieser Verweis enthält auch das Datum der Veröffentlichung der Spaltungspläne im Internet und ist der Öffentlichkeit kostenlos zugänglich. Den Gesellschaften entstehen für diese Veröffentlichung keine spezifischen Kosten.

Das in den Absätzen 3 und 4 genannte Verbot, von Gesellschaften eine spezifische Gebühr für die Veröffentlichung zu verlangen, lässt die Möglichkeit der Mitgliedstaaten unberührt, die Kosten für die zentrale elektronische Plattform an Gesellschaften weiterzugeben.

Die Mitgliedstaaten können von Gesellschaften verlangen, Informationen für einen bestimmten Zeitraum nach der Hauptversammlung auf ihren Internetseiten oder gegebenenfalls auf der zentralen elektronischen Plattform oder den anderen von dem betreffenden Mitgliedstaat benannten Internetseiten verfügbar zu halten. Die Mitgliedstaaten können die Folgen einer vorübergehenden Unterbrechung des Zugriffs auf die Internetseiten und die zentrale elektronische Plattform aufgrund technischer oder sonstiger Ursachen bestimmen.

Zustimmung der Hauptversammlung jeder der an der Spaltung beteiligten Gesellschaften

Art. 139 (1) Die Spaltung bedarf zumindest der Zustimmung der Hauptversammlung jeder der an der Spaltung beteiligten Gesellschaften. Artikel 93 ist hinsichtlich der für diesen Beschluss erforderlichen Mehrheit, dessen Tragweite sowie des Erfordernisses einer gesonderten Abstimmung anzuwenden.

(2) Werden die Aktien der begünstigten Gesellschaften den Aktionären der gespaltenen Gesellschaft nicht im Verhältnis zu ihren Rechten an deren Kapital gewährt, so können die Mitgliedstaaten vorsehen, dass die Minderheitsaktionäre der gespaltenen Gesellschaft ihre Aktien aufkaufen lassen können. In diesem Fall haben sie Anspruch auf ein dem Wert ihrer Aktien entsprechendes Entgelt. Sofern hierüber keine Einigung erzielt wird, kann das Entgelt durch ein Gericht festgesetzt werden.

Abweichung vom Erfordernis der Zustimmung der Hauptversammlung einer begünstigten Gesellschaft

Art. 140 Die Rechtsvorschriften eines Mitgliedstaats brauchen die Zustimmung der Hauptversammlung einer begünstigten Gesellschaft nicht vorzuschreiben, wenn folgende Bedingungen erfüllt sind:
a) Die in Artikel 138 vorgeschriebene Offenlegung wird für die begünstigte Gesellschaft mindestens einen Monat vor dem Datum derjenigen Hauptversammlung der gespaltenen Gesellschaft, die über den Spaltungsplan zu beschließen hat, bewirkt;
b) jeder Aktionär der begünstigten Gesellschaft hat mindestens einen Monat vor dem unter Buchstabe a genannten Zeitpunkt das Recht, am Sitz dieser Gesellschaft von den in Artikel 143 Absatz 1 genannten Unterlagen Kenntnis zu nehmen;
c) ein oder mehrere Aktionäre der begünstigten Gesellschaft, die über Aktien in einem Mindestprozentsatz des gezeichneten Kapitals verfügen, haben das Recht, die Einberufung einer Hauptversammlung der begünstigten Gesellschaft, in der über die Zustimmung zu der Spaltung beschlossen wird, zu verlangen. Dieser Mindestprozentsatz darf nicht auf mehr als 5 % festgesetzt werden. Die Mitgliedstaaten können jedoch vorsehen, dass die Aktien ohne Stimmrecht von der Berechnung dieses Prozentsatzes ausgenommen sind.

Für die Zwecke von Absatz 1 Buchstabe b gilt Artikel 143 Absätze 2, 3 und 4.

Ausführlicher schriftlicher Bericht und Informationen zur Spaltung

Art. 141 (1) Die Verwaltungs- oder Leitungsorgane jeder der an der Spaltung beteiligten Gesellschaften erstellen einen ausführlichen schriftlichen Bericht, in dem der Spaltungsplan, insbesondere das Umtauschverhältnis der Aktien und der Maßstab für ihre Aufteilung, rechtlich und wirtschaftlich erläutert und begründet wird.

(2) In dem Bericht wird außerdem auf besondere Schwierigkeiten bei der Bewertung, soweit solche aufgetreten sind, hingewiesen.

Erwähnt werden gegebenenfalls auch die Erstellung des Berichts über die Prüfung der Einlagen, die nicht Bareinlagen sind, nach Artikel 70 Absatz 2 für die begünstigten Gesellschaften sowie das Register, bei dem dieser Bericht zu hinterlegen ist.

(3) Die Verwaltungs- oder Leitungsorgane der gespaltenen Gesellschaft unterrichten über jede zwischen der Aufstellung des Spaltungsplans und dem Datum der Hauptversammlung der gespaltenen Gesellschaft, die über den Spaltungsplan zu beschließen hat, eingetretene wesentliche Veränderung der Aktiv- oder Passivvermögens die Hauptversammlung der gespaltenen Gesellschaft sowie die Verwaltungs- oder Leitungsorgane der begünstigten Gesellschaften, damit diese die Hauptversammlung ihrer Gesellschaft unterrichten.

Prüfung des Spaltungsplans durch Sachverständige

Art. 142 (1) Für jede der an der Spaltung beteiligten Gesellschaften prüfen ein oder mehrere von diesen unabhängige Sachverständige, welche durch ein Gericht oder eine Verwaltungsbehörde bestellt oder zugelassen sind, den Spaltungsplan und erstellen einen schriftlichen Bericht für die Aktionäre. Die Rechtsvorschriften eines Mitgliedstaats können jedoch die Bestellung eines oder mehrerer unabhängiger Sachverständiger für alle an der Spaltung beteiligten Gesellschaften vorsehen, wenn die Bestellung auf gemeinsamen Antrag dieser Gesellschaften durch ein Gericht oder eine Verwaltungsbehörde erfolgt. Diese Sachverständigen können entsprechend den Rechtsvorschriften jedes Mitgliedstaats sowohl natürliche oder juristische Personen als auch Gesellschaften sein.

(2) Artikel 96 Absätze 2 und 3 findet Anwendung.

Verfügbarkeit der Unterlagen zur Kenntnisnahme durch die Aktionäre

Art. 143 (1) Mindestens einen Monat vor dem Datum der Hauptversammlung, die über den Spaltungsplan zu beschließen hat, hat jeder Aktionär das Recht, am Sitz der Gesellschaft zumindest von folgenden Unterlagen Kenntnis zu nehmen:

a) dem Spaltungsplan;
b) den Jahresabschlüssen und den Geschäftsberichten der an der Spaltung beteiligten Gesellschaften für die letzten drei Geschäftsjahre;
c) gegebenenfalls einer Zwischenbilanz, die für einen Zeitpunkt erstellt ist, der nicht vor dem ersten Tag des dritten der Aufstellung des Spaltungsplans vorausgehenden Monats liegt, sofern der letzte Jahresabschluss sich auf ein mehr als sechs Monate vor der Aufstellung des Spaltungsplans abgelaufenes Geschäftsjahr bezieht;
d) gegebenenfalls den in Artikel 141 Absatz 1 genannten Berichten der Verwaltungs- oder Leitungsorgane der an der Spaltung beteiligten Gesellschaften;
e) gegebenenfalls den in Artikel 142 genannten Berichten.

Die Erstellung einer Zwischenbilanz für die Zwecke von Unterabsatz 1 Buchstabe c ist nicht erforderlich, wenn die Gesellschaft gemäß Artikel 5 der Richtlinie 2004/109/EG einen Halbjahresfinanzbericht veröffentlicht und den Aktionären gemäß diesem Absatz zur Verfügung stellt.

(2) Die Zwischenbilanz nach Absatz 1 Buchstabe c ist nach denselben Methoden und in derselben Gliederung zu erstellen wie die letzte Jahresbilanz.

Die Rechtsvorschriften eines Mitgliedstaats können jedoch vorsehen, dass

a) es nicht erforderlich ist, eine neue körperliche Bestandsaufnahme durchzuführen;
b) die Bewertungen der letzten Bilanz nur nach Maßgabe der Bewegungen in den Büchern verändert zu werden brauchen, wobei jedoch zu berücksichtigen sind:
   i) Abschreibungen, Wertberichtigungen und Rückstellungen für die Zwischenzeit;
   ii) wesentliche, aus den Büchern nicht ersichtliche Veränderungen der wirklichen Werte.

(3) Vollständige oder, falls gewünscht, auszugsweise Abschriften der in Absatz 1 genannten Unterlagen werden jedem Aktionär auf formlosen Antrag kostenlos erteilt.

Hat der Aktionär diesem Weg der Informationsübermittlung zugestimmt, so können Informationen auf elektronischem Wege bereitgestellt werden.

(4) Eine Gesellschaft ist von der Pflicht die in Absatz 1 genannten Dokumente an ihrem Sitz zur Verfügung zu stellen befreit, wenn sie die betreffenden Dokumente während eines fortlaufenden Zeitraums, der mindestens einen Monat vor dem Datum der Hauptversammlung, die über die Spaltungspläne zu beschließen hat, beginnt und nicht vor dem Abschluss dieser Versammlung endet, auf ihren Internetseiten veröffentlicht. Die Mitgliedstaaten knüpfen diese Befreiung an keine anderen Erfordernisse und Auflagen als die, die für die Sicherheit der Internetseiten und die Echtheit der Dokumente erforderlich sind, und nur dann, wenn sie zur Erreichung dieses Zwecks angemessen sind.

Absatz 3 kommt nicht zur Anwendung, wenn die Aktionäre während des gesamten in Unterabsatz 1 des vorliegenden Absatzes genannten Zeitraums auf den Internetseiten die Möglichkeit haben, die in Absatz 1 genannten Dokumente herunterzuladen und auszudrucken. In diesem Fall können die Mitgliedstaaten jedoch vorsehen, dass die Gesellschaft diese Dokumente an ihrem Sitz zur Einsichtnahme durch die Aktionäre zur Verfügung stellt.

Die Mitgliedstaaten können von Gesellschaften verlangen, Informationen für einen bestimmten Zeitraum nach der Hauptversammlung auf ihren Internetseiten verfügbar zu halten. Die Mitgliedstaaten können die Folgen einer vorübergehenden Unterbrechung des Zugriffs auf die Internetseiten aufgrund technischer oder sonstiger Ursachen bestimmen.

Vereinfachte Formalitäten

Art. 144 (1) Weder die in Artikel 142 Absatz 1 vorgesehene Prüfung des Spaltungsplans noch die dort vorgesehene Erstellung eines Sachverständigenberichts sind erforderlich, wenn alle Aktionäre und Inhaber anderer mit einem Stimmrecht verbundener Wertpapiere aller an der Spaltung beteiligten Gesellschaften darauf verzichtet haben.

(2) Die Mitgliedstaaten können gestatten, dass Artikel 141 und Artikel 143 Absatz 1 Buchstaben c und d keine Anwendung finden, wenn alle Aktionäre und Inhaber anderer mit einem Stimmrecht verbundener Wertpapiere aller an der Spaltung beteiligten Gesellschaften darauf verzichtet haben.

Wahrung von Ansprüchen der Arbeitnehmer

Art. 145 Die Wahrung von Ansprüchen der Arbeitnehmer der an der Spaltung beteiligten Gesellschaften wird gemäß der Richtlinie 2001/23/EG geregelt.

Schutz der Interessen der Gläubiger der an der Spaltung beteiligten Gesellschaften; gesamtschuldnerische Haftung der begünstigten Gesellschaften

Art. 146 (1) Die Rechtsvorschriften der Mitgliedstaaten sehen ein angemessenes Schutzsystem für die Interessen der Gläubiger der an der Spaltung beteiligten Gesellschaften vor, deren Forderungen vor der Bekanntmachung des Spaltungsplans entstanden und zum Zeitpunkt dieser Bekanntmachung noch nicht fällig sind.

(2) Für die Zwecke des Absatzes 1 sehen die Rechtsvorschriften der Mitgliedstaaten zumindest vor, dass diese Gläubiger Anspruch auf angemessene Garantien haben, wenn die finanzielle Lage der gespaltenen Gesellschaft sowie der Gesellschaft, auf die die Verpflichtung nach dem Spaltungsplan übertragen wird, einen solchen Schutz erforderlich machen und die Gläubiger nicht schon derartige Garantien haben.

Die Mitgliedstaaten legen die Modalitäten für den in Absatz 1 und in Unterabsatz 1 des vorliegenden Absatzes vorgesehenen Schutz fest. Die Mitgliedstaaten gewährleisten in jedem Fall, dass die Gläubiger das Recht haben, bei der zuständigen Verwaltungsbehörde oder dem zuständigen Gericht angemessene Sicherheiten zu beantragen, wenn sie nachweisen können, dass die Befriedigung ihrer Forderungen durch die Spaltung gefährdet ist und sie von der Gesellschaft keine angemessenen Sicherheiten erhalten haben.

(3) Soweit ein Gläubiger von der Gesellschaft, auf welche die Verpflichtung nach dem Spaltungsplan übertragen wurde, keine Befriedigung erlangt hat, haften die begünstigten Gesellschaften für diese Verpflichtung als Gesamtschuldner. Die Mitgliedstaaten können diese Haftung auf das jeder dieser Gesellschaften mit Ausnahme der Gesellschaft, auf die die Verpflichtung übertragen wurde, zugeteilte Nettoaktivvermögen beschränken. Sie brauchen diesen Absatz nicht anzuwenden, wenn der Vorgang der Spaltung der Aufsicht eines Gerichtes nach Artikel 157 unterliegt und in einer Versammlung nach Artikel 157 Absatz 1 Buchstabe c die Mehrzahl der Gläubiger, auf die Dreiviertel des Betrages der Forderungen entfallen, oder die Mehrzahl einer Kategorie von Gläubigern der gespaltenen Gesellschaft, auf die Dreiviertel des Betrages der Forderungen dieser Kategorie entfallen, darauf verzichtet haben, die gesamtschuldnerische Haftung geltend zu machen.

(4) Artikel 99 Absatz 3 findet Anwendung.

(5) Unbeschadet der Vorschriften über die gemeinsame Ausübung der Rechte der Anleihegläubiger der an der Spaltung beteiligten Gesellschaften werden die Absätze 1 bis 4 auf diese Gläubiger angewendet, es sei denn, in einer Versammlung der Anleihegläubiger – sofern die nationalen Rechtsvorschriften eine solche Versammlung vorsehen – oder jeder einzelne Anleihegläubiger hat der Spaltung zugestimmt.

(6) Die Mitgliedstaaten können vorsehen, dass die begünstigten Gesellschaften für die Verpflichtungen der gespaltenen Gesellschaft als Gesamtschuldner haften. In diesem Fall brauchen sie die Absätze 1 bis 5 nicht anzuwenden.

(7) Verbindet ein Mitgliedstaat das System des Gläubigerschutzes nach den Absätzen 1 bis 5 mit der gesamtschuldnerischen Haftung der begünstigten Gesellschaften nach Absatz 6, so kann er diese Haftung auf das jeder dieser Gesellschaften zugeteilte Nettoaktivvermögen beschränken.

Schutz der Ansprüche der Inhaber von Wertpapieren, die mit Sonderrechten verbunden sind, jedoch keine Aktien sind

Art. 147 Die Inhaber anderer Wertpapiere, die mit Sonderrechten verbunden, jedoch keine Aktien sind, erhalten in den begünstigten Gesellschaften, denen gegenüber ihre Rechte nach dem Spaltungsplan geltend gemacht werden können, Rechte, die mindestens denen gleichwertig sind, die sie in der gespaltenen Gesellschaft hatten, es sei denn, dass eine Versammlung der Inhaber – sofern die nationalen Rechtsvorschriften eine solche Versammlung vorsehen – der Änderung dieser Rechte oder dass jeder einzelne Inhaber der Änderung seines Rechts zugestimmt hat oder dass diese Inhaber einen Anspruch auf Rückkauf ihrer Wertpapiere haben.

Öffentliche Beurkundung der Unterlagen

Art. 148 Falls die Rechtsvorschriften eines Mitgliedstaats für Spaltungen eine vorbeugende gerichtliche oder verwaltungsmäßige Kontrolle der Rechtmäßigkeit nicht vorsehen oder sich diese Kontrolle nicht auf alle für die Spaltung erforderlichen Rechtshandlungen erstreckt, findet Artikel 102 Anwendung.

Wirksamwerden der Spaltung

Art. 149 Die Rechtsvorschriften der Mitgliedstaaten bestimmen den Zeitpunkt, zu dem die Spaltung wirksam wird.

Formalitäten der Offenlegung

Art. 150 (1) Für jede der an der Spaltung beteiligten Gesellschaften wird die Spaltung nach den in den Rechtsvorschriften eines jeden Mitgliedstaats in Übereinstimmung mit Artikel 16 vorgesehenen Verfahren offengelegt.

(2) Jede begünstigte Gesellschaft kann die für die gespaltene Gesellschaft vorzunehmenden Formalitäten der Offenlegung selbst veranlassen.

Folgen einer Spaltung

Art. 151 (1) Die Spaltung bewirkt ipso jure gleichzeitig Folgendes:
a) Sowohl zwischen der gespaltenen Gesellschaft und den begünstigten Gesellschaften als auch gegenüber Dritten geht das gesamte Aktiv- und Passivvermögen der gespaltenen Gesellschaft auf die begünstigten Gesellschaften über, und zwar entsprechend der im Spaltungsplan oder in Artikel 137 Absatz 3 vorgesehenen Aufteilung;
b) die Aktionäre der gespaltenen Gesellschaft werden entsprechend der im Spaltungsplan vorgesehenen Aufteilung Aktionäre einer oder mehrerer begünstigter Gesellschaften;
c) die gespaltene Gesellschaft erlischt.

(2) Es werden keine Aktien einer begünstigten Gesellschaft im Austausch für Aktien der gespaltenen Gesellschaft gegeben, die sich

a) im Besitz dieser begünstigten Gesellschaft selbst oder einer Person befinden, die im eigenen Namen, aber für Rechnung der Gesellschaft handelt; oder

b) im Besitz der gespaltenen Gesellschaft selbst oder einer Person befinden, die im eigenen Namen, aber für Rechnung der Gesellschaft handelt.

(3) Unberührt bleiben die Rechtsvorschriften der Mitgliedstaaten, die für die Wirksamkeit der Übertragung bestimmter, von der gespaltenen Gesellschaft eingebrachter Vermögensgegenstände, Rechte und Pflichten gegenüber Dritten besondere Formalitäten erfordern. Die begünstigte(n) Gesellschaft(en), der (denen) diese Vermögensgegenstände, Rechte und Pflichten nach dem Spaltungsplan oder nach Artikel 137 Absatz 3 übertragen werden, kann (können) diese Formalitäten selbst veranlassen; die Rechtsvorschriften der Mitgliedstaaten können jedoch der gespaltenen Gesellschaft gestatten, während eines begrenzten Zeitraums diese Formalitäten weiter zu vollziehen; dieser Zeitraum kann nur in Ausnahmefällen auf mehr als sechs Monate nach dem Zeitpunkt, in dem die Spaltung wirksam wird, festgesetzt werden.

Zivilrechtliche Haftung der Mitglieder des Verwaltungs- oder Leitungsorgans der gespaltenen Gesellschaft

Art. 152 Die Rechtsvorschriften der Mitgliedstaaten regeln zumindest die zivilrechtliche Haftung der Mitglieder des Verwaltungs- oder Leitungsorgans der gespaltenen Gesellschaft gegenüber den Aktionären dieser Gesellschaft für schuldhaftes Verhalten von Mitgliedern dieses Organs bei der Vorbereitung und dem Vollzug der Spaltung sowie die zivilrechtliche Haftung der Sachverständigen, die beauftragt sind, für diese Gesellschaft den in Artikel 142 vorgesehenen Bericht zu erstellen, für schuldhaftes Verhalten bei der Erfüllung ihrer Aufgaben.

Voraussetzungen für die Nichtigkeit der Spaltung

Art. 153 (1) Die Rechtsvorschriften der Mitgliedstaaten können die Nichtigkeit der Spaltung von Gesellschaften nur nach Maßgabe folgender Bestimmungen regeln:

a) Die Nichtigkeit muss durch gerichtliche Entscheidung ausgesprochen werden;

b) für nichtig erklärt wird eine im Sinne von Artikel 149 wirksam gewordene Spaltung nur wegen Fehlens einer vorbeugenden gerichtlichen oder verwaltungsmäßigen Kontrolle der Rechtmäßigkeit oder einer öffentlichen Beurkundung oder wenn festgestellt wird, dass der Beschluss der Hauptversammlung nach nationalem Recht nichtig oder anfechtbar ist;

c) die Nichtigkeitsklage wird nicht mehr erhoben, wenn eine Frist von sechs Monaten verstrichen ist, nachdem die Spaltung demjenigen gegenüber wirksam geworden ist, der sich auf die Nichtigkeit beruft, oder wenn der Mangel behoben worden ist;

d) kann der Mangel, dessentwegen die Spaltung für nichtig erklärt werden kann, behoben werden, so räumt das zuständige Gericht den beteiligten Gesellschaften dazu eine Frist ein;

e) die gerichtliche Entscheidung, durch welche die Nichtigkeit der Spaltung ausgesprochen wird, wird in Übereinstimmung mit Artikel 16 nach den in den Rechtsvorschriften jedes Mitgliedstaats vorgesehenen Verfahren offengelegt;

f) falls die Rechtsvorschriften der Mitgliedstaaten gegen die gerichtliche Entscheidung einen Einspruch Dritter vorsehen, so wird dieser nach Ablauf einer Frist von sechs Monaten seit Offenlegung der gerichtlichen Entscheidung gemäß Titel I Kapitel III nicht mehr erhoben;

g) die gerichtliche Entscheidung, durch welche die Nichtigkeit der Spaltung ausgesprochen wird, berührt für sich allein nicht die Wirksamkeit der Verpflichtungen, die vor der Offenlegung der gerichtlichen Entscheidung, jedoch nach dem in Artikel 149 bezeichneten Zeitpunkt, zu Lasten oder zugunsten der begünstigten Gesellschaften entstanden sind;

h) jede begünstigte Gesellschaft haftet für die Verpflichtungen zu ihren Lasten, die nach dem Zeitpunkt des Wirksamwerdens der Spaltung und vor dem Zeitpunkt, zu dem der Beschluss über die Nichtigkeit der Spaltung offengelegt worden ist, entstanden sind. Die gespaltene Gesellschaft haftet ebenfalls für diese Verpflichtungen; die Mitgliedstaaten können vorsehen, dass diese Haftung auf den Teil des Nettoaktivvermögens beschränkt ist, welcher auf die begünstigte Gesellschaft entfällt, zu deren Lasten diese Verpflichtungen entstanden sind.

(2) Abweichend von Absatz 1 Buchstabe a dieses Artikels können die Rechtsvorschriften eines Mitgliedstaats auch gestatten, dass die Nichtigkeit der Spaltung durch eine Verwaltungsbehörde ausgesprochen wird, wenn gegen eine solche Entscheidung ein Rechtsbehelf bei einem Gericht eingelegt werden kann. Absatz 1 Buchstabe b und Buchstabe d bis h dieses Artikels gelten entsprechend für die Verwaltungsbehörde. Dieses Nichtigkeitsverfahren kann nach Ablauf einer Frist von sechs Monaten nach dem in Artikel 149 genannten Zeitpunkt nicht mehr eingeleitet werden.

(3) Unberührt bleiben die Rechtsvorschriften der Mitgliedstaaten über die Nichtigkeit einer Spaltung, die im Wege einer anderen Kontrolle der Spaltung als der vorbeugenden gerichtlichen oder verwaltungsmäßigen Kontrolle der Rechtmäßigkeit ausgesprochen wird.

Befreiung vom Erfordernis der Zustimmung der Hauptversammlung der gespaltenen Gesellschaft

Art. 154 Gehören den begünstigten Gesellschaften insgesamt alle Aktien der gespaltenen Gesellschaft sowie alle sonstigen Anteile der gespaltenen Gesellschaft, die in der Hauptversammlung ein Stimmrecht gewähren, so dürfen die Mitgliedstaaten unbeschadet des Artikels 140 keine Zustimmung der Hauptversammlung der gespaltenen Gesellschaft zur Spaltung vorschreiben, wenn folgende Bedingungen erfüllt sind:

a) Die in Artikel 138 vorgeschriebene Offenlegung wird für die an dem Vorgang beteiligten Gesellschaften mindestens einen Monat vor dem Zeitpunkt, zu dem der Vorgang wirksam wird, bewirkt;

b) alle Aktionäre der an dem Vorgang beteiligten Gesellschaften haben das Recht, mindestens einen Monat vor dem Zeitpunkt, zu dem der Vorgang wirksam wird, am Sitz ihrer Gesellschaft von den in Artikel 143 Absatz 1 bezeichneten Unterlagen Kenntnis zu nehmen;

c) wird eine Hauptversammlung der gespaltenen Gesellschaft, in der über die Zustimmung zur Spaltung beschlossen wird, nicht einberufen, so erstreckt sich die in Artikel 141 Absatz 3 vorgesehene Unterrichtung auf jede nach der Aufstellung des Spaltungsplans eingetretene wesentliche Veränderung des Aktiv- und Passivvermögens.

Für die Zwecke von Absatz 1 Buchstabe b gelten Artikel 143 Absätze 2, 3 und 4 sowie Artikel 144.

Abschnitt 3
Spaltung durch Gründung neuer Gesellschaften

Definition der „Spaltung durch Gründung neuer Gesellschaften"

Art. 155 (1) Im Sinne dieses Kapitels bezeichnet der Ausdruck „Spaltung durch Gründung neuer Gesellschaften" den Vorgang, durch den eine Gesellschaft ihr gesamtes Aktiv- und Passivvermögen im Wege der Auflösung ohne Abwicklung auf mehrere neugegründete Gesellschaften überträgt, und zwar gegen Gewährung von Aktien der begünstigten Gesellschaften an die Aktionäre der gespaltenen Gesellschaft und gegebenenfalls Gewährung einer baren Zuzahlung, die 10 % des Nennbetrags oder, wenn ein Nennbetrag nicht vorhanden ist, des rechnerischen Wertes der gewährten Aktien nicht übersteigt.

(2) Artikel 90 Absatz 2 findet Anwendung.

Anwendung von Vorschriften über die Spaltung durch Übernahme

Art. 156 (1) Die Artikel 137, 138, 139 und 141, Artikel 142 Absätze 1 und 2 und die Artikel 143 bis 153 finden unbeschadet der Artikel 11 und 12 auf die Spaltung durch Gründung neuer Gesellschaften Anwendung. Für diese Anwendung bedeuten der Ausdruck „an der Spaltung beteiligte Gesellschaften" die gespaltene Gesellschaft, der Ausdruck „begünstigte Gesellschaft" jede der neuen Gesellschaften.

(2) Der Spaltungsplan erwähnt außer den Angaben nach Artikel 137 Absatz 2 die Rechtsform, die Firma und den Sitz jeder der neuen Gesellschaften.

(3) Der Spaltungsplan und, falls sie Gegenstand eines getrennten Aktes sind, der Errichtungsakt oder der Entwurf des Errichtungsaktes und die Satzung oder der Entwurf der Satzung jeder der neuen Gesellschaften bedürfen der Zustimmung der Hauptversammlung der gespaltenen Gesellschaft.

(4) Die Mitgliedstaaten dürfen nicht vorschreiben, dass die Anforderungen von Artikel 141, Artikel 142 und Artikel 143 Absatz 1 Buchstaben c, d und e Anwendung finden, wenn die Aktien jeder der neuen Gesellschaften den Aktionären der gespaltenen Gesellschaft im Verhältnis zu ihren Rechten am Kapital dieser Gesellschaft gewährt werden.

Abschnitt 4
Spaltung unter Aufsicht eines Gerichts

Spaltung unter Aufsicht eines Gerichts

Art. 157 (1) Die Mitgliedstaaten können Absatz 2 anwenden, wenn die Spaltung unter der Aufsicht eines Gerichtes erfolgt, das befugt ist,

a) die Hauptversammlung der Aktionäre der gespaltenen Gesellschaft einzuberufen, damit sie über die Spaltung beschließt;

b) sich zu vergewissern, dass die Aktionäre jeder der an der Spaltung beteiligten Gesellschaften zumindest die in Artikel 143 bezeichneten Unterlagen binnen einer Frist erhalten haben oder sich beschaffen können, die es ihnen ermöglicht, sie rechtzeitig vor dem Datum der Hauptversammlung ihrer Gesellschaft, die über die Spaltung zu beschließen hat, zu prüfen; macht ein Mitgliedstaat von der in Artikel 140 vorgesehenen Möglichkeit Gebrauch, so muss die Frist ausreichen, um es den Aktionären der begünstigten Gesellschaften zu ermöglichen, die ihnen durch Artikel 140 zuerkannten Rechte auszuüben;

c) eine Versammlung der Gläubiger jeder der an der Spaltung beteiligten Gesellschaften einzuberufen, damit sie über die Spaltung beschließt;

d) sich zu vergewissern, dass die Gläubiger jeder der an der Spaltung beteiligten Gesellschaften zumindest den Spaltungsplan binnen einer Frist erhalten haben oder sich beschaffen können, die es ihnen ermöglicht, ihn rechtzeitig vor dem unter Buchstabe b genannten Zeitpunkt zu prüfen;

e) den Spaltungsplan zu genehmigen.

(2) Stellt das Gericht fest, dass die in Absatz 1 Buchstaben b und d bezeichneten Bedingungen erfüllt sind und den Aktionären und den Gläubigern kein Schaden entstehen kann, so kann es die an der Spaltung beteiligten Gesellschaften befreien von der Anwendung

a) des Artikels 138 unter der Bedingung, dass das in Artikel 146 Absatz 1 bezeichnete angemessene Schutzsystem für die Interessen der Gläubiger sich auf alle Forderungen erstreckt, unabhängig von dem Zeitpunkt, zu dem sie entstanden sind;
b) der in Artikel 140 Buchstaben a und b bezeichneten Bedingungen, wenn ein Mitgliedstaat von der in Artikel 140 vorgesehenen Möglichkeit Gebrauch macht;
c) des Artikels 143 hinsichtlich der Frist und der Einzelheiten, die darin für die Möglichkeit festgelegt sind, dass die Aktionäre von den bezeichneten Unterlagen Kenntnis nehmen.

Abschnitt 5
Andere der Spaltung gleichgestellte Vorgänge

Spaltung durch bare Zuzahlung, die den Satz von 10 % übersteigt

Art. 158 Gestatten die Rechtsvorschriften eines Mitgliedstaats für einen der in Artikel 135 vorgesehenen Vorgänge, dass die bare Zuzahlung den Satz von 10 % übersteigt, so finden die Abschnitte 2, 3 und 4 dieses Kapitels Anwendung.

Spaltung ohne Erlöschen der gespaltenen Gesellschaft

Art. 159 Gestatten die Rechtsvorschriften eines Mitgliedstaats einen der in Artikel 135 vorgesehenen Vorgänge, ohne dass die gespaltene Gesellschaft erlischt, so finden die Abschnitte 2, 3 und 4 dieses Kapitels mit Ausnahme des Artikels 151 Absatz 1 Buchstabe c Anwendung.

Abschnitt 6
Durchführungsbestimmungen

Übergangsbestimmungen

Art. 160 Die Mitgliedstaaten brauchen die Artikel 146 und 147 auf Inhaber von Wandelschuldverschreibungen und anderen Wertpapieren, die in Aktien umgewandelt werden können, nicht anzuwenden, wenn bei Inkrafttreten der Vorschriften gemäß Artikel 26 Absatz 1 oder 2 der Verordnung 82/891/EWG die Stellung dieser Inhaber bei einer Spaltung vorab in den Ausgabebedingungen festgelegt worden war.

KAPITEL IV
Grenzüberschreitende Spaltung von Kapitalgesellschaften

Anwendungsbereich

Art. 160a (1) Dieses Kapitel gilt für grenzüberschreitende Spaltungen von Kapitalgesellschaften, die nach dem Recht eines Mitgliedstaats gegründet worden sind und ihren satzungsmäßigen Sitz, ihre Hauptverwaltung oder ihre Hauptniederlassung in der Union haben, sofern mindestens zwei der an der Spaltung beteiligten Kapitalgesellschaften dem Recht verschiedener Mitgliedstaaten unterliegen (im Folgenden „grenzüberschreitende Spaltung").

(2) Ungeachtet des Artikels 160b Nummer 4 findet dieses Kapitel auch dann Anwendung auf grenzüberschreitende Spaltungen, wenn die bare Zuzahlung nach Artikel 160b Nummer 4 Buchstaben a und b nach dem Recht mindestens eines der betroffenen Mitgliedstaaten 10 % des Nennwerts oder – bei Fehlen eines solchen – des rechnerischen Werts der Aktien oder sonstigen Anteile am Kapital der begünstigten Gesellschaften überschreiten darf.

(3) Dieses Kapitel gilt nicht für grenzüberschreitende Spaltungen, an denen eine Gesellschaft beteiligt ist, deren Zweck es ist, die vom Publikum bei ihr eingelegten Gelder nach dem Grundsatz der Risikostreuung gemeinsam anzulegen, und deren Anteile auf Verlangen der Anteilsinhaber unmittelbar oder mittelbar zulasten des Vermögens dieser Gesellschaft zurückgenommen oder ausgezahlt werden. Diesen Rücknahmen oder Auszahlungen gleichgestellt sind Handlungen, mit denen eine solche Gesellschaft sicherstellen will, dass der Börsenwert ihrer Anteile nicht erheblich von deren Nettoinventarwert abweicht.

(4) Die Mitgliedstaaten stellen sicher, dass dieses Kapitel in keinem der folgenden Fälle auf Gesellschaften angewendet wird:
a) die Gesellschaft befindet sich in Liquidation und hat mit der Verteilung ihres Vermögens an ihre Gesellschafter begonnen;
b) die Gesellschaft ist Gegenstand von in Titel IV der Richtlinie 2014/59/EU oder in Titel V der Verordnung (EU) 2021/23 vorgesehenen Abwicklungsinstrumenten, -befugnissen und -mechanismen.

(VO (EU) 2021/23)

(5) Die Mitgliedstaaten können beschließen, dieses Kapitel nicht auf Gesellschaften anzuwenden, die Gegenstand von Folgendem sind:
a) Insolvenzverfahren oder präventiven Restrukturierungsrahmen,
b) anderen Liquidationsverfahren als denjenigen, die in Absatz 4 Buchstabe a genannt sind, oder
c) Krisenpräventionsmaßnahmen gemäß Artikel 2 Absatz 1 Nummer 101 der Richtlinie 2014/59/EU oder gemäß Artikel 2 Nummer 48 der Verordnung (EU) 2021/23.

(VO (EU) 2021/23)

Begriffsbestimmungen

Art. 160b Für die Zwecke dieses Kapitels bezeichnet der Ausdruck:
1. „Gesellschaft" eine Kapitalgesellschaft mit einer in Anhang II genannten Rechtsform;
2. „Gesellschaft, die eine Spaltung vornimmt" bzw. „Gesellschaft, die die Spaltung vornimmt" eine Gesellschaft, die im Rahmen einer grenzüberschreitenden Spaltung im Falle einer Aufspaltung ihr gesamtes Aktiv- und Passivvermögen auf zwei oder mehr Gesellschaften überträgt oder im Falle einer Abspaltung oder Ausgliederung einen Teil ihres Aktiv- und Passivvermögens auf eine oder mehrere Gesellschaften überträgt;

3. „begünstigte Gesellschaft" eine im Zuge einer grenzüberschreitenden Spaltung neu gegründete Gesellschaft;
4. „Spaltung" einen Vorgang,
   a) durch den eine Gesellschaft, die eine Spaltung vornimmt, zum Zeitpunkt ihrer Auflösung ohne Abwicklung ihr gesamtes Aktiv- und Passivvermögen auf zwei oder mehr begünstigte Gesellschaften gegen Gewährung von Aktien oder sonstigen Anteilen der begünstigten Gesellschaften an die Gesellschafter der Gesellschaft, die die Spaltung vornimmt, und gegebenenfalls einer baren Zuzahlung überträgt; die Zuzahlung darf 10 % des Nennwerts oder – bei Fehlen eines solchen – des rechnerischen Werts dieser Aktien oder sonstigen Anteile nicht überschreiten (im Folgenden „Aufspaltung"); oder
   b) durch den eine Gesellschaft, die eine Spaltung vornimmt, einen Teil ihres Aktiv- und Passivvermögens auf eine oder mehrere begünstigte Gesellschaften überträgt, und zwar gegen Gewährung von Aktien oder sonstigen Anteilen der begünstigten Gesellschaften oder der Gesellschaft, die die Spaltung vornimmt, oder beiden, d. h. sowohl der begünstigten Gesellschaften als auch der Gesellschaft, die die Spaltung vornimmt, an die Gesellschafter der Gesellschaft, die die Spaltung vornimmt, und gegebenenfalls einer baren Zuzahlung; die Zuzahlung darf 10 % des Nennwerts oder – bei Fehlen eines solchen – des rechnerischen Werts dieser Aktien oder sonstigen Anteile nicht überschreiten (im Folgenden „Abspaltung"); oder
   c) durch den eine Gesellschaft, die eine Spaltung vornimmt, einen Teil ihres Aktiv- und Passivvermögens auf eine oder mehrere begünstigte Gesellschaften gegen Gewährung von Aktien oder sonstigen Anteilen der begünstigten Gesellschaften an die Gesellschaft, die die Spaltung vornimmt, überträgt (im Folgenden „Ausgliederung").

Verfahren und Formalitäten

Art. 160c Im Einklang mit dem Unionsrecht ist das Recht des Mitgliedstaats der Gesellschaft, die die Spaltung vornimmt, für diejenigen Teile der Verfahren und Formalitäten maßgebend, die im Zusammenhang mit der grenzüberschreitenden Spaltung im Hinblick auf die Erlangung der Vorabbescheinigung zu erledigen sind, und das Recht der Mitgliedstaaten der begünstigten Gesellschaften für diejenigen Teile der Verfahren und Formalitäten, die nach Erhalt der Vorabbescheinigung zu erledigen sind.

Plan für die grenzüberschreitende Spaltung

Art. 160d Das Verwaltungs- oder Leitungsorgan der Gesellschaft, die die Spaltung vornimmt, erstellt einen Plan für eine grenzüberschreitende Spaltung. Der Plan für die grenzüberschreitende Spaltung enthält mindestens folgende Angaben:
a) Rechtsform und Firma der Gesellschaft, die die Spaltung vornimmt, und ihren satzungsmäßigen Sitz, sowie Rechtsform und Firma, die für die aus der grenzüberschreitenden Spaltung hervorgehende(n) neue(n) Gesellschaft(en) vorgesehen sind, und ihren vorgesehenen satzungsmäßigen Sitz;
b) das Umtauschverhältnis der Aktien oder sonstigen Gesellschaftsanteile und gegebenenfalls die Höhe der baren Zuzahlungen;
c) die Einzelheiten der Übertragung der Aktien oder sonstigen Anteile der begünstigten Gesellschaften bzw. der Gesellschaft, die die Spaltung vornimmt;
d) den vorgesehenen indikativen Zeitplan für die grenzüberschreitende Spaltung;
e) die voraussichtlichen Auswirkungen der grenzüberschreitenden Spaltung auf die Beschäftigung;
f) den Zeitpunkt, von dem an Aktien oder sonstige Gesellschaftsanteile deren Inhabern das Recht auf Beteiligung am Gewinn gewähren, sowie alle Besonderheiten, die eine Auswirkung auf dieses Recht haben;
g) den Zeitpunkt bzw. die Zeitpunkte, von dem bzw. denen an die Handlungen der Gesellschaft, die die Spaltung vornimmt, unter dem Gesichtspunkt der Rechnungslegung als für Rechnung der begünstigten Gesellschaften vorgenommen gelten;
h) etwaige besondere Vorteile, die den Mitgliedern der Verwaltungs-, Leitungs-, Aufsichts- oder Kontrollorgane der Gesellschaft, die die Spaltung vornimmt, gewährt werden;
i) die Rechte, welche die begünstigten Gesellschaften den mit Sonderrechten ausgestatteten Gesellschaftern der Gesellschaft, die die Spaltung vornimmt, und den Inhabern von anderen Wertpapieren als Anteilen der Gesellschaft, die die Spaltung vornimmt, gewähren, oder die für diese Personen vorgeschlagenen Maßnahmen;
j) soweit einschlägig die Errichtungsakte der begünstigten Gesellschaften und, falls sie Gegenstand eines gesonderten Aktes sind, die Satzungen und, im Falle einer Abspaltung oder Ausgliederung, etwaige Änderungen am Errichtungsakt der Gesellschaft, die die Spaltung vornimmt;
k) gegebenenfalls Angaben zu dem Verfahren, nach dem gemäß Artikel 160l die Einzelheiten für die Beteiligung von Arbeitnehmern an der Festlegung ihrer Mitbestimmungsrechte in den begünstigten Gesellschaften geregelt werden;

l) eine genaue Beschreibung der Gegenstände des Aktiv- und Passivvermögens der Gesellschaft, die die Spaltung vornimmt, und Erklärung, wie diese Gegenstände des Aktiv- und Passivvermögens den begünstigten Gesellschaften zugeteilt werden sollen bzw. ob sie, im Fall einer Abspaltung oder Ausgliederung, bei der Gesellschaft, die die Spaltung vornimmt, verbleiben sollen, einschließlich Vorschriften über die Behandlung von Gegenständen des Aktiv- und Passivvermögens, die im Plan für die grenzüberschreitende Spaltung nicht ausdrücklich zugeteilt werden, wie etwa Gegenstände des Aktiv- bzw. Passivvermögens, die zum Zeitpunkt der Erstellung des Plans für die grenzüberschreitende Spaltung nicht bekannt sind;
m) Angaben zur Bewertung des Aktiv- und Passivvermögens, das den einzelnen an der grenzüberschreitenden Spaltung beteiligten Gesellschaften zugeteilt werden soll;
n) den Stichtag der Jahresabschlüsse der Gesellschaft, die die Spaltung vornimmt, die zur Festlegung der Bedingungen der grenzüberschreitenden Spaltung verwendet werden;
o) gegebenenfalls die Zuteilung an die Gesellschafter der Gesellschaft, die die Spaltung vornimmt, von Anteilen und Aktien der begünstigten Gesellschaften oder der Gesellschaft, die die Spaltung vornimmt, oder von beiden, sowie den Aufteilungsmaßstab;
p) die Einzelheiten zum Angebot einer Barabfindung für Gesellschafter nach Artikel 160i;
q) etwaige Sicherheiten, die den Gläubigern angeboten werden, wie Garantien oder Zusagen.

Bericht des Verwaltungs- oder Leitungsorgans für Gesellschafter und Arbeitnehmer

Art. 160e (1) Das Verwaltungs- oder Leitungsorgan der Gesellschaft, die die Spaltung vornimmt, erstellt einen Bericht für Gesellschafter und Arbeitnehmer, in dem die rechtlichen und wirtschaftlichen Aspekte der grenzüberschreitenden Spaltung erläutert und begründet sowie die Auswirkungen der grenzüberschreitenden Spaltung auf die Arbeitnehmer erläutert werden.

In diesem Bericht werden insbesondere die Auswirkungen der grenzüberschreitenden Spaltung auf die künftige Geschäftstätigkeit der Gesellschaften erläutert.

(2) Der Bericht enthält auch einen Abschnitt für Gesellschafter und einen Abschnitt für Arbeitnehmer.

Die Gesellschaft kann entscheiden, ob sie einen einzigen Bericht erstellt, der diese beiden Abschnitte enthält, oder gesonderte Berichte für Gesellschafter und Arbeitnehmer, die den jeweiligen Abschnitt enthalten.

(3) In dem Abschnitt des Berichts für Gesellschafter wird insbesondere Folgendes erläutert:

a) die Barabfindung und die Methode, die benutzt wurde, um die Barabfindung zu ermitteln;
b) das Umtauschverhältnis der Gesellschaftsanteile und gegebenenfalls die Methode oder die Methoden, die benutzt wurde/wurden, um das Umtauschverhältnis zu ermitteln;
c) die Auswirkungen der grenzüberschreitenden Spaltung auf die Gesellschafter;
d) die Rechte und Rechtsbehelfe für Gesellschafter nach Artikel 160i.

(4) Der Abschnitt des Berichts für Gesellschafter ist nicht erforderlich, wenn alle Gesellschafter der Gesellschaft einvernehmlich darauf verzichtet haben. Die Mitgliedstaaten können Gesellschaften mit einem einzigen Gesellschafter von den Bestimmungen dieses Artikels ausnehmen.

(5) In dem Abschnitt des Berichts für Arbeitnehmer wird insbesondere Folgendes erläutert:

a) die Auswirkungen der grenzüberschreitenden Spaltung auf die Arbeitsverhältnisse sowie gegebenenfalls Maßnahmen, um diese Arbeitsverhältnisse zu sichern;
b) wesentliche Änderungen der anwendbaren Beschäftigungsbedingungen oder der Standorte der Niederlassungen der Gesellschaft;
c) wie sich die unter den Buchstaben a und b genannten Faktoren auf etwaige Tochtergesellschaften der Gesellschaft auswirken.

(6) Der Bericht oder die Berichte werden den Gesellschaftern und den Arbeitnehmervertretern der Gesellschaft, die die Spaltung vornimmt, oder – wenn es solche Vertreter nicht gibt – den Arbeitnehmern selbst in jedem Fall in elektronischer Form zusammen mit dem Plan für die grenzüberschreitende Spaltung, falls verfügbar, spätestens sechs Wochen vor dem Tag der Gesellschafterversammlung nach Artikel 160h zugänglich gemacht.

(7) Erhält das Verwaltungs- oder Leitungsorgan der Gesellschaft, die die Spaltung vornimmt, nach Maßgabe des nationalen Rechts rechtzeitig eine Stellungnahme zu den Informationen gemäß den Absätzen 1 und 5 von den Arbeitnehmervertretern oder – wenn es solche Vertreter nicht gibt – den Arbeitnehmern selbst, werden die Gesellschafter hiervon in Kenntnis gesetzt und wird diese Stellungnahme dem Bericht als Anlage beigefügt.

(8) Der Abschnitt des Berichts für Arbeitnehmer ist nicht erforderlich, wenn eine Gesellschaft, die die Spaltung vornimmt, und ihre etwaigen Tochtergesellschaften keine anderen Arbeitnehmer haben als diejenigen, die dem Verwaltungs- oder Leitungsorgan angehören.

(9) Wurde auf den Abschnitt des Berichts für Gesellschafter nach Absatz 3 gemäß Absatz 4 verzichtet und ist der Abschnitt des Berichts für Arbeitnehmer nach Absatz 5 gemäß Absatz 8 nicht erforderlich, ist ein Bericht nicht erforderlich.

(10) Die Absätze 1 bis 9 dieses Artikels lassen die anwendbaren Unterrichtungs- und Anhörungsrechte und -verfahren unberührt, die infolge der Umsetzung der Richtlinien 2002/14/EG

und 2009/38/EG auf nationaler Ebene eingeführt wurden.

Bericht unabhängiger Sachverständiger

Art. 160f (1) Die Mitgliedstaaten stellen sicher, dass ein unabhängiger Sachverständiger den Plan für die grenzüberschreitende Spaltung prüft und einen Bericht für die Gesellschafter erstellt. Dieser Bericht wird den Gesellschaftern spätestens einen Monat vor dem Tag der Gesellschafterversammlung nach Artikel 160h zugänglich gemacht. Als Sachverständige können je nach dem Recht des Mitgliedstaats natürliche Personen oder juristische Personen bestellt werden.

(2) Der Bericht nach Absatz 1 enthält in jedem Fall die Stellungnahme des Sachverständigen zu der Frage, ob die Barabfindung und das Umtauschverhältnis der Gesellschaftsanteile angemessen sind. Bei der Bewertung der Barabfindung berücksichtigt der Sachverständige den etwaigen Marktpreis, den die Anteile an der Gesellschaft, die die Spaltung vornimmt, vor Ankündigung der geplanten Spaltung hatten, oder den nach allgemein anerkannten Bewertungsmethoden bestimmten Wert der Gesellschaft ohne die Auswirkungen der geplanten Spaltung. In dem Bericht wird mindestens
a) angegeben, nach welcher Methode oder welchen Methoden die vorgeschlagene Barabfindung festgesetzt worden ist,
b) angegeben, nach welcher Methode oder welchen Methoden das vorgeschlagene Umtauschverhältnis der Gesellschaftsanteile bestimmt worden ist;
c) angegeben, ob die Methode bzw. die Methoden für die Bewertung der Barabfindung und des Umtauschverhältnisses der Gesellschaftsanteile angemessen ist/sind und welcher Wert sich bei diesen Methoden ergibt; zugleich ist dazu Stellung zu nehmen, welche relative Bedeutung diesen Methoden bei der Bestimmung des zugrunde gelegten Wertes beigemessen wurde; und
d) beschrieben, welche besonderen Bewertungsschwierigkeiten möglicherweise aufgetreten sind.

Der Sachverständige ist befugt, von der Gesellschaft, die die Spaltung vornimmt, alle Auskünfte zu erhalten, die zur Erfüllung der Aufgaben des Sachverständigen notwendig sind.

(3) Weder die Prüfung des Plans für die grenzüberschreitende Spaltung durch einen unabhängigen Sachverständigen noch die Erstellung eines Berichts eines unabhängigen Sachverständigen sind erforderlich, wenn alle Gesellschafter der Gesellschaft, die die Spaltung vornimmt, dem zugestimmt haben.

Die Mitgliedstaaten können Gesellschaften mit einem einzigen Gesellschafter von der Anwendung dieses Artikels ausnehmen.

Offenlegung

Art. 160g (1) Die Mitgliedstaaten stellen sicher, dass die Gesellschaft die folgenden Unterlagen spätestens einen Monat vor dem Tag der Gesellschafterversammlung nach Artikel 160h offenlegt und im Register des Mitgliedstaats der Gesellschaft, die die Spaltung vornimmt, öffentlich zugänglich macht:
a) den Plan für die grenzüberschreitende Spaltung; und
b) eine Bekanntmachung, in der den Gesellschaftern, Gläubigern und Arbeitnehmervertretern der Gesellschaft, die die Spaltung vornimmt, oder – wenn es solche Vertreter nicht gibt – den Arbeitnehmern selbst mitgeteilt wird, dass sie der Gesellschaft spätestens fünf Arbeitstage vor dem Tag der Gesellschafterversammlung Bemerkungen zu dem Plan für die grenzüberschreitende Spaltung übermitteln können.

Die Mitgliedstaaten können vorschreiben, dass der Bericht des unabhängigen Sachverständigen in dem Register offengelegt und öffentlich zugänglich gemacht wird.

Die Mitgliedstaaten stellen sicher, dass die Gesellschaft vertrauliche Informationen von der Offenlegung des Berichts des unabhängigen Sachverständigen ausnehmen kann.

Die nach diesem Absatz offengelegten Unterlagen müssen auch über das System der Registervernetzung zugänglich sein.

(2) Die Mitgliedstaaten können eine Gesellschaft, die eine Spaltung vornimmt, von der Offenlegungspflicht nach Absatz 1 dieses Artikels befreien, wenn diese Gesellschaft die Unterlagen nach Absatz 1 dieses Artikels während eines ununterbrochenen Zeitraums, der mindestens einen Monat vor dem festgelegten Tag der Gesellschafterversammlung nach Artikel 160h beginnt und nicht vor Schließung dieser Versammlung endet, auf ihrer Website der Öffentlichkeit kostenlos zugänglich macht.

Die Mitgliedstaaten knüpfen diese Befreiung jedoch an keine anderen Erfordernisse und Auflagen als die, die für die Gewährleistung der Sicherheit der Website und der Echtheit der Unterlagen erforderlich sind, und die zur Erreichung dieser Zwecke angemessen sind.

(3) Macht die Gesellschaft, die die Spaltung vornimmt, den Plan für die grenzüberschreitende Spaltung nach Absatz 2 dieses Artikels zugänglich, übermittelt sie dem Register spätestens einen Monat vor dem Tag der Gesellschafterversammlung nach Artikel 160h die folgenden Informationen:
a) Rechtsform und Firma der Gesellschaft, die die Spaltung vornimmt, und ihren satzungsmäßigen Sitz sowie Rechtsform und Firma, die für die aus der grenzüberschreitenden Spaltung resultierende(n) neue(n) Gesellschaft(en) vorgesehen sind, und ihren vorgesehenen satzungsmäßigen Sitz;

b) Register, in dem die in Artikel 14 genannten Unterlagen für die Gesellschaft, die die Spaltung vornimmt, hinterlegt worden sind, und ihre Eintragungsnummer in diesem Register;
c) Verweis auf die Regelungen, die für die Ausübung der Rechte der Gläubiger, Arbeitnehmer und Gesellschafter getroffen wurden; und
d) Angaben zu der Website, auf der der Plan für die grenzüberschreitende Spaltung, die Bekanntmachung nach Absatz 1, der Bericht des unabhängigen Sachverständigen und vollständige Informationen zu den Regelungen nach Buchstabe c dieses Absatzes kostenlos online abgerufen werden können.

Das Register macht die Informationen gemäß Unterabsatz 1 Buchstaben a bis d öffentlich zugänglich.

(4) Die Mitgliedstaaten stellen sicher, dass die Anforderungen nach den Absätzen 1 und 3 im Einklang mit den einschlägigen Bestimmungen von Titel I Kapitel III vollständig online erfüllt werden können, ohne dass es notwendig ist, dass die Antragsteller persönlich vor einer zuständigen Behörde im betreffenden Mitgliedstaat erscheinen.

(5) Zusätzlich zu der Offenlegung nach den Absätzen 1, 2 und 3 des vorliegenden Artikels können die Mitgliedstaaten vorschreiben, dass der Plan für die grenzüberschreitende Spaltung oder die Informationen nach Absatz 3 des vorliegenden Artikels in ihrem nationalen Amtsblatt oder über eine zentrale elektronische Plattform gemäß Artikel 16 Absatz 3 veröffentlicht werden. In diesem Fall stellen die Mitgliedstaaten sicher, dass das Register dem nationalen Amtsblatt oder einer zentralen elektronischen Plattform die betreffenden Informationen übermittelt.

(6) Die Mitgliedstaaten stellen sicher, dass die Unterlagen nach Absatz 1 bzw. die Informationen nach Absatz 3 über das System der Registervernetzung der Öffentlichkeit kostenlos zugänglich sind.

Die Mitgliedstaaten stellen ferner sicher, dass Gebühren, die der Gesellschaft von den Registern für die Offenlegung nach den Absätzen 1 und 3 und gegebenenfalls für die Veröffentlichung nach Absatz 5 in Rechnung gestellt werden, die Deckung der Kosten für die Erbringung solcher Dienstleistungen nicht übersteigen.

Zustimmung der Gesellschafterversammlung

Art. 160h (1) Nachdem die Gesellschafterversammlung der Gesellschaft, die die Spaltung vornimmt, gegebenenfalls die Berichte nach den Artikeln 160e und 160f, die gemäß Artikel 160e vorgelegten Stellungnahmen der Arbeitnehmer und die gemäß Artikel 160g übermittelten Bemerkungen zur Kenntnis genommen hat, entscheidet sie in Form eines Beschlusses, ob sie den Plan für die grenzüberschreitende Spaltung zustimmt und ob sie den Errichtungsakt und, falls sie Gegenstand eines gesonderten Aktes ist, die Satzung anpasst.

(2) Die Gesellschafterversammlung der Gesellschaft, die die Spaltung vornimmt, kann sich das Recht vorbehalten, die Umsetzung der grenzüberschreitenden Spaltung davon abhängig zu machen, dass die Regelungen nach Artikel 160l ausdrücklich von ihr bestätigt werden.

(3) Die Mitgliedstaaten stellen sicher, dass die Zustimmung zu dem Plan für die grenzüberschreitende Spaltung und zu jeglicher Änderung dieses Plans eine Mehrheit von nicht weniger als zwei Dritteln, aber nicht mehr als 90 % der Stimmen der in der Gesellschafterversammlung vertretenen Anteile oder des in der Gesellschafterversammlung vertretenen gezeichneten Kapitals erforderlich ist. In jedem Fall darf die Stimmrechtsschwelle nicht höher sein als die im nationalen Recht vorgesehene Stimmrechtsschwelle für die Zustimmung zu grenzüberschreitenden Verschmelzungen.

(4) Wenn eine Klausel in dem Plan für die grenzüberschreitende Spaltung über eine etwaige Änderung des Errichtungsakts der Gesellschaft, die die Spaltung vornimmt, dazu führt, dass die wirtschaftlichen Verpflichtungen eines Gesellschafters gegenüber der Gesellschaft oder Dritten zunehmen, können die Mitgliedstaaten unter solchen spezifischen Umständen vorschreiben, dass diese Klausel oder die Änderung des Errichtungsakts der Gesellschaft, die die Spaltung vornimmt, der Zustimmung des betreffenden Gesellschafters bedarf, vorausgesetzt, dieser Gesellschafter kann die Rechte nach Artikel 160i nicht ausüben.

(5) Die Mitgliedstaaten stellen sicher, dass die Zustimmung der Gesellschafterversammlung zu der grenzüberschreitenden Spaltung nicht allein aus den folgenden Gründen angefochten werden kann:
a) das Umtauschverhältnis der Gesellschaftsanteile nach Artikel 160d Buchstabe b ist nicht angemessen;
b) die Barabfindung nach Artikel 160d Buchstabe p ist nicht angemessen; oder
c) die im Hinblick auf das Umtauschverhältnis der Gesellschaftsanteile gemäß Buchstabe a oder die Barabfindung gemäß Buchstabe b erteilten Informationen erfüllen nicht die rechtlichen Anforderungen.

Schutz der Gesellschafter

Art. 160i (1) Die Mitgliedstaaten stellen sicher, dass mindestens die Gesellschafter einer Gesellschaft, die eine Spaltung vornimmt, die gegen die Zustimmung zu dem Plan für die grenzüberschreitende Spaltung gestimmt haben, berechtigt sind, ihre Anteile unter den Voraussetzungen der Absätze 2 bis 6 gegen Zahlung einer angemessenen Barabfindung zu veräußern, sofern sie infolge der grenzüberschreitenden Spaltung Anteile an den begünstigten Gesellschaften erwerben würden, die dem Recht eines anderen Mitgliedstaats als des Mitgliedstaats der Gesellschaft, die die Spaltung vornimmt, unterliegen würden.

Die Mitgliedstaaten können das Recht nach Unterabsatz 1 auch anderen Gesellschaftern der Gesellschaft, die die Spaltung vornimmt, einräumen.

Die Mitgliedstaaten können vorschreiben, dass die ausdrückliche Ablehnung des Plans für die grenzüberschreitende Spaltung, die Absicht der Gesellschafter, ihr Recht auf Veräußerung ihrer Anteile auszuüben, oder beides, spätestens in der Gesellschafterversammlung nach Artikel 160h angemessen dokumentiert wird. Die Mitgliedstaaten können zulassen, dass der Widerspruch zur Niederschrift bezüglich des Plans für die grenzüberschreitende Spaltung als ordnungsgemäße Dokumentation einer negativen Stimmabgabe gilt.

(2) Die Mitgliedstaaten legen die Frist fest, innerhalb derer die in Absatz 1 genannten Gesellschafter gegenüber der Gesellschaft, die die Spaltung vornimmt, ihre Entscheidung erklären müssen, das Recht auf Veräußerung ihrer Anteile auszuüben. Diese Frist darf einen Monat nach der Gesellschafterversammlung nach Artikel 160h nicht überschreiten. Die Mitgliedstaaten stellen sicher, dass die Gesellschaft, die eine Spaltung vornimmt, eine elektronische Adresse für den Eingang dieser Erklärung in elektronischer Form zur Verfügung stellt.

(3) Die Mitgliedstaaten legen ferner die Frist für die Zahlung der in dem Plan für die grenzüberschreitende Spaltung festgelegten Barabfindung fest. Diese Frist darf nicht später als zwei Monate nach dem Wirksamwerden der grenzüberschreitenden Spaltung gemäß Artikel 160q ablaufen.

(4) Die Mitgliedstaaten stellen sicher, dass Gesellschafter, die ihre Entscheidung erklärt haben, ihr Recht auf Veräußerung ihrer Anteile auszuüben, aber der Auffassung sind, dass die von der Gesellschaft, die die Spaltung vornimmt, angebotene Barabfindung nicht angemessen ist, berechtigt sind, bei der nach nationalem Recht beauftragten zuständigen Behörde oder Stelle eine zusätzliche Barabfindung zu beantragen. Die Mitgliedstaaten setzen eine Frist für den Antrag auf zusätzliche Barabfindung fest.

Die Mitgliedstaaten können vorsehen, dass die endgültige Entscheidung, durch die eine zusätzliche Barabfindung zuerkannt wird, für alle Gesellschafter der Gesellschaft, die die Spaltung vornimmt, gültig ist, die ihre Entscheidung erklärt haben, ihr Recht auf Veräußerung ihrer Anteile gemäß Absatz 2 auszuüben.

(5) Die Mitgliedstaaten stellen sicher, dass für die Rechte nach den Absätzen 1 bis 4 das Recht des Mitgliedstaats der Gesellschaft, die die Spaltung vornimmt, maßgebend ist und dass die ausschließliche Zuständigkeit zur Beilegung von Streitigkeiten im Zusammenhang mit diesen Rechten in diesem Mitgliedstaat liegt.

(6) Die Mitgliedstaaten stellen sicher, dass Gesellschafter der Gesellschaft, die die Spaltung vornimmt, die über kein Recht zur Veräußerung ihrer Anteile verfügten oder dieses nicht ausgeübt haben, aber der Auffassung sind, dass das im Plan für die grenzüberschreitende Spaltung festgelegte Umtauschverhältnis der Gesellschaftsanteile nicht angemessen ist, berechtigt sind, dieses Umtauschverhältnis anzufechten und eine bare Zuzahlung zu verlangen. Die diesbezüglichen Verfahren werden vor der zuständigen Behörde oder Stelle, die gemäß dem Recht des Mitgliedstaats der Gesellschaft, die die Spaltung vornimmt, beauftragt ist, innerhalb der in diesem nationalen Recht festgesetzten Frist eingeleitet und stehen der Eintragung der grenzüberschreitenden Spaltung nicht entgegen. Die Entscheidung ist für die begünstigten Gesellschaften und, im Falle einer Abspaltung, auch für die Gesellschaft, die die Spaltung vornimmt, bindend.

(7) Die Mitgliedstaaten können auch vorsehen, dass die betreffende begünstigte Gesellschaft und im Falle einer Abspaltung auch die Gesellschaft, die die Spaltung vornimmt, anstelle einer baren Zuzahlung Anteile oder eine andere Abfindung bereitstellen kann.

Schutz der Gläubiger

Art. 160j (1) Die Mitgliedstaaten sehen ein angemessenes Schutzsystem für die Interessen der Gläubiger vor, deren Forderungen vor der Offenlegung des Plans für die grenzüberschreitende Spaltung entstanden und zum Zeitpunkt dieser Offenlegung noch nicht fällig geworden sind.

Die Mitgliedstaaten stellen sicher, dass Gläubiger, die die im Plan für die grenzüberschreitende Spaltung nach Artikel 160d Buchstabe q angebotenen Sicherheiten für nicht zufriedenstellend erachten, innerhalb von drei Monaten nach der in Artikel 160g genannten Offenlegung des Plans für die grenzüberschreitende Spaltung bei der zuständigen Verwaltungs- oder Justizbehörde angemessene Sicherheiten beantragen können, wenn diese Gläubiger glaubhaft darlegen können, dass die Befriedigung ihrer Forderungen durch die grenzüberschreitende Spaltung gefährdet ist und sie von der Gesellschaft keine angemessenen Sicherheiten erhalten haben.

Die Mitgliedstaaten stellen sicher, dass die Sicherheiten davon abhängen, dass die grenzüberschreitende Spaltung nach Artikel 160q wirksam wird.

(2) Wenn ein Gläubiger der Gesellschaft, die die Spaltung vornimmt, von der Gesellschaft, der der Gegenstand des Passivvermögens zugeteilt wird, keine Befriedigung erlangt, haften die übrigen begünstigten Gesellschaften und, im Fall einer Abspaltung oder im Fall einer Ausgliederung, die Gesellschaft, die die Spaltung vornimmt, für diese Verpflichtung mit der Gesellschaft, der der Gegenstand des Passivvermögens zugeteilt wird, als Gesamtschuldner. Die gesamtschuldnerische Haftung einer an der Spaltung beteiligten Gesellschaft ist jedoch auf den Wert des der jeweiligen Gesellschaft zugeteilten Nettoaktivvermögens am Tag des Wirksamwerdens der Spaltung begrenzt.

(3) Die Mitgliedstaaten können vorschreiben, dass das Verwaltungs- oder Leitungsorgan der Gesellschaft, die die Spaltung vornimmt, eine Erklärung zur Verfügung stellt, die ihre aktuelle finanzielle Lage zu einem Zeitpunkt, der nicht früher als einen Monat vor der Offenlegung dieser Erklärung liegen darf, genau wiedergibt. Inhalt der Erklärung muss sein, dass aus Sicht des Verwaltungs- oder Leitungsorgans der Gesellschaft,

die die Spaltung vornimmt, nach angemessenen Nachforschungen, auf der Grundlage der ihm zum Zeitpunkt dieser Erklärung zur Verfügung stehenden Informationen kein Grund zu der Annahme besteht, dass eine begünstigte Gesellschaft und, im Fall einer Abspaltung, die Gesellschaft, die die Spaltung vornimmt, nach Wirksamwerden der Spaltung nicht in der Lage sein könnten, ihre im Plan für die grenzüberschreitende Spaltung festgelegten Verbindlichkeiten bei Fälligkeit zu erfüllen. Die Erklärung wird zusammen mit dem Plan für die grenzüberschreitende Spaltung nach Artikel 160g offengelegt.

(4) Die Absätze 1, 2 und 3 lassen die Anwendung der Rechtsvorschriften des Mitgliedstaats der Gesellschaft, die die Spaltung vornimmt, über die Befriedigung oder Sicherung von monetären oder nichtmonetären Pflichten gegenüber der öffentlichen Hand unberührt.

Unterrichtung und Anhörung der Arbeitnehmer

Art. 160k (1) Die Mitgliedstaaten stellen sicher, dass die Rechte der Arbeitnehmer auf Unterrichtung und Anhörung in Bezug auf die grenzüberschreitende Spaltung geachtet und im Einklang mit dem Rechtsrahmen gemäß der Richtlinie 2002/14/EG, der Richtlinie 2001/23/EG, in der die grenzübergreifende Spaltung als Übergang von Unternehmen im Sinne der Richtlinie 2001/23/EG angesehen wird, und – soweit auf gemeinschaftsweit operierende Unternehmen und Unternehmensgruppen anwendbar – der Richtlinie 2009/38/EG ausgeübt werden. Die Mitgliedstaaten können beschließen, die Rechte der Arbeitnehmer auf Unterrichtung und Anhörung auf die Arbeitnehmer weiterer Gesellschaften als derjenigen anzuwenden, die in Artikel 3 Absatz 1 der Richtlinie 2002/14/EG genannt sind.

(2) Unbeschadet des Artikels 160e Absatz 7 und des Artikel 160g Absatz 1 Buchstabe b stellen die Mitgliedstaaten sicher, dass die Rechte der Arbeitnehmer auf Unterrichtung und Anhörung mindestens vor einer Entscheidung über den Plan für die grenzüberschreitende Spaltung oder den Bericht nach Artikel 160e, je nachdem, welcher Zeitpunkt zuerst eintritt, in einer Weise geachtet werden, dass den Arbeitnehmern vor der Gesellschafterversammlung nach Artikel 160h eine begründete Antwort gegeben wird.

(3) Unbeschadet etwaiger geltender Vorschriften oder Gepflogenheiten, die für die Arbeitnehmer günstiger sind, bestimmen die Mitgliedstaaten entsprechend Artikel 4 der Richtlinie 2002/14/EG im Einzelnen, wie das Recht auf Unterrichtung und Anhörung wahrgenommen wird.

Mitbestimmung der Arbeitnehmer

Art. 160l (1) Unbeschadet des Absatzes 2 findet auf jede begünstigte Gesellschaft die Regelung für die Arbeitnehmermitbestimmung Anwendung, die gegebenenfalls in dem Mitgliedstaat, in dem sie ihren satzungsmäßigen Sitz hat, gilt.

(2) Die Regelung für die Arbeitnehmermitbestimmung, die gegebenenfalls in dem Mitgliedstaat gilt, in dem die jeweilige aus der grenzüberschreitenden Spaltung resultierende Gesellschaft ihren satzungsmäßigen Sitz hat, findet jedoch keine Anwendung, wenn die Gesellschaft, die die Spaltung vornimmt, in den sechs Monaten vor der Offenlegung des Plans für die grenzüberschreitende Spaltung eine durchschnittliche Zahl von Arbeitnehmern beschäftigt, die vier Fünfteln des im Recht des Mitgliedstaats der Gesellschaft, die die Spaltung vornimmt, festgelegten Schwellenwerts entspricht, der die Mitbestimmung der Arbeitnehmer im Sinne des Artikels 2 Buchstabe k der Richtlinie 2001/86/EG auslöst, oder wenn das nationale Recht, das auf die jeweilige begünstigte Gesellschaft anwendbar ist,

a) nicht mindestens den gleichen Umfang an Mitbestimmung der Arbeitnehmer vorsieht, wie er in der Gesellschaft, die die Spaltung vornimmt, vor der grenzüberschreitenden Spaltung bestand, wobei dieser Umfang als der Anteil der die Arbeitnehmer vertretenden Mitglieder des Verwaltungs- oder des Aufsichtsorgans oder ihrer Ausschüsse oder des Leitungsgremiums ausgedrückt wird, das für die Ergebniseinheiten der Gesellschaft zuständig ist, wenn eine Arbeitnehmermitbestimmung besteht, oder

b) für Arbeitnehmer in Betrieben der jeweiligen begünstigten Gesellschaft, die sich in anderen Mitgliedstaaten befinden, nicht den gleichen Anspruch auf Ausübung von Mitbestimmungsrechten vorsieht, wie sie den Arbeitnehmern in dem Mitgliedstaat, in dem die begünstigte Gesellschaft ihren satzungsmäßigen Sitz hat, gewährt werden.

(3) In den in Absatz 2 des vorliegenden Artikels genannten Fällen regeln die Mitgliedstaaten die Mitbestimmung der Arbeitnehmer in den aus der grenzüberschreitenden Spaltung resultierenden Gesellschaften sowie ihre Mitwirkung an der Festlegung dieser Rechte vorbehaltlich der Absätze 4 bis 7 des vorliegenden Artikels entsprechend den Grundsätzen und Modalitäten des Artikels 12 Absätze 2 und 4 der Verordnung (EG) Nr. 2157/2001 und den nachstehenden Bestimmungen der Richtlinie 2001/86/EG:

a) Artikel 3 Absatz 1, Artikel 3 Absatz 2 Buchstabe a Ziffer i und Buchstabe b, Artikel 3 Absatz 3, die ersten beiden Sätze von Artikel 3 Absatz 4 und Artikel 3 Absätze 5 und 7;
b) Artikel 4 Absatz 1, Artikel 4 Absatz 2 Buchstaben a, g und h und Artikel 4 Absätze 3 und 4;
c) Artikel 5;
d) Artikel 6;
e) Artikel 7 Absatz 1 mit Ausnahme des zweiten Spiegelstriches in Buchstabe b;
f) Artikel 8, 10, 11 und 12; und
g) Teil 3 Buchstabe a des Anhangs.

(4) Bei der Festlegung der in Absatz 3 genannten Grundsätze und Modalitäten verfahren die Mitgliedstaaten wie folgt:

a) Sie gestatten dem besonderen Verhandlungsgremium, mit der Mehrheit von zwei Dritteln seiner mindestens zwei Drittel der Arbeitnehmer vertretenden Mitglieder zu beschließen, dass keine Verhandlungen eröffnet oder bereits eröffnete Verhandlungen beendet werden und die Mitbestimmungsregelung angewendet wird, die in den Mitgliedstaaten jeder der begünstigten Gesellschaften gilt.

b) Sie können in dem Fall, dass nach vorherigen Verhandlungen die Auffangregelung für die Mitbestimmung gilt, und ungeachtet dieser Regelung beschließen, den Anteil der Arbeitnehmervertreter im Verwaltungsorgan der begünstigten Gesellschaften zu begrenzen. Bestand jedoch das Verwaltungs- oder Aufsichtsorgan der Gesellschaft, die die Spaltung vornimmt, zu mindestens einem Drittel aus Arbeitnehmervertretern, so darf die Begrenzung in keinem Fall dazu führen, dass die Arbeitnehmervertretung im Verwaltungsorgan weniger als ein Drittel beträgt.

c) Sie stellen sicher, dass die Regelung für die Arbeitnehmermitbestimmung, die vor der grenzüberschreitenden Spaltung galt, bis zum Geltungsbeginn einer danach vereinbarten Regelung beziehungsweise in Ermangelung einer vereinbarten Regelung bis zur Anwendung der Auffangregelung nach Teil 3 Buchstabe a des Anhangs der Richtlinie 2001/86/EG weitergilt.

(5) Die Ausweitung von Mitbestimmungsrechten auf in anderen Mitgliedstaaten beschäftigte Arbeitnehmer der begünstigten Gesellschaften nach Absatz 2 Buchstabe b verpflichtet die Mitgliedstaaten, die eine solche Ausweitung beschließen, nicht dazu, diese Arbeitnehmer bei der Berechnung der Schwellenwerte für die Beschäftigtenzahl zu berücksichtigen, bei deren Überschreitung Mitbestimmungsrechte nach nationalem Recht entstehen.

(6) Unterliegt die begünstigte Gesellschaft einem System der Arbeitnehmermitbestimmung gemäß der Regelung nach Absatz 2, so ist diese Gesellschaft verpflichtet, eine Rechtsform anzunehmen, die die Ausübung von Mitbestimmungsrechten ermöglicht.

(7) Gilt für die begünstigte Gesellschaft ein System der Arbeitnehmermitbestimmung, so ist diese Gesellschaft verpflichtet, Maßnahmen zu ergreifen, um sicherzustellen, dass die Mitbestimmungsrechte der Arbeitnehmer im Falle nachfolgender Umwandlungen, Verschmelzungen oder Spaltungen – unabhängig davon, ob es sich um grenzüberschreitende oder innerstaatliche Vorhaben handelt – während vier Jahren nach Wirksamwerden der grenzüberschreitenden Spaltung durch entsprechende Anwendung der Absätze 1 bis 6 geschützt werden.

(8) Die Gesellschaft teilt ihren Arbeitnehmern oder deren Vertretern ohne unangemessene Verzögerung das Ergebnis der Verhandlungen über die Mitbestimmung der Arbeitnehmer mit.

Vorabbescheinigung

Art. 160m (1) Die Mitgliedstaaten benennen das Gericht, den Notar oder eine sonstige Behörde oder sonstige Behörden, die dafür zuständig ist/sind, die Rechtmäßigkeit von grenzüberschreitenden Spaltungen für diejenigen Verfahrensabschnitte, für die das Recht des Mitgliedstaats der Gesellschaft, die die Spaltung vornimmt, maßgebend ist, zu prüfen und eine Vorabbescheinigung auszustellen, aus der hervorgeht, dass alle einschlägigen Voraussetzungen erfüllt und alle Verfahren und Formalitäten in dem jeweiligen Mitgliedstaat ordnungsgemäß erledigt sind (im Folgenden „zuständige Behörde").

Diese Erledigung von Verfahren und Formalitäten kann die Befriedigung oder Sicherung von monetären oder nichtmonetären Pflichten gegenüber der öffentlichen Hand oder die Erfüllung besonderer sektoraler Anforderungen umfassen, einschließlich der Sicherung von Pflichten, die sich aus laufenden Verfahren ergeben.

(2) Die Mitgliedstaaten stellen sicher, dass die Gesellschaft, die die Spaltung vornimmt, ihrem Antrag auf Erteilung einer Vorabbescheinigung Folgendes beifügt:

a) den Plan für die grenzüberschreitende Spaltung;

b) den Bericht und gegebenenfalls die als Anlage beigefügte Stellungnahme nach Artikel 160e sowie den Bericht nach Artikel 160f, sofern sie verfügbar sind;

c) etwaige gemäß Artikel 160g Absatz 1 übermittelte Bemerkungen; und

d) Informationen über die Zustimmung der Gesellschafterversammlung nach Artikel 160h.

(3) Die Mitgliedstaaten können vorschreiben, dass dem Antrag der Gesellschaft, die die Spaltung vornimmt, auf Erteilung einer Vorabbescheinigung zusätzliche Informationen beigefügt werden, wie insbesondere

a) die Zahl der Arbeitnehmer zum Zeitpunkt der Erstellung des Plans für die grenzüberschreitende Spaltung;

b) das Bestehen von Tochtergesellschaften und ihre jeweiligen geografischen Standorte;

c) Informationen zur Befriedigung von Pflichten gegenüber der öffentlichen Hand durch die Gesellschaft, die die Spaltung vornimmt.

Für die Zwecke dieses Absatzes können die zuständigen Behörden diese Informationen, wenn sie nicht von der Gesellschaft, die die Spaltung vornimmt, erteilt werden, von anderen einschlägigen Behörden anfordern.

(4) Die Mitgliedstaaten stellen sicher, dass der Antrag nach den Absätzen 2 und 3 einschließlich Informationen und Unterlagen im Einklang mit den einschlägigen Bestimmungen von Titel I Kapitel III vollständig online eingereicht werden kann, ohne dass es notwendig ist, dass die Antragsteller persönlich vor der zuständigen Behörde erscheinen.

(5) In Bezug auf die Einhaltung der Regelung für die Arbeitnehmermitbestimmung in Artikel 160l prüft die zuständige Behörde des Mitgliedstaats der Gesellschaft, die die Spaltung vornimmt, ob der Plan für die grenzüberschreitende Spaltung Angaben zu den Verfahren, nach denen die einschlägigen Regelungen getroffen werden, sowie zu den Optionen für diese Regelungen enthält.

(6) Im Rahmen der Prüfung nach Absatz 1 prüft die zuständige Behörde Folgendes:
a) alle Unterlagen und Informationen, die der zuständigen Behörde gemäß den Absätzen 2 und 3 übermittelt wurden;
b) gegebenenfalls die Angabe der Gesellschaft, die die Spaltung vornimmt, dass das Verfahren nach Artikel 160l Absätze 3 und 4 begonnen hat.

(7) Die Mitgliedstaaten stellen sicher, dass die Prüfung nach Absatz 1 innerhalb von drei Monaten nach dem Tag des Eingangs der Unterlagen und Informationen über die Zustimmung der Gesellschafterversammlung der Gesellschaft, die die Spaltung vornimmt, zu der grenzüberschreitenden Spaltung vorgenommen wird. Diese Prüfung muss, je nach Fall, zu folgendem Ergebnis führen:
a) Wird festgestellt, dass die grenzüberschreitende Spaltung alle einschlägigen Voraussetzungen erfüllt und dass alle erforderlichen Verfahren und Formalitäten erledigt sind, stellt die zuständige Behörde die Vorabbescheinigung aus.
b) Wird festgestellt, dass die grenzüberschreitende Spaltung nicht alle einschlägigen Voraussetzungen erfüllt oder dass nicht alle erforderlichen Verfahren und Formalitäten erledigt sind, stellt die zuständige Behörde die Vorabbescheinigung nicht aus und teilt der Gesellschaft die Gründe für ihre Entscheidung mit; in diesem Fall kann die zuständige Behörde der Gesellschaft die Gelegenheit einräumen, innerhalb einer angemessenen Frist die entsprechenden Bedingungen zu erfüllen oder die Verfahren und Formalitäten zu erledigen.

(8) Die Mitgliedstaaten stellen sicher, dass die zuständige Behörde keine Vorabbescheinigung ausstellt, wenn im Einklang mit dem nationalen Recht festgestellt wird, dass eine grenzüberschreitende Spaltung zu missbräuchlichen oder betrügerischen Zwecken, die dazu führen oder führen sollen, sich Unionsrecht oder nationalem Recht zu entziehen oder es zu umgehen, oder zu kriminellen Zwecken vorgenommen werden soll.

(9) Hat die zuständige Behörde im Rahmen der Prüfung nach Absatz 1 ernste Bedenken, dass die grenzüberschreitende Spaltung zu missbräuchlichen oder betrügerischen Zwecken, die dazu führen oder führen sollen, sich Unionsrecht oder nationalem Recht zu entziehen oder es zu umgehen, oder zu kriminellen Zwecken vorgenommen werden soll, so berücksichtigt sie relevante Tatsachen und Umstände, wie etwa – sofern relevant und nicht isoliert betrachtet – Anhaltspunkte, die die zuständige Behörde im Verlaufe der Prüfung nach Absatz 1, auch über eine Konsultation der einschlägigen Behörden, bemerkt hat. Die Prüfung für die Zwecke dieses Absatzes wird von Fall zu Fall über ein Verfahren vorgenommen, das dem nationalen Recht unterliegt.

(10) Ist es für die Zwecke der Prüfung nach den Absätzen 8 und 9 notwendig, zusätzliche Informationen zu berücksichtigen oder zusätzliche Untersuchungstätigkeiten durchzuführen, so kann der in Absatz 7 vorgesehene Zeitraum von drei Monaten um höchstens drei Monate verlängert werden.

(11) Ist es wegen der Komplexität des grenzüberschreitenden Verfahrens nicht möglich, die Prüfung innerhalb der in den Absätzen 7 und 10 vorgesehenen Fristen vorzunehmen, stellen die Mitgliedstaaten sicher, dass der Antragsteller über die Gründe für eine etwaige Verzögerung vor Ablauf dieser Fristen unterrichtet wird.

(12) Die Mitgliedstaaten sorgen dafür, dass die zuständige Behörde andere relevante Behörden mit Zuständigkeiten in den verschiedenen, von der grenzüberschreitenden Spaltung betroffenen Bereichen, einschließlich derjenigen des Mitgliedstaats der begünstigten Gesellschaften, konsultieren kann und von diesen Behörden sowie von der Gesellschaft, die die Spaltung vornimmt, Informationen und Unterlagen erhalten kann, die notwendig sind, um die Rechtmäßigkeit der grenzüberschreitenden Spaltung innerhalb des im nationalen Recht festgelegten Verfahrensrahmens zu prüfen. Für die Zwecke der Prüfung kann sich die zuständige Behörde eines unabhängigen Sachverständigen bedienen.

Übermittlung der Vorabbescheinigung

Art. 160n (1) Die Mitgliedstaaten stellen sicher, dass die Vorabbescheinigung den in Artikel 160o Absatz 1 genannten Behörden über das System der Registervernetzung übermittelt wird.

Die Mitgliedstaaten stellen ferner sicher, dass die Vorabbescheinigung über das System der Registervernetzung zugänglich ist.

(2) Der Zugang zu der Vorabbescheinigung ist für die in Artikel 160o Absatz 1 genannten Behörden und die Register kostenlos.

Prüfung der Rechtmäßigkeit der grenzüberschreitenden Spaltung

Art. 160o (1) Die Mitgliedstaaten benennen das Gericht, den Notar oder eine sonstige Behörde, die dafür zuständig ist, die Rechtmäßigkeit der grenzüberschreitenden Spaltung für die Verfahrensabschnitte, die sich auf den Abschluss der grenzüberschreitenden Spaltung beziehen und für die das Recht der Mitgliedstaaten der begünstigten Gesellschaften maßgebend ist, zu prüfen und die grenzüberschreitende Spaltung zu genehmigen.

Diese Behörde stellt insbesondere sicher, dass die begünstigten Gesellschaften den Bestimmungen des nationalen Rechts über die Gründung und Eintragung von Gesellschaften entsprechen und dass gegebenenfalls Regelungen für die Mitbestimmung der Arbeitnehmer nach Artikel 160l getroffen wurden.

(2) Für die Zwecke des Absatzes 1 dieses Artikels legt die Gesellschaft, die die Spaltung vornimmt, jeder der in Absatz 1 dieses Artikels genannten Behörden den Plan für die grenzüberschreitende Spaltung vor, dem die Gesellschafterversammlung nach Artikel 160h zugestimmt hat.

(3) Jeder Mitgliedstaat stellt sicher, dass jeder von der Gesellschaft, die die Spaltung vornimmt, für die Zwecke von Absatz 2 gestellte Antrag einschließlich Informationen und Unterlagen im Einklang mit den einschlägigen Bestimmungen von Titel I Kapitel III vollständig online eingereicht werden kann, ohne dass es notwendig ist, dass die Antragsteller persönlich vor der Behörde nach Absatz 1 erscheinen.

(4) Die Behörde nach Absatz 1 genehmigt die grenzüberschreitende Spaltung, sobald sie festgestellt hat, dass alle einschlägigen Voraussetzungen ordnungsgemäß erfüllt und alle Formalitäten in den Mitgliedstaaten der begünstigten Gesellschaften ordnungsgemäß erledigt sind.

(5) Die Vorabbescheinigung wird von der in Absatz 1 genannten Behörde als schlüssiger Nachweis der ordnungsgemäßen Erledigung der geltenden der Spaltung vorangehenden Verfahren und Formalitäten im Mitgliedstaat der Gesellschaft, die die Spaltung vornimmt, anerkannt, ohne die die grenzüberschreitende Spaltung nicht genehmigt werden kann.

Eintragung

Art. 160p (1) Für die Regelungen nach Artikel 16 zur Offenlegung des Abschlusses der grenzüberschreitenden Spaltung in ihren Registern ist das Recht der Mitgliedstaaten der Gesellschaft, die die Spaltung vornimmt, und der begünstigten Gesellschaften in Bezug auf ihr jeweiliges Hoheitsgebiet maßgebend.

(2) Die Mitgliedstaaten stellen sicher, dass in ihre Register mindestens die folgenden Informationen eingetragen werden:

a) im Register der Mitgliedstaaten der begünstigten Gesellschaften die Tatsache, dass die Eintragung der begünstigten Gesellschaft infolge einer grenzüberschreitenden Spaltung erfolgte;

b) im Register der Mitgliedstaaten der begünstigten Gesellschaften der Tag der Eintragung der begünstigten Gesellschaften;

c) im Register des Mitgliedstaats der Gesellschaft, die die Spaltung vornimmt, im Fall einer Aufspaltung die Tatsache, dass die Löschung der Gesellschaft, die die Spaltung vornimmt, infolge einer grenzüberschreitenden Spaltung erfolgte;

d) im Register des Mitgliedstaats der Gesellschaft, die die Spaltung vornimmt, im Fall einer Aufspaltung der Tag der Löschung der Gesellschaft aus dem Register;

e) in den Registern des Mitgliedstaats der Gesellschaft, die die Spaltung vornimmt, bzw. der Mitgliedstaaten der begünstigten Gesellschaften die Eintragungsnummer, Firma und Rechtsform der Gesellschaft, die die Spaltung vornimmt, und der begünstigten Gesellschaften.

Die Register machen die Informationen gemäß Unterabsatz 1 über das System der Registervernetzung öffentlich zugänglich.

(3) Die Mitgliedstaaten stellen sicher, dass die Register in den Mitgliedstaaten der begünstigten Gesellschaften dem Register im Mitgliedstaat der Gesellschaft, die die Spaltung vornimmt, über das System der Registervernetzung mitteilen, dass die begünstigten Gesellschaften eingetragen wurden. Zudem stellen die Mitgliedstaaten sicher, dass im Fall einer Aufspaltung die Löschung der Gesellschaft, die die Spaltung vornimmt, aus dem Register unmittelbar nach Eingang aller dieser Mitteilungen erfolgt.

(4) Die Mitgliedstaaten stellen sicher, dass das Register im Mitgliedstaat der Gesellschaft, die die Spaltung vornimmt, den Registern in den Mitgliedstaaten der begünstigten Gesellschaften über das System der Registervernetzung mitteilt, dass die grenzüberschreitende Spaltung wirksam geworden ist.

Wirksamwerden der grenzüberschreitenden Spaltung

Art. 160q Der Zeitpunkt, an dem die grenzüberschreitende Spaltung wirksam wird, bestimmt sich nach dem Recht des Mitgliedstaats, dem die Gesellschaft, die die Spaltung vornimmt, unterliegt. Die Spaltung kann jedoch erst dann wirksam werden, wenn die Prüfung nach Artikel 160m und 160o abgeschlossen ist und die Register alle Mitteilungen nach Artikel 160p Absatz 3 erhalten haben.

Wirkungen einer grenzüberschreitenden Spaltung

Art. 160r (1) Eine grenzüberschreitende Aufspaltung hat ab dem in Artikel 160q genannten Tag folgende Wirkungen:

a) Das gesamte Aktiv- und Passivvermögen der Gesellschaft, die die Spaltung vornimmt, einschließlich aller Verträge, Kredite, Rechte und Pflichten, geht gemäß der im Plan für die grenzüberschreitende Spaltung aufgeführten Zuteilung auf die begünstigten Gesellschaften über.

b) Die Gesellschafter der Gesellschaft, die die Spaltung vornimmt, werden gemäß der im Plan für die grenzüberschreitende Spaltung aufgeführten Zuteilung der Anteile Gesellschafter der begünstigten Gesellschaften, es sei denn sie haben ihre Anteile nach Artikel 160i Absatz 1 veräußert.

c) Die am Tag des Wirksamwerdens der grenzüberschreitenden Spaltung bestehenden Rechte und Pflichten der Gesellschaft, die die Spaltung vornimmt, aus Arbeitsverträgen

oder -verhältnissen gehen auf die begünstigten Gesellschaften über.
d) Die Gesellschaft, die die Spaltung vornimmt, erlischt.

(2) Eine grenzüberschreitende Abspaltung hat ab dem in Artikel 160q genannten Tag folgende Wirkungen:
a) Ein Teil des Aktiv- und Passivvermögens der Gesellschaft, die die Spaltung vornimmt, einschließlich Verträge, Kredite, Rechte und Pflichten, geht gemäß der im Plan für die grenzüberschreitende Spaltung aufgeführten Zuteilung auf die begünstigte Gesellschaft bzw. die begünstigten Gesellschaften über, und der restliche Teil verbleibt gemäß demselben Plan bei der Gesellschaft, die die Spaltung vornimmt.
b) Zumindest einige der Gesellschafter der Gesellschaft, die die Spaltung vornimmt, werden gemäß der im Plan für die grenzüberschreitende Spaltung aufgeführten Zuteilung der Anteile Gesellschafter der begünstigten Gesellschaft bzw. der begünstigten Gesellschaften, und zumindest einige der Gesellschafter bleiben Gesellschafter der Gesellschaft, die die Spaltung vornimmt, oder sie werden Gesellschafter in beiden, es sei denn, diese Gesellschafter haben ihre Anteile nach Artikel 160i Absatz 1 veräußert.
c) Die am Tag des Wirksamwerdens der grenzüberschreitenden Spaltung bestehenden Rechte und Pflichten der Gesellschaft, die die Spaltung vornimmt, aus Arbeitsverträgen oder -verhältnissen, die gemäß dem Plan für die grenzüberschreitende Spaltung der begünstigten Gesellschaft bzw. den begünstigten Gesellschaften zugeteilt wurden, gehen auf die jeweilige begünstigte Gesellschaft bzw. die jeweiligen begünstigten Gesellschaften über.

(3) Eine grenzüberschreitende Ausgliederung hat ab dem in Artikel 160q genannten Tag folgende Wirkungen:
a) Ein Teil des Aktiv- und Passivvermögens der Gesellschaft, die die Spaltung vornimmt, einschließlich Verträge, Kredite, Rechte und Pflichten, geht gemäß der im Plan für die grenzüberschreitende Spaltung aufgeführten Zuteilung auf die begünstigte Gesellschaft bzw. die begünstigten Gesellschaften über, und der restliche Teil verbleibt gemäß demselben Plan bei der Gesellschaft, die die Spaltung vornimmt.
b) Die Anteile der begünstigten Gesellschaft bzw. der begünstigten Gesellschaften werden der Gesellschaft, die die Spaltung vornimmt, zugeteilt.
c) Die am Tag des Wirksamwerdens der grenzüberschreitenden Spaltung bestehenden Rechte und Pflichten der Gesellschaft, die die Spaltung vornimmt, aus Arbeitsverträgen oder -verhältnissen, die gemäß dem Plan für die grenzüberschreitende Spaltung der begünstigten Gesellschaft bzw. den begünstigten Gesellschaften zugeteilt wurden, gehen auf die jeweilige begünstigte Gesellschaft bzw. die jeweiligen begünstigten Gesellschaften über.

(4) Unbeschadet des Artikels 160j Absatz 2 stellen die Mitgliedstaaten sicher, wenn ein Gegenstand des Aktiv- oder Passivvermögens der Gesellschaft, die die Spaltung vornimmt, im Plan für die grenzüberschreitende Spaltung nach Artikel 160d Buchstabe l nicht ausdrücklich zugeteilt wird und auch die Auslegung des Plans eine Entscheidung über die Zuteilung nicht zulässt, dass dieser Gegenstand oder sein Gegenwert auf alle begünstigten Gesellschaften bzw., im Fall einer Abspaltung oder einer Ausgliederung, auf alle begünstigten Gesellschaften und die Gesellschaft, die die Spaltung vornimmt, anteilig im Verhältnis zu dem nach dem Plan für die grenzüberschreitende Spaltung auf sie entfallenden Nettoaktivvermögen übertragen wird.

(5) Schreibt das Recht der Mitgliedstaaten im Fall einer grenzüberschreitenden Spaltung die Erfüllung besonderer Formalitäten vor, bevor die Übertragung bestimmter von der Gesellschaft, die die Spaltung vornimmt, eingebrachter Vermögensgegenstände, Rechte und Verbindlichkeiten gegenüber Dritten wirksam wird, so werden diese Formalitäten von der Gesellschaft, die die Spaltung vornimmt, bzw. von den begünstigten Gesellschaften erfüllt.

(6) Die Mitgliedstaaten stellen sicher, dass Anteile einer begünstigten Gesellschaft nicht gegen Anteile der Gesellschaft, die die Spaltung vornimmt, getauscht werden können, die entweder von der Gesellschaft selbst oder von einer zwar im eigenen Namen, jedoch für Rechnung der Gesellschaft handelnden Person gehalten werden.

Vereinfachung der Formalitäten

Art. 160s Wird eine grenzüberschreitende Spaltung im Wege einer Ausgliederung vorgenommen, so finden Artikel 160d Buchstaben c, f, i, o und p sowie die Artikel 160e, 160f und 160i keine Anwendung.

Unabhängige Sachverständige

Art. 160t (1) Die Mitgliedstaaten erlassen Vorschriften, in denen mindestens die zivilrechtliche Haftung des unabhängigen Sachverständigen geregelt ist, der den Bericht nach Artikel 160f zu erstellen hat.

(2) Die Mitgliedstaaten verfügen über Vorschriften, um sicherzustellen, dass
a) der Sachverständige oder die juristische Person, in deren Namen der Sachverständige handelt, von der Gesellschaft, die eine Vorabbescheinigung beantragt, unabhängig ist und dass kein Interessenkonflikt mit dieser Gesellschaft besteht, und
b) die Stellungnahme des Sachverständigen unparteiisch und objektiv ist und abgegeben wird, um die zuständige Behörde im Einklang mit den Anforderungen der Unabhängigkeit

und der Unparteilichkeit gemäß dem Recht und den beruflichen Standards, denen der Sachverständige unterliegt, zu unterstützen.

Gültigkeit

Art. 160u Eine grenzüberschreitende Spaltung, die im Einklang mit den Verfahren zur Umsetzung dieser Richtlinie wirksam geworden ist, kann nicht für nichtig erklärt werden.

Absatz 1 berührt nicht die Befugnisse der Mitgliedstaaten, unter anderem im Hinblick auf das Strafrecht, die Verhinderung und Bekämpfung der Terrorismusfinanzierung, das Sozialrecht, die Besteuerung und die Strafverfolgung, im Einklang mit den nationalen Rechtsvorschriften nach dem Tag des Wirksamwerdens der grenzüberschreitenden Spaltung Maßnahmen und Sanktionen zu verhängen.

TITEL III
SCHLUSSBESTIMMUNGEN

Datenschutz

Art. 161 Für die Verarbeitung aller personenbezogenen Daten im Zusammenhang mit der vorliegenden Richtlinie gilt die Verordnung (EU) 2016/679.

Berichterstattung, regelmäßiger Dialog über das System der Registervernetzung und Überprüfung

Art. 162 (1) Die Kommission veröffentlicht spätestens am 8. Juni 2022 einen Bericht, in dem sie darlegt, wie das System der Registervernetzung funktioniert, und insbesondere auf den technischen Betrieb und die finanziellen Aspekte eingeht.

(2) Diesem Bericht werden gegebenenfalls Vorschläge zur Änderung von Bestimmungen dieser Richtlinie beigefügt, die sich auf das System zur Registervernetzung beziehen.

(3) Die Kommission und die Vertreter der Mitgliedstaaten treten regelmäßig zusammen, um in einem geeigneten Gremium Angelegenheiten, die unter diese Richtlinie fallen und sich auf das System der Registervernetzung beziehen, zu erörtern.

(4) Bis zum 30. Juni 2016 überprüft die Kommission die Anwendung derjenigen Bestimmungen, die sich auf Berichts- und Dokumentationspflichten bei Verschmelzungen und Spaltungen beziehen und die durch die Richtlinie 2009/109/EG des Europäischen Parlaments und des Rates geändert oder hinzugefügt wurden, insbesondere ihre Auswirkungen auf die Verringerung des Verwaltungsaufwands von Gesellschaften im Lichte der Erfahrungen bei ihrer Anwendung, und legt dem Europäischen Parlament und dem Rat einen Bericht vor, der gegebenenfalls Vorschläge für die weitere Änderung dieser Richtlinien enthält.

Änderung der Anhänge

Art. 162a Die Mitgliedstaaten unterrichten die Kommission unverzüglich über alle Änderungen der nach ihren nationalen Rechtsvorschriften bestehenden Rechtsformen von Kapitalgesellschaften, die sich auf den Inhalt der Anhänge I, II und IIA auswirken.

Wenn ein Mitgliedstaat die Kommission nach Absatz 1 dieses Artikels unterrichtet, ist die Kommission befugt, die Liste der Rechtsformen von Gesellschaften in den Anhängen I, II und IIA im Wege delegierter Rechtsakte nach Artikel 163 gemäß den in Absatz 1 dieses Artikels genannten Informationen anzupassen.

Ausübung der Befugnisübertragung

Art. 163 (1) Die Befugnis zum Erlass delegierter Rechtsakte wird der Kommission unter den in diesem Artikel festgelegten Bedingungen übertragen.

(2) Die Befugnis zum Erlass delegierter Rechtsakte gemäß Artikel 25 Absatz 3 und Artikel 162a wird der Kommission auf unbestimmte Zeit ab dem 31. Juli 2019 übertragen.

(3) Die Befugnisübertragung gemäß Artikel 25 Absatz 3 und Artikel 162a kann vom Europäischen Parlament oder vom Rat jederzeit widerrufen werden. Der Beschluss über den Widerruf beendet die Übertragung der in diesem Beschluss angegebenen Befugnis. Er wird am Tag nach seiner Veröffentlichung im *Amtsblatt der Europäischen Union* oder zu einem im Beschluss über den Widerruf angegebenen späteren Zeitpunkt wirksam. Die Gültigkeit von delegierten Rechtsakten, die bereits in Kraft sind, wird von dem Beschluss über den Widerruf nicht berührt.

(4) Vor dem Erlass eines delegierten Rechtsakts konsultiert die Kommission die von den einzelnen Mitgliedstaaten benannten Sachverständigen im Einklang mit den in der Interinstitutionellen Vereinbarung vom 13. April 2016 über bessere Rechtsetzung enthaltenen Grundsätzen.

(5) Sobald die Kommission einen delegierten Rechtsakt erlässt, übermittelt sie ihn gleichzeitig dem Europäischen Parlament und dem Rat.

(6) Ein delegierter Rechtsakt, der gemäß Artikel 25 Absatz 3 oder Artikel 162a erlassen wurde, tritt nur in Kraft, wenn weder das Europäische Parlament noch der Rat innerhalb einer Frist von drei Monaten nach Übermittlung dieses Rechtsakts an das Europäische Parlament und den Rat Einwände erhoben haben oder wenn vor Ablauf dieser Frist das Europäische Parlament und der Rat beide der Kommission mitgeteilt haben, dass sie keine Einwände erheben werden. Auf Initiative des Europäischen Parlaments oder des Rates wird diese Frist um drei Monate verlängert.

Ausschussverfahren

Art. 164 (1) Die Kommission wird von einem Ausschuss unterstützt. Dieser Ausschuss ist ein Ausschuss im Sinne der Verordnung (EU) Nr. 182/2011.

(2) Wird auf diesen Absatz Bezug genommen, so gilt Artikel 5 der Verordnung (EU) Nr. 182/2011.

7/5. RL – AN-Mitbestimmung
Art. 165 – 168

Informationsaustausch

Art. 165 Die Mitgliedstaaten teilen der Kommission den Wortlaut der wichtigsten Vorschriften des nationalen Rechts mit, die sie auf den von dieser Richtlinie erfassten Gebieten erlassen.

Aufhebung

Art. 166 Die Richtlinien 82/891/EWG, 89/666/EWG, 2005/56/EG, 2009/101/EG, 2011/35/EU und 2012/30/EU, in der Fassung der in Anhang III Teil A aufgeführten Richtlinien, werden unbeschadet der Verpflichtungen der Mitgliedstaaten hinsichtlich der in Anhang III Teil B genannten Fristen für die Umsetzung der dort genannten Richtlinien in nationales Recht und die Anwendungsfristen aufgehoben.

Bezugnahmen auf die aufgehobenen Richtlinien gelten als Bezugnahmen auf die vorliegende Richtlinie und sind nach Maßgabe der Entsprechungstabelle in Anhang IV zu lesen.

Inkrafttreten

Art. 167 Diese Richtlinie tritt am zwanzigsten Tag nach ihrer Veröffentlichung im *Amtsblatt der Europäischen Union* in Kraft.

Adressaten

Art. 168 Diese Richtlinie ist an die Mitgliedstaaten gerichtet.

7/6. EG-Fusionskontrollverordnung (Auszug)

VERORDNUNG (EG) Nr. 139/2004 DES RATES vom 20. Januar 2004 über die Kontrolle von Unternehmenszusammenschlüssen („EG-Fusionskontrollverordnung")

(ABl. Nr. L 24 v. 29.1.2004, S. 1)
(Auszug)

GLIEDERUNG

Art. 1: Anwendungsbereich
Art. 2: Beurteilung von Zusammenschlüssen
Art. 3: Definition des Zusammenschlusses
Art. 11: Auskunftsverlangen
Art. 12: Nachprüfungen durch Behörden der Mitgliedstaaten
Art. 13: Nachprüfungsbefugnisse der Kommission
Art. 17: Berufsgeheimnis
Art. 18: Anhörung Beteiligter und Dritter
Art. 21: Anwendung dieser Verordnung und Zuständigkeit
Art. 25: Aufhebung
Art. 26: Inkrafttreten und Übergangsbestimmungen

DER RAT DER EUROPÄISCHEN UNION –
gestützt auf den Vertrag zur Gründung der Europäischen Gemeinschaft, insbesondere auf die Artikel 83 und 308,
auf Vorschlag der Kommission (ABl. C 20 vom 28.1.2003, S. 4),
nach Stellungnahme des Europäischen Parlaments (Stellungnahme vom 9. Oktober 2003 (noch nicht im Amtsblatt veröffentlicht)),
nach Stellungnahme des Europäischen Wirtschafts- und Sozialausschusses (Stellungnahme vom 24. Oktober 2003 (noch nicht im Amtsblatt veröffentlicht)),
in Erwägung nachstehender Gründe:
…

(36) Die Gemeinschaft achtet die Grundrechte und Grundsätze, die insbesondere mit der Charta der Grundrechte der Europäischen Union (ABl. C 364 vom 18. 12. 2000, S. 1) anerkannt wurden. Diese Verordnung sollte daher im Einklang mit diesen Rechten und Grundsätzen ausgelegt und angewandt werden.

(37) Die beteiligten Unternehmen müssen das Recht erhalten, von der Kommission gehört zu werden, sobald das Verfahren eingeleitet worden ist. Auch den Mitgliedern der geschäftsführenden und aufsichtsführenden Organe sowie den anerkannten Vertretern der Arbeitnehmer der beteiligten Unternehmen und betroffenen Dritten ist Gelegenheit zur Äußerung zu geben.

(38) Um Zusammenschlüsse ordnungsgemäß beurteilen zu können, sollte die Kommission alle erforderlichen Auskünfte einholen und alle erforderlichen Nachprüfungen in der Gemeinschaft vornehmen können. Zu diesem Zweck und im Interesse eines wirksamen Wettbewerbsschutzes müssen die Untersuchungsbefugnisse der Kommission ausgeweitet werden. Die Kommission sollte insbesondere alle Personen, die eventuell über sachdienliche Informationen verfügen, befragen und deren Aussagen zu Protokoll nehmen können.
…

HAT FOLGENDE VERORDNUNG ERLASSEN:

Anwendungsbereich

Art. 1 (1) Unbeschadet des Artikels 4 Absatz 5 und des Artikels 22 gilt diese Verordnung für alle Zusammenschlüsse von gemeinschaftsweiter Bedeutung im Sinne dieses Artikels.

(2) Ein Zusammenschluss hat gemeinschaftsweite Bedeutung, wenn folgende Umsätze erzielt werden:
a) ein weltweiter Gesamtumsatz aller beteiligten Unternehmen zusammen von mehr als 5 Mrd. EUR und
b) ein gemeinschaftsweiter Gesamtumsatz von mindestens zwei beteiligten Unternehmen von jeweils mehr als 250 Mio. EUR;

dies gilt nicht, wenn die beteiligten Unternehmen jeweils mehr als zwei Drittel ihres gemeinschaftsweiten Gesamtumsatzes in ein und demselben Mitgliedstaat erzielen.

(3) Ein Zusammenschluss, der die in Absatz 2 vorgesehenen Schwellen nicht erreicht, hat gemeinschaftsweite Bedeutung, wenn
a) der weltweite Gesamtumsatz aller beteiligten Unternehmen zusammen mehr als 2,5 Mrd. EUR beträgt,
b) der Gesamtumsatz aller beteiligten Unternehmen in mindestens drei Mitgliedstaaten jeweils 100 Mio. EUR übersteigt,
c) in jedem von mindestens drei von Buchstabe b) erfassten Mitgliedstaaten der Gesamtumsatz von mindestens zwei beteiligten Unternehmen jeweils mehr als 25 Mio. EUR beträgt und

d) der gemeinschaftsweite Gesamtumsatz von mindestens zwei beteiligten Unternehmen jeweils 100 Mio. EUR übersteigt; dies gilt nicht, wenn die beteiligten Unternehmen jeweils mehr als zwei Drittel ihres gemeinschaftsweiten Gesamtumsatzes in ein und demselben Mitgliedstaat erzielen.

(4) Vor dem 1. Juli 2009 erstattet die Kommission dem Rat auf der Grundlage statistischer Angaben, die die Mitgliedstaaten regelmäßig übermitteln können, über die Anwendung der in den Absätzen 2 und 3 vorgesehenen Schwellen und Kriterien Bericht, wobei sie Vorschläge gemäß Absatz 5 unterbreiten kann.

(5) Der Rat kann im Anschluss an den in Absatz 4 genannten Bericht auf Vorschlag der Kommission mit qualifizierter Mehrheit die in Absatz 3 aufgeführten Schwellen und Kriterien ändern.

Beurteilung von Zusammenschlüssen

Art. 2 (1) Zusammenschlüsse im Sinne dieser Verordnung sind nach Maßgabe der Ziele dieser Verordnung und der folgenden Bestimmungen auf ihre Vereinbarkeit mit dem Gemeinsamen Markt zu prüfen. Bei dieser Prüfung berücksichtigt die Kommission:

a) die Notwendigkeit, im Gemeinsamen Markt wirksamen Wettbewerb aufrechtzuerhalten und zu entwickeln, insbesondere im Hinblick auf die Struktur aller betroffenen Märkte und den tatsächlichen oder potenziellen Wettbewerb durch innerhalb oder außerhalb der Gemeinschaft ansässige Unternehmen;

b) die Marktstellung sowie die wirtschaftliche Macht und die Finanzkraft der beteiligten Unternehmen, die Wahlmöglichkeiten der Lieferanten und Abnehmer, ihren Zugang zu den Beschaffungs- und Absatzmärkten, rechtliche oder tatsächliche Marktzutrittsschranken, die Entwicklung des Angebots und der Nachfrage bei den jeweiligen Erzeugnissen und Dienstleistungen, die Interessen der Zwischen- und Endverbraucher sowie die Entwicklung des technischen und wirtschaftlichen Fortschritts, sofern diese dem Verbraucher dient und den Wettbewerb nicht behindert.

(2) Zusammenschlüsse, durch die wirksamer Wettbewerb im Gemeinsamen Markt oder in einem wesentlichen Teil desselben nicht erheblich behindert würde, insbesondere durch Begründung oder Verstärkung einer beherrschenden Stellung, sind für mit dem Gemeinsamen Markt vereinbar zu erklären.

(3) Zusammenschlüsse, durch die wirksamer Wettbewerb im Gemeinsamen Markt oder in einem wesentlichen Teil desselben erheblich behindert würde, insbesondere durch Begründung oder Verstärkung einer beherrschenden Stellung, sind für mit dem Gemeinsamen Markt unvereinbar zu erklären.

(4) Soweit die Gründung eines Gemeinschaftsunternehmens, das einen Zusammenschluss gemäß Artikel 3 darstellt, die Koordinierung des Wettbewerbsverhaltens unabhängig bleibender Unternehmen bezweckt oder bewirkt, wird eine solche Koordinierung nach den Kriterien des Artikels 81 Absätze 1 und 3 des Vertrags beurteilt, um festzustellen, ob das Vorhaben mit dem Gemeinsamen Markt vereinbar ist.

(5) Bei dieser Beurteilung berücksichtigt die Kommission insbesondere, ob

– es auf dem Markt des Gemeinschaftsunternehmens oder auf einem diesem vor- oder nachgelagerten Markt oder auf einem benachbarten oder eng mit ihm verknüpften Markt eine nennenswerte und gleichzeitige Präsenz von zwei oder mehr Gründerunternehmen gibt;

– die unmittelbar aus der Gründung des Gemeinschaftsunternehmens erwachsende Koordinierung der beteiligten Unternehmen die Möglichkeit eröffnet, für einen wesentlichen Teil der betreffenden Waren und Dienstleistungen den Wettbewerb auszuschalten.

Definition des Zusammenschlusses

Art. 3 (1) Ein Zusammenschluss wird dadurch bewirkt, dass eine dauerhafte Veränderung der Kontrolle in der Weise stattfindet, dass

a) zwei oder mehr bisher voneinander unabhängige Unternehmen oder Unternehmensteile fusionieren oder dass

b) eine oder mehrere Personen, die bereits mindestens ein Unternehmen kontrollieren, oder ein oder mehrere Unternehmen durch den Erwerb von Anteilsrechten oder Vermögenswerten, durch Vertrag oder in sonstiger Weise die unmittelbare oder mittelbare Kontrolle über die Gesamtheit oder über Teile eines oder mehrerer anderer Unternehmen erwerben.

(2) Die Kontrolle wird durch Rechte, Verträge oder andere Mittel begründet, die einzeln oder zusammen unter Berücksichtigung aller tatsächlichen oder rechtlichen Umstände die Möglichkeit gewähren, einen bestimmenden Einfluss auf die Tätigkeit eines Unternehmens auszuüben, insbesondere durch:

a) Eigentums- oder Nutzungsrechte an der Gesamtheit oder an Teilen des Vermögens des Unternehmens;

b) Rechte oder Verträge, die einen bestimmenden Einfluss auf die Zusammensetzung, die Beratungen oder Beschlüsse der Organe des Unternehmens gewähren.

(3) Die Kontrolle wird für die Personen oder Unternehmen begründet,

a) die aus diesen Rechten oder Verträgen selbst berechtigt sind, oder

b) die, obwohl sie aus diesen Rechten oder Verträgen nicht selbst berechtigt sind, die Befugnis haben, die sich daraus ergebenden Rechte auszuüben.

(4) Die Gründung eines Gemeinschaftsunternehmens, das auf Dauer alle Funktionen einer

selbstständigen wirtschaftlichen Einheit erfüllt, stellt einen Zusammenschluss im Sinne von Absatz 1 Buchstabe b) dar.

(5) Ein Zusammenschluss wird nicht bewirkt,
a) wenn Kreditinstitute, sonstige Finanzinstitute oder Versicherungsgesellschaften, deren normale Tätigkeit Geschäfte und den Handel mit Wertpapieren für eigene oder fremde Rechnung einschließt, vorübergehend Anteile an einem Unternehmen zum Zweck der Veräußerung erwerben, sofern sie die mit den Anteilen verbundenen Stimmrechte nicht ausüben, um das Wettbewerbsverhalten des Unternehmens zu bestimmen, oder sofern sie die Stimmrechte nur ausüben, um die Veräußerung der Gesamtheit oder von Teilen des Unternehmens oder seiner Vermögenswerte oder die Veräußerung der Anteile vorzubereiten, und sofern die Veräußerung innerhalb eines Jahres nach dem Zeitpunkt des Erwerbs erfolgt; diese Frist kann von der Kommission auf Antrag verlängert werden, wenn die genannten Institute oder Gesellschaften nachweisen, dass die Veräußerung innerhalb der vorgeschriebenen Frist unzumutbar war;
b) wenn der Träger eines öffentlichen Mandats aufgrund der Gesetzgebung eines Mitgliedstaats über die Auflösung von Unternehmen, die Insolvenz, die Zahlungseinstellung, den Vergleich oder ähnliche Verfahren die Kontrolle erwirbt;
c) wenn die in Absatz 1 Buchstabe b) bezeichneten Handlungen von Beteiligungsgesellschaften im Sinne von Artikel 5 Absatz 3 der Vierten Richtlinie 78/660/EWG des Rates vom 25. Juli 1978 aufgrund von Artikel 54 Absatz 3 Buchstabe g) des Vertrages über den Jahresabschluss von Gesellschaften bestimmter Rechtsformen (ABl. L 222 vom 14. 8. 1978, S. 11. Richtlinie zuletzt geändert durch die Richtlinie 2003/51/EG des Europäischen Parlaments und des Rates (ABl. L 178 vom 17. 7. 2003, S. 16)) vorgenommen werden, jedoch mit der Einschränkung, dass die mit den erworbenen Anteilen verbundenen Stimmrechte, insbesondere wenn sie zur Ernennung der Mitglieder der geschäftsführenden oder aufsichtsführenden Organe der Unternehmen ausgeübt werden, an denen die Beteiligungsgesellschaften Anteile halten, nur zur Erhaltung des vollen Wertes der Investitionen und nicht dazu benutzt werden, unmittelbar oder mittelbar das Wettbewerbsverhalten dieser Unternehmen zu bestimmen.

...

Auskunftsverlangen

Art. 11 (1) Die Kommission kann zur Erfüllung der ihr durch diese Verordnung übertragenen Aufgaben von den in Artikel 3 Absatz 1 Buchstabe b) bezeichneten Personen sowie von Unternehmen und Unternehmensvereinigungen durch einfaches Auskunftsverlangen oder durch Entscheidung verlangen, dass sie alle erforderlichen Auskünfte erteilen.

(2) Richtet die Kommission ein einfaches Auskunftsverlangen an eine Person, ein Unternehmen oder eine Unternehmensvereinigung, so gibt sie darin die Rechtsgrundlagen und den Zweck des Auskunftsverlangens, die Art der benötigten Auskünfte und die Frist für die Erteilung der Auskünfte an und weist auf die in Artikel 14 für den Fall der Erteilung einer unrichtigen oder irreführenden Auskunft vorgesehenen Sanktionen hin.

(3) Verpflichtet die Kommission eine Person, ein Unternehmen oder eine Unternehmensvereinigung durch Entscheidung zur Erteilung von Auskünften, so gibt sie darin die Rechtsgrundlage, den Zweck des Auskunftsverlangens, die Art der benötigten Auskünfte und die Frist für die Erteilung der Auskünfte an. In der Entscheidung ist ferner auf die in Artikel 14 beziehungsweise Artikel 15 vorgesehenen Sanktionen hinzuweisen; gegebenenfalls kann auch ein Zwangsgeld gemäß Artikel 15 festgesetzt werden. Außerdem enthält die Entscheidung einen Hinweis auf das Recht, vor dem Gerichtshof gegen die Entscheidung Klage zu erheben.

(4) Zur Erteilung der Auskünfte sind die Inhaber der Unternehmen oder deren Vertreter, bei juristischen Personen, Gesellschaften und nicht rechtsfähigen Vereinen die nach Gesetz oder Satzung zur Vertretung berufenen Personen verpflichtet. Ordnungsgemäß bevollmächtigte Personen können die Auskünfte im Namen ihrer Mandanten erteilen. Letztere bleiben in vollem Umfang dafür verantwortlich, dass die erteilten Auskünfte vollständig, sachlich richtig und nicht irreführend sind.

(5) Die Kommission übermittelt den zuständigen Behörden des Mitgliedstaats, in dessen Hoheitsgebiet sich der Wohnsitz der Person oder der Sitz des Unternehmens oder der Unternehmensvereinigung befindet, sowie der zuständigen Behörde des Mitgliedstaats, dessen Hoheitsgebiet betroffen ist, unverzüglich eine Kopie der nach Absatz 3 erlassenen Entscheidung. Die Kommission übermittelt der zuständigen Behörde eines Mitgliedstaats auch die Kopien einfacher Auskunftsverlangen in Bezug auf einen angemeldeten Zusammenschluss, wenn die betreffende Behörde diese ausdrücklich anfordert.

(6) Die Regierungen und zuständigen Behörden der Mitgliedstaaten erteilen der Kommission auf Verlangen alle Auskünfte, die sie zur Erfüllung der ihr durch diese Verordnung übertragenen Aufgaben benötigt.

(7) Zur Erfüllung der ihr durch diese Verordnung übertragenen Aufgaben kann die Kommission alle natürlichen und juristischen Personen befragen, die dieser Befragung zum Zweck der Einholung von Informationen über einen Untersuchungsgegenstand zustimmen. Zu Beginn der Befragung, die telefonisch oder mit anderen elektronischen Mitteln erfolgen kann, gibt die Kommission die Rechtsgrundlage und den Zweck der Befragung an. Findet eine Befragung weder in den Räumen der Kommission noch telefonisch oder mit anderen elektronischen Mitteln statt, so informiert die

Kommission zuvor die zuständige Behörde des Mitgliedstaats, in dessen Hoheitsgebiet die Befragung erfolgt. Auf Verlangen der zuständigen Behörde dieses Mitgliedstaats können deren Bedienstete die Bediensteten der Kommission und die anderen von der Kommission zur Durchführung der Befragung ermächtigten Personen unterstützen.

Nachprüfungen durch Behörden der Mitgliedstaaten

Art. 12 (1) Auf Ersuchen der Kommission nehmen die zuständigen Behörden der Mitgliedstaaten diejenigen Nachprüfungen vor, die die Kommission gemäß Artikel 13 Absatz 1 für angezeigt hält oder die sie in einer Entscheidung gemäß Artikel 13 Absatz 4 angeordnet hat. Die mit der Durchführung der Nachprüfungen beauftragten Bediensteten der zuständigen Behörden der Mitgliedstaaten sowie die von ihnen ermächtigten oder benannten Personen üben ihre Befugnisse nach Maßgabe ihres innerstaatlichen Rechts aus.

(2) Die Bediensteten der Kommission und andere von ihr ermächtigte Begleitpersonen können auf Anweisung der Kommission oder auf Ersuchen der zuständigen Behörde des Mitgliedstaats, in dessen Hoheitsgebiet die Nachprüfung vorgenommen werden soll, die Bediensteten dieser Behörde unterstützen.

Nachprüfungsbefugnisse der Kommission

Art. 13 (1) Die Kommission kann zur Erfüllung der ihr durch diese Verordnung übertragenen Aufgaben bei Unternehmen und Unternehmensvereinigungen alle erforderlichen Nachprüfungen vornehmen.

(2) Die mit den Nachprüfungen beauftragten Bediensteten der Kommission und die anderen von ihr ermächtigten Begleitpersonen sind befugt,

a) alle Räumlichkeiten, Grundstücke und Transportmittel der Unternehmen und Unternehmensvereinigungen zu betreten,

b) die Bücher und sonstigen Geschäftsunterlagen, unabhängig davon, in welcher Form sie vorliegen, zu prüfen,

c) Kopien oder Auszüge gleich in welcher Form aus diesen Büchern und Geschäftsunterlagen anzufertigen oder zu verlangen,

d) alle Geschäftsräume und Bücher oder Unterlagen für die Dauer der Nachprüfung in dem hierfür erforderlichen Ausmaß zu versiegeln,

e) von allen Vertretern oder Beschäftigten des Unternehmens oder der Unternehmensvereinigung Erläuterungen zu Sachverhalten oder Unterlagen zu verlangen, die mit Gegenstand und Zweck der Nachprüfung in Zusammenhang stehen, und ihre Antworten aufzuzeichnen.

(3) Die mit der Nachprüfung beauftragten Bediensteten der Kommission und die anderen von ihr ermächtigten Begleitpersonen üben ihre Befugnisse unter Vorlage eines schriftlichen Auftrags aus, in dem der Gegenstand und der Zweck der Nachprüfung bezeichnet sind und in dem auf die in Artikel 14 vorgesehenen Sanktionen für den Fall hingewiesen wird, dass die angeforderten Bücher oder sonstigen Geschäftsunterlagen nicht vollständig vorgelegt werden oder die Antworten auf die nach Absatz 2 gestellten Fragen unrichtig oder irreführend sind. Die Kommission unterrichtet die zuständige Behörde des Mitgliedstaats, in dessen Hoheitsgebiet die Nachprüfung vorgenommen werden soll, rechtzeitig vor deren Beginn über den Prüfungsauftrag.

(4) Unternehmen und Unternehmensvereinigungen sind verpflichtet, die Nachprüfungen zu dulden, die die Kommission durch Entscheidung angeordnet hat. Die Entscheidung bezeichnet den Gegenstand und den Zweck der Nachprüfung, bestimmt den Zeitpunkt des Beginns der Nachprüfung und weist auf die in Artikel 14 und Artikel 15 vorgesehenen Sanktionen sowie auf das Recht hin, vor dem Gerichtshof Klage gegen die Entscheidung zu erheben. Die Kommission erlässt diese Entscheidung nach Anhörung der zuständigen Behörde des Mitgliedstaats, in dessen Hoheitsgebiet die Nachprüfung vorgenommen werden soll.

(5) Die Bediensteten der zuständigen Behörde des Mitgliedstaats, in dessen Hoheitsgebiet die Nachprüfung vorgenommen werden soll, sowie die von dieser Behörde ermächtigten oder benannten Personen unterstützen auf Anweisung dieser Behörde oder auf Ersuchen der Kommission die Bediensteten der Kommission und die anderen von ihr ermächtigten Begleitpersonen aktiv. Sie verfügen hierzu über die in Absatz 2 genannten Befugnisse.

(6) Stellen die Bediensteten der Kommission oder die anderen von ihr ermächtigten Begleitpersonen fest, dass sich ein Unternehmen einer aufgrund dieses Artikels angeordneten Nachprüfung, einschließlich der Versiegelung der Geschäftsräume, Bücher oder Geschäftsunterlagen, widersetzt, so leistet der betreffende Mitgliedstaat die erforderliche Amtshilfe, gegebenenfalls unter Einsatz der Polizei oder anderer gleichwertiger Vollzugsorgane, damit die Bediensteten der Kommission und die anderen von ihr ermächtigten Begleitpersonen ihren Nachprüfungsauftrag erfüllen können.

(7) Setzt die Amtshilfe nach Absatz 6 nach einzelstaatlichem Recht eine gerichtliche Genehmigung voraus, so ist diese zu beantragen. Die Genehmigung kann auch vorsorglich beantragt werden.

(8) Wurde eine gerichtliche Genehmigung gemäß Absatz 7 beantragt, prüft das einzelstaatliche Gericht die Echtheit der Kommissionsentscheidung und vergewissert sich, dass die beabsichtigten Zwangsmaßnahmen weder willkürlich noch – gemessen am Gegenstand der Nachprüfung – unverhältnismäßig sind. Bei der Prüfung der Verhältnismäßigkeit der Zwangsmaßnahmen kann das einzelstaatliche Gericht die Kommission unmittelbar oder über die zuständige Behörde des betreffenden Mitgliedstaats um ausführliche Erläuterungen zum Gegenstand der Nachprüfung ersuchen. Das einzelstaatliche Gericht darf jedoch weder die Notwendigkeit der Nachprüfung in Frage stellen

noch Auskünfte aus den Akten der Kommission verlangen. Die Prüfung der Rechtmäßigkeit der Kommissionsentscheidung ist dem Gerichtshof vorbehalten.

...

Berufsgeheimnis

Art. 17 (1) Die bei Anwendung dieser Verordnung erlangten Kenntnisse dürfen nur zu dem mit der Auskunft, Ermittlung oder Anhörung verfolgten Zweck verwertet werden.

(2) Unbeschadet des Artikels 4 Absatz 3 sowie der Artikel 18 und 20 sind die Kommission und die zuständigen Behörden der Mitgliedstaaten sowie ihre Beamten und sonstigen Bediensteten, alle sonstigen, unter Aufsicht dieser Behörden handelnden Personen und die Beamten und Bediensteten anderer Behörden der Mitgliedstaaten verpflichtet, Kenntnisse nicht preiszugeben, die sie bei Anwendung dieser Verordnung erlangt haben und die ihrem Wesen nach unter das Berufsgeheimnis fallen.

(3) Die Absätze 1 und 2 stehen der Veröffentlichung von Übersichten oder Zusammenfassungen, die keine Angaben über einzelne Unternehmen oder Unternehmensvereinigungen enthalten, nicht entgegen.

Anhörung Beteiligter und Dritter

Art. 18 (1) Vor Entscheidungen nach Artikel 6 Absatz 3, Artikel 7 Absatz 3, Artikel 8 Absätze 2 bis 6, Artikel 14 und Artikel 15 gibt die Kommission den betroffenen Personen, Unternehmen und Unternehmensvereinigungen Gelegenheit, sich zu den ihnen gegenüber geltend gemachten Einwänden in allen Abschnitten des Verfahrens bis zur Anhörung des Beratenden Ausschusses zu äußern.

(2) Abweichend von Absatz 1 können Entscheidungen nach Artikel 7 Absatz 3 und Artikel 8 Absatz 5 vorläufig erlassen werden, ohne den betroffenen Personen, Unternehmen oder Unternehmensvereinigungen zuvor Gelegenheit zur Äußerung zu geben, sofern die Kommission dies unverzüglich nach dem Erlass ihrer Entscheidung nachholt.

(3) Die Kommission stützt ihre Entscheidungen nur auf die Einwände, zu denen die Betroffenen Stellung nehmen konnten. Das Recht der Betroffenen auf Verteidigung während des Verfahrens wird in vollem Umfang gewährleistet. Zumindest die unmittelbar Betroffenen haben das Recht der Akteneinsicht, wobei die berechtigten Interessen der Unternehmen an der Wahrung ihrer Geschäftsgeheimnisse zu berücksichtigen sind.

(4) Sofern die Kommission oder die zuständigen Behörden der Mitgliedstaaten es für erforderlich halten, können sie auch andere natürliche oder juristische Personen anhören. Wenn natürliche oder juristische Personen, die ein hinreichendes Interesse darlegen, und insbesondere die Leitungsorgane der beteiligten Unternehmen oder rechtlich anerkannte Vertreter der Arbeitnehmer dieser Unternehmen einen Antrag auf Anhörung stellen, so ist ihrem Antrag stattzugeben.

...

Anwendung dieser Verordnung und Zuständigkeit

Art. 21 (1) Diese Verordnung gilt allein für Zusammenschlüsse im Sinne des Artikels 3; die Verordnungen (EG) Nr. 1/2003 (ABl. L 1 vom 4. 1. 2003, S. 1), (EWG) Nr. 1017/68 (ABl. L 175 vom 23. 7. 1968, S. 1. Verordnung zuletzt geändert durch die Verordnung (EG) Nr. 1/2003 (ABl. L 1 vom 4. 1. 2003, S. 1)), (EWG) Nr. 4056/86 (ABl. L 378 vom 31. 12. 1986, S. 4. Verordnung zuletzt geändert durch die Verordnung (EG) Nr. 1/2003) und (EWG) Nr. 3975/87 (ABl. L 374 vom 31. 12. 1987, S. 1. Verordnung zuletzt geändert durch die Verordnung (EG) Nr. 1/2003) des Rates gelten nicht, außer für Gemeinschaftsunternehmen, die keine gemeinschaftsweite Bedeutung haben und die Koordinierung des Wettbewerbsverhaltens unabhängig bleibender Unternehmen bezwecken oder bewirken.

(2) Vorbehaltlich der Nachprüfung durch den Gerichtshof ist die Kommission ausschließlich dafür zuständig, die in dieser Verordnung vorgesehenen Entscheidungen zu erlassen.

(3) Die Mitgliedstaaten wenden ihr innerstaatliches Wettbewerbsrecht nicht auf Zusammenschlüsse von gemeinschaftsweiter Bedeutung an. Unterabsatz 1 berührt nicht die Befugnis der Mitgliedstaaten, die zur Anwendung des Artikels 4 Absatz 4 oder des Artikels 9 Absatz 2 erforderlichen Ermittlungen vorzunehmen und nach einer Verweisung gemäß Artikel 9 Absatz 3 Unterabsatz 1 Buchstabe b) oder Artikel 9 Absatz 5 die in Anwendung des Artikels 9 Absatz 8 unbedingt erforderlichen Maßnahmen zu ergreifen.

(4) Unbeschadet der Absätze 2 und 3 können die Mitgliedstaaten geeignete Maßnahmen zum Schutz anderer berechtigter Interessen als derjenigen treffen, welche in dieser Verordnung berücksichtigt werden, sofern diese Interessen mit den allgemeinen Grundsätzen und den übrigen Bestimmungen des Gemeinschaftsrechts vereinbar sind. Im Sinne des Unterabsatzes 1 gelten als berechtigte Interessen die öffentliche Sicherheit, die Medienvielfalt und die Aufsichtsregeln. Jedes andere öffentliche Interesse muss der betreffende Mitgliedstaat der Kommission mitteilen; diese muss es nach Prüfung seiner Vereinbarkeit mit den allgemeinen Grundsätzen und den sonstigen Bestimmungen des Gemeinschaftsrechts vor Anwendung der genannten Maßnahmen anerkennen. Die Kommission gibt dem betreffenden Mitgliedstaat ihre Entscheidung binnen 25 Arbeitstagen nach der entsprechenden Mitteilung bekannt.

...

Aufhebung

Art. 25 (1) Die Verordnungen (EWG) Nr. 4064/89 und (EG) Nr. 1310/97 werden unbeschadet des Artikels 26 Absatz 2 mit Wirkung vom 1. Mai 2004 aufgehoben.

(2) Bezugnahmen auf die aufgehobenen Verordnungen gelten als Bezugnahmen auf die vorliegende Verordnung und sind nach Maßgabe der Entsprechungstabelle im Anhang zu lesen.

Inkrafttreten und Übergangsbestimmungen

Art. 26 (1) Diese Verordnung tritt am zwanzigsten Tag nach ihrer Veröffentlichung im *Amtsblatt der Europäischen Union* in Kraft. Sie gilt ab dem 1. Mai 2004.

(2) Die Verordnung (EWG) Nr. 4064/89 findet vorbehaltlich insbesondere der Vorschriften über ihre Anwendbarkeit gemäß ihrem Artikel 25 Absätze 2 und 3 sowie vorbehaltlich des Artikels 2 der Verordnung (EWG) Nr. 1310/97 weiterhin Anwendung auf Zusammenschlüsse, die vor dem Zeitpunkt der Anwendbarkeit der vorliegenden Verordnung Gegenstand eines Vertragsabschlusses oder einer Veröffentlichung im Sinne von Artikel 4 Absatz 1 der Verordnung (EWG) Nr. 4064/89 gewesen oder durch einen Kontrollerwerb im Sinne derselben Vorschrift zustande gekommen sind.

(3) Für Zusammenschlüsse, auf die diese Verordnung infolge des Beitritts eines neuen Mitgliedstaats anwendbar ist, wird das Datum der Geltung dieser Verordnung durch das Beitrittsdatum ersetzt. Diese Verordnung ist in allen ihren Teilen verbindlich und gilt unmittelbar in jedem Mitgliedstaat.

7/6a. DVO zur EG-FusionskontrollVO

7/6a. Durchführungsverordnung zur EG-Fusionskontrollverordnung

Durchführungsverordnung (EU) 2023/914 der Kommission vom 20. April 2023 zur Durchführung der Verordnung (EG) Nr. 139/2004 des Rates über die Kontrolle von Unternehmenszusammenschlüssen und zur Aufhebung der Verordnung (EG) Nr. 802/2004 der Kommission

(ABl. Nr. L 119 v. 5.5.2023, S. 22)

DIE EUROPÄISCHE KOMMISSION –

gestützt auf den Vertrag über die Arbeitsweise der Europäischen Union,

gestützt auf Artikel 57 Absatz 2 Buchstabe a des Abkommens über den Europäischen Wirtschaftsraum in Verbindung mit Artikel 1 des Protokolls 21 zu dem Abkommen,

gestützt auf die Verordnung (EG) Nr. 139/2004 des Rates vom 20. Januar 2004 über die Kontrolle von Unternehmenszusammenschlüssen (ABl. L 24 vom 29.1.2004, S. 1), insbesondere auf Artikel 23 Absatz 1,

nach Anhörung des Beratenden Ausschusses,

in Erwägung nachstehender Gründe:

(1) Die Verordnung (EG) Nr. 802/2004 der Kommission vom 7. April 2004 zur Durchführung der Verordnung (EG) Nr. 139/2004 des Rates über die Kontrolle von Unternehmenszusammenschlüssen (ABl. L 133 vom 30.4.2004, S. 1) ist bereits mehrfach geändert worden. Da nun weitere Änderungen erforderlich sind, sollte die Verordnung (EG) Nr. 802/2004 im Interesse der Klarheit aufgehoben und ersetzt werden.

(2) Die Verordnung (EG) Nr. 139/2004 geht von dem Grundsatz aus, dass Zusammenschlüsse anzumelden sind, bevor sie vollzogen werden. Von einer ordnungsgemäßen Anmeldung hängen wichtige, für die an dem Zusammenschlussvorhaben Beteiligten vorteilhafte Rechtsfolgen ab. Die Verletzung der Anmeldepflicht kann jedoch zur Verhängung von Geldbußen gegen die Beteiligten führen und auch nachteilige Rechtsfolgen zivilrechtlicher Art für sie haben. Im Interesse der Rechtssicherheit ist es deshalb geboten, Gegenstand und Inhalt der bei der Anmeldung zu übermittelnden Informationen genau zu bestimmen.

(3) Es obliegt den Anmeldern, die Kommission wahrheitsgemäß und vollständig über die Tatsachen und Umstände zu unterrichten, die für den Erlass eines Beschlusses über den angemeldeten Zusammenschluss von Bedeutung sind.

(4) Ferner gewährt die Verordnung (EG) Nr. 139/2004 den beteiligten Unternehmen das Recht, vor der Anmeldung in einem begründeten Antrag um eine Verweisung der Sache von einem oder mehreren Mitgliedstaaten an die Kommission oder umgekehrt zu ersuchen, wenn der Zusammenschluss die Voraussetzungen der genannten Verordnung erfüllt. Es ist wichtig, dass die Kommission und die zuständigen Behörden der betroffenen Mitgliedstaaten über ausreichende Informationen verfügen, um binnen einer kurzen Frist darüber zu entscheiden, ob eine Verweisung erfolgen sollte. Deswegen sollte der begründete Antrag auf Verweisung bestimmte Informationen zu diesem Punkt enthalten.

(5) Um die Prüfung von Anmeldungen, begründeten Anträgen und Informationen zu Verpflichtungen zu vereinfachen und zu beschleunigen, sollten standardisierte Formulare verwendet werden. Diese Formulare sind dieser Verordnung als Anhänge beigefügt. Es ist möglich, dass sich das Format der Anhänge dieser Verordnung ändert und die entsprechenden Formulare durch elektronische Formulare ersetzt werden, in denen die gleichen Informationen verlangt werden.

(6) Da mit der Anmeldung die in der Verordnung (EG) Nr. 139/2004 vorgesehenen gesetzlichen Fristen in Gang gesetzt werden, sollten auch die für diese Fristen geltenden Bedingungen und der Zeitpunkt des Fristbeginns festgelegt werden.

(7) Im Interesse der Rechtssicherheit sollten Regeln für die Berechnung der in der Verordnung (EG) Nr. 139/2004 vorgesehenen Fristen festgelegt werden. Dabei sollten insbesondere der Beginn und das Ende der Fristen sowie die ihren Lauf hemmenden Umstände bestimmt werden, wobei die Erfordernisse zu berücksichtigen sind, die sich aus dem außergewöhnlich engen Zeitrahmen für die Fusionskontrollverfahren ergeben.

(8) Die Vorschriften über Verfahren der Kommission nach der Verordnung (EG) Nr. 139/2004 sollten in einer Weise gestaltet werden, dass der Anspruch auf rechtliches Gehör und die Verteidigungsrechte in vollem Umfang gewahrt werden. Zu diesem Zweck unterscheidet die Kommission zwischen den Anmeldern, den anderen an dem Zusammenschlussvorhaben Beteiligten, Dritten und den Beteiligten, an die die Kommission einen Beschluss zur Verhängung einer Geldbuße oder eines Zwangsgelds zu richten beabsichtigt.

(9) Die Kommission sollte den Anmeldern und anderen an dem Zusammenschlussvorhaben Beteiligten auf deren Wunsch bereits vor der Anmeldung Gelegenheit zu informellen und streng vertraulichen Gesprächen über den beabsichtigten Zusammenschluss geben. Außerdem sollte die Kommission nach der Anmeldung in engem Kontakt mit diesen Beteiligten bleiben, soweit dies erforderlich ist, um etwaige praktische oder rechtliche Probleme, die sie bei einer ersten Prüfung des Falls entdeckt hat, mit ihnen zu erörtern und wenn möglich im gegenseitigen Einvernehmen zu lösen.

7/6a. DVO zur EG-FusionskontrollVO
Präambel, Art. 1 – 4

(10) Entsprechend dem Grundsatz der Wahrung der Verteidigungsrechte sollten die Anmelder Gelegenheit haben, sich zu allen Beschwerdepunkten zu äußern, welche die Kommission in ihrem Beschluss in Betracht ziehen will. Den anderen an dem Zusammenschlussvorhaben Beteiligten sollten die Beschwerdepunkte der Kommission ebenfalls mitgeteilt werden, und ihnen sollte Gelegenheit zur Stellungnahme gegeben werden.

(11) Auch Dritte, die ein hinreichendes Interesse nachweisen, sollten Gelegenheit zur Stellungnahme erhalten, falls sie einen entsprechenden schriftlichen Antrag stellen.

(12) Alle zur Stellungnahme berechtigten Personen sollten sich sowohl in ihrem eigenen Interesse als auch im Interesse eines ordentlichen Verfahrens schriftlich äußern, unbeschadet ihres Rechts, gegebenenfalls eine mündliche Anhörung zu beantragen, die das schriftliche Verfahren ergänzt. In Eilfällen sollte die Kommission jedoch die Möglichkeit haben, sofort eine mündliche Anhörung der Anmelder, anderer Beteiligter oder Dritter durchzuführen.

(13) Es ist festzulegen, welche Rechte den Personen zustehen, die angehört werden sollen, inwieweit ihnen Einsicht in die Kommissionsakte gewährt werden sollte und unter welchen Voraussetzungen Vertretung und Beistand zulässig sind.

(14) Gewährt die Kommission Akteneinsicht, sollte sie den Schutz von Geschäftsgeheimnissen und anderen vertraulichen Informationen sicherstellen. Die Kommission sollte von den Unternehmen, die Unterlagen oder Erklärungen vorgelegt haben, die Kenntlichmachung vertraulicher Informationen verlangen können.

(15) Damit die Kommission Verpflichtungen, die von den Anmeldern angeboten werden, um einen Zusammenschluss mit dem Binnenmarkt vereinbar zu machen, ordnungsgemäß prüfen und die erforderliche Konsultierung mit den anderen Beteiligten, Dritten und den Behörden der Mitgliedstaaten nach Maßgabe der Verordnung (EG) Nr. 139/2004 gewährleisten kann, sollten das Verfahren und die Fristen für die Vorlage der Verpflichtungszusagen festgelegt werden.

(16) Die Übermittlung von Unterlagen an die und von der Kommission sollte grundsätzlich auf elektronischem Wege erfolgen, wobei den Entwicklungen im Bereich der Informations- und Kommunikationstechnologien und den Umweltauswirkungen solcher Übermittlungen Rechnung zu tragen ist. Dies gilt insbesondere für Anmeldungen, begründete Anträge, Erwiderungen auf die von der Kommission an die Anmelder gerichteten Beschwerdepunkte sowie Verpflichtungszusagen nach Artikel 6 Absatz 2 oder Artikel 8 Absatz 2 der Verordnung (EG) Nr. 139/2004 –

HAT FOLGENDE VERORDNUNG ERLASSEN:

KAPITEL I
ANWENDUNGSBEREICH

Art. 1 Diese Verordnung gilt für die Kontrolle von Unternehmenszusammenschlüssen, die nach der Verordnung (EG) Nr. 139/2004 durchgeführt wird.

KAPITEL II
ANMELDUNGEN UND ANDERE VORLAGEN

Anmeldebefugnis

Art. 2 (1) Anmeldungen sind von den in Artikel 4 Absatz 2 der Verordnung (EG) Nr. 139/2004 genannten Personen oder Unternehmen vorzulegen.

(2) Wenn bevollmächtigte externe Vertreter von Personen oder Unternehmen die Anmeldung unterzeichnen, müssen sie ihre Vertretungsbefugnis schriftlich nachweisen.

Vorlage von Anmeldungen

Art. 3 (1) Für Anmeldungen ist das Formular CO in Anhang I zu verwenden. Unter den in Anhang II aufgeführten Voraussetzungen können Anmeldungen unter Verwendung des in dem Anhang enthaltenen Vereinfachten Formulars CO vorgelegt werden. Bei gemeinsamen Anmeldungen ist ein einziges Formular zu verwenden.

(2) Die in Absatz 1 genannten Formulare und sämtliche sachdienlichen Unterlagen sind der Kommission in Einklang mit Artikel 22 und unter Berücksichtigung der von der Kommission im *Amtsblatt der Europäischen Union* veröffentlichten Hinweise zu übermitteln.

(3) Die Anmeldungen sind in einer der Amtssprachen der Union abzufassen. Diese Sprache ist für die Anmelder zugleich die Verfahrenssprache – auch für spätere Verfahren bezüglich desselben Zusammenschlusses. Sachdienliche Unterlagen sind in der Originalsprache einzureichen. Ist die Originalsprache eines Dokuments keine der Amtssprachen der Union, so ist eine Übersetzung in die Verfahrenssprache beizufügen.

(4) Anmeldungen nach Artikel 57 des Abkommens über den Europäischen Wirtschaftsraum können auch in einer der Amtssprachen der EFTA-Staaten oder der Arbeitssprache der EFTA-Überwachungsbehörde vorgelegt werden. Handelt es sich bei der für die Anmeldung gewählten Sprache nicht um eine Amtssprache der Union, haben die Anmelder sämtlichen Unterlagen eine Übersetzung in eine der Amtssprachen der Union beizufügen. Die für die Übersetzung gewählte Sprache wird von der Kommission als Verfahrenssprache gegenüber den Anmeldern verwendet.

Erforderliche Angaben und Unterlagen

Art. 4 (1) Die Anmeldungen müssen alle Angaben enthalten und alle Unterlagen umfassen, die in den einschlägigen Formularen der Anhänge I und II verlangt werden. Die Angaben müssen richtig und vollständig sein.

(2) Die Kommission kann die Anmelder auf schriftlichen Antrag hin von der Pflicht zur Übermittlung bestimmter Informationen in der Anmeldung einschließlich bestimmter Unterlagen oder von anderen in den Anhängen I und II festgelegten Anforderungen befreien, wenn sie der Auffassung ist, dass die Erfüllung dieser Pflichten oder Anforderungen für die Prüfung des Falls nicht notwendig ist.

(3) Die Kommission bestätigt den Anmeldern oder ihren Vertretern unverzüglich schriftlich den Eingang der Anmeldung und jeder Antwort auf ein Schreiben der Kommission nach Artikel 5 Absätze 2 und 3.

Wirksamwerden der Anmeldung

Art. 5 (1) Vorbehaltlich der Absätze 2, 3 und 4 werden Anmeldungen am Tag ihres Eingangs bei der Kommission wirksam.

(2) Sind die in der Anmeldung enthaltenen Angaben oder Unterlagen in einem wesentlichen Punkt unvollständig, so teilt die Kommission dies den Anmeldern oder ihren Vertretern umgehend schriftlich mit. In diesem Fall wird die Anmeldung am Tag des Eingangs der vollständigen Informationen bei der Kommission wirksam.

(3) Werden nach der Anmeldung wesentliche Änderungen des beschriebenen Sachverhalts oder neue Informationen bekannt, die den Anmeldern bekannt sind oder bekannt sein müssten und die anmeldepflichtig gewesen wären, wenn sie zum Zeitpunkt der Anmeldung bekannt gewesen wären, so sind diese Änderungen und neuen Informationen der Kommission unverzüglich mitzuteilen. Wenn diese Änderungen oder neuen Informationen erhebliche Auswirkungen auf die Beurteilung des Zusammenschlusses haben könnten, kann die Kommission den Tag des Eingangs der entsprechenden Informationen als den Tag ansehen, an dem die Anmeldung wirksam geworden ist. Die Kommission setzt die Anmelder oder ihre Vertreter hiervon umgehend schriftlich in Kenntnis.

(4) Für die Zwecke dieses Artikels sind unrichtige oder irreführende Angaben unbeschadet des Artikels 14 Absatz 1 der Verordnung (EG) Nr. 139/2004 als unvollständige Angaben anzusehen.

(5) Wenn die Kommission die erfolgte Anmeldung nach Artikel 4 Absatz 3 der Verordnung (EG) Nr. 139/2004 veröffentlicht, gibt sie den Tag des Eingangs der Anmeldung an. Wird die Anmeldung infolge der Anwendung von Absatz 2, 3 oder 4 des vorliegenden Artikels später als zu dem in der Veröffentlichung genannten Zeitpunkt wirksam, so gibt die Kommission diesen späteren Zeitpunkt, zu dem die Anmeldung wirksam wird, in einer weiteren Veröffentlichung bekannt.

Besondere Bestimmungen über begründete Anträge, Ergänzungen und Bestätigungen

Art. 6 (1) Begründete Anträge im Sinne des Artikels 4 Absätze 4 und 5 der Verordnung (EG) Nr. 139/2004 müssen die in Anhang III der vorliegenden Verordnung aufgeführten Angaben und Unterlagen enthalten. Die Angaben müssen richtig und vollständig sein.

(2) Artikel 2, Artikel 3 Absatz 1 Satz 3 und Artikel 3 Absätze 2, 3 und 4, Artikel 4, Artikel 5 Absätze 1 bis 4 sowie Artikel 22 der vorliegenden Verordnung gelten entsprechend für begründete Anträge im Sinne des Artikels 4 Absätze 4 und 5 der Verordnung (EG) Nr. 139/2004.

(3) Artikel 2, Artikel 3 Absatz 1 Satz 3 und Artikel 3 Absätze 2, 3 und 4, Artikel 4, Artikel 5 Absätze 1 bis 4 sowie Artikel 22 der vorliegenden Verordnung gelten entsprechend für Ergänzungen von Anmeldungen und Bestätigungen im Sinne des Artikels 10 Absatz 5 der Verordnung (EG) Nr. 139/2004.

KAPITEL III
FRISTEN

Beginn der Fristen

Art. 7 Fristen beginnen am ersten Arbeitstag im Sinne des Artikels 24 der vorliegenden Verordnung, der auf den Vorgang folgt, auf den sich die einschlägige Bestimmung der Verordnung (EG) Nr. 139/2004 bezieht.

Ende der Fristen

Art. 8 (1) Eine in Arbeitstagen bemessene Frist endet mit Ablauf des letzten Arbeitstages dieser Frist.

(2) Eine von der Kommission auf einen bestimmten Kalendertag festgesetzte Frist endet mit Ablauf dieses Kalendertages.

Fristhemmung

Art. 9 (1) Die in Artikel 9 Absatz 4 und Artikel 10 Absätze 1 und 3 der Verordnung (EG) Nr. 139/2004 genannten Fristen werden bei Beschlüssen, die die Kommission nach Artikel 11 Absatz 3 oder Artikel 13 Absatz 4 der genannten Verordnung zu erlassen hat, gehemmt, wenn

a) eine Auskunft, welche die Kommission nach Artikel 11 Absatz 2 der Verordnung (EG) Nr. 139/2004 von einem der Anmelder oder einem anderen Beteiligten im Sinne des Artikels 11 der vorliegenden Verordnung verlangt hat, innerhalb der von der Kommission festgesetzten Frist nicht oder nicht vollständig erteilt worden ist;

b) eine Auskunft, welche die Kommission nach Artikel 11 Absatz 2 der Verordnung (EG) Nr. 139/2004 von einem Dritten verlangt hat, innerhalb der von der Kommission festgesetzten Frist nicht oder nicht vollständig erteilt worden ist und dies auf Umstände zurückzuführen ist, für die einer der Anmelder oder der anderen Beteiligten im Sinne des Artikels 11 der vorliegenden Verordnung verantwortlich ist;

c) einer der Anmelder oder ein anderer Beteiligter im Sinne des Artikels 11 der vorliegenden Verordnung sich weigert, eine nach Artikel 13 Absatz 1 der Verordnung (EG) Nr. 139/2004

7/6a. DVO zur EG-FusionskontrollVO

von der Kommission als erforderlich angesehene Nachprüfung zu dulden oder bei ihrer Durchführung nach Maßgabe des Artikels 13 Absatz 2 der genannten Verordnung mitzuwirken;

d) die Anmelder es unterlassen haben, die Kommission von Änderungen des in der Anmeldung beschriebenen Sachverhalts oder von neuen Informationen der in Artikel 5 Absatz 3 der vorliegenden Verordnung bezeichneten Art zu unterrichten.

(2) Die in Artikel 9 Absatz 4 und Artikel 10 Absätze 1 und 3 der Verordnung (EG) Nr. 139/2004 genannten Fristen werden gehemmt, wenn die Kommission einen Beschluss nach Artikel 11 Absatz 3 der genannten Verordnung zu erlassen hat, ohne zuvor auf ein einfaches Auskunftsverlangen zurückzugreifen, sofern sie dazu durch Umstände veranlasst wird, für die ein an dem Zusammenschluss beteiligtes Unternehmen verantwortlich ist.

(3) Die in Artikel 9 Absatz 4 und Artikel 10 Absätze 1 und 3 der Verordnung (EG) Nr. 139/2004 genannten Fristen werden während der folgenden Zeiträume gehemmt:

a) in den in Absatz 1 Buchstaben a und b genannten Fällen: zwischen dem Ende der im einfachen Auskunftsverlangen festgesetzten Frist und dem Eingang der vollständigen und richtigen durch Beschluss angeforderten Auskunft oder dem Zeitpunkt, zu dem die Kommission den Anmeldern mitteilt, dass die verlangte Auskunft angesichts der Ergebnisse ihrer laufenden Untersuchung oder der Marktentwicklungen nicht mehr erforderlich ist;

b) in den in Absatz 1 Buchstabe c genannten Fällen: zwischen dem gescheiterten Nachprüfungsversuch und der Beendigung der durch Beschluss angeordneten Nachprüfung oder dem Zeitpunkt, zu dem die Kommission den Anmeldern mitteilt, dass die angeordnete Nachprüfung angesichts der Ergebnisse ihrer laufenden Untersuchung oder der Marktentwicklungen nicht mehr erforderlich ist;

c) in den in Absatz 1 Buchstabe d genannten Fällen: zwischen dem Eintritt der Änderung des beschriebenen Sachverhalts und dem Eingang der vollständigen und richtigen Auskunft;

d) in den in Absatz 2 genannten Fällen: zwischen dem Ende der in dem Beschluss festgesetzten Frist und dem Eingang der vollständigen und richtigen durch Beschluss angeforderten Auskunft oder dem Zeitpunkt, zu dem die Kommission den Anmeldern mitteilt, dass die verlangte Auskunft angesichts der Ergebnisse ihrer laufenden Untersuchung oder der Marktentwicklungen nicht mehr erforderlich ist.

(4) Die Hemmung der Frist beginnt mit dem Arbeitstag, der auf den Tag der Entstehung des Hemmnisses folgt. Sie endet mit dem Ablauf des Tages, an dem das Hemmnis beseitigt wird. Ist dieser Tag kein Arbeitstag, so endet die Hemmung der Frist mit dem Ablauf des folgenden Arbeitstages.

(5) Die Kommission verarbeitet innerhalb einer angemessenen Frist alle Daten, die sie im Rahmen ihrer Untersuchung erhalten hat und die es ihr ermöglichen könnten, zu der Einschätzung zu gelangen, dass die verlangte Auskunft oder angeordnete Nachprüfung im Sinne des Absatzes 3 Buchstaben a, b und d nicht mehr erforderlich ist.

Einhaltung der Fristen

Art. 10 (1) Die in Artikel 4 Absatz 4 Unterabsatz 4, Artikel 9 Absatz 4, Artikel 10 Absätze 1 und 3 sowie Artikel 22 Absatz 3 der Verordnung (EG) Nr. 139/2004 genannten Fristen werden eingehalten, wenn die Kommission den jeweiligen Beschluss vor Fristablauf erlässt.

(2) Die in Artikel 4 Absatz 4 Unterabsatz 2 und Absatz 5 Unterabsatz 3, Artikel 9 Absatz 2, Artikel 22 Absatz 1 Unterabsatz 2 und Absatz 2 Unterabsatz 2 der Verordnung (EG) Nr. 139/2004 genannten Fristen werden von dem betreffenden Mitgliedstaat eingehalten, wenn dieser vor Fristablauf die Kommission schriftlich unterrichtet bzw. den schriftlichen Antrag einreicht oder sich diesem anschließt.

(3) Die in Artikel 9 Absatz 6 der Verordnung (EG) Nr. 139/2004 genannte Frist ist gewahrt, wenn die zuständige Behörde des betreffenden Mitgliedstaats die beteiligten Unternehmen vor Fristablauf nach den in dem genannten Artikel festgelegten Bestimmungen unterrichtet.

KAPITEL IV
WAHRNEHMUNG DES ANSPRUCHS AUF RECHTLICHES GEHÖR UND ANHÖRUNGEN

Anzuhörende

Art. 11 Im Hinblick auf den Anspruch auf rechtliches Gehör nach Artikel 18 der Verordnung (EG) Nr. 139/2004 wird unterschieden zwischen

a) Anmeldern, d. h. den Personen oder Unternehmen, die eine Anmeldung nach Artikel 4 Absatz 2 der Verordnung (EG) Nr. 139/2004 vorlegen;

b) anderen Beteiligten, d. h. den an dem Zusammenschlussvorhaben Beteiligten, die keine Anmelder sind, wie der Verkäufer und das Zielunternehmen des Zusammenschlusses;

c) Dritten, d. h. natürlichen oder juristischen Personen einschließlich Kunden, Lieferanten und Wettbewerbern, sofern diese ein hinreichendes Interesse im Sinne des Artikels 18 Absatz 4 Satz 2 der Verordnung (EG) Nr. 139/2004 darlegen können; ein derartiges Interesse können insbesondere darlegen:

i) die Mitglieder der Aufsichts- oder Leitungsorgane der beteiligten Unternehmen oder die anerkannten Vertreter ihrer Arbeitnehmer,

ii) Verbraucherverbände, wenn das Zusammenschlussvorhaben von Endverbrauchern genutzte Waren oder Dienstleistungen betrifft;

d) den Beteiligten, bezüglich derer die Kommission den Erlass eines Beschlusses nach Artikel 14 oder 15 der Verordnung (EG) Nr. 139/2004 beabsichtigt.

Beschlüsse über den Aufschub des Vollzugs von Zusammenschlüssen

Art. 12 (1) Beabsichtigt die Kommission, einen Beschluss nach Artikel 7 Absatz 3 der Verordnung (EG) Nr. 139/2004 zu erlassen, der einen oder mehrere Beteiligte beschwert, so teilt sie den Anmeldern und anderen Beteiligten ihre Beschwerdepunkte schriftlich mit und setzt ihnen eine Frist zur schriftlichen Stellungnahme.

(2) Hat die Kommission einen Beschluss im Sinne des Absatzes 1 dieses Artikels gemäß Artikel 18 Absatz 2 der Verordnung (EG) Nr. 139/2004 vorläufig erlassen, ohne den Anmeldern und anderen Beteiligten zuvor Gelegenheit zur Stellungnahme gegeben zu haben, so übermittelt sie ihnen unverzüglich den vollen Wortlaut des vorläufigen Beschlusses und setzt ihnen eine Frist zur schriftlichen Stellungnahme.

Im Anschluss an die Stellungnahme der Anmelder und anderen Beteiligten erlässt die Kommission einen abschließenden Beschluss, mit dem sie den vorläufigen Beschluss aufhebt, ändert oder bestätigt. Haben der Anmelder und die anderen Beteiligten sich innerhalb der ihnen gesetzten Frist nicht schriftlich geäußert, so wird der vorläufige Beschluss der Kommission mit dem Ablauf dieser Frist zu einem abschließenden Beschluss.

Beschlüsse in der Hauptsache

Art. 13 (1) Beabsichtigt die Kommission, einen Beschluss nach Artikel 6 Absatz 3 oder Artikel 8 Absätze 2 bis 6 der Verordnung (EG) Nr. 139/2004 zu erlassen, so führt sie vor der Anhörung des Beratenden Ausschusses eine Anhörung der Beteiligten nach Artikel 18 Absätze 1 und 3 der genannten Verordnung durch.

Artikel 12 Absatz 2 der vorliegenden Verordnung gilt entsprechend, wenn die Kommission in Anwendung des Artikels 18 Absatz 2 der Verordnung (EG) Nr. 139/2004 einen vorläufigen Beschluss nach Artikel 8 Absatz 5 der genannten Verordnung erlassen hat.

(2) Die Kommission teilt den Anmeldern die Beschwerdepunkte schriftlich in einer Mitteilung der Beschwerdepunkte mit. Nach Übermittlung der Mitteilung der Beschwerdepunkte kann die Kommission eine oder mehrere ergänzende Mitteilungen der Beschwerdepunkte an die Anmelder richten, wenn sie neue Beschwerdepunkte erheben oder die zuvor erhobenen Beschwerdepunkte wesentlich ändern möchte.

In der Mitteilung der Beschwerdepunkte setzt die Kommission den Anmeldern eine Frist zur schriftlichen Stellungnahme.

Die Kommission unterrichtet andere Beteiligte schriftlich über die Beschwerdepunkte im Sinne des Unterabsatzes 1 und setzt eine Frist, innerhalb derer diese schriftlich Stellung nehmen können.

Die Kommission ist nicht verpflichtet, nach Ablauf der von ihr gesetzten Frist erhaltene Stellungnahmen zu berücksichtigen.

(3) In ihren schriftlichen Stellungnahmen können die Beteiligten, an die die Beschwerdepunkte gerichtet oder die davon in Kenntnis gesetzt wurden, alle relevanten Tatsachen vortragen; zum Nachweis der vorgetragenen Tatsachen fügen sie alle relevanten Unterlagen bei. Sie können der Kommission auch die Anhörung von Personen vorschlagen, die die vorgetragenen Tatsachen bestätigen können. Sie übermitteln der Kommission ihre Stellungnahmen im Einklang mit Artikel 22 und unter Berücksichtigung der von der Kommission im *Amtsblatt der Europäischen Union* veröffentlichten Hinweise. Die Kommission leitet Kopien dieser schriftlichen Stellungnahmen unverzüglich an die zuständigen Behörden der Mitgliedstaaten weiter.

(4) Nach Übermittlung einer Mitteilung der Beschwerdepunkte kann die Kommission ein Sachverhaltsschreiben an die Anmelder richten, in dem sie diese über zusätzliche oder neue Tatsachen oder Beweismittel informiert, die die Kommission zur Untermauerung der bereits erhobenen Beschwerdepunkte verwenden möchte.

In dem Sachverhaltsschreiben setzt die Kommission den Anmeldern eine Frist zur schriftlichen Stellungnahme.

(5) Beabsichtigt die Kommission, einen Beschluss nach Artikel 14 oder Artikel 15 der Verordnung (EG) Nr. 139/2004 zu erlassen, so hört sie nach Artikel 18 Absätze 1 und 3 der genannten Verordnung vor der Anhörung des Beratenden Ausschusses diejenigen Beteiligten an, in Bezug auf die ein Beschluss erlassen werden soll.

Das Verfahren nach Absatz 2 Unterabsätze 1 und 2 sowie den Absätzen 3 und 4 gilt entsprechend.

Mündliche Anhörungen

Art. 14 (1) Vor Erlass eines Beschlusses nach Artikel 6 Absatz 3 oder Artikel 8 Absätze 2 bis 6 der Verordnung (EG) Nr. 139/2004 gibt die Kommission den Anmeldern, die dies in ihrer schriftlichen Stellungnahme beantragt haben, die Gelegenheit, ihre Argumente in einer mündlichen Anhörung vorzutragen. Sie kann ihnen auch in anderen Verfahrensstadien die Gelegenheit geben, mündlich Stellung zu nehmen.

(2) Vor Erlass eines Beschlusses nach Artikel 6 Absatz 3 oder Artikel 8 Absätze 2 bis 6 der Verordnung (EG) Nr. 139/2004 gibt die Kommission auch den anderen Beteiligten, die dies in ihrer schriftlichen Stellungnahme beantragt haben, die Gelegenheit, ihre Argumente in einer mündlichen Anhörung vorzutragen. Sie kann ihnen auch in anderen Verfahrensstadien die Gelegenheit geben, mündlich Stellung zu nehmen.

(3) Vor Erlass eines Beschlusses nach Artikel 14 oder 15 der Verordnung (EG) Nr. 139/2004 gibt die Kommission Beteiligten, gegen die sie Geldbußen oder Zwangsgelder zu verhängen beabsichtigt, die

7/6a. DVO zur EG-FusionskontrollVO
Art. 14 – 17

Gelegenheit, ihre Argumente in einer mündlichen Anhörung vorzutragen, wenn sie dies in ihrer schriftlichen Stellungnahme beantragt haben. Sie kann ihnen auch in anderen Verfahrensstadien die Gelegenheit geben, mündlich Stellung zu nehmen.

Durchführung mündlicher Anhörungen

Art. 15 (1) Der Anhörungsbeauftragte führt mündliche Anhörungen in voller Unabhängigkeit durch.

(2) Die Kommission lädt die anzuhörenden Personen zu einer mündlichen Anhörung an einem von ihr festgesetzten Termin ein.

(3) Die Kommission lädt die zuständigen Behörden der Mitgliedstaaten zur Teilnahme an allen mündlichen Anhörungen ein.

(4) Die geladenen Personen erscheinen persönlich oder werden durch ihre gesetzlichen oder satzungsgemäßen Vertreter vertreten. Unternehmen und Unternehmensvereinigungen können sich auch durch einen ordnungsgemäß bevollmächtigten Vertreter vertreten lassen, bei dem es sich um einen ihrer fest angestellten Mitarbeiter handeln muss.

(5) Die von der Kommission anzuhörenden Personen können ihre Rechtsberater oder andere vom Anhörungsbeauftragten zugelassene qualifizierte und ordnungsgemäß bevollmächtigte Personen hinzuziehen.

(6) Mündliche Anhörungen sind nicht öffentlich. Jede Person kann allein oder in Anwesenheit anderer geladener Personen gehört werden; dabei ist den berechtigten Interessen der Unternehmen am Schutz ihrer Geschäftsgeheimnisse und anderer vertraulicher Informationen Rechnung zu tragen.

(7) Der Anhörungsbeauftragte kann allen Anzuhörenden im Sinne des Artikels 11, den Dienststellen der Kommission und den zuständigen Behörden der Mitgliedstaaten gestatten, während der mündlichen Anhörung Fragen zu stellen.

(8) Der Anhörungsbeauftragte kann eine vorbereitende Sitzung mit den Anzuhörenden und den Dienststellen der Kommission abhalten, um den reibungslosen Ablauf der mündlichen Anhörung zu erleichtern.

(9) Die Aussagen jeder angehörten Person werden aufgezeichnet. Die Aufzeichnung der Anhörung wird den Personen, die an der Anhörung teilgenommen haben, auf Antrag zur Verfügung gestellt. Dabei ist den berechtigten Interessen der Unternehmen am Schutz ihrer Geschäftsgeheimnisse und anderer vertraulicher Informationen Rechnung zu tragen.

Anhörung Dritter

Art. 16 (1) Beantragen Dritte ihre Anhörung, so unterrichtet die Kommission sie schriftlich über Art und Gegenstand des Verfahrens und setzt ihnen eine Frist zur Stellungnahme.

(2) Ist eine Mitteilung der Beschwerdepunkte oder eine ergänzende Mitteilung der Beschwerdepunkte ergangen, so kann die Kommission Dritten eine nichtvertrauliche Fassung dieser Mitteilungen übermitteln oder sie auf andere geeignete Weise über Art und Gegenstand des Verfahrens unterrichten. Zu diesem Zweck machen die Anmelder innerhalb von fünf Arbeitstagen nach Eingang der Mitteilung der Beschwerdepunkte bzw. der ergänzenden Mitteilung der Beschwerdepunkte alle darin enthaltenen Informationen kenntlich, die sie nach Artikel 18 Absatz 3 Unterabsätze 2 und 3 als vertraulich betrachten. Die Kommission übermittelt Dritten nach der Verordnung (EG) Nr. 139/2004 eine nichtvertrauliche Fassung der Beschwerdepunkte nur für die Zwecke des einschlägigen Verfahrens. Die Dritten müssen der Nutzungsbeschränkung vor Erhalt der nichtvertraulichen Fassung der Beschwerdepunkte zustimmen.

Ist keine Mitteilung der Beschwerdepunkte ergangen, so ist die Kommission nicht verpflichtet, Dritten im Sinne des Absatzes 1 Informationen zu übermitteln, die über Art und Gegenstand des Verfahrens hinausgehen.

(3) Die Dritten im Sinne des Absatzes 1 legen ihre schriftlichen Stellungnahmen innerhalb der festgesetzten Frist vor. Die Kommission kann diesen Dritten, sofern sie es in ihrer schriftlichen Stellungnahme beantragt haben, gegebenenfalls Gelegenheit zur Teilnahme an einer Anhörung geben. Sie kann diesen Dritten auch in anderen Fällen die Gelegenheit geben, mündlich Stellung zu nehmen.

(4) Die Kommission kann jede andere natürliche oder juristische Person auffordern, ihre Argumente schriftlich und mündlich, auch in einer mündlichen Anhörung, vorzutragen.

KAPITEL V
AKTENEINSICHT UND UMGANG MIT VERTRAULICHEN INFORMATIONEN

Akteneinsicht und Verwendung von Unterlagen

Art. 17 (1) Die Kommission gewährt den Beteiligten, an die sie eine Mitteilung der Beschwerdepunkte gerichtet hat, auf Antrag Einsicht in die Verfahrensakte, um ihre Verteidigungsrechte zu gewährleisten. Die Akteneinsicht wird gewährt, nachdem die Kommission den Anmeldern die Mitteilung der Beschwerdepunkte bekannt gegeben hat.

(2) Die Kommission gewährt auch den anderen Beteiligten, denen die Beschwerdepunkte mitgeteilt wurden, auf Antrag Einsicht in die Verfahrensakte, soweit dies zur Vorbereitung ihrer Stellungnahme erforderlich ist.

(3) Von der Akteneinsicht ausgenommen sind

a) vertrauliche Informationen,
b) interne Unterlagen der Kommission,
c) interne Unterlagen der zuständigen Behörden der Mitgliedstaaten,
d) Schriftverkehr zwischen der Kommission und den zuständigen Behörden der Mitgliedstaaten,

e) Schriftverkehr zwischen den zuständigen Behörden der Mitgliedstaaten untereinander sowie
f) Schriftverkehr zwischen der Kommission und anderen Wettbewerbsbehörden.

(4) Die durch Akteneinsicht nach diesem Artikel erhaltenen Unterlagen dürfen nur für die Zwecke des Verfahrens nach der Verordnung (EG) Nr. 139/2004 verwendet werden.

Umgang mit vertraulichen Informationen

Art. 18 (1) Informationen – einschließlich Unterlagen – werden von der Kommission nicht weitergegeben oder zugänglich gemacht, soweit
a) sie Geschäftsgeheimnisse oder sonstige vertrauliche Informationen enthalten und
b) ihre Preisgabe für die Zwecke des Verfahrens von der Kommission nicht für erforderlich gehalten wird.

(2) Personen, Unternehmen oder Unternehmensvereinigungen, die nach den Artikeln 12, 13 bzw. 16 der vorliegenden Verordnung Stellung nehmen oder nach Artikel 11 der Verordnung (EG) Nr. 139/2004 Auskünfte erteilen oder der Kommission zu einem späteren Zeitpunkt im Zuge desselben Verfahrens weitere Informationen übermitteln, müssen die Informationen, die sie als vertraulich erachten, unter Angabe der Gründe klar kennzeichnen und innerhalb der von der Kommission festgesetzten Frist eine gesonderte nichtvertrauliche Fassung vorlegen.

(3) Unbeschadet des Absatzes 2 kann die Kommission von den in Artikel 3 der Verordnung (EG) Nr. 139/2004 genannten Personen, Unternehmen und Unternehmensvereinigungen, die nach der Verordnung (EG) Nr. 139/2004 Unterlagen oder Erklärungen vorlegen oder vorgelegt haben, verlangen, dass sie die Unterlagen bzw. die Teile davon, die ihrer Ansicht nach Geschäftsgeheimnisse oder andere sie betreffende vertrauliche Informationen enthalten, kenntlich machen und die Unternehmen nennen, denen gegenüber diese Unterlagen als vertraulich anzusehen sind.

Die Kommission kann von den in Artikel 3 der Verordnung (EG) Nr. 139/2004 genannten Personen, Unternehmen und Unternehmensvereinigungen zudem verlangen, dass sie alle Teile einer Mitteilung der Beschwerdepunkte, einer Zusammenfassung der Sache oder eines von der Kommission erlassenen Beschlusses kennzeichnen, die ihrer Auffassung nach Geschäftsgeheimnisse enthalten.

Werden bestimmte Informationen als Geschäftsgeheimnis oder als vertraulich gekennzeichnet, so begründen die betreffenden Personen, Unternehmen oder Unternehmensvereinigungen diese Kennzeichnung und übermitteln der Kommission innerhalb der von dieser festgesetzten Frist eine gesonderte nichtvertrauliche Fassung.

(4) Kommen Personen, Unternehmen oder Unternehmensvereinigungen den Absätzen 2 und 3 nicht nach, so kann die Kommission davon ausgehen, dass die betreffenden Unterlagen bzw. Erklärungen keine vertraulichen Informationen enthalten.

KAPITEL VI
VERPFLICHTUNGSZUSAGEN DER BETEILIGTEN UNTERNEHMEN

Frist für die Vorlage von Verpflichtungszusagen

Art. 19 (1) Verpflichtungszusagen der beteiligten Unternehmen nach Artikel 6 Absatz 2 der Verordnung (EG) Nr. 139/2004 sind der Kommission binnen 20 Arbeitstagen ab dem Tag des Eingangs der Anmeldung vorzulegen.

(2) Verpflichtungszusagen der beteiligten Unternehmen nach Artikel 8 Absatz 2 der Verordnung (EG) Nr. 139/2004 sind der Kommission binnen 65 Arbeitstagen ab dem Tag der Einleitung des Verfahrens vorzulegen.

Wenn die beteiligten Unternehmen zunächst innerhalb von weniger als 55 Arbeitstagen ab dem Tag der Einleitung des Verfahrens Verpflichtungszusagen übermitteln, dann aber 55 oder mehr Arbeitstage nach diesem Tag eine geänderte Fassung der Verpflichtungszusagen vorlegen, gelten die geänderten Verpflichtungszusagen für die Zwecke des Artikels 10 Absatz 3 Satz 2 der Verordnung (EG) Nr. 139/2004 als neue Verpflichtungszusagen.

Wird die Frist für den Erlass eines Beschlusses nach Artikel 8 Absätze 1 bis 3 gemäß Artikel 10 Absatz 3 Unterabsatz 2 der Verordnung (EG) Nr. 139/2004 verlängert, so verlängert sich die Frist von 65 Arbeitstagen für die Vorlage von Verpflichtungszusagen automatisch um die gleiche Anzahl von Arbeitstagen.

Unter außergewöhnlichen Umständen kann die Kommission Verpflichtungszusagen auch nach Ablauf der in diesem Artikel festgelegten Vorlagefrist akzeptieren. Bei der Entscheidung darüber, ob die Kommission unter solchen Umständen die Verpflichtungszusagen akzeptiert, berücksichtigt sie insbesondere, dass die Anforderungen des Artikels 19 Absatz 5 der Verordnung (EG) Nr. 139/2004 erfüllt werden müssen.

(3) Die Artikel 7, 8 und 9 gelten entsprechend.

Verfahren für die Vorlage von Verpflichtungszusagen

Art. 20 (1) Verpflichtungszusagen der beteiligten Unternehmen nach Artikel 6 Absatz 2 oder Artikel 8 Absatz 2 der Verordnung (EG) Nr. 139/2004 sind der Kommission im Einklang mit Artikel 22 und unter Berücksichtigung der von der Kommission im *Amtsblatt der Europäischen Union* veröffentlichten Hinweise vorzulegen. Die Kommission leitet diese Verpflichtungszusagen unverzüglich an die zuständigen Behörden der Mitgliedstaaten weiter.

(2) Zusätzlich zu den in Absatz 1 festgelegten Anforderungen müssen die beteiligten Unternehmen gleichzeitig mit Verpflichtungszusagen nach Artikel 6 Absatz 2 bzw. Artikel 8 Absatz 2 der Verordnung (EG) Nr. 139/2004 die im Formular

RM (siehe Anhang IV dieser Verordnung) verlangten Angaben im Einklang mit Artikel 22 und unter Berücksichtigung der von der Kommission im *Amtsblatt der Europäischen Union* veröffentlichten Hinweise übermitteln. Die Angaben müssen richtig und vollständig sein.

Artikel 4 gilt entsprechend für das zusammen mit den Verpflichtungszusagen nach Artikel 6 Absatz 2 oder Artikel 8 Absatz 2 der Verordnung (EG) Nr. 139/2004 übermittelte Formular RM.

(3) Wenn die beteiligten Unternehmen Verpflichtungen nach Artikel 6 Absatz 2 oder Artikel 8 Absatz 2 der Verordnung (EG) Nr. 139/2004 anbieten, machen sie gleichzeitig Informationen, die sie für vertraulich halten, unter Angabe der Gründe eindeutig kenntlich und legen eine gesonderte nichtvertrauliche Fassung vor.

(4) Verpflichtungszusagen nach Artikel 6 Absatz 2 oder Artikel 8 Absatz 2 der Verordnung (EG) Nr. 139/2004 sind von den Anmeldern sowie von allen anderen Beteiligten, denen daraus Pflichten entstehen, zu unterzeichnen.

(5) Nach Erlass eines Beschlusses nach Artikel 6 Absatz 2 oder Artikel 8 Absatz 2 der Verordnung (EG) Nr. 139/2004 wird auf der Website der Generaldirektion Wettbewerb der Kommission unverzüglich eine nichtvertrauliche Fassung der Verpflichtungen veröffentlicht. Zu diesem Zweck übermittelt die Anmelder der Kommission innerhalb von fünf Arbeitstagen nach Erlass des Beschlusses nach Artikel 6 Absatz 2 oder Artikel 8 Absatz 2 der Verordnung (EG) Nr. 139/2004 eine nichtvertrauliche Fassung der Verpflichtungen.

Treuhänder

Art. 21 (1) Die Verpflichtungszusagen der beteiligten Unternehmen nach Artikel 6 Absatz 2 oder Artikel 8 Absatz 2 der Verordnung (EG) Nr. 139/2004 können die Bestellung eines oder mehrerer unabhängiger Treuhänder auf Kosten der beteiligten Unternehmen umfassen; die Treuhänder unterstützen die Kommission dabei, die Einhaltung der Verpflichtungen durch die Beteiligten zu überwachen, oder setzen die Verpflichtungen um. Die Treuhänder können von der Kommission oder nach Genehmigung durch die Kommission von den Beteiligten bestellt werden. Die Treuhänder erfüllen ihre Aufgaben unter der Aufsicht der Kommission.

(2) Die Kommission kann ihren Beschluss nach Artikel 6 Absatz 2 oder Artikel 8 Absatz 2 der Verordnung (EG) Nr. 139/2004 an Bedingungen oder Auflagen in Bezug auf die Treuhänder nach Absatz 1 knüpfen.

KAPITEL VII
SONSTIGE BESTIMMUNGEN

Übermittlung und Unterzeichnung von Unterlagen

Art. 22 (1) Die Übermittlung von Unterlagen an die und von der Kommission erfolgt auf elektronischem Wege, es sei denn, die Kommission stimmt ausnahmsweise dem Rückgriff auf eine andere, in den Absätzen 6 und 7 genannte Übermittlungsart zu.

(2) Wenn eine Unterschrift erforderlich ist, müssen auf elektronischem Wege übermittelte Unterlagen mindestens eine qualifizierte elektronische Signatur (QES) tragen, die den Anforderungen der Verordnung (EU) Nr. 910/2014 (Verordnung (EU) Nr. 910/2014 des Europäischen Parlaments und des Rates vom 23. Juli 2014 über elektronische Identifizierung und Vertrauensdienste für elektronische Transaktionen im Binnenmarkt und zur Aufhebung der Richtlinie 1999/93/EG (ABl. L 257 vom 28.8.2014, S. 73)) („eIDAS- Verordnung") in der jeweils aktuellen Fassung entspricht.

(3) Detaillierte technische Spezifikationen zu den Übermittlungsarten und Unterzeichnungsmöglichkeiten werden im *Amtsblatt der Europäischen Union* und auf der Website der Generaldirektion Wettbewerb der Kommission veröffentlicht.

(4) Mit Ausnahme der in den Anhängen I, II und III enthaltenen Formulare gelten alle der Kommission an einem Arbeitstag elektronisch übermittelten Unterlagen als an dem Tag eingegangen, an dem sie abgeschickt wurden, sofern aus dem Zeitstempel einer automatischen Empfangsbestätigung hervorgeht, dass sie an diesem Tag eingegangen sind. In den Anhängen I, II oder III enthaltene Formulare, die der Kommission an einem Arbeitstag elektronisch übermittelt werden, gelten als an dem Tag eingegangen, an dem sie abgeschickt wurden, sofern aus dem Zeitstempel einer automatischen Empfangsbestätigung hervorgeht, dass sie an diesem Tag vor oder während der auf der Website der GD Wettbewerb angegebenen Öffnungszeiten eingegangen sind. In den Anhängen I, II oder III enthaltene Formulare, die der Kommission an einem Arbeitstag nach den auf der Website der GD Wettbewerb angegebenen Öffnungszeiten elektronisch übermittelt werden, gelten als am folgenden Arbeitstag eingegangen. Alle Unterlagen, die der Kommission außerhalb eines Arbeitstages elektronisch übermittelt werden, gelten als am folgenden Arbeitstag eingegangen.

(5) Unterlagen, die der Kommission elektronisch übermittelt werden, gelten als nicht eingegangen, wenn die Unterlagen oder Teile davon

a) unbrauchbar (beschädigt) sind,
b) Viren, Schadsoftware oder andere Bedrohungen enthalten oder
c) elektronische Signaturen enthalten, deren Gültigkeit von der Kommission nicht überprüft werden kann.

In diesen Fällen unterrichtet die Kommission den Absender unverzüglich.

(6) Unterlagen, die der Kommission per Einschreiben übermittelt werden, gelten als an dem Tag eingegangen, an dem sie an der im *Amtsblatt der Europäischen Union* veröffentlichten Anschrift eingegangen sind. Diese Anschrift wird auf der Website der Generaldirektion Wettbewerb der Kommission angegeben.

(7) Unterlagen, die eigenhändig bei der Kommission abgegeben werden, gelten als an dem Tag eingegangen, an dem sie an der im *Amtsblatt der Europäischen Union* veröffentlichten Anschrift eingegangen sind, sofern von der Kommission eine Empfangsbestätigung dafür ausgestellt wird. Diese Anschrift wird auch auf der Website der Generaldirektion Wettbewerb der Kommission angegeben.

Festsetzung von Fristen

Art. 23 (1) Bei der Festsetzung der in Artikel 12 Absätze 1 und 2, Artikel 13 Absatz 2 und Artikel 16 Absatz 1 genannten Fristen trägt die Kommission der Dringlichkeit des Falls sowie dem für die Ausarbeitung der Stellungnahmen erforderlichen Zeitaufwand der Anmelder, anderen Beteiligten oder Dritten Rechnung. Die Kommission berücksichtigt auch die gesetzlichen Feiertage in dem Land, in dem die Anmelder, anderen Beteiligten oder Dritten ansässig sind.

(2) Die Fristen sind auf einen bestimmten Kalendertag festzusetzen.

Arbeitstage

Art. 24 „Arbeitstage" im Sinne der Verordnung (EG) Nr. 139/2004 und der vorliegenden Verordnung sind alle Tage mit Ausnahme der Samstage, der Sonntage und der Feiertage der Kommission, welche vor Beginn jeden Jahres im *Amtsblatt der Europäischen Union* bekannt gegeben werden.

Aufhebung und Übergangsbestimmungen

Art. 25 (1) Die Verordnung (EG) Nr. 802/2004 wird unbeschadet des Absatzes 2 mit Wirkung vom 1. September 2023 aufgehoben.

Bezugnahmen auf die aufgehobene Verordnung gelten als Bezugnahmen auf die vorliegende Verordnung.

(2) Die Verordnung (EG) Nr. 802/2004 gilt weiterhin für Zusammenschlüsse, die unter die Verordnung (EG) Nr. 139/2004 fallen und spätestens am 31. August 2023 angemeldet wurden.

Inkrafttreten

Art. 26 Diese Verordnung tritt am 1. September 2023 in Kraft.

(Vom Abdruck der Anhänge wurde abgesehen)

8. Kollisionsrecht und Internationales Verfahrensrecht

Inhaltsverzeichnis

8/1.	VO Rom I	Seite	1161
8/2.	VO Rom II	Seite	1169
8/3.	VO über Insolvenzverfahren	Seite	1171
8/4.	VO Brüssel I	Seite	1173
8/5.	Lugano-Übereinkommen	Seite	1176
8/6.	Rahmenbeschluss über die gegenseitige Anerkennung von Geldstrafenentscheidungen	Seite	1179

8/1. VO Rom I
Präambel

8/1. Verordnung Rom I (Auszug)

Verordnung (EG) Nr. 593/2008 des Europäischen Parlaments und des Rates über das auf vertragliche Schuldverhältnisse anzuwendende Recht vom 17. Juni 2008

(ABl. Nr. L 177 v. 4.7.2008, S. 6; berichtigt durch ABl. Nr. L 309 v. 24.11.2009, S. 87)
(Auszug mit nicht allen Erwägungsgründen)

GLIEDERUNG

KAPITEL I: Anwendungsbereich
Art. 1
Art. 2: Universelle Anwendung

KAPITEL II: Einheitliche Kollisionsnormen
Art. 3: Freie Rechtswahl
Art. 4: Mangels Rechtswahl anzuwendendes Recht
Art. 5: Beförderungsverträge
Art. 6: Verbraucherverträge
Art. 7: Versicherungsverträge
Art. 8: Individualarbeitsverträge
Art. 9: Eingriffsnormen
Art. 10: Einigung und materielle Wirksamkeit
Art. 11: Form
Art. 12: Geltungsbereich des anzuwendenden Rechts
Art. 13: Rechts-, Geschäfts- und Handlungsunfähigkeit
Art. 14: Übertragung der Forderung
Art. 15: Gesetzlicher Forderungsübergang
Art. 16: Mehrfache Haftung

Art. 17: Aufrechnung
Art. 18: Beweis

KAPITEL III: Sonstige Vorschriften
Art. 19: Gewöhnlicher Aufenthalt
Art. 20: Ausschluss der Rück- und Weiterverweisung
Art. 21: Öffentliche Ordnung im Staat des angerufenen Gerichts
Art. 22: Staaten ohne einheitliche Rechtsordnung
Art. 23: Verhältnis zu anderen Gemeinschaftsrechtsakten
Art. 24: Beziehung zum Übereinkommen von Rom
Art. 25: Verhältnis zu bestehenden internationalen Übereinkommen
Art. 26: Verzeichnis der Übereinkommen
Art. 27: Überprüfungsklausel
Art. 28: Zeitliche Anwendbarkeit

KAPITEL IV: Schlussbestimmungen
Art. 29: Inkrafttreten und Anwendbarkeit

DAS EUROPÄISCHE PARLAMENT UND DER RAT DER EUROPÄISCHEN UNION –
gestützt auf den Vertrag zur Gründung der Europäischen Gemeinschaft, insbesondere auf Artikel 61 Buchstabe c und Artikel 67 Absatz 5, zweiter Gedankenstrich
...
(6) Um den Ausgang von Rechtsstreitigkeiten vorhersehbarer zu machen und die Sicherheit in Bezug auf das anzuwendende Recht sowie den freien Verkehr gerichtlicher Entscheidungen zu fördern, müssen die in den Mitgliedstaaten geltenden Kollisionsnormen im Interesse eines reibungslos funktionierenden Binnenmarkts unabhängig von dem Staat, in dem sich das Gericht befindet, bei dem der Anspruch geltend gemacht wird, dasselbe Recht bestimmen.
...
(11) Die freie Rechtswahl der Parteien sollte einer der Ecksteine des Systems der Kollisionsnormen im Bereich der vertraglichen Schuldverhältnisse sein.

(34) Die Kollisionsnorm für Individualarbeitsverträge sollte die Anwendung von Eingriffsnormen des Staates, in den der Arbeitnehmer im Einklang mit der Richtlinie 96/71/EG des Europäischen Parlaments und des Rates vom 16. Dezember 1996 über die Entsendung von Arbeitnehmern im Rahmen der Erbringung von Dienstleistungen entsandt wird, unberührt lassen.

(35) Den Arbeitnehmern sollte nicht der Schutz entzogen werden, der ihnen durch Bestimmungen gewährt wird, von denen nicht oder nur zu ihrem Vorteil durch Vereinbarung abgewichen werden darf.

(36) Bezogen auf Individualarbeitsverträge sollte die Erbringung der Arbeitsleistung in einem anderen Staat als vorübergehend gelten, wenn von dem Arbeitnehmer erwartet wird, dass er nach seinem Arbeitseinsatz im Ausland seine Arbeit im Herkunftsstaat wieder aufnimmt. Der Abschluss eines neuen Arbeitsvertrags mit dem ursprünglichen Arbeitgeber oder einem Arbeitgeber, der zur selben Unternehmensgruppe gehört wie der ursprüngliche

Arbeitgeber, sollte nicht ausschließen, dass der Arbeitnehmer als seine Arbeit vorübergehend in einem anderen Staat verrichtend gilt.

...

HABEN FOLGENDE VERORDNUNG ERLASSEN:

KAPITEL I
Anwendungsbereich

Art. 1 (1) Diese Verordnung gilt für vertragliche Schuldverhältnisse in Zivil- und Handelssachen, die eine Verbindung zum Recht verschiedener Staaten aufweisen.

Sie gilt insbesondere nicht für Steuer- und Zollsachen sowie verwaltungsrechtliche Angelegenheiten.

(2) Vom Anwendungsbereich dieser Verordnung ausgenommen sind:

a) der Personenstand sowie die Rechts-, Geschäfts- und Handlungsfähigkeit von natürlichen Personen, unbeschadet des Artikels 13;

b) Schuldverhältnisse aus einem Familienverhältnis oder aus Verhältnissen, die nach dem auf diese Verhältnisse anzuwendenden Recht vergleichbare Wirkungen entfalten, einschließlich der Unterhaltspflichten;

c) Schuldverhältnisse aus ehelichen Güterständen, aus Güterständen aufgrund von Verhältnissen, die nach dem auf diese Verhältnisse anzuwendenden Recht mit der Ehe vergleichbare Wirkungen entfalten, und aus Testamenten und Erbrecht;

d) Verpflichtungen aus Wechseln, Schecks, Eigenwechseln und anderen handelbaren Wertpapieren, soweit die Verpflichtungen aus diesen anderen Wertpapieren aus deren Handelbarkeit entstehen;

e) Schieds- und Gerichtsstandsvereinbarungen;

f) Fragen betreffend das Gesellschaftsrecht, das Vereinsrecht und das Recht der juristischen Personen, wie die Errichtung durch Eintragung oder auf andere Weise, die Rechts- und Handlungsfähigkeit, die innere Verfassung und die Auflösung von Gesellschaften, Vereinen und juristischen Personen sowie die persönliche Haftung der Gesellschafter und der Organe für die Verbindlichkeiten einer Gesellschaft, eines Vereins oder einer juristischen Person;

g) die Frage, ob ein Vertreter die Person, für deren Rechnung er zu handeln vorgibt, Dritten gegenüber verpflichten kann, oder ob ein Organ einer Gesellschaft, eines Vereins oder einer anderen juristischen Person diese Gesellschaft, diesen Verein oder diese juristische Person gegenüber Dritten verpflichten kann;

h) die Gründung von „Trusts" sowie die dadurch geschaffenen Rechtsbeziehungen zwischen den Verfügenden, den Treuhändern und den Begünstigten;

i) Schuldverhältnisse aus Verhandlungen vor Abschluss eines Vertrags;

j) Versicherungsverträge aus von anderen Einrichtungen als den in Artikel 2 der Richtlinie 2002/83/EG des Europäischen Parlaments und des Rates vom 5. November 2002 über Lebensversicherungen (1) genannten Unternehmen durchgeführten Geschäften, deren Zweck darin besteht, den unselbstständig oder selbstständig tätigen Arbeitskräften eines Unternehmens oder einer Unternehmensgruppe oder den Angehörigen eines Berufes oder einer Berufsgruppe im Todes- oder Erlebensfall oder bei Arbeitseinstellung oder bei Minderung der Erwerbstätigkeit oder bei arbeitsbedingter Krankheit oder Arbeitsunfällen Leistungen zu gewähren.

(3) Diese Verordnung gilt unbeschadet des Artikels 18 nicht für den Beweis und das Verfahren.

(4) Im Sinne dieser Verordnung bezeichnet der Begriff „*Mitgliedstaat*" die Mitgliedstaaten, auf die diese Verordnung anwendbar ist. In Artikel 3 Absatz 4 und Artikel 7 bezeichnet der Begriff jedoch alle Mitgliedstaaten.

Universelle Anwendung

Art. 2 Das nach dieser Verordnung bezeichnete Recht ist auch dann anzuwenden, wenn es nicht das Recht eines Mitgliedstaats ist.

KAPITEL II
Einheitliche Kollisionsnormen

Freie Rechtswahl

Art. 3 (1) Der Vertrag unterliegt dem von den Parteien gewählten Recht. Die Rechtswahl muss ausdrücklich erfolgen oder sich eindeutig aus den Bestimmungen des Vertrags oder aus den Umständen des Falles ergeben. Die Parteien können die Rechtswahl für ihren ganzen Vertrag oder nur für einen Teil desselben treffen.

(2) Die Parteien können jederzeit vereinbaren, dass der Vertrag nach einem anderen Recht zu beurteilen ist als dem, das zuvor entweder aufgrund einer früheren Rechtswahl nach diesem Artikel oder aufgrund anderer Vorschriften dieser Verordnung für ihn maßgebend war. Die Formgültigkeit des Vertrags im Sinne des Artikels 11 und Rechte Dritter werden durch eine nach Vertragsschluss erfolgende Änderung der Bestimmung des anzuwendenden Rechts nicht berührt.

(3) Sind alle anderen Elemente des Sachverhalts zum Zeitpunkt der Rechtswahl in einem anderen als demjenigen Staat belegen, dessen Recht gewählt wurde, so berührt die Rechtswahl der Parteien nicht die Anwendung derjenigen Bestimmungen des Rechts dieses anderen Staates, von denen nicht durch Vereinbarung abgewichen werden kann.

(4) Sind alle anderen Elemente des Sachverhalts zum Zeitpunkt der Rechtswahl in einem oder mehreren Mitgliedstaaten belegen, so berührt die Wahl des Rechts eines Drittstaats durch die Parteien nicht die Anwendung der Bestimmungen

des Gemeinschaftsrechts – gegebenenfalls in der von dem Mitgliedstaat des angerufenen Gerichts umgesetzten Form –, von denen nicht durch Vereinbarung abgewichen werden kann.

(5) Auf das Zustandekommen und die Wirksamkeit der Einigung der Parteien über das anzuwendende Recht finden die Artikel 10, 11 und 13 Anwendung.

Mangels Rechtswahl anzuwendendes Recht

Art. 4 (1) Soweit die Parteien keine Rechtswahl gemäß Artikel 3 getroffen haben, bestimmt sich das auf den Vertrag anzuwendende Recht unbeschadet der Artikel 5 bis 8 wie folgt:

a) Kaufverträge über bewegliche Sachen unterliegen dem Recht des Staates, in dem der Verkäufer seinen gewöhnlichen Aufenthalt hat.
b) Dienstleistungsverträge unterliegen dem Recht des Staates, in dem der Dienstleister seinen gewöhnlichen Aufenthalt hat.
c) Verträge, die ein dingliches Recht an unbeweglichen Sachen sowie die Miete oder Pacht unbeweglicher Sachen zum Gegenstand haben, unterliegen dem Recht des Staates, in dem die unbewegliche Sache belegen ist.
d) Ungeachtet des Buchstabens c unterliegt die Miete oder Pacht unbeweglicher Sachen für höchstens sechs aufeinander folgende Monate zum vorübergehenden privaten Gebrauch dem Recht des Staates, in dem der Vermieter oder Verpächter seinen gewöhnlichen Aufenthalt hat, sofern der Mieter oder Pächter eine natürliche Person ist und seinen gewöhnlichen Aufenthalt in demselben Staat hat.
e) Franchiseverträge unterliegen dem Recht des Staates, in dem der Franchisenehmer seinen gewöhnlichen Aufenthalt hat.
f) Vertriebsverträge unterliegen dem Recht des Staates, in dem der Vertriebshändler seinen gewöhnlichen Aufenthalt hat.
g) Verträge über den Kauf beweglicher Sachen durch Versteigerung unterliegen dem Recht des Staates, in dem die Versteigerung abgehalten wird, sofern der Ort der Versteigerung bestimmt werden kann.
h) Verträge, die innerhalb eines multilateralen Systems geschlossen werden, das die Interessen einer Vielzahl Dritter am Kauf und Verkauf von Finanzinstrumenten im Sinne von Artikel 4 Absatz 1 Nummer 17 der Richtlinie 2004/39/EG nach nicht diskretionären Regeln und nach Maßgabe eines einzigen Rechts zusammenführt oder das Zusammenführen fördert, unterliegen diesem Recht.

(2) Fällt der Vertrag nicht unter Absatz 1 oder sind die Bestandteile des Vertrags durch mehr als einen der Buchstaben a bis h des Absatzes 1 abgedeckt, so unterliegt der Vertrag dem Recht des Staates, in dem die Partei, welche die für den Vertrag charakteristische Leistung zu erbringen hat, ihren gewöhnlichen Aufenthalt hat.

(3) Ergibt sich aus der Gesamtheit der Umstände, dass der Vertrag eine offensichtlich engere Verbindung zu einem anderen als dem nach Absatz 1 oder 2 bestimmten Staat aufweist, so ist das Recht dieses anderen Staates anzuwenden.

(4) Kann das anzuwendende Recht nicht nach Absatz 1 oder 2 bestimmt werden, so unterliegt der Vertrag dem Recht des Staates, zu dem er die engste Verbindung aufweist.

Beförderungsverträge

Art. 5 (1) Soweit die Parteien in Bezug auf einen Vertrag über die Beförderung von Gütern keine Rechtswahl nach Artikel 3 getroffen haben, ist das Recht des Staates anzuwenden, in dem der Beförderer seinen gewöhnlichen Aufenthalt hat, sofern sich in diesem Staat auch der Übernahmeort oder der Ablieferungsort oder der gewöhnliche Aufenthalt des Absenders befindet. Sind diese Voraussetzungen nicht erfüllt, so ist das Recht des Staates des von den Parteien vereinbarten Ablieferungsorts anzuwenden.

(2) Soweit die Parteien in Bezug auf einen Vertrag über die Beförderung von Personen keine Rechtswahl nach Unterabsatz 2 getroffen haben, ist das anzuwendende Recht das Recht des Staates, in dem die zu befördernde Person ihren gewöhnlichen Aufenthalt hat, sofern sich in diesem Staat auch der Abgangsort oder der Bestimmungsort befindet. Sind diese Voraussetzungen nicht erfüllt, so ist das Recht des Staates anzuwenden, in dem der Beförderer seinen gewöhnlichen Aufenthalt hat.

Als auf einen Vertrag über die Beförderung von Personen anzuwendendes Recht können die Parteien im Einklang mit Artikel 3 nur das Recht des Staates wählen,

a) in dem die zu befördernde Person ihren gewöhnlichen Aufenthalt hat oder
b) in dem der Beförderer seinen gewöhnlichen Aufenthalt hat oder
c) in dem der Beförderer seine Hauptverwaltung hat oder
d) in dem sich der Abgangsort befindet oder
e) in dem sich der Bestimmungsort befindet.

(3) Ergibt sich aus der Gesamtheit der Umstände, dass der Vertrag im Falle fehlender Rechtswahl eine offensichtlich engere Verbindung zu einem anderen als dem nach Absatz 1 oder 2 bestimmten Staat aufweist, so ist das Recht dieses anderen Staates anzuwenden.

Verbraucherverträge

Art. 6 (1) Unbeschadet der Artikel 5 und 7 unterliegt ein Vertrag, den eine natürliche Person zu einem Zweck, der nicht ihrer beruflichen oder gewerblichen Tätigkeit zugerechnet werden kann („Verbraucher"), mit einer anderen Person geschlossen hat, die in Ausübung ihrer beruflichen oder gewerblichen Tätigkeit handelt („Unternehmer"), dem Recht des Staates, in dem der Verbraucher seinen gewöhnlichen Aufenthalt hat, sofern der Unternehmer

a) seine berufliche oder gewerbliche Tätigkeit in dem Staat ausübt, in dem der Verbraucher seinen gewöhnlichen Aufenthalt hat, oder
b) eine solche Tätigkeit auf irgend einer Weise auf diesen Staat oder auf mehrere Staaten, einschließlich dieses Staates, ausrichtet

und der Vertrag in den Bereich dieser Tätigkeit fällt.

(2) Ungeachtet des Absatzes 1 können die Parteien das auf einen Vertrag, der die Anforderungen des Absatzes 1 erfüllt, anzuwendende Recht nach Artikel 3 wählen. Die Rechtswahl darf jedoch nicht dazu führen, dass dem Verbraucher der Schutz entzogen wird, der ihm durch diejenigen Bestimmungen gewährt wird, von denen nach dem Recht, das nach Absatz 1 mangels einer Rechtswahl anzuwenden wäre, nicht durch Vereinbarung abgewichen werden darf.

(3) Sind die Anforderungen des Absatzes 1 Buchstabe a oder b nicht erfüllt, so gelten für die Bestimmung des auf einen Vertrag zwischen einem Verbraucher und einem Unternehmer anzuwendenden Rechts die Artikel 3 und 4.

(4) Die Absätze 1 und 2 gelten nicht für:
a) Verträge über die Erbringung von Dienstleistungen, wenn die dem Verbraucher geschuldeten Dienstleistungen ausschließlich in einem anderen als dem Staat erbracht werden müssen, in dem der Verbraucher seinen gewöhnlichen Aufenthalt hat;
b) Beförderungsverträge mit Ausnahme von Pauschalreiseverträgen im Sinne der Richtlinie 90/314/EWG des Rates vom 13. Juni 1990 über Pauschalreisen (¹);
c) Verträge, die ein dingliches Recht an unbeweglichen Sachen oder die Miete oder Pacht unbeweglicher Sachen zum Gegenstand haben, mit Ausnahme der Verträge über Teilzeitnutzungsrechte an Immobilien im Sinne der Richtlinie 94/47/EG;
d) Rechte und Pflichten im Zusammenhang mit einem Finanzinstrument sowie Rechte und Pflichten, durch die die Bedingungen für die Ausgabe des öffentliche Angebot und öffentliche Übernahmeangebote bezüglich übertragbarer Wertpapiere und die Zeichnung oder den Rückkauf von Anteilen an Organismen für gemeinsame Anlagen in Wertpapieren festgelegt werden, sofern es sich dabei nicht um die Erbringung von Finanzdienstleistungen handelt;
e) Verträge, die innerhalb der Art von Systemen geschlossen werden, auf die Artikel 4 Absatz 1 Buchstabe h Anwendung findet.

Versicherungsverträge

Art. 7 (1) Dieser Artikel gilt für Verträge nach Absatz 2, unabhängig davon, ob das gedeckte Risiko in einem Mitgliedstaat belegen ist, und für alle anderen Versicherungsverträge, durch die Risiken gedeckt werden, die im Gebiet der Mitgliedstaaten belegen sind. Er gilt nicht für Rückversicherungsverträge.

(2) Versicherungsverträge, die Großrisiken im Sinne von Artikel 5 Buchstabe d der Ersten Richtlinie 73/239/EWG des Rates vom 24. Juli 1973 zur Koordinierung der Rechts- und Verwaltungsvorschriften betreffend die Aufnahme und Ausübung der Tätigkeit der Direktversicherung (mit Ausnahme der Lebensversicherung) (¹) decken, unterliegen dem von den Parteien nach Artikel 3 der vorliegenden Verordnung gewählten Recht.

Soweit die Parteien keine Rechtswahl getroffen haben, unterliegt der Versicherungsvertrag dem Recht des Staats, in dem der Versicherer seinen gewöhnlichen Aufenthalt hat. Ergibt sich aus der Gesamtheit der Umstände, dass der Vertrag eine offensichtlich engere Verbindung zu einem anderen Staat aufweist, ist das Recht dieses anderen Staates anzuwenden.

(3) Für Versicherungsverträge, die nicht unter Absatz 2 fallen, dürfen die Parteien nur die folgenden Rechte im Einklang mit Artikel 3 wählen:
a) das Recht eines jeden Mitgliedstaats, in dem zum Zeitpunkt des Vertragsschlusses das Risiko belegen ist;
b) das Recht des Staates, in dem der Versicherungsnehmer seinen gewöhnlichen Aufenthalt hat;
c) bei Lebensversicherungen das Recht des Mitgliedstaats, dessen Staatsangehörigkeit der Versicherungsnehmer besitzt;
d) für Versicherungsverträge, bei denen sich die gedeckten Risiken auf Schadensfälle beschränken, die in einem anderen Mitgliedstaat als dem Mitgliedstaat, in dem das Risiko belegen ist, eintreten können, das Recht jenes Mitgliedstaats;
e) wenn der Versicherungsnehmer eines Vertrags im Sinne dieses Absatzes eine gewerbliche oder industrielle Tätigkeit ausübt oder freiberuflich tätig ist und der Versicherungsvertrag zwei oder mehr Risiken abdeckt, die mit dieser Tätigkeit in Zusammenhang stehen und in unterschiedlichen Mitgliedstaaten belegen sind, das Recht eines betroffenen Mitgliedstaats oder das Recht des Staates des gewöhnlichen Aufenthalts des Versicherungsnehmers.

Räumen in den Fällen nach den Buchstaben a, b oder e die betreffenden Mitgliedstaaten eine größere Wahlfreiheit bezüglich des auf den Versicherungsvertrag anwendbaren Rechts ein, so können die Parteien hiervon Gebrauch machen.

Soweit die Parteien keine Rechtswahl gemäß diesem Absatz getroffen haben unterliegt der Vertrag dem Recht des Mitgliedstaats, in dem zum Zeitpunkt des Vertragsschlusses das Risiko belegen ist.

(4) Die folgenden zusätzlichen Regelungen gelten für Versicherungsverträge über Risiken, für die ein Mitgliedstaat eine Versicherungspflicht vorschreibt:
a) Der Versicherungsvertrag genügt der Versicherungspflicht nur, wenn er den von dem

die Versicherungspflicht auferlegenden Mitgliedstaat vorgeschriebenen besonderen Bestimmungen für diese Versicherung entspricht. Widerspricht sich das Recht des Mitgliedstaats, in dem das Risiko belegen ist, und dasjenige des Mitgliedstaats, der die Versicherungspflicht vorschreibt, so hat das letztere Vorrang.

b) Ein Mitgliedstaat kann abweichend von den Absätzen 2 und 3 vorschreiben, dass auf den Versicherungsvertrag das Recht des Mitgliedstaats anzuwenden ist, der die Versicherungspflicht vorschreibt.

(5) Deckt der Vertrag in mehr als einem Mitgliedstaat belegene Risiken, so ist für die Zwecke von Absatz 3 Unterabsatz 3 und Absatz 4 der Vertrag als aus mehreren Verträgen bestehend anzusehen, von denen sich jeder auf jeweils nur einen Mitgliedstaat bezieht.

(6) Für die Zwecke dieses Artikels bestimmt sich der Staat, in dem das Risiko belegen ist, nach Artikel 2 Buchstabe d der Zweiten Richtlinie 88/357/ EWG des Rates vom 22. Juni 1988 zur Koordinierung der Rechts- und Verwaltungsvorschriften für die Direktversicherung (mit Ausnahme der Lebensversicherung) und zur Erleichterung der tatsächlichen Ausübung des freien Dienstleistungsverkehrs (1), und bei Lebensversicherungen ist der Staat, in dem das Risiko belegen ist, der Staat der Verpflichtung im Sinne von Artikel 1 Absatz 1 Buchstabe g der Richtlinie 2002/83/EG.

Individualarbeitsverträge

Art. 8 (1) Individualarbeitsverträge unterliegen dem von den Parteien nach Artikel 3 gewählten Recht. Die Rechtswahl der Parteien darf jedoch nicht dazu führen, dass dem Arbeitnehmer der Schutz entzogen wird, der ihm durch Bestimmungen gewährt wird, von denen nach dem Recht, das nach den Absätzen 2, 3 und 4 des vorliegenden Artikels mangels einer Rechtswahl anzuwenden wäre, nicht durch Vereinbarung abgewichen werden darf.

(2) Soweit das auf den Arbeitsvertrag anzuwendende Recht nicht durch Rechtswahl bestimmt ist, unterliegt der Arbeitsvertrag dem Recht des Staates, in dem oder andernfalls von dem aus der Arbeitnehmer in Erfüllung des Vertrags gewöhnlich seine Arbeit verrichtet. Der Staat, in dem die Arbeit gewöhnlich verrichtet wird, wechselt nicht, wenn der Arbeitnehmer seine Arbeit vorübergehend in einem anderen Staat verrichtet.

(3) Kann das anzuwendende Recht nicht nach Absatz 2 bestimmt werden, so unterliegt der Vertrag dem Recht des Staates, in dem sich die Niederlassung befindet, die den Arbeitnehmer eingestellt hat.

(4) Ergibt sich aus der Gesamtheit der Umstände, dass der Vertrag eine engere Verbindung zu einem anderen als dem in Absatz 2 oder 3 bezeichneten Staat aufweist, ist das Recht dieses anderen Staates anzuwenden.

Eingriffsnormen

Art. 9 (1) Eine Eingriffsnorm ist eine zwingende Vorschrift, deren Einhaltung von einem Staat als so entscheidend für die Wahrung seines öffentlichen Interesses, insbesondere seiner politischen, sozialen oder wirtschaftlichen Organisation, angesehen wird, dass sie ungeachtet des nach Maßgabe dieser Verordnung auf den Vertrag anzuwendenden Rechts auf alle Sachverhalte anzuwenden ist, die in ihren Anwendungsbereich fallen.

(2) Diese Verordnung berührt nicht die Anwendung der Eingriffsnormen des Rechts des angerufenen Gerichts.

(3) Den Eingriffsnormen des Staates, in dem die durch den Vertrag begründeten Verpflichtungen erfüllt werden sollen oder erfüllt worden sind, kann Wirkung verliehen werden, soweit diese Eingriffsnormen die Erfüllung des Vertrags unrechtmäßig werden lassen. Bei der Entscheidung, ob diesen Eingriffsnormen Wirkung zu verleihen ist, werden Art und Zweck dieser Normen sowie die Folgen berücksichtigt, die sich aus ihrer Anwendung oder Nichtanwendung ergeben würden.

Einigung und materielle Wirksamkeit

Art. 10 (1) Das Zustandekommen und die Wirksamkeit des Vertrags oder einer seiner Bestimmungen beurteilen sich nach dem Recht, das nach dieser Verordnung anzuwenden wäre, wenn der Vertrag oder die Bestimmung wirksam wäre.

(2) Ergibt sich jedoch aus den Umständen, dass es nicht gerechtfertigt wäre, die Wirkung des Verhaltens einer Partei nach dem in Absatz 1 bezeichneten Recht zu bestimmen, so kann sich diese Partei für die Behauptung, sie habe dem Vertrag nicht zugestimmt, auf das Recht des Staates ihres gewöhnlichen Aufenthalts berufen.

Form

Art. 11 (1) Ein Vertrag, der zwischen Personen geschlossen wird, die oder deren Vertreter sich zum Zeitpunkt des Vertragsschlusses in demselben Staat befinden, ist formgültig, wenn er die Formerfordernisse des auf ihn nach dieser Verordnung anzuwendenden materiellen Rechts oder die Formerfordernisse des Rechts des Staates, in dem er geschlossen wird, erfüllt.

(2) Ein Vertrag, der zwischen Personen geschlossen wird, die oder deren Vertreter sich zum Zeitpunkt des Vertragsschlusses in verschiedenen Staaten befinden, ist formgültig, wenn er die Formerfordernisse des auf ihn nach dieser Verordnung anzuwendenden materiellen Rechts oder die Formerfordernisse des Rechts eines der Staaten, in denen sich eine der Vertragsparteien oder ihr Vertreter zum Zeitpunkt des Vertragsschlusses befindet, oder die Formerfordernisse des Rechts des Staates, in dem eine der Vertragsparteien zu diesem Zeitpunkt ihren gewöhnlichen Aufenthalt hatte, erfüllt.

(3) Ein einseitiges Rechtsgeschäft, das sich auf einen geschlossenen oder zu schließenden Vertrag bezieht, ist formgültig, wenn es die Formerfordernisse des materiellen Rechts, das nach dieser

Verordnung auf den Vertrag anzuwenden ist oder anzuwenden wäre, oder die Formerfordernisse des Rechts des Staates erfüllt, in dem dieses Rechtsgeschäft vorgenommen worden ist oder in dem die Person, die das Rechtsgeschäft vorgenommen hat, zu diesem Zeitpunkt ihren gewöhnlichen Aufenthalt hatte.

(4) Die Absätze 1, 2 und 3 des vorliegenden Artikels gelten nicht für Verträge, die in den Anwendungsbereich von Artikel 6 fallen. Für die Form dieser Verträge ist das Recht des Staates maßgebend, in dem der Verbraucher seinen gewöhnlichen Aufenthalt hat.

(5) Abweichend von den Absätzen 1 bis 4 unterliegen Verträge, die ein dingliches Recht an einer unbeweglichen Sache oder die Miete oder Pacht einer unbeweglichen Sache zum Gegenstand haben, den Formvorschriften des Staates, in dem die unbewegliche Sache belegen ist, sofern diese Vorschriften nach dem Recht dieses Staates

a) unabhängig davon gelten, in welchem Staat der Vertrag geschlossen wird oder welchem Recht dieser Vertrag unterliegt, und
b) von ihnen nicht durch Vereinbarung abgewichen werden darf.

Geltungsbereich des anzuwendenden Rechts

Art. 12 (1) Das nach dieser Verordnung auf einen Vertrag anzuwendende Recht ist insbesondere maßgebend für
a) seine Auslegung,
b) die Erfüllung der durch ihn begründeten Verpflichtungen,
c) die Folgen der vollständigen oder teilweisen Nichterfüllung dieser Verpflichtungen, in den Grenzen der dem angerufenen Gericht durch sein Prozessrecht eingeräumten Befugnisse, einschließlich der Schadensbemessung, soweit diese nach Rechtsnormen erfolgt,
d) die verschiedenen Arten des Erlöschens der Verpflichtungen sowie die Verjährung und die Rechtsverluste, die sich aus dem Ablauf einer Frist ergeben,
e) die Folgen der Nichtigkeit des Vertrags.

(2) In Bezug auf die Art und Weise der Erfüllung und die vom Gläubiger im Falle mangelhafter Erfüllung zu treffenden Maßnahmen ist das Recht des Staates, in dem die Erfüllung erfolgt, zu berücksichtigen.

Rechts-, Geschäfts- und Handlungsunfähigkeit

Art. 13 Bei einem zwischen Personen, die sich in demselben Staat befinden, geschlossenen Vertrag kann sich eine natürliche Person, die nach dem Recht dieses Staates rechts-, geschäfts- und handlungsfähig wäre, nur dann auf ihre sich nach dem Recht eines anderen Staates ergebende Rechts-, Geschäfts- und Handlungsunfähigkeit berufen, wenn die andere Vertragspartei bei Vertragsschluss diese Rechts-, Geschäfts- und Handlungsunfähigkeit kannte oder infolge von Fahrlässigkeit nicht kannte.

Übertragung der Forderung

Art. 14 (1) Das Verhältnis zwischen Zedent und Zessionar aus der Übertragung einer Forderung gegen eine andere Person („Schuldner") unterliegt dem Recht, das nach dieser Verordnung auf den Vertrag zwischen Zedent und Zessionar anzuwenden ist.

(2) Das Recht, dem die übertragene Forderung unterliegt, bestimmt ihre Übertragbarkeit, das Verhältnis zwischen Zessionar und Schuldner, die Voraussetzungen, unter denen die Übertragung dem Schuldner entgegengehalten werden kann, und die befreiende Wirkung einer Leistung durch den Schuldner.

(3) Der Begriff „Übertragung" in diesem Artikel umfasst die vollkommene Übertragung von Forderungen, die Übertragung von Forderungen zu Sicherungszwecken sowie von Pfandrechten oder anderen Sicherungsrechten an Forderungen.

Gesetzlicher Forderungsübergang

Art. 15 Hat eine Person („Gläubiger") eine vertragliche Forderung gegen eine andere Person („Schuldner") und ist ein Dritter verpflichtet, den Gläubiger zu befriedigen, oder hat er den Gläubiger aufgrund dieser Verpflichtung befriedigt, so bestimmt das für die Verpflichtung des Dritten gegenüber dem Gläubiger maßgebende Recht, ob und in welchem Umfang der Dritte die Forderung des Gläubigers gegen den Schuldner nach dem für deren Beziehung maßgebenden Recht geltend zu machen berechtigt ist.

Mehrfache Haftung

Art. 16 Hat ein Gläubiger eine Forderung gegen mehrere für dieselbe Forderung haftende Schuldner und ist er von einem der Schuldner ganz oder teilweise befriedigt worden, so ist für das Recht dieses Schuldners, von den übrigen Schuldnern Ausgleich zu verlangen, das Recht maßgebend, das auf die Verpflichtung dieses Schuldners gegenüber dem Gläubiger anzuwenden ist. Die übrigen Schuldner sind berechtigt, diesem Schuldner diejenigen Verteidigungsmittel entgegenzuhalten, die ihnen gegenüber dem Gläubiger zugestanden haben, soweit dies gemäß dem auf ihre Verpflichtung gegenüber dem Gläubiger anzuwendenden Recht zulässig wäre.

Aufrechnung

Art. 17 Ist das Recht zur Aufrechnung nicht vertraglich vereinbart, so gilt für die Aufrechnung das Recht, dem die Forderung unterliegt, gegen die aufgerechnet wird.

Beweis

Art. 18 (1) Das nach dieser Verordnung für das vertragliche Schuldverhältnis maßgebende Recht ist insoweit anzuwenden, als es für vertragliche Schuldverhältnisse gesetzliche Vermutungen aufstellt oder die Beweislast verteilt.

(2) Zum Beweis eines Rechtsgeschäfts sind alle Beweisarten des Rechts des angerufenen Gerichts

oder eines der in Artikel 11 bezeichneten Rechte, nach denen das Rechtsgeschäft formgültig ist, zulässig, sofern der Beweis in dieser Art vor dem angerufenen Gericht erbracht werden kann.

KAPITEL III
Sonstige Vorschriften

Gewöhnlicher Aufenthalt

Art. 19 (1) Für die Zwecke dieser Verordnung ist der Ort des gewöhnlichen Aufenthalts von Gesellschaften, Vereinen und juristischen Personen der Ort ihrer Hauptverwaltung.

Der gewöhnliche Aufenthalt einer natürlichen Person, die im Rahmen der Ausübung ihrer beruflichen Tätigkeit handelt, ist der Ort ihrer Hauptniederlassung.

(2) Wird der Vertrag im Rahmen des Betriebs einer Zweigniederlassung, Agentur oder sonstigen Niederlassung geschlossen oder ist für die Erfüllung gemäß dem Vertrag eine solche Zweigniederlassung, Agentur oder sonstigen Niederlassung verantwortlich, so steht der Ort des gewöhnlichen Aufenthalts dem Ort gleich, an dem sich die Zweigniederlassung, Agentur oder sonstige Niederlassung befindet.

(3) Für die Bestimmung des gewöhnlichen Aufenthalts ist der Zeitpunkt des Vertragsschlusses maßgebend.

Ausschluss der Rück- und Weiterverweisung

Art. 20 Unter dem nach dieser Verordnung anzuwendenden Recht eines Staates sind die in diesem Staat geltenden Rechtsnormen unter Ausschluss derjenigen des Internationalen Privatrechts zu verstehen, soweit in dieser Verordnung nichts anderes bestimmt ist.

Öffentliche Ordnung im Staat des angerufenen Gerichts

Art. 21 Die Anwendung einer Vorschrift des nach dieser Verordnung bezeichneten Rechts kann nur versagt werden, wenn ihre Anwendung mit der öffentlichen Ordnung („ordre public") des Staates des angerufenen Gerichts offensichtlich unvereinbar ist.

Staaten ohne einheitliche Rechtsordnung

Art. 22 (1) Umfasst ein Staat mehrere Gebietseinheiten, von denen jede eigene Rechtsnormen für vertragliche Schuldverhältnisse hat, so gilt für die Bestimmung des nach dieser Verordnung anzuwendenden Rechts jede Gebietseinheit als Staat.

(2) Ein Mitgliedstaat, in dem verschiedene Gebietseinheiten ihre eigenen Rechtsnormen für vertragliche Schuldverhältnisse haben, ist nicht verpflichtet, diese Verordnung auf Kollisionen zwischen den Rechtsordnungen dieser Gebietseinheiten anzuwenden.

Verhältnis zu anderen Gemeinschaftsrechtsakten

Art. 23 Mit Ausnahme von Artikel 7 berührt diese Verordnung nicht die Anwendung von Vorschriften des Gemeinschaftsrechts, die in besonderen Bereichen Kollisionsnormen für vertragliche Schuldverhältnisse enthalten.

Beziehung zum Übereinkommen von Rom

Art. 24 (1) Diese Verordnung tritt in den Mitgliedstaaten an die Stelle des Übereinkommens von Rom, außer hinsichtlich der Hoheitsgebiete der Mitgliedstaaten, die in den territorialen Anwendungsbereich dieses Übereinkommens fallen und für die aufgrund der Anwendung von Artikel 299 des Vertrags diese Verordnung nicht gilt.

(2) Soweit diese Verordnung die Bestimmungen des Übereinkommens von Rom ersetzt, gelten Bezugnahmen auf dieses Übereinkommen als Bezugnahmen auf diese Verordnung.

Verhältnis zu bestehenden internationalen Übereinkommen

Art. 25 (1) Diese Verordnung berührt nicht die Anwendung der internationalen Übereinkommen, denen ein oder mehrere Mitgliedstaaten zum Zeitpunkt der Annahme dieser Verordnung angehören und die Kollisionsnormen für vertragliche Schuldverhältnisse enthalten.

(2) Diese Verordnung hat jedoch in den Beziehungen zwischen den Mitgliedstaaten Vorrang vor den ausschließlich zwischen zwei oder mehreren Mitgliedstaaten geschlossenen Übereinkommen, soweit diese Bereiche betreffen, die in dieser Verordnung geregelt sind.

Verzeichnis der Übereinkommen

Art. 26 (1) Die Mitgliedstaaten übermitteln der Kommission bis spätestens 17. Juni 2009 die Übereinkommen nach Artikel 25 Absatz 1. Kündigen die Mitgliedstaaten nach diesem Stichtag eines dieser Übereinkommen, so setzen sie die Kommission davon in Kenntnis.

(2) Die Kommission veröffentlicht im *Amtsblatt der Europäischen Union* innerhalb von sechs Monaten nach Erhalt der in Absatz 1 genannten Übermittlung

a) ein Verzeichnis der in Absatz 1 genannten Übereinkommen;
b) die in Absatz 1 genannten Kündigungen.

Überprüfungsklausel

Art. 27 (1) Die Kommission legt dem Europäischen Parlament, dem Rat und dem Europäischen Wirtschafts- und Sozialausschuss bis spätestens 17. Juni 2013 einen Bericht über die Anwendung dieser Verordnung vor. Diesem Bericht werden gegebenenfalls Vorschläge zur Änderung der Verordnung beigefügt. Der Bericht umfasst:

a) eine Untersuchung über das auf Versicherungsverträge anzuwendende Recht und eine

Abschätzung der Folgen etwaiger einzuführender Bestimmungen und

b) eine Bewertung der Anwendung von Artikel 6, insbesondere hinsichtlich der Kohärenz des Gemeinschaftsrechts im Bereich des Verbraucherschutzes.

(2) Die Kommission legt dem Europäischen Parlament, dem Rat und dem Europäischen Wirtschafts- und Sozialausschuss bis 17. Juni 2010 einen Bericht über die Frage vor, ob die Übertragung einer Forderung Dritten entgegengehalten werden kann, und über den Rang dieser Forderung gegenüber einem Recht einer anderen Person. Dem Bericht wird gegebenenfalls ein Vorschlag zur Änderung dieser Verordnung sowie eine Folgenabschätzung der einzuführenden Bestimmungen beigefügt.

Zeitliche Anwendbarkeit

Art. 28 Diese Verordnung wird auf Verträge angewandt, die ab dem 17. Dezember 2009 geschlossen werden.

(Art. 28 berichtigt durch ABl. Nr. L 309 v. 24. 11. 2009, S. 87)

KAPITEL IV
Schlussbestimmungen

Inkrafttreten und Anwendbarkeit

Art. 29 Diese Verordnung tritt am zwanzigsten Tag nach ihrer Veröffentlichung im *Amtsblatt der Europäischen Union* in Kraft.

Sie gilt ab 17. Dezember 2009, mit Ausnahme des Artikels 26, der ab dem 17. Juni 2009 gilt.

Diese Verordnung ist in allen ihren Teilen verbindlich und gilt gemäß dem Vertrag zur Gründung der Europäischen Gemeinschaft unmittelbar in den Mitgliedstaaten.

8/2. Verordnung Rom II (Auszug)

Verordnung (EG) Nr. 864/2007 des Europäischen Parlaments und des Rates über das auf außervertragliche Schuldverhältnisse anzuwendende Recht vom 11. Juli 2007
(ABl. Nr. L 199 v. 31.7.2007, S. 40; berichtigt durch ABl. Nr. L 310 v. 9.11.2012, S. 52)

DAS EUROPÄISCHE PARLAMENT UND DER RAT DER EUROPÄISCHEN UNION –
gestützt auf den Vertrag zur Gründung der Europäischen Gemeinschaft, insbesondere auf Artikel 61 Buchstabe c und Artikel 67,
...
(27) Die exakte Definition des Begriffs „Arbeitskampfmaßnahmen", beispielsweise Streikaktionen oder Aussperrung, ist von Mitgliedstaat zu Mitgliedstaat verschieden und unterliegt den innerstaatlichen Vorschriften der einzelnen Mitgliedstaaten. Daher wird in dieser Verordnung grundsätzlich davon ausgegangen, dass das Recht des Staates anzuwenden ist, in dem die Arbeitskampfmaßnahmen ergriffen wurden, mit dem Ziel, die Rechte und Pflichten der Arbeitnehmer und der Arbeitgeber zu schützen.

(28) Die Sonderbestimmung für Arbeitskampfmaßnahmen nach Artikel 9 lässt die Bedingungen für die Durchführung solcher Maßnahmen nach nationalem Recht und die im Recht der Mitgliedstaaten vorgesehene Rechtsstellung der Gewerkschaften oder der repräsentativen Arbeitnehmerorganisationen unberührt.
...
HABEN FOLGENDE VERORDNUNG ERLASSEN:

KAPITEL I
Anwendungsbereich

Anwendungsbereich

Art. 1 (1) Diese Verordnung gilt für außervertragliche Schuldverhältnisse in Zivil- und Handelssachen, die eine Verbindung zum Recht verschiedener Staaten aufweisen.

KAPITEL II
Unerlaubte Handlungen

Allgemeine Kollisionsnorm

Art. 4 (1) Soweit in dieser Verordnung nichts anderes vorgesehen ist, ist auf ein außervertragliches Schuldverhältnis aus unerlaubter Handlung das Recht des Staates anzuwenden, in dem der Schaden eintritt, unabhängig davon, in welchem Staat das schadensbegründende Ereignis oder indirekte Schadensfolgen eingetreten sind.

(2) Haben jedoch die Person, deren Haftung geltend gemacht wird, und die Person, die geschädigt wurde, zum Zeitpunkt des Schadenseintritts ihren gewöhnlichen Aufenthalt in demselben Staat, so unterliegt die unerlaubte Handlung dem Recht dieses Staates.

(3) Ergibt sich aus der Gesamtheit der Umstände, dass die unerlaubte Handlung eine offensichtlich engere Verbindung mit einem anderen als dem in den Absätzen 1 oder 2 bezeichneten Staat aufweist, so ist das Recht dieses anderen Staates anzuwenden.
Eine offensichtlich engere Verbindung mit einem anderen Staat könnte sich insbesondere aus einem bereits bestehenden Rechtsverhältnis zwischen den Parteien – wie einem Vertrag – ergeben, das mit der betreffenden unerlaubten Handlung in enger Verbindung steht.

Arbeitskampfmaßnahmen

Art. 9 Unbeschadet des Artikels 4 Absatz 2 ist auf außervertragliche Schuldverhältnisse in Bezug auf die Haftung einer Person in ihrer Eigenschaft als Arbeitnehmer oder Arbeitgeber oder der Organisationen, die deren berufliche Interessen vertreten, für Schäden, die aus bevorstehenden oder durchgeführten Arbeitskampfmaßnahmen entstanden sind, das Recht des Staates anzuwenden, in dem die Arbeitskampfmaßnahme erfolgen soll oder erfolgt ist.

KAPITEL IV
Freie Rechtswahl

Freie Rechtswahl

Art. 14 (1) Die Parteien können das Recht wählen, dem das außervertragliche Schuldverhältnis unterliegen soll:
a) durch eine Vereinbarung nach Eintritt des schadensbegründenden Ereignisses; oder
b) wenn alle Parteien einer kommerziellen Tätigkeit nachgehen, auch durch eine vor Eintritt des schadensbegründenden Ereignisses frei ausgehandelte Vereinbarung.

Die Rechtswahl muss ausdrücklich erfolgen oder sich mit hinreichender Sicherheit aus den Umständen des Falles ergeben und lässt Rechte Dritter unberührt.

(2) Sind alle Elemente des Sachverhalts zum Zeitpunkt des Eintritts des schadensbegründenden Ereignisses in einem anderen als demjenigen Staat belegen, dessen Recht gewählt wurde, so berührt die Rechtswahl der Parteien nicht die Anwendung derjenigen Bestimmungen des Rechts dieses anderen Staates, von denen nicht durch Vereinbarung abgewichen werden kann.

(3) Sind alle Elemente des Sachverhalts zum Zeitpunkt des Eintritts des schadensbegründenden Ereignisses in einem oder mehreren Mitgliedstaaten belegen, so berührt die Wahl des Rechts eines Drittstaats durch die Parteien nicht die Anwen-

dung – gegebenenfalls in der von dem Mitgliedstaat des angerufenen Gerichts umgesetzten Form – der Bestimmungen des Gemeinschaftsrechts, von denen nicht durch Vereinbarung abgewichen werden kann.

KAPITEL V
Gemeinsame Vorschriften

Eingriffsnormen

Art. 16 Diese Verordnung berührt nicht die Anwendung der nach dem Recht des Staates des angerufenen Gerichts geltenden Vorschriften, die ohne Rücksicht auf das für das außervertragliche Schuldverhältnis maßgebende Recht den Sachverhalt zwingend regeln.

8/3. Verordnung über Insolvenzverfahren (Auszug)

Verordnung (EU) Nr. 2015/848 des Europäischen Parlaments und des Rates über Insolvenzverfahren (Neufassung) vom 20. Mai 2015

(ABl. Nr. L 141 v. 5.6.2015, S. 19; berichtigt durch ABl. Nr. L 349 v. 21.12.2016, S. 6; geändert durch die VO (EU) 2017/353, ABl. Nr. L 57 v. 3.3.2017, S. 19; geändert durch die VO (EU) 2018/946, ABl. Nr. L 171 v. 6.7.2018, S. 1)

DAS EUROPÄISCHE PARLAMENT UND DER RAT DER EUROPÄISCHEN UNION –

gestützt auf den Vertrag über die Arbeitsweise der Europäischen Union, insbesondere auf Artikel 81,

...

(3) Für ein reibungsloses Funktionieren des Binnenmarktes sind effiziente und wirksame grenzüberschreitende Insolvenzverfahren erforderlich. Die Annahme dieser Verordnung ist zur Verwirklichung dieses Ziels erforderlich, das in den Bereich der justiziellen Zusammenarbeit in Zivilsachen im Sinne des Artikels 81 des Vertrags fällt.

...

(22) Diese Verordnung erkennt die Tatsache an, dass aufgrund der großen Unterschiede im materiellen Recht ein einziges Insolvenzverfahren mit universaler Geltung für die Union nicht realisierbar ist. Die ausnahmslose Anwendung des Rechts des Staates der Verfahrenseröffnung würde vor diesem Hintergrund häufig zu Schwierigkeiten führen. Dies gilt etwa für die in den Mitgliedstaaten sehr unterschiedlich ausgeprägten nationalen Regelungen zu den Sicherungsrechten. Aber auch die Vorrechte einzelner Gläubiger im Insolvenzverfahren sind teilweise vollkommen anders ausgestaltet. Bei der nächsten Überprüfung dieser Verordnung wird es erforderlich sein, weitere Maßnahmen zu ermitteln, um die Vorrechte der Arbeitnehmer auf europäischer Ebene zu verbessern. Diese Verordnung sollte solchen unterschiedlichen nationalen Rechten auf zweierlei Weise Rechnung tragen. Zum einen sollten Sonderanknüpfungen für besonders bedeutsame Rechte und Rechtsverhältnisse vorgesehen werden (z.B. dingliche Rechte und Arbeitsverträge). Zum anderen sollten neben einem Hauptinsolvenzverfahren mit universaler Geltung auch innerstaatliche Verfahren zugelassen werden, die lediglich das im Eröffnungsstaat befindliche Vermögen erfassen.

...

(63) Jeder Gläubiger, der seinen gewöhnlichen Aufenthalt, Wohnsitz oder Sitz in der Union hat, sollte das Recht haben, seine Forderungen in jedem in der Union anhängigen Insolvenzverfahren über das Vermögen des Schuldners anzumelden. Dies sollte auch für Steuerbehörden und Sozialversicherungsträger gelten. Diese Verordnung sollte den Verwalter nicht daran hindern, Forderungen im Namen bestimmter Gläubigergruppen – z.B. der Arbeitnehmer – anzumelden, sofern dies im nationalen Recht vorgesehen ist. Im Interesse der Gläubigergleichbehandlung sollte jedoch die Verteilung des Erlöses koordiniert werden. Jeder Gläubiger sollte zwar behalten dürfen, was er im Rahmen eines Insolvenzverfahrens erhalten hat, sollte aber an der Verteilung der Masse in einem anderen Verfahren erst dann teilnehmen können, wenn die Gläubiger gleichen Rangs die gleiche Quote auf ihre Forderungen erlangt haben.

...

(72) Zum Schutz der Arbeitnehmer und der Arbeitsverhältnisse sollten die Wirkungen der Insolvenzverfahren auf die Fortsetzung oder Beendigung von Arbeitsverhältnissen sowie auf die Rechte und Pflichten aller an einem solchen Arbeitsverhältnis beteiligten Parteien durch das gemäß allgemeinen Kollisionsnormen für das jeweilige Arbeitsvertrag maßgebliche Recht bestimmt werden. Zudem sollte in Fällen, in denen zur Beendigung von Arbeitsverträgen die Zustimmung eines Gerichts oder einer Verwaltungsbehörde erforderlich ist, die Zuständigkeit zur Erteilung dieser Zustimmung bei dem Mitgliedstaat verbleiben, in dem sich eine Niederlassung des Schuldners befindet, selbst wenn in diesem Mitgliedstaat kein Insolvenzverfahren eröffnet wurde. Für sonstige insolvenzrechtliche Fragen, wie etwa, ob die Forderungen der Arbeitnehmer durch ein Vorrecht geschützt sind und welchen Rang dieses Vorrecht gegebenenfalls erhalten soll, sollte das Recht des Mitgliedstaats maßgeblich sein, in dem das Insolvenzverfahren (Haupt- oder Sekundärverfahren) eröffnet wurde, es sei denn, im Einklang mit dieser Verordnung wurde eine Zusicherung gegeben, um ein Sekundärinsolvenzverfahren zu vermeiden.

...

HABEN FOLGENDE VERORDNUNG ERLASSEN:

KAPITEL I
Allgemeine Bestimmungen

Anwendungsbereich

Art. 1 (1) Diese Verordnung gilt für öffentliche Gesamtverfahren einschließlich vorläufiger Verfahren, die auf der Grundlage gesetzlicher Regelungen zur Insolvenz stattfinden und in denen zu Zwecken der Rettung, Schuldenanpassung, Reorganisation oder Liquidation

a) dem Schuldner die Verfügungsgewalt über sein Vermögen ganz oder teilweise entzogen und ein Verwalter bestellt wird,

b) das Vermögen und die Geschäfte des Schuldners der Kontrolle oder Aufsicht durch ein Gericht unterstellt werden oder

8/3. VO Insolvenzverfahren
Art. 1, 3, 13

c) die vorübergehende Aussetzung von Einzelvollstreckungsverfahren von einem Gericht oder kraft Gesetzes gewährt wird, um Verhandlungen zwischen dem Schuldner und seinen Gläubigern zu ermöglichen, sofern das Verfahren, in dem die Aussetzung gewährt wird, geeignete Maßnahmen zum Schutz der Gesamtheit der Gläubiger vorsieht und in dem Fall, dass keine Einigung erzielt wird, einem der in den Buchstaben a oder b genannten Verfahren vorgeschaltet ist.

Kann ein in diesem Absatz genanntes Verfahren in Situationen eingeleitet werden, in denen lediglich die Wahrscheinlichkeit einer Insolvenz besteht, ist der Zweck des Verfahrens die Vermeidung der Insolvenz des Schuldners oder der Einstellung seiner Geschäftstätigkeit.

Die Verfahren, auf die in diesem Absatz Bezug genommen wird, sind in Anhang A aufgeführt.

(2) ...

Internationale Zuständigkeit

Art. 3 (1) Für die Eröffnung des Insolvenzverfahrens sind die Gerichte des Mitgliedstaats zuständig, in dessen Hoheitsgebiet der Schuldner den Mittelpunkt seiner hauptsächlichen Interessen hat (im Folgenden „Hauptinsolvenzverfahren"). Mittelpunkt der hauptsächlichen Interessen ist der Ort, an dem der Schuldner gewöhnlich der Verwaltung seiner Interessen nachgeht und der für Dritte feststellbar ist.

Bei Gesellschaften oder juristischen Personen wird bis zum Beweis des Gegenteils vermutet, dass der Mittelpunkt ihrer hauptsächlichen Interessen der Ort ihres Sitzes ist. Diese Annahme gilt nur, wenn der Sitz nicht in einem Zeitraum von drei Monaten vor dem Antrag auf Eröffnung des Insolvenzverfahrens in einen anderen Mitgliedstaat verlegt wurde.

Bei einer natürlichen Person, die eine selbständige gewerbliche oder freiberufliche Tätigkeit ausübt, wird bis zum Beweis des Gegenteils vermutet, dass der Mittelpunkt ihrer hauptsächlichen Interessen ihre Hauptniederlassung ist. Diese Annahme gilt nur, wenn die Hauptniederlassung der natürlichen Person nicht in einem Zeitraum von drei Monaten vor dem Antrag auf Eröffnung des Insolvenzverfahrens in einen anderen Mitgliedstaat verlegt wurde.

Bei allen anderen natürlichen Personen wird bis zum Beweis des Gegenteils vermutet, dass der Mittelpunkt ihrer hauptsächlichen Interessen der Ort ihres gewöhnlichen Aufenthalts ist. Diese Annahme gilt nur, wenn der gewöhnliche Aufenthalt nicht in einem Zeitraum von sechs Monaten vor dem Antrag auf Eröffnung des Insolvenzverfahrens in einen anderen Mitgliedstaat verlegt wurde.

(2) Hat der Schuldner den Mittelpunkt seiner hauptsächlichen Interessen im Hoheitsgebiet eines Mitgliedstaats, so sind die Gerichte eines anderen Mitgliedstaats nur dann zur Eröffnung eines Insolvenzverfahrens befugt, wenn der Schuldner eine Niederlassung im Hoheitsgebiet dieses anderen Mitgliedstaats hat. Die Wirkungen dieses Verfahrens sind auf das im Hoheitsgebiet dieses letzteren Mitgliedstaats befindliche Vermögen des Schuldners beschränkt.

(3) Wird ein Insolvenzverfahren nach Absatz 1 eröffnet, so ist jedes zu einem späteren Zeitpunkt nach Absatz 2 eröffnete Insolvenzverfahren ein Sekundärinsolvenzverfahren.

(4) Vor der Eröffnung eines Insolvenzverfahrens nach Absatz 1 kann ein Partikularverfahren nach Absatz 2 nur eröffnet werden, falls:

a) die Eröffnung eines Insolvenzverfahrens nach Absatz 1 angesichts der Bedingungen, die das Recht des Mitgliedstaats vorschreibt, in dessen Hoheitsgebiet der Schuldner den Mittelpunkt seiner hauptsächlichen Interessen hat, nicht möglich ist oder

b) die Eröffnung des Partikularverfahrens von
  i) einem Gläubiger beantragt wird, dessen Forderung sich aus dem Betrieb einer Niederlassung ergibt oder damit im Zusammenhang steht, die sich im Hoheitsgebiet des Mitgliedstaats befindet, in dem die Eröffnung des Partikularverfahrens beantragt wird, oder
  ii) einer Behörde beantragt wird, die nach dem Recht des Mitgliedstaats, in dessen Hoheitsgebiet sich die Niederlassung befindet, das Recht hat, die Eröffnung von Insolvenzverfahren zu beantragen.

Nach der Eröffnung des Hauptinsolvenzverfahrens wird das Partikularverfahren zum Sekundärinsolvenzverfahren.

...

Arbeitsvertrag

Art. 13 (1) Für die Wirkungen des Insolvenzverfahrens auf einen Arbeitsvertrag und auf das Arbeitsverhältnis gilt ausschließlich das Recht des Mitgliedstaats, das auf den Arbeitsvertrag anzuwenden ist.

(2) Die Zuständigkeit für die Zustimmung zu einer Beendigung oder Änderung von Verträgen nach diesem Artikel verbleibt bei den Gerichten des Mitgliedstaats, in dem ein Sekundärinsolvenzverfahren eröffnet werden kann, auch wenn in dem betreffenden Mitgliedstaat kein Insolvenzverfahren eröffnet worden ist.

Unterabsatz 1 gilt auch für eine Behörde, die nach nationalem Recht für die Zustimmung zu einer Beendigung oder Änderung von Verträgen nach diesem Artikel zuständig ist.

...

8/4. Verordnung Brüssel I (Auszug)

Verordnung (EU) Nr. 1215/2012 des Europäischen Parlaments und des Rates über die gerichtliche Zuständigkeit und die Anerkennung und Vollstreckung von Entscheidungen in Zivil- und Handelssachen vom 12. Dezember 2012 (Neufassung)

(ABl. Nr. L 351 v. 20.12.2012, S. 1; geändert durch ABl. Nr. L 163 v. 29.5.2014, S. 1; geändert durch ABl. Nr. L 54 v. 25.2.2015, S. 1; berichtigt durch ABl. Nr. L 264 v. 30.9.2016, S. 43)

DAS EUROPÄISCHE PARLAMENT UND DER RAT DER EUROPÄISCHEN UNION –

gestützt auf den Vertrag über die Arbeitsweise der Europäischen Union, insbesondere auf Artikel 67 Absatz 4 und Artikel 81 Absatz 2 Buchstaben a, c und e,

…

(14) Beklagte ohne Wohnsitz in einem Mitgliedstaat sollten im Allgemeinen den einzelstaatlichen Zuständigkeitsvorschriften unterliegen, die im Hoheitsgebiet des Mitgliedstaats gelten, in dem sich das angerufene Gericht befindet. Allerdings sollten einige Zuständigkeitsvorschriften in dieser Verordnung unabhängig vom Wohnsitz des Beklagten gelten, um den Schutz der Verbraucher und der Arbeitnehmer zu gewährleisten, um die Zuständigkeit der Gerichte der Mitgliedstaaten in Fällen zu schützen, in denen sie ausschließlich zuständig sind, und um die Parteiautonomie zu achten.

…

(18) Bei Versicherungs-, Verbraucher- und Arbeitsverträgen sollte die schwächere Partei durch Zuständigkeitsvorschriften geschützt werden, die für sie günstiger sind als die allgemeine Regelung.

(19) Vorbehaltlich der in dieser Verordnung festgelegten ausschließlichen Zuständigkeiten sollte die Vertragsfreiheit der Parteien hinsichtlich der Wahl des Gerichtsstands, außer bei Versicherungs-, Verbraucher- und Arbeitsverträgen, wo nur eine begrenztere Vertragsfreiheit zulässig ist, gewahrt werden.

…

HABEN FOLGENDE VERORDNUNG ERLASSEN:

KAPITEL I
Anwendungsbereich und Begriffsbestimmungen

Art. 1 (1) Diese Verordnung ist in Zivil- und Handelssachen anzuwenden, ohne dass es auf die Art der Gerichtsbarkeit ankommt. Sie gilt insbesondere nicht für Steuer- und Zollsachen sowie verwaltungsrechtliche Angelegenheiten oder die Haftung des Staates für Handlungen oder Unterlassungen im Rahmen der Ausübung hoheitlicher Rechte (*acta iure imperii*).

…

KAPITEL II
Zuständigkeit

Abschnitt 1
Allgemeine Bestimmungen

…

Art. 6 (1) Hat der Beklagte keinen Wohnsitz im Hoheitsgebiet eines Mitgliedstaats, so bestimmt sich vorbehaltlich des Artikels 18 Absatz 1, des Artikels 21 Absatz 2 und der Artikel 24 und 25 die Zuständigkeit der Gerichte eines jeden Mitgliedstaats nach dessen eigenem Recht.

(2) Gegenüber einem Beklagten, der keinen Wohnsitz im Hoheitsgebiet eines Mitgliedstaats hat, kann sich unabhängig von ihrer Staatsangehörigkeit jede Person, die ihren Wohnsitz im Hoheitsgebiet eines Mitgliedstaats hat, in diesem Mitgliedstaat auf die dort geltenden Zuständigkeitsvorschriften, insbesondere auf diejenigen, welche die Mitgliedstaaten der Kommission gemäß Artikel 76 Absatz 1 Buchstabe a notifizieren, wie ein Staatsangehöriger dieses Mitgliedstaats berufen.

Abschnitt 2
Besondere Zuständigkeiten

Art. 7 Eine Person, die ihren Wohnsitz im Hoheitsgebiet eines Mitgliedstaats hat, kann in einem anderen Mitgliedstaat verklagt werden:

1. a) wenn ein Vertrag oder Ansprüche aus einem Vertrag den Gegenstand des Verfahrens bilden, vor dem Gericht des Ortes, an dem die Verpflichtung erfüllt worden ist oder zu erfüllen wäre;
   b) im Sinne dieser Vorschrift – und sofern nichts anderes vereinbart worden ist – ist der Erfüllungsort der Verpflichtung
   - für den Verkauf beweglicher Sachen der Ort in einem Mitgliedstaat, an dem sie nach dem Vertrag geliefert worden sind oder hätten geliefert werden müssen;
   - für die Erbringung von Dienstleistungen der Ort in einem Mitgliedstaat, an dem sie nach dem Vertrag erbracht worden sind oder hätten erbracht werden müssen;
   c) ist Buchstabe b nicht anwendbar, so gilt Buchstabe a;
2. wenn eine unerlaubte Handlung oder eine Handlung, die einer unerlaubten Handlung gleichgestellt ist, oder wenn Ansprüche aus einer solchen Handlung den Gegenstand des Verfahrens bilden, vor dem Gericht des Ortes,

an dem das schädigende Ereignis eingetreten ist oder einzutreten droht;
3. wenn es sich um eine Klage auf Schadenersatz oder auf Wiederherstellung des früheren Zustands handelt, die auf eine mit Strafe bedrohte Handlung gestützt wird, vor dem Strafgericht, bei dem die öffentliche Klage erhoben ist, soweit dieses Gericht nach seinem Recht über zivilrechtliche Ansprüche erkennen kann;
4. wenn es sich um einen auf Eigentum gestützten zivilrechtlichen Anspruch zur Wiedererlangung eines Kulturguts im Sinne des Artikels 1 Nummer 1 der Richtlinie 93/7/EWG handelt, der von der Person geltend gemacht wurde, die das Recht auf Wiedererlangung eines solchen Gutes für sich in Anspruch nimmt, vor dem Gericht des Ortes, an dem sich das Kulturgut zum Zeitpunkt der Anrufung des Gerichts befindet;
5. wenn es sich um Streitigkeiten aus dem Betrieb einer Zweigniederlassung, einer Agentur oder einer sonstigen Niederlassung handelt, vor dem Gericht des Ortes, an dem sich diese befindet;
6. wenn es sich um eine Klage gegen einen Begründer, Trustee oder Begünstigten eines Trust handelt, der aufgrund eines Gesetzes oder durch schriftlich vorgenommenes oder schriftlich bestätigtes Rechtsgeschäft errichtet worden ist, vor den Gerichten des Mitgliedstaats, in dessen Hoheitsgebiet der Trust seinen Sitz hat;
7. wenn es sich um eine Streitigkeit wegen der Zahlung von Berge- und Hilfslohn handelt, der für Bergungs- oder Hilfeleistungsarbeiten gefordert wird, die zugunsten einer Ladung oder einer Frachtforderung erbracht worden sind, vor dem Gericht, in dessen Zuständigkeitsbereich diese Ladung oder die entsprechende Frachtforderung
    a) mit Arrest belegt worden ist, um die Zahlung zu gewährleisten, oder
    b) mit Arrest hätte belegt werden können, jedoch dafür eine Bürgschaft oder eine andere Sicherheit geleistet worden ist;
diese Vorschrift ist nur anzuwenden, wenn behauptet wird, dass der Beklagte Rechte an der Ladung oder an der Frachtforderung hat oder zur Zeit der Bergungs- oder Hilfeleistungsarbeiten hatte.

Art. 8 Eine Person, die ihren Wohnsitz im Hoheitsgebiet eines Mitgliedstaats hat, kann auch verklagt werden:
1. wenn mehrere Personen zusammen verklagt werden, vor dem Gericht des Ortes, an dem einer der Beklagten seinen Wohnsitz hat, sofern zwischen den Klagen eine so enge Beziehung gegeben ist, dass eine gemeinsame Verhandlung und Entscheidung geboten erscheint, um zu vermeiden, dass in getrennten Verfahren widersprechende Entscheidungen ergehen könnten;
2. wenn es sich um eine Klage auf Gewährleistung oder um eine Interventionsklage handelt, vor dem Gericht des Hauptprozesses, es sei denn, dass die Klage nur erhoben worden ist, um diese Person dem für sie zuständigen Gericht zu entziehen;
3. wenn es sich um eine Widerklage handelt, die auf denselben Vertrag oder Sachverhalt wie die Klage selbst gestützt wird, vor dem Gericht, bei dem die Klage selbst anhängig ist;
4. wenn ein Vertrag oder Ansprüche aus einem Vertrag den Gegenstand des Verfahrens bilden und die Klage mit einer Klage wegen dinglicher Rechte an unbeweglichen Sachen gegen denselben Beklagten verbunden werden kann, vor dem Gericht des Mitgliedstaats, in dessen Hoheitsgebiet die unbewegliche Sache belegen ist.

…

Abschnitt 5
Zuständigkeit für individuelle Arbeitsverträge

Art. 20 (1) Bilden ein individueller Arbeitsvertrag oder Ansprüche aus einem individuellen Arbeitsvertrag den Gegenstand des Verfahrens, so bestimmt sich die Zuständigkeit unbeschadet des Artikels 6, des Artikels 7 Nummer 5 und, wenn die Klage gegen den Arbeitgeber erhoben wurde, des Artikels 8 Nummer 1 nach diesem Abschnitt.

(2) Hat der Arbeitgeber, mit dem der Arbeitnehmer einen individuellen Arbeitsvertrag geschlossen hat, im Hoheitsgebiet eines Mitgliedstaats keinen Wohnsitz, besitzt er aber in einem Mitgliedstaat eine Zweigniederlassung, Agentur oder sonstige Niederlassung, so wird er für Streitigkeiten aus ihrem Betrieb so behandelt, wie wenn er seinen Wohnsitz im Hoheitsgebiet dieses Mitgliedstaats hätte.

Art. 21 (1) Ein Arbeitgeber, der seinen Wohnsitz im Hoheitsgebiet eines Mitgliedstaats hat, kann verklagt werden:
a) vor den Gerichten des Mitgliedstaats, in dem er seinen Wohnsitz hat, oder
b) in einem anderen Mitgliedstaat
    i) vor dem Gericht des Ortes, an dem oder von dem aus der Arbeitnehmer gewöhnlich seine Arbeit verrichtet oder zuletzt gewöhnlich verrichtet hat, oder
    ii) wenn der Arbeitnehmer seine Arbeit gewöhnlich nicht in ein und demselben Staat verrichtet oder verrichtet hat, vor dem Gericht des Ortes, an dem sich die Niederlassung, die den Arbeitnehmer eingestellt hat, befindet oder befand.

(2) Ein Arbeitgeber, der seinen Wohnsitz nicht im Hoheitsgebiet eines Mitgliedstaats hat, kann vor dem Gericht eines Mitgliedstaats gemäß Absatz 1 Buchstabe b verklagt werden.

Art. 22 (1) Die Klage des Arbeitgebers kann nur vor den Gerichten des Mitgliedstaats erhoben werden, in dessen Hoheitsgebiet der Arbeitnehmer seinen Wohnsitz hat.

(2) Die Vorschriften dieses Abschnitts lassen das Recht unberührt, eine Widerklage vor dem Gericht zu erheben, bei dem die Klage selbst gemäß den Bestimmungen dieses Abschnitts anhängig ist.

Art. 23 Von den Vorschriften dieses Abschnitts kann im Wege der Vereinbarung nur abgewichen werden,
1. wenn die Vereinbarung nach der Entstehung der Streitigkeit getroffen wird oder
2. wenn sie dem Arbeitnehmer die Befugnis einräumt, andere als die in diesem Abschnitt angeführten Gerichte anzurufen.

...

Abschnitt 7
Vereinbarung über die Zuständigkeit
Art. 26 (1) ...

(2) In Streitigkeiten nach den Abschnitten 3, 4 oder 5, in denen der Beklagte Versicherungsnehmer, Versicherter, Begünstigter eines Versicherungsvertrags, Geschädigter, Verbraucher oder Arbeitnehmer ist, stellt das Gericht, bevor es sich nach Absatz 1 für zuständig erklärt, sicher, dass der Beklagte über sein Recht, die Unzuständigkeit des Gerichts geltend zu machen, und über die Folgen der Einlassung oder Nichteinlassung auf das Verfahren belehrt wird.

...

KAPITEL V
Allgemeine Vorschriften

...

Art. 63 (1) Gesellschaften und juristische Personen haben für die Anwendung dieser Verordnung ihren Wohnsitz an dem Ort, an dem sich
a) ihr satzungsmäßiger Sitz,
b) ihre Hauptverwaltung oder
c) ihre Hauptniederlassung befindet.

(2) Im Falle Irlands, Zyperns und des Vereinigten Königreichs ist unter dem Ausdruck „satzungsmäßiger Sitz" das *registered office* oder, wenn ein solches nirgendwo besteht, der *place of incorporation* (Ort der Erlangung der Rechtsfähigkeit) oder, wenn ein solcher nirgendwo besteht, der Ort, nach dessen Recht die *formation* (Gründung) erfolgt ist, zu verstehen.

(3) Um zu bestimmen, ob ein Trust seinen Sitz in dem Mitgliedstaat hat, bei dessen Gerichten die Klage anhängig ist, wendet das Gericht sein Internationales Privatrecht an.

...

8/5. Lugano-Übereinkommen (Auszug)

Übereinkommen über die gerichtliche Zuständigkeit und die Anerkennung und Vollstreckung von Entscheidungen in Zivil- und Handelssachen vom 30. Oktober 2007

(ABl. Nr. L 147 v. 10.6.2009, S. 5; berichtigt durch ABl. Nr. L 115 v. 5.5.2011, S. 31; berichtigt durch ABl. Nr. L 18 v. 21.1.2014, S. 70; geändert durch ABl. Nr. L 57 v. 3.3.2017, S. 63)

(Dieses neue, ebenfalls in Lugano unterzeichnete Übereinkommen ersetzt gemäß seinem Art. 69 Abs. 6 das Lugano-Übereinkommen vom 16. September 1988.

Wie das Vorgängerabkommen gilt es im Verhältnis der EU-Mitgliedstaaten bzw. Dänemark einerseits und der Schweiz, Norwegen und Island andererseits.

In Kraft getreten ist es zwischen der EU, Norwegen und Dänemark am 1. Jänner 2010 (vgl. ABl. Nr. L 140 v. 8.6.2010, S. 1), zwischen der EU und der Schweiz am 1. Jänner 2011 und zwischen der EU und Island am 1. Mai 2011 (vgl. ABl. Nr. L 138 v. 26.5.2011, S. 1).

Präambel

...

TITEL I
Anwendungsbereich

...

TITEL II
Zuständigkeit

...

Abschnitt 1
Allgemeine Vorschriften

Art. 4 (1) Hat der Beklagte keinen Wohnsitz im Hoheitsgebiet eines durch dieses Übereinkommen gebundenen Staates, so bestimmt sich vorbehaltlich der Artikel 22 und 23 die Zuständigkeit der Gerichte eines jeden durch dieses Übereinkommen gebundenen Staates nach dessen eigenen Gesetzen.

(2) Gegenüber einem Beklagten, der keinen Wohnsitz im Hoheitsgebiet eines durch dieses Übereinkommen gebundenen Staates hat, kann sich jede Person, die ihren Wohnsitz im Hoheitsgebiet eines durch dieses Übereinkommen gebundenen Staates hat, in diesem Staat auf die dort geltenden Zuständigkeitsvorschriften, insbesondere auf die in Anhang I aufgeführten Vorschriften, wie ein Inländer berufen, ohne dass es auf ihre Staatsangehörigkeit ankommt.

Abschnitt 2
Besondere Zuständigkeiten

Art. 5 Eine Person, die ihren Wohnsitz im Hoheitsgebiet eines durch dieses Übereinkommen gebundenen Staates hat, kann in einem anderen durch dieses Übereinkommen gebundenen Staat verklagt werden:

1. a) wenn ein Vertrag oder Ansprüche aus einem Vertrag den Gegenstand des Verfahrens bilden, vor dem Gericht des Ortes, an dem die Verpflichtung erfüllt worden ist oder zu erfüllen wäre;

...

5. wenn es sich um Streitigkeiten aus dem Betrieb einer Zweigniederlassung, einer Agentur oder einer sonstigen Niederlassung handelt, vor dem Gericht des Ortes, an dem sich diese befindet;

...

Abschnitt 5
Zuständigkeit für individuelle Arbeitsverträge

Art. 18 (1) Bilden ein individueller Arbeitsvertrag oder Ansprüche aus einem individuellen Arbeitsvertrag den Gegenstand des Verfahrens, so bestimmt sich die Zuständigkeit unbeschadet des Artikels 4 und des Artikels 5 Nummer 5 nach diesem Abschnitt.

(2) Hat der Arbeitgeber, mit dem der Arbeitnehmer einen individuellen Arbeitsvertrag geschlossen hat, im Hoheitsgebiet eines durch dieses Übereinkommen gebundenen Staates keinen Wohnsitz, besitzt er aber in einem der durch dieses Übereinkommen gebundenen Staaten eine Zweigniederlassung, Agentur oder sonstige Niederlassung, so wird er für Streitigkeiten aus ihrem Betrieb so behandelt, wie wenn er seinen Wohnsitz im Hoheitsgebiet dieses Staates hätte.

Art. 19 Ein Arbeitgeber, der seinen Wohnsitz im Hoheitsgebiet eines durch dieses Übereinkommen gebundenen Staates hat, kann verklagt werden:

1. vor den Gerichten des Staates, in dem er seinen Wohnsitz hat,
2. in einem anderen durch dieses Übereinkommen gebundenen Staat:
   a) vor dem Gericht des Ortes, an dem der Arbeitnehmer gewöhnlich seine Arbeit verrichtet oder zuletzt gewöhnlich verrichtet hat, oder
   b) wenn der Arbeitnehmer seine Arbeit gewöhnlich nicht in ein und demselben Staat verrichtet oder verrichtet hat, vor dem Gericht des Ortes, an dem sich die Niederlassung, die den Arbeitnehmer eingestellt hat, befindet bzw. befand.

Art. 20 (1) Die Klage des Arbeitgebers kann nur vor den Gerichten des durch dieses Übereinkommen gebundenen Staates erhoben werden, in dessen Hoheitsgebiet der Arbeitnehmer seinen Wohnsitz hat.

(2) Die Vorschriften dieses Abschnitts lassen das Recht unberührt, eine Widerklage vor dem Gericht zu erheben, bei dem die Klage selbst gemäß den Bestimmungen dieses Abschnitts anhängig ist.

Art. 21 Von den Vorschriften dieses Abschnitts kann im Wege der Vereinbarung nur abgewichen werden,
1. wenn die Vereinbarung nach der Entstehung der Streitigkeit getroffen wird oder
2. wenn sie dem Arbeitnehmer die Befugnis einräumt, andere als die in diesem Abschnitt angeführten Gerichte anzurufen.

Abschnitt 6
Ausschließliche Zuständigkeiten

Art. 22 Ohne Rücksicht auf den Wohnsitz sind ausschließlich zuständig:
1. für Klagen, welche dingliche Rechte an unbeweglichen Sachen sowie die Miete oder Pacht von unbeweglichen Sachen zum Gegenstand haben, die Gerichte des durch dieses Übereinkommen gebundenen Staates, in dem die unbewegliche Sache belegen ist.

Jedoch sind für Klagen betreffend die Miete oder Pacht unbeweglicher Sachen zum vorübergehenden privaten Gebrauch für höchstens sechs aufeinander folgende Monate auch die Gerichte des durch dieses Übereinkommen gebundenen Staates zuständig, in dem der Beklagte seinen Wohnsitz hat, sofern es sich bei dem Mieter oder Pächter um eine natürliche Person handelt und der Eigentümer sowie der Mieter oder Pächter ihren Wohnsitz in demselben durch dieses Übereinkommen gebundenen Staat haben;

2. für Klagen, welche die Gültigkeit, die Nichtigkeit oder die Auflösung einer Gesellschaft oder juristischen Person oder die Gültigkeit der Beschlüsse ihrer Organe zum Gegenstand haben, die Gerichte des durch dieses Übereinkommen gebundenen Staates, in dessen Hoheitsgebiet die Gesellschaft oder juristische Person ihren Sitz hat. Bei der Entscheidung darüber, wo der Sitz sich befindet, wendet das Gericht die Vorschriften seines Internationalen Privatrechts an;
3. für Klagen, welche die Gültigkeit von Eintragungen in öffentliche Register zum Gegenstand haben, die Gerichte des durch dieses Übereinkommen gebundenen Staates, in dessen Hoheitsgebiet die Register geführt werden;
4. für Klagen, welche die Eintragung oder die Gültigkeit von Patenten, Marken, Mustern und Modellen sowie ähnlicher Rechte, die einer Hinterlegung oder Registrierung bedürfen, zum Gegenstand haben, unabhängig davon, ob die Frage klageweise oder einredeweise aufgeworfen wird, die Gerichte des durch dieses Übereinkommen gebundenen Staates, in dessen Hoheitsgebiet die Hinterlegung oder Registrierung beantragt oder vorgenommen worden ist oder aufgrund eines Gemeinschaftsrechtsakts oder eines zwischenstaatlichen Übereinkommens als vorgenommen gilt.

Unbeschadet der Zuständigkeit des Europäischen Patentamts nach dem am 5. Oktober 1973 in München unterzeichneten Übereinkommen über die Erteilung europäischer Patente sind die Gerichte eines jeden durch dieses Übereinkommen gebundenen Staates ohne Rücksicht auf den Wohnsitz der Parteien für alle Verfahren ausschließlich zuständig, welche die Erteilung oder die Gültigkeit eines europäischen Patents zum Gegenstand haben, das für diesen Staat erteilt wurde, unabhängig davon, ob die Frage klageweise oder einredeweise aufgeworfen wird;
5. für Verfahren, welche die Zwangsvollstreckung aus Entscheidungen zum Gegenstand haben, die Gerichte des durch dieses Übereinkommen gebundenen Staates, in dessen Hoheitsgebiet die Zwangsvollstreckung durchgeführt werden soll oder durchgeführt worden ist.

Abschnitt 7
Vereinbarung über die Zuständigkeit

Art. 23 (1) Haben die Parteien, von denen mindestens eine ihren Wohnsitz im Hoheitsgebiet eines durch dieses Übereinkommen gebundenen Staates hat, vereinbart, dass ein Gericht oder die Gerichte eines durch dieses Übereinkommen gebundenen Staates über eine bereits entstandene Rechtsstreitigkeit oder über eine künftige aus einem bestimmten Rechtsverhältnis entspringende Rechtsstreitigkeit entscheiden sollen, so sind dieses Gericht oder die Gerichte dieses Staates zuständig. Dieses Gericht oder die Gerichte dieses Staates sind ausschließlich zuständig, sofern die Parteien nichts anderes vereinbart haben. Eine solche Gerichtsstandsvereinbarung muss geschlossen werden
a) schriftlich oder mündlich mit schriftlicher Bestätigung,
b) in einer Form, welche den Gepflogenheiten entspricht, die zwischen den Parteien entstanden sind, oder
c) im internationalen Handel in einer Form, die einem Handelsbrauch entspricht, den die Parteien kannten oder kennen mussten und den Parteien von Verträgen dieser Art in dem betreffenden Geschäftszweig allgemein kennen und regelmäßig beachten.

(2) Elektronische Übermittlungen, die eine dauerhafte Aufzeichnung der Vereinbarung ermöglichen, sind der Schriftform gleichgestellt.

(3) Wenn eine solche Vereinbarung von Parteien geschlossen wurde, die beide ihren Wohnsitz nicht im Hoheitsgebiet eines durch dieses Übereinkommen gebundenen Staates haben, so können die Gerichte der anderen durch dieses Übereinkommen gebundenen Staaten nicht entscheiden,

8/5. Lugano-Übk.
Art. 23, 59, 60

es sei denn, das vereinbarte Gericht oder die vereinbarten Gerichte haben sich rechtskräftig für unzuständig erklärt.

(4) Ist in schriftlich niedergelegten „trust"-Bedingungen bestimmt, dass über Klagen gegen einen Begründer, „trustee" oder Begünstigten eines „trust" ein Gericht oder die Gerichte eines durch dieses Übereinkommen gebundenen Staates entscheiden sollen, so ist dieses Gericht oder sind diese Gerichte ausschließlich zuständig, wenn es sich um Beziehungen zwischen diesen Personen oder ihre Rechte oder Pflichten im Rahmen des „trust" handelt.

(5) Gerichtsstandsvereinbarungen und entsprechende Bestimmungen in „trust"-Bedingungen haben keine rechtliche Wirkung, wenn sie den Vorschriften der Artikel 13, 17 und 21 zuwiderlaufen oder wenn die Gerichte, deren Zuständigkeit abbedungen wird, aufgrund des Artikels 22 ausschließlich zuständig sind.

...

TITEL III
Anerkennung und Vollstreckung

...

TITEL V
Allgemeine Vorschriften

Art. 59 (1) Ist zu entscheiden, ob eine Partei im Hoheitsgebiet des durch dieses Übereinkommen gebundenen Staates, dessen Gerichte angerufen sind, einen Wohnsitz hat, so wendet das Gericht sein Recht an.

(2) Hat eine Partei keinen Wohnsitz in dem durch dieses Übereinkommen gebundenen Staat, dessen Gerichte angerufen sind, so wendet das Gericht, wenn es zu entscheiden hat, ob die Partei einen Wohnsitz in einem anderen durch dieses Übereinkommen gebundenen Staat hat, das Recht dieses Staates an.

Art. 60 (1) Gesellschaften und juristische Personen haben für die Anwendung dieses Übereinkommens ihren Wohnsitz an dem Ort, an dem sich
a) ihr satzungsmäßiger Sitz,
b) ihre Hauptverwaltung oder
c) ihre Hauptniederlassung
befindet.

(2) Im Falle des Vereinigten Königreichs und Irlands ist unter dem Ausdruck „satzungsmäßiger Sitz" das „registered office" oder, wenn ein solches nirgendwo besteht, der „place of incorporation" (Ort der Erlangung der Rechtsfähigkeit) oder, wenn ein solcher nirgendwo besteht, der Ort, nach dessen Recht die „formation" (Gründung) erfolgt ist, zu verstehen.

(3) Um zu bestimmen, ob ein „trust" seinen Sitz in dem durch dieses Übereinkommen gebundenen Staat hat, bei dessen Gerichten die Klage anhängig ist, wendet das Gericht sein Internationales Privatrecht an.

8/6. Rahmenbeschluss über die gegenseitige Anerkennung von Geldstrafen (Auszug)

Rahmenbeschluss 2005/214/JI des Rates über die Anwendung des Grundsatzes der gegenseitigen Anerkennung von Geldstrafen und Geldbußen vom 24. Februar 2005
(ABl. Nr. L 76 v. 22.3.2005, S. 16; geändert durch den Rahmenbeschluss 2009/299/JI, ABl. Nr. L 81 v. 27.3.2009, S. 24)

DER RAT DER EUROPÄISCHEN UNION –
gestützt auf den Vertrag über die Europäische Union, insbesondere auf Artikel 31 Buchstabe a) und Artikel 34 Absatz 2 Buchstabe b),
...
in Erwägung nachstehender Gründe:

(1) ...

(2) Der Grundsatz der gegenseitigen Anerkennung sollte für Geldstrafen oder Geldbußen von Gerichts- oder Verwaltungsbehörden gelten, um die Vollstreckung solcher Geldstrafen oder Geldbußen in einem anderen Mitgliedstaat als dem, in dem sie verhängt worden sind, zu erleichtern.
...
HAT FOLGENDEN RAHMENBESCHLUSS ANGENOMMEN:

Begriffsbestimmungen

Art. 1 Im Sinne dieses Rahmenbeschlusses bezeichnet der Ausdruck

a) „Entscheidung" eine rechtskräftige Entscheidung über die Zahlung einer Geldstrafe oder Geldbuße durch eine natürliche oder juristische Person, die
   i) von einem Gericht des Entscheidungsstaats in Bezug auf eine nach dessen Recht strafbare Handlung getroffen wurde;
   ii) von einer nicht gerichtlichen Behörde des Entscheidungsstaats in Bezug auf eine nach dessen Recht strafbare Handlung getroffen wurde, vorausgesetzt, dass die betreffende Person die Möglichkeit hatte, die Sache vor ein auch in Strafsachen zuständiges Gericht zu bringen;
   iii) von einer nicht gerichtlichen Behörde des Entscheidungsstaats in Bezug auf Handlungen erlassen wurde, die nach dessen innerstaatlichem Recht als Zuwiderhandlung gegen Rechtsvorschriften geahndet wurden, vorausgesetzt, dass die betreffende Person die Möglichkeit hatte, die Sache vor ein auch in Strafsachen zuständiges Gericht zu bringen;
   iv) von einem auch in Strafsachen zuständigen Gericht getroffen wurde und sich auf eine unter Ziffer iii) fallende Entscheidung bezieht;

b) „Geldstrafe oder Geldbuße" die Verpflichtung zur Zahlung
   i) eines in einer Entscheidung festgesetzten Geldbetrags aufgrund einer Verurteilung wegen einer Zuwiderhandlung;
   ii) einer in der gleichen Entscheidung festgesetzten Entschädigung für die Opfer, wenn das Opfer im Rahmen des Verfahrens keine zivilrechtlichen Ansprüche geltend machen darf und das Gericht in Ausübung seiner strafrechtlichen Zuständigkeit tätig wird;
   iii) von Geldbeträgen für die Kosten der zu der Entscheidung führenden Gerichts- und Verwaltungsverfahren;
   iv) von in der gleichen Entscheidung festgesetzten Geldbeträgen an eine öffentliche Kasse oder eine Organisation zur Unterstützung von Opfern.

Unter den Ausdruck „Geldstrafe oder Geldbuße" fallen nicht
– Anordnungen über die Einziehung von Tatwerkzeugen oder von Erträgen aus Straftaten;
– Anordnungen zivilrechtlicher Natur, die sich aus Schadenersatzansprüchen und Klagen auf Wiederherstellung des früheren Zustands ergeben und gemäß der Verordnung (EG) Nr. 44/2001 des Rates vom 22. Dezember 2000 über die gerichtliche Zuständigkeit und die Anerkennung und Vollstreckung von Entscheidungen in Zivil- und Handelssachen[(1)] vollstreckbar sind;

[(1)] ABl. L 12 vom 16.1.2001, S. 1. Verordnung zuletzt geändert durch die Verordnung (EG) Nr. 2245/2004 (ABl. L 381 vom 28.12.2004, S. 10).

c) „Entscheidungsstaat" den Mitgliedstaat, in dem eine Entscheidung im Sinne dieses Rahmenbeschlusses ergangen ist;
d) „Vollstreckungsstaat" den Mitgliedstaat, dem eine Entscheidung zum Zwecke der Vollstreckung übermittelt wurde.

Benennung der zuständigen Behörden

Art. 2 (1) Jeder Mitgliedstaat teilt dem Generalsekretariat des Rates mit, welche Behörde oder Behörden nach seinen innerstaatlichen Rechtsvorschriften gemäß diesem Rahmenbeschluss zuständig ist bzw. sind, wenn dieser Mitgliedstaat Entscheidungsstaat oder Vollstreckungsstaat ist.

(2) Unbeschadet des Artikels 4 kann jeder Mitgliedstaat, wenn sich dies aufgrund des Aufbaus

seines Rechtssystems als erforderlich erweist, eine oder mehrere zentrale Behörden benennen, die für die administrative Übermittlung und Entgegennahme der Entscheidungen und für die Unterstützung der zuständigen Behörden verantwortlich sind.

(3) Das Generalsekretariat des Rates macht die erhaltenen Angaben allen Mitgliedstaaten und der Kommission zugänglich.

...

Übermittlung von Entscheidungen und Einschaltung der zentralen Behörde

Art. 4 ... *[Bestimmungen über die Übermittlung von Entscheidungen an die zuständigen Behörden im Vollstreckungsstaat mittels Formblatt]*

Anwendungsbereich

Art. 5 (1) Die folgenden Straftaten und Verwaltungsübertretungen (Ordnungswidrigkeiten) führen – wenn sie im Entscheidungsstaat strafbar sind und so wie sie in dessen Recht definiert sind – gemäß diesem Rahmenbeschluss auch ohne Überprüfung des Vorliegens der beiderseitigen Strafbarkeit zur Anerkennung und Vollstreckung von Entscheidungen:
- ... [32 Aufzählungen – Straftatbestände des gerichtlichen Strafrechts; hier ohne Relevanz]
- gegen die den Straßenverkehr regelnden Vorschriften verstoßende Verhaltensweise, einschließlich Verstößen gegen Vorschriften über Lenk- und Ruhezeiten und des Gefahrgutrechts,
- ... [weitere 5 Aufzählungen – Straftatbestände des gerichtlichen Strafrechts; hier ohne Relevanz]
- Straftatbestände, die vom Entscheidungsstaat festgelegt wurden und durch Verpflichtungen abgedeckt sind, die sich aus im Rahmen des EG-Vertrags oder des Titels VI des EU-Vertrags erlassenen Rechtsakten ergeben.

(2) Der Rat kann einstimmig und nach Anhörung des Europäischen Parlaments gemäß Artikel 39 Absatz 1 des EU-Vertrags jederzeit beschließen, weitere Arten von Straftaten und Verwaltungsübertretungen (Ordnungswidrigkeiten) in die Liste des Absatzes 1 aufzunehmen.

...

(3) Bei Fällen, die nicht unter Absatz 1 fallen, kann der Vollstreckungsstaat die Anerkennung und Vollstreckung einer Entscheidung unabhängig von den Tatbestandsmerkmalen oder der Klassifizierung der Straftat davon abhängig machen, dass die Entscheidung sich auf Handlungen bezieht, die nach dem Recht des Vollstreckungsstaats eine Straftat darstellen würden.

Anerkennung und Vollstreckung von Entscheidungen

Art. 6 Die zuständigen Behörden im Vollstreckungsstaat erkennen eine gemäß Artikel 4 übermittelte Entscheidung ohne jede weitere Formalität an und treffen unverzüglich alle erforderlichen Maßnahmen zu deren Vollstreckung, es sei denn, die zuständige Behörde beschließt, einen der Gründe für die Versagung der Anerkennung oder der Vollstreckung nach Artikel 7 geltend zu machen.

Gründe für die Versagung der Anerkennung oder der Vollstreckung

Art. 7 ... *[Doppelbestrafung, Verjährung, Territorialität, Befreiungen, Strafunmündigkeit, Faires Verfahren u. ä.]*

Art. 8–17 ... *[Voraussetzungen der Umwandlung der Strafentscheidung; für die Vollstreckung anwendbares Recht; weitere Modalitäten der Vollstreckung; Sprache; Kosten]*

Umsetzung

Art. 20 (1) Die Mitgliedstaaten treffen die erforderlichen Maßnahmen, um diesem Rahmenbeschluss vor dem 22. März 2007 nachzukommen.

(2) Jeder Mitgliedstaat kann für einen Zeitraum von bis zu 5 Jahren ab dem Zeitpunkt des Inkrafttretens dieses Rahmenbeschlusses dessen Anwendung
a) auf Entscheidungen nach Artikel 1 Buchstabe a) Ziffern i) und iv) und/oder
b) bei juristischen Personen auf Entscheidungen, die sich auf Handlungen beziehen, für die ein europäischer Rechtsakt die Anwendung des Grundsatzes der Haftung juristischer Personen vorschreibt, beschränken.

Wünscht ein Mitgliedstaat von diesem Absatz Gebrauch zu machen, so übermittelt er dem Generalsekretär des Rates bei der Annahme dieses Rahmenbeschlusses eine entsprechende Erklärung. Die Erklärung wird im *Amtsblatt der Europäischen Union* veröffentlicht.

(3) ...

(4) Ein Mitgliedstaat kann in den Beziehungen zu einem Mitgliedstaat, der von Absatz 2 Gebrauch macht, den Grundsatz der Gegenseitigkeit anwenden.

(5)–(9) ...

Inkrafttreten

Art. 21 Dieser Rahmenbeschluss tritt am Tag seiner Veröffentlichung im *Amtsblatt der Europäischen Union* in Kraft.

ANHANG ... *[Bescheinigung (Formblatt nach Art. 4)]*